EY
Handboek jaarrekening 2021

EY Handboek jaarrekening 2021

Toepassing van de Nederlandse wet- en regelgeving en IFRS

Ernst & Young Accountants LLP

Eindredactie
D.G. den Bakker MSc RA
Prof.dr. M. Pronk
Mr. S. Visser

Overige auteurs
Dr. I.Q.H. van Amelsfoort
Drs. E.J. Appel RA
M. van der Bend MSc RA
Drs. M. Boeijink RA
Drs. P.T.C. Dekker RA CA
R. van Duuren MSc RA
A.E. van Ekris LL.M. RA
Mr.dr. C.J.A. van Geffen
Drs. J.B. Hesselink RA
G.A. Kuus MSc RA
T. van Limpt MSc RA
Drs. B.W. Littel RA
Drs. F.M. van der Lof RA
R. Miezenbeek MSc
Drs. D.A.G.M. Ossenblok RA
M. Pabbi MSc
J.L. Rozema MSc RA
Drs. G.M. van Santen RA
S.A.C.L. Smeets MSc
J.S. Soetekouw MSc RA
D.C.A. Stolker MSc RA
Prof.dr. L.G. van der Tas RA
H.W. van der Veen RA
Drs. L.H.J. Vissers RA
Drs. W.C.J.A. Weijers RA
F. Zwienenbarg MSc RA

Het complete productaanbod vindt u in de online webshop: www.wolterskluwer.nl/shop.

ISBN 978 90 13 15977 6
NUR 826-607

© 2021 Ernst & Young Accountants LLP

Onze klantenservice kunt u bereiken via: www.wolterskluwer.nl/klantenservice.

Auteur(s) en uitgever houden zich aanbevolen voor inhoudelijke opmerkingen en suggesties. Deze kunt u sturen naar: boeken-NL@wolterskluwer.com.

Alle rechten in deze uitgave zijn voorbehouden aan Wolters Kluwer Nederland B.V. Niets uit deze uitgave mag worden verveelvoudigd, opgeslagen in een geautomatiseerd gegevensbestand, of openbaar gemaakt, in enige vorm of op enige wijze, hetzij elektronisch, mechanisch, door fotokopieën, opnamen, of enige andere manier, zonder voorafgaande schriftelijke toestemming van Wolters Kluwer Nederland B.V.

Voor zover het maken van kopieën uit deze uitgave is toegestaan op grond van art. 16h t/m 16m Auteurswet jo. Besluit van 27 november 2002, Stb. 575, dient men de daarvoor wettelijk verschuldigde vergoeding te voldoen aan de Stichting Reprorecht (www.reprorecht.nl).

Hoewel aan de totstandkoming van deze uitgave de uiterste zorg is besteed, aanvaarden de auteur(s), redacteur(en) en Wolters Kluwer Nederland B.V. geen aansprakelijkheid voor eventuele fouten en onvolkomenheden, noch voor gevolgen hiervan.

Op alle aanbiedingen en overeenkomsten van Wolters Kluwer Nederland B.V. zijn van toepassing de Algemene Voorwaarden van Wolters Kluwer Nederland B.V. U kunt deze raadplegen via: www.wolterskluwer.nl/algemene-voorwaarden.
Indien Wolters Kluwer Nederland B.V. persoonsgegevens verkrijgt, is daarop het privacybeleid van Wolters Kluwer Nederland B.V. van toepassing. Dit is raadpleegbaar via www.wolterskluwer.nl/privacycookies.

Beknopte inhoudsopgave

Lijst met afkortingen		XXXIX
Voorwoord		XLI
Ten geleide bij EY Handboek jaarrekening 2021		XLIII

Deel I Regelgeving
1	Overzicht van wet- en regelgeving	3
2	Formele aspecten	25
3	IFRS	57

Deel II Posten jaarrekening en toelichting
4	Algemene grondslagen	89
5	Winst-en-verliesrekening	131
6	Immateriële vaste activa (excl. goodwill)	187
7	Materiële vaste activa	219
8	Vastgoedbeleggingen	277
9	Financiële vaste activa: algemeen	309
10	Deelnemingen	327
11	Joint ventures	373
12	Voorraden	387
13	Onderhanden projecten	409
14	Overige vlottende activa	449
15	Eigen vermogen en Aandeel van derden	479
16	Voorzieningen	525
17	Belastingen naar de winst	557
18	Pensioenen	599
19	Schulden en overlopende passiva	649
20	Het kasstroomoverzicht	675
21	Toelichting	715

Deel III Capita selecta
22	Segmentatie	749
23	Consolidatie	771
24	De enkelvoudige jaarrekening	805
25	Fusies en overnames (incl. goodwill)	819
26	Transacties onder gemeenschappelijke leiding	891
27	Vreemde valuta	943
28	Stelselwijzigingen, schattingswijzigingen en foutherstel	975
29	Bijzondere waardeverminderingen van vaste activa	993
30	Financiële instrumenten	1027
31	Derivaten, embedded derivaten en hedge-accounting	1077
32	Leasing	1125
33	Activa bestemd voor verkoop en beëindiging van bedrijfsactiviteiten	1179
34	Op aandelen gebaseerde betalingen	1203
35	Overheidssubsidies, emissierechten en dienstverlening uit hoofde van concessieovereenkomsten en heffingen	1241
36	Niet in de balans opgenomen verplichtingen en activa	1267
37	Winst per aandeel en andere kengetallen, kerncijfers en meerjarenoverzichten	1277

38	Gebeurtenissen na balansdatum	1309
39	Bestuursverslag	1319
40	De toekomst van Corporate Reporting	1359
41	Overige gegevens	1375
42	Vrijstellingen in verband met groepsregime (art. 2:403 BW)	1379
43	Vrijstellingen voor middelgrote rechtspersonen	1391
44	Jaarrekening voor micro- en kleine rechtspersonen	1403
45	Tussentijdse berichten	1439
46	Jaarrekening in geval van (on)vrijwillige discontinuïteit	1461

Deel IV Financiële instellingen

47	Banken	1475
48	Verzekeringsmaatschappijen	1507
49	Beleggingsentiteiten	1547
50	Pensioenfondsen	1601

Deel V Overige organisaties

51	Coöperaties en onderlinge waarborgmaatschappijen	1639
52	Commerciële stichtingen en verenigingen	1651
53	Organisaties zonder winststreven en fondsenwervende organisaties	1661
54	Personenvennootschappen	1693
55	Woningcorporaties	1705
56	Zorginstellingen	1725

Bijlagen

Bijlage 1 Wetteksten [per 1 januari 2021]	1747
Bijlage 2 Besluit modellen jaarrekening	1803
Bijlage 3 Besluit actuele waarde	1835

Trefwoordenregister   **1839**

Uitgebreide inhoudsopgave

Lijst met afkortingen			XXXIX
Voorwoord			XLI
Ten geleide bij EY Handboek jaarrekening 2021			XLIII

Deel I Regelgeving

1	**Overzicht van wet- en regelgeving**		**3**
1.1	Bronnen van regels voor externe verslaggeving		4
1.2	Titel 9 Boek 2 BW		6
	1.2.1	Algemeen	6
	1.2.2	Toepassingsgebied Titel 9 Boek 2 BW	7
	1.2.3	Toepassing fiscale grondslagen (door kleine of micro-rechtspersonen)	10
1.3	Overige wet- en regelgeving		10
1.4	Arresten Ondernemingskamer en Hoge Raad		11
1.5	Richtlijnen voor de jaarverslaggeving (Raad voor de Jaarverslaggeving)		11
	1.5.1	Doel, opzet en status van de Richtlijnen van de RJ	11
	1.5.2	Verantwoordelijkheid van de accountant voor de naleving van de Richtlijnen	15
1.6	International Financial Reporting Standards (International Accounting Standards Board)		16
1.7	Europese Unie		16
1.8	Toezicht op financiële verslaggeving		19
	1.8.1	Nederland	19
	1.8.2	Coördinatie op Europees niveau	23
2	**Formele aspecten**		**25**
2.1	Opmaakplicht jaarrekening		26
2.2	Boekjaar		27
	2.2.1	Algemeen	27
	2.2.2	Kort/lang boekjaar en wijziging van boekjaar	28
	2.2.3	Verslagperiode bij oprichting van de rechtspersoon	28
2.3	Termijnen voor opmaken van de jaarrekening		28
	2.3.1	Algemeen	28
	2.3.2	Uitstel/bijzondere omstandigheden	29
2.4	Ondertekening opgemaakte jaarrekening		30
	2.4.1	Wie moet de opgemaakte jaarrekening ondertekenen?	30
	2.4.2	Wijze en plaats van ondertekeningen datering	31
	2.4.3	Ontbreken van ondertekening	31
	2.4.4	Betekenis van de ondertekening	31
2.5	Inzage jaarrekening		32
2.6	Vaststellen jaarrekening en decharge		33
	2.6.1	Algemeen	33
	2.6.2	Vaststellen jaarrekening	33
	2.6.3	Niet vaststellen jaarrekening	34
	2.6.4	Gevolgen vaststellen jaarrekening	34
	2.6.5	Decharge	35
2.7	Ontheffing van opmaken/vaststellen (en daarmee deponeren) jaarrekening		35
	2.7.1	Algemeen	35

	2.7.2	Gewichtige redenen	36
	2.7.3	Diverse aspecten van ontheffing van opmaken/vaststellen jaarrekening	36
2.8	Deponering jaarrekening	36
	2.8.1	Deponering jaarrekening bij het handelsregister	36
	2.8.2	Deponering door beursgenoteerde vennootschappen bij AFM	38
	2.8.3	Deponering bestuursverslag en deel Overige gegevens ten kantore van de rechtspersoon	38
	2.8.4	Termijnen voor deponering van de jaarrekening	39
	2.8.5	Openbaarmaking jaarrekening op andere wijze	40
	2.8.6	Vrijstelling van deponering jaarrekening	40
	2.8.7	Gevolgen niet (tijdig) deponeren jaarrekening	40
	2.8.8	Deponeringsplicht nevenvestigingen	41
2.9	Relatie enkelvoudige en geconsolideerde jaarrekening	42
2.10	Accountantscontrole	42
	2.10.1	Benoeming en ontslag	42
	2.10.2	Werkzaamheden accountant	43
	2.10.3	Verslag en verklaring van accountant	44
	2.10.4	Vrijstellingen	45
	2.10.5	Gevolgen niet-naleven accountantscontrole	45
2.11	Bewaarplicht	45
	2.11.1	Algemeen	45
	2.11.2	Bewaarplicht na vereffening	46
2.12	Geldeenheid en taal	46
	2.12.1	Algemeen	46
	2.12.2	Geldeenheid/vreemde valuta	46
	2.12.3	Vreemde valuta/omrekening aandelenkapitaal	46
	2.12.4	Bestuursverslag en Overige gegevens	47
	2.12.5	Taal	47
2.13	Jaarrekening in bijzondere omstandigheden	47
	2.13.1	Jaarrekeningverplichting en ontbinding van de rechtspersoon	48
	2.13.2	Jaarrekeningverplichting en faillissement van de rechtspersoon	51
	2.13.3	Surseance van betaling en jaarrekeningverplichtingen	54
3	**IFRS**		**57**
3.1	Inleiding, begripsbepaling en toepassingsgebied	58
	3.1.1	International Financial Reporting Standards (IFRS)	58
	3.1.2	IFRS SME	61
	3.1.3	IFRS in de Europese Unie	62
	3.1.4	Verplichte of vrijwillige toepassing van IFRS	63
	3.1.5	Enkelvoudige en geconsolideerde jaarrekening en IFRS	65
3.2	Eerste toepassing van IFRS	69
	3.2.1	Uitgangspunten	69
	3.2.2	Overgang naar IFRS en openingsbalans	70
	3.2.3	Verplichte uitzonderingen	70
	3.2.4	Vrijstellingen	74
	3.2.5	Toelichtende informatie	81
3.3	IFRS en de Nederlandse wet- en regelgeving	81
	3.3.1	Van toepassing blijvende Nederlandse regels bij toepassing IFRS	81
	3.3.2	Invloed IFRS op Dutch GAAP	84
3.4	Verschillen Dutch GAAP - IFRS	85

Uitgebreide inhoudsopgave

Deel II Posten jaarrekening en toelichting

4 Algemene grondslagen — 89
- 4.1 Inleiding — 92
- 4.2 Begripsbepaling en doel van de jaarrekening — 93
  - 4.2.1 De jaarrekening; begripsbepaling — 93
  - 4.2.2 Modellen — 95
  - 4.2.3 Doel van de jaarrekening — 98
- 4.3 Grondbeginselen — 102
  - 4.3.1 Algemeen — 102
  - 4.3.2 Toerekeningsbeginsel — 102
  - 4.3.3 Continuïteitsbeginsel ('going concern'-beginsel) — 103
- 4.4 Kwalitatieve kenmerken van de jaarrekening — 104
  - 4.4.1 Algemeen — 104
  - 4.4.2 Begrijpelijkheid — 106
  - 4.4.3 Relevantie — 106
  - 4.4.4 Betrouwbaarheid/Getrouwe weergave — 112
  - 4.4.5 Vergelijkbaarheid — 113
  - 4.4.6 Overige kenmerken en randvoorwaarden — 115
- 4.5 Elementen van de jaarrekening — 115
  - 4.5.1 Algemeen — 115
  - 4.5.2 Activa — 116
  - 4.5.3 Vreemd vermogen/verplichtingen — 118
  - 4.5.4 Eigen vermogen — 119
  - 4.5.5 Baten — 120
  - 4.5.6 Lasten — 120
- 4.6 Verwerking van elementen in de jaarrekening — 120
  - 4.6.1 Het opnemen van elementen ('recognition') — 120
  - 4.6.2 Het niet meer opnemen van elementen ('derecognition') — 121
  - 4.6.3 Verschil tussen Stramien en Framework — 122
- 4.7 Waardering van elementen in de jaarrekening — 123
  - 4.7.1 Algemeen — 123
  - 4.7.2 Historische kostprijs — 123
  - 4.7.3 Actuele waarde — 123
  - 4.7.4 Reële waarde — 125
  - 4.7.5 Nominale waarde, contante waarde, geamortiseerde kostprijs — 128
- 4.8 Vermogensbegrippen en vermogensinstandhoudingsdoelstellingen — 128
  - 4.8.1 Algemeen — 128
  - 4.8.2 Vermogensinstandhoudingsdoelstellingen — 129

5 Winst-en-verliesrekening — 131
- 5.1 Algemene grondslagen voor de bepaling van het resultaat — 135
  - 5.1.1 Uitgangspunten — 135
  - 5.1.2 Baten en lasten — 135
  - 5.1.3 Verwerking van baten en lasten — 137
  - 5.1.4 Presentatie van baten en lasten in de winst-en-verliesrekening — 137
- 5.2 Opbrengsten: begripsbepaling — 144
  - 5.2.1 Netto-omzet: begripsbepaling — 146
  - 5.2.2 Principaal versus agent — 147
  - 5.2.3 BPM — 149
  - 5.2.4 Kortingen — 149
  - 5.2.5 Wijziging in onderhanden projecten — 149
  - 5.2.6 Rente- en dividendopbrengsten — 150
  - 5.2.7 Verschillen Dutch GAAP – IFRS — 150

5.3		Opbrengsten: verwerking	150
	5.3.1	Bepaling toepassingsgebied (RJ 270)	150
	5.3.2	Opbrengsten uit de verkoop van goederen (RJ 270)	151
	5.3.3	Verkooptransacties met terug(ver)koopovereenkomsten (RJ 270)	153
	5.3.4	Opbrengsten uit het verlenen van diensten (RJ 270)	154
	5.3.5	Overeenkomsten met meerdere prestatieverplichtingen (RJ 270)	155
	5.3.6	Rente, royalty's en dividend (RJ 270)	157
	5.3.7	Het bepalen van de omvang van een opbrengst (RJ 270)	158
	5.3.8	Ruil (RJ 270)	159
	5.3.9	Klantenloyaliteitsprogramma's (RJ 270)	160
	5.3.10	In de toelichting op te nemen informatie (RJ 270)	161
	5.3.11	IFRS 15: Achtergrond en reikwijdte	161
	5.3.12	Algemene verwerkingswijze opbrengsten op basis van IFRS 15	161
	5.3.13	Overige bepalingen IFRS 15	166
	5.3.14	Belangrijkste verschillen Dutch GAAP – IFRS	169
5.4		Personeelsbeloningen	170
	5.4.1	Het begrip personeelsbeloningen	170
	5.4.2	Beloningen tijdens het dienstverband	171
	5.4.3	Ontslagvergoedingen	175
	5.4.4	Andere langetermijnpersoneelsbeloningen (uitsluitend IAS 19)	177
5.5		Rentelasten	179
	5.5.1	Het begrip rentelasten	179
	5.5.2	Verwerking van rentelasten	180
	5.5.3	Het begrip kwalificerend actief en activering van rentelasten	180
5.6		Bijzondere baten en lasten	180
5.7		Overzicht van het totaalresultaat en het Statement of Profit or Loss and Other Comprehensive Income	182
	5.7.1	Overzicht van het totaalresultaat	182
	5.7.2	Statement of profit or loss and other comprehensive income	185
5.8		Vrijstellingen voor middelgrote rechtspersonen	186
6		**Immateriële vaste activa (excl. goodwill)**	**187**
6.1		Algemeen	188
	6.1.1	Inleiding	188
	6.1.2	Begripsbepaling	189
	6.1.3	Categorieën immateriële vaste activa	193
6.2		Activering	195
	6.2.1	Voorwaarden activering	195
	6.2.2	Wijze van verwerving	196
	6.2.3	Zelfstandige, separate verwerving van derden	196
	6.2.4	Verwerving via een 'business combination'	196
	6.2.5	Intern vervaardigde immateriële vaste activa	198
	6.2.6	Verwerving via een overheidsmaatregel	204
	6.2.7	Ruil van activa	204
	6.2.8	Wettelijke reserve	205
6.3		Waardering	206
	6.3.1	Verkrijgings- of vervaardigingsprijs	206
	6.3.2	Actuele waarde/reële waarde	207
6.4		Resultaatbepaling	209
	6.4.1	Begripsbepaling 'economische levensduur' en 'gebruiksduur'	209
	6.4.2	Bijzondere voorschriften aangaande de te hanteren gebruiksduur	209
	6.4.3	Restwaarde	211

Uitgebreide inhoudsopgave

	6.4.4	Systematische afschrijvingen	211
	6.4.5	Waardevermindering	212
	6.4.6	Verwerking en terugneming waardevermindering	213
	6.4.7	Buitengebruikstelling en afstoting	213
6.5	Presentatie en toelichting		213
	6.5.1	Presentatie in de balans en winst-en-verliesrekening	213
	6.5.2	Informatieverschaffing in de toelichting	214
	6.5.3	Mutatie-overzicht	216
6.6	Vrijstellingen voor middelgrote rechtspersonen		217
7	**Materiële vaste activa**		**219**
7.1	Algemeen		222
	7.1.1	Inleiding	222
	7.1.2	Definitie en categorieën	223
	7.1.3	Reserveonderdelen en reservecapaciteit	224
	7.1.4	Niet aan het productieproces dienstbare activa	225
	7.1.5	Vastgoedbelegging in aanbouw of in ontwikkeling	225
7.2	Activering		225
	7.2.1	Algemene activeringscriteria	225
	7.2.2	Geleasede materiële vaste activa resp. gebruiksrechten van activa	226
	7.2.3	Materiële vaste activa in bestelling	227
	7.2.4	Ontvangen activa van klanten	227
7.3	Waardering		228
	7.3.1	Initiële waardering en inleiding vervolgwaardering	228
	7.3.2	Vervolgwaardering: Kostprijs (verkrijgings- en vervaardigingsprijs)	237
	7.3.3	Vervolgwaardering: Actuele waarde en reële waarde	237
	7.3.4	Bijzonderheden in de waardering	245
7.4	Resultaatbepaling		247
	7.4.1	Afschrijvingen	247
	7.4.2	Wijzigingen in de geschatte gebruiksduur, restwaarde en afschrijvingsmethode	250
	7.4.3	Bijzondere waardeverminderingen	252
	7.4.4	Herwaardering	252
	7.4.5	Desinvestering	253
7.5	Groot onderhoud		254
	7.5.1	Groot onderhoud als onderdeel van de boekwaarde van het actief	255
	7.5.2	Groot onderhoud via onderhoudsvoorziening (uitsluitend Dutch GAAP)	257
	7.5.3	Overgangsmaatregelen (uitsluitend Dutch GAAP)	258
7.6	Herstelkosten		260
	7.6.1	Kosten van herstel als onderdeel van de boekwaarde van het actief	261
	7.6.2	Kosten van herstel via opbouw van een egalisatievoorziening (uitsluitend Dutch GAAP)	262
7.7	Presentatie en toelichting		263
	7.7.1	Presentatie in balans en winst-en-verliesrekening	263
	7.7.2	Informatieverschaffing in de toelichting	264
	7.7.3	Mutatie-overzicht	268
7.8	Biologische activa		271
	7.8.1	Reikwijdte, definities en balansrubricering	271
	7.8.2	Activering	273
	7.8.3	Waardering	274
	7.8.4	Resultaatbepaling	275
	7.8.5	Overheidssubsidies	276
	7.8.6	Toelichting	276

8		**Vastgoedbeleggingen**	**277**
8.1		Algemeen	279
	8.1.1	Begripsbepaling en toepassingsgebied	279
	8.1.2	Bijzondere bedrijfstakken	283
8.2		Activering	284
8.3		Waardering	284
	8.3.1	Keuze waarderingsgrondslag	284
	8.3.2	Eerste waardering	284
	8.3.3	Uitgaven na eerste verwerking	286
	8.3.4	Waardering na eerste verwerking	287
	8.3.5	Actuele waarde/reële waarde	288
	8.3.6	Reële waarde niet op betrouwbare wijze vast te stellen	291
	8.3.7	Historische kosten	292
8.4		Resultaatbepaling, alsmede consequenties voor de presentatie in het eigen vermogen (herwaarderingsreserve)	292
	8.4.1	Waardering tegen actuele waarde	292
	8.4.2	Waardering tegen historische kosten	294
8.5		Herclassificatie	294
	8.5.1	Moment van herclassificatie	294
	8.5.2	Waardering bij herclassificatie	295
8.6		Buitengebruikstelling en afstoting	297
8.7		Verwerking van operationele lease als vastgoedbelegging door de lessee	298
	8.7.1	Richtlijnen	298
	8.7.2	IFRS	299
8.8		Presentatie en toelichting	300
	8.8.1	Presentatie	300
	8.8.2	Toelichting	302
8.9		Vrijstellingen voor middelgrote rechtspersonen	307
9		**Financiële vaste activa: algemeen**	**309**
9.1		Begripsbepaling en regelgeving	311
9.2		Categorieën financiële vaste activa	312
	9.2.1	Vorderingen	312
	9.2.2	Overige effecten	313
9.3		Waardering en resultaatbepaling vorderingen	314
9.4		Waardering en resultaatbepaling overige effecten	316
	9.4.1	Keuze waarderingsgrondslagen	316
	9.4.2	Verkrijgingsprijs	317
	9.4.3	Actuele waarde/reële waarde	320
	9.4.4	Transactiekosten	321
	9.4.5	Participaties en beleggingen	322
	9.4.6	Niet langer opnemen in de balans ('derecognition')	322
	9.4.7	Verschillen Dutch GAAP – IFRS	322
9.5		Presentatie en toelichting	323
	9.5.1	Presentatie	323
	9.5.2	Uiteenzetting grondslagen	324
	9.5.3	Mutatie-overzichten	324
	9.5.4	Gecumuleerde waardewijzigingen	325
	9.5.5	Overige informatie	325
	9.5.6	Verschillen Dutch GAAP – IFRS	326
9.6		Vrijstellingen voor middelgrote rechtspersonen	326

10 Deelnemingen — 327

- 10.1 Begrippen — 329
  - 10.1.1 Het begrip 'groepsmaatschappij' — 329
  - 10.1.2 Het begrip 'dochtermaatschappij' — 329
  - 10.1.3 Het begrip 'buiten de groep staande verbonden maatschappijen' — 331
  - 10.1.4 Het begrip 'deelneming' — 332
  - 10.1.5 Een stroomschema — 334
  - 10.1.6 Verschillen Dutch GAAP - IFRS — 335
- 10.2 Verwerving van een deelneming — 335
  - 10.2.1 Moment van verwerving — 335
  - 10.2.2 Moment van aanvang van de waardering — 335
  - 10.2.3 Bepaling van de verkrijgingsprijs van een deelneming — 336
  - 10.2.4 Verschillen Dutch GAAP - IFRS — 338
- 10.3 Waardering en resultaatbepaling deelnemingen: keuze grondslagen — 338
  - 10.3.1 Onderscheid deelnemingen — 338
  - 10.3.2 Grondslag van waardering en resultaatbepaling: geen invloed van betekenis — 340
  - 10.3.3 Grondslag van waardering en resultaatbepaling: wel invloed van betekenis — 341
  - 10.3.4 Grondslag van waardering en resultaatbepaling: samenvattend schema — 343
  - 10.3.5 Waardering deelnemingen in enkelvoudige jaarrekening tegen nettovermogenswaarde die is bepaald op basis van IFRS-grondslagen ('combinatie 3') — 344
  - 10.3.6 Belangen in coöperaties — 346
  - 10.3.7 Verschillen Dutch GAAP - IFRS — 346
- 10.4 Waardering en resultaatbepaling deelnemingen: toepassing grondslagen — 347
  - 10.4.1 Kostprijsmethode — 347
  - 10.4.2 Actuele-waardemethode — 348
  - 10.4.3 Netto-vermogenswaardemethode — 349
  - 10.4.4 Zichtbaar-eigen-vermogenmethode — 358
  - 10.4.5 Verschillen Dutch GAAP - IFRS — 358
- 10.5 Wijziging van waarderingsmethode — 359
  - 10.5.1 Verkrijging van invloed van betekenis — 359
  - 10.5.2 Verlies van invloed van betekenis — 360
  - 10.5.3 Vrijwillige stelselwijziging — 360
  - 10.5.4 Verschillen Dutch GAAP - IFRS — 361
- 10.6 Eliminatie ongerealiseerde resultaten uit transacties met deelnemingen — 361
- 10.7 Toename bestaand belang — 362
  - 10.7.1 Aankoop aandelen: stapsgewijze verwerving — 362
  - 10.7.2 Deelneming koopt aandelen in — 362
  - 10.7.3 Verwerving aandeel derden — 363
  - 10.7.4 Verschillen Dutch GAAP - IFRS — 364
- 10.8 Afname bestaand belang — 364
  - 10.8.1 Verkoop aandelen — 365
  - 10.8.2 Afname belang door emissie bij de deelneming (verwatering) — 365
  - 10.8.3 Verkoop met behoud van overheersende zeggenschap — 366
  - 10.8.4 Verkoop met verlies van overheersende zeggenschap — 366
  - 10.8.5 Verkoop met verlies van invloed van betekenis — 368
  - 10.8.6 Gevolgen voor de goodwill bij (gedeeltelijke) verkoop deelneming — 369
  - 10.8.7 Verschillen Dutch GAAP - IFRS — 370
- 10.9 Presentatie en toelichting — 370
  - 10.9.1 Presentatie — 370
  - 10.9.2 Toelichting — 371

11		**Joint ventures**	**373**
11.1		Begripsbepaling	373
	11.1.1	Joint venture (RJ)	374
	11.1.2	Joint arrangements (IFRS)	376
	11.1.3	Verschillen Dutch GAAP – IFRS	378
11.2		Waardering en resultaatbepaling	379
	11.2.1	Joint ventures (RJ)	379
	11.2.2	Joint arrangements (IFRS)	381
	11.2.3	Verschillen Dutch GAAP – IFRS	383
11.3		Jaarrekening van de joint venture	383
	11.3.1	Verschillen Dutch GAAP – IFRS	384
11.4		Presentatie en toelichting	384
	11.4.1	Informatie voor alle typen joint arrangements	384
	11.4.2	Informatie specifiek met betrekking tot joint ventures	384
	11.4.3	Informatie te verstrekken door overige deelnemers aan de joint venture/arrangement	385
	11.4.4	Verschillen Dutch GAAP – IFRS	385
12		**Voorraden**	**387**
12.1		Algemeen	388
12.2		Activering voorraden	391
12.3		Waardering en resultaatbepaling voorraden	392
	12.3.1	Algemene uitgangspunten voor de waardering van voorraden	393
	12.3.2	Verkrijgingsprijs	396
	12.3.3	Vervaardigingsprijs	396
	12.3.4	De kostprijs van fungibele goederen	398
	12.3.5	Lagere opbrengstwaarde	400
	12.3.6	Actuele waarde	401
12.4		Presentatie voorraden	404
	12.4.1	Presentatie in de balans	404
	12.4.2	Presentatie in de winst-en-verliesrekening	404
	12.4.3	Voormalige verhuurde activa	405
12.5		Toelichting voorraden	405
12.6		Vrijstellingen voor middelgrote rechtspersonen	407
13		**Onderhanden projecten**	**409**
13.1		Algemeen	412
	13.1.1	Regelgeving en reikwijdte	412
	13.1.2	Belangrijkste verschillen Dutch GAAP – IFRS	413
	13.1.3	Regelgeving van toepassing in toekomstige jaren	414
13.2		Begripsbepaling en categorieën onderhanden projecten	415
	13.2.1	Onderhanden projecten	415
	13.2.2	Projectontwikkeling	416
	13.2.3	Dienstverlening	417
13.3		Identificatie van het contract	417
	13.3.1	Aard van contracten	418
	13.3.2	Combineren en opsplitsen van contracten	418
	13.3.3	Meer- en minderwerk en andere contractwijzigingen	421
13.4		Prestatieverplichtingen en allocatie opbrengsten (IFRS 15)	422
	13.4.1	Het onderkennen van prestatieverplichtingen (IFRS 15)	422
	13.4.2	Allocatie van opbrengsten aan prestatieverplichtingen (IFRS 15)	423

13.5	Waardering en resultaatbepaling		424
	13.5.1	Projectopbrengsten	424
	13.5.2	Projectkosten	427
	13.5.3	Verwerking van opbrengsten, kosten en resultaten	431
	13.5.4	Verwachte verliezen	438
	13.5.5	Wijzigingen inzake betrouwbaarheid projectresultaat respectievelijk meetbaarheid voortgang	440
	13.5.6	Projectontwikkeling (Richtlijnen)	442
13.6	Presentatie en toelichting		442
	13.6.1	Presentatie	442
	13.6.2	Toelichting	445
13.7	Vrijstellingen voor middelgrote rechtspersonen		446
14	**Overige vlottende activa**		**449**
14.1	Algemeen		452
14.2	Begripsbepaling en categorieën		452
	14.2.1	Onderscheid vaste activa en vlottende activa	452
	14.2.2	Splitsing naar categorie	453
	14.2.3	Crypto-activa en cryptocurrencies	455
14.3	Activering		457
	14.3.1	Wanneer is sprake van een actief	457
	14.3.2	Opnemen en niet langer verwerken in de balans	458
	14.3.3	Vorderingen op aandeelhouders/te storten aandelenkapitaal	459
14.4	Waardevermindering en verwerking waardemutaties		459
	14.4.1	Waardeverminderingen van overige vlottende activa	459
	14.4.2	Verwerking waardemutaties	462
14.5	Vorderingen (behorend tot de vlottende activa): Waardering, presentatie en toelichting		463
	14.5.1	Vorderingen (behorend tot de vlottende activa): Begripsbepaling	463
	14.5.2	Vorderingen (behorend tot de vlottende activa): Waardering	464
	14.5.3	Vorderingen (behorend tot de vlottende activa): Presentatie en toelichting	466
14.6	Effecten (behorend tot de vlottende activa): Waardering, presentatie en toelichting		468
	14.6.1	Effecten (behorend tot de vlottende activa): Begripsbepaling	468
	14.6.2	Effecten (behorend tot de vlottende activa): Waardering	468
	14.6.3	Effecten (behorend tot de vlottende activa): Presentatie en toelichting	471
14.7	Liquide middelen: Waardering, presentatie en toelichting		472
	14.7.1	Liquide middelen: Begripsbepaling	472
	14.7.2	Liquide middelen: Waardering	473
	14.7.3	Liquide middelen: Presentatie en toelichting	474
14.8	Overlopende activa: Waardering, presentatie en toelichting		475
	14.8.1	Overlopende activa: Begripsbepaling en Presentatie	475
	14.8.2	Overlopende activa: Waardering	475
	14.8.3	Overlopende activa: Toelichting	475
14.9	Cryptocurrencies verwerkt als 'belegging'		475
	14.9.1	Begripsbepaling cryptocurrencies als 'belegging'	476
	14.9.2	Waardering van cryptocurrencies als 'belegging'	476
	14.9.3	Presentatie en toelichting cryptocurrencies als 'belegging'	476
14.10	Vrijstellingen voor middelgrote rechtspersonen (alleen Richtlijnen)		477
15	**Eigen vermogen en Aandeel van derden**		**479**
15.1	Algemeen		481
	15.1.1	Begripsbepaling	481
	15.1.2	Presentatie van Aandeel van derden (begrip Groepsvermogen)	483

	15.1.3	Garantievermogen/aansprakelijk vermogen	484
	15.1.4	Gebonden en vrij vermogen in de enkelvoudige jaarrekening	484
	15.1.5	Criteria voor rubricering als eigen vermogen of vreemd vermogen	485
15.2	Categorieën eigen vermogen		486
	15.2.1	Begripsbepaling	486
	15.2.2	Het geplaatste kapitaal	487
	15.2.3	Agio	492
	15.2.4	Herwaarderingsreserve	494
	15.2.5	Andere wettelijke reserves	501
	15.2.6	Statutaire reserves	506
	15.2.7	Overige reserves	506
	15.2.8	Niet-verdeelde winsten	506
	15.2.9	Dividenduitkeringen	507
15.3	Eigen aandelen		510
	15.3.1	Inkoop van eigen aandelen	510
	15.3.2	Verkoop ingekochte eigen aandelen	512
	15.3.3	Dividend op ingekochte eigen aandelen	512
	15.3.4	Toelichting inzake eigen aandelen	512
15.4	Mutaties in eigen vermogen		513
	15.4.1	Rechtstreekse mutaties in het eigen vermogen	513
	15.4.2	Verplichting tot opstelling mutatie-overzicht eigen vermogen	515
15.5	Aandeel van derden		517
	15.5.1	Definitie – Putopties, callopties of combinatie van opties	517
	15.5.2	Presentatie	518
	15.5.3	Initiële waardering van aandeel van derden	519
	15.5.4	Vervolgwaardering	520
	15.5.5	Negatieve waarde van aandeel van derden	520
	15.5.6	Mutaties in de omvang van het minderheidsbelang	521
	15.5.7	Toelichting	522
15.6	Vrijstellingen voor middelgrote rechtspersonen		523
16	**Voorzieningen**		**525**
16.1	Begripsbepaling en categorieën		526
	16.1.1	Begrip en toepassingsgebied	526
	16.1.2	Categorieën	527
16.2	Opname en verwerking		528
	16.2.1	Voorziening is een verplichting	528
	16.2.2	Waarschijnlijkheid	529
	16.2.3	Betrouwbare schatting	529
	16.2.4	Vergoedingen - verhaal op een derde	530
16.3	Omvang en waardering		531
	16.3.1	Bepaling van de omvang	531
	16.3.2	Grondslag van waardering	533
	16.3.3	Toevoegingen, onttrekkingen en vrijval	535
16.4	Presentatie en informatie in de toelichting		536
	16.4.1	Presentatie	536
	16.4.2	Toelichting	537
	16.4.3	Informatie over verplichtingen waarvoor geen voorzieningen zijn gevormd	540
16.5	Specifieke soorten voorzieningen		541
	16.5.1	Voorziening voor reorganisatiekosten	541
	16.5.2	Voorziening voor garantieverplichtingen	546
	16.5.3	Voorziening voor verlieslatende contracten	547

Uitgebreide inhoudsopgave

	16.5.4	Voorziening in verband met aansprakelijkheid	548
	16.5.5	Voorziening voor risico's uit claims, geschillen en rechtsgedingen	550
	16.5.6	Voorziening in verband met milieuverplichtingen	552
	16.5.7	Voorziening voor assurantie eigen risico	552
	16.5.8	Voorziening voor arbeidsongeschiktheidskosten	552
	16.5.9	Voorziening voor verwijderingsverplichtingen	552
	16.5.10	Voorziening voor kosten juridische dienstverlening	554
	16.5.11	Voorziening voor overheidsheffingen	554
	16.5.12	Voorziening voor onregelmatigheidstoeslag	555
17	**Belastingen naar de winst**		**557**
17.1	Algemeen		558
	17.1.1	Definities en categorieën	558
	17.1.2	Toerekeningsbeginsel: Latente belastingen	559
	17.1.3	Samenloop met Overheidssubsidies	560
	17.1.4	Fiscale grondslagen in de statutaire jaarrekening	560
	17.1.5	Winstbelasting in internationale context	560
	17.1.6	Schema toepasselijke regelgeving	561
17.2	Opnemen van belastingverplichtingen en -vorderingen		562
	17.2.1	Acute belastingverplichtingen en -vorderingen	564
	17.2.2	Latente belastingverplichtingen en -vorderingen	564
	17.2.3	Latente belastingverplichtingen en -vorderingen: bijzonderheden	573
17.3	Waardering		581
	17.3.1	Welk tarief?	581
	17.3.2	Waardering tegen nominale of contante waarde?	584
	17.3.3	Onzekere belastingposities	585
17.4	Verwerking van mutaties in belastingvorderingen of -verplichtingen		586
17.5	Presentatie en toelichting		586
	17.5.1	Balans	586
	17.5.2	Winst-en-verliesrekening	589
	17.5.3	Overige toelichting	593
17.6	Allocatie van belastingen binnen een fiscale eenheid (alleen onder RJ 272)		594
17.7	Vrijstellingen voor middelgrote rechtspersonen		597
18	**Pensioenen**		**599**
18.1	Algemeen		601
	18.1.1	Inleiding	601
	18.1.2	Verschillen tussen Nederlandse en internationale regelgeving	602
	18.1.3	Toepassingsgebied	603
	18.1.4	Wijze van uitvoering pensioenregeling in Nederland	604
	18.1.5	Belangrijke begrippen	605
	18.1.6	Geen consolidatieplicht	606
	18.1.7	Negatieve rente	606
18.2	Hoofdlijnen Richtlijn 271		607
	18.2.1	Inleiding	607
	18.2.2	Waardering en resultaatbepaling Nederlandse pensioenregelingen	607
	18.2.3	Waardering en resultaatbepaling buitenlandse pensioenregelingen	611
	18.2.4	Presentatie	612
	18.2.5	Toelichting	612
18.3	Hoofdlijnen IAS 19		613
	18.3.1	Classificatie van pensioenregelingen	613
	18.3.2	Toegezegde-bijdrageregeling ('defined contribution plan')	615

	18.3.3	Toegezegd-pensioenregeling ('defined benefit plan')	616
	18.3.4	Collectieve regelingen	616
	18.3.5	Levensverzekeringsmaatschappij	621
	18.3.6	Waardering en resultaatbepaling toegezegde-bijdrageregeling	622
	18.3.7	Waardering en resultaatbepaling toegezegd-pensioenregeling, algemeen	622
	18.3.8	De bepaling van de balanspost pensioenverplichting	623
	18.3.9	De bepaling van de pensioenlasten	623
	18.3.10	Bepaling contante waarde pensioenaanspraken ('Projected Unit Credit Method')	624
	18.3.11	Toe te rekenen netto rente bij toegezegd-pensioenregeling	632
	18.3.12	Reële waarde en opbrengst fondsbeleggingen	633
	18.3.13	Waardewijzigingen en schattingsverschillen ('Remeasurements')	635
	18.3.14	Lasten over verstreken diensttijd ('past service costs')	636
	18.3.15	Effecten van beëindiging van de regeling	637
	18.3.16	Kosten van medische verzorging	638
	18.3.17	Verwerking van een 'negatieve pensioenverplichting': overschotten	638
	18.3.18	Risicodeling	641
	18.3.19	Presentatie	642
	18.3.20	Toelichting	643
18.4		VUT en andere non-activiteitsregelingen	646
19		**Schulden en overlopende passiva**	**649**
19.1		Begripsbepaling en toepassingsgebied	652
	19.1.1	Begripsbepaling en regelgeving	652
	19.1.2	Toepassingsgebied	652
	19.1.3	Wanneer is sprake van een schuld	652
	19.1.4	Classificatie vreemd vermogen/eigen vermogen	654
19.2		Categorieën schulden	654
	19.2.1	Converteerbare obligatielening	655
	19.2.2	Ontvangen vooruitbetalingen op bestellingen	655
	19.2.3	Schulden ter zake van belastingen en van premies sociale verzekering	655
	19.2.4	Schulden aan deelnemingen	656
	19.2.5	Schulden aan overige verbonden maatschappijen	656
	19.2.6	Achtergestelde schuld	656
	19.2.7	Preferente aandelen	657
	19.2.8	Overlopende passiva	657
19.3		Opnemen en niet langer verwerken in de balans	658
	19.3.1	Opnemen in de balans	658
	19.3.2	Niet langer verwerken in de balans	658
19.4		Waardering en resultaatbepaling	659
	19.4.1	Waarderingscategorieën	659
	19.4.2	(Dis)agio	662
	19.4.3	Rente	663
	19.4.4	Boeteclausules	663
	19.4.5	Kredietprovisie	664
19.5		Presentatie en toelichting	664
	19.5.1	Presentatie in de balans en in de winst-en-verliesrekening	664
	19.5.2	Onderscheid kortlopende en langlopende schulden	664
	19.5.3	Herfinanciering langlopende schuld	665
	19.5.4	Vervroegde opeisbaarheid	666
	19.5.5	Vervroegde aflossing	667
	19.5.6	Classificatie bij samengestelde financiële instrumenten	667

Uitgebreide inhoudsopgave

		19.5.7	Saldering	667
		19.5.8	Toelichting	668
19.6		Vrijstellingen voor middelgrote rechtspersonen (alleen Richtlijnen)		673
20		**Het kasstroomoverzicht**		**675**
20.1		Algemeen		676
		20.1.1	Omschrijving	676
		20.1.2	Functies	677
		20.1.3	Reikwijdte	677
		20.1.4	Bijzondere bedrijfstakken	678
		20.1.5	Plaats in de jaarrekening	678
		20.1.6	Vergelijkende cijfers	679
		20.1.7	Geconsolideerde en/of enkelvoudige informatie	679
20.2		Middelenbegrip, indeling in categorieën, methoden		679
		20.2.1	Middelenbegrip	679
		20.2.2	Indeling in categorieën	683
		20.2.3	Kasstromen uit operationele activiteiten	685
		20.2.4	Kasstromen uit investeringsactiviteiten	689
		20.2.5	Kasstromen uit financieringsactiviteiten	694
		20.2.6	Classificatie van interest, dividend en winstbelasting	695
20.3		Bijzondere verwerkingselementen		699
		20.3.1	Samengestelde transacties en transacties zonder ruil van geldmiddelen	700
		20.3.2	Leasing	701
		20.3.3	Herwaardering van activa	702
		20.3.4	Derivaten	703
		20.3.5	Vreemde valuta	703
		20.3.6	Aan- en verkoop deelnemingen	707
		20.3.7	Bijzondere baten en lasten	709
20.4		Toelichting op het kasstroomoverzicht		709
		20.4.1	Informatie in de toelichting	709
		20.4.2	Informatie in het bestuursverslag	714
20.5		Vrijstellingen voor middelgrote rechtspersonen		714
21		**Toelichting**		**715**
21.1		Algemeen		716
		21.1.1	Inhoud toelichting	716
		21.1.2	Vergelijkende cijfers in de toelichting	721
		21.1.3	Verschillen Dutch GAAP - IFRS	721
21.2		Specifieke onderdelen		721
		21.2.1	Informatie met betrekking tot andere vennootschappen in de toelichting op de jaarrekening	721
		21.2.2	Aantal werknemers	729
		21.2.3	Vermeldingen ten aanzien van lonen en salarissen en afschrijvingen	730
		21.2.4	Toelichting personeelsbeloningen	730
		21.2.5	Bezoldiging van (ex-)bestuurders en (ex-)commissarissen	731
		21.2.6	Leningen aan bestuurders en commissarissen	735
		21.2.7	Wet normering topinkomens	736
		21.2.8	Verbonden partijen	739
		21.2.9	'Buiten de groep staande overige verbonden maatschappijen'	742
		21.2.10	Informatie omtrent het accountantshonorarium	743
		21.2.11	Winstbestemming en gebeurtenissen na balansdatum	745
21.3		Vrijstellingen voor middelgrote rechtspersonen		745

Deel III Capita selecta

22		**Segmentatie**	**749**
22.1		Algemeen	751
	22.1.1	Doel	751
	22.1.2	Verplichte wet- en regelgeving (Nederlandse rechtspersonen)	751
	22.1.3	Aanbevolen Richtlijnen voor de jaarverslaggeving	754
	22.1.4	IFRS	754
	22.1.5	Geconsolideerde en/of enkelvoudige informatie	754
	22.1.6	Samenvatting van toepassing zijnde wet- en regelgeving	754
22.2		Identificatie en grondslagen van te rapporteren segmenten (aanbevolen onder Dutch GAAP en verplicht onder IFRS)	755
	22.2.1	Definitie van een operationeel segment	755
	22.2.2	Bepaling te rapporteren segmenten	757
	22.2.3	Wijzigingen in de te rapporteren segmenten door de kwantitatieve criteria	761
	22.2.4	Grondslagen voor waardering en resultaatbepaling van een segment	761
22.3		Te verstrekken informatie (aanbevolen onder Dutch GAAP en verplicht onder IFRS)	762
	22.3.1	Informatieverschaffing voor te rapporteren segmenten (aanbevolen onder Dutch GAAP)	762
	22.3.2	Informatieverschaffing voor te rapporteren segmenten onder IFRS (verplicht voor beursfondsen of verwachte beursnotering)	764
	22.3.3	Overige informatieverschaffing	767
22.4		Vrijstellingen voor middelgrote rechtspersonen	769
23		**Consolidatie**	**771**
23.1		Inleiding	773
	23.1.1	Definitie geconsolideerde jaarrekening	773
	23.1.2	Waarom consolidatie?	774
23.2		Begripsbepaling	775
	23.2.1	Het begrip groep (Dutch GAAP)	775
	23.2.2	Beleidsbepalende invloed (Dutch GAAP)	777
	23.2.3	Control (IFRS)	778
23.3		Consolidatieplicht	782
	23.3.1	Consolidatieplicht groepshoofd	782
	23.3.2	Consolidatieplicht tussenhoudstermaatschappij	783
	23.3.3	Consolidatieplicht participatiemaatschappij en beleggingsentiteiten	783
	23.3.4	Consolidatieplicht personal holding	784
	23.3.5	Aanvang consolidatieplicht	785
23.4		Vrijstelling van consolidatieplicht	786
	23.4.1	Vrijstelling vanwege omvang (regime micro en 'klein') (art. 2:407 lid 2 BW)	786
	23.4.2	Vrijstelling vanwege tussenhoudsterregime (art. 2:408 BW)	786
23.5		Consolidatiekring	791
23.6		Vrijstellingen inzake consolidatiekring	794
	23.6.1	Vrijstellingen	794
	23.6.2	Vrijstelling voor consolidatie van maatschappijen van wie gezamenlijke betekenis te verwaarlozen is op het geheel	794
	23.6.3	Belang dat slechts wordt gehouden om te vervreemden	794
	23.6.4	Vrijstelling voor participatiemaatschappijen en beleggingsentiteiten	795
23.7		Einde consolidatieplicht	797
23.8		Consolidatiegrondslagen	797
	23.8.1	Integrale consolidatie	797
	23.8.2	Proportionele consolidatie (Dutch GAAP)	800
	23.8.3	Uniforme grondslagen van waardering en resultaatbepaling	801

Uitgebreide inhoudsopgave

		23.8.4	Eliminatie van onderlinge relaties en resultaten	801
		23.8.5	Consolidatie van groepsmaatschappij met negatief eigen vermogen	802
	23.9	Inhoud geconsolideerde jaarrekening		802
		23.9.1	Toepasselijke bepalingen Titel 9 Boek 2 BW	802
		23.9.2	Balansdatum geconsolideerde jaarrekening	802
		23.9.3	Verschillen eigen vermogen en resultaat enkelvoudig en geconsolideerd	802
		23.9.4	Resultaat uit groepsmaatschappij	803
		23.9.5	Vermelding in de toelichting	803
24		**De enkelvoudige jaarrekening**		**805**
	24.1	Begripsbepaling		806
	24.2	Relatie enkelvoudige en geconsolideerde jaarrekening		807
	24.3	Verschijningsvormen van de enkelvoudige jaarrekening (Dutch GAAP)		807
		24.3.1	Enkelvoudige jaarrekening op basis van Dutch GAAP indien geen geconsolideerde jaarrekening wordt opgesteld	808
		24.3.2	Enkelvoudige jaarrekening op basis van IFRS indien geen geconsolideerde jaarrekening wordt opgesteld	808
		24.3.3	Enkelvoudige jaarrekening indien tevens een geconsolideerde jaarrekening wordt opgesteld op basis van Dutch GAAP; combinatie 1	808
		24.3.4	Enkelvoudige jaarrekening indien tevens een geconsolideerde jaarrekening wordt opgesteld op basis van IFRS: combinatie 2	808
		24.3.5	Enkelvoudige jaarrekening indien tevens een geconsolideerde jaarrekening wordt opgesteld op basis van IFRS: combinatie 3	809
		24.3.6	Enkelvoudige jaarrekening indien tevens een geconsolideerde jaarrekening wordt opgesteld op basis van IFRS: combinatie 4	809
	24.4	Verschijningsvormen van de enkelvoudige jaarrekening (IFRS)		809
	24.5	Enkelvoudig eigen vermogen - geconsolideerd eigen vermogen		812
	24.6	Uitkeringen van vermogen		814
		24.6.1	Algemeen	814
		24.6.2	Uitkering van vermogen	815
		24.6.3	Moment van toetsen	815
		24.6.4	Vermogenstoets	815
		24.6.5	Liquiditeitstoets	816
		24.6.6	Negatief eigen vermogen	817
		24.6.7	Documentatie dividenduitkering: vrije keus van bestuurders	817
25		**Fusies en overnames (incl. goodwill)**		**819**
	25.1	Begripsbepaling en toepassingsgebied		823
		25.1.1	Begripsbepaling	824
		25.1.2	Toepassingsgebied	825
	25.2	Verwerken van een overname		832
		25.2.1	Toepassen van 'acquisition method' of 'purchase accounting'-methode	832
		25.2.2	Vaststellen van de overnemende partij	832
		25.2.3	Vaststellen van de overnamedatum	834
		25.2.4	Vaststellen van de verkrijgingsprijs	835
		25.2.5	Verwerken van identificeerbare activa en passiva	840
		25.2.6	Belang van derden	851
	25.3	Goodwill		855
		25.3.1	Begripsbepaling en nadere onderverdelingen	855
		25.3.2	Verwerken van positieve goodwill	857
		25.3.3	Verwerken van negatieve goodwill	860
		25.3.4	Goodwill in vreemde valuta	862

25.4		Voorlopig verwerken van een overname	862
25.5		Stapsgewijze overname	865
25.6		Verwerken van samensmelting van belangen	870
25.7		Verwerken van overnames en samensmeltingen in de enkelvoudige jaarrekening	874
25.8		Verwerken door de overdragende partij	877
25.9		Presentatie en toelichting	878
	25.9.1	Presentatie in de balans en winst-en-verliesrekening	878
	25.9.2	Toelichting	879
25.10		Bijzondere aspecten inzake juridische fusie en splitsing	883
	25.10.1	Juridische fusie	883
	25.10.2	Juridische splitsing	884
	25.10.3	Tussentijdse vermogensopstelling bij fusie en splitsing	885
	25.10.4	Andere bijzondere voorschriften bij fusie en splitsing	886
25.11		Overnames en samensmeltingen van stichtingen en verenigingen	888
25.12		Vrijstellingen voor middelgrote rechtspersonen	889
26		**Transacties onder gemeenschappelijke leiding**	**891**
26.1		Inleiding	893
	26.1.1	Reikwijdte en begripsbepaling	894
	26.1.2	Verslaggevingsvoorschriften	895
	26.1.3	Verwerking en waardering	897
	26.1.4	Toelichting	900
26.2		Fusies en overnames	901
	26.2.1	Gemeenschappelijke leiding	901
	26.2.2	Verslaggevingsvoorschriften	902
	26.2.3	Verwerkingsmethodes	902
	26.2.4	Wanneer welke verwerkingsmethode toe te passen?	906
	26.2.5	Verwerking in de enkelvoudige jaarrekening van de verkrijgende partij	910
	26.2.6	Verwerking door de overdragende partij	913
	26.2.7	Presentatie en toelichting	917
26.3		Overdracht van niet-monetaire activa, informele dividenduitkering en informele kapitaalstorting	918
	26.3.1	Informele dividenduitkering onder Dutch GAAP	918
	26.3.2	Informele kapitaalstorting onder Dutch GAAP	919
	26.3.3	Informele dividenduitkering en kapitaalstorting onder IFRS	920
26.4		Leningen en garanties	920
	26.4.1	Leningen	921
	26.4.2	Garanties	921
26.5		Onderlinge dienstverlening	924
	26.5.1	Verwerking van onderlinge dienstverlening	925
	26.5.2	Personeelsdiensten	926
	26.5.3	Op aandelen gebaseerde betalingen in groepsaandelen	930
	26.5.4	Verrekeningen binnen een fiscale eenheid	930
26.6		Resultaten op intercompany-transacties	931
	26.6.1	Inleiding	931
	26.6.2	Downstream sale	932
	26.6.3	Upstream sale	936
	26.6.4	Sidestream sale	939
27		**Vreemde valuta**	**943**
27.1		Inleiding	944

Uitgebreide inhoudsopgave

27.2	De functionele valuta		945
	27.2.1	Bepaling van de functionele valuta	945
	27.2.2	Wijziging van de functionele valuta	947
27.3	Transacties in vreemde valuta		947
	27.3.1	Begripsbepaling	947
	27.3.2	Wijze van omrekening	948
	27.3.3	Verwerking koersverschillen van transacties in vreemde valuta	950
27.4	Omrekening van functionele valuta in presentatievaluta, waaronder bedrijfsuitoefening in het buitenland ('omrekening buitenlandse deelnemingen')		951
	27.4.1	Presentatievaluta	951
	27.4.2	Bedrijfsuitoefening in het buitenland	952
	27.4.3	Omrekening van functionele valuta naar presentatievaluta	952
	27.4.4	Omrekening van bedrijfsuitoefening in het buitenland	953
	27.4.5	Kasstroomoverzicht	965
	27.4.6	Hyperinflatie	967
27.5	Presentatie en toelichting		970
	27.5.1	Presentatie	970
	27.5.2	Toelichting	971
27.6	Vrijstellingen voor middelgrote rechtspersonen		973
28	**Stelselwijzigingen, schattingswijzigingen en foutherstel**		**975**
28.1	Begripsbepaling stelsel		976
	28.1.1	Stelsel	976
	28.1.2	Stelselkeuze	977
	28.1.3	Stelselwijziging	977
	28.1.4	Verschil tussen stelselkeuze, stelselwijziging, schattingswijziging en foutherstel	978
28.2	Aanvaardbaarheid stelselwijziging		979
	28.2.1	Stelselmatigheidsbeginsel	979
	28.2.2	Reikwijdte en aanvaardbaarheid van stelselwijzigingen	979
28.3	Verwerking en presentatie van stelselwijziging in de jaarrekening		980
	28.3.1	Verwerking	980
	28.3.2	Vergelijkende cijfers	982
	28.3.3	Presentatie en toelichting	983
28.4	Schattingswijzigingen		986
	28.4.1	Begripsbepaling	986
	28.4.2	Het verwerken van schattingswijzigingen	986
28.5	Foutherstel		987
	28.5.1	Begripsbepaling	987
	28.5.2	Verwerking, presentatie en toelichting foutherstel	989
29	**Bijzondere waardeverminderingen van vaste activa**		**993**
29.1	Begripsbepaling bijzondere waardeverminderingen		995
29.2	Bepaling van een bijzondere waardevermindering		997
	29.2.1	Wanneer 'impairment test' uit te voeren	997
	29.2.2	Bepaling realiseerbare waarde	999
	29.2.3	Bepaling opbrengstwaarde	999
	29.2.4	Bepaling bedrijfswaarde	1000
29.3	Verwerking van een bijzondere waardevermindering		1008
29.4	Terugneming van een bijzondere waardevermindering		1009
29.5	Kasstroomgenererende eenheden		1011

	29.5.1	Vaststelling van een kasstroomgenererende eenheid	1011
	29.5.2	De realiseerbare waarde en boekwaarde van een kasstroomgenererende eenheid	1012
	29.5.3	Bijzondere waardevermindering van een kasstroomgenererende eenheid	1013
	29.5.4	Terugneming van een bijzondere waardevermindering van een kasstroomgenererende eenheid	1014
29.6	Goodwill		1015
	29.6.1	Bijzondere waardevermindering van goodwill	1015
	29.6.2	Toerekening goodwill aan kasstroomgenererende eenheden	1016
	29.6.3	'Impairment test' goodwill en belang van derden	1017
	29.6.4	Verwerking van een bijzondere waardevermindering van goodwill	1018
	29.6.5	Terugneming van een bijzondere waardevermindering van goodwill	1020
	29.6.6	Tussentijdse berichtgeving en een bijzondere waardevermindering van goodwill	1021
	29.6.7	Ontwikkelingen IFRS	1021
29.7	Algemene bedrijfsactiva		1022
29.8	Presentatie en toelichting		1023
29.9	Vrijstellingen voor middelgrote rechtspersonen		1026
30	**Financiële instrumenten**		**1027**
30.1	Algemeen		1031
30.2	Begripsbepaling		1033
	30.2.1	Definities	1033
30.3	Opnemen en verwijderen van de balans		1034
	30.3.1	Opnemen op de balans ('recognition')	1034
	30.3.2	Van de balans verwijderen ('derecognition')	1034
	30.3.3	Datum van verwerking van een aan- of verkooptransactie in de balans	1038
	30.3.4	Salderen	1040
30.4	Presentatie en classificatie als eigen of vreemd vermogen		1041
	30.4.1	Classificatie eigen vermogen/vreemd vermogen in de geconsolideerde jaarrekening	1041
	30.4.2	Samengestelde financiële instrumenten	1044
	30.4.3	'Puttable' eigen-vermogensinstrumenten en coöperaties	1046
	30.4.4	Classificatie eigen vermogen/vreemd vermogen in de enkelvoudige jaarrekening	1047
30.5	Waarderingsbegrippen		1048
	30.5.1	Algemeen	1048
	30.5.2	Eerste waardering en vervolgwaardering	1048
	30.5.3	Kostprijs	1049
	30.5.4	Geamortiseerde kostprijs	1049
	30.5.5	Reële waarde	1052
30.6	Classificatie en waardering en bijzondere waardeverminderingen: Richtlijn 290		1054
	30.6.1	Algemeen	1054
	30.6.2	Handelsportefeuille	1056
	30.6.3	Gekochte leningen en obligaties	1056
	30.6.4	Verstrekte leningen en overige vorderingen	1057
	30.6.5	Investeringen in eigen-vermogensinstrumenten	1057
	30.6.6	Herclassificatie tussen categorieën	1058
	30.6.7	Bijzondere waardeverminderingen RJ 290	1058
30.7	Classificatie en waardering en bijzondere waardeverminderingen: hoofdlijnen IFRS 9		1061
	30.7.1	Algemeen	1061
	30.7.2	Classificatie en waardering van activa: schuldinstrumenten	1062

Uitgebreide inhoudsopgave

		30.7.3	Classificatie en waardering van activa: eigen-vermogensinstrumenten	1063
		30.7.4	Classificatie en waardering van financiële verplichtingen	1064
		30.7.5	Herclassificatie van activa	1064
		30.7.6	Reële-waarde-optie	1064
		30.7.7	Bijzondere waardeverminderingen: IFRS 9	1065
	30.8	Toelichting		1069
		30.8.1	Algemene informatie en waarderingsgrondslagen	1069
		30.8.2	Toelichting renterisico	1069
		30.8.3	Toelichting kredietrisico	1070
		30.8.4	Toelichting liquiditeitsrisico	1071
		30.8.5	Toelichting marktrisico	1071
		30.8.6	Toelichting reële waarde	1071
		30.8.7	Toelichting financiële activa boekwaarde hoger dan reële waarde	1073
		30.8.8	Financiële activa of verplichtingen tegen reële waarde met waardewijzigingen in winst-en-verliesrekening en aanvullende informatie	1073
		30.8.9	Beheersing van kapitaal	1075
	30.9	Vrijstellingen voor middelgrote rechtspersonen (alleen RJ)		1076
		30.9.1	Vrijstellingen in toelichtingsvereisten	1076
31		**Derivaten, embedded derivaten en hedge-accounting**		**1077**
31.1		Algemeen		1080
31.2		Begripsbepaling		1083
		31.2.1	Definities	1083
31.3		In een contract besloten derivaten ('embedded derivaten')		1084
31.4		Waardering en resultaatbepaling		1086
		31.4.1	Algemeen	1086
		31.4.2	Kostprijs	1087
		31.4.3	Reële waarde	1087
		31.4.4	Handelsportefeuille	1088
		31.4.5	Toepasselijke grondslagen van waardering en resultaatbepaling van derivaten	1088
		31.4.6	Derivaten (zonder toepassing hedge-accounting)	1089
		31.4.7	Verschillen Dutch GAAP - IFRS	1090
31.5		Hedge-accounting		1090
		31.5.1	Algemeen	1090
		31.5.2	Voorwaarden voor hedge-accounting	1091
		31.5.3	Effectiviteit	1095
		31.5.4	Beëindigen van hedge-accounting	1100
		31.5.5	Reële-waardehedge-accounting ('fair value hedge accounting')	1100
		31.5.6	Kasstroomhedge-accounting ('cash flow hedge-accounting')	1103
		31.5.7	Hedge van een netto-investering in een buitenlandse eenheid	1106
		31.5.8	Kostprijshedge-accounting	1106
		31.5.9	Voorbeelden van de verschillende soorten hedge-accounting	1113
		31.5.10	Kosten van hedging	1117
		31.5.11	Commoditycontracten voor de levering van goederen	1118
31.6		Toelichting		1119
		31.6.1	Algemene informatie en waarderingsgrondslagen	1119
		31.6.2	Toelichting renterisico	1120
		31.6.3	Toelichting liquiditeitsrisico	1120
		31.6.4	Toelichting financiële activa boekwaarde hoger dan reële waarde	1121
		31.6.5	Toelichting inzake hedge-accounting	1121

31.7		Vrijstellingen voor middelgrote rechtspersonen (alleen Richtlijnen)	1124
	31.7.1	Vrijstellingen in toelichtingsvereisten	1124
32		**Leasing**	**1125**
32.1		Begripsbepaling en nadere onderverdelingen	1126
	32.1.1	Begripsbepaling	1127
	32.1.2	Samenvoegen van contracten	1132
	32.1.3	Splitsen van contracten	1132
	32.1.4	Het onderscheiden van de leasebetalingen van andere betalingen	1132
	32.1.5	Leasevormen	1134
32.2		Classificatie als financiële lease of operationele lease	1135
	32.2.1	Algemeen	1135
	32.2.2	Indicaties dat sprake is van financiële lease	1137
	32.2.3	Toepassing van het 90%-criterium	1141
	32.2.4	Wijziging van de leaseclassificatie	1145
	32.2.5	'Special purpose company' (SPC)	1145
	32.2.6	Sub-leases	1146
32.3		Verwerking in de jaarrekening van de lessee	1147
	32.3.1	Financiële lease – lessee (Richtlijn 292)	1147
	32.3.2	Operationele lease – lessee (Richtlijn 292)	1150
	32.3.3	Verslaggeving door de lessee onder IFRS 16	1152
32.4		Verwerking in de jaarrekening van de lessor	1160
	32.4.1	Financiële lease – lessor	1160
	32.4.2	Operationele lease – lessor	1166
32.5		'Sale-and-leaseback'-transacties	1169
	32.5.1	'Sale-and-leaseback' met financiële teruglease (Richtlijn 292)	1170
	32.5.2	'Sale-and-leaseback' met operationele teruglease (Richtlijn 292)	1171
	32.5.3	'Sale-and-leaseback' onder IFRS 16	1173
32.6		Samengestelde transacties met de juridische vorm van een leaseovereenkomst	1176
32.7		Vrijstellingen voor middelgrote rechtspersonen	1177
33		**Activa bestemd voor verkoop en beëindiging van bedrijfsactiviteiten**	**1179**
33.1		Algemeen	1182
33.2		Beëindiging van bedrijfsactiviteiten (RJ)	1182
	33.2.1	Definitie beëindiging van bedrijfsactiviteiten	1182
	33.2.2	Moment van eerste informatieverstrekking: initiële gebeurtenis	1184
	33.2.3	Te verstrekken informatie	1184
33.3		Activa bestemd voor verkoop/uitkering aan aandeelhouders en beëindigde bedrijfsactiviteiten (IFRS)	1187
	33.3.1	Doelstelling en reikwijdte IFRS 5	1187
	33.3.2	Kwalificatie, presentatie en toelichting 'held for sale/distribution'	1188
	33.3.3	Waardering 'held for sale/distribution' actief/'disposal group'	1192
	33.3.4	Beëindigde bedrijfsactiviteiten ('discontinued operations')	1196
33.4		Verschillen Dutch GAAP – IFRS	1200
33.5		Vrijstellingen voor middelgrote rechtspersonen	1201
34		**Op aandelen gebaseerde betalingen**	**1203**
34.1		Algemeen	1205
	34.1.1	Inleiding	1205
	34.1.2	Toepassingsgebied	1206

Uitgebreide inhoudsopgave

34.2	Verwerking en waardering		1208
	34.2.1	Algemeen	1208
	34.2.2	Op aandelen gebaseerde betalingen af te wikkelen in eigen-vermogensinstrumenten	1211
	34.2.3	Effect van voorwaarden verbonden aan op aandelen gebaseerde betalingen	1215
	34.2.4	Op aandelen gebaseerde betalingen af te wikkelen in geldmiddelen	1221
	34.2.5	Schematische samenvatting	1225
	34.2.6	Verwerking van regelingen waarbij periodiek een gedeelte van de toegekende instrumenten onvoorwaardelijk wordt ('graded vesting')	1226
	34.2.7	Op aandelen gebaseerde betalingen met alternatieven voor de afwikkeling	1226
	34.2.8	Wijzigingen in de voorwaarden met inbegrip van annulering en afwikkeling	1229
	34.2.9	Bepaling van de reële waarde	1231
	34.2.10	Op aandelen gebaseerde betalingen in groepsaandelen	1232
	34.2.11	Belastingen	1236
34.3	Presentatie en toelichting		1236
	34.3.1	Presentatie	1236
	34.3.2	Toelichting	1237
35	**Overheidssubsidies, emissierechten en dienstverlening uit hoofde van concessieovereenkomsten en heffingen**		**1241**
35.1	Algemeen		1242
35.2	Overheidssubsidies en andere vormen van overheidssteun		1242
	35.2.1	Definities en Categorieën	1242
	35.2.2	Presentatie, waardering en resultaatbepaling	1243
	35.2.3	Toelichting	1246
35.3	Emissierechten		1247
	35.3.1	Algemeen en regelgeving	1247
	35.3.2	Verwerking van om niet verkregen en aangekochte emissierechten	1247
	35.3.3	Verwerking van opbrengst bij verkoop van om niet verkregen emissierechten (RJ)	1252
	35.3.4	Systematische afschrijving van emissierechten (RJ)	1253
35.4	Dienstverlening uit hoofde van concessieovereenkomsten		1253
	35.4.1	Algemeen	1253
	35.4.2	Begripsbepaling en toepassingsgebied	1253
	35.4.3	Verwerking en waardering vergoeding	1254
	35.4.4	Verwerking in de balans	1255
	35.4.5	Het financieel actief model	1257
	35.4.6	Het immaterieel actief model	1259
	35.4.7	Gemengd model	1261
	35.4.8	Toelichting (RJ en IFRS)	1262
35.5	Heffingen		1263
36	**Niet in de balans opgenomen verplichtingen en activa**		**1267**
36.1	Begripsbepaling		1268
	36.1.1	Algemeen	1268
	36.1.2	Niet in de balans opgenomen verplichtingen ('contingent liabilities')	1268
	36.1.3	Niet in de balans opgenomen activa ('contingent assets')	1270
	36.1.4	Niet in de balans opgenomen regelingen	1271
36.2	Vermelding in de toelichting		1271
	36.2.1	Niet in de balans opgenomen verplichtingen	1271

	36.2.2	Niet in de balans opgenomen activa	1274
	36.2.3	Niet in de balans opgenomen regelingen	1275
36.3		Vrijstelling voor middelgrote rechtspersonen	1275

37		**Winst per aandeel en andere kengetallen, kerncijfers en meerjarenoverzichten**	**1277**
37.1		Algemeen	1278
	37.1.1	Inleiding en doel	1278
	37.1.2	Wet- en regelgeving	1279
37.2		EBITDA en vergelijkbare kerncijfers	1281
	37.2.1	Begripsbepaling	1281
	37.2.2	Gebruik van kerncijfers in de winst-en-verliesrekening	1282
	37.2.3	ESMA 'Guidelines on Alternative Performance Measures'	1283
	37.2.4	Toekomstige regelgeving	1284
37.3		Winst per aandeel	1285
	37.3.1	Reikwijdte	1285
37.4		Gewone winst per aandeel	1286
	37.4.1	Berekening van de gewone winst per aandeel - Inleiding en te hanteren winstbegrip	1286
	37.4.2	Bepaling van de gewone winst	1286
	37.4.3	Bepaling van het aantal gewone aandelen	1288
37.5		Verwaterde winst per aandeel	1294
	37.5.1	Verwatering van de winst per aandeel	1294
	37.5.2	Bepaling van verwaterde winst	1295
	37.5.3	Bepaling aantal aandelen bij verwaterde winst per aandeel	1296
	37.5.4	Bijzondere bepalingen	1301
37.6		Tussentijdse cijfers en winst per aandeel	1303
37.7		Presentatie en toelichting winst per aandeel	1303
37.8		Vergelijkende cijfers winst per aandeel	1305
37.9		Vrijstellingen voor middelgrote rechtspersonen	1307

38		**Gebeurtenissen na balansdatum**	**1309**
38.1		Algemeen en begripsbepaling	1310
38.2		Onderscheid verwerken en toelichten	1310
	38.2.1	Vermelding van de mogelijkheid tot het wijzigen van de jaarrekening na opmaak	1310
38.3		Verwerking in de jaarrekening van gebeurtenissen die nadere informatie geven over de feitelijke situatie per balansdatum	1311
38.4		Verwerking van gebeurtenissen die geen nadere informatie geven over de feitelijke situatie per balansdatum	1313
38.5		Samenvattende schema's	1316
38.6		Dividendvoorstel	1317
	38.6.1	Dividend op gewone aandelen	1317
	38.6.2	Dividend preferente aandelen	1317

39		**Bestuursverslag**	**1319**
39.1		Begripsbepaling en toepassingsgebied	1323
39.2		Wet- en regelgeving met betrekking tot het bestuursverslag	1324
39.3		Formele aspecten bestuursverslag	1327
	39.3.1	Algemeen	1327
	39.3.2	Taal en geldeenheid	1327
	39.3.3	Openbaarmaking	1328

Uitgebreide inhoudsopgave

	39.3.4	Ondertekening en reikwijdte van het bestuursverslag	1328
	39.3.5	Melding van opgaaf met betrekking tot structuurregime	1329
	39.3.6	Vrijstellingen	1330
39.4	Wettelijke vereisten		1330
	39.4.1	Inleiding	1330
	39.4.2	Algemene informatie	1331
	39.4.3	Financiële informatie	1331
	39.4.4	Informatie over voornaamste risico's en onzekerheden	1332
	39.4.5	Informatie over financiële instrumenten	1334
	39.4.6	Informatie over toepassing van gedragscodes	1334
	39.4.7	Informatie over maatschappelijke aspecten van ondernemen	1334
	39.4.8	Informatie over onderzoek en ontwikkeling	1336
	39.4.9	Overige informatie	1337
	39.4.10	Toekomstparagraaf	1337
	39.4.11	Mededeling over m/v verdeling	1338
39.5	Aanvullende vereisten beursfondsen		1339
	39.5.1	Opbouw bestuursverslag beursfondsen	1339
	39.5.2	Corporate governance-informatie	1339
	39.5.3	Risicoparagraaf	1345
	39.5.4	Overige informatievereisten bestuursverslag beursfondsen	1347
	39.5.5	Bezoldigingsverslag	1348
	39.5.6	Verslag raad van commissarissen	1349
	39.5.7	Bekendmaking diversiteitsbeleid	1352
	39.5.8	Bekendmaking niet-financiële informatie	1353
	39.5.9	Bestuursverklaring	1353
	39.5.10	Aandachtspunten bestuursverslag beursfondsen	1354
	39.5.11	Openbaarmaking	1354
39.6	Informatie omtrent niet-financiële verslaggeving		1355
	39.6.1	Inleiding	1355
	39.6.2	Maatschappelijke verslaggeving	1355
39.7	IFRS		1357
40	**De toekomst van Corporate Reporting**		**1359**
40.1	Ontwikkelingen		1360
	40.1.1	Inleiding	1360
	40.1.2	Oorspronkelijke focus: de jaarrekening	1361
	40.1.3	Verdere focus: het bestuursverslag	1362
40.2	Nieuwe focus: nadere rapportagevormen		1363
	40.2.1	Ontwikkelingen in de EU	1363
	40.2.2	Ontwikkelingen IFRS Foundation	1365
40.3	Integrated Reporting		1366
	40.3.1	Wat maakt een <IR> uniek?	1367
	40.3.2	Het <IR> Framework	1367
40.4	Principes en inhoud geïntegreerde verslag		1368
	40.4.1	Principes	1368
	40.4.2	Inhoud	1368
40.5	<IR> in Nederland		1370
40.6	Het opstellen van een geïntegreerd verslag in de praktijk		1372
	40.6.1	Stappenplan: Hoe komt een geïntegreerd verslag tot stand?	1372
	40.6.2	<IR> in de praktijk	1373
40.7	Onderzoek		1373

41	**Overige gegevens**	**1375**
41.1	Algemeen	1375
41.2	Inhoud	1376
41.3	Verschillen Dutch GAAP - IFRS	1378
41.4	Vrijstelling voor middelgrote, kleine en micro-rechtspersonen	1378
42	**Vrijstellingen in verband met groepsregime (art. 2:403 BW)**	**1379**
42.1	Toepassing groepsregime (art. 2:403 BW)	1379
	42.1.1 Algemeen en reikwijdte	1379
42.2	Voorwaarden voor toepassing	1380
	42.2.1 Voor- en nadelen van toepassing groepsregime	1381
42.3	Uitwerking voorwaarden voor toepassing groepsregime	1382
	42.3.1 Groepsmaatschappij	1382
	42.3.2 Summiere jaarrekening vrijgestelde rechtspersoon	1382
	42.3.3 Gecombineerde toepassing artikelen 2:403 BW en 2:408 BW	1383
	42.3.4 Instemmingsverklaring	1384
	42.3.5 Geconsolideerde jaarrekening en consoliderende maatschappij	1384
	42.3.6 Aansprakelijkheidsverklaring	1386
	42.3.7 Deponering	1387
42.4	Beëindiging aansprakelijkheid en beëindiging groepsregime	1387
	42.4.1 Beëindiging nieuwe aansprakelijkheid	1387
	42.4.2 Overblijvende aansprakelijkheid	1388
	42.4.3 Beëindiging groepsregime, vergelijkende cijfers en toepasselijk grootteregime	1389
	42.4.4 Toepassing van artikel 2:403 BW in een overnamesituatie	1389
43	**Vrijstellingen voor middelgrote rechtspersonen**	**1391**
43.1	Begripsbepaling	1391
43.2	Maatstaven voor indeling van rechtspersonen naar grootte	1392
	43.2.1 Drie criteria voor indeling naar grootte	1392
	43.2.2 Toepassing van de grootecriteria op geconsolideerde basis	1392
	43.2.3 Grensbedragen van de groottecriteria	1393
	43.2.4 Groottecriteria en commerciële verenigingen en stichtingen	1393
	43.2.5 Vaststelling de grootte per balansdatum en wisseling van grootte	1393
43.3	Vrijstellingen voor middelgrote rechtspersonen	1394
	43.3.1 Vrijstellingen voor de balans met toelichting	1394
	43.3.2 Vrijstellingen voor de winst-en-verliesrekening met toelichting	1397
	43.3.3 Vrijstellingen met betrekking tot de toelichting	1398
	43.3.4 Overige vrijstellingen	1400
44	**Jaarrekening voor micro- en kleine rechtspersonen**	**1403**
44.1	Begripsbepaling	1404
44.2	Jaarrekening van micro- en kleine rechtspersonen	1404
44.3	Jaarrekening voor micro-rechtspersonen	1406
	44.3.1 Wat is een micro-rechtspersoon?	1406
	44.3.2 Jaarrekening van micro-rechtspersonen	1406
	44.3.3 Grondslagen van waardering- en resultaatbepaling	1407
44.4	Jaarrekening van micro- en kleine rechtspersonen met toepassing van fiscale waarderingsgrondslagen	1408
	44.4.1 Algemeen	1408
	44.4.2 Besluit fiscale waarderingsgrondslagen en Handreiking fiscale grondslagen	1409

Uitgebreide inhoudsopgave

	44.4.3	Waardering van deelnemingen	1409
	44.4.4	Belastinglast en belastinglatenties	1409
	44.4.5	Herinvesteringsreserves	1410
	44.4.6	Groot onderhoud	1410
	44.4.7	Presentatie eigen vermogen voor kleine rechtspersonen en voor micro-rechtspersonen	1411
	44.4.8	Informeel kapitaal	1412
	44.4.9	Verkapt dividend	1412
	44.4.10	Winst-en-verliesrekening	1412
	44.4.11	Toelichting	1412
	44.4.12	Fiscale correcties over eerdere jaren	1413
	44.4.13	Consolidatie	1413
	44.4.14	Overgang naar fiscale grondslagen	1414
44.5	Algemene grondslagen voor waardering en resultaatbepaling voor kleine rechtspersonen		1414
	44.5.1	Bijzondere waardeverminderingen van vaste activa	1415
	44.5.2	Vreemde valuta	1416
	44.5.3	Stelselwijzigingen, schattingswijzigingen en foutherstel	1416
	44.5.4	Gebeurtenissen na balansdatum	1417
	44.5.5	Verbonden partijen	1417
44.6	Verschillende jaarrekeningposten		1418
	44.6.1	Immateriële vaste activa en goodwill	1418
	44.6.2	Materiële vaste activa	1418
	44.6.3	Vastgoedbeleggingen	1419
	44.6.4	Financiële vaste activa, fusies en overnames, consolidatie en 'intercompany'-transacties	1420
	44.6.5	Voorraden	1422
	44.6.6	Onderhanden projecten	1422
	44.6.7	Vorderingen en overlopende activa	1424
	44.6.8	Effecten	1425
	44.6.9	Liquide middelen	1426
	44.6.10	Eigen vermogen	1426
	44.6.11	Verplichtingen/schulden	1428
	44.6.12	Voorzieningen en niet in de balans opgenomen verplichtingen	1429
	44.6.13	Leasing	1430
	44.6.14	Financiële instrumenten	1431
	44.6.15	Winst-en-verliesrekening	1431
	44.6.16	Personeelsbeloningen	1432
	44.6.17	Belastingen	1434
	44.6.18	Rente	1434
	44.6.19	Overheidssubsidies	1435
	44.6.20	Toelichting	1435
44.7	Overige gegevens, winstbestemming en verwerking verlies		1437
44.8	Vrijstellingen ten aanzien van deponering		1437
	44.8.1	Algemeen	1437
	44.8.2	Vrijstellingen voor de balans met toelichting	1438
45	**Tussentijdse berichten**		**1439**
45.1	Begripsbepaling en afbakening		1440
45.2	Wet- en regelgeving		1441
45.3	Vorm en inhoud halfjaarlijkse financiële verslaggeving		1443
	45.3.1	Minimumeisen halfjaarrekening	1444

	45.3.2	Minimumeisen halfjaarlijks bestuursverslag	1449
	45.3.3	Bestuursverklaring	1451
45.4	Vorm en inhoud kwartaalberichten		1451
45.5	Perioden waarover wordt gerapporteerd		1452
45.6	Eerste toepassing IFRS		1453
45.7	Grondslagen van waardering en resultaatbepaling		1454
	45.7.1	Uitwerking van de algemene principes	1454
	45.7.2	Uitzonderingen op de algemene principes	1456
	45.7.3	Stelselwijzigingen	1458
45.8	Vrijstellingen voor middelgrote rechtspersonen		1459
46	**Jaarrekening in geval van (on)vrijwillige discontinuïteit**		**1461**
46.1	Continuïteit, discontinuïteit en liquidatie		1462
	46.1.1	Algemeen	1462
	46.1.2	Het continuïteitsbeginsel	1462
	46.1.3	Het onderscheid tussen discontinuïteit en liquidatie	1463
	46.1.4	Onvrijwillige en vrijwillige discontinuïteit	1463
46.2	Discontinuïteit van het geheel der werkzaamheden is onontkoombaar		1465
46.3	Jaarrekening in een situatie van onontkoombare discontinuïteit		1466
	46.3.1	Algemeen	1466
	46.3.2	Uitgangspunt	1466
	46.3.3	Waardering activa	1466
	46.3.4	Waardering verplichtingen	1467
	46.3.5	Verwachte kosten en opbrengsten	1468
	46.3.6	Winst-en-verliesrekening	1468
	46.3.7	Wettelijke reserves	1469
	46.3.8	Overgang naar jaarrekening op basis van discontinuïteit	1470
	46.3.9	Presentatie en toelichting	1470
	46.3.10	Een voorbeeld van een jaarrekening in een situatie van onontkoombare discontinuïteit	1470

Deel IV Financiële instellingen

47	**Banken**		**1475**
47.1	Inleiding		1476
47.2	Wet- en regelgeving		1477
47.3	De posten van de balans		1480
	47.3.1	Model voor de balans	1480
	47.3.2	Financiële instrumenten algemeen	1484
	47.3.3	Handelsportefeuilles, beleggingsportefeuilles, overige portefeuilles	1484
	47.3.4	Kortlopend overheidspapier	1486
	47.3.5	Bankiers (vorderingen [schulden] op [aan] kredietinstellingen)	1486
	47.3.6	Kredieten (vorderingen op klanten)	1487
	47.3.7	Rentedragende waardepapieren	1487
	47.3.8	Aandelen	1487
	47.3.9	Overige activa	1487
	47.3.10	Overlopende activa	1488
	47.3.11	Toevertrouwde middelen (schulden aan klanten)	1488
	47.3.12	Schuldbewijzen	1488
	47.3.13	Overige schulden respectievelijk Achtergestelde schulden	1488
	47.3.14	Overlopende passiva	1489
	47.3.15	Fonds voor algemene bankrisico's	1489

Uitgebreide inhoudsopgave

		47.3.16	Eigen vermogen of schulden	1489
		47.3.17	Niet uit de balans blijkende verplichtingen	1490
		47.3.18	Tijdelijk verkochte en gekochte activa	1491
	47.4	De posten van de winst-en-verliesrekening		1492
		47.4.1	Model voor de winst-en-verliesrekening	1492
		47.4.2	Rentebaten en rentelasten	1496
		47.4.3	Provisiebaten en provisielasten	1497
		47.4.4	Resultaat uit financiële transacties	1497
		47.4.5	Waardeveranderingen van vorderingen	1497
		47.4.6	Waardeveranderingen van financiële vaste activa	1498
	47.5	Toelichtingen		1498
		47.5.1	Financiële instrumenten algemeen	1498
		47.5.2	Looptijden van activa en passiva	1499
		47.5.3	Activa en passiva in vreemde valuta inclusief termijntransactie	1500
		47.5.4	Achtergestelde activa	1500
		47.5.5	Activa die niet ter vrije beschikking staan	1501
		47.5.6	Effecten	1501
		47.5.7	Bankiers/kredieten	1501
		47.5.8	Groeps- en deelnemingsverhoudingen	1501
		47.5.9	Trustactiviteiten	1502
		47.5.10	Kapitaalbeheer en vermogensratio's	1502
		47.5.11	Niet uit de balans blijkende verplichtingen	1503
		47.5.12	Kasstroomoverzicht	1504
		47.5.13	Segmentatie	1504
		47.5.14	Winst-en-verliesrekening algemeen	1504
		47.5.15	Transacties met verbonden partijen	1505
48		**Verzekeringsmaatschappijen**		**1507**
	48.1	Terreinafbakening		1509
		48.1.1	Verzekeraars en verzekeringen	1509
		48.1.2	Toepassingsgebied Nederlandse regelgeving	1512
	48.2	Toepasselijke regelgeving		1513
		48.2.1	Specifieke bronnen	1513
		48.2.2	Jaarverslaggeving	1513
	48.3	Algemene aspecten van de verslaggeving van verzekeringsmaatschappijen		1514
		48.3.1	Jaarrekeningregime	1514
		48.3.2	Consolidatie	1514
		48.3.3	Boekjaar, termijnen en actualiteit	1514
	48.4	Balans met toelichtingen		1515
		48.4.1	Model	1515
		48.4.2	Immateriële activa in relatie tot acquisities	1515
		48.4.3	Beleggingen	1515
		48.4.4	Vorderingen	1519
		48.4.5	Overige activa	1520
		48.4.6	Overlopende activa	1520
		48.4.7	Eigen vermogen en solvabiliteit	1520
		48.4.8	Verzekeringsverplichtingen algemeen	1521
		48.4.9	Verzekeringsverplichtingen onder IFRS 4	1522
		48.4.10	Nieuwe ontwikkelingen: IFRS 17	1525
		48.4.11	Nederlandse regelgeving inzake verzekeringsverplichtingen	1528
		48.4.12	Schulden	1537
		48.4.13	Overlopende passiva	1537

48.5	Risico's		1538
48.6	Winst-en-verliesrekening met toelichtingen		1538
	48.6.1	Algemeen	1538
	48.6.2	Technische rekening	1539
	48.6.3	Analyse	1544
48.7	Kasstroomoverzicht		1544

49	**Beleggingsentiteiten**		**1547**
49.1	Algemeen		1551
	49.1.1	Begripsbepaling en definities	1551
	49.1.2	Wet- en regelgeving	1552
	49.1.3	Rapportage en publicatievereisten	1555
	49.1.4	Verslaggevingsregels voor beleggingsentiteiten	1556
	49.1.5	Toepassing van IFRS voor beleggingsentiteiten	1557
	49.1.6	Consolidatie door beleggingsentiteiten	1557
49.2	Balans		1558
	49.2.1	Inrichting van de balans	1558
	49.2.2	Beleggingen	1559
	49.2.3	Geldmiddelen en kasequivalenten	1564
	49.2.4	Vorderingen, crediteuren, schulden en overlopende posten	1565
	49.2.5	Netto-activa	1566
49.3	Winst-en-verliesrekening		1570
	49.3.1	Inrichting van de winst-en-verliesrekening	1570
	49.3.2	Beleggingsresultaat	1570
	49.3.3	Kosten	1571
	49.3.4	Winst per aandeel	1579
49.4	Kasstroomoverzicht		1579
49.5	Toelichting		1580
	49.5.1	Toelichting fiscale positie	1580
	49.5.2	Toelichting effectenfinancieringstransacties, totale opbrengstenswaps en hergebruik	1581
	49.5.3	Toelichting bij gebruik instrumenten voor goed portefeuillebeheer	1583
	49.5.4	Toelichting gelieerde partijen (art. 124 lid 1 BGfo)	1585
	49.5.5	Aandelenklassen en subfondsen	1586
49.6	Bestuursverslag		1587
	49.6.1	Beloningsbeleid	1588
	49.6.2	Verklaring omtrent bedrijfsvoering	1590
	49.6.3	Toelichting stembeleid en stewardship	1592
	49.6.4	Transparantie duurzame beleggingen	1594
	49.6.5	Actief en passief beheerde beleggingsentiteiten	1595
49.7	Overige gegevens		1596
49.8	Periodieke informatieverschaffing door beleggingsinstellingen		1596
49.9	Halfjaarcijfers		1597
49.10	Verplichtingen voor beheerders en bewaarders		1598
49.11	Vrijstellingen voor middelgrote rechtspersonen		1599

50	**Pensioenfondsen**		**1601**
50.1	Algemeen		1604
	50.1.1	Begripsbepaling	1604
	50.1.2	Wettelijk kader en richtlijnen inzake de jaarverslaggeving	1604
	50.1.3	Behandeling regelgeving in dit hoofdstuk	1605

Uitgebreide inhoudsopgave

	50.1.4	Nettopensioenregeling	1605
	50.1.5	Algemeen pensioenfonds	1606
50.2	Algemene aspecten verslaggeving pensioenfondsen		1608
	50.2.1	Titel 9 Boek 2 BW en openbaarmaking	1608
	50.2.2	Rapportagemodel pensioenfondsen onder Richtlijn 610	1608
	50.2.3	Rapportagemodel pensioenfondsen onder IFRS (IAS 26)	1610
50.3	Balans met toelichting		1611
	50.3.1	Beleggingen	1611
	50.3.2	Herverzekeringen technische voorzieningen	1614
	50.3.3	Vorderingen, overlopende activa, liquide middelen en overige activa	1616
	50.3.4	Stichtingskapitaal, wettelijke reserves en overige reserves	1617
	50.3.5	Achtergestelde leningen	1617
	50.3.6	Technische voorzieningen	1617
	50.3.7	Voorziening voor pensioenverplichtingen risico deelnemers	1621
	50.3.8	Overige voorzieningen, langlopende schulden, overige schulden en overlopende passiva	1622
50.4	Staat van baten en lasten met toelichting		1623
	50.4.1	Presentatie	1623
	50.4.2	Premiebijdragen (van werkgevers en werknemers)	1623
	50.4.3	Beleggingsresultaten	1624
	50.4.4	Pensioenuitvoeringskosten	1625
	50.4.5	Rentetoevoeging voorziening pensioenverplichtingen	1625
	50.4.6	Saldo overdrachten van rechten (waardeoverdrachten)	1625
	50.4.7	Overig	1625
	50.4.8	Gebeurtenissen na balansdatum	1625
50.5	Risicoparagraaf		1626
50.6	Kasstroomoverzicht, overige gegevens, bestuursverslag		1627
	50.6.1	Het kasstroomoverzicht	1627
	50.6.2	Overige gegevens	1627
	50.6.3	Bestuursverslag	1627
	50.6.4	Bestuursverslag, kasstroomoverzicht en overige gegevens onder IFRS	1630
50.7	Premiepensioeninstellingen		1630
	50.7.1	Algemeen	1630
	50.7.2	Opmaak en publicatieplicht premiepensioeninstellingen	1631
	50.7.3	Rapportagemodel premiepensioeninstellingen onder Richtlijn 611	1631
	50.7.4	Balans met toelichting	1633
	50.7.5	Winst-en-verliesrekening met toelichting	1635
	50.7.6	Kasstroomoverzicht, bestuursverslag	1636

Deel V Overige organisaties

51	**Coöperaties en onderlinge waarborgmaatschappijen**		**1639**
51.1	Algemeen		1640
	51.1.1	Begripsbepaling	1640
	51.1.2	Toepasselijke wet- en regelgeving	1641
51.2	Algemene aspecten jaarverslaggeving van coöperaties en OWM's		1641
	51.2.1	Totstandkoming financieel verslag	1641
	51.2.2	Verbonden maatschappijen	1642
	51.2.3	Belangen in coöperaties	1642
	51.2.4	Modellen	1643
	51.2.5	Overige gegevens	1643
	51.2.6	Accountantsonderzoek	1643
	51.2.7	Openbaarmaking	1644

51.3	Balans met toelichting		1644
	51.3.1	Financiële vaste activa	1644
	51.3.2	Voorraden	1644
	51.3.3	Vorderingen en schulden	1644
	51.3.4	Classificatie eigen vermogen of vreemd vermogen	1644
	51.3.5	Voorziening voor verlieslatende contracten	1646
51.4	Exploitatierekening met toelichting		1646
52	**Commerciële stichtingen en verenigingen**		**1651**
52.1	Algemeen		1652
	52.1.1	Begripsbepaling	1652
	52.1.2	Wanneer is sprake van een commerciële stichting/vereniging?	1652
	52.1.3	Toekomstige regelgeving	1655
52.2	Algemene aspecten jaarverslaggeving van commerciële stichtingen en verenigingen		1656
	52.2.1	Totstandkoming financieel verslag	1656
	52.2.2	Vereenvoudigingen c.q. vrijstellingen van inrichtings-, publicatie- en accountantscontroleplicht	1656
	52.2.3	Prijsgrondslagen	1657
	52.2.4	Modellen	1657
52.3	Balans met toelichting		1657
	52.3.1	Eigen vermogen	1657
52.4	Winst-en-verliesrekening met toelichting		1658
	52.4.1	Exploitatierekening	1658
	52.4.2	Netto-omzet	1659
52.5	Toelichting		1659
53	**Organisaties zonder winststreven en fondsenwervende organisaties**		**1661**
53.1	Begripsbepaling		1663
53.2	Toepasselijke wet- en regelgeving		1664
53.3	Inhoud jaarverslaggeving		1665
53.4	Vaststelling en openbaarmaking		1665
53.5	Balans met toelichting		1666
	53.5.1	Algemeen	1666
	53.5.2	Enkele posten van de balans	1666
53.6	Staat van baten en lasten met toelichting		1668
	53.6.1	Algemeen	1668
	53.6.2	Model van de staat van baten en lasten	1668
	53.6.3	Waardering	1669
	53.6.4	Dotaties aan en bestedingen van bestemmingsreserve/bestemmingsfonds	1669
	53.6.5	Enkele baten in de staat van baten en lasten	1670
	53.6.6	Enkele lasten in de staat van baten en lasten	1671
	53.6.7	Segmentatie	1672
53.7	Geconsolideerde jaarrekening		1672
53.8	Bestuursverslag		1674
53.9	Kleine organisatie zonder winststreven		1675
	53.9.1	Begripsbepaling	1675
	53.9.2	Inhoud financieel verslag	1675
	53.9.3	Balans	1676
	53.9.4	Staat van baten en lasten	1677
	53.9.5	Bestuursverslag	1678
	53.9.6	Vaststelling en openbaarmaking	1678

Uitgebreide inhoudsopgave

53.10	Stichting Administratiekantoor		1678
53.11	Fondsenwervende organisaties		1679
	53.11.1	Toezicht op fondsenwervende organisaties	1680
	53.11.2	Verslaggeving	1681
	53.11.3	Activa	1681
	53.11.4	Reserves en fondsen	1682
	53.11.5	Winst-en-verliesrekening	1684
	53.11.6	Geconsolideerde jaarrekening	1688
	53.11.7	Bestuursverslag	1688
	53.11.8	Kleine fondsenwervende instellingen	1692
54	**Personenvennootschappen**		**1693**
54.1	Begripsbepaling		1693
54.2	Algemene bepalingen personenvennootschappen		1694
	54.2.1	Wetgeving personenvennootschappen	1694
	54.2.2	Afgescheiden vermogen	1695
	54.2.3	Commanditaire vennootschap	1695
54.3	Toepasselijke wet- en regelgeving		1696
	54.3.1	Jaarverslaggeving van de personenvennootschap	1696
	54.3.2	Jaarverslaggeving van de vennoten inzake belang in de personenvennootschap	1697
54.4	Specifieke aspecten jaarverslaggeving van de personenvennootschap		1697
	54.4.1	Joint venture	1697
	54.4.2	Aansprakelijkheid	1697
	54.4.3	Inbreng	1698
	54.4.4	Winst en verlies; uitkeringen	1698
	54.4.5	Kapitaal	1698
54.5	Specifieke aspecten jaarverslaggeving van de vennoten inzake belang in de personenvennootschap		1699
	54.5.1	Classificatie belang in de personenvennootschap	1699
	54.5.2	Verwerking van het belang in de personenvennootschap in de jaarrekening van de vennoten	1700
55	**Woningcorporaties**		**1705**
55.1	Algemeen		1706
	55.1.1	Begripsbepaling	1706
	55.1.2	Toepasselijke wet- en regelgeving	1707
55.2	Algemene aspecten jaarverslaggeving van woningcorporaties		1707
	55.2.1	Totstandkoming financieel verslag	1707
	55.2.2	Modellen	1708
	55.2.3	Grootteregime en geconsolideerde jaarrekening	1708
	55.2.4	Accountantscontrole	1709
	55.2.5	Openbaarmaking	1709
55.3	Balans met toelichting		1709
	55.3.1	Vastgoed in exploitatie	1709
	55.3.2	Vastgoed in ontwikkeling	1719
	55.3.3	Vastgoed bestemd voor verkoop	1719
	55.3.4	Woningen verkocht onder voorwaarden	1720
	55.3.5	Eigen vermogen	1721
	55.3.6	Voorziening onrendabele investeringen	1722
	55.3.7	Overige toelichtingsvereisten	1722

55.4	Winst-en-verliesrekening met toelichting		1722
	55.4.1	Winst-en-verliesrekening	1722
	55.4.2	Belastingen	1723

56 Zorginstellingen — 1725

56.1	Algemeen		1726
	56.1.1	Begripsbepaling	1726
	56.1.2	Toepasselijke wet- en regelgeving.	1727
56.2	Algemene aspecten jaarverslaggeving van zorginstellingen		1727
	56.2.1	Inleiding	1727
	56.2.2	Totstandkoming financiële verantwoording	1728
	56.2.3	Modellen	1728
	56.2.4	Grootteregime	1731
	56.2.5	Consolidatieplicht	1731
	56.2.6	Formele aspecten	1731
	56.2.7	Accountantscontrole	1732
	56.2.8	Openbaarmaking	1732
56.3	Balans met toelichting		1732
	56.3.1	Algemeen	1732
	56.3.2	Onderhanden werk uit hoofde van DBC's/DBC-zorgproducten	1732
	56.3.3	Vorderingen en schulden uit hoofde van financieringstekort of -overschot	1734
	56.3.4	Eigen vermogen	1735
56.4	Specifieke toelichtingsvereisten zorginstellingen		1737
	56.4.1	Mutatieoverzicht vaste activa	1737
	56.4.2	Overzicht langlopende schulden	1740
	56.4.3	Macrobeheersinstrument	1741
56.5	Winst-en-verliesrekening met toelichting		1742
	56.5.1	Samenstelling bedrijfsopbrengsten	1742
	56.5.2	Honorariumkosten vrijgevestigde medisch specialisten	1743
56.6	Specifieke toelichtingsvereisten zorginstellingen		1743
	56.6.1	Uitsplitsing personeelskosten	1743
	56.6.2	Uitsplitsing overige bedrijfskosten	1744
	56.6.3	Toelichting resultaat deelneming	1745
56.7	Toekomstige wijzigingen in de Nederlandse wet- en regelgeving, specifiek voor zorginstellingen		1745

Bijlage 1 Wetteksten [per 1 januari 2021] — 1747

Bijlage 2 Besluit modellen jaarrekening — 1803

Bijlage 3 Besluit actuele waarde — 1835

Trefwoordenregister — 1839

Lijst met afkortingen

AFM	Autoriteit Financiële Markten
APM	Alternative Performance Measures
ARC	Accounting Regulatory Committee
BAW	Besluit Actuele Waarde
BMJ	Besluit Modellen Jaarrekening
BV	Besloten Vennootschap
BW	Burgerlijk Wetboek
CESR	Committee of European Securitities Regulators
CIBG	Centraal Informatiepunt Beroepen Gezondheidszorg
CV	Commanditaire vennootschap
DGA	Directeur-grootaandeelhouder
DNB	De Nederlandsche Bank
EBITA	Earnings before interest, taxes and amortisation
EBITDA	Earnings before interest, taxes, depriciation and amortisation
EFRAG	European Financial Reporting Advisory Group
EITF	Emerging Issues Task Force
ESEF	European Single Electronic Format
ESMA	European Securities and Markets Authority
ESV	Societas Cooperativa Europaea (Europese Coöperatieve Vennootschap)
EU	Europese Unie
FASB	Financial Accounting Standards Board
FVO	Fair value optie
GAAP	Generally Accepted Accounting Principles
HR	Hoge Raad
IAS	International Accounting Standard
IASB	International Accounting Standards Board
IFRS IC	International Financial Reporting Standards Interpretations Committee
IFRS	Internationale Financial Reporting Standards
NCR	Nationale Coöperatieve Raad
NT	Nationale Taxonomie
NV	Naamloze Vennootschap
OOB	Organisatie van Openbaar Belang
ORL	Ontwerprichtlijn
OK	Ondernemingskamer
OWM	Onderlinge Waarborg Maatschappij
PW	Pensioenwet
RJ	Raad/Richtlijnen voor de Jaarverslaggeving
RJk	Richtlijnen voor de jaarverslaggeving voor micro- en kleine rechtspersonen
SEC	Security Echange Commission
SIC	Standards Interpretation Committee
SME	Small and Medium-sized Entities
VOF	Vennootschap onder firma
WAB	Wet arbeidsmarkt in balans
WED	Wet op de Economische Delicten
Wft	Wet op het Financiële Toezicht

WNT	Wet Normering bezoldiging Topfunctionarissen Publieke en Semipublieke Sector
WOPT	Wet Openbaarmaking uit Publieke middelen gefinancierde Topinkomens
Wta	Wet Toezicht Accountantsorganisaties
Wtfv	Wet Toezicht Financiële verslaggeving
WTMO	Wet Transparantie Maatschappelijke Organisaties
WTZi	Wet toelating zorginstellingen
Zvw	Zorgverzekeringswet

Voorwoord

Voor u ligt de tweeëntwintigste editie van het EY Handboek jaarrekening. Dit Handboek jaarrekening 2021 richt zich zowel op de voor de jaarrekening 2021 geldende Nederlandse wet- en regelgeving als op de hoofdzaken van de internationale regelgeving, zoals die vorm krijgt in IFRS (International Financial Reporting Standards).

Standaarden, Richtlijnen en wetteksten laten zich vaak niet gemakkelijk lezen. Zij worden gekenmerkt door een compact en soms juridisch taalgebruik. Ook ontbreken vaak toelichtingen en nadere verduidelijkingen die de lezer kunnen helpen. Dit jaarlijkse Handboek heeft ten doel de bepalingen die gelden voor een jaarrekening op een meer overzichtelijke wijze toegankelijk te maken.

De volgende regelgeving komt in het Handboek jaarrekening aan de orde:
- de *wetgeving*: in hoofdzaak de bepalingen die zijn opgenomen in *Titel 9 Boek 2 BW*, maar daarnaast soms wetgeving die op andere plaatsen in het Burgerlijk Wetboek voorkomt;
- de met de wetgeving samenhangende *besluiten*: het Besluit modellen jaarrekening en het Besluit actuele waarde;
- de *jurisprudentie*: de uitspraken van de Ondernemingskamer en de Hoge Raad op het terrein van de externe verslaggeving, voor zover thans nog relevant;
- de *Richtlijnen voor de jaarverslaggeving*, zowel die voor grote en middelgrote rechtspersonen als die voor micro en kleine rechtspersonen, gepubliceerd door de Raad voor de Jaarverslaggeving (RJ);
- De *International Financial Reporting Standards* (IFRS), alsmede de *Interpretations* van het IFRS Interpretations Committee (IFRS IC). Deze regelgeving wordt gepubliceerd door de International Accounting Standards Board (IASB).

Bij de behandeling in de tekst zijn de eerste vier componenten als één geheel beschouwd. Zij vormen immers gezamenlijk de normen waaraan een Nederlandse rechtspersoon dient te voldoen indien de jaarrekening wordt opgesteld in overeenstemming met de in Nederland aanvaardbare grondslagen. De wettelijke bepalingen staan daarbij voorop. De Richtlijnen vullen het wettelijke algemene inzichts-vereiste nader in. Daarom verwacht de RJ dat van de stellige uitspraken in de Richtlijnen slechts wordt afgeweken als daarvoor goede gronden aanwezig zijn. De RJ acht deze goede gronden in ieder geval aanwezig wanneer de afwijking noodzakelijk is voor het verschaffen van het vereiste inzicht. Jurisprudentie met een algemeen karakter is verwerkt in de Richtlijnen.

Het Handboek legt de nadruk op de algemene eisen die voor alle ondernemingen gelden. Voorts wordt ingegaan op de verslaggevingsregels die alleen van betekenis zijn voor banken, verzekeringsmaatschappijen, beleggingsinstellingen, pensioenfondsen, woningcorporaties, zorginstellingen en overige organisaties zoals coöperaties, onderlinge waarborgmaatschappijen, commerciële stichtingen en verenigingen, non-profit instellingen, fondsenwervende instellingen en personenvennootschappen. Specifieke regelgeving voor andere dan de hiervoor genoemde instellingen en organisaties komt in het Handboek jaarrekening 2021 niet naar voren.

IFRS heeft een directe invloed op de verslaggeving in Nederland in de situatie dat Nederlandse bedrijven verplicht of vrijwillig IFRS toepassen. IFRS heeft op de Nederlandse regelgeving een indirecte invloed omdat de Richtlijnen voor een deel zijn aangepast aan de IFRS-regels. Bij de behandeling van de verschillende onderwerpen is zowel aan de Nederlandse regels als aan de IFRS regels aandacht geschonken. De optredende verschillen zijn beknopt samengevat onder het kopje 'Verschillen Dutch GAAP - IFRS'. Naar onze mening leidt de gekozen wijze van behandeling ertoe dat het Handboek jaarrekening 2021 zowel een functie kan hebben voor ondernemingen die hun financiële verslagen over 2021 baseren op de Nederlandse wet- en regelgeving als voor ondernemingen die hun financiële verslagen over 2021 verplicht of vrijwillig baseren op IFRS. Wel is in dit Handboek de bespreking van IFRS beperkt tot de hoofdlijnen. Voor de meer uitgebreide IFRS-regelgeving zijn andere, internationale handboeken beschikbaar (bijvoorbeeld International GAAP 2021 van EY).

Omdat dit Handboek ten doel heeft een actueel overzicht te geven van de wet- en regelgeving, is de tekst uiteraard in zeer belangrijke mate ontleend aan zowel de Richtlijnen voor de jaarverslaggeving als aan IFRS[1]. Ook zijn soms voorbeelden uit de Richtlijnen of IFRS overgenomen. Men kan zich afvragen waarin dan de toegevoegde waarde ligt van dit Handboek. Naar onze mening ligt de kracht van dit Handboek vooral in de toegankelijkheid en de leesbaarheid. Het is onze uitdaging geweest om de vele regels die gelden voor de financiële verslaggeving inzichtelijk te maken, door middel van een heldere structurering van onderwerpen en deelonderwerpen, door het verbeteren van de leesbaarheid van de regels, door het geven van interpretaties, door het leggen van verbanden, door het geven van vele (ook nieuwe) voorbeelden, door het analyseren van de verschillen tussen de huidige en toekomstige regelgeving, en door het maken van vergelijkingen tussen Nederlandse wet- en regelgeving en IFRS.

Met uw eventuele opmerkingen houden wij uiteraard rekening bij het vervaardigen van het volgende 'EY Handboek jaarrekening'. Opmerkingen kunt u sturen naar directoraat.vaktechniek.am@nl.ey.com onder vermelding van EY Handboek jaarrekening 2022.

Een speciaal woord van dank spreken wij uit naar Bram Luteyn die waardevol commentaar heeft geleverd op de vorige editie van het Handboek. Wij hebben dankbaar gebruik gemaakt van de commentaren en suggesties.

Rotterdam, maart 2021

---

[1] Bronvermeldingen zijn in alle relevante situaties aangegeven.

Ten geleide

Ten geleide bij EY Handboek jaarrekening 2021

Het EY Handboek jaarrekening 2021 bevat een overzicht van de bepalingen uit de wet- en regelgeving die van belang zijn voor het opstellen van de jaarrekening 2021 van Nederlandse ondernemingen. In het Handboek komt zowel de Nederlandse wet- en regelgeving als de internationale regelgeving, International Financial Reporting Standards (hierna: IFRS), aan de orde.

Bronnen

Aan het Handboek jaarrekening 2021 liggen de volgende bronnen ten grondslag:
- Titel 9 Boek 2 BW en enkele andere relevante bepalingen uit het Burgerlijk Wetboek;
- krachtens Titel 9 Boek 2 BW uitgevaardigde besluiten: Besluit modellen jaarrekening en Besluit actuele waarde;
- jurisprudentie voor zover voor de jaarrekening 2021 nog van betekenis;
- Richtlijnen voor de jaarverslaggeving voor grote en middelgrote rechtspersonen, jaareditie 2020 en Richtlijnen voor de jaarverslaggeving voor kleine en micro-rechtspersonen, jaareditie 2020;
- International Financial Reporting Standards 2021, met behandeling tot en met IFRS 17, IAS 41, IFRIC 23 en SIC 32 (voor zover de IASs en SIC-interpretaties nog geldend en definitief zijn); daarnaast worden uitstaande exposure drafts tot en met december 2020 besproken.

Voor wat betreft Titel 9 Boek 2 BW geldt dat in het Handboek jaarrekening 2021 uitgegaan is van de bepalingen van Titel 9, het Besluit modellen jaarrekening en het Besluit waardering activa zoals deze gelden vanaf 1 januari 2021.

Wat de Richtlijnen voor de jaarverslaggeving betreft, gaat het in enkele gevallen om ontwerp-Richtlijnen; deze worden in de betreffende hoofdstukken kort behandeld onder het kopje 'Toekomstige regelgeving'. Voor de jaarrekening 2021 kunt u deze ontwerp-Richtlijnen buiten beschouwing laten. Nieuwe Richtlijnen zijn van toepassing voor de jaarrekening 2021, nieuwe ontwerp-Richtlijnen worden merendeels waarschijnlijk van toepassing voor de jaarrekening 2022. Wel kunnen ontwerp-Richtlijnen richting geven aan de praktijk.

In een aantal hoofdstukken wordt onder een kopje 'Regelgeving van toepassing in toekomstige jaren' regelgeving besproken die al wel een definitieve status heeft maar die pas in toekomstige jaren verplicht toegepast hoeft te worden.

Inhoud

Het Handboek jaarrekening 2021 bestaat uit 56 hoofdstukken. Een volledig overzicht daarvan vindt u in de inhoudsopgave. Ter nadere toelichting op de structuur van het Handboek kan worden gesteld dat sprake is van een indeling in een vijftal hoofdcategorieën:
I. Grondslagen (hoofdstukken 1 tot en met 3).
II. Posten jaarrekening en toelichting (hoofdstukken 4 tot en met 21).
III. Capita selecta (hoofdstukken 22 tot en met 46).
IV. Financiële instellingen (hoofdstukken 47 tot en met 50).
V. Overige organisaties (hoofdstukken 51 tot en met 56).

- De hoofdstukken 1 tot en met 3 hebben een inleidend karakter: dit betreft een overzicht van de wet- en regelgeving, formele bepalingen rond de jaarrekeningen en een beschrijving van de consequenties van het toepassen van IFRS.
- In de hoofdstukken 4 tot en met 21 wordt ingegaan op een beschrijving van de algemene grondslagen van financiële verslaggeving, de winst-en-verliesrekening, de posten van de balans, het kasstroomoverzicht en op algemene bepalingen inzake de toelichting.

- De hoofdstukken 22 tot en met 46 bevatten diverse bijzondere onderwerpen in relatie tot de inhoud van de financiële verslaggeving (capita selecta), zoals consolidatie, fusie/overname, goodwill, vreemde valuta, stelselwijzigingen, bijzondere waardevermindering, financiële instrumenten, leasing, beëindiging bedrijfsactiviteiten en afstoting van (groepen) activa, betaling op basis van aandelen en overheidssubsidies en ook formele regelingen in verband met het groepsregime, vrijstellingen voor middelgrote en kleine rechtspersonen, tussentijdse berichtgeving, bestuursverslag, ontwikkelingen in corporate reporting en de jaarrekening op basis van liquidatiegrondslagen.
- De hoofdstukken 47 tot en met 50 hebben betrekking op de specifieke regelgeving voor de verslaggeving van financiële instellingen respectievelijk banken, verzekeringsmaatschappijen, beleggingsinstellingen en pensioenfondsen.
- In de hoofdstukken 51 tot en met 56 wordt ingegaan op overige organisaties zoals coöperaties en onderlinge waarborgmaatschappijen, commerciële stichtingen en verenigingen, organisaties zonder winstoogmerk waaronder fondsenwervende instellingen, personenvennootschappen, woningcorporaties en zorginstellingen.

Ten behoeve van de toegankelijkheid van het Handboek is een uitgebreid onderwerpenregister opgenomen. In de bijlagen zijn ook relevante wetteksten en modellen weergegeven.

In ieder hoofdstuk is zo veel mogelijk een zelfde structuur gevolgd. Een hoofdstuk begint met een samenvattend schema, waarin de belangrijkste onderwerpen en bepalingen worden weergegeven. Dit schema is zowel een introductie van de onderwerpen die in dat hoofdstuk aan de orde komen als een beknopte samenvatting van het betreffende hoofdstuk. Per (sub)paragraaf wordt begonnen met een bespreking van het aan de orde zijnde onderwerp, waarbij zowel de huidige Nederlandse wet- en regelgeving als IFRS de revue passeren. Hierop volgt per paragraaf een beknopte samenvatting van de verschillen tussen de Nederlandse regels en IFRS onder het hoofdje 'Verschillen Dutch GAAP – IFRS'. Per paragraaf wordt vervolgens, indien relevant, onder het hoofdje 'Toekomstige regelgeving' melding gemaakt van zowel in de toekomst te verwachten en nu reeds bekende nieuwe Nederlandse wet- en regelgeving als toekomstige nieuwe IFRS-regelgeving. Ieder hoofdstuk waarvoor dit van toepassing is bevat een paragraaf waarin onder de titel 'Vrijstellingen middelgrote rechtspersonen' de desbetreffende vrijstellingen zijn vermeld.

Overzicht van de wijzigingen

In editie 2021 van het Handboek jaarrekening is wederom als uitgangspunt gekozen het Handboek weliswaar primair te richten op de Nederlandse voorschriften die gelden voor de financiële verslaggeving van ondernemingen, maar daarbij tevens aandacht te schenken aan (de hoofdzaken van) IFRS. De gekozen behandelingswijze impliceert dat ook in deze editie de Nederlandse wet- en regelgeving (Dutch GAAP) en IFRS met elkaar worden geconfronteerd en de verschillen ertussen worden aangegeven.

In september 2020 is een nieuwe jaareditie 2020 van de Richtlijnen voor de jaarverslaggeving verschenen en in juli 2020 is een nieuwe IFRS-bundel verschenen. Hierna wordt aangegeven welke hoofdstukken in de editie 2021 van het Handboek jaarrekening wijzigingen hebben ondergaan en worden de belangrijkste wijzigingen ten opzichte van het Handboek 2020 voor die hoofdstukken kort weergegeven.

Opmerking vooraf

Het jaar 2020 is een bijzonder jaar geweest vanwege het uitbreken van de Covid-19 pandemie. Ook op de verslaggeving heeft dit invloed gehad. De Raad voor de Jaarverslaggeving heeft gedurende 2020 RJ-Uitingen

gepubliceerd die geen plaats hebben gekregen in de jaareditie 2021 omdat deze tijdelijk van aard waren of slechts een nadere uitleg bevatten van de geldende regelgeving. Het gaat om de volgende RJ-Uitingen:
- RJ-Uiting 2020-5: 'Impact coronavirus op de jaarverslaggeving 2019'
- RJ-Uiting 2020-6: 'Voorbeeldteksten impact coronavirus op de jaarverslaggeving 2019'
- RJ-Uiting 2020-7: 'Tijdelijke wet COVID-19 Justitie en Veiligheid'
- RJ-Uiting 2020-8: 'Impact fiscale coronareserve op de jaarverslaggeving 2019'.

De RJ-Uitingen die zijn gepubliceerd en die nieuwe regelgeving bevatten komen in de betreffende hoofdstukken aan de orde.

IFRS (hoofdstuk 3)
De in januari 2021 verschenen 'RJ-Uiting 2021-1: Verduidelijking toepassing combinatie 3 in de enkelvoudige jaarrekening en waardering vastgoed voor eigen gebruik in enkelvoudige jaarrekening moedermaatschappij' wordt in hoofdstuk 3 behandeld. Daarnaast is in dit hoofdstuk de rol en de functie van de EFRAG besproken.

Winst-en-verliesrekening (hoofdstuk 5)
De RJ heeft in december 2020 RJ-Uiting 2020-15 gepubliceerd, omdat geconstateerd werd dat er in de praktijk behoefte is aan aanvullende richtlijnen over de manier waarop opbrengsten moeten worden verantwoord. In de analyse hoe de RJ het beste aan die behoefte tegemoet kan komen, heeft de RJ de bepalingen in IFRS 15 'Revenue from Contracts with Customers' meegenomen. De RJ heeft geconcludeerd dat het volledig overnemen van de bepalingen van IFRS 15 in de Richtlijnen niet wenselijk is. Wel maakt de RJ verschillende wijzigingen in de huidige Richtlijnen 221 'Onderhanden projecten' en 270 'De winst- en verliesrekening'. Deze wijzigingen worden van kracht voor verslagjaren die aanvangen op of na 1 januari 2022. In hoofdstuk 5 worden deze nieuwe Richtlijnen uitgebreid behandeld onder 'Regelgeving van toepassing in toekomstige jaren' in de betreffende paragrafen.

Immateriële vaste activa (hoofdstuk 6)
In hoofdstuk 6 komt het gebruik van 'cloud computing' aan de orde en als voorbeeld daarvan 'software as a service' en wordt verduidelijkt op welke wijze dit in de jaarrekening zou moeten worden verwerkt.

Vastgoedbeleggingen (hoofdstuk 8)
De structuur van het hoofdstuk Vastgoedbeleggingen is ingrijpend herzien waardoor het hoofdstuk beter leesbaar is. Daarnaast zijn wijzigingen doorgevoerd vanwege recente RJ-Uitingen.

Voorraden (hoofdstuk 12)
De leesbaarheid van hoofdstuk 12 is verbeterd door een aantal wijzigingen in de structuur en door in een aantal gevallen wat meer eenvoudige bewoordingen te kiezen. Voorts zijn enkele nieuwe voorbeelden toegevoegd.

Onderhanden projecten (hoofdstuk 13)
In december 2020 is RJ-Uiting 2020-15 'Ten geleide bij Richtlijnen 221, 270, B5 en B13 (aangepast 2021)' gepubliceerd met de definitieve wijzigingen in de richtlijnen voor opbrengstverantwoording. In hoofdstuk 13 zijn deze voorschriften onder het kopje "Regelgeving van toepassing in toekomstige jaren" nader uitgewerkt. Tevens zijn de belangrijkste verschillen tussen Richtlijn 221 en IFRS 15 overzichtelijk in tabelvorm weergegeven.

Overige vlottende activa (hoofdstuk 14)
De leesbaarheid van hoofdstuk 14 is verbeterd door een aantal wijzigingen in de structuur. Daarnaast wordt de bijzondere waardevermindering van overige vlottende vorderingen onder Nederlandse wet- en regelgeving en onder IFRS meer uitgebreid besproken.

Eigen vermogen en Aandeel van derden (hoofdstuk 15)
Aan hoofdstuk 15 is de behandeling van de nieuwe richtlijnen toegevoegd, die het mogelijk maken voor een entiteit om in de enkelvoudige jaarrekening in plaats van de classificatie op basis van de juridische vorm van de instrumenten een classificatie op basis van de economische realiteit toe te passen. Door deze aanpassing hebben entiteiten de mogelijkheid om in de enkelvoudige jaarrekening dezelfde classificatie te gebruiken als in de geconsolideerde jaarrekening.

Voorzieningen (hoofdstuk 16)
In mei 2020 heeft de IASB 'Onerous Contracts – Costs of Fulfilling a Contract – Amendments to IAS 37' gepubliceerd. De wijziging is van toepassing op boekjaren die aanvangen op of na 1 januari 2022 en wordt in dit hoofdstuk behandeld.

Schulden en overlopende passiva (hoofdstuk 19)
In januari 2020 heeft de IASB wijzigingen gepubliceerd in IAS 1 'Presentation of Financial Statements' om te verduidelijken hoe schulden en andere verplichtingen als kortlopend of langlopend moeten worden geclassificeerd. In hoofdstuk 19 wordt dit voorstel van de IASB besproken.

Bijzondere waardeverminderingen van vaste activa (hoofdstuk 29)
IFRS kent twee mogelijke benaderingen om de contante waarde van de toekomstige kasstromen te berekenen die beide kunnen worden gebruikt om de bedrijfswaarde te schatten: de traditionele benadering en de verwachte kasstroombenadering. Beide benaderingen worden in hoofdstuk 29 uitvoerig beschreven. Tevens zijn nieuwe voorbeelden toegevoegd aan dit hoofdstuk.

Derivaten, embedded derivaten en hedge-accounting (hoofdstuk 31)
In hoofdstuk 31 worden de gevolgen voor de financiële verslaggeving besproken wanneer een bestaande rentebenchmark daadwerkelijk wordt vervangen door een alternatieve rentebenchmark.

Leasing (hoofdstuk 32)
Vanwege de ongunstige economische ontwikkelingen als gevolg van de coronacrisis komt het voor dat lessors/verhuurders een tegemoetkoming doen aan lessees/huurders door huurbedragen tijdelijk te verlagen of uitstel van betaling te verlenen. De RJ heeft in een RJ-Uiting 2020-12: "Tijdelijke huur- en leaseverlagingen vanwege de coronacrisis" duiding gegeven aan de gevolgen voor de jaarrekening. Ook IFRS 16 is gewijzigd in verband met 'rent concessions'. Deze wijzigingen worden in hoofdstuk 32 besproken.

Op aandelen gebaseerde betalingen (hoofdstuk 33)
In hoofdstuk 33 is een aantal verduidelijkende tabellen nieuw opgenomen. Daarnaast is een enkel voorbeeld toegevoegd.

Overheidssubsidies, emissierechten en dienstverlening uit hoofde van concessieovereenkomsten en heffingen (hoofdstuk 35)
Nieuw in hoofdstuk 35 is de bespreking van subsidie in de vorm van andere op geld waardeerbare voordelen zoals niet-monetaire activa en overheidsassistentie inclusief garanties.

Ten geleide

De toekomst van Corporate Reporting (hoofdstuk 40)
Naast een nieuwe titel is hoofdstuk 40 verder ook ingrijpend gewijzigd. Er wordt een kort overzicht gegeven van de mogelijke toekomstige ontwikkelingen in de verslaggeving door ondernemingen en organisaties. In dat kader is gekeken naar aanzetten in onder meer rapporten en consultaties met voorstellen voor een ruimer stelsel van (voornamelijk: niet-financiële) rapportering. Tevens is nader ingegaan op het systeem van Integrated Reporting <IR>.

Financiële instellingen (hoofdstukken 47 tot en met 50)
In de hoofdstukken 47 tot en met 50 van het Handboek worden bijzondere bedrijfstakken behandeld. De diverse hoofdstukken zijn wederom aangepast aan de actualiteit en waar nodig zijn verduidelijkingen opgenomen.

Overige organisaties (hoofdstukken 51 tot en met 56)
Per organisatie is één hoofdstuk opgenomen. Ook voor deze hoofdstukken geldt dat zij waar nodig zijn aangepast aan de actualiteit. Daarnaast is een geheel nieuw hoofdstuk 56 'Zorginstellingen' opgenomen.

Deel I

Regelgeving

1 Overzicht van wet- en regelgeving

1.1 Bronnen van regels voor externe verslaggeving	
Bronnen	▶ Titel 9 Boek 2 BW; ▶ overige wet- en regelgeving; ▶ arresten van Ondernemingskamer en Hoge Raad; ▶ Richtlijnen voor de jaarverslaggeving; ▶ International Financial Reporting Standards (IFRS).
1.2 Titel 9 Boek 2 BW	
Inhoud	▶ bepaling van rechtspersonen en vennootschappen waarop de voorschriften van toepassing zijn; ▶ voorschriften inzake de inhoud van de jaarrekening, het bestuursverslag en de Overige gegevens; ▶ voorschriften inzake de openbaarmaking van jaarrekening, bestuursverslag en Overige gegevens; ▶ voorschriften inzake wettelijk verplichte accountantscontrole.
Toepassingsgebied	▶ BV's, NV's, coöperaties, onderlinge waarborgmaatschappijen; ▶ formeel buitenlandse vennootschappen; ▶ organisaties van openbaar belang (OOB's); ▶ vennootschappen onder firma, commanditaire vennootschappen waarvan alle onbeperkt aansprakelijke vennoten kapitaalvennootschappen naar buitenlands recht zijn; ▶ commerciële stichtingen en commerciële verenigingen.
Toepassing fiscale waarderings-grondslagen (door micro- of kleine rechtspersonen)	▶ mogelijkheid van toepassing fiscale grondslagen voor micro- of kleine rechtspersonen in de commerciële jaarrekening.
1.3 Overige wet- en regelgeving	
Voorbeelden	▶ Wet op het financieel toezicht, voorschriften voor banken, verzekeraars, beleggingsentiteiten en effectenuitgevende instellingen.
1.4 Arresten Ondernemingskamer en Hoge Raad	
Inhoud en toepassing	▶ procedures tot vernietiging van vaststelling/wijziging van een jaarrekening; ▶ mits van algemene aard zijn de uitspraken mede richtinggevend aan de ontwikkeling van de externe financiële verslaggeving en geven ze een dwingende interpretatie.
1.5 Richtlijnen voor de jaarverslaggeving (Raad voor de Jaarverslaggeving)	
Inhoud en toepassing	▶ de Richtlijnen geven mede invulling aan de wettelijke verwijzing naar 'normen die in het maatschappelijk verkeer als aanvaardbaar worden beschouwd'.

> - zij worden onderscheiden in:
>   - stellige uitspraken (vetgedrukt): daarvan mag slechts worden afgeweken indien daarvoor goede gronden zijn;
>   - aanbevelingen.
> - de Richtlijnen worden opgesteld door de Raad voor de Jaarverslaggeving (RJ), een onafhankelijke private organisatie waaraan vertegenwoordigers van organisaties van opstellers, controleurs en gebruikers van jaarrekeningen deelnemen;
> - in de Richtlijnen worden betrokken de wet, uitspraken van de OK en de HR. Kritisch wordt bezien of de standaarden en interpretaties van de IASB al dan niet kunnen worden verwerkt in de Richtlijnen;
> - de Controle- en Overige Standaarden voor de accountantscontrole (NV COS, uitgebracht door de NBA) stellen vast dat de Richtlijnen voor de jaarverslaggeving een belangrijke kenbron zijn waaraan openbare accountants de financiële verslaggeving toetsen.
>
> **1.6 International Financial Reporting Standards (International Accounting Standards Board)**
>
> IFRS — Opgesteld door IASB; zie voor een uitgebreide bespreking hoofdstuk 3.
>
> **1.7 Europese Unie**
>
> Inhoud en toepassing
> - op grond van de Europese IAS-verordening moeten aan een gereglementeerde beurs in de EU/EER genoteerde ondernemingen de geconsolideerde jaarrekening opstellen in overeenstemming met door de Europese Commissie goedgekeurde IFRS;
> - de erkenning van IFRS door de Europese Unie is gevolgd door aanpassing (modernisering) van de EU-jaarrekeningrichtlijnen;
> - in meer algemene zin moeten ondernemingen met effecten genoteerd aan een gereglementeerde beurs in de EU/EER op grond van de zogenoemde EU-Transparantierichtlijn meer, vaker en sneller informatie verschaffen.
>
> **1.8 Toezicht op financiële verslaggeving**
>
> Inhoud
> - de AFM is toezichthouder op de externe financiële verslaggeving van beursgenoteerde ondernemingen;
> - het toezicht richt zich op de jaar- en halfjaarverslaggeving van aan een gereglementeerde beursgenoteerde ondernemingen.

1.1 Bronnen van regels voor externe verslaggeving

Voorschriften met betrekking tot verslaggeving vinden hun oorsprong in bepalingen die bij of krachtens de wet worden vastgesteld. In beginsel legt de wetgever, indien deze van oordeel is dat in het publieke belang op een maatschappelijk terrein regels moeten worden gesteld, via de wet haar wil op. Voor minder belangrijke voorschriften delegeert de wetgever in de wet veelal de bevoegdheid tot het geven van nadere voorschriften, soms aan de minister. Indien de materie die moet worden geregeld sterk beïnvloed kan worden door de zich wijzigende maatschappelijke opvattingen, pleegt de wetgever te verwijzen naar buitenwettelijke normen. Bij geschillen zal dan uiteindelijk de rechter dienen vast te stellen wat in concreto deze norm is.

1 Overzicht van wet- en regelgeving

De geschetste situatie doet zich ook voor met betrekking tot de regels voor verslaggeving. Reeds in een vroeg stadium heeft de Nederlandse wetgever het tot zijn taak gerekend voorschriften, zij het summiere, met betrekking tot de inrichting en openbaarmaking van de jaarrekening van ondernemingen en kapitaalvennootschappen te geven. Bij uitbreiding van de regelgeving is gebruikgemaakt van zowel het delegeren van de bevoegdheid tot het geven van nadere uitwerkingsvoorschriften via een Algemene Maatregel van Bestuur als van het verwijzen naar buitenwettelijke normen. Hiervoor is de term 'maatschappelijk aanvaardbare normen' gebruikt. Daarnaast zijn in afzonderlijke wetten aanvullende jaarrekeningvoorschriften opgenomen voor bepaalde categorieën ondernemingen die onder het jaarrekeningenrecht vallen, zoals banken en verzekeraars. Ook zijn er bijzondere wetten die voor bepaalde categorieën huishoudingen, zoals pensioenfondsen, zorginstellingen, onderwijsinstellingen, woningbouwcorporaties, etc., jaarrekeningvoorschriften bevatten.

Titel 9 Boek 2 BW

Overigens hebben de in de Nederlandse wet vastgelegde jaarrekeningvoorschriften in de loop der tijd een aanzienlijke uitbreiding ondergaan door de Europese harmonisatie op dit terrein van het vennootschapsrecht. De Europese Unie (en haar voorgangers) gebruikt o.a. richtlijnen om de wetgeving van de lidstaten te harmoniseren. Deze richtlijnen richten zich tot de regeringen van de lidstaten en verplichten hen hun nationale wetgeving conform de richtlijn aan te passen. Op het terrein van het jaarrekeningenrecht zijn er een tweetal richtlijnen die grote invloed hebben gehad, te weten de Vierde EEG-richtlijn betreffende de enkelvoudige jaarrekening (1978) en de Zevende EEG-richtlijn betreffende de geconsolideerde jaarrekening (1983). Daarnaast zijn er nog andere richtlijnen betreffende de jaarrekeningen van banken (1986) en van verzekeringsmaatschappijen (1991) vastgesteld. De bepalingen uit deze richtlijnen zijn vervolgens geïmplementeerd in Titel 9 Boek 2 BW.

In 2013 is een nieuwe EU-richtlijn jaarrekening gepubliceerd (Richtlijn 2013/34/EU), voornamelijk een herziening en samenvoeging (ter vervanging) van de Vierde en Zevende EEG-richtlijn. De wijzigingen uit deze EU-richtlijn jaarrekening (Richtlijn 2013/34/EU) zijn per 1 november 2015 geïmplementeerd in Titel 9 Boek 2 BW (zie par. 1.7). In deze EU-richtlijn jaarrekening is ook de eerder (2012) gepubliceerde richtlijnwijziging opgenomen waarmee de mogelijkheid werd geopend (voor lidstaten) om zogenaamde 'micro-entiteiten' vrij te stellen van diverse jaarrekeningvoorschriften (Richtlijn 2012/6/EU). Nederland heeft inderdaad van deze vrijstellingsmogelijkheden voor micro-entiteiten (micro-ondernemingen) gebruik gemaakt (zie par. 1.2.3). Naast richtlijnen heeft de Europese wetgever voor de geconsolideerde jaarrekening van beursfondsen ook (IAS/IFRS-)verordeningen uitgevaardigd. In tegenstelling tot bovengenoemde EU-richtlijnen hebben EU-verordeningen rechtstreekse werking en behoeven dus niet nadien (tevens) verwerkt te worden in de nationale wetgeving van de lidstaten.

Jaarrekeningprocedure

Indien ter zake van jaarrekeningvoorschriften interpretatiegeschillen ontstaan, kan slechts de rechter daarover een voor partijen bindende uitspraak doen. Voor jaarrekeningen van rechtspersonen die onder Titel 9 Boek 2 BW vallen (zie hierna) is een afzonderlijke rechterlijke instantie ingesteld, die bij uitsluiting van andere rechters bevoegd is een uitspraak te doen in een zogeheten jaarrekeningprocedure, te weten de Ondernemingskamer (verder aan te duiden als OK) van het Gerechtshof Amsterdam. Van uitspraken van de OK is slechts cassatie mogelijk bij de Hoge Raad (verder aan te duiden als HR). Indien en voor zover de uitspraken van de OK en/of HR in algemene termen zijn geformuleerd kan aan deze interpretaties ook betekenis in algemene zin worden ontleend, omdat mag worden aangenomen dat de rechter in soortgelijke gevallen soortgelijke beslissingen ten aanzien van de interpretatie zal nemen.

Richtlijnen voor de Jaarverslaggeving (RJ)

Zoals hiervoor vermeld, heeft de Nederlandse wetgever in de wet, via een verwijzing naar 'maatschappelijk aanvaardbare normen', in de regels voor de externe verslaggeving buitenwettelijke normen geïntroduceerd. Omdat onduidelijkheid kan heersen omtrent de inhoud van deze normen heeft een aantal toenmalige organisaties van direct belanghebbenden, zoals accountants, werkgevers en werknemers, het initiatief genomen tot inventarisatie van deze 'maatschappelijk aanvaardbare normen'. Dit initiatief is later uitgemond in de Raad voor de Jaarverslaggeving (hierna verder aangeduid als RJ), die jaarlijks de Richtlijnen voor de jaarverslaggeving publiceert. Zowel in de praktijk als in de interpretatie door de OK hebben deze RJ-richtlijnen de functie gekregen van een nadere invulling van het begrip 'maatschappelijk aanvaardbare normen'. Een belangrijk aspect hierbij is het feit dat de RJ bij het opstellen van zijn Richtlijnen ook rekening houdt met de internationale ontwikkelingen op het gebied van de regelgeving (en standaarden) voor de financiële verslaggeving. Dat houdt in dat de RJ kritisch beziet of ontwikkelingen in internationale verslaggevingsstandaarden (IFRS) ook voor Nederlandse rechtspersonen waarvoor Titel 9 Boek 2 BW geldt van belang en/of toepasselijk zouden kunnen of behoren te zijn. Pas na deze beoordeling en afweging zal de RJ besluiten of (onderdelen van) dergelijke standaarden van de International Accounting Standards Board (IASB) al dan niet in haar Richtlijnen worden verwerkt.

International Financial Reporting Standards (IFRS)

De IASB is een privaatrechtelijke organisatie die themagerichte standaarden op het gebied van de externe verslaggeving opstelt en de wereldwijde acceptatie en toepassing van de door haar opgestelde standaarden nastreeft. Deze International Financial Reporting Standards (IFRS) van de IASB zijn sterk in betekenis toegenomen, onder meer doordat de EU-wetgever via een verordening (gepubliceerd in 2002) heeft voorgeschreven dat deze standaarden (na EU-goedkeuring) moeten worden nageleefd bij het opstellen van de geconsolideerde jaarrekening door vennootschappen die in de Europese Unie aan een gereglementeerde beurs zijn genoteerd. Tevens biedt deze zogenaamde IAS-verordening (2002) EU-lidstaten de mogelijkheid IFRS ook voor het opstellen van de enkelvoudige jaarrekening of voor andere dan beursvennootschappen toe te staan dan wel voor te schrijven. In 2005 heeft de Nederlandse wetgever gebruikgemaakt van deze opties in die zin dat in het BW is geregeld dat (EU goedgekeurde) IFRS ook op vrijwillige basis kunnen worden toegepast bij het opstellen van de enkelvoudige jaarrekening van beursgenoteerde ondernemingen en in de geconsolideerde en enkelvoudige jaarrekening van niet-beursgenoteerde ondernemingen. In 2015 heeft door de Europese Commissie een evaluatie van deze verordening plaatsgevonden. Deze evaluatie heeft (nog) geen aanpassing van de EU IAS-verordening en/of een uitbreiding van de EU-goedkeuringscriteria van IFRS tot gevolg gehad. Er is in 2018 door de Europese Commissie een consultatiedocument gepubliceerd, de zogeheten 'Fitness Check on the EU Framework for Public Reporting by Companies', waarin ook vragen waren opgenomen over mogelijke toekomstige verbeteringen in de EU-richtlijnen en/of de IAS-Verordening. De reacties op deze consultatie hebben vooralsnog niet geleid tot voorstellen van de Europese Commissie over aanpassing van EU-verordening of EU-richtlijnen.

1.2 Titel 9 Boek 2 BW
1.2.1 Algemeen

Voorschriften met betrekking tot de externe financiële verslaggeving zijn opgenomen in Titel 9 van Boek 2 BW. Titel 9 Boek 2 BW vangt aan met de algemene bepaling op welke rechtspersonen en vennootschappen voorschriften (in Titel 9) voor de externe financiële verslaggeving van toepassing zijn (zie par. 1.2.2). Vervolgens worden de voorschriften behandeld die bij de inrichting van de jaarrekening (dat wil zeggen de balans en de winst-en-verliesrekening met de toelichting) en de opstelling van het bestuursverslag (zie verder hoofdstuk 39) en de zogenaamde Overige gegevens (zie verder hoofdstuk 41) in acht moeten worden genomen. Specifieke aandacht wordt daarbij besteed aan betaalinstellingen, elektronisch geldinstellingen, beleggingsmaatschappijen, banken en verzekeringsmaatschappijen. Ook worden voorschriften gegeven inzake verplichte accountantscontrole en de deponering van de jaarrekening (zie voor een uitgebreide bespreking hoofdstuk 2 'Formele aspecten'). Krachtens Titel 9 Boek 2 BW zijn een aantal algemene maatregelen van bestuur genomen, waarvan de belangrijkste zijn: het Besluit modellen jaarrekening, het Besluit actuele waarde, het Besluit inhoud bestuursverslag en het Besluit elektronische deponering handelsregister. Ook van belang is het Besluit fiscale waarderingsgrondslagen dat is gerelateerd aan de mogelijkheid voor micro-rechtspersonen en kleine rechtspersonen om vrijwillig in de commerciële jaarrekening fiscale waarderingsgrondslagen te hanteren (zie par. 1.2.3) (art. 2:396 lid 6 BW). De meest recente ingrijpende wetswijziging betrof de op 9 oktober 2015 gepubliceerde Uitvoeringswet richtlijn jaarrekening (Stb. 2015, nr. 349), waarmee voornamelijk door de EU-richtlijn jaarrekening (2013) verplichte wijzigingen in Titel 9 Boek 2 BW en enkele bovengenoemde besluiten zijn doorgevoerd die van toepassing zijn op boekjaren aangevangen op of na 1 januari 2016 (zie par. 1.2.3 en 1.7).

Nadien bleek dat enkele bepalingen uit de EU-richtlijn jaarrekening in 2015 niet geheel correct waren doorgevoerd in het BW. Om die reden zijn er eind september 2018 via de zogeheten 'Verzamelwet Ministerie van Justitie en Veiligheid 2018' (Stb. 2018, nr. 228) nog enkele kleine wijzigingen doorgevoerd. Omdat deze wijzigingen onmiddellijk in werking traden (Stb. 2018, nr. 318) waren deze al van toepassing voor de jaarrekening over het boekjaar aangevangen op of na 1 januari 2018.

1.2.2 Toepassingsgebied Titel 9 Boek 2 BW

Algemeen

Titel 9 Boek 2 BW is van toepassing op BV's, NV's, coöperaties, onderlinge waarborgmaatschappijen, maar ook op betaalinstellingen, elektronisch geldinstellingen, beleggingsmaatschappijen, banken en verzekeringsmaatschappijen. Tevens is Titel 9 ook van toepassing op vennootschappen onder firma en commanditaire vennootschappen waarvan alle onbeperkt aansprakelijke vennoten kapitaalvennootschappen naar buitenlands recht zijn, alsmede op zogenaamde commerciële stichtingen en commerciële verenigingen (art. 2:360 BW).
De 'gewone' (niet-commerciële) verenigingen en stichtingen, eenmanszaken, maatschappen, Vof's en CV's die niet aan de hierboven gegeven omschrijving voldoen, vallen niet onder Titel 9 en hebben dus niet de plicht de eigen jaarrekening overeenkomstig Titel 9 op te maken en te deponeren. Wel hebben zij de plicht jaarlijks een balans en een staat van baten en lasten op te stellen (art. 2:10 BW en art. 3:15i BW). Voor deze balans en staat van baten en lasten gelden echter geen inhoudelijke voorschriften en openbaarmaking van deze stukken komt niet aan de orde. Nevenvestigingen (branche of filiaal) hebben niet de plicht om een eigen jaarrekening overeenkomstig Titel 9 op te maken en te deponeren. Wel moeten zij de jaarrekening van de vennootschap waartoe zij (als nevenvestiging) behoren bij het handelsregister waar zij zijn ingeschreven deponeren, althans voor zover de vennootschap waartoe zij behoren zelf een verplichting tot deponeren heeft (art. 24 lid 5, art. 25 lid 5 en art. 26 lid 4 Handelsregisterbesluit 2008).

Overigens gelden voor de Europese naamloze vennootschap, de zogenoemde Societas Europea (SE), alsmede voor de Europese coöperatie (SCE), de verslaggevingsregels van het land waarin zij haar statutaire zetel heeft. Dit betekent dat een SE of SCE die in Nederland is opgericht en in Nederland de statutaire zetel heeft moet voldoen aan de voorschriften van Titel 9.

Formeel buitenlandse vennootschappen

Sinds 1998 is de Wet op de formeel buitenlandse vennootschappen van toepassing, welke in 2005 ingrijpend is gewijzigd. De wet is tot stand gekomen om oneigenlijk gebruik van buitenlandse vennootschappen in de Nederlandse rechtssfeer tegen te gaan. De doelgroep van deze wet zijn kapitaalvennootschappen die zijn opgericht naar het recht van een staat van buiten de Europese Unie (bijvoorbeeld de Nederlandse Antillen of een staat van de Verenigde Staten) en die hun werkzaamheid geheel of nagenoeg geheel in Nederland verrichten en voorts geen werkelijke band hebben met het land van oprichting. Een dergelijke formeel buitenlandse vennootschap is verplicht een jaarrekening overeenkomstig Titel 9 in te richten en te publiceren (art. 5 lid 2 Wet op de formeel buitenlandse vennootschappen). Deze wet is niet van toepassing op vennootschappen die worden beheerst door het recht van een lidstaat van de EU of van een staat die partij is bij de EER-overeenkomst (Overeenkomst betreffende de Europese Economische Ruimte). Overigens, zoals in de volgende alinea wordt besproken kan een dergelijke formeel buitenlandse vennootschap geen organisatie van openbaar belang zijn.

Organisatie van openbaar belang (OOB)

Sinds enkele jaren is in de Wet toezicht accountantsorganisatie (Wta) een definitie opgenomen van het begrip 'organisatie van openbaar belang' (OOB), onder meer omdat er specifieke voorschriften zijn voor accountantskantoren die wettelijke controles van de jaarrekening van OOB's uitvoeren. Bovendien dient een OOB een 'auditcommissie' in te stellen ingevolge het Besluit instelling auditcommissies (zie Stb. 2016, nr. 507). Sinds 2016 is ook een OOB-definitie opgenomen in artikel 2:398 lid 7 BW, waarin als OOB worden aangewezen rechtspersonen:
1. waarvan effecten zijn toegelaten tot notering aan een gereglementeerde markt (uitgevende instellingen);
2. kredietinstellingen (bank);
3. verzekeringsondernemingen (verzekeraar);
4. bij AMvB aangewezen vanwege hun omvang of functie in het maatschappelijk verkeer.

Het laatstgenoemde (4) geeft de Nederlandse wetgever de mogelijkheid bepaalde organisaties aan te wijzen als OOB. In juli 2019 is een besluit (Stb. 2019, nr. 252) gepubliceerd waarin de volgende andere organisaties als OOB zijn aangewezen, dit besluit is in werking getreden op 1 januari 2020:
a. netbeheerders;
b. (grote) woningcorporaties (toegelaten instellingen volkshuisvesting die op twee achtereenvolgende balansdata meer dan 5.000 verhuureenheden bezitten);
c. instellingen voor wetenschappelijk onderzoek (KNAW, NWO en Koninklijke Bibliotheek); en
d. (grote) pensioenfondsen (die op twee achtereenvolgende balansdata kwalificeren als grote fondsen in de zin van art. 35a lid 5 onderdeel b Besluit uitvoering Pensioenwet en Wet verplichte beroepspensioenregeling).
Bij de wetswijziging zijn voor bepaalde van deze aangewezen OOB's, namelijk instellingen voor wetenschappelijk onderzoek en grote pensioenfondsen, wel specifieke uitzonderingen opgenomen voor het instellen van een auditcommissie (art. 1b Besluit toezicht accountantsorganisaties).

Voor de jaarverslaggeving is met name van belang dat een OOB géén gebruik kan maken van de vrijstellingen voor kleine of middelgrote rechtspersonen (art. 2:398 lid 7 BW). Ook kan een OOB geen gebruikmaken van de consolidatievrijstelling voor kleine groepen (art. 2:407 lid 2 BW). Een OOB kan als groepsmaatschappij ook geen gebruikmaken van de groepsvrijstelling (zie hoofdstuk 42) genoemd in artikel 403 (art. 2:403 lid 4 BW). Daarnaast kan een OOB die een geconsolideerde jaarrekening opstelt niet volstaan met het opnemen van een verkorte winst-en-verliesrekening in de enkelvoudige jaarrekening (art. 2:402 lid 2 BW).

Beursgenoteerde ondernemingen met Nederland als lidstaat van herkomst

De bepalingen uit Titel 9 Boek 2 BW inzake jaarrekening en bestuursverslag zijn ook van toepassing op beursgenoteerde ondernemingen met een statutaire zetel buiten de EU maar waarvan Nederland de zogenoemde lidstaat van herkomst is. Nederland is bijvoorbeeld lidstaat van herkomst van een buitenlandse onderneming met een statutaire zetel buiten de EU waarvan aandelen of obligaties met een nominale waarde kleiner dan € 1.000 zijn genoteerd aan een gereglementeerde markt in Nederland. Alsdan zal deze onderneming het prospectus in Nederland

1 Overzicht van wet- en regelgeving

(ter goedkeuring) aangeboden hebben (aan de AFM). In zo'n geval is Nederland lidstaat van herkomst en dient de jaarrekening van deze buitenlandse beursgenoteerde onderneming te voldoen aan Titel 9 of aan IFRS zoals goedgekeurd door de EU. Tevens dienen de bepalingen die gelden voor het bestuursverslag, de overige gegevens en de accountantscontrole te worden nageleefd.

> **Voorbeeld toepasselijkheid Titel 9 op buitenlandse beursgenoteerde onderneming**
> Een Braziliaanse beursgenoteerde onderneming heeft tevens een beursnotering aan een gereglementeerde markt in Nederland. De Braziliaanse onderneming heeft het prospectus, welke is goedgekeurd door de AFM, in Nederland aangeboden aan beleggers. De onderneming heeft beursgenoteerde aandelen met een nominale waarde van € 500. Daardoor is Nederland lidstaat van herkomst en is de Braziliaanse onderneming op grond van artikel 5:25c lid 5 Wft verplicht tevens de bepalingen uit Titel 9 Boek 2 BW inzake jaarrekening en bestuursverslag toe te passen.

Voor ondernemingen met zowel een beursnotering aan een gereglementeerde markt in Nederland als aan een gereglementeerde markt elders binnen de EU, die hun statutaire zetel buiten de EU hebben en die aandelen of obligaties hebben met een nominale waarde groter dan € 1.000, geldt dat die ondernemingen kunnen kiezen voor Nederland als lidstaat van herkomst.

> **Voorbeeld buitenlandse onderneming met aandelen met nominale waarde >€ 1.000**
> Een Indonesische beursgenoteerde vennootschap heeft, naast een beursnotering in Indonesië, tevens een notering aan een gereglementeerde markt in zowel Luxemburg als Nederland. De onderneming heeft beursgenoteerde aandelen met een nominale waarde van € 1.500. De Indonesische onderneming behoort Nederland of Luxemburg te kiezen als lidstaat van herkomst.

Commerciële stichting of vereniging

Sinds 1998 zijn ('ondernemende') stichtingen en verenigingen indien zij aan bepaalde voorwaarden voldoen verplicht om een jaarrekening overeenkomstig Titel 9 Boek 2 BW in te richten en te deponeren bij het handelsregister. Deze voorwaarden zijn:
- de stichting of vereniging houdt een of meer ondernemingen in stand die in het handelsregister moet(en) worden ingeschreven; en
- de netto-omzet van deze ondernemingen bedraagt ten minste € 6 miljoen; en
- de stichting of vereniging valt niet onder een bijzondere regelgeving waardoor de stichting of vereniging bij of krachtens de wet een financiële verantwoording op moet stellen die gelijkwaardig is aan een jaarrekening opgesteld op basis van Titel 9 en deze tevens openbaar maakt.

Voor een nadere uitwerking van de jaarrekeningverplichtingen van commerciële stichtingen en verenigingen wordt verwezen naar hoofdstuk 52.

Voor gewone (niet-commerciële) verenigingen en stichtingen is er op dit moment (nog) géén wettelijke verplichting om jaarcijfers te deponeren bij het handelsregister. Eind 2020 is door het ministerie van Justitie en Veiligheid het wetsvoorstel Transparantie maatschappelijke organisaties naar de Tweede Kamer gestuurd. Hierin wordt voorgesteld dat stichtingen verplicht worden de jaarlijks opgestelde balans en staat van baten en lasten, ondertekend door de bestuurders en commissarissen van de stichting en de leden van het toezichthoudend orgaan, binnen tien maanden na afloop van het boekjaar te deponeren bij het handelsregister (voorstel art. 2:299b BW).[1]

---

[1] Tweede Kamer, vergaderjaar 2020-2021, 35 646, Wet transparantie maatschappelijke organisaties.

Vennootschappen onder firma en commanditaire vennootschappen waarvan alle onbeperkt aansprakelijke vennoten kapitaalvennootschappen naar buitenlands recht zijn

Een ('gewone') Vof of CV behoeft geen jaarrekening en bestuursverslag conform de bepalingen van Titel 9 Boek 2 BW in te richten en te deponeren bij het handelsregister. De ratio hiervoor is dat de vennoten van een Vof en de beherende vennoten van een CV onbeperkt aansprakelijk zijn voor de schulden van de Vof of CV (zie hoofdstuk 54). Wel gelden de bepalingen van Titel 9 Boek 2 BW onverkort voor een commanditaire vennootschap of een vennootschap onder firma waarvan alle vennoten die jegens schuldeisers aansprakelijk zijn (dat wil zeggen alle firmanten van de Vof of alle beherend vennoten van de CV) kapitaalvennootschappen naar buitenlands recht zijn (art. 2:360 lid 2 BW).

Het probleem van deze bepaling is dat de buiten Nederland voorkomende vennootschapsfiguren niet zonder meer gelijk zijn aan die in de Nederlandse (of EU-)wetgeving. Voor het identificeren van de buitenlandse kapitaalvennootschappen waarop deze wetgeving van toepassing kan zijn, kan de volgende handreiking worden gebruikt: onder het begrip 'kapitaalvennootschappen naar buitenlands recht' dienen te worden verstaan die buitenlandse vennootschapsvormen die slechts hun vennootschapsvermogen als waarborg aan derden bieden en waarbij de deelnemers/vennoten/aandeelhouders slechts beperkt aansprakelijk zijn (dus veelal een in aandelen verdeeld kapitaal hebben).

Ten aanzien van de verwerking van een Vof of CV in de jaarrekening van een Nederlandse rechtspersoon, die vennoot is in deze Vof of CV, wordt verwezen naar hoofdstuk 54.

1.2.3 Toepassing fiscale grondslagen (door kleine of micro-rechtspersonen)

In 2008 is de wet 'Wijziging van Boek 2 van het Burgerlijk Wetboek in verband met invoering van de mogelijkheid de jaarrekening van kleine rechtspersonen op te stellen volgens fiscale grondslagen' in werking getreden. Deze wet (zie voor uitgebreide behandeling par. 44.4), biedt kleine rechtspersonen de mogelijkheid om bij het opstellen van hun commerciële jaarrekening te volstaan met waardering van de activa en passiva op basis van de waarderingsgrondslagen zoals die gebruikt worden voor de aangifte vennootschapsbelasting (Vpb). Sinds 2016 bestaat er ook voor micro-rechtspersonen, net zoals voor kleine rechtspersonen, de mogelijkheid om bij het opstellen van hun commerciële jaarrekening te volstaan met waardering van de activa en passiva op basis van de waarderingsgrondslagen zoals die gebruikt worden voor de aangifte vennootschapsbelasting (Vpb). Concreet betekent dit dat de balans en de winst-en-verliesrekening gelijk of vrijwel gelijk zullen zijn aan de in de aangifte Vpb opgenomen balans en winst-en-verliesrekening. Uiteraard zijn dergelijke kleine of micro-rechtspersonen niet verplicht de fiscale grondslagen te volgen, het is een vrijwillige keuze; zij zijn vrij om de jaarrekening op gewone (commerciële, niet-fiscale) grondslagen op te stellen. Ook blijft de vrijheid bestaan om bij de keuze voor fiscale grondslagen in de jaarrekening nog aanvullende, extra informatie te verstrekken. Wat uitdrukkelijk niet is toegestaan, is 'cherry picking' van fiscale dan wel BW-waarderingsgrondslagen al naar gelang het beste uitkomt. De keuze voor fiscale waarderingsgrondslagen betekent een integrale keuze voor het complete fiscale regime, waartoe in het bijbehorende Besluit fiscale waarderingsgrondslagen nadere voorschriften worden gegeven.

1.3 Overige wet- en regelgeving

Regels voor de externe financiële verslaggeving kunnen ook zijn opgenomen in andere wet- en regelgeving dan de hiervoor vermelde bronnen.

Genoemd kunnen bijvoorbeeld worden comptabiliteits-/verslaggevingsvoorschriften die van toepassing zijn op instellingen die werkzaam zijn in de gezondheidszorg, het onderwijs of op overheidslichamen. De tendens is overigens dat op dit soort instellingen en lichamen Titel 9 Boek 2 BW en de Richtlijnen voor de jaarverslaggeving zo veel mogelijk van toepassing worden verklaard. Ook zijn voor dergelijke instellingen veelal sectorspecifieke ministeriële besluiten van toepassing.

Ook zijn op bepaalde ondernemingen en instellingen specifieke voorschriften van toepassing. Met name is hierbij te denken aan voorschriften in de Wet op het financieel toezicht (Wft), die gelden voor banken, verzekeraars, beleggingsinstellingen en effectenuitgevende instellingen.

Daarnaast bevatten de Richtlijnen voor de jaarverslaggeving specifieke bepalingen voor banken, verzekeringsmaatschappijen, beleggingsentiteiten, pensioenfondsen, coöperaties, commerciële stichtingen en verenigingen, organisaties zonder winststreven, toegelaten instellingen volkshuisvesting, fondsenwervende organisaties, onderwijsinstellingen en zorginstellingen.

1.4 Arresten Ondernemingskamer en Hoge Raad

Iedere belanghebbende die van oordeel is dat de jaarrekening, het bestuursverslag of de daaraan toe te voegen Overige gegevens van een rechtspersoon of vennootschap waarop Titel 9 Boek 2 BW van toepassing is, niet voldoet aan de daaromtrent bij of krachtens Titel 9 Boek 2 BW gestelde voorschriften, kan van deze rechtspersoon of vennootschap in rechte vorderen deze stukken in te richten overeenkomstig bij rechterlijk bevel te geven aanwijzingen (jaarrekeningprocedure). Dezelfde bevoegdheid is ook aan de advocaat-generaal (AG) bij het Gerechtshof Amsterdam gegeven, in het openbaar belang. Dit geldt niet ten aanzien van de controleverklaring van de externe accountant. De rechter die in eerste en hoogste ressort over de rechtsvordering oordeelt, is de Ondernemingskamer (OK) van het Gerechtshof Amsterdam. Tegen de arresten van de OK kan slechts beroep in cassatie bij de Hoge Raad worden ingesteld. Deze bijzondere rechtspleging is tot stand gekomen bij de invoering van de Wet op de jaarrekening van ondernemingen in 1971. Van deze bevoegdheid tot het instellen van een rechtsvordering (verzoek aan de OK) tot het gewijzigd inrichten van de jaarrekening of het bestuursverslag is voornamelijk in de jaren zeventig en tachtig van de vorige eeuw regelmatig gebruik gemaakt. Arresten van de OK en van de HR leiden, afhankelijk van de formulering van de uitspraak, soms tot nadere interpretatie van de wettekst. De RJ pleegt deze interpretaties in zijn Richtlijnen te volgen.

Sinds 2007 heeft de Autoriteit Financiële Markten (AFM), op grond van de Wet toezicht financiële verslaggeving (Wtfv), de bevoegdheid om de OK te verzoeken een beursgenoteerde vennootschap bepaalde informatie te laten verstrekken of de OK te verzoeken een herziening van de financiële verslaggeving van een beursgenoteerde onderneming te bevelen. Van deze mogelijkheid (een jaarrekeningprocedure bij de OK) heeft de AFM sinds 2007 slechts eenmalig gebruik gemaakt (OK uitspraak 928/2207, OK AFM tegen Spyker Cars NV). Het toezicht van de AFM is gericht op de financiële verslaggeving van ondernemingen waarvan effecten genoteerd zijn aan een gereglementeerde markt. Zie paragraaf 1.8.1 voor een bespreking van de hoofdlijnen van de wet waarin het toezicht op de financiële verslaggeving in Nederland is geregeld.

1.5 Richtlijnen voor de jaarverslaggeving (Raad voor de Jaarverslaggeving)

1.5.1 Doel, opzet en status van de Richtlijnen van de RJ

Taak van de RJ

Reeds de Wet op de jaarrekening van ondernemingen (1971) bepaalde, dat de jaarrekening volgens normen die in het maatschappelijk verkeer als aanvaardbaar worden beschouwd een zodanig inzicht moet geven dat een verantwoord oordeel kan worden gevormd omtrent het vermogen en het resultaat, alsmede, voor zover de aard van een jaarrekening dat toelaat, omtrent de solvabiliteit en de liquiditeit van de rechtspersoon. Het vereiste inzicht moet worden verschaft 'volgens normen die in het maatschappelijk verkeer als aanvaardbaar worden beschouwd'. Een dergelijke formulering houdt in dat de invulling van de norm wordt overgelaten aan de maatschappelijke opvattingen. Dergelijke maatschappelijke normen kunnen naar plaats, tijd en omstandigheid wijzigen en zijn derhalve flexibel. Tijdens de parlementaire behandeling van deze wet (1969-1970) werd reeds de verwachting uitgesproken dat het georganiseerde bedrijfsleven het tot zijn taak zou rekenen deze normen te inventariseren. Om te komen tot een dergelijke inventarisatie en publicatie van bedoelde in het maatschappelijk verkeer aanvaarde normen, teneinde op die wijze richting te geven aan de praktijk van de jaarverslaggeving, werd in 1971 (door organisaties van werkgevers, werknemers en accountants) het zogenoemde Tripartiete Overlegorgaan (TO) ingesteld. De werkzaamheden van het TO zijn vanaf 1981 voortgezet door de Raad voor de Jaarverslaggeving (RJ).

De RJ is samengesteld uit tien raadsleden, waaronder een voorzitter, die benoemd worden door het bestuur van de stichting voor de jaarverslaggeving waarin organisaties die representatief zijn voor de verschaffers, de gebruikers en de controleurs van jaarrekeningen zitting hebben. De RJ voert zijn taak uit door het opstellen en publiceren van Richtlijnen voor de jaarverslaggeving. De RJ publiceert voor nieuwe onderwerpen eerst ontwerp-Richtlijnen. De daarop ontvangen commentaren worden bestudeerd en overwogen. Op basis daarvan worden de ontwerpen zo nodig herzien en vervolgens als (definitieve) Richtlijnen gepubliceerd (RJ 100.205). Jaarlijks worden door de RJ een bundel (jaareditie) met Richtlijnen voor de jaarverslaggeving van middelgrote en grote rechtspersonen (RJ-bundel) en een bundel (jaareditie) met Richtlijnen voor de jaarverslaggeving van micro- en kleine rechtspersonen (RJk-bundel) gepubliceerd. Sinds 2019 wordt door Wolters Kluwer ook een Engelse vertaling van de RJ-bundel uitgegeven, uitsluitend in elektronische vorm.

Inhoud en betekenis van (ontwerp-)Richtlijnen

De RJ streeft ernaar zodanig inhoud te geven aan de (ontwerp-)Richtlijnen dat daarin een antwoord kan worden gevonden op de meeste zich in de verslaggevingspraktijk voordoende vragen. Dit wordt gerealiseerd door voor de behandelde onderwerpen uit te gaan van de wettelijke bepalingen voor jaarrekening en bestuursverslag. Verder worden de uitspraken van de OK en de HR in jaarrekeningprocedures in de Richtlijnen verwerkt, voor zover deze naar het oordeel van de RJ geacht kunnen worden een algemeen karakter te dragen. Ten aanzien van de internationale verslaggevingsstandaarden (IFRS) van de International Accounting Standards Board (IASB) wordt kritisch bezien of onderdelen dan wel ontwikkelingen in deze IFRS ook voor Nederlandse middelgrote en grote rechtspersonen van belang en/of van toepassing zouden kunnen of behoren te zijn. Pas na deze beoordeling en afweging zal de RJ besluiten of (onderdelen van) dergelijke standaarden van de International Accounting Standards Board (IASB) al dan niet in haar (ontwerp-) Richtlijnen worden verwerkt. Aldus maakt de RJ de regels en normen voor de jaarverslaggeving overzichtelijk en toegankelijk voor verschaffers, gebruikers en controleurs van de jaarverslaggeving. Voor zover het gaat om wettelijke voorschriften zijn deze als zodanig aangeduid. Door verder in de Richtlijnen onderscheid te maken tussen stellige uitspraken (vetgedrukt) en aanbevelingen, beoogt de RJ de betekenis van de Richtlijnen voor de praktijk van de jaarverslaggeving te duiden en te nuanceren. Dit houdt in dat aan de in vetgedrukte tekst weergegeven stellige uitspraken een extra gewicht is toe te kennen.

Weliswaar pretendeert de RJ niet dat de stellige uitspraken in de (definitieve) Richtlijnen bindende kracht hebben zoals de voorschriften van de wet (zie ook aangaande de status van de Richtlijnen voor de jaarverslaggeving, RJ 100.4), doch ook uit gerechtelijke uitspraken blijkt het onmiskenbare gezag van de Richtlijnen. Nadat de Ondernemingskamer dit al in verschillende arresten (bijvoorbeeld 7 november 2002 inzake SOBI/KPN en 20 november 2003 inzake SOBI/Reed Elsevier) heeft bevestigd, heeft ook de Hoge Raad in het hoger beroep van het SOBI/KPN-arrest ter zake een overeenkomstige uitspraak gedaan. In dat KPN-arrest overweegt de Hoge Raad dat bij de beoordeling van de vraag, of een jaarrekening het in artikel 2:362 BW vereiste inzicht op basis van de in het maatschappelijk verkeer algemeen aanvaarde normen geeft, de Richtlijnen van belang zijn. Letterlijk staat in

1 Overzicht van wet- en regelgeving

dit KPN-arrest het volgende: 'De voorschriften van deze Richtlijnen kunnen immers een belangrijk oriëntatiepunt en gezaghebbende kenbron vormen voor wat in het concrete geval als aanvaardbaar heeft te gelden. Ingeval de rechtspersoon bij het vaststellen van de jaarrekening is gekomen tot waarderingen die met deze voorschriften stroken, kan zulks een belangrijke aanwijzing vormen dat het vereiste inzicht is verschaft en dat de ruimte die in redelijkheid aan de rechtspersoon moet worden gelaten bij haar keuze voor de waardering van bepaalde posten niet is overschreden.

In zijn conclusie schetst de advocaat-generaal (A-G) nog de achtergrond voor het gezag van de Richtlijnen: In de memorie van toelichting bij de totstandkoming van de (toenmalige) Titel 8 was opgenomen dat de concretisering van de 'algemeen aanvaarde maatschappelijke normen' aan de praktijk zou worden overgelaten. De praktijk heeft hieraan opvolging gegeven door de oprichting van de Stichting voor de Jaarverslaggeving, zijnde een samenwerking van organisaties van werkgevers en werknemers/(institutionele) beleggers, SER en de Nederlandse beroepsorganisatie van accountants NBA. De A-G noemt de Richtlijnen vervolgens als 'in belangrijke mate een weergave te zijn' van de maatschappelijke normen, alsmede een bruikbaar toetsingskader voor de Ondernemingskamer.

De A-G ziet overigens ook dat enige nuancering nodig is. Voorop moet staan de maatschappelijke aanvaardbaarheid van de regelgeving en niet de van de door een 'meerderheid' vastgelegde set van regels. Oftewel, nadrukkelijk wordt gesteld dat een afwijking van de Richtlijnen mogelijk is indien het vereiste inzicht dat noodzakelijk maakt. Tevens onderkent de A-G het feit dat de Richtlijnen een onderscheid maken tussen stellige uitspraken en aanbevelingen. De Richtlijnen kunnen niet als exclusieve norm dienen vanwege aanwezigheid van andere gezaghebbende regels zoals IFRS en US GAAP.
Samenvattend: Ondernemingskamer en Hoge Raad hebben aangegeven dat ondernemingen bij het opmaken van de jaarrekening de Richtlijnen uitdrukkelijk dienen te betrekken.

Verhouding wettelijke bepalingen RJ-Richtlijnen

De Richtlijnen hebben, zoals bekend, geen kracht van wet en mogen daarom niet in strijd zijn met wettelijke bepalingen. De RJ maakt sinds 2006 onderscheid tussen (RJ-Uiting 2006-2 'Addendum bij Strategienota 2005'):
- expliciete opties in de wet: van expliciete opties in de wet is sprake indien de wet uitdrukkelijk verschillende verantwoordingswijzen toelaat. De RJ koos er in het verleden enkele malen voor om de wettelijke opties in te perken. De RJ heeft (in 2006) na heroverweging besloten dat in de Richtlijnen de expliciete wettelijke opties als aanvaardbaar worden opgenomen, waarbij de RJ wel een voorkeur kan uitspreken voor één of meer van de opties. Is de RJ van mening dat een wettelijke optie niet meer aanvaardbaar is, dan zal bij de wetgever worden aangedrongen op aanpassing van de wet op dat punt;
- impliciete opties in de wet: van impliciete opties in de wet is sprake indien de wet impliciet verschillende alternatieven toelaat. Een duidelijk voorbeeld daarvan betreft de waardering en resultaatbepaling inzake financiële instrumenten. De RJ heeft geconcludeerd dat impliciete opties van een enigszins ander karakter zijn dan expliciete opties. Het wordt mogelijk geacht dat in een bepaalde situatie, bijvoorbeeld voor bepaalde soorten financiële instrumenten, de meer algemene keuze wordt ingeperkt. Een dergelijke inperking vereist echter altijd een duidelijke motivering. Daarbij worden in de overwegingen betrokken de bedoelingen van de wetgever, de overeenstemming met de best practices, en de bijdrage aan het in de wet vereiste inzicht;
- niet in de wet geregelde zaken: veruit het grootste deel van de huidige Richtlijnen betreft een nadere uitwerking van niet in de wet geregelde zaken. Dit betreft zowel uitwerking van grondslagen van waardering en resultaatbepaling in specifieke gevallen, als vereisten inzake de in de toelichting op te nemen informatie. Met betrekking tot de niet in de wet geregelde zaken is geconcludeerd dat daar bij uitstek een rol ligt voor de RJ.

Invloed International Financial Reporting Standards (IFRS)

De RJ heeft als beleid dat bij de door de IASB uitgebrachte standaarden (IFRS) wordt beoordeeld of deze kunnen bijdragen aan de verdere ontwikkeling van de regelgeving inzake externe verslaggeving in Nederland. Zoals hiervoor reeds opgemerkt wordt door de RJ daartoe kritisch bezien of deze internationale regelgeving (IFRS) ook voor Nederlandse (middelgrote en grote) rechtspersonen waarvoor Titel 9 Boek 2 BW op grond van artikel 2:360 BW geldt, toepasbaar zouden kunnen of behoren te zijn, alvorens te besluiten of (delen van) IFRS-standaarden in de (ontwerp-)Richtlijnen kunnen worden verwerkt. In jaren voordat duidelijk werd dat IFRS verplicht zou gaan worden voor ondernemingen met een notering aan een gereglementeerde markt in de EU was het beleid van de RJ anders en hield in dat bij het opstellen van (ontwerp-)Richtlijnen daarin altijd tevens werden opgenomen de bepalingen van de International Accounting/Financial Reporting Standards (IAS/IFRS) van de International Accounting Standards Committee/Board (IASC/IASB), tenzij deze in de Nederlandse situatie niet aanvaardbaar geacht werden. In de jaren heeft dit ertoe geleid dat de toenmalige IAS/IFRS vrijwel letterlijk in het Nederlands vertaald werden overgenomen in de Nederlandse RJ-richtlijnen, al dan niet met enige wijzigingen (zoals: afwijkingen in verband met Nederlandse wetsvoorschriften; inbouw van niet in IFRS opgenomen alternatieven; afzwakking van bepalingen inzake informatieverschaffing in de toelichting; opnemen van additionele bepalingen om rekening te houden met de specifiek Nederlandse situatie). Sinds 2006 wordt door de RJ een koers aangehouden die onafhankelijker is ten opzichte van de door IASB gepubliceerde IFRS. Daarbij moet in acht worden genomen dat de IASB zich met haar standaarden vooral richt op beursgenoteerde ondernemingen en dat niet alle (gewijzigde) IAS/IFRS per definitie ook (volledig) geschikt of toepasbaar zijn voor niet-beursgenoteerde (grote of middelgrote) entiteiten in Nederland. Dat de IFRS niet per definitie bruikbaar zijn voor dergelijke entiteiten blijkt ook uit de door de IASB separaat ontwikkelde en gepubliceerde 'IFRS SME' (Small- and Medium-Sized Entities). De Richtlijnen bevatten overigens geen expliciete verwijzingen naar de bijbehorende IFRS-standaarden of IFRIC-interpretaties, daarbij worden IFRS-SME als niet-relevant voor de Nederlandse verslaggevingspraktijk beschouwd.

Toepassingsgebied (ontwerp-)Richtlijnen

De (ontwerp-)Richtlijnen hebben primair betrekking op de Nederlandse rechtspersonen en vennootschappen waarvoor Titel 9 Boek 2 BW geldt. Voor Nederlandse ondernemingen die verplicht dan wel vrijwillig IFRS toepassen in de jaarrekening zijn de Richtlijnen (sedert 2005) niet meer van toepassing voor de jaarrekening. De Richtlijnen zijn uiteraard wel van toepassing voor zover het gaat om enkelvoudige en/of geconsolideerde jaarrekeningen die zijn opgesteld conform Titel 9 Boek 2 BW (Dutch GAAP) en op het bestuursverslag of overige onderdelen van de jaarstukken.
Het voorgaande sluit niet uit dat de (ontwerp-)Richtlijnen ook mede richting kunnen geven aan de jaarrekeningen van andere organisaties (RJ 100.201).

Ingangstijdstip Richtlijnen

Ontwerp-Richtlijnen en Richtlijnen zijn gedateerd met het jaar van hun publicatie en verschijnen in jaarlijkse edities (RJ-bundel en RJk-bundel). Een Richtlijn is normaliter van kracht voor verslagjaren die aanvangen op of na 1 januari van het jaar volgend op het jaar van publicatie van de Richtlijn, tenzij in de Richtlijn zelf een andere ingangsdatum is aangegeven. Normaliter wordt eerdere toepassing aanbevolen, tenzij in de Richtlijn anders is vermeld. Als jaar van publicatie geldt het jaar van verschijning van de Richtlijn in de Jaareditie van de bundel Richtlijnen voor de jaarverslaggeving (RJ-bundel). Indien een nieuwe (definitieve) Richtlijn bijvoorbeeld is opgenomen in de Jaareditie 2019, dan moeten de bepalingen uit deze Richtlijn voor het eerst worden toegepast in jaarrekeningen over boekjaren die op of na 1 januari 2020 aanvangen.
Wat betreft de ontwerp-Richtlijnen geldt, dat wordt verwacht dat deze in zekere mate steun en richting aan de praktijk van de verslaggeving zullen geven (RJ 100.206).

1 Overzicht van wet- en regelgeving

RJ-Uitingen

Naast de (ontwerp-)Richtlijnen in de jaaredities van de Richtlijnen (RJ-bundel en RJk-bundel) publiceert de RJ zogenaamde RJ-Uitingen. De RJ-Uitingen zijn normaliter bedoeld om bestaande Richtlijnen te verduidelijken of nader te interpreteren dan wel om wijzigingen daarin aan te brengen. Ook worden tussentijdse ontwerp-Richtlijnen in de vorm van een RJ-Uiting gepubliceerd. Hiermee hoopt de RJ sneller en meer adequaat te kunnen reageren op vragen vanuit het maatschappelijk verkeer. De RJ-Uitingen worden verwerkt in de eerstvolgende jaareditie van de Richtlijnen en hebben daarna, dat wil zeggen na verwerking in de RJ-bundel of RJk-bundel, in het algemeen geen zelfstandige betekenis meer. RJ-Uitingen, alsmede een (historisch) overzicht van RJ-Uitingen, worden uitsluitend op de website van de RJ gepubliceerd.

Afzonderlijke RJ-bundel voor kleine en micro-rechtspersonen

Sinds 2004 publiceert de RJ een afzonderlijke, zelfstandig leesbare bundel voor kleine rechtspersonen (RJk-bundel). De basis voor de in deze bundel opgenomen Richtlijnen is de Nederlandse wet (en niet IFRS), waar nodig en wenselijk voorzien van aanvullende bepalingen. De RJ was (in 2004) tot de conclusie gekomen dat mede door gedeeltelijke verwerking van IFRS in zijn Richtlijnen vooral kleine ondernemingen onnodig werden geconfronteerd met omvangrijke regelgeving. Dit neemt niet weg dat in geval van complexe verslaggevingsvraagstukken (bijvoorbeeld derivaten, buitenlandse deelnemingen of acquisities) of indien een kleine onderneming kiest voor minder gebruikelijke verslaggevingsgrondslagen (bijvoorbeeld de waardering van agrarische voorraden tegen reële waarde of de activering van rentekosten), wordt verwezen naar de bundel voor middelgrote en grote rechtspersonen (RJ-bundel). Sinds 2016 bevat de RJk-bundel ook een apart hoofdstuk voor de in 2015 ingevoerde categorie micro-rechtspersonen.

Vrijstellingen voor middelgrote rechtspersonen

De vrijstellingen die gelden voor de middelgrote ondernemingen worden in de desbetreffende hoofdstukken van de RJ-bundel aangegeven. Daarnaast is ter informatie een opsomming van deze vrijstellingen te vinden in bijlage 2 van Richtlijn 315, 'Vrijstellingen voor middelgrote rechtspersonen' (zie verder hoofdstuk 43).

1.5.2 Verantwoordelijkheid van de accountant voor de naleving van de Richtlijnen

In NV COS 200 (Nadere Verordening Controle- en Overige Standaarden) staat het volgende in paragraaf 3 'Het doel van een controle is bij te dragen aan de mate van vertrouwen dat de beoogde gebruikers stellen in de financiele overzichten. Dit wordt bewerkstelligd doordat de accountant een oordeel tot uitdrukking brengt over de vraag of de financiële overzichten in alle van materieel belang zijnde opzichten opgesteld zijn in overeenstemming met een van toepassing zijnde stelsel inzake financiële verslaggeving.' Alhoewel de keuze van de grondslagen en de presentatie van de uitkomsten de primaire verantwoordelijkheid van de leiding van de entiteit is, is het de verantwoordelijkheid van de externe accountant om na te gaan of inderdaad sprake is van de weergave van het getrouwe beeld als bedoeld in artikel 2:362 BW. Dit betekent de beoordeling door de externe accountant van de keuze en toepassing van de grondslagen en voldoende diepgang en detaillering van de nadere toelichtingen, waarbij de beoordeling met een referentie aan de algemeen aanvaarde normen in het maatschappelijk verkeer dient plaats te vinden.

Gegeven het gezag dat door Ondernemingskamer en Hoge Raad aan de Richtlijnen voor de jaarverslaggeving wordt toegekend betekent dit dat indien een jaarrekening niet voldoet aan de stellige uitspraken van de RJ zonder dat daarvoor een gegronde reden is, geen goedkeurende verklaring kan worden gegeven indien het effect van de afwijking materieel is.

1.6 International Financial Reporting Standards (International Accounting Standards Board)

De International Financial Reporting Standards (IFRS) worden opgesteld onder verantwoordelijkheid van de International Accounting Standards Board (IASB). Dit is het regelgevende orgaan binnen de International Financial Reporting Standards Foundation (IFRS Foundation), een privaatrechtelijke organisatie die in Londen is gevestigd. Zie voor een verdere uiteenzetting omtrent de IASB en IFRS hoofdstuk 3.

1.7 Europese Unie

IAS-verordening (2002)

Van zeer groot belang voor de verslaggevingspraktijk is geweest de verplichting in de Europese Unie dat sinds 2005 ondernemingen met een beursnotering aan een gereglementeerde markt binnen de EU verplicht IFRS (zoals goedgekeurd door de EU) moeten toepassen in de geconsolideerde jaarrekening. Dit voorschrift, dat dus alleen aan de orde is als er een geconsolideerde jaarrekening moet worden opgesteld, is vastgelegd in een Europese verordening ('Verordening nr. 1606/2002 van het Europees Parlement en de Raad van 19 juli 2002 betreffende de toepassing van internationale standaarden voor jaarrekeningen', ook wel aangeduid met 'IAS-verordening'). Europese verordeningen hebben directe werking, in tegenstelling tot de Europese richtlijnen die na publicatie vervolgens nog in de nationale wetgeving van de lidstaten van de Europese Unie moeten worden verwerkt. Zie voor een verdere uitwerking van deze verordening paragraaf 3.1.3.

Beursgenoteerde vennootschap

Onder een beursgenoteerde vennootschap wordt verstaan een rechtspersoon waarvan de effecten zijn toegelaten tot de handel op een gereglementeerde markt, zoals bedoeld in artikel 4 lid 14 van Richtlijn 2004/39/EG (Transparantierichtlijn), van een lidstaat van de Europese Unie. Zo worden bijvoorbeeld zogenoemde alternatieve (multilaterale) handelsfaciliteiten (zoals Euronext Growth, Euronext Access of Dublin Global Exchange Market) niet gezien als een gereglementeerde markt. Ondernemingen genoteerd aan een dergelijke alternatieve (multilaterale) handelsfaciliteit (MTF) hebben wel een (beurs)notering, maar zijn, omdat dit geen gereglementeerde markt is, niet verplicht hun geconsolideerde jaarrekening op basis van IFRS op te stellen. Uit een overzicht dat ESMA periodiek opstelt blijkt welke markten, in de EU-lidstaten, een gereglementeerde markt zijn. Voorbeelden van een gereglementeerde markt in Nederland zijn: Euronext (zoals Euronext Amsterdam) of Euronext Derivatenmarkten.

Voor ondernemingen genoteerd aan een gereglementeerde markt bestaan diverse specifieke bepalingen ten aanzien van verslaggeving (zie hierna: EU-Transparantierichtlijn). Ook is middels de herziene EU-richtlijn aandeelhoudersbetrokkenheid (2017/828/EU) een nieuwe rapportageverplichting geïntroduceerd (zie hierna), die op 1 december 2019 (Stb. 2019, nr. 426) in de Nederlandse wet is geïmplementeerd. Sinds 1 januari 2020 moeten vennootschappen waarvan aandelen of met medewerking van de vennootschap uitgegeven certificaten zijn genoteerd aan een gereglementeerde markt jaarlijks een apart bezoldigingsverslag opmaken en deze na stemming daarover op de jaarlijkse algemene vergadering openbaar maken op de website van de vennootschap (art. 2:135b lid 6 BW).

IAS 39-richtlijn en Moderniseringsrichtlijn (2003)

De erkenning van IFRS door (en voor gebruik in) de Europese Unie is gepaard gegaan met een modernisering van de gerelateerde Europese jaarrekeningrichtlijnen. Immers, ook voor Europese (beursgenoteerde) ondernemingen die hun jaarrekening opstellen overeenkomstig IFRS blijven diverse onderdelen van de EU-jaarrekeningrichtlijn van toepassing, zoals bijvoorbeeld bepalingen over het bestuursverslag en verplichte accountantscontrole. Voor

1 Overzicht van wet- en regelgeving

Europese ondernemingen die geen IFRS hanteren blijven alle bepalingen van deze EU-jaarrekening-richtlijn van toepassing. Om die reden werd in 2003 een Richtlijn tot modernisering van de Vierde en Zevende richtlijn (2003/51/EG) gepubliceerd. Daaraan voorafgaand werd de zogenoemde IAS 39-richtlijn (2001/65/EG) gepubliceerd, waarmee waardering op reële waarde mogelijk werd gemaakt. Daarna werden door middel van de zogenoemde corporate governance-richtlijn (2006/46/EG), enkele andere onderdelen van deze Europese jaarrekeningrichtlijnen aangepast.

Micro-entiteitenrichtlijn (2012)

De Europese Commissie heeft in 2012 een richtlijn gepubliceerd (Richtlijn 2012/6/EU) met daarin een mogelijkheid voor lidstaten (lidstaatoptie) om zogenaamde 'micro-entiteiten' verregaande jaarrekeningvrijstellingen te verlenen. Deze richtlijn bevatte geen invoeringsdatum omdat dit een optie is die lidstaten al dan niet kunnen overnemen. In Nederland is met de eind 2015 in werking getreden wetswijziging (Uitvoeringswet richtlijn jaarrekening, Stb. 2015, nr. 349) deze vrijstellingsmogelijkheid inderdaad geïmplementeerd, daarmee werd een nieuwe categorie 'micro-entiteiten' opgenomen in Titel 9 Boek 2 BW (art. 2:395a BW). Er is sprake van een micro-entiteit indien deze op balansdatum twee van de drie volgende (grootte)criteria niet overschrijdt:
a. balanstotaal € 350.000;
b. netto-omzet € 700.000; en
c. gemiddeld personeelsbestand gedurende het boekjaar: 10.

Voor een nadere uitwerking van dit regime voor de jaarrekening van micro-rechtspersonen wordt verwezen naar paragraaf 44.3.

EU-Transparantierichtlijn (2004/2013)

In 2004 is in de Europese Unie de zogenoemde Transparantierichtlijn gepubliceerd, welke in 2013 is aangepast. Op grond van deze EU-Transparantierichtlijn dienen ondernemingen met beursgenoteerde effecten meer, vaker en sneller informatie te verschaffen. Ondernemingen waarvan aandelen of obligaties zijn genoteerd op een gereglementeerde markt (effectenbeurs) in de Europese Unie moeten op grond van deze richtlijn minimaal de volgende periodieke informatie verschaffen:
▶ jaarlijks een geconsolideerde jaarrekening die is opgesteld in overeenstemming met IFRS en die is voorzien van een accountantsverklaring (controleverklaring);
▶ jaarlijks een bestuursverslag van het bestuur;
▶ tussentijds (halfjaarlijks) verkorte financiële overzichten in overeenstemming met IAS 34 inzake tussentijdse financiële verslaggeving;
▶ tussentijds (halfjaarlijks) bestuursverslag), een 'update' van het laatste bestuursverslag van het bestuur;
▶ zowel jaarlijks als halfjaarlijks mededelingen van de met naam en toenaam genoemde verantwoordelijke personen waarin zij verklaren dat de jaarlijkse resp. halfjaarlijkse financiële verslaggeving naar beste weten in overeenstemming is met de feiten en dat er geen belangrijke omissies zijn.

Daarnaast gaf de oorspronkelijke Transparantierichtlijn (2004) additionele eisen ten aanzien van kwartaalberichten voor ondernemingen waarvan aandelen zijn genoteerd: in de periode tussen de jaarlijkse en halfjaarlijkse financiële rapportage dienden zij tussentijdse verslagen publiceren met een beschrijving van de financiële positie en de invloed daarop van belangrijke gebeurtenissen. Echter, in de aangepaste Transparantierichtlijn (2013) is het voor lidstaten mogelijk geworden om deze kwartaalberichten af te schaffen. Ook in Nederland is sinds 2016 de wettelijke verplichting tot het publiceren van kwartaalberichten afgeschaft (Stb. 2016, nr. 31). Desondanks publiceren vele Nederlandse beursfondsen vrijwillig kwartaalupdates.

Zoals hiervoor aangegeven, is de jaarrekening onderworpen aan wettelijk verplichte accountantscontrole. Deze wettelijk verplichte accountantscontrole geldt niet voor de halfjaarrekening. Indien de halfjaarrekening desalniettemin is gecontroleerd of beoordeeld door een externe accountant, moet de controleverklaring of beoordelingsverklaring bij het halfjaarbericht worden gepubliceerd. Indien geen accountantscontrole of beoordeling heeft plaatsgevonden, moet dat expliciet worden vermeld. De Transparantierichtlijn bepaalt voorts dat de jaarrekening, bestuursverslag en bestuursverklaring binnen vier maanden na afloop van het boekjaar moeten worden gepubliceerd. De halfjaarrekening en het halfjaarlijks bestuursverslag moeten binnen drie maanden na afloop van de periode waarop deze betrekking heeft worden gepubliceerd.

Zoals aangegeven is deze Transparantierichtlijn geïmplementeerd in de Nederlandse wetgeving (met name in art. 5:25c e.v. Wft; zie ook par. 45.2).

EU-jaarrekeningrichtlijn (2013)

De Europese Commissie publiceerde eind 2011 een wetgevingsvoorstel voor de herziening van de Europese richtlijnen en in 2013 is de definitieve gewijzigde EU-richtlijn jaarrekeningenrecht (Richtlijn 2013/34/EU) verschenen. Hiermee zijn de Vierde en Zevende EEG-richtlijn vervangen en samengevoegd in de (nieuwe) EU-richtlijn jaarrekening. De gewijzigde bepalingen uit deze EU-richtlijn jaarrekening zijn per 1 november 2015 geïmplementeerd in Titel 9 Boek 2 BW (zie par. 1.2.1).

Eén van de hoofdlijnen van deze EU-richtlijn jaarrekening is dat deze zowel voorschriften voor de enkelvoudige als de geconsolideerde jaarrekening bevat en tevens een modernisering van terminologie is doorgevoerd, zo is de term 'annual accounts' (jaarrekening) vervangen door 'annual financial statements' (jaarlijkse financiële overzichten) en 'annual report' (jaarverslag) door 'management report' (bestuursverslag). Tevens werd van de gelegenheid gebruikgemaakt om de grensbedragen te verhogen met ongeveer 15%, zodat de grensbedragen voor 'middelgrote rechtspersoon' werden verhoogd naar balanstotaal maximaal € 6 mio en netto-omzet € 12 mio en voor 'grote rechtspersoon' naar balanstotaal € 20 mio en netto-omzet € 40 mio.

Ten aanzien van waarderingsgrondslagen is als hoofdlijn gebleven de verkrijgings- of vervaardigingsprijs (historische kosten), met als alternatief de actuele waarde of fair value (reële waarde). Voor Nederland is relevant dat daarmee de (in het verleden gebruikte) methode van vervangingswaarde is geschrapt, maar dat herwaardering van vaste activa mogelijk blijft met de daaraan gekoppelde vorming van een (niet-uitkeerbare) herwaarderingsreserve. Ook waardering op fair value (reële waarde) is gehandhaafd, onder ongeveer dezelfde voorwaarden, met daarbij de restrictie dat deze waarderingsgrondslag niet mag worden gebruikt door micro-entiteiten. Belangrijk is ook de wijziging (in art. 2:389 lid 7 BW) betreffende verwerking van goodwill; de vroegere mogelijkheid van het (in één keer) afboeken van betaalde goodwill van het eigen vermogen of resultaat is geschrapt. Het niet langer toestaan van afboeking goodwill ten laste van reserves is een gevolg van een andere doelstelling van deze EU-richtlijn jaarrekening, namelijk vermindering van het aantal lidstaatopties, mede om vergelijkbaarheid van jaarrekeningen binnen de EU te verbeteren.

EU-richtlijn aandeelhoudersbetrokkenheid (2017)

In 2017 is de herziene EU-richtlijn aandeelhoudersbetrokkenheid (2017/828/EU) gepubliceerd. Op 1 december 2019 (*Stb.* 2019, nr. 426) zijn de bepalingen uit deze EU-richtlijn in de Nederlandse wet geïmplementeerd. Deze EU-richtlijn richt zich primair op de betrokkenheid van aandeelhouders van beursfondsen bij o.a. het bezoldigingsbeleid, maar introduceert ook de directe openbaarmaking van transacties met verbonden partijen (art. 2:167 t/m 179 BW) alsmede een verantwoording over langetermijnbetrokkenheidsbeleid door institutionele beleggers, vermogensbeheerders en stemadviseurs (hoofdstuk 5.6A Wft). Met deze EU-richtlijn is tevens een nieuwe rapportageverplichting geïntroduceerd in de vorm van een apart bezoldigingsverslag. Hierdoor zijn sinds 1 januari 2020 NV's waarvan aandelen of met medewerking van de vennootschap uitgegeven certificaten zijn genoteerd aan een gereglementeerde markt wettelijk verplicht jaarlijks een apart bezoldigingsverslag te maken en deze na stemming daarover op de jaarlijkse algemene vergadering openbaar te maken op de website van de vennootschap (art. 2:135b lid 6 BW). Voor de wettelijke regeling van dit bezoldigingsverslag wordt verwezen naar paragraaf 39.5.5.

1.8 Toezicht op financiële verslaggeving

Naast de verplichte toepassing van IFRS door beursfondsen (2005) is, in de IAS-verordening, ook toezicht ingevoerd op de kwaliteit van de financiële verslaggeving door de nationale beurstoezichthouders: dit toezicht is in Nederland opgedragen aan de Autoriteit Financiële Markten (AFM) en wordt op EU-niveau gecoördineerd door de European Securities and Markets Authority (ESMA).

1.8.1 Nederland

In Nederland is er sinds 2007 wetgeving inzake het toezicht op en de handhaving van de voorschriften voor financiële verslaggeving van effectenuitgevende instellingen (Wet toezicht financiële verslaggeving – Wtfv). Daarmee verkreeg de AFM de bevoegdheid om de financiële verslaggeving van ondernemingen met beursgenoteerde effecten te toetsen aan de geldende verslaggevingsregels. De AFM kan optreden als zij twijfelt over de juiste toepassing van verslaggevingsregels. Los daarvan kan de AFM altijd de beursgenoteerde onderneming om een nadere toelichting vragen. Deze Wtfv betreft wetgeving die het de AFM mogelijk zou moeten maken om tekortkomingen op een systematische wijze op te sporen. Tevens werd beoogd de positie van de controlerende accountant ten opzichte van de gecontroleerde beursgenoteerde onderneming te versterken, doordat de AFM als een stok achter de deur fungeert. Daarmee zou het AFM-toezicht op de financiële verslaggeving van beursfondsen ook een bijdrage moeten leveren aan het vertrouwen in de financiële markten. Met de implementatie van de Transparantierichtlijn in de Nederlandse wetgeving heeft de AFM eveneens de bevoegdheid gekregen om halfjaarberichten te toetsen aan de geldende verslaggevingsregels. Daarnaast is als gevolg van een daartoe strekkend verzoek van de AFM een wetswijziging doorgevoerd (2014) die de mogelijkheden van de AFM om op te treden bij halfjaarberichten iets heeft verruimd (zie hierna).

Reikwijdte Wtfv
De wet is van toepassing op de financiële verslaggeving van effectenuitgevende instellingen met een statutaire zetel in Nederland, of waarvan Nederland (anderszins) lidstaat van herkomst is, en waarvan effecten zijn toegelaten op een gereglementeerde markt.
Het begrip 'financiële verslaggeving' bepaalt op welke financiële rapportages het toezicht door de AFM betrekking heeft, namelijk:
- de (door de algemene vergadering) vastgestelde jaarrekening;
- het bestuursverslag; en
- de Overige gegevens.

Met 'effectenuitgevende instellingen' wordt gedoeld op rechtspersonen en vennootschappen die voor het aantrekken van financiering effecten hebben uitgegeven, dat wil zeggen aandelen of schuldtitels uitgegeven hebben of waarvan certificaten van aandelen of schuldbrieven tot de effectenhandel zijn toegelaten. Het betreft dus niet alleen ondernemingen met beursgenoteerde aandelen, maar ook ondernemingen waarvan uitsluitend obligaties beursgenoteerd zijn.

Door het element 'met een statutaire zetel in Nederland' vallen ook ondernemingen die in Nederland zijn opgericht en statutair zijn gevestigd, bijvoorbeeld een NV of BV, maar waarvan alleen buiten Nederland effecten beursgenoteerd zijn op een gereglementeerde markt (of daarmee vergelijkbaar systeem buiten de EU) binnen het toepassingsbereik van de Wtfv. Ook buitenlandse ondernemingen met een statutaire zetel buiten Nederland maar met een beursnotering van aandelen, of van obligaties met een nominale waarde lager dan € 1000, op een gereglementeerde markt in Nederland vallen binnen het bereik van deze wet (art. 1 Wtfv).

Het toezicht op de naleving van financiële verslaggevingsvoorschriften is echter niet van toepassing op effectenuitgevende instellingen die uitsluitend obligaties, of effecten zonder aandelenkarakter (als bedoeld in art. 5:1 Wft), heeft uitgegeven met een nominale waarde per eenheid van ten minste € 100.000 (art. 1a Wtfv). Dit grensbedrag bedroeg vóór 2012 nog ten minste € 50.000. Er is daarom een overgangsregeling (voor de looptijd van deze effecten) van toepassing op effectenuitgevende instellingen die reeds vóór 2011 uitsluitend obligaties of effecten zonder aandelenkarakter hadden uitgegeven met een nominale waarde per eenheid van ten minste € 50.000 (art. 5:25g Wft).

In de memorie van toelichting op de Wtfv werd overigens expliciet gesteld dat het toezicht op de financiële verslaggeving niet is gericht op het toetsen van (de inhoud van) de wettelijk verplichte controleverklaring van de accountant als zodanig of op toetsing van het optreden van de accountant. De Wtfv staat immers juridisch los van de andere wetgeving op grond waarvan de AFM toezicht uitoefent op accountantsorganisaties en externe accountants die wettelijke controles uitvoeren, namelijk de Wet toezicht accountantsorganisaties (Wta) of de Wet op het accountantsberoep (Wab). Ondanks dit juridische onderscheid (Wtfv betreft toezicht op verslaggeving van beursgenoteerde ondernemingen, Wta betreft toezicht op accountantskantoren) kan sinds een wetswijziging (2013) de AFM informatie die zij heeft verkregen uit hoofde van het Wtfv-toezicht op financiële verslaggeving ook gebruiken bij het (Wta-)toezicht op externe accountants (art. 66 Wab jo. art. 2 lid 2a Wtfv) en andersom. Hiermee zijn de eerdere juridische 'Chinese walls' tussen deze toezichtsdomeinen binnen de AFM komen te vervallen.

Bevoegdheden Autoriteit Financiële Markten (AFM)

De Wtfv geeft de AFM de volgende bevoegdheden:

Verzoek om nadere toelichting

- De AFM kan aan een beursgenoteerde onderneming, ten behoeve van het toezicht op de voorschriften voor financiële verslaggeving, verzoeken om een nadere toelichting omtrent de toepassing van die voorschriften. Deze nadere toelichting moet worden verstrekt binnen een door de AFM te stellen redelijke termijn (art. 2 lid 1 Wtfv). In het verleden (tot 2012) was de AFM uitsluitend bevoegd om een dergelijke nadere toelichting te vragen indien de AFM op basis van openbare feiten of omstandigheden een reden had voor twijfel of de financiële verslaggeving (of een onderdeel daarvan) voldeed aan de van toepassing zijnde voorschriften. Dit is sinds 2013 gewijzigd en kan de AFM altijd om een nadere toelichting verzoeken, dus niet langer uitsluitend op basis van 'openbare feiten en omstandigheden'.

Een verzoek van de AFM aan een beursgenoteerde onderneming om een nadere toelichting moet door de AFM worden geheimgehouden, al zal dit wel intern binnen de AFM aan andere (toezicht)afdelingen kunnen worden gemeld (art. 2 lid 2a Wtfv). Openbaarmaking van zo'n verzoek van de AFM zou namelijk wellicht grote gevolgen kunnen hebben voor de koers van de effecten van de desbetreffende onderneming, terwijl er achteraf niets aan de hand kan blijken te zijn. Immers, door de nadere toelichting of beantwoording van vragen door de beursgenoteerde onderneming dan wel nadere toetsing door de AFM kunnen eventuele vermeende onduidelijkheden alsnog worden weggenomen.

1 Overzicht van wet- en regelgeving

Schriftelijke mededeling
▶ Als de bovengenoemde nadere toelichting is verkregen of als de beursgenoteerde onderneming de nadere toelichting niet binnen de door de AFM gestelde termijn heeft verstrekt, kan de AFM aan de onderneming schriftelijk mededelen dat de financiële verslaggeving of een onderdeel daarvan niet voldoet aan de voorschriften (art. 3 lid 1 Wtfv). Deze mededeling kan vergezeld gaan van een aanbeveling aan de beursgenoteerde onderneming om binnen een door de AFM te bepalen redelijke termijn een bericht algemeen verkrijgbaar te stellen en bij de AFM te deponeren, waarin de onderneming uitlegt op welke wijze zij in de toekomst de verslaggevingsvoorschriften zal toepassen of op welke onderdelen de financiële verslaggeving in ernstige mate tekortschiet in het geven van het wettelijk vereiste inzicht (art. 3 lid 2 Wtfv). Voordat de AFM een dergelijke schriftelijke mededeling aan de onderneming doet, zal er doorgaans overleg plaatsvinden met deze onderneming. De AFM is verplicht tot geheimhouding van de schriftelijke mededeling en de aanbeveling, maar dit kan wel binnen de AFM aan andere (toezicht)afdelingen worden gemeld (art. 3 lid 3 Wtfv).

Verzoekschrift Ondernemingskamer
▶ Weigert de beursgenoteerde onderneming mee te werken of geeft zij onvoldoende gevolg aan het geven van de gevraagde nadere toelichting, dan kan de AFM bij de Ondernemingskamer (OK) een verzoek indienen om de onderneming te bevelen de verzochte nadere toelichting te verstrekken aan de AFM. Dit verzoek moet met redenen worden omkleed en kan worden gedaan tot negen maanden na de dag van openbaarmaking en deponering van de jaarstukken bij de AFM (art. 2:452 lid 2 BW). De AFM kan ook op dezelfde wijze ten aanzien van de halfjaarcijfers een verzoek bij de OK indienen om de onderneming te bevelen een nadere toelichting te verstrekken, althans indien de onderneming weigert mee te werken of onvoldoende gevolg geeft aan het verstrekken van de gevraagde nadere toelichting (art. 2:452 lid 1 BW).
▶ Eveneens kan de AFM bij de Ondernemingskamer tevens een verzoek indienen om de onderneming te bevelen een door de AFM gegeven aanbeveling openbaar te maken (art. 2:454 lid 1 BW).
▶ Daarnaast is de AFM bevoegd om in de volgende twee situaties bij de Ondernemingskamer (OK) een verzoek in te dienen gericht op een door de OK te bevelen herziening van de inrichting van de financiële verslaggeving (art. 2:448 lid 2 BW):
 1. wanneer de AFM van oordeel is dat de financiële jaarverslaggeving op zodanig essentiële onderdelen niet voldoet aan de verslaggevingsvoorschriften, dat het naar het oordeel van de AFM wenselijk is dat de rechter zich hierover uitspreekt. Blijkens de toenmalige memorie van toelichting bij de behandeling van het wetsvoorstel kan de AFM een dergelijk verzoek indienen zodat daarmee een rechterlijke uitspraak wordt ontlokt, ongeacht de eventuele bereidheid van de effectenuitgevende instelling om haar verslaggeving aan te passen (MvT bij wetsvoorstel 30 336; in dezelfde zin OK uitspraak 928/2207, OK AFM tegen Spyker Cars NV);
 2. wanneer de AFM aan de beursgenoteerde onderneming een aanbeveling heeft gedaan om een bericht algemeen verkrijgbaar te stellen, maar de onderneming van deze mogelijkheid geen gebruik heeft gemaakt of daaraan onvoldoende gevolg heeft gegeven.
 Het onder 1 genoemde verzoek aan de OK (jaarrekeningprocedure) moet worden ingediend binnen negen maanden na de dag waarop de jaarrekening is vastgesteld (art. 2:449 lid 1 BW). Het onder 2 genoemde verzoek aan de OK kan worden gedaan tot negen maanden na de dag van openbaarmaking en deponering van de jaarstukken bij de AFM (art. 2:454 lid 4 BW).
▶ De AFM maakt het feit dat zij een verzoek bij de OK heeft ingediend openbaar, maar pas nadat zij de onderneming in de gelegenheid heeft gesteld dit zelf binnen een redelijke termijn te doen.

Overigens beslist de Ondernemingskamer niet over een verzoek tot herziening van de financiële verslaggeving dan nadat zij de externe accountant die de jaarrekening heeft gecontroleerd in de gelegenheid heeft gesteld te worden gehoord over de in het verzoek genoemde onderwerpen (art. 2:450 lid 5 BW). Er zijn echter gevallen bekend waarbij de controlerend accountant aangaf geen behoefte te hebben te worden gehoord door de OK, zoals bijvoorbeeld in de jaarrekeningprocedure Steinhoff International Holdings NV (ECLI:NL:GHAMS:2018:540).

Toezicht op halfjaarcijfers

Het toezicht op halfjaarcijfers bestaat uit de bevoegdheid van de AFM om ten aanzien van de inrichting van de halfjaarlijkse financiële verslaggeving de beursgenoteerde (effectenuitgevende) instelling te verzoeken om een nadere toelichting (art. 2 Wtfv). Ook heeft de AFM de bevoegdheid om aan de effectenuitgevende instelling een aanbeveling te doen een bericht algemeen verkrijgbaar te stellen omtrent de toepassing van verslaggevingsvoorschriften in bestaande of toekomstige stukken (art. 3 Wtfv). Ten aanzien van de halfjaarlijkse financiële verslaggeving kan geen (jaarrekening)procedure bij de OK worden aangespannen, maar kan de AFM wel een verzoekschrift indienen bij de OK om de onderneming een nadere toelichting te laten verstrekken ten aanzien van de halfjaarlijkse financiële verslaggeving, althans indien de onderneming weigert mee te werken of onvoldoende gevolg geeft aan het verstrekken van de gevraagde nadere toelichting (art. 2:452 lid 1 BW). Bovendien kan het niet opvolgen van een aanbeveling met betrekking tot halfjaarlijkse financiële verslaggeving voor de AFM reden zijn om ten aanzien van de jaarlijkse financiële verslaggeving, welke volgt op en waarin de desbetreffende halfjaarlijkse financiële verslaggeving is verwerkt, een onderzoek te starten dat uiteindelijk wel zal kunnen uitmonden in een jaarrekeningprocedure bij de OK (op grond van art. 4 Wtfv).

Samenwerking met De Nederlandsche Bank (DNB)

De AFM werkt bij de uitvoering van het toezicht op de toepassing van de verslaggevingsvoorschriften door financiële instellingen (banken, verzekeringsmaatschappijen, beleggingsentiteiten) samen met DNB. De samenwerking is erop gericht dat beide toezichthouders informatie uitwisselen en overleg voeren over zaken als sectorspecifieke verslaggevingsaspecten, het verzoeken om een nadere toelichting, het schriftelijk mededelen van twijfel aan het voldoen aan verslaggevingsvoorschriften, het eventueel doen van een aanbeveling die deze mededeling kan vergezellen en, zo nodig, over het indienen van een verzoekschrift bij de Ondernemingskamer. Deze samenwerking doet niet af aan de eigen verantwoordelijkheid van de AFM in het kader van de Wtfv enerzijds en van DNB in haar hoedanigheid van prudentiële toezichthouder anderzijds. De in de Wtfv opgenomen samenwerkingsbepaling brengt dus niet met zich dat DNB in de zin van deze wet medetoezichthouder wordt.

Deponering

Beursgenoteerde ondernemingen waarvan effecten zijn genoterd aan een gereglementeerde markt moeten de jaarstukken algemeen verkrijgbaar stellen (openbaarmaking) en de jaarrekening binnen vijf dagen na de vaststelling bij de AFM te deponeren (art. 5:25m en 5:25o Wft), waarna de AFM zorgt voor doorzending van de jaarrekening aan het handelsregister, waardoor met de toezending van de vastgestelde jaarrekening aan de AFM tevens wordt voldaan aan de verplichting tot deponering van de jaarrekening bij het handelsregister (art. 2:394 lid 8 BW). Als gevolg van de invoering van elektronische deponering via ESEF (European Single Electronic Format) bij de AFM is in een conceptwetsvoorstel voorgesteld om de (in art. 5:25o Wft) voorgeschreven toezending van de vastgestelde jaarrekening aan de AFM en doorzending door de AFM aan het handelsregister te schrappen.[2] In de situatie dat de vastgestelde jaarrekening van een beursgenoteerde instelling afwijkt van de eerder opgemaakte jaarrekening, moet na vaststelling van de jaarrekening onverwijld een bericht hieromtrent algemeen verkrijgbaar worden gesteld en naar de AFM gezonden (art. 5:25c lid 8 Wft). Blijkt na het vaststellen van de jaarrekening dat deze in ernstige mate tekortschiet in het geven van het vereiste inzicht, dan bericht het bestuur hierover onverwijld aan de aandeelhouders en het deponeert een mededeling daaromtrent bij het handelsregister waarbij een controleverklaring

---

[2] Internetconsultatie Wijzigingswet financiële markten 2022.

van de externe accountant wordt toegevoegd (art. 2:362 lid 6 BW). Een beursgenoteerde instelling dient deze mededeling onverwijld openbaar te maken en naar de AFM te zenden (art. 5:25c lid 9 Wft), waarna de AFM deze deponeert bij het handelsregister (art. 5:25m lid 11 Wft).

In Europees verband is als uitvloeisel van de EU-Transparantierichtlijn (zie par. 1.8.2) een methode ingevoerd van elektronische deponering van jaarstukken door ondernemingen met een beursnotering aan een gereglementeerde markt, dit zogeheten European Single Electronic Format (ESEF) is formeel vanaf 1 januari 2020 gedeeltelijk van toepassing, namelijk voor de primaire overzichten in de jaarrekening. Eind 2020 heeft de Europese Commissie echter alle lidstaten de mogelijkheid gegeven om invoering van ESEF één jaar uit te stellen tot 2021. De minister van Financiën heeft in januari 2021 de Tweede Kamer geïnformeerd dat Nederland gebruikmaakt van deze lidstaatoptie om uitgevende instellingen een jaar extra de tijd te geven.[3] Het voornemen is dat vanaf boekjaar 2022 deze elektronische deponering via ESEF van toepassing zal worden op de volledige jaarrekening van desbetreffende beursgenoteerde ondernemingen.

1.8.2   Coördinatie op Europees niveau

De coördinatie van het toezicht op de financiële verslaggeving op Europees niveau was (sinds 2005) in handen van CESR, het samenwerkingsverband van Europese beurstoezichthouders. In dat kader heeft CESR enkele richtsnoeren gepubliceerd. Sinds 2011 is deze rol overgenomen door de toen opgerichte ESMA (European Securities and Markets Authority), waarin CESR is opgegaan. Zo heeft ESMA bijvoorbeeld een richtsnoer inzake het gebruik van 'alternatieve presentatiemaatstaven' in openbaar gemaakte informatie (zoals een prospectus of bestuursverslag) gepubliceerd, welke in 2016 van toepassing is geworden. Ook publiceert ESMA jaarlijks zogenaamde 'enforcement priorities' ten aanzien van het toezicht op financiële verslaggeving van Europese beursgenoteerde ondernemingen.

---

[3]   Ministerie van Financiën, 18 januari 2021, Uitstel ESEF-verplichtingen uitgevende instellingen boekjaar 2020, kenmerk 2021-0000007650.

2 Formele aspecten

2.1 Opmaakplicht jaarrekening

Opmaakplicht	Statutaire bestuurders hebben de plicht de jaarrekening op te maken.

2.2 Boekjaar

Boekjaar	Boekjaar is kalenderjaar, tenzij de statuten gebruik van een ander boekjaar voorschrijven.

2.3 Termijnen voor opmaken van de jaarrekening

Termijnen: hoofdregel	Jaarlijks binnen vijf dan wel zes maanden na afloop van het boekjaar. Voor beurs-NV en beurs-BV binnen vier maanden na afloop van het boekjaar, tenzij alleen notering van obligaties met nominale waarde van minstens € 100.000.
Termijnen bijzondere instellingen	Voor bijzondere instellingen gelden afwijkende termijnen.
Uitstel opmaakplicht	Uitstel wegens bijzondere omstandigheden met een termijn van vijf respectievelijk vier maanden, tot uiterlijk tien maanden na afloop van het boekjaar. Geen uitstel mogelijk voor beurs-NV en beurs-BV.

2.4 Ondertekening opgemaakte jaarrekening

Ondertekeningsplicht	Statutaire bestuurders en commissarissen zijn verplicht de opgemaakte jaarrekening te ondertekenen.

2.5 Inzage jaarrekening

Inzage jaarrekening ten kantore rechtspersoon	De jaarrekening, het bestuursverslag en de 'Overige gegevens' dienen in beginsel ten minste vijftien dagen tussen de oproep van de algemene vergadering en de jaarvergadering ter inzage te liggen. Voor beurs-NV is dit ten minste tweeënveertig dagen.

2.6 Vaststellen jaarrekening en decharge

Vaststellen jaarrekening	De algemene vergadering stelt de jaarrekening vast. Bij een BV waarvan alle aandeelhouders tevens bestuurder(s) zijn, wordt de jaarrekening vastgesteld door ondertekening jaarrekening door alle bestuurders (en commissarissen).
Gevolgen niet vaststellen	Geen uitkering van winst en geen inkoop van eigen aandelen mogelijk (bij een NV).
Decharge	Decharge door de algemene vergadering dient expliciet door een apart besluit te geschieden. Vaststelling van de jaarrekening strekt niet tot kwijting van een bestuurder respectievelijk commissaris, behalve bij een BV waarbij alle aandeelhouders tevens bestuurder(s) zijn.

2.7 Ontheffing van opmaken/vaststellen (en daarmee deponeren) jaarrekening

Ontheffing	Minister van Economische Zaken en Klimaat kan wegens gewichtige redenen ontheffing verlenen. Geen ontheffing mogelijk bij beurs-NV en beurs-BV.

2.8 Deponering jaarrekening	
Deponering	Geschiedt door deponering bij het handelsregister. Vanaf boekjaar 2016 is voor micro- en kleine rechtspersonen elektronische deponering jaarrekeningen wettelijk verplicht, vanaf boekjaar 2017 is ook voor middelgrote rechtspersonen elektronische deponering jaarrekeningen wettelijk verplicht. Bij een beurs-NV en beurs-BV geschiedt deponering door toezending aan AFM.
Termijnen	Binnen acht dagen na vaststelling; uiterlijk twaalf maanden na afloop boekjaar.
Openbaarmaking op andere wijze	Bij publicatie verkorte jaarrekening verwijzen naar handelsregister waar volledige jaarrekening is gedeponeerd.
2.9 Relatie enkelvoudige en geconsolideerde jaarrekening	
Loskoppeling enkelvoudige en geconsolideerde jaarrekening	Uit de wetsgeschiedenis blijkt dat ook de geconsolideerde jaarrekening onder het begrip jaarrekening valt zodat alle regelgeving omtrent de 'jaarrekening' zowel op de enkelvoudige als geconsolideerde jaarrekening van toepassing is.
2.10 Accountantscontrole	
Verplichte accountantscontrole	Middelgrote en grote rechtspersonen zijn onderworpen aan wettelijk verplichte accountantscontrole.
2.11 Bewaarplicht	
Bewaarplicht	Gedurende zeven jaar rust op het bestuur de verplichting de boeken, bescheiden en andere gegevensdragers van de rechtspersoon te bewaren.
2.12 Geldeenheid en taal	
Geldeenheid	Euro; afhankelijk van werkzaamheid of internationale vertakking groep is ook een vreemde valuta mogelijk (zie voor uitgebreide behandeling par. 27.4.1).
Taal	Nederlandse taal, tenzij de algemene vergadering tot het gebruik van een andere taal heeft besloten.
2.13 Jaarrekening in bijzondere omstandigheden	
Faillissement/surseance van betaling/ ontbinding	Specifieke regelingen zijn van toepassing (zie voor de behandeling van de jaarrekening bij discontinuïteit par. 46.3).

2.1 Opmaakplicht jaarrekening

Het bestuur van een rechtspersoon of vennootschap die valt onder het bereik van Titel 9 Boek 2 BW (zie daarvoor par. 1.2.2), is verplicht jaarlijks een enkelvoudige jaarrekening en, indien van toepassing, tevens een geconsolideerde jaarrekening op te maken (vgl. art. 2:361 lid 1 BW). Onder bestuur wordt verstaan: de statutaire bestuurders (de leden van de raad van bestuur). Dit betekent dat bijvoorbeeld personen die weliswaar de titel directeur o.i.d. hebben, maar die niet zijn benoemd als lid van de raad van bestuur en derhalve bij het handelsregister van de Kamer van Koophandel niet als statutair bestuurder zijn ingeschreven, niet tot het bestuur worden gerekend.

2 Formele aspecten

Bij een monistisch bestuursmodel (one-tier board) zijn zowel de uitvoerende als niet-uitvoerende bestuurders lid van de raad van bestuur. Het bestuur heeft tot taak de jaarrekening op te maken. Indien een rechtspersoon bestuurder is, is een wettelijk vertegenwoordiger van de rechtspersoon (bestuurder) verplicht de jaarrekening op te maken.

Het opmaken van de jaarrekening houdt in dat bij bestuursbesluit de inhoud van de jaarrekening wordt vastgelegd en dat deze wordt opgenomen in een door het bestuur getekend stuk.
In de praktijk kan het voorkomen dat bij het opstellen van de jaarrekening een administratiekantoor of een accountantskantoor wordt ingeschakeld. Ook kan de jaarrekening door een dergelijk kantoor worden opgesteld (of samengesteld), maar ook dan blijft het bestuur verantwoordelijk voor het opmaken van de jaarrekening. Het bestuur zal dan ook de door een dergelijk kantoor opgestelde of samengestelde jaarrekening, met de door hem noodzakelijk geachte aangebrachte wijzigingen, bij bestuursbesluit als de door het bestuur opgemaakte jaarrekening moeten waarmerken (door middel van ondertekening van de jaarrekening, zie par. 2.4.1).
Indien er een raad van commissarissen ingesteld is, in een dualistisch model (two-tier board), zullen bestuur en raad van commissarissen vaak gezamenlijk over het opmaken van de jaarrekening beslissen. Indien bestuur en raad van commissarissen het oneens zijn, beslist het bestuur over het opmaken van de jaarrekening. De leden van de raad van commissarissen zullen in dat geval de opgemaakte jaarrekening niet ondertekenen onder opgave van de reden (zie par. 2.4.3).

Sinds 2013 (Wet Bestuur en Toezicht) kan een NV of BV vrijwillig opteren voor een 'monistisch' (one-tier) bestuurssysteem met één raad van bestuur, in plaats van een 'dualistisch' (two-tier) systeem met een aparte raad van bestuur en raad van commissarissen. In het monistische bestuursmodel bestaat de raad van bestuur uit zowel uitvoerende als niet-uitvoerende leden (bestuurders). De taak van de niet-uitvoerende bestuurders valt te vergelijken met die van commissarissen bij een dualistisch systeem, maar het kenmerkende verschil is dat zij bij een monistisch systeem lid zijn van de raad van bestuur. Ook bij het monistische bestuursmodel is het bestuur verantwoordelijk voor (en beslist over) het opmaken van de jaarrekening en moet deze waarmerken door ondertekening. In navolging van deze mogelijkheid voor een NV of BV is het vanaf 1 juli 2021 door de 'Wet bestuur en toezicht rechtspersonen' ook bij andere rechtspersonen, zoals stichtingen, verenigingen, coöperaties en onderlinge waarborgmaatschappijen, mogelijk vrijwillig te kiezen voor een monistisch model (één bestuur met uitvoerende en niet-uitvoerende bestuurders) of voor het instellen van een raad van commissarissen.[1]

2.2 Boekjaar
2.2.1 Algemeen

De hoofdregel voor rechtspersonen luidt dat het boekjaar samenvalt met het kalenderjaar tenzij in de statuten een ander boekjaar is aangewezen (art. 2:10a BW). Het voor een bepaalde rechtspersoon relevante boekjaar blijkt dus normaliter uit de statuten. Is in de statuten hieromtrent niets bepaald, dan is het boekjaar gelijk aan het kalenderjaar. Het boekjaar van de geconsolideerde jaarrekening valt samen met dat van de enkelvoudige jaarrekening: in de wet is het voorschrift opgenomen dat de balansdatum van de geconsolideerde jaarrekening dezelfde is als de balansdatum van de enkelvoudige jaarrekening van de moedermaatschappij (art. 2:412 lid 1 BW). De in de geconsolideerde jaarrekening opgenomen groepsmaatschappijen kunnen een ander boekjaar hebben dan de consoliderende moedermaatschappij. Zij zullen dan op basis van tussentijdse interne cijfers in de geconsolideerde jaarrekening worden opgenomen; de 'balansdatum' van deze tussentijdse cijfers mag ten hoogste drie maanden

---

[1] Stb. 2020, nr. 507: Wet bestuur en toezicht rechtspersonen. Stb. 2020, nr. 508: Besluit van 1 december 2020 tot vaststelling van het tijdstip van inwerkingtreding van de Wet bestuur en toezicht rechtspersonen.

voor of na de balansdatum van de door de moedermaatschappij geconsolideerde jaarrekening liggen (art. 2:412 lid 2 BW).

2.2.2 Kort/lang boekjaar en wijziging van boekjaar

Het eerste boekjaar begint op het moment waarop de rechtspersoon wordt opgericht. De oprichting van de rechtspersoon zal in de loop van het kalenderjaar plaatsvinden. Dit betekent dat het eerste boekjaar van de rechtspersoon ofwel langer, ofwel korter zal zijn dan twaalf maanden. Veelal wordt in de statuten (of oprichtingsakte) aangegeven wanneer het eerste boekjaar van de rechtspersoon zal eindigen. Als dit niet in de statuten of oprichtingsakte staat aangegeven, zal het eerste (alsdan: korte) boekjaar eindigen per einde van het kalenderjaar waarin oprichting heeft plaatsgevonden.

Indien een rechtspersoon wil overgaan naar een ander boekjaar, bijvoorbeeld van kalenderjaar naar een van het kalenderjaar afwijkend boekjaar, dan moet de rechtspersoon overgaan tot wijziging van de statuten. Ook een wijziging in boekjaar kan ertoe leiden dat er over het jaar van wijziging sprake is van een kort boekjaar (korter dan twaalf maanden) dan wel een lang boekjaar (langer dan twaalf maanden).

Een boekjaar kan niet met terugwerkende kracht worden gewijzigd (dus niet gewijzigd worden na afloop van het desbetreffende boekjaar).

Indien een jaarrekening wordt gepresenteerd over een periode langer of korter dan een jaar, dient de rechtspersoon behalve de periode waarover wordt gerapporteerd, een toelichting op te nemen over de reden van deze langere of kortere periode en het feit dat de vergelijkende cijfers over de voorgaande periode niet vergelijkbaar zijn (RJ 110.104).

2.2.3 Verslagperiode bij oprichting van de rechtspersoon

Het eerste boekjaar van de rechtspersoon start op het moment waarop de rechtspersoon wordt opgericht. In de oprichtingsakte kan zijn opgenomen dat de activa of activiteiten in de periode vóór de datum van formele oprichting (de zogenoemde voorperiode) reeds voor rekening en risico van de opgerichte rechtspersoon zijn. De vraag rijst dan of in dat geval over een langere periode verslag moet worden gedaan van de activiteiten van de opgerichte rechtspersoon, dus vanaf de datum waarvoor de activiteiten voor rekening en risico van de opgerichte rechtspersoon werden gedaan. In de literatuur worden hieromtrent twee standpunten verdedigd:
- de rechtspersoon hanteert het materiële verslagjaar als eerste boekjaar van de rechtspersoon en vermeldt duidelijk de oprichtingsdatum met vermelding van de redenen dat het materiële verslagjaar wordt gevolgd;
- de rechtspersoon hanteert het formele boekjaar als eerste boekjaar van de opgerichte rechtspersoon en vermeldt het resultaat over de voorperiode als één saldo binnen de winst-en-verliesrekening van het eerste boekjaar na oprichting.

2.3 Termijnen voor opmaken van de jaarrekening
2.3.1 Algemeen

Het bestuursbesluit waarbij de jaarrekening wordt opgemaakt, moet bij een BV en NV (voor beursgenoteerde NV of BV gelden afwijkende termijnen; zie hierna) en bij onder Titel 9 Boek 2 BW vallende formeel buitenlandse vennootschappen binnen vijf maanden na afloop van het boekjaar worden genomen; de statuten kunnen een kortere termijn voorschrijven. Voor de coöperatie, onderlinge waarborgmaatschappij en de onder Titel 9 Boek 2 BW vallende (commerciële) stichtingen of verenigingen en personenvennootschappen geldt een termijn van zes maanden na afloop van het boekjaar.

2 Formele aspecten

Regelgeving die betrekking heeft op bijzondere of financiële instellingen (zoals beleggingsinstellingen, banken, verzekeringsmaatschappijen), bevat in veel gevallen afwijkende termijnen. In het algemeen geldt voor dergelijke instellingen een opmaaktermijn van drie tot vijf maanden na afloop van het boekjaar.

Beursgenoteerde vennootschappen

Beursgenoteerde vennootschappen (waarvan effecten zijn toegelaten op een gereglementeerde markt) moeten de jaarrekening binnen vier maanden na afloop van het boekjaar opmaken en algemeen verkrijgbaar stellen (art. 5:25c Wft). Deze termijn kan alleen langer zijn als door de beursgenoteerde vennootschap uitsluitend obligaties met een nominale waarde van ten minste € 100.000 beursgenoteerd zijn (art. 5:25g lid 2 of 3 Wft). Op grond van artikel 5:25m lid 5 Wft, dient de opgemaakte jaarrekening op het moment dat deze algemeen verkrijgbaar wordt gesteld ook direct aan de AFM te worden toegezonden. Deze jaarrekening zal op het moment van de algemeen verkrijgbaarstelling normaliter nog niet zijn vastgesteld door de algemene vergadering (in de zin van art. 2:101 en 2:210 BW). Voor vaststelling van de jaarrekening van een (al dan niet) beursgenoteerde vennootschap kent de Nederlandse wet geen maximumtermijn. Echter, indien de jaarrekening van een beursgenoteerde vennootschap niet binnen zes maanden na afloop van het boekjaar is vastgesteld, moet dit worden medegedeeld aan de AFM (art. 5:25o lid 2 Wft). Overigens dient ook de vastgestelde jaarrekening, binnen vijf dagen na vaststelling, door de beursgenoteerde vennootschap naar de AFM te worden toegezonden, waarna de AFM deze doorstuurt naar het handelsregister (art. 5:25o lid 1 en 9 Wft jo. art. 2:394 lid 8 BW).[2] Indien de vastgestelde jaarrekening van een beursgenoteerde vennootschap afwijkt van de eerder opgemaakte jaarrekening, moet na vaststelling onverwijld een bericht hieromtrent algemeen verkrijgbaar worden gesteld (art. 5:25c lid 8 Wft).

2.3.2 Uitstel/bijzondere omstandigheden

De algemene vergadering kan aan het bestuur uitstel verlenen voor het opmaken van de jaarrekening. Uitstel is alleen mogelijk wegens bijzondere omstandigheden. Alsdan is uitstel mogelijk met een termijn van ten hoogste vijf maanden voor de BV en NV en formeel buitenlandse vennootschappen die onder Titel 9 Boek 2 BW vallen. Voor de coöperatie, onderlinge waarborgmaatschappij en de stichting en vereniging die onder Titel 9 Boek 2 BW vallen geldt een uitsteltermijn van ten hoogste vier maanden. Voor personenvennootschappen (Vof en CV) die vallen onder het bereik van Titel 9 Boek 2 BW bestaat geen uitstelmogelijkheid (art. 3:15a jo. art. 2:10 BW). De Tijdelijke wet COVID-19 Justitie en Veiligheid, die in april 2020 is ingevoerd en na de 'coronacrisis' zal worden ingetrokken, biedt het bestuur van een BV, NV, vereniging of coöperatie de mogelijkheid uitstel te verlenen voor het opmaken van de jaarrekening, daarmee kan de algemene vergadering geen uitstel verlenen.[3]

Voor een NV of BV met een beursnotering (aan een gereglementeerde markt) bestaat geen mogelijkheid tot verlenging c.q. uitstel van de viermaandentermijn (art. 2:101 lid 1 en 2:210 lid 1 BW). Ook de bovengenoemde Tijdelijke wet COVID-19 Justitie en Veiligheid geeft geen verleningsmogelijkheid voor dergelijke beursvennootschappen.
Inzake bijzondere (financiële) instellingen zal steeds de specifieke regelgeving moeten worden geraadpleegd om te weten of uitstel kan worden verleend.

---

[2] In een in november 2020 gepubliceerde consultatie voor een wetsvoorstel (wijzigingen financiële markten 2022) wordt voorgesteld artikel 5:25o Wft en artikel 2:394 lid 8 BW te schrappen, hetgeen zal inhouden dat de opgemaakte jaarrekening - via ESEF (European Single Electronic Format) - naar de AFM moet worden gezonden en de vastgestelde jaarrekening naar het handelsregister gezonden. Daarmee vervalt dan deze huidige 'doorstuurplicht' van de AFM naar het handelsregister.
[3] Stb. 2020, nr. 124, Tijdelijke wet COVID-19 Justitie en Veiligheid.

De bijzondere omstandigheden, die het verlenen van uitstel rechtvaardigen, moeten er zijn in de ogen van de besluitvormers (bestuur, algemene vergadering). Een objectieve toetsing door de rechter is niet voorzien. In de literatuur worden de volgende omstandigheden genoemd:
▶ de cijfers zijn nog niet bekend;
▶ het bestuur en de raad van commissarissen zijn het niet met elkaar eens;
▶ er zijn onzekerheden met betrekking tot de waardering van bepaalde posten;
▶ er hebben zich calamiteiten (brand, overstroming) voorgedaan waardoor de administratie verloren is gegaan.

Er is nauwelijks jurisprudentie over wat dergelijke bijzondere omstandigheden kunnen zijn. Het Hof Amsterdam heeft in een arrest gesteld dat de omstandigheid dat de administrateur incompetent was en ondeugdelijke stukken had geproduceerd, als een bijzondere omstandigheid kan gelden op grond waarvan de algemene vergadering tot verlenging van de termijn voor het opmaken van de jaarstukken kon besluiten. Het feit dat hiervan niets uit de notulen van de algemene vergadering bleek, veroorzaakt op zichzelf niet dat een dergelijk besluit niet rechtsgeldig is genomen. Voorts stelde het hof dat een dergelijk besluit niet vóór afloop van de termijn van vijf maanden behoeft te zijn genomen (Hof Amsterdam, 14 november 1991, NJ 1993, 18). Uit een arrest naar aanleiding van een procedure aangespannen door de curator valt af te leiden dat het voor de crediteuren niet van belang is of de termijn voor het opmaken van de jaarrekening op formeel juiste wijze is verlengd, aangezien zij in elk geval rekening dienen te houden met de mogelijkheid dat door de algemene vergadering tot de door de wet toegestane uiterste verlenging is besloten (HR, 11 juni 1993, NJ 1993, 713).
Blijkbaar is het (onbedoelde) gevolg van de bovengenoemde jurisprudentie dat er kennelijk bij veel BV's geen formeel besluit tot verlenging van de opmaaktermijn – wegens bijzondere omstandigheden – wordt genomen door de algemene vergadering, hoewel dat wel wettelijk vereist is, maar dat desondanks (stilzwijgend) door het bestuur de uiterste termijn voor het opmaken van de jaarrekening wordt 'gebruikt'. Vervolgens wordt ook (stilzwijgend) de uiterste termijn voor deponering van de vastgestelde jaarrekening (zie par. 2.8.1) 'benut'. De afgelopen jaren is er soms enige discussie ontstaan over de vraag of dit (stilzwijgend) 'gebruik' van de uiterste termijn voor het opmaken en deponeren van de jaarrekening, met als gevolg een (te) late informatieverstrekking, maatschappelijk (nog) wel wenselijk is. Er zijn echter geen aanwijzingen voor een mogelijke aanpassing door de wetgever van de huidige wettelijke bepalingen. De bovengenoemde regeling in de Tijdelijke wet COVID-19 Justitie en Veiligheid, zodat het bestuur van de rechtspersoon zelf kan besluiten tot verlenging opmaaktermijn jaarrekening, lijkt eerder een codificatie van een bestaande praktijk die ook na intrekking van deze tijdelijke wet naar verwachting niet snel zal veranderen.

2.4 Ondertekening opgemaakte jaarrekening

2.4.1 Wie moet de opgemaakte jaarrekening ondertekenen?

De opgemaakte enkelvoudige jaarrekening en de opgemaakte geconsolideerde jaarrekening worden ondertekend door alle bestuurders en commissarissen. Het gaat hierbij om bestuurders en commissarissen die op het moment van ondertekening statutair bestuurder of commissaris zijn; het doet daarbij niet ter zake dat een bestuurder of commissaris tijdens het boekjaar waarop de jaarrekening betrekking heeft en/of tot het moment waarop de opgemaakte jaarrekening wordt ondertekend, nog geen bestuurder of commissaris was. Indien een rechtspersoon bestuurder is, moet iemand die bevoegd is de rechtspersoon rechtsgeldig te vertegenwoordigen (meestal een bestuurder of procuratiehouder van die rechtspersoon) de opgemaakte jaarrekening ondertekenen; er kan niet worden volstaan met het uitsluitend vermelden van de naam van de rechtspersoon.

2.4.2 Wijze en plaats van ondertekeningen datering

Het oorspronkelijke exemplaar van de opgemaakte enkelvoudige en geconsolideerde jaarrekening moet ondertekend worden door alle bestuurders en commissarissen. Indien meer dan één exemplaar in omloop wordt gebracht, kan op de andere exemplaren volstaan worden met het vermelden van uitsluitend de namen van de (ondertekenaars-)bestuurders/commissarissen (art. 15 BMJ). Opgemerkt zij dat ook vaak het bestuursverslag wordt ondertekend, al is dat geen wettelijk vereiste. In de wet is niet geregeld op welke plaats in de jaarrekening moet worden getekend. Meestal wordt aan het slot van het oorspronkelijke exemplaar een handtekening gezet.

De wet eist niet dat de opgemaakte jaarrekening wordt gedateerd. Toch is datering daarvan belangrijk, onder andere om te weten tot welke datum gebeurtenissen na de balansdatum in de jaarrekening zijn verwerkt. De Raad voor de Jaarverslaggeving schrijft daarom voor dat de datum van het opmaken van de jaarrekening wordt vermeld in de toelichting (RJ 160.401). Voor de goede orde zij opgemerkt dat voor de toepassing van de jaarrekeningprocedure bij de Ondernemingskamer (zie par. 1.4) niet de datum van het opmaakbesluit beslissend is, maar de datum waarop de jaarrekening is vastgesteld. Artikel 2:449 BW bepaalt namelijk dat het verzoek voor een jaarrekeningprocedure moet worden ingediend binnen twee maanden na de dag waarop de jaarrekening is vastgesteld. Voor de volledigheid: deze korte termijn geldt niet voor de AFM, de AFM kan aangaande de jaarrekening van een beursgenoteerde vennootschap een verzoek voor een jaarrekeningprocedure indienen tot uiterlijk negen maanden na de dag waarop die jaarrekening is vastgesteld (zie par. 1.8.1).

2.4.3 Ontbreken van ondertekening

Indien de ondertekening van een of meer bestuurders of commissarissen ontbreekt, wordt daarvan onder opgave van redenen melding gemaakt. In de literatuur worden de volgende redenen van niet-ondertekening genoemd:
- het feit dat een bestuurder (of commissaris) zich niet kan verenigen met de opgemaakte jaarrekening (aftreden is dan een logisch gevolg);
- langdurige afwezigheid (bijvoorbeeld in verband met ernstige ziekte).

Indien een of meer bestuurders of commissarissen de jaarrekening niet hebben ondertekend, moet(en) de reden(en) van niet-ondertekening worden vermeld (art. 2:101 lid 2 en 2:210 lid 2 BW). Deze reden(en) moet(en) zowel op het oorspronkelijke exemplaar van de jaarrekening alsook op de andere exemplaren worden vermeld (art. 15 BMJ).

2.4.4 Betekenis van de ondertekening

Door middel van het ondertekenen van de opgemaakte jaarrekening aanvaarden bestuurders en commissarissen verantwoordelijkheid voor de inhoud van de jaarrekening, hetgeen mogelijk kan leiden tot aansprakelijkheid. Het gaat daarbij om civielrechtelijke aansprakelijkheid en om strafrechtelijke aansprakelijkheid.

Civielrechtelijke aansprakelijkheid

Indien door de jaarrekening een misleidende voorstelling wordt gegeven van de toestand van de NV of BV, zijn bestuurders tegenover derden hoofdelijk aansprakelijk voor de schade die deze derden als gevolg van die (misleidende) jaarrekening hebben geleden (art. 2:139 en 2:249 BW). Een bestuurder die bewijst dat dit niet aan hem te wijten is, is niet aansprakelijk.

Ook commissarissen ondertekenen, ten bewijze van hun instemming met het opmaakbesluit, de jaarrekening. Indien door de jaarrekening een misleidende voorstelling wordt gegeven van de toestand van de NV of BV, zijn commissarissen naast bestuurders hoofdelijk aansprakelijk voor de schade die derden dientengevolge hebben geleden (art. 2:150 en 2:260 BW). Een commissaris die bewijst dat dit niet te wijten is aan een tekortkoming zijnerzijds in het toezicht, is niet aansprakelijk.

Strafrechtelijke aansprakelijkheid

Een bestuurder of commissaris kan ook strafrechtelijk aansprakelijk zijn indien de jaarrekening een misleidend beeld geeft. Van *bedrog met balans en winst-en-verliesrekening* is sprake indien opzettelijk een onware balans, winst-en-verliesrekening of toelichting openbaar gemaakt wordt (art. 336 Wetboek van Strafrecht). Hierbij is het enkele feit van het openbaar maken van onware gegevens voldoende voor strafbaarheid; de mogelijkheid van nadeel of misleiding is niet nodig (HR, 19 november 1923, NJ 1924, 149). Strafbaar is de bestuurder en/of commissaris die bedoelde (onware) stukken openbaar maakt of de openbaarmaking ervan opzettelijk toelaat. Uit de rechtspraak blijkt dat de openbaarmaking tevens omvat het verspreiden van de balans onder cliënten, aandeelhouders en bevriende instellingen (HR, 19 november 1923, NJ 1924, 149).

Indien het bestuur en/of de raad van commissarissen een onware jaarrekening opmaakt, zou onder bepaalde omstandigheden ook sprake kunnen zijn van valsheid in geschrifte (art. 225 Wetboek van Strafrecht). Van *valsheid in geschrifte* kan sprake zijn indien de jaarrekening is opgemaakt met het oogmerk om deze als echt en onvervalst te gebruiken of door anderen te doen gebruiken en uit dit gebruik enig nadeel kan ontstaan.

Quasi-bestuurders

Opgemerkt zij dat de wet bepaalt dat een ieder (commissarissen of anderen) die, zonder deel uit te maken van het bestuur der vennootschap, krachtens statutaire bepaling of krachtens besluit van de algemene vergadering, voor bepaalde tijd of onder bepaalde omstandigheden daden van bestuur verricht, wat betreft zijn rechten en verplichtingen ten opzichte van de vennootschap en van derden als bestuurder wordt aangemerkt (art. 2:151 en 2:261 BW).

2.5 Inzage jaarrekening

De door het bestuur opgemaakte enkelvoudige en geconsolideerde jaarrekening moet op de algemene vergadering worden behandeld. De algemene vergadering stelt de enkelvoudige jaarrekening en de geconsolideerde jaarrekening vast. Algemeen wordt aangenomen dat de jaarvergadering als bedoeld in artikel 2:108 en 2:218 BW die (bij een NV en BV) uiterlijk binnen zes maanden na afloop van het boekjaar moet worden gehouden, bestemd is voor behandeling van de jaarrekening. Zodra de algemene vergadering is opgeroepen moeten de stukken ter inzage liggen ten kantore van de rechtspersoon. De stukken dienen in beginsel bij een NV ten minste vijftien dagen (art. 2:115 lid 1 BW) en bij een BV ten minste acht dagen (art. 2:225 BW) tussen de oproep en de jaarvergadering ter inzage te liggen. Indien bij een NV de termijn van vijftien dagen korter was of de oproeping niet heeft plaatsgehad, kunnen alleen wettige besluiten worden genomen met algemene stemmen in een vergadering waarin het gehele geplaatste kapitaal vertegenwoordigd is (art. 2:115 lid 1 BW). Indien bij een BV de termijn korter was dan acht dagen of de oproeping niet heeft plaatsgehad, kunnen alleen wettige besluiten worden genomen als alle vergadergerechtigden ermee hebben ingestemd dat de besluitvorming plaatsvindt en bestuurders en commissarissen voorafgaand aan de besluitvorming in de gelegenheid zijn gesteld advies uit te brengen (art. 2:225 BW). Bij een NV met een beursnotering (aan een gereglementeerde markt) dienen de vergaderstukken, waaronder de jaarrekening, ten minste tweeënveertig dagen tussen de oproep en de jaarvergadering ter inzage te liggen (art. 2:115 lid 2 BW).

Indien door de algemene vergadering uitstel van het opstellen van de jaarrekening is verleend, kan de vraag ontstaan wanneer de behandeling van deze jaarrekening dient te geschieden. De wet geeft hierover geen uitsluitsel. In de literatuur wordt gesteld dat een redelijke wetsuitleg meebrengt dat de behandeling dient te geschieden in een algemene vergadering die binnen een maand na afloop van de uitsteltermijn ligt. Ook in dat geval dient een oproeptermijn van acht of vijftien dagen in acht te worden genomen. Een verleend uitstel geldt ook voor het bestuursverslag (directieverslag) en de Overige gegevens.

Aandeelhouders en anderen die gerechtigd zijn de algemene vergadering bij te wonen, zoals bij een NV houders van met medewerking van de vennootschap uitgegeven certificaten op naam, hebben het recht de opgemaakte jaarrekeningen ten kantore van de vennootschap in te zien. Dit geldt ook voor in de algemene vergadering stemgerechtigde vruchtgebruikers, pandhouders van aandelen en verder voor niet-stemgerechtigde vruchtgebruikers en niet-stemgerechtigde pandhouders, althans indien de statuten dit bepalen en niet anders is bepaald bij de vestiging of overdracht van deze rechten (art. 2:88 lid 4 en 2:197 lid 4; 2:89 lid 4 en 2:198 lid 4 BW).
De hierboven genoemde personen hebben tevens recht op een kosteloos afschrift van de jaarstukken.

2.6 Vaststellen jaarrekening en decharge

2.6.1 Algemeen

De enkelvoudige en geconsolideerde jaarrekening wordt vastgesteld door de algemene vergadering. Vaststellen houdt formeel in de bevoegdheid tot het bepalen van de inhoud van de posten. In de statuten van de rechtspersoon is geregeld op welke wijze het besluit tot stand komt. Met het vaststellingsbesluit is de jaarrekening, als vennootschapsrechtelijk document, definitief. Een eenmaal genomen besluit waarbij een jaarrekening wordt vastgesteld, kan niet door een nieuw besluit ongedaan worden gemaakt. Een eenmaal vastgestelde (en gedeponeerde) jaarrekening kan niet worden 'herroepen' (of worden 'teruggehaald'). Indien na het vaststellen van de jaarrekening achteraf blijkt dat deze in ernstige mate tekortschiet in het geven van het wettelijk vereiste inzicht, dient de volgende procedure (uit art. 2:362 lid 6 BW) te worden gevolgd. Zodra van een zodanig in ernstige mate tekortschieten is gebleken, bericht het bestuur hierover onverwijld aan de aandeelhouders en deponeert het bestuur een mededeling daaromtrent bij het handelsregister. Bij deze bestuursmededeling dient een accountantsverklaring van de externe accountant te worden gevoegd indien de jaarrekening, waarvan achteraf is gebleken dat deze in ernstige mate tekortschiet in het geven van het vereiste inzicht, ook is gecontroleerd door een externe accountant (art. 2:362 lid 6 BW; zie ook par. 38.3). Een beursgenoteerde vennootschap dient een dergelijke mededeling onverwijld openbaar te maken en naar de AFM te zenden (art. 5:25c lid 9 Wft), waarna de AFM deze deponeert bij het handelsregister (art. 5:25m lid 9 Wft).

2.6.2 Vaststellen jaarrekening

De algemene vergadering stelt de jaarrekening vast, bestaande uit de enkelvoudige jaarrekening en (indien aan de orde) de geconsolideerde jaarrekening, en heeft (daarom) in beginsel de mogelijkheid de jaarrekening gewijzigd vast te stellen. Het is echter logischer indien, in voorkomende gevallen, de algemene vergadering het bestuur opdracht zou geven om de jaarrekening opnieuw op te maken (te herzien) met inachtneming van de door de algemene vergadering gegeven aanwijzingen.

De algemene vergadering kan de jaarrekening niet vaststellen indien accountantscontrole wettelijk verplicht is en zij (nog) geen kennis heeft kunnen nemen van de controleverklaring, tenzij een wettige grond voor het ontbreken van de controleverklaring is opgenomen in de Overige gegevens (art. 2:393 lid 7 BW). Het vaststellingsbesluit is dan nietig. Een wettige grond voor ontbreken van de controleverklaring is het van toepassing zijn van artikel 2:395a of 396 BW (micro- of kleine rechtspersoon) of artikel 2:403 BW (toepassing groepsregime; zie hoofdstuk 42).

Sinds 2012 (bij inwerkingtreding van de Wet Vereenvoudiging en flexibilisering BV-recht) is wettelijk bepaald dat indien bij een BV alle aandeelhouders tevens de bestuurder(s) zijn van de BV, de ondertekening van de jaarrekening door alle bestuurders en commissarissen tevens geldt als vaststelling. Dit zal veelal aan de orde zijn in een DGA-situatie, waarbij de (groot)aandeelhouders tevens bestuurders zijn. In dat geval is derhalve géén apart vaststellingsbesluit van de algemene vergadering benodigd maar is wel vereist dat alle eventuele overige vergaderingerechtigden, zoals bijvoorbeeld bepaalde certificaathouders, in de gelegenheid zijn gesteld om kennis te nemen van de opgemaakte jaarrekening en instemmen met deze wijze van vaststelling (art. 2:210 lid 5 BW). Deze bepaling heeft na de inwerkingtreding in 2012 in de praktijk enkele onduidelijkheden tot gevolg gehad, daarom werd later aangekondigd dat deze bepaling zou worden aangepast in een (reparatie)wetsvoorstel. Er is echter sindsdien geen dergelijk (reparatie)wetsvoorstel verschenen en de praktijk is inmiddels bekend met deze situatie.

2.6.3 Niet vaststellen jaarrekening

Een gevolg van het niet-vaststellen van de jaarrekening door de algemene vergadering is dat er:
▶ geen dividend/winst kan worden uitgekeerd;
▶ geen inkoop van eigen aandelen kan plaatsvinden.

Blijkens de jurisprudentie kan een (meerderheids)aandeelhouder niet zonder meer tegen vaststelling van de jaarrekening stemmen (Rb. Roermond, 17 mei 1983, NJ 1974, 57). De Rechtbank Roermond besliste dat een meerderheidsaandeelhouder in strijd met de redelijkheid en billijkheid jegens de vennootschap en de medeaandeelhouders (minderheidsaandeelhouders) handelt, indien hij zonder meer tegen de jaarrekening stemt zonder concreet aan te geven in hoeverre deze naar zijn oordeel wijziging behoeft, en dusdoende vaststelling van die al dan niet gewijzigde jaarrekening verhindert en daarmee uitkering van dividend aan de minderheidsaandeelhouder blokkeert.

Een besluit van de algemene vergadering om de jaarrekening niet vast te stellen is overigens geen besluit in de zin van artikel 2:14 of 2:15 BW; vernietiging van zo'n besluit kan niet worden gevorderd. Een mogelijkheid een dergelijk verwerpings-'besluit' aan te tasten – indien er sprake is van een impasse – is het aanspannen van een enquêteprocedure. Een andere mogelijkheid is het instellen van een actie uit onrechtmatige daad.

2.6.4 Gevolgen vaststellen jaarrekening

Pas nadat door het daartoe bevoegde orgaan de jaarrekening is vastgesteld, is er sprake van de jaarrekening van de rechtspersoon. Het besluit van de algemene vergadering tot vaststellen van de jaarrekening houdt ook in dat daarmee de winst of het verlies (resultaat over het boekjaar) van de rechtspersoon is bepaald.
Het besluit tot vaststelling van de jaarrekening is in rechte aantastbaar:
▶ in een jaarrekeningenprocedure bij de Ondernemingskamer van het Gerechtshof te Amsterdam: iedere belanghebbende kan verzoeken dat de jaarrekening die naar de inhoud niet voldoet aan de bepalingen van de wet, wordt ingericht overeenkomstig bij rechterlijk bevel te geven aanwijzingen (art. 2:447 en 2:448 BW). Indien de Ondernemingskamer het verzoek toewijst, geeft zij aan de rechtspersoon een bevel omtrent de inrichting van de jaarrekening, het bestuursverslag of de Overige gegevens. Indien het bevel betrekking heeft op de jaarrekening, kan de Ondernemingskamer het besluit tot vaststelling van die jaarrekening vernietigen (art. 2:451 lid 4 BW);
▶ in een procedure bij – in eerste aanleg – de rechtbank wegens strijd met formele voorschriften uit de wet of statuten, dan wel wegens strijd met de redelijkheid en billijkheid (art. 2:15 BW).

2 Formele aspecten

2.6.5 Decharge

Het aanbieden van de jaarrekening door het bestuur aan de algemene vergadering, zodat deze kan besluiten over vaststelling, wordt gezien als het afleggen van verantwoording door het bestuur aan de algemene vergadering. Voor de eventuele verlening van decharge aan bestuurders en commissarissen is een afzonderlijk besluit vereist, omdat de vaststelling van de jaarrekening niet tot kwijting strekt van een bestuurder respectievelijk commissaris (art. 2:101 lid 3 en 2:210 lid 3 BW). Soms is in oude statuten nog wel de (verouderde) bepaling opgenomen dat de goedkeuring van de jaarrekening door de algemene vergadering tevens strekt tot decharge van de bestuurders en commissarissen (zogenaamde impliciete decharge), maar een dergelijke verouderde statutaire bepaling is in strijd met de wet. De kwijting (decharge) door de algemene vergadering dient namelijk als een afzonderlijk punt, los van de vaststelling van de jaarrekening, te worden geagendeerd op de algemene vergadering. Dit beoogt een betere verantwoording jegens aandeelhouders of leden te bewerkstelligen van het door bestuurders en commissarissen gevoerde beleid.

Sinds 2012 (inwerkingtreding van de Wet Vereenvoudiging en flexibilisering BV-recht) is echter wettelijk bepaald dat bij een BV waarvan alle aandeelhouders tevens de bestuurder(s) zijn van de BV, de ondertekening van de jaarrekening door alle bestuurders en commissarissen geldt als vaststelling van de jaarrekening en tevens als decharge (kwijting). Dit zal veelal aan de orde zijn in een DGA-situatie, waarbij de (groot)aandeelhouders tevens bestuurders zijn. In zo'n situatie is derhalve géén apart besluit van de algemene vergadering tot decharge van bestuurders en commissarissen meer benodigd (art. 2:210 lid 5 BW).
Een dechargebesluit brengt mee dat de vennootschap de bestuurders later niet meer kan aanspreken op grond van toerekenbare tekortkoming (wanprestatie) (HR 20 oktober 1989, NJ 1990, 308). Wel kunnen de besluiten die ten grondslag liggen aan decharge vernietigbaar zijn wegens strijd met de redelijkheid en billijkheid, bijvoorbeeld indien het bestuur de algemene vergadering heeft misleid of indien een meerderheid van de algemene vergadering de meerderheidspositie heeft misbruikt om het bestuur en de raad van commissarissen te dechargeren.

Het is vaste jurisprudentie dat een verleende decharge niet verder strekt dan het beleid dat uit de jaarrekening blijkt (HR 17 juni 1921, NJ 1921, 737 [Deen-Perlak]; HR 20 juni 1924, 1107 [Truffino]). In een andere uitspraak voegde de Hoge Raad hier, kort gezegd, aan toe dat een decharge zich niet uitstrekt tot informatie waarover een individuele aandeelhouder buiten het verband van de algemene vergadering beschikt (HR 10 januari 1997, NJ 1997, 360 [Staleman e.a./Van de Ven]). De Hoge Raad heeft tevens beslist dat decharge zich ook niet uitstrekt tot handelingen die door manipulatie van de boeken (spookfacturen) niet uit de jaarrekening kenbaar zijn, waaraan niet afdoet dat de DGA ten tijde van de vaststelling van de jaarrekening kennis moet hebben gedragen van deze manipulatie (HR 25 juni 2010, JOR 2010/227). Bovendien heeft decharge slechts 'interne' werking, dat wil zeggen binnen de rechtspersoon zelf. Een bestuurder die onrechtmatig handelt en daardoor schade veroorzaakt aan een individuele aandeelhouder dan wel aan een schuldeiser kan altijd door de benadeelde worden aangesproken.

2.7 Ontheffing van opmaken/vaststellen (en daarmee deponeren) jaarrekening

2.7.1 Algemeen

De Minister van Economische Zaken en Klimaat kan desverzocht om gewichtige redenen ontheffing verlenen van de verplichting tot het opmaken, het overleggen en het vaststellen van de enkelvoudige en geconsolideerde jaarrekening. De besluitvorming aangaande zo'n ontheffingsverzoek is gemandateerd[4] aan (de algemeen directeur van)

---

[4] (Besluit mandaat, volmacht en machtiging algemeen directeur van Agentschap NL betreffende ontheffingen jaarrekeningplicht, 9 december 2009, Stcrt. 17 december 2009, nr. 19443).

de Rijksdienst voor Ondernemend Nederland, een onderdeel van het Ministerie van Economische Zaken en Klimaat Een schriftelijk verzoek tot ontheffing dient te worden gericht aan Rijksdienst voor Ondernemend Nederland en kan niet per e-mail worden ingediend. Geen ontheffing kan worden verleend aan een (aan een gereglementeerde markt) beursgenoteerde NV of BV (art. 2:101 lid 7 en art. 2:210 lid 8 BW).

2.7.2 Gewichtige redenen

Bij gewichtige redenen moet volgens de wetsgeschiedenis en literatuur vooral gedacht worden aan continuïteitsproblemen of liquidatie, waardoor onder meer onzekerheid bestaat omtrent de waarderingsgrondslagen. Volgens de website van de Rijksdienst voor Ondernemend Nederland kan voorts worden gedacht aan faillissement of gevallen van overmacht waarbij de rechtspersoon feitelijk niet de beschikking heeft over de relevante financiële gegevens door bijvoorbeeld brand, diefstal, waardoor de stukken feitelijk zijn verdwenen, of inbeslagname van relevante stukken door de FIOD of justitie.

In een uitspraak van de Afdeling Rechtspraak van de Raad van State van 17 oktober 1994 in een geschil tussen Reiss en Co BV en de Minister van Economische Zaken, heeft de Raad van State bepaald dat bescherming van de privacy en de persoonlijke veiligheid van de grootaandeelhouder geen gewichtige redenen zijn als bedoeld in artikel 2:210 lid 8 BW. Ook het beroep op artikel 2 (het recht op het leven wordt beschermd door de wet) en artikel 8 EVRM (het recht op respect voor privéleven, familie en gezinsleven, woning en correspondentie) werd in deze uitspraak afgewezen.

2.7.3 Diverse aspecten van ontheffing van opmaken/vaststellen jaarrekening

Indien ontheffing wordt verleend, dient een afschrift van de beschikking waarin de ontheffing is verleend bij het handelsregister te worden gedeponeerd (art. 2:394 lid 5 BW). Een ontheffing van de jaarrekening betekent niet dat tevens ontheffing van het opstellen van het bestuursverslag wordt verleend. De plicht een bestuursverslag op te stellen blijft gehandhaafd. In het bestuursverslag kan het bestuur de redenen van de ontheffing uiteenzetten.

Indien geen ontheffing wordt verkregen, dient alsnog een jaarrekening te worden opgemaakt. Indien het voorzienbaar was dat de aanvraag tot ontheffing zou worden afgewezen, kunnen bestuurders in faillissement aansprakelijk gehouden worden op grond van artikel 2:248 lid 2 BW. De vraag kan rijzen wat er moet gebeuren met eventuele jaarrekeningen over de boekjaren waarover ontheffing is verleend, indien de reden waarom de ontheffing is verleend is vervallen. Er bestaan hieromtrent twee opvattingen:
▶ de boekjaren waarover ontheffing is verkregen dienen als één verslagperiode gezien te worden;
▶ voor elk boekjaar dient alsnog een jaarrekening te worden opgemaakt en vastgesteld.

Het is ons inziens verdedigbaar de boekjaren waarover ontheffing is verkregen als één verslagperiode te beschouwen, te meer daar het vaak niet mogelijk is om tot een juiste toerekening aan perioden te komen.

2.8 Deponering jaarrekening

2.8.1 Deponering jaarrekening bij het handelsregister

De openbaarmaking van de enkelvoudige en van de geconsolideerde jaarrekening geschiedt door deponering van een volledig in de Nederlands taal gesteld exemplaar of, als dat niet is vervaardigd, een exemplaar in het Frans, Duits of Engels, bij het handelsregister. Op het exemplaar moet de dag van vaststelling zijn aangetekend (art. 2:394 lid 1 BW). Het bestuursverslag en de Overige gegevens moeten in dezelfde taal of in het Nederlands zijn gesteld (art. 2:394 lid 4 BW). Het bestuursverslag en een deel van de Overige gegevens mag ten kantore van

2 Formele aspecten

de vennootschap worden gehouden (zie par. 2.8.3). Van de Overige gegevens moeten in elk geval ten kantore van het handelsregister worden gedeponeerd (art. 2:394 lid 4 BW):
- de controleverklaring;
- de opgave van nevenvestigingen.

Deponering geschiedt door het financiële verslag (elektronisch) toe te zenden naar het handelsregister. Ondertekening van de aanbiedingsbrief bij toezending dient plaats te vinden door iemand die bevoegd is de rechtspersoon te vertegenwoordigen. Op het bij het handelsregister te deponeren exemplaar mag worden volstaan met de namen van de ondertekenaren van de oorspronkelijke jaarrekening, mits de wettelijk vereiste handtekeningen op het oorspronkelijke exemplaar van de jaarrekening zijn gesteld (art. 15 BMJ). Indien op het oorspronkelijke exemplaar een of meer wettelijk vereiste handtekeningen ontbreken, moet de reden daarvan ook op de andere exemplaren van de jaarrekening worden vermeld.

De Kamer van Koophandel beschikt over een webservice ('online service zelf deponeren jaarrekening') voor de jaarrekeningen die door micro- en kleine rechtspersonen elektronisch moeten worden gedeponeerd bij het handelsregister. De deponering wordt op de website van het handelsregister vermeld. Daarbij is ook geregeld dat jaarstukken via het internet kunnen worden opgevraagd bij het handelsregister. Om die reden zijn de systemen van de Kamer van Koophandel aangepast om XBRL/SBR-jaarrekeningen in de Nationale Taxonomie (NT) te verwerken. Dit is wettelijk geregeld in artikel 2:394 lid 1 BW en het bijbehorende Besluit elektronische deponering handelsregister (Stb. 2016, nr. 149). Micro- en kleine rechtspersonen moeten de jaarrekening sinds boekjaar 2016 elektronisch deponeren, maar kunnen daarbij gebruikmaken van bovengenoemde 'online service zelf deponeren jaarrekening' van de KvK. Middelgrote rechtspersonen moeten de jaarrekening sinds het boekjaar ingaande 1 januari 2017 elektronisch deponeren, maar er is een uitzondering voor middelgrote rechtspersonen die deel uitmaken van een groep waarvan het groepshoofd een grote rechtspersoon of beursgenoteerde vennootschap is. Dit omdat er voor grote rechtspersonen en beursgenoteerde vennootschappen nog geen verplichting tot elektronische deponering is. In het bovengenoemde Besluit elektronische deponering handelsregister (2016) staat dat er naar werd gestreefd dat ook de jaarrekening van grote rechtspersonen en beursgenoteerde vennootschappen vanaf het boekjaar ingaande 1 januari 2019 (of 2020) elektronisch zal moeten worden gedeponeerd. Dit voornemen is niet gehaald zodat er hoogstwaarschijnlijk uitstel gaat plaatsvinden tot het boekjaar ingaande 1 januari 2022. Voor beursgenoteerde vennootschappen is binnen de EU via een Verordening één systeem, het European Single Electronic Format (ESEF), ingevoerd voor deponering van jaarrekening over boekjaren ingaande 1 januari 2020 (Gedelegeerde Verordening (EU) 2018/815 van de Commissie). Als gevolg van de ontwikkelingen in 2020 rond Covid-19 heeft de EU alle lidstaten de mogelijkheid geboden om dit verplichte gebruik van ESEF één jaar uit te stellen. In Nederland heeft de Minister van Financiën in januari 2021 bekend gemaakt inderdaad een jaar uitstel te verlenen.[5] Hierdoor zullen beursgenoteerde vennootschappen de ('primaire statements' van de) jaarrekening 2020 wel vrijwillig via ESEF kunnen toezenden naar de AFM, maar zal ESEF pas met ingang van boekjaar 2021 (volledig) verplicht zijn.

Indien de Minister van Economische Zaken en Klimaat ontheffing van het opmaken, het overleggen en het vaststellen heeft verleend (zie par. 2.7.1) dient een afschrift van de ontheffingsbeschikking te worden gedeponeerd (art. 2:394 lid 5 BW).

---

[5] Brief Minister van Financiën aan Tweede Kamer, 18 januari 2021, Uitstel ESEF-verplichtingen uitgevende instellingen boekjaar 2020.

De lijsten met informatie over (geconsolideerde) deelnemingen en kapitaalbelangen (zie par. 21.2.1) mogen in plaats van te worden opgenomen in de jaarrekening ook separaat ten kantore van het handelsregister worden neergelegd. In de jaarrekening moet naar deze lijsten worden verwezen en op de bij het handelsregister neergelegde lijsten moet naar de betreffende jaarrekening worden verwezen.

2.8.2 Deponering door beursgenoteerde vennootschappen bij AFM

Een beursgenoteerde vennootschap is verplicht om de vastgestelde jaarrekening binnen vijf dagen na vaststelling toe te zenden aan de AFM (art. 5:25o lid 1 Wft). De aan haar toegezonden vastgestelde jaarrekening moet door de AFM (binnen drie dagen) worden doorgezonden aan het handelsregister, zodat met de toezending van de vastgestelde jaarrekening aan de AFM tevens wordt voldaan aan de deponeringsverplichting bij het handelsregister op grond van artikel 2:394 lid 1 BW (art. 5:25o lid 3 Wft). Daarmee wordt voorkomen dat door een beursgenoteerde vennootschap de vastgestelde jaarrekening tweemaal, namelijk zowel bij de AFM als bij het handelsregister, gedeponeerd moet worden.[6] Indien na het vaststellen van de jaarrekening blijkt dat deze in ernstige mate tekortschiet in het geven van het vereiste inzicht, dient een mededeling te worden gepubliceerd (zie ook par. 2.6.1). Een beursgenoteerde vennootschap dient deze mededeling onverwijld openbaar te maken en naar de AFM te zenden (art. 5:25c lid 9 Wft), waarna de AFM deze doorstuurt naar het handelsregister (art. 5:25m lid 9 Wft).

Op grond van artikel 2:394 lid 2 BW geldt de verplichting om de jaarrekening openbaar te maken, door middel van deponering bij het handelsregister, zodra de wettelijke termijn voor het opmaken voor de jaarrekening twee maanden is verstreken. Indien een beursgenoteerde vennootschap niet binnen (vier plus twee is) zes maanden na afloop van het boekjaar de jaarrekening heeft vastgesteld, doet de onderneming hiervan onverwijld mededeling aan de AFM (art. 5:25o lid 2 Wft).[7] De AFM zendt dan binnen drie dagen de (binnen vier maanden) algemeen verkrijgbaar gestelde (maar nog niet vastgestelde) jaarrekening aan het handelsregister. Ingevolge artikel 2:394 lid 8 onder b BW voldoet de beursgenoteerde vennootschap met de mededeling aan de AFM aan de deponeringsverplichting bij het handelsregister.

2.8.3 Deponering bestuursverslag en deel Overige gegevens ten kantore van de rechtspersoon

Een afschrift van het bestuursverslag en van een deel van de Overige gegevens (zie par. 2.8.1) mag ten kantore van de rechtspersoon of vennootschap worden gehouden zonder dat deponering daarvan bij het handelsregister heeft plaatsgevonden, mits aan een ieder het recht op inzage wordt verleend en aan hen desgevraagd een volledig of gedeeltelijk afschrift tegen ten hoogste de kostprijs wordt verstrekt. De rechtspersoon dient hiervan opgaaf ter inschrijving in het handelsregister te doen. De afgelopen jaren is er enige discussie ontstaan over de vraag of deze mogelijkheid om het bestuursverslag niet te deponeren bij het handelsregister, maar alleen ten kantore van de rechtspersoon te houden, nog langer wenselijk is. Dit temeer omdat de indruk bestaat dat aan verzoeken tot het verlenen van inzage in en/of afgeven van een afschrift (tegen kostprijs) van het bestuursverslag niet altijd worden voldaan, terwijl het maatschappelijk wenselijk kan zijn dat het bestuursverslag juist altijd in een openbaar register (anoniem) kan worden geraadpleegd.

---

[6] Dit zal echter naar verwachting verdwijnen omdat in een in november 2020 gepubliceerde consultatie voor een wetsvoorstel (wet wijzigingen financiële markten 2022) wordt voorgesteld artikel 5:25o Wft en artikel 2:394 lid 8 BW te schrappen, hetgeen zal inhouden dat de opgemaakte jaarrekening – via ESEF (European Single Electronic Format) – naar de AFM moet worden gezonden en de vastgestelde jaarrekening naar het handelsregister gezonden. Daarmee vervalt dan deze huidige 'doorstuurplicht' van de AFM naar het handelsregister.
[7] Zie vorige noot: indien artikel 5:25o Wft en artikel 2:394 lid 8 BW worden geschrapt zal deze eis en 'doorstuurplicht' aan de AFM vervallen.

2 Formele aspecten

2.8.4 Termijnen voor deponering van de jaarrekening
Deponering van vastgestelde jaarrekening
De rechtspersoon is verplicht tot openbaarmaking van de enkelvoudige en geconsolideerde jaarrekening, van het bestuursverslag en van de Overige gegevens binnen acht dagen na de vaststelling van de jaarrekening (art. 2:394 lid 1 en 4 BW). Met dagen wordt kalenderdagen bedoeld. Indien de termijn van acht dagen eindigt in het weekend wordt de termijn verlengd tot de eerstvolgende werkdag. Uiterlijk twaalf maanden na afloop van het boekjaar moet de rechtspersoon de vastgestelde jaarrekening bij het handelsregister openbaar hebben gemaakt (art. 2:394 lid 3 BW). Indien het boekjaar 2019 gelijk is aan het kalenderjaar, is de uiterste dag van deponering 31 december 2020. In de praktijk worden de volgende termijnen gehanteerd: vijf respectievelijk zes maanden (opmaaktermijn) + vijf respectievelijk vier maanden (uitsteltermijn) + twee maanden (termijn voor vaststelling en openbaarmaking) = twaalf maanden (art. 2:394 lid 2 BW).

Indien er sprake is van een gerechtelijke vernietiging van een jaarrekening (dit kan de Ondernemingskamer doen in een jaarrekeningprocedure), moet de rechtspersoon binnen twee maanden na de vernietiging een afschrift van de in de uitspraak opgenomen bevelen met betrekking tot de jaarrekening deponeren bij het handelsregister, met vermelding van de uitspraak (art. 2:394 lid 2 BW).

Deponering van opgemaakte jaarrekening
Indien de jaarrekening niet tijdig is vastgesteld, dat wil zeggen niet binnen twee maanden na afloop van de voor het opmaken voorgeschreven termijn (met inbegrip van verleend uitstel) overeenkomstig de wettelijke voorschriften is vastgesteld, maakt het bestuur onverwijld de opgemaakte jaarrekening bij het handelsregister openbaar; op deze jaarrekening wordt vermeld dat zij nog niet is vastgesteld (art. 2:394 lid 2 BW). Ook het bestuursverslag en de Overige gegevens dienen dan te worden gedeponeerd (art. 2:394 lid 4 BW). Is wettelijke controle van de jaarrekening verplicht, dan dient tezamen met de door het bestuur opgemaakte jaarrekening, ook de controleverklaring te worden gedeponeerd. De wet gaat er dus van uit, dat er uiterlijk tien maanden na afloop van het boekjaar een door het bestuur opgemaakte jaarrekening is. Er resteert dan nog een termijn van twee maanden om de jaarrekening vast te stellen. Gebeurt dat niet (er is geen formele wettelijke verplichting dat de jaarrekening binnen die termijn wordt vastgesteld door het daartoe bevoegde orgaan), dan dient uiterlijk twaalf maanden na afloop van het boekjaar de door het bestuur opgemaakte jaarrekening, tezamen met het bestuursverslag en de Overige gegevens, te worden gedeponeerd (art. 2:394 lid 2, 3 en 4 BW).

In het geval dat er tien maanden na afloop van het boekjaar nog geen door het bestuur opgemaakte jaarrekening is en er niet van mag worden uitgegaan dat alsnog binnen twaalf maanden na afloop van het boekjaar ten minste een door het bestuur opgemaakte jaarrekening (met controleverklaring) kan worden gedeponeerd, kan wellicht ontheffing worden gevraagd van de verplichting tot het opmaken en vaststellen (en daarmee deponeren) van de jaarrekening (zie par. 2.7). Wordt ontheffing verleend, dan wordt er geen jaarrekening gedeponeerd maar dan wordt een afschrift van de ontheffingsbeschikking gedeponeerd (art. 2:394 lid 5 BW).

'Conceptcijfers', ook wel genoemd 'voorlopige cijfers', betreft geen door het bestuur opgemaakte jaarrekening en deze worden derhalve ook niet (in het geval dat controle van de jaarrekening wettelijke vereist is) voorzien van een controleverklaring. Het is dan ook niet zo dat met het deponeren van conceptcijfers of voorlopige cijfers voldaan wordt aan de openbaarmakingsverplichting als bedoeld in artikel 2:394 BW. Om te kunnen voldoen aan de openbaarmakingsverplichting verlangt de wet de deponering van ofwel de vastgestelde jaarrekening met (indien wettelijke controle van de jaarrekening verplicht is) controleverklaring, ofwel de door het bestuur opgemaakte en ondertekende jaarrekening met controleverklaring, ofwel een afschrift van de ontheffingsbeschikking.

2.8.5 Openbaarmaking jaarrekening op andere wijze

Het financieel verslag wordt in veel gevallen ook op een andere manier openbaar gemaakt dan alleen door deponering bij het handelsregister. Als voorbeeld kan genoemd worden een emissieprospectus, een pr-boekje waarin cijfers zijn opgenomen, publicatie op de website of elders op het internet en dergelijke. In artikel 2:395 BW zijn enkele voorwaarden geformuleerd waarbij onderscheid moet worden gemaakt tussen openbaarmaking van een volledige versie van de jaarrekening en openbaarmaking van een verkorte versie van de jaarrekening.

Indien de volledige versie van de jaarrekening op een andere wijze (dat wil zeggen anders dan door deponering bij het handelsregister) openbaar wordt gemaakt, ook al worden het bestuursverslag en de Overige gegevens in die versie niet toegevoegd, is sprake van een volledige versie als bedoeld in artikel 2:395 lid 1 BW. Voorwaarden voor openbaarmaking van een volledige versie van een jaarrekening is dat steeds de controleverklaring wordt toegevoegd of, indien deze ontbreekt, de redenen van het ontbreken van de controleverklaring wordt vermeld. Als de jaarrekening nog niet is vastgesteld, moet dit worden vermeld (art. 2:395 lid 3 BW).

Indien naast de deponering bij het handelsregister een verkorte versie van de jaarrekening op andere wijze openbaar wordt gemaakt (bijvoorbeeld alleen de balans of winst-en-verliesrekening), dient dit ingevolge de wettelijke regeling ondubbelzinnig te blijken. Bij de verkorte versie dient dan ook een verwijzing te zijn opgenomen naar het handelsregister waar de jaarrekening in de wettelijk voorgeschreven vorm openbaar is gemaakt (art. 2:395 lid 2 BW). Als de jaarrekening nog niet is vastgesteld moet dit worden vermeld (art. 2:395 lid 3 BW). Aan een verkorte versie van de jaarrekening mag de controleverklaring niet worden toegevoegd (art. 2:395 lid 2 BW), maar wel moet bij de openbaarmaking worden medegedeeld of een externe accountant een controleverklaring heeft afgelegd en zo ja, dan wordt vermeld welke strekking de controleverklaring heeft en wordt tevens vermeld of de accountant in de verklaring in het bijzonder de aandacht heeft gevestigd op bepaalde zaken (de zogenaamde toelichtende paragraaf). Heeft de accountant geen controleverklaring afgelegd, dan dient de rechtspersoon het ontbreken van de verklaring toe te lichten met vermelding van de reden van ontbreken (art. 2:395 lid 2 BW).

2.8.6 Vrijstelling van deponering jaarrekening

Er is slechts in een beperkt aantal gevallen een vrijstelling van de deponeringsverplichting. Het gaat om de volgende gevallen:
▶ een rechtspersoon zonder winstoogmerk en vallend onder het kleine regime kan op grond van artikel 2:396 lid 9 BW zijn vrijgesteld van deponering (voor de bepaling van de omvang van een kleine (en micro-)rechtspersoon zie hoofdstuk 44;
▶ een rechtspersoon die gebruikmaakt van artikel 2:403 BW is vrijgesteld van deponering (zie hoofdstuk 42);
▶ een rechtspersoon die een ontheffing van het opmaken, het overleggen en het vaststellen van de jaarrekening van de Minister van Economische Zaken en Klimaat heeft verkregen, is niet in staat om een jaarrekening te deponeren. Wel dient een afschrift van de ontheffingsbeschikking te worden gedeponeerd bij het handelsregister en de ontheffing geldt niet voor het opstellen van het bestuursverslag en de Overige gegevens.

2.8.7 Gevolgen niet (tijdig) deponeren jaarrekening

Iedere belanghebbende kan in rechte bij de rechtbank vorderen dat de rechtspersoon zijn verplichting nakomt tot het openbaar maken van de enkelvoudige en geconsolideerde jaarrekening, het bestuursverslag en de Overige gegevens (art. 2:394 lid 7 BW). Indien niet uiterlijk twaalf maanden na afloop van het boekjaar deponering van de jaarrekening, het bestuursverslag en de Overige gegevens bij het handelsregister heeft plaatsgevonden, is sprake van een economisch delict dat in de Wet op de economische delicten (WED) strafbaar is gesteld. De maximale straf is een geldboete van ten hoogste € 20.750 en/of ten hoogste – voor bestuurders van de rechtspersoon of

2 Formele aspecten

vennootschap – zes maanden hechtenis (art. 6 WED). Ook kunnen bijkomende straffen en maatregelen worden opgelegd (art. 7 en 8 WED).

Indien in geval van faillissement van een NV of BV blijkt dat het bestuur niet heeft voldaan aan de plicht tot deponering van de jaarrekening, heeft het bestuur zijn taak onbehoorlijk vervuld en bestaat een wettelijk vermoeden dat deze onbehoorlijke taakvervulling een belangrijke oorzaak is van het faillissement (art. 2:138 lid 2 en art. 2:248 lid 2 BW). Behoudens bewijs van het tegendeel wordt de bestuurder dan aansprakelijk gehouden voor het tekort in de boedel. De aldus aangesproken bestuurder moet dan aannemelijk maken dat er andere (externe) oorzaken van het faillissement zijn; hij hoeft niet aannemelijk te maken dat zijn onbehoorlijk bestuur niet mede een oorzaak van het faillissement is geweest (HR inzake Van Schilt: JOR 2006/288). Met een bestuurder wordt in dit verband gelijkgesteld degene die feitelijk het beleid heeft bepaald of mede heeft bepaald, als ware hij bestuurder (art. 2:138 en 2:248 BW). Indien een commissaris op de naleving van deze plichten onvoldoende toezicht heeft uitgeoefend, is hij eveneens aansprakelijk. Van belang in dit kader is HR 2 februari 1996 (NJ 1996, 406; Pfennings/Curator Niederer). Daarin besliste de Hoge Raad het volgende: of een overschrijding van beperkte duur van de deponeringstermijn van artikel 2:394 lid 3 BW – in het geval dat aan hem werd voorgelegd: zeventien dagen – als een onbelangrijk verzuim in de zin van artikel 2:248 lid 2 BW kan gelden, hangt af van de omstandigheden van het geval, in het bijzonder van de redenen die tot de termijnoverschrijding hebben geleid, waarbij opmerking verdient dat aan deze omstandigheden hogere eisen moeten worden gesteld naarmate de termijnoverschrijding langer is. Stelplicht en bewijslast rusten op de aangesproken bestuurder. In Hof Amsterdam 14 november 1991 (NJ 1993, 18) werd uitgemaakt dat het nalaten van het opmaken van een jaarrekening over een periode van tweeënhalve maand niet als een onbelangrijk verzuim in de zin van artikel 2:248 lid 2 BW kan worden beschouwd.

Ook ten aanzien van de schending van andere verplichtingen kan een beroep op 'onbelangrijk verzuim' worden gedaan: ook als de controleverklaring niet is gepubliceerd kan sprake zijn van een onbelangrijk verzuim als vaststaat dat de gepubliceerde cijfers juist zijn (HR inzake Van Schilt: JOR 2006/288). In 2013 is door de Hoge Raad (HR 12 juli 2013 inzake Bobo Holding; JOR 2013/300) bevestigd dat er sprake kan zijn van een onbelangrijk verzuim in de zin van artikel 2:248 lid 2 BW, indien de omstandigheden van het geval er niet op wijzen dat het bestuur zijn taak onbehoorlijk heeft vervuld, hetgeen met name het geval kan zijn indien voor het verzuim een aanvaardbare verklaring bestaat; in casu was de te late openbaarmaking terug te voeren op een misverstand (tevens HR 1 november 2013, JOR 2013/336).

In de Tijdelijke wet COVID-19 Justitie en Veiligheid, die in april 2020 is ingevoerd en na de 'coronacrisis' zal worden ingetrokken, is bepaald dat een te late openbaarmaking van de jaarrekening over het meest recente afgesloten boekjaar niet in aanmerking wordt genomen, indien dat te wijten is aan de uitbraak van COVID-19.[8] In zo'n geval zal het niet deponeren geen bewijsvermoeden opleveren dat het bestuur zijn taak onbehoorlijk vervult en deze onbehoorlijke taakvervulling een belangrijke oorzaak is van het faillissement (art. 2:138 lid 2 en art. 2:248 lid 2 BW). Het bestuur zal echter wel moeten kunnen aantonen dat dit verzuim inderdaad te wijten is aan COVID-19, zodanig dat alsdan uiteindelijk door de rechter moet worden beoordeeld of dat terecht is.

2.8.8 Deponeringsplicht nevenvestigingen

Een 'vestiging' (branche of filiaal) wordt in de Handelsregisterwet omschreven als een gebouw of complex van gebouwen, waar duurzame uitoefening van de activiteiten van de onderneming of rechtspersoon plaatsvindt (art. 1j Handelsregisterwet 2007). Een 'nevenvestiging' wordt omschreven als: een vestiging niet zijnde de hoofdvestiging (art. 1l Handelsregisterwet 2007). Een branche of nevenvestiging heeft niet de plicht om een eigen jaarrekening

---

[8] Stb. 2020, nr. 124, Tijdelijke wet COVID-19 Justitie en Veiligheid.

overeenkomstig Titel 9 Boek 2 BW te deponeren. Wel moet een branche op grond van het Handelsregisterbesluit 2008 de jaarrekening van de (buitenlandse) vennootschap waartoe zij behoort deponeren bij het handelsregister waar de branche is ingeschreven, althans indien de (buitenlandse) vennootschap zelf een verplichting tot deponering van diens jaarrekening heeft. De desbetreffende bepalingen (art. 24 lid 5, art. 25 lid 5 en art. 26 lid 4 Handelsregisterbesluit 2008) geven aan dat bij het handelsregister telkens het meest recente exemplaar van de boekhoudbescheiden (bedoeld wordt de jaarrekening) van de (buitenlandse) vennootschap wordt gedeponeerd, althans voor zover en in de vorm waarin de vennootschap deze jaarrekening in het land van haar statutaire zetel openbaar moet maken. De boekhoudbescheiden moeten in het Nederlands, Engels, Frans of Duits zijn gesteld.

Zo zal bijvoorbeeld een in Nederland gevestigde branche van een Franse SA bij het Nederlandse handelsregister de jaarrekening van de Franse SA moeten deponeren, in de vorm waarin de Franse SA in Frankrijk verplicht is tot deponering daarvan. Indien de Franse SA overeenkomstig Franse wetgeving slechts verplicht is tot deponering van een balans, behoeft door de branche in Nederland ook slechts die balans te worden gedeponeerd. Indien de Franse SA overeenkomstig Franse wetgeving geen jaarrekening behoeft te deponeren, behoeft ook door de branche in Nederland niet te worden gedeponeerd.

2.9 Relatie enkelvoudige en geconsolideerde jaarrekening

Sinds 2005 (zie hoofdstuk 1) is in Titel 9 Boek 2 BW de band tussen de enkelvoudige en de geconsolideerde jaarrekening losgekoppeld, in die zin dat de geconsolideerde jaarrekening sindsdien geen onderdeel (meer) vormt van de toelichting op de enkelvoudige jaarrekening. Uit de wet (art. 2:361 lid 1 BW) en wetsgeschiedenis (Kamerstukken II 29 737, nr. 7) blijkt dat zowel de enkelvoudige als de geconsolideerde jaarrekening onder het begrip jaarrekening valt, zodat alle regelgeving omtrent de 'jaarrekening' ook op de geconsolideerde jaarrekening van toepassing is. Uit de strekking van de wet volgt dan ook dat een besluit tot vaststelling van de enkelvoudige jaarrekening en – indien verplicht – de geconsolideerde jaarrekening op dezelfde algemene vergadering dient te worden geagendeerd. Ook volgt uit de strekking van de wet dat het niet mogelijk is om de enkelvoudige jaarrekening niet en de geconsolideerde jaarrekening wel (of andersom) vast te stellen. Ook moeten de enkelvoudige jaarrekening en de geconsolideerde jaarrekening gelijktijdig binnen acht dagen na vaststelling worden gedeponeerd bij het handelsregister. Het is wel mogelijk om de enkelvoudige jaarrekening en de geconsolideerde jaarrekening afzonderlijk van elkaar (als losse 'boekjes') te publiceren.

2.10 Accountantscontrole
2.10.1 Benoeming en ontslag

De rechtspersoon verleent opdracht tot onderzoek van de enkelvoudige en geconsolideerde jaarrekening (controleopdracht) aan een registeraccountant of aan een accountant-administratieconsulent ten aanzien van wie bij de inschrijving in het in artikel 36 lid 2, onderdeel i, van de Wet op het Accountantsberoep (Wab) bedoelde accountantsregister een aantekening is geplaatst (of aan een wettelijke auditor als bedoeld in art. 27 Wab). De controleopdracht kan worden verleend aan een organisatie waarin accountants die mogen worden aangewezen, samenwerken (art. 2:393 lid 1 BW).
De in de laatste zin van lid 1 toegelaten verruiming geldt in de praktijk ook voor de volgende leden van artikel 2:393 BW; waar sprake is van 'de accountant' kan dan telkens worden gelezen 'de organisatie waaraan de opdracht tot onderzoek van de jaarrekening is verleend' (RJ 398.102) oftewel accountantsorganisatie. Indien de rechtspersoon een organisatie van openbaar belang (OOB) is, in de zin van art. 1 Wta (Wet toezicht accountantsorganisaties), dan wordt door de rechtspersoon aan de AFM medegedeeld welke accountant of accountantsorganisatie wordt beoogd voor het onderzoek van de jaarrekening, voordat tot verlening van de controleopdracht is overgegaan (art. 2:393 lid 1 BW).

Tot het verlenen van de controleopdracht is de algemene vergadering (van leden of aandeelhouders) bevoegd (art. 2:393 lid 2 BW). Gaat deze daartoe niet over, dan is de raad van commissarissen bevoegd. Ontbreekt een raad van commissarissen, dan is het bestuur bevoegd. Uit de parlementaire geschiedenis blijkt dat de volgorde van de in de wet genoemde organen een rangorde aangeeft. Bovendien blijkt daaruit dat indien bij een rechtspersoon met een monistisch bestuursmodel (one-tier board) een raad van commissarissen ontbreekt, de uitvoerende bestuurders niet kunnen deelnemen aan de beraadslaging en besluitvorming over het verlenen van de opdracht tot controle van de jaarrekening aan een externe accountant.

De aanwijzing van een accountant wordt door generlei voordracht beperkt; de controleopdracht kan te allen tijde worden ingetrokken door de algemene vergadering en door degene die haar heeft verleend. De controleopdracht kan enkel worden ingetrokken om gegronde redenen; daartoe behoort niet een meningsverschil over methoden van verslaggeving of controlewerkzaamheden. De algemene vergadering hoort de accountant op diens verlangen omtrent de intrekking van een hem verleende opdracht of omtrent het hem kenbaar gemaakte voornemen daartoe. Uit de parlementaire geschiedenis blijkt dat het recht van de externe accountant te worden gehoord door de algemene vergadering bij intrekking van de opdracht of bij een voornemen daartoe, ten doel heeft de zelfstandige positie van de externe accountant vooral tegenover de raad van commissarissen en het bestuur te versterken waarmee wordt voorkomen dat deze organen zich te gemakkelijk zouden kunnen ontdoen van een hun onwelgevallige controlerende accountant, die hogere eisen aan de jaarrekening stelt dan zij (RJ 398.104).

De term intrekking van de controleopdracht, om gegronde redenen, impliceert dat het niet gaat om een regulier besluit van een vennootschapsorgaan om een andere externe accountant aan te stellen. Met de term intrekking is bedoeld de tussentijdse beëindiging van een lopende controleopdracht. Het is niet de bedoeling van de wetgever dat een rechtspersoon tot in lengte van dagen aan een eenmaal gemaakte keuze voor een externe accountant vastzit als er geen gegronde redenen zijn voor intrekking van zijn opdracht.

De eis van gegronde redenen kan volgens de memorie van toelichting ook dienen om diegenen binnen de organen van de rechtspersoon die vermoeden dat de opdracht aan de accountant is ingetrokken wegens een meningsverschil over de methode van verslaggeving of controlewerkzaamheden een mogelijkheid in handen te geven om dit besluit aan te vechten.

In geval van intrekking van de controleopdracht door het daartoe bevoegde orgaan of indien de externe accountant zelf de controleopdracht tussentijds beëindigt, zullen het bestuur van de rechtspersoon en de accountant de AFM hiervan onverwijld in kennis moeten stellen. Daarbij moeten beiden een afdoende motivering voor de intrekking geven.

Voor de volledigheid wordt opgemerkt dat sprake kan zijn van wettelijk verplichte roulatie van accountantskantoren ten aanzien van controle van de jaarrekening van een organisatie van openbaar belang (OOB). Bovendien dient een OOB voorafgaand aan de verlening van een controleopdracht aan de AFM mede te delen welke accountantsorganisatie wordt beoogd voor de uitvoering van de controleopdracht (art. 2:393 lid 1 BW).

2.10.2 Werkzaamheden accountant

De werkzaamheden van de accountant hebben betrekking op de jaarrekening, het bestuursverslag en de Overige gegevens (art. 2:393 lid 3 BW).

Ten aanzien van de jaarrekening onderzoekt de accountant of:
▶ deze het in artikel 2:362 lid 1 BW vereiste inzicht geeft;
▶ deze voldoet aan de wettelijke voorschriften.

Ten aanzien van het bestuursverslag gaat de accountant na of:
- dit overeenkomstig de wettelijke voorschriften is opgesteld;
- dit verenigbaar is met de jaarrekening;
- dit in het licht van de tijdens het onderzoek van de jaarrekening verkregen kennis en begrip omtrent de rechtspersoon en zijn omgeving, materiële onjuistheden bevat (art. 2:393 lid 3 BW).

Tevens moet de accountant vermelden of de vereiste Overige gegevens - art. 2:392 BW - zijn toegevoegd. Deze Overige gegevens mogen niet in strijd zijn met de jaarrekening en met het bestuursverslag (art. 2:392 lid 2 BW).

2.10.3 Verslag en verklaring van accountant

De accountant brengt omtrent zijn onderzoek verslag uit aan de raad van commissarissen en aan het bestuur. Hij maakt daarbij ten minste melding van zijn bevindingen met betrekking tot de betrouwbaarheid en continuïteit van de geautomatiseerde gegevensverwerking (art. 2:393 lid 4 BW). De vorm waarin dit verslag moet worden uitgebracht, is niet voorgeschreven.

De accountant geeft de uitslag van zijn onderzoek weer in een verklaring omtrent de getrouwheid van de jaarrekening (controleverklaring). De accountant kan een afzonderlijke verklaring afgeven voor de enkelvoudige jaarrekening en voor de geconsolideerde jaarrekening. De controleverklaring omvat ten minste (art. 2:393 lid 5 BW):
- een vermelding op welke jaarrekening het onderzoek betrekking heeft en welke wettelijke voorschriften op de jaarrekening van toepassing zijn (art. 2:393 lid 5 onder a BW);
- een beschrijving van de reikwijdte van het onderzoek, waarin ten minste wordt vermeld welke richtlijnen voor de accountantscontrole (controlestandaarden) in acht zijn genomen (art. 2:393 lid 5 onder b BW);
- een oordeel of de jaarrekening het vereiste inzicht geeft en aan de bij of krachtens de wet gestelde regels voldoet (art. 2:393 lid 5 onder c BW);
- een verwijzing naar bepaalde zaken waarop de accountant in het bijzonder de aandacht vestigt (de zogenaamde paragraaf ter benadrukking van aangelegenheden, die in elke controleverklaring als bedoeld in artikel 2:393 lid 6 BW kan worden opgenomen (art. 2:393 lid 5 onder d BW);
- een vermelding van de gebleken tekortkomingen naar aanleiding van het onderzoek van de jaarrekening of het bestuursverslag overeenkomstig artikel 391 BW is opgesteld en of de in artikel 2:392 BW vereiste Overige gegevens zijn toegevoegd (art. 2:393 lid 5 onder e BW);
- een oordeel over de verenigbaarheid van het bestuursverslag met de jaarrekening (art. 2:393 lid 5 onder f BW);
- een oordeel of er, in het licht van de tijdens het onderzoek van de jaarrekening verkregen kennis en begrip omtrent de rechtspersoon en zijn omgeving, materiële onjuistheden in het bestuursverslag zijn gebleken onder opgave van de aard van die onjuistheden (art. 2:393 lid 5 onder g BW);
- een verklaring betreffende materiële onzekerheden die verband houden met gebeurtenissen of omstandigheden die gerede twijfel kunnen doen rijzen of de rechtspersoon zijn werkzaamheden voort kan zetten (art. 2:393 lid 5 onder h BW);
- een vermelding van de vestigingsplaats van de accountantsorganisatie (art. 2:393 lid 5 onder i BW).

De controleverklaring heeft de vorm van (art. 2:393 lid 6 BW):
- een goedkeurende verklaring;
- een verklaring met beperking;
- een afkeurende verklaring; of
- een verklaring van oordeelsonthouding.

De accountant ondertekent en dagtekent de controleverklaring.

De accountant aan wie de opdracht is verleend tot het controleren van de jaarrekening van een NV is altijd bevoegd tot het bijwonen van en het woord voeren op de algemene vergadering die besluit over de vaststelling van de jaarrekening (art. 2:117 lid 5 BW). Daarmee is er voor aandeelhouders van een NV de mogelijkheid om vragen te stellen aan de accountant die de controleopdracht heeft uitgevoerd.

2.10.4 Vrijstellingen

In Titel 9 Boek 2 BW is een aantal vrijstellingen opgenomen van de verplichting accountantscontrole toe te passen. Dit betreft:
- vrijstelling van benoeming van een accountant als bedoeld in artikel 2:393 lid 1 BW, verleend aan micro-rechtspersonen op grond van artikel 2:395a lid 6 BW of aan kleine rechtspersonen op grond van artikel 2:396 lid 7 BW (zie hoofdstuk 44);
- vrijstelling van het gehele artikel 2:393 BW, verleend aan:
  - bepaalde banken op grond van artikel 2:425 BW;
  - groepsmaatschappijen op grond van artikel 2:403 lid 3 BW (RJ 398.110; zie hoofdstuk 42).

2.10.5 Gevolgen niet-naleven accountantscontrole

De jaarrekening kan niet worden vastgesteld indien de algemene vergadering geen kennis heeft kunnen nemen van de controleverklaring van de externe accountant, die bij een wettelijk verplichte controle aan de jaarrekening moet zijn toegevoegd, tenzij onder de Overige gegevens een wettige grond wordt medegedeeld waarom deze verklaring ontbreekt (art. 2:393 lid 7 BW). Aangezien zowel voor de uitkering van dividend (art. 2:105 BW voor NV resp. art. 2:216 BW voor BV), als voor de inkoop van eigen aandelen (art. 2:98 BW voor NV) een vastgestelde jaarrekening benodigd is, kunnen, indien de jaarrekening niet kan worden vastgesteld omdat de controleverklaring ontbreekt, bij een NV geen dividenden worden uitgekeerd en/of geen eigen aandelen worden ingekocht. Iedere belanghebbende kan van de rechtspersoon nakoming van de wettelijke verplichting voor een rechtspersoon een accountant te benoemen vorderen (art. 2:393 lid 8 BW).

Bovendien is het niet benoemen van een accountant een economisch delict dat strafbaar is gesteld in artikel 1 onder 4 WED. De maximale straf is een boete van ten hoogste € 20.750 en/of ten hoogste – voor bestuurders van de rechtspersoon of vennootschap – zes maanden hechtenis. Daarnaast kunnen bijkomende straffen en maatregelen worden opgelegd, waaronder het bevel alsnog tot accountantscontrole over te gaan. Niet-naleving van dit bevel kan leiden tot een gevangenisstraf van maximaal zes jaar en/of een boete van maximaal € 83.000.

2.11 Bewaarplicht

2.11.1 Algemeen

In de artikelen 2:10 BW en 3:15i BW is de wettelijke verplichting neergelegd om een administratie zodanig in te richten, dat te allen tijde de rechten en verplichtingen van de rechtspersoon/vennootschap/onderneming kunnen worden gekend. De tot die administratie behorende boeken, bescheiden en andere gegevensdragers dienen gedurende ten minste zeven jaar te worden bewaard (in andere bepalingen, waaronder fiscale, kan een andere bewaartermijn zijn geregeld). Niet geregeld is waar de gegevens bewaard dienen te worden. Het is niet noodzakelijk dat een administratie wordt bewaard ten kantore van de onderneming of rechtspersoon. De administratie mag ook elders worden bewaard (bijvoorbeeld in het buitenland), mits maar kan worden voldaan aan de voorwaarde dat integrale en adequate raadpleging mogelijk blijft.

Opgemerkt zij dat de bewaarplicht losstaat van de diverse verjaringstermijnen in het Burgerlijk Wetboek. De rechtspersoon kan en moet zelf beoordelen welke bescheiden bewaard worden teneinde bijvoorbeeld een bewijspositie te versterken. De waardering van het geleverde bewijs is aan de rechter.

2.11.2 Bewaarplicht na vereffening

De boeken, bescheiden en andere gegevensdragers van een ontbonden rechtspersoon moeten worden bewaard gedurende zeven jaar nadat een rechtspersoon heeft opgehouden te bestaan (art. 2:24 lid 1 BW) (in een aantal wettelijke, waaronder fiscale regelingen kan de bewaartermijn afwijken). Bewaarder is degene die bij of krachtens de statuten is aangewezen, of als deze niet in de statuten is aangewezen de door de algemene vergadering benoemde bewaarder (art. 2:24 lid 1 tweede volzin BW). Ontbreekt een bewaarder en is de laatste vereffenaar niet bereid te bewaren, dan kan iedere belanghebbende een rechtsvordering tot benoeming van een bewaarder, zo mogelijk uit de kring van degenen die bij de rechtspersoon waren betrokken, instellen bij de kantonrechter van de vroegere statutaire vestigingsplaats van de rechtspersoon (art. 2:24 lid 2 BW). Binnen acht dagen na het ingaan van zijn bewaarplicht moet de bewaarder zijn naam en adres opgeven aan het register waarin de ontbonden rechtspersoon was ingeschreven (art. 2:24 lid 3 BW).

De gegevens die omtrent een rechtspersoon in het handelsregister zijn opgenomen, dienen vanaf het tijdstip dat hij ophoudt te bestaan gedurende zeven jaar in het handelsregister te worden bewaard (art. 2:19 lid 7 BW). De kantonrechter kan desverzocht machtiging tot raadpleging van de boeken, bescheiden en andere gegevensdragers geven aan iedere belanghebbende indien de rechtspersoon een stichting was, en overigens aan ieder die aantoont bij inzage een redelijk belang te hebben in zijn hoedanigheid van voormalig lid of aandeelhouder van de rechtspersoon of houder van certificaten van diens aandelen, dan wel als rechtverkrijgende van een zodanige persoon (art. 2:24 lid 4 BW).

2.12 Geldeenheid en taal

2.12.1 Algemeen

De jaarrekening wordt in beginsel opgesteld in de euro. Ook het bestuursverslag en de Overige gegevens worden in beginsel in de euro opgesteld. Het is mogelijk om naast de in euro luidende bedragen ook bedragen in een andere valuta op te nemen.

2.12.2 Geldeenheid/vreemde valuta

Indien de werkzaamheid van de rechtspersoon of de internationale vertakking van zijn groep dat rechtvaardigt, mag de jaarrekening of alleen de geconsolideerde jaarrekening worden opgesteld in een vreemde geldeenheid (art. 2:362 lid 7 BW). De mogelijkheid om een andere munteenheid dan de euro in de jaarrekening en/of in de geconsolideerde jaarrekening te gebruiken, hangt af van de werkzaamheid van de rechtspersoon of de internationale vertakking van zijn groep, met het oog op de functie van de geldeenheid voor de rechtspersoon of voor zijn groep (RJ 190.103). Zie voor een uitgebreide behandeling van dit onderwerp paragraaf 27.4.

2.12.3 Vreemde valuta/omrekening aandelenkapitaal

In een enkelvoudige jaarrekening die in een vreemde geldeenheid wordt opgesteld, wordt het geplaatste kapitaal opgenomen in die geldeenheid, naar de koers op de balansdatum. Tevens worden dan deze koers en het bedrag in euro vermeld (art. 2:373 lid 5 BW).

Vermelden de statuten het geplaatste kapitaal in een andere geldeenheid dan de geldeenheid waarin de jaarrekening is opgesteld, bijvoorbeeld de nominale waarde van de BV-aandelen luidt in US dollar en de jaarrekening is opgesteld in euro, dan worden eveneens de gehanteerde koers en het bedrag van het geplaatste kapitaal in euro vermeld.

2 Formele aspecten

Een omrekeningsverschil uit dien hoofde dient te worden verwerkt in het eigen vermogen, ten gunste of ten laste van de overige reserves (RJ 190.107).

2.12.4 Bestuursverslag en Overige gegevens

De cijfermatige informatie in het bestuursverslag die op de groep betrekking heeft, dient te worden verstrekt in dezelfde geldeenheid als die waarin de geconsolideerde jaarrekening is opgesteld. Indien cijfermatige informatie in het bestuursverslag betrekking heeft op de rechtspersoon zelve, dient deze informatie te worden verschaft in de valuta van de geconsolideerde jaarrekening alsmede in die van de enkelvoudige jaarrekening, indien de gehanteerde geldeenheden van elkaar verschillen (RJ 190.108).

De cijfermatige informatie in de Overige gegevens dient te worden opgenomen in dezelfde geldeenheid als die welke wordt gehanteerd in de enkelvoudige jaarrekening, behoudens voor zover de informatie betrekking heeft op de groep. Voor zover dat het geval is, dient de munteenheid van de geconsolideerde jaarrekening te worden gehanteerd. Dit kan zich in het bijzonder voordoen bij de vermelding van gebeurtenissen na de balansdatum (RJ 190.108).

2.12.5 Taal

De posten van de jaarrekening worden in de Nederlandse taal omschreven, tenzij de algemene vergadering tot het gebruik van een andere taal heeft besloten (art. 2:362 lid 7 BW). Indien de algemene vergadering een expliciet besluit tot gebruik van een andere taal heeft genomen, behoeft zo'n besluit niet telkens (voor opvolgende boekjaren) op de algemene vergadering te worden geagendeerd. Deze regeling is ook van toepassing als in de jaarrekening (vrijwillig) IFRS wordt toegepast (art. 2:362 lid 9 BW).

De openbaarmaking van de jaarrekening geschiedt door deponering van een volledig in de Nederlandse taal gesteld exemplaar of, als dat niet is vervaardigd, een exemplaar in het Frans, Duits of Engels, ten kantore van het handelsregister (art. 2:394 lid 1 tweede volzin BW).

Ook ten aanzien van het bestuursverslag geldt dat dit in beginsel in de Nederlandse taal wordt gesteld, tenzij de algemene vergadering tot het gebruik van een andere taal heeft besloten (art. 2:391 lid 1 BW).

Ten aanzien van de openbaarmaking van het bestuursverslag en de Overige gegevens geldt dat deze gelijktijdig met en op dezelfde wijze als de jaarrekening in dezelfde taal of in het Nederlands gesteld openbaar worden gemaakt (art. 2:394 lid 4 BW).

Een behoorlijke toepassing van de wettelijke bepalingen houdt in dat jaarrekening, bestuursverslag en Overige gegevens in dezelfde taal dienen te worden gesteld. Deze stellige uitspraak van de RJ vloeit voort uit interpretatie van de wettelijke bepalingen (RJ 190.111).

Opgemerkt wordt dat volgens artikel 31a lid 2 Wet op de ondernemingsraden de aan de ondernemingsraad te verstrekken jaarrekening, bestuursverslag en Overige gegevens in de Nederlandse taal moeten zijn gesteld (RJ 190.112).

2.13 Jaarrekening in bijzondere omstandigheden

In de volgende paragrafen worden de jaarrekeningverplichtingen in enkele bijzondere omstandigheden besproken, namelijk ontbinding, faillissement en surseance van betaling inzake een NV/BV. Voor de (inhoud van de) jaarrekening in de situatie van discontinuïteit wordt verwezen naar hoofdstuk 46. Wat in deze paragrafen wordt gesteld, is van overeenkomstige toepassing op iedere andere rechtspersoon die valt onder het bereik van Titel 9 Boek 2 BW. Inzake personenvennootschappen (Vof en CV) dient de vennootschapsovereenkomst te worden geraadpleegd om te kunnen beoordelen wat geldt, zij het dat de hieronder uiteengezette algemene beginselen voor rechtspersonen ook op personenvennootschappen van overeenkomstige toepassing kunnen worden geacht.

2.13.1 Jaarrekeningverplichting en ontbinding van de rechtspersoon

Ontbindingsgronden

In artikel 2:19 lid 1 BW zijn limitatief de gevallen opgesomd waarin een NV/BV wordt ontbonden. Een NV/BV wordt – beperkt tot de gevallen die in de praktijk het meest voorkomen – ontbonden:
- door een besluit van de algemene vergadering;
- na faillietverklaring door hetzij opheffing van het faillissement wegens de toestand van de boedel, hetzij door insolventie.

Ontbindingsbesluit

Het tijdstip van het ontbindingsbesluit van de algemene vergadering is tevens het tijdstip waarop de NV/BV wordt ontbonden. In het ontbindingsbesluit kan evenwel zijn bepaald dat de ontbinding op een ander in de toekomst gelegen tijdstip zal intreden (ontbinding onder tijdsbepaling), of pas zal intreden wanneer nog een bepaalde voorwaarde wordt vervuld (voorwaardelijke ontbinding). Aan een ontbinding kan geen terugwerkende kracht worden verleend.

Indien de NV/BV op het tijdstip van haar ontbinding geen vermogen heeft, houdt zij op dat tijdstip op te bestaan (art. 2:19 lid 4 BW). Dit wordt een turbo-liquidatie genoemd, omdat er dan vervolgens geen vereffeningsfase (zie hierna) meer plaats hoeft te vinden. Naar aanleiding van vermeend oneigenlijk gebruik van turbo-liquidaties, waarmee schuldeisers zijn benadeeld, is in oktober 2019 in een brief door de Minister voor Rechtsbescherming aangekondigd dat er een voorontwerp voor wetswijziging met aanvullende maatregelen ter voorkoming van oneigenlijk gebruik van turbo-liquidaties zal worden geconsulteerd.[9] Volgens die brief wordt gedacht aan een bredere bekendmaking en verbetering van de toegankelijkheid van verantwoordingsinformatie, zodat schuldeisers een completer financieel beeld kunnen vormen van de turbo-liquidatie. Bijvoorbeeld doordat het bestuur verplicht wordt tot het opstellen en deponeren van een slotbalans met een bestuursverklaring waarom baten ontbreken en vergezeld worden van een slotuitdelingslijst. Tevens zouden vóór de doorhaling in het handelsregister de jaarrekeningen over alle eerdere boekjaren openbaar gemaakt moeten zijn, tenzij daarvoor een ontheffing op basis van artikel 2:394 lid 5 BW geldt.

Heeft de NV/BV op het tijdstip van haar ontbinding nog vermogen, dan blijft zij voortbestaan en dient haar vermogen te worden vereffend (NV/BV 'in liquidatie'). Op de vereffening zijn de vereffeningsbepalingen van Boek 2 BW (art. 2:23 t/m 23c BW) van toepassing. De vennootschap blijft voortbestaan tot het tijdstip waarop de vereffening is voltooid, dat wil zeggen het tijdstip waarop geen aan de vereffenaar bekend vermogen meer aanwezig is (art. 2:19 lid 5 en 6 BW en art. 2:23b lid 9 BW).

---

[9] Brief Minister voor Rechtsbescherming aan Tweede Kamer, 7 oktober 2020: Turboliquidatie van rechtspersonen (Tweede Kamer, vergaderjaar 2019-2020, 29 911, nr. 253).

2 Formele aspecten

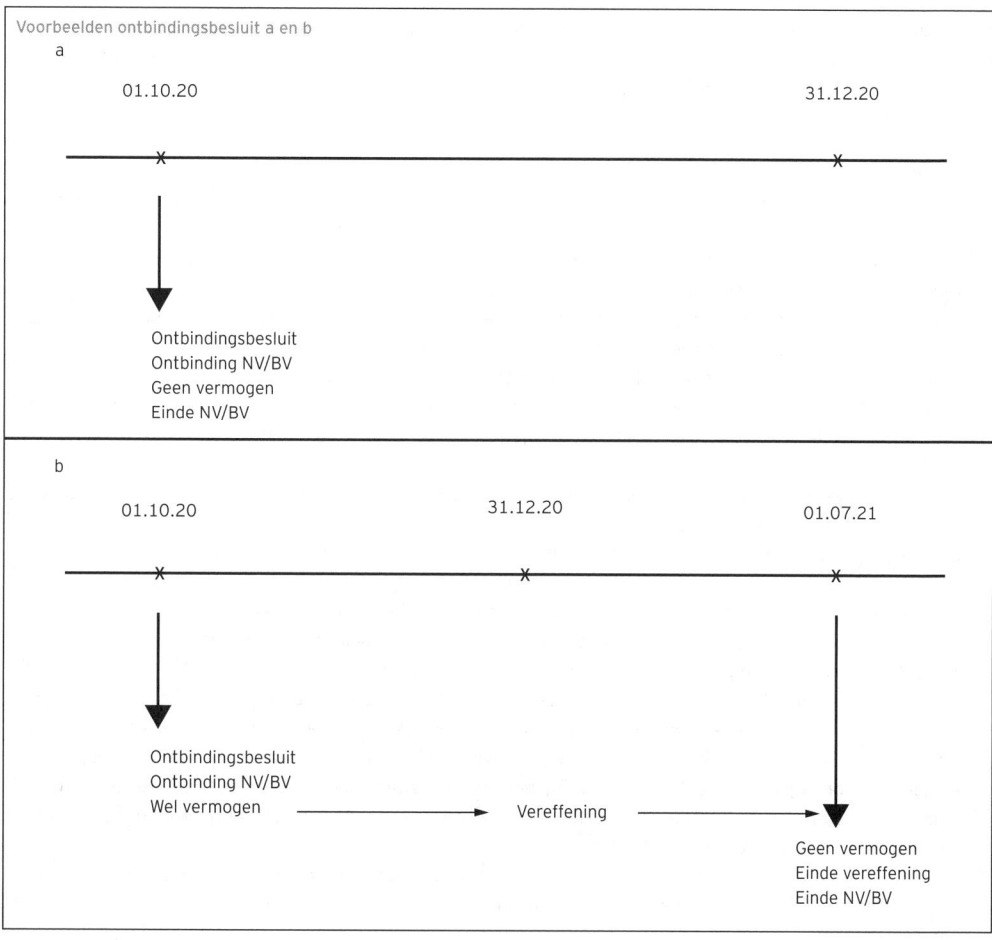

Ontbindingsbesluit en jaarrekeningverplichtingen

Voorbeeld a

In voorbeeld a wordt de NV/BV op 1 oktober 2020 ontbonden en houdt de NV/BV op dat tijdstip ook op te bestaan omdat zij alsdan geen vermogen heeft. Dat betekent dat er over de periode 1 januari 2020 tot 1 oktober 2020 (verkort boekjaar) geen jaarrekening behoeft en ná 1 oktober 2020 ook niet meer kan worden opgemaakt, vastgesteld en gedeponeerd, omdat er ná die datum geen bestuur, algemene vergadering en, eventueel, raad van commissarissen meer zijn die de jaarrekeningverplichtingen nog zouden kunnen nakomen.

De wet bepaalt in dat geval ook niet dat nog vóór 1 oktober 2020 een jaarrekening over het verkorte boekjaar 2020 zou moeten worden opgemaakt, vastgesteld en gedeponeerd en evenmin wijst zij een ander orgaan of (rechts)persoon aan die zulks nog wel ná 1 oktober 2020 zou moeten doen. Het ontbindingsbesluit heeft in dit geval tot gevolg dat over de periode 1 januari 2020 tot 1 oktober 2020 geen financiële jaarverslaggeving meer plaatsvindt. Het enige dat de wet bepaalt is dat 'de boeken, bescheiden en andere gegevensdragers' van de NV/BV gedurende zeven jaren nadat zij is opgehouden te bestaan, moeten worden bewaard (art. 2:24 lid 1 BW).

Na 1 januari 2020 dient een aanvang te worden gemaakt met de nakoming van de jaarrekeningverplichtingen over het boekjaar 2019. Zouden op 1 oktober 2020 de jaarrekeningverplichtingen over het boekjaar 2019 nog niet (volledig) zijn nagekomen, dan heeft het ontbindingsbesluit tevens tot gevolg dat ook over het boekjaar 2019 geen (volledige) financiële jaarverslaggeving meer plaatsvindt.

Voorbeeld b
In voorbeeld b wordt de NV/BV wel op 1 oktober 2020 ontbonden, maar dient haar vermogen nog te worden vereffend. Inzake deze vereffeningsperiode zijn de volgende uitgangspunten van belang:
- De NV/BV krijgt een ander (beperkt) doel: vereffening van haar vermogen. Al haar (rechts)handelingen moeten zijn gericht op vereffening en worden daaraan getoetst.
- Voor zover de statuten geen andere vereffenaars aanwijzen, worden de (voormalige) bestuurders vereffenaars. Gewoonlijk wordt één persoon (bestuurslid) tot vereffenaar benoemd.
- De vereffenaar dient zijn (rechts)handelingen te richten op de vereffening van het vermogen van de NV/BV, op de vereffenaar en diens functioneren zijn de wettelijke en statutaire bepalingen die betrekking hebben op het bestuur van de NV/BV zo veel mogelijk (namelijk voor zover toepasbaar in een vereffeningsperiode) van toepassing.
- De algemene vergadering en de raad van commissarissen oefenen hun bevoegdheden uit voor zover dat nodig en passend is voor de vereffening.
- De vereffenaar stelt een zogeheten 'rekening en verantwoording' op van de vereffening.

Hoewel een rechtspersoon na het ontbindingsbesluit nog blijft voortbestaan, wordt er in de praktijk over de vraag of na het ontbindingsbesluit (in voorbeeld b: na 1 oktober 2020) de jaarrekeningenbepalingen van (Titel 9) Boek 2 BW nog van toepassing zijn verschillend gedacht. Er zijn twee opvattingen:
1. De regels betreffende (opmaken en publicatie van) de jaarrekening gelden niet meer, want deze taak rust op het bestuur en dat is als orgaan verdwenen en vervangen door de vereffenaar(s). Het is de taak van de vereffenaar om de zaken van de rechtspersoon tot vereffening te brengen. Als het ware is de 'jaarrekeningplicht' vervangen door de plicht van de vereffenaar om 'rekening en verantwoording' (en een 'plan van verdeling') op te maken en te publiceren (art. 2:23b lid 4 BW). De algemene vergadering kan echter wel (het opmaken van) een jaarrekening eisen (van de vereffenaar).
2. Tijdens de vereffeningsperiode, die lang kan duren, dient er behoorlijk te worden 'boekgehouden' en tevens periodiek verslag te worden gedaan. Het opmaken, vaststellen en publiceren van de jaarrekening blijft dan ook verplicht totdat de vereffening is voltooid.

Strikt genomen is de tweede opvatting juridisch juist: een rechtspersoon 'in liquidatie' blijft voortbestaan tot daadwerkelijke beëindiging van de vereffeningsperiode. Ontbinding is pas een feit na afwikkeling van de vereffening. De bepalingen van Titel 9 Boek 2 BW zijn van toepassing op een rechtspersoon, onverschillig of deze al dan niet in liquidatie is. Formeel is sprake van een jaarrekeningplicht bij een rechtspersoon in liquidatie. De praktische vraag die ontstaat, is echter wie of welk orgaan die jaarrekening moet opmaken en een eventuele opdracht tot controle van de jaarrekening moet verstrekken. In beginsel rust de plicht tot het opmaken van een jaarrekening op de vereffenaar omdat deze dezelfde plichten heeft als een bestuurder (art. 2:23a lid 1 BW).

De ervaring leert dat de eerste opvatting in de praktijk de meest gebruikelijke handelwijze weergeeft. Er wordt geen jaarrekening (in voorbeeld b: over boekjaar 2020) meer opgemaakt, maar volstaan wordt met het opmaken van een eind- of liquidatiebalans (als 'rekening en verantwoording'). Daar lijkt in de praktijk, althans bij zogenaamde 'turboliquidaties' waarbij de NV/BV geen baten meer heeft (art. 2:19 lid 4 BW), ook weinig op tegen. Bij andere (niet-turbo)liquidaties wordt verwacht (of gehoopt) dat de vereffenaar op afzienbare termijn de afsluitende 'rekening en verantwoording' zal opstellen en zal volstaan met deponering daarvan in de vorm van een eindbalans. Er wordt dus géén jaarrekening meer opgesteld of gepubliceerd. Dit wellicht ook omdat het praktische nut van de jaarrekening van een rechtspersoon in liquidatie gering wordt geacht. Wie heeft (nog) belang bij de jaarrekening van een rechtspersoon 'in liquidatie', zeker omdat alle betrokkenen (ook crediteuren) reeds op de hoogte (kunnen) zijn van de liquidatie? Crediteuren en andere gerechtigden kunnen na publicatie van de rekening en verantwoording binnen twee maanden in verzet komen (art. 2:23b lid 5 BW). Een praktische vraag is tevens of vereffenaars er 'tijd en geld' voor over zullen hebben om aan de jaarrekeningplicht te voldoen. Vanzelfsprekend zullen de kosten verbonden aan het opmaken (eventueel controleren) en deponeren van de jaarrekening ten laste van het vermogen van de NV/BV in liquidatie komen, zodat er minder overschot overblijft ter einduitkering aan de aandeelhouders. De vereffenaars kunnen er wel voor kiezen om ook in de 'rekening en verantwoording' zo veel mogelijk te voldoen aan de algemene voorschriften van het jaarrekeningenrecht.

2.13.2 Jaarrekeningverplichting en faillissement van de rechtspersoon
Faillietverklaring

Faillietverklaring van een NV/BV heeft op zich nog niet de ontbinding van de vennootschap tot gevolg. Er kunnen zich drie situaties voordoen:
1. Het faillissement wordt opgeheven wegens de toestand van de boedel, dat wil zeggen, omdat de vennootschap geen vermogen (meer) heeft. In dat geval wordt de NV/BV ontbonden op het tijdstip dat het faillissement wordt opgeheven. Opheffing van het faillissement om deze reden leidt er ook toe dat de NV/BV op het moment van haar ontbinding tevens ophoudt te bestaan (art. 2:19 lid 4 BW).
2. Het faillissement wordt opgeheven omdat tussen de NV/BV en haar schuldeisers een (door de rechtbank bekrachtigd - homologatie) akkoord tot stand is gekomen. In dat geval wordt de NV/BV niet ontbonden.
3. Het faillissement leidt tot insolventie. Daarvan is sprake indien op enig moment vaststaat dat er geen akkoord tussen de NV/BV en haar schuldeisers tot stand komt en er nog wel vermogen aanwezig is dat dient te worden vereffend. In dat geval wordt de NV/BV pas na de (door de faillissementscurator uitgevoerde) vereffening ontbonden. De NV/BV blijft voortbestaan tot het tijdstip waarop de vereffening is voltooid (art. 2:19 lid 5 en 6 BW). Op de vereffening in faillissement zijn de bepalingen van de Faillissementswet van toepassing (art. 2:23a lid 5 BW).

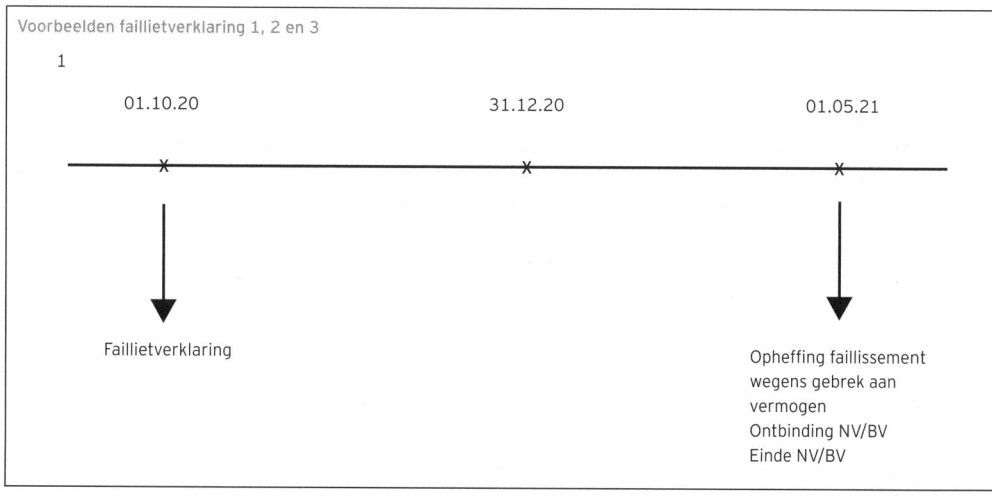

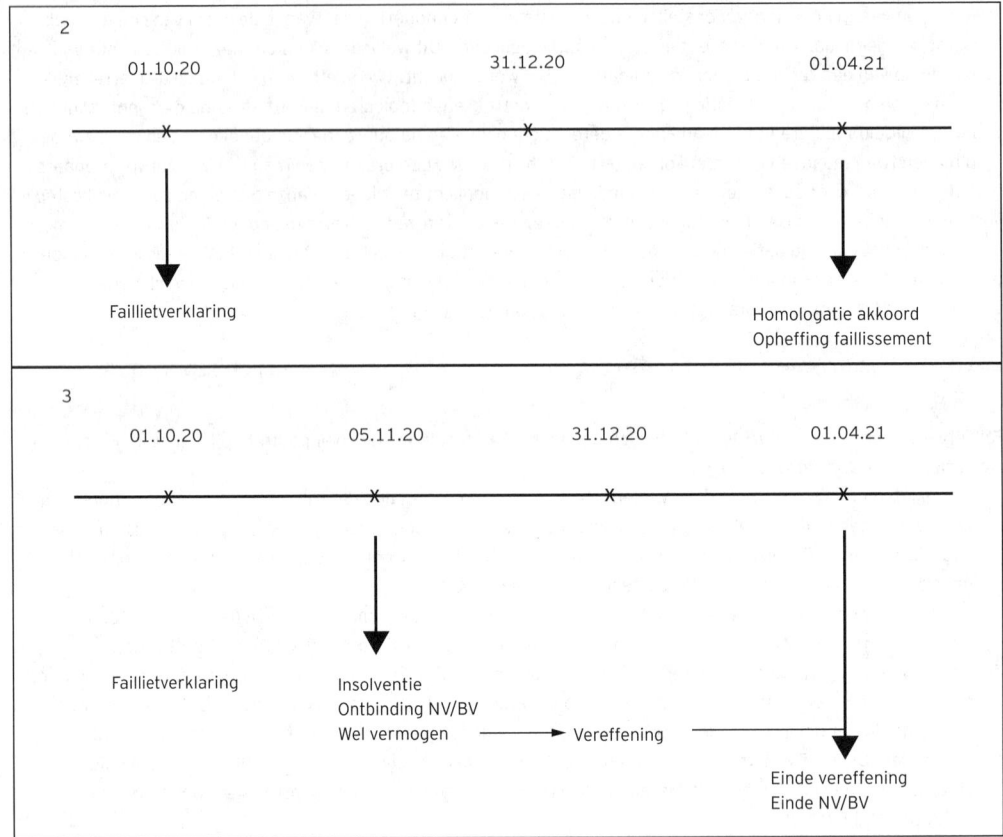

Faillissement en jaarrekeningverplichtingen

Voorbeeld 1

Door de faillietverklaring verliest de NV/BV het beheer en de beschikking over haar vermogen (art. 23 Fw). Met uitsluiting van de NV/BV is slechts de faillissementscurator bevoegd tot beheer en beschikking over het vermogen van de NV/BV (art. 68 Fw). Het opmaken van een jaarrekening is als een daad van beheer aan te merken. Toch is het niet zo dat de curator de verplichting zou hebben om een jaarrekening op te maken over het ná de faillietverklaring verstreken boekjaar 2020. In het stelsel van de Faillissementswet komt aan een jaarrekening die (mede) betrekking heeft op het faillissement geen enkele betekenis toe. Na de faillietverklaring heeft de door de rechtbank benoemde curator tot taak zo spoedig mogelijk een boedelbeschrijving op te maken (art. 94/96 Fw) en moet hij ook telkens na verloop van drie maanden een schriftelijk verslag uitbrengen over de toestand van de boedel (art. 73a Fw). Deze stukken (die openbaar zijn), en niet een jaarrekening, vormen in het stelsel van de Faillissementswet grondslag voor de afwikkeling van het faillissement.

Stel dat het bestuur van de NV/BV op 1 oktober 2020 de jaarrekening over het boekjaar 2019 (een boekjaar dat vóór de faillietverklaring is verstreken) nog niet heeft opgemaakt. Moet het bestuur de jaarrekening dan nog steeds opmaken, of moet de curator de jaarrekening opmaken?

2 Formele aspecten

De Ondernemingskamer van het Gerechtshof Amsterdam (OK) heeft geoordeeld dat de curator niet verplicht is een jaarrekening op te maken over een boekjaar dat reeds vóór het faillissement is verstreken (OK, 25 februari 1980, NJ 1980, 467). Dus niet de curator, maar dan nog wel het bestuur?

In deze fase van het faillissement (de fase tussen faillietverklaring en opheffing van het faillissement) is de NV/BV nog niet ontbonden en blijven de organen van de vennootschap (bestuur, raad van commissarissen en algemene vergadering van aandeelhouders) hun bevoegdheden en verplichtingen behouden voor zover dat niet in strijd is met de strekking van de bepalingen van de Faillissementswet. Indien vóór de faillietverklaring een boekjaar is verstreken en op het moment van de faillietverklaring de voorschriften inzake de totstandkoming en openbaarmaking van een jaarrekening nog niet (geheel) zijn nagekomen, verzet het stelsel van de Faillissementswet zich er niet tegen dat die voorschriften alsnog, ook al geschiedt dat ná de faillietverklaring, door het bestuur, de algemene vergadering van aandeelhouders en de raad van commissarissen worden nagekomen. In beginsel rust dus op het bestuur nog steeds de verplichting om een jaarrekening over het boekjaar 2018 op te maken. Gebruik kan evenwel worden gemaakt van de mogelijkheid om de Minister van Economische Zaken en Klimaat ontheffing te verzoeken van de verplichting tot het opmaken en vaststellen van de jaarrekening (art. 2:101 lid 7 BW [NV] en art. 2:210 lid 7 BW [BV]). In een situatie als hier bedoeld oordeelde de Minister dat nu het bestuur als zodanig niet de middelen heeft om een jaarrekening op te maken en de curator niet bereid is daarvoor middelen uit de boedel ter beschikking te stellen, ontheffing kan worden verleend, omdat het te ver gaat de individuele bestuurders ter nakoming van hun opmaakplicht persoonlijk te belasten met de kosten van het opmaken van een jaarrekening (Besluit Minister van EZ, 13 augustus 1997, JOR 1997/113).

Zou in het onderhavige geval geen jaarrekening over het boekjaar 2019 tot stand komen, dan heeft, nu er ook geen jaarrekening over het boekjaar 2020 en over het verkorte boekjaar 2021 tot stand komt, de opheffing van het faillissement op 1 mei 2021 tot gevolg dat over de periode 1 januari 2019 tot 1 mei 2021 geen financiële jaarverslaggeving in de vorm van een jaarrekening meer plaatsvindt. Uitsluitend de door de curator opgemaakte stukken, waaronder zijn eindverslag, bevatten financiële informatie en dan nog slechts over een korte periode.

Voorbeeld 2
In deze situatie is het gestelde in de eerste en in de tweede alinea van *Voorbeeld 1* van overeenkomstige toepassing. De curator is niet verplicht een jaarrekening over het boekjaar 2020 op te maken en het bestuur van de NV/BV heeft daartoe niet de bevoegdheid. Voor wat betreft de jaarrekening over het boekjaar 2019, kan het bestuur ontheffing verzoeken en verkrijgen van de opmaakplicht (zie hierboven par. 2.7.2).
Op het moment evenwel dat onherroepelijk vaststaat dat tussen de NV/BV en haar schuldeisers een akkoord tot stand is gekomen over de afwikkeling van de schulden van de vennootschap, wordt de situatie anders. Een dergelijk akkoord betekent immers dat het faillissement wordt opgeheven en dat de NV/BV (die tijdens het faillissement niet was ontbonden) gewoon blijft voortbestaan. De NV/BV herkrijgt alsdan weer volledig het beheer en de beschikking over haar vermogen. Verplichtingen die door het faillissement latent waren geworden, herleven weer. Het faillissement heeft slechts een opschorting tot gevolg gehad van de verplichtingen tot het opmaken, (controleren) vaststellen en deponeren van een jaarrekening. Het bestuur dient dus alsnog een jaarrekening over de boekjaren 2019 en 2020 op te maken.

Voorbeeld 3
In zijn arrest van 27 december 1979 (NJ 1980, 581) heeft de OK met betrekking tot een BV waarvan de boedel in staat van insolventie was getreden, geoordeeld dat in het stelsel van de Faillissementswet, waarin nauwkeurig is bepaald op welke wijze de curator de boedel dient te vereffenen en op welke wijze hij daarvan verantwoording dient af te leggen, het opmaken van jaarrekeningen door de curator niet is voorgeschreven en de curator daartoe

dan ook niet verplicht is. De curator is dus niet verplicht een jaarrekening op te maken over het boekjaar 2019 dat ná het intreden van de insolventie en vóór het einde van de vereffening is verstreken. Het bestuur heeft geen bevoegdheid en ook geen verplichting de jaarrekening op te maken. Het zou in strijd zijn met het stelsel van de Faillissementswet als het bestuur van de NV/BV een jaarrekening zou mogen/kunnen opmaken over een boekjaar dat (mede) betrekking heeft op het faillissement. Na de faillietverklaring heeft de curator tot taak zo spoedig mogelijk een boedelbeschrijving op te maken en moet hij periodiek verslag uitbrengen over de toestand van de boedel. Deze stukken (die openbaar zijn), en niet een jaarrekening, vormen in het stelsel van de Faillissementswet grondslag voor de afwikkeling van het faillissement.

Op het geval dat het bestuur van de NV/BV op 1 oktober 2020 de jaarrekening over het boekjaar 2018 nog niet heeft opgemaakt, is de tweede alinea van *Voorbeeld 1* van overeenkomstige toepassing. De curator heeft dus niet de verplichting de jaarrekening op te maken; het bestuur in beginsel wel, maar het bestuur kan de Minister van Economische Zaken en Klimaat om ontheffing van de verplichting verzoeken (zie hierboven par. 2.7.2). Wordt de ontheffing verleend, dan heeft het einde van het faillissement door de voltooiing van de vereffening, nu er ook geen jaarrekening over het boekjaar 2020 en over het verkorte boekjaar 2021 tot stand komt, tot gevolg dat over de periode 1 januari 2019 tot 1 april 2021 geen financiële jaarverslaggeving in de vorm van een jaarrekening meer plaatsvindt. Uitsluitend de door de curator opgemaakte stukken bevatten financiële informatie en dan nog slechts over de periode van het faillissement.

Ontbinding, faillissement van groepsmaatschappij: consolidatieplicht
Ten aanzien van de geconsolideerde jaarrekening is van belang dat een groepsmaatschappij waarbij het ontbindingsbesluit is genomen, surseance is verleend of failliet is verklaard, normaliter niet langer zal (kunnen) worden meegeconsolideerd. Indien een vereffenaar, bewindvoerder of curator is benoemd, zal er normaliter geen sprake meer zijn van een groepsband in de zin van artikel 2:24b BW. De feitelijke zeggenschap ('control') in de (voormalige) groepsmaatschappij berust dan niet (meer) bij de rechtspersoon aan het hoofd van de groep (meerderheidsaandeelhouder), maar bij de vereffenaar, bewindvoerder of curator. Echter, indien bij het ontbindingsbesluit een vereffenaar is benoemd door de aandeelhouder/rechtspersoon aan het hoofd van de groep (of de vereffenaar wellicht een werknemer is van de rechtspersoon aan het hoofd van de groep) dan zal van verlies van zeggenschap en verbreking van de groepsband (nog) geen sprake zijn, totdat de finale afwikkeling van de ontbinding heeft plaatsgevonden.

2.13.3 Surseance van betaling en jaarrekeningverplichtingen
Aanvraag van surseance van betaling
De NV/BV die voorziet dat zij niet met het betalen van haar opeisbare schulden zal kunnen doorgaan, kan surseance van betaling aanvragen. De gevraagde surseance wordt dadelijk maar voorlopig verleend, met (onder meer) als gevolg dat de NV/BV voor de duur van de surseance (de voorlopig verleende surseance kan worden omgezet in een definitief verleende surseance) niet tot betaling van haar schulden kan worden genoodzaakt. Bij de (voorlopige) verlening van de surseance wordt een bewindvoerder benoemd, die (onder meer) tot taak krijgt tezamen met de NV/BV het beheer over haar vermogen te voeren. Gedurende de surseance is de NV/BV onbevoegd enige daad van beheer of beschikking over haar vermogen te verrichten zonder medewerking, machtiging of bijstand van de bewindvoerder (art. 228 Fw).

Een NV/BV waaraan (voorlopig of definitief) surseance van betaling is verleend, wordt daardoor niet ontbonden, maar blijft gewoon voortbestaan en de organen van de vennootschap (bestuur, algemene vergadering en raad van commissarissen) blijven gewoon hun bevoegdheden en verplichtingen behouden, althans voor zover dat niet in strijd komt en verenigbaar is met de bepalingen van de Faillissementswet inzake surseance van betaling.

Jaarrekeningverplichting tijdens surseance van betaling

Het stelsel van de Faillissementswet houdt in dat de jaarrekeningverplichtingen tijdens surseance van betaling gewoon moeten worden nagekomen, met dien verstande dat bestuur, algemene vergadering en raad van commissarissen bij de nakoming van de verplichtingen de medewerking nodig hebben van de bewindvoerder. Het opmaken, vaststellen en openbaar maken van een jaarrekening zijn namelijk als daden van beheer/beschikking aan te merken.

In de samenwerking tussen NV/BV en bewindvoerder zal, behalve bij een beursgenoteerde NV of BV, gebruik kunnen worden gemaakt van de mogelijkheid een verzoek in te dienen bij de Rijksdienst voor Ondernemend Nederland (zie hierboven par. 2.7.1) 'om gewichtige redenen' ontheffing te verlenen van de verplichting tot het opmaken en vaststellen van een jaarrekening (art. 2:101 lid 7 BW [NV] en art. 2:210 lid 8 BW [BV]). Juist in het geval van surseance van betaling kan er ernstige onzekerheid bestaan over de toe te passen waarderingsgrondslagen, waardoor het opmaken van een behoorlijke jaarrekening zal worden verhinderd. Is ontheffing verleend, dan zullen de verplichtingen tot het opmaken, vaststellen en openbaar maken van een jaarrekening herleven zodra aan de onzekerheid met het oog waarop de ontheffing is verleend, een einde is gekomen. Dat kan het geval zijn doordat de surseance is geëindigd door een akkoord tussen de NV/BV en haar schuldeisers. Doet zich evenwel de situatie voor dat de surseance is geëindigd door intrekking of door het verstrijken van de tijd waarvoor zij was verleend zonder dat de schuldeisers zijn voldaan, of dat de surseance onmiddellijk is gevolgd door een faillissement, dan kan bedoelde onzekerheid blijven bestaan en blijft derhalve de ontheffing haar rechtsgrond behouden.

3 IFRS

3.1 Inleiding, begripsbepaling en toepassingsgebied	
Inhoud en toepassing IFRS	▶ deze standaarden worden uitgevaardigd door de IASB, een onafhankelijke organisatie van specialisten op het terrein van de externe financiële verslaggeving; ▶ de standaarden worden aangevuld met interpretaties van de IFRS Interpretations Committee; ▶ IFRS is bedoeld als mondiale standaard voor de externe financiële verslaggeving.
IFRS SME	International Financial Reporting Standards for Small and Medium-Sized Entities is in juli 2009 door IASB als definitieve standaard gepubliceerd. In mei 2015 heeft de IASB de eerste aanpassingen doorgevoerd met ingangsdatum 1 januari 2017.
Erkenning IFRS door Europese Unie	EU heeft een goedkeuringsmechanisme voor nieuw uitgevaardigde standaarden en interpretaties.
EU-richtlijn	In 2001 en 2003 zijn de EEG-richtlijnen gemoderniseerd waarmee tegenstrijdigheden tussen deze Europese richtlijnen en IFRS zijn weggenomen en is de mogelijkheid geschapen om financiële instrumenten tegen reële waarde te waarderen. Tevens is in 2013 een herziene EU-jaarrekeningrichtlijn gepubliceerd.
Verplichte toepassing van IFRS	Geconsolideerde jaarrekening van EU-ondernemingen waarvan effecten worden genoteerd op een gereglementeerde markt binnen de EU.
Vrijwillige toepassing IFRS	Enkelvoudige jaarrekening van beursgenoteerde ondernemingen.
	Geconsolideerde jaarrekening en, indien gewenst, tevens enkelvoudige jaarrekening van overige ondernemingen.
Goedkeuring IFRS	Uitsluitend IFRS zoals aanvaard binnen de Europese Unie mag worden toegepast.
Onderlinge verhouding enkelvoudige en geconsolideerde jaarrekening en IFRS	Enkelvoudige en geconsolideerde jaarrekening staan los van elkaar, waarbij verschillende stelsels van grondslagen kunnen worden toegepast.
3.2 Eerste toepassing van IFRS	
Eerste toepassing	Specifieke aanwijzingen voor de eerste toepassing van IFRS zijn opgenomen in IFRS 1.
IFRS 1	Vrijstellingen en verplichte uitzonderingen voor eerste toepassers.
3.3 IFRS en de Nederlandse wet- en regelgeving	
Bepaalde wettelijke regels blijven van toepassing	Voorbeelden zijn bestuurdersbeloningen en -financieringen, bestuursverslag, openbaarmaking, accountantscontrole, regels van kapitaalbescherming (wettelijke reserves), gemiddeld aantal werkzame werknemers.

Aanhouden wettelijke reserves	Wettelijke reserves zijn verplicht, ook als de enkelvoudige jaarrekening wordt opgesteld op basis van IFRS (of IFRS-grondslagen worden gehanteerd).
Invloed van IFRS	IFRS beïnvloedt zowel de wetgeving (op basis van modernisering van EU-richtlijnen) als de Richtlijnen voor de jaarverslaggeving.
3.4 Verschillen Dutch GAAP - IFRS	
Diverse verschillen	Komen per hoofdstuk aan de orde.

3.1   Inleiding, begripsbepaling en toepassingsgebied

3.1.1   International Financial Reporting Standards (IFRS)

De International Financial Reporting Standards ('IFRS') worden opgesteld onder verantwoordelijkheid van de International Accounting Standards Board (IASB). Dit is het regelgevende orgaan binnen de IFRS Foundation, een privaatrechtelijke organisatie die in Londen is gevestigd. Andere organen in relatie tot de IFRS Foundation zijn de Monitoring Board, de IFRS Foundation Trustees, het International Financial Reporting Standards Interpretations Committee (hierna aangeduid met 'IFRS IC'), de IFRS Advisory Council (IAC) en de Accounting Standards Advisory Forum (ASAF). Volgens de statuten kan de IASB bestaan uit veertien leden, van wie maximaal drie parttime en de rest fulltime in dienst zijn van de IFRS Foundation. Momenteel bestaat de IASB uit dertien leden. De leden zijn onafhankelijke individuen en specialisten op het terrein van de externe financiële verslaggeving. Zij worden benoemd door de Trustees (maximaal 22 leden), die tevens moeten zorgen voor het toezicht op en de financiering van de IFRS Foundation.

De Monitoring Board is opgericht om een formele relatie op te zetten tussen de *'Trustees and public authorities'*. De Monitoring Board bestaat op dit moment uit acht leden. De verantwoordelijkheden van de Monitoring Board zijn:
▶ het deelnemen aan het benoemingsproces van Trustees en goedkeuring van deze benoeming;
▶ het adviseren van de Trustees bij de opvolging van hun verantwoordelijkheden; en
▶ het bespreken van kwesties en het delen van meningen met betrekking tot IFRS Standaarden alsmede ten aanzien van ontwikkelingen in de markt en de regelgeving.

De IFRS IC heeft tot taak de IFRS-standaarden met betrekking tot vraagstukken die niet specifiek in de standaarden worden geadresseerd te interpreteren en daaromtrent uitspraken te doen. Ook kan de IFRS IC gevraagd worden door de IASB om andere taken uit te voeren. De IFRS IC bestaat uit veertien leden, benoemd door de Trustees.

De IAC (ten minste 30 leden) is het formele adviesorgaan van de IASB en de IFRS Foundation Trustees met vertegenwoordigers van partijen die belang hebben bij internationale verslaggevingsstandaarden, zoals regelgevende en toezichthoudende organen, ondernemingen, beleggingsanalisten, accountants, academici en opstellers van verslaggevingsregels. Ook de leden van de IAC worden benoemd door de Trustees.

De ASAF is een adviesforum bestaande uit vertegenwoordigers van nationale en regionale standard setters, waarbij de leden bijdragen aan de verdere ontwikkeling van IFRS. De ASAF bestaat uit twaalf leden en een voorzitter.

De vergaderingen van de IASB en de IFRS IC zijn openbaar. De IASB vergadert in de regel iedere maand. De IFRS IC vergadert in de regel een keer per twee maanden. De IAC vergadert minimaal twee keer per jaar. De

ASAF vergadert minimaal vier keer per jaar. Standaarden (en IFRIC-interpretaties) worden door de Board van de IASB vastgesteld indien negen van de veertien leden (of indien er dertien leden zijn, acht van de dertien), akkoord geven. Indien de IFRS IC besluit tot publicatie van een ontwerp-interpretatie of definitieve interpretatie, dan moet hiervoor een zogenaamde 'negative clearance' worden gegeven door de IFRS IC zelf. Dit houdt in dat wanneer meer dan vier IFRS IC-leden bezwaar maken, er geen publicatie mag plaatsvinden. Indien de IFRS IC een definitieve interpretatie goedkeurt, moet die tevens voor goedkeuring worden voorgelegd aan de IASB voordat die officieel wordt. De IFRS IC kan ook in een agendabesluit ('Agenda Decision') beslissen om een ingezonden vraag niet op de agenda te zetten (dus geen interpretatie of wijziging van een standaard te starten), welk besluit bij gewone meerderheid wordt genomen. Deze agendabesluiten bevatten wel nadere duiding van de interpretatie van de standaarden en zijn daarmee van belang voor een goed begrip van IFRS. Een Agenda Decision wordt op de eerstvolgende vergadering van de IASB besproken en goedgekeurd door de IASB tenzij meer dan drie leden van de IASB bezwaar aantekenen. Agenda Decisions vormen onderdeel van de 'authoritative guidance' in IFRS en zijn daarmee verplicht.

De IASB, die in 2001 binnen de IASC Foundation (nu IFRS Foundation) is opgericht, is de opvolger van de Board van het International Accounting Standards Committee (IASC). Het IASC was in 1973 in het leven geroepen als een orgaan van accountantsberoepsorganisaties uit negen landen, waaronder Nederland. Nog geen tien jaar later werden alle leden van de International Federation of Accountants (IFAC) tevens lid van het IASC. Uiteindelijk waren ongeveer 150 organisaties uit meer dan 100 landen bij het IASC aangesloten. De standaarden, indertijd International Accounting Standards (IAS) geheten, werden vastgesteld door de Board van het IASC die bestond uit zestien delegaties van twee tot vier personen. Deze structuur werd een blok aan het been van het IASC. De besluitvorming tijdens de vergaderingen van de Board van het IASC was traag en inefficiënt door het grote aantal personen dat om de tafel zat. Daarnaast was de samenstelling van de Board niet evenwichtig omdat die feitelijk werd bepaald door het accountantsberoep (IFAC). Het regelgevende proces binnen het IASC moest grondig worden geherstructureerd om het draagvlak te behouden en aan geloofwaardigheid te winnen.

In 2001 werd het IASC volledig losgekoppeld van de IFAC en geprofessionaliseerd. Na afronding van de herstructurering heeft de IASB de standaarden en interpretaties van zijn voorganger in zijn geheel overgenomen. Dit houdt in dat de International Accounting Standard (IAS) en de interpretaties van het Standing Interpretations Committee (SIC) – de voorloper van de IFRS IC – blijven gelden totdat de IASB overgaat tot wijziging of intrekking. De IASB heeft de naamgeving van de nieuwe standaarden echter aangepast: de standaarden die onder het nieuwe regime worden gepubliceerd, worden niet meer aangeduid met IAS maar met International Financial Reporting Standard (IFRS). Hoewel de individuele 'oude' standaarden IAS blijven heten, wordt het geheel van de geldende standaarden en interpretaties – IAS, IFRS, SIC- en IFRIC-interpretaties – aangeduid met International Financial Reporting Standards.

Mondiale standaard
IFRS is uitgegroeid tot een mondiale standaard voor de externe financiële verslaggeving. Volgens de IASB-website is de toepassing van IFRS verplicht voor binnenlandse beursgenoteerde ondernemingen in 144 van de 166 onderzochte landen. Een - gezien het grote belang van de Amerikaanse kapitaalmarkt - belangrijke uitzondering is de Verenigde Staten van Amerika. In oktober 2002 hebben de IASB en de Amerikaanse Financial Accounting Standards Board (FASB) een akkoord gesloten over een convergentiestrategie waarbij IFRS en US GAAP naar elkaar toe zouden groeien. De inspanningen van beide organen waren gericht op het bereiken en behouden van zo veel mogelijk overeenstemming tussen IFRS en US GAAP.

Dit heeft uiteindelijk op 15 november 2007 geleid tot het besluit van de Amerikaanse beurstoezichthouder Securities and Exchange Commission (SEC) om de eis van reconciliatie van IFRS naar US GAAP te laten vallen en IFRS (zoals opgesteld door de IASB) te erkennen. Buitenlandse ondernemingen met een beursnotering in de Verenigde Staten kunnen volstaan met financiële verslaggeving op basis van IFRS. Op 14 november 2008 publiceerde de SEC hun *Roadmap for the potential use of financial statements prepared in accordance with IFRS by U.S. issuers'* met voorstellen voor een pad naar aanvaarding van de toepassing van IFRS door Amerikaanse beursgenoteerde ondernemingen. De kredietcrisis heeft de activiteiten op dit terrein vertraagd. In mei 2011 publiceerde de SEC-staf een paper waarin een alternatief voor de invoering van IFRS naar voren werd gebracht, namelijk het niet meer ontwikkelen van nieuwe standaarden voor US GAAP maar het geleidelijk aanpassen van US GAAP aan bestaande IFRS-standaarden zodat na een periode van vijf tot zeven jaar de verschillen in belangrijke mate zouden zijn verdwenen. In mei 2013 gaf de nieuwe SEC-voorzitter aan bezig te zijn met een studie naar welke stap met betrekking tot invoering van IFRS gezet moet worden en hoe groot deze stap is. Momenteel is echter de verwachting dat er op korte termijn geen concrete stappen worden genomen door de VS in de richting van IFRS. De IASB en FASB vergaderen af en toe gezamenlijk om hun respectievelijke agenda's te bespreken, maar op dit moment zijn er geen convergentieprojecten gepland.

Onderstaand is een overzicht opgenomen van alle door de IASB goedgekeurde en op 1 januari 2021 nog van toepassing zijnde IAS, IFRS, IFRIC Interpretations en SIC Interpretations. Voor de volledigheid zijn hierin mede standaarden en interpretaties vermeld waarvan het besluit is genomen deze per een bepaalde latere datum niet langer van toepassing te laten zijn, alsmede standaarden die nog niet verplicht van toepassing zijn.

IFRS 1	First-time Adoption of International Financial Reporting Standards	IFRIC 1	Changes in Existing Decommissioning, Restoration and Similar Liabilities
IFRS 2	Share-based Payment	IFRIC 2	Members' Shares in Co-operative Entities and Similar Instruments
IFRS 3	Business Combinations	IFRIC 5	Rights to Interests arising from Decommissioning, Restoration and Environmental Rehabilitation Funds
IFRS 4	Insurance Contracts	IFRIC 6	Liabilities Arising from Participating in a Specific Market – Waste Electrical and Electronic Equipment
IFRS 5	Non-current Assets Held for Sale and Discontinued Operations	IFRIC 7	Applying the Restatement Approach under IAS 29 Financial Reporting in Hyperinflationary Economies
IFRS 6	Exploration for and Evaluation of Mineral Resources	IFRIC 10	Interim Financial Reporting and Impairment
IFRS 7	Financial Instruments: Disclosures	IFRIC 12	Service Concession Arrangements
IFRS 8	Operating Segments	IFRIC 14	IAS 19 – The Limit on a Defined Benefit Asset, Minimum Funding Requirements and their Interaction
IFRS 9	Financial Instruments	IFRIC 16	Hedges of a Net Investment in a Foreign Operation
IFRS 10	Consolidated Financial Statements	IFRIC 17	Distributions of Non-cash Assets to Owners
IFRS 11	Joint Arrangements	IFRIC 19	Extinguishing Financial Liabilities with Equity Instruments
IFRS 12	Disclosures of Interests in Other Entities	IFRIC 20	Stripping Costs in the Production Phase of a Surface Mine
IFRS 13	Fair Value Measurement	IFRIC 21	Levies

IFRS 14	Regulatory Deferral Accounts (niet goedgekeurd in EU)	IFRIC 22	Foreign Currency Transactions and Advance Consideration
IFRS 15	Revenue from Contracts with Customers	IFRIC 23	Uncertainty over Income Tax Treatments
IFRS 16	Leases	SIC 7	Introduction of the Euro
IFRS 17	Insurance Contracts (nog niet goedgekeurd in EU)	SIC 10	Government Assistance – No Specific Relation to Operating Activities
IAS 1	Presentation of Financial Statements	SIC 25	Income Taxes – Changes in the Tax Status of an Enterprise or its Shareholders
IAS 2	Inventories	SIC 29	Service Concession Arrangements: Disclosures
IAS 7	Statement of Cash Flows	SIC 32	Intangible Assets – Web Site Costs
IAS 8	Accounting Policies, Changes in Accounting Estimates and Errors		
IAS 10	Events after the Reporting Period		
IAS 12	Income Taxes		
IAS 16	Property, Plant and Equipment		
IAS 19	Employee Benefits		
IAS 20	Accounting for Government Grants and Disclosure of Government Assistance		
IAS 21	The Effects of Changes in Foreign Exchange Rates		
IAS 23	Borrowing Costs		
IAS 24	Related Party Disclosures		
IAS 26	Accounting and Reporting by Retirement Benefit Plans		
IAS 27	Separate Financial Statements		
IAS 28	Investments in Associates and Joint Ventures		
IAS 29	Financial Reporting in Hyperinflationary Economies		
IAS 32	Financial Instruments: Presentation		
IAS 33	Earnings per Share		
IAS 34	Interim Financial Reporting		
IAS 36	Impairment of Assets		
IAS 37	Provisions, Contingent Liabilities and Contingent Assets		
IAS 38	Intangible Assets		
IAS 39	Financial Instruments: Recognition and Measurement		
IAS 40	Investment Property		
IAS 41	Agriculture		

3.1.2 IFRS SME

De IASB heeft begin 2000 het initiatief genomen om een IFRS 'light' variant in het leven te roepen voor niet-beursgenoteerde (en niet anders gereguleerde) ondernemingen: IFRS SME (Small and Medium-Sized Entities). De uiteindelijke standaard bestaat uit 35 secties, een Basis for Conclusions alsmede Implementation Guidance (bestaande uit een Disclosure Checklist en een modeljaarrekening). In mei 2015 heeft de IASB de eerste aanpassingen op basis van de ervaringen en voorstellen van alle betrokken partijen over de afgelopen periode doorgevoerd. Deze zijn van toepassing op boekjaren die aanvangen vanaf 1 januari 2017. Op dit moment voert de IASB een tweede 'comprehensive review' uit op de IFRS for SME standaarden met het doel verdere aanpassingen te overwegen.

3.1.3 IFRS in de Europese Unie
IAS-verordening: erkenning IFRS door de Europese Unie

Zoals hierboven vermeld, wordt IFRS opgesteld door de IASB, een privaatrechtelijk organisatie waarin de Europese Unie geen zeggenschap heeft. Om te kunnen ingrijpen in het geval IFRS zich in een door de Europese Unie niet wenselijk geachte richting mocht ontwikkelen, zijn in de IAS-verordening procedures vastgelegd waarlangs de door de IASB uitgevaardigde standaarden en interpretaties worden goedgekeurd ('endorsement mechanism') en daarmee in de Europese Unie kracht van wet krijgen.

De IAS-verordening biedt de mogelijkheid van de Europese Commissie om een standaard of interpretatie van de IASB weliswaar goed te keuren, maar daarbij bepaalde onderdelen uit te zonderen van de goedkeuring. Deze zogenoemde carve-out kent geen omgekeerde werking. Dus het is niet mogelijk voor de Commissie om verplichtingen aan een IASB-standaard of interpretatie toe te voegen of een eventueel uitgezonderd onderdeel te vervangen door zelf ontwikkelde regelgeving. In 2018 heeft de Europese Commissie in haar *fitness check* de vraag voorgelegd of binnen de EU de mogelijkheid zou moeten worden geboden voor een dergelijke carve-in. Indien daartoe besloten zou worden, zou dit een aanpassing van de IAS-verordening vergen, hetgeen enige tijd in beslag neemt.

De goedkeuringsbevoegdheid ligt bij de Europese Commissie, maar voorafgaand daaraan vindt een advies- en goedkeuringsproces plaats door de European Financial Reporting Advisory Group ('EFRAG'), een orgaan dat bestaat uit afgevaardigden van Europese stakeholders en nationale organisaties die kennis van en belang hebben in de ontwikkelingen van IFRS en de Accounting Regulatory Committee ('ARC'), een orgaan dat bestaat uit vertegenwoordigers van de lidstaten alsmede Europese toezichthouders. Meer details over het goedkeuringsproces zijn vermeld in paragraaf 3.1.4. Dat de goedkeuring meer is dan een juridische formaliteit, blijkt uit het feit dat over de goedkeuring van de standaarden en bijbehorende interpretaties met betrekking tot de verslaggeving van bijvoorbeeld financiële instrumenten (IAS 32 en 39) langer dan een jaar heftig is gediscussieerd (o.a. met de IASB). Uiteindelijk zijn ook IAS 32 en 39 goedgekeurd, zij het dat de Europese Commissie een enkele bepaling in IAS 39 heeft uitgezonderd. Deze zogenoemde 'carve-out' heeft betrekking op portfolio- of 'macro' hedge-accounting. Een ander voorbeeld is de uitvoerige discussies met betrekking tot de nieuwe standaard over verzekeringscontracten IFRS 17.

Hoewel de EU-richtlijn jaarrekening (2013/34/EU), die in 2013 de Vierde en Zevende EEG-richtlijn heeft vervangen, minder relevant is indien en voor zover de externe financiële verslaggeving van ondernemingen onder de werking valt of is gebracht van de IAS-verordening, wordt in de verordening toch een verband gelegd met deze EEG-richtlijnen. In artikel 3.2 van de IAS-verordening staat een verwijzing naar artikel 2.3 van de Vierde en artikel 16.3 van de Zevende EEG-richtlijn, die beide voorschrijven dat de (geconsolideerde) jaarrekening een getrouw beeld moet geven van het vermogen, de financiële positie en het resultaat. In feite is dit een van de criteria waaraan IFRS in het Europese goedkeuringsproces moet worden getoetst.

De invoering van IFRS in de EU betekent dat in ieder geval Nederlandse vennootschappen waarvan de effecten zijn genoteerd op een gereguleerde markt in de EU met ingang van het boekjaar 2005 niet langer de Richtlijnen van de RJ mogen toepassen in de geconsolideerde jaarrekening. Toepassing van IFRS heeft ingrijpende gevolgen: er is minder vrijheid in de keuze van de grondslagen van waardering en resultaatbepaling, er dient veel meer toelichting te worden gegeven en afwijken van IFRS is vrijwel onmogelijk.

De IASB heeft in juni 2003 IFRS 1, *'First-time Adoption of International Financial Reporting Standards'*, gepubliceerd over de wijze waarop een onderneming een overgang naar IFRS dient te verwerken. IFRS 1 is sindsdien diverse keren aangepast. Deze standaard wordt in paragraaf 3.2 uitgebreider behandeld.

3.1.4 Verplichte of vrijwillige toepassing van IFRS

Zoals aangegeven in paragraaf 1.7 werd op 19 juli 2002 Verordening 1606/2002 van het Europees Parlement en de Europese Raad goedgekeurd. Deze verordening wordt ook wel aangeduid als 'de IAS-verordening'. De verordening heeft als belangrijkste bepaling dat alle ondernemingen, waarop de nationale wetgeving van één van de EU-lidstaten van toepassing is en waarvan effecten zijn genoteerd op een officiële gereguleerde markt in een van de lidstaten van de EU, in hun geconsolideerde jaarrekening IFRS zoals aanvaard binnen de EU moeten toepassen. Voorbeeld van effecten zijn aandelen of schuldbewijzen. Zie voor een verdere behandeling van de beursgenoteerde vennootschap paragraaf 1.7.

Lidstaten kunnen toestaan of voorschrijven dat toepassing van IFRS wordt uitgebreid (men zou kunnen spreken van een *uitbreidingsoptie*) tot:
▶ de enkelvoudige jaarrekening van beursgenoteerde ondernemingen;
▶ de geconsolideerde en/of enkelvoudige jaarrekening van niet-beursgenoteerde ondernemingen.

De Nederlandse wetgever heeft ervoor gekozen af te zien van verplichtingen en ondernemingen zo veel mogelijk keuzevrijheid te laten al dan niet IFRS toe te passen. Dit betekent dat:
▶ IFRS niet verplicht is gesteld voor de enkelvoudige jaarrekening van de beursgenoteerde ondernemingen (die verplicht zijn IFRS in de geconsolideerde jaarrekening toe te passen), maar IFRS is daar wel een optie;
▶ niet-beursgenoteerde ondernemingen niet de verplichting is opgelegd maar alleen de optie wordt geboden IFRS toe te passen in hetzij alleen de geconsolideerde jaarrekening, hetzij zowel de geconsolideerde als de enkelvoudige jaarrekening;
▶ niet-beursgenoteerde financiële instellingen geen verplichting is opgelegd IFRS toe te passen.

Het is niet toegestaan de geconsolideerde jaarrekening op basis van Titel 9 op te stellen en de enkelvoudige jaarrekening op basis van IFRS (art. 2:362 lid 8 BW).

Goedkeuring IFRS door Europese Commissie

De hiervoor genoemde IFRS betekent in de terminologie van de verordening: 'de door de Europese Commissie goedgekeurde IAS'. Later is de algemene aanduiding IAS vervangen door IFRS, waaronder is te verstaan een combinatie van de bestaande IAS, nieuw uitgegeven IFRS en interpretaties van standaarden, eerst aangeduid als SIC Interpretations en later als IFRIC Interpretations. Voor de goedkeuring van IFRS geldt een bepaalde procedure: na advisering door verschillende organen en een vetorecht van het Europees Parlement beslist de Europese Commissie over de goedkeuring. Men duidt het feit dat het moet gaan om binnen de EU goedgekeurde standaarden veelal expliciet aan door te spreken van 'IFRS zoals aanvaard binnen de Europese Unie', of kortweg 'EU-IFRS' of 'endorsed IFRS'. In dit Handboek wordt met 'IFRS' steeds bedoeld de door de EU goedgekeurde IFRS (tenzij anders aangegeven).

De EU-goedkeuring van IFRS vindt plaats door de Europese Commissie. De datum van goedkeuring is relevant voor de verplichte of mogelijk vervroegde toepassing van een EU-goedgekeurde IFRS. Toepassing van een EU-goedgekeurde IFRS mag pas plaatsvinden in de eerste rapportage opgesteld (dus ongeacht de balansdatum) na de datum van de goedkeuring. De toepassing vindt in dat geval wel plaats vanaf de start van het boekjaar waarover wordt gerapporteerd. Verplichte toepassing geldt vanaf de datum van effectief worden zoals opgenomen in het goedkeuringsbesluit.

De goedkeuring van IFRS door de Europese Commissie wordt afhankelijk gesteld van het voldoen aan het beginsel dat de jaarrekening een getrouw beeld moet geven van het vermogen en het resultaat van een onderneming en dat de jaarrekening niet strijdig mag zijn met het Europees openbaar belang. Bij de goedkeuringsprocedure speelt zowel de EFRAG als het ARC een rol.

EFRAG is een privaat orgaan dat is opgericht door toonaangevende Europese organisaties die actief zijn op het gebied van de Europese kapitaalmarkten, zoals Accountancy Europe en de European Banking Federation, alsmede nationale organisaties van accounting standards setters zoals de Nederlandse Raad voor de Jaarverslaggeving. Naast het adviseren van de Europese Commissie inzake de goedkeuring van IFRS, fungeert EFRAG als het mechanisme waarmee Europa als geheel deelneemt aan de wereldwijde discussie over verslaggevingsstandaarden en het coördineert de Europese reacties op voorstellen van de IASB. EFRAG speelt een proactieve rol door het publiceren van discussiestukken en rapporten naar aanleiding van praktijkonderzoek alsmede door feedback te geven naar aanleiding van voorlichtings- en discussiebijeenkomsten. Het doel van de proactieve werkzaamheden is om Europese belanghebbenden in een vroeg stadium te betrekken bij het identificeren van noodzakelijke verbeteringen in de financiële verslaggeving om invloed te kunnen uitoefenen op de IASB. De activiteiten van EFRAG omvatten ook het beoordelen of de voorstellen van de IASB en de IFRS-vereisten bevorderend zijn voor het Europese algemeen belang.

De Board van EFRAG bestaat in gelijke aantallen uit vertegenwoordigers van Europese organisaties van belanghebbenden (acht leden) en nationale standard-setters (acht leden) en wordt geleid door de voorzitter, die wordt benoemd door de Europese Commissie. De Board van EFRAG is verantwoordelijk voor alle EFRAG-standpunten en opereert op basis van een consensusmodel met als doel dat Europa met één stem spreekt. De Europese Commissie, de Europese toezichthoudende autoriteiten en de European Central Bank nemen deel aan Board-vergaderingen als waarnemer. De Board van EFRAG neemt al zijn beslissingen na bestudering van het advies van de EFRAG Technical Expert Group. Nadat de EFRAG Board advies heeft uitgebracht aan de Europese Commissie neemt de Europese Commissie een beslissing na raadpleging van de ARC en het beoordelen van alle aspecten die vanuit politiek oogpunt relevant worden geacht. Het Europees Parlement heeft vervolgens drie maanden de gelegenheid om een veto uit te spreken over deze beslissing. Het EU-goedkeuringsproces is pas voltooid wanneer de standaard, interpretatie of wijziging wordt gepubliceerd in het Publicatieblad van de Europese Unie.

Tot op heden is er geen IFRS standaard of interpretatie door de Europese Commissie afgekeurd. Wel is inzake IFRS 14 *'Regulatory deferral accounts'*, een interim standaard, door de Europese Commissie besloten om op een definitieve standard te wachten. Daarnaast is er een zogenoemde carve-out met betrekking tot portfolio- of macrohedging binnen IAS 39 alsmede een top-up in IFRS 4 waarbij EU-verzekeraars de mogelijkheid hebben om IFRS 9 uit te stellen, ook indien zij niet voldoen aan de eisen die IFRS 4 daaraan stelt. In enkele gevallen is de invoeringsdatum van een standaard onder IFRS zoals aanvaard door de EU later dan die onder IFRS zoals aanvaard door de IASB, dan wel is die tot nader order uitgesteld. Ten slotte moet binnen de EU rekening worden gehouden met specifieke aanwijzingen van Europese instellingen zoals de Europese Commissie en de European Securities and Markets Authority. Hieronder is een overzicht opgenomen van IFRS-standaarden en hun status binnen het goedkeuringstraject van de Europese Commissie naar de stand per 14 januari 2021. Voor de actuele stand verwijzen wij naar de EFRAG-website.

	EFRAG concept goedkeurings- advies	EFRAG goedkeurings- advies	ARC stemming	Goedkeuring verwacht	IASB invoerings- datum
Standaarden en interpretaties					
IFRS 17 Insurance Contracts	30-09-2020				01-01-2023
Amendementen					
IAS 1 Presentation of Financial Statements: Classification of Liabilities as Current or Non-current and Classification of Liabilities as Current or Non-current	06-11-2020	Q1 2021			01-01-2023
• IFRS 3 Business Combinations • IAS 16 Property, Plant and Equipment • IAS 37 Provisions, Contingent Liabilities and Contingent Assets • Annual Improvements 2018-2020	24-06-2020	23-10-2020	Q1 2021	H2 2021	01-01-2022

3.1.5 Enkelvoudige en geconsolideerde jaarrekening en IFRS

De geconsolideerde jaarrekening is geen onderdeel van de toelichting op de enkelvoudige jaarrekening, maar wordt beschouwd als een afzonderlijke, los van de enkelvoudige jaarrekening staande jaarrekening. Om praktische redenen is wel het verzamelbegrip 'de jaarrekening' gehandhaafd, waaronder wordt verstaan: de enkelvoudige jaarrekening die bestaat uit de balans en de winst-en-verliesrekening met toelichting, en de geconsolideerde jaarrekening indien de onderneming een geconsolideerde jaarrekening opstelt (art. 2:361 lid 1 BW). De grondslagen waarop beide jaarrekeningen worden opgesteld, kunnen uiteenlopen.

De mogelijke combinaties die de wet biedt als een geconsolideerde jaarrekening wordt opgesteld naast de enkelvoudige jaarrekening zijn als volgt samen te vatten (RJ 100.104):

	Geconsolideerde jaarrekening	Enkelvoudige jaarrekening
1	Titel 9 Boek 2 BW	Titel 9 Boek 2 BW
2	IFRS	Titel 9 Boek 2 BW zonder toepassing van de optie om de waarderingsgrondslagen te hanteren die in de geconsolideerde jaarrekening zijn toegepast (art. 2:362 lid 8 BW)
3	IFRS	Titel 9 Boek 2 BW met toepassing van de optie om de waarderingsgrondslagen te hanteren die in de geconsolideerde jaarrekening zijn toegepast (art. 2:362 lid 8 BW)
4	IFRS	IFRS

Het is in alle gevallen, ingevolge artikel 2:362 lid 10 BW, noodzakelijk dat in de enkelvoudige en geconsolideerde jaarrekening wordt vermeld of deze is opgesteld in overeenstemming met IFRS (zoals aanvaard binnen de Europese Unie) of in overeenstemming met Titel 9 (RJ 100.109).
De hiervoor genoemde combinaties kunnen als volgt nader worden toegelicht.

Combinatie 1 (RJ 100.105)

Deze combinatie staat alleen open als het gaat om niet-beursgenoteerde ondernemingen. Indien wordt gekozen voor de bepalingen van Titel 9, is het niet toegestaan van deze bepalingen af te wijken met een beroep op IFRS. Veel alternatieven onder IFRS zullen ook bij toepassing van Titel 9 mogelijk zijn, maar dat is niet altijd het geval. Zo is het bijvoorbeeld bij toepassing van Titel 9 niet mogelijk om de IFRS-grondslag van waardering en resultaatbepaling van goodwill toe te passen (activeren, zonder afschrijving, maar met toepassing van periodieke 'impairment'-toetsen).

Combinatie 2 (RJ 100.106)

Deze combinatie lijkt niet voor de hand te liggen. De enkelvoudige jaarrekening zal namelijk volledig moeten voldoen aan de Nederlandse wet- en regelgeving, inclusief de elementen daarvan die afwijken van IFRS, zoals de genoemde verwerking van goodwill. Dat betekent dat verschillende administratieve systemen naast elkaar moeten worden bijgehouden. Deze combinatie zal veelal leiden tot een verschil tussen enkelvoudig en geconsolideerd eigen vermogen en resultaat. Uiteraard zijn bij deze combinatie alle regels van kapitaalbescherming in de enkelvoudige jaarrekening volledig van toepassing.

Combinatie 3 (RJ 100.107)

Deze combinatie leidt ertoe dat de enkelvoudige jaarrekening alle eisen van Titel 9 volgt, maar voor de grondslagen van waardering en resultaatbepaling en de classificatie van financiële instrumenten de in de geconsolideerde jaarrekening gehanteerde IFRS-grondslagen worden gevolgd. Dit leidt in het algemeen tot gelijkheid van eigen vermogen en resultaat volgens de enkelvoudige en de geconsolideerde jaarrekening.

In feite houdt deze mogelijkheid in dat de enkelvoudige jaarrekening wordt opgemaakt op basis van IFRS-grondslagen, met één uitzondering, namelijk de waardering van deelnemingen. IFRS verplicht om in de enkelvoudige jaarrekening geassocieerde deelnemingen en deelnemingen in groepsmaatschappijen te waarderen tegen kostprijs, reële waarde of op basis van de equity-methode, terwijl Titel 9 uitgaat van waardering tegen netto-vermogenswaarde. RJ 100.107 staat toe geconsolideerde deelnemingen in de enkelvoudige jaarrekening te presenteren tegen de netto-vermogenswaarde of op basis van de equity-methode. Deze combinatie kan problemen voorkomen die ontstaan bij toepassing van combinatie 4 (zie hierna).

Bij de presentatie tegen netto-vermogenswaarde wordt goodwill afzonderlijk in de balans opgenomen en bij de presentatie volgens de equity-methode als onderdeel van de post deelnemingen. Om te voorkomen dat de beide vormen van presentatie leiden tot een verschil in resultaat en eigen vermogen in de enkelvoudige en de geconsolideerde jaarrekening, is verduidelijkt dat indien de deelneming wordt gepresenteerd volgens de equity-methode op basis van de grondslagen zoals toegepast in de geconsolideerde jaarrekening, dit betekent dat in de enkelvoudige jaarrekening een bijzondere waardevermindering van de in de boekwaarde op basis van de equity-methode begrepen goodwill ten aanzien van de betreffende (geconsolideerde) deelneming niet kan worden teruggenomen. Dit betekent dan ook dat de toepassing van de equity-methode in overeenstemming met de RJ binnen combinatie 3 tot verschillen kan leiden ten opzichte van de toepassing van de equity-methode in overeenstemming met IFRS onder combinatie 4. Dit wordt verder behandeld in paragraaf 10.4.3.

Hoewel het eigen vermogen en resultaat in de enkelvoudige jaarrekening door combinatie 3 toe te passen (veelal) gelijk is aan dat volgens IFRS, is formeel niet sprake van een enkelvoudige jaarrekening op basis van IFRS, maar op basis van Titel 9. Dit betekent dat de presentatie- en toelichtingseisen van Titel 9 moeten worden gevolgd. De presentatie- en toelichtingvereisten van IFRS in de enkelvoudige jaarrekening kunnen dus niet worden gevolgd als deze daarvan afwijken. Het Besluit modellen jaarrekening en de toelichtingsvereisten van Titel 9 Boek 2 BW zijn van toepassing. Met uitzondering van een organisatie van openbaar belang in Nederland ('OOB'), kan een rechtspersoon ook artikel 2:402 BW toepassen, zodat kan worden volstaan met een verkorte winst-en-verliesrekening. De meeste, maar niet alle regels van kapitaalbescherming zijn eveneens van toepassing (zie daarvoor par. 3.3).

De optie om in de enkelvoudige Titel 9-jaarrekening IFRS-grondslagen te hanteren is niet toegestaan indien de rechtspersoon alleen de enkelvoudige jaarrekening opstelt en voor de geconsolideerde jaarrekening gebruik maakt van een vrijstelling (bijvoorbeeld toepassing van art. 2:408 BW, consolidatie vrijstelling voor tussenholdings). Indien een rechtspersoon bij de bepaling van de netto-vermogenswaarde IFRS-grondslagen wil hanteren, dient de rechtspersoon een eigen geconsolideerde jaarrekening op te maken. Het verwijzen naar de geconsolideerde jaarrekening van de moedermaatschappij is daarvoor niet voldoende.

In januari 2021 heeft de RJ met 'RJ-Uiting 2021-1: Verduidelijking toepassing combinatie 3 in de enkelvoudige jaarrekening en waardering vastgoed voor eigen gebruik in enkelvoudige jaarrekening moedermaatschappij' de toepassing van combinatie 3 in de enkelvoudige jaarrekening verduidelijkt. In de gewijzigde Richtlijnen is het algemene principe verduidelijkt dat het eigen vermogen volgens de enkelvoudige jaarrekening in beginsel gelijk is aan het eigen vermogen volgens de geconsolideerde jaarrekening.

Verduidelijkt is dat in de enkelvoudige jaarrekening de geconsolideerde deelneming wordt beschouwd als samenstel van activa en passiva. Dit betekent dat bij het bepalen van de waardering van geconsolideerde deelnemingen in de enkelvoudige jaarrekening, dezelfde waarderingsgrondslagen en daaruit voortvloeiende waarderingen van de (onderliggende) activa en passiva van de geconsolideerde deelneming worden gehanteerd, zoals deze zijn opgenomen in de geconsolideerde jaarrekening. Hierdoor worden dezelfde boekwaarden van alle onderliggende activa en passiva van de geconsolideerde deelneming zoals opgenomen in de geconsolideerde jaarrekening ook gehanteerd in de enkelvoudige jaarrekening. De IFRS-standaarden worden derhalve niet opnieuw zelfstandig toegepast in de enkelvoudige jaarrekening. Door de post geconsolideerde deelnemingen te beschouwen als een samenstel van activa en passiva, worden de boekwaarden van de onderliggende (netto) activa en passiva onder toepassing van de nettovermogenswaarde op dezelfde basis bepaald zoals deze ook (afzonderlijk) zijn opgenomen in de geconsolideerde jaarrekening. In beginsel is dan het eigen vermogen in beide jaarrekeningen gelijk.

Tevens heeft de RJ de verwerking van transacties en/of balansposities tussen de moedermaatschappij en haar geconsolideerde deelneming in het kader van combinatie 3 verduidelijkt. Bij de verwerking van resultaten op intercompany-transacties in de jaarrekening worden de effecten van onderlinge transacties en/of balansposities geëlimineerd waarbij de eliminaties zoals toegepast in de geconsolideerde jaarrekening tevens het uitgangspunt zijn voor de eliminaties in de enkelvoudige jaarrekening. De RJ refereert hierbij aan de eliminatieprincipes van Richtlijn 260 'De verwerking van resultaten op intercompany-transacties in de jaarrekening'. De RJ benoemt in dit kader de volgende voorbeelden die in de bijlage van Richtlijn 100 nader uiteen zijn gezet:
- te verwachten kredietverliezen (expected credit losses) zoals voorgeschreven in IFRS 9 op leningen en vorderingen op de deelneming;
- verschillen in de verwerkingswijze van een lessor en een lessee voor een lease tussen de moedermaatschappij en de deelneming conform IFRS 16;

- derivaten die zijn afgesloten door de moedermaatschappij waarbij het afgedekte risico zich bij de deelneming bevindt en in de geconsolideerde jaarrekening hedge-accounting wordt toegepast;
- een door een deelneming uitgegeven financieel instrument dat deels wordt gehouden door de moedermaatschappij, waarbij de deelneming dit instrument waardeert tegen geamortiseerde kostprijs en de moedermaatschappij dit instrument waardeert tegen reële waarde.

> **Voorbeeld eliminatie inzake te verwachten kredietverliezen (expected credit loss) zoals voorgeschreven in IFRS 9 op leningen en vorderingen op de deelneming (ontleend aan voorbeeld uit RJ-Uiting 2021-1)**
>
> Een moedermaatschappij verstrekt een lening van € 100 aan haar geconsolideerde deelneming. Het verwachte kredietverlies (expected credit loss) bedraagt op 31 december 202x € 10 bepaald in overeenstemming met IFRS 9. De netto-vermogenswaarde op basis van combinatie 3 bedraagt € 200.
>
> In de geconsolideerde jaarrekening wordt de lening geëlimineerd en is geen sprake van een te verwerken verwacht kredietverlies. In de enkelvoudige jaarrekening wordt ook geen verlies verantwoord in de winst-en-verliesrekening. Het waarderingsverschil tussen de vordering bij de moedermaatschappij en de schuld als onderdeel van de waardering van de deelneming wordt geëlimineerd.
>
> Deze eliminatie kan worden verwerkt in de boekwaarde van de geconsolideerde deelneming (boekwaarde verstrekte lening bedraagt € 90 en de deelnemingswaarde € 210) of als een overlopende post (boekwaarde verstrekte lening bedraagt € 90, de boekwaarde van het overlopend actief € 10 en de deelnemingswaarde € 200). Om praktische redenen is het toegestaan om de eliminatie te verwerken in de boekwaarde van de verstrekte lening (boekwaarde verstrekte lening bedraagt € 100 en de deelnemingswaarde € 200).

De RJ geeft aan dat toepassing van combinatie 3 overigens niet betekent dat er geen verschillen kunnen bestaan tussen het eigen vermogen en het resultaat volgende uit de geconsolideerde jaarrekening en de enkelvoudige jaarrekening. Deze verschillen kunnen ontstaan vanuit het perspectief van de enkelvoudige jaarrekening in specifieke situaties, zoals transactie en/of balansposities tussen de moedermaatschappij en haar geconsolideerde deelneming, waarbij geen sprake is van een 100%-belang of als sprake is van een geconsolideerde deelneming met een negatief eigen vermogen.

Combinatie 4 (RJ 100.108)

Deze combinatie houdt onder andere in dat de geconsolideerde en de enkelvoudige jaarrekening ieder afzonderlijk dienen te voldoen aan de IFRS-eisen. Aanvaardbaar is voor de grondslagen van de waardering en resultaatbepaling in de enkelvoudige jaarrekening te verwijzen naar de geconsolideerde jaarrekening. Enkele specifieke bepalingen uit Titel 9 Boek 2 BW blijven van toepassing. Voor zover de Nederlandse wetgeving onderwerpen behandelt die buiten het toepassingsgebied van de IAS-verordening vallen, blijft de Nederlandse wetgeving van toepassing. Naast de regels voor kapitaalbescherming (zie par. 15.2.5), kan hier ook gedacht worden aan het bestuursverslag (art. 2:391 BW), de overige gegevens (art. 2:392 BW), het deskundigenonderzoek (art. 2:393 BW) en de openbaarmaking (art. 2:394 en 2:395 BW) (RJ 100.110).

Het Besluit modellen jaarrekening is niet van toepassing wanneer de entiteit heeft gekozen voor combinatie 4 (RJ 100.108). Omdat de enkelvoudige jaarrekening de basis vormt voor de dividenduitkeringen zijn de kapitaalbeschermingsregels (zie par. 15.2.5) slechts van toepassing op de enkelvoudige jaarrekening.

Een nadeel van combinatie 4 kan zijn dat de omvang van de vrij uitkeerbare reserves wordt aangetast. Namelijk, bij een waardering van deelnemingen tegen kostprijs dient de oorspronkelijke kostprijs te worden gehanteerd, die lager kan liggen dan de laatste waardering tegen netto-vermogenswaarde. Het verschil komt tot uitdrukking in de overige reserves. Bij waardering van deelnemingen tegen reële waarde blijft weliswaar het eigen vermogen op peil (of wordt zelfs hoger), maar omdat het verschil tussen de oorspronkelijke kostprijs en de reële waarde aan een herwaarderingsreserve moet worden toegevoegd, is ook in dat geval de omvang van de vrij uitkeerbare reserves op hetzelfde niveau als bij waardering tegen kostprijs. IAS 27 biedt ook de mogelijkheid om de deelnemingen te waarderen op basis van de equity-methode. In dat geval wordt het eigen vermogen in principe op peil gehouden, maar dient ook in dit geval rekening gehouden te worden met de regels van kapitaalbescherming (zie daarvoor par. 3.3).

Voorbeeld toepassing van combinatie van IFRS en Titel 9 Boek 2 BW

Uit onderzoek van het NIVRA blijkt dat 89% van de 73 onderzochte jaarrekeningen van beursgenoteerde ondernemingen over het boekjaar 2005 hebben gekozen voor combinatie 3 (*Het jaar 2005 verslagen*, pag. 53). Zij hebben de enkelvoudige jaarrekening dus opgesteld in overeenstemming met Titel 9 BW 2 met gebruikmaking van de optie om de (IFRS-) waarderingsgrondslagen te hanteren die in de geconsolideerde jaarrekening zijn toegepast. Van de overige 11% heeft 3% gekozen voor combinatie 4 en stelde 5% (zijnde gecombineerde Nederlands-Britse ondernemingen) een enkelvoudige jaarrekening op basis van UK GAAP op. In 3% van de gevallen werd geen uitsluitsel gegeven over de in de enkelvoudige jaarrekening gehanteerde grondslagen. Het lijkt erop dat geen van de in het onderzoek betrokken ondernemingen heeft gekozen voor combinatie 2.

Bron: J.B. Backhuys en B. Kamp, 'Enkelvoudige en geconsolideerde jaarrekening: IFRS en Titel 9 Boek 2', in: *Het jaar 2005 verslagen*, Nivra geschriften 76.

De onderneming dient in de toelichting van de jaarrekening te vermelden volgens welke standaarden de jaarrekening is opgesteld (art. 2:362 lid 10 BW).

3.2 Eerste toepassing van IFRS
3.2.1 Uitgangspunten

De eerste IFRS-jaarrekening is de jaarrekening die de onderneming voor het eerst opstelt in overeenstemming met IFRS. De eerste toepassing van IFRS moet gebeuren in overeenstemming met IFRS 1, 'First-time Adoption of International Financial Reporting Standards'. IFRS 1 vereist toepassing van de standaarden die van kracht zijn op jaareinde van het jaar waarin de onderneming de eerste IFRS-jaarrekening opstelt. Een onderneming dient een openingsbalans op te stellen per overgangsdatum (transitiedatum). In principe is de transitiedatum de aanvangsdatum van de oudste vergelijkende cijfers.

Er is een minimale vereiste van vergelijkende cijfers van één jaar onder IFRS. Het is toegestaan om naast de minimaal vereiste vergelijkende cijfers van één jaar onder IFRS vergelijkende cijfers van eerdere boekjaren onder de vorige regelgeving op te nemen. In dat geval dient duidelijk vermeld te worden dat geen sprake is van toepassing van IFRS en wat de belangrijkste verschillen zijn ten opzichte van IFRS (zonder deze te kwantificeren).

Voorbeeld eerste toepassing IFRS – openingsbalans en vergelijkende cijfers

Een Nederlandse onderneming die in 2021 voor de eerste maal IFRS toepast en vergelijkende cijfers op basis van IFRS voor één jaar opneemt, dient een openingsbalans voor 1 januari 2020 op te stellen. De transitiedatum is dus 1 januari 2020.

Indien deze onderneming voor twee jaar vergelijkende cijfers op basis van IFRS opneemt, dient zij een openingsbalans voor 1 januari 2019 op te stellen. Zij zal dan in de toelichting de vergelijkende gegevens dienen weer te geven voor de jaren 2019 en 2020.

De onderneming past alle standaarden en interpretaties toe die van kracht zijn per 31 december 2021.

Het stelsel dat een onderneming gebruikt voor de openingsbalans in de eerste IFRS-jaarrekening kan verschillen van het stelsel onder de vorige regelgeving. De wijzigingen in het stelsel hebben hun oorsprong in gebeurtenissen en transacties die zich hebben voorgedaan voor de transitiedatum. Daarom dienen de effecten van de stelselwijziging rechtstreeks verwerkt te worden in het beginvermogen, in dit geval de ingehouden winsten ('retained earnings') per transitiedatum (IFRS 1.11).

Indien een onderneming bij het opstellen van de IFRS-openingsbalans vaststelt dat verschillen tussen IFRS en de vorige regelgeving niet voortkomen uit wijzigingen in stelsel maar te wijten zijn aan een foutieve toepassing van de vorige regelgeving, dient dit verschil niet betrokken te worden bij het effect van de stelselwijziging door eerste toepassing van IFRS maar verwerkt te worden als een schattingswijziging of het herstel van een fout.
Overigens is IAS 8 'Accounting Policies, Changes in Accounting Estimates and Errors' niet van toepassing op de eerste IFRS-jaarrekening, aangezien sprake is van een overgang van een lokale GAAP naar IFRS, niet van een wijziging in de toepassing van IFRS zelf (IFRS 1.27).

De eerste IFRS-jaarrekening bevat ten minste drie 'statements of financial position' (de balans), twee 'statements of profit and loss and comprehensive income' (de winst-en-verliesrekening en het overzicht totaalresultaat), twee afzonderlijke 'statements of profit and loss' (indien afzonderlijk gepresenteerd), twee 'statements of cash flow' (het kasstroomoverzicht) en twee 'statements of changes in equity' (mutatie-overzicht van het eigen vermogen) en de bijbehorende toelichting, met inbegrip van vergelijkende informatie voor de gepresenteerde overzichten.

3.2.2 Overgang naar IFRS en openingsbalans

IFRS 1 geeft het proces van overgang naar IFRS als volgt weer:
1. grondslagen selecteren die in overeenstemming met IFRS zijn;
2. opstellen van een openingsbalans voor de eerste gepresenteerde periode, deze openingsbalans dient als uitgangspunt voor verdere toepassing van IFRS;
3. maken van schattingen over informatie in de openingsbalans en andere informatie in de jaarrekening; en
4. vaststellen van de wijze van presentatie en toelichting in de eerste IFRS-jaarrekening en eventuele tussentijdse berichten.

Het opstellen van de openingsbalans houdt in dat:
- wordt vastgesteld welke activa en passiva in de balans dienen te worden opgenomen ('recognition'). Het kan immers zijn dat er bepaalde zaken bestaan die onder de vorige regelgeving (bijvoorbeeld Dutch GAAP) niet tot het opnemen van een actief of passief leiden, terwijl dat onder IFRS wel zo is. Het omgekeerde is ook mogelijk ('derecognition'), er dient daarom tevens te worden vastgesteld welke activa en passiva niet aan de criteria van opname van IFRS voldoen, zodat deze niet in de openingsbalans worden opgenomen;
- wordt vastgesteld of de classificatie die is gebruikt voor bepaalde items onder IFRS dezelfde is als onder de vorige toegepaste regels. Indien dit niet het geval is, dient het item conform de classificatie van IFRS te worden opgenomen; en
- wordt nagegaan of de waardering van de opgenomen activa en passiva conform de voorschriften van IFRS is.

Zoals vermeld, vereist IFRS 1 toepassing van de standaarden die van kracht zijn op jaareinde van het jaar waarin de onderneming de eerste IFRS-jaarrekening opstelt.
Toepassing van deze standaarden moet plaatsvinden met terugwerkende kracht alsof de entiteit altijd deze standaarden had toegepast. Ten aanzien van dit principe geldt een aantal uitzonderingen (verplicht, zie par. 3.2.3) en vrijstellingen (vrijwillig, zie par. 3.2.4) (IFRS 1.12).

3.2.3 Verplichte uitzonderingen

Er is een aantal verplicht toe te passen uitzonderingen op retrospectieve toepassing van IFRS bij het opstellen van de openingsbalans (IFRS 1.14-17 en IFRS 1, appendix B). Deze betreffen:
a. schattingen;
b. het niet langer in de balans opnemen van financiële activa en passiva;

c. 'hedge' accounting;
d. sommige aspecten van de verslaggeving over minderheidsbelangen;
e. classificatie en waardering van financiële instrumenten;
f. bijzondere waardevermindering van financiële activa;
g. 'embedded' derivaten;
h. overheidsleningen;
i. verzekeringscontracten.

a. Schattingen

De schattingen die de onderneming maakt voor het bepalen van de openingsbalans dienen consistent te zijn met de schattingen die zij eerder maakte, tenzij er duidelijke indicatoren zijn dat deze schattingen foutief waren. Een onderneming kan dus niet onder Dutch GAAP uitgaan van een geschatte levensduur van een actief van twintig jaar en vervolgens zonder gegronde reden onder IFRS uitgaan van een geschatte levensduur van tien jaar. Verder is het niet toegestaan om bij het maken van schattingen met betrekking tot het verleden gebruik te maken van de kennis van nu (IFRS 1.14-17).

b. Niet langer in de balans opnemen van financiële activa en passiva

Een onderneming die IFRS voor de eerste keer toepast zal de 'derecognition'-regels van IFRS 9 prospectief dienen toe te passen. Dit betekent dat financiële activa en verplichtingen die onder de vorige regelgeving van de balans zijn gehaald, niet in de IFRS-openingsbalans worden opgenomen (IFRS 1, appendix B, B2). Een eerdere toepassing van de 'derecognition'-regels is ook toegestaan, op voorwaarde dat alle informatie die benodigd is voor de toepassing van IFRS 9 op dat moment beschikbaar was.

c. Hedge-accounting

De onderneming dient op het moment van overgang alle derivaten tegen reële waarde in de openingsbalans te verwerken en alle uitgestelde resultaten met betrekking tot derivaten die als actief of passief waren opgenomen, van de balans te verwijderen (IFRS 1, appendix B, B4).

IFRS 1 schrijft voor dat bij de openingsbalans de hedgerelatie getoetst dient te worden aan de criteria van hedge-accounting zoals opgenomen in IFRS 9. Op die grond komt een hedgerelatie die onder IFRS 9 niet voor hedge-accounting in aanmerking kwam, niet voor hedge-accounting in de openingsbalans in aanmerking (IFRS 1, appendix B, B5).

Voor alle andere overgangsbepalingen over hedge-accounting verwijst IFRS 1 naar de overgangsbepalingen zoals die zijn opgenomen in IFRS 9. Dit betekent dat de onderneming de volgende overgangsregels in acht dient te nemen. Als een transactie niet expliciet als afdekkingsrelatie werd aangemerkt voor het moment van eerste toepassing van IFRS, per de datum van de openingsbalans, dan kan zij niet met terugwerkende kracht als afdekkingsrelatie worden aangemerkt. De onderneming kan pas vanaf het moment van eerste toepassing van IFRS overgaan op hedge-accounting (prospectief), mits vanaf dat moment aan alle daaraan gestelde eisen van IFRS wordt voldaan.

Voor de verwerking in de openingsbalans wordt onderscheid gemaakt tussen 'fair value hedges' en 'cash flow hedges'.

Voor 'fair value hedges' dienen de openingswaarden volgens IFRS 9 te worden bepaald. Dit betekent dat het hedge-instrument wordt gewaardeerd tegen de reële waarde van het instrument en dat de boekwaarden van de afgedekte activa of verplichtingen dienen te worden aangepast voor deze waarde. Deze aanpassing in boekwaarde en de aanpassing in boekwaarde van het hedge-instrument dienen in de openingsbalans van ingehouden winsten te worden verwerkt. Als de hedgerelatie vervolgens voldoet aan de vereisten van IFRS 9 (per transitiedatum), kan de onderneming hedge-accounting onder IFRS 9 voortzetten. Indien er geen sprake is van een effectieve hedge, zullen de aangepaste boekwaarden uitgangspunt zijn voor de verdere verwerking.

Voorbeeld eerste toepassing IFRS - fair value hedge

Een Nederlandse onderneming gaat in 2020 over naar IFRS. Deze onderneming kocht in 2014 een vastrentende obligatie en gaat om zich in te dekken tegen reële-waardeveranderingen een swap aan waarbij zij variabele rente ontvangt en vaste rente betaalt.
Onder Dutch GAAP houdt de onderneming de obligatie tegen geamortiseerde kostprijs en neemt de gevolgen van de swap slechts op voor zover deze het resultaat van de waardeveranderingen van de obligatie tenietdoen.
Voor de IFRS-openingsbalans dient deze onderneming de swap tegen reële waarde te waarderen en op te nemen in de balans; het effect hiervan dient in het eigen vermogen (ingehouden winsten) te worden opgenomen. De waarde van de obligatie wordt aangepast met de waardeverandering van de swap (uitgaande van een perfecte hedge), het verschil wordt eveneens in ingehouden winst opgenomen. Per saldo is het effect van het opnemen van de swap ongedaan gemaakt door het aanpassen van de waarde van de obligatie.
Indien de onderneming ook na 1 januari 2019 (transitiedatum) hedge-accounting onder IFRS wil toepassen, dient zij vanaf dat moment te voldoen aan de IFRS 9-eisen voor hedge-accounting.

Voor 'cash flow hedges' waarbij de onderneming onder de voorheen toegepaste regels de resultaten uitstelde, dient de onderneming die uitgestelde resultaten als volgt te behandelen:
1. indien de hedgerelatie per de overgangsdatum niet aan de vereisten voor hedge-accounting voldoet, dienen de uitgestelde resultaten in het eigen vermogen onder ingehouden winsten te worden opgenomen;
2. indien de afgedekte transactie wel aan de vereisten voor hedge-accounting van IFRS 9 voldoet, dienen de uitgestelde resultaten als een aparte component van het eigen vermogen te worden opgenomen en vervolgens naar de winst-en-verliesrekening te worden overgebracht op het moment dat de verwachte transactie resulteert in opname in de winst-en-verliesrekening of op het moment dat de transactie niet langer wordt verwacht;
3. als de hedgerelatie vervolgens ook voldoet aan de vereisten van IFRS 9 (na de datum van de openingsbalans), kan de onderneming hedge-accounting onder IFRS 9 voortzetten.

Voorbeeld eerste toepassing IFRS - cash flow hedge

Stel, dat in het voorgaande voorbeeld de onderneming een variabel rentende obligatie kocht en deze afdekte met een 'ontvang vast, betaal variabel'-swap. In dit geval wordt de waarde van de obligatie niet aangepast. Omdat de obligatie een variabele rente heeft, zal de reële waarde ook nauwelijks veranderd zijn. De swap wordt tegen reële waarde in de balans opgenomen. Uitgaande van volledige effectiviteit wordt het effect hiervan tijdelijk in het eigen vermogen opgenomen en naar rato naar de winst-en-verliesrekening gebracht op het moment dat de rente op de obligatie in de winst-en-verliesrekening wordt verantwoord.
Indien de onderneming ook na het transitiemoment hedge-accounting onder IFRS wil toepassen, dient zij vanaf dat moment te voldoen aan de IFRS 9-eisen voor hedge-accounting.

---

d. Sommige aspecten van de verslaggeving over minderheidsbelangen

De volgende aspecten met betrekking tot minderheidsbelangen uit hoofde van de consolidatieregels van IFRS 10 dienen prospectief te worden toegepast vanaf het moment van overgang naar IFRS of eerdere toepassing van IFRS 3 (IFRS 1, appendix B, B7):
- de overige reserves dienen te worden gesplitst in toerekenbaar aan aandeelhouders van de moeder en minderheidsbelangen, ook als het minderheidsbelang negatief wordt;
- wijzigingen in het belang in een groepsmaatschappij die niet leiden tot verlies van zeggenschap dienen verantwoord te worden als eigen-vermogenstransacties;
- de verwerkingswijze bij verlies van zeggenschap.

e. Classificatie en waardering van financiële instrumenten

IFRS 9 vereist dat een financieel actief wordt gewaardeerd tegen geamortiseerde kostprijs indien het voldoet aan twee tests die betrekking hebben op het bedrijfsmodel en de contractuele kenmerken inzake de kasstromen van de activa. Ook vereist de standaard dat een financieel actief wordt gewaardeerd tegen reële waarde met verwerking van waardeveranderingen in de overige onderdelen van het totaalresultaat ('Other Comprehensive Income') indien aan bepaalde voorwaarden wordt voldaan.

IFRS 1 vereist dat een eerste toepasser beoordeelt of een financieel actief voldoet aan de voorwaarden van IFRS 9 op basis van de feiten en omstandigheden die bestaan op transitiedatum. Indien het praktisch onhaalbaar is om aan enkele specifieke voorwaarden uit IFRS 9 te voldoen, kunnen op basis van de toepassingsleidraden B8A tot en met B8C van IFRS 1 enkele vereenvoudigingen worden toegepast. Dit betreft onder meer de behandeling van de herziene tijdswaarde van geld, het bepalen of een kenmerk van vervroegde aflossing insignificant is en de mogelijkheid om de effectieve rentemethode retrospectief toe te passen.

f. Bijzondere waardevermindering van financiële activa

Toepassingsleidraad B.8D van IFRS 1 vereist dat een eerste toepasser afdeling 5.5 van IFRS 9 inzake bijzondere waardevermindering retroactief toepast, met inachtneming van de alinea's B8E tot en met B8G en E1-E2 van IFRS 1.

Op transitiedatum moet van redelijke, gefundeerde en zonder ongerechtvaardigde kosten of inspanningen beschikbare informatie gebruik worden gemaakt om het kredietrisico op de datum van eerste opname van een financieel instrument te bepalen (of bij onherroepelijke toezeggingen van leningen en financiële garantiecontracten op de datum waarop de eerste toepasser contractspartij werd) en deze te vergelijken met het kredietrisico op transitiedatum (IFRS 1, appendix B, B8E).

Bij het bepalen of het kredietrisico sinds de eerste opname significant is toegenomen, mag een eerste toepasser de specifieke bepalingen van toepassingsleidraad B8F van IFRS 1 toepassen. Indien het bepalen op transitiedatum of het kredietrisico sinds de eerste opname van een financieel instrument significant is toegenomen, ongerechtvaardigde kosten of inspanningen zou vereisen, dan moet een eerste toepasser een voorziening voor verliezen ter grootte van een bedrag dat gelijk is aan de tijdens de looptijd te verwachten kredietverliezen opnemen totdat het financiële instrument niet langer wordt opgenomen, tenzij dat financiële instrument op verslagdatum een gering kredietrisico kent (IFRS 1, appendix B, B8G).

g. Embedded derivaten

IFRS 9 vereist onder bepaalde omstandigheden dat een in een contract besloten derivaat ('embedded' derivaat) wordt afgescheiden van het basiscontract. Dit moet worden beoordeeld op basis van de omstandigheden op het moment dat het gehele instrument voor het eerst wordt opgenomen.

Een eerste toepasser moet zich bij de beoordeling of een embedded derivaat van het basiscontract moet worden afgescheiden en separaat als een derivaat moet worden verwerkt, baseren op de omstandigheden die bestonden op de datum waarop de onderneming voor het eerst een contractpartij werd, dan wel op de datum waarop krachtens alinea B4.3.11 van IFRS 9 een herbeoordeling is vereist, al naargelang welke datum het laatst is (IFRS 1, appendix B, B9).

Opgemerkt moet worden dat IFRS 9 het niet toestaat dat embedded derivaten worden afgescheiden van basiscontracten die financiële activa zijn.

h. Overheidsleningen

Een eerste toepasser dient overheidsleningen te classificeren conform IAS 32 'Financial Instruments: Presentation'. Vervolgens dient zij IFRS 9 'Financial Instruments' en IAS 20 'Accounting for Government Grants and Disclosure of Government Assistance' prospectief toe te passen op bestaande overheidsleningen ten tijde van de transitiedatum. Daarmee mag zij niet het corresponderende voordeel van de overheidslening tegen een niet-marktconforme rente verantwoorden ten tijde van de transitie. Er is echter een uitzondering op deze regel. Indien de onderneming de informatie benodigd voor waardering van deze overheidslening ten tijde van het aangaan van de lening beschikbaar had en heeft, mag de waardering wel retrospectief plaatsvinden (IFRS 1, appendix B, B10-12).

i. Verzekeringscontracten

Een groot deel van de overgangsbepalingen in IFRS 17 'Insurance Contracts' is tevens van toepassing op eerste toepassers (IFRS 1, appendix B, B13).

3.2.4 Vrijstellingen

De vrijstellingen betreffen de volgende onderwerpen (IFRS 1, appendices C-D):
a. fusies en overnames;
b. op aandelen gebaseerde betalingen;
c. verzekeringscontracten;
d. reële waarde of herwaardering als eerste kostprijs;
e. leasecontracten;
f. reserve omrekeningsverschillen;
g. investeringen in groepsmaatschappijen, entiteiten waarover gezamenlijk de zeggenschap wordt uitgeoefend en geassocieerde deelnemingen;
h. activa en verplichtingen van groepsmaatschappijen, deelnemingen en joint ventures;
i. samengestelde financiële instrumenten;
j. aanwijzing van eerder opgenomen financiële instrumenten;
k. waardering van financiële activa en verplichtingen tegen reële waarde bij eerste opname;
l. ontmantelings- en restauratiekosten opgenomen in kostprijs materiële vaste activa;
m. een financieel actief of immaterieel actief dat administratief is verwerkt in overeenstemming met IFRIC 12 'Service Concession Arrangements';
n. financieringskosten;
o. vereffenen van een schuld met eigen-vermogensinstrumenten;
p. ernstige hyperinflatie;
q. 'joint arrangements';
r. verwijderingskosten in de productiefase van een bovengrondse mijn;
s. contracten tot aan- of verkoop van niet-financiële activa;
t. opbrengsten;
u. transacties in vreemde valuta en vooruitbetalingen.

a. Fusies en overnames

Voor goodwill en andere activa en passiva verkregen bij een overname (appendix C) schrijft IFRS 1 voor dat IFRS 3 'Business Combinations' niet retrospectief hoeft te worden toegepast. Zou de onderneming er echter voor kiezen om een overname die gepleegd werd voor de eerste toepassing van IFRS in overeenstemming met IFRS 3 op te nemen, dan dient zij alle overnames daarna ook in overeenstemming met IFRS 3 in de openingsbalans te verwerken

(IFRS 1, appendix C1). Indien de onderneming kiest voor toepassing van IFRS 3 vanaf een bepaalde datum, dient zij tevens IFRS 10 vanaf die datum toe te passen.

> **Voorbeeld eerste toepassing IFRS – business combinations**
> Een Nederlandse onderneming heeft in het verleden regelmatig andere partijen overgenomen. In 2016 deed zij een uitzonderlijk grote overname en zij wil die in de openingsbalans conform IFRS 3 verwerken. Dit betekent dat alle overnames die na 2016 zijn gepleegd ook conform IFRS 3 in de openingsbalans dienen te worden verwerkt.

De onderneming neemt in principe alle activa en passiva op in de openingsbalans die werden verkregen bij een eerdere overname. Uitzonderingen hierop zijn:
a. bepaalde financiële instrumenten die van de balans werden gehaald (zie par. 3.2.3 onderdeel b); en
b. activa en passiva die onder de vorige grondslagen niet waren opgenomen en ook niet voor opname in aanmerking komen in de eerste jaarrekening van de overgenomen partij.

Deze laatste uitzondering heeft onder andere tot gevolg dat als onder de vorige grondslagen goodwill onmiddellijk ten laste van het eigen vermogen werd gebracht, deze goodwill in de eerste IFRS-jaarrekening niet alsnog wordt opgenomen. Met deze goodwill wordt ook geen rekening gehouden bij het bepalen van een resultaat op verkoop van de desbetreffende deelneming noch bij de bepaling van een eventuele bijzondere waardevermindering.
Voor goodwill worden nog wel specifiek twee aanpassingen onderscheiden. Deze zijn (IFRS 1, appendix C, C4 onder g):
▶ geactiveerde immateriële vaste activa onder de vorige grondslagen die niet aan de vereisten van IFRS voldoen worden geherclassificeerd naar goodwill;
▶ enige bijzondere waardevermindering wordt van de goodwill afgeboekt. Opvallend hierbij is dat ook als er geen indicator is voor een bijzondere waardevermindering, deze toch getoetst dient te worden.

De boekwaarde toegekend aan de overgenomen activa en passiva onder de vorige regelgeving zal als uitgangspunt voor de veronderstelde kostprijs worden genomen.
Activa en passiva die niet aan de criteria voor opname in de balans onder IFRS voldoen, dienen niet in de openingsbalans te worden verwerkt.
In het geval dat IFRS een andere wijze van waardering voorschrijft *na* opname van een actief of passief, dient voor de openingsbalans deze waarderingsmethode te worden gevolgd door de onderneming.

> **Voorbeeld eerste toepassing IFRS – business combinations – aanpassing waarde activa na overname**
> In een overname van een andere onderneming is een gebouw verkregen dat door de overgenomen onderneming gewaardeerd is tegen verkrijgingsprijs. Voor de eerste waardering onder IFRS wordt de waardering van de vorige regelgeving overgenomen.
> Echter, als de overnemende onderneming dergelijke gebouwen (onder IFRS) op vervangingswaarde heeft gewaardeerd (als invulling van het reële-waardebegrip) en op basis daarvan afschrijvingen heeft berekend, dient de waardering van het gebouw van de overgenomen onderneming in de openingsbalans toch plaats te vinden tegen een reële waarde.

b. Op aandelen gebaseerde betalingen

Ondernemingen die IFRS voor het eerst toepassen worden aangemoedigd, maar zijn niet verplicht, om IFRS 2 toe te passen op eigen-vermogensinstrumenten (IFRS 1, appendix D, D2):
▶ die op of vóór 7 november 2002 zijn toegekend;
▶ die ná 7 november 2002 zijn toegekend en die onvoorwaardelijk zijn geworden vóór de overgangsdatum of indien later vóór 1 januari 2005.

Daarnaast worden deze ondernemingen aangemoedigd om IFRS 2 toe te passen op verplichtingen (IFRS 1, appendix D, D3):
- die voortvloeien uit op aandelen gebaseerde betalingen die vóór de overgangsdatum zijn afgewikkeld;
- die vóór 1 januari 2005 zijn afgewikkeld.

c. Verzekeringscontracten

Ondernemingen die IFRS voor het eerst toepassen mogen de overgangsbepalingen van IFRS 4 'Insurance Contracts' toepassen. IFRS 4 beperkt namelijk de stelselwijzigingen met betrekking tot verzekeringscontracten (IFRS 1, appendix D, D4).

d. Reële waarde of herwaardering als eerste kostprijs

Voor materiële vaste activa is een keuze opgenomen dat voor de eerste waardering de reële waarde wordt genomen op transitiedatum (dan wel een daarmee gelijkwaardige waarde gebaseerd op een recente herwaardering of aan inflatie aangepaste boekwaarde) die vervolgens als historische kostprijs dient vanaf het moment van de transitiedatum (IFRS 1, appendix D, D5 en D6). Daarnaast bestaat ook de mogelijkheid een datum te hanteren die na transitiedatum ligt, maar voor einde van het boekjaar (IFRS 1, appendix D, D8(b)). De genoemde keuzemogelijkheden gelden ook voor vastgoedbeleggingen indien kostprijswaardering is toegepast (IAS 40), gebruiksrechten van een lease-actief (IFRS 16) en immateriële vaste activa (IAS 38) die voor waardering tegen reële waarde in aanmerking komen (IFRS 1, appendix D, D7).

Bij gebruikmaking van de veronderstelde kostprijs mag de keuze tussen reële waarde of voorafgaande boekwaarde voor ieder item van vastgoedbeleggingen, gebruiksrechten van een lease-actief en immateriële vaste activa afzonderlijk worden gemaakt (IFRS 1, appendix D, D5 en D7).

e. Leasecontracten

Ondernemingen die IFRS voor het eerst toepassen mogen op basis van de feiten en omstandigheden die bestaan op de transitiedatum bepalen of een bestaande overeenkomst een leasecontract bevat (IFRS 1, appendix D, D9) in plaats van de datum van het aangaan van de leaseovereenkomst.

Voorts kan een eerste toepasser die lessee is de volgende benadering volgen (behoudens de praktische oplossingen die hieronder worden beschreven) (IFRS 1, appendix D, D9B):
a. waardering van de leaseverplichting per de datum van de overgang naar IFRS. Een lessee die deze benadering volgt, moet deze leaseverplichting waarderen tegen de contante waarde van de resterende leasebetalingen, verdisconteerd op basis van de marginale rentevoet van de lessee op de datum van de overgang naar IFRS;
b. waardering van een lease-actief per de datum van de overgang naar IFRS. De lessee moet per leaseovereenkomst kiezen of dit lease-actief wordt gewaardeerd tegen:
   i. de boekwaarde ervan alsof IFRS 16 reeds sinds de aanvangsdatum van de leaseovereenkomst werd toegepast, maar verdisconteerd op basis van de marginale rentevoet van de lessee op de datum van de overgang naar de IFRS; of
   ii. een bedrag dat gelijk is aan de leaseverplichting, aangepast voor het bedrag van alle vooruitbetaalde of te ontvangen leasebetalingen uit hoofde van de leaseovereenkomst zoals die in de balans van vlak vóór de datum van de overgang naar de IFRS zijn opgenomen;
c. toepassing van IAS 36 op het lease-actief per de datum van de overgang naar IFRS.

Niettegenstaande de bovenstaande benadering moet een eerste toepasser die een lessee is, de gebruiksrechten van een lease-actief op de datum van de overgang naar IFRS tegen de reële waarde waarderen wanneer het leaseovereenkomsten betreffen die aan de definitie van een vastgoedbelegging in IAS 40 voldoen en die vanaf de datum van de overgang naar IFRS onder het reële-waardemodel in IAS 40 worden gewaardeerd (IFRS 1, appendix D, D9C).

Verder mag een eerste toepasser die lessee is op de datum van overgang naar de IFRS per leaseovereenkomst één of meer van de volgende praktische oplossingen hanteren (IFRS 1, appendix D, D9D):
a. één enkele disconteringsvoet toepassen op een portefeuille van leaseovereenkomsten met redelijk vergelijkbare kenmerken (bijvoorbeeld leaseovereenkomsten met een vergelijkbare resterende leaseperiode voor een vergelijkbare categorie van onderliggende activa in een vergelijkbare economische omgeving);
b. ervoor kiezen de vereisten met betrekking tot bovenstaande benadering niet toe te passen op leaseovereenkomsten waarvan de leaseperiode uiterlijk twaalf maanden na de datum van de overgang naar IFRS afloopt. In plaats daarvan moet de onderneming deze leaseovereenkomsten verwerken (inclusief toelichting daarover) alsof het leaseovereenkomsten van korte duur betreft alsmede hierover informatie opnemen in de toelichting;
c. ervoor kiezen de vereisten met betrekking tot bovenstaande benadering niet toe te passen op leaseovereenkomsten waarvan het onderliggende actief een lage waarde heeft (zoals beschreven in IFRS 16.B3 tot en met IFRS 16.B8). In plaats daarvan moet de onderneming deze leaseovereenkomsten administratief verwerken in overeenstemming met IFRS 16.6, alsmede hierover informatie opnemen in de toelichting;
d. op de datum van de overgang naar IFRS initiële directe kosten buiten beschouwing laten bij de waardering van het lease-actief; en
e. kennis achteraf gebruiken, bijvoorbeeld bij het bepalen van de leaseperiode indien het contract opties tot verlenging of beëindiging van de leaseovereenkomst bevat.

Leasebetalingen, lessee, marginale rentevoet van de lessee, aanvangsdatum van de leaseovereenkomst, initiële directe kosten en leaseperiode zijn in IFRS 16 gedefinieerde begrippen die met dezelfde betekenis in IFRS 1 worden gebruikt (IFRS 1, appendix D, D9E).

f. Reserve omrekeningsverschillen

IAS 21 vereist dat per deelneming wordt bijgehouden wat de reserve omrekeningsverschillen is. Bij verkoop van de deelneming dient bij het bepalen van het verkoopresultaat deze reserve omrekeningsverschillen te worden meegenomen. Hierdoor wordt de reserve omrekeningsverschillen alsnog verwerkt in de winst-en-verliesrekening (IFRS 1, appendix D, D12b).

Bij de opstelling van de IFRS-openingsbalans is het toegestaan deze reserve omrekeningsverschillen op nul te zetten in plaats van herrekening vanaf de datum van het ontstaan van de omrekeningsverschillen. Vanaf het moment van toepassing van IFRS dient deze reserve dan specifiek te worden bijgehouden (IFRS 1, appendix D, D13).

g. Investeringen in groepsmaatschappijen, entiteiten waarover gezamenlijk de zeggenschap wordt uitgeoefend en geassocieerde deelnemingen

Als een onderneming de enkelvoudige jaarrekening opstelt in overeenstemming met IFRS dient zij investeringen in groepsmaatschappijen, entiteiten waarover gezamenlijk de zeggenschap wordt uitgeoefend en geassocieerde deelnemingen te waarderen tegen kostprijs, tegen reële waarde op in overeenstemming met IFRS 9 of op basis van de equity-methode in overeenstemming met IAS 28.

Bij de eerste toepassing van IFRS mag de kostprijs op de volgende manieren worden bepaald:
- kostprijs in overeenstemming met IAS 27: of
- veronderstelde kostprijs op basis van:
  - reële waarde op moment van overgang naar IFRS in de enkelvoudige jaarrekening; of
  - boekwaarde onder voorafgaand verslaggevingsstelsel.

Bij gebruikmaking van de veronderstelde kostprijs mag de keuze tussen reële waarde of voorafgaande boekwaarde voor iedere groepsmaatschappij, entiteit waarover gezamenlijk de zeggenschap wordt uitgeoefend en geassocieerde deelneming afzonderlijk worden gemaakt (IFRS 1, appendix D, D15).

Als een eerste toepasser de equity-methode toepast in overeenstemming met IAS 28 dan past de onderneming de vrijstelling toe voor fusies en overnames (zie onderdeel a van deze paragraaf) met betrekking tot de investeringen in groepsmaatschappijen, entiteiten waarover gezamenlijk de zeggenschap wordt uitgeoefend en geassocieerde deelnemingen.

Als de onderneming eerder eerste toepasser wordt voor haar enkelvoudige jaarrekening dan voor haar geconsolideerde jaarrekening, en:
- later dan haar moedermaatschappij, dan zal de onderneming IFRS 1.D16 toepassen in haar enkelvoudige jaarrekening (zie onderdeel h van deze paragraaf);
- later dan haar groepsmaatschappij, dan zal de onderneming IFRS 1.D17 toepassen in haar enkelvoudige jaarrekening (zie onderdeel h van deze paragraaf).

h. Activa en verplichtingen van groepsmaatschappijen, deelnemingen en joint ventures

Indien een groepsmaatschappij later overgaat naar IFRS dan de moedermaatschappij, ontstaan door de eerste toepassingsregels bepaalde consolidatiewaarderingsverschillen. Omdat dit jaarlijks tot veel reconciliatiewerk zou leiden, is hiervoor een keuze opgenomen in IFRS 1.

Voor de jaarrekening van de groepsmaatschappij mag worden uitgegaan van de waarden zoals die in de jaarrekening van de moeder zijn opgenomen, gebaseerd op de overgangsdatum naar IFRS van de moedermaatschappij, indien er geen boekingen voor consolidatiedoeleinden zijn verwerkt of er geen aanpassingen zijn opgenomen voor effecten van de overname door de moeder (IFRS 1, appendix D, D16).

Het omgekeerde geval doet zich voor wanneer een moedermaatschappij later overgaat naar IFRS dan haar groepsmaatschappij. In dit geval bestaat er geen keuzemogelijkheid. De moedermaatschappij dient de activa en passiva van de deelneming op te nemen tegen dezelfde waarden als die gebruikt zijn in de jaarrekening van de deelneming. Wel dienen eventuele reguliere eliminatie- en consolidatieboekingen te worden gemaakt. Een vergelijkbare regeling geldt wanneer de moedermaatschappij in haar enkelvoudige jaarrekening later op IFRS overgaat dan in de geconsolideerde jaarrekening (IFRS 1, appendix D, D17).

Deze keuzes zijn ook van toepassing voor een deelneming waar significante invloed op bestaat of een joint venture.

i. Samengestelde financiële instrumenten

IAS 32 vereist dat een samengesteld financieel instrument wordt opgesplitst in een eigen-vermogensdeel en een vreemd-vermogensdeel.

IFRS 1 stelt dat als het verplichtingsgedeelte niet meer uitstaat op de transitiedatum, IFRS retrospectieve uitsplitsing niet vereist (IFRS 1, appendix D, D18). Een eerste toepasser hoeft dus geen splitsing te maken tussen het originele eigen-vermogensdeel en het cumulatieve interest (vreemd-vermogens)deel, aangezien beide componenten deel uitmaken van het eigen vermogen per transitiedatum.

j. Aanwijzing van eerder opgenomen financiële instrumenten

IFRS 9 biedt de mogelijkheid om een financieel actief of een financiële verplichting bij eerste opname aan te wijzen als een financieel actief of een financiële verplichting gewaardeerd tegen reële waarde met verwerking van de waardeveranderingen in de winst-en-verliesrekening, of als een belegging in een eigenvermogensinstrument gewaardeerd tegen reële waarde met verwerking van waardeveranderingen in de overige onderdelen van het totaalresultaat.

Eerste toepassers van IFRS mogen ondanks dit voorschrift een dergelijke aanwijzing ook doen op transitiedatum, mits op die datum aan de criteria van IFRS 9 wordt voldaan en op basis van de feiten en omstandigheden per transitiedatum (IFRS 1, appendix D, D19-D19C).

k. Waardering van financiële activa en verplichtingen tegen reële waarde bij eerste opname

Als een onderneming financiële activa en verplichtingen waardeert tegen reële waarde, er geen actieve markt voor het financiële instrument bestaat en de reële waarde op basis van een waarderingstechniek is vastgesteld, kunnen bij de eerste opname zogenoemde 'day 1' winsten en verliezen ontstaan. In de toepassingsleidraad B5.1.2A van IFRS 9 zijn bepalingen inzake de verwerking van deze 'day 1' resultaten opgenomen. Deze bepalingen houden in dat in bepaalde gevallen een 'day 1' resultaat bij eerste verwerking niet in één keer in het resultaat mag worden verantwoord. Op grond van IFRS 1 mogen ondernemingen deze bepalingen betreffende 'day 1' winsten en verliezen prospectief vanaf transitiedatum toepassen (IFRS 1, appendix D, D20).

l. Ontmantelings- en restauratiekosten opgenomen in kostprijs materiële vaste activa

IAS 16 verplicht om in de waardering van materiele vaste activa rekening te houden met ontmantelings- en restauratiekosten per investeringsdatum. IFRIC 1 bepaalt vervolgens op welke wijze rekening moet worden gehouden met wijzigingen in de schatting van deze verplichting. Eerste toepassers zijn vrijgesteld van de toepassing van IFRIC 1 voor wijzigingen in dergelijke verplichtingen die hebben plaatsgevonden vóór de overgangsdatum naar IFRS (IFRS 1, appendix D, D21). In dat geval geldt een alternatieve behandeling en moet een eerste toepasser:
- de verplichting waarderen op de datum van de overgang naar de IFRS, overeenkomstig IAS 37;
- het bedrag schatten dat zou zijn opgenomen in de kostprijs van het desbetreffende actief, op het tijdstip waarop de verplichting is ontstaan, door de verplichting te disconteren naar die datum gebruikmakend van zijn beste schatting van de historische, voor risico aangepaste disconteringsvoet(en) die tijdens de tussenperiode op die verplichting van toepassing zou(den) zijn geweest, voor zover de verplichting binnen het toepassingsgebied van IFRIC 1 valt; en
- de geaccumuleerde afschrijvingen op dat bedrag, per de datum van de overgang naar de IFRS, berekenen op basis van de actuele schatting van de gebruiksduur van het actief, door de afschrijvingsmethode toe te passen waarvoor de entiteit in overeenstemming met de IFRS heeft gekozen.

m. Een financieel actief of immaterieel actief dat administratief is verwerkt in overeenstemming met IFRIC 12 'Service Concession Arrangements'

Eerste toepassers mogen de overgangsbepalingen in IFRIC 12 toepassen (IFRS 1, appendix D, D22). IFRIC 12 dient in principe retroactief toegepast te worden, tenzij dit praktisch niet haalbaar is. In dit geval dient de eerste toepasser de financiële activa en de immateriële activa op te nemen die aan het begin van de vroegste verslaggevingsperiode bestonden en de vorige boekwaarde te gebruiken als de boekwaarde op die datum doch wel op bijzondere waardeverminderingen te toetsen.

n. Financieringskosten

Een eerste toepasser mag de overgangsbepalingen uit IAS 23.28 toepassen. Hierbij staat de datum vanaf wanneer financieringskosten worden geactiveerd vrij. Dat kan de transitiedatum zijn, maar ook een eerder gekozen datum.

o. Vereffenen van een schuld met eigen-vermogensinstrumenten

Een eerste toepasser mag de overgangsbepalingen van IFRIC 19 'Extinguishing Financial Liabilities with Equity Instruments' toepassen. Dit betekent dat retrospectieve toepassing dient plaats te vinden vanaf de beginbalansdatum van de eerste periode die gepresenteerd wordt (IFRS 1, appendix D, D25).

p. Ernstige hyperinflatie

IFRS 1 bevat specifieke aanwijzingen hoe een onderneming de jaarrekening in overeenstemming met IFRS moet opstellen na een periode waarin de functionele valuta onderhevig was aan ernstige hyperinflatie (IFRS 1, appendix D, D26-D30).

q. Joint arrangements

IFRS 1, appendix D, D31 verklaart alle overgangsbepalingen van IFRS 11 ook van toepassing op eerste toepassers, waarbij als overgangsdatum moet worden gelezen de transitiedatum. Voorts geldt dat indien eerste toepassing van IFRS leidt tot een wijziging van proportionele consolidatie onder vorige GAAP naar de equity-methode onder IFRS, een 'impairment' test conform IAS 36 moet worden uitgevoerd ten aanzien van de waardering aan het begin van de eerste periode die gepresenteerd wordt, ongeacht of er per die datum een indicator van 'impairment' was. Een mogelijke afwaardering moet ten laste van de overige reserves worden gebracht in de openingsbalans van de eerste periode die gepresenteerd wordt.

r. Verwijderingskosten in de productiefase van een bovengrondse mijn

Een eerste toepasser mag de verwijderingskosten, die benodigd zijn om toegang te krijgen tot het exploratiegedeelte van de mijn, activeren en evenredig afschrijven. Hierbij sluit IFRS 1 aan op IFRIC 20 'Stripping Costs in the Production Phase of a Surface Mine'. De effectieve datum voor invoering is 1 januari 2013 of een latere datum indien het begin van de eerste IFRS-verslaggevingsperiode verder in de tijd ligt (IFRS 1, appendix D, D32).

s. Contracten tot aan- of verkoop van een niet-financieel item

IFRS 9 staat toe om contracten tot aan- of verkoop van een niet-financieel item bij eerste verantwoording aan te wijzen als 'fair value through profit and loss' (reële-waarde-optie). Eerste toepassers mogen de beoordeling of voldaan wordt aan de criteria voor toepassing van deze optie doen op basis van de situatie per transitiedatum, mits de optie wordt uitgeoefend voor alle vergelijkbare contracten (IFRS 1, appendix D, D33).

t. Opbrengsten

Een eerste toepasser mag de overgangsbepalingen in alinea C5 van IFRS 15 toepassen. In die alinea's moet 'datum van eerste toepassing' als het begin van de eerste IFRS-verslagperiode worden geïnterpreteerd. Als een eerste toepasser besluit die overgangsbepalingen toe te passen, moet eveneens alinea C6 van IFRS 15 worden toegepast. Er mogen in dat geval geen contracten worden aangepast die vóór de vroegst gepresenteerde periode reeds zijn uitgevoerd. Een uitgevoerd contract is een contract waarvoor de entiteit alle in overeenstemming met de voorheen toegepaste GAAP geïdentificeerde goederen of diensten heeft overgedragen (IFRS 1, appendix D, D34-35).

u. Transacties in vreemde valuta en vooruitbetalingen

Een eerste toepasser hoeft IFRIC 22 'Foreign Currency Transactions and Advance Consideration' niet toe te passen binnen de reikwijdte van deze interpretatie vallende activa, baten en lasten die vóór de datum van de overgang naar IFRS voor het eerst zijn opgenomen (IFRS 1, appendix D, D36).

3.2.5 Toelichtende informatie

Bij een eerste IFRS-jaarrekening zullen andere uitgangspunten van toepassing kunnen zijn dan de jaarrekening die gebaseerd was op de vorige regelgeving. Om de gebruiker enig houvast te geven en enige vergelijkbaarheid mogelijk te maken, vereist IFRS 1 dat de nodige toelichtende informatie wordt opgenomen. Onder andere dient een aansluiting te worden gegeven tussen het eigen vermogen onder de vorige grondslagen en onder IFRS per overgangsdatum en per de datum van de laatste 'niet-IFRS-jaarrekening'. Daarnaast dient er een aansluiting te worden opgenomen van het nettoresultaat per de laatste 'niet-IFRS-jaarrekening' en het nettoresultaat op basis van IFRS voor dezelfde periode. Tevens dient te worden aangegeven in hoeverre bijzondere waardeverminderingen zijn opgenomen of ongedaan zijn gemaakt in de openingsbalans (IFRS 1.24). Ook bevat de balans en de toelichting hierop drie kolommen, zijnde de activa en passiva van het huidige boekjaar, van het vergelijkende boekjaar en per transitiedatum.

> **Voorbeeld eerste toepassing IFRS - aansluitingen**
> Voor een Nederlandse onderneming die IFRS in 2021 voor het eerst toepast en één jaar vergelijkende cijfers opneemt, dient een aansluiting te worden gegeven tussen het eigen vermogen per 1 januari 2020 volgens Dutch GAAP en IFRS en per 31 december 2020 volgens Dutch GAAP en IFRS.
> Daarnaast dient een aansluiting te worden gegeven tussen het resultaat over het jaar 2020 volgens Dutch GAAP en volgens IFRS. Bij deze aansluitingen dient de nodige toelichting te worden verschaft.

3.3 IFRS en de Nederlandse wet- en regelgeving

3.3.1 Van toepassing blijvende Nederlandse regels bij toepassing IFRS

In de voorgaande paragrafen is al aangegeven dat zelfs bij integrale toepassing van IFRS, zowel in de geconsolideerde als in de enkelvoudige jaarrekening, bepaalde Nederlandse regels van toepassing blijven. Hoewel IFRS een omvangrijk pakket van verslaggevingsvoorschriften is, wil dat niet zeggen dat daarmee alle onderwerpen zoals die door Titel 9 worden bestreken ook in IFRS aan de orde komen. Als onderwerpen die IFRS niet (of nog niet) bestrijkt zijn te noemen: bestuurdersbeloningen, het bestuursverslag, de openbaarmaking, de accountantscontrole en de kapitaalbescherming.

In Titel 9 Boek 2 BW is met het oog op deze situatie lid 9 toegevoegd aan artikel 2:362 BW dat luidt:
'De rechtspersoon die de jaarrekening opstelt volgens de in lid 8 bedoelde standaarden, past van deze titel slechts de afdelingen 7 tot en met 10 en de artikelen 362, lid 6, een na laatste volzin, lid 7, laatste volzin en lid 10, 365

lid 2, 373, 379 leden 1 en 2, 380b onderdeel d, 382, 382a, 383, 383b tot en met 383e, 389 leden 8 en 10, en 390 toe. Banken passen tevens artikel 421 lid 5 toe. Verzekeraars passen tevens artikel 441 lid 10 toe.'

Het moeten blijven toepassen van de bovengenoemde bepalingen als de enkelvoudige jaarrekening verplicht of vrijwillig op IFRS-leest is geschoeid, betekent dat bepaalde voorschriften uit Titel 9 voor elke Nederlandse onderneming hun betekenis behouden. Van de hiervoor genoemde onderwerpen is vooral vanuit het oogpunt van kapitaalbescherming van invloed op de presentatie van het eigen vermogen in de enkelvoudige jaarrekening. Het gaat daarbij uitsluitend om de enkelvoudige jaarrekening. De relevante bepalingen vloeien voort uit de EU-richtlijn jaarrekening. In IFRS is geen pendant te vinden aangezien IFRS niet gericht is op kapitaalbescherming (zie hoofdstuk 1 voor deze bepalingen).

De overige in artikel 2:362 lid 9 BW genoemde bepalingen van Titel 9 die ook van toepassing blijven als IFRS wordt toegepast, kunnen als volgt worden toegelicht:
- Artikel 2:362 lid 6 BW, een na laatste volzin stelt dat indien na de algemene vergadering van aandeelhouders blijkt dat de jaarrekening in ernstige mate tekortschiet in het geven van het vereiste inzicht, het bestuur daaromtrent onverwijld de leden of aandeelhouders bericht en een mededeling daaromtrent neerlegt bij het kantoor van het handelsregister. Bij de mededeling moet een accountantsverklaring worden gevoegd, indien de jaarrekening overeenkomstig artikel 2:393 BW is onderzocht.
- Artikel 2:362 lid 7 BW, laatste volzin stelt dat posten in de Nederlandse taal moeten worden omschreven, tenzij de algemene vergadering tot het gebruik van een andere taal heeft besloten.
- Artikel 2:362 lid 10 BW schrijft voor dat de rechtspersoon in de toelichting aangeeft volgens welke standaarden de jaarrekening is opgesteld.
- Artikel 2:379 lid 1 en 2 BW bevatten voorschriften voor de vermelding van informatie over belangen in andere rechtspersonen en ondernemingen.
- Artikel 2:380b onderdeel d BW betreft de verplichting tot vermelding van het Kamer van Koophandel-nummer van de rapporterende entiteit.
- Artikel 2:382 BW betreft vermelding van het gemiddeld aantal gedurende het boekjaar bij de rechtspersoon werkzame werknemers, ingedeeld op een wijze die is afgestemd op de inrichting van het bedrijf. De vennootschap doet daarbij opgave van het aantal werknemers dat buiten Nederland werkzaam is.
- Artikel 2:382a BW betreft vermelding van de in het boekjaar ten laste van de rechtspersoon gebrachte totale honoraria voor het onderzoek van de jaarrekening, totale honoraria voor andere controleopdrachten, totale honoraria voor adviesdiensten op fiscaal terrein en totale honoraria voor andere niet-controlediensten, uitgevoerd door de externe accountant en de accountantsorganisatie. De honoraria die in het boekjaar ten laste zijn gebracht van dochtermaatschappijen of andere geconsolideerde maatschappijen worden in de opgave begrepen.
- Artikel 2:383 en 2:383e BW betreffen vermelding van de bezoldiging van bestuurders en commissarissen en de aan deze personen verstrekte leningen, voorschotten en garanties. Voor boekjaren die aanvangen vanaf 1 januari 2016 moeten naast de openstaande bedragen tevens worden vermeld de afgewaardeerde bedragen en de bedragen waarvan werd afgezien.
- Artikel 2:383b tot en met 2:383d BW betreft de vermelding van gegevens over de bezoldiging. Voor zover het daarbij gaat over 'share-based payments', zoals in artikel 2:383d BW waarin de verstrekking van gegevens over aandelenopties aan de orde is, is er sprake van een zekere overlapping met IFRS 2 'Share-based Payment' (zie par. 21.2.5 voor nadere gegevens inzake de vermelding van gegevens omtrent de bezoldiging van [ex-]bestuurders en [ex-]commissarissen). Ook is er een samenloop met IAS 24.16 over vermeldingen van bezoldigingen.

▶ Artikel 2:389 lid 8 BW betreft de verplichting om een reserve te vormen voor valutakoersverschillen op buitenlandse deelnemingen alsmede valutakoersverschillen op leningen aangegaan ter dekking van valutakoersrisico van buitenlandse deelnemingen.
▶ Artikel 2:389 lid 10 BW betreft de verplichting om in de toelichting bij de enkelvoudige jaarrekening de verschillen te vermelden tussen het eigen vermogen en het resultaat volgens de enkelvoudige jaarrekening en volgens de geconsolideerde jaarrekening.
▶ Artikel 2:390 BW, betreft voorschriften omtrent de verwerking en toelichting van herwaarderingsreserves.
▶ Afdeling 7, artikel 2:391 BW, betreft het bestuursverslag; afdeling 8, artikel 2:392 BW, betreft de Overige gegevens; afdeling 8A, artikel 2:392a BW, betreft het verslag over betalingen aan overheden; afdeling 9, artikel 2:393 BW, betreft het deskundigenonderzoek, en afdeling 10, de artikelen 2:394 en 2:395 BW, betreft de openbaarmaking. Deze onderwerpen zijn in IFRS niet geregeld (zie verder hoofdstuk 39 over het bestuursverslag; hoofdstuk 41 over Overige gegevens; par. 2.10 over accountantscontrole, en par. 2.8 over deponering van de jaarrekening).
▶ Artikel 2:421 lid 5 BW heeft betrekking op banken en verklaart de tweede zin van artikel 2:383 lid 2 BW gedeeltelijk niet van toepassing voor banken. Dit betekent dat banken wel het openstaande bedrag, maar niet de rentevoet, de belangrijkste overige bepalingen en de aflossingen gedurende het boekjaar van de leningen, voorschotten en garanties die zijn verstrekt aan bestuurders en commissarissen behoeven te vermelden. Als zodanig betreft ook deze bepaling de vermelding van gegevens over de bezoldiging (zie verder hoofdstuk 47).
▶ Artikel 2:441 lid 10 BW bepaalt dat verzekeraars met beperkte risico-omvang als bedoeld in artikel 1:1 van de Wet op het financieel toezicht, in de toelichting de op basis van artikel 3:73b van die wet vastgestelde toelichtingen op de solvabiliteit en financiële positie moeten vermelden (zie verder hoofdstuk 48).

Herwaarderingsreserve

Inzake de herwaarderingsreserve doet zich bij toepassing van IFRS een aantal specifieke vraagstukken voor, die in paragraaf 15.2.4 worden behandeld. Dit betreft in het bijzonder:
▶ het vormen van een herwaarderingsreserve uit hoofde van een eenmalige herwaardering naar 'deemed cost' bij eerste toepassing van IFRS;
▶ het vormen van een herwaarderingsreserve voor activa die tegen reële waarde worden gewaardeerd, maar waarvoor geen frequente marktnoteringen beschikbaar zijn;
▶ de mogelijkheid van een negatieve herwaarderingsreserve uit hoofde van zogenaamde 'available-for-sale'-financiële instrumenten;
▶ de vorming van een als herwaarderingsreserve aan te merken reserve voor kasstroomafdekkingen ('cash flow hedging').

Reserve ingehouden winst deelnemingen en herwaarderingsreserve

In een enkelvoudige jaarrekening op basis van IFRS kunnen deelnemingen worden gewaardeerd tegen kostprijs, reële waarde of op basis van de equity-methode. Bij waardering tegen reële waarde moet een herwaarderingsreserve worden opgenomen voor het verschil tussen de kostprijs en de hogere reële waarde. Een wettelijke reserve ingehouden winst deelnemingen is mogelijk van toepassing indien de deelnemingen in de enkelvoudige jaarrekening worden gewaardeerd op basis van de equity-methode. Dat is ook van toepassing in onderstaand beschreven geval indien de deelneming wordt gewaardeerd tegen netto-vermogenswaarde.

Indien een enkelvoudige jaarrekening wordt opgesteld volgens Titel 9 geldt, ook bij toepassing van IFRS-grondslagen ('combinatie 3'), dat geconsolideerde deelnemingen worden gewaardeerd tegen netto-vermogenswaarde. Er is dan geen sprake van een herwaarderingsreserve deelnemingen. Er is wel sprake van een wettelijke reserve ingehouden winst deelnemingen, maar alleen als uitkeringen niet zonder beperkingen kunnen worden bewerkstelligd.

Het voorgaande betekent dat IFRS kan leiden tot een lagere uitkeerbare reserve dan Titel 9, zelfs bij toepassing van reële waarde, omdat in dat geval een herwaarderingsreserve altijd en een reserve ingehouden winst deelnemingen niet altijd dient te worden gevormd.

Voorbeeld verschil in uitkeerbare reserves onder IFRS en onder Titel 9

Een deelneming wordt aangekocht op 1/1 voor 1.000. De netto-vermogenswaarde bedraagt 800 en de goodwill 200. Aan het einde van jaar 1 is de netto-vermogenswaarde gestegen naar 900 en de reële waarde van de deelneming naar 1.150. De deelneming keert geen dividend uit. Er wordt geabstraheerd van belastingaspecten.

Indien de enkelvoudige jaarrekening wordt opgemaakt in overeenstemming met IFRS en de deelneming wordt gewaardeerd tegen reële waarde, dus tegen 1.150, wordt een herwaarderingsreserve opgenomen van (1.150-1.000 =) 150. Indien de enkelvoudige jaarrekening wordt opgemaakt in overeenstemming met Titel 9 en de deelneming wordt gewaardeerd tegen netto-vermogenswaarde, dus tegen 900, wordt een wettelijke reserve ingehouden winst deelnemingen opgenomen van (900-800 =) 100, tenzij uitkering zonder beperkingen kan worden bewerkstelligd.

Kunnen wel uitkeringen zonder beperkingen worden bewerkstelligd, dan behoeft geen wettelijke reserve ingehouden winst deelnemingen te worden gevormd en is de vrij uitkeerbare reserve bij toepassing van Titel 9 100 hoger dan bij toepassing van IFRS (afgezien van de eventuele afschrijving van goodwill).

Reserve omrekeningsverschillen

De regelgeving inzake de reserve (valuta)omrekeningsverschillen in Titel 9 en in IFRS sluiten op elkaar aan. In de enkelvoudige jaarrekening is deze reserve als een wettelijke reserve aan te merken, waarvan de stand ook negatief mag zijn. Hierop wordt nader ingegaan in paragraaf 15.2.5.

Een enkelvoudige jaarrekening op basis van IFRS brengt mee dat deelnemingen tegen kostprijs, reële waarde of op basis van de equity-methode worden gewaardeerd. Bij waardering tegen kostprijs of reële waarde ontstaat enkelvoudig geen valuta-omrekeningsverschil (aannemend dat de koerswijzigingen bij waardering tegen reële waarde zijn begrepen in de herwaarderingsreserve). Een wettelijke reserve omrekeningsverschillen is dan ook niet aan de orde. Bij waardering op basis van de equity-methode is dat wel het geval zoals dat ook van toepassing is in onderstaande geval bij waardering tegen netto-vermogenswaarde.

Als het gaat om een enkelvoudige jaarrekening op basis van Titel 9 met toepassing van IFRS-grondslagen, dan worden deelnemingen tegen netto-vermogenswaarde gewaardeerd en is de vraag aangaande de reserve omrekeningsverschillen wel actueel. Van belang is dan dat bij eerste toepassing van IFRS in de geconsolideerde jaarrekening de cumulatieve reserve omrekeningsverschillen op de transitiedatum op nihil mag worden gesteld. Bij een jaarrekening die is opgemaakt op basis van IFRS-grondslagen (combinatie 3 of 4 in par. 3.1.5) wordt deze faciliteit overgenomen, dat wil zeggen dat ook voor de bepaling van de wettelijke reserve uit mag worden gegaan van een beginstand van nihil. Voor een enkelvoudige jaarrekening zonder IFRS-grondslagen blijft de bestaande reserve omrekeningsverschillen gehandhaafd en valt deze vrij bij verkoop van de deelneming, hetzij in het resultaat hetzij in het eigen vermogen, afhankelijk van de toegepaste grondslag.

3.3.2 Invloed IFRS op Dutch GAAP

Ook ondernemingen die niet rechtstreeks IFRS toepassen ontkomen niet aan IFRS-invloeden, zij het dat deze indirect zijn. IFRS heeft namelijk in de eerste plaats invloed op de inhoud van de Nederlandse wetgeving. De EU-richtlijnen zijn 'gemoderniseerd' en meer in lijn gebracht met IFRS. De Nederlandse wetgeving is daaraan aangepast. Dit betekent niet dat IFRS integraal wordt overgenomen, maar wel dat veel IFRS-opvattingen worden geïntegreerd in de wetgeving, al dan niet naast niet op IFRS aansluitende alternatieve mogelijkheden.

In de tweede plaats heeft IFRS ook invloed op de Richtlijnen voor de Jaarverslaggeving. De structuur en inhoud van de Richtlijnen volgen met betrekking tot een aantal onderwerpen nauwgezet die van IFRS, maar met alternatieve mogelijkheden en vrijstellingen. Zoals aangegeven in paragraaf 1.5 is een belangrijk blijvend verschil dat afwijkingen van Richtlijnen wel mogelijk zijn en afwijkingen van IFRS niet of nauwelijks mogelijk zijn.

3.4 Verschillen Dutch GAAP - IFRS

In dit hoofdstuk geven wij geen uitputtende analyse van alle verschillen tussen IFRS en de Nederlandse wet- en regelgeving. Wel komen deze verschillen in de navolgende hoofdstukken van dit handboek aan de orde, samengevat in afzonderlijke paragrafen met als titel 'Verschillen IFRS – Dutch GAAP'. Ook heeft EY hierover een afzonderlijke jaarlijkse publicatie opgesteld ('Vergelijking IFRS met Nederlandse wet- en regelgeving' of de Engelse versie: 'IFRS; A comparison with Dutch Law and Regulations').

Bij de beoordeling van de optredende verschillen moet in aanmerking worden genomen dat het bij de vermeldingen in de verschillende hoofdstukken gaat om geconstateerde verschillen tussen in IFRS en Dutch GAAP opgenomen regelgeving. Daarnaast is sprake van een algemeen verschil in de status van de regelgeving. Het systeem van de Nederlandse wet- en regelgeving is meer 'principles-based', hetgeen onder andere betekent dat er gegronde redenen kunnen zijn om van de specifieke regels af te wijken. Voor de wettelijke bepalingen is een afwijking alleen mogelijk indien dit noodzakelijk is voor het inzicht, en de afwijkingen moeten dan ook worden toegelicht en onderbouwd. Voor de Richtlijnen geldt dat afwijking van de stellige uitspraken mogelijk is indien daar gegronde redenen voor zijn. Het systeem van IFRS is meer 'rules-based', hetgeen onder andere betekent dat afwijkingen van specifieke regels niet of nauwelijks mogelijk zijn (slechts in 'extremely rare circumstances', IAS 1.19-21), ook niet als toepassing van de regels leidt tot een aantasting van het inzicht.

Dit verschil in status van de regelgeving verklaart dat bij overgang van Dutch GAAP naar IFRS soms meer verschillen worden aangetroffen dan op grond van een verschil in wet- en regelgeving als zodanig kon worden verwacht. Er was dan feitelijk sprake van een afwijking van de wet- en regelgeving, die niet langer gerechtvaardigd is op grond van de strengere IFRS-bepalingen.

In onderstaand figuur is grafisch de ontwikkeling in de verschillen tussen IFRS en de Nederlandse grondslagen weergegeven.

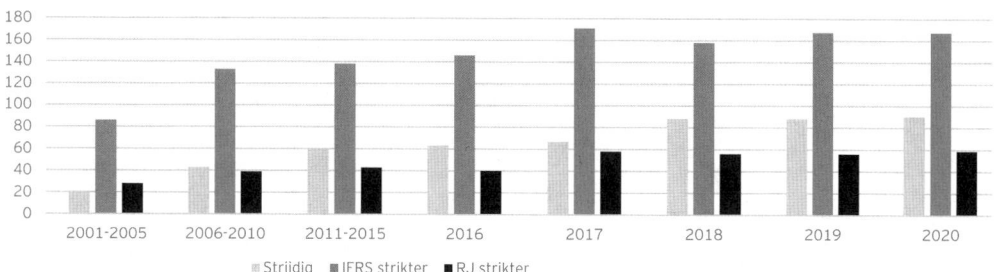

> Gevolgen van implementatie van IFRS in de praktijk
> Uit onderzoek van Ruud Vergoossen ('Invloed van IFRSs op nettoresultaat en eigen vermogen', gepubliceerd in het Maandblad voor Accountancy en Bedrijfseconomie, november 2006, pag. 550-561) blijkt dat vooral de volgende bepalingen veel invloed hebben gehad bij de overgang, in de jaarrekening 2005, van Dutch GAAP naar IFRS, met invloed op zowel eigen vermogen als nettoresultaat:
> - pensioenen (IAS 19; zie hoofdstuk 18);
> - bedrijfscombinaties (IFRS 3; zie hoofdstuk 25 en 26);
> - winstbelastingen (IAS 12; zie hoofdstuk 17);
> - immateriële activa (IAS 38; zie hoofdstuk 6);
> - voorzieningen (IAS 37; zie hoofdstuk 16).
>
> Voorts had IFRS 2 over op aandelen gebaseerde betalingen (zie hoofdstuk 34) een belangrijke invloed op het nettoresultaat.
>
> In een internationaal onderzoek van EY naar de implementatie van IFRS ('IFRS, Observations on the Implementation of IFRS', 2006) wordt onder andere het volgende geconcludeerd:
> - in algemene zin was de implementatie van IFRS in 2005 een groot succes;
> - niettemin houden de individuele jaarrekeningen een sterke nationale identiteit;
> - met de implementatie is een hoge mate van oordeelsvorming gepaard gegaan, waarmee consistentie en vergelijkbaarheid zijn belemmerd;
> - ondernemingen zijn er niet van overtuigd dat de financiële informatie die IFRS oplevert voldoende is voor een adequate communicatie naar de markt;
> - IFRS-jaarrekeningen zijn aanzienlijk complexer dan jaarrekeningen gebaseerd op nationale regelgeving; deze complexiteit bedreigt het gebruiksnut van IFRS-jaarrekeningen.

Deel II

Posten jaarrekening en toelichting

4 Algemene grondslagen

4.1 Inleiding	
Externe verslaggeving	Omvat informatieverstrekking met betrekking tot financiële gegevens aan externe belanghebbenden en belangstellenden. Belangrijkste document is de jaarrekening.
'Stramien'/Framework voor de opstelling en vormgeving van jaarrekeningen	Een conceptueel raamwerk voor de algemene grondslagen van de jaarrekening. Het Stramien van de Raad voor de Jaarverslaggeving en het Framework van de IASB zijn op onderdelen verschillend.
4.2 Begripsbepaling en doel van de jaarrekening	
Jaarrekening	Balans, winst-en-verliesrekening, kasstroomoverzicht, overzicht totaalresultaat, mutatie-overzicht van het eigen vermogen, toelichting.
	In Nederland bestaat onderscheid tussen de enkelvoudige en de geconsolideerde jaarrekening. IFRS richt zich vooral op de geconsolideerde jaarrekening.
Modellen	Nederlandse wet- en regelgeving eist verplichte modellen voor balans en winst-en-verliesrekening. IFRS kent geen verplichte modellen, maar schrijft wel een aantal te noemen posten voor.
Doel van de jaarrekening	Verschaffen van informatie over financiële positie, resultaten en wijzigingen in financiële positie, die voor een grote reeks van gebruikers nuttig is voor het nemen van economische beslissingen. Het Framework van de IASB richt zich op beleggers, financiers en andere crediteuren, het Stramien van de Raad voor de Jaarverslaggeving onderkent een bredere gebruikersgroep.
Inzichtsvereiste en getrouw beeld	Artikel 2:362 lid 1 BW: De jaarrekening geeft volgens maatschappelijk aanvaardbare normen een zodanig inzicht dat een verantwoord oordeel kan worden gevormd omtrent vermogen en resultaat, alsmede indien de aard van de jaarrekening dat toelaat omtrent solvabiliteit en liquiditeit. De Nederlandse term 'getrouw beeld' sluit daarop aan, evenals de IFRS-term 'faithful representation' (IAS 1.15).
Afwijking van regels (derogatiebeginsel)	Afwijking van wettelijke bepalingen is in Nederland mogelijk indien dat noodzakelijk is voor het inzichtsvereiste. Afwijking van IFRS is slechts bij zeer hoge uitzondering toegestaan. Toelichting hiervan is dan vereist.
Oordelen, schattingen en onzekerheden	Toelichting van de aard van de oordelen, schattingen en onzekerheden bij het opstellen van de jaarrekening is onder IFRS verplicht. Onder de Richtlijnen dient deze toelichting te worden gegeven indien dit noodzakelijk is voor het vereiste inzicht.

4.3 Grondbeginselen	
Toerekeningsbeginsel	Kasstromen worden toegerekend aan de perioden waarop zij betrekking hebben. In Stramien van de Raad voor de Jaarverslaggeving genoemd als afzonderlijk beginsel, in Framework IASB geïntegreerd in het doel van de jaarrekening.
Continuïteitsbeginsel	De jaarrekening wordt opgesteld in de veronderstelling dat de continuïteit van de onderneming gewaarborgd is, tenzij deze veronderstelling onjuist is.
4.4 Kwalitatieve kenmerken van de jaarrekening	
Verschillen Raad voor de Jaarverslaggeving en IASB	Hoofdkenmerken Richtlijnen: Begrijpelijkheid, Relevantie, Betrouwbaarheid, Vergelijkbaarheid.
	Fundamentele kenmerken IFRS: Relevantie, Getrouwe weergave.
Begrijpelijkheid	De jaarrekening dient begrijpelijk (en duidelijk) te zijn voor gebruikers met een redelijke kennis en toewijding.
Relevantie	Relevantie betreft de mate waarin informatie de economische beslissingen van gebruikers beïnvloedt. Hiermee hangen samen het realisatiebeginsel (dat nog een beperkte betekenis heeft), het matching-beginsel en het materialiteitsbeginsel. Toepassing van het materialiteitsbeginsel betekent dat geen informatie behoeft te worden opgenomen die de economische beslissingen van gebruikers niet zou kunnen beïnvloeden, ook niet indien het informatie-element als expliciet vereiste is opgenomen.
Betrouwbaarheid/Getrouwe weergave	De informatie in de jaarrekening dient vrij te zijn van wezenlijke onjuistheden en vooroordelen en dient een getrouwe weergave te zijn van de werkelijkheid. Hiermee hangen samen het beginsel van 'substance over form' (economische realiteit gaat boven juridische vorm), en het voorzichtigheidsbeginsel (heeft uitsluitend betrekking op voorzichtigheid bij het maken van schattingen).
Vergelijkbaarheid	Vergelijkbaarheid houdt in dat gebruikers in staat moeten zijn om de jaarrekeningen van ondernemingen in de tijd en tussen ondernemingen onderling te vergelijken. Hiermee hangt samen het stelselmatigheidsbeginsel.
Randvoorwaarden en samenhang kwalitatieve kenmerken	Randvoorwaarden zijn de afweging van nut en kosten en tijdigheid (alleen Richtlijnen; is bij IASB een overig kwalitatief kenmerk). Ook tussen de kwalitatieve kenmerken kan sprake zijn van een onderlinge afweging.
4.5 Elementen van de jaarrekening	
Actief (Stramien)	Een uit gebeurtenissen in het verleden voortgekomen middel, waarover de onderneming de beschikkingsmacht heeft en waaruit in de toekomst naar verwachting economische voordelen naar de onderneming zullen vloeien.

4 Algemene grondslagen

Actief (Framework)	Een bestaand economisch middel, voortgekomen uit gebeurtenissen in het verleden, waarover de onderneming de beschikkingsmacht heeft.
Vreemd vermogen/Verplichtingen (Stramien)	Bestaande verplichtingen voortkomend uit gebeurtenissen in het verleden waarvan de afwikkeling resulteert in een middelenuitstroom die economische voordelen in zich bergt.
Vreemd vermogen/Verplichtingen (Framework)	Een bestaande verplichting om een economisch middel over te dragen voortkomend uit gebeurtenissen in het verleden.
Eigen vermogen	Overblijvend belang in de activa na aftrek van al haar vreemd vermogen.
Baten (Stramien)	Vermeerdering van het economische potentieel, uitmondend in een toename van het eigen vermogen, anders dan door bijdragen van aandeelhouders.
Baten (Framework)	Een vermeerdering in activa, of een vermindering in passiva, die tot een vermeerdering van het eigen vermogen leidt, anders dan door bijdragen van deelhebbers daarin (aandeelhouders, leden)
Lasten (Stramien)	Vermindering van het economische potentieel, uitmondend in een afname van het eigen vermogen, anders dan door uitdelingen aan aandeelhouders.
Lasten (Framework)	Verminderingen in activa, of vermeerderingen van schulden, die leiden tot een vermindering van het eigen vermogen, anders dan door uitdelingen aan deelhebbers daarin (aandeelhouders, leden).
4.6 Verwerking van elementen in de jaarrekening	
Opnemen van elementen ('recognition')	Post die voldoet aan de definitie van een element en aan de criteria voor opneming; waarschijnlijkheid van toekomstig economisch voordeel en betrouwbaarheid van de waardering. Een verschil tussen het Stramien en het Framework van de IASB is dat waarschijnlijkheid niet als criterium is opgenomen in het Framework.
Niet meer opnemen van elementen ('derecognition')	Economische realiteit van transacties staat centraal; indien een transactie daarin geen verandering heeft gebracht, dienen de elementen op de balans te blijven.
4.7 Waardering van elementen in de jaarrekening	
Algemeen	Het Stramien/Framework geeft geen uitdrukkelijke waarderingsvoorschriften, maar noemt verschillende mogelijkheden.
Historische kostprijs	Verkrijgings- of vervaardigingsprijs.
Actuele waarde (Dutch GAAP)	▶ actuele kostprijs; ▶ bedrijfswaarde (indirecte opbrengstwaarde); ▶ (directe) opbrengstwaarde; ▶ marktwaarde/reële waarde.

Reële waarde (IFRS)	De prijs die zou worden ontvangen om een actief te verkopen of die zou worden betaald om een verplichting over te dragen in een regelmatige transactie tussen marktdeelnemers op de waarderingsdatum.
Overige waarderingsconcepten	Nominale waarde, contante waarde, geamortiseerde kostprijs.
4.8 Vermogensbegrippen en vermogensinstandhoudingsdoelstellingen	
Winstbepaling	Geen wijze van winstbepaling voorgeschreven. Onderscheid tussen financiële en fysieke vermogensinstandhouding.

4.1 Inleiding

Algemene grondslagen van de externe verslaggeving zijn op te vatten als de uitgangspunten die bij de externe verslaggeving in acht moeten worden genomen. De externe verslaggeving betreft de informatieverstrekking, door profit- en non-profitorganisaties, aan externe belanghebbenden en belangstellenden.

De informatieverstrekking heeft vooral betrekking op de financiële gegevens van deze organisaties en kan op verschillende wijzen plaatsvinden. Het belangrijkste financiële document dat behoort tot de externe verslaggeving is de jaarrekening. Daarnaast zijn er andere documenten die onder het begrip externe verslaggeving vallen, zoals halfjaarrekening en tussentijdse (kwartaal)berichten of emissieprospectussen.

Naast de jaarrekening is ook het bestuursverslag van belang. Hierin brengt het bestuur verslag uit omtrent de gang van zaken bij de rechtspersoon en het door de rechtspersoon gevoerde beleid. In het bestuursverslag worden ook niet-financiële prestatie-indicatoren opgenomen. Een moderne ontwikkeling is die van 'integrated reporting', waarbij in het bestuursverslag de strategie, governance, financiële prestaties en vooruitzichten van een organisatie worden gekoppeld aan de sociale, milieu- en economische context waarin de organisatie opereert. Op het bestuursverslag en integrated reporting wordt verder ingegaan in de hoofdstukken 39 respectievelijk 40.

In dit hoofdstuk gaat het om de uitgangspunten van de externe verslaggeving die betrekking hebben op de jaarrekening. Deze uitgangspunten zijn in Nederland in belangrijke mate vastgelegd in het Stramien voor de opstelling en vormgeving van jaarrekeningen, zoals dat is gepubliceerd door de Raad voor de Jaarverslaggeving (opgenomen als Richtlijn 930). Het door de Raad voor de Jaarverslaggeving gepubliceerde Stramien is een vrijwel letterlijke vertaling van het door de IASB in 1989 gepubliceerde 'Framework for the Preparation and Presentation of Financial Statements'.

In 2018 heeft de IASB het '2018 Conceptual Framework for Financial Reporting' ('Framework') gepubliceerd. Dit is een herziening van het oorspronkelijke framework en is gebaseerd op een gezamenlijk project van de IASB en de FASB. De Raad voor de Jaarverslaggeving beraadslaagt zich aangaande mogelijke wijzigingen in het Stramien en om mogelijkerwijs aansluiting te zoeken bij het Framework.

Bij de bespreking van het Stramien/Framework betrekken wij tegelijkertijd de daarmee samenhangende algemene grondslagen in de wet, de Richtlijnen (onder andere Richtlijn 110 'Doelstellingen en uitgangspunten' en Richtlijn 115 'Criteria voor opname en vermelding van gegevens') en IFRS (onder andere IAS 1 'Presentation of Financial Statements' en IAS 8 'Accounting Policies, Changes in Accounting Estimates and Errors'). Algemene grondslagen inzake de resultaatbepaling worden besproken in hoofdstuk 5.

4 Algemene grondslagen

Het Stramien/Framework is van belang als algemeen kader voor financiële verslaggeving voor algemene doeleinden ('general purpose', in tegenstelling tot financiële overzichten die voor een specifiek doel worden opgesteld). Het doel van het Stramien/Framework is met name:
- te dienen als een basis voor de regelgevers om in specifieke standaarden keuzes te maken voor een bepaalde verwerkingswijze;
- een hulpmiddel te zijn voor opstellers, accountants en gebruikers voor de toepassing, oordeelsvorming en interpretatie van jaarrekeningen;
- een hulpmiddel voor opstellers om accounting policies op te stellen op het moment dat de transactie of gebeurtenis niet valt onder de bestaande wet/regelgeving.

Het Stramien bestaat uit de volgende onderdelen:
- het doel van de jaarrekening (par. 4.2);
- grondbeginselen (par. 4.3);
- kwalitatieve kenmerken van jaarrekeningen (par. 4.4);
- de elementen van jaarrekeningen (par. 4.5);
- verwerking van de elementen van jaarrekeningen (par. 4.6);
- waardering van de elementen van jaarrekeningen (par. 4.7); en
- vermogensbegrippen en vermogensinstandhoudingsdoelstellingen (par. 4.8).

Het Framework heeft de volgende indeling:
1. Het doel van de jaarrekening ('The objective of general purpose financial reporting').
2. Kwalitatieve kenmerken van nuttige financiële informatie ('Qualitative characteristics of useful financial information').
3. De jaarrekening en de rapporterende entiteit ('Financial statements and the reporting entity').
4. De elementen van de jaarrekening ('The elements of financial statements').
5. Opnemen en niet meer opnemen ('Recognition and derecognition').
6. Waardering ('Measurement').
7. Presentatie en informatieverschaffing ('Presentation and disclosure').
8. Vermogensbegrippen en vermogensinstandhoudingsdoelstellingen ('Concepts of capital and capital maintenance').

De paragraafindeling in dit hoofdstuk is gebaseerd op de onderdelen van het Stramien. De hoofdstukken van het Framework die afwijken van de onderdelen van het Stramien worden in de volgende paragrafen besproken:
- Paragraaf 4.2: Hoofdstuk 3 'De jaarrekening en de rapporterende entiteit' en Hoofdstuk 7 'Presentatie en informatieverschaffing';
- Paragraaf 4.6: Hoofdstuk 5 'Opnemen en niet meer opnemen'.

4.2 Begripsbepaling en doel van de jaarrekening
4.2.1 De jaarrekening; begripsbepaling

Zoals aangegeven in paragraaf 4.1 is de jaarrekening het belangrijkste document van de externe verslaggeving. Op basis van de Nederlandse wet- en regelgeving bestaat een jaarrekening uit een balans, een winst-en-verliesrekening, en een toelichting daarop (art. 2:361 lid 1 BW). Indien een kasstroomoverzicht wordt verstrekt, maakt dit ook deel uit van de jaarrekening (RJ 110.101). De Richtlijnen (RJ 265.102 en 103) schrijven voor dat indien door grote rechtspersonen een geconsolideerde jaarrekening wordt opgemaakt, in die jaarrekening een 'overzicht van het totaalresultaat' dient te worden opgenomen (zie par. 5.7). De jaarrekening dient duidelijk als zodanig te worden aangeduid en te worden onderscheiden van de andere gezamenlijk met de jaarrekening gepubliceerde informatie (RJ 110.101). Ingevolge IAS 1.10 bestaat een jaarrekening uit een balans ('statement of financial position'), een winst-en-verliesrekening gecombineerd met overige componenten van het totaalresultaat ('statement of profit or loss and other comprehensive income'), een mutatie-overzicht van het eigen vermogen ('statement of changes in equity'), een kasstroomoverzicht ('statement of cash flows'), en een toelichting ('notes'). Een entiteit kan ervoor kiezen om in plaats van een gezamenlijk overzicht een afzonderlijke winst-en-verliesrekening en een afzonderlijk overzicht van de overige componenten van het totaalresultaat op te nemen (IAS 1.10A).

Merk op dat de IASB voor de balans niet de term 'balance sheet' gebruikt, maar 'statement of financial position', ofwel Overzicht van de financiële positie. De IASB heeft hiervoor gekozen omdat dit beter de aard van het overzicht weergeeft dan het gebruikelijke en ingeburgerde begrip 'balans'. Overigens is het geen probleem indien entiteiten in hun jaarrekening het begrip 'balans' of 'balance sheet' blijven hanteren. In dit handboek zullen wij het begrip 'balans' blijven gebruiken, mede omdat dit de wettelijke term is.

Een balans geeft een overzicht, op een bepaalde datum (de balansdatum), van de activa (bezittingen) en passiva (verplichtingen en eigen vermogen) van de vennootschap. Specifieke activa en passiva worden besproken in de hoofdstukken 5 tot en met 19. In de winst-en-verliesrekening (hoofdstuk 5) wordt het resultaat van de vennootschap over een bepaalde periode weergegeven. Het overzicht van het totaalresultaat (par. 15.4.2) geeft een gecombineerd overzicht van het resultaat in de winst-en-verliesrekening en de baten en lasten die rechtstreeks in het eigen vermogen zijn geboekt. Het kasstroomoverzicht (hoofdstuk 20) geeft een overzicht van de kasstromen in een bepaalde periode. Het mutatie-overzicht in het eigen vermogen, dat onder IFRS een afzonderlijk primair overzicht is en in Nederland deel uitmaakt van de toelichting, geeft een overzicht van alle wijzigingen in het eigen vermogen, naast componenten van het totaalresultaat ook de mutaties met aandeelhouders. Zie daarvoor paragraaf 15.4.2.

Onderscheid kan worden gemaakt tussen de enkelvoudige jaarrekening, de jaarrekening van een individuele juridische entiteit, en de geconsolideerde jaarrekening, de jaarrekening van de groep waarvan de betreffende juridische entiteit aan het hoofd staat. De enkelvoudige jaarrekening wordt ook wel aangeduid als de vennootschappelijke jaarrekening. In IFRS wordt de enkelvoudige jaarrekening meestal aangeduid als 'separate financial statements' (zie hoofdstuk 24).

De enkelvoudige en geconsolideerde jaarrekeningen zijn feitelijk twee afzonderlijke jaarrekeningen, maar als in Nederland de juridische term 'de jaarrekening' wordt gehanteerd worden de enkelvoudige én geconsolideerde jaarrekening bedoeld. Op basis van de Nederlandse wetgeving dient het vrije vermogen, het vermogen dat uitgekeerd mag worden (bijvoorbeeld een dividenduitkering), op basis van de enkelvoudige jaarrekening te worden vastgesteld. Zie ook paragraaf 24.6. IFRS richt zich vooral op de geconsolideerde jaarrekening. Zie ook paragraaf 3.1.

Benadrukt moet worden dat, hoewel de toelichting deel uitmaakt van de jaarrekening, een onjuiste of niet passende behandeling van posten in de balans of in de winst-en-verliesrekening niet kan worden rechtgezet door een adequate vermelding van gegevens in de toelichting (RJ 110.125). Op basis van artikel 2:363 lid 1 BW houdt de toelichting de volgorde van de posten aan. Ter verbetering van het inzicht lijkt het wel mogelijk om de belangrijkste zaken vooraan te behandelen of de toelichting van verschillende posten te combineren (denk aan actieve en passieve belastinglatenties).

Hoofdstuk 3 van het Framework handelt over de jaarrekening en de rapporterende entiteit. Hierin worden de onderdelen van de jaarrekening zoals hierboven aangegeven benoemd, waaronder het grondbeginsel dat wordt uitgegaan van het continuïteitsbeginsel. Inzake de rapporterende entiteit, de entiteit die de jaarrekening opmaakt, wordt aangegeven dat dit niet noodzakelijkerwijze een juridische entiteit is, maar een deel van een juridische entiteit of een combinatie van twee of meer juridische entiteiten kan omvatten. Indien de rapporterende eenheid niet tevens een juridische entiteit is, dienen de grenzen van de rapporterende entiteit te worden bepaald op basis van de relevantie voor de vermogensverschaffers. Een voorbeeld hiervan is de specifieke jaarrekening die in het kader van een carve out (afstoting van onderdelen van één of meer dochterondernemingen) ten behoeve van potentiële kopers wordt gemaakt. Hierbij is het wel van belang dat de jaarrekening classificeert als 'general purpose financial statements', ofwel een jaarrekening opgesteld voor die groep gebruikers die niet in staat zijn om de onderneming een verslag te laten opstellen dat voorziet in hun informatiebehoefte (IAS 1.7).

Onderscheid wordt gemaakt tussen de niet-geconsolideerde jaarrekening (inzake activiteiten waarover de rapporterende entiteit alleen directe beschikkingsmacht heeft) en de geconsolideerde jaarrekening (inzake activiteiten waar de rapporterende entiteit zowel directe als indirecte beschikkingsmacht heeft).

Hoofdstuk 7 is gewijd aan presentatie en informatieverschaffing. In dit hoofdstuk wordt eerst ingegaan op de doelstelling en aard van informatieverschaffing, inclusief toekomstinformatie (voor zover relevant voor het begrijpen van de bestaande activa en verplichtingen), informatie over gebeurtenissen na balansdatum en vergelijkende informatie. Daarna wordt aangegeven dat presentatie en informatieverschaffing bijdragen aan efficiënte en effectieve communicatie. Daartoe is van belang dat informatie op gestructureerde wijze wordt geclassificeerd (gelijksoortige posten bij elkaar) en zinvol wordt geaggregeerd (geen 'ruis' door te veel details), en dat bij de presentatie en informatieverschaffing principes leidend zijn en niet het mechanisch voldoen aan in regelgeving opgenomen informatievereisten. Ten slotte gaat dit hoofdstuk specifiek in op de informatieverschaffing over financiële prestaties, met beginselen over het onderscheid tussen 'winst of verlies' ('profit or loss') en overige onderdelen van het totaalresultaat ('other comprehensive income'). Uitgangspunt is dat alle baten en lasten worden opgenomen als onderdeel van de bepaling van de winst of het verlies, tenzij daardoor het resultaatscijfer van de periode minder relevant wordt. In dat geval wordt de bate of last opgenomen als overig onderdeel van het totaalresultaat, en in beginsel in een latere periode alsnog opgenomen bij de bepaling van winst of verlies ('recycling'). Zie verder hoofdstuk 5.

4.2.2 Modellen

Nederlandse wet, bundel Richtlijnen en modellen

De Nederlandse wetgever heeft specifieke voorschriften opgesteld ten aanzien van de inrichting van de balans en van de winst-en-verliesrekening. Op grond van artikel 2:363 lid 6 BW is het Besluit modellen jaarrekening (BMJ) uitgevaardigd waarin modellen zijn opgenomen voor balans en winst-en-verliesrekening (behalve voor micro-rechtspersonen (BMJ 1.3). Deze modellen zijn afgeleid van de EU-jaarrekeningrichtlijn en zijn opgenomen in Richtlijn 910.1. De modellen zijn uitsluitend verplicht van toepassing voor de BV en de NV. Voorts zijn er specifieke modellen voor de balans en de winst-en-verliesrekening van banken (zie hoofdstuk 47), verzekeringsmaatschappijen (zie hoofdstuk 48) en beleggingsinstellingen (zie hoofdstuk 49) in het BMJ opgenomen. Voor pensioenfondsen zijn geen specifieke modellen in het BMJ opgenomen (zie hoofdstuk 50).

De Nederlandse modellen vormen onderdeel van dwingend recht (Titel 9 Boek 2 BW). Dit betekent dat afwijking van de modellen uitsluitend is toegestaan indien Titel 9 of het BMJ zelf daartoe de mogelijkheid biedt. Het BMJ laat daartoe in beperkte mate ruimte.

Relevant in dit verband zijn vooral:
- Artikel 5: Van de benamingen Vaste Activa, Vlottende Activa, Kortlopende schulden, Langlopende schulden, Voorzieningen en Eigen vermogen mag niet worden afgeweken. Andere benamingen mogen slechts worden vervangen door benamingen die in het gegeven geval op ten minste even duidelijke wijze de inhoud van de post of telling aanduiden. De uitkomsten van tussentellingen mogen worden ingevoegd en benoemd.
- Artikel 6: De volgorde van de posten volgt het gekozen model.

▶ Artikel 7: Aan de posten van de modellen mag een uitsplitsing worden toegevoegd; zij mogen door een uitsplitsing worden vervangen. Posten mogen worden ingevoegd, voor zover hun inhoud niet wordt gedekt door een in het gekozen model vermelde post die niet als 'overige' is aangeduid.

De enige (verdere) mogelijkheid die wordt geboden voor een afwijking van de modellen is het doen van een beroep op artikel 2:362 lid 4 tweede zin BW: 'Indien dit noodzakelijk is voor het verschaffen van dat inzicht, wijkt de rechtspersoon van die voorschriften af; de reden van deze afwijking wordt in de toelichting uiteengezet voor zover nodig onder opgaaf van de invloed ervan op vermogen en resultaat.' Een dergelijk beroep is slechts mogelijk in uitzonderlijke gevallen, bijvoorbeeld omdat de aard van de bedrijfsactiviteiten zodanig is dat de modellen hiervoor evident ongeschikt zijn.

Bijzonderheden omtrent de modellen onder de Nederlandse wet

Onder de Nederlandse wet zijn er voor de balans vier modellen, A tot en met D, en voor de winst-en-verliesrekening zijn er vier modellen, E, F, I en J. De balansmodellen C en D en de winst-en-verliesrekeningsmodellen I en J zijn alleen beschikbaar voor kleine rechtspersonen. Voor micro-rechtspersonen zijn geen aparte modellen opgesteld en is het BMJ niet van toepassing (BMJ 1.3). De modellen voor de winst-en-verliesrekening worden behandeld in paragraaf 5.1.4. Wij gaan nu nader in op de balansmodellen.

De balansmodellen A en C komen neer op een verticale (staffel)opstelling, waarbij de kortlopende schulden in aftrek komen op de vlottende activa.

```
A.   Vaste activa
       I.    Immateriële vaste activa
       II.   Materiële vaste activa
       III.  Financiële vaste activa
       IV.   Som der vaste activa

B.   Vlottende activa
       I.    Voorraden
       II.   Vorderingen en overlopende activa
       III.  Effecten
       IV.   Liquide middelen
       V.    Som der vlottende activa

C.   Kortlopende schulden (ten hoogste 1 jaar) en overlopende passiva
D.   Uitkomst vlottende activa -/- kortlopende schulden
E.   Uitkomst activa -/- kortlopende schulden

F.   Langlopende schulden (met een resterende looptijd > 1 jaar)
G.   Voorzieningen
H.   Eigen vermogen
       I.    Gestort en opgevraagd kapitaal
       II.   Agio
       III.  Herwaarderingsreserve
       IV.   Wettelijke en statutaire reserves
       V.    Overige reserves
       VI.   Onverdeelde winst
```

De balansmodellen B en D bevatten een horizontale (scronto) opstelling.

4 Algemene grondslagen

ACTIEF		PASSIEF	
A.	Vaste activa:	A.	Eigen vermogen:
	I. Immateriële vaste activa		I. Gestort en opgevraagd kapitaal
	II. Materiële vaste activa		II. Agio
	III. Financiële vaste activa		III. Herwaarderingsreserve
			IV. Wettelijke en statutaire reserves
B.	Vlottende activa:		V. Overige reserves
	I. Voorraden		VI. Onverdeelde winst
	II. Vorderingen en overlopende activa	B.	Voorzieningen
	III. Effecten	C.	Langlopende schulden (nog voor meer dan een jaar)
	IV. Liquide middelen	D.	Kortlopende schulden (ten hoogste 1 jaar) en overlopende passiva

De keuze tussen de horizontale en verticale opstelling is vrij. De aanduiding van het gekozen model mag achterwege blijven, terwijl ook het lettertype vrij is (art. 4 lid 1 BMJ). Uit de balans moet blijken of deze voor of na winstbestemming is opgesteld; dit moet bovenaan de balans vermeld worden (art. 2:362 lid 2 BW en art. 11 BMJ). In de balans moeten de bedragen van het voorgaande jaar als vergelijkend cijfer worden vermeld. Boven de kolommen moet worden vermeld op welk jaar de cijfers betrekking hebben (art. 3 BMJ). De cijfers van het jaar daarvoor moeten worden aangepast indien dat voor de vergelijkbaarheid noodzakelijk is.

Posten in de modellen mogen worden weggelaten indien geen bedrag voorkomt, tenzij een bedrag voor het voorgaande jaar moet worden vermeld (art. 4 lid 3 BMJ). Wanneer een bedrag onder meer dan één post zou kunnen worden vermeld, dan moet in de toelichting worden vermeld onder welke andere post of posten het bedrag kon worden opgenomen, hoe groot het bedrag is en waarop het betrekking heeft, een en ander indien het inzicht daardoor wordt gediend (art. 9 BMJ).

Opgemerkt wordt dat hoewel in het model overlopende activa en passiva als kortlopend zijn gepresenteerd, bij overlopende posten met een looptijd langer dan een jaar classificatie als langlopend naar onze mening de voorkeur verdient.

De balansmodellen bevatten posten die met letters, met Romeinse cijfers (I, II, III) en met Arabische cijfers (1, 2, 3) zijn aangeduid. Deze letters en cijfers mogen voor de posten worden weggelaten (art. 4 lid 2 BMJ). De posten die met letters of met Romeinse cijfers zijn aangeduid moeten in ieder geval op de balans worden opgenomen. De posten die met Arabische cijfers zijn aangeduid mogen geheel of gedeeltelijk in de toelichting van de balans worden opgenomen met herhaling van de som.

II.	Vorderingen	
	1. op handelsdebiteuren	
	2. op groepsmaatschappijen	
	3. op participanten en op maatschappijen waarin wordt deelgenomen	
	4. overige vorderingen	
	5. van aandeelhouders opgevraagde stortingen	
	6. overlopende activa	

In de balans moet de post 'Vorderingen' verplicht worden opgenomen. De uitsplitsing 1 tot en met 6 mag ook in de toelichting worden opgenomen.

De in de modellen opgenomen eind- en tussentellingen (bijv. som der vaste activa en som der vlottende activa) mogen onbenoemd blijven (art. 5 lid 4 BMJ). Uitkomsten van tussentellingen mogen worden ingevoegd en worden benoemd (art. 5 lid 3 BMJ).

IFRS en modellen

IAS 1 bevat geen voorgeschreven indeling voor de balans (en de winst-en-verliesrekening). In de bijlage bij IAS 1 is wel een aantal modellen en voorbeelden opgenomen; deze zijn echter strikt illustratief.
In IAS 1.54 zijn wel posten benoemd die in de balans dienen te worden opgenomen:

A. Property, plant and equipment;	J. The total assets classified as held for sale and assets included in disposal groups classified as held for sale (IFRS 5);
B. Investment property;	K. Trade and other payables;
C. Intangible assets;	L. Provisions;
D. Financial assets (excluding amounts shown under E, H and I);	M. Financial liabilities;
E. Investments accounted for using the equity method;	N. Liabilities and assets for current tax (IAS 12);
F. Biological assets (IAS 41);	O. Deferred tax liabilities and deferred tax assets (IAS 12);
G. Inventories;	P. Liabilities included in disposal groups classified as held for sale (IFRS 5);
H. Trade and other receivables;	Q. Non-controlling interests, presented within equity; and
I. Cash and cash equivalents;	R. issued capital and reserves attributable to owners of the parent.

Toekomstige regelgeving
De IASB heeft een exposure draft 'General presentation and disclosures' (ED/2019/7) opgesteld. Daarin wordt een model voorgeschreven dat gehanteerd dient te worden bij het opstellen van de winst-en-verliesrekening. Het is op dit moment nog niet duidelijk welke elementen van de exposure draft zullen worden behouden bij het opstellen van de definitieve standaard.

4.2.3 Doel van de jaarrekening

Het doel van de jaarrekening is in het Stramien weergegeven. Het Stramien van de Raad voor de Jaarverslaggeving en het Framework van de IASB verschillen op dit punt van elkaar.

In het Stramien van de Raad voor de Jaarverslaggeving (RJ 930.12-14) wordt het doel van de jaarrekening omschreven als het verschaffen van informatie over de financiële positie, resultaten en wijzigingen in de financiële positie, die voor een grote reeks van gebruikers nuttig is voor het nemen van economische beslissingen. De financiële verslaggeving is gericht op buiten de onderneming staande personen en organisaties (gebruikers). De jaarrekening dient tevens voor het afleggen van verantwoording door het bestuur van de vennootschap. De door gebruikers te nemen beslissingen omvatten mede de beoordeling van het bestuur in het kader van deze verantwoordingsfunctie.
De gebruikers van de jaarrekening bestaan uit verschillende categorieën. Te noemen vallen (RJ 930.9):
- beleggers, huidige en potentiële;
- werknemers;
- geldschieters;
- leveranciers en andere handelscrediteuren;
- cliënten;
- overheden en hun instellingen;
- publiek.

4 Algemene grondslagen

In het Framework van de IASB (Framework par. 1.2) is het uitgangspunt van het verschaffen van financiële informatie die nuttig is voor het nemen van economische beslissingen gehandhaafd, maar wordt de gebruikersgroep van de jaarrekening beperkt tot huidige en potentiële beleggers, financiers en andere crediteuren (als zijnde de primaire gebruikers). De gedachte achter de beperking van de gebruikersgroep is dat daarmee een meer concreet handvat wordt gegeven voor de ontwikkeling van uitgangspunten en standaarden. De gekozen primaire gebruikersgroep betreft de stakeholders die het meeste belang hebben bij financiële informatie voor hun besluitvorming. Daarbij is uitdrukkelijk gekozen voor niet alleen de bestaande stakeholders, maar ook de potentiële. Voorts is de gedachte dat indien de jaarrekening voldoet aan de informatiebehoefte van de primaire gebruikersgroep, deze ook veelal voldoende zal zijn voor de overige gebruikers. Binnen de primaire gebruikersgroep heeft de IASB niet gekozen voor een hiërarchie: de jaarrekening moet voldoen aan de behoeften van zo veel mogelijk gebruikers op een kostenefficiënte wijze.

Tot de gebruikers behoren uitdrukkelijk niet de toezichthouders, hoewel veel informatie die voor de primaire gebruikersgroep van belang is ook voor de toezichthouders belangrijk kan zijn. Overwegingen van financiële stabiliteit die aanwezig kunnen zijn bij toezichthouders mogen geen invloed hebben op de keuzes die ten aanzien van de jaarrekening worden gemaakt.

Evenals in het Stramien van de Raad voor de Jaarverslaggeving wordt de verantwoordingsfunctie ('stewardship') in het Framework van IFRS genoemd (Framework par. 1.22), als onderdeel van de algemene doelstelling dat de jaarrekening informatie moet geven die nuttig is voor besluitvorming. Specifiek gericht op de verantwoordingsfunctie wordt aangegeven dat informatie over de efficiëntie en effectiviteit in het gebruik van aan de entiteit ter beschikking gestelde middelen nuttig is.

Om het doel van de jaarrekening te bereiken worden de primaire overzichten en de toelichting opgenomen zoals genoemd in paragraaf 4.2.1.

Inzichtsvereiste en getrouw beeld

In de Nederlandse wetgeving zijn specifieke bepalingen opgenomen over het doel van de jaarrekening.
In artikel 2:362 lid 1 BW wordt dit doel als volgt omschreven: 'De jaarrekening geeft volgens normen die in het maatschappelijk verkeer als aanvaardbaar worden beschouwd een zodanig inzicht dat een verantwoord oordeel kan worden gevormd omtrent het vermogen en het resultaat, alsmede voor zover de aard van een jaarrekening dat toelaat, omtrent de solvabiliteit en de liquiditeit van de rechtspersoon.' Dit wordt wel aangeduid als het inzichtsvereiste.

De doelstelling van de jaarrekening zoals deze verwoord is in Titel 9 Boek 2 BW komt in essentie overeen met die in het Stramien. De informatiebehoeften van gebruikers staan daarin centraal. Ook de term inzichtsvereiste en vergelijkbare termen als getrouw beeld (gebruikt in de controleverklaring) en 'true and fair view' drukken in wezen hetzelfde uit.
Het kan noodzakelijk zijn om ten behoeve van het voldoen aan het inzichtsvereiste meer informatie te geven dan in de wet is genoemd. Dit wordt verwoord in artikel 2:362 lid 4 BW: 'Indien het verschaffen van het in lid 1 bedoelde inzicht dit vereist, verstrekt de rechtspersoon in de jaarrekening gegevens ter aanvulling van hetgeen in de bijzondere voorschriften van en krachtens deze titel wordt verlangd.' De Richtlijnen geven hieraan nadere invulling.

De IASB stelt dat de jaarrekening 'shall present fairly' de financiële positie, financiële resultaten en kasstromen van een entiteit. Strikte naleving van IFRS zal volgens de IASB vrijwel altijd tot een dergelijke getrouwe presentatie leiden (IAS 1.15/17). Indien noodzakelijk voor het bereiken van het doel van de jaarrekening, vereist ook IFRS dat additionele informatie wordt opgenomen (IAS 1.17(c)). Een entiteit dient voorts in een zogenaamde 'compliance statement' (overeenstemmingsverklaring) uitdrukkelijk te verklaren dat de jaarrekening is opgesteld in overeenstemming met IFRS (IAS 1.16). Dit is niet toegestaan indien niet volledig aan alle vereisten van IFRS is voldaan. Voor EU-ondernemingen houdt de 'compliance statement' in, dat wordt aangegeven dat de jaarrekening in overeenstemming is met IFRS zoals goedgekeurd door de EU (vanwege het goedkeuringsproces in de EU: zie par. 3.1.3).

Een vraag is hoe men tot het getrouwe beeld komt indien specifieke standaarden of interpretaties voor een specifieke situatie ontbreken. De Richtlijnen stellen dat het bestuur dan een verwerkingswijze dient te kiezen die relevante en betrouwbare informatie oplevert, waarbij ook de overige elementen beschreven in het Stramien in acht dienen te worden genomen (RJ 110.110). IAS 8.10-12 stelt eveneens dat in die situatie het bestuur moet beoordelen welke verwerkingswijze resulteert in relevante en betrouwbare informatie. Dit wordt in IFRS nog verder uitgewerkt door te stellen dat hierbij het bestuur in eerste instantie rekening moet houden met andere voorschriften en interpretaties die vergelijkbare situaties behandelen. In tweede instantie worden dan in beschouwing genomen de definities, verwerkingscriteria en waarderingsconcepten voor activa, verplichtingen, opbrengsten en kosten uit het Framework. En ten slotte kunnen ook recente uitspraken van andere regelgevers in beschouwing worden genomen mits deze uitgaan van hetzelfde Framework.

Derogatiebeginsel

In bijzondere situaties kan het noodzakelijk zijn om van de voorschriften van Titel 9 af te wijken. Artikel 2:362 lid 4 BW stelt: 'Indien dit noodzakelijk is voor het verschaffen van dat inzicht, wijkt de rechtspersoon van die voorschriften af; de reden van deze afwijking wordt in de toelichting uiteengezet, voor zover nodig onder opgaaf van de invloed ervan op vermogen en resultaat.' Door deze bepaling wordt rekening gehouden met de mogelijkheid dat er situaties kunnen zijn waarin toepassing van de bijzondere voorschriften niet het vereiste inzicht oplevert. In dat geval wordt wel gesproken van 'derogatie' of, in het Engels, van 'true and fair view override'.

Het beroep op derogatie, de afwijking van bijzondere wettelijke bepalingen ten behoeve van het inzicht, is niet onomstreden. Een gevaar is immers dat hierdoor willekeur en onvergelijkbaarheid ontstaan. De Europese Commissie heeft in een interpretatieve mededeling in 1998 aangegeven dat, in het belang van de harmonisatie, de lidstaten de derogatiebepaling niet mogen gebruiken om regels van algemene aard in te voeren die in strijd zijn met de EU-richtlijnen. Een waarborg bij het gebruik van derogatie is, dat in de toelichting dient te worden aangegeven wat de reden van afwijking is en welke invloed deze afwijking heeft op het eigen vermogen en het resultaat.
De IASB laat, anders dan Titel 9, slechts een zeer beperkte derogatie toe in IAS 1.19. Afwijking van bepalingen in IFRS is uitsluitend toegestaan in *'extremely rare circumstances'*, wanneer navolging van IFRS zou leiden tot misleidende verslaggeving. Ook dan is vermelding van aard, reden en financiële gevolgen van de afwijking vereist (IAS 1.20). Deze informatie moet ook worden opgenomen indien in een voorgaand jaar van de regels is afgeweken en dit nog effect heeft op de cijfers van het boekjaar (IAS 1.21).

Oordelen, schattingen en onzekerheden

Vele gebeurtenissen en omstandigheden zijn omgeven door onzekerheden. En bij toepassing van de grondslagen en regels voor het opstellen van jaarrekeningen vormt de leiding van de rechtspersoon zich verschillende oordelen en schattingen die essentieel kunnen zijn voor de in de jaarrekening opgenomen bedragen. De rechtspersoon dient, indien dit voor het geven van het in artikel 2:362 lid 1 BW vereiste inzicht noodzakelijk is, zowel de aard en omvang van de onzekerheden (RJ 135.203) te vermelden als de aard van de oordelen en schattingen, inclusief de bijbehorende veronderstellingen (RJ 110.129), toe te lichten. De Richtlijnen stellen dat naast de vermelding van aard en omvang met onzekerheden ook rekening wordt gehouden door voorzichtigheid te betrachten bij het opmaken van de jaarrekening (in par. 4.4.4.3 bespreken wij de rol van het voorzichtigheidsbeginsel).

4 Algemene grondslagen

Op basis van IAS 1.122 en IAS 1.125 moeten de onzekerheden, oordelen en schattingen die het meest belangrijk zijn bij het opstellen van de jaarrekening vermeld worden.

Een scherp onderscheid tussen oordelen, schattingen en onzekerheden is niet altijd aanwezig: juist vanwege onzekerheden zijn vaak oordelen en schattingen nodig. Het gezamenlijk opnemen zal vaak de voorkeur verdienen.

Ten aanzien van de onderstaande onderwerpen kunnen belangrijke onzekerheden en daarmee oordelen en schattingen spelen (onder andere op basis van RJ 110.129 en RJ 135.203):
- Consolidatie: is er wel of niet sprake van een consolidatieplicht en valt een maatschappij wel of niet binnen de consolidatiekring.
- Joint ventures: is er wel of niet sprake van gezamenlijke zeggenschap in een andere maatschappij; bij toepassing van IFRS: is sprake van een joint venture of een joint operation?
- Omzetverantwoording: inschatting of economische risico's en voordelen zijn overgedragen (IFRS 15: of de beschikkingsmacht is overgedragen) en bepalen of bedragen wel of niet voor eigen rekening worden ontvangen (principaal-agent).
- Opnemen van immateriële activa: inschatting of het waarschijnlijk is dat toekomstige opbrengsten worden verkregen.
- Dubieuze debiteuren en incourante voorraden: bepaling van de omvang van de voorziening.
- Materiële vaste activa: schatting gebruiksduur en restwaarde van het actief.
- Bijzondere waardeverminderingen: inschatting kasstromen en disconteringsvoet.
- Actieve belastinglatenties: bepaling van de verrekenbaarheid van verliezen uit het verleden, waarschijnlijkheid toekomstige kasstromen.
- Voorzieningen: bepaling van de beste schatting van de toekomstige uitgaande kasstromen, zoals uit hoofde van claims, geschillen, rechtsgedingen en garanties.
- Classificatie pensioenregeling (toegezegd-pensioenregeling versus toegezegde-bijdrageregeling) en bepaling van de uitgangspunten bij de berekening van de pensioenverplichting (verwachte salarisstijgingen, blijfkans, sterftekans en disconteringsvoet).
- Bepaling reële waarde van bijvoorbeeld vastgoed en financiële instrumenten bij het ontbreken van marktprijzen.
- Classificatie aandelenbeloningsregeling (afwikkeling in liquide middelen of in een eigen-vermogensinstrument) en waardering van aandelenopties.
- Classificatie leasecontracten (operationele lease of financiële lease).

Dit is een niet-limitatieve opsomming.

Voorbeeld van een toelichting van oordelen, schattingen en onzekerheden

Belangrijke oordelen, schattingen en onzekerheden
De belangrijkste veronderstellingen ten aanzien van schattingsonzekerheden per balansdatum van de boekwaarde van activa of verplichtingen in het volgende boekjaar die een aanmerkelijk risico in zich dragen, worden hierna uiteengezet.

Ontwikkelingskosten
Het activeren van kosten vindt plaats na bevestiging van de mate van de technische en economische haalbaarheid, normaliter als in de ontwikkeling een vooraf gedefinieerde mijlpaal is bereikt. Bij het bepalen van de te activeren bedragen heeft het management aannames gedaan over de verwachte toekomstige inkomende kasstromen van de activa, de toe te passen disconteringsvoeten en de periode waarin de verwachte voordelen zich zullen voordoen.

> **Acquisities en reële waarde schattingen**
> Goodwill die is ontstaan bij een acquisitie van een bedrijfscombinatie wordt bij de eerste opname gewaardeerd tegen kostprijs, zijnde het verschil tussen de kostprijs van de bedrijfscombinatie en de netto reële waarde van de identificeerbare activa en verplichtingen. Bij de afzonderlijke waardering van de identificeerbare activa en verplichtingen vinden schattingen plaats (zoals bijvoorbeeld de verwachte kasstromen en de verdisconteringvoet).
>
> **Bijzondere waardevermindering van goodwill**
> Jaarlijks wordt vastgesteld of er indicaties zijn van een bijzondere waardevermindering van de goodwill (RJ)/De goodwill wordt jaarlijks getoetst of zoveel vaker, indien gebeurtenissen of veranderingen in de omstandigheden erop wijzen dat de boekwaarde mogelijk een bijzondere waardevermindering heeft ondergaan (IFRS).
> Een bijzondere waardevermindering van goodwill vraagt om een schatting van de realiseerbare waarde van de kasstroomgenererende eenheden waaraan de goodwill wordt toegerekend. De realiseerbare waarde is de hoogste van de opbrengstwaarde en de bedrijfswaarde. Voor de bedrijfswaarde dient een schatting te worden gemaakt van de verwachte toekomstige kasstromen van de kasstroomgenererende eenheid en tevens een geschikte disconteringsvoet te worden bepaald, ter berekening van de contante waarde van die kasstromen.
>
> **Waardering van pensioenen (IFRS)**
> De kosten van toegezegd-pensioenregelingen en vergoedingen voor ziektekosten na uitdiensttreding, alsmede de contante waarde van de toekomstige pensioenverplichtingen, worden bepaald met gebruikmaking van actuariële methoden. De actuariële methode omvat het maken van veronderstellingen over disconteringsvoeten, toekomstige salarisverhogingen, sterftecijfers en toekomstige indexatie van pensioenuitkeringen. Vanwege de complexe aard van de methode, de onderliggende veronderstellingen en het langlopende karakter van de regeling is een toegezegd-pensioenregeling uiterst gevoelig voor wijzigingen in deze veronderstellingen. Alle veronderstellingen worden steeds per de verslagdatum herbeoordeeld.

4.3 Grondbeginselen

4.3.1 Algemeen

In het Stramien van de Raad voor de Jaarverslaggeving worden twee grondbeginselen van de jaarrekening genoemd: het toerekeningsbeginsel en het continuïteitsbeginsel (ook wel 'going concern'-beginsel genoemd). In het Framework van de IASB is geen afzonderlijk hoofdstuk over grondbeginselen opgenomen, maar zijn beide beginselen in andere hoofdstukken geïntegreerd. Het is gebruikelijk ook andere beginselen te onderscheiden, zoals het voorzichtigheidsbeginsel, realisatiebeginsel, matching-beginsel en stelselmatigheidsbeginsel. Deze beginselen worden in het Framework niet als grondbeginselen beschouwd. Wel maken deze beginselen in zekere mate deel uit van de kwalitatieve kenmerken, die besproken zijn in paragraaf 4.4.

4.3.2 Toerekeningsbeginsel

Het toerekeningsbeginsel heeft betrekking op de balans en winst-en-verliesrekening en staat in tegenstelling tot het hanteren van een kasstelsel. Het beginsel houdt in dat de gevolgen van transacties en andere gebeurtenissen in de jaarrekening worden verwerkt in de periode waarop zij betrekking hebben (en niet wanneer geldmiddelen worden ontvangen of betaald). Op basis van het toerekeningsbeginsel opgestelde jaarrekeningen informeren gebruikers over verplichtingen om in de toekomst geldmiddelen te betalen en over middelen die in de toekomst zullen worden ontvangen en die geldmiddelen representeren (RJ 930.22). Dit beginsel wordt ook wel aangeduid als het beginsel van 'accrual accounting'.

In overeenstemming hiermee bepalen de Richtlijnen dat bij de waardering van activa en verplichtingen en bij de bepaling van het resultaat over een periode, baten (opbrengsten) en lasten (kosten) aan perioden dienen te worden toegerekend (RJ 110.118). Ook in de wet (art. 2:362 lid 5 BW) wordt gesteld dat de baten en lasten van het boekjaar in de jaarrekening worden opgenomen, ongeacht of zij tot ontvangsten of uitgaven in dat boekjaar hebben geleid.

In het Framework wordt het toerekeningsbeginsel niet als afzonderlijk beginsel genoemd, maar is dit geïntegreerd in hoofdstuk 1 over het doel van de jaarrekening (Framework par. 1.17-1.19). Eveneens stelt IAS 1.27 dat een onderneming de jaarrekening met uitzondering van het kasstroomoverzicht moet opstellen op basis van het toerekeningsbeginsel.

> **Voorbeeld toerekeningsbeginsel**
> Een bekend voorbeeld van het toerekeningsbeginsel betreft de investering in materiële vaste activa. De kasstroom op het moment van investering is geen last in de winst-en-verliesrekening, maar wordt op grond van het toerekeningsbeginsel, door middel van afschrijvingen, verdeeld over de perioden waarin het materiële vaste actief gebruikt wordt in het productieproces. Een ander voorbeeld betreft voorzieningen. Deze verplichtingen dienen te worden verantwoord reeds voordat deze leiden tot uitgaande kasstromen.

4.3.3 Continuïteitsbeginsel ('going concern'-beginsel)

De jaarrekening wordt gewoonlijk opgesteld in de veronderstelling dat de continuïteit van de onderneming gewaarborgd is en dat zij haar bedrijf in de afzienbare toekomst zal voortzetten. Er wordt dus aangenomen dat de onderneming noch het voornemen heeft noch in de noodzaak verkeert om te liquideren of de omvang van haar bedrijvigheid drastisch te beperken (RJ 930.23). In het Framework maakt het continuïteitsbeginsel deel uit van het hoofdstuk over de jaarrekening en de rapporterende eenheid (Framework par. 3.9).

Dit continuïteitsbeginsel (of het beginsel van 'going concern') wordt ook in de wet omschreven: artikel 2:384 lid 3 BW bepaalt dat bij waardering van activa en passiva wordt uitgegaan van de veronderstelling dat het geheel der werkzaamheden van de rechtspersoon wordt voortgezet, tenzij die veronderstelling onjuist is of haar juistheid aan gerede twijfel onderhevig is. Indien deze veronderstelling onjuist is, wordt dit onder mededeling van de invloed op vermogen en resultaat in de toelichting uiteengezet.

Het wetsartikel omschrijft twee situaties:
1. de veronderstelling van continuïteit is onjuist;
2. de veronderstelling van continuïteit is aan gerede twijfel onderhevig; 'gerede twijfel' is daarbij gelijk te stellen aan het in de praktijk gebruikelijke 'ernstige onzekerheid' (RJ 170.104); IAS 1.25 spreekt van 'material uncertainties' waardoor 'significant doubt' ontstaat.

Alleen in het eerste geval is het continuïteitsbeginsel bij het opmaken van de jaarrekening niet meer van toepassing. Er kan daarbij sprake zijn van onvrijwillige discontinuïteit (onontkoombare discontinuïteit) of vrijwillige discontinuïteit (entiteiten die zijn opgericht voor een bepaalde tijd of een vrijwillig besluit tot discontinuïteit, waarbij de rechtspersoon naar verwachting aan zijn verplichtingen kan voldoen). De jaarrekening wordt dan in het algemeen opgemaakt op basis van liquidatiegrondslagen. Deze situatie wordt behandeld in hoofdstuk 46.1.
In het tweede geval, waarbij sprake is van 'gerede twijfel/ernstige onzekerheid', blijft het continuïteitsbeginsel wel gehandhaafd (RJ 170.301/302).

IAS 1.25 sluit op het voorgaande aan. De ondernemingsleiding dient een inschatting te maken van de mogelijkheid van de entiteit om door te gaan als een 'going concern'. De jaarrekening wordt opgesteld op deze basis, tenzij er een intentie is om alle bedrijfsactiviteiten te beëindigen en/of de entiteit te liquideren, dan wel er geen ander redelijk alternatief is om de entiteit voort te zetten. IAS 1.26 geeft aan dat bij de inschatting alle beschikbare informatie over de toekomst moet worden meegenomen, ten minste voor, maar niet beperkt tot, een periode van twaalf maanden na balansdatum. In het bijzonder zijn van belang de beoordeling van de verwachte winstgevendheid, de vereiste aflossingen van leningen en de mogelijkheid om vervangende financiering te verkrijgen.

Er bestaat gerede twijfel of ernstige onzekerheid omtrent de continuïteit van de werkzaamheden indien
(RJ 170.302):
- de rechtspersoon niet meer op eigen kracht aan zijn verplichtingen zal kunnen voldoen;
- discontinuïteit daarom onvermijdelijk is te achten zonder medewerking van belanghebbenden die verder gaat dan waartoe zij zich tot dusverre hebben verbonden;
- er onzekerheid bestaat of de aanvullende medewerking van belanghebbenden zal worden verkregen of voldoende zal zijn;
- maar er wel een reële kans bestaat dat het geheel van de werkzaamheden van de rechtspersoon zal kunnen worden voortgezet.

Indien geen reële kans bestaat dat belanghebbenden hun medewerking verlenen om de werkzaamheden van de rechtspersoon te kunnen voortzetten, is sprake van onontkoombare discontinuïteit (zie hoofdstuk 46).

RJ 170.303 noemt verschillende voorbeelden van gebeurtenissen en omstandigheden die afzonderlijk of gezamenlijk een indicatie vormen dat sprake is van ernstige onzekerheid over de continuïteit:
- financiële gebeurtenissen en omstandigheden:
  - een relatief gering of negatief eigen vermogen;
  - het niet langer voldoen aan financieringsconvenanten zonder dat duidelijk is wat de gevolgen zijn voor de voortzetting van de financiering;
  - aanwijzingen dat debiteuren niet aan hun verplichtingen zullen voldoen en/of dat crediteuren verstrekte financiële steun zullen intrekken;
  - negatieve operationele kasstromen;
  - aanzienlijke negatieve bedrijfsresultaten of belangrijke waardedalingen van activa.
- problemen in de bedrijfsvoering:
  - het verlies van een belangrijke afzetmarkt, concessie, licentie of een essentiële leverancier;
  - personeelsproblemen of een tekort aan belangrijke grondstoffen.

Het kan bij voortgezette toepassing van het continuïteitsbeginsel wel noodzakelijk zijn om als gevolg van de ernstige onzekerheid bijzondere waardeverminderingen door te voeren (RJ 170.301, zie hoofdstuk 29). Voorts dient in de toelichting een adequate uiteenzetting te worden gegeven van de omstandigheden waarin de onderneming verkeert (RJ 170.305). IAS 1.25 geeft in gelijke zin aan dat de onzekerheden dienen te worden vermeld.

De ernstige onzekerheid kan ook ontstaan door gebeurtenissen na balansdatum. Verslechtering van het operationele resultaat en/of de financiële positie na de balansdatum kan aanleiding geven tot het heroverwegen van de continuïteitsveronderstelling (RJ 170.304, IAS 10.15-16).

4.4 Kwalitatieve kenmerken van de jaarrekening
4.4.1 Algemeen

Kwalitatieve kenmerken zijn de eigenschappen die de informatie in een jaarrekening nuttig maken voor gebruikers. De kwalitatieve kenmerken zijn verschillend in het Stramien van de Raad voor de Jaarverslaggeving en het Framework van de IASB. In onderstaande tabel zijn de verschillen weergegeven.

4 Algemene grondslagen

Stramien Raad voor de Jaarverslaggeving		Framework IASB	
Hoofdkenmerken	Subkenmerken van hoofdkenmerken	Fundamentele kenmerken	Overige kenmerken
Begrijpelijkheid			Begrijpelijkheid
Relevantie	Materialiteit	Relevantie	Materialiteit
Betrouwbaarheid	Getrouwe weergave	Getrouwe weergave	Betrouwbaarheid
	Het wezen gaat boven de vorm		
	Onpartijdigheid		Onpartijdigheid
	Voorzichtigheid		
	Volledigheid		Volledigheid
Vergelijkbaarheid			Vergelijkbaarheid
			Verifieerbaarheid
			Tijdigheid
Randvoorwaarden: Tijdigheid, Afweging van nut en kosten		Randvoorwaarden: Afweging van nut en kosten	

De belangrijkste verschillen tussen het Stramien van de Raad voor de Jaarverslaggeving en het Framework van de IASB kunnen als volgt worden samengevat:

▶ Het Stramien van de Raad voor de Jaarverslaggeving onderscheidt vier hoofdkenmerken en bij twee van de vier hoofdkenmerken één of meer subkenmerken. Het Framework van de IASB maakt een onderscheid tussen twee fundamentele kenmerken (met één subkenmerk) en vier overige ('enhancing') kenmerken. Met de beide fundamentele kenmerken moet altijd rekening worden gehouden bij het opmaken van een jaarrekening, de overige kenmerken kunnen daarnaast bijdragen aan het realiseren van de beide fundamentele kenmerken.
▶ Het hoofdkenmerk betrouwbaarheid in het Stramien van de Raad voor de Jaarverslaggeving is in het Framework van de IASB een subkenmerk van het hoofdkenmerk getrouwe weergave (wat een subkenmerk is in het Stramien van de Raad voor de Jaarverslaggeving).
▶ De hoofdkenmerken begrijpelijkheid en vergelijkbaarheid in het Stramien van de Raad voor de Jaarverslaggeving zijn als overige kenmerken opgenomen in het Framework van de IASB.
▶ De subkenmerken het wezen gaat boven de vorm, onpartijdigheid, voorzichtigheid en volledigheid in het Stramien van de Raad voor de Jaarverslaggeving zijn niet meer als afzonderlijke kwalitatieve kenmerken opgenomen in het Framework van de IASB, maar worden nu geacht inbegrepen te zijn in de definitie van het kenmerk getrouwe weergave.
▶ Nieuw toegevoegd in het Framework van de IASB is het overig kenmerk verifieerbaarheid.
▶ In het Stramien van de Raad voor de Jaarverslaggeving was tijdigheid een randvoorwaarde, in het Framework van de IASB is dit een kwalitatief kenmerk.

De vraag is wat de feitelijke betekenis is van deze verschillen. Waarschijnlijk is die betekenis gering en is het Framework een andere, wellicht betere, wijze van het weergeven van de grondslagen. Verschillen krijgen pas echt betekenis als op grond daarvan de standaarden een gewijzigde inhoud zouden krijgen. Op dit moment bestaat niet de verwachting dat dat zo zal zijn.

We zullen de betekenis van de verschillende elementen hierna bespreken. Samenhangend met deze kwalitatieve kenmerken komen hierna ook beginselen als realisatie, matching en stelselmatigheid aan de orde. We hanteren de volgorde van de hoofdkenmerken in het Stramien van de Raad voor de Jaarverslaggeving, daarna behandelen we de hoofd- en overige kenmerken van de IASB voor zover deze geen onderdeel zijn van het Stramien van de Raad voor de Jaarverslaggeving.

Het toepassen van deze kwalitatieve kenmerken in de jaarrekening, in combinatie met adequate grondslagen van waardering en resultaatbepaling, wordt geacht gewoonlijk uit te monden in een getrouw beeld (ofwel: voldoet aan het doel van de jaarrekening) (RJ 930.46; Framework, par. 2.1). Het Stramien en het Framework zijn echter van een zodanig algemeen karakter, dat nadere richtlijnen/standaarden noodzakelijk worden geacht om de algemene grondslagen te concretiseren.

4.4.2 Begrijpelijkheid

Bij begrijpelijkheid is de vraag aan de orde welk kennisniveau bij de gebruikers moet worden verondersteld. In dit verband gaat het Stramien ervan uit dat gebruikers een redelijke kennis bezitten van het bedrijfsleven en van economische activiteiten, alsmede van verslaggeving, en bereid zijn de informatie met een redelijke mate van toewijding te bestuderen. Het is echter niet zo dat relevante informatie, op grond van het feit dat deze voor sommige gebruikers te moeilijk te begrijpen zou zijn, mag worden weggelaten (RJ 930.25, Framework par. 2.33-2.35).

Met begrijpelijkheid hangt samen de duidelijkheid. In dat verband stellen de Richtlijnen/IASB dat elk onderdeel van de jaarrekening duidelijk als zodanig dient te worden aangeduid. Daarbij dient de volgende informatie duidelijk te worden vermeld (RJ 110.103, IAS 1.51):
a. de naam van de rapporterende rechtspersoon of een identificatie op andere wijze (op basis van art. 2:380b onder a BW);
b. of de jaarrekening financiële informatie bevat van een individuele rechtspersoon dan wel een groep van maatschappijen;
c. de balansdatum en de periode waarop de jaarrekening betrekking heeft bij de diverse onderdelen van de jaarrekening;
d. de rapporteringsvaluta;
e. de geldeenheid waarin de cijfers in de jaarrekening zijn uitgedrukt (bijvoorbeeld uitgedrukt in duizendtallen).

In het Framework van de IASB is begrijpelijkheid niet als hoofdkenmerk opgenomen, maar als een overig kenmerk.

4.4.3 Relevantie
4.4.3.1 Algemeen
Relevantie moet worden bezien tegen de achtergrond van de doelstellingen van de informatieverstrekking. Waar het Stramien de doelstelling kent dat informatie moet worden verstrekt die nuttig is voor het nemen van economische beslissingen, sluit het begrip relevantie daarop aan. Het Stramien stelt daaromtrent: 'Informatie bezit het kenmerk van relevantie, wanneer zij de economische beslissingen van gebruikers beïnvloedt door hen behulpzaam te zijn bij het beoordelen van vroegere, huidige of toekomstige gebeurtenissen of bij het bevestigen of corrigeren van vroegere beoordelingen' (RJ 930.26, Framework par. 2.6 en RJ 115.205). Aspecten van relevantie zijn de voorspellende en/of bevestigende waarde van informatie, waarmee wordt bedoeld dat informatie bruikbaar is voor het voorspellen van toekomstige uitkomsten dan wel feedback geeft op eerdere oordeelsvorming.

Nauw verwant met het kwalitatieve kenmerk van relevantie zijn het realisatiebeginsel en het matching-beginsel. De relevantie van informatie is voorts afhankelijk van haar aard en relatieve betekenis ('materialiteit') en van de mate van waarderingsonzekerheid. Deze komen hierna nader aan de orde. Voorts is ook de tijdigheid van belang (zie par. 4.4.6).

4.4.3.2 Realisatiebeginsel

Het realisatiebeginsel stelt dat alleen opbrengsten en winsten mogen worden verantwoord indien deze zijn gerealiseerd. Het realisatiebeginsel is als zodanig geen leidend beginsel in het Stramien of het Framework, omdat het in omstandigheden ook relevant kan worden geacht om ongerealiseerde waardeveranderingen in het resultaat op te nemen. Niettemin is het realisatiebeginsel verwoord in artikel 2:384 lid 2 BW (winsten worden slechts opgenomen, voor zover zij op de balansdatum zijn verwezenlijkt), en speelt het nog een belangrijke rol bij bijvoorbeeld voorraadtransacties. Opbrengsten dienen te worden verantwoord in de periode waarin de producten, in economische zin, zijn verkocht en geleverd. Wat betreft de opbrengst die voortvloeit uit de verkoop van goederen geldt, dat deze als zodanig dient te worden verwerkt als aan bepaalde voorwaarden is voldaan. RJ 270.110 noemt als voorwaarden:
a. de rechten en risico's zijn overgedragen aan de koper;
b. de beschikkingsmacht is niet meer aanwezig;
c. het bedrag van de opbrengst is betrouwbaar te bepalen;
d. het is waarschijnlijk dat de economische voordelen aan de rechtspersoon toevloeien;
e. de gemaakte en nog te maken kosten zijn betrouwbaar te bepalen.

Voor andere opbrengsten (uit diensten; uit rente, dividend en royalty's) gelden vergelijkbare voorwaarden (RJ 270.115; RJ 270.124). In IFRS 15.31 wordt als voorwaarde voor de verantwoording van opbrengsten aangegeven dat de prestatieverplichting moet zijn vervuld door het overdragen van de beschikkingsmacht aan de koper. Op de verantwoording van opbrengsten wordt ingegaan in hoofdstuk 5.
In diverse situaties is toepassing van het realisatiebeginsel in strikte zin doorbroken: bijvoorbeeld met het toestaan of voorschrijven van de 'percentage of completion'-methode ten aanzien van onderhanden projecten of de verantwoording van ongerealiseerde waardestijging van effecten en vastgoedbeleggingen als winst. Het realisatiebeginsel heeft als zodanig in de loop der tijden aan betekenis ingeboet.

4.4.3.3 Matching-beginsel

Hierbij gaat het om de toerekening van kosten. Deze worden zo veel mogelijk toegerekend aan de periode waarin de opbrengsten van de producten waarvoor de kosten zijn gemaakt als baten worden verantwoord (RJ 135.205). Het beginsel is niet in alle gevallen toepasbaar, omdat soms het verband tussen de kosten en de toekomstige opbrengsten niet voldoende duidelijk is (algemene kosten, emissiekosten, enzovoort). Hoewel het matching-beginsel niet als zodanig wordt genoemd in het Framework, kan wel gesteld worden dat dit beginsel integraal deel uitmaakt van het kwalitatieve kenmerk relevantie. Zie verder par. 5.1.3.

4.4.3.4 Materialiteitsbeginsel en materiality practice statement

Zoals aangegeven is de relevantie van informatie afhankelijk van haar aard en relatieve betekenis ('materialiteit'). Bij materialiteit gaat het om de vraag of het weglaten van informatie of het onjuist weergeven van informatie de economische beslissingen die gebruikers op basis van de jaarrekening nemen, zou kunnen beïnvloeden (RJ 930.30; Framework par. 2.11; IFRS practice statement 2 par. 5; IAS 1.7 en 1.29/31).
In sommige gevallen is uitsluitend de aard van de informatie al voldoende om te concluderen dat zij relevant is. De verslaggeving over een nieuw bedrijfsonderdeel kan bijvoorbeeld beoordeling van de risico's en gunstige mogelijkheden waarvoor de onderneming zich gesteld ziet, beïnvloeden, onafhankelijk van de relatieve betekenis van de resultaten die door het nieuwe bedrijfsonderdeel in de verslagperiode zijn behaald.

De wet noemt een aantal vermeldingen die op grond van de aard altijd relevant zijn (art. 2:363 lid 3 BW, laatste volzin). Het gaat om:
▶ vermeldingen ter zake van het eigen vermogen (art. 2:378 BW);
▶ vermelding van het gemiddelde aantal gedurende het boekjaar bij de rechtspersoon werkzame werknemers (art. 2:382 BW);
▶ bezoldiging bestuurders en commissarissen (art. 2:383 BW).

In andere gevallen zijn zowel de aard als de relatieve betekenis van belang; een voorbeeld is de omvang van voorraden die worden aangehouden in elk van de categorieën die kenmerkend zijn voor het bedrijf (RJ 115.206).

Informatie is van relatieve betekenis (materieel) indien het weglaten of het onjuist weergeven daarvan de economische beslissingen die gebruikers op basis van de financiële overzichten nemen, kan beïnvloeden. De relatieve betekenis van een post of een fout is afhankelijk van de omvang, beoordeeld onder de bijzondere omstandigheden waaronder het weglaten of onjuist weergeven plaatsvindt. Het begrip relatieve betekenis verschaft dus meer een drempel of kritische grens, dan dat het een primair kwalitatief kenmerk is dat informatie moet bezitten om nuttig te zijn (RJ 115.207).

In de Richtlijnen worden indicatieve factoren genoemd die van belang zijn bij de beantwoording van de vraag of gegevens afzonderlijke vermelding in de jaarrekening behoeven. Deze worden hierna besproken en hebben betrekking op het afzonderlijk opnemen van posten in de balans en winst-en-verliesrekening, de vermelding van kapitaalbelangen, het al dan niet consolideren van groepsmaatschappijen en de vermelding van actuele waarden in de toelichting.

Materialiteit met betrekking tot opname posten (Dutch GAAP)
Gezien de veelheid van elementen die zich bij een weloverwogen beoordeling kunnen voordoen, is het niet mogelijk, zo stellen de Richtlijnen, objectieve criteria voor vermelding te formuleren die in alle omstandigheden toepasbaar zijn. Daarom is ervan afgezien stellige uitspraken met betrekking tot de grootte van de criteria op te nemen. Volstaan wordt met het geven van enige indicaties (RJ 115.213).
Wel zijn door de Raad voor de Jaarverslaggeving enkele aanbevelingen opgenomen die als handreiking voor de praktijk dienen. De aanbevolen criteria kunnen in een concreet geval te eng of te ruim gesteld zijn. Verder kunnen de bijzonderheden van de rechtspersoon of de aard van de gegevens zodanig zijn dat deze, hoewel ze niet aan de hierna genoemde criteria voldoen, toch afzonderlijk moeten worden vermeld op grond van de in artikel 2:362 lid 1 BW gestelde eisen.

Ingevolge artikel 2:363 lid 3 BW, eerste volzin behoeft een post niet afzonderlijk te worden vermeld indien deze in het geheel van de jaarrekening van te verwaarlozen betekenis is voor het wettelijk vereiste inzicht.

De tweede volzin van dat artikel houdt in dat vermeldingen die krachtens Titel 9 vereist zijn achterwege mogen blijven voor zover zij op zichzelf genomen en tezamen met soortgelijke vermeldingen niet van relatieve betekenis zijn. De posten die op deze grond niet afzonderlijk worden vermeld, dienen te worden samengevoegd met gelijksoortige posten (RJ 115.212).

Voor de *balans* geldt dat indien een post groter is dan 5% van de balanstelling of groter is dan 10% van de rubriek waartoe hij behoort, wordt aanbevolen de post afzonderlijk te vermelden op grond van het vermoeden dat sprake is van een post van relatieve betekenis (RJ 115.214). Voor zover toepassing van het vorenstaande zou leiden tot

afzonderlijke vermelding van een post die kleiner is dan 1% van de balanstelling, kan veelal samenvoeging met andere posten plaatsvinden.
De te onderscheiden rubrieken in de balans zijn in de balansmodellen aangeduid door middel van Romeinse cijfers. Tevens worden als rubrieken aangemerkt de kortlopende schulden, de langlopende schulden alsmede de voorzieningen. De posten zijn in de balansmodellen aangeduid door middel van Arabische cijfers. Onder balanstelling wordt verstaan de som van de activa of van de passiva volgens de balans.

Voor de *winst-en-verliesrekening* geldt dat indien een resultaatspost groter is dan 5% van de toegevoegde waarde of groter is dan 10% van het totaal van de rubriek waartoe hij behoort, wordt aanbevolen de post afzonderlijk te vermelden op grond van het vermoeden dat sprake is van een post van relatieve betekenis (RJ 115.215).
Posten zijn regels in de modellen die niet met hoofdletters zijn weergegeven. Rubrieken worden gevormd door reeksen posten in de modellen, die niet door tussentellingen worden onderbroken. Zie paragraaf 4.2.2 voor de modellen.
Indien het Besluit modellen jaarrekening niet van toepassing is, wordt aanbevolen het onderscheid naar rubrieken en posten te ontlenen aan de door de rechtspersoon toegepaste opstelling (het model) van de balans en van de winst-en-verliesrekening dan wel exploitatierekening (RJ 115.216).

Materialiteit voor vermelding kapitaalbelangen (Dutch GAAP)
Ingevolge artikel 2:379 BW wordt vermelding gevraagd van gegevens omtrent kapitaalbelangen in de vennootschappelijke jaarrekening.
Indien de in de balans opgenomen waarde van een maatschappij als bedoeld in artikel 2:379 BW groter is dan 5% van de balanstelling volgens de enkelvoudige balans, wordt aanbevolen de in artikel 2:379 BW bedoelde gegevens afzonderlijk te vermelden op grond van het vermoeden dat sprake is van een relevante vermelding.
Indien op grond van het voorgaande vermelding van gegevens van meer dan één rechtspersoon of vennootschap achterwege zou kunnen blijven, kan het totaal van deze gegevens niettemin voor het vereiste inzicht van belang zijn. Vermelding mag slechts achterwege blijven voor zover de in de balans opgenomen gezamenlijke waarde van de niet-vermelde belangen, niet meer beloopt dan 15% van de balanstelling volgens de enkelvoudige balans (RJ 115.218).

Ingevolge artikel 2:414 lid 1 BW wordt vermelding gevraagd van gegevens omtrent kapitaalbelangen in de geconsolideerde jaarrekening.
Indien de in de geconsolideerde balans opgenomen waarde van de activa van een op grond van artikel 2:406 of artikel 2:409 BW in de consolidatie betrokken rechtspersoon of vennootschap groter is dan 5% van de waarde van de geconsolideerde activa van de verslaggevende rechtspersoon, wordt aanbevolen de in artikel 2:414 lid 1 BW bedoelde gegevens afzonderlijk te vermelden op grond van het vermoeden dat sprake is van een relevante vermelding. Indien de in de geconsolideerde balans opgenomen waarde van een niet in de consolidatie betrokken rechtspersoon of vennootschap groter is dan 5% van de waarde van de geconsolideerde activa van de verslaggevende rechtspersoon, wordt aanbevolen de in artikel 2:414 lid 1 BW bedoelde gegevens afzonderlijk te vermelden op grond van het vermoeden dat sprake is van een relevante vermelding (RJ 115.219).

Indien op grond van het voorgaande vermelding van gegevens van meer dan één rechtspersoon of vennootschap achterwege zou kunnen blijven, kan het totaal van deze gegevens niettemin voor het vereiste inzicht van belang zijn. Vermelding mag slechts achterwege blijven voor zover de in de geconsolideerde balans opgenomen waarde van niet-vermelde niet-geconsolideerde belangen vermeerderd met de in de geconsolideerde balans opgenomen waarde van de activa van de niet-vermelde in de consolidatie betrokken belangen, niet meer beloopt dan 15% van de waarde van de geconsolideerde activa van de verslaggevende rechtspersoon.

Indien evenwel de maatschappij een dochtermaatschappij is waarin een deelneming wordt gehouden die in de geconsolideerde jaarrekening overeenkomstig artikel 2:389 BW wordt verantwoord, mag vermelding van naam, woonplaats en het gehouden deel van het geplaatste kapitaal van de maatschappij niet achterwege blijven, indien vermelding dienstig is voor het wettelijk vereiste inzicht, ook al is de deelneming van te verwaarlozen betekenis (art. 2:414 lid 3 BW).

Materialiteit voor consolidatie van groepsmaatschappijen (Dutch GAAP)
In een geconsolideerde jaarrekening behoeft men geen gegevens te consolideren van groepsmaatschappijen waarvan de gezamenlijke betekenis te verwaarlozen is voor het geheel (art. 2:407 lid 1 BW). In dit geval is in de Richtlijnen niet gespecificeerd aan welk criterium de 'te verwaarlozen gezamenlijke betekenis' moet worden afgemeten.

Materialiteit onder IFRS
IFRS kent bewust geen kwantitatieve factoren ten aanzien van de materialiteit (in het verleden waren wel enkele kwantitatieve criteria opgenomen). Het beginsel speelt wel uitdrukkelijk een rol (IAS 1.29-31; IFRS practice statement 2 par. 44-45).

Materiële posten moeten afzonderlijk in de financiële overzichten worden gepresenteerd. Items die naar aard of functie hetzelfde zijn moeten afzonderlijk worden gepresenteerd, tenzij niet materieel. IAS 1.30 geeft aan dat posten in de primaire overzichten kunnen worden samengevoegd indien deze niet materieel zijn. Overigens kan het dan nog wel zo zijn dat de posten voldoende materieel zijn om in de toelichting op de jaarrekening op te nemen. In IAS 1.31 wordt expliciet aangegeven dat niet aan een specifieke toelichtingsvereiste uit een standaard of een interpretatie hoeft te worden voldaan als de informatie niet materieel is. Vooral over de vraag wanneer een specifieke vermeldingseis in IFRS wel of niet materieel is, bestaat in de praktijk veel discussie.

De OK heeft in haar uitspraak inzake Spyker Cars BV duidelijk aangegeven dat zij materialiteit ook in een IFRS-jaarrekening van een Nederlandse rechtspersoon erkent, alsmede dat haar primaire toetsing gebaseerd is op het oordeel of de jaarrekening als geheel aan het inzichtsvereiste (in de zin van art. 2:362 BW) voldoet. Dit heeft de OK in haar slotsom als volgt weergegeven:
'Die tekortkomingen zijn naar het oordeel van de Ondernemingskamer echter al met al niet zodanig ernstig dat moet worden gezegd dat het Financieel Verslag 2006 in zijn geheel, dan wel de jaarrekening 2006 (of overige gegevens) als onderdeel daarvan, niet voldoet(n) aan hetgeen op grond van de wet en IFRS is vereist. Voor zover voorts, zoals hiervoor is overwogen, sprake is van afwijkingen van IFRS met betrekking tot met name een aantal toelichtingsvereisten, acht de Ondernemingskamer deze, mede in het licht van de door Spyker toegezegde aanpassingen van deze punten in het financieel verslag 2007, evenmin zodanig ernstig dat het geven van specifieke aanwijzingen voor toekomstige jaarrekeningen zou zijn geboden.'

Toepassing van het materialiteitsbeginsel is vooral een actueel vraagstuk geworden onder IFRS omdat jaarrekeningen steeds omvangrijker werden en steeds meer de indruk ontstond dat ook niet-materiële informatie werd opgenomen, hetgeen de toegankelijkheid en leesbaarheid van jaarrekeningen beperkte. Dit heeft geleid tot publicaties als 'Cutting clutter' (van het Financial Reporting Committee in het Verenigd Koninkrijk) en 'Losing the excess bagage' (rapport van ICAS-NZICA ten behoeve van de IASB). Ook de AFM stelt in het rapport 'In balans 2014' dat de toename van informatie niet altijd leidt tot betere informatie. In vervolg op deze discussies heeft de IASB IAS 1 aangepast.
In december 2014 heeft de IASB in het kader van het project 'Disclosure Initiative' wijzigingen in IAS 1 'Presentation of Financial Statements' gepubliceerd.

De IASB heeft uit discussies afgeleid dat de richtlijnen rondom materialiteit in IAS 1 niet duidelijk zijn. Enkele misverstanden waren (IAS 1.BC 30B/C):
▶ informatie die niet materieel is voor de primaire overzichten, moet wel worden vermeld in de toelichting;
▶ indien IFRS een specifiek informatie-element benoemt dient dit altijd te worden opgenomen, ook als het niet-materieel zou zijn;
▶ indien een post wordt genoemd in de primaire staten, dienen alle informatie-elementen die bij die primaire post behoren in de toelichting te worden vermeld.

In IAS 1 is een additionele paragraaf 30A opgenomen waarin wordt aangegeven dat alle relevante feiten en omstandigheden in de beschouwing dienen te worden genomen bij de aggregatie van informatie in de jaarrekening, inclusief de toelichting. De begrijpelijkheid van de jaarrekening mag echter niet worden verminderd door materiële informatie te vermengen met niet-materiële informatie of door materiële informatie van verschillende aard te aggregeren. De IASB verbiedt echter niet het opnemen van niet-materiële informatie, omdat een dergelijk verbod niet operationeel zou zijn.

Voorts is IAS 1.31 verduidelijkt door te expliciteren dat een informatie-element niet hoeft te worden opgenomen indien dit element niet-materieel is, zelfs niet indien vermelding van dit element in IFRS als een specifieke eis is opgenomen of is omschreven in termen van een minimale informatieverplichting. IAS 1.31 benadrukt wel (in aansluiting op IAS 1.17c, zie par. 4.2.3) dat een entiteit dient te overwegen om additionele informatie op te nemen indien het opnemen van de in IFRS specifiek vereiste informatie-elementen onvoldoende is voor de gebruiker om de invloed van een specifieke transactie of gebeurtenis op de financiële positie en resultaten te doorgronden.

In aanvulling op de bepalingen inzake materialiteit heeft de IASB Practice Statement 2 'Making Materiality Judgements' gepubliceerd. Hierin wordt een handreiking gegeven in de vorm van een stappenplan bij de beoordeling van materialiteit. Benadrukt wordt dat naast beoordeling van materialiteit op het niveau van individuele posten of informatie-elementen ook een materialiteitsbeoordeling van de concept-jaarrekening als geheel noodzakelijk is. Practice Statements zijn geen standaarden en toepassing is niet verplicht. Volgens de definitie van de IASB is informatie materieel indien het redelijkwijs verwacht kan worden dat het weglaten, foutief opstellen of verbergen de beslissingen beïnvloeden die de primaire gebruikers van de jaarrekening nemen op basis van de verstrekte informatie.

4.4.3.5 Waarderingsonzekerheid

In het Framework heeft de IASB alinea's opgenomen over waarderingsonzekerheid (Framework par. 2.19 en 2.22). Gesteld wordt dat de mate van waarderingsonzekerheid de relevantie van informatie beïnvloedt. Waarderingsonzekerheid ontstaat als de waarde van een actief of verplichting niet direct kan worden waargenomen en schattingen moeten worden gemaakt (zie par. 4.2.3). Schattingen maken een jaarrekening niet minder relevant, maar de schatting dient wel adequaat te worden beschreven en toegelicht. Een hoge mate van onzekerheid kan nog altijd leiden tot relevante informatie, maar in dat geval dient te worden afgewogen of andere factoren dan waardering tegen deze onzekere waarde niet belangrijker zijn in het geven van relevante informatie. Dit kan bijvoorbeeld betekenen dat indien de reële waarde van een actief of verplichting in hoge mate onzeker is (doordat objectiveerbare marktgegevens niet voorhanden zijn), dit er mogelijk toe kan leiden dat waardering plaatsvindt op basis van historische kostprijs, met aanvullende informatie over mogelijke invullingen van en onzekerheden omtrent de reële waarde in de toelichting.

4.4.4 Betrouwbaarheid/Getrouwe weergave
4.4.4.1 Algemeen
Het kenmerk Betrouwbaarheid houdt in dat de informatie vrij moet zijn van wezenlijke onjuistheden en vooroordelen, en dat gebruikers ervan uit mogen gaan dat de informatie getrouw weergeeft hetgeen zij voorgeeft weer te geven of hetgeen zij in redelijkheid verwacht mag worden weer te geven (RJ 930.31; zie ook par. 4.6.1). Dit kenmerk gaat volgens het Stramien gepaard met een aantal subkenmerken; dit zijn:
- getrouwe weergave: informatie dient een getrouw beeld te geven van de transacties en gebeurtenissen die zij voorgeeft weer te geven of in redelijkheid verwacht mag worden weer te geven (RJ 930.33/34);
- 'substance over form' of 'het wezen gaat boven de vorm' (RJ 930.35);
- onpartijdigheid: vrij van vooringenomenheid (RJ 930.36);
- voorzichtigheid (RJ 930.37);
- volledigheid; informatie dient volledig te zijn binnen de grenzen gevormd door wat van relatieve betekenis is en de kosten van vervaardiging (RJ 930.38).

Op twee van deze subkenmerken gaan wij hierna nader in: 'substance over form' en 'voorzichtigheid'.

In het Framework van de IASB komt het begrip betrouwbaarheid ('reliability') niet voor als kwalitatief kenmerk. In de plaats daarvan is het begrip Getrouwe weergave ('Faithful representation') opgenomen. Getrouwe weergave is naar de mening van de IASB een betere term om de bedoeling van het begrip Betrouwbaarheid te omvatten. Getrouwe weergave omvat drie aspecten: volledigheid van informatie, onpartijdigheid van informatie en juistheid van informatie.
De kenmerken 'substance over form' en 'voorzichtigheid' worden ook vermeld in het Framework.

4.4.4.2 'Substance over form'
Wil informatie een getrouwe weergave zijn van de transacties en gebeurtenissen die zij pretendeert weer te geven, dan is het noodzakelijk dat deze worden verantwoord en weergegeven in overeenstemming met hun wezen en de economische realiteit ('substance'), en niet slechts hun juridische gedaante ('form') (RJ 930.35 en RJ 115.106). Wezen en vorm kunnen verschillen. Een onderneming zou bijvoorbeeld een actief op zodanige wijze aan een derde kunnen overdragen, dat sprake is van juridische eigendomsoverdracht aan die derde terwijl de onderneming feitelijk de toekomstige economische voordelen die in het actief belichaamd zijn blijft genieten. In dergelijke omstandigheden zou het verantwoorden van een verkoop geen getrouwe weergave zijn van de transactie die men is aangegaan (RJ 930.35).

In de jaarrekening dient derhalve de economische realiteit van transacties te worden weergegeven. De economische realiteit van transacties wordt bepaald door de middelen die als gevolg van die transacties waarschijnlijk naar de rechtspersoon zullen toevloeien of uit de rechtspersoon zullen wegstromen, in samenhang met de daaraan verbonden economische risico's (RJ 115.107). Daarbij dient te worden uitgegaan van het geheel van samenhangende transacties (RJ 115.108). Samenhangende transacties zijn individuele transacties die gezamenlijk noodzakelijk zijn om het beoogde effect te bereiken.

Volgens het Framework van de IASB is 'substance over form' inherent aan een getrouwe weergave: er kan alleen van een getrouwe weergave sprake zijn indien de transactie of gebeurtenis wordt weergegeven op basis van de economische realiteit 'substance' en niet alleen de juridische vorm (Framework par. 2.12).

4 Algemene grondslagen

Het 'substance over form'-beginsel is ook opgenomen in de in 2013 gepubliceerde EU-richtlijn jaarrekeningen. Dit beginsel is echter niet overgenomen in Titel 9, omdat 'substance over form' geacht wordt inherent te zijn aan het algemene inzichtsvereiste.

> **Voorbeeld 'substance over form' (onder de Richtlijnen)**
> Het bekendste voorbeeld van toepassing van 'substance over form' betreft financiële leasing. Hoewel in dat geval de lessor de juridische eigenaar is, loopt de lessee feitelijk alle of nagenoeg alle economische risico's ten aanzien van het geleasede actief. Om die reden dient de lessee het actief en de daarmee samenhangende leaseverplichting in de balans op te nemen. Dit betekent ook dat indien een vennootschap een 'sale and financial leaseback'-transactie aangaat (het verkopen van een actief en het permanent terughuren daarvan) dit niet als een verkoop van het actief wordt aangemerkt, ook al is daar juridisch wel sprake van.

4.4.4.3 Voorzichtigheidsbeginsel

Aan vele transacties zijn onvermijdelijk onzekerheden verbonden. Volgens artikel 2:384 lid 2 BW wordt bij de toepassing van de grondslagen voor de waardering en de resultaatbepaling voorzichtigheid betracht. Artikel 2:384 lid 2 BW bepaalt in dit verband dat verliezen en risico's die hun oorsprong vinden voor het einde van het boekjaar, in acht worden genomen indien zij voor het opmaken van de jaarrekening bekend zijn geworden.

Evenals het realisatiebeginsel heeft ook het voorzichtigheidsbeginsel aan betekenis ingeboet. In het Stramien wordt uitgegaan van een zekere gelijkmatige behandeling van voordelen en nadelen. Onzekerheid over toekomstige voordelen, zoals bij actieve latenties uit hoofde van voorwaartse verliescompensatie of uitgaven voor ontwikkelingskosten, zijn op zich geen reden om geen actiefpost te onderscheiden. Voorzichtigheid heeft zich in het Stramien van de Raad voor de Jaarverslaggeving verplaatst van de voorzichtigheid bij de keuze van grondslagen naar voorzichtigheid van schattingen die de basis vormen van de waardering en resultaatbepaling. Het Stramien van de Raad voor de Jaarverslaggeving en RJ 135.203 beschrijven voorzichtigheid als het inbouwen van een mate van zorg bij het vormen van de oordelen die nodig zijn bij het maken van de noodzakelijke schattingen in situaties van onzekerheid, zodanig dat activa of baten niet te hoog en vreemd vermogen of kosten niet te laag worden weergegeven. Het betrachten van voorzichtigheid laat bijvoorbeeld niet toe om stille reserves of overdreven voorzieningen te creëren, dan wel activa of baten opzettelijk te laag of vreemd vermogen of kosten opzettelijk te hoog op te nemen (RJ 930.37). De jaarrekening zou dan niet onpartijdig zijn en dus het kenmerk van betrouwbaarheid missen.

In het Framework is het kenmerk Voorzichtigheid opgenomen met dezelfde betekenis als in het Stramien, namelijk het inbouwen van een mate van zorg bij het maken van schattingen. Een verschil is wel dat Voorzichtigheid formeel uitdrukkelijk ondergeschikt is gemaakt aan Onpartijdigheid (of Neutraliteit): er kan geen sprake zijn van asymmetrische voorzichtigheid waarbij lasten anders worden behandeld dan baten. Materieel is er geen verschil met de plaats van Voorzichtigheid in het Stramien.

4.4.5 Vergelijkbaarheid
4.4.5.1 Algemeen

Vergelijkbaarheid houdt in dat gebruikers in staat moeten zijn om de jaarrekeningen van ondernemingen in de tijd te vergelijken (tijdsvergelijking), en van verschillende ondernemingen onderling te vergelijken (bedrijfsvergelijking). Door middel van tijdsvergelijking kunnen gebruikers ontwikkelingen in de financiële positie en de resultaten onderkennen. Door middel van bedrijfsvergelijking is de relatieve positie wat betreft de financiële positie en de resultaten en de daarin opgetreden wijzigingen te beoordelen. Het is van belang dat de grondslagen van waardering en resultaatbepaling zodanig duidelijk zijn, dat onderlinge vergelijking, met name ook in internationaal verband, uitvoerbaar is.

Het Stramien onderstreept in dit verband dat de noodzaak tot vergelijkbaarheid niet mag worden verward met louter uniformiteit en niet mag ontaarden in een belemmering voor het invoeren van verbeterde grondslagen van verslaggeving (RJ 930.41). Juist om die laatste reden is vergelijkbaarheid in het Framework niet meer een hoofdkenmerk (een fundamenteel kenmerk), maar een overig kenmerk. Dit heeft primair betrekking op vergelijkbaarheid in de tijd. Het realiseren van vergelijkbaarheid tussen ondernemingen door het opstellen van eenduidige standaarden met geen of weinig keuzevrijheid is onverminderd een hoofddoelstelling van de IASB.

In verband met de eis van vergelijkbaarheid stelt de wet dat zo veel mogelijk bij iedere post van de jaarrekening het bedrag van het voorafgaande jaar wordt vermeld (art. 2:363 lid 5 BW; IAS 1.38). Dit geldt niet alleen voor posten in de balans en winst-en-verliesrekening, maar ook voor alle bedragen opgenomen in het kasstroomoverzicht en eveneens zo veel mogelijk voor alle geldbedragen die in de toelichting worden vermeld (RJ 110.127, IAS 1.38). Voorts worden in verband met de eis van vergelijkbaarheid eisen gesteld aan het doorvoeren van stelselwijzigingen (RJ 140.211, IAS 1.40A) zie hierna) en aan de noodzaak tot aanpassing van vergelijkende cijfers indien stelselwijzigingen zijn doorgevoerd (zie par. 28.3.2). In IFRS is het onder omstandigheden verplicht om ter wille van vergelijkbaarheid niet alleen eindbalanscijfers van het vorig boekjaar, maar ook de beginbalanscijfers van dat vorige boekjaar te presenteren (IAS 1.40B). Er worden dan dus drie balansen opgenomen. Een dergelijke omstandigheid is de situatie waarin een onderneming een stelselwijziging (retrospectieve wijziging of herclassificatie) doorvoert die een materieel effect heeft op de balans (IAS 1.40A). Het is niet verplicht om dan ook de vergelijkende cijfers in de toelichting die betrekking hebben op de beginbalans op te nemen (IAS 1.40C).

Een ander aspect van vergelijkbaarheid betreft in de tijd afwijkende boekjaren. Net zoals de IASB (IAS 1.36) bepaalt de Raad voor de Jaarverslaggeving in RJ 110.104 dat indien een jaarrekening wordt gepresenteerd voor een periode langer of korter dan een jaar, de rechtspersoon, behalve de periode waarover wordt gerapporteerd, de reden dient toe te lichten van de langere of kortere periode en het feit dat de vergelijkende cijfers over de voorgaande periode niet vergelijkbaar zijn.

4.4.5.2 Stelselmatigheidsbeginsel

Een directe relatie met het kwalitatieve kenmerk vergelijkbaarheid heeft het stelselmatigheidsbeginsel.
Het geheel van grondslagen en regels voor het opstellen van de jaarrekening wordt wel aangeduid met het begrip 'stelsel'. Daarbij kan onderscheid worden gemaakt tussen (RJ 110.117):
- de grondslagen voor waardering van activa en passiva (verplichtingen), alsmede de grondslagen voor resultaatbepaling (zie par. 4.7);
- de criteria betreffende de noodzaak respectievelijk de toelaatbaarheid van rechtstreekse mutaties van het eigen vermogen (zie par. 15.4.1);
- de consolidatiegrondslagen (zie hoofdstuk 23);
- de grondslagen voor de indeling en andere aspecten van de presentatie (zie par. 5.1.4 en hoofdstuk 21);
- de grondslagen voor het opstellen van het kasstroomoverzicht (zie hoofdstuk 20).

Het beginsel van stelselmatigheid houdt in dat voor naar aard en gebruik gelijksoortige activa of activiteiten dezelfde grondslagen en regels dienen te worden toegepast (IAS 8.7, RJ 140.202), en dat een eenmaal gekozen stelsel dient te worden gehandhaafd tenzij de situatie aanleiding geeft tot stelselwijziging (RJ 140.203, IAS 1.45 en 8.13). De wet stelt de eis van stelselmatigheid in artikel 2:362 BW. De wet werkt deze eis uit voor de indeling van de balans en winst-en-verliesrekening (art. 2:363 lid 4 BW) en voor de grondslagen van waardering en resultaatbepaling (art. 2:384 lid 6 BW). Een wijziging is slechts toegestaan wegens gegronde redenen. De redenen voor wijziging moeten worden uiteengezet. Tevens moet inzicht worden gegeven in de betekenis voor het vermogen en het resultaat aan de hand van aangepaste cijfers voor het boekjaar. Op grond van RJ 140.206 dient tot een stelselwijziging te worden overgegaan indien de wet dat vereist, indien dat door de Richtlijnen wordt verlangd of indien wijziging leidt tot een belangrijke verbetering van het inzicht dat de jaarrekening geeft. Ingevolge IAS 8.14 is het slechts toegestaan voor een onderneming het stelsel te wijzigen indien dit wordt geëist door een standaard of interpretatie of indien de jaarrekening na aanpassing van de grondslagen een beter inzicht geeft. Zie verder hoofdstuk 28.

4.4.6 Overige kenmerken en randvoorwaarden

Een kenmerk dat is opgenomen in het Framework van de IASB maar niet in dat van de Raad voor de Jaarverslaggeving is Verifieerbaarheid. Hieronder wordt verstaan dat verschillende deskundigen tot vergelijkbare conclusies kunnen komen. In het Stramien van de Raad voor de Jaarverslaggeving kan dit begrepen worden onder Betrouwbaarheid, ook al wordt dit niet als zodanig genoemd.

Naast de vier genoemde kwalitatieve kenmerken onderscheidt het Stramien van de Raad voor de Jaarverslaggeving twee randvoorwaarden: tijdigheid en afweging van nut en kosten. Voorts kan sprake zijn van een afweging tussen de vier elementen. In het Framework van de IASB is tijdigheid opgenomen als overig kenmerk en resteert alleen de afweging van nut en kosten als randvoorwaarde.

Tijdigheid

Het aspect tijdigheid (RJ 930.43, Framework par. 2.33) heeft directe raakvlakken met de kwalitatieve kenmerken relevantie en betrouwbaarheid. Het tijdig verschaffen van informatie is een element van relevantie. Immers, hoe eerder informatie bekend is, des te adequater kunnen gebruikers tot een oordeelsvorming komen. Wel dient te worden voldaan aan de eis dat deze informatie betrouwbaar is. Dit kan een vertraging in de tijdigheid met zich brengen. Aan de andere kant, indien met het verschaffen van informatie wordt gewacht totdat alle informatie volledig betrouwbaar is, kan het zijn dat deze informatie niet meer relevant is. Het Framework geeft aan dat bij deze afweging van doorslaggevende overweging dient te zijn hoe op de beste wijze de behoeften van gebruikers worden gediend.

Afweging van nut en kosten

De afweging van nut en kosten is geen kwalitatief element, maar een beperking. Het nut van informatie moet opwegen tegen de kosten (RJ 930.44, Framework par. 2.39-43). De afweging daarvan is een lastige, mede omdat het nut bij gebruikers kan liggen, terwijl de kosten voor de vennootschappen zijn. Deze afweging kan ook worden gemaakt op het niveau van de wet- en regelgeving, bijvoorbeeld door vrijstellingen te geven voor kleinere ondernemingen. In Nederland is daarvan sprake (zie hoofdstuk 44).

Afweging van kwalitatieve kenmerken

Kwalitatieve kenmerken kunnen leiden tot verschillende uitkomsten en in dat geval kunnen afwegingen noodzakelijk zijn (RJ 930.45). Het Framework van de IASB (par. 2.20-22, 2.37-38) geeft aan dat een jaarrekening altijd tegelijkertijd zal moeten voldoen aan de fundamentele kwalitatieve kenmerken relevantie en getrouwe weergave. Voor de overige kwalitatieve kenmerken geldt dat daaraan zo goed mogelijk moet worden voldaan, maar dat deze nooit voorrang kunnen krijgen boven de fundamentele kenmerken.

4.5 Elementen van de jaarrekening
4.5.1 Algemeen

Jaarrekeningen geven de financiële gevolgen van transacties en andere gebeurtenissen weer door ze naar hun economische kenmerken in grote groepen in te delen. Deze grote groepen worden de elementen van de jaarrekening genoemd. De elementen die rechtstreeks betrekking hebben op de evaluatie van de financiële positie in de balans zijn activa, vreemd vermogen (verplichtingen) en eigen vermogen. De elementen die rechtstreeks betrekking hebben op de evaluatie van de financiële prestaties in de winst-en-verliesrekening zijn baten en lasten. Belangrijk is de constatering dat in het Stramien de activa en passiva, en daarmee de balans, centraal staan. De baten en lasten, en daarmee de winst-en-verliesrekening, zijn daarvan een afgeleide. Er is daarom sprake van een balansbenadering.

Algemene eis in de wet (art. 2:385 lid 1 BW) is dat activa en passiva (verplichtingen) in beginsel afzonderlijk worden gewaardeerd. Dit betekent dat saldering en groepering maar in beperkte mate mogelijk is. Saldering is uitsluitend toegestaan, en dan ook verplicht, indien en voor zover (RJ 115.305):
▶ de rechtspersoon over een deugdelijk juridisch instrument beschikt om het actief en de post van het vreemd vermogen gesaldeerd en simultaan af te wikkelen;
▶ de rechtspersoon het stellige voornemen heeft het saldo als zodanig of beide posten simultaan af te wikkelen.

IAS 1.32 stelt dat saldering van posten niet is toegestaan, tenzij dit uitdrukkelijk wordt vereist of toegestaan door een standaard of interpretatie. IAS 32 eist de saldering van financiële activa en passiva indien aan bepaalde voorwaarden is voldaan (IAS 32.42). Dit zijn dezelfde voorwaarden als hierboven genoemd. Hierop wordt nader ingegaan in paragraaf 30.3.4.

4.5.2 Activa
4.5.2.1 Algemeen

Een actief wordt in het Stramien gedefinieerd als een uit gebeurtenissen in het verleden voortgekomen middel, waarover de onderneming de beschikkingsmacht heeft en waaruit in de toekomst naar verwachting economische voordelen naar de onderneming zullen vloeien (RJ 930.49, RJ 115.102). In Nederland vallen hieronder ook de vooruitbetaalde kosten, al vallen zij strikt genomen niet onder de definitie van activa (RJ 115.102).

Hoofdstuk 4 van het Framework is gewijd aan de elementen van de jaarrekening. Het Framework is opgesteld vanuit de balansbenadering, activa en vreemd vermogen staan voorop, de baten en lasten zijn daarvan afgeleid. De definities van de elementen verschillen echter van de definities zoals gesteld in het Stramien. Een actief is een bestaand economisch middel, voortgekomen uit gebeurtenissen in het verleden, waarover de onderneming de beschikkingsmacht heeft (Framework par. 4.3-4.5). Een economisch middel heeft het potentieel om economische voordelen te creëren (Framework par. 4.2).

Het toekomstige economische voordeel dat een actief in zich bergt, wordt gevormd door de potentie om, direct of indirect, bij te dragen aan de stroom van geldmiddelen naar de onderneming (RJ 930.53; Framework, par. 4.14). De toekomstige economische voordelen die een actief in zich bergt, kunnen op verschillende wijzen naar de onderneming vloeien (RJ 930.55; Framework par. 4.16).

Bijvoorbeeld kan een actief:
a. gebruikt worden, afzonderlijk of in combinatie met andere activa, bij de productie van door de onderneming te verkopen goederen of diensten;
b. verwisseld worden in andere activa;
c. gebruikt worden om een verplichting af te wikkelen;
d. gebruikt worden om contractuele kasstromen te ontvangen.

4 Algemene grondslagen

Aan vele activa, bijvoorbeeld vorderingen en onroerende goederen, zijn juridische rechten verbonden, met inbegrip van het eigendomsrecht (RJ 930.57; Framework par. 4.22). Bij het vaststellen van het bestaan van een actief is het eigendomsrecht niet essentieel. De activa van een onderneming komen voort uit vroegere transacties of andere gebeurtenissen in het verleden, zoals aankoop, productie of schenking (RJ 930.58; Framework par. 4.3). Verwachte toekomstige transacties of gebeurtenissen geven op zichzelf geen aanleiding tot het onderkennen van activa.

Bij de rubricering van activa bestaan soms verschillende mogelijkheden, bijvoorbeeld rubricering van effecten onder vlottende activa of onder financiële vaste activa. De rechtspersoon bepaalt in die gevallen de rubricering op basis van de redelijkerwijs uitvoerbaar te achten beleidsvoornemens (RJ 110.128). Artikel 9 van het Besluit modellen jaarrekening stelt in dit verband dat, indien het inzicht daardoor wordt gediend, vermeld wordt onder welke andere post of posten het bedrag kon worden opgenomen, hoe groot dat bedrag is en waarop het betrekking heeft.

4.5.2.2 Onderscheid vast/vlottend

Het onderscheid tussen vast en vlottend wordt aangebracht om de gebruiker inzicht te geven in de liquiditeitspositie van de rechtspersoon (RJ 190.204). Het maken van de indeling van activa en verplichtingen in vlottend en niet-vlottend (kortlopend/langlopend) is ook onder IFRS voorgeschreven (IAS 1.60).

Het onderscheid tussen vast en vlottend kan aan de hand van verschillende criteria worden gemaakt. De Nederlandse wetgever heeft ervoor gekozen om het onderscheid afhankelijk te maken van de functie van het actief in het bedrijfsproces: 'Op de balans worden de activa onderscheiden in vaste en vlottende activa, al naar gelang zij zijn bestemd om de uitoefening van de werkzaamheid van de rechtspersoon al of niet duurzaam te dienen' (art. 2:364 lid 1 BW; RJ 190.205). Onder duurzame verbondenheid wordt dan verstaan: langer dan benodigd voor het leveren van een enkel goed of het verrichten van een enkele dienst.
Een actief dient als vlottend te worden geclassificeerd indien (RJ 190.206):
a. de verwachting is dat het actief zal worden gerealiseerd of wordt gehouden voor de verkoop of het gebruik, binnen de normale productiecyclus van de activiteiten van de rechtspersoon; of
b. het actief primair wordt gehouden voor de verkoop of voor de korte termijn en de verwachting is dat realisatie van het actief zal plaatsvinden binnen twaalf maanden na de balansdatum; of
c. er sprake is van liquide middelen of van een equivalent van liquide middelen dat niet beperkt is in zijn aanwendbaarheid.

IAS 1 hanteert een enigszins andere definitie voor vlottende activa dan de Richtlijnen. IAS 1.66 voegt aan bovenstaande drie criteria nog een looptijdcriterium als zelfstandig criterium toe: als het actief naar verwachting binnen twaalf maanden na balansdatum zal worden gerealiseerd, is sprake van een vlottend actief. De Richtlijnen koppelen het looptijdcriterium aan het criterium van aanhouden voor de verkoop.
Indien de functie van het actief onvoldoende duidelijkheid geeft omtrent de keuze tussen vast en vlottend, kan vervolgens ook onderscheid worden gemaakt aan de hand van de looptijd van een actief (zoals bij vorderingen), of de aard van een actief (zoals bij onroerende zaken). De intentie van de leiding van de rechtspersoon kan ook van betekenis zijn (RJ 190.207/209). Indien bijvoorbeeld een onroerende zaak wordt aangekocht met de intentie deze op korte termijn weer te verkopen, dient het actief als vlottend te worden gerubriceerd. De IASB tracht 'management intenties' zo veel mogelijk te objectiveren, bijvoorbeeld door in IAS 1.66 te spreken van 'verwachtingen' ('expects').

4.5.2.3 Bijzondere bepalingen omtrent vorderingen en voorraden

Ten aanzien van vorderingen bepaalt RJ 190.207 dat indien een deel van de vorderingen die onder de financiële vaste activa zijn opgenomen binnen twaalf maanden na balansdatum opeisbaar wordt, dit bedrag afzonderlijk dient te worden toegelicht dan wel dient te worden gepresenteerd onder de vlottende activa, waarbij de wijze van presentatie dient te worden uiteengezet. In RJ 222.102 wordt nog gesteld dat de tot de vlottende activa behorende vorderingen in het algemeen op korte termijn aflopen. Een vordering wordt gewoonlijk geacht op korte termijn af te lopen indien zij opeisbaar is in een periode niet langer dan een jaar.

De duur van de normale productiecyclus en de functie daarin van het actief prevaleert boven de termijn waarbinnen het actief na balansdatum wordt gerealiseerd. Dit betekent dat voorraden en debiteuren als vlottende activa moeten worden aangemerkt als zij zijn ontstaan als onderdeel van de normale productiecyclus, ook al is de verwachting dat zij niet binnen twaalf maanden na balansdatum te gelde worden gemaakt of anderszins worden aangewend (RJ 190.206, IAS 1.66-68).

4.5.3 Vreemd vermogen/verplichtingen
4.5.3.1 Algemeen

Vreemd vermogen wordt in het Stramien en het Framework gedefinieerd als bestaande verplichtingen van de onderneming die voortkomen uit gebeurtenissen in het verleden, waarvan de afwikkeling naar verwachting resulteert in een uitstroom uit de onderneming van middelen die economische voordelen in zich bergen (RJ 930.49; Framework par. 4.26-27).

Onder posten van vreemd vermogen worden ook voorzieningen begrepen. Voorts vallen hieronder in Nederland de vooruitontvangen baten, al vallen zij strikt genomen niet onder de definitie van vreemd vermogen (RJ 115.102). Een essentieel kenmerk van vreemd vermogen is dat er voor de onderneming een verplichting bestaat (RJ 930.60; Framework par. 4.28-29). Een verplichting is een plicht of verantwoordelijkheid om op bepaalde manier te handelen of te presteren. Verplichtingen kunnen rechtens afdwingbaar zijn als gevolg van een bindende overeenkomst of wettelijk vereiste. Dit is bijvoorbeeld veelal het geval met bedragen die betaald moeten worden voor ontvangen goederen en diensten. Verplichtingen ontstaan echter ook uit de normale bedrijfsuitoefening, uit gewoonte en uit de wens om goede zakelijke verhoudingen te handhaven of op een billijke wijze te handelen. Indien bijvoorbeeld een onderneming tot de gedragslijn besluit om gebreken in haar producten te herstellen, zelfs wanneer deze blijken nadat de garantietermijn is verstreken, zijn de bedragen die naar verwachting moeten worden besteed met betrekking tot reeds verkochte goederen, verplichtingen.

Onderscheid moet worden gemaakt tussen een huidige verplichting en een verbintenis die in de toekomst opkomt (RJ 930.61; Framework par. 4.47). Een beslissing van het bestuur van een onderneming om in de toekomst activa te verwerven, geeft op zichzelf geen aanleiding tot het ontstaan van een huidige verplichting.

De afwikkeling van een bestaande verplichting houdt gewoonlijk in dat de onderneming, om de aanspraak van de derde te bevredigen, middelen afstaat die economische voordelen in zich bergen (RJ 930.62; Framework par. 4.39). Afwikkeling van een bestaande verplichting kan op een aantal manieren geschieden, bijvoorbeeld door:
a. betaling van kasmiddelen;
b. overdracht van andere activa;
c. het verlenen van diensten;
d. vervanging van de verplichting door een andere verplichting; of
e. omzetting van de verplichting in eigen vermogen.

4 Algemene grondslagen

Een verplichting kan ook op andere wijze tenietgaan, zoals wanneer een crediteur van zijn rechten afstand doet of die verspeelt.

4.5.3.2 Onderscheid kortlopend/langlopend
Ook ten aanzien van verplichtingen geldt het onderscheid tussen kortlopend en langlopend. IAS 1 hanteert een enigszins andere definitie van het begrip kortlopende verplichtingen dan de Richtlijnen.

De Richtlijnen hanteren bij verplichtingen uitsluitend het criterium van de resterende looptijd. Is de looptijd op de balansdatum korter dan twaalf maanden dan is sprake van een kortlopende schuld. Is de looptijd op de balansdatum langer dan twaalf maanden dan is sprake van een langlopende schuld. Als een deel van de langlopende schuld vervalt binnen twaalf maanden dan wordt aanbevolen (niet voorgeschreven) dit deel onder de kortlopende schulden te presenteren.

IAS 1.69 stelt dat sprake is van een kortlopende schuld indien aan één van de volgende criteria is voldaan:
- de verplichting zal naar verwachting worden afgewikkeld binnen de normale productiecyclus van de rechtspersoon;
- de verplichting wordt primair aangehouden voor handelsdoeleinden;
- de verplichting zal naar verwachting binnen twaalf maanden na balansdatum worden afgewikkeld;
- de rechtspersoon heeft geen onvoorwaardelijk recht om de afwikkeling van de verplichting uit te stellen gedurende minimaal twaalf maanden na balansdatum.

Zie voor een verdere uitwerking van het onderscheid kortlopend/langlopend paragraaf 19.5.2.

Toekomstige regelgeving
De IASB heeft IAS 1 aangepast, waardoor voor boekjaren aanvangend op of na 1 januari 2023 de classificatie kortlopend/langlopend kan wijzigen. De aanpassingen verduidelijken hoe het onvoorwaardelijke recht om niet tot betaling over te gaan zich verhoudt tot de intenties van de onderneming. Daarnaast wordt verduidelijkt dat de afwikkeling ook op een andere manier dan een betaling kan zijn, zoals met eigen-vermogensinstrumenten.

4.5.4 Eigen vermogen
In het Stramien en het Framework wordt het eigen vermogen gedefinieerd als het overblijvende belang in de activa van de onderneming na aftrek van al haar vreemd vermogen (RJ 930.49; Framework par. 4.63; RJ 115.102). Hoewel eigen vermogen als een resterend saldo is gedefinieerd, kan het in de balans worden onderverdeeld (RJ 930.65; Framework par. 4.64-65). In een rechtspersoonlijkheid bezittende onderneming (zoals een kapitaalvennootschap) kunnen bijvoorbeeld afzonderlijk worden getoond de middelen die door aandeelhouders zijn verschaft, ingehouden winsten, reserves ontstaan uit verdeling van ingehouden winsten en reserves die de instandhouding van kapitaal beogen. Dergelijke onderverdelingen kunnen relevant zijn voor de besluitvormingsbehoeften van de gebruikers van jaarrekeningen, wanneer zij een aanwijzing vormen voor wettelijke of andere beperkingen op de mogelijkheid voor de onderneming om uitdelingen te verrichten, of over het eigen vermogen op andere wijze te beschikken. Zij kunnen ook het feit weergeven dat personen met eigendomsbelangen in een onderneming verschillende rechten hebben met betrekking tot het ontvangen van dividenden of de terugbetaling van kapitaal. Zie verder hoofdstuk 15.

Het bedrag waarvoor het eigen vermogen in de balans wordt getoond, is afhankelijk van de waardering van activa en vreemd vermogen (RJ 930.67; Framework par. 6.87-6.90).

4.5.5 Baten

Baten worden in het Stramien (RJ 930.70) gedefinieerd als vermeerderingen van het economische potentieel gedurende de verslagperiode in de vorm van instroom van nieuwe of verhoging van bestaande activa, dan wel vermindering van vreemd vermogen, een en ander uitmondend in toename van het eigen vermogen, anders dan door bijdragen van deelhebbers daarin (aandeelhouders, leden). In het Framework worden baten gedefinieerd als een vermeerdering in activa, of een vermindering in passiva, die tot een vermeerdering van het eigen vermogen leidt, anders dan door bijdragen van deelhebbers daarin (aandeelhouders, leden) (Framework par. 4.68). Niet alle baten behoeven in de winst-en-verliesrekening te worden opgenomen. Zo zijn volgens deze definitie herwaarderingen van activa 'baten', onafhankelijk van de vraag of deze al dan niet bij realisatie (alsnog) in het resultaat worden opgenomen (zie par. 4.8). Op baten wordt nader ingegaan in paragraaf 5.1.2.

4.5.6 Lasten

In het Stramien worden lasten gedefinieerd als verminderingen van het economische potentieel gedurende de verslagperiode in de vorm van uitstroom of uitputting van activa, dan wel het ontstaan van vreemd vermogen, een en ander uitmondend in afname van het eigen vermogen, anders dan door uitdelingen aan deelhebbers daarin (RJ 930.70). In het Framework zijn lasten gedefinieerd als verminderingen in activa, of vermeerderingen van schulden, die leiden tot een vermindering van het eigen vermogen, anders dan door uitdelingen aan deelhebbers daarin (Framework par. 4.69). Evenals voor baten geldt dat niet alle lasten in de winst-en-verliesrekening behoeven te worden opgenomen. Op lasten wordt nader ingegaan in paragraaf 5.1.2.

4.6 Verwerking van elementen in de jaarrekening

4.6.1 Het opnemen van elementen ('recognition')

Niet alle elementen worden altijd opgenomen in de balans of in de winst-en-verliesrekening. Opneming in de balans of winst-en-verliesrekening van een post die onder de definitie van een element (actief, passief, bate of last) valt (ook wel aangeduid met de term 'verwerking') vindt plaats indien is voldaan aan de criteria voor opneming die hierna uiteengezet worden. Opneming houdt in het uitdrukken van de post in woorden en met een geldbedrag, en het opnemen van dat bedrag in de totalen van balans of winst-en-verliesrekening. Posten die aan de criteria voor verwerking voldoen, behoren in de balans of winst-en-verliesrekening te worden opgenomen.

Er is een verschil tussen het Stramien en het Framework met betrekking tot de verwerking van elementen in de jaarrekening. In het Stramien wordt gesteld dat een post die aan de definitie van een element voldoet, moet worden verwerkt indien (RJ 930.83; RJ 115.104/105):
a. het waarschijnlijk is dat enig aan die post verbonden toekomstig economisch voordeel naar of uit de onderneming zal vloeien; en
b. de post een kostprijs of waarde heeft waarvan de omvang met betrouwbaarheid kan worden vastgesteld.

Ad a. De waarschijnlijkheid van toekomstig economisch voordeel

Het begrip waarschijnlijkheid wordt in de verwerkingscriteria gebruikt met het oog op de mate van onzekerheid over het naar of uit de onderneming vloeien van de toekomstige economische voordelen die aan de post zijn verbonden (RJ 930.85). Er is in het algemeen sprake van een waarschijnlijk toekomstig economisch voordeel indien de kans op dit voordeel groter is dan 50% ('more likely than not').

Het begrip waarschijnlijkheid sluit aan op de onzekerheid die de omgeving karakteriseert waarin een onderneming werkzaam is. Schattingen van de mate van onzekerheid die verbonden is aan de stroom van toekomstige economische voordelen worden gemaakt op basis van de beschikbare gegevens ten tijde van het opmaken van de jaarrekening.

Ad b. Betrouwbaarheid van de waardering

Het tweede criterium voor de verwerking van een post is dat deze een kostprijs of waarde heeft waarvan de omvang met betrouwbaarheid kan worden vastgesteld (RJ 930.86). In veel gevallen moet de kostprijs of waarde worden geschat; het gebruik van redelijke schattingen is een essentieel onderdeel van het opstellen van jaarrekeningen en ondergraaft hun betrouwbaarheid niet. Indien echter geen redelijke schatting kan worden gemaakt, wordt de post niet in balans of winst-en-verliesrekening verwerkt.

In het Framework zijn de criteria voor recognition opgenomen in hoofdstuk 5. Een post die aan de definitie van een element voldoet moet worden verwerkt indien (Framework par. 5.7-5.8):
a. het opnemen relevante informatie over de elementen geeft;
b. het opnemen leidt tot een getrouwe weergave van de elementen;
c. het opnemen leidt tot baten die de kosten overtreffen.

Deze criteria sluiten direct aan op de algemene grondslagen in de eerdere hoofdstukken van het Framework. Het verschil tussen het Stramien en het Framework is het criterium 'waarschijnlijkheid' (kans op kasinstroom of kasuitstroom is groter dan 50%). Dit heeft mogelijk grote gevolgen voor het opnemen van activa en verplichtingen en kan leiden tot een verschil tussen de Richtlijnen voor de Jaarverslaggeving en IFRS. Indien sprake is van een lage waarschijnlijkheid kan dit namelijk toch leiden tot het opnemen van een actief of verplichting. Het opnemen van elementen met een zeer lage waarschijnlijkheid op kasstromen sluit echter veelal niet aan op het verschaffen van nuttige informatie.

Het criterium betrouwbaarheid is vervangen door rekening te houden met de invloed van waarderingsonzekerheid op relevantie, zoals beschreven in paragraaf 4.4.3.5.

Prestatie en tegenprestatie na balansdatum

Indien en voor zover noch de rechtspersoon noch de tegenpartij op balansdatum heeft gepresteerd, worden de rechten en verplichtingen in de regel niet in de balans opgenomen (dit zijn 'executory contracts'). Een voorbeeld is een bestelling van een machine, die nog niet is geleverd en waar nog niet voor is betaald. Opname in de balans dient wel te geschieden wanneer de nog te ontvangen respectievelijk te leveren prestaties en tegenprestaties niet (meer) met elkaar in evenwicht zijn en dit voor de rechtspersoon nadelige gevolgen heeft (RJ 115.113, IAS 37.66). Feitelijk is dan sprake van een verlieslatend contract, waarvoor een voorziening dient te worden gevormd (zie hoofdstuk 16).

4.6.2 Het niet meer opnemen van elementen ('derecognition')

Het Stramien gaat niet uitdrukkelijk in op de criteria voor het niet meer opnemen van activa en verplichtingen op de balans. In het algemeen kan worden gesteld dat hiervan sprake is indien niet langer is voldaan aan de in paragraaf 4.6.1 genoemde criteria voor opneming. In Nederland bestaan enige aanvullende bepalingen.

In het Framework hoofdstuk 5 wordt aangegeven dat in het algemeen activa en verplichtingen van de balans afgaan indien deze zijn overgedragen, verbruikt, geïnd, vervuld of afgelopen en dat het deel van de activa en verplichtingen dat is behouden niet van de balans afgaat (Framework par. 5.26-28). Een actief gaat in het algemeen van de balans bij overdracht van de beschikkingsmacht, en niet van de economische risico's en voordelen, hoewel het achterblijven van economische risico's wel een indicatie kan zijn dat de beschikkingsmacht niet is overgedragen (Framework par. 5.29). Het Framework gaat voorts specifiek in op de gevolgen van herziening van contracten (Framework par. 5.33).

Zoals aangegeven in paragraaf 4.4.4.2 dient bij het opmaken van de jaarrekening de economische realiteit centraal te staan. Dit betekent dat een op de balans opgenomen actief of post van het vreemd vermogen op de balans dient te blijven indien een transactie niet leidt tot een belangrijke verandering in de economische realiteit met betrekking tot dit actief of deze post van het vreemd vermogen (RJ 115.109). Dergelijke transacties dienen evenmin aanleiding te geven tot het verantwoorden van resultaten. Deze situatie kan zich bijvoorbeeld voordoen indien de transactie vanuit het gezichtspunt van de economische realiteit moet worden beschouwd als een (her)financiering van een bestaand actief. Een voorbeeld daarvan is een sale-and-leaseback, waarbij feitelijk niet sprake is van een verkoop, maar van het aantrekken van financiering voor het (juridisch overgedragen) actief. Een ander voorbeeld kan zijn de overdracht van een debiteurenportefeuille (factoring; zie hierna).

Bij de beoordeling of sprake is van een belangrijke verandering in de economische realiteit, dient te worden uitgegaan van die economische voordelen en risico's die zich naar waarschijnlijkheid in de praktijk zullen voordoen, en niet van voordelen en risico's waarvan redelijkerwijze niet te verwachten is dat zij zich zullen voordoen (RJ 115.109). Bij de beoordeling van risico's inzake een debiteurenportefeuille betekent dit bijvoorbeeld dat wordt uitgegaan van het redelijkerwijs te schatten risico van oninbaarheid en niet van het maximaal mogelijke risico. Indien de juridische overdracht van de debiteurenportefeuille niet leidt tot een belangrijke verandering in het feitelijk verwachte risico van oninbaarheid, blijft de debiteurenportefeuille op de balans.

Een actief of een post van het vreemd vermogen dient niet langer in de balans te worden opgenomen, indien de transactie ertoe leidt dat alle of nagenoeg alle rechten op economische voordelen en alle of nagenoeg alle risico's met betrekking tot het actief of de post van het vreemd vermogen aan een derde zijn overgedragen (RJ 115.110). De resultaten van de transactie dienen in dat geval direct in de winst-en-verliesrekening te worden opgenomen, rekening houdend met eventuele voorzieningen die dienen te worden getroffen in samenhang met de transactie.

Indien een transactie leidt tot een belangrijke verandering in een gedeelte van de economische voordelen en risico's met betrekking tot een eerder op de balans opgenomen actief of post van het vreemd vermogen, bepaalt de economische realiteit van de transactie in hoeverre het actief of de post van het vreemd vermogen al dan niet gedeeltelijk nog in de balans wordt opgenomen en in hoeverre het verantwoorden van resultaat kan of moet plaatsvinden (RJ 115.111).

IFRS 9 is minder gericht op de strakke risico- en rendementsbenadering dan de Richtlijnen. Zie daarvoor verder paragraaf 30.3.2.

Indien overigens de weergave van de economische realiteit van transacties leidt tot het opnemen van activa waarvan de rechtspersoon niet de juridische eigendom bezit, dient dit te worden toegelicht (RJ 115.112).

4.6.3 Verschil tussen Stramien en Framework

Er is een potentieel verschil tussen het Stramien en het Framework met betrekking tot de verwerking van elementen van de jaarrekening. Onder het Stramien is gesteld dat de waarschijnlijkheid in ogenschouw dient te worden genomen bij de bepaling of elementen verwerkt dienen te worden. Daarentegen wordt door het Framework waarschijnlijkheid niet gebruikt als criteria om te bepalen of elementen verwerkt dienen te worden.

4 Algemene grondslagen

4.7 Waardering van elementen in de jaarrekening
4.7.1 Algemeen

Het Stramien bespreekt kort de mogelijke grondslagen van waardering van activa en verplichtingen, maar doet daarover geen concrete uitspraken. De uiteindelijke keuze van de waarderingsgrondslag wordt bepaald door de voorschriften omtrent het doel ('het wettelijke inzicht') en de aard (getrouw, stelselmatig en duidelijk) van de jaarrekening (art. 2:384 lid 1 BW).

In de Richtlijnen, het Besluit actuele waarde en in IFRS zijn de waarderingsgrondslagen verder uitgewerkt. In RJ 115.220 is opgenomen dat bij toepassing van historische kosten in de jaarrekening de vermelding van actuele waarden in de toelichting verplicht is als dat voor het wettelijk vereiste inzicht (art. 2:362 lid 1 BW) noodzakelijk is. Het omgekeerde geldt ook, opname van informatie over historische kosten is veelal verplicht indien in de jaarrekening actuele waarde als grondslag wordt toegepast.

In het navolgende wordt ingegaan op de historische kostprijs (par. 4.7.2), de actuele waarde (par. 4.7.3), de reële waarde (par. 4.7.4) en de nominale waarde, contante waarde en geamortiseerde kostprijs (par. 4.7.5).

4.7.2 Historische kostprijs

De waardering op de grondslag van historische kosten houdt in dat activa worden gewaardeerd tegen verkrijgingsprijs of vervaardigingsprijs, waar nodig onder aftrek van afschrijvingen en (bijzondere) waardeverminderingen.

De verkrijgingsprijs wordt omschreven als de inkoopprijs en de bijkomende kosten (art. 2:388 lid 1 BW, RJ 940). De vervaardigingsprijs omvat de aanschaffingskosten van de verbruikte grond- en hulpstoffen, verhoogd met de directe productiekosten. Verhoging met een redelijk deel van de indirecte productiekosten en met de rente op schulden over het tijdvak dat aan de vervaardiging van het actief kan worden toegerekend, is toegestaan. Toerekening van rente op eigen vermogen is niet toegestaan (art. 2:388 BW, RJ 940). Ook verkoopkosten mogen niet worden geactiveerd. De IASB kent soortgelijke bepalingen in de verschillende standaarden (IAS 2, voorraden en IAS 16, materiële vaste activa).

Voor de activering van rentekosten wordt verwezen naar paragraaf 7.3.1.3.

4.7.3 Actuele waarde

Actuele waarde is de waarde die is gebaseerd op actuele marktprijzen of op gegevens die op de datum van waardering geacht kunnen worden relevant te zijn voor de waarde (art. 1 lid 1 BAW). Als actuele waarde waartegen activa in de balans kunnen worden gewaardeerd, komen in aanmerking de actuele kostprijs, bedrijfswaarde, marktwaarde (reële waarde) of opbrengstwaarde (art. 1 lid 2 BAW). Mutaties ten gevolge van herwaardering van activa die zijn gewaardeerd tegen actuele waarde dienen in het algemeen te worden opgenomen in een herwaarderingsreserve (RJ 240.222 e.v.; zie verder par. 15.2.4 en par. 15.4.1).

De actuele waarde is in het Framework opgenomen in hoofdstuk 6 (Framework par. 6.10-11). In het Stramien wordt melding gemaakt van gerelateerde begrippen als vervangingswaarde, directe opbrengstwaarde en indirecte opbrengstwaarde. Het begrip reële waarde of 'fair value' komt in verschillende standaarden aan de orde, daarom is IFRS 13 'Fair Value Measurement' gepubliceerd. Op reële waarde (marktwaarde) wordt afzonderlijk ingegaan in paragraaf 4.7.4.

Actuele kostprijs

Met de invoering van de EU-jaarrekeningrichtlijn is in het BAW de term actuele kostprijs opgenomen. Waardering tegen actuele kostprijs is alleen mogelijk voor vaste activa.

De definitie van actuele kostprijs sluit aan bij die van de historische kostprijs en kent als varianten de actuele verkrijgingsprijs en de actuele vervaardigingsprijs. Artikel 2 BAW definieert de actuele kostprijs dan ook als:
a. de actuele inkoopprijs en de bijkomende kosten van een actief, verminderd met afschrijvingen; of
b. de actuele aanschaffingskosten van de verbruikte grond- en hulpstoffen en de overige kosten welke rechtstreeks aan de vervaardiging van een actief kunnen worden toegerekend, verminderd met de afschrijvingen. In deze kosten kunnen worden opgenomen een redelijk deel van de indirecte kosten en de rente op schulden over het tijdvak dat aan de vervaardiging van het actief kan worden toegerekend.

Artikel 9 BAW bepaalt voorts dat in de toelichting uiteengezet wordt op welke wijze de actuele kostprijs is bepaald.

Duidelijk is dat de actuele kostprijs van een actief dient te worden bepaald op basis van de nieuwprijs, verminderd met afschrijvingen. De actuele kostprijs van een vijf jaar oude machine is de actuele inkoop- of vervaardigingsprijs van een identieke nieuwe machine minus vijf jaar afschrijving (en niet de actuele inkoopprijs van een vijf jaar oude machine). Verschil tussen de actuele kostprijs en het oude begrip vervangingswaarde is dat de actuele kostprijs kijkt naar het aanwezige actief terwijl de vervangingswaarde kijkt naar een vervangend actief.

Een nadere uitwerking van de actuele kostprijs is opgenomen in RJ 212.404-408. Op de bepaling van de actuele kostprijs van immateriële vaste activa wordt kort ingegaan in paragraaf 6.3.2 en op die van materiële vaste activa uitgebreider in paragraaf 7.3.3.

Bedrijfswaarde of indirecte opbrengstwaarde

De bedrijfswaarde is in artikel 3 BAW gedefinieerd als de contante waarde van de aan een actief of samenstel van activa toe te rekenen geschatte toekomstige kasstromen die kunnen worden verkregen met de uitoefening van het bedrijf. De bedrijfswaarde wordt wel aangeduid als de indirecte opbrengstwaarde.
Het begrip bedrijfswaarde speelt een belangrijke rol bij de vraag of al dan niet een bijzondere waardevermindering dient te worden doorgevoerd (zie hoofdstuk 29).

Opbrengstwaarde

De opbrengstwaarde is in artikel 5 BAW gedefinieerd als het bedrag waartegen een actief maximaal kan worden verkocht, onder aftrek van nog te maken kosten. Dit wordt ook wel aangeduid met de directe opbrengstwaarde of de netto-opbrengstwaarde. Ook dit begrip speelt een rol bij het al dan niet doorvoeren van bijzondere waardeverminderingen (zie hoofdstuk 29).

Toepassing van actuele waarde (Dutch GAAP)

Voor de toepassing van actuele waarde is het van belang verschillende categorieën van activa te onderkennen. De voorschriften voor de verschillende categorieën zijn onder de Richtlijnen als volgt:
- Immateriële vaste activa (niet zijnde beleggingen): een immaterieel actief kan slechts tegen actuele waarde worden gewaardeerd, indien het actief vanaf het moment van verkrijging op de balans was opgenomen tegen kostprijs en voor het actief een liquide markt bestaat (art. 6 BAW). Als actuele waarde voor de waardering van immateriële activa, niet zijnde beleggingen, komt in aanmerking de actuele kostprijs, met indien van toepassing afwaardering naar lagere realiseerbare waarde. De realiseerbare waarde is de hoogste van de bedrijfswaarde en de opbrengstwaarde (zie par. 29.2.2).
- Materiële vaste activa (niet zijnde beleggingen): voor de toepassing van actuele waarde geldt niet de eis zoals bij immateriële activa en actuele waarde kan als zodanig altijd worden toegepast. De uitwerking van actuele waarde is dezelfde als bij immateriële vaste activa (art. 7 BAW).

4 Algemene grondslagen

- Voorraden: alleen agrarische voorraden kunnen tegen actuele waarde worden gewaardeerd. De actuele waarde wordt dan ingevuld door de opbrengstwaarde (art. 8 BAW).
- Financiële instrumenten: voor financiële instrumenten komt de marktwaarde (=reële waarde) in aanmerking als actuele waarde. Indien niet direct een betrouwbare marktwaarde voor de financiële instrumenten is aan te wijzen, wordt de marktwaarde benaderd door deze:
  a. af te leiden uit de marktwaarde van zijn bestanddelen of van een soortgelijk instrument indien voor de bestanddelen ervan of voor een soortgelijk instrument wel een betrouwbare markt is aan te wijzen; of
  b. te benaderen met behulp van algemeen aanvaarde waarderingsmodellen en waarderingstechnieken (art. 10 BAW).
- Beleggingen, niet zijnde financiële instrumenten (veelal vastgoedbeleggingen): de actuele waarde is de marktwaarde, waarbij als benadering kan worden gehanteerd de contante waarde van de toekomstige kasstromen (art. 11 BAW).

Verplichtingen worden slechts tegen de actuele waarde gewaardeerd indien zij financiële instrumenten zijn die deel uitmaken van de handelsportefeuille, afgeleide financiële instrumenten zijn, of verzekeringsverplichtingen of pensioenverplichtingen zijn (art. 10 BAW). Zie hiervoor verder hoofdstuk 30.

4.7.4 Reële waarde

De term reële waarde of 'fair value' wordt in de Nederlandse wet aangeduid met marktwaarde. De marktwaarde is in artikel 4 BAW gedefinieerd als het bedrag waarvoor een actief kan worden verhandeld of een passief kan worden afgewikkeld tussen ter zake goed geïnformeerde partijen, die tot een transactie bereid en onafhankelijk van elkaar zijn. Deze definitie is gelijk aan die van reële waarde in de Richtlijnen.

Voorbeeld waarderingsgrondslagen

Onderneming A heeft op 31 december jaar 1 een vastgoedobject aangekocht dat ze gaat verhuren aan een derde. Met betrekking tot dit object geldt op 31 december jaar 1 het volgende:
- Aankoopprijs (kale koopsom): € 3.000.000
- Transactiekosten koper bij aankoop: € 300.000
- Verkoopprijs: € 3.000.000
- Te maken kosten voor verkoop: € 50.000
- Contante waarde van de verwachte opbrengsten uit verhuur van het vastgoed: € 4.000.000

De uit deze gegevens af te leiden waarderingen zijn:
- Historische kostprijs: € 3.300.000. Bij een geschatte gebruiksduur van 30 jaar is de boekwaarde na 10 jaar € 2.200.000 (historische kostprijs -/- geaccumuleerde afschrijving: € 3.300.000 -/- ((€ 3.300.000 / 30) x 10)). Hierbij gaan we uit van een lineaire afschrijving en een restwaarde van nihil.
- Actuele kostprijs: € 3.300.000. Indien na 10 jaar de nieuwprijs is gestegen tot € 3.900.000 (inclusief transactiekosten), dan is de boekwaarde bij toepassing van de actuele kostprijs € 2.600.000, (actuele kostprijs -/- geaccumuleerde afschrijving: € 3.900.000 -/- ((€ 3.900.000 / 30) x 10)). Eveneens uitgaande van een gebruiksduur van 30 jaar en een restwaarde van nihil).
- Bedrijfswaarde: € 4.000.000
- Opbrengstwaarde: € 2.950.000 (€ 3.000.000 - € 50.000)
- Marktwaarde/Reële waarde: € 3.000.000 (zonder transactiekosten). De marktwaarde is op aankoopmoment derhalve lager dan de historische kostprijs.

Bepaling van reële waarde (IFRS 13)

De inhoud van het begrip 'reële waarde' is door de IASB nader uitgewerkt in IFRS 13 'Fair Value Measurement'. IFRS 13 geeft geen voorschriften wanneer activa of verplichtingen moeten worden gewaardeerd tegen fair value (reële waarde), maar wel hoe reële waarden moeten worden bepaald en welke informatie daarover moet worden gegeven. Reële waarde wordt in IFRS 13 gedefinieerd als: 'Fair value is the price that would be received to sell an asset or paid to transfer a liability in an orderly transaction between market participants at the measurement date' (IFRS 13.9). Oftewel, IFRS 13 definieert reële waarde als de prijs die zou worden ontvangen om een actief te verkopen of die zou worden betaald om een verplichting over te dragen in een regelmatige transactie tussen marktdeel-nemers op de waarderingsdatum. Dit betekent dat gekeken moet worden naar een zogenaamde 'exit price' (verkoopprijs) ongeacht de aanwending door de onderneming zelf en ongeacht of de verkoopprijs direct waarneembaar is dan wel geschat wordt met behulp van een andere waarderingstechniek. Indien bijvoorbeeld gebouwen worden aangehouden om er zelf gebruik van te maken, moet er toch gewaardeerd worden als ware er sprake van de situatie dat de onderneming de gebouwen gaat verkopen. Er wordt uitgegaan van een 'orderly transaction' (geen gedwongen transactie) waarbij het actief verhandeld kan worden of de verplichting kan worden overgedragen op de primaire (of indien afwezig 'meest voordelige') markt voor de onderneming. Bij het bepalen van de reële waarde dient voorts te worden uitgegaan van de uitgangspunten die marktpartijen op de datum van waardering zouden hanteren, waaronder veronderstellingen over risico, en wordt met transactiekosten geen rekening gehouden. Transportkosten, om het actief te verplaatsen van de huidige locatie naar de locatie van de relevante markt, worden wel meegenomen bij de bepaling van de reële waarde.

Voor niet-financiële activa wordt uitgegaan van aanwending van het actief op de meest gunstige wijze ('highest and best use'). Volgens IFRS 13.27 moet bij de waardering van een niet-financieel actief tegen reële waarde rekening worden gehouden met het vermogen van een marktdeelnemer om economische voordelen te genereren door het actief *maximaal en optimaal* te gebruiken of door het te verkopen aan een andere marktdeelnemer die het actief maximaal en optimaal zou gebruiken.

In ieder geval moet men op grond van IFRS 13.61 waarderingstechnieken gebruiken die in de gegeven omstandigheden geëigend zijn en waarvoor voldoende gegevens beschikbaar zijn om de reële waarde te bepalen, waarbij men zo veel mogelijk relevante waarneembare parameters en zo weinig mogelijk niet-waarneembare parameters moet gebruiken.

Bij de waardering van verplichtingen tegen reële waarde dient rekening te worden gehouden met het zogenaamde 'non-performance risk', waaronder het eigen-kredietrisico. Een lagere kredietwaardigheid van de entiteit houdt een hoger risico in dat de entiteit niet aan zijn verplichtingen zal voldoen (een hoger 'non-performance risk'). Als gevolg daarvan zal de reële waarde lager zijn omdat de markt rekening houdt met een grotere kans dat de schuld niet volledig afgelost zal worden. Bij een hogere kredietwaardigheid doet zich de omgekeerde situatie voor.

> **Voorbeeld berekening reële waarde van een verplichting**
> Op 1 januari jaar 1 plaatst onderneming J een tienjarige obligatielening met een nominale waarde van € 150.000 met een jaarlijkse (marktconforme) couponrente van 8%. De EURIBOR-rente is 5%, zodat de instrument-specifieke component 3% is. Op 31 december jaar 1 is de EURIBOR ongewijzigd gebleven, maar is de kredietwaardigheid van J verbeterd. Indien op dat moment een obligatielening zou worden geplaatst met een resterende looptijd van 9 jaar zou de couponrente 7,75% bedragen. De instrument-specifieke component is derhalve gedaald naar 2,75%.
> De reële waarde van de obligatielening op 31 december jaar 1 is nu € 152.367 (9 rentebetalingen van € 12.000 en aflossing na 9 jaar van € 150.000, contant gemaakt tegen 7,75%). De reële waarde is dus gestegen en dit leidt tot een hogere verplichting. Dit is op het eerste gezicht niet logisch: een verbetering van de kredietwaardigheid leidt tot een last. Op de wijze waarop in de regelgeving hiermee wordt omgegaan wordt nader ingegaan in paragraaf 30.5.5.

De toelichtingseisen in IFRS 13 zijn uitgebreid, zo wordt onder andere voorgeschreven informatie te geven over de 'fair value hiërarchie' bestaande uit drie niveaus:

4 Algemene grondslagen

Niveau 1:   De reële waarde is gelijk aan genoteerde prijzen van identieke activa of verplichtingen in een actieve markt.
Niveau 2:   De reële waarde is gebaseerd op parameters die direct of indirect waarneembaar zijn anders dan de genoteerde prijzen bij niveau 1.
Niveau 3:   De reële waarde is gebaseerd op parameters die niet waarneembaar zijn.

Vooral in geval van niveau 3 zijn er uitgebreide toelichtingseisen.

De onderneming moet informatie verschaffen die de gebruikers van de jaarrekening helpt bij de beoordeling van de volgende twee punten (IFRS 13.91):
a. voor activa en verplichtingen die na eerste opname op terugkerende of eenmalige basis tegen reële waarde worden gewaardeerd in de balans de waarderingstechnieken en parameters die bij de ontwikkeling van die waarderingen zijn gebruikt;
b. voor terugkerende waarderingen tegen reële waarde die zijn bepaald met behulp van significante niet-waarneembare parameters (niveau 3), het effect van de waarderingen op de winst of het verlies of op de overige componenten van het totaalresultaat voor de periode.

Rekening gehouden moet worden met: a) de mate van detaillering die nodig is om aan de vereisten inzake informatieverschaffing te voldoen, b) hoeveel nadruk moet worden gelegd op elk van de verschillende vereisten, c) hoeveel samenvoeging of opsplitsing moet worden ondernomen en d) of gebruikers van de jaarrekening aanvullende informatie nodig hebben om de verstrekte kwantitatieve informatie te beoordelen (IFRS 13.92).

Daarbij moet men voor elke categorie van activa en verplichtingen die tegen reële waarde worden gewaardeerd ten minste de volgende informatie verstrekken (IFRS 13.93):
a. de waardering tegen reële waarde aan het eind van de verslagperiode alsmede (voor eenmalige waarderingen tegen reële waarde) de redenen voor de waardering;
b. het niveau van de reële-waardehiërarchie waarin de waarderingen zijn ingedeeld: niveau 1, 2 of 3;
c. de bedragen van eventuele overdrachten tussen niveau 1 en niveau 2 van de reële-waardehiërarchie, de redenen voor deze overdrachten en het beleid ter bepaling wanneer overdrachten tussen niveaus geacht worden te hebben plaatsgevonden;
d. bij indeling in niveau 2 en niveau 3 van de reële-waardehiërarchie: een beschrijving van de waarderingstechniek(en) en de parameters die bij de waardering tegen reële waarde zijn gebruikt; bij een wijziging van de waarderingstechniek, bijvoorbeeld de verandering van een marktbenadering naar een 'discounted cash flow'-benadering of het gebruik van een aanvullende waarderingstechniek, vermelding van de wijziging en de reden(en) ervoor.

Voor waarderingen tegen reële waarde ingedeeld in niveau 3 van de reële-waardehiërarchie gelden uitgebreide toelichtingsvereisten, zo moet kwantitatieve informatie worden verstrekt over de significante niet-waarneembare parameters die bij de waardering tegen reële waarde zijn gebruikt (IFRS 13.93 9(d)). Daarbij mag men geen kwantitatieve niet-waarneembare parameters negeren die significant zijn voor de waardering tegen reële waarde en die redelijkerwijs beschikbaar zijn. Bij terugkerende waarderingen tegen reële waarde die zijn ingedeeld in niveau 3 is ook een aansluiting tussen de begin- en eindsaldi, met afzonderlijke vermelding van de veranderingen tijdens de periode, vereist (IFRS 13.93(e)). Ook moet een beschrijving worden gegeven van de gebruikte waarderingsprocessen, bijvoorbeeld hoe waarderingsbeleid en -procedures zijn bepaald en hoe veranderingen in waarderingen tegen reële waarde van periode tot periode worden geanalyseerd (IFRS 13.93(g)). Daarbij behoort een beschrijving van de gevoeligheid van de waardering tegen reële waarde voor veranderingen in niet-waarneembare parameters als een verandering in die parameters zou kunnen leiden tot een significant hogere of lagere waardering tegen reële waarde (IFRS 13.93(h)).

Tevens geldt bij waarderingen tegen reële waarde dat als het maximale en optimale gebruik van een niet-financieel actief verschilt van het huidige gebruik, men dit feit moet vermelden en moet toelichten waarom het niet-financiële actief wordt gebruikt op een wijze die afwijkt van het maximale en optimale gebruik (IFRS 13.93(i)).

Voor elke categorie van activa en verplichtingen die niet tegen reële waarde is gewaardeerd in het overzicht van de financiële positie, maar waarvoor de reële waarde in de toelichting is vermeld, moet men ook een deel van de bovengenoemde informatie verstrekken (IFRS 13.97): het niveau van de reële-waardehiërarchie (IFRS 13.93(b), bij indeling in niveau 2 of 3 een beschrijving van de waarderingstechniek(en), de gebruikte parameters en een eventuele wijziging van de waarderingstechniek en de reden daarvoor (IFRS 13.93(d) gedeeltelijk), en, indien van toepassing, het feit dat het maximale en optimale gebruik van een niet-financieel actief verschilt van het huidige gebruik met een toelichting daarop (IFRS 9.93 (i)). Voor een tegen reële waarde gewaardeerde verplichting uitgegeven met een onlosmakelijke externe kredietbescherming, moet men het bestaan van die kredietbescherming vermelden alsmede of die kredietbescherming al dan niet is weerspiegeld in de waardering van de verplichting tegen reële waarde (IFRS 13.98).

Men dient de kwantitatieve informatie die op grond van IFRS 13 moet worden verstrekt te presenteren in tabelvorm, tenzij een andere opmaak meer geëigend is (IFRS 13.99).
De invulling van reële waarde in IFRS 13 is veel specifieker dat die van 'marktwaarde' zoals in artikel 4 BAW, maar sluiten wel op elkaar aan. In Nederland zouden echter ook andere invullingen van marktwaarden aanvaardbaar kunnen zijn.

4.7.5 Nominale waarde, contante waarde, geamortiseerde kostprijs

Voor met name financiële activa en voor voorzieningen en verplichtingen spelen de begrippen nominale waarde en contante waarde een rol. De contante waarde is daarbij gedefinieerd als de som van naar een bepaalde rentevoet gedisconteerde toekomstige ontvangsten en uitgaven.

Voorts is het begrip geamortiseerde kostprijs of amortisatiewaarde ('amortised cost') voor financiële activa en verplichtingen van belang. De geamortiseerde kostprijs is de verkrijgingsprijs van een financieel actief of passief, rekening houdend met op annuïtaire wijze verdeeld agio of disagio (zie verder par. 30.5.4).

Voor zowel de Richtlijnen als IFRS geldt dat de contante waarde voor de waardering van voorzieningen verplicht is, indien de tijdswaarde materieel is. Een verschil is dat onder IFRS latente belastingposities altijd tegen nominale waarde worden opgenomen, terwijl onder de Richtlijnen een keuze bestaat tussen nominale en contante waarde. Indien de belastingposities tegen contante waarde worden opgenomen, dient de entiteit in de toelichting de nominale waarde te vermelden (RJ 272.707).

4.8 Vermogensbegrippen en vermogensinstandhoudingsdoelstellingen

4.8.1 Algemeen

De keuze van de waarderingsgrondslagen en de vermogensinstandhoudingsdoelstellingen c.q. handhavingsdoelstellingen tezamen is bepalend voor de wijze waarop de omvang van de winst wordt bepaald. De wet noch de Richtlijnen schrijven een bepaalde wijze van winstbepaling voor. Wel geeft de wet aan welke prijsgrondslagen voor de waardering in aanmerking komen (zie par. 4.7). Ten aanzien van de toepasbare vermogensinstandhoudingsdoelstellingen treft men in de wet geen opsomming van de mogelijk te hanteren doelstellingen aan. In het Stramien en Framework zijn daarover wel uitspraken gedaan, deze komen in paragraaf 4.8.2 ter sprake.

4.8.2 Vermogensinstandhoudingsdoelstellingen

In het Stramien en Framework zijn als vermogensinstandhoudingsdoelstellingen onderscheiden (RJ 930.104; Framework par. 8.3):
a. *Financiële vermogensinstandhouding*. Onder dit begrip is er slechts van 'behaalde' winst sprake indien het financiële (of geld-)bedrag van het netto-actief aan het einde van de periode het financiële (of geld-)bedrag van het netto-actief aan het begin van de periode overtreft, zonder rekening te houden met uitdelingen aan en bijdragen van eigenaren gedurende de periode. Financiële vermogensinstandhouding kan worden gemeten in nominale geldeenheden of in eenheden constante koopkracht.
b. *Fysieke vermogensinstandhouding*. Onder dit begrip is er slechts van 'behaalde' winst sprake indien de fysieke productiecapaciteit (of het operationeel vermogen) van de onderneming (of de middelen nodig om dat vermogen te bereiken) aan het einde van de periode de fysieke productiecapaciteit aan het begin van de periode overtreft, zonder rekening te houden met uitdelingen aan en bijdragen van eigenaren gedurende de periode. Bij deze doelstelling sluit veelal aan waardering tegen actuele waarde, met verwerking van waardeveranderingen in een niet-uitkeerbare herwaarderingsreserve.

Voorbeeld vermogensinstandhouding

Bij financiële vermogensinstandhouding worden materiële vaste activa veelal gewaardeerd tegen en afgeschreven op basis van historische kosten. Met prijsstijgingen wordt geen rekening gehouden. Indien alle winst is uitgekeerd en het materiële vaste actief moet worden vervangen tegen de hogere nieuwprijs is daartoe onvoldoende eigen vermogen beschikbaar. Het vermogen is wel gehandhaafd in financiële zin, maar niet in fysieke zin.

Bij fysieke vermogensinstandhouding worden de materiële vaste activa veelal gewaardeerd en afgeschreven op basis van actuele kosten. Als gevolg daarvan is de gerapporteerde, voor uitkering beschikbare winst lager.
Er blijft dan voldoende eigen vermogen beschikbaar voor vervanging (uitgaande van inhaalafschrijvingen en een niet-uitkeerbare herwaarderingsreserve).

In de praktijk spelen deze instandhoudingsconcepten een beperkte rol, mede omdat niet alle gerapporteerde winst wordt uitgekeerd, maar een belangrijk deel daarvan wordt ingehouden. De ingehouden winst kan dienen voor financiering van de vervanging. Toch is het wettelijke concept van het in de herwaarderingsreserve opnemen van ongerealiseerde waardeveranderingen van vaste activa wel gebaseerd op het beginsel van de fysieke vermogenshandhaving.

Herwaarderingsreserve

Zoals hierboven gesteld is het opnemen van een herwaarderingsreserve gebaseerd op het beginsel van de fysieke vermogensinstandhouding. De herwaarderingsreserve is in de wet vastgelegd in artikel 2:390 BW. Dit artikel bepaalt dat:
▶ een herwaarderingsreserve wordt gevormd voor waardevermeerderingen van materiële vaste activa, immateriële vaste activa en voorraden die geen agrarische voorraden zijn;
▶ een herwaarderingsreserve niet wordt gevormd voor activa waarvoor frequente marktnoteringen bestaan (voorbeelden van activa waarvoor een frequente marktnotering zou kunnen worden geobserveerd zijn: financiële instrumenten, andere beleggingen en agrarische producten).

Let wel, voor een financieel instrument zonder frequente marktnotering dient dus een herwaarderingsreserve te worden gevormd.

Opgemerkt wordt dat hoewel in artikel 2:390 BW wordt gesproken over mogelijke herwaarderingen van voorraden die geen agrarische voorraden zijn, het huidige Besluit Actuele Waarde een waardering tegen actuele waarde van de niet-agrarische voorraden uitsluit.
Voor een nadere uiteenzetting van de wet- en regelgeving inzake de herwaarderingsreserve wordt verwezen naar paragraaf 15.2.4.

5 Winst-en-verliesrekening

5.1 Algemene grondslagen voor de bepaling van het resultaat	
Uitgangspunten	Getrouwe, duidelijke en stelselmatige weergave van de grootte en samenstelling van het resultaat. Het resultaat van een boekjaar wordt afgeleid uit baten en lasten die in dat boekjaar worden opgenomen in de jaarrekening, ongeacht of zij tot ontvangsten of uitgaven in dat boekjaar hebben geleid.
Baten en lasten	Baten respectievelijk lasten zijn vermeerderingen respectievelijk verminderingen van het economisch potentieel, uitmondend in een toename respectievelijk afname van het eigen vermogen.
Verwerking van baten en lasten	Alle baten en lasten worden verwerkt in de winst-en-verliesrekening, tenzij ze rechtstreeks in het eigen vermogen moeten/mogen worden verantwoord. Het matchingbeginsel is van toepassing, hetgeen betekent dat bij verantwoording van baten eveneens de daarmee samenhangende lasten worden verwerkt.
Presentatie van baten en lasten in de winst-en-verliesrekening	Baten en lasten worden in de winst-en-verliesrekening gepresenteerd op basis van ofwel de categoriale kostensplitsing, ofwel de functionele kostensplitsing. Het Besluit modellen jaarrekening (BMJ) bevat modellen van winst-en-verliesrekeningen die dienen te worden toegepast en waarvan slechts bij uitzondering mag worden afgeweken. IFRS schrijft de presentatie van *alle* resultaten in hetzij één Overzicht van het totaalresultaat (Statement of Profit or Loss and Comprehensive Income) hetzij in twee deeloverzichten (Profit or Loss en Statement of Other Comprehensive Income) voor. Verdere modelmatige voorschriften zijn er niet, behoudens dat bepaalde posten daarin moeten worden opgenomen.
5.2 Opbrengsten: begripsbepaling	
Begrip opbrengsten	Opbrengsten zijn baten uit transacties en andere gebeurtenissen die zich voordoen bij de uitvoering van de normale activiteiten van een onderneming.
Netto-omzet	De opbrengst uit levering van goederen en diensten onder aftrek van kortingen en van over de omzet geheven belastingen.
Principaal versus agent	Rechtspersoon die optreedt als principaal presenteert 'bruto-omzet'. Rechtspersoon die optreedt als agent presenteert 'netto-omzet'.
5.3 Opbrengsten: verwerking	
Verkoop van goederen (RJ 270)	Slechts als kan worden voldaan aan limitatief gestelde voorwaarden, kan er sprake zijn van een opbrengst (overdracht belangrijke economische voordelen en risico's, verlies beschikkingsmacht, betrouwbare schatting opbrengst en kosten).

Verlenen van diensten (RJ 270)	Als het resultaat betrouwbaar kan worden geschat, wordt de opbrengst verwerkt naar rato van de verrichte prestaties.
Transacties met meerdere prestatieverplichtingen (RJ 270)	Voorwaarden voor verwerking opbrengsten worden toegepast op geïdentificeerde componenten van de transactie.
Rente, royalty's en dividend (RJ 270)	Renteopbrengsten worden tijdsevenredig verwerkt op basis van de effectieve rentevoet (in bepaalde gevallen is lineaire amortisatie toegestaan).
	De bepalingen van de betreffende royalty-overeenkomst zijn in beginsel richtinggevend voor de verwerking van royalty's tenzij de economische realiteit van de overeenkomst tot een andere verwerking zou leiden.
	Dividenden worden verwerkt zodra ze opeisbaar zijn. Onder de RJ geldt dit niet voor dividenden die zijn 'meegekocht'.
Omvang opbrengst (RJ 270)	De omvang van een opbrengst is de reële waarde van de tegenprestatie.
Ruil (RJ 270)	Geen opbrengst indien de levering van zaken of diensten wordt afgewikkeld door omwisseling of ruil voor zaken of diensten van gelijksoortige aard en reële waarde.
Klantenloyaliteitsprogramma's (RJ 270)	Voorbeeld is verstrekte bonuspunten. In bepaalde situaties omzet splitsen in een deel dat toerekenbaar is aan de huidige verkoop van goederen en verlening van diensten en een deel dat de waarde van de bonuspunten weergeeft.
Toelichting (RJ 270)	Methode van toerekening van opbrengsten, bedrag van elke belangrijke opbrengstcategorie.
IFRS 15 – algemeen Transacties met meerdere prestatieverplichtingen (IFRS 15)	Uitgangspunt van IFRS 15 is dat opbrengsten worden verantwoord als de beschikkingsmacht over een goed of dienst is overgedragen aan een derde. IFRS 15 hanteert een vijf-stappenmodel om het juiste tijdstip en het bedrag van opbrengstverantwoording te bepalen: 1. identificeer het contract met een klant; 2. identificeer de afzonderlijke prestatieverplichtingen binnen het contract; 3. bepaal de transactieprijs; 4. alloceer de transactieprijs aan de afzonderlijke prestatieverplichtingen; en 5. verantwoord de opbrengsten op het moment dat de entiteit voldaan heeft aan de individuele prestatieverplichting.
Variabele vergoedingen (IFRS 15)	Variabele vergoedingen zijn alleen onderdeel van de transactieprijs als het zeer waarschijnlijk is dat deze omzet niet teruggedraaid hoeft te worden.

5 Winst-en-verliesrekening

Moment omzetverantwoording (IFRS 15)	De opbrengstverantwoording vindt gedurende een periode plaats als: ▶ de klant de voordelen uit de prestaties van de rechtspersoon gelijktijdig ontvangt en consumeert naarmate de rechtspersoon presteert; ▶ de prestaties van de rechtspersoon een actief creëren of verbeteren waarover de klant beschikkingsmacht heeft; of ▶ de prestaties van de rechtspersoon geen actief creëren met een alternatieve gebruiksmogelijkheid voor de rechtspersoon en de rechtspersoon een afdwingbaar recht heeft op betaling voor reeds verrichte prestaties. Anders vindt verantwoording plaats op het specifieke moment waarop de beschikkingsmacht is overgedragen.
Specifieke bepalingen (IFRS 15)	IFRS 15 kent voor verschillende situaties specifieke regelgeving waaronder: kosten om een contract te verkrijgen, kosten om een contract te vervullen, licenties, garanties, opties voor additionele goederen of diensten, contractaanpassingen en terugkoopclausules.
5.4 Personeelsbeloningen	
Begrip	Alle vormen van beloning van personeel tijdens en na afloop van het dienstverband.
Beloningen tijdens het dienstverband	Bij opbouw van rechten (vakantierechten, jubileumuitkering, bonussen) waardering van verplichting tegen de beste schatting. Ziekte en arbeidsongeschiktheid verwerken wanneer dit zich voordoet; soms opnemen van een voorziening.
Beloningen tijdens het dienstverband	IFRS kent afzonderlijke bepalingen met betrekking tot vergoedingen, anders dan ontslagvergoedingen en uitkeringen na afloop van het dienstverband, waarvan niet de verwachting is dat zij (geheel) betaald zullen worden binnen 12 maanden na de verslaggevingsperiode waarin van een dienstverband sprake is.
Ontslagvergoedingen	Te verwerken als last en wel als onderdeel van het bedrijfsresultaat als de rechtspersoon zich aantoonbaar heeft verbonden tot het doen van ontslaguitkeringen.
5.5 Rentelasten	
Rentelasten	Alle kosten die de geldlener uit hoofde van de geldlening voor zijn rekening moet nemen.
Betalingskortingen verleend aan klanten	RJ: afhankelijk van de situatie, in mindering op omzet of als rentelast presenteren. IFRS: in mindering op omzet.
Kosten ontvangen leverancierskrediet	Verantwoording als rentelast als het ontvangen leverancierskrediet meer dan gebruikelijk is.

Verwerking	Toerekening aan de opeenvolgende verslagperioden naar rato van de resterende hoofdsom op basis van de effectieve rente. In bepaalde gevallen is onder de RJ lineaire amortisatie toegestaan.
Kwalificerend actief en activering rentelasten	Een kwalificerend actief is een actief waarvoor noodzakelijkerwijs een aanmerkelijke hoeveelheid tijd nodig is om het gebruiksklaar of verkoopklaar te maken. Voor kwalificerende activa kunnen (RJ 270) of moeten (IAS 23) rentekosten worden opgenomen in de vervaardigingsprijs van de activa.
5.6 Bijzondere baten en lasten	
Bijzondere posten	Bijzondere posten zijn baten of lasten die op grond van de aard, omvang of het incidentele karakter afzonderlijk dienen te worden toegelicht, teneinde een goed inzicht te geven in het resultaat uit gewone bedrijfsuitoefening en met name de ontwikkeling daarin.
5.7 Overzicht van het totaalresultaat en het Statement of Profit or Loss and Other Comprehensive Income	
RJ: Doel overzicht totaalresultaat	Alle baten en lasten worden in één geconsolideerd financieel overzicht gepresenteerd, ongeacht of deze in de winst-en-verliesrekening of rechtstreeks in het eigen vermogen zijn verwerkt, zodat inzicht wordt verkregen in de door de groep in het verslagjaar geleverde prestatie.
RJ: Inhoud overzicht totaalresultaat	Het overzicht bevat ten minste: het geconsolideerde netto-resultaat na belastingen; de totalen van de baten en lasten die direct in het 'eigen vermogen' zijn verwerkt; en vergelijkende cijfers.
RJ: Presentatie overzicht totaalresultaat	Aanbevolen wordt het overzicht te presenteren als afzonderlijk overzicht naast de geconsolideerde balans, de geconsolideerde winst-en-verliesrekening en het geconsolideerde kasstroomoverzicht.
IFRS: Statement of Profit or Loss and Other Comprehensive Income	Overzicht van resultaat van de periode en de baten en lasten die direct in het eigen vermogen zijn verwerkt. Dit is één van de primaire overzichten.
5.8 Vrijstellingen voor middelgrote rechtspersonen	
Winst-en-verliesrekening	Vrijstelling van bepaalde specificaties en additionele informatieverstrekking.

In dit hoofdstuk staat de winst-en-verliesrekening centraal. Eerst worden de grondslagen van resultaatbepaling behandeld. In paragraaf 4.8 is in dat verband kort ingegaan op de vermogensinstandhoudingsdoelstellingen in het Stramien voor de Opstelling en Vormgeving van Jaarrekeningen ('Stramien') van de RJ (zie RJ 930) en het Conceptual Framework for Financial Reporting ('Framework') van de IASB. Daarna wordt uitgebreid ingegaan op de verantwoording van opbrengsten. Het hoofdstuk vervolgt met twee specifieke kostensoorten: personeelsbeloningen (exclusief die uit hoofde van pensioen en personeelsopties) en rentelasten. Diverse andere kosten in de winst-en-verliesrekening, zoals afschrijvingskosten, komen aan de orde bij de behandeling van balansposten.

5 Winst-en-verliesrekening

Dit hoofdstuk sluit af met een behandeling van bijzondere baten en lasten en van het overzicht totaalresultaat. Resultaten uit intercompany-transacties worden behandeld in paragraaf 26.6.

De RJ heeft in december 2020 RJ-Uiting 2020-15 gepubliceerd, omdat geconstateerd werd dat er in de praktijk behoefte is aan aanvullende richtlijnen over de manier waarop opbrengsten moeten worden verantwoord. In de analyse hoe de RJ het beste aan die behoefte tegemoet kan komen, heeft de RJ de bepalingen in IFRS 15 'Revenue from Contracts with Customers' meegenomen. De RJ heeft geconcludeerd dat het volledig overnemen van de bepalingen van IFRS 15 in de Richtlijnen niet wenselijk is. Wel maakt de RJ verschillende wijzigingen in de huidige Richtlijnen 221 'Onderhanden projecten' en 270 'De winst- en verliesrekening'. Deze wijzigingen worden van kracht voor verslagjaren die aanvangen op of na 1 januari 2022. In dit hoofdstuk worden deze nieuwe Richtlijnen besproken onder 'Regelgeving van toepassing in toekomstige jaren' in de betreffende paragrafen. De alinea's in de nieuwe Richtlijn 270 worden aangeduid met RJ 270.xxxN om deze te onderscheiden van de huidige Richtlijn 270.

5.1 Algemene grondslagen voor de bepaling van het resultaat
5.1.1 Uitgangspunten

De wetgever heeft de volgende doelstelling geformuleerd met betrekking tot de verslaggeving van de resultaten: De winst-en-verliesrekening met toelichting geeft getrouw, duidelijk en stelselmatig de grootte van het resultaat van het boekjaar en zijn afleiding uit de posten van baten en lasten weer (art. 2:362 lid 3 BW). De baten en lasten van het boekjaar worden in de jaarrekening opgenomen, ongeacht of ze tot ontvangsten of uitgaven in dat boekjaar hebben geleid (art. 2:362 lid 5 BW). Dit is de verwoording van het toerekeningsbeginsel (zie par. 4.3.2): baten en lasten zijn feitelijk aan perioden toegerekende in- en uitgaande kasstromen.

Deze door de wet op de winst-en-verliesrekening van toepassing verklaarde uitgangspunten worden per onderdeel nader besproken:
▶ Uitwerking van de begrippen baten en lasten (par. 5.1.2).
▶ De verwerking van baten en lasten in de jaarrekening (par. 5.1.3).
▶ De wijze van weergave van baten en lasten (par. 5.1.4).

5.1.2 Baten en lasten

Het in paragraaf 5.1.1 aangehaalde voorschrift omtrent de weergave van de grootte van het resultaat en de afleiding uit de posten van baten en lasten geeft aan dat (onder andere) bezien moet worden wat onder baten en lasten moet worden verstaan. De begrippen baten en lasten worden niet als zodanig in de wet gedefinieerd. Zoals aangegeven in paragraaf 4.5.5 zijn de begrippen wel gedefinieerd in het Stramien en het Framework (RJ 930.70, Framework 4.68/69).

Baten

Baten worden in het Stramien gedefinieerd als vermeerderingen van het economische potentieel gedurende de verslagperiode in de vorm van instroom van nieuwe of verhoging van bestaande activa, dan wel vermindering van vreemd vermogen, een en ander uitmondend in een toename van het eigen vermogen, anders dan door bijdragen van deelhebbers daarin (RJ 930.70). In het Framework worden baten gedefinieerd als verhogingen van activa of verminderingen van vreemd vermogen die resulteren in een toename van het eigen vermogen, anders dan door bijdragen van deelhebbers daarin (Framework 4.68). Hierin ontbreekt dus de referentie naar vermeerderingen van het economisch potentieel.

Uit deze definities blijkt dat de vaststelling dat er sprake is van een bate afhankelijk is van een toename van een actief of afname van een passief c.q. toename van het eigen vermogen. De vaststelling van een bate geschiedt dus vanuit de balans (RJ 135.201).

Een toename van het eigen vermogen, en daarmee de vaststelling van een bate, kan bijvoorbeeld het gevolg zijn van een transactie waarmee goederen worden geleverd of diensten worden verricht, of van transacties waaruit rente, dividend, royalty of huur wordt ontvangen. Dergelijke transacties leiden tot het opnemen van een nieuw actief of tot de verhoging van een bestaand actief, of tot vermindering van vreemd vermogen en dus tot een toename van het eigen vermogen. Een toename van het eigen vermogen, en daarmee de vaststelling van een bate, kan ook het gevolg zijn van bijvoorbeeld een herwaardering van vaste activa. De bate omvat dan nog niet gerealiseerde voordelen (RJ 930.76).

Ontstaan baten uit transacties en andere gebeurtenissen die zich voordoen bij de uitvoering van de normale activiteiten van de onderneming, dan worden ze 'opbrengsten' genoemd (RJ 940, IFRS 15 Appendix A). Ontstaan baten uit transacties en andere gebeurtenissen die niet behoren tot de normale activiteiten van de rechtspersoon (bijv. het realiseren van een incidenteel speculatievoordeel op korte termijn), dan worden ze 'andere voordelen' genoemd (RJ 940). Het begrip baten omvat dus zowel opbrengsten als andere voordelen.

Een toename van het eigen vermogen die louter een gevolg is van vermogensstortingen door bijvoorbeeld aandeelhouders in een BV, is geen bate. Dergelijke vermogensstortingen (ook als er sprake is van informele kapitaalstortingen) worden als agio verantwoord (RJ 240.221 en 403; zie par. 15.2.3).

Lasten

Lasten worden in het Stramien gedefinieerd als verminderingen van het economische potentieel gedurende de verslagperiode in de vorm van uitstroom of uitputting van activa, dan wel het ontstaan van vreemd vermogen, één en ander uitmondend in een afname van het eigen vermogen, anders dan door uitdelingen aan deelhebbers daarin (RJ 930.70). In het Framework worden lasten gedefinieerd als verminderingen van activa of verhogingen van vreemd vermogen die resulteren in een afname van het eigen vermogen, anders dan door uitdelingen aan deelhebbers daarin (Framework par. 4.69). Hierin ontbreekt dus de referentie naar verminderingen van het economisch potentieel.

Ook uit deze definities blijkt dat de vaststelling dat sprake is van een last afhankelijk is van een afname van een actief of toename van een passief c.q. een afname van het eigen vermogen (RJ 135.201). De vaststelling van een last geschiedt dus net als bij baten vanuit de balans.

Een afname van het eigen vermogen en daarmee de vaststelling van een last, kan bijvoorbeeld het gevolg zijn van een transactie die tot betaling van rente, royalty of huur verplicht. Dergelijke transacties leiden tot een afname van een actief of tot vermeerdering van vreemd vermogen en dus tot een afname van het eigen vermogen. Een afname van het eigen vermogen en daarmee de vaststelling van een last, kan ook niet-gerealiseerde verliezen omvatten, zoals koersverliezen op een aangegane lening (Stramien, RJ 930.80).

Als lasten ontstaan uit transacties en andere gebeurtenissen die zich voordoen bij de uitvoering van de normale activiteiten van de onderneming (bijvoorbeeld de kostprijs van de verkopen, lonen en afschrijvingen), worden zij 'kosten' genoemd (RJ 940). Ontstaan lasten uit transacties en andere gebeurtenissen die niet behoren tot de normale activiteiten van de rechtspersoon (bijvoorbeeld lasten die voortvloeien uit het afstoten van vaste activa of rampen), dan worden zij 'verliezen' genoemd (RJ 940). Het begrip lasten omvat dus zowel kosten als verliezen.

5 Winst-en-verliesrekening

Een afname van het eigen vermogen die louter een gevolg is van vermogensuitdeling aan bijvoorbeeld aandeelhouders in een BV (dividenduitkering; tussentijdse uitkering uit vrije reserves), is geen last. De uitdeling wordt rechtstreeks in het eigen vermogen verwerkt (RJ 240.403).

5.1.3 Verwerking van baten en lasten

De vaststelling van een bate of van een last betekent niet zonder meer dat de bate of de last ook in de winst-en-verliesrekening wordt verwerkt. Uitgangspunt is dat alle baten en lasten in de winst-en-verliesrekening worden verwerkt, tenzij deze rechtstreeks in het eigen vermogen moeten of mogen worden verwerkt (RJ 240.401, IAS 1.88 en 89). Dat laatste is in theoretische zin afhankelijk van de vermogensinstandhoudingsdoelstelling (par. 4.8.2). In paragraaf 15.4.1 wordt aangegeven in welke gevallen een bate of last direct in het eigen vermogen wordt verwerkt. Het komt ook voor dat bepaalde baten en lasten die eerst rechtstreeks in het eigen vermogen zijn verwerkt, vervolgens worden opgenomen in de winst-en-verliesrekening (RJ 135.201). Een voorbeeld hiervan is de verwerking van gerealiseerde herwaardering in de winst-en-verliesrekening.

Naast de winst-en-verliesrekening (IFRS 'Statement of profit or loss') bestaat ook het 'Overzicht van het totaalresultaat' (IFRS 'Statement of Comprehensive Income'). Het Overzicht van het totaalresultaat geeft alle baten en lasten weer, onafhankelijk van de vraag of deze baten en lasten in de winst-en-verliesrekening of direct in het eigen vermogen zijn verwerkt. Met andere woorden: het totaalresultaat is gelijk aan de som van het nettoresultaat en de baten en lasten die direct in het eigen vermogen zijn verwerkt. De transacties die voortkomen uit de relatie met aandeelhouders ((informele) kapitaalstortingen, dividenduitkeringen, inkoop eigen aandelen etc.) en die direct in het eigen vermogen zijn verwerkt, maken geen deel uit van het totaalresultaat. Zie verder paragraaf 5.7.

Bij het verwerken van baten en lasten in de winst-en-verliesrekening is het matchingbeginsel van toepassing (zie par. 4.4.3.3). Dit betekent dat lasten en baten die rechtstreeks en tezamen uit dezelfde transacties of andere gebeurtenissen voortvloeien op hetzelfde tijdstip worden verwerkt in de jaarrekening. Het beginsel wordt dan zo toegepast dat in eerste instantie wordt bepaald in welke periode baten worden verantwoord en dat vervolgens de daarmee samenhangende lasten tegelijkertijd worden opgenomen.

5.1.4 Presentatie van baten en lasten in de winst-en-verliesrekening

In deze paragraaf worden de inrichtingseisen voor de winst-en-verliesrekening uitgewerkt. De eisen aan het Overzicht totaalresultaat zijn uitgewerkt in paragraaf 5.7.

5.1.4.1 Inrichtingsmodellen

Dutch GAAP
Op grond van artikel 2:363 lid 6 BW is het Besluit modellen jaarrekening (BMJ) van toepassing. In het BMJ zijn modellen opgenomen voor de balans en de winst-en-verliesrekening. Zie voor een algemene uiteenzetting over de modellen, paragraaf 4.2.2. Voor de winst-en-verliesrekening bestaan twee modellen: model E voor de categoriale kostensplitsing en model F voor de functionele kostensplitsing (zie bijlage 2 Besluit modellen jaarrekening).

IFRS
Noch IAS 1 noch IFRS 10 kennen voorgeschreven modellen voor de (geconsolideerde) winst-en-verliesrekening en het overzicht totaalresultaat. Wel zijn er in IFRS voorschriften opgenomen met betrekking tot beide overzichten, die al dan niet kunnen worden samengevoegd.

IAS 1.82 schrijft voor dat in de winst-en-verliesrekening ('Statement of Profit or Loss') in ieder geval de volgende posten worden opgenomen:
- opbrengsten;
- baten en lasten vanwege het niet langer in de balans verwerken van financiële activa die gewaardeerd werden op geamortiseerde kostprijs;
- financieringslasten;
- bijzondere waardeverminderingen van financiële instrumenten bepaald op basis van IFRS 9.5.5;
- resultaat uit deelnemingen en joint ventures die volgens de 'equity method' worden gewaardeerd;
- belastinglast;
- baten en lasten vanwege een reclassificatie van een financieel actief van geamortiseerde kostprijs naar 'fair value through profit or loss';
- baten en lasten vanwege een reclassificatie van een financieel actief van 'fair value through other comprehensive income' naar 'fair value through profit or loss';
- één bedrag voor het totale resultaat na belastingen van beëindigde bedrijfsactiviteiten (zie par. 33.3).

In het overzicht totaalresultaat ('Statement of Comprehensive Income') dient, indien dit een separaat overzicht is, het nettoresultaat te worden opgenomen als eerste post. Voorts dienen de elementen van de overige onderdelen van het totaalresultaat ('Other Comprehensive Income') te worden uitgesplitst naar de aard en te worden ingedeeld in twee groepen: posten die wel in een latere periode worden opgenomen in de winst-en-verliesrekening ('recyclingposten') en de posten waarvoor dat niet het geval is. Zie verder in paragraaf 5.7.2.

Voorts dient een entiteit in een geconsolideerde jaarrekening afzonderlijk aan te geven welk deel van het nettoresultaat en van het totaalresultaat toekomen aan aandeelhouders van de vennootschap en welk deel aan de derde-aandeelhouders (IAS 1.81b). In een geconsolideerde jaarrekening op basis van de Nederlandse wet- en regelgeving wordt, anders dan onder IFRS, het aandeel van derden op het groepsresultaat in mindering gebracht om te komen tot het netto-resultaat.

Additionele posten kunnen worden opgenomen in de winst-en-verliesrekening als dit noodzakelijk is voor het inzicht (IAS 1.97). Voorbeelden van posten die in de winst-en-verliesrekening of in de toelichting worden opgenomen als deze van materieel belang zijn (IAS 1.98):
- waardeverminderingen van materiële vaste activa en voorraden en terugnemingen van deze waardeverminderingen;
- vorming van reorganisatievoorzieningen en de vrijval van deze voorzieningen;
- afstotingen van materiële vaste activa;
- afstotingen van deelnemingen;
- beëindigde bedrijfsactiviteiten;
- schikkingen van rechtszaken; en
- andere vrijval van voorzieningen.

Toekomstige regelgeving

In december 2019 heeft de IASB de Exposure Draft 'General Presentation and Disclosures' gepubliceerd. Deze exposure draft is onderdeel van het Primary Financial Statements project. Eén van de voorstellen in de Exposure Draft betreft een aangepaste indeling van de winst-en-verliesrekening. De IASB stelt voor om de baten en lasten in vier categorieën onder te verdelen:
- Operating: de opbrengsten en kosten van de belangrijkste bedrijfsactiviteiten;
- Integral associates and joint ventures: het aandeel in winst of verlies en de gerelateerde opbrengsten en kosten van associates en joint ventures die sterk gerelateerd zijn aan de belangrijkste bedrijfsactiviteiten;

5 Winst-en-verliesrekening

▶ Investing: de opbrengsten en kosten van investeringen die opbrengsten genereren onafhankelijk van de andere activa van de onderneming; en
▶ Financing: opbrengsten en kosten gerelateerd aan financieringsactiviteiten.

Deze indeling van de winst-en-verliesrekening gaat gepaard met drie nieuwe subtotalen:
▶ Operating profit;
▶ Operating profit and income and expenses from integral associates and joint ventures; en
▶ Profit before financing and income tax.

Het doel van deze nieuwe indeling en subtotalen is het verbeteren van de vergelijkbaarheid tussen entiteiten.

5.1.4.2 Keuze tussen categoriale en functionele kostensplitsing

Baten en lasten worden in de winst-en-verliesrekening uitgesplitst. Deze uitsplitsing geschiedt ofwel op basis van de aard van de baten en lasten (de zogenaamde categoriale splitsing), ofwel op basis van de functie die de baten en lasten voor de rechtspersoon hebben (de zogenaamde functionele splitsing) (art. 2:377 BW, IAS 1.99). De aard van de activiteiten, de aard van de interne rapportages en de overweging op welke wijze het beste inzicht kan worden gegeven in de prestaties van de rechtspersoon, zullen de keuze bepalen of in de winst-en-verliesrekening ofwel de categoriale ofwel de functionele kostensplitsing wordt toegepast (RJ 270.502).
IAS 1.100 beveelt aan een dergelijke uitsplitsing te doen in de winst-en-verliesrekening zelf. Dit is echter niet verplicht. Het is ook toegestaan de uitsplitsing in de toelichting op te nemen.

De wet staat in beginsel niet toe om een winst-en-verliesrekening gedeeltelijk op te stellen op basis van de categoriale kostensplitsing (model E) en gedeeltelijk op basis van de functionele kostensplitsing (model F). In de praktijk komen mengvormen wel voor. Dat is echter alleen toegestaan indien het noodzakelijk is voor het verschaffen van het vereiste inzicht. Tevens moet de reden van deze afwijking in de toelichting worden uiteengezet (art. 2:362 lid 4 BW). Zie paragraaf 4.2.3 voor een verdere bespreking van het derogatiebeginsel.

Categoriale kostensplitsing
In het categoriale model worden de kosten uitgesplitst naar hun soort. Bijvoorbeeld afschrijvingen, lonen en salarissen, overige bedrijfskosten. Het categoriale model heeft als bijzonder kenmerk, dat de gesplitste kosten niet alleen worden gesteld tegenover de netto-omzet, maar ook tegenover de mutatie in voorraad gereed product en onderhanden werk (de zogenaamde productie-omzetmethode; RJ 270.502). Op deze wijze worden de aan het boekjaar toegerekende kosten niet alleen gerelateerd aan de in het boekjaar verrichte activiteiten die in dat boekjaar tot inkomen (netto-omzet) hebben geleid, maar ook aan de in dat boekjaar verrichte activiteiten die in dat boekjaar nog niet tot inkomen hebben geleid.

Ingeval van constructie-opdrachten laat RJ 221.401 toe om in het categoriale model de wijzigingen in de onderhanden projecten hetzij te presenteren als netto-omzet, hetzij afzonderlijk als 'wijziging in onderhanden projecten'. Dat laatste is alleen toegestaan voor nog niet voltooide projecten. Bij voltooiing dient alsnog presentatie als netto-omzet plaats te vinden (met een negatieve post onder de 'wijziging in onderhanden projecten'; zie ook par. 5.2.5).

De gepresenteerde netto-omzet en mutatie voorraad gereed product, onderhanden werk en (eventueel) onderhanden projecten geeft dus in feite de omvang van de in het boekjaar verrichte activiteiten weer.
Als de post 'overige bedrijfskosten' omvangrijk is in verhouding tot de andere kostenposten, wordt een nadere toelichting gegeven, zo nodig voorzien van een specificatie (RJ 270.503).

Voorbeeld geconsolideerde winst-en-verliesrekening volgens het categoriale model (Dutch GAAP)				
(in duizenden €)		Jaar 2		Jaar 1
Netto-omzet		395.033		351.644
Wijzigingen in voorraden onderhanden werk		- 3.006		9.174
Overige bedrijfsopbrengsten		200		12
Som der bedrijfsopbrengsten		392.227		360.830
Kosten uitbesteed werk en andere externe kosten	117.387		91.463	
Personeelskosten	185.552		180.149	
Afschrijvingen	7.553		7.553	
Overige bedrijfskosten	69.500		69.300	
Som der bedrijfslasten		380.092		348.465
Bedrijfsresultaat		12.135		12.365
Financiële baten en lasten		- 2.170		- 2.374
Resultaat voor belastingen		9.965		9.991
Belastingen		- 3.330		- 2.663
Resultaat niet-geconsolideerde deelnemingen		87		471
Groepsresultaat na belastingen		6.722		7.799
Aandeel derden in groepsresultaat		- 681		- 512
Netto-resultaat		6.041		7.287

Bij IFRS is het netto-resultaat 6.722 respectievelijk 7.799 en wordt afzonderlijk aangegeven welk deel van dit resultaat toekomt aan derden (681 respectievelijk 512) en welk deel aan de aandeelhouders van de vennootschap (6.041 respectievelijk 7.287).

Toekomstige regelgeving
In de nieuwe Richtlijnen is de optie vervallen om bij toepassing van de categoriale kostensplitsing de projectopbrengsten te presenteren als 'wijziging in onderhanden projecten', zolang een project nog niet is voltooid.

Functionele kostensplitsing
In het functionele model worden de kosten met inbegrip van afschrijvingen en waardeverminderingen en de overige indirecte kosten (RJ 270.504) gegroepeerd en toegerekend aan een van de drie volgende bedrijfsfuncties:
▶ handels- en/of productiefunctie, weergegeven door de kostprijs van de omzet;
▶ verkoopfunctie, weergegeven door de verkoopkosten; en
▶ algemene beheersfunctie, weergegeven door de algemene beheerskosten.

Bij de functionele opstelling worden de gesplitste kosten gesteld tegenover de netto-omzet (de zogenaamde omzetmethode; RJ 270.502). Als de functionele indeling wordt toegepast, wordt in de toelichting additionele informatie verstrekt ten aanzien van bepaalde categoriale kostensoorten, waaronder het totaalbedrag van de in de winst-en-verliesrekening verwerkte afschrijvingen en het totaalbedrag van de in de winst-en-verliesrekening verwerkte lonen en salarissen (IAS 1.104, RJ 270.504 en voor wat betreft lonen en salarissen ook art. 2:382 lid 2 BW).

5 Winst-en-verliesrekening

Voorbeeld geconsolideerde winst-en-verliesrekening volgens het functionele model (Dutch GAAP)				
	x € 1.000	Jaar 2 x € 1.000	x € 1.000	Jaar 1 x € 1.000
Netto-omzet		395.033		351.644
Kostprijs van de omzet		350.013		300.633
Bruto-omzetresultaat		45.020		51.011
Verkoopkosten	9.234		10.835	
Algemene beheerskosten	23.851		27.823	
Som der kosten		33.085		38.658
Netto-omzetresultaat		11.935		12.353
Overige bedrijfsopbrengsten		200		12
Financiële baten en lasten		-2.170		-2.374
Resultaat voor belastingen		9.965		9.991
Belastingen		-3.330		-2.663
Resultaat niet-geconsolideerde deelnemingen		87		471
Groepsresultaat na belastingen		6.722		7.799
Aandeel derden in groepsresultaat		-681		-512
Nettoresultaat		6.041		7.287

Bij IFRS is het netto-resultaat 6.722 respectievelijk 7.799 en wordt afzonderlijk aangegeven welk deel van dit resultaat toekomt aan derden (681 respectievelijk 512) en welk deel aan de aandeelhouders van de vennootschap (6.041 respectievelijk 7.287).

Toekomstige regelgeving

In de Exposure Draft 'General Presentation and Disclosures' stelt de IASB voor om te verbieden om een winst-en-verliesrekening op te stellen met een mix van de functionele en categoriale kostensplitsing. Tevens wil de IASB dat ondernemingen aan de hand van indicatoren bepalen welke kostensplitsing het meest relevant is en die kostensplitsing in de winst-en-verliesrekening hanteren. Daarnaast stelt de IASB voor om een categoriale kostensplitsing in de toelichting te verplichten voor ondernemingen die een functionele kostensplitsing in de winst-en-verliesrekening toepassen.

5.1.4.3 Overige bedrijfsopbrengsten en Overige bedrijfskosten

In beide modellen van de winst-en-verliesrekening is, ter onderscheiding van de post netto-omzet, een post 'Overige bedrijfsopbrengsten' opgenomen. Hieronder worden resultaten verantwoord die niet rechtstreeks samenhangen met de levering van goederen en diensten in het kader van de gewone bedrijfsuitoefening (RJ 270.505). Dit zal vaak een bijzondere bate zijn (zie par. 5.6), zoals de boekwinst bij verkoop van een deelneming. Maar een bijzondere bate die samenhangt met bijvoorbeeld netto-omzet, of een financiële bate of een bate in het resultaat deelnemingen, worden bij de betreffende post verantwoord.
Hetzelfde geldt voor de post 'Overige bedrijfskosten' (alleen in het categoriale model). Bijvoorbeeld een bijzondere last die samenhangt met afvloeiing van personeel bij een reorganisatie wordt niet onder deze post verantwoord, maar dient als onderdeel van de personeelskosten te worden opgenomen.

5.1.4.4 Opbrengsten uit deelnemingen

Opbrengsten uit deelnemingen die tegen netto-vermogenswaarde zijn gewaardeerd worden verantwoord na de belastingen over het resultaat uit de gewone bedrijfsuitoefening. Het is echter ook toegestaan deze post aan alle financiële baten en lasten vooraf te laten gaan (art. 6 BMJ).
Opbrengsten uit deelnemingen die *niet* tegen netto-vermogenswaarde zijn gewaardeerd, worden afzonderlijk als eerste post van de financiële baten opgenomen onder de benaming 'uitkeringen uit niet tegen netto-vermogenswaarde gewaardeerde deelnemingen' (art. 7 lid 4 BMJ).
Bijzondere waardeverminderingen (of terugname daarvan), in de terminologie van BMJ 'waardeveranderingen', van deelnemingen die *niet* tegen netto-vermogenswaarde zijn gewaardeerd worden hetzij afzonderlijk opgenomen

onmiddellijk na de waardeveranderingen van vorderingen die tot de vaste activa behoren, hetzij met die post samengevoegd. Zo nodig wordt de benaming van deze samengevoegde post aangepast (art. 7 lid 4 BMJ). Boekwinsten bij verkoop van een deelneming worden gepresenteerd als overige bedrijfsopbrengsten. Een presentatie bij of in het resultaat deelnemingen wordt eveneens aanvaardbaar geacht.

Voorbeeld winst-en-verliesrekening opbrengsten/waardeveranderingen deelnemingen	
Opbrengst uit deelnemingen die niet tegen netto-vermogenswaarde zijn verantwoord	x
Opbrengst uit vorderingen die tot de vaste activa behoren en van effecten	x
Andere rentebaten en soortgelijke opbrengsten	x
Waardeveranderingen van vorderingen die tot de vaste activa behoren en van effecten*	x
Waardeveranderingen van deelnemingen die niet tegen netto-vermogenswaarde zijn gewaardeerd*	x
Rentelasten en soortgelijke kosten	x
Resultaat voor belastingen	x
Belastingen resultaat uit de gewone bedrijfsuitoefening	x
Aandeel in winst/verlies van deelnemingen**	x
Resultaat na belastingen	x
* Deze posten kunnen worden samengevoegd.	
** Deze post mag ook als eerste van deze opstelling worden opgenomen.	

5.1.4.5 Winstdelingsregelingen

De verwerking van winstdelingen op grond van winstdelingsregelingen vindt plaats overeenkomstig de economische realiteit van de winstdeling. De winstdeling kan namelijk het karakter hebben van een vergoeding voor aan de rechtspersoon geleverde goederen en/of diensten, maar kan ook het karakter hebben van een vergoeding voor de verschaffing van eigen vermogen. In het eerste geval wordt de winstdeling als onderdeel van de winstbepaling verwerkt in de winst-en-verliesrekening in het jaar waarop de winstdeling betrekking heeft. In het tweede geval wordt de winstdeling verwerkt als onderdeel van de winstbestemming (RJ 135.208).

5.1.4.6 Gebruik van EBITA en EBITDA in de winst-en-verliesrekening

Het BMJ stelt uitdrukkelijk dat het toepasselijke model de volgorde van de posten bepaalt (art. 6 lid 1 BMJ). Geen van de in het BMJ voorgeschreven modellen voor de winst-en-verliesrekening kent de mogelijkheid om EBITA ('earnings before interest, taxes and amortisation') of EBITDA ('earnings before interest, taxes, depreciation and amortisation') in de winst-en-verliesrekening te presenteren.

Richtlijn 270 geeft dan ook aan dat de presentatie van EBITA en EBITDA in de winst-en-verliesrekening onverenigbaar is met het BMJ (RJ 270.509). Daarom kunnen deze begrippen slechts worden gehanteerd in de toelichting op de winst-en-verliesrekening. Een reden daarvoor is dat de afschrijvingskosten in het functionele model onderdeel zijn van de kostprijs van de omzet, verkoopkosten en algemene beheerskosten. In het categoriale model moeten deze kosten worden getoond als onderdeel van de som der bedrijfslasten. Een andere reden is de presentatie van het resultaat deelnemingen. Bij de presentatie van EBITDA in de winst-en-verliesrekening kan het resultaat deelnemingen worden beschouwd als onderdeel van EBITDA en hiermee tot de resultaten uit gewone bedrijfsuitoefening. Volgens de bij het BMJ voorgeschreven modellen van de winst-en-verliesrekening wordt het resultaat deelnemingen gepresenteerd na het resultaat uit gewone bedrijfsuitoefening. Het onderstaande voorbeeld verduidelijkt dit.

5 Winst-en-verliesrekening

Voorbeeld winst-en-verliesrekening met EBITDA	
Netto-omzet	100
Kostprijs omzet (exclusief afschrijvingen)	(80)
Resultaat deelnemingen	5
EBITDA	25
Afschrijvingen	(15)
EBITA	10
Amortisatie goodwill	(4)
EBIT	6
Rentelasten	(3)
Belastingen	(1)
NETTOWINST	2

EBITA en EBITDA worden gerekend tot de alternatieve winstmaatstaven, maatstaven van winstgevendheid die niet direct voortkomen uit de wet- en regelgeving. De IASB gaat niet uitdrukkelijk in op alternatieve winstmaatstaven, maar benadrukt in IAS 1.85/85A wel dat, bij het presenteren van subtotalen om financiële prestaties weer te geven, deze maatstaven moeten zijn samengesteld op basis van IFRS-posten, de presentatie daarvan duidelijk, begrijpelijk en consistent moet zijn, en deze maatstaven met minder nadruk moeten worden gepresenteerd dan de prestatiemaatstaven die in IFRS uitdrukkelijk worden benoemd.

De ESMA heeft een specifieke publicatie over alternatieve prestatiemaatstaven uitgebracht: 'ESMA Guidelines on Alternative Performance Measures' (2015). De belangrijkste bepalingen zijn:
▶ De gebruikte alternatieve prestatiemaatstaven (APM's) dienen te worden gedefinieerd en omschreven, inclusief vermelding van de belangrijkste gebruikte veronderstellingen.
▶ Voorkomen dient te worden dat gebruikers door het geven van APM's op het verkeerde been kunnen worden gezet.
▶ APM's dienen te worden aangesloten op de in de winst-en-verliesrekening gebruikte bedragen.
▶ Het gebruik van APM's dient in de tijd consistent te zijn en vergelijkende cijfers dienen te worden verstrekt.

Deze bepalingen sluiten aan op hetgeen is aangegeven in IAS 1. Een verdere bespreking van APM's is opgenomen in paragraaf 37.2.

Toekomstige regelgeving
In de Exposure Draft 'General Presentation and Disclosures' stelt de IASB voor om entiteiten de mogelijkheid te bieden om een subtotaal 'operating profit before depreciation and amortisation' op te nemen als een entiteit de categoriale kostensplitsing hanteert in de winst-en-verliesrekening.

Daarnaast stelt de IASB voor om 'management performance measures' (MPM) op te laten nemen in een apart onderdeel van de toelichting. MPM zijn subtotalen van kosten en opbrengsten die:
▶ gebruikt worden in de publieke communicatie buiten de jaarrekening;
▶ aanvullend zijn op de totalen en subtotalen zoals gespecificeerd door IFRS; en
▶ de visie van het management op een aspect van de financiële prestaties communiceren.

De presentatie van deze MPM moet gepaard gaan met de volgende toelichtingen:
▶ een aansluiting tussen elke MPM en het meest vergelijkbare totaal of subtotaal zoals gedefinieerd door IFRS;
▶ het effect op belastingen en aandeel derden voor elke aansluiting;
▶ een beschrijving waarom elke MPM de visie van het management op de prestaties communiceert en hoe de MPM is berekend; en
▶ een uitleg van veranderingen in de berekening van de MPM of veranderingen in de MPM die worden verstrekt.

5.1.4.7 Vennootschappelijke winst-en-verliesrekening bij toepassing van artikel 2:402 BW

Als een rechtspersoon een geconsolideerde jaarrekening heeft opgesteld waarin de eigen financiële gegevens zijn verwerkt, hoeft in de vennootschappelijke winst-en-verliesrekening de standaardindeling van de winst-en-verliesrekening zoals voorgeschreven door het BMJ niet te worden gevolgd. In dat geval hoeven slechts het eigen resultaat en de winst uit deelnemingen afzonderlijk te worden getoond (art. 2:402 BW). In de toelichting op de geconsolideerde jaarrekening wordt vermeld dat dit artikel is toegepast. Organisaties van openbaar belang, waaronder de beursgenoteerde ondernemingen die de vennootschappelijke jaarrekeningen opmaken met gebruik van artikel 2:362 lid 8 BW (toepassing van IFRS-grondslagen, maar overigens toepassing van Titel 9), mogen van deze vrijstelling geen gebruikmaken en dienen derhalve een volledige winst-en-verliesrekening op te maken.
Noch IAS 1 noch IAS 27 kennen een dergelijke bepaling.

5.1.4.8 Verschillen Dutch GAAP – IFRS

In het BMJ zijn modellen opgenomen voor de winst-en-verliesrekening waarvan niet mag worden afgeweken. Noch IAS 1 noch IAS 27 kennen voorgeschreven modellen voor de winst-en-verliesrekening. Wel wordt door IAS 1 voorgeschreven dat een aantal posten in de winst-en-verliesrekening wordt opgenomen.

Titel 9 Boek 2 BW schrijft voor dat baten en lasten in de winst-en-verliesrekening worden uitgesplitst. Deze uitsplitsing geschiedt ofwel op basis van de aard van de baten en lasten (de zogenaamde categoriale splitsing), ofwel op basis van de functie die de baten en lasten voor de rechtspersoon hebben. IAS 1 beveelt aan een dergelijke uitsplitsing te doen in de winst-en-verliesrekening zelf. Dit is echter niet verplicht. Het is ook toegestaan de uitsplitsing in de toelichting op te nemen.

Titel 9 Boek 2 BW staat toe dat, als een rechtspersoon, niet zijnde een organisatie van openbaar belang, een geconsolideerde jaarrekening heeft opgesteld waarin de eigen financiële gegevens zijn verwerkt, in de vennootschappelijke winst-en-verliesrekening slechts het eigen resultaat en de winst uit deelnemingen afzonderlijk worden getoond. Noch IAS 1 noch IAS 27 kennen een dergelijke bepaling.

5.2 Opbrengsten: begripsbepaling

Opbrengsten zijn baten uit transacties en andere gebeurtenissen die zich voordoen bij de uitvoering van de normale activiteiten van de onderneming (par. 5.1.2). In deze paragraaf worden de algemene uitgangspunten voor het bepalen van de aan enig boekjaar toerekenbare opbrengsten uiteengezet. Opbrengsten omvatten:
- netto-omzet;
- rente-inkomsten;
- dividendinkomsten;
- royalty-inkomsten.

Daarnaast worden overige bedrijfsopbrengsten onderscheiden (zie par. 5.1.4.3).

Deze paragraaf bespreekt de inhoud van de onderscheiden categorieën opbrengsten (begripsbepaling); in paragraaf 5.3 wordt de verwerking (bepaling van het moment en de hoogte van het toe te rekenen bedrag) nader uiteengezet.

Inzake opbrengsten is vanaf de jaarrekening 2018 de nieuwe standaard IFRS 15 'Revenue from Contracts with Customers' van toepassing. Richtlijn 270 over de winst-en-verliesrekening is nog gebaseerd op de oude standaard

IAS 18. Echter, Richtlijn 270 staat toe om IFRS 15 zoals aanvaard door de Europese Unie, toe te passen voor opbrengsten en gerelateerde kosten (RJ 270.101a). Dit betekent dat ondernemingen, die hun jaarrekening opstellen op basis van de Nederlandse wet- en regelgeving, IFRS 15 kunnen toepassen in plaats van Richtlijn 270. IFRS 15 moet dan integraal toegepast worden, inclusief de uitgebreide toelichtingsvereisten. Tevens moet IFRS 15 dan toegepast worden in plaats van Richtlijn 221 'Onderhanden projecten' (zie hoofdstuk 13).

In paragraaf 5.3 zullen we Richtlijn 270 en IFRS 15 afzonderlijk behandelen en daarna ingaan op de belangrijkste verschillen. Opbrengsten uit hoofde van onderhanden projecten, die in IFRS deel uitmaken van IFRS 15 maar waarvoor de Richtlijnen een afzonderlijke standaard hebben (RJ 221), worden specifiek behandeld in hoofdstuk 13.

Toekomstige regelgeving

De nieuwe Richtlijnen bevatten verschillende aanpassingen. Als de wijzigingen betrekking hebben op onderwerpen die elders in dit hoofdstuk of in het hoofdstuk 13 worden behandeld, worden de wijzigingen daar genoemd. De belangrijkste wijzigingen die niet elders worden behandeld, worden hieronder kort besproken.

Garanties

De huidige Richtlijnen bevatten geen specifieke bepalingen voor de verwerking van garanties. De nieuwe Richtlijnen geven in RJ 270.109bN aan dat omzet aan een garantie toegerekend moet worden als een verstrekte garantie classificeert als een afzonderlijke prestatieverplichting. Een verstrekte garantie is een afzonderlijke prestatieverplichting als de garantie (of een deel van de garantie) inhoudt dat de afnemer een dienst ontvangt in aanvulling op de garantie dat het product voldoet aan de overeengekomen specificaties. Een reguliere garantie die is bedoeld om de afnemer de zekerheid te bieden dat een geleverd goed aan de overeengekomen specificaties voldoet, kwalificeert niet als een afzonderlijke prestatieverplichting. De omzet die toegerekend is aan de prestatieverplichting 'verstrekte garantie' wordt op een later moment in de winst-en-verliesrekening verantwoord dan de omzet die toegerekend is aan het leveren van het gerelateerde product.

Wijzigingen van overeenkomsten

De huidige Richtlijnen bevatten alleen bepalingen met betrekking tot meer- en minderwerk als het gaat om de verwerking van wijzigingen van verkoopovereenkomsten. De nieuwe Richtlijnen geven in RJ 270.129 en 130N aan dat wijzigingen, afhankelijk van hun aard, verwerkt worden als:
- een afzonderlijke overeenkomst in aanvulling op de bestaande overeenkomst;
- een beëindiging van de bestaande overeenkomst en het afsluiten van een nieuwe overeenkomst (waarin de nog niet verrichte prestatieverplichtingen van de beëindigde overeenkomst worden opgenomen); of als
- een wijziging van de bestaande overeenkomst.

Het doel van deze aanpassing is om te komen tot een verwerking van een wijziging van een bestaande overeenkomst conform de economische realiteit van die wijziging.

Vergoedingen aan afnemers van goederen en diensten

De huidige Richtlijn 270 bevat geen bepalingen in welke situaties een aan afnemers verstrekte vergoeding als een vermindering van de opbrengsten dient te worden verwerkt. De nieuwe Richtlijnen geven in RJ 270.108N aan dat dergelijke vergoedingen in mindering worden gebracht op de opbrengsten, tenzij de betaling aan een afnemer plaatsvindt in ruil voor een te onderscheiden goed of dienst.

Niet door afnemers uitgeoefende rechten
In de huidige Richtlijnen zijn geen bepalingen opgenomen over de wijze waarop een rechtspersoon opbrengsten verwerkt wanneer afnemers hun rechten niet uitoefenen. Dit kan zich bijvoorbeeld voordoen als een winkel cadeaukaarten uitgeeft en het tegoed op die cadeaukaarten niet (volledig) wordt gebruikt. De nieuwe Richtlijnen geven in RJ 270.128N aan dat indien de rechtspersoon verwacht dat afnemers niet alle toegekende rechten zullen uitoefenen, het bedrag gerelateerd aan die rechten als opbrengst te verwerken conform het patroon van de rechten die naar verwachting wel door afnemers uitgeoefend zullen worden. Indien de rechtspersoon verwacht dat afnemers wel alle toegekende rechten zullen uitoefenen, dient het bedrag uit hoofde van niet-uitgeoefende rechten pas als opbrengst te worden verwerkt op het moment dat het zeer onwaarschijnlijk wordt dat de afnemer zijn resterende rechten nog zal uitoefenen.

Niet-terugbetaalbare vergoedingen ten tijde van afsluiten overeenkomst
Bij sommige overeenkomsten brengt de rechtspersoon een afnemer een niet-terugbetaalbare vergoeding in rekening ten tijde van het afsluiten van een overeenkomst. Een voorbeeld is het inschrijfgeld om lid te worden van een fitnessclub. De huidige Richtlijnen bevatten geen specifieke bepalingen hoe dit verwerkt moet worden. Zo'n vergoeding resulteert niet altijd in de levering van een goed of een dienst aan een afnemer. De vergoeding is dan eigenlijk een voorschot voor de levering van de verwachte toekomstige goederen of diensten, bijvoorbeeld het bezoeken van de fitnessclub. Daarom schrijven de nieuwe Richtlijnen voor om geen opbrengst te nemen bij de ontvangst van de vergoeding, maar pas opbrengsten te verwerken als die verwachte toekomstige goederen of diensten worden geleverd (RJ 270.127N).

Opties van afnemers op bijkomende goederen of diensten
De huidige Richtlijnen bevatten reeds specifieke bepalingen inzake loyaliteitsprogramma's (zie par. 5.3.9). De nieuwe Richtlijnen bevatten bepalingen voor alle aan afnemers verstrekte opties om bijkomende goederen of diensten te verkrijgen. De huidige bepalingen met betrekking tot loyaliteitsprogramma's komen daarmee te vervallen. Een rechtspersoon dient een optie die een afnemer het recht geeft om bijkomende goederen of diensten te verkrijgen als aparte prestatieverplichting te verwerken indien de waarde van de optie niet onbelangrijk is ten opzichte van de waarde van de verkoop van goederen of de dienstverlening waarbij die optie is verleend. Indien aan deze voorwaarde is voldaan, worden de aan de verleende optie toe te rekenen opbrengsten verwerkt in de periode dat de optie wordt uitgeoefend. Indien geen afzonderlijke prestatieverplichting bij het uitgeven van de optie wordt onderkend, wordt de opbrengst van de gehele transactie verwerkt op het moment van de verkoop van goederen of de dienstverlening waarbij de optie wordt verleend. De kosten van de verleende optie worden in dat geval op hetzelfde moment dan wel in dezelfde periode verwerkt (RJ 270.109aN).

Kosten van het verkrijgen van een overeenkomst
De huidige Richtlijn 270 bevat geen bepalingen over de verwerking van de kosten van het verkrijgen van een overeenkomst. In de nieuwe Richtlijn is bepaald dat de kosten die rechtstreeks verband houden met een overeenkomst en die worden gemaakt bij het verkrijgen van de overeenkomst worden geactiveerd indien het waarschijnlijk is dat de overeenkomst zal worden verkregen, deze kosten afzonderlijk kunnen worden geïdentificeerd en betrouwbaar kunnen worden bepaald (RJ 270.303N).

5.2.1 Netto-omzet: begripsbepaling

Het begrip netto-omzet wordt in de wet als volgt gedefinieerd: 'Onder de netto-omzet wordt verstaan de opbrengst uit levering van goederen en diensten uit het bedrijf van de rechtspersoon onder aftrek van kortingen en dergelijke en van over de omzet geheven belastingen' (art. 2:377 lid 6 BW). Omzet is een verschijningsvorm van opbrengsten, dat wil zeggen baten die ontstaan bij de uitvoering van de normale activiteiten van een rechtspersoon. De overeenkomstige term in IFRS 15 is 'revenue'. De netto-omzet is de weergave van de omvang van de activiteiten van de rechtspersoon, dus van hetgeen de rechtspersoon voor eigen rekening en risico presteert door verkoop en levering van goederen dan wel door het verrichten van diensten aan zijn cliënten. Omdat het begrip netto-omzet dient te worden geïnterpreteerd vanuit de normale, niet incidentele bedrijfsactiviteiten zullen opbrengsten uit nevenproducten (afval, uitval) die karakteristiek zijn voor de rechtspersoon, tot de netto-omzet worden gerekend. Zijn deze opbrengsten van geringe betekenis, dan kunnen zij uit praktische overwegingen worden verwerkt als vermindering van de kostprijs van de omzet of van de kosten van grond- en hulpstoffen. Evenzo zullen opbrengsten uit provisie en commissie en opbrengsten uit nevenactiviteiten zoals tijdelijke verhuur van overcapaciteit tot de netto-omzet behoren (RJ 270.201).

Ook regelmatig terugkerende verkopen van materiële vaste activa worden geacht onderdeel te zijn van de normale, niet-incidentele bedrijfsactiviteiten (RJ 270.201, RJ 212.506). IFRS kent overeenkomstige voorschriften (IAS 16.68A). Deze bepaling heeft met name betekenis voor (bijvoorbeeld) autoleasebedrijven die operationele leasecontracten aanbieden. De na afloop van het contract terugontvangen auto's zullen veelal worden verkocht aan andere partijen en vormen daarmee onderdeel van de normale bedrijfsactiviteiten. Dit betekent dan dat de opbrengst van de verkoop als netto-omzet wordt verantwoord, met daartegenover de kosten, en dat geen (gesaldeerde) verantwoording als boekresultaat plaatsvindt. Daarentegen zal bij incidentele verkoop van materiële vaste activa geen omzet verantwoord worden, maar een netto-boekwinst of verlies. Een netto-boekwinst zal worden gepresenteerd onder de 'overige bedrijfsopbrengsten', een verlies als een 'waardevermindering'.

Soms kan onzekerheid bestaan over het antwoord op de vraag of een bepaalde activiteit wel tot de normale activiteiten van een rechtspersoon kan worden gerekend en dus of de opbrengst uit die activiteit wel in de omzet van de rechtspersoon kan worden opgenomen. Is van deze onzekerheid sprake en is de opbrengst in de netto-omzet opgenomen, dan wordt daarvan in de toelichting een uiteenzetting gegeven (RJ 270.203).

Zoals in paragraaf 5.1.2, onderdeel Baten, al kort is aangegeven behoren niet alle aan een afnemer in rekening gebrachte bedragen tot de netto-omzet. In ieder geval dienen de belastingen als btw buiten dit begrip te blijven. Voor de belasting personenauto's en motorrijwielen (BPM) gelden andere, specifiek op de bedrijfstak gerichte, inzichten (zie hierna in par. 5.2.3).
Voor de verwerking van andere elementen van de in rekening gebrachte bedragen in de netto-omzet, zoals andere vormen van belastingen, accijns of vrachtkosten, wordt het antwoord gevonden in de analyse of de verkoper als 'principaal' dan wel als 'agent' optreedt.

5.2.2 Principaal versus agent

De voorwaarde voor de vaststelling van een bate, namelijk dat het economische potentieel van de rechtspersoon moet toenemen (zie par. 5.1.2, onderdeel Baten), brengt mee dat het louter voor rekening en risico van een ander handelen nimmer kan leiden tot een bate. Alleen bedragen die de rechtspersoon voor eigen rekening ontvangt dienen als opbrengsten te worden verwerkt (RJ 270.105b). Een rechtspersoon ontvangt bedragen voor eigen rekening indien hij de belangrijke rechten op economische voordelen en belangrijke risico's heeft met betrekking tot de geleverde goederen of diensten. Bedragen die de rechtspersoon voor derden ontvangt – waarbij de rechtspersoon als agent optreedt – zijn geen vermeerderingen van economisch potentieel en verhogen het eigen vermogen niet. Daarom worden dergelijke bedragen niet als opbrengsten verwerkt (RJ 270.105c). Alleen de per saldo ontvangen provisie wordt als opbrengst verwerkt.
In IFRS 15.B34-38 zijn vergelijkbare bepalingen opgenomen over principaal versus agent, met dat verschil dat bij IFRS 15 niet de risico's, maar de beschikkingsmacht ('control') bepalend is. De entiteit is principaal voor zover deze de beschikkingsmacht heeft over de goederen en diensten.

De Richtlijnen en IFRS geven verdere aanwijzingen voor de vaststelling of de rechtspersoon als principaal of als agent optreedt, en hiermee of de rechtspersoon de opbrengst bruto of netto presenteert (RJ 270.105a, IFRS 15.B35-36). Bij die beoordeling dienen alle relevante feiten en omstandigheden in aanmerking te worden genomen.

Indicatoren voor het zijn van principaal zijn (RJ 270.105b, IFRS 15.B37):
- de rechtspersoon heeft de primaire verantwoordelijkheid voor de levering of uitvoering, bijvoorbeeld doordat hij jegens de afnemer verantwoordelijk is voor de geleverde goederen of diensten;
- de rechtspersoon heeft voorraadrisico;
- de rechtspersoon heeft vrijheid van handelen bij het bepalen van de prijs, ook als dat indirect is door bijvoorbeeld additionele goederen en diensten te verstrekken; en
- de rechtspersoon heeft het kredietrisico over het door de afnemer verschuldigde bedrag (deze indicator wordt alleen door de RJ genoemd).

Geen enkel kenmerk is op zichzelf beslissend.
In de praktijk zullen RJ en IFRS vaak tot dezelfde uitkomst leiden. Wel kan bijvoorbeeld het uitdrukkelijk niet door IFRS benoemen van kredietrisico als indicator voor het zijn van principaal leiden tot verschillen.

Een rechtspersoon ontvangt bedragen voor derden indien hij geen belangrijke rechten op economische voordelen en belangrijke risico's heeft met betrekking tot de geleverde goederen of diensten. Een indicatie dat de rechtspersoon bedragen voor derden ontvangt is dat het bedrag dat de rechtspersoon toekomt vooraf bepaald is, hetzij als een vast bedrag per transactie, hetzij als een percentage van het bedrag dat aan de afnemer in rekening is gebracht (RJ 270.105c).
Zo worden bij toepassing van deze indicatoren bij tussenpersonen die voor rekening van derden transacties afsluiten uitsluitend de provisieontvangsten als opbrengsten verwerkt.
Bedragen die de tussenpersoon voor rekening van die derden ontvangt en moet doorbetalen verhogen het eigen vermogen van de tussenpersoon niet en vormen daarom geen opbrengsten. Een reisbureau zal bijvoorbeeld in de meeste gevallen als agent worden aangemerkt. De bedragen die geïnd worden ten behoeve van de vliegtuigmaatschappij of de reisorganisatie zullen veelal niet leiden tot belangrijke rechten op economische voordelen of belangrijke risico's met betrekking tot de geleverde diensten. Onder de RJ zal daarom alleen de boekingscommissie als omzet worden verwerkt. Onder IFRS zal de tussenpersoon ook alleen de boekingscommissie als omzet verantwoorden indien de tussenpersoon geen beschikkingsmacht over de diensten heeft gehad.
En voor een commissionair die voor rekening en risico van zijn opdrachtgever een overeenkomst met een derde aangaat vloeien uit de overeenkomst in het algemeen voor hemzelf geen activa, verplichtingen, baten en lasten voort die hij in zijn jaarrekening zou mogen of moeten opnemen. Uitsluitend het commissionairsloon is voor de commissionair een bate.

Ook voor belastingen anders dan belastingen naar de winst moet worden bepaald of deze al dan niet tot de opbrengsten behoren (RJ 270.105d). Zo worden bedragen die de rechtspersoon ontvangt ter zake van aan afnemers in rekening gebrachte omzetbelasting, niet als opbrengsten verwerkt.

De vaststelling of een rechtspersoon optreedt als principaal of als agent is van belang voor de presentatie van de omzet en daarmee op de toepassing van de groottecriteria (zie verder par. 43.2).

5 Winst-en-verliesrekening

Regelgeving van toepassing in toekomstige jaren

In de nieuwe Richtlijnen is het hebben van zeggenschap over de te leveren goederen en diensten direct voorafgaande aan de levering als extra indicator opgenomen om vast te stellen of een rechtspersoon voor eigen rekening (als principaal) handelt (RJ 270.105bN).

5.2.3 BPM

Richtlijn 270 beveelt aan, mede met het oog op de onderlinge vergelijkbaarheid van hun jaarrekeningen, de belasting personenauto's en motorrijwielen in de jaarrekening van dealers en andere autobedrijven op te nemen in de netto-omzet. Als deze aanbeveling niet wordt gevolgd, wordt in de jaarrekening vermeld dat een ander netto-omzetbegrip is gehanteerd en welke inhoud het gebruikte begrip heeft (RJ 270.201a).

Richtlijn 270 spreekt geen voorkeur uit ten aanzien van de verwerking van de BPM in de omzet in de jaarrekening van importeurs van auto's en motorrijwielen. Wel dient uit hun jaarrekening te blijken of de gepresenteerde netto-omzet inclusief dan wel exclusief BPM is (RJ 270.201a).

Zowel uit de jaarrekeningen van dealers en andere autobedrijven als uit de jaarrekeningen van importeurs dient het bedrag aan BPM te blijken.

IFRS kent geen specifieke bepaling met betrekking tot BPM. Daarom moet onder IFRS geanalyseerd worden of er sprake is van bedragen die ontvangen worden namens andere partijen. Zulke bedragen maken geen deel uit van de omzet (IFRS 15.47).

5.2.4 Kortingen

Op de netto-omzet komen in mindering 'kortingen en dergelijke' (zie definitie van netto-omzet in par. 5.2.1). Daarbij moet worden gedacht aan bijvoorbeeld rabatten, omzetbonussen en betalingskortingen als daarvan als regel gebruik wordt gemaakt door de afnemers (RJ 270.202, IFRS 15.47 en 81-83). Directe en indirecte verkoopkosten (zoals provisies voor verkooppersoneel en franco-afleveringskosten) worden niet in mindering gebracht op de omzet.

5.2.5 Wijziging in onderhanden projecten

Een bijzondere post in de winst-en-verliesrekening is de post 'mutatie onderhanden projecten'.
Als de rechtspersoon het categoriale model van de winst-en-verliesrekening toepast, worden de gerealiseerde projectopbrengsten als opbrengsten in de winst-en-verliesrekening gepresenteerd als (RJ 221.401):
- netto-omzet; of
- wijziging in onderhanden projecten, zolang het project nog niet is voltooid.

Als de laatste methode wordt gehanteerd, worden in het jaar van voltooiing van het onderhanden project (RJ 221.401):
- de totale projectopbrengsten gepresenteerd als netto-omzet; waarbij
- de cumulatieve projectopbrengsten die tot en met de vorige periode zijn verantwoord, worden gepresenteerd als wijziging in onderhanden projecten.

De bedragen van de netto-omzet en de wijziging in onderhanden projecten worden in een afzonderlijke tussentelling weergegeven en worden aangeduid als 'productiewaarde' of 'bedrijfsopbrengsten'.
Voor de bepaling van de grootte van de rechtspersoon wordt deze tussentelling gehanteerd voor het groottecriterium 'netto-omzet' (RJ 221.402).

IFRS kent dit onderscheid in opbrengstcategorieën voor onderhanden projecten niet (zie verder hoofdstuk 13).

Regelgeving van toepassing in toekomstige jaren

In de nieuwe Richtlijnen is de optie vervallen om de projectopbrengsten van lopende projecten te presenteren als 'wijziging in onderhanden projecten'.

5.2.6 Rente- en dividendopbrengsten

Als renteopbrengsten voortvloeien uit activiteiten die kenmerkend zijn voor het bedrijf van de rechtspersoon vormen zij een bestanddeel van de netto-omzet. Dividendopbrengsten vormen een bestanddeel van de netto-omzet als zij onderdeel uitmaken van de beleggingsopbrengsten en beleggingen kenmerkend zijn voor het bedrijf van de rechtspersoon. Voorbeelden van deze rechtspersonen zijn pensioenfondsen, verzekeringsmaatschappijen en beleggingsinstellingen. Voorts kunnen dividendopbrengsten tot de omzet van participatiemaatschappijen worden gerekend (RJ 270.201). Eventuele waardestijgingen of -dalingen behoren nooit tot de omzet.

Voor (tussen)houdstermaatschappijen worden dividendopbrengsten en renteopbrengsten op vorderingen die feitelijk een uitbreiding zijn van de netto-investering van de (tussen)houdstermaatschappij in haar deelnemingen niet aangemerkt als netto-omzet (RJ 270.201). Voor een nadere bespreking van de betekenis van de voorwaarde dat sprake moet zijn van een feitelijke uitbreiding van de netto-investering wordt verwezen naar paragraaf 27.4.4.3.

5.2.7 Verschillen Dutch GAAP – IFRS

Richtlijn 221 schrijft voor dat, als de rechtspersoon het categoriale model van de winst-en-verliesrekening toepast, de gerealiseerde projectopbrengsten als opbrengsten in de winst-en-verliesrekening worden gepresenteerd als netto-omzet of als wijziging in onderhanden projecten. IFRS kent dit onderscheid in opbrengstcategorieën voor onderhanden projecten niet. Zie verder hoofdstuk 13.

Bij de vaststelling of een entiteit principaal of agent is, stelt de RJ dat de principaal de belangrijke rechten op economische voordelen en belangrijke risico's heeft met betrekking tot de goederen en diensten, terwijl bij IFRS de principaal de beschikkingsmacht over die goederen en diensten heeft.

5.3 Opbrengsten: verwerking

Zoals aangegeven behandelen we Richtlijn 270 afzonderlijk van IFRS 15, omdat de structuur van de standaarden in belangrijke mate van elkaar verschilt. Richtlijn 270 komt aan de orde in paragraaf 5.3.1 tot en met 5.3.10, IFRS 15 in paragraaf 5.3.11 tot en met 5.3.13. In paragraaf 5.3.14 geven we de belangrijkste verschillen aan. Opbrengsten uit hoofde van onderhanden projecten komen specifiek aan de orde in hoofdstuk 13.

5.3.1 Bepaling toepassingsgebied (RJ 270)

In RJ 270.1 wordt ingegaan op de verwerking in de jaarrekening van opbrengsten:
- ▶ die voortvloeien uit de verkoop van goederen (par. 5.3.2);
- ▶ die voortvloeien uit het verlenen van diensten (par. 5.3.4);
- ▶ die voortvloeien uit transacties met meerdere prestatieverplichtingen (par. 5.3.5); en
- ▶ die uit activa worden genoten in de vorm van rente, royalty's of dividend (par. 5.3.6).

Kernvraag hierbij is: op welk moment worden de hier bedoelde opbrengsten in de winst-en-verliesrekening verwerkt?

5 Winst-en-verliesrekening

In paragraaf 5.3.7 gaan wij in op het bepalen van de omvang van een opbrengst. Daarna komen twee bijzondere capita selecta aan de orde: ruil (par. 5.3.8) en klantenloyaliteitsprogramma's (par. 5.3.9). In paragraaf 5.3.10 wordt ingegaan op de in de toelichting op te nemen informatie.

Bepaalde opbrengsten die in beginsel wel onder één van de hiervoor genoemde categorieën zouden kunnen worden ondergebracht, zijn evenwel van de toepassing van Richtlijn 270 uitgezonderd. De verwerking van deze opbrengsten is in andere Richtlijnen en standaarden geregeld. Het betreft de volgende opbrengsten die voortvloeien uit of betrekking hebben op (RJ 270.103):
- leaseovereenkomsten (zie hoofdstuk 32);
- onderhanden projecten in opdracht van derden (zie hoofdstuk 13);
- dividenden die worden genoten uit deelnemingen die volgens de vermogensmutatiemethode zijn gewaardeerd (zie hoofdstuk 10);
- verzekeringscontracten en verzekeringsmaatschappijen (zie hoofdstuk 48);
- wijzigingen in de reële waarde van financiële activa en financiële passiva of de verkoop van dergelijke activa of passiva (zie hoofdstuk 30);
- waardeveranderingen van andere vlottende activa (zie hoofdstuk 14); en
- natuurlijke aanwas van veestapels, agrarische of bosbouwproducten of de winning van minerale ertsen (zie hoofdstuk 6, 7 en 12).

5.3.2 Opbrengsten uit de verkoop van goederen (RJ 270)

In deze paragraaf wordt eerst een uiteenzetting gegeven van de algemene eisen met betrekking tot de verwerking van opbrengsten.

In geval van een verkoop van zelf vervaardigde of van derden verkregen goederen die als een normale bedrijfsactiviteit kan worden aangemerkt, moet er aan voorwaarden worden voldaan wil er sprake kunnen zijn van een verkoop en van een opbrengst die in de winst-en-verliesrekening wordt verwerkt.

Verwerking van een opbrengst uit de verkoop van goederen vindt plaats indien aan alle navolgende voorwaarden is voldaan (RJ 270.110):

1. De rechtspersoon heeft alle belangrijke rechten op economische voordelen alsmede alle belangrijke risico's met betrekking tot de goederen overgedragen aan de koper. Als nog niet alle belangrijke rechten op economische voordelen alsmede alle belangrijke risico's zijn overgedragen aan de koper, is er (nog) geen sprake van een verkoop. Er kan dan nog geen opbrengst worden verwerkt in verband met de transactie (RJ 270.111). Als slechts een onbelangrijk deel van de rechten op economische voordelen en risico's bij de rechtspersoon is gebleven, is sprake van een verkoop. Er wordt, als ook is voldaan aan de overige voorwaarden, een opbrengst verwerkt (RJ 270.112).

   De vaststelling dat een belangrijk deel van de economische eigendom is overgedragen (of dat slechts een onbelangrijk deel van de economische eigendom bij de rechtspersoon is gebleven), wordt feitelijk in hoofdzaak bepaald door de aard van het verkochte goed, de voorwaarden en overige omstandigheden waaronder het goed is verkocht en de ervaring die de rechtspersoon heeft met eerdere en dezelfde verkopen. Als bijvoorbeeld een winkel goederen verkoopt, en de koper heeft het recht om het gekochte goed tegen terugbetaling van de koopprijs binnen een bepaalde termijn terug te leveren als het goed hem niet bevalt, zal van een verkoop en dus van een opbrengst sprake zijn. Voorwaarde is dan wel, dat de omvang van de terugleveringen op betrouwbare wijze op basis van ervaringen kan worden bepaald en uit dien hoofde een voorziening wordt gevormd. Als de koper het recht heeft om, naast de gewone rechten die hij als koper heeft en naast de gewone garantiebepalingen, ook nog in bepaalde situaties het gekochte goed terug te leveren of bepaalde prestaties van de verkoper te verlangen, zal er geen sprake zijn van een verkoop en opbrengst zolang onzeker is of die teruglevering zal plaatsvinden of de verplichtingen zullen worden ingeroepen (RJ 270.111 en 112).

2. De rechtspersoon verliest de beschikkingsmacht over de verkochte goederen. De verkoop geschiedt niet onder zodanige voorwaarden en omstandigheden dat de rechtspersoon feitelijk kan blijven beschikken over de verkochte goederen en zodoende kan blijven beslissen over de aanwending van de goederen.
3. Het bedrag van de opbrengst kan op betrouwbare wijze worden bepaald.
4. Het is waarschijnlijk dat de rechtspersoon de opbrengst uit de transactie zal ontvangen. Als daarover onzekerheid bestaat, kan geen verkoop en opbrengst worden verwerkt. Dat kan dan pas, wanneer de onzekerheid over de inbaarheid is weggenomen (RJ 270.113).
5. De al gemaakte kosten en de kosten die (mogelijk) nog moeten worden gemaakt met betrekking tot de transactie kunnen op betrouwbare wijze worden bepaald. Als het 'matching'-beginsel van toepassing is (zie par. 5.1.3), en de kosten (nog) niet op betrouwbare wijze kunnen worden bepaald, kan de opbrengst uit de verkoop (waarvoor op zich wel aan de andere verwerkingscriteria wordt voldaan) nog niet als zodanig worden verwerkt. De 'opbrengst' wordt dan onder de overlopende passiva verwerkt als een uitgestelde opbrengst (RJ 270.114).

Voorbeeld verwerking van opbrengsten bij levering van goederen (RJ 270 Bijlage 1)

Vooruitgefactureerde verkopen, waarbij op verzoek van de koper de aflevering is uitgesteld, maar de eigendomstitel is overgedragen en de koper de factuur heeft aanvaard

De opbrengst wordt verwerkt als is voldaan aan alle volgende voorwaarden:
▶ het is waarschijnlijk dat de levering zal plaatsvinden;
▶ het goed is beschikbaar, geïdentificeerd en gereed voor aflevering;
▶ de koper aanvaardt specifiek de geldende afleveringsinstructies met betrekking tot de uitgestelde levering;
▶ ten aanzien van de verkoopfactuur gelden de gebruikelijke betalingscondities.

Installatie en inspectie
Opbrengsten met betrekking tot goederen worden gewoonlijk verwerkt als de koper de levering heeft geaccepteerd, de installatie is voltooid en de inspectie heeft plaatsgevonden. Met name in de situatie dat de goede werking van het geïnstalleerde goed kritisch is voor de acceptatie van het geleverde en geïnstalleerde goed door de opdrachtgever en daarmee voor de betaling voor de installatiewerkzaamheden, en een dergelijke acceptatie geenszins zeker is, kan niet eerder een opbrengst worden verwerkt dan nadat een dergelijke acceptatie heeft plaatsgevonden.

De opbrengsten worden direct bij levering verwerkt als:
▶ het installatieproces eenvoudig van aard is; bijvoorbeeld bij de installatie van een in de fabriek geteste televisie die slechts hoeft te worden uitgepakt en te worden aangesloten op het elektriciteitsnet; of
▶ de inspectie slechts wordt uitgevoerd ten behoeve van definitieve prijsvaststelling van de levering; bijvoorbeeld bij de aflevering van ijzererts, suiker of sojabonen.

Verkopen waarbij betaling plaatsvindt in termijnen
Op het moment van verkoop wordt een opbrengst verwerkt op basis van de verkoopprijs van de zaken, exclusief de renteopslag. Deze verkoopprijs is de contante waarde van de totale vergoeding die in termijnen wordt betaald, waarbij contantmaking geschiedt met de impliciete rentevoet. Het rentedeel van de vergoeding wordt op tijdsevenredige basis verwerkt op het moment dat deze wordt verdiend, waarbij wordt gerekend met deze impliciete rentevoet.

Verkopen aan tussenpersonen
Opbrengsten met betrekking tot zulke verkopen worden gewoonlijk pas verwerkt indien de rechten op economische voordelen alsmede de risico's verbonden aan de eigendom zijn overgedragen. Als de koper echter als agent optreedt, wordt de verkoop behandeld als een consignatieverkoop.

Abonnementen en soortgelijke uitgaven
Als meerdere publicaties in een bepaalde periode worden uitgegeven en deze steeds van ongeveer gelijke waarde zijn, worden de opbrengsten op lineaire wijze verwerkt in de totale periode dat deze publicaties worden uitgebracht.

Regelgeving van toepassing in toekomstige jaren

De nieuwe Richtlijnen bevatten specifieke bepalingen over de verwerking van (te) ontvangen bedragen waarop de rechtspersoon verwacht geen recht te hebben (bijvoorbeeld als gevolg van retouren). RJ 270.112N geeft aan dat de rechtspersoon de hoogte van de vergoeding waarop hij verwacht recht te zullen hebben bepaalt op basis van de richtlijnen voor variabele vergoedingen (zie par. 5.3.7). Voor bedragen waarop de rechtspersoon verwacht geen recht te zullen hebben, dient de rechtspersoon een terugbetalingsverplichting te verwerken. Tevens wordt een actief opgenomen voor het recht van de rechtspersoon om goederen van de afnemer terug te krijgen bij de afwikkeling van de terugbetalingsverplichting. Dit actief wordt initieel gewaardeerd op basis van de boekwaarde van de geleverde goederen verminderd met alle verwachte kosten om die goederen terug te krijgen (inclusief mogelijke dalingen in waarde van geretourneerde goederen).

5.3.3 Verkooptransacties met terug(ver)koopovereenkomsten (RJ 270)

De aard en de vorm van de terug(ver)koopovereenkomsten, en hiermee de administratieve verwerking van de verkooptransacties, lopen sterk uiteen (RJ 270 Bijlage 2).
Specifieke vragen die naar voren komen, zijn:
- wanneer is er sprake van een (ver)kooptransactie?; en
- als er geen sprake is van een (ver)koop, hoe wordt de transactie dan verwerkt in de jaarrekening?

Bij verkooptransacties met terug(ver)koopovereenkomsten dient aandacht te worden besteed aan de voorwaarde dat de rechtspersoon alle belangrijke rechten op economische voordelen alsmede alle belangrijke risico's met betrekking tot de goederen heeft overgedragen aan de koper (RJ 270.110a). In de bijlage bij Richtlijn 270 wordt door middel van voorbeelden een nadere algemene uitwerking gegeven voor verschillende situaties. Deze uitwerking dient te worden beschouwd als een algemeen kader. Op basis van de aard van de terug(ver)koopovereenkomst (recht of plicht) en de bepaling van de terugkoopprijs (vast of variabel) worden tien mogelijke situaties onderscheiden en uitgewerkt. Deze uitwerkingen dienen slechts te worden toegepast voor transacties die economische realiteit hebben en waarbij er sprake is van een significante restwaarde. De restwaarde is hierbij gebaseerd op de ouderdom op het moment van de verwachte uitoefening van het terug(ver)kooprecht.

Als bijvoorbeeld een verkoop met terugkoopovereenkomst is aangegaan voor een dusdanige korte periode dat er zich geen waardewijzigingen zullen voordoen, zal er nooit sprake zijn van verwerking van de transactie als verkoop omdat de transactie geen economische realiteit lijkt te hebben.
Als de restwaarde niet significant is, zal de terugkoopovereenkomst geen significante invloed hebben op de beoordeling en verwerking van de verkooptransactie en de gerelateerde opbrengst, omdat het restwaarderisico dan insignificant is. Voor de invulling van het begrip 'significante restwaarde' wordt in dit kader aangesloten bij de bepalingen in Richtlijn 292 'Leasing'. Dit betekent bijvoorbeeld dat, als de terugkoop plaatsvindt na meer dan 75% van de levensduur van het goed of als de contante waarde van de terugkoopoptie naar verwachting minder dan 10% van de reële waarde van het goed op het verkoopmoment betreft, de restwaarde normaliter als niet-significant kan worden aangemerkt.
Verder is in Richtlijn 270 een cijfervoorbeeld uitgewerkt van een verkooptransactie, waarbij de koper en de verkoper zijn overeengekomen dat er een terug(ver)koop zal plaatsvinden (RJ 270 Bijlage 2 par. 2.2).

Voorbeeld van de verwerking van een terugkoopovereenkomst (RJ 270 Bijlage 2 par. 2.1.5.1)

Uitgangspunt is de situatie waarin er sprake is van een terugkoopovereenkomst met betrekking tot een goed met een significante restwaarde. Verkoper heeft een terugkooprecht tegen de marktwaarde op terugkoopmoment.

Verwerking bij de verkoper
De verkoper heeft in dit geval alle belangrijke rechten op economische voordelen alsmede alle belangrijke risico's overgedragen aan de koper. Het restwaarderisico is immers volledig voor rekening van de koper. De transactie wordt verwerkt als een verkoop van het volledige goed met verwerking van omzet en kostprijs omzet. De eventuele terugkoop wordt verwerkt als een reguliere koop van het goed.

> **Verwerking bij de koper**
> De koper heeft in dit geval alle belangrijke rechten op economische voordelen alsmede alle belangrijke risico's verkregen van de verkoper. Immers, het restwaarderisico en -potentieel zijn volledig voor rekening en risico van de koper. De transactie wordt verwerkt als een koop van het volledige goed. Bij de eventuele terugverkoop zal een verschil tussen de verkoopwaarde en boekwaarde worden verwerkt in het resultaat.

Als voor een transactie met terug(ver)koopovereenkomst wordt geconcludeerd dat deze niet voldoet aan de voorwaarden voor verwerking van de omzet, zal deze transactie veelal worden verwerkt als een combinatie van een operationele lease ('verkoper' = lessor) en een financieringstransactie ('verkoper' = gefinancierde) (RJ 270 Bijlage 2 par. 1.3).

5.3.4 Opbrengsten uit het verlenen van diensten (RJ 270)

Voor de verwerking van opbrengsten uit hoofde van het verlenen van diensten wordt een onderscheid gemaakt tussen de situatie dat een betrouwbare schatting van het resultaat kan worden gemaakt en de situatie dat dit niet mogelijk is. De verwerking van opbrengsten (en kosten) uit hoofde van dienstverlening sluit aan op de wijze van verwerking van opbrengsten uit onderhanden projecten (zie daarvoor hoofdstuk 13).

Als het resultaat uit een transactie aangaande het verlenen van een dienst betrouwbaar kan worden geschat, wordt de opbrengst met betrekking tot die dienst verwerkt in de winst-en-verliesrekening naar rato van de verrichte prestaties ('percentage-of-completion'-methode, RJ 270.115). Het resultaat kan betrouwbaar worden geschat als aan alle volgende voorwaarden is voldaan:

1. het bedrag van de opbrengst kan op betrouwbare wijze worden bepaald;
2. het is waarschijnlijk dat de economische voordelen met betrekking tot de transactie aan de rechtspersoon zullen toevloeien;
3. de mate waarin de dienstverlening op de balansdatum is verricht kan op betrouwbare wijze worden bepaald; en
4. de al gemaakte kosten en de kosten die (mogelijk) nog moeten worden gemaakt om de dienstverlening te voltooien kunnen op betrouwbare wijze worden bepaald.

Deze methode van verwerking verschaft inzicht in het activiteitenniveau van de dienstverlening en het prestatieniveau van de rechtspersoon (RJ 270.116).

Als het resultaat uit de transactie niet betrouwbaar kan worden geschat, maar het wel waarschijnlijk is dat de tot dan toe gemaakte kosten kunnen worden goedgemaakt door de opbrengst uit de transactie, wordt slechts een opbrengst verwerkt tot het bedrag van de kosten van de dienstverlening die worden gedekt door de opbrengst (RJ 270.121).

Als het resultaat uit de transactie niet betrouwbaar kan worden geschat en het eveneens niet waarschijnlijk is dat de tot dan toe gemaakte kosten kunnen worden goedgemaakt door de opbrengst uit de transactie, wordt geen opbrengst verwerkt. De gemaakte kosten worden in de winst-en-verliesrekening opgenomen (RJ 270.123).

> **Voorbeeld verwerking opbrengsten bij levering van diensten (RJ 270 Bijlage 1)**
>
> *Vergoedingen voor installatiewerkzaamheden*
> Vergoedingen voor installatiewerkzaamheden worden verwerkt als opbrengst naarmate de installatiewerkzaamheden vorderen (uiteraard mits voldaan wordt aan de voorwaarden zoals hierboven vermeld), tenzij zij slechts bijkomstig zijn bij de verkoop van een product, in welk geval zij worden verwerkt op het moment van de verkoop van de producten.
>
> *Advertenties en commercials*
> Advertentieopbrengsten of reclameopbrengsten uit hoofde van het plaatsen voor derden van advertenties en het uitzenden van commercials worden verwerkt als de desbetreffende advertentie of commercial wordt gepubliceerd of wordt uitgezonden voor het publiek. Vergoedingen voor de productie voor derden van advertenties of commercials worden verwerkt naarmate de werkzaamheden daarvoor vorderen.

> Franchisevergoedingen
> Franchisevergoedingen kunnen mede betrekking hebben op een bepaalde dienstverlening direct bij aanvang van de franchise of daaropvolgend, of op het ter beschikking stellen van bepaalde vaste activa of knowhow. De vergoedingen worden verwerkt als opbrengsten in overeenstemming met het doel waarvoor die vergoedingen worden betaald.
>
> Vergoedingen voor toekomstige dienstverlening waarop recht wordt verkregen bij het sluiten van de franchiseovereenkomst, en die afzonderlijk in rekening worden gebracht, worden verwerkt op het moment dat deze dienstverlening plaatsvindt.
>
> Als de afzonderlijke vergoeding onvoldoende dekking biedt voor de kosten van de toekomstige dienstverlening verhoogd met een redelijke winstopslag, wordt een deel van de vergoeding die in rekening wordt gebracht bij het sluiten van de franchiseovereenkomst nog niet verwerkt als opbrengst. Dit deel van de vergoeding wordt via de balans uitgesteld en verwerkt als opbrengst als de desbetreffende dienstverlening plaatsvindt.
>
> Entreegelden
> Opbrengsten in verband met de toegang tot artistieke uitvoeringen, feesten en andere speciale gelegenheden worden verwerkt als het evenement plaatsvindt. Als wordt ingetekend op meerdere evenementen worden de opbrengsten toegerekend aan iedere individueel evenement op basis van de omvang van de dienstverlening die per evenement plaatsvindt.
>
> Vergoedingen voor de ontwikkeling van maatsoftware
> Vergoedingen voor de ontwikkeling van maatsoftware worden verwerkt als opbrengsten naar gelang de voortgang van de werkzaamheden, waarbij tevens rekening wordt gehouden met de voortgang van de ondersteuning die nog dient plaats te vinden na de oplevering van de software. In de situatie dat de goede werking van de software kritisch is voor de acceptatie van deze software door de opdrachtgever – en daarmee de betaling voor de ontwikkeling – en een dergelijke acceptatie geenszins zeker is, kan niet eerder een opbrengst worden verwerkt dan nadat een dergelijke acceptatie heeft plaatsgevonden.

5.3.5 Overeenkomsten met meerdere prestatieverplichtingen (RJ 270)

De voorwaarden voor de verwerking van opbrengsten, zoals weergegeven in de paragrafen 5.3.2 en 5.3.4 zijn ook van toepassing op een transactie die bestaat uit verschillende elementen. Als een verkoopprijs van een goed ook een afzonderlijk te bepalen vergoeding voor daaropvolgende dienstverlening bevat, wordt die vergoeding nog niet als opbrengst verwerkt maar als overlopende post op de balans opgenomen. Deze overlopende post wordt in de winst-en-verliesrekening verwerkt zodra de desbetreffende dienstverlening plaatsvindt (RJ 270.109).
Het verwerken van opbrengsten van verkoop van software is hier een voorbeeld van. De overeengekomen prestaties hebben vaak mede betrekking op de verstrekking van licenties, de verlening van ondersteuning en/of feitelijke gegevensverwerking.

> Voorbeeld verwerking opbrengsten bij een transactie met meerdere prestatieverplichtingen (RJ 270 Bijlage 1)
> Vergoedingen voor servicewerkzaamheden die zijn opgenomen in de verkoopprijs van een product
> Als de verkoopprijs van een product mede een identificeerbaar bedrag voor servicewerkzaamheden bevat (bijvoorbeeld voor 'after sales'-werkzaamheden of maatwerkzaamheden met betrekking tot verkochte software), wordt dat bedrag pas als bate verwerkt in de periode dat die werkzaamheden worden verricht. Het nog niet als bate verwerkte bedrag is gelijk aan de verwachte te maken kosten voor de betreffende werkzaamheden, verhoogd met een redelijke winstopslag voor die werkzaamheden.

Richtlijn 270 geeft naast bovengenoemde algemene uitgangspunten geen verdere aanwijzingen over hoe de verschillende elementen moeten worden geïdentificeerd en hoe de opbrengsten moeten worden toegerekend aan deze elementen. Als de afzonderlijke elementen zijn bepaald, dan wordt de totale opbrengst toegerekend aan de individuele elementen bijvoorbeeld op basis van de relatieve reële waarde van ieder element. Vervolgens worden de voorwaarden voor de verwerking van opbrengsten, zoals weergegeven in de paragrafen 5.3.2 en 5.3.4, toegepast op ieder element.

Regelgeving van toepassing in toekomstige jaren

De nieuwe Richtlijnen geven nadere richtlijnen voor het identificeren van prestatieverplichtingen en het alloceren van de transactieprijs aan die prestatieverplichtingen (RJ 270.109 en 109cN). Een prestatieverplichting betreft een toezegging in een overeenkomst tot levering van:
- een te onderscheiden goed of dienst of een combinatie van goederen of diensten die gezamenlijk te onderscheiden zijn van overige toezeggingen in een overeenkomst; of
- een reeks van te onderscheiden diensten die grotendeels hetzelfde zijn.

Een toegezegd goed of toegezegde dienst is te onderscheiden als wordt voldaan aan de volgende criteria:
- de afnemer kan de voordelen van de goederen of diensten zelfstandig benutten, al dan niet gezamenlijk met middelen die de afnemer heeft of kan verkrijgen; en
- de toezegging om de goederen of diensten te leveren is te onderscheiden van de overige opgenomen toezeggingen in een overeenkomst.

De volgende omstandigheden wijzen er bijvoorbeeld op dat twee of meer in een overeenkomst opgenomen toezeggingen van de rechtspersoon om goederen of diensten te leveren niet afzonderlijk te onderscheiden zijn:
- De rechtspersoon levert een belangrijke dienst van integratie van de goederen of de diensten met andere in de overeenkomst toegezegde goederen of diensten, waarbij deze goederen of diensten gezamenlijk de toezegging vormen waarvoor de afnemer een overeenkomst heeft gesloten. Met andere woorden, de rechtspersoon gebruikt de goederen of de diensten als een middel om de toezegging te produceren of te leveren. Een voorbeeld hiervan is de constructie van een kantoorpand.
- Eén of meer van de goederen of de diensten wijzigt in belangrijke mate andere in de overeenkomst toegezegde goederen of diensten. Een voorbeeld zijn de door de rechtspersoon te leveren installatiewerkzaamheden van software die de door de rechtspersoon te leveren software in belangrijke mate wijzigen.
- De goederen of de diensten zijn in hoge mate afhankelijk van, of in hoge mate verbonden met andere in de overeenkomst toegezegde goederen of diensten. Een voorbeeld hiervan is de besturingssoftware die een integraal onderdeel vormt van een door de rechtspersoon te leveren machine. Een ander voorbeeld betreft de ontwikkeling van een prototype in opdracht van een afnemer. Het ontwerp en de productie van het prototype zijn in hoge mate verbonden met elkaar.

Indien twee of meer in een overeenkomst opgenomen toezeggingen van de rechtspersoon om goederen of diensten te leveren niet afzonderlijk te onderscheiden zijn, dienen de toezeggingen te worden gecombineerd tot een combinatie van goederen of diensten die gezamenlijk te onderscheiden zijn van overige toezeggingen in een overeenkomst.

Ingeval er sprake is van meerdere prestatieverplichtingen in een overeenkomst dient de totale transactieprijs aan de prestatieverplichtingen toe te worden gerekend naar rato van de waarde van de prestatieverplichtingen. De rechtspersoon kan deze toerekening baseren op de zelfstandige verkoopprijs per prestatieverplichting. De zelfstandige verkoopprijs is de prijs die de rechtspersoon in rekening zou brengen als de goederen of diensten afzonderlijk zouden worden verkocht. Als de zelfstandige verkoopprijs niet bekend is, maakt de rechtspersoon gebruik van schattingen. Als alternatief kan de rechtspersoon de reële waarde hanteren in plaats van de zelfstandige verkoopprijs.

5.3.6 Rente, royalty's en dividend (RJ 270)

Als is voldaan aan de voorwaarden:
▶ dat het waarschijnlijk is dat toekomstige economische voordelen aan de rechtspersoon zullen toevloeien; en
▶ dat het mogelijk is de omvang van deze economische voordelen op betrouwbare wijze vast te stellen,

worden opbrengsten uit activa in de vorm van rente, royalty's en dividend verwerkt in de winst-en-verliesrekening (RJ 270.124). Voor elk van deze opbrengsten is een specifieke verwerkingswijze voorgeschreven.

Renteopbrengsten

Renteopbrengsten worden tijdsevenredig verwerkt rekening houdend met de effectieve rentevoet van de desbetreffende actiefpost (RJ 270.125). Richtlijn 270 staat als alternatief toe om in plaats van de effectieve-rentemethode, die gebaseerd is op een annuïtaire amortisatie bij het bepalen van de geamortiseerde kostprijs, een lineaire amortisatie toe te passen. Dit alternatief is echter alleen toegestaan als hierdoor geen grote verschillen ontstaan met de effectieve-rentemethode (RJ 270.125). Een zero-couponobligatie is een voorbeeld waarbij lineaire amortisatie niet is toegestaan, omdat dit zou leiden tot een te grote afwijking met de effectieve rentemethode. Zie het voorbeeld hieronder.

De effectieve-rentemethode houdt, bijvoorbeeld bij een verstrekte geldlening, kortweg gezegd in, dat niet de daadwerkelijk ontvangen rente wordt verwerkt in de winst-en-verliesrekening, maar een opbrengst op basis van de effectieve rentevoet van de lening. De effectieve rentevoet van de lening is gelijk aan het rentepercentage waartegen de verwachte toekomstige kasontvangsten uit de lening (rente, aflossing, provisie) tot de aflossingsdatum of volgende renteherziening contant moeten worden gemaakt, om tot de boekwaarde bij eerste verwerking van de lening te kunnen komen. Toepassing van de effectieve rentevoet op de netto-boekwaarde van de lening levert dan het effectieve rendement op dat wordt verwerkt in de winst-en-verliesrekening (RJ 270.126). Zie ook paragraaf 30.4.4.

> **Voorbeeld renteopbrengsten en zero-couponobligatie**
>
> Een onderneming schrijft in op een zero-couponobligatie voor een bedrag van € 751,30. De obligatie heeft een nominale waarde van € 1.000, voorziet niet in tussentijdse rentebetalingen, maar wel in aflossing na drie jaar. Op basis hiervan kan de effectieve rente worden bepaald op 10% (€ 751,30 is de contante waarde van een kasstroom van € 1.000 over drie jaar bij een disconteringspercentage van 10%).
>
> De geamortiseerde kostprijs is bij aankoop € 751,30. Het disagio bedraagt € 248,70. In het eerste jaar wordt een renteopbrengst verwerkt van € 75,10 (10% x € 751,30), zodat aan het begin van het tweede jaar de geamortiseerde kostprijs € 826,40 (€ 751,30 + € 75,10) bedraagt. In het tweede jaar wordt een renteopbrengst verwerkt van € 82,60 (10% x € 826,40), zodat de geamortiseerde kostprijs aan het begin van het derde jaar € 909 (€ 826,40 + € 82,60) bedraagt. In het derde jaar bedraagt de renteopbrengst € 91 (10% x € 909), zodat de geamortiseerde kostprijs vlak voor aflossing € 1.000 bedraagt.
>
> Bij een lineaire amortisatie zou de jaarlijkse renteopbrengst € 82,90 bedragen. Dit verschilt aanzienlijk van de renteopbrengst in het eerste en het derde jaar. Om die reden is bij een zero-couponobligatie lineaire amortisatie niet toegestaan.

Royalty's

Royalty's zijn bedragen die in rekening worden gebracht voor het gebruik van bepaalde activa met lange levensduur zoals octrooien, merken, auteursrechten en software (RJ 270.105). De bepalingen van de betreffende overeenkomst zijn in beginsel richtinggevend voor de verwerking van royalty's. Echter, wanneer de economische realiteit van de overeenkomst tot een andere verwerking zou leiden (zie par. 5.1.3), is deze beslissend (RJ 270.125 en 128).

Regelgeving van toepassing in toekomstige jaren
De nieuwe Richtlijnen bevatten nadere bepalingen voor de verwerking van opbrengsten uit licenties van intellectueel eigendom (RJ 270.123-126N). Voor de verwerking is bepalend of de licentie de verkoop van een goed of het verlenen van een dienst betreft. Hierbij neemt de rechtspersoon in aanmerking of de aard van de toezegging eruit bestaat:

▶ een recht te verlenen om gebruik te maken van het intellectuele eigendom van de rechtspersoon zoals dit bestaat op het moment waarop de licentie wordt verleend. Dat betekent dat de rechtspersoon geen belangrijke verplichting heeft om het intellectuele eigendom in stand te houden of te verbeteren. De opbrengsten uit de licentie worden dan verwerkt als de verkoop van een goed; of
▶ een recht te verlenen om toegang te hebben tot het intellectuele eigendom van de rechtspersoon zoals dit tijdens de hele duur van de licentie bestaat. Dat betekent dat de rechtspersoon een belangrijke verplichting heeft om het intellectuele eigendom in stand te houden of te verbeteren. De opbrengsten uit de licentie worden dan verwerkt als het verlenen van een dienst.

In aanvulling hierop stelt de RJ voor om in geval van opbrengsten uit licenties op basis van gerealiseerde verkopen of gebruik, opbrengsten pas te verwerken wanneer de verkoop door de afnemer plaatsvindt of naarmate het gebruik door de afnemer plaatsvindt, rekening houdend met de mate waarin de prestatieverplichting is vervuld.

Dividend

Dividenden worden verwerkt als de rechtspersoon daarop recht heeft verkregen (RJ 270.125). In de in Nederland geldende wetgeving ontstaat het recht op uitkering van de jaarwinst met en door de vaststelling van de jaarrekening waaruit blijkt dat de uitkering is geoorloofd, tenzij de statuten van de uitdelende rechtspersoon anders bepalen (art. 2:105 leden 1-3 BW voor NV en art. 2:216 leden 1-3 BW voor de BV). Heeft het dividend niet betrekking op de jaarwinst, maar betreft het een (tussentijdse) uitkering uit een vrije reserve, dan ontstaat het recht op de uitkering, tenzij de statuten anders bepalen, wanneer een daartoe strekkend besluit van de algemene vergadering is genomen en het eigen vermogen toereikend is. Daarnaast dient aan de liquiditeitstoets te zijn voldaan (art. 2:105 BW voor de NV en art. 2:216 BW voor de BV).
Is de uitkerende rechtspersoon buiten Nederland gevestigd dan kunnen afwijkende (lokale) wettelijke bepalingen van toepassing zijn die van invloed zijn op het moment van de opbrengstverantwoording.

Het bij de verkrijging van een belang meegekochte dividend wordt niet als opbrengst verantwoord (zie par. 10.2.3).

5.3.7 Het bepalen van de omvang van een opbrengst (RJ 270)

De omvang van een opbrengst wordt bepaald op de reële waarde van de tegenprestatie die is ontvangen of waarop recht is verkregen (RJ 270.106). Onder de Richtlijnen is reële waarde gedefinieerd als het bedrag waarvoor een actief kan worden verhandeld of een verplichting kan worden afgewikkeld, tussen ter zake goedgeïnformeerde, tot een transactie bereid zijnde partijen die onafhankelijk zijn van elkaar (RJ 940).

In de meeste gevallen bestaat de tegenprestatie uit liquide middelen of uit activa die op zeer korte termijn liquide zijn te maken. In dat geval is de reële waarde van de tegenprestatie gelijk aan het bedrag van de liquide middelen of de waarde van de (liquide) activa die zijn verkregen (RJ 270.107).
Indien echter de ontvangst van de tegenprestatie is uitgesteld en het geheel van de contractvoorwaarden duidt op een financiering zonder afzonderlijke financieringsvergoeding, kan de reële waarde van de tegenprestatie lager zijn dan de nominale waarde van het bedrag aan liquide middelen of activa dat wordt ontvangen. In dat geval wordt de reële waarde van de vergoeding bepaald door de contante waarde te berekenen van alle toekomstige

ontvangsten of kasstromen met gebruikmaking van een toepasselijke rentevoet (marktrente voor een vergelijkbare lening en vergelijkbare rechtspersoon, ofwel de effectieve rentevoet). Het verschil tussen het nominale bedrag en de reële waarde van de tegenprestatie wordt over de periode tot de verwachte ontvangst verwerkt als rentebate (RJ 270.107).

Soms is het uitstel van de ontvangst van de tegenprestatie zeer gebruikelijk, namelijk bij het leverancierskrediet (bijvoorbeeld: betaling 30 dagen na factuurdatum). Strikte toepassing van de hierboven gegeven opvatting over de toepassing van contante waarde zou tot relatief grote administratieve belasting voor relatief geringe bedragen leiden. Indien sprake is van kortetermijnvorderingen zonder nadrukkelijke interestbepalingen mogen de hieraan ten grondslag liggende vorderingen worden verwerkt op basis van het betreffende factuurbedrag en zonder het immateriële effect van discontering.

Regelgeving van toepassing in toekomstige jaren

De huidige Richtlijnen bevatten geen specifieke bepalingen voor de verwerking van variabele vergoedingen als de omvang ervan betrouwbaar kan worden bepaald. Van een variabele vergoeding kan bijvoorbeeld sprake zijn bij variabele kortingen, retouren, terugbetalingen, prijsconcessies, prestatiebonussen en sancties. De nieuwe Richtlijnen geven aan dat de omvang van een te verwerken variabele vergoeding wordt bepaald door een schatting te maken. De rechtspersoon dient hierbij voorzichtigheid toe te passen. De toepassing van voorzichtigheid heeft als doel om te zorgen dat er alleen opbrengsten worden verwerkt waarvan de kans klein is dat ze later teruggenomen moeten worden. (RJ 270.106aN).

Tevens stellen de nieuwe Richtlijnen dat er ook sprake kan zijn van een belangrijke financieringscomponent als de rechtspersoon voorfinanciering ontvangt. Als een overeenkomst een belangrijke financieringscomponent bevat, dient de transactieprijs aan te worden gepast voor de effecten van de tijdswaarde van geld. Een financieringscomponent mag in ieder geval als onbelangrijk worden aangemerkt als ten tijde van het afsluiten van een overeenkomst de rechtspersoon verwacht dat de periode tussen het moment waarop hij een toegezegd goed of een toegezegde dienst aan de afnemer overdraagt en het moment waarop de afnemer voor dat goed of die dienst betaalt maximaal één jaar is (RJ 270.107N).

5.3.8 Ruil (RJ 270)

Als de levering van zaken of diensten wordt afgewikkeld door omwisseling of ruil voor zaken of diensten van gelijksoortige aard en reële waarde, wordt deze ruil niet beschouwd als een transactie die een opbrengst genereert. Opgemerkt wordt dat voor ruil van materiële vaste activa afzonderlijke regels bestaan (zie par. 7.3.4.2).
Zijn de geruilde zaken of diensten niet van ongeveer dezelfde aard en/of waarde, dan wordt de ruil beschouwd als een transactie die een opbrengst genereert. De omvang van de opbrengst wordt bepaald op de reële waarde van de ontvangen zaken of diensten, vermeerderd of verminderd met eventuele ontvangen of betaalde liquide middelen of activa die op zeer korte termijn liquide zijn te maken. Als de reële waarde van de ontvangen zaken of diensten niet betrouwbaar kan worden bepaald, wordt de opbrengst bepaald op de reële waarde van de geruilde zaken of diensten vermeerderd of verminderd met eventuele betaalde of ontvangen liquide middelen of activa die op zeer korte termijn liquide zijn te maken (RJ 270.108).

Ruiltransacties van diensten in de vorm van advertenties

Als diensten in de vorm van advertenties worden geruild tegen eveneens diensten in de vorm van advertenties, wordt geen opbrengst verwerkt als de geruilde diensten qua aard en reële waarde met elkaar vergelijkbaar zijn (RJ 270.108a). Dit is een uitwerking van de hiervoor vermelde basisregel (RJ 270.108).

Bij ruiltransacties van diensten in de vorm van advertenties wordt uitsluitend een opbrengst verwerkt als (RJ 270.108a):
▶ de geruilde diensten qua aard en/of reële waarde niet met elkaar vergelijkbaar zijn; en
▶ de opbrengst op betrouwbare wijze kan worden bepaald.

Voor de beantwoording van de vraag of de opbrengst op betrouwbare wijze kan worden bepaald, moet een vergelijking worden gemaakt met vergoedingen die worden ontvangen uit niet-ruiltransacties die (RJ 270.108a):
▶ diensten tot voorwerp hebben die vergelijkbaar zijn met die uit de ruiltransactie;
▶ geregeld voorkomen;
▶ een substantieel deel uitmaken van het totaal van de transacties die dat soort diensten tot voorwerp hebben;
▶ plaatsvinden tegen een contante vergoeding, dan wel een vergoeding in beursgenoteerde effecten of andere activa waarvan de waarde betrouwbaar is te bepalen; en
▶ niet dezelfde wederpartij hebben als die bij de ruiltransactie.

Als een dergelijke vergelijking niet mogelijk is, kan de opbrengst van de verstrekte dienstverlening in de vorm van advertenties niet op betrouwbare wijze worden bepaald. Als gevolg hiervan kan ook geen opbrengst uit hoofde van deze dienstverlening worden verwerkt (RJ 270.108a).

5.3.9 Klantenloyaliteitsprogramma's (RJ 270)

Een specifiek vraagstuk bij de verwerking van opbrengsten uit hoofde van goederen en diensten doet zich voor als een rechtspersoon klantenloyaliteitsprogramma's ('customer loyalty programs') heeft. Dit zijn programma's waarbij een afnemer, nadat deze iets heeft gekocht, het recht krijgt om eenzelfde of een ander goed of dienst gratis of met korting te krijgen. Deze extra goederen of diensten kunnen zowel door de rechtspersoon zelf als door een ander worden verstrekt. Bekende voorbeelden zijn air miles, spaarpuntenprogramma's en acties zoals 'koop dit product en krijg het volgende product gratis'.

De vragen die zich hierbij voordoen zijn:
▶ Mag de rechtspersoon de opbrengst bij verkoop van een goed of levering van een dienst waaraan een klantenloyaliteitsprogramma is gekoppeld direct volledig verwerken, al dan niet met het gelijktijdig opnemen van een voorziening voor bonuspunten (vergelijkbaar met garantieverplichtingen)? of
▶ Moet een deel van de opbrengst worden uitgesteld. In dat laatste geval is sprake van uitgestelde omzet ('deferred revenue')?

RJ 270.109a geeft aan dat een klantenloyaliteitsprogramma als een afzonderlijke component van een transactie geïdentificeerd dient te worden indien:
▶ de tegoeden ingewisseld kunnen worden voor goederen of diensten die de rechtspersoon levert als onderdeel van haar normale activiteiten; en
▶ de waarde van de tegoeden niet onbelangrijk is ten opzichte van de waarde van de verkopen waarbij die tegoeden worden uitgegeven.

Indien aan al deze voorwaarden is voldaan, worden de aan de uitgegeven tegoeden toe te rekenen opbrengsten verwerkt in de periode dat de tegoeden worden ingewisseld.
Indien geen afzonderlijke component wordt onderkend, worden de kosten van het loyaliteitsprogramma verwerkt in dezelfde periode als die van de verkoop waarbij de tegoeden worden uitgegeven.

5.3.10 In de toelichting op te nemen informatie (RJ 270)

In de toelichting wordt uiteengezet (RJ 270.130):
- de methode van toerekening van opbrengsten aan verslagperioden, waaronder de wijze van vaststelling van de mate van voltooiing van opdrachten tot dienstverlening;
- het bedrag van elke belangrijke opbrengstcategorie dat is verwerkt in de winst-en-verliesrekening in de periode, waaronder:
  1. opbrengsten uit de verkoop van goederen;
  2. opbrengsten uit het verlenen van diensten;
  3. rente;
  4. royalty's; en
  5. dividenden;
- het bedrag begrepen in de belangrijkste categorieën opbrengsten dat betrekking heeft op de ruil van goederen en diensten.

Detaillering van de omzet

De rechtspersoon neemt in de toelichting een nadere detaillering van de netto-omzet op. Deze bepalingen worden nader besproken in hoofdstuk 22 'Segmentatie'.

Regelgeving van toepassing in toekomstige jaren

De nieuwe Richtlijnen bepalen dat voortaan de toelichting van opbrengsten per belangrijke prestatieverplichting dient plaats te vinden naast de vermelding van de aard van deze prestatieverplichtingen. Daarnaast moet het totaal van de geactiveerde kosten van het verkrijgen van een overeenkomst worden toegelicht (RJ 270.601N).

5.3.11 IFRS 15: Achtergrond en reikwijdte

Reikwijdte

IFRS 15 is van toepassing op alle contracten met klanten, behalve op financiële instrumenten die vallen onder IFRS 9, verzekeringscontracten welke vallen onder IFRS 4, leasecontracten waarop IFRS 16 van toepassing is en bepaalde niet-monetaire transacties.

Een contract valt alleen binnen de werkingssfeer wanneer het een contract met een klant betreft. Een contract is daarbij gedefinieerd als een overeenkomst tussen twee of meer partijen die afdwingbare rechten en verplichtingen schept. Een klant wordt gedefinieerd als een partij die een overeenkomst heeft gesloten met een entiteit om goederen of diensten te verkrijgen die een output zijn van de normale activiteiten van die entiteit. Indien de tegenpartij van een contract geen klant is, maar eerder een partner die de risico's en voordelen van het ontwikkelen van een product deelt met de entiteit, is IFRS 15 niet van toepassing.

5.3.12 Algemene verwerkingswijze opbrengsten op basis van IFRS 15

Het basisprincipe van IFRS 15 is dat entiteiten opbrengsten uit hoofde van overdracht van goederen of diensten aan klanten bepalen aan de hand van de tegenprestatie waarop de onderneming verwacht recht te hebben.

Het is een 'control-based' model in plaats van dat het primair gericht is op risico's en voordelen zoals bij Richtlijn 270. Dit betekent dat de afzonderlijke prestatieverplichtingen ('performance obligations') uit hoofde van een overeenkomst met een klant worden geïdentificeerd en dat de opbrengsten worden toegewezen aan deze verplichtingen bij aanvang van de overeenkomst. Opbrengsten worden verantwoord wanneer de beschikkingsmacht ('control') over het bijbehorende goed of dienst wordt overgedragen aan de klant.

In concreto moeten de volgende vijf stappen worden toegepast om het juiste tijdstip en het bedrag van opbrengstverantwoording te bepalen:
1. identificeer het contract met een klant;
2. identificeer de afzonderlijke prestatieverplichtingen binnen het contract;
3. bepaal de transactieprijs;
4. alloceer de transactieprijs aan de afzonderlijke prestatieverplichtingen; en
5. verantwoord de opbrengsten op het moment dat de entiteit voldaan heeft aan de individuele prestatieverplichting.

Stap 1. Identificeer het contract met de klant.
Een contract is een overeenkomst met één of meerdere partijen waaruit rechten en verplichtingen voortkomen. Een contract moet voldoen aan de volgende criteria:
a. De partijen hebben het contract goedgekeurd en zich gecommitteerd aan de verplichtingen in het contract.
b. De rechten van de partijen ten aanzien van de te leveren goederen en diensten zijn duidelijk.
c. De betalingsvoorwaarden zijn duidelijk.
d. Het contract heeft economische betekenis.
e. Het is waarschijnlijk dat de onderneming de bedragen ontvangt waarop zij recht heeft.

IFRS 15 wordt toegepast op elk individueel contract, tenzij meerdere contracten gecombineerd moeten worden tot één contract. Contracten moeten gecombineerd worden als twee of meer contracten (bijna) tegelijk zijn afgesloten met dezelfde klant en aan één of meer van de volgende voorwaarden is voldaan:
- de contracten zijn onderhandeld als pakket met één commercieel doel (bijvoorbeeld als onderdeel van een groot project);
- de prijs in één contract hangt af van de prijs of de prestatieverplichting in een ander contract; of
- de goederen en/of diensten in de contracten zijn gezamenlijk één prestatieverplichting.

Een voorbeeld is een overeenkomst voor de koop van een koffiemachine, waarbij de prijs van de koffiemachine lager is door gelijktijdige afsluiting van een tweede overeenkomst voor de toekomstige levering van koffie en het onderhoud van de koffiemachine. IFRS 15 ziet deze twee overeenkomsten als één contract. Een onderneming moet de afzonderlijke onderdelen van dit gecombineerde contract in stap 2 separeren.

Stap 2. Identificeer de afzonderlijke prestatieverplichtingen binnen het contract.
Om IFRS 15 op de juiste wijze te kunnen toepassen, is het essentieel om de afzonderlijke prestatieverplichtingen binnen een contract te identificeren. Deze dienen als uitgangspunt voor het moment waarop de omzet wordt verantwoord.

Een prestatieverplichting betreft een toezegging aan een klant tot de overdracht van:
a. een te onderscheiden goed of dienst of bundel van goederen of diensten; of
b. een reeks van te onderscheiden goederen of diensten die grotendeels hetzelfde zijn en hetzelfde patroon van overdracht aan de afnemer vertonen (IFRS 15.22).

Een reeks van te onderscheiden goederen of diensten vertoont hetzelfde patroon van overdracht aan een afnemer als aan de volgende voorwaarden wordt voldaan:
a. elk te onderscheiden goed of elke te onderscheiden dienst in de reeks die de rechtspersoon toezegt aan de afnemer te zullen overdragen, voldoet aan de criteria van een gedurende een periode vervulde prestatieverplichting (zie stap 5); en

b. dezelfde methode wordt gebruikt voor het meten van de voortgang van de vervulling van de prestatieverplichting (zie stap 5) (IFRS 15.23).

Om te bepalen of er sprake is van meerdere prestatieverplichtingen binnen één contract is het dus belangrijk om te bepalen of de goederen en/of diensten te onderscheiden ('distinct') zijn. Een toegezegd goed of toegezegde dienst is te onderscheiden als wordt voldaan aan de volgende criteria:
a. de afnemer kan de voordelen van de goederen of diensten zelfstandig benutten, al dan niet gezamenlijk met middelen die de afnemer heeft of kan verkrijgen; en
b. de toezegging om de goederen of diensten over te dragen is te onderscheiden van de overige in de overeenkomst opgenomen toezeggingen (IFRS 15.27).

Vooral het tweede criterium is soms lastig toe te passen. IFRS 15.29 noemt daarom een aantal factoren die een indicatie geven dat er geen sprake is van meerdere prestatieverplichtingen binnen een contract:
1. De rechtspersoon levert een belangrijke dienst van integratie van de goederen of de diensten met andere in de overeenkomst toegezegde goederen of diensten tot een bundel van goederen of diensten die de gecombineerde output vormen waarvoor de afnemer een overeenkomst heeft gesloten. Met andere woorden, de rechtspersoon gebruikt de goederen of de diensten als een input om de door de afnemer bepaalde gecombineerde output te produceren of te leveren. Een voorbeeld hiervan is de constructie van een kantoorpand.
2. Eén of meer van de goederen of de diensten wijzigt in belangrijke mate andere in de overeenkomst toegezegde goederen of diensten. Een voorbeeld zijn de door de rechtspersoon te leveren installatiewerkzaamheden van software die de door de rechtspersoon te leveren software in belangrijke mate wijzigen.
3. De goederen of de diensten zijn in hoge mate afhankelijk van, of in hoge mate verbonden met andere in de overeenkomst toegezegde goederen of diensten. Een voorbeeld hiervan is de besturingssoftware die een integraal onderdeel vormt van een door de rechtspersoon te leveren machine. Een ander voorbeeld betreft de ontwikkeling van een prototype in opdracht van een afnemer. Het ontwerp en de productie van het prototype zijn in hoge mate verbonden met elkaar.

Bij een prestatieverplichting gaat het om de overdracht van een goed of dienst. Dat betekent onder andere dat interne administratieve handelingen geen aparte prestatieverplichting kunnen zijn, zelfs als daarvoor een bedrag in rekening wordt gebracht bij een klant. Bijvoorbeeld inschrijfgeld bij een fitnessclub is in het algemeen geen prestatieverplichting.

Als er sprake is van meerdere prestatieverplichtingen binnen één contract, dan moet de omzet per prestatieverplichting verantwoord worden. Dit is onafhankelijk van de (prijs)afspraken die partijen hebben gemaakt. In stap 4 rekent de onderneming de transactieprijs toe aan de afzonderlijke prestatieverplichtingen.

Stap 3. Bepaal de transactieprijs.
De transactieprijs is het bedrag dat de onderneming verwacht in ruil voor de levering van zijn product of zijn dienst. De transactieprijs is lang niet altijd een vast bedrag. Denk hierbij aan kortingen, bonussen of een prijs die afhankelijk is van toekomstige gebeurtenissen, zoals retouren. Variabele vergoedingen zijn alleen onderdeel van de transactieprijs als het zeer waarschijnlijk is dat deze omzet niet teruggenomen hoeft te worden. Is er sprake van een significant financieringselement? Dan houdt de onderneming bij het bepalen van de transactieprijs ook rekening met de tijdswaarde van geld.

> **Voorbeeld retouren**
>
> Een leverancier van printers maakt gebruik van distributeurs in diverse landen. De distributeurs kopen printers op voorraad en beslissen zelf over hoeveelheden en aan wie ze tegen welke prijs verkopen. De distributeur heeft het recht om de printers terug te sturen naar de leverancier als deze binnen twee jaar nog niet verkocht zijn. De mogelijke retouren maken de transactieprijs op de verkoop van de printers aan de distributeur variabel. De onderneming verwacht dat 3% van de verkochte printers retour komt.
>
> Op basis van IFRS 15 verantwoordt de leverancier 97% van de omzet (en de kostprijs van de omzet) van de printers op het moment van de levering, zijnde het deel van de omzet dat zeer waarschijnlijk niet teruggedraaid wordt. Voor de verwachte retouren van 3% neemt de onderneming een verplichting op en een contractactief ('contract asset') voor de verwachte, terug te ontvangen voorraad.

Stap 4. Alloceer de transactieprijs aan de afzonderlijke prestatieverplichtingen.

In stap 4 alloceert de onderneming de transactieprijs, zoals bepaald in stap 3, aan de afzonderlijke prestatieverplichtingen, zoals bepaald in stap 2. De basis van deze allocatie is de afzonderlijke verkoopprijs van het product of de dienst. Dit is normaal gesproken eenvoudig te bepalen wanneer de goederen of diensten ook afzonderlijk worden verkocht. Als dit niet het geval is, moet de onderneming een inschatting maken. Hiervoor kent IFRS 15 verschillende methoden, zoals de 'market approach', de 'cost plus margin approach' of de 'residual approach'. Deze laatste methode mag alleen onder bepaalde voorwaarden gebruikt worden.

IFRS kent twee uitzonderingen op het uitgangspunt dat de allocatie plaatsvindt op basis van de afzonderlijke verkoopprijs van het product of de dienst. Als er sprake is van een variabele vergoeding (bijv. een bonus) die volledig gerelateerd is aan een specifieke prestatieverplichting, dan moet dat onderdeel van de transactieprijs volledig aan die prestatieverplichting toegerekend worden (IFRS 15.85). De andere uitzondering betreft kortingen. Als aan bepaalde voorwaarden is voldaan, dan moet een korting aan een aantal maar niet aan alle prestatieverplichtingen binnen een contract worden toegerekend (IFRS 15.81-83).

> **Voorbeeld prestatieverplichtingen in één contract**
>
> Een onderneming verkoopt producten A, B en C regelmatig afzonderlijk tegen de volgende bedragen:
>
> | | |
> |---|---:|
> | Product A: | 40 euro |
> | Product B: | 55 euro |
> | Product C: | 45 euro |
> | Totaal | 140 euro |
>
> Stel dat een klant voor de levering van de producten A, B en C als pakket 100 euro moet betalen, waarbij de producten aparte prestatieverplichtingen zijn. Dan moet 40/140=29% van de transactieprijs van 100 euro toegerekend worden aan Product A. De omzet per prestatieverplichting wordt dan:
>
> | | |
> |---|---:|
> | Product A: | 28,57 euro |
> | Product B: | 39,29 euro |
> | Product C: | 32,14 euro |
> | Totaal | 100,00 euro |
>
> Als de onderneming echter ook regelmatig product B en C als één pakket verkoopt voor 60 euro, dan is de korting bij de verkoop van A, B en C (140-100=40) gelijk aan de korting bij de verkoop van B en C (100-60=40). In zo'n situatie wordt de korting toegerekend aan B en C op basis van relatieve verkoopprijzen (55/100 en 45/100). De omzet per prestatieverplichting wordt dan:
>
> | | |
> |---|---:|
> | Product A: | 40 euro |
> | Product B: | 33 euro |
> | Product C: | 27 euro |
> | Totaal | 100 euro |

5 Winst-en-verliesrekening

Stap 5. Verantwoord de opbrengsten op het moment dat de entiteit voldaan heeft aan de individuele prestatieverplichting.

De laatste stap betreft de verantwoording van de opbrengsten. Deze vindt plaats wanneer de beschikkingsmacht over het product of de dienst is overgedragen aan de klant. Dit kan zowel een overdracht op één of meer specifieke momenten zijn (bijvoorbeeld bij levering van goederen) als (continue) overdracht gedurende een periode (bijvoorbeeld bij dienstverlening of langlopende bouwcontracten).

De opbrengstverantwoording vindt gedurende een periode plaats ('satisfied over time') als aan één van de volgende voorwaarden is voldaan (IFRS 15.35):
- de klant ontvangt en consumeert gelijktijdig de voordelen uit de prestaties van de rechtspersoon naarmate de rechtspersoon presteert (bijvoorbeeld het verrichten van schoonmaakdiensten bij de klant);
- de prestaties van de rechtspersoon creëren of verbeteren een actief waarover de klant beschikkingsmacht heeft, terwijl het actief wordt gecreëerd of verbeterd (bijvoorbeeld het verrichten van werkzaamheden aan het eigendom van de klant); of
- de prestaties van de rechtspersoon creëren geen actief met een alternatieve gebruiksmogelijkheid voor de rechtspersoon en de rechtspersoon heeft een afdwingbaar recht op betaling voor reeds verrichte prestaties.

Indien niet voldaan is aan de criteria voor verantwoording van opbrengsten gedurende een periode, wordt de opbrengst verantwoord op een specifiek moment ('at a point in time'). Indicatoren om te bepalen op welk moment de beschikkingsmacht is overgedragen zijn (IFRS 15.38):
- de rechtspersoon heeft een recht op betaling voor het actief;
- de klant heeft het juridisch eigendom van het actief;
- de rechtspersoon heeft het fysieke bezit van het actief overgedragen;
- de klant heeft de belangrijke rechten op economische voordelen en de belangrijke risico's inzake het actief;
- de klant heeft het actief geaccepteerd.

> **Voorbeeld verantwoording opbrengsten (gebaseerd op IFRS 15, Illustrative examples, Examples 11, 54 en 55)**
>
> Een softwareleverancier heeft een contract gesloten met een klant, waarbij een licentie wordt overgedragen met een looptijd van vijf jaar, de software ter plekke wordt geïnstalleerd, gedurende de licentieperiode niet nader gespecificeerde halfjaarlijkse software updates worden verstrekt en een permanente technische ondersteuning (helpdesk) ter beschikking staat (telefonisch en online). De licentie, installatiedienst en technische ondersteuning worden ook afzonderlijk verkocht. Software-updates zijn niet noodzakelijk voor de goede werking van de software.
>
> De eerste stap is de identificatie van de prestatieverplichtingen (stap 2). Omdat de klant separaat voordeel kan hebben van alle goederen en diensten en de toezeggingen om de goederen en diensten te leveren apart identificeerbaar van elkaar zijn, zijn er vier prestatieverplichtingen te onderscheiden: de levering van de licentie, de installatiedienst, de software-updates en de technische ondersteuning.
> De transactieprijs wordt verdeeld over de vier prestatieverplichtingen (stap 4).
>
> De aan de licentie gealloceerde opbrengst wordt verantwoord op het moment van levering van de licentie (op één moment), omdat de software-updates niet noodzakelijk zijn voor de goede werking van de software en dus de entiteit feitelijk een recht tot het gebruik van zijn intellectuele eigendom heeft overgedragen zoals deze bestaat op het moment van overdracht.
> De gealloceerde opbrengst uit hoofde van de installatiedienst wordt in het resultaat opgenomen gedurende de korte periode dat de dienst is verricht.
>
> Met betrekking tot het verantwoorden van de opbrengsten uit hoofde van de niet nader gespecificeerde halfjaarlijkse software-updates lijkt het voor de hand te liggen de opbrengsten te verdelen over de tien halve jaren waarin de updates worden verstrekt (tenzij de prestaties die ten grondslag liggen aan de updates naar verwachting niet ieder jaar gelijk zullen zijn).
>
> De opbrengsten uit hoofde van technische ondersteuning worden opgenomen gedurende de vijfjarige periode, gezien de permanente noodzakelijke beschikbaarheid om deze dienst te kunnen leveren.

> Indien de software-updates wel cruciaal zijn voor de voortdurende goede werking van de software, bijvoorbeeld vanwege de snel veranderende technologie, is het verlenen van de software-updates geen afzonderlijke prestatieverplichting, omdat deze niet onafhankelijk is van het verlenen van de licentie. Licentie en software-updates zijn dan één gezamenlijke prestatieverplichting. In dat geval zal de hieraan gealloceerde opbrengst niet reeds genomen kunnen worden op het moment van de levering van de licentie, maar bijvoorbeeld evenredig verdeeld over de looptijd van het contract.

5.3.13 Overige bepalingen IFRS 15

IFRS 15 kent specifieke regels voor diverse omstandigheden. Een aantal van die situaties wordt hier besproken: kosten van het verkrijgen van contracten, kosten van het vervullen van contracten, licenties, garanties, opties op aanvullende goederen of diensten, contractaanpassingen en terugkoopclausules. IFRS 15.B1 bevat een overzicht van de situaties waarvoor specifieke regelgeving bestaat.

De standaard bevat voorts uitgebreide toelichtingsvereisten, zowel voor de verantwoorde omzet als de nog te verantwoorden omzet en de daaruit voortkomende kasstromen. Zo kunnen gebruikers van de jaarrekening de omvang en de timing van de omzetverantwoording en de daarbij gemaakte inschattingen beoordelen. De toelichtingsvereisten in de standaard zijn zowel kwalitatief als kwantitatief van aard.

Kosten van het verkrijgen van contracten

Als een rechtspersoon kosten maakt om een contract te verkrijgen en deze kosten zich alleen voordoen als het contract inderdaad verkregen wordt, dan dient de rechtspersoon deze kosten te activeren en af te schrijven. Dit geldt bijvoorbeeld als een verkoopprovisie uitgekeerd wordt die alleen betaald wordt als een contract verkregen wordt. Als echter de afschrijvingstermijn korter dan een jaar is, mag de rechtspersoon er voor kiezen om de kosten niet te activeren, maar rechtstreeks in de winst-of-verliesrekening te verantwoorden.

Kosten van het vervullen van contracten

Het uitgangspunt van IFRS 15 is dat kosten verantwoord worden in de winst-of-verliesrekening wanneer de kosten zich voordoen, tenzij een andere IFRS de mogelijkheid biedt om de uitgaven te activeren, bijvoorbeeld bij voorraden of materiële vaste activa. Echter, een rechtspersoon dient kosten die niet binnen de reikwijdte van een andere IFRS vallen toch te activeren en af te schrijven op basis van IFRS 15 als aan de volgende voorwaarden is voldaan (IFRS 15.95):
a. de kosten zijn direct te relateren aan een overeenkomst of specifiek te verwachten overeenkomst;
b. de kosten genereren middelen die de rechtspersoon in de toekomst zal gebruiken voor het vervullen van één of meer prestatieverplichtingen; en
c. de kosten zijn naar verwachting terug te verdienen.

Licenties

Een licentie stelt de rechten van een afnemer op de intellectuele eigendom van een rechtspersoon vast. Licenties van intellectueel eigendom kunnen onder meer omvatten: software, technologie, films, muziek, patenten, handelsmerken en auteursrechten. Indien een toezegging om een licentie van intellectuele eigendom te verlenen te onderscheiden is van andere in een overeenkomst toegezegde goederen of diensten en deze toezegging daarom een afzonderlijke prestatieverplichting is, dient de rechtspersoon te bepalen of de licentie op een bepaald moment of gedurende een periode wordt overgedragen. Dit bepaalt de rechtspersoon op basis van de aard van de toezegging. Als er een recht wordt verleend om gebruik te maken van het intellectuele eigendom zoals deze bestaat op het moment waarop de licentie wordt verleend, dan wordt de omzet verantwoord op het moment waarop de licentie wordt overgedragen. De rechtspersoon hoeft in zo'n situatie geen aanvullende activiteiten ten aanzien van de intellectuele eigendom te verrichten. Echter, als er een recht wordt verleend om toegang te hebben tot de intellectuele eigendom van een rechtspersoon zoals deze tijdens de hele duur van de licentie bestaat, en waarbij het intellectuele eigendom dus gedurende de periode kan veranderen, dan wordt de omzet verantwoord gedurende de periode van de licentieovereenkomst (IFRS 15.B56, B60, B61).

Garanties

IFRS 15 maakt een onderscheid tussen garanties die verwerkt moeten worden als kosten op basis van IAS 37 en garanties die verwerkt moeten worden als een afzonderlijke prestatieverplichting. In dat laatste geval moet een deel van de omzet toegerekend worden aan die prestatieverplichting. Er is sprake van een verwerking als een aparte prestatieverplichting als een afnemer de mogelijkheid heeft om de garantie apart te kopen of als de garantie de afnemer een dienst biedt die verder gaat dan het garanderen dat het product voldoet aan de afgesproken specificaties. In de andere gevallen wordt de garantie verwerkt als kosten op basis van IAS 37 (IFRS 15.B28-B33).

Opties op additionele goederen of diensten

Een overeenkomst kan een optie voor een afnemer bevatten om bijkomende goederen of diensten gratis of tegen een korting te verkrijgen. Voorbeelden zijn loyaliteitsprogramma's, contractverlengingsopties of andere kortingen op toekomstige goederen of diensten. Als de rechtspersoon een optie verleent om bijkomende goederen of diensten te verkrijgen, kan die optie aanleiding geven tot het identificeren van een afzonderlijke prestatieverplichting. Dat geldt echter alleen als de optie een materieel recht verleent dat de afnemer niet zou ontvangen zonder die overeenkomst aan te gaan, bijvoorbeeld een korting bij een volgende aankoop die hoger is dan de reguliere korting op zo'n product. Als de optie een materieel recht aan de afnemer verleent, betaalt de afnemer in feite (deels) vooraf voor toekomstig te leveren goederen of diensten. De rechtspersoon verwerkt pas opbrengsten wanneer desbetreffende goederen of diensten worden overgedragen of wanneer de optie verstrijkt (IFRS 15.B39-B43).

Contractaanpassingen

Contracten worden soms aangepast (inzake prijsstelling en/of inhoud). IFRS 15 maakt daarbij onderscheid tussen contractaanpassingen die zijn aan te merken als een nieuw contract en aanpassingen die worden beschouwd als een onderdeel van het bestaande contract.

Er is sprake van een nieuw contract indien is voldaan aan twee voorwaarden (IFRS 15.20):
- de aanpassing houdt in dat nieuwe toezeggingen worden gedaan om goederen en/of diensten te leveren die als een afzonderlijke prestatieverplichting zijn aan te merken (en derhalve 'distinct' zijn).
- de hogere prijs van het contract is een weergave is van de 'stand alone' prijs van de additionele goederen en/of diensten.

In andere gevallen wordt de aanpassing beschouwd als een onderdeel van het bestaande contract. De verwerking daarvan is afhankelijk van de situatie (IFRS 15.21):
- De op het moment van aanpassing nog te leveren goederen en/of diensten staan niet los ('distinct') van de reeds geleverde goederen en diensten: de transactieprijs wordt geactualiseerd, de voortgang van de mate waarin aan de prestatieverplichting is voldaan wordt gemeten, en een aanpassing daarin als gevolg van de contractaanpassing wordt als een (positieve of negatieve) 'inhaalpost' onder de opbrengsten verantwoord.
- De op het moment van aanpassing nog te leveren goederen en/of diensten staan wel los van de reeds geleverde goederen en diensten: de contractaanpassing wordt beschouwd als een beëindiging van het oude contract en het sluiten van een nieuw contract, waarbij de uit het oude contract resterende nog te verantwoorden transactieprijs en de toename van de transactieprijs als gevolg van de aanpassing worden samengenomen en toegerekend aan de nog te leveren goederen en diensten.
- Er is sprake van een combinatie van de beide voorgaande situaties (voor een deel wel en voor een deel niet losstaande goederen en diensten): een combinatie van beide voorgenoemde verwerkingswijzen.

> **Voorbeeld contractaanpassing (gebaseerd op IFRS 15, Illustrative examples, Example 5)**
> X heeft een contract voor de verkoop van 120 producten voor een prijs van € 12.000 (€ 100 per stuk). Nadat 60 producten zijn geleverd, wordt het contract aangepast. De totale levering wordt uitgebreid naar 150 producten (30 extra).
>
> Er is sprake van een nieuw contract
> De prijs voor de additionele 30 producten is € 95 per stuk (totaal € 2.850). Deze prijs reflecteert de actuele productprijs op het moment van contractaanpassing en is daarmee de 'stand alone' prijs van de extra goederen. De toezegging om 30 producten extra te leveren, is een nieuw contract. De levering van de resterende 60 producten van het oude contract wordt verantwoord tegen € 100 per stuk, die van de additionele 30 producten tegen € 95 per stuk.
>
> Er is geen sprake van een nieuw contract
> Tijdens de onderhandelingen over het nieuwe contract heeft de klant bedongen dat de additionele 30 producten worden verkregen voor € 70 in plaats van de 'stand alone' prijs van € 95. Daarnaast heeft de klant een korting van € 900 (€ 30 per product) verkregen omdat hij niet tevreden was met de kwaliteit van de geleverde eerste 60 producten. De klant betaalt daarom maar € 40 per product (totaal € 1.200).
> Er is niet voldaan aan de één van de voorwaarden om de contractaanpassing als een nieuw contract te beschouwen: er is voor de additionele 30 producten geen 'stand alone' prijs afgesproken. Omdat de 30 producten wel 'distinct' zijn, wordt de contractaanpassing verwerkt als de beëindiging van het oude contract en het sluiten van een nieuw contract. De € 900 korting vanwege gebreken bij de levering van de eerste 60 producten worden toegerekend aan de beëindiging van het oude contract en derhalve op het moment van contractaanpassing als negatieve opbrengst verantwoord. De nog te verantwoorden transactieprijs voor de resterende 90 producten bedraagt € 6.000 (60 x € 100) plus € 2.100 (30 x € 70) = € 8.100, dat wil zeggen € 90 per product.

Terugkoopclausules

Contracten kunnen terugkoopclausules bevatten. IFRS 15.B65 onderscheidt drie algemene vormen:
- de verplichting van de rechtspersoon om een actief terug te kopen (terugkoopovereenkomst);
- het recht van de rechtspersoon een actief terug te kopen (terugkooprecht);
- de verplichting van de rechtspersoon om een actief terug te kopen als de klant dat verzoekt (terugverkooprecht).

In de beide eerste gevallen is de beschikkingsmacht over het actief niet overgedragen en er is daarom geen sprake van een verkoop. Er wordt in de tweede situatie geen rekening gehouden met de waarschijnlijkheid van het uitoefenen van het terugkooprecht, met dien verstande dat het terugkooprecht wel economische betekenis moet hebben ('substantive' moet zijn). Verwerking van het contract vindt dan als volgt plaats (IFRS 15.B66):
- als een lease indien de rechtspersoon het actief moet of kan terugkopen tegen een prijs die lager is van de oorspronkelijke verkoopprijs;
- als een financieringsovereenkomst indien de rechtspersoon het actief moet of kan terugkopen tegen een prijs die gelijk is aan of hoger dan de oorspronkelijke verkoopprijs; de ontvangen vergoeding wordt verantwoord als een verplichting en, bij een hogere terugkoopprijs, opgerent.

> **Voorbeeld terugkoopclausule in de vorm van een terugkooprecht (gebaseerd op IFRS 15, Illustrative examples, Example 62)**
> Op 1 januari draagt NV Real Estate een vastgoedobject over aan BV Bouwgigant voor een prijs van € 1 miljoen. Het contract bevat een terugkooprecht op grond waarvan NV Real Estate het vastgoedobject kan terugkopen op 31 december van dat jaar voor € 1,1 miljoen. Omdat de beschikkingsmacht niet is overgedragen, is niet sprake van een verkoop. Omdat de terugkoopprijs hoger is dan de oorspronkelijke verkoopprijs, vindt verantwoording plaats als een financieringsovereenkomst. NV Real Estate houdt het actief op zijn balans en boekt tegenover de ontvangen liquide middelen een verplichting van € 1 miljoen. Gedurende het jaar wordt deze verplichting opgerent tot € 1,1 miljoen (met verantwoording van rentekosten). Indien het terugkooprecht niet wordt uitgeoefend, vervalt de verplichting op 31 december en wordt dan als een opbrengst geboekt van € 1,1 miljoen.

In het derde geval, waarbij sprake is van een terugverkooprecht voor de klant, lijkt het in eerste instantie een verkoop omdat de klant immers de beschikkingsmacht heeft verkregen: hij kan beslissen om het actief wel of niet terug te verkopen aan de rechtspersoon. Maar of sprake is van een verkoop wordt mede bepaald door de waarschijnlijkheid of zal worden terugverkocht.

Er zijn drie basissituaties:
- De prijs waartegen kan worden terugverkocht is lager dan de oorspronkelijke verkoopprijs. In dat geval moet de rechtspersoon overwegen of, op het moment van het aangaan van het contract, de klant een belangrijke economische stimulans heeft om zijn terugverkooprecht uit te oefenen (IFRS 15.B70). Indien de klant een belangrijke economische stimulans heeft om terug te verkopen (bijvoorbeeld omdat de terugverkoopprijs hoger is dan de verwachte marktprijs), wordt ervan uitgegaan dat het actief wordt terugverkocht. Er is dan geen sprake van een verkoop, maar van een lease, omdat dan feitelijk de klant het actief voor een bepaalde periode heeft gehuurd. Indien de klant geen belangrijke economische stimulans tot uitoefening van het terugverkooprecht heeft, verantwoordt de rechtspersoon de transactie als een verkoop van een product waarop een retourrecht zit (zie voorbeeld bij stap 3).
- De prijs waartegen kan worden terugverkocht is gelijk aan of hoger is dan de oorspronkelijke verkoopprijs en gelijk aan of lager dan de verwachte marktprijs van het actief op het moment van uitoefening van het terugverkooprecht (IFRS B15.B74). Ook dan wordt de transactie verwerkt als een verkoop van een product waarop een retourrecht zit, tenzij de klant toch een significante economische stimulans heeft om het terugverkooprecht uit te oefenen.
- De prijs waartegen kan worden terugverkocht is gelijk aan of hoger is dan de oorspronkelijke verkoopprijs en hoger dan de verwachte marktprijs van het actief op het moment van uitoefening van het terugverkooprecht (IFRS B15.B73). Het contract is dan in wezen een financieringsovereenkomst en wordt als zodanig verwerkt (zie het voorgaande voorbeeld).

Voorbeeld terugkoopclausule in de vorm van een terugverkooprecht (gebaseerd op IFRS 15, Illustrative examples, Example 62)

Net als in het vorige voorbeeld draagt op 1 januari NV Real Estate een vastgoedobject over aan BV Bouwgigant voor een prijs van € 1 miljoen. Het contract bevat nu een terugverkooprecht op grond waarvan BV Bouwgigant het vastgoedobject kan terugverkopen aan NV Real Estate op 31 december van dat jaar voor € 0,9 miljoen. De verwachte marktwaarde op 31 december is € 0,75 miljoen. In dit geval is de prijs waartegen kan worden terugverkocht lager dan de oorspronkelijke verkoopprijs, maar heeft de klant een belangrijke economische stimulans om terug te verkopen: de terugverkoopprijs ligt immers hoger dan de verwachte marktprijs. Daarom wordt de transactie niet verwerkt als een verkoop, maar als een lease.

5.3.14 Belangrijkste verschillen Dutch GAAP – IFRS

In algemene zin is IFRS 15 veel specifieker dan Richtlijn 270. Een belangrijk algemeen verschil is dat IFRS 15 is gebaseerd op de verantwoording van opbrengsten bij overdracht van de beschikkingsmacht over een goed of dienst, terwijl Richtlijn 270 uitgaat van de overdracht van economische risico's en voordelen.
Andere belangrijke verschillen betreffen (naast het in par. 5.2.7 genoemde verschil inzake principaal versus agent):
- Overeenkomsten dienen op basis van IFRS 15 gesplitst te worden in onderscheiden prestatieverplichtingen voor goederen of diensten die als verschillend worden beschouwd. Dit kan leiden tot verschillen met Richtlijn 270, omdat Richtlijn 270 minder specifiek is over contracten met meerdere componenten.
- IFRS 15 vereist dat een entiteit een schatting maakt van de – stand-alone – verkoopprijzen voor afzonderlijke prestatieverplichtingen in overeenkomsten met meerdere elementen. Richtlijn 270 heeft hiervoor geen regels opgenomen.
- IFRS 15 kent specifieke bepalingen voor de verwerking van contractaanpassingen. Richtlijn 270 heeft hiervoor geen regels opgenomen.

- IFRS 15 geeft aan dat variabele vergoedingen alleen onderdeel van de transactieprijs zijn als het zeer waarschijnlijk is dat deze omzet niet teruggedraaid hoeft te worden. Richtlijn 270 heeft hiervoor geen regels opgenomen.
- Onder IFRS 15 moet in geval van verwachte retouren een (bruto) verplichting opgenomen worden en daarnaast een actief gebaseerd op de verwachte waarde van die retouren. Richtlijn 270 kent zo'n bepaling niet.
- IFRS 15 heeft, anders dan Richtlijn 270, specifiekere regelgeving opgenomen ten aanzien van garanties, licenties, kosten van het verkrijgen van contracten en kosten van het vervullen van contracten.
- De regels voor de verwerking van terugkoopovereenkomsten, terugkooprechten en terugverkooprechten zijn onder IFRS 15 anders dan onder Richtlijn 270.
- IFRS 15 bevat meer toelichtingsvereisten.

5.4 Personeelsbeloningen
5.4.1 Het begrip personeelsbeloningen
Personeelsbeloningen

Onder personeelsbeloningen worden verstaan alle vormen van beloning van personeel tijdens en na afloop van het dienstverband (RJ 271.102, IAS 19.8).

De verplichtingen van de rechtspersoon/werkgever met betrekking tot personeelsbeloningen omvatten niet alleen de in rechte afdwingbare verplichtingen, maar ook die waarbij sprake is van een situatie waarin de rechtspersoon geen ander reëel alternatief heeft dan het nakomen van die verplichting ('constructive obligation'). Bij dergelijke verplichtingen kan worden gedacht aan verplichtingen die voortvloeien uit een bestendig toegepaste gedragslijn, uit de wens goede zakelijke verhoudingen te handhaven of op een billijke wijze te handelen, alsmede aan gevallen waarin een wijziging van de gedragslijn van de rechtspersoon onaanvaardbare schade zou toebrengen aan de relatie met het personeel (RJ 271.102, IAS 19.4c).

Onderscheiden vormen van personeelsbeloningen

De onderscheiden vormen van personeelsbeloningen zijn (RJ 271.103, IAS 19.5):
1. beloningen tijdens het dienstverband. Voorbeelden zijn:
   a. lonen en salarissen, premies uit hoofde van socialeverzekeringswetten, vakantiegeld, doorbetaling van loon bij ziekte en arbeidsongeschiktheid, bijdragen in levensloopregelingen, bonusbetalingen, tantièmes, jubileumuitkeringen, doorbetaald extra verlof (zogeheten sabbatical leave), beloningen in natura zoals huisvesting enzovoort (behandeld in par. 5.4.2); en
   b. aandelen of het recht aandelen te verwerven, inclusief uitkeringen waarvan het bedrag afhankelijk is van de toekomstige koers van de aandelen in het kapitaal van de rechtspersoon. Een veel voorkomende vorm hiervan betreft aandelenoptieregelingen voor personeel (behandeld in hoofdstuk 34).
2. beloningen in de vorm van (rechten op) uitkeringen in de periode waarin nomaliter geen arbeidsprestaties meer worden verricht. Hieronder worden begrepen pensioenuitkeringen en uitkeringen uit hoofde van vervroegde uittredingsregelingen (VUT) en andere non-activiteitsregelingen (behandeld in hoofdstuk 18);
3. beloningen in de vorm van ontslagvergoedingen (par. 5.4.3).

IFRS kent voorts een specifieke waardering voor langetermijnpersoneelsbeloningen (par. 5.4.4).

5 Winst-en-verliesrekening

5.4.2   Beloningen tijdens het dienstverband
Begripsbepaling

Onder beloningen tijdens het dienstverband worden verstaan beloningen, in welke vorm dan ook, die een rechtspersoon/werkgever verschuldigd is uit hoofde van de voor het personeel geldende arbeidsvoorwaarden als deze beloningen betaalbaar zijn tijdens het dienstverband. Voorbeelden van deze beloningen zijn:
- lonen, salarissen en premies sociale verzekeringen;
- doorbetaling bij vakantie, ziekte en arbeidsongeschiktheid;
- bijdragen in levensloopregelingen;
- winstdelingen en bonusbetalingen;
- vergoedingen in natura zoals medische verzorging en beschikbaarstelling van huisvesting en vervoer(middelen);
- beloningen die gekoppeld zijn aan het bestaan van een langjarig dienstverband zoals jubileumuitkeringen en extra doorbetaald verlof (zogeheten sabbatical leave).

De hierna in paragraaf 5.4.2 weergegeven regelgeving heeft geen betrekking op ontslagvergoedingen en uitkeringen in de vorm van eigen aandelen, opties daarop en vergelijkbare beloningen. Ontslagvergoedingen komen aan de orde in paragraaf 5.4.3. Uitkeringen in de vorm van eigen aandelen en dergelijke worden behandeld in hoofdstuk 34.

IAS 19 maakt, anders dan Richtlijn 271, een onderscheid tussen beloningen tijdens het dienstverband waarvan verwacht wordt dat die betaald zullen worden binnen twaalf maanden na de verslaggevingsperiode waarin de arbeidsprestatie is verricht, en beloningen waarvan verwacht wordt dat die pas na twaalf maanden betaald zullen worden (IAS 19.5a en c, en 8).
De eerstgenoemde beloningen worden aangeduid als 'short-term employee benefits'; de behandeling daarvan komt grotendeels overeen met de behandeling door Richtlijn 271 van alle beloningen tijdens het dienstverband, en wordt hierna uitgewerkt in deze paragraaf.
De beloningen waarvan verwacht wordt dat de betaling na twaalf maanden zal plaatsvinden, zoals bijvoorbeeld jubileumuitkeringen en uitkeringen bij langdurige arbeidsongeschiktheid, worden door IAS 19 aangeduid als 'other long-term employee benefits'. De verwerking daarvan vindt onder IAS 19 grotendeels op dezelfde wijze plaats als van pensioenverplichtingen, met het verschil dat de actuariële verschillen en andere waardewijzigingen en schattingsverschillen ('remeasurements') wel direct in de winst-en-verliesrekening worden verwerkt (IAS 19.156). Een belangrijke praktisch verschil tussen Richtlijn 271 en IAS 19 is dat bij de bepaling van dergelijke langetermijnbeloningen onder Richtlijn 271 wordt uitgegaan van een waardering tegen de beste schatting, terwijl IAS 19 toepassing van de 'projected unit credit-methode' vereist. Zie daarvoor verder paragraaf 5.4.4.

Verwerking van de periodiek betaalbare beloningen

De beloningen worden als last in de winst-en-verliesrekening verwerkt en wel als onderdeel van het bedrijfsresultaat (RJ 271.202 en 204, IAS 19.11). Uitgangspunt daarbij is dat een koppeling bestaat met de periode waarin de arbeidsprestaties zijn geleverd. Voor zover de beloningen nog niet zijn betaald, worden zij opgenomen als verplichting op de balans.
Als de al betaalde bedragen de verschuldigde beloningen overtreffen, wordt het meerdere opgenomen als een overlopend actief, voor zover er sprake zal zijn van terugbetaling door het personeel of van verrekening met toekomstige betalingen door de rechtspersoon (RJ 271.202, IAS 19.11).

Opbouw van rechten op beloning: vakantierechten, jubileumuitkeringen, winstdeling en bonussen

Er kan gedurende het dienstverband sprake zijn van de opbouw van rechten om toekomstige beloning te ontvangen. Een nadere onderverdeling van deze rechten is:
- Rechten om doorbetaald te worden bij afwezigheid, wanneer er dus geen arbeidsprestaties worden geleverd. Voorbeelden betreffen vakantierechten en, op lange termijn, rechten op 'sabbatical leave'.
- Voorwaardelijk toegekende rechten, zoals een recht waarvan alleen gebruik kan worden gemaakt bij continuering van het dienstverband. Een voorbeeld betreft jubileumuitkeringen.
- Rechten op bonussen en (langetermijn-)winstdelingen.

Op de balansdatum wordt een verplichting opgenomen voor de opgebouwde rechten (bijvoorbeeld niet-opgenomen vakantiedagen). De lasten die voortvloeien uit de opbouw van deze rechten worden gedurende het dienstverband verwerkt, zodat een 'matching' ontstaat tussen geleverde arbeidsprestaties en verwerkte lasten (RJ 271.203, IAS 19.13-16).

Rechten op bonussen en (langetermijn-)winstdelingen en betalingen mogen alleen in aanmerking worden genomen als de verplichting tot betaling van die bonussen en (langetermijn-)winstdelingen is ontstaan op of vóór de balansdatum en een betrouwbare schatting kan worden gemaakt van de verplichting (RJ 271.209, IAS 19.19).

De verplichting wordt opgenomen tegen de beste schatting van de bedragen die noodzakelijk zijn om de desbetreffende verplichting af te wikkelen per balansdatum (RJ 271.206). De beste schatting is het bedrag dat een rationeel handelende rechtspersoon zou betalen om de desbetreffende verplichtingen af te wikkelen of aan een derde over te dragen (RJ 252.302).

Bij de bepaling van de hoogte van de verplichting uit hoofde van voorwaardelijke rechten wordt rekening gehouden met de kans op voortijdige beëindiging van het dienstverband met de werknemer (RJ 271.203, IAS 19.15).

De beste schatting wordt in het algemeen gebaseerd op contractuele afspraken met personeelsleden, zoals CAO's en individuele arbeidsovereenkomsten. Als ten aanzien van de afwikkeling van de verplichtingen geen of nauwelijks onzekerheden zijn te onderkennen (zoals bij opgebouwde vakantierechten), zijn de hiermee samenhangende schattingen normaliter van beperkt belang voor de waardering. Als beloningen op langere termijn betaalbaar zijn of beloningen een voorwaardelijk karakter hebben, spelen schattingen wel een belangrijkere rol. Voor bijvoorbeeld de opbouw van een voorziening voor jubileumverplichtingen betekent dit dat de volgende elementen kunnen zijn betrokken bij de schatting (RJ 271.206):
- de personeelsleden op wie de regeling van toepassing is;
- het uitkeringspercentage van het salaris;
- de salarissen;
- de verwachte salarisstijging;
- opgebouwde jaren;
- blijfkans (en eventueel kans op overlijden); en
- de disconteringsvoet gebruikt voor de berekening van de contante waarde.

Waardering van de verplichting geschiedt tegen contante waarde als het effect van de tijdswaarde van het geld materieel is (RJ 271.207). De disconteringsvoet voor belastingen waartegen contant wordt gemaakt, is de marktrente per balansdatum van hoogwaardige ondernemingsobligaties. Bij het ontbreken van een liquide markt voor ondernemingsobligaties geldt het rendement op staatsleningen als alternatief.

5 Winst-en-verliesrekening

In de te hanteren disconteringsvoet worden risico's waarmee bij het schatten van de toekomstige uitgaven al rekening is gehouden, niet betrokken.

Indien de periode waarover de uitgaven contant worden gemaakt niet langer is dan een jaar, behoeft de verplichting niet tegen de contante waarde te worden opgenomen (RJ 271.207).

Toevoegingen aan en vrijval van verplichtingen worden in de winst-en-verliesrekening opgenomen (RJ 271.208). De afwijkende verslaggevingsregels onder IAS 19 worden in paragraaf 5.4.4 besproken. Zoals daar verder uitgewerkt vereist IAS 19 bij dergelijke langetermijnbeloningen toepassing van de 'projected unit credit method' (IAS 19.155). Deze methode mag ook onder Nederlandse wet- en regelgeving worden toegepast, maar het is zeer wel denkbaar dat de 'beste schatting' ook op een andere wijze kan worden bepaald.

Ziekte en arbeidsongeschiktheid

Ziekte en arbeidsongeschiktheid zijn in de meeste situaties voorbeelden van doorbetaalde afwezigheid zonder dat er sprake is van opbouw van rechten. In dat geval neemt de rechtspersoon de (verwachte) lasten in aanmerking in de periode waarover deze beloning is verschuldigd. In deze gevallen is er geen 'matching' met arbeidsprestaties (RJ 271.204, IAS 19.18). De RJ werkt deze algemene bepaling verder uit (IFRS niet).

In geval van kortlopende ziekte, zullen de lasten worden verwerkt gedurende de ziekteperiode en worden geen voorzieningen opgebouwd. In de situatie van langdurige ziekte en arbeidsongeschiktheid wordt wel een voorziening opgenomen, maar alleen voor de op balansdatum bestaande verplichtingen voor het in de toekomst doorbetalen van beloningen aan personeelsleden (inclusief ontslagvergoedingen) die op balansdatum naar verwachting blijvend geheel of gedeeltelijk niet in staat zijn om werkzaamheden te verrichten. Van een dergelijke verplichting is sprake als op balansdatum aan de volgende voorwaarden is voldaan (RJ 271.205):

- Het personeelslid is geheel of gedeeltelijk niet in staat werkzaamheden te verrichten door ziekte of arbeidsongeschiktheid.
- De ziekte of arbeidsongeschiktheid zal naar verwachting gedurende het resterende dienstverband niet worden opgeheven. Bij de beoordeling of hiervan sprake is, worden elementen als revalidatiekans en dergelijke betrokken.
- De rechtspersoon heeft de verplichting tot het in de toekomst doorbetalen van beloningen aan betreffende personeelsleden en deze beloningen komen direct voor rekening van de rechtspersoon.

Hieruit volgt dat ook bij langdurige ziekte of arbeidsongeschiktheid geen voorziening wordt opgenomen als de verwachting bestaat dat het personeelslid nog toekomstige arbeidsprestaties voor de rechtspersoon zal leveren. Bij gedeeltelijke arbeidsongeschiktheid wordt het al dan niet opnemen van een voorziening betrokken op het deel waarvoor de werknemer arbeidsongeschikt is. Als wel een verplichting moet worden opgenomen, gelden hiervoor dezelfde bepalingen als bij de opbouw van rechten op beloning (RJ 271.206).

Voor zover het risico voor arbeidsongeschiktheid is verzekerd, hetzij via het publieke bestel hetzij via een verzekeraar, mag een voorziening worden opgenomen voor het in de toekomst te betalen deel van de verzekeringspremie dat rechtstreeks is toe te rekenen aan het individuele schadeverleden van de rechtspersoon mits er een betrouwbare schatting kan worden gemaakt. Hierbij kan worden gedacht aan gedifferentieerde verzekeringspremies (RJ 271.210). Het is echter ook toegestaan om dergelijke gedifferentieerde premies pas te verwerken in de periode(n) waarover ze zijn verschuldigd. Als de gedifferentieerde premies naar verwachting wel een materiële betekenis hebben voor de toekomstige personeelslasten, wordt dat in elk geval toegelicht (RJ 271.214).

Het verwerken van de premie in de periode waarin deze is verschuldigd, is verplicht als geen betrouwbare schatting kan worden gemaakt van het aan het individuele schadeverleden toe te rekenen deel van de toekomstige verzekeringspremies (RJ 271.210).
IAS 19 kent geen bepalingen met betrekking tot het verwerken van verzekerde risico's, maar in het algemeen zal het opnemen van een voorziening bij verzekering van arbeidsongeschiktheid niet zijn toegestaan.

Levensloopregelingen

In de meeste gevallen beperkt de verplichting van de rechtspersoon in het kader van de levensloopregelingen zich tot het doen van een bijdrage aan de werknemers. Hieruit volgen geen verdere verplichtingen voor de rechtspersoon. De bijdragen voortvloeiend uit de levensloopregelingen worden dan ook verwerkt in de periode waarover deze bijdragen zijn verschuldigd (RJ 271.211).

Presentatie in de balans en winst-en-verliesrekening

De in de winst-en-verliesrekening op te nemen lasten uit hoofde van personeelsbeloningen worden verwerkt als onderdeel van het bedrijfsresultaat (RJ 271.104 en 212). De lonen en sociale lasten, met afzonderlijke vermelding van de pensioenlasten, worden in de winst-en-verliesrekening gepresenteerd dan wel in de toelichting vermeld (art. 2:377 lid 3 onder e-f BW, art. 2:382 BW, RJ 271.104, IAS 1.104).
Een in de balans op te nemen verplichting uit hoofde van personeelsbeloningen wordt opgenomen als voorziening of onder de schulden, afhankelijk van de aard van de verplichting (RJ 271.105 en 212). Een verplichting wordt gepresenteerd als een voorziening als de omvang of het moment van afwikkeling onzeker is, en anders als een schuld (RJ 271.213). Bij presentatie als een voorziening zijn de algemene bepalingen van voorzieningen van toepassing. Zie verder hoofdstuk 16.

Verschillen Dutch GAAP – IFRS

IAS 19 maakt, anders dan Richtlijn 271, voor de waardering een onderscheid tussen beloningen tijdens het dienstverband die naar verwachting binnen twaalf maanden na de verslaggevingsperiode waarin de arbeidsprestatie is verricht zullen worden betaald, en beloningen waarvan naar verwachting de betaling pas na twaalf maanden zal plaatsvinden (IAS 19.5(a) en (c), IAS 19.8). De waardering van beloningen die naar verwachting pas na twaalf maanden zullen worden betaald, vindt onder IAS 19 grotendeels plaats op dezelfde wijze als van pensioenverplichtingen, met het verschil dat de actuariële verschillen en andere waardewijzigingen en schattingsverschillen ('remeasurements') wel direct in de winst-en-verliesrekening worden verwerkt. Bij de bepaling van dergelijke langetermijnbeloningen onder Richtlijn 271 wordt uitgegaan van een waardering tegen de beste schatting, terwijl IAS 19 toepassing van de 'projected unit credit-methode' vereist. Richtlijn 271 biedt wel de mogelijkheid om die laatste methode te hanteren om de beste schatting te bepalen.

Richtlijn 271 staat toe dat, voor zover het risico voor arbeidsongeschiktheid is verzekerd, een voorziening wordt opgenomen voor het in de toekomst te betalen deel van de verzekeringspremie dat rechtstreeks is toe te rekenen aan het individuele schadeverleden van de rechtspersoon, mits in het geval van gedifferentieerde verzekeringspremies hiervan een betrouwbare schatting kan worden gemaakt (RJ 271.210). IAS 19 kent geen bepalingen met betrekking tot het verwerken van verzekerde risico's, maar in het algemeen zal het opnemen van een voorziening bij verzekering van arbeidsongeschiktheid niet zijn toegestaan.

5 Winst-en-verliesrekening

5.4.3 Ontslagvergoedingen

Een ontslagvergoeding wordt omschreven als een vergoeding die aan een werknemer wordt toegekend in ruil voor het beëindigen van het dienstverband (RJ 271.0, IAS 19.8). IAS 19.8 stelt daarbij tevens dat de beëindiging voortkomt uit:
- een beslissing van de rechtspersoon/werkgever om het dienstverband te beëindigen vóór de pensioendatum; of
- een beslissing van een personeelslid om ontslag te aanvaarden in ruil voor een vergoeding.

Het element van beëindiging van het dienstverband is van essentiële aard; vergoedingen in ruil voor arbeidsprestaties zijn geen ontslagvergoedingen (RJ 271.502a). IAS 19.162 noemt als indicaties dat een ontslagvergoeding als een vergoeding voor arbeidsprestaties moet worden aangemerkt:
- de vergoeding is afhankelijk van toekomstige arbeidsprestaties (dit geldt eveneens voor vergoedingen die in hoogte variëren afhankelijk of toekomstige arbeidsprestaties worden geleverd).
- de vergoeding wordt uitbetaald overeenkomstig de bepalingen van een pensioenregeling.

Voorbeelden van ontslagvergoedingen zijn onder meer vergoedingen die (RJ 271.502a):
- in een vaststellingsovereenkomst ter beëindiging van het dienstverband worden toegekend die tevens niet afhankelijk zijn gesteld van het voortduren van het dienstverband;
- worden toegekend in overeenstemming met de geldende arbeidsvoorwaarden, als gevolg van de beslissing van de rechtspersoon (werkgever) om het dienstverband te beëindigen en tevens niet afhankelijk zijn gesteld van het voortduren van het dienstverband;
- die zijn verschuldigd op grond van de Wet arbeidsmarkt in balans (transitievergoedingen) bij beëindiging van een dienstverband voor onbepaalde tijd.

Voorbeelden van vergoedingen in ruil voor arbeidsprestaties zijn onder meer vergoedingen (RJ 271.502a):
- die worden toegekend vanwege de beëindiging van het dienstverband op voorwaarde dat de werknemer nog een bepaalde periode in dienst blijft;
- waarop de werknemer op grond van de geldende arbeidsvoorwaarden bij vrijwillig ontslag aanspraak kan maken;
- die zijn verschuldigd op grond van de Wet arbeidsmarkt in balans (transitievergoedingen) bij het niet verlengen van een tijdelijke arbeidsovereenkomst als al bij het aangaan van die overeenkomst(en) (voor een groep werknemers in een vergelijkbare functie) het zeer waarschijnlijk is dat deze niet zal worden verlengd.

Onder IFRS geldt dit laatste voorbeeld echter niet. Bij toepassing van IFRS gelden voor een transitievergoeding de reguliere criteria voor een ontslagvergoeding. Dat betekent dat de vergoeding pas verwerkt kan worden als de werkgever een onherroepelijk aanbod heeft gedaan (IAS 19.165). Het feit dat het zeer waarschijnlijk is dat de tijdelijke arbeidsovereenkomst niet wordt verlengd, is daarom niet voldoende.

De regelgeving behandelt ontslagvergoedingen en vergoedingen in ruil voor arbeidsprestaties bewust op een andere wijze, omdat de reden voor het verstrekken van de vergoeding anders is. Bij een ontslagvergoeding wordt namelijk betaald vanwege de beëindiging van het dienstverband en niet vanwege geleverde arbeidsprestaties.

In IFRS worden de volgende vormen van beloningen bij ontslag uitgezonderd van ontslagvergoedingen (IAS 19.160):
- vergoedingen op verzoek van de vertrekkende werknemer zonder een voorafgaand aanbod van de werkgever (vertrek op initiatief werknemer);
- vergoedingen die aan te merken zijn als pensioen en dergelijke.

Daarnaast komt het voor dat min of meer automatisch bij vertrek een bepaalde (afkoop)som wordt uitbetaald vanwege lokale wetgeving, CAO-afspraken en dergelijke, overigens wel veelal verbonden aan bepaalde voorwaarden (zoals lengte dienstverband). Het karakter van deze als 'uitkeringen bij ontslag' aangeduide regelingen zijn inhoudelijk bezien géén 'ontslagvergoedingen' maar met pensioenregelingen vergelijkbare regelingen (met overeenkomstige verwerking) (IAS 19.164).

Alhoewel het gebruikelijk is dat ontslagvergoedingen eenmalige afkoopsommen betreffen kunnen ook andere vormen van compensatie aan de orde zijn, zoals extra bijdragen aan (individuele) pensioenregelingen of doorbetaling van salaris gedurende een periode dat geen arbeidsprestaties worden geleverd (RJ 271.502b, IAS 19.161).

Verwerking

Een rechtspersoon neemt een uitkering bij ontslag als verplichting en als last in aanmerking als hij zich aantoonbaar onvoorwaardelijk heeft verbonden om een ontslagvergoeding te betalen. Dit is onder meer het geval als de rechtspersoon een onherroepelijk aanbod aan een werknemer heeft gedaan, ongeacht of de werknemer het aanbod al of niet heeft aanvaard (RJ 271.503, IAS 19.165).
Een rechtspersoon heeft zich aantoonbaar verbonden tot het doen van ontslaguitkeringen als een formeel gedetailleerd plan (of regeling) hieromtrent is opgesteld en intrekking daarvan door de rechtspersoon redelijkerwijs niet meer kan plaatsvinden. Een dergelijk plan of een dergelijke regeling dient minimaal te bevatten (IAS 19.165 en 167):
a. de resterende acties die noodzakelijk zijn om het plan te finaliseren zijn zodanig dat het onwaarschijnlijk is dat significante wijzigingen in het plan zullen worden doorgevoerd;
b. het plan geeft het aantal medewerkers weer van welke het dienstverband zal worden beëindigd, alsmede de betrokken functie(s)(groepen) alsmede de datum waarop het plan naar verwachting zal zijn afgerond;
c. het plan is zodanig gedetailleerd dat betrokkenen kunnen bepalen welke ontslagvergoeding zij zullen ontvangen wanneer hun arbeidsrelatie wordt beëindigd.

Als het ontslag onderdeel is van een reorganisatie zijn de criteria voor de verwerking van een reorganisatievoorziening van toepassing (RJ 271.503, IAS 19.165, zie par. 16.5.1). Dit kan ertoe leiden dat onder de Nederlandse wet- en regelgeving een ontslagvergoeding bij een reorganisatie reeds wordt opgenomen voordat de rechtspersoon een onvoorwaardelijke verplichting heeft. Dat komt doordat de Richtlijnen toestaan een reorganisatievoorziening op te nemen indien pas na balansdatum, maar voor de opmaakdatum, aan de criteria is voldaan. Bij IFRS is er geen verschil of de ontslagvergoeding wel of geen deel uitmaakt van een reorganisatieplan.

In de situatie dat een werkgever een specifiek aanbod doet aan een werknemer ontstaat de verplichting voor de werkgever op het moment dat de werknemer het aanbod accepteert of eerder indien de werkgever het aanbod niet meer kan intrekken (IAS 19.166).

Onder de Richtlijnen geldt dat waardering dient plaats te vinden tegen de beste schatting en dat, indien het effect van de tijdswaarde van geld materieel is, de verplichting tegen de contante waarde van de verwachte

5 Winst-en-verliesrekening

uitgaven gewaardeerd wordt, op dezelfde wijze als bij de waardering van beloningen tijdens het dienstverband (RJ 271.206/207; zie par. 5.4.2).

Indien de ontslagvergoeding een verbetering van de beloningen na afloop van het dienstverband is, dienen deze als pensioen te worden verwerkt (zie hoofdstuk 18) (RJ 271.504(a), IAS 19.169).

Onder IFRS moeten ontslaguitkeringen waarvan de verwachting is dat ze na twaalf maanden na balansdatum worden betaald, verwerkt worden als langetermijnpersoneelsbeloningen (zie par. 5.4.4) (IAS 19.169(b)). Anders is de verwerking gelijk aan de verwerking van kortetermijnpersoneelsbeloningen (zie par. 5.4.2 (IAS 19.169.(a)).

Transitievergoedingen die worden uitbetaald bij uitdiensttreding als gevolg van langdurige ziekte worden onder bepaalde voorwaarden vergoed door het UWV. Zie paragraaf 16.5.1 voor een verdere bespreking hiervan.

Presentatie
Ontslagvergoedingen zijn naar hun aard meestal als voorziening aan te merken omdat in de meeste gevallen nog (enige) onzekerheid bestaat over de omvang van de verplichting. Als evenwel de verplichting geheel vaststaat, wordt deze onder de schulden opgenomen (RJ 271.507).

Verschillen Dutch GAAP – IFRS
Onder de Richtlijnen zijn vergoedingen die zijn verschuldigd op grond van de Wet arbeidsmarkt in balans (transitievergoedingen) bij het niet verlengen van een tijdelijke arbeidsovereenkomst als al bij het aangaan van die overeenkomst(en) (voor een groep werknemers in een vergelijkbare functie) het zeer waarschijnlijk is dat deze niet zal worden verlengd, een vergoeding in ruil voor arbeidsprestaties. Daardoor worden deze vergoedingen onder de RJ niet als ontslagvergoeding beschouwd. Onder IFRS is dit geen vergoeding in ruil voor arbeidsprestaties en dus wel een ontslagvergoeding.

Onder IFRS is er geen verschil in verwerking tussen ontslagvergoedingen die een onderdeel zijn van een formele reorganisatie en overige ontslagvergoedingen. De Richtlijnen maken wel een verschil, waardoor het mogelijk is om bij een ontslag als onderdeel van een reorganisatievoorziening reeds een voorziening op te nemen als op balansdatum nog niet sprake is van een onvoorwaardelijke verplichting.
Onder IFRS moeten ontslagvergoedingen waarvan de verwachting is dat ze na twaalf maanden na balansdatum worden betaald, verwerkt worden als langetermijnpersoneelsbeloningen (zie par. 5.4.4) (IAS 19.169(b)).

5.4.4 Andere langetermijnpersoneelsbeloningen (uitsluitend IAS 19)
Algemeen
Naast pensioenuitkeringen is het ook mogelijk dat een rechtspersoon andere vormen van langetermijnpersoneelsbeloningen toekent. Hieronder vallen de vergoedingen waarvan de verwachting is dat zij niet (geheel) betaald zullen worden binnen twaalf maanden na de verslaggevingsperiode waarin sprake is van een dienstverband. Voorbeelden hiervan zijn (IAS 19.153):
- beloningen die zijn gekoppeld aan het aanwezig zijn van een langjarig dienstverband zoals jubileumuitkeringen en zogeheten 'sabbatical leave';
- arbeidsongeschiktheidsuitkeringen en aanvullingen op sociale uitkeringen; en
- winstdelingen en bonussen die pas na de genoemde termijn van twaalf maanden uitkeerbaar zijn.

Doorbetaalde vakantiedagen waarvan de verwachting is dat ze niet binnen twaalf maanden na de verslaggevings-periode waarin sprake is van een dienstverband, opgenomen zullen worden, moeten ook verwerkt worden als langetermijnpersoneelsbeloningen.

Waardering en resultaatbepaling

De rechtspersoon neemt op de balans een verplichting op die het saldo is van de volgende posten (IAS 19.155):
- de contante waarde van de verplichtingen uit hoofde van die regeling; minus
- de reële waarde van eventuele fondsbeleggingen aangehouden voor de afwikkeling van die verplichtingen.

De berekening van de op de balans op te nemen verplichting dient op dezelfde wijze te geschieden als voor toegezegd-pensioenregelingen (zie hoofdstuk 18), met dit verschil dat voor de verwerking van actuariële resultaten en lasten en andere waardewijzigingen en schattingsverschillen ('remeasurements') over verstreken diensttijd direct verwerkt worden in de winst-en-verliesrekening.

Voor jubileumuitkeringen betekent dit in feite dat op iedere balansdatum opnieuw de verplichting wordt gewaardeerd tegen de dan actuarieel bepaalde beste schatting. Voor de verwerking en waardering van rechten op vergoedingen ('reimbursements') gelden dezelfde bepalingen als bij pensioenen (zie hoofdstuk 18). Zoals uiteengezet in paragraaf 5.4.2 kent Richtlijn 271 minder strikte voorschriften.

De rechtspersoon neemt de volgende posten op als last in de winst-en-verliesrekening (behoudens voor zover activering dient plaats te vinden) (IAS 19.156):
- de toename van de contante waarde van de toegekende aanspraken in het boekjaar vanwege verleende diensten door de werknemer in de huidige en vorige perioden;
- de aan het boekjaar toegerekende (netto) interest over de netto-verplichting (zijnde het verschil tussen de contante waarde van de verplichting en de fondsbeleggingen);
- de actuariële resultaten en andere waardewijzigingen en schattingsverschillen ('remeasurements') die volledig in het boekjaar zijn verwerkt.

Arbeidsongeschiktheidsregelingen

Eén van de categorieën uitgestelde beloningen betreft de vergoedingen voor arbeidsongeschiktheid. Er moet onderscheid worden gemaakt tussen twee situaties (IAS 19.157):
- de vergoeding hangt af van de lengte van het dienstverband:
  De verplichting wordt opgebouwd gedurende de periode dat arbeidsprestaties worden geleverd. Bij de waardering van de verplichting wordt rekening gehouden met de kans dat werknemers arbeidsongeschikt worden en dat betalingen moeten worden verricht, en de periode gedurende welke deze betalingen moeten worden verricht.
- de vergoeding hangt niet af van de lengte van het dienstverband:
  Er wordt pas een verplichting opgenomen als een gebeurtenis plaatsvindt waardoor de arbeidsongeschiktheid ontstaat.

Presentatie en toelichting

De langetermijnpersoneelsbeloningen moeten als langlopende verplichtingen gepresenteerd worden. Er bestaan geen andere specifieke presentatie- en toelichtingseisen (IAS 19.158). Wel kan het bijvoorbeeld noodzakelijk zijn om naar hun aard belangrijke en/of omvangrijke lasten toe te lichten als bijzondere last (IAS 1.97). Ook kan het noodzakelijk zijn om ingevolge IAS 24 'Related Party Disclosures' de vergoedingen aan managers op sleutelposities te vermelden.

5 Winst-en-verliesrekening

5.5 Rentelasten

In IAS 23 en Richtlijn 273 wordt ingegaan op de verwerking van rentelasten in de jaarrekening van rechtspersonen waarvan de hoofdactiviteit een andere is dan het beschikbaar stellen van vermogen. De bepalingen zijn dus niet van toepassing op de jaarrekeningen van verzekeringsmaatschappijen, banken, beleggingsinstellingen en pensioenfondsen (RJ 273.101).

5.5.1 Het begrip rentelasten

Rentelasten worden gedefinieerd als kosten die dienen te worden vergoed voor het ter beschikking krijgen van een bepaalde geldlening, alsmede andere kosten die daarmee verband houden (RJ 273.0, IAS 23.5).
Het begrip rentelasten omvat dus meer dan alleen de rentekosten uitgedrukt in een percentage per jaar over de hoofdsom van een geldlening. Het begrip omvat ook andere kosten – hetzij eenmalig hetzij periodiek en in welke vorm en onder welke benaming dan ook – die de geldlener uit hoofde van de geldlening voor zijn rekening moet nemen (RJ 273.104, IAS 23.6). Genoemd kunnen worden:
▶ kosten ter afsluiting van de geldlening;
▶ agio en disagio (het positieve respectievelijk het negatieve verschil tussen het van de geldgever ontvangen bedrag en de bij het aangaan van de lening als nominale schuld erkende hoofdsom);
▶ aflossingspremies en kosten bij vervroegde aflossing;
▶ rentekosten begrepen in de leasetermijn in geval van financiële leasing; en
▶ valutaverschillen op leningen voor zover zij als een correctie van de verschuldigde rentekosten kunnen worden aangemerkt.

Het in paragraaf 5.3.6 genoemde begrip effectieve rente inzake renteopbrengsten is op dezelfde wijze van toepassing bij rentelasten. De effectieve rentelasten omvat alle hierboven genoemde elementen.

Betalingskortingen en kosten leverancierskrediet

Als betalingskortingen zijn verleend aan afnemers, staan voor de verwerking daarvan twee wegen open:
▶ in mindering brengen op de omzet; of
▶ als rentelasten verantwoorden (RJ 273.202).

Als het de regel is om gebruik te maken van de kortingen, is aftrek van de omzet de juiste methode. Bij incidenteel gebruik past een presentatie als rentelasten. IFRS 15.47 gaat ervan uit dat verleende betalingskortingen in mindering worden gebracht op de netto-omzet.

RJ 270.107 en IFRS 15.60 stellen voorts dat indien in de betalingsvoorwaarden voor de klant een significant financieringsvoordeel als gevolg van latere betaling begrepen is, het overeengekomen transactiebedrag wordt aangepast voor de tijdswaarde van het geld. Deze aanpassing wordt als rentebate verantwoord gedurende de periode waarin de vordering uitstaat.

De meerkosten verbonden aan het gebruikmaken van meer dan gebruikelijk leverancierskrediet worden als rentelast verantwoord (RJ 273.203). IFRS behandelt dit vraagstuk niet expliciet, maar uit de algemene bepaling dat de eerste waardering van een financieel instrument als een handelsschuld dient te worden gewaardeerd tegen reële waarde (IFRS 9.5.1.1) kan worden afgeleid dat bij een meer dan gebruikelijk leverancierskrediet rekening moet worden gehouden met de financieringscomponent (door bij de eerste waardering van de handelsschuld uit te gaan van contante waarde).

5.5.2 Verwerking van rentelasten

De overige rentelasten worden toegerekend aan de opeenvolgende verslagperioden naar rato van de resterende hoofdsom tenzij deze lasten in het geval van kwalificerende activa worden geactiveerd. Deze toerekening van rentelasten, waaronder begrepen lasten die met rentelasten worden gelijkgesteld, geschiedt zodanig dat (RJ 273.201):
- de effectieve rente op de geldlening wordt verwerkt in de winst-en-verliesrekening; en
- de lening (per saldo) is gewaardeerd tegen de geamortiseerde kostprijs in de balans.

De verwerking geschiedt op dezelfde wijze als renteopbrengsten. Zie hiervoor paragraaf 5.3.7. Ook met betrekking tot rentelasten is het alléén bij de Nederlandse wet- en regelgeving toegestaan lineaire amortisatie toe te passen als dit niet leidt tot belangrijke verschillen ten opzichte van het toepassen van de effectieve-rentemethode.

Periodieke rentelasten en soortgelijke lasten, zoals kredietprovisie en bereidstellingsprovisie, worden in het jaar waarover zij verschuldigd worden verwerkt in de winst-en-verliesrekening.

5.5.3 Het begrip kwalificerend actief en activering van rentelasten

Voor de beantwoording van de vraag op welke wijze rentelasten dienen te worden verwerkt, is het begrip kwalificerend actief van belang. Is namelijk sprake van een kwalificerend actief, dan bestaat onder Richtlijn 271 de mogelijkheid en onder IAS 23 de plicht om de rentelasten op te nemen in de vervaardigingsprijs van dit actief.

Een kwalificerend actief wordt gedefinieerd als een actief waarvoor noodzakelijkerwijs een aanmerkelijke hoeveelheid tijd is benodigd om het gebruiksklaar of verkoopklaar te maken (RJ 273.103, IAS 23.5). Te denken valt bijvoorbeeld aan bepaalde voorraden of onroerende zaken (RJ 273.105, IAS 23.7).
Als voor kwalificerende activa rentekosten worden opgenomen in de vervaardigingsprijs, dient dit te geschieden voor alle kwalificerende activa (RJ 273.206). In paragraaf 7.3.1.3 wordt nader ingegaan op activering van rente. De bedragen die gedurende het boekjaar zijn geactiveerd worden afzonderlijk vermeld in de toelichting op de post rentelasten. Daarbij wordt ook de rentevoet vermeld die is gehanteerd voor de berekening van de te activeren rentepost (RJ 273.302, IAS 23.26).

Verschillen Dutch GAAP – IFRS

Onder Richtlijn 271 bestaat de mogelijkheid om de rentelasten voor een kwalificerend actief op te nemen in de vervaardigingsprijs van dit actief. Onder IAS 23 is dit verplicht.

5.6 Bijzondere baten en lasten

Artikel 2:377 lid 8 BW bepaalt dat het bedrag en de aard van de posten van baten en lasten die van uitzonderlijke omvang zijn of in uitzonderlijke mate voorkomen moeten worden vermeld en toegelicht. Artikel 2:377 lid 7 BW bepaalt afzonderlijk dat de rechtspersoon baten en lasten welke aan een ander boekjaar moeten worden toegerekend naar aard en omvang toelicht (RJ 270.405a). IAS 1.97 vereist dat van materiële baten en lasten de aard en omvang worden toegelicht.
De wetgever heeft met de term 'uitzonderlijk' dezelfde inhoud bedoeld als de RJ term 'bijzonder' (RJ 270.404). Hierna wordt de in de praktijk gebruikelijke term 'bijzondere post' gehanteerd.

Bijzondere posten worden omschreven als materiële baten of lasten die voortvloeien uit gebeurtenissen of transacties die behoren tot de gewone bedrijfsuitoefening, maar op grond van de aard, omvang of het incidentele

5 Winst-en-verliesrekening

karakter afzonderlijk dienen te worden toegelicht, teneinde een goed inzicht te geven in het resultaat van de rechtspersoon en met name de ontwikkeling daarin (RJ 270.0, IAS 1.97).

Voorbeelden van omstandigheden die aanleiding kunnen zijn voor het verwerken van een bijzondere post zijn (RJ 270.405, IAS 1.98):
- lasten voortvloeiend uit reorganisaties of discontinuïteit;
- afwaardering voorraden, immateriële of materiële vaste activa, en terugneming daarvan;
- resultaten in verband met beëindiging van bedrijfsactiviteiten;
- resultaten bij afstoting van materiële vaste activa of langetermijnbeleggingen;
- gevolgen van schikking in het kader van een juridische procedure;
- baten als gevolg van het terugnemen van een voorziening die niet is gebruikt;
- baten en lasten die aan een ander boekjaar moeten worden toegerekend; en
- gevolgen van nationalisaties, onteigeningen en kapitaalvernietiging door natuurrampen.

De verplichting een toelichting omtrent bijzondere baten en lasten op te nemen geldt voor alle rechtspersonen, ongeacht de grootte met uitzondering van micro-ondernemingen.
Bijzondere posten worden naar aard en omvang afzonderlijk en ongesaldeerd toegelicht. Zulks met het oog op de analyse en de vergelijkbaarheid van de resultaten. Dit geldt ook voor bijzondere posten die zijn opgenomen in meerjarenoverzichten (RJ 270.404).

Een afzonderlijke post 'bijzondere baten en lasten' is niet in overeenstemming met de modellen van de winst-en-verliesrekening in het BMJ (zie par. 5.1.4). Deze bijzondere baten en lasten moeten worden opgenomen in desbetreffende posten in de winst-en-verliesrekening. Ook is mogelijk dat binnen een post een uitsplitsing wordt gemaakt, waardoor de bijzondere baten en/of lasten een afzonderlijke vermelding verkrijgen.
Als een bijzondere post is verwerkt in meerdere andere posten in de winst-en-verliesrekening, wordt het totale financiële effect van deze bijzondere post toegelicht alsmede de wijze waarop deze bijzondere post is verwerkt. Dit geschiedt door een specificatie inclusief de bedragen van de posten waarin de bijzondere post is verwerkt, op te nemen in de toelichting (RJ 270.404). Bijzondere posten, zoals bijvoorbeeld reorganisatiekosten, worden dus over de gerelateerde posten van de winst-en-verliesrekening verdeeld. Het is wel toegestaan om een bijzondere post uit te splitsen binnen een kostencategorie in de winst-en-verliesrekening (art. 7 lid 1 BMJ). Zo zou bijvoorbeeld binnen de post 'lonen en salarissen' een onderverdeling kunnen worden gemaakt in lonen en salarissen verband houdende met reorganisatie en overige lonen en salarissen.

Voorbeeld bijzondere baten en lasten	Jaar 2	Jaar 1
Bijzondere baten	79.4	16.3
Bijzondere lasten	(189.2)	(165.9)
	(109.8)	**(149.6)**
De bijzondere resultaten omvatten:		
Voorziening bijzondere risico's	(100.0)	(50.0)
Pensioenvoorziening	(14.7)	(0.0)
Waardeverminderingen	(23.8)	(15.9)
Claims en overige geschillen	(49.5)	(100.0)
Verkoop deelnemingen	73.9	16.3
Overige	(4.3)	(0.0)
	(109.8)	**(149.6)**

De post Verkoop deelnemingen omvat de winst op verkochte activiteiten in Frankrijk en Duitsland.

Toekomstige regelgeving

In de Exposure Draft 'General Presentation and Disclosures' stelt de IASB voor om een andere definitie van bijzondere baten en lasten te hanteren. In de nieuwe definitie gaat het om baten en lasten met een beperkte voorspellende waarde. Baten en lasten hebben een beperkte voorspellende waarde als het redelijk is om te verwachten dat qua soort en omvang vergelijkbare baten en lasten zich niet zullen voordoen in de komende jaren. In de winst-en-verliesrekening worden deze bijzondere baten en lasten niet apart gepresenteerd. De IASB stelt wel voor om de volgende informatie over deze bijzondere baten en lasten in één onderdeel van de toelichting op te nemen:
▶ het bedrag;
▶ een beschrijving hoe het is ontstaan en waarom voldaan wordt aan de definitie;
▶ in welke regel in de winst-en-verliesrekening het bedrag is opgenomen; en
▶ een splitsing naar de aard van de kosten als de entiteit de functionele kostensplitsing hanteert.

5.7 Overzicht van het totaalresultaat en het Statement of Profit or Loss and Other Comprehensive Income

Het doel en de inhoud van het Overzicht van het totaalresultaat (RJ) en het Statement of Profit or Loss and Other Comprehensive Income (IFRS) kennen veel overeenkomsten. Omdat de laatste naar keuze al dan niet ook de informatie van de winst-en-verliesrekening kan omvatten, bespreken we beide overzichten afzonderlijk, in respectievelijk paragraaf 5.7.1 en 5.7.2.

5.7.1 Overzicht van het totaalresultaat

Doel van het overzicht

Als door grote rechtspersonen een geconsolideerde jaarrekening wordt opgemaakt, wordt in die jaarrekening een overzicht van het totaalresultaat opgenomen (RJ 265.101 en 201). Voor middelgrote en kleine rechtspersonen is er geen verplichting een overzicht van het totaalresultaat op te nemen. Ook voor een grote rechtspersoon die alleen een enkelvoudige jaarrekening opstelt is er geen verplichting een overzicht van het totaalresultaat op te nemen.

Doel van het overzicht is dat alle baten en lasten in één geconsolideerd financieel overzicht worden gepresenteerd, onafhankelijk of deze in de winst-en-verliesrekening of rechtstreeks in het eigen vermogen zijn verwerkt. Hiermee wordt een goed inzicht verkregen in de door de groep in het verslagjaar geleverde prestaties (RJ 265.102). Het overzicht dient te worden bezien in samenhang met en als aanvulling op het mutatie-overzicht van het eigen vermogen dat in de enkelvoudige jaarrekening wordt gegeven (RJ 265.103).

Inhoud van het overzicht

Het overzicht van het totaalresultaat omvat ten minste (RJ 265.201):
▶ het geconsolideerde resultaat na belastingen dat toekomt aan de aandeelhouders of leden van de rechtspersoon;
▶ het totaal van baten en lasten die rechtstreeks in het eigen vermogen zijn verwerkt, onderscheiden naar hun aard;
▶ de vergelijkende cijfers over het voorgaande jaar.

Het overzicht van het totaalresultaat omvat dus geen vermogensmutaties die betrekking hebben op de financiële relatie van de rechtspersoon met zijn aandeelhouders of leden als zodanig. In het overzicht worden de mutaties in het belang van derden ook niet opgenomen (RJ 265.102).

5 Winst-en-verliesrekening

Het komt voor dat bepaalde baten en lasten eerst rechtstreeks in het eigen vermogen en pas bij latere realisatie in de winst-en-verliesrekening worden verwerkt (zie par. 15.4.1). Dergelijke baten of lasten kunnen 'recycleposten' omvatten (RJ 265.205). Bij opname van een recyclepost in de winst-en-verliesrekening wordt de eerdere rechtstreekse verwerking daarvan in het eigen vermogen teruggenomen (RJ 265.205). De terugneming wordt verwerkt als een afzonderlijke bate of last als onderdeel van de in het overzicht opgenomen baten en lasten die rechtstreeks in het eigen vermogen zijn verwerkt. De verwerking in de winst-en-verliesrekening maakt deel uit van het in het overzicht afzonderlijk gepresenteerde nettoresultaat na belastingen toekomend aan de rechtspersoon. De aard van iedere correctie uit hoofde van recycleposten wordt toegelicht.

Presentatie van het overzicht

Het overzicht van het totaalresultaat wordt opgenomen in de geconsolideerde jaarrekening. Richtlijn 265 beveelt aan het overzicht te presenteren als afzonderlijk overzicht naast de geconsolideerde balans, de geconsolideerde winst-en-verliesrekening en het geconsolideerde kasstroomoverzicht. Richtlijn 265 staat evenwel ook andere wijzen van presentatie toe. Het overzicht kan ook op de volgende wijzen worden gepresenteerd (RJ 265.202):
▶ als toelichting op het groepsvermogen in de geconsolideerde jaarrekening;
▶ gecombineerd met het mutatieoverzicht van het eigen vermogen in de geconsolideerde jaarrekening; of
▶ als een verlengstuk van de geconsolideerde winst-en-verliesrekening.

Voorbeelden van presentatie van het overzicht van het totaalresultaat (RJ 265, bijlage)		
1 Als afzonderlijk 'vierde' overzicht naast de balans, de winst-en-verliesrekening en het kasstroomoverzicht of als toelichting op het groepsvermogen		
Overzicht van het totaalresultaat van de rechtspersoon	jaar 2	jaar 1
Geconsolideerd resultaat na belastingen toekomend aan de aandeelhouders van de rechtspersoon	3.500	6.000
Herwaardering materiële vaste activa	2.000	4.000
Afwaardering/herwaardering financiële vaste activa	-9.000	18.000
Omrekeningsverschillen buitenlandse deelnemingen	-500	2.000
Gerealiseerde herwaardering ten laste van het eigen vermogen*	-500	-1.000
Totaal van de rechtstreekse mutaties in het eigen vermogen als onderdeel van het groepsvermogen**	-8.000	23.000
Totaalresultaat	-4.500	29.000
* Op te nemen toelichting bij overzicht vanwege een 'recyclepost': de herwaardering wordt bij realisatie verwerkt in de winst-en-verliesrekening; het bedrag van de gerealiseerde herwaardering maakt ook onderdeel uit van het in het overzicht gepresenteerde geconsolideerde resultaat na belastingen toekomend aan de aandeelhouders van de rechtspersoon. ** Eventueel bruto gepresenteerd, met afzonderlijk de belastingdruk die daarop rust.		

2 Gecombineerd met het mutatie-overzicht van het eigen vermogen in de geconsolideerde jaarrekening

Mutatie-overzicht van het eigen vermogen als onderdeel van het groepsvermogen	jaar 2	jaar 1
Eigen vermogen als onderdeel van het groepsvermogen primo jaar 2/jaar 1	96.000	37.000
Geconsolideerd resultaat na belastingen toekomend aan de aandeelhouders van de rechtspersoon	3.500	6.000
Herwaardering materiële vaste activa	2.000	4.000
Afwaardering/herwaardering financiële vaste activa	-9.000	18.000
Omrekeningsverschillen buitenlandse deelnemingen	-500	2.000
Gerealiseerde herwaardering ten laste van het eigen vermogen*	-500	-1.000
Totaal van de rechtstreekse mutaties in het eigen vermogen als onderdeel van het groepsvermogen**	-8.000	23.000
Totaalresultaat	-4.500	29.000
Aandelenemissie		40.000
Dividendbetaling aandeelhouders	-10.000	-10.000
Totaal van de mutaties in het eigen vermogen in relatie met de aandeelhouders	-10.000	30.000
Eigen vermogen als onderdeel van het groepsvermogen ultimo jaar 2/jaar 1	81.500	96.000

* Op te nemen toelichting bij overzicht vanwege een 'recyclepost': de herwaardering wordt bij realisatie verwerkt in de winst-en-verliesrekening; het bedrag van de gerealiseerde herwaardering maakt ook onderdeel uit van het in het overzicht gepresenteerde geconsolideerde resultaat na belastingen toekomend aan de aandeelhouders van de rechtspersoon.
** Eventueel bruto gepresenteerd, met afzonderlijk de belastingdruk die daarop rust.

3 Als een verlengstuk van de geconsolideerde winst-en-verliesrekening

Geconsolideerde winst-en-verliesrekening (einde)	jaar 2	jaar 1
Geconsolideerd resultaat na belastingen toekomend aan de aandeelhouders van de rechtspersoon	3.500	6.000
Herwaardering materiële vaste activa	2.000	4.000
Afwaardering/herwaardering financiële vaste activa	-9.000	18.000
Omrekeningsverschillen buitenlandse deelnemingen	-500	2.000
Gerealiseerde herwaardering ten laste van het eigen vermogen*	-500	-1.000
Totaal van de rechtstreekse mutaties in het eigen vermogen als onderdeel van het groepsvermogen**	-8.000	23.000
Totaalresultaat	-4.500	29.000

* Op te nemen toelichting bij overzicht vanwege een 'recyclepost': de herwaardering wordt bij realisatie verwerkt in de winst-en-verliesrekening; het bedrag van de gerealiseerde herwaardering maakt ook onderdeel uit van het in het overzicht gepresenteerde geconsolideerde resultaat na belastingen toekomend aan de aandeelhouders van de rechtspersoon.
** Eventueel bruto gepresenteerd, met afzonderlijk de belastingdruk die daarop rust.

5.7.2 Statement of profit or loss and other comprehensive income

IAS 1 kent het begrip totaalresultaat ('total comprehensive income'). Dit begrip is ontleend aan US GAAP. Het totaalresultaat bestaat uit twee componenten (IAS 1.7):
- het resultaat van de periode ('profit or loss'); en
- baten en lasten die in 'other comprehensive income' ('OCI') zijn verwerkt. Hiertoe kunnen onder andere behoren herwaarderingen van materiële en immateriële activa, herwaarderingen van financiële instrumenten, kasstroomafdekkingen, actuariële resultaten en omrekeningsverschillen van buitenlandse activiteiten.

IAS 1.10 stelt de presentatie in één overzicht met één titelaanduiding ('statement of profit or loss and other comprehensive income') voorop, waarbinnen er sprake is van twee onderdelen: 'profit or loss' en 'other comprehensive income'. IAS 1.10A biedt echter ook de mogelijkheid om twee aparte overzichten op te nemen: 'statement of profit or loss' en 'statement of comprehensive income'. Er geldt dan wel de aanvullende eis dat de deeloverzichten aaneensluitend gepresenteerd dienen te worden waarbij 'profit and loss' als eerste wordt opgenomen. In dat geval vangt de 'statement of comprehensive income' aan met het resultaat van de periode op één regel, aangevuld met een postgewijze weergave van de baten en lasten die als 'other comprehensive income' aangemerkt zijn.

Onderaan het overzicht/de overzichten wordt de uitsplitsing van de totale opbrengsten en kosten naar aandeelhouders en naar houders van een minderheidsbelang gepresenteerd, zowel voor het resultaat over de periode als voor het 'comprehensive income' (IAS 1.81B).
Voorts worden de belastingeffecten van iedere bate en last die direct in het eigen vermogen is verwerkt, vermeld. Dit kan hetzij in het overzicht zelf, hetzij in de toelichting (IAS 1.90).
Ook wordt een toelichting gegeven op herclassificaties van posten die eerder in 'other comprehensive income' zijn verwerkt en die in de huidige periode zijn verwerkt in het resultaat over de periode (IAS 1.92). Dergelijke herclassificaties kunnen zich bijvoorbeeld voordoen met betrekking tot omrekeningsverschillen (bij vervreemding van een deelneming) en bij kasstroomafdekkingen.

In 'other comprehensive income' dient een onderscheid te worden aangebracht in de groepsgewijze presentatie van posten die in de toekomst wel tot recycling zouden kunnen leiden (bijvoorbeeld omrekeningsverschillen buitenlandse activiteiten, waardeverschillen van schuldinstrumenten gewaardeerd op basis van 'fair value through other comprehensive income', hedgeresultaten) en posten waarvoor dat niet zal gelden (wijzigingen in herwaardering van (im)materiële vaste activa, actuariële resultaten pensioenregelingen en de waardemutaties van op reële waarde gewaardeerde eigen-vermogensinstrumenten waarvan de waardestijgingen in 'OCI' worden verwerkt) (IAS 1.82A(a)). Aanvullend dient voor de categorie deelnemingen die op basis van de equity methode zijn gewaardeerd ('associates' en 'joint ventures') betreffende bedragen afzonderlijk te worden opgenomen, gesplitst voor recyclebare en niet-recyclebare posten (IAS 1.82A(b)).

Voorbeeld van groepsgewijze prestentatie van posten in other comprehensive income die wel en niet tot recycling zouden kunnen leiden in de toekomst		
	Jaar 2	Jaar 1
WINST	XXX	XXX
OTHER COMPREHENSIVE INCOME		
Posten die niet geherclassificeerd kunnen worden naar het resultaat:		
Herwaardering van materiële vaste activa	XXX	XXX
Herwaardering van eigen-vermogensinstrumenten die gewaardeerd worden tegen 'fair value through other comprehensive income'	XXX	XXX
Actuariële resultaten	XXX	XXX
Aandeel in 'other comprehensive income' van deelnemingen	XXX	(XXX)
Belastingen	(XXX)	(XXX)
	XXX	XXX
Posten die geherclassificeerd kunnen worden naar het resultaat:		
Omrekeningsverschillen	XXX	XXX
Herwaarderingen schuldinstrumenten die gewaardeerd worden tegen 'fair value through other comprehensive income'	XXX	XXX
Cash flow hedges	XXX	XXX
Aandeel in 'other comprehensive income' van deelnemingen	XXX	XXX
Belastingen	(XXX)	(XXX)
	XXX	XXX
Other comprehensive income over het jaar minus belastingen	XXX	XXX
TOTAL COMPREHENSIVE INCOME voor het jaar	XXX	XXX
Winst toe te rekenen aan:		
Aandeelhouders	XXX	XXX
Belangen van derden	XXX	XXX
	XXX	XXX
Total comprehensive income toe te rekenen aan:		
Aandeelhouders	XXX	XXX
Belang van derden	XXX	XXX
	XXX	XXX

Verschillen Dutch GAAP – IFRS

Richtlijn 265 biedt de mogelijkheid om het overzicht van het totaalresultaat te presenteren als (a) een afzonderlijk overzicht aanvullend op de geconsolideerd balans, winst-en-verliesrekening en kasstroomoverzicht, (b) als een verlengstuk van de geconsolideerde winst-en-verliesrekening, (c) gecombineerd met het mutatie-overzicht van het eigen vermogen of (d) als een toelichting op het groepsvermogen. IFRS biedt alleen de eerste twee mogelijkheden. Onder IFRS moet, anders dan onder de Richtlijnen, een splitsing gemaakt worden tussen posten die in de toekomst wel tot recycling zouden kunnen leiden en posten waarvoor dat niet geldt. Aanvullend dienen onder IFRS de bedragen voor de deelnemingen die op basis van de equity-methode zijn gewaardeerd afzonderlijk te worden opgenomen, gesplitst voor recyclebare en niet-recyclebare posten. Tot slot worden onder de Richtlijnen de mutaties in het belang van derden niet opgenomen, terwijl dat onder IFRS wel gebeurt.

5.8 Vrijstellingen voor middelgrote rechtspersonen

Middelgrote rechtspersonen zijn bij toepassing van de categoriale kostensplitsing vrijgesteld van de verplichting een nadere specificatie op te nemen van de post 'overige bedrijfskosten' (RJ 270.503). Tevens zijn middelgrote rechtspersonen bij toepassing van de functionele kostensplitsing vrijgesteld van de verplichting om additionele informatie op te nemen ten aanzien van de categoriale kostensoorten, waaronder het totaalbedrag van de in de winst-en-verliesrekening verwerkte afschrijvingen (RJ 270.504).
Middelgrote rechtspersonen zijn voorts vrijgesteld van het opstellen van een overzicht van het totaalresultaat (RJ 265.101).

6 Immateriële vaste activa (excl. goodwill)

6.1 Algemeen	
Begrip immateriële vaste activa	Een identificeerbaar niet-monetair actief zonder fysieke gedaante. Elementaire kenmerken: ▶ Beschikkingsmacht ▶ Toekomstige economische voordelen ▶ Identificeerbaar ▶ Van niet-monetaire aard ▶ Geen fysieke gedaante
Verantwoording als kosten; onder omstandigheden als 'vooruitbetaalde kosten'	Indien niet wordt voldaan aan de algemene en specifieke eisen dan verantwoording als kosten. Voorfinanciering verwerken als 'vooruitbetaald' tot het verkrijgen van de goederen of diensten.
Wettelijke categorieën	a. kosten oprichting en uitgifte aandelen; b. kosten van ontwikkeling; c. kosten van verwerving van intellectuele rechten; d. kosten van goodwill; e. vooruitbetalingen (art. 2:365 lid 1 BW).
IFRS	In de toelichting indeling naar categorieën.
6.2 Activering	
Activeringsvoorwaarden	Activering immaterieel vast actief moet, maar alleen als: ▶ waarschijnlijk toekomstige economische voordelen toekomen aan de rechtspersoon; ▶ kosten betrouwbaar zijn vast te stellen.
Specifieke voorwaarden verwerving via 'Business combination'	IFRS: voorschriften aangaande het afzonderlijk van goodwill verwerken van immateriële vaste activa. RJ: zelfde beginsel, maar enkele afwijkende specifieke voorschriften.
Specifieke voorwaarden intern vervaardigd immaterieel vast actief	Aanvullende eisen ter zake van technische, commerciële en financiële haalbaarheid.
Specifieke voorwaarden verwerving via ruil	Verwerking hangt van de mate van *substance* in de ruiltransactie: is sprake van 'substance' dan verwerking op basis van reële waarde, anders op basis van boekwaarde.
Wettelijke reserve	Vereist bij activering van kosten van oprichting, uitgifte van aandelen en kosten van ontwikkeling (art. 2:365 lid 2 BW). IFRS kent geen wettelijke reserves.
6.3 Waardering	
Waarderingsgrondslag	Verkrijgings- of vervaardigingsprijs of actuele/reële waarde (onder voorwaarden).

	Toepassing actuele/reële waarde alléén bij liquide markt, waardoor praktische toepassing sterk is ingeperkt.
6.4 Resultaatbepaling	
Afschrijvingsduur, voor zover bepaalbaar	RJ en IFRS: verwachte toekomstige gebruiksduur, maar (alléén RJ-voorschrift): ▶ maximaal vijf jaar voor kosten i.v.m. oprichting en uitgifte van aandelen (art. 2:386 lid 3 BW); ▶ (weerlegbaar vermoeden van) maximaal twintig jaar voor andere immateriële vaste activa.
Afschrijvingsduur, indien onbepaalbaar	IFRS: geen afschrijving/amortisatie. Verplichte jaarlijkse impairment test. RJ: de situatie van een onbepaalbare afschrijvingsduur wordt niet als zodanig onderkend; de hierboven weergegeven regels zijn van toepassing.
Waardevermindering	Volgens regels IAS 36/Richtlijn 121.
6.5 Presentatie en toelichting	
Op te nemen gegevens	Zowel RJ als IFRS vereisen een uitgebreide toelichting.
Mutatie-overzicht	Een mutatie-overzicht is vereist; in RJ en IFRS zijn de op te nemen posten gespecificeerd.
6.6 Vrijstellingen voor middelgrote rechtspersonen	
Vrijstelling toelichting	Geen onderscheid tussen gekochte en intern gegenereerde immateriële vaste activa.

6.1 Algemeen

6.1.1 Inleiding

In dit hoofdstuk staat de verwerking van immateriële vaste activa in de jaarrekening centraal. Het gaat hierbij om de volgende vragen: wat wordt verstaan onder immateriële vaste activa, onder welke voorwaarden dienen deze activa te worden geactiveerd en welke wijze van waardering dient te worden toegepast.

Onder IFRS worden immateriële vaste activa primair behandeld in IAS 38 'Intangible Assets'. Daarnaast worden in IFRS 3 'Business Combinations' voorbeelden gegeven van te onderkennen immateriële vaste activa bij overnames. In de Nederlandse regelgeving zijn naast de wettelijke bepalingen, het Besluit actuele waarde (BAW) en Richtlijn 210 'Immateriële vaste activa' bepalend.

Goodwill wordt zowel door de Richtlijnen als IFRS buiten de reikwijdte van Richtlijn 210 en IAS 38 gehouden. De specifieke regelgeving van Richtlijn 216 en IFRS 3 is daarop van toepassing, waarvan de bespreking in hoofdstuk 25 aan de orde komt.

Immateriële vaste activa uit verzekeringscontracten zijn zowel onder Richtlijn 210 als onder IAS 38 expliciet uitgezonderd. Verwezen wordt naar hoofdstuk 48.

6 Immateriële vaste activa (excl. goodwill)

Voor de specifieke categorie kosten van opsporing van olie, gas en andere mineralen is IFRS 6 van toepassing (zie par. 6.2.5.7). De Richtlijnen zonderen deze categorie uit in RJ 210.101, maar hebben geen specifieke regels elders in de Richtlijnen opgenomen.

Vanwege de opkomst van 'cryptocurrencies' is de RJ-Uiting 2018-7: 'Overwegingen ten aanzien van de verwerkingswijze van 'cryptocurrencies' in de jaarrekening' gepubliceerd. 'Cryptocurrency' heeft betrekking op een vorm van uitwisselen van digitale munteenheden die met software worden gecreëerd. Voorbeelden van bekende 'cryptocurrencies' zijn: bitcoin, litecoins en ripple. De RJ-Uiting geeft aan dat de verwerking afhankelijk is van de doelstelling van het houden van de 'cryptocurrency'. Daarnaast zijn de specifieke kenmerken van de 'cryptocurrency' van belang, omdat er verschillende soorten 'cryptocurrencies' bestaan. Mogelijke verwerkingswijzen die in de RJ-Uiting genoemd worden zijn immateriële vaste activa, voorraden (zie ook par. 12.1) en andere beleggingen (zie par. 14.9).

De IFRS Interpretations Committee heeft in juni 2019 een agendabeslissing genomen inzake de verwerking van 'cryptocurrencies' door houders hiervan. Als uitgangspunt voor het agendabesluit is een 'cryptocurrency' gedefinieerd als een 'crypto-asset' dat aan alle volgende kenmerken voldoet:
▶ Een digitale of virtuele valuta genoteerd op een uitwisselingsplatform dat cryptografisch beveiligd is;
▶ Niet uitgegeven door een regelgevende autoriteit of andere partij; en
▶ Niet resulterend in een contract tussen de houder en een andere partij.

De IFRS IC merkt op dat 'cryptocurrencies' voldoen aan de definitie van een immaterieel vast actief. Een 'cryptocurrency' is een niet-monetair actief en kan door de houder worden onderscheiden en afzonderlijk worden verkocht of overgedragen (separeerbaarheid). Daarnaast geeft het de houder niet het recht op ontvangst van een vast of vast te stellen aantal valuta-eenheden.

De IFRS IC concludeert daarmee dat het bezit van 'cryptocurrencies' verwerkt dient te worden volgens IAS 38, tenzij deze worden aangehouden voor verkoop in het kader van de normale bedrijfsuitvoering. In dat geval is IAS 2 'Inventories' van toepassing.

Hoewel de basisprincipes in IAS 38 en Richtlijn 210 overeenstemmen, zijn er op een aantal punten verschillen. Ten aanzien van de waardering en resultaatverantwoording kent de Nederlandse regelgeving in het algemeen meer opties dan IFRS. De Nederlandse regelgeving is echter strikter qua presentatie in de balans en de winst-en-verliesrekening.

6.1.2 Begripsbepaling
6.1.2.1 Primair een 'actief', van 'immateriële aard'
In de praktijk worden regelmatig middelen besteed, of verplichtingen aangegaan, ter verkrijging, ontwikkeling, onderhoud of verbetering van immateriële middelen, zoals wetenschappelijke of technische kennis, ontwerp en implementatie van nieuwe processen of systemen, licenties, intellectuele eigendomsrechten, marktkennis en handelsmerken. Voorbeelden hiervan zijn: computersoftware, octrooien, copyrights, speelfilms, klantenbestanden, visrechten, importquota, franchises, klant- en leveranciersrelaties, klantenbinding, marktaandeel en marketingrechten (RJ 210.105, IAS 38.9).
Niet alle voorbeelden kunnen als een immaterieel vast actief in de balans worden verwerkt. Indien een uitgave of aangegane verplichting niet voldoet aan de criteria voor activering van een immaterieel vast actief dan worden

deze in de winst-en-verliesrekening als kosten verantwoord in het boekjaar dat de uitgaven worden gedaan of de verplichtingen zijn aangegaan (RJ 210.106, IAS 38.10).

De wet bevat geen definitie van immateriële vaste activa. Bezien vanuit de Richtlijnen en IFRS is alleen dan sprake van een immaterieel vast actief indien aan een aantal essentiële kenmerken is voldaan. Allereerst moet sprake zijn van een '*actief*': een middel, voortgekomen uit gebeurtenissen uit het verleden, waarover de rechtspersoon de beschikkingsmacht heeft en waarvan naar verwachting de toekomstige economische voordelen aan de rechtspersoon zullen toevloeien (Richtlijn 940, IAS 38.8). Vervolgens dient dit actief '*immaterieel*' te zijn, wat onder de Richtlijnen en IFRS gelijk wordt omschreven als: 'identificeerbaar, van niet-monetaire aard, zonder fysieke gedaante'.

Aanvullend onder de Richtlijnen omvat de definitie van een immaterieel vast actief een element dat verwijst naar het doel van het actief: '(een actief) dat wordt gebruikt voor productie, aflevering van goederen of diensten, voor verhuur aan derden of voor administratieve doeleinden'. Dit element was tevens opgenomen in de definitie zoals opgenomen in de vorige versie van IAS 38, doch is bij de herziening bewust verwijderd. IAS 38.BC5 maakt duidelijk dat voor de vaststelling of sprake is van een immaterieel vast actief de doelstelling niet van belang is. Van doorslaggevend belang is uitsluitend of een actief al dan niet in de reikwijdte van de standaard valt. Alhoewel onder de Richtlijnen sprake lijkt te zijn van een striktere definitie zal dit in de praktijk geen echte gevolgen hebben.

Samenvattend zijn de volgende essentiële elementen van toepassing voor het onderkennen van een immaterieel vast actief:
- Beschikkingsmacht (par. 6.1.2.3)
- Toekomstige economische voordelen (par. 6.1.2.4)
- Identificeerbaar (par. 6.1.2.5)
- Van niet-monetaire aard (par. 6.1.2.6)
- Geen fysieke gedaante (par. 6.1.2.7)

6.1.2.2 Verantwoording als kosten (of als 'vooruitbetaald')

In de paragrafen 4.5.2 en 4.6 zijn de algemene uitgangspunten voor de verwerking van actiefposten uiteengezet. Ook immateriële vaste activa zijn aan deze algemene uitgangspunten onderworpen. Voldoen uitgaven inzake immateriële vaste activa niet aan deze algemene eisen respectievelijk de specifieke eisen die hierna worden besproken, dan dienen de uitgaven als kosten te worden verwerkt (RJ 210.234, IAS 38.68a).

Soms worden uitgaven gedaan om voor een rechtspersoon toekomstige economische voordelen te behalen terwijl geen (immaterieel) vast actief wordt verkregen of gecreëerd dat als zodanig kan worden verantwoord. In deze gevallen worden de uitgaven beschouwd als kosten op het moment van levering van de goederen of diensten. Uitgaven voor onderzoek worden bijvoorbeeld altijd als kosten verantwoord op het moment van levering van de goederen of diensten. Voorbeelden van andere uitgaven die verantwoord worden als kosten op het moment van levering van de goederen of diensten, zijn (RJ 210.235, IAS 38.69):
- opstartkosten, tenzij deze uitgaven zijn begrepen in de kostprijs van onroerend goed, machines of inventaris. Opstartkosten kunnen bestaan uit uitgaven voor het openen van een nieuwe productiefaciliteit of zaak alsmede uitgaven voor het beginnen van nieuwe activiteiten of het lanceren van nieuwe producten of processen;
- uitgaven voor trainingsactiviteiten;
- uitgaven voor reclame en promotie (waaronder postordercatalogi, folders en reisgidsen);
- uitgaven voor verhuizen of reorganisatie van een gehele of gedeeltelijke onderneming.

6 Immateriële vaste activa (excl. goodwill)

Alléén indien sprake is van *vooruitbetalingen* kunnen de uitgaven alsnog als een balanspost worden opgenomen, maar dan als overlopend actief en niet als immaterieel vast actief (RJ 210.236, IAS 38.70). Zo gauw de goederen of diensten zijn geleverd, dient de vooruitbetaling onmiddellijk in de resultatenrekening te worden verwerkt, omdat er dan niet langer sprake is van een vooruitbetaling en er geen sprake is van een immaterieel vast actief.

6.1.2.3 Beschikkingsmacht

Conceptueel bezien is sprake van 'beschikkingsmacht' indien een entiteit de beheersing heeft over de toekomstige economische voordelen die uit het actief voortkomen en de toegang van andere partijen tot die economische voordelen weet af te schermen (RJ 210.112, IAS 38.13).

De beschikkingsmacht over de toekomstige economische voordelen vloeit normaliter voort uit juridisch afdwingbare rechten. Alhoewel dit vaak moeilijk aantoonbaar is zonder de aanwezigheid van juridisch afdwingbare rechten onderkent de regelgeving nadrukkelijk dat het soms mogelijk is om ook zonder juridische afdwingbaarheid over de toekomstige economische voordelen te beschikken (RJ 210.112, IAS 38.13). Een onderneming kan bijvoorbeeld een klantenbestand of een marktaandeel bezitten en de redelijke verwachting hebben dat, dankzij het opbouwen van klantrelaties en klantentrouw, de klanten met de onderneming zaken blijven doen. Indien er echter geen in rechte afdwingbare basis bestaat en er ook geen andere manieren zijn om de relaties met de klanten en klantentrouw aan de rechtspersoon te beschermen, is de beschikkingsmacht over de economische voordelen meestal onvoldoende om dergelijke posten (klantenbestand, marktaandeel, klantrelatie, klantentrouw) te laten voldoen aan de definitie van immateriële vaste activa (RJ 210.115, IAS 38.16). In tegenstelling tot de Richtlijnen, geeft IAS 38.16 een voorbeeld van omstandigheden waaronder toch sprake is van een 'afdoende' mate van beheersing, namelijk als er zich daadwerkelijke aan-/verkooptransacties van niet-contractuele rechten voordoen. De bereidheid van de kopende partij om een vergoeding te betalen voor (niet-contractuele) klantrelaties betekent dat vanuit de koper een mogelijkheid bestaat om de toekomstige voordelen uit die klantrelaties naar zich toe te halen, ook zonder de aanwezigheid van juridische bescherming.

Ten opzichte van IFRS wordt het conceptuele gedachtegoed door de Richtlijnen dus gedeeld, maar de Richtlijnen geven geen voorbeelden van omstandigheden waaronder sprake is van voldoende beheersing zonder in rechte afdwingbare rechten.

Andere voorbeelden in de regelgeving waar al dan niet voldaan wordt aan de beschikkingsmacht:
- Technische kennis en kennis omtrent de markt: deze kennis kan bijdragen aan de economische voordelen van een onderneming. Een onderneming beschikt hierover indien de kennis bij of krachtens de wet wordt beschermd zoals copyrights, een handelsbeperking of een geheimhoudingsplicht van werknemers (RJ 210.113, IAS 38.14).
- Een team van geschoold personeel: dit team leidt waarschijnlijk tot economische voordelen, echter een onderneming heeft normaliter onvoldoende beschikkingsmacht over deze voordelen om deze te laten vallen onder de definitie van immateriële vaste activa (RJ 210.114, IAS 38.15).

Beschikkingsmacht kan op verschillende wijzen worden verkregen en ontstaan. De bijzonderheden worden nader besproken in de paragrafen 6.2.3 tot en met 6.2.7.

6.1.2.4 Toekomstige economische voordelen

Toekomstige voordelen omvatten niet alleen de mogelijkheid om opbrengsten uit producten en diensten te genereren, maar kunnen ook bestaan uit kostenbesparingen of andere voordelen die voortkomen uit het gebruik van het actief (RJ 210.116, IAS 38.17).

Indien immateriële vaste activa worden verworven als onderdeel van een overname van een andere onderneming geldt onder IFRS de premisse dat aan de voorwaarde van waarschijnlijkheid van toekomstige economische voordelen is voldaan (IAS 38.33). Onder de Richtlijnen geldt deze premisse niet (RJ 216.208). Zie verder paragraaf 6.2.4 en 25.2.5.

6.1.2.5 Identificeerbaar

Identificeerbaarheid is van nature aanwezig indien sprake is van een specifieke transactie waarbij een koop/verkoopovereenkomst voor een individueel aanwijsbaar immaterieel vast actief aan de orde is. Een voorbeeld is het verwerven van het volledige eigendom van een merknaam of het verkrijgen van een gebruiksrecht op een merknaam tegen betaling van een koopsom.

Een ander voorbeeld is de overdracht van een cliëntenportefeuille of een assurantieportefeuille. Een dergelijke portefeuille zal een afzonderlijk op te nemen immaterieel vast actief zijn.

Voor een samengestelde transactie, zoals bijvoorbeeld een overname van een onderneming ('*business combination*') is de analyse minder eenvoudig. Bij veel overgenomen ondernemingen staan de zelf gegenereerde immateriële vaste activa niet op de balans vanwege de beperkingen die de regelgeving stelt aan het kunnen activeren. De regelgeving geeft aan dat in die situatie een actief identificeerbaar is als:
1. het actief separeerbaar is (RJ 210.110, IAS 38.12a). Separeerbaarheid houdt in dat de rechtspersoon kan beschikken over de specifieke toekomstige economische voordelen van het actief los van de met andere activa samenhangende toekomstige economische voordelen, bijvoorbeeld door te verhuren, verkopen, ruilen of uit te keren; **of**
2. het actief voortkomt uit contractuele of andere juridische rechten, ongeacht of deze rechten separeerbaar zijn (RJ 210.111, IAS 38.12b). Voorbeelden hiervan zijn klantcontracten, patenten, copyrights, et cetera.

Met betrekking tot de tweede vorm van identificeerbaarheid legt IAS 38.BC10 uit dat deze toevoeging met name ziet op de situaties in andere rechtstelsels waarin de aan entiteiten toegekende rechten (licenties) op naam worden gesteld van de gehele entiteit, waardoor een overdracht van het recht alleen dan kan plaatsvinden indien de *gehele* entiteit wordt overgedragen. Als separeerbaarheid als het enige criterium voor identificeerbaarheid genomen zou worden, zouden deze rechten niet geïdentificeerd kunnen worden, terwijl het wel contractuele of juridische rechten zijn. Vandaar dat gesteld wordt dat separeerbaarheid geen vereiste is als er contractuele of juridische rechten zijn.

De definitie van een immaterieel vast actief vereist dat deze voldoende identificeerbaar is om te kunnen onderscheiden van goodwill. Goodwill die voortkomt uit een fusie of overname betreft een betaling door de verkrijger met het oog op toekomstige economische voordelen. Deze kunnen voortkomen uit synergie tussen de identificeerbare verkregen activa of van activa die, ieder voor zich, niet voldoen aan de criteria om te worden verantwoord in de jaarrekening maar waarvoor de verkrijger bereid is te betalen (RJ 210.109, IFRS 38.11).

Zie ook de nadere bespreking van de complicaties van de impliciete verwerving van immateriële vaste activa in geval van een overname in paragraaf 6.2.4 en 25.2.5.

6.1.2.6 Van niet-monetaire aard

De voorwaarde dat geen sprake is van een monetair actief spreekt voor zich. Indien bijvoorbeeld sprake is van een vordering, al dan niet direct opeisbaar, dan dient het actief als een financieel actief te worden verwerkt volgens de regelgeving van Richtlijn 290 en IAS 32/IFRS 9.

6 Immateriële vaste activa (excl. goodwill)

6.1.2.7 Geen fysieke gedaante

Het essentiële onderscheid van immateriële vaste activa ten opzichte van materiële vaste activa is het ontbreken van een fysieke verschijningsvorm. Hoewel een gebruiksrecht op een actief ook geen fysieke gedaante heeft, wordt zo'n recht verwerkt als een leasecontract als aan de geldende criteria is voldaan (zie ook par. 32.1).
Een situatie die op het snijvlak van materiële en immateriële vaste activa ligt, is één waarbij óók een fysieke verschijningsvorm aan de orde is, bijvoorbeeld bij een cd of dvd (als gegevensdrager voor software, muziek, film) of bij juridische documenten en contracten (gegevensdrager voor licenties of patenten). In die situatie dient beoordeeld te worden of het fysieke dan wel het niet-fysieke element het meest bepalend is.
In de regelgeving wordt als voorbeeld gegeven dat als de besturingssoftware van een machine een integraal onderdeel van een machine is, de machine inclusief de software als materieel vast actief wordt gezien (RJ 210.107, IAS 38.4). De machine wordt dan niet als een immaterieel vast actief aangemerkt noch wordt een splitsing in een materiële en immateriële component aangebracht.
Een ander voorbeeld is de onderzoeks- en ontwikkelingsactiviteiten van een nieuwe auto. Uiteindelijk ontstaat een fysiek actief (de auto), doch dit is ondergeschikt aan de immateriële component (zijnde de in het prototype verwerkte kennis- en creatieve component) (IAS 38.5).

6.1.3 Categorieën immateriële vaste activa

Artikel 2:365 lid 1 BW onderscheidt de volgende categorieën immateriële vaste activa, die afzonderlijk moeten worden opgenomen:
a. kosten die verband houden met de oprichting en met de uitgifte van aandelen (par. 6.1.3.1);
b. kosten van ontwikkeling (par. 6.1.3.2);
c. kosten van verwerving ter zake van concessies, vergunningen en rechten van intellectuele eigendom (par. 6.1.3.3);
d. kosten van goodwill die van derden is verkregen (par. 6.1.3.4); en
e. vooruitbetalingen op immateriële vaste activa (par. 6.1.3.5).

De uitsplitsing in de hiervoor genoemde categorieën is niet verplicht voor rechtspersonen die als 'micro' of 'klein' zijn aan te merken (art. 2:395a lid 1 en 4 BW; art. 2:396 lid 1, 3 en 7 BW). Echter 'micro-entiteiten' en 'kleine entiteiten' moeten wel apart de kosten tonen die verband houden met de oprichting en met de uitgifte van aandelen.

De Richtlijnen gaan niet nadrukkelijk in op een categorie-indeling en volstaat met een verwijzing naar de wettelijke bepaling.

IFRS kent geen voorgeschreven uitsplitsing, doch geeft aan dat het aanbeveling verdient een indeling naar categorieën toe te passen, bijvoorbeeld:
- merknamen;
- uitgavenrechten;
- computersoftware;
- licenties en franchises;
- octrooien, copyrights en dergelijke;
- recepten, formules, modellen, ontwerpen en prototypes; en
- immateriële vaste activa in ontwikkeling.

6.1.3.1 Kosten die verband houden met de oprichting en met de uitgifte van aandelen

De door de Nederlandse wet onderscheiden categorie 'kosten die verband houden met de oprichting en met de uitgifte van aandelen' voldoet niet aan de definitie van een immaterieel vast actief. Bezien vanuit IFRS kunnen deze actiefposten niet voorkomen. De Richtlijnen kunnen deze wettelijke mogelijkheid niet verbieden, maar geven wel expliciet aan de activering van deze kosten af te raden (RJ 210.103). Richtlijn 210 werkt om die reden dit onderwerp niet verder uit.

Kosten van oprichting

Oprichtingskosten betreffen de aan derden verschuldigde bedragen in verband met de oprichting van een rechtspersoon. Zij ontstaan in de voorfase tot de oprichting van een rechtspersoon en ten tijde van de oprichting zelf. Te denken valt aan kosten van juridische bijstand van een notaris, een advocaat en een belastingadviseur, aan accountantskosten, aan kosten van de bank in verband met een bankverklaring, aan kapitaalbelasting en dergelijke. De kosten van oprichting zijn weliswaar onmiskenbaar ten nutte van de vennootschap of, beter nog, de aandeelhouders van de vennootschap, echter de oprichtingshandeling en daaraan verbonden oprichtingskosten zelf leveren geen toekomstige economische voordelen op. Het gaan ontplooien van activiteiten kan wel economische voordelen genereren. Conceptueel bezien is er geen sprake van een *actief*. RJ 210.103 merkt daarbij nog op: 'Deze kosten hebben veeleer het karakter van overlopende kosten'.

Kosten van uitgifte van aandelen

De kosten van aandelenuitgifte betreffen bijvoorbeeld de kosten van de emissieprospectus, fusieberichten en een statutenwijziging. Ook bij deze kosten betreft het uitsluitend aan derden verschuldigde bedragen. De kosten in verband met de uitgifte van aandelen zijn incrementele kosten van het tot stand brengen van een eigen-vermogensinstrument als bedoeld in Richtlijn 290 en IAS 32/IFRS 9. Onder IFRS worden deze kosten bij de eerste waardering van het financiële instrument op het agio in mindering gebracht. Door de Richtlijnen wordt die verwerkingswijze aanbevolen (zie ook par. 15.2.3 en 30.4).

Verschillen Dutch GAAP – IFRS

De Nederlandse wet staat toe om de kosten van oprichting en van uitgifte van eigen-vermogensinstrumenten te behandelen als immateriële vaste activa. De Richtlijnen achten dit niet wenselijk en IFRS kent ter zake een verbod. Kosten verbonden aan een emissie of verwerving van aandelen dienen onder IFRS direct ten laste van het eigen vermogen te worden gebracht. De Richtlijnen bevelen dit aan.

6.1.3.2 Kosten van ontwikkeling

De bespreking van kosten van ontwikkeling vindt plaats in paragraaf 6.2.5.

6.1.3.3 Kosten van verwerving ter zake van concessies, vergunningen en rechten van intellectuele eigendom

De in artikel 2:365 lid 1c BW genoemde kosten van verwerving ter zake van concessies, vergunningen en rechten van intellectuele eigendom omvatten bijvoorbeeld auteursrechten, rechten op handelsnaam, octrooirechten en merken, met inbegrip van de in de wet geregelde licenties, alsmede contractuele rechten, zoals die tot exploitatie van zogenaamde knowhow. Tevens zijn daartoe te rekenen: software, abonnementenbestanden, adressenbestanden en uitgeefrechten. Met 'kosten van verwerving ter zake van (...)' is bedoeld aan te geven dat naast betalingen aan derden in verband met gekochte rechten, tevens betalingen aan derden voor de (wettelijke) erkenning van deze rechten deel van de kosten uitmaken. Voorbeelden zijn: betalingen aan de concessieverlenende overheid en kosten om een merk in te schrijven.

6 Immateriële vaste activa (excl. goodwill)

In de regelgeving van IFRS en de Richtlijnen wordt deze categorie immateriële vaste activa niet afzonderlijk besproken. De behandeling van de toepasselijke regelgeving is onderdeel van de algemene bespreking van de immateriële vaste activa die wordt verworven via zelfstandige, separate verwerving van derden (par. 6.2.3).

6.1.3.4 Kosten van goodwill die van derden is verkregen

De bespreking van deze categorie vindt plaats in hoofdstuk 25.

6.1.3.5 Vooruitbetalingen op immateriële vaste activa

Als vooruitbetalingen op immateriële vaste activa zijn bijvoorbeeld aan te merken de aanbetalingen die een rechtspersoon heeft gedaan met betrekking tot de verwerving van bepaalde immateriële vaste activa waarover men nog niet de economische beschikkingsmacht heeft.

Verschillen Dutch GAAP – IFRS
In IAS 38 wordt een immaterieel vast actief vrijwel overeenkomstig de Richtlijn-definitie omschreven, zij het dat de door de Richtlijnen genoemde toevoeging inzake het doelgerichte gebruik van deze activa onder IFRS niet is opgenomen.
De Nederlandse wet- en regelgeving kent een voorgeschreven rubricering in de balans en/of toelichting. Onder IFRS is alleen een voorschrift voor een indeling in categorieën in de toelichting opgenomen.

6.2 Activering

6.2.1 Voorwaarden activering

In de regelgeving is opname van een immaterieel vast actief in de balans verplicht als aan bepaalde voorwaarden is voldaan (RJ 210.201, IAS 38.21):

'Een immaterieel vast actief dient in de balans te worden verwerkt indien:
a. het waarschijnlijk is dat de toekomstige economische voordelen met betrekking tot het actief zullen toekomen aan de rechtspersoon; en
b. de kostprijs van het actief betrouwbaar kan worden vastgesteld.

6.2.1.1 Waarschijnlijkheid

De rechtspersoon moet de waarschijnlijkheid van de toekomstige economische voordelen kunnen aangeven en inschatten. Daarbij moet worden uitgegaan van redelijke en onderbouwde veronderstellingen, die een weergave zijn van de beste inschatting door het management van de economische condities die gedurende de gebruiksduur van het actief zullen bestaan (RJ 210.202, IAS 38.22/23). In de oordeelsvorming wordt een groter gewicht aan externe informatie gehecht (RJ 210.202, IAS 38.23).
De oordeelsvorming en de gemaakte schattingen en veronderstellingen kunnen verschillend zijn al naar gelang de verschillen in wijze van verwerving van de immateriële vaste activa. In de paragrafen 6.2.2 en verder wordt per onderscheiden wijze van verwerving de invloed op deze oordeelsvorming uitgewerkt.

Toekomstige economische voordelen worden waarschijnlijk geacht indien de kans dat zij worden behaald groter is dan de kans dat zij niet worden behaald (*more likely than not*, dus een kans van meer dan 50%).

6.2.1.2 Betrouwbare vaststelling van de kosten van het actief

Het voorschrift dat de verkrijgings- of vervaardigingsprijs ('initiële waardering') op een betrouwbare wijze dient te kunnen worden vastgesteld heeft alles te maken met de omstandigheid dat zeer veel soorten immateriële vaste activa niet via specifieke individuele aankopen worden verworven maar via een overname van een onderneming ('business combination') of intern worden ontwikkeld. Daarnaast zijn er specifieke rechten die door overheden om niet of tegen een geringe vergoeding worden verleend. Gegeven de samenloop die aan de orde is van de initiële waardering met de verkrijging van de beschikkingsmacht wordt hierna in paragraaf 6.2.2 per onderscheiden vorm van verwerving de bepaling van de initiële waardering uitgewerkt.

6.2.2 Wijze van verwerving

Immateriële vaste activa kunnen op verschillende wijze worden verworven of ontstaan. Vanwege de zich voordoende specifieke aspecten wordt in het vervolg van de bespreking onderscheid gemaakt in:
- zelfstandige, separate verwerving van derden (par. 6.2.3);
- verwerving via een 'business combination' (par. 6.2.4);
- intern vervaardigde immateriële vaste activa (par. 6.2.5);
- verwerving via een overheidsmaatregel (par. 6.2.6);
- ruil van activa (par. 6.2.7).

6.2.3 Zelfstandige, separate verwerving van derden

De vaststelling van de verkrijgingsprijs is relatief eenvoudig in een situatie van een afzonderlijk verworven immaterieel vast actief. Veronderstellende dat de transactie tot stand komt op een zakelijke basis tussen onafhankelijke partijen ('*at arm's length*') is de transactieprijs gelijk aan de reële waarde. IFRS stelt dat in dat geval tevens voldaan is aan de eis van *waarschijnlijkheid* van de toekomstige economische voordelen (IAS 38.25). Wordt de aankoop betaald in contanten of andere monetaire activa dan is tevens sprake van de betrouwbare vaststelling van de kostprijs van het verworven immaterieel vast actief (IAS 38.26).

De initiële waardering van het verworven immaterieel vast actief omvat primair de hiervoor aangegeven tegenprestatie. Daarboven kunnen bijkomende kosten aan de orde zijn zoals directe kosten (zoals belastingen) en uitgaven die nodig zijn om het actief geschikt te maken voor gebruik (personeelskosten, externe deskundigen) (RJ 210.204, IAS 38.27/28). Expliciet stelt IAS 38.29/30 dat aanloop- en promotiekosten, verhuis- en trainingskosten alsmede administratie en algemene overheadkosten géén onderdeel van de bijkomende kosten kunnen zijn. Een meer uitgebreide bespreking van de wijze van vaststelling van de verkrijgingsprijs is opgenomen in paragraaf 6.3.1.

Indien aandelen of andere eigen-vermogensinstrumenten als ruilmiddel dienen, in plaats van geldmiddelen, dan is de verkrijgingsprijs gelijk aan de reële waarde van het immaterieel vast actief op het moment van overname. Als de reële waarde van het immaterieel vast actief niet betrouwbaar te bepalen is, dan wordt de verkrijgingsprijs gebaseerd op de reële waarde van de aandelen of de andere eigen-vermogensinstrumenten (RJ 210.206/275.203, IFRS 2.10).

6.2.4 Verwerving via een 'business combination'

Met verwijzing naar paragraaf 25.2.5 wordt opgemerkt dat ingeval sprake is van een verwerving van een andere onderneming ('business combination') IFRS veronderstelt dat 'automatisch' is voldaan aan de eisen van waarschijnlijke toekomstige economische voordelen en een verkrijgingsprijs die betrouwbaar kan worden gemeten. IFRS ziet dit als een impliciete vaste relatie (IAS 38.33, IAS 38.BC16A-19D). IFRS omvat expliciete voorschriften om de immateriële vaste activa af te zonderen van goodwill en afzonderlijk op de balans te verwerken. Daarbij maakt het geen verschil of de betreffende activa op de balans van de overgenomen onderneming wél of niet waren opgenomen, en zo ja, tegen welke boekwaarde (IAS 38.34).

6 Immateriële vaste activa (excl. goodwill)

In de bijlage bij IFRS 3 worden verschillende voorbeelden gegeven van immateriële middelen die kunnen voldoen aan de definitie van een actief (IFRS 3 IE 18-44). Deze voorbeelden zijn aan het eind van deze paragraaf opgenomen.

De Richtlijnen veronderstellen niet dat in geval van een 'business combination' er 'automatisch' voldaan is aan de eisen met betrekking tot de waarschijnlijke economische voordelen en een verkrijgingsprijs die betrouwbaar kan worden gemeten. Onder de Richtlijnen geldt de specifieke bepaling dat indien een voldoende betrouwbare vaststelling van de verkrijgingsprijs (dat wil zeggen: de reële waarde) van een bij fusie of overname verkregen immaterieel vast actief niet mogelijk is, dat actief niet als afzonderlijk vast actief in de jaarrekening opgenomen mag worden. Het betreffende actief wordt dan geacht te zijn begrepen in de goodwill (RJ 210.211 onder b). Het is dus mogelijk dat immateriële vaste activa wel onder IFRS, maar niet onder de Richtlijnen geactiveerd worden bij een 'business combination'. De Richtlijnen stellen wel dat het geen verschil maakt of de betreffende activa wél of niet waren opgenomen op de balans van de overgenomen onderneming, en zo ja, tegen welke boekwaarde (RJ 210.211).

In paragraaf 25.2.5 wordt eveneens verder ingegaan op het voorschrift dat de eerste waardering van een 'meegekocht' immaterieel vast actief, conform alle andere activa en verplichtingen van de verkregen entiteit, op acquisitiedatum tegen de dan geldende reële waarde moet worden opgenomen. Deze reële waarde geldt als de verkrijgingsprijs voor de koper op overnamemoment.

De Richtlijnen onderkennen in RJ 210.208-210 een zekere mate van hiërarchie in de bepaling van de reële waarde bij eerste waardering. De beste basis voor betrouwbare reële waarden bieden genoteerde prijzen in een actieve markt; een gangbare biedprijs of de prijs van de meest recente gelijksoortige transactie. Bij het ontbreken van een actieve markt moet een arm's length price worden bepaald. Soms zijn technieken beschikbaar om de reële waarde op indirecte wijze te bepalen, zoals discontering van toekomstige kasstromen die door het actief worden gegenereerd en benchmarkbenaderingen. Onder IFRS wordt de reële waarde bepaald op basis van de voorschriften in IFRS 13 'Fair Value Measurement'. IFRS kent een hiërarchie waarin waardering op basis van een genoteerde prijs voor een identiek actief of identieke verplichting in een actieve markt de voorkeur heeft, gevolgd door een waardering gebaseerd op andere waarneembare gegevens en tot slot een waardering gebaseerd op gegevens die niet waarneembaar zijn. Een uitgebreide bespreking van IFRS 13 is opgenomen in paragraaf 4.7.4.

Dat de Richtlijnen in algemene zin terughoudend zijn bij het onderkennen van immateriële vaste activa blijkt ook uit het volgende expliciete aanvullende voorschrift: tenzij er een actieve markt is voor een immaterieel vast actief dat verkregen is in een fusie of overname, is [...] de eerste waardering van het immaterieel vast actief maximaal het bedrag waarboven negatieve goodwill zou ontstaan of zou toenemen (RJ 210.212). De waardering van immateriële vaste activa mag dus niet leiden tot negatieve goodwill onder de Richtlijnen, tenzij er sprake is van een actieve markt. IFRS kent een dergelijk voorschrift niet.

Voorbeelden van immateriële vaste activa te onderkennen bij een bedrijfscombinatie, ontleend aan IFRS 3 IE 18-44

A. Aan marketing gerelateerde immateriële vaste activa
- ▶ Handelsmerken, merknamen, dienstmerken, collectieve merken en kwaliteitsmerken
- ▶ Handelsuitingen (unieke kleur, vorm of uniek verpakkingsontwerp)
- ▶ Krantenkoppen
- ▶ Internet-domeinnamen
- ▶ Concurrentiebedingen

> B. Klantgerelateerde immateriële vaste activa
> ▶ Klantenlijsten: een klantenlijst bestaat uit informatie over klanten, zoals hun naam en adresgegevens
> ▶ Nog te verwerken opdrachten uit afgesloten verkoopovereenkomsten
> ▶ Klantencontracten en de daaruit voortvloeiende klantenrelaties
> ▶ Niet-contractuele klantenrelaties
>
> C. Aan artistieke uitingen gerelateerde immateriële vaste activa
> ▶ Toneelstukken, opera's en balletten
> ▶ Boeken, tijdschriften, kranten en andere literaire werken
> ▶ Muziekwerken zoals composities, songteksten en reclamedeuntjes
> ▶ Afbeeldingen en foto's
> ▶ Video- en audiovisueel materiaal, waaronder films, muziekvideo's en televisieprogramma's
>
> D. Op contracten gebaseerde immateriële vaste activa
> ▶ Licentie-, royalty- en stilstandovereenkomsten
> ▶ Reclame-, bouw-, management-, diensten- of toeleveringscontracten
> ▶ Bouwvergunningen
> ▶ Franchiseovereenkomsten
> ▶ Exploitatie- en uitzendrechten
> ▶ Dienstencontracten zoals met betrekking tot hypothecaire schulden
> ▶ Arbeidsovereenkomsten die vanuit het gezichtspunt van de werkgever voordelig zijn daar de prijs van die contracten onder hun actuele marktwaarde ligt
> ▶ Gebruiksrechten zoals bevoegdheden ter zake van boorwerkzaamheden, water, lucht, mineralen, houtkap en routes
>
> E. Op technologie gebaseerde immateriële vaste activa
> ▶ Gepatenteerde technologie
> ▶ Computersoftware
> ▶ Niet-gepatenteerde technologie
> ▶ Databases
> ▶ Bedrijfsgeheimen zoals geheime formules, processen of recepten

6.2.5 Intern vervaardigde immateriële vaste activa

De bespreking van de regelgeving inzake de verwerking van intern vervaardigde immateriële vaste activa is als volgt:
▶ Algemene uitgangspunten en kenmerken (par. 6.2.5.1).
▶ Specifieke voorschriften inzake de 'onderzoeksfase' (par. 6.2.5.2).
▶ Specifieke voorschriften inzake de 'ontwikkelingsfase' (par. 6.2.5.3).
▶ Vooruitbetalingen (par. 6.2.5.4).

In de paragrafen 6.2.5.5 en verder worden bijzonderheden van bepaalde categorieën intern vervaardigde immateriële vaste activa aan de orde gesteld:
▶ software;
▶ websitekosten;
▶ rechten met betrekking tot exploratie en evaluatie van minerale hulpbronnen;
▶ REACH.

6.2.5.1 Algemeen

Intern gegenereerde goodwill mag niet worden geactiveerd (RJ 210.216, IAS 38.48), behalve in sommige situaties in geval van discontinuïteit onder de Richtlijnen (zie RJ 170). Het cruciale onderscheid tussen intern gegenereerde goodwill en de van derden (al dan niet via een 'business combination') verkregen goodwill is dat de verslaggevende entiteit voor de extern verworven goodwill een vergoeding heeft betaald (ongeacht of dit in geld, andere activa, schuldbewijzen dan wel aandelen van de vennootschap heeft plaatsgevonden). De externe

6 Immateriële vaste activa (excl. goodwill)

goodwill is dus 'betaalde' goodwill die net als alle andere verworven activa wordt geactiveerd indien sprake is van toekomstige voordelen ter grootte van ten minste het betaalde bedrag. Voor interne goodwill, zijnde de toekomstige (over)winsten, is geen sprake van een betaling of andere vorm van vergoeding. Er is dus geen sprake van een verkrijgings- of vervaardigingsprijs die voor activering in aanmerking kan komen.

Maar zelfs indien er wel expliciete uitgaven worden gedaan voor toekomstige voordelen kan sprake zijn van uitgaven in het kader van de intern gegenereerde goodwill die dus niet geactiveerd mogen worden (RJ 210.217). De scheidslijn tussen uitgaven wegens interne goodwill en uitgaven voor intern vervaardigde immateriële vaste activa is niet eenvoudig te onderkennen. Dat is bijvoorbeeld het geval bij intern ontwikkelde merken, logo's, uitgavenrechten, klantenbestanden en gelijksoortige items. Deze kunnen zo moeilijk worden onderscheiden van de winstcapaciteit van de activiteiten (c.q. intern gegenereerde goodwill) dat de regelgeving een expliciet activeringsverbod voor deze uitgaven heeft opgenomen (RJ 210.229/230, IAS 38.63/64).

Voor andere intern vervaardigde immateriële vaste activa geldt dat het moeilijk kan zijn om vast te stellen of aan de eerdergenoemde activeringsvoorwaarden van de waarschijnlijkheid van toekomstige economische voordelen en betrouwbare kostprijsbepaling wordt voldaan. Daarom zijn aanvullende criteria geformuleerd (RJ 210.218, IAS 38.51). Deze aanvullende criteria komen in volgende subparagrafen aan de orde. Bij de vaststelling of interne vervaardiging van een actief kan of moet leiden tot de activering van de uitgaven wordt conceptueel een onderverdeling gemaakt in een 'onderzoeksfase' en een 'ontwikkelingsfase'.

6.2.5.2 Onderzoeksfase

Onderzoek betreft het vernieuwend en planmatig onderzoekswerk met het doel nieuwe wetenschappelijke of technische kennis en inzichten te ontwikkelen (RJ 210.0, IAS 38.8).

De onderzoeksfase bestaat uit activiteiten zoals (RJ 210.223, IAS 38.56):
▶ activiteiten gericht op de verwerving van nieuwe kennis;
▶ het zoeken naar, evalueren en definitief kiezen van, en toepassen van onderzoeksresultaten of andere kennis;
▶ het zoeken naar alternatieven voor materialen, apparaten, producten, processen, systemen of diensten; en
▶ het formuleren, ontwerpen, evalueren en het maken van een definitieve keuze uit mogelijke alternatieven voor nieuwe of verbeterde materialen, apparaten, producten, processen, systemen en diensten.

De regelgeving gaat ervan uit dat een rechtspersoon niet kan aantonen dat in de onderzoeksfase van een project een immaterieel vast actief is ontstaan dat in staat is om in de toekomst waarschijnlijke economische voordelen te kunnen genereren (RJ 210.222, IAS 38.55). Er is geen sprake van een duidelijk aantoonbare en meetbare koppeling tussen de onderzoeksuitgaven en eventuele toekomstige economische voordelen uit producten en diensten. Dit brengt mee dat uitgaven voor onderzoek niet mogen worden geactiveerd en daarom in de winst-en-verliesrekening dienen te worden verantwoord (RJ 210.221, IAS 38.54).

Opgemerkt wordt nog dat de regelgeving afzonderlijke aandacht geeft aan de verwerking van de kosten voor voorbereiding en ontwikkeling van een website (RJ 210.117, SIC 32). Deze regelgeving komt in paragraaf 6.2.5.6 aan de orde. Het betreft een aantal voorschriften dat gelijkwaardig is aan de voorschriften voor de verwerking van kosten van onderzoek en ontwikkeling.

6.2.5.3 Ontwikkelingsfase

Ontwikkeling betreft de toepassing van kennis verkregen door onderzoek of op andere wijze, leidend tot een plan of ontwerp voor de productie van nieuwe of substantieel verbeterde materialen, apparaten, producten, processen, systemen of diensten, voorafgaand aan het begin van de commerciële productie of het gebruik (RJ 210.0, IAS 38.8).

De ontwikkelingsfase omvat bijvoorbeeld activiteiten zoals (RJ 210.225, IAS 38.59):
- het ontwerpen, bouwen en testen van prototypes en modellen, voorafgaand aan de productie en het gebruik;
- het ontwerpen van gereedschappen, mallen en matrijzen met betrekking tot de nieuwe technologie;
- het ontwerpen, bouwen en in gebruik nemen van een proefopstelling die nog niet geschikt is voor commerciële productie; en
- het ontwerpen, bouwen en testen van een gekozen alternatief voor nieuwe of verbeterde materialen, apparaten, producten, processen, systemen of diensten.

De uitgaven in de ontwikkelingsfase dient men te activeren als de rechtspersoon *alle* navolgende punten kan aantonen (RJ 210.224, IAS 38.57):
a. de technische uitvoerbaarheid om het immaterieel vast actief te voltooien, zodat het beschikbaar zal zijn voor gebruik of verkoop. De regelgeving geeft geen nadere aanwijzingen wat hiermee wordt bedoeld. Ten minste zal zijn bedoeld dat de theoretisch technische uitvoerbaarheid (in een 'laboratorium' situatie) aantoonbaar bereikt is. Daarnaast zal worden bedoeld dat het 'opschalen' van 'laboratorium' naar commerciële benutting aantoonbaar haalbaar is, immers na die fase is sprake van het kunnen gebruiken of verkopen;
b. de intentie om het immaterieel vast actief te voltooien en het te gebruiken of te verkopen. De regelgeving geeft geen aanwijzingen voor de nadere invulling. Ten minste zal dan sprake moeten zijn van een aantoonbaar besluit door het verantwoordelijke management (notulen);
c. het vermogen om het immaterieel vast actief te gebruiken of te verkopen. Dit zijn entiteit specifieke omstandigheden, dat wil zeggen de aanwezigheid van mensen en middelen om tot gebruik of verkoop over te gaan. Uiteraard kunnen ook mensen en middelen extern worden ingekocht (mits dan ook aan voorwaarde e) wordt voldaan);
d. hoe het immaterieel vast actief waarschijnlijk toekomstige economische voordelen zal genereren. Onder andere dient de rechtspersoon aan te tonen dat er een markt bestaat voor de goederen of diensten die met het immaterieel vast actief worden voortgebracht dan wel voor het immaterieel vast actief zelf of, als het immaterieel vast actief binnen de rechtspersoon wordt gebruikt, de bruikbaarheid van het immaterieel vast actief. Het aantonen geschiedt via de in Richtlijn 121 'Bijzondere waardeverminderingen' respectievelijk IAS 36 'Impairment of assets' genoemde methodologie, met, indien van toepassing, het concept van de kasstroomgenererende eenheid (RJ 210.226, IAS 38.60);
e. de beschikbaarheid van adequate technische, financiële en andere middelen om de ontwikkeling te voltooien en het immaterieel vast actief te gebruiken of te verkopen. Ter zake kan een ondernemingsplan of een aanvraag voor specifieke financiering dienen (RJ 210.227, IAS 38.61); en
f. het vermogen om de uitgaven gedurende de ontwikkeling van het immaterieel vast actief betrouwbaar vast te stellen. Daartoe zullen interne kostenregistraties van personeelsinzet en dergelijke kunnen dienen (RJ 210.228, IAS 38.64).

Met nadruk wordt opgemerkt dat als aan *alle* voorgaande voorwaarden wordt voldaan sprake is van een *plicht* tot activering van ontwikkelingskosten; er is géén sprake van een 'keuze'.

Conceptueel bezien is de regelgeving van mening dat ontwikkelingskosten moeten worden geactiveerd, doch stelt dan wel tamelijk hoge eisen alvorens tot activering mag worden overgegaan. Daarmee lijkt een aanwijzing te worden gegeven om 'voorzichtig' te zijn in deze specifieke casuïstiek.

6 Immateriële vaste activa (excl. goodwill)

Het moment van aanvang van activeren van deze kosten is het moment waarop aan *alle* hiervoor genoemde toetsingscriteria is voldaan. Zelfs in de situatie dat niet wordt voldaan aan slechts één criterium is activering van kosten niet aan orde.
Vanaf het moment dat wordt voldaan aan alle criteria worden uitsluitend de kosten die vanaf dat betreffende moment zich voordoen onderdeel van de vervaardigingsprijs. Alle kosten die zijn gemaakt voorafgaande aan het betreffende moment zijn ten laste van het resultaat gebracht en blijven daar ook. Activering met terugwerkende kracht is niet toegelaten.

Is komen vast te staan dat vanaf enig moment sprake is van te activeren kosten dan dient de omvang van het te activeren bedrag in het kader van de eerste waardering de vervaardigingsprijs te zijn (RJ 210.231, IAS 38.65). De behandeling van de bepaling van de vervaardigingsprijs vindt plaats in paragraaf 6.3.1.

Voor sommige intern ontwikkelde immateriële vaste activa is een toetsing aan deze, uitgebreide, activeringscriteria niet aan de orde, omdat zij expliciet van activering worden uitgesloten op grond van de veronderstelling dat zij niet zijn te onderscheiden van kosten ter ontwikkeling van de onderneming als zodanig (RJ 210.230, IAS 38.64). Dit geldt voor intern ontwikkelde merken, logo's, uitgavenrechten, klantenbestanden en gelijksoortige items (RJ 210.229, IAS 38.63).

6.2.5.4 Betalingen aan onderaannemers

In de praktijk komt het voor dat bepaalde onderzoeksactiviteiten worden uitbesteed aan een onderaannemer. De vraag is of betalingen aan de onderaannemer of '*milestone*' betalingen (betalingen die gedaan worden als een bepaalde prestatie of een bepaalde fase van een onderzoek succesvol is afgerond) mogen worden geactiveerd. In de wet- en regelgeving en IFRS zijn hiervoor geen specifieke voorschriften opgenomen. Voor deze betalingen gelden daarom de criteria voor een immaterieel vast actief. Dat betekent dat voldaan moet worden aan de hiervoor genoemde, stringente criteria.

6.2.5.5 Software

Software kan worden gekocht, maar ook zelf worden ontwikkeld. In de situatie van koop zal de software veelal worden opgenomen onder kosten van verwerving van intellectueel eigendom. Ook kan het voorkomen dat software, zoals hiervoor aangegeven, classificeert als een materieel vast actief. Dit is het geval indien het materiële element het meest bepalend is. Besturingssoftware die een integraal onderdeel is van een machine is bijvoorbeeld een materieel vast actief (RJ 210.107, IAS 38.4). Indien de software zelf wordt ontwikkeld is de vraag van belang of hiermee de bestaande systemen up-to-date gehouden worden of dat er daadwerkelijk nieuwe projecten of producten worden ontwikkeld. In het eerste geval zullen kosten niet kunnen worden geactiveerd. In de tweede situatie zijn de regels voor onderzoek en ontwikkeling van toepassing (zie par. 6.2.5.2 en 6.2.5.3). In dat laatste geval moet er ook een wettelijke reserve gevormd worden (art. 2:365 lid 2 BW).

Bij de aanschaf van software kan zich de situatie voordoen dat naast de kosten van de aanschaf van het softwarepakket er uitgaven gedaan worden om de software geschikt te maken voor gebruik binnen de onderneming. Bij de aankoop van bijvoorbeeld een ERP-systeem kunnen de implementatiekosten een substantieel onderdeel zijn van de totale kosten. De implementatiekosten bestaan veelal uit kosten van de inhuur van externe consultants en kosten van eigen personeel dat bij de implementatie betrokken is. In de regelgeving wordt niet expliciet aandacht besteed aan de vraag of deze implementatiekosten gezien moeten worden als direct toerekenbare kosten om het softwarepakket voor gebruik geschikt te maken (RJ 210.204, IAS 38.27) of als ontwikkelingskosten.
Gesteld kan worden dat indien de kosten van inhuur en eigen personeel de dominante factor vormen van het geheel aan uitgaven voor de software, de kosten aangemerkt moeten worden als ontwikkelingskosten. Voor die

uitgaven zullen dan de regels voor ontwikkelingskosten toegepast moeten worden en een wettelijke reserve gevormd moeten worden. Indien de kosten van aanschaf van het softwarepakket de dominante factor vormen en de implementatiekosten slechts een beperkt onderdeel daarvan zijn, moet het geheel aangemerkt worden als kosten van verwerving van intellectueel eigendom. Een wettelijke reserve is in die situatie niet aan de orde.

Het is mogelijk dat een entiteit software gebruikt via het internet door middel van 'cloud computing'. Een voorbeeld hiervan is 'software as a service' waarbij de gebruiker een vergoeding betaalt voor toegang tot een softwareapplicatie gedurende een bepaalde periode. Zowel de Nederlandse wet- en regelgeving als IFRS bevatten geen specifieke bepalingen voor de verwerking 'cloud computing' en de implementatiekosten daarvan. Een entiteit moet daarom bepalen welke (combinatie van) regelgeving van toepassing is gegeven de feiten en omstandigheden. Belangrijke vragen daarbij zijn:
- Is er sprake van een leaseovereenkomst, zodat Richtlijn 292 of IFRS 16 moet worden toegepast (zie hoofdstuk 32)?
- Is er sprake van een middel waarover de entiteit beschikkingsmacht heeft en wordt er voldaan aan de activeringscriteria in Richtlijn 210 en IAS 38, zodat de overeenkomst verwerkt moet worden als een immaterieel vast actief (zie par. 6.2.1)?
- Is er sprake van een overeenkomst voor het ontvangen van diensten waarbij de betalingen direct in de winst-en-verliesrekening worden verwerkt? Zo ja, kunnen de implementatiekosten als ontwikkelingskosten worden geactiveerd (zie par. 6.2.5.3)?

6.2.5.6 Specifieke voorschriften voor activering websitekosten

Zoals eerder aangegeven zijn specifiek voor websitekosten nadere voorschriften in de regelgeving opgenomen (RJ 210.117 [met bijlage], SIC 32). Een ontwikkelde website wordt alleen als een actief aangemerkt als wordt voldaan aan de hiervoor genoemde algemene activeringsvoorwaarden en de specifieke voorwaarden ten aanzien van het activeren van ontwikkelingskosten. Een rechtspersoon voldoet aan de voorwaarden indien kan worden aangetoond dat de website toekomstige economische voordelen zal genereren, bijvoorbeeld doordat de website inkomsten kan genereren door de mogelijkheid tot het plaatsen van bestellingen. Indien de website slechts is ontwikkeld voor het aanprijzen van eigen producten of diensten, zal de rechtspersoon niet in staat zijn aan te tonen dat er sprake is van toekomstige economische voordelen. Alle uitgaven in het kader van de ontwikkeling van een dergelijke website worden dan als kosten in de winst-en-verliesrekening verantwoord.

Bij een website die aan de criteria voldoet, moeten het karakter van iedere activiteit en de daarmee samenhangende kosten en de fase waarin de ontwikkeling van de website zich bevindt, worden geëvalueerd om de juiste verwerkingswijze vast te stellen, bijvoorbeeld:
- uitgaven in de planningsfase worden direct als kosten verantwoord in de winst-en-verliesrekening (vergelijkbaar met uitgaven in de onderzoeksfase van een project);
- uitgaven voor het specifiek voor de website kopen of vervaardigen van content, of uitgaven om het gebruik van content op de website mogelijk te maken (zoals een vergoeding voor het verkrijgen van een licentie voor reproductie), worden geactiveerd en opgenomen in de vervaardigingsprijs van de website indien de uitgaven op redelijke en consistente basis direct zijn toe te rekenen aan de ontwikkeling van de website voor het beoogde gebruik. Overigens kunnen kosten die in voorgaande jaarrekeningen reeds als zodanig in de winst-en-verliesrekening zijn verantwoord, niet alsnog worden geactiveerd;
- uitgaven die samenhangen met contentontwikkeling voor het promoten van eigen producten en diensten (bijvoorbeeld digitale foto's van producten) worden in de winst-en-verliesrekening verantwoord als kosten voor reclame en promotie;

▶ uitgaven in de exploitatiefase worden als kosten in de winst-en-verliesrekening verantwoord, tenzij het waarschijnlijk is dat zij zullen leiden tot een toename van de verwachte toekomstige economische voordelen en de vaststelling van de uitgaven en de toerekening aan het actief op betrouwbare wijze kunnen plaatsvinden. De exploitatiefase begint zodra de ontwikkeling van de website is afgerond.

De verwachte economische levensduur van een website wordt overigens verondersteld kort te zijn.

6.2.5.7 Rechten met betrekking tot exploratie en evaluatie van minerale hulpbronnen

De Richtlijnen kennen geen specifieke regelgeving met betrekking tot de wijze van verwerking van kosten van exploratie en evaluatie van minerale hulpbronnen. IFRS heeft de voorschriften gebundeld in IFRS 6 'Exploration for and Evaluation of Mineral Resources'. IFRS 6 dient uitsluitend te worden toegepast op de uitgaven voor exploratie en evaluatie van minerale hulpbronnen, inclusief mineralen, olie, aardgas en soortgelijke uitputbare hulpbronnen. De standaard geeft antwoord op de vraag of deze rechten kunnen worden gewaardeerd en tegen welke waarde. De exploratie en evaluatie doorloopt een drietal fasen:

Fase 1: uitgaven voor exploratie en evaluatie van minerale bronnen vóórafgaande aan de verkrijging van wettelijke rechten: de uitgaven voldoen niet aan de definitie van een actief en de regelgeving ter zake in IAS 38 en IFRS 3, en dienen direct in de winst-en-verliesrekening te worden opgenomen (IFRS 6.5a);

Fase 2: uitgaven worden gedaan nadat een rechtspersoon wettelijke rechten heeft verkregen om in een bepaald gebied exploratieactiviteiten te verrichten en voordat aangetoond kan worden dat de winning van een minerale hulpbron technisch uitvoerbaar en economisch rendabel is: verwerking uitgaven overeenkomstig IFRS 6;

Fase 3: uitgaven nadat aangetoond kan worden dat de winning van een minerale hulpbron technisch uitvoerbaar en economisch rendabel is (minerale hulpbron in ontwikkeling): verwerking uitgaven overeenkomstig IAS 16 of IAS 38 (IFRS 6.5b en 6.10).

IFRS 6 heeft derhalve uitsluitend betrekking op de uitgaven welke worden gedaan *nadat* een rechtspersoon wettelijke rechten heeft verkregen om in een bepaald gebied exploratieactiviteiten te verrichten en *voordat* aangetoond kan worden dat de winning van een minerale hulpbron technisch uitvoerbaar en economisch rendabel is (de hiervoor genoemde fase 2).

De exploratie- en evaluatieactiva dienen op verkrijgingsmoment tegen de kostprijs te worden gewaardeerd. Elementen van de kostprijs zijn bijvoorbeeld uitgaven voor verwerving van exploratierechten, topografische, geologische, geochemische en geofysische studies, exploratieboringen, onderzoek door middel van aarddoorsnedes ('trenching'), monsteropname en activiteiten in verband met de beoordeling of de winning van een minerale hulpbron technisch uitvoerbaar en economisch rendabel is (IFRS 6.9).

Na eerste waardering dient ofwel het kostprijsmodel, ofwel het herwaarderingsmodel (zoals beschreven in IAS 16 of IAS 38) te worden toegepast (IFRS 6.12). De exploratie- en evaluatieactiva dienen te classificeren als materiële of immateriële vaste activa op basis van de aard van de verworven activa (IFRS 6.15). Ter illustratie: boorrechten classificeren als immateriële vaste activa en voertuigen en boorplatforms classificeren als materiële vaste activa (IFRS 6.16). Indien kan worden aangetoond dat de winning technisch en economisch rendabel is, mogen een exploratie- en evaluatieactief niet langer als zodanig worden geclassificeerd (IFRS 6.17). In IFRS 6 BC 34 wordt aangegeven dat de herclassificatie in overeenstemming met de aard van het actief dient plaats te vinden, op consistente basis. Op het moment van herclassificatie dient tevens te worden beoordeeld of sprake is van een bijzondere waardevermindering (IFRS 6.17).

6.2.5.8 REACH

REACH (Registration, Evaluation, Authorisation and Restriction of Chemical substances') is een systeem voor registratie, evaluatie en toelating van chemische stoffen die in de Europese Unie geproduceerd of geïmporteerd worden. Het doel van het REACH-systeem is het beheersen van de risico's van chemische stoffen, zoals de risico's van giframpen, brand en explosies en gezondheidsschade bij werknemers en consumenten. Als gevolg van deze regelgeving dient een grote groep chemicaliën te worden geregistreerd. Dit leidt tot kosten voor ondernemingen, denk bijvoorbeeld aan kosten die gemaakt worden om vast te stellen welke stoffen geregistreerd dienen te worden, testkosten en kosten van de registratie zelf. Overigens bestaan er in de praktijk mogelijkheden om deze kosten te delen.

Voor het activeren van de kosten bestaat geen specifieke regelgeving onder de Richtlijnen respectievelijk IFRS. Het ligt het meest voor de hand hier de criteria voor de kosten van ontwikkeling toe te passen, tenzij bepaalde kennis of testgegevens worden gekocht. In dat geval is de gekochte informatie te beschouwen als een gekocht immaterieel vast actief.

6.2.6 Verwerving via een overheidsmaatregel

In sommige gevallen kan een immaterieel vast actief gratis worden verkregen of tegen een zeer lage waarde door middel van een overheidssubsidie. Dit komt bijvoorbeeld voor wanneer een overheidsinstantie immateriële vaste activa zoals landingsrechten, radio- of tv-uitzendlicenties, importlicenties of -quota of toegangsrechten tot schaarse middelen, overdraagt of toewijst aan een rechtspersoon.

De verwerking en waardering van deze rechten geschiedt overeenkomstig Richtlijn 274 'Overheidssubsidies' en IAS 20 'Government grants'. De bespreking hiervan vindt plaats in hoofdstuk 35.

6.2.6.1 Emissierechten

In de bijlage bij Richtlijn 274 wordt ingegaan op de verwerking van om niet verkregen en gekochte emissierechten. Ten aanzien van de verwerking en waardering van emissierechten en de daaruit voortvloeiende verplichtingen zijn op grond van Titel 9 Boek 2 BW en de Richtlijnen voor de jaarverslaggeving meerdere varianten denkbaar. IFRS kent geen specifieke regels omtrent de verwerking van emissierechten. Dit onderwerp wordt verder uitgewerkt in hoofdstuk 35.

6.2.6.2 Publiek-private concessieovereenkomsten

In RJ 221.5 en IFRIC 12 wordt ingegaan op publiek-private concessieovereenkomsten. Dit is gedefinieerd als een overeenkomst tussen de rechtspersoon (concessienemer) en de overheid (de concessiegever), waarbij de rechtspersoon een openbare dienst verleent door middel van een infrastructuur nadat hij deze heeft gebouwd of verbeterd, en waarbij de overheid bepaalt welke diensten met de infrastructuur moeten worden verricht, aan wie de diensten worden verleend en tegen welke prijs. Er worden twee verschillende modellen voor de verwerking van deze concessieovereenkomsten onderscheiden, het financieel actief model (verwerking als financieel actief) of het immaterieel vast actief model (verwerking als immaterieel vast actief) (RJ 221.507, IFRIC 12.15). Onder bepaalde omstandigheden kan een publiek-private concessieovereenkomst dus leiden tot een immaterieel vast actief. Dit onderwerp wordt verder uitgewerkt in hoofdstuk 35.

6.2.7 Ruil van activa

De regelgeving in de Richtlijnen en IFRS betreffende de ruil van activa wijkt af.

6 Immateriële vaste activa (excl. goodwill)

IAS 38.45 bepaalt dat in geval van ruil van activa de hoofdregel is dat de verkrijgingsprijs van het verkregen actief gesteld wordt op reële waarde, tenzij (en dan geschiedt verwerking tegen de boekwaarde van het opgeofferde actief):
▶ geen sprake is van een transactie van economische betekenis ('commercial substance'); of
▶ de reële waarde van geen van beide verkregen/opgeofferde activa betrouwbaar kan worden vastgesteld.

Voor het onderkennen of er sprake is van een transactie van economische betekenis geeft IAS 38.46 aan dat de primaire invalshoek is of toekomstige kasstromen worden beïnvloed door de ruil van activa. Meer specifiek, een ruiltransactie heeft economische betekenis indien:
a. de samenstelling (dat wil zeggen risico, tijdstip en bedrag) van de kasstromen van het ontvangen actief verschilt van de samenstelling van de kasstromen van het overgedragen actief; of
b. de entiteitsgebonden waarde van het gedeelte van de bedrijfsactiviteiten van de entiteit dat door de transactie is beïnvloed, verandert als gevolg van de ruil; en
c. het verschil bij (a) of bij (b) significant is in vergelijking met de reële waarde van de geruilde activa.

Deze analyse hoeft niet met uitgebreide en complexe berekeningen onderbouwd te worden indien het reeds klip en klaar uit de aard van de ruiltransactie valt af te leiden (IAS 38.46).

In RJ 210.214/215 wordt het realiteitsgehalte van de ruil ontleend aan een vergelijking van de verkregen en opgeofferde activa, waarbij niet wordt gerefereerd aan de door IFRS genoemde wijziging in kasstromen maar aan een vergelijking naar *soort* actief en tevens vergelijking van de reële waarde van verkregen en opgeofferde actief. Is sprake van een 'ongelijkwaardig' actief dan wordt de kostprijs van het verkregen actief op reële waarde gesteld; is sprake van een 'gelijkwaardig' actief dan wordt de kostprijs van het verkregen actief gelijkgesteld aan de boekwaarde van het opgeofferde actief.
IFRS geeft aan dat in het geval de reële waarde van het verkregen of het opgeofferde actief betrouwbaar bepaald kan worden, dat dan de reële waarde van het opgeofferde actief gehanteerd moet worden als verkrijgingsprijs, tenzij de reële waarde van het ontvangen actief duidelijker vaststaat (IAS 38.47). De Richtlijnen stellen dat de reële waarde van het verkregen actief gelijk is aan de reële waarde van het opgeofferde actief aangepast voor een eventueel aanvullende betaling of ontvangst (RJ 210.214).

6.2.8 Wettelijke reserve

Aan het activeren van kosten van oprichting en uitgifte van aandelen en van kosten van ontwikkeling is in Nederland de wettelijke eis verbonden dat ter hoogte van het geactiveerde bedrag een wettelijke reserve onder het eigen vermogen wordt gevormd (art. 2:365 lid 2 BW). Deze eis houdt in dat het toestaan van de activering van de genoemde kosten vergezeld gaat van een winstuitkeringsverbod ter grootte van het geactiveerde bedrag. De vorming van deze reserve kan hetzij plaatsvinden ten laste van de vrije reserves, hetzij ten laste van de winstbestemming. De vermindering van deze reserve vindt plaats in samenhang met de afschrijvingen, bijzondere waardeverminderingen of verkoop van de betreffende immateriële vaste activa. De vrijgevallen wettelijke reserve wordt ten gunste van de vrije reserves gebracht, dan wel is onderdeel van de winstbestemming (RJ 240.231).

Als er niet voldoende vrije reserves (inclusief 'vrij' agio) zijn dan wel te bestemmen winst aanwezig is om de genoemde wettelijke reserve te vormen, leidt dit niet tot een activeringsverbod van de kosten met betrekking tot de oprichting of de aandelenuitgifte dan wel ontwikkeling. In dat geval dient toch de volledige wettelijke reserve te worden gevormd ten laste van de Overige reserves, waardoor een negatief saldo ontstaat van de Overige reserves (RJ 240.230).

Verschillen Dutch GAAP – IFRS

IFRS kent, in tegenstelling tot de Nederlandse wet- en regelgeving, geen wettelijke reserves.

6.3 Waardering

Volgens artikel 2:384 lid 1 BW komt als waarderingsgrondslag in aanmerking de verkrijgings- of vervaardigingsprijs ('kostprijsmodel') of de actuele waarde. IFRS en de Richtlijnen stellen zodanige eisen aan de toepassing van actuele waarde dat deze mogelijkheid in de praktijk weinig kan worden toegepast.

Onder de Richtlijnen en IFRS wordt een onderscheid gemaakt tussen eerste ('*initiële*') *waardering* en de *vervolgwaardering*.

6.3.1 Verkrijgings- of vervaardigingsprijs

Eerste waardering

Bij eerste waardering dient de waardering van een immaterieel vast actief plaats te vinden tegen kostprijs, zijnde de verkrijgings- of vervaardigingsprijs (RJ 210.203, IAS 38.24).

In geval van verwerving via een overname ('business combination'), overheidssubsidie of ruil wordt de verkrijgingsprijs gelijk worden gesteld aan de reële waarde op verkrijgingsmoment indien voldaan wordt aan de gestelde voorwaarden (zie par. 6.2.4, 6.2.6, 6.2.7). Voor de bepaling van de reële waarde als zijnde de representant van de eerste waardering wordt naar genoemde paragrafen verwezen.

Bij zelfstandige, separate verwerving (par. 6.2.3) en intern vervaardigde activa (par. 6.2.5) dient de bepaling van de verkrijgings- of vervaardigingsprijs op basis van de volgende regelgeving plaats te vinden: De verkrijgings- of vervaardigingsprijs bestaat uit de aankoopprijs inclusief alle direct toe te rekenen uitgaven om het actief voor het voorgenomen gebruik geschikt te maken (RJ 210.204, IAS 38.27). De vervaardigingsprijs van een intern vervaardigd immaterieel vast actief omvat (RJ 210.232, IAS 38.66):

- uitgaven voor verbruikte materialen en diensten bij het vervaardigen van het actief;
- de loon-, salaris- en andere personeelskosten die direct zijn toe te rekenen aan het vervaardigen van het actief;
- alle overige kosten die direct zijn toe te rekenen aan het vervaardigen van het actief, zoals honoraria om een wettelijk recht te registreren, de afschrijving van patenten en licenties die zijn aangewend om het actief te vervaardigen; en
- overheadkosten die noodzakelijk zijn om het actief te vervaardigen en die op een redelijke en consistente basis kunnen worden toegerekend aan het actief (bijvoorbeeld een deel van de afschrijvingen van onroerend goed, machines en inventaris, alsmede verzekeringspremies en rente).

De volgende componenten zijn *geen* onderdeel van de vervaardigingsprijs van intern vervaardigde immateriële vaste activa (RJ 210.233, IAS 38.67):

- verkoop- en administratiekosten en andere algemene overheadkosten, tenzij deze uitgaven rechtstreeks kunnen worden toegerekend aan het gebruiksgereedmaken van het actief;
- inefficiëntie en aanloopverliezen die zich voordoen voordat een actief de beoogde exploitatie heeft bereikt;
- uitgaven voor training van het bedienend personeel.

De uitgaven mogen pas vanaf het moment dat aan de eisen van verwerking van een immaterieel vast actief wordt voldaan daadwerkelijk als actiefpost worden verwerkt. De uitgaven tot het betreffende moment zijn blijvend als kosten verantwoord. Het met terugwerkende kracht activeren van die als kosten verantwoorde uitgaven is niet toegestaan (RJ 210.237, IAS 38.71).

6 Immateriële vaste activa (excl. goodwill)

Vervolgwaardering

Na de eerste verwerking dienen latere uitgaven aan de verkrijgings- of vervaardigingsprijs van het desbetreffende actief worden toegevoegd, doch uitsluitend als aan bepaalde voorwaarden is voldaan. De voorwaarden zijn dat (RJ 210.303):
a. het waarschijnlijk moet zijn dat de uitgaven zullen leiden tot een toename van de verwachte toekomstige economische voordelen; en
b. de vaststelling van de uitgaven en de toerekening aan het actief op betrouwbare wijze moeten kunnen geschieden.

Wordt voldaan aan deze twee voorwaarden dan is activering van de latere uitgaven *verplicht*. Echter, zoals ook in paragraaf 6.2.1 is besproken aangaande het voorkomen dat intern gegenereerde goodwill wordt geactiveerd, verwacht de regelgeving dat het activeren van vervolguitgaven slechts in uitzonderingsgevallen zal kunnen plaatsvinden. Dat blijkt concreet uit RJ 210.304 (als uitwerking van RJ 210.217/235) en IAS 38.20 waarin wordt beargumenteerd dat de uitgaven meestal kosten zullen zijn omdat het in veel gevallen onmogelijk is vast te stellen of de vervolguitgaven tot een daadwerkelijke *toename* van de verwachte toekomstige voordelen uit het specifieke immateriële vaste actief zullen leiden. Er is eerder sprake van uitgaven voor instandhouding van de verwachte toekomstige economische voordelen die met het actief worden gegenereerd.

6.3.2 Actuele waarde/reële waarde

Met uitzondering van goodwill laten de Nederlandse wet- en regelgeving respectievelijk IFRS ook waardering tegen actuele waarde respectievelijk reële waarde (na aftrek van eventuele amortisatie en bijzondere waardeverminderingen) toe als vervolgwaardering (art. 2:384 lid 1 BW, art. 6 BAW, RJ 210.301, IAS 38.75-87). De eerste waardering is op basis van de verkrijgings- of vervaardigingsprijs zoals besproken in paragraaf 6.3.1. De waardering tegen actuele of reële waarde is echter aan strikte voorwaarden gebonden, zodat in de praktijk die waarderingsgrondslag zelden gebruikt kan worden.

Artikel 2:385 lid 4 BW geeft aan dat goodwill en vooruitbetalingen op immateriële vaste activa ten hoogste worden gewaardeerd tegen de daarvoor gedane uitgaven, verminderd met de afschrijvingen, hetgeen betekent dat waardering tegen actuele waarde niet is toegestaan.

In de regelgeving wordt géén voorkeur uitgesproken voor de toepassing van hetzij verkrijgings- of vervaardigingsprijs, hetzij actuele waarde respectievelijk reële waarde. Wel schrijft IFRS voor dat als voor een actief de keuze wordt gemaakt voor het reële-waardemodel, alle andere activa in *dezelfde* categorie ook volgens dit reële-waardemodel dienen te worden gewaardeerd (IAS 38.72).

De toepassing van reële respectievelijk actuele waarde is overigens zéér beperkt vanwege de inperking die de regelgeving ter zake heeft opgenomen: De waardering tegen actuele waarde respectievelijk reële waarde is slechts toegestaan indien aan een tweetal voorwaarden wordt voldaan (art. 6 BAW, IAS 38.75/76), namelijk:
▶ het actief was vanaf het moment van verkrijging opgenomen tegen kostprijs; en
▶ voor het actief bestaat een liquide markt.

Met name de tweede voorwaarde is bijna niet van toepassing (alleen emissierechten, visrechten en dergelijke).

In het door de Richtlijnen respectievelijk IFRS voorgestane actuele/reële-waardemodel wordt de oorspronkelijke activering tegen verkrijgings- of vervaardigingsprijs periodiek herzien voor de aanpassing in de actuele waarde respectievelijk reële waarde.

Dutch GAAP

Als immateriële vaste activa worden gewaardeerd tegen de actuele waarde, komt daarvoor in aanmerking de actuele kostprijs. Waardering geschiedt tegen de realiseerbare waarde indien deze lager is dan de actuele kostprijs (RJ 210.306). De realiseerbare waarde is de hoogste van de opbrengstwaarde en de bedrijfswaarde (RJ 121.301). Onder de actuele kostprijs wordt verstaan:
a. de actuele inkoopprijs en de bijkomende kosten van een actief, verminderd met afschrijvingen; of
b. de actuele aanschaffingskosten van de gebruikte grond- en hulpstoffen en de overige kosten welke rechtstreeks aan de vervaardiging van een actief kunnen worden toegerekend, verminderd met afschrijvingen. In deze kosten kunnen worden opgenomen een redelijk deel van de indirecte kosten en de rente op schulden over het tijdvak dat aan de vervaardiging van het actief kan worden toegerekend.

Vanwege het voorschrift van het bestaan van een actieve markt is er een marktnotering beschikbaar. Het immaterieel vast actief kan worden gewaardeerd op de waarde op de inkoopmarkt verminderd met afschrijvingen, tenzij het actief zelf vervaardigd is. In dat geval moet de actuele kostprijs gebaseerd worden op de actuele vervaardigingsprijs (RJ 210.306/212.404).

IFRS

Onder IFRS wordt de actuele waarde vanuit een prijs die tot stand is gekomen in een actieve markt ingevuld (IAS 38.75).

Onder reële waarde wordt verstaan de prijs die ontvangen zou worden bij de verkoop van het actief in een ordelijke transactie tussen marktpartijen op de waarderingsdatum (IFRS 13.9). IFRS kent de mogelijkheid om reële waarde ook toe te passen op het gedeelte van het actief dat bij eerste waardering niet in aanmerking is genomen, of als er sprake is van verwerving via een overheidssubsidie (IAS 38.77). Vervolgens wordt de verkrijgingsprijs respectievelijk reële waarde verminderd met de nadien plaatsvindende, stelselmatige amortisatie en eventuele 'impairment'-verliezen.

Indien de markt haar 'actieve' karakter verliest, dient de geherwaardeerde boekwaarde als uitgangspunt voor de resterende amortisatie te worden gehanteerd (IAS 38.81 en 82), uiteraard aanvullend verminderd voor eventuele 'impairment'-verliezen.

Verwerking waardeverschillen onder de Richtlijnen en IFRS

Waardevermeerderingen van immateriële vaste activa dienen in een herwaarderingsreserve te worden opgenomen (art. 2:390 lid 1 BW, RJ 210.307, IAS 38.85) en wel per te onderscheiden individueel actief.
De periodiciteit van de aanpassing aan de actuele waarde respectievelijk reële waarde dient zodanig te zijn dat de weergave in de balans niet materieel verschilt van de feitelijke actuele waarde respectievelijk reële waarde (RJ 210.306/212.408, IAS 38.75/79).
Op het moment van aanpassing van de reële waarde dient onder IFRS de geaccumuleerde amortisatie (IAS 38.80):
▶ hetzij evenredig te worden verhoogd met de toename van de oorspronkelijke brutoboekwaarde ('aanschafwaarde');

6 Immateriële vaste activa (excl. goodwill)

▶ hetzij in mindering te worden gebracht op de brutoboekwaarde, waarbij het resterende nettobedrag per saldo 'netto' wordt aangepast aan de waardeontwikkeling. De cumulatieve amortisatie na verwerking is in dat geval nihil geworden.

De Richtlijnen kennen deze keuze niet. Onder de Richtlijnen moeten de cumulatieve afschrijvingen op de datum van de herwaardering evenredig aangepast worden aan de wijziging van de actuele verkoopprijs of vervaardigingsprijs van het actief (RJ 210.306/212.406).

De waardevermeerderingen dienen afzonderlijk in het eigen vermogen te worden verwerkt (art. 1:390 lid 1 BW, RJ 210.307, IAS 38.85), tenzij sprake is van een terugname van een eerder ten laste van de winst-en-verliesrekening gebrachte waardeverminderingsverlies. Een waardevermindering wordt onttrokken aan het eigen vermogen en, indien de reserve ter zake niet toereikend is, ten laste van het resultaat gebracht (RJ 210.307, IAS 38.86). In geval van realisatie van de herwaardering dient ingevolge artikel 2:390 lid 3 en 4 BW (RJ 240.225/408) het saldo van het gerealiseerde bedrag direct ten gunste van de Overige reserves te worden gebracht of in de winst-en-verliesrekening te worden opgenomen. Onder IFRS dient de mutatie uitsluitend binnen het eigen vermogen te worden verwerkt (IAS 38.87).

Verschillen Dutch GAAP - IFRS

Naast de waardering tegen verkrijgingsprijs of vervaardigingsprijs staat de Nederlandse regelgeving onder voorwaarden actuele waarde toe, terwijl IFRS onder dezelfde voorwaarden waardering tegen reële waarde toestaat. Als immateriële vaste activa worden gewaardeerd tegen de actuele waarde, komt daarvoor in aanmerking de actuele kostprijs. Actuele kostprijs is een ander waardebegrip dan reële waarde. IFRS biedt een keuze betreffende de aanpassing van gecumuleerde amortisatie, terwijl de Nederlandse regelgeving maar één methode toestaat.

Verwerking van de gerealiseerde herwaardering moet onder IFRS binnen het eigen vermogen worden verwerkt, onder de Richtlijnen is als alternatief de verwerking via de winst-en-verliesrekening toegestaan.

6.4   Resultaatbepaling

6.4.1   Begripsbepaling 'economische levensduur' en 'gebruiksduur'

De Richtlijnen hanteren voor de bepaling van de afschrijvingslasten het begrip 'economische levensduur' daar waar IFRS het begrip 'gebruiksduur' hanteert. Dit verschil in begrippen bestaat alleen bij immateriële vaste activa, bij de materiële vaste activa wordt zowel door de Richtlijnen als IFRS het begrip 'gebruiksduur' gehanteerd. Op basis van de concrete voorschriften mag worden aangenomen dat de Richtlijnen geen verschil hebben bedoeld.

IFRS kent een onderscheid tussen 'bepaalbare' en 'onbepaalbare' gebruiksduur voor immateriële vaste activa. De Richtlijnen kennen dat onderscheid niet, en veronderstellen dat in alle gevallen sprake is van een bepaalbare gebruiksduur.

6.4.2   Bijzondere voorschriften aangaande de te hanteren gebruiksduur

De Richtlijnen en IFRS kennen een vergelijkbare regelgeving voor de toerekening van afschrijvingslasten van 'slijtende' activa aan de gebruiksduur. Verschillen zijn aan de orde bij het onderkennen van een maximale afschrijvingstermijn (Richtlijnen) c.q. een onbepaalbare gebruiksduur (IFRS). De betreffende regelgeving wordt ook in die zin gesplitst besproken.

6.4.2.1 Bepaalbare gebruiksduur (IFRS en de Richtlijnen)

De bepaalbare gebruiksduur leidt tot een jaarlijkse afschrijving op basis van de met materiële vaste activa vergelijkbare rekenregel dat het saldo van kostprijs en restwaarde (zie par. 6.4.3) over de vastgestelde gebruiksduur wordt toegerekend aan de boekjaren waarin het gebruik van het immaterieel vast actief plaatsvindt (zoals nader uiteengezet in par. 6.4.4).

Indien de beschikkingsmacht over een immaterieel vast actief is gebaseerd op een juridisch afdwingbaar recht dat is toegekend voor een bepaalde periode, dient de gebruiksduur niet op een langere periode te worden gesteld, tenzij het recht is te verlengen en deze verlenging nagenoeg zeker is (RJ 210.408, IAS 38.94).

6.4.2.2 Maximale afschrijvingsperiode (uitsluitend de Richtlijnen)

Uitsluitend in de Richtlijnen geldt bij afschrijving op basis van de geschatte gebruiksduur een weerlegbaar vermoeden dat de gebruiksduur van een actief maximaal twintig jaar bedraagt, gerekend vanaf het moment dat het actief gereed is voor ingebruikneming. Op dat moment begint ook de afschrijving (RJ 210.401).

De veronderstelling van een maximale gebruiksduur van twintig jaar zal slechts in uitzonderingsgevallen kunnen worden weerlegd. Indien dat het geval is, zal de rechtspersoon (RJ 210.406):
- het immateriële vaste actief afschrijven op basis van de langere gebruiksduur;
- ten minste eenmaal per jaar de realiseerbare waarde schatten teneinde eventuele bijzondere waardeverminderingen te onderkennen; en
- toelichten waarom de veronderstelling wordt weerlegd en welke factoren bij de bepaling van de gebruiksduur een significante rol hebben gespeeld.

Voor kosten van oprichting en uitgifte van aandelen (die door Richtlijn 210 buiten beschouwing worden gelaten, zie par. 6.1.3), geldt in afwijking van het bovenstaande een wettelijke maximale afschrijvingsperiode van ten hoogste vijf jaar (art. 2:386 lid 3 BW).

Daarnaast geldt dat in uitzonderlijke gevallen waarin de gebruiksduur van kosten van ontwikkeling niet op betrouwbare wijze kan worden geschat, deze kosten worden afgeschreven in een periode van ten hoogste tien jaren (art 2:386 lid 3 BW).

6.4.2.3 Onbepaalbare gebruiksduur (uitsluitend IFRS)

IFRS stelt dat op immateriële vaste activa met een onbepaalbare gebruiksduur niet wordt afgeschreven (IAS 38.107). In plaats daarvan wordt jaarlijks getoetst of er sprake is van een bijzondere waardevermindering ('impairment test'). Indien gebeurtenissen of omstandigheden daartoe aanleiding geven, moet deze test vaker worden uitgevoerd. Voorbeelden van immateriële vaste activa die een onbepaalbare gebruiksduur kunnen hebben, zijn merken en uitgavenrechten.

IAS 38.88 geeft aan dat er alleen sprake is van een onbepaalbare gebruiksduur als, gebaseerd op een analyse van alle relevante factoren, er geen voorzienbare beperking is aan de periode waarover het actief nettokasinstromen voor de entiteit zal genereren. Het lastig betrouwbaar kunnen inschatten van de gebruiksduur is dus geen reden om een gebruiksduur als onbepaalbaar te classificeren (IAS 38.BC 65).
Periodiek dient te worden nagegaan of er nog altijd sprake is van een onbepaalbare gebruiksduur (IAS 38.109). Indien van een immaterieel vast actief op enig moment de gebruiksduur wel bepaalbaar wordt, dient vanaf dat

6 Immateriële vaste activa (excl. goodwill)

moment amortisatie plaats te vinden en dient deze wijziging conform de regelgeving voor schattingswijzigingen te worden verwerkt.

Voorbeelden betreffende de bepaling van de gebruiksduur (ontleend aan IAS 38)

Voorbeeld 1: Gekochte klantenlijst
Een onderneming koopt een klantenlijst om daarmee 'direct mailings' te verrichten. De verwachting is dat de gekochte informatie één tot drie jaar bruikbaar is.

De klantenlijst moet worden afgeschreven over de beste inschatting van de gebruiksduur, stel 18 maanden. Het feit dat bestaande adressen door de koper worden uitgebreid met nieuwe adressen of aanvullende informatie leidt niet tot een langere gebruiksduur. Daarnaast dient er per balansdatum rekening te worden gehouden met indicaties die tot een impairment kunnen leiden.

Voorbeeld 2: Gekochte patenten met een looptijd van 15 jaar
De verwachte toekomstige kasstromen samenhangend met het patent bedragen naar verwachting 15 jaar. De onderneming heeft zich verplicht om over vijf jaar de patenten te verkopen tegen 60% van de huidige waarde.

De patenten dienen over een periode van vijf jaar te worden afgeschreven tot een restwaarde van 60% van de huidige reële waarde op het moment van aankoop van het patent. Daarnaast dient er per balansdatum rekening te worden gehouden met indicaties die tot een impairment kunnen leiden.

Voorbeeld 3: Gekochte uitzendrechten die over 5 jaar aflopen
Deze uitzendrechten zijn elke tien jaar te verlengen indien de onderneming voldoet aan een bepaald serviceniveau en aan de van toepassing zijnde wet- en regelgeving. In het verleden zijn de uitzendrechten zonder veel moeite reeds tweemaal verlengd. Tegen geringe kosten kunnen zij tot in het oneindige worden verlengd. De onderneming heeft de mogelijkheid om de uitzendrechten tot in het oneindige te verlengen en gaat hier gebruik van maken. Er zijn geen technologische veranderingen te verwachten die tot het vervangen van de uitzendinstallaties leiden. Kortom, het is de verwachting dat de uitzendrechten tot in het oneindige aan de toekomstige kasstromen van de onderneming bijdragen.

De uitzendrechten hebben een onbepaalbare levensduur en worden daarom niet systematisch afgeschreven. Wel dient jaarlijks een impairment test te worden uitgevoerd.

Voorbeeld 4: Besluit tot niet verlengen van uitzendrechten
Stel dat in het bovenstaande voorbeeld wordt besloten om de uitzendrechten niet meer te verlengen en de resterende gebruiksduur wordt gesteld op drie jaar. In deze situatie is er sprake van een bepaalbare gebruiksduur en dient alsnog systematisch te worden afgeschreven, in dit geval over een periode van drie jaar.

Verschillen Dutch GAAP – IFRS
Het onderscheid tussen bepaalbare en onbepaalbare gebruiksduur, zoals dit onder IFRS wordt gemaakt, kent de Nederlandse wet- en regelgeving niet. Dit betekent dat voor een Nederlandse jaarrekening altijd een amortisatieperiode dient te worden gekozen. Het door de Richtlijnen gestelde (weerlegbare) vermoeden dat immateriële vaste activa een gebruiksduur hebben van maximaal twintig jaar kent IFRS niet.

6.4.3 Restwaarde

De restwaarde van een immaterieel vast actief dient op nihil te worden gesteld, tenzij (RJ 210.413, IAS 38.100):
a. er een toezegging is door een derde om het actief te kopen aan het einde van de gebruiksduur; of
b. er een actieve markt is voor het actief en:
   1. de restwaarde kan worden bepaald aan de hand van marktgegevens; en
   2. het waarschijnlijk is dat er nog een actieve markt voor het actief zal zijn aan het einde van de gebruiksduur.

6.4.4 Systematische afschrijvingen

Zowel de Nederlandse regelgeving als IFRS kent systematische afschrijvingen. Daarnaast kent IAS 38 de situatie van een onbepaalbare gebruiksduur in welk geval géén sprake is van (systematische) afschrijvingen (zie par. 6.4.2).

Voor systematische afschrijvingen van vaste activa en dus ook voor immateriële vaste activa geldt:
a. dat als zij een beperkte gebruiksduur hebben, er jaarlijks op moet worden afgeschreven volgens een stelsel dat op de verwachte toekomstige gebruiksduur is afgestemd (art. 2:386 lid 4 BW, RJ 210.401, IAS 38.88/89/97);
b. dat de afschrijvingen onafhankelijk van het resultaat van het boekjaar dienen te geschieden (art. 2:386 lid 1 BW, RJ 210.403);
c. dat de methode volgens welke de afschrijvingen zijn berekend in de toelichting uiteen moet worden gezet (art. 2:386 lid 2 BW, RJ 210.501, IAS 38.118).

De gehanteerde afschrijvingsmethode dient de afschrijvingen te laten overeenkomen met het patroon waarin de door het actief gegenereerde economische voordelen toevloeien aan de rechtspersoon. Als dit patroon niet op betrouwbare wijze kan worden vastgesteld, dient de lineaire methode te worden gehanteerd (RJ 210.411, IAS 38.97). RJ 210.412 geeft aan dat het zeer onwaarschijnlijk is dat het verdedigbaar is voor immateriële vaste activa een afschrijvingsmethode te kiezen die resulteert in lagere cumulatieve afschrijvingen dan volgens de lineaire methode. IAS 38.98A stelt dat alleen in zeer specifieke omstandigheden de afschrijvingen gebaseerd mogen worden op de omzet. De afschrijvingen dienen te worden verwerkt ten laste van het resultaat, tenzij een andere richtlijn toestaat of vereist dat deze afschrijvingen worden opgenomen in de boekwaarde van een ander actief (RJ 210.411, IAS 38.97/99).

Regelmatig dient te worden beoordeeld of de gebruiksduur en de afschrijvingsmethode nog adequaat zijn. Daartoe dienen de gebruiksduur en de afschrijvingsmethode ten minste aan het einde van elk boekjaar opnieuw te worden beoordeeld. Indien er 'wijzigingen' (IFRS) of 'significante wijzigingen' (de Richtlijnen) zijn in de gebruiksduur en/of het patroon waarin de economische voordelen naar de rechtspersoon toevloeien, dient de afschrijvingstermijn respectievelijk de afschrijvingsmethode te worden herzien (RJ 210.416, IAS 38.104).

6.4.5 Waardevermindering

Waardeverminderingen van activa worden onafhankelijk van het resultaat van het boekjaar in aanmerking genomen (art. 2:387 lid 1 BW). Bij de waardering van de vaste activa (en dus ook bij de immateriële vaste activa) wordt rekening gehouden met een vermindering van hun waarde, indien deze naar verwachting duurzaam is (art. 2:387 lid 3 BW). Dit brengt mee dat aan het eind van elke verslagperiode dient te worden nagegaan in hoeverre er indicaties zijn dat de boekwaarde hoger is dan de realiseerbare waarde. Indien en voor zover dat het geval is, dient een waardevermindering in acht te worden genomen.

Bijzondere waardevermindering van immateriële vaste activa komt in de regelgeving aan de orde in Richtlijn 121 'Bijzondere waardeverminderingen van vaste activa' en IAS 36 'Impairment of assets' (zie hoofdstuk 29).

In aanvulling op de aldaar opgenomen voorschriften bepaalt de regelgeving dat de rechtspersoon jaarlijks de realiseerbare waarde van de volgende categorieën van immateriële vaste activa dient te bepalen, ook indien er geen aanwijzingen zijn voor een bijzondere waardevermindering:
a. De Richtlijnen en IFRS: een immaterieel vast actief dat nog niet in gebruik is genomen (RJ 210.419, IAS 36.10(a));
b. Alleen de Richtlijnen: een immaterieel vast actief dat wordt afgeschreven over een levensduur van meer dan twintig jaar, gerekend vanaf het moment van ingebruikneming van het actief (RJ 210.419);
c. Alleen IFRS: een immaterieel vast actief met een onbepaalbare gebruiksduur (IAS 36.10).

Verschillen Dutch GAAP – IFRS

IFRS schrijft een *jaarlijkse* 'impairment'-beoordeling voor van alle immateriële vaste activa waarvan de gebruiksduur onbepaalbaar is en die nog niet in gebruik zijn genomen. De Richtlijnen kennen ook een dergelijke bepaling

6 Immateriële vaste activa (excl. goodwill)

voor nog niet in gebruik genomen immateriële vaste activa en tevens voor immateriële vaste activa met een economische levensduur langer dan twintig jaar.

6.4.6 Verwerking en terugneming waardevermindering

De optredende bijzondere waardeverminderingen van immateriële vaste activa worden, voor zover zij niet in mindering worden gebracht op eerdere positieve herwaarderingen, ten laste van de winst-en-verliesrekening gebracht. Zij hebben het karakter van extra afschrijvingen. Zodra de waardevermindering heeft opgehouden te bestaan, wordt de afboeking weer ongedaan gemaakt voor zover de toegenomen boekwaarde daardoor niet hoger wordt dan de boekwaarde die bepaald zou zijn (na afschrijvingen) indien in voorgaande jaren geen bijzonder waardeverminderingsverlies voor het actief zou zijn verantwoord. De afboeking van de waardevermindering en de terugboeking ervan worden beide afzonderlijk in de winst-en-verliesrekening opgenomen of in de toelichting vermeld (art. 2:387 lid 4 BW, IAS 38.118).

De terugneming van een bijzondere waardevermindering komt in de Richtlijnen afzonderlijk aan de orde onder RJ 121.6 en bij IFRS onder IAS 36 (zie hoofdstuk 29).

6.4.7 Buitengebruikstelling en afstoting

Als er van een op de balans opgenomen immaterieel vast actief geen economische voordelen meer worden verwacht, dient de activering te worden beëindigd (RJ 210.423, IAS 38.112). Bij de buitengebruikstelling of afstoting optredende winsten of verliezen worden bepaald als het verschil tussen de netto-opbrengst en de boekwaarde van het immateriële vaste actief en verantwoord in de winst-en-verliesrekening (RJ 210.424, IAS 38.113).

IFRS 5 bepaalt dat bij immateriële vaste activa die 'held for sale' zijn (er is besloten tot verkoop en er is voldaan aan een aantal andere criteria) of die deel uitmaken van een 'disposal group', er niet meer wordt afgeschreven en er wordt getest of de directe opbrengstwaarde minus kosten om te verkopen lager ligt dan de boekwaarde om te bepalen of een impairment-verlies moet worden verantwoord (zie hoofdstuk 33). De Richtlijnen kennen geen bepalingen voor immateriële vaste activa die nog gebruikt worden, terwijl reeds besloten is dat de activa verkocht zullen worden. RJ 210.426 geeft wel aan dat een immaterieel vast actief dat buiten gebruik gesteld is met de doelstelling het actief af te stoten, wordt gewaardeerd tegen de boekwaarde van het actief op het moment van buitengebruikstelling en dat er ten minste op het einde van ieder boekjaar getoetst moet worden op een bijzondere waardevermindering.

Verschillen Dutch GAAP – IFRS

De Richtlijnen kennen geen bepalingen voor immateriële vaste activa die nog gebruikt worden, terwijl reeds besloten is dat de activa verkocht zullen worden.

6.5 Presentatie en toelichting

6.5.1 Presentatie in de balans en winst-en-verliesrekening

Omtrent de presentatie van de immateriële vaste activa in de balans en winst-en-verliesrekening is in de Nederlandse wet het volgende voorgeschreven:
- immateriële vaste activa genoemd in artikel 2:365 lid 1 BW worden afzonderlijk in de balans of in de toelichting opgenomen (deze eis geldt niet voor kleine rechtspersonen en micro-entiteiten want die hoeven alleen de kosten van oprichting en van uitgifte van aandelen apart te tonen) (art. 2:396 en 2:395a BW);
- waardeverminderingen en terugnemingen daarvan worden afzonderlijk in de winst-en-verliesrekening opgenomen, tenzij deze afzonderlijk zijn vermeld in de toelichting (art. 2:387 lid 4 BW).

IFRS kent geen voorgeschreven categorieën van immateriële vaste activa. Als 'categorie' immateriële vaste activa is aan te merken een groep van activa die wat betreft aard en functie voor de rechtspersoon overeenkomen. Een nadere uitsplitsing is gewenst als dit relevante informatie oplevert (RJ 210.502, IAS 38.119). De Richtlijnen volgen de in paragraaf 6.1.3 genoemde wettelijke indeling, maar IFRS (IAS 38.119) geeft als voorbeeld de volgende categorieën:
▶ merknamen;
▶ uitgavenrechten;
▶ computersoftware;
▶ licenties en franchises;
▶ octrooien, copyrights en dergelijke;
▶ recepten, formules, modellen, ontwerpen en prototypes;
▶ immateriële vaste activa in ontwikkeling.

Waardeverminderingen en terugnemingen daarvan behoeven niet afzonderlijk in de winst-en-verliesrekening te worden opgenomen. Deze informatie dient dan wel in de toelichting (mutatie-overzicht) te worden vermeld (RJ 210.501, IAS 38.118e).

Onder IFRS dienen immateriële vaste activa die geclassificeerd zijn als 'held for sale' of onderdeel zijn van een 'disposal group' gepresenteerd te worden apart van andere immateriële vaste activa en samen met andere activa in de categorie 'held for sale' of 'disposal group'.

6.5.2 Informatieverschaffing in de toelichting

Omtrent immateriële vaste activa dient in de toelichting de volgende informatie (indien van toepassing) te worden vermeld, waarbij een onderscheid dient te worden aangebracht tussen intern gegenereerde immateriële vaste activa en gekochte immateriële vaste activa (RJ 210.501, IAS 38.118):
a. de gebruiksduur (IAS 38) respectievelijk economische levensduur (Richtlijn 210) of de gehanteerde afschrijvingspercentages; tevens of de gebruiksduur onbepaald of bepaald is (IAS 38);
b. de gehanteerde afschrijvingsmethoden;
c. de historische kostprijs en de cumulatieve afschrijvingen (inclusief bijzondere waardeverminderingen) aan het begin en het einde van het boekjaar;
d. de post in de winst-en-verliesrekening waarin de afschrijving van de immateriële vaste activa is opgenomen;
e. een aansluiting tussen de boekwaarde aan het begin en einde van het boekjaar (zie par. 6.5.3).

De vereiste informatie dient per categorie ('class') immateriële vaste activa te worden uiteengezet.
Een rechtspersoon dient tevens in de toelichting op te nemen (RJ 210.505, IAS 38.122):
a. RJ 210.505: wanneer de afschrijvingstermijn van een immaterieel vast actief langer is dan twintig jaar, de reden waarom de veronderstelling dat de economische levensduur van een immaterieel vast actief niet langer kan zijn dan twintig jaar wordt weerlegd. Bij het vermelden van de reden dient de rechtspersoon de factoren te vermelden die een significante rol hebben gespeeld bij de bepaling van de levensduur van het actief;
IAS 38.122: voor immateriële vaste activa waarvan de gebruiksduur onbepaalbaar is, de boekwaarde van de activa en de motivatie en beschrijving van de relevante factoren voor het aan de orde zijn van een onbepaalbare gebruiksduur;
b. een omschrijving, de boekwaarde en de resterende gebruiksduur van ieder individueel immaterieel vast actief, dat een post van groot belang is voor de rechtspersoon;
c. de boekwaarde van immateriële vaste activa met beperkte eigendomsrechten en de boekwaarden van immateriële vaste activa die als zekerheid zijn gesteld voor schulden; en
d. de verplichtingen uit hoofde van de verwerving van immateriële vaste activa.

6 Immateriële vaste activa (excl. goodwill)

Uitsluitend vereist door IFRS (IAS 38.122c) is de uiteenzetting met betrekking tot initieel tegen reële waarde gewaardeerde immateriële vaste activa verworven via een overheidssubsidie van i) de oorspronkelijke reële waarde, ii) de boekwaarde, en iii) of er sprake is van toepassing van waardering op kostprijs dan wel reële waarde.

Tevens dient in de toelichting te worden opgenomen:
- een eventuele wijziging van de schatting van de gebruiksduur, de afschrijvingsmethode of de restwaarde van immateriële vaste activa (RJ 210.504, IAS 38.121);
- voor elk van de posten behorend tot de immateriële vaste activa: de som van de afschrijvingen en waardevermindering op balansdatum (art. 2:386 lid 2 onder b BW, IAS 36.118).

De op grond van de Richtlijnen aanvullend op te nemen informatie omvat:
- een toelichting op geactiveerde kosten van oprichting en uitbreiding van het aandelenkapitaal en van kosten van ontwikkeling (art. 2:365 lid 2 BW);
- waardeverminderingen en terugnemingen daarvan afzonderlijk in de toelichting opnemen als zij niet afzonderlijk in de winst-en-verliesrekening zijn opgenomen (art. 2:387 lid 5 BW). Deze informatie moet onder IFRS in het mutatie-overzicht worden vermeld.

Toelichting bij toepassing van reële waarde

In geval van toepassing van het reële-waardemodel vereist IAS 38 nadere toelichting van (IAS 38.124):
a. per afzonderlijke categorie:
- de laatste datum waarop de reële waarde is vastgesteld;
- de boekwaarde van de geherwaardeerde activa;
- de boekwaarde van de activa indien waardering en amortisatie op basis van verkrijgings- of vervaardigingsprijs hadden plaatsgevonden; en
b. het bedrag van de herwaardering aan het begin en einde van de rapporteringsperiode, de opgetreden wijzigingen, en de mate waarin het surplus al dan niet aan de aandeelhouders kan worden uitgekeerd.

Daarnaast zijn ook de toelichtingsvereisten uit IFRS 13 'Fair Value Measurement' van toepassing (zie hoofdstuk 4).

Onder de Nederlandse wet- en regelgeving dienen bij toepassing van het actuele-waardemodel de herwaarderingen per categorie, onderscheid makend tussen intern gegenereerde immateriële vaste activa en gekochte immateriële vaste activa te worden gepresenteerd. Tevens dient in de toelichting uiteengezet te worden hoe de actuele waarde is bepaald (art. 9 BAW).

Toelichting inzake de ten laste van het resultaat gekomen kosten van onderzoek en ontwikkeling

Uit de jaarrekening dient te blijken het totaal van de ten laste van het boekjaar gebrachte kosten van onderzoek en ontwikkeling, met inbegrip van de afschrijvingen op eerder geactiveerde kosten van ontwikkeling (RJ 210.506, IAS 38.126).

Aanbevolen informatieverstrekking

Aanbevolen wordt in de toelichting de volgende informatie op te nemen (RJ 210.508, IAS 38.128):
- de beschrijving van volledig afgeschreven immateriële vaste activa die nog in gebruik zijn;
- een korte omschrijving van belangrijke immateriële vaste activa die niet in de balans zijn opgenomen omdat niet voldaan werd aan de activeringscriteria van de Richtlijn, of omdat de verkrijging of vervaardiging plaatsvond voor het van kracht worden van de huidige regelgeving.

Ten slotte bevatten IFRS 5.41/42 de verplichting tot additionele toelichting van immateriële vaste activa 'held for sale' zoals een beschrijving, eventuele verantwoorde winsten of verliezen en het segment waarin de activa zich bevinden.

Verschillen Dutch GAAP – IFRS

De eisen die IFRS stelt aan de toelichting zijn op onderdelen uitgebreider dan die van de Richtlijnen.
Voor immateriële vaste activa die door middel van overheidsbijdragen zijn verkregen en die bij eerste waardering tegen reële waarde zijn gewaardeerd, dient men de boekwaarde en de wijze van waardering te vermelden (IAS 38.122).

6.5.3 Mutatie-overzicht

Op grond van artikel 2:368 lid 1 BW dient het verloop van elk der posten behorende tot de immateriële vaste activa in een sluitend overzicht te worden weergegeven. Uit het overzicht dient volgens dit wetsartikel in ieder geval te blijken:
▶ de boekwaarde aan het begin van het boekjaar;
▶ de som van de waarden waartegen de in het boekjaar verkregen activa zijn te boek gesteld, en de som van de boekwaarden der activa waarover de rechtspersoon aan het einde van het boekjaar niet meer beschikt;
▶ de herwaarderingen, afschrijvingen, de waardeverminderingen en de terugneming daarvan over het boekjaar;
▶ de boekwaarde aan het einde van het boekjaar.

In Richtlijn 210 en IAS 38 is bepaald dat een rechtspersoon in de toelichting per categorie immateriële vaste activa, en tevens onderscheiden naar intern gegenereerde immateriële vaste activa en gekochte immateriële vaste activa, dient op te nemen een aansluiting tussen de boekwaarde aan het begin en einde van het boekjaar, waarin de volgende mutaties afzonderlijk worden getoond (RJ 210.501, IAS 38.118):
a. investeringen, waarbij afzonderlijk dienen te worden gepresenteerd intern vervaardigde activa, separaat verkregen activa en bij overname verkregen activa;
b. buitengebruikstellingen en afstotingen (Richtlijnen), aangehouden voor verkoop (IFRS);
c. herwaarderingen, indien het actuele-waardemodel wordt toegepast;
d. bijzondere waardeverminderingen van vaste activa;
e. terugnemingen van bijzondere waardeverminderingen;
f. afschrijvingen;
g. omrekeningsverschillen; en
h. overige mutaties in de boekwaarde.

Uitsluitend onder de Richtlijnen: Vergelijkende cijfers behoeven niet te worden opgenomen (RJ 110.127).

6 Immateriële vaste activa (excl. goodwill)

Voorbeeld mutatie-overzicht immateriële vaste activa	Goodwill	Uitgave-rechten	Overige	20yy	20xx
		Gekocht	Intern gegenereerd	Totaal	Totaal
Immateriële vaste activa					
Afschrijvingspercentage	2½ -20%	10%	20-33%		
Stand per 1 januari					
Aanschaffingswaarde	2.937	1.579	150	4.666	3.792
Amortisatie en bijzondere waardeverminderingen	-249	-325	-83	- 657	-385
Boekwaarde per 1 januari	2.688	1.254	67	4.009	3.407
Mutaties					
Netto-investeringen					
Intern vervaardigd	-	-	40	40	44
Separaat gekocht	-	5	-	5	5
Bij overname verkregen	489	-	1	490	355
Desinvesteringen	-6	-2	-3	-11	-
Netto-aanschaffingen	483	3	38	524	404
Amortisatie	-121	-158	-26	-305	-272
Bijzondere waardeverminderingen	-	-	-	-	-
Koersverschillen en overige mutaties	184	99	4	287	470
Totaal van de mutaties	546	-56	16	506	602
Stand per 31 december					
Aanschaffingswaarde	3.604	1.681	192	5.477	4.666
Amortisatie en bijzondere waardeverminderingen	-370	-483	-109	-962	-657
Boekwaarde per 31 december	3.234	1.198	83	4.515	4.009

6.6 Vrijstellingen voor middelgrote rechtspersonen

Middelgrote rechtspersonen behoeven in de toelichting geen onderscheid aan te brengen tussen enerzijds intern gegenereerde immateriële vaste activa en anderzijds gekochte immateriële vaste activa (RJ 210.501; zie par. 6.5.2). Enkel de categorieën 'kosten die verband houden met de oprichting en met de uitgifte van aandelen' en 'kosten van goodwill die van derden is verkregen' dienen apart te worden getoond (art. 2:397 lid 5 BW).

7 Materiële vaste activa

7.1 Algemeen

Definitie	Activa die worden aangehouden voor gebruik in de productie of levering van goederen of diensten, verhuur aan anderen of voor bestuurlijke doeleinden en waarvan wordt verwacht dat ze de uitoefening van de werkzaamheid van een rechtspersoon duurzaam (meer dan één periode) dienen.
Categorieën	De wet kent specifiek voorgeschreven categorieën. IFRS kent wel een verplichting tot indeling in categorieën, maar laat de categorieën zelf vrij.
Reserveonderdelen en reserve-capaciteit	Als materiële vaste activa beschouwen indien voldaan wordt aan de criteria van een materieel vast actief.
Niet aan het productieproces dienstbare activa	Afzonderlijke categorie binnen materiële vaste activa onder de Nederlandse wet. IFRS kent een dergelijke categorie niet, maar heeft wel een afzonderlijke categorie binnen de balans voor 'held for sale' (IFRS 5) die nog aan het bedrijfsproces dienstbaar kunnen zijn.
Vastgoedbelegging in aanbouw of in ontwikkeling	Vastgoed in aanbouw of in ontwikkeling aangemerkt als vastgoedbelegging, wordt niet verwerkt en gewaardeerd als materieel vast actief maar als vastgoedbelegging.

7.2 Activering

Algemene activeringscriteria	Zowel voor eerste kosten als vervolgkosten: ▶ waarschijnlijk dat toekomstige economische voordelen toekomen aan de rechtspersoon; en ▶ kostprijs van het actief is betrouwbaar vast te stellen.
Geleasede materiële vaste activa resp. gebruiksrechten van activa	RJ: voor activering is de economische eigendom bepalend. Dit betekent dat activa onder financiële lease geactiveerd dienen te worden. IFRS: in beginsel alle gebruiksrechten, die voortkomen uit leaseovereenkomsten, worden als vast actief opgenomen.
Materiële vaste activa in bestelling	Er mogen geen activa in bestelling in de balans worden opgenomen.
Ontvangen activa van klanten	IFRS 15: opname op de balans als de rechtspersoon beschikkingsmacht ('control') over het actief heeft.

7.3 Waardering

Initiële waardering	Kostprijs (verkrijgings- of vervaardigingsprijs), inclusief eventuele kosten om actief op zijn plaats en in de staat te krijgen voor het beoogde gebruik.
Vervolgwaardering	RJ: kostprijs (verkrijgings- of vervaardigingsprijs) of actuele waarde. IFRS: kostprijs (verkrijgings- of vervaardigingsprijs) of reële waarde.
Overgang van kostprijsmodel naar actuele-waardemodel	RJ: als stelselwijziging, retrospectief. IFRS: prospectieve verwerking als ware het een reguliere herwaardering.

Verkrijgingsprijs	Inkoopprijs en bijkomende kosten.
Vervaardigingsprijs	Aanschafkosten gebruikte grond- en hulpstoffen en de directe kosten, alsmede eventueel een redelijk deel van de indirecte kosten (exclusief algemene overheadkosten) en toerekenbare rente op schulden.
Activering van rentekosten	Toegestaan voor kwalificerende activa (actief waarvoor aanmerkelijke hoeveelheid tijd nodig om gereed te maken). Onder IFRS verplicht.
Herstel- of ontmantelingskosten	Toevoegen aan kostprijs (RJ en IFRS), of (keuze uitsluitend RJ) opbouw voorziening.
Investeringssubsidies	Hetzij in mindering brengen op de boekwaarde van het actief, hetzij opnemen als overlopend passief.
Vervangingsinvesteringen	Onderscheid tussen investeringsuitgaven en onderhoudskosten; op kosten van vernieuwing en kosten met een onderhoudskarakter zijn de algemene activeringscriteria van toepassing.
Vervolgwaardering Kostprijs (Dutch GAAP en IFRS)	Kostprijs verminderd met cumulatieve afschrijvingen en cumulatieve bijzondere waardeverminderingsverliezen.
Vervolgwaardering Actuele waarde (Dutch GAAP)	Toepassing van actuele kostprijs, zijnde actuele inkoopprijs of actuele vervaardigingsprijs, tenzij de realiseerbare waarde lager is (zijnde de hoogste van de opbrengstwaarde en de bedrijfswaarde).
Vervolgwaardering Herwaarderingsmodel (IFRS)	Reële waarde: Het bedrag waarvoor een actief kan worden verhandeld tussen ter zake goed geïnformeerde, tot een transactie bereid zijnde partijen, die onafhankelijk van elkaar zijn.
Buitengebruikstelling	Waardering tegen boekwaarde of lagere opbrengstwaarde.
Ruiltransacties	Initiële waardering van het verkregen actief tegen reële waarde, mits ruiltransactie leidt tot wijziging in de economische omstandigheden en de reële waarde van de betreffende activa betrouwbaar kan worden bepaald.
Ontvangen activa van klanten	IFRS 15: eerste waardering van het actief tegen reële waarde met verwerking van niet-financiële vergoeding door klant in transactieprijs.

7.4 Resultaatbepaling

Afschrijfbaar bedrag	Verschil tussen (geherwaardeerde) aanschafwaarde en verwachte restwaarde.
Afschrijvingen	Afschrijvingen zijn verplicht, ook als de marktwaarde is gestegen. Verschillende afschrijvingsmethoden zijn toegestaan. Afschrijving vindt plaats over de geschatte gebruiksduur.
	De afschrijving moet beëindigd worden indien de boekwaarde lager ligt dan de (geactualiseerde) restwaardeschatting.
	Het is niet toegestaan de afschrijving te baseren op de fiscale regels waaronder de fiscale bodemwaarde.
Componentenbenadering	Opsplitsen van de kostprijs van het actief in de gedeelten met een verschillende gebruiksduur.

7 Materiële vaste activa

Frequentie beoordeling gebruiksduur en restwaarde	Strikte IFRS-regelgeving: jaarlijkse (her)beoordeling. RJ: enkel (her)beoordeling als gewijzigde of nieuwe informatie.
Verschillen fiscale en commerciële jaarrekening	Mogelijke verschillen tussen fiscale bodemwaardes en commerciële restwaardes kunnen resulteren in belastinglatenties.
Wijzigingen in de geschatte gebruiksduur, afschrijvingsmethode en/of restwaarde (schattingswijzigingen)	Wijzigingen in de geschatte gebruiksduur, afschrijvingsmethode en/of restwaarde dienen altijd te worden verdeeld over de resterende gebruiksduur (uitsluitend prospectieve verwerking).
Bijzondere waardeverminderingen	Dienen in aanmerking te worden genomen indien de realiseerbare waarde lager is. Dit wordt behandeld in hoofdstuk 29.
Verwerking herwaardering	In een herwaarderingsreserve, met uitzondering van een waardevermindering die ten laste van het resultaat komt voor zover de herwaarderingsreserve van het desbetreffende actief hiervoor niet toereikend is en de terugneming van een dergelijke waardevermindering.
Realisatie herwaardering	RJ: Naar rato van het verbruik en bij desinvestering ten gunste van het resultaat of de overige reserves.
	IFRS: Bij desinvestering of naar rato van het verbruik ten gunste van de overige reserves.
Desinvestering	Na vervreemding of wanneer geen toekomstige prestatie-eenheden meer worden verwacht. Het verschil tussen de netto-opbrengst en boekwaarde wordt verantwoord in de winst-en-verliesrekening.
	Stelselmatig terugkerende verkopen van materiële vaste activa worden als netto-omzet verantwoord, indien de verkopen plaatsvinden in het kader van de normale bedrijfsactiviteiten (verplichting onder IFRS, aanbevolen onder RJ).
7.5 Groot onderhoud	
Groot onderhoud als onderdeel boekwaarde actief	Op kosten groot onderhoud zijn de algemene activeringscriteria van toepassing. Ingevolge IFRS dient bij toepassing van de componenten-benadering groot onderhoud te worden geactiveerd. Onder de RJ is dit ook toegestaan.
Voorziening groot onderhoud	Dit is onder de RJ toegestaan, maar onder IFRS niet.
7.6 Herstelkosten	
Herstelkosten op investeringsmoment	IFRS vereist activering (als onderdeel boekwaarde actief), tegelijkertijd met het opnemen van een voorziening. RJ staat ook toe dat een voorziening wordt opgebouwd over de gebruiksduur van het actief (egalisatievoorziening).
	Bij toepassing actuele waarde verschil tussen RJ en IFRS.
Herstelkosten ontstaan door gebruik van actief	Voorziening opbouw tijdens gebruiksduur actief.
Wijzigingen in herstelkosten	Wijzigingen in herstelkosten als onderdeel van de boekwaarde van het actief worden behandeld als schattingswijzigingen (RJ 212 en IFRIC 1).

7.7 Presentatie en toelichting	
Informatie in de toelichting	De RJ en IFRS bevatten uitgebreide toelichtingsvoorschriften onder andere over de grondslagen, afschrijvingsmethoden, schattingswijzigingen, mutatie-overzichten, geactiveerde rentekosten, beperkingen in het eigendom en herwaarderingen. De toelichtingseisen inzake herwaardering zijn onder RJ afwijkend van IFRS (reële waarde hiërarchie informatie). Tevens schrijft de RJ aanvullende informatie inzake herstelkosten in de toelichting voor.
7.8 Biologische activa	
Reikwijdte	Specifieke regelgeving voor de overige biologische activa (anders dan draag(moeder)planten) onder IFRS (IAS 41). Geen specifieke wet- en regelgeving betreffende biologische activa in de Nederlandse wet- en regelgeving.
Activering	IFRS: draag(moeder)plant als materieel vast actief (IAS 16); overige biologische activa o.b.v. IAS 41.
Waardering	IFRS: Draag(moeder)plant: IAS 16, stelselkeuze kostprijs of reële waarde.
	Overige biologische activa (IAS 41): Reële waarde minus kosten voor verkoop onder IFRS.
	RJ: geen onderscheid tussen draag(moeder)plant en overige biologische activa, kostprijs- of actuele-waardemodel (RJ 212).
Waardeverschillen	Overige biologische activa (IAS 41): Direct in de winst-en-verliesrekening onder IFRS.
Overheidssubsidies	Overige biologische activa (IAS 41): Verwerken als bate en niet als onderdeel van de reële waarde van het biologisch actief onder IFRS.
Toelichting	Uitgebreide specifieke toelichtingseisen onder IFRS.

7.1 Algemeen
7.1.1 Inleiding

In dit hoofdstuk worden primair twee essentiële elementen inzake materiële vaste activa behandeld:
▶ wanneer worden uitgaven inzake materiële vaste activa geactiveerd; en
▶ op welke wijze dienen deze uitgaven vervolgens ten laste van het resultaat gebracht te worden.

Onder IFRS wordt dit vraagstuk primair behandeld in IAS 16 'Property, Plant and Equipment'. In de Nederlandse regelgeving zijn naast de wettelijke bepalingen het Besluit actuele waarde (BAW) en Richtlijn 212 'Materiële vaste activa' bepalend. Hoewel Richtlijn 212 is gebaseerd op IAS 16 (2003) en de bepalingen van IFRIC 1 'Changes in Existing Decommissioning, Restoration and Similar Liabilities' grotendeels zijn overgenomen, zijn er op een aantal punten verschillen met IFRS.

Na het van kracht worden van IFRS 16 'Leases' zijn er verschillen met de in Nederland van toepassing zijnde voorschriften ontstaan met betrekking tot de activa die door middel van een (lease)overeenkomst ter beschikking zijn gesteld. De richtlijnen bepalen dat de voorschriften van IFRS 16 ook als stelselkeuze kunnen worden toegepast (in plaats van de bepalingen van Richtlijn 292), mits deze voorschriften integraal en consistent worden toegepast (RJ 292.101).

De uitwerking van de voorschriften van IFRS 16 is opgenomen in hoofdstuk 32. In dit hoofdstuk wordt volstaan met een beperkte weergave van enkele elementen voor de verslaglegging.

7.1.2 Definitie en categorieën

Materiële vaste activa zijn activa die worden aangehouden voor gebruik in de productie of levering van goederen of diensten, verhuur aan derden, of voor bestuurlijke doeleinden. Daarnaast wordt verwacht dat ze de uitoefening van de werkzaamheden van de rechtspersoon duurzaam (langer dan één periode) dienen (RJ 212.0, IAS 16.6). Hiermee onderscheiden materiële vaste activa zich van voorraden, waarbij de aanwending bepalend is voor de classificatie (RJ 220.102, zie par. 12.1). Andere gebruikelijk termen zijn 'slijtende activa' en 'verbruik van werkeenheden' om aan te geven dat materiële vaste activa tijdens meerdere productiecycli gedurende een soms zeer groot aantal jaren worden gebruikt (en daarmee een vraagstuk van toerekening van kosten oproept).

Materiële vaste activa kunnen ook als belegging worden aangehouden. In dat geval classificeren deze activa op de balans als 'niet aan het productieproces dienstbare materiële vaste activa' (zie par. 7.1.4 en hoofdstuk 8 'Vastgoedbeleggingen').

Software kan onder omstandigheden classificeren als materiële vaste activa, bijvoorbeeld wanneer de besturingssoftware een integraal onderdeel van een machine vormt (zie ook par. 6.2.5).

Materiële vaste activa die aangehouden worden voor verhuur en routinematig worden verkocht als onderdeel van de normale bedrijfsactiviteiten na het einde van de verhuurperiode, worden geherclassificeerd naar voorraden zodra de verhuur stopt en ze gereed zijn voor verkoop (IAS 16.68A).
De RJ kent deze bepaling ook, maar dan als aanbeveling (RJ 212.506). Zie ook paragraaf 7.4.5.
Artikel 2:366 lid 1 BW onderscheidt de volgende categorieën materiële vaste activa:
a. bedrijfsgebouwen en -terreinen;
b. machines en installaties;
c. andere vaste bedrijfsmiddelen, zoals technische en administratieve uitrusting;
d. materiële vaste bedrijfsactiva in uitvoering en vooruitbetalingen op materiële vaste activa;
e. niet aan het productieproces dienstbare materiële vaste activa.

Deze categorieën dienen in de balans afzonderlijk te worden opgenomen. De RJ beveelt aan om binnen deze categorieën een verdere onderverdeling te maken indien dit een beter inzicht geeft in de samenstelling van de boekwaarde en de geïnvesteerde bedragen (RJ 212.601). Een dergelijke onderverdeling kan bijvoorbeeld gebaseerd worden op verschillen in gebruiksduur of op verschillen in het patroon waarin de economische voordelen worden gegenereerd ('componentenbenadering', zie ook par. 7.2.1 en 7.4.1.1).

IFRS spreekt van 'property, plant and equipment'; een standaardindeling in categorieën ('classes') wordt niet voorgeschreven. IFRS vraagt wel om de in de toelichting gegevens per categorie op te nemen. Een categorie wordt gedefinieerd als een groep activa gelijksoortig in aard en gebruik door de entiteit. IFRS geeft als voorbeeld de volgende categorieën (IAS 16.37):
► grond (onbebouwd);
► grond en gebouwen;

- machines en installaties;
- schepen;
- vliegtuigen;
- motorrijtuigen;
- inventaris;
- administratieve uitrusting;
- draag(moeder)planten ofwel *'bearer plants'* (zie voor nadere bespreking par. 7.8).

IFRS 16 omvat voorschriften voor het onderkennen en verwerken van de gebruiksrechten voortkomende uit de leasecontracten. In beginsel worden onder IFRS 16 de gebruiksrechten afzonderlijk onderkend ten opzichte van de activa waarvan de entiteit het volledige eigendom heeft. De Richtlijnen zijn ongewijzigd gebleven en maken geen nadrukkelijk verschil tussen een materieel vast actief in volle eigendom resp. via een financial leasecontract.
Voor de presentatie op de balans ('face of the balance sheet') is het onder IFRS 16 ook toegelaten om de gebruiksrechten van activa samen te voegen met dezelfde activa die in volledige eigendom is, mits in de toelichting dan nadere uitsplitsingen worden gegeven.

Verschillen Dutch GAAP – IFRS

De Nederlandse wet- en regelgeving kent een voorgeschreven rubricering in de balans. Onder IFRS is enkel een algemeen voorschrift voor een nadere uitsplitsing in relevante categorieën in de toelichting opgenomen.

7.1.3 Reserveonderdelen en reservecapaciteit

Reserveonderdelen of reservecapaciteit die aan de criteria van een materieel vast actief voldoen dienen ook als zodanig te worden behandeld (RJ 212.202, RJ 220.102, IAS 16.8, IAS 16.BC12A). Wanneer hier niet aan wordt voldaan worden reserveonderdelen als voorraden gerubriceerd. De RJ geeft aan dat in uitzonderlijke gevallen classificatie als zowel materiële vaste activa als voorraden mogelijk is. Een voorbeeld hiervan is de situatie waarin reserveonderdelen zowel voor eigen materiële vaste activa als voor verkochte en in verkoop zijnde voorraden worden aangehouden (RJ 212.202, RJ 220.102).

> **Voorbeeld toelichting in jaarrekening ten aanzien van classificatie reserveonderdelen en reservecapaciteit**
>
> Reserveonderdelen die worden aangeschaft als onderdeel van een materieel vast actief en die alleen worden gebruikt in verband met dit specifieke actief en een integraal onderdeel vormt van de functionaliteit van het bijbehorende actief, worden geactiveerd en afgeschreven als onderdeel van het actief. In alle andere gevallen worden reserveonderdelen geboekt als voorraad en opgenomen in de winst-en-verliesrekening als ze worden verbruikt.

De feitelijke omstandigheden bepalen, zoals hieronder wordt weergegeven, of over reserve- en onderhoudsonderdelen wordt afgeschreven, zolang deze (nog) niet worden gebruikt (RJ 212.427):
- De reserveonderdelen die een gebruiksduur hebben die niet langer is of zal zijn dan het actief waarvoor ze worden aangehouden, worden over dezelfde gebruiksduur van het desbetreffende actief afgeschreven.
- Indien reserveonderdelen de gebruiksduur verlengen van het actief waarvoor ze worden aangehouden, vangt de afschrijving aan op het moment dat de reserveonderdelen worden bevestigd op het desbetreffende actief.

Een enigszins gerelateerd element is de in sommige productieprocessen aanwezige vaste voorraad grondstoffen. Bepaalde processen (bijvoorbeeld in olieraffinaderijen) vereisen dat te allen tijde een basishoeveelheid grondstof aanwezig is. Of deze voorraad als materieel vast actief of als voorraad moet worden geclassificeerd is afhankelijk van de feiten en omstandigheden (IFRIC, November 2014).

7 Materiële vaste activa

Verschillen Dutch GAAP – IFRS
De RJ geeft uitgebreidere regels dan IFRS inzake de verwerking van reserveonderdelen. Echter, de uitwerking in de praktijk zal normaliter vergelijkbaar zijn.

7.1.4 Niet aan het productieproces dienstbare activa
In de Nederlandse wet- en regelgeving dienen de niet aan het productieproces dienstbare materiële vaste activa in een afzonderlijk categorie binnen de balanspost materiële vaste activa te worden gepresenteerd (art. 2:366 lid 1 onder e BW). In dit verband is onder productieproces te verstaan elke vervulling van een functie in de bedrijfsuitoefening. Reservecapaciteit is daarom dienstbaar aan het productieproces en wordt niet onder deze categorie verantwoord (RJ 212.602). Wel tot deze categorie behoren bijvoorbeeld (RJ 212.603):
- directie- en personeelswoningen;
- gebouwen uitsluitend voor sociale of culturele doeleinden;
- materiële vaste activa die als belegging worden aangehouden (vastgoedbeleggingen, zie hoofdstuk 8);
- materiële vaste activa die vroeger in het bedrijfsproces zijn gebruikt, waarvan de aanwending is beëindigd.

IFRS schrijft in afwijking van de Nederlandse wet- en regelgeving voor dat met betrekking tot materiële vaste activa die ingevolge IFRS 5 als 'held for sale' worden aangemerkt, presentatie als een afzonderlijke post (activa 'held for sale') na de *vlottende* activa plaatsvindt (IFRS 5.38). Om te kwalificeren als 'held for sale' dient verkoop zeer waarschijnlijk te zijn. Dit kan betekenen dat activa die nog dienstbaar zijn aan het bedrijfsproces als 'held for sale' kunnen kwalificeren. De niet als 'held for sale' aangemerkte buiten gebruik gestelde activa blijven ingevolge IAS 16 onder de oorspronkelijke categorie gerubriceerd. IFRIC 17 'Distribution of non-cash assets to owners' geeft aan dat IFRS 5 ook van toepassing is op materiële vaste activa die classificeren als 'held for distribution to owners' (IFRS 5.5A).

Voor een uitgebreide bespreking van de regelgeving ingevolge IFRS 5 en IFRIC 17 wordt verwezen naar hoofdstuk 33. Voor de waardering van bovengenoemde activa wordt verwezen naar paragraaf 7.4.3.

Verschillen Dutch GAAP – IFRS
In de Nederlandse regelgeving worden alle buiten gebruik gestelde activa gelijk behandeld als een afzonderlijke voorgeschreven categorie. Onder IFRS worden de als 'held for sale' aan te merken activa afzonderlijk gepresenteerd na de *vlottende* activa, de overige buiten gebruik gestelde activa blijven onderdeel van de oorspronkelijke categorie.

7.1.5 Vastgoedbelegging in aanbouw of in ontwikkeling
Onroerende zaken in aanbouw of in ontwikkeling voor toekomstig gebruik als vastgoedbelegging dient reeds tijdens de ontwikkelingsperiode als een vastgoedbelegging te worden verwerkt en gewaardeerd (RJ 213.106, IAS 40.8); zie hoofdstuk 8.

7.2 Activering
7.2.1 Algemene activeringscriteria
Materiële vaste activa worden in de balans verwerkt indien het waarschijnlijk is dat de toekomstige economische voordelen met betrekking tot het actief zullen toekomen aan de rechtspersoon en waarvan voorts de kostprijs van het actief op betrouwbare wijze kunnen worden vastgesteld (RJ 212.201, IAS 16.7, Stramien alinea 49).

Ook reserveonderdelen en -capaciteit kunnen in aanmerking komen voor activering als materiële vaste activa; zie paragraaf 7.1.3.

De beoordeling of kosten worden verwerkt als (onderdeel van) materiële vaste activa vindt plaats op het moment dat deze worden gemaakt. Deze beoordeling omvat niet alleen de kosten van eerste verkrijging en vervaardiging, maar ook de kosten die worden gemaakt om aan het actief nieuwe bestanddelen toe te voegen, bestanddelen te vervangen of om het actief te onderhouden (RJ 212.204, IAS 16.10).
IAS 16.10 verduidelijkt dat hieronder begrepen kunnen zijn de kosten van gebruiksrechten van activa (zoals afschrijvingen van een geactiveerd gebruiksrecht op een actief) die zijn gebruikt om een materieel vast actief nieuw tot stand te brengen resp. voor vervangingsinvesteringen.

Het als 'dagelijkse' onderhoud aangeduide onderhoud komt nadrukkelijk *niet* voor activering in aanmerking (RJ 212.447, IAS 16.12); deze uitgaven dienen als exploitatiekosten in de resultatenrekening te worden opgenomen.

7.2.2 Geleasede materiële vaste activa resp. gebruiksrechten van activa
Dutch GAAP

Voor de vraag of materiële vaste activa op de balans worden opgenomen is onder de Nederlandse regelgeving niet het juridische eigendom maar het economische eigendom doorslaggevend. Dit wordt ook wel 'substance over form' genoemd. De rechtspersoon heeft het economische eigendom van een actief indien in belangrijke mate de economische voor- en nadelen (de economische risico's) die samenhangen met het actief voor rekening zijn van de rechtspersoon. In samenhang daarmee bezit de rechtspersoon veelal ook de economische beschikkingsmacht over de activa. Dit betekent tevens dat óók de uitgaven voor materiële vaste activa die niet in juridische eigendom worden verkregen in de balans dienen te worden opgenomen als ze voldoen aan de algemene activeringscriteria (RJ 212.207). Indien een rechtspersoon wel het economische eigendom bezit maar niet de juridische eigenaar is, dient dit te worden vermeld (art. 2:366 lid 2 BW; zie ook par. 7.7.2).

Verder bepaalt RJ 212.312 dat de kostprijs van een materieel vast actief dat door de rechtspersoon (lessee) via een financiële leasing wordt aangehouden, wordt bepaald volgens Richtlijn 292 'Leasing'.

IFRS

IFRS maakt vanuit het gezichtspunt van de lessee geen onderscheid tussen een financiële en operationele lease. IFRS 16 schrijft voor dat als de lessee bij aanvang van de lease de beschikkingsmacht over het gebruiksrecht van een actief over een bepaalde periode heeft verkregen ter zake een gebruiksrecht als actiefpost dient op te nemen. Onder IFRS worden de gebruiksrechten die voortkomen uit leaseovereenkomsten onderscheiden van de materiële vaste activa die volledig in eigendom van de entiteit zijn. Dergelijke gebruiksrechten worden als een separate post op de balans dan wel in één balanspost met de volledig in eigendom zijnde activa gepresenteerd. Indien de laatste presentatiewijze wordt gehanteerd, dient een uitsplitsing in de toelichting te worden gemaakt (IFRS 16.47).

De voorschriften voor waardering van de gebruiksrechten zijn opgenomen in IFRS 16 (zie hoofdstuk 32). Indien de rechtspersoon gebruiksrechten op vastgoedbeleggingen aanhoudt is de uiteenzetting in hoofdstuk 8.

7 Materiële vaste activa

Verschillen Dutch GAAP – IFRS

Anders dan in de Nederlandse wet- en regelgeving dienen onder IFRS ook (in beginsel) alle operationele leases in de balans te worden verwerkt. Vanuit het gezichtspunt van de lessee kent IFRS het onderscheid financiële en operationele leases niet.

De gebruiksrechten op activa worden onder IFRS als een separate groep van activa aangemerkt (gebruiksrechten op activa) die hetzij op de balans hetzij in de toelichting afzonderlijk van de materiële vaste activa in eigendom dient te worden gepresenteerd. De Nederlandse wet- en regelgeving kent geen uitsplitsing van materiële vaste activa in volledige eigendom dan wel verkregen via een financiële lease, er is alleen een beperkte toelichting op het ontbreken van het juridisch eigendom voorgeschreven.

7.2.3 Materiële vaste activa in bestelling

Anders dan de 'onderhanden investeringen' geldt ten aanzien van materiële vaste activa in bestelling dat het opnemen daarvan in de balans op grond van de wet- en regelgeving niet is toegestaan, omdat zij niet voldoen aan de definitie van een actief respectievelijk een financiële verplichting. De bestellingen zijn aan te merken als niet-afgewikkelde overeenkomsten. Dergelijke niet-afgewikkelde overeenkomsten worden niet verwerkt in de balans, doch slechts toegelicht (RJ 212.604, IAS 16.74).

De reeds gefactureerde bedragen met betrekking tot materiële vaste activa in uitvoering (ook wel 'onderhanden investeringen') worden wel geactiveerd. Hetzelfde geldt voor door de leverancier geleverde prestaties die nog niet in rekening zijn gebracht (en die voldoen aan de algemene activeringscriteria, zoals de waarschijnlijkheid van toekomstige economische voordelen), bijvoorbeeld vanwege de contractuele afspraken omtrent betalingsmomenten ('milestones'). Uiteraard is het hiervoor wel van belang dat op een betrouwbare wijze kan worden bepaald welke prestaties door de leverancier zijn geleverd, bijvoorbeeld aan de hand van (fysieke) voortgangsrapportages, en dient de daarbij behorende overlopende post inzake nog te ontvangen facturen te worden verantwoord.

7.2.4 Ontvangen activa van klanten

In het geval een klant als onderdeel van een verkoopcontract een niet-financiële vergoeding verstrekt aan de verkoper, bijvoorbeeld in de vorm van een materieel vast actief, wordt het actief verwerkt conform de overige relevante standaarden waaronder IAS 16 (IFRS 15.66, IFRS 15.BC253). Een voorbeeld is een cliënt die een huisaansluiting van het woonhuis tot het distributienetwerk betaalt, waarbij de cliënt deze aansluiting overdraagt aan de gasmaatschappij in ruil voor het ontvangen van gas.

In de Nederlandse regelgeving zijn geen specifieke bepalingen opgenomen omtrent de opname en waardering van materiële vaste activa en de wijze van opbrengstverantwoording van overdracht van activa van klanten. Wel zijn de algemene criteria voor de opname van materiële vaste activa onder de Richtlijnen en IFRS gelijk waardoor de activering van ontvangen activa van klanten overeenkomstig zal zijn. Dit betekent dat ook onder de Richtlijnen de economische beschikkingsmacht en niet de juridische eigendom bepalend is ('substance over form'). Voor de waardering van deze activa wordt verwezen naar paragraaf 7.3.4.2.

Verschillen Dutch GAAP – IFRS

IFRS 15 'Revenue from Contract with Customers' regelt de verwerking van niet-financiële vergoedingen, waaronder materiële vaste activa, bij contracten met klanten en de opname van activa ontvangen van klanten. De Nederlandse wet- en regelgeving kent een dergelijke afzonderlijke bepaling niet. Wel kent IFRS dezelfde algemene criteria voor het activeren van materiële vaste activa (waaronder ontvangen activa van klanten) als in de

Nederlandse wet- en regelgeving waardoor de activering van ontvangen activa van klanten onder Nederlandse wet- en regelgeving en IFRS overeenkomstig zal zijn, ondanks de specifieke regels die hiervoor gelden onder IFRS.

7.3 Waardering

7.3.1 Initiële waardering en inleiding vervolgwaardering

Deze paragraaf beschrijft in hoofdzaak de relevante voorschriften voor de initiële ('eerste') waardering op moment van aanschaf van een actief ('verkrijging', par. 7.3.1.1) resp. het gereedkomen van een zelf vervaardigd actief (par. 7.3.1.2).
De vervolgwaardering wordt op hoofdlijnen besproken in paragraaf 7.3.1.7 en 7.3.1.8 en in meer detail in de paragrafen 7.3.2 (kostprijs) respectievelijk 7.3.3 (actuele waarde en reële waarde).

Voor een materieel vast actief dat voor verwerking als actief in aanmerking komt geldt bij **eerste verwerking** dat waardering dient plaats te vinden tegen kostprijs (RJ 212.301, IAS 16.15).
De kostprijs van een materieel vast actief bestaat uit de verkrijgings- of vervaardigingsprijs en overige kosten om het actief op zijn plaats en in de staat te krijgen die noodzakelijk is voor het beoogde gebruik (RJ 212.302, IAS 16.16).

Uitgaven na eerste verwerking dienen ook als (onderdeel van) de kostprijs van het materieel vast actief te worden verwerkt indien ze voldoen aan de algemene activeringscriteria (waarschijnlijkheid van toekomstige economische voordelen en betrouwbare schatting) (RJ 212.206, IAS 16.13). Dit betekent dat onder toepassing van de componentenbenadering zowel de vervanging van onderdelen dan wel het uitvoeren van het groot onderhoud onderdeel zal zijn van de te activeren bedragen (RJ 212.206 en RJ 212.445, IAS 16.13 en IAS 16.14). Overigens kan groot onderhoud onder de Nederlandse regelgeving ook op een alternatieve wijze worden verwerkt; zie paragraaf 7.5.

Materiële vaste activa kunnen mede worden verworven om veiligheids- of milieuredenen. Hoewel de verwerving van dergelijke materiële vaste activa de toekomstige prestatie-eenheden niet direct verhoogt, kan verwerving van dergelijke materiële vaste activa noodzakelijk zijn om toekomstige prestatie-eenheden uit andere activa te verkrijgen. Dergelijke materiële vaste activa komen voor activering in aanmerking, aangezien met de gezamenlijke activa meer toekomstige prestatie-eenheden worden verkregen, dan in de situatie dat deze activa niet waren verworven (RJ 212.205, IAS 16.11). Een producent van chemische producten kan bijvoorbeeld nieuwe chemische behandelingsprocessen invoeren om te voldoen aan de milieunormen voor de productie en opslag van gevaarlijke stoffen. De kosten van de daaraan gerelateerde verbeteringen van de fabriek worden verwerkt als activa omdat zonder deze verbeteringen de rechtspersoon geen chemische stoffen kan produceren of verkopen.

7.3.1.1 Verkrijgingsprijs

De *verkrijgingsprijs* van een actief is de prijs waartegen het is verworven (RJ 120.0, RJ 940). Volgens IAS 16.16 en artikel 2:388 lid 1 BW omvat deze de inkoopprijs en de bijkomende kosten. Voorbeelden van bijkomende kosten zijn invoerrechten, niet terugvorderbare omzetbelasting, notariële kosten, initiële leveringskosten en plaatsingskosten. Ontvangen kortingen worden in mindering gebracht op de verkrijgingsprijs. Te betalen boeten of renten vanwege te late betaling maken geen deel uit van de verkrijgingsprijs maar worden direct ten laste van de winst-en-verliesrekening gebracht.

7 Materiële vaste activa

Hierna worden in paragraaf 7.3.1.2 de volgende elementen besproken die eveneens in de situatie van een 'inkoop' (verkrijgingsprijs) kunnen voorkomen:
▶ Toerekenbare kosten om het actief op de plaats en in de staat te brengen die noodzakelijk zijn voor het beoogd gebruik.

Tevens kunnen aan de orde zijn:
▶ Herstelverplichtingen (zie par. 7.3.1.4 en 7.3.1.6).
▶ Investeringssubsidies (zie par. 7.3.1.5).
▶ Kostprijs bij een ruiltransactie (zie par. 7.3.4.1).

En in het kader van de vervolgwaardering:
▶ Vervangingsinvesteringen (par. 7.3.1.6).
▶ Groot onderhoud (par. 7.5).

7.3.1.2 Vervaardigingsprijs

Het begrip *vervaardigingsprijs* is van toepassing op de door de rechtspersoon vervaardigde activa. De vervaardigingsprijs omvat de aanschaffingskosten van de gebruikte grond- en hulpstoffen en de overige kosten die rechtstreeks aan de vervaardiging kunnen worden toegerekend (art. 2:388 lid 2 BW, RJ 120.0, RJ 212.302). Dit betreft alle kosten die gemaakt moeten worden om het actief gebruiksklaar te maken zoals (RJ 212.303, IAS 16.17):
▶ rechtstreeks toerekenbare personeelskosten;
▶ kosten voor het geschikt maken van een terrein (bijvoorbeeld de boekwaarde en de sloopkosten van opstallen op grond die gekocht is met de intentie tot slopen en het realiseren van nieuwbouw; RJ 212.302);
▶ leverings- en afhandelingskosten;
▶ installatie- en montagekosten;
▶ kosten om te onderzoeken of het actief naar behoren functioneert; en
▶ honoraria van adviseurs.

De Nederlandse wetgeving (art. 2:388 lid 2 BW) geeft de optie dat een redelijk deel van de indirecte kosten in de vervaardigingsprijs wordt opgenomen. Echter, noch de RJ noch IFRS staat activering van administratieve en andere algemene overheadkosten toe. Tevens mogen de volgende kosten niet in de kostprijs worden verwerkt (RJ 212.304, IAS 16.19):
▶ openingskosten van een nieuwe vestiging;
▶ kosten om een nieuw product of nieuwe dienstverlening te lanceren (inclusief advertentie- en promotiekosten);
▶ bedrijfskosten op een nieuwe locatie of voor een nieuwe afzetmarkt (inclusief opleidingskosten voor het personeel).

Zolang het actief niet gebruiksklaar is, worden de netto-opbrengsten uit verkoop van geproduceerd materiaal in mindering gebracht op de kostprijs (RJ 212.303). Overigens worden opbrengsten en de daaraan gerelateerde kosten van incidentele bedrijfsactiviteiten voor of tijdens het vervaardigingsproces die niet noodzakelijk zijn om het actief naar de locatie of in de staat te brengen voor de beoogde wijze van functioneren (bijvoorbeeld het gebruik van een bouwterrein als parkeerplaats tot de bouw van start gaat), in de winst-en-verliesrekening verwerkt (RJ 212.306, IAS 16.21).

Zodra het actief op de plaats is en zich in de staat bevindt noodzakelijk voor het beoogde gebruik, wordt de verwerking van kosten in de boekwaarde van een materieel vast actief beëindigd. Ook kosten die samenhangen met het gebruik van het actief of kosten die gemaakt worden voor een alternatieve aanwending van het actief, worden niet in de boekwaarde verwerkt. Voorbeelden hiervan zijn kosten van onderbezetting, exploitatie- en aanloopverliezen, kosten van verplaatsing of herstructurering (RJ 212.305, IAS 16.20).

Artikel 2:385 lid 3 BW bepaalt dat materiële vaste activa die geregeld worden vervangen en waarvan de gezamenlijke waarde van ondergeschikte betekenis is, tegen een vaste hoeveelheid en waarde mogen worden opgenomen indien de hoeveelheid, samenstelling en waarde slechts aan geringe veranderingen onderhevig zijn (RJ 212.203). IFRS kent een dergelijke uitzondering niet.

Als vergelijkbare activa ook worden vervaardigd voor de verkoop in het kader van de gewone bedrijfsuitoefening, is de kostprijs meestal gelijk aan de kostprijs volgens de grondslagen van die van voorraden (zie par. 12.3.3) (RJ 212.307, IAS 16.22). Eventuele interne winsten worden geëlimineerd bij het bepalen van de kostprijs. Abnormale kosten in verband met verspilde materialen, arbeid en andere middelen die zijn aangewend voor de vervaardiging maken geen deel uit van de kostprijs van materiele vaste activa.

Indien betaling van de kostprijs van een materieel vast actief plaatsvindt op grond van een langere dan normale betalingstermijn, wordt de kostprijs van het actief gebaseerd op de contante waarde van de verplichting (RJ 212.308, IAS 16.23). Het verschil tussen de contante waarde van de verplichting en de betaling wordt verwerkt als rentelast over de periode waarin het krediet is verleend, tenzij de rentelasten worden geactiveerd in overeenstemming met RJ 273/IAS 23 (zie ook par. 7.3.1.3).

Voorbeeld bepaling aanschaffings- of verkrijgingsprijs

Stel, dat de verkrijgingsprijs van een perceel grond moet worden vastgesteld. Neem aan dat de grond is aangeschaft voor € 300.000 en als bestemming de bouw van een opslagruimte heeft. De grond dient ontdaan te worden van een erop staande ruine van een voormalig landhuis. Het landhuis dient gesloopt te worden. De kosten van de sloop bedragen € 50.000; de sloopmaterialen kunnen voor € 10.000 aan derden worden verkocht. De kosten van het bouwrijp maken van de grond en het aanleggen van een toegangsweg bedragen € 35.000. De met de aankoop van de grond gemoeide rechten en administratiekosten bedragen € 2.500. De (her)inrichting van het terrein brengt kosten mee (tuinarchitect, tuinaanleg) ter grootte van € 12.000, voor de helft te betalen nadat ook de nieuwbouw is voltooid.

De aanschaffings- of verkrijgingsprijs van de grond bedraagt:

		€	€
▶	aanschaffingsprijs		300.000
▶	sloopkosten		
	▶ sloop landhuis	50.000	
	▶ opbrengst sloopmateriaal	(10.000)	
			40.000
▶	terreinopbouw		
	▶ kosten bouwrijp maken en wegaanleg	35.000	
	▶ (her)inrichting terrein	12.000	
			47.000
▶	rechten en administratiekosten		2.500
	Totale verkrijgingsprijs		<u>389.500</u>

De allocatie van de aankoopkosten in zijn geheel aan de grond zoals in bovenstaand voorbeeld onder Nederlandse wet- en regelgeving, dient onder IFRS nauwkeurig te worden bezien. De toepassing van de componentenbenadering (zie par. 7.4.1.1) vereist dat een deel van de aankoopprijs (mogelijk) aan het te slopen gebouw moet worden toegerekend. Immers, er is in bovenstaand voorbeeld sprake van een opbrengst van de sloopmaterialen. Onder de reële-waardebenadering van IFRS zou de aankoopprijs van de grond reeds een afslag voor de sloopkosten bevatten. De uitkomst zou echter identiek zijn, immers de aankoopprijs van de grond bedraagt € 290.000 (€ 300.000 - € 10.000), waaraan vervolgens de sloopkosten weer worden toegevoegd.

Hierna worden elementen afzonderlijk besproken die tevens bij de bepaling van de initiële vervaardigingsprijs aan de orde kunnen zijn:
- Activering van rentekosten (zie par. 7.3.1.3).
- Herstelverplichtingen (zie par. 7.3.1.4 en 7.6).
- Investeringssubsidies (zie par. 7.3.1.5).
- Kostprijs bij een ruiltransactie (zie par. 7.3.4.1).

En in het kader van de vervolgwaardering:
- Vervangingsinvesteringen (zie par. 7.3.1.6).
- Groot onderhoud (zie par. 7.5).

Toekomstige regelgeving
Exposure Draft ED/2017/4 Property, Plant and Equipment – Proceeds before Intended Use (Proposed amendments to IAS 16):
In mei 2020 zijn door de IASB aanpassingen doorgevoerd in de bepalingen die voorschrijven hoe om dient te worden gegaan met opbrengsten die worden gegenereerd gedurende de periode waarin het actief op zijn plaats en in de staat wordt gebracht voor het beoogde gebruik. Door de aanpassingen in de regelgeving in onder andere IAS 16.17 en IAS 16.20A wordt het vanaf 1 januari 2022 niet meer toegestaan om opbrengsten gegenereerd gedurende deze periode in mindering te brengen op de kosten van een materieel vast actief. Dergelijke opbrengsten en hiermee gerelateerde kosten worden opgenomen in de winst-en-verliesrekening in lijn met de van toepassing zijnde verslaggevingsstandaarden (IAS 2 en IFRS 15).

Verschillen Dutch GAAP – IFRS
De toepassing van de componentenbenadering onder IFRS kan resulteren in een andere verwerkingswijze dan onder RJ ingeval grond wordt aangekocht waarop een te slopen pand staat. Mogelijk moet onder IFRS een deel van de aankoopprijs aan de reële waarde van het pand worden toegerekend.

In tegenstelling tot IFRS staat de Nederlandse wetgever toe materiële vaste activa onder bepaalde uitzonderlijke voorwaarden tegen een vaste hoeveelheid en waarde op te nemen.

7.3.1.3 Activeren van rentekosten

Voor het activeren van rentekosten dient sprake te zijn van een kwalificerend actief. Een kwalificerend actief is een actief waarvoor noodzakelijkerwijs een aanmerkelijke hoeveelheid tijd benodigd is om het gebruiksklaar of verkoopbaar te maken (RJ 273.0, RJ 940, IAS 23.5).

Voor kwalificerende activa is ingevolge de Nederlandse regelgeving (art. 2:388 lid 2 BW) het *mogelijk* (stelselkeuze) om in de vervaardigingsprijs de rente op schulden over het tijdvak dat aan de vervaardiging van het actief kan worden toegerekend op te nemen. Onder IAS 23.8 is dit een uitdrukkelijk voorschrift (en geen keuze), tenzij sprake is van waardering op reële waarde (IAS 23.4).
Omdat onder de Nederlandse regelgeving geen uitdrukkelijk voorschrift tot activering aan de orde is, kunnen de rentekosten die direct toerekenbaar zijn aan kwalificerende activa, derhalve naar keuze ook rechtstreeks in de winst-en-verliesrekening worden verwerkt (RJ 273.204). De keuze is een stelselkeuze: indien gekozen wordt om

rente te activeren, dient dit te geschieden voor alle kwalificerende activa (consistente gedragslijn: RJ 273.206). Als rente is geactiveerd, dan wordt hiervan in de toelichting melding gemaakt (art. 2:388 lid 2 BW).

De te activeren rente betreft uitsluitend aan derden verschuldigde rente. Gecalculeerde rente over eigen vermogen mag dus niet in de vervaardigingsprijs worden opgenomen (RJ 273.204, IAS 23.3).

Voorbeelden van kwalificerende materiële vaste activa waarvoor een aanmerkelijke tijd is benodigd om deze in de beoogde staat te brengen, zijn: het zelf vervaardigen van een fabriek, van een elektriciteitsinstallatie en van verhuurbare onroerende zaken.
IAS 23 is niet voorgeschreven voor kwalificerende activa die gewaardeerd worden tegen reële waarde (zoals een biologisch actief, IAS 23.4).

De rentekosten voor kwalificerende activa worden alléén dan geactiveerd als aan de algemene activeringscriteria is voldaan (toekomstige economische voordelen zijn voldoende groot om de boekwaarde inclusief de toegerekende rente te dekken en deze economische voordelen kunnen voldoende betrouwbaar worden vastgesteld, RJ 273.204 en IAS 23.9). RJ 273.212 en IAS 23.16 lijken hiermee op gespannen voet te staan, omdat volgens deze voorschriften een bijzonder waardeverminderingsverlies wordt genomen indien de verwachte uiteindelijk te activeren kosten van het kwalificerende actief uitstijgen boven de realiseerbare waarde (de hoogste van de opbrengstwaarde en de bedrijfswaarde). Er kan een samenloop ontstaan van activering van rentelasten en een bijzondere waardevermindering (operationeel resultaat), tenzij wordt geconcludeerd dat de bepalingen van RJ 273.204 respectievelijk IAS 23.9 omtrent het niet activeren van rente dient te prevaleren.
Indien in de vervaardigingsprijs rente over schulden wordt opgenomen, dient deze rente te worden berekend op basis van de verschuldigde rente over de specifiek voor de vervaardiging opgenomen leningen onder aftrek van eventueel verkregen beleggingsopbrengsten met betrekking tot tijdelijke belegging van de opgenomen leningen (RJ 273.207, IAS 23.12). De bepaling of een lening specifiek voor het actief is aangetrokken, vereist een beoordeling van alle omstandigheden en documentatie die het doel van de lening ondersteunen.

Voorbeeld activeren van rentekosten van specifieke lening

Een onderneming leent € 1.000.000 op 1 januari van het jaar met als doel de constructie van een kwalificerend actief. De onderneming begint direct met de activiteiten en tot 30 juni is € 200.000 besteed aan de vervaardiging van het actief. De rente van de lening over het eerste halfjaar bedraagt € 25.000.
Op 1 januari belegt de onderneming € 800.000 van het tijdelijke overschot van de lening in deposito's met een renteopbrengst van € 16.000 over het eerste halfjaar.
De netto rente over het eerste halfjaar die wordt geactiveerd als onderdeel van de vervaardigingprijs van het kwalificerend actief bedraagt € 9.000 (= € 25.000 - € 16.000).

Voor zover geen specifieke leningen zijn opgenomen, dient de berekening plaats te vinden op basis van de gewogen gemiddelde rente over de rentedragende schulden (RJ 273.207, IAS 23.14).

7 Materiële vaste activa

> **Voorbeeld van bepaling gewogen gemiddelde rentevoet**
> Een onderneming heeft per 1 januari van het jaar een specifieke lening van € 1.000.000 (looptijd 10 jaar en rente 4,5%) voor de constructie van een kwalificerend actief aangetrokken. Echter, de totale vervaardigingsprijs van het actief zal € 3.000.000 bedragen. De investeringen in het actief voor het gehele jaar zijn in totaal € 1.300.000 waarvan € 400.000 op 1 april, € 600.000 op 1 juli en € 300.000 op 1 oktober. Het resterende bedrag (€ 300.000 voor de periode oktober tot en met december) wordt gefinancierd met de volgende algemene leningen:
> ▸ Aandeelhouderslening aangegaan op 1 maart met een totale verplichting van € 600.000 (looptijd 4 jaar en rente van 3%).
> ▸ Opname van rekening-courantfaciliteit per 1 oktober voor een bedrag van € 500.000 voor werkkapitaaluitgaven (rente van 6%).
>
> De gewogen gemiddelde rentevoet voor de algemene leningen over de periode oktober tot en met december is 3% x (600.000/1.100.000) + 6% x (500.000/1.100.000) = 4,4%. Deze gewogen gemiddelde rentevoet van de algemene leningen over de laatste drie maanden van het jaar resulteert in geactiveerde rentekosten voor een bedrag van € 3.300 (300.000 x 4,4% x 3/12). De overige uitgaven in het jaar (van maart en juli) zijn gefinancierd met de specifieke lening.
> De totale geactiveerde rentekosten voor het jaar zijn dan:
> € 400.000 x 4,5% x 9/12 =   13.500
> € 600.000 x 4,5% x 6/12 =   13.500
> € 300.000 X 4,4% x 3/12 =   3.300
>   30.300

Activering dient plaats te vinden vanaf het moment dat uitgaven voor vervaardiging worden gemaakt waaraan rentekosten kunnen worden toegerekend en er activiteiten plaatsvinden om de desbetreffende activa gereed te maken voor gebruik (RJ 273.208, IAS 23.17). Toerekening dient te worden onderbroken gedurende perioden waarin het gereedmaken voor verkoop of voor gebruik gedurende een langere periode niet plaatsvindt (RJ 273.208, IAS 23.20). Toerekening van rente dient te worden beëindigd zodra de activiteiten voor het gereedmaken voor verkoop of gebruik wezenlijk zijn voltooid (RJ 273.208, IAS 23.22).

In de toelichting op de post rentelasten dient het bedrag te worden vermeld dat gedurende de verslagperiode aan rente is geactiveerd. Voorts dient nog de vermelding van de toegepaste rentevoet plaats te vinden (RJ 273.302, IAS 23.26). Tevens bevelen de Richtlijnen aan in de toelichting de totale rentelasten te vermelden met daarop een zichtbare aftrek voor de geactiveerde rentelasten respectievelijk aan te geven welk bedrag aan rente is geactiveerd via de mutatie onderhanden projecten en bij activering van de eigen productie (RJ 273.302). IFRS bevat deze aanbeveling niet.

> **Voorbeeld toelichting op het activeren van rentelasten**
> Rentekosten die direct toerekenbaar zijn aan kwalificerende activa worden geactiveerd gedurende de periode van vervaardiging van het actief. Overige rentekosten worden rechtstreeks in de winst-en-verliesrekening verantwoord. De te activeren rente wordt berekend op basis van de gewogen gemiddelde rentevoet van de langlopende leningen. Indien sprake is van projectfinanciering, wordt de te activeren rente berekend op basis van het voor deze financiering geldende rentepercentage.
> Gedurende Jaar 2 is een bedrag van € 200.450 aan rentelasten geactiveerd ter zake van materiële vaste activa in aanbouw (Jaar 1: € 153.500). De gewogen gemiddelde rente over rentedragende schulden die is gehanteerd bij de berekening van te activeren rentelasten bedraagt 6%.

Verschillen Dutch GAAP – IFRS
Onder IFRS is het niet toegestaan rentekosten die direct toerekenbaar zijn aan een kwalificerend actief rechtstreeks in de winst-en-verliesrekening op te nemen, terwijl deze verwerkingswijze onder Nederlandse wet- en regelgeving wel mogelijk is. Onder Nederlandse wet- en regelgeving dient dan ook te worden vermeld of rentelasten worden geactiveerd (art. 2:388 lid 2 BW).

Tevens bevelen de Richtlijnen aan in de toelichting de totale rentelasten te vermelden met daarop een zichtbare aftrek voor de geactiveerde rentelasten respectievelijk aan te geven welk bedrag aan rente is geactiveerd via de mutatie onderhanden projecten en bij activering van de eigen productie (RJ 273.302). IFRS bevat deze aanbeveling niet.

De regels voor het activeren van rentekosten zijn in IAS 23 verder gelijk aan Richtlijn 273 met uitzondering van het toepassingsgebied dat meer is afgebakend onder IAS 23.

7.3.1.4   Herstel of ontmantelingskosten

IFRS bepaalt dat tot de verkrijgings- en vervaardigingsprijs tevens de in de toekomst te verwachten kosten van ontmanteling of verwijdering van het actief of van met het actief samenhangende herstelkosten behoren (IAS 16.16 (c)). De Richtlijn verplicht dit niet vanwege een alternatieve wijze van verwerking (RJ 212.435). Zie verder paragraaf 7.6.

7.3.1.5   Investeringssubsidies

Voor investeringen in materiële vaste activa kunnen investeringssubsidies worden verkregen, bijvoorbeeld premies ingevolge een investeringsregeling of subsidies in verband met energiebesparing of arbeidsplaatsverbetering.

Investeringssubsidies kunnen worden gezien als vermindering van het in het desbetreffende object te investeren bedrag dan wel als bijdrage in de financiering daarvan (RJ 274, RJ 212.313, IAS 20.17, IAS 16.28). In het eerste geval worden investeringssubsidies in mindering gebracht op het geïnvesteerde bedrag; in het tweede geval worden zij als vooruitontvangen bedrag onder de overlopende passiva opgenomen (zij kunnen zowel een langlopend als een kortlopend karakter hebben) (RJ 274.112, IAS 20.24).

Indien de investeringssubsidie in mindering wordt gebracht op het geïnvesteerde bedrag, heeft dit tot gevolg dat het afschrijvingspercentage op lagere bedragen wordt toegepast dan bij opname op de balans onder de overlopende passiva (RJ 274.115, IAS 20.27). Bij de bepaling van de restwaarde dient rekening te worden gehouden met de eventueel te restitueren premie als bij het bereiken van de restwaarde het object vermoedelijk zal worden afgestoten, bijvoorbeeld indien de economische gebruiksduur vermoedelijk korter zal zijn dan de terugvorderingstermijn in de premieregeling (RJ 274.116).

Uit de op de balans gepassiveerde investeringssubsidie dient jaarlijks een gedeelte ten gunste van het bedrijfsresultaat vrij te vallen. Dit gedeelte dient systematisch te worden berekend over de periode waarin de onderneming voornemens is de verantwoorde kosten gerelateerd aan de subsidie te compenseren (RJ 274.113, IAS 20.12). De vrijval wordt in de winst-en-verliesrekening gepresenteerd als een vermindering van de afschrijvingen. Bij afbouw van investeringssubsidieregelingen kunnen de in de loop van de komende jaren ten gunste van het bedrijfsresultaat vrijvallende bedragen en de omvang van de passiefpost op enig moment zo gering zijn, dat afzonderlijke vermelding niet meer noodzakelijk is of dat van verdere egalisatie kan worden afgezien (RJ 274.114). Onder IFRS gelden in dat geval de algemene materialiteitsbepalingen.

Er kan sprake zijn van een samenloop van overheidssubsidies met winstbelastingen. Als dit aan de orde is kan hetgeen in paragraaf 17.1.3 is opgenomen voor de vaststelling van de juiste verwerkingswijze behulpzaam zijn.

De aard van de subsidies, de wijze van verwerking in de jaarrekening en dergelijke dient in de toelichting te worden vermeld (RJ 274.121, IAS 20.39). Voor een nadere uiteenzetting van de toelichtingseisen en de behandeling van (overige) vormen van overheidssubsidies wordt verwezen naar hoofdstuk 35.

7 Materiële vaste activa

7.3.1.6 Vervangingsinvesteringen en overige investeringen na moment van verkrijging

Ook na de initiële verkrijging of vervaardiging kunnen uitgaven worden gedaan met betrekking tot het betreffende materiële vaste actief. Daarbij is van belang onderscheid te maken tussen investeringsuitgaven en onderhoudskosten.

Voor kosten van vernieuwing dient allereerst de vraag te worden beantwoord of sprake is van activeerbare kosten. RJ en IFRS zijn gelijkluidend in de opvatting dat de algemene activeringscriteria van toepassing zijn (RJ 212.206, IAS 16.13 respectievelijk 16.7). Ook kosten met een groot-onderhoudskarakter (dat wil zeggen noodzakelijk voor blijvende instandhouding van het actief) kunnen in specifieke omstandigheden worden geactiveerd (RJ 212.206 en RJ 212.445, IAS 16.13 en IAS 16.14). Voor een nadere uiteenzetting van de verwerking van groot onderhoud wordt verwezen naar paragraaf 7.5.
Het type onderhoud dat is te duiden als het 'dagelijkse onderhoud' met kleine reparaties, veelal bestaande uit het onderhoud bij storingen voor de goede werking van het actief, is géén onderdeel van de vervangingsinvesteringen. Deze bedragen worden direct in de winst-en-verliesrekening verwerkt wanneer zij worden gemaakt (RJ 212.447, IAS 16.12).

De uitgaven voor aanpassingen aan materiële vaste activa als gevolg van gewijzigde wetgeving dienen te worden geactiveerd (RJ 212.205, IAS 16.11); als voorbeeld hiervan wordt genoemd de aanpassingen van de installaties aan gewijzigde veiligheids- of milieuwetgeving (zie par. 7.2.1).

Voorbeeld uitgaven na eerste investering (ontleend aan IAS 16.14)

Als voorbeeld geeft IFRS de periodieke preventieve onderhoudsbeurten van vliegtuigen, ongeacht of er ook daadwerkelijk onderdelen worden vervangen. De kosten van uitvoering van een onderhoudsbeurt mogen, mits wordt voldaan aan de algemene criteria voor activering, worden geactiveerd als 'vervangingsinvestering', onder gelijktijdige desinvestering van de restantboekwaarde van de voorgaande onderhoudsbeurt. De overweging daarbij is dat de periodieke inspecties noodzakelijk zijn ter vaststelling van de goede, veilige, werking van het vliegtuig, op basis waarvan de luchtvaartautoriteiten zullen toestemmen het vliegtuig te blijven gebruiken. Zonder die toestemming is geen sprake van 'resterende werkeenheden'; overeenkomstig veronderstelt de regelgever dat een initiële inspectie van het vliegtuig voor ingebruikname heeft plaatsgevonden, welke daarmee onderdeel is van de initiële verkrijgingsprijs.
Indien de kosten van de vorige onderhoudsbeurt niet afzonderlijk bepaalbaar zijn, dienen deze te worden geschat aan de hand van de kosten van vergelijkbare onderhoudsbeurten.

Bij de activering van uitgaven voor investeringen dient overigens rekening te worden gehouden met de mogelijke noodzaak van het doorvoeren van bijzondere waardeverminderingen (zie par. 7.4.3).

7.3.1.7 Vervolgwaardering

Bij waardering na de eerste verwerking dient onder Nederlandse wet- en regelgeving hetzij het kostprijsmodel hetzij het actuele waarde model te worden toegepast (art. 2:384 lid 1 BW, RJ 212.401). IFRS biedt als waarderingsgrondslag de keuze tussen historische kosten en het 'herwaarderingsmodel' (IAS 16.29), waarmee wordt bedoeld de reële waarde (op datum herwaardering) minus de cumulatieve afschrijvingen na datum herwaardering en cumulatieve waardeverminderingen na datum herwaardering (IAS 16.31). Alhoewel de regelgevers min of meer gelijkluidende bedoelingen hadden bij het mogelijk maken van waardering op basis van 'actuele waarde', is in de nadere uitwerking sprake van aanzienlijke verschillen. De begrippen worden in paragraaf 7.3.3 nader besproken.

De eis van stelselmatigheid impliceert dat een gekozen waarderingsgrondslag voor een materieel vast actief in de opeenvolgende perioden zo veel mogelijk gehandhaafd dient te blijven (zie par. 4.4.5.2). Met deze wijze van stelselmatigheid wordt de *volgtijdelijke* stelselmatigheid bedoeld, zijnde de stelselmatige toepassing in achtereenvolgende boekjaren; niet de *gelijktijdige* stelselmatigheid, waarmee wordt bedoeld dat het niet noodzakelijk is voor alle categorieën materiële vaste activa dezelfde waarderingsgrondslag te kiezen. Wel dient voor alle individuele activa in de betreffende categorie materiële vaste activa dezelfde grondslag te worden toegepast (RJ 212.401, IAS 16.29). Met andere woorden, in geval van herwaardering van een materieel vast actief, dient de volledige categorie van materiële vaste activa waartoe dat actief behoort, te worden geherwaardeerd (RJ 212.409, IAS 16.36).

Een categorie van materiële vaste activa is een groep van activa met een gelijksoortige aard en gelijksoortig gebruik in de bedrijfsactiviteiten van de rechtspersoon (RJ 212.410, IAS 16.37). Voorbeelden van afzonderlijke categorieën zijn (RJ 212.410, IAS 16.37): grond, gebouwen, machines en installaties, transportmiddelen, meubilair en kantoorinrichting. Deze categorieën voor de bepaling van de waarderingsgrondslag kunnen onder IFRS enger gedefinieerd zijn dan de voorgeschreven categorieën voor de presentatie zoals gedefinieerd in artikel 2:366 BW (zie par. 7.1.2).

7.3.1.8 Vervolgwaardering – Overgangsbepaling vanaf 1 januari 2016
Stelselwijziging op basis van Overgangsbepaling
De RJ heeft via paragraaf RJ 212.8 een bijzondere vorm van toepassing van historische kosten toegestaan. Indien de rechtspersoon voor een categorie materiële vaste activa de grondslag actuele waarde hanteert en als gevolg van de op 1 januari 2016 gewijzigde invulling van de actuele waarde op een latere datum kiest voor een stelselwijziging, waarbij voortaan de betreffende categorie materiële vaste activa tegen historische kostprijs wordt gewaardeerd, is het toegestaan, in afwijking van RJ 140.208, deze stelselwijziging prospectief te verwerken. Indien hiervan gebruik wordt gemaakt, dienen de boekwaarden aan het begin van het desbetreffende boekjaar, gebaseerd op het oude stelsel, als uitgangspunt te worden genomen bij de toepassing van het nieuwe stelsel (actuele waarde). De voorwaarde voor een dergelijke prospectieve verwerking dat het cumulatieve effect van de stelselwijziging niet kan worden bepaald (RJ 140.209), is voor deze stelselwijziging niet van toepassing (RJ 212.802).

Bij deze prospectieve verwerking van de stelselwijziging naar historische kostprijs wordt de boekwaarde aan het eind van het boekjaar waarin toepassing van actuele waarde plaatsvindt als uitgangspunt genomen, en daarna verondersteld de historische kostprijs (voor alle toekomstige jaren) te zijn. Verdere (opwaartse) herwaarderingen vinden vanaf dat moment niet meer plaats. Deze boekwaarde wordt verder afgeschreven in overeenstemming met het kostprijsmodel, en getoetst op bijzondere waardeverminderingen indien daarvoor aanwijzingen zijn. De eventueel bestaande herwaarderingsreserve op de datum van overgang valt vrij bij realisatie, dat wil zeggen, door afschrijving of vervreemding in toekomstige perioden in overeenstemming met RJ 212.415 (RJ 212.803).

De toepassing van deze overgangsbepaling dient te worden toegelicht in het boekjaar waarin de overgang is verwerkt, alsmede in de daaropvolgende boekjaren zolang de herwaarderingsreserve niet volledig gerealiseerd is. De rechtspersoon dient de omvang van de betreffende nog niet gerealiseerde herwaardering separaat te vermelden (RJ 212.804).

Verschillen Dutch GAAP – IFRS
De regelgeving laat naast de waarderingsgrondslag kostprijs ook actuele waarde (Nederlandse wet- en regelgeving) of reële waarde (IFRS) toe. De uitwerking van de beide laatstgenoemde begrippen onder Nederlandse wet- en regelgeving en onder IFRS kent aanzienlijke verschillen (zie par. 7.3.3).
Indien de rechtspersoon voor een categorie materiële vaste activa de grondslag actuele waarde hanteert en als gevolg van de gewijzigde invulling van de actuele waarde op een latere datum kiest voor een stelselwijziging, waarbij voortaan de betreffende categorie materiële vaste activa tegen historische kostprijs wordt gewaardeerd, is het

toegestaan, in afwijking van RJ 140.208, deze stelselwijziging prospectief te verwerken. Onder IFRS is deze overgangsbepaling niet aan de orde en wordt een eventuele stelselwijziging in overeenstemming met de voorschriften van IAS 8 verwerkt.

7.3.2 Vervolgwaardering: Kostprijs (verkrijgings- en vervaardigingsprijs)

Indien na de eerste verwerking een materieel vast actief gewaardeerd wordt volgens het kostprijsmodel, dient het actief te worden gewaardeerd tegen de kostprijs verminderd met cumulatieve afschrijvingen en cumulatieve bijzondere waardeverminderingsverliezen (RJ 212.402, IAS 16.30). De afschrijvingen en de bijzondere waardeveranderingen worden behandeld in respectievelijk paragraaf 7.4.1 en paragraaf 7.4.3.

7.3.3 Vervolgwaardering: Actuele waarde en reële waarde

Voor materiële vaste activa in gebruik voor de bedrijfsactiviteiten geeft zowel IFRS als de Nederlandse regelgeving de mogelijkheid om deze op een andere grondslag dan verkrijgings- of vervaardigingsprijs te waarderen:
- volgens RJ 212.401 het actuele waarde model, met toepassing van de actuele kostprijs;
- volgens IAS 16.31 op een geherwaardeerd bedrag (bepaald op de reële waarde op datum herwaardering verminderd met daaropvolgende cumulatieve afschrijvingen en daaropvolgende cumulatieve bijzondere waardeverminderingsverliezen).

De uitwerking in de Nederlandse wet- en regelgeving van het begrip 'actuele waarde' (actuele kostprijs) wijkt aanzienlijk af van de invulling van het begrip 'geherwaardeerde waarde' (reële waarde) volgens IFRS, waardoor de nadere behandeling hierna gescheiden plaatsvindt.

Uiteraard is het mogelijk om op een enig moment een stelselwijziging door te voeren en in plaats van het kostprijsmodel het actuele waarde model toe te passen. Onder IAS 8.17-18 wordt een dergelijke stelselwijziging prospectief en zonder aanpassing van de vergelijkende cijfers verwerkt en dus niet volgens de algemene voorwaarden van IAS 8 inzake de verwerking van stelselwijzigingen. Richtlijn 140 'Stelselwijzigingen' kent een dergelijke specifieke bepaling niet en derhalve dient de overgang naar het actuele waarde model onder Nederlandse grondslagen retrospectief te worden verwerkt met aanpassing van de vergelijkende cijfers. Volledigheidshalve wordt opgemerkt dat het actief op het eerste moment van waardering (bij eerste verwerking) altijd tegen verkrijgingsprijs of vervaardigingsprijs dient te worden opgenomen (RJ 212.301, IAS 16.15).

De herziening van de reële waarde respectievelijk actuele kostprijs dient regelmatig plaats te vinden, zodat de boekwaarde van de activa niet materieel kan verschillen van de reële waarde respectievelijk actuele waarde op de balansdatum (RJ 212.408, IAS 16.31). De frequentie van herwaardering wordt bepaald door de beweeglijkheid van de waarde; bij beperkte beweeglijkheid van de waarde van een (component van een) actief kan een herwaardering eens in de drie of vijf jaar voldoende zijn (RJ 212.408, IAS 16.34).
Indien een materieel vast actief wordt geherwaardeerd, dient de volledige categorie van materiële vaste activa waartoe dat actief behoort, aan een hernieuwde vaststelling van de waarde te worden onderworpen en, indien aan de orde, te worden geherwaardeerd (RJ 212.409, IAS 16.36).

De geherwaardeerde waarde is gelijk aan de reële respectievelijk actuele waarde op het moment van waardering onder aftrek van daaropvolgende gecumuleerde afschrijvingen en daaropvolgende gecumuleerde waardeverminderingsverliezen (RJ 212.403 en RJ 212.404, IAS 16.31).

Voor de verwerking van de herwaarderingen wordt verder verwezen naar paragraaf 7.4.4.

7.3.3.1 Actuele waarde (Nederlandse regelgeving)

In het Besluit actuele waarde (BAW) wordt onder de actuele waarde van een actief verstaan de waarde die is gebaseerd op actuele marktprijzen of op gegevens die op de datum van waardering geacht kunnen worden relevant te zijn voor de waarde (art. 1 lid 1 BAW).
Bij de waardering van materiële vaste activa tegen actuele waarde zijn de bepalingen die zijn opgenomen in dit Besluit van belang (RJ 212.403):
▶ de actuele waarde van een materieel vast actief is gelijk aan de *actuele kostprijs* (art. 7 BAW); tenzij
▶ de realiseerbare waarde lager is (waarbij de realiseerbare waarde de hoogste is van de opbrengstwaarde en de bedrijfswaarde).

De realiseerbare waarde is alleen dan relevant indien sprake is van een bijzondere waardevermindering op grond van de toepassing van Richtlijn 121 'Bijzondere waardevermindering van vaste activa'. Deze voorschriften worden behandeld in hoofdstuk 29.

Ter vermijding van misverstanden: met ingang van 1 januari 2016 is het begrip vervangingswaarde niet langer opgenomen als mogelijke invulling van het actuele-waardebegrip. Hiervoor is de actuele kostprijs in de plaats gekomen. En daarboven: indien de overgangsbepaling van RJ 212.8 is toegepast dan is géén sprake meer van het toepassen van 'actuele waarde' doch een bijzondere vorm van historische kostprijs (zie par. 7.3.1.8).

Actuele kostprijs
De actuele kostprijs is (art. 2 BAW, RJ 212.404, RJ 212.0, RJ 940):
a. de actuele inkoopprijs en de bijkomende kosten van verkrijging van een actief, verminderd met de cumulatieve afschrijvingen; of
b. de actuele aanschaffingskosten van de gebruikte grond- en hulpstoffen en de overige kosten welke rechtstreeks aan de vervaardiging van een actief kunnen worden toegerekend, verminderd met de cumulatieve afschrijvingen. In deze kosten kunnen worden opgenomen een redelijk deel van de indirecte kosten en de rente op schulden over het tijdvak dat aan de vervaardiging van het actief kan worden toegerekend (de actuele vervaardigingsprijs).

Bij vaststelling van de actuele kostprijs is het van belang rekening te houden met de verwerkingswijze van uitgaven na eerste verwerking (RJ 212.206), kosten van herstel (RJ 212.435 en verder) en/of kosten van groot onderhoud (RJ 212.445 en verder) en de verwerkingswijze van deze kosten. Afhankelijk van de verwerkingswijze vormen deze kosten wel of geen onderdeel van de inkoopprijs of vervaardigingsprijs. Voor zover deze kosten onderdeel zijn van de inkoopprijs of vervaardigingsprijs is het van belang een afzonderlijke actuele kostprijs te bepalen voor deze componenten (RJ 212.407).

A. Actuele kostprijs van een identiek actief
De actuele kostprijs heeft betrekking op het oorspronkelijk verworven actief en niet van een eventueel beoogd vervangend actief (RJ 212.404). Het begrip actuele kostprijs gaat hiermee uit van identieke vervanging van het betreffende actief.

Bij de bepaling van de actuele kostprijs mag rekening gehouden worden met efficiencyvoordelen in de ontwikkeling van het actief, bijvoorbeeld wanneer door gebruik van nieuwe technieken minder man- of machine-uren nodig zijn om een *identiek* actief te verwerven als het oorspronkelijk verworven actief (bron: NBA-brochure 'Actuele kostprijs in de praktijk'). Het identiek zijn van het actief is wel een essentieel beginsel. Technologische vernieuwingen en andere wijzigingen die niet in het oorspronkelijke actief aanwezig zijn en nog door aanpassingen noch door vervangingsinvesteringen in de periode daarna zijn aangebracht, worden niet opgenomen in de actuele kostprijs. Dit is tevens een essentieel verschil met de in het verleden toegepaste waardering op basis van vervangingswaarde.

Anders geformuleerd: de actuele kostprijs ziet in beginsel op het 'prijselement' (behoudens eventuele effecten door efficiencyvoordelen) en niet op het 'hoeveelheidselement' (de technische staat van het actief). Het hoeveelheidselement blijft ongewijzigd in de beoordeling, het prijselement wordt aangepast naar de datum van bepaling van de actuele kostprijs.

> **Voorbeeld actuele kostprijs van een identiek actief**
> Drukkerij BV heeft 8 jaar geleden een stansmachine aangeschaft van leverancier Stans BV. De machine kent veel metalen delen, welke in bepaalde types nieuwe machines zijn vervangen door kunststof delen. Volgens de meest recente prijslijst van Stans kent de metalen uitvoering een prijs van € 7.000 en de gelijke kunststofuitvoering een prijs van € 6.000. Alhoewel Drukkerij BV verwacht te zijner tijd te zullen overgaan tot aanschaf van het goedkopere kunststoftype, is voor de bepaling van de actuele kostprijs uitsluitend het metalen type van toepassing. De actuele inkoopprijs voor Drukkerij BV bedraagt derhalve € 7.000.

B. Actuele 'aanschafwaarde'

De term 'actuele kostprijs' wordt primair gebruikt als duiding van de boekwaarde van een op actuele waarde gewaardeerd materieel vast actief. Het begrip beoogt een conceptuele duiding te geven. Voor de praktische uitwerking is echter de nadere definiëring van artikel 2 BAW aan de orde: de actuele kostprijs betreft hetzij de actuele inkoopprijs, hetzij de actuele vervaardigingsprijs, waarbij voor de actuele inkoopprijs als omschrijving wordt gegeven 'actuele inkoopprijs en bijbehorende kosten van een actief, verminderd met afschrijvingen' waarop de jaarlijkse afschrijvingen wegens toerekening van het verbruik van de prestatie-eenheden in mindering worden gebracht. Voor de actuele vervaardigingsprijs is een overeenkomstige definiëring gehanteerd.

De begrippen actuele inkoopprijs en actuele vervaardigingsprijs zijn derhalve primair een 'aanschafwaarde'-begrip. Voorheen onder de vervangingswaarde was meer sprake van een 'boekwaarde'-begrip, waarbij de actuele aanschafwaarde en cumulatieve afschrijvingen uit de boekwaarde werden teruggerekend.

Het ligt daarmee niet voor de hand dat een 'actuele kostprijsboekwaarde' wordt bepaald die daarna wordt teruggerekend naar de (bruto) aanschafwaarde en cumulatieve afschrijvingen tot en met de herwaarderingsdatum.

C. Categorieën van activa

De actuele kostprijs is op alle categorieën materiële vaste activa toepasbaar (waarbij een keuze voor toepassing van actuele kostprijs per individuele categorie mogelijk is, zie par. 7.1.2 en 7.3.1.7).

Artikel 9 BAW bepaalt voorts dat in de toelichting uiteengezet wordt op welke wijze de actuele kostprijs is bepaald.

D. Bepaalbaarheid van de actuele kostprijs (beëindiging toepassing)

De Richtlijnen onderkennen dat het denkbaar is dat de actuele kostprijs op enig moment niet langer betrouwbaar kan worden bepaald. Vanaf dat moment dient geen verdere herwaardering voor het betreffend actief plaats te vinden. Dit betekent onder andere dat de laatst bepaalde actuele kostprijs wordt afgeschreven over de resterende levensduur. De overige bepalingen inzake het actuele waarde model blijven overeenkomstig van toepassing (RJ 212.408).

Voor de overgangssituatie van vervangingswaarde naar actuele kostprijs per 1 januari 2016 is het eveneens denkbaar dat wordt gekozen om de toepassing van actuele waarde te beëindigen en via een stelselwijziging over te gaan naar de toepassing van historische kosten. De primaire wijziging is dan om over te stappen naar de geaccumuleerde historische kosten van de daadwerkelijke transacties in de voorgaande boekjaren. Echter, de RJ heeft ook een bijzondere overgangsbepaling (RJ 212.803) opgenomen die ook uitgaat van het principe van overstap naar een stelsel van historische kosten, waarbij het is toegestaan niet de oorspronkelijke kosten doch de laatst bekende boekwaarde op basis van vervangingswaarde als een 'pro forma' historische kostprijs aan te merken. Zie voor nadere uitwerking paragraaf 7.3.1.8.

E. *Wijze van verkrijging*
Voor het bepalen van de actuele kostprijs dient de wijze van verwerving te worden gevolgd. Als het actief via een individuele verkrijging is verworven, dient de actuele kostprijs eveneens te worden bepaald als ware het een individuele verkrijging (en is het niet toegestaan de prijs te bepalen als ware het actief zelf vervaardigd). Idem, als het actief via een eigen vervaardiging tot stand is gebracht, dient de actuele kostprijs eveneens te worden bepaald als ware het wederom zelf vervaardigd en is het niet toegestaan de prijs te bepalen als ware het actief individueel verkregen (RJ 212.404).

Alhoewel de Richtlijn dit strikte onderscheid niet nader uitlegt, zal de reden liggen in het feit dat een (integrale) inkoopprijs meestal hoger zal zijn dan de vervaardigingsprijs doordat de vervaardigingsprijs exclusief winstopslag en dekking voor algemene overheadkosten is.
Daarnaast dienen ook de andere feiten en omstandigheden op moment van initiële waardering te worden toegepast bij de bepaling van de actuele kostprijs. Is op initieel moment sprake van een tweedehands actief, dan dient de actuele kostprijs ook voor hetzelfde tweedehands actief te worden bepaald. RJ 212.405 geeft als voorbeeld: Indien oorspronkelijk een 2 jaar oud actief is verkregen, wordt uitgegaan van de actuele inkoopprijs van een 2 jaar oud actief.

Deze bepaling kan ook relevant zijn bij fusies en overnames (RJ 216). Immers, de regelgeving vereist dat bij het verkrijgen van de overheersende zeggenschap in de andere partij de verkregen activa en passiva op de reële waarde (marktwaarde) op overnamedatum worden gewaardeerd. De marktwaarde van deze tweedehands activa geldt tevens als verkrijgingsprijs voor de overnemende entiteit op overnamedatum. Bij toepassing van 'actuele inkoopprijs' in de vervolgwaardering dient op waarderingsmomenten nadien de actuele kostprijs te worden bepaald van een actief met dezelfde mate van ouderdom als op moment van acquisitie.

F. *Actuele inkoopprijs*
De actuele inkoopprijs van een actief is het bedrag dat op de datum van waardebepaling (peildatum) zou moeten worden betaald met in beginsel gelijke omstandigheden als op de datum van verkrijging:
- ▶ Dezelfde ouderdom als op moment van oorspronkelijke verkrijging. Dit geldt zowel voor de initiële verkrijging op transactiedatum alsmede alle verwervingen en gedeeltelijke desinvesteringen (zoals vervangingsinvesteringen en andere aanpassingsinvesteringen) in de periode tussen de initiële aanschaf en de datum van herwaardering.
- ▶ Verhoogd met de geschatte bijkomende kosten van verkrijging, naar de prijs op peildatum (RJ 212.405).

Voor zover relevant wordt de actuele inkoopprijs verhoogd met de kosten van herstel en verminderd met investeringssubsidies.
Een essentieel verschil met de actuele vervaardigingsprijs is dat de actuele inkoopprijs een integrale prijs betreft, inclusief dekking voor alle algemene overheadkosten, interest en winstopslag die de leverancier in de transactieprijs heeft opgenomen. De laatstgenoemde onderdelen, algemene overheadkosten en winstopslag, zullen nimmer in de actuele vervaardigingsprijs zijn opgenomen. Indien bij de vervaardiging sprake is van een kwalificerend actief waarvoor activering van interest wordt toegepast (zie par. 7.3.1.3), zal dit verschil niet of minder (verschil in rentevoet) van toepassing zijn.

Een wijziging van de geschatte gebruiksduur

De actuele inkoopprijs van grond en terreinen als vestigingsplaats kan over het algemeen worden ontleend aan de marktwaarde voor de betreffende grond en terreinen (RJ 212.405). Deze activa hebben normaliter een onbeperkte gebruiksduur, waardoor de actuele inkoopprijs en geschatte restwaarde gelijk zijn.

Bedrijfsgebouwen, machines en installaties

De actuele inkoopprijs van bedrijfsgebouwen, machines en installaties en andere materiële vaste activa wordt normaliter bepaald aan de hand van marktconforme gegevens of via taxaties uitgevoerd door erkende taxateurs. Informatie omtrent inkoopprijzen is gewoonlijk te ontlenen aan één of meer van de volgende bronnen (RJ 212.405):
- aanbiedingen of inlichtingen van leveranciers;
- recente transacties;
- indexcijfers berekend door bijvoorbeeld brancheorganisaties of statistische bureaus; of
- taxaties door deskundigen.

G. Actuele vervaardigingsprijs

De actuele vervaardigingsprijs van een actief dient te worden gebaseerd op de kosten die zouden worden gemaakt als het actief op de datum van herwaardering zou worden vervaardigd (RJ 212.405). Dit zijn:
- de geraamde aanschaffingskosten van de gebruikte grond- en hulpstoffen en overige direct toerekenbare kosten voor de verschillende onderdelen/elementen van het actief op de datum van herwaardering;
- verhoogd met toerekenbare indirecte kosten;
- en rente op schulden over het tijdvak dat aan de vervaardiging kan worden toegerekend.

In beginsel dient te worden uitgegaan van dezelfde omstandigheden als op de datum van oorspronkelijke vervaardiging, echter met een praktische uitzondering voor de kostentoerekeningsmethodiek (RJ 212.405). De kostentoerekeningsmethodiek is die zoals van toepassing op de datum van herwaardering, dat kan dus afwijken van de methodiek op oorspronkelijke stichtingsdatum.

Voor zover relevant wordt de actuele vervaardigingprijs verhoogd met de kosten van herstel en verminderd met investeringssubsidies.

Naast de initiële vervaardigingsprijs kunnen mutaties aan de orde zijn in de periode tussen de initiële aanschaf en de datum van herwaardering wegens verwervingen en gedeeltelijke desinvesteringen (zoals vervangingsinvesteringen en andere aanpassingsinvesteringen). Voor deze mutaties wordt afzonderlijk een actuele kostprijs bepaald. Hierdoor is de uiteindelijke actuele vervaardigingsprijs een optelling van de individuele actuele vervaardigingsprijzen van de betreffend onderdelen. Ofwel, er wordt geen actuele vervaardigingsprijs bepaald van het actief in de verbouwde staat op datum herwaardering, maar een prijs opgebouwd uit de oorspronkelijke investeringstransacties hetgeen consistent is met het conceptuele uitgangspunt dat actuele kostprijs uitsluitend ziet op het 'prijselement' en niet op het 'hoeveelheidselement'.

In de situatie van fusies en overnames wordt van de verkregen activa en passiva een reële waarde bepaald op het moment van verkrijging. Dit is de (initiële) verkrijgingprijs voor de overnemende partij.
Wordt in de vervolgwaardering actuele waarde toegepast en daardoor 'actuele kostprijs', dan geldt dat in deze situatie altijd een actuele inkoopprijs dient te worden bepaald en geen actuele vervaardigingsprijs. Immers, vanuit het perspectief van de overnemende partij is een tweedehands actief 'gekocht' (via de overname), ook al heeft de overgenomen entiteit het actief zelf vervaardigd.

H. Cumulatieve afschrijvingen

De cumulatieve afschrijvingen op de datum van de herwaardering dienen evenredig aangepast te worden aan de wijziging van de actuele inkoopprijs of vervaardigingsprijs van het actief. Indien de actuele waarde van een materieel vast actief wordt aangepast, leidt dit niet alleen tot een wijziging van de actuele inkoopprijs of vervaardigingsprijs, maar ook tot een wijziging van de reeds verantwoorde cumulatieve afschrijvingen zonder dat sprake is van 'inhaalafschrijvingen' die ten laste van het resultaat zouden komen. Hierbij wordt uitgegaan van de cumulatieve afschrijvingen, vóór enig effect van bijzondere waardeverminderingen. Als bijvoorbeeld op balansdatum de actuele inkoopprijs of actuele vervaardigingsprijs met 5% is gestegen (gedaald) sinds de vorige herwaardering, stijgt (daalt) de cumulatieve afschrijving op het moment van de waardering eveneens met 5% (RJ 212.406).

Een wijziging van de geschatte gebruiksduur van het actief leidt op balansdatum op zich niet tot een wijziging in de actuele kostprijs. Deze wijziging heeft wel invloed op de toekomstige afschrijvingen (RJ 212.406).

> **Voorbeeld actuele kostprijs bij afschrijfbare activa (voorbeeld A.1 van bijlage bij Richtlijn 212)**
>
> Onderneming BV A koopt op 1 januari Jaar 1 een machine voor € 10.000 en bijkomende kosten van € 500. De historische kostprijs bedraagt dus € 10.500. Omdat de machine als gereed product is gekocht, wordt de actuele kostprijs bepaald op basis van de actuele inkoopprijs (niet op basis van de kosten van vervaardiging). De actuele kostprijs is daarom op dat moment eveneens € 10.500. Aan het eind van Jaar 1 bedraagt de inkoopprijs van de machine € 10.200 en zouden de bijkomende kosten € 510 zijn. De machine wordt lineair in 10 jaar afgeschreven, zonder restwaarde. De cumulatieve afschrijving was € 1.050 (10% van € 10.500) en de boekwaarde € 9.450. De inkoopwaarde is met 2% gestegen ((€ 10.710 - € 10.500)/€ 10.500), dus de cumulatieve afschrijving neemt eveneens toe met 2% naar € 1.071. De actuele kostprijs is daarmee € 9.639 (€ 10.710 - € 1.071). Er vindt een herwaardering plaats van € 189 (€ 9.639 - € 9.450), welke rechtstreeks verwerkt wordt in de herwaarderingsreserve.
>
> Bij een herwaardering van een materieel vast actief worden de kostprijs en de cumulatieve afschrijvingen aangepast. Hieronder wordt deze verwerkingswijze geïllustreerd:
>
> | | | |
> |---|---:|---:|
> | Kostprijs | | 10.500 |
> | Cumulatieve afschrijvingen | | 1.050 |
> | Netto-boekwaarde voor herwaardering | | 9.450 |
> | Oorspronkelijke kostprijs | 10.500 | |
> | Aanpassing a.g.v. herwaardering | 210 | |
> | Kostprijs na aanpassing a.g.v. herwaardering | 10.710 | |
> | Cumulatieve afschrijvingen | 1.050 | |
> | Aanpassingen a.g.v. herwaardering | 21 | |
> | Cumulatieve afschrijvingen na aanpassing a.g.v. herwaardering | 1.071 | |
> | Nieuw vastgestelde actuele waarde | 9.639 | -> 9.639 |
> | Herwaardering (€ 210 - € 21) | | 189 |

7.3.3.2 Reële waarde (IFRS)

Onder reële waarde ('fair value') wordt verstaan het bedrag waarvoor een actief kan worden verkocht in een reguliere transactie tussen marktpartijen op de betreffende waarderingsdatum (IAS 16.6).
IFRS 13 geeft aan dat reële waarde een waarde is op de verkoopmarkt ('exit price'), met andere woorden een waarde die wordt bepaald vanuit het perspectief van kopers en niet vanuit het (specifieke) perspectief van de rapporterende entiteit (IFRS 13.2). Daarmee is tevens het essentiële onderscheid met de actuele inkoopprijs onder Nederlandse wetgeving zichtbaar, actuele kostprijs is een waarde vanuit het specifieke perspectief van de gebruiker van het actief en ziet op de inkoopkosten van het actief.

De waardebepaling vanuit het perspectief van een kopende partij/marktdeelnemer is mede zichtbaar in het gedachtegoed van IFRS 13 dat voor de waardering van niet-financiële activa moet worden uitgegaan van aanwending van het actief op de meest gunstige wijze ('highest and best use'). Als een koper door een andere aanwending

7 Materiële vaste activa

van het actief een hogere waarde kan realiseren, dient voor de toepassing van reële waarde bij de rapporterende entiteit dan ook die hogere waarde te worden gehanteerd (IFRS 13.29).

De reële waarde van een actief kan per individueel actief worden bepaald of in combinatie met andere activa en passiva om tot de bepaling in de situatie van 'highest and best use' te komen (IFRS 13.31).
Overigens is een alternatieve aanwendbaarheid eerder uitzondering dan regel, waardoor de waarde doorgaans in de huidige aanwending door de rapporterende entiteit wordt bepaald.

> **Voorbeeld bepaling reële waarde (ontleend aan IFRS 13.IE2)**
> Een entiteit verwerft grond door middel van een bedrijfsovername. De grond is momenteel in gebruik voor een fabrieksgebouw.
>
> Scenario 1: in het land van vestiging is het moeilijk om het bestemmingsplan te wijzigen, bijvoorbeeld naar woonbestemming. Er is tevens geen aanwijzing dat een ontwikkeling naar woonbestemming te verwachten is. Derhalve wordt de reële waarde bepaald in de huidige aanwending van de grond.
>
> Scenario 2: nabijgelegen percelen zijn recent ontwikkeld voor woonbestemming. Het perceel van de entiteit komt eveneens in aanmerking voor ontwikkeling als woonbestemming. De rapporterende entiteit houdt rekening met de alternatieve aanwendbaarheid voor een koper van de grond bij de bepaling van de 'highest and best use'.

IFRS 13 geeft aan dat de bepaling van de reële waarde dient te geschieden met gebruikmaking van zo veel mogelijk objectief waarneembare marktgegevens en daarmee zo min mogelijk subjectieve waarderingselementen, resulterend in een reële-waarde hiërarchie (IFRS 13.61):
- Niveau 1: De reële waarde is gelijk aan genoteerde prijzen in een actieve markt voor identieke activa (IFRS 13.76).
- Niveau 2: De reële waarde is gebaseerd op parameters die direct of indirect in de markt waarneembaar zijn (IFRS 13.81).
- Niveau 3: De reële waarde is gebaseerd op parameters die niet in de markt waarneembaar zijn (IFRS 13.86).

Het voorschrift om zo veel mogelijk objectieve marktgegevens toe te passen geldt ongeacht de toegepaste waarderingsmethodiek. IFRS 13.62 beschrijft drie methoden, zonder daar een voorkeur voor aan te geven, mits consistent toegepast:
- Marktmethode: waardering ontleend aan marktgegevens uit identieke of vergelijkbare markttransacties.
- Kostprijsmethode: waardering op een bedrag om de prestatie-eenheden van een actief te vervangen (in grote lijnen vergelijkbaar met de vervangingswaarde onder NL opvattingen, zij het dat die meer een 'inkoopwaarde' is dan een 'exit price'). Uiteraard dient ook hier primair te worden uitgegaan van de feiten en omstandigheden die een kopende partij in de waardebepaling zou betrekken.
- Opbrengstmethode: waardering op basis van een discontering van toekomstige kasstromen.

Cumulatieve afschrijvingen
De eventuele aanpassing van de reeds verantwoorde gecumuleerde afschrijvingen op het moment van herziening van de reële waarde kan naar keuze als volgt plaatsvinden (IAS 16.35):
a. evenredige aanpassing van de cumulatieve afschrijvingen aan de wijziging van de brutoboekwaarde van het actief, zodat de nettoboekwaarde van het actief na de herwaardering gelijk is aan de nieuw vastgestelde reële waarde (veelal toegepast bij activa die door middel van indexcijfers worden geherwaardeerd). Dit houdt in dat het percentage waarmee de brutoboekwaarde is verhoogd, ook op de cumulatieve afschrijvingen wordt toegepast; of
b. eliminatie van de cumulatieve afschrijvingen tegen de brutoboekwaarde van het actief, waarbij de nettoboekwaarde gelijk wordt gesteld aan de nieuw vastgestelde reële waarde (veelal toegepast bij gebouwen).

Voorbeeld verwerking van cumulatieve afschrijvingen bij herwaardering

Bij een herwaardering van een materieel vast actief worden de waardering en de cumulatieve afschrijvingen aangepast. De verwerking kan op twee wijzen plaatsvinden: eliminatie van cumulatieve afschrijvingen (IAS 16.35 (b)) of evenredige aanpassing (IAS 16.35 (a)). Hieronder worden deze verwerkingswijzen geïllustreerd.

	Methode eliminatie €	Methode evenredige aanpassing €	
Brutoboekwaarde voor herwaardering	2.000	2.000	
Cumulatieve afschrijvingen	400	400	
Nettoboekwaarde voor herwaardering	1.600	1.600	
Nieuw vastgestelde reële waarde (50% verhoging van de nettowaarde)	2.400	2.400	
Herwaardering (2400-1600)	800	800	
Brutoboekwaarde na herwaardering	2.400	3.000	1)
Cumulatieve afschrijvingen	0	600	2)
Nettoboekwaarde na herwaardering	2.400	2.400	

1. 50% verhoging van de brutoboekwaarde = 150% van 2000 = 3.000
2. 50% verhoging van de cumulatieve afschrijvingen = 150% van 400 = 600

Verschillen Dutch GAAP – IFRS

Zowel onder IFRS als onder Nederlandse wet- en regelgeving is waardering van materiële vaste activa tegen een vorm van actuele-waardegrondslag mogelijk. Onder IFRS is dit de grondslag reële waarde. Onder Nederlandse wet- en regelgeving wordt deze grondslag actuele kostprijs (actuele inkoopprijs of actuele vervaardigingsprijs) genoemd. De invulling van deze begrippen verschilt aanzienlijk.

Onder de systematiek van actuele kostprijs worden de gecumuleerde afschrijvingen evenredig aangepast aan de wijziging in de actuele aanschafwaarde. Onder IFRS is dit bij toepassing van reële waarde eveneens een toegestane methode doch kan ook een keuze van eliminatie van de cumulatieve afschrijvingen tegen de brutoboekwaarde van het actief worden gemaakt.

Zowel onder IFRS als onder Nederlandse wet- en regelgeving is het mogelijk om op enig moment een stelselwijziging door te voeren en in plaats van het kostprijsmodel het actuele-waardemodel toe te passen. Deze stelselwijziging wordt onder IFRS prospectief verwerkt, als ware het een reguliere herwaardering, terwijl onder Nederlandse wet- en regelgeving sprake is van een retrospectieve verwerking, conform de bepalingen voor een stelselwijziging.

7.3.3.3 Waardering buiten gebruik gestelde activa

Nederlandse regelgeving

Buitengebruikstelling houdt in dat een materieel vast actief niet meer ingezet wordt in de bedrijfsuitoefening van de rechtspersoon en ook zelfstandig geen opbrengsten genereert via de aanwending van de toekomstige prestatie-eenheden van het actief, anders dan via de vervreemding. Indien materiele vaste activa buiten gebruik zijn gesteld dienen bij de waardering bijzondere waardeverminderingsverliezen in aanmerking te worden genomen (RJ 212.501). Voor de presentatie van buiten gebruik gestelde activa wordt verwezen naar paragraaf 7.1.4.

IFRS

IFRS kent afzonderlijke bepalingen voor materiële vaste activa die als 'held for sale' kwalificeren. Overigens kunnen deze activa nog steeds aan het productieproces dienstbaar zijn en nog niet buiten gebruik zijn gesteld. Van materiële vaste activa die ingevolge IFRS 5 als 'held for sale' worden aangemerkt:
- dient de afschrijving te worden beëindigd (IAS 16.55); en
- vindt waardering plaats tegen de reële waarde verminderd met de directe verkoopkosten (opbrengstwaarde), indien deze lager is dan de boekwaarde (IFRS 5.15).

IFRIC 17 'Distribution of non-cash assets to owners' geeft aan dat materiële vaste activa die classificeren als 'held for distribution to owners' ook conform IFRS 5 tegen reële waarde verminderd met directe distributiekosten gewaardeerd worden, indien deze lager is dan de boekwaarde (IFRS 5.15A).
Voor verdere bespreking van de regelgeving ingevolge IFRS 5 en IFRIC 17 wordt verwezen naar hoofdstuk 33.

De niet als 'held for sale' aangemerkte buiten gebruik gestelde activa blijven ingevolge IAS 16 onder de oorspronkelijke categorie gerubriceerd en ook de afschrijving wordt (in beginsel) voortgezet (IAS 16.55). Het is overigens denkbaar dat de afschrijving op het moment van buitengebruikstelling toch wordt beëindigd omdat de productie eveneens wordt beëindigd of de verwachte restwaarde hoger is dan de boekwaarde.

Verschillen Dutch GAAP – IFRS
IFRS kent specifieke bepalingen voor de presentatie en waardering van materiële vaste activa die kwalificeren als 'held for sale' (IFRS 5). IFRIC 17 'Distribution of non-cash assets to owners' geeft aan dat IFRS 5 ook van toepassing is op materiële vaste activa die classificeren als 'held for distribution to owners'. De Richtlijnen kennen dergelijke specifieke bepalingen niet.

7.3.4 Bijzonderheden in de waardering
7.3.4.1 Kostprijs bij ruil van materiële vaste activa

Indien materiële vaste activa zijn verkregen in ruil met een ander soort niet-monetair actief stelt de Richtlijn overeenkomstig IFRS dat de kostprijs van het verkregen actief dient te worden bepaald op basis van de reële waarde (RJ 212.309, IAS 16.24), uitsluitend voor zover:
a. de ruiltransactie leidt tot een wijziging in de economische omstandigheden; en
b. de reële waarde van het verkregen actief of van het overgedragen actief op betrouwbare wijze kan worden vastgesteld.

De bepaling met betrekking tot 'een wijziging in de economische omstandigheden' betekent dat bezien moet worden in hoeverre door de ruil de toekomstige kasstromen (na aftrek van belastingen) daadwerkelijk zullen wijzigen. Dit is het geval indien de samenstelling (risico's, tijdstippen en bedragen) van de kasstromen wijzigen of de bedrijfswaarde van het gedeelte van de bedrijfsactiviteiten dat door de transactie wordt beïnvloed wijzigt (RJ 212.310, IAS 16.25). Deze verschillen dienen belangrijk te zijn in verhouding tot de reële waarden van de geruilde activa.

Als een entiteit de reële waarde van zowel het ontvangen als opgegeven actief betrouwbaar kan bepalen wordt de reële waarde van het opgegeven actief gebruikt om de kostprijs van het ontvangen actief te bepalen. De uitzondering hierop is een situatie waarbij de reële waarde van het ontvangen actief duidelijker blijkt. De reële waarde van een actief kan betrouwbaar worden bepaald als er geen grote afwijkingen zijn in de beschikbare redelijke schattingen of als de beschikbare schattingen als betrouwbaar worden aangemerkt voor het schatten van de reële waarde (RJ 212.311, IAS 16.26).

Indien het verkregen actief niet tegen reële waarde wordt gewaardeerd, dient de waarde van het verkregen actief te worden gelijkgesteld aan de boekwaarde van het opgegeven actief (RJ 212.309, IAS 16.24).

De overgangsbepaling van de Richtlijn vermeldt dat de eerste waardering van een materieel vast actief dat via een ruiltransactie is verkregen, prospectief wordt toegepast (RJ 212.801).

Voorbeeld ruiltransactie materiële vaste activa

Stel, onderneming A heeft een bedrijfspand met een boekwaarde van € 1,9 miljoen. De reële waarde van het pand is getaxeerd op € 2,2 miljoen. Onderneming B heeft eveneens een bedrijfspand – weliswaar beduidend kleiner – dat een boekwaarde van € 1,3 miljoen heeft. De reële waarde hiervan bedraagt € 1,8 miljoen. A en B komen overeen de panden te ruilen omdat de locaties van de verschillende panden voor beide ondernemingen beter in de strategische visie passen. Bij de ruil betaalt onderneming B additioneel een bedrag van € 0,4 aan liquide middelen.

Er dient een opbrengstverantwoording (het verantwoorden van boekwinst) plaats te vinden indien aan de overige voorwaarden is voldaan (met name 'commercieel handelen'). Vorenstaande wordt als volgt in de jaarrekening van onderneming A verwerkt.

Pand B	€ 1,8 miljoen	
Liquide middelen	€ 0,4 miljoen	
Aan Pand A		€ 1,9 miljoen
Aan Boekwinst		€ 0,3 miljoen

7.3.4.2 Ontvangen activa van klanten

In het geval een klant als onderdeel van een IFRS 15 contract een niet-financiële vergoeding verstrekt aan de verkoper ('*non-cash consideration*'), bijvoorbeeld in de vorm van een materieel vast actief, dient de verkopende entiteit deze vergoeding op basis van reële waarde te betrekken in de bepaling van de transactieprijs (IFRS 15.66). In paragraaf 7.2.4 is reeds uiteengezet in welke gevallen een dergelijk actief wordt opgenomen op de balans van de rechtspersoon die het actief ontvangt. Deze reële waarde wordt beschouwd als de kostprijs.

Indien een onderneming in plaats van een actief een bijdrage in liquide middelen krijgt teneinde een actief te construeren, is het van belang of dit actief al dan niet op de balans van de onderneming zal worden opgenomen. Indien het actief niet op de balans wordt opgenomen wordt de betaling verwerkt in overeenstemming met IFRS 15 (zie hoofdstuk 13 respectievelijk 5). Ingeval wel een actief ontstaat voor de onderneming, wordt het bedrag geboekt als een vooruitbetaling voor de verplichting om goederen en diensten te verstrekken. De uitgaven voor de bouw van het actief worden verwerkt in overeenstemming met IAS 16.

In de Nederlandse regelgeving zijn geen specifieke bepalingen opgenomen omtrent de waardering van materiële vaste activa en de wijze van opbrengstverantwoording welke verband houden met de overdracht van activa van klanten. De algemene bepalingen van Richtlijn 212 'Materiële vaste activa' en Richtlijn 270 'De winst-en-verliesrekening' sluiten aan op de bepalingen in IFRS. Hierdoor kan in de Nederlandse praktijk nog wel diversiteit in uitwerking van dergelijke transacties bestaan, zoals deze op basis van IFRS plaatsvond alvorens IFRS 15 werd uitgebracht. De RJ heeft in de Richtlijnen de mogelijkheid aan rechtspersonen geboden om IFRS 15, mits integraal, toe te passen.

Verschillen Dutch GAAP – IFRS

IFRS 15 adresseert de verwerking van activa ontvangen van klanten. De Nederlandse wet- en regelgeving kent een dergelijke afzonderlijke bepaling niet. De uitwerking volgens IFRS 15 is onder de Nederlandse regelgeving wel mogelijk, maar niet verplicht.

7 Materiële vaste activa

7.4 Resultaatbepaling
7.4.1 Afschrijvingen

De regelgeving (art. 2:386 lid 4 BW, RJ 212.417 en RJ 212.426, IAS 16.50) stelt dat op vaste activa met beperkte gebruiksduur jaarlijks afzonderlijk wordt afgeschreven volgens een stelsel dat op de verwachte toekomstige gebruiksduur is afgestemd. Afschrijvingen dienen onafhankelijk van het resultaat van het boekjaar te geschieden (art. 2:386 lid 1 BW). Een beperkte gebruiksduur hangt samen met technische of economische slijtage. Dit betekent dat op grond in het algemeen niet wordt afgeschreven omdat grond een onbeperkte gebruiksduur heeft (RJ 212.434, IAS 16.58), een uitzondering hierop is bijvoorbeeld mijnbouw.

Afschrijving dient aan te vangen op het moment dat het actief voor het beoogde gebruik beschikbaar is (RJ 212.427, IAS 16.55). Afschrijving dient te worden beëindigd wanneer het actief definitief buiten gebruik wordt gesteld of wanneer het actief is gedesinvesteerd. Afschrijving stopt tevens op het moment dat de restwaarde is bereikt (RJ 212.429, IAS 16.52).

Het is niet toegestaan afschrijvingen achterwege te laten op grond van de overweging dat de opbrengstwaarde van het actief de boekwaarde overstijgt. Reparatie en onderhoud van een actief doen niets af aan de noodzaak tot afschrijving (RJ 212.429, IAS 16.52).

Het afschrijfbare bedrag wordt bepaald als de aanschaffingswaarde van het actief verminderd met de restwaarde (RJ 212.430, IAS 16.6, zie par. 7.4.1).

Het afschrijfbare bedrag wordt over de geraamde gebruiksduur (of, in voorkomende gevallen, de verwachte hoeveelheden productie) aan de betreffende boekjaren toegerekend (RJ 212.426, IAS 16.6).
Het afschrijfbare bedrag wordt in beginsel per *component* (zie par. 7.4.1.1) van het materieel vast actief bepaald.

De afschrijvingskosten worden normaliter verwerkt in de winst-en-verliesrekening, tenzij deze worden verwerkt in de boekwaarde van een ander actief (bijvoorbeeld vervaardigingsprijs van voorraden) (RJ 212.421, IAS 16.48). Ook als bijvoorbeeld de toekomstige prestatie-eenheden van een actief worden gebruikt bij de productie van andere zelfvervaardigde activa, vormen de afschrijvingskosten onderdeel van de kostprijs van het andere actief die worden opgenomen in de boekwaarde van dat andere actief (RJ 212.422, IAS 16.49). De afschrijvingen van fabrieksinstallaties worden bijvoorbeeld verwerkt als productiekosten van voorraden (zie hoofdstuk 12), of de afschrijvingen van materiële vaste activa die worden gebruikt voor ontwikkelingsactiviteiten worden verwerkt in de kostprijs van immateriële vaste activa (zie hoofdstuk 6).

De eis van stelselmatige bepaling van de hoogte van de afschrijvingen impliceert dat een afschrijvingsmethode wordt gekozen die gebaseerd is op het verwachte gebruikspatroon van het actief, overeenkomstig de aanwending van de toekomstige prestatie-eenheden van het actief (RJ 212.423, IAS 16.60). Soorten afschrijvingsmethoden (RJ 212.425, IAS 16.62) zijn bijvoorbeeld:
▶ lineaire afschrijvingsmethode;
▶ degressieve afschrijvingsmethoden (bijvoorbeeld op basis van de boekwaarde);
▶ afschrijving op basis van de intensiteit van het gebruik van de activa of verwachte productiehoeveelheid.

Bij de laatstgenoemde afschrijvingsmethode (intensiteit of productiehoeveelheden) stelt IAS 16.62A nadrukkelijk dat dan niet het *bedrag* van de opbrengsten van een activiteit mag worden gehanteerd. Zou dat wel zo plaatsvinden dan wordt de afschrijving tevens beïnvloed door de variabiliteit van de opbrengstprijzen. De bedoelde methode van afschrijving is specifiek gebaseerd op (alléén) de intensiteit van het gebruik (bijvoorbeeld kubieke meters winbaar gas).

Afschrijving op annuïteitenbasis is niet aanvaardbaar.

Voorbeeld afschrijvingsmethoden

Stel, van een materieel vast actief zijn de volgende gegevens bekend:
- aanschafdatum 1 januari Jaar 1
- aanschafprijs € 220.000;
- geschatte economische gebruiksduur 5 jaar;
- geschatte restwaarde aan het eind van het 5e jaar € 20.000;
- geschat aantal productieve uren 25.000.

1. Lineaire afschrijving
Afschrijvingsbedrag per periode (€ 220.000 - € 20.000) : 5 = € 40.000.

2. Afschrijving volgens een vast percentage van de boekwaarde
Het afschrijvingspercentage valt te berekenen op 38,09561%.

Jaar	Afschrijvings-percentage %	Boekwaarde 1 januari €	Afschrijving €
Jaar 1	38,09561	220.000	83.810
Jaar 2	38,09561	136.190	51.882
Jaar 3	38,09561	84.308	32.118
Jaar 4	38,09561	52.190	19.882
Jaar 5	38,09561	32.308	12.308

3. Afschrijving op basis van de gebruiksintensiteit
Tarief per productief uur: (€ 220.000 - € 20.000): 25.000 = € 8.
Afschrijving per jaar: werkelijke productie-uren x tarief.
Afschrijving in laatste gebruiksjaar: verschil tussen totaal af te schrijven bedrag (i.c. € 200.000) en in voorgaande gebruiksjaren reeds afgeschreven bedrag.

7.4.1.1 Componentenbenadering

Grote en complexe materiële vaste activa zoals gebouwen, installaties, schepen, vliegtuigen en dergelijke zijn samengesteld uit verschillende *componenten* die een verschillende gebruiksduur kunnen hebben (bijvoorbeeld het casco van een vliegtuig, de motoren, stoelen). In deze situatie schrijft IFRS de 'significant parts'-benadering voor (IAS 16.43-44). De Richtlijn schrijft de toepassing van de 'componentenbenadering' voor bij het bepalen van de afschrijvingslast en komt hiermee overeen met IAS 16 (RJ 212.418).

De totale uitgaven voor een groot en complex actief dienen te worden toegewezen aan de samenstellende delen ervan overeenkomstig de gebruiksduur of het verwachte gebruikspatroon, die vervolgens ieder afzonderlijk op basis van het individuele waardeverloop worden afgeschreven (RJ 212.418, IAS 16.44). Voor zover de verschillende onderdelen van een actief gelijke gebruiksduren hebben, mogen deze delen worden samengevoegd voor de bepaling van de afschrijvingslast (RJ 212.419, IAS 16.45).

Indien componenten afzonderlijk worden afgeschreven dan moeten de overige bestanddelen van het actief ook afzonderlijk worden afgeschreven. Overige bestanddelen hebben individueel een geringe betekenis. Indien er verschillende verwachtingen zijn ten aanzien van de gebruiksduur binnen deze categorie dan wordt afgeschreven op een dusdanige wijze dat de afschrijving gezamenlijk een goede afspiegeling geeft van de gebruiksduur (RJ 212.420, IAS 16.46).

7.4.1.2 Beoordelingsaspecten bij gebruiksduur en restwaarde

De regelgeving omvat specifieke voorschriften omtrent de restwaarde en de gevolgen van eventuele aanpassingen daarin:
- De restwaarde wordt gedefinieerd als het op dit moment geraamde bedrag van het actief in de (geschatte toekomstige) staat aan het einde van de gebruiksduur onder aftrek van kosten van overdracht (RJ 940, IAS 16.6). Met eventuele toekomstige wijzigingen in de restwaarde anders dan de effecten van verwachte slijtage wordt hierbij geen rekening gehouden.
- De geraamde restwaarde wordt opnieuw beoordeeld als zich wijzigingen in de omstandigheden voordoen of nieuwe informatie beschikbaar komt (RJ 212.428). Onder IFRS wordt de restwaarde jaarlijks opnieuw beoordeeld (IAS 16.51). Voor de verwerking van een wijziging van de restwaarde wordt verwezen naar paragraaf 7.4.2.
- Het kan voorkomen dat de restwaarde zodanig is toegenomen dat deze de boekwaarde van het actief overstijgt. Op dat moment wordt de periodieke afschrijving beëindigd tot het moment waarop de restwaarde onder de boekwaarde is gedaald (RJ 212.431, IAS 16.54).

Bij het bepalen van de gebruiksduur en/of de afschrijvingsmethode dient mede rekening te worden gehouden met andere factoren dan alleen gebruik (RJ 212.432, IAS 16.56). Bij de bepaling van de gebruiksduur van een actief worden de volgende factoren in aanmerking genomen:
- het verwachte gebruik van het actief. Het gebruik wordt geschat op basis van de verwachte capaciteit of van de fysieke productie van het actief;
- de verwachte fysieke slijtage, die afhangt van operationele factoren zoals het aantal werkperioden waarin het actief zal worden gebruikt, het reparatie- en onderhoudsprogramma, en het onderhoud van het actief wanneer het niet in gebruik is;
- de technische of economische veroudering als gevolg van wijzigingen of verbeteringen in de productie, of van een wijziging in de vraag van de markt naar het product dat of de dienst die met het actief wordt geleverd; en
- juridische of soortgelijke beperkingen op het gebruik van het actief, zoals vervaldata van gerelateerde leaseovereenkomsten.

De gebruiksduur van een actief wordt bepaald op basis van het verwachte nut van het actief voor de rechtspersoon. De gebruiksduur kan korter zijn dan de economische levensduur, bijvoorbeeld omdat het beleid op basis van de ervaring is om het actief voor het einde van de levensduur af te stoten (RJ 212.433, IAS 16.57).

7.4.1.3 Verschillen fiscale en commerciële jaarrekening

In de fiscale regelgeving is een bodemwaarde voor de afschrijving van zowel gebouwen in eigen gebruik als beleggingsvastgoed voorgeschreven die is afgeleid van de WOZ-waarde. Daarnaast worden de onderdelen van een gebouw, de daarbij behorende ondergrond en aanhorigheden fiscaal als één geheel beschouwd. Tevens dienen overige bedrijfsmiddelen, waaronder inventaris, computerhardware en mobiele telefonie, fiscaal over een periode van ten minste 5 jaar te worden afgeschreven (dus jaarlijks ten hoogste 20% van de kostprijs). Deze fiscale regels inzake het afschrijven van materiële vaste activa hebben de volgende consequenties voor de commerciële jaarrekening.

De fiscale bodemwaarde voor gebouwen is niet hetzelfde als de commerciële restwaarde. Immers, de WOZ-waarde hoeft geen juiste weergave te zijn van de restwaarde van een gebouw in eigen gebruik aan het einde van de gebruiksduur, te meer:
- fiscaal gezien het gebouw bestaat uit het gebouw zelf, alsmede de ondergrond en de aanhorigheden;
- de WOZ-waarde een bijzondere vorm van marktwaarde in de huidige staat is en de restwaarde de geschatte toekomstige opbrengstwaarde aan het einde van de gebruiksduur, naar prijspeil van nu.

Commercieel zullen deze 'componenten' separaat worden afgeschreven waarbij grond niet wordt afgeschreven. Het gevolg zal zijn dat een tijdelijk verschil ontstaat tussen de fiscale en commerciële winstberekening. Bij gebouwen waar fiscaal reeds tot onder de bodemwaarde is afgeschreven zal de jaarlijkse commerciële afschrijving in beginsel leiden tot het boeken van een latente belastingvordering over de commerciële afschrijving. Zie ook hoofdstuk 17.

Doordat de grond en overige aanhorigheden met betrekking tot een bedrijfspand fiscaal als één categorie activa (zijnde het gebouw) worden gezien, ontstaat een verschil tussen de commerciële en fiscale activaregistratie. Door de componentenbenadering op gebouwen in de commerciële jaarrekening, leidt dit tot het ontstaan van meerdere latenties met verschillende levensduren. Immers, de structuur van een gebouw kan bijvoorbeeld 30 jaar meegaan, terwijl het platte dak reeds bijvoorbeeld na 15 jaar vervangen wordt.

Voorbeeld verschillen fiscale en commerciële afschrijving van gebouwen

Een gebouw (zijnde het samenstel van bedrijfspand en grond) wordt gekocht voor een bedrag van € 1.500.000, waarvan de aan de grond toegekende waarde € 250.000 bedraagt. Verondersteld wordt verder dat de WOZ-waarde € 1.000.000 bedraagt, de gebruiksduur van het bedrijfspand 20 jaar is en de commerciële restwaarde nihil. Na afloop van de 20 jaar wordt het gebouw verkocht voor € 250.000, zijnde de waarde van de grond. Het belastingtarief is 25%.

Dit leidt tot de volgende af te schrijven bedragen en afschrijvingsperioden:

Commercieel
Grond € 250.000, onbeperkte gebruiksduur, dus geen afschrijving.

Bedrijfspand afschrijfbaar bedrag € 1.250.000, afschrijving in 20 jaar (om het voorbeeld eenvoudig te houden, is uitgegaan van een bedrijfspand dat slechts uit één component bestaat. Echter, in de praktijk zal een gebouw uit meerdere componenten bestaan die afzonderlijk worden afgeschreven).

Fiscaal
Gebouw afschrijfbaar bedrag € 500.000 (= € 1.000.000 * 100% bodemwaarde), afschrijven in 20 jaar. Commercieel zal de totale afschrijving over 20 jaar € 1.250.000 bedragen, terwijl fiscaal slechts € 500.000 zal zijn afgeschreven. Bij verkoop aan het einde van de 20 jaar zal fiscaal echter een boekverlies van € 750.000 worden gerealiseerd, zodat per saldo zowel commercieel als fiscaal een zelfde bedrag ten laste van de winst-en-verliesrekening is gebracht. In enig jaar leidt dit echter tot de boeking van een latente belastingvordering ter grootte van 25% over € 37.500 (1.250.000 / 20 = 62.500 -/- 500.000 / 20 = 25.000), ofwel € 9.375.

Wat betreft de overige bedrijfsmiddelen zijn er minder verschillen tussen de fiscale en commerciële afschrijving. Echter, de onderneming zal ook hiervoor dienen vast te stellen of de fiscale afschrijvingsperiode van minimaal 5 jaar commercieel een juiste weergave is van de gebruiksduur, met name bij activa met een korte gebruiksduur (bijvoorbeeld computerhardware en mobiele telefonie).

7.4.2 Wijzigingen in de geschatte gebruiksduur, restwaarde en afschrijvingsmethode

Het is mogelijk dat gedurende het gebruik van het actief de aanvankelijke schatting van de gebruiksduur of restwaarde dient te worden bijgesteld omdat de eerder door het management bepaalde verwachtingen hieromtrent zijn gewijzigd (RJ 212.428, IAS 16.51). Of een bijstelling van de gebruiksduur of restwaarde noodzakelijk is, dient periodiek te worden vastgesteld. IFRS is hierin explicieter dan de Nederlandse regelgeving door het voorschrift dat jaarlijks de toegepaste gebruiksduren en restwaarden dienen te worden herbeoordeeld (IAS 16.51). De Richtlijnen bevatten de bepaling dat alleen bij wijziging van de omstandigheden of bij nieuwe informatie een herbeoordeling moet plaatsvinden (RJ 212.428).

7 Materiële vaste activa

Er kan zowel sprake zijn van een verlenging als van een verkorting van de gebruiksduur. Indien de verwachting omtrent de totale gebruiksduur in de loop van de tijd wijzigingen ondergaat, dienen nieuwe afschrijvingsbedragen te worden vastgesteld. Wijziging in gebruiksduurverwachtingen is geen stelselwijziging, maar een schattingswijziging (zie hoofdstuk 28). Dit geldt ook voor wijzingen in de restwaarde.

Een wijziging van de afschrijvingsmethode is ook aan te merken als een schattingswijziging (zie par. 28.4.1). De afschrijvingsmethode dient gewijzigd te worden als het verwachte gebruikspatroon van de aanwending van de toekomstige prestatie-eenheden van het actief belangrijk is gewijzigd (RJ 212.424, IAS 16.61).

Het effect van deze schattingswijziging dient, in overeenstemming met Richtlijn 145 'Schattingswijzigingen' en IAS 8 'Accounting Policies, Changes in Accounting Estimates and Errors' te worden verwerkt in de winst-en-verliesrekening in:
▶ de periode waarin de schattingswijziging plaatsvindt, indien de wijziging alleen invloed heeft op die periode;
▶ de periode waarin de schattingswijziging plaatsvindt, alsmede toekomstige perioden, indien de wijziging van invloed is op deze (dat wil zeggen de huidige en toekomstige) perioden.

Het effect van deze schattingswijziging wordt derhalve verwerkt in de winst-en-verliesrekening van de huidige en/of toekomstige perioden. Zie verder hoofdstuk 28.

Voorbeeld van verwerking van schattingswijzigingen van afschrijvingen (ontleend aan Richtlijn 212 bijlage B)

Bij de bepaling van de afschrijvingen worden diverse schattingen gemaakt. Deze schattingen kunnen te maken hebben met de bepaling van de gebruiksduur, de restwaarde of de afschrijvingsmethode. Op grond van Richtlijn 145 'Schattingswijzigingen' dienen schattingswijzigingen te worden verwerkt in de winst-en-verliesrekening in de periode waarin de schattingswijziging plaatsvindt, alsmede toekomstige perioden, indien de wijziging van invloed is op deze perioden. Hieronder wordt met een voorbeeld per soort schattingswijziging de verwerking geïllustreerd.

Onderneming BV A verkrijgt een materieel vast actief op 1 januari Jaar 1 voor de verkrijgingsprijs van € 200.000. De verwachte gebruiksduur bedraagt 10 jaar, restwaarde nihil, afschrijving vindt lineair plaats. Per 31 december Jaar 4 bedraagt de boekwaarde van het actief € 120.000.

Wijziging gebruiksduur
Per 1 januari Jaar 5 wordt vastgesteld dat de verwachte gebruiksduur in totaal 8 jaar betreft, derhalve een resterende gebruiksduur van 4 jaar. De boekwaarde per 31 december Jaar 4 wordt afgeschreven over de resterende 4 jaar. De afschrijving bedraagt per jaar vanaf Jaar 5 tot en met Jaar 8 € 30.000 per jaar. De afschrijvingen tot en met Jaar 4 blijven ongewijzigd, er vindt geen correctie van de afschrijvingen uit het verleden plaats.

Wijziging van de restwaarde
Per 1 januari Jaar 5 wordt vastgesteld dat de verwachte restwaarde € 12.000 bedraagt. Het nog af te schrijven bedrag bedraagt per 1 januari Jaar 5 € 108.000 (€ 120.000 minus € 12.000). De afschrijving bedraagt per jaar vanaf Jaar 5 tot en met Jaar 10 € 18.000. De afschrijvingen tot en met Jaar 5 blijven ongewijzigd, er vinden geen inhaalafschrijvingen plaats.

Wijziging van de afschrijvingsmethode
Per 1 januari Jaar 5 wordt vastgesteld dat het verwachte gebruik van de aanwending van de toekomstige voordelen beter wordt voorgesteld indien wordt afgeschreven volgens de 'sum of the year's digits'. De afschrijving in Jaar 5 bedraagt € 34.286 (€ 120.000 *6/(6+5+4+3+2+1)). De afschrijving in Jaar 6 bedraagt € 28.571 (€ 120.000 - € 34.286*5/(5+4+3+2+1)). De afschrijvingen tot en met Jaar 4 blijven ongewijzigd, er vinden geen inhaalafschrijvingen plaats.

Verschillen Dutch GAAP – IFRS

Met betrekking tot de beoordeling van de gekozen gebruiksduren is IFRS strikter dan de Nederlandse regelgeving. IFRS verplicht tot een jaarlijkse beoordeling, onder de Nederlandse regelgeving hoeft deze herbeoordeling alleen plaats te vinden bij gewijzigde omstandigheden of bij het beschikbaar komen van nieuwe informatie. Hoewel deze bepaling minder ver gaat dan IAS 16, zal de praktische uitwerking hiervan vergelijkbaar zijn.

7.4.3 Bijzondere waardeverminderingen

Naast de systematische verlaging van de boekwaarde van een materieel vast actief door middel van afschrijvingen, en naast de mogelijke noodzaak van verkorting van de gebruiksduur, kan zich de situatie voordoen dat sprake is van bijzondere waardeverminderingen. Bij de waardering van materiële vaste activa dienen bijzondere waardeverminderingsverliezen in aanmerking te worden genomen (RJ 212.453, IAS 16.63). Deze worden uitgebreid behandeld in hoofdstuk 29.

Voor zover er sprake is van vergoedingen van derden voor bijzondere waardeverminderingsverliezen van materiële vaste activa of voor het verlies van een actief, dienen deze te worden verwerkt in de winst-en-verliesrekening op het moment dat de toekenning van de vergoeding inbaar wordt (IAS 16.65) c.q. waarschijnlijk is (RJ 212.455).

7.4.4 Herwaardering

Een positieve herwaardering van een actief leidt tot een mutatie in de herwaarderingsreserve binnen het eigen vermogen (onder IFRS via 'Other Comprehensive Income, OCI') en wordt niet in de winst-en-verliesrekening verwerkt, tenzij het een terugneming betreft van een waardevermindering van het actief die eerder in het resultaat is opgenomen (RJ 212.412, IAS 16.39). De terugneming van een waardevermindering in de winst-en-verliesrekening is niet hoger dan de boekwaarde die bepaald zou zijn indien in voorgaande jaren geen bijzonder waardeverminderingsverlies voor het actief zou zijn verantwoord.

Een negatieve herwaardering van een actief wordt wel in de winst-en-verliesrekening verwerkt voor zover hier tegenover geen herwaarderingsreserve van dit actief staat. Dit wil zeggen dat een negatieve herwaardering ten laste van het resultaat komt voor zover niet eerder positieve herwaarderingen ten aanzien van het betrokken actief zijn doorgevoerd (RJ 212.413, IAS 16.40). De herwaarderingsreserve wordt per individueel actief bepaald en per actief mag er geen negatieve herwaarderingsreserve ontstaan (RJ 240.227, IAS 16.40).

Zowel onder IFRS als de Nederlandse wet- en regelgeving is het verplicht de herwaarderingsreserve te verminderen met het gerealiseerde bedrag; de voorschriften zijn niet geheel gelijkluidend:

Dutch GAAP

De verplichting tot vermindering geldt zowel voor het verbruik van de werkeenheden (à tempo met de afschrijving) als de vervreemding van het actief (RJ 212.415). Dit is het gevolg van de bepaling in de Nederlandse wet (art. 2:390 lid 3 BW) waarbij de herwaarderingsreserve op balansdatum gelijk is aan het verschil tussen de boekwaarde op basis van de verkrijgings- of vervaardigingsprijs (rekening houdend met cumulatieve afschrijvingen en cumulatieve waardeverminderingen) en de boekwaarde op basis van de bij de waardering gehanteerde actuele waarde (RJ 212.414).
Bij de realisatie à tempo van het verbruik, is het gerealiseerde bedrag het verschil tussen de afschrijving op basis van de geherwaardeerde boekwaarde en de afschrijving op basis van de oorspronkelijke historische kostprijs (RJ 212.415).

De realisatie van de herwaarderingsreserve mag rechtstreeks ten gunste van de overige reserves of in een afzonderlijke post ten gunste van de winst-en-verliesrekening worden gebracht. Dit is afhankelijk van het door de rechtspersoon gehanteerde stelsel van verwerking (RJ 212.415).

IFRS

De realisatie à tempo van het verbruik is onder IFRS geen dwingend voorschrift. Gekozen kan worden om deze vermindering achterwege te laten waardoor de realisatie van de herwaardering in zijn geheel plaatsvindt op het moment van desinvestering (IAS 16.41). Volledigheidshalve wordt nog opgemerkt dat een dergelijke vermindering onder IFRS niet in de winst-en-verliesrekening wordt verwerkt. Onder IFRS wordt de realisatie van de herwaardering uitsluitend rechtstreeks verwerkt in de 'Overige reserves'.
De verminderingen als gevolg van de realisatie in de herwaarderingsreserve zijn uitgebreid toegelicht in paragraaf 15.2.4.7 en 15.2.4.8.

De invloed van herwaardering van materiële vaste activa op winstbelastingen dient op basis van de daartoe geldende regels te worden verwerkt (RJ 212.416, IAS 16.42). Voor een nadere toelichting aangaande de verwerking van belastingen wordt verwezen naar hoofdstuk 17.

Verschillen Dutch GAAP – IFRS

Onder IFRS mag de realisatie van de herwaarderingsreserve naar rato van het verbruik of bij desinvestering worden verwerkt ten gunste van de Overige reserves. Onder Nederlandse wet- en regelgeving is het verplicht de herwaarderingsreserve te verminderen met het gerealiseerde bedrag en mag de realisatie ook in het resultaat worden opgenomen.

7.4.5 Desinvestering

Een materieel vast actief wordt als desinvestering verwerkt na vervreemding of wanneer geen toekomstige prestatie-eenheden van het gebruik of de vervreemding worden verwacht bijvoorbeeld door het tenietgaan van het actief door sloop of afbraak (RJ 212.505, IAS 16.67).

Bij desinvestering van materiële vaste activa, ongeacht toepassing van de *grondslag van de verkrijgings- of vervaardigingsprijs* dan wel toepassing van de *grondslag van actuele waarde,* wordt het verschil tussen de netto-opbrengst en de boekwaarde in de winst-en-verliesrekening opgenomen (RJ 212.506/509, IAS 16.68/71).

Bij de bepaling van het moment van vervreemding van een actief past de rechtspersoon dezelfde criteria voor de verwerking van opbrengsten uit goederen toe; zie hoofdstuk 5. Bij de verwerking van de opbrengst uit een vervreemding door een sale-and-leasebacktransactie is hoofdstuk 32 van toepassing.

De vergoeding die in de winst- of verliesrekening moet worden opgenomen uit hoofde van het niet langer opnemen van een materieel vast actief wordt bepaald conform de beginselen voor de bepaling van de transactieprijs van IFRS 15 (IAS 16.72, met verwijzing naar IFRS 15.47-72). Onder Nederlandse wet- en regelgeving wordt een te ontvangen vergoeding bij vervreemding van een materieel vast actief in beginsel verwerkt tegen de reële waarde (RJ 212.510).

Het boekresultaat kan worden verantwoord onder de overige bedrijfsopbrengsten dan wel de overige bedrijfskosten met een bijzonder karakter.

Anders dan onder Nederlandse wet- en regelgeving vallen onder IFRS eerder opgenomen posten in de herwaarderingsreserve niet alsnog vrij in het resultaat (IAS 16.41); zie paragraaf 7.4.4. Wel kan op grond van de tekst van IFRS worden geconcludeerd dat de 'laatste' herwaardering (verschil tussen verkoopprijs en boekwaarde) als resultaat wordt beschouwd (IAS 16.71).

Indien sprake is van desinvestering waartegenover naar verwachting een vergoeding van derden kan worden verkregen (bijvoorbeeld van een verzekeringsmaatschappij of van een overheidsinstantie, bij onteigening of gedwongen verplaatsing), mag deze vergoeding alleen in aanmerking worden genomen indien het zeer waarschijnlijk is dat deze wordt ontvangen. Is ontvangst nog niet zeer waarschijnlijk, dan is sprake van een voorwaardelijke bate. Indien de voorwaardelijke bate belangrijk is, dient deze in de toelichting op de winst-en-verliesrekening te worden vermeld (RJ 252.212, IAS 37.34).

Ook bij ruiltransacties van materiële vaste activa dient de boekwinst verantwoord te worden, indien aan de desbetreffende voorwaarden is voldaan. Voor deze voorwaarden wordt verwezen naar paragraaf 7.3.4.1.

Stelselmatig terugkerende verkopen van materiële vaste activa

IAS 16.68A stelt verplicht en RJ 212.506 beveelt aan om stelselmatig terugkerende verkoopopbrengsten van materiële vaste activa als netto-omzet te verantwoorden, indien de verkopen plaatsvinden in het kader van de normale bedrijfsactiviteiten. Hierbij wordt aanbevolen de verkoopopbrengsten te verwerken als netto-omzet en de boekwaarde van de verkochte activa als bedrijfskosten. Deze bepaling heeft vooral betrekking op materiële vaste activa die worden aangehouden voor verhuur en die als onderdeel van de normale bedrijfsuitvoering worden verkocht na afloop van de verhuurperiode. Een en ander is verder uitgewerkt in paragraaf 5.2.1.

De verkoopopbrengsten worden ingevolge IAS 16.68A bepaald op basis van de voorschriften van IFRS 15. In aansluiting hierop bepaalt IAS 16.69 dat het tijdstip van vervreemding van een actief ligt op het moment van overdracht van de 'control' (als bedoeld in IFRS 15 aangaande de vereisten voor het bepalen wanneer een prestatieverplichting wordt vervuld) dan wel op moment van een 'sale en leaseback' (ingevolge IFRS 16). Onder Nederlandse wet- en regelgeving wordt dit moment bepaald aan de hand van de criteria zoals genoemd in RJ 270.1.

Verschillen Dutch GAAP – IFRS

Onder IFRS wordt de vergoeding die in de winst- of verliesrekening moet worden opgenomen uit hoofde van het niet langer opnemen van een materieel vast actief bepaald op grond van de beginselen voor de bepalingen van de transactieprijs van IFRS 15 (IAS 16.72). Onder Nederlandse wet- en regelgeving wordt een te ontvangen vergoeding bij vervreemding van een materieel vast actief in beginsel verwerkt tegen de reële waarde (RJ 212.510).

IAS 16.68A stelt verplicht en RJ 212.506 beveelt aan stelselmatig terugkerende verkoopopbrengsten van materiële vaste activa te verantwoorden conform IFRS 15 respectievelijk Richtlijn 270 als netto-omzet, indien de verkopen plaatsvinden in het kader van de normale bedrijfsactiviteiten.

7.5 Groot onderhoud

IFRS en de Richtlijnen kennen voor de verwerking van groot onderhoud beide de methode met verwerking in de boekwaarde van het actief (indien wordt voldaan aan de criteria voor verwerking in de balans, onder toepassing van de componentenbenadering) (RJ 212.445, IAS 16.13-14).
Uitsluitend onder toepassing van de Richtlijnen kan als alternatief de methode van verwerking via een onderhoudsvoorziening plaatsvinden (RJ 212.445).

Voorheen kende de RJ nog een andere methode die niet onder IFRS was toegestaan, namelijk het rechtstreeks verwerken van kosten van groot onderhoud in de winst-en-verliesrekening. Deze methode is met ingang van

boekjaren die aanvangen op of na 1 januari 2019 niet langer toegestaan. Dit leidt tot een stelselwijziging per 1 januari 2019, waarvan de wijze van verwerking afhankelijk is van de nieuw gekozen methode (RJ 212.805):
- Indien de kosten van groot onderhoud voortaan worden verwerkt in de boekwaarde van het actief, dan mag de stelselwijziging prospectief verwerkt worden (zie par. 7.5.1).
- Worden de kosten voortaan verwerkt via de onderhoudsvoorziening, dan is uitsluitende de retrospectieve verwerking toegelaten (zie par. 7.5.2).

Voor de situatie dat in de stelselwijziging wordt gekozen voor de methode van verwerking in de boekwaarde van het actief is een overgangsmaatregel van toepassing (zie par. 7.5.3).

In de Richtlijnen is daarnaast een overgangsbepaling opgenomen om een overgang van 'kosten van groot onderhoud via een voorziening' naar 'kosten van groot onderhoud in de boekwaarde van het actief' in afwijking van Richtlijn 140 'Stelselwijzigingen' te verwerken (zie par. 7.5.3).

De wijze van verwerken van groot onderhoud dient voor alle soortgelijke materiële vaste activa op gelijke wijze plaats te vinden (RJ 212.446). Een dergelijke bepaling wordt onder IFRS niet aangetroffen omdat er slecht één toegelaten methode is en een variatie per categorie materiële vaste activa niet aan de orde is.

De scheiding tussen groot onderhoud en een vervangingsinvestering is niet altijd even duidelijk te leggen. Als in een chemische installatie een pomp volgens een vooraf opgezet plan na 5 jaar wordt vervangen zonder dat sprake is van een defect (preventieve vervanging om te voorkomen dat de installatie ongewenst stil komt te vallen) is dit duidelijk als een vervangingsinvestering aan te merken. Als aan een kantoorpand na 10 jaar de buitenkozijnen opnieuw worden geverfd kan dit (conceptueel) als een 'vervanging' van de beschermende verflaag worden gezien of (in de praktijk) als groot onderhoud. In de beoogde toepassing van de componentenmethode (RJ 212, 'significant parts' IAS 16) zijn 'vervanging' en 'groot onderhoud' synoniemen; immers, de componenten worden onderscheiden voor het onderkennen van de bedragen die over verschillende termijnen worden afgeschreven tot het moment van 'vervanging'/'groot onderhoud'.

De RJ merkt ter zake op in RJ 212.447: 'Voorbeelden van groot onderhoud zijn periodieke inspectie, revisie en renovatie van een actief. Van groot onderhoud is geen sprake indien een specifiek component van het actief wordt vervangen.' Daarmee lijkt een onderscheid tussen vervanging en groot onderhoud te worden gemaakt als in het voorbeeld van het schilderwerk: niet aangemerkt als vervanging maar als groot onderhoud; onder IFRS is dit onderscheid niet toepasbaar en altijd als component aan te merken.

Groot onderhoud onderscheidt zich van regulier periodiek (storings)onderhoud door de aard en omvang van de onderhouds- en reparatiewerkzaamheden.
Regelmatig voorkomende (storings)onderhoudskosten worden direct in de winst-en-verliesrekening verantwoord op het moment dat ze gemaakt worden (RJ 212.447, IAS 16.12).

7.5.1 Groot onderhoud als onderdeel van de boekwaarde van het actief

De regelgeving stelt aan het verwerken van groot onderhoud in de boekwaarde van het actief c.q. het toepassen van de componentenbenadering de algemene activeringsvoorwaarden (RJ 212.201/445, IAS 16.7/13/14):
- het is waarschijnlijk dat de toekomstige economische voordelen met betrekking tot het actief zullen toekomen aan de rechtspersoon; en
- de uitgaven voor het groot onderhoud kunnen op betrouwbare wijze worden vastgesteld.

Een volledige toepassing van de componentenbenadering betekent dat uitgaven ter zake van groot onderhoud (op gelijke wijze als 'vervangingsinvesteringen') worden geactiveerd en afgeschreven. Op het moment van het plegen van groot onderhoud en bij juiste schatting van de gebruiksduur zullen de betreffende componenten immers tot de restwaarde (veelal nihil) zijn afgeschreven.

Zowel RJ en IFRS stellen dat bij de vervanging/groot onderhoud de eventuele resterende boekwaarde van het vervangen gedeelte dient te worden gedesinvesteerd (RJ 212.449, IAS 16.13).

RJ en IFRS geven voor een specifieke component, zijnde de 'periodieke inspecties' nadere en specifieke voorschriften: Het gebruik van een materieel vast actief (bijvoorbeeld een vliegtuig in het kader van het luchtvaardigheidscertificaat) kan voorwaardelijk zijn aan het periodiek uitvoeren van grondige inspecties om gebreken op te sporen, ongeacht of onderdelen van het actief worden vervangen. De kosten van deze inspecties worden in de boekwaarde van het materieel vast actief als vervangingsinvestering verwerkt, indien aan de verwerkingscriteria wordt voldaan. De eventuele resterende boekwaarde van de kosten van de vorige inspectie (niet zijnde fysieke onderdelen) wordt gedesinvesteerd. Dit vindt plaats ongeacht of de kosten van de vorige inspectie afzonderlijk zijn geïdentificeerd in de transactie waarin het actief verworven of vervaardigd werd. Indien noodzakelijk kan de geschatte kostprijs van een soortgelijke toekomstige inspectiebeurt worden gebruikt als een indicatie voor de bepaling van de kosten van de reeds uitgevoerde inspectie op het moment dat het actief werd verworven of vervaardigd (RJ 212.450, IAS 16.14).

Tot en met 2018 bestonden onder de Richtlijnen bij verwerking van de kosten van groot onderhoud in de boekwaarde van het actief twee mogelijkheden voor het moment van starten van de afschrijvingen, namelijk (a) vanaf het moment van aankoop van het actief (eerste verwerking van het gehele actief) of (b) pas vanaf het moment dat groot onderhoud wordt gepleegd. De tweede mogelijkheid is met ingang van boekjaar 2019 vervallen.
Met andere woorden: in de situatie dat de entiteit de stelselkeuze heeft gemaakt voor de verwerking van het groot onderhoud in de boekwaarde van het actief is door de wijziging van de Richtlijnen per 1 januari 2019 in beginsel sprake van een gelijke (hoofd)regel voor de verwerking van het groot onderhoud. Echter, door de in paragraaf 7.5.3 uitgewerkte overgangsmaatregel kan de verwerking onder de Richtlijnen toch afwijken van de verwerking onder IFRS.

Voorbeeld Verwerking van kosten van groot onderhoud als onderdeel van de boekwaarde (alinea 448, voorbeeld E in RJ 212)

Feitencomplex
Een rechtspersoon heeft een pand met een kostprijs van € 2.000.000. Op het moment van investeren worden de volgende schattingen gemaakt. De resterende gebruiksduur bedraagt 40 jaar. Eens per 10 jaar dient het dak te worden gerenoveerd tegen de geschatte kosten van € 200.000. De lift dient om de vijf jaar te worden geïnspecteerd; de geschatte kosten bedragen € 100.000.
Na jaar 5 wordt de lift daadwerkelijk geïnspecteerd ten bedrage van € 110.000 en na jaar 8 wordt het dak gerenoveerd ten bedrage van € 195.000.

Uitwerking
Indien de kostprijsbestanddelen van de renovatie van het dak en de inspectie van de lift volgens de componentenbenadering zijn gescheiden van de totale kostprijs, worden de afschrijvingen als volgt bepaald:

Dak, € 200.000/10 jaar	20.000
Lift, € 100.000/5 jaar	20.000
Gebouw, resteert € 1.700.000/40 jaar	42.500
Afschrijving jaar 1	82.500

7 Materiële vaste activa

> Na jaar 5 wordt de lift geïnspecteerd: de kosten ad € 110.000 van de inspectie worden als nieuw afzonderlijk bestanddeel geactiveerd als onderdeel van het pand, en worden afgeschreven over de verwachte gebruiksduur. Er zijn geen desinvesteringen noodzakelijk, aangezien de boekwaarde van het liftbestanddeel nihil bedraagt aan het eind van jaar 5.
> De kostprijs van het renoveren van het dak na jaar 8 ad € 195.000 wordt als nieuw afzonderlijk bestanddeel geactiveerd als onderdeel van het pand en wordt afgeschreven over de verwachte gebruiksduur. Aangezien het dak eerder is gerenoveerd dan was voorzien, wordt de resterende boekwaarde van € 40.000 (€ 200.000 minus 8 jaar afschrijving van € 20.000) gedesinvesteerd en als boekverlies verantwoord in de winst-en-verliesrekening.

7.5.2 Groot onderhoud via onderhoudsvoorziening (uitsluitend Dutch GAAP)

Als tweede verwerkingsmethode kennen de Richtlijnen het vormen van een voorziening groot onderhoud. De methode vloeit voort uit artikel 2:374 lid 1 BW die bepaalt dat voorzieningen kunnen worden opgenomen tegen uitgaven die in een volgend boekjaar zullen worden gedaan, voor zover het doen van die uitgaven zijn oorsprong mede vindt voor het einde van het boekjaar en de voorziening strekt tot gelijkmatige verdeling van lasten over een aantal boekjaren. IFRS kent deze mogelijkheid niet.

De toevoegingen aan de voorziening worden bepaald op basis van het geschatte bedrag van het groot onderhoud en de periode die telkens tussen de werkzaamheden voor groot onderhoud verloopt (RJ 212.451).

Indien het prijsverloop daartoe aanleiding geeft, worden de toevoegingen geïndexeerd of worden extra bedragen aan de voorziening toegevoegd, te verwerken in overeenstemming met Richtlijn 145 'Schattingswijzigingen' (zie hoofdstuk 28).

De kosten van groot onderhoud dienen te worden verwerkt ten laste van een onderhoudsvoorziening voor zover deze is gevormd voor de beoogde kosten. Indien de kosten van groot onderhoud uitgaan boven de boekwaarde van de voor het desbetreffende actief aangehouden voorziening, dienen de (meer)kosten te worden verwerkt in de winst-en-verliesrekening (RJ 212.452).

> **Voorbeeld Verwerking van kosten van groot onderhoud via een onderhoudsvoorziening (voorbeeld F in RJ 212)**
> Feitencomplex
> Zie feitencomplex onder voorbeeld E, paragraaf 7.5.1.
>
> Uitwerking
> Op basis van de geschatte kosten van renovatie en inspectie vindt een jaarlijkse toevoeging aan de voorziening plaats van € 40.000 (€ 100.000/5 jaar plus € 200.000/10 jaar), indien de kosten in de voorziening worden verwerkt tegen nominale waarde.
> Na jaar 5 worden de gemaakte kosten voor de inspectie van de lift in mindering gebracht op de voorziening groot onderhoud. Het tekort van € 10.000 wordt ten laste gebracht van de winst-en-verliesrekening.
> Na jaar 8 worden de gemaakte kosten van het renoveren van het dak voor € 160.000 in mindering gebracht op de voorziening, aangezien dit bedrag is voorzien (€ 20.000*8 jaar). Het meerdere van de kosten ad € 35.000 wordt ten laste gebracht van de winst-en-verliesrekening.
> Indien aan het eind van jaar 5 reeds wordt voorzien dat de renovatie van het dak zal moeten plaatsvinden per ultimo jaar 8, dient dit als een schattingswijziging te worden verwerkt. Per jaar 5 bedraagt de voorziening voor het dak € 100.000 (€ 20.000*5 jaar). De geschatte kosten per ultimo jaar 8 bedragen € 195.000. De toevoeging van € 95.000 aan de voorziening wordt over de resterende 3 jaar lineair verdeeld.

7.5.2.1 (Aanvullende) Overgangsbepaling voor de stelselwijziging van kosten groot onderhoud via voorziening naar verwerking via boekwaarde actief (uitsluitend Dutch GAAP)

De Richtlijnen geven een overgangsbepaling voor de verwerking van een stelselwijziging van 'kosten van groot onderhoud via een voorziening' naar 'kosten van groot onderhoud in de boekwaarde van het actief' in afwijking van

Richtlijn 140 'Stelselwijzigingen' (RJ 212.807). Rechtspersonen die willen overgaan van het stelsel van een voorziening voor groot onderhoud naar het stelsel van verwerken van de kosten van groot onderhoud als onderdeel van de boekwaarde van het actief kunnen voor administratieve complicaties komen te staan. Om hieraan tegemoet te komen is in de Richtlijnen een overgangsmaatregel opgenomen.

De RJ maakt drie overgangsmethoden mogelijk:
▶ Op retrospectieve wijze overeenkomstig Richtlijn 140 'Stelselwijzigingen'.
▶ Op retrospectieve wijze vanaf voorgaand boekjaar, waarbij de vergelijkende cijfers worden aangepast en het verdere verleden niet.
▶ Op retrospectieve wijze vanaf het huidige boekjaar (zonder aanpassing van het verleden).

Richtlijn 212 omvat in de bijlage, onderdeel G een uitgewerkt voorbeeld waarin de verschillen van de drie overgangsmethoden worden uiteengezet.

7.5.3   Overgangsmaatregelen (uitsluitend Dutch GAAP)

Vanaf 1 januari 2019 zijn twee verschillende 'opties' (stelselkeuzes) komen te vervallen. De eerste wijziging betreft het moment van aanvang van het onderkennen van componenten en daarop betrekking hebbende afzonderlijke afschrijving bij toepassing van de componentenmethode. De tweede wijziging is het vervallen van de mogelijkheid om de kosten van groot onderhoud onmiddellijk in de winst-en-verliesrekening te verwerken.

7.5.3.1   Aanvangsmoment onderkennen van componenten en daarop betrekking hebbende afschrijving bij toepassing van de componentenmethode

Tot en met 2018 kenden de Richtlijnen een methodiek waarbij het groot onderhoud niet eerder dan bij uitvoering ervan in de boekwaarde van het actief wordt verwerkt (in plaats van het onderkennen van verschillende componenten op moment van initiële verwerving). Dit wijkt dermate af van de methode van afschrijving over het gebruikspatroon en/of gebruiksduur dat de RJ deze methodiek per 1 januari 2019 niet langer toestaat. De afschrijving van de te vervangen bestanddelen (groot onderhoud) dient plaatst te vinden over het gebruikspatroon en/of de gebruiksduur van het bestanddeel zelve en niet over het gebruikspatroon en/of gebruiksduur van het materieel vast actief waar dat bestanddeel onderdeel van uitmaakt.

Als overgangsmaatregel laat de Richtlijn toe om voor de activa die aanwezig is op 1 januari 2019 de wijziging prospectief toe te passen en daarmee niet de in beginsel voorgeschreven methode van terugwerkende kracht in Richtlijn 140 (RJ 212.806). Bij toepassing van de overgangsmaatregel dient een op 1 januari 2019 of daarna verworven actief altijd wel volgens de componentenmethode te worden verwerkt. Gedurende de periode van toepassing van de overgangsmaatregel is dan sprake van twee, verschillende, parallel toegepaste methodes.

7.5.3.2   Groot onderhoud direct ten laste van de resultatenrekening is niet meer mogelijk

De tot en met 2018 toegelaten keuze voor de methode van verwerking van de kosten van groot onderhoud direct ten laste van de winst-en-verliesrekening is komen te vervallen. Toepassers van deze methodiek dienen deze methode per 1 januari 2019 te hebben beëindigd en een nieuwe stelselkeuze te hebben gemaakt voor het verwerken van groot onderhoud hetzij via de boekwaarde van het actief (par. 7.5.1) hetzij via een voorziening groot onderhoud (par. 7.5.2).

7 Materiële vaste activa

Wordt de stelselkeuze gemaakt om de kosten van groot onderhoud te verwerken via een onderhoudsvoorziening dan dient dit overeenkomstig Richtlijn 140 'Stelselwijzigingen' retrospectief te worden verwerkt.

Uitsluitend als de stelselkeuze wordt gemaakt om de kosten te gaan verantwoorden als onderdeel van de boekwaarde van het actief zijn drie overgangsmethoden mogelijk (RJ 212.805):
▶ Op retrospectieve wijze overeenkomstig Richtlijn 140 'Stelselwijzigingen'.
▶ Op retrospectieve wijze vanaf voorgaand boekjaar, waarbij de vergelijkende cijfers worden aangepast en het verdere verleden niet.
▶ Op prospectieve wijze (zonder aanpassing van het verleden).

Met nadruk wordt gesteld dat de overgangsmaatregel alléén van toepassing is op reeds voor 1 januari 2019 aanwezige activa. Activa verworven op of na 1 januari 2019 vallen dus uitdrukkelijk niet onder de overgangsmaatregel.

Voorbeeld Verwerking van kosten van groot onderhoud als onderdeel van de boekwaarde (alinea 448, voorbeeld E in Richtlijn 212) - toepassing overgangsbepaling alinea 805 - prospectieve wijze zonder aanpassing van het verleden

Uitwerking
Voor de feiten en omstandigheden zie de beschrijving in paragraaf 7.5.1.

Prospectieve aanpassing zonder aanpassing van het verleden
Indien de kostprijsbestanddelen van de renovatie van het dak en de inspectie van de lift niet volgens de componentenbenadering zijn gescheiden van de totale kostprijs en er tevens geen voorziening wordt gevormd voor de kosten van groot onderhoud, bedragen de afschrijvingen € 50.000 per jaar (€ 2.000.000/40 jaar).
Ook al zijn de lift en/of het dak niet afzonderlijk onderkend als bestanddeel, dan wordt de boekwaarde van het vervangen bestanddeel gedesinvesteerd. Indien de bepaling van de boekwaarde van het vervangen bestanddeel praktisch niet uitvoerbaar is, wordt de kostprijs van de vervanging als aanwijzing gebruikt.
Na jaar vijf dient aan de liftinstallatie groot onderhoud te worden verricht. De kosten ad € 110.000 worden geactiveerd, echter, de boekwaarde van de oorspronkelijke component 'groot onderhoud lift' wordt gedesinvesteerd. Indien de kostprijs van € 110.000 wordt gehanteerd als benaderde waarde, wordt gedesinvesteerd € 96.250 (€ 110.000 minus 5 jaar afschrijving € 110.000*5/40 jaar).
Eenzelfde verwerkingswijze vindt plaats na 8 jaar bij de renovatie van het dak. De kostprijs ad € 195.000 wordt verwerkt als materieel vast actief, desinvestering vindt plaats van het te renoveren dak ten bedrage van € 156.000 (€ 195.000 minus 8 jaar afschrijving € 195.000*8/40 jaar).
De boekverliezen ontstaan door de in het verleden te laag verantwoorde afschrijvingen over de gebruiksduur van de relevante componenten.
Nota Bene: Een voorbeeld van een stelselwijziging met aanpassing van alléén de vergelijkende cijfers is niet opgenomen in Bijlage E. Het voorbeeld van Bijlage G werkt de stelselwijziging van 'onderhoudsvoorziening' naar 'componentenmethode' uit; de uitwerking met aanduiding 'methode 2' is overeenkomstig bruikbaar in de situatie van Bijlage E voor de stelselwijzing met aanpassing van alléén vergelijkende cijfers.

Verschillen Dutch GAAP – IFRS
IFRS kent slechts één methode voor verwerking van de uitgaven voor groot onderhoud, en wel het onder toepassing van de componentenbenadering activeren en afschrijven van deze uitgaven, zowel de initiële uitgaven bij eerste activering als de vervolguitgaven inzake onderhoud. Een voorziening groot onderhoud is niet toegestaan.

Onder de Nederlandse wet- en regelgeving is het ook toegestaan om voor groot onderhoud een voorziening op te bouwen.

7.6 Herstelkosten

Voor een materieel vast actief kan sprake zijn van een door de overheid bepaalde of contractueel met een verhuurder overeengekomen verplichting tot herstel naar de oorspronkelijke staat na afloop van de gebruiksduur van het actief. Voorbeelden zijn ontmantelings- en verwijderingskosten (bijvoorbeeld van een containerterminal, energiecentrale of kerncentrale) of kosten van het in oorspronkelijke staat terugbrengen van een gehuurd kantoorgebouw (huurdersaanpassingen) of grond in erfpacht.
Deze verplichting ontstaat dan:
- initieel door het plaatsvinden van de investering zelf, op het investeringsmoment, dan wel tijdens de gebruiksduur door gewijzigde wet- en regelgeving;
- gedurende het gebruik van het actief.

Kosten van herstel die worden gemaakt binnen een bepaalde periode als gevolg van het gebruik van het actief binnen die periode voor de productie van voorraden, worden verwerkt als onderdeel van de waardering van voorraden volgens IAS 2 of Richtlijn 220 (RJ 212.436, IAS 16.18).

Herstelkosten initieel op investeringsmoment

Onder IFRS dienen de verwachte herstelkosten opgenomen te worden als onderdeel van de boekwaarde van het actief, onder gelijktijdige opname van een voorziening voor deze kosten (IAS 16.16 (c)). IAS 16 en IFRIC 1 bevatten specifieke bepalingen over voorzieningen voor herstelkosten. In de appendix bij IAS 37 worden voorbeelden gegeven als illustratie van de toepassing van de algemene beginselen hieromtrent.

Anders dan de onder IFRS voorgeschreven methode is deze onder de Nederlandse regelgeving toegestaan naast een alternatief via het geleidelijk opbouwen van een voorziening (RJ 212.435 en RJ 252.419). De methode vloeit voort uit artikel 2:374 lid 1 BW die bepaalt dat voorzieningen kunnen worden opgenomen tegen uitgaven die in een volgend boekjaar zullen worden gedaan, voor zover het doen van die uitgaven zijn oorsprong mede vindt voor het einde van het boekjaar en de voorziening strekt tot gelijkmatige verdeling van lasten over een aantal boekjaren.
De verwerking van kosten van herstel dient voor soortgelijke materiële vaste activa op eenzelfde wijze te gebeuren (RJ 212.435). Een dergelijke bepaling wordt onder IFRS niet aangetroffen omdat er is slechts één toegelaten methode is en een variatie per categorie materiële vaste activa niet aan de orde is.

Kosten van herstel gedurende het gebruik van het actief

Indien voor een materieel vast actief sprake is van kosten van herstel als gevolg van het uitvoeren van de activiteiten van de rechtspersoon (en de verplichting niet al bestaat op het initiële moment van ingebruikname van de investering), dient een voorziening voor herstel worden gevormd naarmate de activiteiten plaatsvinden (RJ 212.436/RJ 252.420, IAS 16.18/IAS 37 appendix c,). In dat geval is er geen keuzemogelijkheid tussen de bovengenoemde verwerkingsmethoden en dient zowel onder RJ als onder IFRS à tempo met de productie een voorziening te worden opgenomen.

Voorbeeld herstelkosten – neerzetten van het actief en uitoefenen van activiteiten (gebaseerd op IAS 37 voorbeeld 3)

Een rechtspersoon opereert in de offshore-olie-industrie. Licentieovereenkomsten verplichten de rechtspersoon om het olieplatform te verwijderen en de zeebodem te herstellen. 90% van de verwachte kosten heeft betrekking op het verwijderen van het olieplatform en herstel van de schade veroorzaakt door de bouw van het olieplatform, en 10% ontstaat door de winning van olie. Per balansdatum is het olieplatform gebouwd, maar is nog niet gestart met de winning van olie.

7 Materiële vaste activa

> De bouw van het olieplatform leidt tot een verplichting uit hoofde van de licentieovereenkomst om het platform te verwijderen en de zeebodem te herstellen en is daarmee een in rechte afdwingbare verplichting. Per balansdatum is er geen verplichting om schade te herstellen veroorzaakt door oliewinning. Het is waarschijnlijk dat de verplichting voor het verwijderen van het olieplatform en herstel van de zeebodem zal leiden tot een uitstroom van middelen.
>
> Onder IFRS wordt de voorziening direct voor het gehele bedrag gevormd op basis van een beste schatting voor de (contante waarde van) 90% van de verwachte kosten. Dat bedrag wordt als onderdeel van de vervaardigingsprijs van het olieplatform verwerkt en gedurende de gebruiksduur van het actief afgeschreven. De RJ laat ook toe deze voorziening op te bouwen gedurende de verwachte gebruiksduur.
>
> De verwerking van de 10% van de verwachte kosten als gevolg van de winning van olie vindt plaats door de opbouw van een voorziening ten laste van de winst-en-verliesrekening gedurende de verwachte gebruiksduur naarmate olie wordt gewonnen. Dit bedrag wordt derhalve niet als onderdeel van de vervaardigingsprijs van het olieplatform opgenomen.

7.6.1 Kosten van herstel als onderdeel van de boekwaarde van het actief

Voor verwerking van de kosten van herstel als onderdeel van de boekwaarde van het actief dient een voorziening te worden getroffen voor hetzelfde bedrag. De herstelkosten worden tegen de contante waarde van de verplichting in de boekwaarde van het actief opgenomen (RJ 212.437, IAS 16.16).

De IFRS-voorschriften zijn deels uitgewerkt in IAS 16 en deels in IFRIC 1 'Changes in Existing Decommissioning, Restoration and Similar Liabilities'; IFRIC 1 behandelt de verwerking van schattingswijzigingen inzake zowel de hoogte van de kosten, het tijdstip van de kosten als de disconteringsvoet.

Vanwege de conceptuele verschillen is hierna een onderscheid gemaakt in de
▶ Voorschriften voor verwerking bij toepassing van het stelsel van historische kostprijs, voor RJ en IFRS gelijk, alsmede de toepassing van actuele kostprijs onder de Richtlijnen.
▶ Voorschriften voor verwerking bij toepassing van het stelsel van reële waarde, uitsluitend onder IFRS.

7.6.1.1 Verwerking onder kostprijsstelsel (Richtlijnen en IFRS) en actuele kostprijs (uitsluitend Richtlijnen)

Alle wijzigingen met betrekking tot de hoogte en tijdstip van uitgave van de kosten en aanpassing van de disconteringsvoet worden bij toepassing van het kostprijsmodel onder Richtlijnen en IFRS alsmede het actuele-kostprijsmodel onder Richtlijnen gecorrigeerd op het betreffende actief.

Indien een verlaging van de verplichting van de herstelkosten (bijv. door aangepaste wet- en regelgeving of door technologische ontwikkelingen) uitgaat boven de boekwaarde van de geactiveerde herstelkosten, dient dit verschil in de winst-en-verliesrekening te worden verwerkt (RJ 212.439, IFRIC 1.5). Indien een wijziging leidt tot een toename van de boekwaarde van het actief, dient te worden nagegaan of dit een indicatie is voor een bijzondere waardevermindering van het actief (zie hoofdstuk 29) (RJ 212.439, IFRIC 1.5).

RJ 212.440 stelt dat zowel in het kostprijsmodel als in het actuele waarde model (actuele kostprijs) de verplichting van de kosten van herstel wordt gebaseerd op de actuele verwachtingen. Een wijziging in deze verwachting wordt in beide modellen verwerkt in de boekwaarde van het actief en leidt ook bij toepassing van het actuele waarde model (actuele kostprijs) niet tot wijzigingen in de herwaarderingsreserve. Indien er wijzigingen zijn in de overige bestanddelen van de actuele kostprijs worden de effecten hiervan bepaald en verwerkt overeenkomstig de betreffende bepalingen inzake het actuele waarde model.
Het gewijzigde af te schrijven bedrag van het materieel vast actief dient afgeschreven te worden over de resterende gebruiksduur (prospectieve verwerking). Ingeval het eind van de gebruiksduur van het actief is bereikt, wordt de wijziging dus in één keer in het resultaat verantwoord (RJ 212.441, IFRIC 1.7).

7.6.1.2 Verwerking onder reële waarde model (uitsluitend IFRS)

In IFRIC 1 is bepaald dat als het actuele waarde model wordt gehanteerd, de wijzigingen in de verplichting van de herstelkosten moeten worden verwerkt in de herwaarderingsreserve, met uitzondering van de volgende situaties waarin verwerking in de winst-en-verliesrekening aan de orde is (IFRIC 1.6):

- indien een verlaging van de verplichting leidt tot een terugneming van een bijzondere waardevermindering die eerder in de winst-en-verliesrekening is verantwoord; of
- voor het bedrag dat een verhoging van de verplichting uitgaat boven het bedrag van de herwaarderingsreserve van het actief; of
- voor het bedrag dat een verlaging van de verplichting uitgaat boven de boekwaarde indien het kostprijsmodel gehanteerd zou worden.

Overigens is een wijziging in de verplichting van de herstelkosten een indicatie dat de actuele waarde opnieuw beoordeeld moet worden (IFRIC 1.6).

Tevens is het bij de bepaling van de actuele waarde van belang om vast te stellen of de kosten van herstel wel of niet in de taxatie zijn meegenomen. Als het actief is getaxeerd op nettobasis moet voor de bepaling van de brutowaarde van het actief het getaxeerde bedrag worden verhoogd met de contante waarde van de verplichting voor herstelkosten op het moment van herwaardering (IFRIC 1 IE.2).

Het gewijzigde af te schrijven bedrag van het materieel vast actief dient te worden afgeschreven over de resterende gebruiksduur. Indien het actief het eind van de gebruiksduur heeft bereikt, dienen alle wijzigingen van de verplichting van de kosten van herstel ineens via de winst-en-verliesrekening te worden verantwoord (IFRIC 1.7).

7.6.2 Kosten van herstel via opbouw van een egalisatievoorziening (uitsluitend Dutch GAAP)

Indien de kosten van herstel via de opbouw van een egalisatievoorziening worden verwerkt, dient de voorziening tijdens de verwachte gebruiksduur van het actief te worden gevormd ter grootte van het bedrag dat noodzakelijk is voor de afwikkeling van de verplichting van herstel. De systematische wijze van de opbouw van de egalisatievoorziening wordt gebaseerd op het verwachte gebruikspatroon van het actief, overeenkomstig de aanwending van de toekomstige prestatie-eenheden (RJ 212.443).

> **Voorbeeld verwerking van de kosten van herstel via opbouw van voorziening (ontleend aan Richtlijn 212, bijlage D)**
>
> **Feitenpatroon**
> Een rechtspersoon heeft een nucleaire opwerkingsfabriek en een daaraan gerelateerde verplichting inzake de ontmanteling en verwijdering van de fabriek en het herstel van het terrein. De activiteiten van de fabriek vangen aan op 1 januari Jaar 0.
>
> De gebruiksduur van de fabriek bedraagt 40 jaar. De kostprijs van de fabriek bedraagt € 110.000, de contante waarde van de geschatte kosten van herstel bedragen € 10.000 (nominaal € 70.400, contant gemaakt tegen een rentevoet van 5%).
>
> **Uitwerking**
> De geschatte kosten worden op een systematische wijze op basis van het verwachte gebruikspatroon van het actief toegevoegd aan de voorziening, overeenkomstig de aanwending van de toekomstige prestatie-eenheden van het actief.
> De totale kosten bedragen € 70.400: jaarlijks wordt € 1.760 (€ 70.400 * 1/40) toegevoegd aan de voorziening. Tevens wordt het actief afgeschreven met een jaarlijkse afschrijving van € 2.750 (€ 110.000 * 1/40 jaar).
> IFRS staat bovenstaande verwerkingsmethode niet toe.

Ingeval de kosten van herstel via de opbouw van een egalisatievoorziening worden verantwoord, moeten de wijzigingen conform Richtlijn 145 'Schattingswijzigingen' worden verwerkt (RJ 212.444, zie par. 28.4).

> **Voorbeeld wijziging in de schatting van de kosten van herstel via opbouw van voorziening (ontleend aan RJ 212, bijlage D)**
>
> Op 31 december Jaar 9 is de fabriek 10 jaar oud. De voorziening bedraagt € 17.600. Als gevolg van verwachte technologische ontwikkelingen verwacht de rechtspersoon dat de uiteindelijke nominale verplichting € 34.500 lager uitvalt, waardoor de uiteindelijke verplichting € 35.900 bedraagt. De resterende toevoeging aan de voorziening bedraagt € 18.300 (€ 35.900 minus € 17.600).
>
> De toevoeging aan de voorziening van Jaar 11 en verder bedraagt derhalve € 610 (€ 18.300 * 1/30 jaar). De boekwaarde en de toekomstige afschrijvingen van het materieel vast actief blijven ongewijzigd.

Voor de waardering van de egalisatievoorziening herstelkosten wordt verwezen naar hoofdstuk 16.

Verschillen Dutch GAAP – IFRS

De Nederlandse wet- en regelgeving staat ten aanzien van herstelverplichtingen die ontstaan op het investeringsmoment een alternatief toe, namelijk het geleidelijk opbouwen van een voorziening. IAS 37 verplicht om direct de gehele verplichting te voorzien (en bij te tellen bij de verkrijgings- of vervaardigingsprijs van het actief). Bij de toepassing van het actuele-waardestelsel maakt de wijziging in de hoogte van herstelkosten onder IFRS wel deel uit van de herwaarderingsreserve en onder de Richtlijnen niet.

7.7 Presentatie en toelichting

7.7.1 Presentatie in balans en winst-en-verliesrekening

De post 'Materiële vaste activa' is een van de hoofdposten van de balans. Deze post wordt in de balans onderverdeeld in de in artikel 2:366 lid 1 BW genoemde categorieën (RJ 212.601). Voor deze categorieën wordt verwezen naar paragraaf 7.1.2.

IFRS kent geen voorgeschreven indeling zoals in de Nederlandse wet- en regelgeving. IFRS omvat alleen een voorschrift voor een indeling in categorieën in de toelichting, waarbij een aantal voorbeeld categorieën worden genoemd (IAS 16.37). Voor deze voorbeelden wordt verwezen naar paragraaf 7.1.2.

IFRS 16 omvat voorschriften voor het onderkennen en verwerken van de gebruiksrechten voortkomende uit de leasecontracten. In beginsel worden onder IFRS 16 de gebruiksrechten afzonderlijk onderkend ten opzichte van de activa waarvan de entiteit het volledige eigendom heeft. De Richtlijnen zijn ongewijzigd gebleven en maken geen nadrukkelijk verschil tussen een materieel vast actief in volle eigendom respectievelijk via een financial leasecontract.

Voor de presentatie op de balans zelf ('face of the balance sheet') is het onder IFRS 16 ook toegelaten om de gebruiksrechten van activa samen te voegen met dezelfde activa die in volledige eigendom is, mits in de toelichting dan nadere uitsplitsingen worden gegeven.

Onder toepassing van de in de Nederlandse wet- en regelgeving voorgeschreven 'modellen' dienen afschrijvingen in de categoriale indeling van de winst-en-verliesrekening te worden opgenomen onder 'afschrijvingen op immateriële en materiële vaste activa'. In de functionele indeling worden de afschrijvingslasten toegerekend aan 'kostprijs van de omzet', 'verkoopkosten', of 'algemene beheerskosten', afhankelijk van de aard van de afschrijvingskosten. Afschrijvingen met betrekking tot machines zullen bijvoorbeeld behoren tot de 'kostprijs van de omzet', afschrijvingen met betrekking tot transportauto's voor de distributie tot de 'verkoopkosten'.

Bijzondere waardeverminderingen worden in de categoriale indeling van de winst-en-verliesrekening opgenomen onder 'overige waardeveranderingen van immateriële en materiële vaste activa'. In de functionele indeling vindt toerekening plaats, overeenkomstig de toerekening van afschrijvingskosten.

IFRS vereist een separate presentatie van de post afschrijvingen en waardeverminderingen in de winst-en-verliesrekening (categoriale indeling) of in de toelichting (informatie naar aard bij een functionele indeling van de winst-en-verliesrekening, IAS 1.104).

Gevolgen van wijzigingen in de geschatte gebruiksduur worden op dezelfde plaats verantwoord als afschrijvingen. Afhankelijk van de omvang van het effect op het resultaat boekjaar is een uiteenzetting in de toelichting als bijzondere post aan de orde (RJ 270.404, IAS 1.97).
Resultaten bij desinvestering van materiële vaste activa worden in het algemeen verantwoord onder de 'overige bedrijfsopbrengsten', 'overige bedrijfskosten' of 'afschrijvingslasten'.

Voor de presentatie van de realisatie van de herwaarderingsreserve en de voorziening latente belastingen bij waardering tegen actuele waarde wordt verwezen naar hoofdstuk 15 respectievelijk hoofdstuk 17.

Verschillen Dutch GAAP – IFRS
De Nederlandse wet- en regelgeving kent een voorgeschreven rubricering in de balans, onder IFRS is alleen een voorschrift voor een indeling in categorieën in de toelichting opgenomen.

Tevens is de indeling van de winst-en-verliesrekening onder Nederlandse wet- en regelgeving strikter voorgeschreven dan onder IFRS. IFRS vraagt enkel om de post afschrijvingen en waardeverminderingen afzonderlijk te noemen.

7.7.2 Informatieverschaffing in de toelichting
Voor zover sprake is van gebruiksrechten op activa die onder IFRS 16 worden verwerkt, zijn de toelichtingsvoorschriften van IFRS 16 aan de orde. Deze voorschriften zijn niet hierna inbegrepen doch zijn in hoofdstuk 32 te vinden.

7.7.2.1 Algemene informatieverschaffing (zowel bij toepassing van kostprijs- als actuele waarde model)
Ingevolge RJ 212.701-704 en IAS 16.73-76 dient de volgende informatie in de toelichting te worden verstrekt (voor a tot en met e voor iedere categorie materiële vaste activa):
a. de grondslagen van waardering (zie ook art. 2:384 lid 5 BW en RJ 120.401); bij toepassing van meerdere grondslagen de boekwaarde per soort grondslag;
b. de toegepaste afschrijvingsmethoden;
c. de geschatte gebruiksduren of afschrijvingspercentages;
d. de boekwaarde en gecumuleerde afschrijvingen (samen met de gecumuleerde bijzondere waardeverminderingen) aan het begin en aan het einde van de periode;
e. een mutatie-overzicht (zie par. 7.7.3);
f. het bestaan en de bedragen van eigendomsbeperkingen, en van materiële vaste activa gebruikt als zekerheidstelling;
g. het bedrag aan kosten opgenomen in de vervaardigingsprijs van materiële vaste activa in uitvoering;
h. het bedrag aan investeringsverplichtingen inzake materiële vaste activa;
i. indien niet separaat opgenomen in de winst-en-verliesrekening: de vergoeding van derden voor materiële vaste activa die een bijzondere waardevermindering hebben ondergaan, verloren zijn gegaan of zijn opgegeven die in de winst-en-verliesrekening zijn verwerkt;

j. de in Richtlijn 145 en IAS 8 voorgeschreven informatie (aard en kwantitatieve effect) inzake schattingswijzigingen in het geval van wijzigingen in de geraamde restwaarde, ontmantelings- en herstelkosten, gebruiksduur en afschrijvingsmethoden indien deze van belang is voor de verslagperiode of toekomstige perioden;
k. de gedurende het boekjaar geactiveerde rente alsmede de rentevoet die is gehanteerd voor de berekening van de te activeren rentepost (RJ 273.302 en IAS 23.26). Onder Nederlandse wet- en regelgeving dient tevens het feit dat rentelasten zijn geactiveerd, vermeld te worden (art. 2:388 lid 2 BW);
l. Indien gedurende het boekjaar een bijzondere waardevermindering heeft plaatsgevonden dan dient er een nadere toelichting te worden verstrekt (RJ 212.706), voor de overige toelichtingsvereisten inzake bijzondere waardevermindering wordt verwezen naar paragraaf 29.8.

Indien de marktwaarde belangrijk afwijkt van de boekwaarde dient onder de Nederlandse regelgeving de actuele waarde te worden toegelicht indien dit op grond van het inzichtsvereiste van artikel 2:362 lid 1 BW benodigd is (RJ 115.220 en RJ 212.707). IFRS beveelt dit aan maar geeft geen voorschrift (IAS 16.79).

Aanbevolen wordt de volgende informatie eveneens in de toelichting op te nemen (RJ 212.707, IAS 16.79):
▶ de boekwaarde van tijdelijk buiten gebruik gestelde activa;
▶ de brutoboekwaarde (aanschafwaarde) van volledig afgeschreven activa die nog wel in gebruik zijn;
▶ de boekwaarde van activa die niet meer in gebruik zijn en voor vervreemding worden aangehouden. Onder IFRS zijn dit niet de activa geclassificeerd als 'held for sale' ingevolge IFRS 5.

Dutch GAAP aanvullende toelichtingen
Aanvullend moet op grond van de Nederlandse regelgeving nog de volgende informatie in de toelichting worden gegeven (RJ 212.701 en 703):
m. de wijze van verwerking van kosten van herstel en kosten van groot onderhoud;
n. het totaal te verwachten bedrag van de kosten van herstel, indien hiervoor een voorziening wordt gevormd.

Indien een rechtspersoon wel het economische eigendom bezit maar niet de juridische eigenaar is, dient dit op grond van de Nederlandse regelgeving te worden vermeld (art. 2:366 lid 2 BW; zie ook par. 7.2.2).

Voor de rechtspersonen die gebruik hebben gemaakt van de Overgangsbepaling om per 1 januari 2016 of op een latere datum de toepassing van actuele waarde te beëindigen en over te gaan naar historische kostprijs met handhaven van de laatst bekende actuele waarde als eerste waardering na wijziging, dient de toepassing te worden toegelicht in het boekjaar waarin de overgang is verwerkt en in de daaropvolgende boekjaren zolang de herwaarderingsreserve niet volledig gerealiseerd is (RJ 212.804). De rechtspersoon dient de omvang van de betreffende nog niet gerealiseerde herwaardering separaat te vermelden.

Voorbeeld van de grondslagen in een jaarrekening onder Dutch GAAP uitgaande van het kostprijsmodel
Materiële vaste activa
De materiële vaste activa in eigen gebruik worden gewaardeerd tegen de kostprijs (verkrijgingsprijs of vervaardigingsprijs), minus eventuele investeringssubsidies, verminderd met de cumulatieve afschrijvingen en cumulatieve bijzondere waardeverminderingsverliezen. In deze kostprijs worden de kosten van groot onderhoud opgenomen zodra deze kosten zich voordoen en aan de activeringscriteria is voldaan. De boekwaarde van de te vervangen bestanddelen wordt dan als gedesinvesteerd beschouwd en ineens ten laste van de winst-en-verliesrekening gebracht. Alle overige onderhoudskosten worden direct in de winst-en-verliesrekening verwerkt.

De afschrijving is lineair en gebaseerd op de verwachte gebruiksduur rekening houdend met de restwaarde. Indien de verwachting omtrent de afschrijvingsmethode, gebruiksduur en/of restwaarde in de loop van de tijd wijzigingen ondergaat, worden zij als een schattingswijziging verantwoord.

> Kosten van herstel na afloop van het gebruik van het actief worden opgenomen als onderdeel van de boekwaarde van het actief en gelijktijdig wordt een voorziening opgenomen voor hetzelfde bedrag.
> Buitengebruikgestelde materiële vaste activa worden gewaardeerd tegen de kostprijs dan wel de lagere opbrengstwaarde.
> Een materieel vast actief wordt niet langer in de balans opgenomen na vervreemding of wanneer geen toekomstige prestatie-eenheden van het gebruik of de vervreemding worden verwacht.

Voorbeeld van de grondslagen materiële vaste activa uit een IFRS-jaarrekening uitgaande van het kostprijsmodel

Materiële vaste activa worden gewaardeerd tegen aanschaffingswaarde onder aftrek van cumulatieve lineaire afschrijvingen en bijzondere waardeverminderingen/impairments.
Afschrijving vindt plaats op basis van de verwachte gebruiksduur. Indien gebouwen bestaan uit onderdelen met een onderling afwijkende gebruiksduur, dan worden deze onderdelen elk afzonderlijk afgeschreven (componentenbenadering).

De volgende afschrijvingspercentages worden gehanteerd:
- Terreinen 0%
- Bedrijfsgebouwen:
- Ruwbouw 4%
- Overige (volgens componentenbenadering) 4%-20%
- Verbouwingen 10%
- Machines en installaties 6%-10%
- ICT-systemen 20%-33%
- Inventarissen 15%
- Vervoermiddelen 14%-20%

Indien zich zodanige feiten of omstandigheden voordoen dat aanwijzing ontstaat dat de realiseerbare waarde van het actief daalt beneden de boekwaarde, dan vindt een afwaardering plaats ten laste van het resultaat (impairment).
Tevens wordt de gebruiksduur jaarlijks beoordeeld en eventueel aangepast op basis van nieuwe inzichten.

7.7.2.2 Aanvullende informatieverschaffing bij waardering tegen actuele waarde (Dutch GAAP)/geherwaardeerde waarde (IFRS)

In het geval van herwaardering van materiële vaste activa dient voorts de volgende informatie te worden verstrekt (RJ 212.705 en RJ 240.237, IAS 16.77):

a. de datum van herwaardering. Onder de Nederlandse regelgeving kan worden volstaan met het jaar van herwaardering;
b. of een onafhankelijke (c.q. interne) taxateur bij de herwaardering betrokken was (zie ook RJ 120.403);
c. de toegepaste methoden en belangrijke veronderstellingen toegepast in de bepaling van de reële of actuele waarde (RJ 212.705; IFRS 13, zie hierna);
d. de mate waarin de reële of actuele waarde is gebaseerd op waarneembare prijzen in een actieve markt of op recente marktconforme transacties of is bepaald door toepassing van andere waarderingstechnieken (RJ 212.705; IFRS 13, zie hierna);
e. de herwaarderingsreserve, de mutaties daarin, en een indicatie van de beperkingen op de uitkeerbaarheid van de reserve aan aandeelhouders;
f. de boekwaarde van de activa (per categorie) op basis van de grondslag van verkrijgings- of vervaardigingsprijs. Onder de Nederlandse regelgeving wordt deze informatie indirect verstrekt door de som van de herwaarderingen per balansdatum te vermelden ter vaststelling van de boekwaarde die zou zijn opgenomen als de activa op basis van het kostprijsmodel waren gewaardeerd. Overigens moet onder de Nederlandse regelgeving deze informatie explicitiet gegeven worden indien dit op grond van het inzichtsvereiste van artikel 2:362 lid 1 BW benodigd is (RJ 115.220).

Voor de informatieverschaffing met betrekking tot bijzondere waardeverminderingen wordt verwezen naar paragraaf 29.8.

7 Materiële vaste activa

Dutch GAAP: aanvullende toelichtingen
Volgens de Nederlandse regelgeving moet de volgende toelichting ook worden opgenomen in geval van actuele kostprijs:
g. de boekwaarde van materiële vaste activa waarvan de rechtspersoon vaststelt en verwacht dat het niet langer mogelijk is de actuele kostprijs betrouwbaar te bepalen (RJ 212.705(f));
h. de wijze van verwerking van gerealiseerde herwaarderingen (RJ 212.705(g));
i. hoe de actuele kostprijs, bedrijfswaarde of opbrengstwaarde is bepaald (art. 9 BAW en RJ 120.402);
j. indien van indices gebruik is gemaakt voor de schatting van de actuele waarde, de aard van de indices waarbij aangegeven moet worden of de indices aan de technologische ontwikkelingen zijn aangepast (RJ 120.403);
k. hoe oud de raming is ingeval is uitgegaan van de actuele kostprijs of de bedrijfswaarde (RJ 120.403).

Voor de rechtspersonen die gebruik hebben gemaakt van de Overgangsbepaling om per 1 januari 2016 of op een latere datum de toepassing van actuele waarde te beëindigen en over te gaan naar historische kostprijs met handhaven van de laatst bekende actuele waarde als eerste waardering na wijziging, dient de toepassing te worden toegelicht in het boekjaar waarin de overgang is verwerkt en in de daaropvolgende boekjaren.

Voor kleine rechtspersonen geldt dat van de hiervoor genoemde gegevens alleen behoeven te worden verstrekt de gegevens genoemd onder a, b, f, k en m in paragraaf 7.7.2.1 en f in bovenstaande lijst.

IFRS: aanvullende toelichtingen
Aard en omvang van de te verstrekken toelichting onder IFRS 13 kan aanzienlijk zijn. Vooral voor de posten opgenomen tegen modelmatige bepaalde reële waarde (en het niet of beperkt gebaseerd zijn op meer objectieve marktgegevens) is de toelichting gericht op het uiteenzetten van de gehanteerde rekenmodellen en van gehanteerde parameters resp. gevoeligheden voor mutaties in de parameters (niveau 3). De IASB heeft aansluiting gezocht bij de regelgeving inzake financiële instrumenten reeds bekende indeling in drie niveaus, afhankelijk van het objectiviteitsgehalte van de variabelen waarop de reële waarde is gebaseerd:
▶ Niveau 1: prijsnoteringen, tot stand gekomen in een actieve markt, voor identieke activa/passiva.
▶ Niveau 2: de reële waarde is afgeleid uit de reële waarde van de bestanddelen of van een soortgelijk actief/passief; geen actieve markt, maar wel waarneembare variabelen.
▶ Niveau 3: variabelen die niet waarneembaar in de markt zijn; algemeen aanvaarde waarderingsmodellen en -technieken.

Voor niveau 3-waarderingen dient een overzicht te worden gegeven van de belangrijkste niet direct waarneembare invoergegevens zoals (fictieve) huur, (fictief) rendement/discontovoet, kosten, de mate van onderlinge correlatie en dergelijke (IFRS 13.93(d)).

De IASB heeft (vooralsnog) afgezien van de verplichting tot het opnemen van ook een kwantitatieve sensitiviteitsanalyse voor niet-financiële activa; alleen een kwalitatieve analyse is vereist en alleen voor niveau 3 (IFRS 13.93(g) en (h)). Worden echter ook de voorschriften van IAS 1.125 e.v. in aanmerking genomen (die aangeven dat voor onderdelen van de jaarrekening met hoge schattingsonzekerheid nadere informatie omtrent aard en omvang van de risico's dient te worden verstrekt, met eventuele risico's op significante waardecorrecties na balansdatum) dan is alsnog sprake van een impliciet voorschrift om een kwantitatieve sensitiviteitsanalyse te verstrekken.

Andere belangrijke informatie-elementen zijn onder meer:
▶ welk niveau van waardering (1, 2 of 3) aan de orde is (IFRS 13.93(b));

- niveau 2 en niveau 3: een beschrijving van de waarderingstechniek(en) en de inputs die bij de waardering tegen reële waarde zijn gebruikt; bij een wijziging van de waarderingstechniek, bijvoorbeeld de verandering van een marktbenadering naar een batenbenadering of het gebruik van een aanvullende waarderingstechniek, vermelding van de wijziging en de reden(en) ervoor (IFRS 13.93(d));
- mutaties tussen niveau 1 en 2, oorzaak en relevante waarderingsgrondslagen (IFRS 13.93(c));
- niveau 3: mutatie-overzicht van beginstand, baten/lasten, aankopen, verkopen, overboekingen van en uit andere niveaus, reden voor overboeking et cetera (IFRS 13.93(e));
- niveau 3: bedragen baten en lasten opgenomen in winst-en-verliesrekening (IFRS 13.93(f));
- als de 'highest and best use' verschilt van de huidige aanwending, het feit dat er een verschil is en de oorzaak van het verschil (IFRS 13.93(i)).

In voorgaande uiteenzetting is nog geen rekening gehouden met het voorschrift van IFRS 13.94 om de toelichting naar te onderscheiden categorieën ('classes') op te nemen. De mate van detailinformatie per categorie is uiteraard een kwestie van oordeelsvorming, waarbij de relevantie voor de gebruiker van de jaarrekening leidend dient te zijn.

Voor de informatieverschaffing met betrekking tot de bepaling van reële waarde wordt verwezen naar paragraaf 4.7.4.

7.7.2.3 Aanvullende informatieverschaffing bij bijzondere waardeverminderingen

Voor de informatieverschaffing met betrekking tot bijzondere waardeverminderingen wordt verwezen naar paragraaf 29.8.

Verschillen Dutch GAAP – IFRS
De belangrijkste verschillen zijn hieronder weergegeven.

Toelichting bij toepassing actuele waarde
Indien de actuele waarde wordt toegepast, wijken de toelichtingseisen onder Nederlandse wet- en regelgeving af van IFRS. Onder andere wijkt de toelichting van het moment van de herwaardering af, die volgens IFRS meer nauwkeurig wordt weergegeven dan volgens de Richtlijnen. IFRS vereist de toepassing van de fair value-hiërarchie in de toelichting. Daarnaast vereist de Richtlijnen andere aanvullende toelichtingen in geval van waardering van materiële vaste activa tegen actuele waarde, zoals de wijze van verwerking van gerealiseerde herwaarderingen en hoe de actuele kostprijs, bedrijfswaarde of opbrengstwaarde is bepaald.

Overige toelichting
Op grond van de Nederlandse regelgeving moet aanvullende informatie worden gegeven over de verwerking van de kosten van herstel en groot onderhoud. Onder IFRS is deze toelichting niet nodig omdat er maar één verwerkingsmethode voor kosten van herstel en groot onderhoud is toegestaan. Daarnaast moet onder de RJ het totaal te verwachten bedrag van de kosten van herstel, indien hiervoor een voorziening wordt gevormd, worden toegelicht. IFRS kent deze toelichtingseis niet.

7.7.3 Mutatie-overzicht

In het mutatie-overzicht (RJ 212.702, IAS 16.73) worden de volgende aansluitposten tussen begin- en eindwaarde voor elk van de posten van de materiële vaste activa expliciet genoemd:
- investeringen;
- desinvesteringen, waaronder onder IFRS ook de herrubricering als 'held for sale' ingevolge IFRS 5;

7 Materiële vaste activa

- nieuwe consolidaties (inclusief materiële vaste activa van nieuw verworven deelnemingen);
- herwaarderingen (onder IFRS: inclusief de via 'Other Comprehensive Income' verantwoorde bijzondere waardeverminderingen of terugnemingen daarvan);
- bijzondere waardeverminderingsverliezen;
- terugnemingen van bijzondere waardeverminderingsverliezen;
- afschrijvingen;
- omrekeningsverschillen inzake materiële vaste activa van buitenlandse deelnemingen;
- overige mutaties.

Onder IFRS dienen de vergelijkende cijfers opgenomen te worden voor het gehele mutatie-overzicht (IAS 1.38), dit is geen voorschrift in de Nederlandse regelgeving.

Voorbeeld mutatie-overzicht uit Nederlandse jaarrekening onder IFRS

MATERIËLE VASTE ACTIVA

	Totaal	Vastgoed	Verbouwingen van en vaste inrichtingen in gehuurde gebouwen	ICT	Installaties	Inventarissen	Andere vaste bedrijfsmiddelen
Stand per 1 januari Jaar 1							
Aanschaffingswaarde	244.099	8.129	80.912	28.393	10.023	116.224	418
Afschrijvingen	-162.576	-3.468	-52.502	-24.133	-8.364	-73.691	-418
Boekwaarde	81.523	4.661	28.410	4.260	1.659	42.533	0
Mutaties in de boekwaarde in Jaar 1							
Toevoeging u.h.v. acquisitie	41.172	666	-	1.686	2.892	35.881	47
Investeringen	32.791	5.371	5.877	3.333	652	17.432	126
Desinvesteringen	-5.453	-5.370	-47	-2	-2	-31	-1
Herrubriceringen	0	-	110	-	-110	-	-
Afschrijvingen	-27.800	-311	-6.213	-2.720	-611	-17.893	-52
Waardeverminderingen	-2.012	-	-	-	-	-2.012	-
Koersverschillen	5.202	63	-	-159	-364	-4.616	-
Totaal van de mutaties	33.496	293	273	2.138	2.457	28.761	120
Stand per 31 december Jaar 1							
Aanschaffingswaarde	307.407	8.733	86.852	33.251	13.091	164.890	590
Afschrijvingen/ waardeverminderingen	-192.388	-3.779	-58.715	-26.853	-8.975	-93.596	-470
Boekwaarde	115.019	4.954	28.137	6.398	4.116	71.294	120
Mutaties in de boekwaarde in Jaar 2							
Investeringen	11.478	14	3.267	1.423	680	6.090	4
Desinvesteringen u.h.v. beëindigde activiteiten	-1.998	-	-	-220	-	-1.778	-
Overige desinvesteringen	-45	-	-	-	-	-45	-
Herrubriceringen	0	-	-93	-2	-3	94	4
Afschrijvingen	-25.138	-294	-5.739	-2.632	-578	-15.869	-26
Waardeverminderingen	-586	-	-	-	-	-586	-
Koersverschillen	1.029	15	-188	14	113	1.096	-21
Totaal van de mutaties	-15.260	-265	-2.753	-1.417	212	-10.998	-39
Stand per 31 december Jaar 2							
Aanschaffingswaarde	315.813	8.762	89.838	34.466	13.881	170.347	577
Afschrijvingen	-218.112	-4.073	-64.454	-29.485	-9.553	-110.051	-496
Boekwaarde	97.701	4.689	25.384	4.981	4.328	60.296	81
Boekwaarde van geactiveerde lease ultimo Jaar 1	2.226	1.757	-	-	469	-	-
Boekwaarde van geactiveerde lease ultimo Jaar 2	2.049	1.567	-	-	482	-	-

7 Materiële vaste activa

Middelgrote rechtspersonen dienen wel een mutatie-overzicht op te nemen in de inrichtingsjaarrekening, maar niet in de deponeringsjaarrekening.

7.8 Biologische activa

IFRS heeft in IAS 41 specifieke regelgeving opgenomen voor de waardering en resultaatbepaling van biologische activa en agrarische producten. Het toepassingsgebied van IAS 41 gaat aanzienlijk verder dan de Nederlandse wet- en regelgeving die zich beperkt tot agrarische voorraden (art. 8 BAW, RJ 220.301). In de Nederlandse wet- en regelgeving zijn geen specifieke bepalingen inzake biologische activa opgenomen.

In deze paragraaf wordt de verwerking onder IAS 16 als materieel vast actief c.q. als overige biologisch actief alsmede van het onvoldragen product c.q. product op het oogstmoment onder reikwijdte van IAS 41 nader behandeld. De verwerking na het (initiële) oogstmoment is opgenomen in hoofdstuk 12.

7.8.1 Reikwijdte, definities en balansrubricering

IAS 41 heeft betrekking op de verwerking in de jaarrekening van 'agrarische activiteiten', die onderverdeeld zijn in (IAS 41.1 en IAS 41.5):

a. biologische activa, zijnde levende dieren of levende planten en bomen;
b. agrarische producten, zijnde de geoogste producten van de biologische activa; 'oogst' dient hier in de meest ruime zin van het woord te worden gelezen, en kan ook op slachtvee en dergelijke betrekking hebben;
c. overheidssubsidies met betrekking tot biologische activa.

IAS 41.4 geeft de navolgende tabel ter nadere uitleg van de reikwijdte van de regelgeving ingevolge IAS 16 dan wel IAS 41 (aangevuld met het onderscheid voor draag(moeder)planten):

Biologische activa		Agrarische Producten (geoogst) (IAS 41/IAS 2)	Verwerkte producten (IAS 2)
draag(moeder)plant (IAS 16)	overige biologische activa (IAS 41) alsmede aanstaand product (oogst)		
paragraaf 7.8	**paragraaf 7.8**	**initieel: paragraaf 7.8 vervolg: hoofdstuk 12**	**hoofdstuk 12**
(n.v.t.)	schapen	wol	garen, tapijt
(n.v.t.)	bomen in plantage	gekapte bomen	houtblokken/timmerhout
(n.v.t.)	melkvee	melk	kaas
(n.v.t.)	varkens	karkas	worst, ham
katoenplant	katoenbol	katoen	garen, kleding
suikerrietplant	suikerriet	geoogst suikerriet	suiker
theeplant	theeblad	geplukte theebladeren	thee
wijnstok	wijndruif	geplukte druiven	wijn
fruitboom	fruit	geplukt fruit	verwerkt fruit
tabaksplant	tabaksblad	geplukt blad	tabak

Agrarische activiteiten worden daarmee door IAS 41 zeer ruim gedefinieerd en omvatten niet alleen de landbouw en bosbouw maar ook veeteelt en viskweek (IAS 41.6).

In de Nederlandse wetgeving is geen nadere uiteenzetting gegeven van wat in de Nederlandse opvattingen onder agrarische activiteiten moet worden verstaan. De memorie van toelichting bij de wijziging van Titel 9 Boek 2 BW die (per 1 januari 2005) waardering van agrarische producten tegen actuele waarde mogelijk maakt, geeft hier

ook geen nadere invulling aan, doch merkt wel op dat deze wetswijziging voortkomt uit de gedachte de bepalingen van IAS 41 ook in de Nederlandse wet- en regelgeving mogelijk te maken. De RJ heeft inmiddels wel een definitie opgenomen voor agrarische *voorraden* respectievelijk biologische activa die vrijwel geheel overeenkomt met IFRS:
- agrarische voorraden betreffen geoogste producten van een levend dier of een levende plant van de rechtspersoon. Bij agrarische voorraden is het transformatieproces afgesloten, zodat afzet kan plaatsvinden. Oogsten is het losmaken van producten of het beëindigen van de levensprocessen van een levend dier of een levende plant. Agrarische voorraden dienen niet verward te worden met biologische activa;
- biologische activa (levende planten en dieren) die worden aangehouden vanwege hun mogelijkheid tot transformeren zoals vermeerdering, groei, oogst en degeneratie.

De rationale voor het onderscheid tussen draag(moeder)planten en overige biologische activa is gelegen in het gebruik van het actief gedurende meerdere productiecycli. Het is daarmee in aard gelijk aan bijvoorbeeld een machine of een bedrijfsgebouw.

Het onderscheid tussen draag(moeder)plant ('bearer plant') en overige vormen van biologische activa ziet op:
- rubricering: draag(moeder)planten zijn onderdeel van de balanspost Materiële vaste activa, terwijl de overige biologische activa (anders dan draag(moeder)planten) op basis van IAS 1.54(f) als een afzonderlijke balanspost wordt aangeduid ('biological assets within the scope of IAS 41 Agriculture');
    - rubricering aanstaand 'product' (oogst) van een draagmoederplant is géén onderdeel van de reikwijdte van IAS 16 doch valt onder de reikwijdte van IAS 41 en is daarmee onderdeel van de balanspost 'biological assets within the scope of IAS 41 Agriculture';
    - rubricering aanstaand 'product' (oogst) van een overig biologisch actief: de toekomstige oogst is géén separaat actief doch is onderdeel van het overig biologische actief en daarmee de balanspost 'biological assets within the scope of IAS 41 Agriculture';
- een onderscheid in initiële en vervolgwaardering: draag(moeder)planten op basis van de waarderingsvoorschriften van IAS 16 (stelselkeuze kostprijs of 'herwaarderingsmodel') en overige biologische activa op basis van de waarderingsvoorschriften van IAS 41; aangaande het aanstaande 'product' (oogst):
    - waardering aanstaand 'product' (oogst) van een draagmoederplant valt onder de reikwijdte van IAS 41 en de daarin opgenomen voorschriften voor waardering (zie par. 7.8.3.2);
    - waardering aanstaand 'product' (oogst) van een overig biologisch actief: de toekomstige oogst wordt niet separaat gewaardeerd doch is onderdeel van de totale waardering van het overige biologische actief ingevolge IAS 41 (zie par. 7.8.3.2).

De relevantie van het onderscheid ligt in de afzonderlijke waardering van de aanstaande oogst tegen reële waarde respectievelijk toekomstige kasinstroom uit verkopen van de oogst; de draag(moeder)planten zelve hebben meestal geen eigen marktwaarde resp. geven geen jaarlijkse zelfstandige kasstromen.

De identificatie van een draag(moeder)plant kent een vrij scherpe afgrenzing, volgend uit de definitie van IAS 16.6 respectievelijk IAS 41.5 is een draag(moeder)plant:
- (uitsluitend) een levende plant;
- in gebruik voor de oogst van enig product;
- gedurende meer dan één periode;
- en er is een zeer beperkte mogelijkheid dat de plant zelve als product wordt verkocht, anders dan een incidentele restwaarde.

7 Materiële vaste activa

Alléén de plant zelve, als 'producent' van een afzonderlijk te oogsten product, is onderdeel van de definitie van een draag(moeder)plant; nog niet geoogst product (zoals onrijpe druiven of onvolgroeid theeblad) is géén onderdeel van de draag(moeder)plant, doch is onderdeel van de reikwijdte van IAS 41. Dit betekent dat een notenboom twee verschillende verwerkingswijzen kan hebben: onder IAS 16 als materieel vast actief indien de notenboom is bestemd voor de productie van walnoten c.q. onder IAS 41 indien de boom bestemd is voor de houtkap en gebruik in de houtverwerkende industrie.

Dat een draag(moeder)plant aan het eind van diens leven een zekere restwaarde kan hebben speelt een ondergeschikte rol: bijvoorbeeld wijnranken worden uitsluitend gebruikt om gedurende een langere periode druiven te 'produceren' en worden aan het einde van hun leven als afval behandeld.

Aangaande de balansprestatie is uit bovenstaande wel een belangrijk verschil in de regelgeving af te leiden: Onder IFRS is voor
i. overige biologische activa (anders dan draag(moeder)planten);
ii. aanstaande productie (oogst) van overige biologische activa; en
iii. aanstaande productie (oogst) van draag(moeder)planten;
sprake van een afzonderlijke balanspost (als opgenomen in IAS 1.54(f)), nadrukkelijk separaat van materiële vaste activa.

Onder de Nederlandse regelgeving kunnen genoemde groepen van activa wel onderdeel van materiële vaste activa zijn, waarbij het denkbaar is dat de categorie-indeling in afwijking van de wettelijke categorie-indeling specifiek zal worden gemaakt voor de betreffende activagroepen.
Voor draag(moeder)planten is de rubricering gelijk, namelijk als materieel vast actief.

Hierna worden alleen de biologische activa onder de reikwijdte van IAS 16 en IAS 41 behandeld, dat wil zeggen tot en met het moment van de oogst. Voor de verwerking van agrarische voorraden na het initiële moment van de oogst wordt verwezen naar paragraaf 12.3.1.

7.8.2 Activering

7.8.2.1 Draag(moeder)planten

Voor de activering van uitgaven inzake draag(moeder)planten zijn dezelfde voorschriften van toepassing als voor de andere categorieën materiële vaste activa. De betreffende voorschriften zijn in voorgaande paragrafen van dit hoofdstuk nader uiteengezet, zoals de classificatie in de balans als onderdeel van de materiële vaste activa (par. 7.1.2) en de vervaardiging van een actief (IAS 16.22A). Dit geldt in beginsel zowel voor de initiële waardering als de vervolguitgaven (zie par. 7.8.3).

7.8.2.2 Overige biologische activa

Overige biologische activa (anders dan draag(moeder)planten) vallen niet onder de reikwijdte van IAS 16 doch van IAS 41. In IAS 41.10 worden de volgende voorwaarden gesteld aan het als een **biologisch actief** op de balans opnemen, namelijk als:
a. sprake is van zeggenschap, voortkomend uit gebeurtenissen uit het verleden;
b. waarschijnlijk is dat economische voordelen naar het actief zullen toevloeien;
c. de reële waarde of kostprijs betrouwbaar kan worden bepaald.

IAS 41 maakt geen onderscheid tussen het actief zelve en de aanstaande oogst/opbrengst omdat beide onderdelen onder de reikwijdte van IAS 41 op reële waarde gewaardeerd worden. Er is sprake van één balanspost 'biological assets within the scope of IAS 41 'Agriculture'.

Overigens indien een uitgave niet aan de criteria voor een draag(moeder)plant of een overig biologisch actief voldoet, is het mogelijk dat alsnog aan de eisen van IAS 38 'Immateriële vaste activa', IAS 16 'Materiële vaste activa' of IAS 40 'Vastgoedbeleggingen' wordt voldaan (bijv. exploitatierechten, dieren in een dierentuin en landbouwgrond).

7.8.3 Waardering

7.8.3.1 Waardering draag(moeder)plant

Zoals uiteengezet in paragraaf 7.8.1 is een draag(moeder)plant onderdeel van een materieel vast actief onder de reikwijdte van IAS 16; voor de waardering betekent dit:
- initiële waardering op vervaardigingsprijs.

met vervolgwaardering als de draag(moeder)plant tot volle rijping is gekomen:
- hetzij het kostprijsmodel;
- hetzij het herwaarderingsmodel (reële waarde).

Voor wat betreft de vervolguitgaven kan wel sprake zijn van een toerekeningsvraagstuk. Immers, er worden kosten gemaakt voor de verzorging van de draag(moeder)plant terwijl tegelijkertijd ook de aanstaande oogst in het groeiproces verkeert. De kosten van verzorging, besproeien en bemesten behoeven dan een stelselmatige toerekening aan beide delen. De toerekening kan verschillen al naar gelang er nog sprake is van een groeifase van de draag(moeder)plant tot aan volle wasdom (met dan meestal beperkte oogst) of van een volgroeide draag(moeder)plant met een volwassen oogst.

Nadat de draag(moeder)plant tot volle wasdom is gekomen, kan overeenkomstig de bepalingen van IAS 16 een stelselkeuze worden gemaakt voor waardering op historische kosten dan wel op actuele waarde.

7.8.3.2 Waardering overige biologische activa alsmede het aanstaande product van draag(moeder)plant

In paragraaf 7.8.2 is nader uiteengezet dat de waarderingsvoorschriften voor:
- overige biologische activa (anders dan draag(moeder)planten);
- aanstaande productie (oogst) van overige biologische activa; en
- aanstaande productie (oogst) van draag(moeder)planten;

gelijk zijn en in IAS 41 zijn opgenomen.

Voor de overzichtelijkheid worden de drie genoemde elementen hierna aangeduid als overige biologische activa.

IAS 41.12 schrijft voor, zowel bij de eerste opname als op elke opvolgende rapporteringsdatum, waardering van een overig biologisch actief tegen reële waarde na aftrek van kosten voor verkoop.
De reële waarde is primair de genoteerde prijs op een markt (IFRS 13.67 alsmede 13.72 e.v.). Nadrukkelijk wordt gesteld dat de reële waarde *niet* mag worden ontleend aan de prijzen van 'forward'-contracten (IAS 41.16) omdat deze contracten op een ander moment worden aangegaan en op basis van onderhandelingen tussen een koper en een verkoper een specifieke prijs tot stand is gekomen. Dit kan eveneens betekenen dat op balansmoment een

'forward'-contract kwalificeert als een verlieslatend contract dat op basis van IAS 37 'Voorzieningen, voorwaardelijke verplichtingen en voorwaardelijke activa' dient te worden gewaardeerd (IAS 41.16).

Voor het geval geen actieve markt bestaat dient de marktprijs uit andere bronnen te worden afgeleid, bijvoorbeeld recente transactieprijzen, marktprijzen van vergelijkbare activa en sectorreferenties (zoals de waarde van een boomgaard uitgedrukt per exportpallet) (IFRS 13.72 alsmede 13.81 e.v.). Ook wordt onderkend dat er situaties zijn waarin de prijs dient te worden bepaald op basis van de contante waarde van de te verwachten kasstromen (IFRS 13.72 alsmede 13.86 e.v.).

Overigens kan de kostprijs van een biologisch actief soms de reële waarde benaderen als weinig biologische transformatie heeft plaatsgevonden sinds de eerste kosten werden gemaakt (bijvoorbeeld de zaailingen voor de fruitbomen zijn vlak voor de balansdatum geplant) of als de invloed van de biologische transformatie op de kostprijs niet materieel zal zijn (IAS 41.24).

IAS 41 gaat ervan uit dat de reële waarde betrouwbaar bepaald kan worden. Echter, in de situatie waarin dit ook met behulp van alternatieve schattingen niet mogelijk is, dient een biologisch actief tegen kostprijs minus cumulatieve afschrijvingen en bijzondere waardeverminderingen opgenomen worden. Dit is alleen mogelijk bij de eerste opname van het actief. Zodra de reële waarde van het biologisch actief alsnog betrouwbaar bepaald kan worden, dient het biologisch actief alsnog tegen reële waarde minus de kosten voor verkoop worden gewaardeerd (IAS 41.30-33).

Verschillen Dutch GAAP – IFRS
Onder de Nederlandse regelgeving gelden voor de waardering van biologische activa de algemene regels die gelden voor de waardering van materiële vaste activa (RJ 212), zoals uiteengezet in dit hoofdstuk. Dit houdt in dat een biologisch actief op basis van het kostprijsmodel dan wel het actuele- waarde model gewaardeerd wordt. Onder IAS 41 is voor overige biologische activa, aanstaande productie (oogst) van overige biologische activa en aanstaande productie (oogst) van draag(moeder)planten sprake van een *plicht* tot waardering en resultaatbepaling op basis van reële waarde, terwijl de Nederlandse regelgeving geen verplichting kent doch een *keuze* biedt; voor waardering van draag(moeder)planten is zowel onder Nederlandse wet- en regelgeving als IFRS sprake van een gelijke keuzemogelijkheid voor kostprijs of actuele waarde. Overigens is de invulling van actuele waarde als de actuele kostprijs onder de Nederlandse regelgeving niet gelijk aan de reële waarde minus de kosten voor verkoop onder IFRS.

7.8.4 Resultaatbepaling
7.8.4.1 Resultaatbepaling draag(moeder)planten
Zoals uiteengezet in paragraaf 7.8.1 is een draag(moeder)plant onderdeel van een materieel vast actief onder de reikwijdte van IAS 16.

Ongeacht de keuze voor de vervolgwaardering wordt de draag(moeder)plant conform de bepalingen van IAS 16 afgeschreven over de verwachte gebruiksduur van het actief.
In geval van een bijzondere waardevermindering zijn de bepalingen van IAS 36 'Bijzondere Waardeverminderingen' overeenkomstig van toepassing.

7.8.4.2 Resultaatbepaling overige biologische activa

In paragraaf 7.8.2 en 7.8.3 is nader uiteengezet dat de resultaatbepalingsvoorschriften voor
- overige biologische activa (anders dan draag(moeder)planten);
- aanstaande productie (oogst) van overige biologische activa; en
- aanstaande productie (oogst) van draag(moeder)planten;

gelijk zijn en in IAS 41 zijn opgenomen.

Volgens IAS 41 worden alle winsten en verliezen die ontstaan door de aanwas gedurende de groeifase alsmede op moment van eerste opname van een overig biologisch actief (bijvoorbeeld waardevermeerdering bij de geboorte van een kalf of opbrengst melk van een melkkoe) en alle wijzigingen in de reële waarde (verminderd met de kosten voor verkoop) daarna opgenomen in de winst-en-verliesrekening over de periode waarin de winsten en verliezen zijn ontstaan (IAS 41.26-27).

7.8.5 Overheidssubsidies

IAS 41 bevat specifieke bepalingen inzake overheidssubsidies voor **biologische activa**, die afwijken van IAS 20. Overheidssubsidies met betrekking tot een biologisch actief worden volgens IAS 41 niet in de waardering van het actief betrokken (behalve in de uitzonderlijke situatie waarin dit gewaardeerd is tegen kostprijs), maar als bate verantwoord:
- als en alleen als de overheidssubsidie opeisbaar wordt in geval van een onvoorwaardelijke subsidie;
- als en alleen als alle subsidievoorwaarden zijn vervuld in geval van een voorwaardelijke subsidie (IAS 41.34-38).

Voor de verwerking van overheidssubsidies onder de Nederlandse regelgeving wordt verwezen naar de algemene bepalingen inzake overheidssubsidies van Richtlijn 274 beschreven in hoofdstuk 35.

7.8.6 Toelichting

IAS 41 omvat uitgebreide voorschriften voor de verstrekking van informatie in de toelichting. In het kader van dit handboek worden deze voorschriften niet nader besproken.

8 Vastgoedbeleggingen

8.1 Algemeen

Definitie vastgoedbelegging	Onroerende zaak (of een deel daarvan) die wordt aangehouden om huuropbrengsten of waardestijging, of beide, te realiseren. Vastgoedbeleggingen in ontwikkeling behoren hier ook toe.
Toepassingsgebied	RJ 213 en IAS 40 zijn van toepassing op vastgoedbeleggingen in eigendom, alsook op vastgoedbeleggingen gehouden onder een financiële lease (Nederlandse wet- en regelgeving; keuze onder voorwaarden indien operationele lease) dan wel onder een lease (IFRS). Onroerende zaken die onder een financiële lease worden verhuurd aan anderen zijn in de jaarrekening van de lessor geen vastgoedbeleggingen.
Bijzondere bedrijfstakken	Enkele specifieke bepalingen voor bijzondere bedrijfstakken, met name onder de Nederlandse wet- en regelgeving.

8.2 Activering

Activeringscriteria	Indien toekomstige economische voordelen waarschijnlijk zijn en de kosten op betrouwbare wijze zijn vast te stellen.

8.3 Waardering

Eerste waardering	Verkrijgingsprijs, inclusief transactiekosten.
Uitgaven na eerste verwerking	Activeren indien het waarschijnlijk is dat toekomstige economische voordelen boven het oorspronkelijk vastgestelde niveau ten gunste van de rechtspersoon zullen komen. Alle overige uitgaven zijn periodekosten met uitzondering van kosten van groot onderhoud bij waardering tegen kostprijs (Richtlijnen). Onder IFRS gelden de algemene activeringscriteria en wordt bij waardering tegen kostprijs groot onderhoud geactiveerd.
Waardering na eerste verwerking	Actuele waarde (= reële waarde) of historische kosten.
Waardering tegen actuele waarde	Indien gekozen wordt voor de actuele waarde, worden alle vastgoedbeleggingen tegen reële waarde gewaardeerd behalve in de uitzonderingsgevallen dat de reële waarde niet op betrouwbare wijze is vast te stellen. IFRS kent een aanvullende uitzondering die vooral betrekking heeft op verzekeraars.
	In uitzonderlijke gevallen kan reële waarde voor individuele vastgoedobjecten niet betrouwbaar worden vastgesteld; dan waardering op verkrijgingsprijs tot moment dat reële waarde wel betrouwbaar kan worden vastgesteld.

8.4 Resultaatbepaling, alsmede consequenties voor de presentatie in het eigen vermogen (herwaarderingsreserve)	
Afschrijvingen	▸ Geen afschrijving bij waardering tegen actuele waarde.
	▸ Wel afschrijving bij waardering tegen historische kosten.
Waardewijziging	Waardering tegen actuele waarde/reële waarde
	In de winst-en-verliesrekening van de periode waarin de waardewijziging optreedt. Onder de Nederlandse wet de ongerealiseerde waardeverandering opnemen in een herwaarderingsreserve, tenzij de actuele waarde daalt onder de kostprijs.
	Waardering tegen historische kosten
	Bijzondere waardeverminderingen worden direct in het resultaat verwerkt.
8.5 Herclassificatie	
Herclassificatie	Bij wijziging in gebruik.
Behandeling wijziging boekwaarde bij herclassificatie	Afhankelijk van situatie verschil tussen boekwaarde en reële waarde in herwaarderingsreserve verwerken dan wel verwerking via het resultaat.
8.6 Buitengebruikstelling en afstoting	
Buitengebruikstelling en afstoting	Verwerking van verschil tussen netto-opbrengst en de boekwaarde in resultaat. IFRS kent een afzonderlijke rubriek 'held for sale'.
8.7 Verwerking van operationele lease als vastgoedbelegging door de lessee	
Verwerking als vastgoedbelegging door de lessee	Een lessee kan een vastgoedobject welke hij onder een lease heeft verkregen onder voorwaarden verwerken als vastgoedbelegging.
8.8 Presentatie en toelichting	
Presentatie in balans	Onderdeel materiële vaste activa (niet toegestaan onder IFRS) of afzonderlijke balanspost.
Presentatie in winst-en-verliesrekening	Specifieke voorschriften onder de Nederlandse wet- en regelgeving. Geen voorgeschreven modellen onder IFRS.
Informatie in de toelichting	Uitgebreide informatieverstrekking, bijvoorbeeld over classificatie als vastgoedbelegging en bepaling reële waarde. Er bestaan nuanceverschillen tussen de toelichting onder de Nederlandse wet- en regelgeving en IFRS.
8.9 Vrijstellingen voor middelgrote rechtspersonen	
Informatie in de toelichting	Eerdere vrijstelling van het verstrekken van aanvullende informatie in situaties dat de reële waarde van een vastgoedbelegging niet op betrouwbare wijze kan worden vastgesteld, is komen te vervallen.

8.1 Algemeen

Dit hoofdstuk behandelt de verwerking, waardering en resultaatbepaling, presentatie en toelichting van vastgoedbeleggingen. Onder de Nederlandse wet- en regelgeving en IFRS zijn hiervoor specifieke voorschriften opgenomen in Richtlijn 213 'Vastgoedbeleggingen' en IAS 40 'Investment Property'.

In dit hoofdstuk wordt mede ingegaan op de regelgeving (voor lessees) voor gebruiksrechten van onroerende zaken die voldoen aan de definitie van een vastgoedbelegging en (voor lessors) voor vastgoedbeleggingen die door middel van operationele leasing ter beschikking worden gesteld aan anderen (zie ook par. 8.1.1). Voor de overige bepalingen inzake leasing wordt verwezen naar hoofdstuk 32.

8.1.1 Begripsbepaling en toepassingsgebied

Toepassingsgebied

Richtlijn 213 respectievelijk IAS 40 dient te worden toegepast bij de verwerking, waardering en toelichting van vastgoedbeleggingen (RJ 213.101, IAS 40.2).

Een gebruiksrecht van een onroerende zaak (oftewel, een onroerende zaak aangehouden door de rechtspersoon als lessee) kan eveneens als vastgoedbelegging kwalificeren. Onder de Nederlandse wet- en regelgeving maakt een lessee onderscheid tussen financiële en operationele leases. Een gebruiksrecht van een onroerende zaak dat als financiële lease classificeert en dat voldoet aan de definitie van een vastgoedbelegging, valt binnen de reikwijdte van Richtlijn 213 (RJ 213.101). Voor gebruiksrechten van onroerende zaken die als operationele lease classificeren, biedt RJ 213.102 onder voorwaarden de optie om deze als vastgoedbelegging te verantwoorden (zie verder par. 8.7). Onder IFRS maakt een lessee geen onderscheid tussen financiële en operationele leases en valt een gebruiksrecht van een onroerende zaak dat voldoet aan de definitie van een vastgoedbelegging binnen de reikwijdte van IAS 40 (IAS 40.2 en 5).

Richtlijn 213 en IAS 40 gelden onder meer voor vastgoedbeleggingen in de jaarrekening van lessors die het actief door middel van operationele leasing ter beschikking stellen aan anderen (RJ 213.101, IAS 40.8). Onroerende zaken die door de middel van financiële leasing ter beschikking worden gesteld aan anderen, vallen buiten de reikwijdte van Richtlijn 213 en IAS 40 (RJ 213.101, IAS 40.9) en worden behandeld in Richtlijn 292 'Leasing' respectievelijk IFRS 16 'Leases' (zie hoofdstuk 32).

Begripsbepaling

Een vastgoedbelegging wordt gedefinieerd als een onroerende zaak (of een deel daarvan) die wordt aangehouden (ofwel door de eigenaar ofwel door de lessee onder een financiële lease (Richtlijnen) respectievelijk als actief uit hoofde van een gebruiksrecht (IFRS)) om huuropbrengsten of waardestijging, of beide, te realiseren, en niet voor (RJ 213.0, IAS 40.5):
a. gebruik in de productie of de levering van goederen of diensten, of voor bestuurlijke doeleinden, in het kader van de gewone bedrijfsuitoefening; of
b. verkoop als onderdeel van de gewone bedrijfsuitoefening.

Deze definitie impliceert dat niet de aard van de onderneming, maar het doel waarvoor een onroerende zaak wordt aangehouden bepaalt of sprake is van een vastgoedbelegging. Of een onroerende zaak wordt aangehouden om huuropbrengsten of waardestijging, of beide, te realiseren, wordt bij de eerste verwerking bepaald. Latere herclassificatie van of naar vastgoedbeleggingen is alleen mogelijk indien sprake is van een wijziging van het gebruik (zie verder par. 8.5).

In de regelgeving worden de volgende voorbeelden van vastgoedbeleggingen genoemd (RJ 213.106, IAS 40.8):
- terreinen die worden aangehouden voor waardestijgingen op lange termijn in plaats van verkoop op korte termijn als onderdeel van de gewone bedrijfsuitoefening;
- terreinen die worden aangehouden waarvan het toekomstig gebruik nog niet is vastgesteld (indien een rechtspersoon nog geen besluit heeft genomen of de terreinen voor eigen gebruik zijn ofwel voor verkoop op korte termijn als onderdeel van de gewone bedrijfsuitoefening, worden zij beschouwd als terreinen die aangehouden worden voor waardestijging);
- een gebouw dat eigendom is van de rechtspersoon (of dat door middel van een financiële lease aan de rechtspersoon ter beschikking is gesteld (Richtlijnen) respectievelijk als actief uit hoofde van een gebruiksrecht wordt gehouden (IFRS)) en dat door middel van een operationele lease aan anderen ter beschikking wordt gesteld;
- een leegstaand gebouw dat wordt aangehouden om door middel van een operationele lease aan anderen ter beschikking te worden gesteld;
- onroerende zaken in aanbouw of ontwikkeling voor toekomstig gebruik als vastgoedbelegging.

Zoals uit bovenstaande definitie blijkt onderscheidt een vastgoedbelegging zich van overige activa omdat het niet wordt aangehouden voor (RJ 213.0, IAS 40.5):
a. gebruik in de productie of de levering van goederen of diensten, of voor bestuurlijke doeleinden, in het kader van de gewone bedrijfsuitoefening; of
b. verkoop als onderdeel van de gewone bedrijfsuitoefening.

In de situatie genoemd onder a hierboven is sprake van vastgoed voor eigen gebruik. Het verschil tussen vastgoedbeleggingen en vastgoed voor eigen gebruik is in essentie gelegen in het feit dat vastgoedbeleggingen kasstromen genereren die grotendeels onafhankelijk zijn van de andere activa van de rechtspersoon. Bij de productie of de levering van goederen of diensten (of het gebruik voor bestuurlijke doeleinden) zijn de kasstromen niet alleen toe te schrijven aan de onroerende zaken, maar tevens aan andere activa van de onderneming (RJ 213.105, IAS 40.7). Vastgoed voor eigen gebruik omvat ook (RJ 213.107, IAS 40.9):
- onroerende zaken aangehouden voor toekomstig eigen gebruik (ongeacht of hiervoor eerst (her)ontwikkeling moet plaatsvinden);
- onroerende zaken voor de huisvesting van werknemers (ongeacht of de werknemers marktconforme huur betalen of niet);
- af te stoten vastgoed voor eigen gebruik.

Op vastgoed voor eigen gebruik is Richtlijn 212 'Materiële vaste activa' respectievelijk IAS 16 'Property, Plant and Equipment' van toepassing indien de rechtspersoon de eigenaar hiervan is (zie hoofdstuk 7) of Richtlijn 292 'Leasing' respectievelijk IFRS 16 'Leases' indien de rechtspersoon de onroerende zaken als lessee aanhoudt (zie hoofdstuk 32).

Onroerende zaken die worden aangehouden voor verkoop als onderdeel van de gewone bedrijfsuitoefening (genoemd onder b hierboven), inclusief onroerende zaken die in aanbouw of ontwikkeling zijn voor dat doel (zonder dat reeds een contract met een klant is afgesloten), worden behandeld in Richtlijn 220 'Voorraden' respectievelijk IAS 2 'Inventories' (zie hoofdstuk 12) (RJ 213.107, IAS 40.9). Voor onroerende zaken in aanbouw of ontwikkeling in opdracht van derden is onder de Nederlandse wet- en regelgeving Richtlijn 221 'Onderhanden projecten' van toepassing (RJ 213.107) en onder IFRS de regelgeving van IFRS 15 'Revenue from Contracts with Customers' (zie hoofdstuk 13).

8 Vastgoedbeleggingen

Bijzondere situaties voor classificatie als vastgoedbelegging dan wel vastgoed voor eigen gebruik

Niet in alle gevallen is het zonder meer duidelijk of sprake is van een vastgoedbelegging of vastgoed voor eigen gebruik. Indien niet eenduidig is vast te stellen of sprake is van een vastgoedbelegging dient de rechtspersoon criteria te ontwikkelen aan de hand waarvan bestendig wordt bepaald of een onroerende zaak kwalificeert als een vastgoedbelegging (RJ 213.112, IAS 40.14). Deze criteria dienen te worden toegelicht (zie par. 8.8.2 inzake RJ 213.802(c)/IAS 40.75(c)).

Tweeledig gebruik van onroerende zaken

Indien van een onroerende zaak een deel is bestemd voor het realiseren van huuropbrengsten (of waardestijgingen) en een ander deel voor gebruik in de productie (of voor de levering van goederen of diensten of voor bestuurlijke doeleinden) en deze delen afzonderlijk verkoopbaar zijn of via financial lease aan anderen ter beschikking gesteld kunnen worden, geschiedt de verwerking en verantwoording ook afzonderlijk. Als beide delen niet afzonderlijk verkoopbaar zijn, is de onroerende zaak slechts als vastgoedbelegging aan te merken indien slechts een onbelangrijk deel wordt aangehouden voor gebruik in de productie of levering van goederen of diensten of voor bestuurlijke activiteiten (RJ 213.108, IAS 40.10).

Levering van aanvullende diensten

Een andere situatie waarbij niet eenduidig is vast te stellen of sprake is van een vastgoedbelegging of van vastgoed voor eigen gebruik, is wanneer er naast het beschikbaar stellen van het onroerend goed aanvullende diensten worden aangeboden. Voorbeelden hiervan zijn het voorzien in de beveiliging en het onderhoud ten behoeve van de huurders door de eigenaar van een pand of het exploiteren van een hotel. Het onderscheidend criterium in deze gevallen is de relatieve belangrijkheid van deze aanvullende diensten in de overeenkomst (RJ 213.109-111, IAS 40.11-13). Een dergelijke onroerende zaak wordt beschouwd als een vastgoedbelegging indien deze diensten een relatief onbelangrijke component vormen van de totale overeenkomst.

Onderscheid tussen bedrijfsovername ('business combination') en verwerving van een individueel actief

Een complicatie bij de verwerking van de aankoop van vastgoed betreft de classificatie als hetzij een bedrijfsovername dan wel koop van een (individueel) actief.

Via de 'Annual Improvements to IFRSs 2011-2013' heeft de IASB eerder al verduidelijkt dat voor de vaststelling of sprake is van een bedrijfsovername dan wel koop van een (individueel) actief de bepalingen van IFRS 3 in acht dienen te worden genomen. Daarmee is duidelijk dat de bepalingen van IAS 40.7-14 omtrent de *aanvullende diensten* buiten beschouwing blijven voor de classificatie (IAS 40.14A).

Daarnaast heeft de IASB in 2018 de definitie van een 'business' in IFRS 3 aangepast (effectief voor boekjaren aangevangen op of van 1 januari 2020). Als onderdeel van deze wijzigingen is een (niet verplichte) test geïntroduceerd, de 'concentration test', waarmee op vereenvoudigde wijze kan worden bepaald dat geen sprake is van een 'business combination'. Het al dan niet toepassen van de test mag per afzonderlijke overnametransactie worden gekozen. In de situatie dat de test aangeeft dat de betaalde koopsom vrijwel geheel betrekking heeft op een individueel actief of een groep van gelijksoortige activa is géén sprake van een 'business' (IFRS 3.B7A onder a). Is de test 'negatief' in de zin dat geen sprake is van een (duidelijke) concentratie van reële waarde in de verkregen activa, of als gekozen wordt om de test niet uit te voeren (IFRS 3.B7A onder b), dan wordt (vervolgens) bezien of sprake is van een verkrijging van een (of meerdere) proces(sen) met een materiële ('substantive') inhoud, en of daardoor sprake is van een 'business combination' (IFRS 3.B7A, onder b, en B8-B12D). Voor een nadere bespreking wordt verwezen naar paragraaf 25.1.2.1.

Activa met bepaalde kenmerken van vastgoedbelegging

De behandeling van activa die lijken op een vastgoedbelegging, zoals bijvoorbeeld telecommasten, zijn onderwerp geweest van een onderzoek van de IASB (December 2014 IASB meeting: Matters arising from the IFRS Interpretation Committee: IAS 40 Investment Property: Accounting for a structure that appears to lack the physical characteristics of a building) als opvolging van een ter zake door de IFRS IC uitgevoerde analyse. Geconcludeerd werd dat in sommige landen het bedrijfsmodel van de verhuur van telecommasten veel gemeen heeft met de verhuur van vastgoed. De individuele masten genereren zelfstandig inkomsten en de verhuurder van de mast is alleen verantwoordelijk voor het onderhoud van de mast en eventuele bijgebouwen en niet voor de apparatuur van de telefoonmaatschappij. In andere landen was de situatie echter totaal anders en worden significante aanvullende diensten verleend door de verhuurder, zoals beveiliging, stroomtoevoer en installatie en onderhoud van de telecomapparatuur. In lijn met ontwikkelingen in de Verenigde Staten, wordt gesignaleerd dat er meer en meer sprake is van telecombedrijven die hun masten in een aparte beleggingsentiteit hebben geplaatst waarin externe investeerders participeren.

Een telecommast ontbeert echter de typische eigenschappen van een gebouw, zoals een dak, muren en vloeren, zodat naast telecommasten ook gedacht kan worden aan billboards, opslagtanks, tolwegen, olieboorplatforms en dergelijke. Alhoewel de IFRS IC aangaf het nuttig te vinden om voor dit type objecten met een beperkte mate van vastgoedkenmerken nader onderzoek te doen omtrent nadere regelgeving, heeft de IASB het niet noodzakelijk gevonden tot nadere voorschriften te komen. De IASB heeft daarbij overwogen dat in haar waarneming weinig sprake is van de toepassing van reële waarde voor dit type objecten respectievelijk weinig sprake is van diversiteit in de praktijk.

Onder zowel de Nederlandse wet- en regelgeving als IFRS is de toepassing van de definitie afhankelijk van de feiten en omstandigheden.

Groepsverhoudingen

In sommige gevallen heeft een rechtspersoon binnen een groep een onroerende zaak in eigendom die ter beschikking wordt gesteld aan en gebruikt wordt door de moedermaatschappij of een andere groepsmaatschappij. De onroerende zaak is geen vastgoedbelegging in de geconsolideerde jaarrekening die beide rechtspersonen omvat, omdat de onroerende zaak bezien vanuit het perspectief van de groep als geheel voor eigen gebruik is bestemd. Echter, bezien vanuit het perspectief van de individuele rechtspersoon die de onroerende zaak in eigendom heeft (niet zijnde de moedermaatschappij) is de onroerende zaak te beschouwen als een vastgoedbelegging (mits deze voldoet aan de definitie hiervan). In dat geval behandelt de rechtspersoon de onroerende zaak als een vastgoedbelegging in zijn vennootschappelijke jaarrekening (RJ 213.113, IAS 40.15).

Met ingang van boekjaren die aanvangen op of na 1 januari 2021 zijn twee wijzigingen in RJ 213.113 van kracht (RJ-Uiting 2021-1; eerdere toepassing wordt aanbevolen). Ten eerste is toegevoegd dat indien de geconsolideerde deelneming in de enkelvoudige jaarrekening van de moedermaatschappij volgens de vermogensmutatiemethode wordt gewaardeerd, bij het bepalen van de boekwaarde van deze deelneming de onroerende zaak gehouden door de dochtermaatschappij als vastgoed voor eigen gebruik wordt geclassificeerd (in overeenstemming met de classificatie zoals gehanteerd in de geconsolideerde jaarrekening). Hierdoor treden geen verschillen op tussen het eigen vermogen volgens de geconsolideerde jaarrekening en het eigen vermogen volgens de enkelvoudige jaarrekening van de moedermaatschappij. IFRS kent geen soortgelijke bepaling.

Ten tweede is toegevoegd aan RJ 213.113 dat indien de moedermaatschappij de onroerende zaak in eigendom heeft en ter beschikking stelt aan een geconsolideerde deelneming voor eigen gebruik, de onroerende zaak in de enkelvoudige jaarrekening van de moedermaatschappij als vastgoed voor eigen gebruik wordt geclassificeerd. IFRS kent geen soortgelijke bepaling.

Verschillen Dutch GAAP - IFRS

Onder de Richtlijnen wordt een onroerende zaak die een geconsolideerde deelneming houdt en ter beschikking stelt aan de moedermaatschappij of een andere groepsmaatschappij voor eigen gebruik, in de enkelvoudige jaarrekening van de moedermaatschappij als vastgoed voor eigen gebruik geclassificeerd bij het bepalen van de boekwaarde van de geconsolideerde deelneming volgens de vermogensmutatiemethode. Ook een onroerende zaak die een moedermaatschappij houdt en ter beschikking stelt aan een geconsolideerde deelneming voor eigen gebruik wordt in de enkelvoudige jaarrekening van de moedermaatschappij als vastgoed voor eigen gebruik geclassificeerd onder de Richtlijnen. IFRS kent geen soortelijke bepalingen voor deze situaties.

8.1.2 Bijzondere bedrijfstakken

In afdeling 6 van de Richtlijnen voor de Jaarverslaggeving worden bijzondere bedrijfstakken behandeld als banken, verzekeringsmaatschappijen, pensioenfondsen en beleggingsinstellingen. Voor deze bedrijfstakken zijn in de Richtlijnen in bepaalde gevallen specifieke bepalingen opgenomen met betrekking tot vastgoedbeleggingen. Deze specifieke bepalingen gaan vóór de bepalingen zoals opgenomen in Richtlijn 213.

- In Richtlijn 600 'Banken' zijn geen afzonderlijke regels voor vastgoedbeleggingen opgenomen en is Richtlijn 213 integraal van toepassing.
- Richtlijn 605 'Verzekeringsmaatschappijen' geeft aan dat alle gebouwen en terreinen als belegging dienen te worden geclassificeerd, ook die welke voor eigen gebruik worden aangehouden (art. 2:430 lid 1 BW).
- Verzekeraars die onder IFRS rapporteren kunnen gebruikmaken van een specifieke bepaling in IAS 40.32A-32C: Indien vastgoedbeleggingen (ten dele) tegenover verzekeringsverplichtingen staan, dan mag *per object* worden gekozen of het object tegen reële waarde dan wel verkrijgingsprijs wordt gewaardeerd. Voor de gevolgen van het in werking treden van IFRS 17 wordt verwezen naar hoofdstuk 48.
- In Richtlijn 610 'Pensioenfondsen' wordt ten aanzien van de waardering van vastgoedbeleggingen de 'marktwaarde' (reële waarde) voorgeschreven. Aangaande de bepaling van de waarde wordt verwezen naar de voorschriften van Richtlijn 213. Conform IFRS (IAS 26.32) is waardering van vastgoedbeleggingen tegen actuele waarde voorgeschreven. In Richtlijn 611 'Premiepensioeninstellingen' zijn vergelijkbare bepalingen opgenomen als genoemd onder Richtlijn 610.
- Op grond van Richtlijn 615 'Beleggingsentiteiten' is het voor beleggingsentiteiten net als onder Richtlijn 213 aanbevolen om te waarderen tegen reële waarde en ongerealiseerde waardestijgingen via het resultaat te verwerken. De Richtlijn bevat ook specifieke regels over de verwerking van transactiekosten, die afwijken van Richtlijn 213.

Voor de verdere behandeling van de Richtlijnen 600, 605, 615 en 610/611 wordt verwezen naar hoofdstuk 47, hoofdstuk 48, hoofdstuk 49 respectievelijk hoofdstuk 50.

Verschillen Dutch GAAP - IFRS

IFRS kent in tegenstelling tot de Richtlijnen geen specifieke bepalingen voor vastgoedbeleggingen en materiële vaste activa in de jaarrekening van de bijzondere bedrijfstakken banken, verzekeringsmaatschappijen, pensioenfondsen en beleggingsinstellingen, derhalve zijn ook voor deze rechtspersonen IAS 16 en IAS 40 integraal van toepassing. IFRS kent ook niet de onder Richtlijn 605 voorgeschreven verwerking van vastgoed in eigen gebruik bij verzekeringsmaatschappijen (uitsluitend als vastgoedbelegging). Echter, IFRS verruimt voor verzekeringsmaatschappijen de keuzemogelijkheid voor de waardering van vastgoedbeleggingen die gekoppeld zijn aan verplichtingen die een rendement uitkeren dat direct gerelateerd is aan het rendement op deze vastgoedbeleggingen. Dit kan leiden tot verschillen in het toepassingsgebied tussen de Nederlandse wet- en regelgeving en IFRS.

8.2 Activering

Een vastgoedbelegging (in eigendom) dient slechts als een actief te worden verwerkt als aan de algemene activeringscriteria is voldaan. Ten eerste dient het waarschijnlijk te zijn dat de toekomstige economische voordelen die voortvloeien uit de vastgoedbelegging zullen toekomen aan de rechtspersoon en ten tweede dienen de kosten van de vastgoedbelegging op betrouwbare wijze te kunnen worden vastgesteld (RJ 213.201, IAS 40.16).

Teneinde te bepalen of een vastgoedbelegging voldoet aan het eerste criterium, stelt de rechtspersoon de mate van zekerheid met betrekking tot de toekomstige economische voordelen vast op basis van de beschikbare informatie op het moment van eerste verwerking (RJ 213.202, IAS 40.17). Aan het tweede criterium wordt gewoonlijk voldaan doordat de kosten kunnen worden vastgesteld aan de hand van de transactie die ten grondslag ligt aan de verkrijging van het actief (RJ 213.202).

Richtlijn 292 respectievelijk IFRS 16 behandelt de verwerkingscriteria voor een gebruiksrecht van een onroerende zaak dat als vastgoedbelegging wordt verantwoord (zie verder hoofdstuk 32) (IAS 40.19A). Voor een nadere bespreking van een gebruiksrecht van een vastgoedbelegging onder een operationele lease wordt verwezen naar paragraaf 8.7.

8.3 Waardering

8.3.1 Keuze waarderingsgrondslag

Voor vastgoedbeleggingen komen ingevolge artikel 2:384 lid 1 BW voor de waardering als grondslag in aanmerking de verkrijgings- of vervaardigingsprijs (historische kosten) en de actuele waarde (reële waarde) (RJ 213.501). IFRS kent eenzelfde keuze in waarderingsgrondslag (IAS 40.30).

Bij vastgoedbeleggingen wordt bij de waardering onderscheid gemaakt tussen de eerste waardering (zie par. 8.3.2) en volgende waarderingen. De in deze situaties toe te passen waarderingsgrondslagen komen hierna aan de orde (zie par. 8.3.3 e.v.).

Een eenmaal gekozen waarderingsgrondslag dient in opeenvolgende perioden zo veel mogelijk te worden gehandhaafd (zie par. 4.4.5.2). Een wijziging van historische kostprijs naar actuele waarde/reële waarde (of andersom) dient te worden verwerkt als een stelselwijziging (zie hoofdstuk 28).

8.3.2 Eerste waardering

De eerste waardering van vastgoedbeleggingen is tegen de verkrijgingsprijs, inclusief de transactiekosten (RJ 213.301, IAS 40.20) De verkrijgingsprijs van een vastgoedbelegging omvat de koopsom en alle direct toe te rekenen uitgaven, waaronder bijvoorbeeld de notariskosten, juridische advieskosten, overdrachtsbelasting, makelaarskosten en andere transactiekosten (RJ 213.302, IAS 40.21).

De verkrijgingsprijs van een zelf vervaardigde vastgoedbelegging is het bedrag van de kosten tot en met het moment dat de vervaardiging of ontwikkeling gereed is (RJ 213.303). De rente kan hierbij ook geactiveerd worden, mits de vervaardiging een aanzienlijk tijdsbeslag heeft meegebracht (art. 2:388 lid 2 BW).

8 Vastgoedbeleggingen

Onder Nederlandse wet- en regelgeving en IFRS gelden de waarderingsregels voor vastgoedbeleggingen ook voor zelf vervaardigde vastgoedbeleggingen als deze nog in ontwikkeling of aanbouw zijn (RJ 213.303 en IAS 40.8(e)). De eerste waardering vindt dan plaats volgens de regels voor vastgoedbeleggingen zoals genoemd in deze paragrafen.

Richtlijn 292 respectievelijk IFRS 16 behandelt de eerste waardering van een gebruiksrecht van een onroerende zaak dat als vastgoedbelegging wordt verantwoord (zie verder hoofdstuk 32) (IAS 40.29A). Voor een nadere bespreking van een gebruiksrecht van een vastgoedbelegging onder een operationele lease wordt verwezen naar paragraaf 8.7.

Onderscheid tussen bedrijfsovername ('business combination') en verwerving van een individueel actief

Zoals in paragraaf 8.1.1 is aangegeven kan een aankoop van onroerend goed ook geschieden door middel van verkrijging van zeggenschap (aandelen) in een juridische entiteit. Omvat de entiteit (nagenoeg) alleen het onroerend goed dan is geen sprake van het verkrijgen van een 'business' en is de regelgeving van IFRS 3 inzake 'business combinations' niet van toepassing.

Als in een dergelijke situatie ook andere balansposten aanwezig zijn, bijvoorbeeld latente belastingposten vanwege commercieel-fiscale waarderingsverschillen, ontstaat een complicatie in de verwerking van de verkrijging van het onroerend goed.

De IFRS Interpretations Committee heeft in maart 2017 op een gestelde vraag ter zake aangegeven dat de latente belasting in het kader van de toepassing van de 'initial recognition exception' (zie hoofdstuk 17) in de initiële verwerking van het onroerend goed niet tot een afzonderlijke latente belastingpost mag leiden. Immers, omdat geen sprake is van de toepassing van de acquisitiemethode in IFRS 3 dient de aankoop als ware het een 'los' (individueel) actief te worden verwerkt. In combinatie met de bepaling inzake de 'initial recognition exception' dient het verschil tussen commerciële (aankoop)waarde en fiscale boekwaarde op nihil te worden gesteld. Daarmee wordt het bedrag van de latente belastingpost (netto) opgenomen in de (netto) koopprijs c.q. initiële waardering van het onroerend goed.

Op het initiële moment van waardering van het aangekochte actief is er géén onmiddellijk gevolg van het niet opnemen van de latente belastingpost. Het betaalde bedrag wordt als verkrijgingsprijs voor het aangekochte actief verwerkt. Doch bij toepassing van reële waarde als vervolgwaardering zal op het eerstvolgende waarderingsmoment wel een waardemutatie optreden. De dan geldende reële waarde wijkt zeer waarschijnlijk in positieve zin af van de boekwaarde (de verkrijgingsprijs op moment van initiële waardering) en het waarderingsverschil zal in de winst-en-verliesrekening worden verantwoord.

Voorbeeld verwerking als individueel actief

Entiteit P koopt alle aandelen van dochtermaatschappij S. S heeft één actief, een vastgoedbelegging met een reële waarde van € 10 miljoen. De transactie wordt aangemerkt als het verkrijgen van een 'los' actief (en niet als een 'business combination'). In de belastingaangifte is de fiscale boekwaarde van de vastgoedbelegging € 4 miljoen. In de eigen statutaire jaarrekening van S is de vastgoedbelegging voor € 6 miljoen opgenomen, waardoor tevens sprake is van een latente belastingverplichting van 40% (lokaal tarief) over (€ 6 miljoen -/- € 4 miljoen =) € 0,8 miljoen. Aankoopprijs voor de aandelen bedraagt € 9,6 miljoen. P past reële waarde voor de waardering van haar vastgoedobjecten toe.
Door de 'initial recognition exception' kan P géén latente belastingpost over het verschil tussen marktwaarde en fiscale boekwaarde opnemen. Daardoor verwerkt P het vastgoedobject voor de verkrijgingsprijs van de aandelen ad € 9,6 miljoen.
Op het eerstvolgende rapportagemoment bepaalt P de reële waarde, zijnde onveranderd € 10 miljoen. P verantwoordt een bate wegens aanpassing van het vastgoedobject naar reële waarde van (€ 10 miljoen -/- € 9,6 miljoen =) € 0,4 miljoen.

Niet-activeerbare kosten

Opstart- of aanloopkosten behoren niet tot de verkrijgingsprijs van een vastgoedbelegging (tenzij deze noodzakelijk zijn om de vastgoedbelegging in bedrijf te stellen), evenmin de initiële exploitatieverliezen die optreden voordat de vastgoedbelegging de geplande bezettingsgraad bereikt of abnormale uitgaven die ontstaan tijdens de vervaardiging of ontwikkeling van de vastgoedbelegging (RJ 213.304, IAS 40.23).

Uitgestelde betaling

Indien sprake is van een uitgestelde betaling van de koopsom, wordt de verkrijgingsprijs gesteld op de contante waarde daarvan. Het verschil tussen dit bedrag en het totaal van de betalingen wordt verwerkt als interestlasten gedurende de periode van uitgestelde betaling (RJ 213.305, IAS 40.24).

Ruil

Indien vastgoedbeleggingen zijn verkregen door ruil met een ander soort actief, dan geldt als verkrijgingsprijs de reële waarde, tenzij de ruiltransactie niet leidt tot een wijziging in de economische omstandigheden, of de reële waarde van noch het ontvangen actief noch het opgeofferde actief betrouwbaar kan worden bepaald. In dat geval is de kostprijs gelijk aan de boekwaarde van het opgegeven actief (IAS 40.27). Hoewel Richtlijn 213 hierop niet specifiek ingaat, kan uit de in RJ 213.515 opgenomen verwijzing naar de bepalingen in Richtlijn 212 'Materiële vaste activa' voor de bepaling van de kostprijs worden afgeleid dat de gelijkwaardige bepalingen in RJ 212.309-311 van toepassing zijn.

8.3.3 Uitgaven na eerste verwerking

Uitgaven na eerste verwerking worden geactiveerd indien wordt voldaan aan de algemene activeringscriteria zoals omschreven in paragraaf 8.2 (RJ 213.401, IAS 40.17).

Alle overige uitgaven, waaronder uitgaven voor dagelijks onderhoud, dienen na eerste verwerking als kosten te worden verwerkt in de periode waarin zij zich voordoen (RJ 213.515 verwijst naar RJ 212.447, IAS 40.18). Bij toepassing van de Richtlijnen geldt bij waardering tegen historische kostprijs een uitzondering voor de kosten van groot onderhoud (RJ 213.403, zie ook par. 7.5).

De Richtlijnen en IFRS kennen bij toepassing van het historische-kostenmodel het concept van componenten en het afschrijven van elke afzonderlijke component over de betreffende gebruiksduur (tot vervangingsmoment). De componentenmethode betekent dat de kosten van te vervangen componenten worden opgenomen in de boekwaarde van de vastgoedbelegging, mits deze kosten aan de algemene activeringscriteria voldoen, onder gelijktijdige desinvestering van de eventuele resterende boekwaarde van de vervangen component (IAS 40.19).

In IAS 40.68 worden nadere voorschriften gegeven voor het bepalen van de boekwaarde van een desinvestering van een component. Specifiek voor de situatie bij toepassing van actuele waarde kan de bepaling van de resterende boekwaarde tot complicaties leiden. Het is aannemelijk dat in voorbije jaren bij het bepalen van de reële waarde van het betreffende vastgoed al rekening is gehouden met de afname in waarde wegens slijtage in de te vervangen bestanddelen. Aangezien alle reële-waardeaanpassingen in dit geval worden verwerkt via de winst-en-verliesrekening, waarbij het niet noodzakelijk is om onderscheid te maken tussen waardeveranderingen samenhangend met vervangingen en overige (markt)waardeveranderingen, geeft IAS 40.68 aan dat het is toegestaan om de kosten van de vervanging toe te voegen aan de boekwaarde van het actief, als ware het een reguliere investering. Vervolgens dient de reële waarde van de vastgoedbelegging als geheel te worden herbeoordeeld. IAS 40.B40 geeft weer dat de Board het van belang vindt om inzicht te geven in de elementen die een rol spelen bij het tot

8 Vastgoedbeleggingen

stand komen van de financiële performance (ofwel het separaat als een investering tonen van vervolguitgaven heeft de voorkeur boven het 'wegsalderen' van de vervangingsinvestering in de reële-waardemutatie).

Richtlijn 213 kent deze specifieke voorschriften zoals opgenomen in IAS 40.68 niet. Wij zijn echter van mening dat ook bij toepassing van de Nederlandse wet- en regelgeving deze zelfde uitgangspunten mogen worden toegepast.

Volledigheidshalve wordt opgemerkt dat investeringsuitgaven die onder de Richtlijnen als groot onderhoud kunnen worden aangemerkt, in de situatie van vastgoedbeleggingen gewaardeerd tegen reële waarde niet via een voorziening voor groot onderhoud mogen worden verwerkt (RJ 213.403). Bij toepassing van de waarderingsgrondslag verkrijgings- of vervaardigingsprijs is het vormen van een voorziening groot onderhoud onder de Richtlijnen wel mogelijk (zie par. 7.5). Onder IFRS is het vormen van een voorziening voor groot onderhoud nimmer mogelijk, ook niet bij waardering tegen historische kostprijs. Aangebrachte vervangingen worden via de componentenmethode verwerkt in de kostprijs van de vastgoedbelegging en afgeschreven.

Verschillen Dutch GAAP - IFRS
Onder de Richtlijnen is het vormen van een voorziening groot onderhoud voor vastgoedbeleggingen gewaardeerd tegen historische kostprijs toegestaan, terwijl dit onder IFRS niet mag.

8.3.4 Waardering na eerste verwerking
Voor de waardering van vastgoedbeleggingen na de eerste verwerking geldt een keuzemogelijkheid. Waardering dient plaats te vinden hetzij tegen actuele waarde (reële waarde), hetzij tegen historische kosten (RJ 213.501, IAS 40.30). De gekozen prijsgrondslag dient voor alle vastgoedbeleggingen te worden toegepast.

De keuzemogelijkheid is niet bedoeld alsof er van jaar tot jaar een andere keuze kan worden gemaakt, immers, dat zou in strijd zijn met de eis tot stelselmatige toepassing van grondslagen voor waardering en resultaatbepaling. Onder de voorwaarden van Richtlijn 140 'Stelselwijzigingen' respectievelijk IAS 8 'Accounting Policies, Changes in Accounting Estimates and Errors' is onder omstandigheden een wijziging denkbaar. IFRS voegt hier nog aan toe dat het hoogst onwaarschijnlijk is dat een stelselwijziging van het actuele-waardemodel naar het historische kostprijsmodel voor vastgoedbeleggingen leidt tot een betere verslaggeving (IAS 40.31).

Indien de rechtspersoon ervoor kiest vastgoedbeleggingen te waarderen tegen historische kosten dient aanvullend de reële waarde van de vastgoedbeleggingen te worden bepaald en te worden vermeld in de toelichting (zie par. 8.8.2). Aanbevolen wordt de reële waarde van een vastgoedbelegging vast te stellen op basis van een waardering door een onafhankelijk en deskundig taxateur (RJ 213.502, IAS 40.32).

De regelgeving geeft geen nadere bepalingen voor de frequentie waarmee de bepaling van de reële waarde zou moeten plaatsvinden. Er wordt wel voorgeschreven dat de reële waarde de actuele marktsituatie en omstandigheden op balansdatum moet weergeven en niet op enig moment in het verleden of de toekomst (RJ 213.507, IFRS 13.15). Dit impliceert dat jaarlijks op balansdatum in ieder geval beoordeeld moet worden of de meest recente taxatie nog de actuele stand van zaken weergeeft. Dit houdt in dat indien eerder in het jaar al taxatie heeft plaatsgevonden bij de waardering op balansdatum rekening gehouden moet worden met de ontwikkelingen tussen de datum van taxeren en de balansdatum.

Volledigheidshalve wordt nog opgemerkt dat de Nederlandse wet- en regelgeving een onderscheid maakt tussen de generieke wettelijke bepalingen (die in algemene zin aangeven dat waardering tegen *actuele waarde* mogelijk is) en het BAW en de Richtlijnen die aangeven dat alleen de marktwaarde (oftewel, reële waarde) als invulling van de actuele waarde voor vastgoedbeleggingen aan de orde is (art. 11 lid 1 BAW).

8.3.5 Actuele waarde/reële waarde

Algemeen

Een rechtspersoon die als prijsgrondslag actuele waarde hanteert, dient alle vastgoedbeleggingen tegen reële waarde te waarderen, behalve in de uitzonderlijke gevallen dat de reële waarde niet op betrouwbare wijze is vast te stellen (RJ 213.503, IAS 40.33) (zie par. 8.3.6).

Verschillen in de uitleg van het begrip reële waarde

De Richtlijnen zijn nog gebaseerd op de voormalige IFRS-regelgeving (zonder toepassing van IFRS 13) en definieert reële waarde als het bedrag waarvoor een actief kan worden verhandeld (of een verplichting kan worden afgewikkeld) tussen ter zake goed geïnformeerde partijen, die tot een transactie bereid en onafhankelijk van elkaar zijn (RJ 940).

De definitie in IAS 40 wijkt als gevolg van IFRS 13 hiervan af en definieert de reële waarde als de prijs waarvoor een actief kan worden verhandeld in een reguliere transactie tussen marktparticipanten op de waarderingsdatum (IAS 40.5).

De IASB heeft de wijziging in definitie nader uitgelegd, kort samengevat:
- Zowel de nieuwe als de oude definitie gaat uit van een hypothetische, reguliere transactie; geen daadwerkelijke of geforceerde transactie (IFRS 13.BC30).
- In de oude definitie werd (IFRS 13.BC30):
  - niet aangegeven of de rapporterende entiteit als koper dan wel verkoper optreedt;
  - was onduidelijk wat met het afwikkelen van een verplichting werd bedoeld, omdat niet werd gerefereerd aan een schuldeiser maar aan een goed geïnformeerde tegenpartij;
  - was geen duiding gegeven van het moment van de transactie en waarderingsdatum.

  Deze elementen zijn nu wel verwerkt in de aangepaste definitie.
- Daarenboven verduidelijkt de nieuwe definitie een op de markt gebaseerd waardebegrip waarbij gerefereerd wordt aan generieke marktpartijen en geen entiteit-specifieke waarde.

Onder de Richtlijnen wordt (en IAS 40 'oud' werd) de reële waarde van vastgoedbeleggingen bepaald als de meest waarschijnlijke prijs die redelijkerwijs op de markt te verkrijgen is. Het is de beste prijs die een verkoper redelijkerwijs kan verkrijgen en de meest voordelige prijs die een koper redelijkerwijs kan behalen. Deze schatting sluit specifiek uit dat sprake zou zijn van een geschatte prijs die is verhoogd of verlaagd als gevolg van bijzondere condities of omstandigheden, zoals een financiering die afwijkt van normale voorwaarden, sale-and-leasebackconstructies, bijzondere prestaties of concessies verleend door een bij de verkoop betrokken partij (RJ 213.505). De voormalige IAS 40 gaf daarbij nog aan dat zowel koper als verkoper werd verondersteld een 'willige partij' te zijn (gemotiveerd, niet door nood gedwongen of te gretig) met goede kennis van zaken omtrent de huidige situatie van het actief, alsmede toekomstige mogelijkheden.

In de definitie van IFRS 13 komen deze elementen al dan niet versterkt terug. Met name versterkt is de schets van de positie van partijen waarbij in de huidige definitie naar marktpartijen wordt gerefereerd (waarbij voorheen wel aan willige partijen werd gerefereerd, maar die werden niet als neutrale (markt)partijen aangeduid) (IFRS 13.24 jo. IFRS 13.B2-B4).

8 Vastgoedbeleggingen

Onder de huidige IAS 40/IFRS 13 dient voor het bepalen van de reële waarde voorts te worden uitgegaan van de uitgangspunten die marktpartijen op de datum van waardering zouden hanteren, waarbij tevens veronderstellingen in acht worden genomen over:
- specifieke kenmerken van het betreffende actief, voor zover die door de marktparticipant zouden worden meegewogen (IFRS 13.11); bijvoorbeeld de staat van onderhoud, de plaats, beperkingen in gebruik;
- 'highest and best use' (IFRS 13.27 e.v.); en
- risico elementen.

Deze invulling van reële waarde in IFRS 13 is veel specifieker dat die van 'marktwaarde' zoals in artikel 4 Besluit actuele waarde (BAW).

Richtlijn 213 stelt dat de reële waarde het best kan worden vastgesteld aan de hand van courante prijzen op een actieve markt (indien aanwezig) voor gelijksoortige onroerende zaken op dezelfde locatie in dezelfde staat (RJ 213.508). Onderstaand worden nog enkele andere specifieke bepalingen uit de Richtlijn nader uitgewerkt.

IFRS verwijst in IFRS 13 naar de reële-waardehiërarchie, waarin de meeste waarde wordt gehecht aan onaangepaste, direct observeerbare prijzen; de overige specifieke bepalingen staan eveneens hieronder nader uitgewerkt.

Gemeenschappelijke kenmerken van begrip 'reële waarde'

Een rechtspersoon stelt de reële waarde vast zonder enige aftrek van transactiekosten die de rechtspersoon zou moeten maken bij verkoop of een andere wijze van vervreemding (RJ 213.506, IFRS 13.25).

Bij het vaststellen van de reële waarde van vastgoedbeleggingen vermijdt een rechtspersoon dubbeltellingen van activa of verplichtingen die afzonderlijk op de balans zijn opgenomen (RJ 213.510, IAS 40.50). Voorbeelden hiervan zijn:
- installaties, zoals liften of airconditioning, vormen vaak een integraal onderdeel van een gebouw en worden in het algemeen beschouwd als een onlosmakelijk onderdeel van de vastgoedbelegging in plaats van een afzonderlijk materieel vast actief;
- indien een kantoor gemeubileerd wordt gehuurd, bestaat de reële waarde van het kantoor tevens uit de reële waarde van het meubilair omdat de huurinkomsten gerelateerd zijn aan het gemeubileerde kantoor; indien meubilair is begrepen in de reële waarde van de vastgoedbelegging, wordt dat meubilair niet separaat als actiefpost beschouwd;
- de reële waarde van een vastgoedbelegging omvat niet vooruitbetaalde of vooruitontvangen leasetermijnen, daar de rechtspersoon deze beschouwt als een separate verplichting of actiefpost.

Indien de contante waarde van de (verwachte) betalingen gerelateerd aan een vastgoedbelegging (anders dan betalingen gerelateerd aan de financiering daarvan) hoger zijn dan de contante waarde van de eraan gerelateerde (verwachte) ontvangsten, wordt het vastgoed op nihil gewaardeerd (RJ 213.511). Voor het negatieve verschil zijn vervolgens de bepalingen inzake voorzieningen (zie hoofdstuk 16) van toepassing. In IAS 40.52 is een vergelijkbare bepaling opgenomen. Echter, deze is explicieter geformuleerd aangezien gesproken wordt van de vaststelling van verplichtingen (anders dan uit 'recognised liabilities' waardoor mede uitgesloten worden leaseverplichtingen in het geval de entiteit in lease gehouden vastgoedbeleggingen houdt) (zie verder par. 8.7). Wij gaan ervan uit dat de bedoeling van de Richtlijnen is geweest IAS 40.52 te implementeren, ondanks het andere woordgebruik.

Specifieke bepalingen Richtlijnen

Indien courante prijzen op een actieve markt voor gelijksoortige onroerende zaken op dezelfde locatie en in dezelfde staat afwezig zijn, benadert een rechtspersoon de reële waarde via alternatieve wegen, zoals (RJ 213.509):
▶ courante prijzen op een actieve markt voor onroerende zaken met afwijkende aard, staat of locatie, met aanpassingen voor de betreffende afwijkingen;
▶ recente prijzen op minder actieve markten, met aanpassingen die de veranderingen in de economische omstandigheden weergeven sinds de laatste transactiedata;
▶ contante waarde van geprognosticeerde kasstromen gebaseerd op betrouwbare schattingen, ondersteund door de bepalingen in bestaande lease- en andere contracten en (waar mogelijk) door extern bewijsmateriaal zoals actuele huurprijzen voor gelijksoortige onroerende zaken op dezelfde locatie en in dezelfde staat, en gebruikmakend van een disconteringsvoet die de onzekerheid ten aanzien van de hoogte en het realisatietijdstip van de kasstromen weerspiegelt.

Specifieke bepalingen IFRS

IFRS 13 gaat bij de bepaling van de reële waarde vanuit dat dit een zogenaamde 'exit price' (verkoopprijs) is, ongeacht de aanwending door de onderneming zelf (zie verder par. 4.7.4).

Waardering dient onder IFRS 13 te geschieden op basis van de meest optimale aanwending ('highest and best use') (IFRS 13.27 e.v.). De huidige aanwending wordt slechts dan als meest optimaal gezien als er geen indicaties zijn dat marktpartijen dit anders zien. Van groot belang is dat een eventuele alternatieve aanwending wel fysiek, juridisch en financieel mogelijk moet zijn.

> **Voorbeeld meest gunstige aanwending**
> Een onderneming bezit een kantoorgebouw en waardeert deze vastgoedbelegging tegen reële waarde. Echter, het bestemmingsplan van het gebied staat ook gebruik als woongebied toe. Zou de onderneming ervoor kiezen haar kantoorgebouw te transformeren tot een appartementencomplex, dan zou de reële waarde van het kantoorgebouw hoger zijn (rekening houdend met de transformatiekosten). In dit geval zal tegen deze hogere reële waarde worden gewaardeerd in de jaarrekening.

De toepassing van IFRS 13 betekent dat de bepaling van de reële waarde, gelijk aan de wijze waarop de waardering van financiële instrumenten, geschiedt onder toepassing van de reële-waardehiërarchie:
▶ Niveau 1: De reële waarde is gelijk aan genoteerde prijzen in een actieve markt.
▶ Niveau 2: De reële waarde is gebaseerd op parameters die direct of indirect in de markt waarneembaar zijn.
▶ Niveau 3: De reële waarde is gebaseerd op parameters die niet in de markt waarneembaar zijn.

Voor vastgoedbeleggingen zal vrijwel altijd sprake zijn van een 'niveau 3'-type van waardering (zie ook de algemene beschouwing in par. 4.7.4). Ter zake vereist IFRS 13 respectievelijk IAS 40 de meest uitgebreide toelichting, zoals nader beschreven in paragraaf 8.8.2.

Naast de bovengenoemde bepalingen geeft IFRS specifieke voorschriften met betrekking tot:
▶ de vervolgwaardering van een gebruiksrecht die door de lessee als vastgoedbelegging wordt verwerkt (IAS 40.40A/41), zie ook paragraaf 8.7;
▶ de afweging of de reële waarde wel in voldoende mate van betrouwbaarheid kan worden bepaald, bijvoorbeeld in de situatie van een wijd interval van mogelijke waardes met moeilijk bepaalbare waarschijnlijkheid van de verschillende waarden, zie ook paragraaf 8.7 (IAS 40.48, 40.53 e.v.);
▶ het voorkomen van dubbeltellingen bij de bepaling van de reële waarde van een vastgoedbelegging (IAS 40.50 (d)). Het gebruiksrecht van een vastgoedbelegging wordt gewaardeerd op de som van de reële

waarde van de netto-kasstromen uit dit actief over de looptijd van de lease plus de leaseverplichting zoals bepaald conform IFRS 16 'Leases', zie hoofdstuk 32. Als verplichting wordt opgenomen het laatstgenoemde bedrag aan leaseverplichtingen conform IFRS 16.

Verschillen Dutch GAAP - IFRS

In tegenstelling tot de Nederlandse wet- en regelgeving geeft IFRS meer uitgebreide voorschriften voor de definitie en bepaling van de reële waarde. Daarnaast spreekt de Nederlandse wetgeving van actuele waarde, welke is ingevuld als reële waarde (RJ 213.502 en RJ 213.503).

8.3.6 Reële waarde niet op betrouwbare wijze vast te stellen

In de situatie dat een entiteit de stelselkeuze heeft gemaakt om vastgoedbeleggingen op te nemen tegen reële waarde kunnen complicaties optreden bij de bepaling van de reële waarde.

In uitzonderlijke gevallen kan het voorkomen dat de reële waarde bij eerste aanschaf (of na een wijziging van het gebruik) niet betrouwbaar is vast te stellen. Dit is uitsluitend het geval indien vergelijkbare markttransacties niet frequent voorkomen en alternatieve wijzen van vaststelling van de reële waarde (bijvoorbeeld gebaseerd op berekeningen van de contante waarde van kasstromen) niet beschikbaar zijn (RJ 213.512, IAS 40.53).

Indien de rechtspersoon in dergelijke situaties vaststelt en verwacht dat het niet mogelijk is de reële waarde van een vastgoedbelegging (die geen vastgoedbelegging in ontwikkeling is) nu en in de toekomst betrouwbaar te bepalen, dient de rechtspersoon de vastgoedbelegging in overeenstemming met de regelgeving voor materiële vaste activa (RJ 212, IAS 16) te waarderen tegen verkrijgings- of vervaardigingsprijs verminderd met cumulatieve afschrijvingen en bijzondere waardeverminderingen (zie hoofdstuk 7; voor gebruiksrechten van vastgoedbeleggingen geldt voor de lessee de regelgeving van IFRS 16). De restwaarde van de vastgoedbelegging dient hierbij op nihil te worden gesteld. De vastgoedbelegging blijft op deze grondslag gewaardeerd tot het moment van vervreemding, zelfs als op enig moment blijkt dat de reële waarde alsnog wel op betrouwbare wijze kan worden bepaald (RJ 213.512, IAS 40.53).

In deze (uitzonderlijke) situatie dient de rechtspersoon zijn *overige* vastgoedbeleggingen wel tegen reële waarde te (blijven) waarderen (RJ 213.513, IAS 40.54).

Een eenmaal begonnen waardering tegen reële waarde dient (in beginsel, zie par. 8.3.4) te worden voortgezet, totdat de vastgoedbelegging wordt vervreemd (of totdat de vastgoedbelegging een onroerende zaak voor eigen gebruik wordt of totdat de rechtspersoon een aanvang maakt met ontwikkeling van een onroerende zaak gevolgd door verkoop in het kader van de gewone bedrijfsuitoefening), zelfs indien vergelijkbare markttransacties minder frequent gaan voorkomen of marktprijzen minder gemakkelijk beschikbaar komen (RJ 213.514, IAS 40.55).

Vastgoedbeleggingen in ontwikkeling of aanbouw

Indien voor vastgoedbeleggingen als waarderingsgrondslag is gekozen voor reële waarde, moeten vastgoedbeleggingen die in ontwikkeling of aanbouw zijn eveneens tegen reële waarde worden gewaardeerd. Ingeval de reële waarde van deze in ontwikkeling of in aanbouw zijnde vastgoedbeleggingen niet betrouwbaar bepaald kan worden, geldt onder IFRS het volgende (IAS 40.53, 53A en 53B):
▶ Als de verwachting is dat de reële waarde wel betrouwbaar bepaald kan worden zodra de ontwikkeling/aanbouw gereed is, wordt de vastgoedbelegging tegen kostprijs gewaardeerd totdat de reële waarde betrouwbaar is te bepalen of de ontwikkeling/aanbouw is afgerond (welke eerder is) (IAS 40.53).

▶ Als vastgesteld is dat ook na het afronden van de ontwikkeling/aanbouw de reële waarde niet betrouwbaar is te bepalen op een continue basis, wordt de vastgoedbelegging tegen kostprijs volgens IAS 16 inzake materiële vaste activa gewaardeerd; voor gebruiksrecht van vastgoedbeleggingen geldt voor de lessee de regelgeving van IFRS 16 (IAS 40.53/53A).

▶ Indien de reële waarde van een vastgoedbelegging in ontwikkeling/aanbouw eenmaal op betrouwbare wijze kan worden bepaald, kan op een later moment niet worden geconcludeerd dat de reële waarde niet meer betrouwbaar is te bepalen (IAS 40.53B). Met andere woorden, IFRS veronderstelt dat alléén op moment van eerste verwerking sprake kan zijn van het niet-betrouwbaar kunnen bepalen van de reële waarde.

RJ 213.512 bepaalt dat vastgoedbeleggingen in ontwikkeling waarvan de reële waarde niet betrouwbaar is te bepalen, dienen te worden gewaardeerd tegen kostprijs tot het moment dat de reële waarde wel betrouwbaar is te bepalen.

8.3.7 Historische kosten

Na de eerste verwerking dient een rechtspersoon die kiest voor waardering tegen historische kosten voor al zijn vastgoedbeleggingen waarvan het volle eigendom bij de rechtspersoon berust de bepalingen voor materiële vaste activa (RJ 212, IAS 16) toe te passen. Onder IFRS geldt voor gebruiksrechten van vastgoedbeleggingen voor de lessee de regelgeving van IFRS 16 en eventueel de regelgeving van IFRS 5 'Non current assets and Discontinued operations' (IAS 40.56).

Op de verkrijgingsprijs of vervaardigingsprijs komt dan in mindering de cumulatieve afschrijvingen en bijzondere waardeverminderingen (RJ 213.515) (zie hoofdstuk 7).

8.4 Resultaatbepaling, alsmede consequenties voor de presentatie in het eigen vermogen (herwaarderingsreserve)

8.4.1 Waardering tegen actuele waarde

Indien voor vastgoedbeleggingen als waarderingsgrondslag de actuele waarde wordt gehanteerd, dienen alle vastgoedbeleggingen tegen reële waarde te worden gewaardeerd (behalve in enkele uitzonderlijke gevallen beschreven in par. 8.3.4 en 8.3.6) (RJ 213.501, IAS 40.33). Bij waardering tegen reële waarde wordt op de vastgoedbelegging niet afgeschreven (RJ 213.503).

Winsten of verliezen die zijn ontstaan door een wijziging in de reële waarde van vastgoedbeleggingen, dienen te worden verantwoord in de winst-en-verliesrekening van de periode waarin de wijziging zich voordoet (RJ 213.504, IAS 40.35). Daarnaast dient hetzij ten laste van de winstbestemming, hetzij ten laste van de Overige reserves een herwaarderingsreserve te worden gevormd ter grootte van het verschil tussen de boekwaarde voor en na de herwaardering. Dit vloeit voort uit artikel 2:390 BW dat weliswaar de mogelijkheid biedt wijzigingen in de reële waarde direct op te nemen in het resultaat, maar dan eist dat een herwaarderingsreserve wordt opgenomen indien voor het actief geen frequente marktnoteringen bestaan (voor vastgoedbeleggingen zullen frequente marktnoteringen in beginsel niet bestaan). Dit geldt dus voor Nederlandse rechtspersonen zowel bij toepassing van Nederlandse grondslagen als IFRS-grondslagen. Bij toepassing van IFRS geldt namelijk dat de rapporterende onderneming tevens onderworpen blijft aan Titel 9 Boek 2 BW, op grond van artikel 2:362 lid 9 BW blijven dan de bepalingen van artikel 2:390 BW van overeenkomstige toepassing (zie par. 3.3 voor een nadere toelichting).

Bij realisatie van de herwaardering via verkoop vindt dan rechtstreekse overboeking vanuit de herwaarderingsreserve naar de overige reserves plaats (RJ 240.411). Een overboeking van de realisatie naar de

8 Vastgoedbeleggingen

winst-en-verliesrekening is niet toegestaan omdat dit zou betekenen dat de waardestijging voor de tweede keer in het resultaat zou worden opgenomen (immers, de waardestijging is in het jaar van optreden ook al in de winst-en-verliesrekening verwerkt).

De hoogte van het bedrag van de herwaarderingsreserve wordt bepaald door vergelijking van de reële waarde van de vastgoedbelegging met de verkrijgings- of vervaardigingsprijs; daarbij kent de Richtlijn twee methoden van bepaling van de verkrijgingsprijs (RJ 213.504):
- Een (fictieve) boekwaarde op basis van het kostprijsmodel (dus rekening houdend met cumulatieve afschrijvingen en waardeverminderingen);
- De initiële verkrijgings- of vervaardigingsprijs, dus *zonder* toepassing van (fictieve) afschrijvingen of waardeverminderingen.

De gehanteerde methode wordt in de toelichting uiteengezet.

Voorbeeld resultaatbepaling bij waardering vastgoedbeleggingen tegen reële waarde

Een vastgoedbelegging wordt verkregen begin jaar 1 tegen een koopprijs van € 275.000. De bijbehorende transactiekosten bedragen € 35.000. De jaarlijkse huuropbrengsten voor jaar 1 tot en met 5 en de reële waarde per jaareinde zijn als volgt:

	Jaar 1	Jaar 2	Jaar 3	Jaar 4	Jaar 5
Huuropbrengst (kas)	15.000	17.000	20.000	21.500	23.000
Reële waarde	300.000	340.000	400.000	380.000	360.000

Eind jaar 5 wordt het vastgoed verkocht tegen betreffende reële waarde, waarbij de transactiekosten € 25.000 bedragen.

De resultaten in de jaren 1 tot en met 5 zijn dan als volgt:

	Jaar 1	Jaar 2	Jaar 3	Jaar 4	Jaar 5
Huuropbrengst	15.000	17.000	20.000	21.500	23.000
Waardewijziging	(10.000)	40.000	60.000	(20.000)	(20.000)
Verkoopkosten	-	-	-	-	(25.000)
Netto resultaat	5.000	57.000	80.000	1.500	(22.000)

In jaar 1 bedraagt de eerste waardering van de vastgoedbelegging € 310.000 (verkrijgingsprijs inclusief transactiekosten). Echter, de reële waarde (exclusief transactiekosten) per jaareinde is € 300.000 hetgeen een waardedaling van € 10.000 tot gevolg heeft die ten laste van het resultaat wordt gebracht.
In de jaren 2 tot en met 5 wordt de toename, dan wel afname van de reële waarde over het jaar ten gunste/ten laste van het resultaat gebracht. In jaar 5 worden de transactiekosten bij verkoop ten laste van het resultaat gebracht. In de waardering van de vastgoedbelegging tegen reële waarde is namelijk geen rekening gehouden met transactiekosten.
Het cumulatieve resultaat over de jaren 1 tot en met 5 bedraagt € 121.500. Binnen het eigen vermogen wordt in de jaren 2 en 3 een herwaarderingsreserve gevormd, welke in de jaren 4 en 5 'vrijvalt' (wordt overgeboekt) ten gunste van de overige reserves als gevolg van de waardedaling van het actief. Overigens, in jaar 1 zou ook al sprake van een herwaarderingsreserve kunnen zijn indien de door de Richtlijnen geboden alternatieve mogelijkheid voor de bepaling van de herwaarderingsreserve zou zijn gevolgd (methode van bepaling t.o.v. een historische boekwaarde na aftrek van afschrijvingen en waardeverminderingen).
Bij verkoop valt het resterende deel van de herwaarderingsreserve vrij ten gunste van de overige reserves.

Verschillen Dutch GAAP – IFRS

Onder Nederlandse wet- en regelgeving wordt een herwaarderingsreserve gevormd voor de waardeveranderingen van de vastgoedbeleggingen gewaardeerd tegen reële waarde, ondanks het feit dat deze waardeverschillen al in de winst-en-verliesrekening zijn verwerkt. Hoewel IFRS een dergelijk voorschrift niet kent, is voor ondernemingen die onder IFRS rapporteren en binnen de werkingssfeer vallen van Titel 9 Boek 2 BW het vormen van een herwaarderingsreserve eveneens voorgeschreven.

8.4.2 Waardering tegen historische kosten

Bij waardering van vastgoedbeleggingen tegen historische kosten dienen de bepalingen voor materiële vaste activa (RJ 212, IAS 16 c.q. gebruiksrechten van vastgoedbeleggingen op basis van IFRS 16) te worden toegepast. Dit betekent dat de vastgoedbelegging dient te worden afgeschreven (zie par. 7.4.1) en dat, indien van toepassing, bijzondere waardeverminderingen dienen te worden geboekt (zie par. 7.4.3). Daarnaast gelden voor vastgoedbeleggingen die zijn gewaardeerd tegen historische kosten de bepalingen ten aanzien van wijzigingen in de geschatte gebruiksduur (zie par. 7.4.2), herstelkosten (zie par. 7.6) en desinvestering (zie par. 7.4.5).

Voorbeeld resultaatbepaling bij waardering vastgoedbeleggingen tegen historische kosten

De gegevens zijn gelijk aan die vermeld in het voorbeeld opgenomen in paragraaf 8.4.1 met als additionele informatie dat de verwachte gebruiksduur 20 jaar is en de verwachte restwaarde € 60.000 is. In jaar 5 wordt de vastgoedbelegging verkocht voor € 360.000.

De resultaten in de jaren 1 tot en met 5 zijn dan als volgt:

	Jaar 1	Jaar 2	Jaar 3	Jaar 4	Jaar 5
Huuropbrengst	15.000	17.000	20.000	21.500	23.000
Afschrijving	(12.500)	(12.500)	(12.500)	(12.500)	(12.500)
Bij verkoop gerealiseerde waardewijziging	-	-	-	-	112.500
Verkoopkosten	-	-	-	-	(25.000)
Nettoresultaat	2.500	4.500	7.500	9.000	98.000

In jaar 1 bedraagt de eerste waardering van de vastgoedbelegging € 310.000 (verkrijgingsprijs inclusief transactiekosten). Dit houdt in dat de jaarlijkse afschrijving ((€ 310.000 - € 60.000) / 20) = € 12.500 bedraagt.
In jaar 5 worden de transactiekosten bij verkoop ten laste van het resultaat gebracht. In de waardering van de vastgoedbelegging is namelijk geen rekening gehouden met verkoopkosten.
Het cumulatieve resultaat over de jaren 1 tot en met 5 bedraagt € 121.500, gelijk aan het cumulatieve resultaat bij waardering tegen reële waarde.

8.5 Herclassificatie

8.5.1 Moment van herclassificatie

In paragraaf 8.1.1 is behandeld in welke situaties onroerende zaken als vastgoedbelegging dan wel als vastgoed voor eigen gebruik dan wel als voorraad dienen te worden aangemerkt. Een eenmaal gekozen classificatie dient gevolgd te blijven worden, tenzij sprake is van een wijziging in het gebruik. In dat geval dient herclassificatie plaats te vinden. De Richtlijn en IFRS onderscheiden een viertal situaties van herclassificaties en geven bij elke herclassificatie het moment aan waarop de herclassificatie dient plaats te vinden. Alleen een verandering in het voornemen van het bestuur is geen wijziging van het gebruik (RJ 213.601, IAS 40.57). Schematisch kan dit als volgt worden weergegeven:

	Oorspronkelijke classificatie	Herclassificatie naar	Moment van herclassificatie
A	Vastgoedbelegging	Vastgoed voor eigen gebruik	Daadwerkelijke aanvang van het eigen gebruik, of van ontwikkelingsactiviteiten met oog op eigen gebruik
B	Vastgoedbelegging	Voorraad	Daadwerkelijke aanvang van (her)ontwikkelingsactiviteiten ten behoeve van latere verkoop
C	Vastgoed voor eigen gebruik	Vastgoedbelegging	Moment van beëindiging van eigen gebruik
D	Voorraad	Vastgoedbelegging	Het afsluiten van een operationeel leasecontract met een andere partij

8 Vastgoedbeleggingen

Indien een rechtspersoon besluit een vastgoedbelegging zonder (her)ontwikkeling te vervreemden, continueert de rechtspersoon de behandeling van de onroerende zaak als een vastgoedbelegging totdat de onroerende zaak is verkocht (en derhalve niet langer wordt geactiveerd). Er vindt derhalve geen herclassificatie plaats naar voorraden (wel kan in deze situatie onder omstandigheden IFRS 5 van toepassing zijn, zie par. 8.6).

Op een vergelijkbare manier blijft een bestaande vastgoedbelegging als zodanig geclassificeerd indien een rechtspersoon aanvangt met herontwikkeling van de betreffende vastgoedbelegging, met als doel een voortzetting van het gebruik in de toekomst als een vastgoedbelegging. Er vindt derhalve geen herclassificatie plaats naar vastgoed voor eigen gebruik gedurende de periode van herontwikkeling (RJ 213.602, IAS 40.58).

Indien vastgoed voor eigen gebruik een vastgoedbelegging wordt die tegen reële waarde wordt gewaardeerd, moet tot het moment van wijziging van het gebruik Richtlijn 212 respectievelijk IAS 16 c.q. IFRS 16 voor gebruiksrechten van vastgoedbeleggingen worden toegepast (RJ 213.605, IAS 40.61).

De bovenstaande opsomming is niet limitatief bedoeld, zoals dit specifiek door de IASB is verduidelijkt. In IAS 40. BC25-BC29 wordt aangegeven dat de gegeven situaties slechts een algemeen principe beoogt weer te geven en dat er andere situaties kunnen zijn aan de hand waarvan kan worden aangetoond dat sprake is van een verandering van gebruik en dus tot overboeking mag worden overgegaan. Daarbij geldt tevens dat de beoordeling van de aard van de wijzigingen ook op vastgoed in ontwikkeling betrekking kunnen hebben (IAS 40.BC29).

Er zijn enkele beperkende voorwaarden:
- het actief dient te voldoen aan de definitie van een vastgoedbelegging (IAS 40.BC25);
- niet slechts is sprake van een intentie tot maar van een feitelijke verandering van het gebruik: een wijziging in management intentie alléén is niet toereikend voor een herclassificatie; er dient sprake te zijn van waarneembare acties (RJ 213.601, IAS 40.57 en IAS 40.BC27).

8.5.2 Waardering bij herclassificatie

8.5.2.1 Waardering tegen verkrijgings- of vervaardigingsprijs

Indien een rechtspersoon waardeert tegen verkrijgings- of vervaardigingsprijs, leidt een herclassificatie tussen vastgoedbeleggingen, vastgoed voor eigen gebruik en voorraden niet tot een wijziging in de boekwaarde. Evenmin verandert de verkrijgings- of vervaardigingsprijs van de desbetreffende onroerende zaak voor waarderings- of presentatiedoeleinden (RJ 213.603, IAS 40.59).

8.5.2.2 Waardering tegen reële waarde

Bij toepassing van het reële-waardemodel kunnen de waarderingsgrondslagen voor vastgoed voor en na een herclassificatie verschillen. De verwerking en waardering in situaties die zich voordoen indien de rechtspersoon vastgoedbeleggingen hetzij vóór dan wel na de herclassificatie waardeert tegen reële waarde kunnen als volgt schematisch worden weergegeven (RJ 213.604-609, IAS 40.60-65):

		Oorspronkelijke classificatie	Oorspronkelijke waardering	Herclassificatie naar	Waardering na herclassificatie	Behandeling wijziging boekwaarde
A	RJ 213.604/ IAS 40.60	Vastgoedbelegging	Reële waarde	Vastgoed eigen gebruik	Verkrijgings- of vervaardigingsprijs	Verkrijgingsprijs bij herclassificatie is reële waarde op moment van herclassificatie ('deemed cost')

		Oorspronkelijke classificatie	Oorspronkelijke waardering	Herclassificatie naar	Waardering na herclassificatie	Behandeling wijziging boekwaarde
B	RJ 213.604/ IAS 40.60	Vastgoedbelegging	Reële waarde	Voorraad	Verkrijgings- of vervaardigingsprijs	Verkrijgingsprijs bij herclassificatie is reële waarde op moment van herclassificatie ('deemed cost')
C	RJ 213.605/ IAS 40.61	Vastgoed eigen gebruik	Verkrijgings- of vervaardigingsprijs dan wel reële waarde	Vastgoedbelegging	Reële waarde	Zie tekst na de tabel ('Situatie C')
D	RJ 213.607/ IAS 40.63	Voorraad	Verkrijgings- of vervaardigingsprijs	Vastgoedbelegging	Reële waarde	Bij herclassificatie verschil tussen boekwaarde en reële waarde naar winst-en-verliesrekening. Zie tekst na de tabel ('Situatie D')

Situatie C

De toepassing van de regelgeving voor materiële vaste activa (RJ 212, IAS 16 resp. IFRS 16 voor gebruiksrechten van vastgoedbeleggingen) in de situatie dat vastgoed voor eigen gebruik wordt geherclassificeerd naar vastgoedbelegging houdt in dat een rechtspersoon blijft afschrijven op deze activa tot het moment dat de herclassificatie een feit is. Ook eventuele bijzondere waardeverminderingen worden in aanmerking genomen. De rechtspersoon behandelt een eventueel verschil bij de genoemde herclassificatie tussen de boekwaarde van het vastgoed en de reële waarde ervan op dezelfde wijze als een herwaardering zoals beschreven in RJ 212.412-413 en IAS 16.39-40 respectievelijk IFRS 16 (RJ 213.605-606, IAS 40.61-62).

Met andere woorden:
- een eventuele afname van de boekwaarde door lagere reële waarde van het vastgoed wordt ten laste van de winst-en-verliesrekening van die periode verantwoord; voor zover echter voor dit vastgoed een herwaarderingsreserve is gevormd, wordt de waardevermindering eerst in mindering gebracht op deze herwaarderingsreserve; en
- een eventuele toename van de boekwaarde door hogere reële waarde wordt als volgt behandeld:
  - tot het bedrag van eerdere bijzondere waardeverminderingen wordt de toename verantwoord ten gunste van de winst-en-verliesrekening van die periode; het in die periode verwerkte bedrag in de winst-en-verliesrekening stijgt niet uit boven het bedrag dat nodig is om de boekwaarde terug te brengen op de boekwaarde (na afschrijvingen) die zou zijn vastgesteld zonder eerdere bijzondere waardeverminderingen; en
  - een eventueel overblijvend deel van de toename wordt direct aan de herwaarderingsreserve toegevoegd.

Onder de Richtlijnen, kan, indien de vastgoedbelegging na bovengenoemde herclassificatie vervolgens wordt vervreemd, de herwaarderingsreserve ten gunste van de overige (vrije) reserves worden overgeboekt; dan wel kan ervoor worden gekozen deze vrijval (bruto, dus herwaarderingsreserve vermeerderd met de belastinglatentie) ten gunste van het resultaat te brengen. De achterliggende reden voor verwerking via het resultaat is gelegen in het feit dat waardestijgingen van vastgoedbeleggingen normaliter via het resultaat worden verantwoord, hetgeen in geval van een actief dat voorheen in eigen gebruik was in het verleden niet heeft plaatsgevonden. De vrijval naar het resultaat mag dan ook enkel de waardestijgingen betreffen die voorheen niet in het resultaat zijn verantwoord ofwel de waardestijgingen die zijn genomen tot het moment van herclassificatie naar vastgoedbelegging. Onder IFRS is uitsluitend de overboeking binnen het eigen vermogen toegestaan.

> **Voorbeeld verwerking herwaardering bij vervreemding**
>
> Een kantoorpand was in eigen gebruik tot 1 januari jaar 1 en is per die datum geherclassificeerd naar vastgoedbeleggingen.
>
> De boekwaarde op 1 januari jaar 1, het moment van herclassificatie, was € 15 miljoen, de reële waarde op het moment van herclassificatie € 18 miljoen. De € 3 miljoen is als herwaarderingsreserve verwerkt, onder aftrek van een belastinglatentie van € 0,7 miljoen. Gedurende jaar 1 en jaar 2 is het vastgoed in waarde gestegen tot € 23 miljoen.
> Het kantoorpand wordt op 31 december jaar 2 verkocht tegen de reële waarde van € 23 miljoen.
>
> De mogelijke verwerkingsmethoden zien er als volgt uit:
> Boekwaarde ultimo jaar 2: € 23 miljoen, eerste waardering tegen reële waarde € 18 miljoen. Het verschil van € 5 miljoen is opgenomen in de winst-en-verliesrekening in de jaren 1 en 2 en de gerelateerde herwaarderingsreserve wordt binnen het eigen vermogen ten gunste van de overige reserves overgeboekt (hierbij dient rekening te worden gehouden met de wijze waarop met (latente) belastingen over de herwaardering is omgegaan).
> Naast dit bedrag is er ook de initiële herwaardering van € 2,3 miljoen nog in de herwaarderingsreserve begrepen.
> ▸ dit bedrag kan binnen het eigen vermogen wordt overgeboekt ten gunste van de overige reserves (Richtlijnen en IFRS); of,
> ▸ er kan een resultaat van € 3 miljoen in de winst-en-verliesrekening worden verantwoord, gevormd vanuit de herwaarderingsreserve en de belastinglatentie (uitsluitend Richtlijnen).

Situatie D

Bij de herclassificatie van voorraad naar vastgoedbelegging wordt het verschil tussen de boekwaarde van de voorraad en de reële waarde ten gunste of ten laste van het resultaat gebracht. Deze verwerking is consistent met de behandeling van verkoop van onroerende zaken die tot de voorraad behoren (RJ 213.607-608, IAS 40.63-64).

Verschillen Dutch GAAP - IFRS

Onder Nederlandse wet- en regelgeving bestaan twee mogelijkheden om de bij herclassificatie direct in het eigen vermogen gevormde herwaardering op vervreemdingsmoment (realisatie) te verwerken, namelijk als overboeking binnen het eigen vermogen dan wel als onderdeel van het resultaat boekjaar te laten vrijvallen (als beschreven in bovenstaand voorbeeld C). Onder IFRS is uitsluitend de overboeking binnen het vermogen voorgeschreven.

8.6 Buitengebruikstelling en afstoting

Een vastgoedbelegging dient niet langer te worden geactiveerd in geval van afstoting of buitengebruikstelling indien geen toekomstige economische voordelen meer worden verwacht (RJ 213.701, IAS 40.66).

Het afstoten door middel van een verkooptransactie betekent het overdragen van 'control' (IFRS) respectievelijk 'risks and rewards' (Richtlijnen) Daarnaast kan sprake zijn van een afstoting door middel van een financiële-leasetransactie (RJ 213.702 met toepassing van de voorschriften van Richtlijn 292, IAS 40.67 met toepassing van de voorschriften van IFRS 16).

Winsten of verliezen bij afstoting of buitengebruikstelling van een vastgoedbelegging, dienen bepaald te worden als het verschil tussen de netto-opbrengst en de boekwaarde van het actief en dienen te worden verwerkt in de winst-en-verliesrekening, tenzij de regelgeving inzake leasing (RJ 292, IFRS 16) anders voorschrijft in geval van een sale-and-leaseback (RJ 213.703, IAS 40.6,).
De te ontvangen vergoeding bij afstoting van een vastgoedbelegging wordt als volgt verwerkt:

IFRS: tegen de transactieprijs als bedoeld in IFRS 15.47-72, met verwerking van opvolgende wijzigingen in transactieprijs eveneens op basis van IFRS 15 (IAS 40.70), waarbij (IAS 40.67):
- de verkoopdatum het moment is dat de koper de 'control' over het vastgoedobject verkrijgt, overeenkomstig de bepalingen inzake het vervullen van een 'performance obligation';
- bezien dient te worden of de verantwoording van de opbrengst 'at point in time' of 'over time' dient plaats te vinden (IFRS 15.31 en IFRS 15.32) (in de praktijk zal dit meestal 'at point in time' zijn).

Richtlijnen: tegen de reële waarde (bijvoorbeeld indien de betaling voor een vastgoedbelegging wordt uitgesteld). Het verschil tussen het nominale bedrag van de vergoeding en de reële waarde wordt verwerkt als rentebate op een tijdsevenredige basis, waarbij rekening wordt gehouden met het effectieve rendement op vergelijkbare vorderingen (RJ 213.704).

IFRS bepaalt specifiek dat eventuele vergoedingen inzake een bijzondere waardevermindering pas verwerkt worden op het moment dat deze invorderbaar worden (IAS 40.72). Een dergelijke compensatie wordt als separate gebeurtenis verwerkt ten opzichte van de bijzondere waardevermindering zelf (IAS 40.73). De Richtlijnen kennen een overeenkomstige, meer algemene bepaling in Richtlijn 121 'Bijzondere waardeverminderingen' (RJ 121.702) (zie verder hoofdstuk 29).

Voor eventueel bij de rechtspersoon achterblijvende verplichtingen na vervreemding van een vastgoedbelegging vormt de rechtspersoon conform hoofdstuk 16 passende voorzieningen (RJ 213.705, IAS 40.71).

IFRS 5 'Assets Held for Sale and Discontinued Operations' is niet van toepassing op de waardering van vastgoedbeleggingen die gewaardeerd worden tegen reële waarde (IFRS 5.5 (d)), wel op de presentatie. Dit betekent dat enkel vastgoedbeleggingen die gewaardeerd worden tegen historische kosten, zodra zij kwalificeren als 'held for sale' onder IFRS 5, worden gewaardeerd tegen de laagste van de boekwaarde en de opbrengstwaarde minus verkoopkosten. Over deze activa wordt niet meer afgeschreven.

Alle vastgoedbeleggingen, ongeacht of deze zijn gewaardeerd tegen historische kosten dan wel reële waarde, worden gepresenteerd en toegelicht volgens IFRS 5 als ze aan de criteria voor 'held for sale' voldoen (zie hoofdstuk 33).

Verschillen Dutch GAAP - IFRS
De volgende verschillen bestaan met betrekking tot buitengebruikstelling en afstoting van vastgoedbeleggingen:
- Vastgoedbeleggingen die kwalificeren als 'held for sale' worden conform IFRS 5 afzonderlijk gerubriceerd.
- Vastgoedbeleggingen die gewaardeerd worden tegen historische kostprijs en kwalificeren als 'held for sale' conform IFRS 5, worden onder IFRS gewaardeerd tegen de laagste van de boekwaarde en de opbrengstwaarde minus verkoopkosten. Nederlandse wet- en regelgeving bevat geen specifieke bepalingen voor 'held for sale'.

8.7 Verwerking van operationele lease als vastgoedbelegging door de lessee
8.7.1 Richtlijnen
Hoewel onder Nederlandse wet- en regelgeving activa waarvoor een overeenkomst van operationele lease is afgesloten normaliter niet op de balans worden opgenomen, is een mogelijke uitzondering hierop de lease van vastgoed. Operationele leases (bijvoorbeeld grond in erfpacht) kunnen door de lessee als vastgoedbelegging worden verantwoord, indien en voor zover dit gebruiksrecht van een onroerende zaak voldoet aan de definitie van een

vastgoedbelegging en de lessee de waarderingsgrondslag reële waarde voor het desbetreffende actief hanteert (RJ 213.102). Het gevolg is dan dat het reële-waardemodel moet worden gekozen voor alle vastgoedbeleggingen (RJ 213.501a). Met ingang van boekjaren die aanvangen op of na 1 januari 2021 is het niet langer mogelijk deze alternatieve verwerkingswijze per individueel gebruiksrecht toe te passen. Indien de alternatieve verwerkingswijze wordt toegepast, geldt deze voor alle gebruiksrechten van onroerende zaken die bij de lessee classificeren als operationele lease en kwalificeren als vastgoedbeleggingen (RJ 213.102). Een eventuele (gedwongen) stelselwijziging dient overeenkomstig Richtlijn 140 te worden verwerkt (zie hoofdstuk 28).

De eerste waardering van een operationele lease die door de lessee als vastgoedbelegging wordt verwerkt, is gelijk aan een financiële lease (zie hoofdstuk 32). Dat wil zeggen dat het actief wordt gewaardeerd tegen de reële waarde van het vastgoed op het moment van aangaan van de leaseovereenkomst of, indien dit lager is, tegen de contante waarde van de minimale leasebetalingen (RJ 213.306).

Indien een onderneming besluit om reeds bestaande operationele leases als vastgoedbelegging te gaan verantwoorden gelden specifieke bepalingen. Deze bepalingen stellen dat bij het voor het eerst verantwoorden van een gebruiksrecht van een onroerende zaak bij de lessee als vastgoedbelegging (RJ 213.901), sprake is van een stelselwijziging die verwerkt dient te worden in het boekjaar waarin deze keuze voor het eerst wordt toegepast (oftewel, de wijziging wordt direct in het eigen vermogen aan het begin van het boekjaar verwerkt waarin de stelselwijziging is doorgevoerd). De aanpassing van vergelijkende cijfers wordt aanbevolen indien de rechtspersoon de reële waarde van deze vastgoedbeleggingen in het verleden openbaar heeft gemaakt. Indien geen openbaarmaking van de reële waarde in het verleden heeft plaatsgevonden, worden de vergelijkende cijfers niet aangepast en wordt dit vermeld in de toelichting (RJ 213.901).

Voor de waardering en toelichting van operationele leases die door de lessee als vastgoedbelegging worden verwerkt, gelden in beginsel dezelfde voorschriften als in dit hoofdstuk beschreven. Echter, aanvullend verwijst Richtlijn 213 specifiek naar de toelichtingsvereisten inzake leasing (RJ 292) voor alle vastgoedbeleggingen die als lease kwalificeren (RJ 213.801). Op grond hiervan dient de eigenaar van een (gebruiksrecht van een) vastgoedbelegging dezelfde informatie te verstrekken als die welke een lessor dient te verstrekken ten aanzien van operationele leasing. Indien een vastgoedbelegging wordt aangehouden die is aan te merken als een financiële lease, dient dezelfde informatie te worden verstrekt als die door een lessee ten aanzien van een financiële lease moet worden verstrekt. Zie voor de betreffende toelichtingsvereisten hoofdstuk 32.

8.7.2 IFRS

IFRS 16 schrijft voor dat lessees in beginsel alle leaseovereenkomsten in de balans verwerken, waarbij aan de actiefzijde een gebruiksrecht wordt opgenomen en aan de passiefzijde een leaseverplichting (financieel instrument).

Indien voor de gebruiksrechten van een vastgoedbelegging door de lessee vervolgens een leaseovereenkomst met een andere partij wordt aangegaan ontstaat de situatie dat de rapporterende entiteit zowel lessee is als lessor voor hetzelfde onderliggende vastgoedobject. Dit wordt ook wel aangeduid als het zich voordoen van een *hoofdlease* (entiteit is lessee) in combinatie met een *sublease* (entiteit is lessor). In hoofdstuk 32 worden de beginselen van de verwerking van een sublease nader uitgewerkt.

De sublease is onderdeel van de 'lessor'-voorschriften van IFRS 16 en dient beoordeeld te worden op basis van de aard van het contract, zijnde hetzij een financiële lease hetzij een operationele lease. IAS 40.40A geeft nadrukkelijk aan dat deze beoordeling dient plaats te vinden op basis van de eigenschappen van het gebruiksrecht en <u>niet</u> het onderliggende actief (in casu *niet* de onderliggende vastgoedbelegging zelve).

> **Voorbeeld van classificatie van een sublease**
>
> Situatie
> Een onderneming huurt een pand voor 5 jaar tegen een marktconforme huur van € 100.000 per jaar, achteraf te betalen. De resterende economische levensduur van het pand is 30 jaar. De reële waarde van het pand is € 2.500.000. Er is geen koopverplichting en er zijn geen verlengingsopties of koopopties afgesproken. Het pand is niet specifiek voor de onderneming. Na een jaar verhuurt de onderneming het pand voor 4 jaar tegen een dan marktconforme huur van € 105.000 per jaar. De reële waarde van het pand is € 2.490.000.
>
> Analyse onder IFRS 16 vanuit de onderneming
> De inhuur ('hoofdlease') valt niet onder de vrijstellingen voor leases met een korte leaseperiode of leases van activa met een lage waarde. De onderneming neemt een leaseverplichting op voor de contante waarde van de leasebetalingen van € 100.000 per jaar en daartegenover een gebruiksrecht.
>
> De verhuur bevat 100% van de resterende gebruiksduur van het gebruiksrecht. Omdat de verhuurprijs vast is, is het enige resterende risico voor de onderneming het kredietrisico. Hiermee wordt geacht dat de voor- en nadelen van het gebruiksrecht nagenoeg geheel door de uiteindelijke huurder worden gedragen en dus zijn overgedragen door de onderneming. De verhuur ('sublease') wordt geclassificeerd als een financiële lease.
>
> **NB: Vergelijk de analyse onder Richtlijn 292 vanuit de onderneming**
> De inhuur van het pand bevat niet het belangrijkste deel van de economische levensduur van het pand. Daarnaast is de contante waarde van de leasebetalingen niet nagenoeg gelijk aan de reële waarde van het pand. Ook aan de andere indicatoren voor een financiële lease is niet voldaan zodat de inhuur wordt geclassificeerd als een operationele lease.
>
> De verhuur van het pand bevat niet het belangrijkste deel van de economische levensduur van het pand. Daarnaast is de contante waarde van de leasebetalingen niet nagenoeg gelijk aan de reële waarde van het pand. Ook aan de andere indicatoren voor een financiële lease is niet voldaan zodat de verhuur wordt geclassificeerd als een operationele lease.

De eerste waardering van een gebruiksrecht van de hoofdlease is de verkrijgingsprijs zoals bepaald op basis van IFRS 16 (IAS 40.29A).

Is de sublease een financiële lease, dan wordt het gebruiksrecht van de balans verwijderd (immers, er heeft in economische zin een 'verkoop' van de gebruiksrechten plaatsgevonden met het verwerken van een 'verkoop'-resultaat) en wordt een netto investering in de sublease opgenomen. Er is een materiële wijziging in de aard van het gebruiksrecht van het onderliggende vastgoedobject opgetreden. Er is géén wijziging in de leaseverplichting en deze blijft ongewijzigd gehandhaafd.

Is de sublease een operationele lease, dan blijft het gebruiksrecht wel gehandhaafd op de balans (er is economisch gezien géén sprake van een 'verkoop' van de gebruiksrechten). Uiteraard geldt dat ook voor de leaseverplichting.

8.8 Presentatie en toelichting

8.8.1 Presentatie

8.8.1.1 Presentatie in de balans

In de terminologie van de Nederlandse wet- en regelgeving lijken vastgoedbeleggingen in de balans deel uit te maken van de post 'materiële vaste activa', als 'niet aan het productieproces dienstbare materiële vaste activa' (art. 2:366 lid 1 BW; in BMJ modellen A en B aangeduid als 'niet aan de bedrijfsuitoefening dienstbaar'). De uitsplitsing van de materiële vaste activa in categorieën kan ofwel in de balans ofwel in de toelichting worden opgenomen, waarbij het Besluit modellen jaarrekening (BMJ) toelaat om de benaming 'niet aan de bedrijfsuitoefening dienstbaar' te wijzigen (mits de nieuwe benaming de lading dekt; art. 5 lid 2 BMJ) dan wel deze categorie nader uit te splitsen (art. 7 lid 1 BMJ). Als alternatief is het, mede gegeven artikel 7 lid 1 en 2 BMJ, naar onze mening ook verdedigbaar om vastgoedbeleggingen en (overige) materiële vaste activa als afzonderlijke balansposten te presenteren. Deze presentatiewijze vindt ruime toepassing in de verslaggevingspraktijk.

8 Vastgoedbeleggingen

Voor de presentatie van vastgoedbeleggingen in de balans van verzekeringsmaatschappijen (RJ 605), pensioenfondsen (RJ 610), premiepensioeninstellingen (RJ 611) en beleggingsentiteiten (RJ 615) gelden specifieke bepalingen waarvoor verwezen wordt naar de afzonderlijke hoofdstukken.

IFRS kent geen voorgeschreven modellen zoals in de Nederlandse wet- en regelgeving. Wel dienen vastgoedbeleggingen separaat te worden gepresenteerd in de balans (IAS 1.54 onder b).

Voorbeeld afzonderlijke presentatie vastgoedbeleggingen (activazijde, Nederlandse wet- en regelgeving)		
ACTIVA	20x1	20x0
VASTE ACTIVA		
Immateriële vaste activa	200.000	250.000
Vastgoedbeleggingen	1.000.000	1.250.000
Overige materiële vaste activa	300.000	200.000
Financiële vaste activa	50.000	100.000
	1.550.000	1.800.000
VLOTTENDE ACTIVA		
Voorraden	10.000	25.000
Vorderingen	100.000	125.000
Liquide middelen	500.000	150.000
	610.000	300.000
TOTAAL VAN ACTIVA	2.160.000	2.100.000

8.8.1.2 Presentatie in de winst-en-verliesrekening

Onder de Nederlandse wet- en regelgeving bestaan specifieke voorschriften inzake de presentatie in de winst-en-verliesrekening, waaronder artikel 2:377 BW en het Besluit modellen jaarrekening (BMJ).

Bij waardering van vastgoedbeleggingen tegen historische kosten en toepassing van het categoriale model worden afschrijvingen en bijzondere waardeverminderingen opgenomen onder 'afschrijvingen op immateriële en materiële vaste activa' respectievelijk 'overige waardeveranderingen van immateriële en materiële vaste activa'.

Bij waardering van vastgoedbeleggingen tegen historische kosten en toepassing van het functionele model worden afschrijvingen toegerekend aan de 'kostprijs van de omzet', 'verkoopkosten' of 'algemene beheerskosten', afhankelijk van de functie die de kosten hebben voor de rechtspersoon. De toerekening van bijzondere waardeverminderingen vindt plaats overeenkomstig de toerekening van afschrijvingskosten.

Resultaten bij desinvestering van vastgoedbeleggingen worden in het algemeen verantwoord onder de 'overige bedrijfsopbrengsten' of (alleen in het categoriale model) 'overige bedrijfskosten'.

Bij waardering van vastgoedbeleggingen tegen actuele waarde moeten ondernemingen (niet zijnde banken, verzekeringsmaatschappijen of beleggingsmaatschappijen) de direct in het resultaat verwerkte waardeveranderingen van vastgoedbeleggingen samen met de waardeveranderingen van overige beleggingen (niet zijnde financiële instrumenten) in een afzonderlijke post genaamd 'niet-gerealiseerde waardeveranderingen van beleggingen' in de winst-en-verliesrekening opnemen (RJ 270.512). Alhoewel alleen banken, verzekeringsmaatschappijen en beleggingsmaatschappijen specifiek worden genoemd in RJ 270.512, lijkt de uitzondering ook te gelden voor pensioenfondsen en premiepensioeninstellingen, aangezien hiervoor specifieke bepalingen bestaan in Richtlijn 610 respectievelijk Richtlijn 611 (zie hoofdstuk 50).

IFRS kent geen voorgeschreven modellen zoals in de Nederlandse wet- en regelgeving. Noch IAS 1 'Presentation of Financial Statements' noch IAS 40 bevat specifieke voorschriften voor de presentatie van posten inzake vastgoedbeleggingen in de winst-en-verliesrekening. Wel bevat IAS 1 algemene presentatievoorschriften voor de winst-en-verliesrekening. Zie verder paragraaf 5.1.4.

Verschillen Dutch GAAP - IFRS

IFRS schrijft voor dat vastgoedbeleggingen afzonderlijk moeten worden gepresenteerd in de balans. Onder de Nederlandse wet- en regelgeving lijken vastgoedbeleggingen deel uit te maken van de post 'materiële vaste activa', als 'niet aan het productieproces dienstbare materiële vaste activa'. Het is naar onze mening echter ook verdedigbaar om vastgoedbeleggingen en (overige) materiële vaste activa als afzonderlijke balansposten te presenteren. De Nederlandse wet- en regelgeving kent meer specifieke voorschriften voor de presentatie van posten inzake vastgoedbeleggingen in de winst-en-verliesrekening dan IFRS.

8.8.2 Toelichting

8.8.2.1 Samenloop met toelichtingsvereisten voor leases

De toelichtingsvereisten zoals hierna besproken, zijn een aanvulling op de toelichtingsvereisten in Richtlijn 292 respectievelijk IFRS 16 voor leases (RJ 213.801, IAS 40.74).

Op grond van RJ 213.801 dient een rechtspersoon die een (gebruiksrecht van een) vastgoedbelegging verantwoordt dezelfde informatie te verstrekken als die welke een lessor dient te verstrekken ten aanzien van operationele leasing (RJ 292.319, zie par. 32.4.2). Indien een vastgoedbelegging door middel van financiële leasing wordt aangehouden, dient dezelfde informatie te worden verstrekt als die van een lessee ten aanzien van financiële leasing (RJ 292.208, zie par. 32.3.1).

RJ 213.801 is - net zoals RJ 213.802-804 (zie par. 8.8.2.2 en 8.8.2.3) - ook van toepassing wanneer een gebruiksrecht van een onroerende zaak dat bij een lessee als operationele leasing classificeert als vastgoedbelegging wordt verantwoord (zie par. 8.7) (RJ 213.102).

IAS 40.74 bevat vergelijkbare voorschriften. De eigenaar van een vastgoedbelegging verstrekt voor een (operationele) lease de toelichtingen die een lessor op basis van IFRS 16 dient te verstrekken (IFRS 16.89-92 en 95-97, zie par. 32.4.2). Een lessee die een gebruiksrecht van een vastgoedbelegging aanhoudt, verstrekt de toelichtingen die een lessee op basis van IFRS 16 dient te verstrekken (IFRS 16.51-59, zie par. 32.3.3), alsmede voor een operationele (sub)lease de toelichtingen die een lessor op basis van IFRS 16 dient te verstrekken (IFRS 16.89-92 en 95-97, zie par. 32.4.2).

8.8.2.2 Algemene informatieverschaffing

Een rechtspersoon dient ten aanzien van vastgoedbeleggingen de volgende algemene informatie te verschaffen (RJ 213.802, IAS 40.75, IFRS 13.93 en 95):
- de toegepaste waarderingsgrondslag (reële waarde of historische kostprijs);
- ingeval van niet-eenduidige classificatie (zie par. 8.1.1): de criteria die door de rechtspersoon zijn ontwikkeld om vastgoedbeleggingen te onderscheiden van vastgoed voor eigen gebruik en onroerende zaken voor verkoop in het kader van de gewone bedrijfsuitoefening;
- onder de Nederlandse wet- en regelgeving: de methoden, relevante veronderstellingen die gehanteerd zijn bij het bepalen van de reële waarde van (gebruiksrechten van) vastgoedbeleggingen en de gehanteerde rentevoet (op grond van art. 11 lid 2 onder b BAW), inclusief een overzicht waaruit blijkt of de uitgangspunten zijn

gestaafd met marktgegevens of dat deze meer zijn gebaseerd op andere factoren ten gevolge van de aard van het vastgoed en gebrek aan vergelijkbare marktgegevens; deze factoren dient de rechtspersoon toe te lichten;
▶ onder IFRS: welk niveau van waardering (niveau 1, 2 of 3 van de reële-waardehiërarchie) aan de orde is (IFRS 13.93(b)); voor niveau 2- en 3-waarderingen de toegepaste waarderingsmodellen en -technieken en, indien van toepassing, de wijzigingen hierin, alsmede de reden voor een wijziging (IFRS 13.93(d)); als de 'highest and best use' van het actief verschilt van de huidige aanwending, dit feit en de reden hiervan (IFRS 13.93(i));
▶ de mate waarin de reële waarde van (gebruiksrechten van) vastgoedbeleggingen is gebaseerd op een waardering door een onafhankelijke en ter zake kundige taxateur; indien de waardering niet op deze wijze tot stand gekomen is, dient dit feit te worden toegelicht;
▶ de bedragen die in de winst-en-verliesrekening zijn opgenomen voor:
  ▶ huurinkomsten uit vastgoedbeleggingen;
  ▶ directe exploitatiekosten (inclusief reparatie en onderhoud) van vastgoedbeleggingen die huurinkomsten hebben gegenereerd gedurende de verslagperiode; en
  ▶ directe exploitatiekosten (inclusief reparatie en onderhoud) voor vastgoedbeleggingen die geen huurinkomsten hebben gegenereerd gedurende de verslagperiode.
▶ het bestaan van beperkingen met betrekking tot de aanwendbaarheid van vastgoedbeleggingen of de inbaarheid van opbrengsten (bij exploitatie of vervreemding), alsmede de omvang van deze beperkingen; en
▶ belangrijke contractuele verplichtingen tot aankoop, bouw of ontwikkeling van vastgoedbeleggingen of voor reparatie, onderhoud of verbeteringen.

Hierbij wordt opgemerkt dat bovenstaande toelichtingen inzake reële waarde van belang zijn ongeacht de gekozen waarderingsgrondslag (actuele waarde of historische kosten), omdat ook bij waardering tegen historische kosten in beginsel informatie over de reële waarde van de vastgoedbeleggingen dient te worden verschaft (zie par. 8.8.2.4).

Nederlandse wet- en regelgeving: aanvullende toelichtingen

De Nederlandse wet vereist specifiek de vermelding of de rechtspersoon met betrekking tot materiële vaste activa slechts een beperkt zakelijk of persoonlijk duurzaam genotsrecht heeft (art. 2:366 lid 2 BW, RJ 213.802a).

Aanvullend bepaalt RJ 213.802b dat de boekwaarde van vastgoed in ontwikkeling afzonderlijk in de toelichting dient te worden vermeld. IFRS kent deze specifieke bepaling niet, maar ook hier lijkt afzonderlijke vermelding wel gewenst, gezien het verschil in risicoprofiel.

RJ 213.802b (tevens RJ 213.805a) vereist tevens dat in de toelichting wordt aangegeven
▶ of en zo ja in welke mate bij de waardering rekening is gehouden met eigen ontwikkelingskosten, overige indirecte kosten en rente;
▶ welke criteria de entiteit hanteert om te bepalen wanneer voor vastgoed in ontwikkeling de ontwikkelingsfase is afgerond en daarmee niet langer sprake is van vastgoed in ontwikkeling.

IFRS: aanvullende toelichtingen

Additioneel vereist IAS 40.75 (f) (iv) de volgende toelichting:
▶ de bedragen die in de resultatenrekening zijn opgenomen voor verkoopresultaten op verkopen van vastgoedbeleggingen uit een beleggingspool gewaardeerd tegen kostprijs en uit een beleggingspool gewaardeerd tegen reële waarde. Deze toelichting heeft meestal relevantie voor verzekeringsmaatschappijen (zie par. 8.3.4).

8.8.2.3 Aanvullende informatieverschaffing bij waardering tegen actuele waarde

In aanvulling op de vereiste algemene informatieverschaffing (zie par. 8.8.2.2), dient een rechtspersoon die vastgoedbeleggingen waardeert tegen reële waarde een mutatie-overzicht op te nemen met de volgende gegevens (RJ 213.803, IAS 40.76):
- boekwaarde begin boekjaar;
- investeringen, waarbij afzonderlijk dienen te worden gepresenteerd de initiële verkrijgingen en de uitgaven na eerste verwerking;
- investeringen uit hoofde van overnames;
- buitengebruikstellingen en afstotingen;
- onder IFRS: herclassificaties naar 'held for sale' conform IFRS 5;
- winsten of verliezen als gevolg van aanpassingen van de reële waarde;
- omrekeningsverschillen van jaarrekeningen van een buitenlandse entiteit;
- overboekingen van en naar voorraden en vastgoed voor eigen gebruik; en
- overige mutaties;
- boekwaarde einde boekjaar.

In het uitzonderlijke geval dat een rechtspersoon één of meer vastgoedbeleggingen waardeert tegen historische kosten omdat de reële waarde niet op betrouwbare wijze kan worden vastgesteld (zie par. 8.3.6), dienen de mutaties van deze vastgoedbeleggingen afzonderlijk te worden toegelicht (RJ 213.804, IAS 40.78). Daarnaast dienen aanvullend de volgende zaken te worden toegelicht:
- een beschrijving van de vastgoedbelegging;
- een verklaring waarom de reële waarde niet op betrouwbare wijze kan worden vastgesteld;
- indien mogelijk, de bandbreedte waarbinnen de reële waarde zich hoogstwaarschijnlijk bevindt; en
- bij afstoting van vastgoedbeleggingen die niet op reële waarde gewaardeerd zijn:
  - het feit dat de rechtspersoon vastgoedbeleggingen heeft afgestoten die niet op reële waarde gewaardeerd zijn;
  - de boekwaarde van die vastgoedbeleggingen op het moment van verkoop; en
  - het bedrag van de verantwoorde boekwinsten of boekverliezen.

Nederlandse wet- en regelgeving: aanvullende toelichtingen

Wanneer onder de Nederlandse wet- en regelgeving het actuele-waardemodel wordt toegepast, dient een rechtspersoon te vermelden of en onder welke omstandigheden gebruiksrechten van onroerende zaken die bij een lessee als operationele leasing classificeren als vastgoedbelegging worden verantwoord (zie par. 8.7) (RJ 213.802).

Op grond van de Nederlandse wet- en regelgeving moet voor vastgoedbeleggingen tegen actuele waarde ook de volgende informatie worden opgenomen:
- de som van de herwaarderingen per balansdatum (art. 2:368 lid 2 BW, RJ 213.803);
- indien van indices gebruik is gemaakt voor de schatting van de actuele waarde, de aard van de indices waarbij aangegeven moet worden of de indices aan de technologische ontwikkelingen zijn aangepast (RJ 120.403);
- aanvullende informatie over historische kosten indien dit op grond van het inzichtsvereiste van artikel 2:362 lid 1 BW benodigd is (RJ 115.220).

IFRS: aanvullende toelichtingen

IFRS vraagt de volgende additionele toelichting bij waardering tegen reële waarde. Indien er significante aanpassingen hebben plaatsgevonden op een waardering van vastgoedbeleggingen, bijvoorbeeld teneinde een dubbeltelling te voorkomen zoals uiteengezet in paragraaf 8.3.5, vereist IFRS een aansluiting tussen de verkregen waardering en de aangepaste waardering in de jaarrekening. Hierbij dienen afzonderlijk het totaalbedrag aan verantwoorde teruggeboekte leaseverplichtingen en andere belangrijke aanpassingen toegelicht te worden (IAS 40.77).

De aard en omvang van de te verstrekken toelichting onder IFRS 13 kan aanzienlijk zijn. Vooral voor de posten opgenomen tegen een modelmatig bepaalde reële waarde (en het niet of beperkt gebaseerd zijn op meer objectieve marktgegevens) is de toelichting gericht op het uiteenzetten van de gehanteerde rekenmodellen en van gehanteerde parameters respectievelijk gevoeligheden voor mutaties in de parameters (niveau 3). De IASB heeft aansluiting gezocht bij de regelgeving inzake financiële instrumenten reeds bekende indeling in drie niveaus, afhankelijk van het objectiviteitsgehalte van de variabelen waarop de reële waarde is gebaseerd:

- Niveau 1: prijsnoteringen, tot stand gekomen in een actieve markt, voor identieke activa/passiva;
- Niveau 2: de reële waarde is afgeleid uit de reële waarde van de bestanddelen of van een soortgelijk actief/passief; geen actieve markt, maar wel waarneembare variabelen;
- Niveau 3: variabelen die niet waarneembaar in de markt zijn; algemeen aanvaarde waarderingsmodellen en -technieken.

Voor niveau 3-waarderingen dient een overzicht te worden gegeven van de belangrijkste niet direct waarneembare invoergegevens zoals huur, rendement/discontovoet, kosten et cetera, de mate van onderlinge correlatie en dergelijke (IFRS 13.93(d)).

De IASB heeft (vooralsnog) afgezien van de verplichting tot het opnemen van ook een kwantitatieve sensitiviteitsanalyse voor niet-financiële activa; alleen een kwalitatieve analyse is vereist en alleen voor niveau 3 (IFRS 13.93(g) en (h)). Worden echter ook de voorschriften van IAS 1.125 en verder in aanmerking genomen (die aangeven dat voor onderdelen van de jaarrekening met hoge schattingsonzekerheid nadere informatie omtrent aard en omvang van de risico's dient te worden verstrekt, met eventuele risico's op significante waardecorrecties na balansdatum) dan is alsnog sprake van een impliciet voorschrift om een kwantitatieve sensitiviteitsanalyse te verstrekken.

Andere informatie-elementen die IFRS 13 verlangt bij waardering tegen reële waarde (in aanvulling op de hiervoor en in par. 8.8.2.2 reeds genoemde toelichtingen):

- mutaties tussen niveau 1 en 2, oorzaak en relevante waarderingsgrondslagen (IFRS 13.93(c));
- niveau 3: mutatie-overzicht van beginstand, baten/lasten, aankopen, verkopen, overboekingen van en uit andere niveaus, reden voor overboeking etc. (IFRS 13.93(e));
- niveau 3: bedragen baten en lasten opgenomen in winst-en-verliesrekening (IFRS 13.93(f)).

In voorgaande uiteenzetting is nog geen rekening gehouden met het voorschrift van IFRS 13.94 om de toelichting naar te onderscheiden categorieën ('classes') op te nemen. Met name als vastgoedbeleggingen verschillende kenmerken en risico's hebben wordt gescheiden toelichting wellicht noodzakelijk. Een voor de hand liggend verschil in categorieën is kantoorgebouwen in Noorwegen en winkelobjecten in Zweden.

De mate van detailinformatie per categorie is uiteraard een kwestie van oordeelsvorming, waarbij de relevantie voor de gebruiker van de jaarrekening leidend dient te zijn.

Voorbeeld van toelichtingen op vastgoedbeleggingen

Ter illustratie wordt een voorbeeld gegeven van een toelichting van de belangrijkste aannames bij de bepaling van de reële waarde.

Overigens is bij de waardering van vastgoedbeleggingen in ontwikkeling tegen reële waarde de toelichting van de aannames extra van belang omdat de onzekerheden in de waardering groter zijn dan bij bestaand vastgoed.

Voorbeeld toelichting van significante aannames bij de bepaling van de reële waarde

De significante aannames (gebaseerd op gewogen gemiddelden) gebruikt bij de waardering van vastgoedbeleggingen tegen reële waarde per 31 december zijn als volgt:

Vastgoedbeleggingen

	Jaar 2	Jaar 1
Rentevoet	9,5%	8%
Leegstand	12%	9%
Inflatie	2%	2%
Langetermijngroei van huurprijzen	2%	2%

Tevens wordt ter illustratie een voorbeeld gegeven van een gevoeligheidsanalyse van het resultaat voor belastingen voor een wijziging in de belangrijke aannames bij de bepaling van de reële waarde.

Voorbeeld gevoeligheidsanalyse van het resultaat voor wijziging aannames

De volgende tabel toont de gevoeligheid van het resultaat voor belastingen voor een wijziging in de belangrijke aannames bij de bepaling van de reële waarde:

Vastgoedbeleggingen:

	Jaar 2	Jaar 1
Stijging van de rentevoet met 25 basispunten	(18.000)	(16.000)
Stijging van de leegstand met 1%	(2.000)	(1.500)

8.8.2.4 Aanvullende informatieverschaffing bij waardering tegen historische kosten

In aanvulling op de vereiste algemene informatieverschaffing (zie par. 8.8.2.2), dient een rechtspersoon die waardeert tegen historische kosten eveneens de volgende gegevens toe te lichten (RJ 213.805, IAS 40.79):
- de gehanteerde afschrijvingsmethoden;
- de gebruiksduur (IFRS)/economische levensduur (Richtlijnen) of de toegepaste afschrijvingspercentages;
- de historische kostprijs (aanschafwaarde) en cumulatieve afschrijvingen (samengevoegd met de cumulatieve waardeverminderingen) aan het begin en aan het einde van de periode;
- een mutatie-overzicht waarin opgenomen:
  - boekwaarde begin boekjaar;
  - investeringen, onderscheiden in initiële verkrijgingen en de uitgaven na eerste waardering;
  - investeringen uit hoofde van overnames;
  - buitengebruikstellingen en afstotingen;
  - onder IFRS: herclassificaties naar 'held for sale' conform IFRS 5;
  - afschrijvingen;
  - het bedrag aan bijzondere waardeverminderingen en het bedrag aan terugnemingen van bijzondere waardeverminderingen (niet specifiek opgenomen in RJ 213.805, maar wel op basis van RJ 121.801);
  - omrekeningsverschillen van jaarrekeningen van een buitenlandse entiteit;
  - overboekingen van en naar voorraden en vastgoed voor eigen gebruik;
  - overige mutaties; en
  - boekwaarde einde boekjaar.
- de reële waarde van de vastgoedbeleggingen; in de bijzondere gevallen zoals beschreven in RJ 213.512 en IAS 40.53 (het niet op betrouwbare wijze kunnen vaststellen van de reële waarde, zie par. 8.3.6), dient de

rechtspersoon als alternatief voor het weglaten van het bedrag van de reële waarde de volgende informatie op te nemen:
- een beschrijving van de vastgoedbelegging;
- een verklaring waarom de reële waarde niet op betrouwbare wijze kan worden vastgesteld; en
- indien mogelijk, de bandbreedte waarbinnen de reële waarde zich hoogstwaarschijnlijk bevindt.
- Aanvullend bepaalt RJ 213.805a (tevens RJ 213.802b) voor vastgoed in ontwikkeling/aanbouw dat bij waardering van vastgoedbeleggingen tegen historische kosten vermeld moet worden of en zo ja, in welke mate rekening is gehouden met eigen ontwikkelingskosten, overige indirecte kosten en rente.

Verschillen Dutch GAAP - IFRS

De toelichtingseisen met betrekking tot vastgoedbeleggingen in de Nederlandse wet- en regelgeving en IFRS komen grotendeels overeen. Wel zijn er de volgende verschillen in toelichting:
- IFRS vraagt een toelichting van significante aanpassingen op de reële waarde van vastgoedbeleggingen in de jaarrekening, bijvoorbeeld teneinde dubbeltellingen te voorkomen. De Nederlandse wet- en regelgeving eist een dergelijke toelichting niet.
- Onder IFRS moeten worden vermeld de bedragen die in de resultatenrekening zijn opgenomen voor verkoopresultaten op verkopen van vastgoedbeleggingen uit een beleggingspool gewaardeerd tegen kostprijs en uit een beleggingspool gewaardeerd tegen reële waarde (betreft meestal verzekeringsmaatschappijen). De Nederlandse regelgeving kent een dergelijke bepaling niet.
- Onder IFRS wordt de herrubricering naar 'held for sale' volgens IFRS 5 afzonderlijk in het mutatie-overzicht van vastgoedbeleggingen opgenomen. De Richtlijn kent geen separate presentatie van vaste activa gehouden voor verkoop waardoor in het mutatie-overzicht alleen de uiteindelijke afstoting zichtbaar wordt.
- Voor vastgoedbeleggingen gewaardeerd tegen *actuele waarde*, schrijft de Nederlandse regelgeving aanvullend de volgende toelichtingen voor:
    - de som van de herwaarderingen per balansdatum;
    - indien van toepassing, de aard van de indices waarbij aangegeven moet worden of de indices aan de technologische ontwikkelingen zijn aangepast;
    - indien nodig voor het inzichtsvereiste, informatie over historische kosten.

Richtlijn 213.802b bepaalt dat vastgoed in ontwikkeling afzonderlijk in de toelichting dient te worden vermeld. IFRS kent deze specifieke bepaling niet, maar ook hier lijkt afzonderlijke vermelding wel gewenst, gezien het verschil in risicoprofiel.

Verder bepaalt RJ 213.805a dat bij waardering van vastgoedbeleggingen tegen historische kosten vermeld moet worden of en, zo ja, in welke mate bij de waardering van vastgoed in ontwikkeling rekening is gehouden met eigen ontwikkelingskosten, overige indirecte kosten en rente. IFRS kent een dergelijke eis niet.

8.9 Vrijstellingen voor middelgrote rechtspersonen

Voorheen waren middelgrote rechtspersonen vrijgesteld van het geven van aanvullende informatie in situaties dat de reële waarde van een vastgoedbelegging niet op betrouwbare wijze kan worden vastgesteld (RJ 213.805 onder e). Deze vrijstelling is komen te vervallen met ingang van verslagjaren die zijn aangevangen op of na 1 januari 2021.

9 Financiële vaste activa: algemeen

9.1 Begripsbepaling en regelgeving

Indeling financiële vaste activa:
- vorderingen;
- deelnemingen (behandeld in hoofdstuk 10);
- overige effecten.

9.2 Categorieën financiële vaste activa

Vorderingen	Vorderingen met veelal een looptijd van meer dan een jaar.
Overige effecten	Beleggingen (met name aandelen en obligaties) die duurzaam worden aangehouden. Hieronder vallen participaties gehouden door participatiemaatschappijen en beleggingen gehouden door beleggingsentiteiten.

9.3 Waardering en resultaatbepaling vorderingen

Grondslag	Dutch GAAP: geamortiseerde kostprijs (kan gelijk zijn aan nominale waarde).
	IFRS: waardering tegen geamortiseerde kostprijs of reële waarde (geen vrije keuze).
	Zie verder onder Obligaties (par. 9.4).

9.4 Waardering en resultaatbepaling overige effecten

Aandelen	Dutch GAAP: ▶ Voor beursgenoteerde aandelen is waardering tegen reële waarde verplicht. ▶ Voor niet-beursgenoteerde aandelen bestaat een keuze tussen verkrijgingsprijs en reële waarde. ▶ Bij waardering tegen reële waarde worden onder de Nederlandse wet- en regelgeving waardeveranderingen verwerkt in het eigen vermogen of in resultaat. ▶ Voor niet-beursgenoteerde aandelen is onder de Nederlandse wet- en regelgeving bij waardering tegen reële waarde en verwerking van waardeveranderingen in het resultaat een herwaarderingsreserve vereist (het vormen van de herwaarderingsreserve geldt ook indien IFRS wordt toegepast). ▶ Waardeverminderingen van tegen verkrijgingsprijs gewaardeerde aandelen worden verantwoord indien daarvoor objectieve aanwijzingen bestaan ('incurred loss'-model). IFRS: ▶ IFRS vereist waardering tegen reële waarde met waardeveranderingen in eigen vermogen (OCI, zonder 'recycling') of in resultaat.

Obligaties	Dutch GAAP: ▶ Keuze tussen geamortiseerde kostprijs en reële waarde. ▶ Geamortiseerde kostprijs in beginsel met annuïtaire amortisatie van agio, disagio en transactiekosten, maar lineaire amortisatie onder voorwaarden toegestaan. ▶ Waardeverminderingen op basis van het 'incurred loss'-model of het 'expected loss'-model. ▶ Toepassing reële waarde als bij aandelen. IFRS: ▶ Waardering tegen geamortiseerde kostprijs (met annuïtaire amortisatie) indien de obligatie wordt aangehouden binnen een bedrijfsmodel ('business' model) gericht op het verkrijgen van contractuele kasstromen en deze kasstromen alleen betalingen van rente en aflossing betreffen (optie tot waardering tegen reële waarde bij voorkoming of vermindering 'accounting mismatch'). ▶ In overige gevallen verplichte waardering tegen reële waarde. ▶ Waardeverminderingen bij waardering tegen geamortiseerde kostprijs op basis van het 'expected loss'-model. ▶ Waardeveranderingen bij waardering tegen reële waarde in resultaat of in OCI (met 'recycling'), waarbij bij obligaties verwerking in OCI alleen onder voorwaarden is toegestaan (dan nog wel 'expected credit loss' boeken ten laste van resultaat).
Participaties en beleggingen	Dutch GAAP: conform aandelen. Voorkeur om beleggingen van beleggingsentiteiten te waarderen tegen reële waarde met verwerking van waardeveranderingen in het resultaat. IFRS: niet-geconsolideerde participaties en beleggingen waarop overheersende zeggenschap kan worden uitgeoefend tegen reële waarde met waardeveranderingen in het resultaat; overige participaties idem of volgens de 'equity'-methode.
9.5 Presentatie en toelichting	
Presentatie	Specifieke eisen voor presentatie in balans en winst-en-verliesrekening.
Toelichting	Te vermelden informatie: ▶ uiteenzetting grondslagen; ▶ mutatie-overzichten; ▶ gecumuleerde waardewijzigingen; ▶ overige informatie (gegevens over belangen).
9.6 Vrijstellingen voor middelgrote rechtspersonen	
Aantal vrijstellingen voor de gedeponeerde jaarrekening	Enkele vrijstellingen voor specificatie en toelichting.

9 Financiële vaste activa: algemeen

9.1 Begripsbepaling en regelgeving

Financiële activa zijn activa met een monetair karakter: hieronder vallen bijvoorbeeld liquide middelen, vorderingen en effecten. Financiële *vaste* activa zijn financiële activa die bestemd zijn om de uitoefening van de werkzaamheid van de rechtspersoon duurzaam te dienen (art. 2:364 lid 1 BW). Artikel 2:367 BW bepaalt: 'Onder de financiële vaste activa worden afzonderlijk opgenomen:
a. aandelen, certificaten van aandelen andere vormen van deelneming in groepsmaatschappijen (deelnemingen in groepsmaatschappijen);
b. andere deelnemingen;
c. vorderingen op groepsmaatschappijen;
d. vorderingen op andere rechtspersonen en vennootschappen die een deelneming hebben in de rechtspersoon of waarin de rechtspersoon een deelneming heeft (vorderingen op participanten en op maatschappijen waarin wordt deelgenomen);
e. overige effecten;
f. overige vorderingen, met afzonderlijke vermelding van de vorderingen uit leningen en voorschotten aan leden of houders van aandelen op naam (overige vorderingen).'

De naamgeving tussen haakjes is de eventueel afwijkende naamgeving in het Besluit modellen jaarrekening (BMJ). De volgorde volgens het BMJ is zoals hier aangegeven, met die uitzondering dat de onderdelen b en c zijn omgedraaid.

Uit de wettelijke opsomming blijkt dat er drie hoofdcategorieën financiële vaste activa worden onderscheiden:
▶ deelnemingen (a, b): hierop wordt ingegaan in hoofdstuk 10;
▶ vorderingen (c, d, f): zie paragraaf 9.2.1;
▶ effecten die geen deelnemingen zijn (e, 'overige effecten'): zie paragraaf 9.2.2.

Zoals blijkt uit de wettelijke onderverdeling is van belang of er sprake is van een groepsmaatschappij of niet (a, c). Op dat begrip wordt nader ingegaan in paragraaf 10.1.1. Een direct daarmee verwant begrip is 'dochtermaatschappij', dat wordt behandeld in paragraaf 10.1.2. Deze begrippen spelen ook een rol in het kader van consolidatie (zie hoofdstuk 23).
Twee andere begrippen die in dit kader nadere toelichting behoeven zijn 'buiten de groep staande verbonden maatschappijen' (par. 10.1.3) en 'joint ventures' (deze bespreken we in hoofdstuk 11).

Het begrip 'financiële vaste activa' is een typisch Nederlands verzamelbegrip. In de Richtlijnen worden deze behandeld in Richtlijn 214 (en Richtlijn 215 voor joint ventures). IFRS kent geen eenduidig equivalent.
Met betrekking tot deelnemingen dient binnen IFRS uitdrukkelijk onderscheid te worden gemaakt tussen:
▶ deelnemingen in groepsmaatschappijen: 'Investments in Subsidiaries' (IFRS 10);
▶ deelnemingen in joint ventures: 'Investments in Joint Ventures' (IAS 28, IFRS 11);
▶ deelnemingen waarin invloed van betekenis bestaat op het zakelijke en financiële beleid: 'Investments in Associates' (IAS 28);
▶ overige deelnemingen: 'Investments in Equity Instruments' (onderdeel van de 'Financial Assets', IAS 32, IFRS 7, IFRS 9).

Inzake deelnemingen in joint ventures merken we op dat het begrip joint venture in IFRS een beperktere betekenis heeft dan onder de RJ. Daarop wordt nader ingegaan in hoofdstuk 11.

IFRS 12 omvat alle regelgeving met betrekking tot te verstrekken informatie inzake 'Subsidiaries, Joint arrangements, Associates en Structured entities'.
Ook de overige financiële vaste activa (vorderingen en effecten) worden in IFRS gerekend tot de 'Financial Assets' en worden geregeld in IAS 32, IFRS 7 en IFRS 9. 'Financial Assets' zijn een onderdeel van het begrip 'Financial Instruments'. Teneinde duplicering te vermijden wordt voor een uitgebreide behandeling van de waardering en resultaatbepaling van deze 'Financial Assets' verwezen naar hoofdstuk 30. In dit hoofdstuk zal worden volstaan met een bespreking op hoofdlijnen.
In dit hoofdstuk wordt niet ingegaan op de specifieke valutaomrekeningsvraagstukken die kunnen spelen bij buitenlandse deelnemingen. Daarvoor wordt verwezen naar hoofdstuk 27.

9.2 Categorieën financiële vaste activa

In deze paragraaf bespreken we de betekenis van twee categorieën financiële vaste activa: vorderingen en overige effecten. Deelnemingen worden behandeld in hoofdstuk 10. Daar worden ook gerelateerde begrippen besproken als groepsmaatschappij, dochtermaatschappij en buiten de groep staande verbonden partijen. De waardering en resultaatbepaling inzake vorderingen komt aan de orde in paragraaf 9.3, inzake overige effecten in paragraaf 9.4.

9.2.1 Vorderingen

RJ 222.103 en RJ 290.504 onderscheiden:
- Verstrekte leningen en overige vorderingen (waaronder handelsvorderingen).
- Financiële activa die deel uitmaken van een handelsportefeuille (en derhalve op regelmatige basis worden verhandeld).
- Gekochte leningen en obligaties (bijvoorbeeld gekochte vorderingen door een bank of factoorbedrijf).

Vorderingen worden uitsluitend onder de financiële vaste activa opgenomen indien zij bestemd zijn om de uitoefening van de werkzaamheid duurzaam te dienen, hetgeen veelal overeenkomt met een looptijd langer dan een jaar (RJ 190.206/207). Vorderingen met een kortere looptijd worden opgenomen onder de vlottende activa. Dit betekent in elk geval dat vorderingen die behoren tot de handelsportefeuille niet worden opgenomen onder de financiële vaste activa. De gekochte leningen en obligaties, verstrekte leningen en overige vorderingen kunnen zowel onder de financiële vaste activa als onder de vlottende activa worden opgenomen.

Indien een deel van de vorderingen die onder de financiële vaste activa zijn opgenomen binnen twaalf maanden na balansdatum opeisbaar wordt, dient dit bedrag hetzij afzonderlijk te worden toegelicht dan wel te worden gepresenteerd onder de vlottende activa, waarbij de wijze van presentatie dient te worden uiteengezet (RJ 190.207).

Artikel 2:367 BW hanteert een andere indeling en noemt de volgende verschillende soorten onder de financiële vaste activa op te nemen vorderingen (RJ 222.302/304):
- vorderingen op groepsmaatschappijen (sub c);
- vorderingen op andere rechtspersonen en vennootschappen die een deelneming hebben in de rechtspersoon of waarin de rechtspersoon een deelneming heeft (sub d);
- overige vorderingen (sub f); dit zijn alle vorderingen die niet onder c of d kunnen worden gerubriceerd.

Artikel 2:361 lid 4 BW vereist daarnaast afzonderlijke vermelding van vorderingen op buiten de groep staande verbonden maatschappijen (zie voor de betekenis van dit begrip par. 10.1.3).

Langlopende vorderingen op groepsmaatschappijen, of deelnemingen in niet-groepsmaatschappijen die zijn belichaamd in obligaties dienen ingevolge RJ 222.303 niet als effecten te worden gerubriceerd, maar als vorderingen (sub c respectievelijk sub d).
Voor de overige vorderingen (sub f) geldt voorts dat het deel dat betrekking heeft op vorderingen uit leningen of voorschotten aan houders van aandelen op naam afzonderlijk moet worden vermeld. Blijkens de wetsgeschiedenis gaat het hierbij niet om vorderingen uit het normale handelsverkeer (RJ 222.305).

9.2.2 Overige effecten

Kapitaalbelangen (aandelen, certificaten van aandelen) die niet kunnen worden aangemerkt als deelneming (zie hoofdstuk 10) worden beschouwd als belegging en dienen onder de effecten te worden gerubriceerd (RJ 214.203). Indien de kapitaalbelangen bestemd zijn om duurzaam te worden aangehouden, dienen ze in Nederland te worden gerubriceerd onder de financiële vaste activa als 'overige effecten' ('overig' duidt erop dat ook deelnemingen feitelijk effecten, aandelen, zijn) (RJ 222.303). Duurzaam aanhouden betekent dat de ondernemingsleiding de intentie en verwachting heeft dat de effecten niet binnen twaalf maanden worden verkocht (RJ 190.206/209). Worden de effecten niet duurzaam aangehouden, dan vindt afzonderlijke rubricering onder de vlottende activa plaats.

IAS 1.60 geeft aan dat een entiteit in de balans onderscheid moet maken tussen vast en vlottend, behalve als presentatie op basis van liquiditeit betrouwbare en relevantere informatie verschaft. Als die uitzondering zich voordoet, moet de entiteit alle activa en verplichtingen in volgorde van liquiditeit presenteren. Indien ervoor gekozen wordt onderscheid te maken tussen vast en vlottend, geeft IAS 1.66 aan in welke gevallen sprake is van een vlottend actief. Deze gevallen zijn gelijk aan de hiervoor genoemde onder RJ 190.206. Indien het onderscheid tussen vast en vlottend niet wordt gemaakt in de balans, moet de uitsplitsing in de toelichting worden vermeld (IAS 1.61).

Naast kapitaalbelangen kunnen ook bijvoorbeeld obligaties, certificaten daarvan en pandbrieven tot deze categorie worden gerekend (RJ 214.404). Zoals aangegeven in paragraaf 9.2.1 geldt voorgaande echter niet voor langlopende vorderingen op groepsmaatschappijen en deelnemingen die zijn belichaamd in obligaties (deze worden als vordering gerubriceerd).

Veelal zullen de effecten kunnen worden beschouwd als zogenaamde zelfstandige vruchtdragers. Dat wil zeggen dat zij opbrengsten genereren zonder direct verband met andere activa van de rechtspersoon.

Participaties en beleggingen

Een bijzondere vorm van 'overige effecten' betreft de participaties, kapitaalbelangen die worden gehouden door participatiemaatschappijen (RJ 214.204). Onder een participatiemaatschappij wordt verstaan een rechtspersoon of vennootschap waarvan de werkzaamheid is beperkt tot uitsluitend of nagenoeg uitsluitend het deelnemen in andere rechtspersonen of vennootschappen zonder zich in te laten met de bedrijfsvoering daarvan, tenzij door het uitoefenen van aandeelhoudersrechten (art. 6 BMJ). Participaties zijn in Nederland geen groepsmaatschappijen of deelnemingen omdat zij niet duurzaam worden aangehouden ten behoeve van de eigen werkzaamheid (RJ 214.204 en 217.210 en 308).

De wetgeving rekent, naast groepsmaatschappijen, ook andere rechtspersonen waarop een overheersende zeggenschap *kan* worden uitgeoefend tot de consolidatiekring (art. 2:406 lid 1 BW). Tot deze andere rechtspersonen behoren meerderheidsparticipaties (RJ 217.210). Indien echter vanaf het moment van aankoop een concrete exit-strategie is geformuleerd, *kan* consolidatie achterwege blijven op grond van artikel 2:407 lid 1 onder c BW, waarin staat dat de verplichting voor consolidatie niet geldt voor maatschappijen waarin het belang slechts wordt gehouden om het te vervreemden (RJ 217.308). Zie verder de paragrafen 23.5 en 23.6.

De vrijstelling van consolidatie van meerderheidsbelangen in participaties door participatiemaatschappijen is ook van toepassing op de consolidatie van meerderheidsbelangen in beleggingen door beleggingsentiteiten die Richtlijn 615 toepassen (zie hoofdstuk 49) (RJ 217.308). Ook dan geldt dat er vanaf het begin ten aanzien van de beleggingen een concrete exit-strategie aanwezig dient te zijn.

Indien door participatiemaatschappijen en beleggingsentiteiten gebruik wordt gemaakt van de vrijstelling van consolidatie van meerderheidsbelangen, bepaalt RJ 217.308a uitdrukkelijk dat deze belangen niet dienen te worden aangemerkt als een deelneming (omdat vanwege de exit-strategie geen sprake is van 'duurzaam aanhouden'), maar dat zij als effecten worden gerubriceerd. Ze vallen daarmee onder de categorie 'overige effecten'. Uiteraard kan in de jaarrekening een passende benaming worden gekozen, zoals 'participaties' of 'beleggingen'.

In IFRS 10 zijn specifieke bepalingen opgenomen inzake de consolidatie door 'investment entities', een begrip dat nauw aansluit op de begrippen participatiemaatschappij en beleggingsentiteit. Dergelijke 'investment entities' mogen hun belangen waarin ze overheersende zeggenschap hebben niet consolideren (IFRS 10.31). Dit is anders dan onder de Richtlijnen dus geen optie, maar een verplichting. Entiteiten die belangen hebben in een 'investment entity' maar zelf geen 'investment entity' zijn, dienen belangen wel te consolideren indien sprake is van overheersende zeggenschap. De definitie van een investment entity in de zin van IFRS 10 en het hiervoor besproken verbod te consolideren komen aan de orde in hoofdstuk 23. Wij zijn van mening dat uit de RJ-bepalingen kan worden afgeleid dat ook voor de moeder de optie tot niet-consolideren bestaat.

Aandelen gehouden door een Stichting Administratiekantoor

Aandelen (en certificaten) die worden gehouden door een stichting administratiekantoor worden in het algemeen niet op de balans van de stichting opgenomen, omdat aan de stichting niet de toekomstige economische voordelen uit hoofde van de aandelen toevloeien (RJ 640.525). Eveneens wordt dan geen verplichting opgenomen voor uitgegeven certificaten. De stichting wordt derhalve aangemerkt als een 'agent' of 'doorgeefluik'. Wel mogen de in beheer gehouden aandelen PM (pro memorie, dus zonder bedrag) in de balans worden verantwoord (RJ 640.526).

Verschillen Dutch GAAP – IFRS

De uitsplitsing van effecten naar financiële vaste activa en vlottende activa dient volgens de Nederlandse wet- en regelgeving te geschieden in de balans. IFRS, daarentegen, geeft ook de mogelijkheid om dit ook in de toelichting te doen.

Participatiemaatschappijen en beleggingsentiteiten hebben in Nederland de optie om onder voorwaarden participaties en beleggingen die onder de consolidatiekring vallen niet te consolideren, onder IFRS is er in die gevallen een verbod op consolidatie. IFRS bepaalt uitdrukkelijk dat de vrijstelling van niet-consolidatie zich niet uitstrekt tot de moeder van een participatiemaatschappij/beleggingsentiteit die zelf geen participatiemaatschappij/beleggingsentiteit is; wij zijn van mening dat uit de RJ-bepalingen kan worden afgeleid dat ook voor de moeder de optie tot niet-consolideren bestaat.

9.3   Waardering en resultaatbepaling vorderingen

Zoals aangegeven in paragraaf 9.2.1 kunnen onder vorderingen als onderdeel van de financiële vaste activa zowel gekochte leningen en obligaties als verstrekte leningen en overige vorderingen worden opgenomen. De waardering en resultaatbepaling van gekochte leningen is gelijk aan die voor obligaties (zie par. 9.4). In het

9 Financiële vaste activa: algemeen

navolgende beperken wij ons tot door de rechtspersoon verstrekte leningen en overige vorderingen (waaronder handelsvorderingen).

RJ 222.201 bepaalt dat vorderingen bij eerste verwerking worden gewaardeerd tegen de reële waarde plus transactiekosten. De Richtlijn stelt vervolgens dat in een zakelijke transactie de reële waarde op het moment van de transactie gelijk zal zijn aan de kostprijs.

Na eerste waardering vindt verplichte waardering plaats tegen geamortiseerde kostprijs (die bij afwezigheid van agio of disagio en transactiekosten gelijk is aan de nominale waarde/aflossingswaarde; RJ 222.202). Voor veel vorderingen zal gelden dat de geamortiseerde kostprijs gelijk is aan de nominale waarde.

In het geval van agio, disagio of transactiekosten wordt deze door toepassing van de effectieve-rentemethode verwerkt als onderdeel van de amortisatie in de winst-en-verliesrekening, op dezelfde wijze als bij obligaties. We geven een voorbeeld van een geamortiseerde kostprijs in paragraaf 9.4.2. Amortisatie vindt in beginsel op annuïtaire basis plaats, maar met de mogelijkheid van lineaire amortisatie in geval van beperkte verschillen (RJ 940), net als bij obligaties. Voorts zijn dezelfde bepalingen voor bijzondere waardeverminderingen van toepassing als voor 'overige effecten' (RJ 214.402; zie par. 9.4.2).

Ook onder IFRS worden de onder vaste activa op te nemen vorderingen gewaardeerd tegen geamortiseerde kostprijs (uitsluitend op annuïtaire basis), mits zij worden aangehouden binnen een bedrijfsmodel ('business' model) gericht op het verkrijgen van contractuele kasstromen en deze kasstromen alleen betalingen van aflossing en rente betreffen, hetgeen meestal het geval zal zijn. In andere gevallen vindt waardering tegen reële waarde plaats. Ook kan vrijwillig worden gekozen voor waardering tegen reële waarde indien daarmee een zogenaamde 'accounting mismatch' wordt geëlimineerd of significant gereduceerd (zie verder hoofdstuk 30).

Opgemerkt wordt dat vorderingen die onder de financiële vaste activa zijn opgenomen veelal rentedragend zijn, waardoor de contante waarde en de nominale waarde samenvallen. Indien de vorderingen niet rentedragend zijn, zal er veelal sprake zijn van een transactie binnen een groep of van een samengestelde transactie. In die gevallen mag niet zonder meer de nominale waarde worden aangehouden, maar dient waardering plaats te vinden tegen de reële waarde op het moment dat de vordering ontstaat. Het verschil met het uitgegeven bedrag is dan veelal aan te merken als informele kapitaalstorting (zie hoofdstuk 15 en hoofdstuk 26), of als een correctie op het andere deel van de samengestelde transactie.

De waardering van vorderingen is onder IFRS gelijk aan die van obligaties. Dat geldt ook voor de verwerking van waardeveranderingen bij waardering tegen reële waarde en de vaststelling en verantwoording van waardeverminderingen bij waardering tegen geamortiseerde kostprijs. Om doublures te voorkomen verwijzen wij daarvoor naar paragraaf 9.4.2.

Niet langer opnemen in de balans ('derecognition')

RJ 290.702 verwijst voor het niet langer opnemen van financiële activa of financiële verplichtingen naar RJ 115.104-112. In RJ 115.110 is een algemene bepaling opgenomen omtrent de derecognition van activa en passiva. Een actief of een post van het vreemd vermogen dient niet langer in de balans te worden opgenomen, indien de transactie ertoe leidt dat alle of nagenoeg alle rechten op economische voordelen en alle of nagenoeg alle risico's met betrekking tot het actief of de post van het vreemd vermogen aan een derde worden overgedragen.

IFRS 9 gaat zeer gedetailleerd op de 'derecognition' van activa en verplichtingen in. Zie voor de behandeling van deze bepalingen paragraaf 30.3.2.

Verschillen Dutch GAAP – IFRS

De Nederlandse wet- en regelgeving verplicht waardering van vorderingen tegen geamortiseerde kostprijs. Onder IFRS is waardering tegen geamortiseerde kostprijs uitsluitend toegestaan indien zij worden aangehouden binnen een bedrijfsmodel ('business' model) gericht op het verkrijgen van contractuele kasstromen en deze kasstromen alleen betalingen van aflossing en rente betreffen. In andere gevallen vindt waardering tegen reële waarde plaats. Ook kan vrijwillig worden gekozen voor waardering tegen reële waarde indien daarmee een zogenaamde 'accounting mismatch' wordt geëlimineerd of significant gereduceerd.
Verschillen inzake verwerking van waardeveranderingen (bij reële waarde) en waardeverminderingen (bij geamortiseerde kostprijs) worden genoemd in paragraaf 9.4.2.

Bij de invulling van de geamortiseerde kostprijs verplicht IFRS tot annuïtaire amortisatie van agio, disagio en transactiekosten (= effectieve-rentemethode), maar laat de Nederlandse wet- en regelgeving in geval van beperkte verschillen ook lineaire amortisatie toe.

Onder de Nederlandse wet- en regelgeving dient een financieel actief niet langer te worden opgenomen in de balans bij overdracht van de economische voordelen en risico's aan derden. IFRS 9 kent zeer gedetailleerde bepalingen met betrekking tot de 'derecognition' van een financieel actief en is daarmee strikter.

9.4 Waardering en resultaatbepaling overige effecten
9.4.1 Keuze waarderingsgrondslagen

Een algemene bepaling is dat aandelen en obligaties bij eerste waardering dienen te worden gewaardeerd tegen reële waarde, die bij een zakelijke transactie gelijk wordt gesteld aan de kostprijs (RJ 226.201). Of ook transactiekosten worden begrepen in de eerste waardering, hangt af van de vervolgwaardering (zie hierna par. 9.4.4).

In Nederland komen na eerste waardering als waarderingsgrondslag voor de overige effecten in aanmerking de verkrijgingsprijs en de actuele waarde/reële waarde (art. 2:384 lid 1 BW). Voor de meeste overige effecten is een keuze mogelijk tussen verkrijgingsprijs en actuele waarde/reële waarde. Beursgenoteerde aandelen dienen echter tegen reële waarde te worden gewaardeerd (RJ 226.204). Voor beursgenoteerde obligaties bestaat een keuzevrijheid.

Voor beursgenoteerde en niet-beursgenoteerde obligaties geldt de mogelijkheid deze te classificeren in de zogenaamde categorie 'gekochte leningen en obligaties die worden aangehouden tot het einde van de looptijd'. Is dat het geval, dan is het verplicht deze obligaties te waarderen tegen geamortiseerde kostprijs (= verkrijgingsprijs, RJ 226.206). Als obligaties niet als zodanig worden geclassificeerd, dan bestaat een vrije keuze tussen waardering tegen reële waarde (met waardeveranderingen in het resultaat of in het eigen vermogen) en de geamortiseerde kostprijs, RJ 226.208).

De overige effecten vallen in IFRS onder de financiële activa van IFRS 9, waarbij waardering van aandelen plaatsvindt tegen reële waarde; voor obligaties is waardering tegen geamortiseerde kostprijs uitsluitend toegestaan indien aan twee criteria cumulatief is voldaan (IFRS 9.4.1.2):
▶ het bedrijfsmodel (business model) is gericht op het aanhouden van de activa teneinde de contractuele kasstromen te realiseren;
▶ de contractuele bepalingen van het instrument voorzien in kasstromen op specifieke data en de kasstromen betreffen uitsluitend de hoofdsom en de rente over de resterende hoofdsom.

Als de contractuele bepalingen van het instrument voorzien in kasstromen op specifieke data en de kasstromen betreffen uitsluitend de hoofdsom en de rente over de resterende hoofdsom, en het bedrijfsmodel is mede gericht op het verkopen van activa, vindt waardering plaats tegen reële waarde met waardewijzigingen in 'other comprehensive income' (via eigen vermogen als onderdeel van het totaalresultaat). Deze waardewijzigingen worden later (bijv. bij verkoop) alsnog in het resultaat verantwoord, er is dus sprake van 'recycling'.

Alle overige schuldinstrumenten worden gewaardeerd tegen reële waarde met waardeveranderingen verwerkt in het resultaat. De grondslag van reële waarde kan ook worden gekozen als aan specifieke voorwaarden zou worden voldaan (fair value option), mits de keuze voor reële waarde leidt tot een eliminatie of belangrijke vermindering van een accounting mismatch (zie par. 9.4.3). Indien de onderneming kiest om voor deze instrumenten de fair value optie te gebruiken dan worden alle waardeveranderingen in de winst-en-verliesrekening verwerkt. Zie verder hoofdstuk 30. Het voorgaande is globaal in onderstaand schema samengevat (in hoofdstuk 30 komen nadere verfijningen op dit schema aan de orde):

	Aandelen		Obligaties	
	IFRS	Dutch GAAP	IFRS	Dutch GAAP
Beursgenoteerd	Reële waarde	Reële waarde	Afhankelijk van diverse factoren reële waarde of geamortiseerde kostprijs	Reële waarde of geamortiseerde kostprijs
Niet-beursgenoteerd	Reële waarde	Reële waarde of verkrijgingsprijs	Afhankelijk van diverse factoren reële waarde of geamortiseerde kostprijs	Reële waarde of geamortiseerde kostprijs

9.4.2 Verkrijgingsprijs

De verkrijgingsprijs waartegen een actief wordt gewaardeerd, omvat de inkoopprijs en de bijkomende kosten (art. 2:388 lid 1 BW; RJ 120.0).

Bij waardering van aandelen (of certificaten daarvan) tegen verkrijgingsprijs worden als opbrengst in de winst-en-verliesrekening de in het boekjaar gedeclareerde dividenden verantwoord. Daarbij worden niet in contanten uitgekeerde dividenden gewaardeerd tegen reële waarde (RJ 214.504). Voor de bepaling van de reële waarde dient de (geschatte) marktwaarde op het moment van dividenddeclaratie (ex dividend) te worden gehanteerd. Dividenden die geacht kunnen worden begrepen te zijn geweest in de verkrijgingsprijs van een effect, dienen niet als resultaat te worden verantwoord maar op de verkrijgingsprijs in mindering te worden gebracht (RJ 214.504). Indien bij IFRS aandelen worden gewaardeerd tegen reële waarde en de waardeveranderingen worden verwerkt in het OCI, wordt dividend wel verantwoord in het resultaat, met uitzondering van meegekocht dividend (IFRS 9.5.7.5/B5.7.1). In paragraaf 10.2.3 is een voorbeeld opgenomen van meegekocht dividend.

Voorts worden in de winst-en-verliesrekening de gerealiseerde waardeveranderingen en de bijzondere waardeverminderingsverliezen verwerkt (RJ 226.205).

Bij de waardering van obligaties (of certificaten daarvan) betekent de grondslag van de verkrijgingsprijs feitelijk de geamortiseerde kostprijs. De geamortiseerde kostprijs wordt in Richtlijn 940 gedefinieerd als het bedrag waarvoor het financiële actief bij eerste verwerking in de balans wordt opgenomen, verminderd met aflossingen op de hoofdsom, vermeerderd of verminderd met de via de effectieve-rentemethode bepaalde cumulatieve amortisatie van het verschil tussen dat eerste bedrag en het aflossingsbedrag, en verminderd met eventuele afboekingen wegens bijzondere waardeverminderingen of oninbaarheid. De geamortiseerde kostprijs is derhalve feitelijk de verkrijgingsprijs gecorrigeerd met nog niet toegerekend disagio of agio. De amortisatie van (dis)agio dient in beginsel te geschieden gedurende de looptijd van het effect op annuïtaire wijze, zodat in de winst-en-verliesrekening de effectieve rente wordt opgenomen. Het toepassen van lineaire amortisatie in plaats van de effectieve-rentemethode wordt door de RJ (niet door IFRS) als alternatief toegestaan indien lineaire amortisatie niet tot belangrijke verschillen leidt ten opzichte van het toepassen van de effectieve-rentemethode (RJ 940, definitie geamortiseerde kostprijs, RJ 273.201). De amortisatie van (dis)agio dient inclusief rente te worden verantwoord in de rubriek 'Opbrengst van vorderingen die tot de vaste activa behoren en van effecten' (RJ 214.505; RJ 226.302).

> **Voorbeeld geamortiseerde kostprijs**
>
> Een obligatie heeft een looptijd van 2 jaar, met een nominale waarde van 1.000. De couponrente is 6%, de markrente 7%. De rente wordt betaald aan het einde van jaar 1 en aan het einde van jaar 2. Aan het einde van jaar 2 wordt afgelost. Initieel wordt de obligatie gekocht (verkrijgingsprijs) voor 981,9. Dit is vervolgens de geamortiseerde kostprijs. De effectieve rente is 7% (gelijk aan de marktrente in dit geval), waardoor de contante waarde van de kasstromen tegen 7% gelijk is aan 981,9. Het disagio bedraagt 18,1. Bij toepassing van de effectieve-rentemethode is de geamortiseerde kostprijs aan het begin van jaar 2: 990,6. De rentebate in jaar 1 is dan 60 + 8,7 (990,6 - 981,9) = 68,7 (= 7% van 981,9). De rentebate in jaar 2 is 60 + 9,4 (1.000 - 990,6) = 69,4 (= 7% van 990,6).
> Bij lineaire amortisatie wordt de 18,1 gelijk verdeeld over jaar 1 en 2 (= 9,05 per jaar). De rentebate in beide jaren is dan 69,05.
> In paragraaf 30.5.4 is een uitgebreider voorbeeld opgenomen van de amortisatiemethode.

Waardevermindering

Bij waardering tegen verkrijgingsprijs dient rekening te worden gehouden met eventuele bijzondere waardeverminderingen. In het geval van een bijzondere waardevermindering van overige effecten onder de financiële vaste activa maakt de wet een onderscheid tussen een duurzame en een niet-duurzame waardevermindering. Duurzaam betekent dat niet voorzienbaar is dat de waardevermindering zal ophouden te bestaan. Met een duurzame waardevermindering *moet* rekening worden gehouden, met een niet-duurzame waardevermindering *mag* rekening worden gehouden (art. 2:387 lid 4 BW, RJ 214.506).

De Richtlijnen maken feitelijk geen onderscheid tussen waardeverminderingen van effecten die zijn opgenomen onder de vaste activa en onder de vlottende activa (RJ 226.210). De algemene bepalingen van bijzondere waardeverminderingen van RJ 290.533-540 zijn van toepassing (zie par. 30.6.7).

Inzake *het moment waarop* een waardevermindering van obligaties moet worden doorgevoerd, bestaan twee basismodellen:
- Het 'incurred loss'-model: waardeverminderingen van obligaties (en aandelen) worden doorgevoerd indien daarvoor objectieve aanwijzingen bestaan inzake het financieel actief of een portefeuille financiële activa (RJ 290.533/534). Voorbeelden van objectieve aanwijzingen voor bijzondere waardeverminderingen van een financieel actief zijn onder andere aanzienlijke financiële problemen bij de partij die het instrument heeft uitgegeven en wanbetaling inzake rente of aflossingen. Voor een portefeuille financiële activa, waarbij de waardevermindering nog niet is waar te nemen op het individuele niveau, kan de objectieve aanwijzing liggen in nadelige veranderingen in de betalingsstatus in de portefeuille of nationale of lokale economische omstandigheden die nauw samenhangen met wanbetaling op de activa in portefeuille.
- Het 'expected credit loss'-model: waardeveranderingen van obligaties worden doorgevoerd indien kredietverliezen worden verwacht. Dit model leidt tot het op een eerder tijdstip in aanmerking nemen van kredietverliezen dan op basis van het 'incurred loss'-model.

De bepalingen in Richtlijn 290 zijn gebaseerd op het 'incurred loss'-model. IFRS 9 gaat echter uit van het 'expected credit loss'-model. De Richtlijnen bevatten een optie om, in plaats van het in de Richtlijnen beschreven 'incurred credit loss'-model de bepalingen van IFRS 9 te volgen (RJ 290.101).

9 Financiële vaste activa: algemeen

Opgemerkt wordt dat voor tegen verkrijgingsprijs gewaardeerde aandelen het algemene 'incurred loss model' van Richtlijn 290 in stand blijft. IFRS 9 kent hieromtrent geen bepalingen, omdat IFRS 9 niet toestaat dat aandelen worden gewaardeerd tegen verkrijgingsprijs.

Inzake de bepaling van *de omvang van* de waardevermindering van de tegen (geamortiseerde) kostprijs gewaardeerde aandelen en obligaties gelden kort samengevat de volgende bepalingen:
- voor aandelen: waarderen tegen lagere reële waarde (veelal de best mogelijke schatting van de toekomstige kasstromen, contant gemaakt tegen de actuele vermogenskostenvoet voor een soortgelijk financieel actief);
- voor obligaties waarbij het 'incurred loss'-model wordt toegepast: waarderen tegen de best mogelijke schatting van de toekomstige kasstromen, contant gemaakt tegen hetzij (1) de effectieve rentevoet van het financiële actief zoals deze is bepaald bij de eerste verwerking van het instrument, hetzij (2) de actuele effectieve rentevoet (= reële waarde);
- bij toepassing van het 'expected credit loss'-model van IFRS 9 is alleen de methode toegestaan waarbij de toekomstige kasstromen contant worden gemaakt tegen de effectieve rentevoet van het financiële actief zoals deze is bepaald bij de eerste verwerking van het instrument;
- waardeverminderingen worden ten laste van het resultaat gebracht;
- een waardevermindering wordt teruggenomen ten gunste van het resultaat zodra deze heeft opgehouden te bestaan.

In paragraaf 30.6.7 is een voorbeeld opgenomen van bijzondere waardeverminderingen bij waardering tegen geamortiseerde kostprijs.

Toelichting

De waardering tegen verkrijgingsprijs kan ertoe leiden dat de overige effecten worden opgenomen voor een bedrag dat hoger is dan de actuele waarde (marktwaarde). Dit kan bijvoorbeeld het geval zijn bij obligaties, waarvan de marktwaarde door rentewijzigingen lager is dan de geamortiseerde kostprijs. In dat geval vereist artikel 2:381b BW dat in de toelichting wordt vermeld:
- de boekwaarde en de actuele waarde van de afzonderlijke activa of van de passende groepen van de afzonderlijke activa;
- de reden waarom de boekwaarde niet is verminderd, alsmede de aard van de aanwijzingen die ten grondslag liggen aan de overtuiging dat de boekwaarde zal kunnen worden gerealiseerd.

IFRS 7 vereist informatie omtrent de reële waarde van alle financiële instrumenten tenzij de boekwaarde een redelijke afspiegeling van de reële waarde is (IFRS 7.25 en 7.29). Zie ook paragraaf 30.8.6.

Indien aandelen of obligaties tegen verkrijgingsprijs zijn gewaardeerd en de reële waarde hoger is, dient in de toelichting de hogere reële waarde te worden vermeld (RJ 226.303).

Voorbeeld toelichting waardering Overige effecten

De post overige effecten bestaat geheel uit obligaties die tot vervaldatum worden aangehouden. Deze obligaties worden gewaardeerd tegen de geamortiseerde kostprijs. Indien er bij de verwerving van obligaties sprake is van disagio of agio, wordt dit gedurende de looptijd ten gunste respectievelijk ten laste van het resultaat gebracht.

Onder de overige effecten is een obligatieportefeuille opgenomen met een boekwaarde van € 9,8 miljoen. De marktwaarde van deze portefeuille bedraagt per 31 december 2018 € 10,0 miljoen.

9.4.3 Actuele waarde/reële waarde

Indien 'overige effecten' worden gewaardeerd tegen actuele waarde, dienen zij te worden gewaardeerd tegen de reële waarde (marktwaarde) (art. 10 Besluit actuele waarde). Indien niet direct een betrouwbare reële waarde is aan te wijzen, wordt deze op grond van artikel 10 lid 1 van het Besluit actuele waarde benaderd door deze (RJ 226.209):
- af te leiden uit de marktwaarde van zijn bestanddelen of van een soortgelijk instrument indien voor de bestanddelen ervan of voor een soortgelijk instrument wel een betrouwbare markt is aan te wijzen;
- te benaderen met behulp van algemeen aanvaarde waarderingsmodellen en waarderingstechnieken.

Indien de actuele waarde met behulp van waarderingsmodellen en -technieken is bepaald, vermeldt de rechtspersoon de aannames die daaraan ten grondslag liggen (art. 2:381a lid 1 BW).
Indien het niet mogelijk is om door middel van bovengenoemde benaderingswijzen een betrouwbare reële waarde vast te stellen, worden de desbetreffende aandelen en obligaties tegen de kostprijs gewaardeerd (art. 10 lid 3 Besluit actuele waarde, RJ 226.209).

Ten aanzien van de vorming van een herwaarderingsreserve gelden de volgende bepalingen (art. 2:384 lid 7 BW, art. 2:390 lid 1 BW, RJ 226.204/205, RJ 240.222):
- Waardevermeerderingen mogen worden opgenomen zowel in een herwaarderingsreserve als direct in de winst-en-verliesrekening.
- Indien de waardevermeerderingen in de winst-en-verliesrekening zijn opgenomen, dient alsnog een herwaarderingsreserve te worden gevormd voor die effecten die geen frequente marktnoteringen kennen (de niet-beursgenoteerde effecten);
- Indien ongerealiseerde waardevermeerderingen niet in de winst-en-verliesrekening, maar direct in een herwaarderingsreserve zijn opgenomen, valt de herwaarderingsreserve vrij ten gunste van het resultaat bij realisatie van de waardevermeerdering (door verkoop). Er kan op grond van artikel 2:390 BW geen negatieve herwaarderingsreserve ontstaan (RJ 226.204/205/208), zodat in het geval van een waardevermindering beneden de oorspronkelijke kostprijs direct verwerking in de winst-en-verliesrekening noodzakelijk is.

Voor aandelen laat IFRS eveneens toe dat waardeveranderingen worden opgenomen in hetzij de winst- en-verliesrekening, hetzij in het 'Other comprehensive income'/OCI (hetgeen feitelijk neerkomt op directe verwerking in het eigen vermogen). Daarbij geldt geen onderscheid tussen beursgenoteerde en niet-beursgenoteerde effecten. Bij verwerking in de OCI worden gerealiseerde waardeveranderingen niet overgeboekt naar de winst-en-verliesrekening. Dit geldt zowel voor positieve als negatieve waardeveranderingen. Alleen het dividend wordt in de winst-en-verliesrekening verantwoord, tenzij duidelijk sprake is van meegekocht dividend, dit wordt in mindering gebracht op de boekwaarde.

Waardeveranderingen van obligaties worden verwerkt in de winst-en-verliesrekening indien:
- de kasstromen niet uitsluitend rente en aflossing betreffen; of
- de kasstromen wel uitsluitend rente en aflossing betreffen, en het bedrijfsmodel gericht is op het aanhouden van de effecten voor verkoop (bijvoorbeeld trading); of
- indien gebruik is gemaakt van de 'fair value' optie.

Indien de kasstromen uitsluitend rente en aflossing betreffen en het bedrijfsmodel gericht is op zowel verkoop als het aanhouden om rente en aflossing te ontvangen, worden de waardeveranderingen verwerkt in de OCI. Gerealiseerde waardeveranderingen worden, anders dan bij aandelen, overgeboekt naar het resultaat. Verwachte

9 Financiële vaste activa: algemeen

kredietverliezen dienen onder IFRS echter in het resultaat verantwoord te worden, zelfs indien sprake is van positieve herwaarderingen. IFRS laat een negatieve herwaarderingsreserve toe.

Voorbeeld waardering en resultaatbepaling Overige effecten (Titel 9/RJ)

Een rechtspersoon koopt op 1 januari van jaar 1 een aandeel A voor een prijs van € 20. Op 31 december van jaar 1 is de marktwaarde € 30. Dit leidt tot de volgende mogelijkheden van verwerking in de jaarrekening (indien de effecten behoren tot de financiële vaste activa).

	Indien A beursgenoteerd is	Indien A niet-beursgenoteerd is
Kostprijs	Niet van toepassing	Overige effecten: 20
		Resultaat: 0
Actuele waarde, waardeveranderingen in een herwaarderingsreserve	Overige effecten: 30	Overige effecten: 30
	Herwaarderingsreserve: 10	Herwaarderingsreserve: 10
	Resultaat: 0	Resultaat: 0
Actuele waarde, waardeveranderingen in resultaat zonder herwaarderingsreserve	Overige effecten: 30	Niet van toepassing
	Resultaat: 10	
Actuele waarde, waardeveranderingen in resultaat met herwaarderingsreserve	Niet van toepassing	Overige effecten: 30
		Herwaarderingsreserve: 10
		Resultaat: 10

9.4.4 Transactiekosten

Bij de eerste waardering is van belang hoe met transactiekosten wordt omgegaan, die immers wel deel uitmaken van de kostprijs, maar gewoonlijk niet van de reële waarde. Dit hangt af van de waarderingsgrondslag. RJ 226.201 bepaalt hieromtrent:

▶ in het geval van vervolgwaardering tegen geamortiseerde kostprijs, worden transactiekosten ook verwerkt in de eerste waardering (en zijn deze onderdeel van de effectieve interest);
▶ in het geval van vervolgwaardering tegen reële waarde met verwerking van waardeveranderingen via de winst-en-verliesrekening, worden transactiekosten direct in het resultaat verwerkt;
▶ in het geval van vervolgwaardering tegen reële waarde met verwerking van waardeveranderingen via het eigen vermogen, worden transactiekosten verwerkt in de eerste waardering; de eerste waardering vindt derhalve plaats tegen reële waarde plus transactiekosten; bij vervolgwaardering van aandelen betekent dit dat alsnog eventuele afboeking van transactiekosten dient plaats te vinden in het eigen vermogen; bij vervolgwaardering van obligaties maken de transactiekosten deel uit van de effectieve rente.

Deze bepalingen sluiten aan op IFRS, in het bijzonder IFRS 9 B5.2.2, B5.4.4 en B5.4.8.

Voorbeeld transactiekosten

Een rechtspersoon koopt obligaties voor een bedrag van € 18.000, met € 2.000 bijkomende transactiekosten. Er is geen agio/disagio. De kostprijs van de obligaties is derhalve € 20.000.

De reële waarde op aankoopmoment is € 18.000.

Bij waardering tegen reële waarde en verwerking van de waardeveranderingen in de winst-en-verliesrekening worden de transactiekosten direct ten laste van het resultaat gebracht.
Bij waardering tegen reële waarde en verwerking van waardeveranderingen in het eigen vermogen worden de obligaties gewaardeerd tegen € 20.000. Op balansdatum worden de obligaties gewaardeerd tegen de reële waarde zonder rekening te houden met de transactiekosten.

> Als de reële waarde bijvoorbeeld € 21.000 is, wordt een herwaardering ten gunste van het eigen vermogen doorgevoerd van € 1.000 (feitelijk bestaat deze post uit een saldering van een waardestijging van € 3.000 en de afboeking van de transactiekosten van € 2.000). Zou de reële waarde bijvoorbeeld € 19.500 zijn, dan dient een afboeking van € 500 plaats te vinden. Omdat onder de Nederlandse wet- en regelgeving een negatieve herwaarderingsreserve (op individuele basis) niet mogelijk is, betekent dit dat een verlies wordt geboekt van € 500. Onder IFRS zou een negatieve herwaarderingsreserve van € 500 mogelijk zijn.
>
> Bij waardering tegen geamortiseerde kostprijs worden de obligaties tegen € 20.000 gewaardeerd. De € 2.000 transactiekosten worden dan op annuïtaire basis (of eventueel op lineaire basis) afgeschreven over de looptijd van de obligatie (als een correctie op de nominale rente).

9.4.5 Participaties en beleggingen

Zoals aangegeven in paragraaf 9.2.2 worden participaties van participatiemaatschappijen en beleggingen van beleggingsentiteiten niet beschouwd als deelnemingen, maar als overige effecten. Waardering dient dan ook plaats te vinden tegen verkrijgingsprijs of actuele waarde/reële waarde. Bij waardering tegen reële waarde worden waardeveranderingen hetzij direct in het resultaat verwerkt (met opneming van een herwaarderingsreserve indien de effecten niet-beursgenoteerd zijn), hetzij direct tot aan realisatie in de herwaarderingsreserve opgenomen (met dien verstande dat de herwaarderingsreserve niet negatief mag zijn). Dit geldt ook voor meerderheidsbelangen in participaties. Specifiek voor niet-geconsolideerde meerderheidsbeleggingen van beleggingsentiteiten geeft RJ 615.202a een voorkeur aan voor waardering van de beleggingen tegen reële waarde met verwerking van alle waardeveranderingen in het resultaat, in aansluiting op de voorkeur die bestaat voor de waardering van alle beleggingen (zie hoofdstuk 49).

Participaties en beleggingen waarop overheersende zeggenschap kan worden uitgeoefend moeten worden geconsolideerd, tenzij een exit-strategie bestaat (zie hiervoor par. 23.6.4).

Onder IFRS dienen niet-geconsolideerde participaties en beleggingen waarin overheersende zeggenschap bestaat te worden gewaardeerd tegen reële waarde met verwerking van de waardeveranderingen in het resultaat (IFRS 10.31). Belangen waarin geen overheersende zeggenschap bestaat mogen op dezelfde wijze worden gewaardeerd, dan wel volgens de 'equity'-methode (IAS 28.18). Dit is een keuze per belang. Op de 'equity'-methode wordt nader ingegaan in paragraaf 10.4.3.

9.4.6 Niet langer opnemen in de balans ('derecognition')

Zie voor informatie over het niet langer opnemen in de balans van overige effecten paragraaf 9.3.

9.4.7 Verschillen Dutch GAAP – IFRS

De *niet-beursgenoteerde aandelen* worden onder de Nederlandse wet- en regelgeving gewaardeerd tegen verkrijgingsprijs of actuele waarde (= reële waarde). *Beursgenoteerde aandelen* worden onder de Nederlandse wet- en regelgeving gewaardeerd tegen reële waarde. Onder IFRS vindt waardering van alle *aandelen* plaats tegen reële waarde; waardeveranderingen worden verwerkt in het resultaat of in het eigen vermogen (OCI). IFRS laat wel een negatieve herwaarderingsreserve toe, de Nederlandse wet- en regelgeving niet. Bij verwerking van waardeveranderingen in het eigen vermogen worden gerealiseerde waardeveranderingen onder de Nederlandse wet- en regelgeving wel overgeboekt naar het resultaat, onder IFRS niet.

Voor *obligaties* geldt dat waardering onder de Nederlandse wet- en regelgeving plaatsvindt tegen geamortiseerde kostprijs of reële waarde. Waardering tegen geamortiseerde kostprijs is in IFRS uitsluitend toegestaan indien de obligaties worden aangehouden voor binnen een bedrijfsmodel ('business' model) gericht op het verkrijgen van contractuele kasstromen en deze kasstromen alleen betalingen van aflossing en rente betreffen.

9 Financiële vaste activa: algemeen

Bij de invulling van de geamortiseerde kostprijs verplicht IFRS tot annuïtaire amortisatie van agio, disagio en transactiekosten (= effectieve-rentemethode), maar laat de Nederlandse wet- en regelgeving in geval van beperkte verschillen ook lineaire amortisatie toe.
Met betrekking tot waardeverminderingen van tegen geamortiseerde kostprijs gewaardeerde obligaties laat de RJ zowel de 'incurred loss'-methode als de 'expected credit loss'-methode toe. IFRS 9 verplicht tot toepassing van de 'expected credit loss'-methode.

Bij waardering tegen reële waarde bestaat onder de Nederlandse wet- en regelgeving een vrije keuze om waardeveranderingen te verwerken in het resultaat of het eigen vermogen. IFRS verplicht om de waardeveranderingen te verwerken in de winst-en-verliesrekening indien de obligaties uitsluitend worden aangehouden voor verkoop, en in de OCI indien het bedrijfsmodel gericht is op zowel verkoop als aanhouden om rente en aflossing te ontvangen, mits de effecten uitsluitend kasstromen genereren voor aflossing en rente. Bij deze laatste methode dienen de verwachte kredietverliezen in het resultaat verantwoord te worden. Onder Richtlijn 290 vindt geen aparte verwerking van kredietverliezen plaats. Positieve herwaarderingen gaan via het totaalresultaat, waardedalingen beneden de (geamortiseerde) kostprijs worden direct in het resultaat verantwoord.

IFRS laat wel een negatieve herwaarderingsreserve toe, de Nederlandse wet- en regelgeving niet.

Voor *participaties en beleggingen* vindt waardering onder de Nederlandse wet- en regelgeving plaats conform aandelen: verkrijgingsprijs of reële waarde, en verwerking van waardeveranderingen in het resultaat of in het eigen vermogen. Voor beleggingen van beleggingsentiteiten heeft de RJ een voorkeur voor waardering tegen reële waarde, met verwerking van waardeveranderingen in het resultaat. Dit geldt zowel voor niet-geconsolideerde participaties en beleggingen waarin overheersende zeggenschap bestaat als overige participaties en beleggingen.

In IFRS worden niet-geconsolideerde participaties en beleggingen waarin overheersende zeggenschap bestaat verplicht gewaardeerd tegen reële waarde met waardeveranderingen in het resultaat. Voor overige participaties mag dezelfde grondslag worden gekozen, dan wel verwerking volgens de 'equity'-methode. IFRS laat derhalve de grondslag van verkrijgingsprijs niet toe evenmin als de grondslag van waardering tegen reële waarde met waardeveranderingen in het eigen vermogen. De 'equity'-methode (of waardering tegen netto-vermogenswaarde) is onder de Nederlandse wet- en regelgeving niet toegestaan.

9.5 Presentatie en toelichting
9.5.1 Presentatie
De specificatie van financiële vaste activa in de balans is in Titel 9 Boek 2 BW op basis van het Besluit Modellen Jaarrekening als volgt:
1. deelnemingen in groepsmaatschappijen;
2. vorderingen op groepsmaatschappijen;
3. andere deelnemingen;
4. vorderingen op participanten en op maatschappijen waarin wordt deelgenomen;
5. overige effecten;
6. overige vorderingen.

Deze specificatie sluit aan op die in artikel 2:367 BW (zie par. 9.1), al is de volgorde van de posten afwijkend. De specificatie mag geheel of ten dele ook in de toelichting worden opgenomen (in dezelfde volgorde), met herhaling van de som (art. 8 BMJ, RJ 214.603).

De opbrengsten van de overige financiële vaste activa (rente, dividend) worden in de winst-en-verliesrekening verantwoord in de financiële baten en lasten in de rubriek 'Opbrengst van vorderingen die tot de vaste activa behoren en van effecten' (RJ 214.505).

In IAS 1.54 zijn voorschriften gegeven voor de indeling van de balans. Volgens die voorschriften is het opnemen in de balans verplicht van ten minste de volgende posten:
- 'financial assets (excluding amounts shown under investments accounted for using the equity method, trade and other receivables and cash and cash equivalents)' (financiële vaste activa (exclusief investeringen volgens de 'equity method', handelsdebiteuren en overige vorderingen, en liquide middelen);
- 'investments accounted for using the equity method' (investeringen volgens de 'equity method');
- 'trade and other receivables' (financiële vaste activa (handelsdebiteuren en overige vorderingen);
- 'cash and cash equivalents' (liquide middelen).

In IAS 1.82 zijn voorschriften gegeven voor indeling van de winst-en-verliesrekening. Volgens die voorschriften is het opnemen op de winst-en-verliesrekening verplicht van ten minste de posten:
- 'revenue, presenting separately interest revenue calculated using the effective interest method' (omzet, met het afzonderlijk weergeven van de interest opbrengsten berekend op basis van de effectieve-rentemethode);
- 'gains and losses arising from the derecognition of financial assets measured at amortised costs' (waardeveranderingen als het gevolg het niet langer opnemen van financiële activa verantwoord tegen geamortiseerde kostprijs);
- 'impairment losses (including reversals of impairment losses or impairment gains) determined in accordance with section 5.5 of IFRS 9' (bijzondere waardeverminderingen evenals terugnemingen hiervan);
- 'gain or loss arising from a difference between the previous amortised cost of the financial as set and its fair value at the reclassification date' (waardeveranderingen als gevolg van het verschil tussen de eerdere geamortiseerde kostprijs en de reële waarde op het moment van herclassificatie, indien een financieel vast actief niet langer wordt verantwoord tegen geamortiseerde kostprijs);
- 'cumulative gain or loss previously recognised in other comprehensive income that is reclassified to profit or loss' (waardeveranderingen eerder verantwoord in de 'OCI' bij her classificatie naar winst-en-verliesrekening, indien een financieel actief niet langer wordt verantwoord tegen reële waarde met verwerking van waardeveranderingen in de 'OCI').

9.5.2 Uiteenzetting grondslagen

In algemene zin vereist IAS 1.117 uiteenzetting van de 'significant accounting policies'. RJ 214.602 stelt meer specifiek dat de grondslagen van waardering en van bepaling van het resultaat voor elke post van de financiële vaste activa moeten worden uiteengezet. De uiteenzetting kan voor posten die naar dezelfde grondslag zijn gewaardeerd, gecombineerd plaatsvinden (art. 2:384 lid 5 BW en RJ 214.602).

9.5.3 Mutatie-overzichten

Artikel 2:368 lid 1 BW stelt dat van elke post der financiële vaste activa een mutatie-overzicht moet worden gegeven. In dat mutatie-overzicht moet blijken:
- de boekwaarde aan het begin van het boekjaar;
- de som van de waarden waartegen de in het boekjaar verkregen activa te boek zijn gesteld, en de som van de boekwaarden der activa waarover de rechtspersoon aan het einde van het boekjaar niet meer beschikt;
- de herwaarderingen over het boekjaar overeenkomstig artikel 390 lid 1 BW;
- de afschrijvingen, de waardeverminderingen en de terugnemingen daarvan over het boekjaar;
- de boekwaarde aan het einde van het boekjaar.

9 Financiële vaste activa: algemeen

Het vereiste inzicht kan met zich meebrengen dat mutaties zoals hierboven bedoeld nader dienen te worden toegelicht (RJ 214.606). RJ 110.127 schrijft voor om vergelijkende bedragen van het voorafgaande boekjaar zo veel mogelijk te vermelden voor alle geldbedragen die in de toelichting zijn opgenomen. Vergelijkende cijfers van overige verloopoverzichten dienen te worden opgenomen indien een specifieke richtlijn dit voorschrijft. Voor financiële vaste activa is dit niet specifiek voorgeschreven.

In het geval dat posten van de financiële vaste activa als gevolg van wijzigingen in valutakoersen veranderingen ondergaan, verdient het aanbeveling het saldo van deze wijzigingen afzonderlijk uit de mutatie-overzichten te laten blijken, voor zover geen toerekening aan de andere mutaties mogelijk is (RJ 214.609).
IFRS bevat geen voorschrift dat van elke post van de financiële vaste activa een mutatie-overzicht als hierboven bedoeld moet worden gegeven.

Voorbeeld mutatie-overzicht financiële vaste activa

Bedragen x 1.000 euro's	Deelnemingen	Overige effecten	Vorderingen op deelnemingen	Overige langlopende vorderingen	Totaal
1 JANUARI JAAR 1					
Boekwaarde	15.000	7.000	2.000	4.000	28.000
Mutaties JAAR 1					
Investeringen	8.800	-	-	-	8.800
Verstrekte leningen	-	-	20	60	80
Aflossingen leningen	-	-	-700	-400	-1.100
Amortisatie	-	450	-	-	450
Resultaat deelnemingen	-9.000	-	-	-	-9.000
Dividend deelnemingen	-900	-	-	-	-900
	-1.100	450	-680	-340	-1.670
31 DECEMBER JAAR 1					
Boekwaarde	13.900	7.450	1.320	3.660	26.330

9.5.4 Gecumuleerde waardewijzigingen

Voor elk der tot de financiële vaste activa behorende posten moet ook informatie worden verschaft omtrent gecumuleerde waardewijzigingen (art. 2:368 lid 2 BW, RJ 214.610). Dit betreft in het bijzonder de som der herwaarderingen die betrekking hebben op de activa die op de balansdatum aanwezig zijn en de som der afschrijvingen en waardeverminderingen op de balansdatum. Op deze wijze kan de verkrijgingsprijs worden afgeleid.

Hoewel dit niet eenduidig blijkt, moet worden geconcludeerd dat ook op grond van IFRS de som der herwaarderingen zoals bij 'available for sale'-activa afzonderlijk moet worden opgenomen. De som der waardeverminderingen behoeft niet te blijken.

9.5.5 Overige informatie

Voor de in de toelichting op te nemen informatie over overige effecten zijn de algemene bepalingen inzake financiele instrumenten van toepassing (zie hoofdstuk 30).

De Nederlandse wet- en regelgeving verlangt uitgebreide informatie over kapitaalbelangen. Deze informatie is opgenomen in artikel 2:379 lid 1 BW (inzake de enkelvoudige jaarrekening) en artikel 2:414 lid 1 BW (inzake de geconsolideerde jaarrekening). De bepalingen overlappen elkaar gedeeltelijk en kunnen gezamenlijk worden opgenomen.

Indien dit noodzakelijk is voor het vereiste inzicht dienen de volgende omstandigheden te worden toegelicht (RJ 214.613a):
- een maatschappij waaraan ten minste 20% van het geplaatste kapitaal wordt verschaft, welke niet als deelneming is aangemerkt;
- een maatschappij waaraan minder dan 20% van het geplaatste kapitaal wordt verschaft, welke wel als deelneming is aangemerkt;
- de rechtspersoon bij een deelneming geen invloed van betekenis uitoefent, terwijl er over ten minste 20% van de stemrechten wordt beschikt;
- de rechtspersoon bij een deelneming wel invloed van betekenis uitoefent, terwijl er over minder dan 20% van de stemrechten wordt beschikt.

Voor belangen in coöperaties dienen de artikelen 2:379 BW en 2:414 BW naar analogie te worden toegepast (RJ 214.619). Ook in IFRS zijn diverse specifieke eisen van informatieverschaffing opgenomen (in IFRS 12). Op deze specifieke bepalingen wordt ingegaan in paragraaf 21.2.1.

RJ 217.308b bepaalt uitdrukkelijk dat indien een participatiemaatschappij of beleggingsentiteit gebruikmaakt van de consolidatievrijstelling, zoals genoemd in paragraaf 9.2.2, met betrekking tot de niet-geconsolideerde belangen de informatie van artikel 2:379 lid 1 BW dient te worden vermeld. Op basis van RJ 217.308c dient tevens te worden aangegeven welke afspraken of beperkingen er zijn voor deze belangen (en voor minderheidsbelangen) om middelen over te dragen aan de rechtspersoon in de vorm van dividend of terugbetaling van leningen of voorschotten, alsmede welke afspraken en voornemens er zijn om financiële steun te verlenen door de rechtspersoon aan deze belangen, met inbegrip van afspraken of voornemens om deze belangen bij te staan bij het verkrijgen van financiële steun (vermelding van aard en omvang van de afspraken, beperkingen of voornemens en de redenen voor financiële steun).

9.5.6 Verschillen Dutch GAAP – IFRS

Artikel 2:368 lid 1 BW stelt dat van elke post der financiële vaste activa een mutatie-overzicht moet worden gegeven. IFRS, daarentegen, bevat geen voorschrift dat van elke post van de financiële vaste activa een mutatie-overzicht moet worden gegeven.

9.6 Vrijstellingen voor middelgrote rechtspersonen

Middelgrote rechtspersonen zijn voor hun opgemaakte jaarrekening niet vrijgesteld van enige bepalingen inzake financiële vaste activa. Wel gelden voor de gedeponeerde jaarrekening de volgende vrijstellingen (art. 2:397 lid 5 BW):
- de in paragraaf 9.1 onder e en f genoemde categorieën financiële vaste activa (overige effecten en overige vorderingen) mogen gezamenlijk worden opgenomen;
- het mutatie-overzicht (zie par. 9.5.3) behoeft niet te worden opgenomen;
- geen vermelding behoeft plaats te vinden van de cumulatieve afschrijvingen (zie par. 9.5.4).

10 Deelnemingen

10.1 Begrippen	
Groepsmaatschappij/ 'Subsidiary'	Onderneming waarin overheersende zeggenschap ('control') wordt uitgeoefend.
Dochtermaatschappij	Indien er sprake is van zeggenschap in meer juridische zin (> 50% van de stemrechten of > 50% van de bestuurders of commissarissen benoemen of ontslaan), alsmede bij hoofdelijke aansprakelijkheid bij een Vof of CV.
Deelneming/'Investment'	In het algemeen een aandelenbelang dat duurzaam wordt aangehouden ten behoeve van de eigen werkzaamheid. Onderscheid in: ▶ deelneming in groepsmaatschappijen ('subsidiaries'); ▶ deelneming in joint ventures; ▶ deelnemingen waarin invloed van betekenis wordt uitgeoefend op het zakelijke en financiële beleid (geassocieerde deelnemingen, 'associates'); ▶ overige deelnemingen ('investment in equity instruments'). Voorts onderscheid tussen deelneming in een rechtspersoon en in een personenvennootschap.
10.2 Verwerving van een deelneming	
Moment van verwerving	De datum vanaf wanneer de verkrijgende rechtspersoon effectief overheersende zeggenschap dan wel invloed van betekenis verkrijgt op het zakelijke en financiële beleid van de onderneming dan wel de beschikkingsmacht.
Moment van aanvang waardering	Op moment van verwerving. Terugwerkende kracht is niet mogelijk.
Verkrijgingsprijs van een deelneming	Koopsom plus direct aan de verkrijging toerekenbare kosten. Correcties voor meegekocht dividend (onder RJ en bij waardering tegen reële waarde met waardewijzigingen via OCI onder IFRS) en eigen aandelen.
10.3 Waardering en resultaatbepaling deelnemingen: keuze grondslagen	
Methoden van waardering en resultaatbepaling van een deelneming	Indien overheersende zeggenschap of invloed van betekenis wordt uitgeoefend: netto-vermogenswaarde/'equity method'. Anders: kostprijs of actuele waarde/reële waarde. Bij vaststellen overheersende zeggenschap of invloed van betekenis rekening houden met potentiële stemrechten.
Eerste waardering tegen kostprijs onder IFRS	Oorspronkelijke kostprijs of veronderstelde kostprijs (bij eerste toepassing van IFRS).
Waardering deelnemingen in enkelvoudige jaarrekening tegen netto-vermogenswaarde op basis van IFRS-grondslagen	Staat bekend als 'combinatie 3'. Zorgt in zijn algemeenheid voor gelijkheid tussen enkelvoudig en geconsolideerd eigen vermogen en resultaat.

10.4 Waardering en resultaatbepaling deelnemingen: toepassing grondslagen	
Kostprijsmethode	Waarderen tegen kostprijs, rekening houdend met bijzondere waardeverminderingen. Gedeclareerd dividend in resultaat.
Actuele-waardemethode	Waardeveranderingen in de herwaarderingsreserve, of, in IFRS, in de winst-en-verliesrekening. Gedeclareerd dividend in resultaat.
Netto-vermogenswaardemethode	Waardering tegen aandeel in eigen vermogen van de deelneming op basis van grondslagen rechtspersoon. Onder Nederlandse wet- en regelgeving goodwill afzonderlijk onder immateriële vaste activa, onder IFRS waardering inclusief goodwill ('equity method').
	Eerste waardering van alle activa en verplichtingen op verwervingsdatum tegen reële waarde (met specifieke regels bij een omgekeerde overname). Aandeel in resultaat deelneming in winst-en-verliesrekening. Bij negatief eigen vermogen eventueel vorderingen afwaarderen en slechts een voorziening opnemen ter grootte van de bedragen die naar verwachting noodzakelijk zijn om de verplichtingen af te wikkelen.
10.5 Bij waardering van deelnemingen tegen actuele waarde dienen onder de Nederlandse wet- en regelgeving waardeveranderingen te worden verantwoord in een herwaarderingsreserve. Onder IFRS is er veelal Wijziging van waarderingsmethode	
Verschillende mogelijkheden	▶ verkrijging of verlies van invloed van betekenis zonder wijziging belang; ▶ vrijwillige stelselwijziging.
10.6 Eliminatie ongerealiseerde resultaten uit transacties met deelnemingen	
Eliminatie bij transacties met deelnemingen	▶ 100% eliminatie bij 100% deelnemingen; ▶ proportionele eliminatie bij deelnemingen waarin minder dan 100% wordt gehouden.
10.7 Toename bestaand belang	
Verschillende situaties mogelijk	▶ aankoop; ▶ inkoop aandelen door deelneming; ▶ verwerving derdenbelang.
10.8 Afname bestaand belang	
Verschillende situaties mogelijk	▶ verkoop; ▶ verwatering; ▶ afname met en zonder verlies overheersende zeggenschap of invloed van betekenis.
10.9 Presentatie en toelichting	
Presentatie	Balans, winst-en-verliesrekening, enkele specifieke toelichtingsbepalingen.

10 Deelnemingen

10.1 Begrippen

In dit hoofdstuk worden de waardering en resultaatbepaling van deelnemingen alsmede de presentatie en toelichting daaromtrent behandeld, zowel in de enkelvoudige als in de geconsolideerde jaarrekening. Deelnemingen maken deel uit van de financiële vaste activa, die in algemene zin zijn behandeld in hoofdstuk 9. In deze paragraaf gaan we hierna eerst in op drie met deelneming verwante begrippen: 'groepsmaatschappij', 'dochtermaatschappij' en 'buiten de groep staande verbonden rechtspersonen'. Daarna komt het begrip 'deelneming' aan de orde. We gaan in dit hoofdstuk niet in op deelnemingen die zijn verkregen als gevolg van een transactie tussen ondernemingen onder gemeenschappelijke leiding ('common control', RJ 214.343); dit vraagstuk wordt behandeld in hoofdstuk 26.

Kapitaalbelangen die worden gehouden door participatiemaatschappijen worden niet als deelneming beschouwd, omdat zij niet duurzaam worden aangehouden. Zij maken deel uit van de categorie 'Overige effecten', die is behandeld in hoofdstuk 9.

10.1.1 Het begrip 'groepsmaatschappij'

Groepsmaatschappijen zijn rechtspersonen en vennootschappen die met elkaar een groep vormen. Een groep is een economische eenheid waarin rechtspersonen en vennootschappen organisatorisch zijn verbonden (art. 2:24b BW). In IFRS wordt het begrip 'subsidiaries' gehanteerd. De officiële vertaling van 'subsidiaries' in de EU-jaarrekeningrichtlijn 2013 is dochterondernemingen. Het begrip dochteronderneming ('subsidiaries') wijkt daarmee af van het in Nederland specifieke gehanteerde begrip dochtermaatschappij (zie par. 10.1.2). Het begrip dochteronderneming ('subsidiaries') sluit inhoudelijk grotendeels aan bij een onderliggende groepsmaatschappij. Het is echter een ruimer begrip: het omvat ook entiteiten die buiten de groep staan, maar waarbij een overheersende zeggenschap kan worden uitgeoefend of waarover de centrale leiding bestaat. Een 'group' wordt in IFRS 10 (Appendix A) gedefinieerd als 'a parent and its subsidiaries', en is daarmee ook een ruimer begrip dan het Nederlandse begrip 'groep'.
Het begrip 'groepsmaatschappij' wordt uitgebreider toegelicht in hoofdstuk 23.

10.1.2 Het begrip 'dochtermaatschappij'

Sterk verwant met het begrip groepsmaatschappij is het Nederlandse begrip dochtermaatschappij. In het normale taalgebruik worden beide begrippen wel door elkaar gebruikt, maar formeel is er sprake van begrippen met een verschillende betekenis. In IFRS bestaat, zoals aangegeven in paragraaf 10.1.1, het begrip 'subsidiary', maar inhoudelijk komt dat meer overeen met het Nederlandse begrip groepsmaatschappij. Een IFRS-equivalent van het begrip dochtermaatschappij bestaat niet.

De wet noemt twee omstandigheden waarin een rechtspersoon een andere rechtspersoon als dochtermaatschappij moet beschouwen:
▶ indien hij, al dan niet krachtens overeenkomst met andere stemgerechtigden, in die andere rechtspersoon alleen of samen meer dan de helft van de stemrechten in de algemene vergadering kan uitoefenen (art. 2:24a lid 1 onder a BW);
▶ indien hij lid of aandeelhouder is en, al dan niet krachtens overeenkomst met andere stemgerechtigden, alleen of samen meer dan de helft van de bestuurders of van de commissarissen kan benoemen of ontslaan, ook indien alle stemgerechtigden stemmen (art. 2:24a lid 1 onder b BW).

Hierbij dienen niet alleen de rechten van de rechtspersoon zelf te worden betrokken, maar ook die van de dochtermaatschappijen van de rechtspersoon. Dit betekent bijvoorbeeld dat een dochtermaatschappij van een dochtermaatschappij van de rechtspersoon ook een dochtermaatschappij van de rechtspersoon zelf is. Kleindochters, achterkleindochters en dergelijke vallen dus allemaal onder het wettelijke begrip dochtermaatschappij.

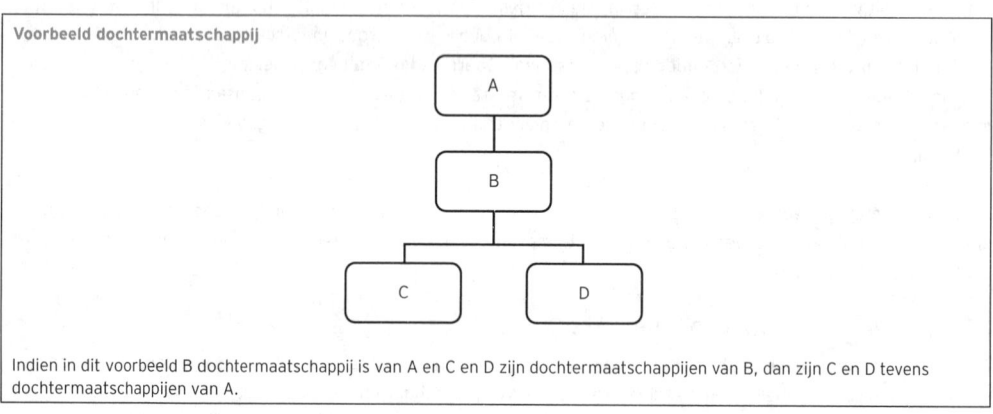

Voorbeeld dochtermaatschappij

Indien in dit voorbeeld B dochtermaatschappij is van A en C en D zijn dochtermaatschappijen van B, dan zijn C en D tevens dochtermaatschappijen van A.

Uit de omschrijving van het begrip 'dochtermaatschappij' blijkt dat dit begrip geheel juridisch bepaald is. Het gaat om de meerderheid van de stemrechten, dan wel de mogelijkheid tot benoeming of ontslag van de bestuurders of commissarissen. Indien dit betekent dat de rechtspersoon in zijn dochtermaatschappij feitelijk beleidsbepalende invloed uitoefent, is de dochtermaatschappij tevens groepsmaatschappij. Maar niet iedere dochtermaatschappij is een groepsmaatschappij en andersom. Overigens is de betekenis van het begrip dochtermaatschappij voor de jaarrekening relatief beperkt.

Voorbeeld groepsmaatschappij, maar geen dochtermaatschappij

Entiteit E heeft 45% van de stemrechten in entiteit F. Daarnaast is entiteit E in het bezit van een calloptie waarmee 10% van de aandelen in F kan worden verworven. Hiervoor bestaan geen restricties en de uitoefening van de opties is niet onwaarschijnlijk (voldoende financiële middelen etc.). In dit geval zorgt de aanwezigheid van de optie dat dit feitelijk leidt tot overheersende zeggenschap en is dus sprake van een groepsmaatschappij. Gezien de bepaling van een dochtermaatschappij geheel juridisch is en geen meerderheid bestaat van de stemrechten is er geen sprake van een dochtermaatschappij.

Voorbeeld dochtermaatschappij, maar geen groepsmaatschappij

Entiteit G heeft 55% van de stemrechten in entiteit H. Echter, een andere partij is in het bezit van 45% van de stemrechten in entiteit H en een calloptie waarmee 10% van de aandelen en stemrechten in H kan worden verworven van entiteit G. Hiervoor bestaan geen restricties en de uitoefening van de opties is niet onwaarschijnlijk (voldoende financiële middelen etc.). Hierdoor heeft de andere partij overheersende zeggenschap en is entiteit H geen groepsmaatschappij van entiteit G. Gezien entiteit G wel de meerderheid van de stemrechten heeft en de bepaling van een dochtermaatschappij geheel juridisch is, is wel sprake van een dochtermaatschappij.

Voor de toepassing van het bovenstaande gelden nog de navolgende bijzondere bepalingen:
▶ De hierboven genoemde aan aandelen verbonden rechten worden niet toegerekend aan degene die de aandelen voor rekening van anderen houdt. De rechten worden toegerekend aan degene voor wiens rekening de aandelen worden gehouden, indien deze bevoegd is te bepalen hoe de rechten worden uitgeoefend dan wel zich de aandelen te verschaffen (art. 2:24a lid 3 BW). Deze bepaling heeft in geval van certificering van aandelen tot gevolg dat bedoelde rechten niet aan het administratiekantoor kunnen worden toegerekend en soms,

indien er sprake is van volledig royeerbare certificaten, aan de certificaathouder moeten worden toegerekend (RJ 214.209).
▶ Stemrechten verbonden aan verpande aandelen worden toegerekend aan de pandhouder indien hij mag bepalen hoe de rechten worden uitgeoefend. Zijn de aandelen echter verpand voor een lening die de pandhouder heeft verstrekt in de gewone uitoefening van zijn bedrijf (waarbij de pandhouder veelal een kredietinstelling is), dan worden de stemrechten de pandhouder slechts toegerekend indien hij deze in eigen belang heeft uitgeoefend (art. 2:24a lid 4 BW, RJ 214.210). Kunnen de stemrechten niet op een van de hier vermelde gronden aan de pandhouder worden toegerekend, dan worden zij toegerekend aan de aandeelhouder-pandgever.

Opgemerkt wordt dat bij de vaststelling in hoeverre het aandelenkapitaal wordt verschaft wel rekening moet worden gehouden met aandelen waaraan bijzondere rechten zijn verbonden (RJ 214.206) en geen rekening wordt gehouden met aandelen waarvan de wet bepaalt dat daarvoor geen stem kan worden uitgebracht (art. 2:24d BW, RJ 214.207). Bij dat laatste valt onder meer te denken aan door de rechtspersoon of zijn dochtermaatschappij gehouden eigen aandelen. Stemrechtloze aandelen tellen evenmin mee bij het bepalen of er sprake is van een wettelijk vermoeden of invloed van betekenis bestaat in een deelneming (zie par. 10.3.1).

Stemrechtloze aandelen tellen echter wel mee bij de bepaling van het al dan niet zijn van een deelneming (art. 2:24c BW, par. 10.1.4), bij de vermelding van kapitaalbelangen (art. 2:379 lid 1 en 2 BW en art. 2:414 BW, par. 21.2.1) en bij de vaststelling van consolidatievrijstellingen (art. 2:407 lid 2 en art. 2:408 lid 1 BW, par. 23.4.2) (RJ 214.207a).

Personenvennootschap als dochtermaatschappij
Alleen een rechtspersoon kan in juridische zin dochtermaatschappij zijn van een andere rechtspersoon. Onder voorwaarden wordt echter ook een personenvennootschap (Vof, CV) met een dochtermaatschappij gelijkgesteld. Met een dochtermaatschappij wordt gelijkgesteld een onder eigen naam optredende personenvennootschap waarin een rechtspersoon of een of meer dochtermaatschappijen als vennoot volledig jegens schuldeisers aansprakelijk zijn voor de schulden (art. 2:24a lid 2 BW). De gelijkstelling is gebaseerd op de gedachte dat een rechtspersoon geen aansprakelijk vennoot zal willen zijn als hij niet tevens de bevoegdheid heeft om belangrijke beleidsbeslissingen tegen te houden. Ook hier is derhalve het criterium dat een machtspositie wordt ingenomen, zij het dat die machtspositie niet behoeft in te houden dat een vennoot bij verschil van mening over belangrijke zaken zijn wil kan doorzetten. Ook hierbij geldt dat een dochtermaatschappij niet per definitie een groepsmaatschappij is (RJ 217.207). Zie voor een uitgebreide behandeling van de personenvennootschap hoofdstuk 54.

10.1.3 Het begrip 'buiten de groep staande verbonden maatschappijen'
Bij de toepassing van verschillende artikelen van Titel 9 van Boek 2 BW moeten overeenkomstige vermeldingen als met betrekking tot groepsmaatschappijen worden opgenomen inzake zogenaamde buiten de groep staande verbonden maatschappijen (art. 2:361 lid 4 BW).
Tot buiten de groep staande verbonden maatschappijen behoren (RJ 214.205):
a. niet tot de groep behorende moedermaatschappijen;
b. niet tot de groep behorende dochtermaatschappijen van niet tot de groep behorende moedermaatschappijen;
c. niet tot de groep behorende dochtermaatschappijen van groepsmaatschappijen;
d. niet tot de groep behorende eigen dochtermaatschappijen.

Een voorbeeld van een niet tot de groep behorende moedermaatschappij (a) is een niet als hoofd van de groep aan te merken 'personal holding' (zie par. 23.3.4).

Een voorbeeld van b is een tot een andere groep behorende dochtermaatschappij van de onder a bedoelde personal holding (hoewel het door de personal holding aanhouden van belangen in meer dan één onderliggende vennootschap veelal een indicatie is dat de personal holding wel aan het hoofd van de groep staat).
Een voorbeeld van een niet tot de groep behorende dochtermaatschappij (c en d) is een rechtspersoon die wel voldoet aan de definitie van een dochtermaatschappij, bijvoorbeeld omdat de meerderheid van de commissarissen kan worden benoemd, maar waarop geen overheersende zeggenschap kan worden uitgeoefend.

De volgens Titel 9 vereiste overeenkomstige vermeldingen hebben betrekking op de volgende artikelen van Titel 9 Boek 2 BW:
- artikel 367: de classificatie van financiële vaste activa;
- artikel 370 lid 1: de classificatie van de tot de vlottende activa behorende vorderingen;
- artikel 375: de classificatie van de schulden;
- artikel 376: de toelichting inzake aansprakelijkstelling;
- artikel 377 lid 5: de afzonderlijke vermelding van baten en lasten uit de verhouding met groepsmaatschappijen;
- artikel 381: de toelichting inzake niet in de balans opgenomen verplichtingen.

In IFRS bestaat geen equivalent begrip voor buiten de groep staande verbonden maatschappijen.

10.1.4 Het begrip 'deelneming'

Een van de categorieën financiële vaste activa is de deelneming. Daarbij zijn de volgende onderscheidingen van belang:
- een deelneming in een groepsmaatschappij (art. 2:367 onder a BW) en een deelneming in een niet-groepsmaatschappij (zie hierboven par. 10.1.1);
- een deelneming in een rechtspersoon en in een personenvennootschap (zie hierna);
- een deelneming waarop invloed van betekenis op het zakelijke en financiële beleid wordt uitgeoefend (ook wel geassocieerde deelnemingen genoemd) en een deelneming waar dat niet het geval is (dit onderscheid heeft vooral gevolgen voor de waardering en resultaatbepaling en wordt nader uitgewerkt in par. 10.3); daarnaast kan sprake zijn van een deelneming in een joint venture (zie hoofdstuk 11).

In IFRS bestaat, zoals al aangegeven in paragraaf 9.1, geen eenduidig equivalent voor het begrip deelneming. De verschillende begrippen zijn:
- 'investments in subsidiaries': deelnemingen in groepsmaatschappijen (IFRS 10);
- 'investments in joint ventures': deelnemingen in joint ventures (IAS 28 en IFRS 11, zie hoofdstuk 11);
- 'investments in associates': deelnemingen, niet zijnde in een groepsmaatschappij of in een joint venture, waarin invloed van betekenis wordt uitgeoefend op het zakelijke en financiële beleid (IAS 28);
- 'investments in equity instruments': beleggingen in aandelen die niet vallen onder een van de voorgaande categorieën, waaronder deelnemingen waarop geen invloed van betekenis wordt uitgeoefend op het zakelijke en financiële beleid (IFRS 9); hierop is ingegaan in hoofdstuk 9.

Joint ventures worden behandeld in hoofdstuk 11. Opgemerkt wordt dat onder IFRS de waardering en resultaatbepaling van joint ventures (in de specifieke betekenis die IFRS daaraan geeft) gelijk is aan die voor geassocieerde deelnemingen.

IFRS gaat niet uitdrukkelijk in op het onderscheid tussen een deelneming in een rechtspersoon of in een personenvennootschap. Het algemene begrip 'entity' wordt gehanteerd, hetgeen beide kan omvatten.

Deelneming in een rechtspersoon

Een rechtspersoon of personenvennootschap heeft een deelneming in een *rechtspersoon* indien hij of een of meer van zijn dochtermaatschappijen alleen of samen voor eigen rekening aan die rechtspersoon kapitaal verschaft of doet verschaffen, teneinde met die rechtspersoon duurzaam verbonden te zijn ten dienste van de eigen werkzaamheid (art. 2:24c lid 1 BW). De twee naast elkaar staande criteria zijn derhalve (RJ 214.0):
▶ kapitaalverschaffing voor eigen rekening;
▶ duurzame verbondenheid ten dienste van de eigen werkzaamheid.

Deelnemingen van dochtermaatschappijen zijn ook deelnemingen van de moedermaatschappij.

Door het vereiste van duurzame verbondenheid ten dienste van de eigen werkzaamheid onderscheidt een deelneming zich van een belegging (die onder 'effecten' wordt gerubriceerd, zie par. 9.2.2). Gelet wordt op het doel dat met het houden van het kapitaalbelang wordt beoogd: geen rendement op korte termijn, maar duurzame verbondenheid met de onderneming waarin wordt deelgenomen met het oog op de eigen activiteiten.

Ten behoeve van het vaststellen of er sprake is van een deelnemingsrelatie heeft de wet een wettelijk vermoeden van deelneming geïntroduceerd: indien een vijfde of meer van het geplaatste kapitaal wordt verschaft, wordt het bestaan van een deelneming vermoed (en bij een kapitaalverschaffing van minder dan 20% wordt vermoed dat geen sprake is van een deelneming). Stemrechtloze aandelen tellen daarbij mee. Vaak wordt in de praktijk deze grens van 20% aangehouden voor het onderscheid tussen deelneming en belegging. Maar het vermoeden is weerlegbaar: het kan zijn dat ook bij een dergelijk belang op grond van de feiten moet worden vastgesteld dat van een deelneming geen sprake is, dan wel dat een kleiner belang toch als deelneming moet worden aangemerkt. In paragraaf 10.9.2 gaan we in op de daarmee samenhangende toelichtingseis.

De criteria kapitaalverschaffing en duurzaamheid ten dienste van de eigen werkzaamheid spelen als zodanig geen rol in de definities onder IFRS. Het gaat daar uitdrukkelijk om het kunnen uitoefenen van beleidsbepalende invloed of zeggenschap ('investments in subsidiaries'), gezamenlijke zeggenschap ('investments in joint ventures'), invloed van betekenis ('investments in associates') of geen invloed van betekenis ('investments in equity interests').

Deelneming in een personenvennootschap

Een rechtspersoon heeft een deelneming in een personenvennootschap indien hij of een dochtermaatschappij:
a. daarin als vennoot jegens schuldeisers volledig aansprakelijk is voor de schulden; of
b. daarin anderszins vennoot is teneinde met die vennootschap duurzaam verbonden te zijn ten dienste van de eigen werkzaamheid (art. 2:24c lid 2 BW).

Uit het toetreden tot een Vof of een CV met als gevolg dat de rechtspersoon hoofdelijk aansprakelijk wordt voor de schulden van de vennootschap, wordt afgeleid dat de rechtspersoon ervoor kiest om met de onderneming van de vennootschap duurzaam verbonden te zijn ten dienste van de eigen werkzaamheid. Daarom wordt in dat geval het zijn van vennoot in een Vof of CV aangeduid als deelneming. De deelneming is dan tegelijkertijd dochtermaatschappij (zie par. 10.1.2).
Is de rechtspersoon geen beherend vennoot maar commanditair vennoot in een CV, dan is de rechtspersoon niet volledig aansprakelijk voor de schulden en is daarmee het oogmerk van duurzame verbondenheid ten dienste van de eigen werkzaamheid niet zonder meer gegeven. Het zijn van commanditair vennoot kan ook belegging als oogmerk hebben. Vandaar dat uitdrukkelijk wordt bepaald dat het zijn van commanditair vennoot zich slechts dan

kwalificeert als deelneming wanneer het commanditair belang wordt aangehouden met het oogmerk duurzaam verbonden te zijn met de onderneming van de vennootschap ten dienste van de eigen werkzaamheid.
Een deelneming in een personenvennootschap wordt als zodanig niet genoemd in IFRS.

10.1.5   Een stroomschema

In een bijlage bij Richtlijn 214 heeft de RJ een inzichtelijk stroomschema opgenomen, waaruit blijkt in welke gevallen sprake is van een bepaald type deelneming of van een ander kapitaalbelang.

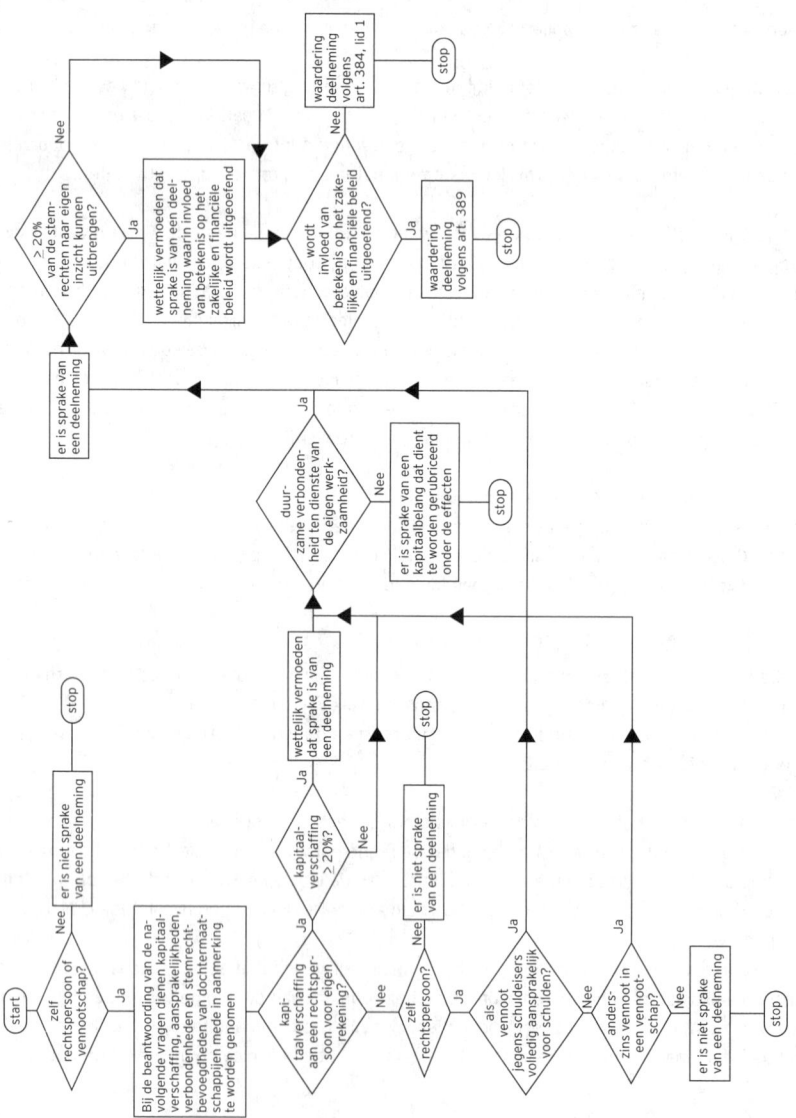

10.1.6 Verschillen Dutch GAAP - IFRS

Het belangrijkste verschil tussen de Nederlandse wet- en regelgeving en IFRS is dat onder de Nederlandse wet- en regelgeving moet zijn voldaan aan de criteria kapitaalverschaffing en duurzaamheid ten dienste van de eigen werkzaamheid om sprake te zijn van een deelneming in een rechtspersoon. Onder IFRS gaat het uitdrukkelijk om het kunnen uitoefenen van beleidsbepalende invloed of doorslaggevende zeggenschap, gezamenlijke zeggenschap, invloed van betekenis of geen invloed van betekenis.

10.2 Verwerving van een deelneming

10.2.1 Moment van verwerving

Een deelneming wordt in de balans opgenomen vanaf het moment van verwerving (de overname- of verwervingsdatum dan wel 'acquisition date'). Dit moment van verwerving is de datum vanaf welke de verkrijgende rechtspersoon effectief overheersende zeggenschap dan wel invloed van betekenis verkrijgt op het zakelijke en financiële beleid van de deelneming (RJ 214.307, IFRS 3.8). Indien een deelneming wordt verworven zonder dat daarop invloed van betekenis of overheersende zeggenschap kan worden uitgeoefend, is het moment van verwerving het moment waarop de verkrijgende rechtspersoon, volgens de algemene criteria van activering, de beschikkingsmacht verkrijgt over het aandelenbelang.

Het verkrijgen van invloed van betekenis of overheersende zeggenschap zal veelal samenvallen met het daadwerkelijk voor eigen rekening en risico gaan houden van de deelneming, zoals kan blijken uit afspraken over de transactieprijs. Het moment van verwerving kan afwijken van de datum waarop de koopovereenkomst is gesloten of van de datum vanaf welke de deelneming contractueel (al dan niet met terugwerkende kracht) geacht wordt voor rekening en risico van de koper te zijn gehouden (RJ 216.202). Niet van belang is dus de overnamedatum in juridische zin. Verwezen wordt naar het voorbeeld opgenomen aan het slot van paragraaf 10.2.2.

10.2.2 Moment van aanvang van de waardering

De waardering van een deelneming dient aan te vangen op het moment van verwerving van de deelneming (RJ 214.313, IAS 28.32, zie par. 10.2.1). Het resultaat van de deelneming dient pas vanaf het moment van verwerving te worden opgenomen in het resultaat van de vennootschap. Het is echter om praktische redenen, bijvoorbeeld vanwege de beschikbaarheid van financiële gegevens, aanvaardbaar de verwerking van de resultaten van de deelneming aan te vangen op een ander moment dan het moment van verwerving, mits dit geen materiële invloed heeft op vermogen en resultaat (RJ 214.307, RJ 216.202). Voor de eerste waardering van een deelneming is het van belang de verkrijgingsprijs te bepalen. Daarop wordt ingegaan in paragraaf 10.2.3. De verdeling van de verkrijgingsprijs in netto-vermogenswaarde en goodwill wordt behandeld in paragraaf 10.4.3.

> **Voorbeeld van moment van aanvang waardering**
> BV X verwerft het gehele geplaatste aandelenkapitaal in BV Y. De juridische levering van de aandelen geschiedt op 1 september jaar 1. Ook pas op die datum verkrijgt BV X de overheersende zeggenschap over BV Y. In de koopakte d.d. 15 juli jaar 1 is de bepaling opgenomen dat de aandelen met terugwerkende kracht voor rekening en risico van de koper vanaf 1 januari jaar 1 worden verkocht en dat de koopprijs € 10.000 bedraagt. Aangezien BV X niet op 1 januari jaar 1 maar pas op 1 september jaar 1 daadwerkelijk de volledige zeggenschap over BV Y verkrijgt, houdt het beding van verkoop met terugwerkende kracht en voor rekening en risico slechts in dat verkoper niet het recht heeft om een positief resultaat dat BV Y over de periode vanaf 1 januari jaar 1 tot 1 september jaar 1 heeft behaald, aan zich te laten uitkeren. Een negatief resultaat over die periode hoeft de verkoper niet aan te zuiveren. Feitelijk is hier in de koopprijs veelal rekening mee gehouden en is er sprake van meegekocht resultaat.

> BV X bepaalt dus de netto-vermogenswaarde van BV Y per 1 september jaar 1, dat wil zeggen het vermogen inclusief het resultaat vanaf 1 januari jaar 1 tot 1 september jaar 1 (bijvoorbeeld netto-vermogenswaarde per 1 januari € 5.500 en € 500 resultaat tot 1 september, dus in totaal € 6.000), en zij verantwoordt het resultaat dat BV Y vanaf 1 september jaar 1 tot en met 31 december jaar 1 behaalt (bijvoorbeeld € 200) als resultaat deelneming. Per 1 september jaar 1 neemt BV X dus de volgende posten in haar balans op: deelneming BV Y € 6.000 en goodwill € 4.000. In haar winst-en-verliesrekening over het boekjaar 2019 wordt een resultaat deelneming opgenomen van € 200. Op deze verwerkingswijze wordt nader ingegaan in paragraaf 10.4.3.
>
> Zou de feitelijke situatie zo zijn geweest dat BV X reeds vanaf 1 januari jaar 1 daadwerkelijk de volledige zeggenschap over BV Y had, ook al vond de juridische levering van de aandelen pas plaats op 1 september jaar 1, dan was de feitelijke kostprijs mogelijk geen € 10.000, maar € 9.500. Dan had BV X de netto-vermogenswaarde van BV Y per 1 januari jaar 1 moeten bepalen, bijvoorbeeld € 5.500, en zou er eveneens sprake zijn geweest van een goodwill van € 4.000. Het resultaat dat BV Y over het gehele boekjaar 1 heeft behaald, namelijk € 700, zou dan geheel als resultaat deelneming in de winst-en-verliesrekening over jaar 1 van BV X zijn opgenomen.

10.2.3 Bepaling van de verkrijgingsprijs van een deelneming

Het is bij de eerste waardering van belang de verkrijgingsprijs van de verworven deelneming vast te stellen. De verkrijgingsprijs van een deelneming is op basis van de Nederlandse wet- en regelgeving gelijk aan de som van:

- het overeengekomen geldbedrag dan wel de reële waarde (op het moment dat de ruilverhouding is overeengekomen) van een andere tegenprestatie; en
- de direct aan de verkrijging toerekenbare kosten (acquisitiekosten; RJ 214.305 en RJ 216.203).

Tot de direct aan de verkrijging toe te rekenen kosten zijn onder meer te rekenen kosten van registratie en uitgifte van aandelen, kosten van accountants, juristen, taxateurs en andere bij de verkrijging betrokken adviseurs (RJ 216.207). Niet specifiek aan de verkrijging toe te rekenen kosten, waaronder de algemene kosten van overnames, behoren niet in de verkrijgingsprijs te worden opgenomen. Ook kosten die samenhangen met de financiering van de overname met vreemd of eigen vermogen behoren niet tot de verkrijgingsprijs.

Op grond van IFRS 3.53 maken acquisitiekosten in de situatie dat een groepsmaatschappij wordt gekocht geen deel uit van de verkrijgingsprijs, maar worden deze direct ten laste van het resultaat gebracht in de geconsolideerde jaarrekening. Achtergrond hiervan is dat de groep niet wordt beschouwd vanuit het gezichtspunt van de moedermaatschappij, maar vanuit de groep als zelfstandige entiteit. De acquisitiekosten zijn kosten van de moedermaatschappij en behoren daarmee geen onderdeel uit te maken van de verkrijgingsprijs en de goodwill. Zie verder hoofdstuk 25. Bij gekochte geassocieerde deelnemingen blijven de acquisitiekosten wel deel uitmaken van de verkrijgingsprijs. Dat is ook het geval bij de waardering van deelnemingen in groepsmaatschappijen tegen verkrijgingsprijs in de enkelvoudige jaarrekening.

Op de bijzondere aspecten die een rol kunnen spelen bij de bepaling van de verkrijgingsprijs, zoals bij stapsgewijze overnames of bij latere definitieve bepaling van de verkrijgingsprijs, wordt ingegaan in hoofdstuk 25, in het bijzonder paragraaf 25.2.4 en paragraaf 25.5.

Dividend: onderscheid dividendbate en meegekocht dividend

Indien de deelneming tegen kostprijs of actuele waarde wordt gewaardeerd (zie par. 10.4.1 en 10.4.2), worden de dividenden die geacht kunnen worden begrepen te zijn geweest in de kostprijs van een deelneming volgens de Nederlandse bepalingen niet als resultaat verantwoord maar op de verkrijgingsprijs in mindering gebracht (RJ 214.504). Er is dan sprake van meegekocht dividend.

De opvatting van IFRS wijkt op dit punt af: indien sprake is van waardering van deelnemingen tegen kostprijs wordt geen onderscheid gemaakt tussen dividenden die toerekenbaar zijn aan het moment vóór en na acquisitie. Alle dividenden worden als bate verwerkt (IAS 27.12). Wel dient de boekwaarde van de deelneming te worden getoetst op het mogelijk bestaan van een bijzondere waardevermindering, indien daarvoor een indicatie bestaat. Er is sprake van een indicatie van een bijzondere waardevermindering indien het dividend hoger is dan het totaalresultaat van de betreffende periode en indien de boekwaarde van de deelneming in de enkelvoudige jaarrekening hoger is dan de waardering van de netto-activa plus toegerekende goodwill in de geconsolideerde jaarrekening (IAS 36.12 (h)). Bij waardering van deelnemingen (zonder invloed van betekenis) tegen reële waarde en verwerking van waardeveranderingen in het 'other comprehensive income' behoort op basis van IFRS 9 overigens het meegekocht dividend niet tot de dividendbaten in de winst-en-verliesrekening.

Voorbeeld meegekocht dividend

Onderneming A verwerft op 31 december jaar 1 een 15%-belang in onderneming B voor een bedrag van € 3.000. Het belang wordt in de enkelvoudige jaarrekening gewaardeerd tegen kostprijs, omdat geen sprake is van invloed van betekenis op het zakelijke en financiële beleid. Bij toepassing van Nederlandse regelgeving geldt het volgende:
1. Op 1 januari jaar 2 wordt een dividend gedeclareerd van € 50, betrekking hebbend op het resultaat van jaar 1. Omdat dit dividend geacht kan worden geheel begrepen te zijn in de verkrijgingsprijs, is er sprake van meegekocht dividend dat in mindering wordt gebracht op de verkrijgingsprijs om te komen tot de kostprijs. De kostprijs is derhalve € 2.950. Voor een bedrag van € 50 wordt een dividendvordering opgenomen.
2. Het (totaal)resultaat in jaar 2 is nihil. Niettemin wordt begin januari jaar 3 opnieuw een dividend van € 50 gedeclareerd. Omdat dit dividend niet samenhangt met het behaalde resultaat na overname, is ook hier sprake van meegekocht dividend en wordt de kostprijs verder verlaagd tot € 2.900. Van meegekocht dividend kan dus ook vele jaren na de overname nog sprake blijven.

Bij toepassing van IFRS zou het 15%-belang in beginsel worden gewaardeerd tegen reële waarde. Zou het 15%-belang wel als een geassocieerde deelneming moeten worden aangemerkt (omdat sprake is van invloed van betekenis), dan zou in beide jaren bij waardering tegen kostprijs een dividendbate van € 50 worden verantwoord. Wel dient op rapportagedatum te worden beoordeeld of een afwaardering van de waarde van de deelneming noodzakelijk is. Omdat over jaar 2 het totaalresultaat nihil is, terwijl in het boekjaar wel een dividend is gedeclareerd van € 50, is sprake van een indicator van waardevermindering. Dit betekent dat de realiseerbare waarde van de deelneming moet worden berekend. De hoogte daarvan hangt af van de waardeontwikkeling van de deelneming gedurende jaar 2. Indien de realiseerbare waarde wordt vastgesteld op € 2.980, wordt naast de dividendbate van € 50 een bijzondere waardevermindering van € 20 doorgevoerd.

Eigen aandelen

Artikel 2:385 lid 5 BW spreekt een verbod van activering van eigen aandelen uit. Eigen aandelen of certificaten daarvan die de rechtspersoon houdt of doet houden, mogen niet worden geactiveerd. Op grond van dit activeringsverbod dient de verkrijgingsprijs van een deelneming te worden aangepast indien de deelneming tevens dochtermaatschappij is en zij op het moment van verwerving aandelen in de verkrijgende rechtspersoon houdt. De aanpassing houdt in dat de verkrijgingsprijs van de deelneming wordt verminderd met de boekwaarde van de aandelen die de deelneming in de verkrijgende rechtspersoon houdt (al dan niet naar evenredigheid van het belang van de verkrijgende rechtspersoon in de deelneming) (art. 2:385 lid 5 BW en RJ 214.332 en 334).

> **Voorbeeld van aanpassing verkrijgingsprijs bij verwerving eigen aandelen**
>
> Onderneming X koopt 100% van de aandelen van vennootschap A met een verkrijgingsprijs van € 1.000.000. Op het overname-moment bezit vennootschap A reeds een pakket aandelen in vennootschap X, met een boekwaarde van € 300.000.
> In de balans van X moet nu de verkrijgingsprijs van de overname van A worden verlaagd met de boekwaarde van de eigen aandelen. Dit betekent dat de verkrijgingsprijs wordt verminderd met € 300.000. Dit bedrag wordt door X van haar eigen vermogen afgetrokken als een inkoop van eigen aandelen. De journaalpost van de aankoop van het belang in A is derhalve (afgezien van eventuele splitsing in netto-vermogenswaarde en goodwill):
>
> | | | |
> |---|---|---|
> | deelneming | € 700.000 | |
> | overige reserves | € 300.000 | |
> | aan liquide middelen | | € 1.000.000 |
>
> Indien A aandelen verwerft in X nadat zij dochtermaatschappij is geworden, wordt de verkrijgingsprijs van de gekochte aandelen in mindering gebracht op het eigen vermogen van X (en op de waarde van de deelneming) omdat dit voor X wordt beschouwd als een inkoop van eigen aandelen.

10.2.4 Verschillen Dutch GAAP - IFRS

Onder de Nederlandse wet- en regelgeving zijn acquisitiekosten onderdeel van de verkrijgingsprijs van een deelneming. Onder IFRS is dit niet het geval in de geconsolideerde jaarrekening wanneer een groepsmaatschappij wordt gekocht.

Daarnaast dienen meegekochte dividenden volgens de Nederlandse wet- en regelgeving niet als resultaat verantwoord te worden, maar op de verkrijgingsprijs in mindering te worden gebracht. Onder IFRS worden alle dividenden als bate verwerkt bij de waardering van deelnemingen tegen kostprijs in de enkelvoudige jaarrekening. Bij waardering van deelnemingen tegen reële waarde en verwerking van waardeveranderingen in het 'other comprehensive income' behoort het meegekocht dividend niet tot de dividendbaten in de winst-en-verliesrekening.

10.3 Waardering en resultaatbepaling deelnemingen: keuze grondslagen

In deze paragraaf gaan we in op de wet- en regelgeving met betrekking tot de waardering en resultaatbepaling van deelnemingen: welke grondslagen dienen in welk geval te worden toegepast? De uitwerking van de verschillende grondslagen gebeurt in paragraaf 10.4.

10.3.1 Onderscheid deelnemingen

In paragraaf 10.1.4 is onder andere onderscheid gemaakt tussen:
- een deelneming in een groepsmaatschappij en een deelneming in een niet-groepsmaatschappij;
- een deelneming waarop invloed van betekenis (of, in het geval van een groepsmaatschappij, overheersende zeggenschap) op het zakelijke en financiële beleid wordt uitgeoefend en een deelneming waar dat niet het geval is.

Het eerste onderscheid heeft als zodanig voor de waardering en resultaatbepaling van deelnemingen geen betekenis. In de enkelvoudige jaarrekening worden beide deelnemingen op dezelfde wijze behandeld. Voor de geconsolideerde jaarrekening ontstaat in zoverre een verschil, dat deelnemingen in groepsmaatschappijen worden geconsolideerd en derhalve niet meer als deelneming in de balans worden opgenomen (RJ 214.301; zie verder hoofdstuk 23).

10 Deelnemingen

Het onderscheid tussen deelnemingen waarin invloed van betekenis (of overheersende zeggenschap) wordt uitgeoefend en deelnemingen waarin dat niet het geval is, is zowel in de Nederlandse wet- en regelgeving als in IFRS van belang in verband met de waardering van deelnemingen. Daarop wordt hierna nader ingegaan.

Op een enkele uitzondering na zijn in Nederland de waardering en resultaatbepaling in de enkelvoudige en geconsolideerde jaarrekening aan elkaar gelijk. In IFRS zijn er mogelijke verschillen (zie hierna). De enkelvoudige jaarrekening komt specifiek aan de orde in hoofdstuk 24.

Invloed van betekenis

Het hangt af van de feitelijke omstandigheden en contractuele relaties of er al dan niet invloed van betekenis op het zakelijke en financiële beleid van de deelneming wordt uitgeoefend (RJ 214.303). In artikel 2:389 lid 1 BW en IAS 28.5 wordt het (weerlegbare) vermoeden uitgesproken dat invloed van betekenis op het zakelijke en financiële beleid wordt uitgeoefend, indien de rechtspersoon of een of meer van zijn dochtermaatschappijen alleen of samen een vijfde of meer van de stemmen van de leden, vennoten of aandeelhouders naar eigen inzicht kan uitbrengen of doen uitbrengen (en dat geen sprake is van invloed van betekenis bij minder dan 20% van de stemrechten). Het wettelijk vermoeden ligt hier dus bij 20% of meer van de *stemrechten*; het wettelijk vermoeden of er sprake is van een deelneming ligt bij 20% of meer van het *aandelenkapitaal*. Beide criteria liggen in de praktijk zo dicht bij elkaar dat de meeste deelnemingen kwalificeren als deelnemingen waarbij invloed van betekenis bestaat. In het geval er stemrechtloze aandelen zijn uitgegeven, komen de wettelijke vermoedens echter niet overeen. Hierbij zou het theoretisch mogelijk zijn dat er sprake is van een deelneming bij 20% of meer van het aandelenkapitaal, maar geen sprake is van invloed van betekenis op het zakelijke en financiële beleid.

In paragraaf 10.9.2 gaan we in op de hiermee samenhangende toelichtingseis.

Ook nu geldt dat er sprake is van een 'wettelijk' vermoeden. Indien de rechtspersoon 20% of meer van de stemrechten heeft, bestaat de mogelijkheid dat hij kan aantonen dat hij geen invloed van betekenis heeft. Andersom, indien de deelnemende rechtspersoon over minder dan 20% van de aan de aandelen verbonden stemrechten beschikt, kan worden aangetoond dat niettemin invloed van betekenis aanwezig is. Het feit dat er een andere meerderheidsaandeelhouder is betekent hierbij overigens niet per definitie dat er geen invloed van betekenis kan bestaan. Het duidelijk aantonen van invloed van betekenis is volgens RJ 214.302 en IAS 28.6 mogelijk als zich één van de volgende omstandigheden voordoet:
- vertegenwoordiging door de deelnemende rechtspersoon in het bestuur van de deelneming of in een vergelijkbaar gezaghebbend orgaan;
- betrokkenheid van de deelnemende rechtspersoon bij de bepaling van het beleid van de deelneming;
- materiële transacties tussen de deelnemende rechtspersoon en de deelneming;
- onderlinge uitwisseling van managers tussen de deelnemende rechtspersoon en de deelneming;
- het voorzien van essentiële technische informatie.

Potentiële stemrechten

Bij de vaststelling of er sprake is van invloed van betekenis (of overheersende zeggenschap) dient rekening te worden gehouden met financiële instrumenten die potentiële stemrechten bevatten (RJ 214.303, IAS 28.7-8). De wijze waarop dit moet gebeuren verschilt tussen RJ en IFRS.

RJ 214.303 bepaalt dat daarbij met alle feiten en omstandigheden rekening dient te worden gehouden. Deze feiten en omstandigheden omvatten, maar zijn niet beperkt tot, de volgende:
- (economische of andere) belemmeringen die de houder (of houders) van de potentiële stemrechten ervan weerhouden ze uit te oefenen;

▶ de mogelijkheid voor de rechthebbende partij (of) partijen voordeel te halen uit de uitoefening van de rechten.

Feitelijk betekent dit dat moet worden vastgesteld of de potentiële stemrechten wel voldoende 'substance' hebben. Indien bijvoorbeeld uitoefening van het potentiële stemrecht onwaarschijnlijk is, omdat de houder van het potentiële stemrecht onvoldoende financiële middelen beschikbaar heeft of beschikbaar kan krijgen om tot uitoefening over te gaan of omdat uitoefening vanwege de uitoefenprijs onaantrekkelijk is, zal bij de vraag of invloed van betekenis (of overheersende zeggenschap) aanwezig is met het bezit van potentiële stemrechten geen rekening worden gehouden.

IFRS 10 kent een vergelijkbare bepaling als RJ 214.303, maar deze heeft alleen betrekking op het bepalen of overheersende zeggenschap bestaat. Bij het bepalen of invloed van betekenis aanwezig is, is IAS 28 van toepassing. IAS 28.7 bepaalt dat bij het bepalen van invloed van betekenis alleen rekening mag worden gehouden met potentiële stemrechten die op de balansdatum uitoefenbaar of converteerbaar zijn. Op grond van IAS 28.8 dienen voorts alle feiten en omstandigheden te worden meegewogen, maar mag geen rekening worden gehouden met de intentie van het management of met de financiële mogelijkheid om de instrumenten uit te oefenen. In vergelijking met RJ 214.303 leidt dit met name tot de volgende verschillen:

▶ RJ 214.303 bepaalt niet dat de potentiële stemrechten op balansdatum uitoefenbaar of converteerbaar zijn. Om 'substance' te hebben is uitoefenbaarheid of converteerbaarheid wel van belang, maar dat zou ook kunnen op een datum die (kort) ligt na balansdatum.
▶ RJ 214.303 bepaalt niet dat de intentie van het management om de potentiële stemrechten uit te oefenen geen rol speelt. Echter, ook bij het bepalen van de 'substance' zal de intentie gewoonlijk geen rol spelen, omdat een intentie nog geen harde afspraak inhoudt en altijd kan worden gewijzigd.
▶ RJ 214.303 bepaalt evenmin dat de financiële mogelijkheid om de stemrechten uit te oefenen geen rol speelt. Dat kan in de praktijk een belangrijk verschil zijn met IAS 28. Immers, indien de financiële mogelijkheid niet aanwezig is, zal de aanwezigheid van potentiële stemrechten veelal ook geen 'substance' hebben.

Naar onze mening lijkt er overigens weinig reden om op het punt van het rekening houden met potentiële stemrechten een verschil te maken tussen het vaststellen van overheersende zeggenschap of van invloed van betekenis. De RJ is wat dat betreft consistenter dan IFRS.

Voorbeeld invloed van betekenis en potentiële stemrechten

Stel, onderneming A heeft 10% van de aandelen (en stemrechten) in C en heeft een calloptie op 30% van de aandelen van D in C. De calloptie is direct uitoefenbaar tegen een redelijke prijs en A heeft de financiële middelen om de optie uit te oefenen. De optie heeft daardoor substance. Door deze calloptie bestaat het wettelijk vermoeden dat A invloed van betekenis kan uitoefenen in C. Op ieder moment kan A namelijk 40% van de aandelen bezitten.

Invloed van betekenis kan verloren gaan, zelfs bij gelijkblijvende aandelenbelangen, bijvoorbeeld indien de deelneming onderworpen wordt aan de beschikkingsmacht van een overheidsorgaan, toezichthouder of curator (IAS 28.9). Ook kan een contractuele overeenkomst een einde maken aan de invloed van betekenis.

10.3.2 Grondslag van waardering en resultaatbepaling: geen invloed van betekenis

Indien *geen* overheersende zeggenschap dan wel invloed van betekenis wordt uitgeoefend op het zakelijke en financiële beleid van de deelneming, komen voor de waardering van de deelneming (in de enkelvoudige en in de

geconsolideerde jaarrekening) in Nederland twee grondslagen van waardering en resultaatbepaling in aanmerking (art. 2:384 lid 1 BW):
▶ de grondslag van verkrijgingsprijs ofwel historische kostprijs (kostprijsmethode, zie par. 10.4.1);
▶ de grondslag van actuele waarde (actuele-waardemethode, zie par. 10.4.2).

In IFRS is sprake van een financieel actief dat valt onder de bepalingen van IFRS 9. Dit betekent dat waardering dient plaats te vinden tegen reële waarde, waarbij de waardeveranderingen mogen worden opgenomen in het eigen vermogen ('other comprehensive income') of in het resultaat (zie verder hoofdstuk 30).

10.3.3 Grondslag van waardering en resultaatbepaling: wel invloed van betekenis

Dutch GAAP

Indien *wél* overheersende zeggenschap of invloed van betekenis wordt uitgeoefend op het zakelijke en financiële beleid van de deelneming, dient de deelneming in Nederland (in de enkelvoudige en in de geconsolideerde jaarrekening) te worden gewaardeerd volgens de zogenaamde vermogensmutatiemethode (art. 2:389 lid 1 BW; RJ 214.301). Daarbij kan onderscheid worden gemaakt tussen (RJ 214.306):
▶ waardering tegen de netto-vermogenswaarde (art. 2:389 lid 2 BW) (netto-vermogenswaarde-methode, zie par. 10.4.3);
▶ waardering op basis van een andere uitgangswaarde, waarop de vermogensmutaties worden toegepast (art. 2:389 lid 3 BW) (zie par. 10.4.4).

Er bestaat geen vrije keuze tussen beide varianten van de vermogensmutatiemethode. In beginsel is waardering tegen de netto-vermogenswaarde de voorgeschreven variant. Slechts indien onvoldoende gegevens ter beschikking staan, mag de andere variant worden toegepast. In RJ 214.310 wordt gesteld dat die andere variant alleen waardering tegen het zichtbaar eigen vermogen mag inhouden. Op grond van Titel 9 Boek 2 BW zou ook waardering op de grondslag van kostprijs, gewijzigd met de vermogensmutaties, een aanvaardbare invulling van die variant kunnen zijn. Deze zogenaamde 'equity'-methode staat de RJ uitsluitend toe in het bijzondere geval dat de geconsolideerde jaarrekening wordt opgemaakt op basis van IFRS en dat in de enkelvoudige jaarrekening gebruik wordt gemaakt van de faciliteit van artikel 2:362 lid 8 BW (de zogenaamde 'combinatie 3', zie verder par. 10.3.5).

Er is een uitzondering op de algemene regel dat deelnemingen waarin invloed van betekenis bestaat worden gewaardeerd volgens de vermogensmutatiemethode. Artikel 2:389 lid 9 BW vermeldt dat in de (enkelvoudige) jaarrekening deelnemingen waarin invloed van betekenis of beslissende invloed wordt uitgeoefend niet behoeven te worden gewaardeerd volgens de vermogensmutatiemethode indien daarvoor gegronde redenen bestaan. Als gegronde redenen noemt RJ 214.325 internationale verstrengeling of toepassing van artikel 2:408 BW (vrijstelling van deelconsolidatie, zie hoofdstuk 23).

De redenen dienen in de toelichting te worden vermeld. De deelneming wordt dan gewaardeerd overeenkomstig artikel 2:384 lid 1 BW, in de regel tegen de kostprijs van de deelneming. Overigens komt toepassing van artikel 2:389 lid 9 BW vanwege internationale verstrengeling in de praktijk nauwelijks voor. Mede door de mogelijkheid om IFRS toe te passen voor de Nederlandse jaarrekening en de daarbij bestaande mogelijkheid om deelnemingen tegen kostprijs te waarderen heeft internationale verstrengeling, als gegronde reden om niet te waarderen volgens de vermogensmutatiemethode, verder aan betekenis ingeboet.

IFRS

In IFRS bestaan voor de waardering en resultaatbepaling van deelnemingen in groepsmaatschappijen en deelnemingen waarin invloed van betekenis wordt uitgeoefend enigszins afwijkende grondslagen. Daarbij bestaat er een uitdrukkelijk verschil tussen de geconsolideerde en de enkelvoudige jaarrekening.

In de geconsolideerde jaarrekening worden de deelnemingen in groepsmaatschappijen uiteraard geconsolideerd en worden de deelnemingen waarin invloed van betekenis wordt uitgeoefend en deelnemingen in joint ventures gewaardeerd volgens de 'equity'-methode (IAS 28.16), een methode die sterk vergelijkbaar is met de netto-vermogenswaardemethode (zie par. 10.4.3). Waardering tegen zichtbaar eigen vermogen is niet toegestaan. De waardering op basis van de 'equity'-methode is echter niet verplicht indien aan alle volgende voorwaarden is voldaan (IAS 28.17):

- de deelnemende rechtspersoon is 100%-groepsmaatschappij (tussenholding), dan wel een niet-100%-groepsmaatschappij waarbij de andere aandeelhouders geen bezwaar hebben tegen het niet toepassen van de 'equity'-methode;
- de deelnemende rechtspersoon heeft geen beursgenoteerde waardepapieren uitstaan;
- de deelnemende rechtspersoon is niet bezig om beursnotering aan te vragen;
- de (al dan niet uiteindelijke) moeder maakt haar geconsolideerde jaarrekening op in overeenstemming met IFRS en stelt deze beschikbaar voor het publiek (of de moeder maakt gebruik van de mogelijkheid om meerderheidsbelangen in 'investment entities' te waarderen tegen reële waarde).

Deze voorwaarden sluiten grotendeels aan op die welke van toepassing zijn bij de vrijstelling van deelconsolidatie ingevolge artikel 2:408 BW. In deze gevallen mag de deelneming worden gewaardeerd tegen kostprijs of reële waarde of volgens de 'equity'-methode.

In de enkelvoudige jaarrekening ('separate financial statements') worden de beide groepen deelnemingen ingevolge IAS 27.10 gewaardeerd hetzij volgens de kostprijsmethode (zie par. 10.4.1) hetzij tegen reële waarde (in dat geval zijn de bepalingen van IFRS 9 van toepassing, zie hoofdstuk 30), hetzij volgens de 'equity'-methode (netto-vermogenswaarde) zoals beschreven in IAS 28. Voor alle deelnemingen dient per categorie dezelfde waarderingskeuze te worden gemaakt. Deelnemingen die in de geconsolideerde jaarrekening zijn gewaardeerd tegen reële waarde, dienen ook in de enkelvoudige jaarrekening daartegen te worden gewaardeerd (IAS 27.11/12).

Op de voorgaande bepalingen geldt een uitzondering voor die deelnemingen die worden gehouden voor de verkoop ('held for sale') (IAS 27.10 en IAS 28.20) (zie hoofdstuk 33).

Bepalen kostprijs bij eerste toepassing van IFRS

Zoals aangegeven dienen deelnemingen in de enkelvoudige jaarrekening volgens IFRS te worden gewaardeerd tegen kostprijs of reële waarde of volgens de 'equity'-methode. Bij de eerste keer dat een enkelvoudige jaarrekening wordt opgemaakt in overeenstemming met IFRS ('first time adoption') bestaan er voor de bepaling van de kostprijs verschillende alternatieven:

- de oorspronkelijke kostprijs ten tijde van verwerving van de deelneming;
- een 'veronderstelde kostprijs' ('deemed cost'). Als zodanig mogen worden aangemerkt (IFRS 1.D15): (1) de boekwaarde van de deelneming volgens voorgaande lokale grondslagen, of (2) de reële waarde, beide gemeten op het moment van overgang naar IFRS.

Het betreft hierbij zowel deelnemingen in dochterondernemingen als deelnemingen in joint ventures en geassocieerde deelnemingen. De keuze mag voor iedere deelneming afzonderlijk worden gemaakt; stelselmatigheid is op dit punt niet vereist. Dit betekent dat voor bepaalde deelnemingen de oorspronkelijke kostprijs kan worden

10 Deelnemingen

gehanteerd en voor andere deelnemingen de veronderstelde kostprijs, waarbij de meting van de veronderstelde kostprijs ook kan verschillen. Wel dient in de toelichting te worden vermeld (IFRS 1.31):
▶ de som van de veronderstelde kostprijzen waarbij is uitgegaan van voorgaande lokale grondslagen;
▶ de som van de veronderstelde kostprijzen waarbij is uitgegaan van reële waarde;
▶ het totale bedrag van de aanpassingen op de bedragen onder de voorgaande lokale grondslagen.

De vraag is wat de gevolgen zijn van het als 'veronderstelde kostprijs' aanmerken van de laatste netto-vermogenswaarde voor de omvang van de wettelijke reserves in de enkelvoudige jaarrekening (de Nederlandse regels inzake kapitaalbescherming blijven ook bij een enkelvoudige jaarrekening op basis van IFRS van kracht). Naar onze mening blijven de bij eerdere toepassing van de netto-vermogenswaarde gevormde wettelijke reserves, in het bijzonder herwaarderingsreserves of wettelijke reserves ingehouden winst deelnemingen, bij de overgang van kracht, ook al worden gewoonlijk dergelijke reserves niet opgenomen bij waardering tegen kostprijs. In vergelijkbare zin geldt dat, wanneer een rechtspersoon de reële waarde van een materieel vast actief als veronderstelde kostprijs aanmerkt bij eerste toepassing van IFRS, in de enkelvoudige jaarrekening een herwaarderingsreserve wordt opgenomen voor het verschil tussen de veronderstelde kostprijs en de oorspronkelijke kostprijs (rekening houdend met afschrijvingen).

10.3.4 Grondslag van waardering en resultaatbepaling: samenvattend schema
De hoofdlijnen van voorgaande bepalingen kunnen in onderstaand schema worden samengevat:

Schema: grondslagen van waardering en resultaatbepaling deelnemingen			
		IFRS	Dutch GAAP
Deelneming in groepsmaatschappij	Enkelvoudige jaarrekening (IFRS: separate financial statements)	Kostprijs of reële waarde of 'equity'-methode	Netto-vermogenswaarde (evt. zichtbaar eigen vermogen of kostprijs/ actuele waarde)
	Geconsolideerde jaarrekening	Consolidatie	Consolidatie
Deelneming met invloed van betekenis	Enkelvoudige jaarrekening (IFRS: separate financial statements)	Kostprijs of reële waarde of 'equity'-methode	Netto-vermogenswaarde (evt. zichtbaar eigen vermogen of kostprijs/ actuele waarde)
	Geconsolideerde jaarrekening	'Equity'-methode (evt. kostprijs of reële waarde)	Netto-vermogenswaarde (evt. zichtbaar eigen vermogen)
Overige deelnemingen	Enkelvoudige en geconsolideerde jaarrekening	Reële waarde; waardeveranderingen in eigen vermogen of resultaat	Kostprijs of actuele waarde; waardeveranderingen in eigen vermogen

> **Voorbeeld toelichting waarderingsgrondslag deelnemingen (Dutch GAAP, enkelvoudige jaarrekening)**
> Deelnemingen in groepsmaatschappijen en deelnemingen waarin invloed van betekenis kan worden uitgeoefend worden gewaardeerd tegen de netto-vermogenswaarde. Invloed van betekenis wordt in ieder geval verondersteld aanwezig te zijn bij het kunnen uitbrengen van 20% of meer van de stemrechten. In de winst-en-verliesrekening wordt het aandeel in het resultaat van de deelneming opgenomen.
> Deelnemingen waarop geen invloed van betekenis kan worden uitgeoefend, worden gewaardeerd tegen kostprijs. In de winst-en-verliesrekening wordt het gedeclareerde dividend opgenomen. Dividenden die geacht kunnen worden begrepen te zijn geweest in de kostprijs van een deelneming worden niet als resultaat verantwoord maar op de verkrijgingsprijs in mindering gebracht. Indien sprake is van een duurzame waardevermindering vindt waardering plaats tegen deze lagere waarde; afwaardering vindt plaats ten laste van de winst-en-verliesrekening.

10.3.5 Waardering deelnemingen in enkelvoudige jaarrekening tegen nettovermogenswaarde die is bepaald op basis van IFRS-grondslagen ('combinatie 3')

In Nederland wordt het in het algemeen wenselijk geacht om het eigen vermogen en resultaat volgens de enkelvoudige jaarrekening gelijk te houden aan het eigen vermogen en resultaat volgens de geconsolideerde jaarrekening. Om dit te kunnen bereiken dienen deelnemingen te worden gewaardeerd tegen netto-vermogenswaarde en dienen in de geconsolideerde en enkelvoudige jaarrekening dezelfde grondslagen van waardering en resultaatbepaling te worden toegepast. Met die achtergrond heeft de wetgever een bijzondere faciliteit geschapen in artikel 2:362 lid 8 BW: bij de bepaling van de netto-vermogenswaarde kunnen dezelfde waarderingsgrondslagen (inclusief classificatiegrondslagen die van invloed zijn op het onderscheid tussen eigen en vreemd vermogen) worden toegepast als in de geconsolideerde jaarrekening, dus de IFRS-grondslagen. Dit wordt in RJ 100.107 aangeduid als 'combinatie 3'. Dit betekent bijvoorbeeld dat de IFRS-methode voor de verwerking van goodwill (activering zonder systematische afschrijving) in de enkelvoudige jaarrekening op basis van Titel 9 mag worden toegepast, ook al is dat systeem als zodanig in Titel 9 verboden. Veel ondernemingen in Nederland die in de geconsolideerde jaarrekening IFRS toepassen, maken in de enkelvoudige jaarrekening gebruik van artikel 2:362 lid 8 BW.

Naast de in Nederland traditioneel op prijs gestelde gelijkheid tussen enkelvoudig en geconsolideerd eigen vermogen en resultaat, kan het gebruikmaken van deze faciliteit ook leiden tot een hoger bedrag aan uitkeerbare reserves, zonder dat daarvoor dividend vanuit de groepsmaatschappijen 'naar boven moet worden gehaald'. Na verwerving of eerste waardering opgetreden stijgingen in de netto-vermogenswaarde kunnen immers wel leiden tot uitkeerbare reserves onder Titel 9, maar niet bij waardering tegen kostprijs of reële waarde onder IFRS (bij waardering tegen reële waarde niet, omdat waardeveranderingen worden opgenomen in een herwaarderingsreserve). Het paradoxale doet zich hierbij voor dat, indien de geconsolideerde en enkelvoudige jaarrekening zijn opgesteld op basis van hetzelfde normenstelsel (IFRS), een verschil ontstaat tussen geconsolideerd en enkelvoudig eigen vermogen en resultaat, terwijl dat verschil veelal afwezig is bij gebruik van verschillende normenstelsels (IFRS in de geconsolideerde jaarrekening en Titel 9 in de enkelvoudige jaarrekening).

> **Voorbeeld enkelvoudige jaarrekening op basis van IFRS (met waardering tegen kostprijs of reële waarde) en op basis van Titel 9**
>
> Onderneming T heeft een belang van 100% in groepsmaatschappij R verworven in jaar 1 voor 400. De resultaten van deze groepsmaatschappij van jaar 1 tot en met jaar 9 bedragen 3.000. Al deze resultaten zijn bij R ingehouden. Wel zijn deze resultaten door T voor 60% uitgekeerd. De netto-vermogenswaarde van R per 1 januari jaar 10 bedraagt 3.400. De overige reserves van T bedragen 1.200. Per 1 januari jaar 10 wordt de enkelvoudige jaarrekening voor het eerst opgesteld in overeenstemming met de toen geldende IFRS.
>
> Indien de enkelvoudige jaarrekening van T wordt opgesteld op basis van de oorspronkelijke kostprijs van deelneming R, wordt de deelneming per 1 januari jaar 10 afgewaardeerd van 3.400 naar 400. De overige reserves worden daardoor 1.800 negatief. Zou deelneming R zijn gewaardeerd tegen de reële waarde van bijvoorbeeld 5.000, dan zou de deelneming met 1.600 worden opgewaardeerd. Tegelijkertijd wordt een herwaarderingsreserve gevormd van 1.600 (5.000 - 3.400; voor het verschil tussen de netto-vermogenswaarde en de kostprijs wordt geen wettelijke reserve ingehouden winst gevormd omdat de winsten zonder beperkingen kunnen worden uitgekeerd).
>
> Bij toepassing van de veronderstelde kostprijs blijft deelneming R per 1 januari jaar 10 gewaardeerd tegen 3.400. Indien de enkelvoudige jaarrekening wordt opgemaakt in overeenstemming met Titel 9, dan blijft de waardering van R per 1 januari jaar 10 eveneens gehandhaafd op 3.400 (eventueel aangepast in verband met stelselwijzigingen naar IFRS-grondslagen). Na 1 januari jaar 10 lopen de waarderingen in de enkelvoudige jaarrekening op basis van IFRS en op basis van Titel 9 weer uiteen, omdat veranderingen in de netto-vermogenswaarde alleen in de jaarrekening op basis van Titel 9 worden verwerkt.

RJ 100.107 geeft aan dat geconsolideerde deelnemingen in de enkelvoudige jaarrekening in plaats van tegen de in de Titel 9 genoemde netto-vermogenswaarde ook kunnen worden gewaardeerd tegen de in IFRS gehanteerde 'equity'-methode (zie par. 10.4.3). Deze 'equity'-methode zal dan zo moeten worden toegepast dat enkelvoudig en geconsolideerd eigen vermogen aan elkaar gelijk blijven, zodat feitelijk alleen sprake is van een presentatieverschil: bij waardering tegen netto-vermogenswaarde wordt de goodwill afzonderlijk onder de immateriële activa in de enkelvoudige balans opgenomen, bij waardering volgens de 'equity'-methode wordt de goodwill begrepen in de waardering van de deelneming.

In RJ 214.312-312b schrijft nog drie specifieke IFRS-verwerkingswijzen voor met betrekking tot de waardering en resultaatbepaling van deelnemingen om te waarborgen dat enkelvoudig en geconsolideerd eigen vermogen in beginsel aan elkaar gelijk zijn:
- bij een stapsgewijze overname waardeert de rechtspersoon het bestaande kapitaalbelang tegen reële waarde op overnamedatum, waarbij de waardeverandering als gevolg van deze herwaardering wordt verwerkt in de winst-en-verliesrekening (zie par. 25.5); wel dient vervolgens (ten laste van de overige reserves) een herwaarderingsreserve te worden gevormd, tenzij voor het gehouden belang frequente marktnoteringen bestaan (zie par. 15.2.4);
- bij verlies van beleidsbepalende invloed waardeert de rechtspersoon het resterende kapitaalbelang op reële waarde op dat moment, waarbij de waardeverandering als gevolg van deze herwaardering wordt verwerkt in de winst-en-verliesrekening (zie par. 10.8); wel dient ook in dit geval vervolgens een herwaarderingsreserve te worden gevormd, tenzij voor het gehouden belang frequente marktnoteringen bestaan;
- indien een gedeelte van een bestaand kapitaalbelang wordt gekocht of verkocht waarbij de beleidsbepalende invloed blijft bestaan, wordt het uit deze transactie resulterend verschil tussen de transactieprijs en de boekwaarde van dit gedeelte rechtstreeks in het eigen vermogen verwerkt (zie par. 10.8).

Het toepassen van de hiervoor genoemde 'combinatie 3' betekent wel dat de presentatie- en toelichtingseisen van Titel 9 moeten worden gevolgd en niet die van IFRS (indien deze afwijkend zijn). Zo wordt bijvoorbeeld een belang dat op basis van de Nederlandse wetgeving als deelneming kwalificeert in de enkelvoudige jaarrekening als deelneming gepresenteerd, ook als de presentatie van dit belang in de geconsolideerde jaarrekening op basis van IFRS anders zou zijn (bijvoorbeeld bij een joint arrangement in de vorm van een Vof, zie hoofdstuk 11). Ook het Besluit modellen jaarrekening is dus van toepassing (zie par. 4.2.2). Toepassing van artikel 2:402 BW (het volstaan met een verkorte winst-en-verliesrekening) is echter uitgesloten voor organisaties van openbaar belang (OOB's): deze dienen een volledige winst-en-verliesrekening op te nemen. Het is uiteraard toegestaan om additionele IFRS-toelichtingen op te nemen.

> **Voorbeeld toelichting waarderingsgrondslagen**
>
> De vennootschappelijke jaarrekening is opgesteld in overeenstemming met Nederlandse wet- en regelgeving. Hierbij is gebruikgemaakt van de in de wet geboden faciliteit om in de vennootschappelijke jaarrekening dezelfde grondslagen toe te passen als in de geconsolideerde jaarrekening (art. 362 lid 8 van Titel 9 Boek 2 BW).
>
> Voor de waarderingsgrondslagen wordt derhalve verwezen naar de toelichting op de geconsolideerde jaarrekening. De deelnemingen in groepsmaatschappijen zijn opgenomen tegen de netto-vermogenswaarde volgens de in de geconsolideerde jaarrekening vermelde IFRS-grondslagen.

De bepaling in IFRS dat deelnemingen in de enkelvoudige jaarrekening ook mogen worden gewaardeerd tegen de netto-vermogenswaarde ('equity'-methode) is effectief vanaf de jaarrekeningen 2016. Daarmee kan de gelijkheid tussen eigen vermogen en resultaat tussen de enkelvoudige jaarrekening en de geconsolideerde jaarrekening en de handhaving van de uitkeerbare reserves in de meeste gevallen ook worden bewerkstelligd door toepassing van IFRS in de enkelvoudige jaarrekening. Toch blijven er ook dan verschillen, bijvoorbeeld ten aanzien van het terugnemen van impairments: een impairment op goodwill wordt in de geconsolideerde jaarrekening niet teruggenomen, terwijl terugneming wel plaatsvindt bij de waardering van de deelneming tegen de 'equity'-methode in de enkelvoudige jaarrekening.

De faciliteit van artikel 2:362 lid 8 BW heeft daarmee weliswaar aan waarde ingeboet, maar kan toch belangrijk blijven. Ook kan bijvoorbeeld de omvang van de informatieverschaffing, die uitgebreider is onder IFRS, een argument zijn om gebruik te blijven maken van artikel 2:362 lid 8 BW.

10.3.6 Belangen in coöperaties

De bepalingen inzake deelnemingen gelden in beginsel ook voor de waardering van het belang in een coöperatie (RJ 214.328). Daarbij dient echter wel rekening te worden gehouden met toe- en uittredingsbepalingen en de regeling omtrent de verdeling van het exploitatieresultaat. Verder geldt dat indien leden tijdens het bestaan van de coöperatie geen aanspraak kunnen maken op (delen van) het eigen vermogen, het zogenaamde vermogen in de dode hand, bij de waardering van het belang hiermee rekening moet worden gehouden.

10.3.7 Verschillen Dutch GAAP - IFRS

De belangrijkste verschillen inzake de toe te passen grondslagen van waardering en resultaatbepaling van deelnemingen zijn (zie ook het in par. 10.3.4 opgenomen schema):

- Bij het bepalen of sprake is van invloed van betekenis, dient met potentiële stemrechten rekening te worden gehouden. De RJ bepaalt in algemene zin dat daarbij van belang is of de potentiële stemrechten in 'substance' leiden tot invloed van betekenis. De IFRS stelt als specifieke eis dat de potentiële stemrechten op balansdatum uitoefenbaar of converteerbaar zijn, en geeft aan dat de intentie en de financiële mogelijkheid om uit te oefenen geen rol spelen.
- In de enkelvoudige jaarrekening dienen deelnemingen waarop invloed van betekenis of overheersende zeggenschap wordt uitgeoefend in beginsel te worden gewaardeerd tegen de netto-vermogenswaarde (met in specifieke gevallen de mogelijkheid om te waarderen tegen kostprijs of actuele waarde); IFRS laat in de 'separate financial statements' de netto-vermogenswaardemethode ('equity'-methode) toe, maar eveneens is waardering tegen kostprijs of reële waarde mogelijk.
- De 'equity'-methode is sterk vergelijkbaar met de netto-vermogenswaarde. Echter, bij de 'equity'-methode gaat bij de eerste waardering niet uit van het aandeel in het vermogen van de deelneming, maar van de verkrijgingsprijs. Hierdoor wordt goodwill niet afzonderlijk gepresenteerd, maar is inbegrepen in de waarde van de deelneming. De waarde van de deelneming wordt vervolgens mede aangepast voor de mutaties in de goodwill.
- In de geconsolideerde jaarrekening worden deelnemingen waarop invloed van betekenis is gewaardeerd tegen netto-vermogenswaarde (indien onvoldoende gegevens ter beschikking staan, is waardering tegen zichtbaar eigen vermogen toegestaan). Volgens IFRS dienen deelnemingen waarin invloed van betekenis wordt uitgeoefend gewaardeerd te worden volgens de 'equity'-methode. Waardering tegen kostprijs of reëel waarde is toegestaan indien aan de voorwaarden genoemd in IAS 28.17 is voldaan.
- Deelnemingen waarin geen invloed wordt uitgeoefend op het zakelijke en financiële beleid worden in Nederland gewaardeerd tegen kostprijs of actuele waarde en in IFRS primair tegen reële waarde; de waardeveranderingen bij waardering tegen actuele waarde/reële waarde komen in Nederland in het eigen vermogen (herwaarderingsreserve, zie par. 10.4.2), maar kunnen onder IFRS ook direct in het resultaat worden geboekt.
- In Nederland wordt waardering tegen zichtbaar eigen vermogen mogelijk geacht indien en voor zover onvoldoende informatie beschikbaar is voor aanpassing naar de eigen grondslagen; IFRS kent deze waardering niet, maar vereist een zo goed mogelijke benadering van de netto-vermogenswaarde; in de praktijk is dit verschil gering.

10.4 Waardering en resultaatbepaling deelnemingen: toepassing grondslagen

10.4.1 Kostprijsmethode

Indien in een deelneming noch overheersende zeggenschap noch invloed van betekenis op het financiële en zakelijke beleid wordt uitgeoefend (zie art. 2:389 lid 1 BW), dient waardering overeenkomstig artikel 2:384 lid 1 BW te geschieden (par. 10.3.2). Als waarderingsgrondslag komt dan onder meer in aanmerking de verkrijgingsprijs (historische kostprijs) van de deelneming (RJ 214.320). Zoals aangegeven in paragraaf 10.3.3 wordt de kostprijsmethode in Nederland in enkele gevallen ook toegestaan in de enkelvoudige jaarrekening indien wel invloed van betekenis of overheersende zeggenschap op de deelneming bestaat.
In IFRS is deze methode aan de orde voor de waardering van deelnemingen in de enkelvoudige jaarrekening (IAS 27.10).

Kenmerken van de kostprijsmethode zijn:
▶ de waardering in de balans vindt plaats tegen de kostprijs of een lagere waarde;
▶ in de winst-en-verliesrekening wordt het in het verslagjaar gedeclareerde dividend verantwoord, alsmede eventuele bijzondere waardeverminderingen (RJ 214.504); niet in contanten uitgekeerde dividenden dienen tegen reële waarde te worden gewaardeerd (zie par. 9.4.2).

Meegekocht dividend wordt niet in de winst-en-verliesrekening verantwoord, maar in mindering gebracht op de verkrijgingsprijs (zie par. 10.2.3).

In het geval van een bijzondere waardevermindering van deelnemingen maakt de wet (art. 2:387 BW) een onderscheid tussen een duurzame en een niet-duurzame waardevermindering. Duurzaam betekent dat niet voorzienbaar is dat de waardevermindering zal ophouden te bestaan. Met een duurzame waardevermindering *moet* rekening worden gehouden, met een niet-duurzame waardevermindering *mag* rekening worden gehouden. De Richtlijnen (RJ 214.329) verwijzen in dit verband naar RJ 121, waar echter weer wordt doorverwezen naar RJ 290 (RJ 121.102). De bepalingen in RJ 290 voor deelnemingen waarin geen sprake is van invloed van betekenis zijn gelijk aan die welke gelden voor aandelen die deel uitmaken van de 'overige effecten'; deze regels zijn besproken in paragraaf 9.4.2. IFRS maakt overigens geen onderscheid tussen duurzame en niet-duurzame waardeverminderingen (IAS 36).

De Richtlijnen geven specifiek aan dat aanhoudende verliezen van een deelneming een belangrijke aanwijzing vormen dat er sprake is van een bijzondere waardevermindering (RJ 214.330). De waardeverminderingen van deelnemingen waarop geen invloed van betekenis bestaat worden hetzij afzonderlijk opgenomen na de waardeveranderingen van vorderingen die tot de vaste activa behoren en van effecten, hetzij met die post samengevoegd (RJ 214.506).

Voorbeeld kostprijsmethode

BV A koopt op 1 januari jaar 1 een 40%-belang in BV B voor 600. Het resultaat van BV B in jaar 1 bedraagt 150, waarvan 50 wordt uitgekeerd als dividend en 100 wordt ingehouden. Hoewel er sprake is van een 40%-belang is er geen sprake van invloed van betekenis op het zakelijke en financiële beleid.
Volgens de kostprijsmethode wordt de deelneming op 31 december jaar 1 in de jaarrekening van BV A gewaardeerd tegen 600. Het gedeclareerde dividend van 20 (40% x 50) wordt als opbrengst in de winst-en-verliesrekening geboekt. Omdat het dividend betreft over boekjaar 1 is geen sprake van meegekocht dividend.

Naast het formele dividend kan ook sprake zijn van informeel of verkapt dividend, bijvoorbeeld doordat een dochtermaatschappij een actief met een positieve reële waarde om niet overdraagt aan de moeder. Ook in dat geval is sprake van een door de moeder te verantwoorden bate, ter grootte van de reële waarde van het overgedragen actief minus de overeengekomen vergoeding. Ook een dergelijke informele of verkapte dividenduitkering is onderworpen aan de uitkeringstoets. Uiteraard kan (ook) een dergelijke dividenduitkering een reden zijn om na te gaan of een bijzondere waardevermindering moet worden doorgevoerd.

10.4.2 Actuele-waardemethode

Zoals aangegeven in paragraaf 10.3.2 dient, indien in een deelneming noch overheersende zeggenschap noch invloed van betekenis op het financiële en zakelijke beleid wordt uitgeoefend (zie art. 2:389 lid 1 BW), waardering overeenkomstig artikel 2:384 lid 1 BW te geschieden. Als waarderingsgrondslag komt dan naast de kostprijsmethode de actuele-waardemethode in aanmerking (RJ 214.304/320). Zoals aangegeven in paragraaf 10.3.3 kan met toepassing van de bepaling in artikel 2:389 lid 9 BW de actuele-waardemethode in Nederland in enkele uitzonderlijke gevallen ook worden toegepast in de enkelvoudige jaarrekening indien wel invloed van betekenis of overheersende zeggenschap op de deelneming bestaat.

In IFRS mag deze actuele-waardemethode, met invulling van de actuele waarde door de reële waarde, worden toegepast voor de waardering van deelnemingen in de enkelvoudige jaarrekening (IAS 27.10), en is voorgeschreven voor deelnemingen waarop geen invloed van betekenis kan worden uitgeoefend (IFRS 9.B5.2.3).

Kenmerken van de actuele-waardemethode volgens de Nederlandse wet- en regelgeving zijn:
▶ de waardering in de balans vindt plaats tegen de actuele waarde;
▶ veranderingen in de actuele waarde worden opgenomen in een herwaarderingsreserve;
▶ als de herwaarderingsreserve negatief is, wordt het negatieve deel verantwoord ten laste van het resultaat;
▶ in de winst-en-verliesrekening wordt voorts het in het verslagjaar gedeclareerde dividend verantwoord (RJ 214.504).

Voor de invulling van het begrip actuele waarde bij deelnemingen bevat het Besluit actuele waarde geen aanwijzingen. Voor de bepaling van de actuele waarde van een deelneming wordt doorgaans aansluiting gezocht bij de reële waarde van de deelneming, dat wil zeggen het bedrag waarvoor een actief kan worden verhandeld tussen ter zake goed geïnformeerde, tot een transactie bereid zijnde partijen, die onafhankelijk zijn (RJ 120.204).

Indien de deelneming wordt gewaardeerd tegen actuele waarde, worden de veranderingen van de reële waarde niet in het resultaat van de deelnemende rechtspersoon opgenomen maar verantwoord in een herwaarderingsreserve. Dit kan worden afgeleid uit artikel 2.390 lid 1 BW in combinatie met het feit dat de RJ alleen voor effecten toestaat dat ongerealiseerde herwaarderingen in het resultaat worden verantwoord (Richtlijn 226, zie par. 9.4).

Indien de deelneming wordt verkocht, valt het gerealiseerde deel van de herwaarderingsreserve vrij ten gunste van de vrije reserves of het resultaat (art. 2.390 lid 3 en 4 BW; zie ook hoofdstuk 15).

De resultaatbepaling bij de actuele-waardemethode, gebaseerd op het gedeclareerde dividend, is gelijk aan die bij de kostprijsmethode. Ook in het geval van bijzondere waardevermindering van een op actuele waarde gewaardeerde deelneming gelden in beginsel dezelfde regels als bij waardering tegen kostprijs. Een eventuele negatieve herwaarderingsreserve per deelneming dient echter volgens de Nederlandse wet- en regelgeving altijd direct ten laste van het resultaat te worden gebracht.

10 Deelnemingen

Zoals aangegeven wordt het begrip actuele waarde in IFRS altijd ingevuld door middel van reële waarde. Anders dan in Nederland geldt in IFRS dat waardeveranderingen in de reële waarde worden behandeld als bij alle financiële instrumenten, hetgeen een vrije keuze inhoudt tussen directe verwerking in het resultaat of in het eigen vermogen ('other comprehensive income') (IAS 27.10 met toepassing van IFRS 9). Zie verder hoofdstuk 30.

> **Voorbeeld actuele-waardemethode**
> De 40%-deelneming in BV B uit het voorbeeld in paragraaf 10.4.1 is in jaar 1 in waarde gestegen naar 635. De deelneming wordt dan per 31 december jaar 1 gewaardeerd tegen 635, waarbij 35 wordt opgenomen in de herwaarderingsreserve (in IFRS zou deze 35 ook resultaat kunnen zijn). In het resultaat wordt, evenals bij de kostprijsmethode, het gedeclareerde dividend van 20 opgenomen.

Er bestaan twee visies voor de bepaling van de reële waarde van deelnemingen. Volgens één visie dienen deelnemingen te worden gewaardeerd als het product van het aantal aandelen dat de entiteit bezit en de waarde per aandeel (bijvoorbeeld de beurskoers per aandeel). Er wordt derhalve niet uitgegaan van een bepaling van de reële waarde van de deelneming als één geheel. Volgens de andere visie dienen de deelnemingen te worden gewaardeerd door te kijken naar de deelneming in totaliteit, waarbij rekening kan worden gehouden met factoren zoals verminderde verhandelbaarheid, premies voor invloed van betekenis of control etc.

10.4.3 Netto-vermogenswaardemethode

De netto-vermogenswaardemethode is van toepassing voor deelnemingen waarin invloed van betekenis of overheersende zeggenschap bestaat op het zakelijke en financiële beleid. Het toepassen van de netto-vermogenswaarde voor de waardering van een deelneming houdt in dat voor de waardering van activa, voorzieningen en schulden en voor de bepaling van het resultaat van de deelneming, de grondslagen van de deelnemende rechtspersoon worden toegepast (RJ 214.307, IAS 28.26/27/35/36).

In IFRS wordt de 'equity'-methode voorgeschreven. Deze methode is voor een belangrijk deel gelijk aan de bovenbeschreven methode (IAS 28.10), maar gaat bij de eerste waardering niet uit van het aandeel in het vermogen van de deelneming maar van de kostprijs. Dit betekent dat de goodwill niet afzonderlijk wordt opgenomen, maar begrepen is in de waarde van de deelneming. De waarde van de deelneming wordt vervolgens mede aangepast voor de mutaties in de goodwill (IAS 28.32, zie hoofdstuk 26). In een bijzondere situatie acht de RJ overigens ook de 'equity'-methode aanvaardbaar (zie par. 10.3.5).

Soms is het praktisch onmogelijk alle door de deelnemingen toegepaste grondslagen om te rekenen naar de eigen grondslagen. In dat geval vereist de netto-vermogenswaardemethode dat zo veel mogelijk grondslagen worden aangepast, zodat feitelijk een benaderde netto-vermogenswaarde ontstaat. Ook deze benaderde netto-vermogenswaarde wordt aangeduid als netto-vermogenswaarde. Pas indien het feitelijk onmogelijk is enige aanpassing van grondslagen door te voeren, komt in Nederland het alternatief van het zichtbaar eigen vermogen aan de orde (zie par. 10.4.4). Overigens dient te worden vermeld dat het niet waarschijnlijk is dat deze situatie zich vaak zal voordoen. Als het feitelijk onmogelijk is om aanpassingen in de grondslagen door te voeren ontstaat ook de vraag of wel daadwerkelijk sprake is van uitoefening van invloed van betekenis op het zakelijke en financiële beleid. Het feit dat bepaalde grondslagen niet zijn aangepast dient in algemene zin in de toelichting te worden vermeld (RJ 214.307). IFRS kent niet het alternatief van de zichtbare vermogenswaarde, maar indien het daadwerkelijk onmogelijk is om enige aanpassing naar eigen grondslagen te maken, bestaat er feitelijk in de praktijk geen verschil.

IAS 28.36A bevat specifieke bepalingen inzake de bepaling van de netto-vermogenswaarde bij een belang in een 'investment entity' (zie par. 9.2.2), zowel indien dit belang een geassocieerde deelneming is als een joint venture.

Deze 'investment entity' waardeert haar belangen in niet-geconsolideerde dochterondernemingen tegen reële waarde (zie par. 9.4.5). Bij het bepalen van de netto-vermogenswaarde van de deelneming wordt deze waardering tegen reële waarde gehandhaafd (en vindt dus geen omrekening plaats naar de eigen grondslagen van de deelnemende rechtspersoon).

10.4.3.1 Bepaling netto-vermogenswaarde en goodwill op het moment van verwerving

Op het moment van verwerving van de deelneming dienen de activa, voorzieningen en schulden van de deelneming voor de eerste maal te worden gewaardeerd tegen de reële waarden (RJ 214.309, IFRS 3.18). Onder reële waarde ('fair value') wordt het bedrag verstaan waarvoor een actief kan worden verhandeld of een verplichting kan worden afgewikkeld tussen ter zake goed geïnformeerde, tot een transactie bereid zijnde partijen, die onafhankelijk zijn (RJ 120.204, IFRS 3, Appendix A). Dit betekent dat bij de eerste bepaling de grondslagen van noch de deelneming noch de deelnemende rechtspersoon relevant zijn. De aanpassing aan de grondslagen van de deelnemende rechtspersoon vangt pas aan na het moment van verwerving (zie par. 10.2.2).

De reële waarden van de activa, voorzieningen en schulden van de deelneming op het moment van verwerving van de deelneming zijn dan ook het uitgangspunt voor de verdere waardering van de activa, voorzieningen en schulden van de deelneming volgens de eigen grondslagen van de deelnemende rechtspersoon. De reële waarden worden voor de deelnemende rechtspersoon aangemerkt als historische kosten, ongeacht of de deelneming zelf deze waardering in haar eigen jaarrekening verwerkt (RJ 214.309).

Er kunnen bij de eerste waardering tegen reële waarde nieuwe activa ontstaan, zoals immateriële activa die niet in de balans van de overgenomen onderneming waren opgenomen omdat zij zelf ontwikkeld waren, maar die vanuit de optiek van de overnemende onderneming als gekochte activa zijn aan te merken. Een ander voorbeeld betreft actieve belastinglatenties, die bij de overgenomen onderneming niet zijn opgenomen omdat het niet voldoende waarschijnlijk was dat zij werden gerealiseerd, maar waarvan vanuit het gezichtspunt van de overnemende onderneming kan worden geconcludeerd dat realisatie wel waarschijnlijk is.
IFRS 3.13 en 14 (en B31-B40) bepaalt uitdrukkelijk, in afwijking van de RJ, dat voor immateriële activa verworven bij een overname niet de algemeen geldende bepaling geldt dat activering alleen is toegestaan indien de toekomstige kasstromen *waarschijnlijk* zijn. Omdat voor de activa is betaald, wordt aangenomen dat altijd aan de eis van waarschijnlijkheid is voldaan. Dergelijke immateriële activa zijn bij de RJ begrepen in de goodwill.

Er dienen, in het kader van het voor de eerste maal waarderen tegen reële waarde, geen verplichtingen te worden opgenomen die voortvloeien uit intenties of acties van de *verkrijgende* partij of die samenhangen met *toekomstige* verplichtingen, verliezen of andere verwachte kosten als gevolg van de overname (RJ 216.211, IFRS 3.11). Wel bepaalt IFRS 3.22, in afwijking van de RJ, dat ook de reële waarde van *voorwaardelijke* verplichtingen in de balans moeten worden opgenomen. Zie verder hoofdstuk 25.

De RJ hanteert een uitzondering op bovenstaande regels voor reorganisatiekosten, in afwijking van IFRS. Volgens RJ 216.211/212 is het in beperkte mate toegestaan om bij de vaststelling van de activa en verplichtingen van een verworven deelneming ook toekomstige reorganisatiekosten te betrekken die louter het gevolg zijn van de verwerving. Voor het treffen van een voorziening is het noodzakelijk dat de verkrijgende partij voor of op de overnamedatum een plan op hoofdlijnen heeft ontwikkeld met betrekking tot de beëindiging of inkrimping van activiteiten van de overgenomen partij, en dit plan voor of op de overnamedatum bij de betrokkenen heeft aangekondigd en daarmee de gerede verwachting heeft gewekt dat het plan zal worden uitgevoerd. Binnen een redelijke termijn na de overnamedatum dienen de hoofdlijnen door de verkrijgende partij nader te zijn geformaliseerd in een gedetailleerd formeel plan. Onder een redelijke termijn wordt verstaan drie maanden na de overnamedatum.

10 Deelnemingen

Onder bepaalde omstandigheden kan een langere termijn, met een maximum van zes maanden, gerechtvaardigd zijn. Zie verder paragraaf 25.2.5.
Indien bij de bepaling van de reële waarde rekening is gehouden met reorganisatiekosten, dient dat in de toelichting te worden vermeld (RJ 214.608). Aanbevolen wordt de aard en de omvang van de reorganisatiekosten waarmee rekening is gehouden, toe te lichten.

Indien de netto-vermogenswaarde, bepaald op basis van reële waarde op overnamemoment, van de deelneming bij eerste waardering lager dan wel hoger is dan de kostprijs van de deelneming, vormt het verschil positieve dan wel negatieve *goodwill* (RJ 214.327/333/336). Het alloceren van de kostprijs aan activa, verplichtingen en goodwill wordt wel aangeduid met de term 'purchase price allocation' (PPA). Bij de toepassing van de 'equity'-methode volgens IFRS is de positieve goodwill begrepen in de waardering van de deelneming zelf (zie hiervoor). In geval het aandeel van de onderneming in de activa en passiva van de deelneming hoger is dan de verkrijgingsprijs – er is sprake van negatieve goodwill – wordt dit direct ten gunste van het resultaat gebracht (IAS 28.32). De verwerking van goodwill in de jaarrekening van de deelnemende rechtspersoon, alsmede de behandeling van goodwill volgens IFRS, wordt behandeld in hoofdstuk 25.

Voorbeeld van waardering tegen netto-vermogenswaarde op basis van reële waarde op het overnamemoment

Met betrekking tot het 40%-belang van BV A in BV B (zie voorbeeld in par. 10.4.1) wordt nu geconcludeerd dat er wel sprake is van invloed van betekenis op het zakelijke en financiële beleid. Dat vereist waardering tegen de netto-vermogenswaarde.
De balans van B ziet er op het moment van verwerving als volgt uit:

Materiële vaste activa	1.000	Aandelenkapitaal	100
Vlottende activa	550	Reserves	550
		Voorzieningen	200
		Schulden	700
	1.550		1.550

Voor de bepaling van de netto-vermogenswaarde op het moment van verwerving gaat BV A de balans van BV B opmaken op basis van waardering van activa en verplichtingen tegen reële waarden. Dit gebeurt extracomptabel en buiten de eigenlijke balans van BV B om. *'Push-down accounting'* (het 'doordrukken' van de reële waarden en de goodwill naar de balans van de overgenomen deelneming) is namelijk niet toegestaan (RJ 216.249). De herinrichting kan er in het bijzonder toe leiden dat op de extracomptabele balans van BV B activa worden opgenomen die voorheen niet door BV B in de eigen balans konden worden geactiveerd, bijvoorbeeld een immaterieel vast actief ter zake van door B zelf ontwikkelde merken.
De extracomptabele balans van BV B ziet er dan bijvoorbeeld als volgt uit:

Immateriële vaste activa	200	Aandelenkapitaal	100
Materiële vaste activa	1.500	Reserves	1.300
Vlottende activa	600	Voorzieningen	200
		Schulden	700
	2.300		2.300

BV A verantwoordt dus in haar enkelvoudige balans deelneming BV B tegen de netto-vermogenswaarde van 560 (40% x (100 + 1.300)) en verantwoordt een goodwill van 40 voor het verschil tussen deze eerste waarde en de betaalde koopprijs (600). De eerste boekwaarde (netto-vermogenswaarde) is dus het aandeel in het saldo van de reële waarden van activa en verplichtingen van BV B. Indien BV A als grondslag heeft de historische kostprijs, geldt voor de materiële vaste activa het bedrag van 1.500 als de kostprijs waarop wordt afgeschreven.
Onder de 'equity'-methode in IFRS wordt de deelneming gewaardeerd tegen 600, bestaande uit twee componenten: de netto-vermogenswaarde van 560 en de goodwill van 40.

De jaarrekening van BV B blijft in beginsel ongewijzigd. Uit die jaarrekening blijkt dus een eigen vermogen van 650.

10.4.3.2 Bepaling netto-vermogenswaarde en goodwill bij een omgekeerde overname

Een bijzonder vraagstuk doet zich voor indien een deelneming is verworven waarbij sprake is van een omgekeerde overname (zie par. 25.2.2). Er is sprake van een omgekeerde overname indien een entiteit de aandelen in een andere entiteit verkrijgt tegen uitgifte van zoveel aandelen, dat de meerderheid van de stemrechten wordt overgedragen (RJ 216.109). Entiteit A die de aandelen uitgeeft heeft dan wel een deelneming in entiteit B verworven, maar de aandeelhouders van entiteit B hebben de zeggenschap verkregen in entiteit A. Omgekeerde overnames komen wel voor om op relatief eenvoudige wijze een beursnotering te verkrijgen: een lege of vrijwel lege beursgenoteerde onderneming (entiteit A) wordt verworven door de aandeelhouders van een niet-beursgenoteerde onderneming (entiteit B); entiteit A geeft de aandelen uit en de aandeelhouders van entiteit B ruilen hun aandelen om voor beursgenoteerde aandelen; feitelijk heeft entiteit B beursnotering verkregen omdat entiteit B in wezen de plaats heeft ingenomen van entiteit A.

> **Voorbeeld omgekeerde overname**
> Entiteit A heeft 100 aandelen uitstaan. De reële waarde van entiteit A is € 1.600. De reële waarde per aandeel is derhalve € 16 (€ 1.600/100). Entiteit B heeft 60 aandelen uitstaan. De reële waarde van entiteit B is € 2.400. De reële waarde per aandeel B is derhalve € 40 € 2.400/60).
> A verwerft alle aandelen van B door middel van aandelenruil. Voor ieder aandeel B zal A 2,5 (40/16) aandelen A dienen uit te geven. Daarom geeft A 150 (60 x 2,5) nieuwe aandelen uit.
> Het aantal aandelen A na emissie bedraagt 250 (100 + 150). B bezit 150 aandelen, derhalve 60% (150/250). Dit betekent dat, hoewel A nieuwe aandelen uitgeeft, de aandeelhouders van B de zeggenschap in A hebben verworven.

Zoals aangegeven in paragraaf 25.2.2 zal de overname aldus verwerkt worden dat entiteit B de verkrijgende partij is, zodat de activa en verplichtingen van entiteit A worden geherwaardeerd naar reële waarde en de goodwill inzake entiteit A wordt bepaald. De activa en verplichtingen van entiteit B worden tegen boekwaarde verantwoord. Omdat A formeel de zeggenschap heeft in entiteit B (en 100% van de aandelen in B), stelt A een geconsolideerde jaarrekening op. In de enkelvoudige jaarrekening van A wordt een deelneming in B opgenomen.

De vraag is hoe de omgekeerde overname dient te worden verwerkt in de *enkelvoudige* jaarrekening van A, waarin deelneming B is opgenomen tegen netto-vermogenswaarde. RJ 214.342 staat twee verwerkingswijzen toe:
1. Verwerking volgens de economische vorm.
2. Verwerking volgens de juridische vorm.

Verwerking volgens de economische vorm sluit aan op de beginselen van een omgekeerde overname zoals verwerkt in de geconsolideerde jaarrekening. Dat wil zeggen dat de netto-vermogenswaarde van deelneming B wordt bepaald op basis van de boekwaarde van de activa en verplichtingen van deelneming B. Tegelijkertijd worden de eigen activa en verplichtingen van A geherwaardeerd naar reële waarde en wordt de eigen goodwill van A op de enkelvoudige balans opgenomen. Op deze wijze blijft aansluiting bestaan tussen de enkelvoudige en geconsolideerde jaarrekening van A.

Bij verwerking volgens de juridische vorm vindt feitelijk verwerking plaats alsof A de overnemende partij is, omdat vanuit juridisch gezichtspunt A als zodanig wordt aangemerkt. De netto-vermogenswaarde van B wordt bepaald op basis van de reële waarde van de activa en verplichtingen van B en de goodwill wordt bepaald op basis van het verschil tussen de kostprijs (reële waarde van de door A uitgegeven aandelen = reële waarde van B) en de reële waarde van de activa minus verplichtingen van B.

10 Deelnemingen

> **Voorbeeld verwerking omgekeerde overname in de enkelvoudige jaarrekening**
> Als vervolg op het voorgaande voorbeeld geldt het volgende:
> ▸ het zichtbaar eigen vermogen van A (de boekwaarde van de activa minus verplichtingen) bedraagt op het moment van verwerving € 1.300 en van B € 1.800.
> ▸ de reële waarde van de activa minus verplichtingen van A bedraagt € 1.350 en van B € 2.000.
>
> Zoals hiervoor aangegeven is de reële waarde van de aandelen van A € 1.600 en van B € 2.400.
>
> De verwerking volgens de economische benadering is als volgt:
> ▸ Deelneming B wordt gewaardeerd tegen € 1.800.
> ▸ A herwaardeert zijn eigen activa minus verplichtingen met € 50 (€ 1.350 - € 1.300).
> ▸ In de balans wordt een goodwill opgenomen van € 250 (€ 1.600 - € 1.350).
>
> De verwerking volgens de juridische benadering is als volgt:
> ▸ Deelneming B wordt gewaardeerd tegen € 2.000.
> ▸ In de balans wordt een goodwill opgenomen van € 400 (€ 2.400 - € 2.000).
>
> De journaalpost van de verwerving is als volgt (bedragen voor resp. de economische en juridische benadering):
> Deelneming B   1.800/2.000
> Goodwill   250/400
> Herwaardering activa minus verplichtingen (verschillende posten)   50/0
> Aan Eigen vermogen   2.100/2.400

Wij zijn van mening dat de economische benadering de voorkeur heeft, omdat het beginsel van 'substance over form' immers voor de enkelvoudige jaarrekening net zo van toepassing is als voor de geconsolideerde jaarrekening. De RJ spreekt geen voorkeur uit. Wel geeft de RJ aan dat bij toepassing van combinatie 3 (geconsolideerde jaarrekening op basis van IFRS en enkelvoudige jaarrekening op basis van Titel 9 met toepassing van IFRS-grondslagen) verwerking volgens de economische benadering het meest aansluit bij de doelstelling van deze combinatie. Voorts geeft de RJ aan dat als de economische realiteit van de transactie inhoudt dat de in juridisch opzicht verkrijgende partij die de aandelen uitgeeft (A) niets anders is dan een voortzetting van de in juridisch opzicht overgenomen partij (B), alleen toepassing van de economische benadering is toegestaan. Een voorbeeld waarin de economische benadering is voorgeschreven is dat A maar een zeer beperkte activiteit heeft en de nieuwe combinatie feitelijk vrijwel alleen uit de activiteiten van B bestaat.

10.4.3.3 Toepassing netto-vermogenswaardemethode na verwerving

Zoals hiervoor aangegeven bepaalt de deelnemende rechtspersoon de netto-vermogenswaarde van de deelneming door de activa, voorzieningen en schulden van de deelneming te waarderen volgens dezelfde grondslagen als die welke hij toepast bij de waardering van zijn eigen activa, voorzieningen en schulden (art. 2:389 lid 2 BW en RJ 214.307). Dit betekent dat mogelijk aanpassingen naar de eigen grondslagen nodig zijn op de van de deelneming verkregen cijfers, bijvoorbeeld omdat de waardering van een materieel vast actief bij de deelneming gebaseerd blijft op diens kostprijs, terwijl bij de waardering voor de deelnemende rechtspersoon moet worden uitgegaan van de kostprijs voor de deelnemende rechtspersoon (= reële waarde op overnamemoment) (RJ 214.314/503, IAS 28.32/36).

De waardering wordt periodiek aangepast voor het aandeel in het resultaat van de deelneming minus gedeclareerde dividenden (RJ 214.502, IAS 28.10). In de winst-en-verliesrekening wordt het aandeel in het resultaat van de deelneming verantwoord (ook weer bepaald op basis van de grondslagen van de deelnemende rechtspersoon, bijvoorbeeld omdat de afschrijving van een materieel vast actief dient plaats te vinden op basis van de reële waarde op het moment van verwerving en niet op basis van de boekwaarde bij de deelneming). De achtergrond van de verantwoording van het aandeel in het resultaat in de winst-en-verliesrekening is dat de deelnemende rechtspersoon vanwege zijn invloed van betekenis daadwerkelijk aan het behalen van het resultaat heeft bijgedragen en dat daarmee een goede weergave wordt gegeven van de prestaties van de deelnemende rechtspersoon (IAS 28.11). Voorts wordt de boekwaarde van de deelneming aangepast voor rechtstreekse mutaties in het eigen vermogen, die ook direct worden gemuteerd in het eigen vermogen van de deelnemende rechtspersoon; dit betreft bijvoorbeeld de situatie dat de deelnemende rechtspersoon waardeert tegen actuele waarde (RJ 214.309). IFRS vereist dat het aandeel in de mutaties van het eigen vermogen van de deelnemingen afzonderlijk in het mutatie-overzicht eigen vermogen ('Other Comprehensive Income') wordt opgenomen (IAS 28.27).

In de Nederlandse wet- en regelgeving geldt dat indien de deelnemende rechtspersoon niet zonder beperking uitkering aan hem van het resultaat van de deelneming kan bewerkstelligen, deze zijn aandeel in het (positieve) resultaat van de deelneming dient op te nemen in een wettelijke reserve (ingehouden winst) deelneming. Deze wordt nader toegelicht in hoofdstuk 15. Ook wordt daar ingegaan op de gevolgen voor de wettelijke reserves van herwaardering van activa bij de deelneming zelf. De wettelijke reserve omrekeningsverschillen deelnemingen wordt behandeld in hoofdstuk 27.

IFRS kent zelf geen bepalingen inzake wettelijke reserves, maar ook in de jaarrekeningen van Nederlandse ondernemingen die zijn opgemaakt in overeenstemming met IFRS dienen de bepalingen inzake wettelijke reserves te worden toegepast.

Voorbeeld van toepassing netto-vermogenswaarde na het moment van verwerving

De deelneming BV B uit de voorgaande voorbeelden behaalt, zoals eerder aangegeven, in jaar 1 een resultaat van 150, waarvan 50 wordt uitgekeerd en 100 wordt ingehouden. Vanuit het gezichtspunt van BV A dient dit resultaat te worden aangepast aan de extracomptabele overnamebalans van BV B en aan de eventuele aanpassing aan de eigen grondslagen. Verschillen tussen het door B gerapporteerde resultaat ad 150 en het door A aangepaste resultaat van B betreffen onder andere de afschrijving van de immateriële vaste activa en de hogere afschrijving van de materiële vaste activa (als gevolg van de opname en hogere waardering op de overnamebalans), met aan de andere kant het niet als last opnemen van de reorganisatiekosten (die op de overnamebalans al in de voorziening zijn opgenomen). Stel dat het door A aangepaste resultaat van B 130 bedraagt.

De netto-vermogenswaarde per 31 december jaar 1 bedraagt dan 360 (vermogenswaarde op 1 januari 2019) + 52 (aandeel in het resultaat van deelneming B, 40% x 130) -/- 20 (gedeclareerd dividend, 40% x 50) = 392. In de winst-en-verliesrekening van A wordt het aandeel in het resultaat van 52 opgenomen. Daarnaast wordt een eventuele afschrijving en waardevermindering van goodwill in het resultaat verantwoord. Omdat de uitkering van de ingehouden winst van B niet zonder beperkingen kan worden bewerkstelligd, wordt tevens in Nederland een wettelijke reserve van 32 gevormd.

De waardering van de deelneming volgens de Nederlandse wet- en regelgeving is derhalve 392. Los daarvan staat de waardering van de goodwill. Bij toepassing van IFRS is de waardering van de deelneming, indien de goodwill niet in waarde wordt verminderd, 632 (netto-vermogenswaarde van 392 plus goodwill van 240).

Samengevat in journaalposten:
deelneming	32	
liquide middelen	20	
aan resultaat deelneming		52
+		
algemene reserve	32	
aan wettelijke reserve		32

10.4.3.4 Toepassing netto-vermogenswaarde bij negatief eigen vermogen

Indien de waardering van de deelneming volgens de netto-vermogenswaardemethode nihil is geworden, dient deze methode niet langer te worden toegepast en blijft de deelneming bij ongewijzigde omstandigheden op nihil gewaardeerd (RJ 214.339, IAS 28.38).

RJ 214.340 en IAS 28.38 bepalen daarbij uitdrukkelijk dat, na afwaardering van de deelneming tot nihil, ook afwaardering dient te worden doorgevoerd van de andere langlopende belangen in de deelneming die feitelijk

10 Deelnemingen

moeten worden aangemerkt als een onderdeel van de netto-investering (waarbij IAS 28 uitdrukkelijk stelt dat de volgorde van afwaardering wordt bepaald door de prioriteit bij liquidatie, met de laagste prioriteit voorop). De andere langlopende belangen betreffen bijvoorbeeld preferente aandelen en langlopende uitgegeven leningen waarvoor in de nabije toekomst geen afwikkeling is gepland en die in de nabije toekomst waarschijnlijk niet zal worden afgewikkeld (maar niet handelsdebiteuren of langlopende leningen met onderpand). Verliezen dienen ook op deze posten afgeboekt te worden, en wel in afnemende volgorde van prioriteit bij liquidatie. Voor zover er na afboeking nog vorderingen open staan dient beoordeling van verdere waardevermindering te geschieden op basis van RJ 290 (RJ 214.340) en IFRS 9 (IAS 28.40). Dat geldt ook voor andere vorderingen op de deelneming die niet tot de 'net investment' behoren (RJ 214.340). Ondanks dat er geen aanwijzingen voor bijzondere waardeverminderingen hoeven te zijn, zijn andere langlopende vorderingen die onderdeel zijn van de netto-investering onder IFRS wel onderworpen aan de bepalingen in IFRS 9 omtrent verwachte kredietverliezen (IAS 28.14A).

Voorbeeld netto-vermogenswaarde bij negatief eigen vermogen: waardering activa (ontleend aan RJ 214.340)

M bezit alle aandelen van dochtermaatschappij D. Voorts heeft M voor een bedrag aan 150 aan preferent aandelenkapitaal in D en heeft M leningen verstrekt aan D ter grootte van 250 (waarvan voor 100 geen aflossingsmoment is afgesproken). Tot de netto-investering van M in de deelneming worden ook het preferente aandelenkapitaal en het deel van de langlopende lening gerekend (in totaal 250).
D heeft een negatief eigen vermogen van 300. In de jaarrekening van M wordt niet alleen de deelneming afgewaardeerd tot nihil, maar ook het preferente aandelenkapitaal, en worden de leningen verminderd met 100. Na deze afboeking resteert een negatief bedrag van 50 (waarvoor al dan niet een voorziening wordt getroffen, zie hierna). Voor de waardering van de resterende vordering van 150 (250 - 100) dient te worden nagegaan of een verdere waardevermindering noodzakelijk is.

Voorbeeld Vorderingen in netto-investering en deelnemingen met negatief eigen vermogen (ontleend aan Illustrative Example bij IAS 28 (Amendment) 'Long-term Interests in Associates and Joint Ventures', aangepast)

A heeft op 31 december jaar 1 een 40% belang gekocht in B. De verkrijgingsprijs en netto-vermogenswaarde bedraagt 40% x € 350 = € 140. Voorts heeft A zowel op die datum een vordering van € 100 verstrekt die deel uitmaakt van de netto-investering in B, als niet-preferente aandelen in B gekocht voor € 100. Deze niet-preferente aandelen worden op basis van IFRS 9 gewaardeerd tegen reële waarde, met alle waardeveranderingen in het resultaat.
In jaar 2 maakt B een verlies van € 500. Het aandeel van A in dat verlies is € 200. Het negatieve eigen vermogen van B is € 150, het aandeel van A daarin is -€ 60.
De reële waarde van de preferente aandelen is per 31 december jaar 2 gedaald naar € 40, hetgeen een verlies betekent van € 60. De omvang van de waardevermindering van de vordering is per 31 december jaar 2 € 30.
Het aandeel in het verlies van de deelneming € 200 wordt nu als volgt, in deze volgorde. gealloceerd:
▶ € 140 wordt afgeboekt van de deelneming, zodat de boekwaarde nihil wordt;
▶ € 40 wordt gealloceerd aan de preferente aandelen, zodat de boekwaarde eveneens nihil wordt;
▶ € 20 wordt gealloceerd aan de vordering, waarvoor een boekwaarde resteert van € 50.

Indien de deelneming weer winst maakt, worden de eerder vanwege het verlies van de deelneming afgeboekte bedragen in omgekeerde volgorde gealloceerd aan eerst de vordering, dan de preferente aandelen en ten slotte de deelneming zelf.

In het geval dat in deze situatie de deelnemende rechtspersoon geheel of ten dele instaat voor de schulden van de deelneming respectievelijk het stellige voornemen heeft de deelneming (voor zijn aandeel) tot betaling van haar schulden in staat te stellen, dient de deelnemende rechtspersoon met inachtneming van de voor voorzieningen geldende regelgeving (zie hoofdstuk 16) een voorziening onder de passiva op te nemen ter grootte van de bedragen die naar verwachting noodzakelijk zijn om de verplichtingen af te wikkelen (RJ 214.339, RJ 252.424/425, IAS 28.39). Deze voorziening is niet zonder meer gelijk aan het negatieve eigen vermogen van de deelneming (zoals ook de Ondernemingskamer bepaalde in het arrest Triavium Holding van 12 oktober 2006 (655/2004 OK)). Indien de voorziening niet gelijk is aan de negatieve netto-vermogenswaarde, zal een verschil ontstaan tussen het eigen vermogen in de geconsolideerde en in de enkelvoudige jaarrekening (RJ 252.425).

Een vervolgens verkregen aandeel in de winst van de deelneming dient de deelnemende rechtspersoon pas weer te verwerken indien en voor zover het cumulatief niet-verwerkte aandeel in het verlies is ingelopen.

Op grond van artikel 2:376 BW licht de rechtspersoon toe dat hij geheel of ten dele instaat voor de schulden van de deelneming of de feitelijke verplichting heeft de deelneming tot betaling van de schulden in staat te stellen (RJ 214.621). Voorts dient in de toelichting het niet-verwerkte aandeel in het verlies van deelnemingen te worden vermeld, zowel dat van de periode als cumulatief (RJ 214.620).

Voorbeeld netto-vermogenswaarde bij negatief eigen vermogen: opnemen van een voorziening

BV A houdt het gehele geplaatste aandelenkapitaal in BV B. De waardering van BV B volgens de netto-vermogenswaardemethode is nihil geworden. De netto-vermogenswaarde is gelijk aan het zichtbare eigen vermogen in de jaarrekening van BV B (er zijn geen verschillen in grondslagen voor waardering en winstbepaling noch andere verschillen). De balansen van BV A en BV B zien er als volgt uit:

Balans A

Deelneming B	0	EV	700
Overige activa	1.000	Schulden	300
	1.000		1.000

Balans B

Activa	500	EV	-/-200
		Overige schulden	700
	500		500

De vraag is of BV A een voorziening moet treffen ter zake van het negatieve eigen vermogen van BV B en zo ja, tot welk bedrag. Het uitgangspunt is dat de voorziening slechts behoeft te worden gevormd wanneer BV B haar schulden jegens derden niet (geheel) kan voldoen en BV A deswege voor die schulden jegens de derden aansprakelijk is en/of zich aansprakelijk houdt.

Stel dat BV A aansprakelijk is, dan moet zij een voorziening vormen; de vraag is alleen nog tot welk bedrag. Voor de bepaling van de omvang van de voorziening gaat BV A ervan uit dat BV B haar gehele actief ad 500 kan aanwenden voor de voldoening van haar schulden jegens derden ad 700. Er is dan een tekort van 200 waarvoor BV A aansprakelijk is en tot welk bedrag zij dan de voorziening moet treffen.
Daarbij is de voorziening die A moet vormen niet per definitie gelijk aan de negatieve netto-vermogenswaarde. Zo kunnen bijvoorbeeld de activa een directe opbrengstwaarde hebben van bijvoorbeeld 540. De voorziening kan dan 40 lager zijn (160 in plaats van 200). Ook kan de aansprakelijkheid betrekking hebben op een deel van de schulden of kan er sprake zijn van de situatie dat A niet aansprakelijk is, maar zich wel heeft verplicht een bepaald bedrag in het eigen vermogen van BV B bij te storten.

Indien A uit hoofde van het negatieve eigen vermogen van B een voorziening opneemt van bijvoorbeeld 140, dan wordt het eigen vermogen in de enkelvoudige jaarrekening van A 560. In de geconsolideerde jaarrekening van A worden alle activa en schulden van B opgenomen, zodat het eigen vermogen 500 bedraagt.

Voorbeeld toelichting waarderingsgrondslag negatieve netto-vermogenswaarde

Indien de waardering van een deelneming volgens de netto-vermogenswaarde negatief is, wordt deze op nihil gewaardeerd. Indien en voor zover de moedermaatschappij in deze situatie geheel of ten dele instaat voor de schulden van de deelneming respectievelijk het stellige voornemen heeft de deelneming tot betaling van haar schulden in staat te stellen wordt een voorziening getroffen.

Een negatief eigen vermogen kan ook al aanwezig zijn bij de verwerving van een deelneming. De regels voor het al dan niet opnemen van een voorziening gelden ook voor de overnamebalans. De goodwill wordt dan bepaald afhankelijk van het feit of de rechtspersoon op moment van acquisitie geheel of ten dele instaat voor de schulden van de deelneming (of de feitelijke verplichting heeft de deelneming tot betaling van haar schulden in staat te stellen) (RJ 214.333a). Indien bijvoorbeeld de kopende rechtspersoon niet instaat voor de schulden, is de goodwill gelijk aan de kostprijs. Indien de rechtspersoon wel geheel of ten dele instaat voor de schulden, is de goodwill de som van de kostprijs en de waarde van de ingeschatte verplichting (die als voorziening wordt opgenomen).

10 Deelnemingen

10.4.3.5 Aandelen met een bijzonder karakter

Bij waardering tegen netto-vermogenswaarde dient rekening te worden gehouden met het bijzondere karakter van aandelen of certificaten (RJ 214.326). Indien de deelnemende rechtspersoon invloed van betekenis uitoefent op het financiële en zakelijke beleid van de deelneming en hij ook (certificaten van) prioriteitsaandelen, preferente aandelen of aandelen met beperkt winst- of vermogensrecht houdt in het kapitaal van de deelneming, dient bij de waardering van die aandelen of certificaten met het bijzondere karakter daarvan rekening te worden gehouden. Zo mag bij de waardering tegen de netto-vermogenswaarde geen rekening worden gehouden met aandelen die geen recht geven tot verdeling in de winst of reserves van de deelneming (RJ 214.207a). Is het recht beperkt, dan beïnvloedt dat de hoogte van de netto-vermogenswaarde.

Voor stemrechtloze aandelen kan de netto-vermogenswaarde wel op dezelfde wijze worden bepaald als voor gewone aandelen (RJ 214.326a). Uiteraard tellen stemrechtloze aandelen niet mee bij de bepaling of sprake is van invloed van betekenis.

10.4.3.6 Bijzondere waarderingsaspecten

Bij de berekening van het aandeel in het resultaat van de deelneming worden de dividenden die toekomen aan de houders van (cumulatief) preferente aandelen als aftrekpost beschouwd, ook als deze dividenden nog niet zijn gedeclareerd (RJ 214.308, IAS 28.37).

Indien er sprake is van potentiële stemrechten, bijvoorbeeld de mogelijkheid om via een calloptie een belang uit te breiden van 40% naar 55%, kan dit wel gevolgen hebben voor de vraag of er al dan niet sprake is van een groepsmaatschappij (zie par. 10.3.1), maar voor de waardering van het belang wordt altijd uitgegaan van het feitelijke aandeel. Dit betekent dat waardering en resultaatbepaling plaatsvinden op basis van 40% (RJ 214.317, IAS 28.12).

Bij de bepaling van de netto-vermogenswaarde wordt de meest recente jaarrekening van de deelneming gehanteerd. Indien de balansdata van deelnemende rechtspersoon en deelneming verschillen, dient de deelneming specifiek voor de deelnemende rechtspersoon aangepaste cijfers aan te leveren, tenzij dat praktisch niet mogelijk is (IAS 28.33). In dat laatste geval dienen aanpassingen in de cijfers te worden doorgevoerd voor belangrijke transacties en gebeurtenissen tussen de beide balansdata. In geen geval mag er meer dan drie maanden verschil zitten tussen de balansdata en bovendien dienen de boekjaren van gelijke lengte te zijn (IAS 28.34).

In de Nederlandse wet- en regelgeving wordt een periode van drie maanden afwijking in balansdata alleen genoemd met betrekking tot geconsolideerde deelnemingen. Voor deelnemingen waarin slechts invloed van betekenis wordt uitgeoefend is een grotere afwijking daarom geoorloofd. Wel zal ook in die gevallen de situatie op de balansdatum van de deelnemende rechtspersoon zo veel mogelijk moeten worden benaderd. Is dat onmogelijk, dan moet worden betwijfeld of er inderdaad invloed van betekenis aanwezig is en of waardering tegen de netto-vermogenswaarde wel geoorloofd is.

Zelfs indien wordt gewaardeerd tegen netto-vermogenswaarde kan toch de noodzaak bestaan tot het doorvoeren van een bijzondere waardevermindering (art. 2:387 lid 4 BW, RJ 214.329, IAS 28.40). Daarbij gelden de algemene bepalingen zoals behandeld in hoofdstuk 29.

Bij waardering volgens de 'equity'-methode (netto-vermogenswaarde plus goodwill) onder IFRS wordt een eventuele bijzondere waardevermindering niet toegerekend aan de elementen van de deelneming, dus ook niet aan de in de 'equity'-waarde begrepen goodwill. Dit betekent dat, waar IFRS in het algemeen verbiedt om een eenmaal doorgevoerde bijzondere waardevermindering op goodwill weer terug te nemen, dit niet van toepassing is op de bijzondere waardeverminderingen van geassocieerde deelnemingen (IAS 28.42). Indien de waardevermindering niet meer aanwezig is, kan deze dus ook onder IFRS worden teruggenomen.

10.4.4 Zichtbaar-eigen-vermogenmethode

Zoals aangegeven in paragraaf 10.4.3 is het uitgangspunt dat deelnemingen waarin de deelnemende rechtspersoon invloed van betekenis uitoefent op het zakelijke en financiële beleid, tegen netto-vermogenswaarde dienen te worden gewaardeerd. Indien de deelnemende rechtspersoon wel invloed van betekenis op het zakelijke en financiële beleid van de deelneming uitoefent, maar toch niet voldoende om de beschikking te kunnen verkrijgen over voldoende gegevens om de netto-vermogenswaarde te bepalen en ook niet in staat is de netto-vermogenswaarde te benaderen (zie par. 10.4.3), mag hij uitgaan van een andere waarde (art. 2:389 lid 3 BW en RJ 214.324). De toepasselijke waarderingsgrondslag is dan uitsluitend de waardering volgens het zichtbare eigen vermogen van de deelneming (RJ 214.310/11). Zoals ook in paragraaf 10.4.3 aangegeven kan de vraag bestaan of in dat geval inderdaad wel invloed van betekenis kan worden uitgeoefend en of waardering tegen kostprijs of actuele waarde niet eerder van toepassing is. IFRS kent geen uitdrukkelijke optie om te waarderen tegen zichtbaar eigen vermogen.

Bij waardering volgens het zichtbare eigen vermogen van de deelneming geldt bij eerste toepassing het eigen vermogen volgens de balans van de deelneming als uitgangspunt voor de waardering in de balans van de deelnemende rechtspersoon (RJ 214.310/311). Bij waardering volgens zichtbaar eigen vermogen dient het verschil tussen de kostprijs van de deelneming en het zichtbare eigen vermogen van de deelneming op het verkrijgingsmoment overeenkomstig de regels van goodwill te worden behandeld (RJ 214.335 en 337). De wijzigingen in de boekwaarde na het moment van eerste toepassing dienen te geschieden overeenkomstig de grondslagen van de deelneming (RJ 214.311). De deelnemende rechtspersoon wijzigt de boekwaarde van de deelneming met het bedrag van zijn aandeel in het resultaat van de maatschappij waarin hij deelneemt en neemt in zijn winst-en-verliesrekening zijn aandeel in het resultaat van de deelneming op. Bij de deelneming gedeclareerde dividenden worden op de boekwaarde van de deelneming in mindering gebracht (art. 2:389 lid 3 BW). De in paragraaf 10.4.3 genoemde gevolgen van aandelen met een bijzonder karakter en de overige bijzondere waarderingsaspecten bij de bepaling van de netto-vermogenswaarde gelden op dezelfde wijze voor de toepassing van de zichtbaar-eigen-vermogensmethode.

Evenals bij waardering volgens de netto-vermogenswaardemethode geldt dat indien de deelnemende rechtspersoon niet zonder beperking uitkering aan hem van het resultaat van de deelneming kan bewerkstelligen, hij zijn aandeel in het resultaat van de deelneming opneemt in een wettelijke reserve deelneming. De reserve wordt verminderd met het bedrag van het dividend dat is gedeclareerd vóór de vaststelling van de jaarrekening van de deelnemende rechtspersoon (art. 2:389 lid 6 BW; zie ook hoofdstuk 15).

> **Voorbeeld zichtbaar eigen vermogen**
> Het 40%-belang van BV A in BV B (zie voorbeeld in par. 10.4.1) wordt in dit geval op 1 januari jaar 1 gewaardeerd tegen 260 (40% x (100 + 550)). Omdat de kostprijs 600 is, bedraagt de goodwill 340.
> In de winst-en-verliesrekening jaar 1 neemt A een bate op van 60 (40% x 150), zodat de boekwaarde van de deelneming per 31 december jaar 1 300 (260 + 60 - 20) bedraagt.

10.4.5 Verschillen Dutch GAAP - IFRS

De belangrijkste verschillen tussen de Nederlandse wet- en regelgeving en IFRS zijn:
▶ In Nederland vindt waardering plaats tegen de netto-vermogenswaarde, terwijl onder IFRS in vergelijkbare omstandigheden waardering plaatsvindt op basis van de 'equity'-methode. Het verschil tussen beide is dat de

goodwill in Nederland afzonderlijk wordt getoond, terwijl deze bij de 'equity'-methode begrepen is in de boekwaarde van de deelneming;
▶ Onder de Nederlandse wet- en regelgeving mag rekening worden houden met niet-duurzame waardeverminderingen. IFRS maakt geen onderscheid tussen duurzame en niet-duurzame waardeverminderingen (IAS 36);
▶ Bij waardering van deelnemingen tegen actuele waarde dienen onder de Nederlandse wet- en regelgeving waardeveranderingen te worden verantwoord in een herwaarderingsreserve. Onder IFRS is er veelal een vrije keuze tussen directe verwerking in het resultaat of in het eigen vermogen.

10.5 Wijziging van waarderingsmethode

We behandelen drie situaties waarin sprake kan zijn van een wijziging van de waarderingsmethode:
▶ door gewijzigde omstandigheden is sprake van verkrijging van invloed van betekenis (par. 10.5.1);
▶ door gewijzigde omstandigheden is sprake van verlies van invloed van betekenis (par. 10.5.2);
▶ de rechtspersoon voert een (vrijwillige) stelselwijziging door (par. 10.5.3).

In de hiernavolgende beschrijvingen wordt ervan uitgegaan dat de omvang van het belang niet wijzigt. Uiteraard kan ook sprake zijn van een wijziging van de waarderingsmethode doordat een belang wordt gekocht of verkocht. Indien bijvoorbeeld een 10%-belang (met waardering tegen kostprijs) wordt uitgebreid tot een 40%-belang (met invloed van betekenis), zal voor het volledige belang waardering tegen netto-vermogenswaarde plaatsvinden. Hierop wordt nader ingegaan in paragraaf 10.7. Een ander voorbeeld is dat van een 40%-belang 30% wordt verkocht, zodat niet langer meer sprake is van invloed van betekenis. Dat vraagstuk behandelen we in paragraaf 10.8.

10.5.1 Verkrijging van invloed van betekenis

Indien de deelnemende rechtspersoon de deelneming aanvankelijk heeft gewaardeerd overeenkomstig artikel 2:384 lid 1 BW (dat wil zeggen tegen kostprijs dan wel actuele waarde) en hij vervolgens, zonder verdere aankoop, invloed van betekenis op het zakelijke en financiële beleid van de deelneming is gaan uitoefenen, dient de vermogensmutatiemethode vanaf dat moment voor het totaal te worden toegepast (RJ 214.313). Met betrekking tot de verwerking van het verschil tussen de netto-vermogenswaarde en de oude boekwaarde geldt voorts het volgende:
▶ Indien en voor zover de meerwaarde van de deelneming het gevolg is van herwaarderingen van de deelneming, dienen op basis van de grondslagen van de deelnemende rechtspersoon de na de verwerving doorgevoerde, nog niet gerealiseerde herwaarderingen van de deelneming te worden opgenomen in een herwaarderingsreserve.
▶ Indien en voor zover de meerwaarde van de deelneming het gevolg is van na de verwerving door de deelneming behaalde niet-uitgekeerde winsten, dienen op basis van de grondslagen van de deelnemende rechtspersoon de niet-uitgekeerde winsten te worden opgenomen in een wettelijke reserve deelneming, indien en voor zover uitkering daarvan niet zonder beperking kan worden bewerkstelligd.
▶ Voor zover de meerwaarde niet in een herwaarderingsreserve en/of wettelijke reserve deelneming moet worden opgenomen, dient de meerwaarde in de overige reserves te worden opgenomen (RJ 214.338).

Indien sprake is van een netto-vermogenswaarde die lager is dan de oude boekwaarde op basis van kostprijs, dan ligt het voor de hand dat het verschil wordt verwerkt in de overige reserves. Bij eerdere waardering tegen actuele waarde, zal eerst de herwaarderingsreserve geheel worden afgeboekt.

Onder IFRS bestaan er meerdere mogelijkheden voor de verwerking van een overgang van waardering tegen kostprijs of actuele waarde naar waardering tegen netto-vermogenswaarde van een eenmaal gehouden belang.

> **Voorbeeld verkrijging van invloed van betekenis**
> Het 40%-belang in BV B is gewaardeerd tegen de kostprijs van 600. Na enige jaren wordt vastgesteld dat BV A inmiddels wel invloed van betekenis heeft gekregen. De netto-vermogenswaarde op dat moment bedraagt 800. Nadere analyse leert dat de stijging van de netto-vermogenswaarde na het moment van overname voor 150 is toe te rekenen aan een herwaardering van de grond en voor het overige aan ingehouden winsten. De stijging van de boekwaarde met 200 wordt dan voor 150 opgenomen in een herwaarderingsreserve en voor 50 in de wettelijke reserve ingehouden winst (aannemende dat bij een 40%-belang de winsten niet zonder beperkingen kunnen worden uitgekeerd).

10.5.2 Verlies van invloed van betekenis

Indien na het tijdstip van verwerving van een deelneming een zodanig verlies aan invloed optreedt dat niet langer sprake is van een invloed van betekenis voor het zakelijke en financiële beleid van de deelneming, terwijl dat voordien wel het geval was, dient de laatst bekende netto-vermogenswaarde als basis te worden genomen voor verdere waardering tegen kostprijs of actuele waarde. De aldus bepaalde kostprijs respectievelijk actuele waarde dient te worden verhoogd met de op het moment van verlies van invloed van betekenis nog geactiveerde goodwill met betrekking tot het resterende belang in de deelneming (RJ 214.321). Indien de goodwill in het verleden rechtstreeks ten laste van het eigen vermogen of onmiddellijk ten laste van het resultaat was gebracht, wordt deze goodwill niet verder in aanmerking genomen.

Indien moet worden overgegaan van netto-vermogenswaarde naar zichtbaar eigen vermogen, omdat de gegevens voor aanpassing naar eigen grondslagen niet meer beschikbaar zijn, geldt ook in dat geval de laatst bekende netto-vermogenswaarde als uitgangspunt voor verdere toepassing van de vermogensmutatiemethode (RJ 214.324).

IAS 28.22/23 geeft aan hoe verwerking dient plaats te vinden in het geval van verlies van invloed van betekenis. Daarbij wordt geen onderscheid gemaakt tussen verlies van invloed van betekenis met of zonder verkoop van een deel van het belang. De algemene regel is dat een achterblijvend financieel actief wordt geherwaardeerd naar reële waarde, met verwerking van de waardeverandering in het resultaat. Anders dan in Nederland wordt de bestaande netto-vermogenswaarde niet als eerste kostprijs gezien. Zie verder paragraaf 10.8. Alleen bij waardering tegen actuele waarde is in Nederland dezelfde methode als bij IFRS van toepassing (met verwerking in herwaarderingsreserve) en indien het achterblijvende belang dient te worden aangemerkt als een belegging die wordt gewaardeerd tegen reële waarde.

Indien sprake is van een overgang van invloed van betekenis naar gezamenlijke zeggenschap door middel van een joint venture blijft op basis van IAS 28.24 de bestaande waardering volgens de 'equity'-methode gehandhaafd.

10.5.3 Vrijwillige stelselwijziging

Het is ook mogelijk dat de rechtspersoon vrijwillig overgaat van waardering van de deelneming tegen netto-vermogenswaarde naar waardering tegen kostprijs. Dit kan zich bijvoorbeeld voordoen indien artikel 2:408 BW wordt toegepast en daarmee een in overeenstemming met artikel 2:389 lid 9 BW gegronde reden bestaat om, ook bij het aanwezig blijven van een invloed van betekenis of een overheersende zeggenschap, te waarderen tegen kostprijs. In dat geval is sprake van een stelselwijziging. Inzake de verwerking van de stelselwijziging bestaan twee mogelijkheden:
a. (i) Er is sprake van een vrijwillige stelselwijziging, die ingevolge RJ 140 met terugwerkende kracht moet worden toegepast. Dit betekent dat terug zal moeten worden gegaan naar de oorspronkelijke kostprijs;
(ii) Indien voornoemde praktisch niet uitvoerbaar is stelt Richtlijn 140 dat in het uitzonderlijke geval dat het cumulatieve effect redelijkerwijze niet kan worden bepaald, de boekwaarde aan het begin van het desbetreffende boekjaar het uitgangspunt is bij de toepassing van het nieuwe stelsel. Indien derhalve de oorspronkelijke

kostprijs (en daarbij behorende dividendboekingen) slechts met onevenredig veel moeite of kosten te achterhalen zijn, wordt de netto-vermogenswaarde de basis voor waardering tegen kostprijs. RJ 140.209 biedt een praktische invulling door de kostprijs gelijk te stellen aan de netto-vermogenswaarde aan het begin van het desbetreffende boekjaar;
b. De netto-vermogenswaarde aan het begin van het voorgaande boekjaar wordt, vanuit administratieve eenvoud, als de 'veronderstelde kostprijs' beschouwd, ook zonder dat de onderneming kan aantonen dat de oorspronkelijke kostprijs redelijkerwijze niet kan worden bepaald.

Bovenstaande opties a (ii) en b leiden in de praktijk vaak tot dezelfde uitkomst. De eerste visie is de meest zuivere, maar het is in concreto lastig om aan te tonen of en in welke mate het cumulatieve effect redelijkerwijze niet is te bepalen. RJ behandelt de tweede mogelijkheid niet expliciet, maar wij zijn van mening dat ook een dergelijke keuze verdedigbaar is, mede in aanmerking nemend de keuzemogelijkheid die IFRS 1 biedt. IFRS 1.D15 staat namelijk toe dat bij een vrijwillige eerste toepassing van IFRS de kostprijs van een deelneming wordt gelijkgesteld aan de laatste boekwaarde volgens de vorige GAAP op de transitiedatum (het begin van het voorgaande boekjaar) (zie par. 10.3.3). Wellicht ten overvloede merken wij op dat in de aldus bepaalde kostprijs de tot dan toe afzonderlijk op de balans gepresenteerde goodwill moet worden begrepen.

10.5.4 Verschillen Dutch GAAP - IFRS

De belangrijkste verschillen tussen de Nederlandse wet- en regelgeving en IFRS zijn:
▶ De Nederlandse wet- en regelgeving geeft aanwijzingen voor de verwerking van een overgang van waardering tegen kostprijs of actuele waarde naar waardering tegen netto-vermogenswaarde van een eenmaal gehouden belang bij verkrijging van invloed van betekenis. Onder IFRS bestaan hier meerdere mogelijkheden voor.
▶ Bij verlies van invloed van betekenis dient onder IFRS het resterend belang geherwaardeerd te worden naar reële waarde waarbij het verschil met de boekwaarde naar de winst-en-verliesrekening gaat. Onder de Nederlandse wet- en regelgeving is herwaardering resterend belang naar reële waarde alleen toegestaan bij waardering tegen actuele waarde (verwerking in herwaarderingsreserve) en indien het achterblijvende belang dient te worden aangemerkt als een belegging die wordt gewaardeerd tegen reële waarde.

10.6 Eliminatie ongerealiseerde resultaten uit transacties met deelnemingen

Bij toepassing van de vermogensmutatiemethode in de geconsolideerde jaarrekening voor een niet-geconsolideerde deelneming, dienen ongerealiseerde winsten of verliezen uit transacties tussen de deelnemende rechtspersoon en de deelneming te worden geëlimineerd (RJ 260.211, IAS 28.28). Daarbij vallen twee situaties te onderscheiden:
▶ de deelneming is geen groepsmaatschappij: in dat geval dient de eliminatie plaats te vinden in overeenstemming met het relatieve belang dat de rechtspersoon heeft in de deelneming (proportionele winstverantwoording);
▶ de deelneming is wél een groepsmaatschappij: in dat geval dient de eliminatie in beginsel volledig, voor 100% van het 'intercompany'-resultaat, plaats te vinden; de RJ heeft echter in RJ 260.302/308 bepaald, in afwijking van IFRS, dat bij transacties met een niet-100%-groepsmaatschappij in de enkelvoudige jaarrekening proportionele eliminatie plaatsvindt, zodat op dat punt een verschil ontstaat tussen de geconsolideerde en enkelvoudige jaarrekening.

Uitgebreidere behandeling van de eliminatie van intercompany-resultaten vindt plaats in paragraaf 26.6.

10.7 Toename bestaand belang

In paragraaf 10.2 hebben wij aandacht besteed aan de verwerving van een deelneming. Ook kan sprake zijn van een toename van een reeds bestaand belang door:

▶ aankoop van aandelen (par. 10.7.1);
▶ inkoop door de deelneming van aandelen van andere aandeelhouders (par. 10.7.2);
▶ overname van aandelen van derden-aandeelhouders terwijl al overheersende zeggenschap bestaat (verwerving aandeel derden) (par. 10.7.3).

Schematisch kan de verwerking als volgt worden weergegeven, uitgaande van de geconsolideerde jaarrekening:

Minderheidsdeelneming[1]	IFRS	RJ	Referentie
Directe aankoop extra belang	Activeren als onderdeel van 'equity method', 'equity' accounting wordt per 'tranche' toegepast.	Activeren als onderdeel netto-vermogenswaarde, toepassing netto-vermogenswaarde en goodwill stapsgewijs. In de praktijk mogelijk geen exacte split per tranche, zeker omdat zowel goodwill als andere activa worden afgeschreven.	Zie paragraaf 10.7.1 RJ 214.305
Toename belang door 'omgekeerde verwatering'	IFRS bevat geen specifieke bepalingen; Aanvaardbaar om op soortgelijke wijze te verwerken als een directe aankoop van extra belang.	Verschil met netto-vermogenswaarde als goodwill of ten laste van het eigen vermogen.	Zie paragraaf 10.7.2 RJ 214.318

Meerderheidsdeelneming[2]	IFRS	RJ	Referentie
Verwerving aandeel derden	Via eigen vermogen	Als goodwill of via eigen vermogen	Zie paragraaf 10.7.3

10.7.1 Aankoop aandelen: stapsgewijze verwerving

Indien bijvoorbeeld een 40%-belang wordt uitgebreid door de aankoop van 20% tot een 60%-belang, waardoor overheersende zeggenschap ontstaat, spreken we van een stapsgewijze overname. Er kan ook sprake zijn van een stapsgewijze verwerving van een deelneming met invloed van betekenis, bijvoorbeeld door een uitbreiding van een 10%-belang tot een 40%-belang. Op basis van RJ 214.305 worden hier de regels van een stapsgewijze overname naar analogie toegepast. We verwijzen hiervoor naar paragraaf 25.5 in het hoofdstuk 25.

10.7.2 Deelneming koopt aandelen in

Ook kan zich de situatie voordoen dat een deelneming aandelen *inkoopt* van andere aandeelhouders, waardoor het relatieve belang van de deelnemende rechtspersoon in die deelneming toeneemt. Dit wordt ook wel 'omgekeerde verwatering' genoemd. Daarbij kan sprake zijn van de situatie dat de rechtspersoon voorafgaand aan deze transactie reeds overheersende zeggenschap heeft, dat door de transactie overheersende zeggenschap ontstaat, of dat zowel voor als na de transactie geen overheersende zeggenschap aanwezig is. In alle gevallen dient een

---

[1] Bij onderhavige transacties is de aanname dat er zowel voor als na de transactie sprake is van invloed van betekenis.
[2] Bij onderhavige transacties is de aanname dat er zowel voor als na de transactie sprake is van overheersende zeggenschap.

eventueel verschil tussen de kostprijs van de ingekochte aandelen en het betreffende pro-ratodeel van de netto-vermogenswaarde direct te worden verwerkt op één van de volgende twee wijzen:
- in de eerste waardering van de deelneming (indien de toename wordt beschouwd als een koop van de deelneming);
- direct in het eigen vermogen (indien de indirecte koop van het belang wordt beschouwd als een vermogensverschuiving tussen aandeelhouders (RJ 214.318).

De beschouwingswijze bij dit soort transacties dient gelijk te zijn aan die bij de in paragraaf 10.8 te behandelen verwateringsresultaten (RJ 214.319): hetzij als koop/verkoop, hetzij als vermogensverschuiving.
IFRS bevat geen specifieke bepalingen hierover.

> **Voorbeeld wijziging belang door inkoop eigen aandelen door deelneming (ontleend aan RJ 214, bijlage 3)**
>
> BV A heeft een 40%-belang in BV B (€ 40.000 nominaal). BV B heeft een geplaatst aandelenkapitaal van € 100.000. Het eigen vermogen (netto-vermogenswaarde, zichtbaar eigen vermogen) van B bedraagt € 2.000.000. De waardering van het 40%-belang in de jaarrekening van A is daarom € 800.000 (40% x € 2.000.000). Dit komt overeen met een waarde van € 20 (€ 800.000 : 40.000) per aandeel.
>
> BV B koopt eigen aandelen in met een nominale waarde van € 20.000 en trekt deze vervolgens in. De inkoopprijs bedraagt € 22, zodat de totale inkoop € 440.000 bedraagt. Het eigen vermogen van BV B daalt hiermee tot € 1.560.000. Het belang van BV A stijgt van 40% naar 50% (40.000 : 80.000). De netto-vermogenswaarde van dit belang bedraagt € 780.000. Er is derhalve sprake van een afname van de netto-vermogenswaarde van € 20.000. Indien de toename van het belang wordt beschouwd als een gedeeltelijke aankoop, wordt de afname van de netto-vermogenswaarde beschouwd als (positieve) goodwill. Indien de toename van het belang wordt beschouwd als een vermogensverschuiving tussen aandeelhouders, wordt de daling van de netto-vermogenswaarde ten laste van het eigen vermogen gebracht.
> De inkoopprijs van de eigen aandelen kan ook lager zijn dan € 20. In dat geval ontstaat hetzij negatieve goodwill, hetzij een toename van het eigen vermogen van A.

10.7.3 Verwerving aandeel derden

Het belang in een deelneming kan ook toenemen indien reeds overheersende zeggenschap bestaat, bijvoorbeeld een uitbreiding van 80% naar 100%. Dit is feitelijk de verwerving van het aandeel derden. Verschil met de vorige situaties is dat in de geconsolideerde jaarrekening al 100% van de activa en verplichtingen is opgenomen en dat daarin geen verandering komt. De verwerving van het aandeel derden kan in Nederland op dezelfde twee wijzen worden verwerkt als bij de bovengenoemde 'omgekeerde verwatering': als een toename van de goodwill of direct via het eigen vermogen.

IFRS 10 schrijft voor om in de situatie waarin reeds overheersende zeggenschap bestaat een inkoop van eigen aandelen of een aankoop van een aandeel derden ('non-controlling interest') te verwerken via het eigen vermogen (IFRS 10.23). Er kan derhalve geen sprake zijn van toename van de goodwill. De achtergrond hiervan is de beschouwingswijze dat de geconsolideerde jaarrekening wordt opgesteld vanuit de 'economic entity' en niet vanuit het gezichtspunt van de moedermaatschappij; een aankoop van een aandeel derden verandert aan deze 'economic entity' niets en betreft uitsluitend een verschuiving tussen aandeelhouders.

De boekwaarde van het meerderheidsbelang en het minderheidsbelang ('non-controlling interest') moet worden aangepast om de gewijzigde verhoudingen in de deelneming weer te geven. Elk verschil tussen het bedrag waarmee het minderheidsbelang wordt aangepast en de reële waarde van de betaalde of ontvangen kostprijs dient direct in het vermogen te worden verwerkt en te worden toegerekend aan de meerderheidsaandeelhouder (IFRS 10.B96).

In de toelichting dient te worden aangegeven tot welke mutaties in het eigen vermogen de transacties met derden-aandeelhouders hebben geleid (IFRS 12.18).

Voorbeeld verwerving aandeel derden (onder toepassing van IFRS)

Onderneming A heeft een 70%-belang in onderneming B en breidt dit belang uit naar 85%. De kosten van het 15%-belang bedragen € 4.500. De boekwaarde van het aandeel derden in de geconsolideerde jaarrekening bedroeg vlak voor de aankoop van het 15%-belang € 7.500.
Als gevolg van de transactie vermindert het aandeel derden met € 3.750 (15/30 x 7.500). Het verschil met de aankoopprijs van € 4.500 (€ 750) wordt ten laste van de overige reserves geboekt.

10.7.4 Verschillen Dutch GAAP - IFRS

Onder de RJ staan er bijzondere voorschriften voor toename van het belang door inkoop eigen aandelen door deelneming. Een eventueel verschil tussen de kostprijs van de ingekocht aandelen en het betreffende proportionele deel van de netto-vermogenswaarde dient direct te worden verwerkt in de eerste waardering van de deelneming (indien de toename wordt beschouwd als een koop van de deelneming), dan wel direct in het eigen vermogen (indien de indirecte koop van het belang wordt beschouwd als een vermogensverschuiving tussen aandeelhouders).

Onder IFRS zijn hiervoor geen bijzondere voorschriften bij deelnemingen met invloed van betekenis.

De RJ staat twee methoden toe voor de verwerking van een aankoop van een derdenbelang indien reeds overheersende zeggenschap bestaat: als aankoop (met verwerking van goodwill) of als vermogensverschuiving (met verwerking binnen het eigen vermogen). IFRS laat alleen laatstgenoemde methode toe.

10.8 Afname bestaand belang

Een afname van een reeds bestaand belang kan zich onder andere voordoen in de volgende varianten:
▶ verkoop van alle aandelen (par. 10.8.1);
▶ afname belang door emissie bij de deelneming (verwatering) (par. 10.8.2);
▶ verkoop van een deel van de aandelen met behoud van overheersende zeggenschap (par. 10.8.3);
▶ verkoop van een deel van de aandelen waardoor overheersende zeggenschap verloren gaat (par. 10.8.4);
▶ verkoop van een deel van de aandelen waardoor de invloed van betekenis verloren gaat (par. 10.8.5).

In paragraaf 10.8.6 wordt specifiek ingegaan op de gevolgen voor de goodwill bij de gehele of gedeeltelijke verkoop van een deelneming.

Schematisch kan de verwerking als volgt worden weergegeven, uitgaande van de geconsolideerde jaarrekening:

Minderheidsdeelneming[3]	IFRS	RJ	Referentie
Directe verkoop van (deel van) de minderheidsdeelneming	Verwerking als 'partial disposal' via W&V.	Wordt niet specifiek behandeld, anders dan volledige verkoop. Verwerking via W&V lijkt voorgeschreven.	Zie paragraaf 10.8.1 RJ 214.341a
Afname belang door "verwatering"	IFRS bevat geen specifieke bepalingen.	Verschil met boekwaarde of als resultaat in W&V of rechtstreeks in EV.	Zie paragraaf 10.8.2 RJ 214.315

---

[3] Bij onderhavige transacties is de aanname dat er zowel voor als na de transactie sprake is van invloed van betekenis.

Meerderheidsdeelneming[4]	IFRS	RJ	Referentie
Directe verkoop met behoud van overheersende zeggenschap	Via eigen vermogen	Via W&V of via eigen vermogen	Zie paragraaf 10.8.3
Afname belang door 'verwatering'	Idem als hierboven	Idem als hierboven	Zie paragraaf 10.8.3
Van meerderheidsdeelneming naar minderheidsdeelneming	**IFRS**	**RJ**	**Referentie**
Verkoop met verlies van overheersende zeggenschap	Via W&V met herwaardering van het resterende belang naar reële waarde. Verschil met de boekwaarde eveneens verantwoord in W&V.	Via W&V	Zie paragraaf 10.8.4
Verkoop met verlies van invloed van betekenis	Idem als hierboven. Alle posten in OCI verwerken alsof deelneming voor 100% is verkocht.	Idem als hierboven	Zie paragraaf 10.8.5

10.8.1 Verkoop aandelen

Het resultaat bij afstoting van een deelneming is gelijk aan het verschil tussen de verkoopopbrengst en de boekwaarde (netto-vermogenswaarde plus nog geactiveerde toerekenbare goodwill, zie par. 10.8.5). Dit resultaat (bate) wordt gewoonlijk in de winst-en-verliesrekening opgenomen.

Als het gaat om een stellig voornemen tot afstoting van een deelneming en de verwachte verkoopwaarde is lager dan de boekwaarde, dan dient de deelneming tegen de lagere verwachte verkoopwaarde te worden gewaardeerd (RJ 214.331). Is de verkoopwaarde niet lager, dan blijft de bestaande grondslag (zoals netto-vermogenswaarde) van kracht.

In IFRS geldt dat deelnemingen die worden geclassificeerd als 'held for sale' in overeenstemming met IFRS 5 moeten worden gewaardeerd tegen de laatste boekwaarde of lagere opbrengstwaarde (IAS 28.20); deze laatste boekwaarde wordt niet meer aangepast (voor deelnemingen die in de enkelvoudige jaarrekening eerder op basis van IFRS 9 waren gewaardeerd, blijft echter deze grondslag van toepassing, ook na het voldoen aan de criteria van 'held for sale'). De bepalingen in IFRS 5 zijn verder veel gedetailleerder dan in Nederland. Als een eerder als 'held for sale' geclassificeerde deelneming niet meer aan de criteria van IFRS 5 voldoet, dan vindt weer waardering plaats op basis van de 'equity'-methode, met aanpassing van de eerdere jaarrekeningen (IAS 28.21). Zie verder hoofdstuk 33.

10.8.2 Afname belang door emissie bij de deelneming (verwatering)

Een deelneming kan aandelen uitgeven aan een derde, waardoor het relatieve belang van de deelnemende rechtspersoon verwatert. Het met deze verwatering samenhangende resultaat wordt verwateringsresultaat genoemd en kan zowel een verwateringswinst als een verwateringsverlies zijn. Het resultaat is een gevolg van het feit dat door bijplaatsing van aandelen en storting door een nieuwe aandeelhouder de nieuw te berekenen netto-vermogenswaarde afwijkt van de vorige netto-vermogenswaarde. Het verwateringsresultaat dient de deelnemende rechtspersoon volgens de RJ hetzij in de winst-en-verliesrekening, hetzij rechtstreeks in het eigen vermogen te verwerken (RJ 214.315). De RJ spreekt geen voorkeur uit omdat de keuze van de verwerkingswijze veel te maken heeft met de zienswijze op de verwatering. Bij verwerking in de winst-en-verliesrekening wordt het bijplaatsen aan derden beschouwd vanuit het gezichtspunt van de economische realiteit als een verkoop van een deel van de aandelen. Bij

---

[4] Bij onderhavige transacties is de aanname dat er zowel voor als na de transactie sprake is van beslissende zeggenschap.

de verwerking in het eigen vermogen wordt de verwatering meer gezien als een vermogensverschuiving tussen de bestaande aandeelhouders en de aandeelhouders die deelnemen in de emissie. Hierbij dient een gelijke zienswijze te worden gevolgd als bij inkoop van aandelen door de deelneming (zie par. 10.7.2).

IFRS kent geen uitdrukkelijke bepalingen over de verwerking van verwateringsresultaten inzake deelnemingen die in de geconsolideerde jaarrekening volgens de 'equity'-methode worden verwerkt (geassocieerde deelnemingen, joint ventures).

> **Voorbeeld verwateringsresultaten (ontleend aan RJ 214, bijlage 2)**
> De uitgangssituatie is gelijk aan die in het vorige voorbeeld.
> BV B geeft nieuwe aandelen uit met een nominale waarde van € 60.000 aan een nieuw toe te treden aandeelhouder. De uitgifteprijs is € 22 per aandeel, zodat een bedrag van € 1.320.000 in het vermogen wordt gestort. Als gevolg hiervan stijgt het nominale aandelenkapitaal van BV B naar € 160.000 en wordt het totale eigen vermogen van BV B € 3.320.000. Het belang van BV A daalt door de emissie van 40% naar 25% (40.000 : 160.000). De netto-vermogenswaarde van dit belang bedraagt € 830.000 (25% x € 3.320.000). De emissie heeft daarom geleid tot een verwateringswinst van € 30.000, de toename van de netto-vermogenswaarde. Deze verwateringswinst dient hetzij te worden verwerkt ten gunste van het resultaat hetzij direct ten gunste van het eigen vermogen.
> Omgekeerd kan er ook sprake zijn van een verwateringsverlies, namelijk als de emissie zou hebben plaatsgevonden tegen een koers lager dan € 20. Een dergelijk verlies wordt op dezelfde wijze verwerkt als een winst.

De aard en omvang van de verwateringsresultaten en de wijze van verwerking dienen afzonderlijk te worden toegelicht. Onafhankelijk van de gekozen wijze van verwerking dient een verwateringswinst altijd te worden meegerekend bij de resultaten uit deelnemingen als de vraag aan de orde is of er een wettelijke reserve deelnemingen (art. 2:389 lid 6 BW) moet worden gevormd (RJ 214.315).

Indien zich tegelijkertijd de situatie voordoet van verwatering en inkoop van aandelen door de deelneming (zie par. 10.7.2), worden eerst de effecten van verwatering verwerkt (RJ 214.322).

10.8.3 Verkoop met behoud van overheersende zeggenschap

De RJ kent hiervoor geen afzonderlijke regels: de keuzemogelijkheid die bij verwatering bestaat, bestaat hier ook.

Onder IFRS bepaalt IFRS 10 om in de situatie waarin reeds overheersende zeggenschap bestaat (dus bij deelnemingen in groepsmaatschappijen) een inkoop van eigen aandelen of een aankoop van een aandeel derden ('non-controlling interest') te verwerken via het eigen vermogen (IFRS 10.23). Dit komt voort uit de beschouwingswijze dat de geconsolideerde jaarrekening wordt opgesteld vanuit de 'economic entity' en niet vanuit het gezichtspunt van de moedermaatschappij; een aankoop van een aandeel derden verandert aan deze 'economic entity' niets en betreft uitsluitend een verschuiving tussen aandeelhouders.

De boekwaarde van het meerderheidsbelang en het minderheidsbelang ('non-controlling interest') moet worden aangepast om de gewijzigde verhoudingen in de deelneming weer te geven. Elk verschil tussen het bedrag waarmee het aandeel derden wordt aangepast en de reële waarde van de betaalde of ontvangen kostprijs dient direct in het vermogen te worden verwerkt en te worden toegerekend aan de meerderheidsaandeelhouder (IFRS 10.B96).
In de toelichting dient te worden aangegeven tot welke mutaties in het eigen vermogen de transacties met derden-aandeelhouders hebben geleid (IFRS 12.18).

10.8.4 Verkoop met verlies van overheersende zeggenschap

Onder de RJ gelden hier de algemene regels voor de verkoop van belangen in deelnemingen: alle resultaten worden verwerkt in het resultaat. Verwerking binnen het eigen vermogen is hier niet aan de orde, omdat er door het verlies van overheersende zeggenschap van slechts een vermogensverschuiving binnen de groep aandeelhouders geen sprake meer is.

De regelgeving van IFRS heeft in IFRS 10.25 een bijzondere bepaling opgenomen voor de situatie dat een deelneming waarin overheersende zeggenschap bestaat (en dus wordt geconsolideerd) gedeeltelijk wordt afgestoten, waarbij nog wel invloed van betekenis kan bestaan, maar geen overheersende zeggenschap meer. Dus bijvoorbeeld een 100%-belang, waarvan 70% wordt verkocht. Gewoonlijk zou het verschil tussen de verkoopprijs en de boekwaarde van het 70%-belang in de winst-en-verliesrekening worden opgenomen. Bepaald wordt echter dat daarnaast het resterende 30%-belang moet worden geherwaardeerd naar reële waarde en dat het verschil met de boekwaarde eveneens in het resultaat wordt verantwoord. Er wordt als het ware van uitgegaan dat het gehele belang wordt verkocht en dat een nieuwe aankoop van 30% plaatsvindt. Achtergrond hiervan is dat het verliezen van de overheersende zeggenschap een zodanig belangrijk feit is, dat dit rechtvaardigt dat een 'fresh start' wordt gemaakt in de waardering van het overgebleven deel. De reële waarde van het 30%-belang wordt dan aangemerkt als de reële waarde op het moment van eerste verwerking in de balans en als de kostprijs van het belang.

Bepaald wordt voorts dat het verliezen van de overheersende zeggenschap ook betekent dat alle tijdelijk in het eigen vermogen geboekte posten vrijvallen in de winst-en-verliesrekening. Dit betreft met name de cumulatieve omrekeningsverschillenreserve en de reserve uit hoofde van kasstroomafdekking ('cash flow hedges'). Ook indien een belang van 30% resteert, valt het volledige aandeel van de moeder in de in het eigen vermogen geboekte posten vrij in het resultaat. Dit past bij de hiervoor genoemde 'fresh start'-gedachte.

In de toelichting dient het resultaat van transacties die resulteren in een verlies van zeggenschap te worden toegelicht, met afzonderlijke vermelding van het deel van het resultaat dat ontstaat door de herwaardering naar reële waarde van het behouden belang. Ook dient te worden aangegeven op welke regel in de winst-en-verliesrekening het resultaat is verantwoord.

De Nederlandse regelgeving kent een dergelijke bijzondere bepaling niet. Eventuele winsten of verliezen die samenhangen met de verkoop worden in de winst-en-verliesrekening geboekt. Het achterblijvende belang dient op de juiste wijze te worden geclassificeerd, met gevolgen voor de verwerking. Dit blijkt uit onderstaand schema:

Classificatie achterblijvend belang	Verwerking in de jaarrekening
Deelneming met invloed van betekenis	Waarderen tegen resterende netto-vermogenswaarde
Deelneming zonder invloed van betekenis met waardering tegen kostprijs	Resterende netto-vermogenswaarde geldt als de kostprijs van de deelneming (vergelijkbaar met par. 10.5.2)
Deelneming zonder invloed van betekenis met waardering tegen actuele waarde	Resterende netto-vermogenswaarde geldt als de kostprijs van de deelneming (vergelijkbaar met par. 10.5.2); verschil tussen actuele waarde en deze kostprijs wordt verwerkt in een herwaarderingsreserve
Belegging met waardering tegen kostprijs	Resterende netto-vermogenswaarde geldt als de kostprijs van de belegging (vergelijkbaar met par. 10.5.2)
Belegging met waardering tegen reële waarde	Resterende netto-vermogenswaarde geldt als de kostprijs van de belegging (vergelijkbaar met par. 10.5.2); verschil tussen reële waarde en deze kostprijs wordt direct verwerkt in een herwaarderingsreserve of in de winst-en-verliesrekening (zie par. 9.4.1)

Uit dit schema blijkt dat de winstverantwoording bij de RJ alleen gelijk is aan die bij IFRS in het geval dat het achterliggende belang dient te worden aangemerkt als een belegging die wordt gewaardeerd tegen reële waarde met verwerking van waardeveranderingen in het resultaat.

> **Voorbeeld verkoop deelneming met verlies van zeggenschap**
>
> Onderneming E heeft een 70%-belang in onderneming F. Op 31 december jaar 1 is de reële waarde van onderneming F als geheel € 15.000 en is de boekwaarde € 11.000. De boekwaarde van het aandeel derden bedraagt € 3.300 en van het aandeel van onderneming E € 7.700. In het eigen vermogen is een positieve cumulatieve omrekeningsverschillenreserve uit hoofde van F opgenomen van € 1.000; het aandeel van E hierin bedraagt € 700.
> Op 31 december jaar 1 verkoopt onderneming E 60% van haar aandelen in onderneming F, tegen een opbrengst van € 9.000 (60% x € 15.000). De reële waarde van het resterende 10%-belang is € 1.500.
>
> Het resultaat op deze verkooptransactie wordt bij toepassing van IFRS nu als volgt bepaald:
> - opbrengst 60%-belang (9.000) - boekwaarde 60%-belang (60% x 11.000 = 6.600) = € 2.400;
> - herwaardering resterend 10%-belang: van 1.100 (10% x 11.000) naar 1.500 (reële waarde) = € 400;
> - vrijval cumulatieve omrekeningsverschillenreserve: € 700;
> - totaalresultaat: € 3.500.
>
> Bij toepassing van de RJ is het resultaat € 2.400 plus € 700 (het gerealiseerde deel van de cumulatieve omrekeningsverschillenreserve). Alleen indien het 10%-belang wordt aangemerkt als een belegging die tegen reële waarde wordt gewaardeerd met verwerking van waardeveranderingen in de winst-en-verliesrekening, wordt bij toepassing van de RJ ook de additionele bate van € 400 verantwoord.

Het verlies van de overheersende zeggenschap kan plaatsvinden zonder dat de absolute of relatieve aandelenparticipatie vermindert, bijvoorbeeld in het geval dat de dochteronderneming onder de zeggenschap van de overheid wordt geplaatst.

Ook kan zich de situatie voordoen dat verlies van zeggenschap plaatsvindt in twee of meer transacties. Daarbij moet worden nagegaan of er feitelijk niet een zodanige koppeling van deze transacties aanwezig is dat zij voor de verwerking in de jaarrekening als één transactie moeten worden beschouwd. Beschouwing als één of twee transacties leidt namelijk tot verschillende gevolgen voor de jaarrekening.

> **Voorbeeld verkoop deelneming met verlies van zeggenschap met één of twee transacties**
>
> Onderneming P heeft een 70%-belang in onderneming S. P wil dit gehele belang afstoten. Daarbij bestaan bijvoorbeeld de volgende alternatieven:
> - afstoting in één transactie. De totale winst of verlies op deze transactie wordt dan verwerkt in de winst-en-verliesrekening;
> - afstoting in twee transacties: eerst een verkoop van 19%, zodat 51% resteert, en daarna een verkoop van de resterende 51%. In dit geval wordt het resultaat op de eerste transactie verwerkt in het eigen vermogen, omdat de overheersende zeggenschap niet verloren is gegaan. Het resultaat op de tweede transactie wordt dan verwerkt in het resultaat.
>
> IFRS 10.B97 vereist dat in het tweede geval moet worden nagegaan of niet eigenlijk sprake is van één transactie.

10.8.5 Verkoop met verlies van invloed van betekenis

De bepalingen in de Richtlijnen voor verkoop met verlies van invloed van betekenis zijn vergelijkbaar aan die weergegeven in paragraaf 10.8.4.

IAS 28.22/23 bevat voor de situatie van verlies van invloed van betekenis (waarbij een financieel actief ontstaat) in essentie dezelfde bepalingen als voor verlies van overheersende zeggenschap: het financieel actief dient te worden gewaardeerd tegen reële waarde; in de winst-en-verliesrekening worden naast de eventuele boekwinst op de verkoop van een deel van het belang ook de herwaardering van het achtergebleven belang naar reële waarde opgenomen; voorts worden alle posten die ter zake van de deelneming zijn opgenomen in het Other comprehensive income verwerkt alsof de deelneming voor 100% is verkocht (zo zullen omrekeningsverschillen voor 100% worden overgeboekt naar het resultaat).

Indien overigens het belang wordt verminderd en de invloed van betekenis behouden blijft, bepaalt IAS 28.25 dat ook in dat geval invloed aanwezig is op de posten die zijn opgenomen in het Other comprehensive income: het overboeken naar de winst-en-verliesrekening gebeurt in dat geval naar rato van de vermindering van het belang.

10.8.6 Gevolgen voor de goodwill bij (gedeeltelijke) verkoop deelneming

Bij verkoop van alle aandelen wordt de geactiveerde goodwill afgeboekt en daarmee betrokken bij de bepaling van de omvang van de boekwinst.

Tot en met de jaarrekening 2015 was het mogelijk om goodwill direct ten laste van het eigen vermogen te brengen. Indien de rechtspersoon in het verleden positieve goodwill rechtstreeks ten laste van het eigen vermogen heeft geboekt, dient bij gehele of gedeeltelijke verkoop van de deelneming de toerekenbare positieve goodwill respectievelijk het proportionele deel daarvan te worden teruggenomen voor het bepalen van het verkoopresultaat. Richtlijn 214 hanteert een staffelmethode om aan te geven welk bedrag van de van het eigen vermogen afgeboekte goodwill respectievelijk het proportionele deel daarvan moet worden teruggenomen (RJ 214.341):

- bij verkoop binnen een jaar na overname 100% van de afgeboekte goodwill;
- bij verkoop binnen twee jaar na overname ten minste 80% van de afgeboekte goodwill;
- bij verkoop binnen drie jaar na overname ten minste 60% van de afgeboekte goodwill, enzovoort.

Aangezien IFRS 3 geen afboeking van positieve goodwill ten laste van het eigen vermogen kent, is daar, in tegenstelling tot RJ 214, ook geen terugboeking van goodwill bij verkoop van de overgenomen partij aan de orde.

Indien een deel van het belang in de deelneming wordt verkocht, wordt een proportioneel deel van de goodwill afgeboekt en ten laste van het resultaat gebracht (RJ 214.341a). Is de goodwill eerder ten laste van het eigen vermogen gebracht, dan worden de in de voorgaande alinea aangegeven percentages op proportionele wijze bepaald: dus bij verkoop binnen twee jaren van 60% van het 100%-belang, wordt 48% (60% x 80%) van de ten laste van het eigen vermogen gebrachte goodwill in het resultaat verantwoord. Deze bepalingen zijn niet alleen van toepassing bij verkoop, maar ook bij afname van het belang door verwatering (zie par. 10.8.2).

Op basis van deze bepalingen wordt onder de Nederlandse wet- en regelgeving de goodwill ook proportioneel afgeboekt indien een deel van het belang is verkocht, maar de overheersende zeggenschap is blijven bestaan. Wij zijn van mening dat als alternatief ook aanvaardbaar is om in die situatie in de geconsolideerde jaarrekening de goodwill niet af te boeken, maar te herallokeren van het eigen vermogen naar het belang van derden.

Onder IFRS wordt de goodwill bij een gedeeltelijke verkoop van een deelneming niet proportioneel afgeboekt (IFRS 10.B96). Deze goodwill wordt pas afgeboekt als overheersende zeggenschap wordt verloren (IFRS 10. B98(a)(i)). Onder IFRS 10 worden aanpassingen in het belang in een deelneming die niet resulteren in het verlies van overheersende zeggenschap verwerkt als eigen vermogen transacties met aandeelhouders (IFRS 10.23). In dit geval wordt de waarde van de deelneming en belang derden aangepast om de veranderingen in de relatieve belangen weer te geven. Het is onder IFRS bij een gedeeltelijke verkoop van een deelneming niet duidelijk wat er moet gebeuren met het gedeelte van de goodwill dat betrekking heeft op het verkochte belang in de deelneming. Wij zijn van mening dat in de geconsolideerde jaarrekening een proportioneel deel van de goodwill moet worden toegerekend aan het belang van derden. Met andere woorden de goodwill zelf verandert niet als gevolg van de transactie. Anders zou een bijzondere waardevermindering van de goodwill niet op een juiste manier worden toegerekend aan het belang van derden of een boekresultaat als gevolg van het verliezen van overheersende zeggenschap niet op de juiste manier worden berekend.

10.8.7 Verschillen Dutch GAAP - IFRS

Bij een verwachte verkoop van een deelneming binnen een jaar kent IFRS de bepaling dat deelnemingen worden geclassificeerd als 'held for sale' en moeten worden gewaardeerd tegen de laatste boekwaarde of lagere opbrengstwaarde. De RJ staat dit niet toe.

De RJ staat twee methoden toe voor de verwerking van een verkoop van een aandeel derden indien overheersende zeggenschap behouden blijft: via het resultaat of via het eigen vermogen. IFRS laat alleen laastgenoemde methode toe.

Bij verlies van overheersende zeggenschap of van invloed van betekenis vereist IFRS dat het resterende belang wordt geherwaardeerd naar reële waarde met verwerking van de waardeverandering in het resultaat. De RJ verbiedt dat, tenzij het achterblijvende belang dient te worden aangemerkt als een belegging die wordt gewaardeerd tegen reële waarde met verwerking van waardeveranderingen in het resultaat. Bij classificatie als deelneming tegen actuele waarde vindt wel herwaardering van het achterblijvende belang plaats, maar wordt de waardeverandering verwerkt in een herwaarderingsreserve.

Bij gedeeltelijke verkoop zonder verlies van zeggenschap wordt onder de Nederlandse wet- en regelgeving de goodwill proportioneel afgeboekt, onder IFRS vindt dan geen afboeking van goodwill plaats. Wij zijn van mening dat onder IFRS wel een herallocatie naar het aandeel derden nodig is. Een dergelijke herallocatie vinden wij ook onder de Nederlandse wet- en regelgeving aanvaardbaar, als alternatief voor afboeking.

Als een overnemende partij in het verleden bij het verwerken van een overname positieve goodwill rechtstreeks ten laste van het eigen vermogen heeft geboekt, dient bij verkoop van de overgenomen partij de afgeboekte positieve goodwill te worden teruggenomen en als onderdeel van het verkooppresultaat te worden verwerkt. Aangezien IFRS 3 geen afboeking van positieve goodwill ten laste van het eigen vermogen kent, is daar, in tegenstelling tot Richtlijn 214, ook geen terugboeking van goodwill bij verkoop van de overgenomen partij aan de orde.

10.9 Presentatie en toelichting
10.9.1 Presentatie

Deelnemingen worden in de balans opgenomen onder financiële vaste activa. IFRS bepaalt dat deelnemingen die worden verkocht (held for sale) worden overgeboekt naar de vlottende activa; dit geldt in Nederland niet.

Een verschil tussen de Nederlandse wet- en regelgeving en IFRS is dat de goodwill in Nederland afzonderlijk in de balans wordt opgenomen (onder de immateriële vaste activa), terwijl deze in IFRS begrepen is in de waardering van de deelneming ('equity'-methode).

In de winst-en-verliesrekening worden, bij waardering van deelnemingen tegen kostprijs of actuele waarde, volgens Titel 9 het dividend verantwoord als eerste post van de financiële baten als 'uitkeringen uit niet op vermogenswaarde en dergelijke gewaardeerde deelnemingen' (art. 7 lid 4 BMJ, RJ 214.504).

10 Deelnemingen

Bij toepassing van de vermogensmutatiemethode kan het aandeel in het resultaat van deelnemingen op twee wijzen in de winst-en-verliesrekening worden opgenomen:
- tussen het resultaat voor en na belastingen in;
- voorafgaande aan alle financiële baten en lasten.

Hoewel de RJ een voorkeur heeft voor het eerste alternatief (RJ 214.502), heeft het tweede alternatief als voordeel dat het resultaat op een meer logische plaats wordt weergegeven, direct na het bedrijfsresultaat. Het resultaat deelnemingen ligt immers directer tegen de operationele activiteiten aan dan dat het bij belastingen hoort.

Een boekwinst bij de afstoting van een deelneming kan in Nederland worden opgenomen hetzij onder de overige bedrijfsopbrengsten, hetzij onder de financiële baten en lasten, hetzij als afzonderlijk ingevoegde post bij het aandeel in het resultaat deelnemingen. Voor een boekverlies bestaan beide laatstgenoemde alternatieven.

IFRS noemt als minimumposten in de winst-en-verliesrekening 'revenue' (waaronder begrepen rente en dividend) en de 'share of the profit or loss of associates and joint ventures accounted for using the equity method' (het aandeel in het resultaat van deelnemingen) (IAS 1.82).

10.9.2 Toelichting

De vereisten inzake vermelding van informatie in de toelichting verschillen aanzienlijk tussen de Richtlijnen en IFRS, waarbij IFRS veel uitgebreider is. De voorschriften inzake te verstrekken informatie in de toelichting voor alle 'subsidiaries', 'joint arrangements', 'associates' en 'structured entities' is opgenomen in IFRS 12. IFRS kent het begrip 'buiten de groep staande verbonden maatschappijen' niet, in tegenstelling tot de Richtlijnen. Onder de Nederlandse verslaggevingsregels gelden voor deze maatschappijen dezelfde toelichtingsvereisten als voor groepsmaatschappijen. Dit geldt dus niet onder IFRS.

Voor de algemene bepalingen inzake de toelichting op financiële vaste activa wordt verwezen naar paragraaf 9.5. We noemen hier nog enkele specifieke punten.

Voor deelnemingen die gewaardeerd worden volgens de vermogensmutatiemethode, dienen de resultaten uit deze deelnemingen en het door deze deelnemingen gedeclareerde dividend afzonderlijk uit het mutatie-overzicht van de post deelnemingen in groepsmaatschappijen en van de post andere deelnemingen te blijken (RJ 214.607). De Nederlandse wet- en regelgeving stelt een mutatie-overzicht van elke post van de financiële vaste activa verplicht (art. 2:368 lid 1 BW). IFRS bevat hieromtrent geen voorschriften.

Zoals vermeld in paragraaf 10.4.3 dient, indien bij de bepaling van de reële waarde bij een verwerving van een deelneming rekening is gehouden met reorganisatiekosten, dat feit in de toelichting te worden vermeld. Voorts wordt aanbevolen om de aard en de omvang van de reorganisatiekosten waarmee rekening is gehouden, toe te lichten (RJ 214.608).

In RJ 214.613a heeft de RJ additionele toelichtingseisen opgenomen inzake de oordeelsvorming over het kwalificeren van een belang als een deelneming indien dit niet aansluit op het wettelijke vermoeden (zie par. 10.1.4). Indien noodzakelijk voor het vereiste inzicht vermeldt de rechtspersoon op grond van welke omstandigheid:
- een maatschappij waaraan hij ten minste 20% van het geplaatste kapitaal verschaft niet als deelneming is aangemerkt; en/of
- een maatschappij waaraan hij minder dan 20% van het geplaatste kapitaal verschaft wel als deelneming is aangemerkt.

Vergelijkbare toelichtingseisen zijn opgenomen inzake de weerlegging van het wettelijke vermoeden dat sprake is van een invloed van betekenis in de deelneming (zie par. 10.3.1). De rechtspersoon vermeldt in de toelichting op grond van welke omstandigheid:
- hij bij een deelneming geen invloed van betekenis uitoefent, terwijl bij over ten minste 20% van de stemrechten beschikt; en/of
- hij bij een deelneming wel invloed van betekenis uitoefent, terwijl er over minder dan 20% van de stemrechten wordt beschikt.

11 Joint ventures

11.1 Begripsbepaling	
Joint ventures (RJ)	Iedere contractuele overeenkomst waarbij partijen gezamenlijke zeggenschap hebben, met een onderscheid tussen: ▶ gezamenlijke rechtspersoon of vennootschap; ▶ gezamenlijke activiteiten; ▶ gezamenlijke activa.
Joint arrangements (IFRS)	Iedere contractuele overeenkomst waarbij partijen gezamenlijke zeggenschap hebben, met een onderscheid tussen: ▶ Joint operation: rechten op activa en verplichtingen uit hoofde van schulden; ▶ Joint venture: rechten op het netto-actief. Het begrip joint venture heeft derhalve onder IFRS een beperktere betekenis dan onder de RJ.
11.2 Waardering en resultaatbepaling:	
Joint venture in de vorm van een rechtspersoon of vennootschap (RJ)	Waardering tegen netto-vermogenswaarde of proportionele consolidatie.
Joint venture in de vorm van gezamenlijke activa of activiteiten (RJ)	Proportionele verantwoording van de gezamenlijke activa respectievelijk van de eigen activa waarover zeggenschap bestaat.
Joint venture (IFRS)	Waarderen volgens de equity-methode.
Joint operation (IFRS)	Proportionele verantwoording.
Eliminatie van intercompany-transacties (RJ en IFRS)	In beginsel proportioneel.
11.3 Jaarrekening van de joint venture	
Eerste verwerking ingebrachte activa	RJ: tegen reële waarde; IFRS: geen specifieke bepalingen.
11.4 Presentatie en toelichting:	
Toelichting	IFRS 12 eist meer informatie over joint arrangements dan de RJ over joint ventures.

11.1 Begripsbepaling

Dit hoofdstuk is gewijd aan de verwerking in de jaarrekening van belangen in joint ventures en joint operations. Joint venture is geen wettelijk begrip, maar het wordt wel gebruikt in de Richtlijnen en in IFRS 11. Het heeft echter een verschillende betekenis.

IFRS 11 hanteert naast het begrip joint venture ook het begrip joint operations en gebruikt voor joint ventures en joint operations gezamenlijk het begrip joint arrangements. Deze of vergelijkbare terminologie vinden we niet terug in de Richtlijnen. Het Nederlandse begrip joint venture komt het meest overeen met het IFRS-verzamelbegrip joint arrangements. Dit betekent dat het begrip joint venture in IFRS een beperktere betekenis heeft dan in de Richtlijnen.

In de verdere uitwerkingen en onderscheidingen van de begrippen hanteren de Richtlijnen en IFRS een verschillende benadering. We zullen de benaderingen daarom afzonderlijk bespreken en daarna ingaan op de verschillen.

11.1.1 Joint venture (RJ)

Een joint venture is een overeenkomst tot samenwerking tussen een (beperkt) aantal deelnemers ('venturers'), krachtens welke activiteiten worden uitgevoerd, al of niet in de vorm van een rechtspersoon of personenvennootschap, en krachtens welke over de activiteiten *gezamenlijke zeggenschap* ('joint control') wordt uitgeoefend (RJ 215.0). Essentiële kenmerken van iedere joint venture zijn een contractuele overeenkomst tot samenwerking en gezamenlijke zeggenschap (RJ 215.202). Deze essentiële kenmerken bepalen het onderscheid ten opzichte van een deelneming (waarop invloed van betekenis aanwezig is). Zonder deze kenmerken is géén sprake van een joint venture. Het procentuele (eigendoms)belang van de verschillende deelnemers is hierbij niet van belang (RJ 215.202).

De contractuele overeenkomst kan diverse vormen aannemen, waaronder een uitdrukkelijk contract tussen de deelnemers of incorporatie in de statuten van de joint venture. In het contract zijn in het bijzonder geregeld: de activiteiten, duur en verslaggevingsverplichtingen van de joint venture, de benoeming van de bestuurders en de stemrechtverhouding, de te verrichten kapitaalstortingen, en de verdeling van opbrengsten en kosten.

Gezamenlijke zeggenschap wil zeggen dat geen der deelnemers afzonderlijk beleidsbeslissingen (strategische financiële en operationele beslissingen) kan nemen of afdwingen, maar dat unanimiteit van de partijen die de zeggenschap uitoefenen vereist is (RJ 215.0). Voor de bepaling of een samenwerkingsvorm kwalificeert als een joint venture is derhalve de relatieve zeggenschap doorslaggevend en niet het relatieve (eigendoms)belang (RJ 215.202). Dit betekent bijvoorbeeld dat een samenwerking waarbij de ene deelnemer een belang heeft van 40% en de andere deelneming een belang van 60%, terwijl er sprake is van gezamenlijke zeggenschap, wordt aangeduid als een joint venture. Het belang in een joint venture voldoet ook veelal aan de definitie van een deelneming.

Niet alle participanten in een joint venture behoeven partij te zijn in de gezamenlijke zeggenschap. Zo is het bijvoorbeeld mogelijk dat twee 40%-aandeelhouders de gezamenlijke zeggenschap uitoefenen, en dat een 20%-aandeelhouder slechts een economisch belang heeft. De 40%-aandeelhouders worden, zoals blijkt uit het voorgaande, aangeduid als deelnemers in de joint venture of 'venturers'. De 20%-aandeelhouder is dan een belegger of investeerder in de joint venture en wordt ook wel aangeduid als een 'passieve' deelnemer. Zijn belang wordt verantwoord als deelneming of belegging, afhankelijk van de omvang en het doel van het kapitaalbelang.
Ook is het mogelijk dat een van de deelnemers als manager van de joint venture opereert; dit sluit gezamenlijke zeggenschap niet uit, omdat het fungeren als manager een afgeleide is van en beperkt is door de contractuele overeenkomst waarin de gezamenlijke zeggenschap is geregeld. Ook beperkingen in het functioneren van de joint venture zelf (situatie van insolventie of beperkingen in het overmaken van gelden aan de deelnemers) vormen op zichzelf nog geen belemmering tot het uitvoeren van gezamenlijke zeggenschap.

Aangezien er bij de joint venture geen sprake is van een organisatorische verbondenheid (centrale leiding) met een deelnemer in de joint venture, en er evenmin door een van de deelnemers exclusief beleidsbepalende invloed kan worden uitgeoefend, zal volgens de RJ een joint venture *zelden* groepsmaatschappij zijn van een van de deelnemers in de joint venture (RJ 215.203). Feitelijk moet worden geconcludeerd dat de definities van groepsmaatschappij (individuele zeggenschap) en joint venture (gezamenlijke zeggenschap) elkaar uitsluiten, zodat een joint venture *nooit* een (onderliggende) groepsmaatschappij kan zijn. Dit sluit niet uit dat in het normale taalgebruik soms de term 'joint venture' wordt gehanteerd terwijl de beleidsbeslissingen door een van de deelnemers kunnen worden afgedwongen. In jaarrekeningtermen is er dan geen sprake van een joint venture maar van een groepsmaatschappij van de beleidsbepalende deelnemer, met daaraan gekoppeld de plicht tot integrale consolidatie (RJ 215.204). Voor de beleidsafhankelijke deelnemer is er evenmin sprake van een joint venture, maar van een (gewone) deelneming.

11.1.1.1 Vormen van joint ventures

RJ 215.205 onderscheidt drie vormen van uitvoering van een joint venture:
- gezamenlijke rechtspersoon of vennootschap;
- gezamenlijke activiteiten;
- gezamenlijke activa.

Bij een joint venture in de vorm van een *gezamenlijke rechtspersoon of vennootschap* is sprake van samenwerking door oprichting van een rechtspersoon of een personenvennootschap, veelal met inbreng van materiële vaste activa en/of liquide middelen door deelnemers van de joint venture. Bij de personenvennootschap kan de inbreng van activa plaatshebben in juridische en/of economische eigendom, of kan slechts het gebruik van activa van partners worden ingebracht. De joint venture heeft gewoonlijk zelf beschikkingsmacht over haar activa, gaat verplichtingen aan, behaalt resultaten, keert deze uit aan de participanten in de joint venture, en heeft een eigen jaarrekening. Joint ventures in deze vorm treft men vaak aan wanneer ondernemingen hun activiteiten in een bepaald segment willen bundelen of als een wijze om toegang te krijgen tot buitenlandse markten door een joint venture met overheidsorganen aan te gaan.

Bij een joint venture in de vorm van *gezamenlijke activiteiten* is sprake van samenwerking door het gezamenlijk uitvoeren van activiteiten, gebruikmakend van bepaalde eigen activa van de deelnemers in de joint venture. Iedere deelnemer houdt zelf de uitsluitende zeggenschap over (en veelal ook het eigendom van) die activa. Een voorbeeld betreft twee productie-ondernemingen die een deel van hun productiecapaciteit gebruiken om gezamenlijk een bepaald product voort te brengen, zoals een vliegtuig, waarbij ieder van hen een deel van het productieproces voor eigen rekening neemt, zijn eigen kosten draagt en opbrengsten ontvangt in overeenstemming met de contractuele overeenkomst.

Bij een joint venture in de vorm van *gezamenlijke activa* is sprake van samenwerking door het gezamenlijk uitvoeren van activiteiten gebruikmakend van activa waarover de deelnemers in de joint venture gezamenlijk de zeggenschap hebben (en waarvan ze ook veelal gezamenlijk eigenaar zijn). Een voorbeeld betreft twee oliemaatschappijen die gezamenlijk een pijplijn exploiteren om hun eigen olieproducten te transporteren, of twee ondernemingen die gezamenlijk een kantoorpand verhuren.

Het verschil tussen de soorten joint ventures kan soms in wezen gering zijn. Zo is het bijvoorbeeld mogelijk om in het laatste geval de gezamenlijke activa in te brengen in een rechtspersoon; dan is er sprake van een joint venture in de vorm van een gezamenlijke rechtspersoon.

In de praktijk komt de situatie voor dat een minderheidsaandeelhouder contractueel met de meerderheidsaandeelhouder bepaalde afspraken maakt over beslissingen waarbij de instemming van de minderheidsaandeelhouder vereist is (een vetorecht). De vraag doet zich voor of in deze gevallen sprake is van een joint venture. Of hiervan sprake is, moet blijken uit de specifiek gemaakte afspraken. In dat verband is het noodzakelijk onderscheid te maken tussen:
- Vetorechten die feitelijk neerkomen op een medebeslissingsrecht van de minderheidsaandeelhouder bij belangrijke strategische, financiële en/of operationele beslissingen.

▶ Vetorechten (of instemmingsrechten) van de minderheidsaandeelhouder die als primair doel hebben de rechten van de minderheidsaandeelhouder te beschermen (RJ 217.202a). Beschermingsrechten geven geen beleidsbepalende invloed. Voorbeelden hiervan die de RJ noemt zijn de noodzaak tot instemming van de minderheidsaandeelhouder bij beslissingen over grote investeringsuitgaven buiten het kader van de normale bedrijfsuitoefening, uitgifte van eigen-vermogens- of schuldinstrumenten, bestuurdersbeloningen en de voorwaarden van een transactie met een andere aandeelhouder. Andere voorbeelden betreffen beslissingen over het houden van aandeelhoudersvergaderingen, de financiële informatieverschaffing aan aandeelhouders, wijziging van de statuten, inkoop van eigen aandelen, of de liquidatie van de vennootschap.

In het eerste geval is sprake van een joint venture, in het tweede geval niet. Soms zal professional judgement noodzakelijk zijn om te concluderen of de afspraken al dan niet als een joint venture overeenkomst zijn aan te merken.

11.1.2 Joint arrangements (IFRS)

IFRS 11 hanteert de algemene term 'joint arrangements' (IFRS 11.4). Een joint arrangement is een contractuele overeenkomst waarbij twee of meer partijen de gezamenlijke zeggenschap kunnen uitoefenen.

11.1.2.1 Gezamenlijke zeggenschap

Gezamenlijke zeggenschap bestaat alleen als de beslissingen inzake de betreffende activiteiten genomen moeten worden met de unanieme instemming van de partijen die de zeggenschap gezamenlijk uitoefenen. Het gaat daarbij om de activiteiten die een significante invloed op het resultaat van de overeenkomst hebben (IFRS 11.8-9); deze (resultaatbepalende) activiteiten worden als de 'relevante activiteiten' aangeduid.

Voorbeeld 'relevante activiteiten'

Twee partijen komen gezamenlijke productie en verkoop van een product overeen. Er zijn drie activiteiten te onderkennen die het resultaat van de overeenkomst beïnvloeden:
▶ Vervaardiging van het product: partij A is daarvoor verantwoordelijk.
▶ Marketing en sales: partij B is daarvoor verantwoordelijk.
▶ Beide partijen dienen in te stemmen met alle financiële kaders aangaande productie, marketing en sales (goedkeuring budgetten en eventuele belangrijke afwijkingen daarvan).

Met betrekking tot de eerste twee activiteiten geldt dat beide partijen naar eigen inzicht kunnen handelen (zonder goedkeuring van de andere partij) mits binnen de overeengekomen financiële kaders wordt gebleven.
Vastgesteld dient te worden welke activiteit of activiteiten de meest belangrijke invloed op het resultaat van samenwerking heeft/hebben.
Indien de feiten en omstandigheden aangeven dat hetzij de vervaardiging van het product hetzij de marketing en sales de meest belangrijke invloed op het resultaat van de overeenkomst uitoefent, dan zou kunnen worden geconcludeerd dat die betreffende partij meer invloed op het resultaat kan uitoefenen dan de andere partij (en er dan dus geen sprake is van gezamenlijke zeggenschap).
Als daarentegen de feiten en omstandigheden aangeven dat de vaststelling van de financiële kaders de meest belangrijke invloed uitoefent, dan kan door de eis van unanieme besluitvorming een basis zijn voor de conclusie dat sprake is van een joint arrangement.

Het is niet noodzakelijk dat alle partijen bij een overeenkomst deel moeten uitmaken van de unanieme besluitvorming (IFRS 11.11). Er zal dan altijd wel sprake moeten zijn van een situatie waarin ten minste twee partijen de gezamenlijke zeggenschap op basis van de unanieme besluitvorming uitoefenen. Voor de overige betrokken partijen kunnen dan bepaalde beschermingsbepalingen bestaan (die dan geen zeggenschap of gezamenlijke zeggenschap mogen inhouden).

11 Joint ventures

> **Voorbeelden Gezamenlijke zeggenschap (ontleend aan IFRS 11, Application examples 1, 2 en 3)**
> 1. Stel dat drie partijen een overeenkomst sluiten, waarbij partij A 50% van de stemrechten heeft, partij B 30% en C 20%. Alle beslissingen worden genomen met 75% meerderheid. Dit betekent dat voor alle beslissingen de goedkeuring van A en B gezamenlijk nodig is. A en B hebben daarom gezamenlijke zeggenschap.
> 2. Indien A 50% van de stemrechten heeft, en B en C ieder 25%, en alle beslissingen genomen worden met 75% meerderheid, dan is er geen vaste combinatie van partijen om tot besluitvorming te komen. Weliswaar zal altijd de instemming van A nodig zijn, maar dat kan hetzij in de combinatie van A en B hetzij in de combinatie van A en C. Er is daarom op basis van IFRS 11 geen gezamenlijke zeggenschap (maar een belang met invloed van betekenis).
> 3. Indien A en B beide 35% van de stemrechten hebben en de resterende 30% verspreid is over diverse partijen, is alleen sprake van een gezamenlijke zeggenschap tussen A en B indien uitdrukkelijk in de samenwerkingsovereenkomst is opgenomen dat beslissingen over relevante activiteiten uitsluitend kunnen worden genomen indien A en B daar beide mee instemmen. Dat wordt ook bereikt als alle beslissingen worden genomen met (ten minste) 70% meerderheid. Ontbreekt een dergelijke bepaling in de samenwerkingsovereenkomst, dan kan A of B buitenspel worden gezet indien meer dan de helft van de overige 30% aandeelhouders kiezen voor de opvatting van A hetzij B. Het al dan niet bestaan van 'de facto joint control' (vergelijkbaar met 'de facto control', zie par. 23.2.3.4) speelt hierbij geen rol.
>
> In de Nederlandse wet- en regelgeving is de gezamenlijke zeggenschap niet nader ingevuld. In de 2^e casus zijn wij van mening dat het verdedigbaar om op basis van de Nederlandse wet- en regelgeving A wel als een partij met gezamenlijke zeggenschap aan te merken, omdat immers geen enkele beslissing kan worden genomen zonder medewerking van A. Dat de gezamenlijke zeggenschap met verschillende partijen bestaat, is op zichzelf vanuit zeggenschapsperspectief voor A niet relevant.

11.1.2.2 Twee soorten joint arrangements

IFRS 11 onderscheidt twee soorten joint arrangements, afhankelijk van de vraag of de partijen feitelijk blootstaan aan de voor- en nadelen van de individuele activa en schulden dan wel alleen blootstaan aan de voor- en nadelen van het netto-actief (het eigen vermogen) (IFRS 11.14):

▶ een joint operation: een joint arrangement waarbij de partijen met gezamenlijke zeggenschap rechten hebben op de activa en verplichtingen hebben uit hoofde van schulden; deze activa en schulden komen voort uit de overeenkomst. De partijen worden aangeduid als *joint operators* (IFRS 11.15).

▶ een joint venture: een joint arrangement waarbij de partijen met gezamenlijke zeggenschap rechten hebben op het netto-actief dat voortkomt uit de overeenkomst. De partijen worden aangeduid als *joint venturers* (IFRS 11.16).

De term 'joint venture' heeft zoals eerder gezegd dus in IFRS 11 een beperktere betekenis dan in Richtlijn 215. Het essentiële onderscheid van een joint venture (in IFRS 11) ten opzichte van een joint operation is de (in beginsel) onbeperkte aansprakelijkheid van een deelnemer aan een joint operation voor diens aandeel in de schulden terwijl de aansprakelijkheid van een deelnemer aan een joint venture (in beginsel) beperkt is tot diens inbreng in de entiteit waarin de samenwerking is opgenomen. Er moet dan uiteraard wel sprake zijn van (in beginsel) beperkte aansprakelijkheid voor de entiteit waarin de samenwerking is opgenomen. Een besloten vennootschap naar Nederlands recht biedt in het algemeen die beperkte aansprakelijkheid; een vennootschap onder firma daarentegen houdt hoofdelijke aansprakelijkheid voor elke vennoot in en voldoet in het algemeen dus niet aan de eis van beperkte aansprakelijkheid. De juridische vorm is echter niet als enige bepalend voor de classificatie. De aanduiding van vormen van samenwerking kent vele varianten. Essentieel voor de juiste toepassing van de voorschriften van IFRS 11 is dat niet wordt uitgegaan van de gehanteerde aanduiding (titel) maar de inhoud van de overeenkomst. Daarbij wordt uitgegaan van het identificeren van een zogenaamd 'separate vehicle', waarmee wordt bedoeld een afzonderlijk te identificeren financiële structuur, mede omvattend afzonderlijke juridische entiteiten of entiteiten opgezet bij statuut, ongeacht of die entiteiten rechtspersoonlijkheid ('legal personality') hebben.

IFRS 11 onderkent dat een contractuele overeenkomst ook mondeling kan worden overeengekomen maar veronderstelt dat dit tot de uitzondering behoort. In veruit de meeste gevallen zullen de afspraken zijn opgenomen in statuten, reglementen of anders in separate overeenkomsten.

Uiteindelijk dienen alle feiten en omstandigheden te worden gewogen om te concluderen of al dan niet sprake is van een joint venture of een joint operation (IFRS 11.17). Elementen die in de beoordeling dienen te worden betrokken zijn met name:
▶ Bepalingen omtrent rechten (incl. optierechten) op activa (ook bij beëindiging van de samenwerking).
▶ Bepalingen omtrent verplichtingen (idem).
▶ Doel en uitwerking van de samenwerking.

Voorts geldt dat als de prestaties (producten, diensten) in hoge mate aan de deelnemers in de samenwerking ten goede komen alsmede als voor de continue nakoming van verplichtingen grote afhankelijkheid van de deelnemers in de samenwerking bestaat (IFRS 11.B31), dit een aanwijzing is voor een joint operation.
Als het afgenomen product echter zeer liquide is, en dus gemakkelijk op de markt kan worden verkocht, is dit criterium van productafname door de deelnemers van minder belang voor de classificatie.

IFRS 11.B27 bepaalt overigens dat het verstrekken van garanties door een deelnemer aan een joint venture aan partijen die zaken doen met de joint venture géén reden is om de samenwerking als een joint operation aan te merken. De garantie geeft namelijk geen onmiddellijke feitelijke verplichting. Uiteraard dient de garantie wel te worden gewaardeerd in overeenstemming met de bepaling van IFRS 9. Ingeval een garantie wordt uitgewonnen kan dit een zodanige wijziging in omstandigheden betekenen dat sprake kan zijn van het niet langer voldoen aan de voorwaarden voor een joint venture en dat verwerking als joint operation aan de orde kan zijn (IFRS 11.13).

Voorbeeld Classificatie joint arrangement (ontleend aan IFRS 11, Application example 5)

Twee partijen, A en B, hebben een joint arrangement in entiteit C, waarbij beide 50% van de aandelen bezitten. Het doel van de overeenkomst is om de leverantie van grondstoffen ten behoeve van de productie van A en B veilig te stellen. C is een afzonderlijke juridische entiteit in de vorm van een BV, en A en B hebben geen directe rechten op de activa van C en geen directe verplichtingen om de schulden van C na te komen. Dit wijst op een joint venture.
Maar bij de afweging spelen ook de volgende elementen een rol:
▶ A en B hebben afgesproken dat ze de gehele productie van C afnemen in de verhouding 50:50; C kan geen productie verkopen aan derden tenzij A en B daarmee instemmen; omdat de verwachting bestaat A en B de grondstoffen zelf nodig hebben, zullen de verkopen aan derden ongebruikelijk en minimaal zijn.
▶ De prijs van de aan A en B te leveren grondstoffen is gebaseerd op de integrale kostprijs, zodat C verwacht wordt een break-even-resultaat te behalen.
▶ Er is geen actieve markt voor de grondstoffen.

Hieruit blijkt dat C volledig afhankelijk is van A en B en feitelijk A en B daarmee recht hebben op de economische voordelen van de activa van C en zullen zorgen voor de nakoming van de verplichtingen van C. Daarom is sprake van een joint operation.

Indien de contractuele bepalingen zouden worden gewijzigd waarbij C zijn productie aan derden kan verkopen, ontstaat markt-, voorraad- en kredietrisico voor C en zou sprake zijn van een joint venture.

IFRS 11 vereist een doorlopende beoordeling ('continuous assessment'), hetgeen betekent dat de rapporterende entiteit zich bewust moet zijn van een eventuele wijziging in omstandigheden op grond waarvan niet langer sprake is van gezamenlijke zeggenschap of sprake is van een wijziging in de classificatie van de joint arrangement (IFRS 11.13, IFRS 11.19).

11.1.3 Verschillen Dutch GAAP – IFRS

Een joint arrangement kan op basis van de Nederlandse wet- en regelgeving al dan niet een deelneming zijn. Indien combinatie 3 wordt toegepast (zie par. 10.3.5), waarbij de enkelvoudige jaarrekening wordt opgemaakt op basis van Titel 9 met toepassing van IFRS-grondslagen, dienen in de enkelvoudige jaarrekening de presentatie- en toelichtingseisen van Titel 9 te worden gevolgd. Dit betekent dat indien een joint arrangement naar Nederlandse begrippen als een deelneming moet worden aangemerkt, in de enkelvoudige jaarrekening presentatie als deelneming dient plaats te vinden (RJ 100.107).

Het begrip joint venture heeft in de Richtlijnen een andere, ruimere, betekenis dan in IFRS. In algemene zin kan worden gesteld dat het RJ-begrip joint venture overeenkomt met het IFRS-begrip joint arrangement. IFRS onderscheidt twee soorten joint arrangements: joint ventures en joint operations. Schematisch kan dit als volgt worden weergegeven:

RJ	IFRS
Joint venture: iedere contractuele overeenkomst waarbij partijen gezamenlijke zeggenschap hebben, met een onderscheid tussen: ▶ Gezamenlijke rechtspersoon of vennootschap ▶ Gezamenlijke activiteiten ▶ Gezamenlijke activa	Joint arrangement: iedere contractuele overeenkomst waarbij partijen gezamenlijke zeggenschap hebben, met een onderscheid tussen: ▶ Joint operation: rechten op activa en verplichtingen uit hoofde van schulden ▶ Joint venture: rechten op het netto-actief

Het begrip 'gezamenlijke zeggenschap' is onder IFRS meer concreet ingevuld dan onder de Richtlijnen. Dit kan betekenen dat samenwerkingsverbanden onder de Richtlijnen wel als joint venture worden aangeduid, terwijl dat niet past in de specifieke invulling van IFRS. Een voorbeeld is de situatie dat een partij gezamenlijke zeggenschap heeft met verschillende andere partijen, terwijl IFRS eist dat er altijd sprake dient te zijn van een vaste andere partij.

11.2 Waardering en resultaatbepaling
11.2.1 Joint ventures (RJ)
11.2.1.1 Joint venture in de vorm van een rechtspersoon of vennootschap

Zoals eerder gesteld (zie par. 11.1), is het begrip 'joint venture' geen wettelijk begrip. Een joint venture is een overeenkomst waaraan op verschillende wijzen uitvoering kan worden gegeven. Is er sprake van de oprichting van een rechtspersoon of het aangaan van een personenvennootschap, dan is de joint venture een bijzondere vorm van deelneming. In de enkelvoudige jaarrekening dient deze deelneming te worden gewaardeerd tegen de netto-vermogenswaarde. In de geconsolideerde jaarrekening is het mogelijk te waarderen tegen netto-vermogenswaarde dan wel proportioneel te consolideren (art. 2:409 BW, RJ 215.201). De toepassing van de netto-vermogenswaarde is gelijk aan die bij deelnemingen met invloed van betekenis, zoals besproken in hoofdstuk 10. Proportionele consolidatie wil zeggen dat de activa en verplichtingen en opbrengsten en kosten worden opgenomen naar rato van het economische belang. Dit maakt in het algemeen geen verschil voor het vermogen en resultaat, maar wel voor de omvang van de individuele activa, verplichtingen, opbrengsten en kosten. Wel kan er een verschil in vermogen en resultaat ontstaan indien de joint venture een negatief eigen vermogen heeft: bij waardering tegen netto-vermogenswaarde kan de waarde nihil zijn (zie par. 10.4.3), terwijl bij proportionele consolidatie het verlies in aanmerking wordt genomen.

De vraag doet zich voor of de keuze tussen waardering tegen netto-vermogenswaarde of proportionele consolidatie voor verschillende typen joint ventures verschillend kan worden gemaakt. Wij zijn van mening dat dit inderdaad het geval is, mits het verschil in keuze kan worden gerechtvaardigd. Een voorbeeld is dat joint ventures in de vorm van een rechtspersoon worden gewaardeerd tegen netto-vermogenswaarde, terwijl joint ventures in de vorm van een vennootschap (Vof of CV) proportioneel worden geconsolideerd, waarbij het verschil in behandeling wordt gerechtvaardigd door een verschil in aansprakelijkheid voor de achterliggende activa en verplichtingen.

> **Voorbeeld verwerking belang in joint venture**
> Een 40%-belang in BV B is aan te merken als een joint venture. Er kan in de geconsolideerde jaarrekening dan waardering tegen netto-vermogenswaarde plaatsvinden dan wel proportionele consolidatie. In dat laatste geval wordt dan bijvoorbeeld 40% van de immateriële activa van B in de eigen balans van A verantwoord.

Bij proportionele consolidatie is saldering van activa en verplichtingen niet toegestaan (tenzij de algemene regels voor saldering zijn nageleefd). Proportionele consolidatie eindigt zodra de gemeenschappelijke zeggenschap ophoudt te bestaan.

Opgemerkt wordt dat een manager of operator van een joint venture veelal een managementvergoeding ontvangt. Voor de joint venture zelf zijn dat kosten, voor de manager zijn het opbrengsten die moeten worden verantwoord in overeenstemming met de algemene criteria voor opbrengstverantwoording.

De waardering en resultaatbepaling van joint ventures die tevens als participatie worden beschouwd, wordt behandeld in de paragraaf 9.4.5.

> **Voorbeeld aannemingscombinaties**
> Deelnemingen in aannemingscombinaties – dat zijn deelnemingen waarin op basis van een samenwerkingsovereenkomst de zeggenschap gezamenlijk met derden wordt uitgeoefend – worden veelal proportioneel in de consolidatie opgenomen. Looptijd en rechtsvorm zijn hierbij niet van belang. Indien aannemingscombinaties worden uitgeoefend in de vorm van een vennootschap onder firma wordt rekening gehouden met hoofdelijke aansprakelijkheid, indien en voor zover daartoe aanleiding bestaat op grond van de financiële positie van de combinatie en/of van één of meer van de partners daarin.

11.2.1.2 Joint venture met gemeenschappelijke activa of activiteiten

Indien buiten het verband van een rechtspersoon of openbare vennootschap de economische (en juridische) mede-eigendom van activa en het gemeenschappelijk gebruik daarvan is overeengekomen, dienen de gemeenschappelijke activa, verplichtingen, kosten en opbrengsten proportioneel in de jaarrekening van de deelnemer in de joint venture te worden opgenomen en gewaardeerd (RJ 215.205). Is er slechts sprake van gemeenschappelijke activiteiten en daartoe slechts van het gemeenschappelijk *gebruik* van activa van deelnemers in de joint venture overeengekomen, dan dienen de voor de joint venture gebruikte activa en daarmee samenhangende verplichtingen, opbrengsten en kosten volledig te worden opgenomen en gewaardeerd in de jaarrekening van de deelnemer die de zeggenschap over de activa heeft (RJ 215.205).

11.2.1.3 Eliminatie ongerealiseerde resultaten uit transacties met joint ventures

Evenals bij transacties met deelnemingen gelden voor transacties met joint ventures gelijksoortige bepalingen voor de eliminatie van intercompany-resultaten (zie par. 10.6). Dit betekent proportionele eliminatie, dat wil zeggen dat bij overdracht van een actief door de deelnemende rechtspersoon aan de joint venture eliminatie van de boekwinst dient plaats te vinden voor het door de deelnemende rechtspersoon nog gehouden belang (RJ 215.208). Daarbij is wel van belang dat de economische voordelen en risico's verbonden aan het actief aan de joint venture zijn overgedragen, en de boekwinst op de transactie op betrouwbare wijze kan worden gemeten. Een eventueel verlies op de inbrengtransactie, tot uitdrukking komend in een lagere opbrengstwaarde van vlottende activa of in een bijzondere waardevermindering van vaste activa, dient direct en volledig te worden verantwoord (RJ 215.208).

Indien echter de door de verschillende deelnemers ingebrachte niet-monetaire activa ongeveer aan elkaar gelijk zijn voor wat betreft aard, gebruik (in dezelfde bedrijfsactiviteit) en reële waarde, staat RJ 215.208 niet toe om een boekwinst te verantwoorden.

Indien en voor zover winstneming niet mogelijk is dient het niet-verantwoorde resultaat in mindering te worden gebracht op de boekwaarde van de betreffende activa (in geval van proportionele consolidatie) of op de netto-vermogenswaarde van de joint venture (bij waardering tegen netto-vermogenswaarde). Het is niet toegestaan de ongerealiseerde winst op te nemen onder de overlopende passiva (RJ 215.208).

Het is ook mogelijk dat de deelnemende rechtspersoon geen activa inbrengt in de joint venture, maar zelf activa van de joint venture koopt. Indien de joint venture op deze transactie winst maakt, dient de deelnemende rechtspersoon zijn aandeel in die winst pas in het resultaat te verantwoorden als het betreffende actief is doorverkocht aan derden. Dat geldt ook voor een verlies op de transactie, tenzij het verlies een weergave is van een lagere opbrengstwaarde van vlottende activa of een bijzondere waardevermindering van vaste activa (in overeenstemming met Richtlijn 121); in die gevallen wordt het verlies volledig en direct verantwoord (RJ 215.209).

> **Voorbeeld van verwerking van een inbreng in een joint venture**
> BV A en BV B gaan een joint venture BV Y aan in de verhouding 60/40. Zij komen overeen dat BV A een pand inbrengt (boekwaarde: 100; reële waarde: 120) en BV B een bedrag in contanten van 80. BV Y verantwoordt bij eerste waardering in haar jaarrekening het pand tegen reële waarde (RJ 212.311). BV A waardeert haar belang in BV Y in de enkelvoudige jaarrekening tegen netto-vermogenswaarde (60% x 200 = 120); in haar geconsolideerde jaarrekening wordt BV Y proportioneel geconsolideerd. Een en ander leidt in de jaarrekening van BV A tot de volgende verantwoordingen:
> ▶ in de enkelvoudige en in de geconsolideerde winst-en-verliesrekening: een gerealiseerd inbrengresultaat van 40/100 x (120 -/- 100) = 8;
> ▶ in de enkelvoudige balans wordt het niet-gerealiseerde inbrengresultaat ad 12 in mindering gebracht op de boekwaarde van BV Y, derhalve: 120 -/- 12 = 108;
> ▶ in de geconsolideerde balans wordt het niet-gerealiseerde inbrengresultaat ad 12 in mindering gebracht op de boekwaarde van het pand, derhalve (60/100 x 120) -/- 12 = 60 (dit bedrag vermeerderd met het aandeel in de liquide middelen ad 48 leidt derhalve tot geconsolideerde activa van in totaal 108).
>
> Zouden BV A en BV B zijn overeengekomen dat zowel BV A als BV B een pand inbrengt met een boekwaarde van 100 en een reële waarde van 120 (en A daarnaast liquide middelen ter grootte van 60, zodat de verhouding 60/40 is), waarbij die panden wat betreft niet alleen qua reële waarde maar ook qua aard en gebruik aan elkaar gelijk zijn, dan mag in Nederland in het geheel geen resultaat worden verantwoord (RJ 212.309). In dat geval zou dus voor BV A:
> ▶ in de enkelvoudige en in de geconsolideerde winst-en-verliesrekening geen inbrengresultaat worden verantwoord;
> ▶ in de enkelvoudige balans de boekwaarde van BV Y bedragen: 100 + 60 = 160;
> ▶ in de geconsolideerde balans de boekwaarde van de panden in totaal bedragen: 60% x 240 = 144 - 20 (eliminatie winst) = 124; voorts wordt een bedrag van 36 (60% x 60) aan liquide middelen opgenomen.

11.2.2 Joint arrangements (IFRS)
11.2.2.1 Joint operation

Een joint operation wordt in de (enkelvoudige *en* geconsolideerde) jaarrekening van een joint operator verwerkt op basis van diens (aandeel in de gezamenlijke) activa en verplichtingen, alsmede diens (aandeel in de gezamenlijke) omzet en kosten. De verwerking dient plaats te vinden op basis van de voor de betreffende activa, verplichtingen, opbrengsten en kosten van toepassing zijnde IFRS-standaarden (IFRS 11.21).

De verwerking van een joint operation is niet hetzelfde als proportionele consolidatie. IFRS 11.BC38 geeft aan dat er een wezenlijk onderscheid is:
▶ Het aandeel in activa, verplichtingen, opbrengsten en kosten hoeft niet gelijk te lopen met het totale aandeel in de samenwerking.

▶ Het aandeel in de joint operation dient ook in de (enkelvoudige) jaarrekening van de deelnemer te worden verwerkt, terwijl proportionele consolidatie onderdeel is van het consolidatieproces en alleen zichtbaar wordt in de geconsolideerde jaarrekening.

Indien een rechtspersoon joint control heeft en zijn belang in een joint operation (die aan de definitie van een business voldoet) uitbreidt en daarbij joint control behoudt, worden de belangen in de activa en verplichtingen niet geherwaardeerd naar reële waarde (maar blijven deze gewaardeerd tegen de bestaande boekwaarde) (IFRS 11. B33C). Indien joint control wordt omgezet in control, vindt wel herwaardering naar reële waarde plaats (zie par. 25.5).

De bepalingen in IFRS 11 inzake joint operations sluiten aan op de bepalingen die in Richtlijn 215 voor gemeenschappelijke activa en gemeenschappelijke activiteiten van toepassing zijn.

11.2.2.2 Joint venture

Een joint venture wordt in de jaarrekening van een joint venturer verwerkt op basis van diens aandeel in het netto-actief onder toepassing van de equity-methode (zie par. 10.4.3). De regelgeving van IAS 28 is dan van toepassing. Proportionele consolidatie van joint ventures is niet toegestaan, toepassing van de equity-methode is verplicht.
Een uitzondering op de regel is de mogelijkheid voor venture capitalists om hun belangen in joint ventures te (blijven) waarderen op reële waarde. Deze uitzondering ziet alleen op de waardering, hetgeen betekent dat alle andere eisen van IFRS 11 en 12 (zoals de te verstrekken toelichtingen) wel van toepassing zijn.

Het essentiële onderscheid van een joint venture ten opzichte van een joint operation is, zoals aangegeven in paragraaf 11.2.2, de (in beginsel) onbeperkte aansprakelijkheid van een deelnemer aan een joint operation voor diens aandeel in de schulden terwijl de aansprakelijkheid van een deelnemer aan een joint venture (in beginsel) beperkt is tot diens inbreng in de entiteit waarin de samenwerking is opgenomen. Dit verschil in aansprakelijkheid verklaart waarom een deelnemer aan een joint operation altijd diens aandeel in de activa en verplichtingen zal opnemen. Op het moment dat de verplichtingen de activa overstijgen zal dat onmiddellijk in de jaarrekening van de joint operator zichtbaar worden; of dit tot overeenkomstige uitgaande kasstroom zal leiden is daarbij niet relevant. Bij een joint venture zal een voorziening voor de negatieve waarde alleen dan aan de orde zijn als aan de voorwaarden voor het vormen van een voorziening wordt voldaan (onder andere het zich voordoen van een uitgaande kasstroom); wordt geen kasuitstroom verwacht, dan wordt geen voorziening opgenomen (zie par. 10.4.3 over de toepassing van de netto-vermogenswaarde bij een negatief eigen vermogen). Aansprakelijkheid voor de schulden kan overigens een indicatie zijn dat niet sprake is van een joint venture, maar van een joint operation (zie par. 11.1.2).

11.2.2.3 Overige deelnemers aan een joint operation

Het is mogelijk dat een deelnemer aan een joint operation niet deelt in de 'joint control' maar wel rechten heeft op activa of verplichtingen hebben vanwege schulden die voortkomen uit de overeenkomst. IFRS 11.23 bepaalt dat die deelnemer op basis van dezelfde voorschriften als genoemd in IFRS 11.20-22 de rechten op activa en verplichten wegens schulden voortkomende uit de overeenkomst dient te verwerken. Zijn er geen rechten op activa en verplichtingen wegens schulden, maar is er wel sprake van een belang in de overeenkomst, dan dient dit belang te worden verwerkt overeenkomstig de voor dit belang van toepassing zijnde IFRS-standaard, bijvoorbeeld:
▶ Indien sprake is van een deelneming waarover significante invloed wordt uitgeoefend: toepassing van de IAS 28 waarderingsgrondslagen en de aldaar opgenomen toelichtingseisen.
▶ Is geen sprake van significante invloed: opnemen als financieel actief (IFRS 9).

Indien een overige deelnemer aan een joint operation die aan de definitie van een business voldoet (IFRS 3 Appendix A) joint control verkrijgt, dan worden de bestaande belangen in de activa en verplichtingen niet geherwaardeerd naar reële waarde (maar blijven deze gewaardeerd tegen de bestaande boekwaarde) (IFRS 11.B33CA).

11.2.2.4 Eliminatie ongerealiseerde resultaten uit transacties met joint arrangements

De eliminatie van intercompany-transacties voor joint ventures gebeurt op dezelfde wijze als voor geassocieerde deelnemingen bij de toepassing van de equity-methode (zie par. 10.6).

Inzake joint operations gelden vergelijkbare regels: bij inbreng van activa in de joint operation vindt proportionele winstverantwoording plaats (alleen voor het deel dat kan worden toegerekend aan het belang van de andere partijen) (IFRS 11.B34). Bij aankoop van activa van de joint operation worden pas winsten verantwoord nadat de aangekochte activa zijn doorverkocht aan een derde (IFRS 11.B36).

11.2.3 Verschillen Dutch GAAP – IFRS

IFRS laat proportionele consolidatie van joint ventures niet toe, maar vereist wel proportionele verantwoording van joint operations. In Nederland bestaat in de geconsolideerde jaarrekening voor joint ventures in de vorm van een rechtspersoon of vennootschap een keuze tussen proportionele consolidatie en waardering tegen netto-vermogenswaarde. Voor joint ventures die zijn gewaardeerd tegen netto-vermogenswaarde of op basis van de equity-methode, gelden dezelfde verschillen als bij deelnemingen (zie par. 10.3.7 en 10.4.3).

Joint operations in de vorm van gezamenlijke activiteiten en activa worden in de Nederlandse wet- en regelgeving en onder IFRS op vergelijkbare wijze verantwoord: directe verantwoording van activa en verplichtingen in geconsolideerde en enkelvoudige jaarrekening. Onder IFRS geldt dat ook voor joint operations in de vorm van een gezamenlijke entiteit, onder de Nederlandse wet- en regelgeving zijn dan de bepalingen van joint ventures van toepassing (zie hierboven).

De situatie kan zich voordoen dat door de verschillende deelnemers ingebrachte niet-monetaire activa ongeveer aan elkaar gelijk zijn voor wat betreft aard, gebruik (in dezelfde bedrijfsactiviteit) en reële waarde. De vraag is of in dat geval een boekwinst mag worden verantwoord. RJ 215.208 stelt dat dit niet is toegestaan. IAS 28.30 geeft aan dat winstneming ook in die situatie mogelijk is, maar alleen indien de transactie voldoende commercial substance heeft, met andere woorden dat de inbreng een bedrijfsmatig doel dient en niet een constructie is om winst te kunnen verantwoorden. De Richtlijnen zijn op dit punt dus restrictiever.

11.3 Jaarrekening van de joint venture

De RJ gaat ook in op de verwerking van transacties tussen deelnemers en de joint venture in de jaarrekening van de joint venture. Daarbij doet zich de vraag voor of bij inbreng van activa de boekwaarde van de activa in de jaarrekening van de deelnemer mag worden doorgeschoven naar de jaarrekening van de joint venture of dat de joint venture de ingebrachte activa dient te waarderen tegen reële waarde. RJ 215.210 stelt uitdrukkelijk dat alleen die laatste benadering is toegestaan. Deze reële waarde geldt voor de joint venture als haar verkrijgingsprijs. Dit staat los van de verwerking van de inbreng in de jaarrekening van de deelnemer.

IFRS gaat niet in op dergelijke transacties en stelt explicit dat IFRS 3 niet van toepassing is op de formatie van een joint arrangement (IFRS 3.2(a)). Daarmee kan verdedigd worden dat het doorschuiven van de boekwaarden niet in strijd is met IFRS.

De inbreng van activa (en verplichtingen) in een joint venture kan onderdeel zijn van het aangaan van een samenwerking tussen onafhankelijke partijen, waarbij beide partijen activa inbrengen in ruil voor een economisch belang in de joint venture. Richtlijn 216 en IFRS 3, die de regels bevatten voor de verwerking van fusies en overnames, zijn op deze situatie niet van toepassing. Er is hierover geen andere specifieke regelgeving, anders dan hetgeen in de voorgaande alinea is aangegeven over de verwerking van transacties met een joint venture.

11.3.1 Verschillen Dutch GAAP – IFRS

De Richtlijn vereist dat de eerste waardering van ingebrachte activa in de jaarrekening van de joint venture dient te geschieden tegen reële waarde. IFRS kent deze bepaling niet.

11.4 Presentatie en toelichting

De algemene vereisten inzake presentatie en toelichting sluiten aan op die voor deelnemingen (zie par. 10.9). Uiteraard is bij toepassing van de Richtlijnen vermelding nodig of een joint venture proportioneel is geconsolideerd dan wel of waardering heeft plaatsgevonden tegen de netto-vermogenswaarde.

Artikel 2:414 lid 2 onder b BW bepaalt dat moet worden toegelicht dat een rechtspersoon of vennootschap, waarvan de financiële gegevens overeenkomstig artikel 2:409 BW proportioneel in de geconsolideerde jaarrekening zijn opgenomen, daarvoor in aanmerking komt. Met betrekking tot de niet in de balans van de deelnemer in de joint venture opgenomen verplichtingen van die joint venture zijn de vereisten van Richtlijn 252 over niet in de balans opgenomen verplichtingen en niet in de balans opgenomen activa van toepassing (zie verder hoofdstuk 16).

Bij toepassing van IFRS zijn de voorschriften inzake te verstrekken informatie in de toelichting voor alle subsidiaries, joint arrangements, associates en structured entities opgenomen in IFRS 12. Op IFRS 12 wordt nader ingegaan in hoofdstuk 21; op deze plaats worden enkele specifieke elementen voor joint ventures aangegeven.

11.4.1 Informatie voor alle typen joint arrangements

IFRS 12.1 kent de primaire invalshoek dat de te verstrekken informatie is bedoeld om de gebruikers van de jaarrekening in staat te stellen om de aard van de joint arrangements en daarop betrekking hebbende risico's ten opzichte van de financiële positie, prestaties en kasstromen te kunnen laten beoordelen.
IFRS 12.3 bepaalt nadrukkelijk dat de entiteit aanvullende informatie verstrekt indien de expliciet door IFRS 12 vereiste informatie in onvoldoende mate inzake risico's onvoldoende uit die minimaal vereiste informatie blijkt.

IFRS 12.7-9 schrijft voor dat uiteengezet dient te worden welke belangrijke oordeelsvorming en aannames zijn gemaakt door het management in het bepalen of in een samenwerkingsovereenkomst al dan niet joint control is overeengekomen. Ook de beoordeling van de wijzigingen in omstandigheden dient overeenkomstig te worden toegelicht.
Tevens dient de belangrijke oordeelsvorming voor de vaststelling van het type joint arrangement te worden toegelicht indien sprake is van een *structured vehicle*.

11.4.2 Informatie specifiek met betrekking tot joint ventures

De informatieverstrekking voor joint ventures wordt gesplitst in joint ventures die op individuele basis bezien als materieel zijn aan te merken en joint ventures die dat niet zijn.
Met betrekking tot individueel als materieel aan te merken joint ventures vereisen de voorschriften van IFRS 12 de informatie die voor deelnemingen wordt vereist. IFRS 12 geeft nadrukkelijk aan dat de informatie 'op 100% basis' dient te worden gegeven, dus niet voor het aandeel van de joint venturer. Dit wijkt af van het voorschrift voor de informatieverstrekking met betrekking tot de individueel niet-materiële joint ventures: alleen het relatieve belang van de joint venturer wordt getoond, waarbij aggregatie van alle niet-materiële joint ventures plaatsvindt.

De vereiste informatie met betrekking tot risico's dient ten minste te omvatten (i) aangegane verplichtingen ten behoeve van joint ventures, gesplitst weergegeven van de andere aangegane verplichtingen en (ii) niet uit de balans blijkende verplichtingen betrekking hebbende op joint ventures, gesplitst weergegeven van de andere niet uit de balans blijkende verplichtingen.

11.4.3 Informatie te verstrekken door overige deelnemers aan de joint venture/arrangement

Voor de overige deelnemers aan een joint venture, waarmee wordt bedoeld die deelnemers die géén joint control uitoefenen (de passieve deelnemers), zijn de toelichtingsvoorschriften van IFRS 12 inzake geassocieerde deelnemingen van toepassing indien deze deelnemers invloed van betekenis kunnen uitoefenen; weliswaar zijn er veel overeenkomsten met de voor joint arrangements te verstrekken informatie, doch er zijn ook verschillen.

11.4.4 Verschillen Dutch GAAP – IFRS

IFRS 12.7 vereist dat uiteengezet moet worden op basis van welke overwegingen en veronderstellingen is geconcludeerd of al dan niet sprake is van control, joint control of invloed van betekenis. Voor specifiek aangeduide situaties vereist IFRS 12.9 nadere uiteenzettingen. De Richtlijnen kennen dergelijke voorschriften niet.

Met betrekking tot individueel als materieel aan te merken associates en joint ventures vereisen de voorschriften van IFRS 12 detailinformatie. Daarbij wordt nadrukkelijk aangegeven dat de informatie op 100%-basis dient te worden aangegeven, dus niet voor het relatieve aandeel in de joint ventures. Dit laatste wijkt af van het voorschrift voor de informatieverstrekking met betrekking tot de individueel niet materiële associates en joint ventures: alleen het relatieve belang van de associates en joint venture wordt getoond, waarbij aggregatie van alle niet materiële associates en joint ventures plaatsvindt.

De vereiste informatie met betrekking tot risico's dient ten minste te omvatten: (i) aangegane verplichtingen ten behoeve van joint ventures, gesplitst weergegeven van de andere aangegane verplichtingen en (ii) niet uit de balans blijkende verplichtingen betrekking hebbende op joint ventures, gesplitst weergegeven van de andere niet uit de balans blijkende verplichtingen. Richtlijn 215 kent deze eisen niet.

12 Voorraden

12.1 Algemeen	
Definitie	Voorraden zijn activa: ▸ die worden aangehouden voor verkoop in het kader van de normale bedrijfsvoering; ▸ in het productieproces voor een dergelijke verkoop; of ▸ in de vorm van grond- en hulpstoffen die worden verbruikt tijdens het productieproces of tijdens het verlenen van diensten. Voorraden zijn veelal fysieke goederen echter kunnen ook andere activa zoals bepaalde crypto-activa omvatten.
12.2 Activering	
Activering	Activering technische voorraad voorgeschreven; van de economische voorraad niet toegestaan.
12.3 Waardering en resultaatbepaling	
Initiële waardering	Waardering tegen verkrijgingsprijs of vervaardigingsprijs.
Vervolgwaardering	Alle voorraden: waardering tegen kostprijs of lagere realiseerbare waarde. Agrarische voorraden kunnen onder Nederlandse wet- en regelgeving en IFRS ook tegen actuele waarde. Mineralen en minerale producten kunnen onder IFRS ook tegen opbrengstwaarde (producenten) of reële waarde verminderd met verkoopkosten (brokers/traders).
Kostprijs	Verkrijgingsprijs of vervaardigingsprijs. Voor fungibele goederen (goederen die onderling uitwisselbaar zijn) mag de kostprijs worden bepaald met toepassing van gewogen gemiddelde prijzen. Kostprijs van agrarische producten op het moment van oogst (eerste waardering) dient volgens IFRS te worden gelijkgesteld aan de reële waarde op dat moment.
Actuele waarde	Actuele waarde is alleen van toepassing bij een beperkte groep van specifiek in de regelgeving genoemde categorieën. Voor agrarische producten is de actuele waarde gelijk aan de opbrengstwaarde. Waardeveranderingen worden normaliter opgenomen in het resultaat.
12.4 Presentatie voorraden	
Categorieën in de balans	Nederlandse wet- en regelgeving kent de volgende categorieën: grond- en hulpstoffen, onderhanden werk, gereed product en handelsgoederen, vooruitbetalingen op voorraden.

Presentatie in de winst-en-verliesrekening	IFRS geeft geen voorgeschreven indeling in categorieën. Nederlandse wet- en regelgeving kent afzonderlijke presentatievereisten in de winst- en verliesrekening, onder andere afhankelijk van categoriale of functionele indeling.
12.5 Toelichting	
Toelichting	Enkele bijzondere toelichtingsvereisten zijn eventuele afwaarderingen naar lagere realiseerbare waarde en het bedrag aan voorraden dat als onderdeel van de kostprijs omzet is verantwoord, alsmede eventuele aan- of verkoopverplichtingen die bijzonder zijn ten opzichte van de normale voorraad.
12.6 Vrijstellingen voor middelgrote rechtspersonen	
Toelichting	Geen toelichting vereist op kostprijs van in de winst-en-verliesrekening verwerkte voorraden.

12.1 Algemeen

In dit hoofdstuk wordt ingegaan op de activering, de waardering en resultaatbepaling, de presentatie en de toelichting van voorraden in de jaarrekening. Dit onderwerp is geregeld in Richtlijn 220 'Voorraden', IAS 2 'Inventories' en IAS 41 'Agriculture' (specifiek voor agrarische producten).

Onderhanden projecten in opdracht van derden, servicecontracten die samenhangen met onderhanden projecten in opdracht van derden en onderhanden werk met betrekking tot het verlenen van diensten wordt behandeld in hoofdstuk 13.

Definitie

Voorraden behoren tot de vlottende activa (art. 2:364 lid 3 BW). In de wet is geen nadere definitie van voorraden opgenomen, maar in de regelgeving wordt uitgegaan van de volgende omschrijving (RJ 220.0, RJ 940, IAS 2.6): 'Voorraden zijn activa:
- die worden aangehouden voor verkoop in het kader van de normale bedrijfsvoering;
- in het productieproces voor een dergelijke verkoop; of
- in de vorm van grond- en hulpstoffen die worden verbruikt tijdens het productieproces of tijdens het verlenen van diensten'.

Voorraden zijn veelal fysieke goederen, echter kunnen ook andere activa omvatten zoals verhandelbare rechten (emissierechten) en bepaalde soorten crypto-activa.

Voorraden omvatten onder meer goederen die worden gekocht en aangehouden om te worden verkocht, bijvoorbeeld handelswaar aangekocht door een detaillist of een groothandel en aangehouden voor verkoop, of grond en andere onroerende zaken die door een projectontwikkelaar worden aangehouden voor verkoop. Voorraden omvatten ook gereed product, onderhanden werk zijnde halffabrikaten en grond- en hulpstoffen die bestemd zijn voor verwerking in het productieproces, en daarnaast agrarische voorraden. De uitsplitsing van deze categorieën dient te worden opgenomen in de balans of toelichting, zie hiervoor verder paragraaf 12.4.1.

12 Voorraden

Nadere afbakening begrip 'Voorraden' niet zijnde agrarische voorraden

Voorraden onderscheiden zich van goederen die bestemd zijn om duurzaam dienstbaar te zijn aan de werkzaamheid van de rechtspersoon, te weten de immateriële vaste activa (zie hoofdstuk 6) of materiële vaste activa (zie hoofdstuk 7). De classificatie van goederen als voorraden of vaste activa is afhankelijk van de aanwending daarvan. Goederen (bijvoorbeeld voorraad reserveonderdelen ten behoeve van eigen materiële vaste activa) die worden aangehouden voor de in de rechtspersoon duurzaam aangewende materiële vaste activa, behoren tot de materiële vaste activa. Indien de goederen worden aangehouden voor verkoop in het kader van de normale bedrijfsvoering of voor productie van dergelijke voorraden vindt classificatie plaats als voorraden onde vlottende activa. Indien goederen zowel tot de vaste activa als tot de voorraad gerekend zouden kunnen worden, dient een stelselkeuze gemaakt te worden. Het gekozen stelsel dient consistent te worden toegepast (RJ 220.102, IAS 16.8). Indien deze stelselkeuze materieel is voor het inzicht van de jaarrekening dient dit als zodanig te worden toegelicht. Het is eveneens denkbaar dat er herclassificatie plaatsvindt indien er sprake is van een wijziging in gebruik (bijvoorbeeld van vastgoedbeleggingen). Zie hiervoor hoofdstuk 8.5.

Voorbeelden van goederen die tot de vaste activa of tot de voorraden kunnen behoren

1. Vastgoed. Vastgoed dat wordt aangehouden voor gebruik in de eigen bedrijfsuitoefening maakt deel uit van de materiële vaste activa. Vastgoed dat wordt aangehouden als belegging behoort tot de vastgoedbeleggingen. Voor een handelaar in vastgoed is echter sprake van voorraden. Ook in het geval van projectontwikkeling kan sprake zijn van voorraden.
2. Software. Software die wordt ontwikkeld voor eigen gebruik behoort tot de immateriële vaste activa. Software die wordt ontwikkeld in opdracht van derden behoort tot de onderhanden projecten (hoofdstuk 13). Voor een handelaar in software is sprake van voorraden.
3. Reserveonderdelen. Veelal zullen reserveonderdelen deel uitmaken van de voorraden, maar reserveonderdelen met een mogelijke gebruiksduur van meer dan een jaar dienen als materiële vaste activa te worden beschouwd (zie par. 7.2).

Cryptocurrencies

Cryptocurrencies behoren alleen tot de voorraden als deze worden aangehouden voor verkoop in het kader van de normale bedrijfsvoering. Dit zal met name het geval zijn voor handelaren (brokers/traders) in cryptocurrencies of als deze worden aangehouden voor gebruik in de productie of levering van goederen of diensten (RJ Uiting 2018-7: 'Overwegingen ten aanzien van de verwerkingswijze van cryptocurrencies in de jaarrekening', IFRS-IC juni 2019). Cryptocurrencies kunnen afhankelijk van de feiten en omstandigheden ook worden verwerkt als immateriële vaste activa (zie hoofdstuk 6.1.1) of als beleggingen (zie hoofdstuk 14.9, waarin tevens een nadere uiteenzetting van het begrip cryptocurrencies is opgenomen).

Commodity's

Tot de voorraden behoren ook zogenaamde commodity's, zoals agrarische producten, mineralen, energie en delfstoffen. In principe worden commoditycontracten, welke fysiek (door middel van levering van de onderliggende waarden) worden afgewikkeld, niet in de balans verwerkt, aangezien beide partijen hun prestaties nog niet hebben geleverd. Echter, commoditycontracten welke (naar verwachting) niet fysiek worden afgewikkeld, worden aangemerkt als financiële instrumenten (art. 10 lid 4 BAW, RJ 290.202, IFRS 9.2.4). Zie daarvoor hoofdstuk 31.

Emissierechten

Emissierechten behoren alleen tot de voorraden als:
- deze worden aangehouden voor verkoop in het kader van de normale bedrijfsvoering, zoals dit met name het geval zal zijn voor handelaren (brokers/traders) in emissierechten; of
- als de rechten worden aangehouden voor eigen gebruik, waarbij de rechten over verloop van tijd afwikkelen binnen de normale bedrijfsuitvoering (RJ 220.0, RJ 940, IAS 2.6).

Het is denkbaar dat een entiteit emissierechten zowel voor eigen gebruik als voor handelsdoeleinden bezit waarvan niet op voorhand exact duidelijk is welke rechten waarvoor zullen worden aangewend. Indien dit het geval is, dient een stelselkeuze te worden gemaakt. Het gekozen stelsel dient consistent te worden toegepast (RJ 220.102). Indien deze stelselkeuze materieel is voor het inzicht van de jaarrekening dient dit als zodanig te worden toegelicht. Emissierechten voor eigen gebruik kunnen ook worden aangemerkt als immateriële vaste activa (zie ook par. 35.3).

Voormalige verhuurde activa
IAS 16 'Property, Plant and Equipment' kent een specifieke bepaling voor de presentatie van oorspronkelijk verhuurde activa waarvan het gebruikelijk is dat deze aan het eind van de gebruiksduur worden verkocht (bijvoorbeeld bij een autoverhuurbedrijf). Zie hiervoor paragraaf 12.4.3.

Nadere afbakening begrip 'agrarische voorraden'

Met betrekking tot agrarische voorraden gelden bijzondere bepalingen.

Richtlijnen 940 en 220.0 bevatten een definitie voor agrarische voorraden en biologische activa die vrijwel geheel overeenkomt met de definities in IAS 41.5:
▶ Agrarische voorraden betreffen geoogste producten van een levend dier of een levende plant van de rechtspersoon. Bij agrarische voorraden is het transformatieproces afgesloten, zodat afzet kan plaatsvinden. Oogsten is het losmaken van producten of het beëindigen van de levensprocessen van een levend dier of een levende plant. Agrarische voorraden zijn geen biologische activa.
▶ Biologische activa (levende dieren of planten) die worden aangehouden vanwege hun mogelijkheid tot transformeren zoals vermeerdering, groei, oogst en degeneratie.

IAS 41.4 geeft de navolgende tabel ter nadere uitleg van de reikwijdte van de regelgeving ingevolge IAS 16 'Property, Plant and Equipment' dan wel IAS 41 (aangevuld met het onderscheid voor draag(moeder)planten en overige biologische activa):

Biologische activa		Agrarische producten (IAS 41, IAS 2)	Verwerkte producten (IAS 2)
Draag(moeder)plant (IAS 16)	Overige biologische activa (IAS 41) alsmede aanstaand product (oogst)		
paragraaf 7.8	paragraaf 7.8	initieel: paragraaf 7.8 vervolg: dit hoofdstuk	dit hoofdstuk
(n.v.t.)	schapen	wol	garen, tapijt
(n.v.t.)	bomen in plantage	gekapte bomen	houtblokken/timmerhout
(n.v.t.)	melkvee	melk	kaas
(n.v.t.)	varkens	karkas	worst, ham
katoenplant	katoenbol	katoen	garen, kleding
suikerrietplant	suikerriet	geoogst suikerriet	suiker
theeplant	theeblad	geplukte theebladeren	thee
wijnstok	wijndruif	geplukte druiven	wijn
fruitboom	fruit	geplukt fruit	verwerkt fruit
tabaksplant	tabaksblad	geplukt blad	tabak

12 Voorraden

De betekenis van de twee linker kolommen en de agrarische producten op (initieel) moment van de oogst worden nader uitgewerkt in paragraaf 7.8 omdat deze verschijningsvormen van biologische activa niet onder de reikwijdte van IAS 2 vallen. De vervolgwaardering van het geoogste en verwerkte product, opgenomen in de twee rechterkolommen, valt onder reikwijdte van IAS 2 en is daarbij onderdeel van dit hoofdstuk.

Ook in Nederlandse wet- en regelgeving zijn specifieke voorschriften opgenomen, maar uitsluitend met betrekking tot de waardering en resultaatbepaling van agrarische producten. Deze gelden niet voor biologische activa, hiervoor is Richtlijn 212 'Materiële vaste activa' van toepassing.

12.2 Activering voorraden

In aansluiting op het Stramien worden voorraden alleen als activa aangemerkt en opgenomen in de balans indien:
- het waarschijnlijk is dat de toekomstige economische voordelen met betrekking tot de activa aan de rechtspersoon zullen toekomen; en
- de kostprijs van de activa betrouwbaar kunnen worden vastgesteld (RJ 220.201).

In de dagelijkse praktijk wordt onderscheid gemaakt tussen de begrippen technische voorraad en economische voorraad. De technische voorraad is de werkelijke aanwezige voorraad. De economische voorraad is de voorraad waarover een rechtspersoon prijsrisico loopt, dat wil zeggen de technische voorraad plus de voorinkopen minus de voorverkopen. Zowel RJ als IFRS staat slechts toe om de technische voorraad in de balans op te nemen (RJ 220.204, IFRS Framework 4.57). De per balansdatum bestaande voorverkopen en/of voorinkopen van voorraden zijn contracten waarvan de prestatie en tegenprestatie geheel na balansdatum worden verricht (tenzij sprake is van vooruitbetalingen en vooruitontvangen bedragen). Wel kan er reden zijn voor het treffen van een voorziening voor verlieslatende contracten, namelijk voor zover uit de afgesloten voorverkopen en/of voorinkopen van voorraden op balansdatum blijkt dat hier bij afwikkeling een verlies uit zal voortvloeien (RJ 220.205, IAS 37.66; zie ook par. 16.5.3).

Naast de fysiek in magazijnen aanwezige voorraden worden ook de goederen onderweg tot de technische voorraad gerekend indien het grootste gedeelte van de voor- en nadelen ('economisch risico') verbonden aan de goederen inmiddels bij de verkrijgende rechtspersoon is komen te liggen. Anderzijds kan er sprake zijn van vooruitbetalingen aan de leverancier van de goederen. Deze vooruitbetalingen dienen op grond van artikel 2:369 BW *afzonderlijk* onder de voorraden te worden opgenomen (RJ 220.202).

Op het moment dat niet langer meer sprake is van beschikkingsmacht over de fysieke voorraad zal het actief van de balans verwijderd moeten worden. Uit de feitelijke omstandigheden en de realisatieprincipes van Richtlijn 270 'De winst-en-verliesrekening' zal dan afgeleid moeten worden of sprake is van een verkoop en het verantwoorden van omzet (RJ 220.203; zie par. 5.3).

Consignatievoorraden

Voor consignatievoorraden geldt dat de voorraden wel zijn geleverd, maar dat wanneer deze voorraden niet door de afnemer worden verkocht, deze alsnog terugvloeien naar de rechtspersoon of anderszins een verrekening plaatsvindt. De rechtspersoon heeft dan feitelijk nog het overgrote gedeelte van de voor- en nadelen van de voorraden en dient deze goederen onverkort op de balans te houden. In dat geval zijn de voorraden dus weliswaar fysiek niet meer aanwezig bij de rechtspersoon, maar behoren zij nog wel tot de technische voorraad (RJ 220.203).

12.3 Waardering en resultaatbepaling voorraden

Achtereenvolgens wordt in deze paragraaf het volgende besproken:
- algemene uitgangspunten die gelden bij het waarderen van voorraden (par. 12.3.1);
- verkrijgingsprijs (par. 12.3.2);
- vervaardigingsprijs (par. 12.3.3);
- de kostprijs van fungibele goederen (par. 12.3.4);
- lagere opbrengstwaarde (par. 12.3.5);
- actuele waarde (par. 12.3.6).

Voor bepaalde categorieën van voorraden bij specifieke bedrijfstypen worden in de Nederlandse wet- en regelgeving en IFRS verschillende voorschriften voor de waardering en resultaatbepaling gegeven. In het volgende overzicht wordt dit schematisch samengevat met in de laatste kolom de verwijzing naar de paragraaf in dit hoofdstuk waarin een meer uitgebreide bespreking plaatsvindt.

	Nederlandse wet- en regelgeving	IFRS	Par.
1. Biologische activa en Agrarische producten			
Biologische activa - Draag(moeder)plant - Overige biologische activa - Onvoldragen product (oogst) van draag(moeder)plant en overige biologische activa	Geen specifieke bepalingen; zie hoofdstuk 7	▶ IAS 16 ▶ IAS 41 ▶ IAS 41	7.8
Agrarische producten (uitsluitend) op het oogstmoment	Artikel 2:384 lid 1 BW, keuze voor kostprijs (of lagere opbrengstwaarde) dan wel opbrengstwaarde (art. 8 BAW).	IAS 41.13, op oogstmoment reële waarde verminderd met verkoopkosten; waardeverandering direct als opbrengst verantwoorden.	12.3.1
Agrarische producten, ná het moment van de eerste waardering op oogstmoment (vervolgwaardering)			
Bij producenten van agrarische producten	Artikel 2:384 lid 1 BW, keuze uit kostprijs (of lagere opbrengstwaarde) dan wel opbrengstwaarde(art. 8 BAW). Indien opbrengstwaarde (art. 8 BAW) mét frequent marktnoteringen: waardeveranderingen rechtstreeks in winst-en-verliesrekening of rechtstreeks in het eigen vermogen; indien géén frequente marktnotering: waardeveranderingen rechtstreeks in eigen vermogen. Indien verwerking in eigen vermogen: vorming herwaarderingsreserve met gerealiseerd deel vervreemde voorraden in winst-en-verliesrekening.	Keuze voor a. kostprijs (= waarde op oogstmoment); of b. opbrengstwaarde ('net realisable value'), met waardeveranderingen rechtstreeks in de winst-en-verliesrekening (IAS 2.3(a))	12.3.6
Bij commodity brokers/traders	Idem.	Keuze uit a. kostprijs (= waarde op oogstmoment) of lagere opbrengstwaarde; of reële waarde verminderd met verkoopkosten, met waardeveranderingen rechtstreeks in de winst-en-verliesrekening (IAS 2.3(b))	12.3.2 resp. 12.3.6

12 Voorraden

	Nederlandse wet- en regelgeving	IFRS	Par.
Overige entiteiten	Idem.	Uitsluitend kostprijs	12.3.6
2. Mineralen en minerale producten			
Bij producenten van deze producten	Geen specifieke voorschriften, dus artikel 2:384 lid 1 BW, kostprijs (of lagere opbrengstwaarde)	Keuze uit a. kostprijs (= waarde op oogstmoment) of lagere opbrengstwaarde; of b. opbrengstwaarde ('net realisable value'), met waardeveranderingen rechtstreeks in de winst-en-verliesrekening (IAS 2.3(a))	12.3.2 resp. 12.3.6
Bij commodity brokers/traders	Idem.	Keuze voor: a. kostprijs of lagere opbrengstwaarde ('net realisable value'); of b. reële waarde verminderd met verkoopkosten, met waardeveranderingen rechtstreeks in de winst-en-verliesrekening (IAS 2.3(b))	12.3.2 resp. 12.3.6
3. Overige voorraden			
Bij commodity brokers/traders	Geen specifieke voorschriften, dus artikel 2:384 lid 1 BW, kostprijs (of lagere opbrengstwaarde)	Keuze voor: a. kostprijs of lagere opbrengstwaarde ('net realisable value') of b. reële waarde verminderd met verkoopkosten, met waardeveranderingen rechtstreeks in de winst-en-verliesrekening (IAS 2.3(b))	12.3.2 resp. 12.3.6
Bij overige entiteiten	Idem.	Kostprijs of lagere opbrengstwaarde ('net realisable value').	12.3

12.3.1 Algemene uitgangspunten voor de waardering van voorraden

Voorraden niet zijnde agrarische voorraden

Voorraden niet zijnde agrarische voorraden, worden gewaardeerd tegen kostprijs of lagere opbrengstwaarde (RJ 220.301). Waardering tegen actuele waarde is niet toegestaan.

Onder IFRS is de waardering tegen kostprijs de voorgeschreven waarderingsgrondslag (IAS 2.9), waarbij alleen voor specifiek aangeduide producenten c.q. handelaren de keuze kan worden gemaakt uit waardering tegen actuele waarde (dan bepaald op de opbrengstwaarde voor producenten c.q. de reële waarde verminderd met verkoopkosten voor handelaren). De specifiek aangeduide bedrijfstypen betreffen de agrarische producenten, de producenten van minerale hulpbronnen en minerale producten, en de commoditybrokers en -traders (IAS 2.3). Zie voor nadere uitwerking paragraaf 12.3.6.

De eis van stelselmatigheid impliceert dat een gekozen prijsgrondslag in de opeenvolgende perioden zo veel mogelijk gehandhaafd dient te blijven. Dit heeft ook betrekking op de wijze waarop de verkrijgings- of vervaardigingsprijs zijn berekend (RJ 140.201-205).

Richtlijn 220 schrijft voor dat, onafhankelijk van de gevolgde grondslag, in alle gevallen de op het waarderingsmoment werkelijk aanwezige voorraad dient te worden gewaardeerd. Dit betekent dat het niet is toegestaan bij de voorraadwaardering een normale-voorraadbegrip te hanteren, zoals wel voorkomend in bepaalde actuele-waardestelsels, het ijzeren-voorraadstelsel en bepaalde lifo-stelsels. Toepassing van een 'normale voorraad' kan leiden tot een lagere voorraadwaarde dan de werkelijk aanwezige voorraad als gevolg van zogenoemde 'mancovoorraden' (bijvoorbeeld beschadigde voorraden) (RJ 220.204).

Indien voorraden worden gewaardeerd tegen kostprijs, dient deze te bestaan uit de verkrijgings- of vervaardigingsprijs en overige kosten om de voorraden op hun huidige plaats en in hun huidige staat te brengen (RJ 220.302, IAS 2.10). Dit betreft bijvoorbeeld overheadkosten (niet zijnde productiekosten) en cliëntspecifieke ontwerpkosten (RJ 220.309, IAS 2.15).

In geval van waardering op basis van kostprijs wordt een onderscheid gemaakt tussen de verkrijgingsprijs (art. 2:388 lid 1 BW, RJ 220.303, IAS 2.11) en de vervaardigingsprijs (art. 2:388 lid 2 BW, RJ 220.304, IAS 2.12 e.v.). De verkrijgingsprijs wordt in het algemeen gehanteerd wanneer voorraden worden gekocht van derden (met name handelsgoederen en grond- en hulpstoffen). De vervaardigingsprijs wordt gehanteerd wanneer de entiteit voorraden in een productie- of bewerkingsproces tot stand brengt (RJ 220.304).

Indien voorraden worden gekocht op basis van uitgestelde betaling, en sprake is van een langere dan gebruikelijke krediettermijn, dient de kostprijs van de voorraden te worden gebaseerd op de contante waarde van de verplichting (RJ 220.311, IAS 2.18).
Waardering tegen kostprijs houdt in dat rekening moet worden gehouden met een lagere opbrengstwaarde (art. 2:387 lid 2 BW, RJ 220.301, IAS 2.9). Dat wordt, in de praktijk, ook wel aangeduid als het op de waarde van de voorraad in mindering brengen van een voorziening incourante voorraden.

Op het moment van verkoop van de voorraden (op basis van de regelgeving als opgenomen in Richtlijn 270 en IFRS 15, zie par. 5.3) dient de boekwaarde van de betreffende voorraden als kosten in de winst-en-verliesrekening te worden opgenomen (RJ 220.503, IAS 2.34). Andere, met voorraden verband houdende lasten die ten laste van de winst-en-verliesrekening komen zijn (RJ 220.505, RJ 220.606, IAS 2.34):
► de boekwaarde van verloren gegane voorraden;
► het bedrag van de afwaardering tot lagere opbrengstwaarde;
► de eventuele terugneming van de afwaardering tot lagere opbrengstwaarde (omdat de opbrengstwaarde weer is gestegen).

Agrarische producten (op het oogstmoment)
Dutch GAAP
Op basis van de Nederlandse wet- en regelgeving kan voor de initiële en vervolgwaardering van agrarische voorraden een stelselkeuze gemaakt worden tussen (art. 2:384 lid 1 BW, RJ 220.301):
► kostprijs (of lagere opbrengstwaarde); dan wel
► actuele waarde, met daarbij de bepaling van artikel 8 BAW dat de opbrengstwaarde als enige invulling van het actuele-waardebegrip mag worden toegepast.

Er wordt geen nadere invulling gegeven van de wijze waarop de kostprijs bij initiële waardering moet worden bepaald. Dit zou derhalve de reële waarde op het moment van oogst kunnen zijn, zoals bij IFRS (zie hierna), maar ook een 'echte' kostprijs op basis van een allocatie van daadwerkelijk gemaakte kosten.

12 Voorraden

Bij waardering tegen actuele waarde wordt direct op oogstmoment gewaardeerd tegen de opbrengstwaarde en latere wijzigingen in de opbrengstwaarde worden eveneens in de winst-en-verliesrekening in aanmerking genomen.

IFRS

IAS 41 kent specifieke voorschriften voor het waarderen op het moment dat het proces van 'groeien en bloeien' wordt afgerond door de oogst. Op dat moment dienen de verkregen agrarische producten te worden gewaardeerd op basis van reële waarde – de prijs die zou moeten worden ontvangen om het actief te verkopen of die zou worden betaald om een verplichting over te dragen in een regelmatige transactie tussen marktdeelnemers op waarderingsdatum (IFRS 13.9) – verminderd met verkoopkosten (IAS 41.13).
Vanuit het perspectief van de balanspost voorraden is dan sprake van een eerste waardering van de door de oogst verkregen producten, die op dat moment ook voor het eerst in die verschijningsvorm in omloop komen. Tot op het moment van de oogst waren de nog niet 'oogstbare' producten nog verbonden aan een biologisch actief, zie par. 7.8. Eventuele winsten en verliezen die ontstaan bij deze eerste waardering van de geoogste producten dienen als bate of last te worden verwerkt in de winst-en-verliesrekening in de periode waarin de oogst heeft plaatsgevonden (IAS 41.28 en 41.29).

De reële waarde op het moment van het door oogsten ontstaan van een agrarisch product geldt als de kostprijs van het product gedurende de periode dat de oogst op voorraad wordt gehouden (IAS 41.13). De vervolgwaardering van de agrarische producten dient te geschieden op basis van de algemene voorschriften van IAS 2: in beginsel tegen deze kostprijs, of in geval van specifieke producenten c.q. handelaren (zoals producenten van agrarische producten c.q. commodity brokers/traders) tegen opbrengstwaarde voor producenten c.q. reële waarde verminderd met verkoopkosten voor handelaren (zie par. 12.3.6).

Het onderscheid tussen *opbrengstwaarde* (IFRS: 'net realisable value') en *reële waarde verminderd met verkoopkosten* (IFRS: 'fair value less costs to sell') bestaat uit het element van nog te verwachten kosten (anders dan verkoopkosten). Zie verder paragraaf 12.3.5.

Met betrekking tot de vaststelling van de 'reële waarde verminderd met verkoopkosten' als kostprijs van de agrarische producten op het moment van de oogst bevat IAS 41 c.q. IFRS 13 'Fair Value Measurement' enkele specifieke bepalingen.

De 'verkoopkosten' betreffen de incrementele kosten die direct verband houden met het afstoten van het actief. Bijvoorbeeld provisies aan makelaars en handelaren, heffingen, overdrachtsbelastingen en dergelijke. Uitgezonderd zijn financieringskosten en winstbelastingen (IAS 41.5). De kosten inzake transport en andere kosten om activa naar een markt te brengen vallen *niet* onder dit type kosten, echter dienen onderdeel van de geschatte reële waarde te zijn (IAS 41.B22 en IAS 41.BC3).

De reële waarde is primair de genoteerde prijs op een markt (IFRS 13.67 alsmede 13.72 e.v.). Nadrukkelijk wordt gesteld dat de reële waarde *niet* mag worden ontleend aan de prijzen van termijncontracten (IAS 41.16) omdat deze contracten op een ander moment worden aangegaan en op basis van onderhandelingen tussen een koper en een verkoper een specifieke prijs tot stand is gekomen. Dit kan eveneens betekenen dat op balansmomenten een termijncontract kan kwalificeren als een verlieslatend contract dat op basis van IAS 37 'Provisions, Contingent Liabilities and Contingent Assets' dient te worden gewaardeerd (IAS 41.16).

Voor het geval geen actieve markt bestaat dient de marktprijs uit andere bronnen te worden afgeleid, bijvoorbeeld recente transactieprijzen, marktprijzen van vergelijkbare activa en sectorreferenties (IFRS 13.72 alsmede

13.81 e.v.). Ook wordt onderkend dat er situaties zijn waarin de prijs dient te worden bepaald op basis van de contante waarde van de te verwachten kasstromen (IFRS 13.72 alsmede 13.86 e.v.).

IAS 41 gaat ervan uit dat de reële waarde betrouwbaar bepaald kan worden. Echter, in de situatie waarin dit ook met behulp van alternatieve schattingen niet mogelijk is, moet een biologisch actief tegen kostprijs minus cumulatieve afschrijvingen en bijzondere waardeverminderingen opgenomen worden. Dit is alleen mogelijk bij de eerste opname van het actief. Zodra de reële waarde van het biologisch actief alsnog betrouwbaar bepaald kan worden, dient het biologisch actief alsnog tegen reële waarde minus de kosten voor verkoop te worden gewaardeerd (IAS 41.30-33).

12.3.2 Verkrijgingsprijs

De verkrijgingsprijs wordt omschreven als de prijs waartegen een actief is verworven (zie ook par. 4.7.2). Deze omvat de inkoopprijs en de bijkomende kosten (art. 2:388 lid 1 BW, RJ 220.303, IAS 2.11). Bijkomende kosten zijn de kosten die samenhangen met het op hun huidige plaats en in hun huidige staat brengen van de voorraden (RJ 220.302, IAS 2.10). Voorbeelden van bijkomende kosten zijn invoerrechten, niet-terugvorderbare omzetbelasting, transport- en behandelingskosten en andere kosten die direct kunnen worden toegerekend aan de verwerving van grond- en hulpstoffen en gereed product verminderd met handelskortingen, rabatten en soortgelijke vergoedingen zoals bijvoorbeeld subsidies voor zover het waarschijnlijk is dat ze kunnen worden ontvangen of verrekend (RJ 220.303, IAS 2.11). Het is bij de waardering van voorraden niet toelaatbaar kosten die bij (latere) verkoop en aflevering worden gemaakt te activeren.

Bijkomende kosten zoals invoerrechten en andere belastingen worden verwerkt in de verkrijgingsprijs zodra de verplichting ontstaat. De Belasting op Personenauto's en Motorrijwielen (BPM) wordt bijvoorbeeld verwerkt in de verkrijgingsprijs zodra een kentekenbewijs is verkregen (RJ 220.303). Kortingen en vergelijkbare inkoopvergoedingen waaronder staffelkortingen worden verwerkt indien ze betrouwbaar zijn te schatten en het waarschijnlijk is dat ze worden ontvangen of verrekend.

12.3.3 Vervaardigingsprijs

Het begrip vervaardigingsprijs is van toepassing op de door de rechtspersoon vervaardigde activa. Ingevolge artikel 2:388 lid 2 BW omvat de vervaardigingsprijs:
- De aanschaffingskosten van de gebruikte grond- en hulpstoffen en de overige kosten, welke rechtstreeks aan de vervaardiging kunnen worden toegerekend.
- De directe productiekosten. Dit zijn de productiekosten die rechtstreeks aan de vervaardiging kunnen worden toegerekend, zoals arbeidskosten (RJ 220.306, IAS 2.12).
- Een toerekening van de (vaste en variabele) indirecte productiekosten. Vaste indirecte productiekosten zijn kosten die relatief constant blijven ongeacht het productievolume, zoals de afschrijving en het onderhoud van fabrieksgebouwen en installaties en de kosten van beheer en bestuur van de fabriek. Variabele indirecte productiekosten zijn kosten die (vrijwel) direct variëren met het productievolume, zoals indirecte grond- en hulpstoffen en indirecte arbeidskosten. De toerekening van de productiekosten dient op systematische en consistente wijze te geschieden (RJ 220.305-307, IAS 2.12).
- Indien van toepassing: rente over de schulden in het tijdvak dat aan de vervaardiging van het actief kan worden toegerekend komt in aanmerking om te worden opgenomen, maar alleen als voor de vervaardiging een aanmerkelijke hoeveelheid tijd nodig is en er is dan sprake van een kwalificerend actief (RJ 220.312, IAS 2.17, IAS 23.5, IAS 23.8 en IAS 23.9). Is aan deze voorwaarde voldaan, dan is rentetoerekening onder IFRS verplicht (IAS 23.8 en IAS 23.9), maar onder Richtlijn 273 'Rentelasten' een stelselkeuze (RJ 273.204).

Rente-activering zal zich bij voorraden slechts in uitzonderingsgevallen voordoen. Voorbeelden zijn voorraden wijn, whisky of kaas, die een lange ligtijd nodig hebben voordat zij gereed zijn voor de verkoop. Zie verder paragraaf 7.3.2.

De Nederlandse wet (art. 2:388 lid 2 BW) stelt dat in de vervaardigingsprijs een redelijk deel van de indirecte kosten kan zijn opgenomen (RJ 220.304). Dit suggereert een keuzemogelijkheid die Richtlijn 220 feitelijk niet biedt. Uit de stelligheid van het woord 'omvatten' in de formulering van RJ 220.306 ('De productiekosten van voorraden omvatten') valt af te leiden dat de RJ van mening is dat de vaste en variabele indirecte productiekosten als een onderdeel van de vervaardigingsprijs verwerkt worden. Voor zover sprake is van indirecte (algemene) overheadkosten is opnemen in de vervaardigingsprijs niet toegestaan (RJ 220.310, zie hierna).

De toerekening van vaste indirecte productiekosten moet worden gebaseerd op de normale capaciteit. Normale capaciteit wordt gedefinieerd als de te verwachten gemiddelde productie over een aantal perioden of seizoenen onder normale omstandigheden, waarbij rekening wordt gehouden met capaciteitsverlies als gevolg van gepland onderhoud (RJ 220.307, IAS 2.13). De hoeveelheid vaste productiekosten die wordt toegerekend aan elke productie-unit mag niet worden verhoogd als gevolg van een lage productie of een stilstaande fabriek. In perioden van abnormaal hoge productie wordt de hoeveelheid vaste productiekosten per productie-unit verlaagd opdat de voorraden niet boven de kostprijs worden gewaardeerd. De variabele productiekosten worden toegerekend aan elke productie-unit in evenredigheid met het werkelijke gebruik van de productiefaciliteiten (RJ 220.307, IAS 2.13).

Voorbeeld vervaardigingsprijs

Met betrekking tot voorraad X gelden de volgende gegevens:
- Kosten van grondstoffen (per product) — 30
- Directe productiekosten (per product) — 20
- Variabele indirecte productiekosten (per product) — 4
- Vaste productiekosten (per periode) — 20.000
- Normale productie (per periode) — 1.000
- Administratieve overheadkosten (per periode) — 30.000

De vervaardigingsprijs is gelijk aan € 74 (30 + 20 + 4 + 20.000/1.000). Een opslag voor administratieve overheadkosten van 30 (30.000/1.000) maakt geen deel uit van de vervaardigingsprijs.

Indien in de betreffende periode de beginvoorraad X nihil was, 1.020 producten X zijn vervaardigd en 900 daarvan zijn verkocht voor € 150, dan betekent dit voor de balans en winst-en-verliesrekening van deze periode:
- Een omzet van € 135.000 (900 x 150)
- Een kostprijs van de omzet van € 66.600 (900 x 74)
- Overige kosten van € 30.000
- Een positief bezettingsresultaat in de winst-en-verliesrekening van € 400 ([1.020 – 1.000] x € 20)
- Een balanswaarde van de voorraden van € 8.880 (120 x € 74)

In dit voorbeeld is het positieve bezettingsresultaat opgenomen in de winst-en-verliesrekening omdat de RJ stelt dat de vervaardigingsprijs moet zijn gebaseerd op de normale capaciteit en geconcludeerd is dat géén sprake is van abnormaal hoge productie (als bedoeld in RJ 220.307). Op basis van ervaringen dient de normale capaciteit voortdurend te worden bijgesteld.

Voorbeelden van kosten die niet tot de vervaardigingsprijs mogen worden gerekend en dus direct ten laste van de winst-en-verliesrekening dienen te worden gebracht, zijn (RJ 220.310, IAS 2.16):
- abnormale hoeveelheden verspild materiaal, bestede tijd of andere productiekosten;
- opslagkosten, tenzij die kosten noodzakelijk zijn in het productieproces voor een verdere bewerking (bijvoorbeeld gedurende de rijping van kaas, wijn, en dergelijke);

- administratieve overheadkosten die niet bijdragen aan het op hun huidige plaats en in hun huidige staat brengen van de voorraden;
- verkoopkosten.

Voorbeeld opslagkosten die onderdeel zijn van de verkrijgings- en vervaardigingsprijs

Opslagkosten mogen gewoonlijk niet tot de vervaardigingsprijs worden gerekend, tenzij die kosten noodzakelijk zijn in het productieproces voor een verdere bewerking. Distributiekosten zijn kosten die samenhangen met het op hun huidige plaats brengen van voorraden. Van deze kosten moet worden beoordeeld welke inderdaad benodigd zijn om de voorraden naar hun huidige plaats en in hun huidige staat te brengen. Een supermarktketen maakt gebruik van distributiecentra voor het aan haar winkels leveren van de goederen, ofwel het op de 'huidige plaats' (in casu: winkels) brengen van de goederen. De kosten van opslag in het distributiecentrum en de verdere kosten van distributie naar de winkels kunnen daarmee onderdeel van de verkrijgings- en vervaardigingsprijs zijn.

Voorbeeld van waarderingsgrondslag van voorraden bij waardering tegen verkrijgingsprijs/vervaardigingsprijs

De voorraden grond- en hulpstoffen, onderhanden werk in de zin van halffabricaten, gereed product en handelsgoederen worden gewaardeerd tegen de verkrijgingsprijs of vervaardigingsprijs dan wel de lagere opbrengstwaarde.

De verkrijgingsprijs van de grond- en hulpstoffen en de handelsgoederen wordt bepaald op grond van het 'First-in, First-out'-principe. De vervaardigingsprijs van het gereed product en het onderhanden werk bestaat uit de aanschaffingskosten van de verbruikte grond- en hulpstoffen en de directe productiekosten, vermeerderd met een opslag voor indirecte productiekosten gebaseerd op de normale productiecapaciteit, exclusief de rente op vreemd vermogen.

Indien nodig wordt rekening gehouden met afwaarderingen op voorraden wegens incourantheid.

Een productieproces kan resulteren in het produceren van meerdere producten tegelijkertijd. Dit is het geval indien er bijvoorbeeld sprake is van het produceren van een hoofdproduct en een bijproduct. Een voorbeeld hiervan is de raffinage van ruwe aardolie door destillatie. Hierbij ontstaan naast het hoofdproduct zoals benzine of dieselolie onder andere ook bijproducten zoals propaan en bitumen. Indien de vervaardigingsprijs van de verschillende producten niet afzonderlijk identificeerbaar is, dient toerekening daarvan aan de producten plaats te vinden op systematische en consistente basis. De toerekening kan bijvoorbeeld gebaseerd zijn op de relatieve verkoopwaarde van elk product in een bepaald stadium van het productieproces waarin de producten afzonderlijk identificeerbaar zijn, of na afloop van het productieproces. De meeste bijproducten zijn naar hun aard van gering belang. Indien dit het geval is, vindt waardering vaak plaats tegen de directe opbrengstwaarde. Deze waarde wordt vervolgens in mindering gebracht op de kosten van het hoofdproduct. De boekwaarde van het hoofdproduct verschilt hierdoor niet wezenlijk van zijn kostprijs (RJ 220.308, IAS 2.14).

12.3.4 De kostprijs van fungibele goederen

De kostprijs wordt in beginsel afzonderlijk per eenheid van elk individueel artikel bepaald. Dat geldt in het bijzonder voor producten die niet onderling uitwisselbaar zijn en goederen die projectspecifiek worden geproduceerd (RJ 220.317, IAS 2.23). Bij onderling uitwisselbare ('fungibele') goederen (zoals bijvoorbeeld commodity's als olie en edele metalen) zou individuele bepaling van de kostprijs voor grote hoeveelheden voorraden tot praktische problemen kunnen leiden (omdat deze bij opslag niet van elkaar zijn te onderscheiden). Om die reden zijn andere ('kostprijs')methoden voor de bepaling van de kostprijs toegestaan. Onder Nederlandse wet- en regelgeving zijn de volgende kostprijsmethoden in het algemeen toegestaan (art. 2:385 lid 2 BW, RJ 220.313):
- de methode van gewogen gemiddelde inkoopprijzen;
- de fifo-methode ('eerst in, eerst uit');
- de lifo-methode ('laatst in, eerst uit').

IAS 2 staat de beide eerstgenoemde methoden ook toe, maar de lifo-methode niet (IAS 2.25).
De lifo-methode gaat gewoonlijk uit van de verkrijgings- of vervaardigingsprijzen uit een ver verleden, en is daarom vooral gericht op de bepaling van het resultaat die de grondslag van de actuele waarde benadert. De waardering van de voorraad geschiedt dan tegen prijzen die in veel gevallen geen weerspiegeling zijn van het prijsniveau per balansdatum.

De Raad voor de Jaarverslaggeving is overigens van mening dat de toepassing van de lifo-methode zonder nadere toelichting onvoldoende inzicht in het vermogen geeft en verplicht daarom tot het geven van aanvullende informatie over het verschil met het eigen vermogen bij toepassing van één van de andere grondslagen (zie par. 12.5). Richtlijn 220 beveelt daarom toepassing van de fifo-methode of de methode van gewogen gemiddelde inkoopprijzen aan (RJ 220.316). De hiervoor genoemde methoden dienen consistent te worden toegepast.

> **Voorbeeld kostprijs van fungibele goederen**
>
> Het inkoop- en verkooppatroon van product Y is als volgt (beginvoorraad is 0):
> ▸ Januari: aankoop 1.000 stuks voor € 5
> ▸ Maart: aankoop 600 stuks voor € 6
> ▸ Juni: verkoop 1.200 stuks voor € 10
> ▸ December: aankoop 200 stuks voor € 8
>
> Bij waardering en resultaatbepaling op basis van gemiddelde kostprijs wordt na iedere aankoop de nieuwe gemiddelde kostprijs berekend en wordt de verkoop tegen deze gemiddelde kostprijs geboekt. Na de aankoop in maart is de gemiddelde kostprijs € 5,375. De kostprijs verkopen bedraagt (1.200 x 5,375 =) € 6.450 en de transactiewinst op de verkoop bedraagt € 5.550 (1200 x 10 - 6.450). Na de aankoop in december stijgt de gemiddelde kostprijs naar ([400 x 5,375 = 2.150] + [200 x 8 = 1.600])/600 = € 6,25. De boekwaarde van de voorraad op balansdatum bedraagt € 3.750 (600 x 6,25).
>
> Bij toepassing van de fifo-methode bedraagt de kostprijs van de omzet € 6.200 (1.000 x 5 + 200 x 6) en de transactiewinst € 5.800. De boekwaarde van de voorraad op balansdatum bedraagt € 4.000 (400 x 6 + 200 x 8).
>
> Bij toepassing van de lifo-methode bedraagt de kostprijs van de omzet € 6.600 (600 x 5 + 600 x 6) en de transactiewinst € 5.400. De boekwaarde van de voorraad op balansdatum bedraagt € 3.600 (400 x 5 + 200 x 8).
>
> Bij stijgende prijzen leidt de lifo-methode tot de laagste transactiewinst en de laagste boekwaarde van de voorraad. Zolang de voorraadomvang nooit minder wordt dan 400, blijft de lage waardering tegen een kostprijs van 5 permanent deel uitmaken van de balanswaarde. Deze kan daardoor onrealistisch laag worden. Vandaar dat Richtlijn 220 aanvullende toelichting vereist over de omvang van het eigen vermogen.

Onder bepaalde voorwaarden staat artikel 2:385 lid 3 BW toe dat voorraden grond- en hulpstoffen tegen vaste hoeveelheid en waarde worden opgenomen. Deze voorwaarden zijn: de voorraden worden geregeld vervangen, de gezamenlijke waarde ervan is van ondergeschikte betekenis en de hoeveelheid, samenstelling en waarde zijn slechts aan geringe veranderingen onderhevig (RJ 220.319). IAS 2 kent deze mogelijkheid niet. Voorbeelden hiervan zijn de zakjes voeding behorend bij bloemen van een bloemist, servetjes in een ijssalon of brillendoekjes bij de verkoop van zonnebrillen.

Voor alle voorraden van soortgelijke aard en/of gebruik moet dezelfde kostprijsmethode worden toegepast (RJ 220.313, IAS 2.25). Gaat het om verschillende voorraden met verschillende aard en functie, bijvoorbeeld voorraden die tot verschillende operationele segmenten behoren, dan kunnen verschillende kostprijsmethoden worden gebruikt. Echter, het enkele feit dat voorraden zich op verschillende geografische locaties bevinden, is onvoldoende reden om verschillende kostprijsmethoden te gebruiken (RJ 220.314, IAS 2.26).

RJ 220.320-321 en IAS 2.21-22 noemen tevens de *verkoopprijsmethode* ('retail method') als een methode voor de waardering van voorraden die wel gebruikt wordt in de detailhandel. Deze methode is geschikt voor het waarderen van grote hoeveelheden niet-fungibele goederen met een hoge omloopsnelheid, waarvan de marge ongeveer gelijk is en waarvoor het niet praktisch is om andere kostprijsmethoden toe te passen. In feite is sprake van een minder nauwkeurige benadering van de werkelijke kostprijs van de voorraden die geen materieel gevolg voor de hoogte van het vermogen of het resultaat heeft. De kostprijs wordt bepaald door van de verkoopwaarde van de voorraden de bijbehorende procentuele brutomarge af te trekken. Het percentage moet rekening houden met de voorraden die reeds zijn afgeprijsd tot beneden de oorspronkelijke inkoopprijs.

12.3.5 Lagere opbrengstwaarde

Indien bij waardering tegen kostprijs op balansdatum de opbrengstwaarde lager is, dient de voorraad tegen de *lagere opbrengstwaarde* ('net realisable value') te worden opgenomen (art. 2:387 lid 2 BW, art. 8 BAW, RJ 220.322 en IAS 2.9). De opbrengstwaarde is gelijk aan het bedrag waartegen een actief kan worden verkocht, onder aftrek van nog te maken kosten (art. 5 BAW, IAS 2.6), *zonder* aftrek voor enige winstmarge. Indien voorraden incourant worden zal in elk geval een afwaardering naar lagere opbrengstwaarde (die nihil kan zijn) moeten plaatsvinden. De afwaardering geschiedt ten laste van het resultaat. De afwaarderingen worden ook wel aangeduid als een voorziening voor incourante voorraden (zie paragraaf 16.1.1).

De afwaardering naar lagere opbrengstwaarde is gebaseerd op het beginsel dat een actief niet hoger mag worden gewaardeerd dan tegen de realiseerbare waarde. Afwaardering tot een lagere huidige verkrijgings- of vervaardigingsprijs is daarom niet toegestaan, omdat daarmee verder wordt afgewaardeerd dan noodzakelijk is. Immers, afwaardering zou dan plaatsvinden tot de actuele inkoopprijs, terwijl gewoonlijk nog een positieve marge aanwezig is tussen inkoop- en verkoopprijs.

Voorbeeld afwaardering naar lagere opbrengstwaarde

Een handelaar in televisietoestellen heeft twee verouderde (incourante) types in voorraad. De gegevens hierover zijn als volgt:
▶ Type A. Verkrijgingsprijs per stuk € 300. Normale verkoopprijs € 650. Dit type is nog leverbaar voor een inkoopprijs van € 180. De handelaar verwacht de toestellen nog te kunnen verkopen als hij deze afprijst naar € 250. De nog te maken kosten na verkoop (vervoer, installatie) worden geschat op € 25.
▶ Type B. Verkrijgingsprijs per stuk van € 300. Normale verkoopprijs € 650. Dit type is niet meer leverbaar. De handelaar verwacht niet dat hij dit type nog kan verkopen. Een opkoper is bereid om de voorraden zonder vergoeding mee te nemen.

Voor type A zal een afwaardering dienen plaats te vinden naar de lagere opbrengstwaarde. De opbrengstwaarde is gelijk aan € 225 (€ 250 - € 25), zodat afwaardering plaatsvindt met € 75. Als de voorraden volgens verwachting worden verkocht, worden geen winsten en verliezen meer op de transactie gemaakt. Als een afwaardering zou hebben plaatsgevonden naar de lagere inkoopprijs van € 180, zou in het boekjaar € 120 zijn afgewaardeerd en bij verkoop een winst van € 45 zijn geboekt. Een dergelijke afwaardering zou te voorzichtig zijn en sluit niet aan bij de gedachte van de realiseerbare waarde.

Voor type B zal de boekwaarde van € 300 geheel worden afgewaardeerd.

RJ 220.324 en IAS 2.29 geven leidraden voor de wijze waarop de bepaling van de eventuele lagere opbrengstwaarde dient plaats te vinden. Afwaardering van de voorraden naar een lagere opbrengstwaarde geschiedt gewoonlijk per product. Het is niet toegestaan om groepen van voorraden, zoals de voorraden gereed product of alle voorraden in een bepaalde bedrijfstak, gezamenlijk af te waarderen. Onder sommige omstandigheden kan het echter passend zijn om gelijksoortige of samenhangende producten samen te nemen. Dit kan het geval zijn met voorraadbestanddelen die betrekking hebben op hetzelfde productassortiment die hetzelfde doel of eindgebruik hebben, die in dezelfde geografische omgeving geproduceerd en verhandeld worden en die praktisch gezien niet afzonderlijk van andere items in die productielijn beschouwd kunnen worden.

Schattingen van de opbrengstwaarde worden gebaseerd op de meest betrouwbare gegevens die beschikbaar zijn op het moment van de schatting van het bedrag dat de voorraden naar verwachting zullen opbrengen. Bij het maken van deze schattingen dienen de prijsfluctuaties na balansdatum in aanmerking te worden genomen voor zover deze een bevestiging vormen van de omstandigheden die reeds op balansdatum bestonden (RJ 220.325, IAS 2.30).

Het komt in de praktijk voor dat geen of weinig samenhang bestaat tussen de prijsvorming op de inkoopmarkt van de grondstoffen en die op de verkoopmarkt van het met behulp van deze grondstoffen te vervaardigen gereed product. Onder Richtlijn 220 wordt de opbrengstwaarde van de grondstoffen dan afgeleid van de opbrengstwaarde van het gereed product, waarbij de opbrengstwaarde van het gereed product wordt verminderd met de geschatte kosten van voltooiing en de geschatte kosten die nodig zijn om de verkoop te realiseren (RJ 220.327).

De opbrengstwaarde kan gelijk zijn aan de reële waarde verminderd met verkoopkosten ('fair value less costs to sell'), maar kan ook verschillen. De opbrengstwaarde wordt gezien vanuit de verkoop van de voorraad in de normale dagelijkse gang van zaken en in de specifieke, entiteitafhankelijke omstandigheden. De reële waarde is een op basis van meer generieke omstandigheden in een open markt tot stand komende waarde en is daardoor niet afhankelijk van de entiteitspecifieke omstandigheden (IAS 2.7).

Ieder rapporteringsmoment wordt een nieuwe schatting van de opbrengstwaarde gemaakt. De afwaardering tot opbrengstwaarde wordt geheel of gedeeltelijk teruggenomen indien de gewijzigde omstandigheden dat mogelijk maken. De terugname van de afwaardering kan plaatsvinden tot ten hoogste de oorspronkelijke kostprijs (RJ 220.328, IAS 2.33).

12.3.6 Actuele waarde
Achtereenvolgens komen aan de orde (zie ook schema in aanhef van par. 12.3):
- Agrarische producten (par. 12.3.6.1).
- Minerale producten en commodity's (par. 12.3.6.2).

12.3.6.1 Agrarische producten
Dutch GAAP

Artikel 2:384 lid 1 BW staat toe dat een actief kan worden gewaardeerd tegen *actuele waarde*. Bij algemene maatregel van bestuur zijn voorschriften opgesteld over de inhoud, de grenzen en de wijze van toepassing van waardering tegen actuele waarden. Uit artikel 8 Besluit actuele waarde en de Nota van toelichting hierbij is af te leiden dat uitsluitend agrarische voorraden gewaardeerd kunnen worden tegen de actuele waarde.

Indien agrarische voorraden tegen actuele waarde worden gewaardeerd, komt alleen de opbrengstwaarde in aanmerking (art. 8 BAW, RJ 220.329). Waardeveranderingen van agrarische voorraden waarvoor frequente marktnoteringen bestaan mogen onmiddellijk in de winst-en-verliesrekening of rechtstreeks in het eigen vermogen worden verwerkt (art. 2:384 lid 7 BW, RJ 220.401). Van frequente marktnoteringen is sprake in geval van een liquide markt met voldoende transacties om een betrouwbare marktwaarde vast te stellen en waarbij activa te allen tijde kunnen worden gekocht en verkocht (RJ 220.401).
Waardevermeerderingen van agrarische voorraden waarvoor geen frequente marktnoteringen bestaan, worden rechtstreeks in het eigen vermogen verwerkt (art. 2:384 lid 7 BW, RJ 220.402).

Indien agrarische voorraden worden gewaardeerd tegen actuele waarde en waardeveranderingen rechtstreeks in het eigen vermogen worden verwerkt, worden waardevermeerderingen van deze voorraden in een herwaarderingsreserve verwerkt (art. 2:390 lid 1 BW). De herwaarderingsreserve wordt bepaald als het positieve verschil tussen de waarde van de agrarische voorraden tegen actuele waarde en de waarde tegen kostprijs (RJ 220.403).

Waardeverminderingen die uitgaan boven eerdere toevoegingen aan de herwaarderingsreserve worden verantwoord in de winst-en-verliesrekening (RJ 220.403). Het gerealiseerde deel van de herwaarderingen van op actuele waarde gewaardeerde agrarische voorraden die zijn vervreemd, dient te worden verwerkt in de winst-en-verliesrekening en als afzonderlijke post te worden gepresenteerd (RJ 220.404).

Indien agrarische voorraden (waarvoor frequente marktnoteringen bestaan) worden gewaardeerd tegen actuele waarde en de waardeveranderingen onmiddellijk in de winst-en-verliesrekening worden verwerkt, wordt geen herwaarderingsreserve gevormd (art. 2:390 lid 1 BW). De waardeverandering wordt opgenomen als onderdeel van wijziging in voorraden gereed product en onderhanden werk in model E van het Besluit modellen jaarrekening of in de kostprijs van de omzet in model F van het Besluit modellen jaarrekening (RJ 220.405).

Indien de rechtspersoon verkoop(termijn)contracten heeft afgesloten voor per balansdatum aanwezige agrarische voorraden, wordt de opbrengstwaarde afgeleid uit deze contracten.
Indien er geen verkoop(termijn)contracten afgesloten zijn voor aanwezige agrarische voorraden, wordt de opbrengstwaarde afgeleid van de marktnotering per balansdatum (RJ 220.329).

IFRS
Ook onder IFRS mogen agrarische producten worden gewaardeerd tegen actuele waarde, ingevuld door de opbrengstwaarde ('net realisable value', IAS 2.3(a)), maar uitsluitend voor zover dit algemeen gebruikelijk is in de bedrijfstak. In dat geval is het verplicht om alle waardeveranderingen direct in de winst-en-verliesrekening op te nemen.

12.3.6.2 Minerale producten en commodity's / Cryptocurrencies
Dutch GAAP
De Nederlandse wet- en regelgeving kent geen bijzondere behandeling van minerale producten en commodity's (niet tevens zijnde agrarische producten) zodat daarvoor de algemene bepalingen van voorraden gelden: waardering tegen kostprijs of lagere opbrengstwaarde. Commodity's die betrekking hebben op agrarische producten kunnen volgens de betreffende regelgeving zoals hiervóór uiteengezet, naar keuze op kostprijs (of lagere opbrengstwaarde) dan wel opbrengstwaarde worden gewaardeerd.

Cryptocurrencies die onder de reikwijdte van Richtlijn 220 vallen worden tegen verkrijgingsprijs of lagere opbrengstwaarde opgenomen. Kosten van 'opslag' (bijvoorbeeld via een 'wallet') blijven buiten de verkrijgingsprijs en worden verwerkt als periodekosten. In de bepaling van een eventuele lagere opbrengstwaarde wordt rekening gehouden met de te verwachten kosten van verwerking in de 'blockchain' (RJ-Uiting 2018-7 'Overwegingen ten aanzien van de verwerkingswijze van cryptocurrencies in de jaarrekening').

IFRS
Onder IFRS mogen mineralen en minerale producten door producenten worden gewaardeerd tegen actuele waarde, ingevuld door de opbrengstwaarde ('net realisable value', IAS 2.3(a)), maar uitsluitend voor zover dit algemeen gebruikelijk is in de bedrijfstak. In dat geval is het verplicht om alle waardeveranderingen direct in de winst-en-verliesrekening op te nemen.

Hetzelfde geldt voor commodity's aangehouden door brokers/traders. Voor commodity's geldt daarbij dat niet uitdrukkelijk de eis wordt gesteld van gebruik in de bedrijfstak en dat waardering dient plaats te vinden tegen de reële waarde verminderd met verkoopkosten (anders dan de opbrengstwaarde refereert de reële waarde altijd aan de markt; beide kunnen wel aan elkaar gelijk zijn, zie ook par. 12.3.5).

12 Voorraden

Voor cryptocurrencies aangehouden door brokers/traders gelden dezelfde voorschriften. In de bepaling van de reële waarde kan de complicatie optreden dat sprake is van verschillende vormen van 'noteringen' met verschillende hoogte in reële waarde; de voorschriften van IFRS 13 inzake belangrijkste of meest voordelige markt zijn overeenkomstig van toepassing.
In de bepaling van de nog te maken kosten is een schatting van de relevante blockchain- en overige kosten op te nemen.

Voor alle duidelijkheid: zowel onder Nederlandse wet- en regelgeving als IFRS mogen de agrarische producten, minerale producten en commodity's ook tegen kostprijs worden gewaardeerd.

Verschillen Dutch GAAP - IFRS

Voorraden worden normaliter gewaardeerd tegen kostprijs. Ingevolge IAS 2 mogen *producenten van agrarische producten* de voorraden onder bepaalde voorwaarden ook tegen opbrengstwaarde ('net realisable value') waarderen waarbij de waardeveranderingen in de winst-en-verliesrekening worden verantwoord. In de Nederlandse wet wordt geen onderscheid gemaakt tussen producenten van agrarische producten en handelaren in agrarische producten. De Nederlandse wet staat waardering tegen kostprijs (of lagere opbrengstwaarde) of actuele waarde toe voor agrarische voorraden. Indien agrarische voorraden worden gewaardeerd tegen actuele waarde, komt de opbrengstwaarde daarvoor in aanmerking.

Indien agrarische voorraden worden gewaardeerd tegen opbrengstwaarde en indien sprake is van frequente marktnoteringen mogen waardeveranderingen rechtstreeks worden verwerkt in de winst-en-verliesrekening (geen herwaarderingsreserve) of rechtstreeks in een herwaarderingsreserve in het eigen vermogen. Indien geen sprake is van frequente marktnoteringen worden de waardeveranderingen altijd rechtstreeks in een herwaarderingsreserve in het eigen vermogen verwerkt. Herwaarderingen lopen dan niet via het resultaat.

Het is hierbij overigens wel van belang te melden dat IAS 41 specifieke voorschriften kent voor de bepaling van de waarde van de voorraad agrarische producten op het moment van oogsten. Deze dient ingevolge IAS 41 te worden gewaardeerd op basis van reële waarde verminderd met verkoopkosten. Deze reële waarde verminderd met verkoopkosten geldt dan als de kostprijs van de agrarische voorraden voor de vervolgwaardering op basis van IAS 2. De Nederlandse wet- en regelgeving geeft geen nadere invulling aan de wijze waarop de kostprijs bij initiële waardering moet worden bepaald. Dit zou derhalve de reële waarde op het moment van oogst kunnen zijn, zoals in IAS 41, maar ook een echte kostprijs op basis van een allocatie van daadwerkelijk gemaakte kosten.

Ingevolge IAS 2 mogen *producenten van minerale hulpbronnen en minerale producten* de voorraden tegen opbrengstwaarde ('net realisable value') waarderen waarbij de waardeveranderingen in de winst-en-verliesrekening worden verantwoord. De Nederlandse wet- en regelgeving kent geen bijzondere behandeling van minerale producten en commodity's (niet tevens zijnde agrarische producten), zodat daarvoor de algemene voorschriften voor voorraden gelden: waardering tegen kostprijs of lagere opbrengstwaarde. Commodity's die betrekking hebben op agrarische producten kunnen volgens de betreffende regelgeving zoals hiervóór uiteengezet, naar keuze op kostprijs (of lagere opbrengstwaarde) dan wel opbrengstwaarde worden gewaardeerd.

Ingevolge IAS 2 mogen *brokers/traders* voorraden grondstoffen (commodity's) die worden aangehouden voor handelsdoeleinden waarderen tegen reële waarde verminderd met verkoopkosten ('fair value less costs to sell'), waarbij waardeveranderingen worden verwerkt in de winst-en-verliesrekening. Ingevolge de Nederlandse wet- en regelgeving is alleen waardering tegen kostprijs (of lagere opbrengstwaarde) toegestaan.

De activering van rentekosten in de kostprijs van de voorraden is bij IFRS een verplichting en onder Nederlandse wet- en regelgeving een toegelaten mogelijkheid (maar geen voorschrift).

IAS 2 staat de waardering van voorraden met toepassing van de lifo-methode niet toe. Onder Nederlandse wet- en regelgeving wordt de wettelijke mogelijkheid van waardering van voorraden met gebruikmaking van de lifo-methode toegestaan, maar vereist daarbij aanvullende toelichting omdat anders onvoldoende inzicht wordt gegeven in het vermogen.

12.4 Presentatie voorraden

12.4.1 Presentatie in de balans

Op basis van de Nederlandse wet- en regelgeving worden in de balans of in de toelichting afzonderlijk vermeld (art. 2:369 BW, RJ 220.501):
- grond- en hulpstoffen;
- onderhanden werk;
- gereed product en handelsgoederen;
- vooruitbetalingen op voorraden.

Uitsplitsing mag in de geconsolideerde jaarrekening achterwege blijven indien dit door bijzondere omstandigheden onevenredige kosten zou vergen (art. 2:410 lid 2 BW). De reden hiervan kan liggen in de leveringen tussen groepsmaatschappijen. Wat voor de ene maatschappij grondstoffen zijn, kan voor de volgende groepsmaatschappij halffabrikaat zijn en voor de daaropvolgende groepsmaatschappij gereed product.

IFRS schrijft geen 'vaste' uitsplitsing van voorraden voor, maar schrijft wel voor dat in de toelichting een uitsplitsing wordt gegeven naar categorieën die relevant zijn voor de betreffende entiteit (IAS 2.36(b)). Daarnaast geeft IAS 2.37 aan dat de volgende indeling veelvuldig wordt gehanteerd:
- handelsgoederen;
- grond- en hulpstoffen;
- goederen in bewerking;
- gereed product.

12.4.2 Presentatie in de winst-en-verliesrekening

In de winst-en-verliesrekening dienen bepaalde posten afzonderlijk te worden opgenomen. Bij toepassing van de functionele kostensplitsing (art. 2:377 lid 4 BW) dienen de voorraadkosten te worden opgenomen als kostprijs van de omzet, met uitzondering van de daarin begrepen rentelasten, maar met inbegrip van de afschrijvingen en waardeverminderingen (RJ 220.503).

Ingeval de categoriale kostensplitsing wordt toegepast (art. 2:377 lid 3 BW):
- mutatie voorraad gereed product en onderhanden werk ten opzichte van voorafgaande periode;
- kosten van grond- en hulpstoffen en de overige externe kosten;
- waardeverminderingen van vlottende activa voor zover zij de omvang van de gebruikelijke waardeverminderingen overtreffen.

Bij toepassing van de categoriale kostensplitsing wordt niet de kostprijs van de voorraad vermeld, maar de aard van de kosten: de voorraadkosten dienen te worden uitgesplitst in kosten van grond- en hulpstoffen, arbeidskosten, andere exploitatiekosten en het bedrag van de netto wijziging van de voorraden in die periode (art. 2:377 lid 3 BW, RJ 220.503, RJ 220.606, IAS 2.39).

12 Voorraden

De ten gunste van de winst-en-verliesrekening gebrachte gerealiseerde herwaarderingen worden volgens artikel 2:390 lid 4 BW in een afzonderlijke post in de winst-en-verliesrekening opgenomen (RJ 202.504).

12.4.3 Voormalige verhuurde activa

IAS 16 'Property, Plant and Equipment' kent een specifieke bepaling voor de presentatie van oorspronkelijk verhuurde activa waarvan het gebruikelijk is dat deze aan het eind van de gebruiksduur worden verkocht (bijvoorbeeld bij een autoverhuurbedrijf). In dergelijke gevallen bepaalt IAS 16.68A dat zodra deze activa uit de verhuur worden genomen de boekwaarde uit de post materiële vaste activa naar de post voorraden dient te worden overgeboekt. Bij verkoop van een actief wordt de opbrengstwaarde voor het (bruto)bedrag onder de omzet opgenomen en de boekwaarde van het actief onder de kostprijs van de omzet. Voor verdere behandeling van het begrip netto-omzet, zie paragraaf 5.2.1.

In de Nederlandse regelgeving is een vergelijkbare bepaling opgenomen in RJ 212.506 voor wat betreft de verantwoording van baten en lasten in de winst-en-verliesrekening. Het voorschrift om een en ander via de voorraadpost te leiden is echter niet opgenomen. Logischerwijs kan deze verwerkingswijze ook bij de Nederlandse wet- en regelgeving worden toegepast. Uitsluitend indien sprake is van regelmatig terugkerende verkopen van materiële vaste activa in het kader van normale bedrijfsactiviteiten, wordt aanbevolen de opbrengsten als netto omzet te verwerken en de boekwaarde van de verkochte activa als kostprijs omzet.

Verschillen Dutch GAAP - IFRS

In de balans of in de toelichting dienen de voorraden op grond van de Nederlandse wet- en regelgeving te worden uitgesplitst. IFRS kent geen verplichte uitsplitsing.

Voormalig verhuurde activa waarvan het gebruikelijk is om deze aan het eind van de gebruiksduur te verkopen worden onder IFRS als onderdeel van het omzetbegrip aangemerkt. De Nederlandse wet- en regelgeving kent deze verplichting niet maar beveelt dit eveneens aan, mits dit past binnen de normale bedrijfsactiviteiten van de vennootschap.

12.5 Toelichting voorraden

Toelichting

In de toelichting dient - indien van toepassing - de volgende informatie te worden opgenomen:
- de boekwaarde van de verschillende soorten voorraden uitgesplitst in overeenstemming met artikel 2:369 BW of IAS 2.37 (RJ 220.501, IAS 2.36(b));
- een uiteenzetting van de gehanteerde grondslagen van de waardering van de bestanddelen van voorraden en van de bepaling van het resultaat op goederentransacties en -posities, waaronder bij waardering op verkrijgingsprijs of vervaardigingsprijs de vermelding van de toepassing van methoden zoals fifo, gewogen gemiddelde prijzen of lifo (RJ 220.601a, IAS 2.36(a));
- de wijze van bepaling van de opbrengstwaarde (RJ 220.601b, IAS 2.36(a));
- de boekwaarde van de voorraden die zijn gewaardeerd tegen de reële waarde minus verkoopkosten respectievelijk lagere opbrengstwaarde (RJ 220.601c, IAS 2.36(c));
- het totale bedrag van de voorraadwaarde dat in de periode als last (kostprijs omzet) is geboekt (RJ 220.601d, IAS 2.36(d));
- het bedrag van de waardevermindering van voorraden dat in de desbetreffende periode als last is verwerkt in de winst-en-verliesrekening (RJ 220.601e, IAS 2.36(e));

- het bedrag van de terugneming van een eerder verwerkte afwaardering tot lagere opbrengstwaarde, alsmede de omstandigheden en/of gebeurtenissen die hebben geleid tot de terugneming van de afwaardering (RJ 220.601f/g, IAS 2.36(f) en (g));
- de boekwaarde van de voorraden die ter zekerheid dienen voor de schuldeisers (RJ 220.601h, IAS 2.36(h));
- het feit dat in de waardering van de voorraden rente over vreemd vermogen in aanmerking is genomen en het bedrag dat gedurende de verslagperiode aan rente is geactiveerd als onderdeel van de voorraden (RJ 220.604, IAS 23.26);
- Indien de voorraden gewaardeerd zijn tegen verkrijgings- of vervaardigingsprijs, dient de rechtspersoon, indien dit voor het te verschaffen inzicht noodzakelijk is, in de toelichting informatie over actuele waarde te vermelden (RJ 115.220). IFRS kent een dergelijke verplichting niet.

Het voorschrift om het bedrag van de voorraadwaarde dat in de periode als last is verwerkt in de toelichting op te nemen geeft nadere informatie omtrent de samenstelling van de totale 'kostprijs omzet', omdat in deze post ook andere componenten kunnen zijn opgenomen zoals niet-toegerekende indirecte productiekosten of distributiekosten (RJ 220.505, IAS 2.38).

Artikel 2:388 lid 2 BW stelt dat indirecte kosten in de vervaardigingsprijs kunnen zijn opgenomen. Het lijkt een redelijke veronderstelling dat het voorschrift tot het uiteenzetten van de gehanteerde grondslagen zoals opgenomen in RJ 220.601a en IAS 2.36(a) eveneens beoogt dergelijke informatie in de uiteenzetting van de grondslagen op te nemen.

Richtlijn 220 vereist specifiek vermelding van de verplichting tot aan- of verkoop van voorraden indien de omvang van bijzondere betekenis is (RJ 220.605). Van een bijzondere betekenis is sprake indien in verhouding tot de normale bedrijfsomvang een abnormaal grote afname- dan wel leveringsverplichting bestaat en/of de aard van de aangegane verplichting bijzonder is. In dat geval dienen omvang en looptijd van de verplichting vermeld te worden. IFRS kent hiervoor geen specifiek voorschrift.

In geval van waardering op basis van de 'lifo-methode' eist RJ 220.602 toelichting over:
- de wijze waarop de lifo-methode wordt gehanteerd: op transactiebasis of per periode;
- de voorraadwaardering indien deze zou zijn gebaseerd op kostprijzen volgens de fifo-methode of gewogen gemiddelde prijzen of tegen actuele waarde voor zover dit leidt tot belangrijke verschillen in het eigen vermogen.

De in deze paragraaf benoemde toelichtingseisen zijn ook van toepassing op cryptocurrencies indien deze zijn geclassificeerd als voorraden.

Toelichting agrarische voorraden

In het geval dat agrarische voorraden worden gewaardeerd op basis van actuele waarde schrijft RJ 220.603 voor dat naast de hiervoor genoemde toelichtingseisen de volgende aanvullende informatie wordt opgenomen:
- een uiteenzetting van de wijze van bepaling van de opbrengstwaarde;
- het bedrag van de herwaardering van voorraden ten gunste van de herwaarderingsreserve en/of de afwaardering van voorraden ten laste van de herwaarderingsreserve;
- het bedrag aan waardeveranderingen onmiddellijk verwerkt in de winst-en-verliesrekening (alleen mogelijk indien frequente marktnotering van toepassing is);
- een rechtspersoon vermeldt in hoeverre rekening is gehouden met de invloed van belastingen (op grond van art. 2:390 lid 5 BW). Verwezen wordt naar RJ 272.304.

12 Voorraden

IAS 41 bevat uitgebreide voorschriften voor de verstrekking van informatie in de toelichting die onder andere toezien op de volgende belangrijke punten:
- totaalbedrag aan gerealiseerde winst of verlies bij initiële waardering van agrarische voorraden en waardeveranderingen in reële waarde verminderd met verkoopkosten (IAS 41.40);
- beschrijving van elke groep van agrarische voorraden (IAS 41.41);
- een aansluiting tussen de boekwaarde van agrarische producten aan het begin en einde van de periode (IAS 41.50); en
- additionele toelichting wanneer de reële waarde van agrarische voorraden niet betrouwbaar kan worden vastgesteld (IAS 41.54 e.v.).

In het kader van dit handboek worden de overige toelichtingsvereisten onder IAS 41 niet nader besproken.

Verschillen Dutch GAAP - IFRS
Richtlijn 115 schrijft voor dat een rechtspersoon, indien dit voor het te verschaffen inzicht noodzakelijk is, informatie over actuele waarde vermeldt voor voorraden die gewaardeerd zijn tegen verkrijgings- of vervaardigingsprijs. IFRS kent een dergelijke verplichting niet.

Richtlijn 220 vereist de toelichting van het totaalbedrag en looptijd van abnormaal grote, in verhouding tot de normale bedrijfsomvang, afname- of leveringsverplichtingen uit in- en verkoopcontracten die betrekking hebben op voorraden. IFRS kent hiervoor geen specifiek voorschrift.

Bij waardering van agrarische voorraden tegen actuele waarde kennen Richtlijn 220 en IAS 2 respectievelijk IAS 41 aanvullende van elkaar verschillende toelichtingseisen.

12.6 Vrijstellingen voor middelgrote rechtspersonen
Middelgrote rechtspersonen zijn op grond van artikel 2:397 lid 3 BW vrijgesteld van de toelichting van de kostprijs van voorraden verwerkt in de winst-en-verliesrekening (RJ 220.601 en RJ 220.606).

13 Onderhanden projecten

13.1 Algemeen

Regelgeving en reikwijdte	▶ RJ: Specifieke regelgeving voor onderhanden projecten, met inbegrip van projectontwikkeling indien vóór of tijdens ontwikkeling onvoorwaardelijke verkocht (RJ 221). Gewoonlijk ook van toepassing op dienstverlening. ▶ RJ: Stelselkeuze integrale toepassing van IFRS 15. ▶ IFRS: Meer algemeen geformuleerde regelgeving voor contracten met klanten (IFRS 15).
Belangrijkste verschillen Dutch GAAP - IFRS	Belangrijke verschillen tussen IFRS 15 en RJ 221, zowel inhoudelijk als qua structuur.
Regelgeving van toepassing in toekomstige jaren	De RJ heeft verschillende wijzigingen doorgevoerd in RJ 221 en RJ 270, welke van kracht zijn voor boekjaren die aanvangen op of na 1 januari 2022. Eerdere toepassing is toegestaan.

13.2 Begripsbepaling en categorieën onderhanden projecten

Onderhanden projecten	RJ: Overeenkomsten met derden voor de constructie van een actief; uitvoering strekt zich veelal uit over meer dan één verslagperiode. IFRS: Geen definitie van onderhanden projecten. In scope van IFRS 15 indien sprake is van een contract met een klant.
Projectontwikkeling	RJ: Ontwikkeling en constructie van een actief of activa die zich gewoonlijk uitstrekt over meer dan één verslagperiode. ▶ In opdracht van derden ontwikkelen (onvoorwaardelijk verkocht) betekent verwerking als onderhanden project. ▶ Niet in opdracht van derden ontwikkelen (maar voor eigen rekening) betekent verwerking als voorraad. IFRS: Niet in scope van IFRS 15 (maar verwerking als voorraad) indien geen contract met een klant.
Dienstverlening	RJ: Voorschriften RJ 221 gewoonlijk ook van toepassing op de verwerking van opbrengsten en kosten met betrekking tot dienstverlening binnen reikwijdte RJ 270. IFRS: Eén standaard (IFRS 15) voor de verantwoording van opbrengsten uit hoofde van contracten met klanten.

13.3 Identificatie van het contract

Identificatie van het contract	IFRS 15 schrijft voor dat sprake dient te zijn van (juridisch) afdwingbare rechten en verplichtingen. RJ kent geen specifieke voorschriften.
Aard van contracten (alleen RJ)	▶ Aanneemcontracten (vaste prijs) ▶ Regiecontracten (prijs op basis van verrichte werkzaamheden)
Combineren van contracten	IFRS regelt de verwerking van de (economische) contractpositie in meer detail; RJ meer op hoofdlijnen.

Opsplitsen van contracten	RJ refereert aan afzonderlijk te identificeren componenten van een project. IFRS vereist identificatie van afzonderlijke prestatieverplichtingen (zie hierna).
Contractwijzigingen	RJ bevat geen bepalingen voor contractwijzigingen, anders dan voor meer- en minderwerk (zie verderop). IFRS kent specifieke bepalingen voor contractwijzigingen.

13.4 Prestatieverplichtingen en allocatie opbrengsten (IFRS 15)

Onderkennen van prestatie-verplichtingen (alleen IFRS)	Onderkennen van separate prestatieverplichtingen voor de opbrengstverantwoording ('unit of account').
Allocatie van opbrengsten aan prestatieverplichtingen (alleen IFRS)	Toerekening van geschatte (totale) transactieprijs aan afzonderlijke prestatieverplichtingen op basis van zelfstandige verkoopprijzen.

13.5 Waardering en resultaatbepaling

Projectopbrengsten	▶ Projectopbrengsten betreffen contractueel overeengekomen opbrengsten en opbrengsten uit hoofde van meer/minderwerk, claims en vergoedingen. ▶ In aanmerking nemen indien realisatie 'waarschijnlijk' is (> 50%) en de omvang betrouwbaar te bepalen (RJ), dan wel indien 'zeer waarschijnlijk dat geen sprake zal zijn van een significante terugname van reeds verwerkte cumulatieve opbrengsten' (IFRS).

Projectkosten	▶ Projectkosten bestaan uit:
	  ▶ direct op project betrekking hebbende kosten;
	  ▶ kosten die direct toerekenbaar zijn aan projectactiviteiten en toewijsbaar zijn aan het project;
	  ▶ andere kosten die contractueel aan de opdrachtgever kunnen worden toegerekend.
	▶ Algemene overheadkosten en verkoopkosten maken geen deel uit van de projectkosten.
	▶ Ook kosten van het verkrijgen van een contract kunnen onder voorwaarden deel uitmaken van de projectkosten.

Verwerking van opbrengsten, kosten en resultaten	RJ: Twee situaties: ▶ de winst kan op betrouwbare wijze worden ingeschat: naar rato van de verrichte prestaties ('percentage of completion method'), met tussentijdse winstneming; ▶ de winst kan niet op betrouwbare wijze worden ingeschat: alleen tussentijdse verantwoording van opbrengsten en kosten; geen tussentijdse winstneming ('percentage of completion method with zero profit'). RJ: In geval van constante stroom gelijksoortige projecten mag om praktische reden winstneming bij oplevering plaatsvinden.

13 Onderhanden projecten

	IFRS: Opbrengstverantwoording op specifieke tijdstip van overdracht, tenzij (onder voorwaarden) over de periode tot voltooiing van de prestatieverplichting. Kosten worden a tempo in winst-en-verliesrekening verwerkt zodra gemaakt, tenzij aan voorwaarden voor activering wordt voldaan.
Methode van meting voortgang	Er zijn verschillende methodes om de voortgang te meten (onder meer: op basis van bestede kosten, fysieke voortgang, aansluiting bij fasering).
	IFRS: Indien niet mogelijk om voortgang naar volledige vervulling van een prestatieverplichting redelijkerwijs te meten, dan opbrengsten tot maximaal het bedrag van de bestede kosten.
Verwachte verliezen	Verwachte verliezen worden direct verwerkt wanneer deze verwachting ontstaat. RJ 221 bevat specifieke bepalingen voor onderhanden projecten. Onder IFRS zijn de meer algemene bepalingen van IAS 37 (verlieslatende contracten) aan de orde.
Wijziging inzake betrouwbaarheid resultaat (RJ) of meetbaarheid voortgang (IFRS)	Wanneer het in een latere periode mogelijk wordt om een betrouwbare inschatting te maken (RJ) respectievelijk de voortgang redelijkerwijs te meten (IFRS), vindt een cumulatieve opbrengstboeking plaats in het jaar van wijziging (retrospectieve toepassing schattingswijziging). Deze bepaling geldt ook in de omgekeerde situatie (dus eventueel geboekte winst in eerdere perioden wordt teruggenomen).
Projectontwikkeling (alleen RJ)	Indien onderhanden project: tussentijdse winstneming mogelijk vanaf het moment dat de koper het contract heeft getekend en zich onvoorwaardelijk heeft verbonden tot koop.
	In andere gevallen opbrengst- en winstverantwoording op het moment dat alle significante economische risico's en voordelen zijn overgedragen aan de koper (veelal bij oplevering).
13.6 Presentatie en toelichting	
Presentatie in de balans	RJ: Presentatie van onderhanden projecten als separate post in de balans, veelal onder aftrek van gedeclareerde termijnen. Aanbevolen om saldo per individueel project te bepalen en overeenkomstig als actief of passief te presenteren, maar ook toegelaten om één saldo voor alle projecten gezamenlijk te presenteren (in toelichting dan wel uitsplitsen).
	IFRS: Aparte presentatie van o.a. contractactief of -verplichting (per individueel project te bepalen), vorderingen, geactiveerde contractkosten en voorziening voor verlieslatende contracten.
Presentatie in de winst-en-verliesrekening	Functionele model: Projectopbrengsten zijn netto-omzet.
	Categoriale model: IFRS: projectopbrengsten zijn netto-omzet; RJ laat ook toe om projectopbrengsten tussentijds te presenteren als wijziging in onderhanden projecten (met overboeking naar netto-omzet bij gereedkomen project).

Toelichting	Diverse specifieke toelichtingsvoorschriften.
13.7 Vrijstellingen voor middelgrote rechtspersonen	
Vrijstelling inrichtings- en deponeringsjaarrekening	Middelgrote rechtspersonen mogen brutobedrijfsresultaat als startpunt van de winst-en-verliesrekening presenteren.

13.1   Algemeen

Dit hoofdstuk behandelt de voorschriften met betrekking tot de waardering en resultaatbepaling, presentatie en toelichting van onderhanden projecten in opdracht van derden (hierna kortweg: onderhanden projecten). Sinds de invoering van IFRS 15 'Revenue from Contracts with Customers' (van toepassing op boekjaren aangevangen op of na 1 januari 2018) bestaan voor de verwerking van onderhanden projecten belangrijke verschillen tussen de Nederlandse wet- en regelgeving en IFRS, zowel inhoudelijk als qua structuur. Derhalve worden de Nederlandse wet- en regelgeving en IFRS in dit hoofdstuk grotendeels gescheiden behandeld.

13.1.1   Regelgeving en reikwijdte

Richtlijnen

Onder de Nederlandse wet- en regelgeving bestaat naast Richtlijn 270 'De winst-en-verliesrekening' (zie hoofdstuk 5) een aparte Richtlijn voor de verwerking van onderhanden projecten in de jaarrekening. Richtlijn 221 'Onderhanden projecten' is grotendeels gebaseerd op de voormalige regelgeving onder IFRS die was opgenomen in IAS 11 'Construction Contracts'.

Richtlijn 221 is integraal van toepassing op onderhanden projecten zoals gedefinieerd in paragraaf 0 en alinea's 105-110 van Richtlijn 221. Hieronder valt ook projectontwikkeling indien, en voor zover, voor de daaruit voortvloeiende activa vóór of tijdens de ontwikkeling of constructie een onvoorwaardelijke verkoopovereenkomst is afgesloten. De voorschriften voor waardering en resultaatbepaling in paragrafen 2 en 3 van Richtlijn 221 zijn gewoonlijk ook van toepassing op de verwerking van opbrengsten en gerelateerde kosten met betrekking tot het verlenen van diensten (RJ 221.102). De verschillende categorieën (verkoop)contracten waarop Richtlijn 221 van toepassing is, worden nader uiteengezet in paragraaf 13.2.

Voorts biedt de RJ ondernemingen de optie om, als stelselkeuze, IFRS 15 zoals aanvaard door de Europese Unie toe te passen voor de verwerking van onderhanden projecten, mits sprake is van een integrale en consistente toepassing van IFRS 15 (RJ 221.102a). Dit betekent dat ondernemingen die hun jaarrekening opstellen op basis van de Nederlandse wet- en regelgeving, IFRS 15 kunnen toepassen in plaats van Richtlijn 221. Alle voorschriften van IFRS 15 moeten dan volledig worden toegepast, inclusief de uitgebreidere toelichtingsvereisten. Tevens moet IFRS 15 dan worden toegepast voor opbrengsten en gerelateerde kosten met betrekking tot de verkoop van goederen en het verlenen van diensten (en niet Richtlijn 270).

In de praktijk worden onderhanden projecten ten onrechte ook wel aangeduid als onderhanden werk. Dit begrip heeft echter betrekking op halffabricaten (ofwel goederen in bewerking). Onderhanden werk maakt volgens artikel 2:369 BW deel uit van de post voorraden en valt binnen het toepassingsgebied van Richtlijn 220 'Voorraden' (zie hoofdstuk 12). Onderhanden projecten zijn nadrukkelijk géén onderdeel van de voorraden (RJ 221.103) en worden, indien een project een debetstand vertoont, als een afzonderlijke post in de balans gepresenteerd tussen de posten voorraden en vorderingen.

IFRS

IFRS 15 bevat één coherente set van voorschriften voor de verantwoording van opbrengsten en is, met enkele uitzonderingen, van toepassing op alle contracten met klanten (zie par. 5.3.11). IFRS 15 heeft met ingang van jaarrekeningen 2018 de voorheen separaat opgenomen regelgeving van IAS 18 (met de algemene uitgangspunten voor de verantwoording van opbrengsten), IAS 11 en IFRIC 15 (inzake onderhanden projecten) en enkele SIC/IFRIC interpretaties (IFRIC 13 'Customer Loyalty Programmes', IFRIC 18 'Transfers of assets' en SIC 31 'Barter Advertising') vervangen. Dit betekent dat voor onderhanden projecten onder IFRS geen specifieke regelgeving bestaat. In plaats daarvan zijn de meer algemeen geformuleerde voorschriften van IFRS 15 van toepassing.

In hoofdstuk 5 zijn de algemene beginselen van IFRS 15 nader uitgewerkt. In dit hoofdstuk worden de voorschriften van IFRS 15 op hoofdlijnen uitgewerkt ten aanzien van onderhanden projecten, waarbij daar waar relevant wordt gerefereerd aan de meer algemene uitwerking van IFRS 15 in hoofdstuk 5.

Hoofdstuk 5 volgt in haar uitwerking het zogenaamde 5-stappenmodel van IFRS 15 om het juiste tijdstip en het bedrag van opbrengstverantwoording te bepalen (zie par. 5.3.12). Daar waar relevant wordt in dit hoofdstuk ook gerefereerd aan de betreffende stappen.

13.1.2 Belangrijkste verschillen Dutch GAAP – IFRS

Zoals in dit hoofdstuk nader is uitgewerkt, verschillen de meer algemeen geformuleerde voorschriften van IFRS 15 in belangrijke mate van de specifiek voor onderhanden projecten geformuleerde voorschriften van Richtlijn 221. Inherent daaraan is de consequentie dat in vrijwel alle paragrafen van dit hoofdstuk sprake is van een gescheiden bespreking van Richtlijn 221 en IFRS 15.

Het per (sub)paragraaf uiteenzetten van de verschillen tussen Richtlijn 221 en IFRS 15 zou een (te) grote mate van herhaling betekenen. Derhalve is afgezien van de samenvatting van de verschillen per (sub)paragraaf. Volstaan wordt met een beknopte weergave van belangrijke verschillen tussen Richtlijn 221 en IFRS 15 in het kader van onderhanden projecten:

Belangrijke verschillen tussen Richtlijn 221 en IFRS 15		
	Dutch GAAP van toepassing	**IFRS van toepassing**
Toerekenen van opbrengsten aan verslaggevingsperiodes	Op basis van de overdracht van risico's en voordelen ('risks and rewards')	Op basis van de overdracht van beschikkingsmacht ('control')
Toerekenen van kosten aan verslaggevingsperiodes	Kosten naar rato van verrichte prestaties ten laste van winst-en-verliesrekening verwerken onder de 'percentage of completion'-methode	Gemaakte kosten a tempo ten laste van winst-en-verliesrekening verwerken, tenzij aan voorwaarden voor activering is voldaan
Onderkennen van prestatieverplichtingen	Algemene bepaling om de criteria voor de verwerking van projectopbrengsten en -kosten toe te passen op afzonderlijk te identificeren componenten, teneinde de economische realiteit weer te geven	Opbrengstverantwoording per prestatieverplichting en specifieke bepalingen voor het identificeren hiervan (op basis van toezeggingen aan klant)
Toerekenen van transactieprijs aan prestatieverplichtingen	Geen specifieke bepalingen voor de toerekening aan de afzonderlijke componenten	Op basis van de zelfstandige verkoopprijzen van de prestatieverplichtingen

Belangrijke verschillen tussen Richtlijn 221 en IFRS 15		
	Dutch GAAP van toepassing	**IFRS van toepassing**
Variabele vergoedingen (waaronder claims, variabele kortingen, prestatiebonussen, sancties, etc.)	Geen specifieke bepalingen voor de verwerking van variabele vergoedingen als realisatie waarschijnlijk is en de omvang ervan betrouwbaar kan worden bepaald	Alleen in transactieprijs opnemen voor zover het zeer waarschijnlijk is dat eerder verwerkte opbrengsten niet teruggenomen moeten worden zodra de onzekerheid omtrent de variabele vergoeding is verdwenen
Wijzigingen van overeenkomsten (waaronder meer- en minderwerk)	Geen specifieke bepalingen voor de verwerking van wijzigingen van overeenkomsten, anders dan meer- en minderwerk. Rekening houden met opbrengsten van meer- en minderwerk als goedkeuring door opdrachtgever waarschijnlijk is en de omvang ervan betrouwbaar kan worden bepaald	Specifieke bepalingen voor de verwerking van wijzigingen van overeenkomsten, waaronder meer- en minderwerk. Pas rekening houden met opbrengsten van meer- en minderwerk als er sprake is van nieuwe of gewijzigde afdwingbare rechten en verplichtingen
Onderhanden projecten met een verwacht verlies	Specifieke bepalingen in RJ 221 omtrent de verwerking van verliezen op onderhanden projecten	Geen specifieke bepalingen in IFRS 15, maar algemene bepalingen voor verlieslatende contracten in IAS 37 'Provisions, Contingent Liabilities and Contingent Assets'
Presentatie verliesvoorziening	Verwachte verliezen maken deel uit van de balanspost onderhanden projecten	De voorziening voor verlieslatende contracten maakt deel uit van de balanspost voorzieningen
Presentatie in de balans	Keuze om het saldo van alle onderhanden projecten als één totaal te presenteren, dan wel projecten met een debetsaldo als actiefpost en projecten met een creditsaldo als passiefpost	Geen (verzamel)balanspost onderhanden projecten, maar onder andere contractactief of -verplichting, geactiveerde contractkosten en voorziening voor verlieslatende contracten. Bepaling of sprake is van een contractactief of -verplichting vindt per contract plaats
Presentatie in de winst-en-verliesrekening	Bij toepassing van categoriale model keuze om opbrengsten als netto-omzet of als wijziging in onderhanden projecten te presenteren, zolang een project nog niet is voltooid	Opbrengsten uit hoofde van contracten met klanten (afzonderlijk) als netto-omzet presenteren
Toelichting	Beperktere toelichtingsvereisten	Uitgebreidere toelichtingsvereisten

Tevens wordt verwezen naar de paragrafen 5.3.12, 5.3.13 en 5.3.14.

13.1.3 Regelgeving van toepassing in toekomstige jaren

Naar aanleiding van de introductie van IFRS 15 heeft de RJ onderzocht of Richtlijnen 221 en 270 ook aangepast zouden moeten worden. De huidige Richtlijnen 221 en 270 zijn namelijk gebaseerd op IAS 11 respectievelijk IAS 18, welke standaarden zijn vervangen door IFRS 15.

De RJ heeft geconstateerd dat in de praktijk behoefte bestaat aan nadere voorschriften over de manier waarop opbrengsten worden verantwoord onder de Richtlijnen voor de jaarverslaggeving. In de analyse hoe de RJ het beste aan deze behoefte tegemoet kan komen, zijn de bepalingen van IFRS 15 meegenomen. De RJ heeft echter geconcludeerd dat het volledig overnemen van de bepalingen van IFRS 15 niet wenselijk is gezien de doelgroep van de Richtlijnen en de implementatiekosten. In plaats daarvan heeft de RJ besloten tot het doorvoeren van specifieke wijzigingen in Richtlijnen 221 en 270 en deze aan te vullen met nadere uitleg en voorbeelden.

Na eerdere consultatie van de ontwerprichtlijnen (RJ-Uiting 2019-15 'Ontwerprichtlijnen voor de verslaggeving van opbrengsten') heeft de RJ in december 2020 RJ-Uiting 2020-15 'Ten geleide bij Richtlijnen 221, 270, B5 en B13 (aangepast 2021)' gepubliceerd met de definitieve wijzigingen in de richtlijnen voor opbrengstverantwoording. De RJ benadrukt dat bij de interpretatie van de nieuwe Richtlijnen 221 en 270 de bepalingen van IFRS 15, inclusief nadere guidance voor de toepassing van IFRS 15, niet leidend zijn. De alinea's in de nieuwe Richtlijn 270 worden aangeduid met RJ 270.xxxN om deze te onderscheiden van de huidige Richtlijn 270.

Overigens blijft de huidige optie in RJ 221.102a en RJ 270.101a om IFRS 15 integraal toe te passen voor de verslaggeving van opbrengsten en gerelateerde kosten (in ongewijzigde vorm) bestaan.

De wijzigingen in Richtlijnen 221 en 270 zijn van kracht voor verslagjaren die aanvangen op of na 1 januari 2022. Eerdere toepassing is toegestaan (RJ 221.601N, RJ 270.701N). De RJ heeft een voorkeur voor een retrospectieve verwerking op basis van Richtlijn 140 'Stelselwijzigingen'. Als alternatief is het echter toegestaan de wijzigingen, met uitzondering van de wijzigingen inzake presentatie en toelichting, alleen toe te passen op overeenkomsten aangegaan of gewijzigd *hetzij* op of na 1 januari 2022 (of eerdere ingangsdatum) *hetzij* op of na een eerdere zelf gekozen datum die ligt vóór 1 januari 2022 (of eerdere ingangsdatum). De wijzigingen inzake presentatie en toelichting gelden in het jaar van eerste toepassing ook voor de vergelijkende cijfers, ongeacht het hiervoor gekozen alternatief (RJ 221.602N, RJ 270.702N).

Voor zover de specifieke wijzigingen betrekking hebben op onderwerpen die in dit hoofdstuk worden behandeld, worden ze aan het eind van de desbetreffende (sub)paragraaf genoemd. Voorts heeft de RJ besloten om de vereiste om te bepalen of en in hoeverre een rechtspersoon bedragen voor derden (als agent) of voor eigen rekening (als principaal) ontvangt, ook expliciet in Richtlijn 221 op te nemen (RJ 221.114N). In aanvulling op de reeds bestaande indicatoren wordt het hebben van beschikkingsmacht over de te leveren goederen en diensten voorafgaand aan de levering toegevoegd als indicator voor het voor eigen rekening ontvangen van bedragen (RJ 270.105bN).

Voor de wijzigingen in Richtlijn 270 wordt verwezen naar hoofdstuk 5.

13.2 Begripsbepaling en categorieën onderhanden projecten

IFRS kent geen specifieke regels voor onderhanden projecten, welke onder de meer algemeen geformuleerde voorschriften van IFRS 15 vallen. Deze paragraaf behandelt daarom primair de voorschriften onder Nederlandse wet- en regelgeving en noemt slechts beknopt de relevante voorschriften onder IFRS.

13.2.1 Onderhanden projecten

De RJ definieert een onderhanden project (in opdracht van derden) als een project dat is overeengekomen met een derde, voor de constructie van een actief of combinatie van activa waarbij de uitvoering zich gewoonlijk uitstrekt over meer dan één verslagperiode (RJ 221.0). Productie voor eigen rekening en voor eigen gebruik kwalificeren derhalve niet als onderhanden projecten.

Voorbeelden van onderhanden projecten zijn (RJ 221.106):
- de bouw van individuele activa zoals een gebouw, brug, schip, dam, pijpleiding, weg, tunnel of maatwerksoftware;
- de bouw van een combinatie van activa die nauw met elkaar samenhangen of onderling afhankelijk zijn qua ontwerp, technologie en functie, of hun uiteindelijke doel of gebruik; bijvoorbeeld raffinaderijen en andere complexe installaties, apparatuur en systemen.

Tot onderhanden projecten worden ook gerekend (RJ 221.107):
- contracten voor het verrichten van diensten die direct verband houden met de constructie van het actief, bijvoorbeeld contracten voor de diensten van projectmanagers en architecten; en
- contracten voor de afbraak en reconstructie van activa, of voor herstel van de oorspronkelijke omgeving na de afbraak van activa.

Onder IFRS 15 zijn bovenstaande begrippen en omschrijvingen niet aan de orde, aangezien sprake is van een meer algemeen geformuleerde standaard voor, enkele uitzonderingen daargelaten, alle contracten met klanten (zie par. 5.3.11).

In paragraaf 5 van RJ 221 zijn nadere bepalingen opgenomen inzake de verwerking in de jaarrekening van publiek-private concessieovereenkomsten waarbij de rechtspersoon (de concessienemer) een bepaalde infrastructuur (bedoeld voor het verlenen van een openbare dienst) bouwt of verbetert en vervolgens gedurende langere periode exploiteert. Onder IFRS zijn hiervoor specifieke voorschriften opgenomen in IFRIC 12 'Service Concession Arrangements'. Zie verder hoofdstuk 35.

13.2.2 Projectontwikkeling
Richtlijnen

Projectontwikkeling is de ontwikkeling en constructie van een actief of activa die zich gewoonlijk uitstrekt over meer dan één verslagperiode (RJ 221.0). Indien en voor zover voor de daaruit voortvloeiende activa vóór of tijdens de ontwikkeling of constructie (een) onvoorwaardelijke verkoopovereenkomst(en) is (zijn) afgesloten, is projectontwikkeling naar aard, risico en uitvoering gelijk te stellen aan onderhanden projecten en worden de opbrengsten en kosten verwerkt in overeenstemming met de hiervoor geldende bepalingen (RJ 221.105 en 109). Indien en voor zover geen sprake is van (een) dergelijke onvoorwaardelijke verkoopovereenkomst(en), worden (tussentijds) geen opbrengsten verantwoord en worden de kosten geactiveerd en als voorraden verwerkt in overeenstemming met Richtlijn 220 (zie ook par. 13.5.6).

Voorbeelden van projectontwikkeling betreffen de bouw van woningen, kantoren en winkelcentra. Bij woningbouw gaat het meestal om bouwplannen, geïnitieerd en te ontwikkelen door de rechtspersoon. Projectontwikkeling vindt in eerste aanleg niet plaats voor opdrachtgevers, aangezien projectontwikkeling door de rechtspersoon zelf wordt geïnitieerd. Bij deze projecten hebben potentiële kopers de keuze uit op tekening beschikbare te ontwikkelen eenheden, bijvoorbeeld appartementen of woningen. Wijzigingen in de constructie of samenstelling van de te realiseren eenheden zijn meestal beperkt mogelijk. De aanvang van de constructie vindt veelal plaats indien en zodra een aanzienlijk deel van de te realiseren eenheden zijn gecontracteerd voor verkoop (RJ 221.109). Bij verkoop hebben kopers zich contractueel verbonden tot verkrijging van eenheden uit de projectontwikkeling (bijvoorbeeld een appartement of een woning). Zoals hierboven reeds gesteld, is de contractuele verbondenheid een voorwaarde om de bepalingen inzake onderhanden projecten te kunnen toepassen.

13 Onderhanden projecten

De RJ heeft verder aangegeven dat het feit dat verkopen per eenheid aan verschillende kopers plaatsvinden, niet verhindert dat het project als één geheel wordt beschouwd. Dit kan zich bijvoorbeeld voordoen als over het gehele project wordt onderhandeld met relevante (overheids)instellingen en een belangrijk deel van de projectkosten de kosten zijn die gemaakt worden voor het gehele project, zoals planningskosten, kosten voor gezamenlijke ruimten en infrastructuur, liften en dergelijke (RJ 221.112).

IFRS

IFRS 15 kent geen specifieke regelgeving voor projectontwikkeling, waardoor de algemeen geldende voorschriften gelden. Dit betekent dat zolang er geen sprake is van een ingevolge stap 1 te identificeren contract met een opdrachtgever/afnemer (zie par. 13.3), er geen sprake kan zijn van opbrengstenverantwoording. De ontwikkeling van het project geschiedt voor eigen rekening en is daarmee onderdeel van de post voorraden (verwerkt volgens IAS 2 'Inventories').

Is op enig moment sprake van een contract met opdrachtgever/afnemer, dan dient te worden vastgesteld wanneer de onderkende prestatieverplichtingen worden vervuld. Dat wordt bezien vanuit het moment of de periode dat de beschikkingsmacht ('control') over het goed of de dienst wordt overgedragen aan de opdrachtgever. Als sprake is van 'verkoop van goederen' met overdracht van beschikkingsmacht op het moment van oplevering (en geen tussentijdse overdracht van beschikkingsmacht), dan geschiedt de verwerking van omzet op het moment van oplevering ('point in time'). Wordt de beschikkingsmacht gedurende de contractperiode a tempo overgedragen, dan geschiedt de verwerking van omzet eveneens a tempo met de vervulling van de prestatieverplichting ('over time'). Zie verder paragraaf 13.5.3.2.

13.2.3 Dienstverlening

Onder de Richtlijnen zijn de voorschriften zoals die gelden voor onderhanden projecten gewoonlijk ook van toepassing op de verwerking van opbrengsten en kosten met betrekking tot het verlenen van diensten (RJ 221.102). In Richtlijn 270 is sprake van een vergelijkbare verwijzing; in RJ 270.116 wordt inzake dienstverlening aangegeven dat bij de verwerking van opbrengsten en kosten naar rato van de verrichte prestaties, de toerekening aan verslagperioden volgens de regelgeving van Richtlijn 221 geschiedt.

Onder IFRS zijn de algemene voorschriften van IFRS 15 van toepassing op het verlenen van diensten. Deze worden nader uitgewerkt in paragrafen 5.3.12 en 5.3.13.

13.3 Identificatie van het contract

Richtlijn 221 kent geen specifieke voorschriften voor het onderkennen van een contract, waarvan de relevante bedragen (opbrengsten, kosten, te factureren bedragen, vooruit gefactureerde bedragen, etc.) al dan niet worden verwerkt in de jaarrekening.

Onder IFRS 15 is het onderkennen van de aard van afspraken met de opdrachtgever (afnemer of klant) een cruciaal beginpunt voor de verwerking (stap 1 in het IFRS 15-denkmodel: 'identificeer het contract met de klant'). Hoofdstuk 5 bespreekt dit uitgebreid in paragraaf 5.3.12 onder 'stap 1'.

Een specifiek voorschrift is dat sprake dient te zijn van een overeenkomst tussen twee of meer partijen die 'enforceable rights and obligations' creëert (IFRS 15.10), hetgeen betekent dat de (contractuele) rechten en verplichtingen met behulp van juridische middelen moeten kunnen worden afgedwongen. Dit voorschrift heeft in dit hoofdstuk vooral relevantie bij het in aanmerking nemen van meerwerk, claims en andere vormen van extra vergoedingen. Zie ook de bespreking in paragrafen 13.3.3 en 13.5.1.2.

13.3.1 Aard van contracten

De Richtlijnen onderscheiden twee hoofdvormen van onderhanden projecten (RJ 221.0 en 108):
- **aanneemcontracten:** de uitvoering geschiedt tegen een vaste prijs, soms met prijsclausules, als volgt nader onder te verdelen:
  - contracten met een vaste prijs voor het gehele werk;
  - contracten met een vaste prijs voor gepresenteerde eenheden binnen het gehele project (het zogenaamde 'bill of quantity'-systeem);
- **regiecontracten:** de uitvoering geschiedt op basis van een vergoeding voor alle of van op bepaalde wijze gedefinieerde kosten, vermeerderd met een bepaald percentage of met een vast bedrag.

Ook kunnen projecten kenmerken van beide contractvormen in zich hebben, bijvoorbeeld in geval van een regiecontract met een overeengekomen maximumprijs.

De relevantie van dit onderscheid ziet met name op de voorwaarden in RJ 221.302 respectievelijk RJ 221.303 om vast te stellen dat het resultaat van een onderhanden project op betrouwbare wijze kan worden ingeschat, hetgeen bepaalt of wel of geen tussentijdse winstneming plaatsvindt (zie verder par. 13.5.3.1).

In IFRS 15 wordt geen onderscheid gemaakt tussen deze contractvormen.

13.3.2 Combineren en opsplitsen van contracten

13.3.2.1 Combineren van contracten

In IFRS 15.17 zijn als onderdeel van stap 1 van het denkmodel ('identificeer het contract met de klant') bepalingen opgenomen voor het combineren van contracten, waarna de overige bepalingen van IFRS 15 dienen te worden toegepast als ware sprake van één (gecombineerde) set van afspraken.

Het bundelen van contracten is voorgeschreven voor contracten die ongeveer op hetzelfde tijdstip met dezelfde opdrachtgever (of daarmee verbonden partijen) zijn overeengekomen, indien aan één of meer van de volgende criteria wordt voldaan:
- de contracten zijn als een pakket onderhandeld met één enkel commercieel doel;
- de vergoeding van het ene contract is (mede) afhankelijk van de vergoeding of nakoming van één of meerdere andere contracten; of
- bepaalde goederen of diensten dan wel alle goederen of diensten in het ene contract vormen een gezamenlijke prestatieverplichting met één of meerdere goederen of diensten in andere contracten (zie par. 5.3.12 onder 'stap 2' en par. 13.4.1 voor een uitwerking van het begrip 'prestatieverplichting').

Indien de afspraken zoals opgenomen in de verschillende contracten niet op min of meer hetzelfde tijdstip tot stand zijn gekomen is het mogelijk dat de economische omstandigheden in de tussenliggende periode zijn gewijzigd. Daarom geeft IFRS 15 aan dat later overeengekomen afspraken afhankelijk van de feiten en omstandigheden hetzij als een separaat (nieuw) contract hetzij als een wijziging van een bestaand contract verwerkt moeten worden (zie par. 13.3.3).

Paragraaf 5.3.12 geeft onder 'stap 1' een nadere uitwerking van de algemene regelgeving ter zake.

13 Onderhanden projecten

De Richtlijnen geven deze bepalingen meer op hoofdlijnen weer door te refereren aan de economische realiteit (RJ 221.111 en 112).

Meerwerk als separate opdracht
Meerwerk dient onder IFRS als een afzonderlijk contract te worden beschouwd (en daarmee separaat van het 'hoofdcontract' in de jaarrekening te worden verwerkt) indien sprake is van goederen of diensten die afzonderlijk te onderscheiden zijn en tegelijk sprake is van een toename van de vergoeding van een zodanige omvang dat de extra vergoeding de zelfstandige verkoopprijs van de toegevoegde goederen of diensten representeert (IFRS 15.20). Als het meerwerk geen separaat contract vormt, moet het worden verwerkt als een wijziging in de contractuele afspraken (zie par. 13.3.3).

De RJ heeft geen specifieke bepalingen ter zake van de behandeling van meerwerk als afzonderlijk project (zie par. 13.3.3 voor toekomstige regelgeving dienaangaande).

Portfolio van vergelijkbare opdrachten met verschillende opdrachtgevers
Zoals hiervoor is aangegeven gaat IFRS 15 primair uit van een (individuele) contractuele relatie met één opdrachtgever. Op dit beginsel wordt een praktische uitzondering gemaakt indien sprake is van een groep van sterk gelijkende contracten (of prestatieverplichtingen, zie par. 13.4.1) met verschillende contractpartijen. De aanname daarbij is dat sprake is van zodanig vergelijkbare kenmerken dat verwerking als groep van contracten niet tot materiële verschillen zal leiden ten opzichte van een individuele verwerking (IFRS 15.4). Voor de constructiesector zou gedacht kunnen worden aan de toepassing in geval van repetitieve activiteiten zoals de bouw van een 'blokje' woningen.

13.3.2.2 Opsplitsen van contracten c.q. het onderkennen van een prestatieverplichting
Er kunnen zich ook situaties voordoen waarbij één contract moet worden opgesplitst in verschillende onderdelen. Onder IFRS 15 betreft het onderkennen van de prestatieverplichtingen stap 2 van het denkmodel ('identificeer de afzonderlijke prestatieverplichtingen binnen het contract'). Dit wordt nader uitgewerkt in paragraaf 13.4.1.

In algemene termen (en zonder een expliciete focus op de toezeggingen aan een klant) vereist RJ 221.111 ook het gesplitst verwerken van opdrachten. Aldaar wordt gerefereerd aan 'afzonderlijk te identificeren componenten van een project of een groep van projecten', in de context van de weergave van de economische realiteit van transacties (ook RJ 115.106-112).

Regelgeving van toepassing in toekomstige jaren
De nieuwe Richtlijnen 220 en 271 (RJ-Uiting 2020-15) spreken over prestatieverplichtingen in plaats van componenten en bevatten nadere bepalingen voor het identificeren hiervan, alsook voor het toerekenen van de transactieprijs aan deze prestatieverplichtingen (RJ 221.112N en RJ 270.109-109cN). Een prestatieverplichting betreft een toezegging in een overeenkomst tot levering van:
- een te onderscheiden goed of dienst of een combinatie van goederen of diensten die gezamenlijk te onderscheiden zijn van overige toezeggingen in de overeenkomst; of
- een reeks van te onderscheiden diensten die grotendeels hetzelfde zijn.

De nieuwe bepalingen voor het identificeren van prestatieverplichtingen worden nader behandeld in paragraaf 5.3.5. Het identificeren van prestatieverplichtingen is onder meer van belang om te bepalen op welk niveau ('unit of account') de criteria voor de verwerking van projectopbrengsten en projectkosten worden toegepast, teneinde de economische realiteit weer te geven.

Aanvullend zijn specifieke bepalingen toegevoegd voor de verwerking van garanties. Een verstrekte garantie kwalificeert als een afzonderlijke prestatieverplichting als de garantie (of een deel daarvan) inhoudt dat de afnemer een dienst ontvangt in aanvulling op de garantie dat het product voldoet aan de overeengekomen specificaties. Een reguliere garantie die is bedoeld om de afnemer zekerheid te bieden dat een geleverd goed aan de overeengekomen specificaties voldoet, kwalificeert niet als een afzonderlijke prestatieverplichting (RJ 221.113N en RJ 270.109bN).

Indien sprake is van meerdere prestatieverplichtingen in een overeenkomst dient de totale transactieprijs aan de prestatieverplichtingen toe te worden gerekend naar rato van de waarde van de prestatieverplichtingen. Deze toerekening kan worden gebaseerd op de zelfstandige verkoopprijs per prestatieverplichting (d.w.z. de prijs die de rechtspersoon in rekening zou brengen als de goederen of diensten afzonderlijk zouden worden verkocht). Als de zelfstandige verkoopprijs niet bekend is, wordt gebruik gemaakt van schattingen. Als alternatief kan de reële waarde worden gehanteerd in plaats van de zelfstandige verkoopprijs (RJ 270.109cN).

De nieuwe Richtlijnen zijn van kracht voor verslagjaren die aanvangen op of na 1 januari 2022. Voor de overgangsbepalingen wordt verwezen naar paragraaf 13.1.3.

13.3.2.3 Samenspel tussen combineren van contracten en splitsen in prestatieverplichtingen

De opvattingen van IFRS 15 maken duidelijk dat in de jaarrekening van de opdrachtnemer de relatie tussen opdrachtgever en opdrachtnemer op een economische basis dient te worden verwerkt. Daarbij is niet de juridische vorm doorslaggevend (het afsluiten van juridisch separate contracten) maar de economische realiteit. Vandaar de voorschriften om eerst in stap 1 van het denkmodel vast te stellen of sprake is van een economisch bezien groter geheel aan afspraken (m.a.w. of contracten gecombineerd moeten worden, zie IFRS 15.17) en daarna in stap 2 te bepalen of dit samenstel van afspraken moet worden uitgesplitst in verschillende prestatieverplichtingen (zie IFRS 15.22 e.v.). De logica van een dergelijke benadering is met het volgende voorbeeld te duiden:

Voorbeeld samenspel tussen combineren van contracten en splitsen in prestatieverplichtingen

Een opdrachtgever sluit met de opdrachtnemer een contract af voor het ontwerp en de constructie van een gebouw (uitvoering in jaar 1 en jaar 2) en een separaat contract voor het meerjarig onderhoud (van jaar 3 tot en met jaar 20). Wanneer de contractprijzen zouden worden gevolgd, zou de verwachte winstmarge op het ontwerp- en constructiecontract 8% bedragen en die op het onderhoudscontract 0,2%.

Op basis van de criteria in IFRS 15.17 wordt echter geconcludeerd dat sprake is van een samenstel van afspraken die als één geheel dient te worden aangemerkt (combineren van contracten). Vervolgens stelt de opdrachtnemer vast dat sprake is van twee verschillende prestatieverplichtingen, zijnde het te bouwen actief (PO1) en het meerjarig onderhoud (PO2). Met toepassing van de voorschriften voor de 'bepaling van de transactieprijs' en de 'allocatie van de transactieprijs aan de afzonderlijke prestatieverplichtingen' (stap 3 respectievelijk stap 4 van het denkmodel, zie par. 13.5.1.2) wordt geconstateerd dat de verwachte winstmarge op PO1 5% bedraagt en die op PO2 4%.

Het effect van de toerekening van opbrengsten onder de economische uitgangspunten van IFRS 15 is daarmee duidelijk zichtbaar. Zonder de toepassing van deze economische uitgangspunten zou geen sprake zijn geweest van de geëigende toerekening van opbrengsten (en daarmee resultaten) aan de achtereenvolgende boekjaren.

13.3.3 Meer- en minderwerk en andere contractwijzigingen

Als onderdeel van stap 1 van het denkmodel ('identificeer het contract met de klant') bevat IFRS 15 ook regelgeving inzake wijzigingen in de contractuele afspraken ('contract modifications').

IFRS 15.18 omschrijft een contractwijziging als een wijziging in:
- aard en omvang van de overeengekomen reikwijdte;
- prijs; of
- beide (zowel reikwijdte als prijs).

IFRS 15 maakt daarbij onderscheid tussen een contractwijziging die is aan te merken als een nieuw contract en een wijziging die wordt beschouwd als een onderdeel van het bestaande contract. De algemene regelgeving ter zake is nader uitgewerkt in paragraaf 5.3.13.

In de constructiesector is regelmatig sprake van meer- en minderwerk en claims op opdrachtgevers.

Met meer- en minderwerk wordt onder IFRS rekening gehouden wanneer sprake is van nieuwe of gewijzigde afdwingbare rechten en verplichtingen. Wanneer nog geen volledige overeenstemming is bereikt tussen opdrachtgever en opdrachtnemer, moet worden vastgesteld waarover onzekerheid bestaat. Betreft dit de reikwijdte van de opdracht, dan dient te worden vastgesteld of de mate van overeenstemming leidt tot nieuwe of gewijzigde rechten en verplichtingen die afdwingbaar zijn. Is dat niet het geval, dan kan het meer- of minderwerk in het geheel niet in aanmerking worden genomen in de bepaling van de transactieprijs (IFRS 15.18). Is wel sprake van nieuwe of gewijzigde afdwingbare rechten en verplichtingen, maar bestaat nog geen overeenstemming over de prijs, dan zal een schatting van de opbrengst ter zake moeten worden gemaakt. Voor deze schatting geldt de voorwaarde dat het zeer waarschijnlijk moet zijn dat op later tijdstip geen significante terugneming van reeds verwerkte cumulatieve opbrengsten zal plaatsvinden (IFRS 15.19). Verwezen wordt naar de nadere uitwerking inzake variabele vergoedingen in paragraaf 13.5.1.2.

Voor claims van de opdrachtnemer op de opdrachtgever geldt een vergelijkbare analyse. Echter, bij een claim wil de opdrachtnemer een bedrag vorderen als vergoeding voor gemaakte kosten die niet zijn gespecificeerd in de overeenkomst. Een claim wordt, anders dan meer- en minderwerk, gebaseerd op een bestaande overeenkomst en is geen wijziging van een overeenkomst. Ook hier dient eerst te worden vastgesteld of sprake is van afdwingbare rechten en verplichtingen. Omdat aangaande een claim veel vaker dan bij meer- en minderwerk een verschil van inzicht met de opdrachtgever bestaat, zal een conclusie dat de opdrachtnemer een afdwingbaar recht heeft, de nodige onderbouwing vergen. Wanneer een afdwingbaar recht bestaat, dient in stap 3 van het denkmodel te worden bepaald of en in hoeverre de claim wordt opgenomen in de transactieprijs. Zie ook de nadere uitwerking inzake variabele vergoedingen in paragraaf 13.5.1.2.

De voorschriften voor meer- en minderwerk en claims onder de Richtlijnen worden behandeld in paragraaf 13.5.1.1. Verder bevat Richtlijn 221 geen bepalingen met betrekking tot de verwerking van wijzigingen van overeenkomsten.

Regelgeving van toepassing in toekomstige jaren

De nieuwe Richtlijnen 221 en 270 (RJ-Uiting 2020-15) bevatten specifieke bepalingen voor de verwerking van wijzigingen van overeenkomsten, waaronder meer- en minderwerk (RJ 221.205N en RJ 270.129-130N). Dergelijke wijzigingen kunnen nieuwe afdwingbare rechten en verplichtingen van de contractpartijen creëren of bestaande

rechten en verplichtingen wijzigen. Een wijziging van een overeenkomst dient, afhankelijk van de aard, te worden verwerkt als:
- een afzonderlijke overeenkomst in aanvulling op de bestaande overeenkomst;
- een beëindiging van de bestaande overeenkomst en het afsluiten van een nieuwe overeenkomst (waarin de nog niet verrichte prestatieverplichtingen van de beëindigde overeenkomst worden opgenomen); of als
- een wijziging van de bestaande overeenkomst.

Deze bepalingen hebben als doel dat een wijziging van een bestaande overeenkomst wordt verwerkt conform de economische realiteit van die wijziging.

De nieuwe Richtlijnen zijn van kracht voor verslagjaren die aanvangen op of na 1 januari 2022. Voor de overgangsbepalingen wordt verwezen naar paragraaf 13.1.3.

13.4 Prestatieverplichtingen en allocatie opbrengsten (IFRS 15)
13.4.1 Het onderkennen van prestatieverplichtingen (IFRS 15)

Het onderkennen van prestatieverplichtingen is de tweede stap van het denkmodel van IFRS 15. Voor een bespreking van de algemene beginselen wordt verwezen naar paragraaf 5.3.12 onder 'stap 2'.

Een prestatieverplichting is iedere toezegging aan de klant tot levering van:
- ofwel een te onderscheiden ('distinct') goed of dienst (of combinatie van goederen of diensten) (IFRS 15.22(a));
- ofwel een reeks van te onderscheiden goederen of diensten die grotendeels hetzelfde zijn en op dezelfde wijze aan de(zelfde) opdrachtgever worden overgedragen (IFRS 15.22(b)).

Een aan de klant toegezegd goed of toegezegde dienst is te onderscheiden als aan beide volgende criteria is voldaan:
- de klant kan de voordelen van de goederen of diensten zelfstandig benutten, al dan niet gezamenlijk met middelen die direct beschikbaar zijn voor de klant ('capable of being distinct') (IFRS 15.27(a)); en
- de toezegging om de goederen of diensten te leveren is te onderscheiden van de overige in het contract opgenomen toezeggingen ('distinct within the context of the contract') (IFRS 15.27(b)).

Het door IFRS 15 vereiste onderkennen van prestatieverplichtingen kan tot gevolg hebben dat één (juridisch) contract twee (of meer) afzonderlijke prestatieverplichtingen omvat, waardoor tijdens de uitvoering ook een gesplitste toerekening van opbrengsten aan de boekjaren dient plaats te vinden.

> **Voorbeeld grond en gebouw, naar aanleiding van IFRS IC agendabeslissing (maart 2018)**
> Aan de IFRS Interpretations Committee (IFRS IC) is een vraag voorgelegd inzake een specifieke casus. Kort samengevat betreft het een onherroepelijk contract voor de levering van grond met de constructie van een gebouw. Bij aanvang van het contract wordt het juridisch eigendom van de grond onherroepelijk overgedragen aan de opdrachtgever. Specifiek vroeg de vragensteller welke prestatieverplichtingen te onderscheiden zijn.
> De IFRS IC overwoog onder meer dat de levering van de grond kan worden afgescheiden van de constructie van het gebouw, en daarmee sprake is van twee prestatieverplichtingen, omdat:
> - de constructie van het gebouw niet afhankelijk is van het wel of niet leveren van de grond door de opdrachtnemer; en
> - de constructie van het gebouw ook kan plaatsvinden indien de opdrachtgever de grond van een derde partij verwerft en de levering van de grond ook kan plaatsvinden als een derde partij het gebouw gaat bouwen.

13 Onderhanden projecten

Onder andere voor constructiecontracten wordt in IFRS 15 uiteengezet dat indien sprake is van het integreren van afzonderlijke goederen en/of diensten tot een gecombineerde output, dit zeer wel kan betekenen dat sprake is van één prestatieverplichting (IFRS 15.29(a)). De overweging daarbij is dat de opdrachtgever in een dergelijke situatie de risico's die inherent onderdeel uitmaken van de integratiediensten bij de opdrachtnemer neerlegt. De opdrachtnemer heeft dan een vergoeding voor die werkzaamheden c.q. een risico-opslag in de contractprijs opgenomen.

13.4.2 Allocatie van opbrengsten aan prestatieverplichtingen (IFRS 15)

13.4.2.1 Conceptueel uitgangspunt

Nadat de vaststelling van de prestatieverplichtingen heeft plaatsgevonden (stap 2, zie par. 13.4.1) en de bepaling (schatting) van de totale contractopbrengsten (stap 3, zie par. 13.5.1.2), wordt in stap 4 van het denkmodel bepaald welk deel van deze geschatte opbrengsten aan iedere afzonderlijke prestatieverplichting wordt toegerekend (IFRS 15.73). De wijze van allocatie is nader uitgewerkt in paragraaf 5.3.12 onder 'stap 4'.

In de situatie dat sprake is van meer dan één prestatieverplichting in een contractuele relatie met een opdrachtgever, zal voor constructiecontracten door het veelal unieke karakter hiervan nauwelijks sprake zijn van direct waarneembare zelfstandige verkoopprijzen. Voor die situatie geeft IFRS 15 verschillende methoden aan om de zelfstandige verkoopprijzen te schatten (IFRS 15.78-79). Daarnaast wordt toegelaten om een zelf ontwikkelde methode te hanteren als die methode voldoet aan het beginsel van IFRS 15.73 en de aanwijzingen van IFRS 15.78 (IFRS 15.80).

In IFRS 15.79 worden drie methoden specifiek genoemd:
- De aangepaste marktbeoordelingsbenadering ('adjusted market assessment approach') (IFRS 15.79(a)).
- De benadering op basis van de verwachte kosten verhoogd met een marge ('expected cost plus margin approach') (IFRS 15.79(b)).
- De residuele benadering ('residual approach') (IFRS 15.79(c)).

De keuze van één benadering dan wel combinatie van benaderingen dient zodanig plaats te vinden dat aan het beginsel van IFRS 15.73 (adequate weergave van de vergoeding voor de betreffende prestatieverplichting) wordt voldaan. Daarbij dient alle beschikbare informatie te worden betrokken (waaronder marktomstandigheden, entiteit-specifieke factoren, informatie over de (groep) afnemers) en dient zo veel mogelijk gebruik te worden gemaakt van waarneembare variabelen en vergelijkbare schattingsmethoden (IFRS 15.78). Tevens is bepaald dat de allocatie in beginsel op één moment plaatsvindt (moment van totstandkoming contract) en daarna niet meer wijzigt (IFRS 15.76).

Met andere woorden, de voorschriften van IFRS 15 beogen een zo objectief mogelijke weergave van de opbrengsten per prestatieverplichting tot stand te brengen, met inperking van eventuele beïnvloeding door het management van de verslaggevende entiteit.

13.4.2.2 De aangepaste marktbeoordelingsbenadering

Bij deze methode wordt met name rekening gehouden met de markt waarin de activiteiten plaatsvinden. De informatie voor de bepaling van de zelfstandige verkoopprijs van de prestatieverplichting komt dan bijvoorbeeld uit vergelijking met prijzen van concurrenten voor vergelijkbare goederen of diensten. Aanpassingen voor de omstandigheden van de rechtspersoon inzake de kostenstructuur en verdienmodel kunnen dan aan de orde zijn.

Bij grotere afwijkingen in aard van de door concurrenten geleverde goederen of diensten zal de toepassing van deze methode op praktische bezwaren stuiten.

13.4.2.3 De benadering op basis van de verwachte kosten verhoogd met een marge

Bij deze methode worden vooral interne factoren betrokken. Uiteraard dient wel sprake te zijn van een marge die marktconform is c.q. die de betreffende opdrachtgever bereid is te betalen, daarbij rekening houdend met verschillen in product of dienst, geografie, categorie opdrachtgever, et cetera. Met andere woorden, er kan een verschil bestaan tussen de gewenste en de gecontracteerde marge.

Deze methode is minder goed toepasbaar indien de kosten, verbonden aan het kunnen nakomen van de prestatieverplichting, niet goed kunnen worden ingeschat (zoals bij een nieuw product).

13.4.2.4 De residuele benadering

Bij deze methode voor de allocatie van opbrengsten aan de afzonderlijke prestatieverplichtingen wordt de totale transactieprijs verminderd met de direct waarneembare zelfstandige verkoopprijzen van de andere prestatieverplichtingen. Gegeven de hoge mate van subjectiviteit die zich bij toepassing van deze methode kan voordoen, dient aan ten minste één van de volgende twee randvoorwaarden te worden voldaan (IFRS 15.79(c)):
- De entiteit verkoopt hetzelfde goed of dienst aan verschillende opdrachtgevers op (nagenoeg) hetzelfde moment voor aanzienlijk verschillende prijzen (d.w.z. de verkoopprijs is zeer variabel en niet af te leiden uit eerdere verkooptransacties of andere beschikbare informatie); of
- De entiteit heeft nog niet eerder een verkoopprijs voor het goed of de dienst bepaald en heeft het goed of de dienst niet eerder afzonderlijk verkocht.

13.4.2.5 Combinatie van benaderingen

De hiervoor genoemde benaderingen kunnen ook in combinatie worden toegepast. In IFRS 15.80 wordt aangegeven dat het denkbaar is dat de residuele methode eerst wordt toegepast om de totale opbrengstwaarde van de sterk variabel geprijsde prestatieverplichtingen te bepalen, om vervolgens via een andere methode de toerekening aan die prestatieverplichtingen te doen. De voorschriften geven wel aan dat deze benadering dient plaats te vinden in overeenstemming met het beginsel van IFRS 15.73 (resp. de voorschriften van IFRS 15.78) (zie par. 13.4.2.1).

13.5 Waardering en resultaatbepaling
13.5.1 Projectopbrengsten

Projectopbrengsten zijn opbrengsten die voortvloeien uit en direct toerekenbaar zijn aan een onderhanden project (RJ 221.0) c.q. aan de betreffende prestatieverplichting als onderkend in het (de) (eventueel gebundelde) contract(en) (IFRS 15.47).

Projectopbrengsten dienen te bestaan uit (RJ 221.201):
- de contractueel overeengekomen opbrengsten; en
- voor zover het waarschijnlijk is dat ze worden gerealiseerd én ze betrouwbaar kunnen worden bepaald:
  - de opbrengsten op grond van meer- en minderwerk;
  - de opbrengsten op grond van claims; en
  - de opbrengsten op grond van vergoedingen (o.a. 'incentives').

IFRS 15 stelt daarboven dat sprake dient te zijn van afdwingbare rechten en verplichtingen ('enforceable rights and obligations') (zie par. 13.3).

Voor zover de opbrengsten een niet-vaststaand karakter kennen (d.w.z. variabel zijn), vereist IFRS 15 dat het 'zeer waarschijnlijk is dat reeds verwerkte cumulatieve opbrengsten (omzet) niet significant te hoog blijken en teruggedraaid moeten worden op het moment dat de onzekerheid is verdwenen' (IFRS 15.48 en 56) (zie par. 13.5.1.2).

13.5.1.1 Richtlijnen

De hierboven gebruikte term 'waarschijnlijk' dient te worden geïnterpreteerd als meer dan 50% kans van realisatie. De vereiste mate van zekerheid in Richtlijn 221 (> 50% kans) is daarmee lager dan de vereiste mate van zekerheid om 'voorwaardelijke activa' in de balans op te nemen. Zoals uit paragraaf 36.1.3 blijkt, mogen voorwaardelijke activa pas bij een hoge mate van zekerheid dat economische voordelen naar de rechtspersoon zullen vloeien ('vrijwel zeker'; > 95% kans) in de balans worden opgenomen.

Meer- en minderwerk zijn instructies van de opdrachtgever om de aard en/of omvang van de werkzaamheden te wijzigen ten opzichte van de contractueel afgesproken uitvoering. Dit kan tot een toename of afname van de projectopbrengsten leiden. Voorbeelden van meer- en minderwerk zijn wijzigingen in de specificaties of het ontwerp van het actief en wijzigingen in de duur van het project. Voor verantwoording als projectopbrengst dient het waarschijnlijk te zijn dat de opdrachtgever de wijziging zal goedkeuren en dient het bedrag van de hiermee samenhangende meer- of minderopbrengsten betrouwbaar te kunnen worden bepaald (RJ 221.203).

Een claim is een bedrag dat een rechtspersoon van de opdrachtgever (of een andere partij) wil vorderen als vergoeding voor gemaakte kosten die geen deel uitmaken van het project. Een claim kan voortvloeien uit vertragingen die door de opdrachtgever zijn veroorzaakt, fouten in specificaties of ontwerp, en betwist meer- en minderwerk in het contract. De inschatting van opbrengsten uit claims is vaak lang onzeker en de hoogte ervan hangt vaak af van onderhandelingen. Voor verantwoording als projectopbrengst dient het waarschijnlijk te zijn dat de opdrachtgever de claim zal aanvaarden en dient het bedrag hiervan betrouwbaar te kunnen worden bepaald (RJ 221.204).

Vergoedingen ('incentives') zijn bijkomende bedragen die aan de rechtspersoon worden vergoed indien bepaalde doelstellingen zijn behaald of overschreden. Er kan contractueel zijn bepaald dat de rechtspersoon een aanmoedigingspremie toekomt als het project vroegtijdig wordt voltooid. Voor verantwoording als projectopbrengst dient het project voldoende vergevorderd te zijn en dient het waarschijnlijk te zijn dat bepaalde prestaties zijn of worden behaald of zullen worden overschreden en dient het bedrag van de vergoedingen betrouwbaar te kunnen worden bepaald (RJ 221.205).

RJ 221.202 geeft aan dat de projectopbrengsten dienen te worden gewaardeerd tegen de reële waarde van de tegenprestatie die is of zal worden ontvangen. Daarbij komt het vaak voor dat ter bepaling van de projectopbrengsten schattingen dienen te worden gemaakt, die periodiek dienen te worden herzien op basis van de dan geldende omstandigheden. Voorbeelden van schattingselementen (nader uitgewerkt in RJ 221.202) zijn:
- instemming met meer- en minderwerk of claims;
- verrekeningsclausules met betrekking tot bepaalde kostencomponenten;
- boetes uit vertragingen waarvoor de rechtspersoon aansprakelijk is;
- bij verrekening op basis van een vaste vergoeding per gepresteerde eenheid: het aantal eenheden.

Regelgeving van toepassing in toekomstige jaren
De nieuwe Richtlijnen 221 en 270 (RJ-Uiting 2020-15) bevatten nadere dan wel gewijzigde bepalingen met betrekking tot:
- wijzigingen van overeenkomsten;
- variabele vergoedingen;
- belangrijke financieringscomponenten;
- vergoedingen aan afnemers van goederen en diensten.

De RJ heeft in RJ 221.205N en RJ 270.129-130N gespecificeerd hoe wijzigingen van overeenkomsten, waaronder meer- en minderwerk, moeten worden verwerkt teneinde de economische realiteit weer te geven (zie par. 13.3.3).

Ook zijn specifieke bepalingen toegevoegd voor de verwerking van variabele vergoedingen als de omvang ervan betrouwbaar kan worden bepaald. Van een variabele vergoeding kan bijvoorbeeld sprake zijn bij kortingen, teruggaven, terugbetalingen, prijsconcessies, prestatiebonussen en sancties. De transactieprijs kan ook variëren als het recht op de vergoeding afhankelijk is van het al dan niet plaatsvinden van een toekomstige gebeurtenis. De omvang van een te verwerken variabele vergoeding wordt bepaald door een schatting te maken. Hierbij dient voorzichtigheid te worden toegepast, om ervoor te zorgen dat alleen opbrengsten worden verwerkt waarvan de kans klein is dat ze later moeten worden teruggenomen. Tevens benadrukt de RJ dat de schattingsonzekerheid ten aanzien van een variabele vergoeding zodanig hoog kan zijn dat het resultaat van een onderhanden project niet op betrouwbare wijze kan worden bepaald (RJ 221.202aN).

Daarnaast wordt specifiek ingegaan op een eventueel aanwezig financieringselement. Er kan sprake zijn van situaties dat de afnemer financiering ontvangt van de rechtspersoon, maar ook van door de rechtspersoon ontvangen voorfinanciering. In beide gevallen heeft de RJ besloten dat, indien een overeenkomst een belangrijke financieringscomponent bevat, de transactieprijs wordt aangepast voor de effecten van de tijdswaarde van geld. Een financieringscomponent mag in ieder geval als onbelangrijk worden aangemerkt als ten tijde van het afsluiten van een overeenkomst wordt verwacht dat de periode tussen de levering van de prestaties en de betaling van de vergoeding maximaal één jaar is (RJ 221.202bN).

Voorts zijn nieuwe bepalingen opgenomen ten aanzien van te betalen vergoedingen aan afnemers, met inbegrip van andere elementen (bijvoorbeeld een coupon of voucher) die een afnemer kan verrekenen met aan de rechtspersoon verschuldigde bedragen. De RJ schrijft voor dat dergelijke vergoedingen in mindering worden gebracht op de projectopbrengsten, tenzij de betaling aan de afnemer plaatsvindt in ruil voor een te onderscheiden goed of dienst (RJ 221.203N).

De nieuwe Richtlijnen zijn van kracht voor verslagjaren die aanvangen op of na 1 januari 2022. Voor de overgangsbepalingen wordt verwezen naar paragraaf 13.1.3.

13.5.1.2 IFRS
In IFRS 15 wordt in stap 3 van het denkmodel de hoogte van de totale contractopbrengst (oftewel, de transactieprijs) bepaald. Deze totale opbrengst wordt in stap 4 toegerekend aan de afzonderlijke prestatieverplichtingen (zie par. 13.4.2).

13 Onderhanden projecten

De totale opbrengst kan bestaan uit vaste elementen en 'variabele vergoedingen' (IFRS 15.47-48). Daarbij dient aanvullend te worden vastgesteld of sprake is van:
- een af te splitsen en separaat te verwerken rentevergoeding wegens een impliciet financieringselement (bijvoorbeeld omvangrijke en langdurige voorfinanciering aan de opdrachtgever; IFRS 15.48 onder c);
- vergoeding in natura (IFRS 15.48 onder d); en
- eventuele bedragen die door de opdrachtnemer aan de opdrachtgever worden betaald (IFRS 15.48 onder e).

De opbrengsten waarvan het bedrag nog niet vaststaat, de 'variabele vergoeding(en)', kunnen alleen in de totale opbrengst (toerekenbaar aan boekjaren) worden opgenomen bij een hoge mate van zekerheid dat de geschatte bedragen gerealiseerd zullen worden. IFRS 15 heeft dat als volgt geformuleerd: "zeer waarschijnlijk dat geen sprake zal zijn van een significante terugname van reeds verwerkte cumulatieve opbrengsten (omzet), op het moment dat niet langer sprake is van onzekerheid". In meer praktische bewoordingen, de uiteindelijke uitkomst wijkt niet significant af van de schatting (IFRS 15.56-57).

Deze bepaling is bedoeld om te optimistische schattingen van de transactieprijs te voorkomen. Dat betekent dat voorkomen moet worden dat voor positieve elementen (zoals meerwerk, claims en bonussen) de bedragen te hoog worden ingeschat en dat voor negatieve elementen (zoals kortingen, prijsconcessies en boetes wegens te late oplevering) de bedragen te laag worden ingeschat. Dat betekent overigens niet dat overdreven voorzichtigheid is toegestaan.

Voorbeeld schatting van het mogelijke gevolg van boete wegens te late oplevering

BOUW BV is een opdracht tot aanleg van een fietspad aangegaan voor € 10 miljoen. De uiterste opleverdatum is 1 maart 20x2. Indien de opleverdatum wordt overschreden is een eenmalige boete van € 1 miljoen aan de orde, ongeacht de lengte van de periode van overschrijding. Volgens de planning zullen de werkzaamheden op 15 februari 20x2 zijn afgerond.
BOUW BV weet uit het verleden dat een overschrijding van enkele weken in dit type projecten vaker is opgetreden en stelt vast dat de getroffen beheersingsmaatregelen een overschrijding van de opleverdatum niet afdoende kunnen voorkomen. BOUW BV concludeert dat het niet zeer waarschijnlijk is dat geen sprake zal zijn van de boete en stelt de verwachte totale opbrengst op € 9 miljoen (en rekent deze in de boekjaren 20x0 en 20x1 toe aan de prestatieverplichtingen).
Eind 20x1 blijkt dat door meevallende weersomstandigheden de vervulling van de prestatieverplichting (de oplevering) ruim binnen de tijd zal plaatsvinden. De officiële opening is inmiddels gepland voor 15 januari 20x2. BOUW BV herziet de schatting van de contractopbrengst eind 20x1 naar € 10 miljoen.

13.5.2 Projectkosten
13.5.2.1 Richtlijnen

Projectkosten zijn kosten die toerekenbaar zijn aan een onderhanden project op basis van de projectactiviteiten van de rechtspersoon of op basis van contractuele bepalingen (RJ 221.0).
Projectkosten dienen te bestaan uit (RJ 221.206):
- de direct op het project betrekking hebbende kosten;
- de kosten die toerekenbaar zijn aan projectactiviteiten in het algemeen en toewijsbaar zijn aan het project; en
- andere kosten die contractueel aan de opdrachtgever kunnen worden toegerekend (zoals beheerskosten en ontwikkelingskosten waarvoor de vergoeding in de voorwaarden van het contract is overeengekomen (RJ 221.212)).

Kosten die direct op het project betrekking hebben kunnen onder meer omvatten (RJ 221.208):
- personeelskosten voor werknemers direct werkzaam aan het project (inclusief kosten voor toezicht);
- kosten van constructiematerialen;
- kosten van (inbreng van) grond en terreinen;

- afschrijving van installaties en uitrusting die bij de uitvoering van het project worden gebruikt;
- kosten voor het transport van installaties, uitrusting en materialen van en naar het terrein;
- kosten voor de huur van installaties en uitrusting;
- kosten van ontwerp en technische assistentie die rechtstreeks verband houden met het project;
- de geschatte kosten van herstel- en garantiewerken (inclusief verwachte garantiekosten); en
- claims van derden.

Artikel 2:388 lid 2 BW stelt dat in de vervaardigingsprijs van een actief kunnen zijn opgenomen een redelijk deel van de indirecte kosten en de rente op schulden over het tijdvak dat aan de vervaardiging van het actief kan worden toegerekend. Door de keuze van het woord 'kunnen' acht de wetgever ter zake geen verplichting aanwezig. In lijn hiermee biedt Richtlijn 273 'Rentelasten' een stelselkeuze voor het al dan niet activeren van rente gedurende de constructieperiode. Deze keuze geldt voor alle kwalificerende activa (RJ 273.204 en 206). Voor de bepalingen inzake de toerekening van rentekosten aan het project wordt verwezen naar paragraaf 7.3.1.3.

Voor indirecte kosten blijkt uit de formulering van RJ 221.206 dat de RJ van mening is dat geen sprake is van een keuze, maar van een voorschrift dit type kosten aan projecten toe te rekenen (voor zover niet uitgezonderd in RJ 221.213, zie hierna). Volgens de RJ dient het hierbij te gaan om een specifiek deel van de indirecte of algemene kosten (de zogenaamde 'AK'; maar dan niet de gehele AK doch een specifiek deel); het specifieke deel ziet alleen op de kosten die toerekenbaar zijn aan de projectactiviteiten en toewijsbaar zijn aan het project. Veelal zullen deze kosten via een opslag toegerekend worden aan individuele projecten (RJ 221.210).

Dergelijke toerekening dient systematisch en op consistente wijze te geschieden. De toerekening vindt plaats op basis van het normale niveau van de projectactiviteiten. Dit betreft de gemiddelde activiteit die onder normale omstandigheden naar verwachting plaatsvindt over een aantal perioden of seizoenen, rekening houdend met verlies van capaciteit als gevolg van planmatig onderhoud (RJ 221.211). Kosten die toerekenbaar zijn aan de projectactiviteiten in het algemeen en toewijsbaar zijn aan het project, kunnen onder meer omvatten (RJ 221.210 en 211):
- verzekeringskosten;
- kosten van ontwerp en technische assistentie die geen rechtstreeks verband houden met een specifiek project; en
- overheadkosten van projectactiviteiten (waaronder kosten voor voorbereiding en verwerking van de project- en salarisadministratie).

De volgende kosten komen *niet* in aanmerking voor toerekening aan projecten of projectactiviteiten en zullen (voor zover relevant) voor de verantwoording in de jaarrekening uit de intern toegepaste AK-toeslag dienen te worden geëlimineerd (RJ 221.213):
- algemene beheerskosten, ook wel algemene overheadkosten genoemd;
- verkoopkosten;
- kosten van onderzoek en ontwikkeling waarvoor geen vergoeding is overeengekomen; en
- afschrijvingskosten van installaties en uitrusting die niet worden aangewend voor het project of voor projectactiviteiten.

Incidentele baten die door de rechtspersoon worden gerealiseerd en die geen onderdeel zijn van de projectopbrengsten, worden in mindering gebracht op de projectkosten (RJ 221.209). Voorbeelden zijn baten uit de verkoop van restmateriaal en een boekwinst bij de verkoop van installaties en uitrusting aan het einde van het project.

Aangaande de kosten die gemaakt worden voor het verkrijgen van een opdracht geldt het volgende. De hoofdregel is dat kosten aan het project worden toegerekend vanaf het moment dat het project wordt verkregen tot de uiteindelijke voltooiing van het project. Maar ook acquisitiekosten, kosten die rechtstreeks verband houden met een project en die worden gemaakt bij het verwerven van het contract, kunnen deel uitmaken van de projectkosten (RJ 221.207). Dit geldt echter slechts voor kosten gemaakt vanaf het moment dat het waarschijnlijk is dat het contract zal worden verkregen. Voorts dienen deze kosten afzonderlijk identificeerbaar te zijn en betrouwbaar te kunnen worden bepaald. Deze restrictieve bepaling hangt samen met hetgeen is opgenomen in het Stramien, namelijk dat opname van een actief slechts is toegelaten indien het waarschijnlijk is dat sprake zal zijn van toekomstige economische voordelen. De grote(re) onzekerheid in de beginfase van het acquisitieproces brengt dan mee dat activering van acquisitiekosten niet is toegelaten. Zijn acquisitiekosten ten laste van de winst-en-verliesrekening van enige periode gebracht, dan is het niet toegestaan om in een latere periode, als het project is verkregen, deze kosten alsnog terug te nemen en onder projectkosten te activeren (RJ 221.207).

Volledigheidshalve wordt opgemerkt dat voor de toepassing van de 'percentage of completion'-methode op basis van de verhouding tussen gemaakte kosten en verwachte totale projectkosten, de geactiveerde acquisitiekosten niet als onderdeel van de gecumuleerde projectkosten worden aangemerkt; deze kosten zijn immers geen onderdeel van de kosten voor het construeren van het object. De acquisitiekosten worden geamortiseerd over de looptijd van het contract.

13.5.2.2 IFRS

Begrip contractkosten

IFRS 15 bevat afzonderlijke voorschriften voor de verwerking van contractkosten (IFRS 15.91-104). Zoals het woordgebruik al aangeeft is het algemene uitgangspunt dat er een (verwacht) contract met een opdrachtgever dient te zijn (zie par. 5.3.12 onder 'stap 1' en par. 13.3). IFRS 15 maakt onderscheid tussen kosten van verkrijging van een contract en kosten om een contract te vervullen. Beide categorieën worden in het vervolg van deze paragraaf nader besproken.

Voor de presentatie van geactiveerde contractkosten in de balans wordt verwezen naar paragraaf 13.6.1.1.

Kosten van verkrijging van een contract

De kosten van verkrijging van een contract dienen als actiefpost in de balans te worden opgenomen voor zover ze incrementeel zijn en naar verwachting zullen worden teruggevonden uit de contractopbrengsten (IFRS 15.91). Incrementeel betekent dat de kosten niet zouden zijn gemaakt als het contract (ondanks de poging daartoe) niet was verkregen (IFRS 15.92). De kosten die worden gemaakt ongeacht of het contract uiteindelijk wordt verkregen, dienen onmiddellijk in de winst-en-verliesrekening te worden verwerkt, tenzij die kosten expliciet voor rekening van de klant zijn ongeacht of het contract wordt verkregen (IFRS 15.93).

De geactiveerde kosten van verkrijging van een contract worden geamortiseerd op een systematische wijze die consistent is met de overdracht van de goederen en diensten waarop de initiële kosten betrekking hebben. Op deze wijze worden de kosten geleidelijk over de looptijd van het contract in de winst-en-verliesrekening verwerkt (IFRS 15.99).

Overigens is er sprake van een vereenvoudiging ingeval de amortisatieperiode korter dan één jaar is. Dan geldt er geen activeringseis voor de incrementele kosten en is het toegestaan om deze kosten onmiddellijk in de winst-en-verliesrekening te verwerken (IFRS 15.94).

Kosten van het vervullen van een contract

IFRS 15 is alleen van toepassing op kosten gemaakt bij het vervullen van een contract die niet binnen de reikwijdte ('scope') van een andere standaard vallen. Primair dient te worden beoordeeld of de kosten kwalificeren als voorraden (IAS 2) of (im)materiële vaste activa (IAS 16 resp. IAS 38). Als dat het geval is, dan worden de kosten op basis van die standaarden verwerkt (IFRS 15.95 en 96).

Vallen de kosten om een contract te vervullen niet binnen de reikwijdte van een andere standaard, dan is het algemene uitgangspunt dat de kosten verwerkt worden in de winst-en-verliesrekening op het moment dat de kosten zijn gemaakt. Echter, de bestedingen moeten als een actief worden verwerkt indien aan alle volgende voorwaarden is voldaan (IFRS 15.95):
▶ de kosten zijn direct te relateren aan een contract of een specifiek verwacht contract;
▶ de kosten genereren middelen die de rechtspersoon in de toekomst zal gebruiken bij het vervullen van een prestatieverplichting; en
▶ de kosten zijn naar verwachting terug te verdienen.

De IASB heeft daarbij voor ogen dat alleen die kosten voor activering in aanmerking komen welke in de toekomst nog zullen worden aangewend voor het nakomen van prestatieverplichtingen en welke (al dan niet expliciet) aan de opdrachtgever in rekening kunnen worden gebracht. De voorschriften zijn bedoeld om te voorkomen dat kosten als actief worden aangemerkt met het doel om een genormaliseerde marge tot stand te brengen door kosten en opbrengsten evenredig over de contractduur te verdelen. Tevens zijn de bepalingen van IFRS 15 zodanig geformuleerd dat alleen de direct met de uitvoering van het contract in verband staande kosten als onderdeel van het actief mogen worden geactiveerd (IFRS 15.BC308). In praktische bewoordingen: IFRS 15 gaat ervan uit dat alle gemaakte kosten a tempo ten laste van het resultaat boekjaar komen, tenzij onder voorwaarden de kosten als actief dienen te worden verwerkt.

IFRS 15 noemt een aantal categorieën van kosten die direct te relateren zijn aan een contract of een specifiek verwacht contract (IFRS 15.97):
▶ directe personeelskosten;
▶ directe materialen;
▶ allocatie van kosten die een directe relatie met het contract hebben (zoals contract management, toezicht, verzekeringen en afschrijvingen van materieel gebruik ten behoeve van het contract);
▶ kosten die krachtens het contract expliciet voor rekening van de opdrachtgever komen;
▶ overige kosten die voortkomen uit het contract (zoals betalingen aan onderaannemers).

De standaard benoemt ook kosten die, in lijn met het algemene uitgangspunt, altijd direct in de winst-en-verliesrekening worden verwerkt en niet voor activering in aanmerking komen (IFRS 15.98):
▶ algemene en administratieve kosten (tenzij krachtens het contract expliciet voor rekening van de opdrachtgever);
▶ kosten van verspilde grondstoffen, arbeid of andere middelen om een overeenkomst te vervullen die niet in de prijs van een overeenkomst tot uitdrukking komen;
▶ kosten die betrekking hebben op (gedeeltelijk) vervulde prestatieverplichtingen in het contract (d.w.z. kosten die betrekking hebben op reeds voltooide prestaties); en
▶ kosten waarvan niet bepaald kan worden of ze betrekking hebben op toekomstige of voltooide prestatieverplichtingen.

13 Onderhanden projecten

Ook rentekosten kunnen deel uitmaken van de contractkosten indien de omstandigheden als uitgewerkt in IAS 23 'Borrowing Costs' aan de orde zijn. Zie verder paragraaf 7.3.1.3.

De geactiveerde kosten om een contract te vervullen worden geamortiseerd op een systematische wijze die consistent is met de overdracht van de goederen of diensten waarop de kosten betrekking hebben (IFRS 15.99). Voor constructiecontracten is een bekend voorbeeld het toerekenen van voorbereidingskosten (zoals de inrichting van een productielocatie) die geamortiseerd worden over de looptijd van het contract.

Bijzondere waardeverminderingen
Als de prognose voor het projectresultaat daar aanleiding toe geeft, kan voor de geactiveerde contractkosten ook een bijzondere waardevermindering aan de orde zijn. Deze wordt bepaald en verwerkt in overeenstemming met de voorschriften in IFRS 15.101-103.

Voor de bespreking van de verwerking van een contract dat verlieslatend is geworden, wordt verwezen naar paragraaf 13.5.4.

13.5.3 Verwerking van opbrengsten, kosten en resultaten
13.5.3.1 Richtlijnen

De verwerking in de jaarrekening van de projectopbrengsten en projectkosten, en daarmee van de projectresultaten, hangt af van het al dan niet op betrouwbare wijze kunnen inschatten van het resultaat. Is een betrouwbare schatting mogelijk, dan wordt de zogenaamde 'percentage of completion'-methode toegepast, met tussentijdse winstneming. Is een betrouwbare schatting niet mogelijk, dan geldt in beginsel ook het voorschrift tot toepassing van de 'percentage of completion'-methode, echter is tussentijdse winstneming niet toegestaan (zie hierna).

Uitdrukkelijk geldt dat er geen vrije keuze bestaat om al dan niet tussentijds winst te verantwoorden. De verantwoording is afhankelijk van de specifieke situatie met betrekking tot een onderhanden project. Verwachte verliezen dienen echter altijd in aanmerking te worden genomen (RJ 221.323).

Indien sprake is van een stroom van projecten is het, in afwijking van het voorgaande, ingevolge RJ 221.316 om praktische redenen toegestaan om de winst van elk project pas te verantwoorden in de periode van gereedkomen, ook al zijn de resultaten op betrouwbare wijze vast te stellen. Dit is echter alleen mogelijk indien de looptijden overwegend korter zijn dan één jaar, dan wel indien sprake is van een gelijkmatige stroom van projecten van stabiele omvang en waarvan de gereedkoming een patroon van regelmatige spreiding vertoont (te vergelijken met een 'ideaalcomplex'). Deze afwijking van tussentijdse winstneming is bovendien alleen toegestaan als dat geen materiële invloed heeft op vermogen en resultaat.

Alleen die projectkosten die betrekking hebben op reeds verrichte prestaties worden in de winst-en-verliesrekening verwerkt. Soms worden uitgaven gedaan voor een project die nog niet samenhangen met ten behoeve van het project verrichte prestaties. Een voorbeeld is materiaal dat ten behoeve van het project is aangekocht, maar pas na balansdatum wordt aangewend. Een ander voorbeeld is een vooruitbetaling aan een onderaannemer. Dergelijke uitgaven vertegenwoordigen een uiteindelijk op de opdrachtgever te verhalen bedrag of via verkoop terug te verdienen bedrag en worden dan verwerkt als voorraden of eventueel overlopende activa (RJ 221.312-313). Presentatie als onderdeel van onderhanden projecten is ook mogelijk, mits het bedrag afzonderlijk wordt toegelicht (RJ 221.411). Verwerking van deze projectkosten in de winst-en-verliesrekening vindt plaats zodra de prestaties in het project worden geleverd en zijn gerealiseerd (RJ 221.411).

Voorwaarden voor het op betrouwbare wijze kunnen inschatten van het resultaat
In het algemeen kan het resultaat van een onderhanden project alleen op betrouwbare wijze worden ingeschat als het waarschijnlijk is dat de economische voordelen die aan het project zijn verbonden, naar de rechtspersoon zullen toevloeien (RJ 221.306). Een rechtspersoon is in principe in staat om betrouwbare schattingen te maken indien in het overeengekomen contract de volgende aspecten zijn opgenomen (RJ 221.307):
▶ de afdwingbare rechten van elke partij met betrekking tot de te verlenen diensten (waaronder het te bouwen actief);
▶ de vergoeding voor de prestaties; en
▶ de wijze waarop vergoeding zal plaatsvinden en de betalingsvoorwaarden.

De specifieke voorwaarden voor het betrouwbaar kunnen inschatten van het resultaat verschillen voor aanneem- en regiecontracten (zie par. 13.3.1). Met betrekking tot een aanneemcontract (vaste prijs) dient aan de volgende voorwaarden te zijn voldaan om vast te stellen dat het resultaat van een onderhanden project op betrouwbare wijze kan worden ingeschat (RJ 221.302):
▶ de totale projectopbrengsten kunnen op betrouwbare wijze worden bepaald;
▶ het is waarschijnlijk dat de economische voordelen met betrekking tot het onderhanden project naar de rechtspersoon zullen toevloeien;
▶ zowel de kosten om het project af te maken als de mate waarin het project per balansdatum is gerealiseerd, kunnen op betrouwbare wijze worden bepaald; en
▶ de kosten toe te rekenen aan het project zijn duidelijk te onderscheiden en op betrouwbare wijze te bepalen, zodat de werkelijk bestede kosten vergeleken kunnen worden met de voorcalculatie of eerdere schattingen.

Met betrekking tot een regiecontract (kosten plus opslag) dient aan de volgende voorwaarden te zijn voldaan om vast te stellen dat het resultaat van een onderhanden project op betrouwbare wijze kan worden ingeschat (RJ 221.303):
▶ het is waarschijnlijk dat de economische voordelen met betrekking tot het onderhanden project naar de rechtspersoon zullen toevloeien; en
▶ de kosten toe te rekenen aan het project, al dan niet verrekenbaar op basis van het contract, zijn duidelijk te onderscheiden en op betrouwbare wijze te bepalen.

Het resultaat van een onderhanden project kan op betrouwbare wijze worden ingeschat
Indien het resultaat van een onderhanden project op betrouwbare wijze kan worden ingeschat, dienen de projectopbrengsten en projectkosten in de winst-en-verliesrekening te worden verwerkt naar rato van de verrichte prestaties (voortgang) per balansdatum (RJ 221.301). Deze methode wordt veelal aangeduid als de 'percentage of completion'-methode. De projectopbrengsten en -kosten worden daarbij zodanig aan de periode toegerekend dat deze naar rato van de verrichte prestaties in de winst-en-verliesrekening worden verwerkt. Deze methode geeft inzicht in de omvang van de verrichte prestaties in de periode en de financiële gevolgen ervan (RJ 221.304 en 305).

Het resultaat van een onderhanden project kan niet op betrouwbare wijze worden ingeschat
Kan het resultaat van een onderhanden project niet op betrouwbare wijze worden ingeschat, dan worden de projectopbrengsten alleen in de winst-en-verliesrekening verwerkt tot het bedrag van de gemaakte projectkosten (afgezien van verwachte verliezen, zie hierna) dat waarschijnlijk kan worden verhaald (RJ 221.314). Er wordt dus geen tussentijdse winst verantwoord zolang het resultaat niet op betrouwbare wijze kan worden ingeschat. Deze methode wordt ten onrechte weleens aangeduid als de 'completed contract'-methode, omdat de winst dan mogelijk pas bij oplevering wordt verantwoord. Echter, bij toepassing van de 'completed contract'-methode zouden

zowel de winst als de opbrengsten en kosten pas bij oplevering worden verantwoord. De Richtlijnen verplichten daarentegen tot een tussentijdse verantwoording van opbrengsten en kosten. Een betere benaming is daarom 'percentage of completion'-methode zonder winstneming (of 'percentage of completion method with zero profit').

In alle gevallen dienen onderhanden projecten derhalve volgens de 'percentage of completion'-methode te worden verwerkt. In het spraakgebruik wordt de term 'percentage of completion' veelal alleen gebruikt indien wel sprake is van tussentijdse winstneming. In dit hoofdstuk wordt de situatie zonder tussentijdse winstneming uitdrukkelijk als zodanig aangeduid of wordt daarvoor de term 'percentage of completion method with zero profit' gebruikt.

Achtergrond van de 'percentage of completion method with zero profit' is dat in de eerste fasen van een onderhanden project een betrouwbare inschatting niet altijd goed mogelijk is. Meestal is dan ten minste wel waarschijnlijk dat de reeds gemaakte projectkosten kunnen worden gerealiseerd. In dat geval worden slechts opbrengsten opgenomen ter grootte van het bedrag van de projectkosten dat waarschijnlijk kan worden verhaald op de opdrachtgever, zonder winsttoerekening (RJ 221.315). Blijkt gedurende de uitvoering van een project dat wel een betrouwbare schatting mogelijk wordt, dan is sprake van een schattingswijziging (zie par. 13.5.5.1).

Meting van de voortgang van prestaties
De mate waarin prestaties zijn verricht bij de uitvoering van projecten kan op verschillende wijzen worden bepaald. De rechtspersoon kiest die methode waarmee op betrouwbare wijze de mate waarin het onderhanden project is gerealiseerd, kan worden bepaald. Afhankelijk van de aard van het project kan dit bijvoorbeeld plaatsvinden op basis van (RJ 221.309):
- de tot balansdatum gemaakte projectkosten in verhouding tot de geschatte totale kosten;
- inspectie van het uitgevoerde deel van het project; of
- de voltooiing van een fysiek onderscheidbaar projectdeel.

Deze methoden kunnen worden toegepast door (RJ 221.310):
- opmetingen van gereedgekomen projectdelen;
- door het gereedkomen van een fysiek onderscheidbaar projectdeel;
- door indicatoren genoemd in het contract (fase A, fase B, etc.);
- door het aantal bestede mensuren; of
- een combinatie van methoden.

Het bepalen van de werkvoortgang op basis van de aan opdrachtgever gefactureerde termijnen is veelal géén aanvaardbare methode van prestatiemeting (RJ 221.311). Deze betalingen behoeven namelijk niet representatief te zijn voor de mate waarin prestaties zijn verricht.

Soms zijn er in het contract expliciet formele meetmomenten opgenomen, bijvoorbeeld gebaseerd op de hiervoor genoemde indicatoren, waarbij de opdrachtgever het werk tot dat moment accepteert. De rechtspersoon heeft over de aan het meetmoment voorafgaande fase van het werk dan nagenoeg geen risico meer. Dit impliceert dat alle met die voorafgaande fase samenhangende opbrengsten, kosten en resultaten in het algemeen zullen zijn verantwoord. Indien zulke formele meetmomenten ontbreken, heeft de rechtspersoon risico over het gehele werk totdat het gehele project is voltooid. Dit houdt echter niet in dat verantwoording van opbrengsten en kosten in de winst-en-verliesrekening niet mogelijk zou zijn. De algemene bepalingen over tussentijdse winstneming zijn dan onverkort van toepassing (RJ 221.310).

Indien de rechtspersoon nog verplichtingen heeft na het gereedkomen van het project, zoals garantieverplichtingen, kan het noodzakelijk zijn daarvoor een voorziening op te nemen (RJ 221.318). Dit wordt bepaald in overeenstemming met de voorschriften in Richtlijn 252 'Voorzieningen, niet in de balans opgenomen verplichtingen en niet in de balans opgenomen activa' (zie hoofdstuk 16).

Uitwerking 'percentage of completion'-methode met en zonder tussentijdse winstneming

Zoals aangegeven aan het begin van deze paragraaf, dient feitelijk in alle gevallen de 'percentage of completion'-methode te worden toegepast, hetzij zonder tussentijdse winstneming (indien het projectresultaat niet betrouwbaar kan worden ingeschat), hetzij met tussentijdse winstneming (indien een betrouwbare schatting van het projectresultaat wel mogelijk is).

In deze subparagraaf wordt de 'percentage of completion'-methode aan de hand van enkele voorbeelden uitgewerkt. Het eerste voorbeeld betreft de eenvoudige situatie dat de geschatte kosten en opbrengsten ook geheel volgens schatting worden gerealiseerd. In dit voorbeeld wordt, ter verduidelijking van beide methoden, zowel de situatie uitgewerkt dat het projectresultaat betrouwbaar kan worden ingeschat als de situatie dat daarvan geen sprake is. In het eenvoudige voorbeeld lijkt het overigens niet erg realistisch om in te schatten dat de uitkomst niet op betrouwbare wijze kan worden bepaald.

Voorbeeld toepassing 'percentage of completion'-methode met en zonder tussentijdse winstneming

Een onderneming heeft een contract om een brug te bouwen voor € 9 miljoen. De onderneming schat dat de kosten die gemoeid zijn met het bouwen van de brug € 8 miljoen bedragen. Het zal 3 jaar duren om de brug te bouwen. De werkelijke kosten zijn gelijk aan de geschatte kosten. De onderneming bepaalt de mate van voortgang van het project aan de hand van de gedurende het boekjaar gemaakte kosten in relatie tot de geschatte totale kosten. Een overzicht van financiële gegevens gedurende de bouwperiode kan als volgt worden gemaakt:

	Jaar 1	Jaar 2	Jaar 3
Overeengekomen opbrengsten	9.000	9.000	9.000
Bestede kosten in boekjaar	2.000	3.000	3.000
Projectkosten, cumulatief tot aan balansdatum	2.000	5.000	8.000
Nog te maken kosten	6.000	3.000	
Totale geschatte kosten	8.000	8.000	8.000
Totaal geschatte winst	1.000	1.000	1.000
Mate van voortgang (cumulatief)	(2.000/8.000=) 25%	(5.000/8.000=) 62,5%	100%

De volgende opbrengsten, kosten en winst worden in de winst-en-verliesrekeningen opgenomen (de berekeningen tussen haakjes hebben uitsluitend betrekking op de situatie dat het projectresultaat betrouwbaar kan worden bepaald):

	Indien het projectresultaat betrouwbaar kan worden bepaald	Indien het projectresultaat niet betrouwbaar kan worden bepaald
Jaar 1		
Opbrengsten (9.000 x 0,25)	2.250	2.000
Kosten	2.000	2.000
Winst	250	0
Jaar 2		
Opbrengsten (9.000 x (0,625 - 0,25))	3.375	3.000
Kosten	3.000	3.000
Winst	375	0
Jaar 3		
Opbrengsten (9.000 x (1,00 - 0,625))	3.375	4.000
Kosten	3.000	3.000
Winst	375	1.000

13 Onderhanden projecten

In het navolgende voorbeeld wordt alleen ingegaan op de, meest voorkomende, situatie dat het projectresultaat wel op betrouwbare wijze kan worden bepaald. In dit voorbeeld wordt verondersteld dat de aanvankelijke schattingen van opbrengsten en kosten gedurende de uitvoering van het project moeten worden bijgesteld. De schattingen van projectopbrengsten en -kosten dienen op elk rapportagemoment te worden beoordeeld naarmate het project vordert en de bedragen dienen waar nodig te worden herzien (RJ 221.308). Herzieningen van schattingen hoeven niet te betekenen dat het projectresultaat niet op betrouwbare wijze kan worden ingeschat.

De methode van het verwerken van projectopbrengsten en -kosten naar rato van de verrichte prestaties wordt cumulatief toegepast in elke opvolgende periode, gebruikmakend van de actuele schattingen van opbrengsten en kosten (RJ 221.325). Richtlijn 221 verwijst voor de verwerking van schattingswijzigingen naar de voorschriften in Richtlijn 145 'Schattingswijzigingen' (d.w.z. verwerking van het schattingsverschil in de huidige en toekomstige perioden). Zo bezien is ook sprake van een zekere retrospectieve verwerking van schattingswijzigingen, doordat inhaaleffecten vooral in het jaar van wijziging worden geboekt (zie ook par. 13.5.5.1).

In het voorbeeld is tevens de situatie toegevoegd dat in jaar 2 materialen voor het project worden aangeschaft, die pas in jaar 3 worden gebruikt, alsmede de situatie van een meerwerkopdracht in jaar 2.

Voorbeeld toepassing 'percentage of completion'-methode (ontleend aan IAS 11, welke tot en met 2017 van toepassing was)

Een onderneming heeft een contract om een brug te bouwen voor € 9 miljoen. De onderneming schat dat de kosten die gemoeid zijn met het bouwen van de brug € 8 miljoen bedragen. Het zal 3 jaar duren om de brug te bouwen.

Aan het einde van jaar 1 is de schatting van de kosten gestegen naar € 8,05 miljoen. In jaar 2 keurt de klant een aanpassing in de constructie goed die resulteert in een toename van de opbrengsten van € 200.000 en geschatte additionele kosten van € 150.000. Aan het einde van jaar 2 worden kosten gemaakt van € 100.000 voor materialen die in jaar 3 gebruikt worden om het project af te ronden.

De onderneming bepaalt de mate van voortgang van het project aan de hand van de gedurende het boekjaar gemaakte kosten in relatie tot de geschatte totale kosten. Een overzicht van financiële gegevens gedurende de bouwperiode kan als volgt worden gemaakt:

	Jaar 1	Jaar 2	Jaar 3
Oorspronkelijk overeengekomen opbrengsten	9.000	9.000	9.000
Extra opbrengsten als gevolg van aanpassing constructie	0	200	200
Totale opbrengsten	9.000	9.200	9.200
Projectkosten tot aan balansdatum	2.093	6.168	8.200
Af: voorraad	0	100	0
Projectkosten tot aan balansdatum (netto)	2.093	6.068	8.200
Nog te maken kosten	5.957	2.132	0
Totale geschatte kosten	8.050	8.200	8.200
Totaal geschatte winst	950	1.000	1.000
Mate van voortgang (cumulatief)	26%	74%	100%

De mate van voortgang van het werk voor jaar 2 (74%) is bepaald door de kosten (€ 100.000) die zijn gemaakt voor materialen die in jaar 3 moeten worden gebruikt, in mindering te brengen (derhalve 6.068/8.200). Dit bedrag van € 100.000 zal als een post Voorraad materialen afzonderlijk op de balans worden opgenomen.

De volgende opbrengsten, kosten en winst moeten in de winst-en-verliesrekening worden opgenomen gedurende drie jaar:

	Einde boekjaar (cumulatief bepaald)	In vorige boekjaren verantwoord	Resteert voor het huidige boekjaar
Jaar 1			
Opbrengsten (9.000 x 0,26)	2.340		2.340
Kosten	2.093		2.093
Winst	247		247
Jaar 2			
Opbrengsten (9.200 x 0,74)	6.808	2.340	4.468
Kosten	6.068	2.093	3.975
Winst	740	247	493
Jaar 3			
Opbrengsten	9.200	6.808	2.392
Kosten	8.200	6.068	2.132
Winst	1.000	740	260

13.5.3.2 IFRS

Toerekening van opbrengsten en kosten

Het verwerken van contractopbrengsten onder IFRS 15 is afhankelijk gesteld van de overdracht van een toegezegd goed of een toegezegde dienst (d.w.z. een actief) aan de klant, waarbij nadrukkelijk is gesteld dat de klant de beschikkingsmacht ('control') over het betreffende actief moet hebben gekregen (IFRS 15.31). Onder beschikkingsmacht wordt verstaan de situatie dat de klant het actief zelfstandig kan aanwenden om vrijwel alle (resterende) voordelen naar zich toe te halen (IFRS 15.33). Dat kunnen onmiddellijke kasontvangsten zijn, maar ook toekomstige voordelen.

De wijze van overdracht van beschikkingsmacht (het vervullen van een prestatieverplichting) wordt vastgesteld op het moment van afsluiten van het contract en bepaalt de toerekening van opbrengsten aan de achtereenvolgende perioden. Er zijn twee mogelijkheden: 1) naar rato van voortgang over de periode tot voltooiing van de betreffende prestatieverplichting ('over time'); of 2) op het specifieke tijdstip van overdracht aan de klant ('at a point in time') (IFRS 15.32). Dit betreft echter geen vrije keuze.

Bij constructiecontracten geldt dat in veel jurisdicties bij wet is geregeld dat het juridisch eigendom over een actief in aanbouw automatisch overgaat naar de opdrachtgever indien de opdrachtgever al eigenaar van de grond is. Als die wettelijke bepalingen tevens inhouden dat de opdrachtgever in beginsel in staat is om de juridische rechten op een zodanige wijze uit te oefenen dat sprake is van beschikkingsmacht, dan is verantwoording over een periode voorgeschreven (IFRS 15.35 onder b).

Is sprake van een dienstverleningscontract (bijvoorbeeld bij onderhoud) en de opdrachtgever ontvangt of verbruikt de geleverde diensten a tempo met het leveren van de diensten door de opdrachtnemer, dan is verantwoording over een periode eveneens aan de orde (IFRS 15.35 onder a).

Meer specifiek voor de constructiesector kent IFRS 15 nog een derde situatie waarin verantwoording over een periode aan de orde is, namelijk als:
- ▶ de opdrachtnemer een actief tot stand brengt dat geen alternatieve aanwendbaarheid voor de opdrachtnemer heeft; én
- ▶ de opdrachtnemer een afdwingbaar recht op betaling heeft voor de reeds verrichte prestaties (IFRS 15.35 onder c).

13 Onderhanden projecten

Wordt niet voldaan aan één van de drie criteria in IFRS 15.35, dan is uitsluitend de verwerking op een bepaald moment ('at a point in time') mogelijk. Dat is het moment dat de opdrachtgever de beschikkingsmacht over het toegezegde actief verkrijgt en de opdrachtnemer (daarmee) de prestatieverplichting is nagekomen.

Zie ook paragraaf 5.3.12 onder 'stap 5'.

Kosten van verkrijging van een contract en kosten om een contract te vervullen die binnen het toepassingsgebied van IFRS 15 vallen, worden in de winst-en-verliesrekening verwerkt wanneer deze zijn gemaakt, tenzij aan de voorwaarden voor activering is voldaan. Geactiveerde contractkosten worden geamortiseerd op een systematische wijze die consistent is met de overdracht van het actief waarop de kosten betrekking hebben (oftewel, consistent met de toerekening van de gerelateerde contractopbrengsten). Voor een verdere behandeling wordt verwezen naar paragraaf 13.5.2.2.

Wijze van voortgangsmeting
IFRS 15 kent twee (hoofd)typen van voortgangsmetingen voor prestatieverplichtingen die over een periode worden vervuld: één gebaseerd op de input (als representante van de inspanningen van de opdrachtnemer om aan de prestatieverplichting te voldoen) en één gebaseerd op de output (de fysieke voortgang). De standaard geeft aan dat voor alle vergelijkbare typen prestatieverplichtingen dezelfde keuze van methode dient te worden gemaakt. Dat dient de methode te zijn die het beste het nakomen van de prestatieverplichting representeert (IFRS 15.39-41).

Bij een input-methode wordt de verhouding tussen gerealiseerde eenheden en totaal te verwachten eenheden bepaald voor de berekening van de relatieve voortgang. Als eenheden zijn denkbaar: verbruikte beschikbare middelen, bestede productie-uren, bestede kosten, verstreken tijd, et cetera (IFRS 15.B18). In de constructiesector zal de voortgang veelal worden bepaald op basis van de gemaakte kosten in verhouding tot de verwachte totale kosten (ook wel aangeduid als 'cost to cost').

(On)mogelijkheid van voortgangsmeting
IFRS 15 onderkent ook situaties waarin het niet mogelijk is om de voortgang naar volledige vervulling van een prestatieverplichting redelijkerwijs te meten. Een voorbeeld hiervan kan zich voordoen in de beginfase van een project. Het is dan niet altijd mogelijk de uitkomst van een prestatieverplichting redelijkerwijs te bepalen, maar de verwachting is veelal wel dat ten minste de bestede kosten zullen kunnen worden gedekt uit de opbrengsten. De opbrengsten worden dan verwerkt tot maximaal het bedrag van de bestede kosten (IFRS 15.44-45). Wanneer het op later moment wel mogelijk is om de voortgang redelijkerwijs te meten, wordt de wijziging verwerkt als beschreven in paragraaf 13.5.5.2.

Nadere bepalingen bij voortgangsmeting op basis van gemaakte kosten
IFRS 15.B19 geeft aan dat kosten alleen meegenomen mogen worden bij het bepalen van de voortgang als de kosten representatief zijn voor de voortgang van de overdracht van goederen of diensten. Bijvoorbeeld kosten gerelateerd aan significante inefficiënties mogen niet meegenomen worden, tenzij in de verkoopprijs al rekening is gehouden hiermee. Daarnaast moeten aanpassingen worden gemaakt als bepaalde kosten niet proportioneel zijn met de voortgang.

Als uitgaven kwalificeren als voorraad (IAS 2) of (im)materiële vaste activa (IAS 12 en IAS 38), bijvoorbeeld het ongebruikt materiaal, dan worden deze nog niet als representatief voor de daadwerkelijke mate van vervulling van de prestatieverplichting (contractkosten) gezien en nog niet in de voortgangsmeting opgenomen. Pas na het daadwerkelijk verbruiken of in gebruik nemen van die activa worden de kosten in de voortgangsmeting betrokken.

Onder specifieke voorwaarden (zoals na de overdracht van beschikkingsmacht aan de opdrachtnemer) kunnen ongebruikte materialen wel als opbrengsten in een bepaalde periode in aanmerking worden genomen, ook al zijn die kosten geen goede maatstaf van de voortgang. Er wordt dan omzet geboekt ter hoogte van de inkoopwaarde van de materialen, terwijl geen rekening wordt gehouden met deze kosten bij de allocatie van de resterende omzet over de perioden (IFRS 15.IE95-IE100).

Kosten van verkrijging van een contract dienen als actiefpost in de balans te worden opgenomen als aan de voorwaarden is voldaan (zie par. 13.5.2.2). Deze kosten worden over de looptijd van het contract op systematische wijze geamortiseerd en niet meegenomen in de bepaling van de voortgang, omdat deze uitgaven niet representatief zijn voor de voortgang.

13.5.4 Verwachte verliezen

Ingeval voor een onderhanden project verlies wordt verwacht, dient ten laste van het resultaat van de periode waarin de verwachting van dit verlies ontstaat een voorziening te worden gevormd voor het gehele verlies (IAS 37.66-69, RJ 221.323).

13.5.4.1 Richtlijnen

Van een verwacht verlies is sprake indien het waarschijnlijk is dat de totale projectkosten (zie par. 13.5.2.1) de totale projectopbrengsten (zie par. 13.5.1.1) zullen overschrijden (RJ 221.323). Het bedrag van een voorziening voor verwachte verliezen dient te worden bepaald ongeacht (RJ 221.324):
a. de vraag of het werk al dan niet is aangevangen;
b. het stadium waarin het project verkeert;
c. het bedrag aan winst verwacht op andere, niet-gerelateerde projecten.

Het onderhanden project wordt dan gewaardeerd op de vervaardigingsprijs onder aftrek van de voorziening (RJ 221.301 en 314).

Een verliesvoorziening behoeft niet te worden getroffen wanneer de kostenoverschrijding als meerwerk in rekening gesteld kan worden bij de opdrachtgever. Zie ook paragraaf 13.3.3.

Bij een waardevermindering van grondposities, die nog niet in ontwikkeling zijn genomen (en onder de post voorraden zijn opgenomen, zie par. 13.2.2), dient afwaardering plaats te vinden naar de lagere opbrengstwaarde. In de situatie dat het meerdere jaren duurt voordat een grondpositie in ontwikkeling komt, is het naar onze mening redelijk om via verdiscontering van de kasstromen tevens rekening te houden met de tijdswaarde van het geld.

Regelgeving van toepassing in toekomstige jaren
In de nieuwe Richtlijn 221 (RJ-Uiting 2020-15) blijven de huidige bepalingen omtrent de verwerking van verliezen op onderhanden projecten (vooralsnog) van toepassing. Verduidelijkt is dat de bepaling of sprake is van een verwacht verlies plaatsvindt op het niveau van de overeenkomst, en niet op het niveau van de individuele prestatieverplichtingen.

De nieuwe Richtlijn 221 is van kracht voor verslagjaren die aanvangen op of na 1 januari 2022. Voor de overgangsbepalingen wordt verwezen naar paragraaf 13.1.3.

Daarnaast heeft de RJ in RJ-Uiting 2020-15 aangekondigd dat het in een afzonderlijk project nog zal beoordelen of de bepalingen in Richtlijn 252 inzake verlieslatende contracten moeten worden aangepast en of deze aangepaste algemene bepalingen vervolgens ook toepasbaar zijn voor onderhanden projecten. Mocht de RJ daartoe besluiten, dan zal voor de verwerking van verliezen op onderhanden projecten in Richtlijn 221 worden verwezen naar Richtlijn 252.

13.5.4.2 IFRS

IFRS 15 bevat geen specifieke voorschriften voor contracten waarvoor een verlies wordt verwacht. De algemene bepalingen voor verlieslatende contracten van IAS 37 zijn van toepassing (IAS 37.5).

Complicaties bij het in aanmerking nemen van de te verwachten kosten

De huidige voorschriften van IAS 37.68 bepalen dat de hoogte van een voorziening gelijk is aan de onvermijdbare kosten om de contractuele prestaties na te komen, verminderd met de verwachte economische voordelen. De onvermijdbare kosten zijn gedefinieerd als de laagste van (a) de netto-kosten om het contract te beëindigen inclusief het betalen van boetes voor voortijdige beëindiging etc. en (b) de kosten om het contract uit te voeren.

In mei 2020 heeft de IASB een wijziging in IAS 37 gepubliceerd ('Onerous Contracts – Cost of Fulfilling a Contract') omdat in de praktijk onduidelijkheid bestond of de kosten om het contract uit te voeren alleen de incrementele kosten van het contract omvatten (bijv. directe arbeids- en materiaalkosten), of alle direct aan het contract gerelateerde kosten (d.w.z. de incrementele kosten plus een allocatie van overige direct aan de uitvoering van het contract gerelateerde kosten, zoals afschrijvingskosten van ingezet materieel en kosten van projectmanagement en supervisie). De wijziging in IAS 37 verduidelijkt dat onder de 'kosten om het contract uit te voeren' wordt verstaan 'alle direct aan het contract gerelateerde kosten' (IAS 37.68A) en is verplicht van toepassing voor verslagjaren die aanvangen op of na 1 januari 2022.

Complicaties bij het in aanmerking nemen van de te verwachten opbrengsten

Op basis van de bepalingen van IAS 37 wordt een voorziening opgenomen voor het bedrag waarvoor de onvermijdbare kosten de te verwachten voordelen zullen overschrijden. De term 'verwachting' kent een lager niveau van waarschijnlijkheid dan de 'highly probable' bepaling van IFRS 15 voor 'variabele vergoedingen' (zie par. 13.5.1.2). De opbrengsten in het kader van het projectresultaat op basis van IFRS 15 dienen dus aan een hogere graad van waarschijnlijkheid te voldoen dan de opbrengsten betrokken in de bepaling van de voorziening op basis van IAS 37. Met andere woorden, de opbrengstverantwoording op basis van IFRS 15 kan leiden tot verliezen in bepaalde perioden doordat bepaalde opbrengsten onvoldoende waarschijnlijk zijn en daarom nog niet als opbrengsten verantwoord mogen worden, terwijl er op basis van IAS 37 eerder geen voorziening was geboekt omdat er geen verlies verwacht werd bij toepassing van de lagere waarschijnlijkheidsgrens voor het bepalen van economische voordelen.

Samenloop van positieve en negatieve marge op afzonderlijke prestatieverplichtingen

De toepassing van IAS 37 geschiedt op het niveau van het (gehele) contract. Zijn er meerdere prestatieverplichtingen waarvan er één of meerdere verlieslatend zijn, dan wordt IAS 37 niet toegepast per afzonderlijke prestatieverplichting maar op het totaalniveau van het contract (en daarmee als som van winstgevende en verlieslatende prestatieverplichtingen).

Voor de jaarlijkse resultaatbepaling kan dit betekenen dat in het boekjaar waarin geconstateerd wordt dat één of meerdere prestatieverplichtingen verlieslatend zijn geworden, een last wordt geboekt respectievelijk verliesvoorziening wordt getroffen voor een lager bedrag dan het verwachte verlies van de verlieslatende prestatieverplichting(en) en in de jaren daarna nog aanvullende lasten wegens deze verliezen moeten worden geboekt. Het volgende voorbeeld legt dit nader uit:

> **Voorbeeld samenloop van positieve en negatieve marge op afzonderlijke prestatieverplichtingen**
>
> Een onderneming is een contract aangegaan met drie prestatieverplichtingen (PO). Op moment van het afsluiten van het contract verwacht de onderneming de volgende resultaten: PO1 (uit te voeren in jaar 1) winst 100, PO2 (uit te voeren in jaar 2) winst 100 en PO3 (uit te voeren in jaar 3) winst 100.
> Eind jaar 1 heeft de onderneming PO1 uitgevoerd conform verwachtingen en een projectresultaat van +100 verwerkt. Tevens herziet de onderneming haar schatting voor PO2 naar een verlies van 150; de schatting voor PO3 is ongewijzigd.
> Eind jaar 1 resteren PO2 en PO3. Omdat PO1 is uitgevoerd is het resterende verwachte resultaat voor het gehele contract (-150 + 100 =) -50. Met inachtneming van de bepalingen van IAS 37 vormt de onderneming een voorziening voor verlieslatende contracten van 50 en verwerkt dit overeenkomstig als een negatief projectresultaat in jaar 1.
> Eind jaar 2 is PO2 geheel uitgevoerd met een uitkomst conform de herziene verwachting van -150; het negatieve resultaat wordt voor 50 in mindering gebracht op de voorziening voor verlieslatende contracten (waarmee de voorziening gereduceerd is tot nihil) en is voor de resterende -100 onderdeel van het projectresultaat van jaar 2.
> Eind jaar 3 is PO3 conform verwachtingen uitgevoerd en wordt een positief projectresultaat van 100 verwerkt.
> Samenvattend:
> Jaar 1: positief projectresultaat uit PO1 van +100, last wegens vorming voorziening verlatend contract -50, per saldo +50;
> Jaar 2: negatief projectresultaat PO2 -100;
> Jaar 3: positief projectresultaat PO3 +100.

13.5.5 Wijzigingen inzake betrouwbaarheid projectresultaat respectievelijk meetbaarheid voortgang

13.5.5.1 Richtlijnen

Naast schattingswijzigingen met betrekking tot projectopbrengsten en -kosten (zie par. 13.5.3.1), is het ook mogelijk dat de primaire schatting van de betrouwbaarheid van het projectresultaat verandert. Ook in dit geval dient onder de Richtlijnen verwerking op cumulatieve basis plaats te vinden (RJ 221.317 en 325). Dit kan betekenen dat eerder genomen winsten worden teruggenomen.

De verwerking van deze schattingswijzigingen wordt besproken aan de hand van twee voorbeelden:

▶ Het eerste voorbeeld betreft de situatie dat bij aanvang van het project is ingeschat dat het projectresultaat op betrouwbare wijze kon worden bepaald, maar dat gedurende het project zodanige twijfels zijn gerezen over de betrouwbaarheid van de uitkomsten, dat niet langer kan worden geconcludeerd dat het projectresultaat op betrouwbare wijze kan worden bepaald.

▶ Het tweede voorbeeld is de omgekeerde situatie: gedurende de voortgang van het project is een situatie ontstaan waarin de uitkomst van het projectresultaat wel op betrouwbare wijze kan worden bepaald.

Beide voorbeelden bouwen voort op het eerste voorbeeld in paragraaf 13.5.3.1.

> **Voorbeeld: na aanvang van het project is een betrouwbare schatting niet meer mogelijk**
>
> In dit voorbeeld wordt in jaar 2 geconcludeerd dat een betrouwbare schatting niet meer mogelijk is.
>
> **Jaar 1 (betrouwbare schatting mogelijk)**
> Opbrengsten (9.000 x 0,25)   2.250
> Kosten   2.000
> Winst   250
>
> **Jaar 2 (betrouwbare schatting niet meer mogelijk)**
> Opbrengsten (2.000 + 3.000 - 2.250)   2.750
> Kosten   3.000
> Winst (terugname cumulatief resultaat)   - 250
>
> **Jaar 3 (oplevering, definitieve cijfers bekend)**
> Opbrengsten   4.000
> Kosten   3.000
> Winst   1.000

13 Onderhanden projecten

Uit dit voorbeeld blijkt dat de cumulatieve toepassing ertoe leidt dat aan het einde van jaar 2 een verantwoording dient plaats te vinden alsof vanaf het begin de projectuitkomst niet op betrouwbare wijze kon worden ingeschat. Het in jaar 1 geboekte resultaat wordt daarmee teruggedraaid. Inhoudelijk bezien is dan feitelijk sprake van retrospectieve toepassing van een schattingswijziging. De wijze van verwerking in het gegeven voorbeeld, dat wil zeggen terugname in jaar 2 van de projectwinst die in jaar 1 in het resultaat was opgenomen, is echter de wijze die volgt uit de letterlijke bepalingen inzake het jaarlijks cumulatief bepalen van projectopbrengsten en -kosten. Bij de op basis van Richtlijn 145 gebruikelijke volledige prospectieve toepassing zou het resultaat in jaar 2 nihil zijn en in het 3^e jaar 750, tenzij en voor zover aan het einde van jaar 2 geschat zou worden dat een afwaardering noodzakelijk is in verband met het niet kunnen terugverdienen van het geactiveerde bedrag.

Voorbeeld: tijdens de voortgang van het project is een betrouwbare schatting alsnog mogelijk

In dit voorbeeld wordt in jaar 2 geconcludeerd dat alsnog omstandigheden zijn ontstaan op basis waarvan wel een betrouwbare schatting mogelijk is.

Jaar 1 (betrouwbare schatting nog niet mogelijk)
Opbrengsten	2.000
Kosten	2.000
Winst	0

Jaar 2 (betrouwbare schatting mogelijk geworden)
Opbrengsten ((9.000 x 0,625) - 2.000)	3.625
Kosten	3.000
Winst	625

Jaar 3
Opbrengsten (9.000 x (1,00 - 0,625)	3.375
Kosten	3.000
Winst	375

In jaar 2 wordt zowel de winst van jaar 1 als die van jaar 2 (250 + 375) geboekt. Ook deze verantwoording duidt op een retrospectieve toepassing van de schattingswijziging. Bij een volledig prospectieve toepassing zou de winst van 1.000 op basis van relatieve prestaties in jaar 2 en 3 zijn verdeeld: in dit geval 500 per jaar.

Een nadeel van deze wijze van verwerking van een schattingswijziging is dat het gevaar van winststuring wordt vergroot. Zeker bij langlopende bijzondere projecten kan zich de situatie voordoen dat aanvankelijk wordt gemeend dat een betrouwbare inschatting van het projectresultaat niet mogelijk is, maar dat na enkele jaren wel de mogelijkheid van betrouwbare schatting ontstaat. Het 'omslagpunt' is echter nogal subjectief, maar kan door de onmiddellijke verantwoording van latent opgebouwde resultaten wel grote effecten hebben op het perioderesultaat in het jaar van schattingswijziging.

Het is belangrijk om voorgaande situatie te onderscheiden van die waarbij reeds in het resultaat verantwoorde projectopbrengsten uiteindelijk niet inbaar blijken te zijn (debiteurenvordering blijkt oninbaar te zijn nadat nog sprake was van een betrouwbare schatting van de projectopbrengsten). Het niet-inbare bedrag waarover onzekerheid is ontstaan dient als last te worden verwerkt in de winst-en-verliesrekening en niet als een wijziging van eerder verwerkte projectopbrengsten (RJ 221.306).

13.5.5.2 IFRS

Vergelijkbaar met het voorschrift in Richtlijn 221 dat geen tussentijdse winstneming plaatsvindt indien het projectresultaat niet op betrouwbare wijze kan worden ingeschat (zie par. 13.5.3.1), bepaalt IFRS 15 dat een onderneming (in geval van 'over time' opbrengstverantwoording) de opbrengsten verwerkt tot maximaal het bedrag van de gemaakte kosten indien het niet mogelijk is om de uitkomst van een prestatieverplichting redelijkerwijs te bepalen (zie par. 13.5.3.2). Zodra de voortgang naar volledige vervulling van een prestatieverplichting wel redelijkerwijs te meten is, gelden de reguliere voorschriften van IFRS 15 (IFRS 15.45). Dit leidt dan tot een eenmalig inhaaleffect omdat IFRS 15 (in geval van 'over time' opbrengstverantwoording) verwerking op cumulatieve basis voorschrijft. Deze feitelijk retrospectieve aanpassing van een schattingswijziging komt overeen met de in paragraaf 13.5.5.1 (nader) uitgewerkte verwerkingswijze onder de Richtlijnen.

13.5.6 Projectontwikkeling (Richtlijnen)

In paragraaf 13.2.2 is ingegaan op het al dan niet als onderhanden project classificeren van projectontwikkeling. Indien sprake is van onderhanden projecten, vindt verwerking in de jaarrekening plaats zoals in de vorige paragrafen van dit hoofdstuk aangegeven. Dit is alleen mogelijk voor zover eenheden van het project zijn verkocht; RJ 221.320 geeft uitdrukkelijk het voorschrift dat het voor tussentijdse verantwoording van opbrengsten, kosten en winst noodzakelijk is dat een onvoorwaardelijke verkoopovereenkomst voor of tijdens de constructie is afgesloten. De RJ geeft hierbij specifiek aan dat voor de verkochte eenheden van het project het hieraan toe te rekenen deel van opbrengsten en kosten dient te worden aangemerkt als projectopbrengsten en -kosten dat naar rato van de verrichte prestaties wordt verwerkt in de winst-en-verliesrekening. Het toe te rekenen deel van projectontwikkeling dat naar rato van de verrichte prestaties wordt verwerkt in de winst-en-verliesrekening, dient te worden gebaseerd op het totaal van de verwachte opbrengsten en kosten van deze eenheden (RJ 221.320).

Voor zover eenheden van het project nog niet zijn verkocht, worden de kosten samenhangend met deze eenheden geactiveerd en als voorraden verwerkt in overeenstemming met Richtlijn 220 (RJ 221.321). Er worden nog geen kosten en opbrengsten in de winst-en-verliesrekening verantwoord. Waardering vindt plaats tegen vervaardigingsprijs, zonder tussentijdse winstneming. Zodra tijdens de uitvoering van het project een onvoorwaardelijke verkoopovereenkomst wordt afgesloten, worden de opbrengsten en kosten uit hoofde van deze eenheden verwerkt in de winst-en-verliesrekening naar rato van de verrichte prestaties (RJ 221.322).

13.6 Presentatie en toelichting
13.6.1 Presentatie
13.6.1.1 Presentatie in de balans

Nederlandse wet- en regelgeving

De post onderhanden projecten bestaat uit, voor zover van toepassing, het saldo van gerealiseerde projectkosten, toegerekende winst, verwerkte verliezen en reeds gedeclareerde termijnen (RJ 221.407). Hierbij wordt ook rekening gehouden met verwachte verliezen op projecten waarvoor op balansdatum nog geen prestaties zijn verricht (RJ 221.412). Alhoewel de gedeclareerde termijnen gewoonlijk in mindering worden gebracht op de actiefpost, biedt de wet ook de mogelijkheid om vooruitbetalingen als schuld te presenteren (art. 2:375 lid 1 onder c BW).

Richtlijn 221 schrijft een verschillende presentatie voor positieve en negatieve saldi voor. Als het saldo positief is, is in feite sprake is van een vordering op de opdrachtgever. Als het saldo negatief is, is feitelijk sprake is van een van de opdrachtgever vooruitontvangen bedrag dat mede een weergave kan zijn van nog te verrichten werkzaamheden.

Bij de bepaling of sprake is van een positief of een negatief saldo, staat de RJ twee methoden toe:
▶ Aanbevolen is om de presentatie als actief- of passiefpost per individueel onderhanden project te bepalen (RJ 221.409).
▶ Als alternatief is het toegestaan om eerst de bedragen van alle onderhanden projecten te salderen en het saldo dan hetzij als actief-, hetzij als passiefpost in de balans te verwerken (RJ 221.410); de uitsplitsing van de debet- en creditstanden van individuele onderhanden projecten dient dan in de toelichting te worden weergegeven.

13 Onderhanden projecten

De tweede genoemde methode leidt in het algemeen tot een betere gerapporteerde solvabiliteit.

Een positief saldo dient volgens de Nederlandse wet- en regelgeving als afzonderlijke post in de balans te worden gepresenteerd, tussen de posten voorraden en vorderingen in. De belangrijkste reden voor het separaat van de post voorraden rubriceren, is gelegen in artikel 2:388 lid 2 BW, waarin de definitie van de vervaardigingsprijs is opgenomen. Zuivere toepassing van de definitie maakt het niet mogelijk om de toegerekende (tussentijdse) winst op onderhanden projecten in de vervaardigingsprijs voor de waardering van voorraden op te nemen (RJ 221.408). Ook is een belangrijk verschil met voorraden dat bij onderhanden projecten de opbrengsten en kosten reeds zijn verwerkt in de winst-en-verliesrekening, voordat levering plaatsvindt. De RJ is tot dit presentatievoorschrift gekomen met inachtneming van hetgeen in artikel 7 lid 2 van het Besluit modellen jaarrekening (BMJ) is opgenomen, namelijk het mogen invoegen van posten voor zover de inhoud van die posten niet door andere posten in de balans wordt gedekt (RJ 221.406).

Een negatief saldo wordt onder de Richtlijnen als (kortlopende) schuld gepresenteerd, ook als het negatieve saldo is ontstaan door verwachte verliezen op onderhanden projecten. Deze verwachte verliezen worden dus niet onder de voorzieningen opgenomen.

Projectbestedingen die betrekking hebben op nog niet-geleverde prestaties, zoals materialen die nog niet zijn aangewend, zijn onderdeel van de post voorraden of, indien van toepassing, de overlopende activa. Ook presentatie onder onderhanden projecten is toegestaan (RJ 221.411 en 413).

IFRS

IFRS kent géén (verzamel)balanspost onderhanden projecten, maar maakt onderscheid tussen een aantal afzonderlijke elementen. Het evenwicht tussen prestatie (overdacht van een goed of dienst) en tegenprestatie (betaling) in een contract met een klant komt tot uitdrukking in een contractactief ('contract asset'), dan wel vordering, of een contractverplichting ('contract liability') (IFRS 15.105). Naast voorraden en (im)materiële vaste activa onderkent IFRS daarnaast onder meer geactiveerde contractkosten en een voorziening voor verlieslatende contracten.

Contractactief en contractverplichting
IFRS 15 Appendix A definieert het begrip 'contractactief' als het recht van een entiteit op een vergoeding in ruil voor goederen of diensten die de entiteit heeft overgedragen aan een klant, wanneer dat recht afhankelijk (conditioneel) is van iets anders dan het verstrijken van de tijd (bijv. de toekomstige prestatie door de entiteit). Heeft de entiteit een onvoorwaardelijk (niet conditioneel) recht op vergoeding omdat de betaling van de vergoeding door de opdrachtgever slechts afhankelijk is van het verstrijken van tijd (bijv. de betalingstermijn), dan is geen sprake van een contractactief maar van een 'vordering' (IFRS 15.108). Deze vordering dient separaat van het contractactief te worden gepresenteerd (bijv. als onderdeel van de balanspost handelsvorderingen) (IFRS 15.105).

Vergelijkbaar wordt een 'contractverplichting' in IFRS 15 Appendix A gedefinieerd als de verplichting van een entiteit om goederen of diensten aan een klant over te dragen waarvoor de entiteit een vergoeding heeft ontvangen van (of het bedrag verschuldigd is door) de klant. Oftewel, een vooruitontvangen bedrag dat een verplichting inzake nog te verrichten werkzaamheden weergeeft.

Of sprake is van een contractactief of contractverplichting dient voor elk contract individueel te worden bezien (IFRS 15.105), ook wanneer sprake is van meerdere prestatieverplichtingen binnen hetzelfde contract. Het is in beginsel niet toegestaan om posities uit verschillende contracten te salderen, tenzij deze op grond van IFRS 15 moeten worden gecombineerd (zie par. 13.3.2.1).

Presentatie contractactief of -verplichting in de balans
Er is geen expliciet voorschrift om het bedrag van het contractactief of de contractverplichting als afzonderlijke regel in de balans zelf ('face of the balance sheet') op te nemen. In IFRS 15 en IAS 1 'Presentation of Financial Statements' is ter zake geen voorschrift opgenomen. De IASB bevestigt in IFRS 15.BC320 de afwezigheid van een dergelijk voorschrift, maar geeft wel de suggestie om een separate weergave in de balans ten minste in overweging te nemen (door aan te geven dat op basis van de beginselen van IAS 1 dient te worden beoordeeld of een separate weergave op zijn plaats is).

IFRS schrijft niet voor dat het contractactief of de contractverplichting ook met die benaming in de balans wordt opgenomen. Toegespitste benamingen zijn ook toegelaten (IFRS 15.109), mits dan duidelijk het onderscheid tussen (handels)vorderingen en contractactiva blijkt.

Geactiveerde contractkosten
IFRS bevat geen specifieke bepalingen inzake de presentatie van geactiveerde contractkosten. Omdat niet aan de definitie van een contractactief of contractverplichting in IFRS 15 wordt voldaan, dienen geactiveerde contractkosten separaat hiervan te worden gepresenteerd. Naar onze mening bestaat voor geactiveerde kosten ter verkrijging van een contract de keuze om deze ofwel als aparte balanspost ofwel als aparte categorie onder de immateriële activa op te nemen. Geactiveerde kosten om een contract te vervullen dienen naar onze mening als aparte balanspost te worden opgenomen.

Verwachte verliezen
IFRS 15 bevat geen specifieke voorschriften voor contracten waarvoor een verlies wordt verwacht. De algemene bepalingen voor verlieslatende contracten van IAS 37 zijn van toepassing (zie par. 13.5.4.2). Verwachte verliezen uit hoofde van verlieslatende contracten worden dientengevolge op grond van IAS 1.54(l) afzonderlijk, als onderdeel van de post voorzieningen, in de balans opgenomen.

Regelgeving van toepassing in toekomstige jaren
In de nieuwe Richtlijn 221 (RJ-Uiting 2020-15) is het niet langer mogelijk om het saldo van alle onderhanden projecten als één totaal in de balans te presenteren. Indien het saldo van een onderhanden project een debetstand vertoont, dient het nettobedrag te worden verwerkt als een actief. Indien dit saldo een creditstand vertoont, dient het nettobedrag te worden verwerkt als een verplichting (RJ 221.409N).

De nieuwe Richtlijn 221 is van kracht voor verslagjaren die aanvangen op of na 1 januari 2022. Voor de overgangsbepalingen wordt verwezen naar paragraaf 13.1.3.

13.6.1.2 Presentatie in de winst-en-verliesrekening

De presentatie in de winst-en-verliesrekening is afhankelijk van het gevolgde model: het functionele model of het categoriale model (zie par. 5.1.4). Noch IFRS noch de Nederlandse wet- en regelgeving geeft een voorkeur aan voor een van beide presentatiewijzen. IFRS geeft wel aan dat de keuze gebaseerd moet worden op de indeling die het meest betrouwbaar en het meest relevant is (IAS 1.105). In Nederland wordt vooral de categoriale indeling aangetroffen als presentatiewijze.

Bij het functionele model dienen de gerealiseerde projectopbrengsten als netto-omzet te worden gepresenteerd (RJ 221.404, IAS 1.82). De projectkosten dienen te worden gepresenteerd naar de functie van de kosten (veelal maken deze deel uit van de kostprijs van de omzet) (RJ 221.405, IAS 1.103).

Bij het categoriale model biedt de RJ de keuze om de opbrengsten te presenteren als netto-omzet, dan wel als 'wijziging in onderhanden projecten' (zolang het project nog niet is voltooid). Bij de tweede presentatiewijze worden in het jaar van oplevering van het project de totale projectopbrengsten als netto-omzet gepresenteerd, met terugneming van de eerder verantwoorde cumulatieve projectopbrengsten via de regel 'wijziging in onderhanden projecten' (RJ 221.401). De som van de posten netto-omzet en wijziging in onderhanden projecten dient dan in een afzonderlijke tussentelling te worden weergegeven, welke bijvoorbeeld kan worden aangeduid als 'projectopbrengsten' of 'bedrijfsopbrengsten'. Deze tussentelling geeft een indicatie van de omvang van de bedrijfsactiviteiten. Voor de bepaling van de grootte van de rechtspersoon dient deze tussentelling gehanteerd te worden voor het groottecriterium 'netto-omzet' (RJ 221.402).

Onder IFRS is bovenstaande tweede presentatiewijze niet aan de orde (o.a. op grond van IFRS 15.2 en IAS 1.102) en worden de gerealiseerde opbrengsten als netto-omzet gepresenteerd (IAS 1.82).

Projectkosten worden in het categoriale model gepresenteerd naar de aard van de kosten (RJ 221.403, IAS 1.102).

Verliezen op onderhanden projecten worden gewoonlijk als kosten in de winst-en-verliesrekening opgenomen. Bij gebruikmaking van de post 'wijziging in onderhanden projecten' staat RJ 221.323 echter ook toe de verliezen te verwerken als onderdeel van die post.

Regelgeving van toepassing in toekomstige jaren
In de nieuwe Richtlijn 221 (RJ-Uiting 2020-15) is het niet langer mogelijk om de projectopbrengsten als wijziging in onderhanden projecten in de winst-en-verliesrekening te presenteren, zolang een project nog niet is voltooid. Het is alleen nog toegestaan om de projectopbrengsten als netto-omzet in de winst-en-verliesrekening te presenteren (RJ 221.401N). Volledigheidshalve benadrukt de RJ dat de post 'wijziging in voorraden gereed product en onderhanden werk' (zoals opgenomen in het BMJ) geen betrekking heeft op onderhanden projecten zoals weergegeven in Richtlijn 221, doch enkel op voorraden binnen het toepassingsgebied van Richtlijn 220.

De nieuwe Richtlijn 221 is van kracht voor verslagjaren die aanvangen op of na 1 januari 2022. Voor de overgangsbepalingen wordt verwezen naar paragraaf 13.1.3.

13.6.2 Toelichting
13.6.2.1 Richtlijnen

In de jaarrekening dient het volgende te worden opgenomen (RJ 221.414):
a. de opbrengsten uit onderhanden projecten die in de periode in de winst-en-verliesrekening zijn verantwoord;
b. de gebruikte methode voor de verantwoording van projectopbrengsten in de winst-en-verliesrekening; en
c. de gebruikte methode voor de bepaling van mate van de verrichte prestaties bij de uitvoering van onderhanden projecten.

Ten aanzien van onderhanden projecten per balansdatum dient te worden vermeld (RJ 221.415):
a. het cumulatief totaal van de tot dan toe verantwoorde projectopbrengsten;
b. het totaal van de ontvangen voorschotten;
c. het totaal van de bedragen die door opdrachtgevers zijn ingehouden op de termijnfacturen. Hiervan is sprake als termijnen niet worden betaald omdat (nog) niet is voldaan aan bepaalde contractuele voorwaarden dan wel tekortkomingen (nog) niet zijn opgelost. De RJ stelt dat een dergelijke vermelding alleen behoeft plaats te vinden als de rechtspersoon formeel in gebreke is gesteld; en
d. het bedrag inzake geactiveerde uitgaven voor nog niet verrichte prestaties indien en voor zover deze zijn gepresenteerd als onderhanden projecten.

Ingeval de alternatieve balanspresentatie van RJ 221.410 wordt toegepast (namelijk het in één saldo presenteren van het totaal van de onderhanden projecten, zie par. 13.6.1.1) dan schrijft RJ 221.417 een nadere uitsplitsing voor in een totaalbedrag van alle projecten met een debetsaldo en een totaalbedrag van alle projecten met een creditsaldo.

Regelgeving van toepassing in toekomstige jaren
In de nieuwe Richtlijn 221 (RJ-Uiting 2020-15) wordt verduidelijkt dat voorwaardelijke baten en lasten moeten worden toegelicht in overeenstemming met Richtlijn 252. Onder voorwaardelijke baten vallen ook vergoedingen die nog niet als opbrengst zijn verwerkt als gevolg van het niet op betrouwbare wijze kunnen bepalen van het bedrag van de opbrengst (RJ 221.419N).

Daarnaast heeft de RJ besloten dat het totaal van de in de post onderhanden projecten begrepen geactiveerde kosten van het verkrijgen van een project moet worden toegelicht (RJ 221.418N).

Het huidige vereiste om in de toelichting een nadere uitsplitsing te verschaffen indien het saldo van alle onderhanden projecten als één totaal in de balans wordt gepresenteerd, komt te vervallen, aangezien deze alternatieve presentatiewijze niet langer is toegestaan.

De nieuwe Richtlijn 221 is van kracht voor verslagjaren die aanvangen op of na 1 januari 2022. Voor de overgangsbepalingen wordt verwezen naar paragraaf 13.1.3.

13.6.2.2 IFRS

IFRS 15 omvat aanzienlijk meer voorschriften voor de te verstrekken toelichting. De te verstrekken informatie is bedoeld om de aard, omvang, moment en onzekerheid van de opbrengsten en daaruit voorkomende kasstromen voor de gebruikers van de jaarrekening begrijpelijk te maken. De voorschriften omvatten zowel kwalitatieve als kwantitatieve onderdelen, met daarbij overigens wel de toevoeging dat de mate van detail in relatie tot de mate van begrijpelijkheid bezien dient te worden (IFRS 15.111).

De informatievoorschriften bevatten, samengevat, de volgende elementen:
▶ uitsplitsing opbrengsten in relevante categorieën;
▶ eventuele aanvullende informatie om de omzet ingevolge de segmentrapportage te begrijpen;
▶ balansposities met betrekking tot de contracten, met nadere voorschriften voor specifieke situaties;
▶ informatie over prestatieverplichtingen, zoals de wijze van het nakomen van de prestatieverplichting, belangrijke afspraken aangaande facturering, betaling of eventuele voorfinanciering;
▶ toegerekende opbrengstbedragen aan nog niet voltooide prestatieverplichtingen en de tijdsintervallen waarin deze in de toekomst zullen worden gerealiseerd;
▶ belangrijke oordeelsvormingen die hebben plaatsgevonden; en
▶ toegepaste 'practical expedients'.

13.7 Vrijstellingen voor middelgrote rechtspersonen

Op grond van artikel 2:397 lid 3 en lid 5 BW mogen middelgrote rechtspersonen volstaan met het presenteren van een bruto-bedrijfsresultaat als startpunt van de winst-en-verliesrekening in zowel de inrichtings- als deponeringsjaarrekening, zijnde een samenvoeging van:
▶ de posten genoemd in artikel 2:377 lid 3, onder a-d en g, BW bij toepassing van het categoriale model (o.a. netto-omzet, wijziging in onderhanden projecten en kosten van grond- en hulpstoffen en andere externe kosten); of

13 Onderhanden projecten

- de posten genoemd in artikel 2:377 lid 4, onder a-c en f, BW bij toepassing van het functionele model (o.a. netto-omzet en kostprijs omzet).

Indien een middelgrote rechtspersoon gebruikmaakt van deze vrijstelling komt logischerwijs ook de afzonderlijke tussentelling van de posten netto-omzet en wijziging in onderhanden projecten (alleen van toepassing bij het categoriale model; RJ 221.402) te vervallen.

14 Overige vlottende activa

14.1 Algemeen	
Onderscheid vlottende activa	De Nederlandse wet- en regelgeving heeft, in tegenstelling tot IFRS, een nader onderscheid gemaakt in vlottende activa te weten voorraden, vorderingen, effecten, liquide middelen en overlopende activa (art 2:364 lid 3 BW).
14.2 Begripsbepaling en categorieën	
Criteria vlottende activa	▶ de verwachte realisatie, verkoop of het gebruik vallen binnen de normale productiecyclus van de activiteiten van de rechtspersoon; of ▶ de intentie bestaat tot verkoop op korte termijn en de verwachting is dat realisatie zal plaatsvinden binnen twaalf maanden na de balansdatum; of ▶ liquide middelen of een equivalent van liquide middelen die niet beperkt zijn in hun aanwendbaarheid.
Categorieën overige vlottende activa	In dit hoofdstuk worden behandeld: ▶ vorderingen; ▶ effecten; ▶ liquide middelen (IFRS: 'cash and cash equivalents'); ▶ overlopende activa (tenzij opgenomen onder vorderingen). De volgende categorieën vlottende activa worden in een afzonderlijk hoofdstuk besproken: ▶ voorraden (zie hoofdstuk 12); ▶ onderhanden projecten (zie hoofdstuk 13).
Crypto-activa en cryptocurrencies	Geen specifieke regelgeving. Verwerking op basis van bestaande standaarden. RJ geeft overwegingen via een RJ-Uiting.
14.3 Activering	
Moment van activering	Het moment waarop de beschikkingsmacht over en de economische voordelen en risico's van vorderingen, effecten en liquide middelen toekomen aan de rechtspersoon.
Opname op de balans	Voor een financieel actief indien partij in een overeenkomst.
Verwijderen van de balans	In beginsel indien vordering (contractuele recht op kasstromen) niet langer meer bestaat (geheel ontvangen, ontbonden, vervallen).
14.4 Waardevermindering en verwerking waardemutaties	
Waardevermindering	Ingevolge de RJ beoordeelt een onderneming voor alle individueel belangrijke vorderingen eerst op individuele basis of er objectieve aanwijzingen zijn voor een bijzondere waardevermindering. Bepaling van de omvang van bijzondere waardeverminderingen op collectieve basis toegestaan als het gaat om individueel niet-belangrijke vorderingen.

	Onder IFRS geldt een ander model dat is gebaseerd op verwachte kredietverliezen. De RJ staat ook vrijwillige toepassing van het IFRS 9 'expected credit loss model' toe (stelselkeuze).
	Voorzieningen wegens oninbaarheid worden in mindering gebracht op de bruto-boekwaarde van de vordering.
Verwerking van waardemutaties	Via winst-en-verliesrekening, of via het eigen vermogen bijvoorbeeld als het een rechtstreekse transactie met aandeelhouders betreft. Afwijkende regelgeving onder IFRS met daardoor eveneens andere verwerking van waardemutaties in geval van waardering tegen reële waarde.

14.5 Vorderingen (behorend tot de vlottende activa): Waardering, presentatie en toelichting

Waarderingsmethode vorderingen	Eerste waardering tegen reële waarde inclusief transactiekosten. In een zakelijke transactie zal de reële waarde op het moment van de transactie gelijk zijn aan de kostprijs. Vervolgwaardering afhankelijk van de categorie, onder RJ en IFRS zijn verschillende vervolgwaarderingen aan de orde.
Toelichting	Indien vorderingen met een resterende looptijd van meer dan een jaar in een totaalbedrag onder de vlottende activa zijn gerubriceerd, vermelding tot welk bedrag de resterende looptijd langer is dan een jaar (RJ en IFRS).
	Toelichting over: ▶ omvang en aard van financiële instrumenten (waartoe vorderingen behoren); ▶ grondslagen voor waardering en resultaatbepaling; ▶ het rente- en kasstroomrisico; ▶ het kredietrisico; ▶ de reële waarde; en ▶ financiële activa waarvan de boekwaarde hoger is dan de reële waarde (RJ 290).
	IFRS 7 en IFRS 13 kennen een aantal dezelfde en een aantal andere, specifieke toelichtingsvereisten. RJ 290 sluit niet aan op de meer specifiekere bepalingen van IFRS 7 en IFRS 13.

14.6 Effecten (behorend tot de vlottende activa): Waardering, presentatie en toelichting

Waarderingsmethode effecten	RJ en IFRS kennen verschillende waarderingscategorieën op grond waarvan de vervolgwaardering op onderdelen kan afwijken.
Handelsportefeuille	Aandelen en obligaties (beursgenoteerd en niet-beursgenoteerd) die behoren tot de handelsportefeuille: waardering tegen reële waarde.

14 Overige vlottende activa

Investeringen in eigen vermogensinstrumenten	▶ RJ: Beursgenoteerde aandelen die behoren tot investeringen in eigen-vermogensinstrumenten: waardering tegen reële waarde. ▶ RJ: Niet-beursgenoteerde aandelen die behoren tot investeringen in eigen-vermogensinstrumenten: onder RJ keuze tussen waarderen tegen kostprijs of reële waarde. ▶ Onder IFRS-waardering op reële waarde, waarbij alleen bij initiële verwerking kan worden gekozen voor een specifieke waarderingscategorie.
Derivaten	Onder IFRS worden alle derivaten tegen reële waarde gewaardeerd met wijzigingen in de reële waarde direct in de winst-en-verliesrekening indien geen hedge-accounting wordt toegepast. De in RJ 290 opgenomen mogelijkheid derivaten met obligaties of niet-beursgenoteerde aandelen als onderliggende waarde tegen kostprijs te waarderen wordt in IFRS 9 niet gegeven.
Obligaties aangehouden tot einde looptijd (RJ)	Obligaties die behoren tot de categorie gekochte leningen en obligaties die worden aangehouden tot einde looptijd: geamortiseerde kostprijs.
Gekochte leningen en obligaties (RJ)	Obligaties die behoren tot de categorie leningen en obligaties die niet worden aangehouden tot einde looptijd: keuze tussen waarderen tegen kostprijs of reële waarde.
Schuldinstrumenten (IFRS)	IFRS 9 kent geen onderscheid voor al dan niet tot einde looptijd aanhouden van schuldinstrumenten (zoals obligaties), voor alle schuldinstrumenten is in paragraaf 14.5 respectievelijk 14.6 opgenomen vervolgwaardering van toepassing.
Toelichting	Aantal specifieke bepalingen in de RJ-richtlijnen over de toelichting: ▶ omvang en aard van financiële instrumenten (waartoe effecten behoren); ▶ grondslagen voor waardering en resultaatbepaling; ▶ het rente- en kasstroomrisico; ▶ het kredietrisico; ▶ de reële waarde; en ▶ financiële activa waarvan de boekwaarde hoger is dan de reële waarde (RJ 290). IFRS 7 en IFRS 13 kennen een aantal dezelfde en een aantal andere toelichtingseisen. RJ 290 sluit (nog) niet aan op de specifieke bepalingen van IFRS 7 en IFRS 13.

14.7 Liquide middelen: Waardering, presentatie en toelichting

Begripsbepaling	RJ: feitelijke kas- en banksaldi; IFRS idem alsmede activa met hoog liquiditeitsgehalte ('cash and cash equivalents').
Waarderingsmethode liquide middelen	Nominale waarde (RJ). In IFRS 9 is bij een rekening-courant-vordering op een bank sprake van een 'schuldinstrument'.

Presentatie	Indien liquide middelen (naar verwachting) langer dan twaalf maanden niet ter vrije beschikking staan, presentatie als financiële vaste activa (RJ). IFRS: tegoeden die niet ter vrije beschikking staan, mogen niet als vlottende activa geclassificeerd worden wanneer de balans is ingedeeld naar vlottende en niet-vlottende activa en passiva.
14.8 Overlopende activa: Waardering, presentatie en toelichting	
Aard	Vooruitbetaalde bedragen en nog te ontvangen bedragen.
14.9 Cryptocurrencies verwerkt als 'belegging'	
Regelgeving	Geen specifieke regelgeving. RJ geeft overwegingen via een RJ-Uiting.
Waardering indien 'belegging'	Onder RJ stelselkeuze voor kostprijs of reële waarde.
Presentatie en toelichting	Presentatie op basis van generieke voorschriften. Toelichting gaat in op relevante doelstellingen en risico's.
14.10 Vrijstellingen voor middelgrote rechtspersonen (Alleen Richtlijnen)	
Vrijstelling deponeringsjaarrekening	Vrijstellingen ten aanzien van specificatie vlottende vorderingen.
Vrijstelling inrichtings- en deponeringsjaarrekening	Vrijstelling om het rente- en kasstroomrisico en het kredietrisico toe te lichten. Het toelichten van het liquiditeitsrisico is met ingang van boekjaren die aanvangen op of na 1 januari 2021 wel verplicht voor middelgrote rechtspersonen.

14.1 Algemeen

Om een nadere onderverdeling aan te brengen in de zeer diverse categorie vlottende activa, wordt in de Nederlandse wet (in tegenstelling tot IFRS) een nadere splitsing gemaakt in afzonderlijk onder de vlottende activa op te nemen activa, te weten: voorraden, vorderingen, effecten, liquide middelen; en, voor zover zij niet onder de vorderingen zijn vermeld, de overlopende activa (art. 2:364 lid 3 BW). Deze posten worden in dit hoofdstuk behandeld, met uitzondering van voorraden (zie hoofdstuk 12). Op basis van RJ 221 dienen de 'onderhanden projecten' eveneens als een afzonderlijke categorie in de balans onder vlottende activa te worden gepresenteerd; ook deze worden niet in dit hoofdstuk behandeld maar in hoofdstuk 13.

Dit hoofdstuk behandelt de waardering en resultaatbepaling van tot de vlottende activa behorende vorderingen, effecten en liquide middelen.

In de paragrafen 14.2 tot en met 14.4 worden aspecten behandeld die een algemene reikwijdte hebben voor alle categorieën 'Overige vlottende activa'. Aangaande de 'crypto-activa' (waarvan 'cryptocurrencies' een veelvoorkomende deelgroep is) wordt in paragraaf 14.2.3 een uiteenzetting op hoofdlijnen gegeven.

Vanaf paragraaf 14.5 worden de specifieke aspecten per subcategorie vlottende activa uitgewerkt.

14.2 Begripsbepaling en categorieën

14.2.1 Onderscheid vaste activa en vlottende activa

Ten aanzien van het onderscheid tussen vaste activa en vlottende activa komen de definities in RJ 190.206 en in IAS 1.66 in grote mate overeen; verwezen wordt naar de nadere bespreking in paragraaf 4.5.2.2.

14 Overige vlottende activa

Activa zijn vlottend indien (RJ 190.206):
- de verwachting is dat het actief zal worden gerealiseerd, of wordt gehouden voor de verkoop of het gebruik binnen de normale productiecyclus van de activiteiten van de rechtspersoon; of
- het actief primair wordt gehouden voor de verkoop of voor de korte termijn en de verwachting is dat realisatie van het actief zal plaats vinden binnen 12 maanden na de balansdatum; of
- sprake is van liquide middelen of van een equivalent van liquide middelen dat niet beperkt is in zijn aanwendbaarheid. Onder een equivalent van liquide middelen wordt in dit verband verstaan een zeer courant actief dat zonder beperkingen en eenvoudig is om te zetten in liquide middelen en waarvoor geen belangrijke risico's voor het optreden van waardeveranderingen bestaan.

IAS 1.66 behandelt het looptijdcriterium als een zelfstandig criterium: als het actief naar verwachting binnen 12 maanden na balansdatum zal worden gerealiseerd, is sprake van een vlottend actief. De Richtlijnen koppelen het looptijdcriterium aan het criterium van aanhouden voor de verkoop.

14.2.2 Splitsing naar categorie

14.2.2.1 Uitsplitsing ten behoeve van de balanspresentatie

In artikel 2:364 lid 3 BW wordt aangegeven dat onder de vlottende activa afzonderlijk dienen te worden opgenomen:
- de voorraden (zie hoofdstuk 12);
- vorderingen;
- effecten;
- liquide middelen; en
- voor zover niet onder de vorderingen vermeld, de overlopende activa.

IFRS kent geen specifieke voorschriften voor indeling van balans en/of resultatenrekening anders dan het voorschrift in IAS 1.54 dat de balans ten minste de posten 'inventories', 'trade and other receivables', 'cash and cash equivalents' afzonderlijk dient weer te geven; IFRS 7 geeft wel nadere aanwijzingen voor presentatie van financiële activa en financiële verplichtingen in 'categories' (IFRS 7.8) en 'classes' (IFRS 7.6, indeling/groepering o.b.v. de aard van de onderneming of andere relevante kenmerken), doch laat een keuze voor hetzij informatieverschaffing in de balans dan wel als onderdeel van de toelichting.

14.2.2.2 Categorieën en 'classes' ten behoeve van de vervolgwaardering

RJ en IFRS kennen een zekere vorm van 'indeling' van groepen van gelijksoortige financiële activa in het kader van de bepaling van de toe te passen voorschriften voor waardering en resultaatbepaling (welke indeling niet noodzakelijkwijze als balanspresentatie behoeft te worden toegepast). Het onderscheid in groepen (categorieën) is voor RJ en IFRS niet gelijk.

Voor een jaarrekening op basis van de Nederlandse voorschriften is de indeling in de balans voorgeschreven op basis van het Besluit modellen jaarrekening; daarmee is een balanspresentatie op basis van (enkel) de waarderingscategorieën meestal niet mogelijk.

Onder IFRS zijn er beperktere voorschriften voor indeling in de balanspresentatie, zodat het kan voorkomen dat de in balanspresentie opgenomen indeling meer (of zelfs exact) aansluiting vertoont met de indeling voor de waarderingscategorieën. Overigens schrijft IFRS 7 een nadere toelichting op de aansluiting tussen de balanspresentatie en indeling in waarderingscategorieën ook expliciet voor (IFRS 7.6 en 7.8).

Dutch GAAP

Richtlijn 222 'Vorderingen' geeft in alinea 222.103 aan dat vorderingen kunnen behoren tot de volgende categorieën financiële instrumenten:
- financiële activa die deel uitmaken van een handelsportefeuille;
- gekochte leningen en obligaties;
- verstrekte leningen en overige vorderingen.

De reikwijdte van Richtlijn 222 is beperkt tot deze genoemde categorieën. Richtlijn 290 voegt nog twee andere categorieën toe (RJ 290.407):
- derivaten;
- investeringen in eigen-vermogensinstrumenten.

Een financieel actief in de categorie 'financiële activa die deel uitmaken van een handelsportefeuille' zal beperkt voorkomen bij een niet-financiële instelling ('corporates'). Voor de bespreking wordt verwezen naar paragraaf 30.6. Derivaten worden besproken in hoofdstuk 31.

IFRS

IFRS 9 kent één benadering voor de classificatie van alle financiële activa, inclusief de activa die een embedded derivaat bevatten. Dat betekent dat financiële activa in zijn geheel worden geclassificeerd en dat embedded derivaten niet worden afgescheiden (zie par. 14.3.1.3). Er wordt een onderscheid gemaakt in schuld/vorderingsinstrumenten en eigen-vermogensinstrumenten.

Schuldinstrumenten is het equivalent van het Engelse begrip 'debt instrument', dat in het praktische spraakgebruik betrekking heeft op handelsvorderingen, overige vorderingen, verstrekte vorderingen, gekochte obligaties en dergelijke.

Eigen-vermogensinstrumenten is het equivalent van het Engelse begrip 'equity instrument', dat in het praktische spraakgebruik betrekking heeft op beursgenoteerde en niet-beursgenoteerde aandelen, participaties en dergelijke.

IFRS 9 bevat een model met betrekking tot het classificeren van financiële activa. Hieronder is schematisch opgenomen hoe het classificeren van financiële activa onder IFRS 9 in zijn werk gaat:

14 Overige vlottende activa

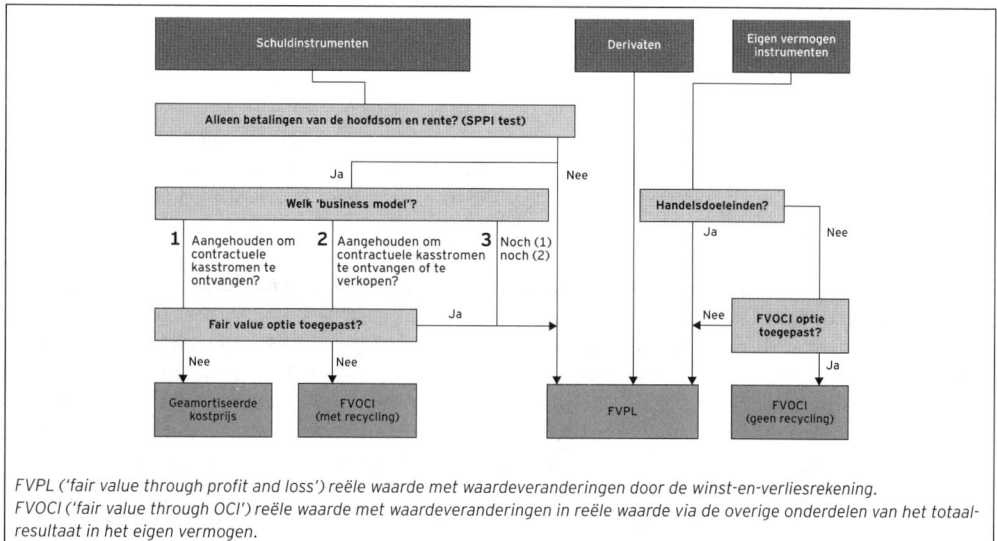

FVPL ('fair value through profit and loss') reële waarde met waardeveranderingen door de winst-en-verliesrekening.
FVOCI ('fair value through OCI') reële waarde met waardeveranderingen in reële waarde via de overige onderdelen van het totaalresultaat in het eigen vermogen.

In paragraaf 30.7 wordt de betekenis van de verschillende onderdelen van dit schema uitgebreid uiteengezet.

Onder bijzondere omstandigheden laat IFRS 9 toe om de waardering van een financieel actief te wijzigen door middel van het wijzigen van de waarderingscategorie (reclassificeren). Zie voor nadere uitwerking paragraaf 30.7.5.

Volledigheidshalve wordt opgemerkt dat te ontvangen aflossingen op langlopende vorderingen die als kortlopende vordering worden gerubriceerd de waarderingsgrondslag van de hoofdsom dienen te volgen. Voor de toepassing van IFRS 9 voor langlopende vorderingen wordt verwezen naar hoofdstuk 9 (Financiële vaste activa: algemeen).

Verschillen Dutch GAAP - IFRS
Een verschil tussen de Nederlandse wet- en regelgeving en IFRS is dat IFRS een minder verstrekkende opsomming kent voor de balanspresentatie in vergelijking met het vereiste in artikel 2:364 lid 3 BW. Daarnaast kent IFRS een andere classificatie van activa voor het onderkennen van de grondslag voor de vervolgwaardering van de desbetreffende (financiële) activa.

14.2.3 Crypto-activa en cryptocurrencies

Crypto-activa kennen een stormachtige ontwikkeling in allerlei toepassing in de financiële wereld. Het is een 'product' van technologische ontwikkelingen waarop de verslaggevingsstandaarden van de IASB en de Raad voor de Jaarverslaggeving (nog) niet specifiek zijn toegespitst.
De IASB heeft nog geen stappen genomen om tot eventuele (nadere) regelgeving te komen. In een vergadering van de IFRS Interpretation Committee is wel een agendabeslissing genomen dat cryptocurrency in beginsel onder de reikwijdte van IAS 38 vallen, tenzij zij aangehouden worden voor verkoop onder normale omstandigheden. In dat geval is IAS 2 van toepassing; zie ook hierna ook paragraaf 14.2.3.1.
De Raad voor de Jaarverslaggeving heeft in het najaar 2018 een RJ-Uiting uitgebracht met overwegingen voor de verwerking in de jaarrekening (RJ-Uiting 2018-7 'Overwegingen ten aanzien van de verwerkingswijze van

cryptocurrencies in de jaarrekening'). De RJ-Uiting is bedoeld als een discussiestuk en heeft daarmee geen status als Richtlijn of ontwerp-Richtlijn.

14.2.3.1 Crypto-activa

Crypto-activa zijn digitale activa welke zijn geregistreerd door middel van 'distributed ledger'-technologie. In een 'distributed ledger' houden alle deelnemers gezamenlijk de registratie bij op hun eigen computers, ofwel een gedeeld decentrale ('distributed') registratie ('ledger'). Transacties kunnen dan rechtstreeks tussen betrokkenen plaatsvinden, in beginsel zonder tussenpartijen of autorisaties van instanties. Een bekende vorm is de 'blockchain'-technologie.

Een belangrijke potentiële marktpartij voor crypte-activa zijn de banken en andere financiële instellingen. DNB heeft dit onderkend: 'Waar aan het gebruik van bitcoin risico's kleven, biedt de achterliggende technologie van deze virtuele munt kansrijke mogelijkheden. Dat is dan ook de reden dat DNB experimenteert met deze technologie, de zogenoemde distributed ledger-technologie waarvan de blockchain de bekendste verschijningsvorm is. Gebruik hiervan in de financiële wereld zou kunnen leiden tot efficiëntere markten, kostenbesparingen en een grotere weerbaarheid tegen cyberaanvallen en operationele storingen.' (DNBulletin 31 augustus 2017). Vanaf 21 mei 2020 staan aanbieders van diensten voor het wisselen van virtuele valuta en fiduciaire valuta en/of aanbieders van bewaarportemonnees voor virtuele valuta (aanbieders van cryptodiensten) onder toezicht van De Nederlandsche Bank (DNB). Dit nieuwe toezicht volgt uit de gewijzigde vierde anti-witwasrichtlijn en de implementatie daarvan in de Nederlandse wetgeving.

De creatie of uitgifte van crypto-activa kan op verschillenden wijze plaatsvinden, zoals 'initial coin offerings' (ICOs) of 'mining' van cryptocurrencies. De mogelijke gevolgen voor de verslaggeving hiervan blijft buiten de uiteenzetting in dit handboek; alleen de mogelijke complicaties voor de verslaggeving door de houder van een crypto-actief komen nader aan de orde.

De verschijningsvormen van crypto-activa is zeer verschillend. Veelvuldig in het nieuws zijn de cryptocurrencies zoals bitcoin, etherium, ripple, dash en litecoin. Volgens verschillende publicaties op internet zijn er inmiddels meer dan 1.700 verschillende cryptocurrencies (in allerlei varianten). Maar er zijn ook allerlei 'distributed ledger'-toepassingen voor andersoortige vormen van crypto-activa, zoals crypto-activa die bepaalde rechten op verlenen van goederen of diensten omvatten, te verkrijgen van een te identificeren tegenpartij.

Daarnaast kunnen professionele marktpartijen zoals brokers en traders voor handelsdoeleinden (als het primaire operationele proces) posities in crypto-activa aanhouden. In die situaties zijn de posities aan te merken als 'handelsvoorraden'. De gebruikelijke regelgeving voor de verwerking en waardering van voorraden als uiteengezet in hoofdstuk 12 is dan van toepassing.

Crypto-activa kunnen uiteraard wel zelf onderdeel van transactie zijn: een inkoop/verkoopcontract waarbij de kopende partij zich verplicht crypto-activa van de verkopende partij te kopen tegen een tegenprestatie aan verkoper kan wel tot een financieel instrument leiden; het is dan niet anders dan een 'executory contract' voor bijvoorbeeld de inkoop van goederen die na de levering van de goederen tot een financiële verplichting van koper aan verkoper zal leiden. Maar een crypto-actief zelf is daarmee geen financieel instrument omdat deze hoofdzakelijk zijn vormgegeven zonder gerechtelijk afdwingbare contractuele relaties tussen partijen c.q. er is geen identificeerbare tegenpartij.

Crypto-activa kunnen aan de kenmerken van een immaterieel vast actief voldoen. De gebruikelijke regelgeving (RJ 210, IAS 38) is dan van toepassing (zie hoofdstuk 6). Handelaren ('brokers/traders') in crypto-activa zullen moeten beoordelen of de posities in crypto-activa onder de reikwijdte van RJ 220/IAS 2 vallen (zie hoofdstuk 12).

14.2.3.2 Cryptocurrencies

Het begrip 'cryptocurrency' is in navolging van RJ-Uiting 2018-7 gehanteerd.

Cryptocurrencies bestaan in velerlei varianten in voorwaarden/condities, welke in de loop der tijd ook aan verandering onderhevig kunnen zijn. Een veelvoorkomend gemeenschappelijk kenmerk is dat de houder van de cryptocurrency géén recht heeft op een tegenprestatie in de vorm van goederen of diensten en er geen identificeerbare tegenpartij aanwijsbaar is. De houder van de cryptocurrency dient in beginsel zelf een koper te vinden voor de cryptocurrency in ruil voor geld, goederen of diensten.

Cryptocurrencies worden in de praktijk met '(contant) geld' geassocieerd. De RJ stelt: 'Liquide middelen zijn instrumenten in de vorm van papier of een munt (chartaal geld) of een tegoed op een bank (giraal geld). Deze gelden worden uitgegeven door een overheid dan wel door onder toezicht van de overheid staande instellingen. Cryptocurrencies worden echter niet uitgegeven of ondersteund door een overheid, en ook niet door een instelling onder toezicht van een overheid. Derhalve zijn cryptocurrencies naar het oordeel van de RJ geen liquide middelen. Voorts betreft het bezit van een cryptocurrency veelal geen contractueel recht om liquide middelen of een ander financieel actief te ontvangen, waarmee een cryptocurrency naar het oordeel van de RJ evenmin aan de definitie van een financieel instrument voldoet.'

Onder IFRS heeft de IFRS Interpretation Committee een zelfde conclusie getrokken: zolang geen sprake is van een overheidsgereguleerde uitgifte en omloop is geen sprake van 'cash'.
IFRS kent nog de categorie 'cash equivalents' (zie par. 14.7.1). Onder andere door het feit dat er geen sprake is van een omzetting in een gedefinieerd geldbedrag en geen sprake is van onbelangrijke waardemutaties kunnen cryptocurrencies vooralsnog niet tot deze categorie worden gerekend.

De RJ veronderstelt dat de verwerkingswijze van cryptocurrencies afhankelijk is van de doelstelling van het houden van cryptocurrencies. Voor cryptocurrencies zelf is tot op heden vrijwel geen regelgeving. Derhalve is paragraaf 14.9 geheel gewijd aan de waardering, presentatie en toelichting van cryptocurrencies.

14.3 Activering
14.3.1 Wanneer is sprake van een actief
14.3.1.1 Algemene beginselen

In het '2018 Conceptual Framework for Financial Reporting' ('Framework') van de IASB (par. 4.5.2.1) respectievelijk het in bijlage 930 van de RJ-bundel opgenomen 'Stramien voor de opstelling van en vormgeving van jaarrekeningen' (par. 53-59 (alsmede RJ 115.1)) zijn criteria vermeld voor de bepaling van een actief en voor de opname op en de verwijdering van de balans van een actief. Voor een uitvoerige bespreking wordt verwezen naar paragraaf 4.5.2.

14.3.1.2 Financieel actief

Voor een financieel instrument geldt als definitie 'een overeenkomst die leidt tot een financieel actief bij een partij en een financiële verplichting of een eigen-vermogensinstrument bij een andere partij' (RJ 290.0, RJ 940, IAS 32.11).
Meer specifiek voor een financieel actief geldt de definitie van RJ 290.0, RJ 940, IAS 32.11. Een financieel actief is elk actief dat:
a. een liquide middel is;
b. een eigen-vermogensinstrument van een andere partij is; of

c. een contractueel recht is om:
  ▶ liquide middelen of een ander financieel actief te ontvangen van een andere partij; of
  ▶ financiële activa of financiële verplichtingen te ruilen met een andere partij onder voorwaarden die potentieel voordelig zijn; of
d. een contract is dat in de eigen-vermogensinstrumenten van de onderneming zal of kan worden afgewikkeld en dat:
  ▶ een niet-derivaat is waarbij de onderneming verplicht is, of kan worden, om een variabel aantal van de eigen-vermogensinstrumenten van de onderneming te ontvangen; of
  ▶ een derivaat is dat zal of kan worden afgewikkeld op een andere wijze dan door de ruil van een vast bedrag aan liquide middelen of een ander financieel actief voor een vast aantal van de eigen-vermogensinstrumenten van de onderneming.

Voor de in dit hoofdstuk besproken categorieën overige vlottende activa heeft bovenstaande als praktisch gevolg, dat:
▶ vorderingen uit hoofde van verkoop van goederen en het verrichten van diensten in de meeste gevallen in de balans worden opgenomen op het moment dat de goederen zijn geleverd en de diensten zijn verricht;
▶ effecten en liquide middelen worden geactiveerd op het moment waarop de beschikkingsmacht daarover en de economische voordelen en risico's daarvan toekomen aan de rechtspersoon.

14.3.1.3 Embedded derivaat

Onder de toepassing van IFRS 9 vindt de beoordeling van de relevante IFRS 9-categorie (en daarmee de vervolgwaardering) van een financieel actief plaats op basis van het gehele financiële actief (inclusief embedded derivaat).

Het is denkbaar dat een schuldinstrument alsnog op basis van geamortiseerde kostprijs kan worden gewaardeerd, maar het lijkt meer voor de hand te liggen dat het embedded derivaat in het contract er voor zorgt dat niet aan het criterium 'solely payment of principal and interest' wordt voldaan, waardoor geconcludeerd dient te worden dat het financieel actief in zijn geheel tegen reële waarde dient te worden gewaardeerd.
Voor een nadere beschouwing, ook in samenhang met de RJ-voorschriften, wordt verwezen naar hoofdstuk 31 'Derivaten, embedded derivaten en hedge-accounting'.

Verschillen Dutch GAAP - IFRS
Onder IFRS 9 wordt het gehele contract inzake een financieel actief beoordeeld. Een afsplitsing van een embedded derivaat vindt niet plaats. De Richtlijnen zijn nog gebaseerd op de voormalige regelgeving van IAS 39 en geeft voorschriften omtrent het al dan niet afsplitsen en separaat waarderen van het embedded derivaat.

14.3.2 Opnemen en niet langer verwerken in de balans

In deze paragraaf worden de hoofdlijnen van de regelgeving voor opname (par. 14.3.2.1) van vorderingen in de balans respectievelijk verwijderen (par. 14.3.2.2) van vorderingen uit de balans uitgewerkt.

De regelgeving inzake het gesaldeerd presenteren van vorderingen en schulden is uitgewerkt in paragraaf 19.5.7.

14.3.2.1 In de balans opnemen

In RJ 290 en IFRS 9 zijn specifieke bepalingen opgenomen omtrent het in de balans opnemen van financiële instrumenten ('recognition'). Bepaald is dat een rechtspersoon een financieel actief in de balans moet opnemen zodra hij partij wordt bij de contractuele bepalingen van het instrument (RJ 290.701, IFRS 9.3.1.1).

14 Overige vlottende activa

RJ 115.113 en IFRS 9.B3.1.2(b) geven aan dat in de regel rechten voortvloeiend uit een overeenkomst niet in de balans behoeven te worden opgenomen zolang niet één van beide partijen in de overeenkomst op balansdatum heeft gepresteerd. Opname in de balans dient wel te geschieden wanneer de nog te ontvangen respectievelijk te leveren prestaties en tegenprestaties niet (meer) met elkaar in evenwicht zijn en dit voor de rechtspersoon nadelige gevolgen heeft (RJ 115.113). Voor een nadere uiteenzetting wordt verwezen naar paragraaf 30.3.

Indien sprake is van een 'regular way' aan- of verkooptransactie is er omtrent het precieze moment (datum) van verwerking van de transactie een stelselkeuze gegeven tussen *transactiedatum* (datum van aangaan van de bindende overeenkomst, 'trade date') en *leveringsdatum* (datum van overdracht, 'settlement date'). De betreffende regelgeving is nader uitgewerkt in paragraaf 30.3.3.

14.3.2.2 Niet langer in de balans verwerken

In IFRS 9 wordt in detail ingegaan op de vraag wanneer een financieel instrument niet langer in de balans wordt verwerkt ('derecognition'). Ten aanzien van een financieel actief geldt dat deze van de balans worden verwijderd wanneer het contractuele recht op kasstromen niet langer bestaat dan wel is overgedragen (IFRS 9.3.2.3). Bij het overdragen van het contractuele recht op kasstromen dient wel sprake te zijn van het overdragen van alle risico's en opbrengsten dan wel het overdragen van 'control' (IFRS 9.3.2.4-9.3.2.6 en IFRS 9.B3.2.1).

Op grond van Richtlijn 290 dient een financieel instrument niet langer in de balans te worden opgenomen indien een transactie ertoe leidt dat alle of nagenoeg alle rechten op economische voordelen en alle of nagenoeg alle risico's met betrekking tot de positie aan een derde zijn overgedragen (RJ 290.702). Voorts wordt in deze alinea verwezen naar de algemene regelgeving in Richtlijn 115 'Criteria voor opname en vermelding van gegevens'. Zie voor een nadere uiteenzetting paragraaf 30.3.2.

Verschillen Dutch GAAP - IFRS
De opvattingen omtrent het van de balans verwijderen van een vordering zijn conceptueel vergelijkbaar, maar IFRS 9 geeft meer gedetailleerde aanwijzingen.

14.3.3 Vorderingen op aandeelhouders/te storten aandelenkapitaal

Vorderingen op aandeelhouders uit hoofde van (nog) te storten aandelenkapitaal worden alleen opgenomen voor zover de te storten bedragen daadwerkelijk door de kapitaalvennootschap zijn opgevraagd en storting door de aandeelhouders op korte termijn moet plaatsvinden. De bijzonderheden die kunnen samenhangen met vorderingen op aandeelhouders en het eventueel aanmerken als 'verkapt dividend' worden behandeld in paragraaf 15.2.2.

14.4 Waardevermindering en verwerking waardemutaties

14.4.1 Waardeverminderingen van overige vlottende activa

In deze paragraaf worden enkele algemene bepalingen beschreven inzake bijzondere waardevermindering van overige vlottende activa. In paragraaf 30.6.7 (Nederlandse wet- en regelgeving) en 30.7.7 (IFRS) worden de relevante voorschriften nader behandeld.

14.4.1.1 Bijzondere waardevermindering van overige vlottende vorderingen bij toepassing Dutch GAAP

Volgens artikel 2:387 lid 2 BW worden vlottende activa gewaardeerd tegen actuele waarde als deze op balansdatum lager is dan de verkrijgings- of vervaardigingsprijs. Indien het vereiste inzicht daardoor wordt gediend, moet de waardering tegen een andere lagere waarde plaatsvinden. In Richtlijn 290 'Financiële instrumenten' (in algemene termen), Richtlijn 222 'Vorderingen' en Richtlijn 226 'Effecten' worden de voorschriften nader uitgewerkt. De RJ past daarbij een 'incurred credit loss'-model toe, dat globaal inhoudt dat op basis van objectieve aanwijzingen wordt bepaald welk bedrag van het financieel actief niet langer als incasseerbaar (verhaalbaar) wordt geacht. Het gaat daarbij om het kredietverlies dat geacht wordt te zijn opgetreden op basis van een gebeurtenis of omstandigheid op of voor balansdatumdatum.

Een onderneming dient op elke balansdatum te beoordelen of er objectieve aanwijzingen zijn voor bijzondere waardeverminderingen van een vordering of een groep van vorderingen. Bij aanwezigheid van objectieve aanwijzingen voor bijzondere waardeverminderingen, dient de onderneming de omvang van het verlies uit hoofde van de bijzondere waardevermindering te bepalen en in de winst-en-verliesrekening te verwerken (RJ 222.204). Dit dient te geschieden voor alle categorieën financiële activa die tegen (geamortiseerde) kostprijs gewaardeerd worden.

Voorzieningen wegens oninbaarheid worden in mindering gebracht op de boekwaarde van de vordering (RJ 222.203). Daarbij wordt opgemerkt dat conceptueel bezien sprake is van een (bijzondere) waardevermindering (en de duiding 'voorziening' weliswaar gebruikelijk is in het spraakgebruik, maar daarmee niet conceptueel juist). Indien er bij een vordering zekerheden zijn bedongen, wordt met geschatte opbrengst van de uitwinning van de zekerheden rekening gehouden bij bepaling van de omvang van de afwaardering.

Betalingskortingen en kredietbeperkingstoeslagen dienen in overeenstemming met de methode voor bepaling van de netto-omzet al dan niet te worden afgetrokken of bijgeteld. Dit betekent bijvoorbeeld dat indien betalingskortingen in mindering worden gebracht op de omzet (zie art. 2:377 lid 6 BW), dit onverkort ook voor de vorderingen dient te geschieden.

Beoordeling op individuele of collectieve basis
Een onderneming beoordeelt voor alle individueel belangrijke vorderingen eerst op individuele basis of er objectieve aanwijzingen zijn voor een bijzondere waardevermindering. Bij individueel niet-belangrijke vorderingen geschiedt deze beoordeling op individuele of op collectieve basis (RJ 222.204).
Het is dus toegestaan om voor individueel niet-belangrijke vorderingen de omvang van de bijzondere waardevermindering op collectief statische wijze te bepalen. Dit gebeurt veelal door de ouderdom van een portefeuille vorderingen te analyseren, waarbij per ouderdomscategorie de bijzondere waardevermindering wordt bepaald, gebaseerd op ervaringscijfers (veelal uitgedrukt in een percentage). Het is niet toegestaan om de bijzondere waardevermindering te bepalen op dynamische wijze (bijvoorbeeld het hanteren van een percentage van de omzet) (RJ 222.204). Voor voorbeelden van objectieve aanwijzingen en de beoordeling op individuele of op collectieve basis, zie paragraaf 30.6.7.

Permanente kern van een vordering
Als het totaal van de vorderingen op een handelsdebiteur het karakter heeft van financiering van de activiteiten van de afnemer (een permanent bedrag dat voor de afnemer in het kader van zijn kredietbehoefte van materiële betekenis is), is volgens de RJ voor de bepaling van de omvang van de voorziening wegens oninbaarheid de permanente kern van deze vordering van belang. Het kan zo zijn dat de samenstelling van de totale vordering, als gevolg van nieuwe facturen en betalingen, voortdurend wijzigt en daardoor niet als 'oud' wordt aangemerkt. Maar er wordt continu risico gelopen over deze permanente kern en om die reden dient het bedrag te worden meegenomen in de bepaling van de voorziening (RJ 222.205). Ouderdom is dus niet de enige indicator voor het vormen van een voorziening. Het is met name van belang dat wordt gekeken naar het risico op wanbetaling in de debiteurenportefeuille, ongeacht de ouderdom van de posten.

14 Overige vlottende activa

Bepaling van de omvang van de waardevermindering
Een vordering die is gewaardeerd op geamortiseerde kostprijs dient te worden afgewaardeerd naar het bedrag dat gelijk is aan de contante waarde van de beste schatting van de toekomstige kasstromen. De te hanteren disconteringsvoet is bij waardering tegen de geamortiseerde kostprijs gelijk aan de initieel bepaalde effectieve rentevoet (RJ 290.537). Richtlijn 290 biedt een eenvoudig alternatief voor het bepalen en waarderen van een waardevermindering van tegen geamortiseerde kostprijs gewaardeerde activa: afwaardering mag ook plaatsvinden op basis van 'kostprijs of lagere marktwaarde/reële waarde' (RJ 290.537a). In dat geval wordt dus niet alleen rekening gehouden met wijzigingen in verwachte kasstromen, maar ook met wijzigingen in de marktrente.

Ten aanzien van eigen-vermogensinstrumenten (als onderdeel van de post effecten) die gewaardeerd worden tegen kostprijs is de disconteringsvoet de actuele vermogenskostenvoet voor een soortgelijk financieel actief.

Paragraaf 30.6.7 gaat nader in op de bijzondere waardeverminderingen van financiële activa, inclusief de terugname daarvan.

Toepassing van IFRS 9 in een jaarrekening op basis van Boek 2 BW en RJ
De RJ heeft naar aanleiding van de inwerkingtreding van IFRS 9 specifieke regelgeving opgenomen in Richtlijn 290 die het mogelijk maakt om het 'expected credit loss'-model van IFRS 9 als stelselkeuze in een op Boek 2 BW/RJ gebaseerde jaarrekening toe te passen (RJ 290.101). Bij toepassing van IFRS 9 dient de rechtspersoon volgens de RJ de alinea's 5.4.4 en 5.5.1 tot en met 5.5.20 alsmede de toepassingsleidraden B5.4.9 en B5.5.1 tot en met B5.5.55 van IFRS 9 integraal toe te passen in plaats van de alinea's 533 tot en met 540 van Richtlijn 290. Tevens dient de rechtspersoon de alinea's 35A tot en met 35N van IFRS 7 'Financiële instrumenten: informatieverschaffing' alsmede de toepassingsleidraden B8A tot en met B8J van IFRS 7 toe te passen.
De eerste toepassing van het 'expected credit loss'-model in een RJ-jaarrekening is een stelselwijziging die op basis van Richtlijn 140 'Stelselwijzigingen' dient te worden verwerkt (zie hoofdstuk 28). De RJ laat toe dat de vergelijkende cijfers dan niet behoeven te worden aangepast (RJ 290.1017).

14.4.1.2 Bijzondere waardevermindering van overige vlottende vorderingen bij toepassing IFRS
Onder IFRS 9 dient op elk rapporteringsmoment (tussentijds en/of jaareinde) een schatting te worden gemaakt van de *toekomstige* kredietverliezen ('*expected credit loss model*') en ter zake een afwaardering op het financieel actief te worden gemaakt. In vergelijking met het waarderingsmodel onder voorheen IAS 39 (en nog het huidige RJ-model) betekent dit dat al vooruit wordt gekeken naar mogelijke kredietverliezen zonder dat deze voor de individuele vordering daadwerkelijk zijn opgetreden. Over het algemeen zal dat betekenen dat kredietverliezen eerder worden onderkend (als last c.q. afwaardering van het financieel actief) dan voorheen (IFRS 9.5.5).

Op het eerste rapporteringsmoment (bijvoorbeeld het verstrekken van een lening) wordt in ieder geval een kredietverlies verwerkt ter grootte van het verlies dat verwacht kan worden voor de komende 12 maanden (IFRS 9.5.5.5). Is er geen sprake van een significante verslechtering van de kredietkwaliteit dan blijft de inschatting van een kredietverlies ongewijzigd voor de komende 12 maanden vanaf waarderingsmoment (IFRS 9.5.5.5). Is echter sprake van een significante stijging van het kredietrisico dan dient de schatting van het toekomstige kredietverlies te worden gebaseerd op de gehele resterende looptijd van het financieel actief in plaats van de komende 12 maanden (IFRS 9.5.5.3).

Voor contractactiva en leasevorderingen is een vereenvoudigd model toegestaan waarbij het verwachte verlies wordt bepaald voor de gehele looptijd van de vordering (IFRS 9.5.5.15). Voor handelsvorderingen die geen significante financieringscomponent bevatten (zoals bedoeld in IFRS 15) is deze vereenvoudigde methode zelfs verplicht. Bij de vereenvoudigde methode is het niet nodig om veranderingen in het kredietrisico voor het financiële actief bij te houden, maar in plaats daarvan is het verplicht om een kredietvoorziening op te nemen op basis van een verwacht verlies voor de gehele looptijd van het desbetreffende financiële actief.

Voor een nadere uitwerking van de IFRS 9-regelgeving wordt verwezen naar paragraaf 30.7.7.

Verschillen Dutch GAAP - IFRS
De Richtlijnen geven voorschriften voor het in aanmerking nemen van een afwaardering van een vordering nadat zich een gebeurtenis heeft voorgedaan op grond waarvan een (geheel of gedeeltelijke) non incasso aan de orde is (ook wel aangeduid als 'incurred credit loss'). IFRS 9 neemt ook verliezen wegens non incasso die nog niet zijn opgetreden maar wel worden verwacht in aanmerking (aangeduid als 'expected credit loss-model'). De Richtlijnen laten het ook toe om een stelselkeuze te maken voor de toepassing van de IFRS-methode voor de bepaling van verwachte kredietverliezen.

14.4.2 Verwerking waardemutaties

14.4.2.1 Transacties met aandeelhouders

De grondregel is dat alle waardemutaties die betrekking hebben op een rechtstreekse transactie met aandeelhouders rechtstreeks in het eigen vermogen worden verwerkt. Een voorbeeld van dit laatste kan zijn een waardemutatie in een vordering op aandeelhouders uit hoofde van nog te storten aandelenkapitaal (zie par. 14.3.3). Blijkt de aandeelhouder de stortingsplicht niet of niet geheel te kunnen nakomen dan heeft dat tot gevolg dat de waardevermindering van de vordering op de aandeelhouder niet ten laste van de winst-en-verliesrekening wordt afgewaardeerd doch rechtstreeks in mindering wordt gebracht op de betreffende post van het eigen vermogen.

14.4.2.2 Overige transacties – toepassing van reële waarde

De verwerking van waardemutaties in geval van waardering tegen reële waarde onder RJ verschilt van de toepassing onder IFRS.

Dutch GAAP
Onder de Nederlandse wet- en regelgeving kan de rechtspersoon ervoor kiezen de waardeveranderingen van bepaalde tegen actuele waarde (marktwaarde of reële waarde) gewaardeerde categorieën financiële instrumenten direct in de winst-en-verliesrekening te verwerken. Echter, indien geen sprake is van frequente marktnotering voor het desbetreffende actief dient voor cumulatieve positieve waardeveranderingen tevens een herwaarderingsreserve te worden gevormd.
Cumulatieve negatieve waardeveranderingen komen onmiddellijk ten laste van de winst-en-verliesrekening. De Nederlandse wet laat een negatieve herwaarderingsreserve niet toe.

IFRS
In het schema zoals opgenomen in paragraaf 14.2.2.2 is duidelijk waarneembaar op welke wijze de reële waardemutaties worden verwerkt. Is sprake van 'reële waarde met waardeverandering door winst-en-verliesrekening' ('fair value through profit and loss' – FVPL), dan geeft de naam van de waarderingscategorie al de voorgeschreven verwerking aan: alle waardewijzigingen gaan onmiddellijk naar de winst-en-verliesrekening.

Bij sommige types schuldinstrumenten kan het relevant zijn om zowel de informatie op basis van geamortiseerde kostprijs als reële waarde weer te geven. De IASB heeft daarvoor de waarderingscategorie 'reële waarde met waarderingsverschillen via other comprehensive income' mogelijk gemaakt. Dan kan onder voorwaarden sprake zijn van het tijdelijk buiten de resultatenrekening houden van een gedeelte van de waarderingsverschillen; het betreffende gedeelte van de waardeverschillen wordt dan in 'other comprehensive income' verwerkt, en bij desinvestering van het financieel actief dan alsnog via de 'recycling' in de winst-en-verliesrekening opgenomen. Het via 'other comprehensive income' te verwerken deel van de waardemutaties is overigens in zekere zin beperkt: interestbaten, valutaresultaten en afwaarderingen uit hoofde van kredietverlies worden wel onmiddellijk via de winst-en-verliesrekening verwerkt. Alleen het restant van de reële waardewijziging wordt via 'other comprehensive income' verwerkt, hetgeen praktisch bezien betrekking zal hebben op het uitstellen van een positieve afwijking tussen de reële waarde en de oorspronkelijke verkrijgingsprijs (aangepast voor kredietverliezen).

Bij een eigen-vermogensinstrument kan, indien geen sprake is van een instrument voor handelsdoeleinden, worden gekozen voor de waarderingscategorie 'reële waarde met waarderingsverschillen via other comprehensive income'. Overigens zullen ontvangen dividenden, tenzij sprake is van een terugbetaling van de koopprijs (meegekocht dividend), wel onmiddellijk in de winst-en-verliesrekening moeten worden verwerkt, zodat alleen de andere (reële) waardemutaties in 'other comprehensive income' worden opgenomen. Er is geen noodzaak tot het afzonderlijk verwerken van een waardedaling (deze is onderdeel van de reële waardemutatie die via 'other comprehensive income' is verwerkt). Bij desinvestering van het eigen-vermogensinstrument is géén sprake van het recyclen van de reële waardemutaties.

Verschillen Dutch GAAP - IFRS
IFRS schrijft per waarderingscategorie van financiële activa voor of de waardeverschillen rechtstreeks in de winst-en-verliesrekening dan wel (gedeeltelijk) via 'other comprehensive income' dienen te worden verwerkt. De Richtlijnen laten meer (stelsel)keuzevrijheid toe.

14.5 Vorderingen (behorend tot de vlottende activa): Waardering, presentatie en toelichting

14.5.1 Vorderingen (behorend tot de vlottende activa): Begripsbepaling

De kortlopende vorderingen omvatten normaliter vorderingen op veel verschillende partijen, zowel derden als binnen groepsverhoudingen; in aansluiting op de in artikel 2:370 lid 1 BW gegeven opsomming:
a. vorderingen op handelsdebiteuren;
b. vorderingen op groepsmaatschappijen (in de praktijk vaak een 'rekening-courant' waarop vorderingen op en ontvangen betalingen van de groepsmaatschappij worden opgenomen);
c. vorderingen op andere rechtspersonen en vennootschappen die een deelneming hebben in de rechtspersoon of waarin de rechtspersoon een deelneming heeft (idem vaak rekening-courant);
d. opgevraagde stortingen van geplaatst aandelenkapitaal (zie par. 14.3.3);
e. overige vorderingen, met uitzondering van die waarop de artikelen 2:371 BW (effecten) en 2:372 BW (liquide middelen) van toepassing zijn, en met afzonderlijke vermelding van de vorderingen uit leningen en voorschotten aan leden of houders van aandelen op naam (bij een BV).

Onder de overige vorderingen (letter e) kunnen bijvoorbeeld voorkomen:
- voorschotten aan personeel;
- vorderingen op belastingdienst (btw, vennootschapsbelasting) en sociale verzekeraars;
- te ontvangen aflossingen op uitgegeven langlopende leningen;
- te vorderen verzekeringsuitkeringen;
- derivaten (zie hoofdstuk 31).

Meestal zijn de bedragen van de afzonderlijke deelcategorieën 'overige vorderingen' van beperkte omvang en is presentatie in één totaal aan de orde. In geval van specifieke omstandigheden kunnen de bedragen van materiële omvang zijn en kan het presenteren als een afzonderlijk (sub)post vlottend actief aan te bevelen zijn. Belastingvorderingen dienen echter altijd afzonderlijk in de balans of toelichting gepresenteerd te worden (RJ 272.601).
Opgemerkt wordt nog dat vorderingen op de belastingdienst geen 'financiële instrumenten' zijn als bedoeld in RJ 290 en IFRS 9 omdat geen sprake is van een overeenkomst.

IFRS kent geen verplichte opsomming van vlottende vorderingen zoals gegeven in artikel 2:370 lid 1 BW. IFRS 7 geeft wel aan dat het relevant kan zijn voor de informatieverschaffing in de toelichting om een indeling te maken naar 'classes'.

Verschillen Dutch GAAP - IFRS
IFRS kent niet, zoals de Nederlandse wet, een verplichte uitgesplitste presentatie in de balans van de tot de vlottende activa behorende vorderingen.

14.5.2 Vorderingen (behorend tot de vlottende activa): Waardering

Voor een gedetailleerde uitwerking van de voorschriften van RJ en IFRS (en bespreking van de verschillen) wordt verwezen naar paragrafen 30.5 t/m 30.7. Deze voorschriften zijn als volgt samen te vatten:

14.5.2.1 Eerste waardering en vervolgwaardering

Voor wat betreft de indeling naar 'waarderingscategorieën' wordt verwezen naar paragraaf 14.2.2.2.

De meeste tot de overige vlottende activa behorende vorderingen vallen over het algemeen binnen de categorie 'verstrekte leningen en overige vorderingen' (RJ) respectievelijk 'schuldinstrumenten tegen geamortiseerde kostprijs' (IFRS). Bekende posten in deze groep zijn handelsdebiteuren, rekening-courantvorderingen op deelneming of op groepsmaatschappij, nog te factureren bedragen en dergelijke.

Het IFRS 9-model veronderstelt dat door de meeste ondernemingen niet zijnde financiële instellingen de reguliere handels- en overige vorderingen tegen geamortiseerde kostprijs worden gewaardeerd, omdat:
- de reguliere, meer 'rechttoe rechtaan' voorwaarden en contractuele condities van het financieel actief zorgen dat de 'SPPI'-test ('solely payment of principal and interest') wordt doorstaan vanwege het niet aanwezig zijn van bijzondere, afwijkende voorwaarden en condities ten aanzien van de kasstromen van rente en aflossingen;
- het bedrijfsmodel ('business model') met zich meebrengt dat de handels- en overige vorderingen uitsluitend worden aangehouden voor het incasseren van de contractuele kasstromen.

Eerste waardering
Zowel onder de RJ als onder IFRS worden vorderingen in de categorie 'verstrekte leningen en overige vorderingen' respectievelijk 'schuldinstrumenten tegen geamortiseerde kostprijs' bij eerste waardering gewaardeerd tegen de reële waarde, inclusief de transactiekosten. In een zakelijke transactie zal de reële waarde op het moment van de transactie gelijk zijn aan de kostprijs (RJ 222.201, IFRS 9.5.1.1), en tevens (tenzij sprake is van agio/disagio en transactiekosten) gelijk zijn aan de nominale waarde van de vordering (RJ 222.202).
Specifiek voor handelsdebiteuren bepaalt IFRS 9 dat de eerste waardering gelijk is aan de transactieprijs (als vastgesteld aan de hand van de voorschriften van IFRS 15). Daarbij is wel de veronderstelling dat in de transactieprijs geen significante financieringscomponent is opgenomen (IFRS 9.5.1.3).

14 Overige vlottende activa

> **Voorbeeld eerste waardering**
> In de praktijk wordt de 'eerste waardering' op basis van reële waarde soms verward met een stelselmatige waardering op reële waarde: het is van belang te onderkennen dat de eerste waardering op reële waarde niet betekent dat een stelselkeuze is gemaakt om de vorderingen in dit boekjaar en alle komende boekjaren tegen reële waarde te waarderen; integendeel, de term 'eerste waardering' ziet op het moment waarop het actief als onderdeel van een transactie voor het eerst in de boekhouding wordt opgenomen, waarbij een kostprijs van het actief wordt bepaald die gelijk is aan de reële waarde op datum transactie. Vervolgens dient op basis van de regelgeving een keuze te worden gemaakt voor de (vervolg)waardering op kostprijs (in dat geval de geamortiseerde kostprijs) of de reële waarde.
> Entiteit XYZ verkoopt zelfgeproduceerd papier. Gebruikelijk is dat de leveranties na een betalingstermijn van 30 dagen worden geïncasseerd. Een levering met een nominale waarde van 1.000 heeft dan een reële waarde op transactiemoment van 1.000; ofwel, de kostprijs van de vordering op moment van ontstaan van de vordering is 1.000.
> Eén van XYZ's afnemers heeft aan XYZ een leverancierskrediet gevraagd. Afgesproken is om een betalingstermijn van 18 maanden te hanteren, waarbij XYZ voor haar rentenadeel een hogere verkoopprijs dan bij contante betaling in rekening zal brengen. Bij de eerste levering door XYZ onder de nieuwe regeling (waarde 1.093) zal XYZ de kostprijs van de debiteurenvordering moeten bepalen op de reële waarde op moment van de transactie. De reële waarde is gelijk aan de contante waarde (rente 0,5% per maand) van de vordering, contant gemaakt voor 18 maanden, en geldt als kostprijs van de handelsvordering op moment van transactie; in journaalposten
> *Op moment van levering goederen*
> Handelsdebiteur   1.000 (= kostprijs = reële waarde transactiemoment = contante waarde)
> Aan Omzet   1.000

A. Vervolgwaardering tegen geamortiseerde kostprijs
Deze vorderingen worden na eerste verwerking gewaardeerd tegen de geamortiseerde kostprijs gebruikmakend van de effectieve-rentemethode (RJ 222.202/201, IFRS 9.4.1.2).

> **Voorbeeld eerste waardering en vervolgwaardering (voortzetting)**
> *Na één maand voor oprenten vordering (toepassing 'geamortiseerde kostprijs')*
> Handelsdebiteur   5
> Aan Interestbate   5
>
> *Cumulatief* wordt over de periode van 18 maanden een rentebate van 93 geboekt en is de handelsvordering toegenomen naar de nominale waarde van 1.093; dit bedrag betaalt de afnemer aan XYZ na het verstrijken van de betalingsperiode van 18 maanden.
>
> De terminologie samengevat:
> ▶ de nominale waarde van de handelsvordering bedraagt 1.093;
> ▶ de kostprijs van de handelsvordering = reële waarde op transactiemoment ('eerste waardering') 1.000;
> ▶ de geamortiseerde kostprijs is de waarde op elke rapportagedatum, waarbij de oorspronkelijke eerste waarde (kostprijs) van 1.000 oploopt naar de nominale waarde na 18 maanden van 1.093.

Voor nadere uitleg van de methodiek van de geamortiseerde kostprijs wordt verwezen naar paragraaf 30.5.4.

B. Vervolgwaardering tegen reële waarde
Voor zover vorderingen niet in de categorie 'verstrekte leningen en overige vorderingen' (RJ) of 'schuldinstrumenten tegen geamortiseerde kostprijs' (IFRS) zijn geclassificeerd maar worden aangehouden voor handelsdoeleinden, is waardering na eerste verwerking tegen reële waarde vereist, met onmiddellijke verwerking van alle waardeveranderingen in de resultatenrekening.

Uitsluitend onder IFRS kan voor vorderingen (anders dan voor handelsdoeleinden) worden gekozen om deze te waarderen tegen reële waarde met waardeveranderingen direct door de winst-en-verliesrekening ('fair value option') mits sprake is van het wegnemen dan wel verminderen van een accounting mismatch (IFRS 9.4.1.5).

Onder IFRS kan het zijn dat vorderingen niet voldoen aan de 'SPPI'-beoordeling (zie par. 14.2.2.2 en 30.7.2), waardoor waardering tegen 'reële waarde met waardeverandering door winst-en-verliesrekening' ('fair value through profit and loss' – FVPL) dient plaats te vinden. Dit kan ook aan de orde zijn voor vorderingen die wel voldoen aan de 'SPPI'-beoordeling, maar in de beoordeling van het van toepassing zijnde bedrijfsmodel alsnog niet op geamortiseerde kostprijs mogen worden gewaardeerd (zie par. 14.2.2.2 en 30.7.2).
Een voorbeeld kan zijn een investering in beursgenoteerde obligaties; vanwege de gebruikelijke rubricering als 'effecten' is dit mede nader uitgewerkt in paragraaf 14.6.

Voor derivaten zijn onder RJ en IFRS verschillende vervolgwaarderingen aan de orde; verwezen wordt naar hoofdstuk 31.

Voor bijzondere waardeverminderingen wordt verwezen naar paragraaf 14.4.

14.5.3 Vorderingen (behorend tot de vlottende activa): Presentatie en toelichting

De presentatie van vorderingen als vast of vlottend actief is in paragraaf 14.2.1 aangeduid. In paragraaf 9.2.1 wordt nader ingegaan op de vorderingen die onder de vaste activa worden gerubriceerd.

Inzake de toelichtingen op vorderingen geldt onder de Nederlandse wet- en regelgeving een aantal specifieke toelichtingsvereisten en presentatievereisten (zie hoofdstuk 21 voor de specifieke toelichtingseisen voor vorderingen op bestuurders of commissarissen, art. 2:383 lid 2 BW).

Voor de presentatie geldt een aantal bijzondere bepalingen met aanvullende informatie in de toelichting:
- Indien vorderingen met een resterende looptijd van meer dan één jaar onder de vlottende activa zijn gerubriceerd, wordt in de toelichting per groep van vordering aangegeven tot welk bedrag de resterende looptijd langer dan één jaar is (art. 2:370 lid 2 BW, RJ 222.306). Deze toelichtingseis bestaat onder IFRS ook voor zover posten zonder uitsplitsing in een langlopend en kortlopend gedeelte in de balans worden gepresenteerd (IAS 1.61), zoals bij een keuze voor de balanspresentatie die niet is gebaseerd op de indeling lang-/kortlopend doch op de volgorde van liquiditeit; bij de presentatie gebaseerd op 'lang-/kortlopend' vereist IAS 1.61, 1.66c en 1.68 een splitsing die reeds in de balansbedragen is opgenomen en gepresenteerd.
- Indien een deel van de vorderingen die onder de financiële vaste activa zijn opgenomen binnen 12 maanden na balansdatum opeisbaar wordt, dient dit bedrag hetzij afzonderlijk te worden toegelicht dan wel te worden gepresenteerd onder de vlottende activa, waarbij de wijze van presentatie dient te worden uiteengezet (RJ 190.207). De toelichtingseis bestaat onder IFRS ook voor zover posten zonder uitsplitsing in een langlopend en kortlopend gedeelte in de balans worden gepresenteerd (IAS 1.61), zoals bij een keuze voor de balanspresentatie die niet is gebaseerd op de indeling lang-/kortlopend doch op de volgorde van liquiditeit; bij de presentatie gebaseerd op 'lang-/kortlopend' vereist IAS 1.61, 1.66c en 1.68 een splitsing die reeds in de balansbedragen is opgenomen en gepresenteerd.
- Vooruitbetalingen op diensten kunnen onder vorderingen worden opgenomen of onder overlopende activa (RJ 222.307). Voor zover rechten op te ontvangen goederen of diensten in de balans worden opgenomen, dienen zij te worden gerubriceerd onder de actiefposten waarop zij betrekking hebben. Bijvoorbeeld vooruitbetalingen op (im)materiële vaste activa worden opgenomen onder de post (im)materiële vaste activa, en vooruitbetalingen op voorraden worden opgenomen onder de post voorraden. IFRS kent dit voorschrift niet.
- Het bedrag van vorderingen uit leningen en voorschotten aan leden of houders van aandelen op naam moet afzonderlijk worden vermeld. Overigens heeft deze bepaling geen betrekking op vorderingen ontstaan in het

14 Overige vlottende activa

handelsverkeer (art. 2:370 lid 1 onder e, RJ 222.310). Onder IFRS kan deze toelichting ook aan de orde zijn als deze partijen als 'verbonden partijen' zijn aangemerkt (IAS 24) (par. 21.2.8).

- Naast dat de vorderingen op groepsmaatschappijen en deelnemingen of maatschappijen die een deelneming in de rechtspersoon hebben afzonderlijk dienen te blijken (art. 2:367 c/d BW en RJ 222.302), dient in de balans of in de toelichting het bedrag te worden vermeld van de vorderingen op deelnemingen waarin de rechtspersoon invloed van betekenis kan uitoefenen, onderscheiden naar kort- en langlopend (RJ 222.313). IFRS kent een vergelijkbare toelichtingseis, als onderdeel van de informatie over verbonden partijen (IAS 24.18) (par. 21.2.8).
- Bij het trekken van wissels op handelsdebiteuren ter zake van geleverde goederen of diensten, dienen, zolang de wissels niet zijn verdisconteerd, de desbetreffende posten van handelsdebiteuren niet te worden overgeboekt naar de onder de liquide middelen opgenomen wissels. Als de criteria voor opname van activa aanleiding vormen om de vordering niet af te boeken, heeft dit tot gevolg dat tegenover de geldontvangst uit hoofde van de verdiscontering van de wissel een schuld dient te worden opgenomen aan de bank die de wissel heeft verdisconteerd (RJ 222.309).
- Artikel 2:361 lid 4 BW vereist toelichting van de bedragen die als vorderingen zijn opgenomen op andere maatschappijen, die geen groepsmaatschappijen zijn, maar die: a) op voet van de leden 1, 3 en 4 van artikel 24a van boek 2 BW rechten in de rechtspersoon kunnen uitoefenen, ongeacht of zij rechtspersoonlijkheid hebben, of die b) dochtermaatschappij zijn van de rechtspersoon, van een groepsmaatschappij of van een maatschappij als bedoeld in onderdeel a); zie ook paragraaf 21.2.9; onder IFRS kan eenzelfde informatie-eis aan de orde zijn indien de betreffende verhoudingen kwalificeren als een 'related party' als bedoeld in IAS 24 (par. 21.2.8).

Voor vorderingen gelden naast bovenstaande eisen ook de meer algemene toelichtingseisen die zijn opgenomen in paragraaf 9 van Richtlijn 290 'Financiële instrumenten'. Onder andere RJ 290.906 bepaalt dat omtrent alle financiële instrumenten, zowel de in de balans opgenomen als de niet in de balans opgenomen financiële instrumenten, het volgende in de toelichting dient te worden opgenomen:
a. informatie over de omvang en de aard van de financiële instrumenten, inclusief belangrijke contractuele bepalingen die invloed kunnen hebben op zowel bedrag en tijdstip als mate van zekerheid van de toekomstige kasstromen; en
b. de grondslagen voor waardering en resultaatbepaling, inclusief de criteria voor opname van financiële instrumenten in de balans en de toegepaste waarderingsmethoden (in overeenstemming met art. 2:384 lid 5 BW).

Tevens moet op grond van Richtlijn 290 informatie in de toelichting worden opgenomen omtrent het rente-, kasstroom- en liquiditeitsrisico (RJ 290.918), het kredietrisico (RJ 290.928), de reële waarde (RJ 290.937/art. 2:381a BW) en financiële activa waarvan de boekwaarde hoger is dan de reële waarde (RJ 290.943/art. 2:381b BW). Richtlijn 290 sluit (nog) niet aan op de specifieke bepalingen van IFRS 7 en IFRS 13.

Onder IFRS zijn alle toelichtingsvoorschriften voor financiële instrumenten opgenomen in IFRS 7 en IFRS 13. IFRS 7 en 13 geven onder andere aan dat een entiteit haar financiële instrumenten dient te groeperen in klassen van vergelijkbare instrumenten en, waar toelichting is vereist, deze toelichting per klasse dient op te nemen. De hoofdcategorieën van toelichting luiden:
a. toelichting over het belang van financiële instrumenten voor de financiële positie en prestaties van de entiteit;
b. kwalitatieve en kwantitatieve toelichting over risico's die zijn verbonden aan financiële instrumenten, waaronder minimumeisen ten aanzien van toelichting over kredietrisico, liquiditeitsrisico en marktrisico (waaronder een gevoeligheidsanalyse) en toelichting van de fair value. Kwalitatieve toelichting betreft doelstellingen, beleid en processen voor het managen van deze risico's. Kwantitatieve toelichting betreft informatie over de omvang van de risico's op basis van informatie intern verstrekt aan 'key management personnel', maar ook specifieke toelichting voorzover dat niet is verstrekt aan 'key management personnel'.

In hoofdstuk 30, paragraaf 30.8 wordt nader ingegaan op deze toelichtingsvereisten.

Verschillen Dutch GAAP - IFRS
IFRS kent geen verplichte onderverdeling van de tot de vlottende activa behorende vorderingen. Onder de Nederlandse wet- en regelgeving zijn hier wel degelijk specifieke voorschriften voor.

In geval van een balans met een indeling op basis van lang-/kortlopend schrijft IFRS voor om van bedragen die een totale looptijd van meer dan één jaar kennen, het bedrag in de balans uit te splitsen in een gedeelte langer en korter dan één jaar. De Nederlandse wet- en regelgeving laat een uitsplitsing in de toelichting ook toe.

De Richtlijnen bevatten specifieke toelichtingseisen voor vorderingen en voor financiële instrumenten in het algemeen. IFRS kent een aantal dezelfde en een aantal andere toelichtingsvereisten voor vorderingen en voor financiële instrumenten in het algemeen. Richtlijn 290 sluit niet aan op de specifieke bepalingen van IFRS 7 en IFRS 13.

14.6 Effecten (behorend tot de vlottende activa): Waardering, presentatie en toelichting

14.6.1 Effecten (behorend tot de vlottende activa): Begripsbepaling

'Effecten' is de verzamelterm voor waardepapieren zoals aandelen, certificaten van aandelen, obligaties, opties, futures, warrants en inschrijvingen in schuld- en in aandelenregisters (RJ 226.0). Als er sprake is van effecten in relatie tot een zogenaamde buiten de groep staande verbonden maatschappij (zie voor dit begrip par. 10.1.3 en 21.2.9), dienen zij afzonderlijk onder de effecten te worden opgenomen (art. 2:371 lid 1 BW).

In deze paragraaf worden de hoofdlijnen van de specifieke bepalingen voor waardering en resultaatbepaling van effecten behandeld. Voor de nadere gedetailleerde beschrijving wordt verwezen naar hoofdstuk 30.

14.6.2 Effecten (behorend tot de vlottende activa): Waardering

14.6.2.1 Eerste waardering en vervolgwaardering

Effecten zijn ook tevens financiële instrumenten en vallen daarmee ook onder de bepalingen van Richtlijn 290 en IFRS 9.

Voor wat betreft de indeling naar 'waarderingscategorieën' wordt verwezen naar paragraaf 14.2.1. De indeling van RJ en IFRS komt niet overeen, en daarnaast zijn voorschriften voor de vervolgwaardering op onderdelen afwijkend van elkaar. In het vervolg van de paragraaf wordt een indeling gehanteerd die het mogelijk maakt de overeenkomsten respectievelijk verschillen op systematische wijze weer te geven.

A. Eerste verwerking

Onder RJ en IFRS dienen aandelen en obligaties bij eerste verwerking te worden gewaardeerd tegen de reële waarde. Transactiekosten worden al dan niet in deze waardering opgenomen, afhankelijk van de vervolgwaardering (RJ 226.201, IFRS 9.5.1.1):
- ▶ vervolgwaardering is reële waarde met waardeveranderingen direct in de winst-en-verliesrekening: transactiekosten eveneens (direct) in de winst-en-verliesrekening;
- ▶ vervolgwaardering is reële waarde met waardeveranderingen in het eigen vermogen: transactiekosten zijn onderdeel van de eerste waardering;
- ▶ vervolgwaardering is geamortiseerde kostprijs: transactiekosten zijn onderdeel van de eerste waardering.

B. Vervolgwaardering: Handelsportefeuille

Aandelen en obligaties (beursgenoteerde en niet-beursgenoteerde) die behoren tot een handelsportefeuille dienen te worden gewaardeerd tegen reële waarde, waarbij de waardeveranderingen direct in de winst-en-verliesrekening worden verwerkt (RJ 226.203). Hier bestaat geen verschil met IFRS (IFRS 9.4.1.4/9.5.2.1).

C. Vervolgwaardering: Investering in eigen-vermogensinstrumenten

De RJ schrijft voor dat **beursgenoteerde aandelen** die behoren tot de categorie investeringen in eigen-vermogensinstrumenten worden gewaardeerd tegen reële waarde, waarbij de waardeverandering hetzij direct in de winst-en-verliesrekening wordt opgenomen, dan wel eerst in een herwaarderingsreserve en bij latere realisatie in de winst-en-verliesrekening (RJ 226.204).

Voor **niet-beursgenoteerde aandelen** die behoren tot de categorie investeringen in eigen-vermogensinstrumenten geeft de RJ een stelselkeuze: hetzij de kostprijs hetzij de reële waarde (met waardeveranderingen zoals bij beursgenoteerde aandelen) (RJ 226.205).

Ook IFRS schrijft voor beide soorten effecten waardering op reële waarde voor (IFRS 9.4.1.4) waarbij per instrument alleen bij initiële verwerking kan worden gekozen voor de waarderingscategorie:
- 'reële waarde met onmiddellijke verwerking van de waardeverschillen in de winst-en-verliesrekening' (FVPL), onder voorwaarden (IFRS 9.5.7.5/6; IFRS 9.B5.7.1); of
- 'reële waarde met waarderingsverschillen via other comprehensive income'. De ontvangen dividenden worden wel onmiddellijk in de winst-en-verliesrekening verwerkt, tenzij sprake is van een terugbetaling van de koopprijs (meegekocht dividend), zodat alleen de andere waardemutaties in 'other comprehensive income' worden opgenomen. Er is geen noodzaak tot het afzonderlijk verwerken van een waardedaling (deze is onderdeel van de reële-waardemutatie die via 'other comprehensive income' is verwerkt). Bij desinvestering van het eigen-vermogensinstrument is géén sprake van het recyclen van de reële-waardemutaties naar de winst-en-verliesrekening.

Een negatieve fair value reserve, in de situatie dat de reële waarde lager is dan de kostprijs, is bij toepassing van IFRS toegestaan. Een dergelijke negatieve reserve is (uitsluitend bij toepassing van combinatie 3) ook in Nederland mogelijk – als onderdeel van de herwaarderingsreserve – op grond van artikel 2:390 lid 1 jo. artikel 2:384 lid 8 BW.

D. Vervolgwaardering: Derivaten (zonder toepassing hedge-accounting) (zie ook paragraaf 31.4.6)
- onderliggende waarde 'beursgenoteerd aandeel': reële waarde met verwerking van de waardeverschillen direct in de winst-en-verliesrekening (RJ 290.512) (geen verschil met IFRS);
- onderliggende waarde 'obligaties' of 'niet-beursgenoteerde aandelen', dan wel derivaten van renterisico of valutarisico: onder RJ is een keuze voor hetzij waardering op reële waarde hetzij kostprijs met afwaardering naar lagere marktwaarde (RJ 290.513). Onder IFRS worden alle derivaten tegen reële waarde gewaardeerd met wijzigingen van de reële waarde direct in de winst-en-verliesrekening. De in RJ 290 opgenomen mogelijkheid om derivaten waarvan de onderliggende waarde geen beursgenoteerd aandeel is tegen kostprijs te waarderen, wordt in IFRS 9 niet gegeven.

E. Vervolgwaardering: Derivaten (met toepassing hedge-accounting)
- zie paragraaf 31.5.

F. Vervolgwaardering: Obligaties
Onder de RJ bestaat de waarderingscategorie 'tot einde looptijd aangehouden': obligaties (beursgenoteerd of niet-beursgenoteerd) die behoren tot de categorie gekochte leningen en obligaties die worden aangehouden tot het einde van de looptijd worden gewaardeerd tegen geamortiseerde kostprijs (RJ 226.206).
Voor de niet tot einde looptijd aangehouden obligaties stelt de RJ dat deze horen tot de categorie gekochte leningen en obligaties. Deze worden hetzij gewaardeerd tegen geamortiseerde kostprijs, hetzij tegen reële waarde; in geval van reële waarde worden waardeveranderingen hetzij direct in de winst-en-verliesrekening opgenomen, hetzij eerst in een herwaarderingsreserve en bij latere realisatie in de winst-en-verliesrekening (RJ 226.208).

IFRS 9 kent geen onderscheid voor al dan niet tot einde looptijd aanhouden van obligaties (schuldinstrumenten). Onder IFRS 9 geldt daarmee voor alle obligaties dat de vervolgwaardering afhankelijk is van de categorieën voor 'schuldinstrumenten' zoals uiteengezet in paragraaf 14.2.2.2, zijnde geamortiseerde kostprijs, 'reële waarde met waardewijzigingen in other comprehensive income' en 'reële waarde met verwerking van alle waardewijzigingen in winst-en-verliesrekening'.

Niet alle ondernemingen zullen de vervolgwaardering op basis van 'reële waarde met verwerking van alle waardeaanpassingen in winst-en-verliesrekening' toepassen. Het is ook denkbaar dat in voorkomende gevallen geamortiseerde kostprijs of 'reële waarde met waardewijzigingen in other comprehensive income' aan de orde is (mits aan de voorschriften ter zake wordt voldaan). Wordt voldaan aan de SPPI-test doch is sprake van een bedrijfsmodel waarin de instrumenten worden beheerd om **zowel** de contractuele kasstromen te ontvangen (rente en aflossing) **als** de instrumenten te verkopen en op die manier de kasstromen te realiseren, dan dient de waardering plaats te vinden tegen reële waarde met waardeveranderingen in reële waarde in het totaalresultaat (OCI) waarbij interestbaten, valutaverschillen en bijzondere waardeverminderingen wel onmiddellijk via de resultatenrekening worden verwerkt. Dat geldt ook voor het cumulatieve resultaat in het eigen vermogen ('OCI') dat wordt overgeboekt naar de winst-en-verliesrekening als het desbetreffende schuldinstrument niet langer in de balans wordt opgenomen, bijvoorbeeld door een verkoop (*recycling*).

Het gevolg van toepassing van de in vorige alinea genoemde beide alternatieven is dat de IFRS 9-bepalingen inzake bijzondere waardeverminderingen ook van toepassing worden. Immers, bij zowel de waardering op geamortiseerde kostprijs als 'reële waarde met waardewijzigingen in other comprehensive income' gelden de vereisten om vanaf het moment van initiële waardering het 'expected credit loss-model' toe te passen (als uitgewerkt in par. 14.4.1).

14.6.2.2 Bepaling van de reële waarde
Voor de niet-beursgenoteerde aandelen en obligaties (en soortgelijke financiële instrumenten) kan het bepalen van een reële waarde wegens het ontbreken van marktnoteringen moeilijker zijn. In het Besluit actuele waarde (BAW) wordt ter zake aangegeven dat de reële waarde (in art. 4 BAW genoemd marktwaarde) ook kan worden benaderd uit (RJ 226.209 en RJ 290.524):
▶ reële waarde van eigen bestanddelen van het financieel instrument of van bestanddelen van vergelijkbare instrumenten, indien van de reële waarden van de bestanddelen wel een betrouwbaar marktgegeven voorhanden is (art. 10 lid 1 onder a BAW);
▶ met behulp van algemeen aanvaarde waarderingsmodellen en -technieken (art. 10 lid 1 onder b BAW). In dat geval dienen de aannames die daaraan ten grondslag liggen te worden toegelicht (art. 2:381a onder a BW).

Indien beide alternatieve methoden niet leiden tot een betrouwbare reële waarde dan is toepassing van kostprijswaardering voorgeschreven (art. 10 lid 3 onder d BAW, RJ 226.209). Onder IFRS is de regelgeving rondom het bepalen van de reële waarde opgenomen in een afzonderlijke standaard (IFRS 13). IFRS 13 kent een iets

14 Overige vlottende activa

afwijkende definitie van reële waarde ten opzichte van de Richtlijnen. Daarnaast is voor de bepaling van de reële waarde en informatieverstrekking een zogenoemde hiërarchie aangebracht (niveau 1, 2 en 3), die de mate van objectiviteit van de bepaling van de reële waarde weergeeft.

Voor een nadere beschouwing omtrent dit onderwerp wordt verwezen naar paragraaf 30.5.5.

Verschillen Dutch GAAP - IFRS
De indeling van de Nederlandse wet- en regelgeving en IFRS in waarderingscategorieën en daarop betrekking hebbende voorschriften voor de vervolgwaardering komen niet overeen. De details van de verschillen zijn in voorgaande uiteenzettingen opgenomen.

14.6.3 Effecten (behorend tot de vlottende activa): Presentatie en toelichting

14.6.3.1 Presentatie

De presentatie van activa (waaronder aandelen en obligaties vallen) als vast of vlottend actief is in paragraaf 14.2.1 behandeld.

Ten aanzien van presentatie gelden nog de volgende specifieke bepalingen:
- Is er sprake van effecten in relatie tot een zogenoemde buiten de groep staande verbonden maatschappij, dan dienen deze afzonderlijk onder de effecten te worden opgenomen (art. 2:371 lid 1 BW); IFRS kent dit voorschrift niet.
- Op grond van het Besluit modellen jaarrekening dienen de periodieke opbrengsten uit hoofde van aandelen en obligaties, zoals dividend en rente, te worden verantwoord onder 'opbrengst van vorderingen die tot de vaste activa behoren en van effecten' (RJ 226.302). IFRS kent geen vast model voor de winst-en-verliesrekening. Bij financiële instellingen zullen dividenden en rente deel uitmaken van de operationele resultaten. Bij niet-financiële instellingen zullen deze tot de financiële opbrengsten/kosten behoren.

14.6.3.2 Toelichting

Voor effecten gelden de volgende toelichtingsvereisten in Titel 9 Boek 2 BW en Richtlijn 226 (IFRS kent deze voorschriften niet):
- Vermeld wordt de gezamenlijke waarde van de tot de vlottende activa behorende effecten die zijn toegelaten tot de handel op een gereglementeerde markt of een multilaterale handelsfaciliteit binnen de EU als bedoeld in artikel 1:1 Wft (Wet op het financieel toezicht) of een met een gereglementeerde markt of multilaterale handelsfaciliteit vergelijkbaar systeem uit een staat die geen EU-lidstaat is (art. 2:371 lid 1 BW).
- Indien aandelen en obligaties (effecten) tegen verkrijgingsprijs worden gewaardeerd en de reële waarde hoger is, dient in de toelichting de hogere marktwaarde te worden vermeld (RJ 226.303).
- Vermeld wordt in hoeverre effecten niet ter vrije beschikking van de rechtspersoon staan (art. 2:371 lid 2 BW).

Daarnaast gelden voor effecten ook de meer algemene toelichtingsvereisten, die zijn opgenomen in paragraaf 9 van Richtlijn 290 'Financiële instrumenten'.
RJ 290.906 bepaalt, dat omtrent alle financiële instrumenten, zowel in de balans opgenomen als niet in de balans opgenomen, het volgende in de toelichting dient te worden opgenomen:
a. informatie over de omvang en de aard van de financiële instrumenten, inclusief belangrijke contractuele bepalingen die invloed kunnen hebben op zowel bedrag en tijdstip als mate van zekerheid van de toekomstige kasstromen; en
b. de grondslagen voor waardering en resultaatbepaling, inclusief de criteria voor opname van financiële instrumenten in de balans en de toegepaste waarderingsmethoden.

Tevens moet op grond van Richtlijn 290 informatie in de toelichting worden opgenomen omtrent het rente- en kasstroomrisico, het kredietrisico, de reële waarde en financiële activa waarvan de boekwaarde hoger is dan de reële waarde. Richtlijn 290 sluit niet aan op de specifieke bepalingen van IFRS 7 en 13.

De toelichtingsvereisten voor financiële instrumenten onder IFRS zijn opgenomen in IFRS 7 en IFRS 13.
IFRS 7 en IFRS 13 geven onder andere aan dat een entiteit haar financiële instrumenten dient te groeperen in categorieën van vergelijkbare instrumenten en, waar toelichting is vereist, deze toelichting per klasse op te nemen. De hoofdcategorieën van toelichting luiden:
a. toelichting over het belang van financiële instrumenten voor de financiële positie en prestatie van de entiteit;
b. kwalitatieve en kwantitatieve toelichting over risico's die zijn verbonden aan financiële instrumenten, waaronder minimumeisen ten aanzien van toelichting over kredietrisico, liquiditeitsrisico en marktrisico (waaronder een gevoeligheidsanalyse) en toelichting van de fair value (fair value-hiërarchie). Kwalitatieve toelichting betreft doelstellingen, beleid en processen voor het managen van deze risico's. Kwantitatieve toelichting betreft informatie over de omvang van de risico's op basis van informatie intern verstrekt aan 'key management personnel';
c. toelichting met betrekking tot overgedragen financiële activa die niet zijn verwijderd van de balans en overgedragen financiële activa die zijn verwijderd maar waarin nog betrokkenheid bestaat. Deze toelichtingseisen zijn met name relevant voor financiële instellingen (IFRS 7.42A-H). De toelichting met betrekking tot overgedragen financiële activa die niet zijn verwijderd van de balans betreft informatie over onder andere de aard van deze financiële activa, de risico's en voordelen voor de onderneming, omschrijving van de aard van de relatie tussen de overgedragen activa en de gerelateerde verplichtingen inclusief de restricties op het gebruik van de overgedragen activa en boekwaarden van overgedragen activa en gerelateerde verplichtingen.

In hoofdstuk 30, 'Financiële instrumenten', paragraaf 30.8 wordt dieper ingegaan op deze toelichtingsvereisten.

Verschillen Dutch GAAP - IFRS
Ten aanzien van presentatie en toelichting van effecten bestaan de volgende verschillen:
▶ Is er sprake van effecten in relatie tot een zogenaamde buiten de groep staande verbonden maatschappij, dan dienen deze afzonderlijk onder de effecten te worden opgenomen (art. 2:371 lid 1 BW); IFRS kent dit voorschrift niet.
▶ IFRS kent geen vast model voor de balans en winst-en-verliesrekening. De Nederlandse wet kent dit wel: op grond van het Besluit modellen jaarrekening dienen de periodieke opbrengsten uit hoofde van aandelen en obligaties, zoals dividend en rente, te worden verantwoord onder 'opbrengst van vorderingen die tot de vaste activa behoren en van effecten' (RJ 226.302).
▶ Onder IFRS gelden specifieke toelichtingseisen voor financiële instrumenten, waartoe effecten behoren, in IFRS 7 en 13. RJ kent andere specifieke toelichtingseisen, in RJ 226 en RJ 290. RJ 290 sluit (nog) niet aan op IFRS 7 en 13.

14.7 Liquide middelen: Waardering, presentatie en toelichting
14.7.1 Liquide middelen: Begripsbepaling

Liquide middelen zijn instrumenten in de vorm van papier of een munt (chartaal geld) of een tegoed op een bank (giraal geld). Deze gelden worden uitgegeven door een overheid dan wel door onder toezicht van de overheid staande instellingen. Cryptocurrencies worden niet uitgegeven of ondersteund door een overheid, en ook niet door een instelling onder toezicht van een overheid. Daarom heeft de RJ in de Uiting 2018-7 aangegeven dat

14 Overige vlottende activa

cryptocurrencies naar het oordeel van de RJ geen liquide middelen zijn. In veel gevallen kunnen cryptocurrencies als 'belegging' worden aangemerkt. Zie paragraaf 14.9.

Onder de liquide middelen worden ingevolge de Nederlandse wet- en regelgeving opgenomen (art. 2:372 lid 1 BW, RJ 228.0 en RJ 940):
- kasmiddelen;
- tegoeden op bank- en girorekeningen;
- wissels en cheques.

Deposito's en dergelijke mogen onder liquide middelen worden opgenomen indien zij in feite ter onmiddellijke beschikking staan, ongeacht of dan rentebaten worden opgeofferd (RJ 228.301).

IFRS kent een ruimer begrip dan de Nederlandse wet- en regelgeving; het begrip 'cash and cash equivalents' wordt in IFRS nader uitgewerkt in IAS 7 inzake het kasstroomoverzicht. Voor de begripsbepaling zijn daarin de volgende bepalingen relevant (IAS 7.6):
- liquide middelen ('cash') bestaan uit direct voorhanden kasmiddelen, inclusief direct opvraagbare deposito's (IAS 7.6) die zonder boete of dergelijke kunnen worden omgezet in kasmiddelen;
- kasequivalenten ('cash equivalents') zijn kortlopende, uiterst liquide beleggingen die onmiddellijk in kasmiddelen zijn om te zetten, mits de feitelijk te ontvangen kasbedragen duidelijk zijn en aan een onbelangrijk waarderisico onderhevig kunnen zijn. Eigen-vermogensinstrumenten kunnen over het algemeen géén doel uitmaken van kasequivalenten (tenzij in bijzondere situaties) (IAS 7.7).

Het onderscheid tussen kasequivalenten en (bijvoorbeeld) effecten is dat kasequivalenten bedoeld zijn om op korte termijn daadwerkelijke kasmiddelen beschikbaar te kunnen krijgen, daar waar effecten ook mede bedoeld zijn om een zekere mate van koerswinst tot stand te brengen (IAS 7.7).
Voor een nadere uiteenzetting van het begrip kasequivalenten wordt verwezen naar paragraaf 20.2.1.

Alhoewel liquide middelen in veel situaties onder de vlottende activa zullen worden opgenomen kunnen bepaalde omstandigheden met zich meebrengen dat een presentatie als vast actief voorgeschreven is; dit wordt nader uitgewerkt in paragraaf 14.7.3.

Voor nadere beschouwingen omtrent het begrip liquide middelen in het kader van het Kasstroomoverzicht wordt verwezen naar paragraaf 20.2.1.

Verschillen Dutch GAAP - IFRS
Het begrip liquide middelen onder de Nederlandse wet- en regelgeving kent een duidelijk 'beperktere' definitie dan 'cash and cash equivalents' onder IFRS. Onder IFRS zijn andere activa met een hoog liquiditeitsgehalte ook onder het cash-begrip te vatten, daar waar de Nederlandse wet- en regelgeving een begrip hanteert dat op de feitelijke kas- en banksaldi ziet.

14.7.2 Liquide middelen: Waardering

De waardering van liquide middelen dient in het algemeen tegen nominale waarde plaats te vinden (RJ 228.201).

Onder IFRS 9 is voor een rekening-courantvordering op een bancaire instelling sprake van een 'schuldinstrument'. Met hetgeen is uitgewerkt in paragraaf 14.2.2.2 zal de vervolgwaardering geamortiseerde kostprijs zijn. In de praktijk zullen ten opzichte van de nominale waarde nauwelijks verschillen optreden.

In beginsel zijn ook de vereisten inzake een afwaardering wegens te verwachten kredietverliezen ingevolge IFRS 9.5.5 van toepassing. Echter, in deze situatie is de termijn van het aanhouden van een direct (dagelijks) opvraagbare bankvordering zo kort dat een afwaardering voor te verwachten kredietverlies naar nihil zal tenderen; van het vormen van een voorziening voor kredietverliezen kan daarom in de meeste gevallen worden afgezien.

In het geval van beperkingen voor vrije opname stelt RJ 228.201 dat in de waardering daar rekening mee moet worden gehouden.

14.7.3 Liquide middelen: Presentatie en toelichting

14.7.3.1 Presentatie

Direct opeisbare deposito mogen op grond van RJ 228.301 onder de liquide middelen worden opgenomen indien zij in feite - zij het met opoffering van rentebaten - ter onmiddellijke beschikking staan.

RJ 228.301 bepaalt dat indien liquide middelen (naar verwachting) langer dan 12 maanden niet ter vrije beschikking staan, deze als financiële vaste activa dienen te worden gerubriceerd. Een vergelijkbare situatie bestaat onder IFRS: volgens IAS 1.66 wordt – indien het onderscheid vast/vlottend in de balans wordt gemaakt – uitsluitend kas en kasequivalenten tot de vlottende activa gerekend die geen restrictie voor een periode van 12 maanden in aanwending kennen. Zijn de liquide middelen beperkt in hun gebruik voor een periode van ten minste 12 maanden, dan mogen zij niet als vlottende activa worden aangemerkt en moeten zij als vaste activa worden gerubriceerd.

14.7.3.2 Toelichting

Inzake de toelichting op liquide middelen schrijft artikel 2:372 lid 2 BW voor dat wordt vermeld in hoeverre deze tegoeden niet ter vrije beschikking van de rechtspersoon staan. Een soortgelijk voorschrift wordt gegeven in RJ 228.302: indien belangrijke beperkingen bestaan inzake de beschikbaarheid van geldmiddelen, dienen de aard van de beperkingen en de omvang van het niet vrij beschikbare bedrag te worden aangegeven. Onder IFRS is dit ook vereist (IAS 7.48).

Verschillen Dutch GAAP - IFRS
De Richtlijnen bepalen dat indien liquide middelen (naar verwachting) langer dan 12 maanden niet ter vrije beschikking staan, zij als financiële vaste activa dienen te worden gerubriceerd. IFRS stelt dat tegoeden die niet ten minste 12 maanden ter vrije beschikking staan, niet als vlottende activa geclassificeerd mogen worden wanneer de balans is ingedeeld naar vlottende en niet-vlottende activa en passiva.

Cash pooling
In groepsverhoudingen kan het kasbeheer (en veelal ook het beheer van andere financiële instrumenten, ook wel aangeduid als 'treasury') centraal worden uitgevoerd. Dat kan door middel van (tussen)houdstermaatschappijen maar ook door middel van een groepsmaatschappij die als 'interne bank' optreedt. De andere groepsmaatschappijen beschikken dan niet of voor slechts geringe bedragen over eigen kasmiddelen; ontvangsten worden (vrijwel) direct doorgeleid naar de centrale kas en voor betalingen kunnen de andere groepsmaatschappijen (vrijwel) direct een beroep doen op middelen van die centrale kas. Vanuit het perspectief van de groepsmaatschappij wiens middelen (al dan niet rechtstreeks) worden afgedragen aan de centrale cash pool, is sprake van een intercompany vordering op de aangewezen entiteit. De vraag rijst of deze vordering onderdeel uitmaakt van de geldmiddelen. Naar onze mening classificeren cash pool vorderingen niet als liquide middelen omdat deze niet voldoen aan de definitie van liquide middelen, zoals hierboven aangegeven. Voor wat betreft de vraag of sprake kan zijn van kasequivalenten in het kasstroomoverzicht wordt verwezen naar paragraaf 20.2.1.

14.8 Overlopende activa: Waardering, presentatie en toelichting

14.8.1 Overlopende activa: Begripsbepaling en Presentatie

IFRS geeft in IAS 1.78b specifieke bepalingen voor vorderingen; daarin wordt ook aangegeven dat vooruitbetalingen separaat dienen te worden uiteengezet in de toelichting.
In het navolgende wordt vooral nader ingegaan op de specifieke bepalingen binnen de Nederlandse wet- en regelgeving.

Het Burgerlijk Wetboek vereist dat onder de vlottende activa afzonderlijk worden opgenomen de overlopende activa, voor zover zij niet onder de vorderingen zijn vermeld (art. 2:364 lid 3 BW). In het Burgerlijk Wetboek wordt niet nader ingegaan op het begrip 'overlopende activa'. De RJ doet dat wel (RJ 224.102):
- vooruitbetaalde bedragen voor kosten die ten laste van de volgende periode komen, bijvoorbeeld assurantiepremies, contributies en abonnementen. Activering mag plaatsvinden omdat deze in de regel geacht mogen worden de waarde voor te stellen van een bepaald recht (RJ 224.103);
- nog te ontvangen bedragen wegens baten ten gunste van voorgaande perioden, bijvoorbeeld de rente over banktegoeden en leningen u/g of terug te vorderen kosten.

Het karakter van overlopende actiefposten dient, als dit voor het te geven inzicht van belang is, als volgt tot uitdrukking te worden gebracht: hetzij door rubricering in de balans, hetzij door een specifieke benaming, hetzij door een nadere uiteenzetting in de toelichting (RJ 224.102). Dit stemt overeen met IFRS.
Voor overlopende actiefposten beveelt de RJ aan deze alleen afzonderlijk in de balans op te nemen als het bedrag materieel is, en in andere gevallen het bedrag samen te voegen met de overige vorderingen (RJ 224.105).

14.8.2 Overlopende activa: Waardering

De toerekening van vooruitbetaalde bedragen aan opvolgende perioden dient stelselmatig te geschieden, bijvoorbeeld tijdsevenredig of evenredig aan de omvang van de productie of de verkoop (RJ 224.104).

14.8.3 Overlopende activa: Toelichting

Inzake de toelichting op overlopende activa gelden onder de Nederlandse wet- en regelgeving de volgende bepalingen:
- Indien overlopende actiefposten niet afzonderlijk in de balans zijn opgenomen, dient het karakter van de overlopende actiefposten door een nadere uiteenzetting in de toelichting tot uitdrukking te worden gebracht (RJ 224.102).
- Indien overlopende activa in een afzonderlijke rubriek worden opgenomen, dient aangegeven te worden in welke mate de post als langlopend is te beschouwen (RJ 224.106).

14.9 Cryptocurrencies verwerkt als 'belegging'

Cryptocurrencies worden niet genoemd in bovenstaande omschrijving van het begrip effecten (par. 14.6): Waardering, presentatie en toelichting) en worden om die reden afzonderlijk behandeld in deze paragraaf.

De in deze paragraaf opgenomen uitwerking is geen nadere uitwerking van bestaande of aanstaande specifieke regelgeving voor cryptocurrencies. Zoals in paragraaf 14.2.3 nader uitgewerkt heeft de Raad voor de Jaarverslaggeving RJ-Uiting 2018-7: 'Overwegingen ten aanzien van de verwerkingswijze van cryptocurrencies in de jaarrekening' gepubliceerd, doch deze RJ-Uiting dient gelezen te worden als een discussiestuk en heeft niet de status van een (ontwerp-)Richtlijn. De IASB heeft geen nadere publicaties over dit onderwerp (zie ook par. 14.2.3).

14.9.1 Begripsbepaling cryptocurrencies als 'belegging'

Een belegging wordt door de voornoemde RJ-Uiting gedefinieerd als een actief dat wordt aangehouden om opbrengsten of waardestijging, of beide, te realiseren, en niet is bedoeld voor gebruik in de productie of de levering van goederen of diensten of voor bestuurlijke doeleinden in het kader van de gewone bedrijfsuitoefening, of voor verkoop als onderdeel van de gewone bedrijfsuitoefening. Een cryptocurrency is geen belegging indien deze wordt gehouden voor:
- verkoop als onderdeel van de gewone bedrijfsuitoefening;
- gebruik in de productie of de levering van goederen of diensten of voor bestuurlijke doeleinden in het kader van de gewone bedrijfsuitoefening.

14.9.2 Waardering van cryptocurrencies als 'belegging'

Op grond van artikel 2:384 lid 1 BW kunnen andere beleggingen worden gewaardeerd tegen de verkrijgingsprijs, zijnde de kostprijs, of de actuele waarde. Op grond van artikel 11 Besluit actuele waarde (BAW) komt de marktwaarde als invulling voor de actuele waarde in aanmerking.

Gegeven de aard van cryptocurrencies zal de (stelsel)keuze meestal voor actuele waarde worden gemaakt. Bij waardering tegen kostprijs dient wel rekening te worden gehouden met waardeverminderingen beneden deze kostprijs.

Artikel 2:384 lid 7 BW bepaalt dat waardevermeerderingen van andere beleggingen die tegen actuele waarde worden gewaardeerd, onmiddellijk in de winst-en-verliesrekening kunnen worden verantwoord. Indien er geen frequente marktnotering bestaat, wordt op grond van artikel 2:390 lid 1 BW ten laste van de vrije reserves of uit het resultaat van het boekjaar een herwaarderingsreserve gevormd. Er wordt geen herwaarderingsreserve gevormd indien een frequente marktnotering bestaat.

RJ 240.224 stelt dat van frequente marktnoteringen volgens de Memorie van toelichting sprake is indien activa onmiddellijk tegen een genoteerde prijs op een liquide markt kunnen worden verkocht. Volgens de Nota van toelichting bij het Besluit actuele waarde is sprake van een liquide markt indien de desbetreffende activa homogeen zijn, er op ieder willekeurig moment tot een transactie bereid zijnde kopers en verkopers te vinden zijn en de transactieprijzen publiekelijk bekend zijn. Of er sprake is van een frequente marktnotering zal gezien de diversiteit in verschijningsvormen van cryptocurrencies per individueel actief beoordeeld moeten worden op basis van alle feiten en omstandigheden – net als bij andere activa, zoals financiële instrumenten en agrarische voorraden.

Indien op grond van artikel 2:384 lid 1 BW andere beleggingen worden gewaardeerd tegen actuele waarde en waardevermeerderingen niet onmiddellijk in de winst-en-verliesrekening worden opgenomen maar rechtstreeks worden verwerkt in het eigen vermogen, worden deze waardevermeerderingen op grond van artikel 2:390 lid 1 BW opgenomen in een herwaarderingsreserve. Na verkoop van de belegging worden de waardestijgingen alsnog in de winst-en-verliesrekening opgenomen als onderdeel van het verkoopresultaat ('recycling').

14.9.3 Presentatie en toelichting cryptocurrencies als 'belegging'

14.9.3.1 Presentatie

Wanneer een rechtspersoon cryptocurrencies houdt, is de RJ in RJ-Uiting 2018-7 van oordeel dat de rechtspersoon rekening zou moeten houden met de bepalingen ten aanzien van presentatie en toelichting. Artikel 9 van het Besluit modellen jaarrekening (BMJ) bepaalt dat wanneer een bedrag onder meer dan één post zou kunnen worden opgenomen, in de toelichting moet worden vermeld onder welke andere post of posten het bedrag kan worden opgenomen, hoe groot het bedrag is en waarop het betrekking heeft indien het in artikel 2:362 lid 1 BW bedoelde inzicht daardoor wordt gediend.

14 Overige vlottende activa

Ten aanzien van de presentatie van andere beleggingen bepaalt het BMJ niet op welke wijze een andere belegging in de balans moet worden gepresenteerd. Volgens artikel 7 lid 2 BMJ mogen posten worden ingevoegd voor zover de inhoud niet wordt gedekt door een in het gekozen model vermelde post die niet als 'overige' is aangeduid. Daarmee kunnen andere beleggingen als een afzonderlijke post in de balans worden gepresenteerd, waarbij de bepalingen inzake het onderscheid tussen vlottende en vaste activa in acht worden genomen.

14.9.3.2 Toelichting

Op basis van artikel 2:362 lid 1 BW is het noodzakelijk dat alle gegevens worden verstrekt die voor de oordeelsvorming nodig zijn. Uiteraard speelt de omvang van de post uit hoofde van het aanhouden van cryptocurrencies een rol over de mate van detaillering van de gegevens in de toelichting (het materialiteitsaspect).

Ingevolge artikel 2:384 lid 5 BW moeten de grondslagen van de waardering van de activa en de passiva en de bepaling van het resultaat met betrekking tot elk der posten uiteen worden gezet (RJ 120.401).
Overeenkomstig de bepaling in RJ 110.124 is de RJ in RJ-Uiting 2018-7 van oordeel dat een rechtspersoon die cryptocurrencies in zijn jaarrekening verwerkt de grondslagen voor de waardering en resultaatbepaling van cryptocurrencies consistent moet toepassen.

Aangaande de toelichting noemt de RJ in de RJ-Uiting de volgende te vermelden informatie-elementen:
- doelstelling van het houden van cryptocurrencies;
- welke overwegingen een rol hebben gespeeld voor de classificatie en waardering;
- een uiteenzetting moeten geven omtrent de aan cryptocurrencies verbonden risico's en de bedrijfsdoeleinden die daarmee worden gediend.

Ofschoon cryptocurrencies niet als financiële instrumenten worden aangemerkt, geeft de RJ in de Uiting aan dat aansluiting gevonden kan worden bij de bepalingen inzake de toelichting zoals opgenomen in paragraaf 9 van Richtlijn 290 'Financiële instrumenten'.

14.10 Vrijstellingen voor middelgrote rechtspersonen (alleen Richtlijnen)

Voor de in dit hoofdstuk genoemde onderwerpen bestaan geen vrijstellingen met betrekking tot de inrichtingsvoorschriften voor middelgrote rechtspersonen.

Voor de publicatievoorschriften zijn de vereisten betreffende de specificatie van vlottende vorderingen (art. 2:370 lid 1 BW), beperkt tot de vermelding van vlottende vorderingen:
- op groepsmaatschappijen;
- op deelnemingen en participanten (voor zover geen groepsmaatschappij);
- overlopende activa;
- afzonderlijk het deel met betrekking tot buiten de groep staande verbonden deelnemingen (art. 2:361 lid 4 BW).

Voor alle vorderingen wordt aangegeven in hoeverre de vorderingen een looptijd hebben van langer dan een jaar, zowel voor het totaal als voor afzonderlijk vermelde posten.

Middelgrote rechtspersonen zijn vrijgesteld om het rente- en kasstroomrisico en het kredietrisico toe te lichten. Het toelichten van het liquiditeitsrisico is met ingang van boekjaren die aanvangen op of na 1 januari 2021 wel verplicht voor middelgrote rechtspersonen.

15 Eigen vermogen en Aandeel van derden

15.1 Algemeen	
Begrip eigen vermogen	Saldo activa, schulden, voorzieningen en overlopende posten.
Enkelvoudige en geconsolideerde jaarrekening	Het eigen vermogen in de enkelvoudige jaarrekening en het eigen vermogen in de geconsolideerde jaarrekening kunnen verschillend zijn, bijvoorbeeld als gevolg van 'intercompany'-transacties, classificatie financiële instrumenten en waardering deelnemingen.
Groepsvermogen – Aandeel van derden	Eigen vermogen en aandeel van derden. IFRS kent geen begrip 'groepsvermogen'. Aandeel van derden is in IFRS een separate categorie van het eigen vermogen ('equity').
Garantievermogen/ aansprakelijk vermogen	Combinatie van eigen vermogen en componenten van vreemd vermogen, welke componenten zijn achtergesteld ten opzichte van andere componenten van vreemd vermogen. IFRS kent dit begrip niet.
Gebonden/vrij vermogen	Gebonden vermogen. Bij een BV: wettelijke reserves, statutaire reserves. Bij een NV: aandelenkapitaal, wettelijke reserves, statutaire reserves.
	Vrij vermogen: surplus van het eigen vermogen boven het gebonden vermogen. IFRS kent dit onderscheid niet.
Classificatie eigen/vreemd vermogen	In de enkelvoudige jaarrekening: een (stelsel)keuze tussen presentatie op basis van economische realiteit of op basis van juridische vorm. In de geconsolideerde jaarrekening: op basis van economische realiteit. In IFRS altijd op basis van de economische realiteit.
15.2 Categorieën eigen vermogen	
Geplaatst kapitaal	▸ bij niet-volledige volstorting: 'gestort (en opgevraagd) kapitaal'; ▸ soorten aandelenkapitaal specificeren.
Agio	▸ bij storting op aandelen boven het nominale bedrag; ▸ emissiekosten bij voorkeur ten laste van het agio (onder IFRS verplicht); anders activeren; ▸ agio wordt ook verantwoord bij een storting zonder uitgifte van aandelen, bij ontvangst van een actief van de moeder tegen een prijs die lager ligt dan de reële waarde van het actief of bij overdracht van een actief aan de moeder tegen een prijs die hoger ligt dan de reële waarde van het actief.

Herwaarderingsreserve	▶ uit hoofde van toepassing actuele waarde en 'cash flow hedge accounting' (kasstroomafdekking);
	▶ herwaarderingsreserve per actief (indien het de activa van een deelneming betreft, bestaat ook de mogelijkheid om de herwaardering te verantwoorden als wettelijke reserve deelnemingen);
	▶ mag niet negatief zijn m.u.v. cash flow hedge en bij combinatie 3 of 4 voor de negatieve waardeveranderingen van schuldinstrumenten indien 'fair value through other comprehensive income' wordt toegepast;
	▶ vrijval herwaarderingsreserve materiële en immateriële vaste activa via resultaat of eigen vermogen (IFRS: alleen via eigen vermogen).
Andere wettelijke reserves	Belangrijkste andere wettelijke reserves:
	▶ wettelijke reserve deelnemingen (ingehouden winsten en rechtstreekse vermogensvermeerderingen);
	▶ wettelijke reserve omrekeningsverschillen (valutakoersverschillen deelnemingen);
	▶ wettelijke reserve immateriële activa (oprichtings-, emissie- of ontwikkelingskosten).
	Wettelijke reserves worden niet collectief bepaald.
Statutaire reserves	Reserves die krachtens de statuten moeten worden aangehouden.
Overige reserves	Overige vrij ter beschikking staande reserves.
Niet-verdeelde winsten	Winsten van vorige boekjaren waaraan nog geen bestemming is gegeven.
Dividend/Resultaat van het boekjaar	Balans voor voorgestelde winstbestemming (RJ, IFRS): resultaat boekjaar afzonderlijk onder eigen vermogen; preferente dividendverplichting zichtbaar in aftrek brengen van resultaat;
	Balans na voorgestelde winstbestemming (RJ): voorgestelde dividend is separate post onder eigen vermogen of schuld.
15.3 Eigen aandelen	
In- en verkoop eigen aandelen	▶ activeringsverbod;
	▶ aftrek van vrije reserves (agio, overige reserves, winst).
Dividend op ingekochte aandelen	Verwerking in eigen vermogen.
Toelichting op inkoop	Onder andere: redenen van verwerving, aantal ingekochte eigen aandelen, nominale bedrag, overeengekomen prijs en aandeel in kapitaal.
15.4 Mutaties in eigen vermogen	
Rechtstreekse vermogensmutaties	▶ verplichte mutaties: transacties met aandeelhouders, herwaarderingen, bepaalde valutakoersverschillen, effecten van stelselwijzigingen, foutherstel, actuariële resultaten indien vrijwillige toepassing IAS 19;
	▶ toegestane mutaties: emissiekosten (IFRS: verplicht) en enkele overige posten.

15 Eigen vermogen en Aandeel van derden

Mutatie-overzicht eigen vermogen	Wettelijk verplicht, geen inrichtingsvoorschriften.
Overzicht totaalresultaat	Op grond van RJ in samenhang met en als aanvulling op het mutatie-overzicht eigen vermogen.
	IFRS: Overzicht totaalresultaat staat los van mutatie-overzicht eigen vermogen. Al dan niet geïntegreerd met de winst-en-verliesrekening.
15.5 Aandeel van derden	
Begrip Aandeel van derden	Het deel van het 'Equity' (IFRS) c.q. 'groepsvermogen' (RJ) dat niet toekomt aan de aandeelhouders van de rapporterende entiteit
15.6 Vrijstellingen voor middelgrote rechtspersonen	
Vrijstelling	De informatie fiscaal niet gestort kapitaal/agio is niet verplicht.
	Overzicht totaalresultaat behoeft niet te worden opgemaakt.

15.1 Algemeen
15.1.1 Begripsbepaling
15.1.1.1 Eigen vermogen

In de jaarrekening is het eigen vermogen het saldo van de afzonderlijk gewaardeerde (groepen van) activa en de afzonderlijk gewaardeerde (groepen van) schulden, voorzieningen en overlopende posten (RJ 110.111). Of anders gezegd: het eigen vermogen is het overblijvend belang in de activa van de rechtspersoon na aftrek van al zijn vreemd vermogen (RJ 940). De wet bevat geen definitie van het eigen vermogen; uit de wet vloeien echter de in Richtlijnen opgenomen omschrijvingen voort (RJ 110.111 en RJ 940).

In 2018 heeft de IASB het '2018 Conceptual Framework for financial reporting', zie paragraaf 4.1, uitgebracht. Hierin wordt het eigen vermogen eveneens als een saldo omschreven: 'Equity is the residual interest in the assets of the entity after deducting all its liabilities' (IASB-Framework, par. 4.63). In 2018 heeft de IASB een discussie paper uitgegeven in het kader van het project 'Financial Instruments with the Characteristics of Equity (FICE)', momenteel beraadslaagt de IASB zich nog op vervolgstappen.

Overigens, in de geconsolideerde jaarrekening kan een verschil optreden in het begrip eigen vermogen: Indien sprake is van een 'Aandeel van derden' zal IFRS dat in het totaal van het eigen vermogen ('Equity') opnemen terwijl onder de Nederlandse regelgeving het totaal als 'groepsvermogen' wordt aangeduid (art. 2:411 lid 2 BW).

15.1.1.2 'Value gap'

De omschrijving van eigen vermogen als een saldo van activa en passiva die in de balans zijn opgenomen, maakt dat de omvang van het eigen vermogen afhankelijk is van de in de balans opgenomen posten en de daarvoor gehanteerde waardering. Dat betekent onder meer dat het eigen vermogen volgens de jaarrekening niet een benadering behoeft te zijn van de waarde van de onderneming als zodanig (RJ 110.111). Er kan derhalve een verschil bestaan tussen de (beurs)waarde van een onderneming (= aandeelhouderswaarde) en het eigen vermogen van de onderneming zoals weergegeven in de jaarrekening. Dit verschil wordt ook wel 'value gap' genoemd. Een belangrijke oorzaak van dit verschil is het jaarrekeningvoorschrift dat intern gegenereerde goodwill niet mag worden geactiveerd.

15.1.1.3 Eigen vermogen en continuïteit

Het eigen vermogen van een onderneming kan relatief laag en zelfs negatief zijn. Een relatief gering of negatief eigen vermogen kan een indicator zijn voor twijfel omtrent de continuïteit (RJ 240.243, RJ 170.303). Voor nadere informatie over (dis)continuïteit wordt verwezen naar hoofdstuk 46.

15.1.1.4 Enkelvoudig eigen vermogen – geconsolideerd eigen vermogen

De Richtlijnen voor de jaarverslaggeving maken, in tegenstelling tot IFRS, een expliciet onderscheid tussen het eigen vermogen in de enkelvoudige jaarrekening (RJ 240.2) en het eigen vermogen in de geconsolideerde jaarrekening (RJ 240.3). Het onderscheid is voornamelijk gebaseerd op de verplichte toepassing van wettelijke bepalingen inzake kapitaalbescherming in de enkelvoudige jaarrekening. De enkelvoudige jaarrekening geeft inzicht in het vrij uitkeerbare bedrag van het eigen vermogen (RJ 240.101). In de geconsolideerde jaarrekening dient de classificatie van een financieel instrument als eigen vermogen of als vreemd vermogen te geschieden op basis van de economische realiteit (RJ 240.3). Voor de enkelvoudige jaarrekening hebben ondernemingen een keuze met betrekking tot de verantwoording van een financieel instrument (RJ 240.207-208). Ondernemingen kunnen bij de classificatie van een financieel instrument als eigen vermogen of vreemd vermogen kiezen tussen toepassing van de juridische realiteit of de economische realiteit, daarmee aansluitend op de verantwoording zoals in de geconsolideerde jaarrekening. Indien een onderneming kiest voor verwerking op basis van de juridische realiteit dan heeft dat gevolgen voor met name rubricering van financiële instrumenten (zie par. 15.1.5).

Het onderscheid dat wordt gemaakt tussen de regels die gelden voor de enkelvoudige jaarrekening en die gelden voor de geconsolideerde jaarrekening kan met zich meebrengen, dat het eigen vermogen in de enkelvoudige jaarrekening en het eigen vermogen in de geconsolideerde jaarrekening niet gelijk behoeven te zijn. Is dat het geval, dan dienen de verschillen in de toelichting bij de enkelvoudige jaarrekening te worden vermeld (art. 2:389 lid 10 BW). Voorbeelden van situaties waardoor dergelijke verschillen kunnen ontstaan, zijn (RJ 240.101):
- de verschillende verwerking van resultaten uit intercompany-transacties in de geconsolideerde jaarrekening (volledige eliminatie) en in de enkelvoudige jaarrekening (proportionele eliminatie); hier ontstaat overigens alleen een verschil in de situatie van een niet-100%-groepsmaatschappij;
- de waardering van een deelneming met een negatief eigen vermogen in de enkelvoudige jaarrekening (boekwaarde op nul en geen voorziening ofwel een voorziening met een andere omvang dan het negatief eigen vermogen), terwijl de deelneming in de geconsolideerde jaarrekening volledig wordt meegeconsolideerd;
- de verschillende classificatie van financiële instrumenten.

Indien een geconsolideerde jaarrekening ontbreekt, ontbreekt tevens uit dien hoofde het inzicht in het eigen vermogen op basis van de economische realiteit. Daarom stelt RJ 240.102 dat in die situatie in de toelichting op de enkelvoudige jaarrekening dergelijke informatie dient te worden opgenomen.

Verschillen Dutch GAAP - IFRS
IFRS kent als zodanig geen regels die een verschillende behandeling van het eigen vermogen in de enkelvoudige jaarrekening ('Separate financial statements') en in de geconsolideerde jaarrekening ('Consolidated financial statements') voorschrijven. De Richtlijnen schrijven voor de geconsolideerde jaarrekening een 'economische' benadering voor. Voor de enkelvoudige jaarrekening is een keuze tussen de 'juridische' en de 'economische' benadering, daarmee is het mogelijk om de presentatie in de enkelvoudige jaarrekening en geconsolideerde jaarrekening gelijk te hebben (RJ 240.207-208).

15.1.2 Presentatie van Aandeel van derden (begrip Groepsvermogen)

15.1.2.1 Inleiding

Van een 'Aandeel van derden' is sprake indien de rapporterende entiteit in haar geconsolideerde jaarrekening te maken heeft met een groepsmaatschappij waarvan de entiteit niet het volledige eigendom heeft (maar bijvoorbeeld 80%). De entiteit zal de activa en passiva van de 80%-groepsmaatschappij voor de volle 100% in de geconsolideerde jaarrekening opnemen, doch door de eliminatie van de post deelnemingen (die 80% van het netto actief betreft) ontstaat een 'verschil'; dat verschil komt overeen met de omvang van het eigen vermogen van de groepsmaatschappij dat toekomt aan de minderheidsaandeelhouder, die als een afzonderlijke post in de balans is opgenomen. De aanduiding van het belang van de 20% aandeelhouder kan door middel van verschillende termen zoals 'Aandeel van derden', 'Minderheidsbelang derden', 'Non-controlling interest' en 'Minority interest' worden opgenomen. Voor een nadere uiteenzetting zie paragraaf 15.5.

15.1.2.2 Presentatie

In gevallen waarin bij de consolidatie ook niet-100%-groepsmaatschappijen zijn meegeconsolideerd op basis van de methode van de integrale consolidatie, omvat de geconsolideerde balans een post belangen van derden. In de balanspresentatie is sprake van een conceptueel verschil tussen de Nederlandse wet- en regelgeving en IFRS.
De post aandeel van derden behoort in de Nederlandse wet- en regelgeving niet tot het eigen vermogen. Het aandeel van derden dient afzonderlijk, separaat van het eigen vermogen, in de geconsolideerde balans te worden opgenomen (RJ 217.501, RJ 240.303). Het komt voor dat de afzonderlijk in de balans opgenomen posten 'eigen vermogen' en 'aandeel van derden' worden samengeteld en tezamen worden gepresenteerd als 'groepsvermogen' (vgl. art. 10 lid 2 Besluit modellen jaarrekening).
IFRS kent niet een begrip dat overeenkomt met groepsvermogen. Het 'non-controlling interest' wordt als een afzonderlijke post binnen het 'equity' gepresenteerd (IAS 1.54, IFRS 10.22). Wel kent IFRS een voorschrift voor de sub-classificatie van het 'minority interest' (IAS 1.54(q)) als onderdeel van het eigen vermogen. Het eigen vermogen dat toekomt aan de aandeelhouders van de rapporterende entiteit wordt dan ook veelal met die specifieke woorden aangeduid (zie in onderstaand voorbeeld 'toe te rekenen aan aandeelhouders van ....'). Conceptueel bezien merkt IFRS het aandeel van derden ('non-controlling interest') aan als onderdeel van het (totale) eigen vermogen in de geconsolideerde jaarrekening.
Het verschil tussen de Nederlandse wet- en regelgeving en IFRS komt tot uitdrukking in onderstaande illustraties.

Voorbeeld weergave groepsvermogen (RJ) resp. eigen vermogen (IFRS) in de geconsolideerde jaarrekening				
Op basis van RJ				Passiva
(in duizenden euro's)		Jaar 2		Jaar 1
Eigen vermogen	150.000		155.000	
Aandeel van derden	34.000		20.500	
Groepsvermogen		184.000		175.500
Op basis van IFRS				Passiva
(in duizenden euro's)		Jaar 2		Jaar 1
Eigen vermogen toe te rekenen aan aan deelhouders van ABC NV	150.000		155.000	
Eigen vermogen toe te rekenen aan derden	34.000		20.500	
Eigen vermogen		184.000		175.500

15.1.3 Garantievermogen/aansprakelijk vermogen

In jaarrekeningen wordt soms het eigen vermogen (of groepsvermogen) gecombineerd met achtergestelde schulden en tezamen gepresenteerd als garantievermogen. Het begrip garantievermogen of aansprakelijk vermogen is geen wettelijk begrip. Ook de Richtlijnen voor de jaarverslaggeving geven geen strak omlijnde definitie. RJ 240.244 en 305 hebben het over de combinatie van eigen vermogen en componenten van het vreemd vermogen, welke componenten een zekere achterstelling in rangorde kunnen impliceren ten opzichte van andere componenten van het vreemd vermogen. De Richtlijnen volstaan met te stellen dat de samenstelling van het garantievermogen of aansprakelijk vermogen duidelijk uit de jaarrekening dient te blijken, met dien verstande dat posten met een kortlopend karakter niet in het garantievermogen of aansprakelijk vermogen behoren te worden opgenomen. Echter, uit de wetsgeschiedenis van artikel 2:375 lid 4 BW blijkt dat als achtergestelde schulden slechts in aanmerking komen de schulden die bij <u>alle</u> andere huidige en toekomstige schulden (zowel gewone als preferente), zowel in als buiten faillissement in rang zijn achtergesteld. Zie eveneens paragraaf 19.2.6.

Een samenstelling van het garantievermogen in de jaarrekening komt neer op de combinatie van eigen vermogen, aandeel van derden en (volledig) achtergestelde schulden in de zin van artikel 2:375 lid 4 BW. Soms worden ook (bepaalde) latente belastingverplichtingen gerekend tot het garantievermogen.

Omdat de volgorde van de posten volgens de modellen voor de balans veelal een aaneensluitende opsomming van posten die behoren tot het garantievermogen niet toestaat, dienen het bedrag en de samenstelling van het garantievermogen of aansprakelijk vermogen in de toelichting te worden vermeld (RJ 240.244 en 305).

Voorbeeld weergave garantievermogen
(in duizenden euro's)

Het aansprakelijk vermogen bedraagt per balansdatum van jaar 2: 241.000 (jaar 1: 238.500) en kan als volgt worden gespecificeerd:

	Jaar 2	Jaar 1
Eigen vermogen	150.000	155.000
Aandeel van derden	34.000	20.500
Achtergestelde lening	57.000	63.000
Aansprakelijk vermogen	241.000	238.500

Verschillen Dutch GAAP - IFRS

IFRS kent geen met 'groepsvermogen' en 'garantievermogen' vergelijkbaar begrip. Het aandeel van derden wordt afzonderlijk binnen het eigen vermogen gepresenteerd.

15.1.4 Gebonden en vrij vermogen in de enkelvoudige jaarrekening

Binnen het eigen vermogen volgens de enkelvoudige jaarrekening is een tweedeling aan te brengen in gebonden eigen vermogen en vrij eigen vermogen. Met *gebonden eigen vermogen* wordt bedoeld het totaal van:
▶ het gestorte en opgevraagde kapitaal (alleen bij een naamloze vennootschap, bij een besloten vennootschap is uitkering van aandelenkapitaal onder voorwaarden mogelijk);
▶ de wettelijke reserves; en
▶ de statutaire reserves.

15 Eigen vermogen en Aandeel van derden

Met het *vrije eigen vermogen* wordt bedoeld het surplus aan eigen vermogen boven het gebonden eigen vermogen. Dit vrije eigen vermogen zal normaliter bestaan uit het totaal van:
- aandelenvermogen (enkel bij een besloten vennootschap mits voldaan aan de voorwaarden);
- het agio;
- de overige reserves;
- de niet in de overige reserves verwerkte cumulatieve resultaten;
- het resultaat over het boekjaar.

De indeling van het eigen vermogen in deze twee categorieën is van belang in het kader van het kapitaalbeschermingsrecht, met name voor het antwoord op de vraag of (dividend)uitkeringen mogelijk zijn. Voor een NV is de maatstaf dat uitkeringen slechts mogelijk zijn voor zover het eigen vermogen groter is dan het gestorte en opgevraagde deel van het kapitaal vermeerderd met de reserves die krachtens de wet of de statuten moeten worden aangehouden (art. 2:105 lid 2 BW), ofwel bij een NV is alleen uitkering mogelijk uit het *vrije* eigen vermogen. Bij een BV geldt een andere regeling, voor een BV is de maatstaf dat uitkeringen slechts mogelijk zijn voor zover het eigen vermogen groter is dan de reserves die krachtens de wet of de statuten moeten worden aangehouden (art. 2:216 lid 1 BW). Voor een BV zijn dus alleen de statutaire en wettelijke reserves niet uitkeerbaar, maar is al het overige eigen vermogen (waaronder het aandelenkapitaal) voor uitkering vatbaar. Althans indien door de algemene vergadering is besloten tot een (dividend)uitkering en deze uitkering vervolgens wordt goedgekeurd door het bestuur van de BV. Het bestuur moet deze goedkeuring weigeren indien zij weet of redelijkerwijs behoort te voorzien dat de BV na de uitkering niet langer de opeisbare schulden zal kunnen voldoen (art. 2:216 lid 2 BW). Zie verder de bespreking in paragraaf 15.2.2.4, 15.2.9.6 en 24.6.

Verschillen Dutch GAAP - IFRS
Omdat IFRS geen regels van kapitaalbeschermingsrecht kent, kent IFRS ook geen onderscheid tussen gebonden en vrij vermogen in de jaarrekening.

15.1.5 Criteria voor rubricering als eigen vermogen of vreemd vermogen
Indien een rechtspersoon een financieel instrument uitgeeft, rijst de vraag of het instrument moet worden geclassificeerd als eigen vermogen dan wel als vreemd vermogen.
De Richtlijnen geven aan dat voor de classificatie van een financieel instrument in de enkelvoudige jaarrekening de entiteit een keuze heeft tussen het gebruiken van de economische of de juridische vorm (RJ 240.207-208). Indien de entiteit ervoor kiest om de juridische vorm doorslaggevend te laten zijn, geldt het volgende. Indien een financieel instrument de juridische vorm van eigen vermogen heeft, dient het in de enkelvoudige jaarrekening te worden verantwoord onder het eigen vermogen. Het totaal van de financiële instrumenten die op basis van de economische realiteit als vreemd vermogen zouden worden verantwoord, maar op basis van de juridische vorm per balansdatum in de enkelvoudige jaarrekening als eigen vermogen zijn verantwoord, dient separaat binnen het eigen vermogen te worden gepresenteerd. Voor ieder hieronder begrepen instrument dienen de belangrijkste condities te worden vermeld (RJ 240.207). Een voorbeeld betreft terug te betalen preferente aandelen, die de juridische vorm hebben van eigen vermogen ('aandelen'), maar de economische vorm van vreemd vermogen ('verplichting tot terugbetalen'; in economische zin gelijk aan een lening).

Omgekeerd dient, als de entiteit ervoor kiest om de juridische vorm doorslaggevend te laten zijn, in de enkelvoudige jaarrekening een financieel instrument onder het vreemd vermogen te worden verantwoord, indien het de juridische vorm van vreemd vermogen heeft (RJ 240.209). Ook voor hybride instrumenten (met zowel een eigen- als een vreemd-vermogenscomponent) geldt, dat de juridische vorm van het instrument bepalend is voor de classificatie in de enkelvoudige balans (RJ 240.209). Een voorbeeld van een (hybride) financieel instrument dat op basis van de economische realiteit gedeeltelijk als eigen vermogen, maar op basis van de juridische vorm geheel als vreemd vermogen wordt geclassificeerd, is een verplicht converteerbare obligatie (RJ 240.209). Op basis van de economische realiteit zijn de verplichte rentebetalingen tot het moment van conversie aan te merken als vreemd vermogen, terwijl het aflossingsgedeelte is aan te merken als eigen vermogen (de conversie in aandelen is immers verplicht). De juridische realiteit is echter dat sprake is van een (obligatie)lening, dus van vreemd vermogen.

In de geconsolideerde jaarrekening is voor de classificatie als eigen of vreemd vermogen niet de juridische vorm bepalend, maar de economische realiteit (RJ 240.302). Indien de entiteit in de enkelvoudige jaarrekening ervoor kiest niet de juridische vorm doorslaggevend te laten zijn, dient zij de classificatie op basis van de economische realiteit te bepalen (RJ 240.208). Bij toepassing van deze keuze zal de classificatie van financiële instrumenten in de enkelvoudige jaarrekening hetzelfde zijn als in de geconsolideerde jaarrekening. Zie voor de criteria van classificatie van financiële instrumenten in eigen en vreemd vermogen verder paragraaf 30.4.1 en 30.4.2.

Verschillen Dutch GAAP - IFRS

In de Nederlandse wet- en regelgeving is er voor de classificatie van financiële instrumenten in eigen en vreemd vermogen in de enkelvoudige jaarrekening de keuze tussen toepassing van de economische of de juridische vorm. In de geconsolideerde jaarrekening dient economische realiteit te worden gevolgd bij de classificatie van financiële instrumenten. In IFRS is er geen keuzemogelijkheid en is in beide jaarrekeningen de economische realiteit bepalend.

15.2 Categorieën eigen vermogen

15.2.1 Begripsbepaling

Het eigen vermogen in de enkelvoudige balans wordt in een aantal verschillende categorieën onderverdeeld. Een dergelijke onderverdeling heeft de functie dat wordt vastgesteld in welke vormen eigen vermogen aan een rechtspersoon is toegevloeid en in hoeverre dit vermogen beschikbaar is voor uitdelingen dan wel gebonden is aan de onderneming. De wet onderscheidt de volgende categorieën eigen vermogen, die afzonderlijk moeten worden opgenomen (art. 2:373 lid 1 BW):
a. het geplaatste kapitaal;
b. agio;
c. herwaarderingsreserves;
d. andere wettelijke reserves, onderscheiden naar hun aard;
e. statutaire reserves;
f. overige reserves;
g. niet-verdeelde winsten, met afzonderlijke vermelding van het resultaat na belasting van het boekjaar, voor zover de bestemming daarvan niet in de balans is verwerkt.

In de verschillende modellen voor de opstelling van de balans is een hierop aansluitende, enigszins gewijzigde indeling van het eigen vermogen opgenomen. Bijvoorbeeld in Model A en Model B:

Eigen vermogen
I. Gestort en opgevraagd kapitaal
II. Agio
III. Herwaarderingsreserve
IV. Wettelijke en statutaire reserves
    1. wettelijke
    2. statutaire
V. Overige reserves
VI. Onverdeelde winst

15 Eigen vermogen en Aandeel van derden

Op basis van het Besluit modellen jaarrekening (BMJ) mag een keuze gemaakt worden tussen uitsplitsing in de balans of uitsplitsing in de toelichting indien een indeling met Arabische cijfers is genummerd (art. 8 lid 1 BMJ). Aangezien de categorieën van het eigen vermogen met Romeinse cijfers zijn genummerd is het verplicht om deze uitsplitsing in de balans te tonen (voor de uitsplitsing tussen wettelijke en statutaire reserves (item IV) mag wel worden gekozen om deze in de toelichting op te nemen).
Uitsplitsing in de genoemde categorieën dient plaats te vinden in de enkelvoudige jaarrekening. In de geconsolideerde jaarrekening behoeft het eigen vermogen niet te worden uitgesplitst (art. 2:411 lid 1 BW), noch in de balans zelf, noch in de toelichting. Een dergelijke uitsplitsing in de geconsolideerde balans is ook niet erg zinvol, omdat de uitsplitsing verband houdt met de toepassing van regels van kapitaalbescherming in de relatie tussen de vennootschap en haar aandeelhouders (zie ook par. 15.1.3).

In IFRS is een onderverdeling van het eigen vermogen in de balans (waarbij geen onderscheid wordt gemaakt tussen enkelvoudige en geconsolideerde balans) slechts in beperkte mate voorgeschreven. Minimaal dient een balans een afzonderlijke post voor geplaatst kapitaal en uitkeerbare reserves te bevatten (IAS 1.54), die hetzij in de balans zelf, hetzij in de toelichting moeten worden uitgesplitst (IAS 1.77 en IAS 1.79; IAS 1.78 noemt daarnaast nog een afzonderlijke post agio). Daarnaast is een afzonderlijke post aandeel van derden ('minority interest') voorgeschreven (IAS 1.54q).

Ingevolge verscheidene IFRS-standaarden dient een uitsplitsing van het eigen vermogen te worden opgenomen, bijvoorbeeld IAS 16.39 en IAS 38.85: reserve voor herwaarderingen van immateriële en materiële vaste activa, IAS 21.32: koersverschillenreserve. Maar tevens de door IAS 1.108 voorgeschreven separate toelichtingen voor de verschillende 'classes' van 'other comprehensive income', zoals de waardeveranderingen van:
▶ 'Schuldinstrumenten' (vorderingen; IFRS 9.4.1.2A);
▶ Eigen-vermogensinstrumenten waarvoor de betreffende keuze is gemaakt (IFRS 9.4.1.4);
▶ 'Cash flow hedge (reserve)' (IFRS 9.6.5.11(b)).

Verschillen Dutch GAAP - IFRS
In IFRS is een onderverdeling van het eigen vermogen in de balans (waarbij geen onderscheid wordt gemaakt tussen enkelvoudige balans en geconsolideerde balans) slechts in beperkte mate voorgeschreven. Minimaal dient een balans een afzonderlijke post voor geplaatst kapitaal en uitkeerbare reserves te bevatten (IAS 1.54).

15.2.2   Het geplaatste kapitaal
15.2.2.1   Vermeldingen in balans en toelichting
Inzake het aandelenkapitaal (dat wil zeggen het in aandelen verdeelde kapitaal van de vennootschap) kunnen de volgende begrippen worden onderscheiden (RJ 240):
▶ het maatschappelijk kapitaal: het aantal aandelen dat een vennootschap krachtens haar statuten ten hoogste kan uitgeven;
▶ het geplaatste kapitaal: het aantal aandelen dat is geplaatst;
▶ het gestorte kapitaal: het bedrag dat op de geplaatste aandelen is gestort;
▶ het gestorte en opgevraagde kapitaal: het bedrag dat op de geplaatste aandelen is gestort, alsmede de stortingen die zijn opgevraagd, maar nog niet ontvangen.

Indien het geplaatste kapitaal volledig is volgestort, wordt in de balans de omschrijving 'geplaatst kapitaal' gehanteerd, is dit niet het geval, dan wordt de omschrijving 'gestort kapitaal' gebruikt. Wanneer stortingen zijn opgevraagd is 'gestort en opgevraagd kapitaal' de gebruikte omschrijving. Wanneer het geplaatste kapitaal niet volledig is volgestort, en dus niet uit de balans blijkt, dient het geplaatste kapitaal in de toelichting te worden vermeld (art. 2:373 lid 2 BW). Het maatschappelijk kapitaal behoeft niet te worden vermeld. In geval van een NV, in tegenstelling tot een BV, is het begrip 'minimumkapitaal' van belang. Dit is het aandelenkapitaal dat ten minste moet zijn geplaatst en gestort, momenteel is dit € 45.000.

Indien aandeelhouders hebben toegezegd (op termijn) kapitaal te storten en de storting niet is opgevraagd, is er geen sprake van eigen vermogen. Indien de onderneming op basis van deze toezegging een vordering zou hebben, wordt deze ten laste gebracht van het eigen vermogen.
Het geplaatste kapitaal kan uit verschillende soorten aandelen bestaan, bijvoorbeeld gewone aandelen, preferente aandelen (aandelen die voorrang geven bij uitdeling van winst) of prioriteitsaandelen (aandelen die voorrang geven bij uitoefening van zeggenschap). In dat geval dient het geplaatste kapitaal in het mutatie-overzicht van het eigen vermogen in de verschillende soorten aandelen te worden uitgesplitst (art. 2:378 lid 2 BW; zie par. 15.4.2).

IFRS schrijft voor dat het geplaatste kapitaal in de balans (waarbij geen onderscheid wordt gemaakt tussen enkelvoudige en geconsolideerde balans) moet worden opgenomen, waarbij het tezamen met de overige reserves gepresenteerd mag worden (IAS 1.54). IFRS schrijft ook voor dat hetzij in de balans, hetzij in de toelichting wordt vermeld welk deel van het geplaatste kapitaal is volgestort (IAS 1.79). Zijn er verschillende soorten aandelen, dan dienen deze hetzij in de balans, hetzij in de toelichting te worden uitgesplitst (IAS 1.77 en IAS 1.79).

15.2.2.2 Geplaatst kapitaal en fiscaal niet erkend kapitaal

Het kan zijn dat het geplaatste kapitaal fiscaal niet (geheel) als gestort wordt erkend. In dat geval dient volgens de Richtlijnen in de toelichting gekwantificeerd te worden aangegeven welk deel van het geplaatste kapitaal fiscaal niet als volgestort wordt erkend, al zijn middelgrote rechtspersonen daarvan vrijgesteld (RJ 240.218). IFRS kent een dergelijk voorschrift niet.

15.2.2.3 Geplaatst kapitaal in vreemde valuta

Indien de jaarrekening wordt opgesteld in een presentatievaluta anders dan euro's wordt de waarde van het geplaatst kapitaal opgenomen in de presentatievaluta tegen de wisselkoers op balansdatum, deze wisselkoers evenals het bedrag in euro's dient te worden vermeld. Indien de statuten het geplaatst kapitaal in een andere geldeenheid dan de presentatievaluta vermelden, dan dient naast de toelichting voor euro's ook voor deze andere geldeenheid de wisselkoers en het bedrag te worden toegelicht (art. 2:373 lid 5 BW 2). Het koersverschil dat bij de omrekening optreedt dient in de Overige reserves te worden opgenomen (RJ 240.205).
IFRS kent geen specifiek hierop gerichte bepaling. In theorie zijn er twee mogelijke verwerkingswijzen: omrekening op basis van een historische koers of omrekening op basis van de koers op balansdatum. Indien een Nederlandse onderneming op basis van artikel 2:362 lid 8 BW IFRS toepast, dient zij op grond van artikel 2:362 lid 9 BW de verwerkingswijze en toelichtingen voor het geplaatst kapitaal zoals opgenomen in artikel 2:373 BW, zoals hierboven beschreven, te volgen.

15.2.2.4 Flex-BV-wetgeving

Op basis van de Wet vereenvoudiging en flexibilisering BV-recht ('flex-BV-wetgeving') is er geen verplichting tot het aanhouden van een minimum-(start)kapitaal. Als gevolg daarvan kan een BV opgericht worden met een aandelenkapitaal van slechts € 0,01. Uiteraard is het mogelijk om bij de BV een hoger aandelenkapitaal overeen te komen, maar er is geen verplichting meer om in de statuten van de BV het maatschappelijk kapitaal te noemen. De oprichters en (later) de algemene vergadering van de BV bepalen de stortingsplicht (d.w.z. of de geplaatste aandelen geheel of gedeeltelijk worden (vol)gestort).

15 Eigen vermogen en Aandeel van derden

De kern van de flex-BV-wetgeving is dat oprichters (en aandeelhouders) van de BV in vergelijking met een NV ruimere mogelijkheden hebben om de statuten van de BV naar eigen inzicht en behoefte in te richten. Er zijn minder dwingendrechtelijke bepalingen en er kan vaker in statuten van de BV worden afgeweken van wettelijke bepalingen. Ook zijn winstrechtloze of stemrechtloze aandelen bij de BV mogelijk gemaakt.
Voor de BV geldt (zie ook par. 15.1.4 en 15.2.9.6) dat uitkeringen slechts mogelijk zijn voor zover het eigen vermogen groter is dan de reserves die krachtens de wet of de statuten moeten worden aangehouden en formeel goedkeuring is verleend door het bestuur (art. 2:216 BW). Deze 'uitkeringstoets' is niet alleen relevant bij uitkering van dividend of reserves, maar ook bij inkoop van eigen aandelen of een uitkering (terugbetaling) aan aandeelhouders als gevolg van hieronder genoemde kapitaalvermindering bij de BV.

15.2.2.5 Kapitaalvermindering

In geval van vermindering van het geplaatste aandelenkapitaal door intrekking van aandelen wordt de nominale waarde van de ingetrokken aandelen in mindering gebracht op het geplaatste aandelenkapitaal onder gelijktijdige verhoging van de Overige reserves. Een eventuele betaling aan de aandeelhouders dient in mindering te worden gebracht op de Overige reserves, waarbij het is toegestaan om de gerelateerde agio over te boeken naar de Overige reserves (RJ 240.216). Bij een BV is voor een uitkering (betaling) aan aandeelhouders een formele goedkeuring door het bestuur vereist. Bij afstempeling van aandelen vermindert het geplaatste kapitaal met het bedrag van de afstempeling, onder gelijktijdige verhoging van het agio of de Overige reserves (RJ 240.217). Hoewel IFRS geen uitdrukkelijk daarop gerichte bepaling kent, geschiedt de verwerking volgens IFRS niet anders.

15.2.2.6 Vooruitontvangen bedragen in verband met in de toekomst mogelijk uit te geven aandelen

Indien een rechtspersoon vóór balansdatum bedragen ontvangt die bestemd zijn om te worden gestort op ná balansdatum nieuw uit te geven aandelen, worden de ontvangen bedragen separaat in het eigen vermogen geboekt. Op het moment dat de aandelen worden uitgegeven, worden de ontvangen bedragen overgeboekt naar het geplaatste aandelenkapitaal en voor zover van toepassing, naar agio. Deze verantwoording geschiedt op basis van een overeenkomst tussen de rechtspersoon en een (aspirant-)aandeelhouder, waarbij de rechtspersoon zich verplicht tot uitgifte van nieuwe aandelen en de (aspirant-)aandeelhouder tot storting van een bedrag ter voldoening van zijn stortingsverplichting.

In RJ 240.210/212 wordt ingegaan op bedragen die zijn ontvangen in verband met in de toekomst *mogelijk* te verstrekken aandelen. Een rechtspersoon kent in dat geval aan een derde het recht toe in de toekomst nieuw uit te geven aandelen in de rechtspersoon te verwerven, waartegenover de derde nu reeds verplicht is een bedrag aan de rechtspersoon te betalen. Voorbeelden zijn opties en warrants. De Richtlijnen maken daarbij onderscheid tussen de ontvangsten die krachtens overeenkomst bestemd zijn om door middel van verrekening te voldoen aan de wettelijke stortingsplicht en ontvangsten die daarvoor niet benodigd zijn.
De verantwoording van een dergelijke ontvangst is als volgt:
- Het ontvangen bedrag wordt tot het gedeelte dat overeenkomt met het bedrag van de stortingsverplichting, opgenomen onder de overlopende passiva.
- Is het ontvangen bedrag groter dan het bedrag van de stortingsverplichting, dan wordt het meerdere opgenomen onder de Overige reserves.
- Wordt van het optierecht gebruikgemaakt, dan wordt het onder de overlopende passiva opgenomen bedrag overgeboekt naar het geplaatste kapitaal en kan het onder de Overige reserves opgenomen bedrag worden overgeboekt naar de agioreserve.
- Wordt van het optierecht geen gebruik gemaakt, dan wordt het onder de overlopende passiva opgenomen bedrag overgeboekt naar de Overige reserves.

Bovenstaande bepalingen lijken niet geheel aan te sluiten op de meer algemene regels inzake financiële instrumenten. Zo wordt in Richtlijn 290 gesteld dat bij een converteerbare obligatielening de waarde van de conversieoptie onder het eigen vermogen kan worden opgenomen, omdat deze feitelijk een vooruitbetaling is op mogelijk in de toekomst uit te geven aandelen. Dit lijkt niet geheel aan te sluiten op de eis om in bepaalde gevallen deze optie op te nemen onder de overlopende passiva. Zie verder paragraaf 30.4.2.

IFRS kent uitgebreide bepalingen inzake derivaten op eigen aandelen. Zie daarvoor paragraaf 30.4.1.

15.2.2.7 Toelichting: geplaatst kapitaal

Artikel 2:378 BW (RJ 240.237) verlangt de volgende informatie over het geplaatste kapitaal:
- een overzicht van het verloop van het geplaatste kapitaal gedurende het boekjaar (als onderdeel van het mutatie-overzicht eigen vermogen);
- in het overzicht wordt het geplaatste kapitaal of het gestorte en opgevraagde kapitaal uitgesplitst naar de soorten aandelen;
- afzonderlijk worden vermeld de eindstand en de gegevens over het verloop van de aandelen en van de certificaten daarvan die de rechtspersoon zelf of een dochtermaatschappij voor eigen rekening houdt of doet houden. Vermeld wordt op welke post van het eigen vermogen de verkrijgingsprijs of boekwaarde daarvan in mindering is gebracht; zie ook paragraaf 15.3.4;
- opgegeven wordt op welke wijze stortingen op aandelen zijn verricht die in het boekjaar opeisbaar werden of vrijwillig zijn verricht, met de zakelijke inhoud van de in het boekjaar verrichte rechtshandelingen inzake inbreng in natura;
- een NV vermeldt iedere verwerving en vervreemding voor haar rekening van eigen aandelen en certificaten daarvan. Daarbij worden medegedeeld de redenen van verwerving, het aantal, het nominale bedrag en de overeengekomen prijs van de bij elke handeling betrokken aandelen en certificaten en het gedeelte van het kapitaal dat zij vertegenwoordigen; zie ook paragraaf 15.3[1];
- een NV vermeldt de gegevens omtrent het aantal, de soort en het nominale bedrag van de eigen aandelen of de certificaten daarvan die zij of een ander voor haar rekening op de balansdatum in pand heeft;
- een NV vermeldt de gegevens omtrent het aantal, de soort en het nominale bedrag van de eigen aandelen of de certificaten daarvan die zij of een dochtermaatschappij op de balansdatum houdt, om deze over te dragen aan werknemers in dienst van de vennootschap of van een groepsmaatschappij; zie ook paragraaf 15.3.4.

IAS 1.79 verlangt van iedere soort aandelen informatie (hetzij in de balans, hetzij in de toelichting), die gedeeltelijk overeenkomt met het bepaalde in artikel 2:378 BW. Bovendien wordt informatie verlangd die volgens de Nederlandse wet moet worden opgenomen in de Overige gegevens (art. 2:392 BW). IAS 1.79 verlangt voor iedere 'class of share capital' de volgende gegevens:
- het aantal aandelen dat mag worden uitgegeven;
- het aantal geplaatste en volgestorte aandelen en het aantal geplaatste niet-volgestorte aandelen;
- de nominale waarde per aandeel, dan wel het ontbreken van een nominale waarde;
- en mutatie-overzicht van het aantal aandelen;
- de aan de aandelen verbonden rechten en beperkingen, waaronder begrepen beperkingen ter zake van de uitkering van dividenden en terugbetaling van kapitaal (informatie over stemrechtloze of winstrechtloze aandelen moet volgens art. 2:392 lid 1 onder e BW in de Overige gegevens worden opgenomen);
- het bezit van eigen aandelen door de vennootschap zelf, haar groepsmaatschappijen en deelnemingen waarin invloed van betekenis kan worden uitgeoefend;

---

[1] Een NV die een micro-rechtspersoon is en gebruikmaakt van het 'micro-regime' vermeldt de door de NV voor eigen rekening verworven en vervreemde eigen aandelen en certificaten onderaan de balans (art. 2:395a lid 4 jo. art. 2:378 lid 3 BW).

15 Eigen vermogen en Aandeel van derden

- aandelen die op grond van een contractuele verplichting (waaronder opties) moeten worden uitgegeven en eigen aandelen die worden gehouden om aan een contractuele verplichting tot levering te kunnen voldoen, met vermelding van overeengekomen bedragen en andere relevante voorwaarden.

15.2.2.8 Toelichting: uitstaande optierechten

RJ 240.238 schrijft voor dat de bij aandeelhouders of anderen – al dan niet voorwaardelijk – aan het einde van het boekjaar uitstaande, door de rechtspersoon verleende rechten tot het nemen of verkrijgen van aandelen (zoals opties, warrants, conversierechten verbonden aan converteerbare obligaties), in de toelichting dienen te worden vermeld. In RJ 275.510 wordt aangegeven dat voor een open NV de toelichtingsvereisten voor aandelenopties aan personeel (bestuurders en werknemers) zijn opgenomen in artikel 2:383d BW. Voor rechtspersonen die niet kwalificeren als een open NV wordt aanbevolen deze wettelijke toelichtingsvereisten op te nemen. De informatie die in RJ 240.238 wordt verlangd inzake aan bestuurders of werknemers toegekende optierechten, stemt overeen met de in artikel 2:383d lid 1 BW voorgeschreven informatie. RJ 240.238 bepaalt dan ook dat indien er tevens sprake is van een aandelenoptieregeling voor personeel, de overzichten van RJ 240.238 en van RJ 275.510 kunnen worden gecombineerd. Bedoelde combinatie is ook van toepassing op het vereiste, om het beleid van afdekking van verleende rechten en de dientengevolge ingenomen posities uiteen te zetten (RJ 240.239 en 275.508). RJ 275.508 en 509 (en daarmee RJ 240.238 en 239) worden behandeld in paragraaf 34.2.

Toelichting op verleende optierechten komt in IFRS in verschillende situaties aan de orde:
- IFRS 2 'Share-based Payment': in deze standaard zijn bepalingen opgenomen die de verwerking in de jaarrekening behandelen van transacties waarbij goederen of diensten worden verkregen tegen uitreiking van aandelen. In deze context wordt ook de verwerking in de jaarrekening van personeelsopties als beloning voor genoten arbeidsprestaties behandeld. Zakelijke informatie wordt verlangd over 'equity-settled share-based payment transactions', alsmede een gedetailleerd overzicht van uitgeoefende, verlopen en nog niet uitgeoefende optierechten (IFRS 2.44/45, zie ook par. 34.3).
- IAS 24 'Related Party Disclosures': IAS 24.17 verplicht tot het verschaffen van informatie over optierechten die zijn toegekend aan 'key management personnel' (degenen die direct of indirect verantwoordelijk zijn voor het bepalen, uitvoeren en controleren van de ondernemingsactiviteiten) (zie par. 21.2.8).

De in IFRS verlangde informatie over verleende optierechten stemt in hoofdzaak overeen met wat onder de Nederlandse regels wordt gevraagd. Op bepaalde punten vraagt IFRS meer informatie.

15.2.2.9 Overige toelichting

Overige toelichtingseisen zijn:
- Als cumulatief preferente of soortgelijke aandelen zijn geplaatst en dividend achterstallig is dient de omvang daarvan in de toelichting te worden aangegeven (RJ 240.241, IAS 1.137).
- Belangrijke mutaties in het eigen vermogen na het einde van het boekjaar, bijvoorbeeld als gevolg van uitgifte van aandelen, dienen in de toelichting te worden vermeld (RJ 240.242, art. 2:380a BW, IAS 10.21).
- Indien de rechtspersoon of een dochtermaatschappij daarvan zich verbonden heeft tot het kopen van uitstaande aandelen of certificaten daarvan van de rechtspersoon, dient daarvan in de toelichting melding te worden gemaakt (RJ 240.240, IAS 32.34, IAS 24.18b). Vermeld moeten worden de nominale waarde van de aandelen of certificaten daarvan, de overeengekomen prijs en de eventuele andere relevante voorwaarden. Deze verplichtingen zijn ook van toepassing, indien een deelneming van de rechtspersoon die geen dochtermaatschappij is, zich tot het kopen van de aandelen of certificaten heeft verplicht.

Verschillen Dutch GAAP - IFRS
De bepalingen sluiten in hoofdzaak op elkaar aan. IFRS kent geen voorschrift dat vermeld moet worden welk deel van het geplaatste kapitaal fiscaal niet als volgestort wordt erkend.

15.2.3 Agio
15.2.3.1 Begripsbepaling

De term agio is in de wet niet nader omschreven. Agio ontstaat indien de storting op uitgegeven aandelen een hoger bedrag is dan het nominale bedrag van de aandelen (RJ 940). Agio ontstaat eveneens als er door aandeelhouders een storting plaatsvindt die niet verbonden is met de uitgifte van aandelen, een zogenaamde informele kapitaalstorting (RJ 240.221 en 403), bijvoorbeeld de aanzuivering van verliezen of een kwijtschelding van een lening door een aandeelhouder. IFRS kent geen aparte behandeling van agio als zodanig. Wel houdt IFRS rekening met een mogelijk bestaan van een agioreserve (IAS 1.54, 78 onder letter e, 106, 108 en 109).

Onder bepaalde omstandigheden kan agio belastingvrij in de vorm van bonusaandelen aan de aandeelhouders worden uitgekeerd. In bepaalde gevallen is er echter sprake van agio dat fiscaal niet als zodanig wordt aangemerkt. Dit kan zich voordoen als bij een fusie of overname winstreserves worden omgezet in agio. Dergelijk agio wordt als 'fiscaal niet-erkend agio' aangeduid; dit blijft veelal op de post agio verantwoord. Uitkeringen ten laste ervan gelden fiscaal als winstuitkeringen, ook al geschieden zij in de vorm van aandelen. Indien een uitkering aan de aandeelhouders ten laste van het agio tot heffing van inkomstenbelasting voor bepaalde aandeelhouders aanleiding zou geven vereist de RJ dat in de toelichting gekwantificeerd wordt aangegeven welk gedeelte van het agio fiscaal niet als gestort wordt aangemerkt en daarmee begrepen is onder een fiscale claim (RJ 240.218), al geldt dit niet voor middelgrote rechtspersonen. IFRS kent een dergelijk voorschrift niet.

15.2.3.2 Emissiekosten

In verband met de plaatsing van aandelen kan de rechtspersoon kosten maken, zoals juridische advieskosten, notariskosten en kapitaalbelasting (emissiekosten). Bedoeld zijn kosten die direct verbonden zijn aan de plaatsing van de aandelen, ook wel aangeduid als de incrementele kosten. Zo behoren kosten uit hoofde van transacties die aanleiding geven tot de plaatsing van aandelen, zoals fusie- en integratiekosten, niet tot de kosten verbonden aan de plaatsing van de aandelen (RJ 240.219). Op grond van de wet (art. 2:365 lid 1 BW) is het toegestaan deze emissiekosten te activeren en daarop af te schrijven ten laste van de winst-en-verliesrekening (zie par. 6.1.3). Bij activering komt de post 'kosten van oprichting en van uitgifte van aandelen' onder de immateriële activa in aanmerking (art. 2:365 BW), waarmee ook de verplichte vorming van een wettelijke reserve ter grootte van deze geactiveerde bedragen is verbonden. De RJ spreekt echter een voorkeur uit voor het niet activeren van deze kosten resp. voor het direct ten laste van het agio verwerken (onder aftrek van een eventueel belastingeffect). Als het agio daarvoor ontoereikend is, dient verwerking ten laste van Overige reserves plaats te vinden (RJ 240.219). IFRS schrijft voor dat emissiekosten rechtstreeks ten laste van het eigen vermogen worden gebracht (IAS 32.35 en IFRS 3.53) en verbiedt activering. Is een uitgifte van nieuwe aandelen uiteindelijk niet doorgegaan, dan dienen wel reeds gemaakte emissiekosten direct ten laste van het resultaat te worden gebracht (RJ 240.219, IAS 32.37).

15.2.3.3 Vermogensstortingen zonder aandelenuitgifte – 'common control'-transacties

Vermogensstortingen die, uit hoofde van de financiële relatie van de rechtspersoon met zijn aandeelhouders als zodanig, door bestaande aandeelhouders worden verricht zonder uitgifte van aandelen (of uitgifte van rechten tot het nemen of verkrijgen van aandelen), dienen te worden verantwoord als agio. Dergelijke vermogensstortingen worden ook wel informele kapitaalstortingen genoemd. Voorbeelden zijn de aanzuivering van verliezen en de kwijtschelding van een lening (RJ 240.221 en 240.403) en de schenking van activa.

15 Eigen vermogen en Aandeel van derden

De vraag doet zich daarbij voor of de bepalingen inzake vermogensstortingen zonder aandelenuitgifte per definitie inhouden dat bij transacties binnen een groep verantwoording dient plaats te vinden op 'arm's length'-basis. Verschillen tussen de 'arm's length'-basis (veelal de reële waarde) en de feitelijke transactieprijs worden dan geboekt als informele kapitaalstorting of informele dividenduitkering. Hoewel dit als zodanig niet wordt gesteld in de regelgeving, dient in het algemeen naar onze mening inderdaad verwerking op 'arm's length'-basis plaats te vinden. Alleen op deze wijze wordt adequaat voldaan aan het inzichtsvereiste in de afzonderlijke jaarrekeningen, voor een verdere bespreking van transacties waarbij dit van toepassing is verwijzen we naar paragraaf 26.3 en 26.5.

Een uitzondering kan worden gemaakt voor interne herstructurering van deelnemingen, veelal in situaties waarbij de transactie plaatsvindt tussen entiteiten die onder gemeenschappelijke leiding staan ('common control'). Deze transacties worden veelal tegen boekwaardes verwerkt ('pooling of interest' of 'carry-over-accounting'), slechts in bepaalde situaties is verwerking tegen reële waarden (purchase price accounting) toegestaan, zie de bespreking in par. 26.2.

In de praktijk kan het voorkomen dat de toepassing van het "arm's length beginsel" soms niet goed uitvoerbaar blijkt te zijn. Dit is bijvoorbeeld het geval voor reguliere diensten die door een moedermaatschappij voor een dochter worden verricht. Voor specifieke, bijzondere transacties en afspraken die verder gaan dan bij een 'normale' moeder-dochterverhouding, is verwerking op 'arm's length'-basis naar onze mening wel belangrijk (zie ook par. 26.1 en 26.1.3).

IFRS kent niet een gelijke bepaling inzake vermogensstortingen zonder aandelenuitgifte. Wel gelden de algemene bepalingen dat transacties met aandeelhouders in het eigen vermogen worden verwerkt. Voor 'business combinations under common control' geldt uitdrukkelijk dat verwerking op basis van 'purchase accounting' niet vereist is (IFRS 3.2c/B1-4). Afhankelijk van de specifieke omstandigheden betekent dit dat verschuivingen van deelnemingen binnen een groep op basis van boekwaarden kunnen worden verantwoord en dat onder voorwaarden er een keuze is om ze op 'arm's length'-basis te verwerken.

Voorbeeld vermogensstorting zonder aandelenuitgifte: overdracht om niet van activa

Moeder B draagt een tegen reële waarde gewaardeerde vastgoedbelegging om niet over aan 100% dochter D. Dit is aan te merken als een informele kapitaalstorting. Dochter D waardeert de vastgoedbelegging tegen reële waarde op haar balans en boekt ditzelfde bedrag als agio. Deze reële waarde op verkrijgingsmoment geldt voor D als de verkrijgingsprijs. Moeder B boekt de reële waarde van de vastgoedbelegging over naar de waarde van de deelneming in dochter D.
Indien de reële waarde van de vastgoedbelegging 100 is, vinden de volgende boekingen plaats:
▶ B: Deelneming, aan Vastgoedbeleggingen 100
▶ D: Vastgoedbeleggingen, aan Agio 100

Indien dochter D de vastgoedbeleggingen om niet overdraagt aan moeder B, is sprake van een informele dividenduitkering (ter grootte van de reële waarde van het actief), die dochter D boekt ten laste van het eigen vermogen. Moeder B boekt de waarde van de deelneming voor dat bedrag af ten gunste van de post Vastgoedbeleggingen. Zou bij overdracht van een actief de reële waarde hoger zijn dan de boekwaarde, dan boekt de dochter een boekwinst in de winst-en-verliesrekening. Het vraagstuk van eliminatie van intercompanywinsten wordt besproken in hoofdstuk 26.
Indien de reële waarde en boekwaarde van de vastgoedbelegging bij D 100 is, vinden de volgende boekingen plaats:
▶ B: Vastgoedbelegging, aan Deelneming 100
▶ D: Overige reserves (of Agio), aan Vastgoedbelegging 100

Zie ook paragraaf 15.2.9 en hoofdstuk 26.
Vindt overdracht om niet plaats tussen zustermaatschappijen, dan worden ook deze verwerkt als een dividenduitkering aan de moeder door de overdragende zustermaatschappij en een informele kapitaalstorting van de moeder aan de ontvangende zustermaatschappij.
Indien de overdrachten plaatsvinden tegen een boekwaarde die afwijkt van de reële waarde, dan is voor het verschil tussen de boekwaarde en de reële waarde sprake van een informele kapitaalstorting of informele dividenduitkering.

Verschillen Dutch GAAP - IFRS

IFRS schrijft voor dat emissiekosten rechtstreeks ten laste van het eigen vermogen moeten worden gebracht (IAS 32.35 en IFRS 3.53). De Nederlandse wet- en regelgeving laat ook toe dat deze kosten worden geactiveerd, hoewel een voorkeur bestaat om deze kosten direct ten laste van het agio te boeken (onder aftrek van een eventueel belastingeffect) of, als het agio daarvoor ontoereikend is, ten laste van Overige reserves (RJ 240.219).

15.2.4 Herwaarderingsreserve

De hierna volgende bepalingen die in artikel 2:390 lid 1 en 3 BW zijn opgenomen, zijn van toepassing op Nederlandse rechtspersonen die de enkelvoudige jaarrekening op basis van Titel 9 Boek 2 BW opstellen of die daarin (vrijwillig) IAS/IFRS toepassen. Derhalve hebben alle Nederlandse rechtspersonen, ook beursgenoteerde, te maken met onderstaande bepalingen. De herwaarderingsreserve is een wettelijke reserve en niet vrij uitkeerbaar.

15.2.4.1 Toevoegingen herwaarderingsreserve

In een herwaarderingsreserve *dienen* te worden opgenomen (art. 2:390 lid 1 BW, RJ 240.224):
- waardevermeerderingen van tegen actuele waarde gewaardeerde materiële vaste activa en immateriële vaste activa[2]; alsmede de waardevermeerderingen van (uitsluitend) agrarische voorraden die op actuele opbrengstwaarde wordt gewaardeerd, en waarbij géén sprake is van frequente marktnoteringen (afgeleid uit de bepaling van art. 2:384 lid 7 BW, RJ 220.329); deze reserve kan geen negatieve stand hebben (zie hierna in par. 15.2.4.3);
- waardevermeerderingen van financiële instrumenten die als hedge-instrument fungeren in het kader van kasstroomafdekking (art. 2:384 lid 8 BW) (zie verder par30.6).

Met betrekking tot tegen actuele waarde gewaardeerde:
- financiële instrumenten;
- andere beleggingen; en
- agrarische voorraden met een frequente marktnotering;

heeft de rechtspersoon de stelselkeuze om de waardevermeerderingen direct in een herwaarderingsreserve op te nemen, dan wel direct in het resultaat te verwerken (art. 2: 384 lid 7 BW) (voor derivaten is directe verwerking in het resultaat overigens verplicht, zie par. 15.2.4.2). Bij verwerking direct in het resultaat is voor financiële instrumenten en andere beleggingen alsnog een herwaarderingsreserve nodig indien voor de activa géén frequente marktnoteringen bestaan. De herwaarderingsreserve wordt dan gevormd ten laste van de vrije reserves of uit de resultaatsverdeling. Bestaan voor de activa wél frequente marktnoteringen, dan behoeven deze waardevermeerderingen niet in een herwaarderingsreserve te worden opgenomen.

Indien voor vastgoedbeleggingen als waarderingsgrondslag de actuele waarde – ingevuld met de reële waarde – wordt gehanteerd zullen de wijzigingen in de reële waarde worden verwerkt in de winst-en-verliesrekening (zie par. 8.4.1). Voor het verschil tussen de boekwaarde voor en na de herwaardering dient een herwaarderingsreserve gevormd te worden hetzij ten laste van de resultaatsverdeling, het zij ten laste van de vrije reserves (art. 2:390 BW).

Voor agrarische voorraden geldt dat alléén in geval van frequente marktnoteringen de waardeveranderingen van die agrarische voorraden direct in het resultaat mogen worden opgenomen; dat houdt automatisch tevens in dat

---

[2] In artikel 2:390 lid 1 BW staan (in de eerste zin) nog de woorden "en voorraden die geen agrarische voorraden zijn", maar na de wetswijziging die 1 januari 2016 is ingegaan hebben deze woorden geen betekenis meer omdat voorraden die géén agrarische voorraden zijn niet (meer) op actuele waarde kunnen worden gewaardeerd (art. 8 Besluit actuele waarde).

15 Eigen vermogen en Aandeel van derden

géén herwaarderingsreserve wordt gevormd. Maar een stelselkeuze om de waardeveranderingen direct in een herwaarderingsreserve op te nemen is dus eveneens mogelijk (RJ 220.401).

Van frequente marktnoteringen is sprake, indien activa onmiddellijk en tegen een genoteerde prijs op een liquide markt kunnen worden verkocht. Van een liquide markt is sprake, indien de desbetreffende activa homogeen zijn, er op ieder willekeurig moment tot een transactie bereid zijnde kopers en verkopers te vinden zijn en de transactieprijzen publiekelijk bekend zijn (RJ 240.224/224b). Daarbij behoeft dus géén sprake te zijn van een beursnotering, relevant zijn criteria als voldoende liquiditeit en betrouwbare prijsvaststelling alsmede een goede verhandelbaarheid.

15.2.4.2 Herwaardering derivaten

In RJ 240.224b wordt in het bijzonder ingegaan op zogenaamde OTC ('over-the-counter')-derivaten (zoals 'interest-rate swaps', 'cross-currency swaps' en valutatermijnafdekking). Deze derivaten kunnen al dan niet worden gebruikt in het kader van reële-waardeafdekking (vorm van 'hedge accounting'). Op basis van artikel 2:384 lid 7 BW mogen de waardeveranderingen direct in het resultaat verwerkt worden.

Indien OTC-derivaten op basis van actuele waarde worden verwerkt, maar deze niet worden gebruikt voor reële-waardeafdekkingen, waarbij de waardeveranderingen direct in het resultaat worden opgenomen geldt het volgende:
- Voor waardevermeerderingen van OTC-derivaten zonder frequente marktnotering dient een herwaarderingsreserve te worden gevormd.
- Voor waardevermeerderingen van OTC-derivaten waarvoor een frequente marktnotering beschikbaar is, wordt geen herwaarderingsreserve gevormd.

Wanneer OTC-derivaten, waarvoor geen frequente marktnotering beschikbaar is, worden gebruikt voor reële-waardeafdekkingen, waarbij de waardeveranderingen direct in het resultaat worden verwerkt geldt het volgende:
- Bij toepassing van reële-waarde-hedge-accounting hoeft voor waardevermeerderingen geen herwaarderingsreserve te worden gevormd, indien en voor zover de positie per saldo effectief is afgedekt.
- Indien geen hedge-accounting wordt toegepast, maar wel de waardeveranderingen van de samenhangende posities direct in het resultaat worden verwerkt, dient er voor het positieve saldo van de samenhangende waardeveranderingen een herwaarderingsreserve te worden gevormd.

Voor OTC-derivaten, waarvoor een frequente marktnotering beschikbaar is, die worden gebruikt voor reële-waardeafdekkingen, wordt geen herwaarderingsreserve gevormd. Hetzelfde geldt voor OTC-derivaten die dusdanig liquide zijn dat ze gelijkgesteld kunnen worden aan instrumenten met een frequente marktnotering.

Opgemerkt wordt dat dit probleem zich uitsluitend voordoet bij waardering van derivaten tegen actuele waarde. In Nederland is ook waardering tegen kostprijs toegestaan. Indien echter een geconsolideerde jaarrekening wordt opgemaakt op basis van IFRS, en de enkelvoudige jaarrekening eveneens wordt opgemaakt op basis van IFRS of IFRS-grondslagen, doet zich dit probleem dwingend voor in de enkelvoudige jaarrekening.

15.2.4.3 Individuele en collectieve bepaling

Herwaarderingsreserves worden gevormd en aangehouden per actief. Het is niet toegestaan herwaarderingsreserves collectief te bepalen. Als actief dient te worden aangemerkt ieder te onderscheiden individueel actief (RJ 240.227).

> **Voorbeeld individuele en collectieve bepaling herwaarderingsreserve**
>
> Onderneming F koopt in het jaar twee vastgoedbeleggingen VB1 en VB2, beide voor een kostprijs van 200. De vastgoedbeleggingen worden gewaardeerd tegen actuele waarde. Op 31 december is de actuele waarde van VB1 170 en de actuele waarde van VB2 250. Bij collectieve waardering is de herwaardering +20 (170 + 250 = 420; kostprijs 400). Bij een individuele herwaardering zijn er twee resultaten; op VB1 -30 en op VB2 +50.
> Aangezien de herwaarderingsreserve dient te worden aangehouden per actief bestaan er feitelijk twee reserves, een reserve uit hoofde van VB1 en een reserve uit hoofde van VB2. In Nederland mag er echter geen negatieve herwaarderingsreserve worden opgenomen voor vastgoedbeleggingen. Voor de verwerking van de herwaardering van VB1 en VB2 betekent dit het volgende: het verlies op VB1 dient direct in de winst-en-verliesrekening te worden verantwoord als last met omvang 30; de waardestijging op VB2 dient ook in de winst-en-verliesrekening te worden verwerkt, vervolgens wordt een herwaarderingsreserve vastgoedbeleggingen gevormd voor +50. Per saldo is de winst dan 20 en de herwaarderingsreserve 50, de overige reserves zijn 30 negatief.

Hoewel een herwaarderingsreserve derhalve in het algemeen niet collectief mag worden bepaald, bestaat hierover discussie met betrekking tot de herwaarderingsreserve uit hoofde van kasstroomafdekking. De stelling dat een collectieve benadering mogelijk is, mits wordt gelet op de vervalmomenten van de onderscheiden posities, wordt onderbouwd vanuit de gedachte dat bij een individuele benadering te lage vrij uitkeerbare reserves worden onderscheiden en daarmee een individuele benadering niet nodig is voor de kapitaalbescherming. Als ondersteuning hiervoor wordt aangegeven dat een collectieve benadering tot eenzelfde omvang aan uitkeerbare reserves leidt als bij de situatie dat derivaten tegen kostprijs worden gewaardeerd. RJ 240.227a stelt daarom dat zowel een individuele als een collectieve benadering aanvaardbaar is, mits bij een collectieve benadering sprake is van gelijktijdige of nagenoeg gelijktijdige vervalmomenten. In de toelichting dient de keuze voor een individuele of collectieve benadering te worden uiteengezet.

> **Voorbeeld individuele en collectieve herwaarderingsreserve uit hoofde van kasstroomafdekking (uit RJ 240.227a)**
>
> Stel, twee valutatermijncontracten (A en B) worden aangehouden ter kasstroomafdekking. Contract A vertoont op balansdatum een negatieve reële waarde van € 10. Contract B vertoont op balansdatum een positieve reële waarde van € 10. De vrije reserves bedragen op balansdatum € 100. Op grond van de individuele benadering bedragen de vrij uitkeerbare reserves na verwerking van de reële-waardemutaties € 90 (herwaarderingsreserve € 10 voor contract B en reserves € 100 minus € 10 voor contract A; voor zover sprake is van een negatieve herwaarderingsreserve zijn namelijk de vrije reserves niet uitkeerbaar). Op grond van de collectieve benadering bedragen de vrij uitkeerbare reserves na verwerking van de reële-waardemutaties € 100 (reële-waardemutaties van contract A en B worden gecompenseerd, hetgeen betekent dat de herwaarderingsreserve nihil is en de negatieve waarde van contract A niet behoeft te worden gecorrigeerd op de vrij uitkeerbare reserves).

15.2.4.4 Herwaarderingsreserve en IFRS

Een (herwaarderings)reserve uit hoofde van toepassing van waardering tegen 'fair value' of 'fair value through other comprehensive income' en van kasstroomafdekking is ook in IFRS bekend ('revaluation surplus'): herwaardering van 'property, plant and equipment' (IAS 16.39), herwaardering van immateriële vaste activa (IAS 38.85), waardeveranderingen van een financieel actief dat wordt aangehouden of om te verkopen of om de kasstromen te incasseren, waarbij de kasstromen enkel rente en terugbetaling zijn (IFRS 9.4.1.2A), waardeveranderingen van equity-instrumenten waarvoor gekozen is om 'fair value through other comprehensive income' toe te passen (IFRS 9.4.1.4), en waardeveranderingen inzake een cash flow hedge (IFRS 9.6.5.11). Deze herwaarderingsreserves worden opgenomen in de geconsolideerde en enkelvoudige jaarrekening volgens IFRS. IFRS kent niet het begrip 'wettelijke reserve'. In iedere enkelvoudige jaarrekening van een Nederlandse rechtspersoon, opgemaakt hetzij op basis van IFRS hetzij op basis van Titel 9 Boek 2 BW, worden de reserves die verplicht worden gevormd op grond van de wettelijke bepalingen uit het BW (waaronder Titel 9) als wettelijke reserve aangemerkt.

Uit de waardering van voorraden (niet zijnde agrarische voorraden) resulteert geen herwaarderingsreserve, omdat voorraden onder IFRS niet tegen 'fair value' mogen worden gewaardeerd (uitgezonderd mineralen en minerale producten en commodity's van brokers/dealers, zie par. 12.3).

De in Nederland mogelijke grondslag om waardeveranderingen van agrarische voorraden met frequente marktnoteringen direct in een herwaarderingsreserve op te nemen, kent IFRS niet.

IFRS kent ook niet het systeem dat waardeveranderingen van bepaalde activa die verplicht in het resultaat moeten worden opgenomen tevens, indien er geen frequente marktnoteringen zijn, in een herwaarderingsreserve dienen te worden verantwoord.

15.2.4.5 Incidentele herwaardering bij overgang naar IFRS

Indien een onderneming voor het eerst IFRS toepast, is het toegestaan om eenmalig een incidentele herwaardering van vaste activa uit te voeren (IFRS 1, appendix D, D5-8). De reële waarde op overgangsmoment geldt dan als 'veronderstelde kostprijs' ('deemed cost'). De waardesprong wordt in IFRS verwerkt in de reserves. In de enkelvoudige jaarrekening leidt dit op grond van de Nederlandse wettelijke bepalingen tot een herwaarderingsreserve (RJ 240.224a). Deze herwaarderingsreserve valt, net als in andere gevallen, vrij naarmate het actief wordt afgeschreven en/of wordt verkocht ('realisatie').

15.2.4.6 Herwaardering activa deelnemingen

Voor deelnemingen die worden gewaardeerd tegen de netto-vermogenswaarde kan sprake zijn van een herwaardering van de post deelnemingen als gevolg van herwaardering van activa bij de deelneming. De uit de herwaardering voortvloeiende waardemutatie kan volgens de Richtlijnen op twee wijzen worden verantwoord (RJ 240.228):

▶ in de wettelijke reserve deelnemingen; deze verwerkingswijze vloeit voort uit de visie dat de deelneming wordt beschouwd als een ongedeeld geheel; de deelneming wordt in het kader van de waardemutatie beschouwd als één actief;

▶ in de herwaarderingsreserve van het actief waarop de herwaardering betrekking heeft; deze verwerkingswijze vloeit voort uit de visie dat de deelneming gewaardeerd volgens de vermogensmutatiemethode wordt beschouwd als samenstel van activa en passiva en niet als één ondeelbaar actief; daarbij past dat een herwaardering van het actief van de deelneming wordt beschouwd als ware het een herwaardering van het actief van de rechtspersoon zelf.

De gekozen verwerkingswijze dient voor alle deelnemingen consistent te worden toegepast.

Naar onze mening staat de eerstgenoemde visie op gespannen voet met de aard van de vermogensmutatiemethode: kern van waardering tegen netto-vermogenswaarde is immers dat de deelneming niet als een ondeelbaar geheel wordt beschouwd, maar dat de waarde juist bepaald wordt door die van de achterliggende activa en passiva (zie par. 10.4.3). Het opnemen in een herwaarderingsreserve verdient daarom vanuit bedrijfseconomisch gezichtspunt de voorkeur. Echter, vanuit juridisch gezichtspunt is er naar de letter van de wet (op grond van art. 2:390 BW) geen verplichting tot vorming van een herwaarderingsreserve, zodat verwerking in een reserve deelnemingen niet kan worden uitgesloten.

Voorbeeld gevolgen herwaardering activa deelneming voor jaarrekening moeder

Moeder T houdt een 100% belang in dochter W. Gebouwen en terreinen worden gewaardeerd tegen actuele waarde. Moeder T houdt gebouwen en terreinen met een kostprijs minus afschrijvingen van 100 en een actuele waarde van 130. Dochter W houdt gebouwen en terreinen met een kostprijs minus afschrijvingen van 300 en een actuele waarde van 450. W heeft geen andere activa en passiva, zodat het eigen vermogen eveneens 450 bedraagt. In de geconsolideerde jaarrekening wordt W geconsolideerd. In de enkelvoudige jaarrekening wordt W gewaardeerd tegen netto-vermogenswaarde.

> In de geconsolideerde jaarrekening bedraagt de boekwaarde van gebouwen en terreinen 580 en, indien het eigen vermogen wordt gespecificeerd (zoals verplicht onder IFRS), wordt een herwaarderingsreserve opgenomen van 180 (afgezien van latente belastingen).
>
> In de enkelvoudige jaarrekening van T bestaan twee alternatieven voor de presentatie van het eigen vermogen:
> ▶ een herwaarderingsreserve gebouwen en terreinen van 30 en een wettelijke reserve deelnemingen van 150;
> ▶ een herwaarderingsreserve gebouwen en terreinen van 180 (net als in de geconsolideerde jaarrekening).
>
> Naar onze mening houdt waardering tegen netto-vermogenswaarde in dat feitelijk vanuit de moeder T wordt gekeken naar de achterliggende activa en passiva alsof deze activa en passiva van T zelf zijn (vandaar dat deze methode ook wel wordt aangeduid met de term 'one-line consolidation'); daarop sluit alleen het tweede alternatief aan.

15.2.4.7 Verminderingen herwaarderingsreserve: in welke gevallen?

De herwaarderingsreserve wordt in de volgende gevallen verminderd:
▶ de herwaarderingsreserve kan worden verminderd met latente belastingverplichtingen met betrekking tot activa die zijn geherwaardeerd op een hoger bedrag (art. 2:390 lid 1 BW). De Richtlijnen hebben een sterke voorkeur om een latente belastingverplichting uit hoofde van een herwaardering op te nemen, maar de wet staat toe dit achterwege te laten (RJ 272.304). Artikel 2:390 lid 5 BW bepaalt, dat in de toelichting wordt uiteengezet, of en op welke wijze in samenhang met de herwaardering rekening wordt gehouden met de invloed van belastingen op vermogen en resultaat. IAS 12.20 verplicht tot het verantwoorden van een latente belastingverplichting in geval van herwaardering, welke latentie ten laste van de herwaarderingsreserve moet worden gevormd;
▶ de herwaarderingsreserve wordt verminderd door afschrijving of vervreemding ('realisatie') van het geherwaardeerde actief (art. 2:390 lid 3 BW); het is dus niet mogelijk om het (door afschrijving of vervreemding) gerealiseerde deel van de herwaarderingsreserve in deze reserve te laten (RJ 240.225);
▶ de herwaarderingsreserve wordt verminderd met een waardevermindering van een actief voor zover dit actief hieraan voorafgaand ten gunste van de herwaarderingsreserve is opgewaardeerd (art. 2:390 lid 3 BW). Dit geldt ook voor waardeverminderingen van financiële instrumenten die worden gebruikt voor kasstroomafdekking;
▶ indien de herwaarderingsreserve wordt omgezet in (aandelen)kapitaal (art. 2:390 lid 2 BW).

Omdat de herwaarderingsreserve op individuele basis per actief moet worden gevormd, mag er, zoals aangegeven, geen negatieve herwaarderingsreserve per actief ontstaan, met uitzondering van de situatie van kasstroomafdekking (RJ 240.227/227a) en schuldinstrumenten waarvan de waardemutaties via OCI worden verantwoord. Indien voor een actief wordt vastgesteld dat de actuele waarde lager is dan de verkrijgingsprijs of vervaardigingsprijs (rekening houdend met afschrijvingen), vindt verwerking van de afwaardering plaats via de winst-en-verliesrekening (RJ 240.227). Deze afboeking of terugneming daarvan wordt op grond van artikel 2:387 lid 4 BW afzonderlijk in de winst-en-verliesrekening of in de toelichting opgenomen (RJ 240.226).

Herwaarderingen worden dus alleen in de volgende situaties in de winst-en-verliesrekening verwerkt (RJ 240.407):
▶ de herwaardering betreft een afwaardering, indien en voor zover een negatief bedrag van de herwaardering ontstaat;
▶ de positieve herwaardering betreft de terugneming van een afwaardering die eerder als last in de winst-en-verliesrekening is verwerkt, voor zover de boekwaarde van het actief vóór de terugneming onder de boekwaarde ligt die zou zijn bepaald indien eerder geen afwaardering zou zijn verantwoord;
▶ de wet of de Richtlijnen staan verwerking in de winst-en-verliesrekening toe, indien en voor zover de rechtspersoon die verwerkingswijze volgt (bijvoorbeeld winsten of verliezen ontstaan door een wijziging in de reële waarde van vastgoedbeleggingen, RJ 213.504).

15 Eigen vermogen en Aandeel van derden

IFRS sluit op het bovenstaande aan, maar kent naast de mogelijkheid van een negatieve reserve uit hoofde van een kasstroomafdekking (IFRS 9.6.5.11) ook de mogelijkheid dat een afzonderlijke negatieve post in het eigen vermogen is gevormd ter zake van een
▶ schuldinstrument (vordering) resp.
▶ een actief eigen vermogensinstrument (meestal een strategisch minderheidsbelang in een andere entiteit) waarvan de latere wijzigingen in de reële waarde via 'other comprehensive income' zijn verwerkt (IFRS 9.4.1.2A, 9.4.1.4 en 9.5.7.5; zie ook par. 30.6).

De onderneming die haar geconsolideerde jaarrekening opmaakt in overeenstemming met IFRS en die in haar enkelvoudige jaarrekening IFRS of IFRS-grondslagen (art. 2:362 lid 8 BW) toepast, mag wel een negatieve herwaarderingsreserve hebben (RJ 240.227b). De IFRS-regels hebben hier dus voorrang. Past een rechtspersoon de 'gewone' regels van Titel 9 Boek 2 BW toe, dan dient een negatieve herwaardering uit hoofde van beleggingen wel ten laste van het resultaat te worden gebracht.
Indien en voor zover de voornoemde herwaarderingsreserve negatief is, dienen de vrije reserves tot dat bedrag te worden beklemd, zodat in zoverre geen uitkeringen ten laste van de vrije reserves kunnen worden gedaan (art. 2:390 lid 1 BW). RJ 240.227b bepaalt dat in de toelichting moet worden vermeld dat voor de bepaling van de vrij uitkeerbare winst de negatieve reserve in mindering wordt gebracht op de vrij uitkeerbare reserves.

Voorbeeld negatieve herwaarderingsreserve (uit RJ 240.227b)
Stel dat de negatieve herwaarderingsreserve € 10 bedraagt en de overige reserves € 50. Het in het kader van de kapitaalbescherming vrij uitkeerbare bedrag is dan € 40 (50 - 10). Bij toepassing van Titel 9 Boek 2 BW wordt het bedrag van de negatieve herwaarderingsreserve ten laste van de winst-en-verliesrekening gebracht, waarmee de overige reserves (en dus vrij uitkeerbare reserves) € 40 bedragen. De twee verwerkingswijzen leiden dus niet tot een verschil in uitkeerbaar bedrag.

15.2.4.8 Verminderingen herwaarderingsreserve: ten gunste van resultaat of eigen vermogen?

Het gerealiseerde deel van de herwaarderingsreserve kan op twee wijzen worden verwerkt (RJ 240.408/411):
▶ ten gunste van de Overige reserves. In dat geval worden balans en winst-en-verliesrekening volledig opgesteld op basis van actuele waarden;
▶ ten gunste van het resultaat. In dat geval wordt het gerealiseerde deel van de herwaarderingsreserve in een afzonderlijke post in het resultaat uit gewone bedrijfsuitoefening opgenomen. Het mag niet in mindering worden gebracht op de bedrijfslasten of worden toegevoegd aan het netto-omzetresultaat. De afzonderlijke post dient te worden gepresenteerd op een afzonderlijke regel, direct voorafgaand aan de financiële baten en lasten als onderdeel van het resultaat uit gewone bedrijfsuitoefening; er is daarbij sprake van een tussentelling in het model van de winst-en-verliesrekening op grond van artikel 5 lid 3 Besluit modellen jaarrekening. De vrijval van de herwaardering wordt bruto gepresenteerd, en het effect van de belasting daarover wordt afzonderlijk onder de belastingen opgenomen (art. 2:390 lid 4 BW, RJ 240.411).

Voorbeeld vermindering herwaarderingsreserve
Een kantoorgebouw wordt gewaardeerd tegen actuele waarde. De geschatte levensduur is 40 jaar. De kostprijs bedraagt € 4.000.000 en er wordt lineair afgeschreven met een restwaarde van nihil. Fiscaal wordt uitsluitend afschrijving op basis van historische kosten geaccepteerd.
Na 10 jaar bedraagt de boekwaarde van het kantoorgebouw €3.000.000. Er vindt een herwaardering plaats van € 300.000. Daarvan wordt 75% (€ 225.000) toegevoegd aan de herwaarderingsreserve en 25% (€ 75.000) aan de voorziening latente belasting.

> Realisatie van de herwaardering vindt plaats door middel van jaarlijkse afschrijving. De jaarlijkse commerciële afschrijving bedraagt na het 10^e jaar € 110.000, de jaarlijkse fiscale afschrijving blijft ongewijzigd € 100.000.
>
> In het hiervoor als eerste genoemde alternatief wordt jaarlijks de gerealiseerde herwaardering van € 7.500 (€ 225.000 : 30 jaar) toegevoegd aan de overige reserves. De latente belastingverplichting valt jaarlijks voor € 2.500 vrij ten gunste van het resultaat, zodat in de winst-en-verliesrekening de belastingkosten bepaald worden op 25% van het commerciële resultaat. Bij een omzet van € 200.000 en uitsluitend afschrijvingskosten van het kantoorpand bedraagt de commerciële winst voor belastingen € 90.000 en de fiscale winst € 100.000. De belastingkosten bedragen € 22.500 (25% x 90.000) en de te betalen belasting € 25.000 (25% x € 100.000). Het verschil vormt de vrijval uit de latente belastingverplichting. De nettowinst bedraagt € 67.500.
>
> In het hiervoor als tweede genoemde alternatief worden de afschrijvingslasten bepaald op € 110.000. Het netto-omzetresultaat is daarmee € 90.000. Als laatste post voor de financiële baten en lasten wordt de brutovrijval van de herwaarderingsreserve opgenomen, dat wil zeggen een vrijval van € 10.000 (300.000 : 30 jaar). De commerciële winst voor belastingen bedraagt dan € 100.000 (net als bij het systeem van historische kosten). De belastingkosten worden opgenomen voor € 25.000 (25% x € 100.000) en de nettowinst bedraagt € 75.000.

Bovenstaande tweedeling geldt veelal voor herwaarderingen van materiële vaste activa en immateriële vaste activa. Herwaarderingen van financiële instrumenten worden vaak *uiteindelijk* in het resultaat opgenomen, hetzij op het moment van de waardestijging zelf, hetzij bij realisatie. Bij toepassing van IFRS is hier een uitzondering op indien gebruik gemaakt wordt van de fair value through OCI optie voor eigen-vermogensinstrumenten (IFRS 9.4.1.4).

In geval van een kasstroomafdekking, valt de reserve vrij ten gunste/ten laste van het resultaat (in dezelfde periode als die waarin de afgedekte post in het resultaat wordt opgenomen), of wordt zij bijgeboekt op de boekwaarde van het afgedekte actief of passief (art. 10 lid 5 Besluit actuele waarde). Zie verder paragraaf 30.7.

Uiteraard mag nooit een dubbeltelling plaatsvinden, waarbij de ongerealiseerde waardeverandering eerst in het resultaat wordt verantwoord, vervolgens een herwaarderingsreserve wordt opgenomen omdat geen sprake is van frequente marktnoteringen, en vervolgens de herwaardering wordt gerealiseerd ten gunste van het resultaat (RJ 240.411); in die situatie valt de herwaardering verplicht vrij ten gunste van de overige reserves.

IFRS wijkt van de bovenstaande systematiek af, doordat in het geval van herwaardering van materiële vaste activa (IAS 16.41) en van immateriële vaste activa (IAS 38.87) een vrijval van de post direct in de overige reserves ('from revaluation surplus to retained earnings') wordt geboekt en dus niet in het resultaat mag worden verantwoord. Daarnaast vindt er onder IFRS 9 geen recycling plaats van waardemutaties van eigen-vermogensinstrumenten die als financieel actief worden gehouden en waarvan waardemutaties direct in 'other comprehensive income' worden verwerkt.

15.2.4.9 Toelichting herwaarderingsreserve

De Richtlijnen bevelen aan de verschillende herwaarderingsreserves afzonderlijk toe te lichten, gezien de verschillende aard, achtergrond en verwerkingswijze van de herwaarderingen. Afzonderlijk kunnen worden toegelicht de herwaarderingsreserves voor:
- waardevermeerderingen van activa, niet zijnde financiële instrumenten, die rechtstreeks zijn opgenomen in het eigen vermogen;
- waardevermeerderingen van financiële instrumenten, niet zijnde afdekkingsinstrumenten, die rechtstreeks zijn opgenomen in het eigen vermogen;
- waardevermeerderingen van activa waarvan waardeveranderingen in de winst-en-verliesrekening worden opgenomen en waarvoor geen frequente marktnoteringen bestaan;
- waardeveranderingen van financiële instrumenten die dienen als afdekkingsinstrument.

15 Eigen vermogen en Aandeel van derden

Heeft toepassing van IFRS geleid tot de vorming van een (herwaarderings)reserve, dan dient de reserve te worden toegelicht (IAS 16.77 inzake materiële vaste activa, IAS 38.124 inzake immateriële vaste activa), waardeveranderingen van een financieel actief dat wordt aangehouden of om te verkopen of om de kasstromen te incasseren, waarbij de kasstromen enkel rente en terugbetaling zijn (IFRS 9.4.1.2A), waardeveranderingen van equity-instrumenten waarvoor gekozen is om 'fair value through other comprehensive income' toe te passen (IFRS 9.4.1.4 en IFRS 9.6.5.11 inzake cash flow hedge).

Verschillen Dutch GAAP - IFRS

De verschillen zijn, kort samengevat:
- Een (herwaarderings)reserve uit hoofde van toepassing van waardering tegen fair value en van kasstroomafdekking wordt in IFRS, in tegenstelling tot de situatie bij toepassing van Nederlandse grondslagen, niet beschouwd als een wettelijke of niet vrij uitkeerbare reserve.
- IFRS kent niet de mogelijkheid om ervoor te kiezen dat waardeveranderingen van financiële instrumenten, vastgoedbeleggingen en agrarische voorraden niet in het resultaat worden opgenomen, maar direct in een herwaarderingsreserve.
- IFRS kent ook niet het systeem dat de waardeveranderingen van de activa die in het resultaat worden opgenomen, bij het ontbreken van frequente marktnoteringen tevens in een herwaarderingsreserve dienen te worden verantwoord.
- IFRS kent de mogelijkheid dat een herwaarderingsreserve die is gevormd ter zake van financieel actief waarvan de waardeveranderingen via 'other comprehensive income' worden verwerkt, negatief wordt (IFRS 9.4.1.2A, 9.4.1.4 en 9.5.7).
- In IFRS worden (gerealiseerde) herwaarderingen van materiële en immateriële activa direct in de 'retained earnings' geboekt en dus niet in het resultaat verantwoord.

15.2.5 Andere wettelijke reserves

15.2.5.1 Toepassingsgebied

De bepalingen inzake de wettelijke reserves zijn van belang voor de enkelvoudige jaarrekening die op basis van Titel 9 Boek 2 BW wordt opgemaakt. Deze bepalingen dienen ook te worden toegepast in de enkelvoudige jaarrekening die integraal op basis van IAS/IFRS wordt opgesteld (art. 2:362 lid 9 BW, zie ook par. 3.3.1 en hoofdstuk 24), waaronder:
- de bepalingen inzake de wettelijke reserve (zie par. 15.2.5.2);
- de bepalingen inzake de wettelijke herwaarderingsreserve (zie par. 15.2.4);
- de bepalingen inzake de wettelijke reserve omrekeningsverschillen deelnemingen (zie par. 15.2.5.4).

Voorbeeld van een mutatie-overzicht wettelijke reserves					
(in duizenden euro's)	Herwaarderingsreserve	Kosten van ontwikkeling	Resultaat deelnemingen	Reserve omrekenings- verschillen	Totaal
Stand 1 januari jaar 1	10	11.800	8.400	2.300	22.510
Resultaat deelneming	-	-	1.300	-	1.300
Rechtstreekse vermogens- mutaties deelneming	-	-	725	-	725
Uitgekeerd dividend deelneming	-	-	(500)	-	(500)
Investeringen	-	3.350	-	-	3.350
Herwaardering activa	650	-	-	-	650
Desinvesteringen	(480)	-	-	-	(480)
Afschrijvingen	(20)	-	-	-	(20)
Koersverschillen	-	-	-	520	520
Stand 31 december jaar 1	160	15.150	9.925	2.820	28.055
Stand 1 januari jaar 2	160	15.150	9.925	2.820	28.055
Resultaat deelneming	-	-	850	-	850
Rechtstreekse vermogens- mutaties deelneming	-	-	370	-	370
Uitgekeerd dividend deelneming	-	-	(190)	-	(190)
Investeringen	-	-	-	-	-
Herwaardering activa	980	-	-	-	980
Desinvesteringen	(45)	(4.850)	-	-	(4.895)
Afschrijvingen	(40)	-	-	-	(40)
Koersverschillen	-	-	-	(975)	(975)
Stand 31 december jaar 2	1.055	10.300	10.955	1.845	24.195

Wettelijke reserves zijn reserves die moeten worden aangehouden krachtens een wettelijke bepaling (RJ 240.202/ RJ 940). Wettelijke reserves zijn niet vrij uitkeerbaar, maar maken deel uit van het gebonden eigen vermogen (par. 15.1.3).

15.2.5.2 Andere wettelijke reserves dan de herwaarderingsreserve

Andere wettelijke reserves dan de herwaarderingsreserve zijn (art. 2:373 lid 4 BW, RJ 240.229):
- ▶ De wettelijke reserve in verband met inbreng op aandelen van een NV anders dan in geld. Indien in een NV anders dan in geld wordt ingebracht, zijn in beginsel een beschrijving van hetgeen wordt ingebracht en een accountantsverklaring vereist. Onder bepaalde voorwaarden kan daarvan worden afgezien. Bij de NV is één van de voorwaarden dat de inbrengende vennootschap een reserve vormt ter grootte van het nominale bedrag van de door haar genomen aandelen. In artikel 2:94a lid 6 en 7 BW worden aangegeven de mate waarin, de periode gedurende welke en de omstandigheden waaronder deze reserve moet worden aangehouden (art. 2:94a lid 6 onder f BW).
- ▶ De wettelijke reserve in verband met een lening wegens verwerving van aandelen in een NV.
Artikel 2:98c lid 4 BW schrijft voor dat een NV afzonderlijk een reserve in de balans opneemt, ter grootte van het bedrag van de leningen die door deze rechtspersoon zijn verstrekt met het oog op het nemen of verkrijgen van (certificaten van) aandelen in het kapitaal van de rechtspersoon (wettelijke reserve steunfinanciering).
- ▶ De wettelijke reserve voor immateriële vaste activa. Indien een rechtspersoon oprichtingskosten, emissiekosten en/of kosten van ontwikkeling als immateriële vaste activa in de balans opneemt dient, op grond van artikel 2:365 lid 2 BW, daartegenover een wettelijke reserve te worden gevormd.

15 Eigen vermogen en Aandeel van derden

- De wettelijke reserve ingehouden winsten en rechtstreekse vermogensvermeerderingen deelnemingen (art. 2:389 lid 6 BW). Zij wordt hierna in paragraaf 15.2.5.3 behandeld.
- De negatieve bijschrijvingsreserve in verband met de omrekening van het nominale aandelenkapitaal van een NV van gulden naar de euro. Als gevolg van de omrekening van aandelen die statutair luiden in guldens naar euro's kunnen er bij een NV door kleine afrondingsverschillen overschotten of tekorten zijn ontstaan. De wetgever heeft voor laatstgenoemde kleine bedragen het fenomeen van de negatieve wettelijke reserve gecreëerd (art. 2:67a lid 2 BW). Deze moet uit toekomstige winsten worden aangezuiverd.
- De wettelijke reserve omrekeningsverschillen deelnemingen (art. 2:389 lid 8 BW). Deze reserve wordt hierna in paragraaf 15.2.5.4 behandeld.

De hierboven genoemde wettelijke reserves zijn in IFRS onbekend, alhoewel IFRS wel een aparte post binnen het eigen vermogen opneemt die betrekking heeft op valuta omrekeningsverschillen ter zake van buitenlandse deelnemingen (IAS 21.32).

De Richtlijnen geven ten aanzien van de wettelijke reserves waarnaar in artikel 2:373 lid 4 BW wordt verwezen, de volgende algemene voorschriften:
- De wettelijke reserves worden of als afzonderlijke posten in de balans onder het eigen vermogen gepresenteerd, of als specificatie van de post Andere wettelijke reserves. Het presenteren van de wettelijke reserves als afzonderlijke posten in de balans onder het eigen vermogen heeft de voorkeur (RJ 240.229).
- De wettelijke reserves worden niet collectief, maar individueel bepaald. De wettelijke reserves worden derhalve niet met elkaar gesaldeerd (RJ 240.232).
- De volgende wettelijke reserves kunnen een negatief saldo hebben: de wettelijke reserve omrekeningsverschillen, ingeval van een enkelvoudige jaarrekening combinatie 3 of combinatie 4 de herwaarderingsreserve ex RJ 240.227b (zie ook par.3.1.5), en de herwaarderingsreserve inzake kasstroomhedge-accounting. De andere wettelijke reserves kunnen geen negatief saldo hebben (RJ 240.232).
- De wettelijke reserves worden gevormd hetzij als onderdeel van de winstbestemming (behoudens de reserves bedoeld in art. 2:94a BW), hetzij ten laste van het Agio of de Overige reserves. De afname van de wettelijke reserves komt ten gunste van de Overige reserves, dan wel is onderdeel van de winstbestemming (RJ 240.231).
- In de opgemaakte balans dienen de mutaties die op grond van wettelijke en statutaire bepalingen in de reserves behoren te worden gebracht, te zijn verwerkt (RJ 240.231).
- Indien het aan te houden bedrag van de wettelijke reserves het totaalbedrag van de reserves te boven gaat, dient het verschil ten laste van de Overige reserves te worden gebracht. Dit heeft tot gevolg dat de wettelijke reserves de hoogte van het aan te houden bedrag hebben en dat de Overige reserves een negatief bedrag laten zien (RJ 240.230).

15.2.5.3 Wettelijke reserve deelnemingen

De wettelijke reserve deelnemingen is van toepassing indien deelnemingen zijn gewaardeerd tegen netto-vermogenswaarde (zie par. 10.4.3). Op het moment van eerste waardering tegen netto-vermogenswaarde is de wettelijke reserve nihil. Aan de wettelijke reserve wordt toegevoegd het aandeel in het (positieve) resultaat van de deelneming alsmede rechtstreekse vermogensvermeerderingen van de deelneming. Onder rechtstreekse vermogensvermeerderingen worden niet begrepen de vermogensmutaties die voortvloeien uit de relatie met aandeelhouders, zoals agiostortingen.

De (mutatie in) de wettelijke reserve wordt echter alleen opgenomen indien en voor zover de deelnemende rechtspersoon niet zonder beperkingen uitkering aan hem van het uitkeerbare eigen vermogen van de deelneming kan bewerkstelligen (art. 2:389 lid 6 BW, RJ 240.229a).

De reserve wordt verminderd met het bedrag van het dividend dat is gedeclareerd vóór de vaststelling van de jaarrekening van de deelnemende rechtspersoon. Het gaat daarbij om uitkeringen in liquide middelen; uitkeringen in aandelen zijn hier niet onder begrepen (art. 2:389 lid 6 BW). Verder wordt de wettelijke reserve verminderd met negatieve resultaten van deelnemingen en met rechtstreekse vermogensverminderingen.

De wettelijke reserve wordt per individuele deelneming vastgesteld (RJ 240.232a). Voor zover de wettelijke reserve betrekking heeft op ingehouden winsten, betreft de wettelijke reserve alleen deelnemingen waarvan, sinds de eerste waardering tegen netto-vermogenswaarde, de ingehouden winst positief is. Een wettelijke reserve voor alle deelnemingen gezamenlijk (met saldering van positieve en negatieve ingehouden winsten) is niet toegestaan. De wettelijke reserve kan derhalve niet negatief zijn.

Zoals aangegeven, wordt de wettelijke reserve deelnemingen alleen opgenomen indien en voor zover de deelnemende rechtspersoon uitkering van het eigen vermogen door de deelneming niet zonder beperkingen kan bewerkstelligen. Voor zover sprake is van ingehouden winsten (en vrije reserves) zal in het algemeen geen wettelijke reserve worden opgenomen voor deelnemingen in groepsmaatschappijen, omdat in die gevallen de deelnemende rechtspersoon (moedermaatschappij) veelal eenzijdig uitkering van dividend kan bewerkstelligen, behalve in de situatie dat sprake is van een BV (deelneming) waarvan de bestuurders een uitkering niet zullen (kunnen) goedkeuren. Voorbeelden van beperkingen tot volledige uitkering zijn (RJ 240.229a):

▶ Het niet kunnen afdwingen van een besluit tot uitkering.
▶ Een (buitenlandse) deelneming die op grond van (buitenlandse) wet- en regelgeving beperkt is in het uitkeren van winsten (vanwege bijvoorbeeld valutarestricties of contractuele afspraken die uitkering beperken tot een bepaald minimumniveau van het eigen vermogen van de deelneming).
▶ De situatie dat een deelneming geen uitkeringen mag doen die tot gevolg hebben dat zij niet zal kunnen voortgaan met het betalen van haar opeisbare schulden (in de situatie dat de deelneming een BV is en het bestuur geen uitkering kan goedkeuren; art. 2:216 BW). Er is in ieder geval geen sprake van een beperking voor zover na het doen van een uitkering de continuïteit van de deelneming is gewaarborgd. Een beperking bestaat in ieder geval wel indien en voor zover door uitkering discontinuïteit onontkoombaar is of ernstige onzekerheid over de continuïteit ontstaat.
▶ Een beperking tot volledige uitkering doordat aanvullende belasting wordt geheven wanneer tot uitkering wordt overgegaan.

Indien sprake is van rechtstreekse vermogensmutaties bij de deelneming die bij de deelneming zijn aan te merken als een wettelijke reserve, zoals een herwaarderingsreserve of een reserve omrekeningsverschillen, kan de deelnemende rechtspersoon voor dat deel van het eigen vermogen uitkering niet bewerkstelligen, zelfs niet als het een deelneming in een groepsmaatschappij betreft. Deze wettelijke reserves dienen daarom ook op het niveau van de deelnemende rechtspersoon te worden gevormd. De herwaarderingsreserve mag zowel zijn begrepen in de wettelijke reserve deelnemingen, als afzonderlijk opgenomen als herwaarderingsreserve (RJ 240.228, zie par. 15.2.4). Ook voor de reserve omrekeningsverschillen geldt een vergelijkbare keuzemogelijkheid (RJ 122.404, zie hierna par. 15.2.5.4).

> **Voorbeeld wettelijke reserve ingehouden winst deelnemingen**
>
> Aan het begin van het jaar verwerft een rechtspersoon twee 40%-deelnemingen. Voor beide deelnemingen geldt dat de rechtspersoon niet in staat is de ingehouden winst zonder beperking te doen uitkeren. Waardering vindt plaats tegen netto-vermogenswaarde. Deelneming A maakt een winst van € 150.000, waarvan € 50.000 als dividend wordt uitgekeerd. Deelneming B maakt een verlies van € 20.000.
> Als aandeel in het resultaat wordt een bedrag van € 52.000 (40% x 150.000 + 40% x -20.000) verantwoord. Daarvan wordt € 20.000 (40% x 50.000) ontvangen als dividend en het overige toegevoegd aan de netto-vermogenswaarde van de deelneming. Omdat saldering van de wettelijke reserves deelneming A en deelneming B niet is toegestaan, is de wettelijke reserve voor deelneming A € 40.000 (40% x (150.000 - 50.000)) en voor deelneming B nihil, en bedraagt de wettelijke reserve zoals opgenomen in de balans dus € 40.000.
>
> De journaalposten in dit verband zijn:
> | | | |
> |---|---:|---:|
> | Deelnemingen | € 32.000 | |
> | Vordering dividend | € 20.000 | |
> | Aan Aandeel in resultaten deelnemingen | | € 52.000 |
> | + | | |
> | Winstsaldo (of Overige reserves) | € 40.000 | |
> | Aan Wettelijke reserve deelnemingen | | € 40.000 |

15.2.5.4 Wettelijke reserve omrekeningsverschillen deelnemingen

Waardevermeerderingen of waardeverminderingen van deelnemingen wegens omrekening van het daarin geïnvesteerde vermogen en het resultaat vanuit de valuta van de deelneming naar de valuta waarin de rechtspersoon zijn jaarrekening opmaakt, komen ten gunste respectievelijk ten laste van een reserve omrekeningsverschillen (art. 2:389 lid 8 BW).
Het geïnvesteerd vermogen omvat tevens de leningen verstrekt aan deelnemingen voor zover deze een feitelijke uitbreiding of inkrimping zijn van de netto-investering in de deelnemingen (RJ 122.112). Ook de koersverschillen op dergelijke leningen worden derhalve verwerkt in de reserve omrekeningsverschillen.

Daarnaast komen valutakoersverschillen op leningen aangegaan ter dekking van valutakoersrisico's van buitenlandse deelnemingen eveneens ten gunste respectievelijk ten laste van een reserve omrekeningsverschillen, indien en voor zover de dekking effectief is (art. 2:389 lid 8 BW). RJ 122.217 noemt ook de situatie dat een lening is aangegaan ter financiering van de netto-investering; economisch gezien is dat dezelfde situatie als een afdekking van de netto-investering en ook de koersverschillen op die leningen worden verwerkt in de reserve omrekeningsverschillen.
Indien voor resultaten van deelnemingen een wettelijke reserve ingehouden winsten is gevormd, is het toegestaan die reserve voor de valutakoerswijzigingen van die resultaten te muteren, in plaats van de reserve omrekeningsverschillen (RJ 122.404).

De reserve kan een negatief saldo hebben. Indien de reserve een negatief saldo heeft, kunnen ter hoogte van dit saldo geen uitkeringen worden gedaan ten laste van de reserves (art. 2:389 lid 8 BW).
Bij gehele of gedeeltelijke vervreemding van het belang in de desbetreffende deelneming, wordt het gedeelte van de reserve dat op het vervreemde deel van die deelneming betrekking heeft aan deze reserve onttrokken (art. 2:389 lid 8 BW). Het is dus niet toegestaan de cumulatieve koersverschillen in de wettelijke reserve omrekeningsverschillen te handhaven. RJ 122.311 beveelt aan dat de cumulatieve omrekeningsverschillen verwerkt dienen te worden in de winst-en-verliesrekening als onderdeel van het resultaat op de verkoop van de bedrijfsuitoefening in het buitenland.
IFRS kent het voorschrift dat valuta-omrekeningsverschillen ter zake van deelnemingen in het eigen vermogen moeten worden opgenomen. Inzake de afdekking van de netto-investering spreekt IFRS van een 'net investment hedge'. IFRS kwalificeert een dergelijk 'separate component of equity' (reserve omrekeningsverschillen) evenwel

uiteraard niet als een wettelijke reserve. Bij realisatie van de deelneming dienen de cumulatieve omrekeningsverschillen in het resultaat te worden verantwoord (IAS 21.32 en 48).

Verschillen Dutch GAAP - IFRS

Omdat IFRS geen regels van kapitaalbeschermingsrecht kent, zijn in IFRS het begrip wettelijke reserves en daarop betrekking hebbende bepalingen onbekend. Met betrekking tot in het eigen vermogen geboekte omrekeningsverschillen vereist IFRS dat deze bij verkoop van de deelneming in het resultaat worden geboekt, terwijl in Nederland ook overboeking naar de Overige reserves is toegestaan.

15.2.6 Statutaire reserves

Statutaire reserves zijn reserves die krachtens de statuten van een rechtspersoon moeten worden gevormd en aangehouden (RJ 940). Statutaire reserves zijn niet vrij uitkeerbaar aan aandeelhouders.

Statutaire reserves worden gevormd hetzij als onderdeel van de winstbestemming, hetzij ten laste van een vrije reserve. Indien statutaire reserves niet uit winstbestemming kunnen worden gevormd en het aan te houden bedrag van de statutaire reserves het totaalbedrag van de reserves te boven gaat, dient het verschil ten laste van de Overige reserves te worden gebracht (RJ 240.233). Dit heeft tot gevolg dat de statutaire reserves de hoogte van het aan te houden bedrag hebben en dat de Overige reserves een negatief bedrag laten zien.

Verschillen Dutch GAAP - IFRS

Ook onder IFRS kunnen statutaire reserves worden onderscheiden (IAS 1.78 onder letter e en IAS 1.79), maar IFRS kent geen specifiek daarop betrekking hebbende bepalingen.

15.2.7 Overige reserves

Overige reserves zijn alle reserves, anders dan de wettelijke reserves en de statutaire reserves. Overige reserves zijn vrij uitkeerbaar aan de aandeelhouders (RJ 240.234). In de praktijk duidt men Overige reserves vaak aan als algemene reserves. Een geaccumuleerd verlies over vorige boekjaren dient op de post Niet-verdeelde winsten of op de Overige reserves in mindering te worden gebracht. Indien het verlies over het boekjaar het bedrag van de Overige reserves en Niet-verdeelde winsten te boven gaat, dient het verschil ten laste van de Overige reserves te worden gebracht. Dit heeft tot gevolg dat de Overige reserves een negatief bedrag laten zien (RJ 240.235).

Verschillen Dutch GAAP - IFRS

De term Overige reserves kent IFRS niet als zodanig. In algemene zin wordt gesproken over 'reserves' (IAS 1.54 en IAS 1.78 onder letter e). Daaronder vallen dan ook de herwaarderings- en andere wettelijke reserves. Het IFRS-begrip dat het meest aansluit bij Overige reserves is 'Retained earnings'.

15.2.8 Niet-verdeelde winsten

De post Niet-verdeelde winsten betreft de winsten uit voorgaande boekjaren waaromtrent de daartoe bevoegde organen van een rechtspersoon nog geen besluit ter zake van de bestemming ervan hebben genomen. Indien er een geaccumuleerd verlies over voorgaande boekjaren bestaat, dient men dit op de post Niet-verdeelde winsten of op Overige reserves in mindering te brengen. Voor zover deze posten niet van voldoende omvang zijn om het totale bedrag van de geaccumuleerde verliezen op in mindering te brengen, dient het resterende bedrag in mindering op de Overige reserves te worden gebracht (RJ 240.235).

15 Eigen vermogen en Aandeel van derden

IFRS erkent de mogelijkheid van het bestaan van een dergelijke reserve die in de balans dient te worden opgenomen (IAS 1.54 en IAS 1.78 onder letter e). Overigens kent IFRS geen regeling die voorschrijft in welke volgorde verliezen op posten in het eigen vermogen in mindering dienen te worden gebracht.

15.2.9 Dividenduitkeringen
15.2.9.1 Balans voor of na voorgestelde resultaatbestemming

Een balans kan in Nederland worden opgesteld voor of na voorgestelde resultaatbestemming (art. 2:362 lid 2 BW). Boven aan de balans wordt dan aangegeven of daarin de bestemming van het resultaat is verwerkt (art. 11 van het Besluit modellen jaarrekening).

Bij een balans voor resultaatbestemming wordt, in navolging van de wet (art. 2:373 lid 1 BW, en, in iets afwijkende bewoordingen, art. 11 van het Besluit modellen jaarrekening), het resultaat als afzonderlijke post in het eigen vermogen opgenomen; het voorgestelde bedrag aan dividenduitkering wordt vermeld in de toelichting als onderdeel van de opgave van (het voorstel tot) bestemming van de winst of verwerking van het verlies (art. 2:380c BW). De Richtlijnen geven aan dat ook in het geval van een verlies, of indien de Overige reserves negatief zijn, een balans voor verwerking van het resultaat kan worden opgemaakt. Ook dan blijkt het resultaat van het boekjaar afzonderlijk binnen het eigen vermogen (RJ 160.208).

Bij een balans na resultaatbestemming onderscheiden de Richtlijnen twee alternatieven voor de presentatie van het voorgestelde dividend (RJ 160.208):
▶ als een separate component van het eigen vermogen;
▶ als een verplichting/schuld.

Ook dan is de opgave van (het voorstel tot) bestemming van de winst of verwerking van het verlies voorgeschreven (art. 2:380c BW).

Bij toepassing van IFRS is het niet toegestaan om een voorgestelde dividenduitkering als verplichting op de balans op te nemen, omdat op balansdatum nog geen verplichting bestaat (IAS 10.13). Voorts dient het resultaat als afzonderlijke post in het eigen vermogen te worden opgenomen (IAS 1.106(a)(i)). Dit sluit aan bij een balans voor voorgestelde resultaatbestemming.

Voorbeeld balans voor en na voorgestelde resultaatbestemming (Dutch GAAP)

Onderneming F behaalt in het boekjaar een winst van 300 en stelt voor 100 uit te keren en 200 in te houden. De Overige reserves aan het begin van het boekjaar waren 2.000. Het eigen vermogen kan nu als volgt worden gepresenteerd (gedeeltelijk):
▶ Overige reserves 2.000; Resultaat boekjaar 300; Eigen vermogen 2.300
▶ Overige reserves 2.200; Voorgesteld dividend 100; Eigen vermogen 2.300
▶ Overige reserves 2.200; Eigen vermogen 2.200; Dividendverplichting 100

Het eerste alternatief sluit aan bij een balans voor resultaatbestemming, het tweede en derde alternatief bij een balans na resultaatbestemming.

In de situatie van een balans voor resultaatbestemming doet zich een bijzonder vraagstuk voor ten aanzien van eerder uitgekeerd interimdividend en ten aanzien van uit te keren preferent dividend. Dit vraagstuk ontstaat omdat de wet vereist dat in die gevallen het resultaat van het boekjaar afzonderlijk onder het eigen vermogen moet worden opgenomen, en niet het resultaat na aftrek van interimdividend of preferent dividend.

15.2.9.2 Interimdividend

Interimdividend betreft een tussentijdse uitkering die op basis van een besluit door het aangewezen orgaan van de rechtspersoon (zoals in de in de statuten vastgelegd) is genomen, die ten laste van het resultaat over het lopende boekjaar wordt geboekt. Met betrekking tot interimdividend stelt RJ 160.210 dat het uitgekeerde bedrag in mindering dient te worden gebracht op het Resultaat na belastingen van het boekjaar waarbij het saldo wordt aangeduid als Onverdeelde winst in het Eigen vermogen.

15.2.9.3 Preferent dividend

Het preferent dividend dient als een verplichting per balansdatum te worden opgenomen, indien op basis van statutaire bepalingen bij voldoende vrij uitkeerbaar eigen vermogen preferent dividend moet worden uitgekeerd en er voldoende vrij uitkeerbaar vermogen uit de balans blijkt. Indien sprake is van een BV waarvan het bestuur geen goedkeuring tot uitkering van preferent dividend heeft verleend, wordt het ontbreken van deze goedkeuring in de toelichting vermeld. Dit geldt ongeacht of er sprake is van een balans voor of na resultaatbestemming (RJ 160.209).

Indien sprake is van een balans voor resultaatbestemming wordt het als preferent dividend uit te keren bedrag zichtbaar in mindering gebracht op het netto-resultaat, waarbij het saldo wordt gepresenteerd als onverdeelde winst. Met deze presentatiewijze wordt voldaan aan enerzijds de wettelijke eis om het resultaat over het boekjaar afzonderlijk te presenteren, en anderzijds het uitgangspunt om het te betalen preferent dividend als verplichting tot uitdrukking te brengen.

Voorbeeld interim-dividend en preferent dividend (ontleend aan RJ 160.209 resp. RJ 160 Bijlage 2)

Gegeven zijn de volgende bedragen:
Gewoon aandelenkapitaal	18.000
Preferent aandelenkapitaal	10.000
Overige reserves	500
Resultaat na belasting van het boekjaar	3.000

Statutair is bepaald dat op preferente aandelen in totaal 700 zal worden betaald. Het dividendvoorstel met betrekking tot gewone aandelen is 1.000; daarvan is 100 reeds uitgekeerd als interim-dividend (nog niet in bovenstaande cijfers verwerkt). Voorts dient er een bedrag van 600 te worden gedoteerd aan de wettelijke reserves. De balans wordt opgesteld voor winstbestemming.

De samenstelling van het eigen vermogen luidt nu:
Gewoon aandelenkapitaal		18.000
Preferent aandelenkapitaal		10.000
Wettelijke reserves		600
Overige reserves (500 - interimdividend 100)		400
Resultaat na belasting van het boekjaar	3.000	
Af: Preferent dividend	700	
Af: Toevoeging wettelijke reserves	600	
Onverdeelde winst		1.700
Eigen vermogen		30.700

De overige reserves zijn bepaald onder aftrek van het uitgekeerde interim-dividend. De toevoeging aan de wettelijke reserves is in dit voorbeeld niet ten laste van de Overige reserves gebracht, in navolging van het voorbeeld in Richtlijn 160 (bijlage 2). Op grond van RJ 240.230 is het ook toegestaan om de dotatie aan de wettelijke reserves ten laste te brengen van de Overige reserves, die daarmee uitkomen op -200 (de Onverdeelde winst bedraagt dan 2.300).

Het totale beschikbare bedrag voor uitkering aan gewone aandeelhouders (vrij uitkeerbare reserves) bedraagt 2.100 (1.700 + 400). Wordt het dividendvoorstel in de Algemene Vergadering gevolgd, dan wordt nog 900 uitgekeerd en wordt de resterende 800 (1.700 - 900) toegevoegd aan de Overige reserves, die daarmee op 1.200 uitkomen. Het eigen vermogen wordt dan 29.800.

Indien onvoldoende vrij uitkeerbaar eigen vermogen uit de jaarrekening blijkt, en indien in toekomstige jaren bij voldoende vrij uitkeerbaar eigen vermogen alsnog het cumulatief preferente dividend zal moeten worden uitgekeerd, dient het alsdan te betalen bedrag in de toelichting te worden vermeld. Indien preferent aandelenkapitaal in de geconsolideerde jaarrekening als vreemd vermogen wordt gepresenteerd, dient het alsdan te betalen bedrag te worden opgenomen onder de langlopende schulden (RJ 160.209).

Achterstallig dividend
Bij geplaatst cumulatief preferente of soortgelijke aandelen kan het voorkomen dat er in een boekjaar onvoldoende winst wordt gemaakt en het (voorwaardelijke) dividendrecht vooruit wordt geschoven, in de afwachting van toekomstige winsten. Achterstallig dividend dient in de toelichting te worden aangegeven (RJ 240.241, IAS 1.137).

15.2.9.4 Keuzedividend

Er is sprake van keuzedividend indien de aandeelhouder het recht heeft te kiezen voor dividenden in contanten of in aandelen (stockdividend). Dit levert geen bijzondere verslaggevingsproblemen op bij een balans voor winstbestemming of bij een balans na winstbestemming met presentatie van het dividendvoorstel binnen het eigen vermogen. Maar als het dividendvoorstel onder de verplichtingen wordt opgenomen, doet zich de vraag voor hoe deze verplichting moet worden bepaald. Immers, bij een keuze voor dividend in contanten is sprake van een verplichting, bij keuze voor stockdividend niet. Het lijkt moeilijk om vooraf te bepalen welk percentage als dividend in contanten zal worden opgevraagd. Omdat de keuze ligt bij de aandeelhouder, is de meest voor de hand liggende verwerkingswijze om in dat geval het totale dividend als verplichting op te nemen (de aandeelhouder kan immers de uitbetaling in contanten door de vennootschap afdwingen), en dit in het volgend boekjaar aan te passen op basis van het werkelijk betaalde contante dividend.

15.2.9.5 Dividend in natura

IFRIC Interpretation 17 'Distributions of Non-cash Assets to Owners', behandelt de verwerking in de jaarrekening van uitkeringen aan aandeelhouders van dividend in natura. IFRIC 17 is beperkt tot de situatie dat geen van de aandeelhouders beslissende zeggenschap heeft in de entiteit (en er dus geen moedermaatschappij is). Transacties onder gemeenschappelijke leiding zijn expliciet uitgezonderd (IFRIC 17.6), voor de verwerking van deze transacties verwijzen we naar hoofdstuk 26. Voor dividenduitkeringen in natura binnen een groep kent IFRS geen specifieke regels.

Volgens IFRIC 17 dient de entiteit een verplichting tot dividendbetaling op te nemen zodra er niet langer discretie bestaat die uitkering kan voorkomen. In het algemeen is dit het geval als het dividend is gedeclareerd. De verplichting dient te worden gewaardeerd tegen de reële waarde van het actief. Wijzigingen in de waarde van de (nog niet afgehandelde) verplichting worden verwerkt in het eigen vermogen, omdat een dergelijke wijziging samenhangt met een uitkering aan aandeelhouders en daarom geen deel uitmaakt van het resultaat. Bij uitkering van het dividend in natura, wordt het verschil tussen de boekwaarde van het actief en van de verplichting verwerkt in de winst-en-verliesrekening. Achtergrond van boeking in het resultaat is dat sprake is van het realiseren van een waardeverschil inzake een actief dat economisch eigendom was van de rapporterende entiteit en dat dit als zodanig losstaat van de uitkering aan aandeelhouders. Verwerking in het resultaat representeert de door de IASB aangehangen 'entity view', de entiteit als een zelfstandige eenheid, los van zijn aandeelhouders. Het resultaat bij uitkering zal in het algemeen nihil of positief zijn; een negatief resultaat zal reeds voor het moment van uitkering in aanmerking zijn genomen als gevolg van de uitvoering van een 'impairment test' (IAS 36) of van classificatie als 'beschikbaar voor verkoop/distributie' (IFRS 5). In beide gevallen zal, indien van toepassing, afwaardering naar lagere opbrengstwaarde hebben plaatsgevonden.

> **Voorbeeld uitkering dividend in natura**
> Y keert zijn tegen geamortiseerde kostprijs gewaardeerde portefeuille niet-beursgenoteerde obligaties uit aan zijn drie gelijke aandeelhouders in drie gelijke delen. De boekwaarde van de obligaties is 95. De reële waarde op het moment van dividenddeclaratie is 110.
> Bij declaratie van het dividend wordt een verplichting van 110 opgenomen ten laste van het eigen vermogen. Als op balansdatum het dividend nog niet is uitgekeerd en de reële waarde van de obligaties is gestegen naar 115, wordt de verplichting verhoogd met 5, ten laste van het eigen vermogen.
> Als bij uitkering van het dividend in januari de reële waarde 117 bedraagt, wordt eerst de verplichting met 2 verhoogd ten laste van het eigen vermogen. Vervolgens worden de verplichting en het actief (de obligatieportefeuille) afgeboekt, waarbij het verschil van 22 ten gunste van het resultaat wordt gebracht.

In het geval de aandeelhouder een keuze heeft om dividend in natura of dividend in liquide middelen te ontvangen, wordt de verplichting gewaardeerd op basis van de reële waarde van beide alternatieven en de geschatte kans dat ieder alternatief wordt gekozen.

Opgemerkt wordt dat in de bestaande regelgeving (de Nederlandse wet- en regelgeving en IFRS) voor de situatie dat de deelneming tegen verkrijgingsprijs is gewaardeerd de bepaling is opgenomen dat de entiteit die het dividend in natura *ontvangt*, dit dividend waardeert tegen reële waarde (zie par. 9.4.2 en 10.4.1).

15.2.9.6 Uitkering bij BV

In de wetgeving voor BV's (de zogenaamde 'flex-BV'-wetgeving) is de belangrijke bepaling opgenomen dat een uitkering aan aandeelhouders pas mogelijk is na (formele) goedkeuring door het bestuur. De algemene vergadering van de BV is bevoegd om te besluiten over de bestemming van de winst die door vaststelling van de jaarrekening is bepaald. Ook is de algemene vergadering bevoegd te besluiten tot uitkering van dividend. Volgens de wet is uitkering van dividend enkel mogelijk indien het bestuur de voorgestelde uitkering formeel goedkeurt. Alvorens het bestuur haar goedkeuring kan geven dient zij een vermogenstoets en een liquiditeitstoets uit te voeren. Middels de vermogenstoets kijkt het bestuur naar het uitkeerbaar (niet-gebonden) eigen vermogen, uitkering is enkel mogelijk wanneer dit voldoende blijkt. Bij een BV zijn alleen de, uit de vastgestelde jaarrekening blijkende, statutaire en wettelijke reserves niet uitkeerbaar, maar al het overige eigen vermogen (waaronder het aandelenkapitaal) wel. Middels de liquiditeitstoets kijkt het bestuur of de onderneming na goedkeuring van uitkering van het dividend redelijkerwijs zal kunnen voortgaan met het voldoen van de opeisbare schulden. Indien de BV na de uitkering niet langer de opeisbare schulden kan voldoen, dan zouden de bestuurders het uitkeren van dividend moeten afkeuren. Indien dit niet gebeurt, zijn zij die dat wisten, of redelijkerwijs konden weten, hoofdelijk aansprakelijk voor het tekort dat door de uitkering is ontstaan. Ook degene die de uitkering ontving (aandeelhouder) en wist of redelijkerwijs kon voorzien dat de BV na de uitkering de schulden niet meer kon betalen, moet dit tekort vergoeden (ten hoogste tot het bedrag of de waarde van de ontvangen uitkering).

Verschillen Dutch GAAP - IFRS
IFRS kent geen onderscheid tussen een balans vóór en ná winstbestemming. Het resultaat van het boekjaar wordt steeds als een aparte post in het eigen vermogen verantwoord met in de toelichting het dividendvoorstel (IAS 10.12 en IAS 1.137). Dit komt overeen met wat in Nederland een balans voor winstbestemming wordt genoemd.

15.3 Eigen aandelen

15.3.1 Inkoop van eigen aandelen

Onder eigen aandelen worden verstaan de door de rechtspersoon of dochtermaatschappij van de rechtspersoon voor eigen rekening ingekochte of op andere wijze verworven aandelen in het kapitaal van de rechtspersoon, met inbegrip van certificaten van deze aandelen (RJ 940, IAS 1.79, IAS 32.33). Onder eigen aandelen vallen ook de aandelen in het kapitaal van de rechtspersoon die derden voor rekening en risico van de rechtspersoon houden. Een NV of BV kan op verschillende wijzen in het bezit komen van eigen aandelen. Mogelijkheden zijn bijvoorbeeld: juridische fusie, vererving, ruil en koop. In het laatste geval spreekt men van inkoop van eigen aandelen. Aan de inkoop van eigen aandelen zijn bepaalde voorwaarden gesteld door de wetgever. Voor de NV treft men deze aan in de artikelen 2:98, 2:98a tot en met 2:98d BW. Voor de BV is dat artikel 2:207b BW.

Inzake de verwerking in de jaarrekening van door een rechtspersoon gehouden eigen aandelen of certificaten daarvan geldt dat de rechtspersoon dit eigen aandelen- of certificatenbezit niet mag activeren (IAS 32.33, art. 2:385 lid 5 eerste volzin BW). Als gevolg hiervan dient het eigen vermogen te worden verminderd met de verkrijgingsprijs van de ingekochte eigen aandelen of certificaten daarvan. Deze vermindering mag in ieder geval niet plaatsvinden door de post geplaatst kapitaal met het bedrag van de inkoop te verminderen. Artikel 2:373 lid 3 BW stelt daaromtrent: 'Het kapitaal wordt niet verminderd met het bedrag van eigen aandelen of certificaten daarvan die de rechtspersoon of een dochtermaatschappij houdt.' Zoals uit de wettekst blijkt, is het ook niet toegestaan middellijk te activeren, dat wil zeggen de aandelen te doen houden door een of meer dochtermaatschappijen zonder de aan de in de balans van de moedermaatschappij aan het belang in de dochtermaatschappij toegekende waarde te corrigeren (IAS 32.33, art. 2:385 lid 5 tweede volzin BW). In een dergelijk geval dient de in de balans van de moedermaatschappij aan het belang in de dochtermaatschappij toegekende waarde, al dan niet evenredig aan het belang, te worden verminderd met de verkrijgingsprijs of de boekwaarde van die aandelen. De boekwaarde is relevant in gevallen waarin de aandelen door de dochtermaatschappij zijn verkregen vóór het tijdstip waarop zij dochtermaatschappij werd. De vermindering van de aan het belang in de dochtermaatschappij toegekende waarde brengt een overeenkomstige vermindering van het eigen vermogen van de moedermaatschappij met zich mee.

Indien de eigen aandelen worden gehouden door een deelneming die geen dochtermaatschappij is, doet zich de vraag voor of de verkrijgingsprijs van de eigen aandelen eveneens in mindering dient te worden gebracht op de waarde van de deelneming. De wet- en regelgeving geven hierover geen uitsluitsel. Indien waardering plaatsvindt tegen netto-vermogenswaarde ligt het voor de hand de verkrijgingsprijs van de door de deelneming gehouden eigen aandelen hierop in mindering te brengen.

Aangezien rechtstreekse noch middellijke activering van ingekochte eigen (certificaten van) aandelen is toegestaan en evenmin aftrek van het geplaatste kapitaal mag plaatsvinden, is automatisch aftrek van andere vermogenscomponenten noodzakelijk. De wet geeft alleen als leidraad dat moet worden vermeld op welke post van het eigen vermogen de verkrijgingsprijs of de boekwaarde in mindering is gebracht (art. 2:378 lid 2 laatste volzin BW). Wat betreft de componenten van het eigen vermogen zal aftrek van de wettelijke reserves niet mogelijk zijn. Of aftrek van de statutaire reserves mogelijk is, hangt af van de statutaire bepalingen. Voor het overige kan de vermindering van het eigen vermogen alleen plaatsvinden door aftrek van componenten die als uitkeerbare reserves zijn aan te merken: Agio, Overige reserves en Onverdeelde winst. De wet geeft hier dus een impliciete keuze. Richtlijn 240 sluit aan op de wettelijke bepalingen en perkt deze keuze niet in. De verkrijgingsprijs, met inbegrip van de kosten uit hoofde van een transactie met eigen aandelen, of de boekwaarde van de aandelen die de rechtspersoon of diens dochtermaatschappij houdt of doet houden, kan in mindering worden gebracht op de Overige reserves. De Richtlijn vermeldt daarnaast de mogelijkheid die de wet biedt om de verkrijgingsprijs of boekwaarde van ingekochte eigen aandelen in mindering te brengen op andere reserves binnen het eigen vermogen, mits de statuten dit toestaan (RJ 240.214). Overigens is afboeking van de Overige reserves wel nog steeds de meest logische keuze. IAS 32.33 schrijft niet voor dat de verkrijgingsprijs op enige post van het eigen vermogen (bijvoorbeeld 'retained earnings' of 'share premium') in mindering zou moeten worden gebracht. De bepaling laat dus toe dat de verkrijgingsprijs als een afzonderlijke negatieve post binnen het eigen vermogen wordt verantwoord.

Opgemerkt wordt dat ingekochte eigen aandelen, die vervolgens worden ingetrokken (via kapitaalvermindering), wel voor hun nominale waarde in mindering worden gebracht op het aandelenkapitaal (RJ 240.214).

15.3.2 Verkoop ingekochte eigen aandelen

De rechtspersoon kan ertoe overgaan de door inkoop verkregen eigen aandelen later weer te verkopen aan derden. In dat geval moet de eerdere aftrek van het eigen vermogen weer ongedaan worden gemaakt. Daarbij kan zich de situatie voordoen dat de verkoopprijs boven de oorspronkelijke inkoopprijs van de eigen (certificaten van) aandelen ligt. Alsdan dienen de verkoopopbrengsten direct ten gunste te worden gebracht van de reserves waarop eerder de inkoop van deze eigen aandelen in mindering is gebracht (RJ 240.215, IAS 32.33). Dat betekent dat verschillen tussen verkoopopbrengst en kostprijs van ingekochte eigen aandelen rechtstreeks in het eigen vermogen worden gemuteerd. Dit volgt ook uit de stellige uitspraak dat alle vermogensmutaties die betrekking hebben op de financiële relatie van een rechtspersoon met zijn aandeelhouders, rechtstreeks in het eigen vermogen dienen te worden verantwoord. Als voorbeelden van een dergelijke situatie zijn daarbij onder andere genoemd: vermogensvermindering door inkoop van en vermogensvermeerdering door verkoop van eigen aandelen (RJ 240.403).

Verschillen Dutch GAAP - IFRS

In tegenstelling tot Nederlandse grondslagen, kan de verkrijgingsprijs van ingekochte eigen aandelen als een afzonderlijke negatieve post in het eigen vermogen worden verantwoord (IAS 32.33).

15.3.3 Dividend op ingekochte eigen aandelen

De situatie kan zich voordoen dat een NV contant dividend declareert terwijl zij eigen aandelen houdt. Op grond van artikel 2:105 lid 5 BW tellen, behoudens een statutaire regeling die anders luidt, voor de berekening van de dividenduitkering de door de NV of BV gehouden eigen aandelen mee. Ook bij een BV kan zich de situatie voordoen dat een BV contant dividend declareert terwijl zij eigen aandelen houdt. Op grond van artikel 2:216 lid 5 BW tellen de door de vennootschap gehouden eigen aandelen *niet* mee, tenzij bij de statuten anders is bepaald. Bij een BV dient dus in de statuten te worden bepaald dat de door de BV gehouden eigen aandelen meetellen voor de berekening van de dividenduitkering. Uitkeringen bij de BV kunnen slechts worden gedaan na een (eigen-)vermogenstoets en een liquiditeitstoets en na goedkeuring van de uitkering door het bestuur.
De verwerking (zowel bij de NV als bij de BV) van een dergelijk contant dividend op eigen aandelen in de jaarrekening is niet wettelijk geregeld. Omdat verantwoording van het contante dividend over de eigen aandelen als bate in de winst-en-verliesrekening onjuist is te achten, dient verwerking in het eigen vermogen plaats te vinden.

Behalve contant dividend is het ook mogelijk dat een NV een stockdividend declareert. Aangezien het niet is toegestaan eigen aandelen te nemen, is het omzetten van een dergelijk dividend in (eigen) aandelen niet mogelijk. Het is wel mogelijk over te gaan tot verkoop van de betreffende dividendbewijzen. De daaruit resulterende toename van het eigen vermogen dient, overeenkomstig de verwerking van contant dividend, als rechtstreekse vermogensmutatie te worden verantwoord. Voor een agiobonus geldt hetzelfde als voor een stockdividend. IFRS bepaalt dat het hier bedoelde dividend rechtstreeks in het eigen vermogen wordt verantwoord (IAS 32.35).

15.3.4 Toelichting inzake eigen aandelen

Vermeld moet worden op welke post van het eigen vermogen de verkrijgingsprijs of de boekwaarde van de ingekochte eigen aandelen in mindering is gebracht (art. 2:378 lid 2 laatste volzin BW). IFRS kent een dergelijk voorschrift niet (zie par. 15.3.1).

15 Eigen vermogen en Aandeel van derden

Voorts vereist artikel 2:378 lid 3 BW dat een NV iedere verwerving en vervreemding van eigen aandelen (en certificaten daarvan) vermeldt. Daarbij worden medegedeeld de redenen van verwerving, het aantal, het nominale bedrag, de overeengekomen prijs, en het gedeelte van het kapitaal dat zij vertegenwoordigen.

Artikel 2:378 lid 4 BW stelt voorts, dat door *een naamloze vennootschap* afzonderlijk vermeld moeten worden het aantal, de soort en het nominale bedrag van de eigen aandelen (en certificaten daarvan):
a. die zij of een ander voor haar rekening op de balansdatum in pand heeft;
b. die zij of een dochtermaatschappij op de balansdatum houdt krachtens een regeling om deze aan werknemers van de vennootschap of van een groepsmaatschappij over te dragen.

Informatieverschaffing is voorts vereist indien de rechtspersoon, of een dochtermaatschappij daarvan, zich verbonden heeft tot inkoop van eigen aandelen, nog zonder dat inkoop daadwerkelijk heeft plaatsgevonden. In dat geval dient volgens de RJ hiervan melding te worden gemaakt, onder mededeling van de nominale waarde, de overeengekomen prijs en de eventuele andere relevante voorwaarden (RJ 240.240). Deze bepaling geldt ook indien een deelneming-niet-dochtermaatschappij van de rechtspersoon zich tot inkoop verbonden heeft, voor zover de desbetreffende informatie bekend is.
IFRS vereist een toelichting die overeenkomt met die welke volgens de Nederlandse regelgeving is vereist (IAS 1.79 en IAS 32.34). Als verschil kan worden genoemd dat IFRS inzake de toelichting op eigen aandelen geen onderscheid maakt tussen een NV en andere ondernemingsvormen.

Door de flex-BV-wetgeving zijn de mogelijkheden voor de BV om haar eigen aandelen in te kopen ruimer dan bij een NV; formeel dient slechts ten minste één aandeel met stemrecht te worden gehouden door een ander dan de BV of een dochtermaatschappij, de overige aandelen kunnen (mits aan de wettelijke voorschriften voor inkoop eigen aandelen wordt voldaan) worden ingekocht door de BV.

15.4 Mutaties in eigen vermogen

15.4.1 Rechtstreekse mutaties in het eigen vermogen

De algemene regel is dat alle mutaties van het eigen vermogen in de winst-en-verliesrekening worden verantwoord (RJ 240.401). De Richtlijnen achten echter de navolgende rechtstreekse mutaties in het eigen vermogen noodzakelijk dan wel toelaatbaar.
Noodzakelijke rechtstreekse mutaties in het eigen vermogen:
1. *Alle vermogensmutaties die betrekking hebben op de financiële relaties van de rechtspersoon met zijn aandeelhouders (of leden) (RJ 240.403, IAS 32.15, 33 en 35).*
   Deze mutaties dienen rechtstreeks in het eigen vermogen te worden verantwoord.
   Als voorbeelden van dergelijke financiële relaties noemt de RJ:
   ▶ vermogensvermeerdering door plaatsing van aandelen, aanzuivering verliezen of verkoop van eigen aandelen;
   ▶ vermogensvermindering door inkoop van of terugbetaling op aandelen;
   ▶ vermogensvermeerdering of -vermindering als gevolg van de omrekening van het aandelenkapitaal in een jaarrekening die in een vreemde geldeenheid is gesteld;
   ▶ verschuiving binnen het eigen vermogen als gevolg van afstempeling van aandelen;
   ▶ dividenduitkering ten laste van de vrije reserves.
   Zie paragraaf 15.2.2, 15.2.3 en 15.3.
2. *Mutaties die moeten worden opgenomen in een herwaarderingsreserve* (zie par. 15.2.4).

3. *Valutakoersverschillen*. Valutakoersverschillen dienen te leiden tot rechtstreekse mutaties in het eigen vermogen van de verslaggevende maatschappij als het gaat om omrekeningsverschillen die betrekking hebben op een bedrijfsuitoefening in het buitenland waarvan de functionele valuta niet gelijk is aan de presentatievaluta (de zogenaamde buitenlandse eenheden, zijnde min of meer zelfstandige buitenlandse activiteiten) (RJ 122.302, RJ 122.307 en IAS 21.32), of omrekeningsverschillen in verband met de omrekening van de aangepaste jaarcijfers van een bedrijfsuitoefening in het buitenland in een hyperinflatieland in de rapporteringsvaluta (RJ 122.312/313, IAS 21.42/43). Zie paragraaf 15.2.5.4, 27.4.3 en 27.4.4.
4. *Effecten van stelselwijzigingen*. RJ en IFRS verplichten tot verwerking van het cumulatieve effect van een stelselwijziging als rechtstreekse mutatie in het beginvermogen (RJ 140.208, IAS 8.22 e.v.). Zie paragraaf 28.3.
5. *Foutherstel*. Ten aanzien van het herstel van materiële fouten geldt dat de RJ de verwerking als rechtstreekse mutatie in het eigen vermogen aan het begin van het boekjaar waarin het herstel plaatsvindt, voorschrijft (RJ 150.202, IAS 8.41 e.v.). Het gaat daarbij om het verschil tussen het herrekende eigen vermogen aan het einde van het voorgaande boekjaar en het oorspronkelijk gerapporteerde eigen vermogen. Zie paragraaf 28.5.
6. Bij toepassing van IAS 19 of US GAAP voor pensioenen (RJ 271.101), dienen de actuariële resultaten rechtstreeks in het eigen vermogen te worden verantwoord. Aangezien de Richtlijnen de mogelijkheid bieden om IAS 19 of US GAAP integraal toe te passen met betrekking tot pensioenen, dienen ook bij een jaarrekening opgesteld op basis van de Nederlandse wet- en regelgeving deze resultaten rechtstreeks in het eigen vermogen te worden verantwoord indien de onderneming heeft gekozen voor toepassing van IAS 19 of US GAAP (zie par. 18.1.2 en 18.2.3).

Toelaatbare rechtstreekse vermogensmutaties:
1. *Verwateringsresultaten* bij vermindering van de omvang van een belang in een deelneming mogen ook rechtstreeks in het eigen vermogen worden verantwoord (RJ 214.315). IFRS kent geen specifieke bepaling hieromtrent. Zie paragraaf 10.8.2.
2. *Koersverschillen bij beleggingsmaatschappijen*. Koersverschillen die betrekking hebben op de beleggingen van beleggingsmaatschappijen mogen worden verwerkt via de reserves (RJ 240.412). IFRS kent een dergelijke bepaling niet. Zie paragraaf 49.2.2.2.
3. *Emissiekosten*. Zoals aangegeven in paragraaf 15.5.3.2 worden emissiekosten bij uitgifte van aandelen bij voorkeur in mindering gebracht op het agio (RJ 240.219 en 210.103). IFRS schrijft uitdrukkelijk voor dat deze kosten rechtstreeks ten laste van het eigen vermogen worden gebracht (IAS 32.35).

Bij de bepaling van de rechtstreeks ten laste van het eigen vermogen te brengen bedragen, dient rekening te worden gehouden met daarmee samenhangende wijzigingen in de verschuldigde belasting, respectievelijk in de voorziening voor latente belastingen. Deze wijzigingen dienen eveneens rechtstreeks ten gunste of ten laste van het eigen vermogen te worden gebracht (RJ 240.402, IAS 32.35).

Verschillen Dutch GAAP - IFRS

Emissiekosten dienen onder IFRS ten laste van het eigen vermogen te worden gebracht (IAS 32.35), terwijl ze volgens de Nederlandse wet ook mogen worden geactiveerd alhoewel de RJ aanbeveelt om emissiekosten niet te activeren (RJ 240.219 en 210.103). IFRS kent geen specifieke bepalingen inzake verwateringsresultaten en inzake koersverschillen bij beleggingsmaatschappijen.

15 Eigen vermogen en Aandeel van derden

15.4.2 Verplichting tot opstelling mutatie-overzicht eigen vermogen
15.4.2.1 Mutatie-overzicht eigen vermogen

De Nederlandse wet- en regelgeving bepaalt dat het verloop van het eigen vermogen moet worden weergegeven in een overzicht (art. 2:378 lid 1 BW), waaruit blijken:
a. het bedrag van elke post aan het begin van het boekjaar;
b. de toevoegingen en verminderingen van elke post over het boekjaar, gesplitst naar hun aard;
c. het bedrag van elke post aan het einde van het boekjaar.

Het overzicht duidt men aan als *mutatie-overzicht eigen vermogen* dan wel als *verloopoverzicht eigen vermogen*.

Het mutatie-overzicht wordt gegeven in de toelichting in de enkelvoudige jaarrekening. Indien het eigen vermogen en het resultaat volgens de geconsolideerde jaarrekening niet gelijk zijn aan eigen vermogen en resultaat in de enkelvoudige jaarrekening, dient aanvullend in de toelichting op de enkelvoudige jaarrekening te worden opgenomen een aansluiting tussen het eigen vermogen en resultaat volgens de geconsolideerde jaarrekening en het eigen vermogen en het resultaat volgens de enkelvoudige jaarrekening, en dienen de individuele posten die de verschillen veroorzaken te worden toegelicht (RJ 240.301 en 304). Het eigen vermogen behoeft in de geconsolideerde jaarrekening niet te worden uitgesplitst (art. 2:411 lid 1 BW).

Een mutatie-overzicht eigen vermogen mag niet achterwege worden gelaten op grond van het feit dat de mutaties van te verwaarlozen betekenis zijn. Artikel 2:363 lid 3 BW sluit dit nadrukkelijk uit. Voor kleine rechtspersonen geldt dat het mutatie-overzicht eigen vermogen beperkt kan blijven tot de herwaarderingsreserve. Wel moeten deze kleine rechtspersonen het aantal geplaatste aandelen en het bedrag per soort daarvan vermelden. Alleen voor micro-rechtspersonen mag het mutatie-overzicht eigen vermogen achterwege blijven, omdat micro-rechtspersonen geen toelichting behoeven op te nemen (maar kunnen volstaan met een balans).

Omtrent de vorm waarin een mutatie-overzicht eigen vermogen moet worden gegoten, bestaan geen voorschriften.

De RJ stelt in RJ 240.242 voorts dat belangrijke mutaties in het eigen vermogen na het einde van het boekjaar, bijvoorbeeld als gevolg van uitgifte van aandelen, in de toelichting dienen te worden vermeld.

Voorbeeld mutatie-overzicht eigen vermogen									
(in duizenden euro's)	Aandelen-kapitaal	Agio	Ingekochte eigen aandelen	Overige wettelijke reserves	Actuariële baten	Overig	Totaal	Belang van derden	Totaal eigen vermogen
Stand 1 januari jaar 1	300	500	(640)	2	320	5.000	5.482	80	5.562
Uitgekeerd dividend	-	-	-	-	-	(200)	(200)	(4)	(204)
Toegekende optierechten	-	-	-	10	-	-	10	-	10
Uitgeoefende/ vervallen opties en prestatiegebonden aandelen	-	-	-	(3)	-	12	9	-	9
Inkoop eigen aandelen	-	-	(750)	-	-	-	(750)	-	(750)
Intrekking eigen aandelen	(30)	(52)	740	-	-	(762)	(104	-	(104)
Opbrengst herplaatste aandelen	-	-	70	-	-	-	70	-	70
Wijziging belang in dochtermaatschappijen	-	-	-	-	-	-	-	2	2
Stand 31 december jaar 1	270	448	(580)	(9)	320	4.050	4.517	78	4.595
(in duizenden euro's)	Aandelen-kapitaal	Agio	Ingekochte eigen aandelen	Overige reserves	Actuariële baten en	Overig	Totaal	Belang van derden	Totaal eigen vermogen
Uitgekeerd dividend	-	-	-	-	-	(230)	(230)	(5)	(235)
Toegekende optierechten	-	-	-	13	-	-	13	-	13
Uitgeoefende/vervallen opties en prestatiegebonden aandelen	-	-	-	(3)	-	12	9	-	9
Inkoop eigen aandelen	-	-	(200)	-	-	-	(200)	-	(200)
Opbrengst herplaatste aandelen	-	-	50	-	-	(5)	45	-	45
Wijziging belang in dochtermaatschappijen	-	-	-	-	-	-	-	(5)	(5)
Stand 31 december jaar 2	270	448	(730)	(19)	220	4.857	4.984	69	4.933

IFRS (IAS 1.106) verplicht tot het afzonderlijk in de geconsolideerde en enkelvoudige jaarrekening opnemen van een mutatie-overzicht eigen vermogen ('statement of changes in equity'). Anders dan in Nederland geldt deze verplichting dus ook voor de geconsolideerde jaarrekening. Ook stelt IFRS specifiek als eis dat in dit overzicht alleen de mutaties met de aandeelhouders afzonderlijk worden opgenomen en niet de mutaties die onderdeel uitmaken van het totaalresultaat (nettowinst plus directe mutaties in het eigen vermogen die niet samenhangen met aandeelhouders); dit totaalresultaat dient als één regel te worden gepresenteerd en in een ander overzicht te worden uitgesplitst (zie hierna).

15.4.2.2 Overzicht van het totaalresultaat

RJ 265.101 en 201 schrijven voor, dat indien een grote rechtspersoon een geconsolideerde jaarrekening opmaakt, in die geconsolideerde jaarrekening een overzicht van het totaalresultaat dient te worden opgenomen. Doel van het overzicht is, dat alle baten en lasten in één geconsolideerd financieel overzicht worden gepresenteerd, onafhankelijk of deze in de winst-en-verliesrekening of rechtstreeks in het eigen vermogen worden verwerkt (RJ 265.102). Dit overzicht, aldus RJ 265.103, moet worden bezien in samenhang met en als aanvulling

op het mutatie-overzicht eigen vermogen dat in de toelichting op de enkelvoudige jaarrekening moet worden opgenomen.
De inhoud van het overzicht van het totaalresultaat wordt geregeld in RJ 265.201 (zie daarvoor par. 22.4).
RJ 265.202 biedt drie mogelijkheden voor de presentatie van het totaalresultaat:
1. als afzonderlijk overzicht naast balans, winst-en-verliesrekening en kasstroomoverzicht (dit wordt aanbevolen door de RJ);
2. uitgebreid met het totaal van de rechtstreekse vermogensmutaties die voortvloeien uit de financiële relatie van de rechtspersoon met zijn aandeelhouders of leden als zodanig; in dat geval omvat het overzicht alle mutaties in het eigen vermogen van de rechtspersoon als onderdeel van het groepsvermogen; het overzicht van het totaalresultaat wordt dan gepresenteerd als onderdeel van de toelichting op het deel van het groepsvermogen dat toekomt aan de rechtspersoon;
3. als een verlengstuk van de geconsolideerde winst-en-verliesrekening.

IFRS verlangt, in aanvulling op het geconsolideerde mutatie-overzicht van het eigen vermogen, inzicht in de elementen van het totaalresultaat, aangeduid met de term 'statement of profit and loss and other comprehensive income' (ook wel 'statement of comprehensive income'). Een entiteit heeft daarbij twee mogelijkheden, die aansluiten op de hiervoor als eerste en derde genoemde mogelijkheid in Nederland (IAS 1.81):
▶ in plaats van een winst-en-verliesrekening een 'statement of comprehensive income' opnemen, waarin alle baten en lasten zijn weergegeven;
▶ het opnemen van een 'traditionele' winst-en-verliesrekening en daarnaast een 'statement of comprehensive income' dat begint met het nettoresultaat (het sluitstuk van de winst-en-verliesrekening).

Verschillen Dutch GAAP - IFRS
Anders dan in Nederland mag onder IFRS het overzicht totaalresultaat niet worden geïntegreerd in het mutatie-overzicht eigen vermogen (de hiervoor als tweede genoemde mogelijkheid). Zie verder paragraaf 15.5.3.2.

15.5 Aandeel van derden

15.5.1 Definitie – Putopties, callopties of combinatie van opties

Een belang van derden is vrij algemeen gedefinieerd als dat deel van het eigen vermogen van een geconsolideerde entiteit dat niet direct of indirect toekomt aan de rechtspersoon (RJ 940, IFRS 10 Appendix A). Het gaat daarbij niet alleen om 'gewone' aandelen maar ook om andere eigen vermogensinstrumenten in een geconsolideerde entiteit, waarvan het eigendom niet bij de (rapporterende) hoofd van de groep berust maar bij 'derden'. Gedacht kan worden aan preferente aandelen, conversie- en optierechten over eigen aandelen (al dan niet voorkomend uit 'share based payments').

Bezien vanuit de 'krachtsverhoudingen' tussen een grootaandeelhouder (de moedermaatschappij) en een minderheidsaandeelhouder ('aandeel van derden') is een aandeel van derden niet zonder meer een logisch fenomeen. Immers, in een aandeelhoudersvergadering kan de grootaandeelhouder in theorie bij elk agendapunt de minderheidsaandeelhouder overstemmen, zodat daardoor de economische waarde van het minderheidsbelang (aandeel van derden) gering of zelfs nihil kan zijn. Aangezien het Nederlandse vennootschapsrecht bepaalde rechtsbescherming van een minderheidsaandeelhouder kent, zal in veel gevallen bij een aandeel van derden sprake zijn van statutaire bepalingen of specifieke bepalingen in (een) overeenkomst(en) die toezien op een zekere bescherming voor de minderheidsaandeelhouder.

Indien er een overeenkomst tussen een groot- en een minderheidsaandeelhouder is, waarbij door middel van een put- en calloptie (met gelijkluidende voorwaarden) is afgesproken dat de grootaandeelhouder de plicht heeft om op enig moment de aandelen van de minderheidsaandeelhouder tegen een vaste prijs te kopen dan gaat het karakter van het aandeel van derden verloren. Er is dan geen sprake van een 'aandeel van derden' maar van een verplichting van de grootaandeelhouder aan de minderheidsaandeelhouder die op basis van de opvattingen van IFRS 9 'Financial Instruments' wordt gewaardeerd (IAS 32.AG29). De economische merites van een dergelijke afspraak zijn hetzelfde als die van een overname van alle aandelen, met een latere betaling van een deel van de (variabele) vergoeding (earn-out regeling).

De beoordeling van de aard van de afspraken tussen een groot- en een minderheidsaandeelhouder is derhalve bepalend óf sprake is van een aandeel van derden of niet (en in het laatste geval de verwerking van een verplichting). Een meer uitgebreide behandeling is opgenomen in paragraaf 25.2.6.

15.5.2 Presentatie

Het aandeel van derden in het eigen vermogen van geconsolideerde maatschappijen in de geconsolideerde balans is afzonderlijk opgenomen. Deze post wordt bij een horizontale opstelling (scontrovorm) van de geconsolideerde balans direct na het eigen vermogen opgenomen en bij een verticale opstelling (staffelvorm) direct vóór het eigen vermogen. In IFRS maakt het aandeel van derden ('non-controlling interest') deel uit van het eigen vermogen, maar wordt wel afzonderlijk gepresenteerd van het eigen vermogen dat aan de aandeelhouders van de rapporterende rechtspersoon toekomt (IFRS 10.22). Het aandeel van derden in het resultaat van geconsolideerde maatschappijen wordt onder de Nederlandse wet- en regelgeving afzonderlijk als laatste post in de geconsolideerde winst-en-verliesrekening in aftrek op het groepsresultaat gebracht (RJ 217.501).

In RJ 217.502 en IAS 28.12 wordt voorts bepaald dat bij de verwerking van een minderheidsbelang geen rekening dient te worden gehouden met instrumenten die potentiële stemrechten in de deelneming bevatten, maar uitsluitend met de op de balansdatum aanwezige rechten op economische voordelen in verband met de activiteiten van de groepsmaatschappij. Bij de bepaling of sprake is van 'control' wordt wel rekening gehouden met potentiële stemrechten (zie par. 23.2.1).

Voorbeeld vermelding belang van derden in balans (NB in verkorte vorm opgenomen)	
Dutch GAAP	
Eigen vermogen	€ 1.500
Aandeel van derden in groepsvermogen	**€ 100**
Groepsvermogen	€ 1.600
IFRS	
Eigen vermogen dat toekomt aan aandeelhouders van de vennootschap	€ 1.500
Aandeel van derden in groepsvermogen	**€ 100**
Totaal eigen vermogen	€ 1.600

15 Eigen vermogen en Aandeel van derden

Voorbeeld vermelding belang van derden in winst-en-verliesrekening (NB in verkorte vorm opgenomen)	
Dutch GAAP	
Bedrijfsresultaat	€ 250
Rentebaten	€ 50
Rentelasten	€ (40)
Resultaat uit gewone bedrijfsuitoefening voor belastingen	€ 260
Belastingen	€ (65)
Resultaat uit gewone bedrijfsuitoefening na belastingen	€ 195
Af: Aandeel van derden in het resultaat van groepsmaatschappijen	€ (12)
Nettowinst	€ 183
IFRS	
Netto winst (na belastingen)	€ 195
Waarvan:	
– Toe te rekenen aan aandeelhouders van de vennootschap	€ 12
– Aandeel van derden in het resultaat van groepsmaatschappijen	€ 183

15.5.3 Initiële waardering van aandeel van derden

15.5.3.1 Fusie of overname

Een aandeel van derden kan onder andere ontstaan ten tijde van het verwerven van een controlerend belang in een deelneming, zonder dat 100% van het uitstaande aandelenkapitaal en andere voor de mate van zeggenschap relevante eigen vermogensinstrumenten zijn verworven. In meer praktische termen omschreven, een 'moedermaatschappij' verwerft 80% van de uitstaande aandelen van een deelneming (waarbij het stemrecht gelijk loopt aan het aandelenbezit en daarmee sprake is van een controlerend belang), die vanaf dat moment als groepsmaatschappij wordt gekwalificeerd. De moedermaatschappij past Richtlijn 216 respectievelijk IFRS 3 toe voor de verwerking van de acquisitie van de groepsmaatschappij (RJ 216.213, IFRS 3.10). In de geconsolideerde jaarrekening wordt 100% van de activa en verplichtingen van de groepsmaatschappij opgenomen met afsplitsing van 20% aandeel van derden.

Anders dan de RJ kent IFRS 3 twee typen van initiële waardering van het aandeel van derden op het moment van acquisitie (IFRS 3.19):
1. Aan het aandeel van derden wordt een separaat bepaalde reële waarde toegekend;
2. Het aandeel van derden is het relatieve aandeel van het netto actief (waarvan de samenstellende delen op acquisitiemoment op de individuele reële waardes zijn opgenomen).

De toepassing van één van deze methodes geschiedt per individuele acquisitie; het is géén stelselkeuze die voor alle (toekomstige) acquisities zou moeten gelden.

Onder RJ is uitsluitend de tweede methode toegestaan (RJ 216.213).

Voor een meer uitgebreide uiteenzetting wordt verwezen naar paragraaf 25.2.

15.5.3.2 Verwatering van het belang in de groepsmaatschappij

In de situatie van een 100% belang in een groepsmaatschappij kan een aandeel van derden ontstaan uit hoofde van aandelenoptieregelingen van directie en/of personeel. Daarbij maakt het voor de nadere uitwerking niet uit of sprake is van een overdracht van bestaande aandelen door de moedermaatschappij aan de begunstigde of dat nieuwe aandelen door de groepsmaatschappij worden uitgegeven; in beide gevallen treedt een afname van het gehouden belang in de groepsmaatschappij op. Voor de waardering zijn de bepalingen inzake op aandelen gebaseerde beloningen van toepassing (zie hoofdstuk 34).

Uiteraard zijn er daarnaast nog vele andere mogelijkheden op grond waarvan een minderheidsbelang kan ontstaan. Veelal is dat het gevolg van vormen van (strategische) samenwerking of aanpassingen in de financieringsstructuur waarbij financiers ook risicodragend kapitaal verschaffen.

De waardemutaties die bij de moedermaatschappij kunnen optreden uit hoofde van het ontstaan van het minderheidsbelang wordt ook wel als 'verwatering' aangeduid. De voorschriften voor de verwerking van de 'verwatering' (anders dan door aandelenoptieregelingen) is onder de RJ niet gelijk aan IFRS: voor de gedeeltelijke verkoop van een aandelenbelang (zonder het verloren gaan van de overheersende zeggenschap) kent de RJ twee methoden van verwerking van het waardeverschil, zijnde via het resultaat of het eigen vermogen. IFRS laat alleen verwerking via het eigen vermogen toe.
De nadere bespreking hiervan is opgenomen in paragraaf 10.8.3.

15.5.4 Vervolgwaardering
Ongeacht de initiële keuze onder IFRS voor reële waarde of relatief aandeel in het netto actief is de vervolgwaardering gelijk. De daarbij te hanteren methode lijkt op die van de 'equity methode' (IFRS) resp. netto vermogenswaarde (Nederlandse wet- en regelgeving) die bij de waardering van deelnemingen wordt toegepast: het relatieve aandeel van de mutaties in het 'totaalvermogen' (eigen vermogen en 'other comprehensive income') worden toegerekend aan het aandeel van derden. Uiteraard voor zover de statutaire en overige bepalingen zodanig luiden dat het de minderheidsaandeelhouders ook daadwerkelijk rechten hebben op het relatieve aandeel. Dat laatste is bijvoorbeeld niet aan de orde indien sprake is van nog niet uitgeoefende potentiële rechten of als sprake is van preferente aandelen, waarbij een specifieke toerekening van resultaten en/of overige mutaties aan de orde is.

Veel voorkomende mutaties in het aandeel van derden, naast het resultaat van de betreffende groepsmaatschappij zijn:
- valuta omrekeningsverschillen (indien de betreffende groepsmaatschappij een entiteit is met een andere functionele valuta dan de functionele valuta van de moedermaatschappij);
- mutaties in kasstroomafdekkingreserves;
- actuele waarde van materiële vaste activa.

15.5.5 Negatieve waarde van aandeel van derden
Een aandeel van derden kan ook een negatieve waarde hebben, bijvoorbeeld door het zich voordoen van omvangrijke exploitatieverliezen bij een groepsmaatschappij waarbij sprake is van minderheidsaandeelhouders. Of een dergelijke negatieve waarde ook daadwerkelijk afzonderlijk als negatief aandeel van derden in de balanspresentatie wordt opgenomen hangt af van de feiten en omstandigheden.

In de bepalingen van de RJ wordt aangegeven dat alléén indien sprake is van expliciete (afdwingbare) verhaalsmogelijkheid van (een deel van) de negatieve waarde op de minderheidsaandeelhouder (en de minderheidsaandeelhouder tevens in staat is om die verliezen voor haar rekening te nemen) een afzonderlijk belang van derden wordt gepresenteerd; dat is dan een negatief bedrag als onderdeel van het Groepsvermogen. Is de verhaalsmogelijkheid niet aanwezig dan dient het negatieve bedrag in mindering te komen op het geconsolideerde eigen vermogen. Met andere woorden, het negatieve bedrag van het aandeel van derden wordt dan toegerekend aan de meerderheidsaandeelhouder (RJ 217.508).

15 Eigen vermogen en Aandeel van derden

Als de betreffende groepsmaatschappij vervolgens weer positieve resultaten te zien geeft dan komen die geheel ten goede aan de meerderheidsaandeelhouder tot het moment dat het bedrag van aan de meerderheidsaandeelhouder toegerekende verliezen zijn gecompenseerd (RJ 217.508).

IFRS wijkt af van de RJ door te bepalen dat een aandeel van derden negatief kan zijn, ongeacht de verhaalsmogelijkheid (IFRS 10.B94). De IASB heeft bij het opnemen van dit voorschrift aangegeven dat indien de meerderheidsaandeelhouder zich niet heeft verbonden tot het aanvullen van het tekort bij de groepsmaatschappij, er géén sprake is van de noodzaak het negatieve aandeel van derden toe te rekenen aan de meerderheidsaandeelhouder. Zijn er wel toezeggingen en garanties vanuit de meerderheidsaandeelhouder, dan heeft IFRS de opvatting dat deze afzonderlijke dienen te worden gewaardeerd en verwerkt en niet tot uitdrukking komen in het aandeel van derden (IFRS 10.BCZ162-164).

15.5.6 Mutaties in de omvang van het minderheidsbelang
15.5.6.1 Afname van het minderheidsbelang

Het belang in een groepsmaatschappij kan toenemen indien reeds beslissende zeggenschap bestaat, bijvoorbeeld een uitbreiding van 80% naar 100%. Dit wordt ook wel aangeduid als de verwerving van het aandeel van derden, omdat al 100% van alle activa en verplichtingen van de betreffende groepsmaatschappij in de geconsolideerde jaarrekening opgenomen.

Onder IFRS wordt een dergelijke transactie uitsluitend binnen het totale eigen vermogen (zijnde totaal van eigen vermogen toekomende aan de aandeelhouders van de moedermaatschappij en het aandeel van derden) verwerkt; er ontstaan géén baten of lasten die in de winst-en-verliesrekening worden verwerkt (IFRS 10.B96). De opvatting die de IASB ter zake hanteert is dat dit als een transactie tussen aandeelhouders dient te worden gezien. De RJ kent deze wijze van verwerking eveneens, doch laat als alternatief ook toe om dit als 'acquisitie' te zien waarbij dan het onderkennen van goodwill aan de orde is.

Onder IFRS kan sprake zijn van herallocatie van posten die via het 'other comprehensive income' zijn verwerkt in afzonderlijke componenten van het eigen vermogen van of naar aandeel van derden. Bijvoorbeeld, indien sprake is van een 80%-groepsmaatschappij die rapporteert in een andere valuta dan de functionele valuta van de moedermaatschappij wordt van de opgetreden omrekeningsverschillen 80% in een reserve van de moedermaatschappij opgenomen en 20% toegerekend aan de waarde van het aandeel van derden. Verhoogt de moedermaatschappij haar belang naar 90% dan dient de helft (10% ten opzichte van 20%) van de betreffende gecumuleerde omrekeningsverschillen te worden overgeboekt van het belang van derden naar de reserve omrekeningsverschillen bij de moedermaatschappij (IAS 21.48C).

De herallocatie geldt eveneens voor de andere elementen van het 'other comprehensive income'. Die opvatting is overigens niet expliciet opgenomen in IFRS 10 of IAS 21 doch is door de IASB in mei 2009 kenbaar gemaakt via een stellingname in de toelichting op het toenmalige 'annual improvements project'.
Voor een nadere bespreking over de verwerking bij het verwerven van het aandeel van derden wordt verwezen naar paragraaf 10.7.3.

15.5.6.2 Toename van het minderheidsbelang

Het kan voorkomen dat een grootaandeelhouder een gedeelte van het belang in een groepsmaatschappij overdraagt aan derden, of dat de groepsmaatschappij een emissie van aandelen bij derden verricht zonder dat de beslissende zeggenschap van de grootaandeelhouder komt te vervallen. Onder IFRS wordt dit uitsluitend binnen het totale eigen vermogen (zijnde totaal van eigen vermogen toekomende aan de aandeelhouders van de moedermaatschappij en het aandeel van derden) verwerkt; er ontstaan géén baten of lasten die in de winst-en-verliesrekening worden verwerkt (IFRS 10.B96). De RJ kent hiervoor geen afzonderlijke voorschriften, doch in de praktijk wordt het waardeverschil hetzij via de resultatenrekening hetzij rechtstreeks in het eigen vermogen verwerkt. Voor een nadere bespreking wordt verwezen naar paragraaf 10.8.3.

Onder IFRS kan sprake zijn van herallocatie van posten die via het 'other comprehensive income' zijn verwerkt in afzonderlijke componenten van het eigen vermogen van of naar aandeel van derden. Bijvoorbeeld, indien sprake is van een 80%-groepsmaatschappij die rapporteert in een andere valuta dan de functionele valuta van de moedermaatschappij wordt van de opgetreden omrekeningsverschillen 80% in een reserve van de moedermaatschappij opgenomen en 20% toegerekend aan de waarde van het aandeel van derden. Verlaagt de moedermaatschappij haar belang naar 70% dan dient 1/8^e gedeelte van de betreffende gecumuleerde omrekeningsverschillen te worden overgeboekt van de reserve omrekeningsverschillen bij de moedermaatschappij naar het belang van derden (IAS 21.48C).
De herallocatie geldt eveneens voor de andere elementen van het 'other comprehensive income'. Die opvatting is overigens niet expliciet opgenomen in IFRS 10 of IAS 21 doch is door de IASB in mei 2009 kenbaar gemaakt via een stellingname in de toelichting op het toenmalige 'annual improvements project'.

Verschillen Dutch GAAP - IFRS
Inzake het aandeel van derden zijn de Nederlandse wet- en regelgeving en IFRS op de volgende onderdelen verschillend c.q. ontbreekt regelgeving:
- De presentatie van het aandeel van derden in de geconsolideerde balans is onder IFRS onderdeel van het (totale) eigen vermogen, terwijl in de Nederlandse regelgeving sprake is van het groepsvermogen.
- IFRS geeft een keuze (per individuele acquisitie) om het aandeel van derden tegen het proportionele aandeel in de reële waarde van de identificeerbare activa en passiva van de overgenomen partij op te nemen of tegen reële waarde. Onder Richtlijn 216 kan dit belang van derden alleen worden gewaardeerd tegen het proportionele aandeel in de reële waarde van de identificeerbare activa en passiva van de overgenomen partij.
- Voor de gedeeltelijke verkoop van een aandelenbelang (toename minderheidsbelang), zonder het verloren gaan van de overheersende zeggenschap, kent de RJ geen voorschriften; in de praktijk komen twee methoden van verwerking van het waardeverschil voor, via het resultaat of via het eigen vermogen. IFRS laat alleen verwerking via het eigen vermogen toe.
- Bij het verwerven van een (gedeelte van) minderheidsbelang door de moedermaatschappij laat de RJ twee methodes toe: als een acquisitie met onderkenning van goodwill of als rechtstreekse mutatie in het eigen vermogen. IFRS laat alleen de tweede methode toe.
- In geval van mutatie in omvang van het minderheidsbelang is onder IFRS door de van de RJ afwijkende opvattingen omtrent 'other comprehensive income' de herallocatie voorgeschreven van posten die via 'other comprehensive income' in posten van het eigen vermogen zijn opgenomen.
- Een negatieve waarde van het aandeel van derden wordt onder IFRS ook als een negatieve post onder het eigen vermogen gepresenteerd. Onder de RJ is dat alleen mogelijk indien sprake is van een verhaalsmogelijkheid van de negatieve waarde op de minderheidsaandeelhouder.

15.5.7 Toelichting

Indien noodzakelijk voor het wettelijk vereiste inzicht dient in de toelichting van de geconsolideerde jaarrekening informatie te worden verschaft over het aandeel van derden in de groep (RJ 217.602). Aan deze toelichting kan bijvoorbeeld invloed worden gegeven door inzicht te geven in het aandeel van derden in de aard en omvang van de posten op de balans en in de resultatenrekening.

15 Eigen vermogen en Aandeel van derden

Dit voorschrift is met name van belang waar het risicoprofiel, rendementsprofiel of liquiditeitsprofiel voor een activiteit waar derden in participeren belangrijk verschilt van de groep als geheel.

Onder IFRS is een dergelijke toelichting eveneens vereist, doch met meer details (IFRS 12.12). Anders dan de betreffende RJ bepaling wordt het voorschrift gegeven voor de materiële 'non-controlling interests'.

15.6 Vrijstellingen voor middelgrote rechtspersonen

RJ 240.218 bepaalt dat in de toelichting gekwantificeerd dient te worden aangegeven welk gedeelte van het agio en welk gedeelte van het gestort en opgevraagd kapitaal fiscaal niet als gestort worden aangemerkt (zie par. 15.2.3). Middelgrote rechtspersonen zijn van dit voorschrift vrijgesteld (RJ 240.218). IFRS kent een dergelijk voorschrift niet, evenmin als een daarop betrekking hebbende vrijstellingsbepaling.

Middelgrote rechtspersonen die de Nederlandse wet- en regelgeving toepassen behoeven voorts geen Overzicht totaalresultaat op te maken.

16 Voorzieningen

16.1 Begripsbepaling en categorieën	
Voorziening	Betreft een verplichting (onderdeel vreemd vermogen). Kenmerkend is de mate van onzekerheid (meer dan de meeste andere balansposten) omtrent de omvang (bedrag) of tijdstip van afwikkeling (hetgeen tevens het essentiële onderscheid met een schuld weergeeft).
Regelgeving	Onder RJ 252.1 en IAS 37 mag een voorziening slechts worden gevormd indien er sprake is van (1) een in rechte afdwingbare verplichting ('legal obligation') of (2) een feitelijke verplichting ('constructive obligation').
Afzonderlijke categorieën voorzieningen	De voorziening voor belastingverplichtingen en de voorziening voor pensioenverplichtingen dienen afzonderlijk te worden vermeld.
16.2 Opname en verwerking	
Voorwaarden voor verwerking	▶ Waarschijnlijke afwikkeling van uitstroom van middelen. ▶ Betrouwbare schatting omvang verplichting.
16.3 Omvang en waardering	
Bepaling van omvang voorziening	Beste schatting van bedragen die noodzakelijk zijn om de verplichtingen af te wikkelen.
Grondslag van waardering	Contante waarde indien effect van discontering materieel.
16.4 Presentatie en informatie in de toelichting	
Rubricering in balans	Onder RJ 252.2 tussen eigen vermogen en schulden. Onder IAS 37 als onderdeel van de (kortlopende en/of langlopende) schulden.
Rubricering in winst-en-verliesrekening	Als onderdeel van het resultaat uit gewone bedrijfsuitoefening.
Toelichting	▶ splitsing voorzieningen naar aard (met korte omschrijving); ▶ mate waarin voorzieningen langlopend zijn; ▶ grondslagen van waardering en resultaatbepaling; ▶ mutatie-overzicht; ▶ belangrijkste veronderstellingen; ▶ bedragen van verwachte vergoedingen. IAS 37 eist aanvullend dat een indicatie wordt gegeven van de onzekerheden met betrekking tot het bedrag en de timing van de betalingen (IAS 37.85).

> **16.5 Specifieke soorten voorzieningen**
>
> Specifieke soorten voorzieningen
>
> In deze paragraaf worden enkele specifieke soorten voorzieningen behandeld en de daarvoor geldende specifieke regelgeving:
> - voorziening transitievergoeding (par. 16.5.1);
> - voorziening voor reorganisatiekosten (par. 16.5.1);
> - voorziening voor garantieverplichtingen (par. 16.5.2);
> - voorziening voor verlieslatende contracten (par. 16.5.3);
> - voorziening in verband met aansprakelijkheid (par. 16.5.4);
> - voorziening uit hoofde van claims, geschillen en rechtsgedingen (par. 16.5.5);
> - voorziening in verband met milieuverplichtingen (par. 16.5.6);
> - voorziening voor assurantie eigen risico (par. 16.5.7);
> - voorziening voor arbeidsongeschiktheidskosten (par. 16.5.8);
> - voorziening voor verwijderingsverplichtingen (par. 16.5.9);
> - voorziening voor kosten juridische dienstverlening (par. 16.5.10);
> - voorziening voor overheidsheffingen (par. 16.5.11);
> - voorziening voor onregelmatigheidstoeslag (par. 16.5.12).

16.1 Begripsbepaling en categorieën

16.1.1 Begrip en toepassingsgebied

Richtlijn 252 sluit nauw aan op de wettelijke bepalingen inzake voorzieningen (zie art. 2:374 lid 1 BW). Tussen IAS 37 en de Nederlandse verslaggevingsregels zijn er wel enkele verschillen, waaronder de rubricering in de balans en de mogelijkheid een kostenegalisatievoorziening (bijvoorbeeld een onderhoudsvoorziening) te vormen hetgeen niet is toegestaan bij toepassing van IFRS.

In algemene zin wordt onder een voorziening verstaan een onderdeel van het vreemd vermogen waarvan de omvang of het moment van afwikkeling onzeker is (RJ 252.0, RJ 940, IAS 37.10).

Voorziening: onderscheid met financiële instrumenten

Contracten betreffende financiële garanties, die voldoen aan de definitie van een derivaat volgens RJ 290.0 vallen binnen het toepassingsgebied van Richtlijn 290 c.q. IFRS 9 'Financial Instruments' (RJ 252.102, IAS 37.2: zie verder hoofdstuk 30).

Voorziening: onderscheid met schulden

Voorzieningen onderscheiden zich van schulden door de onzekerheid over de omvang of het moment van afwikkeling van de verplichting. Hoewel het soms nodig is om bij schulden de omvang of het moment van afwikkeling te schatten, is de onzekerheid bij schulden minder groot dan bij voorzieningen (IAS 37.11).

(Kosten)egalisatievoorziening

In tegenstelling tot IAS 37 laat Richtlijn 252, onder omstandigheden, (kosten)egalisatievoorzieningen toe aangezien de wet (art. 2:374 lid 1, laatste zin, BW) deze toelaat. Richtlijn 252 staat in dit kader alleen de voorziening voor groot onderhoud toe (RJ 252.421). Richtlijn 252 verwijst voor verwerking van de kosten samenhangend met groot onderhoud naar Richtlijn 212 'Materiële vaste activa' (alinea 445 tot en met 452). Zie voor een nadere bespreking paragraaf 7.5.

Waardeverminderingen

Opgemerkt wordt dat er een principieel verschil is tussen voorzieningen en waardeverminderingen van een actief. Artikel 2:374 lid 2 BW bepaalt namelijk: 'Waardevermindering van een actief wordt niet door vorming van een voorziening tot uitdrukking gebracht.' Hiermee wordt bedoeld de reeds ingetreden waardevermindering van bijvoorbeeld voorraden of vorderingen. Dit is derhalve geen echte voorziening maar een waardevermindering, in tegenstelling tot de gebruikelijke benaming in de praktijk (voorziening oninbare vorderingen en voorziening incourante voorraden).

Waardeverminderingen die betrekking hebben op bepaalde activa dienen niet aan de passiefzijde van de balans te worden gepresenteerd, maar in aftrek te worden gebracht op de desbetreffende actiefpost (RJ 252.104, IAS 37.7). Deze bepaling geldt niet voor de voorziening voor groot onderhoud, die wel aan de passiefzijde wordt opgenomen (RJ 252.421); zie ook paragraaf 7.5. Voorbeelden van voorzieningen (of waardeverminderingen) die in relatie staan tot actiefposten zijn:
- bijzondere waardeverminderingen van vaste activa (zie hoofdstuk 29);
- voorzieningen in verband met bijzondere risico's verbonden aan deelnemingen (zie hoofdstuk 10);
- voorzieningen in verband met incourantie van voorraden (zie hoofdstuk 12);
- voorzieningen in verband met verliezen op langlopende projecten in opdracht van derden (zie hoofdstuk 13);
- voorzieningen in verband met de oninbaarheid van vorderingen (zie hoofdstuk 14);
- voorzieningen in verband met aansprakelijkheid voor deelnemingen als gevolg van een negatief eigen vermogen (zie par. 10.4.3.4);
- voorzieningen voor verwijderingsverplichtingen (zie par. 16.5.9).

Indien een voorziening niet meer op de actiefwaarde kan worden afgeboekt, is passivering als voorziening noodzakelijk voor zover dit kan leiden tot een uitstroom van middelen voor de onderneming.

Verschillen Dutch GAAP - IFRS

Onder IAS 37 is het vormen van een (kosten)egalisatievoorziening (zoals een onderhoudsvoorziening) niet toegestaan, in tegenstelling tot hetgeen is opgenomen in de wet en Richtlijn 252.

16.1.2 Categorieën

In de wet (art. 2:374 lid 4 BW) worden twee soorten voorzieningen afzonderlijk genoemd: de voorziening voor belastingverplichtingen en de voorziening voor pensioenverplichtingen. Deze dienen in elk geval afzonderlijk (in de balans of in de toelichting) te worden vermeld. Deze voorzieningen komen aan de orde in de hoofdstukken over (latente) belastingen (zie hoofdstuk 17) en pensioenen (zie hoofdstuk 18).
In de situatie dat een deelnemende rechtspersoon geheel of ten dele instaat voor de schulden van een deelneming respectievelijk het stellige voornemen heeft de deelneming (voor haar aandeel) tot betaling van haar schulden in staat te stellen, dient de deelnemende rechtspersoon hiervoor een voorziening te treffen (RJ 214.339, IAS 28.38/39). Voor een verdere toelichting op deze voorziening wordt verwezen naar hoofdstuk 10.
Voor toekomstige verliezen uit bedrijfsactiviteiten dienen geen voorzieningen te worden getroffen; een voorziening voor verwachte onderbezettingsverliezen is dus niet toegestaan (RJ 252.402, IAS 37.63). Wel kan onderbezetting leiden tot afwaardering van materiële vaste activa vanwege een bijzondere waardevermindering

(RJ 252.403, IAS 37.65). Dit is bijvoorbeeld het geval indien een machine in het productieproces minder produceert dan bij aankoop van de machine was verwacht (zie hoofdstuk 29).

Een aantal van de overige voorzieningen komt in paragraaf 16.5 aan bod. Uiteraard kan het ook noodzakelijk zijn voor andere soorten verplichtingen een voorziening te vormen. Het wordt in dergelijke situaties aanbevolen deze met een specifieke benaming aan te duiden.

16.2 Opname en verwerking

Een voorziening dient alleen te worden opgenomen als op balansdatum aan de in deze paragraaf behandelde voorwaarden wordt voldaan (RJ 252.201, IAS 37.14).

16.2.1 Voorziening is een verplichting

Voor het opnemen van een voorziening dient sprake te zijn van een verplichting per balansdatum, waarbij er twee situaties mogelijk zijn (RJ 252.201, IAS 37.10, IAS 37.14):
- een in rechte afdwingbare verplichting of 'legal obligation';
- een feitelijke verplichting of 'constructive obligation'.

Een in *rechte* afdwingbare verplichting is een verplichting die voortkomt uit een overeenkomst dan wel een verplichting bij of krachtens een wet (RJ 252.0, RJ 940, IAS 37.10).

Een *feitelijke* verplichting is een verplichting die voortvloeit uit handelingen van de rechtspersoon, waarbij (RJ 252.0, RJ 940, IAS 37.10):
- de rechtspersoon aan andere betrokkenen door een in het verleden gevolgde gedragslijn, gepubliceerde beleidsregels of een voldoende specifieke, actuele uitspraak heeft aangegeven zekere verantwoordelijkheden te aanvaarden; en
- als gevolg daarvan de rechtspersoon bij deze betrokkenen de gerechtvaardigde verwachting heeft gewekt dat hij die verantwoordelijkheden zal nakomen.

Ofwel, er is sprake van een feitelijke verplichting indien er voor de rechtspersoon geen ander reëel alternatief is dan de verplichting af te wikkelen, ook als dit niet in rechte kan worden afgedwongen, omdat bij de betrokkenen de gerechtvaardigde verwachting is gewekt dat de rechtspersoon zijn verplichtingen zal nakomen (RJ 252.203, IAS 37.17).

Een gebeurtenis kan soms pas in een latere periode tot een verplichting leiden, bijvoorbeeld door een verandering in wetgeving of een handeling van de rechtspersoon (RJ 252.204, IAS 37.21).

Bijvoorbeeld in de situatie dat nog de laatste hand moet worden gelegd aan details van een voorgestelde nieuwe wet, ontstaat er slechts een verplichting indien de wetgeving vrijwel zeker van kracht zal worden in de bewoordingen zoals die op dat moment luiden (RJ 252.204, IAS 37.22). Dit kan bijvoorbeeld het geval zijn indien een wetsvoorstel in Nederland is goedgekeurd door de Eerste Kamer, maar nog niet is gepubliceerd.

Indien toekomstige handelingen van de rechtspersoon kunnen leiden tot het voorkomen van toekomstige uitgaven, heeft de rechtspersoon geen verplichting tot het doen van uitgaven in de toekomst en wordt er geen voorziening getroffen (RJ 252.204, IAS 37.19).

> **Voorbeeld geen voorziening omdat toekomstige uitgaven voorkomen kunnen worden**
> Een luchtvaartmaatschappij is verplicht op grond van de wet om elke drie jaar zijn vliegtuigen te inspecteren. De conclusie is dat geen voorziening gevormd wordt omdat de maatschappij dit kan voorkomen door bijvoorbeeld de vliegtuigen te vervangen alvorens de driejaarstermijn afloopt (IAS 37 IE Voorbeeld 11B).

De partij tegenover wie de verplichting bestaat behoeft niet identificeerbaar te zijn; de verplichting kan ook bestaan tegenover het maatschappelijk verkeer als zodanig; wel geldt de algemene eis dat bij betrokkenen de gerechtvaardigde verwachting is gewekt dat de rechtspersoon zijn verantwoordelijkheden zal nakomen (RJ 252.204, IAS 37.20).

In uitzonderingsgevallen is het niet duidelijk of er sprake is van een verplichting. In die gevallen dient op grond van de specifieke gebeurtenis uit het verleden te worden geconcludeerd of er sprake is van een verplichting per balansdatum. Dit is het geval indien dat op grond van alle beschikbare informatie waarschijnlijk is (RJ 252.202, IAS 37.15).

> **Voorbeeld bepalen of sprake is van een verplichting**
> In een uitzonderlijke situatie kan bij een rechtszaak discussie bestaan over of bepaalde gebeurtenissen die hebben plaatsgevonden, leiden tot een verplichting. In dat geval bepaalt de rechtspersoon of sprake is van verplichting per balansdatum op grond van alle aanwezige informatie zoals de opinie van experts. Wanneer het waarschijnlijk is dat per balansdatum sprake is van een verplichting en voldaan is aan de andere opnamevoorwaarden, dient een voorziening te worden gevormd. Indien het niet waarschijnlijk is dat er een verplichting bestaat per balansdatum is het niet toegestaan om een voorziening te vormen doch wordt in plaats daarvan de situatie toegelicht als een niet uit de balans blijkende verplichting, tenzij de uitstroom van middelen zeer onwaarschijnlijk is (IAS 37.16).

Naast de primaire eis dat sprake moet zijn van het bestaan van een verplichting worden nog twee voorwaarden genoemd voor het opnemen van een voorziening (RJ 252.201, IAS 37.14):
▶ het is waarschijnlijk dat voor de afwikkeling van de verplichting een uitstroom van middelen noodzakelijk is; en
▶ er kan een betrouwbare schatting worden gemaakt van de omvang van de verplichting.

16.2.2 Waarschijnlijkheid

Voor de opname van een voorziening dient voor de afwikkeling van de verplichting een uitstroom van middelen waarschijnlijk te zijn (RJ 252.201, IAS 37.23). IAS 37.23 geeft aan dat de kans daarop 'more likely than not' moet zijn ofwel de kans daarop meer dan 50%. Indien een uitstroom van middelen niet waarschijnlijk is, wordt een niet uit de balans blijkende verplichting toegelicht tenzij deze zeer onwaarschijnlijk is. (RJ 252, bijlage - zie ook schema in par. 16.2.3, IAS 37.23).

16.2.3 Betrouwbare schatting

Een belangrijk kenmerk van een voorziening is dat er onzekerheid bestaat over de omvang of timing van toekomstige betalingen (RJ 252.0, IAS 37.10). Daarmee onderscheiden voorzieningen zich van schulden (IAS 37.11). Een voorziening dient alleen te worden gevormd indien de omvang van de verplichting op betrouwbare wijze kan worden geschat (RJ 252.201c, IAS 37.14c). Indien aan deze voorwaarde niet is voldaan, dan dient 'slechts' vermelding in de toelichting als 'niet in de balans opgenomen verplichting' plaats te vinden, tenzij de kans op uitstroom van middelen zeer onwaarschijnlijk is (RJ 252.509, IAS 37.28). Slechts in zeer uitzonderlijke gevallen kan er geen betrouwbare schatting worden gemaakt van de omvang van de verplichting. Het gebruikmaken van schattingen is een essentieel element bij het opstellen van een jaarrekening en ondermijnt de betrouwbaarheid ervan niet. Dit is in het bijzonder het geval bij voorzieningen die door hun aard meer onzeker zijn dan de meeste andere balansposten (RJ 252.201, IAS 37.25).

Onderstaand keuzeschema geeft de samenvatting weer van de voorwaarden voor verwerking van voorzieningen en niet uit de balans opgenomen verplichtingen (RJ 252, bijlage).

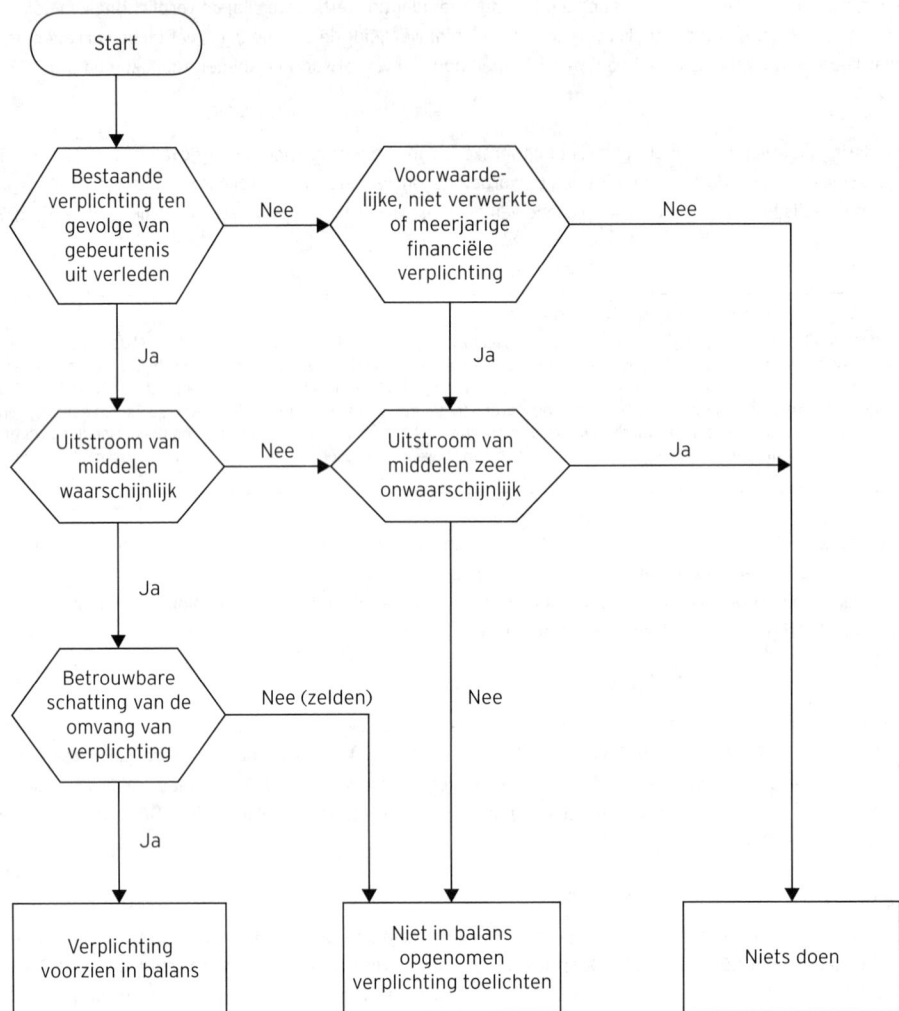

16.2.4 Vergoedingen – verhaal op een derde

Soms kan een rechtspersoon de uitgaven voor de afwikkeling van een voorziening geheel of gedeeltelijk bij een derde verhalen, bijvoorbeeld op basis van een verzekeringscontract, een schadeloosstelling of garanties (RJ 252.312, IAS 37.55).

Wanneer alle (of een deel van de) uitgaven die noodzakelijk zijn om een voorziening af te wikkelen naar verwachting door een derde zullen worden vergoed, dient deze vergoeding uitsluitend door de rechtspersoon te worden opgenomen, op het moment dat het waarschijnlijk (in IAS 37 wordt 'virtually certain' gesteld) is dat deze vergoeding zal worden ontvangen bij afwikkeling van de verplichtingen en verliezen. De vergoeding dient te worden gepresenteerd als een afzonderlijk actief. Het bedrag dat als vergoeding wordt opgenomen, dient niet groter te zijn dan het bedrag van de voorziening (RJ 252.311, IAS 37.53).

In de meeste gevallen blijft de rechtspersoon niettemin aansprakelijk voor het gehele bedrag, zodat de rechtspersoon dat gehele bedrag zelf moet afwikkelen indien de derde partij om welke reden dan ook niet betaalt. In een dergelijke situatie wordt een voorziening getroffen voor het gehele bedrag van de verplichtingen en verliezen, en wordt een afzonderlijk actief ter grootte van de verwachte vergoeding uitsluitend opgenomen indien het waarschijnlijk (in IAS 37 wordt 'virtually certain' gesteld) is dat een vergoeding zal worden ontvangen bij afwikkeling van de verplichtingen en verliezen (RJ 252.312, IAS 37.56). Het gesaldeerd opnemen op de balans van de voorziening en de eventuele vergoeding is derhalve niet toegestaan.

In de winst-en-verliesrekening mag de last voor het treffen van de voorziening wel worden gesaldeerd met de bate voor de te ontvangen vergoeding (RJ 252.313, IAS 37.54).

16.3 Omvang en waardering
16.3.1 Bepaling van de omvang
Beste schatting

De omvang van de voorziening dient gebaseerd te zijn op de beste schatting per balansdatum van de bedragen die noodzakelijk zijn om de verplichtingen af te wikkelen, waarbij rekening dient te worden gehouden met de risico's en onzekerheden die onvermijdelijk samenhangen met vele gebeurtenissen en omstandigheden (RJ 252.301, IAS 37.36). Het begrip 'beste schatting' is nader geconcretiseerd. Het gaat daarbij om het bedrag dat een rationeel handelende rechtspersoon zou betalen om de desbetreffende verplichtingen en verliezen op balansdatum af te wikkelen of om die aan een derde over te dragen (RJ 252.302, IAS 37.37). Het maken van een schatting is de verantwoordelijkheid van de ondernemingsleiding (RJ 252.303, IAS 37.38).
Inzake de methode van bepaling van de voorziening voor vorderingen zijn nadere Richtlijnen beschreven in RJ 222.204. Hiervoor verwijzen wij naar de toelichting daaromtrent in paragraaf 7.4.3.
Voor voorzieningen voor een *groot aantal gelijksoortige verplichtingen* vindt schatting plaats met behulp van het gewogen gemiddelde van mogelijke uitkomsten, met weging op basis van waarschijnlijkheden (dit leidt tot de verwachtingswaarde) (RJ 252.304, IAS 37.39). Voorbeeld van een dergelijke voorziening betreft een garantievoorziening.

> **Voorbeeld bepaling omvang garantievoorziening – gelijksoortige verplichtingen**
>
> Een onderneming verkoopt goederen. Er gelden garantiebepalingen waar klanten aanspraak op kunnen maken, indien sprake is van een fabrieksfout die binnen 6 maanden na aankoop van het product tot uiting komt. In het geval zou blijken dat alle producten kleine defecten zouden vertonen zou de reparatieverplichting € 1 mln bedragen. Indien het meer ernstige defecten betreft zouden de reparatiekosten € 4 mln bedragen. Op basis van ervaring en toekomstverwachting schat de onderneming in dat 75% van de producten zonder defect zal zijn, 20% van de verkochte producten kleine defecten zal vertonen en 5% uiteindelijk ernstige defecten zal hebben. In overeenstemming met RJ 252.304/IAS 37.24 schat de onderneming de kans op een uitstroom van middelen voor de garantiebepalingen als geheel. De verwachte waarde van reparatiekosten en daarmee de voorziening bedraagt (75% van nil) + (20% van 1m) + (5% van 4m) = € 400.000.

Voor *individuele* gevallen is de uitkomst met de hoogste waarschijnlijkheid (of kans) veelal de beste schatting van de verplichting. Echter, ook in een dergelijke situatie wordt rekening gehouden met andere mogelijke uitkomsten. Wanneer deze (andere) uitkomsten overwegend tot een hoger of lager bedrag leiden dan op grond van de uitkomst met de hoogste waarschijnlijkheid (dat wil zeggen, een uitkomst heeft de hoogste kans maar die kans is lager dan andere kansen gezamenlijk), wordt de voorziening gesteld op een hoger respectievelijk lager bedrag dan de uitkomst met de hoogste waarschijnlijkheid (RJ 252.305, IAS 37.40).

Deze algemene regels leiden tot de conclusie dat indien sprake is van een reeks van bedragen waarbij de ene schatting niet beter is dan de andere (dat wil zeggen, alle uitkomsten hebben dezelfde kans), waardering tegen het gemiddelde van de reeks de beste schatting zal zijn. Het laagste of hoogste bedrag uit de reeks zal in dat geval niet de beste schatting weerspiegelen.

Voorbeeld bepaling omvang voorziening - gelijksoortige verplichtingen en individuele verplichting

Een onderneming acht het waarschijnlijk dat zij aansprakelijk is voor verontreinigde grond en dat zij saneringskosten moet betalen. Er zijn verschillende scenario's gemaakt, met daarbij als saneringsbedragen € 400.000, € 520.000 en € 650.000. Het laatste scenario wordt het meest waarschijnlijk geacht met een kans van 40%. Aan beide overige scenario's wordt 30% kans toegedicht. Wat is de omvang van de voorziening:
- het minimumniveau van € 400.000;
- het middelste niveau van € 520.000;
- het meest waarschijnlijke niveau (met de hoogste kans) van € 650.000; of
- het gewogen gemiddelde niveau van € 536.000?

Zou er sprake zijn van een groot aantal gelijksoortige verplichtingen, dan zou de voorziening worden gesteld op € 536.000. Voor een individuele verplichting, zoals in dit geval, is de uitkomst met de hoogste waarschijnlijkheid € 650.000 (40% kans). Er is echter 60% kans dat de uitkomst lager is dan € 650.000. Om deze reden wordt de voorziening op een lager bedrag gesteld. De kans op een uitkomst van ten minste € 520.000 is 70% (30% + 40%) en de kans op een uitkomst lager dan € 520.000 is 30%. De voorziening bedraagt daarom € 520.000; het is immers waarschijnlijk (kans groter dan 50%) dat de onderneming ten minste € 520.000 dient te betalen. De kans dat de voorziening € 650.000 bedraagt is slechts 40% (en dus niet 'more likely than not').

Informatie beschikbaar gekomen na de balansdatum

Opgemerkt wordt dat bij de schatting ook informatie beschikbaar gekomen na de balansdatum een rol zal moeten spelen. Het betreffen hier immers gegevens die blijken na de balansdatum en die nadere informatie geven over de situatie per balansdatum. Deze gegevens dienen bij het opmaken van de jaarrekening verwerkt te worden (RJ 160.201, IAS 10.8). Een voorbeeld kan zijn de vaststelling van een voorziening in verband met lopende geschillen, indien na de balansdatum de rechter een uitspraak heeft gedaan. In hoofdstuk 38 wordt nader ingegaan op gebeurtenissen na balansdatum.

Invloed van toekomstige gebeurtenissen

Met toekomstige gebeurtenissen dient bij de bepaling van de hoogte van de voorziening rekening te worden gehouden indien er voldoende objectieve aanwijzingen zijn dat die gebeurtenissen zullen plaatsvinden (RJ 252.308, IAS 37.48). Hier wordt gedoeld op veranderingen in regelgeving en technologieën.

Als voorbeeld kan worden genoemd de verwachting dat voor het saneren van de bodem goedkopere technologie ter beschikking zal staan op het moment dat sanering feitelijk dient plaats te vinden, een en ander gebaseerd op technisch gekwalificeerde en onafhankelijke waarnemingen (IAS 37.49). Ook zou bij de bepaling van de voorziening vooruit kunnen worden gelopen op nieuwe wetgeving (IAS 37.50). Hiervoor dienen voldoende objectieve aanwijzingen te zijn dat de gebeurtenissen zeer waarschijnlijk zullen plaatsvinden.

Verwachte overdracht van activa

Met baten van de verwachte overdracht van activa mag geen rekening gehouden worden bij de bepaling van de hoogte van de voorziening (RJ 252.309, IAS 37.51), zelfs niet indien de verwachte overdracht nauw verbonden is met de gebeurtenis die leidt tot het treffen van de voorziening (RJ 252.310, IAS 37.52). In plaats daarvan worden baten van overdracht van activa verwerkt wanneer voldaan is aan de criteria van verwerking van opbrengsten (RJ 252.310, IAS 37.52).

Verschillen Dutch GAAP - IFRS

In de situatie dat sprake is van vergoeding door een derde wordt onder Richtlijn 252 een actief opgenomen indien het *waarschijnlijk* is dat de vergoeding zal worden ontvangen. Onder IAS 37 geldt een hogere mate van zekerheid dan 'waarschijnlijk', namelijk 'virtually certain'.

16.3.2 Grondslag van waardering
Nominale en contante waarde

Naast de bepaling van de omvang doet zich de vraag voor welke grondslag van waardering moet worden gebruikt voor een voorziening: nominale waarde of contante waarde?

Het is verplicht om een voorziening te waarderen tegen contante waarde, indien het effect van de tijdswaarde van geld materieel is (RJ 252.306, IAS 37.45). Afhankelijk van onder meer de omvang van de voorziening, de looptijd en de disconteringsvoet wordt bepaald of het effect van de tijdswaarde materieel is. Hierdoor is het in bepaalde omstandigheden mogelijk dat een voorziening met een looptijd langer dan een jaar niet tegen contante waarde gewaardeerd hoeft te worden. Indien de periode waarover de uitgaven contant worden gemaakt maximaal een jaar is, is het toegestaan om de verplichting tegen nominale waarde op te nemen (RJ 252.306). IAS 37 noemt deze termijn van een jaar niet. Echter, wij verwachten niet dat dit in de praktijk tot verschillen zal leiden, doordat het effect van de tijdswaarde van geld vrijwel nooit materieel zal zijn, wanneer de periode waarover de uitgaven contant worden gemaakt maximaal een jaar is.

Bij contante waarde wordt rekening gehouden met het tijdstip waarop de betalingen naar verwachting zullen plaatsvinden. Vanuit economisch gezichtspunt verdient waardering tegen contante waarde de voorkeur. Waardering tegen contante waarde brengt tot uitdrukking dat de voorziening feitelijk een renteloze verplichting is. Het maakt immers nogal verschil of de onderneming binnen een jaar of pas na een aantal jaren behoeft te betalen.

Voorbeeld waardering van voorziening tegen contante waarde

Per balansdatum verwacht een onderneming dat zij voor een claim over precies een jaar € 1 miljoen moet betalen en precies over twee jaar nogmaals € 1 miljoen. Voor deze waarschijnlijke verplichtingen neemt zij een voorziening op tegen contante waarde. De financieringskosten van een lening met vergelijkbare condities bedragen 10%. Hoeveel bedraagt de voorziening per balansdatum en hoeveel één jaar later (eind jaar 1). En hoe wordt de betaling in jaar 1 verwerkt?

De voorziening bedraagt:
- Per balansdatum € 1.735.536. Dit is de contante waarde van de twee betalingen ieder € 1 miljoen (€ 909.090 + € 826.446);
- Eind jaar 1 resteert nog € 909.090, de contante waarde van een betaling ad € 1 miljoen.

Per balansdatum wordt bij het vormen van een voorziening een bedrag ad € 1.735.536 ten laste van het resultaat gebracht. Eind jaar 1 wordt de eerste betaling gedaan ad € 1.000.000 en wordt de voorziening met dat bedrag verminderd. Eind jaar 1 wordt er een totaalbedrag ad € 173.554 als interestkosten geboekt, met welk bedrag de voorziening wordt vermeerderd.

Disconteringsvoet

Indien de verplichting op basis van contante waarde wordt gewaardeerd, is het de vraag welke disconteringsvoet gebruikt dient te worden. De disconteringsvoet dient belastingen buiten beschouwing te laten en dient zowel de actuele marktrente als de specifieke risico's samenhangend met de verplichting weer te geven (RJ 252.306, IAS 37.47). Hierbij wordt opgemerkt dat bij het bepalen van de disconteringsvoet de risico's waarmee bij het schatten van de toekomstige uitgaven reeds rekening is gehouden, niet mogen worden betrokken. De

Richtlijnen voegen hieraan toe dat de marktrente per balansdatum van hoogwaardige ondernemingsobligaties de meest geëigende invulling van de actuele marktrente is. Bij het ontbreken van een liquide markt voor ondernemingsobligaties zal het rendement op staatsleningen gelden als de meest geëigende invulling (RJ 252.306). IFRS geeft geen nadere aanwijzing voor de invulling van het begrip actuele marktrente. In de praktijk zal dit niet tot materiële verschillen leiden.

Noch IFRS noch de Richtlijnen geven nadere uitleg over hoe er moet worden omgegaan met risico's bij het schatten van de toekomstige uitgaven. Hiervoor bestaan twee alternatieven:
1. De toekomstige uitgaven worden bepaald op basis van de verwachtingswaarde en in de disconteringsvoet wordt met de specifieke risico's rekening gehouden. Hoe hoger de risico's, des te **lager** is de disconteringsvoet.
2. Van de toekomstige uitgaven wordt een 'zekerheidsequivalent' bepaald (die hoger is dan de verwachtingswaarde) en de disconteringsvoet is gelijk aan de risicovrije voet. De risicovrije voet kan worden afgeleid van overheidsobligaties met een zelfde looptijd als de uitstroom van middelen.

Hoewel de eerste benadering volgt uit de letterlijke tekst van Richtlijn 252 en IAS 37, is ook de tweede benadering toegestaan (RJ 252.306, IAS 37.47). Beide benaderingen zouden idealiter tot dezelfde uitkomst moeten leiden zoals uiteengezet in onderstaand voorbeeld.

> **Voorbeeld omgaan met risico's bij het schatten van toekomstige uitgaven**
> Rechtspersoon A heeft een voorziening waarvan de verwachte waarde van de kasstroom over drie jaar € 150 bedraagt. De risicovrije rentevoet - de nominale rentevoet, niet aangepast voor risico's - bedraagt 5%. Echter, de mogelijke uitkomsten op basis waarvan de verwachte waarde van de kasstroom is berekend, bedragen tussen € 100 en € 200. A is risicomijdend, en zal eerder willen afwikkelen voor een zekere kasstroom van € 160 dan zichzelf willen blootstellen aan een onzekere kasstroom die tot € 200 kan oplopen. De contante waarde kan volgens de volgende twee methoden berekend worden, leidend tot dezelfde uitkomst van € 138:
> ▶ De voor risico aangepaste kasstroom bedraagt € 160 (de 'zekerheidsequivalent') en wordt gedisconteerd tegen de risicovrije rentevoet van 5%; of
> ▶ De verwachte, niet voor risico aangepaste, kasstroom bedraagt € 150 en wordt gedisconteerd tegen een voor risico aangepaste disconteringsvoet van 2,8%.
>
> Uit dit voorbeeld blijkt dat de voor risico aangepaste disconteringsvoet lager is dan de risicovrije rentevoet. Alhoewel dit initieel vreemd mag lijken, wordt op deze manier het risico weergegeven dat A mogelijk meer moet betalen.

De Richtlijnen noch IAS 37.47 geven aan of, en hoe er rekening gehouden dient te worden met inflatie bij het bepalen van de disconteringsvoet. Dat wil zeggen, of men dient uit te gaan van een echte disconteringsvoet (dat wil zeggen huidige prijzen exclusief effecten van algemene inflatie) of van een nominale disconteringsvoet (dat wil zeggen verwachte toekomstige prijzen inclusief effecten van algemene inflatie).
Op basis van interpretaties van IFRS kan gesteld worden dat beide methoden gebruikt kunnen worden. Hierbij geldt wel dat toeneming van de voorziening gedurende iedere periode teneinde het verloop van de tijd weer te geven, bij beide methoden verschillend is. Onder de Nederlandse wet- en regelgeving zijn ook beide methoden bruikbaar.
In de laatste jaren komt het voor dat obligaties een negatieve rente hebben. Ingeval een negatieve rente aan de orde is, is het afhankelijk van de feiten en omstandigheden hoe hiermee wordt omgegaan bij het bepalen van de disconteringsvoet voor de voorziening.

Verschillen Dutch GAAP - IFRS

Onder Richtlijn 252 is het toegestaan om een voorziening met een looptijd korter dan een jaar tegen nominale waarde op te nemen. IAS 37 kent een dergelijke uitzondering niet. Wij verwachten echter dat dit in de praktijk niet tot verschillen zal leiden. In tegenstelling tot IFRS geeft RJ 252.306 nog wel een nadere aanwijzing voor de invulling van het begrip actuele marktrente. In de praktijk zal dit niet tot materiële verschillen leiden.

16.3.3 Toevoegingen, onttrekkingen en vrijval

Voorzieningen dienen op iedere balansdatum opnieuw te worden beoordeeld en te worden aangepast om de beste actuele schatting van de hoogte ervan weer te geven. Indien het niet langer waarschijnlijk is dat een uitstroom van middelen noodzakelijk zal zijn om de verplichtingen en verliezen af te wikkelen, dient de voorziening vrij te vallen (RJ 252.314, IAS 37.59).

Vorming van voorzieningen

Richtlijn 252 schrijft voor dat toevoegingen ten laste van de winst-en-verliesrekening dienen te komen, tenzij rechtstreekse verwerking ten laste van het eigen vermogen is toegelaten of voorgeschreven (RJ 252.315). Echter, in bepaalde gevallen worden de kosten verwerkt als onderdeel van een actief zoals hierna uitgewerkt.

IAS 37 geeft niet aan hoe de vorming van een voorziening verwerkt dient te worden en verwijst hiervoor naar de andere standaarden. Bij de toepassing van andere standaarden blijkt of de uitgaven verwerkt dienen te worden als een actief of als kosten. IAS 37 gebruikt hierbij het uitgangspunt dat het vormen van een voorziening niet noodzakelijkerwijs tot een verbod of een voorschrift leidt om uitgaven als een actief op te nemen (IAS 37.8). In de meeste gevallen zal het vormen van een voorziening onder IAS 37 leiden tot een last in de winst-en-verliesrekening. In enkele gevallen is het echter verplicht om een actief op te nemen mits voldaan wordt aan de opnamecriteria van activa, bijvoorbeeld bij de vorming van een voorziening voor herstelkosten (IAS 16.16c, IAS 16.1818). Onder Richtlijn 252 is deze verwerkingswijze toegestaan, maar niet verplicht (RJ 252.419) (zie par. 7.6).

Indien de desbetreffende mutatie voortkomt uit een wijziging van de grondslag ten behoeve van waardering en resultaatbepaling of een wijziging van een schatting, zijn de voorschriften van Richtlijn 140 'Stelselwijzigingen', Richtlijn 145 'Schattingswijzigingen' of IAS 8 'Accounting Policies, Changes in Accounting Estimates, and Errors' van toepassing (zie hoofdstuk 28).

Contante waarde – mutatie uit hoofde van verloop van de tijd

Wanneer een voorziening tegen contante waarde wordt gewaardeerd, neemt de boekwaarde van de voorziening gedurende iedere periode toe teneinde het verloop van de tijd weer te geven. Deze toeneming dient gepresenteerd te worden als een interestlast (RJ 252.317, IAS 37.60).

Onttrekkingen of aanwendingen van voorzieningen

Aanwendingen van voorzieningen kunnen een gevolg zijn van het voldoende zeker worden van de omvang (in dat geval vindt in het algemeen overboeking naar de schulden plaats), dan wel van het feit dat de verplichting of het verlies direct leidt tot een uitstroom van middelen, een uitgave.

Een voorziening dient uitsluitend te worden gebruikt voor die uitgaven waarvoor de voorziening oorspronkelijk was gevormd (RJ 252.318, IAS 37.61). Daarbij is het niet toegestaan om uitgaven waarvoor geen voorziening was gevormd, ten laste te brengen van een voor een ander doel gevormde voorziening (RJ 252.319, IAS 37.62), ook niet indien deze voorziening niet meer benodigd is voor het vereiste doel. Immers, de gevolgen van twee verschillende gebeurtenissen worden dan niet afzonderlijk gepresenteerd. In een dergelijke situatie dient het niet-aangewende deel van de voorziening vrij te vallen.

Terugboeking of vrijval van voorzieningen

Indien het niet langer waarschijnlijk is dat een uitstroom van middelen noodzakelijk zal zijn om de verplichtingen af te wikkelen, dient de voorziening vrij te vallen (RJ 252.314, IAS 37.59). Richtlijn 252 schrijft voor dat vrijvallende bedragen uit voorzieningen ten gunste van de winst-en-verliesrekening dienen te komen, tenzij Richtlijn 240 rechtstreekse verwerking ten gunste van het eigen vermogen voorschrijft of toestaat (RJ 252.315) of via het actief. Indien Richtlijn 240 rechtstreekse verwerking ten gunste van het eigen vermogen niet toestaat, is het meest voor de hand liggend om de vrijval van de voorziening ten gunste van de jaarrekeningpost, via welke de voorziening is gevormd, te verwerken. IAS 37 geeft niet aan hoe de terugboeking van een voorziening verwerkt dient te worden. Het lijkt verdedigbaar eenzelfde uitgangspunt als de Richtlijnen te gebruiken. Voor de verwerking van terugboeking of vrijval van voorzieningen die gevormd zijn als onderdeel van een actief zoals bijvoorbeeld herstelkosten wordt verwezen naar par. 7.6.

Verandering disconteringsvoet

De disconteringsvoet waartegen de voorziening contant gemaakt wordt, dient de actuele marktrente weer te geven (RJ 252.306, IAS 37.47) (zie par. 16.3.2). Dit betekent dat indien de actuele marktrente wijzigt gedurende of aan het einde van het boekjaar, de voorziening herrekend dient te worden op basis van de gewijzigde rentevoeten. In de toelichting dient de mutatie in de contante waarde als gevolg van oprenting en veranderingen van de disconteringsvoet te worden toegelicht (RJ 252.502, IAS 37.84e). Opgemerkt wordt dat met betrekking tot de voorziening voor herstelkosten in dit kader een specifieke verwerkingswijze bestaat (zie par. 7.6).

16.4 Presentatie en informatie in de toelichting

16.4.1 Presentatie

Volgens Richtlijn 252 en op basis van het Besluit modellen jaarrekening worden in de balans voorzieningen afzonderlijk gerubriceerd, tussen het eigen vermogen en de langlopende schulden in. Er is geen afzonderlijke classificatie voor kortlopende voorzieningen.

IAS 1 'Presentation of Financial Statements' schrijft voor dat voorzieningen afzonderlijk opgenomen dienen te worden in de balans (IAS 1.54(l)) tenzij de voorzieningen deel uitmaken van een 'disposal group held for sale'. In dat geval dienen deze voorzieningen in een afzonderlijke rubriek 'liabilities included in disposal group' (IAS 1.54(p)) opgenomen te worden. Zie verder hoofdstuk 33. Het kortlopende deel dient te worden opgenomen onder de kortlopende schulden ('current liability') en het langlopende deel als een langetermijnverplichting ('non-current liability') (IAS 1.60).

Rubricering van de last of vrijval in de winst-en-verliesrekening hangt samen met de aard van de verplichtingen waarvoor de voorziening is gevormd.

Indien posten een bijzonder karakter hebben vanwege aard en omvang, dienen zij afzonderlijk en ongesaldeerd toegelicht te worden (RJ 270.404, IAS 1.86). De Richtlijnen voegen hieraan toe dat de post bijzonder kan zijn vanwege het incidentele karakter ervan (RJ 940).

Omstandigheden die aanleiding kunnen zijn voor vermelding als bijzondere post (RJ 270.405, IAS 1.98) in de toelichting zijn onder meer:
- ▶ lasten voortvloeiend uit reorganisaties of samenhangend met discontinuïteit, alsmede de terugneming van dergelijke lasten;
- ▶ het financiële gevolg van een schikking in het kader van een juridische procedure; of
- ▶ het financiële effect van een terugneming van een voorziening die niet is verbruikt.

Indien een bijzondere post is verwerkt in meerdere posten van de winst-en-verliesrekening, dient het totale financiële effect van deze bijzondere post afzonderlijk te worden toegelicht evenals de wijze waarop deze bijzondere post is verwerkt door middel van het geven van een specificatie (RJ 270.404). Bijvoorbeeld indien een voorziening voor reorganisatiekosten bestaat uit herstructureringskosten voor de afdeling productie en verkoop, dienen deze kosten bij het functionele model voor de winst-en-verliesrekening toegerekend te worden aan kostprijs verkopen en verkoopkosten. Het is derhalve onder de functionele indeling niet toegestaan alle kosten te rubriceren als kostprijs verkopen. Het is ook niet toegestaan alle kosten te presenteren onder één rubriek 'bijzondere lasten' in de winst-en-verliesrekening. Zie verder paragraaf 5.1.4.2 voor de categoriale en functionele indeling en paragraaf 5.6 voor bijzondere lasten.

Verschillen Dutch GAAP - IFRS

Volgens Richtlijn 252 en op basis van het Besluit modellen jaarrekening worden in de balans voorzieningen afzonderlijk gerubriceerd, tussen het eigen vermogen en de langlopende schulden in. Er is geen afzonderlijke classificatie voor kortlopende voorzieningen.

IAS 1 schrijft voor dat voorzieningen afzonderlijk opgenomen dienen te worden in de balans tenzij de voorzieningen deel uitmaken van een 'disposal group held for sale'. In dat geval dienen deze voorzieningen in een afzonderlijke rubriek 'liabilities included in disposal group' opgenomen te worden. Het kortlopende deel dient te worden opgenomen onder de kortlopende schulden ('current liability') en het langlopende deel als een langetermijnverplichting ('non-current liability').

16.4.2 Toelichting

In de toelichting op te nemen informatie over voorzieningen betreft:
- splitsing van voorzieningen naar de aard (RJ 252.504, IAS 37.87);
- een korte beschrijving van de aard van de voorziening (RJ 252.503, IAS 37.85a);
- de looptijd van voorzieningen (RJ 252.506, IAS 37.85a);
- een mutatie-overzicht (RJ 252.502, IAS 37.84);
- de grondslagen voor waardering van de voorziening (RJ 252.503, IAS 1.117);
- indien noodzakelijk voor het verschaffen van adequate informatie, de belangrijkste veronderstellingen (met betrekking tot toekomstige gebeurtenissen) en onzekerheden (RJ 252.503, IAS 37.85b);
- het bedrag aan verwachte vergoedingen met vermelding van de opgenomen activa in verband met die verwachte vergoedingen (RJ 252.503, IAS 37.85c).

Daarnaast vraagt IFRS het volgende op te nemen in de toelichting:
- onzekerheden bij de vaststelling van de omvang en het tijdstip van de uitstroom van middelen (IAS 37.85b).

Indien in een zeer uitzonderlijk geval vermelding van bovenvermelde gegevens de positie van de rechtspersoon in een geschil ernstig schaadt, behoeft deze informatie niet te worden verstrekt. Wel dient de algemene aard van het geschil te worden vermeld (RJ 252.505, IAS 37.92).

Splitsing voorzieningen naar aard

Voor iedere categorie voorzieningen dient een rechtspersoon een korte beschrijving van de aard op te nemen (RJ 252.503, IAS 37.85a). Dit vraagt om een splitsing van voorzieningen naar de aard. Splitsing naar de aard gaat verder dan alleen het geven van een omschrijving; splitsing houdt in dat afzonderlijke bedragen worden vermeld. De splitsing kan hetzij in de balans, hetzij in de toelichting plaatsvinden.

Bij het vaststellen van de naar hun aard te onderscheiden categorieën voorzieningen is het noodzakelijk voor het groeperen van voorzieningen in aanmerking te nemen of de aard van de voorzieningen voldoende gelijk is voor verwerking als één categorie (RJ 252.504, IAS 37.87). Zo is het mogelijk de voorzieningen in verband met garanties voor verschillende producten als één categorie voorzieningen te behandelen, maar is het niet juist voorzieningen in verband met normale garanties en in verband met juridische procedures (claims) als één categorie te behandelen.

Indien de naar hun aard verschillende voorzieningen op zichzelf van geringe betekenis zijn, behoeft een uitsplitsing niet te worden gegeven, en kan worden volstaan met de aanduiding overige voorzieningen, al dan niet met een globale omschrijving van de typen voorzieningen die hieronder zijn begrepen.

Richtlijn 115 'Criteria voor opname en vermelding van gegevens' geeft indicaties voor wanneer voorzieningen separaat moeten worden gepresenteerd of toegelicht. Een specifieke voorziening die groter is dan 10% van het totaal der voorzieningen dient afzonderlijk te worden vermeld, tenzij de voorziening minder bedraagt dan 1% van het balanstotaal. Is de voorziening minder dan 10% van het totaal der voorzieningen en tevens minder dan 5% van de balanstelling, dan kan splitsing achterwege blijven (RJ 115.214). Daarbij moet worden aangetekend dat, zoals gesteld, de criteria niet hard zijn en het algemene inzichtvereiste tot een andere oplossing kan leiden. IFRS geeft geen nadere toelichting over het materialiteitsbegrip inzake voorzieningen.

Voorbeeld toelichting aard van de voorzieningen

Reorganisatiekosten
De voorziening reorganisatiekosten is gevormd indien op balansdatum een gedetailleerd plan is geformaliseerd en de gerechtvaardigde verwachting is gewekt bij hen voor wie de reorganisatie gevolgen zal hebben dat de reorganisatie zal worden uitgevoerd. De voorziening bestaat uit de directe kosten van de reorganisatie.

Verlieslatende contracten
De voorziening verlieslatende contracten heeft betrekking op de onvermijdbare kosten van een verlieslatend inkoopcontract. De voorziening is gevormd voor de afnameboetes die de groep moet betalen om van dit inkoopcontract af te komen.

Arbeidsongeschiktheid
De voorziening arbeidsongeschiktheid heeft betrekking op het gedurende twee jaar doorbetalen van salaris (inclusief werkgeverslasten en ontslagvergoedingen) aan personeel waarvan op balansdatum bekend is dat zij naar verwachting (gedeeltelijk) arbeidsongeschikt zullen blijven. De voorziening is gevormd ter grootte van het naar verwachting in de toekomst verschuldigde bedrag.

Nauwkeurige omschrijving van voorzieningen

Een nauwkeurige omschrijving van de voorzieningen houdt met name in dat de afgrenzing tussen de verschillende soorten voorzieningen moet worden aangegeven. Uit de omschrijving dient in elk geval duidelijk te blijken om welke verplichtingen het gaat (RJ 252.501). Dit betekent dat niet kan worden volstaan met een categorie 'overige voorzieningen', zonder dat duidelijk wordt aangegeven voor welke verplichtingen en verliezen de voorzieningen zijn gevormd.

Looptijd van voorzieningen

Aanbevolen wordt zo veel mogelijk een indicatie te geven van de mate waarin de voorzieningen als langlopend moeten worden beschouwd. Deze eis komt vooral voort uit het verlangde inzicht in de liquiditeitspositie van de rechtspersoon (RJ 252.506, RJ 252.507). Aangezien de duur van een voorziening niet altijd met voldoende betrouwbaarheid kan worden vastgesteld, zijn in de formulering de woorden 'zo veel mogelijk' opgenomen. IAS 37.85 vraagt per categorie voorzieningen het verwachte tijdstip van afwikkeling van de voorziening toe te lichten, alsmede eventuele onzekerheden omtrent het realiseren van deze timing te vermelden. IFRS eist derhalve meer informatie in de toelichting.

Aanbevolen wordt van het totaalbedrag aan voorzieningen dat per balansdatum is opgenomen, afzonderlijk toe te lichten welk gedeelte ervan naar verwachting binnen één jaar zal worden afgewikkeld, alsmede welk gedeelte ervan naar verwachting na meer dan vijf jaar zal worden afgewikkeld (RJ 252.507). Indien binnen een jaar overboeking van een voorziening naar een kortlopende schuld plaatsvindt (RJ 252.507) en deze schuld binnen een jaar na de balansdatum wordt betaald, kan de voorziening als kortlopend worden aangemerkt.
IAS 1 schrijft voor dat voorzieningen die naar verwachting binnen een jaar afgewikkeld worden, afzonderlijk opgenomen worden in de rubriek kortlopende verplichtingen (IAS 1.65). Daarmee brengt IFRS de informatie over de looptijd van de voorzieningen direct tot uitdrukking in de rubricering in de balans.

Mutatie-overzicht

Van iedere categorie voorzieningen dient een rechtspersoon te vermelden (RJ 252.502, IAS 37.84):
▶ de boekwaarde ervan aan het begin en aan het einde van de periode;
▶ gedurende de periode nieuw gevormde voorzieningen, waaronder toenemingen van bestaande voorzieningen;
▶ gedurende de periode geboekte uitgaven waarvoor de voorziening is aangewend;
▶ wijzigingen als gevolg van valuta-omrekeningsverschillen;
▶ niet-gebruikte bedragen die gedurende de periode zijn teruggeboekt; en
▶ de mutatie gedurende de periode als gevolg van oprenting en veranderingen van de disconteringsvoet.

Vergelijkende cijfers behoeven niet te worden verstrekt (RJ 110.127, IAS 37.84). Het verdient echter aanbeveling om vergelijkende cijfers op te nemen indien dit belangrijk is voor het inzicht in de betreffende post (RJ 110.127).

Voorbeeld verloopoverzicht voorzieningen

Het verloop van de overige voorzieningen, is als volgt:

(in duizenden euro's)	Reorganisatiekosten m.b.t. overname	Reorganisatie- kosten	Verlieslatende contracten	Jubilea	Arbeids- ongeschiktheid	Totaal
Boekwaarde per 1 januari 20xx	000.000	000.000	000.000	000.000	000.000	000.000
Dotaties	000.000	000.000	000.000	000.000	000.000	000.000
Oprenting	000.000	000.000	000.000	000.000	000.000	000.000
Verandering disconteringsvoet	000.000	000.000	000.000	000.000	000.000	000.000
Nieuwe consolidaties	000.000	000.000	000.000	000.000	000.000	000.000
Onttrekkingen	(000.000)	(000.000)	(000.000)	(000.000)	(000.000)	(000.000)
Vervallen consolidaties	(000.000)	(000.000)	(000.000)	(000.000)	(000.000)	(000.000)
Koersverschillen	000.000	000.000	000.000	000.000	000.000	000.000
Vrijval	(000.000)	(000.000)	(000.000)	(000.000)	(000.000)	(000.000)
Boekwaarde per 31 december 20xx	000.000	000.000	000.000	000.000	000.000	000.000
Waarvan: looptijd < 1 jaar	000.000	000.000	000.000	000.000	000.000	000.000
looptijd > 5 jaar	000.000	000.000	000.000	000.000	000.000	000.000

Grondslagen van waardering en resultaatbepaling

De waarderingsgrondslag dient (als onderdeel van de grondslagen van de waardering van de activa en de passiva en de bepaling van het resultaat) te worden uiteengezet (RJ 252.503, IAS 1.117).

Hoewel dit niet expliciet vermeld wordt in Richtlijn 252, is naar onze mening de volgende informatie met betrekking tot voorzieningen relevant:

- ten laste waarvan toevoegingen aan voorzieningen zijn geboekt (de post binnen het bedrijfsresultaat of het resultaat uit gewone bedrijfsuitoefening);
- de wijze waarop vrijval van voorzieningen is geboekt (conform toevoegingen).

Met betrekking tot de vermelding van de toevoegingen en vrijval geldt dat deze achterwege kan blijven indien deze evident is gezien de aard van de voorziening.

Het inzichtsvereiste (art. 2:362 BW) verlangt dat bij belangrijke schattingen, zoals waardering tegen contante waarde, informatie wordt gegeven over de aard van deze oordelen en schattingen, zoals de toegepaste disconteringsvoet en dat tevens de nominale waarde wordt vermeld (zie ook RJ 110.129 en RJ 135.203). Laatstgenoemde geldt overigens niet voor voorzieningen uit hoofde van pensioenverplichtingen (zie hoofdstuk 18).

IFRS vereist toelichting in algemene zin over de belangrijkste veronderstellingen (voor de toekomst) en andere onzekerheden bij de schattingen die de entiteit gebruikt heeft en die zouden kunnen leiden tot materiële afwijkingen van de boekwaarden van activa en passiva in het komende boekjaar (IAS 1.122, IAS 1.125).

Verschillen Dutch GAAP - IFRS

IAS 37 vraagt een indicatie van de onzekerheden ten aanzien van het geschatte bedrag en de timing van de betalingen. Richtlijn 252 vraagt deze informatie niet.

Richtlijn 252 beveelt aan het deel van de voorziening dat binnen een jaar zal worden afgewikkeld en het deel dat na vijf jaar zal worden afgewikkeld te vermelden. IAS 37 schrijft expliciete vermelding voor van het verwachte tijdstip van afwikkeling per soort voorziening. IAS 37 eist derhalve meer informatie in de toelichting aangaande de looptijd van voorzieningen.

16.4.3 Informatie over verplichtingen waarvoor geen voorzieningen zijn gevormd

Een voorziening mag alleen worden opgenomen indien de omvang van de verplichtingen met voldoende betrouwbaarheid geschat kan worden. Is dat niet het geval, dan mag er geen voorziening worden opgenomen en is vermelding van de niet uit de balans blijkende verplichting in de toelichting noodzakelijk (RJ 252.508, IAS 37.86). Is het risico van een uitstroom van middelen zeer onwaarschijnlijk, dan kan informatie in de toelichting volledig achterwege blijven. Bij vermelding in de toelichting dient in het algemeen voor iedere categorie voorwaardelijke verplichtingen de volgende informatie te worden aangegeven (RJ 252.509, IAS 37.86):

- de aard van de verplichting of het verlies;
- een schatting van het financiële effect;
- een indicatie van de onzekerheden met betrekking tot het bedrag of het moment van de uitstroom;
- de mogelijkheid van enigerlei vergoeding.

Voor specifieke verplichtingen uit hoofde van aansprakelijkstellingen, dan wel uit hoofde van risico's voor verdisconteerde wissels of cheques, stelt artikel 2:376 BW de eis dat deze verplichtingen, indien daarvoor geen voorzieningen zijn opgenomen, worden vermeld en ingedeeld naar de vorm der geboden zekerheid. Verplichtingen inzake groepsmaatschappijen en overige verbonden maatschappijen worden afzonderlijk toegelicht (art. 2:361 lid 4 en art. 2:376 BW). In IAS 37 zijn hier geen specifieke bepalingen voor opgenomen, maar geldt de algemene toelichtingseis om per categorie de niet uit de balans blijkende verplichtingen toe te lichten. Daarnaast zijn in IFRS 12 toelichtingseisen opgenomen inzake 'subsidiaries', 'joint arrangements', 'associates' en 'structured entities'.

Voor meer informatie, zie hoofdstuk 36.

16.5 Specifieke soorten voorzieningen

In deze paragraaf worden verschillende specifieke voorzieningen behandeld.
De voorziening voor herstelkosten wordt behandeld in paragraaf 7.6. De voorziening voor groot onderhoud wordt behandeld in paragraaf 7.5.

16.5.1 Voorziening voor reorganisatiekosten

Reorganisatie

Een reorganisatie is een gepland en door het management beheerst programma, waardoor een significante verandering zal plaatsvinden in hetzij het veld van activiteiten van de onderneming, hetzij de wijze waarop deze activiteiten worden uitgevoerd. Reorganisaties omvatten bijvoorbeeld de verkoop of beëindiging van een activiteit, de sluiting van vestigingen en de verplaatsing van activiteiten, veranderingen in de managementstructuur, bijvoorbeeld door het elimineren van een managementlaag, en fundamentele reorganisaties met een materieel effect op de aard en de richting van de bedrijfsactiviteiten (RJ 252.412, IAS 37.70).

Oorzaken van een reorganisatie of herstructurering kunnen onder andere zijn gelegen in tegenvallende resultaten, een te lage bezetting van de productiecapaciteit, te hoge directe of indirecte kosten, te lage arbeidsproductiviteit en dergelijke.

Vorming reorganisatievoorziening

Reorganisatie is ruim gedefinieerd, wat tot het risico van een té ruime interpretatie bij de vorming van een reorganisatievoorziening kan leiden. Middels de hierna genoemde aanvullende voorwaarden is in RJ 252.412 en IAS 37.72 nadere afbakening gegeven.

Een voorziening in verband met reorganisatie dient te worden gevormd indien per balansdatum, naast de algemene voorwaarden voor voorzieningen, aan de volgende voorwaarden wordt voldaan (RJ 252.413, IAS 37.72):
a. de rechtspersoon heeft een gedetailleerd plan voor de reorganisatie geformaliseerd, waarin ten minste worden aangegeven:
   1. de betrokken (delen van de) activiteiten;
   2. de belangrijkste locaties;
   3. de locatie, functie en het verwachte aantal werknemers dat voor het beëindigen van zijn werkzaamheden een vergoeding zal ontvangen;
   4. de uitgaven die hiermee zijn gemoeid;
   5. wanneer het plan zal worden uitgevoerd; en
b. de rechtspersoon heeft de gerechtvaardigde verwachting gewekt bij hen voor wie de reorganisatie gevolgen zal hebben, dat de reorganisatie zal worden uitgevoerd door ermee te beginnen of door de hoofdlijnen ervan bekend te maken aan hen voor wie de reorganisatie gevolgen zal hebben.

De laatstgenoemde voorwaarde betekent dat bijvoorbeeld bij een reorganisatie waarbij een aantal medewerkers van een bepaalde afdeling overtollig wordt en alle medewerkers zijn geïnformeerd over deze aankomende reorganisatie, er een gerechtvaardigde verwachting is gewekt. Het is dus niet noodzakelijk dat de medewerkers op individueel niveau weten dat hun arbeidsovereenkomst zal worden beëindigd.

Het voorgaande houdt in dat een bestuursbesluit tot reorganisatie dat genomen is vóór de balansdatum nog niet leidt tot het treffen van een voorziening, tenzij vóór de balansdatum is gestart met de implementatie van het reorganisatieplan of de hoofdlijnen van het plan op zodanig gedetailleerde wijze zijn uiteengezet aan hen voor wie het gevolgen zal hebben, dat de gerechtvaardigde verwachting is gewekt dat de rechtspersoon de reorganisatie zal uitvoeren (RJ 252.414, IAS 37.75).

Voorbeeld reorganisatievoorziening*

1 Sluiting van een divisie; geen implementatie voor balansdatum
Op 12 december jaar 1 besluit de raad van bestuur van onderneming A tot het sluiten van een van de divisies. Voor balansdatum (31.12.jaar 1) is deze beslissing nog niet kenbaar gemaakt aan de belanghebbenden en er zijn nog geen stappen genomen om de beslissing te implementeren.

Er kan geen voorziening worden gevormd omdat nog geen sprake is van een verplichting wegens een gerechtvaardigde verwachting.

2 Sluiting van een divisie; communicatie/implementatie voor balansdatum
Op 12 december jaar 1 besluit de raad van bestuur van onderneming A tot het sluiten van een van de divisies. Op 20 december jaar 1 bereikt de raad van bestuur overeenstemming over de details van het reorganisatieplan. Op dat moment worden brieven verstuurd naar klanten met de waarschuwing om naar een andere leverancier uit te gaan kijken en worden ontslagbrieven naar de werknemers gestuurd.
De communicatie naar de klanten en naar de werknemers creëert een economische (feitelijke) verplichting vanaf 20 december jaar 1 ontstaan omdat het de gerechtvaardigde verwachting wekt dat de divisie gesloten zal worden. Daarmee dient een voorziening te worden gevormd.

* Voorbeeld uit IAS 37, appendix C, Example 5A en 5B.

In de Nederlandse situatie is het heel gebruikelijk dat er eerst overleg plaatsvindt met de ondernemingsraad (OR) (al dan niet in het kader van een wettelijke adviesaanvraag) voordat het gedetailleerde plan bekend wordt gemaakt aan de betrokken werknemers zelf. Aangezien de OR bestaat uit een vertegenwoordiging van de werknemers kan het bekendmaken van dit gedetailleerde plan aan de ondernemingsraad leiden tot een feitelijke verplichting (IAS 37.77). Het overleg met de OR dient wel in een dusdanig vergevorderd stadium te zijn dat dit geen afbreuk doet aan de feitelijke verplichting van het management om de reorganisatie door te voeren. Alhoewel de Richtlijnen geen vergelijkbare bepaling kennen, lijkt deze bepaling ook in overeenstemming met de algemene bepalingen van Richtlijn 252.

Indien er sprake is van verkoop van een bedrijfsactiviteit, wordt pas een voorziening getroffen vanaf het moment dat sprake is van een verkoopovereenkomst (RJ 252.415, IAS 37.78).

In tegenstelling tot IFRS geldt volgens de Richtlijnen aanvullend het volgende. Indien per balansdatum is voldaan aan criterium a (bovengenoemd, in RJ 252.413), alsmede na balansdatum en vóór het opmaken van de jaarrekening ook aan criterium b (bovengenoemd, in RJ 252.413) is voldaan, is het toegestaan, maar niet verplicht, een reorganisatievoorziening te vormen (RJ 252.416).
Wordt er geen voorziening opgenomen, dan wordt de informatie als gebeurtenis na de balansdatum toegelicht (RJ 252.416; zie hoofdstuk 38). De gekozen wijze van verwerken dient wel stelselmatig te worden toegepast. Onder IFRS zal in alle gevallen (waar het effect materieel is) sprake zijn van een gebeurtenis na balansdatum.

Indien als gevolg van een reorganisatie een contract verlieslatend wordt, dient hiervoor een voorziening te worden opgenomen (RJ 252.418, IAS 37.82). De Richtlijnen lichten dit nog verder toe, door aan te geven dat hierbij kan worden gedacht aan (RJ 252.418):
- de bezoldiging van personeelsleden met wie de dienstbetrekking is verbroken, gedurende de resterende looptijd van het arbeidscontract voor zover zij daarin geen normale arbeidsprestatie meer kunnen leveren;
- periodieke uitkeringen al dan niet in aanvulling op uitkeringen van sociale verzekeringsinstellingen, ter zake van het tijdelijk op non-actief stellen van personeel (waaronder begrepen werktijdverkorting).

In de voorziening op te nemen elementen

In een reorganisatievoorziening dienen slechts die kosten te worden opgenomen die direct met de reorganisatie te maken hebben, dus die als gevolg van de reorganisatie noodzakelijk zijn en die niet in verband staan met de doorlopende activiteiten van de rechtspersoon (RJ 252.417, IAS 37.80). In een reorganisatievoorziening worden niet begrepen kosten in verband met bijvoorbeeld marketing, investeringen in nieuwe systemen en distributienetwerken, andere uitgaven die samenhangen met toekomstige activiteiten van de rechtspersoon, of verliezen uit hoofde van de exploitatie tijdens de afbouwperiode (RJ 252.417, IAS 37.81).

In de voorziening voor reorganisatiekosten mogen geen afwaarderingen van activa begrepen zijn. Het betreft hier immers waardeverminderingen die niet als een passiefpost wordt opgenomen, maar in aftrek worden gebracht op de actiefposten.

Het is niet toegestaan opbrengsten van dan wel boekwinsten op in het kader van reorganisaties te verkopen activa in aanmerking te nemen bij het bepalen van de hoogte van de voorziening (RJ 252.309, IAS 37.51).

Voorbeeld elementen in een reorganisatievoorziening

Een onderneming maakt in december kenbaar dat twee oudere productielocaties in maart volgend jaar zullen worden gesloten en dat de productie wordt overgeplaatst naar de overige productielocaties. De met deze beslissing samenhangende kosten zijn becijferd op:

1	afvloeiing overtollig productiepersoneel van de te sluiten vestigingen	€ 2,0 miljoen
2	aanvullende opleidingen voor over te plaatsen personeel van de te sluiten vestigingen	€ 0,5 miljoen
3	verschroting van machines en installaties	€ 0,8 miljoen
4	verwachte productieverliezen januari-maart	€ 0,4 miljoen
5	aanpassingen productielijnen in overige productielocaties	€ 0,6 miljoen
6	verwachte boekwinst op verkoop te sluiten productielocaties	(€ 1,0 miljoen)

Alleen post 1 komt in aanmerking voor opname in een reorganisatievoorziening.
Post 3 is onderdeel van een bijzondere waardevermindering en dient tot verlaging van de boekwaarde van de betreffende activa te leiden.
Post 6 mag niet in mindering worden gebracht op de voorziening (zie RJ 252.309, IAS 37.51).
De overige posten zijn aan te merken als kosten die samenhangen met de gewone bedrijfsactiviteiten, en mogen niet in de reorganisatievoorziening worden betrokken.

Rubricering dotaties aan voorziening

Dotaties aan een voorziening voor reorganisatiekosten kunnen eventueel (afhankelijk van de frequentie van voorkomen) als 'bijzondere posten' worden aangemerkt. Dotaties in verband met incidentele reorganisaties zullen vrijwel altijd moeten worden toegelicht als een 'bijzondere post'. Bij continue reorganisaties zal de last niet classificeren als bijzonder en kan een aanvullende toelichting achterwege blijven (zie par. 5.6).

Voorziening reorganisatiekosten bij overnames

Bij overname van een onderneming kan zich de situatie voordoen dat naar de mening van de overnemende partij een reorganisatie vereist is bij de overgenomen onderneming. Dit kan leiden tot het opnemen van een voorziening voor reorganisatiekosten bij de overgenomen onderneming, waarbij de voorziening dient te worden bepaald in overeenstemming met de hiervoor besproken algemene bepalingen (RJ 216.212). Het opnemen van een voorziening reorganisatiekosten bij de overgenomen onderneming leidt tot een verhoging van de goodwill. IFRS verbiedt echter het opnemen van een reorganisatievoorziening bij overname (IFRS 3.11). Zie verder paragraaf 25.2.5.

Uitkeringen bij ontslag

Voor zover reorganisaties gepaard gaan met ontslagvergoedingen, wordt hier specifiek op ingegaan in Richtlijn 271 dan wel IAS 19 inzake personeelsbeloningen. Ontslagvergoedingen zijn naar hun aard meestal als voorziening aan te merken omdat in de meeste gevallen nog (enige) onzekerheid bestaat over de omvang van de verplichting. Als evenwel de verplichting geheel vaststaat, wordt deze onder de schulden opgenomen (RJ 271.507). Een ontslagvergoeding wordt omschreven als een vergoeding die aan een werknemer wordt toegekend in ruil voor het beëindigen van het dienstverband (RJ 271.502a, RJ 940, IAS 19.8). IAS 19.8 stelt daarbij tevens dat sprake is van:
- de beslissing van de werkgever om het dienstverband voor de gebruikelijke pensioendatum te beëindigen; of
- de beslissing van een of meer personeelsleden ontslag te aanvaarden wegens overtolligheid in ruil voor een vergoeding (vergoeding ter stimulering van vrijwillig ontslag).

Een rechtspersoon neemt een uitkering bij ontslag als verplichting en als last in aanmerking als hij zich aantoonbaar onvoorwaardelijk heeft verbonden om een ontslagvergoeding te betalen. Dit is onder meer het geval als de rechtspersoon een onherroepelijk aanbod aan een werknemer heeft gedaan, ongeacht of de werknemer het aanbod al of niet heeft aanvaard (RJ 271.503, IAS 19.165).

Van aantoonbare verbondenheid tot het doen van ontslaguitkeringen is sprake wanneer een formeel gedetailleerd plan (of regeling) dan wel een individuele beëindigingsovereenkomst hieromtrent is opgesteld en intrekking daarvan door de rechtspersoon redelijkerwijs niet meer kan plaatsvinden. Een dergelijk plan dient aan de volgende criteria te voldoen (IAS 19.167):
- de resterende acties die noodzakelijk zijn om het plan te finaliseren zijn zodanig dat het onwaarschijnlijk is dat significante wijzigingen in het plan zullen worden doorgevoerd;
- het plan geeft het aantal medewerkers weer van welke het dienstverband zal worden beëindigd, alsmede de betrokken functie(s)(groepen) en hun locaties alsmede de datum waarop het plan naar verwachting zal worden afgerond;
- het plan is zodanig gedetailleerd dat betrokkenen kunnen bepalen welke ontslagvergoeding zij zullen ontvangen wanneer hun arbeidsrelatie wordt beëindigd.

Deze criteria zijn direct vergelijkbaar met de criteria voor het vormen van reorganisatievoorzieningen. Als het ontslag onderdeel is van een reorganisatie dienen de kosten van een ontslagvergoeding te worden opgenomen in een reorganisatievoorziening (RJ 271.503, IAS 19.165) (zie par. 16.5.1). Dit kan ertoe leiden dat een ontslagvergoeding bij een reorganisatie reeds wordt opgenomen voordat de rechtspersoon een onvoorwaardelijke verplichting heeft. Dat komt met name doordat de Richtlijnen toestaan een reorganisatievoorziening op te nemen indien pas na balansdatum, maar voor de opmaakdatum, aan de criteria is voldaan. Bij IFRS is er geen verschil of de ontslagvergoeding wel of geen deel uitmaakt van een reorganisatieplan.

16 Voorzieningen

Indien de ontslaguitkeringen pas meer dan twaalf maanden na balansdatum betaalbaar zijn dient de verplichting op basis van contante waarde te worden gewaardeerd, met als disconteringsvoet de marktrente (effectief rendement) van hoogwaardige ondernemingsobligaties op balansdatum (RJ 271.504, IAS 19.169)

Voorziening Wet arbeidsmarkt in balans en transitievergoeding

De Wet arbeidsmarkt in balans (WAB) is vanaf 1 januari 2020 in werking getreden. Met het in werking treden van de WAB zijn de regels rondom de transitievergoeding gewijzigd. Een transitievergoeding is een vergoeding die een werkgever moet betalen indien een arbeidscontract met een werknemer niet wordt verlengd.

Afhankelijk van de specifieke situatie wordt deze transitievergoeding op verschillende manieren verwerkt. In beginsel wordt de transitievergoeding beschouwd als een reguliere ontslagvergoeding die als zodanig moet worden verwerkt. Indien bij het aangaan van het tijdelijke arbeidscontract het zeer waarschijnlijk is dat het contract niet zal worden verlengd, bouwt de onderneming onder de Richtlijnen een voorziening op voor de transitievergoeding (RJ 271.502a). Indien een voorziening wordt opgebouwd kan dit op collectieve basis geschieden, op basis van ervaringscijfers. Onder IFRS zijn ontslagvergoedingen anders gedefinieerd, als gevolg daarvan zullen transitievergoedingen veelal als ontslagvergoeding gelden en dienovereenkomstig verwerkt worden.

Indien de vergoeding een verbetering van een beloning na afloop van het dienstverband betreft, dient het als een pensioenbeloning conform RJ 271.3 te worden verwerkt (RJ 271.502b). Anders dient de beste inschatting van de noodzakelijke bedragen ten behoeve van de afwikkeling te worden gemaakt.

Indien er nog (enige) onzekerheid is met betrekking tot de verplichting zal deze worden gerubriceerd als een voorziening. Indien de verplichting geheel vaststaat zal deze als schuld verantwoord moeten worden.

Hieronder zijn een tweetal maatregelen uit de WAB beschreven die voor de jaarrekening en dan met name voor de schatting van de hoogte van een eventuele voorziening van belang zijn.

De aanspraak op de transitievergoeding

De aanspraak op de transitievergoeding is er al vanaf de eerste dag van de arbeidsovereenkomst. Dit heeft tot gevolg dat indien bijvoorbeeld de arbeidsovereenkomst na een week in de proeftijd wordt beëindigd, er een transitievergoeding moet worden betaald. Er is geen overgangsrecht dus deze ruimere aanspraak geldt meteen vanaf 1 januari 2020. Dat betekent dat een werknemer die na 1 januari 2020 ontslagen wordt, recht heeft op een transitievergoeding ongeacht de looptijd van zijn arbeidsovereenkomst.

De hogere opbouw van de transitievergoeding na 10 jaar dienstverband komt te vervallen

Voor alle dienstjaren geldt een opbouw van 1/3^e maandsalaris (onvolledige dienstjaren worden naar rato berekend). Dit geldt <u>ook</u> voor de dienstjaren van vóór de wetswijziging. Voor de resterende duur dat de arbeidsovereenkomst heeft geduurd en voor arbeidsovereenkomsten die korter dan een jaar duren, wordt de transitievergoeding naar rato berekend. Voorts wordt bij de berekening van de hoogte van de transitievergoeding uitgegaan van de feitelijke duur van het contract en vindt geen afronding plaats.

Verschillen Dutch GAAP - IFRS

IAS 37 laat het vormen van een reorganisatievoorziening of voorziening voor ontslaguitkering niet toe indien pas na de balansdatum is begonnen met de uitvoering van het plan, dan wel de hoofdlijnen van het plan pas na de balansdatum bekend zijn gemaakt aan hen voor wie de reorganisatie gevolgen zal hebben (IAS 37.75). De Richtlijnen achten het ook acceptabel een voorziening op te nemen als na de balansdatum maar voor het opmaken van de jaarrekening de gerechtvaardigde verwachting is bij hen voor wie de reorganisatie gevolgen zal hebben dat de reorganisatie zal worden uitgevoerd, door ermee te beginnen of door de hoofdlijnen ervan bekend te maken aan hen voor wie de reorganisatie gevolgen zal hebben (RJ 252.416). Tot slot verbiedt IFRS in tegenstelling tot de Nederlandse wet- en regelgeving het opnemen van een reorganisatievoorziening bij overname.

Indien bij het aangaan van het tijdelijke arbeidscontract het zeer waarschijnlijk is dat het contract niet zal worden verlengd, bouwt de onderneming onder de Richtlijnen een voorziening op voor de transitievergoeding (RJ 271.502a). Onder IFRS zijn ontslagvergoedingen anders gedefinieerd, als gevolg daarvan zullen transitievergoedingen veelal als ontslagvergoeding gelden en dienovereenkomstig verwerkt worden.

16.5.2 Voorziening voor garantieverplichtingen

Voor deze categorie voorzieningen worden geen expliciete nadere regels gegeven in IAS 37 zoals in Richtlijn 252. Daardoor zijn de algemene regels van IAS 37 van toepassing. Desondanks is de verwerkingswijze en waardering van deze voorziening volgens IAS 37 meestal gelijk aan die van Richtlijn 252.

Voorzieningen voor garantieverplichtingen komen voort uit verstrekte garanties bij geleverde producten of verrichte diensten. Indien de producten of diensten bijvoorbeeld niet beantwoorden aan de overeengekomen kwaliteiten, kan de onderneming worden aangesproken. Richtlijn 252 vermeldt expliciet dat indien lasten kunnen ontstaan omdat geleverde producten of verrichte diensten niet voldoen aan de overeengekomen kwaliteiten, een garantievoorziening dient te worden opgenomen voor de beste schatting van de te vergoeden kosten voor producten die zijn verkocht of diensten die zijn verricht voor balansdatum (RJ 252.408). De garantievoorziening is een voorziening omdat de garantiekosten in rechte afdwingbaar zijn indien de geleverde producten of verrichte diensten niet voldoen aan de overeengekomen kwaliteiten (RJ 252.408, IAS 37, appendix C, voorbeeld 1). Echter, een rechtspersoon past IFRS 15 toe op separaat gekochte garanties, zie hoofdstuk 5. Gangbare garanties om zekerheid te bieden dat het product aan de overeengekomen specificaties voldoet worden in deze paragraaf besproken.

Ook indien de rechtspersoon de *'policy'* heeft dat garanties worden verstrekt zonder dat er een juridische verplichting bestaat, wordt een voorziening gevormd. Het gaat hierbij niet alleen om in rechte afdwingbare garanties, maar ook bijvoorbeeld om *'after-sales service'* die de onderneming om commerciële, morele of andere redenen wil verlenen. Indien een dergelijk beleid algemeen bekend is (gemaakt) of indien het geven van dit soort service voor de rechtspersoon gebruikelijk is, is er een feitelijke verplichting die op dezelfde wijze behandeld dient te worden als de in rechte afdwingbare garanties (RJ 252.408, IAS 37, appendix C). Richtlijn 252 vermeldt expliciet dat een voorziening wordt gevormd indien het verrichten van prestaties in verband met geleverde producten of verrichte diensten door de rechtspersoon bij wijze van service – dus zonder in rechte afdwingbaar te zijn – algemeen bekend en gebruikelijk is. Deze voorziening kan met die voor in rechte afdwingbare garantieverplichtingen worden samengevoegd (RJ 252.408). De lasten maken deel uit van het bedrijfsresultaat.

Wij zijn van mening dat de bepaling van de omvang uitgaande van de individueel meest waarschijnlijke uitkomst het meest passend is, waarbij een zo goed mogelijke schatting wordt gemaakt van de bestaande garantieverplichtingen op de balansdatum. Echter, de verwachte waarde-benadering is het meest toepasbaar in situaties waarin sprake is van een groot aantal gelijksoortige verplichtingen.

16 Voorzieningen

16.5.3 Voorziening voor verlieslatende contracten

Onder een verlieslatend contract wordt verstaan een overeenkomst waarin de onvermijdbare kosten om aan de contractuele verplichtingen te voldoen, de verwachte voordelen uit de overeenkomst overtreffen (RJ 252.0, RJ 940, IAS 37.10). De onvermijdbare kosten zijn de kosten die ten minste moeten worden gemaakt om van de overeenkomst af te komen, dat wil zeggen de laagste van enerzijds de kosten bij het voldoen aan de verplichtingen en anderzijds de vergoedingen of boetes bij het niet voldoen aan de verplichtingen (RJ 252.405, IAS 37.68). Indien annulering van het contract plaats kan vinden zonder dat schadevergoeding behoeft te worden betaald, is geen sprake van een verplichting (RJ 252.406, IAS 37.67).

Voor het negatieve verschil tussen de door de rechtspersoon na de balansdatum te ontvangen prestatie en de door hem na de balansdatum te verrichten contraprestatie dient een voorziening te worden opgenomen (RJ 252.405, IAS 37.66, IAS 37.68).

> **Voorbeeld verlieslatend contract**
>
> Rechtspersoon B is in 2018 overeengekomen productieonderdeel A in te kopen voor € 20 per stuk met een afnameverplichting van 100.000 stuks per jaar vanaf 1 januari 2019 tot en met 31 december 2023 omdat dit onderdeel schaars was. Inmiddels is dit onderdeel meer beschikbaar en de huidige prijs van dit onderdeel is € 5. Door wijzigingen in het productieproces verwacht B op 31 december 2021 nog maar 150.000 stuks nodig te hebben. B heeft nog 55.000 stuks in voorraad. De marge van het eindproduct is € 6 per stuk. Elk eindproduct bevat 1 stuk productieonderdeel A. Als B het inkoopcontract voortijdig beëindigt, is zij de leverancier een contractueel overeengekomen afnameboete van € 1 miljoen per jaar verschuldigd.
> De verwachte totale marge op de verwachte nog te gebruiken productieonderdelen A bedraagt € 900.000 (150.000 stuks * € 6). B maakt een verlies op de productieonderdelen A die ze niet gebruikt van € 1.575.000 (105.000 stuks (55.000 + 200.000 - 150.000) * € 15 (€ 20 - € 5)). Als B het inkoopcontract zou beëindigen is zij € 2 miljoen (2 jaren * € 1 miljoen per jaar) verschuldigd aan de leverancier. In dit geval zijn de kosten van het voldoen aan de verplichtingen lager dan de vergoedingen of boetes bij het niet voldoen aan de verplichtingen. B maakt dus per saldo een verlies van € 675.000 (€ 900.000 - € 1.575.000) op de nog te verkopen eindproducten. Voor dit bedrag wordt per 31 december 2021 een voorziening gevormd.

Voordat een voorziening voor een verlieslatend contract wordt getroffen, wordt door de rechtspersoon eerst vastgesteld of sprake is van een bijzondere waardevermindering van de bij de overeenkomst betrokken activa (RJ 252.407, IAS 37.69).

Een voorziening voor verlieslatende contracten dient te worden onderscheiden van een afwaardering van een actiefpost. Zo worden verwachte verliezen op een aannemingsproject, voor zover mogelijk, in mindering gebracht op de post onderhanden projecten (zie par. 13.5.4, inclusief de bijzondere voorschriften voor de bepaling van de hoogte van de voorziening).

Een voorbeeld van een verlieslatend contract onder Richtlijn 252 is een huurovereenkomst die niet voortijdig kan worden beëindigd, waarbij de rechtspersoon niet langer gebruikmaakt van de gehuurde ruimte en waarbij de betreffende ruimte niet verhuurd kan worden aan een andere partij. Dit voorbeeld geldt niet onder IFRS. Met de inwerkingtreding van IFRS 16, wordt bij het aangaan van de huurovereenkomst een actief erkend vanwege het recht op gebruik van het actief (zie par. 32.3.3). In een dergelijke situatie, zal een bijzondere waardevermindering op het actief in mindering worden gebracht. Een voorziening voor een verlieslatend contract is derhalve normaliter niet aan de orde.

Een voorbeeld van een verlieslatend contract onder IFRS is een overeenkomst met een afnemer voor de bouw van een individueel actief (zoals een gebouw, brug, schip of maatwerksoftware), waarbij de rechtspersoon verwacht dat het totale project verlieslatend is (zie ook par. 13.5.4).

IAS 37 geeft expliciet aan dat verlieslatende, nog niet afgewikkelde overeenkomsten – nog uit te voeren contracten – binnen haar toepassingsgebied vallen (IAS 37.67). Indien een rechtspersoon een verlieslatende, nog niet afgewikkelde overeenkomst heeft, dient de bestaande verplichting uit hoofde van het contract als een voorziening te worden opgenomen en gewaardeerd (IAS 37.66). Onder een niet-afgewikkelde overeenkomst ('executory contract') wordt verstaan een overeenkomst waarvan de prestaties door de betrokken partijen na de balansdatum zullen plaatsvinden of waarvan de prestatie en tegenprestatie door beide partijen tot balansdatum gedeeltelijk of in gelijke mate hebben plaatsgevonden. Een voorbeeld is een verplichting voor bestelde voorraden die nog niet geleverd zijn (IFRS-Conceptual Framework, hoofdstuk 4.46). Een dergelijke niet-afgewikkelde overeenkomst leidt dus niet als zodanig tot een actief- en passiefpost, maar uitsluitend tot een passiefpost indien de overeenkomst verlieslatend is. De voorziening zal enkel de onvermijdbare kosten bedragen zoals eerder in deze paragraaf beschreven (IAS 37.68).

Regelgeving voor komende jaren

In mei 2020 heeft de IASB 'Onerous Contracts – Costs of Fulfilling a Contract – Amendments to IAS 37' gepubliceerd die van toepassing is op boekjaren die aanvangen op of na 1 januari 2022. De gewijzigde standaard gaat uit van een directe kosten-benadering. Dit betekent dat zowel incrementele kosten (bijvoorbeeld directe arbeid- en materiaalkosten) als een allocatie van kosten direct aan de activiteiten van het contract zijn toe te rekenen (bijvoorbeeld afschrijvingen van machines gebruikt om aan het contract te voldoen en contract management en toezicht). Algemene en administratiekosten die niet direct verband houden met het contract worden uitgesloten tenzij ze expliciet aan de tegenpartij in rekening te brengen zijn. De wijziging wordt prospectief verwerkt met betrekking tot contracten waarvoor de rechtspersoon nog niet aan alle verplichtingen heeft voldaan aan het begin van het boekjaar waarin de gewijzigde standaard wordt geïmplementeerd. Vervroegde toepassing is toegestaan mits dit wordt toegelicht, en mits de wijziging is goedgekeurd door de Europe Unie.

16.5.4 Voorziening in verband met aansprakelijkheid

Voorzieningen in verband met aansprakelijkheid worden niet als zodanig door de Richtlijnen behandeld. Dit geldt ook voor IAS 37, echter in appendix C bij IAS 37 is voorbeeld 6 aangaande aansprakelijkheid opgenomen. Daardoor zijn de algemene regels van RJ 252/IAS 37 van toepassing. De verwerkingswijze en waardering van deze voorziening onder IFRS is meestal gelijk aan de Nederlandse wet- regelgeving.

Omdat aansprakelijkheid veelal leidt tot in rechte afdwingbare uitgaven, is het vormen van een voorziening verplicht, mits een betrouwbare schatting kan worden gemaakt van de omvang van de verplichting en betaling waarschijnlijk is. Met betrekking tot de aard der verplichtingen waaruit aansprakelijkheden kunnen voortvloeien, kan het volgende onderscheid worden gemaakt:
- waarborgstelling;
- generieke aansprakelijkstelling;
- aansprakelijkheid uit de wet;
- pseudo- of quasi-aansprakelijkstelling.

Waarborgstelling

(Waar)borgstelling houdt in dat een rechtspersoon zich aansprakelijk heeft gesteld voor schulden en verplichtingen van een ander. Dit kan jegens de schuldeiser geschieden door het stellen van persoonlijke en/of zakelijke zekerheden. Hieronder is ook begrepen de hoofdelijke aansprakelijkheid van de rechtspersoon (bijvoorbeeld moedermaatschappij) voor schulden van (andere) groepsmaatschappijen. Voorbeelden van specifieke waarborgverplichtingen zijn garantieovereenkomsten, hoofdelijke medeschuldenaarschap, borgtocht en wisselborgtocht, alsmede derdenhypotheek en derdenpandrecht.

Indien de rechtspersoon zich aansprakelijk heeft gesteld voor schulden van anderen, kan dit leiden tot het opnemen van een voorziening op de balans. De rechtspersoon kan bijvoorbeeld reeds aansprakelijk zijn gesteld, of er kan nog slechts sprake zijn van een risico dat aansprakelijkstelling plaatsvindt. Mocht niet aan de criteria voor het vormen van een voorziening zijn voldaan, dan verplicht artikel 2:376 BW tot afzonderlijke vermelding van de verplichtingen die ten behoeve van groepsmaatschappijen zijn aangegaan in de toelichting.

Onder de waarborgverplichtingen valt ook het regresrisico ten aanzien van verdisconteerde wissels of cheques. Het regresrisico houdt in het verhaal dat op grond van het regresrecht kan worden uitgeoefend op degene, die tot betaling of vergoeding van een bedrag is gehouden. Indien een dergelijk regresrisico bestaat, verplicht artikel 2:376 BW expliciet tot vermelding van de daaruit voortvloeiende verplichtingen voor zover voor dit risico geen voorziening is opgenomen.

Ook voor verplichtingen aangegaan ten behoeve van huidige en voormalige bestuurders en commissarissen waarbij de rechtspersoon zich garant stelt, kan het noodzakelijk zijn een voorziening te vormen. Onafhankelijk of er al dan niet een voorziening is gevormd, verplicht artikel 2:383 lid 2 BW altijd tot afzonderlijke vermelding van dergelijke garantieverplichtingen ten behoeve van de huidige (niet de voormalige) bestuurders en commissarissen, waarbij samenvoeging van de informatie over bestuurders en commissarissen niet is toegestaan. Het gaat in artikel 2:383 lid 2 BW overigens niet uitsluitend om door de rechtspersoon afgegeven garanties, maar tevens om de garanties afgegeven door een dochtermaatschappij en door een (groeps)maatschappij waarvan de gegevens worden opgenomen in de geconsolideerde jaarrekening van de rechtspersoon.

IAS 37 noemt het regresrisico ten aanzien van verdisconteerde wissels en cheques en garantieverplichting ten behoeve van huidige en voormalige bestuurders en commissarissen niet expliciet, hetgeen inhoudt dat de algemene regels voorzieningen hierop van toepassing zijn.

Generieke aansprakelijkstelling

Voorzieningen kunnen ook voortkomen uit generieke aansprakelijkstelling. Er is sprake van een generieke aansprakelijkstelling indien de rechtspersoon een verklaring heeft afgegeven van hoofdelijke medeaansprakelijkstelling voor alle verplichtingen van een ander. Het bekendste voorbeeld is de hoofdelijke aansprakelijkstelling ten behoeve van de toepassing van artikel 2:403 BW, op grond waarvan de jaarrekening van de groepsmaatschappij waarvoor de aansprakelijkstelling is afgegeven niet behoeft te voldoen aan de reguliere inrichting- en publicatievoorschriften van Titel 9 Boek 2 BW. De generieke aansprakelijkstelling uit hoofde van artikel 2:403 BW is beperkt tot schulden uit hoofde van rechtshandelingen (van de groepsmaatschappij) en heeft geen betrekking op verplichtingen uit hoofde van de wet (bijvoorbeeld uit hoofde van belastingschulden of onrechtmatige daad). Onafhankelijk of er al dan niet een voorziening is gevormd, wordt een dergelijke generieke aansprakelijkheid uit hoofde van artikel 2:403 BW onder de niet uit de balans blijkende verplichtingen toegelicht (RJ 252.509, IAS 37.86).

Aansprakelijkheid uit de wet

Een rechtspersoon kan voorts aansprakelijk worden gesteld op grond van de wet. Enkele voorbeelden hiervan zijn:
▶ de producten- en dienstenaansprakelijkheid;
▶ de ketenaansprakelijkheid;
▶ de strafrechtelijke en civielrechtelijke aansprakelijkheid;
▶ de aansprakelijkheid uit hoofde van een fiscale eenheid;
▶ generieke aansprakelijkheid uit de wet.

De twee eerstgenoemde voorbeelden worden hierna kort besproken.

Een voorziening aangaande producten- en dienstenaansprakelijkheid is aan de orde indien door de onderneming geleverde producten of diensten schade hebben toegebracht aan derden en de onderneming op grond daarvan wettelijk aansprakelijk kan worden gesteld. Enige jaren geleden bestond in Nederland een schuldaansprakelijkheid (de fabrikant was alleen aansprakelijk indien hij schuld had aan de gebreken aan het product). Thans bestaat er een risicoaansprakelijkheid (de fabrikant is aansprakelijk voor door hem in het economische verkeer gebrachte gebrekkige producten, ook indien hij geen schuld heeft aan het gebrek). Een autoproducent is bijvoorbeeld aansprakelijk voor geleden schade als gevolg van het niet functioneren van de remmen van de auto. De producent is dus niet alleen verantwoordelijk voor de schade aan en reparatie van de auto, maar tevens voor de schade en het herstel daarvan die voortkomt uit de gebrekkige remmen van de auto.

Bij de vaststelling van de omvang van de voorziening zal men gedifferentieerd per product(en) moeten schatten wat de risico's zijn. In de meeste gevallen zal niet snel voldaan zijn aan de eis dat de omvang van de voorziening op redelijk betrouwbare wijze kan worden geschat. Pas nadat feitelijk schade is geconstateerd, komt dan vorming van een voorziening aan de orde.

Ketenaansprakelijkheid houdt in dat aannemers en inleners van arbeidskrachten hoofdelijk aansprakelijk kunnen zijn voor betaling van premies op grond van werknemers- en volksverzekeringen en van loon- en omzetbelasting bij het uitbesteden van werk respectievelijk het inlenen van arbeidskrachten. Volgens de Richtlijnen is dit een bijzondere niet in de balans opgenomen garantieverplichting (RJ 252.109). Indien er aanwijzingen zijn dat de rechtspersoon daadwerkelijk zal worden aangesproken uit hoofde van de ketenaansprakelijkheid, dient voor dit risico een voorziening te worden gevormd. Is de rechtspersoon tot voldoening aangesproken, dan wordt een schuld opgenomen.

Pseudo- of quasi-aansprakelijkstelling

Bij pseudo- of quasi-aansprakelijkstelling gaat het bijvoorbeeld om intentieverklaringen van de rechtspersoon jegens schuldeisers van anderen, veelal groepsmaatschappijen. Dergelijke intentieverklaringen worden uitgebracht onder diverse namen zoals 'letter of responsibility', 'letter of comfort', 'letter of net worth', 'letter of awareness', et cetera. Indien intentieverklaringen leiden tot aansprakelijkheid of tot een morele verplichting om betalingen te verrichten, kan opname van een voorziening aan de orde zijn. In Richtlijn 252 noch in IAS 37 wordt deze categorie voorzieningen specifiek besproken.

16.5.5 Voorziening voor risico's uit claims, geschillen en rechtsgedingen

Voor deze categorie voorzieningen worden in IAS 37 geen expliciete nadere regels gegeven zoals wel het geval is in Richtlijn 252. Daardoor zijn de algemene regels van IAS 37 van toepassing. Desondanks zijn de verwerkingswijze en waardering van deze voorziening onder IFRS meestal gelijk aan de Nederlandse wet- regelgeving.

Een verplichting kan ontstaan voor een rechtspersoon indien hij in een juridische procedure betrokken raakt. Voorzieningen voor claims, geschillen en rechtsgedingen dienen te worden getroffen wanneer het waarschijnlijk is dat de rechtspersoon in een procedure zal worden veroordeeld (RJ 252.409). Indien veroordeling in een procedure waarschijnlijk is waardoor de rechtspersoon een verplichting heeft die zal leiden tot een uitstroom van middelen en de omvang op betrouwbare wijze is in te schatten, dient een voorziening te worden opgenomen voor de beste schatting van het bedrag waarvoor de verplichting kan worden afgewikkeld.

Hierbij valt te denken aan tegen de rechtspersoon ingediende of waarschijnlijk in te dienen claims, bijvoorbeeld uit hoofde van wanprestatie of onrechtmatige daad, alsmede uit (overige) rechtsgedingen of geschillen.

16 Voorzieningen

Met de inwerkingtreding van RJ 272.402a en IFRIC 23 'Uncertainty over Income Tax Treatments' lijkt het onwaarschijnlijk dat belastinggeschillen inzake vennootschapsbelasting hier ook onder kunnen vallen. Onzekerheden in de belastingpositie als gevolg van fiscale disputen dienen meegenomen te worden bij het bepalen van de in de jaarrekening te verwerken belastingpositie (acute en/of latente belastingen). Voor een nadere uitwerking hiervan wordt verwezen naar hoofdstuk 17.

De oorzaak van de claim dient te liggen voor balansdatum; claims die het gevolg zijn van gebeurtenissen na de balansdatum kunnen niet leiden tot een voorziening in het huidige boekjaar. Wel kan zich de situatie voordoen dat de rechtspersoon pas na de balansdatum, maar voor het opmaken of vaststellen van de jaarrekening, op de hoogte komt van een claim waarvan de oorzaak ligt voor de balansdatum.

Deze voorzieningen dienen te worden gewaardeerd tegen de beste schatting van het bedrag waarvoor de verplichting kan worden afgewikkeld. In de voorziening kunnen ook de proceskosten worden begrepen (zie verder par. 16.5.10). Indien het bedrag waarvoor de verplichting kan worden afgewikkeld niet met voldoende betrouwbaarheid is vast te stellen, is de vorming van een voorziening niet toelaatbaar en dient te worden volstaan met vermelding in de toelichting (RJ 252.409).

Vooral op het terrein van lopende claims is het vaak moeilijk een betrouwbare schatting te maken van het risico dat een rechter de claim zal toekennen en van de mogelijke omvang van de claim. Toch zal ook hier zo veel mogelijk getracht moeten worden tot een betrouwbare schatting te komen. Daarbij kunnen bijvoorbeeld een rol spelen: de voortgang van de procedure, de opvattingen van de advocaten en andere adviseurs, de ervaring van de onderneming in andere (soortgelijke) gevallen, de ervaringen van vergelijkbare situaties bij andere ondernemingen, en iedere voorgenomen reactie van de rechtspersoon op de uitkomst van het geding (bijvoorbeeld het willen komen tot een schikking, of juist het bevechten van een nadelige uitspraak in hoger beroep).

Bij claims kan zich de situatie voordoen dat er onrealistisch hoge claims worden ingediend, waarvan het bij voorbaat zeer onwaarschijnlijk is dat de claims (in die omvang) zullen worden toegekend. Vermelding van een dergelijke claim in de toelichting kan dan achterwege blijven. Als een lagere claim wel realistisch is, dan dient de claim voor een lager bedrag tot een voorziening te leiden.

Niet alleen voor ingediende claims, maar ook voor mogelijke claims kan een voorziening of een vermelding in de toelichting noodzakelijk zijn. Dit kan zich voordoen bij een gebeurtenis die waarschijnlijk tot substantiële claims zal leiden. Gedacht kan worden aan schade voor derden veroorzaakt door de onderneming, waarbij het zo goed als zeker is dat derden claims zullen indienen. Ook kan een onderzoek door overheidsorganen of het bewust uitlokken van claims door inbreuk te maken op andermans patenten een indicatie zijn van mogelijke claims.

In zeer uitzonderlijke gevallen, als informatieverschaffing over deze voorziening de positie van de rechtspersoon in een geschil ernstig schaadt, hoeft deze informatie niet te worden verstrekt (RJ 252.505, IAS 37.92). Wel dient dan in de toelichting de algemene aard van het geschil te worden vermeld.

In appendix C bij IAS 37 wordt in voorbeeld 10 nadere duiding gegeven over toepassing van de algemene beginselen op de voorziening voor claims. Indien in een bepaald jaar een aanklacht tegen de onderneming is ingediend, waarbij op balansdatum de juridische adviseurs concluderen dat het onwaarschijnlijk is dat de onderneming schuldig wordt bevonden, mag geen voorziening worden opgenomen. De claim wordt toegelicht, tenzij de kans dat betaling plaatsvindt zeer onwaarschijnlijk wordt geacht. Indien in een volgend jaar de juridische adviseurs het wel waarschijnlijk achten dat de rechtspersoon schuldig wordt bevonden, dient alsnog een voorziening te worden opgenomen ter grootte van de beste schatting van het bedrag dat nodig is om de verplichting af te wikkelen.

16.5.6 Voorziening in verband met milieuverplichtingen

Voor deze categorie voorzieningen worden in IAS 37 geen expliciete nadere regels gegeven zoals wel het geval is in Richtlijn 252. Echter in appendix C bij IAS 37 worden wel twee toepasselijke voorbeelden gegeven: voorbeeld 2a en 2b. Daardoor zijn de algemene regels van IAS 37 van toepassing. Desondanks zijn de verwerkingswijze en waardering van deze voorziening onder IFRS meestal gelijk aan de Nederlandse regelgeving.

Een onderneming kan geconfronteerd worden met verplichtingen of risico's op verplichtingen in verband met milieuvervuiling. Gesteld wordt dat het treffen van een voorziening voor het opruimen van aanwezige milieuvervuiling afhankelijk is van de wetgeving ter zake in het land waar de milieuvervuiling zich voordoet en het beleid van de rechtspersoon ter zake van het opruimen van aanwezige milieuvervuiling (RJ 252.410).

Indien de rechtspersoon als beleid heeft dat aanwezige milieuvervuiling wordt opgeruimd zodra de wetgeving daartoe verplicht (een in rechte afdwingbare verplichting), dan dient een voorziening voor het verwachte bedrag van het opruimen te worden getroffen vanaf het moment dat het vrijwel zeker is dat een dergelijke wetgeving van kracht is (RJ 252.411; zie ook IAS 37, appendix C, voorbeeld 2a).
Indien de rechtspersoon als algemeen bekend beleid heeft dat aanwezige milieuvervuiling wordt opgeruimd (een feitelijke verplichting), ook als de wetgeving van het desbetreffende land daartoe niet verplicht, dan dient een voorziening voor het verwachte bedrag van de opruiming te worden getroffen vanaf het moment dat de vervuiling zich voordoet (RJ 252.411; IAS 37, appendix C, voorbeeld 2b). Is aan deze voorwaarden niet voldaan, dan is het vormen van een voorziening niet toegestaan.

16.5.7 Voorziening voor assurantie eigen risico

Een rechtspersoon kan besluiten om zich niet te verzekeren tegen bepaalde risico's die normaliter wel worden verzekerd. In vroegere Nederlandse regelgeving, tot medio 2000, werd hiervoor veelal een voorziening assurantie eigen risico gevormd. In de huidige Nederlandse regelgeving wordt een voorziening assurantie eigen risico niet langer aanvaardbaar geacht (RJ 252.422).
IAS 37 bevat geen specifieke bepalingen over voorzieningen voor assurantie eigen risico. Uit de algemene beginselen moet worden geconcludeerd dat een dergelijke voorziening niet is toegestaan.

16.5.8 Voorziening voor arbeidsongeschiktheidskosten

Er dient in de jaarrekening een voorziening te worden getroffen voor op de balansdatum bestaande verplichtingen tot het in de toekomst doorbetalen van bezoldiging aan personeelsleden die op de balansdatum naar verwachting geheel of gedeeltelijk niet in staat zijn om werkzaamheden te verrichten door ziekte of arbeidsongeschiktheid (RJ 271.205). Zie voor een bespreking van deze voorziening paragrafen 5.4.2 en 5.4.4.

16.5.9 Voorziening voor verwijderingsverplichtingen

Als gevolg van de invoering van Europese wet- en regelgeving in Nederland (vooral de Regeling beheer elektrische en elektronische apparaten) en andere lidstaten kunnen ondernemingen (producenten, importeurs en/of marktparticipanten) verantwoordelijk en aansprakelijk worden gesteld voor de kosten van het verwijderen van door hen op de markt gebrachte producten aan het einde van de levensduur van deze producten.

In de betreffende wet- en regelgeving voor verwijderingsverplichtingen wordt in het algemeen het volgende onderscheid gemaakt:
- verwijderingsverplichtingen die afhankelijk zijn van het behalen van een bepaald **marktaandeel** in het jaar dat de verwijderingskosten worden gemaakt; en
- verwijderingsverplichtingen die ontstaan door het **produceren**, respectievelijk het op de markt brengen van nieuwe producten.

IFRIC 6 'Liabilities arising from Participating in a Specific Market – Waste Electrical and Electronic Equipment' stelt in paragraaf 9 dat in de eerste situatie dat er geen voorziening mag worden opgenomen op het moment van productie, aangezien de verplichting afhankelijk is van het marktaandeel in een later jaar. Ook de Richtlijnen concluderen in dit geval dat de onderneming een voorziening dient op te nemen in het jaar waarin het betreffende marktaandeel wordt behaald (RJ 252.426). De hoogte van de voorziening is het aandeel van de onderneming in de geschatte kosten van verwijdering gerelateerd aan het marktaandeel van dat jaar.

In de tweede situatie dient de onderneming een voorziening op te nemen op het moment van het produceren, respectievelijk het op de markt brengen van de betreffende producten (RJ 252.427, IFRIC 6.BC7). De hoogte van de voorziening wordt dan bepaald aan de hand van de algemene bepalingen inzake voorzieningen in Richtlijn 252 en IAS 37 (zie par. 16.1).

Deelname in een verwijderingsfonds

In veel gevallen vindt financiering van de verwijderingsverplichting plaats door deelname aan een verwijderingsfonds. Het verwijderingsfonds ontvangt bijdragen van deelnemers voor de verwijdering van consumentenafval. Het fonds is onafhankelijk van de deelnemers. Praktijkvoorbeelden van dergelijke fondsen kunnen zijn een fonds voor de sloop/opruiming van auto's of huishoudelijke apparaten waarbij bijdragen worden gestort in het fonds door de producent/gebruiker en waaruit bij de sloop/opruiming middelen worden geput, of de regeling waarbij de exploitanten van kernenergiecentrales middelen in een fonds storten waaruit zij kunnen putten wanneer de kernenergiecentrales moeten worden ontmanteld.

IFRIC 5 'Rights to Interests arising from Decommissioning, Restoration and Environmental Rehabilitation Funds' bepaalt dat in de eerste plaats een verplichting voor de verwijderingskosten wordt opgenomen tenzij de rechtspersoon niet aansprakelijk is voor de verwijderingskosten als het fonds niet in staat is te betalen (IFRIC 5.7).

IFRIC 5 bepaalt in de tweede plaats dat een bij een fonds betrokken onderneming vaststelt of deze het fonds moet beschouwen als een dochtermaatschappij, joint venture, joint operation of geassocieerde deelneming. In die gevallen gelden de relevante standaarden voor het verwerken van het aandeel van de rechtspersoon in de dochtermaatschappij, joint venture, joint operation of geassocieerde deelneming (IFRIC 5.8). Ingeval de rechtspersoon geen (gezamenlijke) zeggenschap of invloed van betekenis heeft in het fonds, wordt het recht op vergoeding vanuit het fonds conform IAS 37.53 opgenomen tegen de laagste van de verwijderingsverplichting en het aandeel van de rechtspersoon in de reële waarde van de netto activa in het fonds. Wijzigingen in de boekwaarde van het recht op vergoeding anders dan bijdragen en betalingen vanuit het fonds, worden in de winst-en-verliesrekening opgenomen (IFRIC 5.9). In de Richtlijnen is dit niet expliciet gesteld maar er zou naar onze mening wel op dezelfde wijze gehandeld moeten worden.

De Richtlijnen stellen dat indien het voldoen aan de verplichtingen van de deelname aan het fonds leidt tot afwikkeling van de (in rechte afdwingbare) verwijderingsverplichting, deze verplichting niet langer in de balans opgenomen dient te worden.

Indien de verplichting hiermee echter nog niet is afgewikkeld, dient de voorziening in de balans gehandhaafd te blijven en dient het recht op vergoeding uit het fonds opgenomen te worden als een afzonderlijk actief (RJ 252.428). Deze vordering wordt bepaald tot maximaal de aanspraak op de activa in het verwijderingsfonds beschikbaar voor de afwikkeling van de verplichting van de rechtspersoon.
IFRIC 5 bevat dezelfde regels.

> **Voorbeeld overdracht verwijderingsverplichting aan fonds**
>
> Fabrikant V is producent van wasmachines. De verwijderingsverplichtingen op basis van de productie van wasmachines zijn overgedragen aan een fonds maar V blijft aansprakelijk voor de afwikkeling van de verplichtingen. V heeft ook geen rechten op eventuele overschotten uit het fonds.
> De verwijderingsverplichting uit hoofde van de productie in het boekjaar bedraagt € 100.000 en de verrichte betalingen aan het fonds € 105.000. Omdat V aansprakelijk blijft moet in het boekjaar een voorziening van € 100.000 worden opgenomen voor de verwijderingsverplichting. De daartoe betaalde bijdragen worden als recht op de balans geactiveerd. Omdat er geen recht is op overschotten kan dit bedrag niet hoger zijn dan dat van de voorziening, dus € 100.000 (de € 5.000 extra betaling is mogelijk een bijdrage aan de lopende kosten van het fonds). Als V niet langer aansprakelijk is voor de afwikkeling, wordt geen voorziening en geen actief opgenomen.

16.5.10 Voorziening voor kosten juridische dienstverlening

Bij de bepaling van de omvang van een voorziening voor bijvoorbeeld claims of reorganisatie kan zich de vraag voordoen in hoeverre de kosten van juridische dienstverlening mogen worden voorzien. In eerste instantie is het niet voor de hand liggend de kosten van juridische dienstverlening te voorzien omdat de prestatie voor de juridische dienstverlening nog niet is verleend. Onder omstandigheden is het echter denkbaar dat bij de inschatting van de kosten van de afwikkeling/overdracht aan een derde de kosten van juridische dienstverlening inbegrepen zullen worden. In dat geval kunnen die verwachte kosten onderdeel zijn van de beste schatting van het bedrag om de verplichting op balansdatum over te dragen dan wel af te wikkelen (RJ 252.301, IAS 37.36). Stel bijvoorbeeld dat een onderneming bij een claim de volgende opties heeft: (a) geclaimde bedrag van € 20 miljoen betalen, (b) de rechter een uitspraak laten doen zonder juridisch verweer waarbij de verwachte betaling € 15 miljoen is of (c) de rechter een uitspraak laten doen met juridisch verweer waarbij de verwachte betaling voor de claim € 10 miljoen is en de juridische kosten € 1 miljoen bedragen. In dat geval leidt de juridische procedure tot de laagste uitgaven en kan het verdedigbaar zijn een voorziening van € 11 miljoen op te nemen. Het precieze bedrag zal ook afhangen van het bedrag waartegen de tegenpartij redelijkerwijs bereid is te schikken. Of en in hoeverre de kosten van juridische dienstverlening worden meegenomen om tot een schatting te komen van de voorziening voor de afwikkeling van een claim of reorganisatie zal steeds aan de hand van de specifieke feiten en omstandigheden beoordeeld moeten worden.

Daarnaast zullen juridische kosten (bijvoorbeeld voor het opstellen van aktes, overeenkomsten, etc.) welke noodzakelijk zijn om een verplichting op balansdatum over te dragen aan een derde dan wel af te wikkelen in het algemeen voorzien worden, ook al zijn deze werkzaamheden (nog) niet (geheel) op balansdatum afgerond. Deze kosten zijn immers noodzakelijk om de verplichting af te wikkelen of over te dragen.

16.5.11 Voorziening voor overheidsheffingen

IFRIC 21 'Levies' behandelt verwerking van heffingen die van overheidswege worden opgelegd.
Naar aanleiding van IFRIC 21 heeft de RJ hier eveneens een alinea over opgenomen in RJ 252.429.
Voor een gedetailleerde behandeling van overheidsheffingen wordt verwezen naar paragraaf 35.5.

16 Voorzieningen

Verschillen Dutch GAAP - IFRS
Op basis van IFRIC 21 worden heffingen opgenomen op het moment dat aan alle voorwaarden voor de overheidsheffing is voldaan. Richtlijn 252 staat ook toe om de heffing op te nemen in de periode waarop de overheidsheffing betrekking heeft.

16.5.12 Voorziening voor onregelmatigheidstoeslag

Binnen bepaalde sectoren, waaronder de zorg, is sprake van een eventuele verplichting tot het vormen van een voorziening voor de nabetaling van onregelmatigheidstoeslag (ORT) bij het verrichten van bepaalde werkzaamheden. Als er in een toepasselijke CAO of in de arbeidsovereenkomst is opgenomen dat er een recht bestaat op ORT bij het verrichten van bepaalde werkzaamheden, dan hebben de werknemers ook recht op ORT over vakantie-uren, als de aanspraak op ORT intrinsiek samenhangt met de taken die de werknemer zijn opgedragen in de arbeidsovereenkomst. Dit recht is gebaseerd op de Europese Richtlijn 2003/88/EG en een uitspraak van het Europese Hof van Justitie van 15 september 2011.

Uit deze en andere uitspraken van Nederlandse rechtbanken kunnen de volgende conclusies worden getrokken:
▶ De aanspraak van de werknemers op vergoeding van ORT over vakantiedagen (wettelijke en bovenwettelijk) vloeit voort uit dwingend Europees recht.
▶ Het is niet van belang of in de toepasselijke CAO expliciet is bepaald, dat er geen recht bestaat op ORT over vakantiedagen. Dergelijke CAO-bepalingen zijn in strijd met dwingend recht en daardoor ongeldig. Dit is in meerdere van voornoemde uitspraken bevestigd.
▶ Het is ook niet van belang of in de toepasselijke CAO wel of niet iets is bepaald over vergoeding van ORT met terugwerkende kracht over voorgaande jaren. Bepalingen die het recht op vergoeding van ORT met terugwerkende kracht uitsluiten zijn ook nietig en daarmee ongeldig.
▶ De ontwikkelingen en met name de rechtszaken in 2016 hebben helder gemaakt dat in ieder geval voor werknemers die structureel onregelmatig werkten, er een verplichting tot nabetaling van de ORT bestaat.
▶ De instelling/werkgever dient een juridische analyse te maken: welke groepen (oud-)medewerkers hebben recht op nabetaling van ORT omdat sprake was van structurele ORT. Per groep dient vervolgens een schatting van de verplichting te worden gemaakt. Deze verplichting dient te worden verwerkt als een voorziening in de balans.
▶ Een inschatting moet worden gemaakt omtrent de omvang van de voorziening: dit hangt samen met de vraag omtrent het aantal werknemers dat een claim kan indienen, eventuele vertrekkansen (en daarmee wellicht verval van het recht, maar misschien ook niet; dat is weer een juridische vraag), eventuele overlijdenskansen etc.
▶ Het feit dat nog geen enkele werknemer is komen claimen is onvoldoende rechtvaardiging dat er in de toekomst niemand komt claimen. Dit kan anders zijn indien de werkgever objectieve aanwijzingen heeft dat werknemers niet komen claimen.
▶ Alleen voor zover er voor een groep (oud-)werknemers niet duidelijk is of er sprake was van structureel onregelmatig werken, en/of dat (bij uitzondering) geen betrouwbare schatting gemaakt kan worden, wordt voor die groep een adequate toelichting opgenomen onder de niet uit de balans blijkende verplichtingen.
▶ Indien er een CAO of een lokaal akkoord tot stand komt met betrekking tot onder andere de nabetaling ORT, kan deze de basis bieden waarmee de werkgever/instelling een betrouwbare schatting kan maken van de op te nemen verplichting. Ook hierbij dient de instelling/werkgever een juridische analyse te maken voor de oud-medewerkers die niet onder de CAO vallen en te bepalen in hoeverre daarvoor een verplichting dient te worden verantwoord.
▶ Het kan gebeuren dat er een CAO of lokaal akkoord tot stand komt nadat de juridische analyse al tot een betrouwbare schatting heeft geleid. Een eventueel verschil moet worden geanalyseerd en er moet bepaald worden of dit moet worden meegenomen in de bepaling van de verplichting per balansdatum. Indien dit zich voordoet en er nog niet afgetekend is, is dit veelal een gebeurtenis na balansdatum die nadere informatie geeft over de situatie op balansdatum. Dit leidt tot het corrigeren van de eerder gemaakte schatting.

17 Belastingen naar de winst

17.1 Algemeen	
Belastingen naar de winst	Alle binnenlandse en buitenlandse belastingen die worden geheven over de fiscale winst.
17.2 Opnemen van belastingverplichtingen en -vorderingen	
Onderscheid	Acute en latente verplichtingen en vorderingen. Latente verplichtingen en vorderingen (belastinglatenties) worden gevormd voor tijdelijke verschillen.
Tijdelijke verschillen	Verschillen tussen commerciële boekwaarde en fiscale boekwaarde. Voor tijdelijke verschillen die niet leiden tot belastingbetaling of -verrekening wordt geen belastinglatentie opgenomen.
Latente belastingverplichting (passieve belastinglatentie)	In de toekomst te betalen belastingen in verband met belastbare tijdelijke verschillen.
Latente belastingvordering (actieve belastinglatentie)	Latente belastingvorderingen vanwege: ▶ verrekenbare tijdelijke verschillen; ▶ beschikbare voorwaartse verliescompensatie; ▶ beschikbare fiscale verrekeningsmogelijkheden. Latente belastingvorderingen worden alleen opgenomen indien het waarschijnlijk is dat er voldoende fiscale winst wordt behaald.
Overname	Geen belastinglatentie over (negatieve) goodwill bij overname deelneming.
Deelnemingen	Latente belastingverplichting opnemen, behalve als deelnemende partij tijdstip van uitkering kan bepalen en uitkering in de voorzienbare toekomst naar verwachting niet zal plaatsvinden of indien deelnemingsvrijstelling van toepassing is. Latente belastingvordering opnemen voor alle tijdelijke verschillen, voor zover het waarschijnlijk is dat het tijdelijke verschil in de voorzienbare toekomst afloopt en er fiscale winst beschikbaar zal zijn ter compensatie van het tijdelijke verschil.
Herwaardering	RJ: geen verplichting tot opname latente belasting over herwaardering (wel sterke voorkeur). IFRS: latente belasting over herwaardering is verplicht.
Samengestelde financiële instrumenten	Bij splitsing latente belastingverplichting ten laste van eigen vermogen.
Op aandelen gebaseerde betalingen	Voor zover belastingbate hoger dan passend bij last in de winst-en-verliesrekening verwerken in eigen vermogen.
17.3 Waardering	
Tarief	Uitgaan van belastingwetgeving waartoe op balansdatum materieel is besloten. Rekening houden met verwachte afwikkeling (gebruik of verkoop).

Waarderingsmethode	RJ: nominale of contante waarde.
	IFRS: waardering tegen nominale waarde.
Onzekere belastingposities	Verwerken conform de fiscale aangifte, maar indien het niet waarschijnlijk is dat de fiscale autoriteiten zullen instemmen met de fiscale aangifte dan dient de waardering van deze onzekere belastingpositie te worden gebaseerd op de beste schatting.
17.4 Verwerking van mutaties in belastingvorderingen of -verplichtingen	
Mutatie	Naar winst-en-verliesrekening, tenzij betrekking op post die rechtstreeks in het eigen vermogen wordt gemuteerd, dan rechtstreeks naar eigen vermogen (RJ en IFRS) of 'other comprehensive income' (IFRS).
17.5 Presentatie en toelichting	
Toelichting	Onder meer toepasselijke en effectieve belastingtarief en oorzaken verschillen, indicatie looptijd belastinglatenties, niet-gewaardeerde verliescompensatiemogelijkheden.
Saldering	Alleen gesaldeerde presentatie van (latente) vorderingen en (latente) verplichtingen binnen fiscale eenheid c.q. dezelfde fiscale autoriteit.
17.6 Allocatie van belastingen binnen een fiscale eenheid (alleen onder RJ 272)	
Vier methoden	▶ moeder rekent af met dochter alsof deze zelfstandig belastingplichtig is;
	▶ moeder rekent af op basis van fiscaal resultaat, met allocatie belastingvoordeel fiscale eenheid;
	▶ moeder rekent af op basis van commercieel resultaat;
	▶ de moeder draagt de gehele belastinglast, geen allocatie.
17.7 Vrijstellingen voor middelgrote rechtspersonen	
Vrijstellingen	Er gelden enkele vrijstellingen voor de toelichting.

17.1 Algemeen
17.1.1 Definities en categorieën

Onder belastingen naar de winst moet worden verstaan: alle binnenlandse en buitenlandse belastingen die worden geheven over de fiscale winst (RJ 272.0, IAS 12.2 en 12.5).

Ogenschijnlijk is deze definitie eenvoudig toepasbaar. Als alleen naar de Nederlandse vennootschapsbelasting wordt gekeken geldt dit inderdaad, echter omtrent dividendbelasting ontstaat al onduidelijkheid en daarnaast komen buiten Nederland vele 'hybride' vormen van belastingen naar de winst voor waardoor de toepassing van deze bepaling minder eenvoudig is.

Voorbeeld 'hybride' vorm van belastingen naar de winst

Entiteit A in land XYZ is onderworpen aan belasting die de uitkomst is van de hoogste van:
▶ een percentage van het totaal van de activa;
▶ een percentage van het fiscale resultaat.

Op basis van de overige feiten en omstandigheden zal dan moeten worden bepaald of sprake is van een belasting die onder de reikwijdte van IAS 12/Richtlijn 272 valt.

17 Belastingen naar de winst

Dividendbelasting ('Withholding tax') over van deelnemingen ontvangen dividenduitkeringen valt onder de reikwijdte van RJ 272/IAS 12. IAS 12 bepaalt dat expliciet in alinea 12.2; in de Richtlijnen is geen letterlijk overeenkomstige bepaling opgenomen maar wel een inhoudelijke, die mede ziet op de gevolgen van dividendbelasting (RJ 272.316-318); zie voor nadere bespreking paragraaf 17.2.3.2.

Andere belastingen vallen niet onder de reikwijdte van RJ 272/IAS 12; dit geldt bijvoorbeeld voor de omzetbelasting, accijns, assurantiebelasting en loonheffing.

In relatie tot de andere posten in de jaarrekening heeft 'winstbelasting' een bijzondere plaats. Winstbelasting is niet dienstbaar aan de bedrijfsactiviteiten en de entiteit kan geen keuze maken om al dan niet aan winstbelasting onderworpen te zijn; die onderworpenheid volgt uitsluitend uit wetgeving. De wetgeving van het betreffende land van vestiging bepaalt de onderworpenheid en hoogte op basis van politieke besluitvorming. De verslaggevingsregels houden rekening met deze bijzondere positie door specifieke regelgeving die in dit hoofdstuk nader worden uitgewerkt.

De wijze van belastingbepaling alsmede de wijze van (eventuele) verslaglegging daarover is sinds enkele jaren een onderwerp waarover door regeringen van landen en andere (politiek) betrokkenen een discussie wordt gevoerd (OECD/G20 Base Erosion and Profit Shifting Project). In paragraaf 17.1.5 wordt daar kort op ingegaan, alsmede op de verslaggeving die voor bepaalde ondernemingen aan de orde is.

17.1.2 Toerekeningsbeginsel: Latente belastingen

De fiscale winst waarover belasting naar de winst is verschuldigd en het fiscale verlies dat verrekenbaar is, worden bepaald volgens de fiscale regels. De in de (commerciële) jaarrekening te verwerken belastingkosten en -baten worden echter niet bepaald op basis van de fiscale winst, maar op basis van het (commerciële) resultaat dat uit de jaarrekening blijkt, met toepassing van het toerekeningsbeginsel. Zie ook de cijfermatige uitwerking in het voorbeeld in paragraaf 17.2.

Voor de toepassing van het toerekeningsbeginsel wordt voor latente belastingen in Richtlijn 272 en IAS 12 een balansbenadering gehanteerd, in aansluiting op het Stramien respectievelijk Framework. De dan gevolgde benadering (vereenvoudigd weergegeven) is als volgt:
▶ voor elke actiefpost en elke post van het vreemd vermogen wordt nagegaan of er een verschil bestaat tussen de (commerciële) boekwaarde in de jaarrekening en de fiscale boekwaarde (IAS 12 'tax base');
▶ als dat het geval is, wordt vastgesteld of dit verschil in de toekomst leidt tot te betalen of te verrekenen belasting;
▶ als dat het geval is, dient een passieve of een actieve belastinglatentie te worden opgenomen.

In vrijwel alle andere gevallen wordt het verschil voor de toepassing van het toerekeningsbeginsel genegeerd, hetgeen betekent dat een eventuele belastingpost wordt verwerkt in het boekjaar waarin de post via de aangifte met de belastingautoriteiten daadwerkelijk wordt afgerekend.

De te betalen of de te vorderen belasting en de mutaties in de latente belastingvorderingen en verplichtingen, worden over het algemeen verwerkt in de winst-en-verliesrekening. In geval van rechtstreekse vermogensmutaties vindt de verwerking plaats via het totaalresultaat (IFRS 'other comprehensive income') of via het eigen vermogen (RJ). Bij transacties met aandeelhouders worden de daarop betrekking hebbende latente belastingen zowel onder IFRS als de Richtlijnen rechtstreeks in het eigen vermogen verwerkt. Echter, IAS 12.57A stelt specifiek dat de belastinggevolgen van dividenduitkeringen aan aandeelhouders (bijvoorbeeld fiscaal aftrekbare dividenden) directer gerelateerd zijn aan de transacties die de bron van de uitkeerbare winsten waren, dan aan de uitkering aan de aandeelhouders. Derhalve wordt het belastingeffect overeenkomstig deze transacties verwerkt in de winst-en-verliesrekening, 'other comprehensive income' of het eigen vermogen.

Bovenstaande benadering wordt in dit hoofdstuk nader uitgewerkt voor de uitzonderingen en complicaties. Hierbij wordt ingegaan op:
- het opnemen van acute en latente belastingverplichtingen en -vorderingen (par. 17.2);
- de waardering van de latente belastingverplichtingen en -vorderingen (par. 17.3); hierbij wordt mede ingegaan op de tarieven en de mogelijkheden van verliescompensatie in de Wet op vennootschapsbelasting;
- de verwerking van de mutaties via de winst-en-verliesrekening of via het eigen vermogen (IFRS: 'other comprehensive income') (par. 17.4);
- de presentatie en toelichting (par. 17.5);
- de allocatie van belastingen binnen de fiscale eenheid (par. 17.6);
- de vrijstellingen voor middelgrote rechtspersonen (par. 17.7).

17.1.3 Samenloop met Overheidssubsidies

Overheden plegen de uitvoering van het beleid te ondersteunen via stimuleringsmaatregelen. Financiële stimuleringsmaatregelen kunnen in de vorm van (gerichte) subsidies of (gerichte) belastingmaatregelen plaatsvinden. Indien de stimulering via bijzondere regelingen in de winstbelastingen wordt uitgevoerd ontstaat de vraag of een dergelijke 'subsidie' op basis van de standaarden inzake Overheidssubsidies (RJ 274 en IAS 20) of de standaard inzake winstbelastingen verwerkt dient te worden.

De standaarden geven geen duidelijk uitsluitsel over de verwerking. IAS 12 en IAS 20 verwijzen ter zake over en weer (IAS 12.4 resp. IAS 20.2 letter b). Een vergelijkbare verwijzing naar Richtlijn 272 is in RJ 274.101 te vinden; overigens is er géén verwijzing vanuit Richtlijn 272 naar Richtlijn 274.

Relevante kenmerken van de bepalingen en voorwaarden waaronder het voordeel aan de entiteit wordt toegekend zal uitsluitsel voor de verwerking moeten geven. Relevante kenmerken kunnen onder meer zijn:
- Afhankelijkheid van betaling winstbelasting: wordt het voordeel alleen toegekend in geval van een situatie dat winstbelasting wordt betaald (en niet of minder bij een situatie waarin niet wordt afgedragen) dan is er meer karakter van winstbelasting dan van overheidssubsidie.
- Belastbaarheid: is het voordeel al dan niet aan winstbelasting onderworpen; indien wel, dan lijkt het meer op een overheidssubsidie.
- Specifieke voorwaarden: van gebruikelijke belastingregels afwijkende voorwaarden is een indicatie voor overheidssubsidie.

17.1.4 Fiscale grondslagen in de statutaire jaarrekening

Uitsluitend onder Dutch GAAP is het voor entiteiten die ingevolge het groottregime in de categorie 'micro' of 'klein' vallen toegelaten om in de statutaire ('commerciële') jaarrekening de fiscale grondslagen toe te passen (zie hoofdstuk 44).

17.1.5 Winstbelasting in internationale context

Al enige jaren bestaat er internationale ophef over de mate waarin grote internationale ondernemingen hun afdracht van winstbelasting tot relatief geringe bedragen kunnen beperken door gebruikmaking van fiscale faciliteiten. Andere kwesties zien op het gebruik van fiscale faciliteiten waardoor de zogenaamde 'ontwikkelingslanden' de mogelijkheid van het heffen van lokale winstbelasting ernstig gereduceerd zien.

17 Belastingen naar de winst

Onder meer in het overleg van de G20-landen, maar ook de OECD, is aandacht aan de problematiek gegeven en is een discussie op gang gekomen inzake het al dan niet toegaan naar 'faire' belastingbetaling. Eén van de stappen in dit proces is het verhogen van de transparantie omtrent betaalde belastingen.

In de EU is een begin van regelgeving van toepassing omtrent het uiteenzetten van 'betalingen aan overheden'. Doel van deze regelgeving is (bron: Memorie van Toelichting) '... de transparantie over betalingen aan overheden te verbeteren ten behoeve van de lokale bevolking en daardoor de verantwoordelijkheid en het goede bestuur door overheden te bevorderen'.

In de NL-wetgeving betreft dit de sinds 1 januari 2016 van kracht zijnde bepaling van artikel 2:392a BW, die aan 'grote' ondernemingen en OOB's die actief zijn in de winningsindustrie (bijvoorbeeld in de mijnbouw) of houtkap van oerbossen oplegt om de betalingen die zij in dit kader doen aan overheden in een (geconsolideerd) verslag openbaar te maken.

17.1.6 Schema toepasselijke regelgeving

De regelgeving inzake de verwerking van winstbelasting is complex en niet eenvoudig 'toegankelijk' voor de toepassing in de opstelling van de jaarrekening. Daarom is hierna een (gedeeltelijke) schematische voorstelling van de opvattingen van Richtlijn 272 en IAS 12 opgenomen.

In het schema is deels aangesloten op de specifieke IAS 12-terminologie (zoals de 'Initial Recognition Exception', IRE; in Richtlijn 272 opgenomen in de 'overige verschillen', die ook wel praktisch als een vorm van 'permanente verschillen' kunnen worden aangeduid). In het schema is een verwijzing opgenomen naar de paragraaf van dit hoofdstuk waarin de regelgeving nader is besproken.

De **vetomlijnde** vlakken geven het einde van de betreffende delen van de verschillende stappen in het schema aan:
▶ het verwerken van een latente belastingvordering en bijbehorende toelichtingen;
▶ het verwerken van een latente belastingverplichting en bijhorende toelichtingen;
▶ het niet mogen verwerken van een latente belastingvordering respectievelijk -verplichting, doch alsnog opnemen van nadere informatie in de toelichting.

Voor presentatie en toelichting wordt verwezen naar de bespreking in paragraaf 17.5.

Het startpunt voor het schema is de vaststelling dat sprake is van een verschil tussen de 'commerciële' boekwaarde en de fiscale boekwaarde (IAS 'tax base').

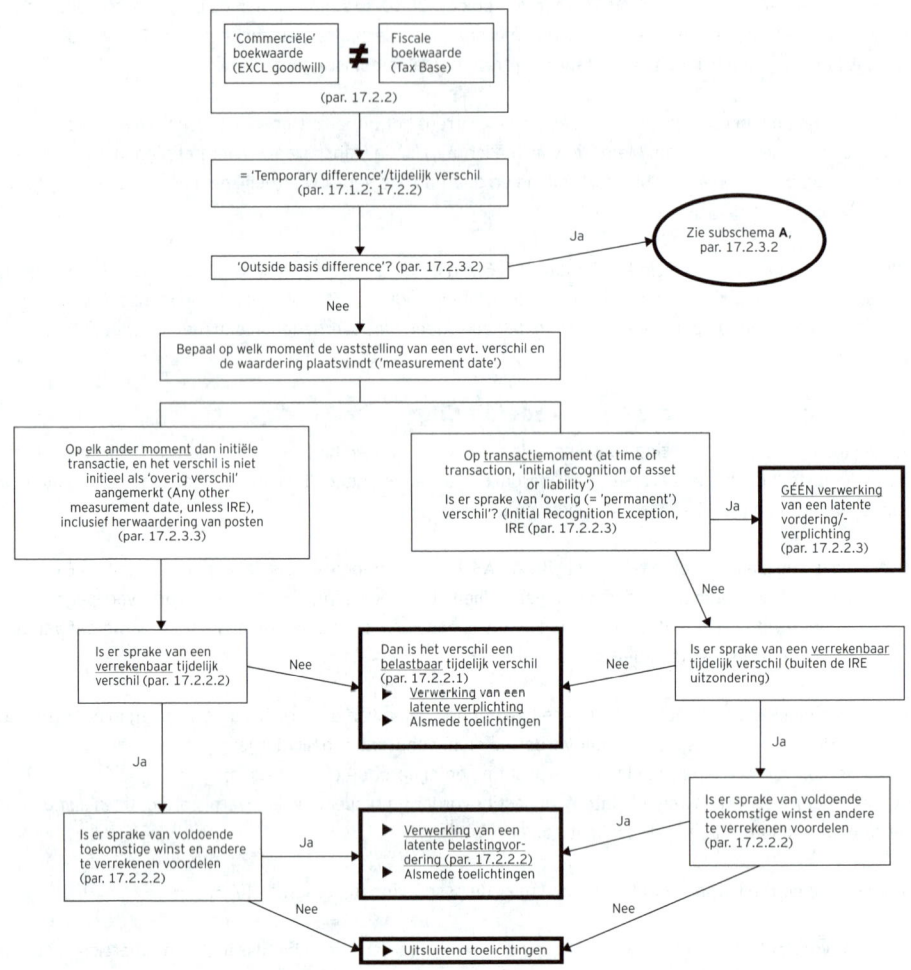

NIET opgenomen in het schema (géén uitputtende opsomming):
- Latente belastingvordering uit hoofde van de mogelijkheid tot voorwaartse verliescompensatie met toekomstige fiscale winsten (par. 17.2.2.2, ad b en c).
- Specifieke regelgeving voor onder andere vastgoedbeleggingen en materiële vaste activa volgens het actuele-waardemodel.
- Regelgeving voor het salderen van latente vorderingen en verplichtingen (zie par. 17.5).

17.2 Opnemen van belastingverplichtingen en -vorderingen

Afhankelijk van het land van vestiging van de (groeps)maatschappij zijn verslaggevingsregels en grondslagen voor belastingafdracht in meer of mindere mate ongelijk. De ongelijkheden kunnen leiden tot een blijvend voor- of nadeel

17 Belastingen naar de winst

voor de entiteit ('permanente verschillen') en in andere gevallen tot verschillen in tijdstippen waarop de belastingbetaling dient plaats te vinden ('tijdelijke verschillen' in de vorm van 'overlopende posten'). De 'tijdelijke verschillen' roepen een vraag op aangaande de verwerking van de belastingeffecten, zoals in volgend voorbeeld wordt aangegeven:

Voorbeeld verwerking belastingeffecten

Entiteit XYZ BVBA in België start een taxi-onderneming en koopt een auto voor € 60.000; geraamde gebruiksduur is 3 jaar, restwaarde is nihil. De auto is van een 'groen' type en mag om die reden fiscaal in het eerste jaar voor de gehele aanschafwaarde worden afgeschreven.
In de statutaire jaarrekening wordt op basis van de voor materiële vaste activa van toepassing zijnde regelgeving afgeschreven op basis van de verwachte gebruiksduur van 3 jaar, ofwel € 20.000 per jaar.
In alle drie jaren is sprake van een omzet van € 100.000 en exploitatiekosten (excl. afschrijving) € 20.000.
Percentage winstbelasting in België is gesteld op 30%.

Over een periode van 3 jaar:

Fiscale cijfers	Jaar 1	Jaar 2	Jaar 3	cumulatief
Omzet	100.000	100.000	100.000	300.000
Kosten	- 20.000	- 20.000	- 20.000	- 60.000
Afschrijving	- 60.000	0	0	- 60.000
Winst voor belasting	20.000	80.000	80.000	180.000
Te betalen belasting à 30%	6.000	24.000	24.000	54.000

De versnelde fiscale afschrijving levert geen blijvende reductie van de belastingafdracht op doch alleen een tijdelijke (een 'tijdelijk verschil'): in jaar 1 mag een lager bedrag worden afgedragen, doch dit wordt in jaar 2 en 3 ingehaald.
Zou de feitelijk betaalde belasting ook in de statutaire jaarrekening worden verwerkt dan zou het volgende beeld ontstaan:

Statutair	Jaar 1	Jaar 2	Jaar 3	cumulatief
Omzet	100.000	100.000	100.000	300.000
Kosten	- 20.000	- 20.000	- 20.000	- 60.000
Afschrijving	- 20.000	- 20.000	- 20.000	- 60.000
Winst voor belasting (A)	60.000	60.000	60.000	180.000
Te betalen belasting (B)	- 6.000	- 24.000	- 24.000	- 54.000
Netto winst na belasting	54.000	36.000	36.000	126.000
Belastingdruk (B)/(A)	10%	40%	40%	30%

Indien in de statutaire jaarrekening de jaarlijks werkelijk te betalen belasting zou worden verwerkt als belastinglast dan levert dit een onevenwichtig beeld op: daar waar de wettelijke belastingdruk gesteld is op 30%, en die 30% ook cumulatief over de gehele periode aan de orde is, ontstaat een verschuiving tussen de jaren door de fiscale faciliteit om al in jaar 1 het volledige aanschafbedrag ten laste te kunnen afschrijven. Economisch bezien is in jaar 1 sprake van een 'uitstel van betaling van een schuld' aan de belastingdienst: De extra fiscale afschrijving in jaar 1 ad € 40.000 betekent een tijdelijk uitstel van belastingbetaling à 30% = € 12.000 die in jaar 2 en 3 ieder voor € 6.000 wegloopt tegen hogere betalingen. Qua karakter komt dit overeen met een situatie dat de belastingdienst in jaar 1 een lening verstrekt die in jaar 2 en 3 wordt terugbetaald. Overeenkomstig wordt de 'uitgestelde belastingbetaling' verwerkt als een 'te betalen post'. In bovenstaand voorbeeld:

Statutair		Jaar 1		Jaar 2		Jaar 3		cumulatief
Winst voor belasting (A)		60.000		60.000		60.000		180.000
Te betalen belasting	- 6.000		- 24.000		- 24.000		- 54.000	
Overlopende post, latente belasting	- 12.000		6.000		6.000		nihil	
Totale belastingkosten		- 18.000		- 18.000		- 18.000		- 18.000
Netto winst na belasting (B)		42.000		42.000		42.000		126.000
Belastingdruk (B)/(A)		30%		30%		30%		30%

De belastingbedragen die voortvloeien uit de 'tijdelijke verschillen' worden door de standaarden aangeduid met de term 'latente belastingen'. De op basis van de belastingaangifteaangifte over het betreffende boekjaar af te dragen belastingbedragen worden aangeduid met 'acute' belastingen.

Recapitulerend:
- Acute belastingverplichtingen en -vorderingen (par. 17.2.1) zijn de verplichtingen en vorderingen die voortkomen uit een aanslag van de fiscale autoriteiten en tot directe betaling of terugontvangst leiden.
- Latente belastingverplichtingen en -vorderingen (par. 17.2.2 en 17.2.3) zijn naar hun aard 'overlopende posten' die ontstaan doordat de belastingkosten en -baten in de jaarrekening afwijken van de belastingen die zijn berekend op basis van de fiscale winst, en deze verschillen in toekomstige jaren worden afgewikkeld ('omkeren').

17.2.1 Acute belastingverplichtingen en -vorderingen

Acute belastingverplichtingen en -vorderingen worden opgenomen als post van het vreemd vermogen of als actiefpost in het boekjaar waarin zij ontstaan. Deze post blijft staan tot het moment van ontvangst of betaling, dan wel het moment dat de vordering of schuld op andere wijze wordt verrekend of tenietgaat (RJ 272.201, IAS 12.12).

Een fiscaal verlies kan als gevolg van achterwaartse verliescompensatie leiden tot teruggave van over een voorgaande periode betaalde belastingen. Voor zover het bedrag van de belasting over het verlies hoger is dan de mogelijke teruggave van de voorheen betaalde belastingen wordt de resulterende belastingbate in de verslagperiode als vordering opgenomen indien het waarschijnlijk is dat deze bate aan de rechtspersoon toevloeit en de omvang met betrouwbaarheid kan worden vastgesteld (RJ 272.202-203, IAS 12.13-14). Zie voor nadere bespreking paragraaf 17.2.2, latente belastingvorderingen. Een vordering kan ook ontstaan indien in het verleden te veel belasting is betaald; bijvoorbeeld in het kader van een voorlopige aangifte (RJ 272.201, IAS 12.12). Als er onzekerheid bestaat of de vordering op fiscale autoriteiten ten dele of geheel niet zal worden terugbetaald, kent IFRS nadere regelgeving voor de wijze van waardering, welke in paragraaf 17.3.3 is beschreven.

17.2.2 Latente belastingverplichtingen en -vorderingen

In deze paragraaf worden de algemene bepalingen inzake de verwerking van latente belastingverplichtingen en -vorderingen beschreven. In paragraaf 17.2.3 komen enkele bijzondere situaties aan de orde.

17.2.2.1 Latente belastingverplichtingen

Latente belastingverplichtingen (ook wel aangeduid als 'passieve belastinglatenties') ontstaan als gevolg van in de toekomst te betalen belastingen vanwege belastbare tijdelijke verschillen (RJ 272.0, IAS 12.5).

Meer specifiek:
- er is een tijdelijk verschil tussen de commerciële en de fiscale boekwaarde van een actief of een verplichting; en
- de toekomstige realisatie of afwikkeling van het actief of de verplichting leidt tot over toekomstige verslagjaren verschuldigde belasting.

Bepaalde (tijdelijke) verschillen die anders zouden leiden tot een latente belastingverplichting zijn expliciet uitgezonderd. Kort samengevat betreft het met name verschillen die ontstaan doordat de betreffende post of transactie in de fiscale winstberekening geheel of gedeeltelijk is uitgezonderd en geen onmiddellijke of toekomstige reductie van de winstbelasting aan de orde is. Deze uitzondering, in IAS 12 aangeduid als de 'initial recognition exception' (IAS 12.15; vergelijkbare uitzondering in RJ 272.104), wordt nader uitgewerkt in paragraaf 17.2.2.3. Ook voor deze verschillen wordt de term '(overige) tijdelijke verschillen' gehanteerd omdat door verloop van de tijd en het afschrijvings- resp. amortisatieproces het verschil op enig moment verdwenen is. In het verleden werd voor dit type verschillen ook wel de term 'permanent verschil' gehanteerd.

Indien aan de in de eerste alinea genoemde opnamecriteria wordt voldaan (en er is geen sprake van de 'initial recognition exception', zie par. 17.2.2.3), is het voorgeschreven een latente belastingverplichting op te nemen (RJ 272.301, IAS 12.15). Deze verplichting bedraagt de in de toekomst, bij realisatie of afwikkeling, te betalen belasting over dit belastbare tijdelijke verschil ('balansbenadering', zie par. 17.1.2). Onder realisatie of afwikkeling worden bijvoorbeeld begrepen: het verkopen van een actief, het afschrijven van het actief en het vervallen van een verplichting waarvoor een voorziening was gevormd.

Het verband tussen de verschillen tussen de commerciële en de fiscale boekwaarden van activa en verplichtingen in relatie tot de passieve belastinglatentie, is als volgt weergegeven:

Activa
Commerciële waardering hoger dan fiscale waardering -> Passieve belastinglatentie

Verplichtingen
Commerciële waardering lager dan fiscale waardering -> Passieve belastinglatentie

Zowel een hogere commerciële dan fiscale waardering van een actief geeft een tijdelijk verschil als een lagere commerciële dan fiscale waardering van een verplichting. Indien deze tijdelijke verschillen naar verwachting leiden tot in de toekomst te betalen belasting wordt hiervoor een latente belastingverplichting opgenomen.

> **Voorbeelden van belastbaar tijdelijk verschil en het vormen van een latente belastingverplichting**
>
> In de fiscale balans is een kostenegalisatiereserve opgenomen die niet in de commerciële jaarrekening is opgenomen. De kostenegalisatiereserve heeft feitelijk het karakter van een fiscale voorziening. Omdat in de commerciële jaarrekening hiervoor geen voorziening is opgenomen, is de fiscale boekwaarde van de voorziening hoger dan de commerciële boekwaarde. Er wordt een latente belastingverplichting opgenomen voor de in de toekomst te betalen belasting over dit tijdelijke verschil. Het opnemen van de fiscale kostenegalisatiereserve in het huidige boekjaar leidt in de toekomst tot hogere fiscale winsten (dan commerciële winsten), en hiermee hogere belastinglasten.
>
> Andere voorbeelden zijn:
> - Vaste activa die in de fiscale balans over een kortere periode worden afgeschreven dan in de commerciële balans.
> - Vaste activa die in de fiscale balans tegen een lager bedrag zijn opgenomen dan in de commerciële balans door de toepassing van de fiscale herinvesteringsreserve (de boekwinst bij een eerdere verkoop van een vast actief is niet als fiscale winst verantwoord, maar in mindering gebracht op de verkrijgingsprijs van het nieuwe actief).
> - Andere voorzieningen dan de kostenegalisatiereserve die in de fiscale balans wel maar in de commerciële balans niet zijn opgenomen.
> - Baten die in de fiscale winst-en-verliesrekening worden opgenomen op basis van het kasstelsel maar in de commerciële winst-en-verliesrekening eerder worden opgenomen op basis van het toerekeningsbeginsel, zoals reeds als bate verantwoorde nog te ontvangen rente en royalty's (commercieel is dan een actiefpost opgenomen en fiscaal niet).

> **Voorbeeld verwerking latente belastingverplichting**
> In jaar 1 bedraagt de commerciële winst voor belastingen 100. Door het (uitsluitend) fiscaal vormen van een fiscale voorziening van 20 bedraagt de fiscale winst 80. In jaar 2 zal de voorziening ook commercieel tot een last van 20 leiden, hetgeen in dat jaar tot een lagere commerciële winst dan fiscaal zal leiden. Er is dan sprake van een hogere post belastingkosten in de resultatenrekening, waarvoor in jaar 1 een verplichting (voorziening voor latente belastingverplichtingen) dient te worden opgenomen. De voorziening leidt in jaar 2 commercieel tot een last. De commerciële winst in jaar 2 is 160, de fiscale winst 180. Het belastingtarief is 25%.
> De journaalpost in jaar 1 resp. jaar 2 luidt:
>
> | jaar 1 | | | jaar 2 | | |
> |---|---|---|---|---|---|
> | Belastingkosten | 25 | | Belastingkosten | 40 | |
> | Aan Latente belastingverplichting | | 5 | Latente belastingverplichting | | 5 |
> | Aan Te betalen belasting | | 20 | Aan Te betalen belasting | | 45 |
>
> De 'balansbenadering' van IFRS en de Richtlijnen zorgt dus voor het opnemen van een voorziening voor latente belastingverplichtingen in jaar 1 met gelijktijdig een commerciële belastingdruk in de resultatenrekening die overeenkomt met het gebruikelijke belastingtarief. Ofwel, de belastingdruk in de commerciële jaarrekening is in beide jaren 25% (25/100 resp. 40/160). Zou de fiscale winst als basis voor de belastingkosten zijn opgenomen (zonder toepassing van het beginsel van latente belastingen) dan zou de belastingdruk in jaar 1 20% (20/100) en in jaar 2 28% (45/160) hebben bedragen.

17.2.2.2 Latente belastingvorderingen

Latente belastingvorderingen (actieve belastinglatenties) ontstaan in de volgende drie gevallen (RJ 272.0, IAS 12.5):

a. bij verrekenbare tijdelijke verschillen;
b. bij beschikbare voorwaartse verliescompensatie; en
c. bij beschikbare fiscale verrekeningsmogelijkheden.

Bepaalde (tijdelijke) verschillen die anders zouden leiden tot een latente belastingvordering zijn expliciet uitgezonderd. Kort samengevat betreft het met name verschillen die ontstaan doordat de betreffende post of transactie in de fiscale winstberekening geheel of gedeeltelijk is uitgezonderd en geen onmiddellijke of toekomstige reductie van de winstbelasting aan de orde is. Deze uitzondering, in IAS 12 aangeduid als de 'initial recognition exception' (IAS 12.24; vergelijkbare uitzondering in RJ 272.104), wordt nader uitgewerkt in paragraaf 17.2.2.3.

Ad a. Verrekenbare tijdelijke verschillen
In de structuur van IAS 12 wordt de situatie van (a) *verrekenbare tijdelijke verschillen* ten dele afzonderlijk van (b en c) *beschikbare voorwaartse verliescompensatie* en *fiscale verrekeningsmogelijkheden* in haar voorschriften uitgewerkt. Dit onderscheid wordt in het hoofdstuk ook gevolgd.

Inleiding
Verrekenbare tijdelijke verschillen zijn tijdelijke verschillen die ten tijde van realisatie of afwikkeling van het actief of de verplichting leiden tot te verrekenen belasting (tenzij sprake is van de 'initial recognition exception', zie par. 17.2.2.3) (RJ 272.0, IAS 12.5). De verrekenbare tijdelijke verschillen zijn het spiegelbeeld van de belastbare tijdelijke verschillen in de zin dat in beginsel voor alle verrekenbare tijdelijke verschillen een latente belastingvordering dient te worden gevormd. Echter, anders dan bij de latente belastingverplichting, is er een beperking in het op te nemen bedrag: In aansluiting op de algemene definitie van een actief mag een vordering alleen worden opgenomen tot het bedrag waarvan het waarschijnlijk is dat deze kan worden gerealiseerd; dit betekent dat het waarschijnlijk moet zijn dat fiscale winst beschikbaar zal zijn voor de verrekening (RJ 272.306, IAS 12.24).

Het verband tussen de verschillen tussen de fiscale en de commerciële boekwaarden van activaposten en posten van het vreemd vermogen in relatie tot de actieve belastinglatentie die wordt gevormd, is als volgt weer te geven:

17 Belastingen naar de winst

Activa
Commerciële waardering lager dan fiscale waardering -> Actieve belastinglatentie

Verplichtingen
Commerciële waardering hoger dan fiscale waardering -> Actieve belastinglatentie

Zowel een lagere commerciële dan fiscale waardering van een actief als een hogere commerciële dan fiscale waardering van een verplichting kan leiden tot een verrekenbaar tijdelijk verschil, en daarmee tot het opnemen van een latente belastingvordering.

Voorbeelden verrekenbaar tijdelijk verschil en het vormen van een latente belastingvordering
Een reorganisatievoorziening wordt commercieel in aanmerking genomen als de verplichting tot betaling ontstaat, maar fiscaal pas in aftrek gebracht bij daadwerkelijke betalingen. De fiscale boekwaarde van de verplichting is gewoonlijk nihil. Dit leidt tot een tijdelijk verschil tussen de commerciële en fiscale boekwaarde van de reorganisatievoorziening. Er wordt een latente belastingvordering opgenomen voor de in toekomst te verrekenen belasting over dit tijdelijke verschil. Het fiscaal pas in aftrek brengen van lasten bij betaling leidt in de toekomst tot lagere fiscale winsten (dan commerciële winsten), en hiermee lagere toekomstige belastinglasten.
Een ander voorbeeld betreft uitgaven die in de fiscale balans worden geactiveerd en afgeschreven, maar in de commerciële jaarrekening direct in de winst-en-verliesrekening worden verantwoord.

Voorbeeld verwerking latente belastingvordering
In jaar 1 bedraagt de commerciële winst voor belastingen 80. Door het (uitsluitend) commercieel vormen van een voorziening van 20 die fiscaal niet wordt erkend bedraagt de fiscale winst 100. Door de afwikkeling in jaar 2 leidt de voorziening in dat jaar fiscaal tot een last. De commerciële winst in jaar 2 is 180, de fiscale winst 160. Het belastingtarief is 25%.
De journaalpost in jaar 1 resp. jaar 2 luidt:

jaar 1			jaar 2		
Belastingkosten	20		Belastingkosten	45	
Latente belastingvordering	5		Aan Latente belastingvordering		5
Aan Te betalen belasting		25	Aan Te betalen belasting		40

De 'balansbenadering' van IFRS en de Richtlijnen zorgt dus voor het opnemen van een latente belastingvordering in jaar 1 met gelijktijdig een commerciële belastingdruk in de resultatenrekening die overeenkomt met het gebruikelijke belastingtarief. Ofwel, de belastingdruk in de commerciële jaarrekening is in beide gevallen 25% (20/80 resp. 45/180). Zou de fiscale winst als basis voor de belastingkosten zijn opgenomen (zonder toepassing van het beginsel van latente belastingen) dan zou de belastingdruk in jaar 1 31% (25/80) en in jaar 2 22% (40/180) hebben bedragen.

Voldoende toekomstige fiscale winst
Een latente belastingvordering mag alleen worden opgenomen als het waarschijnlijk is dat voldoende fiscale winst wordt behaald (RJ 272.306, IAS 12.24). Het realiseren van verrekenbare tijdelijke verschillen leidt namelijk tot een vermindering van de fiscale winst in toekomstige verslagjaren. De rechtspersoon realiseert alleen economische voordelen (in de vorm van lagere belastingbetalingen), indien er voldoende fiscale winst is waarop de verrekenbare tijdelijke verschillen in mindering kunnen worden gebracht. Een rechtspersoon mag om die reden alleen latente belastingvorderingen opnemen, indien het waarschijnlijk is dat fiscale winst beschikbaar is om deze verrekenbare tijdelijke verschillen daadwerkelijk te verrekenen (RJ 272.308, IAS 12.27). IAS 12.29A voegt daaraan toe dat daarbij rekening mag worden gehouden dat posten die op reële waarde zijn gewaardeerd voor een hogere waarde worden gerealiseerd indien dit waarschijnlijk wordt geacht. Als voorbeeld wordt gegeven een entiteit die een investering in een vastrentend financieel instrument heeft en de betreffende kasstromen aan rente en aflossingen zal incasseren.

De analyse van toekomstige winsten behelst positieve resultaten, zonder daarbij rekening te houden met de in die toekomstige perioden nieuwe verrekenbare verschillen (RJ 272.313, IAS 12.29). Voor die nieuwe verrekenbare verschillen is immers ook weer de noodzaak van toereikende toekomstige winst in de jaren erna aan de orde. Toekomstige fiscale winst kan ook ontstaan door het inzetten van 'tax planning' (RJ 272.313, IAS 12.29), zodat fiscale winst gecreëerd kan worden in de periode waarin verliescompensatie kan worden gerealiseerd en de verrekeningsmogelijkheden worden benut.

IAS 12.27A vereist verder dat voor de beoordeling van beschikbare toekomstige winst eventuele in lokale belastingwetgeving opgenomen verrekeningsbeperkingen in acht dienen te worden genomen.

In beginsel geen 'voorzichtigheid' in acht te nemen
Indien aan de voorgaande voorwaarden wordt voldaan, is het opnemen van een latente belastingvordering een voorschrift. Het is dus niet toegestaan om, indien het waarschijnlijk is dat voldoende fiscale winst beschikbaar zal zijn voor verrekening, 'voorzichtigheidshalve' het vormen van een latente belastingvordering achterwege te laten. Uiteraard is de beoordeling van de waarschijnlijkheid van het naar verwachting ontstaan van voldoende toekomstige winsten van subjectieve aard, waardoor het noodzakelijk is dat er meer onderbouwing aan de orde is dan alleen een 'gewenste' winst.

Jaarlijkse herbeoordeling van gewaardeerde en niet-gewaardeerde verschillen
De afweging of voldoende fiscale winst beschikbaar is, wordt elk jaar opnieuw gemaakt. De rechtspersoon beoordeelt hiermee of de opgenomen latente belastingvorderingen nog terecht zijn opgenomen. Immers, toekomstige winstverwachtingen kunnen wijzigen, en hiermee de waarschijnlijkheid dat voldoende fiscale winst beschikbaar zal zijn. Als dit het geval is, zal het bedrag van de latente belastingvordering mogelijk ook wijzigen (RJ 272.406, IAS 12.56). Er is dan sprake van een schattingswijziging, die wordt verwerkt in de post belastingen van het boekjaar waarin de schattingswijziging wordt doorgevoerd: bij een afwaardering van een eerder opgenomen vordering leidt dit tot belastingkosten, bij het alsnog erkennen van in eerdere boekjaren ontstane maar toen niet gewaardeerde latente vorderingen tot belastingbaten (zie par. 28.4) (RJ 272.314, IAS 12.37). Hierdoor zal er een significant verschil kunnen ontstaan tussen het effectieve en het toepasselijke belastingtarief. Dit verschil moet worden toegelicht. Zie in dit verband ook paragraaf 17.5.2.

RJ 272.314 en IAS 12.37 vereisen dus ook nadrukkelijk dat op iedere balansdatum de niet-opgenomen latente belastingvorderingen worden beoordeeld. Hierbij beoordeelt de rechtspersoon of de in het verleden niet-opgenomen latente belastingvorderingen inmiddels voldoen aan de opnamecriteria en kunnen worden opgenomen.

Compensatie (gelijktijdige verwerking) met belastbare tijdelijke verschillen ('passieve latenties')
Het is (in ieder geval) waarschijnlijk dat er fiscale winst beschikbaar is om de verrekenbare tijdelijke verschillen daadwerkelijk te verrekenen, als er voldoende belastbare tijdelijke verschillen zijn die dezelfde fiscale autoriteiten en dezelfde fiscale eenheid betreffen, en deze belastbare tijdelijke verschillen:
1. aflopen in dezelfde periode als de verrekenbare tijdelijke verschillen naar verwachting zullen aflopen; of
2. aflopen in verslagjaren waarin een resulterend fiscaal verlies door voorwaartse verliescompensatie en nog niet gebruikte fiscale verrekeningsmogelijkheden kan worden verrekend. Hiervan is sprake indien uit fiscale winstprognoses blijkt dat verrekening kan plaatsvinden (RJ 272.309, IAS 12.28).

In dergelijke situaties wordt de latente belastingvordering opgenomen in de verslagperiode waarin het verrekenbare tijdelijke verschil ontstaat (RJ 272.309, IAS 12.28).

Bij de beoordeling of er voldoende belastbare tijdelijke verschillen zijn (situatie 1) worden volgens de Richtlijnen belastbare tijdelijke verschillen uit hoofde van herwaardering buiten beschouwing gelaten (RJ 272.310). Dit komt doordat herwaardering niet in iedere situatie zal leiden tot fiscale baten, dit is namelijk afhankelijk van de wijze van realisatie. Op moment dat de herwaardering wordt 'gerealiseerd' door afschrijvingen, wordt de fiscale winst niet beïnvloed. De fiscale winst wordt niet beïnvloed door een verschil in commerciële waardering tegen kostprijs of actuele waarde. Hiermee is het volgens de Richtlijnen logisch dat als er onder commerciële waardering tegen kostprijs geen actieve belastinglatentie zou worden gevormd, dit ook bij waardering tegen actuele waarde niet gebeurt. IAS 12 kent deze 'uitzondering' van de Richtlijnen niet en past compensatie (gelijktijdige verwerking) ook toe bij deze belastbare tijdelijke verschillen.

Een andere situatie (situatie 2) ontstaat als de herwaardering wordt gerealiseerd door middel van verkoop. Bij verkoop is er namelijk wel invloed op de fiscale winst. Herwaarderingen kunnen dus indirect, bijvoorbeeld doordat zij een indicatie zijn voor positieve fiscale resultaten bij verkoop, wel leiden tot een reden voor het opnemen van actieve belastinglatenties. Dit hangt dan echter samen met de tweede voorwaarde in RJ 272.309/IAS 12.28. Ook in deze situatie geldt dat er geen verschil in waardering van de actieve belastinglatenties bestaat tussen waardering tegen kostprijs of actuele waarde.

Onder Dutch GAAP zijn passieve belastinglatenties uit hoofde van herwaardering dus niet zonder meer aanleiding voor het opnemen van compenserende actieve belastinglatenties; via een andere weg (namelijk als ze feitelijk toekomstige fiscale winsten representeren) kan dat alsnog wel aan de orde zijn.

> **Voorbeeld: Al dan niet rekening houden met herwaarderingen**
>
> In jaar 1 bedraagt het commerciële verlies voor belastingen 20. Door het vormen van een commerciële voorziening van 20 die fiscaal niet wordt erkend bedraagt het fiscale resultaat 0. De voorziening leidt in jaar 2 fiscaal tot een last. Het verwachte fiscale verlies voor jaar 2 is 20, het verwachte commercieel resultaat is nihil. In latere jaren geldt dat de fiscale resultaten naar verwachting nihil zijn. De onderneming heeft een pand in bezit dat een boekwaarde heeft van 200. De actuele waarde van het pand bedraagt 250. Het belastingpercentage bedraagt 25%. Vraag is of een actieve belastinglatentie van 5 (25% van het tijdelijke verschil van 20) gevormd kan worden voor het tijdelijke verschil in de voorziening?
>
> Een eventuele herwaardering zorgt er niet direct voor dat in de toekomst fiscale winsten van (minimaal) 20 aanwezig zijn om de actieve belastinglatentie te rechtvaardigen. Met de bepaling van RJ 272.310 betekent dit dat wel een passieve belastinglatentie wordt gevormd over de herwaardering (zie par. 17.2.3) maar geen actieve belastinglatentie over het tijdelijke verschil.
>
> Als de onderneming echter het voornemen heeft om de herwaardering ook tot fiscaal resultaat te laten leiden, zou dit wel aanleiding zijn voor het opnemen van een actieve belastinglatentie. Een voorbeeld hiervan is een situatie waarin het pand wordt verkocht aan een groepsmaatschappij die buiten de fiscale eenheid is geplaatst, stel voor 250. In dit geval ontstaat fiscaal een winst van 50 (250 -/- 200) die mogelijk als basis kan dienen voor opname van een actieve belastinglatentie.

Indien verrekening met belastbare tijdelijke verschillen niet mogelijk is omdat deze niet resteren of niet (meer) aanwezig zijn, dient beoordeeld te worden of het waarschijnlijk is dat de rechtspersoon voldoende fiscale winst in toekomstige perioden zal behalen (situatie 2). Hierbij wordt tevens rekening gehouden met fiscale planningsmogelijkheden (RJ 272.313, IAS 12.29).

> **Voorbeeld: Niet volledig opnemen van een latente belastingvordering**
> In jaar 1 bedraagt de commerciële winst voor belastingen 80. Door het vormen van een commerciële voorziening van 20 die fiscaal niet wordt erkend bedraagt de fiscale winst 100. De voorziening leidt in jaar 2 fiscaal tot een last.
> De winstgevendheid staat echter erg onder druk. Daarom wordt in jaar 2 een fiscaal verlies van 20 verwacht en in de navolgende jaren vooralsnog een fiscale winst van nihil. De verwachte commerciële winst in jaar 2 en in daaropvolgende jaren is nihil. Het belastingtarief is 25%. Stel dat in het betreffende land in de fiscale wetgeving geen sprake is van achterwaartse verliescompensatie.
> In dit geval is er onvoldoende fiscale winst beschikbaar om de latente belastingvordering te kunnen realiseren. Om die reden mag de latente belastingvordering niet worden opgenomen.
> De journaalpost in jaar 1 resp. jaar 2 luidt:
>
> | jaar 1 | | jaar 2 | |
> |---|---|---|---|
> | Belastingkosten | 25 | Geen journaalpost | |
> | Aan Te betalen belasting | 25 | | |
>
> De belastingdruk in de commerciële jaarrekening is in jaar 1 31,25% (25/80).
>
> Zou, zoals in Nederland, de fiscus wel achterwaartse verliescompensatie voor jaar 1 toestaan, dan zou wel een latente belastingvordering in jaar 1 van 5 zijn opgenomen, die in jaar 2 wordt omgezet in een acute belastingvordering.
>
> Zou het voor jaar 2 verwachte fiscaal resultaat nihil zijn geweest en de commerciële winst 20, dan zou wel in jaar 1 de volledige latente belastingvordering zijn opgenomen, omdat het fiscaal resultaat voldoende is om de latente belastingvordering te kunnen realiseren. Hieruit volgt dat niet altijd een positief *fiscaal* resultaat nodig is om realisatie van de latente belastingvordering mogelijk te maken.
> Het bovenstaande voorbeeld is feitelijk situatie 2 als hiervoor geschetst. Bij situatie 1 zou verrekening kunnen plaatsvinden als in jaar 1 een latente belastingverplichting is opgenomen die in jaar 2 kan worden verrekend met de afloop van de latente belastingvordering. Stel dat in jaar 0 een post fiscaal als kosten werd verantwoord ter grootte van 30, terwijl deze post pas commercieel in jaar 2 als kosten werd genomen. In jaar 0 was de fiscale winst 100 en de commerciële winst 130. Voor jaar 1 gelden de gegevens zoals hierboven aangegeven. In jaar 2 is het fiscale verlies 20 en het commerciële verlies 30. Voor de jaren na jaar 2 wordt een fiscaal en commercieel resultaat van nihil verwacht. De journaalposten luiden:
>
> | jaar 0 | | | jaar 1 | | |
> |---|---|---|---|---|---|
> | Belastingkosten | 32,5 | | Belastingkosten | 20 | |
> | Aan Latente belastingverplichting | | 7,5 | Latente belastingvordering | 5 | |
> | Aan Te betalen belasting | | 25 | Aan Te betalen belasting | | 25 |
>
> | jaar 2 | | |
> |---|---|---|
> | Latente belastingverplichting | 7,5 | |
> | Aan Latente belastingvordering | | 5 |
> | Aan Belastingbate | | 2,5 |
>
> Hoewel derhalve zowel commercieel als fiscaal verlies is geleden, wordt de latente belastingvordering toch 'gerealiseerd' door de gelijktijdig aflopende latente belastingverplichting. De belastingdruk in jaar 2 is 8,3%; er kan geen volledige belastingbate worden opgenomen omdat in dit voorbeeld in de jaren na jaar 2 geen fiscale winst wordt verwacht en het dus niet waarschijnlijk is dat het fiscale verlies over jaar 2 van 20 kan worden gecompenseerd.

Ad b. en c. Beschikbare voorwaartse verliescompensatie en fiscale verrekeningsmogelijkheden
In de structuur van IAS 12 wordt de situatie van (a) *verrekenbare tijdelijke verschillen* ten dele afzonderlijk van (b en c) *beschikbare voorwaartse verliescompensatie* en *fiscale verrekeningsmogelijkheden* in haar voorschriften uitgewerkt. Dit onderscheid wordt in het hoofdstuk ook gevolgd.

Inleiding

Voor beschikbare voorwaartse verliescompensatie en, indien van toepassing, nog niet gebruikte fiscale verrekeningsmogelijkheden wordt, net als bij verrekenbare tijdelijke verschillen, een latente belastingvordering opgenomen voor zover het waarschijnlijk is dat er binnen de verrekeningstermijn toekomstige fiscale winst beschikbaar is (RJ 272.311, IAS 12.34).

Een rechtspersoon neemt de volgende criteria in aanmerking bij het bepalen of het waarschijnlijk is dat er voldoende fiscale winsten zullen zijn (RJ 272.313, IAS 12.36):
- de rechtspersoon heeft voldoende belastbare tijdelijke verschillen betreffende dezelfde belastingautoriteit en dezelfde fiscale eenheid, die zullen resulteren in belastbare bedragen waartegen de verliescompensatie kan worden gerealiseerd voordat zij expireren; of
- het is waarschijnlijk dat de rechtspersoon voldoende fiscale winst zal hebben voordat de verliescompensatie expireert; of
- de beschikbare voorwaartse verliescompensatie heeft aanwijsbare oorzaken, waarvan het onwaarschijnlijk is dat zij zich weer zullen voordoen; of
- planning van fiscale winst is mogelijk, zodat de rechtspersoon voldoende fiscale winst kan creëren in de verslagperiode waartegen de beschikbare voorwaartse verliescompensatie kan worden gerealiseerd.

De latente belastingvordering wordt niet opgenomen, als het niet waarschijnlijk is dat fiscale winst beschikbaar zal zijn waartegen de beschikbare voorwaartse verliescompensatie kan worden benut (RJ 272.313, IAS 12.36).

De ESMA heeft een specifieke publicatie uitgebracht: 'ESMA Public Statement: Considerations on recognition of deferred tax assets arising from the carry-forward of unused tax losses' (2019) waarin de praktische overwegingen worden besproken omtrent de IAS 12-bepalingen over voorwaartse verliescompensatie.

Voldoende toekomstige fiscale winst – complicatie 'meerjarige verliessituatie'
De uiteenzetting over het onderdeel *'voldoende toekomstige fiscale winst'* opgenomen onder (a) *verrekenbare tijdelijke verschillen* is ook bij dit onderwerp van toepassing. Daarenboven geldt het volgende.
In een situatie dat ook al in voorgaande verslagjaren sprake is geweest van voorwaartse verliescompensatie zien de regelgevers dit als een grotere mate van onzekerheid aangaande de haalbaarheid van de toekomstige verrekening; in termen van de regelgevers '... is een sterke aanwijzing dat er mogelijk onvoldoende toekomstige fiscale winst is'. Een rechtspersoon die de laatste jaren voortdurend verlies heeft gemaakt, mag daarom alleen een latente belastingvordering uit hoofde van beschikbare voorwaartse verliescompensatie opnemen, voor zover de rechtspersoon voldoende belastbare tijdelijke verschillen heeft en/of voor zover er anderszins voldoende sterke aanwijzingen zijn dat in de toekomst voldoende fiscale winst beschikbaar zal zijn voor de realisatie van de latente vordering (RJ 272.312, IAS 12.35).
Ter zake dienen ook uitgebreidere toelichtingen te worden opgenomen (IAS. 12.82, aanbevolen in RJ 272.712).

In beginsel geen 'voorzichtigheid' in acht te nemen
Aan de schatting van de toekomstige fiscale winst in de situatie van meerjarige verliezen wordt in dit geval dus zwaardere eisen gesteld. Maar ook nu geldt dat als realisatie van de vordering waarschijnlijk is, activering verplicht is. Zie verder hiervoor onder (a) *verrekenbare tijdelijke verschillen.*

Jaarlijkse herbeoordeling van gewaardeerde en niet-gewaardeerde verschillen
Zie hiervoor onder (a) verrekenbare tijdelijke verschillen.

Compensatie (gelijktijdige verwerking) met belastbare tijdelijke verschillen ('passieve latenties')
De regelgeving ter zake is reeds aangeduid in de *Inleiding* (RJ 272.309, IAS 12.28). Vanwege de grote mate van overeenkomsten wordt verwezen naar de beschrijving in (a) *verrekenbare tijdelijke verschillen.*

17.2.2.3 (Overige) tijdelijke verschillen die niet leiden tot een belastinglatentie

Zoals opgemerkt in paragraaf 17.2.2.1 en 17.2.2.2 wordt in de Richtlijnen, naast verrekenbare en belastbare tijdelijke verschillen, ook 'overige tijdelijke verschillen' onderscheiden. De toevoeging van het woord 'overige' volgt uit de definitie van het begrip tijdelijke verschillen van RJ 272.0, en wordt tevens toegepast voor de aanduiding van tijdelijke verschillen die betrekking hebben op deelnemingen.

Omdat IFRS met betrekking tot 'overige verschillen' een meer conceptueel geformuleerde regelgeving van IAS 12 omvat wordt de bespreking van dit onderwerp gesplitst in:
1. transacties, niet zijnde een business combination; en
2. *'transacties'* zijnde de eerste waardering van een actief of passief in een *business combination* respectievelijk de verwerking van de goodwill.

Ad 1. Transacties, niet zijnde een business combination
De regelgeving onder IFRS en de Richtlijnen bevatten niet-gelijkluidende omschrijvingen van de uitzonderingsbepaling:
De Richtlijnen zetten uiteen:
> Voor de (overige) tijdelijke verschillen die bij realisatie of afwikkeling van het actief of de verplichting niet leiden tot over toekomstige verslagjaren verschuldigde of te verrekenen belasting wordt geen latente belastingpost opgenomen (RJ 272.104).

IFRS stelt (IAS 12.15, 12.22-23, 12.24, 12.33):
> Als in een transactie op moment van initiële verwerking noch het commerciële resultaat noch het fiscale resultaat wordt beïnvloed, wordt voor een tijdelijk verschil géén latente belastingpost opgenomen.

De afwijkende omschrijving beoogt geen verschil in praktische uitwerking te geven.

De specifieke fiscale voorschriften kunnen bepaalde baten vrijstellen voor heffing respectievelijk lasten niet aftrekbaar doen zijn; voor deze verschillen werd in het verleden ook wel de term 'permanente verschillen' gehanteerd. Vanuit de hoofdregel bezien kan er zich dan een verschil tussen commerciële en fiscale boekwaarde van een actief of passief voordoen en daarmee zou een latente belastingpost aan de orde zijn. Voor dit type verschillen is de vorming van een latente belastingpost niet toegestaan en leiden de verschillen tot een belastingdruk op de commerciele winst vóór belastingen die niet overeenkomt met het nominale belastingpercentage.
Anders dan de Richtlijnen werkt IAS 12 deze verbodsbepaling (in IAS 12 aangeduid als de 'initial recognition exception') nader uit, waaronder met behulp van het volgende voorbeeld:

Voorbeeld initial recognition exception (IAS 12.22):

Een entiteit verwacht een actief met kostprijs 1.000 en restwaarde nihil gedurende 5 jaar te gebruiken. Belastingtarief 40%. Afschrijvingslast van het actief is niet aftrekbaar voor de bepaling van de winstbelasting. Bij verkoop van het actief is geen sprake van belastbaarheid van een boekwinst of aftrekbaarheid van een boekverlies.
Alhoewel de afschrijving van het actief geen invloed op de winstbelasting heeft, heeft het *gebruik* van het actief dit wel; immers er zal gedurende de gehele gebruiksduur een opbrengst van (ten minste) 1.000 worden gerealiseerd waarop een belasting van 400 zal drukken. Er is op het moment van aanschaf sprake van een (tijdelijk) verschil tussen de commerciële kostprijs van 1.000 en fiscale kostprijs van nihil. Dit (tijdelijke) verschil heeft, *op transactiemoment*, noch gevolg voor de commerciële winst noch voor de fiscale winst, en valt daarmee onder de reikwijdte van de initial recognition exception en er mag derhalve geen latente belastingpost worden opgenomen.
In het volgende boekjaar is de boekwaarde van het actief gedaald naar 800. Bij een toekomstig te realiseren belastbaar inkomen van 800 is een belastingafdracht van 320 aan de orde. Ook nu mag geen latente belastingpost worden opgenomen omdat het verschil *op transactiemoment* onder de reikwijdte van de initial recognition exception viel.

Samenvattend zijn de essentiële elementen in het voorschrift van de initial recognition exception:
- Bij de verwerving van het actief wordt noch het (commerciële) resultaat noch het fiscale resultaat beïnvloed (IAS 12.15(b), 12.24(b)).
- Er dient sprake zijn van een *transactie* en de toepassing van de initial recognition exception wordt bepaald *op transactiemoment*. Daarmee wordt een onderscheid gemaakt met gebeurtenissen die later kunnen plaatsvinden, zoals een herwaardering van een actief. Een herwaardering heeft op het moment van de gebeurtenis geen gevolg voor het (commerciële) resultaat en het fiscale resultaat en zou dan door de initial recognition exception niet tot het verwerken van een latente belastingpost leiden, ware het niet dat de herwaardering geen 'transactie' is; de initial recognition exception is dan *niet* van toepassing en een latente belastingpost wordt afgesplitst (hetgeen ook in overeenstemming is met de specifieke bepalingen van IAS 12.61A-65 inzake het afsplitsen van latente belastingen voor posten die via 'other comprehensive income' of rechtstreeks in het eigen vermogen zijn gemuteerd).
- Tijdelijke verschillen die op initieel moment onder de initial recognition exception vallen, leiden ook op de latere momenten niet tot een latente belastingpost.

> **Voorbeelden van fiscale bepalingen waarop de 'initial recognition exception' van toepassing is**
> - Goodwill.
> - Niet-aftrekbare investeringen.
> - Fiscaal niet belaste investeringssubsidie.

Voorts wordt over het algemeen geen latente belastingverplichting opgenomen voor tijdelijke verschillen van groepsmaatschappijen, joint ventures en deelnemingen. Dat is overigens geen onderdeel van de initial recognition exception maar andersoortige bijzondere regelgeving die als een uitzondering op de hoofdregel is aangebracht. Daarop wordt hierna in paragraaf 17.2.3 ingegaan.

Ad 2. 'Transacties' zijnde de eerste waardering van een actief of passief in een business combination respectievelijk de verwerking van de goodwill
In geval van een overname is vanuit de verkrijger bezien sprake van een initiële transactie en zou de reële waarde-aanpassingen onderdeel zijn van de onder 1) beschreven verbodsbepaling voor het opnemen van een latente belastingpost op deze aanpassingen. Vanuit de beoogde wijze van verslaggeving is dit ten zeerste ongewenst en is bepaald dat op de tijdelijke verschillen die ontstaan op overnamemoment de initial recognition exception niet van toepassing is. Met andere woorden, op de tijdelijke verschillen die ontstaan op moment van overname wordt (conform overige 'herwaarderingen') rekening gehouden met (latente) belastingeffecten. Voor de bespreking hiervan, in samenhang met andere bijzonderheden die aan een overname verbonden kunnen zijn, wordt verwezen naar paragraaf 17.2.3.1.

IAS 12.15(a) bepaalt dat fiscaal niet-aftrekbare goodwill nimmer tot het opnemen van een latente belastingpost aanleiding mag zijn. Feitelijk 'herleeft' de initial recognition exception voor deze specifieke post bij de verwerking van een overname. Paragraaf 17.2.3.1 gaat ook op deze bijzonderheid nader in.

17.2.3 Latente belastingverplichtingen en -vorderingen: bijzonderheden

17.2.3.1 Latente belastingen in het kader van een overname

Aanpassingen naar reële waarde
De verkrijgingsprijs wordt bij een overname in de geconsolideerde jaarrekening toegerekend aan de bij de overname verkregen identificeerbare activa en verplichtingen op basis van hun reële waarde op overnamedatum. Er ontstaan tijdelijke verschillen indien de fiscale boekwaarde door de overname niet of niet in gelijke mate wijzigt. Als

bijvoorbeeld de (commerciële) boekwaarde van een actief wordt verhoogd naar de reële waarde, maar de fiscale boekwaarde blijft gehandhaafd op de aanschaffingswaarde van de vorige eigenaar, ontstaat een belastbaar tijdelijk verschil dat resulteert in een latente belastingverplichting. Deze belastinglatentie heeft invloed op de omvang van de goodwill (RJ 272.303, IAS 12.19 alsmede 12.26 letter c).

Bij een overname neemt de overnemende rechtspersoon bij het bepalen van de netto-vermogenswaarde van de overgenomen rechtspersoon latente belastingvorderingen of -verplichtingen op als onderdeel van deze netto-vermogenswaarde op de overnamedatum. Latente belastingvorderingen en -verplichtingen hebben om die reden invloed op de omvang van de goodwill (RJ 272.505, IAS 12.66).

Goodwill

Als de afschrijving op goodwill bij een overname niet aftrekbaar is, dan ontstaat een verschil tussen de commerciële en fiscale boekwaarde van de goodwill. Toch neemt de overnemende rechtspersoon dan geen latente belastingverplichting op (zie ook par. 17.2.2.3). Ook wordt geen latente belastingvordering opgenomen tegenover de (onder de Richtlijnen) als overlopende post opgenomen negatieve goodwill (RJ 272.505). Zou wel een latente belastingverplichting over goodwill worden opgenomen, dan zou de post goodwill verder worden verhoogd, hetgeen tevens niet aansluit bij de beschouwing van goodwill als restpost. Verder geldt hier ook het praktische element dat bepaling van de omvang van de belastinglatentie over de goodwill een iteratief proces zou zijn, wat meer complexiteit in zich heeft dan de bepaling van andere belastinglatenties (berekening van latentie zou leiden tot verhoging van goodwill, wat zou leiden tot nieuwe latentie, wat zou leiden tot verhoging van goodwill et cetera).

Voorbeelden latente belastingen in het kader van een overname (met aanpassing ontleend aan IAS 12, IE, Example 3)

Onderneming A koopt 100% van de aandelen van onderneming B voor € 400. Het belastingtarief in het land waar A is gevestigd bedraagt 40% en in het land waar B is gevestigd 30%. De fiscale waardering van de afzonderlijke activa en verplichtingen van onderneming B blijft, ondanks de overname, onveranderd en is gelijk aan de commerciële waardering vóór overname.

De fiscale boekwaardes bij B van de activa en verplichtingen en de reële waardes op overnamedatum, exclusief latente belastingvorderingen en -verplichtingen, zijn als volgt:

	Fiscale waardering	Commerciële waardering na overname	Tijdelijk verschil
Immateriële vaste activa (merknaam)	-	80	80
Gebouwen en terreinen	120	150	30
Debiteuren	70	70	-
Voorraden	50	60	10
Crediteuren	(70)	(70)	-
Netto activa excl. latente belasting	170	290	120

Zonder rekening te houden met de latente belastingverplichting zou de goodwill € 110 bedragen (overnameprijs van € 400 min de reële waarde van activa en vreemd vermogen van € 290). Echter, A dient bij de initiële verwerking van de overname waarde-aanpassingen naar de reële waarde op overnamedatum op te nemen, die zullen resulteren in een andere commerciële winst dan fiscale winst onder andere door hogere commerciële afschrijvingen. Voor het verschil in de commerciële en fiscale boekwaardes dient een latente belastingverplichting te worden opgenomen die de goodwill verhoogt. De latente belastingverplichting bedraagt € 36 (30% van € 120. 30% is het percentage waarin de afwikkeling van het tijdelijke verschil zal plaatsvinden, het belastingtarief van het land van vestiging B)). Er wordt geen latente belastingverplichting opgenomen voor de goodwill, zelfs als de fiscale waardering in land A afwijkt van de commerciële waardering.

	Commerciële waardering na overname
Reële waarde van activa en vreemd vermogen excl. latente belasting	290
Latente belastingverplichting	(36)
Reële waarde van activa en vreemd vermogen incl. latente belasting	254

De goodwill die wordt verantwoord bij overname bedraagt € 146 (overnameprijs van € 400 min de reële waarde van activa en verplichtingen incl. latente belasting van € 254).

17 Belastingen naar de winst

Bij de overgenomen entiteit opgenomen belastingvorderingen
Tot de activa van de overgenomen onderneming kan ook een latente belastingvordering behoren. Deze dient, in afwijking van de eerste waardering van andere activa en verplichtingen, niet tegen reële waarde te worden gewaardeerd, maar volgens de waardering in overeenstemming met RJ 272/IAS 12. Het is daarbij mogelijk dat deze vordering niet is opgenomen in de jaarrekening van de overgenomen onderneming zelf, omdat realisatie daarvan niet waarschijnlijk was, maar dat door de overname realisatie wel waarschijnlijk wordt. Deze latente belastingvordering dient te worden opgenomen (en vermindert de goodwill).

Bij de overgenomen entiteit NIET opgenomen belastingvorderingen
Het is denkbaar dat op overnamedatum nog geen latente belastingvordering van de overgenomen rechtspersoon is opgenomen (omdat realisatie toen nog niet voldoende waarschijnlijk was), maar dat dit op een later tijdstip alsnog gebeurt. De verwerking van deze latere waardering van de latente belastingvordering is onder Richtlijn 272 en IAS 12 verschillend.

Onder RJ 272.505a wordt de resulterende latente belastingbate dan opgenomen in de winst-en-verliesrekening. Maar ook wordt tegelijkertijd de goodwill gecorrigeerd alsof de latente belastingvordering op het moment van verwerving al zou zijn geboekt. Dit leidt tot een verlaging van de goodwill. Deze verlaging wordt als last in de winst-en-verliesrekening opgenomen. Zou door de verlaging een negatieve goodwill ontstaan, dan wordt deze negatieve goodwill niet opgenomen. Ook wordt een bestaande negatieve goodwill niet vergroot.

Bij positieve goodwill zullen per saldo het effect van de bate en de last in de winst-en-verliesrekening elkaar opheffen, met uitzondering van een verschil in afschrijving van de goodwill (zie voorbeeld hierna). Een verschil zal voorts ontstaan indien de belastingtarieven zijn aangepast. De aanpassing van de goodwill is namelijk gebaseerd op het belastingtarief dat op overnamedatum van toepassing was. Bij een wijziging in het tarief zal daarom de latente belastingbate niet gelijk zijn aan de verlaging van de goodwill omdat de belastingbate is gebaseerd op de belastingtarieven en de fiscale voorschriften die zijn vastgesteld tot en met de balansdatum dan wel waartoe materieel al op balansdatum is besloten (zie par. 17.3.1). Door gelijktijdige aanpassing van belastinglatenties en goodwill wordt beoogd te voorkomen dat hiermee resultaatsturing kan plaatsvinden door bij initiële waardering actieve belastinglatenties te laag in te schatten en deze later ten gunste van het resultaat te brengen.

Onder IAS 12 wordt de latente belastingvordering als volgt verwerkt (IAS 12.68):
- Als de latente belastingvordering wordt opgenomen binnen de periode van de voorlopige bepaling van de goodwill (maximaal één jaar na overnamedatum) en het opnemen het gevolg is van nieuwe informatie over de omstandigheden op acquisitiedatum wordt de goodwill verlaagd. Als de boekwaarde van de goodwill nihil is, dan wordt de resterende latente belastingvordering verwerkt als een belastingbate in de winst-en-verliesrekening.
- Alle andere latente belastingvorderingen worden verwerkt als een belastingbate in de winst-en-verliesrekening (of indien van toepassing via 'other comprehensive income').

In de eerste situatie is materieel sprake van dezelfde verwerkingswijze als in Richtlijn 272, maar doordat op goodwill onder IFRS niet wordt afgeschreven kan dit tot verschillende uitkomsten leiden, wegens het effect van de gecumuleerde afschrijvingen op goodwill (zie hierna). Een belangrijk verschil bestaat indien de latente belastingvordering wordt opgenomen nadat de periode van de voorlopige bepaling van de goodwill is verstreken: Richtlijn 272 past dan nog steeds de goodwill aan, IAS 12 niet meer.

> **Voorbeeld latere opname latente belastingvordering**
>
> BV A neemt op 1 januari jaar 0 100% van de aandelen van de BV B over. BV B heeft compensabele verliezen ad 160, waarvoor in de jaarrekening van BV B geen latente belastingvordering is opgenomen, omdat realisatie niet waarschijnlijk is. Bij de initiële vaststelling van de reële waarde van de activa en verplichtingen van B op 1 januari jaar 0 is aan de latente belastingvordering door A geen waarde toegekend. De reële waarde van de activa en verplichtingen is vastgesteld op 800, de verkrijgingsprijs bedraagt 1.000, zodat de goodwill 200 bedraagt. Bij toepassing van de Nederlandse wet- en regelgeving wordt de goodwill in 10 jaar afgeschreven.
>
> Situatie 1
> Op 30 juni jaar 0 wordt, op basis van nader onderzoek van de mogelijkheden van realisatie van de voorwaartse verliescompensatie alsnog een waarde van 40 toegekend aan de op 1 januari jaar 0 bestaande latente belastingvordering van B.
> **Dutch GAAP:** Richtlijn 272 bepaalt dat deze vordering wordt opgenomen voor 40, met een bate van 40 in de winst-en-verliesrekening. De boekwaarde van de goodwill per 30 juni jaar 0 bedraagt 190 (afschrijving van $1/20^e$ van 200, dus $19/20^e \times 200$). Deze goodwill wordt herberekend alsof de latente belastingvordering al vanaf 1 januari jaar 0 zou zijn opgenomen.
> De goodwill per die datum zou dan 160 hebben bedragen en de boekwaarde per 30 juni jaar 0 152 ($19/20^e$ van 160). De verlaging van de goodwill van 38 wordt als last verwerkt in de winst-en-verliesrekening. Per saldo leidt dit tot een bate van 2, zijnde de lagere afschrijving van de goodwill ($1/20^e \times 40$).
> **IFRS:** Indien de entiteit heeft geconstateerd dat sprake is van een 'voorlopige' bepaling van de reële waarde van verrekenbare verliezen op moment van overname (IFRS 3.45; zie par. 24.4) wordt op basis van IAS 12 een latente belastingvordering opgenomen van 40 en wordt de goodwill met 40 verlaagd. Omdat op goodwill niet wordt afgeschreven, is er geen effect op de winst-en-verliesrekening.
>
> Situatie 2
> In afwijking van situatie 1 is het in het eerste halfjaar het belastingtarief verlaagd van 25% naar 20%.
> **Dutch GAAP:** Bij toepassing van Richtlijn 272 wordt in plaats van een latente belastingvordering van 40 (berekend als 25% x 160) nu een latente belastingvordering van 32 opgenomen (20% x 160). Tegenover de bate in de winst-en-verliesrekening van 32 staat dezelfde last van 38, zodat per saldo een last van 6 wordt geboekt.
> **IFRS:** Onder IAS 12 zou in dit geval een last van 8 worden geboekt, zijnde de afboeking van de latente belastingvordering door de verlaging van het tarief.
>
> Situatie 3
> In afwijking van situatie 1 wordt de waarde van de latente belastingvordering nu pas op 30 juni jaar 1 vastgesteld op 40.
> **Dutch GAAP:** Onder Richtlijn 272 betekent dit dat tegenover een bate van 40 in de winst-en-verliesrekening een last vanwege de verlaging van de goodwill wordt geboekt van 34 (de boekwaarde van de goodwill wordt aangepast van 170 ($17/20^e \times 200$) naar 136 ($17/20^e \times 160$), zodat per saldo een bate wordt opgenomen van 6.
> **IFRS:** Onder IAS 12 wordt een bate opgenomen van 40, en blijft de goodwill gehandhaafd op 200.

Bij overnemende partij NIET opgenomen 'eigen' belastingvorderingen

In het voorgaande ging het om latente belastingvorderingen bij de overgenomen onderneming. Ook is het mogelijk dat een overnemende rechtspersoon, als gevolg van een overname, het waarschijnlijk acht dat 'eigen' latente belastingvorderingen kunnen worden gerealiseerd, die het niet eerder had opgenomen. De overnemende rechtspersoon kan bijvoorbeeld de voordelen van zijn niet-gecompenseerde fiscale verliezen benutten door verrekening met de toekomstige fiscale winsten van de overgenomen rechtspersoon. In dergelijke gevallen neemt de overnemende rechtspersoon een latente belastingvordering op. De Richtlijnen bepalen dat het effect wordt verwerkt in de goodwill (RJ 272.505), maar volgens IAS 12 wordt deze latente belastingvordering niet toegerekend aan de bij de overname verkregen identificeerbare activa en verplichtingen op overnamedatum, en derhalve verwerkt als een belastingbate in de winst-en-verliesrekening (IAS 12.67).

17.2.3.2 Latente belastingen in het kader van deelnemingen

De hiernavolgende verschillen worden ook wel als 'outside' verschillen aangeduid. Daarmee wordt bedoeld dat de verschillen buiten de betreffende deelneming aan de orde zijn. De verschillen zijn onderdeel van de fiscale positie van de moedermaatschappij. De verschillen die binnen de deelneming aan de orde zijn worden als 'inside' verschillen aangeduid.

17 Belastingen naar de winst

In vervolg van het schema zoals opgenomen in paragraaf 17.1.6 is het model van Richtlijn 272/IAS 12 als volgt weer te geven:

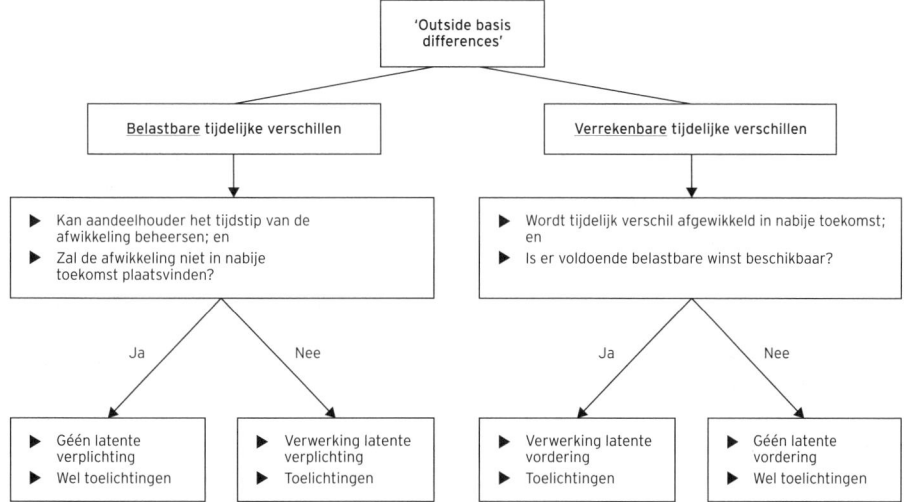

Bij het waarderen van investeringen in groepsmaatschappijen, deelnemingen, buitenlandse niet-zelfstandige eenheden en joint ventures (verder 'deelnemingen') kan een tijdelijk verschil ontstaan tussen de commerciële en de fiscale boekwaarde. De commerciële waardering is veelal netto-vermogenswaarde. De fiscale waardering is veelal aanschaffingsprijs. Tijdelijke verschillen ontstaan bijvoorbeeld door (RJ 272.315, IAS 12.38):
▶ niet-uitgekeerde winsten bij de deelneming (inclusief gevolgen van eventuele dividendbelasting die door de deelneming dient te worden afgedragen in geval van een dividenduitkering aan de moedermaatschappij en door de moedermaatschappij niet verrekenbaar is met andere eigen winstbelastingen);
▶ wijzigingen in de valutakoersen indien de moedermaatschappij en de deelneming in verschillende landen zijn gevestigd;
▶ afwaardering van de boekwaarde van een deelneming tot een lager bedrag in verband met een bijzondere waardevermindering.

Een rechtspersoon neemt een *latente belastingverplichting* op voor alle belastbare tijdelijke verschillen met betrekking tot deelnemingen, tenzij is voldaan aan de beide volgende voorwaarden (RJ 272.316, IAS 12.39):
▶ de moedermaatschappij, investeerder of partner is in staat het tijdstip van de afloop van het tijdelijke verschil te bepalen; en
▶ het is waarschijnlijk dat het tijdelijke verschil in de voorzienbare toekomst niet zal aflopen.

Dit laatste doet zich bijvoorbeeld voor als de moedermaatschappij de dividendpolitiek van haar groepsmaatschappij kan vaststellen. De moedermaatschappij bepaalt dan, door middel van het bepalen van het tijdstip waarop dividenduitkeringen worden gedaan, het tijdstip waarop tijdelijke verschillen (niet alleen die met betrekking tot de niet-uitgekeerde winsten, maar ook eventuele omrekeningsverschillen van vreemde valuta) met betrekking tot de deelneming aflopen (RJ 272.317, IAS 12.40). Voor minderheidsbelangen geldt dat de aandeelhouder in het algemeen geen zeggenschap heeft over de bepaling van de dividendpolitiek. Als er geen sprake is van (bijvoorbeeld) een overeenkomst die dit regelt, dan zal de aanhouder een latente belastingpost moeten opnemen. In geval van een joint venture zijn de bepalingen van de betreffende overeenkomst doorslaggevend.

Ook fiscale faciliteiten (zoals bijvoorbeeld de deelnemingsvrijstelling) kunnen betekenen dat geen latente belastingverplichting wordt opgenomen. Een bekend voorbeeld is de uitkering van dividend door een deelneming aan de moedermaatschappij; de deelnemingsvrijstelling zorgt dat hierover geen belasting hoeft te worden betaald (RJ 272.316).

Een rechtspersoon neemt een *latente belastingvordering* op voor alle verrekenbare tijdelijke verschillen met betrekking tot deelnemingen uitsluitend voor zover het waarschijnlijk is dat (RJ 272.318, IAS 12.44):
▶ het tijdelijke verschil in de voorzienbare toekomst afloopt; en
▶ er fiscale winst beschikbaar zal zijn ter compensatie van het tijdelijke verschil.

Voor onder de deelnemingsvrijstelling vallende deelnemingen zal normaliter geen latente belastingvordering ontstaan, omdat bij het aflopen van het tijdelijke verschil geen vordering ontstaat op de fiscus. Echter, in geval van liquidatie van een dergelijke deelneming kan er wel aanleiding zijn tot het opnemen van een vordering (RJ 272.318, IAS 12.44).

Latente belastingen bij 'corporate wrapper' situaties
Het komt met name bij individuele vastgoedobjecten voor dat deze in een afzonderlijke juridische entiteit ('corporate wrapper') worden opgenomen. Naast dat de aandeelhouders hun eigen belasting-positie in ogenschouw dienen te nemen, inclusief het onderkennen van latente belastingen (de 'outside differences'), kan ook sprake zijn van tijdelijke verschillen in de belastingsituatie van de vastgoedentiteit zelf ('inside differences'). Indien de aandeelhouder te zijner tijd de desinvestering van het vastgoed-object niet via de verkoop van het object zelf doch via overdracht van de aandelen zal laten plaatsvinden ontstaat de vraag of de aandeelhouder in haar geconsolideerde jaarrekening al dan niet rekening dient te houden met de 'inside differences'. Desgevraagd heeft de IFRS Interpretations Committee (agendabesluit juli 2014) aangegeven dat de IAS 12-bepalingen het onderkennen en verwerken van beide typen van tijdelijke verschillen voorschrijft, met andere woorden, óók de 'inside differences' dienen in aanmerking te worden genomen voor zover deze niet onderhevig zijn aan de 'initial recognition exception'.

17.2.3.3 Latente belastingen bij herwaardering

Titel 9 BW 2 en IFRS staan toe dat activa tegen hun actuele waarde worden opgenomen. Als de commerciële herwaardering fiscaal wordt gevolgd, ontstaat er geen tijdelijk verschil. Veelal wordt de commerciële herwaardering fiscaal niet gevolgd en wordt de fiscale boekwaarde niet aangepast. Het verschil tussen de commerciële en de fiscale boekwaarde van het actief is een belastbaar tijdelijk verschil dat kan leiden tot in de toekomst te verrekenen of te betalen belasting. Zoals in paragraaf 17.2.2.3 is aangegeven is een herwaardering géén 'initiële verwerking op transactiemoment', derhalve is de initial recognition exception niet van toepassing en dus zou normaliter een latente belastingverplichting moeten worden opgenomen.

IAS 12 verplicht ook daadwerkelijk tot het vormen van een belastinglatentie met betrekking tot een herwaardering (IAS 12.20). Echter, artikel 2:390 lid 5 BW bepaalt dat in de toelichting wordt uiteengezet of en op welke wijze bij herwaarderingen rekening wordt gehouden met de invloed van belastingen op vermogen en resultaat. Hieruit kan worden afgeleid dat Titel 9 BW 2 niet verplicht tot het vormen van een belastinglatentie met betrekking tot een herwaardering. Richtlijn 272 heeft als gevolg hiervan het opnemen van een belastinglatentie met betrekking tot een herwaardering niet verplicht gesteld. De Richtlijnen hebben wel een sterke voorkeur voor het vormen van een belastinglatentie (RJ 272.304).

17 Belastingen naar de winst

17.2.3.4 Latente belastingen bij samengestelde financiële instrumenten

De uitgever van een samengesteld financieel instrument (bijvoorbeeld een converteerbare obligatie) dient de vreemd-vermogens- en de eigen-vermogenscomponent afzonderlijk op te nemen, en deze componenten in het vreemd respectievelijk eigen vermogen te presenteren (RJ 290.813, IAS 32.28). Als de fiscale boekwaarde van de vreemd-vermogenscomponent bij aanvang gelijk is aan de som van de vreemd-vermogens- en de eigen-vermogenscomponent, ontstaat een belastbaar tijdelijk verschil. Deze is het gevolg van het afzonderen van de eigen-vermogenscomponent. In eerste aanleg zou op basis van de initial recognition exception (zie par. 17.2.2.3) een verbod aan de orde zijn voor het opnemen van een latente belastingpost op moment van eerste verwerking van het instrument. Echter, in de regelgeving wordt dit niet aangemerkt als de toepassing van de 'initial recognition exception' van een lening doch als een initiële verwerking van een bedrag (rechtstreeks) in het eigen vermogen. Daarom wordt er een latente belastingverplichting opgenomen. In overeenstemming met RJ 272.506 respectievelijk IAS 12.61A wordt deze latente belastingverplichting gevormd ten laste van de boekwaarde van de eigen-vermogenscomponent. (RJ 272.305, IAS 12.23).

Wijzigingen in de latente belastingverplichting gerelateerd aan de vreemd-vermogenscomponent worden verwerkt in de winst-en-verliesrekening als latente belastinglast (-bate) (RJ 272.305, IAS 12.58 en 12.60). Deze wijzigingen worden namelijk veroorzaakt doordat er jaarlijks verschillen ontstaan tussen de betaalde rente (de fiscale kostenpost) en de hogere rentekosten (inclusief oprenting van de schuld tot de aflossingswaarde), waarmee het verschil tussen de fiscale en commerciële boekwaarde van de schuld vermindert.

Voorbeeld latente belastingverplichting bij samengestelde financiële instrumenten

Een onderneming geeft een converteerbare obligatielening uit van € 10.000 met een couponrente van 3% en een looptijd van 5 jaar. De marktrente van een vergelijkbare niet-converteerbare obligatielening bedraagt 4%. Het belastingpercentage is 40%. De onderneming splitst het instrument in een eigen-vermogens- en een vreemd-vermogenscomponent. Het instrument wordt fiscaal volledig als vreemd vermogen geclassificeerd. Voor de (commerciële) jaarrekening is de reële waarde van de vreemd-vermogenscomponent berekend op € 9.554,82. Het verschil met de fiscale boekwaarde is € 10.000 - € 9.554,82 = € 445,18. Omdat het tijdelijke verschil leidt tot in de toekomst te betalen belasting, wordt een latente belastingverplichting opgenomen van 40% van € 445,18 = € 178,07. Deze wordt gevormd ten laste van het eigen vermogen. De journaalpost bij uitgifte van de lening is als volgt:

Liquide middelen	10.000	
Aan Eigen vermogen		267,11
Aan Obligatielening		9.554,82
Aan Latente belastingverplichting		178,07

Het verschil tussen de commerciële en de fiscale boekwaarde daalt vervolgens in vijf jaar tot nihil omdat de obligatielening tegen geamortiseerde kostprijs wordt gewaardeerd (zie par. 29.4.3). De bijbehorende realisatie/vrijval van de latente belastingverplichting wordt in de winst-en-verliesrekening verantwoord.

De vrijval van de latente belastingverplichting bedraagt in het eerste jaar € 32,88. Dit is 40% van het verschil tussen 4% van € 9.554,82 (€ 382,19, de commerciële rentelast) en 3% van € 10.000 (€ 300, de fiscale rentelast). Deze realisatie/vrijval wordt niet rechtstreeks in het eigen vermogen geboekt. De winst-en-verliesrekening zou anders niet de commerciële belastingbate tonen.

De journaalposten van het eerste jaar luiden:

Rentekosten	382,19	
Aan Liquide middelen		300,00
Aan Obligatielening		82,19
+		
Latente belastingverplichting	32,88	
Te vorderen belasting (40% x € 300)	120,00	
Aan Belastingbate (40% x € 382,19)		152,88

17.2.3.5 Latente belastingen die voortvloeien uit op aandelen gebaseerde betalingen

In sommige belastingjurisdicties kan een rechtspersoon een fiscale last opnemen die betrekking heeft op de beloning in aandelen, aandelenopties of andere eigen-vermogensinstrumenten van de rechtspersoon (zie hoofdstuk 34). Hiermee wordt bedoeld dat een bedrag in mindering kan worden gebracht op de belastbare winst.
Het bedrag van deze fiscale last kan afwijken van de cumulatieve commerciële last van deze op aandelen gebaseerde betaling. Tevens kan de fiscale last in een latere verslagperiode ontstaan. De commerciële kosten worden veelal toegerekend aan de wachtperiode. De fiscale last kan veelal pas bij het uitoefenen van de opties in mindering op de fiscale winst worden gebracht.
De latente belasting als gevolg van dit tijdelijke verschil wordt als een bate of als een last verwerkt in de winst-en-verliesrekening over de periode, tenzij de belasting voortvloeit uit (IAS 12.68C):
- een transactie of gebeurtenis die in dezelfde of een andere periode rechtstreeks in het eigen vermogen wordt verwerkt; of
- een overname.

Indien het bedrag van de fiscale last (of de geschatte toekomstige fiscale last) van de op aandelen gebaseerde betaling hoger is dan de hiermee verband houdende cumulatieve commerciële last, dan geeft dit aan dat de fiscale last niet alleen betrekking heeft op personeelskosten, maar ook op een eigen-vermogenspost. Het bedrag waarmee de fiscale last de cumulatieve commerciële last overschrijdt wordt rechtstreeks in het eigen vermogen verwerkt (IAS 12.68A en 68C). Dit geldt overigens ook voor acute belastingen.

> **Voorbeeld latente belasting en op aandelen gebaseerde betalingen**
> Een aandelenoptieregeling met een looptijd van 2 jaar is fiscaal aftrekbaar op basis van de intrinsieke waarde per uitgeoefende optie. Stel dat in overeenstemming met IFRS 2 in jaar 1 een personeelskostenpost wordt opgenomen van 200.000 en in jaar 2 van 180.000. Eind jaar 1 worden 50.000 uitoefenbare opties verwacht. Het aantal daadwerkelijk uitgeoefende opties aan het eind van jaar 2 is 45.000. De intrinsieke waarde aan het einde van jaar 1 is 5, aan het einde van jaar 2 10. De belastingvoet bedraagt 40%.
> De latente belastingvordering aan het einde van jaar 1 wordt als volgt berekend: 50.000 x 5 x ½ (één jaar arbeidsprestaties, met een 'vesting period' van 2 jaar) x 40% = 50.000. Dit bedrag wordt als belastingbate in de winst-en-verliesrekening opgenomen. De acute belastingvordering aan het einde van jaar 2 bedraagt 45.000 x 10 x 40% = 180.000. Omdat de totale personeelskosten in de winst-en-verliesrekening (380.000) lager zijn dat de totale grondslag voor de belastingbate (450.000, 45.000 x 10) wordt een deel van de belastingbate (450.000 - 380.000 = 70.000 x 40% = 28.000) ten gunste van het eigen vermogen verantwoord.
> In jaar 2 wordt de mutatie in de belastingvordering van 130.000 (180.000 - 50.000) voor 102.000 verantwoord als belastingbate in het resultaat en voor 28.000 in het eigen vermogen.

Richtlijn 272 bevat geen specifieke regelgeving met betrekking tot het verwerken van latente belastingen die voortvloeien uit op aandelen gebaseerde beloningen. De regelgeving van IAS 12 wordt ook onder Richtlijn 272 aanvaardbaar geacht.

Verschillen Dutch GAAP – IFRS
RJ 272.310 stelt nadrukkelijk dat belastbare tijdelijke verschillen uit hoofde van herwaardering buiten beschouwing worden gelaten bij de beoordeling of een latente belastingvordering kan worden opgenomen voor verrekenbare tijdelijke verschillen. IAS 12 kent deze expliciete beperking niet.

Een overnemende rechtspersoon kan het, als gevolg van een overname, waarschijnlijk achten dat het zelf een latente belastingvordering kan realiseren, die het niet eerder had opgenomen. De overnemende entiteit kan bijvoorbeeld de voordelen van zijn niet-gewaardeerde compensabele fiscale verliezen benutten door verrekening met de toekomstige fiscale winsten van de overgenomen entiteit. In dergelijke gevallen moet de verwervende entiteit op moment van overname alsnog een latente belastingvordering wegens toekomstige verliescompensatie opnemen. Ingevolge RJ 272.505 dient hiermee rekening te worden gehouden bij de bepaling van de hoogte van de goodwill; de bij de overnemende entiteit nu alsnog gewaardeerde latente belastingvordering wordt in mindering gebracht op de goodwill inzake de overgenomen entiteit. Ingevolge IAS 12.67 is géén sprake van een bedrag dat in mindering komt op de goodwill inzake de overgenomen entiteit doch dient de vorming van een dergelijke latentie via de winst-en-verliesrekening te lopen. Het opnemen van een dergelijke latente belastingvordering heeft dus geen effect op de goodwill.

Het is denkbaar dat een overnemende rechtspersoon een op overnamedatum niet-opgenomen latente belastingvordering van de overgenomen rechtspersoon op een later tijdstip alsnog opneemt. Onder RJ 272.505a wordt deze latente belastingvordering verwerkt als een belastingbate in de winst-en-verliesrekening met een gelijktijdige verwerking van een afboeking van de goodwill in de winst-en-verliesrekening. Onder IAS 12.68 wordt deze latente belastingvordering slechts ten laste van de goodwill verwerkt indien opname plaatsvindt binnen de periode van eerste verwerking van de overname (maximaal één jaar na acquisitiedatum) op basis van nieuwe informatie over de situatie per acquisitiedatum. In alle andere gevallen wordt de latente belastingvordering verwerkt als een belastingbate in de winst-en-verliesrekening.

Richtlijn 272 heeft als gevolg van de wettelijke bepalingen in Titel 9 BW 2 het opnemen van een belastinglatentie met betrekking tot een herwaardering niet verplicht gesteld. Richtlijn 272 beveelt het vormen van een belastinglatentie wel aan. IAS 12 vereist de opname van een latentie.

Richtlijn 272 bevat geen specifieke regelgeving met betrekking tot het verwerken van latente belastingen die voortvloeien uit op aandelen gebaseerde betalingen. IAS 12.68A-68C bevat deze regelgeving wel. De regelgeving van IAS 12 wordt ook onder Richtlijn 272 aanvaardbaar geacht.

17.2.3.6 Toekomstige regelgeving

De IASB heeft in juli 2019 de Exposure Draft 'Deferred Tax related to Assets and Liabilities arising from a Single Transaction – Proposed amendments to IAS 12' uitgebracht waarin wordt ingegaan op de toepassing van de 'initial recognition exception' op met name de activa en passiva uit hoofde van leases en verwijderingsverplichtingen. Volgens het voorstel dient onder bepaalde voorwaarden de 'initial recognition exception' niet te worden toegepast op transacties die resulteren in de gelijktijdige opname van activa en passiva met tegenovergestelde tijdelijke verschillen.

17.3 Waardering
17.3.1 Welk tarief?
Tariefhoogte door wetgeving bepaald

Bij het waarderen van acute en latente belastingvorderingen en -verplichtingen wordt uitgegaan van de belastingwetgeving, de fiscale voorschriften en belastingtarieven zoals die zijn vastgesteld voor of op de balansdatum dan wel waartoe *materieel* al op balansdatum is besloten (RJ 272.401, IAS 10.22(h), IAS 12.46/47), inclusief het effect van reeds vastgestelde toekomstige wijzigingen. Dit is natuurlijk ook voor *tariefwijzigingen* van toepassing. Het toe te passen tarief wordt bepaald door het op rapportagedatum vastgestelde belastingtarief dat van toepassing zal zijn op het tijdstip dat het tijdelijke verschil wordt gerealiseerd of afgewikkeld, en leidt tot het betalen of verrekenen van belasting. 'Materieel vastgesteld' in de Nederlandse context is het moment dat het wetgevingsproces is afgerond door besluitvorming in de Eerste Kamer.

> **Voorbeeld tariefswijziging**
>
> Eerste voorbeeld
> Entiteit A heeft een fiscaal niet-geaccepteerde reorganisatievoorziening van € 1 miljoen getroffen in jaar 1. Dit is het enige tijdelijke verschil waarvoor A een actiefpost latente belastingvordering heeft opgenomen van € 0,25 miljoen. Aan het eind van jaar 1 wordt door de wetgever voorgesteld om het tarief vennootschapsbelasting voor jaar 3 en daarna te wijzigen in 21,7%. Het voorstel geeft veel maatschappelijke discussie en is in maart jaar 2 pas afgerond.
> Eind jaar 1 is géén sprake van een afgerond wetgevingsproces zodat geen rekening mag worden gehouden met een verlaging van de actiefposten, al naar gelang het tijdstip van afwikkeling in jaar 2 resp. jaar 3 en daarna.
>
> Tweede voorbeeld
> Entiteit A heeft een fiscaal niet-geaccepteerde reorganisatievoorziening van € 1 miljoen getroffen in jaar 1. Dit is het enige tijdelijke verschil waarvoor A een actiefpost latente belastingvordering heeft opgenomen van € 0,25 miljoen. Aan het eind van jaar 1 wordt door de wetgever voorgesteld om het tarief vennootschapsbelasting voor jaar 3 en daarna te wijzigen in 21,7%. Op 27 december jaar 1 wordt het betreffende wetsvoorstel aangenomen, waarmee eind jaar 1 sprake is van een afgerond wetgevingsproces. A dient nu in de jaarrekening jaar 1 een verlaging van de actiefpost latente belastingvordering op te nemen, al naar gelang het tijdstip van afwikkeling in jaar 2 en jaar 3 en daarna naar 25,0% en 21,7%, respectievelijk, voor de in de jaren fiscaal aftrekbare bedragen.

'Hybride' tarieven

Als de afwikkeling of de realisatie van het tijdelijke verschil kan plaatsvinden op verschillende manieren en daarvoor verschillende tarieven gelden, wordt uitgegaan van het tarief dat geldt voor de voorgenomen wijze van afwikkeling of realisatie (RJ 272.402, IAS 12.49-51A).

> **Voorbeeld verschillende tarieven van afwikkeling (ontleend aan IAS 12.51A)**
>
> Een actief heeft een commerciële boekwaarde van 100 en een fiscale boekwaarde van 60. Er wordt derhalve een latente belastingverplichting opgenomen over 40 (100 - 60). Bij verkoop van het actief is het tarief 20%, bij voortgaand gebruik 30%. Als de onderneming verwacht het actief zonder verder gebruik te verkopen, is de latente belastingverplichting 8 (20% x 40). Als de onderneming verwacht het actief te blijven aanwenden, is de latente belastingverplichting 12 (30% x 40).
> Als de rechtspersoon van plan is het actief na enkele jaren te verkopen, ontstaat een tussensituatie. Er wordt dan een belastinglatentie op basis van 30% gevormd over de periode waarin het verschil tussen de commerciële en fiscale boekwaarde vermindert door middel van afschrijvingen en een belastinglatentie op basis van 20% voor de vermindering door middel van verkoop. Het belastingpercentage ligt dan per saldo tussen de 20% en 30%.
> Stel dat het actief nog twee jaar wordt gebruikt en dan wordt verkocht en dat de commerciële boekwaarde en fiscale boekwaarde na die twee jaar 80 respectievelijk 48 zijn, dan is de latente belastingverplichting:
> 30% x 8 + 20% x 32 = 8,8 (= 22% x 40).

Er zijn situaties denkbaar waarbij over geherwaardeerde activa niet wordt afgeschreven (bijvoorbeeld grond). Omdat in dat geval verkoop de enige afwikkelingsmogelijkheid is, wordt de latente belastingverplichting gewaardeerd tegen het belastingtarief dat geldt voor verkoopresultaten (RJ 272.403, IAS 12.51B). Ook in het geval van latente belastingen inzake vastgoedbeleggingen die tegen reële waarde zijn gewaardeerd, wordt uitgegaan van afwikkeling door middel van verkoop (IAS 12.51C). Dit is echter een weerlegbaar vermoeden en het kan ook aannemelijk worden gemaakt dat uit het 'business model' volgt dat de vastgoedbeleggingen geheel of nagenoeg geheel door middel van gebruik (zoals verhuur) wordt terugverdiend.

> **Voorbeeld latente belastingverplichting vastgoedbelegging gewaardeerd tegen reële waarde (IFRS)**
>
> Een vastgoedbelegging (gebouw) heeft een kostprijs van 60 en een reële waarde (= commerciële boekwaarde) van 90. De fiscale boekwaarde is 40. Indien de vastgoedbelegging wordt verkocht, wordt de boekwinst boven de oorspronkelijke kostprijs belast tegen 20%. Het gewone belastingtarief is 30%.
> Het weerlegbaar vermoeden bestaat dat de boekwaarde van de vastgoedbelegging wordt terugverdiend door verkoop. Bij verkoop tegen de reële waarde van 90, wordt fiscaal een resultaat verantwoord van 50 (90 - 40). Daarvan wordt 20 (60 - 40) belast tegen 30% en 30 (90 - 60) tegen 20%. De latente belastingverplichting is derhalve 12.
> Zou het vermoeden worden weerlegd en worden uitgegaan van het terugverdienen door middel van gebruik, dan zou de latente belastingverplichting 15 (30% x 50) bedragen.

17 Belastingen naar de winst

Belastingtarieven kunnen verschillen en afhankelijk zijn van de hoogte van de fiscale winst. Dit doet zich bijvoorbeeld voor bij progressieve tarifering. In dat geval moeten latente belastingvorderingen en -verplichtingen worden gewaardeerd tegen de gemiddelde tarieven die naar verwachting van toepassing zullen zijn in de verslagjaren waarin de belastbare of verrekenbare tijdelijke verschillen worden afgewikkeld of gerealiseerd (RJ 272.402, IAS 12.49).

In de situatie dat ingehouden winsten worden belast tegen een ander tarief dan uitgedeelde winsten, worden de (acute en latente) belastingvorderingen en/of -verplichtingen gewaardeerd op basis van het tarief voor ingehouden winsten. Pas indien een schuld uit hoofde van het uit te keren dividend wordt opgenomen, worden de gevolgen van het tariefverschil in de winst-en-verliesrekening verantwoord (RJ 272.403a en 501, IAS 12.52A en 52B). De IFRS Interpretations Committee (agendabesluit juni 2020) heeft aangegeven dat IAS 12.52A van toepassing is op de entiteit die de winst inhoudt, echter indien de moeder een dividenduitkering verwacht, dan moet deze onder IAS 12.39 en 12.51 al wel het tarief voor uitgekeerde winsten toepassen. Omdat in Nederland geen verschil in tarief bestaat tussen ingehouden en uitgedeelde winsten, is dit vraagstuk normaliter niet relevant voor Nederlandse vennootschappen. Voor het geval een Nederlandse entiteit een deelneming heeft in een buitenlandse entiteit kan het vraagstuk uiteraard wel van toepassing zijn.

Fusie en overname ('business combinations')

Bij een overname neemt de overnemende rechtspersoon bij het bepalen van de netto-vermogenswaarde van de overgenomen rechtspersoon latente belastingvorderingen of -verplichtingen op als onderdeel van deze netto-vermogenswaarde op de acquisitiedatum. Deze belastingvorderingen of -verplichtingen worden gewaardeerd tegen de belastingtarieven die van toepassing zijn op de overgenomen rechtspersoon. Dit geldt ook voor een overnemende rechtspersoon die een op overnamedatum niet-opgenomen latente belastingvordering van de overgenomen rechtspersoon op een later tijdstip alsnog opneemt.

Een overnemende rechtspersoon kan het, als gevolg van een overname, waarschijnlijk achten dat het zelf een latente belastingvordering kan realiseren, die het niet eerder had opgenomen. Deze latente belastingvordering wordt gewaardeerd tegen het belastingtarief dat van toepassing is op de overnemende rechtspersoon.

Wet op de vennootschapsbelasting

Tarieven

Op grond van de Wet op de vennootschapsbelasting gelden de volgende tarieven voor de vennootschapsbelasting sinds de laatste wijziging in december 2020:
- het algemene tarief bedraagt 25%;
- het tarief voor winsten tot € 200.000 bedraagt 16,5% in 2020, 15% in 2021 voor winsten tot € 245.000 en 15% in 2022 voor winsten tot € 395.000.

Verliescompensatie

De voorwaartse verliesverrekening is normaliter beperkt tot 6 jaar. De achterwaartse verliesverrekening is beperkt tot 1 jaar. Het is de bedoeling om de voorwaartse verliesberekening onbeperkt te maken. Echter, omdat het daarvoor vereiste Koninklijk Besluit op 31 december 2020 nog niet was aangenomen is deze aanpassing nog niet van toepassing in jaarrekeningen voor het kalenderjaar 2020.

17.3.2 Waardering tegen nominale of contante waarde?

De Richtlijnen en IFRS verschillen op het punt van de waardering van latente belastingvorderingen en -verplichtingen tegen nominale of contante waarde. De Richtlijnen laten de vrije keuze tussen nominale en contante waarde (RJ 272.404), maar IAS 12 stelt nadrukkelijk dat waardering tegen contante waarde niet is toegestaan (IAS 12.53).
Volledigheidshalve wordt opgemerkt dat de keuzevrijheid van de Richtlijnen zich beperkt tot een *stelselkeuze*, ofwel als gekozen wordt voor het toepassen van contante waarde dienen *alle* latente belastingen te worden verdisconteerd (en is er geen keuze per individueel tijdelijk verschil).

Soms kunnen aanzienlijke verschillen bestaan tussen de nominale en de contante waarde van een belastinglatentie. Bij nominale waardering is het niet van belang op welke termijn de realisatie of afwikkeling van een belastbaar tijdelijk verschil wordt verwacht. Soms wordt een tijdelijk verschil pas na lange tijd, soms zelfs pas bij liquidatie van de onderneming, gerealiseerd of afgewikkeld. In die gevallen kan het onderRichtlijn 272 de voorkeur verdienen om de belastinglatenties in de commerciële balans tegen contante waarde te waarderen.

Waardering tegen contante waarde (uitsluitend Dutch GAAP)

De levensduur of de looptijd van de balansposten is van belang voor het berekenen van de contante waarde van de belastinglatentie.
In veel gevallen is een verband te leggen met individuele activa of posten van het vreemd vermogen. Bij het berekenen van de contante waarde van de belastinglatentie wordt rekening gehouden met de levensduur of de looptijd van de activa en de posten van het vreemd vermogen waarop de belastinglatentie betrekking heeft. Als de belastinglatentie een korte looptijd heeft, is waardering tegen nominale waarde op praktische gronden toegelaten, ook als de andere belastinglatenties tegen contante waarde zijn gewaardeerd.

Soms is er geen verband met individuele activa of posten van het vreemd vermogen te leggen. Bij het bepalen van de contante waarde van de belastinglatentie wordt dan rekening gehouden met de kansen dat zodanige belastinglatenties in totaal zullen afnemen en met de termijn waarop dat naar verwachting zal geschieden en eventuele andere relevante factoren.

Omdat de jaarlijkse rentetoevoeging fiscaal niet als last in aanmerking kan worden genomen, wordt de belastinglatentie bij waardering tegen contante waarde gedisconteerd op basis van de nettorente. Onder deze nettorente wordt verstaan de voor de rechtspersoon geldende rente voor langlopende leningen onder aftrek van belasting op basis van het toepasselijke belastingtarief. Mutaties in belastinglatenties als gevolg van rentetoevoeging worden verantwoord als belastinglast of -bate in de winst-en-verliesrekening, tenzij RJ 272.506 van toepassing is (RJ 272.405).

Voorbeelden berekening contante waarde latente belastingvordering

Een latente belastingvordering van € 300 is naar verwachting realiseerbaar na 2 jaar. De voor de rechtspersoon geldende rente voor langlopende leningen bedraagt 8%. De belastingvoet is 25%. De nettorente bedraagt dan 6%.
De contante waarde van de latente belastingvordering is aan het begin van jaar 1 gelijk aan 267. Aan het begin van jaar 2 is de contante waarde 283. De toename van de vordering (de oprenting) bedraagt 16 en wordt als belastingbate verwerkt. Een dergelijke bate is uiteraard, anders dan gebruikelijke rentebaten, onbelast.
Zou de bate wel belast zijn geweest, dan zou discontering tegen 8% hebben plaatsgevonden, waardoor in jaar 2 een rentebate van 21 (contante waarde stijgt van 257 naar 278) zou zijn geboekt. De belastinglast zou dan 5 (25% x 21) bedragen en de nettobate eveneens 16. (De bedragen in dit voorbeeld zijn afgerond.)

17 Belastingen naar de winst

In paragraaf 17.5.1 wordt uiteengezet op welke wijze de waardering tegen contante waarde dient te worden toegelicht.

Verschillen Dutch GAAP – IFRS

Richtlijn 272 biedt een keuzemogelijkheid tussen waardering tegen nominale waarde dan wel contante waarde. IAS 12 stelt nadrukkelijk dat waardering tegen contante waarde niet is toegestaan.

17.3.3 Onzekere belastingposities

Het is soms niet duidelijk of er al dan niet sprake is van een objectief bepaalbare latente belastingvordering of -verplichting. Deze onduidelijkheid kan voortkomen uit onzekerheid over de interpretatie van fiscale wetgeving, uit mogelijke fiscale naheffingen of een gevolg zijn van fiscale disputen.

IFRIC 23 *Uncertainty over Income Tax Treatments* en RJ 272.402a bevatten vergelijkbare bepalingen met betrekking tot onzekere belastingposities.

Zowel de Richtlijnen als IFRS stellen dat de rechtspersoon (latente) belastingvorderingen en verplichtingen dient te waarderen in overeenstemming met de fiscale aangifte (of de voorgenomen wijze van indienen van de fiscale aangifte), tenzij het niet waarschijnlijk is dat de fiscale autoriteiten hiermee zullen instemmen. Indien het *niet* waarschijnlijk is dat de fiscale autoriteiten zullen instemmen met (een gedeelte van) de fiscale aangifte dient de waardering van deze onzekere belastingpositie te worden gebaseerd op de beste schatting van het afwijkende belastingbedrag ten opzichte van de (voorgenomen) fiscale aangifte, ongeacht of sprake is van een onzekere belastingvordering of van een onzekere belastingverplichting (RJ 272.402a, IFRIC 23.10-11). In dit geval stelt de aanvullende regelgeving van IFRIC 23 dat de onzekerheid in de waardering tot uitdrukking dient te worden gebracht op basis van één van de volgende methodes (IFRIC 23.11):
▶ de meest waarschijnlijk uitkomst (in een serie van mogelijke uitkomsten);
▶ een verwachtingswaarde (kans gewogen uitkomst).

In het maken van deze inschattingen veronderstelt de rechtspersoon dat de fiscale autoriteiten over alle relevante informatie beschikken en dat toetsing van de onzekere belastingpositie door de fiscale autoriteiten zal plaatsvinden (RJ 272.402a, IFRIC 23.8). Daarnaast dient een onzekere belastingpositie die effect heeft op zowel de over de verslagperiode verschuldigde en/of verrekenbare belastingen als op latente belastingen, voor al deze posities op consistente wijze te worden verwerkt en gewaardeerd (RJ 272.402a, IFRIC 23.12). IFRIC 23 stelt verder dat onzekere belastingposities individueel dan wel gezamenlijk moeten worden beoordeeld, afhankelijk van welke benadering de hoogste voorspellende waarde heeft (IFRIC 23.6-7).

Veranderingen in feiten en omstandigheden kunnen leiden tot wijzigingen in de geschatte onzekere belastingpositie. Indien de mutatie in de onzekere belastingpositie voortkomt uit een wijziging van de schatting dan is het gestelde in Richtlijn 145 *Schattingswijziging* resp. IAS 8 *Accounting Policies, Changes in Accounting Estimates and Errors* van toepassing (RJ 272.402a en IFRIC 23.13-14).

Zie paragraaf 17.5.3 voor een nadere bespreking van eventueel aanvullende toelichtingen over onzekere belastingposities.

17.4 Verwerking van mutaties in belastingvorderingen of -verplichtingen

Het uitgangspunt is dat alle mutaties in acute belastingvorderingen en -verplichtingen en latente belastingvorderingen en -verplichtingen in de post 'belastingen over het resultaat' in de winst-en-verliesrekening worden verantwoord.

Richtlijn 272 en IAS 12 maken een uitzondering voor latente belastingen die het gevolg zijn van een overname en die dienen te worden verwerkt in de goodwill, en (latente) belastingen met betrekking tot transacties of gebeurtenissen die rechtstreeks in het eigen vermogen (RJ)/'other comprehensive income' (IFRS) worden verwerkt. Deze laatste belastingen worden rechtstreeks in het eigen vermogen (respectievelijk in het totaalresultaat) verwerkt (RJ 272.506, IAS 12.58, RJ 272.502 c.q. IAS 12.61A). Dit doet zich bijvoorbeeld voor bij latente belasting over een herwaardering. De boeking van de (latente) belasting mag dan niet plaatsvinden in de winst-en-verliesrekening.

De boekwaarde van de latente belastingvorderingen en -verplichtingen kan wijzigen, ook al is er geen wijziging in de desbetreffende tijdelijke verschillen. Dit is bijvoorbeeld het gevolg van:
▶ een wijziging in het belastingtarief of in de belastingwetten (zie par. 17.3.1);
▶ een herbeoordeling van de realisatiemogelijkheid van latente belastingvorderingen (zie par. 17.2.2); of
▶ een wijziging in de verwachte wijze van realisatie of afwikkeling van het actief of de post van het vreemd vermogen (zie par. 17.3.1).

De hieruit voortvloeiende wijziging in de belastinglatentie wordt in de winst-en-verliesrekening opgenomen, tenzij deze wijziging verband houdt met een post die in het verleden rechtstreeks in het eigen vermogen of via het totaalresultaat is verwerkt. In dat geval wordt de wijziging rechtstreeks in het eigen vermogen of via het totaalresultaat verwerkt (RJ 272.504, IAS 12.60).

Een wijziging in fiscale status van een entiteit kan optreden bijvoorbeeld in het kader van een privatisering, wetswijziging, of als gevolg van een internationaal verdrag. Voor zover de fiscale waarde afwijkt van de commerciële boekwaarde zal in veel gevallen sprake zijn van het per die datum opnemen van latente belastingvorderingen of -schulden. Dit is géén stelselwijziging doch wegens de aanpassing van de externe omstandigheden een situatiewijziging, hetgeen in veel gevallen zal betekenen dat de vorming van de latente belastingpost via de winst-en-verliesrekening wordt verwerkt, tenzij de onderliggende transacties en gebeurtenissen zelf tot mutaties in het eigen vermogen leiden (RJ 272.506, SIC 25).

Door de hierboven beschreven wijzigingen in de belastinglatenties zal een verschil ontstaan tussen het effectieve en het toepasselijke belastingtarief. Dit verschil wordt toegelicht, tenzij van verwaarloosbaar belang. Zie ter zake ook paragraaf 17.5.2.

17.5 Presentatie en toelichting
17.5.1 Balans
17.5.1.1 Presentatie

Presentatie acute en latente belastingvorderingen en -verplichtingen
Titel 9 BW 2 vereist dat onder de schulden een afzonderlijke categorie wordt opgenomen met betrekking tot belastingen en premies sociale verzekering (art. 2:375 lid 1 onder h BW). Titel 9 BW 2 verplicht niet tot een

17 Belastingen naar de winst

verdere specificatie. Richtlijn 272 stelt dat afzonderlijke vermelding in de balans of toelichting plaatsvindt van (RJ 272.601):
- belastingvorderingen en -verplichtingen;
- latente belastingvorderingen;
- de over de verslagperiode of een voorgaande verslagperiode terug te vorderen belastingen;
- latente belastingverplichtingen;
- de over de verslagperiode of een voorafgaande verslagperiode verschuldigde belastingen.

Als de belasting naar de winst in de balans wordt samengevoegd met andere belastingen, dient in de toelichting een specificatie te worden opgenomen (RJ 272.603).

Latente belastingvorderingen worden afhankelijk van hun verwachte looptijd op een afzonderlijke regel opgenomen onder de financiële vaste activa of onder de vlottende activa (vorderingen). Indien een deel van de latente belastingvorderingen die onder de financiële vaste activa zijn opgenomen naar verwachting binnen twaalf maanden na balansdatum verrekenbaar zal zijn, dient dit bedrag afzonderlijk te worden toegelicht dan wel worden gepresenteerd onder de vlottende activa (vorderingen). De wijze van presentatie dient te worden uiteengezet (RJ 272.602). Titel 9 BW 2 vereist afzonderlijke vermelding van latente belastingverplichtingen onder de voorzieningen (art. 2:374 lid 4 onder a BW). In de toelichting wordt zo veel mogelijk aangegeven in welke mate de voorzieningen als langlopend moeten worden beschouwd (art. 2:374 lid 3 BW).

IAS 1 schrijft voor dat zowel acute belastingvorderingen en -verplichtingen als latente belastingvorderingen en -verplichtingen separaat in de balans worden gepresenteerd (IAS 1.54). Verder mogen latente belastingvorderingen respectievelijk -verplichtingen niet worden geclassificeerd als vlottende activa respectievelijk kortlopende verplichtingen (IAS 1.56). Verder heeft de IFRS Interpretations Committee (agendabesluit september 2019) aangegeven dat onzekere belastingposities onder IAS 12 in de balans worden gepresenteerd samen met de gerelateerde acute belastingvorderingen en -verplichtingen en latente belastingvorderingen en -verplichtingen.

Saldering

De algemene bepalingen van saldering van activa en verplichtingen zijn ook van toepassing op acute belastingvorderingen en -verplichtingen. Saldering is in algemene zin uitsluitend toegestaan, en dan ook verplicht, indien en voor zover:
- de rechtspersoon over een deugdelijk juridisch instrument beschikt om de vordering en de verplichting gesaldeerd en simultaan af te werken;
- de rechtspersoon het stellige voornemen heeft het saldo af te wikkelen, of beide posten simultaan af te wikkelen (RJ 272.604 resp. 115.305, IAS 12.71).

Voor acute belastingvorderingen en -verplichtingen zal saldering veelal van toepassing zijn als de belasting naar de winst wordt geheven door dezelfde belastingautoriteit en deze de rechtspersoon toestaat netto af te rekenen (RJ 272.604-606, IAS 12.71-74).

Acute belastingvorderingen en -verplichtingen uit verschillende jaren kunnen in beginsel niet worden gesaldeerd indien zij naar verwachting niet per saldo of simultaan zullen worden afgewikkeld. In die situatie zal een vordering van het ene jaar niet kunnen worden gesaldeerd met een schuld van een ander jaar.

Voor het salderen van latente belastingvorderingen en -schulden wordt aangesloten op de situatie aangaande acute belastingvorderingen en -schulden (RJ 272.607). De bepaling van IAS 12.74 is daarmee te vergelijken, waarbij wel nadrukkelijk wordt aangegeven dat sprake moet zijn van dezelfde belastingautoriteit waarop de latente belastingvorderingen en -schulden betrekking hebben.

Bij het salderen van de **latente** belastingvorderingen en -verplichtingen spelen verschillen in looptijd geen rol. Hierdoor wordt voorkomen dat specifieke looptijdschema's moeten worden ontwikkeld om vast te stellen in welke perioden vorderingen en verplichtingen tegen elkaar wegvallen. De salderingsbepalingen dienen dan ook zo te worden gelezen dat, mits er sprake is van een deugdelijk juridisch instrument om acute belastingvorderingen en -verplichtingen te kunnen salderen, latente belastingvordering of -verplichting ook gesaldeerd moeten worden (RJ 272.607). In het uitzonderlijke geval dat gedurende bepaalde toekomstige perioden wel een wettelijke verrekeningsmogelijkheid bestaat en gedurende andere perioden niet, zal voor het vaststellen van de saldering alsnog een gedetailleerd looptijdschema moeten worden opgesteld. Een voorbeeld hiervan zou kunnen zijn indien een onderneming het stellige voornemen heeft tot opheffen van een fiscale eenheid over enige tijd.

Verrekening is dan in de periode voor opheffing mogelijk, maar daarna niet meer. In zo'n geval is een looptijdschema noodzakelijk om de uitsplitsing te kunnen maken (IAS 12.75/76).
In de situatie van een fiscale eenheid (of een vergelijkbare buitenlandse faciliteit) zal ook in de geconsolideerde jaarrekening saldering tussen de desbetreffende groepsmaatschappijen mogelijk zijn, mits aan dezelfde voorwaarden wordt voldaan (RJ 272.606, IAS 12.73).

De salderingsbepalingen zijn dwingend geformuleerd, hetgeen betekent dat als aan de voorwaarden is voldaan, saldering ook verplicht is. De vordering- of schuldpositie wordt derhalve per rechtspersoon of fiscale eenheid vastgesteld. Als niet aan de voorwaarden is voldaan, is saldering niet toegestaan.

Verschillen Dutch GAAP – IFRS
Latente vorderingen
Richtlijn 272 staat toe dat latente belastingvorderingen worden gepresenteerd onder de financiële vaste activa of onder de kortlopende vorderingen. IAS 1 schrijft voor dat latente belastingen niet mogen worden gepresenteerd als vlottende activa.

Latente verplichtingen
Onder Titel 9 Boek 2 BW worden latente belastingverplichtingen onder de voorzieningen gepresenteerd. Onder IAS 1 worden latente belastingverplichtingen als separate post onder de langlopende verplichtingen gepresenteerd en is een (gedeeltelijke) presentatie onder vlottende passiva niet toegestaan.

17.5.1.2 Toelichting

Door IAS 12 worden toelichtingsvoorschriften gegeven die verplicht zijn voor alle ondernemingen, ongeacht 'grootte' en onderscheid geconsolideerde/enkelvoudige jaarrekeningen, waarbij de Richtlijnen voor sommige informatie-elementen dat onderscheid wel maken respectievelijk alleen een aanbeveling voor het informatie-element geeft. Aan het slot van deze paragraaf is daar waar relevant voor het informatie-element een tabelmatige weergave van de betreffende RJ-bepalingen opgenomen.

Toelichting op latente belastingvorderingen en -verplichtingen
Door Richtlijn 272 en IAS 12 wordt voorgeschreven om met betrekking tot belastbare tijdelijke verschillen, verrekenbare tijdelijke verschillen, beschikbare voorwaartse verliescompensatie en toekomstige verrekeningsmogelijkheden het volgende te vermelden (RJ 272.711, IAS 12.81g):
▶ het bedrag van de latente belastingvorderingen en -verplichtingen dat in de balans is opgenomen; en
▶ het bedrag van de latente belastinglast of -bate dat in de winst-en-verliesrekening is verwerkt, voor zover dit niet al uit de toelichting op de wijzigingen in de balanspost blijkt.

17 Belastingen naar de winst

Voorts wordt door IAS 12 voorgeschreven en door Richtlijn 272 aanbevolen, om het geactiveerde bedrag van de latente belastingvordering en de reden (RJ) respectievelijk de aard van de onderliggende documentatie (IFRS) die het opnemen daarvan rechtvaardigt toe te lichten als (RJ 272.712, IAS 12.82):
▶ de realisatie van de latente belastingvordering afhankelijk is van toekomstige fiscale winst die uitgaat boven de fiscale winst die uit de afloop van belastbare tijdelijke verschillen voortvloeien; en
▶ de rechtspersoon een verlies heeft geleden in de verslagperiode of de voorgaande periode in het land waarop de latente belastingvordering betrekking heeft.

Toelichting op niet-opgenomen latente belastingvorderingen
De bedragen en vervaldata van de verliezen die voor voorwaartse verliescompensatie in aanmerking komen en de bedragen van verrekenbare tijdelijke verschillen worden in de toelichting vermeld, voor zover deze bedragen niet in de waardering van de latente belastingverplichtingen zijn verwerkt en evenmin als latente belastingvordering zijn geactiveerd (RJ 272.710, IAS 12.81e). Aanvullend vereist IAS 12.81e dat van deze bedragen het tijdstip van expiratie wordt vermeld (indien van toepassing). Richtlijn 272 bevat een dergelijke verplichting niet.

Rechtspersonen, onder Richtlijn 272 slechts grote rechtspersonen, vermelden voorts het totaalbedrag van de tijdelijke verschillen met betrekking tot investeringen in groepsmaatschappijen, buitenlandse niet-zelfstandige eenheden, joint ventures en deelnemingen, waarvoor geen latente belastingverplichtingen zijn opgenomen (RJ 272.709, IAS 12.81f).

Toelichting bij waardering tegen contante waarde (uitsluitend Dutch GAAP)
Als latente belastingvorderingen en -verplichtingen zijn gewaardeerd tegen contante waarde (hetgeen alleen mogelijk is bij de Richtlijnen, zie par. 17.3.2), vermelden rechtspersonen de nominale waarde van de latente belastingvorderingen en -verplichtingen die in de verslagperiode zijn ontstaan, en de nominale waarde van de resterende vorderingen en verplichtingen op balansdatum. Grote rechtspersonen vermelden bovendien (RJ 272.707):
▶ het bij de discontering toegepaste percentage nettorente; en
▶ een toelichting op de gemiddelde looptijd van de verplichtingen en vorderingen.

Recapitulatie RJ-bepalingen

RJ-bepaling	Rapporteringsregime 'groot'	Rapporteringsregime 'middelgroot'
272.707	Voorgeschreven	RJ 272.707(a) voorgeschreven
272.709	Voorgeschreven	n.v.t.
272.710	Voorgeschreven	Voorgeschreven
272.711	Aanbevolen	Aanbevolen
272.712	Aanbevolen	Aanbevolen

17.5.2 Winst-en-verliesrekening
17.5.2.1 Presentatie
Door IAS 12 worden presentatievoorschriften gegeven die verplicht zijn voor alle ondernemingen, ongeacht 'grootte' en onderscheid geconsolideerde/ enkelvoudige jaarrekeningen, waarbij de Richtlijnen voor sommige informatie-elementen dat onderscheid wel maken respectievelijk alleen een aanbeveling voor het informatie-element geeft. Ter afsluiting van deze paragraaf is daar waar relevant voor het informatie-element een tabelmatige weergave van de betreffende RJ-bepalingen opgenomen.

Belasting over het resultaat op gewone bedrijfsuitoefening
Richtlijn 272 schrijft voor dat de belastinglast of -bate met betrekking tot het resultaat afzonderlijk wordt gepresenteerd in de winst-en-verliesrekening (RJ 272.608). IAS 12 schrijft voor dat de belastinglast of -bate met betrekking tot de winst of het verlies uit normale bedrijfsactiviteiten wordt gepresenteerd in het overzicht van het totaalresultaat. Als de rechtspersoon de componenten van winst en verlies in een afzonderlijke winst-en-verliesrekening presenteert, dan wordt de belastinglast of -bate met betrekking tot winst of verlies uit normale bedrijfsactiviteiten gepresenteerd in die afzonderlijke winst-en-verliesrekening (IAS 12.77).

Overige presentatievoorschriften voor de winst-en-verliesrekening
Als de koersverschillen op buitenlandse latente belastingvorderingen of -verplichtingen in de winst-en-verliesrekening worden verwerkt, mogen dergelijke verschillen als onderdeel van de belastingpost worden verwerkt, als dit voor de gebruikers van de jaarrekening de meest inzichtelijke wijze van presentatie is (RJ 272.609, IAS 12.78).

Indien zowel sprake is van activiteiten die duurzaam worden voortgezet als van activiteiten die niet duurzaam worden voortgezet dienen alle (IFRS) c.q. grote (RJ) rechtspersonen ten aanzien van activiteiten die niet duurzaam worden voortgezet te vermelden de belastinglast inzake:
a. de winst of het verlies bij beëindiging; en
b. het resultaat van die activiteiten over de verslagperiode met de daarbij behorende vergelijkende cijfers (RJ 272.713, IAS 12.81h).

Recapitulatie RJ-bepalingen

RJ-bepaling	Rapporteringsregime 'groot'	Rapporteringsregime 'middelgroot'
272.608	Voorgeschreven	Voorgeschreven
272.609	Voorgeschreven	Voorgeschreven
272.713	Voorgeschreven	n.v.t.

17.5.2.2 Toelichting

Door IAS 12 worden toelichtingsvoorschriften gegeven die verplicht zijn voor alle ondernemingen, ongeacht 'grootte' en onderscheid geconsolideerde/enkelvoudige jaarrekeningen, waarbij de Richtlijnen voor sommige informatie-elementen dat onderscheid wel maken resp. alleen een aanbeveling voor het informatie-element geven. Hierna is daar waar relevant voor het informatie-element een tabelmatige weergave van de betreffende RJ-bepalingen opgenomen.

Toelichting belangrijkste componenten belastinglast
De belangrijkste componenten van de belastinglast- of bate dienen afzonderlijk te worden toegelicht (RJ 272.702, IAS 12.79). Hierbij kunnen de volgende elementen worden onderscheiden (IAS 12.80; de Richtlijnen noemen alleen element g):
a. acute belastinglast (of -bate);
b. aanpassingen gedurende het boekjaar met betrekking tot voorgaande jaren;
c. het bedrag aan latente belastinglast (of -bate) met betrekking tot het ontstaan en terugnemen van tijdelijke verschillen;
d. het bedrag aan latente belastinglast (of -bate) als gevolg van wijzigingen in belastingtarieven of de invoering van nieuwe belastingen;
e. het bedrag aan voordeel voortkomend uit voorheen niet-opgenomen fiscale verliezen of verrekeningsmogelijkheden en tijdelijke verschillen die de acute belastinglast heeft verminderd in het huidige boekjaar;
f. het bedrag aan voordeel voortkomend uit voorheen niet-opgenomen fiscale verliezen of verrekeningsmogelijkheden en tijdelijke verschillen die de latente belastinglast heeft verminderd in het huidige boekjaar;

17 Belastingen naar de winst

g. latente belastinglast voortkomend uit het niet langer opnemen, of het weer opnemen, van latente belastingvorderingen, als gevolg van de jaarlijkse beoordeling van de realiseerbaarheid (de waardeverminderingen van latente belastingvorderingen dienen afzonderlijk te blijken uit de winst-en-verliesrekening of de toelichting (RJ 272.406)); en
h. het bedrag aan belastinglast (of -bate) met betrekking tot stelselwijzigingen en de correctie van fouten, voor zover niet retrospectief verwerkt.

Toelichting op effectieve en toepasselijke belastingtarief

Het gemiddelde effectieve belastingtarief en het toepasselijke belastingtarief worden door middelgrote en grote rechtspersonen in de toelichting vermeld (RJ 272.703). IAS vereist deze vermelding voor alle rechtspersonen (IAS 12.81c).

Richtlijn 272 en IAS 12 vereisen dat een toelichting op de relatie tussen de belastinglast of -bate en het resultaat voor belastingen wordt verstrekt. Deze toelichting wordt verstrekt volgens één van de volgende methoden:
a. een cijfermatige aansluiting van de belastinglast of -bate met het product van het resultaat voor belastingen en het toepasselijke belastingtarief, waarbij eveneens aangegeven wordt hoe dat tarief is berekend; of
b. een cijfermatige aansluiting tussen het gemiddelde effectieve belastingtarief en het toepasselijke belastingtarief, waarbij eveneens aangegeven wordt hoe dat tarief is berekend (RJ 272.704, IAS 12.81c).

Het gemiddelde effectieve belastingtarief wordt berekend door de belastinglast of -bate te delen door de winst of het verlies voor belasting (IAS 12.86).

De rechtspersoon hanteert in de toelichting op de relatie tussen de belastinglast of -bate en de winst een toepasselijk belastingtarief. Dit gehanteerde toepasselijke belastingtarief is het tarief dat het meest informatief is voor de gebruikers van de jaarrekening. Veelal is dit het belastingtarief in het land van vestiging van de rechtspersoon, waarbij eventuele lokale belastingen die materieel op dezelfde wijze als de nationale belasting naar de winst worden geheven, worden meegerekend. Voor een rechtspersoon die in meerdere landen actief is, kan het echter informatiever zijn om een optelling van de analyses per land of een gewogen gemiddelde van toepasselijke belastingpercentages te hanteren (RJ 272.705, IAS 12.85).

Voorbeeld bepaling van het toepasselijke belastingtarief en de toelichting op de relatie belastinglast/-bate en resultaat voor belastingen

Een rechtspersoon werkt in drie landen. Er is een resultaat voor belastingen behaald van € 80 miljoen. De belastingkosten bedragen € 24 miljoen, zodat het nettoresultaat uitkomt op € 56 miljoen. Hieruit blijkt dat het gemiddelde effectieve belastingtarief 30% is ((€ 24/€ 80) * 100%).

Het resultaat voor belastingen van € 80 miljoen is als volgt behaald: in land A € 40 miljoen (toepasselijke belastingtarief 24%), in land B € 30 miljoen (toepasselijke belastingtarief 50%) en in land C € 10 miljoen (toepasselijke belastingtarief 34%). Door middel van een gewogen gemiddelde kan het toepasselijke belastingtarief voor de rechtspersoon worden berekend: 35%. Ook is het toegestaan het belastingtarief van het land van vestiging, in casu 24% uit land A, als toepasselijk belastingtarief aan te geven en in het aansluitingsoverzicht een effect van buitenlandse belastingtarieven van 11% te vermelden.

De gevraagde toelichting op de relatie tussen de belastinglast of -bate en het resultaat voor belastingen kan op de volgende twee wijzen worden gemaakt (uitgaande van 35% als toepasselijk belastingtarief):
a. cijfermatige aansluiting tussen € 28 (35% x € 80) en € 24 (30% x € 80); of
b. cijfermatige aansluiting tussen het gemiddeld effectief tarief van 35% en het gemiddeld toepasselijk tarief van 30%.

```
De aansluiting ad a kan er bijvoorbeeld op de volgende wijze uitzien:
    Belastingen tegen toepasselijke tarief                              28,0
    Deelnemingsvrijstelling                                             -3,0
    Gebruik niet-gewaardeerde verliezen                                 -4,8
    Niet-aftrekbare kosten                                              +3,8
    Belastingen tegen effectieve tarief                                 24,0

De aansluiting ad b kan er bijvoorbeeld op de volgende wijze uitzien:
    Gemiddelde toepasselijke tarief                                    35,0%
    Deelnemingsvrijstelling                                            -3,8%
    Gebruik niet-gewaardeerde verliezen                                -6,0%
    Niet-aftrekbare kosten                                             +4,8%
    Gemiddelde effectieve tarief                                       30,0%
```

Met deze toelichting op de relatie tussen de belastinglast of -bate en het resultaat voor belastingen wordt beoogd inzicht te verschaffen in hoeverre de relatie tussen belastinglast of -bate en de winst of verlies ongebruikelijk is en in de belangrijke factoren die deze relatie in de toekomst kunnen beïnvloeden. De relatie kan afhankelijk zijn van factoren als belastingvrije inkomsten, fiscaal niet-aftrekbare lasten, het effect van fiscale verliezen en van buitenlandse belastingtarieven (RJ 272.704, IAS 12.84).

Indien het gemiddelde effectieve (alleen RJ) of toepasselijke (IFRS en RJ) belastingtarief afwijkt van dat over de voorafgaande verslagperiode, lichten rechtspersonen de oorzaak van deze afwijking toe (RJ 272.706, IAS 12.81d). In de voorschriften van de Richtlijnen wordt gesteld dat de informatie alleen voor **belangrijke** wijzigingen in het effectieve en toepasselijke belastingtarief aan de orde is (RJ 272.706).

Overige toelichtingen met betrekking tot de winst-en-verliesrekening
Voor zover dat niet reeds uit de toelichting op de mutaties van de balansposten latente belastingvorderingen respectievelijk -verplichtingen blijkt, wordt toegelicht het bedrag van de latente belastingbate of -last voor iedere categorie actieve en passieve belastinglatentie (RJ 272.711, IAS 12.81g(ii)).

Als sprake is van activiteiten die duurzaam worden voortgezet als van activiteiten die niet duurzaam worden voortgezet, vermelden (RJ: grote) rechtspersonen ten aanzien van activiteiten die niet duurzaam worden voortgezet de belastinglast over:
▶ de winst of het verlies bij beëindiging; en
▶ het resultaat van activiteiten over de verslagperiode met de daarbij behorende vergelijkende cijfers
    (RJ 272.713, IAS 12.81h).

Recapitulatie RJ-bepalingen

RJ-bepaling	Rapporteringsregime 'groot'	Rapporteringsregime 'middelgroot'
272.702	Voorgeschreven	Voorgeschreven
272.703	Voorgeschreven	Voorgeschreven
272.704	Voorgeschreven	Voorgeschreven
272.706	Voorgeschreven	Voorgeschreven
272.711	Aanbevolen	Aanbevolen
272.713	Voorgeschreven	n.v.t.

17 Belastingen naar de winst

Verschillen Dutch GAAP – IFRS

In Richtlijn 272 zijn de toelichtingsvereisten voor het belangrijkste deel in overeenstemming met die van IAS 12. Richtlijn 272 geeft ten aanzien van de toelichting enerzijds aanbevelingen voor alle ondernemingen en anderzijds verplichtingen voor grote rechtspersonen. IAS 12 maakt deze tweedeling niet en stelt alle toelichtingen verplicht voor alle ondernemingen.

De Richtlijnen verplichten alleen grote rechtspersonen tot het vermelden van het totaalbedrag van de tijdelijke verschillen inzake investeringen in groepsmaatschappijen, buitenlandse niet-zelfstandige eenheden, deelnemingen en joint ventures waarvoor geen latente belastingverplichtingen zijn opgenomen.

17.5.3 Overige toelichting

Naast de in paragrafen 17.5.1 en 17.5.2 genoemde toelichtingen wordt in de toelichting de volgende informatie opgenomen:
- een uiteenzetting van de gehanteerde waarderingsmethode van belastinglatenties (RJ 272.701, IAS 1.117);
- het totaalbedrag aan belastingen dat rechtstreeks in het eigen vermogen is verwerkt (RJ 272.701, IAS 12.81a);
- voor iedere component van het overzicht totaalresultaat de daarmee samenhangende belastingpost (alleen IFRS: IAS 1.90, IAS 12.81ab);
- als voorgestelde of gedeclareerde dividenden waarvoor nog geen verplichting is opgenomen gevolgen hebben voor de in het volgende boekjaar door de rechtspersoon verschuldigde belasting: het kwantitatieve effect op de toekomstig verschuldigde belasting (RJ 272.714, IAS 12.81i; RJ alleen voor grote rechtspersonen);
- als een overname waarbij de rechtspersoon de overnemende partij is leidt tot een wijziging in haar latente belastingvordering: het bedrag van die verandering (alleen IFRS: IAS 12.81j);
- als de bij een overname verworven latente belastingvoordelen niet op de overnamedatum maar pas daarna worden opgenomen: een beschrijving van de gebeurtenis of verandering van omstandigheden die tot het opnemen van de latente belastingvoordelen heeft geleid (alleen IFRS: IAS 12.81k);
- als sprake is van tariefsverschillen of andere verschillen bij het inhouden of uitkeren van winsten of reserves: de aard en – voor zover mogelijk – de omvang van het potentiële belastingbedrag, met een toelichting als de kwantificering hiervan geheel of gedeeltelijk niet uitvoerbaar is (RJ 272.715, IAS 12.82A; RJ alleen voor grote rechtspersonen);
- in aansluiting op RJ 160/252 en IAS 10/37: niet in de balans opgenomen verplichtingen en gebeurtenissen na balansdatum, zoals die welke het gevolg zijn van een dispuut met de fiscale autoriteiten, alsmede de materiële gevolgen voor de latente belastingen van belangrijke wijzigingen in belastingtarieven en/of -wetgeving die na balansdatum worden aangekondigd of ingevoerd (RJ 272.716, IAS 12.88).

Recapitulatie RJ-bepalingen

RJ-bepaling	Rapporteringsregime 'groot'	Rapporteringsregime 'middelgroot'
272.701	Voorgeschreven	Voorgeschreven
272.714	Voorgeschreven	n.v.t.
272.715	Voorgeschreven	n.v.t.
272.716	Voorgeschreven	Voorgeschreven

Verschillen Dutch GAAP – IFRS

IAS 12 bevat, in het algemeen, uitgebreidere toelichtingsvereisten. Richtlijn 272 geeft ten aanzien van de toelichting enerzijds aanbevelingen voor alle ondernemingen en anderzijds verplichtingen voor grote rechtspersonen.

IAS 12 maakt deze tweedeling niet en stelt alle toelichtingen verplicht voor alle ondernemingen. In de voorgaande paragrafen zijn de specifieke verschillen vermeld.

17.6 Allocatie van belastingen binnen een fiscale eenheid (alleen onder RJ 272)

Alleen de Richtlijnen hebben bepalingen opgenomen inzake allocatie van belastingen binnen een fiscale eenheid. Aan het slot van de paragraaf wordt de toepasbaarheid bij IFRS behandeld.

Rechtspersonen kunnen onder bepaalde voorwaarden een fiscale eenheid vormen. Deze fiscale faciliteit houdt in, dat de belastbare resultaten van deze rechtspersonen ten behoeve van de belastingheffing worden samengevoegd alsof het één rechtspersoon betreft. Zodoende worden binnen de eenheid fiscale verliezen van de ene rechtspersoon direct gecompenseerd met fiscale winsten van één of meer andere rechtspersonen (RJ 272.801).

In het algemeen heeft het bestaan van een fiscale eenheid, afgezien van cijfermatige aspecten, geen bijzondere betekenis voor de geconsolideerde jaarrekening, doch wel voor de enkelvoudige jaarrekening van de maatschappij die aan het hoofd van de fiscale eenheid staat (moeder), en eveneens voor de jaarrekening van de andere maatschappijen die deel uitmaken van de fiscale eenheid (dochters) (RJ 272.802).

In de praktijk vindt de verrekening van belastingen tussen de moeder en dochters op verschillende wijzen plaats. In hoofdlijnen worden daarbij de volgende mogelijkheden aangetroffen:
a. de moeder rekent met de dochter af alsof deze zelfstandig belastingplichtig is;
b. de moeder rekent af op basis van het fiscale resultaat van de dochter, met inachtneming van een toerekening van de voordelen van de fiscale eenheid aan de verschillende dochters die daarvan deel uitmaken;
c. de moeder rekent af op basis van het commerciële resultaat van de dochter;
d. de moeder draagt de gehele belastinglast.

Het verdient aanbeveling de wijze van verrekening contractueel vast te leggen (RJ 272.803). Bovenstaande betreft dus een verrekeningsmethodiek, bij voorkeur op basis van een contractuele overeenkomst. Hieruit volgt dat een wijziging hierin geen stelselwijziging betreft maar een wijziging in contractuele afspraken.

Ad a. en b.

In de gevallen a en b zullen dochters (acute en latente) belastingen in hun winst-en-verliesrekening en belastinglatenties in hun balans opnemen. De belastinglatenties zijn in beginsel latente vorderingen of verplichtingen jegens de moeder. De dochter maakt dit duidelijk in haar jaarrekening, in de omschrijving in de balans of in de toelichting (RJ 272.804).
Acute belastingvorderingen en -schulden worden overigens altijd bij de moeder verantwoord, tenzij de dochter daadwerkelijke de belastingverplichtingen en -vorderingen afwikkelt met de Belastingdienst.

De waardering van latente belastingvorderingen bij dochters is afhankelijk van de vraag of er voldoende zekerheid bestaat over realisatie.
Bij de onder a genoemde verrekeningsmethodiek hangt dit af van de zekerheid omtrent te betalen belastingen over toekomstige fiscale winsten of van het bestaan van verrekenbare tijdelijke verschillen.
Bij de onder b genoemde methode hangt realisatie samen met de mate van zekerheid die het met de moeder overeengekomen verrekeningssysteem biedt en in verliesgevende situaties van de mate van zekerheid dat de moeder dit systeem in de toekomst kan continueren.

17 Belastingen naar de winst

Indien op de balans van de moeder latente belastingvorderingen zijn opgenomen, waarbij rekening is gehouden met de verrekening met latente belastingverplichtingen bij de dochters, wordt dit in de toelichting in de jaarrekening van de moeder vermeld (RJ 272.807).
Met betrekking tot de enkelvoudige balans van de moeder zijn er twee mogelijkheden (RJ 272.806):
▶ latente belastingposities van dochters jegens de moeder worden door de moeder in de balans opgenomen, met daartegenover de latente belastingpositie van de gehele fiscale eenheid (jegens de fiscus);
▶ de moeder neemt alleen haar eigen latente belastingposities op.

Ad c.

In de onder c genoemde situatie wordt in de winst-en-verliesrekening van de dochter wel acute belastingen verantwoord, maar worden in haar balans geen (acute en latente) belastingposities opgenomen (RJ 272.804). De moeder neemt in beginsel de gehele belastingpositie van de fiscale eenheid in haar balans op (RJ 272.806). In de toelichting wordt uiteengezet dat dit samenhangt met de gekozen wijze van verrekening van de belastingen (RJ 272.804).

Ad d.

In de onder d genoemde situatie wordt in de jaarrekening van de dochter duidelijk gemaakt op grond van welke omstandigheid geen belastingen in die jaarrekening zijn opgenomen. De rechtspersoon zelf is immers niet vrijgesteld van belastingheffing; de rechtspersoon heeft geen objectieve vrijstelling) (RJ 272.804). In deze situatie wordt in de winst-en-verliesrekening van de moeder de belastinglast toegerekend aan de eigen activiteiten en aan die van de dochters (RJ 272.805). Opvallend is dat de Richtlijnen hier een keuze hebben toegestaan die afwijkt van het op arm's lenght-basis opnemen van transacties tussen groepsmaatschappijen (zie hoofdstuk 26).

Presentatie in de enkelvoudige winst-en-verliesrekening van de moeder

Indien de moeder haar eigen winst-en-verliesrekening opstelt met inachtneming van artikel 2:402[1] BW (dat wil zeggen dat alleen het resultaat uit deelnemingen na aftrek van belastingen afzonderlijk wordt getoond), is een toelichting op de post belastingen zoals begrepen in het resultaat uit deelnemingen niet nodig. Stelt de moeder daarentegen een volledige eigen winst-en-verliesrekening op, dan wordt in de toelichting een aanduiding opgenomen van de oorzaken van een eventuele afwijking van een normale verhouding tussen het bedrag van de belasting naar de winst en het resultaat voor belastingen (RJ 272.805).

In de situatie c en d neemt de moeder in beginsel de gehele belastingpositie van de fiscale eenheid in haar balans op in haar enkelvoudige balans (RJ 272.806). De mogelijkheden hiervoor bij situatie a en b zijn in dit geval niet van toepassing, omdat de dochters niet hun zelfstandig latente belastingposities opvoeren.

Voorbeeld allocatie van belastingen binnen een fiscale eenheid

Een moeder en dochter vormen tezamen een fiscale eenheid. De commerciële winst van de dochtermaatschappij bedraagt € 80.000. Bovendien wordt fiscaal een egalisatievoorziening getroffen die commercieel niet wordt opgenomen ter grootte van € 15.000. Het fiscaal resultaat van de dochter bedraagt derhalve € 65.000.

Het commercieel verlies van de moeder bedraagt € 120.000. Het fiscaal verlies voor de fiscale eenheid bedraagt daarom € 55.000 (€ 120.000 verlies, € 80.000 winst en € 15.000 belastbaar tijdelijk verschil). Het toepasselijke belastingtarief bedraagt 25%. Er is voldoende zekerheid over realisatie van de latente belastingvordering.

---

[1] Sinds 1 januari 2016 niet langer toegestaan voor Organisaties van Openbaar Belang (OOB); artikel 2:402 lid 2 BW.

De allocatie van belastingen vindt volgens de genoemde vier mogelijkheden als volgt plaats. Hierbij wordt de latente belastingpositie van de dochter tegenover de moeder door de moeder in de balans opgenomen.

	Ad a	Ad b	Ad c	Ad d
Dochter – maakt deel uit van fiscale eenheid				
Fiscaal resultaat – winst/(verlies)	65.000	(15.000)	80.000	0
Belastingen – (bate)/last	20.000	0	20.000	0
Vordering moedermaatschappij	0	3.750	0	0
Schuld moedermaatschappij	16.250	0	20.000	0
Schuld moedermaatschappij – latent	3.750	3.750	0	0
Moeder enkelvoudig – hoofd fiscale eenheid				
Fiscaal resultaat – winst/(verlies)	(120.000)	(40.000)	(135.000)	(55.000)
Belastingen – (bate)/last	(30.000)	(10.000)	(30.000)	(10.000)
Voor saldering:				
Latente belastingvordering	30.000	10.000	33.750	13.750
Latente belastingverplichtingen	3.750	3.750	3.750	3.750
Belastingvordering	0	3.750	0	0
Belastingschulden	16.250	0	20.000	0
Vordering dochtermaatschappij	16.250	0	20.000	0
Vordering dochtermaatschappij – latent	3.750	3.750	0	0
Schuld dochtermaatschappij	0	3.750	0	0
Na saldering:				
Latente belastingvordering	13.750	13.750	13.750	13.750
Latente belastingverplichtingen	3.750	3.750	3.750	3.750
Vordering dochtermaatschappij	16.250	0	20.000	0
Vordering dochtermaatschappij – latent	3.750	3.750	0	0
Schuld dochtermaatschappij	0	3.750	0	0

Het fiscale resultaat van de moeder in situatie b betreft het totaal van het commercieel resultaat van moeder en dochter (€ 120.000 verlies en € 80.000 winst). Het voordeel dat ontstaat door saldering van fiscale resultaten binnen de fiscale eenheid wordt in dit voorbeeld eenvoudigheidshalve geheel toegerekend aan de dochter; in de werkelijkheid is het logisch om de voordelen te verdelen over de moeder en dochter. Het fiscale resultaat van de moeder in situatie c betreft het commercieel resultaat van de moeder (€ 120.000) en het belastbaar tijdelijk verschil (€ 15.000).

Rechtspersonen die deel uitmaken van een fiscale eenheid zijn op grond van de standaardvoorwaarden die daarbij door de Belastingdienst worden gesteld hoofdelijk aansprakelijk voor alle belastingschulden uit de periode dat zij van die fiscale eenheid deel uitmaken. Vermelding van het toepassen van een dergelijke regeling valt onder de reikwijdte van Richtlijn 252 'Voorzieningen, niet in de balans opgenomen verplichtingen en niet in de balans opgenomen activa' (RJ 272.808; zie hoofdstuk 36).

Voorbeeld van een toelichting op de hoofdelijke aansprakelijkheid met betrekking tot een fiscale eenheid

De vennootschap is hoofdelijk aansprakelijk voor de belastingverplichtingen van de Nederlandse groepsmaatschappijen die deel uitmaken van de fiscale eenheid. Het totaal aan belastingverplichtingen van deze groepsmaatschappijen bedraagt € ... (vorig jaar: € ...) waarvan € ... (vorig jaar: € ...) latente verplichtingen betreft.

Toepasbaarheid bij IFRS

IAS 12 gaat niet specifiek in op de problematiek rond de allocatie van belastingen binnen een fiscale eenheid. De (internationale) opvattingen over het al dan niet toerekenen aan de betreffende entiteiten lopen in een breed scala uiteen, met als uitersten het geheel toerekenen aan de ene zijde en in het geheel niet toerekenen aan de andere zijde.

17 Belastingen naar de winst

Ongeacht de gemaakte keuze dient sprake te zijn van en consistente toepassing, uiteraard op adequate wijze uiteen te zetten. Hierbij dient ook rekening gehouden te worden met eventuele contractuele afspraken die gemaakt zijn binnen de groep.

Verschillen Dutch GAAP – IFRS
RJ 272.8 bevat specifieke bepalingen met betrekking tot de allocatie van belasting binnen een fiscale eenheid. IAS 12 bevat dergelijke bepalingen niet. De (internationale) opvattingen over het al dan niet toerekenen aan de betreffende entiteiten lopen in een breed scala uiteen, met als uitersten het geheel toerekenen aan alle entiteiten en het geheel niet toerekenen aan alle entiteiten. Ongeacht de gemaakte keuze dient sprake te zijn van een consistente toepassing, uiteraard op adequate wijze uiteen te zetten. Hierbij dient ook rekening gehouden te worden met eventuele contractuele afspraken die gemaakt zijn binnen de groep.

17.7 Vrijstellingen voor middelgrote rechtspersonen
IAS 12 stelt alle toelichtende gegevens ten aanzien van belastingen naar de winst verplicht voor alle ondernemingen. In Richtlijn 272 wordt echter ten aanzien van de toelichting van belastingen naar de winst een tweedeling aangebracht tussen enerzijds aanbevelingen voor alle ondernemingen en anderzijds verplichtingen voor grote rechtspersonen. Middelgrote rechtspersonen zijn vrijgesteld van het verstrekken van toelichting ten aanzien van:
- tijdelijke verschillen met betrekking tot investeringen in groepsmaatschappijen, buitenlandse niet-zelfstandige eenheden, deelnemingen en joint ventures waarvoor geen latente belastingverplichtingen zijn opgenomen (RJ 272.709);
- afzonderlijke vermelding van de belastinglast van niet duurzaam voortgezette activiteiten (RJ 272.713);
- de gevolgen voor de verschuldigde belasting van voorgestelde of gedeclareerde dividenden (RJ 272.714);
- bij waardering tegen contante waarde, vermelding van de disconteringsvoet en een toelichting op de gemiddelde looptijd (RJ 272.707);
- tariefsverschillen in de situaties waarin winsten worden ingehouden ten opzichte van de situaties waarin deze worden uitgekeerd (RJ 272.715).

18 Pensioenen

18.1 Algemeen	
IFRS en Richtlijnen	Richtlijn 271 en IAS 19 gaan uit van een fundamenteel verschillende benadering. Richtlijn 271 is gebaseerd op een verplichtingenbenadering in lijn met de regelgeving over voorzieningen en IAS 19 is gebaseerd op een risicobenadering.
Toepassingsgebied	Is voor Richtlijn 271 en IAS 19 gelijk. Pensioenverplichtingen betreffen zowel in rechte afdwingbare verplichtingen als verplichtingen waarbij de rechtspersoon geen ander reëel alternatief heeft dan het nakomen ervan ('constructive obligation').
18.2 Hoofdlijnen Richtlijn 271	
Toepassing andere verslaggevingsstelsels in een Dutch GAAP jaarrekening	Mogelijkheid om in plaats van de Richtlijn 271 voorschriften de voorschriften van US GAAP, IFRS of EU-IFRS toe te passen voor de verwerking van pensioenregelingen, mits stelselmatig en volledig conform die andere voorschriften.
NL-groepsjaarrekeningen met buitenlandse pensioenregelingen	Verwerking afhankelijk of buitenlandse regeling vergelijkbaar is met Nederlandse pensioenstelsel. Daarnaast bestaan faciliteiten om de buitenlandse pensioenregelingen op afwijkende wijze te verwerken in de NL-jaarrekening, mits de keuze als stelsel wordt toegepast. Onder meer is mogelijk om US GAAP, IFRS of EU-IFRS toe te passen.
Bepaling pensioenverplichting	Betaalde premie wordt ten laste van de winst-en-verliesrekening gebracht. Aanvullend wordt, indien van toepassing, een verplichting opgenomen voor op balansdatum resterende: ▶ verplichtingen aan pensioenuitvoerder, bestaande uit nog verschuldigde jaarlijkse pensioenpremie en eventuele additionele bijdragen die samenhangen met de financieringspositie van de pensioenuitvoerder; ▶ verplichtingen aan werknemers; deze doen zich in het bijzonder voor bij eindloonregelingen en onvoorwaardelijke indexatieverplichtingen.
Waardering van de pensioenverplichting	De beste schatting die nodig is om de verplichting per balansdatum af te wikkelen.
Presentatie	Enkele specifieke eisen voor presentatie.
Toelichting	Beperkte toelichting.
18.3 Hoofdlijnen IAS 19	
Classificatie pensioenregelingen	Er zijn twee soorten regelingen: ▶ toegezegde-bijdrageregelingen ('defined contribution plans' of DC): de rechtspersoon loopt 'in substance' geen actuarieel risico (inclusief het beleggingsrisico);

Classificatie pensioenregelingen (vervolg)	▶ toegezegd-pensioenregelingen ('defined benefit plans' of DB): alle overige regelingen.
Toegezegde-bijdrageregelingen	Aan boekjaar toerekenbare bijdrage ('pensioenpremie') als last verwerken
Toegezegd-pensioenregelingen: bepaling pensioenverplichting	▶ contante waarde toegekende pensioenaanspraken op balansdatum; ▶ -/- de reële waarde van de fondsbeleggingen.
Bepaling pensioenlasten in de verslaggevingsperiode	▶ contante waarde van toegekende pensioenaanspraken tijdens de verslaggevingsperiode; ▶ + de toe te rekenen netto-interest; ▶ +/- de toe te rekenen lasten over verstreken diensttijd en effect van eventuele inperkingen; ▶ +/- het toe te rekenen effect van beëindiging van de regeling.
Contante waarde van de pensioenverplichting	Toepassing van *'Projected Unit Credit Method'*, gebaseerd op actuariële grondslagen (demografische en financiële veronderstellingen). Disconteringsvoet is de marktrente van hoogwaardige ondernemingsobligaties.
Fondsbeleggingen	Activa van een pensioenfonds en zogenaamde kwalificerende verzekeringscontracten. Naast fondsbeleggingen kan de rechtspersoon ook zelfstandig bepaalde rechten op vergoedingen hebben ('reimbursements'), bijvoorbeeld bij een niet-kwalificerende verzekeringspolis. De rechten op vergoedingen worden afzonderlijk op de balans opgenomen.
Waardewijzigingen en schattingsverschillen ('remeasurements')	Deze omvatten: ▶ actuariële resultaten; ▶ waardeverschillen beleggingen (excl. verondersteld rendement over boekjaar); ▶ wijziging toepassing 'asset ceiling'.
Actuariële resultaten	Actuariële resultaten bestaan uit twee componenten: ▶ verschillen in het boekjaar tussen veronderstellingen en werkelijkheid; ▶ aanpassingen in de veronderstellingen voor komende jaren. Actuariële resultaten en overige waardewijzigingen en schattingsverschillen worden direct in 'other comprehensive income' verantwoord.
Overschotten	Alleen in aanmerking nemen indien aan specifieke activeringscriteria is voldaan.
Bijzonderheden Presentatie	▶ rekening houden met mogelijke kosten van medische verzorging; ▶ bepaling reële waarde pensioenverplichting bij overname van een onderneming.
Toelichting	Uitgebreide toelichting.

18 Pensioenen

18.4 VUT en andere non-activiteitsregelingen	
Bepaling verplichting	De Richtlijnen verwijzen voor de bepaling van de verplichting naar Richtlijn 252 'Voorzieningen'. Onder IFRS kunnen VUT-verplichtingen worden beschouwd als (onderdeel van) een pensioenregeling.
Waardering en resultaatbepaling	Gezien het verschil in classificatie, wijkt de verwerking van VUT-verplichtingen in de Richtlijnen af van die in IFRS. De RJ verplicht tot het opnemen van een VUT-voorziening voor personeelsleden die: ▶ reeds hebben geopteerd voor gebruikmaking van vervroegde uittreding; ▶ nog kunnen opteren onder de bestaande regeling voor vervroegde uittreding, maar dat nog niet hebben gedaan; ▶ nog niet kunnen opteren, maar dat tijdens de looptijd van de bestaande regel in de toekomst wel kunnen doen.

18.1 Algemeen

In dit hoofdstuk wordt uitsluitend aandacht besteed aan personeelsbeloningen in de vorm van pensioenen en daarmee vergelijkbare regelingen. De andere vormen van personeelsbeloningen worden behandeld in paragraaf:
▶ 5.4.2, de periodiek betaalbare beloningen tijdens het dienstverband;
▶ 5.4.3, ontslagvergoedingen;
▶ 5.4.4, andere langetermijnpersoneelsbeloningen dan pensioenen en vergelijkbare regelingen;
▶ 21.2.5, de toelichting inzake de bezoldiging van (ex-)bestuurders en (ex-)commissarissen; en
▶ 34.2, achter 2, de bezoldigingen in de vorm van aandelenopties.

18.1.1 Inleiding

Pensioentoezeggingen omvatten de gedurende het dienstverband van de (voormalige) werknemer toegekende ('verdiende') aanspraken op periodieke of eenmalige uitkering(en) die van het leven afhankelijk zijn. De uitkering(en) gaan in op de pensioengerechtigde leeftijd of bij eerder overlijden. Voorbeelden zijn ouderdomspensioen en nabestaandenpensioen, alsmede vergoedingen voor medische kosten en levensverzekeringen na afloop van het dienstverband (RJ 271.301, IAS 19.26). Deze definitie geeft de algemene reikwijdte van het begrip 'pensioen' aan; het maakt niet duidelijk dat voor de verwerking in de jaarrekening essentieel is wie van betrokken partijen (werkgever dan wel werknemer c.q. pensioenuitvoerder) welke risico's draagt. Dit essentiële onderscheid, internationaal aangeduid als toegezegd-pensioenregelingen ('defined benefit plan') c.q. toegezegde-bijdrageregelingen ('defined contribution plans') wordt nader uitgewerkt in paragraaf 18.3.1 tot en met 18.3.5.

Toegezegde-bijdrageregelingen kennen veelal een relatief eenvoudig systeem: de werkgever betaalt zijn jaarlijkse bijdrage en heeft daarmee primair aan zijn pensioenverplichting richting de werknemer voldaan. Daarentegen zal bij toegezegd-pensioenregelingen de rapporterende entiteit veelal een zeer langdurige betrokkenheid hebben bij de pensioenregeling via de opbouw van pensioenrechten gedurende het actieve dienstverband van de werknemers en bijdragen aan indexatie van uitkeringen nadat de werknemer met pensioen is gegaan. Uitgaande van een aanvang als deelnemer van de pensioenregeling zo rond de 25-jarige leeftijd en een uitkeringsduur die onder de huidige levensverwachtingen gemiddeld tot circa 85-jarige leeftijd zal duren, is sprake van een gemiddelde totale periode van circa 60 jaar. Daarmee is duidelijk dat de toerekening van de totale aan de uitvoering van de toegezegde-pensioenregeling verbonden (werkgevers)lasten aan de betreffende boekjaren het grootste vraagstuk is. Alle in dit hoofdstuk besproken regelgeving is opgesteld om het toerekeningsvraagstuk op te lossen alsmede zodanige informatie te verschaffen dat de gebruiker van de jaarrekening kan beoordelen wat de gevolgen zijn van de gekozen uitgangspunten en berekeningen voor de toekomst.

'Pensioenakkoord'

Eind 2019 hebben de Nederlandse regering en werknemers- en werkgeversorganisaties een akkoord gesloten over aanpassingen in het stelsel van AOW en (aanvullende) pensioenen. De uitwerking in nadere afspraken en wetgeving zal nog verder worden vormgegeven. Dit zal leiden tot een wetsvoorstel tot aanpassing van de pensioenwet, waarna de regels geïmplementeerd moeten worden in de (administratie)systemen van pensioenfondsen en pensioenverzekeraars. De verwachting is dat de nieuwe regels per 1 januari 2022 ingaan, waarbij er sprake is van een uiterste invoeringsdatum van 1 januari 2026. In dit hoofdstuk is de (mogelijke) invloed van het akkoord niet opgenomen vanwege het feit dat het wetgevingsproces nog verder moet plaatsvinden en bepalend is voor de eventuele consequenties.

18.1.2 Verschillen tussen Nederlandse en internationale regelgeving

De verwerking van pensioenen in de jaarrekening is geregeld in Richtlijn 271 'Personeelsbeloningen' en IAS 19 'Employee Benefits'.

De regelgeving voor de toerekening van pensioenkosten aan de achtereenvolgende boekjaren wijkt in Nederland nadrukkelijk af van IFRS en US GAAP. In de Richtlijn wordt uitgegaan van een benadering waarbij primair wordt gekeken naar de wijze waarop het Nederlandse pensioenstelsel is ingericht en functioneert in de praktijk. De belangrijkste kenmerken hiervan zijn de algemene verplichting vanuit de Pensioenwet om onvoorwaardelijke aanspraken buiten de reikwijdte van de entiteit af te financieren, en een strikte scheiding tussen de verantwoordelijkheden en verplichtingen van respectievelijk de werkgever(s), de deelnemers en de pensioenuitvoerder (pensioenfonds en/of levensverzekeringsmaatschappij). De RJ heeft daarbij geconcludeerd dat, bezien vanuit het gezichtspunt van de rapporterende entiteit, een verplichtingenbenadering zoals opgenomen in Richtlijn 252 'Voorzieningen, niet in de balans opgenomen verplichtingen en niet in de balans opgenomen activa' beter past dan de risicobenadering, waarop IAS 19 is gebaseerd.

Bij de 'risicobenadering' van IAS 19 wordt op basis van de (contractuele) feiten en omstandigheden vastgesteld of, en zo ja, in welke mate de entiteit risico loopt om in de toekomst bijdragen (kasuitstromen) te storten die, bezien op dat moment, (mede) betrekking hebben op het verleden (in casu het boekjaar en/of voorgaande boekjaren). Als onderdeel van de pensioenkosten van het boekjaar wordt geanticipeerd op die toekomstige kasuitstromen (premiebetalingen) door het opnemen van het aandeel in toekomstige kasstromen dat toerekenbaar is aan dit boekjaar.

De beoordeling of de entiteit risico loopt om in de toekomst extra bijdragen te moeten doen geschiedt door de vaststelling of sprake is van een toegezegd-pensioen- (defined benefit, DB) dan wel toegezegde-bijdrageregeling (defined contribution, DC).

Overigens biedt Richtlijn 271 alle rechtspersonen de optie om in hun jaarrekening voor pensioenen en andere uitgestelde beloningen de onder US GAAP, IFRS of EU-IFRS van toepassing zijnde standaarden toe te passen.

18 Pensioenen

In combinatie met de bepalingen van RJ 271.319-321 (nader uiteengezet in par. 18.2.3) laat de RJ toe om de volgende (stelsel)keuze te maken tussen:
- alle Nederlandse en buitenlandse regelingen op basis van US GAAP, IFRS of EU-IFRS-voorschriften;
- de Nederlandse regelingen alsmede de buitenlandse regelingen die vergelijkbaar zijn met het Nederlandse pensioenstelsel op basis van RJ 271.3;
- alle buitenlandse pensioenregelingen die niet vergelijkbaar zijn met het Nederlandse pensioenstelsel op basis van de 'beste schatting';
- de Nederlandse regelingen alsmede de buitenlandse regelingen die vergelijkbaar zijn met het Nederlandse pensioenstelsel op basis van RJ 271.3; alle buitenlandse pensioenregelingen die niet vergelijkbaar zijn met het Nederlandse pensioenstelsel op basis van US GAAP, IFRS of EU-IFRS-voorschriften.

De toepassing van US GAAP, IFRS of IFRS-EU voor pensioenen en andere uitgestelde beloningen dient *integraal* en consistent plaats te vinden (RJ 271.101).

Gelet op de fundamentele verschillen tussen Richtlijn 271 en IAS 19 vindt de behandeling geheel gescheiden plaats: Richtlijn 271 in paragraaf 18.2 en IAS 19 in paragraaf 18.3.
Naast pensioenen worden in dit hoofdstuk ook behandeld de VUT- en andere non-activiteitsregelingen (par. 18.4).

Verschillen Dutch GAAP - IFRS
De volgende tabel laat de belangrijkste verschillen zien tussen IAS 19 en Richtlijn 271:

	Richtlijn 271	IAS 19
Balanswaardering	Verplichtingenbenadering, gebaseerd op RJ 252 Voorzieningen (beste schatting); leidt alleen in bijzondere situaties tot een verplichting op de balans	Risicobenadering (DB/DC); leidt bij DB altijd tot een verplichting (of vordering) op de balans op basis van een actuariële berekening
Verwerking in (totaal)resultaat	Betaalde premie plus eventueel aanvullende premie c.q. dotatie aan voorziening in bijzondere situaties in het resultaat	Actuarieel bepaalde pensioenlast (kosten van één jaar inkoop + netto rentelast/bate over netto verplichting + lasten wegens verbetering van de regeling, 'past service costs') in het resultaat. Waardewijzigingen en schattingsverschillen verwerkt in 'other comprehensive income'
Volatiliteit (totaal)resultaat	Eventuele (actuariële) resultaten worden direct verwerkt in het resultaat; het resultaat boekjaar kan daardoor volatieler zijn	Remeasurements (actuariële resultaten en dergelijke) worden rechtstreeks in 'other comprehensive income' verwerkt; geen invloed op operationeel resultaat boekjaar
Toepassing IAS 19/ASC 715	Toepassing van IAS 19/ASC 715 is toegestaan; mits consistent en integraal toegepast zijn hieraan geen nadere voorwaarden verbonden	Geen alternatieve verwerkingswijzen toegestaan
Actuariële berekeningen nodig?	Nee, tenzij in bijzondere situaties	Ja, bij alle DB-regelingen

18.1.3 Toepassingsgebied

Het toepassingsgebied is voor Richtlijn 271 en IAS 19 gelijk. De bepalingen in Richtlijn 271 en IAS 19 zijn niet alleen van toepassing op formeel overeengekomen in rechte afdwingbare toezeggingen (ongeacht of deze in de vorm van een toegezegd-pensioen- c.q. toegezegde-bijdrageregeling is gedaan), maar ook op verplichtingen waarbij er sprake is van een situatie waarin de rechtspersoon geen ander reëel alternatief heeft dan het nakomen van die verplichting ('constructive obligation' of feitelijke verplichting). Bij deze laatste verplichtingen kan worden gedacht aan verplichtingen die voortvloeien uit een bestendige gedragslijn, uit de wens goede zakelijke verhoudingen te handhaven, of op een billijke wijze te handelen, alsmede aan gevallen waarin een wijziging in de gedragslijn van de rechtspersoon onaanvaardbare schade zou toebrengen aan de relatie met het personeel (RJ 271.102, IAS 19.61). Bij de vraag of er sprake is van een 'constructive obligation' is de communicatie tussen de rechtspersoon en de werknemers van groot belang. Gewekte verwachtingen, zelfs als deze niet in het pensioenreglement zijn opgenomen, geven al snel aanleiding tot het bestaan van een pensioenverplichting. Indien echter voldoende duidelijk is gemaakt dat pensioenbetalingen aan voorwaarden zijn verbonden, zoals bijvoorbeeld voorwaardelijke indexering, is er op dat punt geen sprake van een verplichting. De RJ stelt dat de bepalingen van Richtlijn 271 ook dienen te worden toegepast op te verlenen aanspraken uit hoofde van het *stellige voornemen* van de rechtspersoon om een pensioenregeling te treffen (RJ 271.303). Er moet dan wel sprake zijn van een concreet uitgewerkt plan waarin de hoogte van de te verlenen pensioenaanspraken en de daarmee gemoeide kosten is weergegeven.

18.1.4 Wijze van uitvoering pensioenregeling in Nederland

Pensioen is een arbeidsvoorwaarde welke in de arbeidsverhouding tussen werkgever en werknemer wordt vormgegeven in een pensioenovereenkomst. In de Pensioenwet wordt nader ingegaan op de verschillende kenmerken en risico's die horen bij de verschillende vormen van pensioenovereenkomsten. De wet onderscheidt drie hoofdvormen:

Regelingen die waarschijnlijk als toegezegd-pensioenregeling kwalificeren (zie par. 18.3.3):
- een uitkeringsovereenkomst die voorziet in een vastgestelde periodieke pensioenuitkering (eindloon of middelloon);
- een kapitaalovereenkomst waarbij een vastgesteld kapitaal uiterlijk op de pensioendatum (eenmalig) wordt omgezet in een periodieke pensioenuitkering.

Regeling die waarschijnlijk als toegezegde-bijdrageregeling kwalificeert (zie par. 18.3.2):
- een premieovereenkomst waarbij een totaalbedrag aan vastgestelde premies uiterlijk op de pensioendatum (eenmalig) wordt omgezet in een periodieke pensioenuitkering.

In de praktijk wordt een vierde vorm onderscheiden, de 'collectief defined contribution-regeling' (CDC). Juridisch is een CDC meestal een uitkeringsovereenkomst (toegezegd-pensioenregeling), doch vanuit het perspectief van de rechtspersoon/werkgever zijn de afspraken in de regeling van zodanige aard dat economisch bezien sprake is van een premieovereenkomst (toegezegde-bijdrageregeling). De achterliggende gedachte bij een CDC-regeling is dat de rechtspersoon jaarlijks een premie beschikbaar stelt, waarbij de deelnemers, als collectief, vanuit deze beschikbare middelen een toegezegd-pensioenregeling trachten te financieren. Indien de middelen voor de uitvoering van de regeling tekortschieten kan de rechtspersoon niet aangesproken worden, maar wordt het tekort door de deelnemers collectief gedragen door de pensioenaanspraken te korten.

Indien een in Nederland werkzame rechtspersoon in rechte afdwingbare pensioentoezeggingen doet aan het personeel, ongeacht of sprake is van een toegezegd-pensioen- of toegezegde-bijdrageregeling, moeten deze verplichtingen behoudens enkele uitzonderingen krachtens de Pensioenwet worden ondergebracht bij (art. 1 Pensioenwet, RJ 271.302):
1. een bedrijfstakpensioenfonds, al dan niet verplicht gesteld;
2. een ondernemingspensioenfonds of algemeen pensioenfonds; of
3. een levensverzekeringsmaatschappij.

Een bedrijfstakpensioenregeling (of 'multi-employer plan') is een regeling, anders dan nationale regelingen zoals AOW en dergelijke, waarbij het opbouwen van pensioenvermogen in het fonds geschiedt teneinde pensioenen uit te keren aan (voormalig) personeel van *meer dan één* rechtspersoon die niet onder gemeenschappelijke leiding staan en waarbij de premies en uitkeringen worden bepaald zonder onderscheid te maken naar de aan de regeling deelnemende rechtspersonen (RJ 271.0). Er is derhalve sprake van een collectieve regeling en van collectieve solidariteit.

Een ondernemingspensioenfonds is essentieel verschillend van een bedrijfstakregeling doordat de entiteiten die deelnemen aan het ondernemingspensioenfonds juist wel onder gemeenschappelijke leiding staan. In de definitie van de Richtlijnen: een ondernemingspensioenregeling is een regeling waarbij het opbouwen van pensioenvermogen in het fonds geschiedt teneinde pensioenen uit te keren aan (voormalig) personeel van een of meer ondernemingen die onder gemeenschappelijke leiding staan (RJ 271.0).

Een bijzondere vorm is het 'Algemeen pensioenfonds', zijnde een pensioenfonds dat één of meerdere (beroeps)pensioenregelingen uitvoert en daarvoor een afgescheiden vermogen aanhoudt per collectiviteitkring (zie voor verdere uiteenzettingen par. 50.1.5).

Daarnaast bestaat de mogelijkheid de pensioenregeling onder te brengen bij een levensverzekeringsmaatschappij ('rechtstreeks verzekerde regeling').

Een afwijkende vorm van uitvoering is de 'Premiepensioeninstelling' (PPI). Dit is in feite een administratieve instelling die een pensioenregeling alleen administratief uitvoert en géén pensioenfonds in de zin van de Pensioenwet omdat de PPI geen risico's inzake beleggingen en verzekeringsaanspraken mag lopen. Verzekeringstechnische risico's worden bij een verzekeraar ondergebracht. In de verantwoording die een PPI opstelt is de waarde van de beleggingen gelijk aan de waarde van de verplichtingen (zie voor nadere uiteenzettingen par. 50.7).

In beginsel is de wijze waarop de pensioenregeling is ondergebracht niet van belang voor de verwerking van pensioenen in de jaarrekening van de onderneming. Wel geldt een aantal vrijstellingen en bijzondere situaties die bij de behandeling van Richtlijn 271 en IAS 19 afzonderlijk worden besproken.

18.1.5 Belangrijke begrippen

Bij de toekenning van pensioenaanspraken of bijdragen is vrijwel altijd sprake van een dienstverband van een werknemer bij een werkgever. De arbeidsovereenkomst/pensioenovereenkomst en/of CAO omvatten dan de afspraken tussen werkgever en werknemer aangaande de mate van toekenning van de pensioenaanspraken c.q. bijdragen. De afgesproken relatie is feitelijk een relatie tussen de geleverde arbeidsprestaties van de werknemer en de beloning door de werkgever via hetzij directe betalingen (salaris, overwerkvergoeding, bonus) dan wel uitgestelde beloningen zoals pensioen (via de toegekende aanspraken c.q. pensioenpremies). De afgesproken relatie van prestatie en tegenprestatie wordt in de praktijk vaak aangeduid met de Engelse term 'vesting': de werknemer verkrijgt het recht op pensioenaanspraak c.q. premie door het leveren van de arbeidsprestatie.

Zoals hierna op verschillende plaatsen in dit hoofdstuk blijkt, zijn de begrippen 'pensioenaanspraak', 'toegekende bijdrage' en 'pensioenpremie' veel gebruikt.

Met de term 'pensioenpremie' wordt aangeduid het bedrag dat jaarlijks door de werkgever en de werknemer (of door de werkgever alleen) wordt betaald voor het nakomen van de afspraken voor uitgestelde beloningen. De pensioenpremies worden betaald aan een pensioenfonds of een verzekeraar.

Onder pensioenaanspraak wordt verstaan het recht van de verzekerde (werknemer) op een uitkering van een bepaald afgesproken bedrag dat meestal in termijnen wordt uitbetaald (het 'pensioen' of de 'pensioenuitkering'); deze aanspraak kan geïndexeerd zijn volgens bepaalde formules, vaak afhankelijk van het beschikbaar zijn van middelen daartoe. De verzekerde (werknemer) weet in beginsel waar hij/zij aan toe is doordat het bedrag van de toekomstige pensioenuitkering bekend is (alhoewel door de ontwikkelingen in de rentestand de beschikbare vermogens van pensioenfondsen wel onder druk zijn komen te staan en kortingen op uitkeringen al zijn opgetreden en mogelijk ook in de nabije toekomst nog noodzakelijk zullen blijken te zijn). Een regeling waarin een aanspraak op pensioen door de werkgever wordt toegezegd is een 'toegezegd pensioen'-regeling ('defined benefit'-regeling).

In geval van een 'toegekende bijdrage' heeft de werknemer (zoals de naam al aangeeft) alleen een recht op een bepaald jaarlijks bedrag aan pensioenpremie en doet de werkgever géén toezegging op een bepaald bedrag van een (periodieke) pensioenuitkering. Het toegekende recht op een jaarlijkse pensioenpremie wordt internationaal als een 'defined contribution'-regeling (DC) aangeduid.

Bij veel DC-regelingen worden de premies gedurende de deelnemingsperiode op een 'spaarrekening' opgenomen en verhoogd met beleggingsrendementen. Op moment van pensionering wordt uit het totale bedrag aan premies en beleggingsresultaten een pensioen (jaarlijkse uitkering) gekocht bij een pensioenfonds of een verzekeraar. Het bedrag aan jaarlijkse pensioenuitkering is onzeker vanwege de onzekere beleggingsuitkomsten; de verzekerde (werknemer) weet dus niet waar hij/zij aan toe is (dat wil zeggen niet tijdens de werkzame periode maar slechts op datum pensionering). Anderzijds kan het ook zijn dat de door de werkgever aan een pensioenuitvoerder betaalde bijdrage direct wordt aangewend om een pensioenrecht in te kopen; voorbeeld hiervan is een 'collectieve defined contribution'-regeling (CDC).

In de balans wordt een verplichting opgenomen indien en voor zover de werkgever op balansdatum juridische of feitelijke verplichtingen heeft aan de pensioenuitvoerder (pensioenfonds, verzekeringsmaatschappij), dan wel aan de werknemers. Deze verplichtingen worden aangeduid als verplichtingen aan de pensioenuitvoerder. Daarnaast kan sprake zijn van toezeggingen aan werknemers die (nog) niet zijn ondergebracht bij een pensioenuitvoerder. Deze worden hierna aangeduid als verplichtingen aan de werknemer.

Naast een juridische verplichting kan sprake zijn van een feitelijke verplichting. Een feitelijke verplichting doet zich voor wanneer de rechtspersoon in de communicatie met de deelnemers aan een pensioenregeling gerechtvaardigde verwachtingen heeft gewekt die verder gaan dan in de pensioenovereenkomst, het pensioenreglement en de uitvoeringsovereenkomst zijn vastgelegd. Van een feitelijke verplichting is eveneens sprake wanneer de rechtspersoon het stellige voornemen heeft om een bestaande pensioenregeling te verbeteren of aan te vullen op basis van een per balansdatum concreet uitgewerkt plan (RJ 271.307).

18.1.6 Geen consolidatieplicht

Pensioenfondsen, alsmede fondsen waarin andere uitgestelde beloningen zijn ondergebracht zoals VUT-fondsen, worden niet door de werkgever/sponsor geconsolideerd omdat zij in Nederland niet als groepsmaatschappij zijn aan te merken (dan wel anderszins beslissende zeggenschap mogelijk is). IFRS 10.4b bepaalt voorts uitdrukkelijk dat onder IFRS dergelijke fondsen niet worden geconsolideerd.

18.1.7 Negatieve rente

In recente jaren zijn marktrentes in een groot aantal landen (verder) gedaald. In Zwitserland heeft dit geleid tot een rentecurve voor hoogwaardige ondernemingsobligaties die vrijwel geheel negatief is geworden. In de Eurozone is de rente voor korte looptijden tot nihil gedaald resp. negatief geworden; daarna zijn de percentages positief waardoor het gewogen gemiddelde van het voor pensioenberekeningen toepasselijke percentage nog op een (beperkt) positief percentage uitkomt.

In de hierna te bespreken regelgeving van Richtlijn 271 en IAS 19 (zie paragrafen 18.3.10.8 en 18.2.2.3) zijn geen specifieke aanwijzingen opgenomen of en, zo ja hoe, met deze ontwikkeling rekening dient te worden gehouden. Bij actuariële deskundigen alsmede opstellers en gebruikers van financiële verslaggeving bestaat consensus dat de regelgeving van de Richtlijnen en IFRS geen 'aftopping' (op een 'nulstand') voor een negatieve disconteringsvoet kennen zodat ook een negatieve disconteringsvoet dient te worden toegepast in de pensioenberekeningen. Daarbij is aandacht gegeven aan de intuïtieve weerstand die uitgaat van de uitkomst dat de per einde boekjaar berekende contante waarde van een toekomstige uitkering op basis van een negatieve disconteringsvoet tot een hoger bedrag leidt dan nominale waarde van de uitkeringen c.q. de contante waarde over één jaar resp. de jaren erna. Daarnaast is er ook sprake van 'afrenting', zijnde een afname van de hoogte van de verplichting (in plaats van een oprenting bij de afwikkeling van een contante waarde op basis van een positieve disconteringsvoet) die als een bate in de pensioenkosten tot uitdrukking komt.

18.2 Hoofdlijnen Richtlijn 271

18.2.1 Inleiding

In Richtlijn 271 is gekozen voor een fundamenteel andere benadering in vergelijking met IAS 19 waarbij primair wordt gekeken naar de wijze waarop het Nederlandse pensioenstelsel is ingericht en functioneert in de praktijk. Het belangrijkste kenmerk hiervan is de algemene verplichting vanuit de Pensioenwet om onvoorwaardelijke aanspraken af te financieren bij een van de onderneming afgescheiden entiteit, en een strikte scheiding tussen de verantwoordelijkheden en verplichtingen van respectievelijk de werkgever(s), de deelnemers en de pensioenuitvoerder (pensioenfonds en/of levensverzekeringsmaatschappij). De RJ heeft daarbij geconcludeerd dat een verplichtingenbenadering, zoals opgenomen in Richtlijn 252 'Voorzieningen, niet in de balans opgenomen verplichtingen en niet in de balans opgenomen activa' beter past dan de risicobenadering, waarop IAS 19 is gebaseerd. Onder Richtlijn 271 wordt geen onderscheid tussen toegezegd-pensioen- en toegezegde-bijdrageregeling gemaakt; in plaats daarvan moet beoordeeld worden welke verplichtingen vanuit de onderneming (werkgever) er nog zijn ten opzichte van de pensioenuitvoerder (pensioenfonds of verzekeraar) en de deelnemers. Actuariële berekeningen kunnen hierbij overigens ook noodzakelijk zijn.

18.2.2 Waardering en resultaatbepaling Nederlandse pensioenregelingen

In deze en volgende paragrafen wordt de verwerking van een Nederlandse pensioenregeling uiteengezet. Uiteraard is het denkbaar dat in groepsverhoudingen bij deelnemingen buiten Nederland sprake is van pensioenregelingen naar lokaal recht. Door het afwijkende rechtsstelsel zal de verwerking van dergelijke pensioenregelingen een geheel eigen analyse behoeven. De bespreking van deze analyse vindt plaats in een separate paragraaf (par. 18.2.3).

18.2.2.1 Verplichtingen aan pensioenuitvoerder

De aan de pensioenuitvoerder (zie voor begrip par. 18.1.5) te betalen premie bestaat gewoonlijk uit:
- de te betalen jaarlijkse pensioenpremie (RJ 271.306);
- eventuele additionele bijdragen die samenhangen met de financieringspositie van de pensioenuitvoerder (RJ 271.306): deze verplichtingen kunnen voortkomen uit de uitvoeringsovereenkomst of het verzekeringscontract.

Inzake de jaarlijkse pensioenpremie dient een verplichting op de balans te worden opgenomen indien en voor zover de premie nog niet is betaald (RJ 271.306). Deze verplichting wordt opgenomen onder de schulden.

Voor de eventuele additionele bijdragen wordt alleen een voorziening opgenomen indien de rechtspersoon op balansdatum een in rechte afdwingbare of feitelijke verplichting heeft aan de pensioenuitvoerder, het waarschijnlijk is dat voor de afwikkeling van die verplichting een uitstroom van middelen bij de rechtspersoon noodzakelijk is en er een betrouwbare schatting kan worden gemaakt van de omvang van de verplichting (RJ 271.307). Dit kan zich bijvoorbeeld voordoen in een situatie van een te lage dekkingsgraad bij het pensioenfonds, waarbij een herstelplan is overeengekomen dat voorziet in additionele betalingen door de werkgever of in de uitvoeringsovereenkomst reeds een dergelijke verplichting is opgenomen. Een voorziening dient te worden opgenomen zodra de werkgever een in rechte afdwingbare verplichting (opgelegd) heeft gekregen, of zodra de werkgever door het wekken van gerechtvaardigde verwachtingen in de richting van de pensioenuitvoerder zich feitelijk heeft verplicht tot een aanvullende betaling respectievelijk premies. De aanvullende betaling kan de vorm hebben van een eenmalige storting of van een aanvulling op de premie ('herstelpremies').

> **Voorbeeld additionele bijdragen die samenhangen met de financieringspositie van de pensioenuitvoerder**
> In de uitvoeringsovereenkomst is bepaald dat de sponsor (= de rapporterende entiteit) een dekkingsgraad van het ondernemingspensioenfonds garandeert van 105%. Indien de dekkingsgraad van het fonds op balansdatum is gedaald tot onder 105% dient de sponsor voor het verschil een voorziening te vormen. Daarbij is niet relevant of het tekort in één bedrag wordt betaald of door middel van een toeslag op toekomstige premies.

Een bijzondere situatie betreft bedrijfstakpensioenfondsen met een doorsneepremie, waarin sprake is van een collectieve aansluiting. De betaling van herstelpremies hangt in die situatie tevens af van de relatieve omvang van het toekomstige personeelsbestand in de bedrijfstak: indien bij een bepaalde werkgever het aantal werknemers halveert, halveert ook het aandeel van die werkgever in de herstelpremies. De herstelpremies maken in dat geval feitelijk deel uit van de jaarlijkse doorsneepremies. Omdat niet gesteld kan worden dat de rechtspersoon op balansdatum een onvoorwaardelijke verplichting heeft tot het aanvullen van het tekort, wordt daarvoor geen voorziening opgenomen (RJ 271.311).
Voor een ondernemingspensioenfonds gaat deze zienswijze niet op, omdat in dat geval de rechtspersoon verplichtingen houdt ten opzichte van zijn eigen werknemers.

Ook uit de contractvoorwaarden met een verzekeringsmaatschappij kunnen additionele verplichtingen voortvloeien, bijvoorbeeld omdat:
- de aan de verzekeringsmaatschappij te betalen premie wordt aangepast op basis van actuariële resultaten uit het verleden;
- indexatie per balansdatum is toegezegd;
- overrente of winstdeling volgens het verzekeringscontract beschikbaar komt aan de rechtspersoon;
- eventuele nadelen of voordelen van individuele waardeoverdrachten ten laste respectievelijk ten gunste van de rechtspersoon komen.

18.2.2.2 Verplichtingen aan werknemers

De pensioenuitvoerder is verantwoordelijk voor het uitkeren van de pensioenen aan de werknemers. De hieruit voortkomende pensioenverplichtingen zijn geen verplichtingen van de werkgever. Wel kan de werkgever, naast zijn verplichtingen aan de pensioenuitvoerder, additionele verplichtingen hebben in de richting van werknemers. Dit betreft in het bijzonder:
- in rechte afdwingbare verplichtingen: specifieke afspraken met werknemers; en
- feitelijke verplichtingen: bij werknemers gewekte gerechtvaardigde verwachtingen.

18 Pensioenen

Van een in rechte afdwingbare verplichting aan werknemers is sprake indien op grond van de pensioenovereenkomst op balansdatum een verplichting bestaat die nog niet heeft geleid tot een verplichting in de richting van de pensioenuitvoerder. Dit zal zich in het bijzonder kunnen voordoen bij eindloonregelingen en indexatieverplichtingen.

De Richtlijn (RJ 271.314) bepaalt uitdrukkelijk dat een voorziening moet worden opgenomen voor toekomstige salarisverhogingen die op balansdatum reeds zijn toegezegd en die in de toekomst leiden tot betaling van backservicepremies. De toegezegde salarisverhoging kan bijvoorbeeld voortkomen uit CAO-afspraken of individuele overeenkomsten.

Richtlijn 271 biedt voorts nog een keuzemogelijkheid (RJ 271.314) voor salarisverhogingen die op balansdatum niet zijn toegezegd, maar die wel worden verwacht en naar verwachting zullen leiden tot toekomstige backservicepremies inzake de per balansdatum opgebouwde aanspraken. Het is toegestaan, maar niet verplicht, om voor dit element een voorziening op te nemen.

Een verplichting kan ook voortkomen uit toegekende indexatie die voor rekening van de rechtspersoon komt en op balansdatum nog niet is afgefinancierd (RJ 272.314 en 271.307 slotalinea).

Voorbeeld eindloonregeling

In de CAO welke is afgesloten in jaar 1 is een salarisverhoging van 2% per jaar vastgelegd voor de periode jaar 2 - jaar 4. Ook in de periode daarna verwacht de onderneming een gemiddelde jaarlijkse salarisstijging van 2%. De onderneming heeft bij de vaststelling van de verplichting de keuze uit de volgende opties:
a. De voorziening wordt bepaald door alleen rekening te houden met toekomstige salarisverhogingen die per balansdatum reeds zijn toegezegd, derhalve op 31 december van jaar 1 over de periode jaar 2 - jaar 4. Naarmate de aanspraken worden gefinancierd, neemt de voorziening elk jaar af. Indien weer een nieuwe driejarige CAO wordt afgesproken, wordt de voorziening weer voor drie jaar opgenomen. Zo ontstaat een soort 'zaagtand', waarbij één keer in de drie jaar (additionele) kosten worden opgenomen.
b. De voorziening wordt bepaald door een prognose te maken van alle toekomstige salarisverhogingen voor de verwachte resterende diensttijd van de medewerkers, óók na afloop van de looptijd van de CAO. Daarmee wordt een beste schatting van de verplichting gemaakt, in aansluiting op de algemene principes voor het vormen van een voorziening zoals opgenomen in Richtlijn 252.

18.2.2.3 Waardering van de verplichtingen

De verplichting dient te worden gewaardeerd tegen de beste schatting van het bedrag dat nodig is om de verplichting per balansdatum af te wikkelen (RJ 271.315). Indien het tijdstip van afwikkeling binnen een jaar na balansdatum plaatsvindt, mag de verplichting worden opgenomen tegen de nominale waarde. Is de afwikkeling op een later tijdstip en ontstaat daardoor een materieel verschil tussen de contante waarde en de nominale waarde, dan is waardering tegen contante waarde voorgeschreven. De disconteringsvoet vóór belastingen waartegen contant wordt gemaakt is de actuele marktrente. De marktrente per balansdatum van hoogwaardige ondernemingsobligaties is de meest geëigende invulling van actuele marktrente. Bij het ontbreken van een liquide markt voor ondernemingsobligaties geldt het rendement op staatsleningen als de meest geëigende invulling (RJ 271.316).

Door de aanhoudende daling van rentetarieven (tot een negatieve waarde) dalen in specifieke omstandigheden de rentes voor hoogwaardige ondernemingsobligaties eveneens (ook tot een negatieve waarde). De algemeen geldende opvatting is dat een negatieve rente overeenkomstig in de berekeningen van de pensioenkosten dient te worden opgenomen. Zie ook paragraaf 18.1.7.

18.2.2.4 Opnemen van vorderingen

Een actiefpost uit hoofde van pensioenen kan ontstaan in de volgende gevallen:
- de reeds betaalde premiebedragen aan de pensioenuitvoerder overtreffen de te betalen premiebedragen (en de pensioenuitvoerder betaalt het teveel betaalde terug of verrekent dit met toekomstige bijdragen): er is dan sprake van een overlopende post of een overige vordering (RJ 271.306);
- er is sprake van een pensioenoverschot, waarover de werkgever de beschikkingsmacht heeft, het waarschijnlijk is dat de economische voordelen aan de werkgever toekomen en de pensioenvordering betrouwbaar kan worden vastgesteld (RJ 271.308);
- er is sprake van een toekomstige restitutie waarvan de toekenning waarschijnlijk is, waarover de werkgever de beschikkingsmacht heeft, het waarschijnlijk is dat de economische voordelen aan de werkgever toekomen en de pensioenvordering betrouwbaar kan worden vastgesteld (dit betekent over het algemeen dat het formele besluit tot restitutie door het bestuur van de pensioenuitvoerder moet zijn genomen) (RJ 271.312).

18.2.2.5 Pensioenkosten in de winst-en-verliesrekening

Pensioenkosten bestaan uit de volgende elementen:
- de betaalde en te betalen premie, verminderd met vooruitbetaalde premie, over de verslaggevingsperiode;
- plus verplichtingen tot additionele bijdragen die in de verslaggevingsperiode zijn verantwoord;
- min de vrijval in de verslaggevingsperiode van eerder opgenomen verplichtingen;
- min additionele vorderingen uit hoofde van pensioenoverschotten die in de verslaggevingsperiode zijn ontstaan;
- plus de afboeking in de verslaggevingsperiode van eerder opgenomen vorderingen.

Verschillen tussen geschatte en werkelijke uitkomsten worden direct in het resultaat verwerkt.

18.2.2.6 Pensioenen in eigen beheer

A. Wijziging in wetgeving
Door de wet 'Wet uitfasering pensioen in eigen beheer en overige fiscale pensioenmaatregelen' is per 1 juli 2017 een einde gekomen aan de voor directeuren-grootaandeelhouders bestaande mogelijkheid om in eigen beheer pensioen op te bouwen; het in eigen beheer houden van de (vanaf 1 juli 2017) premievrije aanspraken blijft mogelijk. Zo een directeur-grootaandeelhouder ook ná 1 juli 2017 pensioenrechten wenst te blijven opbouwen zal dat bij een externe professionele partij dienen plaats te vinden.
Tegelijkertijd zijn faciliteiten tot stand gebracht om het opgebouwde pensioen fiscaal gefaciliteerd af te kopen in de periode 2017-2019.

B. Wijzigingen in aanspraken
Door het beëindigen van opbouw van aanspraken per 1 juli 2017 is het na die datum niet langer mogelijk om nieuwe aanspraken in eigen beheer te verzekeren. Wel kunnen de aanspraken daarna nog wijzigen door indexaties indien en voor zover overeengekomen.

C. Waardering van pensioenaanspraken in eigen beheer
Voor pensioenregelingen voor directeuren-grootaandeelhouders die in eigen beheer worden gehouden dient een verplichting te worden opgenomen voor de op balansdatum opgebouwde onvoorwaardelijke pensioenaanspraken. Deze verplichting dient op dezelfde wijze te worden gewaardeerd als hiervoor is uiteengezet in paragraaf 18.2.2.3 'Waardering van de verplichtingen'. Een uitzondering hierop is de kleine rechtspersoon (inclusief micro-rechtspersonen) die kan kiezen voor een integrale toepassing van fiscale grondslagen (zie hierna de tekst in het kader).

De voorziening omvat ten minste de opgebouwde pensioenaanspraken en de onvoorwaardelijk overeengekomen (toekomstige) indexaties van de opgebouwde aanspraken (RJ 271.318). De rechtspersoon heeft een keuze (en géén verplichting) om bij de bepaling van de omvang van de voorziening rekening te houden met aanpassingen van per balansdatum opgebouwde aanspraken die voortvloeien uit eventuele verwachte toekomstige aanpassingen vanwege toekenning van voorwaardelijk overeengekomen indexaties (RJ 271.318a).

Aangaande voorwaardelijke indexaties geldt: voorwaardelijk overeengekomen indexaties zijn indexaties waarvan de toekenning afhankelijk is van toekomstige gebeurtenissen of omstandigheden. Dit is bijvoorbeeld het geval als is overeengekomen dat een ingegaan pensioen jaarlijks 'indien mogelijk' wordt aangepast (RJ 271.318a).
Open indexaties kunnen onvoorwaardelijk of voorwaardelijk zijn overeengekomen. Open indexaties houden in dat opgebouwde rechten vóór de pensioendatum en/of ingegane pensioenen worden aangepast aan de loon- of prijsontwikkeling, uitgedrukt in een algemeen indexcijfer; het algemene indexcijfer staat niet vooraf vast doch wordt na het verstrijken van de betreffende periode vastgesteld (bijvoorbeeld door het CBS) (RJ 271.318a).

> **Integrale toepassing fiscale grondslagen**
> Een bijzondere situatie is de mogelijkheid om *integraal* fiscale grondslagen toe te passen. Uitsluitend voor ondernemingen in de verslaggevingscategorie 'klein' of 'micro' laat de wetgever toe dat het verslaggevingskader voor de jaarrekening geheel op fiscale grondslagen is gebaseerd. Met nadruk wordt gesteld dat dan alle waarderingsgrondslagen de fiscale grondslagen dienen te zijn; een mengvorm met andere grondslagen is niet toegestaan.

D. Faciliteit oudedagsverplichting

Een faciliteit die de fiscale wetgeving toelaat is het omzetten van de pensioenverplichting in een 'oudedagsverplichting', gedefinieerd als een verplichting jegens de directeur-grootaandeelhouder die voortvloeit uit aan de directeur-grootaandeelhouder toegekende pensioenaanspraken. In eerste instantie is sprake van een afstempeling van de aanspraak naar het niveau van de pensioenverplichting voor de vennootschapsbelasting met verwerking van het verschil als informele kapitaalstorting.
Vervolgens bepaalt de fiscale wetgeving dat jaarlijks een toevoeging plaatsvindt ter grootte van het gemiddelde U-rendement van het voorafgaande boekjaar.

Om praktische redenen heeft de RJ voorgeschreven dat de fiscale oprenting gevolgd dient te worden waarmee sprake is van waardering op een fiscale boekwaarde, ook al is dat een afwijking van de in RJ 272.316 opgenomen voorschriften (RJ 271.318b).
De oudedagsverplichting is géén voorziening doch wordt gepresenteerd als een schuld (RJ 271.322) die al naar gelang de door de entiteit gevolgde presentatiegrondslagen volledig als langlopende verplichting wordt opgenomen (met toelichting van het gedeelte dat binnen één jaar zal worden uitgekeerd) dan wel worden gesplitst in een balanspresentatie met een langlopend gedeelte en een kortlopend gedeelte.

18.2.3 Waardering en resultaatbepaling buitenlandse pensioenregelingen

Buitenlandse pensioenregelingen vallen niet onder de bepalingen van de Pensioenwet. Dit betekent onder meer dat deze mogelijk niet onderworpen zijn aan de eis om pensioenaanspraken onder te brengen bij een pensioenuitvoerder en om deze vervolgens via een kostendekkend kapitaaldekkingssysteem te financieren (RJ 271.319). Zo is het bijvoorbeeld in Duitsland toegestaan om de pensioentoezeggingen via een voorziening op de balans van de werkgever 'af te zonderen' en niet bij een externe partij onder te brengen.

Indien een buitenlandse pensioenregeling vergelijkbaar is met de wijze waarop het Nederlandse pensioenstelsel is ingericht en functioneert, dient de verwerking plaats te vinden overeenkomstig de bepalingen voor Nederlandse pensioenregelingen (RJ 271.320).

Indien een buitenlandse pensioenregeling niet vergelijkbaar is, kan een keuze uit twee waarderingen worden gemaakt:
a. een beste schatting van de op balansdatum bestaande in rechte afdwingbare en feitelijke verplichtingen, zowel aan de pensioenuitvoerder als aan de werknemers. In deze gevallen vereist de Richtlijn dat voor de waardering van de verplichting gebruik dient te worden gemaakt van een in Nederland algemeen aanvaardbare actuariële waarderingsmethodiek (RJ 271.321 letter a).
b. toepassing van overeenkomstige US GAAP, IFRS of EU-IFRS regelgeving voor de bepaling van een pensioenverplichting (of -actief), mits integraal en consistent toegepast (RJ 271.321 letter b). Dit betekent dat:
   ▶ één keuze dient te worden gemaakt voor verwerking op basis van of US GAAP, of IFRS, of EU-IFRS, en alle betreffende buitenlandse regelingen conform die keuze verwerkt dienen te worden;
   ▶ de op grond van de betreffende voorschriften in het 'Other Comprehensive Income' (Totaalresultaat) te verwerken actuariële resultaten en overige schattingsverschillen dienen dan ook in de statutaire jaarrekening op deze wijze in het Totaalresultaat (en daarmee buiten het operationele resultaat om) te worden verwerkt;
   ▶ ook alle presentatie- en toelichtingsvoorschriften van US GAAP, IFRS of EU-IFRS gevolgd dienen te worden.

18.2.4 Presentatie

Presentatie in de balans

Voor zover de verschuldigde premie nog niet is voldaan, dient een verplichting op de balans te worden opgenomen. Op grond van artikel 2:375 BW wordt deze als een afzonderlijke schuld in de balans gepresenteerd, dan wel afzonderlijk vermeld in de toelichting op de samenstelling van de schulden. Een actiefpost wordt opgenomen onder overige vorderingen of overlopende activa (RJ 271.322). Indien daarnaast andere verplichtingen bestaan, onder meer voortvloeiend uit de uitvoeringsovereenkomst en/of andere afspraken met werknemers, dan wordt op grond van artikel 2:374 BW deze verplichting als een afzonderlijke voorziening in de balans gepresenteerd. Een actiefpost wordt opgenomen onder overige vorderingen of overlopende activa (RJ 271.322).

Voor wat betreft de oudedagsverplichting (zie par. 18.2.2.6 onder D) geldt de presentatie als een schuld (RJ 271.322) die al naar gelang de door de entiteit gevolgde presentatiegrondslagen volledig als langlopende verplichting wordt opgenomen (met toelichting van het gedeelte dat binnen één jaar zal worden uitgekeerd) dan wel worden gesplitst in een balanspresentatie met een langlopend gedeelte en een kortlopend gedeelte.

Presentatie in de winst-en-verliesrekening

Pensioenlasten worden op grond van artikel 2:377 BW afzonderlijk in de winst-en-verliesrekening opgenomen als onderdeel van het bedrijfsresultaat, dan wel vermeld in de toelichting.

18.2.5 Toelichting

De rechtspersoon dient de volgende aanvullende informatie - voor zover van toepassing - op te nemen in de toelichting (RJ 271.324).

Algemeen
▶ de bij de bepaling van het vermogen en resultaat gehanteerde grondslagen met betrekking tot de pensioenlasten en de pensioenvoorzieningen;

- beschrijving van de belangrijkste kenmerken van de pensioenregelingen, waarin in ieder geval is opgenomen de pensioengevende salarisgrondslag (eindloon, middelloon et cetera) en de afspraken omtrent indexatie van opgebouwde aanspraken en rechten;
- beschrijving van de belangrijkste kenmerken van de uitvoeringsovereenkomst(en) (Nederland) of soortgelijke financieringsafspraken (buitenland);
- de wijze waarop de pensioenregelingen zijn ondergebracht bij de pensioenuitvoerder;
- de op balansdatum van toepassing zijnde dekkingsgraad, of een schatting hiervan, van de pensioenuitvoerder waar de regelingen zijn ondergebracht.

Te betalen premie
- de in de winst-en-verliesrekening verantwoorde pensioenpremie.

Additionele verplichtingen (aan pensioenuitvoerder of werknemers)
- beschrijving van de op balansdatum bestaande verplichtingen waarvoor een pensioenvoorziening is opgenomen;
- de methode van waardering van de op balansdatum opgenomen pensioenvoorziening;
- belangrijkste actuariële grondslagen, indien van toepassing:
  - de gehanteerde disconteringsvoeten;
  - de gehanteerde overlevingskansen;
  - eventuele andere belangrijke grondslagen en veronderstellingen;
- een verloopoverzicht van de pensioenvoorziening met daarin opgenomen de belangrijkste mutaties, inclusief vergelijkende cijfers;
- de in de winst-en-verliesrekening verantwoorde additionele pensioenlasten;
- een beschrijving van de belangrijkste elementen van het herstelplan van de pensioenuitvoerder, waarbij in ieder geval aandacht wordt besteed aan de gevolgen van het tekort voor het toekomstig premieniveau.

Vorderingen
- indien van toepassing, de in balans opgenomen pensioenvordering en het daarmee samenhangende effect in de winst-en-verliesrekening, inclusief overwegingen die hebben geleid tot opnemen van de pensioenvordering.

18.3 Hoofdlijnen IAS 19

De Raad voor de Jaarverslaggeving heeft een 'Handreiking voor de toepassing van IAS 19R in de Nederlandse pensioensituatie' gepubliceerd om ondersteuning te bieden aan de Nederlandse verslaggevingspraktijk. De Handreiking is niet bedoeld als een interpretatie van IAS 19 en omvat geen stellige uitspraken of aanbevelingen. In de navolgende paragrafen zal daar waar relevant uit de Handreiking worden geciteerd.

18.3.1 Classificatie van pensioenregelingen

Onder 'pensioenregelingen' verstaat IAS 19:
- regelingen inzake pensioenuitkeringen, periodieke en eenmalige bepalingen vanaf datum van ingang pensioen;
- andere regelingen na beëindiging dienstverband, zoals levensverzekering en vergoeding voor medische kosten (IAS 19.26).

De verwerking van pensioentoezeggingen aan het personeel in de jaarrekening van de werkgever is in IAS 19 gebaseerd op een benadering die de 'risicobenadering' wordt genoemd. Dit betekent dat aan de hand van de belangrijkste bepalingen en condities de economische betekenis van de regeling wordt bepaald (IAS 19.27); de te beantwoorden vraag is of de rechtspersoon na betaling van de jaarlijkse premie (i) al dan niet is 'gekweten' voor diens verplichtingen uit gedane toezeggingen dan wel (ii) of sprake is van rechten van of verplichtingen voor de rechtspersoon die in de toekomst tot nadere betalingen dan wel restitutie of korting van (premie)betalingen kunnen leiden. In situatie (ii) worden deze toezeggingen economisch gezien als 'eigen' verplichtingen van de rechtspersoon, ongeacht of de uitvoering van de pensioenregeling is ondergebracht bij een pensioenfonds of op een andere wijze plaatsvindt. Tegen die achtergrond zijn de aard en inhoud van de pensioenregeling, alsmede de afspraken tussen rechtspersoon en pensioenfonds of verzekeraar, bepalend voor de verwerking in de jaarrekening.

Het in voorgaande alinea gemaakte onderscheid is als volgt in de regelgeving opgenomen (IAS 19.8/28):
- toegezegde-bijdrageregelingen ('defined contribution plans'): een pensioenregeling waarbij door de rechtspersoon overeengekomen bijdragen worden betaald aan een afzonderlijke entiteit (het fonds) en er geen verplichting voor de rechtspersoon bestaat tot het betalen van aanvullende bijdragen als er sprake is van een tekort bij het fonds voor het nakomen van de aanspraken toegekend in huidige en voorgaande periode(n); actuariële en beleggingsrisico's komen in wezen voor rekening van de werknemer;
- toegezegd-pensioenregelingen ('defined benefit plans'); dit zijn alle overige regelingen.

Het onderscheid is een tamelijk strikt onderscheid: zodra de rechtspersoon méér dan 'verwaarloosbare' ('in substance') actuariële en/of beleggingsrisico loopt, is er sprake van een toegezegd-pensioenregeling. Daaronder kan een veelheid van specifieke regelingen vallen, waaronder een (beperkte) middelloonregeling en een volledige eindloonregeling.

De classificatie van een pensioenregeling als een toegezegde-bijdrageregeling of een toegezegd-pensioenregeling dient, zoals hiervoor aangegeven, te worden vastgesteld op basis van de in rechte afdwingbare of feitelijke verplichtingen die op de rechtspersoon rusten (IAS 19.28). Deze beoordeling dient plaats te vinden op basis van de inhoud van de pensioenovereenkomst, het pensioenreglement en de uitvoeringsovereenkomst c.q. het equivalent daarvan tussen de rechtspersoon en het fonds (IAS 19.27). In de uitvoeringsovereenkomst is geregeld wat de bijdragen en onttrekkingen van de rechtspersoon aan het fonds inhouden en onder welke voorwaarden deze dienen te worden voldaan respectievelijk kunnen worden ontvangen. De inhoud van deze overeenkomsten bepaalt in belangrijke mate of een rechtspersoon pensioenrisico's (actuariële en/of beleggingsrisico's) loopt. Het bestaan van risico's dient te worden bezien vanuit de rechtspersoon, niet vanuit de werknemers. Het kan immers zijn dat de risico's gedragen worden door een derde (verzekeringsmaatschappij).

Bij de classificatie van een pensioenregeling is de communicatie die daaromtrent plaatsvindt met de deelnemers aan de pensioenregeling ook van belang. Zo kan het bijvoorbeeld voorkomen dat op basis van alleen de inhoud van het pensioenreglement en de uitvoeringsovereenkomst in formele zin sprake is van een toegezegde-bijdrageregeling. Indien in dat geval door de communicatie omtrent de pensioenregeling bij de deelnemers de gerechtvaardigde verwachting bestaat dat de rechtspersoon bij onvoldoende opbouw in de pensioenaanspraken aanvullende bijdragen zal betalen, is in wezen sprake van een toegezegd-pensioenregeling die dan ook als zodanig wordt verwerkt.

Het is voor de classificatie van een pensioenregeling niet van belang of de uitvoering daarvan is ondergebracht bij een ondernemingspensioenfonds, een bedrijfstakpensioenfonds, of bij een levensverzekeringsmaatschappij. Toch zijn er enkele specifieke aspecten, waarop in paragraaf 18.3.4 nader wordt ingegaan.

18.3.2 Toegezegde-bijdrageregeling ('defined contribution plan')

Zoals aangegeven in paragraaf 18.3.1 is een toegezegde-bijdrageregeling een pensioenregeling waarbij slechts door de rechtspersoon overeengekomen bijdragen worden betaald aan het fonds, zonder dat er 'in substance' additionele verplichtingen bestaan in het geval van tekorten. Het actuariële en/of beleggingsrisico ligt dan 'in substance' niet bij de rechtspersoon.

De bepaling van de 'substance' in afspraken brengt inherent veel oordeelsvorming met zich mee, zoals ook de IFRS Interpretation Committee (IFRS IC) in een agendabesluit in 2019 te kennen heeft gegeven. IFRS IC is een vraag gesteld omtrent een regeling die overwegende kenmerken van een defined contribution omvat en waarvan de uitvoering door de entiteit aan een onafhankelijke partij is opgedragen, met als bijzonder kenmerk dat de entiteit op enig moment een korting op haar jaarlijkse contractuele premiebijdrage kan krijgen indien de waarde van de beleggingen een bepaalde procentuele mate is gestegen. De vraag was of dit potentiële voordeel de classificatie dan naar een defined benefit-regeling zou doen omslaan. In de beantwoording gaf IFRS IC aan dat het specifieke element van een eventueel (kosten)voordeel voor de entiteit niet hoeft te betekenen dat de classificatie daarmee wijzigt naar een defined benefit-regeling, doch IAS 19 duidelijk aangeeft dat alle feiten en omstandigheden dienen te worden meegewogen in de afwegingen en oordeelsvorming. In de afweging noemde IFRS IC dan ook onder andere de volgende (wezenlijke) omstandigheden die bij de betreffende regeling aan de orde waren:
▶ Vaste bijdrage en geen nadere verplichting tot het doen van bijdragen bij een tekort aan middelen om aan de verplichtingen te kunnen voldoen;
▶ De actuariële risico's komen in substance voor rekening van de deelnemers.

In een toegezegde-bijdrageregeling worden geen *pensioenaanspraken* toegekend, maar wordt (nagenoeg) uitsluitend het betalen van bepaalde vaste of procentuele *bijdragen* toegezegd. Dit betekent dat na het voldoen van die overeengekomen bijdragen het actuariële risico (dat de uitkeringen lager zijn dan verwacht) en het beleggingsrisico (dat de fondsbeleggingen niet toereikend zijn voor het doen van de verwachte uitkeringen) niet meer rust bij de rechtspersoon, maar bij de werknemers en/of gepensioneerden dan wel bij een levensverzekeringsmaatschappij.

De overeengekomen bijdrage hoeft niet een jaarlijks gelijkblijvende premie te zijn; er kan sprake zijn van een vooraf overeengekomen percentage van de loonsom. De hoogte van het bij pensionering uit te keren pensioen staat pas vast op het tijdstip van pensionering en is afhankelijk van het totaalbedrag van gestorte premies en de daarmee behaalde beleggingsrendementen. Het risico dat de hoogte van de feitelijke pensioenuitkeringen afwijkt van de aanvankelijke verwachtingen ligt niet bij de rechtspersoon. Zodra verwachtingen worden gewekt dat eventuele tekorten worden aangevuld, bijvoorbeeld doordat er sprake is van een bestendige gedragslijn om bij tekorten extra stortingen te verrichten, ontstaat er een feitelijke verplichting en is er niet langer sprake van een toegezegde-bijdrageregeling. Hoewel dit niet uitdrukkelijk in de regelgeving wordt genoemd, moet uit de algemene bepalingen worden afgeleid dat indien de rechtspersoon rechten op overschotten heeft, er ook veelal geen sprake zal zijn van een toegezegde-bijdrageregeling. Naar de aard van een toegezegde-bijdrageregeling komen deze overschotten toe aan de werknemers, de gepensioneerden of de verzekeringsmaatschappij, dan wel ligt bij deze partijen de besluitvorming over de bestemming van de overschotten.

'Handreiking voor de toepassing van IAS 19R in de Nederlandse pensioensituatie'

Toevoeging van 'in substance on the employee' in IAS 19.28 houdt in dat als het actuariële risico 'in wezen' c.q. 'in werkelijkheid' voor rekening van de werknemer of een verzekeraar komt (en daarmee 'in wezen' c.q. 'in werkelijkheid' niet voor rekening van de werkgever), er sprake is van een DC-regeling. Dit betekent dat sprake is van een DC-regeling indien een werkgever in wezen geen andere (juridische of feitelijke) verplichtingen heeft dan het betalen van (vooraf bepaalde) vaste premies aan het fonds, en de pensioenuitkeringen in wezen afhankelijk zijn van de betaalde premies en het rendement daarop. Voor classificatie als DC-regeling is het derhalve niet noodzakelijk dat een werkgever geen enkel actuarieel risico loopt (alinea 205).

De volgende situaties zijn voorbeelden waarbij nog steeds geconcludeerd kan worden dat het risico niet in wezen bij de rechtspersoon ligt (Handreiking alinea 224):
1. éénmalige betalingen aan de verzekeraar die voortvloeien uit veranderingen in wet- en regelgeving. Hierbij kan gedacht worden aan de situatie dat het risico van individuele waardeoverdrachten is overgedragen aan de verzekeraar, maar dat de door wet- en regelgeving voorgeschreven overlevingstafels veranderen. Voorwaarde is dat na het doen van de éénmalige storting ter compensatie van het nadelige effect van de door wet- en regelgeving voorgeschreven wijziging alle overige risico's direct weer zijn afgedekt;
2. een premie die slechts stijgt vanwege prospectieve elementen, zoals een toename van de gemiddelde leeftijd van de werknemers of een dalende rente, waardoor de toekomstige opbouw duurder wordt. Als de premie namelijk alleen maar betrekking heeft op de opbouw in het betreffende jaar, wordt vastgesteld volgens een vaste rekenmethodiek en geen relatie toont met in het verleden behaalde actuariële resultaten, dan heeft de werkgever geen risico dat gerelateerd kan worden aan de verstreken diensttijd.

18.3.3 Toegezegd-pensioenregeling ('defined benefit plan')

Indien niet is voldaan aan de definitie van een toegezegde-bijdrageregeling, is er per definitie sprake van een toegezegd-pensioenregeling. Het kenmerk van deze regelingen is dat de rechtspersoon de verplichting heeft voor de toegezegde uitkeringen en het actuariële en/of beleggingsrisico, 'in substance' ten minste in enige mate bij de rechtspersoon ligt (IAS 19.30). De risico's kunnen groot, maar ook relatief beperkt zijn.

Voorbeelden van het bestaan van een toegezegd-pensioenregeling zijn (IAS 19.29):
▶ de op grond van de regeling te verwerven aanspraken zijn niet uitsluitend gerelateerd aan de betaalde premies en kunnen additionele bijdragen van de rechtspersoon vereisen in de situatie dat de beleggingen niet toereikend zijn om de uitkeringen te kunnen doen;
▶ de rechtspersoon garandeert direct of indirect een bepaald rendement op de premies; of
▶ de door de rechtspersoon bestendig gevolgde gedragslijn leidt tot een verplichting die verder gaat dan het voldoen van premies en het daarop behaalde rendement.

18.3.4 Collectieve regelingen

In beginsel is de wijze waarop de pensioenregeling is ondergebracht niet van belang voor de verwerking van pensioenen in de jaarrekening van de onderneming. Hieronder wordt een aantal uitzonderingen en bijzondere situaties besproken.

18.3.4.1 Bedrijfstakpensioenregelingen

Algemeen

Of een bedrijfstakpensioenregeling is aan te merken als een toegezegde-bijdrageregeling of een toegezegd-pensioenregeling, dient te worden beoordeeld aan de hand van de inhoud van de regeling, alsmede de inhoud van de uitvoeringsovereenkomst c.q. het equivalent daarvan tussen de rechtspersoon en het fonds en het daaruit voor de rechtspersoon resterende economisch risico (IAS 19.32). Zoals uit paragrafen 18.3.1 en 18.3.2 kan worden afgeleid is het zeer wel denkbaar dat de kenmerken van een bedrijfstakpensioenregeling zodanig zijn dat sprake is van een 'defined contribution'-regeling en de verwerking op die basis zal plaatsvinden. De 'Handreiking voor de toepassing van IAS 19 in de Nederlandse pensioensituatie' geeft uitgebreide ondersteuning voor de analyse van de relevante factoren en omstandigheden (alinea's 214-217).

Bij een bedrijfstakpensioenregeling komt de verplichting tot premiebetalingen in het algemeen niet voort uit het verleden, maar vanuit de aansluiting van de werkgever bij het fonds in het lopende jaar. Beëindiging van de aansluiting kan in Nederland plaatsvinden indien de werkgever op aanvraag een vrijstelling verkrijgt van de aansluitingsverplichting, of indien de werkgever geen werknemers meer heeft binnen de betreffende werkingssfeer. Indien de aansluiting beëindigd wordt doordat de werkgever geen werknemers meer heeft binnen de betreffende werkingssfeer (bijvoorbeeld door beëindiging van activiteiten, door het verplaatsen van activiteiten naar het buitenland of bij wijziging van activiteiten zodat niet langer de desbetreffende verplichtstelling van toepassing is), vindt in het algemeen geen afrekening plaats (Handreiking alinea 214). De situatie dat wel afrekening plaatsvindt wordt beschreven in Handreiking alinea 215, zie hierna.

Indien de werkgever alleen een verplichting heeft tot premiebetaling en niet een verplichting tot het betalen van extra bijdragen bij onvoldoende omvang van de fondsbeleggingen, dan is in beginsel mogelijk sprake van classificatie als DC-regeling, zelfs indien de pensioenregeling als een uitkeringsovereenkomst wordt gekarakteriseerd volgens de Pensioenwet. De pensioenuitkeringen zullen in deze situatie in wezen gebaseerd zijn op de laagste van de op basis van de formule berekende toezeggingen en de beschikbare middelen (IAS 19.BC30).

Handreiking alinea 215 legt uit dat IAS 19.45 stelt dat wettelijke pensioenregelingen (state plans) gewoonlijk classificeren als DC-regeling. Dit is bijvoorbeeld het geval indien de enige verplichting van de rechtspersoon erin bestaat de premies over het jaar te betalen wanneer deze verschuldigd zijn en zij geen verplichting heeft om te betalen voor aanspraken die door haar eigen werknemers in voorgaande jaren zijn opgebouwd, zodra de rechtspersoon niet langer deelnemers aan de wettelijke pensioenregeling in dienst heeft.

Ook in de Nederlandse bedrijfstakpensioenregelingen is het betalen van de jaarlijkse premie in de regel de enige verplichting van de rechtspersoon. In het algemeen vindt alleen een afrekening plaats indien er sprake is van een verzekeringstechnisch nadeel voor het bedrijfstakpensioenfonds, indien een werkgever zijn aansluiting bij een bedrijfstakpensioenregeling vrijwillig beëindigt ten behoeve van het verkrijgen van de vereiste vrijstelling van de aansluitingsverplichting. In een situatie dat vrijwillige beëindiging wordt verwacht is op grond van IAS 19.39 echter niet IAS 19 voor de waardering van toepassing, maar IAS 37 'Voorzieningen, voorwaardelijke verplichtingen en voorwaardelijke activa'.

Indien een rechtspersoon is aangesloten bij een bedrijfstakpensioenfonds heeft deze normaliter geen verplichting tot het voldoen van aanvullende bijdragen, niet zijnde een verhoging van aan toekomstige diensttijd gerelateerde premies, als sprake is van een tekort bij het fonds. Aangesloten rechtspersonen kunnen ook geen rechten doen gelden op eventuele overschotten in een fonds. Behoudens bijzondere omstandigheden/afspraken (voorbeelden hiervan zijn hierna uiteengezet) zal in geval van een bedrijfstakpensioenregeling daarom veelal sprake zijn van een DC-regeling. Zoals in voorgaande alinea's uiteengezet is de enige verplichting de premies over het jaar te betalen wanneer die verschuldigd zijn en die verplichting komt slechts voort uit de aansluiting bij het fonds in dat betreffende jaar, en niet uit de aansluiting in voorgaande jaren (Handreiking alinea 216).

Ook indien in toekomstige premies een beperkte premievariabiliteit is begrepen, kan de regeling als DC kwalificeren, mits deze variabiliteit slechts tot uitdrukking komt via aan toekomstige diensttijd gerelateerde doorsneepremies, die slechts afgedragen behoeven te worden indien en voor zover de rechtspersoon door middel van actieve deelnemers aangesloten blijft bij het bedrijfstakpensioenfonds. Hierbij wordt bij de classificatie ook betrokken of de premievariabiliteit naar verwachting dusdanig beperkt is, dat de actuariële risico's in wezen niet bij de rechtspersoon liggen (Handreiking alinea 216).

Voor zover de premievariabiliteit is gekoppeld aan toekomstgerichte factoren, zoals bijvoorbeeld de rentestand die van invloed is op de kosten van nieuw op te bouwen aanspraken, is dit geen indicator van actuarieel risico van de werkgever, omdat deze variabiliteit niet toeziet op de reeds opgebouwde aanspraken (Handreiking alinea 216).

Een bedrijfstakpensioenregeling classificeert wel als DB-regeling indien uit de aansluitingsvoorwaarden blijkt dat de aangesloten rechtspersoon een juridische of feitelijke verplichting heeft om een vermogenstekort van het pensioenfonds aan te vullen (Handreiking alinea 217). Dit is bijvoorbeeld het geval indien de rechtspersoon een verplichting heeft tot het doen van aanvullende bijdragen in het geval van een tekort bij het bedrijfstakpensioenfonds, anders dan het voldoen van hogere aan toekomstige diensttijd gerelateerde doorsneepremies (zie Handreiking alinea 216 inzake beperkte premievariabiliteit). Indien de toekomstige premies contractueel of door gewekte verwachtingen dusdanig kunnen worden verhoogd dat de tekorten op korte termijn volledig of bijna volledig door die premies worden ingelopen kan er sprake zijn van een juridische of feitelijke verplichting tot bijstorting en derhalve classificatie als DB-regeling.

Toegezegd-pensioenregelingen verwerken als toegezegde-bijdrageregeling

Onder IAS 19 is het in bepaalde gevallen mogelijk dat een bedrijfstakregeling die kwalificeert als een toegezegd-pensioenregeling wordt verwerkt als een toegezegde-bijdrageregeling. Dit is het geval indien:
- er onvoldoende informatie beschikbaar is om de toegezegd-pensioenregeling toe te passen (IAS 19.34); of
- deze informatie er wel is, maar de onderneming niet in staat is om haar aandeel in de onderliggende pensioenverplichting, fondsbeleggingen en kosten van de regeling op consistente en betrouwbare wijze te bepalen voor verslaggevingsdoeleinden (IAS 19.36).

Met betrekking tot de tweede situatie zal normaliter een toerekening op basis van de aan het fonds betaalde premie in verhouding tot het premietotaal tot een aanvaardbare toerekening leiden. Is echter sprake van een situatie met extreem hoog personeelsverloop in de betreffende bedrijfstak, dan is een betrouwbare toerekening wellicht niet haalbaar.

IAS 19 kent nog de volgende aanvullende specifieke bepaling in de situatie dat een toegezegd-pensioenregeling wordt verwerkt als toegezegde-bijdrageregeling (IAS 19.37): Indien sprake is van een overeenkomst ('contractual agreement') tussen het bedrijfstakpensioenfonds en de aangesloten ondernemingen, waarin is vastgelegd hoe een overschot of een tekort met de aangesloten ondernemingen zal worden verrekend dient de onderneming haar aandeel in het tekort of overschot in de jaarrekening te verwerken. De vraag doet zich dan voor in welke gevallen, in de Nederlandse situatie, sprake is van een contractuele overeenkomst inzake een tekort of overschot. Hiervan is naar onze mening sprake indien het bedrijfstakpensioenfonds naar de aangesloten ondernemingen heeft gecommuniceerd welk deel van de premie gedurende welke periode betrekking heeft op het inlopen van het tekort (bijvoorbeeld gebaseerd op een herstelplan) respectievelijk op de restitutie van het overschot. Ook indien tekorten of overschotten via eenmalige betalingen worden verrekend, dienen deze direct door de deelnemende ondernemingen te worden voorzien respectievelijk als vordering te worden opgenomen. Het bestaan van een herstelplan als zodanig betekent dan nog niet dat de aangesloten ondernemingen een aandeel in het tekort moeten opnemen: hiervoor is vereist dat de ondernemingen een verplichting tot betaling krijgen opgelegd door het bedrijfstakpensioenfonds.

18 Pensioenen

> **Voorbeeld opnemen van aandeel in tekort bedrijfstakpensioenfonds (op basis van IAS 19.37)**
> Een entiteit participeert in een bedrijfstakpensioenfonds dat de verplichtingen en fondsbeleggingen niet op basis van IAS 19 bepaalt. Uit een niet op IAS 19 gebaseerde berekening van de financieringsstatus blijkt dat de regeling een tekort heeft van € 100 miljoen. Het fonds heeft met de aangesloten werkgevers een contractuele overeenkomst bereikt over een bijdragenschema dat het tekort over de volgende 5 jaar zal elimineren. De entiteit zal in het kader van de overeenkomst in totaal € 8 miljoen bijdragen. De entiteit neemt in dat geval een verplichting op voor de contante waarde van de bijdragen, en neemt voor hetzelfde bedrag een last op in de winst-en-verliesrekening.

Indien een toegezegd-pensioenregeling wordt verwerkt als een toegezegde-bijdrageregeling omdat de benodigde informatie niet beschikbaar is, dient de rechtspersoon aanvullend de volgende informatie in de toelichting op te nemen (IAS 19.34 en 19.148(d)):
- het feit dat de desbetreffende regeling een toegezegd-pensioenregeling is;
- de reden(en) waarom onvoldoende gegevens beschikbaar zijn voor het toepassen van de geëigende wijze van verwerken;
- de verwachte pensioenpremies voor het komende boekjaar;
- indien en voor zover een overschot of tekort in het fonds van invloed is op in de toekomst door de rechtspersoon te betalen premies of andere bijdragen: de beschikbare informatie omtrent het overschot of tekort, en de mogelijke gevolgen voor de rechtspersoon;
- voor zover beschikbaar, indicatie van de omvang van de deelname aan de bedrijfstakregeling, bijvoorbeeld procentuele premiebijdrage van het totaal, procentueel aandeel actieve deelnemers, gepensioneerden en premievrije deelnemers.

Deze toelichtingen zijn niet specifiek vereist voor een bedrijfstakpensioenregeling die is geclassificeerd als DC-regeling. Ter zake geeft de Handreiking de aanbeveling om gezien het specifieke karakter van bedrijfstakpensioenregelingen een aantal van de toelichtingen alsnog op te nemen, zoals bijvoorbeeld een beschrijving van de belangrijkste kenmerken van de bedrijfstakpensioenregeling, het uitvoeringsreglement en het eventuele herstelplan van het bedrijfstakpensioenfonds (Handreiking alinea 218).

Als er sprake is van een toegezegd-pensioenregeling die als zodanig wordt verwerkt, dient de rechtspersoon (IAS 19.33):
- zijn proportionele aandeel in de contante waarde van toegekende aanspraken, de fondsbeleggingen en de lasten die voortvloeien uit de regeling op dezelfde wijze te berekenen als voor iedere andere toegezegd pensioenregeling; en
- in de toelichting de te verstrekken informatie omtrent toegezegd-pensioenregelingen op te nemen zoals vermeld in IAS 19.135-148 (excl. 19.148(d)) (zie par. 18.3.20).

18.3.4.2 Vrijwillige gezamenlijke uitvoering van pensioenregelingen

IAS 19.38 geeft aan dat een pensioenregeling die is ondergebracht bij een bedrijfstakpensioenfonds moet worden onderscheiden van zogenaamde 'group administration plans'. Dit zijn vrijwillige samenwerkingen tussen rechtspersonen teneinde bijvoorbeeld de beleggingen gezamenlijk te beheren, maar waarbij iedere rechtspersoon uitsluitend verantwoordelijk is voor de verplichtingen van zijn eigen personeel. In dat geval kan er nooit sprake zijn van het niet beschikbaar hebben van voldoende informatie om het eigen aandeel in de verplichtingen te bepalen. Daarom is de faciliteit die voor bedrijfstakpensioenfondsen geldt hier niet van toepassing.

18.3.4.3 Nationale regelingen

Nationale regelingen zijn wettelijke regelingen die voor alle rechtspersonen gelden en worden uitgevoerd door de nationale of lokale overheid, of een separate uitvoeringsinstelling. Veelal worden dergelijke regelingen gefinancierd op omslagbasis, zoals in Nederland de AOW, en rust op de rechtspersoon geen verplichting tot het voor eigen rekening betalen van toekomstige uitkeringen. De verplichting van de rechtspersoon is beperkt tot het voldoen of afdragen van de verschuldigde premies. Gelet op deze kenmerken zullen de meeste nationale regelingen zijn aan te merken als toegezegde-bijdrageregeling (IAS 19.43-45).

18.3.4.4 Ondernemingspensioenregelingen (incl. CDC regelingen)

Ondernemingspensioenregelingen dienen te worden geclassificeerd als toegezegde-bijdrageregelingen of toegezegd pensioenregelingen; zie voor de bespreking van de algemene voor classificatie relevante uitgangspunten paragraaf 18.3.2 en 18.3.3. De 'Handreiking voor de toepassing van IAS 19 in de Nederlandse pensioensituatie' geeft aan dat voor de classificatie de pensioenovereenkomst, de uitvoeringsovereenkomst en de communicatie naar de fondsdeelnemers van belang is (Handreiking alinea 219). In de praktijk komt het voor dat op grond van de pensioen- en de uitvoeringsovereenkomst of op grond van een feitelijke verplichting de rechtspersoon gehouden kan worden tot het betalen van aanvullende bijdragen indien tekorten optreden bij het ondernemingspensioenfonds. Indien sprake is van een dergelijke bijstortingsplicht classificeert een ondernemingspensioenregeling als een DB-regeling. Een ondernemingspensioenregeling kan alleen worden geclassificeerd als DC-regeling indien een werkgever niet of nauwelijks actuarieel en/of beleggingsrisico loopt. Dit kan bijvoorbeeld het geval zijn bij Collectieve DC (CDC) regelingen, mits wordt voldaan aan de volgende drie voorwaarden (Handreiking alinea 219):

- uit de uitvoeringsovereenkomst blijkt dat de werkgever geen bijstortingsplicht heeft indien het pensioenfonds in een tekortsituatie verkeert;
- uit de overeengekomen premiemethodiek blijkt dat het actuarieel en/of beleggingsrisico niet of nauwelijks op de werkgever rust;
- en dat de deelnemers adequaat geïnformeerd zijn over de voorwaardelijkheid van de door hen opgebouwde aanspraken.

Voorbeelden van situaties die niet voldoen aan bovenstaande voorwaarden en die derhalve leiden tot classificatie als DB-regeling zijn (Handreiking alinea 220):
1. het ontbreken van een vooraf overeengekomen premiemethodiek en de daarbij te hanteren parameters;
2. eventuele overschotten in het fonds kunnen beschikbaar komen voor de rechtspersoon, direct als restitutie of premiekorting of indirect door aanwending voor door de rechtspersoon geïnitieerde pensioenverbeteringen;
3. eventuele tekorten in het fonds worden door de rechtspersoon verplicht aangevuld;
4. eventuele tekorten in het fonds worden door de rechtspersoon onverplicht aangevuld waarbij sprake is van een feitelijke verplichting;
5. indexatie is onvoorwaardelijk;
6. er is sprake van een eindloonregeling; of
7. de voorwaardelijkheid van de aanspraken, i.e. het risico van lagere of hogere pensioenuitkering voor de werknemers is niet voldoende gecommuniceerd aan de werknemers.

Toegezegd-pensioenregelingen die actuariële en/of beleggingsrisico's delen tussen rechtspersonen die onder gezamenlijke leiding staan, worden onderscheiden van bedrijfstakpensioenregelingen (IAS 19.40). Bij uitvoering van de regeling door een ondernemingspensioenfonds vormt de groep of het groepsdeel een collectieve solidariteit. De relevante gegevens voor de verwerking in de groepsjaarrekening zullen op basis van die collectiviteit kunnen worden verzameld (IAS 19.41).

De standaard geeft ten aanzien van de wijze van toerekening voor de afzonderlijke jaarrekeningen een benadering waarbij de contracten tussen de groepsmaatschappijen omtrent de onderlinge verrekening van pensioenkosten bepalend zijn. Groepsmaatschappijen verantwoorden dan de jaarlijkse bijdrage volgens dit contract als pensioenkosten. Is er geen contract, dan worden de pensioenkosten verantwoord in de enkelvoudige jaarrekening van de rechtspersoon die formeel de verplichtingen heeft ten opzichte van het pensioenfonds (IAS 19.41). De andere groepsmaatschappijen verwerken dan in hun eigen jaarrekening en kostenbedrag ter grootte van hun pensioenpremie over de periode van rapportage (IAS 19.41).

IAS 19 stelt voorts dat het deelnemen van een entiteit aan het pensioenfonds een transactie is met een verbonden partij, waarover informatie moet worden verstrekt (IAS 19.42, met verwijzing naar IAS 19.149), in aanvulling op de meer algemene toelichtingen:
- afspraken (of het ontbreken daarvan) van de wijze van doorbelasting van de pensioenlasten c.q. te betalen pensioenpremie (IAS 19.149, a en b);
- de algemene en cijfermatige informatie inzake de pensioenregeling mag voor het totaal van de gehele groepsregeling worden verstrekt; er is geen uitsplitsing naar individuele entiteit voorgeschreven (IAS 19.149, c en d); indien de betreffende informatie in de jaarrekening van een groepsmaatschappij is opgenomen en die jaarrekening op dezelfde wijze en tijdstip (of eerder) beschikbaar zijn als de jaarrekening van de rapporterende entiteit, mag ook worden volstaan met een verwijzing naar de jaarrekening van het groepsmaatschappij; de rapporterende entiteit hoeft deze gegevens dan niet in haar eigen jaarrekening over te nemen (IAS 19.150).

18.3.5 Levensverzekeringsmaatschappij

Voor de analyse van de relevante factoren en omstandigheden biedt de 'Handreiking voor de toepassing van IAS 19 in de Nederlandse pensioensituatie' ondersteuning in alinea's 221-224.

Een regeling ondergebracht bij een levensverzekeringsmaatschappij dient te worden aangemerkt als een toegezegde-bijdrageregeling of een toegezegd-pensioenregeling op basis van de algemene criteria genoemd in de paragrafen 18.3.2 en 18.3.3; zoals Handreiking alinea 221 dat aangeeft is voor de classificatie van een regeling die is ondergebracht bij een levensverzekeringsmaatschappij zowel de inhoud van de pensioenregeling als de overeenkomst tussen rechtspersoon en levensverzekeringsmaatschappij bepalend. Dit betekent dat voor verzekerde regelingen moet worden nagegaan of de actuariële risico's zijn overgedragen aan de verzekeringsmaatschappij. Indien een rechtspersoon voor de financiering van pensioentoezeggingen premie(s) betaalt aan een levensverzekeringsmaatschappij kan de regeling in beginsel worden aangemerkt als een toegezegde-bijdrageregeling, tenzij de rechtspersoon met betrekking tot de op de balansdatum opgebouwde pensioenaanspraken in wezen nog actuarieel risico loopt (Handreiking alinea 222). Zodra actuarieel risico bij de werkgever achterblijft, ook al vindt verrekening plaats via toekomstige premies, is sprake van een toegezegd-pensioenregeling (IAS 19.39-42). In de praktijk blijkt dat ondernemingen toch veelal risico's blijven lopen, onder andere in de volgende situaties (Handreiking alinea 223):
- De vooraf overeengekomen premie kan worden aangepast aan in het verleden behaalde actuariële resultaten.
- Indexatie is onvoorwaardelijk en kan leiden tot nabetaling die ten laste van de werkgever komt.
- De rechtspersoon geeft in de communicatie richting deelnemers aan in bepaalde voorziene en onvoorziene omstandigheden stortingen te zullen doen.
- Overrente of winstdeling volgens het verzekeringscontract kunnen beschikbaar komen voor de rechtspersoon, direct als restitutie of premiekorting of indirect door aanwending voor door de rechtspersoon geïnitieerde pensioenverbeteringen anders dan de reglementair overeengekomen toeslagen.
- De rechtspersoon betaalt (kosten)opslagen voor reeds in verstreken dienstjaren opgebouwde pensioenaanspraken, zoals bijvoorbeeld het geval is voor (rente)garantie of solvabiliteit.
- Eventuele nadelen of voordelen van individuele waardeoverdrachten kunnen ten laste respectievelijk ten gunste van de rechtspersoon komen.

Bij eindloonregelingen zal altijd sprake zijn van een toegezegd-pensioenregeling omdat de backservicekosten verbonden aan toekomstige salarisstijgingen niet verzekerbaar zijn. Afhankelijk van de overeengekomen voorwaarden kunnen verzekerde middelloonregelingen als zodanig wel worden geclassificeerd als toegezegde-bijdrageregelingen. In dat geval zal, bij toepassing van IAS 19 en de hierboven aangegeven elementen van de Handreiking alinea 223, ten minste aan de volgende voorwaarden cumulatief moeten zijn voldaan die verhinderen dat er een in rechte afdwingbare dan wel feitelijke verplichting voor de onderneming ontstaat om bij te storten in geval van tekorten:
▶ er is sprake van een garantiecontract;
▶ bij contractbeëindiging bestaat de mogelijkheid om het contract zonder extra kosten premievrij te maken c.q. aan een andere verzekeraar over te dragen;
▶ indexaties zijn voorwaardelijk en worden uitsluitend gefinancierd uit de overrente;
▶ negatieve actuariële resultaten en beleggingsverliezen komen ten laste van de verzekeraar en positieve resultaten komen niet ten gunste van de onderneming;
▶ het risico op nabetalingen uit hoofde van waardeoverdrachten moet zijn verzekerd;
▶ de onderneming is niet aansprakelijk bij faillissement van de verzekeraar.

Naast het direct onderbrengen van de pensioenregeling bij een verzekeringsmaatschappij, kan ook de situatie bestaan dat de rechtspersoon zelfstandig uitkeringen uitbetaalt en deze kan verhalen op de verzekeringsmaatschappij. Dan ontstaat een actiefpost (indien voldaan is aan de criteria om te kunnen spreken van een recht op vergoeding), of kan sprake zijn van een verzekeringspolis die wordt aangemerkt als een fondsbelegging (zie par. 18.3.12). In dat geval zal de regeling waarschijnlijk als een toegezegd-pensioenregeling worden geclassificeerd.

18.3.6 Waardering en resultaatbepaling toegezegde-bijdrageregeling

De verantwoording levert hier geen bijzondere problemen op:
▶ Bij de berekening van de verplichting die voor de rechtspersoon voortvloeit uit een toegezegde-bijdrageregeling, kan worden volstaan met het in aanmerking nemen van de verschuldigde premie (IAS 19.50).
▶ Voor zover de verschuldigde premie nog niet is voldaan, dient deze als verplichting op de balans te worden opgenomen. Indien de betaalde premie de verschuldigde premie overtreft, wordt een overlopend actief (vooruitbetaalde kosten) gevormd voor zover er sprake zal zijn van terugbetaling door het fonds of van verrekening met in de toekomst verschuldigde premies (IAS 19.51(a)).
▶ De rechtspersoon dient de verschuldigde premie als last in de winst-en-verliesrekening te verantwoorden (tenzij activering als onderdeel van de kostprijs van bijvoorbeeld een materieel vast actief of voorraad mogelijk zou zijn) (IAS 19.51(b)).
▶ Bij niet geheel betaalbaar zijn van de verschuldigde premies binnen twaalf maanden na de balansdatum, dient de verplichting tegen contante waarde te worden gewaardeerd met als disconteringsvoet in beginsel de marktrente van hoogwaardige ondernemingsobligaties op de balansdatum (IAS 19.52).

18.3.7 Waardering en resultaatbepaling toegezegd-pensioenregeling, algemeen

Zoals de standaard ook zelf aangeeft is de verwerking van een toegezegd-pensioenregeling gecompliceerd omdat de opbouw respectievelijk uitkeringsperiode van een pensioen vaak een zeer langlopende periode omvat (gemiddeld 60-70 jaar) waardoor voor een zo goed mogelijke toerekening van de pensioenlasten aan de achtereenvolgende boekjaren het noodzakelijk is om (actuariële) veronderstellingen te bepalen en discontering toe te passen; inherent aan dit proces is het zich kunnen voordoen van schattingsverschillen (actuariële resultaten) (IAS 19.55).

18 Pensioenen

De complexiteit brengt ook tamelijk uitgebreide regelgeving met zich mee: bepalingen omtrent waardering en resultaatbepaling bij toegezegd-pensioenregelingen zijn opgenomen in IAS 19.55-130.

De waardering en resultaatbepaling voor een toegezegd-pensioenregeling omvat (per regeling) (IAS 19.57(a)):

- ▶ het via de Projected Unit Credit-methode maken van actuariële berekeningen voor het betrouwbaar schatten van de kosten van de aanspraken die de werknemers in het huidige boekjaar hebben verdiend voor het huidige boekjaar en de voorgaande boekjaren, waarbij veronderstellingen nodig zijn ten aanzien van demografische grootheden (zoals de mutaties in het personeelsbestand en de levensverwachtingen) en van financiële grootheden (zoals toekomstige salarisstijgingen);
- ▶ het berekenen van de contante waarde van toegekende aanspraken en de toerekening voor het lopend verslagjaar in aanmerking te nemen wijzigingen daarvan;
- ▶ de bepaling van de reële waarde van de fondsbeleggingen.

IAS 19.60 geeft uitdrukkelijk aan dat in bepaalde gevallen schattingen, gemiddelden en 'short cuts' gehanteerd mogen worden om tot de vereiste berekeningen te komen.

18.3.8 De bepaling van de balanspost pensioenverplichting

Tenzij sprake is van een negatief bedrag (actiefpost, 'asset ceiling' IAS 19.57(b))) dient de rechtspersoon op de balans een (netto) verplichting tot uitdrukking te brengen die het saldo is van de volgende posten (IAS 19.57(a)):

+/+ de contante waarde van toegekende pensioenaanspraken op de balansdatum (IAS 19.57(a)(ii)) (zie par. 18.3.10);
-/- de reële waarde van de fondsbeleggingen op de balansdatum die worden aangehouden om de (toekomstige) pensioenen uit te betalen (IAS 19.57(a)(iii)) (zie par. 18.3.12).

De bepaling van de netto verplichting moet met voldoende regelmaat plaatsvinden, zodanig dat de bedragen die de rechtspersoon in de jaarrekening verwerkt niet materieel afwijken van de uitkomsten van de berekening van deze posten op de balansdatum (IAS 19.58). Bij voorkeur wordt daarbij een ter zake kundige actuaris ingeschakeld (IAS 19.59).

Indien het in de praktijk niet mogelijk is de noodzakelijke berekeningen per balansdatum uit te voeren, mag ook gekozen worden voor een eerdere datum. In dat geval dient door middel van schattingen op consistente en systematische wijze rekening te worden gehouden met belangrijke afwijkingen en gebeurtenissen die zijn opgetreden en/of gebleken in de resterende periode tot aan de balansdatum, zoals wijzigingen in marktprijzen en rentetarieven (IAS 19.59).

Het saldo van de berekening kan leiden tot een negatief bedrag, ofwel een 'negatieve verplichting'. De vraag is dan of voor deze 'negatieve verplichting' een actiefpost mag worden opgenomen. Hierop wordt ingegaan in paragraaf 18.3.17.

18.3.9 De bepaling van de pensioenlasten

Bij de verwerking van pensioenlasten worden de 'gewone' pensioenlasten verwerkt in de winst-en-verliesrekening ('statement of profit and loss') en de 'actuariële resultaten (en andere waardewijzigingen en schattingsverschillen)' in het overzicht totaalresultaat ('other comprehensive income') (IAS 19.120).

De in de winst-en-verliesrekening op te nemen last (of bate) uit hoofde van pensioenen wordt als volgt bepaald (IAS 19.120):

Service cost
+/+ aan het dienstjaar toegerekende pensioenkosten ('current service cost') (IAS 19.66-112 en 19.122A) (zie par. 18.3.10);
+/- lasten over verstreken diensttijd uit aanpassing van de pensioenregeling en negatieve lasten wegens belangrijke afname van het aantal deelnemers aan de pensioenregeling (inperkingen of 'curtailment'), (zie par. 18.3.14);
+/- toe te rekenen effect van beëindiging van de regeling ('settlement') (zie par. 18.3.15);
Netto interest
+/-toe te rekenen netto interest (IAS 19.123-126) (zie par. 18.3.11)
= **Pensioenlasten**.

De afbakening van de periode voor de berekening van de pensioenkosten ('current service cost') in een verslaggevingsperiode zal veelal een boekjaar betreffen; complicaties ontstaan in geval van een tussentijdse wijziging of inperking van de pensioenregeling, zie paragraaf 18.3.10.2.

De actuariële baten en lasten en andere waardewijzigingen en schattingsverschillen ('remeasurements') blijven buiten de winst-en-verliesrekening en maken deel uit van het overzicht totaalresultaat ('other comprehensive income') (IAS 19.127-130) (zie par. 18.3.13).
Verder wordt de bepaling van de pensioenlasten nog beïnvloed door specifieke bepalingen inzake het mogelijk kunnen opnemen van een actiefpost (zie daarvoor par. 18.3.17).
Indien de pensioenlast of -bate beïnvloed wordt door andere elementen, zoals kosten voor administratie en beheer (voor zover niet begrepen onder de opbrengst fondsbeleggingen) en eigen bijdragen door personeel, dienen deze eveneens onder pensioenlasten of -baten in aanmerking te worden genomen.
Voorts kan in de winst-en-verliesrekening nog een last zijn opgenomen in verband met kosten van medische verzorging (zie par. 18.3.16).

In bepaalde gevallen kunnen pensioenlasten begrepen zijn in de kostprijs van activa, zoals voorraden of materiële vaste activa; in die gevallen wordt het activeringsbedrag bepaald op basis van het proportionele aandeel in de genoemde componenten (IAS 19.121).

18.3.10 Bepaling contante waarde pensioenaanspraken ('Projected Unit Credit Method')

18.3.10.1 Algemeen

Onder de contante waarde van toegekende pensioenaanspraken wordt verstaan de contante waarde van toekomstige uitkeringen die benodigd zijn voor het voldoen van de verplichtingen die voortvloeien uit de (op grond van een toegezegd-pensioenregeling) aan het personeel toegekende aanspraken over de tot en met de balansdatum verstreken dienstjaren, waarbij nog geen rekening is gehouden met aftrek voor aanwezige fondsbeleggingen.

De waardering van de contante waarde van toegekende pensioenaanspraken dient te geschieden met inachtneming van (IAS 19.87/90/91/95):
- de aanspraken op uitkeringen op basis van de regeling zoals die luidt op de balansdatum of op basis van additionele verplichtingen (IAS 19.87(a));
- de geschatte toekomstige salarisstijgingen, zowel algemeen (inflatie, vraag/aanbod op de arbeidsmarkt) als individueel (senioriteit, promotie) (IAS 19.87(b) en IAS 19.90);

- de gevolgen van een maximering van de bijdrage van de werkgever in de totale kosten van de regeling (IAS 19.87(c) en IAS 19.91);
- bijdragen van werknemers of andere betrokken partijen die tot vermindering van de totale kosten van de regeling leiden (IAS 19.87(d)); alsmede
- de gevolgen van wijzigingen in AOW/ANW en soortgelijke (staats)uitkeringen voor zover die wijzigingen van invloed zijn op de pensioenuitkeringen. Deze wijzigingen worden alleen meegenomen indien deze van kracht zijn geworden vóór de balansdatum, of op basis van ervaringen uit het verleden of op basis van andere voldoende betrouwbare uitgangspunten mag worden aangenomen dat die uitkeringen zich op een voorspelbare wijze zullen ontwikkelen, bijvoorbeeld via koppeling aan de loon- of prijsontwikkeling (IAS 19.87(e) en IAS 19.95).

18.3.10.2 Berekeningsperiode pensioenkosten (jaarlast) – peildatum veronderstellingen

Indien géén sprake is van wijzigingen in de pensioenregeling, dan is de berekeningsperiode voor de bepaling van de periode waarvoor de pensioenkosten worden berekend ('current service cost') gelijk aan het boekjaar; de actuariële veronderstellingen worden dan bepaald (peildatum) op moment van aanvang van het boekjaar (IAS 19.122A). Deze bepaling (IAS 19.122A) is prospectief van toepassing voor jaarrekeningen die aanvangen op of ná 1 januari 2019 (waarbij eerdere toepassing ook is toegestaan).

Is wel sprake van een tussentijdse aanpassing of inperking van de pensioenregeling, dan dient een herrekening van de pensioenkosten voor de periode vanaf moment van aanpassing of inperking van de pensioenregeling tot einde boekjaar plaats te vinden, waarbij de actuariële veronderstellingen dienen te worden gebruikt van de datum waarop tot aanpassing/inperking van de regeling is overgegaan. Voor een nadere bespreking wordt verwezen naar paragraaf 18.3.14.

18.3.10.3 'Projected Unit Credit Method'

De rechtspersoon dient voor de berekening van de contante waarde van toegekende pensioenaanspraken, dan wel de toename daarvan, de actuariële methode toe te passen die bekend staat als 'Projected Unit Credit Method' (PUCM). Deze methode dient ook te worden toegepast als een last over verstreken diensttijd moet worden berekend (zie par. 18.3.14) (IAS 19.67/68).

De PUCM wordt omschreven als een actuariële methode waarin de toegekende pensioenaanspraken per dienstjaar als afzonderlijk gedeelte (jaarlagen) van de uiteindelijke verplichting uit hoofde van de (pensioen)toezegging worden beschouwd en gewaardeerd. De toerekening aan individuele boekjaren kan met behulp van deze methode geschieden aan de hand van de per doorlopen dienstjaar toegekende, dan wel toe te kennen pensioenaanspraken. De actuariële techniek maakt het mogelijk om de uit die pensioenaanspraken voortvloeiende verplichtingen met voldoende betrouwbaarheid te berekenen om in de jaarrekening een verplichting en een last op te nemen. Samengevat komt de PUCM erop neer dat de eindwaarde van pensioenaanspraken wordt berekend en dat op basis van deze eindwaarde toerekening aan de verschillende jaren plaatsvindt. De toepassing van PUCM is in de standaard nader toegelicht met voorbeelden.

Voorbeeld van toepassing van 'Projected Unit Credit Method' (ontleend aan IAS 19, voorbeeld inzake IAS 19.68)

Bij beëindiging van het dienstverband wordt een bedrag ineens betaalbaar gesteld. Dit bedrag is gelijk aan 1% van het laatstverdiende salaris van alle jaren van het dienstverband. Het salaris in jaar 1 is € 10.000 en wordt verondersteld elk jaar met 7% te stijgen. Het verwachte salaris in het laatste jaar komt uit op € 13.100.

De gebruikte disconteringsfactor is 10% per jaar. Onderstaand staatje toont op welke wijze de verplichting wordt opgebouwd voor een werknemer waarvan verwacht wordt dat deze aan het einde van jaar 5 uit dienst gaat. Verondersteld is dat er geen wijzigingen zijn in de actuariële veronderstellingen. Eenvoudigheidshalve is in dit voorbeeld de berekening van de mogelijkheid dat de werknemer op een eerdere of latere datum de onderneming verlaat achterwege gebleven; tevens is ter vereenvoudiging voor de renteberekening en discontering een peildatum per jaareinde toegepast.

Jaar	1	2	3	4	5
Pensioenaanspraak toegerekend aan:					
–Voorgaande jaren	0	131	262	393	524
–Huidig jaar (1% van het eindloon)	131	131	131	131	131
–Huidig jaar en voorgaande jaren	131	262	393	524	655
Verplichting op 1 januari*	-	89	196	324	476
Oprenting van 10%**	-	9	20	33	48
Contante waarde toegekende aanspraken lopende verslagjaar**	89	98	108	119	131
Verplichting op 31 december***	89	196	324	476	655

* De verplichting op 1 januari is de contante waarde van de pensioenaanspraak die aan voorgaande boekjaren moet worden toegerekend.

** Het bedrag van de oprenting en de contante waarde toegekende aanspraken worden als last in de winst-en-verliesrekening opgenomen.

*** De verplichting op 31 december is de contante waarde van de pensioenaanspraak die aan het huidige en aan voorgaande boekjaren moet worden toegerekend.

Uit dit voorbeeld blijkt dat in ieder jaar een pensioenaanspraak wordt opgebouwd van 131 (1% van 13.100, verwacht salaris in het laatste jaar). De aan ieder jaar toe te rekenen pensioenkosten worden berekend als de actuariële contante waarde van de aan dat jaar toe te rekenen aanspraak van 131. In jaar 1 is dat 89, in jaar 2 98 et cetera. Daarnaast wordt de jaarlijkse oprenting in de winst-en-verliesrekening opgenomen. De contante waarde van de toegekende pensioenaanspraken per ultimo van het verslagjaar wordt berekend als de actuariële contante waarde van de totale pensioenaanspraak tot en met de verslagperiode, zijnde 131, vermenigvuldigd met het aantal dienstjaren tot op de balansdatum. Voor jaar 2 is de contante waarde van de pensioenaanspraak van 262 (2 x 131) gelijk aan 196. Uit dit voorbeeld blijkt ook dat de omvang van de aanspraken in een eindloonsysteem niet toeneemt naar de mate waarin de salarissen naar verwachting stijgen: de aanspraak in jaar 1 is reeds gebaseerd op het verwachte eindloon. Daarmee is tevens het grote belang van het zo goed mogelijk inschatten van het laatstverdiende salaris zichtbaar.

Voor de berekening geldt dat als de totale pensioenaanspraak onmiddellijk betaalbaar is op het moment dat de werknemer de rechtspersoon verlaat, bij de berekening van de aan het dienstjaar toe te rekenen pensioenkosten en de contante waarde van de toegekende pensioenaanspraken per ultimo van het verslagjaar wordt uitgegaan van de datum waarop verwacht wordt dat de werknemer de rechtspersoon verlaat.

18.3.10.4 PUCM en voorwaardelijke aanspraken

Bij de bepaling van de pensioenkosten en de pensioenverplichting moet ook rekening worden gehouden met aanspraken uit hoofde van een toegezegd-pensioenregeling indien deze een voorwaardelijk karakter hebben, zoals bijvoorbeeld in het geval dat de aanspraken afhangen van het voortduren van het dienstverband tot een bepaalde toekomstige datum. Er is dan immers tot aan de datum dat de pensioenaanspraken een onvoorwaardelijk karakter krijgen sprake van een feitelijke verplichting, omdat op elke volgende balansdatum het aantal dienstjaren waarin een werknemer prestaties zal moeten verrichten voordat hij onvoorwaardelijk recht krijgt op de pensioenaanspraak, vermindert.

Bij de bepaling van de pensioenkosten en de pensioenverplichting wordt dan rekening gehouden met het feit dat sommige werknemers naar verwachting uiteindelijk geen onvoorwaardelijke pensioenaanspraken verkrijgen omdat zij niet aan de voorwaarden zullen voldoen, bijvoorbeeld omdat zij het dienstverband met de rechtspersoon beëindigen voordat de pensioenaanspraken een onvoorwaardelijk karakter hebben gekregen (IAS 19.72).

Ook kunnen bepaalde vergoedingen na uitdiensttreding, zoals vergoedingen voor medische zorgverlening na uitdiensttreding, afhangen van de vraag of een specifieke gebeurtenis plaatsvindt op een moment dat de werknemer niet langer in dienst is. In dat geval dient een verplichting te worden verwerkt in de jaren dat de werknemer arbeidsprestaties verricht voor de rechtspersoon die hem recht geeft op de vergoeding als de specifieke gebeurtenis plaatsvindt. De waarschijnlijkheid dat de specifieke gebeurtenis plaatsvindt, is van invloed op de waardering van de verplichting, maar bepaalt niet of de verplichting al dan niet bestaat (IAS 19.72).

> **Voorbeelden voorwaardelijke aanspraken (ontleend aan IAS 19.72)**
>
> Voorbeeld 1
> Een regeling geeft recht op een pensioenaanspraak van € 100 per dienstjaar. Alle pensioenaanspraken krijgen na tien jaar dienstverband een onvoorwaardelijk karakter. Aan ieder dienstjaar wordt dan een pensioenaanspraak van € 100 toegerekend. Bij de berekening van de aan ieder van de eerste tien jaren toe te rekenen pensioenkosten en de pensioenverplichting per ultimo van ieder jaar wordt rekening gehouden met de kans dat de werknemer de periode van tien dienstjaren niet voltooit.
>
> Voorbeeld 2
> Een regeling geeft recht op een pensioenaanspraak van € 100 per dienstjaar, met uitzondering van dienstjaren vóór het bereiken van de 25-jarige leeftijd. De pensioenaanspraken hebben direct een onvoorwaardelijk karakter. Er wordt dan geen pensioenaanspraak toegerekend aan dienstjaren vóór de 25-jarige leeftijd van de werknemer, omdat de arbeidsprestaties vóór die datum geen recht op (voorwaardelijke of onvoorwaardelijke) pensioenaanspraken geven. Aan elk daaropvolgend jaar wordt een pensioenaanspraak van € 100 toegerekend.

18.3.10.5 PUCM en onevenredige verdeling van aanspraken over de dienstjaren

De berekeningen op basis van de 'Projected Unit Credit Method' dienen gebaseerd te zijn op de inhoud van de regeling, in het bijzonder ten aanzien van de per doorlopen dienstjaar toe te kennen aanspraak. Veel toegezegd-pensioenregelingen bevatten een toekenning van aanspraken die voor elk dienstjaar gelijk is en die lopen tot en met het jaar van pensionering (bijvoorbeeld 1,75% per dienstjaar). Echter, indien aan het personeel op grond van het pensioenreglement in latere dienstjaren aanspraken worden toegekend die materieel hoger zijn dan die in eerdere dienstjaren, dient de rechtspersoon de toekenning van die hogere aanspraken lineair toe te rekenen aan de gehele periode waarover rechten op aanspraken bestaan (nog los van toegenomen rechten wegens salarisstijgingen) (IAS 19.70).

Indien na het bereiken van bijvoorbeeld de leeftijd van 55 jaar geen verdere pensioenaanspraken worden toegekend, worden aan de jaren daarna geen lasten uit hoofde van toekenning van pensioenaanspraken toegerekend. Met andere woorden, de pensioenaanspraken moeten volledig voorzien zijn op het moment dat (ook bij doorgaand dienstverband) geen verdere pensioenaanspraken worden toegekend. Het is dus niet toegestaan pensioenlasten toe te rekenen aan latere jaren, ook al is er dan nog wel sprake van arbeidsprestaties. Het effect van salarisstijging op de toegekende pensioenaanspraken wordt hierbij niet beschouwd als het verwerven van een (verdere) pensioenaanspraak (IAS 19.73).

> **Voorbeelden onevenredige verdeling aanspraken (ontleend aan IAS 19, voorbeeld inzake IAS 19.73)**
> Voor alle onderstaande voorbeelden geldt dat bij de berekening van de aan ieder van de jaren toe te rekenen pensioenkosten en de pensioenverplichting per ultimo van ieder jaar door deze toerekening van de pensioenaanspraken rekening wordt gehouden met de kans dat de werknemer het vereiste aantal dienstjaren niet voltooit.

Voorbeeld 1
Op grond van de regeling wordt een pensioenaanspraak verkregen van € 1.000, die na tien dienstjaren een onvoorwaardelijk karakter krijgt. Op grond van de regeling bestaat geen recht op verdere aanspraken op basis van arbeidsprestaties die daarna nog worden verricht. Aan elk van de eerste tien jaren wordt een pensioenaanspraak van € 100 (1.000 gedeeld door 10) toegerekend.

Voorbeeld 2
Op grond van de regeling wordt een pensioenaanspraak van € 2.000 toegekend aan alle werknemers die op de leeftijd van 55 na twintig dienstjaren nog steeds in dienst zijn, of die op de leeftijd van 65 nog steeds in dienst zijn, ongeacht de duur van hun dienstverband. Werknemers die vóór de leeftijd van 35 in dienst zijn getreden krijgen dus voor het eerst recht op een pensioenaanspraak op 35-jarige leeftijd (een werknemer zou op 30-jarige leeftijd uit dienst kunnen treden en op 33-jarige leeftijd weer in dienst kunnen treden, zonder dat dit gevolgen heeft voor het bedrag van de pensioenaanspraken of het moment waarop de pensioenuitkeringen worden betaald).
Deze pensioenaanspraken zijn vervolgens afhankelijk van de voortzetting van het dienstverband. Het dienstverband na 55-jarige leeftijd leidt bij deze regeling niet tot verdere materiële pensioenaanspraken. Voor deze werknemers wordt door de rechtspersoon een pensioenaanspraak toegerekend van € 100 (2.000 gedeeld door 20) aan elk jaar vanaf de leeftijd van 35 tot de leeftijd van 55.
Werknemers die in dienst treden tussen de 35- en 45-jarige leeftijd krijgen op grond van de regeling na twintig jaar geen verdere materiële pensioenaanspraken meer. Voor deze werknemers rekent de onderneming een aanspraak toe van € 100 (2.000 gedeeld door 20) aan elk van de eerste twintig jaren van hun dienstverband.
Werknemers die in dienst treden op 55-jarige leeftijd krijgen op grond van de regeling na tien jaar geen materiële pensioenaanspraken meer. Voor deze werknemers rekent de onderneming een aanspraak toe van € 200 (2.000 gedeeld door 10) aan elk van de eerste tien jaren van hun dienstverband.

Voorbeeld 3
Een regeling die voorziet in de vergoeding van medische kosten na uitdiensttreding betaalt 40% terug van de medische kosten die een werknemer na zijn uitdiensttreding maakt als die werknemer zijn dienstverband beëindigt na meer dan tien en minder dan twintig jaar. De regeling voorziet in een vergoeding van 50% van deze kosten als de werknemer zijn dienstverband beëindigt na twintig of meer dienstjaren. Op grond van de vergoedingsformule van de regeling rekent de onderneming 4% (40% gedeeld door 10) van de contante waarde van de verwachte medische kosten toe aan elk van de eerste tien jaren en 1% (10% gedeeld door 10) aan elk van de volgende tien jaren.

Voorbeeld 4
Een regeling die voorziet in de vergoeding van medische kosten na uitdiensttreding betaalt 10% terug van de medische kosten die een werknemer na zijn uitdiensttreding maakt als de werknemer zijn dienstverband beëindigt na meer dan tien en minder dan twintig jaar. De regeling voorziet in een vergoeding van 50% van deze kosten als de werknemer zijn dienstverband beëindigt na twintig of meer dienstjaren. Volgens de regeling leiden latere dienstjaren tot een materieel hoger niveau van aanspraken op vergoedingen dan eerdere dienstjaren. Voor werknemers van wie verwacht wordt dat ze hun dienstverband pas na twintig jaar of meer zullen beëindigen, rekent de rechtspersoon in het kader van de berekening van de pensioenkosten en de berekening van de pensioenverplichting de aanspraak op vergoeding daarom lineair toe.

Het dienstverband zal na twintig jaar niet leiden tot verdere materiële aanspraken op vergoedingen. Daarom wordt in het kader van de berekening van de pensioenkosten en de pensioenverplichting aan elk van de eerste twintig jaren van het dienstverband van een werknemer toegerekend 2,5% van de contante waarde van de verwachte medische kosten (50% gedeeld door 20).

Voor werknemers van wie verwacht wordt dat ze de onderneming na tien en vóór twintig jaar dienstverband zullen beëindigen, bedraagt de aanspraak op vergoeding die in het kader van de berekening van de pensioenkosten en de pensioenverplichting aan elk van de eerste tien jaren wordt toegerekend 1% van de contante waarde van de verwachte medische kosten. Voor deze werknemers wordt geen aanspraak op vergoeding toegerekend voor het dienstverband tussen het einde van het tiende jaar en de geschatte datum van beëindiging van het dienstverband. Voor werknemers van wie verwacht wordt dat ze de onderneming binnen tien jaar zullen verlaten, wordt in het geheel geen aanspraak op vergoeding toegerekend aan de jaren dat deze werknemers in dienst zijn.

18.3.10.6 Actuariële grondslagen

De actuariële grondslagen zijn een onmisbaar onderdeel van de grondslag waarop de lasten en verplichtingen uit hoofde van pensioentoezeggingen in de jaarrekening worden opgenomen, met het doel deze zo betrouwbaar mogelijk te bepalen tijdens de periode van het actieve dienstverband.

18 Pensioenen

De bepaling van de hoogte van de actuariële veronderstellingen is gebonden aan specifiek in de standaard genoemde berekeningsmomenten, zoals:
- pensioenkosten ('current service costs'): hoogte veronderstellingen op moment aanvang berekeningsperiode;
- berekening netto pensioenpassief (of actief) op datum einde verslaggevingsperiode (meestal einde boekjaar): hoogte veronderstellingen op datum einde verslaggevingsperiode (balansdatum).

Voor nadere uitwerking van de regelgeving ter zake wordt verwezen naar paragrafen 18.3.10.2 en 18.3.14.

De gehanteerde actuariële grondslagen dienen onderling consistent en realistisch (noch overvoorzichtig, noch overoptimistisch) te zijn (IAS 19.75/77). Realistisch betekent in dit verband een inschatting naar beste weten. De actuariële grondslagen bestaan uit demografische veronderstellingen en financiële veronderstellingen (IAS 19.76):
- Demografische veronderstellingen hebben onder andere betrekking op het inschatten van overlevingskansen, arbeidsongeschiktheidskansen, gehuwdheidsfrequentie en bestandsontwikkelingen, keuzes voor tijdstip van uitbetaling, hoog-laag en uitruilregelingen.
- Financiële veronderstellingen hebben onder andere betrekking op de te hanteren disconteringsvoet, toekomstige salarisstijgingen.

De bij de berekeningen te hanteren financiële veronderstellingen dienen te worden ontleend aan marktverwachtingen op de balansdatum voor de termijn waarop de verplichting zal worden afgewikkeld (IAS 19.80). De overlevingskansen moeten zijn gebaseerd op inschattingen die ook rekening houden met toekomstige wijzigingen in levenskansen (IAS 19.81/82). De meest recente in Nederland gehanteerde tabellen van het Actuarieel Genootschap (prognosetafel AG 2020) houden rekening met een raming van de te bereiken leeftijd gedurende het gehele levensduur.

Prognosetafel AG 2020, Samenvatting (Bron: Actuarieel Genootschap)

Met de publicatie van de Prognosetafel AG2020 presenteert het AG zijn meest recente inschatting van de toekomstige sterfte voor de Nederlandse bevolking. De Prognosetafel AG2020 vervangt de Prognosetafel AG2018.

De belangrijkste kenmerken van de Prognosetafel AG2020 zijn:
- Met de Prognosetafel AG2020 kan een inschatting van de sterfte worden gegeven die ver in de toekomst ligt. Het is mogelijk in de berekening van levensverwachtingen en voorzieningen rekening te houden met de verwachte toekomstige ontwikkeling van sterfte.
- De Prognosetafel AG2020 is, naast op historische sterfte in Nederland, ook gebaseerd op de sterfte in een aantal Europese landen met een vergelijkbare welvaart. Deze combinatie van data zorgt voor een stabiel model dat minder gevoelig is voor incidentele Nederlandse afwijkingen in een bepaald jaar.
- De Prognosetafel AG2020 is gebaseerd op een stochastisch model, waardoor het voor pensioenfondsen en verzekeraars mogelijk is verschillende sterftescenario's te genereren.

Na het verschijnen van AG2018 zijn diverse analyses uitgevoerd om tot de Prognosetafel AG2020 te komen. Deze zijn mede ingegeven door vragen en opmerkingen vanuit de beroepsgroep. Met deze analyses zijn mogelijkheden onderzocht om het model verder te verfijnen. De keuze voor het AG2020 model heeft plaatsgevonden op basis van een aantal statistische modelselectiecriteria uit de wetenschap. Modeluitkomsten moeten daarnaast plausibel en uitlegbaar zijn. Ook de stabiliteit en robuustheid van het model is een belangrijke factor. Tenslotte is coherentie een belangrijk criterium en dat betekent dat de toekomstige sterfte in Nederland en in de geselecteerde Europese landen niet substantieel gaat divergeren.

Dit alles heeft uiteindelijk geleid tot twee aanpassingen in het model, welke in hoofdstuk 6 uitgebreid worden toegelicht. Beide aanpassingen hebben betrekking op de modellering van de Nederlandse afwijking ten opzichte van de Europese landen:
1. Er worden constante termen toegevoegd aan de modellering van de Nederlandse afwijking bij zowel mannen als vrouwen. Dit betekent dat de tijdreeksen die de verschillen tussen Nederland en de andere landen beschrijven, convergeren naar waarden die niet verondersteld worden nul te zijn.

2. De modellering van de Nederlandse afwijking maakt niet langer gebruik van data vanaf 1970 maar vanaf 1983. Nederlandse data vanaf 1970 wordt nog wel gebruikt als onderdeel van de modellering van de Europese sterftetrend.

De veranderingen in de Prognosetafel AG2020 ten opzichte van de Prognosetafel AG2018 zijn het gevolg van (1) de hiervoor genoemde twee aanpassingen in het model en (2) het toevoegen van nieuwe sterftedata voor Nederland en Europa.

In tabel 3.1 worden de effecten van de nieuwe prognosetafel getoond. Daarin is te zien dat de levensverwachting bij geboorte voor zowel mannen als vrouwen met circa één jaar afneemt. De resterende levensverwachting voor een 65-jarige daalt met ongeveer een half jaar. Vooral de modelwijziging zorgt voor deze neerwaartse bijstelling in de prognose. De impact van het toevoegen van nieuwe sterftedata is aanzienlijk kleiner.

Tabel 3.1 Cohortlevensverwachting in 2021

Cohortlevensverwachting in 2021	Bij geboorte		Op leeftijd 65	
	Mannen	Vrouwen	Mannen	Vrouwen
AG2018	90,2	92,7	20,5	23,3
Modelwijziging	-0,8	-0,6	-0,5	-0,2
Toevoegen nieuwe data	-0,1	-0,4	0,0	-0,2
AG2020	89,3	91,7	20,00	22,9

Conclusie is dat de levensverwachting in de toekomst naar verwachting nog steeds zal stijgen, maar dat deze stijging naar verwachting minder snel zal verlopen in vergelijking met AG2018.

Voor verschillende voorbeeldfondsen is in hoofdstuk 7 de impact op de voorzieningen en premie doorgerekend van de doorgevoerde wijzigingen.

Voor een gemiddeld fonds neemt de voorziening met ongeveer 2% af bij een rekenrente van 1%. In tabel 3.2 is de impact op de voorziening van de overgang van AG2018 naar AG2020 voor een gemiddelde modelportefeuille in twee stappen uitgesplitst.

Tabel 3.2 Impact op voorziening voor modelportefeuille gemiddeld bij een rekenrente van 1%

Effect VPV 1% rekenrente	Gemiddeld	
	Mannen	Vrouwen
Modelwijziging	-1,6%	-1,4%
Data-update	-0,5%	-0,8%
Totaal	**-2,1%**	**-2,2%**

Zichtbaar is dat meer dan 2/3e deel van de daling van de voorziening wordt verklaard door de modelwijziging.

De impact op de premie is groter dan op de voorziening, dit komt door de gemiddeld langere projectiehorizon. De pensioenpremie laat een daling van 2,5 tot 3% zien bij een rekenrente van 1%.

Tevens is onderzocht wat de verwachte ontwikkeling van de AOW-leeftijd en pensioenrichtleeftijd is wanneer gebruik zou worden gemaakt van de nieuwste inzichten op basis van de Prognosetafel AG2020 en de aanpassingen uit het principeakkoord van 5 juni 2019. In grafiek 3.1 worden de uitkomsten samengevat. We willen hierbij nadrukkelijk vermelden dat de daadwerkelijke verhoging van de AOW-leeftijd en de pensioenrichtleeftijd is gekoppeld aan de ramingen van het CBS waardoor deze waarden als indicatief moeten worden beschouwd.

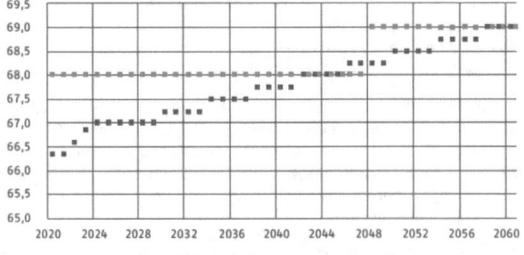

Grafiek 3.1 Ontwikkeling AOW-gerechtigde leeftijd en pensioenrichtleeftijd op basis van AG2020. De verhoging van de AOW-gerechtigde leeftijd gebeurt in stappen van drie maanden. Volgens de AG2020-prognose stijgt de AOW-leeftijd in 2030 naar 67 jaar en 3 maanden en in 2042 naar 68 jaar.

> De impact van Covid-19 op de levensverwachting is nog moeilijk te voorspellen. De uitbraak vond plaats in 2020 en er is daardoor nog maar beperkt data beschikbaar. De toekomstige ontwikkelingen rondom dit virus zijn nog ongewis en het is momenteel nog onduidelijk of sprake zal zijn van een blijvend effect. In de prognose zijn daarom de effecten van 2020 nog niet meegenomen. Om wel wat inzicht te geven in de mogelijke impact op de levensverwachting zijn twee gevoeligheidsanalyses doorgerekend:
> - Een analyse die alleen rekening houdt met de oversterfte tot medio 2020.
> - Een andere analyse die er rekening mee houdt dat we in de tweede helft van 2020 nogmaals de oversterfte uit de eerste helft van 2020 krijgen.
>
> In de eerste analyse is de gemiddelde levensverwachting bij geboorte ongeveer een half jaar lager dan bij de AG2020 prognose. In de tweede analyse daalt de gemiddelde levensverwachting meer dan een jaar. Bij mannen is het effect sterker dan bij vrouwen.

Ook dienen de aan diverse veronderstellingen ten grondslag liggende verwachtingen, bijvoorbeeld inzake inflatie, onderling consistent te zijn, zodat er een aanvaardbare economische relatie bestaat tussen bijvoorbeeld salarisstijgingen, verwachte rendementen en disconteringsvoeten (IAS 19.78). De disconteringsvoet en andere financiële veronderstellingen worden veelal in nominale termen uitgedrukt, tenzij schattingen in reële termen meer betrouwbaar zijn (zoals in hyperinflatielanden) (IAS 19.79).

18.3.10.7 Indexatie

Indien het pensioenreglement een bepaling omvat aangaande de indexatie van ingegane pensioenen en/of indexatie van opgebouwde rechten gedurende het dienstverband (bijvoorbeeld geïndexeerd middelloon) en deze leidt tot een (juridische of feitelijke) verplichting tot indexeren, dient ook een financiële veronderstelling omtrent toekomstige indexatie in aanmerking te worden genomen (IAS 19.88). Dit dient niet alleen te worden toegepast op formeel overeengekomen in rechte afdwingbare indexaties, maar ook indien sprake is van een feitelijke verplichting tot indexatie ('constructive obligation'). Een feitelijke verplichting tot indexatie doet zich voor indien het toekennen daarvan een zodanige bestendige gedragslijn is geworden, dat hierdoor bij (toekomstig) gepensioneerden verwachtingen omtrent de toekenning en de hoogte van een indexatietoeslag zijn gewekt die in redelijkheid niet kunnen worden beschaamd. Van een dergelijke bestendige gedragslijn is bijvoorbeeld sprake indien aan betrokkenen onvoldoende duidelijk is gemaakt dat het toekennen van indexatie aan voorwaarden is verbonden. Van een bestendige gedragslijn in deze zin is bijvoorbeeld geen sprake indien aan betrokkenen stelselmatig en voldoende duidelijk is gemaakt dat het toekennen van indexatie aan voorwaarden is verbonden en aan die voorwaarden niet is voldaan.

In de Nederlandse praktijk is het toekennen van indexatie vaak mede afhankelijk van de financiële positie van het pensioenfonds. Bij de beoordeling of en de mate waarin er sprake is van een feitelijke verplichting tot toekomstige indexatie worden onder meer de volgende aspecten in de beschouwing betrokken:
- de inhoud van de uitvoeringsovereenkomst; daarin kan bijvoorbeeld de hoogte van de voor de vereiste indexatie minimale dekkingsgraad bij het fonds zijn vermeld;
- de hoogte van de aanwezige dekkingsgraad of de buffers van het fonds;
- de inschatting van toekomstige ontwikkelingen die van invloed zijn op de ontwikkeling van de dekkingsgraad of de buffers van het fonds, zoals bijvoorbeeld het geschatte toekomstige beleggingsrendement en de in de toekomst te ontvangen premies;
- het mede op grond van de voorgaande aspecten in het verleden gevolgde indexatiebeleid, de bestendigheid daarin en de communicatie die hieromtrent met de deelnemers van het pensioenfonds heeft plaatsgevonden.

IAS 19.88(c) bepaalt uitdrukkelijk dat indien sprake is van een overschot en de onderneming verplicht is dit overschot aan te wenden ten gunste van de deelnemers, deze verplichting in aanmerking moet worden genomen.

18.3.10.8 Disconteringsvoet

De pensioenverplichting wordt berekend op basis van contante waarde. Ook de verplichting die binnen twaalf maanden na de balansdatum betaalbaar is, dient in de discontering te worden betrokken (IAS 19.69). De bij de berekening van de contante waarde van toegekende pensioenaanspraken te hanteren disconteringsvoet dient te worden ontleend aan de marktrente(voeten) per balansdatum van hoogwaardige ondernemingsobligaties (in de praktijk kwaliteitsniveau 'AA' of hoger) of, indien de markt voor ondernemingsobligaties onvoldoende liquide is, de marktrente(voeten) van staatsobligaties (of staatsleningen) (IAS 19.83). Het is dus niet toegestaan om als disconteringsvoet te kiezen voor het verwachte gemiddelde rendement van de tegenover de verplichtingen staande feitelijke of modelmatige (volledig gematchte) beleggingsmix. De disconteringsvoet is uitsluitend bedoeld als een weergave van de tijdswaarde van het geld (IAS 19.84). In de praktijk zal veelal een gewogen gemiddelde disconteringsvoet worden gehanteerd (IAS 19.85).

De valuta waarin de betreffende categorie obligaties luidt, dient gelijk(waardig) te zijn aan die waarin de aanspraken luiden (bijvoorbeeld beide in euro). Ook de looptijden van obligaties en pensioenaanspraken dienen zo goed mogelijk met elkaar overeen te komen (IAS 19.83). Indien matching van looptijden niet mogelijk is omdat er geen markt is voor ondernemingsobligaties met dergelijke lange looptijden, wordt de bestaande marktrente voor een deel van de looptijd van de pensioenverplichting gebruikt en wordt voor het resterende deel een schatting van de marktrente gemaakt door middel van extrapolatie (IAS 19.81).

Door de aanhoudende daling van rentetarieven (tot een negatieve waarde) dalen in specifieke omstandigheden de rentes voor hoogwaardige ondernemingsobligaties eveneens (ook tot een negatieve waarde). De algemeen geldende opvatting is dat een negatieve rente overeenkomstig in de berekeningen van de pensioenkosten dient te worden opgenomen. Zie ook paragraaf 18.1.7.

Een vraagstuk dat aan de Interpretations Committee (IFRS IC) is voorgelegd (juni 2017) betreft de mogelijke impact van de situatie waarin de disconteringsvoet dient te worden bepaald in een land dat een wisseling in de officiële valuta heeft ondergaan (in concreto, Ecuador die voortaan de US dollar als haar officiële valuta zal voeren). De vragensteller had geconstateerd dat er geen sprake was van een voldoende 'diepe' markt van obligaties in US dollar die door Ecuadoraanse bedrijven zijn uitgegeven. De IC concludeerde dat de voorschriften van IAS 19.83 voldoende duidelijk zijn voor deze situatie. Er dient ook gekeken te worden naar high quality corporate bonds buiten Ecuador (bijvoorbeeld in de Verenigde Staten). Slechts als de gehele markt niet voldoende 'diep' is, wordt uitgeweken naar de markt voor overheidsobligaties in dezelfde valuta, onder toepassing van adequate afwegingen ('judgement').

18.3.11 Toe te rekenen netto rente bij toegezegd-pensioenregeling

De contante waarde van de netto-pensioenverplichting (of netto actief, zie par. 18.3.17) dient jaarlijks te worden opgerent. De netto-pensioenverplichting bestaat uit het saldo van de contante waarde van de pensioenaanspraken (par. 18.3.10)) en de reële waarde van de fondsbeleggingen (par. 18.3.12). De netto verplichting is in feite een gewogen gemiddelde voor het boekjaar doordat als uitgangspunt de waarde aan het begin van het boekjaar wordt gekozen maar in aanvulling daarop rekening wordt gehouden met de ontvangsten uit hoofde van bijdragen van pensioenpremies en betalingen wegens pensioenuitkeringen. De disconteringsvoet wordt bepaald naar de stand van het *begin* van het boekjaar (zonder aanpassingen voor ontwikkelingen gedurende het boekjaar) (IAS 19.123).

> **Voorbeeld**
> Eind jaar 1 is een netto verplichting als volgt berekend (bedragen afgerond op eenheden van € 1.000):
> Reële waarde van de beleggingen   1.020
> Contante waarde van de pensioenaanspraken   (1.350)
> Netto-pensioenverplichting   330
>
> De disconteringsvoet die is gebruikt voor de bepaling van de pensioenaanspraken eind jaar 1 is 6%.
> Voor de berekening van de pensioenkosten voor het boekjaar jaar 2 geldt een interestbedrag over de beginstand van 1 januari jaar 2 van 330 x 6% = 20.
>
> Voor jaar 2 wordt verwacht dat een bedrag van 90 aan pensioenpremies op 1 april door de rechtspersoon aan het pensioenfonds zal worden overgemaakt en dat het pensioenfonds maandelijks 5 aan uitkering zal uitbetalen (ofwel op jaarbasis 12 x 5 = 60, gemiddelde rentedatum 1 juli). Dat zal tot negatieve interestkosten leiden van 6% x 90 x 9/12 = - 4 en rentekosten van 6% x 60 x 6/12 = 2.
> Totale rentekosten over jaar 2 zijn dan 20 - 4 + 2 = 18.

Een uitzondering is aan de orde bij het zich voordoen van een aanpassing of inperking van de regeling (zie par. 18.3.10.2 en 18.3.10.4). De nettorente wordt aangepast voor de periode die volgt op de datum van aanpassing of inperking van de pensioenregeling en is dan de resultante van de disconteringsvoet resp. bedrag van de netto pensioenverplichting (of actief) op het moment van aanpassing of inperking van de pensioenregeling (IAS 19.123A). Deze bepaling (IAS 19.123A) is prospectief van toepassing voor jaarrekeningen die aanvangen op of ná 1 januari 2019 (waarbij eerdere toepassing ook is toegestaan).

Er wordt géén afzonderlijke schatting gemaakt van het verwachte beleggingsrendement doch wordt deze zonder meer gelijkgesteld aan de disconteringsvoet voor de berekening van de contante waarde van de pensioenaanspraken. Afwijkingen tussen de aldus veronderstelde beleggingsopbrengst en de werkelijke (netto) beleggingsresultaten (na aftrek van beheerkosten) zijn onderdeel van de 'remeasurements' (zie par. 18.3.13).

18.3.12 Reële waarde en opbrengst fondsbeleggingen

Bij de berekening van de in de balans van de onderneming te verantwoorden pensioenverplichting wordt de reële waarde van de fondsbeleggingen op de brutoverplichting in mindering gebracht.

Definitie fondsbeleggingen

Fondsbeleggingen omvatten twee categorieën (IAS 19.8):
- activa van een pensioenfonds;
- kwalificerende verzekeringspolissen.

Activa van een pensioenfonds zijn activa (anders dan niet-overdraagbare financiële instrumenten uitgegeven door de rechtspersoon) die (IAS 19.8):
a. worden gehouden door een entiteit (fonds) die formeel juridisch is gescheiden van de rechtspersoon en die uitsluitend ten doel heeft het uitbetalen of financieren van personeelsbeloningen (pensioenen); en
b. uitsluitend beschikbaar zijn voor het betalen of financieren van personeelsbeloningen en niet beschikbaar zijn voor de schuldeisers van de rechtspersoon (ook niet in het geval van een faillissement) en niet kunnen worden gerestitueerd aan de rechtspersoon. Restitutie is eventueel wel mogelijk, indien de resterende, niet terug te geven activa van het fonds voldoende zijn om alle gerelateerde pensioenverplichtingen van het fonds of de rechtspersoon te kunnen voldoen, of de activa worden teruggegeven aan de rechtspersoon ter vergoeding van reeds door de rechtspersoon betaalde personeelsbeloningen.

Een kwalificerende verzekeringspolis ('*qualifying insurance policy*') is een verzekeringspolis die wordt uitgegeven door een verzekeraar die onafhankelijk is van de rapporterende onderneming (geen verbonden partij), indien de opbrengsten van de polis (IAS 19.8):
a. uitsluitend bestemd zijn voor het betalen of financieren van personeelsbeloningen in het kader van een toegezegd-pensioenregeling; en
b. niet gebruikt kunnen worden als verhaalsobject van de schuldeisers van de onderneming (zelfs niet in geval van liquidatie) en niet kunnen worden betaald aan de rechtspersoon, tenzij er sprake is van een overschot in het fonds of als voldoening van een vordering die de rechtspersoon heeft op het pensioenfonds wegens betalingen aan pensioengerechtigden.

Een verzekeringspolis die niet voldoet aan de definitie van een kwalificerende verzekeringspolis is geen fondsbelegging. Wel kan dan sprake zijn van een afzonderlijk te verwerken actiefpost uit hoofde van rechten op vergoedingen ('reimbursements') (zie hierna).

Vorderingen van het fonds op de rechtspersoon uit hoofde van nog te betalen premies maken geen deel uit van de fondsbeleggingen. Hetzelfde geldt voor door de rechtspersoon bij het fonds geplaatste, niet-overdraagbare financiële instrumenten (zoals door het fonds gehouden aandelen in de rechtspersoon). Voorts worden fondsbeleggingen verminderd met alle verplichtingen van het fonds die geen relatie hebben met personeelsbeloningen, zoals crediteuren (IAS 19.114).

Reële waarde fondsbeleggingen

Bij de bepaling van de op de balans op te nemen pensioenverplichting wordt de reële waarde van de fondsbeleggingen als aftrekpost meegenomen (IAS 19.113). Het begrip reële waarde wordt in IAS 19.8 overeenkomstig IFRS 13.9 gedefinieerd als de prijs die zou worden ontvangen bij verkoop van een actief of zou worden betaald bij overdracht van een verplichting in een ordelijke transactie tussen marktpartijen op de waarderingsdatum. Indien de reële waarde niet kan worden ontleend aan marktnoteringen, zal deze op een andere wijze moeten worden benaderd, bijvoorbeeld door discontering van de toekomstige kasstromen verbonden aan de betreffende belegging tegen een rentevoet die zowel het risicoprofiel van die belegging(en) alsook de looptijd weerspiegelt.

Voor zover de fondsbeleggingen bestaan uit kwalificerende verzekeringspolissen die qua bedrag en looptijd exact overeenstemmen met die welke uit hoofde van de pensioenregeling zijn verschuldigd, is de reële waarde van deze fondsbeleggingen gelijk aan de contante waarde van de gerelateerde verplichtingen (behalve de vereiste verminderingen als de vorderingen uit hoofde van de polissen niet volledig inbaar zijn) (IAS 19.115).

Rechten op vergoedingen

Naast fondsbeleggingen kan de rechtspersoon ook zelfstandig bepaalde rechten op vergoedingen hebben in verband met pensioenverplichtingen ('reimbursements'). Dit recht op vergoeding dient uitsluitend te worden verwerkt als een separate actiefpost indien het nagenoeg zeker is dat een andere partij de uitgaven benodigd voor het voldoen aan de verplichting geheel of gedeeltelijk zal vergoeden (IAS 19.116). De actiefpost dient te worden gewaardeerd tegen reële waarde.
Voor de wijzigingen in de reële waarde dient de rechtspersoon de actiefpost op dezelfde wijze te behandelen als fondsbeleggingen.

Voor door de rechtspersoon afgesloten verzekeringspolissen geldt dat deze hetzij kwalificerend zijn, zoals hierboven uiteengezet (en dan deel uitmaken van de fondsbeleggingen), hetzij niet kwalificerend zijn (en dan als rechten op vergoedingen worden behandeld) (IAS 19.117). Het belangrijkste verschil is dat fondsbeleggingen in de saldering met de pensioenverplichtingen worden betrokken, terwijl rechten op vergoedingen afzonderlijke actiefposten zijn (IAS 19.118).

Evenals bij kwalificerende verzekeringspolissen geldt dat voor rechten op vergoedingen die qua bedrag en looptijd exact overeenstemmen met die welke uit hoofde van de pensioenregeling zijn verschuldigd, de reële waarde van deze rechten gelijk is aan de contante waarde van de gerelateerde verplichtingen (behalve de vereiste verminderingen als rechten niet volledig inbaar zijn) (IAS 19.119).

Opbrengst fondsbeleggingen

De opbrengst fondsbeleggingen omvat rente, dividend en andere opbrengsten genoten uit fondsbeleggingen, alsmede de (on)gerealiseerde waardewijzigingen van de fondsbeleggingen, onder aftrek van kosten van beheer van de beleggingsportefeuille en eventuele belastingen verschuldigd door het fonds (IAS 19.8).

Zoals uiteengezet in paragraaf 18.3.11 omvat de pensioenlast van een periode niet de *feitelijke* opbrengst van de fondsbeleggingen, maar een 'veronderstelde' opbrengst, berekend op basis van dezelfde disconteringsvoet als toegepast voor de pensioenverplichting. Het verschil tussen de veronderstelde en de feitelijk behaalde opbrengst fondsbeleggingen is een bestanddeel van de periodieke waardeaanpassingen en schattingsverschillen ('remeasurements') (IAS 19.127).

18.3.13 Waardewijzigingen en schattingsverschillen ('Remeasurements')

'Remeasurements' omvatten ingevolge IAS 19.57(d) en 19.127:
a. De actuariële winsten en verliezen inzake de berekeningen van de (bruto) contante waarde van de pensioenaanspraken; deze omvatten enerzijds de schattingsverschillen doordat de werkelijke uitkomsten afwijken van de geschatte parameters en bedragen en anderzijds de gevolgen van de wijziging van parameters voor nieuwe berekeningen in een volgend boekjaar (zie par. 18.3.13.1).
b. Het verschil tussen het werkelijke beleggingsrendement en het 'veronderstelde' rendement zoals opgenomen in de berekening van de toe te rekenen netto-interest over de netto-pensioenverplichting (zie par. 18.3.13.2).
c. Elke wijziging in de toepassing van de 'asset ceiling' na aftrek van de (netto) rente (zie par. 18.3.17).

Alle 'remeasurements' dienen ingevolge IAS 19.57(d) en IAS 19.120(c) te worden opgenomen in de niet-gerealiseerde resultaten ('other comprehensive income') en blijven daarmee buiten de presentatie van de operationele resultaten. Deze wijze van presentatie en verwerking in niet-gerealiseerde resultaten is blijvend: nimmer worden deze verschillen op enig moment in de operationele resultaten opgenomen, ook niet na beëindiging van de regeling. Eventueel kan wel worden gekozen voor een allocatie van de verschillen in een andere component van het eigen vermogen (IAS 19.122).

De achtergrond van deze bepaling is dat onmiddellijke verwerking in het operationele resultaat leidt tot omvangrijke volatiliteit; de gedachte is dat door de lange looptijd van de regeling over een reeks van jaren gemeten positieve en negatieve actuariële resultaten elkaar zouden compenseren. Dit is echter niet per definitie het geval. Door de (blijvende) verwerking in het eigen vermogen kan wel sprake zijn van grotere volatiliteit van de vermogensmutaties.

18.3.13.1 Actuariële resultaten

Bij de waardering van de toegekende pensioenaanspraken moeten, zoals aangegeven in paragraaf 18.3.10, veronderstellingen worden gemaakt ten aanzien van demografische grootheden (zoals levensverwachtingen) en financiële grootheden (zoals toekomstige salarisstijgingen). Er kunnen verschillen ontstaan tussen de werkelijkheid en de verwachting en bovendien kunnen verwachtingen worden bijgesteld. Dit wordt aangeduid met het begrip 'actuariële resultaten', dat bestaat uit twee componenten (IAS 19.8):

- de zogenaamde ervaringsaanpassingen of 'experience adjustments': verschillen in het boekjaar tussen de aannames in de actuariële grondslagen en de opgetreden werkelijkheid; en
- de effecten van wijzigingen van de aannames in de actuariële grondslagen (inclusief de financiële veronderstellingen) voor komende boekjaren.

De ervaringsaanpassingen kunnen betrekking hebben op bijvoorbeeld de overlevingskansen en de loonontwikkeling.
Een voorbeeld van een noodzakelijk aanpassing van actuariële grondslagen is het wijzigen van de te hanteren disconteringsvoet (IAS 19.128).

18.3.13.2 Beleggingsresultaat, verschil tussen veronderstelling en werkelijkheid

De standaard gaat uit van een 'verondersteld' rendement van beleggingen dat overeenkomt met de voor de berekening van de contante waarde van de pensioenaanspraken gehanteerde disconteringsvoet (zie ook par. 18.3.10.8 en 18.3.11). De werkelijkheid zal hier vrijwel altijd van afwijken.
Het verschil tussen de jaareindewaarde van de fondsbeleggingen (zie par. 18.3.12) en de theoretische waarde na oprenting op basis van de 'veronderstelde' rentevoet is onderdeel van de 'remeasurements'.

Het verschil zal tevens worden beïnvloed door de kosten van beheer van beleggingen en gerelateerde belastingkosten. Conceptueel bezien worden de kosten geacht onderdeel te zijn van het verondersteld rendement, en als onderdeel van de 'remeasurements' verwerkt.

18.3.14 Lasten over verstreken diensttijd ('past service costs')

Indien een pensioenregeling wordt aangepast of ingeperkt kunnen lasten of baten over de reeds verstreken diensttijd ontstaan. Deze lasten worden 'past service costs' genoemd (IAS 19.8 en 19.102); 'costs' is in die zin enigszins verwarrend omdat dit ook een negatief bedrag (bate) kan zijn.

Een inperking ('curtailment') van een regeling is te onderscheiden van een geheel of gedeeltelijke beëindiging ('afkoop', 'settlement'; zie hierna par. 18.3.15) van een regeling. Inperkingen zijn veel verdergaand en hangen meestal samen met een reorganisatie. Van inperking van de regeling is sprake als bijvoorbeeld een materiële vermindering optreedt van het aantal werknemers dat onder die regeling valt, zoals bijvoorbeeld door sluiting van een bedrijfsonderdeel (IAS 19.105).

'Past service costs' is de wijziging in de contante waarde van de pensioenaanspraken die voortkomt uit de wijziging van de regeling of de inperking (IAS 19.102). Verwerking van het bedrag aan 'past service costs' dient uiterlijk plaats te vinden op het moment dat de wijziging of inperking zich daadwerkelijk voordoet; echter, de verwerking kan ook op een eerder moment aan de orde zijn, namelijk het moment dat de rechtspersoon een gerelateerde last inzake reorganisatie en herstructurering ingevolge IAS 37 of lasten uit een afvloeiingsregeling verwerkt (IAS 19.103). Het op een later tijdstip verwerken van de lasten of toerekenen over een periode (bijvoorbeeld ingeval de aanpassing in de regeling een voorwaardelijk karakter heeft) is niet mogelijk. De bepalingen van IAS 19.103 laten alleen onmiddellijke (niet-uitgestelde) verwerking van de lasten toe.

Het bedrag van de 'past service costs' dient het bedrag op het hiervoor aangeduide moment zijn. Dat wil zeggen dat als een relevant besluit op 1 september van het boekjaar wordt genomen de netto verplichting naar de stand van 1 september moet worden herrekend met gebruikmaking van de op die datum van toepassing zijnde actuariële veronderstellingen (IAS 19.99); het financiële gevolg van de wijziging van de regeling of inperking wordt bepaald op basis van de herrekende 1 september-cijfers.

Indien er sprake is van een samenstel van aanpassingen, tegelijkertijd leidend tot zowel hogere als lagere pensioenaanspraken, kan dit worden behandeld als een enkele wijziging (zowel de negatieve als de positieve veranderingen worden op dezelfde wijze verwerkt) (IAS 19.100/101, 19.107).

Ieder bedrag van 'past service costs' (of bate/last wegens een 'settlement', zie par. 18.3.15) dient in de winst-en-verliesrekening te worden verwerkt zonder rekening te houden met het effect van de 'asset ceiling' (zie par. 18.3.17). De wijziging in de hoogte van het bedrag van de netto actiefpost wordt dus bepaald ná het verwerken van de gevolgen van de inperking/wijziging; de wijziging in de hoogte van het bedrag dient, na eliminatie van de wijziging in het bedrag van de nettorente, te worden verwerkt in het overzicht totaalresultaat ('other comprehensive income') (IAS 19.101A). Deze bepaling (IAS 19.101A) is prospectief van toepassing voor jaarrekeningen die aanvangen op of ná 1 januari 2019 (waarbij eerdere toepassing ook is toegestaan).

De 'past service costs' moeten worden onderscheiden van de backservicelasten die ontstaan indien bij een verhoging van salaris de pensioenaanspraken over verstreken diensttijd worden aangepast aan het hogere salaris. In de standaard komt dat begrip backservicelasten niet voor omdat zij zijn begrepen in de bepaling van de contante waarde van toegekende pensioenaanspraken (waar onder andere rekening wordt gehouden met salarisstijgingen), en in de actuariële resultaten (voor verschillen tussen werkelijkheid en verwachting) (IAS 19.108).
Ook geen 'past service costs' zijn (IAS 19.108):
- verschillen tussen veronderstelde hoogte van (toekomstige) salarissen en werkelijkheid;
- veranderingen in de schattingen van discretionaire pensioenen indien er sprake is van een feitelijke verplichting;
- verhoging van de rechten die ontstaan als gevolg van actuariële winsten, zoals bij voorwaardelijke indexatie (zie par. 18.3.10.7);
- het onvoorwaardelijk worden van pensioenaanspraken.

In de eerste drie gevallen worden de veranderingen verwerkt via de actuariële winsten en verliezen. In het vierde geval zijn de lasten reeds begrepen geweest in de mutatie van de contante waarde van de pensioenaanspraken die samenhangt met arbeidsprestaties in het boekjaar ('current service costs').

18.3.15 Effecten van beëindiging van de regeling

Naast aanpassingen of een inperking van een pensioenregeling, zoals besproken in paragraaf 18.3.14, kan er ook sprake zijn van een beëindiging van een regeling ('settlement'). Daarvan is sprake als voor de rechtspersoon geen verdere verplichtingen uit hoofde van de regeling of een onderdeel daarvan meer kunnen ontstaan, bijvoorbeeld door afkoop daarvan (IAS 19.111). Het herverzekeren van bestaande pensioenverplichtingen is geen beëindiging indien de rechtspersoon zelf verplichtingen blijft houden (zie verder par. 18.3.12 inzake kwalificerende verzekeringspolissen) (IAS 19.112). Evenmin is er sprake van een beëindiging indien een regeling wordt vervangen door een nieuwe regeling die in essentie dezelfde aanspraken geeft (IAS 19.101).

Resultaten uit hoofde van beëindiging van een regeling worden toegerekend aan het boekjaar waarin dat feit zich voordoet. Dit resultaat is het verschil tussen (IAS 19.109):
- de contante waarde van de pensioenaanspraken van de beëindigde regeling, herrekend naar de situatie op het moment van beëindiging;
- de afkoopwaarde inclusief eventuele overgedragen beleggingen en ter zake gepleegde betalingen.

De rechtspersoon dient, alvorens het resultaat uit hoofde van een beëindiging te bepalen, eerst de overblijvende verplichting, en de reële waarde van de fondsbeleggingen, te herberekenen op basis van geactualiseerde (actuariële) grondslagen (IAS 19.99). Dat wil zeggen dat als een regeling op 1 oktober wordt beëindigd dat de netto pensioenverplichting dient te worden herrekend per 1 oktober met aanpassing van de hoogte van de actuariële veronderstellingen naar de situatie van 1 oktober.

Ieder bedrag van een bate/last wegens een 'settlement' (of van 'past service costs', zie par. 18.3.14) dient in de winst-en-verliesrekening te worden verwerkt zonder rekening te houden met het effect van de 'asset ceiling' (zie par. 18.3.17). De wijziging in de hoogte van het bedrag van de netto actiefpost wordt dus bepaald ná het verwerken van de gevolgen van de 'settlement'; de wijziging in de hoogte van het bedrag dient, na eliminatie van de wijziging in het bedrag van de nettorente, te worden verwerkt in het overzicht totaalresultaat ('other comprehensive income') (IAS 19.101A). Deze bepaling (IAS 19.101A) is prospectief van toepassing voor jaarrekeningen die aanvangen op of ná 1 januari 2019 (waarbij eerdere toepassing ook is toegestaan).

18.3.16 Kosten van medische verzorging

Indien de toezegging conform de regeling tevens een tegemoetkoming in de kosten van medische verzorging na pensionering omvat, dient bij de bepaling van de pensioenverplichting en de last uit dien hoofde ook rekening te worden gehouden met de verwachte ontwikkeling van kosten van medische verzorging, zowel door inflatie als door specifieke prijswijzigingen (IAS 19.96).

Bij de schatting van de toekomstige medische kosten wordt uitgegaan van ervaringsgegevens, waar nodig aangevuld met gegevens van verzekeringsmaatschappijen en medische informatiebronnen. Rekening wordt gehouden met het effect van technologische vooruitgang, wijzigingen in gebruik van de gezondheidszorg, en wijzigingen in de gezondheidssituatie van de deelnemers (IAS 19.97).
Aanpassingen van historische data vinden waar nodig plaats voor verschillen in demografische mix (leeftijd, sekse, geografische locatie) (IAS 19.98). Uiteraard wordt ook rekening gehouden met eigen bijdragen van de deelnemers en met kostenvergoedingen door derden (IAS 19.92-94).

18.3.17 Verwerking van een 'negatieve pensioenverplichting': overschotten

In het voorgaande is ervan uitgegaan dat sprake is van pensioenverplichtingen en pensioenlasten. De berekening van het in de balans op te nemen bedrag, zoals aangegeven in paragraaf 18.3.8, is dan positief. Deze berekening valt echter negatief uit indien de reële waarde van de fondsbeleggingen hoger is dan de contante waarde van de pensioenaanspraken. Dan ontstaat de vraag in hoeverre een verantwoording als (overlopende) actiefpost (pensioenvordering) mag plaatsvinden.

Volgens IAS 19.64 dient het negatieve saldo als actiefpost te worden opgenomen, echter niet voor een hoger bedrag dan de contante waarde van economische voordelen waarover de rechtspersoon de beschikkingsmacht heeft die voortkomt uit een redelijke waarschijnlijkheid dat de economische voordelen (overschotten) in de vorm van terugbetalingen uit de regeling of in de vorm van toekomstige premiereductie ten goede zullen komen aan de rechtspersoon ('asset ceiling') (IAS 19.8). Dit sluit direct aan op de actiefdefinitie in het Conceptual Framework. Of van beschikkingsmacht sprake is, dient te worden beoordeeld aan de hand van de feitelijke omstandigheden in relatie tot het fonds (IAS 19.65). Hierbij zijn onder andere van belang de uitvoeringsovereenkomst, afspraken tussen de rechtspersoon en het fonds, besluiten van het fondsbestuur, overeenkomsten met betrekking tot eigen bijdragen van personeel en hun eventuele aanspraken op overschotten. Benadrukt wordt dat beschikkingsmacht primair moet worden bezien vanuit de economische realiteit, en dat in de Nederlandse situatie niet zonder meer

18 Pensioenen

kan worden gesteld dat van beschikkingsmacht geen sprake is omdat juridisch gezien het pensioenfonds onafhankelijk is van de rechtspersoon. Wel spelen eventuele juridische beperkingen uiteraard een rol, bijvoorbeeld voortvloeiend uit de statuten van het fonds of de uitvoeringsovereenkomst met het fonds.

Invloed van de vereiste dekkingsgraad op de mogelijkheid van activering

Toepassing van deze bepalingen in de Nederlandse situatie doet de vraag ontstaan in hoeverre de door het FTK (Besluit financieel toetsingskader pensioenfondsen) vereiste dekkingsgraad al dan niet activering van overschotten in de weg staat. Indien bijvoorbeeld het FTK een dekkingsgraad vereist van 130%, betekent dit dat een overschot is vereist van 30% van de pensioenverplichting. Dat wil niet zeggen dat eenzelfde procentueel overschot aanwezig is op basis van een IAS 19-berekening. Voor zover er op basis daarvan ook een overschot is, moet worden vastgesteld of, voor het bedrag van het overschot dat valt binnen de door het FTK vereiste dekkingsgraad, activering wel of niet mogelijk is, omdat de vereiste beschikkingsmacht al dan niet aanwezig is.

> **Voorbeeld activering overschot en vereiste dekkingsgraad DNB**
> Stel dat de pensioenverplichting op basis van FTK-normen 1.000 bedraagt en op basis van IAS 19 1.200. De reële waarde van de activa is 1.600. De vereiste dekkingsgraad is 130%.
> Volgens FTK-normen is er sprake van een overschot van 600, waarvan 300 moet worden aangehouden in verband met de vereiste dekkingsgraad. Volgens IAS 19 is het overschot 400, waarvan 100 mogelijk niet activeerbaar is in verband met de eisen van het FTK.

Het vraagstuk van de invloed van de vereiste dekkingsgraad ('minimum funding requirements') op de mogelijke activering van overschotten is behandeld in IFRIC Interpretation 14: 'IAS 19 - The limit on a Defined Benefit Asset, Minimum Funding Requirements and their Interaction'. De reikwijdte van deze interpretatie is breder dan de titel doet vermoeden. In IFRIC 14 worden de volgende vragen behandeld:
- Wanneer kwalificeren terugbetalingen of toekomstige premiereducties voor activering?
- Wat is de invloed van een vereiste dekkingsgraad op toekomstige premiereducties?
- Kan een vereiste dekkingsgraad aanleiding geven tot het verantwoorden van een verplichting?

Een terugbetaling door het fonds kwalificeert voor activering op de balans ongeacht het moment waarop deze gerealiseerd kan worden. Bij deze beoordeling mag ook een afbouwscenario of liquidatie van het fonds in aanmerking worden genomen. Daarbij is het niet van belang dat de onderneming ook daadwerkelijk de intentie heeft om de regeling af te wikkelen of voort te zetten. De onderneming houdt in alle gevallen rekening met alle kosten, zoals belasting over premieteruggave of kosten om de regeling af te wikkelen of over te dragen. Het economische voordeel uit hoofde van een terugbetaling is de hoogste contante waarde die de onderneming kan realiseren:
- gedurende de looptijd van de regeling;
- bij geleidelijke afwikkeling van de regeling totdat alle deelnemers aan de regeling de regeling verlaten hebben; of
- bij onmiddellijke afwikkeling/overdracht van de regeling.

Indien de onderneming de terugbetaling door het fonds niet kan afdwingen maar afhankelijk is van de besluitvorming van derden, bijvoorbeeld het pensioenfondsbestuur, dan heeft de onderneming geen onvoorwaardelijk recht en kan het overschot niet op de balans worden geactiveerd.

Economische voordelen uit toekomstige premiereducties kwalificeren voor zover de contante waarde van aan de toekomstige dienstjaren toe te rekenen kosten van toegekende aanspraken de minimaal vereiste premiebetalingen in dat jaar overtreffen. Hierbij wordt in beginsel uitgegaan van continuering van de bestaande pensioenregeling en een gelijkblijvend personeelsbestand.

Indien een onderneming de verplichting heeft om in het kader van een minimum dekkingsgraad premie te betalen voor reeds verdiende aanspraken dient zij vast te stellen of deze premie beschikbaar is in de vorm van een terugbetaling door het fonds of in de vorm van een toekomstige premiereductie. Tot het bedrag waarvoor geen economische voordelen beschikbaar zijn, neemt de onderneming een schuld op de balans op het moment dat de verplichting ontstaat. Deze verplichting vermindert het overschot c.q. verhoogt de pensioenverplichting.

Voorbeeld ontleend aan IFRIC 14 voorbeeld 2

Een entiteit heeft berekend dat de dekkingsgraad van haar pensioenregeling 77% bedraagt. Op basis van de geldende pensioenvoorschriften is een onmiddellijke aanvulling tot 100% noodzakelijk en heeft daartoe een aanvullende bijdrage van 300 als verplichting opgenomen.
De uitvoeringsovereenkomst laat een restitutie toe van maximaal 60% van het op basis van het overschot, bepaald ingevolge de IAS 19 voorschriften, mits de jaarlijkse premiebepalingen niet lager zullen zijn dan de op basis van IAS 19 berekende servicekosten. De volgens bedragen zijn van toepassing voor de pensioenregeling:

Reële waarde beleggingen	1.000
Contante waarde pensioenverplichtingen o.b.v. IAS 19	(1.100)
Tekort	(100)

Door de aanvullende bijdrage van 300 wijzigt het tekort van (100) in een overschot van 200. Van dit overschot is maximaal 60%, zijnde 120, restitueerbaar en het restant van 80 is niet beschikbaar voor de entiteit. De daadwerkelijk op te nemen verplichting bij de entiteit bedraagt derhalve 180 (300 minus 120 restitueerbaar). Ofwel:

Contante waarde pensioenverplichtingen o.b.v. IAS 19	(1.100)
Tekort	(100)
Gevolg van de 'asset ceiling'	(80)
Netto verplichting	(180)

Na de daadwerkelijke betaling van de aanvullende bijdrage ad 300 ontstaat een netto pensioenactief van (300 - 180 =) 120.

Vooruitbetaalde pensioenpremie

Een pensioenactief kan ook voortkomen uit de vooruitbetaling van pensioenpremies voor komende perioden. Ook dan dient met behulp van IFRIC 14 te worden vastgesteld of de opname van een actiefpost kan plaatsvinden. Het verwerken van een actiefpost zal zich kunnen voordoen als de betaling betrekking heeft op nog toe te kennen pensioenrechten uit (toekomstige) arbeidsprestaties (IFRIC 14.20).

Toekomstige regelgeving

In 2015 heeft de IASB een Exposure Draft 2015/5 - Remeasurement on a Plan Amendment, Curtailment or Settlement/Availability of a Refund from a Defined Benefit Plan - Proposed amendments to IAS 19 and IFRIC 14 gepubliceerd. In de aanpassing wordt ingegaan op de vraag hoe in de vaststelling van het pensioenactief rekening moet worden gehouden met mogelijke toekomstige ontwikkelingen, met name in samenhang met de aan het pensioenfondsbestuur of andere betrokkenen toekomende mogelijkheid om besluiten te nemen, zonder dat daartoe de instemming van de werkgever benodigd is, die de beschikbaarheid van het pensioenactief kunnen beïnvloeden. De IASB heeft geen wijzigingen aan IFRIC 14 voorgesteld. In de toekomst zullen zij besluiten omtrent de richting van het project.

18.3.18 Risicodeling

IAS 19 gaat specifiek in op de waardering van pensioenverplichtingen in situaties waarin sprake is van risicodeling, bijvoorbeeld in de vorm van werknemersbijdragen, voorwaardelijkheid van indexaties en aanspraken, beperking van werkgeversbijdragen of kortingen op pensioenuitkeringen en -aanspraken (IAS 19.87/88 en 19.90-94).

In de Nederlandse situatie komen deze elementen vaak voor. In de berekening van de contante waarde van de toegekende pensioenaanspraken dient rekening te worden gehouden met de werknemersbijdragen, de voorwaardelijkheid van indexaties en aanspraken en verwachte kortingen van de pensioenrechten. Hierbij dient te worden uitgegaan van verwachtingen zoals die op balansdatum gelden. Op deze wijze wordt een beste schatting gemaakt van de (netto)kosten die ten laste van de onderneming komen.

De 'Handreiking voor de toepassing van IAS 19 in de Nederlandse pensioensituatie' geeft uitgebreid aandacht aan dit onderwerp in alinea's 301-322:
- in alinea's 305-308a de gevolgen van afspraken omtrent (voorwaardelijke) indexatie;
- in alinea's 309-313 de gevolgen van het 'financieringsplafond';
- in alinea's 314-321 de bijdragen van werknemers aan de regeling.

(Voorwaardelijke) indexatie

De Handreiking geeft in de samenvatting het volgende weer:
In de berekening van de pensioenverplichting wordt rekening gehouden met te verwachten voorwaardelijke indexaties op basis van de huidige en toekomstige financiële positie ('funding status') van het fonds op FTK-grondslagen. Daarbij wordt uitgegaan van de marktverwachtingen zoals die op balansdatum gelden voor de periode waarin de verplichtingen zullen worden afgewikkeld. Op deze wijze wordt de beste schatting van de verwachte indexaties op basis van marktverwachtingen meegenomen in de waardering (inclusief de eventuele mogelijkheid om gemiste indexaties in latere jaren weer in te halen), ook al is de verwachte indexatie voorwaardelijk. De marktverwachtingen kunnen daarbij afwijken van de veronderstellingen die door het pensioenfonds worden gehanteerd. Bij de berekening van de pensioenverplichting wordt uitgegaan van de kosten van de uit te keren pensioenen die voor rekening van de werkgever komen.

IAS 19 houdt rekening met het feit dat bij sommige toegezegd-pensioenregelingen de werkgeversbijdragen gemaximeerd zijn (ook aangeduid als bijdragelimiet of financieringsplafond) en bepaalt dat in de uiteindelijke kostprijs van de vergoedingen rekening wordt gehouden met de invloed van de bijdragelimiet. Om te bepalen of sprake is van een financieringsplafond en zo ja, in welke mate dit de pensioenverplichting vermindert, wordt rekening gehouden met het Financieel Toetsingskader (FTK) en de specifieke afspraken die zijn gemaakt tussen werkgever, werknemers en overige deelnemers en de specifieke afspraken met de pensioenuitvoerder. Indien het voorgaande van toepassing is kan hieraan bijvoorbeeld invulling worden gegeven door de indexatie voortkomend uit een verwacht hoger rendement dan de IAS 19 disconteringsvoet niet in de verplichting mee te nemen, waardoor deze lager uitkomt. Hierbij wordt ook rekening gehouden met andere van invloed zijnde factoren, zoals de dekkingsgraad en premiemarge (bijvoorbeeld solvabiliteitsopslagen). Een dergelijke verlaging kan veelal ook bereikt worden door de netto-pensioenverplichting te maximeren als hierna beschreven. Met kortingen van opgebouwde aanspraken wordt rekening gehouden indien deze verwacht worden op basis van de financiële situatie van het fonds, de pensioen- en uitvoeringsovereenkomst, het eventuele herstelplan en het relevante wettelijk kader.

Financieringsplafond

De Handreiking geeft in de samenvatting het volgende weer:
Indien werkgeversbijdragen zijn beperkt tot een bepaald maximum en daardoor resulteren in een beperking van de pensioenkosten voor de werkgever, dan wordt hier voortaan rekening mee gehouden bij de waardering van de pensioenverplichting. Als gevolg van het financieringsplafond vindt normaliter een verlaging van de bruto-pensioenverplichting plaats tot het niveau waarbij de netto-pensioenverplichting gelijk is aan de contante waarde van de maximale toekomstige werkgeversbijdragen verminderd met de werkgeverskosten van de toekomstige pensioenopbouw. In IAS 19 zijn echter geen toelichtingen of voorbeelden opgenomen over de wijze waarop het effect van het financieringsplafond moet of kan worden bepaald. Een dergelijke verlaging van de verplichting kan veelal ook bereikt worden door de assumpties in te schatten zoals hierboven beschreven.

Het is overigens niet mogelijk dat door de eventuele verlaging als gevolg van het financieringsplafond een netto-pensioenactief ontstaat.

Werknemersbijdrage

De Handreiking geeft in de samenvatting het volgende weer:
Werknemersbijdragen zijn een vorm van gezamenlijke financiering. Daarnaast kunnen werknemersbijdragen ook tot risicodeling leiden. Werknemersbijdragen worden specifiek betrokken in de waardering van de pensioenverplichting. Hierbij is het uitgangspunt dat de beste schatting wordt gemaakt van de totale kosten die voor rekening van de werkgever zullen komen en dat deze worden toegerekend aan de desbetreffende perioden. De werknemersbijdrage wordt op eenzelfde wijze toegerekend als de in IAS 19.70 bepaalde diensttijdevenredige toerekening van de 'gross benefit'.
Indien de werknemersbijdragen echter uitsluitend gerelateerd zijn aan de in het betreffende jaar verrichte arbeidsprestaties is het, mede om praktische redenen, aanvaardbaar om de werknemersbijdrage over enig jaar in mindering te brengen op de 'service cost' van het betreffende jaar. Dit zal bijvoorbeeld doorgaans het geval zijn als werknemersbijdragen bestaan uit een vast percentage van de pensioengrondslag, en dit percentage ook niet afhankelijk is van het aantal dienstjaren. In een dergelijke situatie is er via de werknemersbijdrage ook geen of slechts in beperkte mate sprake van risicodeling.

18.3.19 Presentatie

Presentatie in de balans

De rechtspersoon dient een actiefpost en een passiefpost die resulteren uit de berekeningen voor verschillende regelingen gesaldeerd op de balans op te nemen indien en voor zover (IAS 19.131 en IAS 19.132):

▶ een deugdelijk juridisch instrument beschikbaar is om het tekort van de ene regeling met het overschot van een andere regeling gesaldeerd of simultaan af te wikkelen; en
▶ het stellige voornemen bestaat het saldo als zodanig af te wikkelen of het overschot voor de ene regeling te incasseren onder gelijktijdige voldoening van de verplichting voor de andere regeling.

Dit zijn de algemene salderingscriteria voor vorderingen en schulden.

IAS 19.133 omvat een bepaling dat geen voorschrift wordt gegeven voor de wijze waarop een onderscheid zou moeten worden gemaakt tussen lang- en kortlopende delen van pensioenactiva en -verplichtingen, met de achterliggende gedachte dat een dergelijke splitsing een arbitraire uitkomst kan hebben (IAS 19.BC200). In de meeste situaties zal sprake zijn van pensioenactiva en -verplichtingen die in overgrote mate een langlopend karakter hebben. Indien géén nadere afsplitsing van kortlopende delen wordt toegepast zullen alle bedragen als langlopend moeten worden gepresenteerd.

Presentatie in de winst-en-verliesrekening

Ingevolge IAS 19.120 dienen de pensioenkosten in de winst-en-verliesrekening te worden verwerkt. De pensioenkosten omvatten de componenten 'service cost' (zie par. 18.3.10)/18.3.14/18.3.15) en 'net interest' (zie par. 18.3.11). De standaard geeft geen expliciete bepaling hoe deze beide componenten in de winst-en-verliesrekening gepresenteerd dienen te worden. IAS 19.134 geeft aan dat voor de presentatie de beginselen van IAS 1 toegepast dienen te worden.

In de praktijk waargenomen opvattingen zijn om i) de componenten gesplitst op te nemen (service costs bij personeelskosten, netto rente onder financiële baten en lasten) of ii) gesaldeerd in één bedrag onder de personeelskosten op te nemen.

18.3.20 Toelichting

18.3.20.1 'Defined contribution'-regelingen

De standaard schrijft voor 'defined contribution'-regelingen een beperkte mate van toelichting voor (IAS 19.53):
- het bedrag dat in het kader van DC-regelingen als pensioenkosten is verwerkt;
- voor zover vereist door IAS 24.17 het bedrag dat betrekking heeft op DC-regelingen van het management.

18.3.20.2 'Defined benefit'-regelingen

De voorschriften met betrekking tot de toelichting inzake 'defined benefit'-regelingen (DB-regelingen) is daarentegen veelomvattend. Daarbij hanteert de standaard een uitgangspunt dat de gevraagde informatie ten doel heeft om:
- inzicht te geven in de kenmerken van de DB-regelingen en de risico's voor de rechtspersoon;
- duidelijk te maken welke bedragen in de jaarrekening met betrekking tot DB-regelingen zijn opgenomen;
- inzicht te geven in hoeverre de pensioenregelingen invloed hebben op de hoogte, tijdstip en onzekerheid van toekomstige kasstromen (IAS 19.135).

Om aan deze doelstelling te voldoen geeft de standaard een aanzienlijke lijst van te verstrekken gegevens. Het is overigens niet zo dat alle genoemde informatie-elementen onder alle omstandigheden uiteengezet dienen te worden. Uitdrukkelijk wordt aangegeven dat niet-materiële informatie achterwege mag blijven om te voorkomen dat een onnodige hoeveelheid onpraktische informatie wordt opgenomen (IAS 19.BC207-209). Het management van de rechtspersoon zal derhalve een oordeel moeten vormen over de mate van detail in de context van het uitgangspunt van IAS 19.135. Daarbij wordt dan tevens afgewogen (IAS 19.136/137):
- de mate van samenvoeging of uitsplitsing;
- de eventuele bovenop de vereist informatie aanvullend te verstrekken informatie die de begrijpelijkheid ten goede komt; dit zou bijvoorbeeld aan de orde kunnen zijn indien het risicoprofiel van de verschillen regelingen sterk uiteenloopt.

De beschrijving van de kenmerken van de pensioenregelingen en risico's voor de rechtspersoon dient de belangrijkste elementen van het pensioenreglement te bevatten, zoals het soort van pensioentoezegging (bijvoorbeeld toegezegde uitkeringen of een toegezegde premie met garantie), de wet- en regelgeving waarbinnen de regeling wordt uitgevoerd (bijvoorbeeld vereiste dekkingsgraad) en de verantwoordelijkheden vanuit de rechtspersoon ten opzichte van het fonds. De uiteenzetting dient tevens de door de rechtspersoon ter zake gelopen risico's weer te geven met daarbij eventuele concentratie van risico's. Ingeval sprake is van wijzigingen, inperkingen of beëindiging van regelingen dient eveneens een beschrijving hiervan worden gegeven (IAS 19.139).

Nadere (cijfermatige) toelichting op de balansposities; eindstanden en mutatie-overzichten
De Standaard schrijft een aanzienlijke hoeveelheid cijfermatige informatie voor: Zowel voor de (i) fondsbeleggingen als (ii) de contante waarde van de pensioenaanspraken als (iii) het opgenomen pensioenactief met 'asset ceiling', dienen mutatie-overzichten te worden opgesteld waarin het verloop van begin- naar eindbalans is opgenomen. Voor zover relevant dienen in deze mutatie-overzichten de volgende mutaties zichtbaar te worden gemaakt (IAS 19.140/141):
- de aan het dienstjaar toegerekende pensioenkosten;
- de toe te rekenen interest;
- de gevolgen van waardewijzigingen en schattingsverschillen, gesplitst naar:
  - waardeverschillen beleggingen;
  - actuariële winsten en verliezen uit demografische veronderstellingen;
  - actuariële winsten en verliezen uit financiële veronderstellingen;
  - verschillen inzake de asset ceiling (met uitzondering van de netto interestbate of -last over het boekjaar); in deze situatie dient tevens worden toegelicht hoe het maximaal terug te verwachten bedrag is bepaald, en of dit geschiedt door restituties of toekomstige lagere premies;
- pensioenkosten over verstreken diensttijd en effect van eventuele inperkingen of beëindiging van de regeling;
- koersverschillen;
- de bijdragen van de deelnemers en separaat de werkgevers (rechtspersoon) aan de regeling;
- de betaalde pensioenen;
- fusie en overnames c.q. splitsingen van rechtspersonen.

In een overzicht dient de opbouw te blijken van de reële waarde van de fondsbeleggingen naar onderscheid in risicoklasse respectievelijk de rechten op vergoeding; de standaard geeft als voorbeeld de afzonderlijke vermelding van (IAS 19.142):
- kas en kasequivalenten;
- aandelen naar bedrijfstak, grootte onderneming, en plaats van vestiging;
- obligaties, idem;
- vastgoed, naar plaats van vestiging;
- derivaten, naar soort en risicotype (bijvoorbeeld interest, vreemde valuta, aandelen);
- beleggingsfondsen;
- asset backed effecten;
- gestructureerde leningen.

Afzonderlijk dient de reële waarde van de in de beleggingsportefeuille opgenomen aandelen van de rechtspersoon te worden vermeld. Dat geldt eveneens voor andere activa (zoals kantoorgebouwen) die worden gebruikt door de rechtspersoon en tevens onderdeel van de beleggingsportefeuille zijn (IAS 19.143).

Toegepaste parameters
Een in veel gevallen belangrijk type van te verstrekken informatie is een overzicht van de belangrijkste actuariële veronderstellingen die zijn gehanteerd in de bepaling van de contante waarde van de pensioenaanspraken (IAS 19.144). De standaard vereist in eerste instantie de betreffende (exacte) hoogte van de parameters per afzonderlijke regeling; alleen indien de gezamenlijke weergave voor samengevoegde regelingen relevant is worden de hoogtes door middel van gewogen gemiddelden of in intervallen met beperkte spreiding voor de betreffende samengevoegde regelingen vermeld.

Toekomstige kasstromen; gevoeligheidsanalyses

Een eveneens belangrijk voorschrift is de toelichting bestemd voor de beoordeling van de hoogte, tijdstip en onzekerheid van de toekomstige kasstromen. Daartoe schrijft de standaard voor (IAS 19.145):
- een gevoeligheidsanalyse met peildatum balansdatum voor elke belangrijke actuariële veronderstelling voor een verandering die in redelijkheid zich had kunnen voordoen op dat moment;
- een beschrijving van de methodiek van de gevoeligheidsanalyse en de gehanteerde veronderstellingen; eventuele inherente beperkingen aan de methodiek dienen eveneens te worden toegelicht.

Specifiek inzake de beleggingsportefeuille dient het beleid inzake evenwicht tussen looptijden van beleggingen en pensioenuitkeringen te worden uiteengezet, met daarbij de beschrijving van de gehanteerde technieken en modellen (IAS 19.146).

Andere kasstroomgerelateerde informatie betreft (IAS 19.147):
- financieringsafspraken;
- geraamde pensioenpremie voor komend boekjaar;
- duration van de contante waarde van de pensioenaanspraken; dit kan via een gewogen gemiddelde aangevuld met aanvullende informatie omtrent de toekomstige kasstromen.

Bedrijfstakpensioenregelingen

Indien de rechtspersoon deelneemt aan een bedrijfstakregeling die kwalificeert als een DB-regeling, dan schrijft de Standaard de volgende informatie voor (IAS 19.148):
- beschrijving financieringsafspraken, waarin opgenomen de methode voor bepaling van de door de rechtspersoon te betalen bijdragen en eventuele minimaal verplichte bijdragen;
- beschrijving van de mate waarin de rechtspersoon aansprakelijk gehouden kan worden voor verplichtingen van andere deelnemers aan de bedrijfstakregeling;
- beschrijving van een eventuele afspraak voor toerekening van een overschot of tekort in de regeling in geval van beëindiging van de regeling of het beëindigen van de deelname aan de regeling;
- indien de rechtspersoon de financiële gevolgen van de regeling niet als een DB-regeling maar als ware het een DC-regeling verwerkt, ter vervanging van de in IAS 19.139-147 genoemde informatie-elementen:
  - het feit dat sprake is van een DB-regeling;
  - de oorzaak van het ontbreken van toereikende informatie om de regeling als een DB-regeling te verwerken;
  - de verwachte pensioenpremie voor het komende boekjaar;
  - informatie over een overschot of tekort in de regeling dat invloed kan hebben op de hoogte van toekomstige pensioenpremies, met daarbij de wijze van bepaling van het overschot of tekort en eventuele gevolgen voor de rechtspersoon;
  - een indicatie van het relatieve belang van de rechtspersoon ten opzichte van de andere deelnemers aan de bedrijfstakregeling; bijvoorbeeld relatieve aandeel van de rechtspersoon in de totale pensioenpremiebijdrage van alle deelnemers, relatieve aandeel actieve en gepensioneerde deelnemers, voor zover die informatie beschikbaar is;
- indien een bedrijfstakpensioenregeling is geclassificeerd als een DC-regeling zijn de in voorgaande punt genoemde toelichtingen niet voorgeschreven. De Handreiking geeft de aanbeveling om gezien het specifieke karakter van bedrijfstakpensioenregelingen een aantal van de toelichtingen alsnog op te nemen, zoals bijvoorbeeld een beschrijving van de belangrijkste kenmerken van de bedrijfstakpensioenregeling, het uitvoeringsreglement en het eventuele herstelplan van het bedrijfstakpensioenfonds (Handreiking alinea 218).

Groepsregelingen

Indien de rechtspersoon deelneemt in een groepsregeling die kwalificeert als een DB-regeling, is door de Standaard de volgende informatie voorgeschreven (IAS 19.149):

- beschrijving van de overeenkomst of gedragslijn voor doorbelasting van de pensioenlasten of de vermelding dat deze niet bestaat binnen de groep;
- beschrijving van de gedragslijn voor de wijze van bepaling van de betaalde pensioenpremie;
- als de entiteit de netto-pensioenkosten krijgt toegerekend op basis van de contractuele afspraken als opgenomen in IAS 19.41 (zie par. 18.3.4), de informatie vereist ingevolge IAS 19.135-147;
- als de entiteit de pensioenkosten niet krijgt toegerekend op basis van contractuele afspraken (IAS 19.41, zie par. 18.3.4), de informatie vereist in IAS 19.135-137, 139, 142-144, 147(a) en (b).

Andere informatievoorschriften

Op grond van IAS 24 kan het voorts noodzakelijk zijn de pensioenlasten inzake sleutelfunctionarissen te vermelden, alsmede de transacties met het pensioenfonds als verbonden partij (IAS 19.151).

Ook kan er sprake zijn van voorwaardelijke verplichtingen (IAS 19.152), bijvoorbeeld bij een participatie in een bedrijfstakpensioenfonds kan sprake zijn van een voorwaardelijke verplichting inzake de aan andere entiteiten toegerekende actuariële verliezen waarin ook de rapporterende rechtspersoon participeert, of de mogelijke verplichtingen die ontstaan om tekorten aan te vullen indien andere participanten van het fonds uittreden.

18.4 VUT en andere non-activiteitsregelingen

Kenmerken van regelingen voor vervroegde uittreding van personeel en andere non-activiteitsregelingen zijn in het algemeen (RJ 271.401):

- vrijheid van het personeel om al dan niet van de regeling gebruik te maken;
- een tijdelijke uitkering die afhankelijk is van het laatstverdiende salaris en die loopt tot aan de pensioendatum;
- een zeker verband met de reeds verstreken diensttijd van het personeelslid;
- beperkte looptijd van de regeling.

Deze regelingen verschillen van pensioenregelingen met een flexibele ingangsdatum, zoals prepensioenregelingen. De verwerking van prepensioenregelingen geschiedt zoals in de voorgaande paragrafen is uiteengezet.

De Richtlijnen bevatten specifieke uitwerkingen van de voorgaande algemene bepalingen voor VUT-regelingen en andere non-activiteitsregelingen. De uit dien hoofde in aanmerking te nemen verplichtingen dienen in ieder geval te omvatten de verplichtingen jegens die personeelsleden, die (RJ 271.402):

- reeds hebben geopteerd voor gebruikmaking van de regeling;
- nog kunnen opteren voor vervroegde uittreding, maar dat nog niet hebben gedaan;
- nog niet kunnen opteren, maar dat tijdens de looptijd van de bestaande regeling in de toekomst wel kunnen doen.

De verplichtingen van de rechtspersoon ter zake van VUT-regelingen omvatten uitdrukkelijk niet alleen de in rechte afdwingbare verplichtingen, maar ook die waarbij sprake is van een situatie waarin de rechtspersoon geen ander reëel alternatief heeft dan het nakomen van die verplichting ('constructive obligation'). Dit kan aan de orde zijn ter zake van de verlenging van de VUT-regeling, dan wel de omzetting van de VUT-regeling in een prepensioenregeling (RJ 271.402).

18 Pensioenen

RJ 271.403 verwijst voor de berekening van het bedrag van de in aanmerking te nemen verplichtingen uit hoofde van VUT-regelingen en andere non-activiteitsregelingen in het algemeen naar Richtlijn 252, 'Voorzieningen'. Elementen voor de berekening van het bedrag zijn:
- de personeelsleden op wie de regeling van toepassing is;
- de geschatte kans dat voor gebruikmaking van de regeling wordt geopteerd;
- de leeftijden, de salarissen en de levenskansen van de in de berekening betrokken personeelsleden;
- de hoogte van de VUT-uitkeringen;
- de bijkomende lasten die op de rechtspersoon (blijven) drukken (bijvoorbeeld bijdragen voor doorgaande pensioenopbouw);
- overheidssubsidies en personeelsbijdragen;
- de rentevoet gebruikt voor de berekening van de contante waarde.

Onder IAS 19 zouden deze VUT-regelingen gerekend kunnen worden tot de pensioenregelingen. Het belangrijkste gevolg is het verwerken van de 'remeasurements' in 'other comprehensive income' (IAS 19.127).

Verschillen Dutch GAAP - IFRS

IFRS gaat niet specifiek op de verwerking van VUT-regelingen in, waardoor de mogelijkheid bestaat deze als pensioenregeling te behandelen. De 'remeasurements' worden in 'other comprehensive income' verwerkt. In de Richtlijnen is deze wijze van verwerking niet aan de orde.

19 Schulden en overlopende passiva

19.1 Begripsbepaling en toepassingsgebied	
Begripsbepaling en regelgeving	Een schuld is de per balansdatum bestaande en vaststaande verplichting die gewoonlijk door betaling wordt afgewikkeld (RJ 254.0 en 940).
	Overlopende passiva zijn de vooruitontvangen bedragen voor baten die ten gunste van volgende perioden komen ofwel nog te betalen bedragen ter zake van lasten die aan een verstreken periode zijn toegerekend (RJ 258.0 en RJ 940).
Wanneer is sprake van een schuld?	Er is sprake van een schuld ofwel verplichting als: ▶ er sprake is van een huidige verplichting; ▶ die leidt tot het overdragen van economische middelen c.q. het opgeven van economische voordelen; en ▶ welke is ontstaan als gevolg van een gebeurtenis uit het verleden (Stramien RJ 930, Framework 2018).
Classificatie vreemd/eigen vermogen	Hoofdregel schrijft classificatie op basis van economische realiteit voor; uitsluitend onder RJ is er in de enkelvoudige jaarrekening een keuze en kan classificatie worden gebaseerd op de juridische vorm.
19.2 Categorieën schulden	
Categorieën	Artikel 2:375 lid 1 BW (RJ 254.302) geeft een aantal posten die specifiek in de balans moeten worden opgenomen.
	IFRS (IAS 1.54): in de balans dienen ten minste te worden onderscheiden: handelscrediteuren en overige te betalen schulden, financiële verplichtingen, acute belastingverplichtingen, latente belastingverplichtingen en verplichtingen opgenomen in 'disposal groups' als bedoeld in IFRS 5.
Converteerbare obligatielening	Splitsing in eigen-vermogens- en schuldcomponent onder IFRS voorgeschreven. Onder RJ alleen in de geconsolideerde jaarrekening voorgeschreven (in de enkelvoudige jaarrekening is er sprake van een keuze voor hetzij de juridische vorm dan wel de economische realiteit).
Ontvangen vooruitbetalingen op bestellingen	Als passiefpost (onder RJ) indien geen geoorloofde aftrek op een specifiek actief.
Schulden ter zake van belastingen en van premies sociale verzekering	In Boek 2 BW een specifiek voorgeschreven afzonderlijke post, onder IFRS alleen voor de schulden inzake winstbelasting.
Schulden aan deelnemingen	In Boek 2 BW specifiek voorgeschreven afzonderlijke posten 'schulden aan deelnemingen' en 'schulden aan groepsmaatschappijen'; onder IFRS afzonderlijke toelichting per categorie indien sprake van verbonden partijen.
Schulden aan overige verbonden maatschappijen	Op grond van artikel 2:361 lid 4 BW eveneens afzonderlijke categorie onder de schulden. In IAS 24.19 worden specifieke toelichtingen vereist inzake verbonden partijen.

Achtergestelde schuld	Afzonderlijke rubricering (Boek 2 BW). Aard en voorwaarden nader toelichten.
Preferente aandelen	Classificatie afhankelijk van door derden afdwingbare kasstromen, met dan verplichte (IFRS) of keuze (RJ) rubriceringen.
Overlopende passiva	Vooruitontvangen bedragen en nog te betalen bedragen.
Vooruitontvangen bedragen	Stelselmatig aan toekomstige prestaties/voordelen toerekenen.
Rubricering van overlopende passiva in de balans	Hetzij als onderdeel overige schulden hetzij als afzonderlijke balanspost opnemen.
Nog te betalen bezoldigingen	Verplichtingen over per balansdatum verstreken periode opnemen in de balans.

19.3 Opnemen en niet langer verwerken in de balans

Opnemen in de balans	Zodra contractuele verplichtingen jegens de rechtspersoon ontstaan ten aanzien van het instrument.
Niet langer verwerken in de balans	Indien verplichting niet langer bestaat (is geheel nagekomen, ontbonden of afgelopen).

19.4 Waardering en resultaatbepaling

Waarderingscategorieën	Voor de meeste verplichtingen geldt: ▶ Schulden aangehouden voor handelsdoeleinden: waardering tegen reële waarde met verwerking van waardeveranderingen in de winst-en-verliesrekening (IFRS en RJ). ▶ Overige schulden: waardering tegen geamortiseerde kostprijs (RJ). De 'hoofdregel' onder IFRS is dat financiële verplichtingen onder een 'categorie' worden opgenomen waarbij de vervolgwaardering op basis van geamortiseerde kostprijs plaatsvindt met enige uitzonderingen waaronder de toepassing van de 'fair value'-optie. ▶ Derivaten: IFRS in beginsel reële waarde (evt. uitstel resultaat indien hedge-accounting); RJ waardering afhankelijk van type derivaat alsmede al dan niet hedge-accounting.
(Dis)agio	Als rentelast in de winst-en-verliesrekening toerekenen aan perioden op basis van effectieve-rentemethode (IFRS en RJ). Activeren van disagio is onder de RJ een optie.
Rente	Op basis van geamortiseerde kostprijs, tenzij geactiveerd als onderdeel van een kwalificerend actief.
Boeteclausules	Met boeten verschuldigd voor vervroegde aflossing dient rekening te worden gehouden indien en voor zover die vervroegde aflossing bij de schuldeiser is aangekondigd of op andere wijze vaststaat.
Kredietprovisie	Als onderdeel van de initiële waardering van de schulden.

19 Schulden en overlopende passiva

19.5 Presentatie en toelichting	
Het onderscheid kortlopende en langlopende schulden	Algemene regel: Schulden (inclusief schulden zonder betalingstermijn) dienen te worden gerubriceerd onder de kortlopende schulden als deze binnen 12 maanden na balansdatum kunnen worden opgeëist en onder de langlopende schulden als dit niet het geval is. IFRS en RJ geven nadere bepalingen in geval van herfinanciering of vervroegde aflossing.
Kortlopend deel van langlopende schuld	Onder IFRS altijd afzonderlijk als kortlopende post opnemen. De Nederlandse wet- en regelgeving laat keuze voor alleen toelichten dan wel afzonderlijk rubriceren.
Herfinanciering langlopende schuld	In beginsel als langlopend rubriceren. Onder RJ, anders dan IFRS, bestaat de mogelijkheid om als langlopend te rubriceren indien voortzetting lening is overeengekomen na balansdatum doch vóór datum opmaken jaarrekening.
Vervroegde opeisbaarheid en 'waiver' na balansdatum	Alleen onder RJ bestaat de mogelijkheid om als langlopend te rubriceren indien een 'waiver' overeengekomen is na balansdatum doch vóór datum opmaken jaarrekening.
Vervroegde aflossing	Alleen onder de RJ bestaat de mogelijkheid indien voor het moment van opmaken van de jaarrekening de vervroegde aflossing heeft plaatsgevonden dan wel de vervroegde aflossing is overeengekomen deze te presenteren als kortlopende schuld.
Classificatie bij samengestelde financiële instrumenten	IFRS (geconsolideerd en enkelvoudig): splitsing in eigen-vermogenscomponent en vreemd-vermogenscomponent verplicht.
	RJ (geconsolideerd): splitsing in eigen-vermogenscomponent en vreemd-vermogenscomponent.
	RJ (enkelvoudig): keuze tussen classificatie op basis van de juridische vorm of op basis van de economische realiteit.
Saldering	Indien de rechtspersoon de beschikking heeft over een deugdelijk juridisch instrument voor gesaldeerde afwikkeling en daartoe het stellige voornemen bestaat, dienen het financieel actief en passief te worden gesaldeerd.
Toelichting	Rentevoet langlopende leningen en de vermelding van rente- en kasstroomrisico's, zekerheden, achterstelling, looptijd, conversievoorwaarden, opeisbaarheid, vermelding reële waarde. Daarnaast is ook een mutatieoverzicht verplicht onder RJ. IFRS bevat een soortgelijk voorschrift.
19.6 Vrijstellingen voor middelgrote rechtspersonen (alleen Richtlijnen)	
Vrijstelling	Splitsing van schulden naar categorie.

19.1 Begripsbepaling en toepassingsgebied

19.1.1 Begripsbepaling en regelgeving

In dit hoofdstuk wordt ingegaan op de voorschriften inzake de verschillende categorieën schulden evenals de voorschriften inzake overlopende passiva. Artikel 2:364 lid 4 BW maakt aan de passivazijde van de balans onderscheid tussen het eigen vermogen, de voorzieningen, de schulden en, voor zover niet onder de schulden vermeld, de overlopende passiva. Artikel 2:375 lid 1 BW bevat een verdere uitsplitsing van de schulden (zie par. 19.2).

In RJ 254.0 en RJ 940 worden schulden gedefinieerd als de per balansdatum bestaande en vaststaande verplichtingen van de rechtspersoon die gewoonlijk door betaling worden afgewikkeld. Schulden kunnen zowel financiële verplichtingen zijn als overige verplichtingen, zoals verplichtingen voortkomend uit wettelijke bepalingen (bijvoorbeeld belastingschulden). IFRS kent geen vergelijkbaar verzamelbegrip 'schulden'. Wel dienen op grond van IAS 1.54 verschillende verplichtingen ('liabilities') apart te worden opgenomen (zie par. 19.2).

Onder overlopende passiva worden verstaan ofwel vooruitontvangen bedragen voor baten die ten gunste van volgende perioden komen ofwel nog te betalen bedragen ter zake van lasten die aan een verstreken periode zijn toegerekend (RJ 258.0 en RJ 940). Overlopende passiva worden in de Richtlijnen behandeld in Richtlijn 258 'Overlopende passiva'. IFRS kent noch een uitdrukkelijke post overlopende passiva noch een aparte standaard, maar geeft aan dat zulke overlopende posten ('accruals') veelal als onderdeel van de verplichtingen ('liabilities') worden opgenomen (IAS 37.11).

19.1.2 Toepassingsgebied

In dit hoofdstuk wordt hoofdzakelijk ingegaan op schulden die vallen binnen de categorie 'overige financiële verplichtingen' (ingevolge RJ; vervolgwaardering geamortiseerde kostprijs) en de categorie 'schulden met een vervolgwaardering volgens de geamortiseerde kostprijsmethode' (ingevolge IFRS).
De meer algemene bepalingen voor financiële instrumenten, evenals de specifieke bepalingen voor financiële verplichtingen die deel uitmaken van de handelsportefeuille, worden behandeld in hoofdstuk 30. Voor derivaten wordt verwezen naar hoofdstuk 31. Daarnaast worden voorzieningen (hoofdstuk 16), belastingschulden (hoofdstuk 17), pensioenverplichtingen (hoofdstuk 18), schulden uit hoofde van personeelsbeloningen (hoofdstuk 5), schulden uit hoofde van leaseovereenkomsten (hoofdstuk 32) en niet in de balans opgenomen verplichtingen (hoofdstuk 36) afzonderlijk behandeld.

In RJ 254.104 is vermeld dat op de schulden uit hoofde van personeelsbeloningen, belastingschulden en leasing wel de algemene presentatie- en toelichtingseisen van dit hoofdstuk van toepassing zijn.

Schulden worden in de Richtlijnen behandeld in Richtlijn 254 'Schulden' en Richtlijn 290 'Financiële instrumenten'.

Onder IFRS worden financiële verplichtingen behandeld in IAS 32 'Financial Instruments: Presentation', IFRS 9 'Financial instruments', IFRS 7 'Financial instruments: Disclosures' en IFRS 13 'Fair Value Measurement'.

19.1.3 Wanneer is sprake van een schuld

19.1.3.1 Algemene beginselen

In het '2018 Conceptual Framework for Financial Reporting' (hierna: Framework) van de IASB (par. 4.26-4.47) respectievelijk het in bijlage 930 van de RJ-bundel opgenomen 'Stramien voor de opstelling van en vormgeving van jaarrekeningen' (hierna: Stramien) (RJ 930.60-64) zijn de algemene uitgangspunten voor het onderkennen van een verplichting en het moment van verwerking op de balans respectievelijk verwijdering van de balans opgenomen.

Op grond van het Framework is er sprake van een verplichting van de entiteit wanneer sprake is van een huidige verplichting om economische middelen over te dragen als gevolg van gebeurtenissen uit het verleden (Framework 4.26). In het Stramien zijn deze elementen ook opgenomen (RJ 930.60 e.v.). Een verplichting is een plicht of een verantwoordelijkheid van de entiteit om op een bepaalde manier te handelen of te presteren (RJ 930.60) waarvoor de entiteit geen praktische mogelijkheid heeft deze te vermijden (Framework 4.29).

Het Stramien en het Framework noemen naast verplichtingen die voortkomen uit bindende overeenkomsten of wettelijke vereiste ook verplichtingen die ontstaan uit de normale bedrijfsvoering, uit gewoonte dan wel uit de wens om goede zakelijke verhoudingen te handhaven of op een billijke wijze te handelen (RJ 930.60, Framework 4.31, 'constructive obligation'). Als voorbeeld van de laatstgenoemde geeft het Stramien het voorbeeld van een gedragslijn om gebreken aan producten ook na het verstrijken van de garantietermijn te herstellen.

Onderscheid moet worden gemaakt tussen een huidige verplichting en een verbintenis die in de toekomst opkomt (zoals nog te verwerven goederen). Een toekomstige verplichting geeft geen huidige verplichting en komt daarmee niet tot uitdrukking in de balans (RJ 930.61, Framework: 4.56-.58, 'executory contracts').
Een huidige verplichting ontstaat wanneer de tegenprestatie is geleverd of een onherroepelijke overeenkomst heeft afgesloten tot levering van de tegenprestatie (RJ 930.61, Framework: 4.43). Verplichtingen komen voort uit vroegere transacties of andere gebeurtenissen uit het verleden (ontvangen van goederen of diensten, ontvangen van bancaire financiering) (RJ 930.63, Framework: 4.42-43).

Om een verplichting af te wikkelen is een opoffering van middelen met economische voordelen aan de orde, bijvoorbeeld geld of vergoedingen in natura (goederen, diensten), dan wel omzetting in een andere vorm van verplichtingen of omzetting in eigen vermogen (RJ 930.62, Framework: 4.36-41).

Bij de waardering van verplichtingen kunnen schattingen aan de orde zijn omdat het exacte bedrag (nog) niet bekend is. Afhankelijk van de mate van schattingsonzekerheid worden de verplichtingen hetzij als schuld hetzij als voorziening (zie hoofdstuk 16) geclassificeerd (RJ 930.64, Framework: 5.14).

19.1.3.2 Financiële verplichting

Een financiële verplichting is een financieel instrument dat wordt gedefinieerd als elke verplichting die (RJ 940, IAS 32.11):
a. een contractuele verplichting is om:
   ▶ liquide middelen of een ander financieel actief aan een andere partij te leveren; of
   ▶ financiële activa of financiële verplichtingen te ruilen met een andere partij onder voorwaarden die potentieel nadelig zijn voor de rechtspersoon; of
b. een contract is dat in de eigen-vermogensinstrumenten van de rechtspersoon zal of kan worden afgewikkeld en dat:
   ▶ een niet-derivaat is waarbij de rechtspersoon verplicht is, of kan worden, om een variabel aantal van de eigen-vermogensinstrumenten van de eigen rechtspersoon te leveren; of
   ▶ een derivaat is dat zal of kan worden afgewikkeld op een andere wijze dan door de ruil van een vast bedrag aan geldmiddelen of een ander financieel actief voor een vast aantal van de eigen-vermogensinstrumenten van de rechtspersoon.

19.1.3.3 In een contract besloten derivaat

In een contract besloten derivaat, ook wel embedded derivaat genoemd, kan ook elementen van een schuld bevatten. Verwezen wordt naar de uiteenzetting hierover in paragraaf 31.3.

19.1.4 Classificatie vreemd vermogen/eigen vermogen

Richtlijn 290 en IAS 32 geven uitgebreide regels voor de classificatie en presentatie van uitgegeven financiële instrumenten als eigen vermogen of vreemd vermogen. De hoofdregel in Richtlijn 290 (alleen in de geconsolideerde jaarrekening) en IAS 32 is dat de economische realiteit en niet de juridische vorm van een financieel instrument de classificatie in de balans bepaalt ('substance over form') (RJ 290.801, IAS 32.15).
In tegenstelling tot IFRS kan er onder de Richtlijnen in de enkelvoudige jaarrekening ervoor gekozen worden om de classificatie te baseren op de juridische vorm (RJ 240.207/209). Zie voor een uitgebreide behandeling paragraaf 30.4.

Verschillen Dutch GAAP - IFRS

Het voorschrift onder IFRS om in de enkelvoudige jaarrekening passiefposten op basis van economische beginselen te classificeren wijkt af van de Richtlijnen (die een keuze voor classificatie op basis van juridische vorm dan wel economische vorm geeft). Dit kan ertoe leiden dat onder de Nederlandse wet- en regelgeving de classificatie van een instrument in de geconsolideerde en enkelvoudige jaarrekening niet gelijk is, terwijl dit onder IFRS wel het geval is.

19.2 Categorieën schulden

Artikel 2:375 lid 1 BW (RJ 254.302) vereist individueel te onderscheiden posten die specifiek in de balans of in de uitsplitsing in de toelichting moeten worden opgenomen. Het gaat om:
a. obligatieleningen, pandbrieven en andere leningen met afzonderlijke vermelding van de converteerbare leningen;
b. schulden aan kredietinstellingen;
c. ontvangen vooruitbetalingen op bestellingen voor zover niet reeds op actiefposten in mindering gebracht;
d. schulden aan leveranciers en handelskredieten;
e. te betalen wissels en cheques;
f. schulden aan groepsmaatschappijen;
g. schulden aan overige buiten de groep staande verbonden maatschappijen (art. 2:361 lid 4 BW);
h. schulden aan rechtspersonen en vennootschappen die een deelneming hebben in de rechtspersoon of waarin de rechtspersoon een deelneming heeft, voor zover niet reeds onder f vermeld;
i. schulden ter zake van belastingen en premies van sociale verzekering;
j. schulden ter zake van pensioenen;
k. overige schulden;
en, op basis van artikel 2:364 lid 4 BW, voor zover niet onder de overige schulden zijn opgenomen overlopende passiva.

Deze categorieën dienen zowel voor langlopende als voor kortlopende schulden in de jaarrekening te worden opgenomen. Kleine rechtspersonen hoeven de schulden niet uit te splitsen (art. 2:396 lid 3 BW).

In IAS 1.54 wordt bepaald dat in de balans ten minste de volgende posten afzonderlijk moeten worden opgenomen:
- handelscrediteuren en overige schulden;

19 Schulden en overlopende passiva

- financiële verplichtingen;
- acute belastingverplichtingen;
- latente belastingverplichtingen;
- verplichtingen opgenomen in 'disposal groups' als bedoeld in IFRS 5 (zie hoofdstuk 33).

Eventuele uitsplitsing onder IFRS is afhankelijk van aard, omvang en doel van de post (IAS 1.77 en 1.78).

Verschillen Dutch GAAP - IFRS

Een verschil tussen de Nederlandse wet- en regelgeving en IFRS is dat IFRS een minder verstrekkende opsomming kent voor de uitsplitsing in categorieën in vergelijking met het vereiste in artikel 2:375 lid 1 BW.

19.2.1 Converteerbare obligatielening

Een converteerbare obligatielening is een lening die naar keuze van de schuldeiser of de schuldenaar op een gegeven moment of onder bepaalde voorwaarden kan worden omgezet in aandelen. In de toelichting dienen de voorwaarden van conversie te worden vermeld (art. 2:375 lid 7 BW).

Een converteerbare obligatielening is een samengesteld financieel instrument omdat de lening zowel een schuldcomponent als een eigen-vermogenscomponent bevat. Onder IFRS is het zowel in de geconsolideerde als in de enkelvoudige jaarrekening verplicht het instrument uit te splitsen in een eigen-vermogenscomponent en vreemd-vermogenscomponent (IAS 32.28). In de Richtlijnen is voor de geconsolideerde jaarrekening eveneens voorgeschreven de schuldcomponent en de eigen-vermogenscomponent van een samengesteld instrument afzonderlijk te classificeren (voor de enkelvoudige jaarrekening is er sprake van een keuze voor hetzij de juridische vorm dan wel de economische betekenis van het financieel instrument, tenzij sprake is van een zogenoemde combinatie 3-jaarrekening (zie ook hoofdstuk 24).
Zie voor een uitgebreide behandeling van de classificatie van samengestelde financiële instrumenten en voor een voorbeeld van verwerking in de jaarrekening paragraaf 30.4.2.

19.2.2 Ontvangen vooruitbetalingen op bestellingen

Indien van afnemers op hun bestellingen bedragen vooruit zijn ontvangen, worden deze bedragen in beginsel onder de post 'Ontvangen vooruitbetalingen op bestellingen' opgenomen in de balans (RJ 254.311). Het kan hierbij gaan om van afnemers ontvangen depotstellingen en aanbetalingen, evenals aan afnemers gedeclareerde voorschottermijnen en tussentijdse termijnen. De vooruitontvangsten kunnen betrekking hebben op door de afnemers bestelde maar nog niet geleverde voorraden, op onderhanden projecten, nog te leveren diensten, enzovoort. Het is toegestaan de vooruitontvangsten zichtbaar op de activa in mindering te brengen; dit is gangbare praktijk bij bijvoorbeeld de gedeclareerde termijnen op onderhanden projecten (zie ook par. 13.6.1).

19.2.3 Schulden ter zake van belastingen en van premies sociale verzekering

De afzonderlijke vermelding van schulden ter zake van belastingen en van premies sociale verzekering houdt volgens de wetsgeschiedenis verband met de hoge rang van de voorrechten die de wet aan deze schulden toekent. In de wetsgeschiedenis wordt tevens gesteld dat onder deze post niet alleen belastingschulden moeten worden opgenomen waarvoor reeds aanslagen zijn ontvangen, maar ook belastingschulden waarvoor de aanslagen gelet op het resultaat van het boekjaar nog zijn te verwachten.
IAS 1 kent een beperkter voorschrift: alleen de schulden ter zake van winstbelasting dienen als afzonderlijke balanspost te worden opgenomen; ter zake van andere belastingen en sociale lasten kent IFRS geen verplichting tot afzonderlijke opname.

19.2.4 Schulden aan deelnemingen

Ingevolge artikel 2:375 lid 1 onder g BW dienen in de balans of in de toelichting de schulden aan deelnemingen en de schulden aan deelnemende rechtspersonen afzonderlijk te worden vermeld. Het gaat hierbij om schulden aan deelnemingen en deelnemende rechtspersonen die niet tot de 'eigen groep' behoren (waarvan de entiteit optreedt als groepsdeelhoofd), zoals gedefinieerd in artikel 2:24b BW (zie par. 23.2.1). Schulden aan groepsmaatschappijen worden immers als aparte categorie vermeld (art. 2:375 lid 1 onder f BW).

De RJ heeft de hiervoor genoemde informatieverplichting uitgebreid in die zin dat in de balans of in de toelichting – naast het in artikel 2:375 lid 1 onder g BW bedoelde bedrag – het bedrag van de schulden aan deelnemingen waarin de rechtspersoon invloed van betekenis kan uitoefenen, tevens afzonderlijk dient te worden vermeld (RJ 254.410).

IFRS kent geen voorschriften voor afzonderlijke presentatie. Vermelding in de toelichting is wel aan de orde uit hoofde van de voorschriften inzake te verstrekken toelichtingen omtrent transacties met verbonden partijen (IAS 24).

19.2.5 Schulden aan overige verbonden maatschappijen

Ingeval in een jaarrekening sprake is van een schuld aan overige verbonden maatschappijen als genoemd in artikel 2:375 BW dienen voor de 'overige buiten de groep staande verbonden maatschappijen' ingevolge artikel 2:361 lid 4 BW overeenkomstige vermeldingen te geschieden als voor groepsmaatschappijen. De definitie van een verbonden maatschappij is enger dan die van een verbonden partij. Onder de bepalingen van IAS 24 zullen deze maatschappijen veelal onder de reikwijdte van de definitie van verbonden partijen vallen en is toelichting van toepassing. Zie voor verdere behandeling van 'Buiten de groep staande overige verbonden maatschappijen' paragraaf 21.2.9.

19.2.6 Achtergestelde schuld

Als meerdere schuldeisers tegelijkertijd verhaal willen zoeken op het vermogen van hun schuldenaar en het vermogen niet toereikend is om daaruit alle verplichtingen geheel te voldoen, voorzien verschillende wettelijke bepalingen in een zogenaamde rangorde van schuldeisers; geregeld wordt welke schuldeiser bij de verdeling van de executieopbrengst voorrang heeft boven een andere schuldeiser. Kort gezegd kan onderscheid worden gemaakt tussen rangordebepalingen die van toepassing zijn in faillissement en die werking hebben buiten faillissement. De rangorde kan onder meer worden bepaald door executiekosten, fiscale voorrechten, pand- en hypotheekrechten, speciale en algemene voorrechten. Een schuldeiser kan altijd met zijn schuldenaar overeenkomen dat zijn vordering een lagere rang neemt dan de wet hem toekent. Deze overeenkomst van achterstelling kan velerlei bepalingen inhouden. De achterstelling kan zijn jegens alle andere schuldeisers of slechts jegens bepaalde andere schuldeisers, en kan van toepassing zijn zowel in als buiten faillissement of alleen in of alleen buiten faillissement.

Artikel 2:375 lid 4 BW schrijft voor dat in de toelichting op de balans wordt aangegeven tot welk bedrag schulden in rang zijn achtergesteld bij de andere schulden en dat de aard van de achterstelling moet worden toegelicht. Uit de wetsgeschiedenis van deze bepaling blijkt dat in dit verband als achtergestelde schulden slechts in aanmerking komen de schulden die bij alle andere huidige en toekomstige schulden (zowel gewone als preferente), zowel in als buiten faillissement in rang zijn achtergesteld (zie ook RJ 254.309 en 405). Nakoming van deze bepaling vergt dan ook een analyse van elke overeenkomst van achterstelling, waarbij wordt nagegaan of er in dat concrete geval wel sprake is van een (generiek) achtergestelde schuld in de zin van de bepaling. De eis dat ook van achterstelling sprake moet zijn in faillissement betekent dat achtergestelde schulden waarbij de achterstelling op de een of andere wijze in faillissement wordt opgeheven (bijvoorbeeld door verrekening met vorderingen, door het uitwinnen van zekerheden, of op andere wijze), niet als achtergestelde schuld mogen worden gepresenteerd in de jaarrekening. Op grond van de algemene regel in IFRS 7.7 zal toelichting van de aard en voorwaarden van de achtergestelde schuld onder IFRS ook aan de orde zijn.

Achtergestelde schulden worden veelal gerekend tot het zogenaamde garantievermogen of aansprakelijk vermogen (zie voor verdere behandeling van vermogensbegrippen par. 15.1.3).

19.2.7 Preferente aandelen

Indien de overeenkomst inzake preferente aandelen voorziet in een verplichte aflossing, voldoet het instrument aan de definitie van een financiële verplichting en wordt het in de geconsolideerde jaarrekening op grond van de Richtlijnen voor de Jaarverslaggeving als vreemd vermogen geclassificeerd (RJ 290.803); in de enkelvoudige jaarrekening kan de juridische vorm worden gevolgd, ofwel rubricering als component van het eigen vermogen (RJ 240.207). Een vergelijkbaar voorschrift geldt voor zowel de enkelvoudige als geconsolideerde jaarrekening onder IFRS (IAS 32.16).

In de situatie dat géén sprake is van een verplichte aflossing maar wel van verplichte dividendbetalingen kan de classificatie ingevolge RJ en IFRS uiteenlopen. Zie voor een verdere behandeling paragraaf 30.4.1.

Verschillen Dutch GAAP - IFRS

- Onder IFRS dienen in de balans ten minste te worden onderscheiden: handelscrediteuren en overige schulden, financiële verplichtingen, acute belastingverplichtingen, latente belastingverplichtingen, verplichtingen opgenomen in 'disposal groups'. Artikel 2:375 lid 1 BW geeft meer posten die afzonderlijk in de balans of in de toelichting moeten worden uitgesplitst.
- In de situatie dat sprake is van een verplichte dividendbetalingen op cumulatief preferente aandelen kan de classificatie ingevolge RJ en IFRS uiteenlopen. Zie paragraaf 30.4.1.

19.2.8 Overlopende passiva

Blijkens artikel 2:364 lid 4 BW kunnen de overlopende passiva zowel als onderdeel van de schulden worden gepresenteerd, maar ook als afzonderlijke rubriek. De wetgever gaat niet nader op de overlopende passiva in. Onder de overlopende passiva kunnen worden begrepen (RJ 258.0 en RJ 258.102):
- vooruitontvangen bedragen voor baten die ten gunste van volgende perioden komen, bijvoorbeeld voor contributies en abonnementen bij verenigingen respectievelijk uitgevers van periodieken;
- nog te betalen bedragen (eventueel geschat) ter zake van lasten die aan een verstreken periode zijn toegerekend, zoals telefoonkosten, kosten van energie, lopende rente op schulden, en dergelijke.

IFRS kent geen specifieke post overlopende passiva, maar geeft aan dat overlopende posten ('accruals') veelal als onderdeel van de verplichtingen ('liabilities') worden gepresenteerd (IAS 37.11).

19.2.8.1 Vooruitontvangen bedragen

Onder de overlopende passiva kunnen vooruitontvangen bedragen voor baten die ten gunste van volgende perioden komen, worden opgenomen (RJ 258.102). Tegenover de vooruitontvangen bedragen zullen nog de kosten van in de toekomst te leveren prestaties komen, voortvloeiend uit bijvoorbeeld lidmaatschapsrechten of in de vorm van levering van periodieken. Deze passiva worden dus niet afgewikkeld door betalingen (RJ 258.103). De toekenning van vooruitontvangen bedragen aan opvolgende perioden dient stelselmatig te geschieden, bijvoorbeeld tijdsevenredig of evenredig aan de in die perioden te leveren prestaties (RJ 258.104).

19.2.8.2 Rubricering van overlopende passiva in de balans

Overlopende passiva kunnen als afzonderlijke post onder de schulden of als afzonderlijke rubriek direct na de schulden worden opgenomen. Het karakter van de overlopende passiefposten dient, indien voor het inzicht als bedoeld in artikel 2:362 lid 1 BW van belang, hetzij door rubricering in de balans, hetzij door specifieke benaming, hetzij door een nadere uiteenzetting in de toelichting, tot uitdrukking te worden gebracht (RJ 258.102). Aanbevolen wordt het bedrag van de overlopende passiefposten alleen afzonderlijk in de balans op te nemen indien het bedrag ervan van voldoende belang is en in andere gevallen het bedrag samen te voegen met de overige schulden (RJ 258.106). Indien de overlopende passiva in een afzonderlijke rubriek worden opgenomen, dient aangegeven te worden in welke mate de post als langlopend is te beschouwen (RJ 258.107).

19.2.8.3 Nog te betalen bezoldigingen (vakantiedagen, winstdelingen, bonussen)

De verplichtingen voortvloeiend uit de per balansdatum niet opgenomen vakantiedagen en vakantiegeldverplichtingen over de per balansdatum verstreken periode, alsmede winstdelingen en bonussen, dienen in de balans te worden opgenomen. Zie ook paragraaf 5.4.2 (inzake beloningen tijdens het dienstverband).

19.3 Opnemen en niet langer verwerken in de balans

In deze paragraaf worden de hoofdlijnen van de regelgeving voor opname (par. 19.3.1) van schulden in de balans respectievelijk verwijderen (par. 19.3.2) van schulden uit de balans uitgewerkt.
Een situatie die kenmerken van beide vraagstukken heeft, is het 'vervangen' (al dan niet door 'oversluiten') van schulden. Anders dan de Richtlijnen, die generieke regelgeving kent, omvat IFRS 9 daarover meer gedetailleerde regelgeving. Dit wordt nader uiteengezet in paragraaf 30.3.2.

De regelgeving inzake het gesaldeerd presenteren van vorderingen en schulden is uitgewerkt in paragraaf 19.5.7.

19.3.1 Opnemen in de balans

In Richtlijn 290 en IFRS 9 zijn specifieke bepalingen opgenomen omtrent het in de balans opnemen van financiele instrumenten ('recognition'). Bepaald is dat een rechtspersoon een financiële verplichting in de balans moet opnemen zodra contractuele verplichtingen jegens de rechtspersoon ontstaan ten aanzien van het instrument (RJ 290.701, IFRS 9.3.1.1).

RJ 254.109 vermeldt verder dat de verplichting voortvloeiend uit een overeenkomst waarvan de prestatie en de tegenprestatie na balansdatum plaatsvinden, in het algemeen niet in de balans behoeft te worden opgenomen zolang niet één van beide partijen in de overeenkomst geheel of gedeeltelijk aan zijn/haar deel van de overeenkomst heeft voldaan. Opname in de balans dient wel te geschieden wanneer de nog te ontvangen respectievelijk te leveren prestaties en tegenprestaties niet (meer) met elkaar in evenwicht zijn en dit voor de rechtspersoon nadelige gevolgen heeft (RJ 115.113).
De regelgeving onder IFRS is op dit punt grotendeels gelijk aan de Richtlijnen (IFRS 9.B3.1.2(b)).
Voor een nadere uiteenzetting wordt verwezen naar paragraaf 30.3.

19.3.2 Niet langer verwerken in de balans

Op grond van Richtlijn 290 dient een financieel instrument niet langer in de balans te worden opgenomen indien een transactie ertoe leidt dat alle of nagenoeg alle rechten op economische voordelen en alle of nagenoeg alle risico's met betrekking tot de positie aan een derde zijn overgedragen (RJ 290.702). Voorts wordt in deze alinea verwezen naar de algemene regelgeving in Richtlijn 115 'Criteria voor opname en vermelding van gegevens'.

In IFRS 9 wordt meer in detail ingegaan op de vraag wanneer een financieel instrument niet langer in de balans wordt verwerkt ('derecognition'). Ten aanzien van financiële verplichtingen geldt dat deze van de balans worden verwijderd wanneer de contractuele verplichting niet langer bestaat, bijvoorbeeld wanneer de in het contract vastgelegde verplichting volledig is nagekomen, dan wel is ontbonden, dan wel afloopt (IFRS 9.3.3.1).

Hiernaast bevat IFRS bepalingen over hoe omgegaan dient te worden met vervanging van de ene verplichting door de andere (IFRS 9.3.3.2). Een voorbeeld hiervan is een herfinanciering (zie ook par. 19.5.3) tegen andere voorwaarden (bijvoorbeeld rente, looptijd, zekerheden) waarbij beoordeeld dient te worden of deze voorwaarden substantieel verschillend zijn. IFRS beschouwt de verplichtingen als substantieel verschillend indien de contante waarde van de nieuwe kasstromen (inclusief transactiekosten) met gebruik van de originele effectieve interestvoet minstens 10% afwijkt van de contante waarde van de kasstromen onder de oorspronkelijke verplichting (IFRS 9. B3.3.6). Wanneer dit het geval is wordt de 'oude' verplichting niet langer opgenomen op de balans en worden de transactiekosten in de winst-en-verliesrekening verantwoord, onder verwerking van een 'nieuwe' verplichting uit herfinanciering. Als de voorwaarden niet substantieel verschillend zijn, wordt het verschil tussen de contante waarde van de kasstromen van de oorspronkelijke verplichting en de herberekende contante waarde van de nieuwe kasstromen verantwoord als herzieningswinst of -verlies. Zie voor een nadere uiteenzetting hiervan paragraaf 30.3.2.

Verschillen Dutch GAAP - IFRS
IFRS gaat gedetailleerder dan de Richtlijnen in op de voorschriften voor het van de balans verwijderen van een schuld.

19.4 Waardering en resultaatbepaling
19.4.1 Waarderingscategorieën
Voor een gedetailleerde uitwerking van de voorschriften van RJ en IFRS (en bespreking van de verschillen) wordt verwezen naar paragraaf 30.5 (waarderingsbegrippen onder RJ en IFRS), 30.6 (RJ 290) en 30.7 (IFRS); voor derivaten wordt verwezen naar paragraaf 31.4. Deze voorschriften worden hieronder samengevat.

In Richtlijn 290 worden drie waarderingscategorieën financiële verplichtingen onderscheiden (RJ 290.413):
- financiële verplichtingen die deel uitmaken van een handelsportefeuille;
- derivaten;
- overige financiële verplichtingen.

IFRS 9 kent deels vergelijkbare waarderingscategorieën, zij het dat voor specifiek genoemde verplichtingen een afwijkende grondslag aan de orde is. IFRS 9.4.2.1 kent een formulering die uitgaat van een 'hoofdregel' met vervolgens een aantal uitzonderingen. De 'hoofdregel' is dat financiële verplichtingen onder een "categorie" worden opgenomen waarbij de vervolgwaardering op basis van geamortiseerde kostprijs plaatsvindt; de uitzonderingen zijn op basis van IFRS 9.4.2.1:

▶ (a) financiële verplichtingen tegen reële waarde met verwerking van de waardeverschillen in de winst-en-verliesrekening (met verwerking van de waardeverschillen in de winst-en-verliesrekening); deze groep van verplichtingen bestaat uit (IFRS 9 Appendix A):
  ▶ financiële verplichting voor handelsdoeleinden, waaronder een derivaat (tenzij een derivaat dat een financieel garantiecontract is of is aangewezen in een effectieve hedge); of
  ▶ financiële verplichting die, onder voorwaarden, bij initiële verwerking is aangewezen voor waardering tegen reële waarde ('fair value optie'); of
  ▶ financiële verplichting uit hoofde van een derivaat ten behoeve van een instrument voor het afdekken van het kredietrisico die hetzij op moment van initiële verwerking hetzij op een moment daarna is aangewezen voor waardering op reële waarde.
▶ (b) financiële verplichtingen voortkomend uit de overdracht van een actief, welke niet voldoet aan de voorschriften voor het van de balans verwijderen van het actief.
▶ (c) financiële garantiecontracten (waardering tegen de hoogste van de verliesvoorziening of het initieel verwerkte bedrag).
▶ (d) toezegging om een lening te verstrekken tegen een vergoeding lager dan de marktrente (waardering tegen de hoogste van de verliesvoorziening of het initieel verwerkte bedrag).
▶ (e) verplichting wegens een aanvullende vergoeding aan de verkoper in het kader van een 'business combination' (waarbij IFRS 3 van toepassing is) (waardering tegen reële waardering met waardeveranderingen in de winst-en-verliesrekening).

De handelstransacties die onderdeel uitmaken van de RJ-categorie 'financiële verplichtingen die deel uitmaken van een handelsportefeuille' zullen onder IFRS in categorie 'financiële verplichting voor handelsdoeleinden, waaronder een derivaat (tenzij een derivaat dat een financieel garantiecontract is of is aangewezen in een effectieve hedge)' behoren en daarmee is sprake van waardering op reële waarde met waardeveranderingen onmiddellijk in de winst-en-verliesrekening. Zie hierna in paragraaf 19.4.1.2 alsmede hoofdstuk 30.

De categorie 'derivaten' onder de RJ kent verschillende subcategorieën qua verslaggeving, waaronder de aard van de onderliggende waarde dan wel of al dan niet hedge-accounting wordt toegepast. Onder IFRS vallen de derivaten vervolgens onder verschillende categorieën (zoals 'financiële verplichting voor handelsdoeleinden, waaronder een derivaat (tenzij een derivaat dat een financieel garantiecontract is of is aangewezen in een effectieve hedge)' en 'financiële verplichting uit hoofde van een derivaat ten behoeve van een instrument voor het afdekken van het kredietrisico die hetzij op moment van initiële verwerking hetzij op een moment daarna is aangewezen voor waardering op reële waarde'). Een uiteenzetting op hoofdlijnen is hierna onder paragraaf 19.4.1.2 opgenomen; voor een meer gedetailleerde uiteenzetting wordt verwezen naar paragraaf 31.4.6.

19.4.1.1 Verschil tussen categorieën financiële verplichtingen voor waardering en voor presentatie

RJ en IFRS kennen een zekere vorm van 'indeling' van groepen van gelijksoortige financiële verplichtingen in het kader van de bepaling van de toe te passen voorschriften voor waardering en resultaatbepaling (welke indeling niet noodzakelijkerwijze als balanspresentatie behoeft te worden toegepast). Het onderscheid in groepen (categorieën) zijn voor RJ en IFRS niet gelijk (zie bovenstaande paragraaf).

19 Schulden en overlopende passiva

Voor een jaarrekening op basis van de Nederlandse voorschriften is de indeling in de balans voorgeschreven op basis van het Besluit modellen jaarrekening (zie par. 19.2); daarmee is een balanspresentatie die meer overeenkomt met de waarderingscategorieën meestal niet mogelijk.

Onder IFRS zijn er beperktere voorschriften voor indeling van de balanspresentatie (zie par. 19.2), zodat het wel zou kunnen voorkomen dat de in balanspresentie opgenomen indeling meer (of zelfs exact) aansluit met de indeling voor de waarderingscategorieën. Overigens schrijft IFRS 7 voor dat een nadere toelichting wordt opgenomen van de aansluiting tussen de balanspresentatie en indeling in waarderingscategorieën (IFRS 7.6 en 7.8).

19.4.1.2 Financiële verplichtingen die deel uitmaken van een handelsportefeuille en Derivaten

Financiële verplichtingen die deel uitmaken van een handelsportefeuille
Het als stelselkeuze over achtereenvolgende boekjaren waarderen van financiële verplichtingen (anders dan derivaten) tegen reële waarde is onder Richtlijn 290 uitsluitend voor financiële verplichtingen in de handelsportefeuille toegestaan. Dit zal met name in de financiële sector voorkomen, bijvoorbeeld voor zogenoemde shortposities. Voor een meer gedetailleerde uiteenzetting wordt verwezen naar paragraaf 30.6.2.

Derivaten
In de situatie dat geen hedge-accounting wordt toegepast, worden derivaten waarvan de onderliggende waarde een beursgenoteerd aandeel is gewaardeerd tegen reële waarde en bestaat voor derivaten waarvan de onderliggende waarde geen beursgenoteerd aandeel is onder Richtlijn 290 de keuze tegen reële waarde te waarderen (onder IFRS verplicht). Voor een meer gedetailleerde uiteenzetting wordt verwezen naar paragraaf 31.4.5.

19.4.1.3 Overige financiële verplichtingen

De categorie 'Overige financiële verplichtingen' omvat alle schulden die voortkomen uit de bedrijfsactiviteiten, zoals handelscrediteuren, schulden aan bankiers en andere financiers en dergelijke.
Voor overige financiële verplichtingen is waardering tegen reële waarde niet toegestaan binnen de Richtlijnen en het Besluit actuele waarde (art. 10 lid 2). Onder IFRS kan de reële-waarde-optie worden toegepast voor overige financiële verplichtingen. Voor de behandeling van de door IFRS toegelaten reële-waarde-optie (onherroepelijke waardering tegen reële waarde met verwerking van waardeveranderingen in de winst-en-verliesrekening, indien aan de voorwaarden van IFRS 9.4.2.2 respectievelijk IFRS 9.B4.1.27-36 is voldaan) wordt verwezen naar paragraaf 30.7.6.
Onder de Richtlijnen orden de overige financiële verplichtingen gewaardeerd op tegen de geamortiseerde kostprijs waarbij op moment van de eerste verwerking (bij het ontstaan van de schuld) de initiële kostprijs wordt gelijkgesteld aan de reële waarde (RJ 290.523 en RJ 254.201). Onder IFRS wordt dezelfde methode toegepast op financiële verplichtingen waarbij de vervolgwaardering tegen geamortiseerde kostprijs plaatsvindt (IFRS 9.5.1.1, IFRS 9.5.3.1 en IFRS 9.B5.1.1).

In een zakelijke transactie zal er meestal geen verschil tussen reële waarde en nominale waarde zijn en zal de eerste waardering dan overeenkomen met de nominale waarde (of hoofdsom) van de schuld. Is echter sprake van agio/disagio of transactiekosten dan ontstaat wel een verschil omdat direct toerekenbare transactiekosten in de waardering bij eerste verwerking dienen te worden opgenomen en in mindering dienen te komen op de verplichting (RJ 254.201, IFRS 9.5.1.1). Agio/disagio wordt hieronder behandeld. Transactiekosten worden omschreven als bijkomende kosten die direct toerekenbaar zijn aan het ontstaan van het financieel passief (RJ 290.501, IFRS 9.5.1.1). Voorbeelden van transactiekosten zijn betaalde provisies aan agenten en adviseurs, heffingen door regelgevende instanties en effectenbeurzen en overdrachtsbelastingen. Onder transactiekosten vallen geen kortingen op de schuld, financieringskosten of interne administratieve kosten (IFRS 9.B5.4.8). Ook negatieve rente is onderdeel van de eerste waardering, zie paragraaf 19.4.3.

Na eerste verwerking wordt een eventueel verschil tussen de initiële kostprijs (zijnde de reële waarde aangepast voor transactiekosten) en de nominale waarde (of formeel juister: de aflossingswaarde) van de schuld toegerekend over de periode tot laatste aflossing of terugbetaling. Deze waardering wordt aangeduid als de (methode van de) geamortiseerde kostprijs.

Naast de hiervoor aangeduide transactiekosten kan de reële waarde op initieel moment eveneens van de nominale waarde afwijken door afwijkende voorwaarden (zoals een interestvoet afwijkend van de marktrente, bijzondere zekerheden of het ontbreken daarvan, niet-marktconforme aflossingsvoorwaarden e.d.); soms uit zich een dergelijk verschil zich in een agio/disagio (zie hierna). Alle genoemde verschillen zijn onderdeel van de initieel bepaalde kostprijs (reële waarde op transactiedatum) en dienen over de looptijd van de schuld via de effectieve-rentemethode geamortiseerd te worden in de winst-en-verliesrekening, rekening houdend met aflossingen en andere mutaties in de hoofdsom. Voor voorbeelden van de berekening van de geamortiseerde kostprijs wordt verwezen naar paragraaf 30.5.4.

De Richtlijnen geven aan dat het toepassen van lineaire amortisatie in plaats van het toepassen van de effectieve-rentemethode als alternatief wordt toegestaan indien lineaire amortisatie niet tot belangrijke verschillen leidt ten opzichte van het toepassen van de effectieve-rentemethode (RJ 273.201 en RJ 940 onder definitie van geamortiseerde kostprijs). IFRS kent deze uitzondering niet.

Verschillen Dutch GAAP - IFRS

IFRS 9 kent deels vergelijkbare waarderingscategorieën als de RJ, zij het dat voor specifiek genoemde verplichtingen een afwijkende grondslag aan de orde is. Daarnaast kent IFRS een reële-waarde-optie voor financiële verplichtingen, terwijl onder de RJ enkel financiële verplichtingen als onderdeel van de handelsportefeuille tegen de reële waarde gewaardeerd worden.

Een grote mate van overeenstemming is aan de orde in de samenstelling van de RJ-categorie 'overige financiële verplichtingen' en IFRS-categorie 'vervolgwaardering op basis van geamortiseerde kostprijs', waarbij de geamortiseerde kosten als vervolgwaardering zijn voorgeschreven. Echter, IFRS kent niet de optie om lineaire amortisatie toe te passen bij de vervolgwaardering van financiële verplichtingen tegen geamortiseerde kostprijs. De RJ geeft deze mogelijkheid wel.

19.4.2 (Dis)agio

Bij leningen is sprake van agio als meer geld wordt ontvangen dan de bij het aangaan als schuld erkende hoofdsom en van disagio als minder geld wordt ontvangen (RJ 940). Agio ontstaat als de contractuele interestvergoeding van de schuld hoger is dan de marktvergoeding en disagio als deze lager is dan de marktvergoeding. De initiële kostprijs – zijnde de reële waarde – is dan niet gelijk aan de nominale waarde van de schuld. Door het afzonderlijk in de waardebepaling in aanmerking nemen van de agio/disagio wordt de feitelijke (interest)vergoeding aangepast aan de marktvergoeding.

Agio en disagio dienen (net als aflossingspremies) over de looptijd van het contract als onderdeel van de rentelast aan de opeenvolgende verslagperioden te worden toegerekend over de looptijd van het contract. Deze toerekening dient zodanig te geschieden dat tezamen met de over de lening verschuldigde rentevergoeding de effectieve rente in de winst-en-verliesrekening wordt verwerkt en in de balans (per saldo) de amortisatiewaarde van de schuld wordt verwerkt. Op deze wijze wordt bereikt dat de jaarlijks in de winst-en-verliesrekening verantwoorde rentelast aansluit op de marktvergoeding zoals van toepassing op moment van aangaan van de lening. De nog niet in de winst-en-verliesrekening verwerkte bedragen van het agio en disagio worden verwerkt als verhoging respectievelijk verlaging van de schuld waarop ze betrekking hebben (RJ 273.201, IFRS 9.5.1.1). Op grond van artikel 2:375 lid 5 BW is het ook toegestaan het disagio dat wordt toegerekend aan de opeenvolgende verslagperioden te activeren in plaats van het in mindering te brengen op de schuld.

Verschillen Dutch GAAP - IFRS

Het verwerken van disagio als een afzonderlijke actiefpost is onder IFRS niet toegestaan.

19.4.3 Rente

In de regel wordt rente overeengekomen als een percentage per jaar over het onafgeloste deel van een geldlening. Daarnaast komen eenmalige en periodieke betalingen voor die hetzij mede bedoeld zijn als rentevergoeding, hetzij zo nauw met de financiering samenhangen dat behandeling in de jaarrekening als 'rentelasten en soortgelijke kosten' aanvaardbaar is. Voorbeelden zijn (amortisatie van) agio en disagio, aflossingspremies, emissiekosten en (eenmalige) kosten bij vervroegde aflossing (RJ 273.104). Periodieke rentelasten en soortgelijke lasten als kredietprovisie, bereidstellingsprovisie en dergelijke dienen ten laste te komen van het jaar waarover zij verschuldigd worden. De hiervoor bedoelde lasten die in de jaarrekening met rentelasten mogen worden gelijkgesteld, dienen – voor zover niet verwerkt als rentelasten – onder een andere passende benaming in de winst-en-verliesrekening(en) te worden gepresenteerd (RJ 273.201). Onder IFRS dienen rentelasten eveneens ten laste te komen van het jaar waarover zij verschuldigd zijn, tenzij de rentelasten zijn toe te rekenen aan een 'kwalificerend actief' (IAS 23.8). In dat geval dienen de rentelasten geactiveerd (via toerekening aan bepaalde activa) te worden. Onder de Nederlandse regelgeving is er sprake van een stelselkeuze, zijnde rechtstreekse verwerking ten laste van de winst-en-verliesrekening dan wel activering van deze rentekosten (RJ 273.204). Voor verdere behandeling van activering van rentelasten wordt verwezen naar paragraaf 7.3.1.3.

Mede door het beleid van de Europese Centrale Bank en de centrale banken van andere landen is al enige tijd sprake van negatieve rente over bepaalde schulden. De regelgeving omvat geen specifieke voorschriften voor het al dan niet in aanmerking nemen van negatieve rente. De algemeen geldende opvatting is dat negatieve rente ook onderdeel is van de bepaling van de (initiële) reële waarde van een schuld. Met andere woorden, ook een 'vergoeding' die de schuldeiser aan de schuldenaar betaalt in de situatie van negatieve rente is onderdeel van de kasstromen die in aanmerking worden genomen voor de bepaling van de reële waarde. Overeenkomstig de algemene opvatting wordt bij de schuldenaar (respectievelijk de schuldeiser) de rente-'vergoeding' als een rentebate (bij de schuldeiser: rentelast) verwerkt en niet als een negatieve rentelast (respectievelijk bij de schuldeiser niet als negatieve rentebate). Een nadere toelichting op de rentebaten en -lasten lijkt gewenst om daarmee de gebruiker van de jaarrekening behulpzaam te zijn in beoordeling van de impact van negatieve rente.

Verschillen Dutch GAAP - IFRS

Onder IFRS (IAS 23 'Borrowing Costs') is het niet toegestaan rentekosten die direct toerekenbaar zijn aan een kwalificerend actief rechtstreeks in de winst-en-verliesrekening op te nemen, terwijl deze verwerkingswijze onder de Nederlandse wet- en regelgeving (RJ 273 'Rentelasten') wel mogelijk is.

19.4.4 Boeteclausules

RJ 254.203 stelt dat met boeten verschuldigd voor vervroegde aflossing slechts rekening dient te worden gehouden indien en voor zover die vervroegde aflossing bij de schuldeiser is aangekondigd of op andere wijze vaststaat. Een voorbeeld is het vervroegd aflosbaar stellen van obligaties waarbij een boetebepaling van kracht is. De Richtlijnen geven geen verdere bepalingen inzake de verwerking voor betaalde of ontvangen boeterentes bij vervroegde aflossing, die feitelijk zijn aan te merken als een vervroeging van de rentekasstromen.

19.4.5 Kredietprovisie

RJ 273.201 bevat het voorschrift dat periodieke kredietprovisie, bereidstellingsprovisie en dergelijke lasten ten laste dienen te komen van het jaar waarin zij verschuldigd worden. Kredietprovisies en dergelijke die samenhangen met de afsluiting van leningen dienen te worden betrokken in de initiële waardering van de schulden en, gelijk aan agio en disagio, aan opeenvolgende verslagperioden te worden toegerekend. De nog niet toegerekende bedragen dienen in de toelichting te worden vermeld. Op grond van IFRS 9 Appendix A gelden soortgelijke voorschriften onder IFRS.

19.5 Presentatie en toelichting

19.5.1 Presentatie in de balans en in de winst-en-verliesrekening

Met betrekking tot de voorgeschreven presentatie in de balans wordt verwezen naar paragraaf 19.2.

De rentekosten inclusief de lasten of baten uit amortisatie van de balansposten (methode van de geamortiseerde kostprijs) worden in de winst-en-verliesrekening opgenomen onder de rentelasten en soortgelijke kosten.

19.5.2 Onderscheid kortlopende en langlopende schulden

Het onderscheid in de balans tussen langlopende en kortlopende posten wordt aangebracht om de gebruiker van de jaarrekening een eerste, meer globaal, inzicht te geven in het financieringsbeleid en de liquiditeitspositie van de entiteit.

IAS 1.60 schrijft als uitgangspunt voor dat de langlopende en kortlopende verplichtingen afzonderlijk in de balans dienen te worden opgenomen. Ook onder Nederlandse wet- en regelgeving wordt ingevolge artikel 2:375 lid 2 BW, het Besluit modellen jaarrekening en RJ 254.301 onderscheid gemaakt tussen langlopende en kortlopende schulden. In de toelichting en in model B mogen op grond van artikel 12 lid 3 van het Besluit modellen jaarrekening de uitsplitsing van de kortlopende schulden en die van de langlopende schulden (dat wil zeggen de detaillering in balansposten volgens artikel 2:375 lid 1 BW; zie par. 19.2) gezamenlijk worden gegeven, mits de onderverdeling naar langlopend en kortlopend weer uit de toelichting blijkt. Voor model A is deze mogelijkheid van een gezamenlijke balanspresentatie niet aanwezig doordat tellingen tussen de langlopende schulden en de kortlopende schulden in dat model zijn voorgeschreven (RJ 254.409).

Onder zowel de Richtlijnen als IFRS worden schulden (inclusief schulden zonder betalingstermijn) gerangschikt onder de kortlopende schulden als deze binnen twaalf maanden na balansdatum kunnen worden opgeëist en onder de langlopende schulden als dit niet het geval is (RJ 254.303, IAS 1.69).

Kortlopend deel van langlopende schuld

IAS 1 staat niet toe om in de balans het kortlopende deel van opgenomen leningen als onderdeel van de langlopende schulden te presenteren. IAS 1.71 verplicht tot rubricering van dit deel in de balans als kortlopend. Artikel 2:375 lid 6 BW schrijft voor dat in de toelichting het bedrag wordt vermeld dat in het volgende boekjaar op een langlopende schuld moet worden afgelost, indien dat bedrag in de balans is opgenomen onder de langlopende schulden. De Richtlijnen bevelen echter aan dat bedrag als een kortlopende schuld in de balans te rubriceren ten behoeve van het inzicht in de liquiditeit van de rechtspersoon (RJ 254.308).

Presentatie schulden aangehouden voor handelsdoeleinden

Schulden die primair worden aangehouden voor handelsdoeleinden dienen als kortlopende schuld gepresenteerd te worden (IAS 1.70). De Richtlijnen kennen een dergelijke bepaling niet en stellen dat schulden dienen te worden gerangschikt onder de kortlopende schulden als deze binnen één jaar na balansdatum kunnen worden opgeëist en onder de langlopende schulden als dit niet zo is (RJ 254.303).

Toekomstige regelgeving

In januari 2020 heeft de IASB wijzigingen gepubliceerd in IAS 1 'Presentation of Financial Statements' om te verduidelijken hoe schulden en andere verplichtingen als kortlopend of langlopend moeten worden geclassificeerd. Op grond van een wijziging in IAS 1.69 dient een verplichting als kortlopende schuld te worden geclassificeerd, indien de rechtspersoon geen onvoorwaardelijk recht heeft om de afwikkeling van de verplichting uit te stellen gedurende minimaal twaalf maanden na balansdatum. De IASB verduidelijkt in haar voorstel dat het recht op uitstel van afwikkeling zelden onvoorwaardelijk is, omdat een dergelijk recht vaak afhankelijk is van naleving van bepaalde voorwaarden zoals convenanten. Daarom heeft de IASB besloten dat als het recht van de rechtspersoon om de afwikkeling van een verplichting uit te stellen afhankelijk is van de naleving van bepaalde voorwaarden door de rechtspersoon, de rechtspersoon alleen het recht heeft om de afwikkeling van de verplichting aan het einde van de verslagperiode uit te stellen als ze aan die voorwaarden voldoet op balansdatum. Bovendien moet dit recht op balansdatum bestaan, ongeacht of de kredietverstrekker op balansdatum (of een latere datum) toetst op naleving van de bepaalde voorwaarden (IFRS 1.72A).

Een verdere verduidelijking is dat de classificatie niet wordt beïnvloed door de waarschijnlijkheid dat een rechtspersoon gebruik zal maken van zijn recht om de verplichting uit te stellen voor een periode van ten minste twaalf maanden na balansdatum (IFRS 1.75A). Als een verplichting voldoet aan de criteria om te classificeren als een langlopende verplichting (conform IAS 1.69), dan wordt ook als langlopend geclassificeerd zelfs als de rechtspersoon de intentie of de verwachting heeft om de verplichting binnen twaalf maanden na balansdatum. Dat geldt zelfs als de rechtspersoon de verplichting afwikkelt tussen balansdatum en de datum van opmaak van de jaarrekening. Echter, deze factoren kunnen wel toelichting behoeven.

Deze wijzigingen zijn van toepassing op boekjaren die aanvangen op of na 1 januari 2023.

Verschillen Dutch GAAP - IFRS

In geval van een balans met een indeling op basis van lang-/kortlopend schrijft IFRS voor om van bedragen die een totale looptijd van meer dan één jaar kennen, het bedrag in de balans uit te splitsen in een gedeelte langer resp. korter dan één jaar. De Nederlandse wet- en regelgeving laat een uitsplitsing in de toelichting ook toe.

Onder IFRS dienen schulden die primair worden aangehouden voor handelsdoeleinden als kortlopende schuld gepresenteerd te worden (IAS 1.70). De Richtlijnen kennen een dergelijke bepaling niet en stellen dat schulden dienen te worden gepresenteerd onder de kortlopende schulden als deze binnen één jaar na balansdatum kunnen worden opgeëist en onder de langlopende schulden als dit niet zo is (RJ 254.303).

19.5.3 Herfinanciering langlopende schuld

Indien een rechtspersoon op balansdatum voor een schuld een overeenkomst tot herfinanciering op langetermijnbasis heeft, dient de desbetreffende schuld als langlopende schuld gerubriceerd te worden (RJ 254.304). Een schuld dient als langlopende schuld gerubriceerd te worden indien een rechtspersoon op balansdatum het voornemen en het (onvoorwaardelijk) recht heeft onder de geldende leningsvoorwaarden de schuld te herfinancieren voor een termijn van minimaal twaalf maanden na balansdatum (zoals bijvoorbeeld bij zogenaamde roll-over leningen). De RJ staat echter toe, indien de rechtspersoon niet het recht heeft onder de geldende leningsvoorwaarden de schuld te herfinancieren voor een termijn van minimaal twaalf maanden na balansdatum, maar de herfinanciering contractueel is overeengekomen vóór het moment van opmaken van de jaarrekening, de schuld als langlopend te rubriceren. Toepassing van deze optie moet worden toegelicht (RJ 254.305).

Indien de rechtspersoon op balansdatum niet het (onvoorwaardelijk) recht heeft onder de geldende leningsvoorwaarden de schuld te herfinancieren voor een termijn van minimaal twaalf maanden na balansdatum, dan wordt onder IFRS de mogelijkheid tot herfinanciering niet meegenomen in de rubricering en dient deze als kortlopend geclassificeerd te worden (IAS 1.69 (d) en IAS 1.73). Wordt de herfinanciering pas na balansdatum maar vóór het moment van opmaken van de jaarrekening overeengekomen, dan dient deze overeenkomstig IAS 10 te worden toegelicht als een gebeurtenis na balansdatum (IAS 1.76).

Een herfinanciering kan ook leiden tot het niet langer verwerken van deze schuld in de balans en het opnemen van een nieuwe schuld. Zie voor een nadere uiteenzetting hiervan paragraaf 19.3.2.

Verschillen Dutch GAAP - IFRS
Onder IFRS wordt de mogelijkheid tot herfinanciering niet in acht genomen voor de rubricering van een schuld indien de rechtspersoon op balansdatum niet het recht heeft onder de geldende leningsvoorwaarden de schuld te herfinancieren voor een termijn van minimaal twaalf maanden na balansdatum. Deze schuld blijft onder IFRS geclassificeerd als kortlopend.
De Richtlijn staat echter toe ingeval de herfinanciering contractueel overeengekomen is voor het opmaken van de jaarrekening, de schuld als langlopend te rubriceren.

19.5.4 Vervroegde opeisbaarheid
Indien op of vóór balansdatum niet wordt voldaan aan de leningsvoorwaarden van een langlopende leningsovereenkomst met als gevolg dat de schuld direct opeisbaar wordt, dient een rechtspersoon deze schuld te rubriceren als kortlopend (RJ 254.307, IAS 1.74). Het is niet noodzakelijk dat de verstrekker van de lening de hoofdsom en/of rente en boete ook daadwerkelijk heeft opgeëist; het feit dat de rechtspersoon een eventuele uitgaande kasstroom voor aflossing, rente en boete contractueel niet kan tegenhouden wanneer de leningverstrekker tot (vervroegde) opeising overgaat, is het uitgangspunt om de herclassificatie naar kortlopend voor te schrijven.

In de situatie dat gedurende het boekjaar op enig moment blijkt dat niet aan de leningsvoorwaarden is voldaan, maar alsnog uiterlijk op balansdatum met de schuldeiser een herstelperiode is overeengekomen en onmiddellijke opeising niet langer mogelijk is, dient de schuld als langlopend geclassificeerd te blijven, mits de herstelperiode minimaal tot twaalf maanden na balansdatum loopt en de leningverstrekker gedurende deze periode geen onmiddellijke terugbetaling kan eisen (RJ 254.307, IAS 1.75).

In de situatie dat op of voor balansdatum gebleken is dat niet aan de leningsvoorwaarden is voldaan en tevens géén herstelperiode vóór balansdatum met de leningever is overeengekomen, is onder IFRS in die situatie classificatie als kortlopend verplicht. Dat geldt óók in de situatie dat overeenstemming over een herstelperiode vóór opmaken van de jaarrekening is overeenkomen waarbij de schuldeiser afziet van daadwerkelijke opeising voor een periode van ten minste twaalf maanden na balansdatum; wel dient een dergelijke herziene afspraak overeenkomstig IAS 10 te worden toegelicht als een gebeurtenis na balansdatum (IAS 1.76).

19 Schulden en overlopende passiva

Onder de RJ geldt minder strikte regelgeving: Indien na balansdatum maar vóór het moment van opmaken van de jaarrekening overeenstemming wordt bereikt tussen de rechtspersoon en de schuldeiser over een herstelperiode waardoor de lening niet binnen twaalf maanden na balansdatum opeisbaar is, is het volgens de Richtlijnen toegestaan de schuld als langlopend te classificeren; de toepassing van deze optie wordt dan toegelicht (RJ 254.307).

Verschillen Dutch GAAP - IFRS

Indien op balansdatum niet wordt voldaan aan de leningsvoorwaarden van een langlopende lening met als gevolg dat deze schuld direct opeisbaar wordt, dient een rechtspersoon deze schuld te rubriceren als kortlopend. Indien na balansdatum maar vóór opmaakdatum een herstelperiode wordt overeengekomen waardoor de lening niet binnen twaalf maanden na balansdatum opeisbaar is (bevestigd middels een 'waiver'), staan de Richtlijnen toe de schuld als langlopend te classificeren. Onder IFRS blijft in die situatie classificatie als kortlopend verplicht en wordt dit feit als gebeurtenis na balansdatum toegelicht.

19.5.5 Vervroegde aflossing

Indien na balansdatum maar voor het moment van opmaken van de jaarrekening de schuldenaar gebruik heeft gemaakt van de bevoegdheid tot vervroegde aflossing waarbij de vervroegde aflossing heeft plaatsgevonden dan wel de vervroegde aflossing is overeengekomen, is het toegestaan de schuld als kortlopend te rubriceren. De toepassing van deze optie wordt dan toegelicht (RJ 254.306).
Onder IFRS is de looptijd van de lening bepalend voor de classificatie.

Verschillen Dutch GAAP - IFRS

Onder de RJ bestaat de optie om een (overeenstemming tot) vervroegde aflossing tussen de balansdatum en datum van opmaak van de jaarrekening, als kortlopend te presenteren. Onder IFRS is dit niet toegestaan.

19.5.6 Classificatie bij samengestelde financiële instrumenten

Zoals ook aangegeven in paragraaf 19.1.4 bestaan financiële instrumenten die zowel componenten van vreemd vermogen als van eigen vermogen hebben; deze duidt men aan als samengestelde (of hybride) financiële instrumenten. Een voorbeeld van een samengesteld instrument is een uitgegeven converteerbare obligatielening. In IAS 32 wordt een afzonderlijke classificatie van de verschillende componenten van samengestelde financiële instrumenten verplicht gesteld in zowel de geconsolideerde als de enkelvoudige jaarrekening (IAS 32.28). In de Richtlijnen is alleen voor de geconsolideerde jaarrekening voorgeschreven de afzonderlijk te onderscheiden componenten van een financieel instrument afzonderlijk te classificeren (RJ 290.813). Voor de enkelvoudig jaarrekening bestaat een keuze voor de juridische vorm dan wel economische realiteit (RJ 240.207 en 240.208).Het is mogelijk dat een financieel instrument per balansdatum de juridische vorm van vreemd vermogen heeft, maar de economische realiteit van eigen vermogen heeft (RJ 240.209). Een voorbeeld van een financieel instrument dat op basis van de economische realiteit als eigen vermogen, maar op basis van de juridische vorm als vreemd vermogen zou worden geclassificeerd, betreft een eeuwigdurende obligatielening zonder afloopdatum of aflossing waarbij de betaling van rente ter discretie staat van de uitgevende rechtspersoon. Zie ook paragraaf 30.4.2.

19.5.7 Saldering

De hoofdregel is dat schulden niet mogen worden gesaldeerd met de activa ter financiering waarvan de schulden zijn aangegaan (art. 2:363 lid 2 BW, RJ 254.301, IAS 1.32), tenzij voorgeschreven op basis van specifieke regelgeving.

> **Voorbeelden**
>
> Niet toelaatbaar om te salderen: de verkrijgingsprijs van een in eigendom verworven gebouw wordt niet gesaldeerd met een opgenomen hypothecaire geldlening.
>
> Voorgeschreven om te salderen: een specifiek op een actief betrekking hebbende voorziening.

Hetzelfde uitgangspunt geldt voor financiële instrumenten (vorderingen en schulden). Dat voor deze groepen van activa en passiva soms sprake is van een voorgeschreven saldering komt voort uit specifieke aanvullende afspraken en overeenkomsten tussen betrokken partijen, omdat dit juist een doelbewuste keuze is om tot realisatie van het beoogde financiële beleid (met name krediet- en liquiditeitsrisico) te komen. Het voorschrift voor saldering van activa en verplichtingen onder IFRS en de Richtlijnen is in principe gelijk; saldering is uitsluitend toegestaan, en dan ook voorgeschreven, indien en voor zover (RJ 115.305/290.837 en IAS 32.42):
- de rechtspersoon over een deugdelijk juridisch instrument beschikt om het actief en de verplichting gesaldeerd en simultaan af te wikkelen; en
- de rechtspersoon het stellige voornemen heeft het saldo als zodanig of beide posten simultaan af te wikkelen.

Zie voor een uitgebreide behandeling van saldering paragraaf 30.3.4 en 30.8.3.

Verschillen Dutch GAAP - IFRS
IFRS staat niet toe dat in de balans het kortlopende deel van opgenomen leningen als onderdeel van de langlopende schulden wordt gepresenteerd, maar verplicht tot rubricering in de balans van dit deel als kortlopend. Ook de Richtlijnen bevelen aan dat bedrag als een kortlopende schuld in de balans te rubriceren, echter verplicht dit niet. In het Burgerlijk Wetboek is vervolgens geregeld dat, indien het volledige bedrag in de balans is opgenomen als langlopende schuld, in de toelichting het bedrag wordt vermeld dat in het volgende boekjaar op een langlopende schuld moet worden afgelost.

19.5.8 Toelichting

De in deze paragraaf beschreven voorschriften zijn van toepassing op zowel de categorie langlopende schulden als de categorie kortlopende schulden (RJ 254.401).
Uiteraard beogen de regelgevers geen onnodige herhaling van gelijke informatie-elementen voor zowel de langlopende schulden als de kortlopende schulden zodat ook gekozen kan worden voor een geïntegreerde toelichting (mits het onderscheid langlopend en kortlopend op juiste wijze blijkt).

19.5.8.1 Algemeen

Onder IFRS zijn de toelichtingsvereisten opgenomen in IFRS 7 'Financial instruments: Disclosures' en IFRS 13 'Fair Value Measurement'. De bespreking van deze voorschriften is opgenomen in paragraaf 30.8 en paragraaf 31.6. Het vervolg van deze paragraaf richt zich op de toelichtingsvereisten onder de Nederlandse wet- en regelgeving. De Nederlandse wet en de Richtlijnen (RJ 290) bevatten het voorschrift dat uitgebreide informatie dient te worden verschaft over financiële instrumenten (dus ook over schulden). Daarbij wordt onderscheiden tussen financiële instrumenten die tegen actuele waarde worden gewaardeerd (art. 2:381a BW) en financiële instrumenten die niet tegen actuele waarde worden gewaardeerd (art. 2:381b BW).

19 Schulden en overlopende passiva

RJ 290.906 bepaalt dat omtrent alle financiële instrumenten, zowel in de balans opgenomen als niet in de balans opgenomen, het volgende in de toelichting dient te worden opgenomen:
a. informatie over de omvang en de aard van de financiële instrumenten, inclusief belangrijke contractuele bepalingen die invloed kunnen hebben op zowel bedrag en tijdstip als mate van zekerheid van de toekomstige kasstromen; en
b. de grondslagen voor waardering en resultaatbepaling, inclusief de criteria voor opname van financiële instrumenten in de balans en de toegepaste waarderingsmethoden.

Deze informatieverplichting stemt overeen met de wettelijke informatieplicht. Kleine rechtspersonen zijn hier gedeeltelijk van vrijgesteld (art. 2:396 lid 5 BW).

In de toelichting dient ingevolge de wet en de Richtlijnen op een aantal punten aanvullende informatie met betrekking tot schulden te worden opgenomen. Het betreft de vermelding van:
- rentevoet langlopende leningen en de vermelding van rente- en kasstroomrisico's;
- zekerheden;
- achterstelling;
- voorwaarden van conversie;
- looptijd;
- vermelding reële waarde;
- overige in de toelichting op te nemen gegevens.

19.5.8.2 Toelichting rentevoet en rente- en kasstroomrisico's

Ingevolge artikel 2:375 lid 2 BW wordt de rentevoet van schulden met een resterende looptijd van meer dan één jaar vermeld. Bij deze vermelding kunnen de leningen in groepen van overeenkomstige percentages en looptijden worden ingedeeld, indien dit de overzichtelijkheid bevordert. Het te vermelden rentepercentage is het percentage per jaar. (Dis)agio, als gevolg waarvan de effectieve rente hoger of lager is dan dit jaarpercentage, kan voor deze indeling buiten beschouwing worden gelaten, tenzij de invloed van het (dis)agio op de effectieve rente meer dan fractioneel is. In dat geval dient daarover informatie te worden verstrekt (RJ 254.403).

Indien voor de resterende looptijd niet een gelijkblijvende rentevoet is overeengekomen, doch verschillende (lening met een variabel rentepercentage), dient het overeengekomen verloop van de rentevoet te worden aangegeven. Indien de rentevoet niet vaststaat, maar afhankelijk is gesteld van de toekomstige ontwikkeling van bepaalde factoren, dient de aard van de afhankelijkheid en van de factoren te worden geïndiceerd (RJ 254.403).

Voorts dient op grond van RJ 290.918 informatie te worden opgenomen over de mate waarin de rechtspersoon blootstaat aan rente- en kasstroomrisico. Zie voor verdere behandeling en voorbeelden paragraaf 30.8.2 en paragraaf 31.6.2.

19.5.8.3 Toelichting zekerheden

In lid 3 van artikel 2:375 BW worden voorschriften gegeven omtrent de vermelding van gestelde zekerheden. De rechtspersoon dient voor het totaal van de schulden genoemd in artikel 2:375 lid 1 BW (zie par. 19.2) aan te geven voor welke schulden zakelijke zekerheid is gesteld en in welke vorm dat is geschied. Voorts dient te worden medegedeeld ten aanzien van welke schulden de rechtspersoon zich, al dan niet voorwaardelijk, heeft verbonden tot het bezwaren of niet bezwaren van goederen, voor zover dat noodzakelijk is voor het verschaffen van het in artikel 2:362 lid 1 BW bedoelde inzicht. Gestelde zakelijke zekerheden dienen per soort zekerheidstelling per categorie schuld te worden vermeld (RJ 254.404).

Volgens de memorie van toelichting mag vermelding van toegezegde zekerheden achterwege blijven, indien niets erop wijst dat de kredietwaardigheid van de rechtspersoon een grens nadert, waardoor de daartoe strekkende bedingen acute betekenis krijgen. Aanbevolen wordt echter om de toegezegde zekerheden en voorwaardelijke en onvoorwaardelijke bedingen tot bezwaren of niet-bezwaren van goederen, voor zover de desbetreffende bedragen belangrijk zijn, steeds te vermelden, en wel op overeenkomstige wijze als bij gestelde zakelijke zekerheden. Indien deze vermelding eerst plaatsvindt op het moment dat zulks van acute betekenis is, kan dit te laat zijn (RJ 254.404).

19.5.8.4 Toelichting achterstelling

Op grond van artikel 2:375 lid 4 BW dient te worden aangegeven tot welk bedrag schulden in rang zijn achtergesteld bij andere schulden. De aard van de achterstelling dient te worden toegelicht. Deze bepaling betreft slechts schulden die bij alle andere schulden zijn achtergesteld (RJ 254.405). Op grond van de algemene regel in IFRS 7.7 zal toelichting van de aard en voorwaarden van de achtergestelde schuld onder IFRS ook aan de orde zijn.

19.5.8.5 Toelichting looptijd en/of aflossingsverplichting

Artikel 2:375 lid 6 BW schrijft voor dat in de toelichting het bedrag moet worden vermeld dat in het volgende boekjaar op een langlopende schuld moet worden afgelost, indien dat bedrag in de balans nog deel uitmaakt van de langlopende schuld. De RJ beveelt echter aan dat bedrag als een kortlopende schuld in de balans te rubriceren (RJ 254.406). Wordt de wettelijke optie gekozen, dan dient het bedrag met een resterende looptijd van meer dan een jaar afzonderlijk te worden vermeld. IFRS kent een dergelijke specifieke regel niet, omdat IFRS het niet toestaat om in de balans het kortlopende deel van opgenomen leningen als onderdeel van de langlopende schulden te presenteren (zie par. 19.5.2).

19.5.8.6 Toelichting langlopende schuld met resterende looptijd van meer dan vijf jaar

Ingevolge artikel 2:375 lid 2 BW moet het totaalbedrag van de langlopende schulden met een resterende looptijd van meer dan vijf jaar afzonderlijk worden vermeld (RJ 254.402). IFRS kent een dergelijke specifieke regel niet.

19.5.8.7 Toelichting conversievoorwaarden

Op grond van artikel 2:375 lid 7 BW moeten bij converteerbare leningen de voorwaarden van conversie in de toelichting worden opgenomen. Aanbevolen wordt overeenkomstige mededelingen te doen voor warrants en warrantleningen, voor in aandelen aflosbare leningen en voor, naar keuze van de geldnemer, in geld of in aandelen aflosbare leningen (RJ 254.407). IFRS kent overeenkomstige informatievoorschriften (zoals generiek ingevolge IFRS 7.7 en specifiek in IFRS 7.17).

19.5.8.8 Toelichting opeisbaarheid

Overeengekomen kan zijn dat aan een langlopende schuld voorwaarden en bepalingen zijn gesteld die, indien deze inwerking treden, van invloed zijn op het tijdstip of de omvang van de uitstroom van middelen uit hoofde van de schuld.

Bijvoorbeeld kunnen bepalingen in een bankconvenant – zoals het moeten voldoen aan een minimale solvabiliteitsratio of een andere ratio – in werking treden en leiden tot een directe of op korte termijn opeisbaarheid van de schuld.

19 Schulden en overlopende passiva

Indien deze voorwaarden en bepalingen gedurende het boekjaar of na balansdatum maar voor het moment van opmaken van de jaarrekening in werking zijn getreden, dient de rechtspersoon deze gebeurtenis toe te lichten alsmede de belangrijkste voorwaarden en bepalingen van de schuld die beïnvloed zijn, te vermelden.

Indien de hiervoor bedoelde voorwaarden of bepalingen op balansdatum of na balansdatum maar voor het moment van opmaken van de jaarrekening nog niet in werking zijn getreden maar dicht zijn benaderd, dienen de belangrijkste voorwaarden en bepalingen tevens te worden vermeld. (RJ 254.408, IFRS 7.18/19).

Voorbeeld

Voor de leningen aan de kredietinstellingen is hypothecaire zekerheid verstrekt met betrekking tot het onroerend goed van de groep in Utrecht met een boekwaarde van € 12.500.000 (jaar t-1: € 12.750.000). De bij de toelichting van de kortlopende schulden vermelde zekerheden voor de schulden aan banken (vestiging van pandrecht op roerende materiële vaste activa, handelsdebiteuren en voorraden alsmede onderpand van effecten) zijn ook op deze leningen van toepassing.

In het convenant met de bank is de volgende eis opgenomen:

Indien de solvabiliteitsratio daalt onder 15% worden de kredietfaciliteiten direct opeisbaar. De huidige solvabiliteitsratio benadert dit percentage en bedraagt 15,3%.

De bovenstaande informatie kan ook relevant zijn in het kader van het liquiditeitsrisico van de rechtspersoon zoals bedoeld in Richtlijn 290 en IFRS 7.

19.5.8.9 Toelichting mutatie-overzicht

Voor iedere groep van langlopende schulden (inclusief verplichtingen uit hoofde van financiële leases op grond van RJ 254.104) wordt een mutatie-overzicht voorgeschreven. Daarbij wordt aangegeven dat indien het kortlopende gedeelte niet onder kortlopende schulden is opgenomen, dat bij het mutatie-overzicht dan tevens per groep dient te worden aangegeven welke deel kortlopend is (RJ 254.408a).

Hierna is, mede ontleend aan de bijlage bij Richtlijn 254, een voorbeeld van een mutatie-overzicht opgenomen, waarin eveneens vergelijkende cijfers zijn gepresenteerd.

Voorbeeld mutatie-overzicht langlopende schulden

Het verloop van de langlopende schulden:

(in duizenden euro's)	Converteerbare leningen	Andere obligaties en onderhandse leningen	Krediet-instellingen	Schulden aan groeps-maatschap-pijen	Schulden aan overige verbonden partijen	Schulden aan andere deel-nemingen en participanten	Financiële lease verplichting	Overige schulden	Overlopende passiva
Boekwaarde per 1 januari 201T	5.000	125	12.000	4.900	100	340	1.000	210	-
Nieuwe financiering	1.000	-	3.500	-	-	10	500	-	-
Aflossingen	(500)	(50)	(900)	(900)	(10)	-	(250)	(40)	-
Oprenting/amortisatie	25	(5)	-	-	-	-	-	5	-
Bij overname verkregen schulden	2.000	-	120	-	-	60	-	10	-
Bij afstoting vervreemde schulden	-	-	-	-	(30)	-	-	-	-
Verschillen uit omrekening vreemde valuta	(10)	-	-	500	5	-	-	-	-
Overige waardeveranderingen	-	-	-	-	-	(10)	-	(5)	-
Boekwaarde per 31 december 201T	7.515	70	14.720	5.500	65	400	1.250	180	-
Waarvan:									
looptijd < 1 jaar	505	70	900	500	10	-	300	35	-
looptijd ≥ 1 en ≤ 5 jaar	2.010	-	3.600	1.000	40	-	825	140	-
looptijd > 5 jaar	5.000	-	10.220	4.000	15	400	125	5	-

(in duizenden euro's)	Converteerbare leningen	Andere obligaties en onderhandse leningen	Krediet-instellingen	Schulden aan groeps-maatschap-pijen	Schulden aan overige verbonden partijen	Schulden aan andere deel-nemingen en participanten	Financiële lease verplichting	Overige schulden	Overlopende passiva
Boekwaarde per 1 januari 201T-1	5.435	180	12.400	4.000	120	325	850	280	-
Nieuwe financiering	-	-	500	1.250	-	-	-	-	-
Aflossingen	(450)	(50)	(800)	(250)	(15)	-	(150)	(90)	-
Oprenting/amortisatie	20	(5)	-	-	-	-	-	5	-
Bij overname verkregen schulden	-	-	-	-	-	10	400	-	-
Bij afstoting vervreemde schulden	-	-	(100)	(100)	-	-	-	20	-
Verschillen uit omrekening vreemde valuta	(5)	-	-	-	(5)	-	-	-	-
Overige waardeveranderingen	-	-	-	-	-	5	-	(5)	-
Boekwaarde per 31 december 201T-1	5.000	125	12.000	4.900	100	340	1.000	210	-
Waarvan:									
looptijd < 1 jaar	500	50	900	900	10	-	250	40	-
looptijd ≥ 1 en ≤ 5 jaar	2.000	75	3.600	750	40	-	750	140	-
looptijd > 5 jaar	2.500	-	7.500	3.250	50	340	-	25	-

IFRS bevat een soortgelijk maar niet identiek voorschrift. IAS 7 vereist namelijk toelichting van wijzigingen in 'uit financieringsactiviteiten voortvloeiende verplichtingen' en schrijft specifiek voor welke soorten wijzigingen afzonderlijk worden vermeld (IAS 7.44a). Onder IFRS is het verplicht om vergelijkende cijfers bij dit mutatie-overzicht op te nemen (IAS 1.38). De Richtlijnen schrijven dit niet voor (RJ 110.127). Voor een nadere uiteenzetting van dit voorschrift wordt verwezen naar paragraaf 20.4.1.

19.5.8.10 Toelichting reële waarde

Ingevolge RJ 290.937, IFRS 7.25 e.v. en IFRS 13.91 e.v. dient in de toelichting informatie te worden verschaft over de reële waarde van schulden, tenzij het de boekwaarde een redelijke benadering is van de reële waarde. Deze toelichting is onder de Richtlijnen niet benodigd wanneer de schulden al tegen reële waarde zijn gewaardeerd in de balans. Zie voor verdere behandeling en voorbeelden paragraaf 30.8.6.

19.5.8.11 Overige in de toelichting op te nemen gegevens

Hiervoor wordt verwezen naar paragraaf 30.8 en paragraaf 31.6. In deze paragrafen zijn de voorschriften voor algemene informatie en waarderingsgrondslagen alsook specifieke toelichtingsvereisten voor financiële instrumenten (bijvoorbeeld renterisico en kredietrisico) opgenomen.

Verschillen Dutch GAAP - IFRS

Onder IFRS zijn de toelichtingsvereisten opgenomen in IFRS 7 'Financial instruments: Disclosures': informatieverschaffing' en IFRS 13 'Fair Value Measurement'. De bespreking van deze voorschriften is opgenomen in paragraaf 30.8 en paragraaf 31.6.

Ingevolge het Burgerlijk Wetboek moet het totaalbedrag van de langlopende schuld met een resterende looptijd van meer dan vijf jaar afzonderlijk worden vermeld. IFRS kent een dergelijke specifieke regel niet.

Tevens wordt op grond van RJ 254.408a een mutatie-overzicht voor iedere groep van langlopende schulden voorgeschreven (inclusief schulden uit hoofde van financiële leaseverplichtingen). Daarbij wordt aangegeven dat indien het kortlopende gedeelte niet onder kortlopende schulden is opgenomen, dat bij het mutatie-overzicht dan tevens per groep dient te worden aangegeven welke deel kortlopend is. IFRS bevat een soortgelijke eis namelijk om het verband tussen de kasstroom uit financieringsactiviteiten en schulden toe te lichten. Onder IFRS is het verplicht om vergelijkende cijfers bij dit mutatie-overzicht op te nemen (IAS 1.38). De Richtlijnen schrijven dit niet voor (RJ 110.127).

19.6 Vrijstellingen voor middelgrote rechtspersonen (alleen Richtlijnen)

Inzake splitsing van schulden naar categorie (zie par. 19.2) kunnen middelgrote rechtspersonen op grond van artikel 2:397 lid 5 BW, uitsluitend in de openbaar te maken jaarrekening, volstaan met de afzonderlijke vermelding van:

- obligatieleningen, pandbrieven en andere leningen, met afzonderlijke vermelding van converteerbare leningen;
- schulden aan kredietinstellingen;
- schulden aan groepsmaatschappijen;
- schulden aan rechtspersonen en vennootschappen die een deelneming hebben in de rechtspersoon of waarin de rechtspersoon een deelneming heeft.

Voor vrijstellingen inzake toelichtingsvereisten wordt verwezen naar paragraaf 30.9 en 31.7.

20 Het kasstroomoverzicht

20.1 Algemeen	
Omschrijving	Overzicht dat informatie geeft over de veranderingen in geldmiddelen gedurende een verslagperiode, en waarin de kasstromen zijn ingedeeld naar operationele activiteiten, investeringsactiviteiten en financieringsactiviteiten.
Functies	Inzicht in de financiering, liquiditeit, solvabiliteit en kwaliteit van het resultaat; en het vermogen geldstromen te genereren.
Reikwijdte	RJ: Verplichte opstelling van kasstroomoverzicht door grote en middelgrote rechtspersonen. Vrijstelling voor o.a. 100%-groepsmaatschappijen onder bepaalde voorwaarden.
	IFRS: Verplichte opstelling van kasstroomoverzicht door alle ondernemingen.
Bijzondere bedrijfstakken	Specifieke regels en/of modellen voor bepaalde bijzondere bedrijfstakken (RJ). Enkele specifieke regels (IFRS).
Plaats in de jaarrekening	Kasstroomoverzicht is onderdeel van de primaire overzichten.
Vergelijkende cijfers	Verplicht.
Geconsolideerd/enkelvoudig	Geconsolideerde informatie indien van toepassing en enkelvoudige informatie alleen indien geen geconsolideerde jaarrekening wordt opgesteld (RJ). Geconsolideerde en enkelvoudige informatie indien van toepassing (IFRS).
20.2 Middelenbegrip, indeling in categorieën, methoden	
Middelenbegrip	Geldmiddelen bestaan uit: ▶ Liquide middelen: contanten en direct opvraagbare deposito's. ▶ Kasequivalenten: kortlopende, uiterst liquide beleggingen die onmiddellijk kunnen worden omgezet in geldmiddelen waarvan het bedrag bekend is en die geen materieel risico van waardeverandering in zich dragen.
Indeling in categorieën	Operationele activiteiten, investeringsactiviteiten en financieringsactiviteiten.
Operationele activiteiten	Kasstromen uit primaire opbrengst-genererende activiteiten.
Directe en indirecte methode	Kasstroom uit operationele activiteiten als zodanig opnemen (directe methode) of afgeleid uit gerapporteerd resultaat opnemen (indirecte methode).
Investeringsactiviteiten	Kasstromen uit (des)investeringen van (im)materiële vaste activa en financiële activa (tenzij sprake is van geldmiddelen of instrumenten die deel uitmaken van de handelsportefeuille).
Financieringsactiviteiten	Kasstromen ter financiering van operationele en investeringsactiviteiten.

Interest, dividend en winstbelasting	Classificatie afhankelijk van de aard en activiteiten van de onderneming. Afzonderlijke vermelding verplicht onder IFRS en aanbevolen onder RJ. Wel verplicht de RJ betaald dividend aan minderheidsaandeelhouders afzonderlijk te presenteren.
20.3 Bijzondere verwerkingselementen	
Samengestelde transacties en transacties zonder ruil van geldmiddelen	Niet naar samenstellende bestanddelen in kasstroomoverzicht opnemen, wel toelichten in jaarrekening.
Leasing	Alleen de feitelijke kasstromen opnemen.
Herwaardering van activa	Geen fictieve kasstromen opnemen.
Derivaten	Kasstroom van een derivaat ter afdekking van een positie in dezelfde categorie als kasstroom afgedekte positie verwerken.
Vreemde valuta	▶ omrekening kasstromen tegen koers op transactiemoment of gemiddelde koers; ▶ bij indirecte methode mogelijk aanpassing van gerapporteerd resultaat voor (on)gerealiseerde koersresultaten nodig; ▶ koersverschillen op geldmiddelen in balans afzonderlijk van totale netto-kasstroom vermelden.
Aan- en verkoop deelnemingen	Kasstromen uit aan- en verkoop onder investeringsactiviteiten verantwoorden. Onder IFRS is een uitzondering hierop de aan- of verkoop van aandeel derden (zonder verlies van 'control') die onder financieringsactiviteiten wordt gepresenteerd.
Bijzondere baten en lasten	Kasstromen uit bijzondere posten afhankelijk van hun aard onder operationele, investerings- of financieringsactiviteiten opnemen.
20.4 Toelichting op het kasstroomoverzicht	
Informatie in de toelichting	Diverse eisen en aanbevelingen onder RJ en IFRS. IFRS vereist meer informatie, met name ten aanzien van aankoop en verkoop van deelnemingen waarbij feitelijke zeggenschap wordt verkregen respectievelijk verloren en ten aanzien van kasstromen toe te rekenen aan aandeel derden.
Informatie in het bestuursverslag	RJ beveelt aan om in het bestuursverslag nadere informatie over het kasstroomoverzicht te geven. IFRS kent een dergelijke bepaling niet.
20.5 Vrijstellingen voor middelgrote rechtspersonen	
Verwijzingen in kasstroomoverzicht naar relevante toelichting	RJ: middelgrote rechtspersonen zijn vrijgesteld van het opnemen van verwijzingen, maar aanbeveling dergelijke verwijzingen toch op te nemen.

20.1 Algemeen
20.1.1 Omschrijving

De Richtlijnen en IFRS behandelen het kasstroomoverzicht in Richtlijn 360 'Het kasstroomoverzicht' respectievelijk IAS 7 'Statement of Cash Flows'. Richtlijn 360 bevat een expliciete omschrijving van het kasstroomoverzicht, in

20 Het kasstroomoverzicht

RJ 360.101: "Een kasstroomoverzicht is een overzicht van de geldmiddelen die in de verslagperiode beschikbaar zijn gekomen en van het gebruik dat van deze geldmiddelen is gemaakt". De aanduiding kasstroomoverzicht sluit aan op de internationaal gebruikelijke terminologie. IAS 7 bevat geen expliciete omschrijving van het kasstroomoverzicht. Impliciet is echter duidelijk dat het gaat om een overzicht dat informatie geeft over de veranderingen in geldmiddelen gedurende een verslagperiode, en waarin de kasstromen zijn ingedeeld naar operationele activiteiten, investeringsactiviteiten en financieringsactiviteiten.

20.1.2 Functies

De Richtlijnen en IFRS beschrijven de functies van een kasstroomoverzicht op een vergelijkbare wijze. De Richtlijnen geven aan dat het kasstroomoverzicht (RJ 360.103):

- in samenhang met de balans en de winst-en-verliesrekening, bijdraagt aan het inzicht in de financiering van de activiteiten van de rechtspersoon;
- in samenhang met de balans en de winst-en-verliesrekening, bijdraagt aan het inzicht in de liquiditeit, de solvabiliteit en de kwaliteit van het behaalde resultaat;
- inzicht geeft in het vermogen van de rechtspersoon om geldstromen te genereren, voor zover historische geldstromen kunnen bijdragen aan het inzicht in de geldstromen in toekomstige perioden.

IFRS stelt dat wanneer een kasstroomoverzicht samen met de overige componenten van de jaarrekening wordt gebruikt, het informatie verschaft die gebruikers in staat stelt zich een oordeel te vormen over de wijzigingen in netto-activa van een onderneming, haar financiële structuur (met inbegrip van de liquiditeit en solvabiliteit) en haar vermogen om invloed uit te oefenen op de bedragen en timing van kasstromen, om zich te kunnen aanpassen aan gewijzigde omstandigheden en mogelijkheden. Tevens is informatie over kasstromen nuttig bij de beoordeling van het vermogen van de onderneming om geldmiddelen te genereren en biedt het gebruikers de mogelijkheid om modellen te ontwikkelen om de contante waarde van de toekomstige kasstromen van verschillende ondernemingen te beoordelen en te vergelijken. Daarnaast staat dergelijke informatie garant voor een betere vergelijkbaarheid van de verslaggeving over de operationele prestaties van verschillende ondernemingen, aangezien de gevolgen van verschillende verwerkingswijzen voor dezelfde transacties en gebeurtenissen worden geëlimineerd (IAS 7.4).

20.1.3 Reikwijdte

Richtlijn 360 bepaalt dat grote en middelgrote rechtspersonen een kasstroomoverzicht dienen op te stellen (RJ 360.104). In de Richtlijnen voor kleine rechtspersonen (RJk) is geen verplichting tot het opstellen van een kasstroomoverzicht opgenomen. Indien het kapitaal van een grote of middelgrote rechtspersoon direct of indirect volledig wordt verschaft door een andere rechtspersoon die in de geconsolideerde jaarrekening een gelijkwaardig kasstroomoverzicht opstelt, geldt deze verplichting evenmin. De rechtspersoon dient dan wel in de toelichting aan te geven waar die geconsolideerde jaarrekening te verkrijgen is (RJ 360.104). Een gelijkwaardig kasstroomoverzicht bevat minimaal de indeling naar operationele, investerings- en financieringsactiviteiten. Een kasstroomoverzicht volgens IFRS of US GAAP wordt bijvoorbeeld als gelijkwaardig gezien. De moedermaatschappij kan dus in het buitenland zijn gevestigd, zolang de vrijgestelde rechtspersoon maar duidelijk aangeeft waar de geconsolideerde jaarrekening van de moedermaatschappij verkrijgbaar is. Anders dan bij toepassing van artikel 2:408 BW (zie par. 23.4.2), is het niet verplicht deze jaarrekening in Nederland bij het handelsregister te deponeren. De geconsolideerde jaarrekening van de moedermaatschappij (met daarin een gelijkwaardig kasstroomoverzicht) mag bijvoorbeeld ook op de website worden gepubliceerd.

De achtergrond van deze uitzondering vormt de overweging dat als een dergelijke rechtspersoon een 100%-groepsmaatschappij is, de financiering en het kasmiddelenbeheer veelal geïntegreerd zullen zijn in het beleid van de groep. Tevens ontbreken in dit geval minderheidsaandeelhouders. Deze uitzondering geldt dan ook alleen als de rechtspersoon het gehele boekjaar voor 100% onderdeel van één en dezelfde groep is geweest. Ondanks het feit dat dergelijke 100%-groepsmaatschappijen zijn vrijgesteld van de verplichting een kasstroomoverzicht op te stellen, beveelt de RJ wel aan dat zij vrijwillig een kasstroomoverzicht opstellen (RJ 360.104).

Daarnaast is in de Richtlijnen een vrijstelling voor het opstellen van een kasstroomoverzicht opgenomen voor zuivere tussenholdings en rechtspersonen die artikel 2:403 BW toepassen (RJ 360.104). Een zuivere tussenholding verstrekt enkel eigen vermogen en treedt niet op als financieringsmaatschappij voor haar deelnemingen. De toepassing van het groepsregime van artikel 2:403 BW wordt uitgebreid behandeld in hoofdstuk 42.

IFRS verplicht alle ondernemingen tot het opstellen van een kasstroomoverzicht en maakt geen onderscheid naar de grootte van de rechtspersoon (IAS 7.1 en 3).

20.1.4   Bijzondere bedrijfstakken

In de Richtlijnen bestaan voor de volgende bijzondere bedrijfstakken specifiek daarop afgestemde regels en/of modellen ten aanzien van het kasstroomoverzicht: banken, verzekeringsmaatschappijen, pensioenfondsen, premiepensioeninstellingen, beleggingsentiteiten, toegelaten instellingen volkshuisvesting en onderwijsinstellingen (zie RJ 600, RJ 605, RJ 610, RJ 611, RJ 615, RJ 645 en RJ 660). Andere bedrijfstakken kennen geen specifieke regels. Zij vallen onder de algemene bepalingen van Richtlijn 360 met betrekking tot de inhoud van en toelichting op het kasstroomoverzicht.

IFRS kent een beperkt aantal specifieke regels voor bepaalde typen ondernemingen. Zo bevat IAS 7 enkele nadere voorschriften voor financiële instellingen aangaande:
- de classificatie van kasstromen uit hoofde van verstrekte leningen (IAS 7.15 en 16);
- de bepaling van de operationele kasstroom volgens de directe methode (IAS 7.19);
- de mogelijkheid om bepaalde ontvangsten en uitgaven te salderen (IAS 7.24);
- de classificatie van betaalde interest en ontvangen interest en dividend (IAS 7.33).

Als bijlage bij IAS 7 zijn aparte illustratieve voorbeelden opgenomen voor een onderneming die geen financiële instelling is (Voorbeeld A) en voor een financiële instelling (Voorbeeld B).

Voor beleggingsentiteiten (zoals gedefinieerd in IFRS 10 'Consolidated Financial Statements', zie par. 23.6.4) gelden minder uitgebreide toelichtingsvereisten indien feitelijke zeggenschap over groepsmaatschappijen wordt verkregen of verloren (IAS 7.40A). Daarnaast gelden afwijkende bepalingen voor de classificatie van kasstromen uit hoofde van de aan- en verkoop van aandeel derden (IAS 7.42A en 42B).

Ten slotte bevat IFRS 4 'Insurance Contracts' enkele specifieke bepalingen voor verzekeraars die de directe methode toepassen om de operationele kasstroom te bepalen (zie par. 48.7).

20.1.5   Plaats in de jaarrekening

Zowel onder de Richtlijnen als IFRS wordt het kasstroomoverzicht als een integraal onderdeel van de jaarrekening beschouwd (RJ 360.101, IAS 7.1). Ten aanzien van de plaats in de jaarrekening bestaat echter een subtiel verschil. In IAS 1.10 wordt een definitie gegeven van een volledige jaarrekening, waarbij het kasstroomoverzicht afzonderlijk wordt genoemd als één van de primaire overzichten. In Richtlijn 110 'Doelstellingen en uitgangspunten' wordt onder een jaarrekening verstaan "de balans en de winst-en-verliesrekening met de toelichting", overeenkomstig artikel 2:361 lid 1 BW, waarbij de RJ vermeldt dat een kasstroomoverzicht ook onderdeel uitmaakt van de jaarrekening (RJ 110.101). In de praktijk wordt een kasstroomoverzicht ook onder de Nederlandse regelgeving doorgaans opgenomen als onderdeel van de primaire overzichten.

20.1.6 Vergelijkende cijfers

Richtlijn 360 bepaalt dat het kasstroomoverzicht vergelijkende cijfers over het voorgaande jaar dient te bevatten (RJ 360.107). IAS 7 zelf bevat geen dergelijk voorschrift, echter vergelijkende informatie over de voorgaande verslagperiode is onder IFRS verplicht voor alle cijfermatige informatie in de jaarrekening (IAS 1.38). Voor het kasstroomoverzicht geldt geen uitzondering.

20.1.7 Geconsolideerde en/of enkelvoudige informatie

Een andere kwestie is of het kasstroomoverzicht wordt opgesteld op enkelvoudige dan wel geconsolideerde basis. Onder de Richtlijnen geldt dat als een geconsolideerde jaarrekening wordt opgesteld, het kasstroomoverzicht ook op geconsolideerde basis wordt opgesteld. Een kasstroomoverzicht op enkelvoudige basis behoeft alleen te worden opgesteld indien een geconsolideerde jaarrekening ontbreekt (RJ 360.106). Onder IFRS bestaat geen soortgelijke bepaling. Dit betekent dat wanneer een enkelvoudige jaarrekening wordt opgesteld, altijd een kasstroomoverzicht op enkelvoudige basis dient te worden opgenomen (IAS 1.10), ook wanneer in de geconsolideerde jaarrekening reeds een kasstroomoverzicht op geconsolideerde basis is opgenomen.

Verschillen Dutch GAAP - IFRS

IFRS vereist dat elke onderneming een kasstroomoverzicht opstelt en maakt, in tegenstelling tot de Nederlandse regelgeving, geen onderscheid naar de grootte van een rechtspersoon. Uitzonderingen in de Richtlijnen voor kleine rechtspersonen, zuivere tussenholdings of 100%-groepsmaatschappijen waarvoor de moeder een gelijkwaardig kasstroomoverzicht opstelt, ontbreken onder IFRS. Daarnaast kennen de Richtlijnen voor verschillende bijzondere bedrijfstakken specifieke regels en/of modellen, terwijl IFRS alleen voor enkele typen ondernemingen een aantal specifieke regels kent. Ten slotte hoeft onder de Nederlandse regelgeving alleen een kasstroomoverzicht op enkelvoudige basis te worden opgesteld als een kasstroomoverzicht op geconsolideerde basis ontbreekt. IAS 7 kent een dergelijke bepaling niet.

20.2 Middelenbegrip, indeling in categorieën, methoden
20.2.1 Middelenbegrip

Onder IFRS worden kasstromen gedefinieerd als in- en uitstromen van liquide middelen en kasequivalenten (hierna: geldmiddelen) (IAS 7.6). Deze geldmiddelen bestaan uit:
1. Liquide middelen ('cash') omvatten contanten en direct opvraagbare deposito's (IAS 7.6). Onder direct opvraagbare deposito's wordt verstaan deposito's die zonder vooraankondiging en zonder boete direct zijn op te vragen.
2. Kasequivalenten ('cash equivalents') zijn kortlopende, uiterst liquide beleggingen die onmiddellijk kunnen worden omgezet in liquide middelen waarvan het bedrag bekend is en die geen materieel risico van waardeverandering in zich dragen (IAS 7.6). Een belegging kwalificeert normaliter alleen als kasequivalent als deze een korte looptijd heeft, bijvoorbeeld drie maanden of minder, vanaf de datum van verwerving (IAS 7.7). Immers, hoe langer de looptijd hoe groter de kans dat marktveranderingen een materieel effect hebben op de waarde van de belegging. Echter, onder bepaalde omstandigheden zijn hierop uitzonderingen mogelijk (zie voorbeeld verderop). Vlottende aandelen worden niet als kasequivalenten opgenomen, tenzij het in feite kasequivalenten zijn, zoals aflosbare preferente aandelen aangeschaft kort voor het einde van hun looptijd en met een

gespecifieerde aflosdatum (IAS 7.7). De ontvangsten en uitgaven uit hoofde van vlottende aandelen zullen veelal tot de investeringsactiviteiten worden gerekend (zie par. 20.2.4).

Kasequivalenten worden aangehouden met als doel kortlopende verplichtingen te voldoen en worden niet zozeer aangewend voor beleggings- of andere doeleinden (IAS 7.7). Indien een belegging voldoet aan de definitie van een kasequivalent in IAS 7.6, maar niet wordt aangehouden met als doel kortlopende verplichtingen te voldoen, wordt deze niet als kasequivalent opgenomen.

De posten genoemd onder 1 en 2 worden onder IFRS gezamenlijk in de balans gepresenteerd (IAS 1.54).

Onder de Richtlijnen wordt de term 'kas' in kasstroomoverzicht in ruime zin opgevat als geldmiddelen, een soortgelijk begrip als onder IFRS. De Richtlijnen definiëren geldmiddelen als volgt (RJ 360.102):
1. Liquide middelen volgens de wet (art. 2:372 lid 1 BW):
    a. kasmiddelen;
    b. tegoeden op bankrekeningen;
    c. wissels en cheques.
2. Direct opeisbare deposito's. Dit zijn deposito's die in feite ter onmiddellijke beschikking staan, zij het eventueel met opoffering van rentebaten (RJ 228.301).
3. Op korte termijn zeer liquide activa. Dit zijn beleggingen die zonder beperkingen en zonder materieel risico van waardeverminderingen als gevolg van de transactie kunnen worden omgezet in geldmiddelen. De definitie van op korte termijn zeer liquide activa lijkt vergelijkbaar met die van het begrip kasequivalenten onder IFRS, maar wordt onder de Richtlijnen breder ingevuld. Onder de Richtlijnen kunnen ook vlottende beursgenoteerde aandelen en obligaties als onderdeel van de geldmiddelen worden opgenomen (RJ 360 Bijlage), al wordt dit in de praktijk meestal niet gedaan. Veelal zullen de ontvangsten en uitgaven uit hoofde van deze vlottende effecten dan tot de investeringsactiviteiten worden gerekend (zie par. 20.2.4).
In tegenstelling tot IFRS, gaan de Richtlijnen niet specifiek in op de doeleinden waarvoor op korte termijn zeer liquide activa worden aangehouden. Desondanks zijn wij, mede gezien het beoogde doel van het kasstroomoverzicht, van mening dat dergelijke activa die niet worden aangehouden met als doel kortlopende verplichtingen te voldoen (d.w.z. die geen integraal onderdeel zijn van het 'cash management') onder de Richtlijnen evenmin onderdeel behoren te zijn van de geldmiddelen.

Volgens de Nederlandse wet worden de posten genoemd onder 1 als liquide middelen in de balans gepresenteerd (art. 2:372 lid 1 BW). Voor direct opeisbare deposito's genoemd onder 2 bestaat een keuze deze onder de liquide middelen of vlottende vorderingen in de balans op te nemen (RJ 228.301). De op korte termijn zeer liquide activa genoemd onder 3 worden afhankelijk van hun aard als vlottende vorderingen of vlottende effecten gepresenteerd in de balans. Voor verdere behandeling wordt verwezen naar hoofdstuk 14. Het begrip 'liquide middelen' in de balans is dus enger dan het begrip 'geldmiddelen' in het kasstroomoverzicht. Dit wordt geïllustreerd in het schema verderop in deze paragraaf.

Voorbeeld kasequivalent: deposito

Een onderneming sluit een deposito af voor een periode van 6 maanden met een vaste rente die dagelijks wordt bijgeschreven. Deze rente is hoger dan de reguliere rente op direct opeisbare deposito's. Het deposito is volledig opvraagbaar op elk moment. Bij vervroegde opname hoeft de onderneming geen boete te betalen maar ontvangt ze de reguliere rente in plaats van de hogere vaste 6-maandsrente. Ondanks dat de onderneming het geld wil gebruiken om korte termijn liquiditeitsbehoeften te vervullen, is de onderneming het deposito aangegaan omdat de huidige korte termijn rente zeer laag is.

20 Het kasstroomoverzicht

> Dit deposito classificeert als kasequivalent, ondanks de termijn van meer dan drie maanden, omdat het feitelijk functioneert als een direct opvraagbaar deposito. Immers, de misgelopen rente bij vervroegde opname wordt niet als een boete gezien omdat ten minste de reguliere korte termijn rente wordt ontvangen. Dit sluit aan bij het doel van de onderneming om met dit geld in haar korte termijn liquiditeitsbehoeften te voorzien.
>
> Onder IFRS wordt dit deposito dan zowel in de balans als in het kasstroomoverzicht onder de geldmiddelen opgenomen. De Richtlijnen bieden de keuze het deposito in de balans onder de vlottende vorderingen of onder de liquide middelen te presenteren (RJ 228.301). In het kasstroomoverzicht wordt het deposito onder de geldmiddelen opgenomen.
>
> Uit bovenstaand voorbeeld blijkt dat of een deposito als kasequivalent classificeert, afhankelijk is van de feiten en omstandigheden. Naast het doel waarvoor de onderneming het deposito aanhoudt, speelt de significantie van de boete (zoals misgelopen rente) hierbij een belangrijke rol.

> **Voorbeeld van wat géén onderdeel is van geldmiddelen:**
> Een onderneming is een nieuw leasecontract aangegaan van 10 jaar. De voorwaarden eisen dat een bedrag gelijk aan de huur van de eerste 5 jaar (€ 6 miljoen) op een aparte bankrekening wordt vastgezet. Pas na 5 jaar kan dit bedrag worden opgenomen. De onderneming is de eigenaar van de bankrekening die in onderpand is gegeven aan de lessor. De vraag is of dit bedrag tot de geldmiddelen behoort. Het antwoord is nee, omdat het niet binnen een korte termijn kan worden opgenomen.

Er bestaat een verschil tussen IFRS en de Richtlijnen ten aanzien van debetsaldi op bankrekeningen ('bank overdrafts'). IAS 7 hanteert een genuanceerd standpunt. Ingevolge IAS 7.8 worden schulden aan banken in beginsel geacht onderdeel te zijn van de financieringsactiviteiten. Echter, wanneer debetsaldi op bankrekeningen direct opeisbaar zijn en een integraal bestanddeel vormen van het 'cash management', worden deze bij wijze van uitzondering gerekend tot (en derhalve in mindering gebracht op) de geldmiddelen in het kasstroomoverzicht. Kenmerkend hierbij is dat het rekeningsaldo vaak schommelt tussen positief en negatief. Een kortlopend bankkrediet voldoet normaliter niet aan deze voorwaarden, in welk geval de mutaties van dit bankkrediet onder de financieringskasstroom worden opgenomen. Richtlijn 360 maakt geen onderscheid tussen leningen verstrekt door banken en debetsaldi op bankrekeningen. Debetsaldi op bankrekeningen worden niet gerekend tot (en derhalve niet in mindering gebracht op) de geldmiddelen. Schematisch kunnen de begrippen in het kasstroomoverzicht en in de balans als volgt worden weergegeven:

	IFRS van toepassing		Dutch GAAP van toepassing	
Primair overzicht	**Balans**	**Kasstroomoverzicht**	**Balans**	**Kasstroomoverzicht**
1. Contanten	Geldmiddelen	Geldmiddelen	Liquide middelen	Geldmiddelen
a. Kasmiddelen	Geldmiddelen	Geldmiddelen	Liquide middelen	Geldmiddelen
b. Tegoeden op bankrekeningen	Geldmiddelen	Geldmiddelen	Liquide middelen	Geldmiddelen
c. Wissels en cheques	Geldmiddelen	Geldmiddelen	Liquide middelen	Geldmiddelen
2. Direct opeisbare deposito's	Geldmiddelen	Geldmiddelen	Liquide middelen of vlottende vorderingen	Geldmiddelen
3. Kasequivalenten ofwel op korte termijn zeer liquide activa	Geldmiddelen	Geldmiddelen	Vlottende vorderingen/effecten	Geldmiddelen
4. Vlottende beursgenoteerde aandelen en obligaties	Vlottende effecten	(Veelal) investerings-kasstroom	Vlottende effecten	Geldmiddelen of (veelal) investerings-kasstroom
5. Debetsaldi op bankrekeningen	Kortlopende schulden	Geldmiddelen indien voldaan aan strikte voorwaarden	Kortlopende schulden	Financierings-kasstroom

Uit bovenstaand schema en de voorafgaande bespreking blijkt het belang van een duidelijke toelichting van de samenstelling van de geldmiddelen (zie par. 20.4.1). Ook wordt duidelijk dat, onder IFRS, het begrip 'geldmiddelen' in de balans kan afwijken van het begrip 'geldmiddelen' in het kasstroomoverzicht. Deze situatie doet zich voor indien aan de voorwaarden wordt voldaan om debetsaldi op bankrekeningen in het kasstroomoverzicht te salderen met de geldmiddelen.

Cryptocurrencies

De RJ heeft in oktober 2018 de RJ-Uiting 2018-7: 'Overwegingen ten aanzien van de verwerkingswijze van cryptocurrencies in de jaarrekening' gepubliceerd. Deze is bedoeld als een discussiestuk en heeft daarmee niet de status van een (ontwerp-)Richtlijn. Een cryptovaluta (bijvoorbeeld bitcoin, litecoin of ripple) heeft betrekking op een vorm van uitwisselen van digitale munteenheden, die met software worden gecreëerd. Liquide middelen worden in de RJ-Uiting omschreven als instrumenten in de vorm van papier of een munt (chartaal geld) of een tegoed op een bank (giraal geld). Deze gelden worden uitgegeven door een overheid dan wel door onder toezicht van de overheid staande instellingen. Naar het oordeel van de RJ voldoen cryptovaluta niet aan de definitie van liquide middelen, omdat deze niet worden uitgegeven of ondersteund door een overheid dan wel een onder toezicht van de overheid staande instelling. Ook de IFRS Interpretations Committee heeft in juni 2019 geconcludeerd dat cryptovaluta onder IFRS niet als liquide middelen ('cash') classificeren, aangezien deze (momenteel) niet de gebruikelijke karakteristieken van liquide middelen hebben (o.a. geen algemeen aanvaard ruilmiddel en geen rekeneenheid, zoals bedoeld in IAS 32.AG3). Daarnaast voldoen cryptovaluta (momenteel) ook niet aan de definitie van kasequivalenten, mede gezien de aanzienlijke prijsschommelingen. Voor een verdere behandeling van cryptovaluta wordt verwezen naar paragraaf 14.2.3.

Cash pooling

In groepsverhoudingen is het niet ongebruikelijk om de treasury-activiteiten centraal uit te voeren, waaronder het beheer van geldmiddelen. Deze activiteiten kunnen op verschillende manieren zijn ingericht. Eén daarvan is 'physical cash pooling', waarbij liquide middelen daadwerkelijk worden samengevoegd op een centrale bankrekening van een specifiek aangewezen groepsmaatschappij, die feitelijk fungeert als een 'interne bank'. De overige groepsmaatschappijen dragen hun overtollige middelen af aan deze aangewezen entiteit. Het kan ook zijn dat overige groepsmaatschappijen geheel niet over een eigen bankrekening beschikken. In dat geval vinden ontvangsten en betalingen namens deze groepsmaatschappijen rechtstreeks in respectievelijk vanuit de centrale cash pool plaats. Veelal zijn de desbetreffende groepsmaatschappijen principaal voor wat betreft de onderliggende transacties en fungeert de aangewezen groepsmaatschappij die de cash pool houdt feitelijk als agent (net zoals een bank als agent betalingen en ontvangsten verwerkt voor een rekeninghouder). Naar onze mening zal het ontbreken van een eigen bankrekening een rechtspersoon normaliter dan ook niet ontslaan van de verplichting onder de Richtlijnen en IFRS om een kasstroomoverzicht op te stellen.

Vanuit het perspectief van de groepsmaatschappij wiens liquide middelen (al dan niet rechtstreeks) worden afgedragen aan de centrale cash pool, ontstaat een intercompany vordering op de aangewezen groepsmaatschappij die de cash pool houdt. De vraag rijst of deze vordering onderdeel kan uitmaken van de geldmiddelen. Naar onze mening voldoen dergelijke cash pool vorderingen noch onder de Richtlijnen noch onder IFRS aan de definitie van liquide middelen, mede omdat de aangewezen entiteit niet is onderworpen aan kapitaalvereisten en (prudentieel) toezicht zoals een bank. Slechts in zeer uitzonderlijke gevallen wordt mogelijk voldaan aan de definitie van kasequivalenten. Echter, in de meeste gevallen zal de groepsmaatschappij haar middelen voor onbepaalde tijd overdragen en kan zij de gestorte bedragen niet direct opvragen (en daarmee de cash pool vordering omzetten in eigen liquide middelen) zonder voorafgaande toestemming.

Verschillen Dutch GAAP - IFRS

Richtlijn 360 brengt debetsaldi op bankrekeningen niet in mindering op de geldmiddelen. Onder IFRS is dit in het kasstroomoverzicht onder bepaalde voorwaarden wel mogelijk.

De definitie van op korte termijn zeer liquide activa wordt onder de Richtlijnen breder ingevuld dan die van het begrip kasequivalenten onder IFRS. Onder de Richtlijnen kunnen soms ook vlottende beursgenoteerde aandelen en obligaties in de geldmiddelen worden opgenomen. IAS 7 stelt dat kasequivalenten worden aangehouden met als doel kortlopende verplichtingen te voldoen en niet zozeer voor beleggings- of andere doeleinden. Alhoewel een dergelijk specifiek voorschrift ontbreekt, zijn wij van mening dat op korte termijn zeer liquide activa die niet worden aangehouden met als doel kortlopende verplichtingen te voldoen, ook onder de Nederlandse regelgeving geen onderdeel behoren te zijn van de geldmiddelen.

20.2.2 Indeling in categorieën

Een van de kenmerken van het kasstroomoverzicht is de indeling van de kasstromen naar de activiteiten waarmee zij samenhangen. IFRS en de Richtlijnen delen de kasstromen in drie onderdelen in (RJ 360.201, IAS 7.10):
- kasstromen uit operationele activiteiten;
- kasstromen uit investeringsactiviteiten;
- kasstromen uit financieringsactiviteiten.

Indeling van de activiteiten in categorieën heeft als voordeel dat gelijksoortige activiteiten ook tezamen worden opgenomen in het kasstroomoverzicht. Dit bevordert het inzicht en biedt de mogelijkheid tot nadere analyse, bijvoorbeeld van het onderlinge verband tussen de activiteiten. Daar staat echter als nadeel tegenover dat soms arbitraire keuzes nodig zijn bij de classificatie van specifieke posten. Dit kan leiden tot verschillen tussen jaarrekeningen die ten koste gaan van de onderlinge vergelijkbaarheid. Een voorbeeld betreft de classificatie van betaalde interest (zie par. 20.2.6).

Een ander bezwaar met betrekking tot de indeling van het kasstroomoverzicht naar soort activiteit is het feit dat deze allocatie in voorkomende gevallen afhankelijk kan zijn van de wijze van verwerking elders in de jaarrekening. Een voorbeeld onder de Nederlandse regelgeving betreft de verwerking van groot onderhoud. Indien men de kosten via een onderhoudsvoorziening verwerkt, zal men de kasstroom opnemen als onderdeel van de operationele activiteiten. Indien men de kosten echter activeert, zal de kasstroom onder de investeringsactiviteiten worden opgenomen. Bij analyse van het kasstroomoverzicht dienen gebruikers van de jaarrekening bedacht te zijn op dergelijke verschillen.

De drie soorten activiteiten zijn als volgt te omschrijven:
- onder operationele activiteiten vallen transacties en gebeurtenissen die veelal direct leiden tot opbrengsten en kosten in de winst-en-verliesrekening. Te denken valt aan ontvangsten uit verkoop van goederen en levering van diensten of uitgaven ten behoeve van het productieproces (RJ 360.209, IAS 7.14);
- onder investeringsactiviteiten vallen investeringen in en desinvesteringen van immateriële, materiële en financiële vaste activa alsmede tijdelijke beleggingen in vlottende activa (tenzij deze beleggingen worden gerekend tot de geldmiddelen of onderdeel uitmaken van de handelsportefeuille). Te denken valt aan uitgaven voor de aankoop van machines of concessies of ontvangsten uit hoofde van de verkoop van vaste bedrijfsmiddelen (tenzij deze als netto-omzet worden verantwoord) (RJ 360.217, IAS 7.16);
- onder financieringsactiviteiten vallen de activiteiten ter financiering van de operationele en investeringsactiviteiten. Te denken valt aan ontvangsten uit hoofde van opgenomen leningen of uitgaven ter inkoop van eigen aandelen (RJ 360.220, IAS 7.17).

Voorbeelden van classificatie van specifieke gebeurtenissen en transacties in het kasstroomoverzicht:	
Gebeurtenis/transactie	**Verwerking in kasstroomoverzicht**
Operationele kasstroom	
1. Betaalde pensioenbijdragen.	Operationele kasstroom (par. 20.2.3).
2. Betalingen inzake een reorganisatie.	Operationele kasstroom (par. 20.2.3).
3. Aan- en verkopen van financiële instrumenten die deel uitmaken van de handelsportefeuille.	Operationele kasstroom (par. 20.2.3).
Investeringskasstroom	
4. Uitgaven voor geactiveerde ontwikkelingskosten.	Investeringskasstroom (par. 20.2.4).
Financieringskasstroom	
5. Ontvangsten en uitgaven ter aflossing van specifieke financiering van de voorraden.	Financieringskasstroom (par. 20.2.5).
6. Ten behoeve van de toegekende personeelsopties zijn eigen aandelen ingekocht.	Financieringskasstroom (par. 20.2.5).
Classificatie afhankelijk van de omstandigheden	
7. Ontvangen overheidssubsidies.	Classificatie afhankelijk van aard van subsidie (par. 20.2.4).
8. Ontvangen vergoeding van verzekeringsmaatschappij.	Operationele of investeringskasstroom: afhankelijk van aard van schadevergoeding (par. 20.2.4).
9. Ontvangen bedragen uit hoofde van factoring van debiteuren.	Operationele of financieringskasstroom: afhankelijk van de contractvoorwaarden (par. 20.2.5).
Toelichting 'non-cash item'	
10. Acquisitie van een groep van activa voor € 10 miljoen waarbij de koopprijs in twee delen in de volgende twee jaar betaald zal worden.	Geen opname in het kasstroomoverzicht. Wel toelichting als 'non-cash item' (par. 20.3.1).
11. Het aangaan van een leasecontract (als lessee) waar bij eerste verwerking een actief en leaseverplichting in de balans worden opgenomen.	Geen opname in het kasstroomoverzicht. Wel toelichting als 'non-cash item' (par. 20.3.2).
12. Het uitkeren van stockdividend.	Geen opname in het kasstroomoverzicht. Wel toelichting als 'non-cash item' (par. 20.3.1).
13. Er zijn personeelsopties toegekend die pas over 3 jaar uitgeoefend kunnen worden.	Geen opname in het kasstroomoverzicht. Wel toelichting als 'non-cash item' (par. 20.3.1).

Voor iedere soort activiteit geldt in beginsel dat de ontvangsten en de uitgaven per groep van transacties en gebeurtenissen afzonderlijk worden weergegeven (d.w.z. op bruto-basis) (RJ 360.202, IAS 7.21). Als uitzondering hierop biedt IAS 7.22 de mogelijkheid kasstromen uit operationele, investerings- of financieringsactiviteiten in de volgende situaties te salderen:
- als sprake is van kasontvangsten en -uitgaven voor rekening van klanten, indien de kasstromen veeleer de activiteiten van de klant weerspiegelen en niet zozeer die van de onderneming;
- als sprake is van kasontvangsten en -uitgaven voor posten waarvan de omloopsnelheid hoog is, de bedragen groot zijn en de looptijden kort zijn.

Voor financiële instellingen bevat IAS 7.24 tevens enkele specifieke uitzonderingen op het algemene vereiste om ontvangsten en uitgaven afzonderlijk weer te geven. Alhoewel in de Richtlijnen geen dergelijke bepalingen zijn opgenomen, zijn wij van mening dat in situaties als genoemd in IAS 7.22 en IAS 7.24 ook onder de Nederlandse regelgeving presentatie op netto-basis verdedigbaar lijkt.

Per soort activiteit (operationeel, investering en financiering) wordt de totale netto-kasstroom voor de verslagperiode afzonderlijk vermeld (RJ 360.202).

Voor de presentatie en toelichting van de kasstromen van bedrijfsactiviteiten die niet duurzaam worden voortgezet (onder de Richtlijnen) of 'discontinued operations' (onder IFRS) wordt verwezen naar paragraaf 33.2.3 respectievelijk paragraaf 33.3.4.

Verschillen Dutch GAAP – IFRS

IAS 7 bevat enkele specifieke bepalingen ten aanzien van saldering in het kasstroomoverzicht. Alhoewel in Richtlijn 360 geen dergelijke bepalingen zijn opgenomen, zijn wij van mening dat in dergelijke situaties ook onder de Nederlandse regelgeving presentatie op netto-basis verdedigbaar lijkt.

20.2.3 Kasstromen uit operationele activiteiten

Operationele activiteiten zijn de voornaamste activiteiten van een onderneming die opbrengsten genereren, evenals andere activiteiten die geen investerings- en financieringsactiviteiten zijn. Voorbeelden van kasstromen uit operationele activiteiten zijn (RJ 360.209, IAS 7.14):

- ontvangsten uit verkoop van goederen en levering van diensten, waaronder de inning van debiteuren;
- ontvangsten uit hoofde van royalty's, commissies en dergelijke;
- uitgaven voor de inkoop van goederen en diensten;
- uitgaven ten behoeve van het productieproces;
- uitgaven aan en uit naam van personeel;
- uitgaven en ontvangsten uit hoofde van contracten die voor handelsdoeleinden zijn aangegaan.

Voor de behandeling van kasstromen uit hoofde van interest, dividenden en winstbelastingen wordt verwezen naar paragraaf 20.2.6. Betalingen door lessees uit hoofde van leaseovereenkomsten worden behandeld in paragraaf 20.3.2.

Tussentelling 'kasstroom uit bedrijfsoperaties'

De RJ beveelt aan in het overzicht van de kasstroom uit operationele activiteiten een tussentelling 'kasstroom uit bedrijfsoperaties' te maken, waarin alle operationele kasstromen worden opgenomen behalve de kasstromen uit hoofde van interest, dividenden en winstbelastingen (RJ 360.216). In IAS 7 ontbreekt een expliciete aanbeveling om een tussentelling te maken.

Keuze tussen directe en indirecte methode

De kasstroom uit operationele activiteiten kan volgens twee methoden worden vastgesteld (RJ 360.210, IAS 7.18):

- de directe methode;
- de indirecte methode.

De toegepaste methode beïnvloedt enkel de *weergave* van kasstromen uit operationele activiteiten. De directe methode en indirecte methode leiden uiteindelijk tot dezelfde netto-kasstroom uit operationele activiteiten. De classificatie van kasstromen als operationele, investerings- of financieringsactiviteiten verschilt evenmin. Dit betekent dat de totaal gerapporteerde kasstroom per activiteit niet wordt beïnvloed door de toegepaste methode ten aanzien van de kasstroom uit operationele activiteiten.

Directe methode

De directe methode houdt in dat de ontvangsten en uitgaven *als zodanig* worden gerapporteerd in het kasstroomoverzicht. De ontvangsten en uitgaven kunnen hetzij rechtstreeks uit de administratie worden afgeleid (bijvoorbeeld uit het kas-/bankboek), hetzij worden afgeleid uit de administratie door aanpassing van de netto-omzet, de kostprijs van de omzet en andere onderdelen van de winst-en-verliesrekening (RJ 360.211, IAS 7.19).

Het voordeel van de directe methode is dat het overzicht van de kasstroom uit operationele activiteiten geen posten bevat die zelf geen kasstroom zijn. Een eerste nadeel van de directe methode betreft de hogere kosten, omdat de benodigde gegevens meestal niet rechtstreeks aan de administratie kunnen worden ontleend. Een tweede nadeel is dat de aansluiting met de uit de winst-en-verliesrekening blijkende operationele resultaten ontbreekt. Dit bezwaar kan echter worden ondervangen door een aansluiting te geven tussen het bedrijfsresultaat en de kasstroom uit bedrijfsoperaties. De RJ beveelt aan bij toepassing van de directe methode een aansluiting tussen deze twee grootheden te geven (RJ 360.211). In IAS 7 ontbreekt een dergelijke aanbeveling.

In IAS 7.19 wordt een voorkeur voor de directe methode uitgesproken. De RJ geeft geen voorkeur aan, maar constateert: "Een kasstroomoverzicht met toepassing van de directe methode sluit het meest aan bij de werkelijke kasstromen" (RJ 360.210).

Hieronder is een voorbeeld weergegeven van de kasstroom uit operationele activiteiten volgens de directe methode (onder de Nederlandse regelgeving).

Voorbeeld kasstroom uit operationele activiteiten (directe methode)		
	20x1	20x0
Kasstroom uit operationele activiteiten		
Ontvangsten van afnemers	-	-
Betalingen aan leveranciers en werknemers	-	-
Kasstroom uit bedrijfsoperaties	-	-
Ontvangen interest	-	-
Ontvangen dividend	-	-
Betaalde interest	-	-
Betaalde winstbelasting	-	-
Kasstroom uit operationele activiteiten	-	-

Indirecte methode

In de praktijk wordt het merendeel van de kasstroomoverzichten opgesteld volgens de indirecte methode. Bij de indirecte methode wordt de kasstroom uit operationele activiteiten afgeleid uit het resultaat in de winst-en-verliesrekening. Hierbij is de keuze van het uitgangspunt van belang. Onder de Richtlijnen kan dit het bedrijfsresultaat of het resultaat voor of na belastingen zijn. De RJ geeft de voorkeur aan het bedrijfsresultaat (RJ 360.212). IFRS gaat uit van het resultaat voor of na belastingen (IAS 7.18). Het als uitgangspunt gerapporteerde resultaat wordt aangepast voor (RJ 360.212, IAS 7.20):
▶ resultaatposten die *geen* kasstroom tot gevolg hebben in dezelfde periode;
▶ resultaatposten waarvan de ontvangsten en uitgaven niet classificeren als operationele activiteiten, maar als investerings- of financieringsactiviteiten;

- mutaties in voorzieningen en werkkapitaal (voor zover behorend tot de operationele activiteiten), waaronder overlopende posten, voorraden, handelsdebiteuren en handelscrediteuren (dus geen investeringscrediteuren, zie par. 20.2.4).

Als alternatief voor bovenstaande wijze van presentatie onder de indirecte methode noemt IFRS het presenteren van de opbrengsten en kosten uit de winst-en-verliesrekening (gecorrigeerd voor 'non-cash items' en posten die tot de investerings- en financieringskasstroom behoren), alsmede de veranderingen tijdens het boekjaar van het werkkapitaal (IAS 7.20). Een voorbeeld van dit in de praktijk zelden toegepaste alternatief is opgenomen aan het eind van Voorbeeld A bij IAS 7.

Als voordelen van de indirecte methode worden kostenvoordelen en informatieverrijking genoemd. De kostenvoordelen ontstaan omdat de methode aansluit op de in de administratie aanwezige gegevens. Informatieverrijking ontstaat omdat inzicht wordt gegeven in de 'achterliggende krachten' die de kasstromen bepalen. Het grootste bezwaar tegen de methode is dat het overzicht posten bevat die met kasstromen niets van doen hebben (bijvoorbeeld winst en afschrijvingen).

Hieronder is een voorbeeld weergegeven van een volledig (geconsolideerd) kasstroomoverzicht met de kasstroom uit operationele activiteiten volgens de indirecte methode (onder de Nederlandse regelgeving).

Voorbeeld kasstroomoverzicht (indirecte methode)	20x1	20x0
Kasstroom uit operationele activiteiten		
Bedrijfsresultaat	-	-
Aanpassingen voor:		
Afschrijvingen en waardeverminderingen	-	-
Niet-gerealiseerde waardeveranderingen van vastgoedbeleggingen en financiële instrumenten	-	-
Winst/verlies bij afstoting van immateriële en materiële vaste activa en financiële activa	-	-
Vrijval negatieve goodwill	-	-
Mutaties van voorzieningen	-	-
Kosten personeelsopties	-	-
Veranderingen in werkkapitaal:		
toe-/afname handelsvorderingen	-	-
toe-/afname overlopende activa (excl. nog te ontvangen interest)	-	-
toe-/afname voorraden en onderhanden projecten	-	-
toe-/afname handelsschulden	-	-
toe-/afname belastingen en sociale premies (excl. winstbelasting)	-	-
toe-/afname overlopende passiva (excl. nog te betalen interest)	-	-
Kasstroom uit bedrijfsoperaties	-	-
Ontvangen interest	-	-
Ontvangen dividend	-	-
Betaalde interest	-	-
Betaalde winstbelasting	-	-
Kasstroom uit operationele activiteiten	-	-

	20x1	20x0
Kasstroom uit operationele activiteiten		
Bedrijfsresultaat	-	-
Aanpassingen voor:		
Afschrijvingen en waardeverminderingen	-	-
Niet-gerealiseerde waardeveranderingen van vastgoedbeleggingen en financiële instrumenten	-	-
Winst/verlies bij afstoting van immateriële en materiële vaste activa en financiële activa	-	-
Vrijval negatieve goodwill	-	-
Mutaties van voorzieningen	-	-
Kosten personeelsopties	-	-
Veranderingen in werkkapitaal:		
toe-/afname handelsvorderingen	-	-
toe-/afname overlopende activa (excl. nog te ontvangen interest)	-	-
toe-/afname voorraden en onderhanden projecten	-	-
toe-/afname handelsschulden	-	-
toe-/afname belastingen en sociale premies (excl. winstbelasting)	-	-
toe-/afname overlopende passiva (excl. nog te betalen interest)	-	-
Kasstroom uit bedrijfsoperaties	-	-
Ontvangen interest	-	-
Ontvangen dividend	-	-
Betaalde interest	-	-
Betaalde winstbelasting	-	-
Kasstroom uit operationele activiteiten	-	-

	20x1	20x0
Kasstroom uit investeringsactiviteiten		
Verwerving groepsmaatschappijen	-	-
Verkoop groepsmaatschappijen	-	-
Verwerving niet-geconsolideerde deelnemingen	-	-
Verkoop niet-geconsolideerde deelnemingen	-	-
Investeringen in overige financiële activa	-	-
Desinvesteringen van overige financiële activa	-	-
Investeringen in immateriële vaste activa	-	-
Desinvesteringen van immateriële vaste activa	-	-
Investeringen in materiële vaste activa	-	-
Desinvesteringen van materiële vaste activa	-	-
Kasstroom uit investeringsactiviteiten	-	-

	20x1	20x0
Kasstroom uit financieringsactiviteiten		
Betaalde emissiekosten aandelen	-	-
Ontvangsten uit uitgifte aandelen/uitgeoefende opties/kapitaalstorting		
Inkoop/verkoop eigen aandelen	-	-
Ontvangsten uit langlopende schulden en bankkrediet		
Aflossingen langlopende schulden en bankkrediet		
Betaald dividend aan aandeelhouders van de vennootschap	-	-
Betaald dividend aan houders van aandeel derden	-	-
Kasstroom uit financieringsactiviteiten		
Netto-kasstroom	-	-
Koers- en omrekeningsverschillen op geldmiddelen		
Toe-/afname geldmiddelen		

20 Het kasstroomoverzicht

Verschillen Dutch GAAP - IFRS

De aanbeveling in Richtlijn 360 om in het overzicht van de kasstroom uit operationele activiteiten een afzonderlijke tussentelling 'kasstroom uit bedrijfsoperaties' te maken, alvorens de kasstromen uit hoofde van interest, dividend en winstbelasting te noemen, ontbreekt onder IFRS.

De regels voor het kiezen van het uitgangspunt bij de indirecte methode zijn onder IFRS strikter dan onder de Nederlandse regelgeving. IAS 7 schrijft voor uit te gaan van het resultaat voor of na belastingen. Enig alternatief is het presenteren van de (gecorrigeerde) opbrengsten en kosten uit de winst-en-verliesrekening, aangevuld met de veranderingen van het werkkapitaal. Richtlijn 360 schrijft voor uit te gaan van het gerapporteerde resultaat, met als mogelijkheden: het bedrijfsresultaat of het resultaat voor of na belastingen. De RJ geeft de voorkeur aan het bedrijfsresultaat.

Indien de directe methode wordt toegepast, beveelt de RJ aan een aansluiting op te nemen tussen het bedrijfsresultaat en de kasstroom uit bedrijfsoperaties. IFRS kent een dergelijke aanbeveling niet.

Toekomstige regelgeving

De IASB heeft in december 2019 de Exposure Draft (ED) 'General Presentation and Disclosures' gepubliceerd. Hierin worden verschillende voorstellen gedaan teneinde de informatieverschaffing in IFRS-jaarrekeningen te verbeteren. Ten aanzien van het kasstroomoverzicht worden slechts beperkte aanpassingen voorgesteld. De voornaamste betreffen:
- het hanteren van een consistent startpunt indien de kasstroom uit operationele activiteiten volgens de indirecte methode wordt bepaald (zie hierna);
- het elimineren van keuzemogelijkheden inzake de classificatie van betaalde en ontvangen interest en dividenden (zie par. 20.2.6);
- het introduceren van nadere voorschriften inzake de classificatie van kasstromen die samenhangen met geassocieerde deelnemingen ('associates') en joint ventures (zie par. 20.2.4).

Bij toepassing van de indirecte methode schrijft IFRS momenteel voor 'profit or loss' als uitgangspunt te hanteren. Dit wordt in de praktijk op verschillende manieren ingevuld. Om de vergelijkbaarheid tussen ondernemingen te vergroten en het aantal benodigde aanpassingen te reduceren, stelt de IASB voor 'operating profit or loss' (zoals gedefinieerd in de ED) als uitgangspunt verplicht te stellen.

De commentaarperiode van de ED is op 30 september 2020 geëindigd. Mede op basis van de ontvangen feedback zal de IASB besluiten of, en zo ja welke, voorstellen (al dan niet in gewijzigde vorm) definitief worden gemaakt, alsmede per wanneer.

20.2.4 Kasstromen uit investeringsactiviteiten

Investeringsactiviteiten betreffen de investeringen in en desinvesteringen van immateriële, materiële en financiële vaste activa, alsmede tijdelijke beleggingen in vlottende activa, tenzij deze beleggingen tot de geldmiddelen worden gerekend (zie par. 20.2.1) of voor handelsdoeleinden worden aangehouden (zie par. 20.2.3). Voorbeelden van kasstromen uit investeringsactiviteiten zijn (RJ 360.217, IAS 7.16):
- uitgaven voor de verwerving van immateriële, materiële en andere vaste activa (grond, gebouwen, machines, concessies, etc.), met inbegrip van uitgaven voor geactiveerde ontwikkelingskosten en zelf-vervaardigde materiële vaste activa;

- ontvangsten uit de verkoop van vaste activa, tenzij deze als netto-omzet worden verantwoord omdat sprake is van regelmatig terugkerende verkopen van materiële vaste activa in het kader van de normale bedrijfsactiviteiten (zie verderop);
- uitgaven en ontvangsten voor de aankoop en verkoop van eigen-vermogens- en schuldinstrumenten van deelnemingen en andere rechtspersonen, tenzij deze beleggingen tot de geldmiddelen behoren of voor handelsdoeleinden worden aangehouden;
- uitgaven en ontvangsten in het kader van de verstrekking en aflossing van door de rechtspersoon verstrekte leningen (mits de rechtspersoon geen financiële instelling betreft).

De IASB vermeldt dat kasstromen uit investeringsactiviteiten inzicht geven in de mate waarin uitgaven zijn gedaan voor middelen bedoeld om toekomstige baten en kasstromen te genereren. Alleen uitgaven die leiden tot de opname van een actief in de balans kunnen als kasstromen uit investeringsactiviteiten worden geclassificeerd (IAS 7.16). In Richtlijn 360 is deze bepaling niet expliciet opgenomen, maar in de praktijk geldt hetzelfde.

Voor de behandeling van kasstromen uit hoofde van interest, ontvangen dividend en winstbelastingen wordt verwezen naar paragraaf 20.2.6. Betalingen en ontvangsten uit hoofde van derivaten worden behandeld in paragraaf 20.3.4.

Terugkerende verkopen van materiële vaste activa

Er bestaan uitzonderingen op de hoofdregel dat uitgaven respectievelijk ontvangsten in verband met investeringen in en desinvesteringen van vaste activa gewoonlijk als kasstromen uit investeringsactiviteiten worden geclassificeerd. Wanneer sprake is van regelmatig terugkerende verkopen van materiële vaste activa in het kader van de normale bedrijfsactiviteiten, bevelen de Richtlijnen aan en verplicht IFRS om de opbrengsten als netto-omzet te verwerken (RJ 212.506, IAS 16.68A). Overeenkomstig wordt alsdan de ontvangen verkoopprijs in het kasstroomoverzicht als kasstroom uit operationele activiteiten geclassificeerd (RJ 360.217, IAS 7.14).

IAS 7.14 bepaalt dat ook de uitgaven voor de verkrijging of vervaardiging van dergelijke materiële vaste activa onder de operationele activiteiten worden getoond. Dit betekent dat een onderneming reeds bij investering dient te bepalen welke materiële vaste activa uiteindelijk in het kader van de normale bedrijfsactiviteiten worden verkocht. In Richtlijn 360 ontbreekt een soortgelijke bepaling, zodoende rijst de vraag of deze uitgaven als operationele kasstroom of als investeringskasstroom classificeren. Wij zijn van mening dat beide alternatieven verdedigbaar zijn onder de Richtlijnen, waardoor een stelselkeuze bestaat. Deze wordt toegelicht en consistent toegepast.

> **Voorbeeld terugkerende verkopen van materiële vaste activa**
>
> Een rechtspersoon is een leasemaatschappij en verhuurt auto's voor gewoonlijk 3 tot 5 jaar. De lease classificeert als operationele lease voor de lessor. Na afloop van het leasecontract worden de auto's door de leasemaatschappij verkocht aan derden. Gedurende het jaar is voor een bedrag van € 120.000 aan auto's verkocht en ontvangen, de boekwaarde van deze auto's op moment van verkoop bedroeg € 100.000.
>
> De winst-en-verliesrekening over het jaar ziet er (gedeeltelijk) als volgt uit (x €):
>
> | | |
> |---|---:|
> | Netto-omzet (inclusief omzet verkochte auto's) | 1.120.000 |
> | Kostprijs omzet (inclusief boekwaarde verkochte auto's) | 900.000 |
> | Brutomarge | 220.000 |
> | Overige bedrijfsopbrengsten | 0 |
> | Nettoresultaat | 220.000 |
>
> Het kasstroomoverzicht ziet er dan (gedeeltelijk) als volgt uit (x €), uitgaande van de indirecte methode:
>
> | | | |
> |---|---:|---:|
> | Nettoresultaat | 220.000 | |
> | Afname materiële vaste activa | 100.000 | |
> | Kasstroom uit operationele activiteiten | | 320.000 |
> | | | |
> | Desinvesteringen van materiële vaste activa | 0 | |
> | Kasstroom uit investeringsactiviteiten | | 0 |
> | | | |
> | Netto-kasstroom | | 320.000 |
>
> Omdat de verkoop van auto's in deze casus activiteiten in het kader van de gewone bedrijfsuitoefening zijn, zijn de verkoopprijs en de boekwaarde van de verkochte auto's in de winst-en-verliesrekening onder de omzet respectievelijk kostprijs omzet gepresenteerd. Deze wijze van presenteren wordt onder de Richtlijnen aanbevolen en is onder IFRS verplicht.
> In het kasstroomoverzicht wordt de classificatie uit de winst-en-verliesrekening gevolgd door de ontvangen verkoopprijs onder de operationele activiteiten op te nemen. Aangezien de indirecte methode wordt toegepast, dient het nettoresultaat voor een bedrag van +€ 100.000 gecorrigeerd te worden, omdat in het resultaat enkel de boekwinst van € 20.000 is opgenomen en niet de totale kasontvangst (€ 120.000).

Verkoop van activa met boekwinst of -verlies

Bij toepassing van de indirecte methode wordt het als uitgangspunt gerapporteerde resultaat aangepast wanneer hierin een boekresultaat uit hoofde van de desinvestering van activa is begrepen (en deze verkoop tot de investeringsactiviteiten wordt gerekend). Onderstaand voorbeeld toont de verwerking in het kasstroomoverzicht van de verkoop van een gebouw. De verkoop van andere (im)materiële vaste activa en financiële activa wordt op soortgelijke wijze in het kasstroomoverzicht verwerkt. Voor aanvullende voorschriften bij de verkoop van groepsmaatschappijen wordt verwezen naar paragraaf 20.3.6.

> **Voorbeeld verwerking van verkoop gebouw in eigen gebruik in het kasstroomoverzicht**
>
> Een rechtspersoon heeft in de loop van het jaar een gebouw in eigen gebruik verkocht. De boekwaarde was op dat moment € 10 miljoen. De verkoopprijs bedroeg € 12 miljoen en is hetzelfde jaar ontvangen. Er is dus een boekwinst van € 2 miljoen gemaakt.
>
> Het kasstroomoverzicht ziet er dan (gedeeltelijk) als volgt uit (x €), uitgaande van de indirecte methode:
>
> | | | |
> |---|---:|---:|
> | Resultaat | 2.000.000 | |
> | Aanpassing voor boekwinst gebouw | -2.000.000 | |
> | Kasstroom uit operationele activiteiten | | 0 |
> | | | |
> | Desinvesteringen van materiële vaste activa | 12.000.000 | |
> | Kasstroom uit investeringsactiviteiten | | 12.000.000 |
> | | | |
> | Netto-kasstroom | | 12.000.000 |

> De totale kasontvangst uit hoofde van de verkoop van een vast actief wordt afzonderlijk gepresenteerd onder de investeringsactiviteiten (RJ 360.217, IAS 7.16). Daarom dient bij de indirecte methode onder de operationele activiteiten het boekresultaat van het vast actief gecorrigeerd te worden. Het is niet juist de boekwinst onder de operationele activiteiten te laten staan en enkel de gedesinvesteerde boekwaarde van € 10 miljoen onder de investeringsactiviteiten op te nemen, omdat op die wijze niet wordt voldaan aan de eis om de gehele kasstroom van de verkoop afzonderlijk te presenteren onder de investeringsactiviteiten.

Bij de directe methode wordt per definitie geen resultaat gerapporteerd (en is dus geen aanpassing nodig). Enkel de totaal ontvangen verkoopprijs wordt onder de investeringsactiviteiten getoond.

Investeringscrediteuren

Bij toepassing van de indirecte methode wordt het als uitgangspunt gerapporteerde resultaat aangepast voor wijzigingen in werkkapitaal om de kasstroom uit operationele activiteiten te bepalen. Mutaties in schulden aan investeringscrediteuren blijven hierbij buiten beschouwing. Deze crediteuren hebben immers geen betrekking op de operationele activiteiten, maar op de investeringsactiviteiten. Slechts de daadwerkelijke betalingen aan investeringscrediteuren worden onder de investeringsactiviteiten getoond.

> **Voorbeeld presentatie van investeringscrediteuren in het kasstroomoverzicht**
>
> Een startende onderneming heeft in het eerste jaar na oprichting (20x1) uitsluitend uitgaven gedaan om een fabriek te bouwen. Er zijn nog geen verkopen en alle kosten kunnen worden geactiveerd als vervaardigingskosten van de fabriek. Vlak voor de balansdatum (31 december 20x1) zijn enkele machines afgeleverd ter waarde van € 50.000 die na balansdatum worden betaald. Alle andere leveringen zijn reeds betaald.
>
> De balans voor winstbestemming aan het einde van 20x1 bestaat (gedeeltelijk) uit de volgende posten (x €):
>
> | Activa | 20x1 | 20x0 |
> |---|---|---|
> | **Vaste activa** | | |
> | *Materiële vaste activa* | | |
> | Fabriek | 100.000 | 0 |
> | Machines | 50.000 | 0 |
> | **Vlottende activa** | | |
> | Kas | 75.000 | 175.000 |
> | **Totaal activa** | 225.000 | 175.000 |
>
> | Passiva | 20x1 | 20x0 |
> |---|---|---|
> | **Eigen vermogen** | 75.000 | 75.000 |
> | **Langlopende schulden** | | |
> | Lening | 100.000 | 100.000 |
> | **Kortlopende schulden** | | |
> | Crediteuren | 50.000 | 0 |
> | **Totaal passiva** | 225.000 | 175.000 |

> Het kasstroomoverzicht over 20x1 ziet er dan (gedeeltelijk) als volgt uit, uitgaande van de indirecte methode (x €):
>
> | | | | |
> |---|---|---|---|
> | Nettoresultaat | | 0 | |
> | *Veranderingen in het werkkapitaal:* | | | |
> | Toe-/afname handelsdebiteuren | 0 | | |
> | Toe-/afname handelscrediteuren | 0 | | |
> | | | 0 | |
> | Kasstroom uit operationele activiteiten | | | 0 |
> | Investeringen in materiële vaste activa | | -100.000 | |
> | Kasstroom uit investeringsactiviteiten | | | -100.000 |
> | Netto-kasstroom | | | -100.000 |
>
> De mutatie in de post investeringscrediteuren wordt dus niet meegenomen in de mutatie werkkapitaal, want het betreft geen operationele activiteit, maar een investeringsactiviteit. Indien deze wel zou zijn meegenomen, zou een positieve operationele kasstroom van € 50.000 zijn ontstaan en een negatieve investeringskasstroom van € 50.000. Dit zou geen juist beeld geven van de activiteiten van de onderneming in 20x1, aangezien er geen operationele activiteiten hebben plaatsgevonden en de investering in de machines nog niet tot een kasstroom heeft geleid.

Ontvangen overheidssubsidies

Hoofdstuk 35 behandelt de verschijningsvormen van overheidssubsidies en bijbehorende verwerking in de balans en winst-en-verliesrekening. De verwerking van ontvangen overheidssubsidies in het kasstroomoverzicht wordt onder de Richtlijnen noch IFRS eenduidig geadresseerd. IAS 20.28 acht het gepast investeringsuitgaven voor activa en ontvangsten uit gerelateerde investeringssubsidies afzonderlijk in het kasstroomoverzicht te presenteren, ongeacht of de subsidie in de balans in mindering wordt gebracht op het geïnvesteerde bedrag of als overlopend passief wordt opgenomen. Op deze wijze wordt inzicht gegeven in belangrijke bewegingen in de kasstroom van een entiteit.

Nadere uitleg inzake de classificatie van ontvangen overheidssubsidies ontbreekt echter. De classificatie is daarmee afhankelijk van de aard van de subsidie. Wij zijn van mening dat soms meerdere opties verdedigbaar zijn, mits consistent toegepast en afdoende toegelicht. Zo zullen overheidssubsidies bestemd voor de aanschaf van specifieke activa doorgaans onder de investeringskasstroom worden opgenomen. Wordt een overheidssubsidie daarentegen vooral als financieringsfaciliteit of vorm van kredietverlening beschouwd, dan is veeleer sprake van financieringsactiviteiten. Exploitatiesubsidies zullen gewoonlijk onder de operationele activiteiten worden inbegrepen.

Ontvangen vergoeding van verzekeringsmaatschappij

Een ontvangen uitkering van een verzekeringsmaatschappij wegens geleden schade zal veelal als operationele kasstroom classificeren. Wanneer de vergoeding echter nauw samenhangt met schade aan een vast actief, en feitelijk dient om de capaciteit in oorspronkelijke staat terug te brengen, zijn wij van mening dat deze in beginsel als investeringskasstroom dient te worden beschouwd (naar analogie met ontvangsten uit hoofde van desinvesteringen). Een voorbeeld betreft een ontvangen schadevergoeding die wordt aangewend om een afgebrande fabriekshal te herbouwen. Een ontvangen uitkering wegens gederfde inkomsten classificeert daarentegen altijd als operationele kasstroom.

Verschillen Dutch GAAP - IFRS

IFRS kent strengere regels dan de Richtlijnen inzake de classificatie van kasstromen uit hoofde van investeringen in en desinvesteringen van voor verhuur bestemde materiële vaste activa die later in het kader van de normale bedrijfsactiviteiten worden verkocht. IFRS verplicht in dat geval zowel de uitgaven als de ontvangsten onder de operationele activiteiten op te nemen. Onder de Nederlandse regelgeving worden de ontvangsten slechts als operationele kasstroom verwerkt, wanneer de verkoopopbrengsten als netto-omzet worden verantwoord (hetgeen wordt aanbevolen).

Richtlijn 360 kent geen voorschriften met betrekking tot de uitgaven ter verkrijging of vervaardiging van dergelijke activa, waardoor naar onze mening een stelselkeuze bestaat om deze uitgaven als operationele of als investeringskasstroom te verwerken.

Toekomstige regelgeving

De IASB heeft in december 2019 de Exposure Draft (ED) 'General Presentation and Disclosures' gepubliceerd. Hierin worden verschillende voorstellen gedaan teneinde de informatieverschaffing in IFRS-jaarrekeningen te verbeteren. Ten aanzien van het kasstroomoverzicht worden slechts beperkte aanpassingen voorgesteld. De voornaamste betreffen:
- het hanteren van een consistent startpunt indien de kasstroom uit operationele activiteiten volgens de indirecte methode wordt bepaald (zie par. 20.2.3);
- het elimineren van keuzemogelijkheden inzake de classificatie van betaalde en ontvangen interest en dividenden (zie par. 20.2.6);
- het introduceren van nadere voorschriften inzake de classificatie van kasstromen die samenhangen met geassocieerde deelnemingen ('associates') en joint ventures (zie hierna).

De IASB stelt voor om binnen het overzicht van de kasstroom uit investeringsactiviteiten onderscheid te maken tussen 'integrale' en 'niet-integrale' geassocieerde deelnemingen en joint ventures (zoals gedefinieerd in de ED). De kasstromen met betrekking tot deze twee categorieën, zowel uit hoofde van aan- en verkopen als ontvangen dividenden, dienen volgens het voorstel afzonderlijk van elkaar te worden gepresenteerd. Het voorstel om ontvangen dividenden van geassocieerde deelnemingen en joint ventures gewaardeerd volgens de equity-methode als investeringskasstroom te classificeren, geldt voor alle ondernemingen (ongeacht de aard van hun bedrijfsactiviteiten).

De commentaarperiode van de ED is op 30 september 2020 geëindigd. Mede op basis van de ontvangen feedback zal de IASB besluiten of, en zo ja welke, voorstellen (al dan niet in gewijzigde vorm) definitief worden gemaakt, alsmede per wanneer.

20.2.5 Kasstromen uit financieringsactiviteiten

Financieringsactiviteiten betreffen de activiteiten ter financiering van de operationele en investeringsactiviteiten en beïnvloeden de grootte en samenstelling van het eigen vermogen en vreemd vermogen. Voorbeelden van kasstromen uit financieringsactiviteiten zijn (RJ 360.220, IAS 7.17):
- ontvangsten uit hoofde van de uitgifte van aandelen;
- uitgaven ter inkoop van eigen aandelen;
- ontvangsten uit hoofde van opgenomen obligatieleningen, onderhandse leningen, hypothecaire leningen en andere lange- en kortetermijnleningen (zoals bankkrediet voor voorraden);
- uitgaven ter aflossing van leningen.

De IASB vermeldt dat de kasstromen uit financieringsactiviteiten nuttig zijn om te voorspellen in welke mate kapitaalverschaffers van de entiteit beslag zullen leggen op de toekomstige kasstromen (IAS 7.17). Meer voor de hand liggend lijkt echter dat informatie over financieringskasstromen inzicht geeft in de mate waarin de entiteit gebruik heeft gemaakt van externe financiering om aan haar operationele en investeringsbehoeften gedurende de periode te voldoen.

Voor de behandeling van kasstromen uit hoofde van betaalde interest, betaalde dividenden en winstbelastingen wordt verwezen naar paragraaf 20.2.6. Betalingen door lessees uit hoofde van leaseovereenkomsten worden behandeld in paragraaf 20.3.2.

20 Het kasstroomoverzicht

Inkoop van eigen aandelen

Paragraaf 15.3.1 behandelt de verwerving van eigen aandelen. De verkrijgingsprijs van ingekochte eigen aandelen (of certificaten daarvan) mag niet worden geactiveerd, maar dient rechtstreeks op het eigen vermogen in mindering te worden gebracht (art. 2:385 lid 5 BW, IAS 32.33). Hieruit volgt dat uitgaven ter inkoop van eigen aandelen in het kasstroomoverzicht onder de financieringsactiviteiten worden opgenomen (RJ 360.220, IAS 7.17). Dit geldt ook wanneer de eigen aandelen worden ingekocht ten behoeve van op aandelen gebaseerde betalingen die worden afgewikkeld in eigen-vermogensinstrumenten. Immers, alhoewel betalingen aan of uit naam van personeel onder de operationele activiteiten worden geclassificeerd (zie par. 20.2.3), betreft de inkoop van eigen aandelen zelf geen afwikkeling van een transactie tussen de rechtspersoon en het personeel.

Kasstromen uit hoofde van factoring van debiteuren

De Richtlijnen noch IFRS behandelen expliciet de classificatie van ontvangsten uit hoofde van factoring van debiteuren. Wij zijn van mening dat de classificatie in het kasstroomoverzicht in samenhang dient te worden bezien met de vraag wanneer de debiteur van de balans wordt verwijderd. Dit 'derecognition' vraagstuk wordt behandeld in paragraaf 30.3.2.

De initieel van de financiële instelling ontvangen bedragen uit hoofde van factoring worden in het kasstroomoverzicht als financieringskasstroom opgenomen indien de debiteuren op grond van de contractvoorwaarden in de factoringovereenkomst op de balans blijven staan, met daartegenover een financiële verplichting. In feite is dan sprake van een kortetermijnlening. De latere kasontvangst van de klant wordt dan als operationele kasstroom verwerkt, met daartegenover de afname van de financiële verplichting als financieringskasstroom.

Echter, indien de contractvoorwaarden in de factoringsovereenkomst leiden tot het niet langer in de balans opnemen van de debiteuren ('derecognition'), dan worden de ontvangsten van de financiële instelling uit hoofde van factoring opgenomen onder de operationele kasstroom.

20.2.6   Classificatie van interest, dividend en winstbelasting

De kasstromen betreffende interest, dividend en winstbelasting worden in het kasstroomoverzicht op de volgende wijze geclassificeerd (RJ 360.213-214 en 218, IAS 7.31-36).

Schematisch kan de classificatie van interest, dividend en winstbelasting als volgt worden weergegeven:						
	Dutch GAAP van toepassing			**IFRS van toepassing**		
A = aanbevolen O = optie (afhankelijk van de aard en activiteiten van de onderneming)	**Operationeel**	**Investering**	**Financiering**	**Operationeel**	**Investering**	**Financiering**
Betaalde interest	O	O, mits geactiveerd	O	O	O, mits geactiveerd en toegelicht	O
Ontvangen interest	O	O		O	O	
Ontvangen dividend	O	O		O	O	
Betaald dividend	O		A	O		O
Betaalde/ontvangen winstbelasting	O	O, mits toerekenbaar	O, mits toerekenbaar	O	O, mits toerekenbaar	O, mits toerekenbaar

Interest en dividend

IAS 7.31 vereist een consistente wijze van classificatie van kasstromen uit hoofde van interest en dividenden van periode tot periode. Onder de Nederlandse regelgeving geldt eenzelfde eis op grond van het algemene stelselmatigheidsbeginsel (RJ 140.202-203). De voorschriften inzake classificatie van betaalde en ontvangen interest en dividenden zijn grotendeels gelijk in IFRS en de Richtlijnen.

In het kasstroomoverzicht van een financiële instelling worden betaalde en ontvangen interest en ontvangen dividenden normaliter als operationele kasstromen gepresenteerd (RJ 600 Bijlage 1 en RJ 605 Bijlage 1, IAS 7.33).

Bij niet-financiële instellingen kan de betaalde interest hetzij als operationele kasstroom hetzij als financieringskasstroom worden gepresenteerd (RJ 360.213, IAS 7.33). Echter, in afwijking hiervan wordt betaalde interest welke is geactiveerd onder vaste activa onder de Richtlijnen als kasstroom uit investeringsactiviteiten geclassificeerd (RJ 360.218). Op grond van IAS 7.16 zijn wij van mening dat dit onder IFRS ook mogelijk is, al zal dan wel de totaal betaalde interest (inclusief geactiveerde rente) apart moeten worden toegelicht (IAS 7.32).

Zowel onder de Richtlijnen als IFRS bestaat de keuze om ontvangen interest en ontvangen dividenden hetzij als operationele kasstroom hetzij als investeringskasstroom op te nemen (RJ 360.213, IAS 7.33). De RJ beveelt aan om betaalde dividenden onder de financieringsactiviteiten te presenteren, maar staat classificatie als operationele kasstroom ook toe als alternatief (RJ 360.213). Onder IFRS bestaat eenzelfde keuze, maar wordt geen voorkeur uitgesproken (IAS 7.34).

Winstbelastingen

Zowel onder de Richtlijnen als IFRS worden uitgaven en ontvangsten uit hoofde van winstbelastingen opgenomen onder de operationele activiteiten, behalve voor zover zij praktisch toerekenbaar zijn aan investerings- en financieringsactiviteiten (bijvoorbeeld een belastinguitgave in verband met de boekwinst op een verkocht actief) (RJ 360.214, IAS 7.35-36). IFRS voegt hieraan toe dat ingeval de kasstroom uit hoofde van winstbelastingen aan meer dan één activiteit is toegewezen, het totale bedrag van deze kasstroom wordt toegelicht (IAS 7.36).

Afzonderlijke vermelding

IAS 7.31 en IAS 7.35 vereisen afzonderlijke vermelding van kasstromen uit hoofde van ontvangen en betaalde interest en dividenden respectievelijk winstbelastingen. Dit kan door middel van afzonderlijke presentatie in het kasstroomoverzicht, dan wel afzonderlijke vermelding in de toelichting (meestal direct onder het kasstroomoverzicht). Richtlijn 360 beveelt afzonderlijke vermelding aan (RJ 360.202, 216 en RJ 360 Bijlage). Wel is afzonderlijke presentatie vereist van betaalde dividenden aan aandeelhouders van de vennootschap en betaalde dividenden aan minderheidsaandeelhouders, ongeacht of deze uitgaven onder de financieringsactiviteiten of operationele activiteiten zijn opgenomen (RJ 360.213 en 221).

20 Het kasstroomoverzicht

Voorbeeld presentatie van winstbelasting, interest en dividend in het kasstroomoverzicht

De winst-en-verliesrekening over 20x1 van een onderneming ziet er (gedeeltelijk) als volgt uit (x €):

Bedrijfsresultaat	160.000
interestbaten	30.000
interestlasten	(110.000)
Resultaat voor belastingen	80.000
winstbelastingen	(20.000)
aandeel in resultaat deelnemingen	60.000
Resultaat na belastingen	120.000

De balans voor winstbestemming aan het einde van 20x1 bestaat gedeeltelijk uit de volgende posten (x €):

Activa

	20x1	20x0
Vaste activa		
Deelnemingen	140.000	100.000
Vlottende activa		
Nog te ontvangen interest	10.000	15.000
Kas	173.000	50.000
Totaal activa	323.000	165.000

Passiva

	20x1	20x0
Eigen vermogen	278.000	158.000
Kortlopende schulden		
Nog te betalen interest	25.000	0
Nog te betalen winstbelasting	20.000	7.000
Totaal passiva	323.000	165.000

Het kasstroomoverzicht over 20x1 ziet er dan (gedeeltelijk) als volgt uit, onder de indirecte methode (x €):

Resultaat na belastingen			120.000
Aanpassingen voor:			
Interestbaten		-30.000	
Interestlasten		110.000	
Winstbelastingen		20.000	
Aandeel in resultaat deelnemingen		-60.000	
Veranderingen in werkkapitaal:			
Toe-/afname overlopende activa	0		
Toe-/afname overlopende passiva	0		
		0	
Kasstroom uit bedrijfsoperaties			160.000
Ontvangen interest	35.000		
Ontvangen dividend	20.000		
Betaalde interest	-85.000		
Betaalde winstbelasting	-7.000		
		-37.000	
Kasstroom uit operationele activiteiten			123.000
Netto-kasstroom			123.000

In het bovenstaande voorbeeld is de volgende systematiek gehanteerd:
- ▶ het resultaat na belastingen wordt onder de operationele activiteiten gecorrigeerd voor de winstbelastinglast, interestbaten en -lasten en het aandeel in het resultaat deelneming;
- ▶ de veranderingen van het werkkapitaal worden onder de operationele activiteiten opgenomen exclusief de mutaties van de overlopende posten winstbelasting en interest;
- ▶ de betaalde winstbelasting, betaalde interest, ontvangen interest en het ontvangen dividend worden ieder afzonderlijk in het kasstroomoverzicht gepresenteerd.

> Er is niet gekozen voor het alternatief om de winstbelastinglast en interestbaten en -lasten in het gerapporteerde resultaat te laten (en dus niet te corrigeren) en vervolgens de mutaties in de overlopende posten nog te betalen/nog te ontvangen interest en winstbelasting op te nemen. Dit alternatief is ook acceptabel mits de betaalde winstbelasting en ontvangen en betaalde interest afzonderlijk worden vermeld (direct onder het kasstroomoverzicht dan wel elders in de toelichting). Het heeft echter de voorkeur om deze kasstromen afzonderlijk in het kasstroomoverzicht te presenteren (zie bijvoorbeeld RJ 360 Bijlage en Voorbeeld A bij IAS 7).
>
> Verder is in het bovenstaande voorbeeld de mutatie van de balanspost deelnemingen niet in het kasstroomoverzicht verwerkt, want deze bestaat enkel uit het resultaat deelneming (€ 60.000) minus het ontvangen dividend (€ 20.000).
>
> Wanneer het uitgangspunt niet het resultaat na belastingen maar het bedrijfsresultaat betreft (onder IFRS niet toegestaan), ziet het kasstroomoverzicht over 20x1 er (gedeeltelijk) als volgt uit, onder de indirecte methode (x €):
>
> | | | | |
> |---|---|---|---|
> | Bedrijfsresultaat | | | 160.000 |
> | Veranderingen in werkkapitaal: | | | |
> | Toe-/afname overlopende activa | | 0 | |
> | Toe-/afname overlopende passiva | | 0 | |
> | | | | 0 |
> | Kasstroom uit bedrijfsoperaties | | | 160.000 |
> | Ontvangen interest | | 35.000 | |
> | Ontvangen dividend | | 20.000 | |
> | Betaalde interest | | -85.000 | |
> | Betaalde winstbelasting | | -7.000 | |
> | | | | -37.000 |
> | Kasstroom uit operationele activiteiten | | | <u>123.000</u> |
> | Netto-kasstroom | | | <u>123.000</u> |
>
> Indien wordt uitgegaan van het bedrijfsresultaat, is het niet nodig om de winstbelastinglast, interestbaten en -lasten, en het aandeel in het resultaat deelnemingen (of dividendbaten bij waardering van deelnemingen tegen kostprijs) te corrigeren. Vervolgens is de presentatie hetzelfde als hierboven aangegeven.

Verschillen Dutch GAAP - IFRS

Onder de Nederlandse regelgeving wordt betaalde interest welke is geactiveerd onder vaste activa als kasstroom uit investeringsactiviteiten opgenomen. Onder IFRS is dit naar onze mening ook mogelijk, al zal dan wel de totaal betaalde interest (inclusief geactiveerde rente) apart moeten worden toegelicht.

De RJ beveelt aan om betaald dividend onder de financieringsactiviteiten te presenteren, maar staat classificatie als operationele kasstroom eveneens toe als alternatief. Onder IFRS bestaat eenzelfde keuze, maar wordt geen voorkeur uitgesproken.

IFRS eist afzonderlijke vermelding van de betaalde of ontvangen winstbelasting, betaalde en ontvangen interest en betaalde en ontvangen dividenden. De Nederlandse regelgeving beveelt dit slechts aan. Wel eist Richtlijn 360 afzonderlijke presentatie van betaalde dividenden aan aandeelhouders van de vennootschap en betaalde dividenden aan minderheidsaandeelhouders.

Daarnaast eist IFRS dat ingeval de kasstroom uit hoofde van winstbelastingen aan meer dan één activiteit is toegewezen, het totale bedrag van deze kasstroom wordt toegelicht. De Nederlandse regelgeving kent geen soortgelijke eis.

Toekomstige regelgeving

De IASB heeft in december 2019 de Exposure Draft (ED) 'General Presentation and Disclosures' gepubliceerd. Hierin worden verschillende voorstellen gedaan teneinde de informatieverschaffing in IFRS-jaarrekeningen te

verbeteren. Ten aanzien van het kasstroomoverzicht worden slechts beperkte aanpassingen voorgesteld. De voornaamste betreffen:
- het hanteren van een consistent startpunt indien de kasstroom uit operationele activiteiten volgens de indirecte methode wordt bepaald (zie par. 20.2.3);
- het elimineren van keuzemogelijkheden inzake de classificatie van betaalde en ontvangen interest en dividenden (zie hierna);
- het introduceren van nadere voorschriften inzake de classificatie van kasstromen die samenhangen met geassocieerde deelnemingen ('associates') en joint ventures (zie par. 20.2.4).

IFRS biedt ondernemingen momenteel enkele opties voor de classificatie van kasstromen uit hoofde van interest en dividenden. Om de vergelijkbaarheid tussen ondernemingen te vergroten en vanwege gewijzigde inzichten stelt de IASB voor om deze keuzemogelijkheden voor de meeste ondernemingen te verwijderen. Samengevat wordt voorgesteld:
- dat betaalde dividenden altijd onder de financieringsactiviteiten worden opgenomen;
- dat sommige ondernemingen betaalde interest, ontvangen interest en ontvangen dividenden (m.u.v. dividenden van geassocieerde deelnemingen en joint ventures gewaardeerd volgens de equity-methode) onder de operationele, investerings- of financieringsactiviteiten opnemen afhankelijk van de classificatie van de baten of lasten in de winst-en-verliesrekening:
  - Indien de gerelateerde baten of lasten (bijvoorbeeld interestlasten) in de winst-en-verliesrekening in één enkele categorie worden verwerkt, dan worden de kasstromen (bijvoorbeeld betaalde interest) in de corresponderende categorie van het kasstroomoverzicht verwerkt.
  - Indien de gerelateerde baten of lasten in de winst-en-verliesrekening in meerdere categorieën worden verwerkt (bijvoorbeeld omdat niet alle investeringen in het kader van de hoofdactiviteiten plaatsvinden), dan kiest de onderneming voor de kasstromen (bijvoorbeeld ontvangen dividenden) één van de corresponderende categorieën van het kasstroomoverzicht (de kasstromen worden dus niet op overeenkomstige wijze gesplitst);
- dat alle andere ondernemingen betaalde interest, ongeacht of deze wordt geactiveerd, onder de financieringsactiviteiten opnemen en ontvangen interest en ontvangen dividenden onder de investeringsactiviteiten.

De voorstellen onder het tweede punt hierboven gelden alleen voor ondernemingen die als een hoofdactiviteit financiering aan klanten verschaffen (zoals banken) of die in het kader van hun hoofdactiviteiten investeren in activa die individueel en grotendeels onafhankelijk van de andere middelen van de onderneming rendement genereren (zoals beleggingsentiteiten en verzekeraars).

De commentaarperiode van de ED is op 30 september 2020 geëindigd. Mede op basis van de ontvangen feedback zal de IASB besluiten of, en zo ja welke, voorstellen (al dan niet in gewijzigde vorm) definitief worden gemaakt, alsmede per wanneer.

20.3 Bijzondere verwerkingselementen

Achtereenvolgens komen als bijzondere verwerkingselementen de volgende onderwerpen aan bod:
- samengestelde transacties en transacties zonder ruil van geldmiddelen;
- leasing;
- herwaardering van activa;
- derivaten;
- vreemde valuta;
- aan- en verkoop deelnemingen;
- bijzondere baten en lasten.

20.3.1 Samengestelde transacties en transacties zonder ruil van geldmiddelen

Samengestelde transacties ('package deals') zijn de verbonden overeenkomsten met één of meer derden als wederpartij, waarbij goederen, dan wel andere rechten en/of verplichtingen tezamen worden verworven en/of vervreemd eventueel met een toebetaling in geld door of aan de wederpartij. Kenmerkend hierbij is dat er per afzonderlijke transactie veelal geen economisch evenwicht bestaat tussen prestatie en tegenprestatie, zodat de afzonderlijke transactie niet zou zijn afgesloten; voor het samenstel van transacties bestaat echter wel evenwicht tussen de totaliteit van de prestaties en de totaliteit van de tegenprestaties (RJ 190.401). RJ 190.403 bevat enkele voorbeelden. In de jaarrekening worden samengestelde transacties verwerkt door de afzonderlijke activa en/of passiva die erbij zijn betrokken op hun reële waarde te waarderen (RJ 190.404).

Transacties zonder ruil van geldmiddelen doen zich voor als een actief wordt verworven of een verplichting wordt nagekomen zonder dat (vooralsnog) betaling plaatsvindt, of als een prestatie wordt geleverd zonder dat (vooralsnog) een ontvangst plaatsvindt. De RJ noemt enkele voorbeelden van dergelijke transacties (RJ 360.206):
- de verwerving van materiële vaste activa onder een financieel leasecontract;
- de verwerving van deelnemingen door middel van uitgifte van aandelen;
- de omzetting van vreemd vermogen in eigen vermogen bij een converteerbare obligatielening;
- de uitkering van stockdividend.

Ook ruiltransacties ('barter transactions') vallen hieronder. Hierbij worden goederen en/of diensten tegen elkaar geruild zonder dat er sprake is van geldstromen (bijvoorbeeld een autodealer levert een auto aan een reclamebureau in ruil voor bepaalde advertentieruimte).

De Richtlijnen bepalen dat samengestelde transacties en transacties waarbij geen ruil van geldmiddelen plaatsvindt, niet naar hun samenstellende bestanddelen in het kasstroomoverzicht worden opgenomen. Wel moeten de aard en de samenstellende bestanddelen van dergelijke transacties in de toelichting worden vermeld (RJ 360.206).

IFRS kent soortgelijke bepalingen. IAS 7 maakt geen onderscheid tussen samengestelde transacties en transacties zonder ruil van geldmiddelen, maar spreekt van 'non-cash' transacties, waarbij IAS 7.44 enkele soortgelijke voorbeelden noemt als RJ 360.206 hierboven. 'Non-cash' transacties worden niet in het kasstroomoverzicht opgenomen, maar elders in de jaarrekening toegelicht op een manier die de relevante informatie over deze activiteiten verschaft (IAS 7.43).

Uit het bovenstaande blijkt dat zowel onder de Richtlijnen als IFRS posten die gedurende het boekjaar geen kasstroom tot gevolg hebben niet in het kasstroomoverzicht worden opgenomen. Immers, opname van 'non-cash items' kan tot een verkeerde inschatting van de kasstromen leiden bij de gebruiker van de jaarrekening. Hoogstens kunnen dergelijke posten bij toepassing van de indirecte methode in het overzicht van de kasstroom uit operationele activiteiten tot uiting komen, als aanpassing op het als uitgangspunt gerapporteerde resultaat.

In het vervolg van dit hoofdstuk komen enkele voorbeelden van 'non-cash' transacties nader aan bod, zoals de verwerving van een actief onder een leasecontract (zie par. 20.3.2), de herwaardering van een actief (zie par. 20.3.3) en de aankoop van een deelneming die deels zonder ruil van geldmiddelen plaatsvindt (zie par. 20.3.6).

20.3.2 Leasing

Met de invoering van IFRS 16 'Leases' is onder IFRS voor lessees het onderscheid tussen financiële en operationele leases komen te vervallen en worden vrijwel alle leases op de balans verantwoord. Onder de Richtlijnen blijft voor lessees echter sprake van een onderscheid tussen financiële en operationele leases, al biedt RJ 292.101 de mogelijkheid om de bepalingen van IFRS 16 te hanteren (mits integraal en consistent toegepast). Voor een uitgebreide behandeling wordt verwezen naar hoofdstuk 32. In deze paragraaf wordt enkel ingegaan op de verwerking van leases in het kasstroomoverzicht.

Richtlijnen

De verwerving van een actief onder een financieel leasecontract betreft een transactie zonder ruil van geldmiddelen (zie par. 20.3.1). Immers, bij aanvang van de lease neemt de lessee het actief op onder gelijktijdige boeking van een leaseverplichting – er zijn dus geen kasstromen. In het kasstroomoverzicht worden derhalve geen bedragen opgenomen (tenzij, en voor zover, daadwerkelijk betalingen hebben plaatsgevonden, bijvoorbeeld voor initiële directe kosten). Bij het aangaan van het leasecontract moet in de toelichting worden aangegeven voor welke bedragen uit dien hoofde activa en leaseverplichtingen wel in de balans zijn opgenomen, maar niet in het kasstroomoverzicht (RJ 360.206-207).

De (periodieke) betalingen van leasetermijnen horen daarentegen wel in het kasstroomoverzicht thuis. Het aflossingsdeel van de financiële leasetermijn wordt opgenomen als kasstroom uit financieringsactiviteiten (RJ 360.207). Het interestdeel van de financiële leasetermijn wordt conform de stelselkeuze voor betaalde interest gepresenteerd (zie par. 20.2.6) (RJ 360.207).

Voorbeeld verwerking financieel leasecontract in het kasstroomoverzicht

Een onderneming sluit als lessee eind 20x1 een financieel leasecontract inzake een machine. De reële waarde van de machine bedraagt op dat moment € 1.000.000 en er zijn geen initiële directe kosten. In 20x2 wordt uit hoofde van dit leasecontract een leasetermijn betaald van € 200.000. Hiervan is € 50.000 te beschouwen als een interestdeel en € 150.000 als een aflossingsdeel. De onderneming classificeert betaalde interest als kasstromen uit operationele activiteiten (stelselkeuze).

Bij aanvang van de lease in 20x1 worden geen bedragen opgenomen in het kasstroomoverzicht.

In de toelichting op het kasstroomoverzicht over 20x1 wordt de volgende informatie opgenomen:

In het boekjaar is een financieel leasecontract afgesloten voor een machine. Uit dien hoofde zijn in de geconsolideerde balans voor een bedrag van € 1.000.000 een actief en een leaseverplichting opgenomen onder respectievelijk de materiële vaste activa en de langlopende schulden.

Het kasstroomoverzicht over 20x2 ziet er dan (gedeeltelijk) als volgt uit (x €):
Kasstroom uit operationele activiteiten	-50.000
Kasstroom uit financieringsactiviteiten	-150.000
Netto-kasstroom	-200.000

Ontvangsten uit hoofde van een 'sale and financial leaseback'-transactie (als verkoper/lessee) worden gepresenteerd als kasstromen uit hoofde van financieringsactiviteiten (RJ 360.207).

Operationele leasing leidt in het kasstroomoverzicht van de lessee tot verwerking van de (periodieke) leasetermijnbetalingen als operationele kasstromen (RJ 360.209).

IFRS

Zoals hierboven vermeld, kent IFRS 16 geen classificatiemodel (d.w.z. onderscheid tussen financiële of operationele leases) voor lessees. Met uitzondering van leases met een looptijd korter dan één jaar en leases van 'activa van lage waarde', wordt bij aanvang van de lease een actief verantwoord vanwege het recht op gebruik van het actief ('right-of-use asset'). Tegelijkertijd neemt de lessee een verplichting op voor de toekomstige leasebetalingen. Zowel het actief als de verplichting worden gewaardeerd op de contante waarde van de toekomstige leasebetalingen. Variabele betalingen die niet afhankelijk zijn van een index of tarief worden echter niet in de leaseverplichting opgenomen (tenzij deze 'in substance' vast zijn). Zie verder hoofdstuk 32.

De verwerkingswijze in het kasstroomoverzicht van leases waar de lessee bij aanvang een gebruiksrecht en leaseverplichting in de balans opneemt onder IFRS 16, is vergelijkbaar met de verwerkingswijze van financiële leases onder de Richtlijnen. Bij aanvang van de lease neemt de lessee geen bedragen op in het kasstroomoverzicht (tenzij, en voor zover, daadwerkelijk betalingen hebben plaatsgevonden, bijvoorbeeld voor initiële directe kosten). IFRS 16.50 bepaalt dat aflossingen van de leaseverplichting worden gepresenteerd als kasstromen uit financieringsactiviteiten en betalingen voor het interestdeel van de leasebetalingen conform de stelselkeuze onder IAS 7 voor betaalde interest (zie par. 20.2.6).

Betalingen voor kortetermijnleases en leases met een lage waarde, evenals variabele leasebetalingen die niet in de leaseverplichting zijn opgenomen, worden gepresenteerd als kasstromen uit operationele activiteiten (IFRS 16.50).

Verschillen Dutch GAAP - IFRS

IFRS kent in tegenstelling tot de Richtlijnen geen classificatiemodel voor lessees. Als gevolg worden onder IFRS vrijwel alle leases op de balans verantwoord; alleen kortetermijnleases en leases met een lage waarde zijn uitgezonderd. Alhoewel de verwerkingswijze in het kasstroomoverzicht vergelijkbaar is met de verwerkingswijze van financiële leases onder de Richtlijnen, zal onder IFRS naar verhouding veelal sprake zijn van een hogere operationele kasstroom (minder operationele kasuitstromen) en een lagere financieringskasstroom (meer financiële kasuitstromen). Immers, onder de Richtlijnen worden (alle) betalingen voor leases die als operationele lease classificeren als kasstromen uit operationele activiteiten aangemerkt.

20.3.3 Herwaardering van activa

De Richtlijnen vermelden expliciet dat herwaarderingen van activa, evenals ongerealiseerde koers- en omrekeningsverschillen, niet als (fictieve) kasstromen in het kasstroomoverzicht worden opgenomen (RJ 360.205). In IAS 7 worden herwaarderingen van activa niet apart behandeld. Wel vermeldt IAS 7.28 dat ongerealiseerde koersverschillen die voortvloeien uit wisselkoerswijzigingen geen kasstromen zijn. Deze dienen dan ook niet als zodanig in het kasstroomoverzicht te worden opgenomen. Voor herwaarderingen van activa geldt evengoed dat deze geen kasstroom tot gevolg hebben.

20 Het kasstroomoverzicht

> **Voorbeeld herwaardering van gebouw in het kasstroomoverzicht**
>
> Een rechtspersoon waardeert haar gebouwen tegen actuele waarde en uit een recent taxatierapport blijkt dat de waarde gedurende het jaar met € 500.000 is gestegen ten opzichte van eind vorig jaar. Omdat het een vastgoedbelegging betreft, is deze waardestijging direct verwerkt in de winst-en-verliesrekening en vervolgens in de herwaarderingsreserve opgenomen.
>
> Het kasstroomoverzicht ziet er dan (gedeeltelijk) als volgt uit, uitgaande van de indirecte methode (x €):
>
> | | |
> |---|---:|
> | Resultaat | 500.000 |
> | Aanpassing voor niet-gerealiseerde waardeverandering | -500.000 |
> | Kasstroom uit operationele activiteiten | 0 |
> | Netto-kasstroom | 0 |
>
> Het presenteren van de herwaardering als investerings- of financieringsactiviteit is niet juist, omdat de herwaardering geen kasstroom tot gevolg heeft.
> Bij de directe methode komt de waardeverandering geheel niet in het kasstroomoverzicht voor, want een aanpassing van het gerapporteerde resultaat is dan niet aan de orde.
> Ingeval sprake is van een gebouw in eigen gebruik waarbij de herwaardering direct in het eigen vermogen wordt verwerkt, is de waardeverandering ook bij de indirecte methode niet zichtbaar in het kasstroomoverzicht. Immers, de herwaardering is dan niet begrepen in het gerapporteerde resultaat en derhalve is geen aanpassing nodig.

20.3.4 Derivaten

Derivaten kunnen voor verschillende doeleinden worden aangehouden. Voorbeelden van derivaten betreffen termijncontracten, opties, rente- en valutaswaps en dergelijke. Voor een uitgebreide behandeling wordt verwezen naar hoofdstuk 31. In het kasstroomoverzicht kunnen kasstromen uit hoofde van derivaten afhankelijk van de omstandigheden onder de operationele, investerings- of financieringsactiviteiten worden opgenomen.

Kasstromen uit hoofde van derivaten die worden aangehouden voor handelsdoeleinden, maken onderdeel uit van de operationele activiteiten (zie par. 20.2.3). IAS 7.16 geeft aan dat kasstromen uit hoofde van derivaten die niet worden aangehouden voor handelsdoeleinden, in beginsel als investeringsactiviteiten classificeren, tenzij sprake is van financieringsactiviteiten. Dit is anders wanneer sprake is van derivaten die worden aangehouden ter afdekking van een positie, zoals een renteswap van variabel naar vast om het renterisico op een lening met variabele rente af te dekken. Ongeacht of wel of geen hedge accounting wordt toegepast, bepalen zowel de Richtlijnen als IFRS dat indien sprake is van een hedge, de kasstromen uit hoofde van het hedge-instrument op dezelfde wijze worden geclassificeerd als de kasstromen die samenhangen met de afgedekte positie (RJ 360.204, IAS 7.16 en IFRS 9. IG.G.2).

20.3.5 Vreemde valuta

Indien transacties plaatsvinden in vreemde valuta is omrekening van de daarmee samenhangende kasstromen naar de eigen functionele valuta noodzakelijk. De Richtlijnen bepalen dat de omrekening van kasstromen in vreemde valuta plaatsvindt tegen de koers op het moment van de transactie, dan wel tegen een gemiddelde koers indien dit niet tot materiële verschillen leidt met de koers op transactiedatum (RJ 360.203 en in lijn met RJ 122). De Richtlijnen geven verder expliciet aan dat indien de indirecte methode wordt toegepast, de kasstromen uit operationele activiteiten mogen worden omgerekend tegen dezelfde koers die wordt gebruikt bij de omrekening van de winst-en-verliesrekening (RJ 360.203). IAS 7 geeft aan dat kasstromen die luiden in vreemde valuta worden omgerekend tegen de koers op de datum van de kasstroom (IAS 7.25). De werkelijke koersen mogen om praktische redenen worden benaderd met behulp van gemiddelde koersen, tenzij wisselkoersen aanzienlijk fluctueren (IAS 7.27). Voorkomende gevallen dat de gemiddelde koers niet gebruikt kan worden, zijn bijvoorbeeld situaties waarbij omvangrijke (des)investeringen of opnames/aflossingen van financiering van incidentele aard plaatsvinden op een moment dat de transactiekoers materieel afwijkt van de gemiddelde koers.

Bovenstaande is ook van toepassing op kasstromen van buitenlandse groepsmaatschappijen. Dit betekent dat de omrekening van deze kasstromen niet tegen eindkoers plaatsvindt (IAS 7.26-27). De mutatie van de reserve omrekeningsverschillen deelnemingen is geen kasstroom en wordt dan ook niet in het kasstroomoverzicht opgenomen.

Bij toepassing van de indirecte methode dienen gerealiseerde koers- en omrekeningsverschillen die zijn ontstaan bij de afwikkeling van investerings- en financieringstransacties in vreemde valuta en die zijn opgenomen in het als uitgangspunt gerapporteerde resultaat, hierop gecorrigeerd te worden. Deze gerealiseerde koers- en omrekeningsverschillen maken onderdeel uit van de kasstroom uit investerings- dan wel financieringsactiviteiten. Een voorbeeld betreft de aankoop van een materieel vast actief in dollars, terwijl de functionele valuta de euro betreft. In de balans wordt het actief tegen de koers op moment van aankoop verwerkt. Het koersverschil bij betaling van de crediteur wordt als onderdeel van de investeringskasstroom opgenomen. Zodoende kan een verschil bestaan tussen het investeringsbedrag in het verloopoverzicht van de materiële vaste activa en het investeringsbedrag in het kasstroomoverzicht.

Ongerealiseerde koers- en omrekeningsverschillen zijn geen kasstromen en worden niet in het kasstroomoverzicht opgenomen (RJ 360.205, IAS 7.28). Een voorbeeld betreft de omrekening van handelsvorderingen of -schulden tegen de koers op balansdatum. Bij toepassing van de indirecte methode kan derhalve een correctie voor ongerealiseerde koersresultaten benodigd zijn:
▶ Indien in het gerapporteerde resultaat ongerealiseerde koers- en omrekeningsverschillen zijn opgenomen die betrekking hebben op operationele transacties, is geen correctie benodigd. Immers, deze ongerealiseerde koersresultaten worden reeds geëlimineerd door aanpassing van het gerapporteerde resultaat voor veranderingen in werkkapitaal. Als alternatief is het mogelijk de ongerealiseerde koers- en omrekeningsverschillen wel op het gerapporteerde resultaat te corrigeren. In dat geval dient deze ongerealiseerde omrekening echter buiten beschouwing te blijven bij bepaling van de veranderingen in werkkapitaal.
▶ Indien ongerealiseerde koers- en omrekeningsverschillen die betrekking hebben op operationele transacties, niet zijn opgenomen in het gerapporteerde resultaat (wanneer onder de Nederlandse regelgeving het bedrijfsresultaat als uitgangspunt wordt gekozen), dient bij aanpassing van het gerapporteerde resultaat voor veranderingen in werkkapitaal de verandering als gevolg van de ongerealiseerde omrekening buiten beschouwing te blijven.
▶ Indien in het gerapporteerde resultaat ongerealiseerde koers- en omrekeningsverschillen zijn opgenomen die betrekking hebben op investerings- of financieringstransacties, dienen deze op dit resultaat gecorrigeerd te worden (net als bij gerealiseerde koers- en omrekeningsverschillen). Het gerapporteerde resultaat wordt niet aangepast voor veranderingen in werkkapitaal die met deze activiteiten samenhangen. Onder de kasstromen uit investerings- en financieringsactiviteiten worden enkel de daadwerkelijke kas in- en uitstromen opgenomen en daarmee dus niet de ongerealiseerde koers- en omrekeningsverschillen.

Bovenstaande punten worden nader geïllustreerd in de voorbeelden hierna.

20 Het kasstroomoverzicht

Voorbeeld ongerealiseerde koers- en omrekeningsverschillen (bij operationele activiteiten)

Een rechtspersoon heeft de euro als functionele valuta. De bedrijfsopbrengsten gedurende het jaar bedragen € 200.000 en de bedrijfskosten € 130.000. Van deze opbrengsten wordt de helft in hetzelfde jaar ontvangen. De toename van de debiteuren bedraagt € 110.000, waarvan € 100.000 als gevolg van verkopen en € 10.000 als gevolg van de omrekening van debiteuren in vreemde valuta tegen slotkoers. De bedrijfskosten zijn geheel in het jaar voldaan. De winstbelastingen zijn nog niet betaald.

De winst-en-verliesrekening over het jaar van de onderneming ziet er (gedeeltelijk) als volgt uit (x €):

Bedrijfsresultaat	70.000
Koersresultaat	10.000
Resultaat voor belastingen	80.000
Belastingen	20.000
Resultaat na belastingen	60.000

Scenario A:
Indien het resultaat voor belastingen als uitgangspunt wordt gekozen (toegestaan onder zowel de Richtlijnen als IFRS), ziet het kasstroomoverzicht er (gedeeltelijk) als volgt uit, uitgaande van de indirecte methode (x €):

Resultaat voor belastingen	80.000
Veranderingen in werkkapitaal:	
Toe-/afname debiteuren	-110.000
Kasstroom uit operationele activiteiten	-30.000
Netto-kasstroom	-30.000

In dit scenario is geen correctie voor het ongerealiseerde koersresultaat van € 10.000 benodigd, omdat dit reeds wordt geëlimineerd door aanpassing van het gerapporteerde resultaat voor de toename debiteuren van € 110.000.

Alternatief:
Als alternatief is mogelijk het ongerealiseerde koersresultaat van € 10.000 wel op het gerapporteerde resultaat te corrigeren. De verandering in werkkapitaal als gevolg van deze ongerealiseerde omrekening (€ 10.000 van € 110.000 toename debiteuren) dient in dat geval echter buiten beschouwing te blijven.

Resultaat voor belastingen	80.000
Aanpassingen voor:	
Koersresultaat	-10.000
Veranderingen in werkkapitaal:	
Toe-/afname debiteuren	-100.000
Kasstroom uit operationele activiteiten	-30.000
Netto-kasstroom	-30.000

Scenario B:
Indien het bedrijfsresultaat als uitgangspunt wordt gekozen (aanbevolen onder de Richtlijnen, niet toegestaan onder IFRS), ziet het kasstroomoverzicht er (gedeeltelijk) als volgt uit, uitgaande van de indirecte methode (x €):

Bedrijfsresultaat	70.000
Veranderingen in werkkapitaal:	
Toe-/afname debiteuren	-100.000
Kasstroom uit operationele activiteiten	-30.000
Netto-kasstroom	-30.000

In dit scenario dient bij aanpassing van het gerapporteerde resultaat voor veranderingen in werkkapitaal de verandering als gevolg van het ongerealiseerde koersresultaat (€ 10.000 van € 110.000 toename debiteuren) buiten beschouwing te blijven.

> **Voorbeeld ongerealiseerde koers- en omrekeningsverschillen (bij investerings- of financieringsactiviteiten)**
>
> Een nieuw opgerichte rechtspersoon heeft de euro als functionele valuta en koopt een machine voor USD 110.000. De wisselkoers op moment van aankoop bedraagt € 1 = USD 1,1. De crediteur wordt pas in het volgende boekjaar betaald. Op balansdatum bedraagt de wisselkoers € 1 = USD 1. Het ongerealiseerde koersresultaat per balansdatum bedraagt -€ 10.000.
>
> De winst-en-verliesrekening van de onderneming ziet er (gedeeltelijk) als volgt uit (x €):
>
> | | |
> |---|---:|
> | Bedrijfsresultaat | 0 |
> | Koersresultaat | -10.000 |
> | Resultaat voor belastingen | -10.000 |
> | Belastingen | 2.500 |
> | Resultaat na belastingen | -7.500 |
>
> **Scenario A:**
> Indien het resultaat voor belastingen als uitgangspunt wordt gekozen (toegestaan onder zowel de Richtlijnen als IFRS), ziet het kasstroomoverzicht er (gedeeltelijk) als volgt uit, uitgaande van de indirecte methode (x €):
>
> | | |
> |---|---:|
> | Resultaat voor belastingen | -10.000 |
> | *Aanpassingen voor:* | |
> | Koersresultaat | 10.000 |
> | *Veranderingen in werkkapitaal:* | |
> | Toe/afname crediteuren | 0 |
> | Kasstroom uit operationele activiteiten | 0 |
> | Kasstroom uit investeringsactiviteiten | 0 |
> | Netto-kasstroom | 0 |
>
> In dit scenario is een correctie voor het ongerealiseerde koersresultaat van -€ 10.000 benodigd, omdat dit is opgenomen in het gerapporteerde resultaat maar geen betrekking heeft op de operationele activiteiten. De toename van de crediteuren met € 100.000 blijft buiten beschouwing omdat het om investeringscrediteuren gaat (zie par. 20.2.4). Enkel de werkelijk gedane betalingen aan investeringscrediteuren worden onder de investeringsactiviteiten gepresenteerd. Daar is hier geen sprake van (immers, betaling in volgend boekjaar).
>
> **Scenario B:**
> Indien het bedrijfsresultaat als uitgangspunt wordt gekozen (aanbevolen onder de Richtlijnen, niet toegestaan onder IFRS), ziet het kasstroomoverzicht er (gedeeltelijk) als volgt uit, uitgaande van de indirecte methode (x €):
>
> | | |
> |---|---:|
> | Bedrijfsresultaat | 0 |
> | *Aanpassingen voor:* | |
> | Koersresultaat | 0 |
> | *Veranderingen in werkkapitaal:* | |
> | Toe/afname crediteuren | 0 |
> | Kasstroom uit operationele activiteiten | 0 |
> | Kasstroom uit investeringsactiviteiten | 0 |
> | Netto-kasstroom | 0 |
>
> In dit scenario is geen correctie voor het ongerealiseerde koersresultaat (dat betrekking heeft op de investeringsactiviteiten) benodigd, omdat dit niet in het gerapporteerde resultaat is opgenomen. Met betrekking tot de toename van de crediteuren geldt hetzelfde als onder scenario A.

Ondanks het verbod ongerealiseerde koers- en omrekeningsverschillen op te nemen, dienen onderaan het kasstroomoverzicht wel de gevolgen van koerswijzigingen op geldmiddelen in vreemde valuta te worden gepresenteerd, teneinde een aansluiting te bieden tussen de geldmiddelen aan het begin en aan het einde van de periode. Deze ongerealiseerde koers- en omrekeningsverschillen op geldmiddelen worden dus apart van de kasstromen uit operationele, investerings- en financieringsactiviteiten weergegeven (RJ 360.203, IAS 7.28). Een voorbeeld van een volledig kasstroomoverzicht is opgenomen aan het einde van paragraaf 20.2.3.

Voor een nadere behandeling van vreemde valuta in het kasstroomoverzicht wordt tevens verwezen naar paragraaf 27.4.5.

20.3.6 Aan- en verkoop deelnemingen

Richtlijn 360 geeft aan dat indien deelnemingen (al dan niet gedeeltelijk) worden gekocht of verkocht, de aankoopprijs respectievelijk verkoopprijs als onderdeel van de investeringen in, respectievelijk desinvesteringen van, financiële vaste activa of groepsmaatschappijen wordt opgenomen in het kasstroomoverzicht (onder de investeringsactiviteiten). Specifiek wordt opgemerkt dat indien een onderneming wordt verworven of afgestoten door middel van een activa/passiva-transactie, er op vergelijkbare wijze wordt gehandeld. Wijzigingen in activa en passiva als gevolg van nieuwe of vervallen consolidaties worden dan ook niet als kasstromen uit hoofde van die activa en passiva gepresenteerd. Evenmin wordt de voor de deelneming betaalde goodwill afzonderlijk in het kasstroomoverzicht opgenomen (RJ 360.219).

Onder IFRS worden de totale kasstromen die voortvloeien uit het verkrijgen of verliezen van feitelijke zeggenschap ('control') over groepsmaatschappijen ('subsidiaries and other businesses') eveneens afzonderlijk gepresenteerd in het kasstroomoverzicht, en opgenomen onder de investeringsactiviteiten (IAS 7.39). Kasstromen die voortkomen uit wijzigingen in belangen in groepsmaatschappijen maar niet tot een verlies van zeggenschap leiden (d.w.z. aan- en verkoop van aandeel derden), classificeren onder IFRS in tegenstelling tot de Richtlijnen echter als kasstromen uit financieringsactiviteiten, tenzij de betrokken groepsmaatschappij in handen is van een beleggingsentiteit (zoals gedefinieerd in IFRS 10, zie par. 23.6.4) en wordt gewaardeerd tegen reële waarde met verwerking van waardeveranderingen in de winst-en-verliesrekening (IAS 7.42A en 42B). Kasstromen uit hoofde van aan- en verkopen van geassocieerde deelnemingen ('associates') en joint ventures worden onder de investeringsactiviteiten opgenomen.

Tussen de Richtlijnen en IFRS bestaan enkele verschillen inzake betalingen uit hoofde van earn-out regelingen en direct toerekenbare acquisitiekosten. Voor zover de daadwerkelijke betaling het bedrag van de earn-out verplichting op acquisitiedatum overstijgt, wordt deze onder de Richtlijnen als investeringsactiviteit en onder IFRS als operationele activiteit geclassificeerd. Betalingen tot het bedrag van de earn-out verplichting op acquisitiedatum worden onder de Richtlijnen en IFRS gewoonlijk als investeringsactiviteit geclassificeerd. Enkel wanneer duidelijk sprake is van een financieringselement, kan verwerking als financieringskasstroom aan de orde zijn.

Kosten die direct toerekenbaar zijn aan een overname ('business combination') maken onder de Richtlijnen deel uit van de verkrijgingsprijs, terwijl deze onder IFRS in de winst-en-verliesrekening worden verwerkt (zie par. 25.2.4). Overeenkomstig worden de uitgaven die met deze kosten samenhangen onder de Richtlijnen in de investeringskasstroom opgenomen, terwijl deze onder IFRS deel uitmaken van de operationele kasstroom.

Wanneer sprake is van nieuwe of vervallen consolidaties (d.w.z. bij verkrijging of verlies van feitelijke zeggenschap), is een correctie benodigd indien in de betreffende groepsmaatschappij geldmiddelen aanwezig zijn. Immers, de betaalde aankoopprijs respectievelijk ontvangen verkoopprijs is dan niet gelijk aan de wijziging in geldmiddelen. Zowel onder de Richtlijnen als onder IFRS worden de aanwezige geldmiddelen op de betaalde aankoopprijs of ontvangen verkoopprijs in mindering gebracht (RJ 360.219, IAS 7.42). Bij de aan- of verkoop van niet-geconsolideerde deelnemingen is geen correctie nodig, omdat de hierin aanwezige geldmiddelen niet (als dusdanig) nieuw in de consolidatie worden opgenomen respectievelijk uit de consolidatie worden verwijderd.

Wanneer de aan- of verkoop van een groepsmaatschappij niet in geldmiddelen is voldaan, maar door bijvoorbeeld de uitgifte van aandelen, wordt de koopsom (ofwel de waarde van de uitgegeven aandelen) niet in het kasstroomoverzicht opgenomen (ook niet onder de financieringsactiviteiten), omdat deze geen kasstroom tot gevolg heeft. Onder de kasstroom uit investeringsactiviteiten worden dan enkel de in de verkregen of verkochte groepsmaatschappij aanwezige geldmiddelen opgenomen. Wel dient een dergelijke transactie waarbij (deels) geen ruil van geldmiddelen plaatsvindt, te worden toegelicht (RJ 360.206, IAS 7.40 en 43).

Hieronder wordt een voorbeeld gegeven van de verwerking van de aankoop van een groepsmaatschappij in het kasstroomoverzicht. De verkoop van een groepsmaatschappij wordt op soortgelijke wijze verwerkt, waarbij onder de indirecte methode eerst het boekresultaat bij verkoop gecorrigeerd wordt in het overzicht van de kasstroom uit operationele activiteiten; ook hiervan is een voorbeeld opgenomen.

Voorbeeld verwerking aankoop groepsmaatschappij in kasstroomoverzicht

Een rechtspersoon koopt een 100%-groepsmaatschappij X voor een bedrag van € 590.000. Hiermee verkrijgt de rechtspersoon de feitelijke zeggenschap ('control') over deze maatschappij. Een deel van de aankoopprijs is voldaan door de uitgifte van converteerbare obligaties aan de verkoper voor een bedrag van € 340.000; het restant is betaald uit aanwezige kasmiddelen.

De verkorte overnamebalans luidt (in €):

Materiële vaste activa	560.000	Eigen vermogen	490.000
Voorraden	90.000		
Vorderingen	100.000	Langlopende schulden	200.000
Liquide middelen	40.000	Kortlopende schulden	100.000
	790.000		790.000

Het geconsolideerde (gedeeltelijke) kasstroomoverzicht ziet er dan zowel onder de Richtlijnen als onder IFRS als volgt uit (in €):

Kasstroom uit investeringsactiviteiten	-210.000
Kasstroom uit financieringsactiviteiten	0
Netto-kasstroom	-210.000

De uitgifte van converteerbare obligaties aan de verkoper is niet verwerkt in het kasstroomoverzicht, omdat deze geen kasstroom tot gevolg heeft. Dit 'non-cash' deel van de transactie dient wel te worden toegelicht. Voor een voorbeeld van deze toelichting, zie paragraaf 20.4.1.
Onder de kasstroom uit investeringsactiviteiten is enkel de daadwerkelijke betaling aan de verkoper opgenomen, gecorrigeerd voor de op overnamedatum in de groepsmaatschappij aanwezige geldmiddelen (€ 250.000 -/- € 40.000).

Voorbeeld verwerking verkoop groepsmaatschappij in kasstroomoverzicht

Een rechtspersoon verkoopt een 70%-groepsmaatschappij Y voor een bedrag van € 3.000.000. Hiermee verliest de rechtspersoon de feitelijke zeggenschap ('control') over deze maatschappij. De verkoopprijs wordt gedeeltelijk voor balansdatum (€ 2.500.000) en gedeeltelijk na balansdatum (€ 500.000) in cash ontvangen. Op het moment van verkoop had de 70%-groepsmaatschappij € 250.000 aan liquide middelen op de balans. Het boekresultaat bij verkoop bedraagt € 1.000.000.

Het geconsolideerde (gedeeltelijke) kasstroomoverzicht ziet er dan zowel onder de Richtlijnen als onder IFRS als volgt uit (in €), uitgaande van de indirecte methode:

Resultaat	1.000.000
Aanpassing voor boekresultaat desinvesteringen	-1.000.000
Kasstroom uit operationele activiteiten	0
Kasstroom uit investeringsactiviteiten	2.250.000
Netto-kasstroom	2.250.000

Het bedrag dat pas volgend boekjaar wordt ontvangen (€ 500.000), is niet in het kasstroomoverzicht opgenomen, omdat het bedrag tijdens het huidig boekjaar niet tot een daadwerkelijke kasstroom heeft geleid. De in de groepsmaatschappij aanwezige geldmiddelen die worden mee verkocht (€ 250.000), worden volledig (voor 100%) op de investeringskasstroom in mindering gebracht. Immers, deze geldmiddelen waren volledig in de consolidatie betrokken en verdwijnen door de verkoop volledig van de balans. Bovendien wordt een geconsolideerd kasstroomoverzicht inclusief de kasstromen die toerekenbaar zijn aan het aandeel derden opgesteld.

20 Het kasstroomoverzicht

Verschillen Dutch GAAP - IFRS

Onder IFRS worden kasstromen bij de aan- of verkoop van groepsmaatschappijen enkel onder de investeringsactiviteiten gepresenteerd als sprake is van de verkrijging respectievelijk het verlies van 'control'. Daarentegen wordt onder de Richtlijnen ook de aan- of verkoop van minderheidsbelangen (waarbij de feitelijke zeggenschap niet verloren gaat) als investeringsactiviteit geclassificeerd en niet, zoals onder IFRS, als financieringsactiviteit.

De daadwerkelijke betaling van een earn-out regeling wordt (voor het bedrag groter dan de verplichting opgenomen op acquisitiedatum) onder de Nederlandse regelgeving als investeringsactiviteit en onder IFRS als operationele activiteit verwerkt. Uitgaven uit hoofde van direct toerekenbare acquisitiekosten worden onder IFRS eveneens tot de operationele kasstroom gerekend, terwijl deze onder de Richtlijnen deel uitmaken van de investeringskasstroom.

20.3.7 Bijzondere baten en lasten

RJ 360.208 bepaalt dat kasstromen uit hoofde van posten in de winst-en-verliesrekening die van uitzonderlijke omvang zijn of in uitzonderlijke mate voorkomen, afhankelijk van hun aard onderdeel uitmaken van de kasstromen uit operationele, investerings- of financieringsactiviteiten (zie par. 20.4.1 voor toelichtingsvereisten). Feitelijk benadrukt deze bepaling slechts dat geen alternatieve behandeling voor kasstromen uit hoofde van bijzondere posten bestaat. Immers, voor kasstromen uit hoofde van gewone posten in de winst-en-verliesrekening geldt in principe hetzelfde. Het ontbreken van een soortelijke bepaling onder IFRS zal derhalve in de praktijk niet tot verschillen leiden.

20.4 Toelichting op het kasstroomoverzicht

20.4.1 Informatie in de toelichting

De Richtlijnen en IFRS geven aan dat een aantal zaken met betrekking tot het kasstroomoverzicht moeten worden toegelicht. RJ 360.301 bepaalt dat het kasstroomoverzicht wordt voorzien van een toelichting, waarin aandacht wordt besteed aan aspecten die voor een goed begrip van belang zijn. Uit het voorbeeld in Richtlijn 360 Bijlage blijkt dat het wenselijk is de toelichting op het kasstroomoverzicht te beginnen met de algemene grondslagen die bij de opstelling van het overzicht zijn gehanteerd. In deze toelichting zijn bijvoorbeeld de volgende grondslagen te noemen:

- toepassing van de directe of indirecte methode;
- invulling van het begrip geldmiddelen;
- omrekening van vreemde valuta;
- rubricering van ontvangsten en uitgaven uit hoofde van interest, dividenden en winstbelastingen;
- verwerking van geldmiddelen begrepen in de aan- of verkoopprijs van groepsmaatschappijen;
- verwerking van samengestelde transacties en transacties zonder ruil van geldmiddelen (bijvoorbeeld financiële leasing, inclusief de classificatie van bijbehorende leasebetalingen).

Op grond van IAS 1.117(b) is een toelichting van de significante grondslagen voor de jaarrekening vereist voor zover deze relevant zijn voor het begrijpen van de jaarrekening. De grondslagen voor het kasstroomoverzicht vallen onder deze algemene bepaling van IAS 1. Tevens vraagt IAS 7 expliciet om toelichting van de invulling van het begrip geldmiddelen en wijzigingen hierin (IAS 7.46-47).

In paragraaf 20.3.1 worden samengestelde transacties en 'non-cash' transacties besproken. Zij worden niet naar hun samenstellende bestanddelen in het kasstroomoverzicht opgenomen. Onder de Richtlijnen dienen de aard en de samenstellende bestanddelen echter wel in de toelichting te worden vermeld (RJ 360.206). Ten aanzien van financiële leasing dient bij het aangaan van de leaseovereenkomst in de toelichting te worden aangegeven voor welk bedrag uit dien hoofde activa en leaseverplichtingen wel in de balans maar niet in het kasstroomoverzicht zijn opgenomen (RJ 360.207). Ook onder IFRS worden 'non-cash' transacties toegelicht (IAS 7.43). Hierbij wordt opgemerkt dat onder IFRS 16 voor lessees geen sprake is van leaseclassificatie als financiële lease of operationele lease. In algemene zin geldt dat wanneer de lessee bij aanvang van de lease een actief opneemt onder gelijktijdige boeking van een leaseverplichting, sprake is van een 'non-cash' transactie (zie verder par. 20.3.2).

Daarnaast verplicht IAS 7 ondernemingen om informatie te verstrekken die gebruikers van de jaarrekening in staat stelt wijzigingen in 'uit financieringsactiviteiten voortvloeiende verplichtingen', met inbegrip van wijzigingen als gevolg van kasstromen en 'non-cash' wijzigingen, te evalueren (IAS 7.44A). Voorbeelden van zulke verplichtingen zijn lange- en kortetermijnleningen en leaseverplichtingen. Deze toelichtingseis geldt ook voor wijzigingen in financiële activa (bijvoorbeeld hedge-instrumenten die uit financieringsactiviteiten voortvloeiende verplichtingen afdekken) indien de kasstromen uit hoofde van deze activa onder de financieringsactiviteiten worden gerangschikt (IAS 7.44C). IAS 7.44B vereist afzonderlijke vermelding van (ten minste):
▶ mutaties als gevolg van financieringskasstromen (zoals ontvangsten en aflossingen van leningen);
▶ mutaties als gevolg van het verkrijgen of verliezen van zeggenschap over groepsmaatschappijen;
▶ mutaties als gevolg van omrekeningsverschillen;
▶ mutaties als gevolg van wijzigingen in reële waarden; en
▶ overige mutaties.

Een mogelijkheid om het vereiste inzicht te verschaffen, is een aansluiting op te nemen tussen de begin- en eindstand in de balans (oftewel, een verloopoverzicht) van de 'uit financieringsactiviteiten voortvloeiende verplichtingen' (IAS 7.44D), waar nodig aangevuld met additionele informatie. Hierbij geldt tevens het algemene vereiste van IAS 1.30A dat de begrijpelijkheid van een jaarrekening niet mag worden verminderd door materiële posten met een verschillend karakter of een verschillende functie samen te voegen. Dit betekent dat individueel materiële groepen van verplichtingen (of activa) en individueel materiële aansluitposten afzonderlijk dienen te worden vermeld. De mutaties van verplichtingen uit financieringsactiviteiten dienen daarnaast afzonderlijk te worden vermeld van eventuele informatie inzake mutaties van overige activa en passiva (IAS 7.44E). De bijlage bij IAS 7 bevat een voorbeeld van een aansluiting voor zowel een niet-financiële instelling (Voorbeeld A) als een financiële instelling (Voorbeeld B).

Onder de Richtlijnen geldt een soortgelijk (maar niet identiek) voorschrift als onder IFRS, teneinde meer inzicht te bieden in het verloop van de langlopende schulden. In de toelichting dient voor iedere groep van langlopende schulden, waaronder in dit kader ook financiële leaseverplichtingen worden verstaan, een mutatie-overzicht te worden opgenomen. Indien het kortlopende deel van een langlopende schuld in de balans deel uitmaakt van de post langlopende schulden (zie par. 19.5.2), wordt bij het mutatie-overzicht aangegeven welk deel van die groep van langlopende schulden kortlopend is (RJ 254.408a). Een voorbeeld mutatie-overzicht langlopende schulden is opgenomen in Richtlijn 254 Bijlage (zie ook par. 19.5.8.9) en maakt onderscheid tussen de volgende mutaties:
▶ Nieuwe financiering;
▶ Aflossingen;
▶ Oprenting/amortisatie;
▶ Bij overname verkregen schulden;
▶ Bij afstoting vervreemde schulden;
▶ Verschillen uit omrekening vreemde valuta;
▶ Overige waardeveranderingen.

20 Het kasstroomoverzicht

De Richtlijnen vereisen dat indien het begrip geldmiddelen in het kasstroomoverzicht afwijkt van het begrip liquide middelen in de balans, de onderneming een cijfermatige aansluiting tussen beide bedragen opneemt in de toelichting (RJ 360.302). IFRS kent een vergelijkbaar voorschrift en verlangt toelichting van de samenstelling van de geldmiddelen, evenals een aansluiting tussen de geldmiddelen in het kasstroomoverzicht en de geldmiddelen in de balans (IAS 7.45).

Ingevolge IAS 7.48 dient de mate waarin geldmiddelen niet ter vrije beschikking staan van de groep nader te worden uiteengezet. Daarnaast verplicht IFRS 12.13 een entiteit om belangrijke beperkingen ten aanzien van de toegang tot of het gebruik van de activa van de groep (waaronder de geldmiddelen) toe te lichten. Voorbeelden zijn wettelijke, contractuele en door regelgevende instanties opgelegde beperkingen. IFRS 12.22 bevat een soortgelijke eis met betrekking tot het vermogen van joint ventures en geassocieerde deelnemingen om middelen over te dragen. In Richtlijn 360 zijn geen vergelijkbare eisen opgenomen, echter dient op grond van artikel 2:371 lid 2 BW en artikel 2:372 lid 2 BW omtrent effecten respectievelijk tegoeden te worden vermeld in hoeverre deze niet ter vrije beschikking staan van de rechtspersoon. Bovendien bepaalt Richtlijn 228 'Liquide middelen' dat wanneer belangrijke beperkingen bestaan inzake de beschikbaarheid van geldmiddelen, de aard van de beperkingen en de omvang van het niet vrij beschikbare bedrag moeten worden vermeld. Dit voorschrift geldt ook voor de geconsolideerde jaarrekening in gevallen waarin een groepsmaatschappij zelf vrij over haar geldmiddelen kan beschikken, maar deze niet vrij kan overdragen binnen de groep (RJ 228.302). Alhoewel de eisen onder IFRS en Nederlandse wet- en regelgeving niet identiek zijn geformuleerd, is de strekking overeenkomstig. Voor wat betreft de geldmiddelen zal in de praktijk derhalve geen sprake zijn van een verschil.

Inzake aan- en verkopen van groepsmaatschappijen vereist IFRS meer informatie in de toelichting op het kasstroomoverzicht dan de Richtlijnen vereisen. Ingevolge IAS 7.40 dient zowel voor het verkrijgen als verliezen van feitelijke zeggenschap over groepsmaatschappijen afzonderlijk informatie te worden verschaft ten aanzien van:
▶ de totale aan- of verkoopprijs;
▶ de mate waarin de aan- of verkoopprijs is voldaan in geldmiddelen;
▶ het bedrag van de in deze groepsmaatschappijen aanwezige geldmiddelen;
▶ het bedrag van de activa en passiva (anders dan de geldmiddelen) van deze groepsmaatschappijen, onderverdeeld naar de belangrijkste categorieën.

Deze toelichting wordt alleen gegeven indien sprake is van het verkrijgen of verliezen van feitelijke zeggenschap over een groepsmaatschappij. Op de aan- en verkoop van aandeel derden (waarbij geen sprake is van verlies van 'control') is deze toelichting niet van toepassing. Onder de Richtlijnen wordt bovenstaande toelichting niet voorgeschreven. Wel geeft RJ 360 Bijlage een voorbeeld van een toelichting met daarin de volgende elementen:
▶ de mate waarin de aan- of verkoopprijs is voldaan in geldmiddelen;
▶ het bedrag van de aanwezige geldmiddelen bij de betreffende groepsmaatschappij;
▶ de betalingen of ontvangsten die nog verwacht worden in de toekomst.

Daarnaast kent RJ 360 de meer algemene bepaling dat bijzondere ontvangsten en uitgaven nader moeten worden toegelicht, tenzij deze kasstromen reeds als zodanig blijken uit het kasstroomoverzicht (RJ 360.304). Voorbeelden van bijzondere kasstromen zijn uitgaven in verband met expansie van de onderneming en kasstromen die onder de operationele activiteiten zijn opgenomen en mede een financieringskarakter hebben (zoals kasstromen uit hoofde van factoring). Ook kasstromen uit hoofde van baten en lasten die van uitzonderlijke omvang zijn of in uitzonderlijke mate voorkomen, vallen onder de reikwijdte van RJ 360.304. Onder IFRS zijn soortgelijke toelichtingseisen meer verspreid opgenomen (zoals IAS 7.40 met betrekking tot acquisities). Het verschil tussen IFRS en de Richtlijnen zal in de praktijk derhalve beperkt zijn op dit punt.

> **Voorbeeld toelichting aankoop groepsmaatschappij in kasstroomoverzicht**
>
> Voor dit voorbeeld wordt uitgegaan van dezelfde casus als in paragraaf 20.3.6.
> Een rechtspersoon koopt een 100%-groepsmaatschappij voor een bedrag van € 590.000. Hierdoor verkrijgt de rechtspersoon de feitelijke zeggenschap ('control') over deze maatschappij. Een deel van de aankoopprijs is voldaan door de uitgifte van converteerbare obligaties aan de verkoper voor een bedrag van € 340.000; het restant is betaald uit aanwezige kasmiddelen.
>
> RJ:
> Onder RJ luidt de toelichting bijvoorbeeld als volgt:
>
> In het huidige jaar is groepsmaatschappij X verworven. In verband hiermee zijn converteerbare obligaties uitgegeven met een waarde van € 340.000. In het kasstroomoverzicht is dit niet opgenomen, maar is alleen de betaling door middel van geldmiddelen weergegeven. De bij deze groepsmaatschappij aanwezige geldmiddelen ter grootte van € 40.000 zijn op de aankoopprijs in mindering gebracht. In toekomstige jaren worden uit hoofde van de verwerving van deze groepsmaatschappij geen betalingen meer verricht.
>
> IFRS:
> Onder IFRS luidt de toelichting bijvoorbeeld als volgt, er vanuit gaande dat geen goodwill is betaald:
>
> In het huidige jaar heeft de groep feitelijke zeggenschap verkregen over groepsmaatschappij X. De reële waarden van de verkregen activa en passiva zijn als volgt:
>
> | | |
> |---|---:|
> | Liquide middelen | 40.000 |
> | Voorraden | 100.000 |
> | Vorderingen | 100.000 |
> | Materiële vaste activa | 650.000 |
> | Kortlopende schulden | (100.000) |
> | Langlopende schulden | (200.000) |
> | Totale aankoopprijs | 590.000 |
> | Uitgegeven converteerbare obligaties | (340.000) |
> | Aankoopprijs betaald in geldmiddelen | 250.000 |
> | Minus aanwezige geldmiddelen bij X | (40.000) |
> | Netto-kasstroom voor verkrijging X | 210.000 |

Richtlijn 360 beveelt verder aan de volgende zaken toe te lichten:
- Belangrijke verschillen tussen enerzijds posten in het kasstroomoverzicht en anderzijds mutatie-overzichten van activa en passiva (RJ 360.301). Een veelvoorkomend voorbeeld waar deze niet op elkaar zullen aansluiten, is wanneer betalingen en ontvangsten uit investeringen en desinvesteringen in een andere periode plaatsvinden dan de boekingen op de balansposten.
- Belangrijke afwijkingen tussen enerzijds mutaties in balansposten zoals die blijken uit een kasstroomoverzicht volgens de indirecte methode of uit de aanbevolen toelichtende aansluiting bij toepassing van de directe methode (zie par. 20.2.3) en anderzijds de verschillen tussen de balans aan het begin en het einde van de periode (RJ 360.303). Deze mutaties in balansposten worden weergegeven om te komen tot de kasstroom uit bedrijfsoperaties en betreffen bijvoorbeeld wijzigingen in voorraden, handelsdebiteuren, handelscrediteuren en voorzieningen. Indien de afwijkingen het gevolg zijn van omrekeningsverschillen kan met een toelichting van die strekking worden volstaan (RJ 360.303). Zonder dit met zoveel woorden te zeggen lijkt de RJ te bedoelen dat in het laatste geval een cijfermatige aansluiting niet nodig is, maar in andere gevallen wel.
- Het aan belangen van derden toerekenbare bedrag van de hoeveelheid geldmiddelen op balansdatum en van de kasstromen uit operationele, investerings- en financieringsactiviteiten in het boekjaar (RJ 360.305). Dit betreft een aanbevolen toelichting. Afzonderlijke presentatie van betaalde dividenden aan aandeelhouders van de vennootschap en betaalde dividenden aan houders van minderheidsbelangen is daarentegen verplicht (zie par. 20.2.6).

Onder IFRS is het toelichten van betaalde dividenden aan belangen van derden verplicht, evenals het verschaffen van informatie omtrent het aandeel van deze belangen in de kasstromen (IFRS 12.B10).

20 Het kasstroomoverzicht

Tot slot beveelt IAS 7.50 aan de volgende informatie te verstrekken (Richtlijn 360 kent geen dergelijke expliciete aanbeveling):
- de omvang van de niet-opgenomen kredietfaciliteiten, inclusief eventuele restricties op het gebruik van deze faciliteiten;
- de omvang van de kasstromen die samenhangen met het handhaven van de huidige bedrijfscapaciteit en de omvang van de kasstromen die samenhangen met een uitbreiding daarvan;
- het bedrag van de kasstromen uit de operationele, investerings- en financieringsactiviteiten van elk te rapporteren segment (zie hoofdstuk 22).

Verschillen Dutch GAAP - IFRS

- IAS 7 vereist toelichting van wijzigingen in 'uit financieringsactiviteiten voortvloeiende verplichtingen' en schrijft specifiek voor welke soorten wijzigingen afzonderlijk worden vermeld. De reikwijdte ('scope') omvat alle verplichtingen, alsmede financiële activa, waarvoor de kasstromen in het kasstroomoverzicht onder de financieringsactiviteiten worden opgenomen. Richtlijn 254 'Schulden' vereist dat in de toelichting voor iedere groep van langlopende schulden een mutatie-overzicht wordt opgenomen, maar schrijft niet specifiek voor welke mutaties afzonderlijk worden vermeld. Wel is een voorbeeld mutatie-overzicht als bijlage opgenomen. Deze eis geldt voor alle langlopende schulden, met inbegrip van financiële leaseverplichtingen en kortlopende delen van langlopende schulden die in de balans deel uitmaken van de post langlopende schulden. Alhoewel de voorschriften onder IFRS en de Richtlijnen soortgelijk zijn, kunnen er dus beperkte verschillen bestaan.
- Een verschil tussen IFRS en de Richtlijnen inzake de toelichting op het kasstroomoverzicht betreft de informatie ten aanzien van aan- en verkopen van groepsmaatschappijen waarbij feitelijke zeggenschap wordt verkregen respectievelijk verloren. IFRS kent specifieke en uitgebreide toelichtingseisen. De RJ beveelt slechts een beknoptere toelichting aan.
- IFRS vereist toelichting inzake betaalde dividenden en kasstromen die toerekenbaar zijn aan het aandeel derden, terwijl dit onder de Richtlijnen is aanbevolen. Wel verplichten de Richtlijnen om betaalde dividenden aan belangen van derden in het kasstroomoverzicht afzonderlijk te presenteren.
- IFRS en de Richtlijnen geven verschillende aanbevelingen met betrekking tot de rest van de toelichting op het kasstroomoverzicht.

Schematisch kunnen de verschillende verplichte en aanbevolen toelichtingen op het kasstroomoverzicht als volgt worden weergegeven:

Toelichting	IFRS van toepassing		Dutch GAAP van toepassing	
	Verplicht	Aanbevolen	Verplicht	Aanbevolen
Algemene grondslagen:	IAS 1.117			RJ 360 Bijlage
▶ Invulling van het begrip 'geldmiddelen' en wijzigingen daarin	IAS 7.46-47			RJ 360 Bijlage
Samengestelde transacties en 'non-cash' transacties:				
▶ Samengestelde transacties			RJ 360.206	
▶ 'Non-cash' transacties	IAS 7.43		RJ 360.206	
▶ Aanvang lease waarbij lessee een actief opneemt onder gelijktijdige boeking van een leaseverplichting: aansluiting met balansposten	IAS 7.44A-E: toelichting van wijzigingen in verplichtingen uit financieringsactiviteiten		RJ 360.207 RJ 254.408a: mutatie-overzicht langlopende schulden	

Toelichting	IFRS van toepassing		Dutch GAAP van toepassing	
	Verplicht	Aanbevolen	Verplicht	Aanbevolen
Cijfermatige aansluiting tussen geldmiddelen in het kasstroomoverzicht en in de balans	IAS 7.45		RJ 360.302	
Niet ter vrije beschikking	geldmiddelen niet ter vrije beschikking van groep (IAS 7.48); significante beperkingen t.a.v. toegang tot en gebruik van activa van groep (IFRS 12.13); significante beperkingen op vermogen van joint ventures en 'associates' om middelen over te dragen (IFRS 12.22)		tegoeden en effecten niet ter vrije beschikking van rechtspersoon (art. 2:371 lid 2 en 2:372 lid 2 BW); belangrijke beperkingen inzake beschikbaarheid van geldmiddelen, incl. transfereerbaarheid binnen de groep (RJ 228.302)	
Bijzondere posten:			RJ 360.304	
▶ Toelichting verkrijging en verlies van feitelijke zeggenschap in groepsmaatschappijen	IAS 7.40: uitgebreide toelichtingseisen			RJ 360 Bijlage: beknopte toelichting
Aansluiting verschillen kasstroomoverzicht en balansposten	IAS 7.44A-E: toelichting van wijzigingen in verplichtingen uit financieringsactiviteiten		RJ 254.408a: mutatieoverzicht langlopende schulden	RJ 360.301 en 303
Geldmiddelen en kasstromen toe te rekenen aan aandeel derden	IFRS 12.B10: betaald dividend en belang aandeel derden in overige kasstromen			RJ 360.305: aan belangen van derden toerekenbare kasstromen
Omvang openstaande kredietfaciliteiten, inclusief eventuele restricties		IAS 7.50		
Splitsing tussen omvang kasstromen ter handhaving en omvang kasstromen ter uitbreiding van bedrijfscapaciteit		IAS 7.50-51		
Gesegmenteerde informatie		IAS 7.50 en 52		

20.4.2 Informatie in het bestuursverslag

De RJ beveelt aan om ook in het bestuursverslag nader in te gaan op de in het kasstroomoverzicht gepresenteerde gegevens (RJ 360.301). Welke informatie in het bestuursverslag een plaats moet krijgen, is niet specifiek aangegeven. Om invulling te geven aan de aanbeveling kan in het bestuursverslag een toelichting op de netto-kasstroom per activiteitencategorie worden gegeven. Daarbij kan dan specifiek per activiteitencategorie worden ingegaan op bijzondere kasstromen die zich in de verslagperiode hebben voorgedaan. IFRS kent geen voorschriften omtrent de in het bestuursverslag op te nemen informatie over het kasstroomoverzicht (zie ook hoofdstuk 39).

20.5 Vrijstellingen voor middelgrote rechtspersonen

Middelgrote rechtspersonen zijn vrijgesteld van het opnemen van verwijzingen in het kasstroomoverzicht naar de relevante toelichtingen. Wel wordt aanbevolen een dergelijke verwijzing toch op te nemen (RJ 300.104 en RJ 315).

21 Toelichting

21.1 Algemeen	
Inhoud van de toelichting	De toelichting is een afzonderlijk onderdeel van de jaarrekening. Voor de toelichting wordt een minimum inhoud voorgeschreven.
	RJ vereist dat de toelichting de volgorde van de posten volgt. IFRS geeft dit als één van de voorbeelden van systematisch presenteren van de toelichting.
Overige algemene vereisten toelichting	Onder andere inzake grondslagen en het (al dan niet) voldoen aan standaarden worden aanvullende vereisten gesteld. Hiernaast vereist IFRS een toelichting inzake de gevolgen van toekomstige standaarden.
Vergelijkende cijfers	Zo veel mogelijk vergelijkende cijfers opnemen.
21.2 Specifieke onderdelen	
Informatie over andere vennootschappen	RJ: lijst kapitaalbelangen en vermelding groepshoofd.
	IFRS: onder andere gedetailleerde (financiële) informatie over associates, joint ventures en niet-geconsolideerde gestructureerde entiteiten.
Informatie inzake werknemers en bestuurders/commissarissen	▶ aantal werknemers; ▶ lonen, salarissen, sociale lasten, pensioenlasten (voor zover niet in winst-en-verliesrekening); ▶ bezoldiging (ex-)bestuurders en (ex-)commissarissen; ▶ leningen, voorschotten en garanties aan (ex-)bestuurders en (ex-)commissarissen; ▶ bijzondere wetgeving beloning/leningen (ex-)bestuurders en (ex-)commissarissen van 'open' NV's (vermelding per individuele bestuurder/commissaris); ▶ bijzondere wetgeving inzake beloning van topinkomens bij aangewezen entiteiten.
Verbonden partijen	Informatie over transacties en prijsbeleid daarbij.
	Transacties met aandeelhouders die niet op zakelijke voorwaarden zijn afgewikkeld kunnen leiden tot een vermogensmutatie.
Buiten de groep staande overige verbonden maatschappijen	Voor diverse posten overeenkomstige vermeldingen als voor groepsmaatschappijen.
Accountantshonorarium	▶ vermelding van het honorarium van de externe accountant; ▶ honorarium ten laste van de vennootschap, haar dochtermaatschappijen en andere te consolideren maatschappijen; ▶ vrijstelling voor bepaalde groepssituaties.
Winstbestemming en gebeurtenissen na balansdatum	Vermelding winstbestemming en gebeurtenissen na balansdatum.

21.3 Vrijstellingen voor middelgrote rechtspersonen	
Verwijzing naar de toelichting bij afzonderlijke posten in balans, winst-en-verliesrekening, overzicht wijzigingen, eigen vermogen en kasstroomoverzicht	In Richtlijn vrijstelling van deze verplichting, wel aanbeveling.

21.1 Algemeen

In dit hoofdstuk wordt ingegaan op de algemene en specifieke eisen die worden gesteld aan de toelichting. Voor de reeds bij specifieke posten van balans en winst-en-verliesrekening behandelde punten wordt verwezen naar de betreffende hoofdstukken in dit handboek.

21.1.1 Inhoud toelichting

21.1.1.1 Plaats en functie van de toelichting

De toelichting op de jaarrekening is volgens artikel 2:361 lid 1 BW en IAS 1.7 en 1.10 een afzonderlijk onderdeel van de jaarrekening, dat op een duidelijke wijze afzonderlijk geïdentificeerd dient te worden (IAS 1.51). Soms laat de regelgeving de keuze vrij of gegevens in de balans, winst-en-verliesrekening, kasstroomoverzicht, overzicht van totaalresultaat of in de toelichting worden opgenomen (art. 8 en 9 BMJ, RJ 300.102, IAS 1.47). Het uitgangspunt is echter dat de balans en winst-en-verliesrekening op zichzelf leesbare stukken dienen te zijn, teneinde ook zonder de bijbehorende toelichting reeds zo veel mogelijk te voldoen aan de (wettelijke) eis van de getrouwe, duidelijke en stelselmatige weergave van vermogen en resultaat. Daarom geldt uiteraard dat een onjuiste of niet-passende behandeling van posten in de balans of winst-en-verliesrekening niet in de toelichting kan worden rechtgezet (RJ 110.125, RJ 300.102, IAS 1.18).

In Nederland wordt bij het wettelijke begrip jaarrekening expliciet onderscheid gemaakt tussen een geconsolideerde jaarrekening en een enkelvoudige jaarrekening (art. 2:361 lid 1 BW). Deze beide jaarrekeningen hebben elk hun eigen toelichting.
IFRS gaat bij het begrip 'financial statements' uit van een geconsolideerde jaarrekening en geeft slechts beperkt aanwijzingen voor de enkelvoudige jaarrekening; zie voor een nadere uiteenzetting inzake 'separate financial statements' paragraaf 24.4.

21.1.1.2 Algemene informatie

De regelgeving stelt dat elk onderdeel van de jaarrekening duidelijk als zodanig dient te worden aangeduid. Voor de duidelijke identificatie dient de volgende informatie op een vooraanstaande plaats te worden vermeld (RJ 110.103, IAS 1.51):
a. de naam van de rapporterende rechtspersoon of een identificatie daarvan op andere wijze (alsook eventuele wijzigingen in deze informatie ten opzichte van vorige balansdatum);
b. of de jaarrekening financiële informatie bevat van een individuele rechtspersoon (enkelvoudige jaarrekening) dan wel een groep van maatschappijen;
c. de balansdatum en de periode waarop de jaarrekening betrekking heeft bij de diverse onderdelen van de jaarrekening;
d. de rapporteringsvaluta;
e. de geldeenheid waarin de cijfers in de jaarrekening zijn uitgedrukt (bijvoorbeeld uitgedrukt in duizendtallen).

Naast de naam van de rechtspersoon moet op grond van artikel 2:380b BW ook de volgende informatie opgenomen worden:
- rechtsvorm van de rechtspersoon;
- zetel van de rechtspersoon, en
- het nummer waaronder de rechtspersoon in het handelsregister is ingeschreven.

Deze informatie dient ook opgenomen te worden voor een Nederlandse rechtspersoon die IFRS toepast.

In het geval dat de rapporteringsperiode (boekjaar) afwijkt van de gebruikelijke twaalfmaandsperiode dient te worden toegelicht om welke reden de rapporteringsperiode afwijkt en dient te worden vermeld dat de gerapporteerde cijfers niet zonder meer vergelijkbaar zijn met de ter vergelijking opgenomen cijfers (RJ 110.104, IAS 1.36). Overigens stelt IFRS hierbij een rapporteringsperiode van 52 weken gelijk aan een twaalfmaandsperiode (IAS 1.37), met als argument dat het verschil vrijwel nooit van materiële betekenis is.

21.1.1.3 Minimale inhoud

De Nederlandse wet- en regelgeving stelt minimale eisen aan de toelichting; de volgende gegevens dienen ten minste te worden opgenomen (RJ 300.103):
- een uiteenzetting van de gehanteerde waarderings- en resultaatbepalingsgrondslagen, waaronder die inzake vreemde valuta (art. 2:384 lid 5 BW);
- een uiteenzetting van de gehanteerde consolidatiegrondslagen (art. 2:405 BW);
- aanvullende financiële overzichten (bijvoorbeeld aanvullende informatie ten aanzien van vermogen en resultaat op alternatieve grondslag, kasstroomoverzicht);
- detaillering en informatie die volgens de wet in de toelichting wordt opgenomen (bijvoorbeeld: mutatie-overzichten, omzetspecificaties etc.);
- overige detailleringen die (gelet op het inzicht in vermogen en resultaat) worden gegeven;
- informatie die naar aard of gebruik geen plaats in de balans of winst-en-verliesrekening kan vinden (hierbij valt te denken aan bezwaardheid van activa, looptijden en interestvoeten van leningen etc.).

IFRS formuleert de eisen in IAS 1.112 minder gedetailleerd, maar met inachtname van de overige bepalingen (IAS 1.77/78, 1.117 e.v.) is de gevraagde informatie inhoudelijk gelijkwaardig.

De afzonderlijke posten van de balans, de winst-en-verliesrekening, het overzicht van wijzigingen in eigen vermogen en het kasstroomoverzicht dienen door middel van verwijzingen te worden gerelateerd aan de bijbehorende onderdelen van de toelichting (RJ 300.104, IAS 1.113). Nederlandse middelgrote rechtspersonen zijn hiervan vrijgesteld (RJ 300.104).

De wet stelt, omdat dit voorgeschreven is in de EU-richtlijn jaarrekening, dat de toelichting de volgorde van de vermelding van de posten in de balans en de winst-en-verliesrekening moet aanhouden (art. 2:363 lid 1 BW). In de memorie van toelichting bij de Wet Implementatie richtlijn jaarrekening (2015) wordt aangegeven dat ook voor de rangschikking van de gegevens in de jaarrekening en de toelichting daarop het inzichtsvereiste centraal blijft staan. Ter verbetering van het wettelijk vereiste inzicht lijkt het wel mogelijk om gelijksoortige informatie in één noot samen te voegen (voorbeeld: toelichting van latente belastingen in één noot) of om de belangrijkste zaken vooraan te behandelen. Het opnemen van een expliciete verwijzing naar deze noot op de plaats waar de toelichting gezien de volgorde van de balans en de winst-en-verliesrekening zou moeten staan is in dat geval belangrijk. De regelgeving vereist een logische structuur en opbouw van de in de toelichting op te nemen gegevens (RJ 300.104, IAS 1.114). De Nederlandse wet- en regelgeving schrijft voor dat de toelichting de volgorde van de posten aanhoudt. IFRS schrijft geen volgorde voor, maar geeft wel voorbeelden van een systematische presentatie van de toelichting, zie ook de volgende paragrafen.

21.1.1.4 Indeling toelichting volgens de Richtlijnen

De Richtlijnen bevelen aan om de toelichting te splitsen in:
- een algemeen gedeelte, waarin in het bijzonder worden uiteengezet (RJ 300.105):
  - (voor zover dit niet reeds elders in de jaarrekening of de daarmee gezamenlijk openbaar gemaakte stukken is gebeurd) de naam, de statutaire vestigingsplaats en het adres van de rechtspersoon (en indien dit afwijkt, het adres waar de feitelijke activiteiten worden uitgevoerd);
  - een beschrijving van de belangrijkste activiteiten van de rechtspersoon;
  - een gedetailleerde uiteenzetting van de toegepaste grondslagen voor waardering en resultaatbepaling, inclusief de wijze van toerekening van baten en lasten aan de achtereenvolgende perioden;
  - doorgevoerde wijzigingen (stelselwijzigingen, schattingswijzigingen, foutenherstel), met afzonderlijke vermelding van de reden voor de wijziging en de invloed op de cijfers;
  - de doorslaggevende betekenis van bepaalde gebeurtenissen voor de interpretatie van de jaarrekening;
- een specifiek gedeelte, met daarin (RJ 300.106):
  - nadere uiteenzettingen van de toegepaste grondslagen, zoals uiteenzettingen en vermeldingen omtrent waardebepalingen en de daarvoor toegepaste technieken (deze informatie mag overigens ook worden samengevoegd met de uiteenzetting van de grondslagen in het algemene gedeelte);
  - specificaties van de posten;
  - gesegmenteerde informatie, zie hoofdstuk 22;
  - het gemiddeld aantal werknemers (art. 2:382 BW; zie ook par. 21.2.2);
  - bezoldiging en dergelijke van (voormalige) bestuurders en (voormalige) commissarissen en aan hen verstrekte leningen, voorschotten en garanties (art. 2:383 BW; zie ook par. 21.2.5 en par. 21.2.6);
  - in het geval van toepassing van de functionele indeling van de winst-en-verliesrekening de bedragen van lonen/salarissen, sociale lasten en pensioenlasten.

Artikel 2:363 lid 1 BW schrijft voor dat de toelichting de volgorde van de vermelding van de posten aanhoudt.

21.1.1.5 Indeling toelichting volgens IFRS

IFRS geeft aan dat de toelichting op een systematische wijze moet worden gepresenteerd (IAS 1.113). Voorts geeft IAS 1.114 de volgende voorbeelden van het systematisch weergeven of groeperen van de (gegevens in de) toelichting:
- Een prominente plek geven aan onderwerpen die de rechtspersoon het meest relevant beschouwt voor het begrip van de financiële prestaties en positie, zoals het groeperen van informatie over bepaalde operationele activiteiten; of
- Het groeperen van informatie over items die op gelijke wijze zijn gewaardeerd zoals activa gewaardeerd tegen 'fair value'; of
- Het volgen van de volgorde van de posten in de winst-en-verliesrekening en de balans, bijvoorbeeld:
  - de expliciete vermelding dat de jaarrekening volledig en zonder enige voorbehoud in overeenstemming met alle eisen van IFRS is opgesteld (zie ook IAS 1.16); zie par. 21.1.1.6;
  - een overzicht van de belangrijke grondslagen voor waardering en winstbepaling (zie ook IAS 1.117);
  - nadere gegevens met betrekking tot de op de balans, de winst-en-verliesrekening, het overzicht van wijzigingen in eigen vermogen en het kasstroomoverzicht opgenomen posten, in de volgorde waarin de posten in deze cijferopstellingen zijn opgenomen;

▸ overige toelichtende gegevens, zoals niet uit de balans blijkende verplichtingen (zie ook IAS 37), beheersing van financiële risico's en dergelijke (zie ook IFRS 7).

Daarnaast vereist IFRS ook vermelding (voor zover dit niet reeds elders in de jaarrekening of de daarmee gezamenlijk openbaar gemaakte stukken is gebeurd) van:
▸ de naam, de juridische vorm, de statutaire vestigingsplaats en het adres van de vennootschap (en indien dit afwijkt, het adres waar de feitelijke activiteiten worden uitgevoerd) (IAS 1.138a);
▸ een beschrijving van de belangrijkste activiteiten van de rechtspersoon (IAS 1.138b);
▸ indien de bestaansperiode van de entiteit op een vast moment eindigt, het moment van beëindiging (IAS 1.138d).

21.1.1.6 Vermelding dat voldaan is aan regels

Onder IFRS bestaat de verplichting om in de jaarrekening op te nemen dat is voldaan aan de eisen van IFRS. In een jaarrekening mag echter slechts worden vermeld dat deze is opgesteld conform IFRS-grondslagen indien deze in alle opzichten voldoet aan alle IFRS-eisen (IAS 1.16). In de Nederlandse wetgeving is geen verplichting opgenomen om in de jaarrekening te vermelden dat is voldaan aan de eisen van de Richtlijnen. Artikel 2:362 lid 10 BW vereist wel dat in de toelichting moet worden vermeld volgens welke standaarden de jaarrekening is opgesteld.

21.1.1.7 Toelichting afwijking van regels

Strikte naleving van IFRS zal volgens de IASB vrijwel altijd tot een getrouwe presentatie leiden (IAS 1.15). De IASB laat daarom een zeer beperkte derogatie toe in IAS 1.19. De Nederlandse wet geeft in artikel 2:362 lid 4 BW een iets minder beperkte derogatiemogelijkheid indien dit noodzakelijk is voor het vereiste inzicht. Afwijking van bepalingen in IFRS is uitsluitend toegestaan in *'extremely rare circumstances'*, wanneer navolging van IFRS zou leiden tot misleidende verslaggeving en de toepasselijke regelgeving de derogatie vereist of niet verbiedt (IAS 1.19). Vermelding van aard, reden en financiële gevolgen van de afwijking is dan vereist (IAS 1.20). Deze toelichtingen moeten niet alleen worden verstrekt in het jaar waarin wordt afgeweken van de standaard, maar tevens in volgende boekjaren zolang de afwijking nog effect heeft op cijfers over het lopend boekjaar (IAS 1.21).

In het zeer uitzonderlijke geval dat het management van oordeel is dat naleving van een IFRS-vereiste zou leiden tot misleidende verslaggeving en de toepasselijke regelgeving derogatie niet toestaat, moet de onderneming om zo veel mogelijk de misleidende aspecten van de naleving te beperken, de volgende informatie opnemen (IAS 1.23):
▸ de naam van de standaard of interpretatie, de aard van de eis en de reden waarom het management van mening is dat het vereiste zo misleidend is dat het leidt tot strijdigheid met het inzicht;
▸ voor elke periode die in de jaarrekening is weergegeven: de wijziging voor iedere post die noodzakelijk is om een getrouwe presentatie weer te geven.

Ingevolge artikel 2:362 lid 4 BW wordt in de jaarrekening, indien noodzakelijk voor het verschaffen van het vereiste inzicht, afgeweken van wettelijke bepalingen (uit Titel 9 Boek 2 BW) en wordt deze afwijking – alsmede reden en invloed op vermogen en resultaat – uiteengezet in de toelichting; in de Richtlijnen is een dergelijke verplichting niet opgenomen voor afwijkingen van de Richtlijnen.

21.1.1.8 Nadere uiteenzetting grondslagen (Dutch GAAP en IFRS)

Zowel de Richtlijnen als IFRS vereisen een nadere uiteenzetting van de relevante elementen van de grondslagen toegepast bij de waardering van activa en passiva en bij de bepaling van het resultaat. De elementen die daarbij genoemd worden zijn met name:
- de gemaakte keuze tussen waardering tegen actuele waarde of tegen historische kostprijs en wijzigingen hierin inclusief redenen en invloed op de gepresenteerde cijfers (RJ 300.105, IAS 1.117/118);
- de wijze van toerekening van baten en lasten (op welk moment worden de prestaties geacht te zijn geleverd, welke kosten worden in de waardering van de voorraden begrepen et cetera) (RJ 300.105, IAS 1.117);
- de consolidatiecriteria (onder vermelding onder de Richtlijnen van de gevallen waarin proportionele consolidatie is toegepast) (RJ 300.105, IFRS 12.10 e.v.,);
- overnames en nieuwe consolidaties met de invloed op de cijfers (RJ 300.105);
- verliesgevendheid en/of discontinuïteit van activiteiten (RJ 300.105, IFRS 5.30 e.v.,).

Voor de beslissing een bepaalde grondslag al of niet afzonderlijk te vermelden zijn geen specifieke regels geformuleerd. De beslissing hangt af van de vraag of vermelding bijdraagt aan het vereiste inzicht in de wijze waarop transacties en gebeurtenissen zijn verwerkt in het resultaat (RJ 300.106a, IAS 1.119). De Richtlijnen noemen een groot aantal voorbeelden van te vermelden grondslagen in alinea RJ 300.106a.

Hiernaast schrijven de Richtlijnen de toelichting van de aard van oordelen en schattingen inclusief de bijbehorende veronderstellingen respectievelijk de aard en omvang van onzekerheden voor indien dit voor het geven van het wettelijk vereiste inzicht noodzakelijk is (RJ 110.129, RJ 135.203).

IFRS werkt de mogelijk relevante detailinformatie inzake de toegepaste grondslagen uit in alinea's IAS 1.117-133. Daarbij vereist IFRS nadrukkelijk:
- dat wordt uiteengezet welk oordeel het management zich heeft gevormd bij de toepassing van de grondslagen voor de belangrijkste posten in de jaarrekening (IAS 1.122-124);
- een uiteenzetting van de belangrijkste veronderstellingen en onzekerheden aangaande toekomstige ontwikkelingen met een significant risico tot een materiële aanpassing van de boekwaarden in het volgende jaar (IAS 1.125-133). De informatie dient de aard van de onzekerheden en risico's te beschrijven en de boekwaarde van de betreffende posten. De informatie behoeft overigens niet te worden opgenomen voor die balansposten die zijn gewaardeerd op basis van reële waarde (fair value), onder voorwaarde dat de reële waarde is gebaseerd op een in een actieve markt genoteerde prijs voor een identiek actief of een identieke verplichting (IAS 1.128/IFRS 13.38). Indien de vereiste gegevens niet of slechts via onevenredige inspanningen te verkrijgen zijn, dient ten minste toch te worden vermeld dat eventuele afwijkingen van de veronderstelling kunnen leiden tot materiële aanpassingen in het volgende boekjaar (IAS 1.131).

Toekomstige regelgeving
In augustus 2019 heeft de IASB een Exposure Draft gepubliceerd waarin aanpassingen aan IAS 1 worden voorgesteld. IAS 1 vereist nu dat significante grondslagen uiteengezet moeten worden. De IASB stelt in deze Exposure Draft voor dat enkel de materiële grondslagen toegelicht dienen te worden. Ook geeft de IASB verdere verduidelijkingen wanneer grondslagen al dan niet materieel zijn. Naar verwachting zullen deze aanpassingen in 2021 definitief worden gemaakt.

21.1.1.9 Toelichting inzake gevolgen toekomstige wijzigingen IFRS-standaarden

Ook een bijzondere eis in IFRS is de toelichting ingevolge IAS 8.30/31 inzake de verwachte gevolgen van toekomstige wijzigingen in standaarden en interpretaties. Het betreft hier díe standaarden en interpretaties welke inmiddels zijn gepubliceerd door de IASB doch waarvan de eerste verplichte toepassing pas ná de aanvangsdatum

van de rapporteringsperiode (boekjaar) ligt en de entiteit niet gekozen heeft voor vervroegde toepassing (zie ook par. 3.3 voor de gevolgen van het ontbreken van de EU-goedkeuring). De entiteit dient van iedere nieuwe of gewijzigde standaard en/of interpretatie te vermelden:
▶ het feit dat een standaard of interpretatie is gewijzigd of nieuw is uitgebracht: naam van de betreffende standaard of interpretatie, de aard van de toekomstige wijziging in de grondslagen, de datum van verplichte eerste toepassing en de datum waarop de entiteit de wijziging voor het eerst zal gaan toepassen;
▶ de reeds bekende of de raming van de verwachte gevolgen bij eerste toepassing in toekomstige jaarrekeningen; indien de gevolgen nog niet bekend zijn dan dient dit expliciet te worden vermeld.

21.1.2 Vergelijkende cijfers in de toelichting

In de toelichting dienen tevens zo veel mogelijk de vergelijkende cijfers te worden vermeld (RJ 110.127, RJ 300.107, IAS 1.38). Dit geldt voor mutatie-overzichten van balansposten doch eveneens de uiteenzettingen van de posten in de balans, winst-en-verliesrekening, kasstroomoverzicht, het verloopoverzicht eigen vermogen en het overzicht totaalresultaat en eveneens zo veel mogelijk voor alle geldbedragen die in de toelichting worden vermeld. Vergelijkende cijfers van overige verloopoverzichten dienen te worden opgenomen indien een specifieke richtlijn dit voorschrijft (RJ 127.110). Momenteel zijn er geen richtlijnen die vergelijkende cijfers bij overige verloopoverzichten voorschrijven; de verplichting om vergelijkende cijfers op te nemen in het verloopoverzicht is vervallen. Wel wordt aanbevolen door de RJ om vergelijkende cijfers van verloopoverzichten op te nemen indien dit belangrijk is voor het inzicht in de betreffende post. IFRS vereist vergelijkende cijfers voor alle bedragen opgenomen in de jaarrekening tenzij een andere standaard hierop een uitzondering mogelijk maakt (IAS 1.38).
Voorts dient ook, indien het inzicht in vermogen en/of resultaat ermee gediend is, in beschrijvende zin een vergelijking met het voorgaande boekjaar te worden opgenomen (RJ 300.107, IAS 1.38 e.v.). Het overzicht van het totaalresultaat (zie par. 5.7) dient tevens de vergelijkende cijfers over het voorgaande jaar te bevatten (RJ 265.201, IAS 1.38A).

21.1.3 Verschillen Dutch GAAP - IFRS

De Nederlandse vereisten zijn strikter met betrekking tot de volgorde van de posten van de balans/winst-en-verliesrekening die ook in de toelichting moet worden aangehouden.
Met betrekking tot het vermelden dat voldaan is aan de regels en de eventuele toelichting dat is afgeweken van regels, eisen de Richtlijnen dit niet expliciet en IFRS daarentegen wel.

21.2 Specifieke onderdelen

21.2.1 Informatie met betrekking tot andere vennootschappen in de toelichting op de jaarrekening

In de toelichting op de jaarrekening dient, zowel in de enkelvoudige jaarrekening als in de geconsolideerde jaarrekening, informatie te worden opgenomen over de in andere ondernemingen aangehouden belangen.

21.2.1.1 Vermelden groepshoofd en consoliderende maatschappijen

De vennootschap dient gegevens op te nemen omtrent de maatschappijen die deelnemen in de vennootschap. Op basis van artikel 2:379 lid 3 BW en IAS 1.138c/24.13 dienen de naam en woonplaats van de maatschappij die aan het hoofd van de groep staat waartoe de vennootschap behoort, te worden vermeld. Voorts moeten de naam en woonplaats worden vermeld van elke maatschappij die de gegevens van de vennootschap opneemt in een openbaar te maken geconsolideerde jaarrekening (art. 2:379 lid 3 BW, IAS 24.13). Hierbij dient op basis van de Nederlandse wet- en regelgeving tevens te worden aangegeven waar afschriften van de betreffende geconsolideerde jaarrekening verkrijgbaar zijn (art. 2:379 lid 3 BW).

Uitsluitend in de Nederlandse wet is opgenomen dat de betreffende gegevens niet behoeven te worden vermeld in het geval dat het groepshoofd of de consoliderende partij wettig zijn/haar belang in de vennootschap niet pleegt te vermelden. Het is tevens mogelijk om een ministeriële ontheffing te verkrijgen, indien gegronde vrees bestaat dat door de vermelding ernstig nadeel kan ontstaan (art. 2:379 lid 4 BW). In dat geval behoeven de betreffende gegevens niet te worden opgenomen in de jaarrekening. Wel dient aangegeven te worden dat vermelding achterwege is gebleven vanwege de aanvraag/verkrijging van een dergelijke ontheffing. Hangende de aanvraag is publicatie van de genoemde gegevens niet vereist.

21.2.1.2 Dutch GAAP

Lijst met kapitaalbelangen in de enkelvoudige en de geconsolideerde jaarrekening
Behoudens hierna te bespreken vrijstellingen en alternatieve vorm van openbaarmaking (zie de nog volgende subparagrafen 'Vrijstellingen' en 'Ter inzage leggen') verlangt de Nederlandse wet- en regelgeving uitgebreide informatie over kapitaalbelangen. Deze informatie-eis is opgenomen in artikel 2:379 lid 1 BW (inzake de enkelvoudige jaarrekening) en artikel 2:414 lid 1 BW (inzake de geconsolideerde jaarrekening). De bepalingen overlappen elkaar gedeeltelijk en kunnen gezamenlijk worden opgenomen.
Voor belangen in coöperaties dienen de artikelen 2:379 en 2:414 BW naar analogie te worden toegepast (RJ 214.619).

Volledigheidshalve wordt nog opgemerkt dat de te vermelden kapitaalbelangen waarin ten minste 20% van het kapitaal wordt verschaft niet alleen de als 'deelneming' of 'dochtermaatschappij' bedoelde belangen zijn maar óók de onder ('vaste' dan wel 'vlottende') Effecten opgenomen (ook niet-geconsolideerde meerderheids-)belangen (RJ 217.308b).

Naam, woonplaats en omvang belang in enkelvoudige jaarrekening
Ingevolge artikel 2:379 lid 1 BW vermeldt de rechtspersoon in *de enkelvoudige jaarrekening* naam, woonplaats en het verschafte aandeel in het geplaatste kapitaal van elke maatschappij:
- waaraan hij alleen of samen met een of meer dochtermaatschappijen voor eigen rekening ten minste een vijfde van het geplaatste kapitaal verschaft of doet verschaffen; of
- waarin hij als vennoot jegens de schuldeisers volledig aansprakelijk is voor de schulden.

Het verdient aanbeveling om bij de naam ook de rechtsvorm op te nemen, voor zover die niet uit de naam blijkt. Bij de vermelding van het aandeel in het geplaatste kapitaal speelt het soort aandelen geen rol (RJ 214.611).

Op de hiervoor beschreven vermeldingen is het materialiteitsbeginsel (art. 2:363 lid 3 BW) van toepassing. In RJ 115.218 wordt dit ten aanzien van de door artikel 2:379 BW verlangde vermeldingen als volgt uitgewerkt. Vermeldingen van een maatschappij mogen achterwege blijven indien de in de balans opgenomen waarde van de maatschappij 5% of minder is van de balanstelling volgens de enkelvoudige balans en voor zover de in de balans opgenomen gezamenlijke waarde van de niet afzonderlijk vermelde belangen niet meer beloopt dan 15% van de balanstelling volgens de enkelvoudige balans.

In RJ 214.613a staat dat indien noodzakelijk voor het vereiste inzicht de rechtspersoon vermeldt op grond van welke omstandigheid een maatschappij waarin hij ten minste 20% van het geplaatste kapitaal verschaft *niet* als deelneming is aangemerkt, en/of op grond waarvan een maatschappij waarin hij minder dan 20% van het geplaatste kapitaal verschaft *wel* als deelneming is aangemerkt. Daarnaast vermeldt de rechtspersoon in de toelichting op grond van welke omstandigheid hij bij een deelneming géén invloed van betekenis uitoefent terwijl er over ten minste 20% van de stemrechten wordt beschikt, en/of op grond waarvan hij bij een deelneming wél invloed van betekenis uitoefent terwijl er over minder dan 20% van de stemrechten wordt beschikt.

Naam, woonplaats en omvang belang in geconsolideerde jaarrekening
De Nederlandse wetgeving vereist dat de rechtspersoon in de *geconsolideerde jaarrekening*, ingedeeld naar de hierna volgende onderscheiden categorieën, dient te vermelden de naam en woonplaats (art. 2:414 lid 1 BW), en het deel van het geplaatste kapitaal dat wordt verschaft aan (art. 2:414 lid 2d BW) rechtspersonen en vennootschappen:
1. die hij volledig in zijn geconsolideerde jaarrekening betrekt;
2. waarvan de financiële gegevens in de geconsolideerde jaarrekening worden opgenomen voor een deel, evenredig aan het belang daarin;
3. die deelnemingen betreffen, gewaardeerd tegen de vermogensmutatiemethode;
4. die dochtermaatschappijen zonder rechtspersoonlijkheid zijn, niet zijnde vennootschappen behorende tot een van de eerste drie categorieën;
5. waarin een of meer van de in de consolidatie betrokken maatschappijen of dochtermaatschappijen daarvan alleen of samen voor eigen rekening ten minste 20% van het geplaatste kapitaal verschaffen (of doen verschaffen) (voor zover niet reeds begrepen onder de eerste drie categorieën).

Op de hiervoor beschreven vermeldingen is het materialiteitsbeginsel (art. 2:363 lid 3 BW) van toepassing. In RJ 115.219 wordt dit ten aanzien van de door artikel 2:414 BW verlangde vermeldingen als volgt uitgewerkt. Vermeldingen van een maatschappij mogen achterwege blijven indien de in de geconsolideerde balans opgenomen waarde van de activa van de geconsolideerde maatschappij 5% of minder is van de balanstelling volgens de geconsolideerde balans en voor zover de in de balans opgenomen gezamenlijke waarde van de niet afzonderlijk vermelde belangen niet meer beloopt dan 15% van de balanstelling. Dit geldt ook voor de niet geconsolideerde rechtspersonen van 5% of minder van de geconsolideerde balanstelling.
Op de toepassing van het materialiteitsbeginsel geeft de wet een belangrijke uitzondering: artikel 2:414 lid 3 BW bepaalt dat indien een dergelijke vermelding voor het inzicht van belang is, de vermelding van de naam, woonplaats en de omvang van het belang van de volgens de vermogensmutatiemethode gewaardeerde dochtermaatschappij (ongeacht de omvang) dient plaats te vinden.

Vermelding eigen vermogen en resultaat in enkelvoudige en geconsolideerde jaarrekening
De hoofdregel is dat de rechtspersoon van elke maatschappij of dochtermaatschappij waarvan hij alleen of samen met een of meer dochtermaatschappijen voor eigen rekening ten minste 20% van het geplaatste kapitaal verschaft (of doet verschaffen), ook het bedrag van het eigen vermogen en resultaat volgens de laatst vastgestelde jaarrekening van de maatschappij vermeldt. Indien het door middel van de jaarrekening te geven inzicht dit meebrengt, dienen in verband hiermee aanvullende inlichtingen te worden verstrekt (art. 2:379 lid 2 BW, art. 2:414 lid 2 BW en RJ 214.611).
Ten aanzien van de publicatie van deze gegevens geldt dat het mogelijk is om een ministeriële ontheffing te verkrijgen, indien gegronde vrees bestaat dat door de vermelding ernstig nadeel kan ontstaan. Wel dient dan vermeld te worden dat vermelding achterwege is gebleven vanwege de aanvraag/verkrijging van een dergelijke ontheffing.

De bedragen van het eigen vermogen en van het resultaat in de *enkelvoudige jaarrekening* behoeven echter *niet* te worden gegeven indien (art. 2:379 lid 2 BW en RJ 214.612):
▶ de rechtspersoon de financiële gegevens van de maatschappij consolideert; of
▶ de rechtspersoon de maatschappij op zijn enkelvoudige balans en geconsolideerde balans overeenkomstig de vermogensmutatiemethode (netto-vermogenswaarde of zichtbaar eigen vermogen) verantwoordt; of

- de rechtspersoon de financiële gegevens van de maatschappij niet consolideert wegens te verwaarlozen belang dan wel op grond van het gebruik van de consolidatievrijstelling voor tussenhoudstermaatschappijen van artikel 2:408 BW; of
- de rechtspersoon voor eigen rekening minder dan de helft van het kapitaal van de maatschappij verschaft en de maatschappij haar balans wettig niet openbaar maakt.

In de *geconsolideerde jaarrekening* hoeven het eigen vermogen en resultaat *niet* vermeld te worden van maatschappijen (art. 2:414 BW):
- die de rechtspersoon volledig in zijn geconsolideerde jaarrekening betrekt;
- waarvan de financiële gegevens in de geconsolideerde jaarrekening proportioneel worden geconsolideerd;
- die de rechtspersoon overeenkomstig de vermogensmutatiemethode verantwoordt;
- waarin een belang van minder dan de helft wordt aangehouden en die wettig de balans niet openbaar maken; of
- die vanwege te verwaarlozen belang niet zijn geconsolideerd (art. 2:407 BW, RJ 214.614).

Consolidatie (al dan niet)
Uitsluitend in de geconsolideerde jaarrekening wordt vermeld (art. 2:414 lid 2 BW) op grond van welke omstandigheid elke maatschappij volledig in de consolidatie wordt betrokken (tenzij deze bestaat uit het kunnen uitoefenen van het merendeel van de stemrechten en het verschaffen van een daaraan evenredig deel van het kapitaal).

Voorts wordt, uitsluitend in de geconsolideerde jaarrekening, vermeld (art. 2:414 lid 2 BW):
- waaruit blijkt dat een rechtspersoon of vennootschap waarvan financiële gegevens proportioneel zijn geconsolideerd daarvoor in aanmerking komt (RJ 215.206); dit betekent feitelijk dat moet worden aangegeven dat de proportioneel geconsolideerde deelnemingen als joint venture zijn aan te merken;
- in voorkomend geval de reden voor het niet consolideren van een dochtermaatschappij (ingeval dit niet evident is op basis van het gehouden kapitaalbelang) (RJ 217.601).

Aandeel van derden
Indien het voor het geven van het vereiste inzicht noodzakelijk is, dient de rechtspersoon in de toelichting van de geconsolideerde jaarrekening informatie te verschaffen over het aandeel van derden in de groep (RJ 217.602), zie ook paragraaf 15.5.7.

Aansprakelijkheid jegens deelnemingen
Inzake de vermelding van eventuele aansprakelijkheden voor deelnemingen gelden de algemene eisen die gelden ten aanzien van niet in de balans opgenomen verplichtingen. Dat geldt ook ten aanzien van joint ventures (RJ 215.207). RJ 214.617 stelt daarbij nog specifiek dat indien de rechtspersoon hoofdelijk aansprakelijk vennoot is van een Vof of een CV (beherend vennoot), over deze aansprakelijkheid in de toelichting informatie dient te worden gegeven, voor zover dit noodzakelijk is voor het in artikel 2:362 lid 1 BW bedoelde inzicht. Indien daartoe aanleiding is dient een voorziening te worden getroffen.

Voorts verplicht artikel 2:414 lid 5 BW vermelding van de rechtspersonen (groepsmaatschappijen) ten aanzien waarvan door de consoliderende rechtspersoon (moedermaatschappij) een aansprakelijkstelling overeenkomstig artikel 2:403 BW is afgegeven en gedeponeerd bij het handelsregister (zie hoofdstuk 42).

Vrijstellingen vermelding gegevens
Indien de verplichting bestaat tot het vermelden van gegevens over een belang in de toelichting op de enkelvoudige of geconsolideerde jaarrekening, kan de minister van Economische Zaken daarvan desverzocht ontheffing

verlenen indien gegronde vrees bestaat dat door de vermelding ernstig nadeel kan ontstaan. Deze ontheffing kan telkens voor ten hoogste vijf jaar worden gegeven. In de toelichting wordt dan vermeld dat ontheffing is verleend of aangevraagd. Hangende de aanvraag is openbaarmaking niet vereist (art. 2:379 lid 4 BW, art. 2:414 lid 4 BW en RJ 214.616).

Ter inzage leggen
De rechtspersoon mag het deel van de toelichting dat de vermeldingen bevat die door artikel 2:379 BW (en art. 2:414 BW) worden vereist, afzonderlijk ter inzage van ieder neerleggen bij het handelsregister, mits beide delen van de toelichting naar elkaar verwijzen (art. 2:379 lid 5 BW en RJ 214.615).

21.2.1.3 IFRS

Op basis van de eis van IAS 24.13 dient een opsomming van alle relaties tussen 'parents' en 'subsidiaries' te worden opgenomen, ongeacht of met deze partijen ook daadwerkelijk transacties hebben plaatsgevonden. Zoals IAS 24.15 ter zake nog opmerkt is deze expliciete vermelding van de verbonden partij-relatie een aanvulling op de eisen van IAS 27 en IFRS 12 om een toereikende uiteenzetting te geven van de belangrijke directe en indirecte kapitaalbelangen in entiteiten die tot de categorieën 'subsidiary' (groepsmaatschappij of dochtermaatschappij), 'associate' (deelneming met invloed van betekenis), 'joint arrangement' of 'joint venture' behoren.

In IAS 27.16 is (in sub b) *specifiek* voor de *enkelvoudige jaarrekening (separate financial statements) van tussenhoudstermaatschappijen* de bepaling opgenomen dat naast de vermelding van de namen van de 'subsidiaries', 'associates' en 'joint ventures' ook land van vestiging, procentueel kapitaalbelang en, indien afwijkend, procentueel stemrecht dient te worden vermeld.

In algemene zin vereist IFRS vermelding van informatie welke de gebruikers van de jaarrekening in staat stelt de volgende aspecten te begrijpen en te beoordelen:
- de samenstelling van de groep en het aandeel dat derden ('non-controlling interests') hebben in de activiteiten en de kasstromen;
- de achtergrond en reikwijdte van belangrijke beperkingen ten aanzien van de beschikbaarheid en aanwending van activa en de afwikkeling van verplichtingen van de groep;
- de achtergrond van, de wijzigingen in, en de risico's verbonden met geconsolideerde gestructureerde entiteiten ('structured entities');
- de gevolgen van wijzigingen in belangen in deelnemingen welke niet tot verlies van zeggenschap leiden;
- de gevolgen van het verlies van zeggenschap over een deelneming gedurende de verslagperiode.

IFRS vereist tevens de vermelding van de volgende informatie in de geconsolideerde jaarrekening:

Belangen van derden (non-controlling interests)
Ten aanzien van belangen van derden van materieel belang voor de verslaggevende entiteit dient het volgende te worden toegelicht (IFRS 12.12):
a. de naam van de groepsmaatschappij (subsidiary);
b. de hoofdvestiging (en het land van oprichting, indien verschillend van het land van de hoofdvestiging) van de groepsmaatschappij;
c. de omvang van eigendomsbelangen dat door derden wordt gehouden;
d. de omvang van stemrechten dat door derden wordt gehouden, indien verschillend van de omvang van de gehouden eigendomsbelangen;
e. het resultaat van de groepsmaatschappij dat tijdens de verslagperiode aan derden is toegerekend;

f. geaccumuleerde aandeel derden aan het einde van de verslagperiode;
g. samengevatte financiële informatie over de groepsmaatschappij (zie IFRS 12.B10).

Aard en achtergrond van belangrijke beperkingen
Ten aanzien van de aard en achtergrond van belangrijke beperkingen neemt een entiteit de volgende toelichtingen op (IFRS 12.13):
a. belangrijke beperkingen (bijvoorbeeld wettelijke, contractuele en door regelgevende instanties opgelegde beperkingen) ten aanzien van toegang en gebruik van activa en afwikkeling van verplichtingen binnen de groep, zoals:
    i. beperkingen ten aanzien van transfer van geldmiddelen of andere activa binnen de groep;
    ii. garanties of andere vereisten die beperkingen kunnen inhouden ten aanzien van dividenden en andere kapitaaluitkeringen, verstrekking of terugbetaling van leningen en voorschotten binnen de groep;
b. in hoeverre beschermingsrechten ('protective rights') van minderheidsaandeelhouders de aanwending van activa en afwikkeling van verplichtingen van de groep aanzienlijk kunnen beperken (bijvoorbeeld wanneer een entiteit verplichtingen van een groepsmaatschappij moet afwikkelen voordat zij haar eigen verplichtingen afwikkelt of wanneer de goedkeuring van minderheidsaandeelhouders is vereist);
c. de boekwaarde van de activa en verplichtingen waarvoor deze beperkingen gelden.

Geconsolideerde gestructureerde entiteiten
Ten aanzien van geconsolideerde gestructureerde entiteiten neemt een entiteit de volgende toelichtingen op:
▶ contractuele overeenkomsten op grond waarvan de moedermaatschappij of haar groepsmaatschappij verplicht kunnen zijn financiële steun aan een geconsolideerde gestructureerde entiteit te verlenen, met inbegrip van gebeurtenissen of omstandigheden die de verslaggevende entiteit aan een verlies kunnen blootstellen (IFRS 12.14);
▶ Indien een entiteit of een van haar groepsmaatschappijen, zonder daartoe contractueel verplicht te zijn, tijdens de verslagperiode financiële of andere steun aan een geconsolideerde gestructureerde entiteit heeft verleend (bijv. kopen van activa van of van instrumenten uitgegeven door de gestructureerde entiteit), moet de entiteit het volgende vermelden:
  a. het type en de omvang van de verleende steun, met inbegrip van de situaties waarin de moedermaatschappij of haar dochterondernemingen de gestructureerde entiteit hebben bijgestaan bij het verkrijgen van financiële steun;
  b. de redenen voor het verlenen van de steun.
▶ Indien een entiteit of een van haar groepsmaatschappijen, zonder daartoe contractueel verplicht te zijn, tijdens de verslagperiode financiële of andere steun aan een voordien niet-geconsolideerde gestructureerde entiteit heeft verleend en die steunverlening resulteerde in zeggenschap van de entiteit over de gestructureerde entiteit, moet de entiteit een verklaring vermelden van de relevante factoren die tot deze beslissing hebben geleid (IFRS 12.16);
▶ Een entiteit moet informatie verschaffen over alle bestaande voornemens om financiële of andere steun aan een geconsolideerde gestructureerde entiteit te verlenen, met inbegrip van voornemens om de gestructureerde entiteit bij te staan bij het verkrijgen van financiële steun (IFRS 12.17).

Wijzigingen van belangen in groepsmaatschappijen zonder verlies van control
Ten aanzien van wijzigingen van belangen in deelnemingen zonder verlies van control presenteert de entiteit een overzicht dat het effect toont op het aan aandeelhouders toe te rekenen eigen vermogen als gevolg van de wijziging in het aandelenbelang (IFRS 12.18).

Verlies van zeggenschap over een groepsmaatschappij
Bij verlies van zeggenschap over een groepsmaatschappij vermeldt de entiteit het resultaat, berekend overeenkomstig IFRS 10.25, alsook:
a. het deel van het resultaat dat is toe te rekenen aan het resterende belang gewaardeerd op reële waarde (fair value) op de datum waarop de zeggenschap wordt verloren; en
b. de post(en) in de winst-en-verliesrekening waarin de winst of het verlies is opgenomen (indien niet afzonderlijk gepresenteerd).

'Associates' en 'Joint arrangements'
IFRS 12 vereist voor van materieel belang zijnde 'associates' (deelnemingen waarin invloed van betekenis bestaat op het zakelijke en financiële beleid) en 'joint arrangements' de volgende toelichtingen (IFRS 12.21-24):
- de naam van de joint arrangement of geassocieerde deelneming;
- de aard van de relatie van de entiteit met de joint arrangement of geassocieerde deelneming (door, bijvoorbeeld, een beschrijving te geven van de aard van de activiteiten van de joint arrangement of geassocieerde deelneming en aan te geven of deze van strategisch belang zijn voor de activiteiten van de entiteit);
- de hoofdvestiging (en, in voorkomend geval, het land van oprichting, indien verschillend van het land van de hoofdvestiging) van de joint arrangement of geassocieerde deelneming;
- de omvang van het eigendomsbelang of de deelneming gehouden door de entiteit en, indien verschillend, de omvang van de gehouden stemrechten (indien van toepassing).

Voor elke joint venture en geassocieerde deelneming die van materieel belang is voor de verslaggevende entiteit:
- of de investering in de joint venture of geassocieerde deelneming volgens de 'equity'-methode of tegen reële waarde (fair value) is gewaardeerd;
- samengevatte financiële informatie over de joint venture of geassocieerde deelneming (IFRS 12.B12 en B13);
- indien de joint venture of geassocieerde deelneming wordt verwerkt volgens de equity-methode, de reële waarde (fair value) van haar investering in de joint venture of geassocieerde deelneming indien er een genoteerde marktprijs voor de investering voorhanden is.

Financiële informatie zoals dividend ontvangen van joint venture of geassocieerde deelneming en samengevatte financiële informatie (IFRS 12.B16) over de investeringen van de entiteit in joint ventures en geassocieerde deelnemingen die afzonderlijk niet van materieel belang zijn:
- geaggregeerd voor alle joint ventures die afzonderlijk niet van materieel belang zijn; en, afzonderlijk,
- geaggregeerd voor alle geassocieerde deelnemingen die afzonderlijk niet van materieel belang zijn.

Een entiteit moet ook het volgende vermelden (IFRS 12.22):
- de aard en omvang van eventuele belangrijke beperkingen (die bijvoorbeeld voortvloeien uit financieringsovereenkomsten, voorschriften van regelgevende instanties of contractuele overeenkomsten tussen investeerders die gezamenlijk de zeggenschap uitoefenen over, of invloed van betekenis hebben in een joint venture of geassocieerde deelneming) op het vermogen van joint ventures of geassocieerde deelnemingen om middelen aan de entiteit over te dragen in de vorm van dividenden in contanten, of om leningen of voorschotten van de entiteit terug te betalen;
- indien de datum of periode van de bij de toepassing van de 'equity'-methode gebruikte jaarrekening van een joint venture of geassocieerde deelneming niet samenvalt met die van de jaarrekening van de entiteit:
  a. de datum van het einde van de verslagperiode van de jaarrekening van de betrokken joint venture of geassocieerde deelneming; en
  b. de reden waarom niet dezelfde datum of periode wordt gebruikt;

▶ het aandeel in de verliezen van een joint venture of geassocieerde deelneming, zowel over de verslagperiode als cumulatief, welke niet verwerkt is, indien de entiteit haar aandeel in de verliezen van de joint venture of geassocieerde deelneming niet langer opneemt bij de toepassing van de 'equity'-methode.

Ten aanzien van risico's verbonden aan belangen van een entiteit in joint ventures en geassocieerde deelnemingen vermeldt een entiteit het volgende (IFRS 12.23):
▶ verbintenissen die met joint ventures verband houden; afzonderlijk van het bedrag van andere verbintenissen worden vermeld zoals gespecificeerd IFRS 12.B18-B20;
▶ overeenkomstig IAS 37, tenzij verlies zeer onwaarschijnlijk is, voorwaardelijke verplichtingen die de entiteit is aangegaan in verband met haar belangen in joint ventures of geassocieerde deelnemingen (met inbegrip van haar aandeel in de voorwaardelijke verplichtingen die gezamenlijk zijn aangegaan met andere investeerders die gezamenlijk de zeggenschap uitoefenen over, of invloed van betekenis hebben in de betrokken joint ventures of geassocieerde deelnemingen); deze verplichtingen moeten afzonderlijk van het bedrag van andere voorwaardelijke verplichtingen worden vermeld.

Niet geconsolideerde gestructureerde entiteiten ('unconsolidated structured entities')
Een entiteit moet kwalitatieve en kwantitatieve informatie verschaffen over haar belangen in niet-geconsolideerde gestructureerde entiteiten, met inbegrip van maar niet beperkt tot de aard, het doel, de omvang en de activiteiten van de gestructureerde entiteit en de wijze waarop de gestructureerde entiteit is gefinancierd (IFRS 12.26).

Indien een entiteit optreedt als sponsor van een niet-geconsolideerde gestructureerde entiteit waarvoor zij niet de op grond van IFRS 12.29 te verstrekken informatie behoeft te verschaffen (bijv. omdat zij op de verslagdatum geen belang in de entiteit heeft), moet zij het volgende vermelden (IFRS 12.27):
▶ hoe zij heeft bepaald voor welke gestructureerde entiteiten zij als sponsor is opgetreden;
▶ *baten uit hoofde van deze gestructureerde entiteiten* tijdens de verslagperiode, met inbegrip van een beschrijving van de gepresenteerde soorten baten;
▶ de boekwaarde (op het moment van overdracht) van alle activa die tijdens de verslagperiode aan deze gestructureerde entiteiten zijn overgedragen.

Bovenstaande informatie dient in tabelvorm te worden gepresenteerd, tenzij een andere opmaak meer geëigend is. Tevens dienen de activiteiten als sponsor in relevante categorieën geclassificeerd te worden (IFRS 12.28). Voorbeelden van categorieën zijn: aard van activiteiten, bedrijfstak of geografische indeling (IFRS 12.B2-B6).

Op grond van IFRS 12.29 dient een entiteit in tabelvorm, tenzij een andere opmaak meer geëigend is, een samenvatting te presenteren van:
▶ de boekwaarde van de in haar jaarrekening opgenomen activa en verplichtingen die met haar belangen in niet-geconsolideerde gestructureerde entiteiten verband houden;
▶ de posten in het overzicht van de financiële positie waarin deze activa en verplichtingen zijn opgenomen;
▶ het maximale risico uit hoofde van haar belangen in niet-geconsolideerde gestructureerde entiteiten, met vermelding van de wijze waarop deze is bepaald. Indien een entiteit haar maximale risico uit hoofde van haar belangen in niet-geconsolideerde gestructureerde entiteiten niet kan kwantificeren, moet zij dit feit en de redenen waarom vermelden;
▶ een vergelijking van de boekwaarde van de activa en verplichtingen van de entiteit die met haar belangen in niet-geconsolideerde gestructureerde entiteiten verband houden, met het maximale risico uit hoofde van deze entiteiten.

Indien een entiteit, zonder daartoe contractueel verplicht te zijn, tijdens de verslagperiode financiële of anderszins steun heeft verleend aan een niet-geconsolideerde gestructureerde entiteit waarin zij voordien een belang had of op het moment een belang heeft (bijvoorbeeld verwerving van activa van of door uitgifte van financiële instrumenten door de gestructureerde entiteit), moet de entiteit het volgende vermelden (IFRS 12.30):
- het type en het bedrag van de verleende steun, met inbegrip van de situaties waarin de entiteit de gestructureerde entiteit heeft bijgestaan bij het verkrijgen van financiële steun; en
- de redenen voor het verlenen van de steun.

Een entiteit moet informatie verschaffen over alle bestaande voornemens om financiële of andere steun aan een niet-geconsolideerde gestructureerde entiteit te verlenen, met inbegrip van voornemens om de gestructureerde entiteit bij te staan bij het verkrijgen van financiële steun (IFRS 12.31).

Voor de toelichtingsbepalingen voortkomende uit IFRS 9 (overige effecten, vorderingen) wordt verwezen naar hoofdstuk 30.

21.2.1.4 Verschillen Dutch GAAP - IFRS

De vereisten inzake vermelding van informatie in de toelichting verschillen aanzienlijk tussen de Nederlandse wet- en regelgeving en IFRS, waarbij IFRS uitgebreider is. IFRS vereist onder andere gedetailleerde (financiële) informatie over 'associates', 'joint arrangements' en niet geconsolideerde gestructureerde entiteiten.

21.2.2 Aantal werknemers

IFRS omvat géén bepaling omtrent het vermelden van het aantal personeelsleden; de Nederlandse regelgeving stelt wel regels dienaangaande.

Volgens artikel 2:382 BW dient de rechtspersoon in de toelichting op de *enkelvoudige jaarrekening* het gemiddelde aantal gedurende het boekjaar bij de rechtspersoon werkzame werknemers te vermelden. Hierbij dient een indeling te worden gevolgd die is afgestemd op de wijze van inrichting van het bedrijf (zie ook par. 22.1.2). Daarbij is tevens vereist om in deze opgave afzonderlijk te vermelden het aantal werknemers dat buiten Nederland werkzaam is. De relevantie van deze vermelding hangt samen met artikel 2:155/265 lid 2 BW, op grond waarvan kan worden beoordeeld of een grote NV of BV het verzwakt structuurregime kan toepassen omdat de werknemers in meerderheid buiten Nederland werkzaam zijn.

Deze informatie is altijd relevant op grond van haar aard en kan derhalve niet achterwege blijven met een beroep op materialiteit (art. 2:363 lid 3 BW).

In het BW is geen definitie van het begrip werknemer opgenomen. Hierdoor is het onduidelijk of onder werknemers slechts de personen met een arbeidsovereenkomst dienen te worden gerekend, of dat dit begrip ruimer dient te worden ingevuld. Een aanwijzing hieromtrent kan wel in de Richtlijnen worden gevonden. In een ander kader (namelijk ten behoeve van de vaststelling van het aantal werknemers voor het toepassen van het groottecriterium) beveelt de RJ aan voor de invulling van dit begrip uit te gaan van het aantal personen met wie een arbeidsovereenkomst bestaat (RJ 315.105). Op basis van deze interpretatie dienen bijvoorbeeld inleenkrachten niet te worden meegenomen in de betreffende overzichten.

Ook zegt de wet niet expliciet hoe dient te worden omgegaan met parttimers. Opname van het aantal fte's (full-time-equivalenten) lijkt een acceptabele invulling.

In de toelichting op de *geconsolideerde jaarrekening* dienen volgens artikel 2:410 lid 5 BW dezelfde gegevens te worden vermeld als de in artikel 2:382 BW bedoelde gegevens voor het geheel van de volledig in de consolidatie betrokken maatschappijen. Daarenboven dienen afzonderlijk voor het geheel van de naar evenredigheid in de consolidatie betrokken maatschappijen (dat wil zeggen proportioneel geconsolideerd) de in artikel 2:382 BW bedoelde gegevens te worden vermeld.

21.2.3 Vermeldingen ten aanzien van lonen en salarissen en afschrijvingen

De bedragen inzake lonen en salarissen, de sociale lasten en de pensioenlasten alsmede afschrijvingen (waaronder de afschrijving of amortisatie van goodwill) dienen op basis van artikel 2:382 BW en IAS 1.104 in de toelichting te worden vermeld, indien deze niet reeds afzonderlijk in de winst-en-verliesrekening zijn opgenomen (bijvoorbeeld in het geval van toepassing van de functionele indeling van de winst-en-verliesrekening; zie hoofdstuk 5).

Deze informatie is altijd relevant op grond van haar aard en kan derhalve niet achterwege blijven met een beroep op materialiteit (art. 2:363 lid 3 BW).

21.2.4 Toelichting personeelsbeloningen

Met betrekking tot de toelichting van de personeelsbeloningen zijn op twee plaatsen voorschriften vastgelegd, te weten:
1. artikel 2:383 t/m 383e BW en IAS 24/IFRS 2, waarin voorschriften zijn opgenomen met betrekking tot bezoldigingen van bestuurders en commissarissen van rechtspersonen, waaronder specifieke voorschriften voor zogenaamde 'open' NV's;
2. RJ 271 en IAS 24/IFRS 2, waarin richtlijnen worden gegeven voor de verwerking van personeelsbeloningen in de jaarrekening.

In de Nederlandse regelgeving worden ten aanzien van de bezoldiging van bestuurders en commissarissen van zogenaamde 'open NV's' aanzienlijk meer gegevens en specificaties gevraagd dan voor andere juridische entiteiten, zoals BV's. Nagenoeg alle Nederlandse naamloze vennootschappen, waaronder uiteraard alle NV's waarvan aandelen zijn genoteerd op een effectenbeurs, zijn 'open NV's'. Vanwege de Wet omzetting aandelen aan toonder kunnen aandelen aan toonder alleen nog worden uitgegeven via een verzamelbewijs dat bij het centraal instituut of aan een intermediair in bewaring wordt gegeven. NV's moeten toonderaandelen die niet in bewaring zijn gegeven bij een intermediair voor 1 januari 2020 omzetten in aandelen op naam. Toonderaandelen die op 1 januari 2020 niet zijn omgezet in aandelen op naam worden van rechtswege op naam gesteld. Met uitzondering van beursvennootschappen zijn er waarschijnlijk als gevolg van deze wet nog maar weinig 'open' NV's in Nederland.

In de navolgende paragrafen wordt achtereenvolgens ingegaan op:
▶ bezoldiging van (ex-)bestuurders en (ex-)commissarissen (par. 21.2.5);
▶ leningen aan bestuurders en commissarissen (par. 21.2.6).

In paragraaf 34.3.2 worden personeelsbeloningen in de vorm van rechten op eigen aandelen behandeld.

Per paragraaf worden eerst de algemene vereisten ingevolge de Nederlandse wet- en regelgeving respectievelijk IFRS behandeld en daarna de specifieke bepalingen voor open NV's.
Deze informatie is altijd relevant op grond van haar aard en kan derhalve niet achterwege blijven met een beroep op materialiteit (art. 3:363 lid 3 BW).

21.2.5 Bezoldiging van (ex-)bestuurders en (ex-)commissarissen

Volgens artikel 2:383 BW dient de rechtspersoon in de toelichting te vermelden het bedrag van de bezoldiging bestemd voor bestuurders en ex-bestuurders en (afzonderlijk) commissarissen en ex-commissarissen (inclusief de bedragen die ten laste komen van dochtermaatschappijen of meegeconsolideerde maatschappijen; waarbij de door (gewezen) bestuurders en commissarissen ontvangen bedragen van dochtermaatschappijen of andere meegeconsolideerde maatschappijen die worden afgedragen aan de rechtspersoon niet worden aangemerkt als bezoldiging (RJ 271.603).

Onder bestuurders worden volgens Richtlijn 271 alleen die natuurlijke of rechtspersonen verstaan die deel uitmaken of uitmaakten van het statutaire bestuursorgaan. Als bestuurder wordt aangemerkt diegene die door het daartoe bevoegde orgaan daadwerkelijk benoemd is als statutair bestuurder. Degenen die slechts de titel van directeur of een soortgelijke titel voeren dan wel lid zijn van een 'executive board of committee', maar geen deel uitmaken van het bestuur van de vennootschap/rechtspersoon, vallen hier niet onder (RJ 940). Hetzelfde geldt voor commissarissen (toezichthouders), dat betreft alleen de benoemde leden van de raad van commissarissen/raad van toezicht.

IFRS hanteert in IAS 24.26 een enigszins afwijkende inkadering en stelt dat de informatie omtrent 'key management personnel' dient te worden verstrekt, gedefinieerd als de personen die (direct of indirect) het gezag uitoefenen en verantwoording dragen voor planning, uitvoering en toezicht houden op de operationele activiteiten. Ongeacht de feitelijke positie behoren personen met de titel 'director' per definitie tot deze categorie (IAS 24.9).

Weergave van de bezoldiging bestuurders en commissarissen (op basis van Nederlandse voorschriften)		
Bestuurders en commissarissen		
Lasten ter zake van bezoldiging en ter zake van pensioenen en dergelijke van:		
	20xx+1	20xx
	x € 1.000	x € 1.000
Bestuurders en voormalige bestuurders	850	830
Commissarissen en voormalige commissarissen	45	40
	895	870

Laat de Nederlandse regelgeving voor een rechtspersoon, niet zijnde een open NV, toe de gegevens in één totaalbedrag te verstrekken, onder IFRS dient zowel het totaalbedrag als een uitsplitsing over de hierna genoemde categorieën te worden vermeld (IAS 24.17):
▶ periodiek betaalde beloningen;
▶ kosten voor beloningen na beëindiging van het dienstverband;
▶ andere beloningen betaalbaar op termijn;
▶ uitkeringen bij beëindiging van het dienstverband;
▶ betalingen op basis van aandelen.

Volgens de RJ dient onder de bezoldiging van bestuurders en commissarissen te worden verstaan (RJ 940):
▶ periodiek betaalde beloningen: alle regelmatig betaalbaar of beschikbaar gestelde vergoedingen (niet zijnde beloningen betaalbaar op termijn en uitkeringen bij beëindiging van het dienstverband), zoals:
  ▶ lonen en salarissen; blijkens een onderschrift in Bijlage 3 van Richtlijn 271 dient hier tevens toe te worden gerekend de doorbelaste kosten vanuit een groeps- of dochtermaatschappij, waarbij indien sprake is van een generieke managementvergoeding een uitsplitsing naar de samenstellende delen gemaakt dient te worden, terwijl als sprake is van een rechtspersoon-bestuurder (bijvoorbeeld management-BV) het deel

van de beheersvergoeding dat betrekking heeft op de bestuurstaak (en/of toezichthoudende taak) wordt vermeld;
- doorbetalingen bij ziekte en vakantie;
- vergoedingen in natura;
▶ beloningen betaalbaar op termijn: beloningen die plaatsvinden onder voortzetting van het dienstverband:
- lasten uit hoofde van pensioenverplichtingen;
- lasten uit hoofde van een regeling voor vervroegde uittreding, zoals VUT-verplichtingen en prepensioen;
- lasten uit hoofde van jubileumuitkeringen;
- lasten uit hoofde van doorbetalingen tijdens een langdurig verlof/'sabbatical';
- lasten uit hoofde van arbeidsongeschiktheidsverzekeringen of recht op aanvulling van een sociale uitkering e.d.;
▶ uitkeringen bij beëindiging van het dienstverband: vergoedingen die de rechtspersoon moet voldoen uit hoofde van een ontslag:
- overeengekomen (of door de rechter vastgestelde) ontslagvergoedingen en transitievergoedingen;
- 'gouden handdrukken', 'golden parachute', afvloeiingsregelingen en dergelijke;
▶ winstdelingen en bonusbetalingen: vergoedingen die in het algemeen afhankelijk zijn van de vervulling van bepaalde voorwaarden, inclusief vergoedingen in verband met het in dienst treden bij de rechtspersoon.

In Bijlage 3 bij Richtlijn 271 is een gedetailleerd overzicht opgenomen met de elementen die als 'beloning' bedoeld in artikel 2:383c BW opgevat kunnen worden.

Door commissarissen ontvangen vergoedingen uit hoofde van andere taken dan het vervullen van het commissariaat (bijvoorbeeld uit hoofde van extra werkzaamheden aanzienlijk uitgaand boven een normale invulling van het commissariaat en anders door derden worden verricht), vallen niet onder de bezoldiging (RJ 271.604).

Het is bij een BV of NV vrijwillig mogelijk dat statutair wordt bepaald dat de bestuurstaken zijn verdeeld over één of meer uitvoerende en één of meer niet-uitvoerende bestuurders (art. 2:129a en 2:239a BW), het zogenoemde monistische bestuursmodel ('one-tier board'). Per 1 juli 2021 treedt de Wet bestuur en toezicht in werking waarmee een dergelijke 'one-tier board' ook vrijwillig mogelijk zal worden bij andere rechtspersonen, bijvoorbeeld een coöperatie of stichting. In deze wetgeving is niets specifiek geregeld over vermelding in de jaarrekening van de bezoldiging van leden van de one-tier-board, die immers allen als bestuurder kwalificeren. In RJ 271.605a wordt aangegeven dat de totaalsom van de bezoldiging van de bestuurders in een one-tier board dient te worden gesplitst in die aan de uitvoerende en die aan de niet-uitvoerende bestuurders, tenzij deze opgave herleid kan worden tot een enkele natuurlijke persoon (uitvoerend dan wel niet-uitvoerend bestuurder). De ratio hierachter is dat de functie van niet-uitvoerende bestuurder goeddeels vergelijkbaar is met die van commissaris (lid RvC) bij een two-tier-board.

> **Voorbeeld bezoldiging van bestuurders en commissarissen**
>
> In jaar 2 is aan lonen en salarissen, inclusief de hierover verschuldigde sociale lasten, ten behoeve van medewerk(st)ers in dienst bij XYZ NV en haar groepsmaatschappijen, een bedrag van € 215 miljoen (€ 214 miljoen) besteed.
> Dit bedrag heeft betrekking op een gemiddelde van 3.465 (3.457) medewerk(st)ers (in fulltime equivalents) en is als volgt gespecificeerd:
>
> | | Jaar 2 | Jaar 1 |
> |---|---:|---:|
> | Lonen en salarissen | 164.644 | 162.919 |
> | Sociale lasten | 29.633 | 30.715 |
> | Pensioenlasten | 20.389 | 20.066 |
> | | **214.666** | **213.700** |
>
> Bovenstaande cijfers betreffen alleen medewerk(st)ers in eigen dienst. In de cijfers zijn begrepen de lonen en salarissen, sociale lasten en pensioenlasten van de naar evenredigheid in de consolidatie betrokken maatschappijen ten bedrage van € 25 miljoen (€ 24 miljoen). De beloningen aan de commissarissen en de Executive Board bedroegen € 2,4 miljoen (€ 3,0 miljoen). Hiervan ontvingen de commissarissen € 0,2 miljoen (€ 0,2 miljoen) en de Executive Board € 2,2 miljoen (€ 2,8 miljoen).

Vermeldingen en vrijstellingen

De volgende bepalingen zijn specifiek voor de Nederlandse regelgeving, en komen niet voor in IFRS.
Indien de bedragen van de bezoldiging van bestuurders en commissarissen kunnen worden herleid tot één enkele natuurlijke persoon, mag de opgave achterwege worden gelaten (art. 2:383 lid 1 BW). Uit de wetsgeschiedenis blijkt dat met de term 'herleidbaar' wordt bedoeld dat door derden op basis van openbare informatie de individuele bezoldiging van een natuurlijke persoon kan worden 'herleid'. Derhalve kan herleidbaarheid niet door de rechtspersoon zelf worden 'gecreëerd', bijvoorbeeld door de onverplichte vermelding in de jaarrekening dat alle bestuurders een gelijke bezoldiging ontvangen of een soortgelijke bepaling in de statuten van de rechtspersoon. Om die reden zal als er sprake is van meerdere bestuursleden een dergelijke 'herleidbaarheid' tot de individuele bezoldiging slechts zelden aan de orde zijn.

Rechtspersonen die onder het kleine jaarrekeningregime vallen en rechtspersonen die artikel 2:403 BW toepassen mogen de vermelding van de bezoldiging van bestuurders en commissarissen achterwege laten. Indien de rechtspersoon geen geconsolideerde jaarrekening opmaakt, bijvoorbeeld omdat gebruik gemaakt wordt van een consolidatievrijstelling, behoeven slechts de bedragen te worden vermeld die ten laste zijn gekomen van de maatschappij (rechtspersoon) en haar dochtermaatschappijen (en dus niet van de overige groepsmaatschappijen).
Vermelding vindt plaats in de toelichting op de enkelvoudige jaarrekening of, voor zover van toepassing in de toelichting op de geconsolideerde jaarrekening (RJ 271.605).

Indien de rechtspersoon dochtermaatschappijen heeft of de financiële gegevens van andere maatschappijen consolideert, worden de bedragen die in het boekjaar te hunnen laste zijn gekomen, in de opgave begrepen (art. 2:383 lid 1 BW).
Aanbevolen wordt de totaalsom van de bezoldiging van bestuurders te splitsen in die aan zittende bestuurders en die aan voormalige bestuurders (RJ 271.605).

Bezoldiging voor bestuurders en commissarissen van open NV's

De 'open' NV doet in de toelichting op de jaarrekening opgave van de bedragen van de bezoldiging voor *iedere* bestuurder en *iedere* commissaris, voor zover deze bedragen in het boekjaar ten laste van de vennootschap zijn gekomen (art. 2:383c BW). Ten laste van de vennootschap komen betekent hier, dat de bedragen als last in de jaarrekening moeten worden verantwoord, wat dus niet behoeft te betekenen dat ook feitelijke betaling heeft plaatsgehad.

Vennootschappen waarvan aandelen of met medewerking van de vennootschap uitgegeven certificaten zijn genoteerd aan een gereglementeerde markt (als bedoeld in art. 1:1 Wft) dienen deze informatie in het bezoldigingsverslag op te nemen (art. 2:135b BW). Zie voor een uitgebreide behandeling paragraaf 39.5.5.

Het gaat om de openbaarmaking van de bezoldiging van zowel zittende als van voormalige (gewezen) bestuurders en commissarissen.

In de opgave moeten worden begrepen de bedragen van de bezoldiging voor iedere bestuurder en iedere commissaris van de NV, voor zover deze bedragen in het boekjaar zijn gekomen ten laste van de dochtermaatschappijen/ groepsmaatschappijen van de NV.

De bedragen van de bezoldiging moeten worden uitgesplitst naar:
a. periodiek betaalde beloningen;
b. beloningen betaalbaar op termijn;
c. uitkeringen bij beëindiging van het dienstverband;
d. winstdelingen en bonusbetalingen.

De bezoldigingscomponenten worden dus onderscheiden in vaste vergoedingen en vergoedingen die afhankelijk zijn van verrichte prestaties.

Een bijzondere toelichting wordt verlangd inzake vergoedingen die afhankelijk zijn van verrichte prestaties. Indien de vergoedingen zijn toegekend met het oog op het bereiken van door de NV gestelde doelen, moet hiervan mededeling worden gedaan en moet worden vermeld of deze doelen zijn bereikt. Zijn de vergoedingen toegekend aan een commissaris, dan moet bovendien opgave worden gedaan van de redenen die ten grondslag liggen aan het besluit tot het toekennen van bezoldiging in deze vorm aan een commissaris. Artikel 2:383c lid 6 BW schrijft voor dat de onderneming opgave doet van aanpassing of terugvordering ('claw back') van een (eerder uitgekeerde) bezoldiging/bonus.

Wet normering topinkomens

In jaarrekeningen van bij wet specifiek aangeduide entiteiten dient aanvullende informatie te worden opgenomen met betrekking tot de inkomenscomponenten van *alle* werknemers en topfunctionarissen waarvan de som daarvan een bepaald bedrag te boven gaan. Dit is geregeld in de Wet normering topinkomens (WNT), waarvoor wordt verwezen naar de afzonderlijke behandeling in paragraaf 21.2.7.

Verschillen Dutch GAAP - IFRS

Geconcludeerd kan worden dat:
- voor de bestuurders en commissarissen van open NV's de Nederlandse wet- en regelgeving verdergaande eisen stelt dan IFRS;
- de definitie van 'key management personnel' onder IFRS ruimer is dan het Nederlandse begrip bestuurder en commissaris; en
- voor Nederlandse rechtspersonen, anders dan open NV's, de IFRS-eisen verder gaan dan de Nederlandse eisen.

21 Toelichting

21.2.6 Leningen aan bestuurders en commissarissen

Ingevolge de Nederlandse wetgeving dienen de eventuele aan of ten behoeve van bestuurders of commissarissen verstrekte leningen, voorschotten of garanties in de toelichting te worden vermeld (inclusief de per balansdatum nog openstaande bedragen, de afgewaardeerde bedragen en bedragen waarvan werd afgezien, het in het afgelopen boekjaar afgeloste bedrag, de rentevoet en de belangrijkste bepalingen van de gesloten overeenkomst). Het gaat hierbij niet alleen om door de rechtspersoon zelf verstrekte leningen, voorschotten en garanties; ook leningen, voorschotten en garanties verstrekt door dochtermaatschappijen en maatschappijen die worden geconsolideerd dienen te worden meegenomen (art. 2:383 lid 2 BW).

Een belangrijk verschil ten aanzien van de vermelding van bezoldigingen is dat er geen vrijstelling is van vermelding van verstrekte leningen, voorschotten en garanties indien de betreffende bedragen kunnen worden herleid tot een enkele natuurlijke persoon.

De gegevens dienen afzonderlijk ten aanzien van de gezamenlijke bestuurders en de gezamenlijke commissarissen vermeld te worden (zie voor de open NV's echter hieronder). De informatie wordt afzonderlijk verstrekt voor het totaal van de als activa (lening, voorschot) in de balans opgenomen bedragen en voor de niet in de balans opgenomen verplichtingen (garantie). Tevens geldt ook hier dat de genoemde gegevens in de toelichting op de enkelvoudige jaarrekening dienen te worden opgenomen en, voor zover van toepassing, ook in de toelichting op de geconsolideerde jaarrekening. Deze informatie is altijd relevant op grond van haar aard en kan derhalve niet achterwege blijven met een beroep op materialiteit (art. 2:363 lid 3 BW).

Een letterlijke interpretatie van de wettekst brengt met zich mee dat het verstrekken van een lening in enig jaar gevolgd door het in hetzelfde jaar volledig aflossen van die lening óók tot de te verstrekken informatie behoort.

IFRS kent geen expliciete verplichting om de gegevens van leningen verstrekt aan (ex-)bestuurders of (ex-)commissarissen te vermelden. Wel wordt 'key management personnel' in IAS 24 aangemerkt als een zogenaamde 'related party'. IAS 24 schrijft voor dat transacties met een 'related party' dienen te worden toegelicht.

Leningen aan bestuurders en commissarissen van open NV's

De NV doet in de toelichting op de jaarrekening opgave van het bedrag van de leningen, voorschotten en garanties ten behoeve van *iedere* bestuurder en *iedere* commissaris van de NV, die zijn verstrekt door de NV zelf dan wel door dochtermaatschappijen/groepsmaatschappijen van de NV. Vermeld moeten worden de nog openstaande bedragen, de rentevoet, de belangrijkste overige bepalingen en de aflossingen gedurende het boekjaar (art. 2:383e BW).

Ook voor de opgave van de leningen ten behoeve van iedere bestuurder en iedere commissaris geldt zoals hierboven ook genoemd dat het verstrekken van een lening in enig jaar gevolgd door het in hetzelfde jaar volledig aflossen van die lening óók tot de te verstrekken informatie behoort.
Deze informatie is altijd relevant op grond van haar aard en kan derhalve niet achterwege blijven met een beroep op materialiteit (art. 2:363 lid 3 BW).

Verschillen Dutch GAAP - IFRS

Er bestaan verschillen als gevolg van het onderscheid tussen open NV's en overige rechtspersonen en het feit dat 'key management personnel' een ruimer begrip is dan 'bestuurders en commissarissen'.

21.2.7 Wet normering topinkomens

Per 1 januari 2013 is Wet Normering bezoldiging Topfunctionarissen publieke en semipublieke sector (WNT) in werking getreden. De wet is sinds de inwerkingtreding al een aantal keren gewijzigd.

De doelstelling van de WNT is aan de ene kant het tegengaan van excessieve beloningen, met name in de publieke en semipublieke sector en aan de andere kant de openbaarmaking van topinkomens in dezelfde sector.
De WNT kent drie bezoldigingsregimes:
1. Bezoldigingsmaximum: het inkomen van topfunctionarissen in de (semi)publieke sector mag maximaal ongeveer gelijk aan het ministersalaris zijn. Dat komt neer op € 209.000 voor 2021, inclusief belaste kostenvergoeding en pensioenbijdrage werkgever. Er is overgangsrecht van toepassing. Het bezoldigingsmaximum voor leden en voorzitters van interne toezichthoudende organen bedraagt 10% (voor 2021 is dat € 20.900) respectievelijk 15% (voor 2021 is dat € 31.350) van het voor de betreffende rechtspersoon of instelling geldende bezoldigingsmaximum. Tevens gelden bezoldigingsmaxima voor topfunctionarissen zonder dienstbetrekking.
2. Sectorale bezoldigingsnorm, voor aangewezen semipublieke instellingen: voor zorg- en jeugdhulp, zorgverzekeraars, onderwijsinstellingen, woningbouwcorporaties, cultuurfondsen en organisaties op het terrein van ontwikkelingssamenwerking gelden sectorale normen.
3. Openbaarmakingsverplichting.

Het **bezoldigingsmaximum** is alleen van toepassing op 'topfunctionarissen' dat wil zeggen: de bestuurders, de hoogste interne toezichthouders, de hoogst leidinggevende functionarissen of het hoogste managementniveau van een instelling.
De **openbaarmakingsverplichting** geldt voor alle werknemers in dienst van de instelling van wie de bezoldiging uitstijgt boven het bezoldigingsmaximum. Ook interim-functionarissen (inhuur van personeel via detacheringsbureau, uitzendbureau, zzp'er) vallen onder de WNT.
Daarnaast moet de bezoldiging van topfunctionarissen en gewezen topfunctionarissen die nog bij de instelling in dienst zijn, altijd openbaar gemaakt worden. De WNT bevat voor alle instellingen die onder het bereik van de WNT vallen een openbaarmakingsplicht: op naam voor alle topfunctionarissen – ongeacht of hun bezoldiging boven of onder de norm valt – en op functie voor alle overige functionarissen indien hun bezoldiging boven het bezoldigingsmaximum van regime 1 uitkomt.

WNT	Topfunctionarissen	Alle werknemers
Bezoldigingsmaximum	Ja	Nee
Openbaarmaking	Ja, op naam ongeachte hoogte bezoldiging	Ja, op functie als boven bezoldigingsmaximum

Reikwijdte

De WNT is van toepassing op de verslaglegging van organisaties in de publieke sector en privaatrechtelijke organisaties die uit publieke middelen zijn gefinancierd, of zoals het wettelijke toepassingsgebied in de WNT is omschreven.

Onder publieke sector wordt door de WNT verstaan: alle krachtens publiek recht ingestelde rechtspersonen. Onder semipublieke sector wordt verstaan: alle in de bijlage 1, 2 en 3 bij de WNT genoemde rechtspersonen en instellingen, alsmede de privaatrechtelijke rechtspersonen die als kernactiviteit taken als zelfstandig bestuursorgaan uitvoeren, rechtspersonen waarin de overheid één of meer bestuursleden benoemt of op andere wijze invloed

heeft op het beleid en rechtspersonen die meer dan 50% van hun inkomsten uit subsidies ontvangen. Samengevat vallen de volgende instellingen op grond van voorgaande definities onder de WNT:
▶ Rijksoverheid, provincies, gemeenten en waterschappen.
▶ Zorginstellingen en zorgverzekeraars.
▶ Onderwijsinstellingen.
▶ Woningbouwcorporaties.
▶ Organisaties op het terrein van ontwikkelingssamenwerking.
▶ Instellingen die zijn ingesteld op basis van een wet/met een wettelijke taak (bijvoorbeeld Gemeenschappelijke Regelingen).
▶ Door de overheid gesubsidieerde instellingen. De subsidie moet minstens € 500.000 per jaar bedragen, ten minste voor 50% deel uitmaken van de inkomsten van dat jaar en voor een periode van ten minste drie jaar worden verstrekt.
▶ Zelfstandige bestuursorganen (ZBO's).
▶ Instellingen waarbij de overheid één of meer leden van het bestuur of raad van toezicht benoemt.
▶ Openbare lichamen voor beroep en bedrijf.

Onder topfunctionarissen wordt door de WNT verstaan: de leden van het hoogste uitvoerende (colleges van bestuur, raden van bestuur) en toezichthoudende orgaan (raden van toezicht, raden van commissarissen), de hoogste ondergeschikte of groep ondergeschikten (bestuursraad, directie, hoogste managementteam) en degene belast met de dagelijkse leiding (directeur, secretaris). Voor alle drie de categorieën geldt dat sprake moet zijn van een leidinggeven aan de gehele organisatie of instelling.

De minister heeft daarnaast de bevoegdheid om specifieke organisaties bij algemene maatregel van bestuur onder de WNT te laten vallen.

Het 'financieel verslagleggingsdocument'

In artikel 1.1 onderdeel j WNT zijn als financieel verslagleggingsdocument gedefinieerd:
▶ het jaarverslag als bedoeld in artikel 2.31 van de Comptabiliteitswet 2016;
▶ de jaarrekening als bedoeld in artikel 201 van de Provinciewet;
▶ de jaarrekening als bedoeld in artikel 197 van de Gemeentewet;
▶ de jaarrekening in de zin van Boek 2, Titel 9, van het Burgerlijk Wetboek; dan wel
▶ een ander bij of krachtens de wet voorgeschreven document dat jaarlijks wordt opgesteld tot verschaffing van inzicht in de financiële positie van de rechtspersoon of een organisatie van een rechtspersoon.

Te rapporteren inkomensgegevens

De componenten van de bezoldiging die onder de reikwijdte van de WNT vallen worden in de Uitvoeringsregeling WNT gedetailleerd opgesomd (art. 2 Uitvoeringsregeling WNT). Voor wat betreft de gegevens die gepubliceerd moeten worden gaat het samengevat om de volgende gegevens (inclusief vergelijkende cijfers)
(art. 5 Uitvoeringsregeling WNT):
▶ de beloning plus de belastbare onkostenvergoedingen;
▶ de voorzieningen ten behoeve van beloningen betaalbaar op termijn;
▶ de totale bezoldiging;
▶ de naam en functie of functies;
▶ de duur en omvang van het dienstverband in het boekjaar.

Tevens worden vermeld de in het boekjaar verrichte uitkeringen wegens beëindiging van het dienstverband, alsmede de functie of functies die tijdens het dienstverband zijn bekleed en het jaar waarin het dienstverband is geëindigd van eenieder:
a. wiens gegevens in enig voorafgaand jaar op grond van de WNT in het financieel verslaggevingsdocument zijn opgenomen of hadden moeten worden opgenomen; of
b. van wie het totaal van de uitkeringen wegens beëindiging van het dienstverband meer bedraagt of zal bedragen dan de maximale bezoldiging dat gold in het jaar waarin het dienstverband is geëindigd.

Indien een werknemer een parttime dienstbetrekking heeft dan wordt de bezoldigingsnorm op parttime basis berekend (art. 7 WNT). Namelijk: het toepasselijke bezoldigingsmaximum vermenigvuldigd met de deeltijdfactor en vermenigvuldigd met het aantal kalenderdagen vanaf aanvang tot en met einde van de functievervulling en vervolgens gedeeld door het aantal kalenderdagen van het jaar (365 dagen voor 2021).

De publicatieplicht en meldingsplicht geldt ook voor niet-topfunctionarissen die in loondienst zijn en die een bezoldiging of ontslagvergoeding ontvangen boven de geldende WNT-norm.
De eisen van de WNT gaan in belangrijke mate verder dan de artikelen 2:383 tot en met 2:383e BW: er zal op grond van de WNT een uiteenzetting per 'persoon' (individuele functie, in geval van topfunctionarissen moet ook de naam worden genoemd) moeten worden gegeven, óók met betrekking tot de niet-statutaire bestuurders, alsmede bestaat er in de WNT geen vrijstelling voor de herleiding naar individuele gegevens.

Ingeval achtereenvolgens twee of meer verschillende personen dezelfde functie in het kalenderjaar hebben vervuld is het dus niet toegestaan om het totaalbedrag van beide beloningsbedragen onder één functie te vermelden, doch dient een uitsplitsing per persoon (met gelijke functieaanduiding) plaats te vinden.

Indien in enig jaar voor het eerst sprake is van overschrijding van de ministeriële beloningsbenchmark dient óók het vergelijkend cijfer over het voorgaande boekjaar te worden vermeld, ook al was geen sprake van een overschrijding in dat jaar. De relevantie van de vermelding is de beoordeling van de ontwikkeling in de hoogte van de beloning.

De 'voorzieningen ten behoeve van beloningen betaalbaar op termijn' is qua begrip overeenkomstig artikel 2:383c BW; hieronder vallen derhalve de jaarlijkse lasten inzake pensioentoezeggingen, VUT-regelingen, sabbaticals, aanvullingen op arbeidsongeschiktheidsuitkeringen en dergelijke.

De relevantie van de vermelding van de *lengte* van het dienstverband gedurende het boekjaar is om de feitelijke overschrijding ten opzichte van de bezoldigingsnorm te kunnen beoordelen.

Indien het boekjaar niet gelijk loopt aan het kalenderjaar dient de vermelding van de gegevens van het direct voorafgaande kalenderjaar plaats te vinden.
De 'uitkeringen in verband met beëindiging van het dienstverband' dienen van alle functionarissen waarvan in het verleden de WNT-inkomensinformatie is verstrekt of had moeten worden verstrekt, eveneens uiteen te worden gezet, met vermelding van functie of functies die zijn bekleed en het jaar van beëindiging van het dienstverband. De wetgever heeft het belang van de vermelding onder andere gemotiveerd vanuit de wenselijkheid te voorkomen dat een verschuiving optreedt tussen een (lagere) beloning gedurende het actieve dienstverband naar een (hogere) beloning na beëindiging van het dienstverband. De WNT schrijft voor dat een uitkering wegens de beëindiging van een dienstverband niet meer mag bedragen dan maximaal één jaarsalaris of ten hoogste € 75.000. In geval van een dienstverband met een kleinere omvang dan een voltijds dienstverband is de uitkering lager dan € 75.000,

althans pro rata van het aantal uren van het (deeltijd) dienstverband ten opzichte van een voltijds dienstverband (art. 2.10 WNT). Bonussen, winstdelingen en andere vormen van variabele beloning zijn niet toegestaan.

Afzonderlijke melding

Volledigheidshalve wordt nog opgemerkt dat *naast* de in het financiële verslaggevingsdocument te vermelden gegevens, er óók een melding van gegevens uiterlijk 1 juli van het jaar volgend op het boekjaar langs elektronische weg aan het ministerie moet worden toegezonden.

21.2.8 Verbonden partijen

De regelgeving over het verstrekken van informatie met betrekking tot verbonden partijen is opgenomen in artikel 2:381 lid 3 BW, Richtlijn 330 en in IAS 24. Deze regelgeving heeft uitsluitend betrekking op de informatieverstrekking en *niet* op de waardering en verwerking van transacties tussen verbonden partijen, met één specifieke uitzondering die aan het eind van deze paragraaf onder 'Transacties onder leiding van aandeelhouders' wordt besproken.

(Transacties tussen) verbonden partijen komen binnen groepsverhoudingen (en ook daarbuiten) veelvuldig voor, waaronder: centrale leiding in een holding onder doorbelasting van de gemeenschappelijke kosten aan de werkmaatschappijen, afzonderlijke financieringsmaatschappijen die de via de kapitaalmarkt/beurs of bankconsortia aangetrokken middelen distribueren aan de werkmaatschappijen, maar ook het in afzonderlijke vennootschappen opgenomen zijn van productontwikkeling (research en development), productie en verkoop. Bijvoorbeeld in familiebedrijven komt het veelvuldig voor dat de grond en gebouwen van productiebedrijven in afzonderlijke vastgoedvennootschappen zijn ondergebracht.

Doordat de verschillende vennootschappen veelal door dezelfde leidinggevenden worden aangestuurd, kan het vermogen en het resultaat van die vennootschappen door hun besluiten en handelingen worden beïnvloed. Het is dan de vraag of dergelijke besluiten en handelingen op 'arm's length'-basis worden genomen en uitgevoerd. De gebruiker van de jaarrekening dient zich zelfstandig op basis van de in de jaarrekening opgenomen informatie een oordeel over de invloed op vermogen en resultaat te kunnen vormen.

21.2.8.1 Definitie verbonden partij

Op basis van artikel 2:381 lid 3 BW geldt voor de Nederlandse wet- en regelgeving precies dezelfde 'brede' definitie van het begrip 'verbonden partij' als die in IAS 24.9 is opgenomen. Aldus is er sprake van een verbonden partij in de volgende situaties (IAS 24.9):
a. Een natuurlijke persoon of een nauwe verwant van de natuurlijke persoon is met een verslaggevende entiteit verbonden indien deze persoon:
   i. zeggenschap of gezamenlijke zeggenschap over de verslaggevende entiteit uitoefent;
   ii. invloed van betekenis over de verslaggevende entiteit uitoefent; dan wel
   iii. behoort tot de managers op sleutelposities in de verslaggevende entiteit of in een moedermaatschappij van de verslaggevende entiteit.
b. Een entiteit is met een verslaggevende entiteit verbonden indien zich één van de volgende situaties voordoet:
   i. De entiteit en de verslaggevende entiteit behoren tot dezelfde groep (dit betekent dat alle moedermaatschappijen, dochterondernemingen en zusterondernemingen met elkaar zijn verbonden).
   ii. Een entiteit is een geassocieerde deelneming of joint venture van de andere entiteit (of een geassocieerde deelneming of joint venture van een lid van een groep waartoe de andere entiteit behoort).
   iii. Beide entiteiten zijn joint ventures van eenzelfde derde partij.

iv. Een entiteit is een joint venture van een derde entiteit en de andere entiteit is een geassocieerde deelneming van de derde entiteit.
v. De entiteit is een regeling inzake vergoedingen na uitdiensttreding ten bate van werknemers van ofwel de verslaggevende entiteit, ofwel een entiteit die met de verslaggevende entiteit verbonden is. Indien de verslaggevende entiteit zelf een dergelijke regeling is, zijn de aan de regeling betalende werkgevers ook met de verslaggevende entiteit verbonden.
vi. Een onder (a) bedoelde natuurlijke persoon oefent zeggenschap of gezamenlijke zeggenschap uit over de entiteit.
vii. Een onder (a)(i) bedoelde persoon oefent invloed van betekenis over de entiteit uit of behoort tot de managers op sleutelposities in de entiteit (of in een moedermaatschappij van de entiteit).
viii. De entiteit, of een lid van een groep waarvan deze entiteit deel uitmaakt, verleent met diensten van managers op sleutelposities gelijk te stellen diensten aan de verslaggevende entiteit of aan de moedermaatschappij van de verslaggevende entiteit.

Bij het beoordelen of er sprake is van een verbonden partij is vooral de economische realiteit van belang en niet alleen de formele juridische relatie (IAS 24.10).
Daaraan wordt in IAS 24.11 toegevoegd wat niet noodzakelijkerwijs verbonden partijen zijn:
a. twee entiteiten louter vanwege het feit dat zij een gemeenschappelijke directeur of een andere manager op een sleutelpositie hebben of waarbij een manager op een sleutelpositie in de ene entiteit invloed van betekenis over de andere entiteit uitoefent;
b. twee deelnemers in een joint venture louter vanwege het feit dat zij een gezamenlijke zeggenschap over een joint venture uitoefenen;
c. kredietverschaffers, vakbondsorganisaties, openbare nutsvoorzieningen, en overheidsdepartementen en -instellingen, louter in het kader van het normale zakendoen met een entiteit (hoewel zij de bewegingsvrijheid van een entiteit kunnen beïnvloeden of kunnen participeren in haar besluitvormingsproces); en
d. een klant, leverancier, franchiseverlener, distributeur of algemeen agent met wie een entiteit een aanzienlijk aantal transacties verricht, louter op grond van de daaruit voortvloeiende economische afhankelijkheid.

21.2.8.2 Transacties tussen verbonden partijen

De regelgeving geeft als definitie van een transactie tussen verbonden partijen: een overdracht van middelen, diensten of van verplichtingen tussen verbonden partijen, ongeacht of voor die overdracht een bedrag in rekening wordt gebracht (RJ 940, IAS 24.9). Voorbeelden van transacties tussen verbonden partijen die leiden tot een toelichting (IAS 24.21):
- in- en verkopen van goederen;
- in- en verkopen van materiële vaste activa;
- verlenen van diensten;
- leaseovereenkomsten;
- overdracht van onderzoek en ontwikkeling van kennis;
- licentieovereenkomsten;
- financieringsovereenkomsten;
- afgeven van garanties of andere zekerheden;
- afwikkeling van verplichtingen ten behoeve van een andere partij;
- managementcontracten.

De complicaties voor de verslaggeving van 'non arm's length'-transacties (zonder het in rekening brengen van een bedrag of een lager bedrag dan de marktwaarde) tussen verbonden partijen wordt in hoofdstuk 26 besproken.

21.2.8.3 In de toelichting op te nemen gegevens

Nederlandse regelgeving

De wet (art. 2:382 lid 3 BW) bepaalt dat alleen vermelding nodig is van (van betekenis zijnde) transacties tussen verbonden partijen die zijn aangegaan en niet onder normale marktvoorwaarden hebben plaatsgevonden (RJ 330.201). Vermelding is dan nodig van:

▶ de omvang van die transacties;
▶ de aard van de betrekking met de verbonden partij;
▶ andere informatie die nodig is voor het verschaffen van inzicht in de financiële positie van de rechtspersoon.

De vermelding van transacties die tussen twee of meer leden van de groep zijn uitgevoerd wordt in de toelichting opgenomen, dit kan alleen achterwege blijven mits de dochtermaatschappijen die partij zijn bij de transactie geheel in eigendom zijn van één of meer leden van de groep. Tevens wordt aanbevolen ook informatie in de toelichting op te nemen over transacties (van betekenis) met verbonden partijen die (wel) onder normale voorwaarden zijn aangegaan (RJ 330.201).

Voor de vermelding geldt een onderscheid in belang van de transacties: de wetgever gebruikt hiervoor de term 'van betekenis zijnde transacties', hetgeen volgens de memorie van toelichting (MvT) als de omschrijving van het begrip 'materieel' gezien moet worden. Of daarmee dan ook automatisch gesteld kan worden dat transacties met groot 'gevoeligheidskarakter' doch met een niet-materiële omvang niet toegelicht behoeven te worden is niet geheel duidelijk uit de MvT af te leiden. RJ 330.202 verwijst naar de bepalingen van Richtlijn 115, besproken in paragraaf 4.4.3.4.

Vermelding van transacties binnen een groep waarbij geheel in eigendom zijnde dochtermaatschappijen betrokken zijn, mag achterwege blijven. Dat betekent dat in een geconsolideerde jaarrekening de niet-zakelijke transacties tussen geconsolideerde dochtermaatschappijen die geheel in eigendom zijn (van een of meer leden van de groep) buiten vermelding mogen blijven.

Middelgrote rechtspersonen, behalve middelgrote NV's of beursgenoteerde rechtspersonen, zijn vrijgesteld van de wettelijke vermelding van transacties tussen verbonden partijen uit artikel 2:381 lid 3 BW. Middelgrote NV's behoeven alleen informatie te verschaffen over transacties die direct of indirect zijn aangegaan tussen de NV en haar voornaamste aandeelhouders of de leden van bestuurs-, leidinggevende en toezichthoudende organen (art. 2:397 lid 6 BW).

Als invulling van de door de wet aangegeven 'overige van belang zijnde informatie' wordt genoemd de bedragen of percentages van de nog verrekende transacties (ergo balansposities) en het prijsstellingsbeleid van de transacties (RJ 330.204).
Daarenboven acht de RJ een uitsplitsing gewenst naar categorieën verbonden partijen die overeenkomt met de eisen van IAS 24.18 (RJ 330.206).

IFRS

Wanneer op een partij beleidsbepalende invloed ('control') kan worden uitgeoefend door een andere rechtspersoon of vennootschap, dient bij beide partijen van die zeggenschap melding te worden gemaakt onder mededeling van de naam van de andere partij, ook al hebben tussen deze partijen geen transacties plaatsgevonden (IAS 24.13).

Als er transacties zijn geweest tussen verbonden partijen, dient informatie te worden gegeven zowel over de aard van de relatie tot de verbonden partij als over de transacties. Deze informatie dient ten minste te omvatten (IAS 24.18):
- het bedrag van de transacties;
- uitstaande bedragen met vermelding van voorwaarden, zekerheden, verstrekte garanties en de wijze waarop verplichtingen zullen worden nagekomen;
- getroffen voorzieningen voor uitstaande bedragen;
- de kosten die zijn verantwoord wegens oninbare uitstaande bedragen.

Deze informatie moet afzonderlijk worden gegeven voor de volgende categorieën verbonden partijen (IAS 24.19):
- de 'parent' van de onderneming;
- ondernemingen die een 'joint control' of invloed van betekenis uitoefenen over de onderneming;
- 'subsidiaries' van de onderneming;
- 'associates', maatschappijen waarin de onderneming invloed van betekenis uitoefent;
- 'joint ventures' waarin de onderneming 'venturer' is;
- 'key management personnel' van de onderneming of haar moedermaatschappij;
- andere verbonden partijen.

Gelijksoortige transacties tussen verbonden partijen mogen in de presentatie worden samengevat, tenzij afzonderlijke vermelding noodzakelijk is voor het inzicht in de gevolgen voor de jaarrekening (IAS 24.24).

Daarnaast bepaalt IAS 24.23 aanvullend dat alleen in het geval dat onderbouwd kan worden dat transacties met verbonden partijen op arm's length-basis zijn uitgevoerd, dit feit toegelicht mag worden.

Voor de verwerking van transacties onder leiding van aandeelhouders ('common control') wordt verwezen naar hoofdstuk 26.

21.2.9 'Buiten de groep staande overige verbonden maatschappijen'

Ingeval in een jaarrekening de balansposten aan de orde zijn als genoemd in de artikelen 2:367 BW (financiële vaste activa), 2:370 lid 1 BW (vlottende vorderingen), 2:375 BW (schulden), 2:376 BW (aansprakelijkstellingen en risico's voor wissels en cheques), 2:377 lid 5 BW (financiële baten en lasten) en 2:381 BW (niet in de balans opgenomen financiële verplichtingen, niet in de balans opgenomen regelingen, transacties met verbonden partijen), dienen de bedragen uit de verhouding met de 'overige buiten de groep staande verbonden maatschappijen' te worden vermeld (art. 2:361 lid 4 BW). Tot dergelijke buiten de groep staande overige verbonden maatschappijen behoren:
a. niet tot de groep behorende moedermaatschappijen;
b. niet tot de groep behorende dochtermaatschappijen van niet tot de groep behorende moedermaatschappijen;
c. niet tot de groep behorende dochtermaatschappijen van groepsmaatschappijen;
d. niet tot de groep behorende eigen dochtermaatschappijen.

Onder de bepalingen van IAS 24 zullen deze maatschappijen veelal onder de reikwijdte van de definitie van verbonden partijen vallen en is overeenkomstige toelichting eveneens van toepassing.

21.2.10 Informatie omtrent het accountantshonorarium

Artikel 2:382a BW omvat de volgende bepalingen:
1. Opgegeven worden de in het boekjaar ten laste van de rechtspersoon gebrachte totale honoraria voor het onderzoek van de jaarrekening, totale honoraria voor andere controleopdrachten, totale honoraria voor adviesdiensten op fiscaal terrein en totale honoraria voor andere niet-controlediensten, uitgevoerd door de externe accountant en de accountantsorganisatie, genoemd in artikel 1 lid 1 onder a en e van de Wet toezicht accountantsorganisaties.
2. Indien de rechtspersoon dochtermaatschappijen heeft of de financiële gegevens van andere maatschappijen consolideert, worden de honoraria die in het boekjaar te hunnen laste zijn gebracht, in de opgave begrepen.
3. De honoraria hoeven niet opgegeven te worden door een rechtspersoon waarvan de financiële gegevens zijn geconsolideerd in een geconsolideerde jaarrekening waarop krachtens het toepasselijke recht de verordening van het Europees Parlement en de Raad betreffende de toepassing van internationale standaarden voor jaarrekeningen of Richtlijn 2013/34/EU van het Europees Parlement en de Raad van 26 juni 2013 betreffende de jaarlijkse financiële overzichten [....] van toepassing is, mits de in lid 1 bedoelde honoraria in de toelichting van de geconsolideerde jaarrekening worden vermeld.

Blijkens de memorie van toelichting dient in de toelichting bij de jaarrekening informatie te worden verstrekt over de totale honoraria die de accountant en de accountantsorganisatie – in de zin van de Wet toezicht accountantsorganisaties (Wta) – met betrekking tot het desbetreffende boekjaar ten laste van de rapporterende rechtspersoon in rekening hebben gebracht voor de diverse controle- en adviesdiensten. RJ 390.302 beveelt aan de vermelding ingevolge artikel 2:382a lid 1 BW in de geconsolideerde jaarrekening op te nemen. Het laatste zinsdeel van artikel 2:382a lid 3 BW verduidelijkt dat vrijstelling van vermelding van de in lid 1 bedoelde honoraria alleen mogelijk is indien deze honoraria in de toelichting van de *geconsolideerde* jaarrekening worden vermeld.

Volgens de Richtlijnen verdient het sterke aanbeveling om naast de honoraria van de externe accountant en de accountantsorganisatie, ook de honoraria te vermelden van het netwerk (als bedoeld in art. 1 lid 1 onder j Wta), uitgesplitst naar de totale honoraria voor het onderzoek van de jaarrekening, voor andere controleopdrachten, voor adviesdiensten op fiscaal terrein en voor andere niet-controlediensten (RJ 390.301).

Voorbeeld uitwerking aanbeveling RJ					
	EY Nederland	Overig EY	Totaal EY	Andere Accountant	Totaal*
Controle jaarrekening	X	X	X	X	X
Andere controle-opdrachten	X	X	X	X	X
Fiscaal advies	X	X	X	X	X
Andere niet-controlediensten	X	X	X	X	X
Totaal	X	X	X	X	X
* De RJ bevelen geen totaalkolom aan maar het is wel inzichtelijk deze op te nemen.					

In artikel 2:382a lid 1 BW wordt gesproken over honoraria die in het boekjaar ten laste van de rechtspersoon zijn gebracht. Hieruit volgt dat het honorarium dat in de winst-en-verliesrekening van het betreffende boekjaar is verwerkt moet worden vermeld. In praktijk bestaan de volgende verwerkingswijzen:

- Alleen de kosten voor dienstverlening uitgevoerd in het boekjaar worden in het resultaat verantwoord. Indien een (groot deel) van de werkzaamheden na balansdatum wordt uitgevoerd, wordt dit deel van de kosten niet verantwoord. Dit betekent dus dat er geen passief (voorziening of overlopende post) wordt opgenomen voor diensten die na afloop van het boekjaar worden verricht. In praktijk betekent dit dat niet kan worden uitgegaan van het totale controlebudget voor het boekjaar. Het startpunt moet zijn de door de accountant daadwerkelijk in het boekjaar verleende diensten, hetgeen gebaseerd kan worden op de daadwerkelijk gefactureerde kosten, aangevuld met een reservering (schatting) voor nog niet door de accountant gefactureerde (maar wel verrichte) dienstverlening tot balansdatum, dan wel een correctie voor vooruitgefactureerde kosten. Dit is de enige aanvaardbare methode onder IFRS.
- Verwerking van het honorarium dat betrekking heeft op de jaarrekening over het boekjaar. Bij deze systematiek wordt in de balans een verplichting opgenomen met een schatting van het honorarium voor de balanscontrole van het afgelopen boekjaar dat zal worden uitgevoerd in het komende boekjaar. Deze methode is onder de toepassing van de RJ eveneens aanvaardbaar (naast de hierboven genoemde methode).
- De RJ vereist in RJ 390.301a dat de rechtspersoon in de toelichting van de jaarrekening uiteen dient te zetten welke methode van vermelding van de totale honoraria voor het onderzoek van de jaarrekening is gehanteerd.
- Door de RJ wordt aanbevolen (RJ 390.301a) dat de rechtspersoon de in de toelichting te vermelden totale honoraria voor het onderzoek van de jaarrekening baseert op de totale honoraria voor het onderzoek van de jaarrekening over het boekjaar waarop de jaarrekening betrekking heeft, ongeacht of de werkzaamheden door de externe accountant en de accountantsorganisatie reeds gedurende dat boekjaar zijn verricht.

In artikel 2:382a lid 2 BW is voorgeschreven dat indien de rechtspersoon dochtermaatschappijen heeft of de financiële gegevens van andere maatschappijen consolideert, de honoraria die in het boekjaar te hunnen laste zijn gebracht in de opgave worden begrepen (RJ 390.302).

De term 'honoraria' in lid 2 dient te worden uitgelegd in overeenstemming met de definitie in lid 1. Op basis hiervan zullen alleen gegevens worden opgenomen aangaande opdrachten die door de (Nederlandse) accountantsorganisatie als bedoeld in artikel 1 lid 1 onder a Wta zijn uitgevoerd bij de (Nederlandse) controlecliënt als bedoeld in artikel 1 lid 1 onder e Wta. Dit zal in de meeste gevallen dan ook slechts de Nederlandse dochtermaatschappijen en groepsmaatschappijen betreffen.

In artikel 2:382a lid 3 BW is bepaald dat de honoraria aangaande rechtspersonen waarvan de financiële informatie reeds is opgenomen in een geconsolideerde jaarrekening op een hoger niveau niet opgenomen behoeven te worden in de (enkelvoudige) jaarrekening van die rechtspersoon (groepsmaatschappij). De geconsolideerde jaarrekening op dat hogere niveau dient dan wel onderworpen te zijn aan de Europese verordening betreffende de toepassing van internationale standaarden voor jaarrekeningen (IAS-verordening; No. 1606/2002)) of de EU-richtlijn jaarrekening (2013/34/EU). In deze geconsolideerde jaarrekening moeten dan wel deze accountantshonoraria zijn opgenomen (RJ 390.303). Vastgesteld zal moeten worden, ook indien de moedermaatschappij in het buitenland is gevestigd, of deze informatie ook daadwerkelijk door de consoliderende moedermaatschappij is opgenomen.

Sinds een wetwijziging die op 1 januari 2016 in werking is getreden, gelden de bepalingen inzake de vermelding van accountantshonoraria alleen voor grote rechtspersonen in de zin van het jaarrekeningenrecht, niet voor middelgrote (of kleine) rechtspersonen (art. 2:397 lid 4 BW). Tevens werd al in een eerdere wetswijziging (2012) verduidelijkt dat de vermelding van accountantshonoraria (het voorschrift van art. 2:382a lid 3 BW) ook van toepassing is voor Nederlandse rechtspersonen die vrijwillig IFRS-EU toepassen in de jaarrekening (art. 2:362 lid 9 BW).

21.2.11 Winstbestemming en gebeurtenissen na balansdatum

Volgens artikel 2:380a BW worden vermeld de niet in de balans of winst-en-verliesrekening opgenomen gebeurtenissen na de balansdatum met belangrijke financiële gevolgen voor de rechtspersoon en de in zijn geconsolideerde jaarrekening betrokken maatschappijen tezamen, onder mededeling van de omvang van die gevolgen (zie hoofdstuk 38). Volgens artikel 2:383a BW dienen zogenaamde commerciële verenigingen en stichtingen de statutaire regeling omtrent de bestemming van het resultaat en de wijze waarop het resultaat na belastingen wordt bestemd, in de toelichting op de jaarrekening te vermelden.

Door alle andere onder Titel 9 Boek 2 BW vallende rechtspersonen dient de informatie over de statutaire regeling winstbestemming volgens artikel 2:392 BW in de Overige gegevens te worden vermeld. Deze rechtspersonen dienen in de toelichting opgave te doen van de bestemming van de winst of de verwerking van het verlies, of, zolang deze niet vaststaat, het voorstel daartoe (art. 2:380c BW). Ook dienen zij opgave te doen van het aantal winstbewijzen en soortgelijke rechten, met vermelding van de bevoegdheden die zij geven (art. 2:380d BW). IFRS doet hieromtrent geen uitspraken.

21.3 Vrijstellingen voor middelgrote rechtspersonen

De eis van RJ 300.104 om bij de afzonderlijke posten van de balans, de winst-en-verliesrekening, het overzicht van wijzigingen in eigen vermogen en het kasstroomoverzicht te verwijzen naar de relevante toelichtingen is vereist voor *grote* ondernemingen doch slechts aanbevolen voor *middelgrote* ondernemingen.

Middelgrote rechtspersonen, behalve naamloze vennootschappen, zijn vrijgesteld van de bepaling van artikel 2:381 lid 3 BW aangaande informatie over transacties tussen verbonden partijen op niet-zakelijke basis; middelgrote naamloze vennootschappen dienen transacties met hun voornaamste aandeelhouders en de leden van de raad van bestuur en raad van commissarissen te vermelden.

Deel III

Capita selecta

22 Segmentatie

22.1 Algemeen	
Doel	Gebruikers van jaarrekeningen een beter inzicht geven in aard en financiële effecten van de bedrijfsactiviteiten en economische omgeving van de rechtspersoon.
Verplichte wet- en regelgeving (Nederlandse rechtspersonen)	Segmentatie van de netto-omzet naar bedrijfstak en geografisch gebied (alleen grote rechtspersonen) en segmentatie van het gemiddeld aantal personeelsleden (grote en middelgrote rechtspersonen en Nederlandse rechtspersonen die IFRS toepassen op grond van de Nederlandse wet), afgestemd op de inrichting van het bedrijf en voor de werknemers in het buitenland afzonderlijk. RJ 350.2 geeft een nadere uitwerking van de wettelijk vereiste gesegmenteerde informatie van de netto-omzet.
Aanbevolen Richtlijnen voor de jaarverslaggeving	RJ 350.3 bevat aanbevelingen voor (middel)grote rechtspersonen die aanvullende gesegmenteerde informatie opnemen.
IFRS	IFRS 8 heeft betrekking op gesegmenteerde informatie voor beursgenoteerde ondernemingen en ondernemingen die met een beursnotering bezig zijn.
Geconsolideerde en/of enkelvoudige informatie	De gesegmenteerde informatie heeft betrekking op geconsolideerde cijfers. Echter, de gesegmenteerde informatie van het aantal personeelsleden dient ook op enkelvoudige basis gegeven te worden.
22.2 Identificatie en grondslagen van te rapporteren segmenten (aanbevolen onder Dutch GAAP en verplicht onder IFRS)	
Definitie van operationeel segment	In RJ 350.3 en IFRS 8 wordt uitgegaan van de term 'operationeel segment'. Dit is het segment waarvan de resultaten regelmatig door het bestuur (RJ 350.3) respectievelijk de 'chief operating decision maker' (IFRS 8) beoordeeld worden ten behoeve van zijn besluitvorming.
	Een operationeel segment kan ook een segment zijn dat voornamelijk of alleen aan andere segmenten levert.
Bepaling te rapporteren segmenten	▶ Aggregatiebepalingen: onder bepaalde voorwaarden worden operationele segmenten samengevoegd. ▶ Kwantitatieve drempels: over operationele segmenten wordt afzonderlijk gerapporteerd indien aan bepaalde drempels is voldaan. ▶ 75%-regel: minimaal 75% van de netto-omzet (RJ 350.3) respectievelijk externe opbrengsten (IFRS 8) dient gerapporteerd te worden door individuele operationele segmenten.
Wijzigingen in de te rapporteren segmenten door de kwantitatieve criteria	Onder IFRS (vergelijkende) informatie opnemen over het jaar waarin niet aan de kwantitatieve drempels is voldaan.

Grondslagen voor waardering en resultaatbepaling van een segment	Onder RJ 350.3 en IFRS 8 wordt voor de grondslagen en toerekening van de posten aan de segmenten aangesloten bij de grondslagen gehanteerd voor de rapportage aan het bestuur respectievelijk de 'chief operating decision maker'. Deze grondslagen en de factoren voor bepaling van de segmenten worden toegelicht.
22.3 Te verstrekken informatie (aanbevolen onder Dutch GAAP en verplicht onder IFRS)	
Informatieverschaffing voor te rapporteren segmenten (aanbevolen onder Dutch GAAP)	RJ 350.3 noemt de verstrekking van de volgende gegevens: ▶ Vermelding van het resultaat, activa en voorzieningen en schulden en overige posten per segment is afhankelijk van de informatie die is opgenomen in de rapportage aan het bestuur. ▶ De aansluiting van het totaal van de netto-omzet, bedrijfsresultaat, activa en som van voorzieningen en kort- en langlopende schulden met de corresponderende jaarrekeninginformatie.
Informatieverschaffing voor te rapporteren segmenten onder IFRS (verplicht voor beursfondsen of verwachte beursnotering)	IFRS 8 schrijft de verstrekking van de volgende gegevens voor: ▶ Beschrijving van de operationele segmenten die zijn samengevoegd en van de economische indicatoren die het management heeft beoordeeld bij het vaststellen of sprake is van gelijke economische kenmerken. ▶ Vermelding van het resultaat per segment. ▶ De presentatie van de activa en verplichtingen en overige posten per segment (waaronder ook rentebaten, rentelasten en winstbelasting) is afhankelijk van de informatie die is opgenomen in de rapportage aan de 'chief operating decision maker'. ▶ De aansluiting van het totaal van specifiek benoemde posten en overige materiële posten omtrent de segmenten met de corresponderende jaarrekeninginformatie. ▶ Geen uitzonderingsbepaling voor toelichting van commercieel gevoelige informatie.
Organisatiebrede toelichting onder IFRS (verplicht voor beursfondsen of verwachte beursnotering)	Aanvullende informatie over de producten en diensten, geografische gebieden en belangrijke klanten.
Overige informatieverschaffing	▶ Informatie over de aard van de producten en diensten van het segment en de factoren die zijn gebruikt voor de bepaling van de te rapporteren segmenten inclusief de organisatiebasis. IFRS 8 vraagt aanvullende informatie over de beoordelingen van management bij toepassing van aggregatiecriteria. ▶ IFRS 15 vraagt om disaggregatie van de opbrengsten en hoe dit zich verhoudt tot de gesegmenteerde informatie van de opbrengsten.

22 Segmentatie

22.4 Vrijstellingen voor middelgrote rechtspersonen	
Gesegmenteerde informatie	Vrijstelling voor de gesegmenteerde informatie op grond van de wet.
	Alleen gesegmenteerde informatie geven over het gemiddeld aantal personeelsleden.
	RJ 350.3 wordt wel aanbevolen voor middelgrote ondernemingen, die vrijwillig aanvullende gesegmenteerde informatie willen geven.

22.1 Algemeen
22.1.1 Doel

Het uitgangspunt van financiële verslaggeving is voornamelijk de geconsolideerde jaarrekening. Deze verschaft een totaalbeeld van de samenstelling van het vermogen en de grootte van het resultaat. Zij verschaft echter geen inzicht in de rendementen en de risico's per activiteit. Tevens gaat in het consolidatieproces het inzicht in de geografische spreiding van de activiteiten verloren. Informatie over de verschillende activiteiten en de geografische gebieden waarin de rechtspersoon opereert ('gesegmenteerde informatie'), is relevant om gebruikers van jaarrekeningen in staat te stellen een beter inzicht te verkrijgen in de aard en financiële effecten van de bedrijfsactiviteiten en economische omgeving van de rechtspersoon, teneinde zich een beter oordeel over de rechtspersoon als geheel te kunnen vormen.

22.1.2 Verplichte wet- en regelgeving (Nederlandse rechtspersonen)

In de Nederlandse wetgeving bestaat een plicht tot het in de toelichting opnemen van een:
- segmentatie van de netto-omzet naar bedrijfstakken en geografische gebieden (art. 2:380 BW); en
- segmentatie van het aantal personeelsleden (art. 2:382 BW).

In Richtlijn 350 'Gesegmenteerde informatie' paragraaf 2 is de wettelijk te geven informatie over netto-omzet nader uitgewerkt.

Bovengenoemde wet- en regelgeving wordt in deze paragraaf uiteengezet.

Netto-omzet, eisen voor grote ondernemingen ('Dutch GAAP')

Op grond van artikel 2:380 BW dienen grote ondernemingen de netto-omzet te segmenteren naar bedrijfstak (lid 1) en geografisch gebied (lid 2). Voor middelgrote, kleine en micro-entiteiten is artikel 2:380 BW niet van toepassing (art. 2:397 lid 4 BW respectievelijk art. 2:396 lid 5 BW respectievelijk art. 2:395a lid 6 BW). Op verzekeringsmaatschappijen is artikel 2:380 BW niet van toepassing, hiervoor is een verdergaande segmentatie-eis opgenomen in artikel 2:441 BW.

Artikel 2:380 lid 3 BW regelt de ontheffing van de verplichting tot het verschaffen van gesegmenteerde informatie. Ontheffing van de verplichting tot het verstrekken van gesegmenteerde netto-omzetinformatie kan worden verleend door de Minister van Economische Zaken indien gegronde vrees bestaat dat door de vermelding ernstig nadeel kan ontstaan (art. 2:379 lid 4 BW). Deze ontheffing kan telkens voor ten hoogste vijf jaar worden gegeven. In de toelichting wordt vermeld dat ontheffing is verleend of aangevraagd. Hangende de aanvraag is openbaarmaking niet vereist. Deze ontheffing kan betrekking hebben op het verstrekken van de segmentatie van de netto-omzet naar bedrijfstak en/of de segmentatie van de netto-omzet naar geografisch gebied.

In RJ 350.2 wordt een uitwerking gegeven van de wettelijk te geven gesegmenteerde informatie over de netto-omzet.
De volgende algemene bepalingen zijn in RJ 350.2 opgenomen:
- het door de wet vereiste inzicht in de opbouw van de netto-omzet dient te worden gegeven door cijfermatige informatie;
- de geldbedragen dienen aan te sluiten op de netto-omzet in de winst-en-verliesrekening (RJ 350.202);
- het is in de Richtlijn een aanbeveling om de netto-omzet in een bedrijfstak respectievelijk geografisch gebied dat meer is dan 10% van de totale netto-omzet afzonderlijk te vermelden (RJ 350.203).

Voor de informatie naar bedrijfstak zijn de volgende bepalingen in RJ 350.2 opgenomen:
- het verstrekken van deze informatie vindt plaats indien de inrichting van het bedrijf is afgestemd op werkzaamheden in verschillende bedrijfstakken (RJ 350.205);
- indien in de verstrekte cijfermatige informatie interne leveringen zijn begrepen die van betekenis zijn voor het beeld dat de detaillering van de netto-omzet toont, wordt aanbevolen hiervan gekwantificeerd mededeling te doen (RJ 350.206);
- in het algemeen wordt de voor interne doeleinden gebruikte indeling gevolgd. Ook kan hierbij gebruik worden gemaakt van de indeling die het Centraal Bureau voor de Statistiek hierover maakt (RJ 350.207);
- een bedrijfstak kan, maar hoeft niet overeen te komen met een operationeel segment (RJ 350.207). Voor de definitie van een operationeel segment wordt verwezen naar paragraaf 22.2.1.

Bij de segmentatie naar geografische gebieden wordt uitgegaan van het land van vestiging van de afnemer, dan wel het land waarin de dienst wordt verricht (RJ 350.208).

De bovenstaande wettelijke informatie is gebaseerd op de enge definitie van netto-omzet, waaronder wordt verstaan de opbrengst uit levering van goederen en diensten uit het bedrijf van de rechtspersoon, na aftrek van kortingen en dergelijke en over de omzet geheven belastingen (art. 2:377 lid 6 BW).

Voorbeeld gesegmenteerde informatie van de netto-omzet

Bedrijfstakken
Jaar 2
(in duizenden euro's)

	Hardware	Maatwerk software	Standaard software	Overig	Eliminaties	Totaal
Netto-omzet derden	109.144	234.567	155.955	3.430	–	503.096
Intercompany-omzet	2.895	–	5.995	–	-8.890	–
Netto-omzet	112.039	234.567	161.950	3.430	-8.890	503.096

Jaar 1
(in duizenden euro's)

	Hardware	Maatwerk software	Standaard software	Overig	Eliminaties	Totaal
Netto-omzet derden	105.104	199.988	145.666	3.500	–	454.258
Intercompany-omzet	2.795	–	6.399	–	-9.194	–
Netto-omzet	107.899	199.988	152.065	3.500	-9.914	454.258

22 Segmentatie

Geografische gebieden Jaar 2 (in duizenden euro's)	Nederland	Groot-Brittannië	Duitsland	België	Totaal
Netto-omzet	303.000	75.045	75.047	50.004	503.096
Jaar 1 (in duizenden euro's)	**Nederland**	**Groot-Brittannië**	**Duitsland**	**België**	**Totaal**
Netto-omzet	255.000	74.003	73.006	52.249	454.258

Personeelsgegevens, eisen voor alle ondernemingen (Nederlandse rechtspersonen)

Voor alle ondernemingen die IFRS toepassen en aan Titel 9 onderworpen zijn, geldt dat ingevolge artikel 2:382 BW segmentatie van personeelsgegevens noodzakelijk is (art. 2:362 lid 9 BW). Daarnaast is de segmentatie van personeelsgegevens verplicht voor grote en middelgrote rechtspersonen die Nederlandse wet- en regelgeving toepassen. Kleine rechtspersonen die Nederlandse wet- en regelgeving (en geen IFRS) toepassen, hoeven enkel het gemiddeld aantal werknemers gedurende het boekjaar toe te lichten waarbij ze zijn vrijgesteld van het geven van gesegmenteerde informatie hierover (art. 2:396 lid 5 BW). Echter, ingeval een kleine rechtspersoon vrijwillig een geconsolideerde jaarrekening opstelt, is artikel 2:410 lid 5 BW van toepassing en dient de kleine rechtspersoon op geconsolideerd niveau wel gesegmenteerde informatie over het aantal werknemers te vermelden. Micro-entiteiten hoeven in zijn geheel geen informatie te geven over personeelsgegevens.

Vermeldingen als vereist op grond van artikel 2:382 BW mogen niet, met een beroep op het materialiteitsbeginsel, achterwege worden gelaten (art. 2:363 lid 3 BW).

Artikel 2:382 BW eist toelichting van het gemiddeld aantal gedurende het boekjaar bij de rechtspersoon werkzame werknemers ingedeeld op een wijze die is afgestemd op de inrichting van het bedrijf, waarbij de vennootschap opgave doet van het aantal werknemers dat buiten Nederland werkzaam is. Voor de definitie van het aantal werknemers wordt verwezen naar paragraaf 21.2.2. Uit de wetsgeschiedenis blijkt dat de wetgever aanneemt dat de inrichting van het bedrijf veelal in de administratie zal zijn weerspiegeld. Een indeling naar bedrijfstakken en/of een indeling naar geografische gebieden is in de praktijk gebruikelijk.

Voorbeeld gesegmenteerde informatie van het aantal personeelsleden		
Medewerkers	Jaar 2	Jaar 1
De samenstelling van de gemiddelde personeelsbezetting naar activiteiten luidt:		
Vastgoed	204	88
Bouw	2.253	2.544
Techniek	6.360	6.507
	8.817	9.139

Artikel 2:410 lid 5 BW bepaalt in aanvulling op artikel 2:382 BW dat een onderscheid moet worden gemaakt tussen het gemiddeld aantal werkzame werknemers:
▶ voor de integraal geconsolideerde maatschappijen;
▶ voor het geheel van de proportioneel geconsolideerde maatschappijen.

Verschillen Dutch GAAP - IFRS

IFRS kent alleen de uitgebreide segmentatiebepalingen zoals opgenomen in de paragrafen 22.2 en 22.3, die slechts verplicht zijn voor beursgenoteerde ondernemingen. Nederlandse wet- en regelgeving kent op grond van de wet verplichte segmentatiebepalingen voor grote, niet-beursgenoteerde ondernemingen.

IFRS kent, in tegenstelling tot de Nederlandse wet- en regelgeving, geen specifieke segmentatiebepalingen inzake personeelsgegevens. Wel dient een Nederlandse rechtspersoon die IFRS toepast op grond van de Nederlandse wet gesegmenteerde informatie over personeelsgegevens op te nemen.

22.1.3 Aanbevolen Richtlijnen voor de jaarverslaggeving

In de Richtlijn voor de Jaarverslaggeving 350 'Gesegmenteerde informatie' paragraaf 3 zijn aanbevelingen opgenomen voor (middel)grote rechtspersonen die naast de wettelijk vereiste gesegmenteerde informatie, aanvullende gesegmenteerde informatie willen opnemen (RJ 350.103). Voor Nederlandse beursgenoteerde rechtspersonen bevatten de Richtlijnen geen specifieke bepalingen, want hierop is IFRS van toepassing. De aanbevelingen in RJ 350.3 voor (middel)grote rechtspersonen sluiten wel aan bij IFRS. De aanbevelingen uit RJ 350.3 worden behandeld in de paragrafen 22.2 en 22.3.

22.1.4 IFRS

IFRS 8 'Operating segments' is verplicht van toepassing op de IFRS-jaarrekening van beursgenoteerde rechtspersonen (zowel beursnotering van eigen- als van vreemd-vermogensinstrumenten) alsmede van rechtspersonen die bezig zijn met een beursgang ongeacht het soort financiële instrumenten (aandelen, obligaties etc.) (IFRS 8.2). Voor niet-beursgenoteerde rechtspersonen kent IFRS 8 geen verplichting tot het weergeven van gesegmenteerde informatie. IFRS 8 bepaalt dat indien een niet-beursgenoteerde onderneming vrijwillig gesegmenteerde informatie opneemt en deze niet overeenstemt met IFRS 8, deze onderneming het geen gesegmenteerde informatie mag noemen (IFRS 8.3). De bepalingen uit IFRS 8 worden behandeld in de paragrafen 22.2 en 22.3.

22.1.5 Geconsolideerde en/of enkelvoudige informatie

De gesegmenteerde informatie met betrekking tot het gemiddeld aantal werknemers dient zowel op basis van de geconsolideerde als de enkelvoudige cijfers gepresenteerd te worden. Overigens kent IFRS 8 geen segmentatiebepalingen inzake personeelsgegevens. Een Nederlandse rechtspersoon die IFRS toepast dient op grond van de Nederlandse wet wel gesegmenteerde informatie over personeelsgegevens op enkelvoudig niveau op te nemen (art. 2:362 lid 9 BW).

Alle overige gesegmenteerde informatie dient betrekking te hebben op geconsolideerde cijfers indien de rechtspersoon een geconsolideerde jaarrekening opstelt (RJ 350.104, IFRS 8.4).
Indien in de IFRS-jaarrekening van de rechtspersoon een groepsmaatschappij is opgenomen die beursgenoteerd is, dient deze groepsmaatschappij de gesegmenteerde informatie op te nemen in haar eigen IFRS-jaarrekening (IFRS 8.2).

22.1.6 Samenvatting van toepassing zijnde wet- en regelgeving

Het onderstaande schema geeft een samenvatting van de eisen en aanbevelingen betreffende gesegmenteerde informatie op grond van de wet- en regelgeving voor de verschillende soorten ondernemingen. Schematisch kan de wet- en regelgeving als volgt worden weergegeven:

22 Segmentatie

V verplicht A aanbevolen	IFRS van toepassing		Dutch GAAP van toepassing				
	Beurs-genoteerd (of verwachte beursnotering)	Niet-beurs-genoteerd (ongeacht de grootte)	Groot volgens BW 2:396/397	Middel-groot volgens BW 2:397	Klein volgens BW 2:396	Micro volgens BW 2:395a
2:380 BW (par. 22.1.2) Netto-omzetsegmentatie naar bedrijfstakken en geografische gebieden	-	-	V	-	-	-
RJ 350.2 (par. 22.1.2) Detaillering van de netto-omzet (nadere uitwerking van 2:380 BW)	-	-	V	-	-	-
2:382 BW (par. 22.1.2) Mededeling omtrent het gemiddeld aantal werknemers, ingedeeld op een wijze die is afgestemd op de inrichting van het bedrijf (enkelvoudig)	V	V	V	V	V	-
2:410-5 BW (par. 22.1.2) Mededeling omtrent het gemiddeld aantal werknemers, ingedeeld op een wijze die is afgestemd op de inrichting van het bedrijf (geconsolideerd)	-	-	V	V	Informatie op totaal-niveau, geen segmentatie verplicht	-
RJ 350.3 (par. 22.2 en 22.3) Uitgebreide aanbevelingen met betrekking tot aanvullende gesegmenteerde informatie	-	-	A	A	-	-
IFRS 8 (par. 22.2 en 22.3) Uitgebreide vereisten met betrekking tot gesegmenteerde informatie	V	-	-	-	-	-

In de volgende paragrafen worden de aanbevolen bepalingen van RJ 350.3 en de vereisten van IFRS 8 uitgebreid behandeld.

22.2 Identificatie en grondslagen van te rapporteren segmenten (aanbevolen onder Dutch GAAP en verplicht onder IFRS)

22.2.1 Definitie van een operationeel segment

Een segment is een onderdeel van de onderneming dat zich onderscheidt van de andere onderdelen door afwijkende economische kenmerken. Het begrip 'operationeel segment' wordt zowel in RJ 350.3 (aanbevolen voor rechtspersonen die aanvullende gesegmenteerde informatie geven naast de wettelijk vereiste informatie) als in IFRS 8 (verplicht voor beursfondsen of verwachte beursnotering) gehanteerd.

Een operationeel segment is een onderdeel van de onderneming (RJ 350.304, IFRS 8.5):
▶ dat opbrengsten kan genereren en kosten maakt (inclusief opbrengsten en kosten uit transacties met andere segmenten van dezelfde onderneming). Dit houdt in dat bedrijfsactiviteiten in de opstartfase al een operationeel segment kunnen zijn voordat ze opbrengsten voortbrengen (RJ 350.306, IFRS 8.5);

▶ waarvan de resultaten regelmatig beoordeeld worden door het bestuur (RJ 350.3) respectievelijk de 'chief operating decision maker' (IFRS 8) om beslissingen te nemen over toe te kennen middelen en om de financiële prestaties te evalueren; en
▶ waarvoor afzonderlijke financiële informatie beschikbaar is.

Uit de bovenstaande definitie van een operationeel segment blijkt een gradueel verschil: onder RJ 350.3 is de interne rapportage aan het <u>bestuur</u> bepalend voor het identificeren van een operationeel segment (RJ 350.304), terwijl onder IFRS 8 de informatie aan de <u>'chief operating decision maker'</u> leidend is (IFRS 8.5). De 'chief operating decision maker' wordt onder IFRS 8 gedefinieerd als een functie en niet noodzakelijkerwijs als een bepaalde manager met een specifieke benaming of titel. Het gaat om de functie waarin de resultaten beoordeeld en de beslissingen genomen worden aangaande het gebruik van bedrijfsmiddelen door het operationeel segment. In de meeste gevallen zal dit de CEO ('Chief Executive Officer') en/of de CFO ('Chief Financial Officer') binnen een onderneming zijn, maar het kan ook een groep van directeuren of anderen betreffen (IFRS 8.7). RJ 350.3 heeft niet verder uitgewerkt wat hij met het begrip 'bestuur' bedoelt. Echter, uit de Ten Geleide bij de RJ jaareditie 2009 en RJ 350.301 is af te leiden dat met het begrip 'bestuur' niet het statutaire bestuur wordt bedoeld, maar het bestuur in bredere zin, namelijk het bestuur die de activiteiten aanstuurt en daarover managementinformatie ontvangt. Wij zijn van mening dat in de praktijk dit verschil in terminologie meestal niet tot verschillen tussen RJ 350.3 en IFRS 8 zal leiden.

In RJ 350.3 is het begrip operationeel segment minder gedetailleerd uitgewerkt dan in IFRS 8. Zo wordt in IFRS 8 een voorbeeld van een bedrijfsonderdeel genoemd dat geen operationeel segment is, namelijk een hoofdkantoor dat geen opbrengsten genereert (IFRS 8.6).

IFRS geeft expliciet aan dat als meer dan één set van gesegmenteerde informatie aan de 'chief operating decision maker' wordt gerapporteerd, ook andere factoren bepalend zijn voor het identificeren van de operationele segmenten zoals de aard van de bedrijfsactiviteiten, de managers verantwoordelijk voor de segmenten (segment manager) en de informatie gerapporteerd aan de raad van bestuur (IFRS 8.8). Indien meerdere sets van segmenten voldoen aan de definitie van een operationeel segment, dan is de groep van segmenten waarvoor de segment managers verantwoordelijk worden gehouden, de set van operationele segmenten (IFRS 8.9).

Voor een matrixorganisatie laat RJ 350.3 de keuze voor welke activiteiten operationeel segmenten zijn aan de onderneming zelf over (RJ 350.305), terwijl IFRS verwijst naar het basisprincipe van IFRS 8 (IFRS 8.10). Dit basisprincipe houdt in het verstrekken van zodanige informatie dat de gebruiker van de jaarrekening de aard en financiële effecten van de bedrijfsactiviteiten en economische omgeving waarin de onderneming opereert, kan beoordelen (IFRS 8.1).

Voorbeeld van het bepalen van de operationele segmenten onder IFRS

Een grote detailhandelsonderneming verkoopt onder andere schoenen en kleding. De CEO wordt door de onderneming gezien als de 'Chief operating decision maker' gezien. Hij beoordeelt de operationele resultaten van de sneakers, kinderschoenen, broeken en shirts afzonderlijk en gebruikt deze informatie om beslissingen te nemen over de toe te kennen middelen. Onlangs is een nieuwe COO ('Chief Operating Officer') benoemd die alle productlijnen zal overzien. Daarnaast is er een afzonderlijke segment manager voor de divisie kleding die tevens verantwoordelijk is voor de gehele schoenentak.

Omdat de CEO de 'Chief operating decision maker' is en hij afzonderlijk informatie over de segmenten sneakers, kinderschoenen, broeken en shirts beoordeelt, zijn deze te beschouwen als de operationele segmenten, ondanks dat de segment manager verantwoordelijk is voor deze vier onderdelen gezamenlijk.

22 Segmentatie

Verschillen Dutch GAAP - IFRS

De definitie van een operationeel segment onder RJ 350.3 verschilt gradueel van IFRS 8, omdat onder RJ 350.3 de interne rapportage aan het bestuur bepalend is voor het identificeren van een operationeel segment (RJ 350.304), terwijl onder IFRS 8 de informatie aan de 'chief operating decision maker' leidend is (IFRS 8.5).

Daarnaast is in RJ 350.3 het begrip operationeel segment minder uitgewerkt dan in IFRS.

22.2.2 Bepaling te rapporteren segmenten

Onder RJ 350.3 en IFRS 8 wordt in beginsel voor het verstrekken van gesegmenteerde informatie uitgegaan van de te rapporteren operationele segmenten. Een operationeel segment is een te rapporteren segment als (RJ 350.303, IFRS 8.11):
- het aan de definitie van een operationeel segment voldoet of het voortkomt uit de samenvoeging van twee of meer operationele segmenten op grond van de aggregatiecriteria; en
- de kwantitatieve drempels overschrijdt.

De aggregatie van twee of meer operationele segmenten tot één geaggregeerd operationeel segment kan plaatsvinden als op basis van alle volgende criteria wordt vastgesteld dat sprake is van vergelijkbaarheid (RJ 350.307, IFRS 8.12):
- economische kenmerken (bijvoorbeeld winstmarge en lange termijn winstverwachtingen);
- de aard van de producten en diensten. Wij zijn van mening dat het in de meeste gevallen geoorloofd is om de gelijksoortigheid van producten en diensten te evalueren op grond van de verscheidenheid van activiteiten van de organisatie;
- de aard van de productieprocessen;
- afnemers van hun producten of diensten. Bij de beoordeling van dit criterium is voorzichtigheid geboden indien een segment aan een ander klantenbestand levert of indien het een materiële opbrengstenstroom betreft;
- distributiekanalen van hun producten of diensten; en
- indien van toepassing, de aard van de op de goederen en diensten toepasselijke regelgeving, bijvoorbeeld banken of verzekeringsmaatschappijen.

Aanvullend geeft IFRS expliciet aan dat de samenvoeging van segmenten consistent dient te zijn met het basisprincipe van IFRS 8.

Overigens hoeft een geaggregeerd segment geen te rapporteren segment te zijn. Een geaggregeerd segment is enkel een te rapporteren segment als het aan de kwantitatieve criteria voldoet.

> **Voorbeeld van het aggregeren van segmenten**
>
> Een grote detailhandelsonderneming verkoopt onder andere kleding, accessoires en sportartikelen. De operationele segmenten van de kledingtak zijn schoenen en kleding. De onderneming wil beide operationele segmenten samenvoegen in haar jaarrekening jaar 7. De aard van het product, distributiekanaal, afnemer en van toepassing zijnde regelgeving zijn gelijksoortig. De vraag is of de economische kenmerken ook gelijksoortig zijn. Hieronder is een analyse weergegeven van de historische en verwachte winstmarges:
>
> | Balansdatum | Schoenen | Kleding | Schoenen versus kleding % gebaseerd op punten | Schoenen versus kleding op relatieve basis |
> |---|---|---|---|---|
> | 31 december jaar 1 | 34% | 40% | 6% | 18% |
> | 31 december jaar 2 | 33% | 39% | 6% | 18% |
> | 31 december jaar 3 | 25% | 41% | 16% | 64% |
> | 31 december jaar 4 | 5% | 34% | 29% | >100% |
> | 31 december jaar 5 | 28% | 38% | 10% | 36% |
> | 31 december jaar 6 | 32% | 37% | 5% | 16% |
> | 31 december jaar 7 | 36% | 42% | 6% | 17% |
> | Verwachting 31 december jaar 8 | 37% | 43% | 6% | 16% |
> | Verwachting 31 december jaar 9 | 38% | 44% | 6% | 16% |
>
> Uit de bovenstaande analyse blijkt dat relatief gezien de historische winstmarges zowel voor als na de terugval in jaar 3/jaar 4 veel meer dan 10% uit elkaar lagen. Daarnaast verschillen de toekomstige winstmarges relatief gezien ook meer dan 10%, al groeien ze de komende jaren wel meer naar elkaar toe. Op grond hiervan is voor de jaarrekening jaar 7 geconcludeerd dat de economische kenmerken van de operationele segmenten schoenen en kleding niet gelijksoortig zijn en ze niet geaggregeerd kunnen worden. Hierbij wordt niet uitgegaan van het verschil in marge in absolute termen ofwel percentagepunten, maar het relatieve verschil in winstmarge.
> De hier gehanteerde 10%-grens is een veel gebruikte vuistregel afkomstig van de 'Securities and Exchange Commission' (SEC).

Een (geaggregeerd) operationeel segment wordt als een te rapporteren segment aangemerkt als aan één van de volgende kwantitatieve drempels wordt voldaan (RJ 350.308, IFRS 8.13):
a. de netto-omzet (RJ 350.3) respectievelijk opbrengsten (IFRS 8) van het segment bedraagt/bedragen 10% of meer van de totale netto-omzet (RJ 350.3) respectievelijk opbrengsten (IFRS 8) zowel intern in de groep als extern. 'Opbrengsten' onder IFRS 8 is een ruimer begrip dan 'netto-omzet' onder RJ 350.3 (voor een nadere uiteenzetting van deze begrippen wordt verwezen naar paragraaf 5.2.1); of
b. het resultaat van een segment (zowel positief als negatief) bedraagt 10% of meer van het hoogste absolute bedrag van hetzij het gezamenlijke resultaat van alle segmenten met een positief resultaat, hetzij het gezamenlijke resultaat van alle segmenten met een negatief resultaat; of
c. de activa van een segment bedragen 10% of meer van het totaal van de activa van de segmenten.

Een component van een onderneming die primair aan andere operationele segmenten verkoopt kan ook onder de definitie van een te rapporteren segment vallen (RJ 350.308, IFRS 8.5).

Minimaal 75% van de totale netto-omzet dient gerapporteerd te worden door individuele te rapporteren segmenten, ook al halen de te rapporteren segmenten de kwantitatieve criteria niet (RJ 350.310). Zolang dus het totaal van de aan te rapporteren segmenten toe te rekenen netto-omzet minder dan 75% bedraagt van de totale netto-omzet, dienen additionele segmenten te worden aangemerkt als te rapporteren segmenten. Onder IFRS 8 geldt deze 75%-regel ook, maar wordt hiervoor uitgegaan van 75% van de externe opbrengsten (IFRS 8.15). RJ 350.3 geeft niet duidelijk aan wat hij met netto-omzet bedoelt. Overigens zijn wij van mening dat uitgaan van de externe netto-omzet onder RJ 350.3 het meest logisch is.

22 Segmentatie

Indien een operationeel segment op grond van de kwantitatieve drempels niet afzonderlijk hoeft te worden gerapporteerd, kan de onderneming kiezen uit drie alternatieven (RJ 350.308-311, IFRS 8.13-14 en 16):
a. het segment wordt toch afzonderlijk gerapporteerd. IFRS 8 voegt hieraan toe dat het management in dat geval van mening is dat dit nuttig is voor de gebruikers van de jaarrekening;
b. het segment wordt samengevoegd met andere operationele segmenten die de kwantitatieve drempels niet overschrijden, mits deze segmenten gelijksoortige economische kenmerken en een meerderheid van de resterende aggregatiecriteria gemeen hebben;
c. het segment wordt gerapporteerd onder de categorie '(alle) overige segmenten', mits wordt voldaan aan de 75%-regel. Onder IFRS 8 worden de bronnen van de opbrengsten in deze categorie dan wel beschreven in de toelichting.

Voorbeeld voor het bepalen van de afzonderlijk te rapporteren segmenten uitgaande van het kwantitatieve criterium gebaseerd op het resultaat

Een onderneming heeft vier operationele segmenten waarvan een segment met een positief resultaat van 100 (netto-omzet 200), een segment met een positief resultaat van 5 (netto-omzet 10), een segment met een negatief resultaat van 50 (netto-omzet 50 waarvan 40 intern) en een segment met een negatief resultaat van 15 (netto-omzet 20).

Het kwantitatieve criterium gebaseerd op het resultaat bedraagt 10,5. Dit betreft 10% van de hoogste (105) van het totaal van de segmenten met een positief resultaat (105) en het totaal van de segmenten met een negatief resultaat (65). Het segment met het positieve resultaat van 100, het segment met het negatieve resultaat van 50 en het segment met het negatieve resultaat van 15 worden separaat opgenomen. Hiermee is 96% (230) van de externe netto-omzet (240) als afzonderlijke segmenten getoond. Er is dus voldaan aan de 75%-regel.

Het segment met het positieve resultaat van 5 voldoet niet aan het kwantitatieve criterium gebaseerd op het resultaat. Daarnaast wordt verondersteld dat dit segment niet aan de kwantitatieve criteria gebaseerd op de netto-omzet en de activa voldoet. Dit betekent dat dit segment niet moet maar afzonderlijk getoond mag worden. Indien het management het segment niet separaat toont, wordt het onder de categorie 'overige segmenten' gepresenteerd.

Voorbeeld voor het bepalen van de afzonderlijk te rapporteren segmenten uitgaande van het kwantitatieve criterium gebaseerd op netto-omzet

Een CFO van een onderneming ontvangt sturingsinformatie van vijf operationele segmenten X1 t/m X5. Segment X1 en X2 zijn vergelijkbaar qua economische kenmerken en qua aard van het product, productieproces, afnemers, distributiekanaal en van toepassing zijnde regelgeving. De onderverdeling van de netto-omzet tussen de segmenten is X1 5%, X2 35%, X3 50%, X4 5% en X5 5%. Er wordt verondersteld dat de overige kwantitatieve criteria gebaseerd op het resultaat en de activa in deze casus niet relevant zijn. De onderneming heeft de optie om over segment X1 en X2 samengevoegd te rapporteren, omdat aan alle aggregatiecriteria wordt voldaan. De CFO kan hier bijvoorbeeld voor kiezen als hij niet wil dat de cijfers van X2 afzonderlijk bekend worden. De te rapporteren segmenten van deze onderneming zijn:
▶ X3 en X2 ieder afzonderlijk; of
▶ X3 afzonderlijk en X2 en X1 gezamenlijk.

X3 is namelijk niet te aggregeren met een ander operationeel segment en overschrijdt het kwantitatieve criterium van 10% van de netto-omzet. X2 afzonderlijk of X1 en X2 gezamenlijk overschrijden ook het kwantitatieve criterium. Er is voldaan aan de 75%-regel.
Segment X4 en X5 mag de onderneming ieder afzonderlijk dan wel tezamen als restcategorie 'overige segmenten' presenteren.

IFRS 8 vermeldt aanvullend dat er een praktische grens is aan het aantal individueel te rapporteren segmenten, waarbij als richtlijn een grens van tien segmenten wordt gegeven (IFRS 8.19).

In het navolgende schema, ontleend aan de bijlage van RJ 350.3 en de 'Implementation Guidance' (IG7) uit IFRS 8, is door middel van een beslissingsschema aangegeven welke segmenten gerapporteerd dienen te worden. Daarnaast wordt naar de relevante paragrafen in dit hoofdstuk verwezen.

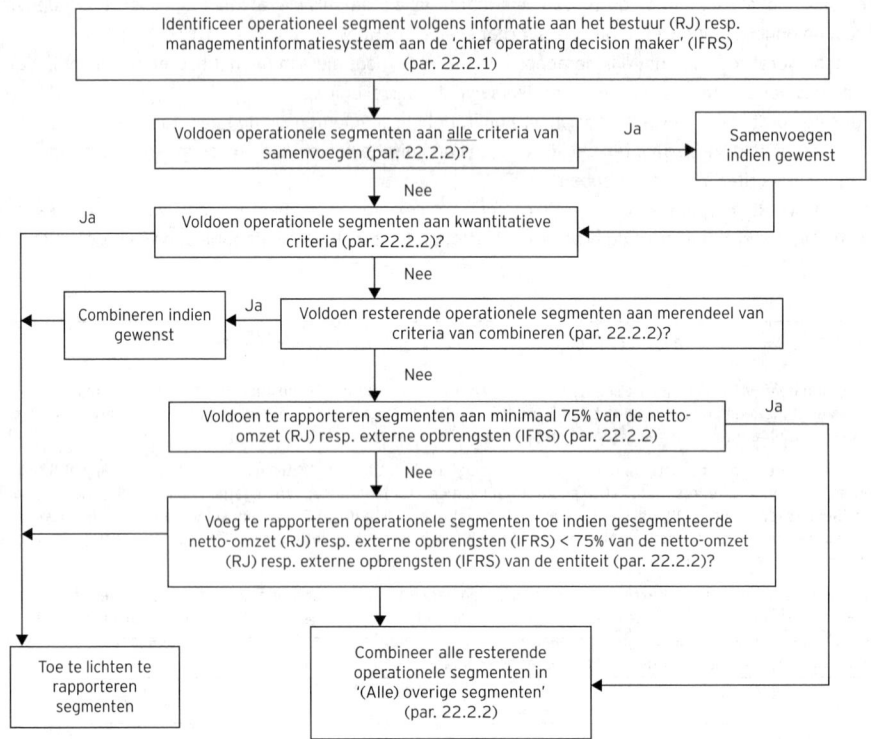

Verschillen Dutch GAAP - IFRS

RJ 350.3 sluit aan bij IFRS 8 voor het bepalen van de te rapporteren operationele segmenten. RJ 350.3 hanteert dezelfde aggregatiecriteria als IFRS 8.

Daarnaast stemmen de kwantitatieve criteria in RJ 350.3 overeen met IFRS 8 met uitzondering van het volgende. RJ 350.3 gaat bij de kwantitatieve criteria uit van de netto-omzet, terwijl in IFRS van de opbrengsten wordt uitgegaan. 'Opbrengsten' is een ruimer begrip dan 'netto-omzet'.

Bovendien zijn de regels voor segmenten die niet aan de kwantitatieve drempels voldoen, onder RJ 350.3 en IFRS 8 grotendeels gelijk. In tegenstelling tot RJ 350.3 eist IFRS wel dat de bronnen van de opbrengsten in de categorie 'alle overig segmenten' worden beschreven in de toelichting.

IFRS 8 vermeldt dat er een praktische grens is aan het aantal individueel te rapporteren segmenten, waarbij als richtlijn een grens van tien segmenten wordt gegeven (IFRS 8.19). RJ 350.3 kent een dergelijke regel niet.

22.2.3 Wijzigingen in de te rapporteren segmenten door de kwantitatieve criteria

Bij wijzigingen in de te rapporteren segmenten ten opzichte van voorgaand jaar als gevolg van het niet meer voldoen respectievelijk het voor de eerste maal voldoen aan de kwantitatieve criteria, geldt het volgende onder IFRS 8:
- een segment dat in de direct voorafgaande verslagperiode werd aangemerkt als een te rapporteren segment, maar in de lopende verslagperiode niet langer voldoet aan de kwantitatieve drempels, dient toch als een te rapporteren segment te worden aangemerkt, indien het bestuur van mening is dat het segment van blijvende betekenis is (IFRS 8.17);
- voor een segment dat in de lopende periode op grond van de kwantitatieve drempels wordt aangemerkt als een te rapporteren segment, maar in de direct voorafgaande verslagperiode nog niet voldeed aan deze vereisten, dienen de vergelijkende gegevens van de voorafgaande periode te worden aangepast teneinde het nieuw te rapporteren segment als een afzonderlijk segment te tonen, tenzij dit praktisch gezien onuitvoerbaar is (IFRS 8.18).

In RJ 350.3 zijn de bovenstaande regels niet opgenomen. Wel bevat RJ 350.3, evenals IFRS, regels voor een wijziging in de te rapporteren segmenten als gevolg van een nieuwe organisatiestructuur (zie par. 22.3.3).

Verschillen Dutch GAAP - IFRS

RJ 350.3 geeft, in tegenstelling tot IFRS, geen regels voor het verwerken van wijzigingen in de te rapporteren segmenten door het voor de eerste maal voldoen of het niet langer voldoen aan de kwantitatieve drempels.

22.2.4 Grondslagen voor waardering en resultaatbepaling van een segment

De gesegmenteerde informatie wordt onder RJ 350.3 en IFRS 8 opgesteld op basis van de grondslagen die gehanteerd worden in de rapportage gebruikt door het bestuur (RJ 350.301) respectievelijk de 'chief operating decision maker' (IFRS 8.25). Deze grondslagen kunnen dus afwijken van de grondslagen van de jaarrekening zelf. Wel beveelt RJ 350.3 aan de gesegmenteerde informatie te baseren op de grondslagen die gebruikt worden in de jaarrekening (RJ 350.301). IFRS 8 kent een dergelijke aanbeveling niet. Echter, ingeval informatie gebruikt door de 'chief operating decision maker' op basis van meerdere grondslagen wordt opgesteld, worden onder IFRS de grondslagen die het meest consistent zijn met de grondslagen in de jaarrekening gehanteerd (IFRS 8.26). Daarnaast vermeldt IFRS 8 expliciet dat alleen de opbrengsten, kosten, activa en passiva die zijn opgenomen in de rapportage aan de 'chief operating decision maker', aan de segmenten worden toegerekend (IFRS 8.25). Onder RJ 350.3 komt dit op hetzelfde neer.

Aangezien de grondslagen voor de gesegmenteerde informatie kunnen afwijken van de jaarrekening, moeten de verschillen met de grondslagen voor de resultaten, activa en verplichtingen in de jaarrekening worden toegelicht. Indien van toepassing worden de aard van de wijzigingen in de grondslagen voor de resultaten, ten opzichte van het voorgaande jaar toegelicht (RJ 350.315, IFRS 8.27). Tevens eist IFRS dat in de toelichting het effect van de wijzigingen in de grondslagen voor de resultaten ten opzichte van het voorgaande jaar en de aard en het effect van eventuele asymmetrische allocatie aan de segmenten worden toegelicht. Een voorbeeld van asymmetrische allocatie aan segmenten is dat de afschrijving in het resultaat van het segment is opgenomen, maar het desbetreffende actief niet in de activa van het segment (IFRS 8.27).

Verschillen Dutch GAAP - IFRS

Eventuele verschillen tussen de grondslagen van de gesegmenteerde informatie en die van de jaarrekening worden volgens RJ 350.3 en IFRS 8 toegelicht. De vereiste elementen in deze toelichting stemmen grotendeels overeen met IFRS, hoewel de toelichtingseisen onder IFRS iets uitgebreider zijn.

22.3 Te verstrekken informatie (aanbevolen onder Dutch GAAP en verplicht onder IFRS)

22.3.1 Informatieverschaffing voor te rapporteren segmenten (aanbevolen onder Dutch GAAP)

De presentatie van de gesegmenteerde informatie die RJ 350.3 aanbeveelt voor rechtspersonen die aanvullende gesegmenteerde informatie geven naast de wettelijk vereiste informatie, is afhankelijk van of deze gegevens zijn opgenomen in de aan het bestuur beschikbaar gestelde informatie. RJ 350.3 geeft de volgende voorbeelden van te presenteren gegevens per te rapporteren segment, voor zover deze informatie ontleend kan worden aan de rapportage aan het bestuur (RJ 350.314):

- resultaat;
- activa;
- voorzieningen en schulden.
- netto-omzet aan derden;
- de intercompany-omzet aan andere operationele segmenten;
- afschrijvingen en bijzondere waardeverminderingen;
- bijzondere posten in de winst-en-verliesrekening;
- bedrijfsresultaat;
- boekwaarden van de activa en voorzieningen en schulden;
- investeringen in vaste activa.

RJ 350.3 vraagt tevens een aansluiting tussen het totaal van de gesegmenteerde informatie met het totaal uit de jaarrekening zowel qua aard als omvang, in ieder geval voor de volgende posten (RJ 350.316): netto-omzet, bedrijfsresultaat, activa en de som van voorzieningen en kort- en langlopende schulden.

22 Segmentatie

Voorbeeld gesegmenteerde informatie naar te rapporteren segment onder RJ 350

Gesegmenteerde informatie (in miljoenen euro's)	Vastgoed Jaar 2	Jaar 1	Bouw Jaar 2	Jaar 1	Eliminaties Jaar 2	Jaar 1	Totaal Jaar 2	Jaar 1
Netto-omzet								
Extern	245,2	90,8	1.010,4	933,9			1.255,6	1.024,7
Intern	-	-	4,9	4,1	4,9	4,1	0	0
Totaal	245,2	90,8	1.015,3	938,0	4,9	4,1	1.255,6	1.024,7
Bedrijfsresultaat	18,2	5,6	13,1	16,9	-1,9	-1,1	29,4	21,4
Niet-gealloceerde operationele kosten							-10,0	-8,0
Totaal							19,4	13,4
Gesegmenteerde informatie (in miljoenen euro's)								
Totaal activa								
Gealloceerd	232,3	71,6	427,7	455,7			660,0	527,3
Niet-gealloceerd							173,0	140,3
Totaal							833,0	667,6
Verplichtingen (voorzieningen en schulden)								
Gealloceerd	143,0	41,6	319,3	347,0			462,3	388,6
Niet-gealloceerd							142,9	114,1
Totaal							605,2	502,7
Investeringen in materiële vaste activa								
Gealloceerd	0,3	0,8	9,7	9,2			10,0	10,0
Niet-gealloceerd							0,7	0,3
Totaal							10,7	10,3
Afschrijvingen materiële vaste activa								
Gealloceerd	0,5	0,3	10,7	10,8			11,2	11,1
Niet-gealloceerd							0,3	0,3
Totaal							11,5	11,4
Afschrijvingen immateriële vaste activa								
Gealloceerd				0,4			0	0,4
Niet-gealloceerd							0	0
Totaal							0	0,4

22.3.2 Informatieverschaffing voor te rapporteren segmenten onder IFRS (verplicht voor beursfondsen of verwachte beursnotering)
Informatieverschaffing over resultaat, activa en passiva

Welke informatie moet worden opgenomen in de gesegmenteerde informatie, is onder IFRS 8 afhankelijk van of deze gegevens zijn opgenomen in de aan de 'chief operating decision maker' beschikbaar gestelde informatie. Samengevat vereist IFRS 8 de presentatie van de volgende gegevens per te rapporteren segment (IFRS 8.23-24):

a. Voor elk te rapporteren segment in ieder geval vermelding van de volgende informatie ongeacht of deze informatie gerapporteerd wordt aan de 'chief operating decision maker':
   a. resultaat;
b. Voor elk te rapporteren segment vermelding van de volgende informatie als deze regelmatig aan de 'chief operating decision maker' wordt verstrekt:
   a. totaal van de activa;
   b. totaal van de verplichtingen;
c. Voor elk te rapporteren segment vermelding van de volgende informatie als deze is opgenomen in de bepaling van het segment resultaat dat beoordeeld wordt door de 'chief operating decision maker', of deze informatie op een andere manier regelmatig aan de 'chief operating decision maker' wordt verstrekt (ook al is deze niet opgenomen in het segment resultaat):
   a. de opbrengsten uit transacties met derden;
   b. de opbrengsten uit transacties met andere operationele segmenten;
   c. rentebaten;
   d. rentelasten, tenzij de meerderheid van de opbrengsten voortkomen uit interestinkomsten en de analyse van de netto-interest wordt gebruikt voor de beoordeling van de segmenten;
   e. afschrijvingen;
   f. materiële posten uit de winst-en-verliesrekening;
   g. aandeel in winsten en verliezen in geassocieerde deelnemingen en joint ventures die volgens de equity-methode worden gewaardeerd;
   h. winstbelastingen;
   i. materiële posten zonder kasstroom zoals afschrijving en amortisatie;
d. Voor elk te rapporteren segment vermelding van de volgende informatie als deze is opgenomen in de bepaling van de segment activa die beoordeeld worden door de 'chief operating decision maker' of deze informatie regelmatig aan de 'chief operating decision maker' wordt verstrekt (ook al is deze niet opgenomen in de segment activa):
   a. waarde van het aandeel in geassocieerde deelnemingen en joint ventures die volgens de equity-methode worden gewaardeerd;
   b. gedane investeringen in vaste activa anders dan in financiële instrumenten, pensioenactiva, latente belastingvorderingen en rechten uit hoofde van verzekeringspolissen. Het betreft dus de investeringen in immateriële en materiële vaste activa.

Voorbeeld op te nemen informatie per te rapporteren segment onder IFRS (IFRS 8.23)

Onderneming X hanteert EBIT ('earnings before interest and taxes') als segment resultaat. Dit betekent dat de onderneming ook afschrijving in de gesegmenteerde informatie opneemt, daar afschrijving een onderdeel is van het segment resultaat. Wanneer echter de rentelasten ook (separaat) aan de CODM worden gerapporteerd, dan zal de onderneming deze rentelasten in de gesegmenteerde informatie moeten opnemen ook al maken deze geen onderdeel uit van het segment resultaat.

Een ander voorbeeld is het aandeel in winsten en verliezen in geassocieerde deelnemingen. Dit bedrag staat meestal één lijn lager dan EBIT. In veel gevallen wordt dit bedrag wel aan de CODM gerapporteerd omdat deze wil weten hoe de deelnemingen presteren. Als deze informatie wordt gerapporteerd aan de CODM moet de informatie in de gesegmenteerde informatie worden opgenomen, ook al zit deze niet in het segment resultaat.

22 Segmentatie

Aansluitingen

Onder IFRS 8 moet een aansluiting tussen de gesegmenteerde informatie en de financiële overzichten in de jaarrekening worden gegeven. IFRS 8 vereist dat de aansluiting voor de volgende posten afzonderlijk wordt gegeven: de totale opbrengsten, het totale resultaat, de totale activa, de totale verplichtingen en het totaal van de overige materiële posten (IFRS 8.28). Deze aansluiting van segment activa en segment verplichtingen hoeft alleen toegelicht te worden als de segment activa en segment verplichtingen regelmatig aan de 'chief operating decision maker' wordt verstrekt.

Voorbeeld gesegmenteerde informatie naar te rapporteren segment onder IFRS
(Vergelijkende cijfers zijn in dit voorbeeld niet opgenomen, maar dienen ook gepresenteerd te worden)

Opbrengsten		Nederland	Noord-Amerika	Rest v.d. wereld	Holdingen Eliminaties	Totaal
Licenties		576	410	227	-	1.213
Onderhoud		898	1.895	449	-	3.242
Advies		1.384	610	465	-	2.459
Software		1.849	931	691	-	3.471
	Totale omzet	**4.707**	**3.846**	**1.832**	**-**	**10.385**
Overige opbrengsten		802	0	3	-	805
	Totale opbrengsten	**5.509**	**3.846**	**1.835**	**-**	**11.190**
Directe inkoopkosten		(967)	(377)	(23)	-	(1.367)
Bruto-marge		**4.542**	**3.469**	**1.812**	**-**	**9.823**
Operationele kosten						
Personeelskosten		2.834	2.264	824	574	6.496
Afschrijving en waardevermindering		136	193	13	-	342
Overige operationele kosten		896	650	214	448	2.208
	Totale operationele kosten	**3.866**	**3.107**	**1.051**	**1.022**	**9.046**
	Operationeel resultaat	**676**	**362**	**761**	**(1.022)**	**777**
Rente opbrengsten		12	1	1	1	15
Rentekosten		(13)	(12)	(12)	(11)	(48)
	Resultaat voor belasting	**675**	**351**	**750**	**(1.032)**	**744**
Winstbelasting		(17)	(393)	(29)	243	(196)
	Netto resultaat	**658**	**(42)**	**721**	**(789)**	**548**
Activa						
Immateriële vaste activa		1.774	1.064	1.042	-	3.880
Materiële vast activa		97	39	44	-	180
Financiële vaste activa		12	1.565	-	243	1.820
Vlottende activa		1.519	1.094	523	60	3.196
	Totale activa	**3.402**	**3.762**	**1.609**	**303**	**9.076**
Schulden						
Langlopende schulden		-	-	8	-	8
Kortlopende schulden		2.113	1.407	515	955	4.990
	Totale schulden	**2.113**	**1.407**	**523**	**955**	**4.998**
Overige posten uit winst-en-verliesrekening						
Afschrijving		136	193	13	-	342
Kosten personeelsopties		214	68	12	-	294
Waardevermindering		-	-	-	-	-
Overige posten uit balans		-	-	-	-	-
Investeringen in (im)materiële vaste activa		1.722	118	401	-	2.241

Organisatiebrede toelichting

Naast de bovenstaande informatie schrijft IFRS 8 voor de volgende informatie over de producten en diensten, geografische gebieden en belangrijke klanten op te nemen, ook als er maar één te rapporteren segment bestaat (IFRS 8.31-34):
a. de externe opbrengsten voor elk product en dienst of elke groep van gelijksoortige producten en diensten;
b. de externe opbrengsten van het land van vestiging, van het buitenland in totaal en indien materieel afzonderlijk per land inclusief de grondslag voor de toerekening aan de landen;
c. vaste activa anders dan in financiële instrumenten, pensioen activa, latente belastingvorderingen en rechten uit hoofde van verzekeringspolissen (dus de immateriële en materiële vaste activa) van het land van vestiging, van het buitenland in totaal en indien materieel afzonderlijk per land;
d. het feit dat de opbrengsten van een externe klant groter zijn dan 10% van de totale opbrengsten, het bedrag van de opbrengsten (niet de identiteit van de klant) en het segment waartoe de opbrengsten behoren.

De informatie onder 1, 2 en 3 is gebaseerd op de grondslagen in de jaarrekening en kan achterwege blijven als de benodigde informatie niet beschikbaar is en de kosten voor het verkrijgen ervan buitensporig zijn, mits dit wordt toegelicht.

Van de informatie onder 2 en 3 is hieronder een voorbeeld opgenomen.

Voorbeeld organisatiebrede toelichting van geografische gebieden (IFRS)

De volgende tabel geeft de geografische segmentatie van de totale bedrijfsopbrengsten weer. De toerekening van de bedrijfsopbrengsten naar geografisch segment heeft plaatsgevonden op grond van het land of regio waarin de entiteit die de verkopen verantwoord, is gevestigd.

Geografische segmentatie
Bedrijfsopbrengsten

	Jaar 1	Jaar 2
Nederland	2.436	2.447
Duitsland	504	566
Italië	225	238
Rest van Europa	102	107
Europa	**3.267**	**3.358**
Rest van de wereld	146	137
Totaal	**3.413**	**3.495**

De gesegmenteerde informatie per geografisch gebied, is toegerekend aan de activa en investeringen naar geografisch gebied waar de activa zich bevinden.

Geografische segmentatie - activa

	Jaar 1			Jaar 2		
	Immateriële vaste activa	Materiële vaste activa	Financiële vaste activa	Immateriële vaste activa	Materiële vaste activa	Financiële vaste activa
Nederland	143	486	37	194	489	30
Duitsland	58	10	10	57	11	9
Italië	4	7	9	5	8	10
Rest van Europa	-	2	1	1	2	1
Europa	**205**	**505**	**57**	**257**	**510**	**50**
Rest van de wereld	-	-	-	-	-	-
Totaal	**205**	**505**	**57**	**257**	**510**	**50**

Om te voldoen aan de toelichtingseis onder 4, wordt een groep van entiteiten die onder gemeenschappelijke leiding staan, gezien als één enkele klant. Oordeelsvorming is nodig om te bepalen of organen en entiteiten die onder gemeenschappelijke leiding van de overheid staan als één klant gezien kunnen worden. In deze overweging zal de rechtspersoon de mate van economische integratie tussen deze entiteiten afwegen (IFRS 8.34).

Toelichting van commercieel gevoelige informatie

IFRS 8 kan leiden tot blootstelling van ondernemingen aan het risico van het toelichten van informatie die door het management als mogelijk commercieel gevoelig wordt opgevat. Bij het commentaar op 'de Exposure draft IFRS 8' en de 'post-implementation review' inzake IFRS 8 is deze zorg geuit. Echter, de IASB acht de kans dat ondernemingen concurrentieschade ondervinden van de toelichtingseisen van IFRS 8 onwaarschijnlijk omdat concurrenten meestal over andere gedetailleerde informatiebronnen beschikken dan de jaarrekening. Om deze reden heeft de IASB dan ook geen uitzondering gemaakt in IFRS 8. Immers, een dergelijke uitzondering zou misbruik in de hand kunnen werken waardoor niet voldaan wordt aan de eisen van IFRS 8 (IFRS 8 BC44).

Verschillen Dutch GAAP - IFRS

In RJ 350.3 zijn de genoemde toelichtingen voor de te rapporteren segmenten minder gedetailleerd dan onder IFRS 8. Evenals in IFRS 8 is de informatie per te rapporteren segment in RJ 350.3 afhankelijk van de managementrapportage. Echter, in tegenstelling tot IFRS 8 is de vermelding van het segmentresultaat onder RJ 350.3 wel afhankelijk van of dit in de managementinformatie is opgenomen.

RJ 350.3 geeft een lijst van wat de informatie per te rapporteren segment kan omvatten. Deze lijst is minder uitgebreid voorgeschreven dan in IFRS 8. Zo schrijft IFRS 8 bijvoorbeeld ook de vermelding van rentebaten en -lasten en belastingen voor. Bovendien vraagt IFRS 8 om gesegmenteerde informatie over het resultaat van en de investeringen in geassocieerde deelnemingen en joint ventures gewaardeerd volgens de 'equity'-methode. Ook gaat IFRS 8 een stap verder door gesegmenteerde informatie over materiële posten uit de winst-en-verliesrekening met name zonder kasstroom te vragen, terwijl RJ 350.3 enkel bijzondere posten noemt.

RJ 350.3 vraagt een aansluiting tussen het totaal van de gesegmenteerde informatie en het totaal uit de jaarrekening. Deze aansluiting wordt voor dezelfde posten gevraagd als in IFRS met uitzondering van de overige materiële posten waarvoor IFRS 8 ook een aansluiting verlangt.

Overigens vraagt RJ 350.3 niet om organisatiebrede toelichtingen over producten en diensten, geografische gebieden en belangrijke klanten zoals IFRS 8 wel doet. Op grond van artikel 2:380 BW moeten grote ondernemingen wel de netto-omzet segmenteren naar bedrijfstak (lid 1) en geografisch gebied (lid 2).

22.3.3 Overige informatieverschaffing

Transacties tussen segmenten

De grondslag voor transacties tussen segmenten wordt toegelicht (RJ 350.315, IFRS 8.27).

Veranderingen in de organisatiestructuur

Indien een rechtspersoon de organisatiestructuur wijzigt waardoor een andere samenstelling van de te rapporteren segmenten ontstaat, wordt onder RJ 350.3 toegelicht wat de wijziging voor de segmentinformatie inhoudt en of en op welke wijze de vergelijkende cijfers hierop zijn aangepast (RJ 350.317). De vergelijkende cijfers worden dan zowel onder RJ 350.3 als IFRS 8 aangepast aan de nieuwe organisatiestructuur, tenzij de informatie niet beschikbaar is en de kosten voor het doel van de te geven informatie onevenredig hoog uitvallen (RJ 350.317, IFRS 8.29-30). Als deze laatstgenoemde situatie zich voordoet, dan dient onder IFRS 8 de rechtspersoon in het verslagjaar waarin deze wijziging plaatsvindt voor vergelijkingsdoeleinden de gesegmenteerde informatie voor het lopende verslaggevingsjaar zowel op basis van de oude, als de gewijzigde samenstelling van de te rapporteren segmenten in de toelichting op te nemen (IFRS 8.29-30). In RJ 305.3 is deze extra toelichtingseis niet opgenomen.

Informatie over de aard van het segment en het aggregeren van segmenten

De factoren die zijn gebruikt voor de bepaling van de te rapporteren segmenten inclusief de organisatiebasis worden toegelicht (RJ 350.313, IFRS 8.22 (a)), bijvoorbeeld of de segmenten zijn ingedeeld op basis van producten en diensten, geografie of geldende regelgeving en of operationele segmenten geaggregeerd zijn. Wij zijn van mening dat het 'good practice' is de persoon of groep te vermelden die als 'chief operating decision maker' wordt aangemerkt. Immers, de IASB heeft aangegeven bij het intrekken van de exposure draft nog steeds voorstander te zijn van deze 'good practice'.

Daarnaast vragen RJ 350.3 en IFRS 8 dat de aard van de producten en diensten waarmee elk te rapporteren segment haar omzet behaalt, wordt toegelicht (RJ 350.313, IFRS 8.22 (b)).

Tevens wordt de volgende toelichting over de beoordeling die het management heeft uitgevoerd bij het aggregeren van segmenten, geëist (IFRS 8.22 (aa)):
- een korte beschrijving van de operationele segmenten die zijn samengevoegd; en
- een beschrijving van de economische indicatoren die het management heeft beoordeeld bij het vaststellen of sprake is van gelijke economische kenmerken. Voorbeelden hiervan zijn winstmargeverschillen en omzetgroeiverwachtingen.

Door deze aanvullende toelichtingseis wordt het inzicht in de factoren die ten grondslag liggen aan het samenvoegen van operationele segmenten verbeterd.

Disaggregatie van opbrengsten

Naast de gesegmenteerde informatie vraagt IFRS 15 om gedisaggregeerde informatie van de opbrengsten op te nemen. Deze informatie wordt gesplitst in categorieën die aangeven hoe de aard, grootte, tijdstip en onzekerheid van de opbrengsten en kasstromen bepaald worden door economische factoren (IFRS 15.114). In IFRS 15.B87-89 wordt een nadere uitleg gegeven voor het selecteren van deze categorieën. Daarnaast vraagt IFRS 15 om de relatie tussen deze gedisaggregeerde informatie van opbrengsten en de opbrengsten per segment duidelijk toe te lichten (IFRS 15.115).

Verschillen Dutch GAAP - IFRS

IFRS 8 eist meer informatie over segmenten dan RJ 350.3 op de volgende punten:
- de informatie als de vergelijkende cijfers niet kunnen worden aangepast aan de nieuwe organisatiestructuur, omdat dit praktisch gezien niet uitvoerbaar is. IFRS 8 vereist dan in tegenstelling tot RJ 350.3 om zowel informatie op basis van de oude als de nieuwe organisatiestructuur te geven. RJ 350.3 vraagt wel in alle gevallen waarbij een wijziging van de organisatiestructuur leidt tot een andere samenstelling van de te rapporteren segmenten, een toelichting van wat de wijziging inhoudt voor de segmentinformatie en of en op welke wijze de vergelijkende cijfers hierop zijn aangepast;
- IFRS 8 vraagt aanvullende informatie over de beoordeling die het management heeft uitgevoerd bij het toepassen van de aggregatiecriteria. Wel vragen de Richtlijnen, zoals IFRS, om toe te lichten de factoren die zijn gebruikt voor de bepaling van de te rapporteren segmenten zoals of operationele segmenten zijn geaggregeerd.
- IFRS 15 vraagt om disaggregatie van de opbrengsten en hoe dit zich verhoudt tot de gesegmenteerde informatie van de opbrengsten.

22.4 Vrijstellingen voor middelgrote rechtspersonen

Middelgrote rechtspersonen zijn volledig vrijgesteld van de wettelijke bepalingen voor segmentatie en de bijbehorende RJ 350.2 (RJ 350.204). Wel moet de mededeling omtrent het gemiddeld aantal gedurende het boekjaar bij de rechtspersoon werkzame werknemers worden gedaan, ingedeeld op een wijze die is afgestemd op de inrichting van het bedrijf (art. 2:382 en 2:410 lid 5 BW).

RJ 350.3 wordt ook aanbevolen voor middelgrote ondernemingen, die vrijwillig aanvullende gesegmenteerde informatie willen geven naast de wettelijk vereiste informatie (RJ 350.103).

23 Consolidatie

23.1 Inleiding	
Definitie geconsolideerde jaarrekening	Jaarrekening van een groep als één geheel.
23.2 Begripsbepaling	
Het begrip groep	Een groep is een economische eenheid waarin rechtspersonen en vennootschappen organisatorisch zijn verbonden.
	Verschillende elementen worden genoemd.
Beleidsbepalende invloed (Dutch GAAP)	Meestal door gebruik te maken van de mogelijkheid de meerderheid van de stemrechten uit te oefenen in de algemene vergadering.
	Onderscheid tussen beschermende rechten en materiële rechten.
Control (IFRS)	De definitie van control in IFRS 10 luidt als volgt: Een investeerder controleert een belegging wanneer de investeerder is blootgesteld aan of rechten heeft op de variabele opbrengsten uit de belegging en de mogelijkheid heeft om die opbrengsten te beïnvloeden als gevolg van de zeggenschap over de belegging.
23.3 Consolidatieplicht	
Onderscheid consolidatieplicht en consolidatiekring	Consolidatieplicht bepaalt welke maatschappij (behoudens vrijstellingen) verplicht is een geconsolideerde jaarrekening op te stellen.
	Consolidatiekring bepaalt welke entiteiten (behoudens vrijstellingen) in de geconsolideerde jaarrekening moeten worden opgenomen.
Consolidatieplicht groepshoofd	De rechtspersoon die aan het hoofd staat van een groep heeft een consolidatieplicht.
Consolidatieplicht tussenhoudstermaatschappij	Entiteit die geen groepshoofd is maar die in zijn groepsdeel dochtermaatschappijen heeft of andere rechtspersonen waarover de overheersende zeggenschap of centrale leiding kan worden uitgeoefend.
Consolidatieplicht participatiemaatschappij en beleggingsentiteiten	Indien sprake is van meerderheidsbelangen en daarover overheersende zeggenschap kan worden uitgeoefend is consolidatie in beginsel verplicht. Indien de participatiemaatschappij of beleggingsentiteit een concrete exitstrategie heeft vastgelegd, kan gebruik worden gemaakt van een vrijstelling tot consolidatie.
Consolidatieplicht personal holding	Consolidatieplicht indien sprake is van groepshoofd en groepsmaatschappijen. Algemene regels zijn van toepassing.
	Indicatoren (niet opgenomen in RJ-Richtlijnen) kunnen dienen als eerste toets bij beoordeling of sprake is van een groepshoofd.
Aanvang consolidatieplicht	Consolidatie vindt plaats vanaf het moment dat sprake is van een groepsmaatschappij (in het algemeen indien beleidsbepalende invloed/control kan worden uitgeoefend).

23.4 Vrijstelling van consolidatieplicht	
Vrijstelling vanwege omvang	Als aan bepaalde voorwaarden is voldaan (micro of klein in combinatie met niet-beursgenoteerd) kan een geconsolideerde jaarrekening achterwege worden gelaten.
Vrijstelling vanwege tussenhoudsterregime (art. 2:408 BW)	Indien sprake is van een tussenhoudstermaatschappij en aan bepaalde voorwaarden is voldaan (onder andere geconsolideerde jaarrekening van een groter geheel) dan kan consolidatie door tussenhoudster achterwege worden gelaten.
23.5 Consolidatiekring	
Welke maatschappijen moeten in beginsel in de consolidatie worden betrokken	De rechtspersoon zelf, zijn dochtermaatschappijen, andere groepsmaatschappijen die onder de rechtspersoon vallen en andere rechtspersonen waarover overheersende zeggenschap kan worden uitgeoefend of waarover centrale leiding wordt gevoerd.
23.6 Vrijstellingen inzake consolidatiekring	
Vrijstellingen	Van te verwaarlozen betekenis, gegevens moeilijk te verkrijgen (niet in IFRS), slechts aangehouden ter vervreemding (IFRS kent afwijkende voorschriften).
Belang dat bij acquisitie slechts gehouden wordt om te vervreemden	Maatschappij geschikt voor onmiddellijke vervreemding, verkoopbesluit en verkoopplan, uitvoering van besluit en plan is gestart, verkoopprijs is tegen reële waarde en geen verwachting dat plan fundamenteel zal wijzigen.
Vrijstelling voor participatiemaatschappijen en beleggingsentiteiten	Participatiemaatschappijen en beleggingsentiteiten hoeven meerderheidsbelangen niet te consolideren indien een exitstrategie bestaat.
23.7 Einde consolidatieplicht	
Eindigen consolidatieplicht	Verlies beslissende zeggenschap.
23.8 Consolidatiegrondslagen	
Integrale consolidatie	Integrale consolidatie is regel.
Aandeel van derden	Indien minder dan 100% belang, aandeel van derden afzonderlijk op te nemen.
Proportionele consolidatie (RJ)	Proportionele consolidatie is slechts toegestaan indien sprake is van een joint venture.
IFRS 11	IFRS 11 kent een onderscheid tussen joint ventures en joint operations.
	Proportionele consolidatie van joint ventures is niet toegestaan. Slechts de equity-methode is toegestaan. Voor joint operations is een proportionele verantwoording van toepassing.

23 Consolidatie

Grondslagen	In beginsel dienen de posten in de geconsolideerde jaarrekening op dezelfde grondslagen van waardering en resultaatbepaling te worden opgesteld als de enkelvoudige jaarrekening. De te consolideren entiteiten dienen allen dezelfde grondslagen te hebben.
Consolidatie van groepsmaatschappij met negatief eigen vermogen	Dutch GAAP: in beginsel komen de verliezen geheel ten laste van de meerderheidsaandeelhouder tenzij de minderheidsaandeelhouder verplicht en in staat is de verliezen voor zijn rekening te nemen.
	IFRS: verliezen van groepsmaatschappijen die toerekenbaar zijn aan het belang van derden worden ook als zodanig gepresenteerd, ook als het belang van derden niet aansprakelijk is om de verliezen voor zijn rekening te nemen; eventuele garantiestellingen van de moeder en van de non-controlling interest worden afzonderlijk verwerkt.
Eliminatie	Relaties en resultaten tussen groepsmaatschappijen moeten worden geëlimineerd.
23.9 Inhoud geconsolideerde jaarrekening	
Toepasselijke bepalingen	In beginsel geen verschil tussen enkelvoudige en geconsolideerde jaarrekening.
Balansdatum geconsolideerde jaarrekening	Is dezelfde als voor de enkelvoudige jaarrekening; voor te consolideren groepsmaatschappijen geldt dat de balansdatum onder omstandigheden mag afwijken van de consoliderende maatschappij. Deze afwijking mag niet meer dan drie maanden bedragen.
Verschillen eigen vermogen/resultaat enkelvoudig en geconsolideerd	Deze moeten in beginsel worden toegelicht.
Resultaat uit groepsmaatschappij	Verwerken als groepsresultaat voor zover na moment van verwerving behaald.
	Ten behoeve van het inzicht kan het doelmatig zijn om pro-forma-informatie (over bijvoorbeeld een heel boekjaar) te verstrekken.
Vermeldingen in toelichting	Een lijst met informatie over (groeps)maatschappijen moet worden opgenomen bij de geconsolideerde jaarrekening of door middel van afzonderlijke deponering van deze lijst bij het handelsregister. Tevens moeten de redenen van wel-/niet of volledig/proportioneel consolideren worden toegelicht.
IFRS 12	Uitgebreide bepalingen omtrent de inhoud van de toelichting opgenomen.

23.1 Inleiding

23.1.1 Definitie geconsolideerde jaarrekening

De geconsolideerde jaarrekening is de jaarrekening waarin de activa, passiva, baten en lasten van de rechtspersonen en vennootschappen die een groep of groepsdeel vormen en andere in de consolidatie meegenomen rechtspersonen en vennootschappen, als één geheel worden opgenomen (art. 2:405 lid 1 BW, IFRS 10 appendix A). De geconsolideerde jaarrekening moet overeenkomstig artikel 2:362 lid 1 BW inzicht geven in het geheel van de in de consolidatie opgenomen rechtspersonen en vennootschappen (art. 2:405 lid 2 BW, RJ 217.101). De geconsolideerde jaarrekening is geen onderdeel van de toelichting van de enkelvoudige jaarrekening: 'de jaarrekening' bestaat uit twee afzonderlijke, los van elkaar staande jaarrekeningen, de enkelvoudige en de geconsolideerde jaarrekening (art. 2:361 lid 1 BW, RJ 110.101 en RJ 217.101).

Een onderscheid moet worden gemaakt tussen de consolidatieplicht en de consolidatiekring. De consolidatieplicht gaat over de vraag welke rechtspersoon een geconsolideerde jaarrekening moet opstellen. De consolidatiekring bepaalt welke maatschappijen in de geconsolideerde jaarrekening moeten worden opgenomen.

23.1.2 Waarom consolidatie?

In de verslaggeving speelt de presentatie van geconsolideerde cijfers een zeer belangrijke rol. Dit volgt uit de eis van artikel 2:362 lid 1 BW: 'De jaarrekening geeft een zodanig inzicht dat een verantwoord oordeel kan worden gevormd omtrent het vermogen en het resultaat, alsmede voor zover de aard van een jaarrekening dat toelaat, omtrent de solvabiliteit en de liquiditeit van de rechtspersoon'. In een *enkelvoudige* jaarrekening komt dit beeld, zelfs bij toepassing van de netto-vermogenswaarde voor deelnemingen, niet op de door de wetgever bedoelde wijze tot stand. Immers, in een enkelvoudige jaarrekening is het inzicht in het vermogen (in de zin van de samenstelling in de te onderscheiden actief- en passiefposten) en inzicht in het resultaat (in de zin van de samenstelling van de te onderscheiden baten en lasten) slechts zeer beperkt aanwezig doordat alle cijfers die op de groepsmaatschappijen betrekking hebben in één post in de balans respectievelijk winst-en-verliesrekening zijn opgenomen. Een adequaat oordeel omtrent solvabiliteit en liquiditeit is eveneens zeer moeilijk te verkrijgen.

Inzicht in de solvabiliteit

Solvabiliteit wordt bepaald door de verhouding tussen het eigen vermogen en het vreemd vermogen. Door de toepassing van de waarderingsgrondslag netto-vermogenswaarde voor deelnemingen is het eigen vermogen van de vennootschappelijke jaarrekening in beginsel gelijk aan het eigen vermogen van de geconsolideerde jaarrekening. Echter, in de consolidatie wordt het vreemd vermogen van de groepsmaatschappijen toegevoegd aan het vreemd vermogen van de consoliderende maatschappij, met als uitkomst een hoger bedrag aan vreemd vermogen. In de meeste gevallen zal dan geconsolideerd sprake zijn van een 'slechtere' solvabiliteit (in de zin van een ongunstiger verhouding tussen eigen en vreemd vermogen).

Inzicht in de liquiditeit

In welke mate de liquiditeit in de enkelvoudige jaarrekening hoger of lager is dan die volgens de geconsolideerde jaarrekening is minder algemeen aan te geven, omdat dit sterk afhangt van de balansverhoudingen van de betreffende in de consolidatie op te nemen ondernemingen.

Onderlinge transacties tussen groepsmaatschappijen

Een andere verstoring in de enkelvoudige jaarrekening, bezien in relatie tot een geconsolideerde jaarrekening, is het verschijnsel van onderlinge leveringen tussen de afzonderlijke groepsmaatschappijen. Bijvoorbeeld: een producent van goederen verkoopt en levert haar producten aan derden via verkoopmaatschappijen (dochtermaatschappijen van de producent) in verschillende landen. De verkoop aan de verkoopmaatschappijen wordt (uiteraard) als omzet in de enkelvoudige jaarrekening van de producent verwerkt. Echter, vanuit groepsperspectief is de verkoop van de producent aan de verkoopmaatschappijen geen feitelijke verkoop. In de geconsolideerde jaarrekening vindt hiervoor een aanpassing plaats door alleen aan derden verkochte goederen als omzet te rapporteren (dat wil zeggen met eliminatie van de onderlinge leveringen; zie voor een uitgebreide bespreking van onderlinge transacties en de eliminatie van resultaten (zie par. 26.6).

23 Consolidatie

23.2 Begripsbepaling
23.2.1 Het begrip groep (Dutch GAAP)

Artikel 2:406 lid 1 BW vereist dat de rechtspersoon die aan het hoofd staat van zijn groep, een geconsolideerde jaarrekening opstelt (RJ 217.201). Het begrip 'groep', zoals gedefinieerd in artikel 2:24b BW, is dus van belang bij het bepalen of een rechtspersoon aan het hoofd staat van een groep en daarom consolidatieplichtig is (RJ 217.201). Het begrip 'groep' wordt omschreven als (art. 24b BW): 'Een groep is een economische eenheid waarin rechtspersonen en vennootschappen organisatorisch zijn verbonden.' In deze omschrijving zijn twee elementen van belang:
- economische eenheid;
- organisatorische verbondenheid.

Uit de wetsgeschiedenis kan verder worden afgeleid dat het begrip 'centrale leiding' van essentiële betekenis is.

In de Richtlijnen worden deze drie elementen nader geduid (RJ 217.201):
- *Organisatorische verbondenheid*
  Hieronder wordt verstaan juridisch-organisatorische verbondenheid. De verbondenheid kan tot stand worden gebracht door:
  - directe/indirecte kapitaaldeelneming, al dan niet versterkt met bijzondere contractuele en/of statutaire voorzieningen;
  - contractuele relaties, al dan niet gepaard gaande met statutaire voorzieningen.
- *Centrale leiding*
  De juridisch-organisatorische verbondenheid moet zodanig zijn dat de groep door een centrale leiding wordt bestuurd. In het normale geval betekent dit dat er een topmaatschappij moet zijn die ten opzichte van de overige (beleidsafhankelijke) groepsmaatschappijen een gemeenschappelijk beleid bepaalt, coördineert en controleert en die zo nodig dat beleid kan afdwingen.
- *Economische eenheid*
  De (bedrijfs)economische werkelijkheid binnen het organisatorische verband moet zodanig zijn dat een aantal ondernemingen als een economische eenheid onder gemeenschappelijke leiding optreedt.

Bij het beoordelen of er sprake is van een groep is het van belang om vast te stellen welke maatschappij in wezen de andere maatschappij beheerst (RJ 217.202). Indien een maatschappij de andere beheerst zal er veelal een verband bestaan tussen deze drie criteria. Een economische eenheid veronderstelt immers organisatorische verbondenheid en/of centrale leiding, deze samenhang is samengevat in het begrip beleidsbepalende invloed. Voor een nadere uitwerking van het begrip beleidsbepalende invloed verwijzen wij naar paragraaf 23.2.2.

Bij zorgvuldige toepassing van de criteria kan een groepsmaatschappij maar tot één groep behoren (uiteraard beoordeeld op basis van de Nederlandse wet- en regelgeving; ingeval de andere maatschappij onder een andere wet- en regelgeving rapporteert kan sprake zijn van andere voorschriften die dan hetzij in beide gevallen hetzij in geen van beide gevallen tot een groepsrelatie kan leiden).

Een verdere invulling van de hierboven genoemde drie elementen zijn ontleend aan IAS 27 (voorloper van IFRS 10) en deze criteria kunnen eveneens onder de Nederlandse regelgeving worden gehanteerd:
- *Organisatorische verbondenheid*
  - Er is sprake van een meerderheidsbelang waarbij de stemrechtverhoudingen parallel lopen aan het kapitaalbelang.

- Er is sprake van een minderheidsbelang doch via statuten of een overeenkomst met (een) andere aandeelhouder(s) kan toch de meerderheid van de stemrechten worden uitgeoefend.
- Ongeacht of sprake is van een meerderheids- dan wel minderheidsbelang: komt het aanstellings- en ontslagrecht van meer dan de helft van de directieleden of toezichthoudend orgaan toe aan de stemgerechtigde aandelen, of komen deze statutair of bij overeenkomst toe aan andere betrokkenen. In deze situatie dient ook gedacht te worden aan certificering van aandelen en aan wie de zeggenschap over de aandelen feitelijk toekomt (bijvoorbeeld: treedt het bestuur van het administratiekantoor op als 'stroman' voor de certificaathouders dan ligt de feitelijke zeggenschap alsnog bij de certificaathouders).
- Aan de aandeelhoudende vennootschap of privépersoon wordt een financiering verstrekt met het doel de betreffende aandelen te verwerven; bij de beoordeling omtrent de organisatorische verbondenheid spelen mee de mate waarin de aandeelhouder eigen risico draagt dan wel geheel of gedeeltelijk wordt gevrijwaard door de geldverstrekker, bepalingen aangaande aflossing (in termijnen of pas bij verkoop aandelen), al dan niet zakelijke rentecondities, verkregen zekerheden etc.
- In de situatie dat geen sprake is van een kapitaalbelang, is door contractuele relaties sprake van een situatie die vergelijkbaar is met de stemrechten van aandelen (bijvoorbeeld een 'zuster'-relatie (RJ 217.206), of, afhankelijk van de omstandigheden, een special purpose entiteit; in deze situatie is de organisatorische band niet gelijklopend met de juridische structuur). Opgemerkt wordt nog dat de contractuele relatie méér dient te omvatten dan alleen een managementcontract tot het uitvoeren van de operationele activiteiten; ook de economische voordelen (zoals de winst) dienen toe te komen aan de entiteit aan wie bij overeenkomst de zeggenschap toekomt.
- Er is sprake van een gehele of gedeeltelijke personele unie van personen die als directie bij afzonderlijke entiteiten optreden.
- Er is sprake van zeggenschapsrechten via een overeenkomst van vennootschap (Vof of CV); afhankelijk van het feit of er één dan wel meerdere aansprakelijk vennoten zijn en afhankelijk van de inhoud van de zeggenschap van de vennoten, kan sprake zijn van een groepsrelatie (zie ook par. 10.1.1 alsmede par. 23.3).
- De volgende bijzondere situaties worden eveneens meegenomen in de beoordeling:
  - verpanding van aandelen als zekerheidsstelling en de mate waarin de kredietverlener de stemrechten ten eigen bate kan uitoefenen;
  - eigen aandelen gehouden via een dochtermaatschappij;
  - wettelijke beperkingen aan het absolute stemrecht in andere landen.
- *Centrale leiding*
  - gecentraliseerde of gecoördineerde systemen, zoals budgetteringssystemen, rapportagesystemen, geüniformeerde voorschriften;
  - gecoördineerd beleid tot productie en verkoop, marktbenadering; bijvoorbeeld, transacties met derden worden vooral uit de perceptie van het belang van het 'collectief' gedaan in plaats van het belang van de betreffende juridische entiteit;
  - de overlegstructuren vanuit de centrale afdelingen met de afzonderlijke subgroepen, divisies of individuele entiteiten.
- *Economische eenheid*
  - het (in meerderheid) voor gemeenschappelijke rekening zijn van alle voor- en nadelen die verbonden zijn aan de gezamenlijke activiteiten (naar analogie van de definitie van het begrip 'deelneming' waarin de elementen 'voor eigen rekening' en 'ten dienste van de eigen werkzaamheid' een rol spelen);
  - de mate waarin gezamenlijk naar derden wordt opgetreden (bijv. gemeenschappelijke naam, logo of andere kenmerken); overigens dient deze aanwijzing niet als een te vervullen eis te worden gezien doch als een aanwijzing dat een groepsrelatie kan bestaan;

- de mate en de wijze waarin aan de financieringsbehoefte van de afzonderlijke entiteiten tegemoet wordt gekomen, met al dan niet onderlinge leningen, aansprakelijkheidsstellingen, garanties, borgstellingen en dergelijke;
- de mate waarin de onderlinge transacties al dan niet op zakelijke voorwaarden ('at arm's length') plaatsvinden.

Voor de vaststelling of sprake is van een groepsrelatie dient het geheel van feitelijke omstandigheden en contractuele relaties in aanmerking te worden genomen (RJ 217.203).

Potentiële stemrechten

Financiële instrumenten die potentiële stemrechten bevatten en zodanig kunnen worden uitgeoefend dat ze daardoor de rechtspersoon meer of minder invloed verschaffen in een andere maatschappij, dienen mede in aanmerking te worden genomen voor de vaststelling of sprake is van een groepsrelatie (RJ 217.203). Voorbeelden van financiële instrumenten met potentiële stemrechten zijn opties op aandelen en converteerbare instrumenten. Om te bepalen of hiervan sprake is, wordt met alle feiten en omstandigheden rekening gehouden. Deze feiten en omstandigheden omvatten, maar zijn niet beperkt tot de volgende:
- (economische of andere) belemmeringen die de houder (of houders) van de potentiële stemrechten ervan weerhouden ze uit te oefenen;
- de mogelijkheid voor de rechtenhoudende partij (of partijen) voordeel te halen uit de uitoefening van de rechten.

> **Voorbeeld groepsmaatschappij en potentiële stemrechten**
> Stel, onderneming A heeft 40% van de stemrechten in C en een andere partij B heeft 60%, maar A heeft de mogelijkheid op elk moment 20% van de stemrechten in C te kopen van B tegen een redelijke prijs (calloptie). Het feit dat A de mogelijkheid heeft op elk moment de meerderheid van de stemrechten te verkrijgen betekent feitelijk dat A beleidsbepalende invloed uitoefent. Immers, zodra B beslissingen zou nemen die door A niet gewenst zijn, kan A door uitoefening van de calloptie alsnog zijn beslissing doordrukken. Dit betekent tevens dat B, hoewel deze de meerderheid van de aandelen bezit, geen beslissende zeggenschap in C heeft.

23.2.2 Beleidsbepalende invloed (Dutch GAAP)

Beleidsbepalende invloed wordt in de meeste gevallen uitgeoefend door gebruik te maken van de mogelijkheid de meerderheid van de stemrechten in de algemene vergadering (AV) uit te oefenen, of de mogelijkheid de meerderheid van de bestuurders te benoemen of te ontslaan. Maar zelfs indien de meerderheid van de stemrechten in de AV kan worden uitgeoefend, is er soms toch geen sprake van feitelijk beleidsbepalende invloed omdat (RJ 217.202):
- op grond van statuten, een overeenkomst of een regeling de financiële en operationele activiteiten worden beheerst door derden; of
- het recht de meerderheid van de bestuurders te benoemen of te ontslaan toekomt aan derden of (bij een structuurvennootschap) aan de raad van commissarissen die onafhankelijk is van de aandeelhouder.

Deze derde heeft in die gevallen minder dan de helft van de stemrechten en bezit op grond van overeenkomst of statuten toch beleidsbepalende invloed.

Naast stemrechten worden andere rechten meegewogen in de beoordeling of sprake is van beleidsbepalende invloed (RJ 217.202a). In RJ 217.202a is de eis opgenomen dat de houder moet beoordelen of de rechten die hij zelf heeft of die anderen hebben materiële rechten (substantive rights) of beschermende rechten (protective rights) zijn. Een recht is materieel indien de houder van het recht de praktische mogelijkheid heeft het recht uit te oefenen. Bij de beoordeling of de rechten materieel zijn wordt gekeken of er barrières zijn (economisch of anderszins) die de uitoefening van de rechten belemmeren.

Beschermingsrechten zijn rechten die bedoeld zijn om het belang van de houder van deze rechten te beschermen zonder deze partij feitelijk beleidsbepalende invloed te geven over de maatschappij waarop de rechten betrekking hebben. Een voorbeeld hiervan is het recht van de rechtspersoon door middel van een belang zonder overheersende zeggenschap in een maatschappij om in te stemmen met bepaalde beslissingen, zoals:
- grote investeringsuitgaven die in het kader van de normale bedrijfsvoering niet zijn vereist;
- uitgifte van eigen-vermogens- of schuldinstrumenten;
- bestuurdersbeloningen;
- voorwaarden van een transactie met een andere aandeelhouder.

De houder van beschermingsrechten kan andere beleggers er niet van weerhouden feitelijk beleidsbepalende invloed uit te oefenen over de belegging.

Voorbeeld van een feitelijke situatie die doorslaggevend is

Alle aandelen van vennootschap A worden gehouden door een natuurlijk persoon P, die tevens een van de statutaire directieleden van A is. In eerste instantie lijkt P daardoor als 'directeur-grootaandeelhouder' de 'control' over A uit te oefenen, onder meer blijkende uit diens stemgedrag in de algemene vergadering van aandeelhouders.
Natuurlijk persoon P houdt de aandelen niet voor eigen rekening en risico doch voor Groep X. P is door X gevrijwaard voor alle risico's en claims, alsmede de last verbonden aan het houden van de aandelen (rentelasten, bewaarkosten en dergelijke); alle baten verbonden aan de aandelen A zijn geheel voor rekening van X.
Géén van deze afspraken is schriftelijk vastgelegd doch uitsluitend mondeling overeengekomen. De instructies van X aan P geschieden grotendeels mondeling. Vennootschap A rapporteert schriftelijk aan P (begrotingen, tussentijdse cijfers en dergelijke); P verstrekt de informatie aan X.
Op basis van het feitelijk handelen treedt P op als een 'stroman' van X. Aannemende dat er geen andere voor de beoordeling van de groepsrelatie relevante factoren van toepassing zijn, zal A een groepsmaatschappij van X zijn.

23.2.3 Control (IFRS)

IFRS kent geen letterlijke equivalent van het begrip 'groepsmaatschappij'. Inhoudelijk zeer verwant is het begrip 'subsidiary', doch laatstgenoemd begrip heeft ook veel overeenkomsten met het begrip 'dochtermaatschappij'. IFRS 10.19 verplicht een **parent** een geconsolideerde jaarrekening op te stellen. Een parent wordt in IFRS 10.5 en IFRS 10.B2 gedefinieerd als een onderneming die één of meer subsidiaries heeft, en een subsidiary wordt gedefinieerd als een onderneming die wordt beheerst (controlled) door een andere onderneming (een parent).
Een investeerder moet, ongeacht de aard van zijn betrokkenheid bij een deelneming, bepalen of hij een moedermaatschappij is door te beoordelen of hij zeggenschap over deze deelneming uitoefent. Onder IFRS 10 is van zeggenschap sprake als een investeerder:
1. macht heeft over de relevante activiteiten van de deelneming ('power'); en
2. is blootgesteld aan of gerechtigd tot variabele opbrengsten uit hoofde van zijn betrokkenheid bij de deelneming ('variable returns'); en
3. over de mogelijkheid beschikt zijn macht over de deelneming te gebruiken om de omvang van de opbrengsten van de investeerder te beïnvloeden (link tussen 1 en 2).

Hierbij dienen verder nog het doel en de structuur van de deelneming en/of de voor een bijzonder doel opgerichte entiteit in ogenschouw te worden genomen.

Een investeerder moet alle feiten en omstandigheden in aanmerking nemen bij de beoordeling of hij zeggenschap uitoefent over een deelneming. Deze beoordeling moet steeds opnieuw plaatsvinden als uit feiten en omstandigheden blijkt dat er zich veranderingen hebben voorgedaan in één of meer van de drie elementen van zeggenschap.

Potentiële stemrechten

IFRS 10 bevat nadere verduidelijkingen met betrekking tot potentiële stemrechten die tevens relevant zijn voor toepassing onder de Richtlijnen (IFRS 10.B22-25).
IFRS 10 bepaalt dat moet worden ingeschat of de potentiële stemrechten materieel zijn.
Bij de beoordeling of potentiële stemrechten materieel zijn worden onder andere de volgende factoren betrokken:
- De uitoefenprijs (of conversieprijs):
    - als de uitoefenprijs lager is dan de marktprijs – de optie is dan 'in the money' – wordt in zijn algemeenheid verondersteld dat de optie materieel is, omdat de houder van de optie dan geacht wordt financiering te kunnen verkrijgen om de optie uit te oefenen;
    - als de uitoefenprijs enigszins hoger is dan de marktprijs, maar niet veel hoger – de optie is dan 'out of the money', maar niet 'deeply out of the money' - zou de mogelijkheid om financiering te krijgen een barrière kunnen zijn. De voordelen van het uitoefenen van de optie (bijvoorbeeld synergiën) worden dan ook in de beoordeling betrokken. Als wordt ingeschat dat de voordelen van het uitoefenen van de optie de kosten van het uitoefenen van de optie overstijgen, is sprake van een materiële optie. Hiervan kan sprake zijn als de deelneming van strategisch belang is voor de investeerder;
    - als de uitoefenprijs fors hoger is dan de marktprijs – de optie is dan 'deeply out of the money' – wordt in zijn algemeenheid verondersteld dat de optie niet materieel is. De uitoefenprijs wordt dan geacht een barrière te zijn;
    - bij de beoordeling van de uitoefenprijs ten opzichte van de marktprijs wordt een inschatting gemaakt van het verloop van de marktprijs en/of de uitoefenprijs over de uitoefenperiode. Een uitoefenprijs die nu fors hoger is dan de marktprijs, zou op een later tijdstip lager dan de marktprijs kunnen zijn.
- De financiële positie van de houder van de potentiële stemrechten en/of de mogelijkheid om financiering te krijgen: deze worden beoordeeld om in te schatten of sprake is van een economische barrière.
- Het tijdstip van uitoefening en uitoefenperiode: de rechten moeten uitoefenbaar zijn op het moment dat de investeerder de relevante activiteiten wil sturen.

Verder worden het doel van de potentiële stemrechten, de structuur waarin de potentiële stemrechten zijn gegoten, de verwachtingen en motieven van de houder van de potentiële stemrechten bij het ontstaan van de potentiële stemrechten en andere relaties van de houder van de potentiële stemrechten met de deelneming in de beoordeling betrokken. De intentie van de houder met betrekking tot het wel of niet uitoefenen van de stemrechten mag niet worden meegewogen omdat geen sprake is van een feit/omstandigheid.

Voorbeeld tijdstip van uitoefening en lengte van de uitoefenperiode

Een deelneming heeft een jaarlijkse aandeelhoudersvergadering waarop relevante beslissingen worden genomen. Een investeerder houdt een optie die recht geeft om de meerderheid van de stemrechten te verkrijgen. Deze optie is op dit moment niet uitoefenbaar. De optie kan wel worden uitgeoefend voordat de volgende aandeelhoudersvergadering plaatsvindt. Als er verder geen barrières zijn of worden verwacht, dan moet worden geconcludeerd dat sprake is van een materieel recht. De investeerder heeft dan macht om op het moment dat het nodig is, de jaarlijkse aandeelhoudersvergadering, de relevante activiteiten van de deelneming te sturen.

23.2.3.1 Relevante activiteiten en materiële rechten

Een investeerder heeft macht over een deelneming wanneer hij bestaande rechten heeft die hem de mogelijkheid bieden de relevante activiteiten, dat wil zeggen de activiteiten die de opbrengsten van de deelneming significant beïnvloeden, te sturen (IFRS 10.10).

Macht komt voort uit rechten. Soms is het makkelijk vast te stellen of er sprake is van macht, bijvoorbeeld wanneer macht over een deelneming direct en uitsluitend verkregen wordt via de stemrechten op aandelen. Macht kan dan worden beoordeeld op grond van de stemrechten die uit die aandelen voortvloeien. In andere gevallen is de beoordeling gecompliceerder en moet met meer dan één factor rekening worden gehouden; bijvoorbeeld in situaties van 'de facto'-zeggenschap (zie hierna), of bijvoorbeeld met potentiële stemrechten (zie hiervoor), of bijvoorbeeld wanneer macht uit één of meer contractuele overeenkomsten voortvloeit. IFRS 10 geeft aan dat in situaties waarin het onduidelijk is of de investeerder macht heeft, de investeerder geacht wordt geen zeggenschap te hebben over de deelneming.

Relevante activiteiten

Voor veel deelnemingen zijn de operationele en financiële activiteiten de relevante activiteiten die de variabele opbrengsten significant beïnvloeden (IFRS 10.B11). Als een investeerder rechtstreeks in deze activiteiten zou kunnen ingrijpen, dan zouden dit de relevante activiteiten kunnen zijn. Het is mogelijk dat een entiteit meerdere relevante activiteiten heeft. De investeerder moet dan bepalen welke activiteit de variabele opbrengsten het meest beïnvloedt en of hij deze activiteit kan sturen.

Voorbeelden van relevante activiteiten (IFRS 10.B11 en 12)
- Bepalen, veranderen of goedkeuren van de operationele en financiële activiteiten (zoals bijvoorbeeld de aankoop en verkoop van goederen, het doen van onderzoek naar en het ontwikkelen van nieuwe producten en/of diensten, het verkrijgen van financiering).
- Nemen of goedkeuren van investeringsbeslissingen.
- Bepalen, veranderen of goedkeuren van het operationele beleid en het financiële beleid.
- Benoemen, belonen, en ontslaan van sleutelfunctionarissen.

Een investeerder die de mogelijkheid heeft de relevante activiteiten significant te beïnvloeden, heeft zelfs macht als hij zijn rechten om te beïnvloeden nog moet laten gelden (IFRS 10.12). Aan de andere kant is het zo dat bewijs dat de investeerder relevante activiteiten heeft beïnvloed, kan helpen bij het bepalen of de investeerder macht heeft, maar dit bewijs is op zichzelf niet beslissend. Een investeerder kan macht over een deelneming hebben, ook al hebben andere investeerders bestaande rechten waarmee zij de mogelijkheid hebben in de sturing van de relevante activiteiten te participeren, bijvoorbeeld wanneer een andere investeerder invloed van betekenis heeft. Een investeerder die uitsluitend beschermingsrechten ('protective rights') heeft, heeft echter geen macht over een belang en heeft bijgevolg geen zeggenschap over het belang.

23.2.3.2 Variabele opbrengsten

Een investeerder wordt blootgesteld aan of is gerechtigd tot variabele opbrengsten uit hoofde van zijn betrokkenheid bij de deelneming wanneer de opbrengsten uit de prestaties van de deelneming uit hoofde van zijn betrokkenheid kunnen variëren (IFRS 10.15). De opbrengsten zijn in IFRS 10 vertaald als 'returns'. Deze opbrengsten van investeerders kunnen positief, negatief of beide zijn. Hoewel slechts één investeerder zeggenschap kan hebben, kunnen meerdere partijen delen in de opbrengsten (IFRS 10.16).

Voorbeelden van opbrengsten
- dividenden, uitkeringen van economische voordelen, positieve en negatieve waardeveranderingen;
- beloning, fees, restwaarden, belastingvoordelen en -nadelen;
- synergiën, kostenvoordelen en -nadelen, schaalvoordelen.

23.2.3.3 Link tussen macht en variabele opbrengsten

Een investeerder heeft zeggenschap over een deelneming als de investeerder niet alleen macht over de deelneming heeft en is blootgesteld aan of gerechtigd is tot variabele opbrengsten uit hoofde van zijn betrokkenheid bij de deelneming, maar ook over de mogelijkheid beschikt zijn macht te gebruiken om de opbrengsten uit hoofde van zijn betrokkenheid bij de deelneming te beïnvloeden (IFRS 10.17). Deze link tussen macht en variabele opbrengsten is belangrijk.

Gedelegeerde rechten

De link tussen macht en variabele opbrengsten wordt in IFRS 10 voornamelijk behandeld aan de hand van het concept van gedelegeerde rechten ('delegated rights'). Dit ziet op situaties waarin rechten zijn gedelegeerd aan iemand die vervolgens het beleid in de deelneming bepaald (principaal) of de situatie waarin rechten ten behoeve van anderen worden gehouden (agent). Een principaal beoordeelt of hij macht uitoefent over de deelneming, zoals hieronder en in de voorgaande paragrafen is beschreven, waarbij het doel en de opzet van de structuur van de gedelegeerde rechten van belang is (IFRS 10.18 en IFRS 10.B58-B72).

De beoordeling of een investeerder een principaal of een agent is, is vooral van belang in een aantal branches waaronder asset management, banken, private equity, verzekeringsmaatschappijen, bouw, en onroerend goed waar entiteiten vaak macht delegeren bij het uitvoeren van hun activiteiten.

23.2.3.4 'De facto' control

De definitie van 'control' onder IFRS kan ook in gevallen waarin sprake is van een minderheidsaandeel tot consolidatie leiden omdat ook een minderheidsaandeelhouder in de situatie waarin de overige aandelen verdeeld zijn over een groot aantal verschillende aandeelhouders tot consolidatie zal moeten overgaan als ook aan andere voorwaarden is voldaan. Dit wordt 'de facto control' genoemd: de (mogelijke) beleidsbepalende invloed bestaat niet op grond van contractuele rechten, maar is aanwezig op basis van een feitelijke situatie (IFRS 10.B42). Dit doet zich bijvoorbeeld voor in het geval van een 45%-aandeelhouder, waarbij de resterende 55% van de aandelen verdeeld is over veel verschillende aandeelhouders. Dit kan en zal er in veel gevallen toe leiden dat de 45%-aandeelhouder feitelijk dominant is in de algemene vergadering van aandeelhouders en daarmee de facto het beleid bepaalt. In de Nederlandse wet- en regelgeving wordt 'de facto control' niet expliciet aan de orde gesteld. Een verspreid aandelenbezit bij niet-beursfondsen zal niet snel aan de orde komen. In voorkomende gevallen zal ook onder Nederlandse regelgeving bij de beoordeling of sprake is van feitelijke beleidsbepalende invloed rekening moeten worden gehouden met alle feitelijke omstandigheden en dus zou een feitelijke dominantie van een minderheidsaandeelhouder kunnen leiden tot 'de facto control' en dus tot een consolidatieplicht voor de minderheidsaandeelhouder.

Verschillen Dutch GAAP - IFRS

IFRS kent een afwijkende definitie van control dan de Nederlandse wet- en regelgeving, waardoor in geval van 'de facto control' consolidatieplicht ontstaat. In de Nederlandse wet- en regelgeving wordt de facto control niet specifiek aan de orde gesteld, maar kan er als sprake is van overheersende zeggenschap in specifieke omstandigheden ook geconcludeerd worden dat er een consolidatieplicht is voor een aandeelhouder die niet meer dan de helft van de stemrechten heeft.

> **Voorbeelden van 'de facto' zeggenschap**
>
> Investeerder A heeft 48% van de stemrechten in de algemene vergadering van deelneming B. De andere 52% van de stemrechten is verspreid over een groot aantal investeerders waarbij er geen aandeelhouder is die een groter belang heeft dan 1%.
> A wordt geacht zeggenschap te hebben over B omdat A, zowel absoluut als relatief ten opzichte van de andere investeerders, over een dominant stemrechtpercentage beschikt. Een (onwaarschijnlijk) groot aantal investeerders zou zich moeten verenigen om tegen A te stemmen. Bovendien zou een (onwaarschijnlijk) hoog percentage - meer dan 96% - investeerders op de algemene vergadering aanwezig moeten zijn om te voorkomen dat A zeggenschap heeft.
>
> Investeerder C heeft 45% van de stemrechten in deelneming D. De andere 55% van de stemrechten in D worden gehouden door twee investeerders die elk 26% van de stemrechten houden en drie investeerders die elk 1% van de stemrechten houden.
> C wordt niet geacht zeggenschap te hebben over D omdat de twee andere grote investeerders relatief eenvoudig zouden kunnen samenwerken. Op basis van het relatieve belang van de twee andere grote investeerders (52% van de stemrechten) ten opzichte van het belang van C (45% van de stemrechten) moet worden geconcludeerd dat C geen zeggenschap over D heeft.
>
> Investeerder E heeft 35% van de stemrechten in deelneming F. Drie andere investeerders houden elk 5% van de stemrechten in F. De overige 50% van de stemrechten zijn verdeeld over een groot aantal investeerders waarbij er geen aandeelhouder is die een groter belang heeft dan 1%. Op recente aandeelhoudersvergaderingen van F was 75% van de stemrechten (inclusief E) aanwezig.
>
> Op basis van de opkomst tijdens de recente algemene vergaderingen en het relatieve belang van de andere investeerders (40% van de stemrechten) ten opzichte van het belang van E (35% van de stemrechten) moet worden geconcludeerd dat E geen zeggenschap heeft over F, zelfs als uit het verleden blijkt dat E de relevante activiteiten van F heeft gestuurd en/of als uit het stemgedrag op de algemene vergaderingen blijkt dat de andere investeerders op dezelfde wijze hebben gestemd als E.

23.2.3.5 Control over een deel van een deelneming ('silo')

IFRS 10 erkent de mogelijkheid dat control wordt uitgeoefend over een onderdeel van een juridische entiteit (IFRS 10.B76 e.v.). Als sprake is van een juridische entiteit waarbinnen specifieke activa en passiva zijn afgescheiden van de rest van de juridische entiteit (een 'silo'), dan wordt de control over die specifieke activa en passiva afzonderlijk beoordeeld. Dit leidt vervolgens tot consolidatie (of later deconsolidatie) van die specifieke activa en passiva en niet tot consolidatie van de gehele juridische entiteit.

Verschillen Dutch GAAP - IFRS

IFRS kent een afwijkende definitie van control dan de Nederlandse wet- en regelgeving, waardoor in het geval van een 'silo' consolidatieplicht ontstaat. Onder de Nederlandse wet- en regelgeving zijn er geen specifieke regels, maar er zou in specifieke omstandigheden ook geconcludeerd kunnen worden dat er een consolidatieplicht is over een deel van een juridische entiteit.

23.3 Consolidatieplicht

In deze paragraaf wordt de consolidatieplicht besproken. Consolidatieplicht bepaalt welke maatschappij (behoudens vrijstellingen, zie par. 23.4 en par. 23.6) verplicht is een geconsolideerde jaarrekening op te stellen. De beoordeling of een onderneming verplicht is tot consolidatie of dat sprake is van een vrijstelling dient beoordeeld te worden naar nationaal recht. Voor een Nederlandse rechtspersoon betekent dit dat voor de vraag of een geconsolideerde jaarrekening moet worden opgesteld en de vraag of er een vrijstelling is van consolidatieplicht in eerste instantie de Nederlandse wet- en regelgeving moet worden beoordeeld. De vrijstellingen onder IFRS, zoals opgenomen in IFRS 10.4, zijn voor een Nederlandse rechtspersoon in beginsel niet direct relevant maar worden in dit hoofdstuk vanwege de volledigheid en de informatieverschaffing toch kort besproken.

Dit ter onderscheid van de *consolidatiekring* die bepaalt welke entiteiten (behoudens vrijstellingen) in de consolidatie moeten worden opgenomen, zie paragraaf 23.5.

23.3.1 Consolidatieplicht groepshoofd

Artikel 2:406 lid 1 BW vereist dat de rechtspersoon die aan het hoofd staat van zijn groep, een geconsolideerde jaarrekening opstelt (RJ 217.201). Indien een entiteit beleidsbepalende invloed kan uitoefenen op een andere entiteit, is dit bijna altijd een aanwijzing dat de entiteit aan het hoofd van een groep staat. Een uitzondering hierop kan zijn een personal holding (zie verder par. 23.3.4).

Zustermaatschappijen

In een groep is er sprake van zustermaatschappijen indien de maatschappijen naast elkaar staan en er sprake is van een bovenliggende moedermaatschappij. Zustermaatschappijen hebben meestal geen onderlinge aandelenverhoudingen. In bijzondere gevallen kan echter ook tussen zustermaatschappijen de situatie bestaan dat de ene zuster de mogelijkheid heeft overheersende zeggenschap uit te oefenen in de andere zuster. In dat geval heeft de ene zustermaatschappij een consolidatieplicht ten opzichte van de andere (RJ 217.206). Dit geldt ook voor de situatie waarbij twee zustermaatschappijen dezelfde privéaandeelhouder hebben en de ene zustermaatschappij feitelijk beleidsbepalende invloed uitoefent in de andere beleidsafhankelijke zustermaatschappij (RJ 217.211). Echter, als de privéaandeelhouder zelf het beleid bepaalt in beide zustermaatschappijen en er daarom geen zustermaatschappij is aan te wijzen die beleidsbepalend is in de andere zustermaatschappij, wordt dientengevolge niet door een van deze zustermaatschappijen 'horizontaal' geconsolideerd (RJ 217.211).

23.3.2 Consolidatieplicht tussenhoudstermaatschappij

Een rechtspersoon die niet aan het hoofd staat van de groep, maar die in zijn groepsdeel een of meer dochtermaatschappijen heeft of andere rechtspersonen waarop hij overheersende zeggenschap kan uitoefenen of waarover hij de centrale leiding heeft (een tussenholding of tussenhoudstermaatschappij), moet ook een geconsolideerde jaarrekening opstellen (art. 2:406 lid 2 BW, RJ 217.212). IFRS kent niet een uitdrukkelijke op een tussenhoudstermaatschappij gerichte bepaling, waarin de consolidatieplicht van een dergelijke maatschappij afzonderlijk is geregeld. Volgens IFRS is derhalve ook op een tussenhoudstermaatschappij gewoon de regel van toepassing dat consolidatieplicht bestaat wanneer beslissende zeggenschap kan worden uitgeoefend (IFRS 10.4).

RJ 217.212 stelt dat een rechtspersoon die niet aan het hoofd staat van de groep maar een dochtermaatschappij heeft normaliter consolidatieplichtig is, ook in het geval dat hij geen feitelijk beleidsbepalende invloed in zijn groepsdeel uitoefent (bijvoorbeeld een fiscale tussenholding). Immers, de tussenhoudstermaatschappij die een dochtermaatschappij heeft, die niet kwalificeert als groepsmaatschappij, heeft normaliter altijd de overheersende zeggenschap in deze dochtermaatschappij vanwege het aandelenbelang en de stemrechten (als geen sprake is van overheersende zeggenschap zal normaliter ook geen sprake zijn van een dochtermaatschappij). Ook een rechtspersoon die niet aan het hoofd van de groep staat, geen dochtermaatschappij heeft, maar wel overheersende zeggenschap kan uitoefenen of centrale leiding heeft over een andere maatschappij (bijvoorbeeld een 'special purpose entity' (SPE), is op grond van artikel 2:406 lid 2 BW consolidatieplichtig.

23.3.3 Consolidatieplicht participatiemaatschappij en beleggingsentiteiten

Een participatiemaatschappij is een rechtspersoon of vennootschap waarvan de werkzaamheid is beperkt tot uitsluitend of nagenoeg uitsluitend het deelnemen in andere rechtspersonen of vennootschappen zonder zich in te laten met de bedrijfsvoering daarvan, tenzij door het uitoefenen van aandeelhoudersrechten (RJ 217.0). Participatiemaatschappijen hebben soms ook meerderheidsbelangen in hun participaties. Veelal kwalificeren deze participaties niet als groepsmaatschappij. Als de situatie evenwel zo is, dat een participatiemaatschappij als aandeelhouder de meerderheid van de stemrechten heeft in de algemene vergadering van aandeelhouders van de participatie en zij daarmee overheersende zeggenschap kan uitoefenen in de participatie, behoort de participatie te worden geconsolideerd (RJ 217.210). De participatiemaatschappij zal misschien niet feitelijk het beleid uitoefenen in de participatie, maar zij zal wel ingrijpen in het beleid van de participatie indien zij dit nodig acht. De RJ stelt echter dat een vrijstelling van consolidatie mogelijk is voor participaties waarvan het voornemen bestaat ze te vervreemden. Hetzelfde geldt voor beleggingsentiteiten volgens RJ 217.308 (zie voor een uitwerking par. 23.6.4).

23.3.4 Consolidatieplicht personal holding

Onder een personal holding wordt verstaan een rechtspersoon, waarvan de aandelen volledig en direct in handen zijn van een natuurlijk persoon (en eventueel andere natuurlijke personen die met deze natuurlijke persoon nauw in (familie)relatie staan), die de privébelangen van deze natuurlijke persoon waarborgt en structureert (RJ 217.0).

Een dergelijke personal holding die de meerderheid van de aandelen in een andere vennootschap bezit heeft vaak op grond van dit aandeelhouderschap de meerderheid van de stemrechten in de algemene vergadering van aandeelhouders van deze vennootschap en de meerderheid van de economische voordelen van deze vennootschap (RJ 217.209). Dat betekent echter nog niet noodzakelijkerwijs dat de personal holding dan aan het hoofd van de groep staat. Ook op personal holdings is de regel van toepassing, dat zij consolidatieplichtig zijn indien zij aangemerkt moeten worden als groepshoofd. Een eventuele uitzondering van consolidatie kan overigens alleen van toepassing zijn binnen de RJ. Op grond van IFRS zal ook een personal holding altijd moeten consolideren als overheersende zeggenschap kan worden uitgeoefend.

> **Voorbeeld positiebepaling personal holding (ontleend aan RJ 217.209)**
> BV A houdt als personal holding alle aandelen in Holding BV B welke vennootschap alle aandelen houdt in de werkmaatschappijen BV C, BV D en BV E. Beoordeeld moet worden of BV A aan het hoofd van de groep staat. Dat is het geval als er tussen BV A en BV B, BV C, BV D en BV E sprake is van een groepsrelatie, waarbij BV A het feitelijke beleidsbepalende groepshoofd is en BV B, BV C, BV D en BV E de beleidsafhankelijke rechtspersoon. Als er tussen BV A en BV B, BV C, BV D en BV E geen sprake is van een groepsrelatie zal BV B normaliter het groepshoofd zijn en zijn BV C, BV D en BV E groepsmaatschappijen van BV B.

In de jaareditie 2006 van de Richtlijnen was een aantal indicatoren opgenomen aan de hand waarvan kon worden getoetst of sprake was van een personal holding. Deze indicatoren zijn in de jaareditie 2007 van de Richtlijnen geschrapt. Zij zijn hieronder toch opgenomen omdat de indicatoren als eerste toets nuttig kunnen zijn bij de beoordeling of sprake is van een personal holding. Indien sprake is van een personal holding zal uiteraard nog steeds in elke specifieke situatie beoordeeld worden of op grond van de feiten en omstandigheden de personal holding aangemerkt moet worden als groepshoofd van de verschillende maatschappijen. Het gaat om de volgende indicatoren:
- De personal holding heeft het karakter van een holdingmaatschappij en verricht geen andere activiteiten dan het houden van een aandelenbelang in één onderliggende vennootschap, het in eigen beheer houden van pensioenaanspraken of andere oudedagsvoorzieningen van de directeur-grootaandeelhouder en het beleggen van de gelden voor de nakoming daarvan en het anderszins houden van beleggingen (waaronder vastgoedbeleggingen); de personal holding oefent dus ook niet het management uit over één of meerdere andere rechtspersonen of maatschappijen. Deze voorwaarde is inherent aan het voldoen aan de definitie van een personal holding zoals hiervoor weergegeven.
- De personal holding houdt uitsluitend een aandelenbelang in één onderliggende vennootschap die geen andere werkzaamheden verricht dan het beheren en financieren van groepsmaatschappijen, deelnemingen en verbonden partijen, en de personal holding heeft geen directe aandelenbelangen in één of meer werkmaatschappijen.
- De personal holding heeft geen schulden aan kredietinstellingen of andere vergelijkbare schulden aan derden of verbonden partijen, uitgezonderd eventuele schulden aan de directeur-grootaandeelhouder. In dit verband wordt onder schulden aan kredietinstellingen niet verstaan een op balansdatum aanwezig relatief gering negatief banksaldo, waarbij de rechtspersoon door die kredietinstelling niet structureel wordt gefinancierd. Onder

financieringsschulden worden ook niet verstaan de op balansdatum gebruikelijke schulden aan crediteuren en fiscale autoriteiten of schulden met een overeenkomstig karakter.
▶ De personal holding heeft zich niet door middel van een rechtshandeling garant gesteld of zich medeaansprakelijk gesteld ten behoeve van een of meer onderliggende vennootschappen of maatschappijen, met uitzondering van garantstellingen uit hoofde van fiscale eenheden.

In de Richtlijnen is de bepaling opgenomen dat indien sprake is van een personal holding die belangen houdt in meer dan één onderliggende vennootschap, deze over het algemeen eerder als groepshoofd zal (moeten) worden aangemerkt, dan een personal holding die een belang in slechts één vennootschap houdt. Dit dient te worden beoordeeld aan de hand van de specifieke feiten en omstandigheden (RJ 217.209).

Voorbeeld van aanwijzingen voor consolidatie door personal holding

De heer X is 100% aandeelhouder van Holding A. In Holding A wordt het pensioen opgebouwd van de heer X. Holding A heeft 100% van de aandelen in Holding B. Holding B heeft diverse werkmaatschappijen. Holding B stelt een geconsolideerde jaarrekening op waarin de werkmaatschappijen zijn opgenomen. Indien er geen verdere banden zijn tussen Holding A en Holding B en Holding A puur gericht is op het beheren van het vermogen van de heer X dan is géén sprake van een groepsrelatie en is Holding A in dat geval niet verplicht een geconsolideerde jaarrekening op te stellen.

Indien Holding A:
▶ andere belangen heeft in vennootschappen die dienstbaar zijn aan de werkmaatschappijen van Holding B; of
▶ er sprake is van een fiscale eenheid tussen Holding A, Holding B en de werkmaatschappijen (waardoor een hoofdelijke aansprakelijkheid ontstaat; op zichzelf leidt het bestaan van een fiscale eenheid niet direct tot de conclusie dat sprake is een personal holding maar zal deze aanwijzing beoordeeld moeten worden in samenhang met andere aanwijzingen); of
▶ Holding A het vastgoed van de groep in eigendom heeft; of
▶ Holding A anderszins een rol vervult ten opzichte van of in de onderliggende groep,

dan kan (na beoordeling van alle feiten en omstandigheden) de conclusie zijn dat Holding A toch als hoofd van de groep moeten worden aangemerkt en uit dien hoofde een geconsolideerde jaarrekening moet opstellen.

23.3.5 Aanvang consolidatieplicht

De resultaten van de in de loop van het jaar verworven groepsmaatschappijen dienen in het groepsresultaat te worden verwerkt voor zover ze na het moment van verwerving zijn behaald (RJ 217.402, IFRS 10.20). Het moment van verwerving is de datum vanaf welke de rechtspersoon beslissende invloed verkrijgt op het beleid van de groepsmaatschappij. Deze datum kan afwijken van de datum waarop de koopovereenkomst is gesloten of van de datum vanaf welke de groepsmaatschappij contractueel (al dan niet met terugwerkende kracht) geacht wordt voor rekening en risico van de koper te zijn gehouden. Verwezen wordt naar de uiteenzetting met betrekking tot de bepaling van het moment van verwerving ('overnamedatum') in paragraaf 25.2.3.

De RJ geeft aan dat het doelmatig kan zijn om additioneel een 'pro forma'-winst-en-verliesrekening op te stellen waarin de nieuw verworven entiteit voor het gehele boekjaar is opgenomen (RJ 217.402). Het pro forma-resultaat kan niet uitsluitend door middel van eenvoudige optelling worden bepaald omdat rekening dient te worden gehouden met mogelijke wijzigingen in financieringslasten en belastingen die zouden zijn opgetreden indien de acquisitie reeds aan het begin van het boekjaar had plaatsgevonden.

Verschillen Dutch GAAP - IFRS
IFRS kent niet een uitdrukkelijke op een tussenhoudstermaatschappij gerichte bepaling zoals artikel 2:406 lid 2 BW, waarin de consolidatieplicht van zulk een maatschappij afzonderlijk is geregeld. Volgens IFRS is ook op een tussenhoudstermaatschappij gewoon de regel van toepassing dat consolidatieplicht bestaat wanneer beslissende zeggenschap kan worden uitgeoefend. Hetzelfde geldt voor personal holdings.

23.4 Vrijstelling van consolidatieplicht

Een rechtspersoon kan in twee gevallen vrijgesteld zijn van consolidatieplicht:
- vanwege de omvang van de rechtspersoon en zijn groep (par. 23.4.1);
- vanwege de toepassing van het tussenhoudsterregime (par. 23.4.2).

23.4.1 Vrijstelling vanwege omvang (regime micro en 'klein') (art. 2:407 lid 2 BW)

Een rechtspersoon mag een geconsolideerde jaarrekening achterwege laten indien (art. 2:407 lid 2 BW, RJ 217.217):
- op geconsolideerde basis de groep de in artikel 2:396 BW vermelde grenzen voor een micro- of kleine rechtspersoon niet overschrijdt (zie voor deze grenzen hoofdstuk 43.2.3, 42.2, 42.3.3); en
- geen in de consolidatie te betrekken maatschappijen een rechtspersoon is als bedoeld in artikel 398 lid 7 BW (een OOB); en
- niet binnen zes maanden na de aanvang van het boekjaar daartegen schriftelijk bezwaar bij de rechtspersoon is gemaakt door de algemene vergadering.

IFRS kent een dergelijke vrijstelling niet.

23.4.2 Vrijstelling vanwege tussenhoudsterregime (art. 2:408 BW)

23.4.2.1 Algemeen: vereisten van artikel 2:408 BW

Indien een rechtspersoon een tussenhoudstermaatschappij is, mag de rechtspersoon een geconsolideerde jaarrekening achterwege laten indien (art. 2:408 lid 1 BW en RJ 217.214):
- niet binnen zes maanden na de aanvang van het boekjaar daartegen schriftelijk bezwaar bij de rechtspersoon is gemaakt door ten minste een tiende der leden of door houders van ten minste een tiende van het geplaatste kapitaal;
- geen sprake is van een rechtspersoon waarvan effecten zijn toegelaten tot de handel op een gereglementeerde markt als bedoeld in de Wet op het financieel toezicht of een met een gereglementeerde markt vergelijkbaar systeem uit een staat die geen lidstaat van de EU is;
- de financiële gegevens die de rechtspersoon zou moeten consolideren zijn opgenomen in de geconsolideerde jaarrekening van een groter geheel (aan deze voorwaarde is niet voldaan indien de financiële gegevens van de rechtspersoon proportioneel zijn geconsolideerd);
- de geconsolideerde jaarrekening en het jaarverslag zijn opgesteld overeenkomstig de voorschriften van de EU-richtlijn jaarrekening dan wel, indien deze voorschriften niet behoeven te zijn opgevolgd, op gelijkwaardige wijze (zie hierna voor een uitleg van de gelijkwaardigheidseis);
- de geconsolideerde jaarrekening met accountantsverklaring en jaarverslag, voor zover niet gesteld of vertaald in het Nederlands, zijn gesteld of vertaald in het Frans, Duits of Engels, en wel in dezelfde taal; en
- telkens binnen zes maanden na de balansdatum of binnen een maand na een geoorloofde latere openbaarmaking ten kantore van het handelsregister waar de rechtspersoon is ingeschreven, de geconsolideerde jaarrekening (dat wil zeggen balans en winst-en-verliesrekening met toelichting en dus niet slechts de geconsolideerde balans) met accountantsverklaring en jaarverslag zijn neergelegd dan wel een verwijzing is neergelegd naar het kantoor van het handelsregister waar zij liggen. Onder kantoor van het handelsregister wordt verstaan een kantoor van het handelsregister in Nederland.

De rechtspersoon moet de toepassing van de hierboven genoemde vrijstelling in de toelichting vermelden (art. 2:408 lid 3 BW).

23 Consolidatie

Opgemerkt zij nog, dat indien de rechtspersoon op grond van artikel 2:408 BW geen geconsolideerde jaarrekening opstelt, zijn groepsmaatschappijen waarvoor hij een aansprakelijkheidsverklaring (als bedoeld in art. 2:403 lid 1 onder f BW) heeft afgegeven, geen gebruik kunnen maken van de vrijstelling van inrichting en deponering overeenkomstig artikel 2:403 lid 1 BW (RJ 217.216; zie ook par. 42.3.3). Verder geldt voor vennootschappen die effecten hebben uitstaan op een gereglementeerde markt als bedoeld in de Wet op het financieel toezicht of een met een gereglementeerde markt vergelijkbaar systeem uit een staat die geen lidstaat is van de EU dat zij geen gebruik kunnen maken van de consolidatievrijstelling voor tussenhoudstermaatschappijen. Er moet door deze effecten uitgevende instellingen/tussenhoudstermaatschappijen een geconsolideerde jaarrekening op basis van IFRS worden opgesteld. Ook onder IFRS kunnen effecten uitgevende instellingen geen gebruikmaken van IFRS 10.4.

In IFRS 10.4 is een regeling opgenomen die overeenkomsten vertoont met de in artikel 2:408 BW opgenomen bepalingen. Een onderneming hoeft geen geconsolideerde jaarrekening op te stellen indien cumulatief aan de volgende voorwaarden wordt voldaan:

▶ De onderneming is zelf groepsmaatschappij van een andere onderneming (groepshoofd).
▶ Indien de onderneming (groepsmaatschappij) niet geheel door de andere onderneming (groepshoofd) wordt gehouden, dient de overige eigenaren van de onderneming te worden medegedeeld dat er geen geconsolideerde jaarrekening zal worden opgemaakt en dienen zij daartegen geen bezwaar te maken.
▶ De onderneming (groepsmaatschappij) heeft geen schuld- of vermogensinstrumenten die op een openbare markt worden verhandeld.
▶ De onderneming (groepsmaatschappij) heeft niet aan een beurstoezichthouder stukken overgelegd ter verkrijging van een notering van schuld- of vermogensinstrumenten aan een openbare markt, en is evenmin bezig een dergelijke procedure voor te bereiden.
▶ De andere onderneming (groepshoofd) stelt een geconsolideerde jaarrekening op die openbaar is en die is opgesteld overeenkomstig IFRS.

Indien een onderneming aan deze voorwaarden voldoet en op grond daarvan ervoor opteert geen geconsolideerde jaarrekening op te stellen, dient zij wel 'separate financial statements' op te stellen (IAS 27.16) (zie voor uitgebreide bespreking par. 24.4). Omdat IFRS geen vrijstellingen voor kleine of middelgrote ondernemingen kent zullen deze separate financial statements aan alle IFRS-standaarden moeten voldoen.

Voorbeeld: toepassing van artikel 2:408 BW en overname gedurende het jaar

Het komt regelmatig voor dat een onderneming met groepsmaatschappijen ('deelgroep P') gedurende het boekjaar wordt overgenomen en deel gaat uitmaken van een andere groep ('groep Z'). De vraag is dan of de deelgroep P gebruik kan maken van artikel 2:408 BW omdat de geconsolideerde winst-en-verliesrekening van groep Z slechts de resultaten van deelgroep P mag consolideren vanaf het moment van overname.

De wettekst is hier niet duidelijk over. Een oplossing zou kunnen zijn om naast de wettelijke geconsolideerde winst-en-verliesrekening (waarin de resultaten van deelgroep P worden verantwoord vanaf het moment van overname) pro forma een geconsolideerde winst-en-verliesrekening op te nemen waarin van deelgroep P de resultaten over het gehele boekjaar worden opgenomen. Op deze wijze wordt belanghebbenden geen informatie onthouden en kan toch artikel 2:408 BW door de deelgroep P (in haar nieuwe rol van een tussenholding) worden toegepast.

De situatie uit voorgaand voorbeeld roept overigens wel een vervolgvraag op inzake de presentatie van de enkelvoudige jaarrekening van de overgenomen onderneming, namelijk op welke wijze het rapporteringsregime dient te worden bepaald.

> **Voorbeeld: toepassing van artikel 2:408 BW en bepaling van het regime voor rapportering**
>
> Voormalig deelgroepshoofd P (uit het voorgaande voorbeeld) heeft voorheen de consolidatievrijstelling uit artikel 2:408 BW niet toegepast en het regime bepaald op basis van de cijfers van de toenmalige groep, telkenmale met als uitkomst regime 'groot'.
>
> Veronderstellende dat de jaarrekening van groep Z voldoet aan de eisen van artikel 2:408 BW en ook aan alle andere eisen van dat wetsartikel is voldaan, dan mag deelgroep P op grond van de toepassing van artikel 2:408 BW het regime voor dit jaar bepalen op basis van alleen de enkelvoudige cijfers. Verondersteld wordt dat de uitkomst dan 'klein' is.
>
> Het standpunt dat uitgaat van een (her)beoordeling op basis van de enkelvoudige positie van deelgroep P in het voorgaand boekjaar in een situatie waarin P gebruik had kunnen maken van artikel 2:408 BW maar dat niet heeft gedaan is een verdedigbaar standpunt. Stel dat in die situatie de omvang op de vergelijkende balansdatum, dan bepaalt op basis van alleen de enkelvoudige cijfers, ook tot de uitkomst 'klein' leidt, dan geldt voor deelgroep P dat op twee achtereenvolgende balansdata de uitkomst 'klein' is, waardoor enkelvoudige jaarrekening van dit jaar op basis van het regime 'klein' zou mogen worden opgemaakt (met als voordeel het opmaken van een summiere jaarrekening en openbaarmaking van alleen een balans met toelichting, eventueel met toepassing van fiscale grondslagen, alsmede het achterwege mogen laten van accountantscontrole).
> In de situatie dat deelgroep P in het voorgaande jaar geen gebruik had kunnen maken van artikel 2:408 BW komt een dergelijke herbeoordeling naar onze mening niet aan de orde. Als P in die situatie in het voorafgaande jaar groot was en vanwege de toepassing van artikel 2:408 BW in het huidige boekjaar klein dan zal P de enkelvoudige jaarrekening nog één jaar (vanwege de tweejaarseis) op basis van het grote regime moeten opstellen.

Verschillen Dutch GAAP - IFRS

Een verschil tussen artikel 2:408 BW en IFRS 10.4 is dat IFRS ondernemingen waarvan een beursnotering ophanden is geen gebruik kunnen maken van de vrijstelling van IFRS 10.4, onder Nederlandse wet- en regelgeving is een dergelijke beperking in het toepassingsgebied van artikel 2:408 BW niet opgenomen.

Onder IFRS moet aan minderheidsaandeelhouders uitdrukkelijk de toepassing van IFRS 10.4 medegedeeld worden en zij kunnen bezwaar maken; het initiatief ligt bij de onderneming. Op grond van artikel 2:408 BW moet ten minste 10% van de aandeelhouders schriftelijk bezwaar maken om de toepassing van artikel 2:408 te verhinderen: het initiatief hiervoor ligt bij die aandeelhouders.

Voorts kent IFRS géén eis om aan de geconsolideerde jaarrekening van de bovenliggende consoliderende maatschappij een controleverklaring toe te voegen. Onder Nederlandse wet- en regelgeving geldt dat een controleverklaring moet worden opgenomen.

Op grond van IFRS 10.4(a)(iv) moet de geconsolideerde jaarrekening van de bovenliggende consoliderende maatschappij opgesteld worden in overeenstemming met IFRS. Op grond van artikel 2:408 BW geldt voor de geconsolideerde jaarrekening de eis dat deze is opgesteld conform de EU-richtlijn jaarrekening of *gelijkwaardig*. Dit betekent dat ook bijvoorbeeld US GAAP kan worden toegepast (wat dit betekent wordt uitgewerkt in par. 23.4.2.2).

23.4.2.2 Geconsolideerde jaarrekening en eis van gelijkwaardigheid

De geconsolideerde jaarrekening moet zijn opgesteld overeenkomstig de voorschriften van EU-richtlijn Jaarrekening of op gelijkwaardige wijze. De eis van gelijkwaardigheid moet niet gezien worden als een gelijkheidseis, maar als een ten minste-eis van gelijkwaardige kwaliteit van de wet- en/of regelgeving met betrekking tot de financiële verslaggeving. Als de moedermaatschappij IFRS toepast in haar geconsolideerde jaarrekening en eveneens aan alle overige voorwaarden van artikel 2:408 BW wordt voldaan, dan kan een tussenhoudster gebruikmaken van de vrijstelling van tussenconsolidatie (RJ 217.214). Uit de wetsgeschiedenis blijkt dat ook toepassing van de wet- en regelgeving van een niet-EU-land (bijvoorbeeld US GAAP) kan leiden tot gelijkwaardigheid.

Op de IASB-site (www.ifrs.org/use-around-the-world) kan een overzicht gevonden worden van landen die IFRS in meer of mindere mate hebben opgenomen in de nationale regelgeving en van de landen die IFRS verplicht stellen voor bepaalde typen ondernemingen (meestal beursgenoteerde ondernemingen en financiële instellingen). Raadpleging van deze site kan een hulpmiddel zijn bij de beoordeling of een geconsolideerde jaarrekening voldoet aan de gelijkwaardigheidseis van artikel 2:408 BW. Een marginale beoordeling of de geconsolideerde jaarrekening inderdaad voldoet aan de gelijkwaardigheidseis blijft echter steeds noodzakelijk.

23.4.2.3 Samenloop artikel 2:408 BW en IFRS 10.4

Als een Nederlandse tussenholding vrijwillig de mogelijkheid (van art. 2:362 lid 8 BW) gebruikt om de jaarrekening op te maken overeenkomstig EU-IFRS (IFRS zoals goedgekeurd door de EU) kan de vraag ontstaan 'welke' consolidatievrijstelling kan worden gebruikt. Er is namelijk sprake van een onduidelijke formulering in de wet (art. 2:362 lid 9 BW). Hieruit blijkt niet duidelijk of door de vrijwillige keuze voor EU-IFRS de consolidatievrijstelling van IFRS 10.4 van toepassing is of dat de (wettelijke) regeling van artikel 2:408 BW bepalend is.
Een verschil tussen artikel 2:408 BW en IFRS 10.4 is dat artikel 2:408 BW impliciet vereist dat de geconsolideerde jaarrekening van de middelgrote en grote topholding is gecontroleerd (dat wil zeggen wordt gepubliceerd 'met controleverklaring'), terwijl een dergelijke eis ontbreekt in IFRS 10.4.

Zoals aangegeven is in de Nederlandse wetgeschiedenis geen aandacht besteedt aan de samenloop van artikel 2:408 BW en (de toenmalige) IAS 27 (inmiddels IFRS 10). In de (schaarse) literatuur over deze samenloop van 'IAS 27 en 408' wordt verwezen naar het document dat de Europese Commissie in november 2003 heeft gepubliceerd, met daarin een nadere uitleg over de IAS-verordening en EU-IFRS. Hierin wordt aangegeven dat het (al dan niet) verplicht zijn van het opmaken van een geconsolideerde jaarrekening moet worden beoordeeld op basis van in de lidstaten geldende wetgeving (en niet op basis van EU-IFRS).

Deze uitleg werd later (in 2006 en 2007) bevestigd tijdens overleg in het ARC (Accounting Regulatory Committee). Hierbij werd (in twee 'agenda papers') verduidelijkt dat de wetgeving van de lidstaten, zoals gebaseerd op de EU-richtlijn jaarrekening, bepalend is of sprake is van een consolidatieplicht of consolidatievrijstelling. Op grond hiervan kan worden gesteld dat voor Nederlandse rechtspersonen artikel 2:406 BW doorslaggevend is ten aanzien van de consolidatieplicht en dat artikel 2:408 BW doorslaggevend is voor de vraag of gebruik kan worden gemaakt van een consolidatievrijstelling. Kortom: voor een Nederlands rechtspersoon zijn de regels van de artikelen 2:406-408 BW bepalend voor de *consolidatieplicht (en consolidatievrijstelling)*, als (vervolgens: vrijwillig of verplicht) EU-IFRS wordt gehanteerd zijn de regels daarvan (IFRS 10) bepalend voor de *consolidatiekring*. Dit betekent dus dat alleen gebruik gemaakt kan worden van de consolidatievrijstelling indien de geconsolideerde jaarrekening van het grotere geheel is gecontroleerd indien de rechtspersoon daartoe wettelijk verplicht is.

23.4.2.4 Deponering geconsolideerde jaarrekening

Eén van de voorwaarden, (art. 2:408 lid 1 onder e BW) luidt dat *"telkens **binnen** zes maanden na de balansdatum of binnen een maand na een geoorloofde latere openbaarmaking ten kantore van het handelsregister de in onderdeel d genoemde stukken (een – gelijkwaardige – geconsolideerde jaarrekening van de moeder met accountantsverklaring en bestuursverslag) of vertalingen zijn neergelegd."*

Er kan discussie ontstaan over de termijn waarbinnen de geconsolideerde jaarrekening gedeponeerd moet worden. Als de geconsolideerde jaarrekening binnen de lokale deponeringstermijnen (als sprake is van een buitenlandse moeder) en binnen de deponeringstermijnen van de vrijgestelde tussenhoudster gedeponeerd wordt bij het Handelsregister dan is de toepassing van artikel 2: 408 BW door de tussenhoudster toegestaan. Dit betekent dat het **na** zes maanden deponeren van de jaarstukken van de consoliderende buitenlandse moeder in Nederland in ieder geval mogelijk is wanneer:
▶ deze moeder volgens de wetgeving van het betreffende land van herkomst niet binnen zes maanden behoefde te deponeren en
▶ de vrijgestelde tussenhoudstermaatschappij uitstel heeft gekregen van de termijnen voor opmaken van de enkelvoudige jaarrekening (er is sprake van een geoorloofde latere openbaarmaking).

> **Voorbeelden: latere deponering geconsolideerde maatschappij**
> 1. Wanneer bijvoorbeeld een Duitse moeder op 4 april haar geconsolideerde jaarrekening in Duitsland heeft gedeponeerd, vereist artikel 2:408 BW dat deze geconsolideerde jaarrekening (etc.) vóór 1 juli ook bij het handelsregister in Nederland wordt gedeponeerd.
> 2. Wanneer de moeder, als dit is toegestaan volgens de nationale wettelijke regels, op 30 september heeft gedeponeerd in het thuisland, zal de deponering in Nederland uiterlijk [één maand later] vóór 31 oktober plaats moeten vinden. De tussenhoudster kan gebruik maken van artikel 2:408 BW indien uitstel van opmaakverplichting door de AV is verleend.

Het deponeren van een enkelvoudige jaarrekening van de tussenhoudster die een beroep op artikel 2:408 BW doet maar waarbij nog geen deponering van de geconsolideerde jaarrekening van een maatschappij op een hoger gelegen niveau heeft plaatsgevonden kan naar onze mening zelden leiden tot een rechtsgeldige toepassing van artikel 2:408 BW.

23.4.2.5 Vrijwillige toepassing IFRS-EU in enkelvoudige jaarrekening tussenholding

Een Nederlandse tussenholding die gebruikmaakt van de consolidatievrijstelling (van art. 2:408 BW) behoeft alleen een enkelvoudige jaarrekening op te maken en te publiceren. Indien deze tussenholding de enkelvoudige jaarrekening opmaakt overeenkomstig Nederlandse wet- en regelgeving (daarbij mag geen gebruik worden gemaakt van IFRS-grondslagen), zal de tussenholding daardoor vaak (vanwege het 'niet meetellen van groepscijfers') de grensbedragen van de kleine of middelgrote rechtspersoon niet overschrijden (art. 2:396/397 lid 2 BW). Echter, indien een Nederlandse tussenholding er voor kiest om in de (enkelvoudige) jaarrekening vrijwillig IFRS te hanteren, kan door deze tussenholding géén gebruik worden gemaakt van de vrijstellingen voor kleine of middelgrote rechtspersonen. Dit als gevolg van de formulering van de wetsbepaling (art. 2:362 lid 9 BW) waarin is geregeld welke regels (van Titel 9 Boek 2 BW) van toepassing zijn/blijven indien vrijwillig IFRS wordt gehanteerd.

Hieruit blijkt dat de afdeling met vrijstellingen voor kleine of middelgrote rechtspersonen niet (meer) van toepassing is bij vrijwillig gebruik van IFRS. Het gevolg van deze regel is dat iedere Nederlandse rechtspersoon, ongeacht de omvang, die vrijwillig IFRS gebruikt dient te rapporteren als een grote rechtspersoon, waarbij dus tevens controle van de jaarrekening verplicht is.

Samenvattend: het toepassen van de consolidatievrijstelling van artikel 2:408 BW leidt ertoe dat in veel gevallen het regime voor kleine rechtspersonen van toepassing is. Accountantscontrole is dan niet verplicht. Indien echter vrijwillig door de tussenhoudstermaatschappij voor IFRS wordt gekozen kan geen gebruik worden gemaakt van de vrijstellingen voor klein of middelgroot. Accountantscontrole is dan verplicht.

Een andere vraag is of de geconsolideerde jaarrekening van de bovenliggende consoliderende maatschappij opgesteld kan worden in overeenstemming met US GAAP in de situatie dat een Nederlandse tussenholding vrijwillig IFRS toepast in de enkelvoudige jaarrekening en gebruik wil maken van de consolidatievrijstelling (van art. 2:408 BW). Immers, op grond van IFRS 10.4(a)(iv) moet de geconsolideerde jaarrekening van de bovenliggende consoliderende maatschappij opgesteld worden in overeenstemming met IFRS; US GAAP is niet toegestaan. Omdat de consolidatievrijstelling beoordeeld moet worden op grond van nationale wetgeving (dus op grond van art. 2:408 BW), is er voor de vennootschap die in de enkelvoudige jaarrekening EU-IFRS toepast geen belemmering voor de gebruikmaking van het tussenhoudsterregime. Voor een vennootschap die volledig IFRS (dus niet EU-IFRS) toepast in de enkelvoudige jaarrekening is dat wel een belemmering; de vrijstelling van artikel 2:408 BW is dan niet van toepassing. IFRS 10.4 is in dat geval van toepassing en IFRS 10.4 heeft als voorwaarde dat de geconsolideerde jaarrekening van het grotere geheel een IFRS-jaarrekening is.

23 Consolidatie

Verschillen Dutch GAAP - IFRS
IFRS kent geen consolidatievrijstelling vanwege de omvang van de groep, zoals Nederlandse wet- en regelgeving die wel kent.

23.5 Consolidatiekring

De consolidatiekring geeft aan welke maatschappijen in beginsel in de consolidatie moeten worden betrokken (RJ 217.101).

In de geconsolideerde jaarrekening worden de financiële gegevens opgenomen van (RJ 217.301):
- de rechtspersoon zelf;
- zijn dochtermaatschappijen in de groep;
- andere groepsmaatschappijen die onder de rechtspersoon vallen (zie voor de begrippen groep, groepsmaatschappij en dochtermaatschappij par. 23.2 en par. 10.1); en
- andere rechtspersonen waarop hij een overheersende zeggenschap kan uitoefenen of waarover hij de centrale leiding heeft.

Op grond van IFRS moeten alle maatschappijen waarover control wordt uitgeoefend in de geconsolideerde jaarrekening worden betrokken.

Deze consolidatiekring geldt zowel voor de consolidatie door het groepshoofd (art. 2:406 lid 1 BW), als door de tussenhoudstermaatschappij (art. 2:406 lid 2 BW). RJ 217.301 voegt bij wijze van uitleg daaraan toe, dat rechtspersonen geen groepsmaatschappijen behoeven te zijn om tot de consolidatiekring te behoren. Het kunnen uitoefenen van overheersende zeggenschap of het hebben van de centrale leiding is reeds voldoende. Dit betekent bijvoorbeeld dat ook die maatschappijen in de consolidatie moeten worden betrokken waarmee geen kapitaalband bestaat, maar waarover wel overheersende zeggenschap kan worden uitgeoefend (bijv. de zogenaamde 'special purpose entities' en zustermaatschappijen (RJ 217.205 en 206)).

Een dochtermaatschappij die niet tot de groep behoort en derhalve niet als groepsmaatschappij kwalificeert, dient normaliter te worden geconsolideerd, tenzij de consolidatieplichtige rechtspersoon in deze dochtermaatschappij geen overheersende zeggenschap kan uitoefenen en geen centrale leiding heeft over deze dochtermaatschappij (RJ 217.302). Geen consolidatie vindt bijvoorbeeld plaats in het geval de rechtspersoon vennoot is in een vennootschap onder firma (Vof) en op grond van de overeenkomst met andere vennoten daaraan geen beslissende zeggenschap in de Vof is verbonden (RJ 217.302).

Schema vaststelling consolidatieplicht en consolidatiekring (bijlage bij RJ 217)

```
                    ┌─────────────────────────────────────────────┐
                    │ Staat de rechtspersoon aan het hoofd van een groep? │──────────┐
                    └─────────────────────────────────────────────┘          │
                                    │ Nee                              Ja    │
                                    ▼                                         │
        ┌─────────────────────────────────────────────────┐                  │
        │ Heeft de rechtspersoon in zijn groep een         │                  │
        │ dochtermaatschappij of een andere rechtspersoon  │                  │
        │ waarop hij de overheersende zeggenschap kan      │                  │
        │ uitoefenen of waarover hij de centrale leiding heeft? │             │
        └─────────────────────────────────────────────────┘                  │
              │ Nee                        │ Ja                               │
              │                            ▼                                  │
              │         ┌─────────────────────────────────────┐              │
              │         │ Maakt de rechtspersoon gebruik van de │              │
              │         │ vrijstellingen vanwege omvang of      │              │
              │         │ tussenhoudsterregime?                 │              │
              │         └─────────────────────────────────────┘              │
              │                    │ Ja              │ Nee                    │
              ▼                    ▼                 ▼                        │
        ┌────────────────────────────────────┐   ┌──────────────────────────────┐
        │ De rechtspersoon stelt geen         │◄──│                              │
        │ geconsolideerde jaarrekening op.    │   │                              │
        └────────────────────────────────────┘   │                              │
                                                  ▼                              │
                                      ┌──────────────────────────────────┐     │
                                      │ De rechtspersoon stelt een       │◄────┘
                                      │ geconsolideerde jaarrekening op. │
                                      └──────────────────────────────────┘
                                                  │
                                                  ▼
                                      ┌──────────────────────────────────┐
                                      │ Stel vast welke maatschappijen in │
                                      │ de consolidatie moeten worden     │
                                      │ betrokken [1]                     │
                                      └──────────────────────────────────┘
```

(1) Deze analyse vindt plaats op basis van Nederlandse wet- en regelgeving of IFRS.

Special purpose entity

Een maatschappij kan zijn opgericht om een speciaal doel te verwezenlijken (RJ 217.205). Een dergelijke maatschappij wordt ook wel een *'special purpose entity'* (SPE) of *'special purpose company'* (SPC) genoemd. Een SPE kan zowel de vorm van een rechtspersoon hebben (BV, stichting) als van een maatschappij zonder rechtspersoonlijkheid (Vof, CV, trust). SPE's worden veelal opgericht met behulp van contracten die strikte en soms permanente beperkingen stellen aan de besluitvormingsmogelijkheden van het besturend orgaan. Vaak komen de afspraken erop neer dat de organisatie en de activiteiten van de SPE vooraf zijn bepaald en dat daarin geen verandering kan worden gebracht zonder instemming van de dominante rechtspersoon; er is dan sprake van een zogenaamd 'mechanisme van de automatische piloot'.

De onderneming waarvoor de SPE is opgericht, veelal aangeduid als de sponsor, heeft een nauwe betrokkenheid bij de SPE door middel van regelmatige activatransacties en het recht om activa van de SPE te gebruiken of diensten te verlenen voor de SPE, terwijl andere partijen voor de financiering zorgen. Een onderneming die transacties aangaat met een SPE (veelal de sponsor) zou in wezen de SPE kunnen beheersen. Ook kan de sponsor op deze wijze een belangrijk economisch belang hebben bij de SPE, ook al wordt er geen eigen vermogen beschikbaar gesteld.

Voor de vaststelling of een SPE moet worden geconsolideerd (in termen van de RJ: kwalificeert als een groepsmaatschappij) komt het aan op de feitelijke situatie (RJ 217.205 en 204). Daarbij wordt met name bijzondere aandacht besteed aan de volgende omstandigheden:

- *Activiteiten:* alle activiteiten van de SPE worden in wezen uitgevoerd ten behoeve van de rapporterende rechtspersoon conform zijn specifieke wens, waardoor de rechtspersoon economische voordelen in verband met de activiteiten van de SPE verkrijgt. Voorbeelden zijn de SPE die voorziet in de langetermijnfinanciering van de rechtspersoon of de SPE die voorziet in de levering van belangrijke goederen of diensten. Economische afhankelijkheid op zichzelf, zoals van een leverancier of belangrijke klant, is overigens op zichzelf niet doorslaggevend.
- *Besluitvorming:* de rapporterende rechtspersoon heeft in wezen de beslissende zeggenschap over de SPE, bijvoorbeeld op grond van een 'automatische-pilootmechanisme' of doordat de rechtspersoon de macht heeft de activiteiten van de SPE te beëindigen, de SPE te ontbinden, de statuten van de SPE te wijzigen, of een veto uit te spreken over de voorgestelde statutenwijziging.
- *Economische voordelen:* de deelnemende rechtspersoon heeft in wezen het recht op de meerderheid van de economische voordelen van de activiteiten van de SPE, bijvoorbeeld op grond van een wet, overeenkomst of andere regeling. Dit kan bijvoorbeeld blijken uit het aangaan van financiële transacties met de SPE waarbij de financiële resultaten toekomen aan de rechtspersoon, of uit rechten op uitkeringen of uit resterende rechten uit liquidatie-opbrengsten.
- *Risico's:* de deelnemende rechtspersoon loopt in wezen voor meer dan de helft het economisch risico met betrekking tot de maatschappij of de activa van de maatschappij. Dit kan zich bijvoorbeeld voordoen indien de rechtspersoon een garantie afgeeft aan de SPE waardoor de financiers een beperkt risico lopen. Andere aanwijzingen zijn dat de financiers geen significante belangen hebben in de onderliggende activa, geen rechten hebben op toekomstige economische voordelen, niet in significante mate risico's lopen ten aanzien van de achterliggende activa of activiteiten, en dat de financiers feitelijk alleen een vergoeding voor het ingebrachte vermogen krijgen.

Opgemerkt wordt dat ook in een situatie waarin er niet specifiek sprake is van een SPE het zich voordoen van bovengenoemde omstandigheden kan leiden tot de conclusie dat er sprake is van een groepsmaatschappij, en, meer in het algemeen, van consolidatieplicht. Bovendien geldt dat indien er toch al sprake is van een groep vanwege een andere entiteit die kwalificeert als groepsmaatschappij, de SPE geconsolideerd moet worden indien sprake is van overheersende zeggenschap of centrale leiding (art. 2:406 lid 1 en lid 2 BW).

Consolidatie van stichting administratiekantoor

De vraag wanneer een stichting administratiekantoor deel uitmaakt van de consolidatiekring moet worden beoordeeld op grond van de administratievoorwaarden en de nader specifiek overeengekomen bepalingen (RJ 217.309). Voor een uitgebreide behandeling wordt verwezen naar paragraaf 53.10.

Verschillen Dutch GAAP - IFRS
Verwezen wordt naar de bespreking in paragraaf 23.2.

23.6 Vrijstellingen inzake consolidatiekring

23.6.1 Vrijstellingen

In de geconsolideerde jaarrekening behoeven geen gegevens te worden geconsolideerd van in de consolidatie te betrekken maatschappijen (art. 2:407 lid 1 BW):
- van maatschappijen van wie de gezamenlijke betekenis te verwaarlozen is (par. 23.6.2);
- bij een belang dat slechts wordt gehouden om te vervreemden (par. 23.6.3), waarbij er voor participatiemaatschappijen specifieke regelgeving is (par. 23.6.4);
- waarvan de nodige gegevens slechts tegen onevenredige kosten of met grote vertraging te verkrijgen of te ramen zijn. Slechts in zeer uitzonderlijke situaties zullen maatschappijen van materieel belang op deze grond buiten de consolidatie gehouden kunnen worden. Dit kan zich eventueel voordoen na verwerving van een nieuwe deelneming, wanneer de berichtgeving van deze deelneming nog niet aan het systeem van de groep is aangepast (RJ 217.304). IFRS kent een dergelijke bepaling niet.

Indien bedrijfsactiviteiten afwijken van de andere activiteiten van de groep, vormt dit geen reden om consolidatie achterwege te laten. Immers, aldus RJ 217.303, als maatschappijen onderdeel uitmaken van de consolidatiekring, moeten zij worden geconsolideerd tenzij er een wettelijke vrijstelling voor de consolidatie van die maatschappij bestaat.

23.6.2 Vrijstelling voor consolidatie van maatschappijen van wie gezamenlijke betekenis te verwaarlozen is op het geheel

Deze gedeeltelijke vrijstelling is alleen in de Nederlandse wet- en regelgeving afzonderlijk opgenomen. IFRS kent geen specifieke vrijstelling doch wel een generieke materialiteitsbepaling.
De wettelijke bepaling is niet nader uitgewerkt in de richtlijnen. Richtlijn 115.2 omvat wel bepaalde indicaties voor bijvoorbeeld het uitsplitsen van posten in balans en winst-en-verliesrekening, doch geeft geen indicaties wanneer er sprake zou kunnen zijn van te consolideren maatschappijen van te verwaarlozen betekenis. Wellicht is dit verklaarbaar uit de veelheid aan aandachtspunten die in acht dienen te worden genomen bij het vormen van een oordeel voor het achterwege laten van consolidatie en de bijbehorende informatieverschaffing in de toelichting. Immers, de hoogte van de cijfers in de balans en winst-en-verliesrekening kan bijvoorbeeld in situaties van ondergeschikt belang zijn, als er sprake is van omvangrijke off balance-verplichtingen in die entiteit waarvan de vermelding in de toelichting op de geconsolideerde jaarrekening relevant is.

Het achterwege laten van consolidatie van bepaalde maatschappijen is alleen dan aanvaardbaar indien, bezien vanuit de individuele entiteit en de som van alle niet-geconsolideerde entiteiten, geen sprake is van beïnvloeding van het inzicht in hetzij het vermogen, hetzij het resultaat, hetzij de solvabiliteit dan wel de liquiditeit. Indien één van deze elementen materieel wordt beïnvloed door consolidatie, kan het element 'verwaarloosbaarheid' niet worden ingeroepen.

23.6.3 Belang dat slechts wordt gehouden om te vervreemden

In een aantal Richtlijnen wordt het criterium 'slechts gehouden om te vervreemden' nader uitgewerkt. Wanneer een rechtspersoon een maatschappij verwerft uitsluitend met de bedoeling om deze later af te stoten, dient hij dit belang op de overnamedatum alleen te classificeren als 'slechts gehouden om te vervreemden' wanneer de verkoop binnen een jaar waarschijnlijk is en op de overnamedatum, of binnen een korte periode na de overname, aan de volgende indicatoren wordt voldaan (RJ 217.305):
- de maatschappij is geschikt voor onmiddellijke vervreemding;
- er is een verkoopbesluit genomen en er is een verkoopplan opgesteld;

- met de uitvoering van het verkoopbesluit en -plan is feitelijk een begin gemaakt;
- de verkoopprijs is in overeenstemming met de reële waarde; en
- het is niet te verwachten dat het verkoopplan fundamenteel gewijzigd zal worden of zal worden ingetrokken.

Meestal wordt binnen drie maanden na de overnamedatum aan deze indicatoren voldaan. Een belang dat voldoet aan de voorwaarden 'slechts gehouden om te vervreemden' dient te worden opgenomen onder de vlottende activa (RJ 217.305). Indien de verkoop langer duurt dan een jaar maar dit het gevolg is van feiten of omstandigheden die buiten de invloedssfeer van de rechtspersoon liggen en er voldoende aanwijzingen zijn dat de rechtspersoon zich zal houden aan het verkoopplan, blijft het belang toch als 'slechts gehouden om te vervreemden' aangemerkt (RJ 217.306). Vanaf het moment dat niet meer wordt voldaan aan de voorwaarden 'slechts gehouden om te vervreemden' dienen de financiële gegevens van het belang te worden geconsolideerd in die van de deelnemende rechtspersoon (RJ 217.307). IFRS 5 geeft regels voor maatschappijen die worden gehouden om te vervreemden die afwijkend zijn van de Nederlandse regels; voor een uitgebreide behandeling wordt verwezen naar hoofdstuk 33.

23.6.4 Vrijstelling voor participatiemaatschappijen en beleggingsentiteiten
Dutch GAAP

In RJ 217.308 wordt in relatie tot participatiemaatschappijen en beleggingsentiteiten ingegaan op de bepaling van artikel 2:407 lid 1 BW, dat gegevens van een maatschappij waarin het belang uitsluitend wordt gehouden om het te vervreemden, niet in de geconsolideerde jaarrekening behoeven te worden opgenomen. Voor meerderheidsparticipaties respectievelijk meerderheidsbelangen van participatiemaatschappijen en beleggingsentiteiten kan deze bepaling worden toegepast als er ten aanzien van deze participaties en meerderheidsbelangen vanaf het moment van aankoop een concrete exitstrategie is geformuleerd, zodanig dat duidelijk is dat deze participaties en meerderheidsbelangen slechts gehouden worden om ze te vervreemden op een volgens de exitstrategie gedefinieerd moment. Over het algemeen wordt een termijn tussen de vijf en tien jaar aanvaardbaar geacht, waarbij geldt dat een termijn tot vijf jaar geen discussie zal opleveren.

Toelichting

De rechtspersoon die gebruikmaakt van de vrijstelling dient de toepassing van de vrijstelling en de reden te vermelden (RJ 217.308). Bovendien moeten de volgende gegevens worden vermeld:
- naam en woonplaats en verschafte aandeel in het geplaatste kapitaal van de participaties/beleggingen (RJ 217.308b);
- welke afspraken of beperkingen er zijn voor de participaties om dividenduitkeringen te doen of terugbetalingen van leningen of voorschotten (RJ 217.308c);
- welke afspraken of voornemens er zijn om financiële steun aan de participaties of beleggingsentiteiten te verlenen of welke afspraken of voornemens er zijn om participaties te ondersteunen bij het verkrijgen van financiële steun (RJ 217.308c). Naast de aard en de omvang van de afspraken of voornemens dienen tevens de redenen voor het verlenen van financiële steun of het bijstaan bij het verkrijgen van financiële steun te worden vermeld.

IFRS 10

Onder IFRS 10 is het participatiemaatschappijen (investment entities) niet toegestaan de gehouden participaties te consolideren als aan een aantal voorwaarden is voldaan.
Participatiemaatschappijen moeten de participaties waarderen tegen fair value met waardewijzigingen in de winst-en-verliesrekening in overeenstemming met IFRS 9.

Een participatiemaatschappij is een onderneming die (aan alle drie de elementen moet zijn voldaan, IFRS 10.27):
- fondsen verkrijgt van een of meer beleggers met het doel deze beleggers te voorzien van professionele beleggingsmanagement diensten;
- zich verplicht naar de beleggers dat het doel van de participatiemaatschappij is om uit de participaties waardestijgingen of dividenden of allebei te genereren; en
- de performance van de participaties waardeert en beoordeelt aan de hand van de reële waarde van de participaties.

Om na te gaan of aan de definitie van een participatiemaatschappij wordt voldaan, kan worden beoordeeld of sprake is van de volgende karakteristieken (IFRS 10.28):
- de participatiemaatschappij heeft meer dan één participatie om het risico van de beleggers te spreiden en de opbrengsten te maximeren;
- de participatiemaatschappij heeft meer dan één belegger die hun beleggingen bundelen teneinde beleggingsopbrengsten te maximeren;
- de beleggers zijn geen verbonden partijen van de participatiemaatschappij;
- de participatiemaatschappij heeft participaties in de vorm van eigenvermogensbelangen of soortgelijke belangen.

De application guidance bij IFRS 10 (IFRS 10.B85A en verder) geeft aanwijzingen voor de beoordeling of sprake is van een participatiemaatschappij.

Doel van de participatiemaatschappij

Het doel van een participatiemaatschappij is het investeren in participaties met het oog op het realiseren van waardestijgingen of dividenduitkeringen of allebei. Een participatiemaatschappij mag ook beleggingsgerelateerde diensten verstrekken aan de beleggers of aan derden, ook als die activiteiten substantieel voor de onderneming zijn. Activiteiten die een participatiemaatschappij tevens mag verrichten, mits deze activiteiten geen substantiële afgezonderde activiteit of afzonderlijke substantiële inkomstenbron vertegenwoordigen zijn:
- het leveren van management diensten en strategisch advies aan een participatie;
- het bieden van financiële ondersteuning aan een participatie.

Exitstrategie

Een participatiemaatschappij houdt de participaties niet oneindig aan. Er moet een exitstrategie aanwezig zijn waarin is vastgelegd op welke wijze de participatiemaatschappij de deelname in de participatie zal beëindigen.

Reële waarde waardering

De participatiemaatschappij moet aantonen dat reële waarde de primair gebruikte grondslag is. Reële waarde moet gebruikt worden door de participatiemaatschappij, zowel intern in de managementinformatie als extern naar de beleggers.

Verschillen Dutch GAAP - IFRS

De in Nederlandse wet- en regelgeving bestaande uitzonderingen dat gegevens van groepsmaatschappijen die moeilijk te verkrijgen zijn en gegevens van groepsmaatschappijen die slechts voor verkoop worden aangehouden (inclusief meerderheidsparticipaties van participatiemaatschappijen), niet behoeven te worden geconsolideerd, kent IFRS niet. IFRS 5 geeft wel regels voor maatschappijen die zullen worden vervreemd ('held for sale') die afwijkend zijn van de Nederlandse regels; voor een uitgebreide behandeling wordt verwezen naar hoofdstuk 33. Onder IFRS 10 is het participatiemaatschappijen ('investment entities') niet toegestaan de gehouden participaties te consolideren als aan een aantal voorwaarden is voldaan. Onder Nederlandse wet- en regelgeving geldt een vrijstelling van consolidatie indien sprake is van een participatiemaatschappij met een concrete exitstrategie ten aanzien van de gehouden participaties. Anders dan onder IFRS is onder Nederlandse wet- en regelgeving consolidatie door participatiemaatschappijen niet verboden.

23.7 Einde consolidatieplicht

Zoals de consolidatieplicht aanvangt op het moment dat het groepshoofd beslissende zeggenschap verkrijgt over het zakelijke en financiële beleid van de groepsmaatschappij (RJ 217.402), zo eindigt de consolidatieplicht op het moment dat de rechtspersoon de beslissende zeggenschap verliest (RJ 217.304, IFRS 10.20). Geconsolideerde deelnemingen waarvan het voornemen bestaat deze op termijn af te stoten, blijven in het algemeen in de consolidatie betrokken tot het moment van daadwerkelijke afstoting. Van belang voor de beslissing deze deelnemingen al dan niet te (blijven) consolideren is de vraag of (nog) wordt voldaan aan de criteria voor het zijn van een groepsmaatschappij (RJ 217.304). Het is derhalve niet toegestaan deelnemingen niet langer te consolideren met als argument dat een onvoorwaardelijk besluit tot afstoting door de bevoegde organen van de rechtspersoon is genomen.

Indien een groepsmaatschappij halverwege het boekjaar wordt verkocht dient nog steeds een geconsolideerde jaarrekening te worden opgemaakt waarin de gegevens van de verkochte groepsmaatschappij zijn opgenomen tot aan het moment van daadwerkelijke afstoting. Dit geldt ook als de verkochte groepsmaatschappij de enige groepsmaatschappij was in de consolidatiekring van het groepshoofd. Indien de groepsmaatschappij voor aanvang van het boekjaar is verkocht en er aldus over dat boekjaar geen sprake meer is van consolidatie kan ervoor gekozen worden om in de enkelvoudige jaarrekening een derde kolom toe te voegen waarin de vergelijkende geconsolideerde cijfers over het voorgaand boekjaar zijn opgenomen.

In IFRS 10.25 (uitgewerkt in B98-99) is een bijzondere bepaling opgenomen indien een deelneming waarin beslissende zeggenschap bestaat (en dus wordt geconsolideerd) gedeeltelijk wordt afgestoten, waarbij nog wel invloed van betekenis blijft bestaan, maar geen beslissende zeggenschap meer. Dus bijvoorbeeld een 100%-belang, waarvan 70% wordt verkocht. Niet alleen het verschil tussen de verkoopprijs en de boekwaarde van het 70%-belang wordt in de winst-en-verliesrekening opgenomen. Tevens wordt bepaald dat daarnaast het resterende 30%-belang moet worden geherwaardeerd naar reële waarde en dat het verschil met de boekwaarde eveneens in het resultaat wordt verantwoord. Er wordt als het ware van uitgegaan dat het gehele belang wordt verkocht en dat een nieuwe aankoop van 30% plaatsvindt. Voor een uitgebreide beschrijving van deze situatie verwijzen wij naar paragraaf 10.8.

23.8 Consolidatiegrondslagen
23.8.1 Integrale consolidatie

Bij consolidatie dient de integrale methode te worden toegepast (RJ 217.501, IFRS 10.B86). De proportionele methode kan uitsluitend onder Nederlandse wet- en regelgeving en slechts onder voorwaarden in joint venture-verhoudingen worden toegepast (RJ 217.217). Zie paragraaf 23.8.2.

Bij de integrale methode worden de activa en verplichtingen, alsmede de baten en lasten voor 100% in de geconsolideerde jaarrekening van de rechtspersoon opgenomen. Bij de proportionele methode worden de activa en passiva alsmede de baten en lasten naar evenredigheid van het kapitaalbelang respectievelijk aandeel in het resultaat opgenomen (RJ 217.501).

Aandeel van derden

Indien het belang van de rechtspersoon minder dan 100% bedraagt, wordt het aandeel van derden in het eigen vermogen van geconsolideerde maatschappijen in de geconsolideerde balans afzonderlijk opgenomen. Deze post wordt bij een horizontale opstelling (scontrovorm) van de geconsolideerde balans direct na het eigen vermogen opgenomen en bij een verticale opstelling (staffelvorm) direct voor het eigen vermogen. In IFRS (IFRS 10.22) maakt het aandeel van derden ('non-controlling interest') deel uit van het eigen vermogen, maar wordt wel afzonderlijk gepresenteerd van het eigen vermogen dat aan de aandeelhouders van de rapporterende rechtspersoon toekomt. Het aandeel van derden in het resultaat van geconsolideerde maatschappijen wordt onder Nederlandse wet- en regelgeving afzonderlijk als laatste post in de geconsolideerde winst-en-verliesrekening in aftrek op het groepsresultaat gebracht (RJ 217.501). Op grond van IFRS dient een entiteit afzonderlijk aan te geven welk deel van het nettoresultaat en van het totaalresultaat toekomt aan de aandeelhouders van de vennootschap en welk deel aan de derde-aandeelhouders (IAS 1.81b).

In RJ 217.502 en IFRS 10.B89 wordt voorts bepaald dat bij de verwerking van een minderheidsbelang geen rekening dient te worden gehouden met instrumenten die potentiële stemrechten in de deelneming bevatten, maar uitsluitend met de op de balansdatum aanwezige rechten op economische voordelen in verband met de activiteiten van de groepsmaatschappij. Bij de bepaling of sprake is van 'control' wordt wel rekening gehouden met potentiële stemrechten (zie par. 23.5).

Voor een meer uitgebreide behandeling van het aandeel van derden wordt verwezen naar paragraaf 15.5 en voor de verwerking van put/callopties wordt verwezen naar paragraaf 25.2.6.

Voorbeeld vermelding belang van derden in balans (Dutch GAAP)	
Eigen vermogen	100
Aandeel van derden in groepsvermogen	20
Groepsvermogen	120
Voorzieningen	15
Langlopende schulden	140
Kortlopende schulden	70
Totaal passiva	345
Onder IFRS als volgt:	
Eigen vermogen dat toekomt aan aandeelhouders van de vennootschap	100
Aandeel van derden in groepsvermogen	20
Totaal eigen vermogen	120

23 Consolidatie

Voorbeeld vermelding belang van derden in winst-en-verliesrekening (Dutch GAAP)	
Netto-omzet	**1.000**
Kostprijs van de omzet	800
Bruto-omzetresultaat	**200**
Verkoopkosten	20
Algemene beheerskosten	30
Som der kosten	50
Netto-omzetresultaat	**150**
Overige bedrijfsopbrengsten	35
Rentebaten	5
Rentelasten	10
Resultaat uit gewone bedrijfsuitoefening voor belastingen	**180**
Belastingen	45
Resultaat uit gewone bedrijfsuitoefening na belastingen	**135**
Aandeel van derden in het resultaat van groepsmaatschappijen	15
Nettowinst	**120**
Onder IFRS als volgt:	
Netto winst:	135
Toe te rekenen aan aandeelhouders van de vennootschap	120
Aandeel van derden in het resultaat van groepsmaatschappijen	15

Toerekening verliezen aan belang derden

De aan het belang van derden toerekenbare verliezen kunnen het belang van derden in het eigen vermogen van de geconsolideerde maatschappij overtreffen (doorgaans is er dan sprake van een negatief eigen vermogen bij de deelneming). Alsdan komen het verschil en eventuele verdere verliezen volledig ten laste van de meerderheidsaandeelhouder, tenzij en voor zover de minderheidsaandeelhouder de verplichting heeft, en in staat is, om die verliezen voor zijn rekening te nemen. Als de deelneming vervolgens weer winst maakt, komen die winsten volledig ten gunste van de meerderheidsaandeelhouder totdat de door de meerderheidsaandeelhouder voor zijn rekening genomen aan de minderheidsaandeelhouder toerekenbare verliezen zijn goedgemaakt (RJ 217.508). IFRS 10.B94 kent een andere regeling voor de toerekening van verliezen aan het belang van derden (aangeduid als 'non-controlling interest'). Verliezen van groepsmaatschappijen die toerekenbaar zijn aan het belang van derden worden ook als zodanig gepresenteerd, ook als het belang van derden niet aansprakelijk is om de verliezen voor zijn rekening te nemen; eventuele garantiestellingen van de moeder en van de non-controlling interest worden afzonderlijk verwerkt.

Wijzigingen in aandeel derden

Aankoop van aandelen

Het aandeel derden kan dalen doordat het belang in een al geconsolideerde deelneming wordt uitgebreid (van bijvoorbeeld 80% naar 90%).

IFRS 10 schrijft voor om in de situatie waarin reeds beslissende zeggenschap bestaat een inkoop van eigen aandelen of een aankoop van een aandeel van derden ('non-controlling interest') te verwerken via het eigen vermogen

(IFRS 10.23). Dit komt voort uit de beschouwingswijze dat de geconsolideerde jaarrekening wordt opgesteld vanuit de 'economic entity' en niet vanuit het gezichtspunt van de moedermaatschappij; een aankoop van een aandeel van derden verandert aan deze 'economic entity' niets en betreft uitsluitend een verschuiving tussen aandeelhouders.

De boekwaarde van het meerderheidsbelang en het minderheidsbelang ('non-controlling interest') moeten worden aangepast om de gewijzigde verhoudingen in de deelneming weer te geven. Onder Nederlandse wet- en regelgeving zijn er twee opties om de aankoop van een aandeel van derden te verwerken;
- via de post goodwill, of
- via het eigen vermogen.

Voor een uitgebreide behandeling wordt verwezen naar paragraaf 10.7.

Verkoop van aandelen
Bij een toename van het aandeel derden (verkoop met behoud van zeggenschap) schrijft IFRS 10 voor om te verwerken via het eigen vermogen.

Onder Nederlandse wet- en regelgeving zijn er twee opties om de verkoop te verwerken (RJ 214.315):
- via de winst-en-verliesrekening, of
- via het eigen vermogen.

De RJ spreekt geen voorkeur uit omdat de keuze van de verwerkingswijze veel te maken heeft met de zienswijze op de verkoop. Bij verwerking in de winst-en-verliesrekening wordt verkoop aan derden beschouwd vanuit de economische realiteit als een verkoop van een deel van de aandelen. Bij de verwerking in het eigen vermogen wordt de verkoop meer gezien als een vermogensverschuiving tussen de bestaande aandeelhouders onderling. Voor een uitgebreide behandeling wordt verwezen naar paragraaf 10.8.

Verschillen Dutch GAAP - IFRS
De aan het belang van derden toerekenbare verliezen komen op grond van Nederlandse wet- en regelgeving volledig ten laste van de meerderheidsaandeelhouder. Onder IFRS worden verliezen van groepsmaatschappijen die toerekenbaar zijn aan het belang van derden ook als zodanig gepresenteerd, ook als het belang van derden niet aansprakelijk is om de verliezen voor zijn rekening te nemen; eventuele garantiestellingen van de moeder en van de non-controlling interest worden afzonderlijk verwerkt.

In IFRS 10 wordt voorgeschreven om in de situatie waarin reeds beslissende zeggenschap bestaat een inkoop van eigen aandelen of een aankoop van een aandeel van derden te verwerken via het eigen vermogen.

Onder Nederlandse wet- en regelgeving zijn er twee opties om de aankoop van een aandeel van derden te verwerken:
- via de post goodwill, of
- via het eigen vermogen.

23.8.2 Proportionele consolidatie (Dutch GAAP)

De proportionele methode kan slechts onder voorwaarden in joint-ventureverhoudingen worden toegepast (RJ 217.503). Artikel 2:409 BW vermeldt de voorwaarden: 'De financiële gegevens van een rechtspersoon of

vennootschap mogen in de geconsolideerde jaarrekening worden opgenomen naar evenredigheid tot het daarin gehouden belang, indien:
▶ in die rechtspersoon of vennootschap een of meer in de consolidatie opgenomen maatschappijen krachtens een regeling tot samenwerking met andere aandeelhouders, leden of vennoten samen de rechten of bevoegdheden kunnen uitoefenen als bedoeld in artikel 24a lid 1 BW (zie voor het begrip joint venture par. 11.1); en
▶ hiermee voldaan wordt aan het wettelijk inzichtsvereiste.

Bij de proportionele methode worden de activa en verplichtingen alsmede de baten en lasten naar evenredigheid van het kapitaalbelang respectievelijk aandeel in het resultaat opgenomen (RJ 217.501). Hieruit volgt dat bij proportionele consolidatie geen sprake is van een minderheidsbelang.

Proportionele verantwoording (IFRS 11)
IFRS 11 is de standaard die de classificatie van overeenkomsten met gezamenlijke zeggenschap ('joint arrangements') regelt. Daarbij wordt onderscheid gemaakt tussen 'joint ventures' en 'joint operations'. Toelichtingseisen zijn opgenomen in IFRS 12.

Het uitgangspunt van IFRS 11 is dat geen sprake meer kan zijn van proportionele consolidatie van joint ventures. Voor joint operations vindt zowel in de enkelvoudige als geconsolideerde jaarrekening proportionele verantwoording plaats. Voor een uitgebreide behandeling van IFRS 11 wordt verwezen naar hoofdstuk 11.

Verschillen Dutch GAAP - IFRS
Naar Nederlandse grondslagen worden de proportioneel geconsolideerde posten samengevoegd met de integraal geconsolideerde posten. Onder IFRS kan geen sprake zijn van proportionele consolidatie.

23.8.3 Uniforme grondslagen van waardering en resultaatbepaling
Ongeacht de gehanteerde consolidatiemethode dienen de posten in de geconsolideerde jaarrekening in beginsel op dezelfde grondslagen van waardering en resultaatbepaling te worden opgesteld als de enkelvoudige jaarrekening. Alleen wegens gegronde, in de toelichting te vermelden redenen mogen afwijkende grondslagen worden toegepast (art. 2:410 lid 3 BW, RJ 217.504). Indien de gegevens van te consolideren maatschappijen zijn opgesteld op basis van grondslagen die afwijken van de grondslagen van de geconsolideerde jaarrekening en hiervan in totaliteit een belangrijke invloed uitgaat op de geconsolideerde balans en winst-en-verliesrekening, dienen deze gegevens te worden gecorrigeerd alvorens ze in de geconsolideerde gegevens te verwerken (RJ 217.504). IFRS schrijft in deze situatie steeds aanpassing voor (IFRS 10.B87).

Verschillen Dutch GAAP - IFRS
In tegenstelling tot Nederlandse wet- en regelgeving schrijft IFRS onder alle omstandigheden uniforme grondslagen voor consolidatie voor.

23.8.4 Eliminatie van onderlinge relaties en resultaten
In de geconsolideerde jaarrekening dienen de relaties tussen de geconsolideerde maatschappijen te worden geëlimineerd, dat wil zeggen: onderlinge aandelenverhoudingen, vorderingen en schulden alsmede onderlinge transacties blijven buiten aanmerking (RJ 217.507, IFRS 10.B86).
Resultaten op onderlinge transacties tussen in de consolidatie opgenomen maatschappijen dienen zowel uit de balanswaardering als uit het resultaat te worden geëlimineerd voor zover de resultaten niet door transacties met derden buiten de groep zijn gerealiseerd (RJ 217.507, IFRS 10.B86). Dit is eveneens van toepassing voor transacties waarbij de (in de consolidatie opgenomen) kopende maatschappij een niet-100%-belang is. Hiermede

wordt bereikt dat de balans en het resultaat van de groep niet worden beïnvloed door interne transacties binnen de economische eenheid (RJ 217.507).

Zie voor een uitgebreide behandeling van de eliminatie van intercompany-transacties verder paragraaf 26.6.

23.8.5 Consolidatie van groepsmaatschappij met negatief eigen vermogen

Indien in de enkelvoudige jaarrekening voor het aandeel in het negatieve eigen vermogen van de deelneming géén voorziening (of een voorziening voor een ander bedrag dan het negatieve eigen vermogen van de deelneming) wordt getroffen (zie daarvoor par. 10.4.3.4), wijkt het eigen vermogen volgens de enkelvoudige jaarrekening af van het eigen vermogen volgens de geconsolideerde jaarrekening. Die afwijking moet worden toegelicht in de enkelvoudige jaarrekening (RJ 217.508).

23.9 Inhoud geconsolideerde jaarrekening

23.9.1 Toepasselijke bepalingen Titel 9 Boek 2 BW

De bepalingen van Titel 9 van Boek 2 BW zijn in beginsel van overeenkomstige toepassing op de geconsolideerde jaarrekening. Een aantal bepalingen is niet van toepassing in de geconsolideerde jaarrekening. Dit betreffen onder andere (art. 2:410 lid 1 BW, art. 2:411 lid 1 BW, RJ 217.505):
- de mutaties in het eigen vermogen en de uitsplitsing daarvan; en
- de vermelding van de bezoldiging van bestuurders en commissarissen en de aan hen verstrekte leningen.

Daarnaast hoeven voorraden niet te worden uitgesplitst indien dat wegens bijzondere omstandigheden onevenredige kosten zou vergen (art. 2: 410 lid 2 BW).

23.9.2 Balansdatum geconsolideerde jaarrekening

De balansdatum voor de geconsolideerde jaarrekening is dezelfde als voor de enkelvoudige jaarrekening (art. 2:412 lid 1 BW, RJ 217.506 en IFRS 10.B92).
Onder omstandigheden kan voor de consolidatie worden uitgegaan van gegevens per een afwijkende datum. Dit kan zich voordoen wanneer na verwerving van een groepsmaatschappij de berichtgeving nog niet is aangepast aan die van de groep en er nog verschillen kunnen zijn ten aanzien van afsluitdata. Ingevolge artikel 2:412 BW mag deze afwijking echter nooit meer dan drie maanden bedragen. Mutaties in deze periode die het beeld van de balans of resultatenrekening van de groep zouden verstoren indien ze niet verwerkt zouden worden, dienen in de geconsolideerde overzichten te worden verwerkt (RJ 217.506).

Formeel bezien is de regelgeving van IFRS 10.B92 strikter. Aldaar wordt bepaald dat de betreffende te consolideren entiteiten in beginsel additioneel voor de consolidatie financiële gegevens per de balansdatum van de consoliderende entiteit dienen op te stellen, waarbij overigens wel wordt onderkend dat dit ondoenlijk kan zijn; in laatstgenoemde situatie geeft IFRS 10.B93 dan aanwijzingen die overeenkomen met de in RJ 217.506 aangegeven werkwijze.

23.9.3 Verschillen eigen vermogen en resultaat enkelvoudig en geconsolideerd

Indien deelnemingen in maatschappijen waarin invloed van betekenis op het zakelijke en financiële beleid wordt uitgeoefend in de enkelvoudige jaarrekening tegen netto-vermogenswaarde zijn opgenomen, komen het eigen vermogen en het resultaat volgens de enkelvoudige jaarrekening in het algemeen overeen met het eigen vermogen en het resultaat volgens de geconsolideerde jaarrekening. Indien het eigen vermogen en het nettoresultaat volgens de enkelvoudige jaarrekening en het eigen vermogen en het nettoresultaat volgens de geconsolideerde jaarrekening niet met elkaar overeenstemmen, worden overeenkomstig artikel 2:389 lid 10 BW de verschillen in de toelichting bij de enkelvoudige jaarrekening vermeld (RJ 217.401).

Verschillen Dutch GAAP - IFRS
Indien het eigen vermogen en het nettoresultaat volgens de enkelvoudige jaarrekening en het eigen vermogen en het nettoresultaat volgens de geconsolideerde jaarrekening niet met elkaar overeenstemmen, worden overeenkomstig artikel 2:389 lid 10 BW de verschillen in de toelichting bij de enkelvoudige jaarrekening vermeld (RJ 217.401). IFRS 10 kent een dergelijke eis niet, echter de Nederlandse wet- en regelgeving verplicht deze aanvullende toelichting, ook indien de onderneming IFRS toepast.

23.9.4 Resultaat uit groepsmaatschappij
De resultaten van de in de loop van het jaar verworven groepsmaatschappijen dienen in het groepsresultaat te worden verwerkt voor zover ze na het moment van verwerving zijn behaald (RJ 217.402, IFRS 10.B88).

Het is evenwel om praktische redenen, bijvoorbeeld vanwege de beschikbaarheid van financiële gegevens, aanvaardbaar de verwerking van de resultaten aan te vangen op een ander moment dan het moment van verwerving, mits dit geen materiële invloed heeft op vermogen en resultaat (RJ 217.402). Indien bijvoorbeeld een maatschappij per 15 december wordt verworven, kan het om praktische redenen aanvaardbaar zijn om de resultaten van deze maatschappij pas vanaf 1 januari van het volgend boekjaar op te nemen. IFRS kent een zelfde soort praktische uitzondering: de zogenoemde 'convenience date' wat erop neerkomt dat het toegestaan is om een datum aan het begin of het einde van de maand te nemen (als de onderneming de boeken sluit) in plaats van een datum gedurende de maand ervan uitgaande dat er geen sprake is van gebeurtenissen die resulteren in materiële afwijkingen in de verantwoorde bedragen (IFRS 3.BC 110).

Bij beëindiging van een groepsrelatie worden de resultaten van de voormalige groepsmaatschappij in het groepsresultaat verwerkt tot het moment van de beëindiging van de groepsrelatie (RJ 217.304, IFRS 10.B88).

Ten behoeve van het inzicht in de ontwikkeling van vermogen en resultaat kan het doelmatig zijn bij wijze van toelichting een pro-forma winst-en-verliesrekening op te stellen, waarin de resultaten van de nieuw verworven groepsmaatschappij voor het gehele boekjaar worden verwerkt. In een dergelijke pro forma-opstelling dient eveneens rekening te worden gehouden met mogelijke wijzigingen in financieringslasten en belastingen, die zouden zijn ingetreden indien de acquisitie reeds aan het begin van het boekjaar had plaatsgevonden. Met betrekking tot in de loop van het jaar afgestoten groepsmaatschappijen kan op vergelijkbare wijze met een pro forma-opstelling toelichtende informatie worden verstrekt (RJ 217.402). Op grond van IFRS 3.B64 dient als pro forma informatie de netto-omzet en de winst/het verlies van de onderneming voor het gehele boekjaar verplicht te worden opgenomen alsof de nieuw verworven entiteiten het gehele boekjaar onderdeel zijn geweest van de groep. Ook vereist IFRS 3.B64 toelichting van de omzet en de winst/verlies van de overgenomen onderneming sinds de acquisitiedatum, dus die zijn opgenomen in de geconsolideerde winst-en-verliesrekening.

23.9.5 Vermelding in de toelichting
De toelichting op de geconsolideerde jaarrekening moet een lijst bevatten waarin zijn vermeld de integraal of proportioneel geconsolideerde maatschappijen en de door hen gehouden maatschappijen (art. 2:414 BW). De consoliderende maatschappij die voor een groepsmaatschappij een aansprakelijkheidsverklaring op grond van artikel 2:403 BW afgeeft, moet dit in deze lijst aangeven (art. 2:414 lid 5 BW). Tevens wordt de reden van

niet-consolidatie vermeld indien sprake is van dochtermaatschappijen die niet worden geconsolideerd (art. 2:414 lid 2 BW, RJ 217.403; zie voor een uitgebreide behandeling van de bedoelde lijst par. 21.2.1).

Tevens is de rechtspersoon op grond van Richtlijn 217 verplicht toe te lichten waarom een rechtspersoon al dan niet in de consolidatie wordt betrokken, ingeval dit niet evident is op basis van het gehouden kapitaalbelang (RJ 217.601). Dit kan bijvoorbeeld het geval zijn wanneer een rechtspersoon meer dan 50% van het kapitaal verschaft maar feitelijk geen beleidsbepalende invloed heeft of wanneer en rechtspersoon minder dan 50% van het kapitaal verschaft maar wel beleidsbepalende invloed heeft.

Daarnaast moet indien dit noodzakelijk is voor het wettelijk vereiste inzicht in de toelichting van de geconsolideerde jaarrekening informatie worden verschaft over het aandeel van derden in de groep (RJ 217.602). Aan deze toelichting kan bijvoorbeeld invulling worden gegeven door inzicht te geven in het aandeel van derden in de aard en omvang van de posten op de balans en in de resultatenrekening. Dit is met name van belang waar het risicoprofiel, rendementsprofiel of liquiditeitsprofiel voor een activiteit waar derden in participeren belangrijk verschilt van de groep als geheel.

IFRS 12 is van toepassing op alle vermeldingen omtrent groepsmaatschappijen (subsidiaries), joint arrangements, deelnemingen en niet-geconsolideerde SPE's. Een aantal belangrijke toelichtingseisen betreffen de volgende vermeldingen (voor een gedetailleerd overzicht wordt verwezen naar par. 21.2.1.3):

- Een onderneming moet de belangrijke overwegingen en inschattingen toelichten die zijn gemaakt bij de beoordeling of sprake is van control, gezamenlijke control of invloed van betekenis over een andere entiteit. Deze toelichting moet telkens worden gegeven indien er sprake is van wijzigingen in de feiten en omstandigheden waardoor de beoordeling of sprake is van control, gezamenlijke control of invloed van betekenis over een andere entiteit wijzigt. Om aan deze toelichtingseis te voldoen moet de onderneming bijvoorbeeld de belangrijke inschattingen en overwegingen weergeven die zijn gemaakt ten aanzien van het niet consolideren van een onderneming ook al wordt meer dan de helft van de stemrechten gehouden. Dit geldt ook voor de omgekeerde situatie (wel consolideren terwijl minder dan 50% van de stemrechten worden gehouden).
- Indien de onderneming een participatiemaatschappij of beleggingsentiteit is dan zullen ook de belangrijkste overwegingen en inschattingen waarom de onderneming zich een participatiemaatschappij of beleggingsentiteit beschouwt moeten worden toegelicht. Indien de onderneming een van de onder IFRS 10 opgesomde karakteristieken mist zal de onderneming moeten aangeven waarom desondanks geconcludeerd is dat sprake is van een participatiemaatschappij of beleggingsentiteit.
- Op welke wijze potentiële stemrechten in de beoordeling zijn betrokken.
- Informatie omtrent belang van derden, joint arrangements en deelnemingen die individueel belangrijk zijn. Een groepshoofd is bijvoorbeeld onder IFRS 12 verplicht om voor iedere groepsmaatschappij met een materieel belang van derden, samengevatte financiële informatie in de toelichting op te nemen.
- Een onderneming is verplicht om de aard en reikwijdte van en de veranderingen in de risico's die samenhangen met zijn belangen in geconsolideerde en niet-geconsolideerde SPC's toe te lichten. Een onderneming is bijvoorbeeld verplicht om de voorwaarden van een overeenkomst toe te lichten op grond waarvan de onderneming verplicht zou kunnen worden financiële steun te geven.

24 De enkelvoudige jaarrekening

24.1 Begripsbepaling	
Enkelvoudige jaarrekening	Jaarrekening van een individuele juridische entiteit.
IFRS	Indien een geconsolideerde jaarrekening aanwezig is: separate financial statements.
	Indien geen geconsolideerde jaarrekening aanwezig is: individual financial statements en eventueel aanvullend separate financial statements.
24.2 Relatie enkelvoudige en geconsolideerde jaarrekening	
Regelgeving omtrent de jaarrekening	Alle regelgeving omtrent de 'jaarrekening' is zowel op de enkelvoudige als op de geconsolideerde jaarrekening van toepassing.
Invloed van grootte rechtspersoon	Onder Dutch GAAP zijn vrijstellingen mogelijk afhankelijk van de grootte van de rechtspersoon.
	Onder IFRS zijn geen vrijstellingen mogelijk.
24.3 Verschijningsvormen van de enkelvoudige jaarrekening(Dutch GAAP)	
Verschijningsvormen	Er zijn verschillende verschijningsvormen mogelijk onder Dutch GAAP afhankelijk van welk stelsel van regels wordt toegepast. De verschillende mogelijkheden zijn: ▶ enkelvoudige jaarrekening op basis van Dutch GAAP als er geen geconsolideerde jaarrekening is opgesteld; ▶ enkelvoudige jaarrekening op basis van IFRS als er geen geconsolideerde jaarrekening is opgesteld; ▶ enkelvoudige jaarrekening op basis van Dutch GAAP als de geconsolideerde jaarrekening op basis van Dutch GAAP is opgesteld (combinatie 1); ▶ enkelvoudige jaarrekening op basis van Dutch GAAP als de geconsolideerde jaarrekening op basis van IFRS is opgesteld (combinatie 2); ▶ enkelvoudige jaarrekening op basis van Dutch GAAP met toepassing van de waarderingsgrondslagen uit de geconsolideerde jaarrekening als de geconsolideerde jaarrekening op basis van IFRS is opgesteld (combinatie 3); ▶ enkelvoudige jaarrekening op basis van IFRS als de geconsolideerde jaarrekening op basis van IFRS is opgesteld (combinatie 4)

24.4 Verschijningsvormen van de enkelvoudige jaarrekening (IFRS)	
Verschijningsvormen	Er zijn verschillende verschijningsvormen mogelijk onder IFRS: ▶ de 'individual financial statements', indien geen sprake is van subsidiaries; ▶ 'separate financial statements', kan voorkomen naast de geconsolideerde jaarrekening of naast de 'individual financial statements'.
24.5 Enkelvoudig eigen vermogen – geconsolideerd eigen vermogen	
Verschillen	Afhankelijk van de gekozen combinatie en de voorkomende posten in de jaarrekening kunnen er verschillen ontstaan tussen het enkelvoudig eigen vermogen en het geconsolideerd eigen vermogen.
24.6 Uitkeringen van vermogen	
Eisen voor het doen van uitkeringen	De enkelvoudige jaarrekening geeft inzicht in het vrij uitkeerbare bedrag van het eigen vermogen. De belangrijkste eisen zijn de vermogenstoets en de liquiditeitstoets. De vermogenstoets houdt in dat er voldoende vrij uitkeerbaar vermogen in de rechtspersoon aanwezig moet zijn. De liquiditeitstoets houdt in dat een BV ook na de uitkering aan de opeisbare schulden zal kunnen voldoen.

24.1 Begripsbepaling

De jaarrekening bestaat uit twee afzonderlijke, los van elkaar staande jaarrekeningen, de enkelvoudige jaarrekening en de geconsolideerde jaarrekening (art. 2:361 lid 1 BW, RJ 110.101 en RJ 217.101). De enkelvoudige jaarrekening, ook wel vennootschappelijke jaarrekening genoemd, is de jaarrekening van een individuele juridische entiteit, met andere woorden van de rechtspersoon zelf. In IFRS wordt de enkelvoudige jaarrekening in het geval dat een geconsolideerde jaarrekening wordt opgesteld meestal aangeduid als 'separate financial statements'. Als een rechtspersoon die geen groepsmaatschappijen, belangen in joint ventures of deelnemingen heeft, onder IFRS maar één jaarrekening opstelt dan worden die **niet** als 'separate financial statements' aangemerkt maar als 'individual financial statements'. Echter, een rechtspersoon kan ook 'separate financial statements' opstellen in aanvulling op 'individual financial statements'; zie verder paragraaf 24.4.

De enkelvoudige jaarrekening op basis van Dutch GAAP bestaat uit de balans, de winst-en-verliesrekening, het kasstroomoverzicht en de toelichting daarop. Een kasstroomoverzicht op enkelvoudige basis behoeft alleen te worden opgesteld indien een geconsolideerde jaarrekening ontbreekt (RJ 360.106). Een enkelvoudige jaarrekening op basis van IFRS bevat behalve de genoemde elementen daarnaast nog een 'other comprehensive income statement' (zie voor een bespreking hiervan par. 5.7) en het statement of changes in equity als primair statement (zie voor een bespreking hiervan par. 15.4.2).

In dit hoofdstuk worden enkele bijzonderheden met betrekking tot de enkelvoudige jaarrekening besproken. Voor zover bepaalde zaken omtrent de enkelvoudige jaarrekening worden uitgewerkt in andere hoofdstukken wordt daarnaar verwezen. De toelichting omtrent verbonden partijen wordt besproken in paragraaf 21.2.8.3.

24 De enkelvoudige jaarrekening

24.2 Relatie enkelvoudige en geconsolideerde jaarrekening

Uit de wet (art. 2:361 lid 1 BW) en wetsgeschiedenis[1] blijkt dat zowel de enkelvoudige als de geconsolideerde jaarrekening onder het begrip jaarrekening valt, zodat alle regelgeving omtrent de 'jaarrekening' zowel op de enkelvoudige als op de geconsolideerde jaarrekening van toepassing is.

Als een geconsolideerde jaarrekening niet behoeft te worden opgesteld omdat geen sprake is van een groep en groepsmaatschappijen of indien sprake is van een consolidatievrijstelling (bijvoorbeeld op grond van art. 2:408 BW; zie par. 23.4) dan bestaat de enkelvoudige jaarrekening alleen uit de vereiste informatie over de rechtspersoon zelf. Informatie omtrent groepsmaatschappijen behoeft slechts te worden opgenomen in de geconsolideerde jaarrekening. Indien Dutch GAAP wordt toegepast moeten alle Dutch GAAP vereisten worden gevolgd, hoewel er afhankelijk van de grootte van de rechtspersoon vrijstellingen mogelijk zijn (zie par. 24.3.1). Indien IFRS wordt toegepast in de enkelvoudige jaarrekening zijn alle IFRS vereisten van toepassing. Er zijn dan geen vrijstellingen mogelijk op grond van de grootte van de rechtspersoon. Ook accountantscontrole is in dat geval verplicht. Als gesproken wordt over een IFRS enkelvoudige jaarrekening (zonder geconsolideerde jaarrekening) wordt gesproken over 'individual financial statements'; zie voor een uitgebreide behandeling par. 24.4. Het grote verschil tussen 'individual financial statements' en 'separate financial statements' zit in de waardering van deelnemingen.

24.3 Verschijningsvormen van de enkelvoudige jaarrekening (Dutch GAAP)

Het bestuur van een rechtspersoon of vennootschap die valt onder het bereik van Titel 9 Boek 2 BW (zie daarvoor par. 1.2.2), is verplicht jaarlijks een enkelvoudige jaarrekening op te maken en, indien van toepassing, tevens een geconsolideerde jaarrekening (vgl. art. 2:361 lid 1 BW). Voor het opstellen van een geconsolideerde jaarrekening zijn enkele vrijstellingen van toepassing. Voor het opstellen van de enkelvoudige jaarrekening zijn geen vrijstellingen mogelijk: voor alle rechtspersonen die onder Titel 9 vallen geldt dat een enkelvoudige jaarrekening moet worden opgesteld.

De enkelvoudige jaarrekening kent verschillende verschijningsvormen afhankelijk van de vraag welk stelsel van regels wordt toegepast (Dutch GAAP of IFRS) en of er tevens sprake is van een geconsolideerde jaarrekening. De volgende vormen kunnen worden onderscheiden:

- enkelvoudige jaarrekening op basis van Dutch GAAP; zie par. 24.3.1;
- enkelvoudige jaarrekening op basis van IFRS (tevens moet aan enkele Dutch GAAP-eisen worden voldaan), zie par. 24.3.2;
- enkelvoudige jaarrekening indien tevens een geconsolideerde jaarrekening wordt opgesteld op basis van Dutch GAAP (combinatie 1), zie par. 24.3.3;
- enkelvoudige jaarrekening indien tevens een geconsolideerde jaarrekening wordt opgesteld op basis van IFRS:
  - Combinatie 2, deze combinatie houdt in dat de enkelvoudige jaarrekening geheel voldoet aan de Nederlandse wet- en regelgeving zonder toepassing van de optie om de in de geconsolideerde jaarrekening gehanteerde IFRS-grondslagen toe te passen, zie par. 24.3.4;
  - Combinatie 3, deze combinatie houdt in dat in de enkelvoudige jaarrekening gebruik wordt gemaakt van de optie om de in de geconsolideerde jaarrekening gehanteerde IFRS-grondslagen toe te passen, zie par. 24.3.5;
  - Combinatie 4, deze combinatie houdt in dat de geconsolideerde en enkelvoudige jaarrekening ieder afzonderlijk dienen te voldoen aan de IFRS-eisen, zie par. 24.3.6.

---

[1] Wet uitvoering IAS-verordening, IAS 39-richtlijn en moderniseringsrichtlijn, nota naar aanleiding van het verslag (Kamerstukken II 29 737, nr. 7).

24.3.1 Enkelvoudige jaarrekening op basis van Dutch GAAP indien geen geconsolideerde jaarrekening wordt opgesteld

Zoals hierboven gesteld is elke rechtspersoon of vennootschap die onder Titel 9 valt verplicht een enkelvoudige jaarrekening op te stellen. Indien niet tevens een geconsolideerde jaarrekening wordt opgesteld en gekozen wordt de enkelvoudige jaarrekening op te stellen op basis van Dutch GAAP zijn de eisen van Titel 9 en de Richtlijnen voor de jaarrekening van toepassing. Afhankelijk van de grootte van de rechtspersoon en de plaats van de rechtspersoon in een eventuele groep kunnen er vrijstellingen van toepassing zijn (zie hiervoor de hoofdstukken 42, 43 en 44).

24.3.2 Enkelvoudige jaarrekening op basis van IFRS indien geen geconsolideerde jaarrekening wordt opgesteld

Ook zonder dat sprake is van een geconsolideerde jaarrekening kan de rechtspersoon ervoor kiezen de enkelvoudige jaarrekening op basis van IFRS op te stellen. De enkelvoudige jaarrekening, 'individual financial statements', moet dan volledig voldoen aan de IFRS-eisen, IAS 27 omtrent 'separate financial statements' is niet van toepassing. IAS 28 (waardering van associates) en IFRS 11 (joint arrangements) zijn onverkort van toepassing. Tevens blijven enkele specifieke bepalingen uit Titel 9 Boek 2 BW van toepassing. Voor zover de Nederlandse wetgeving onderwerpen behandelt die buiten het toepassingsgebied van de IAS-verordening vallen, blijft de Nederlandse wetgeving onverkort van toepassing. Naast de regels voor kapitaalbescherming (zie par. 15.1.3), kan hier gedacht worden aan het bestuursverslag (art. 2:392 BW), het deskundigenonderzoek (art. 2:393 BW) en de deponering (art. 2:394 en 2:395 BW) (RJ 100.110).

24.3.3 Enkelvoudige jaarrekening indien tevens een geconsolideerde jaarrekening wordt opgesteld op basis van Dutch GAAP; combinatie 1

Indien de geconsolideerde jaarrekening wordt opgesteld overeenkomstig Dutch GAAP is de rechtspersoon verplicht de enkelvoudige jaarrekening ook overeenkomstig Dutch GAAP op te stellen. Het is niet toegestaan in de enkelvoudige jaarrekening dan voor de toepassing van IFRS te kiezen.

De enkelvoudige jaarrekening zal wel wat vrijstellingen kunnen bevatten. Zo zal de enkelvoudige winst-en-verliesrekening in zeer vereenvoudigde vorm kunnen worden opgesteld (art. 2:402 BW). De mogelijkheid een winst-en-verliesrekening in zeer vereenvoudigde vorm op te stellen is niet van toepassing voor beursgenoteerde ondernemingen. De deelnemingen in de enkelvoudige jaarrekening worden in beginsel tegen netto-vermogenswaarde gewaardeerd. Daarom kan voor wat betreft de waarderingsgrondslagen en toelichtingen op bepaalde gelijkluidende posten verwezen worden naar de geconsolideerde jaarrekening. Door de toepassing van de netto-vermogenswaarde zijn het geconsolideerd en enkelvoudig eigen vermogen en het geconsolideerd en enkelvoudig resultaat in beginsel aan elkaar gelijk. Er zijn in bepaalde omstandigheden wel een aantal verschillen mogelijk, deze worden besproken in paragraaf 24.5.

24.3.4 Enkelvoudige jaarrekening indien tevens een geconsolideerde jaarrekening wordt opgesteld op basis van IFRS: combinatie 2

Deze combinatie houdt in dat de enkelvoudige jaarrekening volledig voldoet aan de Nederlandse wet-en-regelgeving zonder toepassing van de optie (combinatie 3) om de in de geconsolideerde jaarrekening gehanteerde IFRS-grondslagen toe te passen. De enkelvoudige jaarrekening zal namelijk volledig moeten voldoen aan de Nederlandse wet- en regelgeving omdat de netto-vermogenswaarde volledig moet worden gebaseerd op de waarderings- en resultaatbepalingsgrondslagen van Titel 9. Dat betekent dat voor de geconsolideerde jaarrekening en de enkelvoudige jaarrekening verschillende administratieve systemen (bijv. andere verwerking van goodwill) naast elkaar moeten worden bijgehouden. Deze combinatie zal veelal leiden tot een verschil tussen enkelvoudig en geconsolideerd eigen vermogen en resultaat. Deze combinatie wordt in de praktijk weinig toegepast.

24.3.5 Enkelvoudige jaarrekening indien tevens een geconsolideerde jaarrekening wordt opgesteld op basis van IFRS: combinatie 3

Artikel 2:362 lid 8 BW staat het toe om de geconsolideerde jaarrekening op te stellen op basis van EU-IFRS in combinatie met de enkelvoudige jaarrekening op basis van Titel 9 Boek 2 BW, waarbij de waarderingsgrondslagen worden toegepast die de rechtspersoon ook in de geconsolideerde jaarrekening heeft toegepast. De mogelijkheid om de waarderingsgrondslagen die worden toegepast in de geconsolideerde jaarrekening volgens IFRS ook toe te passen in de enkelvoudige jaarrekening is door de wetgever gecreëerd om het mogelijk te maken het eigen vermogen volgens de enkelvoudige jaarrekening in veel situaties gelijk te houden aan het eigen vermogen volgens de geconsolideerde jaarrekening. Onder de waarderingsgrondslagen vallen ook de classificatiegrondslagen die van invloed zijn op het onderscheid tussen eigen en vreemd vermogen.
Zie voor verdere details over combinatie 3 paragraaf 3.1.5.

24.3.6 Enkelvoudige jaarrekening indien tevens een geconsolideerde jaarrekening wordt opgesteld op basis van IFRS: combinatie 4

Deze combinatie houdt onder andere in dat de geconsolideerde en de enkelvoudige jaarrekening ieder afzonderlijk dienen te voldoen aan de IFRS-eisen. Aanvaardbaar is voor de grondslagen van de waardering en resultaatbepaling in de enkelvoudige jaarrekening te verwijzen naar de geconsolideerde jaarrekening. Tevens blijven enkele specifieke bepalingen uit Titel 9 Boek 2 BW van toepassing. Voor zover de Nederlandse wetgeving onderwerpen behandelt die buiten het toepassingsgebied van de IAS-verordening vallen, blijft de Nederlandse wetgeving van toepassing. Naast de regels voor kapitaalbescherming (zie par. 15.2.5), kan hier ook gedacht worden aan het bestuursverslag (art. 2:392 BW), het deskundigenonderzoek (art. 2:393 BW) en de openbaarmaking (art. 2:394 en 2:395 BW) (RJ 100.110).
Het Besluit modellen jaarrekening is niet van toepassing wanneer de entiteit heeft gekozen voor combinatie 4. Zie voor verdere details over combinatie 4 paragraaf 3.1.5.

24.4 Verschijningsvormen van de enkelvoudige jaarrekening (IFRS)

Op grond van IFRS kunnen de volgende jaarrekeningen voorkomen die hierna worden uiteengezet:
- de geconsolideerde jaarrekening, indien sprake is van subsidiaries;
- de 'individual financial statements', indien geen sprake is van subsidiaries;
- 'separate financial statements', kan voorkomen naast de geconsolideerde jaarrekening of naast de 'individual financial statements'.

IFRS veronderstelt impliciet dat 'de jaarrekening' een jaarrekening is waarin de rapporterende entiteit, de 'parent', haar eigen financiële gegevens met die van haar 'subsidiaries' samenvoegt op basis van de methode van volledige consolidatie. Het uitgangspunt van IFRS is derhalve de geconsolideerde jaarrekening. Heeft een onderneming geen 'subsidiaries' die dienen te worden meegeconsolideerd, dan wordt de jaarrekening van de onderneming op basis van precies dezelfde standaarden en interpretaties opgesteld als die voor een geconsolideerde jaarrekening gelden; voor de bespreking hierna wordt voor deze jaarrekening de term 'individual financial statements' gehanteerd.
IFRS kent ook de term 'separate financial statements'. 'Separate financial statements' zijn die 'statements', naast de geconsolideerde jaarrekening, die worden opgesteld door een 'parent' die 'control' uitoefent over een 'subsidiary' (groepsmaatschappij), of die een belang houdt in een joint venture of die deelnemingen heeft waarover invloed van betekenis wordt uitgeoefend.

In de separate financial statements zijn de volgende waarderingsmethoden voor deelnemingen toegestaan:
- de equity-methode;
- de kostprijs; of
- conform IFRS 9.

De 'financial statements' van een rechtspersoon die geen groepsmaatschappijen, belangen in joint ventures of deelnemingen heeft worden **niet** als 'separate financial statements' aangemerkt. Deze 'financial statements' worden zoals hierboven reeds gesteld in paragraaf 24.2 aangeduid als 'individual financial statements'.

Onder Nederlandse wet- en regelgeving is er geen onderscheid in typen van niet-geconsolideerde (en dus 'enkelvoudige' of 'vennootschappelijke') jaarrekeningen. Er is één enkelvoudige jaarrekening (waarin overigens wel verschillende waarderingsstelsels kunnen worden toegepast, zie par. 3.1.5).

Voor de concrete, in de praktijk voorkomende, situaties betekent dit:
1. *Een rechtspersoon heeft groepsmaatschappijen ('subsidiaries'):* de rechtspersoon moet een geconsolideerde jaarrekening opstellen (IFRS 10.4). Heeft de rechtspersoon ook nog belangen in joint ventures ('venturer in a jointly controlled entity') en/of in deelnemingen waarin zij invloed van betekenis uitoefent op het zakelijke en financiële beleid ('investor in an associate'), dan worden deze belangen in de geconsolideerde jaarrekening opgenomen overeenkomstig IFRS 11 en IAS 28, dat wil zeggen gewaardeerd volgens de 'equity'-methode of (uitsluitend voor de joint operations) in de (enkelvoudige *en* geconsolideerde) jaarrekening van een joint operator verwerking op basis van diens aandeel in de (gezamenlijke) activa en verplichtingen, alsmede diens (aandeel in de gezamenlijke) omzet en kosten, zie paragraaf 11.2.2 (IFRS 11.21).
Stelt de rechtspersoon naast de geconsolideerde jaarrekening ook nog 'separate financial statements' op (IAS 27.6) dan worden de subsidiaries, associates en/of joint ventures in de 'separate financial statements' gewaardeerd ofwel tegen equity value, ofwel tegen kostprijs, ofwel overeenkomstig IFRS 9 tegen reële waarde (IAS 27.10).
In deze situatie kan een 'individual financial statements' dus niet voorkomen.
De 'separate financial statements' kunnen, mits wordt voldaan aan de ter zake door Titel 9 Boek 2 BW gestelde (aanvullende) voorwaarden, als de Dutch GAAP enkelvoudige jaarrekening worden aangemerkt.
2. *Een rechtspersoon heeft groepsmaatschappijen en kan gebruikmaken van de consolidatievrijstelling* (zie par. 23.4): de rechtspersoon behoeft geen geconsolideerde jaarrekening op te stellen (IFRS 10.4).
De rechtspersoon die dan 'separate financial statements' opstelt (IAS 27.6 en 8 en IAS 27.16) dient de subsidiaries, associates en/of joint ventures in de 'separate financial statements' te waarderen ofwel tegen de equity-methode ofwel tegen kostprijs, ofwel overeenkomstig IFRS 9 tegen reële waarde (IAS 27.10).
In deze situatie kan een 'individual financial statements' niet voorkomen. De 'separate financial statements' kunnen, mits wordt voldaan aan de ter zake door Titel 9 Boek 2 BW gestelde (aanvullende) voorwaarden, als de Dutch GAAP enkelvoudige jaarrekening worden aangemerkt.
3. *Een rechtspersoon heeft geen groepsmaatschappijen, maar heeft wel belangen in een joint venture en/of in een deelneming waarin zij invloed van betekenis uitoefent op het zakelijke en financiële beleid ('investor in an associate'):* als de rechtspersoon een jaarrekening (de 'individual financial statements') overeenkomstig IFRS opstelt dan worden de belangen volgens de equity-methode gewaardeerd (IAS 28.16). Omdat er geen sprake is van te consolideren 'subsidiaries' zal de jaarrekening van de rechtspersoon op basis van dezelfde standaarden en interpretaties moeten worden opgesteld als die gelden voor een geconsolideerde jaarrekeningen van een 'parent' met 'subsidiaries'.
De rechtspersoon kan er vervolgens voor kiezen om naast de individual financial statements' ook nog 'separate financial statements' op te stellen waarbij de associates en joint ventures op basis van kostprijs of reële waarde worden gewaardeerd. Gezien de grote mate van overeenkomsten tussen de 'individual financial statements' en de 'separate financial statements' zal dit in de praktijk niet vaak voorkomen.

24 De enkelvoudige jaarrekening

De 'individual financial statements' kunnen, mits wordt voldaan aan de ter zake door Titel 9 Boek 2 BW gestelde (aanvullende) voorwaarden, als de Dutch GAAP enkelvoudige jaarrekening worden aangemerkt.

Bovenstaande wordt nog eens weergegeven in onderstaand schema:

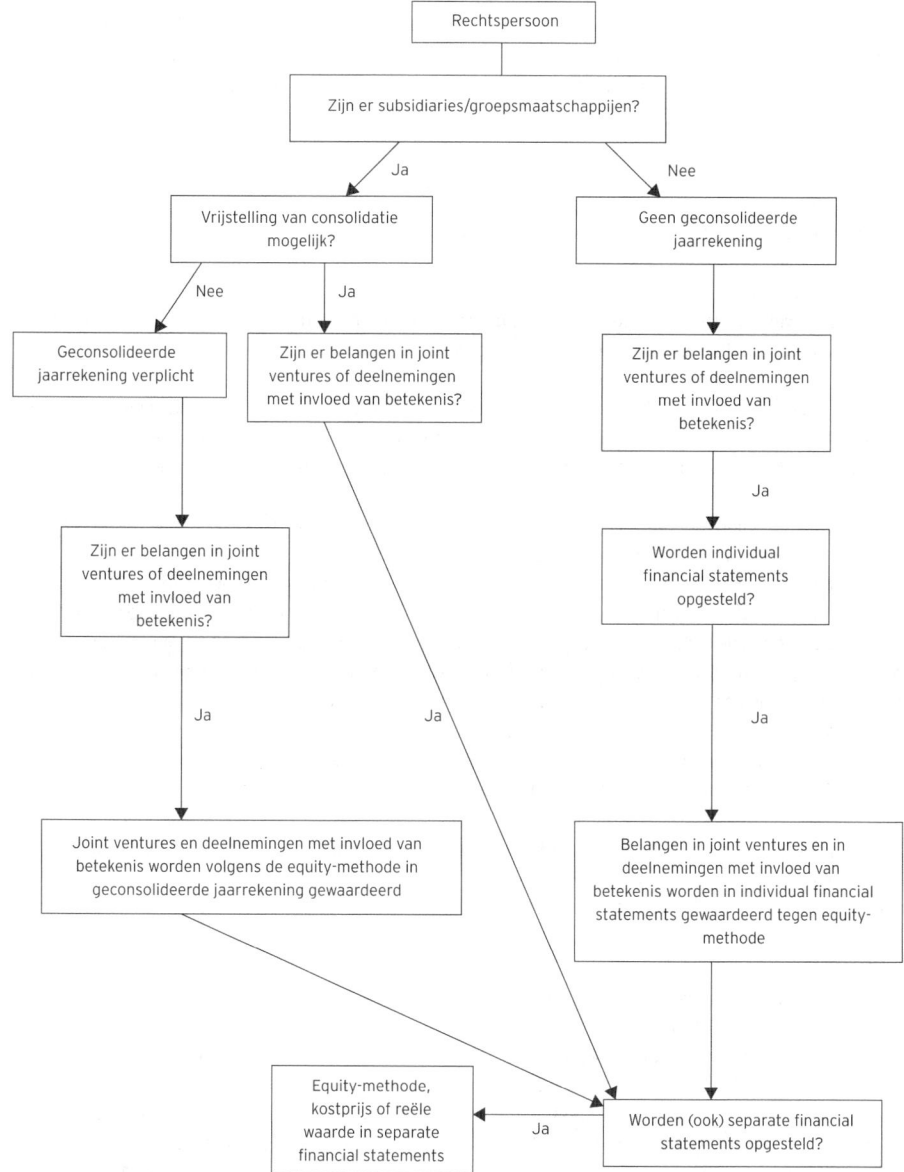

Verschillen Dutch GAAP - IFRS

IFRS kent de zogenaamde 'separate financial statements', die vergelijkbaar zijn met, maar niet zonder meer gelijk zijn aan de enkelvoudige jaarrekening volgens Nederlandse wet- en regelgeving.

24.5 Enkelvoudig eigen vermogen - geconsolideerd eigen vermogen

Het eigen vermogen in de enkelvoudige balans wordt in een aantal verschillende categorieën onderverdeeld.
De wet onderscheidt de volgende categorieën eigen vermogen, die in de enkelvoudige jaarrekening afzonderlijk moeten worden opgenomen (art. 2:373 lid 1 BW) (zie voor een verdere bespreking van de specifieke elementen par. 15.2.1):
a. het geplaatste kapitaal;
b. agio;
c. herwaarderingsreserves;
d. andere wettelijke reserves, onderscheiden naar hun aard;
e. statutaire reserves;
f. overige reserves;
g. niet-verdeelde winsten, met afzonderlijke vermelding van het resultaat na belasting van het boekjaar, voor zover de bestemming daarvan niet in de balans is verwerkt.

In de geconsolideerde jaarrekening behoeft het eigen vermogen niet te worden uitgesplitst. De uitsplitsing in de enkelvoudige jaarrekening heeft als doel om inzicht te geven in het vrij uitkeerbare bedrag van het eigen vermogen (RJ 240.101). Hierbij spelen de wettelijke bepalingen inzake kapitaalbescherming een belangrijke rol.

Bij de classificatie van eigen en vreemd vermogen in de enkelvoudige jaarrekening is naast de juridische vorm ook een classificatie op grond van de economische realiteit toegestaan (RJ 240.207 en 208).
Indien voor een presentatie op basis van de juridische werkelijkheid wordt gekozen, dient het totaal van de financiële instrumenten die op basis van de economische realiteit als vreemd vermogen zouden worden verantwoord maar op basis van de juridische vorm per balansdatum in de enkelvoudige jaarrekening als eigen vermogen worden verantwoord, afzonderlijk binnen het eigen vermogen te worden gepresenteerd. Voor ieder hieronder begrepen instrument dienen de belangrijkste condities te worden vermeld.
Indien niet gekozen wordt voor classificatie op basis van de juridische vorm, wordt de classificatie van een financieel instrument als eigen vermogen of vreemd vermogen in de enkelvoudige jaarrekening gebaseerd op de bepalingen die gelden voor de geconsolideerde jaarrekening en die zijn opgenomen in RJ 290.813 en verder.

Het is mogelijk dat het eigen vermogen in de geconsolideerde jaarrekening en het eigen vermogen in de enkelvoudige jaarrekening niet aan elkaar gelijk zijn. Indien sprake is van verschillen dan dienen deze in de toelichting bij de enkelvoudige jaarrekening te worden vermeld (art. 2:389 lid 10 BW).

Combinatie 1-verschillen

Voorbeelden van het ontstaan van dergelijke verschillen in de situatie dat zowel enkelvoudig als geconsolideerd Dutch GAAP wordt toegepast (RJ 240.101):
- De uiteenlopende verwerking van de resultaten op intercompany-transacties in de geconsolideerde jaarrekening en enkelvoudige jaarrekening zoals aangegeven in paragraaf 26.6.
- De waardering van een deelneming met een negatief eigen vermogen in de enkelvoudige jaarrekening op basis van RJ 214.339, terwijl deze deelneming in de geconsolideerde jaarrekening wordt meegeconsolideerd.
- De verschillende classificaties van financiële instrumenten (zie RJ 240.207 en 302, zie par. 15.1.5).

Combinatie 2-verschillen

Indien de rechtspersoon de geconsolideerde jaarrekening opstelt op basis van EU-IFRS in combinatie met de enkelvoudige jaarrekening op basis van Titel 9 Boek 2 BW (combinatie 2), zonder toepassing van de optie om de waarderingsgrondslagen toe te passen die de rechtspersoon ook in de geconsolideerde jaarrekening heeft toegepast zal dit in veel gevallen leiden tot een verschil in het eigen vermogen en het resultaat volgens de geconsolideerde jaarrekening en de enkelvoudige jaarrekening. Welke verschillen dit betreft hangt af van de posten die in de jaarrekening voorkomen en welke verschillen er voor die posten bestaan tussen RJ en IFRS.

Combinatie 3-verschillen

Ook bij combinatie 3 kunnen verschillen ontstaan alhoewel de toepassing van deze mogelijkheid in feite inhoudt dat de rechtspersoon de enkelvoudige jaarrekening opstelt volgens de IFRS waarderingsgrondslagen die in de geconsolideerde jaarrekening zijn toegepast. Zoals hierboven reeds gesteld is het hierdoor in de meeste situaties mogelijk om het eigen vermogen volgens de enkelvoudige jaarrekening gelijk te houden aan het eigen vermogen volgens de geconsolideerde jaarrekening. In januari 2021 heeft de RJ met 'RJ-Uiting 2021-1: verduidelijking toepassing combinatie 3 in de enkelvoudige jaarrekening en waardering vastgoed voor eigen gebruik in enkelvoudige jaarrekening moedermaatschappij' de toepassing van combinatie 3 in de enkelvoudige jaarrekening verduidelijkt. De RJ heeft in de gewijzigde Richtlijnen het algemene principe verduidelijkt dat het eigen vermogen volgens de enkelvoudige jaarrekening in beginsel gelijk is aan het eigen vermogen volgens de geconsolideerde jaarrekening (zie verder par. 3.1.5).

Geconsolideerde deelnemingen worden dan in de enkelvoudige jaarrekening gepresenteerd:
▶ tegen de netto-vermogenswaarde; of
▶ volgens de equity-methode.

Wordt de deelneming gepresenteerd volgens de equity-methode op basis van de grondslagen zoals toegepast in de geconsolideerde jaarrekening, dan betekent dit bijvoorbeeld dat ook in de enkelvoudige jaarrekening een bijzondere waardevermindering van de goodwill ten aanzien van de betreffende (geconsolideerde) deelneming niet kan worden teruggenomen. De belangrijke verschillen die bij combinatie 3 kunnen voorkomen zijn opgenomen in onderstaande tabellen.

Grondslag	Dutch GAAP enkelvoudig	IFRS geconsolideerd	Verschil enkelvoudig/ geconsolideerd	Bron
Verwerken intercompany-transacties	Afhankelijk van de situatie kunnen resultaten worden genomen	Eliminatie van intercompany-resultaten	Ja	RJ 260
Deelneming met negatief vermogen tegen NVW[2] of equity-methode	Voorziening slechts indien sprake is van een juridische of economische verplichting	Volledige verwerking van het verlies voor belangen die geconsolideerd zijn als subsidiaries	Ja	RJ 214.339

---

[2]   Het is niet ondenkbaar dat een ander standpunt (boeken van een volledige voorziening) in een combinatie 3 jaarrekening verdedigbaar zou kunnen zijn.

Presentatie	Dutch GAAP enkelvoudig	IFRS geconsolideerd	Verschil presentatie enkelvoudig/geconsolideerd	Bron
Presentatie joint operation	Deelneming	Proportionele verwerking	Ja	RJ 100.107, RJ 215 en art. 2:389 BW; IFRS 11.21
Held for sale posten	In de oorspronkelijke rubriek	Afzonderlijk als held for sale	Ja	IFRS 5.38 BMJ
Presentatie goodwill associates	Als onderdeel associates *of* afzonderlijk onder IVA	Als onderdeel associates	Afhankelijk van de keuze kan dit tot een verschil leiden	RJ 100.107 IAS 28.32a
Presentatie goodwill subsidiaries	Als onderdeel subsidiaries of afzonderlijk onder IVA	Separate post	Afhankelijk van de keuze kan dit tot een verschil leiden	IFRS 3.32 RJ 100.107

Combinatie 4-verschillen

Bij combinatie 4 worden zowel de geconsolideerde jaarrekening als de enkelvoudige jaarrekening overeenkomstig EU-IFRS opgesteld. Ook bij deze combinatie hangt veel af van de aanwezige posten en de gekozen waarderingsgrondslagen. Indien bijvoorbeeld in de 'separate financial statements' als waarderingsgrondslag voor de waardering van subsidiaries de kostprijs of fair value is gekozen dan ontstaan er uit dien hoofde vrijwel per definitie verschillen. Maar ook indien in de 'separate financial statements' voor de 'equity method' wordt gekozen kunnen verschillen ontstaan. In de geconsolideerde jaarrekening kan bijvoorbeeld een waardevermindering van goodwill niet worden teruggenomen terwijl in de 'separate financial statements' een waardevermindering van subsidiaries wel kan worden teruggenomen.

24.6 Uitkeringen van vermogen
24.6.1 Algemeen

Zoals hierboven gesteld geeft de enkelvoudige jaarrekening inzicht in het vrij uitkeerbare bedrag van het eigen vermogen. Hierbij spelen de wettelijke bepalingen inzake kapitaalbescherming een belangrijke rol. De enkelvoudige jaarrekening geeft inzicht in het vrij uitkeerbare bedrag van het eigen vermogen (RJ 240.101). Sinds de flexibilisering van het BV-recht in 2012 is er door de wetgever een onderscheid gemaakt tussen de uitkeringsmogelijkheid voor BV's en NV's.

Voor NV's volgt de hoofdregel van de mogelijkheid tot dividenduitkering uit artikel 2:105 BW. Hierin is bepaald dat de winst in beginsel geheel ten goede komt aan de aandeelhouders. Dividend mag echter alleen worden uitgekeerd voor zover het eigen vermogen van de rechtspersoon groter is dan het gestorte aandelenkapitaal en de wettelijke of statutaire reserves (de zogenaamde gebonden reserves). De toelaatbaarheid van dividenduitkering moet aldus blijken na de vaststelling van de jaarrekening, aan de hand van de uitsluitend op het verleden gerichte vermogenstoets; zie hieronder. Een liquiditeitstoets is geen wettelijke verplichting.

Bij een BV wordt het bestuur van de BV verplicht om bij elke vorm van uitkering van vermogen (zie hieronder par. 24.6.2) aan aandeelhouders na te gaan of deze, gelet op de belangen van de BV en schuldeisers, verantwoord is (zie art. 2:216 BW). De geoorloofdheid van een uitkering wordt beoordeeld aan de hand van een 'vermogenstoets' en een 'liquiditeitstoets'. Aan de hand van een vermogenstoets wordt bepaald of een uitkering van vermogen mogelijk is en wat de grootte van het vermogen is waarover beschikt mag worden. Aan de hand van de liquiditeitstoets stelt het bestuur vervolgens vast of de BV na uitkering van het vermogen zal kunnen voortgaan

24 De enkelvoudige jaarrekening

met het voldoen aan de opeisbare schulden. Als het bestuur van mening is dat dit niet het geval is, dan dient het bestuur op straffe van hoofdelijke aansprakelijkheid van de individuele bestuurders de goedkeuring aan het uitkeringsbesluit te onthouden.

24.6.2 Uitkering van vermogen

Het begrip 'uitkering' is in de wet niet vastomlijnd. De volgende uitkeringen kunnen worden onderscheiden:
- uitkering van de winst volgens de vastgestelde jaarrekening (dividend);
- de uitkering uit de overige reserves (vermogensuitkeringen maar ook in het spraakgebruik vaak dividenduitkeringen genoemd);
- uitkeringen uit de lopende winst (interim dividend);
- terugbetaling van agio;
- terugbetaling van geplaatst kapitaal;
- de terugbetaling op aandelen in het kader van kapitaalvermindering als bedoeld in artikel 2:208 BW;
- de inkoop van eigen aandelen anders dan om niet.

Hierna wordt gesproken over de uitkering van dividend omdat deze in de praktijk het meest voorkomt maar tevens kan hieronder gelezen worden een andere vorm van een uitkering zoals hierboven opgesomd.
De wijze van verwerken van informele dividenduitkeringen en informele vermogensstortingen wordt besproken in paragraaf 26.3.

24.6.3 Moment van toetsen

De vermogenstoets is gekoppeld aan het moment dat de algemene vergadering een besluit tot dividenduitkering neemt. Voor de liquiditeitstoets is dat het moment dat tot dividenduitkering wordt overgegaan. Het is in de praktijk veelal gebruikelijk dat het bestuur een voorstel tot dividenduitkering doet – en in de opgemaakte jaarrekening opneemt – en dat vervolgens de AV dit voorstel goedkeurt of aanpast. Als het bestuur een dividendvoorstel doet dan ligt het voor de hand dat het bestuur voorafgaand aan dit voorstel heeft beoordeeld of de uitkering mogelijk is, aan de hand van de vermogenstoets en liquiditeitstoets. Aldus zal het bestuur tot de conclusie zijn gekomen dat het dividendvoorstel aan de AV kan worden voorgelegd en voldoet aan de statuten en de wet. Het doen van een dividendvoorstel door het bestuur impliceert als het ware een soort goedkeuring vooraf. Het lijkt niet logisch om als bestuur eerst een dividendvoorstel te doen, om vervolgens als de AV dit dividendvoorstel heeft bekrachtigd als bestuur vervolgens geen goedkeuring te verlenen aan het dividendbesluit.

Dit zal anders zijn indien er zich tussen het tijdstip van dividendvoorstel van het bestuur en de besluitvorming daarover door de AV dusdanige omstandigheden hebben voorgedaan dat het voorstel niet langer gerechtvaardigd is. Expliciet heeft de wetgever gesteld dat voor de aansprakelijkheid van bestuurders beslissend is het moment waarop het bestuur het dividend betaalbaar stelt.

Ook is het mogelijk dat het bestuur een dividendvoorstel doet, maar de AV vervolgens besluit tot een hogere uitkering van dividend, waarover het bestuur vervolgens een besluit tot goedkeuring moet nemen.

24.6.4 Vermogenstoets

De algemene vergadering van een BV is bevoegd tot vaststelling van uitkeringen voor zover het eigen vermogen groter is dan de reserves die krachtens de wet of de statuten moeten worden aangehouden. Voor een NV geldt dat het gestort en geplaatst aandelenkapitaal ook moet worden meegenomen in de vermogenstoets. Het aandelenkapitaal van een NV kan niet worden uitgekeerd.

Met behulp van een zogenaamde vermogenstoets wordt vastgesteld dat een voorgenomen dividenduitkering er niet toe leidt dat het eigen vermogen bij een BV kleiner wordt dan de niet-uitkeerbare reserves en bij een NV kleiner wordt dan het aandelenkapitaal en de niet-uitkeerbare reserves. In de juridische literatuur wordt wel het standpunt verdedigd dat indien een BV dergelijke (wettelijke) reserves niet hoeft aan te houden, er geen sprake is van een beklemd eigen vermogen en uit dien hoofde de vermogenstoets niet aan de orde zou zijn. Indien dit standpunt wordt gevolgd, dient naar onze mening extra nadruk te worden gelegd op (en daarmee extra aandacht te worden besteed aan) de liquiditeitstoets.

Het aandelenkapitaal vormt in het kader van de wet geen beklemd vermogen wegens het vervallen van het wettelijk minimumkapitaal.
Van het eigen vermogen van de BV zijn alleen de statutaire en wettelijke reserves niet uitkeerbaar, zodat al het overige eigen vermogen waaronder het aandelenkapitaal voor uitkering vatbaar is. Voor de vaststelling van het uitkeerbare vermogen van een BV is dus wel degelijk de hoogte van het eigen vermogen bepalend. Voor een goed overzicht van de (eigen) vermogenspositie zal veelal een recente (tussentijdse) balans of vermogensopstelling benodigd zijn.

Voorbeeld vermogenstoets
Een BV heeft de volgende balans:

Vaste activa	40.000	Aandelenkapitaal		25.000
Voorraden	15.000	Herwaarderingsreserve		10.000
Debiteuren	30.000	Overige reserve		30.000
Liquide Middelen	40.000	Eigen vermogen		65.000
		Lening		40.000
		Crediteuren		20.000
	125.000			125.000

Krachtens deze balans kan de BV in theorie 55.000 (65.000 minus 10.000 herwaarderingsreserve) uitkeren.

24.6.5 Liquiditeitstoets

Na een besluit tot dividenduitkering van de AV moet het bestuur van de BV de dividenduitkering goedkeuren voordat deze daadwerkelijk kan plaatsvinden. Het bestuur **mag** deze goedkeuring **niet** weigeren als daar geen reden toe is, maar het bestuur **moet** deze goedkeuring weigeren indien zij weet of redelijkerwijs behoort te voorzien dat de BV na de uitkering de opeisbare schulden niet (meer) zal kunnen voldoen.

Aldus ontstaat de situatie dat het bestuur een 'liquiditeitstoets' moet uitvoeren om vast te kunnen stellen of na de uitkering alle opeisbare schulden betaald kunnen blijven worden. Deels zullen deze opeisbare schulden blijken uit de jaarrekening, maar omdat dit een momentopname betreft (op balansdatum laatste boekjaar) zullen ook andere (latere en in de toekomst) opeisbare schulden moeten worden meegenomen.

Op welke periode, na de uitkering, het voortgaan met het betalen van opeisbare schulden moet zien, is niet in de wet opgenomen. Een redelijke uitleg op basis van de parlementaire behandeling leidt ertoe dat de horizon in het algemeen minimaal één jaar na de uitkering van het dividend is.

24.6.6 Negatief eigen vermogen

Zoals hierboven reeds gesteld wordt in de juridische literatuur wel het standpunt verdedigd dat indien een BV geen wettelijke reserves behoeft aan te houden, er geen wettelijke verplichting bestaat een vermogenstoets te doen omdat er geen sprake is van een beklemd eigen vermogen. Dit standpunt wordt verdedigd vanwege het feit dat artikel 2:216 BW niet voorschrijft dat het eigen vermogen na de dividenduitkering niet negatief mag zijn. Zoals ook al hierboven is gesteld is een negatief eigen vermogen wel relevant om te betrekken bij de liquiditeitstoets: kan de vennootschap na de dividenduitkering blijven voortgaan met het betalen van de opeisbare schulden?

24.6.7 Documentatie dividenduitkering: vrije keus van bestuurders

Het wordt aan bestuurders van de BV overgelaten op basis van welke documenten of overzichten een dividenduitkering zal worden beoordeeld. Veelal zal voor een overzicht van de (eigen) vermogenspositie een recente (tussentijdse) balans of vermogensopstelling gewenst zijn. Ook voor de liquiditeitstoets zijn geen voorschriften opgesteld. Een rechtspersoon is vrij in de inrichting en opstelling daarvan.

25 Fusies en overnames (incl. goodwill)

25.1 Begripsbepaling en toepassingsgebied	
Onderscheid tussen overname en samensmelting van belangen	Bij een overname is er sprake van een overnemende en een overgenomen partij. Bij een samensmelting is er sprake van een samenvoeging van gelijkwaardige partijen. IFRS 3 kent dit onderscheid niet en onderkent alleen een overname.
	Richtlijn 216 en IFRS 3 behandelen transacties waarin een overnemende partij een 'business' overneemt.
25.2 Verwerken van een overname	
Volgens de 'Purchase accounting'-methode:	
Vaststellen overnemende partij	De overnemende partij is de partij die beslissende zeggenschap verkrijgt over de andere bij de overname betrokken partijen.
Vaststellen van overnamedatum	De datum waarop de beslissende zeggenschap effectief overgaat op de overnemende partij. Verkrijgingsprijs, reële waarden van activa en passiva, en goodwill worden op die datum vastgesteld.
	Overnemende partij neemt: ▸ op overnamedatum activa en passiva van overgenomen partij en goodwill op in zijn balans; en ▸ neemt vanaf overnamedatum de resultaten van overgenomen partij op in zijn winst-en-verliesrekening.
Vaststellen van verkrijgingsprijs	Reële waarde van de tegenprestatie inclusief schatting van onzekere verkrijgingsprijs. Onder Richtlijn 216 inclusief bijkomende kosten. Onder IFRS 3 worden bijkomende kosten verwerkt in de winst-en-verliesrekening.
	Onder Richtlijn 216 worden verkrijgingsprijs en goodwill later aangepast voor verschillen tussen werkelijkheid en schatting van onzekere verkrijgingsprijs. Onder IFRS 3 worden verschillen tussen werkelijkheid en schatting van onzekere verkrijgingsprijs verwerkt in de winst-en-verliesrekening of niet verwerkt, één en ander afhankelijk van de classificatie van de onzekere verkrijgingsprijs.
Verwerken van identificeerbare activa en passiva	Overnemende partij identificeert activa en passiva van overgenomen partij en waardeert deze tegen reële waarde. Er kunnen activa en passiva worden opgenomen die niet waren opgenomen in de balans van de overgenomen partij. Door verschillen in opnamecriteria kunnen onder IFRS 3 immateriële vaste activa worden geïdentificeerd die onder Richtlijn 216 niet worden geïdentificeerd.

	Speciale aandacht is benodigd voor identificatie en opname van immateriële vaste activa, vrijwaringen en gerelateerde verplichtingen, latente belastingen, reorganisatievoorzieningen, voorwaardelijke verplichtingen, herverkregen rechten, leasecontracten waarbij de overgenomen partij lessee is, en gunstige en ongunstige contracten. Er zijn verschillen tussen Richtlijn 216 en IFRS 3.
	Richtlijn 216 bevat handreikingen voor vaststellen reële waarde. IFRS heeft specifieke standaard IFRS 13 met voorschriften voor vaststellen reële waarde.
	'Push-down accounting' is niet toegestaan.
Belang van derden	Er worden twee typen aandelen van derden onderkend.
	Instrumenten die eigendomsrechten en uitkeringsrechten bij liquidatie geven, kunnen onder IFRS 3 worden gewaardeerd tegen: ▶ het proportionele aandeel in de reële waarde van de identificeerbare activa en passiva van de overgenomen partij; of ▶ reële waarde.
	Onder Richtlijn 216 is voor deze instrumenten alleen de eerste optie mogelijk.
	Instrumenten die eerdergenoemde rechten niet geven, worden onder IFRS 3 en Richtlijn 216 gewaardeerd tegen reële waarde, tenzij een andere standaard een andere waardering voorschrijft.
	Voor het verwerken van opties op belang van derden dienen feiten, omstandigheden en voorwaarden van de opties te worden beoordeeld. Er zijn verschillende verwerkingswijzen.
25.3 Goodwill	
Begrip goodwill	Wet en Richtlijn 216: het bedrag van de verwachte economische voordelen als gevolg van synergie of uit activa die afzonderlijk niet voor activering in de balans in aanmerking komen, maar waarvoor de overnemende partij bereid is te betalen in het kader van de overname.
	IFRS 3: een actief dat de toekomstige economische voordelen weergeeft van activa verworven in een overname die niet individueel zijn te identificeren en afzonderlijk zijn te activeren.
Eerste verwerking positieve goodwill	Wet en Richtlijn 216: opnemen als actief en stelselmatig afschrijven.
	IFRS 3: opnemen als actief, niet afschrijven, en ten minste jaarlijkse test op bijzondere waardevermindering uitvoeren.

Vervolgverwerking positieve goodwill	Richtlijn 216: over de economische levensduur, met een weerlegbaar maximum van twintig jaar; slechts in uitzonderlijke gevallen langere periode, dan motivering opgeven en ten minste jaarlijkse test op bijzondere waardevermindering uitvoeren. Indien economische levensduur niet betrouwbaar kan worden geschat, maximaal tien jaar. IFRS 3: geen stelselmatige afschrijving.
Bijzondere waardevermindering ('impairment')	Zie hoofdstuk 29.
Oorzaken negatieve goodwill	Verliezen en nadelen die niet tot uitdrukking komen in de reële waarde van activa en passiva en/of een overnameprijs die lager is dan de waarde van de onderneming.
Verwerken negatieve goodwill	Richtlijn 216: ▸ negatieve goodwill als gevolg van verliezen en nadelen ten gunste van de winst-en-verliesrekening naarmate deze verliezen en nadelen zich voordoen; ▸ negatieve goodwill als gevolg van 'lucky buy': gedeelte goodwill dat niet hoger is dan reële waarde identificeerbare niet-monetaire activa stelselmatig ten gunste van winst-en-verliesrekening, gedeelte goodwill dat hoger is dan deze reële waarde onmiddellijk in winst-en-verliesrekening. IFRS 3: onmiddellijk in winst-en-verliesrekening.
Goodwill in vreemde valuta	Richtlijn 216: Goodwill uit te drukken in: ▸ functionele valuta overgenomen partij om te rekenen tegen slotkoers; of ▸ functionele valuta overnemende partij om te rekenen tegen koers op transactiedatum. IFRS 3: Goodwill uit te drukken in functionele valuta overgenomen partij om te rekenen tegen slotkoers.

25.4 Voorlopig verwerken van een overname

Voorlopig verwerken overname	Een overname kan onder IFRS 3 tot maximaal een jaar na overnamedatum definitief worden verwerkt en onder Richtlijn 216 tot maximaal het einde van het boekjaar na het jaar van overname. Onder IFRS 3 worden aanpassingen retrospectief verwerkt met aanpassing van vergelijkende cijfers. Onder Richtlijn 216 worden aanpassingen verwerkt in jaar van wijziging.

25.5 Stapsgewijze overname	
Stapsgewijze overname	De berekening van de goodwill onder Richtlijn 216 verschilt van die onder IFRS 3 doordat onder Richtlijn 216: ▶ de verkrijgingsprijs anders wordt vastgesteld dan onder IFRS 3; ▶ een eventueel belang van derden anders kan worden gewaardeerd dan onder IFRS 3 en ▶ de reële waarden van de onderliggende activa en passiva anders kunnen worden vastgesteld dan onder IFRS 3.
Stapsgewijze overname	IFRS 3 verplicht tot herwaardering van een eerder verkregen deelbelang. Deze wordt verwerkt in de winst-en-verliesrekening. Onder Richtlijn 216 is op overnamedatum een herwaardering van onderliggende activa en passiva van eerder verkregen deelbelangen toegestaan, maar niet verplicht. De herwaardering wordt rechtstreeks opgenomen in een herwaarderingsreserve.
25.6 Verwerken van samensmelting van belangen	
	Alleen toepasbaar onder Richtlijn 216, niet onder IFRS 3.
Volgens 'pooling of interests'-methode	Activa en passiva (tegen boekwaarden) en resultaten van betrokken partijen worden samengevoegd aan het begin van het boekjaar. De juridische totstandkoming van de samenvoeging wordt verwerkt op de datum van deze juridische totstandkoming. Vergelijkende cijfers worden aangepast alsof de samengesmolten entiteit altijd al bestond.
25.7 Verwerken van overnames en samensmeltingen in de enkelvoudige jaarrekening	
Richtlijn 214	De verwerking in de enkelvoudige jaarrekening (waardering deelneming tegen netto-vermogenswaarde of op basis van de 'equity'-methode bij toepassing van combinatie 3 zoals onderliggende activa zijn verwerkt in de geconsolideerde jaarrekening) volgt de verwerking in de geconsolideerde jaarrekening ('purchase accounting'-methode of 'pooling of interests'-methode). Bij toepassing 'pooling of interests'-methode kan toepassing zoals in geconsolideerde jaarrekening worden gevolgd of kan de samenvoeging worden verwerkt op overnamedatum.
IAS 27	Verwerken van overname deelneming staat los van verwerken van overname in de geconsolideerde jaarrekening; eerste waardering deelneming tegen verkrijgingsprijs. Vervolgwaardering deelneming tegen reële waarde, tegen verkrijgingsprijs of op basis van 'equity'-methode.
25.8 Verwerken door de overdragende partij	
Verwerking	Als reguliere verkoop in overeenstemming met Richtlijn 217 en eventueel Richtlijn 345, of IFRS 10 en eventueel IFRS 5.

25 Fusies en overnames (incl. goodwill)

25.9 Presentatie en toelichting	
Presentatie in de geconsolideerde jaarrekening	Positieve goodwill onder Dutch GAAP al dan niet zichtbaar opgenomen in de balans onder immateriële vaste activa. Onder IFRS geen specifieke voorschriften, maar zal presentatie vergelijkbaar zijn als onder Dutch GAAP. Daarnaast ook separate presentatie in de balans mogelijk.
	Presentatie afschrijving en bijzondere waardevermindering van goodwill in winst-en-verliesrekening onder Dutch GAAP afhankelijk van gekozen functionele of categoriale model.
	Onder IFRS geen specifieke voorschriften, maar zal presentatie vergelijkbaar zijn als onder Dutch GAAP.
Presentatie in de enkelvoudige jaarrekening	Goodwill in de balans separaat gepresenteerd onder immateriële activa: onder Dutch GAAP bij deelnemingen gewaardeerd tegen netto-vermogenswaarde.
Toelichting	Goodwill blijft opgesloten in waarde deelneming in de balans: onder Dutch GAAP bij deelnemingen gewaardeerd op basis van de 'equity'-methode, bij toepassing van combinatie 3, en deelnemingen gewaardeerd tegen verkrijgingsprijs, bij toepassing artikel 2:408 BW, en onder IFRS.
25.10 Bijzondere aspecten inzake juridische fusie en splitsing	
Juridische fusie en splitsing	Boek 2 van het Burgerlijk Wetboek bevat voorschriften met betrekking tot juridische fusie en splitsing, tussentijdse vermogensopstelling en andere juridische aspecten van juridische fusie en splitsing die de verslaggeving raken.
25.11 Overnames en samensmeltingen van stichtingen en verenigingen	
Stichtingen en verenigingen	Richtlijn 216 bevat specifieke voorschriften met betrekking tot overnames en samensmeltingen van stichtingen en verenigingen. IFRS 3 bevat deze specifieke voorschriften niet.
25.12 Vrijstellingen voor middelgrote rechtspersonen	
Toelichting overname en samensmelting van belangen na balansdatum	Beperkt tot opgave gebeurtenissen na balansdatum met belangrijke financiële gevolgen, met mededeling van de omvang daarvan.

25.1 Begripsbepaling en toepassingsgebied

Het verwerken van 'fusies en overnames' is geregeld in Richtlijn 216 'Fusies en overnames', Richtlijn 214 'Financiële vaste activa' en IFRS 3 'Business Combinations' en IAS 27 'Separate Financial Statements'. Richtlijn 121 'Bijzondere waardeverminderingen van vaste activa' en IAS 36 'Impairment of Assets', Richtlijn 210 'Immateriële vaste activa' en IAS 38 'Intangible Assets', en Richtlijn 214 'Financiële vaste activa' bevatten daarnaast ook voorschriften voor het verwerken van goodwill. Het verwerken van bijzondere waardeverminderingen van goodwill wordt behandeld in hoofdstuk 29.

25.1.1 Begripsbepaling

De aanduiding 'fusie en overnames' doelt in de praktijk op de samenvoeging van afzonderlijke ondernemingen (en/of activiteiten) in één economische entiteit (RJ 216.101). In internationale context spreekt men veelal over bedrijfscombinaties (*business combinations*).

In de Nederlandse wet- en regelgeving wordt onderscheid gemaakt tussen een overname en een samensmelting van belangen. Onder een **overname** wordt verstaan een transactie waarbij de overnemende partij beslissende zeggenschap verkrijgt over het vermogen (activa en passiva) en de activiteiten van de overgenomen partij (RJ 216.0). Kenmerk van een overname is dat sprake is van het verkrijgen van beslissende zeggenschap (*control*). Dit komt vaak overeen met het verkrijgen van een meerderheidsdeelneming in een groepsmaatschappij (*subsidiary*) (zie par. 23.2).

Volgens IFRS 3 dient iedere overname ('business combination') te worden verwerkt volgens de **acquisition method** (IFRS 3.4). Alleen als er sprake is van een overname dient deze onder Richtlijn 216 te worden verwerkt volgens de 'acquisition method', die door Richtlijn 216 wordt aangeduid als de **purchase accounting**-methode (RJ 216.201).

Het verwerken van een overname wordt behandeld in de paragrafen 25.2 tot en met 25.5, en 25.7.

Een **samensmelting van belangen** is een samenvoeging van entiteiten waarbij de betrokken partijen de beslissende zeggenschap over het gehele of nagenoeg gehele vermogen en de gehele of nagenoeg gehele exploitatie samenvoegen, dusdanig dat geen van de partijen als overnemende partij kan worden aangemerkt (RJ 216.0). Dit is het geval als min of meer gelijkwaardige partijen een vorm van samenwerking aangaan (RJ 216.110). De samenvoeging moet zodanig zijn, dat de twee samenwerkende partijen in de nieuwe entiteit ten opzichte van elkaar in hoofdzaak dezelfde zeggenschap en belangen hebben als zij vóór de samenvoeging hadden.

Een samensmelting van belangen wordt verwerkt volgens de zogenaamde **pooling of interests**-methode (RJ 216.112).

Het verwerken van een samensmelting van belangen wordt behandeld in de paragrafen 25.6 en 25.7.

Het gemaakte onderscheid tussen een overname en een samensmelting van belangen staat los van de juridische, fiscale of andere overwegingen die van invloed kunnen zijn op de vormgeving van de transactie. De economische realiteit is leidend. Het kan dus zowel gaan om een activa/passiva-transactie (bedrijfsfusie), om de verkrijging van aandelen (aandelenfusie), als om een juridische fusie waarbij het vermogen van de overgenomen partij in zijn geheel en onder algemene titel overgaat op de overnemende partij (RJ 216.102 en 113). De transactie kan worden gerealiseerd door uitgifte van aandelen al dan niet door een nieuw opgerichte entiteit, door betaling in contanten, of een combinatie daarvan (RJ 216.102). In de praktijk zullen vrijwel alle bedrijfscombinaties kwalificeren als een overname (RJ 216.107). Bijzondere (juridische) aspecten van 'fusies en overnames' worden behandeld in paragraaf 25.10.

IFRS 3 maakt geen onderscheid tussen een overname en een samensmelting van belangen, en kent alleen het begrip overname. IFRS 3 omschrijft een overname als een transactie of andere gebeurtenis waarbij een overnemende partij beslissende zeggenschap verkrijgt over één of meer activiteiten (*businesses*) (IFRS 3 Appendix A).

Een belangrijk uitgangspunt van IFRS is de benadering dat de rapporterende eenheid wordt beschouwd vanuit het gezichtspunt van de groep als geheel (*economic entity concept*). Dit in tegenstelling tot de benadering dat de rapporterende eenheid wordt beschouwd vanuit het gezichtspunt van de moedermaatschappij (*parent entity concept*). Dit uit zich in IFRS 3 vooral in de keuze om het belang van derden te kunnen waarderen tegen reële waarde (zie par. 25.2.6) en het verwerken van de direct aan de overname toerekenbare kosten in de winst-en-verliesrekening (zie par. 25.2.4).

Een overname kan ook tot stand komen terwijl al een belang wordt gehouden, namelijk in het geval dat door uitbreiding van dat belang beslissende zeggenschap wordt verkregen. Die situatie wordt een stapsgewijze overname genoemd (RJ 216.102; zie par. 25.5).

Er is geen sprake van een overname als er al beslissende zeggenschap is, maar aandelen van derde aandeelhouders worden bijgekocht. Een voorbeeld is de situatie dat een 80%-belang wordt gehouden en dat het belang van derden van 20% wordt verkregen. Op die situatie wordt nader ingegaan in paragraaf 10.7.3.

25.1.2   Toepassingsgebied

Om Richtlijn 216 en IFRS 3 te kunnen toepassen dient te worden vastgesteld dat sprake is van een overname ('business combination'). De beoordeling of sprake is van een 'business' is belangrijk. De uitkomst bepaalt immers of sprake is van een overname of van verkrijging van individuele activa of een groep van activa die als geheel geen 'business' vormen. Het verwerken van een overname is anders dan het verwerken van het verkrijgen van individuele activa of een groep van activa die als geheel geen 'business' vormen. Zie paragraaf 25.1.2.1.

Richtlijn 216 en IFRS 3 zijn op bepaalde overnames en samensmeltingen niet van toepassing. Deze uitzonderingen en andere zaken met betrekking tot het toepassingsgebied worden behandeld in paragraaf 25.1.2.2.

25.1.2.1   Toepassingsgebied - Vaststellen dat sprake is van een overname

Een overname is gedefinieerd als een transactie waarin een overnemende partij beslissende zeggenschap krijgt over een 'business' (IFRS 3.Appendix A). Uit deze definitie volgt dat moet worden beoordeeld of een overnemende partij kan worden vastgesteld én of een 'business' is overgenomen.

Beoordelen of overnemende partij kan worden vastgesteld
Voor de beoordeling of een overnemende partij kan worden vastgesteld, zie paragraaf 25.2.2.

Beoordelen of een 'business' is overgenomen
Om te beoordelen of een 'business' is overgenomen kan de overnemende partij het gewoonlijke proces doorlopen zoals direct hierna beschreven. IFRS 3 staat ook een vereenvoudigde beoordeling toe - zie hiervoor later in deze paragraaf 'Vereenvoudigde beoordeling: de concentratietest'.

Een 'business' is gedefinieerd als een geïntegreerd geheel van activiteiten en activa dat kan worden aangestuurd teneinde goederen of diensten aan klanten te leveren, of een rendement op investeringen in de vorm van dividenden of rente, of andere opbrengsten uit gewone bedrijfsactiviteiten, te genereren (RJ 216.101, IFRS 3. Appendix A). Een 'business' bevat de volgende elementen (IFRS 3.3 en B8-B11):
▶ *inputs*: economische bronnen die, wanneer daarop processen worden toegepast, kunnen bijdragen aan het produceren van *outputs*.
    Voorbeelden kunnen zijn (im)materiële vaste activa, rechten om vaste activa te gebruiken, intellectueel eigendom, en/of de mogelijkheid om toegang te krijgen tot grondstoffen; en
▶ *processen*: systemen, standaarden, procedures, protocollen, conventies en regels die, toegepast op 'inputs', kunnen bijdragen aan het produceren van 'outputs'.
    Voorbeelden van bedoelde processen zijn: strategische managementprocessen, operationele processen en/of *resource management*-processen).

Deze processen zijn meestal gedocumenteerd. Echter, ook de intellectuele capaciteit van een georganiseerd personeelsbestand met de benodigde kundigheden, kennis en ervaring, dat conventies en regels volgt, kan de benodigde processen bevatten die, toegepast op 'inputs', kunnen bijdragen aan het produceren van 'outputs'. Bijkomende processen zoals boekhouden, factureren, het voeren van de salarisadministratie en andere administratieve processen zijn gewoonlijk geen processen die rechtstreeks bijdragen aan het produceren van 'outputs'; en

▶ 'outputs': Het resultaat van 'inputs' en processen, toegepast op deze 'inputs', teneinde goederen of diensten aan klanten te leveren, of een rendement op investeringen in de vorm van dividenden of rente, of andere opbrengsten uit gewone bedrijfsactiviteiten, te genereren.

Het geïntegreerde geheel van activiteiten en activa dient minimaal een 'input' en een substantieel proces te bevatten die samen kunnen bijdragen aan het produceren van 'outputs'. Zie hierna in 'Vaststellen of overgenomen activiteiten en activa minimaal een 'input' en een substantieel proces bevatten'.

Het is van belang om vanuit het perspectief van een marktdeelnemer vast te stellen of deze in staat is het verkregen geïntegreerde geheel van activiteiten en activa aan te sturen. Dit vraagt om een beoordeling van de feiten en omstandigheden. Het is niet van belang of de overdragende partij het geïntegreerde geheel van activiteiten en activa als een 'business' aanstuurde, of dat de overnemende partij van plan is het geïntegreerde geheel van activiteiten en activa als een 'business' aan te sturen. Uit de definitie volgt ook dat een overgenomen geïntegreerd geheel van activiteiten en activa niet zelfvoorzienend hoeft te zijn; zij moet kunnen bijdragen aan het produceren van 'outputs'.

De aard van de 'inputs', processen en 'outputs' verschilt per sector, de structuur van de activiteiten, en de fase waarin de 'business' zich bevindt. Een volwassen en reeds bestaande 'business' heeft vaak veel verschillende 'inputs', processen en 'outputs'. Een startende 'business' heeft vaak nog weinig 'inputs', processen en al dan niet 'outputs'. Alhoewel een 'business' gewoonlijk 'outputs' produceert, hoeft dit dus niet het geval te zijn.
Als een overgenomen geïntegreerd geheel van activiteiten en activa 'outputs' produceert en hiermee opbrengsten genereert, hoeft dit niet te betekenen dat een 'input' en een substantieel proces is overgenomen. Ook hoeft een 'business' niet alle 'inputs' en processen te bevatten die de overdragende partij gebruikte in het aansturen van deze 'business'.

Bijna alle 'businesses' hebben passiva, maar een 'business' hoeft geen passiva te hebben. Daarnaast kunnen individuele activa of een groep van activa die als geheel geen 'business' vormen, passiva hebben.

Vaststellen of overgenomen activiteiten en activa minimaal een 'input' en een substantieel proces bevatten

De definitie van een 'business' gaat uit van een geïntegreerd geheel van activiteiten en activa. Om aan de definitie van een 'business' te voldoen, dient een overgenomen geïntegreerd geheel van activiteiten en activa minimaal een 'input' en een substantieel proces te bevatten. De IASB ziet een substantieel proces als het onderscheidende verschil waarmee een 'business' zich onderscheidt van individuele activa of een groep van activa die als geheel geen 'business' vormen.

Om vast te stellen of een proces substantieel is moet een onderscheid worden gemaakt tussen een geïntegreerd geheel van activiteiten en activa dat geen 'outputs' produceert en een geheel dat dat wel doet (IFRS 3.B12-B12D). Als er nog geen 'outputs' worden geproduceerd, is er meer overtuigend bewijs nodig om vast te stellen dat er sprake is van een 'business'.

25 Fusies en overnames (incl. goodwill)

Als een geïntegreerd geheel van activiteiten en activa op overnamedatum geen 'outputs' produceert, bijvoorbeeld een startende onderneming, wordt een overgenomen proces, of groep van processen, alleen als substantieel beschouwd, indien:
▶ het noodzakelijk is om een 'input' om te kunnen zetten in, of te kunnen ontwikkelen tot, 'output'; en
▶ de overgenomen 'inputs' zowel een georganiseerd personeelsbestand met de benodigde kundigheden, kennis en ervaring bevatten om het proces te kunnen uitvoeren, als andere 'inputs' die door het georganiseerd personeelsbestand kunnen worden omgezet in, of kunnen worden ontwikkeld tot, 'output'. Deze andere 'inputs' kunnen zijn:
  ▶ intellectueel eigendom dat kan worden gebruikt om een goed of een dienst te ontwikkelen;
  ▶ andere economische middelen die kunnen worden ontwikkeld om daarmee 'outputs' te ontwikkelen; of
  ▶ rechten om toegang te krijgen tot grondstoffen of rechten die het ontwikkelen van toekomstige 'outputs' mogelijk maken.
▶ Voorbeelden van deze overgenomen 'inputs' zijn: technologie, *in-process* onderzoek en ontwikkeling, gebouwen en belangen in natuurlijke hulpbronnen.

Als een geïntegreerd geheel van activiteiten en activa op overnamedatum 'outputs' produceert, wordt een overgenomen proces, of groep van processen, als substantieel beschouwd, indien en wanneer toegepast op 'inputs', dit proces:
▶ noodzakelijk is om 'outputs' te kunnen blijven produceren, en de overgenomen 'inputs' een georganiseerd personeelsbestand bevatten. Dit personeelsbestand moet de benodigde kundigheden, kennis en ervaring hebben om dit proces te kunnen uitvoeren; of
▶ in belangrijke mate bijdraagt aan het kunnen blijven produceren van 'outputs', en:
  ▶ uniek of schaars is; of
  ▶ niet kan worden vervangen, zonder significante kosten te maken, significant moeite te doen, of significant vertraging in het kunnen blijven produceren van 'outputs' op te lopen.

Een proces, of een groep van processen, is niet noodzakelijk voor het kunnen produceren van 'outputs' als dit proces bijvoorbeeld slechts bijkomend of van gering belang is ten opzichte van de andere processen. Voorbeelden van bijkomende processen zijn boekhouden, factureren, het voeren van de salarisadministratie en andere administratieve processen.

Een overgenomen contract is in het algemeen een 'input' en niet een substantieel proces. Een overgenomen contract kan echter toegang geven tot een georganiseerd personeelsbestand. Er moet dan worden vastgesteld of dit georganiseerde personeelsbestand een substantieel proces uitvoert dat na de overname wordt aangestuurd door de overnemende partij. Factoren die hierbij moeten worden beoordeeld zijn onder andere de duur van het contract en de verlengingsvoorwaarden.

Als het moeilijk is om een georganiseerd personeelsbestand te vervangen, kan dit een indicatie zijn dat dit personeelsbestand een proces uitvoert dat noodzakelijk is om 'outputs' te kunnen produceren.

Zie voorbeelden ter verduidelijking na 'Vereenvoudigde beoordeling: de concentratietest'.

Vereenvoudigde beoordeling: de concentratietest
IFRS 3 staat een vereenvoudigde beoordeling toe om vast te stellen dat een overgenomen geïntegreerd geheel van activiteiten en activa niet een 'business' is (IFRS 3.B7A-7C). Deze zogenaamde concentratietest stelt vast of substantieel alle reële waarde van de verkregen bruto-activa is geconcentreerd in een enkel identificeerbaar actief

of groep van soortgelijke identificeerbare activa. Als dat het geval is, wordt een overgenomen geïntegreerd geheel van activiteiten en activa niet als een 'business' gezien. Bij een overname is er immers vaak een verschil tussen de waarde van een 'business' en de reële waarde van alle identificeerbare activa (exclusief geactiveerde goodwill) en passiva. Deze goodwill representeert verwachte economische voordelen als gevolg van synergie of uit activa die afzonderlijk niet voor activering in de balans in aanmerking komen, maar waarvoor de verkrijgende partij bereid is te betalen in het kader van de overname.

De test kan naar keuze, per transactie of gebeurtenis, worden toegepast. Als de concentratietest slaagt, wordt het overgenomen geïntegreerde geheel van activiteiten en activa niet als een 'business' gezien. Die wordt dan beschouwd als individuele activa of een groep van activa die als geheel geen 'business' vormen. Een verdere beoordeling is niet nodig. Als de concentratietest niet slaagt, moet worden vastgesteld of het overgenomen geïntegreerde geheel van activiteiten en activa minimaal een 'input' en een substantieel proces bevat. Dat wordt hierna beschreven. De test stelt dus niet vast of er daadwerkelijk een 'business' is overgenomen.

De concentratietest wordt uitgevoerd op de bruto-activa, en niet op de netto-activa, omdat de financiering geen rol speelt bij de beoordeling of het overgenomen geïntegreerde geheel van activiteiten en activa niet een 'business' is. Van de bruto-activa worden uitgezonderd: geldmiddelen, latente belastingvorderingen, en goodwill die het resultaat is van de effecten van latente belastingverplichtingen.

De reële waarde van de bruto-activa wordt vastgesteld op de reële waarde van alle vergoedingen die zijn betaald voor de bruto-activa zoals hiervoor beschreven. Deze kan de reële waarde van de overgenomen identificeerbare activa en passiva overstijgen (IFRS 3.B7B(b)). Het vaststellen van de reële waarde van de bruto-activa wordt hierna verduidelijkt voor een overname van een 100%-belang en een stapsgewijze overname.
Voor de overname van een 100%-belang wordt de reële waarde van de bruto-activa vastgesteld op de som van de reële waarden van de overgenomen bruto-activa zoals hiervoor beschreven, plus het verschil tussen de verkrijgingsprijs en de reële waarde op overnamedatum van de overgenomen identificeerbare activa en passiva (uitgezonderd latente belastingverplichtingen). Alternatief kan deze worden vastgesteld als de som van de verkrijgingsprijs en de reële waarde op overnamedatum van de overgenomen passiva (uitgezonderd latente belastingverplichtingen).
Voor een stapsgewijze overname wordt de reële waarde van de bruto-activa vastgesteld op de som van de reële waarden van de overgenomen bruto-activa zoals hiervoor beschreven, plus het verschil tussen de som van de volgende drie elementen – de verkrijgingsprijs, de reële waarde op overnamedatum van een eerder verkregen deelbelang, een eventueel belang van derden – en de reële waarde op overnamedatum van de overgenomen identificeerbare activa en passiva (uitgezonderd latente belastingverplichtingen). Alternatief kan deze worden vastgesteld als de som van de volgende drie elementen – de verkrijgingsprijs, de reële waarde op overnamedatum van een eerder verkregen deelbelang, een eventueel belang van derden – en de reële waarde op overnamedatum van de overgenomen passiva (uitgezonderd latente belastingverplichtingen). Voor een nadere toelichting op het verwerken van een stapsgewijze overname, zie paragraaf 25.5.

Een enkel identificeerbaar actief of groep van soortgelijke identificeerbare activa moet die activa bevatten die ook in een overname als zodanig zouden worden geïdentificeerd. Zie paragraaf 25.2.5. Als een materieel actief is verbonden met, en niet zonder aanzienlijke kosten of een aanzienlijke vermindering van het gebruiksnut of reële waarde, fysiek kan worden verwijderd en separaat worden gebruikt van een ander materieel actief, dan moeten deze activa als een enkel identificeerbaar actief worden beschouwd.

25 Fusies en overnames (incl. goodwill)

Bij het beoordelen of activa soortgelijk zijn moeten de aard en de risicokenmerken van deze activa in ogenschouw worden genomen, i.c. de risico's verbonden aan het aansturen van de activa en het produceren van 'outputs' met deze activa. De volgende activa worden niet geacht gelijksoortig te zijn:
- een materieel en een immaterieel actief,
- materiële activa in verschillende klassen (bijvoorbeeld: voorraden, machines, auto's),
- identificeerbare immateriële activa in verschillende klassen (bijvoorbeeld: merknamen, licenties, en immateriële activa in ontwikkeling),
- een financieel en een niet-financieel actief,
- financiële activa in verschillende klassen (bijvoorbeeld: handelsdebiteuren, investeringen in aandelen), of
- identificeerbare activa binnen dezelfde klasse die risicokenmerken hebben die in belangrijke mate verschillen.

Voorbeeld concentratietest (IFRS 3)

Rechtspersoon A neemt alle uitstaande aandelen van rechtspersoon B over. B exploiteert een windmolenpark met 15 identieke windmolens op een locatie buiten de stad, elk met een reële waarde van € 100. De reële waarde van de vergoeding voor deze aandelen bedraagt € 1.525.
Elke windmolen levert volgens een leveringscontract met marktconforme voorwaarden elektriciteit aan een specifieke afnemer. De windmolens staan op hetzelfde park en leveren elektriciteit voor de middellange termijn aan lokale gelijksoortige afnemers. A neemt geen personeelsbestand, overige activa, processen of andere activiteiten over.

A past de concentratietest toe. A stelt eerst vast of er sprake is van een enkel identificeerbaar actief. Elke windmolen is verbonden met de grond en kan niet, zonder aanzienlijke kosten, worden verwijderd van deze grond. De windmolen en het leveringscontract zouden ook in een overname als een enkel identificeerbaar actief worden geïdentificeerd. A stelt daarom vast dat elke windmolen een enkel identificeerbaar actief is. Vervolgens stelt A vast of er sprake is van een groep van soortgelijke identificeerbare activa. De windmolens hebben dezelfde aard en risicokenmerken. De risico's verbonden aan het aansturen van de windmolens en het produceren van elektriciteit met deze windmolens zijn hetzelfde. Ze zijn van hetzelfde type en hebben dezelfde specificaties, en de afnemers zijn soortgelijke fabrikanten. A stelt daarom vast dat de groep van 15 windmolens, het windmolenpark, een groep van soortgelijke identificeerbare activa is. A stelt als laatste vast dat substantieel alle reële waarde van de verkregen bruto-activa (€ 1.525) is geconcentreerd in een groep van soortgelijke identificeerbare activa (€ 1.500 = 15 x € 100). A concludeert dat de concentratietest is geslaagd. De overgenomen groep van windmolens, het windmolenpark, wordt niet als een 'business' gezien. Een verdere beoordeling is niet nodig.

De concentratietest zou niet zijn geslaagd als B, in het hiervoor beschreven voorbeeld, een windmolenpark op een locatie buiten de stad met een reële waarde van € 1.050, en een kantoorpand in het centrum van de stad met een reële waarde van € 450, zou hebben gehouden. A stelt dat er geen sprake is van een enkel identificeerbaar actief. Het windmolenpark en het kantoorpand zijn niet fysiek met elkaar verbonden en kunnen separaat van elkaar worden gebruikt. A stelt vervolgens vast dat er geen sprake is van een groep van soortgelijke identificeerbare activa. De aard en de risicokenmerken van een windmolenpark verschillen van die van een kantoorpand. Een windmolenpark en een kantoorpand worden niet tot dezelfde klasse van materiële vaste activa gerekend. A stelt als laatste vast dat niet substantieel alle reële waarde van de verkregen bruto-activa (€ 1.525) is geconcentreerd in een enkel identificeerbaar actief of een groep van soortgelijke identificeerbare activa (het windmolenpark met een reële waarde van € 1.050, of het pand met een reële waarde van € 450). A concludeert dat de concentratietest niet is geslaagd. A dient een verdere beoordeling uit te voeren of de overgenomen activa en passiva van B minimaal een 'input' en een substantieel proces bevatten.

In dit voorbeeld is afgezien van belastingeffecten.

Voorbeelden vaststellen of overgenomen activiteiten en activa minimaal een 'input' en een substantieel proces bevatten, en concentratietest

Grond en gebouw

Rechtspersoon A neemt de grond en een leeg gebouw over van rechtspersoon B. A neemt geen personeelsbestand, overige activa, processen of andere activiteiten over. A past de concentratietest niet toe, en dient vast te stellen of de overgenomen activiteiten en activa minimaal een 'input' en een substantieel proces bevatten. A identificeert de volgende:
- 'inputs': grond en leeg gebouw
- processen: geen
- 'outputs': geen

> A concludeert dat het geen 'business' heeft overgenomen van B. De overgenomen activiteiten en activa produceren geen 'outputs'. Zij bevatten 'inputs' maar geen processen (zoals bijvoorbeeld verhuur- en andere contracten, onderhouds- en beveiligingspersoneel, en een verhuurkantoor). De overgenomen contracten geven geen toegang tot een georganiseerd personeelsbestand. Er wordt niet aan de definitie van een 'business' voldaan.
> Zou A wel de concentratietest hebben toegepast, dan zou deze waarschijnlijk zijn geslaagd en zou A tot dezelfde conclusie zijn gekomen. Het gebouw en de grond zijn met elkaar verbonden en kunnen niet, zonder aanzienlijke kosten te maken of zonder te leiden tot een aanzienlijke waardedaling, fysiek van elkaar worden gescheiden. Het gebouw en de grond zouden ook in een overname als een enkel identificeerbaar actief worden geïdentificeerd. A zou waarschijnlijk hebben kunnen concluderen dat het gebouw en de grond een enkel identificeerbaar actief zijn. Er zijn geen nadere activa of processen overgenomen van B. Hieruit zou waarschijnlijk volgen dat substantieel alle reële waarde van de verkregen bruto-activa is geconcentreerd in het gebouw en de grond. Hiermee zou A waarschijnlijk concluderen dat de concentratietest is geslaagd.
>
> Operationeel hotel
> Rechtspersoon C neemt een operationeel hotel, het personeelsbestand, de *franchise*-overeenkomst, voorraden, het reserveringssysteem en de *back office* over van rechtspersoon D. C past de concentratietest niet toe, en dient vast te stellen of de overgenomen activiteiten en activa minimaal een 'input' en een substantieel proces bevatten. C identificeert de volgende:
> ▶ 'inputs': hotelgebouw, personeelsbestand, 'franchise'-overeenkomst, voorraden, reserveringssysteem en 'back office'
> ▶ processen: niet-gedocumenteerde operationele en 'resource management'-processen om hotel te exploiteren
> ▶ 'outputs': opbrengsten uit de exploitatie van het hotel
>
> C concludeert dat het een 'business' heeft overgenomen van D. De overgenomen activiteiten en activa produceren 'outputs', en bevatten 'inputs' en processen.
> C concludeert dat de overgenomen processen (niet-gedocumenteerde operationele en 'resource management'-processen om het hotel te exploiteren) als substantieel kunnen worden beschouwd. Deze processen zijn noodzakelijk om, indien en wanneer toegepast op 'inputs' (hotelgebouw, 'franchise'-overeenkomst, 'back office'), 'outputs' te kunnen blijven produceren (opbrengsten uit de exploitatie van het hotel). De overgenomen 'inputs' bevatten daarnaast een georganiseerd personeelsbestand dat de benodigde kundigheden, kennis en ervaring lijkt te hebben om deze processen te kunnen uitvoeren.
> Zou C wel de concentratietest hebben toegepast, dan zou deze waarschijnlijk niet zijn geslaagd. Het hotelgebouw, 'franchise'-overeenkomst, voorraden, reserveringssysteem zijn niet fysiek met elkaar verbonden en kunnen separaat van elkaar worden gebruikt. Daarnaast verschillen de aard en de risicokenmerken van deze overgenomen activa. Als laatste worden deze activa niet tot dezelfde klassen van activa gerekend. Deze activa zouden in een overname niet als een enkel identificeerbaar actief of een groep van soortgelijke identificeerbare activa worden geïdentificeerd. C zou waarschijnlijk niet hebben kunnen concluderen dat de overgenomen activa een enkel identificeerbaar actief of een groep van soortgelijke identificeerbare activa zijn. Het is aannemelijk dat deze overgenomen activa ieder een zodanig (reële) waarde vertegenwoordigen, en dat ook het overgenomen georganiseerde personeelsbestand een bepaalde (reële) waarde vertegenwoordigt, dat hieruit waarschijnlijk niet zou volgen dat substantieel alle reële waarde van de verkregen bruto-activa is geconcentreerd in een enkel identificeerbaar actief of groep van soortgelijke identificeerbare activa. Hiermee zou C waarschijnlijk concluderen dat de concentratietest niet is geslaagd.

Wat te doen als er geen 'business' wordt overgenomen?
IFRS 3 gaat niet in op het verkrijgen van individuele activa of een groep van activa die als geheel geen 'business' vormen. Als er geen 'business' wordt overgenomen, dient de overnemende partij de verkrijgingsprijs toe te rekenen aan de individuele identificeerbare activa en passiva op basis van hun relatieve reële waarden op overnamedatum (RJ 216.101, IFRS 3.2(b)). Vaak worden bijkomende kosten verwerkt als onderdeel van de verkrijgingsprijs. Positieve en negatieve goodwill alsmede latente belastingen zijn niet aan de orde. Daarnaast zijn er geen specifieke toelichtingseisen voor zulke verkrijgingen.

25.1.2.2 Toepassingsgebied - Overig

Richtlijn 216 en IFRS 3 geven aan dat zij op bepaalde overnames en samensmeltingen niet van toepassing zijn (RJ 216.104, IFRS 3.2(a) en (c), IFRS 3.2A):
▶ overnames en samensmeltingen waarbij afzonderlijke ondernemingen bijeen worden gebracht door het oprichten van een joint venture, in de jaarrekening van deze joint venture (IFRS: *joint arrangement*). Meer specifiek wordt in Richtlijn 216 aangegeven dat deze het verwerken van kapitaalbelangen in joint ventures niet behandelt. Deze uitzondering lijkt wat onduidelijk geformuleerd omdat deze ziet op het verwerken van kapitaalbelangen, terwijl Richtlijn 216 ziet op het verwerken van overnames en samensmeltingen in de geconsolideerde

25 Fusies en overnames (incl. goodwill)

jaarrekening. Wij zijn echter van mening dat wordt gedoeld op het verwerken van overnames en samensmeltingen waarbij afzonderlijke ondernemingen bijeen worden gebracht door het oprichten van een joint venture, in de jaarrekening van deze joint venture.
Richtlijn 215 'Joint Ventures' lijkt slechts voorschriften te bevatten voor de eerste waardering van door de deelnemers ingebrachte activa en passiva (RJ 215.210). Overnames en samensmeltingen door het oprichten van een joint venture lijken niet specifiek te worden behandeld. Ook IFRS 11 'Joint Arrangements' bevat geen voorschriften voor het verwerken van transacties in de jaarrekening van de joint venture. Derhalve is er enige onduidelijkheid over de wijze waarop overnames en samensmeltingen waarbij afzonderlijke ondernemingen bijeen worden gebracht door het oprichten van een joint venture, in de jaarrekening van deze joint venture moeten worden verwerkt;
▸ overnames en samensmeltingen van activiteiten, eenheden of entiteiten die onder gemeenschappelijke leiding (*common control*) staan. Dit betreft bijvoorbeeld interne reorganisaties (zie par. 26.2); en
▸ alleen onder IFRS 3, overnames door beleggingsentiteiten zoals gedefinieerd in IFRS 10 'Consolidated Financial Statements'. Uit Richtlijn 214 kan worden afgeleid dat Richtlijnen 214 en 216 niet van toepassing zijn op participatiemaatschappijen mits zij voldoen aan bepaalde voorwaarden (RJ 214.204). Zie hiervoor paragraaf 23.3.3.

Richtlijn 216 regelt het verwerken van overnames en samensmeltingen in de geconsolideerde jaarrekening van de overnemende partij (RJ 216.103). Richtlijn 214 regelt het verwerken van overnames en samensmeltingen in de enkelvoudige jaarrekening, waar deelnemingen worden gewaardeerd tegen netto-vermogenswaarde of op basis van de 'equity'-methode bij toepassing van combinatie 3. De relevante voorschriften zijn opgenomen in RJ 214.301, 305, 309, 327, 333, 333a, 336, en 342. Richtlijn 214 verwijst verder in deze alinea's naar Richtlijn 216. IFRS 3 regelt alleen het verwerken van overnames in de geconsolideerde jaarrekening van de overnemende partij. IAS 27 regelt het verwerken van overnames in de enkelvoudige jaarrekening van de overnemende partij.
Voor de overdragende partij zijn er geen specifieke voorschriften. Voorschriften die van toepassing zijn op de overdragende partij kunnen worden gevonden in Richtlijn 217 'Consolidatie' en Richtlijn 345 'Beëindiging van bedrijfsactiviteiten' of IFRS 10 'Consolidated Financial Statements' en IFRS 5 'Non-current Assets Held for Sale and Discontinued Operations' zoals beschreven in hoofdstukken 23 en 33.

Richtlijn 216 bevat verduidelijkingen met betrekking tot het verwerken van overnames en samensmeltingen van (commerciële) stichtingen en (commerciële) verenigingen (RJ 216.601-608). Deze verduidelijkingen zijn niet opgenomen in IFRS 3. Zie verder paragraaf 25.11.

Richtlijn 216 en IFRS 3 bevatten voorschriften voor het verwerken van overnames en samensmeltingen en niet specifiek voor splitsingen. Het als gevolg van een splitsing verkrijgen van individuele activa of een groep van activa die een 'business' vormen, wordt door de overnemende partij in de praktijk op dezelfde manier verwerkt als een overname of een samensmelting.

Verschillen Dutch GAAP - IFRS
Richtlijn 216 maakt in het verwerken van 'fusies en overnames' onderscheid tussen een overname en een samensmelting van belangen. IFRS 3 kent alleen overnames.

De voorschriften voor het verwerken van overnames en samensmeltingen van belangen gelden onder Richtlijnen 216 en 214 op gelijke wijze voor de geconsolideerde jaarrekening en de enkelvoudige jaarrekening van de overnemende partij. IFRS 3 bevat alleen voorschriften voor het verwerken van overnames in de geconsolideerde jaarrekening van de overnemende partij. IAS 27 bevat voorschriften voor het verwerken van overnames in de enkelvoudige jaarrekening van de overnemende partij.

Richtlijn 216 bevat verduidelijkingen met betrekking tot het verwerken van overnames en samensmeltingen van (commerciële) stichtingen en (commerciële) verenigingen. Deze verduidelijkingen zijn niet opgenomen in IFRS 3.

25.2 Verwerken van een overname

25.2.1 Toepassen van 'acquisition method' of 'purchase accounting'-methode

Overnames dienen onder Richtlijn 216 te worden verwerkt volgens de 'acquisition method', die door Richtlijn 216 wordt aangeduid als de 'purchase accounting'-methode (RJ 216.201). Richtlijn 216 geeft aan dat vrijwel alle 'fusies en overnames' kwalificeren als een overname (RJ 216.107). Volgens IFRS 3 dient iedere overname ('business combination') te worden verwerkt volgens de 'acquisition method' (IFRS 3.4). Hieruit volgt dat de 'purchase accounting'-methode de meest toegepaste verwerkingsmethode zal zijn.

De 'purchase accounting'-methode schrijft in algemene zin voor dat:
1. de overnemende partij wordt vastgesteld (zie par. 25.2.2);
2. de overnamedatum wordt vastgesteld (zie par. 25.2.3);
3. de verkrijgingsprijs wordt vastgesteld op de overnamedatum (zie par. 25.2.4);
4. de activa en passiva van de overgenomen partij op de overnamedatum worden geïdentificeerd en tegen reële waarde verwerkt in de balans van de overnemende partij (zie par. 25.2.5);
5. het belang van derden, als daarvan sprake is, wordt vastgesteld en gewaardeerd op de overnamedatum en wordt verwerkt in de balans van de overnemende partij (zie par. 25.2.6); en
6. de goodwill wordt vastgesteld op de overnamedatum en wordt verwerkt in de jaarrekening van de overnemende partij (zie par. 25.3).

Het voorlopig verwerken van een overname en het verwerken van een stapsgewijze overname worden behandeld in paragraaf 25.4 respectievelijk paragraaf 25.5.

25.2.2 Vaststellen van de overnemende partij

Bij elke overname dient te worden vastgesteld welke partij is aan te merken als de overnemende partij (IFRS 3.6). IFRS 3 ontkent feitelijk de mogelijkheid dat er sprake kan zijn van een samensmelting tussen gelijkwaardige partijen. De in IFRS 3 neergelegde opvatting is dat, hoe moeilijk het soms ook kan zijn, er altijd een overnemende partij kan worden aangewezen. Richtlijn 216 gaat er, zoals aangegeven in paragraaf 25.2.1, van uit dat vrijwel alle 'fusies en overnames' kwalificeren als overname, maar laat de mogelijkheid open dat er sprake is van een samensmelting van belangen (zie par. 25.6).

De overnemende partij is de partij die beslissende zeggenschap verkrijgt over de andere bij de overname betrokken partijen (RJ 216.107, IFRS 3.B13). Voor een uitleg over beslissende zeggenschap, zie paragraaf 23.2.

Daarnaast kunnen de volgende indicaties een rol spelen bij het vaststellen van de overnemende partij (RJ 216.108, IFRS 3.B14-16):
- als de reële waarde van één van de betrokken partijen aanzienlijk hoger is dan die van de andere betrokken partij, is het waarschijnlijk dat de partij met de hoogste reële waarde de overnemende partij is;
- als de overname tot stand komt doordat stemgerechtigde gewone aandelen worden geruild tegen geldmiddelen, is het waarschijnlijk dat de partij die geldmiddelen afstaat de overnemende partij is;

▶ als de overname ertoe leidt dat het management van één van de betrokken partijen doorslaggevende invloed heeft op de keuze van het management van de gecombineerde entiteit, is het waarschijnlijk dat de partij met die doorslaggevende invloed de overnemende partij is.

Bij een overname waarbij meer dan twee partijen zijn betrokken, moet, bij het vaststellen van de overnemende partij, onder meer de relatieve grootte van de betrokken partijen in de beoordeling worden betrokken alsmede de partij die het initiatief heeft genomen tot de overname (IFRS 3.B17).

Verder moet worden opgemerkt dat IFRS 3 voorschrijft dat een nieuw opgerichte entiteit (*newco*) die aandelen uitgeeft om een overname te effectueren, niet kan worden aangemerkt als de verkrijgende partij (IFRS 3.B18). Er moet dan worden beoordeeld of één van de andere betrokken partijen kan worden aangemerkt als de verkrijgende partij (en of er sprake is van een overname). Richtlijn 216 bevat geen specifieke voorschriften met betrekking tot nieuw opgerichte entiteiten. Wij zijn, op basis van het beginsel in RJ 214.342 dat de economische realiteit van een transactie leidend moet zijn bij het verwerken daarvan, van mening dat deze voorschriften van IFRS 3 in beginsel ook onder Richtlijn 216 van overeenkomstige toepassing zijn.

Omgekeerde overname

In Richtlijn 216 en IFRS 3 komt ook het begrip 'omgekeerde overname' (*reverse acquisition*) aan de orde. Daaronder wordt verstaan het geval dat een partij die aandelen uitgeeft ter verkrijging van een onderneming ogenschijnlijk (juridisch) de overnemende partij is, maar feitelijk de overgenomen partij is. De partij wiens aandeelhouders de aandelen verkrijgen en op grond daarvan in de nieuwe combinatie de beslissende zeggenschap hebben, moet voor verslaggevingsdoeleinden worden aangemerkt als de overnemende partij (RJ 216.109, IFRS 3.B19).

Hoe wordt vervolgens de jaarrekening opgesteld?

De partij wiens aandeelhouders de aandelen verkrijgen is voor verslaggevingsdoeleinden aangemerkt als de overnemende partij; deze term wordt in deze paragraaf consistent gehanteerd. De jaarrekening waarin de overname wordt verwerkt, wordt opgesteld door de partij die de aandelen heeft uitgegeven en voor verslaggevingsdoeleinden is aangemerkt als de overgenomen partij. De jaarrekening wordt opgesteld als zijnde een voortzetting van de jaarrekening van de overnemende partij. Dit betekent dat in deze jaarrekening van de overgenomen partij worden opgenomen:

▶ de activa en passiva van de overnemende partij tegen hun boekwaarden, zowel voor het huidige boekjaar als het vergelijkende boekjaar;
▶ de winst-en-verliesrekening van de overnemende partij, zowel voor het huidige boekjaar als het vergelijkende boekjaar;
▶ het eigen vermogen van de overnemende partij (en niet dat van de overgenomen partij!); echter met de samenstellende delen van het eigen vermogen (aandelenkapitaal en reserves van de overgenomen partij – het restant gaat naar de agioreserve of de overige reserves) van de overgenomen partij;
▶ de activa en passiva van de overgenomen partij tegen reële waarden en de vastgestelde goodwill in overeenstemming met Richtlijn 216 respectievelijk IFRS 3;
▶ de aandelenuitgifte door de overgenomen partij; en
▶ de resultaten van overgenomen partij vanaf overnamedatum.

Zie paragraaf 25.7 voor een voorbeeld van het verwerken van een omgekeerde overname.

Verschillen Dutch GAAP - IFRS

Volgens IFRS 3 dient iedere overname ('business combination') te worden verwerkt volgens de 'acquisition method'. Alleen als er sprake is van een overname dient deze onder Richtlijn 216 te worden verwerkt volgens de 'acquisition method', die door Richtlijn 216 wordt aangeduid als de 'purchase accounting'-methode. In het geval van een samensmelting van belangen wordt deze samenvoeging onder Richtlijn 216 verwerkt volgens de zogenaamde 'pooling of interests'-methode.

IFRS 3 schrijft voor dat een nieuw opgerichte entiteit (*newco*) die aandelen uitgeeft om een overname te effectueren, niet kan worden aangemerkt als de verkrijgende partij. Er moet dan worden beoordeeld of één van de andere betrokken partijen kan worden aangemerkt als de verkrijgende partij (en of er sprake is van een overname). Richtlijn 216 bevat geen specifieke voorschriften met betrekking tot nieuw opgerichte entiteiten. Wij zijn, op basis van het beginsel in RJ 214.342 dat de economische realiteit van een transactie leidend moet zijn bij het verwerken daarvan, van mening dat de voorschriften van IFRS 3 in beginsel ook onder Richtlijn 216 van overeenkomstige toepassing zijn.

25.2.3 Vaststellen van de overnamedatum

De overname dient te worden verwerkt op de overnamedatum (RJ 216.202, IFRS 3.10). Onder de overnamedatum wordt verstaan de datum waarop de beslissende zeggenschap over het vermogen en de activiteiten van de overgenomen partij effectief overgaat op de overnemende partij (RJ 216.0, IFRS 3.8).

De beslissende zeggenschap wordt niet geacht te zijn overgedragen aan de overnemende partij zolang niet aan alle noodzakelijke voorwaarden om de belangen van de betrokken partijen veilig te stellen is voldaan. Dit betekent niet noodzakelijkerwijs dat een transactie geheel dient te zijn afgerond voordat de beslissende zeggenschap geacht wordt effectief te zijn overgedragen. Het verkrijgen van beslissende zeggenschap zal veelal samenvallen met het daadwerkelijk voor rekening en risico gaan houden van de overgenomen partij. Dit kan bijvoorbeeld blijken uit afspraken over de transactieprijs (RJ 216.202, IFRS 3.9).

> **Voorbeeld vaststellen overnamedatum**
>
> Rechtspersoon A heeft op 15 oktober van jaar 1 een voorlopige overeenkomst (*Letter of Intent*) getekend voor de overname van alle aandelen in rechtspersoon S. In deze voorlopige overeenkomst is een voorlopige prijs vastgesteld. Op 1 december van jaar 1 wordt een definitieve overeenkomst (*Share Purchase Agreement*) tot overname getekend met een definitieve prijs en waarin materiële en formele voorwaarden zijn opgenomen. In deze overeenkomst wordt onder meer afgesproken dat voor alle belangrijke beslissingen met betrekking tot S tot aan het moment dat aan de materiële voorwaarden is voldaan, de instemming van beide partijen noodzakelijk is. Er wordt een *due diligence*-onderzoek uitgevoerd. Op 15 december van jaar 1 is aan de materiële voorwaarden voldaan. De levering van de aandelen vindt plaats op 5 januari van jaar 2.
> In dit geval is de overnamedatum 15 december van jaar 1. Op die datum is definitieve onvoorwaardelijke overeenstemming bereikt nadat aan de materiële voorwaarden is voldaan. Daarmee zijn de beslissende zeggenschap en economische risico's met betrekking tot S effectief overgedragen aan A. De levering van de aandelen in jaar 2, kort na het voldoen aan de materiële voorwaarden, kan worden gezien als een juridische formaliteit.

Verwerken op en na overnamedatum

De overnemende rechtspersoon neemt (RJ 216.202):
- op de overnamedatum de identificeerbare activa en passiva van de overgenomen partij en de eventuele goodwill die ontstaat bij de overname op in haar balans (IFRS 3.10); en
- vanaf de overnamedatum de resultaten van de overgenomen partij op in de eigen winst-en-verliesrekening.

25 Fusies en overnames (incl. goodwill)

Daarbij gaat het om de resultaten die zijn behaald ná overnamedatum. De resultaten die de overgenomen partij heeft behaald vóór overnamedatum, de zogenaamde meegekochte resultaten, dienen te worden opgenomen in de reële waarde op overnamedatum van de activa en passiva van de overgenomen partij. De meegekochte resultaten worden, in de enkelvoudige jaarrekening onder de Nederlandse wet- en regelgeving, in de netto-vermogenswaarde of 'equity'-methode, bij toepassing van combinatie 3, op overnamedatum van de deelneming in de overgenomen partij verwerkt (RJ 214.504, zie par. 10.2.2 en 10.2.3). Het is om praktische redenen, bijvoorbeeld vanwege de beschikbaarheid van financiële gegevens, aanvaardbaar het verwerken van de resultaten aan te vangen op een ander moment dan op overnamedatum, mits dit geen materiële invloed heeft op vermogen en resultaat (RJ 216.202, IFRS 3.BC110).

Voorbeeld opnemen resultaten overgenomen partij

Rechtspersoon K neemt in enig jaar alle aandelen in rechtspersoon C over. De overnamedatum wordt vastgesteld op 1 april. In het overnamecontract wordt bepaald dat de economische voordelen en risico's van C met ingang van 1 januari toekomen aan K. De koopprijs is vastgesteld op € 700. De reële waarde van de activa en passiva bedraagt op 1 januari € 620 en op 1 april € 640. Het jaarresultaat van C bedraagt € 90, waarvan € 20 betrekking heeft op de periode van 1 januari tot 1 april. Uit het contract blijkt dat de gehele jaarwinst van € 90 aan K wordt uitgekeerd.

Richtlijn 216 en IFRS 3 schrijven voor dat het vaststellen van de verkrijgingsprijs, de reële waarde van de activa en de passiva (en, onder Richtlijn 214, voor de enkelvoudige jaarrekening, de eerste netto-vermogenswaarde van de deelneming of de eerste waardering van de deelneming onder de 'equity'-methode bij toepassing van combinatie 3), en van de goodwill plaatsvinden op de overnamedatum.
K moet in de eigen winst-en-verliesrekening een bedrag van € 70 (€ 90 - € 20) opnemen uit hoofde van C. Dit is het resultaat van K na overnamedatum. Hierbij is geabstraheerd van verschillen in het resultaat doordat de activa en passiva in C op reële waarde op overnamedatum zijn gewaardeerd door K.
De reële waarde van de activa en de passiva van K (en, onder Richtlijn 214, in de enkelvoudige jaarrekening, de eerste netto-vermogenswaarde van de deelneming) bedraagt € 640, en de goodwill derhalve € 60 (€ 700 - € 640). De eerste waardering van de deelneming onder de 'equity'-methode, bij toepassing van combinatie 3, bedraagt € 700.

Het is dus onjuist om de goodwill vast te stellen op € 80, als het verschil tussen de koopprijs van € 700 en de reële waarde van de activa en passiva op 1 januari van € 620. In de koopprijs van € 700 wordt geacht de winst van 1 januari tot 1 april van € 20 besloten te zitten; de zogenaamde meegekochte winst.

De journaalpost op 1 april is dan ook als volgt:
Netto activa	640	
Goodwill	60	
Aan Liquide middelen		700

25.2.4 Vaststellen van de verkrijgingsprijs

De verkrijgingsprijs dient op de overnamedatum te worden gesteld op (RJ 216.203, IFRS 3.37-38):
- het geldbedrag (of equivalent daarvan) dat is overeengekomen voor de verkrijging van de overgenomen partij; en/of
- de reële waarde op overnamedatum van enige andere tegenprestatie (activa, aanvaarde verplichtingen, uitgegeven eigen-vermogensinstrumenten) die door de overnemende partij wordt verstrekt;
- uitsluitend onder Richtlijn 216 vermeerderd met eventuele kosten die direct toerekenbaar zijn aan de overname. Onder IFRS 3 worden deze kosten verwerkt in de winst-en-verliesrekening (zie hierna).

Wanneer de afrekening van de koopsom wordt uitgesteld, wordt de verkrijgingsprijs gesteld op de contante waarde van de uitgestelde koopsom zoals hiervoor gesteld (RJ 216.203, IFRS 3.37).

De vergoeding aan de voormalige eigenaren of aandeelhouders van de overgenomen partij dient te worden beoordeeld om vast te stellen of zij onderdeel uitmaakt van de verkrijgingsprijs voor de overgenomen partij of dat zij (deels) moet worden gezien als een vergoeding voor andere (al dan niet impliciete) transacties. Appendix B in IFRS 3 bevat hiervoor leidraden (IFRS 3.B50-62).

Als in de vergoeding aan de voormalige eigenaren of aandeelhouders van de overgenomen partij vergoedingen zijn begrepen die niet samenhangen met het verkrijgen van de activa en passiva van de overgenomen partij, maakt deze vergoeding geen deel uit van de verkrijgingsprijs (IFRS 3.51). Hierbij kan worden gedacht aan (IFRS 3.52):

- transacties die effectief bestaande verhoudingen tussen de overnemende partij en de overgenomen partij beëindigen. Een voorbeeld hiervan is het beëindigen van een schuld-vordering-verhouding tussen de overnemende partij en de overgenomen partij. Als de overnemende partij een schuld heeft aan de overgenomen partij, wordt tijdens de overname verondersteld dat een deel van de vergoeding voor de overgenomen partij dient ter aflossing van deze schuld. Dit deel van de vergoeding wordt dan niet tot de verkrijgingsprijs gerekend (IFRS 3.B51-53);
- een transactie waarbij de bijkomende kosten worden vergoed aan de overgenomen partij of de verkoper van de overgenomen partij. Deze vergoeding maakt dan geen onderdeel uit van de verkrijgingsprijs;
- een transactie waarbij een (voorwaardelijke) vergoeding wordt gegeven voor dienstverlening na overnamedatum. Een voorbeeld hiervan is een betaling die afhankelijk is van het in dienst blijven van de voormalig aandeelhouder van de overgenomen partij. Deze vergoeding wordt beschouwd als een vergoeding voor toekomstige arbeidsprestaties in plaats van als een onderdeel van de verkrijgingsprijs (IFRS 3.B54-55).

Ook kan de transactieprijs vergoedingen aan anderen bevatten dan de voormalige eigenaren of aandeelhouders. Voorbeelden hiervan zijn het aflossen van schulden van de overgenomen partij aan derden waaronder financiers. Deze aflossingen worden niet tot de verkrijgingsprijs gerekend.

Hoewel IFRS 3 meer specifiek dan Richtlijn 216 lijkt te verplichten om na te gaan of de verrichte betalingen nodig zijn voor het verkrijgen van beslissende zeggenschap over de overgenomen partij of dat hieronder mede betalingen begrepen zijn voor andere transacties, en hiervoor ook leidraden bevat, zijn wij van mening dat dit uitgangspunt ook onder Richtlijn 216 van overeenkomstige toepassing is.

Betaling door middel van aandelenuitgifte

Bij een overname die wordt betaald door middel van (het uitgeven van) aandelen wordt de verkrijgingsprijs vastgesteld op basis van de reële waarde van deze aandelen op de overnamedatum. Voor verhandelbare aandelen is de reële waarde van deze uitgegeven aandelen gewoonlijk gelijk aan de marktprijs op de overnamedatum (RJ 216.206). In uitzonderlijke situaties kan de marktprijs, bijvoorbeeld als gevolg van illiquiditeit of overdreven prijsfluctuaties, geen betrouwbare indicator voor de reële waarde zijn. Wanneer de marktprijs een onbetrouwbare indicator is of wanneer er geen notering is, wordt de reële waarde van de uitgegeven aandelen geschat op basis van:
- het proportionele belang in de reële waarde van de overnemende partij; of
- het proportionele belang in de reële waarde van de overgenomen partij.

De keuze uit deze alternatieven wordt bepaald op basis van het criterium welke waarde met de meeste betrouwbaarheid kan worden vastgesteld (IFRS 3.33). Als, naast betaling in aandelen, een deel van de koopsom in contanten is betaald, kan dit eveneens een indicatie zijn voor de reële waarde van de aandelen (RJ 216.206).

25 Fusies en overnames (incl. goodwill)

Het is mogelijk dat tussen partijen een verkrijgingsprijs is afgesproken, waarbij is uitgegaan van een zekere aandelenkoers. Indien op de overnamedatum de koers afwijkt, wordt de verkrijgingsprijs vastgesteld op basis van deze afwijkende koers, omdat de reële waarde van de aandelen op overnamedatum bepalend is (RJ 216.203, IFRS 3.37).

Bijkomende kosten

Onder Richtlijn 216 bevat de verkrijgingsprijs mede de direct aan deze verkrijging zelf toerekenbare kosten. Dit betreft onder meer kosten van accountants, juristen, taxateurs en andere adviseurs, en in voorkomende gevallen belastingen. Algemene kosten en kosten van een met overnames belaste afdeling worden niet opgenomen in de verkrijgingsprijs (RJ 216.207). IFRS 3 schrijft voor dat de kosten die samenhangen met de overname onmiddellijk worden verwerkt in de winst-en-verliesrekening (IFRS 3.53).

Onder de Nederlandse wet- en regelgeving kunnen kosten voor de uitgifte van aandelen in mindering worden gebracht op het agio (RJ 240.219) of in de balans worden opgenomen als een immaterieel vast actief (RJ 210.103). De Raad voor de Jaarverslaggeving beveelt aan om deze kosten in mindering te brengen op het agio (zie verder par. 15.2.3). Onder IFRS worden kosten van uitgifte van aandelen in mindering gebracht op het eigen vermogen (IAS 32.35).

Onzekere verkrijgingsprijs

Een overnameovereenkomst kan voorzien in een mogelijke wijziging van de verkrijgingsprijs die afhankelijk is van toekomstige gebeurtenissen (*contingent consideration*). Een voorbeeld van een dergelijke voorwaardelijke schuld of vordering is een *earn out*-regeling, waarbij een deel van de verkrijgingsprijs wordt vastgesteld op basis van toekomstige omzet of winst van de overgenomen partij. Ook kan het zijn dat de verkrijgingsprijs wordt aangepast als zich een bepaalde onzekere gebeurtenis voordoet. Bijvoorbeeld als het resultaat van de overgenomen partij onder een van tevoren bepaald niveau komt.

Richtlijn 216
Onder Richtlijn 216 dient bij het vaststellen van de verkrijgingsprijs met een onzekerheid rekening te worden gehouden voor zover een wijziging van de verkrijgingsprijs op overnamedatum waarschijnlijk is en het bedrag ervan op betrouwbare wijze is vast te stellen (RJ 216.239). Er wordt van uitgegaan dat veelal een betrouwbare schatting mogelijk zal zijn (RJ 216.240). Deze voorwaardelijke vordering of verplichting wordt opgenomen in de balans en gewaardeerd tegen de contante waarde van de verwachte toekomstige kasstromen.

Indien de wijziging niet waarschijnlijk is of het bedrag niet op betrouwbare wijze is vast te stellen, dient de verkrijgingsprijs te worden aangepast zodra wel aan die voorwaarden is voldaan. De verkrijgingsprijs wordt ook aangepast voor de verschillen tussen de geschatte en de werkelijke betalingen na de overnamedatum (RJ 216.241). De aanpassingen worden verwerkt in het jaar (of de jaren) waarin de wijzigingen van de schattingen zijn doorgevoerd en/of de daadwerkelijke betalingen zijn ontvangen respectievelijk gedaan. Vergelijkende cijfers worden niet aangepast. De aanpassing van de verkrijgingsprijs beïnvloedt de omvang van de goodwill. De wijziging in de onzekere verkrijgingsprijs wordt, op het moment van wijziging, aangepast op de goodwill en vervolgens wordt prospectief op de aangepaste goodwill afgeschreven (RJ 216.242).

IFRS 3
IFRS 3 schrijft voor dat de overnemende partij de voorwaardelijke vordering of verplichting op overnamedatum waardeert op reële waarde en opneemt in de balans (IFRS 3.39). De waardering van deze vordering respectievelijk

de classificatie en de waardering van deze verplichting op reële waarde is gebaseerd op een beoordeling van de feiten en omstandigheden op overnamedatum.

Het maakt niet uit of de voorwaardelijke vordering een financieel instrument is of niet. In beide gevallen wordt deze gewaardeerd tegen reële waarde (IFRS 3.58).

Als de verplichting een financieel instrument is, dient de overnemende partij deze te classificeren als een eigen-vermogensinstrument of als een vreemd-vermogensinstrument in overeenstemming met IAS 32 'Financial Instruments: Presentation' (IFRS 3.40, IAS 32.11).
Heeft het financieel instrument het karakter van eigen vermogen, dan worden latere wijzigingen in de reële waarde niet verwerkt. Heeft het financieel instrument het karakter van vreemd vermogen, dan worden latere wijzigingen in de reële waarde verwerkt in de winst-en-verliesrekening (IFRS 3.58). Zie voor een uitgebreide behandeling van de classificatie van financiële instrumenten paragraaf 30.4.
Als de verplichting geen financieel instrument is, dient de overnemende partij latere wijzigingen in de reële waarde te verwerken in de winst-en-verliesrekening (IFRS 3.58).
Latere wijzigingen in de reële waarde van de voorwaardelijke vordering respectievelijk voorwaardelijke verplichting worden dus niet verwerkt in de verkrijgingsprijs en de goodwill.

Voorbeeld verwerken 'earn out'-regeling

Rechtspersoon M koopt aan het einde van jaar 1 alle aandelen van rechtspersoon K. De verkrijgingsprijs bestaat uit twee componenten: € 200.000 in contanten plus 50% van het nettoresultaat over jaar 3 in contanten. Het nettoresultaat over jaar 3 wordt geschat op € 10.000. De reële waarde (Richtlijn 216: contante waarde) van deze bijbetaling op overnamedatum wordt geschat op de contante waarde van € 5.000 (50% x € 10.000), zijnde € 4.132 (op basis van een disconteringsvoet van 10%).

De reële waarde van de activa en passiva van K bedraagt € 170.000. De goodwill zal in 10 jaar worden afgeschreven. De verkrijgingsprijs is aldus € 204.132. De goodwill is derhalve € 34.132.

Aan het begin van jaar 4 blijkt dat het werkelijke nettoresultaat over jaar 3 € 6.000 bedraagt. De nabetaling door A aan de aandeelhouders van K is derhalve € 3.000 (50% van het nettoresultaat). Wat betekent dit voor het bedrag van de goodwill in de jaarrekening over jaar 3?

Onder Richtlijn 216
De goodwill wordt, op het moment van wijziging (aan het einde van jaar 3), aangepast voor de wijziging van de verkrijgingsprijs en vervolgens wordt prospectief op de aangepaste goodwill afgeschreven. De wijziging van de onzekere verkrijgingsprijs bedraagt € 2.000 (€ 5.000 (gedurende jaren 2 en 3 is de € 4.132 opgerent tot € 5.000) - € 3.000) en wordt in mindering gebracht op de goodwill van € 27.306 (€ 34.132 - twee jaar afschrijving van € 3.413). De resterende goodwill van € 25.306 wordt vervolgens met een jaarlijkse afschrijving van € 3.163 in 8 jaar afgeschreven.

Onder IFRS 3
De geschatte nabetaling is op overnamedatum geclassificeerd als een financieel instrument en een vreemd-vermogensinstrument. De wijzigingen in de reële waarde van de geschatte nabetaling worden verwerkt in de winst-en-verliesrekening. De verkrijgingsprijs en de goodwill worden niet aangepast. In dit geval bedraagt de wijziging in de reële waarde van de geschatte betaling een bate van € 2.000 (€ 3.000 - € 5.000 (gedurende jaren 2 en 3 is de € 4.132 opgerent tot € 5.000)). Dit bedrag wordt verwerkt in de winst-en-verliesrekening. De verkrijgingsprijs van € 204.132 en de goodwill van € 34.132 worden niet aangepast.

In het voorgaande gaat het uitsluitend om onzekerheden die zijn geregeld in de overnameovereenkomst; dus in de relatie tussen de overnemende partij en de voormalige eigenaren/aandeelhouders van de overgenomen partij. Een onzekerheid kan ook bestaan inzake de bijkomende kosten. Bijvoorbeeld in de situatie dat een overnameadviseur (mede) wordt vergoed op basis van het bereiken van een zeker winstniveau door de overgenomen partij. In dit geval dient op overnamedatum een zo goed mogelijke schatting te worden gemaakt van deze bijkomende kosten. Latere wijzigingen (na de 'waarderingsperiode'; zie par. 25.4) worden onder Richtlijn 216 verwerkt in de verkrijgingsprijs en onder IFRS 3 in de winst-en-verliesrekening, in overstemming met de voorschriften voor het verwerken van transactiekosten zoals eerder in deze paragraaf behandeld.

Latere wijzigingen in de waarde van de tegenprestatie

Het is ook mogelijk dat na de overnamedatum een wijziging van de waarde van de tegenprestatie optreedt. Een dergelijke situatie doet zich voor als de marktprijs van de door de overnemende partij uitgegeven aandelen wordt gegarandeerd en de overnemende partij extra aandelen moet uitgeven om de koopsom te voldoen. Richtlijn 216 beschouwt deze extra uitgifte echter niet als een toename van de verkrijgingsprijs maar als een wijziging van het agio op de oorspronkelijke uitgifte (RJ 216.243). IFRS 3 kent hiervoor geen specifieke voorschriften en een dergelijke afspraak zal moeten worden verwerkt op basis van de regulier van toepassing zijnde standaarden, zoals IAS 32 'Financial Instruments: Presentation' en IFRS 9 'Financial Instruments'. De classificatie van een eventuele voorwaardelijke verplichting kan hierbij een rol spelen.

Verschillen Dutch GAAP - IFRS

Hoewel IFRS 3 bij het vaststellen van de verkrijgingsprijs meer specifiek dan Richtlijn 216 lijkt te verplichten om na te gaan of de verrichte betalingen nodig zijn voor het verkrijgen van beslissende zeggenschap over de overgenomen partij of dat hieronder mede betalingen zijn begrepen voor andere transacties, en hiervoor ook leidraden bevat, zijn wij van mening dat dit uitgangspunt ook onder Richtlijn 216 van overeenkomstige toepassing is. Onder Richtlijn 216 bevat de verkrijgingsprijs mede de direct aan de verkrijging zelf toerekenbare kosten. IFRS 3 schrijft voor dat deze kosten onmiddellijk worden verwerkt in de winst-en-verliesrekening.

Onder de Nederlandse wet- en regelgeving kunnen kosten voor de uitgifte van aandelen in mindering worden gebracht op het agio of in de balans worden opgenomen als een immaterieel vast actief. De Raad voor de Jaarverslaggeving beveelt aan om deze kosten in mindering te brengen op het agio. Onder IFRS worden kosten van uitgifte van aandelen in mindering gebracht op het eigen vermogen.

Onder Richtlijn 216 dient bij het vaststellen van de verkrijgingsprijs met een onzekerheid rekening te worden gehouden voor zover een wijziging van de verkrijgingsprijs op de overnamedatum waarschijnlijk is en het bedrag ervan op betrouwbare wijze is vast te stellen. Deze voorwaardelijke verplichting wordt opgenomen in de balans en gewaardeerd tegen de contante waarde van de verwachte toekomstige kasstromen. De verkrijgingsprijs wordt aangepast voor wijzigingen in de schattingen en voor verschillen tussen geschatte en daadwerkelijke betalingen. Deze aanpassingen worden verwerkt in het jaar (of de jaren) waarin de wijzigingen van de schattingen zijn doorgevoerd en/of de daadwerkelijke betalingen zijn gedaan. Vergelijkende cijfers worden niet aangepast. De aanpassing van de verkrijgingsprijs beïnvloedt de omvang van de goodwill. De wijziging in de onzekere verkrijgingsprijs wordt, op het moment van wijziging, aangepast op de goodwill en vervolgens wordt prospectief op de aangepaste goodwill afgeschreven.

Onder IFRS 3 wordt de voorwaardelijke verplichting gewaardeerd tegen reële waarde. Is de voorwaardelijke verplichting een financieel instrument en geclassificeerd als een eigen-vermogensinstrument, dan worden latere wijzigingen in de reële waarde niet verwerkt. Is de voorwaardelijke verplichting een financieel instrument en geclassificeerd als een vreemd-vermogensinstrument of niet een financieel instrument, dan worden latere wijzigingen in de reële waarde verwerkt in de winst-en-verliesrekening. Latere wijzigingen in de reële waarde van de voorwaardelijke verplichting worden dus niet verwerkt in de verkrijgingsprijs en de goodwill.

Het is ook mogelijk dat na de overnamedatum een wijziging van de waarde van de tegenprestatie optreedt. Richtlijn 216 beschouwt een eventuele extra uitgifte niet als een toename van de verkrijgingsprijs maar als een wijziging van het agio op de oorspronkelijke uitgifte. IFRS 3 kent hiervoor geen specifieke voorschriften en een dergelijke afspraak zal moeten worden verwerkt op basis van de regulier van toepassing zijnde standaarden, zoals IAS 32 en IFRS 9. De classificatie van een eventuele voorwaardelijke verplichting kan hierbij een rol spelen.

25.2.5   Verwerken van identificeerbare activa en passiva
25.2.5.1   Vaststellen van identificeerbare activa en passiva - Algemeen
Opname en waardering

De overnemende partij dient op de overnamedatum de activa en passiva van de overgenomen partij afzonderlijk te identificeren en deze te waarderen tegen de reële waarden op overnamedatum (RJ 216.208, IFRS 3.10 en IFRS 3.18).

Daarbij gelden in het algemeen onder Richtlijn 216 de volgende opnamecriteria (RJ 216.208):
- het is waarschijnlijk dat de toekomstige economische voordelen toekomen aan de overnemende partij dan wel dat de afwikkeling resulteert in een uitstroom van middelen die economische voordelen in zich bergt (zie par. 4.5.2.1 en 4.5.3.1); en
- de reële waarde kan betrouwbaar worden vastgesteld.

Onder IFRS 3 gelden in het algemeen de volgende opnamecriteria (IFRS 3.11 en 3.12): De identificeerbare activa en passiva moeten:
- voldoen aan de definities van een actief respectievelijk een passief in het oude *Framework for the Prepration and Presentation of Financial Statements* uit 1989, overgenomen door de IASB in 2001 ('Framework'); en
- deel uitmaken van wat de overnemende partij en de overdragende partij in het kader van de overname hebben geruild, en niet het resultaat zijn van afzonderlijke transacties (zoals behandeld in par. 25.2.4).

Het eerste opnamecriterium van RJ 216.208, de waarschijnlijkheid van (een instroom van) economische voordelen, is onder IFRS 3 niet een opnamecriterium. Identificeerbare activa of passiva van de overgenomen partij die voldoen aan de definitie in het 'Framework', worden opgenomen door de overnemende partij. Onvoorwaardelijke rechten en verplichtingen voldoen aan de definities van een actief respectievelijk een verplichting in het 'Framework'. Het is immers zeker dat toekomstige economische voordelen zullen toekomen aan onvoorwaardelijke rechten, zelfs als er onzekerheid is over de timing of de omvang van deze voordelen (IFRS 3.BC126-130). De mate van waarschijnlijkheid dat toekomstige economische voordelen toekomen aan onvoorwaardelijke rechten wordt verwerkt in de waardering van deze activa. Hetzelfde geldt voor onvoorwaardelijke verplichtingen.
Er kunnen als gevolg van deze waarschijnlijkheidseis – onder Richtlijn 216 een opnamecriterium, onder IFRS 3 onderdeel van de waardering – onder IFRS 3 activa en passiva worden onderkend die onder Richtlijn 216 niet worden onderkend. Dit wordt voor immateriële vaste activa nader uitgewerkt in paragraaf 25.2.5.2.

Het tweede opnamecriterium van RJ 216.208, de betrouwbaarheid van de waardering, is niet specifiek opgenomen in IFRS 3. Dit wordt onderdeel geacht van de algemene opnamecriteria in het 'Framework' (IFRS 3.BC125), en leidt daarom niet tot een verschil met Richtlijn 216.

Daarnaast bevatten Richtlijn 216 en IFRS 3 voor specifieke activa en verplichtingen uitzonderingen op deze algemene opnamecriteria en waarderingsgrondslagen. Deze worden behandeld in paragraaf 25.2.5.2.

Onder de identificeerbare activa en passiva kunnen ook activa en passiva zijn begrepen die voorheen niet voorkwamen op de balans van de overgenomen partij (RJ 216.210, IFRS 3.13). Voorbeelden zijn intern ontwikkelde immateriële activa en latente belastingvorderingen uit hoofde van verliescompensatie die na de overname kunnen worden benut.

Op de overnamedatum mogen geen voorzieningen worden opgenomen die voortvloeien uit de intenties of toekomstige acties van de overnemende partij met betrekking tot de overgenomen partij. Evenmin mogen voorzieningen worden opgenomen voor toekomstige verplichtingen, verliezen of andere verwachte kosten als gevolg van de overname, ongeacht of zij betrekking hebben op de overgenomen of de overnemende partij (RJ 216.211, IFRS 3.11). Deze verplichtingen, verliezen of andere verwachte kosten mogen ook niet in aanmerking worden genomen bij het vaststellen van de verkrijgingsprijs. Onder Richtlijn 216 kan hierop een uitzondering worden gemaakt voor een reorganisatievoorziening. Zie verder paragraaf 25.2.5.2.

Classificatie en aanwijzing
Onder IFRS 3 classificeert de overnemende partij de identificeerbare activa en passiva op de overnamedatum dan wel wijst deze aan op de overnamedatum zoals is benodigd voor de latere toepassing van andere standaarden. De overnemende partij moet deze classificaties of aanwijzingen uitvoeren op basis van de contractuele bepalingen, economische omstandigheden, haar operationele beleid of haar grondslagen voor financiële verslaggeving en andere relevante omstandigheden zoals die op de overnamedatum bestaan (IFRS 3.15). Voorbeelden van deze classificaties en aanwijzingen zijn: het classificeren van financiële instrumenten, het aanwijzen van een derivaat als een afdekkingsinstrument, het vaststellen of een in een contract besloten derivaat moet worden afgescheiden van dit (basis)contract, allen in overeenstemming met IFRS 9 'Financial Instruments'.

Een uitzondering op dit principe betreft de classificatie van leasecontracten door een lessor en verzekeringscontracten. De overnemende partij moet deze contracten classificeren op basis van de contractuele bepalingen en andere factoren bij het aangaan van het contract of, als de contractuele bepalingen dusdanig zijn gewijzigd dat de classificatie van het contract verandert, op de datum van die wijziging, wat de overnamedatum kan zijn (IFRS 3.17).

Richtlijn 216 bevat geen specifieke voorschriften voor het classificeren en aanwijzen van de overgenomen activa en passiva, maar wij zijn van mening dat de voorschriften van IFRS 3 ook onder Richtlijn 216 van overeenkomstige toepassing zijn.

Toekomstige regelgeving
De IASB heeft in 2018 een nieuw 'Conceptual Framework' uitgebracht. Dit '2018 Conceptual Framework' bevat onder andere nieuwe definities voor een actief en een passief. Vooralsnog gelden in IFRS 3 de definities van het oude 'Framework' uit 1989. De IASB heeft onderzocht wat de gevolgen van deze nieuwe definities zijn voor het identificeren van activa en passiva bij een overname. Dit heeft geleid tot wijzigingen in IFRS 3. Het vervangen van de referenties naar het oude 'Framework' door die naar het nieuwe 'Conceptual Framework' zou niet moeten leiden tot wijzigingen in het identificeren van activa en passiva bij een overname. Deze wijzigingen in IFRS 3 worden van kracht voor boekjaar 2022.

25.2.5.2 Specifieke activa en passiva
Zoals in paragraaf 25.2.5.1 beschreven schrijven Richtlijn 216 en IFRS 3 voor dat de rechtspersoon de identificeerbare activa en passiva van de overgenomen partij dient te verwerken. Deze activa en passiva dienen afzonderlijk tegen reële waarde te worden verwerkt in de balans van de overnemende partij.

IFRS 3 bevat verder voorschriften voor het identificeren en opnemen van specifieke activa en passiva (IFRS 3.14, IFRS 3.22-28B, en IFRS 3.B31-40). Deze voorschriften worden geacht uitzonderingen te zijn op de opnamecriteria en waarderingsgrondslagen zoals hiervoor beschreven in paragraaf 25.2.5.1. Voorbeelden van deze activa en passiva zijn immateriële vaste activa, vrijwaringen, latente belastingvorderingen van de overnemende partij, reorganisatiekosten na overname, voorwaardelijke verplichtingen, herverkregen rechten, leasecontracten en gunstige en ongunstige contracten, allen later in deze paragraaf uitgebreider behandeld.

Immateriële vaste activa
Onder Richtlijn 216 en IFRS 3 geldt de(zelfde) verplichting dat immateriële vaste activa zo veel mogelijk worden gesepareerd van goodwill. Als activa en passiva niet kunnen worden geïdentificeerd of niet aan voornoemde voorwaarden voldoen, zullen deze deel uitmaken van de goodwill (RJ 216.209, IFRS 3.B37).
IFRS 3 stelt dat een immaterieel vast actief identificeerbaar is als het separeerbaar is of een contractueel recht is (IFRS 3.B31-34). Het actief is dan per definitie opneembaar en waardeerbaar. Onder Richtlijn 216 (en onder IAS 38 'Intangible Assets') gelden de algemene in paragraaf 25.2.5.1 beschreven opnamecriteria waarvan de waarschijnlijkheidseis er één is. IFRS 3 veronderstelt dat een immaterieel actief opneembaar en betrouwbaar waardeerbaar is. De waarschijnlijkheidseis wordt vanwege deze veronderstelling meegenomen als onderdeel van de waardering. Er kunnen dus als gevolg van deze waarschijnlijkheidseis – onder Richtlijn 216 (en IAS 38) een opnamecriterium, onder IFRS 3 onderdeel van de waardering – en deze betrouwbaarheidseis onder IFRS 3 immateriële vaste activa worden onderkend die onder Richtlijn 216 niet worden onderkend. Een voorbeeld hiervan is intern ontwikkelde immateriële activa zoals een immaterieel actief in ontwikkeling.

Het proces van toerekening van de verkrijgingsprijs aan de afzonderlijke activa en passiva wordt wel aangeduid als de *purchase price allocation*. Zie verder paragraaf 25.3. Zou onder de Nederlandse wet- en regelgeving een IFRS 'purchase price allocation' ('PPA') als basis worden gebruikt, dan moet van de in de IFRS PPA opgenomen en gewaardeerde immateriële vaste activa worden vastgesteld dat deze voldoen aan de waarschijnlijkheidseis en de betrouwbaarheidseis.
IFRS 3 noemt diverse voorbeelden van mogelijk op te nemen immateriële activa, zoals merken, klantenlijsten, klantcontracten en gerelateerde klantrelaties, niet-contractuele klantrelaties, licenties, en technologie. Vooral het vaststellen van de reële waarde van de door de overgenomen partij intern ontwikkelde immateriële activa kan in de praktijk lastig zijn. Overigens kan de in personeel gebundelde kennis en ervaring niet als immaterieel actief worden opgenomen (IFRS 3.B37).

Vrijwaringen en gerelateerde verplichtingen
De overdragende partij kan de overnemende partij contractueel vrijwaren voor mogelijke verplichtingen of andere onzekerheden.

Onder IFRS 3 wordt de uit de vrijwaring resulterende vordering gelijktijdig met de verplichting opgenomen. Deze vrijwaring wordt gewaardeerd zoals de verplichting wordt gewaardeerd, rekening houdend met oninbaarheid (IFRS 3.27-28). Omdat de vrijwaring wordt opgenomen en gewaardeerd voor hetzelfde bedrag als de verplichting, rekening houdend met oninbaarheid, is er bij het verwerken van de overname naar verwachting een beperkt effect op de goodwill en daarna naar verwachting een beperkt effect op het resultaat.

Richtlijn 216 bevat geen nadere of specifieke voorschriften voor het verwerken van vrijwaringen. Wij zijn daarom van mening dat de voorschriften van Richtlijn 252 'Voorzieningen, niet in de balans opgenomen verplichtingen en niet in de balans opgenomen activa' in beginsel van overeenkomstige toepassing is op vrijwaringen. Een vergoeding van een derde wordt uitsluitend dan verwerkt als het waarschijnlijk is dat deze zal worden ontvangen bij de afwikkeling van de verplichting (RJ 252.311). Dit resulteert naar onze mening niet in een verschil met IFRS 3. Zodra de verplichtingen moeten worden opgenomen, worden, net zoals onder IFRS 3, ook de vrijwaringen opgenomen. Er zijn verschillende verwerkingswijzen denkbaar onder de Nederlandse wet- en regelgeving.

Verwerkingswijze: Vrijwaring als een contractactief in de PPA
De verplichting wordt verwerkt als onderdeel van de overname. De vrijwaring wordt gezien als een te waarderen contract, en deze wordt aldus verwerkt in de 'purchase price allocation' ('PPA'). Omdat de vrijwaring wordt opgenomen en gewaardeerd voor hetzelfde bedrag als de verplichting, rekening houdend met oninbaarheid, is er bij het verwerken van de overname mogelijk slechts een beperkt effect op de goodwill en daarna mogelijk slechts een beperkt effect op het resultaat, beide als gevolg van de mate van oninbaarheid van de vrijwaring. Dus: wordt de verplichting aangepast via de goodwill, bijvoorbeeld tijdens de waarderingsperiode, dan wordt de vrijwaring aangepast via de goodwill; wordt de verplichting aangepast via de winst-en-verliesrekening, bijvoorbeeld na de waarderingsperiode, dan wordt de vrijwaring aangepast via de winst-en-verliesrekening.

Verwerkingswijze: Vrijwaring en de verplichting buiten de PPA
De verplichting en vrijwaring worden buiten het verwerken van de overname, en aldus de PPA, gehouden. De redenering is dat door de vrijwaring de verplichting feitelijk niet is overgenomen van de overgenomen partij. Er is geen effect op de goodwill. De vrijwaring en de verplichting worden wel verwerkt, maar niet als onderdeel van het verwerken van de overname en de PPA. Omdat de vrijwaring wordt opgenomen als een actiefpost en wordt verwerkt voor hetzelfde bedrag als de verplichting, rekening houdend met oninbaarheid, is er op overnamedatum en daarna mogelijk slechts een beperkt effect op het resultaat.

Verwerkingswijze: Vrijwaring als een correctie op de verkrijgingsprijs
De verkrijgingsprijs wordt aangepast voor herschattingen van de onzekere verkrijgingsprijs en verschillen tussen de geschatte en de werkelijke betalingen na de overnamedatum (RJ 216.241). Als de vrijwaring wordt gezien als een correctie op de verkrijgingsprijs, dan worden wijzigingen in de vrijwaring verwerkt via de verkrijgingsprijs en de goodwill. Wijzigingen in de verplichting kunnen tot maximaal een jaar na het jaar van overname worden verwerkt in de goodwill (de 'waarderingsperiode', zie par. 25.4), mits deze wijzigingen hun oorzaak vinden in nadere informatie over de situatie op overnamedatum. Daarna worden wijzigingen in de verplichting verwerkt in de winst-en-verliesrekening, en is er een effect op het resultaat.

Het is naar onze mening het meest logisch en consistent om de vrijwaring als een contractactief in de PPA te verwerken. Dit omdat:
▶ zowel de verplichting als de vrijwaring posten van de overgenomen partij zijn. De overgenomen partij kan immers worden aangesproken op de verplichting, en zal deze vervolgens verhalen op de overdragende partij. Het is daarom naar onze mening conceptueel juister om de verplichting en vrijwaring in de PPA te verwerken;
▶ de verplichting en de vrijwaring dan immers niet tot een resultaat bij de overnemende partij leiden, behalve voor het effect van oninbaarheid;
▶ het verwerken als een contractactief in overeenstemming is met IFRS 3.

Alhoewel niet strijdig met Richtlijn 216, en daarom naar onze mening ook verdedigbaar geacht, lijkt het minder logisch en consistent om de vrijwaring als een correctie op de verkrijgingsprijs te verwerken. Er is dan op enig moment geen resultaatneutraliteit meer omdat wijzigingen in de vrijwaring via de verkrijgingsprijs en goodwill worden verwerkt en wijzigingen in de verplichting in de winst-en-verliesrekening. Er ontstaat dan ook een verschil met IFRS 3.

Latente belastingenvorderingen van de overnemende partij
De overnemende partij kan het, als gevolg van een overname, waarschijnlijk achten dat het zelf een latente belastingvordering kan realiseren, die het niet eerder had opgenomen. Onder Richtlijn 272 'Belastingen naar de winst' wordt deze latente belastingvordering verwerkt ten laste van de goodwill (RJ 272.505). Onder IAS 12 'Income Taxes' wordt deze latente belastingvordering verwerkt als een belastingbate in de winst-en-verliesrekening. Het opnemen van een dergelijke latente belastingvordering heeft onder IFRS dus geen effect op de goodwill. Zie verder paragraaf 17.2.3.1.

Reorganisatiekosten na overname
Zoals in paragraaf 25.2.5.1 reeds behandeld kunnen onder IFRS 3 reorganisatiekosten die de overnemende partij verwacht maar waarvoor zij op overnamedatum nog geen verplichting heeft, niet worden opgenomen bij het verwerken van de overname. Deze kosten worden na (het verwerken van) de overname opgenomen in de jaarrekening overeenkomstig IAS 37 'Provisions, Contingent Liabilities and Contingent Assets' (zie par. 16.2, 16.3, en 16.5.1) (IFRS 3.11).

Richtlijn 216 biedt meer ruimte voor het vormen van een reorganisatievoorziening als de overnemende partij plannen heeft met betrekking tot de activiteiten van de overgenomen partij waardoor direct als gevolg van de overname een verplichting ontstaat. Er moet dan wel aan strikte voorwaarden zijn voldaan (RJ 216.212):
- de overnemende partij heeft op of voor de overnamedatum de hoofdlijnen van een plan ontwikkeld betreffende de beëindiging of inkrimping van activiteiten van de overgenomen partij met betrekking tot:
  1. het compenseren van werknemers van de overgenomen partij vanwege de beëindiging van hun dienstverband;
  2. het sluiten van bedrijfsonderdelen van de overgenomen partij;
  3. het afstoten van productlijnen van de overgenomen partij; of
  4. de beëindiging van bezwarende contracten waarvan de overnemende partij op of voor de overnamedatum al aan de wederpartij van de contracten heeft medegedeeld dat zij zullen worden beëindigd; en
- de overnemende partij heeft op of voor de overnamedatum met de aankondiging van de hoofdlijnen van het plan betreffende de beëindiging of inkrimping van activiteiten van de overgenomen partij bij hen voor wie de reorganisatie gevolgen zal hebben de gerede verwachting gewekt dat het plan zal worden uitgevoerd.

De reorganisatievoorziening mag slechts de kosten omvatten die betrekking hebben op de hiervoor onder punt 1 tot en met 4 genoemde posten.

De overnemende partij dient binnen een redelijke termijn na de overnamedatum de hoofdlijnen van het plan nader te hebben geformaliseerd in een gedetailleerd formeel plan, waarin ten minste worden aangegeven (RJ 216.212):
1. de betrokken (delen van de) activiteiten;
2. de belangrijkste locaties;
3. de locatie en functie en het verwachte aantal werknemers dat voor de beëindiging van zijn werkzaamheden een vergoeding zal ontvangen;
4. de uitgaven die hiermee zijn gemoeid;
5. wanneer het plan zal worden uitgevoerd.

Onder een redelijke termijn wordt verstaan drie maanden na de overnamedatum. Onder bepaalde omstandigheden kan een langere termijn, met een maximum van zes maanden, gerechtvaardigd zijn (RJ 216.212).

25 Fusies en overnames (incl. goodwill)

Indien de overnemende partij op basis van de hoofdlijnen van het plan een voorziening heeft opgenomen, dient het plan kort daarna – maar uiterlijk binnen zes maanden na de overnamedatum – te worden geformaliseerd in een gedetailleerd plan, en dient de overnemende partij de daaruit voortvloeiende wijziging van de voorziening te corrigeren op de positieve of negatieve goodwill.

Onder bepaalde voorwaarden is het mogelijk een reorganisatievoorziening als hierboven bedoeld terug te nemen. Een dergelijke terugneming kan alleen plaatsvinden indien (RJ 216.248):
▶ de uitgaande stroom van middelen niet langer waarschijnlijk is; of
▶ het gedetailleerde formele plan niet wordt uitgevoerd op de wijze zoals uiteengezet in het plan of binnen het tijdsbestek uit het formele plan.

Een dergelijke terugneming dient te worden verwerkt als een wijziging van de goodwill, zodanig dat er geen invloed is op de winst-en-verliesrekening (RJ 216.248). Dit geldt ook als die wijziging plaatsvindt na het einde van het eerste boekjaar dat volgt op het jaar waarin de overname plaatsvond. Indien goodwill is geactiveerd en afgeschreven dient een aangepast goodwillbedrag te worden afgeschreven over de resterende levensduur.

> **Voorbeeld wijziging reorganisatievoorziening onder Dutch GAAP**
> Rechtspersoon A neemt aan het einde van jaar 1 de aandelen van rechtspersoon S over. In verband met een door A aangekondigde reorganisatie bij S wordt een reorganisatievoorziening opgenomen van € 70. De goodwill bedraagt € 400. De goodwill wordt geactiveerd en in 20 jaar afgeschreven. Aan het einde van jaar 3 wordt geconcludeerd dat de reorganisatiekosten slechts € 52 bedragen.
> De boekwaarde van de goodwill voor de wijziging van de reorganisatievoorziening bedraagt € 360 (€ 400 - (2 x € 20)). Deze boekwaarde wordt aangepast naar € 342 (€ 360 - (€ 70 - € 52)). Dit bedrag wordt afgeschreven over de resterende levensduur. Dit betekent dat met ingang van jaar 4 jaarlijks € 19 wordt afgeschreven.

Voorwaardelijke verplichtingen

IFRS 3 schrijft ook voor dat voorwaardelijke verplichtingen, alleen indien sprake is van bestaande verplichtingen waarvan de uitstroom van middelen nog niet waarschijnlijk is en waarvan de reële waarde betrouwbaar kan worden ingeschat, moeten worden geïdentificeerd en moeten worden gewaardeerd tegen reële waarde. Ook als deze niet voldoen aan de gewoonlijke opnamecriteria van IAS 37 'Provisions, Contingent Liabilities and Contingent Assets' (IFRS 3.23).

De voorwaardelijke verplichting, mits niet een contract dat wordt verwerkt in overeenstemming met IFRS 9 'Financial Instruments', wordt vervolgens gewaardeerd tegen het hoogste van de volgende bedragen (IFRS 3.56):
▶ het bedrag dat overeenkomstig IAS 37 zou worden opgenomen; en
▶ het oorspronkelijk opgenomen bedrag verminderd met, in voorkomend geval, de geaccumuleerde opbrengsten die zijn opgenomen in overeenstemming met IFRS 15 'Revenue from Contracts with Customers'.

Onder Richtlijn 216 worden dergelijke verplichtingen, die invloed hebben op de hoogte van de goodwill, niet opgenomen.

Herverkregen rechten

Een overnemende partij kan in een eerdere zakelijke transactie een recht (bijvoorbeeld een licentie) hebben toegekend aan de overgenomen partij. Dit recht dient door de overnemende partij te worden geïdentificeerd en opgenomen als een herverkregen recht en te worden gewaardeerd tegen reële waarde, waarbij geen rekening wordt gehouden met eventuele contractverlengingen (IFRS 3.29). Richtlijn 216 bevat geen specifieke voorschriften met betrekking tot het verwerken van herverkregen rechten. Wij zijn van mening dat de voorschriften van IFRS 3 in beginsel ook onder Richtlijn 216 van overeenkomstige toepassing zijn.

Leasecontracten waarbij overgenomen partij lessee is
De overnemende partij neemt, in overeenstemming met IFRS 16, voor de geïdentificeerde leasecontracten waarbij de overnemende partij lessee is, een gebruiksrecht en leaseverplichtingen op. De overnemende partij is dit niet verplicht te doen voor leasecontracten waarvan de leaseperiode uiterlijk twaalf maanden na de overnamedatum afloopt of leasecontracten waarvan het onderliggende actief een lage waarde heeft (IFRS 3.28A). De overnemende partij waardeert de leaseverplichting tegen de contante waarde van de resterende leasebetalingen, alsof het verkregen leasecontract op de overnamedatum een nieuw leasecontract was. De overnemende partij waardeert het gebruiksrecht tegen hetzelfde bedrag als de leaseverplichting, aangepast voor de gunstige of ongunstige voorwaarden van het leasecontract in vergelijking met de marktvoorwaarden (IFRS 3.28B).
Net zoals voor het verwerken van herverkregen rechten bevat Richtlijn 216 geen specifieke voorschriften voor het verwerken van leasecontracten waarbij de overgenomen partij lessee is. Ook voor het verwerken van deze leasecontracten zijn wij van mening dat de verwerking onder IFRS 3 in beginsel onder Richtlijn 216 van overeenkomstige toepassing is, mits de overnemende partij IFRS 16 'Leases' integraal toepast. Zo niet, dan is onderstaande met betrekking tot gunstige en ongunstige contracten van toepassing.

Gunstige en ongunstige contracten
Voordat de hiervoor behandelde voorschriften voor het verwerken van leasecontracten waarbij de overgenomen partij lessee is van toepassing werden, werden deze leasecontracten op een andere manier verwerkt. Wij zijn van mening dat deze hierna behandelde voorschriften in beginsel van toepassing blijven op andere gunstige en ongunstige contracten. Als de overgenomen partij contracten heeft, neemt de overnemende partij een immaterieel vast actief op als dit contract voordelig is ten opzichte van de huidige marktprijzen voor gelijksoortige contracten en een verplichting op als dit contract nadelig is ten opzichte van de huidige marktprijzen. Ook als het contract in overeenstemming is met de huidige marktprijzen, maar een marktpartij (evengoed) bereid is een vergoeding te betalen voor dit contract, neemt de overnemende partij een immaterieel actief op. Richtlijn 216 bevat ook geen specifieke voorschriften voor het verwerken van gunstige en ongunstige contracten. Voor het verwerken van deze contracten, inclusief leasecontracten waarbij de overgenomen partij lessee is en waarop de overnemende partij niet IFRS 16 'Leases' toepast, zijn wij van mening dat de verwerking onder IFRS in beginsel ook onder Richtlijn 216 van overeenkomstige toepassing is.

25.2.5.3 Vaststellen reële waarden overgenomen activa en passiva
Voor het vaststellen van de reële waarde van identificeerbare activa en passiva biedt Richtlijn 216 enkele handreikingen. Voorbeelden daarvan zijn (RJ 216.214):
- immateriële activa: Wanneer een actieve markt bestaat: tegen reële waarden op basis van referentie aan deze actieve markt. Wanneer geen actieve markt bestaat: tegen transactieprijzen die tot stand komen tussen onafhankelijke partijen die ter zake goed geïnformeerd zijn en bereid zijn tot de transactie. In dit geval dient het te activeren bedrag te worden beperkt tot een bedrag dat niet leidt tot het ontstaan of verhogen van negatieve goodwill (RJ 216.215). IFRS 3 kent een dergelijke beperking niet;
- grond en gebouwen: tegen marktprijzen;
- machines, installaties en andere vaste bedrijfsmiddelen: tegen marktprijzen, normaliter op basis van taxaties. Wanneer er geen reële waarde bekend is vanwege de specifieke aard van de activa of omdat de activa zelden worden verkocht (behalve als onderdeel van een onderneming als geheel): tegen actuele kostprijzen;
- langlopende en kortlopende vorderingen: tegen de contante waarde van de te ontvangen bedragen, berekend op basis van een gepaste disconteringsvoet verminderd met eventuele voorzieningen voor oninbaarheid en

incassokosten. Waardering tegen contante waarde is niet vereist voor kortlopende vorderingen wanneer het verschil tussen de contante waarde en de nominale waarde van de vorderingen niet materieel is;
- verhandelbare vermogenstitels: tegen actuele marktprijzen;
- niet-verhandelbare vermogenstitels: tegen geschatte waarden die gebaseerd kunnen zijn op onder andere koers-winstverhoudingen, verwachte dividendrendementen en verwachte groeivoeten van vergelijkbare vermogenstitels van vergelijkbare partijen;
- voorraden gereed product en handelsgoederen: tegen verkoopprijzen verminderd met de som van de afleveringskosten en een redelijk deel van de winst ten behoeve van de verkoopinspanning gebaseerd op de winst op vergelijkbaar gereed product en vergelijkbare handelsgoederen;
- voorraden onderhanden werk: tegen verkoopprijzen van gereed product verminderd met de som van de kosten om het product gereed te maken, de afleveringskosten en een redelijk deel van de winst voor het gereedmaken en de verkoopinspanning gebaseerd op de winst op vergelijkbaar gereed product;
- voorraden grond- en hulpstoffen: tegen actuele kostprijzen;
- voorzieningen, langlopende schulden, crediteuren, overlopende passiva en andere verplichtingen: tegen de contante waarde van de bedragen die worden uitgegeven om aan de verplichtingen te voldoen, berekend op basis van een gepaste disconteringsvoet. Waardering tegen contante waarde is niet vereist voor kortlopende schulden wanneer het verschil tussen de contante waarde en de nominale waarde van de schulden niet materieel is;
- verplichtingen en vorderingen uit hoofde van pensioenregelingen: tegen de contante waarde van de bedragen die worden uitgegeven om aan de verplichtingen aan de pensioenuitvoerder (pensioenfonds, verzekeringsmaatschappij) dan wel aan de werknemers te voldoen (zie par. 18.2), berekend op basis van de actuele marktrente;
- (latente) belastingverplichtingen en -vorderingen: tegen de nominale of de contante waarde van de te betalen of te ontvangen bedragen, afhankelijk van de grondslag die de overnemende partij gewoonlijk toepast. De latente belastingverplichtingen of -vorderingen worden berekend rekening houdend met het belastingeffect van de waardering van de geïdentificeerde activa en passiva van de overgenomen partij tegen reële waarde. De latente belastingvorderingen omvatten tevens de latente belastingvorderingen uit hoofde van verliescompensatie van de overnemende partij die niet werden gewaardeerd vóór de overname, doch die als gevolg van de overname voor activering in aanmerking komen (zie par. 25.2.5.2);
- te beëindigen contracten en andere verplichtingen van de overgenomen partij: tegen de contante waarde van de bedragen die worden uitgegeven om aan de verplichtingen te voldoen, berekend op basis van een gepaste disconteringsvoet;
- reorganisatievoorzieningen voor de overgenomen partij die voor opname in aanmerking komen, zie paragraaf 25.2.5.2: tegen de contante waarde van de bedragen die worden uitgegeven om aan de verplichtingen te voldoen, berekend op basis van een gepaste disconteringsvoet (zie par. 16.3 en 16.5.1).

Onder een gepaste disconteringsvoet wordt verstaan (RJ 216.214):
- voor niet-rentedragende vorderingen en schulden waarvoor slechts de tijdswaarde dient te worden weergegeven: de risicovrije rentevoet in het algemeen weergegeven door de effectieve rente op langlopende staatsobligaties;
- voor rentedragende vorderingen en schulden: de marktrente voor gelijksoortige vermogenstitels.

Deze handreikingen zijn op onderdelen strijdig met IFRS 3 en IFRS 13 'Fair Value Measurement'.

IFRS heeft een specifieke standaard IFRS 13 met voorschriften voor het vaststellen van de reële waarde (zie par. 4.7.4). IFRS 3 geeft aan voor welke identificeerbare activa en passiva een uitzondering wordt gemaakt op het principe dat tegen reële waarde moet worden gewaardeerd:

- actieve en passieve belastinglatenties worden opgenomen en gewaardeerd in overeenstemming met IAS 12 'Income Taxes' (IFRS 3.24), waarbij deze niet tegen contante waarde mogen worden gewaardeerd (IAS 12.53). Zie hiervoor paragraaf 17.3.2;
- verplichtingen en activa met betrekking tot pensioenen worden opgenomen en gewaardeerd in overeenstemming met IAS 19 'Employee Benefits' (IFRS 3.26). Zie hiervoor paragraaf 18.3;
- vorderingen uit hoofde van vrijwaringen worden opgenomen en gewaardeerd zoals beschreven in paragraaf 25.2.5.2;
- herverkregen rechten worden gewaardeerd zoals beschreven in paragraaf 25.2.5.2;
- op aandelen gebaseerde betalingen worden gewaardeerd in overeenstemming met de voorschriften van IFRS 2 'Share-based Payment'. Zie hiervoor paragraaf 34.2;
- activa die zijn aangemerkt als 'aangehouden voor verkoop' worden gewaardeerd in overeenstemming met de voorschriften van IFRS 5 'Non-current Assets Held for Sale and Discontinued Operations' (IFRS 3.31). Zie hiervoor paragraaf 33.3.

Het vaststellen van de reële waarde van de geïdentificeerde activa en passiva geschiedt vanuit het perspectief van het gebruik van het actief door marktdeelnemers in overeenstemming met de uitgangspunten die deze marktdeelnemers zouden hanteren. Hierbij wordt geen rekening gehouden met de intenties van management met betrekking tot de activa en passiva (IFRS 3.B43). Dit wordt verduidelijkt met het volgende voorbeeld.

Voorbeeld waardering activa en passiva vanuit perspectief marktpartij

Rechtspersoon A neemt de activiteiten inclusief het merk over van rechtspersoon B. Het is bedoeling van A om, uit concurrentieoverwegingen, het merk van B uit de markt te nemen. A zal in de 'purchase price allocation' de reële waarde van het merk B moeten vaststellen vanuit het perspectief van een gemiddelde marktdeelnemer. Als deze marktdeelnemer het merk maximaal en optimaal zou gebruiken, kan A het merk niet op nul waarderen.

Overgenomen activa en passiva van een buitenlandse eenheid

Richtlijn 122 schrijft voor dat elke aanpassing naar de reële waarde van boekwaarden van de activa en passiva op de acquisitiedatum – inclusief de aanpassing van activa of passiva die voor het eerst worden verwerkt (waaronder immateriële vaste activa die door de overgenomen partij zelf niet zijn geactiveerd) – moet worden omgerekend tegen de slotkoers. Dat betekent dat de gehele boekwaarde van een actief of passief van een bedrijfsuitoefening in het buitenland, zoals bepaald door de overnemende partij, wordt omgerekend tegen de slotkoers (RJ 122.301). Ook onder IAS 21 'The Effects of Changes in Foreign Exchange Rates' worden de activa en passiva omgerekend tegen de slotkoers (IAS 21.47). Zie voor een verdere uitwerking paragraaf 27.4.4.4.

Onder de Nederlandse wet- en regelgeving is voor boekjaren aanvangend op of na 1 januari 2020 de mogelijkheid vervallen om elke aanpassing naar de reële waarde van activa of passiva ontstaan bij de acquisitie van een bedrijfsuitoefening in het buitenland te verwerken tegen de wisselkoers op het moment van de transactie. Deze wijziging mag, in afwijking van Richtlijn 140 'Stelselwijziging', prospectief worden verwerkt (RJ 122.602).

Het in deze paragraaf behandelde is ook van toepassing op het voorlopig verwerken van een overname. Zie hiervoor paragraaf 25.4.

25.2.5.4 Aanpassen van boekwaarden bij de overgenomen partij ('push-down accounting')

Het is **niet** toegestaan de eerste waardering van de overgenomen identificeerbare activa en passiva die de overnemende partij verwerkt in haar jaarrekening ook toe te passen in de jaarrekening van de overgenomen partij (RJ 216.249). Dit geldt zowel voor de herwaardering van de overgenomen identificeerbare activa en passiva als voor de goodwill. Deze zogenaamde *push-down accounting* kan noch onder Richtlijn 216 noch onder IFRS 3 worden toegepast. Door het verwerken van de goodwill in de balans van de overgenomen partij wordt verondersteld dat feitelijk interne goodwill zou worden geactiveerd. Dit is niet toegestaan door Richtlijn 210 'Immateriële vaste activa' en IAS 38 'Intangible Assets' (zie par. 25.3.1.2). Er zullen in de praktijk dus verschillen bestaan tussen de cijfers in de jaarrekening van de overgenomen partij en de cijfers van de overgenomen partij die worden opgenomen in de geconsolideerde jaarrekening van de overnemende partij. US GAAP staat 'push-down accounting' wel toe.

Het is evenmin mogelijk om ter gelegenheid van een overname een incidentele herwaardering toe te passen in de jaarrekening van de overgenomen partij. Wel zou een stelselwijziging naar actuele waarde kunnen worden overwogen, maar als de overnemende partij de grondslag van historische kostprijs toepast, biedt dat uit het oogpunt van administratieve lastenverlichting geen uitkomst. Bij een vrijwillige stelselwijziging moet worden voldaan aan de daarvoor geldende criteria (zie par. 28.2).

Verschillen Dutch GAAP - IFRS

De algemene opnamecriteria bij een overname onder Richtlijn 216 verschillen van die onder IFRS 3. Het eerste opnamecriterium van Richtlijn 216, de waarschijnlijkheid van (een instroom van) economische voordelen, is onder IFRS 3 niet een opnamecriterium. IFRS 3 veronderstelt bijvoorbeeld dat een immaterieel vast actief opneembaar en betrouwbaar waardeerbaar is. De mate van waarschijnlijkheid dat toekomstige economische voordelen toekomen aan onvoorwaardelijke rechten wordt verwerkt in de waardering van deze activa. Hetzelfde geldt voor onvoorwaardelijke verplichtingen. Er kunnen als gevolg van deze waarschijnlijkheidseis – onder Richtlijn 216 een opnamecriterium, onder IFRS 3 onderdeel van de waardering – onder IFRS 3 activa en passiva worden onderkend die onder Richtlijn 216 niet worden onderkend.

Onder IFRS 3 classificeert de overnemende partij de identificeerbare activa en passiva op de overnamedatum dan wel wijst deze aan op de overnamedatum zoals is vereist voor de latere toepassing van andere standaarden. De overnemende partij moet deze classificaties of aanwijzingen uitvoeren op basis van de contractuele bepalingen, economische omstandigheden, haar operationele beleid of haar grondslagen voor financiële verslaggeving en andere relevante omstandigheden die op de overnamedatum bestaan. Een uitzondering op dit principe betreft de classificatie van lease- en verzekeringscontracten. De overnemende partij moet deze contracten classificeren op basis van de contractuele bepalingen en andere factoren bij het aangaan van het contract of, als de contractuele bepalingen dusdanig zijn gewijzigd dat de classificatie van het contract verandert, op de datum van die wijziging, wat de overnamedatum kan zijn. Richtlijn 216 bevat geen specifieke voorschriften voor het classificeren en aanwijzen van de overgenomen activa en passiva, maar wij zijn van mening dat de voorschriften van IFRS 3 ook onder Richtlijn 216 van overeenkomstige toepassing zijn.

Onder IFRS 3 wordt de vrijwaring opgenomen en gewaardeerd voor hetzelfde bedrag als de verplichting, rekening houdend met oninbaarheid. Er is bij het verwerken van de overname naar verwachting een beperkt effect op de goodwill en daarna naar verwachting een beperkt effect op het resultaat, beide als gevolg van de mate van oninbaarheid van de vrijwaring. Richtlijn 216 bevat geen nadere of specifieke voorschriften voor het verwerken van vrijwaringen. Er zijn meerdere verwerkingswijzen denkbaar, die verschillend kunnen zijn van IFRS 3.

De overnemende partij kan het, als gevolg van een overname, waarschijnlijk achten dat het zelf een latente belastingvordering kan realiseren, die het niet eerder had opgenomen. Onder Richtlijn 272 wordt deze latente belastingvordering verwerkt ten laste van de goodwill. Onder IAS 12 wordt deze latente belastingvordering verwerkt als een belastingbate in de winst-en-verliesrekening. Het opnemen van een dergelijke latente belastingvordering heeft onder IFRS dus geen effect op de goodwill.

Onder IFRS 3 kunnen reorganisatiekosten die de overnemende partij verwacht maar waarvoor zij op overnamedatum nog geen verplichting heeft, niet worden opgenomen bij het verwerken van de overname. Richtlijn 216 biedt meer ruimte voor het vormen van een reorganisatievoorziening als de overnemende partij plannen heeft met betrekking tot de activiteiten van de overgenomen partij waardoor direct als gevolg van de overname een verplichting ontstaat. Er moet dan wel aan strikte voorwaarden zijn voldaan.

Onder IFRS 3 moeten voorwaardelijke verplichtingen, alleen indien sprake is van bestaande verplichtingen waarvan de uitstroom van middelen nog niet waarschijnlijk is en waarvan de reële waarde betrouwbaar kan worden ingeschat, worden geïdentificeerd en worden gewaardeerd tegen reële waarde. Onder Richtlijn 216 worden dergelijke verplichtingen, die invloed hebben op de hoogte van de goodwill, niet opgenomen.

IFRS 3 bevat specifieke voorschriften voor het opnemen en verwerken van herverkregen rechten en leasecontracten waarbij de overgenomen partij de lessee is. Richtlijn 216 bevat hiervoor geen specifieke voorschriften. Wij zijn van mening dat de voorschriften van IFRS 3 voor het verwerken van herverkregen rechten in beginsel ook onder Richtlijn 216 van overeenkomstige toepassing zijn. De voorschriften voor het verwerken van leasecontracten waarbij de overgenomen partij lessee is, zijn in beginsel alleen onder Richtlijn 216 van overeenkomstige toepassing als de overnemende partij integraal IFRS 16 'Leases' toepast.

Voordat de huidige voorschriften van IFRS 3 voor het verwerken van leasecontracten waarbij de overgenomen partij lessee is van toepassing werden, werden deze leasecontracten op een andere manier verwerkt. Wij zijn van mening dat de oude voorschriften in beginsel van toepassing blijven op andere gunstige en ongunstige contracten. Richtlijn 216 bevat ook geen specifieke voorschriften voor het verwerken van gunstige en ongunstige contracten. Voor het verwerken van deze contracten, inclusief leasecontracten waarbij de overgenomen partij lessee is en waarop de overnemende partij niet IFRS 16 'Leases' toepast, zijn wij van mening dat de verwerking onder IFRS in beginsel ook onder Richtlijn 216 van overeenkomstige toepassing is.

Richtlijn 216 geeft enkele handreikingen voor het vaststellen van de reële waarde van identificeerbare activa en passiva. Deze zijn op onderdelen strijdig met IFRS 3 en IFRS 13. IFRS heeft een specifieke standaard IFRS 13 met voorschriften voor het vaststellen van de reële waarde. IFRS 3 geeft aan voor welke identificeerbare activa en passiva een uitzondering wordt gemaakt op het principe dat tegen reële waarde moet worden gewaardeerd: actieve en passieve belastinglatenties, verplichtingen en activa met betrekking tot pensioenen, vorderingen uit hoofde van vrijwaringen, herverkregen rechten, op aandelen gebaseerde betalingen, en activa die zijn aangemerkt als 'aangehouden voor verkoop'.

Richtlijn 216 schrijft voor dat, wanneer de reële waarde van een immaterieel vast actief niet kan worden vastgesteld onder verwijzing naar een actieve markt, het te activeren bedrag wordt beperkt tot een bedrag dat niet leidt tot het ontstaan of verhogen van negatieve goodwill. IFRS 3 kent een dergelijke beperking niet.

25.2.6 Belang van derden

Een belang van derden is vrij algemeen gedefinieerd als dat deel van het eigen vermogen van een geconsolideerde entiteit dat niet direct of indirect toekomt aan de rechtspersoon (RJ 216.0). IFRS 3 bevat specifiekere omschrijvingen, met dezelfde strekking.

Er kunnen twee typen belangen van derden worden onderkend, namelijk instrumenten die derden-aandeelhouders een huidig eigendomsrecht geven in de overgenomen partij alsmede een recht geven op uitkering van een proportioneel deel van de netto-activa bij eventuele liquidatie van de overgenomen partij en andere belangen van derden (instrumenten die geen eigendomsrecht geven in de overgenomen partij en/of geen recht geven op uitkering van een proportioneel deel uit de boedel bij eventuele liquidatie van de overgenomen partij).

Instrumenten die derden-aandeelhouders een huidig eigendomsrecht geven in de overgenomen partij alsmede een recht geven op uitkering van een proportioneel deel van de netto-activa bij eventuele liquidatie van de overgenomen partij, kunnen onder IFRS 3 initieel worden gewaardeerd tegen (IFRS 3.19):
- reële waarde, zijnde de zelfstandige reële waarde van het belang van derden; of
- het proportionele aandeel in de reële waarde van de identificeerbare activa en passiva van de overgenomen partij.

De keuze uit deze grondslagen kan per overname worden gemaakt. Onder Richtlijn 216 wordt dit belang van derden bij een overname gewaardeerd tegen het proportionele aandeel in de reële waarde van de identificeerbare activa en passiva (RJ 216.213).

Alle andere belangen van derden worden zowel onder IFRS 3 als onder Richtlijn 216 gewaardeerd tegen reële waarde op overnamedatum, zoals alle andere identificeerbare activa en passiva van de overgenomen partij, tenzij een andere standaard een andere waardering voorschrijft. Voorbeelden van de laatste zijn preferente aandelen die geen recht geven op uitkering van een proportioneel deel van de netto-activa bij eventuele liquidatie, de eigen-vermogenscomponent van een samengesteld financieel instrument, of een warrant. Dit wordt verduidelijkt in onderstaand voorbeeld.

> **Voorbeeld belang van derden – verschillende eigen-vermogensinstrumenten**
>
> Rechtspersoon A heeft, naast gewone aandelen, 100 preferente aandelen uitstaan. Deze preferente aandelen zijn geclassificeerd en verwerkt als eigen vermogen in de jaarrekening van A. Deze preferente aandelen hebben een nominale waarde van € 1, geven recht op een preferent dividend dat voorrang heeft op het dividend voor de gewone aandeelhouders, en geven recht op een preferente uitkering van de nominale waarde van € 1 bij liquidatie van A bij voorrang op een uitkering aan de gewone aandeelhouders. Rechtspersoon B neemt de gewone aandelen van A over en verkrijgt hiermee beslissende zeggenschap over A.
>
> De preferente aandelen van A geven geen recht op uitkering van een proportioneel deel uit de netto-activa bij eventuele liquidatie van A want zij hebben door middel van de preferentie voorrang op gewone aandeelhouders. B verwerkt de preferente aandelen als een belang van derden en waardeert deze tegen de reële waarde op overnamedatum.

Voor de vervolgwaardering van het belang van derden, zie paragraaf 15.5.4.

Uit de hiervoor behandelde waarderingsgrondslagen, rekening houdend met de vervolgwaardering, volgt dat een belang van derden in specifieke gevallen bij aanvang negatief kan zijn. Dat kan echter alleen het geval zijn als het belang van derden onder IFRS 3 wordt gewaardeerd tegen het proportionele aandeel in de reële waarde van de identificeerbare activa en passiva van de overgenomen partij.

De wijze waarop het belang van derden initieel wordt gewaardeerd is belangrijk want dit heeft invloed op de hoogte van de te verwerken goodwill. Als het belang van derden wordt gewaardeerd tegen reële waarde, wordt de goodwill voor de gehele overgenomen partij opgenomen ('volledige goodwill'): voor zowel het daadwerkelijk gekochte deel als het belang van derden in de overgenomen partij. Als het belang van derden wordt gewaardeerd tegen het proportionele aandeel in de reële waarde van de identificeerbare activa en passiva van de overgenomen partij, wordt alleen de door de overgenomen partij daadwerkelijk betaalde goodwill opgenomen ('partiële goodwill'). Zie het volgende voorbeeld ter verduidelijking.

> **Voorbeeld waardering belang van derden - volledige versus partiële goodwill**
>
> Rechtspersoon E koopt 80% van de aandelen in rechtspersoon F voor € 8 miljoen. De reële waarde van het 20%-belang van derden in F is door een waardeerder vastgesteld op € 1,4 miljoen. De reële waarde van de gehele rechtspersoon F komt hiermee op € 9,4 miljoen. E heeft dus een 'control'-premie betaald van € 2,4 miljoen. Zonder 'control'-premie zou voor 80% van de aandelen € 5,6 miljoen (4 x € 1,4 miljoen) zijn betaald, maar feitelijk is € 8 miljoen betaald. De reële waarde van de netto-activa van F is € 6 miljoen. E heeft onder IFRS 3 initieel de keuze uit de volgende twee waarderingsmethoden:
>
> *Belang van derden tegen reële waarde - volledige goodwill*
> E consolideert 100% van de netto activa van F (€ 6 miljoen) en neemt een bedrag op voor het belang van derden tegen de reële waarde van € 1,4 miljoen. E berekent de goodwill als het verschil tussen de verkrijgingsprijs van € 9,4 miljoen (koopprijs 80% van de aandelen van € 8 miljoen plus het belang van derden van € 1,4 miljoen) en de reële waarde van alle activa en passiva van € 6 miljoen. De goodwill bedraagt € 3,4 miljoen (volledige goodwill). Deze waarderingsmethode is niet toegestaan onder Richtlijn 216.
>
> *Belang van derden tegen het proportionele aandeel in de reële waarde van de identificeerbare activa en passiva van de overgenomen partij - partiële goodwill*
> E consolideert 100% van de netto-activa van F (€ 6 miljoen) en neemt een bedrag op voor het belang van derden tegen het proportionele aandeel in de reële waarde van de identificeerbare activa en passiva van F van € 1,2 miljoen (20% van € 6 miljoen). E berekent de goodwill als het verschil tussen de verkrijgingsprijs van € 8 miljoen en de reële waarde van de aangekochte activa en passiva van € 4,8 miljoen (80% van € 6 miljoen). De goodwill bedraagt € 3,2 miljoen (partiële goodwill). Deze waarderingsmethode is verplicht onder Richtlijn 216.

Waardering van het belang van derden tegen reële waarde leidt in het algemeen tot hogere goodwill en een hoger belang van derden, en hiermee tot een hoger totaal eigen vermogen. Dit geeft een goed inzicht in de totale waarde van het vermogen van de groep, geeft een grotere buffer tegen latere verliezen die worden toegerekend aan het belang van derden, maar geeft bij een eventuele latere bijzondere waardevermindering van de goodwill een hogere last in de winst-en-verliesrekening. Waardering van het belang van derden tegen het proportionele aandeel in de reële waarde van de identificeerbare activa en passiva van de overgenomen partij leidt in het algemeen tot lagere goodwill en een lager belang van derden, en hiermee tot een lager totaal eigen vermogen. Dit geeft minder inzicht in de totale waarde van het vermogen van de groep, maar leidt bij een eventuele latere bijzondere waardevermindering van de goodwill tot een lagere last in de winst-en-verliesrekening.

Bij een eventuele latere uitkoop van de derde aandeelhouder(s) wordt het verschil tussen de koopsom en de boekwaarde van het belang van derden onder IFRS, en onder de Nederlandse wet- en regelgeving als hiervoor is gekozen, ten laste van het eigen vermogen dat toekomt aan aandeelhouders gebracht. Dit betekent dat een dergelijke uitkoop bij eerste waardering van het belang van derden tegen reële waarde tot een relatief beperktere of geen afname van het eigen vermogen dat toekomt aan aandeelhouders, leidt dan bij eerste waardering van het belang van derden tegen het proportionele aandeel in de reële waarde van de identificeerbare activa en passiva van de overgenomen partij. Met deze keuze voor waardering van het belang van derden tegen reële waarde kan erosie van het eigen vermogen dat toekomt aan de aandeelhouders bij het later uitkopen van het belang van derden deels worden voorkomen.

25 Fusies en overnames (incl. goodwill)

Opties op belangen van derden

Bij overnames kunnen opties op belangen van derden (i.c. de overdragende partij) worden verkregen of worden geschreven. Dit kunnen callopties, putopties of een combinatie van beiden zijn. De overnemende partij kan bijvoorbeeld een calloptie op de resterende aandelen van de overgenomen partij hebben verkregen om deze tegen een vastgestelde prijs in de toekomst te kunnen kopen. Of de overnemende partij kan een putoptie hebben geschreven aan de andere aandeelhouders van de overgenomen partij, waarbij zij het recht krijgen om hun aandelen in de toekomst tegen een vastgestelde prijs aan te bieden.

Richtlijn 216 noch IFRS 3 bevatten voorschriften met betrekking tot het verwerken van deze opties bij een overname. Onder IFRS dient voor het verwerken van deze opties aansluiting te worden gezocht bij IFRS 10 'Consolidated Financial Statements', IAS 32 'Financial Instruments: Presentation', en IFRS 9 'Financial Instruments', waarbij moet worden opgemerkt dat de voorschriften van IFRS 10 en IAS 32 voor het verwerken van putopties strijdig lijken te zijn. Er dient dan te worden besloten welke standaard voorrang wordt gegeven bij het verwerken van deze putopties. Als gevolg hiervan wordt het verwerken van deze opties in de praktijk als complex ervaren.

In het vervolg wordt kort ter illustratie geschetst welke factoren een rol kunnen spelen bij het verwerken van deze opties en wat de uitkomsten hiervan kunnen zijn zonder een volledige analyse te geven die aan deze uitkomsten ten grondslag ligt.

Voor het verwerken van deze opties in de jaarrekening van de overnemende partij dienen de feiten en omstandigheden en de voorwaarden van de opties te worden beoordeeld. Het is met name van belang om te beoordelen of de opties (onmiddellijk) toegang geven tot de economische voordelen van het onderliggende aandelenbelang (IFRS 10.B90). Factoren die daarbij in ogenschouw worden genomen zijn onder andere:
- de uitoefenprijs van de optie;
- de stemrechten en de beslissingsbevoegdheden met betrekking tot het onderliggende aandelenbelang;
- de dividendrechten op het onderliggende aandelenbelang;
- of het separate call- of putopties zijn, of een combinatie van call- en putopties.

Als de uitoefenprijs vast of bepaalbaar is, en niet tegen de reële waarde op uitoefendatum, en als de stemrechten, de beslissingsbevoegdheden en de dividendrechten zijn beperkt voor de houders van het onderliggende aandelenbelang van derden, dan zijn dit aanwijzingen dat de overnemende partij (houder van de calloptie of schrijver van de putoptie) (onmiddellijke) toegang heeft tot de economische voordelen van dit aandelenbelang. Een toename in de waarde van het onderliggende aandelenbelang lijkt dan toe te komen aan de overnemende partij. Als bij een combinatie van een call- en een putoptie, de calloptie en de putoptie dezelfde prijsstelling (vooral als dit een vaste prijs is) en uitoefentermijn hebben, dus spiegelbeeldig zijn, is er in feite een *forward* overeengekomen. Eén van beide opties zal dan altijd worden uitgeoefend. Deze situatie is feitelijk vergelijkbaar met de aankoop van een 100%-belang met een uitgestelde koopsom of met een onzekere verkrijgingsprijs. In dat geval heeft de overnemende partij (houder van de calloptie en schrijver van de putoptie) veelal (onmiddellijke) toegang tot de economische voordelen van het onderliggende aandelenbelang.

Als de call- of putopties (onmiddellijk) toegang geven tot de economische voordelen van het onderliggende aandelenbelang van derden, of bij een combinatie van een call- en een putoptie die spiegelbeeldig is, wordt het aandelenbelang geacht te zijn verkregen door de verkrijgende partij (houder van de calloptie en/of schrijver van de putoptie). Het aandelenbelang wordt dan meegeconsolideerd en er wordt geen belang van derden (meer) opgenomen. Er wordt vervolgens een schuld aan de derden-aandeelhouders opgenomen omdat nog voor het aandelenbelang moet worden betaald. Deze bruto-verplichting wordt gewaardeerd tegen de contante waarde van de verwachte uitgaande kasstromen waarbij wijzigingen in deze schuld worden verwerkt in de winst-en-verliesrekening.

Als de calloptie geen (onmiddellijke) toegang geeft tot de economische voordelen van het onderliggende aandelenbelang van derden, kan de overnemende partij (houder van deze calloptie) deze calloptie in overeenstemming met IAS 32 en IFRS 9 opnemen en presenteren als (IFRS 10.B91):
- een financieel actief zijnde een derivaat, te waarderen tegen reële waarde met waardewijzigingen in de winst-en-verliesrekening; of
- een eigen-vermogensinstrument in mindering te brengen op het eigen vermogen omdat de calloptie op het belang van derden, onderdeel van het eigen vermogen, wordt beschouwd als een optie op dit eigen vermogen.

Als de putoptie geen (onmiddellijke) toegang geeft tot de economische voordelen van het onderliggende aandelenbelang van derden, kan de overnemende partij (schrijver van deze putoptie) deze putoptie op verschillende wijzen verwerken, waarbij voorrang wordt gegeven aan dan wel IFRS 10 dan wel IAS 32 en IFRS 9, en waarbij in ieder geval een (bruto-) verplichting wordt opgenomen:
- zoals hiervoor beschreven als de putoptie (onmiddellijk) toegang geeft tot de economische voordelen van het aandelenbelang;
- het belang van derden wordt nog steeds verwerkt, inclusief allocatie van het resultaat. De verplichting uit hoofde van de putoptie wordt ten laste van het eigen vermogen (maar niet ten laste van het belang van derden) gebracht. De waardewijzigingen in de bruto-verplichting worden verwerkt in de winst-en-verliesrekening, en toegerekend aan het eigen vermogen (niet aan het belang van derden). Omdat zowel een minderheidsbelang als een verplichting wordt opgenomen, leidt deze verwerkingswijze tot een lager eigen vermogen. Daardoor wordt deze verwerkingswijze in de praktijk weinig toegepast;
- het belang van derden wordt nog steeds verwerkt, inclusief een allocatie van het resultaat. Echter, het belang van derden wordt op balansdatum gereclassificeerd als verplichting. De waardewijzigingen in de verplichting worden verwerkt in het eigen vermogen; of
- het belang van derden wordt opgenomen, maar onmiddellijk gereclassificeerd als verplichting. Daarna wordt slechts deze verplichting opgenomen. De waardewijzigingen in de verplichting worden verwerkt in de winst-en-verliesrekening.

Wij zijn van mening dat deze verwerkingswijzen in beginsel ook onder de Nederlandse wet- en regelgeving van toepassing kunnen worden geacht.

Voor het verwerken van aankopen en verkopen van belangen van derden waarbij al dan niet beslissende zeggenschap wordt verkregen of verloren, zie de paragrafen 10.7 en 10.8.

Verschillen Dutch GAAP - IFRS

Instrumenten die een huidig eigendomsrecht geven in de overgenomen partij alsmede recht geven op uitkering van een proportioneel deel van de netto-activa bij eventuele liquidatie kunnen onder IFRS 3 worden gewaardeerd tegen het proportionele aandeel in de reële waarde van de identificeerbare activa en passiva van de overgenomen partij of tegen reële waarde. De keuze uit deze grondslagen kan per overname worden gemaakt. Onder Richtlijn 216 kan dit belang van derden alleen worden gewaardeerd tegen het proportionele aandeel in de reële waarde van de identificeerbare activa en passiva van de overgenomen partij.

25 Fusies en overnames (incl. goodwill)

25.3 Goodwill

Zoals in paragraaf 25.2.1 behandeld, is het vaststellen en verwerken van goodwill onderdeel van het verwerken van overnames volgens de 'purchase accounting'-methode. Alvorens over te gaan tot de behandeling van het verwerken van goodwill (par. 25.3.2 en verder) wordt eerst ingegaan op de theoretische begripsbepaling van goodwill en de in wet- en regelgeving onderscheiden soorten goodwill (par. 25.3.1).

25.3.1 Begripsbepaling en nadere onderverdelingen

25.3.1.1 Begripsbepaling

In de theorie wordt goodwill wel omschreven als de contante waarde van de toekomstige overwinsten van een rechtspersoon. Deze benadering veronderstelt dat kan worden vastgesteld wat gewone winsten en overwinsten zijn. Een meer praktische benadering is om de goodwill te benaderen vanuit de balans van de rechtspersoon. Zoals aangegeven in paragraaf 15.1.1 geeft het eigen vermogen in de balans niet de waarde van een rechtspersoon weer. Het eigen vermogen is het saldo van de op de balans opgenomen activa en passiva. In algemene zin kan worden gesteld dat het verschil tussen het eigen vermogen zoals dit uit de balans blijkt en de waarde van de rechtspersoon is aan te duiden als goodwill.

Toch is enige nuancering hier van belang. Ten eerste kan in de balans zelf een bedrag aan goodwill zijn geactiveerd, en daarmee in het eigen vermogen zijn begrepen. Dit betreft dan gekochte goodwill. De totale goodwill is aldus te onderscheiden in gekochte goodwill die in de balans staat en de eigen goodwill die niet in de balans staat. Dat onderscheid komt in paragraaf 25.3.1.2 nader aan de orde. Ten tweede kan sprake zijn van de situatie dat niet alle activa op de balans zijn opgenomen, terwijl zij wel identificeerbaar zijn. Dit kunnen bijvoorbeeld afzonderlijk te verhandelen immateriële vaste activa zijn, zoals merken. Deze maken op zich geen deel uit van de goodwill. Een derde nuancering is dat activa en passiva op verschillende wijzen kunnen zijn gewaardeerd. Zo kan bijvoorbeeld vastgoed zijn gewaardeerd tegen historische kostprijs minus afschrijvingen, maar ook tegen reële waarde. In beide gevallen is het eigen vermogen verschillend. Het verschil tussen de reële waarde en de historische kostprijs van vastgoed is uiteraard geen goodwill. Bij het vaststellen van de goodwill moet worden uitgegaan van waardering van alle activa en passiva tegen reële waarde (*fair value*).

De genoemde nuanceringen leiden tot de vaststelling dat goodwill is te definiëren als het verschil tussen de waarde van de rechtspersoon en de reële waarde van alle identificeerbare activa (exclusief geactiveerde goodwill) en passiva (in de enkelvoudige jaarrekening de nettovermogenswaarde van de deelneming, RJ 214.333), nader gedefinieerd als het bedrag van de verwachte economische voordelen als gevolg van synergie of uit activa die afzonderlijk niet voor activering in de balans in aanmerking komen, maar waarvoor de verkrijgende partij bereid is te betalen in het kader van de overname.

In IFRS 3 wordt de volgende definitie van goodwill aangetroffen: een actief dat de toekomstige economische voordelen weergeeft van andere activa die zijn verworven in een overname, en die niet individueel zijn geïdentificeerd en afzonderlijk zijn geactiveerd (IFRS 3 Appendix A).

Voorbeeld begripsbepaling goodwill

Het eigen vermogen van een rechtspersoon bedraagt € 140.000. Daaronder is begrepen een bedrag aan geactiveerde (gekochte) goodwill van € 20.000. Op basis van waardering van alle activa, exclusief geactiveerde goodwill, en passiva tegen reële waarde zou een eigen vermogen ontstaan van € 175.000. Door een onafhankelijke taxateur is vastgesteld dat de waarde van de rechtspersoon € 350.000 is. Niet op de balans opgenomen activa zijn afzonderlijk te identificeren en separeren merken met een reële waarde van € 40.000.

Op grond van deze gegevens is de goodwill van de rechtspersoon vast te stellen op € 135.000 (€ 350.000 - € 175.000 - € 40.000). Daarvan is € 20.000 geactiveerd. Voorts zijn in de op de balans opgenomen posten voor € 55.000 (€ 175.000 - (€ 140.000 - € 20.000)) aan stille reserves begrepen.

Voor het vaststellen van de waarde van de goodwill is, zoals hierboven blijkt, de waarde van de rechtspersoon van belang. Voor het vaststellen van deze waarde zijn diverse methoden voorhanden. De waarde van rechtspersoon kan op de meest objectieve manier worden vastgesteld als sprake is van verkoop van een activiteit of de verkoop van de aandelen van een rechtspersoon. In dat geval komt een prijs tot stand. Als men deze prijs gelijkstelt aan de waarde van de rechtspersoon – een veronderstelling die niet hoeft te stroken met de werkelijkheid omdat waarde en prijs uiteen kunnen lopen – heeft men voor het vaststellen van de omvang van de goodwill een objectiever uitgangspunt dan bij het ontbreken van een transactie. Indien een (voorgenomen) transactie ontbreekt, wordt veelal het toepassen van kasstroommodellen (*discounted cash flow*-methoden) als theoretisch meest zuiver beschouwd. Kasstroommodellen vragen diverse subjectieve schattingen zoals de schatting van de toekomstige netto-kasstromen, de schatting van de levensduur, de schatting van de restwaarde en de schatting van de te hanteren disconteringsvoet. De uitkomst van de waardebepaling is daardoor, zelfs als de toe te passen methode vaststaat, verre van objectief.

25.3.1.2 Onderscheiden soorten goodwill in wet- en regelgeving
Zoals in paragraaf 25.3.1.1 al is aangegeven is goodwill onder andere te onderscheiden in eigen of zelfgecreëerde goodwill en gekochte goodwill.

Eigen goodwill
Bij de eigen of zelfgecreëerde goodwill gaat het om de goodwill zoals die in een rechtspersoon aanwezig is en die in de loop van de tijd is ontstaan als gevolg van de eigen activiteiten van de rechtspersoon. Internationaal overheerst de opvatting dat deze goodwill niet mag worden opgenomen in de balans. De Nederlandse wet bevat deze opvatting in impliciete vorm door voor te schrijven dat alleen kosten van goodwill die van derden is verkregen worden opgenomen in de balans (art. 2:365 lid 1d BW). In Richtlijn 210 'Immateriële vaste activa' en IAS 38 'Intangible Assets' is expliciet voorgeschreven dat intern gegenereerde goodwill niet mag worden geactiveerd (RJ 210.216, IAS 38.48).

Gekochte goodwill
Bij gekochte goodwill wordt de in een overgenomen partij opgesloten goodwill zichtbaar doordat de overnemende partij een prijs betaalt voor de overgenomen partij die hoger is dan de reële waarde van de identificeerbare activa en passiva. Omdat er voor de goodwill is betaald wordt er gesproken van gekochte goodwill. Goodwill wordt betaald vanwege mogelijke synergie-effecten of omdat er sprake is van 'verborgen' activa. Dit zijn activa die niet zijn opgenomen in de balans van de overgenomen partij. De overnemende partij anticipeert op toekomstige economische voordelen verbonden aan deze activa die niet afzonderlijk zijn te identificeren en te activeren. Voor de overgenomen partij is daarbij sprake van eigen goodwill. Voor de overnemende partij is sprake van gekochte goodwill. In dit hoofdstuk gaat het, in verband met de jaarrekening, steeds over deze gekochte goodwill.

In de jaren na aankoop van een overgenomen partij zal de waarde van deze partij steeds meer het resultaat zijn van eigen activiteiten van de nieuwe eigenaar en niet meer een uitvloeisel zijn van de activiteiten van de vorige eigenaar. Hierbij wordt verondersteld dat gekochte goodwill wordt getransformeerd in eigen goodwill (zie verder par. 25.3.2.2).

Bij gekochte goodwill komt, zoals gezegd, een prijs tot stand, de verkrijgingsprijs. De gekochte goodwill is dan ook te definiëren als het verschil tussen de verkrijgingsprijs en de reële waarde van de identificeerbare activa en passiva van de overgenomen partij. Zowel de verkrijgingsprijs als de reële waarde van de identificeerbare activa en passiva van de overgenomen partij kunnen onderhevig zijn aan subjectieve oordeelsvorming; deels door keuze voor de verwerkingswijze van de overname, deels door de keuze van waarderingsgrondslagen voor het verwerken van en deels door de daadwerkelijke waardering van de activa en passiva van de overgenomen partij. Uiteraard beïnvloeden de gemaakte keuzes het resulterende bedrag van de goodwill. De identificatie van activa en passiva en de wijze waarop de reële waarde dient te worden vastgesteld zijn behandeld in paragrafen 25.2.5.1 tot en met 25.2.5.3. Er zijn hierbij ook verschillen tussen Richtlijn 216 en IFRS 3.

Positieve en negatieve goodwill
Binnen de gekochte goodwill valt nader onderscheid te maken tussen positieve goodwill en negatieve goodwill. In het voorgaande is feitelijk uitgegaan van positieve goodwill. Het is echter ook mogelijk dat de waarde van de rechtspersoon lager is dan de reële waarde van alle identificeerbare activa en passiva. In dat geval is sprake van negatieve goodwill (*badwill*).

Bij negatieve gekochte goodwill wordt door de overnemende partij minder betaald dan de reële waarde van de identificeerbare activa en passiva van de overgenomen partij. Dit betekent in het algemeen dat er zekere nadelen zijn verbonden aan de overgenomen partij die niet tot uitdrukking zijn gekomen in de balans. Bijvoorbeeld (langdurig) verwachte toekomstige lage of negatieve rendementen. Het is ook mogelijk dat de overnemende partij zonder duidelijke aanleiding of zonder duidelijk aanwezige nadelen minder heeft betaald dan de waarde van de onderneming.

> **Voorbeeld positieve en negatieve gekochte goodwill**
> Rechtspersoon C koopt alle aandelen van rechtspersoon D. De reële waarde van de identificeerbare activa en passiva van D bedraagt € 50.000. Als de verkrijgingsprijs € 70.000 is, bedraagt de positieve goodwill € 20.000. Als de verkrijgingsprijs € 30.000 is, bedraagt de negatieve goodwill € 20.000.

25.3.2 Verwerken van positieve goodwill

In deze paragraaf wordt het verwerken van positieve (gekochte) goodwill behandeld. In de wet wordt onderscheid gemaakt tussen:
- goodwill betaald bij de overname van de aandelen van een rechtspersoon (zoals behandeld in art. 2:389 lid 7 BW); en
- goodwill betaald bij de overname van de activa en passiva van een onderneming (activa/passiva-transactie) (zoals behandeld in art. 2:365 lid 1d BW).

In Richtlijn 216 en IFRS 3 worden beide situaties identiek behandeld (zie verder par. 25.1.1), omdat er economisch geen verschil is tussen voornoemde verschijningsvormen van overnames (RJ 216.102).

Het verwerken van positieve goodwill bij een (gedeeltelijke) verkoop van een deelneming wordt behandeld in paragraaf 10.8.

25.3.2.1 Eerste verwerking positieve goodwill

Positieve goodwill, zijnde het positieve verschil tussen de verkrijgingsprijs en de reële waarde van de overgenomen identificeerbare activa en passiva, wordt opgenomen in de balans op de overnamedatum (art. 2:389 lid 7 BW; RJ 216.218). Voor de berekening van goodwill bij stapsgewijze overnames, zie paragraaf 25.5.

Ook onder IFRS 3 dient de overnemende partij de goodwill te verwerken als een actief op de overnamedatum. De goodwill wordt gewaardeerd als het positieve verschil tussen de som van de verkrijgingsprijs, een eventueel belang van derden (zie par. 25.2.4), en, in het geval van een stapsgewijze overname, de reële waarde van een eerder verkregen deelbelang (zie par. 25.5) en de reële waarde van de overgenomen identificeerbare activa en passiva (IFRS 3.32).

25.3.2.2 Vervolgverwerking van geactiveerde positieve goodwill

IFRS 3
Na de eerste verwerking van de goodwill als actief is op basis van IFRS 3 geen stelselmatige afschrijving vereist noch toegestaan; de waardering vindt plaats tegen het bedrag zoals beschreven in paragraaf 25.3.2.1 onder aftrek van geaccumuleerde bijzondere waardeverminderingen (IFRS 3.B63(a)). IFRS 3 staat geen afschrijving toe omdat de economische levensduur van goodwill niet betrouwbaar zou zijn te schatten. De methodiek om niet systematisch op goodwill af te schrijven, maar nog uitsluitend een jaarlijkse test op een bijzondere waardevermindering (*impairment test*) uit te voeren, heeft een merkwaardig gevolg. Als er geen sprake is van een waardevermindering blijft de goodwill in de balans staan. De bedrijfseconomische achtergrond van de systematische afschrijving van gekochte goodwill is dat de gekochte goodwill in de loop der jaren transformeert in eigen goodwill. Zonder enige inspanning van het nieuwe management zou de waarde van de gekochte goodwill immers snel verdampen. Wanneer niet systematisch wordt afgeschreven, wordt feitelijk in de loop van de tijd eigen goodwill geactiveerd.

Toekomstige regelgeving
Uit hoofde van de evaluatie ('post-implementation review') van IFRS 3 is de IASB een onderzoeksproject gestart naar het verbeteren van de informatieverschaffing over overnames en goodwill en het versimpelen van het verwerken van goodwill en de toets op een bijzondere waardevermindering (*impairment test*) daarvan. De IASB heeft haar eerste bevindingen en voorstellen gedeeld in het discussiestuk 'Business Combinations: Disclosures, Goodwill and Impairment'. In dit discussiestuk vraagt zij belangstellenden te reageren op haar eerste en voorlopige:
- voorstellen voor:
  - toelichtingseisen voor overnames;
  - het niet meer verplichten van een jaarlijkse toets op een bijzondere waardevermindering van goodwill mits er geen aanwijzingen voor een bijzondere waardevermindering zijn;
  - om verlichtingen toe te staan in het berekenen van de bedrijfswaarde - toekomstige herstructureringen en verbeteringen mogen in aanmerking worden genomen, en 'inputs' mogen na belastingen in aanmerking worden genomen;
  - presenteren van de post 'eigen vermogen voor goodwill' in de balans; en
- constateringen dat
  - de effectiviteit van de toets op een bijzondere waardevermindering niet kan worden verbeterd;
  - het afschrijven van goodwill niet tot betere verslaggeving leidt dan de huidige verwerkingsmethodiek van goodwill;
  - immateriële vaste activa separaat van goodwill geïdentificeerd en opgenomen moeten blijven.

Richtlijn 216
De wet en Richtlijn 216 schrijven daarentegen voor dat geactiveerde goodwill op stelselmatige wijze dient te worden afgeschreven op basis van de economische levensduur.

De afschrijvingstermijn dient te zijn gebaseerd op de periode waarin economische voordelen toekomen aan de overnemende partij (art. 2:386 lid 3 BW). Er wordt uitgegaan van een weerlegbare veronderstelling dat de economische levensduur niet langer is dan twintig jaar vanaf overnamedatum (RJ 216.221). In uitzonderlijke gevallen waarin de economische levensduur van goodwill niet op betrouwbare wijze kan worden geschat, wordt de goodwill afgeschreven in een periode van ten hoogste tien jaren (art. 2:386 lid 3 BW).

De afschrijvingsmethode is afhankelijk van het patroon waarin de toekomstige economische voordelen toekomen aan de overnemende partij. Als dat patroon niet betrouwbaar kan worden vastgesteld, dient lineair te worden afgeschreven (RJ 216.222). De afschrijvingen dienen ten laste van de winst-en-verliesrekening te worden gebracht (RJ 216.223). Afschrijving van goodwill dient ook plaats te vinden als de goodwill niet in waarde is gedaald. De gekochte goodwill wordt namelijk in die gevallen geacht te zijn vervangen door eigen goodwill (en activering daarvan is niet toegestaan) (RJ 216.224).

Afschrijvingsmethoden en economische levensduur
De schatting van de economische levensduur van goodwill is niet eenvoudig. Van belang is dat goodwill een afgeleide is van de betaalde prijs voor het winstpotentieel van de overgenomen partij. Factoren die bij de schatting van deze levensduur in aanmerking zijn te nemen, zijn bijvoorbeeld (RJ 216.225):
- de aard en voorzienbare levensduur van de verworven activiteiten;
- de stabiliteit en voorzienbare levensduur van de bedrijfstak;
- openbare informatie over karakteristieken en levenscycli van vergelijkbare activiteiten;
- het effect van productveroudering, veranderingen in marktvraag en andere economische factoren met betrekking tot de overgenomen activiteiten;
- de verwachte diensttijd van sleutelpersonen of groepen van werknemers en de afhankelijkheid van de overgenomen activiteiten van deze personen;
- het niveau van de investeringen en financiering om de verwachte economische voordelen van de overgenomen partij te realiseren en de mogelijkheid en intentie van de overnemende partij om het vereiste niveau te handhaven;
- verwacht gedrag van concurrenten of potentiële concurrenten; en/of
- de periode waarover de economische beslissende zeggenschap over de overgenomen activiteiten is verkregen en juridische, statutaire of contractuele bepalingen die de economische levensduur beïnvloeden.

Slechts in uitzonderlijke gevallen kan er sprake zijn van overtuigend bewijs dat de economische levensduur van goodwill langer is dan twintig jaar (RJ 216.225a). Dit zou bijvoorbeeld het geval kunnen zijn als de goodwill duidelijk is gerelateerd aan een actief of een groep van activa met een langere levensduur dan twintig jaar. Een concreet voorbeeld hiervan kan goodwill zijn die is betaald voor een groep concessies voor olieboringen waarvan de reële waarde van de groep concessies hoger is dan de som van de reële waarden van de individuele concessies. Als de concessies een (gemiddelde) looptijd hebben van dertig jaar kan worden verdedigd dat de goodwill over dertig jaar moet worden afgeschreven.

Wanneer de goodwill wordt afgeschreven over een periode langer dan twintig jaar moet ten minste aan het einde van elk boekjaar een test op een bijzondere waardevermindering worden uitgevoerd; ook bij het ontbreken van een indicatie voor een bijzondere waardevermindering (RJ 216.230). Dit geldt ook in de situatie dat aanvankelijk de geschatte gebruiksduur minder was dan twintig jaar, maar later een schattingswijziging is doorgevoerd naar een gebruiksduur die langer is dan twintig jaar. Bij verkorting van de gebruiksduur tot onder de twintig jaar vervalt de eis van de jaarlijkse test op een bijzondere waardevermindering (RJ 216.231). Zie verder paragraaf 29.6.1. De redenen waarom de veronderstelling van een maximaal twintigjarige levensduur is weerlegd en de factoren die een significante rol hebben gespeeld bij het vaststellen van de economische levensduur van de geactiveerde goodwill moeten worden toegelicht (RJ 216.403b2 en 216.404). Zie ook paragraaf 25.9.2.2.

Richtlijn 216 staat niet toe goodwill een oneindige levensduur toe te kennen: de economische levensduur van goodwill is altijd eindig (RJ 216.226).

Op zijn minst jaarlijks dient te worden nagegaan of de afschrijvingsperiode en de afschrijvingsmethode aanpassing behoeven. Als dat het geval blijkt te zijn, dient de afschrijvingstermijn dan wel de afschrijvingsmethode prospectief te worden aangepast (RJ 216.228).

Verschillen Dutch GAAP - IFRS
De wet en Richtlijn 216 schrijven voor dat goodwill wordt geactiveerd en op stelselmatige wijze wordt afgeschreven op basis van de economische levensduur. IFRS 3 schrijft voor dat goodwill wordt geactiveerd, dat er niet wordt afgeschreven, en dat ten minste jaarlijks een test op een bijzondere waardevermindering wordt uitgevoerd.

25.3.3 Verwerken van negatieve goodwill
25.3.3.1 Begripsbepaling
In paragraaf 25.3.1.2 is aangegeven dat sprake is van negatieve goodwill als door de overnemende partij minder is betaald dan de reële waarde van de activa en passiva van de overgenomen partij. Mogelijke oorzaken hiervoor zijn nadelen in de overgenomen partij die (nog) niet tot uitdrukking (kunnen) komen in de reële waarde van de activa en/of de passiva, en/of het opnemen van passiva. Zo bestaat wellicht een noodzaak tot reorganisatie, terwijl nog niet is voldaan aan de criteria voor het vormen van een reorganisatievoorziening. Ook kan sprake zijn van verwachte operationele verliezen waarmee bij het vaststellen van de vergoeding voor de overgenomen partij rekening is gehouden. Daarnaast is het mogelijk dat de verkrijgingsprijs lager is dan de waarde van de onderneming als de verkopende partij onder druk stond om activiteiten of entiteiten te verkopen en er maar één mogelijke koper was op korte termijn. De in paragraaf 25.2.5.2 beschreven uitzonderingen op de opnamecriteria en waarderingsgrondslagen van IFRS 3 kunnen ook leiden tot negatieve goodwill.
Overigens, in IFRS 3 wordt het gebruik van de aanduiding 'negatieve goodwill' vermeden. De IASB is van oordeel dat met die aanduiding de aard van dit verschil niet adequaat wordt omschreven. Daarom wordt gesproken over een voordelige koop (*bargain purchase*) (IFRS 3.34-36).

25.3.3.2 Verwerken negatieve goodwill
Voordat negatieve goodwill wordt verwerkt, dient te worden herbeoordeeld en vastgesteld dat (RJ 216.234, IFRS 3.36):
1. alle activa en passiva zijn geïdentificeerd; en
2. alle elementen (de geïdentificeerde activa en passiva, indien van toepassing - het belang van derden, in geval van een stapsgewijze overname - de eventuele herwaardering van het deelbelang dat al werd gehouden, en de overgedragen vergoeding) van de overname correct zijn gewaardeerd.

Richtlijn 216
Zoals ook al in paragraaf 25.2.5.3 aangegeven, is er een beperkende factor bij het vaststellen van de omvang van negatieve goodwill. Immateriële vaste activa kunnen, wanneer geen actieve markt bestaat, worden gewaardeerd tegen reële waarde op basis van transactieprijzen die tot stand komen tussen onafhankelijke partijen die ter zake goed geïnformeerd zijn en bereid zijn tot de transactie. In dit geval dient het te activeren bedrag te worden beperkt tot een bedrag dat niet leidt tot het ontstaan of verhogen van negatieve goodwill (RJ 216.215).

Onder Richtlijn 216 dient negatieve goodwill – voor zover deze betrekking heeft op verwachte toekomstige verliezen en lasten die betrouwbaar kunnen worden vastgesteld en waarmee rekening is gehouden in het overnameplan, doch die nog geen identificeerbare verplichting vormen op de overnamedatum – als een afzonderlijke overlopende passiefpost te worden opgenomen. Deze negatieve goodwill wordt ten gunste van de winst-en-verliesrekening gebracht naarmate deze verliezen en lasten zich voordoen (RJ 216.235).

25 Fusies en overnames (incl. goodwill)

De overige negatieve goodwill dient als volgt ten gunste van de winst-en-verliesrekening te worden gebracht (RJ 216.235):
- het gedeelte van de negatieve goodwill dat niet hoger is dan de reële waarde van de identificeerbare niet-monetaire activa wordt stelselmatig ten gunste van de winst-en-verliesrekening gebracht naar rato van het gewogen gemiddelde van de resterende gebruiksduur van de verworven afschrijfbare activa; en
- het gedeelte van de negatieve goodwill dat hoger is dan de reële waarde van geïdentificeerde niet-monetaire activa wordt onmiddellijk ten gunste van de winst-en-verliesrekening gebracht.

Voorbeeld verwerken negatieve goodwill onder Richtlijn 216

Rechtspersoon A koopt in jaar 1 de activiteiten van rechtspersoon B voor € 15.000. Bij de overname is rekening gehouden met te verwachten lasten voor B in jaar 2. Deze lasten zijn betrouwbaar vastgesteld op € 10.000 en vormen bij de overname geen identificeerbare verplichting.

A identificeert bij B de volgende activa en passiva tegen reële waarde:

-Kantoorinventaris	€	15.000
-Machines	€	60.000
-Voorraden	€	5.000
Niet-monetaire activa	€	80.000
-Monetaire activa	€	50.000
-Monetaire passiva	€	10.000
Netto monetaire activa	€	40.000
Netto-activa	€	120.000

De kantoorinventaris wordt in drie jaar afgeschreven en de machines in tien jaar.

De reële waarde van de geïdentificeerde activa en passiva van B bedraagt € 120.000. De negatieve goodwill is dus gelijk aan € 105.000 (= € 15.000 - € 120.000). Deze negatieve goodwill wordt als volgt verwerkt.

€ 10.000 van de negatieve goodwill is veroorzaakt door hogere lasten in jaar 2. Dit deel van de negatieve goodwill wordt opgenomen als een overlopende passiefpost. In jaar 2 wordt deze passiefpost vervolgens ten gunste van de winst-en-verliesrekening gebracht als de lasten zich daadwerkelijk voordoen.

De reële waarde van identificeerbare niet-monetaire activa bedraagt € 80.000. Van de negatieve goodwill wordt daarom € 80.000 als een overlopende passiefpost opgenomen en vervolgens stelselmatig ten gunste van de winst-en-verliesrekening gebracht naar rato van het gewogen gemiddelde van de resterende gebruiksduur van de verworven afschrijfbare activa. De gewogen gemiddelde gebruiksduur bedraagt afgerond 9 jaar (= ((3*€ 15.000) + (10 x € 60.000))/€ 75.000). Hierin zijn de voorraden niet meegenomen omdat deze geen afschrijvingstermijn kennen. De overlopende passiefpost van € 80.000 zal dus in 9 jaar ten gunste van de winst-en-verliesrekening worden gebracht.

De resterende € 15.000 negatieve goodwill (= € 105.000 - € 10.000 - € 80.000) wordt op overnamedatum verwerkt in de winst-en-verliesrekening.

IFRS 3

Onder IFRS 3 wordt het bedrag waarmee de reële waarden van de activa en passiva de verkrijgingsprijs overtreffen, na eerdergenoemde herbeoordeling en hernieuwde vaststelling, onmiddellijk verwerkt in de winst-en-verliesrekening (IFRS 3.34). IFRS 3 kent geen beperkende factor bij het vaststellen van de omvang van negatieve goodwill.

Verschillen Dutch GAAP - IFRS

Richtlijn 216 schrijft voor dat wanneer de reële waarde van een immaterieel vast actief niet kan worden vastgesteld onder verwijzing naar een actieve markt, het te activeren bedrag wordt beperkt tot een bedrag dat niet leidt tot het ontstaan of verhogen van negatieve goodwill. IFRS 3 kent een dergelijke beperking niet.

Richtlijn 216 verwerkt negatieve goodwill die samenhangt met verwachte toekomstige verliezen en lasten in de winst-en-verliesrekening op het moment dat deze verwachte verliezen en lasten zich voordoen. De overige negatieve goodwill wordt stelselmatig ten gunste van de winst-en-verliesrekening gebracht als het gaat om negatieve goodwill die niet hoger is dan de reële waarde van de identificeerbare niet-monetaire activa. Het gedeelte van de negatieve goodwill dat hoger is dan de reële waarde van de identificeerbare niet-monetaire activa wordt onmiddellijk ten gunste van de winst-en-verliesrekening gebracht. IFRS 3 verwerkt negatieve goodwill in alle gevallen onmiddellijk in de winst-en-verliesrekening.

25.3.4 Goodwill in vreemde valuta

Als goodwill wordt betaald bij de overname van een buitenlandse partij met een functionele valuta die afwijkt van functionele valuta van de overnemende partij, biedt Richtlijn 122 'Prijsgrondslagen voor vreemde valuta' twee mogelijkheden om hiermee om te gaan (RJ 122.310):

1. De goodwill wordt verondersteld een post van de overgenomen partij te zijn die luidt in diens functionele valuta en wordt omgerekend tegen de slotkoers.
2. De goodwill wordt uitgedrukt in de functionele valuta van de overnemende partij dan wel geclassificeerd als niet-monetaire post in vreemde valuta en verwerkt tegen de wisselkoers op het moment van de transactie (historische koers). De goodwill wordt als het ware gefixeerd op de tegenwaarde in de functionele valuta van de overnemende partij op overnamedatum.

In het eerste geval ontstaan omrekeningsverschillen over de goodwill; in het tweede geval niet. De gekozen grondslag voor het omrekenen en verwerken van de valutakoersverschillen met betrekking tot de goodwill voor de overname van een buitenlandse partij dient te worden uiteengezet (RJ 122.502c). Zie ook paragraaf 25.9.2.2.

IAS 21 'The Effects of Changes in Foreign Exchange Rates' biedt de hierboven genoemde keuzemogelijkheid niet. Onder IAS 21 worden de goodwill omgerekend tegen de slotkoers (IAS 21.47), of wel de eerste methode van Richtlijn 122. Zie voor een verdere uitwerking paragraaf 27.4.4.4.

Verschillen Dutch GAAP - IFRS

Onder Richtlijn 122 zijn er twee methoden om goodwill in vreemde valuta te verwerken. Bij de eerste methode wordt de goodwill gezien als een post van de overgenomen partij, luidend in diens functionele valuta, en wordt deze omgerekend tegen slotkoers. Bij de tweede methode wordt de goodwill gezien als een post van de overnemende partij, luidend in diens functionele valuta, en wordt deze gefixeerd tegen historische koers op overnamedatum. Onder IAS 21 is alleen de eerste methode toegestaan.

25.4 Voorlopig verwerken van een overname

De eerste verwerking van de overname kan soms slechts voorlopig (*provisional*) zijn. Het identificeren van de overgenomen activa en/of verplichtingen kan nog niet zijn afgerond. Er kan bijvoorbeeld nog onzekerheid bestaan over het al dan niet aanwezig zijn van verplichtingen in verband met aansprakelijkstellingen door derden of latente belastingen. Verder kunnen reële waarden van bepaalde activa of passiva soms alleen op voorlopige basis worden vastgesteld aan het eind van de rapporteringsperiode. Dat kan bijvoorbeeld het geval zijn indien de reële waarde van de immateriële activa subjectief is en een waardeerder zijn werkzaamheden nog niet heeft afgerond.

Samengevat kan het verwerken van een overname voorlopig zijn omdat (IFRS 3.46):
▶ de activa en passiva van de overgenomen partij nog niet (allemaal) zijn geïdentificeerd en/of definitief zijn gewaardeerd;

- het belang van derden nog niet definitief is gewaardeerd;
- de verkrijgingsprijs nog niet definitief is vastgesteld;
- in een stapsgewijze overname (zie par. 25.5), het eerder verkregen deelbelang nog niet definitief is gewaardeerd; en
- de resulterende positieve of negatieve goodwill nog niet definitief is vastgesteld.

In de toelichting moet nadrukkelijk worden vermeld dat een eerste verwerking van een overname voorlopig is (zie par. 25.9.2.1). Anders wordt verondersteld dat de verwerking van de overname definitief is en kunnen latere wijzigingen niet worden verwerkt ten laste of ten gunste van de goodwill (zie later in deze paragraaf).

Identificeerbare activa en passiva die zijn verworven, maar die op overnamedatum nog niet in aanmerking komen voor opname in de jaarrekening, dienen later alsnog te worden opgenomen als zij aan de daarvoor geldende criteria voldoen. Ook als later blijkt dat de waarde van de identificeerbare activa en passiva op overnamedatum dient te worden aangepast, vindt deze wijziging alsnog plaats. Dit brengt tevens het aanpassen van het bedrag van de goodwill mee, mits (RJ 216.244):
- de aanpassing niet leidt tot een stijging van de boekwaarde van de goodwill tot een bedrag hoger dan de realiseerbare waarde; en
- die aanpassing plaatsvindt voor het einde van het eerste boekjaar dat volgt op het jaar waarin de overname plaatsvond (de 'waarderingsperiode').

IFRS 3 beperkt de waarderingsperiode van het definitief maken van het verwerken van een overname tot maximaal een jaar na de overnamedatum (IFRS 3.45). De beperking in de tijd is weliswaar arbitrair, maar dit voorkomt dat goodwill voortdurend moet worden herzien en aangepast (RJ 216.245).

De boekwaarden van de overgenomen activa en passiva dienen alleen te worden aangepast als aanvullende informatie beschikbaar komt ter onderbouwing van de schatting van de bedragen van de identificeerbare activa en passiva bij eerste verwerking van de overname op overnamedatum. Het is belangrijk vast te stellen dat waardeveranderingen die feitelijk zijn toe te rekenen aan een specifieke gebeurtenis of een wijziging van de omstandigheden in de periode na overnamedatum nooit tot het aanpassen van de goodwill kunnen leiden (RJ 216.246, IFRS 3.45).

Voor zover binnen de waarderingsperiode wordt vastgesteld dat de reële waarde van de activa en passiva op overnamedatum afwijkt van de voorlopige waardering, worden de wijzigingen met terugwerkende kracht verwerkt in de goodwill, door (RJ 216.247, IFRS 3.49):
- ervan uit te gaan dat de gewijzigde reële waarde al gold op overnamedatum en de effecten ervan op de reële waarde, de afschrijvingen en andere mutaties in aanmerking te nemen;
- de boekwaarde van de goodwill opnieuw te berekenen met inachtneming van de effecten van de gewijzigde reële waarde;
- het nettoresultaat van de wijzigingen in de winst-en-verliesrekening op te nemen.

Hierbij worden de wijzigingen en de effecten daarvan onder IFRS 3 retrospectief toegepast met aanpassing van de vergelijkende cijfers. Onder Richtlijn 216 worden de wijzigingen en de effecten daarvan ook retrospectief vastgesteld maar verwerkt in het jaar van wijziging. Zie verder in deze paragraaf voor een voorbeeld van deze verwerkingen.

Alle veranderingen na de waarderingsperiode worden niet meer verwerkt als een aanpassing van het verwerken van de overname. Deze worden in het geval van wijzigingen in schattingen behandeld als schattingswijzigingen en in het geval van fouten als foutencorrectie in overeenstemming met Richtlijn 145 'Schattingswijzigingen' en

Richtlijn 150 'Foutherstel' respectievelijk IAS 8 'Accounting Policies, Changes in Accounting Estimates and Errors' (RJ 216.244, IFRS 3.50). Zie hiervoor hoofdstuk 28. Als gevolg van dit foutenherstel kan de goodwill evengoed nog worden aangepast. Deze aanpassing maakt dan echter geen deel meer uit van het verwerken van de overname.

Een uitzondering op de hiervoor beschreven voorschrift (van RJ 216.244) betreft het terugnemen van een reorganisatievoorziening. Een dergelijke terugneming dient altijd te leiden tot het aanpassen van de goodwill en niet tot het verwerken in de winst-en-verliesrekening (RJ 216.248), ook als het aanpassen plaatsvindt na het einde van de waarderingsperiode. Er dient een aangepast positief goodwillbedrag te worden afgeschreven over de resterende levensduur. Zie paragraaf 25.2.5.2 voor een uitgebreidere behandeling. Deze uitzondering is onder IFRS 3 niet van toepassing.

Het is ook denkbaar dat een overnemende partij een op overnamedatum niet-opgenomen latente belastingvordering van de overgenomen partij op een later tijdstip alsnog opneemt. Onder Richtlijn 272 'Belastingen naar de winst' wordt deze latente belastingvordering verwerkt als een belastingbate in de winst-en-verliesrekening met het gelijktijdige verwerken van het afboeken van de goodwill in de winst-en-verliesrekening. Daarbij past de overnemende partij de bruto-boekwaarde van de goodwill en de daaraan gerelateerde gecumuleerde afschrijvingen aan naar de bedragen die zouden zijn opgenomen als de latente belastingvordering op de overnamedatum was opgenomen. De overnemende partij neemt echter geen negatieve goodwill op en verhoogt de boekwaarde van bestaande negatieve goodwill niet (RJ 272.505a).

Onder IAS 12 'Income Taxes' wordt deze latente belastingvordering slechts ten laste van de goodwill verwerkt indien opname plaatsvindt in de waarderingsperiode op basis van nieuwe informatie over de situatie per overnamedatum. In alle andere gevallen wordt de latente belastingvordering verwerkt als een belastingbate in de winst-en-verliesrekening, tenzij IAS 12 verwerking buiten de winst-en-verliesrekening voorschrijft (IAS 12.68). Zie verder paragraaf 17.2.3.1.

Voorbeeld wijziging in de reële waarde van een actief na overnamedatum
Halverwege jaar 1 neemt rechtspersoon B de aandelen van rechtspersoon X over. De goodwill bedraagt € 500. De goodwill heeft (onder Richtlijn 216) een levensduur van 20 jaar. Er is daarbij sprake van een voorlopige eerste waardering. Door omstandigheden is het identificeren en waarderen van de geïdentificeerde activa en passiva van de overgenomen partij nog niet afgerond. Gedurende het tweede kwartaal van jaar 2 is dit proces afgerond en is een specifieke licentie onderkend. De reële waarde van deze specifieke licentie op overnamedatum is vastgesteld op € 80. De licentie heeft een levensduur van 10 jaar.

IFRS 3
Bij het toepassen van IFRS 3 wordt de wijziging en het effect daarvan retrospectief verwerkt met aanpassing van de vergelijkende cijfers van jaar 1. Dit betekent dat het bedrag van de goodwill aan het einde van jaar 1 wordt aangepast naar € 420 (€ 500 - € 80), en dat de licentie aan het einde van jaar 1 wordt gewaardeerd tegen € 76 (€ 80 minus een half jaar afschrijving van € 4 ((€ 80 / 10 jaar) / 2)). Het gewijzigde resultaat van jaar 1 is € 4 lager. Op goodwill wordt niet afgeschreven. In jaar 2 wordt op de licentie € 8 (€ 80 / 10 jaar) afgeschreven.

Richtlijn 216
Bij het toepassen van Richtlijn 216 wordt de wijziging en het effect daarvan verwerkt in jaar 2, zijnde het jaar van wijziging.
In jaar 1 is een half jaar afgeschreven op de goodwill. De afschrijvingslast bedroeg € 12,5 ((€ 500 / 20 jaar) / 2). De boekwaarde van de goodwill aan het einde van jaar 1 bedroeg € 487,5 (€ 500 - € 12,5).
In jaar 2 wordt het bedrag van de goodwill op overnamedatum herberekend naar € 420 (€ 500 - € 80). De afschrijving op basis van de herberekende goodwill had moeten zijn € 10,5 ((€ 420 / 20 jaar) / 2) en de boekwaarde aan het einde van jaar 1 had moeten zijn € 409,5 (€ 420 - € 10,5).

De afschrijving in jaar 1 op de licentie had moeten zijn € 4 ((€ 80 / 10 jaar) / 2) en de boekwaarde aan het einde van jaar 1 had moeten zijn € 76 (€ 80 - € 4).

> Het resultaat in jaar 1 had € 2 lager moeten zijn (€ 2 (€ 12,5 - € 10,5) minder afschrijving op de goodwill, en € 4 meer afschrijving op de licentie). Dit effect wordt doorgevoerd in jaar 2.
> Dit betekent dat de afschrijving op de goodwill in jaar 2 € 19 bedraagt. Dit is € 21 (€ 420 / 20 jaar) reguliere afschrijving inclusief het effect van jaar 1 van € 2. De boekwaarde van de goodwill aan het einde van jaar 2 bedraagt € 388,5 (herberekende goodwill € 420 - half jaar herberekende afschrijving in jaar 1 van € 10,5 - reguliere afschrijving in jaar 2 van € 21).
> Dit betekent dat de afschrijving van de licentie in jaar 2 € 12 bedraagt. Dit is € 8 (€ 80 / 10 jaar) reguliere afschrijving in jaar 2 plus het effect van jaar 1 van € 4. De boekwaarde aan het einde van jaar 2 bedraagt € 68 (€ 80 - € 12).

Verschillen Dutch GAAP - IFRS

Een overname kan onder IFRS 3 tot maximaal een jaar na overnamedatum definitief worden verwerkt en onder Richtlijn 216 tot maximaal het einde van het boekjaar na het jaar van overname (de waarderingsperiode). Hierbij worden aanpassingen en de effecten daarvan onder IFRS 3 retrospectief verwerkt met aanpassing van de vergelijkende cijfers. Onder Richtlijn 216 worden de aanpassingen en de effecten daarvan verwerkt in het jaar van wijziging. Richtlijn 216 en IFRS 3 schrijven voor dat wijzigingen na deze waarderingsperiode in het geval van wijzigingen in schattingen worden behandeld als schattingswijzigingen en in het geval van fouten als foutencorrectie. Onder Richtlijn 216 geldt de waarderingsperiode niet voor het terugnemen van een reorganisatievoorziening. Een dergelijke terugneming dient altijd te leiden tot het aanpassen van de goodwill en niet tot het verwerken in de winst-en-verliesrekening. Deze uitzondering is onder IFRS 3 niet van toepassing.

Het is denkbaar dat een overnemende partij een op overnamedatum niet-opgenomen latente belastingvordering van de overgenomen partij op een later tijdstip alsnog opneemt. Onder Richtlijn 272 wordt deze latente belastingvordering verwerkt als een belastingbate in de winst-en-verliesrekening met het gelijktijdig verwerken van het afboeken van de goodwill in de winst-en-verliesrekening. Onder IAS 12 wordt deze latente belastingvordering slechts ten laste van de goodwill verwerkt indien opname plaatsvindt in de waarderingsperiode op basis van nieuwe informatie over de situatie per overnamedatum. In alle andere gevallen wordt de latente belastingvordering verwerkt als een belastingbate in de winst-en-verliesrekening, tenzij IAS 12 verwerking buiten de winst-en-verliesrekening voorschrijft.

25.5 Stapsgewijze overname

Er is sprake van een stapsgewijze overname als de overnemende partij al eerder een deelbelang heeft verkregen in de overgenomen partij en op overnamedatum beslissende zeggenschap verkrijgt. Een voorbeeld van een stapsgewijze overname is een aankoop van een 70%-belang, terwijl al een 30%-belang wordt gehouden. Het verwerken van een stapsgewijze overname is verschillend onder Richtlijn 216 en IFRS 3.

Voor de behandeling van de verkrijging van deelbelangen zonder dat beslissende zeggenschap wordt verkregen, zie paragraaf 10.7.

Richtlijn 216

In het geval van een stapsgewijze overname is de verkrijgingsprijs op overnamedatum de som van de (oorspronkelijke) verkrijgingsprijzen van de afzonderlijke transacties (RJ 216.204). De verkrijgingsprijs en de reële waarden van de onderliggende activa en passiva op overnamedatum worden dus berekend door de verkrijgingsprijzen van eerder verkregen deelbelangen en de reële waarden van de onderliggende activa en passiva van eerder verkregen deelbelangen op de data van de afzonderlijke transacties te sommeren. De goodwill wordt gewaardeerd als het verschil tussen deze som van verkrijgingsprijzen en een eventueel belang van derden, en de som van reële waarden van de onderliggende activa en passiva.

Herwaardering eerder verkregen deelbelangen

Doordat de verkrijgingsprijzen verschillen, komt de vraag op of, en zo ja hoe, de verschillen in reële waarde van de onderliggende activa en passiva, exclusief goodwill, van al eerder verkregen deelbelangen dienen te worden verwerkt.

Richtlijn 216 staat zowel toe om de bedragen van de onderliggende activa en passiva, exclusief goodwill, van eerder verkregen deelbelangen te herwaarderen als om deze bedragen niet te herwaarderen. Richtlijn 216 schrijft voor dat een eventuele herwaardering van de onderliggende activa en passiva, exclusief goodwill, van eerder verkregen deelbelangen alleen op overnamedatum, de datum waarop de beslissende zeggenschap is verkregen, kan worden verwerkt.

Eerder verkregen deelbelangen kunnen zijn gewaardeerd tegen netto-vermogenswaarde, verkrijgingsprijs of reële waarde. De herwaardering van de in de netto-vermogenswaarde van de eerder verkregen deelbelangen besloten onderliggende activa en passiva, exclusief goodwill, naar de reële waarde op overnamedatum moet rechtstreeks worden verwerkt in een herwaarderingsreserve in overeenstemming met artikel 2:390 lid 1 BW (RJ 216.204). Bij het toepassen van combinatie 3 (zoals beschreven in par. 3.1.5) en als er sprake is van een overname zoals gedefinieerd in IFRS 3, zullen eerder verkregen deelbelangen altijd worden geherwaardeerd en is de verwerking in overeenstemming met IFRS 3 zoals hierna behandeld (RJ 214.312). Zou het eerder gehouden belang tegen verkrijgingsprijs of reële waarde zijn gewaardeerd (omdat, ondanks de omvang van het belang, geen invloed van betekenis op het zakelijke en financiële beleid kon worden uitgeoefend), dan is het naar onze mening noodzakelijk de waardestijgingen die betrekking hebben op ingehouden winsten af te zonderen en niet op te nemen in de herwaarderingsreserve. Deze ingehouden winsten dienen rechtstreeks te worden opgenomen in de overige reserves. Dit naar analogie van het verwerken van het verkrijgen van invloed van betekenis in een deelneming (zie par. 10.5.1).

Als de onderliggende activa en passiva, exclusief goodwill, van eerder verkregen deelbelangen niet worden geherwaardeerd, ontstaat een 'gemengde waardering'. Eerder verkregen deelbelangen zijn immers gewaardeerd tegen netto-vermogenswaarde, gebaseerd op de reële waarde van de onderliggende activa en passiva van de overgenomen partij op de data van de afzonderlijke transacties. Bij het verkrijgen van de beslissende zeggenschap zijn de onderliggende activa en passiva van het verkregen belang van de transactie die tot beslissende zeggenschap leidt, gewaardeerd tegen reële waarde op de huidige overnamedatum. Om dit te voorkomen staat Richtlijn 216 toe om de onderliggende activa en passiva van eerder verkregen deelbelangen te herwaarderen.

25 Fusies en overnames (incl. goodwill)

> **Voorbeeld verwerken stapsgewijze overname (gebaseerd op Richtlijn 216 - Bijlage)**
>
> Rechtspersoon A verkrijgt op 1 juli van jaar 1 een 40%-belang in deelneming B. De aandelen van B zijn niet genoteerd aan een beurs. Er is sprake van invloed van betekenis. De verkrijgingsprijs van het 40%-belang bedraagt € 3.500. De reële waarde van de alle identificeerbare activa en passiva van B bedraagt € 5.000. Hieruit volgt dat de deelneming wordt gewaardeerd tegen de netto-vermogenswaarde van € 2.000 (40% x € 5.000) en dat goodwill wordt verwerkt van € 1.500 (€ 3.500 - € 2.000). De goodwill wordt in vijf jaar afgeschreven.
>
> Een jaar later, op 1 juli van jaar 2, verkrijgt A het resterende 60%-belang in B. De netto-vermogenswaarde van het eerder verkregen 40%-belang bedraagt op dat moment € 3.700. De verkrijgingsprijs van het 60%-belang bedraagt € 13.000. De reële waarde van alle identificeerbare activa en passiva van B bedraagt op 1 juli van jaar 2 € 12.000. Er is geen belang van derden. De goodwill die is betaald bij de verkrijging van het 60%-belang bedraagt € 5.800 (€ 13.000 - (60% x € 12.000)).
>
> De totale goodwill die wordt verwerkt op overnamedatum bedraagt € 7.000 (€ 5.800 + (4/5 x € 1.500)); er is immers al een jaar op de goodwill van het 40%-belang afgeschreven. De totale verkrijgingsprijs bedraagt € 16.500 (€ 3.500 + € 13.000).
>
> Richtlijn 216 staat twee verwerkingswijzen toe:
>
> *Herwaardering van het eerder verkregen deelbelang*
> Het 40%-belang wordt geherwaardeerd van € 3.700 naar € 4.800 (40% x € 12.000). De waardering van de activa en passiva in de geconsolideerde jaarrekening (of de deelneming in de enkelvoudige jaarrekening) bedraagt € 12.000, en er wordt een herwaarderingsreserve opgenomen van € 1.100 (€ 4.800 - € 3.700).
>
> De verkorte journaalpost in de geconsolideerde jaarrekening op overnamedatum is:
>
> | | | |
> |---|---:|---:|
> | Netto-activa | 12.000 | |
> | Goodwill | 5.800 | |
> | Aan Deelneming | | 3.700 |
> | Aan Herwaarderingsreserve | | 1.100 |
> | Aan Liquide middelen | | 13.000 |
>
> Als A geen invloed van betekenis kon uitoefenen op het zakelijke en financiële beleid van B, zou het 40%-belang niet tegen netto-vermogenswaarde zijn gewaardeerd maar bijvoorbeeld tegen verkrijgingsprijs. Als in het bovenstaande voorbeeld de stijging van de netto-vermogenswaarde van B van € 2.000 op 1 juli van jaar 1 naar € 3.700 op 1 juli van jaar 2 een gevolg is van door B ingehouden winsten, dan zouden de ingehouden winsten van € 1.700 moeten worden afgezonderd van de herwaardering (van € 2.800 (€ 4.800 - € 2.000)). Deze winsten moeten worden opgenomen in de overige reserves. Hierop dient echter de afschrijving van de goodwill op het 40%-belang ad € 300 in mindering te worden gebracht. De goodwill uit de eerste transactie van € 1.500 wordt alsnog onderkend, alsmede de afschrijving daarop. Dit naar analogie van het verwerken van het verkrijgen van invloed van betekenis in een deelneming (zie par. 10.5.1).
>
> De verkorte journaalpost in de geconsolideerde jaarrekening op overnamedatum zou dan zijn:
>
> | | | |
> |---|---:|---:|
> | Netto-activa | 12.000 | |
> | Goodwill | 7.000 | |
> | Aan Deelneming | | 3.500 |
> | Aan Herwaarderingsreserve | | 1.100 |
> | Aan Overige reserves | | 1.400 |
> | Aan Liquide middelen | | 13.000 |
>
> *Geen herwaardering van het eerder verkregen deelbelang*
> De waardering van de activa en passiva in de geconsolideerde jaarrekening (of de deelneming in de enkelvoudige jaarrekening) bedraagt € 10.900 (€ 3.700 (netto-vermogenswaarde 40%-belang) + 7.200 (60% x € 12.000, netto-vermogenswaarde 60%-belang)).
>
> De verkorte journaalpost in de geconsolideerde jaarrekening op overnamemoment is dan:
>
> | | | |
> |---|---:|---:|
> | Netto-activa | 10.900 | |
> | Goodwill | 5.800 | |
> | Aan Deelneming | | 3.700 |
> | Aan Liquide middelen | | 13.000 |
>
> Er is hier sprake van een 'gemengde' waardering van de activa en passiva. Onder beide verwerkingswijzen is het bedrag van de goodwill € 7.000 (€ 1.200 uit hoofde van de eerste transactie en € 5.800 uit hoofde van de tweede transactie).

IFRS 3

Onder IFRS 3 worden alle elementen van de overname op overnamedatum verwerkt tegen reële waarde. Ook de eerder verkregen deelbelangen, inclusief goodwill, die de overnemende partij al heeft in de overgenomen partij. Er wordt als het ware gedaan alsof het eerder verkregen deelbelang wordt verkocht en alsof een nieuw belang wordt aangekocht. De reden hiervoor is dat het verkrijgen van de beslissende zeggenschap als een belangrijk economisch feit wordt gezien. De meer afstandelijke (investeerders)relatie wordt vervangen door een moeder-dochterrelatie. De gedachte van de IASB is dat dit een nieuwe waardering van het eerder verkregen deelbelang rechtvaardigt.

De verkrijgingsprijs van de overname is gelijk aan de vergoeding voor het additioneel gekochte belang dat beslissende zeggenschap geeft. De goodwill wordt berekend en gewaardeerd als het positieve verschil tussen de som van de volgende drie elementen – de verkrijgingsprijs, de reële waarde op overnamedatum van een eerder verkregen deelbelang, een eventueel belang van derden – en de reële waarde op overnamedatum van de overgenomen identificeerbare activa en passiva (IFRS 3.32).

Het verschil tussen de reële waarde en de boekwaarde van het eerder verkregen deelbelang wordt verwerkt in de winst-en-verliesrekening of in de overige onderdelen van het totaalresultaat (*other comprehensive income*). Het verwerken van dit verschil in de winst-en-verliesrekening of in de overige onderdelen van het totaalresultaat is afhankelijk van de classificatie van het deelbelang. In het geval van een deelneming (in een *associate* of een *joint venture*) of een *joint operation* wordt het verschil verwerkt in de winst-en-verliesrekening. In het geval van een financieel instrument wordt het verschil verwerkt in de winst-en-verliesrekening of in de overige onderdelen van het totaalresultaat, afhankelijk van de classificatie van dit instrument in overeenstemming met IFRS 9 'Financial Instruments'. Tevens worden de in het eigen vermogen opgenomen reserves die aan eerder verkregen deelbelangen zijn gerelateerd, gereclassificeerd naar de winst-en-verliesrekening en/of overgeboekt naar de overige reserves in overeenstemming met de daarvoor geldende IFRS-standaarden (IFRS 3.42 en 42A). Hierbij wordt geen onderscheid gemaakt tussen eerder verkregen deelbelangen die eerst als deelneming (*associate* of *joint venture*) zijn geclassificeerd, *joint operations* en deelbelangen die eerst als een belegging in een eigen-vermogensinstrument gewaardeerd tegen reële waarde met waardeveranderingen in de overige onderdelen van het totaalresultaat zijn aangemerkt.
Voorbeelden van voornoemde reserves zijn:
- als het eerder verkregen deelbelang was verwerkt als een deelneming of een *joint operation*: vreemde-valuta-omrekeningsreserves worden gereclassificeerd naar de winst-en-verliesrekening of herwaarderingsreserves van tegen reële waarde gewaardeerde materiële vaste activa worden overgeboekt naar de overige reserves;
- als het belang was verwerkt als een belegging in een eigen-vermogensinstrument gewaardeerd tegen reële waarde met waardeveranderingen in de overige onderdelen van het totaalresultaat: herwaarderingsreserves worden gereclassificeerd naar de overige reserves.

Voor de ongerealiseerde herwaardering op het eerder verkregen deelbelang zal overigens in de enkelvoudige jaarrekening, wanneer deze is opgesteld op basis van de Nederlandse wet- en regelgeving waarbij de IFRS-waarderings- en resultaatbepalingsgrondslagen uit de geconsolideerde IFRS-jaarrekening zijn toegepast – combinatie 3, veelal een wettelijke reserve moeten worden gevormd, tenzij voor het eerder verkregen deelbelang frequente marktnoteringen bestaan. Dit resultaat is dan niet uitkeerbaar (RJ 214.312, RJ 240.227c).

De reële waarden van eerder verkregen deelbelangen kunnen in het algemeen niet naar evenredigheid worden berekend aan de hand van de vergoeding voor het additioneel gekochte belang waarmee beslissende zeggenschap is

25 Fusies en overnames (incl. goodwill)

verkregen. In de vergoeding voor het additioneel gekochte belang waarmee beslissende zeggenschap is verkregen zit in het algemeen een 'control'-premie begrepen. Dit is een extra vergoeding om de beslissende zeggenschap te verkrijgen. De reële waarden van eerder verkregen deelbelangen zullen dus zelfstandig moeten worden vastgesteld op basis van een marktprijs die een derde marktpartij op overnamedatum zou willen betalen voor deze deelbelangen.

> **Voorbeeld verwerken stapsgewijze overname in geconsolideerde jaarrekening (IFRS 3)**
>
> De basisgegevens zijn gelijk aan die in het voorgaande voorbeeld. Rechtspersoon A verkrijgt op 1 juli van jaar 1 een 40%-belang in deelneming B. De aandelen van B zijn niet genoteerd aan een beurs. A krijgt invloed van betekenis op het zakelijke en financiële beleid van B. De verkrijgingsprijs van het 40%-belang bedraagt € 3.500 en dient als eerste waardering op basis van de 'equity'-methode.
> Een jaar later, op 1 juli van jaar 2, verkrijgt A het resterende 60%-belang in B. De waarde op basis van de 'equity'-methode van het al eerder verkregen 40%-belang bedraagt op dat moment € 5.200 (netto-vermogenswaarde van € 3.700 plus goodwill van € 1.500). De verkrijgingsprijs van het 60%-belang bedraagt € 13.000. De reële waarde van alle identificeerbare activa en passiva van B bedraagt op 1 juli van jaar 2 € 12.000.
>
> Onder IFRS 3 is het noodzakelijk de reële waarde van het eerder verkregen deelbelang op overnamedatum vast te stellen. Voor het 60%-belang betaalt de verkrijger € 13.000. Dit betekent echter niet dat de reële waarde van het eerder verkregen 40%-belang naar evenredigheid kan worden vastgesteld en € 8.666 (40/60 x € 13.000) zou bedragen. In de vergoeding voor het 60%-belang zit immers een 'control'-premie begrepen. Dit is een extra vergoeding om de beslissende zeggenschap te verkrijgen.
> De reële waarde van het eerder verkregen 40%-belang zal dus zelfstandig moeten worden vastgesteld op basis van een marktprijs die een derde op overnamedatum zou willen betalen voor het 40%-belang. De reële waarde van het 40%-belang wordt geacht € 8.000 te zijn.
>
> De verkrijgingsprijs van de overname bedraagt € 13.000. Er is geen belang van derden. De goodwill bedraagt € 9.000 en is berekend als het positieve verschil tussen de som van de verkrijgingsprijs (€ 13.000), de reële waarde van het eerder verkregen deelbelang (€ 8.000), en de reële waarde van de overgenomen identificeerbare activa en passiva (€ 12.000).
> Op overnamedatum wordt verondersteld dat het eerder verkregen 40%-belang in de deelneming wordt 'verkocht' en dat het 100%-belang wordt 'aangekocht' (waarvan het eerder verkregen 40%-belang deel uitmaakt). Het verschil op 1 juli van jaar 2 tussen de reële waarde van het 40%-belang van € 8.000 en de waarde op basis van de 'equity'-methode van € 5.200 bedraagt € 2.800 en wordt als een bate verwerkt en uiteindelijk opgenomen in een herwaarderingsreserve.
>
> De verkorte journaalpost in de geconsolideerde jaarrekening is dan:
>
> | | | |
> |---|---:|---:|
> | Netto-activa | 12.000 | |
> | Goodwill | 9.000 | |
> | Aan Deelneming | | 5.200 |
> | Aan Boekwinst deelneming | | 2.800 |
> | Aan Liquide middelen | | 13.000 |
>
> (In dit voorbeeld is afgezien van de in het eigen vermogen opgenomen reserves die aan het eerder verkregen 40%-belang zijn gerelateerd.)

De berekening van goodwill onder IFRS 3 verschilt van die onder Richtlijn 216. De verschillen worden inzichtelijk gemaakt in de volgende tabel.

Verschillen berekenen goodwill tussen Richtlijn 216 en IFRS 3		
Elementen van de berekening	Richtlijn 216	IFRS 3
Verkrijgingsprijs (zie par. 25.2.4)	Som van (oorspronkelijke) verkrijgingsprijzen van afzonderlijke transacties	Verkrijgingsprijs van additioneel gekochte belang dat beslissende zeggenschap geeft
Eerder verkregen deelbelang	- (Dit is feitelijk al opgenomen in de som van de (oorspronkelijke) verkrijgingsprijzen).	Reële waarde op overnamedatum

Verschillen berekenen goodwill tussen Richtlijn 216 en IFRS 3		
Elementen van de berekening	Richtlijn 216	IFRS 3
Eventueel belang van derden (zie par. 25.2.6)	Proportionele aandeel in de reële waarde van de identificeerbare activa en passiva van de overgenomen partij	Reële waarde op overnamedatum, of het proportionele aandeel in de reële waarde van de identificeerbare activa en passiva van de overgenomen partij
Reële waarden van onderliggende activa en passiva (zie par. 25.2.5)	Som van reële waarden van onderliggende activa en passiva op afzonderlijke transactiedata (*)	Reële waarden onderliggende activa en passiva op overnamedatum

(*) Dit geldt om de goodwill te berekenen. Het is toegestaan om de onderliggende activa en passiva van eerder verkregen deelbelangen te herwaarderen naar reële waarde. Dit heeft echter geen impact op de berekening van de goodwill. Zie hiervoor onder kopje Richtlijn 216 beschreven.

Verschillen Dutch GAAP - IFRS

Onder Richtlijn 216 worden de verkrijgingsprijs en de reële waarden van de onderliggende activa en passiva op overnamedatum berekend door de verkrijgingsprijzen van eerder verkregen deelbelangen en de reële waarden van de onderliggende activa en passiva van eerder verkregen deelbelangen op de data van de afzonderlijke transacties te sommeren. De goodwill wordt berekend en gewaardeerd als het verschil tussen deze twee bedragen, rekening houdend met een eventueel belang van derden.

Onder IFRS 3 is de verkrijgingsprijs van de overname gelijk aan de vergoeding voor het additioneel gekochte belang dat beslissende zeggenschap geeft. De goodwill wordt berekend en gewaardeerd als het positieve verschil tussen de som van de volgende drie elementen – de verkrijgingsprijs, de reële waarde op overnamedatum van een eerder verkregen deelbelang, en een eventueel belang van derden – en de reële waarde op overnamedatum van de overgenomen identificeerbare activa en passiva.

De berekening van de goodwill onder Richtlijn 216 verschilt van die onder IFRS 3 doordat onder Richtlijn 216:
- de verkrijgingsprijs anders wordt vastgesteld dan onder IFRS 3;
- een eventueel belang van derden anders kan worden gewaardeerd dan onder IFRS 3; en
- de reële waarden van de onderliggende activa en passiva anders kunnen worden vastgesteld dan onder IFRS 3.

Daarnaast verplicht IFRS 3 bij een stapsgewijze overname tot herwaardering van eerder verkregen deelbelangen. Deze herwaardering wordt verwerkt in de winst-en-verliesrekening of in de overige onderdelen van het totaalresultaat (*other comprehensive income*). Het verwerken van dit verschil in de winst-en-verliesrekening of in de overige onderdelen van het totaalresultaat is afhankelijk van de classificatie van het deelbelang.

Voor de ongerealiseerde herwaardering op het eerder verkregen deelbelang zal in de enkelvoudige jaarrekening, wanneer deze is opgesteld op basis van de Nederlandse wet- en regelgeving waarbij de IFRS-waarderings- en resultaatbepalingsgrondslagen uit de geconsolideerde IFRS-jaarrekening zijn toegepast – combinatie 3, veelal een wettelijke reserve moeten worden gevormd.

Onder Richtlijn 216 is op overnamedatum een herwaardering van de onderliggende activa en passiva, exclusief goodwill, van eerder verkregen deelbelangen, rechtstreeks in een herwaarderingsreserve, toegestaan, maar niet verplicht.

25.6 Verwerken van samensmelting van belangen

Zoals in paragraaf 25.1.1 aangegeven is het onder de Nederlandse wet- en regelgeving verplicht om een samensmelting van belangen volgens de 'pooling of interests'-methode te verwerken. IFRS 3 kent geen samensmelting van belangen. Onder IFRS kan de 'pooling of interests'-methode alleen worden toegepast voor overnames onder gemeenschappelijke leiding (zie par. 26.2.3).

25 Fusies en overnames (incl. goodwill)

Een samensmelting van belangen kan zich voordoen in de volgende omstandigheden (RJ 216.111):
- er kan noch een overnemende, dominante partij, noch een overgenomen partij worden onderscheiden. De reële waarden van ieder van de betrokken partijen of de reële waarden per aandeel van ieder van de betrokken partijen zullen dan ook niet ver uiteen liggen; en
- het gehele of nagenoeg gehele eigen vermogen en de gehele of nagenoeg gehele exploitatie van twee of meer rechtspersonen worden samengevoegd; en
- de samenvoeging van partijen gaat gepaard met een aandelenruil waarbij alle of nagenoeg alle gewone stemgerechtigde aandelen tot de prestatie en tegenprestatie behoren; en
- de aandelenuitwisseling heeft tot gevolg, dat de betrokken partijen ten opzichte van elkaar in hoofdzaak dezelfde stemrechten en belangen in de samengesmolten entiteit behouden als zij vóór de samenvoeging hadden in de samenstellende delen van de samengesmolten entiteit; en
- de samenvoeging van partijen strekt tot een duurzaam gezamenlijk delen van risico's en baten.

Het is niet relevant hoe de samenvoeging plaatsvindt. Dat kan bijvoorbeeld geschieden in de vorm van een aandelenfusie, splitsing, juridische fusie waarbij de ene rechtspersoon in de andere opgaat, overname, oprichting van een nieuwe rechtspersoon waarin de aandeelhouders van betrokken partijen deelnemen, of deelneming van de betrokken partijen in elkaars tussenholding (RJ 216.113). Bijzondere juridische aspecten van 'fusies en overnames' worden behandeld in paragraaf 25.10.

Het verwerken van een samensmelting van belangen geschiedt volgens de zogenaamde 'pooling of interests'-methode (RJ 216.112). Als een transactie geen samensmelting van belangen is, mag deze methode niet worden toegepast (RJ 216.301). De 'pooling of interests'-methode heeft ten doel te komen tot een verslaggeving van de combinatie die hetzelfde effect heeft als ware de afzonderlijke partijen op de oude voet doorgegaan, zij het nu in gemeenschappelijk eigendom - dus alsof ze altijd al samengevoegd waren. Bij deze methode worden de samengevoegde activa, inclusief de reeds in de balansen van betrokken partijen opgenomen goodwill, en passiva in beginsel opgenomen tegen hun bestaande boekwaarden. Positieve en negatieve goodwill uit hoofde van de transactie die leidt tot de samenvoeging, anders dan de reeds in de balansen van betrokken partijen opgenomen goodwill, komen niet aan de orde. De hoofdkenmerken van de 'pooling of interests'-methode worden hierna beschreven.

De samenvoeging wordt geacht reeds een feit te zijn vanaf het begin van het boekjaar waarin de samensmelting van belangen wordt gerealiseerd (RJ 216.302). Het tijdstip van samenvoeging kan dus afwijken van het tijdstip waarop de samensmelting juridisch tot stand wordt gebracht. Dit geeft de cijfers een zeker pro forma-karakter – 'alsof' de samensmelting al eerder een feit was – maar is bevorderlijk voor het inzicht in de activiteiten van de samengevoegde entiteiten. Het is hierbij van belang te onderkennen dat de samensmelting wordt verwerkt aan het begin van het boekjaar, maar dat de juridische totstandkoming van de samensmelting, zoals onder andere door het betalen van geldmiddelen of het uitgeven van aandelen, wordt verwerkt op de datum van de juridische transactie. Dit wordt verduidelijkt in het hierna volgende voorbeeld.

De componenten van het geconsolideerde eigen vermogen van de samengevoegde entiteiten (wettelijke reserves en andere reserves) blijven in beginsel in stand. Of statutaire reserves in stand blijven, dient te worden beoordeeld aan de hand van de feiten en omstandigheden van de specifieke transactie. Richtlijn 216 bevat geen voorschriften voor de presentatie van de componenten van het geconsolideerde eigen vermogen van de samengevoegde entiteit(en). Uitgaande van het onderliggende principe van de 'pooling of interests'-methode en dat de componenten van het eigen vermogen in stand blijven, ligt het voor de hand om de componenten van het geconsolideerde eigen vermogen van de samengevoegde entiteiten aan het begin van het boekjaar waarin de samensmelting plaatsvindt en in het vergelijkende boekjaar op te tellen en dit in de toekomst als zodanig te continueren. Er wordt hiermee inzicht gegeven in de historische stortingen in het geconsolideerde eigen vermogen van de samengesmolten entiteit. Het is ook denkbaar dat op de datum van de juridische transactie de volledige storting ten gunste van de agioreserve wordt gebracht. Er wordt dan inzicht gegeven in de historische stortingen in het geconsolideerde eigen vermogen van de overnemende partij. Hiermee wordt aangesloten bij RJ 216.304 dat voorschrijft dat een verschil tussen het nominale bedrag van de uitgegeven aandelen (eventueel vermeerderd met een tegenprestatie in liquide middelen en/of andere activa) en de boekwaarde van de verkregen netto-activa gewoonlijk wordt aangeduid als agio en in de reserves wordt opgenomen. Daarnaast zijn (wellicht) nog andere benaderingen denkbaar.

De keuze voor één van deze benaderingen heeft invloed op de samenstelling (maar niet op de omvang) van het geconsolideerde eigen vermogen van de samengesmolten entiteit. Enkele mogelijke benaderingen worden verduidelijkt in het volgende voorbeeld.

Voorbeeld tijdstippen samensmelting en juridische totstandkoming, en presentatie van componenten van het geconsolideerde eigen vermogen

Rechtspersoon G neemt in enig boekjaar de aandelen van rechtspersoon H over. G en H zijn van vergelijkbare grootte. De netto-activa van H bedragen op 1 januari € 125 miljoen. De transactie komt juridisch tot stand op 1 juli van het boekjaar. G vergoedt € 135 miljoen aan de aandeelhouders van H - aandelen met een nominale waarde van € 15 miljoen en een reële waarde van € 125 miljoen, en contanten van € 10 miljoen. G verwerkt de samensmelting door middel van de 'pooling of interest'-methode.

De eigen vermogens van G en H zijn als volgt samengesteld:

In € miljoen	G	H
Aandelenkapitaal	10	5
Agioreserve	30	20
Wettelijke reserves	50	30
Overige reserves	40	70
Totaal-	130	125

De netto-activa van G en H worden samengevoegd in de jaarrekening van G tegen hun boekwaarden aan het begin van het boekjaar waarin de samensmelting is gerealiseerd. De transactie komt juridisch tot stand op 1 juli van het boekjaar en de aandelenuitgifte en de betaling van liquide middelen door G moeten op dat moment worden verwerkt.

Benadering 1

De componenten van het geconsolideerde eigen vermogen van de samengevoegde entiteiten worden aan het begin van het boekjaar waarin de samensmelting plaatsvindt opgeteld. Er wordt hiermee inzicht gegeven in de historische stortingen in het geconsolideerde eigen vermogen van de samengesmolten entiteit.

Bij de samensmelting aan het begin van het boekjaar:
Netto-activa	125	
Aan Aandelenkapitaal		5
Aan Agioreserve		20
Aan Wettelijke reserves		30
Aan Overige reserves		70

Na deze boeking heeft G een eigen vermogen van € 255 miljoen: aandelenkapitaal van € 15 miljoen, agioreserve van € 50 miljoen, wettelijke reserves van € 80 miljoen en overige reserves van € 110 miljoen. Een variant hierop kan zijn dat ook het aandelenkapitaal van H wordt toegevoegd aan de agioreserve van G.

Bij de juridische totstandkoming van de transactie op 1 juli van het boekjaar:
Overige reserves	10	
Agioreserve	10 (15 - 5)	
Aan Liquide middelen		10
Aan Aandelenkapitaal		10 (15 - 5)

25 Fusies en overnames (incl. goodwill)

> Op de datum van de juridische transactie ontstaat het juridische aandelenkapitaal van de samengevoegde entiteiten, zijnde het aandelenkapitaal van G als overnemende partij. Als gevolg van de samenvoeging is aan het begin van het boekjaar en voor het vergelijkende boekjaar het aandelenkapitaal van H gesommeerd met het aandelenkapitaal van G. Het aandelenkapitaal van H van € 5 miljoen wordt op de datum van de juridische transactie overgeboekt naar de agioreserve van G.
> De betaling van liquide middelen van € 10 miljoen door G aan de overdragende partij wordt verwerkt ten laste van de overige reserves. De aandelenuitgifte van € 15 miljoen door G aan de overdragende partij wordt verwerkt ten laste van de agioreserve. Beide vergoedingen aan de overdragende partij worden feitelijk gezien als een dividenduitkering. De activa en passiva waarvoor op datum van de juridische transactie wordt betaald zijn al verkregen aan het begin van het boekjaar.
>
> Na deze boekingen heeft G een eigen vermogen van € 245 miljoen: aandelenkapitaal van € 25 miljoen, agioreserve van € 40 miljoen, wettelijke reserves van € 80 miljoen en overige reserves van € 100 miljoen.
>
> **Benadering 2**
>
> Op de datum van de juridische transactie wordt de volledige storting ten gunste van de agioreserve gebracht. Er wordt dan inzicht gegeven in de historische stortingen in het geconsolideerde eigen vermogen van de overnemende partij.
>
> Het verwerken van de samensmelting aan het begin van het boekjaar en bij de juridische totstandkoming van de transactie op 1 juli van het boekjaar is hetzelfde als hiervoor weergegeven. Daarnaast wordt bij de juridische totstandkoming van de transactie op 1 juli van het boekjaar ook geboekt – hierbij is verondersteld dat het resultaat over de periode nul bedraagt:
> Overige reserves   70
> Aan Agioreserve   70
>
> De overboeking van de overige reserves van H aan de agioreserve van G betreffen de overige reserves van H per de stand van 1 juli van het boekjaar (waarbij is verondersteld dat het resultaat van H nul bedraagt).
>
> Na deze boeking heeft G een eigen vermogen van € 245 miljoen: aandelenkapitaal van € 25 miljoen, agioreserve van € 110 miljoen, wettelijke reserves van € 80 miljoen en overige reserves van € 30 miljoen.

Ook voor de enkelvoudige jaarrekening is het mogelijk de eerder behandelde benaderingen van de presentatie van de componenten van het eigen vermogen toe te passen (zie par. 25.7). Hierbij is het van belang een zekere consistentie te betrachten. Een aantal combinaties van benaderingen in de geconsolideerde en enkelvoudige jaarrekening zullen toepasbaar zijn; een aantal niet. Ook kunnen bepaalde combinaties leiden tot een verschil in de samenstelling (maar niet in de omvang) van het geconsolideerde en enkelvoudige eigen vermogen.
De baten en lasten van de betrokken partijen worden samengevoegd in de jaarrekening van de samengesmolten entiteit vanaf het begin van het boekjaar waarin de samensmelting is gerealiseerd (RJ 216.302 en 303). Onderlinge transacties worden geëlimineerd.

De activa en passiva van de betrokken partijen worden samengevoegd in de jaarrekening van de samengesmolten entiteit tegen hun boekwaarden aan het begin van het boekjaar waarin de samensmelting is gerealiseerd (RJ 216.302). Door het verwerken tegen boekwaarden komt het verantwoorden van goodwill uit hoofde van de transactie die leidt tot de samensmelting niet aan de orde. De goodwill die al in de balansen van de betrokken partijen staat wordt wel in aanmerking genomen. Onderlinge verbanden worden geëlimineerd.
Het saldo van de boekwaarden van de activa en passiva die op de samengesmolten entiteit zijn overgegaan worden aan het begin van het boekjaar verwerkt in het eigen vermogen. De overeengekomen transactieprijs wordt op transactiedatum verwerkt in het eigen vermogen (RJ 216.304).

Indien de samengesmolten entiteit waarderings- en resultaatbepalingsgrondslagen toepast die afwijken van de grondslagen die door de betrokken partijen werden toegepast, dienen waarderingen van activa en passiva en het vaststellen van het resultaat van de betrokken partijen te worden aangepast. De wijzigingen in de grondslagen zijn stelselwijzigingen. De effecten van deze stelselwijzigingen dienen te worden verwerkt in het beginvermogen van het boekjaar waarin deze plaatsvinden (RJ 216.307).

Wij zijn van mening dat, indien benodigd voor het inzicht, het effect van de samensmelting en het effect van de stelselwijziging separaat moeten worden gepresenteerd in het verloopoverzicht van het eigen vermogen of separaat moeten worden vermeld in de toelichting.

De vergelijkende cijfers in de jaarrekening van de samengesmolten entiteit dienen te worden aangepast alsof de samengesmolten entiteit altijd al heeft bestaan - alsof de samensmelting ook al in de voorafgaande boekjaren een feit was (RJ 216.302). Ook dit versterkt het pro forma-karakter van de cijfers.

Lasten die verband houden met de samensmelting van belangen (zoals registratiekosten, reorganisatiekosten verband houdend met de samensmelting, kosten van informatieverstrekking aan aandeelhouders, advieskosten, salariskosten toerekenbaar aan de totstandkoming van de samensmelting), dienen te worden verwerkt in de winst-en-verliesrekening in het jaar waarin ze ontstaan (RJ 216.305).

Een entiteit die deel uitmaakt van een samensmelting van belangen en die zelf een belang heeft in één van de betrokken partijen, dient dit belang in de enkelvoudige jaarrekening te waarderen tegen het zichtbaar eigen vermogen van deze betrokken partij (RJ 216.306). Dit sluit aan op het doorschuiven van de activa en passiva tegen boekwaarden in de geconsolideerde jaarrekening.

Verschillen Dutch GAAP - IFRS

Het is onder de Nederlandse wet- en regelgeving verplicht om een samensmelting van belangen volgens de 'pooling of interests'-methode te verwerken. IFRS 3 kent geen samensmelting van belangen. Onder IFRS kan de 'pooling of interests'-methode alleen worden toegepast voor overnames onder gemeenschappelijke leiding.

25.7 Verwerken van overnames en samensmeltingen in de enkelvoudige jaarrekening

Het verwerken van overnames en samensmeltingen, in casu overgenomen deelnemingen, in de enkelvoudige jaarrekening onder Richtlijn 214 'Financiële vaste activa' verschilt in het algemeen van de verwerking onder IAS 27 'Separate Financial Statements'. De oorzaak daarvan is dat geconsolideerde deelnemingen (groepsmaatschappijen) onder Richtlijn 214 worden verwerkt tegen netto-vermogenswaarde of op basis van de 'equity'-methode bij toepassing van combinatie 3 (RJ 100.107) en onder IAS 27 tegen verkrijgingsprijs, tegen reële waarde of op basis van de 'equity'-methode.

Richtlijn 214

Onder Richtlijn 214 worden de geconsolideerde deelnemingen in de enkelvoudige jaarrekening gewaardeerd tegen netto-vermogenswaarde of op basis van de 'equity'-methode bij toepassing van combinatie 3 (zie par. 10.3.3). De eerste waardering van de overgenomen deelneming wordt bepaald door de voor het verwerken van de overname of samensmelting gekozen verwerkingsmethode in de geconsolideerde jaarrekening. Als de overname in de geconsolideerde jaarrekening is verwerkt volgens de 'purchase accounting'-methode, dan is de eerste waardering van de deelneming tegen de netto-vermogenswaarde van deze deelneming zoals de onderliggende activa en passiva van deze deelneming zijn verwerkt tegen reële waarde in de geconsolideerde jaarrekening. Als de samensmelting in de geconsolideerde jaarrekening is verwerkt volgens de 'pooling of interests'-methode, dan is de eerste waardering van de deelneming tegen de netto-vermogenswaarde van deze deelneming zoals de onderliggende activa en passiva van deze deelneming zijn verwerkt in de geconsolideerde jaarrekening.

25 Fusies en overnames (incl. goodwill)

Als de overname wordt verwerkt volgens de 'purchase accounting'-methode worden de identificeerbare activa en passiva die niet waren opgenomen in de balans van de overgenomen partij opgenomen in de netto-vermogenswaarde van de deelneming. Deze netto-vermogenswaarde sluit dan niet meer aan met het eigen vermogen van de deelneming zoals dat blijkt uit de jaarrekening van deze deelneming. Hetzelfde geldt voor eventuele aanpassingen naar reële waarde van boekwaarden van identificeerbare activa en passiva op acquisitiedatum.

Als de waarde van de deelneming op basis van de vermogensmutatiemethode negatief is, is het bedrag van de goodwill afhankelijk van het feit of de overnemende partij in rechte afdwingbaar of feitelijk geheel of ten dele instaat voor de schulden van de overgenomen partij. Indien de overnemende partij niet instaat voor de schulden van de overgenomen partij, is de goodwill gelijk aan de verkrijgingsprijs – de deelneming wordt immers op nul gewaardeerd en niet opgenomen in de balans. Indien de overnemende partij wel geheel of ten dele instaat voor de schulden van de overgenomen partij, is de goodwill de som van de verkrijgingsprijs en de ingeschatte verplichting. Dit kan ertoe leiden dat de goodwill in de enkelvoudige jaarrekening afwijkt van de goodwill in de geconsolideerde jaarrekening (RJ 214.333a).

Als een samensmelting in de geconsolideerde jaarrekening is verwerkt volgens de 'pooling of interests'-methode, komt de vraag op hoe deze verwerkingsmethode in de enkelvoudige jaarrekening moet worden toegepast voor wat betreft de aanpassing van vergelijkende cijfers. Er zijn in de praktijk twee zienswijzen:
- De 'pooling of interests'-methode wordt (ook) volledig toegepast in de enkelvoudige jaarrekening. Hierbij wordt de geconsolideerde jaarrekening op consistente wijze gevolgd, en krijgt ook de enkelvoudige jaarrekening een zeker pro forma-karakter. De samenvoeging wordt verwerkt aan het begin van het boekjaar en de vergelijkende cijfers worden opgesteld alsof de entiteit altijd al samengevoegd is geweest. De presentatie van de componenten van het eigen vermogen vindt plaats door de componenten van het geconsolideerde eigen vermogen van de samengevoegde entiteiten aan het begin van het boekjaar waarin de samensmelting plaatsvindt en in het vergelijkende boekjaar op te tellen, en dit als zodanig te continueren. Het is ook denkbaar dat op de datum van de juridische transactie de volledige storting ten gunste van de agioreserve wordt gebracht. Zie paragraaf 25.6 inclusief een voorbeeld. Als de overnemende partij een nieuw opgerichte entiteit is, wordt gedaan alsof de nieuw opgerichte entiteit altijd al heeft bestaan.
- De boekwaarde van de overgenomen partij wordt doorgeschoven op overnamedatum, en de samensmelting wordt verwerkt op en vanaf overnamedatum. Er wordt dus niet gedaan alsof de overname aan het begin van boekjaar heeft plaatsgevonden, en de vergelijkende cijfers worden niet aangepast. De enkelvoudige jaarrekening volgt hiermee de juridische werkelijkheid. Het ligt voor de hand dat op de datum van de juridische transactie de volledige storting ten gunste van de agioreserve wordt gebracht. Het is ook denkbaar dat de presentatie van de componenten van het eigen vermogen plaatsvindt door de componenten van de geconsolideerde eigen vermogens van de samengevoegde entiteiten op de datum van de juridische transactie op te tellen, en dit als zodanig te continueren. Zie paragraaf 25.6 inclusief een voorbeeld.

Zowel voor de geconsolideerde als de enkelvoudige jaarrekening is het mogelijk de in paragraaf 25.6 behandelde benaderingen van de presentatie van de componenten van het eigen vermogen toe te passen. Hierbij is het van belang een zekere consistentie te betrachten. Een aantal combinaties van benaderingen in de geconsolideerde en enkelvoudige jaarrekening zullen toepasbaar zijn; een aantal niet. Ook kunnen bepaalde combinaties leiden tot een verschil in de samenstelling (maar niet in de omvang) van het geconsolideerde en enkelvoudige eigen vermogen.

In een enkelvoudige jaarrekening van een tussenhoudstermaatschappij waarin de deelnemingen worden gewaardeerd tegen verkrijgingsprijs, bij toepassing van artikel 2:408 BW, wordt de overgenomen (meerderheids)deelneming op de overnamedatum gewaardeerd tegen de verkrijgingsprijs (i.c. de reële waarde) op overnamedatum.

Omgekeerde overname

Bij een omgekeerde overname (zoals beschreven par. 25.2.2) zijn in de enkelvoudige jaarrekening van de in juridisch opzicht verkrijgende partij twee verwerkingswijzen mogelijk (RJ 216.109, RJ 214.342):

▶ Het verwerken van de omgekeerde overname volgens de economische vorm, waarbij de verkrijgende partij dezelfde is als in de geconsolideerde jaarrekening. De verkrijgende partij, zoals vastgesteld voor het verwerken van de overname in de geconsolideerde jaarrekening, wordt in de enkelvoudige jaarrekening opgenomen tegen haar netto-vermogenswaarde. De activa en passiva van de in juridisch opzicht verkrijgende partij, aangemerkt als overgenomen partij voor het verwerken van de overname in de geconsolideerde jaarrekening, worden geherwaardeerd naar hun reële waarde. Als goodwill wordt verwerkt het verschil tussen de aldus gewaardeerde netto-activa van de in juridisch opzicht verkrijgende partij, aangemerkt als overgenomen partij voor het verwerken van de overname in de geconsolideerde jaarrekening, en de overnamesom, zoals vastgesteld voor het verwerken van de overname in de geconsolideerde jaarrekening. Bij het toepassen van combinatie 3 (zoals beschreven in par. 3.1.5) sluit deze verwerkingswijze het meest aan bij de doelstelling van deze combinatie.

▶ Het verwerken van de omgekeerde overname volgens de juridische vorm, waarbij de partij die de aandelen uitgeeft als verkrijgende partij wordt aangemerkt. De in juridisch opzicht overgenomen partij wordt opgenomen tegen haar netto-vermogenswaarde, die wordt vastgesteld door haar activa en passiva tegen reële waarde te waarderen. De door de in juridisch opzicht verkrijgende partij uitgegeven aandelen worden verwerkt tegen hun reële waarde. Het verschil tussen de aldus vastgestelde netto-vermogenswaarde van de in juridisch opzicht overgenomen partij en de reële waarde van de uitgegeven aandelen wordt verwerkt als goodwill.

Als de economische realiteit van de transactie inhoudt dat de in juridisch opzicht verkrijgende partij die aandelen uitgeeft, in wezen niets anders is dan een voortzetting van de in juridisch opzicht overgenomen partij, is alleen de eerste verwerkingswijze toegestaan.

Voorbeeld verwerken omgekeerde overname in de enkelvoudige jaarrekening

Rechtspersoon A heeft 100 aandelen uitstaan. De reële waarde van A is € 1.600 (€ 16 per aandeel). Rechtspersoon B heeft 60 aandelen uitstaan. De reële waarde van B is € 2.400 (€ 40 per aandeel).
A verwerft alle aandelen van B door middel van een aandelenruil: 1 aandeel B = 2,5 aandelen A. A geeft 150 (60 x 2,5) nieuwe aandelen uit. Het aantal aandelen A na de emissie is 250 (100 + 150). De aandeelhouders van B bezitten 150 aandelen van A, en hebben aldus een belang van 60% in A. Hoewel A aandelen heeft uitgegeven, hebben de aandeelhouders van B de zeggenschap verkregen in A. Voor verslaggevingsdoeleinden is B de overnemende partij en is A de overgenomen partij.
De boekwaarde van de netto-activa van A bedraagt € 1.300; de reële waarde € 1.350. De boekwaarde van de netto-activa van B bedraagt € 1.800; de reële waarde € 2.000.

Geconsolideerde jaarrekening

Dit betekent voor de geconsolideerde jaarrekening van A:
▶ De jaarrekening van A - de overgenomen partij - wordt opgesteld als zijnde een voortzetting van de jaarrekening van B - de overnemende partij. De cijfers van A tot de acquisitiedatum worden niet meegeconsolideerd.
▶ De activa en passiva van B worden opgenomen tegen hun boekwaarden, zowel voor het huidige boekjaar als het vergelijkende boekjaar.
▶ De winst-en-verliesrekening van B wordt opgenomen, zowel voor het huidige boekjaar als het vergelijkende boekjaar.
▶ Het eigen vermogen van B wordt opgenomen; echter met de samenstellende delen van het eigen vermogen van A - het aandelenkapitaal en de reserves van A; het restant gaat naar de agioreserve of de overige reserves.
▶ Op overnamedatum worden de activa en passiva van A opgenomen tegen reële waarde en wordt de goodwill vastgesteld.
▶ De aandelenuitgifte door A wordt verwerkt. De waarde hiervan bedraagt feitelijk de reële waarde van A (€ 1.600).
▶ Met betrekking tot het eigen vermogen: de omvang van het eigen vermogen van B (€ 3.400 = de boekwaarde van de netto-activa van B van € 1.800 plus de reële waarde van A van € 1.600) wordt getoond met de samenstellende delen van A. Het eigen vermogen toont dus het geplaatst aandelenkapitaal van A, de reserves van A, en het restant wordt opgenomen in een agioreserve of in de overige reserves.
▶ De resultaten van A worden verwerkt met ingang van de acquisitiedatum.

25 Fusies en overnames (incl. goodwill)

> **Enkelvoudige jaarrekening**
> Dit betekent voor de enkelvoudige jaarrekening van A dat kan worden gekozen voor het verwerken van de omgekeerde overname volgens de economische vorm of de juridische vorm.
>
> **Economische vorm**
> Het verwerken vindt plaats in overeenstemming met de verwerking in de geconsolideerde jaarrekening. A is de overgenomen partij en B is de overnemende partij. Deze verwerkingswijze is verplicht als A vrijwel geen activiteiten of economische betekenis heeft, en A feitelijk een voortzetting van B is. De betreffende posten uit de balans worden als volgt:
>
> | | | |
> |---|---:|---:|
> | Deelneming B | 1.800 | |
> | Netto-activa A (herwaardering van 1.300 naar 1.350) | 50 | |
> | Goodwill (1.600 - 1.350) | 250 | |
> | Eigen vermogen (1.800 + 1.600) | | 3.400 |
>
> Ondanks dat B voor verslaggevingsdoeleinden is aangemerkt als de overnemende partij, wordt het eigen vermogen van B in de enkelvoudige jaarrekening uitgesplitst volgens de juridische indeling van het eigen vermogen van A - voor verslaggevingsdoeleinden de overgenomen partij. Het eigen vermogen toont dus het geplaatst aandelenkapitaal van A, de wettelijke reserves van A, en het restant wordt opgenomen in een agioreserve of in de overige reserves.
>
> **Juridische vorm**
> A is juridisch de overnemende partij, en de (omgekeerde) overname wordt verwerkt als zodanig. De betreffende posten uit de balans worden als volgt:
>
> | | | |
> |---|---:|---:|
> | Deelneming B | 2.000 | |
> | Goodwill (2.400 - 2.000) | 400 | |
> | Eigen vermogen (1.300 + 2.400) | | 3.700 |

IAS 27

Onder IAS 27 staat het verwerken van overgenomen deelnemingen in de enkelvoudige jaarrekening los van het verwerken van de overname in de geconsolideerde jaarrekening. Deelnemingen worden in de enkelvoudige jaarrekening initieel gewaardeerd tegen verkrijgingsprijs. De vervolgwaardering is tegen reële waarde, tegen verkrijgingsprijs, of op basis van de 'equity'-methode (IAS 27.10) (zie par. 10.3.3).

Verschillen Dutch GAAP - IFRS

Het verwerken van overnames en samensmeltingen, in casu overgenomen deelnemingen, in de enkelvoudige jaarrekening onder Richtlijn 214 verschilt in het algemeen van de verwerking onder IAS 27. Onder Richtlijn 214 worden geconsolideerde deelnemingen gewaardeerd tegen netto-vermogenswaarde of op basis van de 'equity'-methode bij toepassing van combinatie 3. Bij overname is de eerste waardering tegen netto-vermogenswaarde zoals de onderliggende activa zijn verwerkt in de geconsolideerde jaarrekening, afhankelijk van de verwerking van de overname of samensmelting in de geconsolideerde jaarrekening. Onder IAS 27 worden deelnemingen in de enkelvoudige jaarrekening initieel gewaardeerd tegen verkrijgingsprijs. De vervolgwaardering is tegen reële waarde, tegen verkrijgingsprijs of op basis van de 'equity'-methode.

25.8 Verwerken door de overdragende partij

Op de overdragende partij zijn voor de geconsolideerde jaarrekening Richtlijn 217 'Consolidatie' en eventueel Richtlijn 345 'Beëindiging van bedrijfsactiviteiten' of IFRS 10 'Consolidated Financial Statements' en eventueel IFRS 5 'Non-current Assets Held for Sale and Discontinued Operations' van toepassing. Voor de enkelvoudige jaarrekening is Richtlijn 214 'Financiële vaste activa' of IAS 27 'Separate Financial Statements' van toepassing.

Dit betekent dat de overdragende partij:
- stopt met consolideren zodra het geen beslissende zeggenschap meer heeft over de overgedragen partij (zie par. 23.7);
- een boekresultaat verwerkt op de verkoop van de activa en passiva in de geconsolideerde jaarrekening of de deelneming in de enkelvoudige jaarrekening (zie par. 10.8.4);
- als IFRS wordt toegepast, onder IFRS 5 beoordeelt of activa en passiva in de geconsolideerde jaarrekening of de deelneming in de enkelvoudige jaarrekening voldoet aan de criteria voor 'aangehouden voor verkoop' en 'beëindigde bedrijfsactiviteiten' (zie par. 33.3);
- als de Nederlandse wet- en regelgeving wordt toegepast, onder Richtlijn 345 beoordeelt of wordt voldaan aan de presentatie- en toelichtingseisen voor beëindiging van bedrijfsactiviteiten (zie par. 33.2).

25.9 Presentatie en toelichting

25.9.1 Presentatie in de balans en winst-en-verliesrekening

25.9.1.1 Balans

Onder de Nederlandse wet- en regelgeving wordt geactiveerde positieve goodwill met betrekking tot geconsolideerde deelnemingen als gevolg van een overname in de geconsolideerde jaarrekening al dan niet zichtbaar opgenomen onder de immateriële vaste activa (art. 2:365 lid 1d BW). Dit geldt ook voor de enkelvoudige jaarrekening als deze deelnemingen in de enkelvoudige jaarrekening worden gewaardeerd tegen netto-vermogenswaarde. Als deze deelnemingen in de enkelvoudige jaarrekening worden gewaardeerd op basis van de 'equity'-methode, bij toepassing van combinatie 3, of als deelnemingen worden gewaardeerd tegen verkrijgingsprijs, bij toepassing van artikel 2:408 BW, wordt de gekochte goodwill niet afzonderlijk gepresenteerd maar zit deze opgesloten in de waarde van de deelneming. Negatieve goodwill wordt als een afzonderlijke overlopende passiefpost opgenomen aan de creditzijde van de balans (RJ 216.235).

Uit IFRS 3 blijken geen specifieke presentatievoorschriften, anders dan die uit IAS 1 'Presentation of Financial Statements'. Positieve goodwill met betrekking tot geconsolideerde deelnemingen als gevolg van een overname kan in de geconsolideerde jaarrekening al dan niet zichtbaar worden opgenomen onder de immateriële vaste activa (IAS 1.54(c)) of separaat worden gepresenteerd (IAS 1.55). In de enkelvoudige jaarrekening worden geconsolideerde deelnemingen gewaardeerd tegen verkrijgingsprijs, tegen reële waarde of op basis van de 'equity'-methode (IAS 27.10). De gekochte goodwill wordt niet afzonderlijk gepresenteerd maar zit opgesloten in de waarde van de deelneming.

25.9.1.2 Winst-en-verliesrekening

Bijzondere aandacht behoeft de presentatie van de afschrijving en waardeverminderingen van de geactiveerde positieve goodwill in de winst-en-verliesrekening. Volgens het Besluit modellen jaarrekening dienen deze posten als volgt te worden opgenomen (zie par. 5.1.4.1 en 5.1.4.2):
- in het categoriale model: in de 'afschrijvingen op immateriële en materiële vaste activa' respectievelijk 'overige waardeveranderingen van immateriële en materiële vaste activa' als onderdeel van de som der bedrijfslasten;
- in het functionele model: in de 'kostprijs van de omzet' als onderdeel van het bruto-omzetresultaat (of in de 'verkoopkosten' of 'algemene beheerkosten', als de goodwill daarop betrekking heeft, als onderdeel van de som der kosten).

Uit IFRS 3 en IAS 1 'Presentation of Financial Statements' blijken geen specifieke presentatie-voorschriften. Volgens IAS 1 kunnen de afschrijvingen op immateriële en materiële vaste activa in het categoriale model

25 Fusies en overnames (incl. goodwill)

separaat worden gepresenteerd (IAS 1.102). De presentatie van afschrijving en waardeverminderingen van goodwill zal in de praktijk vergelijkbaar zijn met die onder de Nederlandse wet- en regelgeving.

Verschillen Dutch GAAP - IFRS
Onder de Nederlandse wet- en regelgeving wordt positieve goodwill met betrekking tot geconsolideerde deelnemingen in de geconsolideerde jaarrekening al dan niet zichtbaar opgenomen onder de immateriële vaste activa. Onder IFRS zijn er geen specifieke presentatievoorschriften. Positieve goodwill met betrekking tot geconsolideerde deelnemingen als gevolg van een overname kan in de geconsolideerde jaarrekening al dan niet zichtbaar worden opgenomen onder de immateriële vaste activa of separaat worden gepresenteerd.

De gekochte positieve goodwill wordt onder de Nederlandse wet- en regelgeving in de enkelvoudige jaarrekening separaat gepresenteerd onder de immateriële activa als de deelnemingen tegen netto-vermogenswaarde worden gewaardeerd. Deze goodwill wordt niet separaat gepresenteerd maar zit opgesloten in de waarde deelneming als onder de Nederlandse wet- en regelgeving de deelnemingen worden gewaardeerd op basis van de 'equity'-methode, bij toepassing van combinatie 3, of tegen verkrijgingsprijs, bij toepassing van artikel 2:408 BW, en onder IFRS.

Het Besluit modellen jaarrekening schrijft voor hoe de afschrijving en waardeverminderingen van de geactiveerde positieve goodwill in de winst-en-verliesrekening moet worden gepresenteerd. Onder IFRS zijn er geen specifieke presentatievoorschriften. De presentatie van afschrijving en waardeverminderingen van goodwill zal in de praktijk vergelijkbaar zijn met die onder de Nederlandse wet- en regelgeving.

25.9.2 Toelichting
Paragraaf 4 in Richtlijn 216 en IFRS 3 bevatten uitgebreide toelichtingseisen met betrekking tot overnames en samensmeltingen van belangen (zie par. 25.9.2.1) en goodwill (zie par. 25.9.2.2).

25.9.2.1 Overnames en samensmeltingen van belangen
Richtlijn 216 en IFRS 3 schrijven voor dat onder andere moeten worden toegelicht (RJ 216.401, IFRS 3.B64):
- de namen en beschrijvingen van de bij de overname of samensmelting betrokken partijen;
- de wijze van verwerken van de overname of samensmelting;
- de ingangsdatum van de verslaggeving van de overname of samensmelting;
- de eventuele activiteiten waarvan, ten gevolge van de overname of samensmelting, de overnemende partij heeft besloten deze af te stoten.

Speciaal voor overnames gelden nog de volgende toelichtingseisen voor de jaarrekening over de periode waarin de overname heeft plaatsgevonden (RJ 216.402, 403-408, IFRS 3.B64 en B67):
- het percentage van de verkregen zeggenschap in de overgenomen partij;
- de koopsom van de overname of de voorwaardelijke koopsomverplichtingen en een beschrijving daarvan;
- indien de reële waarde van de activa en passiva van de overgenomen partij aan het einde van de periode slechts schattenderwijze was vast te stellen: dat feit en de redenen daarvoor. Indien er in een latere jaarrekening wijzigingen van dergelijke voorlopige reële waarden worden verwerkt, dienen deze te worden toegelicht in de jaarrekening over de periode waarin dat geschiedt;
- de gekozen grondslag voor het omrekenen en verwerken van de valutakoersverschillen met betrekking tot de goodwill en de aanpassingen naar reële waarde voor de overname van een buitenlandse partij (RJ 122.502C);
- het verwerken van de positieve en negatieve goodwill;
- het vormen van een reorganisatievoorziening (zie par. 16.4.2).

Ook bij het toepassen van de 'pooling of interests'-methode is additionele informatie vereist (RJ 216.305 en 409):
- beschrijving en aantal van uitgegeven aandelen, tezamen met de percentages van stemgerechtigde aandelen die bij de voeging zijn geruild;
- bedragen van activa en passiva die zijn ingebracht door de betrokken partijen;
- omzet, overige bedrijfsopbrengsten, bijzondere posten en nettoresultaat van de betrokken partijen over de periode voorafgaand aan de datum van samenvoeging, die begrepen zijn in de nettowinst volgens de gevoegde jaarrekening; en
- (een indicatie van) de omvang van de kosten van de overname of de samensmelting van belangen.

Onder IFRS 3 dient de overnemende partij informatie te verschaffen die gebruikers van jaarrekeningen in staat stelt om de aard en de financiële impact van de overnames te beoordelen. Dit geldt voor overnames die hebben plaatsgevonden gedurende het boekjaar en voor overnames die hebben plaatsgevonden na afloop van het boekjaar maar voor de datum van het opstellen van de jaarrekening (IFRS 3.59).

IFRS 3 bevat gedetailleerde toelichtingseisen om aan dit principe te voldoen (IFRS 3.B64-67). Deze toelichtingseisen zijn vergelijkbaar met die van Richtlijn 216. Echter, IFRS 3 bevat meer (gedetailleerde) toelichtingseisen.

De belangrijkste van deze (meer gedetailleerde) toelichtingseisen zijn (IFRS 3.B64):
- de primaire reden voor de overname en een beschrijving van hoe de overnemende partij de beslissende zeggenschap heeft verkregen over de overgenomen partij (IFRS 3.B64(d));
- de reële waarde op overnamedatum van de totale betaalde vergoeding en de reële waarde op de overnamedatum van elke belangrijke categorie van betaalde vergoedingselementen (IFRS 3.B64(f));
- de op de overnamedatum opgenomen bedragen voor elke belangrijke categorie van verworven activa en overgenomen passiva (IFRS 3.B64(i));
- voor elke overname waarvoor de overnemende partij op overnamedatum minder dan 100% van het aandelenbelang in de overgenomen partij bezit:
  - het op de overnamedatum opgenomen bedrag van het belang van derden in de overgenomen partij en de waarderingsgrondslag voor dat bedrag; en
  - voor elk tegen reële waarde gewaardeerd belang van derden in een overgenomen partij, de waarderingstechnieken en belangrijkste gegevens die in het model zijn gebruikt om die waarde te berekenen (IFRS 3.B64(o));
- bij een stapsgewijze overname:
  - de reële waarde op overnamedatum van het eerder verkregen deelbelang in de overgenomen partij; en
  - het bedrag van een eventuele winst die of een eventueel verlies dat werd verwerkt als gevolg van de herwaardering tegen reële waarde van het eerder verkregen deelbelang in de overgenomen partij en de post in de winst-en-verliesrekening waarin die winst of dat verlies is opgenomen (IFRS 3.B64(p)).

Deze aanvullende informatie wordt voor iedere overname in het boekjaar verstrekt, waarbij informatie over niet-materiële overnames mag worden samengevoegd (IFRS 3.B65).

Ook voor overnames waarvan de overnamedatum ligt na het einde van de rapporteringsperiode maar voor de datum waarop de jaarrekening wordt opgesteld, moet de overnemende partij onder Richtlijn 216 en IFRS 3 de bovengenoemde informatie verstrekken, tenzij het voorlopig administratief verwerken van de overname nog niet is voltooid. In dat geval moet de overnemende partij beschrijven welke informatie nog niet kon worden verstrekt alsmede de redenen waarom dat niet mogelijk was (RJ 216.410, IFRS 3.B66).

25 Fusies en overnames (incl. goodwill)

25.9.2.2 Goodwill

Positieve goodwill

De toelichting dient een kwalitatieve beschrijving van de factoren waaruit de opgenomen goodwill bestaat, te bevatten (IFRS 3.B64(e)). Hierbij kan bijvoorbeeld worden gedacht aan verwachte synergievoordelen uit de samenvoeging van bedrijfsactiviteiten van de overgenomen en overnemende partij, immateriële activa die niet in aanmerking komen voor afzonderlijke opname of andere factoren. Tevens dient het totale bedrag van goodwill dat naar verwachting fiscaal aftrekbaar zal zijn te worden vermeld (IFRS 3.B64(k)). De wet en Richtlijn 216 kennen deze toelichtingseisen niet.

> **Voorbeeld van toelichting op acquisities (IFRS-jaarrekening)**
> Het aan goodwill betaalde bedrag heeft betrekking op de synergiën die A verwacht te realiseren. De te realiseren synergiën bij B zijn gerelateerd aan een sterkere aanwezigheid op de Tsjechische markt, waar de potentiële groeimogelijkheden naar verwachting verwezenlijkt zullen worden middels geschikte commerciële investeringen. Bovendien zal de Tsjechische markt naar verwachting een snelle groei doormaken. Door middel van deze acquisitie ontstaat een platform dat de groei van zowel het B-merk als de geïmporteerde merken ten goede zal komen. Daarnaast wordt verwacht dat er kostensynergiën worden gerealiseerd doordat inkoop, sourcing en verkoop efficiënter kunnen worden uitgevoerd na integratie van deze activiteiten in de regio Centraal- en Oost-Europa.

Het volgende dient onder de Nederlandse wet en Richtlijn 216 te worden toegelicht over goodwill die wordt geactiveerd en waarop vervolgens wordt afgeschreven (art. 2:386 lid 2 en 3 BW, RJ 216.403a-d):
- de afschrijvingsperiode;
- als goodwill wordt afgeschreven over een periode van maximaal tien jaar omdat de gebruiksduur van goodwill niet op betrouwbare wijze kan worden geschat: de redenen voor de gekozen afschrijvingsduur, en de factoren die een belangrijke rol hebben gespeeld bij de schatting van de economische levensduur;
- als goodwill wordt afgeschreven over een periode van meer dan twintig jaar: de redenen waarom de veronderstelling is weerlegd dat de economische levensduur niet langer is dan twintig jaar, en de factoren die een belangrijke rol hebben gespeeld bij de schatting van de economische levensduur. Daarbij valt de lijst van factoren als vermeld in paragraaf 25.3.2.2 in aanmerking te nemen (RJ 216.404);
- als goodwill niet lineair wordt afgeschreven: de gehanteerde afschrijvingsmethode en de reden waarom deze beter is dan de lineaire afschrijvingsmethode;
- de post van de winst-en-verliesrekening waarin de afschrijving is opgenomen.

Onder de Nederlandse wet en Richtlijn 216 wordt het verloop van de post goodwill gedurende het boekjaar in een sluitend overzicht weergegeven. Het mutatie-overzicht dient het volgende aan te geven (RJ 216.403e, art. 2:368 lid 1 BW):
- de bruto-boekwaarde en de cumulatieve afschrijving (samengevoegd met bijzondere waardeverminderingsverliezen) aan het begin van de periode;
- de aanvullend opgenomen goodwill;
- de aanpassingen van de goodwill naar aanleiding van later geïdentificeerde activa en passiva en wijzigingen in de waarde ervan;
- de in de loop van de periode afgeboekte goodwill naar aanleiding van het afstoten van alle of een gedeelte van de activiteiten waarop de goodwill betrekking heeft;
- de afschrijvingen;
- bijzondere waardeverminderingsverliezen;
- overige wijzigingen in de boekwaarde; en

- de bruto-boekwaarde en de cumulatieve afschrijving (samengevoegd met bijzondere waardeverminderingsverliezen) aan het einde van de periode.

Tevens moet de som van de afschrijvingen en waardeverminderingen op de balansdatum blijken (art. 2:368 lid 2b BW).
IFRS 3 kent de meeste van deze toelichtingseisen niet omdat onder IFRS niet wordt afgeschreven op goodwill (zie par. 25.3.2.2), en omdat bij gedeeltelijke verkoop van een deelneming onder IFRS de goodwill niet proportioneel wordt afgeboekt (zie par. 10.8.6).

Eveneens is zowel onder Richtlijn 216 als onder IFRS 3 informatie vereist over bijzondere waardeverminderingen van goodwill (RJ 216.405, IFRS 3.B67(d)(v)). Zie hiervoor paragraaf 29.8.
Onder IFRS 3 moet het verloop van de post goodwill gedurende het boekjaar in een sluitend overzicht worden weergegeven. Het mutatie-overzicht dient het volgende aan te geven (IFRS 3.B67(d)):
- de bruto-boekwaarde en de cumulatieve bijzondere waardeverminderingsverliezen aan het begin van de periode;
- de aanvullend opgenomen goodwill;
- de in de loop van de periode afgeboekte goodwill naar aanleiding van het afstoten van activiteiten waarop de goodwill betrekking heeft;
- bijzondere waardeverminderingsverliezen;
- overige wijzigingen in de boekwaarde; en
- de bruto-boekwaarde en de cumulatieve bijzondere waardeverminderingsverliezen aan het einde van de periode.

Negatieve goodwill
Voor zover negatieve goodwill betrekking heeft op te verwachten toekomstige verliezen dient onder Richtlijn 216 in de jaarrekening te worden vermeld (RJ 216.406a-c):
- een beschrijving van deze verliezen, het bedrag ervan en de periode waarin deze zich zullen voordoen;
- de periode waarin de negatieve goodwill naar verwachting ten gunste van de winst-en-verliesrekening zal worden gebracht; en
- de post van de winst-en-verliesrekening waarin de bate in verband met de negatieve goodwill is verwerkt.

Ook het verloop van de post negatieve goodwill gedurende het boekjaar moet in een sluitend overzicht worden weergegeven. Een mutatie-overzicht over de verslagperiode van de boekwaarde van de negatieve goodwill moet aangeven (RJ 216.406d):
- de bruto-boekwaarde en de cumulatief reeds ten gunste van de winst-en-verliesrekening gebrachte negatieve goodwill aan het begin van de periode;
- de aanvullend opgenomen negatieve goodwill;
- de aanpassingen van de negatieve goodwill naar aanleiding van later geïdentificeerde activa en passiva en wijzigingen in de waarde ervan;
- de in de loop van de periode afgeboekte negatieve goodwill naar aanleiding van het afstoten van alle of een gedeelte van de activiteiten waarop de goodwill betrekking heeft;
- de ten gunste van de winst-en-verliesrekening gebrachte negatieve goodwill waarbij het gedeelte van de negatieve goodwill dat ten gunste van de winst-en-verliesrekening is gebracht, omdat het geen betrekking heeft op verwachte toekomstige verliezen en lasten, afzonderlijk wordt aangegeven;
- overige wijzigingen in de boekwaarde;

▶ de bruto-boekwaarde en de cumulatief reeds ten gunste van de winst-en-verliesrekening gebrachte negatieve goodwill aan het einde van de periode.

Onder IFRS 3 dient te worden vermeld in de jaarrekening (IFRS 3.B64(n)):
▶ het bedrag van de negatieve goodwill dat in de winst-en-verliesrekening is verwerkt alsmede in welke post van de winst-en-verliesrekening deze is verwerkt; en
▶ de redenen waarom de transactie in negatieve goodwill heeft geresulteerd.

Verschillen Dutch GAAP - IFRS
IFRS 3 bevat uitgebreidere en meer gedetailleerde toelichtingseisen.

25.10 Bijzondere aspecten inzake juridische fusie en splitsing

In deze paragraaf wordt nader ingegaan op de juridische fusie (zie par. 25.10.1), de juridische splitsing (zie par. 25.10.2), de tussentijdse vermogensopstelling die daarbij moet worden gemaakt (zie par. 25.10.3), en op andere bijzondere voorschriften bij een fusie en/of een splitsing die de verslaggeving raken (zie par. 25.10.4).

25.10.1 Juridische fusie

Het kenmerk van een juridische fusie is dat het vermogen van een rechtspersoon in zijn geheel en onder algemene titel - dit wil zeggen met alle rechten en verplichtingen - overgaat op een andere rechtspersoon (art. 2:309 BW). Een juridische fusie houdt dus een volledige samenvoeging van rechtspersonen in. Dit kan door oprichting van een nieuwe verkrijgende rechtspersoon waarin de verdwijnende rechtspersoon of rechtspersonen samengaan, of door het opgaan van de verdwijnende rechtspersoon of rechtspersonen in een reeds bestaande verkrijgende rechtspersoon. De verdwijnende rechtspersoon houdt op te bestaan. Een juridische fusie heeft als groot voordeel dat de verschillende vermogensbestanddelen niet afzonderlijk hoeven te worden overgedragen. Bovendien is de medewerking van schuldeisers en contractpartners niet nodig.

Rechtspersonen kunnen fuseren met rechtspersonen met dezelfde rechtsvorm waarbij een NV en een BV als rechtspersonen met dezelfde rechtsvorm worden aangemerkt (art. 2:310 lid 1-3 BW). Een juridische fusie is niet mogelijk als één van de fuserende rechtspersonen is ontbonden of in staat van faillissement of surseance van betaling verkeert (art. 2:310 lid 5 en 6 BW).

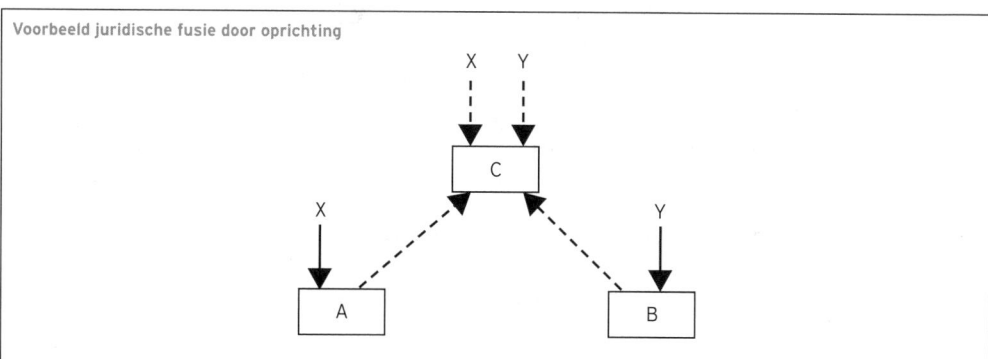

Voorbeeld juridische fusie door oprichting

Rechtspersonen A en B gaan zodanig fuseren dat een nieuwe rechtspersoon C wordt opgericht die de vermogens van A en B verkrijgt, dat A en B ophouden te bestaan en dat de aandeelhouders van A en B aandeelhouder worden van C.

Om een juridische fusie te bewerkstelligen moet een wettelijk vastgelegde procedure worden gevolgd. Die procedure bestaat in grote lijnen uit de volgende stappen:
1. opstellen van een voorstel tot fusie inclusief een toelichting omtrent de redenen tot fusie (art. 2:312 en 2:313 BW);
2. het openbaar maken van diverse stukken bij het handelsregister en ten kantore van de rechtspersoon (art. 2:314 lid 1 en 2 BW);
3. publicatie van deze terinzagelegging in een landelijk verspreid dagblad (art. 2:314 lid 3 BW);
4. gelegenheid tot het geven van schuldeisersverzet (art. 2:316 BW);
5. besluit tot fusie (art. 2:317 BW);
6. opstellen van een notariële akte van fusie (art. 2:318 BW).

25.10.2 Juridische splitsing

Het kenmerk van een juridische splitsing is dat het vermogen van een rechtspersoon wordt opgesplitst in verschillende vermogensbestanddelen die onder algemene titel worden verkregen door één of meer - al bestaande dan wel bij de splitsing nieuw op te richten - rechtspersonen (art. 2:334a BW). Er wordt onderscheid gemaakt tussen een zuivere juridische splitsing en een juridische afsplitsing.

Bij een zuivere juridische splitsing laat de splitsende rechtspersoon zijn gehele vermogen overgaan op ten minste twee verkrijgende rechtspersonen. De splitsende rechtspersoon houdt hierbij op te bestaan, zonder ontbinding en vereffening. De verkrijgende rechtspersonen kunnen zowel bestaande als bij de splitsing nieuw opgerichte rechtspersonen zijn (art. 2:334a lid 2 BW).

Bij een juridische afsplitsing gaat ook het gehele vermogen van de splitsende rechtspersoon of een gedeelte daarvan over op een of meer verkrijgende rechtspersonen, maar blijft de splitsende rechtspersoon bestaan (art. 2:334a lid 3 BW).

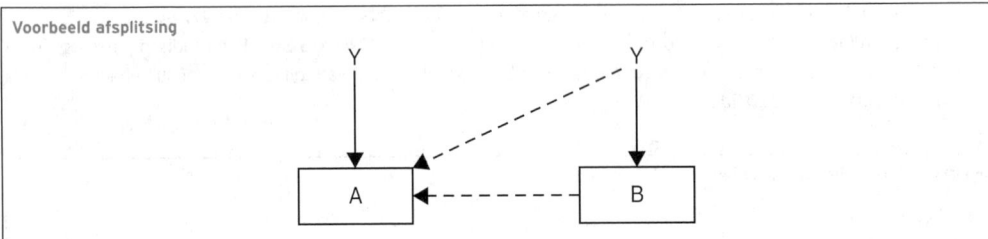

Voorbeeld afsplitsing

Rechtspersoon B gaat over tot afsplitsing. In deze afsplitsing gaat nagenoeg het gehele vermogen van B over op de bestaande rechtspersoon A. B blijft bestaan met behoud van een klein deel van het vermogen en de aandeelhouder van B wordt ook aandeelhouder van A.

Doordat, net als bij een juridische fusie, bij een zuivere juridische splitsing het vermogen van de splitsende rechtspersoon overgaat op de verkrijgende rechtspersonen, hoeven de verschillende vermogensbestanddelen niet afzonderlijk te worden overgedragen. Ook bij een zuivere juridische splitsing is de medewerking van schuldeisers en contractpartners niet nodig.

De bij een splitsing betrokken rechtspersonen moeten dezelfde rechtsvorm hebben waarbij een NV en een BV als rechtspersonen met dezelfde rechtsvorm worden aangemerkt (art. 2:334b lid 1-3 BW). Ook een juridische splitsing is in het algemeen niet mogelijk als een van de betrokken rechtspersonen is ontbonden of in staat van faillissement of surseance van betaling verkeert (art. 2:334b lid 5 en 6 BW). De wettelijk vastgelegde procedure voor een juridische splitsing vertoont veel overeenkomsten met die van een juridische fusie.

25.10.3 Tussentijdse vermogensopstelling bij fusie en splitsing

Wanneer een tussentijdse vermogensopstelling?

Het bestuur van de NV of BV maakt een tussentijdse vermogensopstelling (of een jaarrekening) op als sinds het laatste boekjaar van een te fuseren NV of BV of van een NV of BV die partij is bij een splitsing, waarover een jaarrekening is vastgesteld, meer dan zes maanden is verstreken vóór de nederlegging ten kantore van of openbaarmaking van het voorstel tot fusie of splitsing bij het handelsregister (voor de fusie: art. 2:313 lid 2 BW; voor de splitsing: art. 2:334g lid 2 BW). De tussentijdse vermogensopstelling is, bij gebreke van recente financiële gegevens die in een jaarrekening zijn opgenomen, nodig om aandeelhouders, certificaathouders, schuldeisers en andere belanghebbenden zo goed mogelijk te informeren over de actuele financiële toestand van de NV of BV vóór de fusie of splitsing.

Peildatum van de tussentijdse vermogensopstelling

De tussentijdse vermogensopstelling heeft betrekking op de stand van het vermogen van de NV of BV op ten vroegste de eerste dag van de derde maand vóór de maand waarin zij openbaar wordt gemaakt (voor de fusie: art. 2:313 lid 2 BW; voor de splitsing: art. 2:334g lid 2 BW). De tussentijdse vermogensopstelling mag dus niet meer dan drie maanden oud zijn. Zie onderstaand voorbeeld ter verduidelijking.

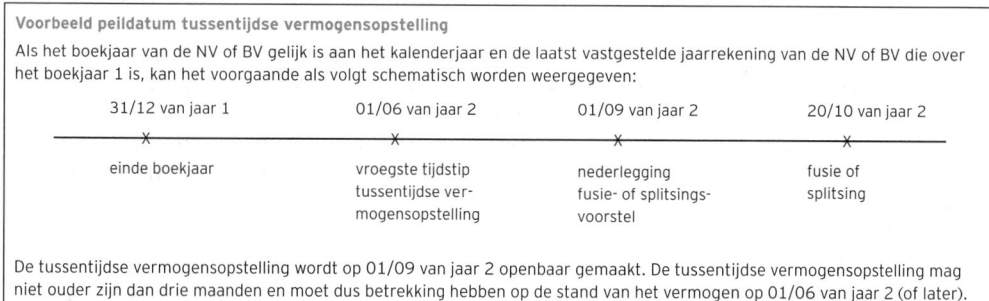

Verantwoordelijkheid voor tussentijdse vermogensopstelling

Het bestuur van de NV of BV is verantwoordelijk voor het opmaken van de tussentijdse vermogensopstelling (voor de fusie: art. 2:313 lid 2 BW; voor de splitsing: art. 2:334g lid 2 BW). De wet verplicht niet tot het opnemen van een controleverklaring bij de tussentijdse vermogensopstelling.

Grondslagen van de tussentijdse vermogensopstelling

De tussentijdse vermogensopstelling is geen jaarrekening. Er is in de wet geen specifieke vorm voorgeschreven voor een tussentijdse vermogensopstelling. Titel 9 Boek 2 BW is niet van toepassing. Wel moet de tussentijdse vermogensopstelling omwille van de vergelijkbaarheid en continuïteit aansluiten op de laatst vastgestelde jaarrekening. Dit betekent dat de tussentijdse vermogensopstelling de indeling en de waarderingsmethoden van de laatst vastgestelde jaarrekening moet volgen (voor de fusie: art. 2:313 lid 2 BW; voor de splitsing: art. 2:334g lid 2 BW).

Dit betekent onder meer dat de waarden van de activa en passiva die in de tussentijdse vermogensopstelling zijn opgenomen, moeten zijn afgeleid van de boekwaarden van de activa en passiva in de laatst vastgestelde jaarrekening. Uiteraard moet rekening worden gehouden met tussentijdse gebeurtenissen en transacties.

Indien evenwel de reële waarde belangrijk afwijkt van de boekwaarde, mogen de betreffende activa en passiva tegen hun reële waarden worden opgenomen in de vermogensopstelling. Dat wil overigens niet zeggen dat wanneer de grondslag van de jaarrekening kostprijs is, de reële waarde volgens de tussentijdse vermogensopstelling de grondslag kan zijn voor de daaropvolgende jaarrekening. Het gaat om een actuele waardering die uitsluitend plaatsvindt in het kader van het opmaken van de tussentijdse vermogensopstelling.

Wettelijke en statutaire reserves dienen te worden opgenomen in de vermogensopstelling.

Openbaarheid van de tussentijdse vermogensopstelling

De wijze waarop de tussentijdse vermogensopstelling openbaar moet worden gemaakt, hangt af van het al dan niet moeten deponeren van de jaarrekening van de NV of BV ten kantore van het handelsregister (voor de fusie: art. 2:314 lid 1d BW; voor de splitsing: art. 2:334h lid 1d BW). Deze relatie wordt gelegd omdat de tussentijdse vermogensopstelling dient als (tussentijdse) vervanging van een jaarrekening. Voor ten kantore van het handelsregister of van de NV of BV kan in het vervolg van deze paragraaf ook worden gelezen langs elektronische weg bij het handelsregister of door de NV of BV openbaar gemaakt.

Als de jaarrekening van één van de betrokken partijen moet worden gedeponeerd ten kantore van het handelsregister, dan moet de tussentijdse vermogensopstelling (tezamen met onder andere het voorstel tot fusie of splitsing, de laatste drie vastgestelde jaarrekeningen met de controleverklaring daarbij, en de jaarverslagen over de laatste drie afgesloten jaren), behalve ten kantore van de NV of BV, ook worden gedeponeerd ten kantore van het handelsregister.

Als gewoonlijk geen jaarrekeningen van de betrokken partijen hoeven te worden gedeponeerd ten kantore van het handelsregister, bijvoorbeeld omdat een '403-verklaring' is afgelegd, dan hoeft de tussentijdse vermogensopstelling alleen ten kantore van de NV of BV te worden neergelegd.

Slechts aandeelhouders, certificaathouders en zij die een bijzonder recht jegens de NV of BV hebben (zoals een recht op een uitkering van winst of tot het nemen van aandelen), hebben dan het recht de tussentijdse vermogensopstelling in te zien (voor de fusie: art. 2:314 lid 2 BW; voor de splitsing: art. 2:334h lid 2 BW).

25.10.4 Andere bijzondere voorschriften bij fusie en splitsing

Het toepassen van een verslaggevingsmethode om een fusie of splitsing te verwerken in de jaarrekening van een verkrijgende rechtspersoon moet geschieden in samenhang met de bijzondere wettelijke voorschriften die voor juridische fusie en splitsing gelijk zijn. De fusie- of splitsingsstukken bevatten soms juridische voorschriften die zich niet helemaal verhouden met de verslaggeving door de verkrijgende, splitsende of verdwijnende rechtspersoon, als de transactie wordt beschouwd vanuit een verslaggevingsperspectief. De feiten en omstandigheden van de specifieke casus bepalen dan hoe vanuit een verslaggevingsperspectief kan worden omgegaan met deze juridische voorschriften.

Goodwill en wettelijke en uitkeerbare reserves

In het fusie- of splitsingsvoorstel moet ook worden vermeld wat naar verwachting de invloed van de fusie of splitsing zal zijn op de omvang van de goodwill en de uitkeerbare reserves in de jaarrekening van de verkrijgende rechtspersoon respectievelijk de voortbestaande splitsende rechtspersoon (voor de fusie: art. 2:312 lid 4 BW; voor de splitsing: art. 2:334f lid 4 BW).

Om aan dit voorschrift te kunnen voldoen, moet in feite al bij het opstellen van het fusie- of splitsingsvoorstel een keuze worden gemaakt voor de verwerkingswijze van de fusie of splitsing in de jaarrekening van de verkrijgende rechtspersoon. De gekozen verwerkingsmethode stelt de (boek)waarden van de verkregen (identificeerbare) activa en passiva vast, en daarmee de ruimte die er bestaat om het saldo van de activa en passiva om te zetten in (aandelenkapitaal en) reserves (bijvoorbeeld agio). Daarbij kan nieuwe goodwill slechts ontstaan als de 'purchase accounting'-methode (of 'acquisition method') wordt toegepast.

De omvang van uitkeerbare reserves wordt niet alleen vastgesteld door het saldo van de verkregen activa en passiva zoals hierboven beschreven, maar ook door de noodzaak om wettelijke reserves van een verdwijnende of splitsende rechtspersoon over te nemen of zelf opnieuw te vormen. Het wettelijke voorschrift dat een wettelijke reserve die de verdwijnende of splitsende rechtspersoon heeft gevormd in beginsel door de verkrijgende rechtspersoon moet worden overgenomen, voorkomt dat door fusie of splitsing een wettelijke reserve ten onrechte uitkeerbaar wordt gemaakt (voor de fusie: art. 2:321 lid 4 BW, voor de splitsing: art. 2:334q lid 4 BW). Is het evenwel zo dat de wettelijke grond voor het aanhouden van een wettelijke reserve in het vermogen van de verkrijgende rechtspersoon is vervallen, dan mag de reserve worden opgeheven en kan dit leiden tot een toename van de uitkeerbare reserves in het vermogen van de verkrijgende rechtspersoon. Het kan natuurlijk ook zo zijn dat de verkrijgende rechtspersoon zelf een wettelijke reserve moet vormen. In dat geval zal een gedeelte van het saldo van de verkregen activa en passiva moeten worden gebruikt om een wettelijke reserve te vormen en komt dit gedeelte niet ten goede van de overige (vrij uitkeerbare) reserves.

Verkrijgingsmoment en jaarrekeningplicht verdwijnende rechtspersoon

In het fusie- of splitsingsvoorstel moet het tijdstip worden vermeld met ingang waarvan de verkrijgende rechtspersoon de financiële gegevens van de verdwijnende rechtspersoon in zijn jaarrekening zal opnemen (voor de fusie: art. 2:312 lid 2f BW; voor de splitsing: art. 2:334f lid 2i BW). Uit de wetsgeschiedenis blijkt dat dat tijdstip mag liggen vóór de fusie- of splitsingsdatum, mits dat in overeenstemming is met de geldende verslaggevingsvoorschriften. Op het tijdstip met ingang waarvan de verkrijgende rechtspersoon de financiële gegevens van een verdwijnende rechtspersoon zal verantwoorden in de eigen jaarrekening of andere financiële verantwoording, is het laatste boekjaar van die verdwijnende rechtspersoon geëindigd (voor de fusie: art. 2:321 lid 1 BW; voor de splitsing: art. 2:334q lid 1 BW). De verkrijgende rechtspersoon past voor het verwerken van de fusie of splitsing, afhankelijk van de feiten en omstandigheden, de 'pooling of interests'-methode of de 'purchase accounting'-methode toe (zie par 25.2 en 25.6). Bij een fusie of splitsing onder gemeenschappelijke leiding, past de verkrijgende rechtspersoon, afhankelijk van de feiten en omstandigheden, de 'pooling of interests'-methode, de 'carry over accounting'-methode, of de 'purchase accounting'-methode toe (zie par. 26.2.3).

Bij het toepassen van de 'pooling of interests'-methode wordt voor de verslaggeving in de jaarrekening van de verkrijgende rechtspersoon de fusie verwerkt aan het begin van het boekjaar waarin de fusie of splitsing juridisch daadwerkelijk plaatsvindt. In het geval dat het vermogen wordt verkregen van een verdwijnende rechtspersoon, eindigt het laatste boekjaar van deze rechtspersoon aan het einde van het voorafgaande boekjaar.

Bij het toepassen van de 'carry over accounting'-methode of de 'purchase accounting'-methode wordt voor de verslaggeving in de jaarrekening van de verkrijgende rechtspersoon de fusie verwerkt op overnamedatum. In het geval het vermogen wordt verkregen van een verdwijnende rechtspersoon, eindigt het laatste boekjaar van deze rechtspersoon op overnamedatum.

Als er op het moment dat de fusie of splitsing juridisch tot stand komt nog jaarrekeningverplichtingen bestaan die de verdwijnende rechtspersoon niet meer kan nakomen omdat hij ophoudt te bestaan, komen deze verplichtingen te rusten op (het bestuur van) de verkrijgende rechtspersoon (ofwel alle verkrijgende rechtspersonen gezamenlijk) (voor de fusie: art. 2:321 lid 2 BW; voor de splitsing: art. 2:334q lid 2 BW).

Er komen in de praktijk twee varianten voor om verslag te doen van de prestaties van de verdwenen rechtspersoon over de periode van het begin van het boekjaar tot overnamedatum en dit neer te leggen ten kantore van of elektronisch openbaar te maken bij het handelsregister:
▶ De winst-en-verliesrekening (inclusief toelichting en vergelijkende cijfers) van de verdwenen rechtspersoon over deze periode wordt opgenomen als aanvullende toelichting in de jaarrekening van de verkrijgende rechtspersoon. Dit vanuit de gedachte dat de verdwenen rechtspersoon niet meer bestaat en niet meer kan voldoen aan zijn deponeringsplicht bij het handelsregister.
▶ De winst-en-verliesrekening (inclusief toelichting en vergelijkende cijfers) van de verdwenen rechtspersoon over deze periode wordt neergelegd ten kantore van of elektronisch openbaar gemaakt bij het handelsregister.

Er wordt in de praktijk geen volledige jaarrekening meer opgesteld. Dit omdat de balans van de verdwenen rechtspersoon al is opgenomen in de cijfers van de verkrijgende rechtspersoon.

Toelichting waarderingsverschillen

Waarderingsverschillen tussen de verantwoording van activa en passiva in de laatste jaarrekening of andere financiële verantwoording van de verdwijnende rechtspersonen en in de eerste jaarrekening of andere financiële verantwoording waarin de verkrijgende rechtspersoon deze activa en passiva verantwoordt, moeten worden toegelicht (voor de fusie: art. 2:321 lid 3 BW; voor de splitsing: art. 2:334q lid 3 BW). Als de verkrijgende partij de fusie verwerkt als een samensmelting van belangen door middel van de 'pooling of interests'-methode, zal deze de boekwaarden van de overgenomen activa en passiva overnemen in zijn jaarrekening, met aanpassing naar zijn grondslagen. Er zal in dat geval sprake zijn van stelselwijzigingen. Als de verkrijgende partij de fusie verwerkt als een overname door middel van de 'purchase accounting'-methode, dan zal deze de overgenomen activa en passiva waarderen tegen reële waarde.

25.11 Overnames en samensmeltingen van stichtingen en verenigingen

In Richtlijn 216 worden afzonderlijke voorschriften gegeven voor het verwerken van overnames en samensmeltingen van (commerciële) stichtingen en (commerciële) verenigingen (RJ 216.6). IFRS 3 bevat geen specifieke voorschriften met betrekking tot het verwerken van overnames van stichtingen en verenigingen.
Vanwege hun vaak eigen aard, zijn de algemene voorschriften van Richtlijn 216 (zoals weergegeven in paragrafen 25.1 tot en met 25.8) niet zonder meer van overeenkomstige toepassing op overnames en samensmeltingen van stichtingen en verenigingen (RJ 216.601 en 602). De eigen aard van de stichtingen en verenigingen brengt mee dat overnames en samensmeltingen veelal niet zijn gebaseerd op de reële waarde van de overgenomen of samengevoegde activiteiten. Omdat er geen aandeelhouders als belanghebbenden zijn betrokken is er vaak ook geen belang om een transactie op basis van reële waarde tot stand te brengen. Het doel is in het algemeen om vermogens samen te voegen teneinde gezamenlijke activa en passiva te kunnen inzetten. Dergelijke transacties zijn vaak gebaseerd op boekwaarden of vinden plaats om niet (RJ 216.603).

Als de overnemende partij bij een activa/passivatransactie (of bedrijfsfusie) een koopsom betaalt, dient deze transactie als een overname te worden verwerkt (RJ 216.604). De verkregen activa en passiva dienen op overnamedatum te worden gewaardeerd tegen de reële waarde en eventuele goodwill of negatieve goodwill dient te worden verwerkt (RJ 216.607). Zie verder paragrafen 25.2 tot en met 25.5 en paragraaf 25.7.

25 Fusies en overnames (incl. goodwill)

Een juridische fusie (zie par. 25.10) tussen stichtingen of verenigingen (al dan niet door middel van de oprichting van een nieuwe stichting of vereniging) dient te worden verwerkt als een samensmelting van belangen. Deze verwerkingswijze dient eveneens te worden gehanteerd in de volgende situaties (RJ 216.605):
- een fusie die plaatsvindt door middel van een activa/passivatransactie waarbij twee partijen hun bedrijfsactiviteiten gezamenlijk willen voortzetten, hetzij in de overnemende rechtspersoon hetzij in een andere rechtspersoon, en door de overnemende partij geen koopsom wordt betaald aan de overdragende partij;
- een juridische fusie van een overnemende stichting of vereniging met een naamloze of besloten vennootschap waarvan de stichting of vereniging reeds alle aandelen bezit;
- een juridische fusie van een overnemende stichting met een vereniging waarvan zij enig lid is.

Bij het verwerken van de samensmelting van belangen dienen de samengevoegde activa en passiva in beginsel tegen hun boekwaarde te worden opgenomen. Positieve en negatieve goodwill uit hoofde van de transactie die leidt tot de samensmelting komen niet aan de orde (RJ 216.607). Zie verder paragraaf 25.6.

Het verwerven van de aandelen van een naamloze of besloten vennootschap door een stichting of vereniging kan op basis van de in paragraaf 25.1.1, 25.2.2 en 25.6 beschreven kenmerken in bepaalde gevallen kwalificeren als een overname en in andere gevallen als samensmelting van belangen (RJ 216.606).

Buiten de definities van overname of samensmelting van belangen (en dus buiten de voorschriften van Richtlijn 216) valt de situatie waarin door een overnemende stichting of vereniging activa en/of passiva worden verkregen die geen activiteit vertegenwoordigen die in het maatschappelijk verkeer zelfstandig zou kunnen opereren (RJ 216.602). In dat geval is er immers geen sprake van een overname of samensmelting van 'businesses', maar van een aankoop of schenking van individuele activa die als zodanig moet worden verwerkt (in overeenstemming met RJ 640.204; zie verder par. 53.6.3).

Er zijn geen afwijkende presentatie- en toelichtingseisen van toepassing op overnames en samensmeltingen van stichtingen en verenigingen (RJ 216.608). Zie verder paragraaf 25.9.

Verschillen Dutch GAAP - IFRS
Richtlijn 216 bevat specifieke voorschriften met betrekking tot het verwerken van overnames en samensmeltingen van stichtingen en verenigingen. IFRS 3 bevat deze specifieke voorschriften niet.

25.12 Vrijstellingen voor middelgrote rechtspersonen
Middelgrote rechtspersonen zijn vrijgesteld van de toelichtingseisen van Richtlijn 216 met betrekking tot overnames en samensmeltingen die zijn gerealiseerd na balansdatum (RJ 216.410). Zij kunnen volstaan met een opgave van de gebeurtenissen na de balansdatum met belangrijke financiële gevolgen voor de rechtspersoon en de in de geconsolideerde jaarrekening betrokken entiteiten tezamen, onder mededeling van de omvang van die gevolgen (art. 2:380a BW).

26 Transacties onder gemeenschappelijke leiding

26.1 Inleiding	
Verslaggevingsvoorschriften	Geen algemeen van toepassing zijnde verslaggevingsvoorschriften; soms fragmentarisch specifieke voorschriften opgenomen.
Verwerking en waardering	Indien toepasbare richtlijn of standaard een specifieke verwerking voorschrijft, verwerking volgens deze richtlijn of standaard. Indien geen toepasbare standaard, naar onze mening op basis van het entiteitsbeginsel: ▸ Dutch GAAP: verwerking in beginsel tegen reële waarde; ▸ IFRS: verwerkingswijze hangt af van uitvoering al dan niet 'at arm's length': verwerking tegen reële waarde of, afhankelijk van onderliggende feiten en omstandigheden, tegen overeengekomen transactieprijs.
26.2 Fusies en overnames	
Verwerking door overnemende partij	▸ Geconsolideerde Dutch GAAP en IFRS-jaarrekening: 'Pooling of interests'-methode en 'carry over accounting'-methode altijd mogelijk. 'Purchase accounting'-methode alleen indien dit recht doet aan economische realiteit. ▸ Enkelvoudige Dutch GAAP-jaarrekening: Verwerking afhankelijk van zeggenschap in deelneming en of deze al dan niet een 'business' houdt.
Verwerking door overdragende partij	▸ Geconsolideerde IFRS-jaarrekening: in zijn algemeenheid: stoppen met consolideren, verwerken boekresultaat, beoordelen of IFRS 5 van toepassing is: beschreven in paragraaf 25.8. ▸ Geconsolideerde Dutch GAAP-jaarrekening: in zijn algemeenheid: beëindigen consolidatie, verwerken boekresultaat, beoordelen of Richtlijn 345 van toepassing is: beschreven in paragraaf 25.8. In specifieke omstandigheden 'reverse pooling' of 'reverse carry over accounting' mogelijk. ▸ Enkelvoudige Dutch GAAP- jaarrekening: Verwerking afhankelijk van zeggenschap in deelneming en of deze al dan niet een 'business' houdt.
26.3 Overdracht van niet-monetaire activa, informele dividenduitkering en informele kapitaalstorting	
	In jaarrekening groepsmaatschappij: onder Dutch GAAP in beginsel tegen reële waarde; onder IFRS tegen reële waarde of, afhankelijk van onderliggende feiten en omstandigheden, tegen overeengekomen transactieprijs. Verschil tussen transactieprijs en reële waarde als informele kapitaalstorting verwerken.

Verwerking overdracht actief van moeder aan 100%-dochter die niet 'at arm's length' plaatsvindt	In jaarrekening groepsmaatschappij: onder Dutch GAAP in beginsel tegen reële waarde; onder IFRS tegen reële waarde of, afhankelijk van onderliggende feiten en omstandigheden, tegen overeengekomen transactieprijs. Verschil tussen transactieprijs en reële waarde als informele dividenduitkering verwerken.
	In enkelvoudige jaarrekening moeder, vóór eliminatie: verhoging van deelneming in de dochter; onder Dutch GAAP tegen de boekwaarde van het overgedragen actief.
	In enkelvoudige jaarrekening moeder, vóór eliminatie: verlaging van deelneming in dochter; onder Dutch GAAP in beginsel tegen reële waarde.

26.4 Leningen en garanties

Waardering leningen niet 'at arm's length'	Eerste waardering van leningen tegen reële waarde waarbij marktrente moet worden gehanteerd. Verschil tussen reële waarde en nominale waarde wordt verwerkt als informele kapitaalstorting of als informele dividenduitkering.
Financiële garanties onder IFRS	Binnen reikwijdte van IFRS 9, en gewaardeerd tegen reële waarde: ▶ als garantie integraal onderdeel uitmaakt van de leningsvoorwaarden: garantie begrepen in reële waarde van lening; ▶ als garantie geen integraal onderdeel uitmaakt van de leningsvoorwaarden: afzonderlijke opname en waardering garantie tegen reële waarde.
Financiële garanties onder Dutch GAAP	Binnen reikwijdte van Richtlijn 252, en gewaardeerd tegen beste schatting van bedragen die noodzakelijk zijn om desbetreffende verplichtingen en verliezen af te wikkelen.
	Geen specifieke voorschriften voor afzonderlijk verwerken garantie. Toepassen voorschriften IFRS lijkt onder omstandigheden ook toegestaan.
Andere garanties	Bij moeder: initieel niet verwerken in geconsolideerde en enkelvoudige jaarrekening. Later mogelijk opnemen van voorziening in enkelvoudige jaarrekening, als kasuitstroom waarschijnlijk is.
	Bij groepsmaatschappij: verkrijgen van garantie in beginsel verwerken tegen reële waarde in geconsolideerde en enkelvoudige jaarrekening. Later mogelijk opnemen van vordering als garantie van moeder zal worden ingeroepen.

26 Transacties onder gemeenschappelijke leiding

26.5 Onderlinge dienstverlening	
Dutch GAAP	Ontvangende groepsmaatschappij verwerkt kosten o.b.v. doorbelasting indien deze 'at arm's length' is. Indien niet 'at arm's length', verwerking van kosten op 'at arm's length'-basis met verschil tussen kosten op 'at arm's length'-basis en daadwerkelijke doorbelasting als een informele kapitaalstorting resp. dividenduitkering.
	Hetzelfde geldt voor dienstverlenende groepsmaatschappij.
	Dienstverlenende groepsmaatschappij, indien principaal, verwerkt doorbelastingen als opbrengsten. Indien geen principaal, dan verwerkt dienstverlenende groepsmaatschappij doorbelastingen al dan niet zichtbaar in mindering op totale kosten.
IFRS	Verwerkingswijze hangt af van uitvoering al dan niet 'at arm's length', afhankelijk hiervan verwerking tegen reële waarde of, afhankelijk van onderliggende feiten en omstandigheden, tegen overeengekomen transactieprijs.
Onder zowel Dutch GAAP als IFRS uitzonderingen mogelijk voor:	Pensioenkosten, op aandelen gebaseerde betalingen in groepsaandelen, en verrekeningen binnen een fiscale eenheid.
26.6 Resultaten op intercompany-transacties	
Begrip	Intercompany-transacties zijn transacties tussen groeps-maatschappijen of tussen een deelnemende rechtspersoon en zijn deelnemingen of tussen de deelnemingen onderling. Onderscheiden worden: 'downstream sale', 'upstream sale' en 'side stream sale'.
Verantwoording van resultaten	Resultaten uit intercompany-transacties worden afhankelijk van de aard van de relatie tussen de betrokken vennootschappen in de geconsolideerde en/of enkelvoudige jaarrekening geheel of gedeeltelijk geëlimineerd.

26.1 Inleiding

Algemeen

Transacties binnen een groep, tussen moedermaatschappij en dochtermaatschappijen of tussen dochtermaatschappijen onderling, ook wel genoemd transacties onder gemeenschappelijke leiding ('under common control'), komen in de praktijk veelvuldig voor. Veel ondernemingen oefenen activiteiten uit in verschillende entiteiten. Het is logisch dat zich transacties voordoen tussen de verschillende entiteiten binnen de groep.

Voorbeelden van transacties onder gemeenschappelijke leidingzijn:
- koop, ruil en inbreng van niet-monetaire activa, zoals bijvoorbeeld onroerend goed;
- koop, ruil en inbreng, al dan niet tegen uitgifte van aandelen, van belangen in groepsmaatschappijen, joint ventures, en geassocieerde deelnemingen. Bijvoorbeeld door overnames van, fusies tussen, herstructureringen van, verhangingen van of splitsingen van entiteiten binnen een groep;
- het verstrekken van leningen;
- het verstrekken van garanties zoals bijvoorbeeld door een moedermaatschappij aan een dochtermaatschappij die daarmee een lening van een externe partij kan aantrekken;

- het vergoeden van kosten en de afwikkeling van leningen zonder dat daarvoor een tegenprestatie wordt ontvangen; en
- het verlenen van diensten, zoals bijvoorbeeld het uitlenen van personeel of het verlenen van licenties.

Niet al deze transacties worden in de praktijk uitgevoerd 'at arm's length'. Dit kan bijvoorbeeld het geval zijn als een moedermaatschappij allerlei reguliere diensten voor een dochtermaatschappij verricht en deze niet (volledig) in rekening brengt, en de dochtermaatschappij deze transacties met (soms) een geringe (reële) waarde niet als zodanig heeft onderkend, of als een dochtermaatschappij een actief overdraagt aan de moedermaatschappij tegen boekwaarde in plaats van reële waarde.

Er zijn weinig specifieke voorschriften voor het verwerken van transacties onder gemeenschappelijke leiding. Dit leidt in de praktijk dan ook tot veel vragen of en hoe deze transacties moeten worden verwerkt. Dit hoofdstuk bevat beschouwingen die behulpzaam kunnen zijn bij het beantwoorden van deze vragen. Of en hoe een specifieke transactie kan worden verwerkt, blijft echter afhankelijk van de specifieke feiten en omstandigheden van deze transactie. Dit kan betekenen dat een andere verwerking dan in dit hoofdstuk beschreven aanvaardbaar is. Bijzondere aspecten inzake fusies en splitsingen worden behandeld in paragraaf 25.10.

26.1.1 Reikwijdte en begripsbepaling

Uit eerdergenoemde opsomming van voorbeelden van transacties onder gemeenschappelijke leiding blijkt dat er een veelheid aan transacties onder gemeenschappelijke leiding voorkomt. De meest voorkomende transacties worden behandeld in dit hoofdstuk. Paragraaf 26.2 behandelt fusies en overnames onder gemeenschappelijke leiding. Paragrafen 26.3 tot en met 26.5 behandelen andere transacties onder gemeenschappelijke leiding zoals informele dividenduitkeringen en kapitaalstortingen, leningen en garanties, overdrachten van niet-monetaire activa, en onderlinge dienstverlening zoals personeelsdiensten en verrekeningen binnen een fiscale eenheid. De specifieke voorschriften voor het elimineren van resultaten uit intercompany-transacties worden behandeld in paragraaf 26.6.

Allereerst worden in deze paragraaf de gebruikte begrippen beschreven en wordt de reikwijdte van transacties onder gemeenschappelijke leiding geduid.

Gemeenschappelijke leiding

Er is sprake van gemeenschappelijke leiding als dezelfde aandeelhouder(s) uiteindelijk beslissende zeggenschap heeft (hebben) over de bij de transactie betrokken partijen.

Beslissende zeggenschap kan worden uitgeoefend door één aandeelhouder, maar ook door een groep van aandeelhouders die de beslissende zeggenschap door middel van een contractuele afspraak samen uitoefenen. De aandeelhouders kunnen entiteiten zijn, maar ook natuurlijke personen.

In familiebedrijven worden over het algemeen in de praktijk geen schriftelijke contractuele afspraken gemaakt om de beslissende zeggenschap gezamenlijk uit te oefenen. Toch kan in bepaalde omstandigheden worden verondersteld dat naaste familieleden (bijvoorbeeld een vader, een moeder en kinderen) gezamenlijk beslissende zeggenschap uitoefenen. Hierbij kan aansluiting worden gezocht bij de definitie van naaste familieleden in IAS 24 'Related Party Disclosures', het stemgedrag uit het verleden en andere feiten en omstandigheden.

26 Transacties onder gemeenschappelijke leiding

'At arm's length'
Transacties onder gemeenschappelijke leiding worden al dan niet 'at arm's length' uitgevoerd. 'At arm's length' wil zeggen tegen reële waarde en marktconforme overige voorwaarden.

Wanneer hebben transacties onder gemeenschappelijke leiding invloed op de jaarrekening?
Transacties onder gemeenschappelijke leiding tussen moedermaatschappijen en al dan niet 100%-groepsmaatschappijen, of tussen al dan niet 100%-groepsmaatschappijen onderling, hebben geen invloed op de geconsolideerde jaarrekening van de moedermaatschappij omdat deze onderlinge transacties volledig worden geëlimineerd. Overigens kunnen deze transacties wel een fiscaal effect hebben.
Ook in de enkelvoudige jaarrekening van de moedermaatschappij die op basis van de Nederlandse wet- en regelgeving is opgesteld en waarin de 100%-deelnemingen in groepsmaatschappijen tegen netto-vermogenswaarde of op basis van de 'equity'-methode, bij toepassing van combinatie 3, zijn gewaardeerd, zullen deze onderlinge transacties veelal worden geëlimineerd en geen invloed hebben op de omvang van het vermogen en het resultaat. Onderlinge transacties kunnen wel invloed hebben op de samenstelling, en hiermee de presentatie, van het vermogen en het resultaat in de enkelvoudige jaarrekening van de moedermaatschappij.
Onderlinge transacties tussen moedermaatschappijen en niet-100%-groepsmaatschappijen, of tussen al dan niet 100%-groepsmaatschappijen onderling, zullen wel invloed hebben op de enkelvoudige jaarrekening van de moedermaatschappij. Zie hiervoor paragraaf 26.6.

Onderlinge transacties tussen moedermaatschappijen en 100%-groepsmaatschappijen zullen wel invloed hebben op de enkelvoudige jaarrekening van de moedermaatschappij die op basis van IFRS is opgesteld en waarin de deelnemingen in groepsmaatschappijen op kostprijs of tegen reële waarde zijn gewaardeerd. Het verwerken van deze transacties in de enkelvoudige jaarrekening van de moedermaatschappij die op basis van IFRS is opgesteld, wordt in dit hoofdstuk niet behandeld omdat deze enkelvoudige jaarrekeningen niet veel voorkomen in de Nederlandse praktijk.

Onderlinge transacties tussen moedermaatschappijen en al dan niet 100%-groepsmaatschappijen, of tussen al dan niet 100%-groepsmaatschappijen, kunnen wel invloed hebben op de geconsolideerde en/of de enkelvoudige jaarrekening van de groepsmaatschappijen.

Het verwerken van de transacties in paragrafen 26.2 tot en met 26.5 zal daarom meestal worden behandeld vanuit het perspectief van:
- de enkelvoudige jaarrekening van de moedermaatschappij die op basis van de Nederlandse wet- en regelgeving is opgesteld;
- de geconsolideerde jaarrekening van de 100%-groepsmaatschappij die op basis van de Nederlandse wet- en regelgeving of IFRS is opgesteld;
- de enkelvoudige jaarrekening van de 100%-groepsmaatschappij die op basis van de Nederlandse wet- en regelgeving is opgesteld.

26.1.2   Verslaggevingsvoorschriften
Van toepassing zijnde verslaggevingsvoorschriften
Zowel in de Richtlijnen als in IFRS wordt niet op systematische wijze aandacht besteed aan het verwerken van transacties onder gemeenschappelijke leiding. De wel aanwezige voorschriften zijn slechts fragmentarisch opgenomen. Het ontbreken van voorschriften komt onder IFRS met name omdat de geconsolideerde jaarrekening van

de uiteindelijke moedermaatschappij voorop staat. Daarin is het verwerken van transacties met 100%-groepsmaatschappijen, of tussen 100%-groepsmaatschappijen, binnen een groep niet relevant omdat deze onderlinge transacties volledig worden geëlimineerd.

In dit hoofdstuk zal op de daarvoor in aanmerking komende plaatsen worden verwezen naar en worden aangeknoopt bij de voorkomende voorschriften. De algemene principes voor verwerking en waardering worden behandeld in paragraaf 26.1.3.

Er zijn wel voorschriften met betrekking tot de verwerking van resultaten op intercompany-transacties in de geconsolideerde en enkelvoudige jaarrekening. Deze worden behandeld in paragraaf 26.6. Er zijn ook toelichtingsvoorschriften voor transacties met verbonden partijen. Deze worden behandeld in paragraaf 26.1.4.

Onderzoek naar fusies en overnames onder gemeenschappelijke leiding

Al in 2013 is de IASB een onderzoeksproject 'Business combinations under common control' gestart. In 2014 en 2015 is de reikwijdte van het project bepaald, zijn er vragen gesteld aan nationale regelgevers en andere belanghebbenden, en zijn de ontvangen reacties geïnventariseerd. Het project betreft, zoals nader in 2017 bepaald, fusies en overnames onder gemeenschappelijke leiding die buiten de reikwijdte van IFRS 3 vallen, groepsherstructureringen, en verduidelijking van de begrippen 'business combinations under common control' en 'common control'. In 2018 en 2019 hebben de discussies zich toegespitst op de verwerkingsmethoden en in welke situaties deze kunnen worden toegepast. Dit heeft geresulteerd in het discussiestuk 'Business Combination under Common Control' dat in november 2020 is gepubliceerd.

Het discussiestuk bevat de eerste en voorlopige standpunten van de IASB met betrekking tot het verwerken van fusies en overnames onder gemeenschappelijke leiding door een verkrijgende partij. De IASB stelt voorlopig vast dat er geen één enkele methode is om verslag te doen van deze fusies en overnames. Desondanks verwacht de IASB de diversiteit in de praktijk te verminderen door verkrijgende partijen voor te schrijven welke methoden zij moeten gebruiken, en hoe en wanneer zij deze moeten gebruiken.

De IASB onderkent twee methoden om deze fusies en overnames te verwerken, de 'acquisition'-methode (ofwel de 'purchase accounting'-methode) en de boekwaarde-methode. De 'purchase accounting'-methode wordt toegepast op overnames waarbij belangen van derden zijn betrokken. De boekwaarde-methode wordt toegepast op alle andere overnames onder gemeenschappelijke leiding. De boekwaarde-methode schrijft voorlopig voor dat de verkrijgende partij de boekwaarden van de activa en passiva van de overgenomen partij verwerkt in haar jaarrekening. Een verkrijgende partij verwerkt een eventueel verschil tussen de overeengekomen transactieprijs en de reële waarde als een informele dividenduitkering of informele kapitaalstorting in het eigen vermogen.

Er zijn uitzonderingen op het toepassen van de 'purchase accounting'-methode. Als de verkrijgende partij niet-beursgenoteerd is, *mag* deze ook de boekwaarde-methode gebruiken als zij de betrokken belangen van derden hierover heeft geïnformeerd en deze daartegen geen bezwaar hebben gemaakt. Als de betrokken belangen van derden verbonden partijen zijn, zoals gedefinieerd in IAS 24 'Related Party Disclosures', *moet* de verkrijgende partij de boekwaarde-methodiek toepassen.

De IASB heeft voorlopig voorgesteld dat de toelichtingseisen van IFRS 3 van toepassing zijn. Alle toelichtingseisen van IFRS 3 gelden voor een verkrijgende partij die de 'purchase accounting'-methode toepast; de toelichtingseisen van IFRS 3 gelden deels voor een verkrijgende partij die de boekwaarde-methodiek toepast.

Commentaar op het discussiestuk is mogelijk tot 1 september 2021.

26.1.3 Verwerking en waardering

Deze paragraaf verduidelijkt of en hoe transacties onder gemeenschappelijke leiding naar onze mening in beginsel kunnen worden verwerkt en gewaardeerd.

Als een Richtlijn of een IFRS-standaard voorschrijft hoe een transactie moet worden verwerkt, zal de voorgeschreven verwerkingswijze en/of waarderingsgrondslag moeten worden gevolgd, ongeacht de overeengekomen transactieprijs.

Als verwerking en/of waardering niet zijn voorgeschreven komt de vraag op of en hoe transacties onder gemeenschappelijke leiding moeten worden verwerkt en gewaardeerd. Wij zijn van mening dat dergelijke transacties onder de Nederlandse wet- en regelgeving in beginsel moeten worden verwerkt tegen reële waarde; er zijn echter uitzonderingen die hieronder uiteen worden gezet. Onder IFRS bepaalt naar onze mening de uitvoering van de transactie, 'at arm's length' of niet, hoe deze in beginsel moet worden verwerkt. Verwerking is naar onze mening mogelijk tegen reële waarde of, afhankelijk van de onderliggende feiten en omstandigheden, tegen overeengekomen transactieprijs. Overwegingen rondom het entiteitsbeginsel en het onderscheid tussen een 'business' en een actief kunnen hierbij naar onze mening een rol spelen. Dit wordt hierna in meer detail uitgewerkt.

Entiteitsbeginsel

Het Nederlandse vennootschapsrecht kent een *stakeholder*-benadering en uit die benadering volgt het zogenoemde 'entiteitsbeginsel'. Dit beginsel, dat in algemene bewoordingen is vastgelegd in artikel 2:9 BW, houdt in dat het bestuur van een rechtspersoon het belang van deze individuele rechtspersoon nastreeft. Het bestuur hoeft aanwijzingen van een ander orgaan, bijvoorbeeld de aandeelhoudersvergadering, niet op te volgen als die aanwijzingen in strijd zouden zijn met het belang van deze rechtspersoon en daarmee de belangen van andere 'stakeholders'. Het entiteitsbeginsel is een factor die door het bestuur van een individuele vennootschap moet worden overwogen bij het aangaan, verwerken van, en het rapporteren over transacties; ook die met groepsmaatschappijen. De 'stakeholder'-benadering en het entiteitsbeginsel worden in beginsel naar onze mening ook weerspiegeld in de financiële verantwoording van het bestuur aan de 'stakeholders'. De jaarrekening geeft daarmee het wettelijk vereiste inzicht, zoals voorgeschreven door artikel 2:362 lid 1 BW. Hieruit volgt naar onze mening dat transacties onder gemeenschappelijke leiding in beginsel worden verwerkt en gewaardeerd tegen reële waarde, omdat hiermee het beste inzicht in het vermogen en resultaat van de individuele rechtspersoon wordt gegeven.

Uitzondering voor een 'business'

Zoals in paragraaf 25.1.2 beschreven, gaan Richtlijn 216 en IFRS 3 'Business Combinations' niet in op de verkrijging van individuele activa (of een groep van activa) die als geheel geen 'business' vormen. Vanwege het entiteitsbeginsel geldt naar onze mening dat voor transacties met individuele activa een verwerking tegen reële waarde in beginsel het meest voor de hand ligt.

Een 'business' heeft daarentegen bijzondere kenmerken. Het is een unieke set van activiteiten waarbij de som van het geheel meer is dan de optelsom van de individuele delen. In veel gevallen ontstaat bij de overname van een 'business' goodwill. De wet bepaalt in artikel 2:365 lid 1 onder d BW uitdrukkelijk dat intern gegenereerde goodwill niet mag worden geactiveerd. Door het doorschuiven van een 'business' onder gemeenschappelijke leiding zou deze wettelijke bepaling gemakkelijk ontdoken kunnen worden als de business als geheel tegen reële waarde zou kunnen worden gewaardeerd met als gevolg dat hierdoor binnen de groep intern gegenereerde goodwill zou ontstaan.

Dat is de reden waarom wij van mening zijn dat een overnemende partij een overname van een 'business' onder gemeenschappelijke leiding in beginsel verwerkt tegen boekwaarde – i.c. de 'pooling of interests'-methode of de 'carry over accounting'-methode. Dit neemt niet weg dat ook in groepsverhoudingen een overnemende partij een overname van een 'business' onder bepaalde voorwaarden kan verwerken tegen reële waarde – i.c. de 'purchase accounting'-methode. Zie verder paragraaf 26.2.

Deze overwegingen rondom het entiteitsbeginsel en de uitzondering voor een 'business' worden later in deze paragraaf voor de Nederlandse wet- en regelgeving en IFRS, en de hierna volgende paragrafen 26.2.5, 26.2.6 en 26.3, nader uitgewerkt en genuanceerd.

Uitzonderingen reële waarde

Er zijn op voorhand enige uitzonderingen te onderkennen op het beginsel om transacties onder gemeenschappelijke leiding tegen reële waarde te verwerken. Voor het verwerken van fusies en overnames onder gemeenschappelijke leiding wordt een uitzondering gemaakt; zoals hiervoor behandeld onder 'Uitzondering voor een 'business' en uitgewerkt in paragraaf 26.2. Ook kan een uitzondering worden gemaakt voor het verwerken van sommige doorbelastingen binnen een groep zoals pensioenkosten, op aandelen gebaseerde betalingen binnen een groep, en verrekeningen binnen een fiscale eenheid. Zie hiervoor verder paragraaf 26.5.

Dutch GAAP

Richtlijn 240 'Eigen vermogen' bevat in een aantal paragrafen een uitwerking van het eerder beschreven entiteitsbeginsel. Een storting in geld of een andere inbreng wordt in het algemeen voor de eerste keer verwerkt tegen de reële waarde op het moment van inbreng (RJ 240.206). Vermogensstortingen die, uit hoofde van de financiële relatie van de moedermaatschappij met zijn dochtermaatschappij, door een moedermaatschappij worden verricht zonder dat daar de uitgifte van aandelenkapitaal door de dochtermaatschappij tegenover staat, worden als informele kapitaalstortingen verwerkt in de agioreserve van de dochtermaatschappij (RJ 240.221, en deels 403).

Ook als het verwerken van de transactie tegen reële waarde niet door een specifieke Richtlijn is voorgeschreven zijn wij van mening dat de transactie onder de Nederlandse wet- en regelgeving in beginsel moet worden verwerkt tegen reële waarde. Als het verwerken van een desbetreffend actief tegen verkrijgingsprijs is voorgeschreven, wordt onder de Nederlandse wet- en regelgeving bij initiële waardering de reële waarde van dit actief als invulling van de verkrijgingsprijs beschouwd. Dit volgt naar onze mening uit het entiteitsbeginsel, de hiervoor genoemde voorschriften in Richtlijn 240, en uit het onderscheid dat is te maken tussen het verwerken van een overname van een 'business' en het verkrijgen van een actief.

IFRS

Ook voor een Nederlandse rechtspersoon die IFRS toepast geldt in eerste instantie het entiteitsbeginsel. Dit is immers een vennootschapsrechtelijk beginsel en niet een verslaggevingsbeginsel. Impliciet blijkt uit IAS 1.109 dat transacties met aandeelhouders in hun capaciteit als aandeelhouder (zoals eigen vermogensstortingen, inkoop van eigen aandelen en dividend) onder IFRS moeten worden verwerkt in het eigen vermogen.

Als de transactie **'at arm's length'** is uitgevoerd, wordt de transactie in overeenstemming met de overeenkomst en/of de geldende IFRS-standaarden verwerkt in de jaarrekening van de betrokken groepsmaatschappijen.

26 Transacties onder gemeenschappelijke leiding

Als de transactie **niet 'at arm's length'** is uitgevoerd, dient een nadere analyse van de transactie te worden gemaakt. Als hierbij het verwerken van de transactie tegen reële waarde niet specifiek door een IFRS-standaard wordt voorgeschreven, bestaat in beginsel de keuze uit het verwerken van de transactie tegen de overeengekomen transactieprijs of de reële waarde. Indien de transactieprijs en de reële waarde ver uit elkaar liggen, zijn wij vanwege de overwegingen omtrent het entiteitsbeginsel van mening dat de onderliggende feiten en omstandigheden zullen moeten worden beoordeeld of verwerking tegen de transactieprijs in voldoende mate recht doet aan de economische realiteit. Hierna volgen enkele voorbeelden van hoe deze beoordeling kan uitwerken.

> **Voorbeelden verwerking indien transactieprijs, reële waarde en boekwaarde van elkaar verschillen**
>
> 1. A verkoopt een pand aan zuster B. De boekwaarde van het pand is € 40, de contractueel overeengekomen transactieprijs en de reële waarde zijn € 45. A wil de verkoop van het pand verwerken tegen de overeengekomen transactieprijs (€ 45).
>   De overeengekomen transactieprijs en de reële waarde zijn gelijk of groter dan de boekwaarde. Wij zijn van mening dat de transactie kan worden verwerkt tegen de overeengekomen transactieprijs (welke gelijk is aan de reële waarde). De verwerking onder de Nederlandse wet- en regelgeving is gelijk aan die onder IFRS.
> 2. A verkoopt een pand aan zuster B. De boekwaarde van het pand is € 40, de transactieprijs is € 35 en de reële waarde is € 45. A wil de verkoop van het pand verwerken tegen de overeengekomen transactieprijs (€ 35).
>   De overeengekomen transactieprijs is lager dan de boekwaarde en de reële waarde. De feiten en omstandigheden van de transactie worden beoordeeld om vast te stellen tegen welke waarde de transactie wordt verwerkt. Omdat de overeengekomen transactieprijs (€ 35) lager is dan de boekwaarde (€ 40), maar de reële waarde (€ 45) hoger is dan de boekwaarde, zijn wij van mening dat het onder de Nederlandse wet- en regelgeving in het algemeen onjuist is om de transactie te verwerken tegen de overeengekomen transactieprijs (€ 35) en een verlies (€ 5) te verwerken in de winst-en-verliesrekening. A verwerkt naar onze mening de transactie tegen reële waarde met een boekwinst (€ 5), en verwerkt het verschil tussen de reële waarde en de overeengekomen transactieprijs als een informele dividenduitkering (€ 10). B verwerkt het verschil als een informele kapitaalstorting. A kan deze transactie onder IFRS verwerken zoals hiervoor onder de Nederlandse wet- en regelgeving beschreven. A kan de transactie ook verwerken tegen overeengekomen transactieprijs; het negatieve verschil (€ 5) tussen de boekwaarde en de overeengekomen transactieprijs wordt in dat geval verwerkt als een informele dividenduitkering.
> 3. A verkoopt een pand aan zuster B. De boekwaarde van het pand is € 40, de transactieprijs is € 50 en de reële waarde is € 45. A wil de verkoop van het pand verwerken tegen de overeengekomen transactieprijs (€ 50).
>   De feiten en omstandigheden van de transactie worden beoordeeld om vast te stellen tegen welke waarde de transactie wordt verwerkt. Omdat de overeengekomen transactieprijs (€ 50) hoger is dan de reële waarde (€ 45), zijn wij van mening dat het in het algemeen onjuist is om de transactie te verwerken tegen de overeengekomen transactieprijs (€ 50) en een winst (€ 10) te verwerken in de winst-en-verliesrekening. A verwerkt naar onze mening de transactie tegen reële waarde met een boekwinst (€ 5), en verwerkt het verschil tussen de reële waarde en de overeengekomen transactieprijs (€ 5) als een informele kapitaalstorting door zijn moeder. B verwerkt het verschil als een informele dividenduitkering aan zijn moeder. De verwerking onder de Nederlandse wet- en regelgeving is gelijk aan die onder IFRS.
> 4. A verkoopt een pand aan zuster B. De boekwaarde van het pand is € 40, de transactieprijs is € 50 en de reële waarde is € 60. A wil de verkoop van het pand verwerken tegen de overeengekomen transactieprijs (€ 50).
>   De feiten en omstandigheden van de transactie worden beoordeeld om vast te stellen tegen welke waarde de transactie wordt verwerkt. De overeengekomen transactieprijs (€ 50) is lager dan de reële waarde (€ 60). A verwerkt onder de Nederlandse wet- en regelgeving naar onze mening een boekwinst (€ 20), en verwerkt het verschil tussen de reële waarde en de overeengekomen transactieprijs (€ 10) als een informele dividenduitkering aan zijn moeder. B verwerkt het verschil als een informele kapitaalstorting door zijn moeder. A kan deze transactie onder IFRS verwerken zoals onder de Nederlandse wet- en regelgeving; A kan de transactie ook verwerken tegen overeengekomen transactieprijs.

Overwegingen bij vaststellen van reële waarde

De reële waarde van een transactie onder gemeenschappelijke leiding kan moeilijk vast te stellen zijn. Dit kan verschillende oorzaken hebben:

▶ de transactie kan de levering van additionele goederen en/of diensten bevatten;
▶ de transactie komt in de tussen groepsmaatschappijen afgesproken vorm niet voor tussen derde partijen – er is geen zakelijke equivalent; of
▶ de moeder verricht een veelheid van diensten van geringe omvang met slechts een geringe reële waarde voor een groepsmaatschappij en de groepsmaatschappij heeft deze transacties niet als zodanig onderkend.

Dat de reële waarde moeilijk vast te stellen is, betekent echter niet dat de transactie niet tegen reële waarde behoeft te worden verwerkt. Er kan dan ook een schattingselement zitten in het vaststellen van de reële waarde van transacties onder gemeenschappelijke leiding.

Als het aandelenbelang in één van de betrokken rechtspersonen niet volledig wordt gehouden door de groep – er is dus sprake van een belang van derden, ligt het meer voor de hand dat de transactie 'at arm's length' is uitgevoerd.

Zoals hierboven aangegeven kan een verschil tussen de reële waarde en de overeengekomen transactieprijs bijvoorbeeld betekenen dat er additionele goederen en/of diensten zijn geleverd. Als de transactie wordt verwerkt tegen reële waarde, worden deze additionele goederen en/of diensten separaat verwerkt. Een eventueel resterend verschil tussen de reële waarde en de transactieprijs wordt verwerkt als een informele kapitaalstorting of dividenduitkering.

Te kiezen grondslag

De te kiezen grondslag moet consistent op soortgelijke transacties worden toegepast - dit is een stelselkeuze, en indien materieel, worden toegelicht in de jaarrekening. Elke groepsmaatschappij kan, om haar eigen redenen uitgaande van het in deze paragraaf beschreven entiteitsbeginsel, een keuze maken voor een grondslag. Dit betekent niet dat elke groepsmaatschappij binnen een groep dezelfde grondslag hoeft te kiezen voor het verwerken van een bepaalde transactie onder gemeenschappelijke leiding, of dat twee bij een transactie betrokken groepsmaatschappijen verplicht een symmetrische verwerking van deze transactie moeten toepassen. Overigens zijn wij van mening dat een symmetrische verwerking van een bepaalde transactie binnen een groep wel voor de hand ligt.

Verschillen Dutch GAAP - IFRS

Als een Richtlijn of een IFRS-standaard voorschrijft hoe een transactie moet worden verwerkt, zal de voorgeschreven verwerkingswijze en/of waarderingsgrondslag moeten worden gevolgd, ongeacht de overeengekomen transactieprijs.
Als het verwerken van de transactie tegen reële waarde niet door een specifieke Richtlijn is voorgeschreven, zijn wij van mening dat de transactie onder de Nederlandse wet- en regelgeving in beginsel moet worden verwerkt tegen reële waarde. Als het verwerken van een actief tegen verkrijgingsprijs is voorgeschreven, wordt onder de Nederlandse wet- en regelgeving bij initiële waardering de reële waarde van dit actief als invulling van de verkrijgingsprijs beschouwd. Er zijn uitzonderingen op het verwerken tegen reële waarde zoals bij fusies en overnames onder gemeenschappelijke leiding en doorbelastingen binnen een groep.
Onder IFRS bepaalt naar onze mening de uitvoering van de transactie, 'at arm's length' of niet, hoe deze in beginsel moet worden verwerkt. Verwerking is naar onze mening mogelijk tegen reële waarde of, afhankelijk van de onderliggende feiten en omstandigheden, tegen overeengekomen transactieprijs.

26.1.4 Toelichting

Naast de in paragrafen 26.2 tot en met 26.5 behandelde specifieke toelichtingsvoorschriften voor de desbetreffende transacties gelden in algemene zin artikel 2:381 lid 3 BW en Richtlijn 330 'Verbonden partijen' respectievelijk IAS 24 'Related Party Disclosures' voor transacties onder gemeenschappelijke leiding. Zie paragraaf 21.2.8 voor een uitgebreide behandeling van de toelichtingsvoorschriften voor (transacties tussen) verbonden partijen. Hier wordt volstaan met een korte samenvatting.

Dutch GAAP

De wet bepaalt dat alleen van betekenis zijnde transacties tussen verbonden partijen die niet 'at arm's length' zijn uitgevoerd, moeten worden toegelicht. Richtlijn 330 beveelt aan ook transacties tussen verbonden partijen die wel 'at arm's length' zijn uitgevoerd, toe te lichten. De wet verwijst voor de definitie van verbonden partijen naar IAS 24.

IFRS

IAS 24 bepaalt dat, ongeacht of er transacties hebben plaatsgevonden, de relatie tussen een moeder en een dochter moet worden toegelicht. En dat, als er transacties tussen verbonden partijen hebben plaatsgevonden, de relaties tussen verbonden partijen alsmede de aard en omvang van de transacties tussen verbonden partijen moeten worden toegelicht.

26.2 Fusies en overnames

In hoofdstuk 25 zijn fusies en overnames tussen onafhankelijke partijen die niet onder gemeenschappelijke leiding staan, behandeld. In deze paragraaf worden fusies en overnames onder gemeenschappelijke leiding behandeld. Deze paragraaf moet worden gelezen in samenhang met hoofdstuk 25.

26.2.1 Gemeenschappelijke leiding

Er is sprake van gemeenschappelijke leiding als dezelfde aandeelhouder(s), zowel voor als na de fusie of overname, uiteindelijke beslissende zeggenschap heeft (hebben) over de overnemende partij en de overgenomen partij of over de fuserende partijen.

Om misbruik tegen te gaan mag deze beslissende zeggenschap niet tijdelijk zijn. Transacties kunnen immers zodanig worden gestructureerd dat de betrokken partijen slechts een korte periode voor en na de overname onder gemeenschappelijke leiding staan. Hiermee zou in deze situatie kunnen worden bereikt dat de 'pooling of interests'- of de 'carry over accounting'-methode kan worden toegepast; de verplichte toepassing van de 'purchase accounting'-methode van Richtlijn 216 respectievelijk IFRS 3 wordt voorkomen.

Om vast te stellen of de beslissende zeggenschap al dan niet tijdelijk is, moet de duur van deze beslissende zeggenschap in de periode voor de overname en in de periode na de overname worden beoordeeld.

De intentie van een moedermaatschappij om de bij een verhanging binnen de groep betrokken partijen kort na deze verhanging te verkopen, hoeft niet te betekenen dat de beslissende zeggenschap tijdelijk is. Als de moedermaatschappij voor de verhanging geruime tijd beslissende zeggenschap heeft gehad over de betrokken partijen, is over het algemeen geen sprake van tijdelijke beslissende zeggenschap.

De intentie van een moedermaatschappij om een overgenomen partij kort na de overname binnen de groep te verhangen, hoeft niet te betekenen dat de beslissende zeggenschap tijdelijk is. Als de moedermaatschappij de intentie heeft om na deze verhanging geruime tijd beslissende zeggenschap te houden over de overgenomen partij, is over het algemeen geen sprake van tijdelijke beslissende zeggenschap.

Fusies en overnames onder gemeenschappelijke leiding kunnen zowel binnen een groep als tussen groepen plaatsvinden. Voorbeelden van beide situaties zijn:

▶ In het kader van een interne reorganisatie binnen een groep worden de deelnemingen van de ene dochter naar de andere dochter verhangen of fuseert een moeder met een dochter.
▶ Een groep verkoopt een deelneming aan een andere groep, waarbij beide groepen dezelfde meerderheidsaandeelhouder hebben.

> **Voorbeeld: overname onder gemeenschappelijke leiding**
>
> A heeft 60% van de aandelen in de moeder van groep X en 55% van de aandelen in de moeder van groep Y. Groep X neemt een deelneming met een 'business' over van groep Y.
>
> Omdat dezelfde aandeelhouder (A) beslissende zeggenschap heeft over groep X en Y, is deze transactie te kenmerken als een overname onder gemeenschappelijke leiding.

> **Voorbeeld: overname NIET onder gemeenschappelijke leiding**
>
> A, B en C hebben gezamenlijk 60% van de aandelen in de moeder van groep X en 55% van de aandelen in de moeder van groep Y. Groep X neemt een deelneming met een 'business' over van groep Y. Geen van de aandeelhouders heeft meer dan 50% van de aandelen. Er is geen contractuele afspraak tussen A, B en C.
>
> Omdat A, B en C geen contractuele afspraak hebben op basis waarvan ze samen beslissende zeggenschap hebben, en omdat geen van de aandeelhouders meer dan 50% van de aandelen heeft, is deze transactie niet te kenmerken als een overname onder gemeenschappelijke leiding.

26.2.2 Verslaggevingsvoorschriften

Richtlijn 216 en IFRS 3 zijn niet van toepassing op fusies tussen en overnames van partijen die onder gemeenschappelijke leiding staan (RJ 216.104, IFRS 3.2(c)), uitgezonderd RJ 216.503 (zie verder par. 26.2.3). Er zijn feitelijk dus weinig tot geen specifieke voorschriften voor het verwerken van fusies en overnames onder gemeenschappelijke leiding. Het ontbreken van voorschriften voor het verwerken van fusies en overnames onder gemeenschappelijke leiding wordt onderkend, onder meer door de IASB (zie par. 26.1.2).

26.2.3 Verwerkingsmethodes

Richtlijn 216 geeft aan dat de overnemende partij een keuze heeft uit de hierna beschreven methodes (RJ 216.503). Ook onder IFRS, op grond van IAS 8.10-12, heeft de overnemende partij deze keuze omdat er geen specifieke voorschriften zijn. Wanneer welke methode kan worden toegepast, wordt behandeld in paragraaf 26.2.4.

Toegepaste methode	Waarde activa	Goodwill	Vergelijkende cijfers aanpassen	Wanneer toegestaan bij overname onder gemeenschappelijk leiding
'Pooling of interests'	Boekwaarde	nee	ja	In het algemeen altijd
'Carry over accounting'	Boekwaarde	nee	nee	In het algemeen altijd
'Purchase accounting'	Reële waarde	ja	nee	Wanneer dit recht doet aan de economische realiteit van de transactie; zie par. 26.2.4

'Pooling of interests'-methode

Dit betreft de 'pooling of interests'-methode zoals toegestaan door Richtlijn 216 en zoals in het verleden toegestaan door een voorganger van IFRS 3 voor het verwerken van fusies en overnames tussen onafhankelijke partijen. Zie paragraaf 25.6 voor een uitgebreide behandeling.

De belangrijkste argumenten voor toepassing van deze verwerkingsmethode zijn de groepsgedachte en de administratieve eenvoud. Hierbij wordt niet zozeer uitgegaan van het in paragraaf 26.1.3 beschreven entiteitsbeginsel. Er wordt meer uitgegaan van de groepsgedachte en het feit dat de uiteindelijke beslissende zeggenschap binnen de groep niet verandert.

26 Transacties onder gemeenschappelijke leiding

De samenvoeging wordt vanaf het begin van het boekjaar waarin de samensmelting van belangen wordt gerealiseerd, verwerkt in de jaarrekening. De juridische totstandkoming van de samensmelting – door het betalen van een geldsom of uitgifte van aandelen – wordt verwerkt op de transactiedatum (en dus niet met terugwerkende kracht aan het begin van het boekjaar als de transactiedatum daarvan afwijkt).

De vergelijkende cijfers worden aangepast alsof de entiteiten altijd waren samengevoegd. De samenvoeging wordt echter niet eerder verwerkt dan dat de betrokken partijen onder gemeenschappelijke leiding kwamen. Indien de betrokken partijen pas in het jaar van overname of in het vergelijkende jaar onder gemeenschappelijke leiding kwamen, kan de samenvoeging pas worden verwerkt op en vanaf de datum waarop de partijen onder gemeenschappelijke leiding kwamen.

De samengevoegde activa (inclusief de reeds in de balansen van betrokken partijen opgenomen goodwill) en passiva worden in beginsel opgenomen tegen hun bestaande boekwaarden, op basis van de grondslagen van de overnemende partij. Positieve en negatieve goodwill uit hoofde van de transactie die leidt tot de samenvoeging komen niet aan de orde.

Welke boekwaarden?

De overnemende partij heeft de keuze om de boekwaarden van de activa en passiva van de overgenomen partij uit de jaarrekening van de overgenomen partij of uit de jaarrekening van een moeder op te nemen in haar jaarrekening. Dit betreft de jaarrekening van een moeder waarin de acquisitie van de overgenomen partij destijds is verwerkt; dit hoeft niet de jaarrekening van de directe moeder van de overgenomen partij te zijn. Indien de boekwaarden van de activa en passiva uit de jaarrekening van een moeder worden gekozen, wordt ook de gerelateerde goodwill met betrekking tot de overgenomen partij uit de jaarrekening van deze moeder opgenomen. Alhoewel wij van mening zijn dat in beginsel sprake is van een vrije keuze, kan de keuze voor de ene of de andere boekwaarde op grond van de specifieke feiten en omstandigheden van de transactie meer voor de hand liggen. De volgende factoren kunnen in de overweging van de feiten en omstandigheden worden betrokken:

▶ Actualiteit van de waarderingen die aan de betreffende boekwaarden ten grondslag liggen.
▶ Eventuele vervolgtransacties: Vindt de transactie plaats om een beursgang, afsplitsing, of andere verandering van eigendom te effectueren?
▶ Identiteit en de aard van de gebruikers van de jaarrekeningen van de overnemende en overgenomen partij voor en na de transactie.
▶ Consistentie in de gebruikte grondslagen binnen de groep voor het verwerken van gelijksoortige transacties onder gemeenschappelijke leiding.

Eigen vermogen

Het saldo van de boekwaarden van de activa en passiva die op de samengesmolten entiteit zijn overgegaan worden aan het begin van het boekjaar verwerkt in het eigen vermogen. De overeengekomen transactieprijs wordt op transactiedatum verwerkt in het eigen vermogen. Uitgaande van het onderliggende principe van de 'pooling of interests'-methode blijven de componenten van het geconsolideerde eigen vermogen van de samengevoegde entiteiten (wettelijke reserves en andere reserves) hierbij in beginsel in stand. Of statutaire reserves in stand blijven, dient te worden beoordeeld aan de hand van de feiten en omstandigheden van de specifieke transactie. Richtlijn 216 (en IFRS 3) bevatten geen voorschriften voor de presentatie van de componenten van het geconsolideerde eigen vermogen van de samengevoegde entiteit(en). Er zijn echter verschillende benaderingen mogelijk. De keuze voor een bepaalde benadering heeft invloed op de samenstelling (maar niet op de omvang) van het eigen vermogen van de samengesmolten entiteit. Zie hiervoor (het voorbeeld in) paragraaf 25.6.

'Carry over accounting'-methode

Deze methode is afgeleid van de 'pooling of interests'-methode. Ook hier wordt feitelijk niets anders gedaan dan het doorschuiven van de boekwaarden van de overgenomen partij. Maar anders dan onder de 'pooling of interests'-methode wordt de fusie of overname verwerkt op en vanaf overnamedatum – er wordt dus niet gedaan alsof de overname aan het begin van het boekjaar heeft plaatsgevonden en de vergelijkende cijfers worden niet aangepast. Hiermee heeft de 'carry over accounting'-methode ook kenmerken van de 'purchase accounting'-methode.

Ook bij het toepassen van de 'carry over accounting'-methode heeft de overnemende partij de keuze om de boekwaarden van de activa en passiva van de overgenomen partij uit de jaarrekening van de overgenomen partij of uit de jaarrekening van een moeder op te nemen in haar jaarrekening. Zie hiervoor in deze paragraaf onder 'Pooling of interests'-methode' en 'Welke boekwaarde?' welke factoren kunnen worden overwogen bij deze keuze.

Net zoals bij de 'pooling of interests'-methode blijven de componenten van het geconsolideerde eigen vermogen van de samengesmolten entiteit(en) (wettelijke reserves en andere reserves) in beginsel in stand. Dit vanuit het onderliggende principe van de 'pooling of interests'-methode; hierbij worden de boekwaarden van de overgenomen partij en de daarbij behorende eigen-vermogenscomponenten doorgeschoven. In specifieke omstandigheden – bijvoorbeeld als de overnemende partij daadwerkelijk een vergoeding in geldmiddelen of in aandelen heeft betaald voor de overgenomen partij; er is dan meer sprake van een koop van de aandelen van de overgenomen partij en de transactie heeft kenmerken van een transactie met een onafhankelijke derde – kan de overnemende partij een keuze hebben om de specifieke wettelijke en andere reserves van de overgenomen partij al dan niet voort te zetten. Als de specifieke wettelijke en andere reserves niet worden voortgezet, worden deze op nul gesteld alsof de activa en passiva van de overgenomen partij zonder historie zijn overgenomen. Er is dan sprake van een nieuwe start, en de activa en passiva worden als gevolg van de transactie geacht een nieuwe kostprijs te hebben. In deze omstandigheden heeft de 'carry over accounting'-methode kenmerken van de 'purchase accounting'-methode.

'Purchase accounting'-methode

Dit betreft de 'purchase accounting'-methode zoals toegestaan door Richtlijn 216 of de 'acquisition'-methode zoals toegestaan door IFRS 3 voor het verwerken van fusies en overnames tussen onafhankelijke partijen die niet onder gemeenschappelijke leiding staan. Zie paragrafen 25.1.2 en 25.2 voor een uitgebreide behandeling.

Het belangrijkste argument voor toepassing van deze verwerkingsmethode is een uitvloeisel van het entiteitsbeginsel dat is behandeld in paragraaf 26.1.3. Iedere rechtspersoon geeft, bij de verantwoording van zijn vermogen en resultaat in zijn jaarrekening, transacties en gebeurtenissen weer in overeenstemming met de economische realiteit die zij voor de rechtspersoon zelf hebben. Door middel van het waarderen van de overgenomen activa en passiva tegen reële waarde wordt niet alleen recht gedaan aan de informatiebehoefte van de (directe en indirecte) aandeelhouders van de overnemende partij, maar ook aan de informatiebehoefte van andere belanghebbenden die voor het verkrijgen van financiële informatie over de overnemende partij zijn aangewezen op de jaarrekening van deze partij.

De in een fusie of overname onder gemeenschappelijke leiding overeengekomen transactieprijs hoeft niet noodzakelijk 'at arms length' te zijn en hoeft niet noodzakelijk de waarde van de overgenomen partij weer te geven. Onder de Nederlandse wet- en regelgeving wordt de fusie of overname in het algemeen verwerkt tegen de reële waarde van de overgenomen partij. Onder IFRS heeft de overnemende partij in de praktijk de keuze om de fusie of overname te verwerken tegen de reële waarde van de overgenomen partij of, afhankelijk van de onderliggende

26 Transacties onder gemeenschappelijke leiding

feiten en omstandigheden, tegen de overeengekomen transactieprijs. Als de fusie of overname wordt verwerkt tegen de reële waarde van de overgenomen partij wordt het verschil tussen deze reële waarde en de overeengekomen transactieprijs verwerkt als informele kapitaalstorting of dividenduitkering. De gekozen methode – dit is een stelselkeuze – dient te blijken uit de toelichting op de waarderings- en resultaatbepalingsgrondslagen.

De hiervoor behandelde verwerkingsmethodes worden in algemene zin verduidelijkt in het volgende voorbeeld.

Vereenvoudigd voorbeeld verwerkingsmethodes

Moeder A heeft al jaren twee dochters B en C. A verkoopt op 1 juli van jaar 2 B aan C tegen reële waarde van € 1.000. De boekwaarde van de netto-activa van B bedraagt op 1 januari van jaar 2 € 150 en op 1 juli van jaar 2 € 200, zowel in de jaarrekening van B als in de jaarrekening van A. De reële waarde van de netto-activa van B bedraagt op 1 januari van jaar 2 € 500 en op 1 juli van jaar 2 € 600.

Als C de 'pooling of interests'-methode toepast
Dit betreft een vereenvoudigde uitwerking van de benadering waarbij de componenten van het geconsolideerde eigen vermogen van B en C bij elkaar worden opgeteld. Voor een uitgebreid voorbeeld van het verwerken van een samensmelting van belangen, zie paragraaf 25.6.

C verwerkt de overname alsof deze op 1 januari van jaar 2 heeft plaatsgevonden, verwerkt de netto-activa tegen boekwaarde op 1 januari van jaar 2, en verwerkt vanaf die datum de resultaten van B. C verwerkt geen goodwill uit hoofde van de transactie die leidt tot de samenvoeging. Eventuele goodwill die is opgenomen in de netto-activa van B en C blijft gehandhaafd.

Netto-activa	150	
Aan overige reserves		150

C verwerkt de daadwerkelijke transactie op 1 juli van jaar 2, en verwerkt de betaling van de verkrijgingsprijs ten laste van de overige reserves. Per saldo is het verschil tussen de transactieprijs en de boekwaarde op 1 januari van jaar 2 van € 850 (€ 1.000 minus € 150) verwerkt in de overige reserves in het eigen vermogen.

Overige reserves	1.000	
Aan liquide middelen		1.000

C past in de jaarrekening van jaar 2 de vergelijkende cijfers van jaar 1 aan alsof zij B altijd als dochter had. Zij verwerkt hierbij ook de resultaten van B.

Stel dat moeder A dochter B op 1 april van jaar 1 heeft overgenomen. C past dan de vergelijkende cijfers van jaar 1 aan op en vanaf 1 april van jaar 1 omdat B vanaf dat moment onder gemeenschappelijke leiding van A stond. C verwerkt dan de resultaten van B vanaf 1 april van jaar 1.

Als C de 'carry over accounting'-methode toepast
Dit betreft een vereenvoudigde uitwerking van de benadering waarbij de componenten van het geconsolideerde eigen vermogen van B en C bij elkaar worden opgeteld, en waarbij tevens de specifieke wettelijke en andere reserves in stand blijven.

C verwerkt de overname op 1 juli van jaar 2, verwerkt de netto-activa tegen boekwaarde, en verwerkt vanaf die datum de resultaten van B. C verwerkt geen goodwill uit hoofde van de transactie, verwerkt de overname niet per 1 januari van jaar 2, en past de vergelijkende cijfers over jaar 1 niet aan.

Netto-activa	200	
Overige reserves	800	
Aan liquide middelen		1.000

Als C de 'purchase accounting'-methode toepast
C verwerkt de overname op 1 juli van jaar 2, verwerkt de netto-activa tegen reële waarde, verwerkt goodwill, en verwerkt vanaf die datum de resultaten van B.

Goodwill	400	
Netto-activa	600	
Aan liquide middelen		1.000

26.2.4 Wanneer welke verwerkingsmethode toe te passen?

Het proces om vast te stellen welke verwerkingsmethode kan worden toegepast verschilt in beginsel onder de Nederlandse wet- en regelgeving niet van IFRS. De volgende drie vragen zijn van belang:
1. Kan een partij worden aangemerkt als de overnemende partij?
2. Wordt een 'business' overgenomen?
3. Doet de verwerking in de jaarrekening recht aan de economische realiteit van de transactie?

De 'pooling of interests'-methode en de 'carry over accounting'-methode kunnen altijd worden toegepast voor het verwerken van fusies en overnames onder gemeenschappelijke leiding waarbij sprake is van een overname van een 'business'. De vragen stellen feitelijk vast of de 'purchase accounting'-methode kan worden toegepast. Door middel van vragen 1 en 2 wordt vastgesteld of sprake is van een overname ('business combination'); een transactie waarbij een overnemende partij beslissende zeggenschap krijgt over een 'business' (zie par. 25.1.2). Als sprake is van een overname, stelt de overnemende partij door middel van vraag 3 vast of de verwerking van de transactie in de jaarrekening recht doet aan de economische realiteit van de transactie.

Als geen sprake is van een overname omdat geen partij kan worden aangemerkt als een overnemende partij, verwerkt de in juridisch opzicht verkrijgende partij de transactie als een voortzetting van de bestaande activiteiten van de overgenomen partij; effectief is in de praktijk de verwerking overeenkomstig de 'pooling of interests'-methode. Het verwerken van de transactie volgens de 'purchase accounting'-methode doet geen recht aan de economische realiteit. Als geen sprake is van een overname omdat er geen 'business' is verkregen, verwerkt de overnemende partij de transactie als de overname van een actief (of een groep van activa die als geheel geen 'business' vormen). Zie hiervoor paragraaf 26.3.

1. Kan een partij worden aangemerkt als de overnemende partij?

Allereerst wordt vastgesteld of één van de betrokken partijen kan worden aangemerkt als de overnemende partij. Zie paragrafen 25.1.2 en 25.2.2 voor een uitgebreide behandeling, en de hierna volgende specifieke situaties die van toepassing kunnen zijn indien sprake is van een fusie of overname onder gemeenschappelijke leiding.

Nieuw opgerichte entiteiten ('newco')

IFRS 3 bepaalt specifiek dat een nieuw opgerichte entiteit (*newco*) die aandelen uitgeeft om een overname te effectueren, niet kan worden aangemerkt als de verkrijgende partij (IFRS 3.B18). Er moet dan worden beoordeeld of één van de andere betrokken partijen kan worden aangemerkt als de verkrijgende partij (en of er sprake is van een overname). Dit wordt door ons op basis van RJ 216.109 (en RJ 214.342) onder de Nederlandse wet- en regelgeving van overeenkomstige toepassing geacht.

Een nieuw opgerichte entiteit zou alleen dan kunnen worden aangemerkt als overnemende partij als aan de volgende voorwaarden is voldaan:
- de nieuw opgerichte entiteit heeft geldmiddelen betaald of is een verplichting aangegaan om de overname te effectueren, en
- de nieuwe entiteit is opgericht om een beursgang, afsplitsing, of andere verandering van beslissende zeggenschap te effectueren. In dat geval treedt de nieuw opgerichte entiteit op als het verlengstuk van de (toekomstige) aandeelhouder(s)/koper(s). Er moet hierbij daadwerkelijk een verandering in de (uiteindelijke) aandeelhouders en beslissende zeggenschap plaatsvinden; het oprichten van een nieuwe entiteit binnen een bestaande ongewijzigde structuur is niet voldoende, en

- de oprichting van de nieuwe entiteit moet dan alleen plaatsvinden als de geplande beursgang, afsplitsing of andere verandering van eigendom plaatsvindt (en andersom). De oprichting van deze entiteit en vervolgens de verhangingen binnen de groep zijn dan voorwaardelijk aan en afhankelijk van de geplande beursgang, en
- er is geen sprake van een fusie van de nieuw opgerichte entiteit met de overgenomen partij, als onderdeel van de transactie, gelijktijdig, of kort daarna.

Het aanmerken van de nieuw opgerichte entiteit als overnemende partij doet dan recht aan de economische realiteit.

Omgekeerde overname

Bij fusies en overnames onder gemeenschappelijk leiding komt de vraag op of de juridische overnemende partij in alle gevallen ook voor verslaggevingsdoeleinden als zodanig kan worden aangemerkt of dat in bepaalde gevallen een 'omgekeerde overname' ('reverse acquisition') moet worden onderkend (zie par. 25.2.2). In het algemeen kan worden gesteld dat de juridische overnemende partij ook voor verslaggevingsdoeleinden de overnemende partij is. Immers, een transactie onder gemeenschappelijke leiding wordt veelal geregisseerd door de moeder, zonder dat de relatieve krachtsverhoudingen of omvang tussen de bij de overname betrokken partijen feitelijke betekenis heeft. Het blijft echter zaak om de economische realiteit leidend te laten zijn bij de verslaggeving over de fusies of overname. Als een kleine entiteit een grote entiteit overneemt, of als de moeder met een dochter fuseert waarbij de dochter de overblijvende partij is (een zogenaamde 'dochtermoederfusie'), moet worden beoordeeld of de verwerking als zodanig recht doet aan de economische realiteit van deze transactie. Er moet worden beoordeeld of de transactie dient te worden verwerkt als een omgekeerde overname.

2. Wordt een 'business' overgenomen?

Vervolgens wordt vastgesteld of deze overnemende partij een 'business' heeft overgenomen. Zie paragraaf 25.1.2 voor een uitgebreide behandeling.

3. Doet de verwerking in de jaarrekening recht aan de economische realiteit van de transactie?

Daarna wordt vastgesteld of de transactie in overeenstemming met de economische realiteit is verwerkt (zie par. 25.1.1).

Als de fusie of overname economische betekenis heeft voor de overnemende partij en als hiermee de economische realiteit verandert voor deze partij, kan dit tot uitdrukking worden gebracht in de jaarrekening door het kunnen toepassen van de 'purchase accounting'-methode. De activa en passiva van de overgenomen partij worden in dat geval gewaardeerd tegen reële waarde en goodwill uit hoofde van de transactie wordt verwerkt. Als het verwerken van de fusie of overname volgens de 'purchase accounting'-methode geen recht doet aan de economische realiteit voor de overnemende partij, is het niet gerechtvaardigd om deze methode toe te passen. Het toepassen van de 'pooling of interests'-methode of de 'carry over accounting'-methode is dan op zijn plaats. Hiermee wordt voorkomen dat intern gegenereerde goodwill of niet-gerealiseerde waardestijgingen worden opgenomen in de balans van de overnemende partij zonder dat dit is te rechtvaardigen uit hoofde van de economische realiteit van de transactie. Dit wordt in het algemeen niet aanvaardbaar geacht (zie par. 25.3.1.2 en 26.1.3 onder 'Uitzondering voor een 'business').

De volgende niet-limitatieve factoren kunnen een rol spelen bij het vaststellen of het verwerken van de transactie door de overnemende partij recht doet aan de economische realiteit. Het gaat hierbij nadrukkelijk steeds om een beoordeling van de feitelijke omstandigheden die bij iedere fusie of overname moet worden uitgevoerd. Bij deze beoordeling dienen bijvoorbeeld voorkomende fiscale overwegingen en vervolgtransacties in ogenschouw te worden genomen. Het economische begrippenkader kan afwijken van het fiscale begrippenkader, wat er toe kan leiden dat de economische verwerking kan afwijken van de fiscale verwerking. Vervolgtransacties roepen de vraag op of deze samen met de huidige transactie moeten worden beoordeeld. Hierbij kunnen de volgtijdelijkheid van de transacties, het tijdspad, een stappenplan en de (gelijktijdige) besluitvorming door management een rol spelen.

Vaak zal een combinatie van factoren in een concrete situatie leiden tot de vaststelling dat het verwerken in de jaarrekening recht doet aan de economische realiteit of niet. In zijn algemeenheid zijn wij van mening dat het van toepassing zijn van slechts één van de hieronder genoemde factoren niet snel zal leiden tot de vaststelling dat de verwerking in de jaarrekening recht doet aan de economische realiteit van de transactie:

▶ Doel van de fusie of overname – Het verwerken van een fusie of overname volgens de 'purchase accounting'-methode zou recht kunnen doen aan de economische realiteit als deze tot doel heeft dat een groepsdeel gereed wordt gemaakt voor verkoop. Het verwerken van een fusie of overname volgens de 'purchase accounting'-methode doet naar onze mening in beginsel geen recht aan de economische realiteit als deze slechts een vereenvoudiging van de juridische structuur of een fiscale herstructurering tot doel heeft.
▶ Samenvoeging van bestaande activiteiten van de betrokken partijen – Het verwerken van een fusie of overname volgens de 'purchase accounting'-methode zou recht kunnen doen aan de economische realiteit als hiermee bestaande activiteiten worden samengevoegd. Het verwerken van een fusie of overname volgens de 'purchase accounting'-methode doet naar onze mening in beginsel geen recht aan de economische realiteit als één van de betrokken partijen geen activiteiten heeft.
▶ Samenvoeging van activiteiten in een nieuwe rapporterende entiteit die voorheen nog niet bestond.
▶ Betrokkenheid van derde partijen, zoals derde aandeelhouders (belang van derden), banken en/of financiers.
▶ Uitvoering van de transactie al dan niet tegen reële waarde.
▶ Verandering van de risico's, timing en omvang van de kasstromen van de activiteiten.

Voorbeelden ter verduidelijking

Hieronder worden een aantal voorbeelden gegeven waarin de keuze voor een verwerkingsmethode wordt verduidelijkt. Alle voorbeelden geven transacties onder gemeenschappelijke leiding weer, en zijn naar onze mening zowel onder de Nederlandse wet- en regelgeving als IFRS van toepassing. Deze gemeenschappelijke leiding is niet tijdelijk.

Nieuw opgerichte entiteit ('newco') wordt boven de bestaande groep geplaatst

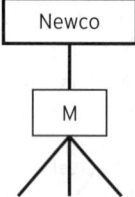

De aandeelhouder richt een nieuwe entiteit ('newco') op en deze wordt boven de bestaande groep geplaatst. Deze nieuw opgerichte entiteit geeft aandelen uit aan de bestaande aandeelhouder in ruil voor de aandelen van M. Er is geen verandering van eigendom gepland. Er zijn verder geen externe partijen betrokken.

Er lijkt geen sprake te zijn van een overname ('business combination') omdat een nieuw opgerichte entiteit niet kan worden aangemerkt als de overnemende partij. En omdat, als M wordt aangemerkt als de overnemende partij in het geval van een omgekeerde overname, de nieuw opgerichte entiteit geen 'business' bevat. Het verwerken van de transactie als een overname, en hiermee het toepassen van de 'purchase accounting'-methode, lijkt geen recht te doen aan de economische realiteit van de transactie. De geconsolideerde jaarrekening van de nieuw opgerichte entiteit is in feite een voortzetting van de bestaande groep: Keuze uit 'pooling of interests'-methode en 'carry over accounting'-methode.

De analyse zou in beginsel niet anders zijn als de nieuw opgerichte entiteit geldmiddelen aan de aandeelhouder had betaald voor de aandelen van M. Alhoewel het aantrekken van deze geldmiddelen door de nieuwe opgerichte entiteit en het betalen van deze geldmiddelen door de nieuwe opgerichte entiteit aan de aandeelhouder een indicatie kan zijn voor het verwerken van de transactie als een overname, en hiermee het toepassen van de 'purchase accounting'-methode, is de transactie in dit voorbeeld voornamelijk te kwalificeren als een voortzetting van de bestaande groep op basis van de hiervoor weergegeven analyse.

Nieuw opgerichte entiteit ('newco') wordt in de bestaande groep geschoven

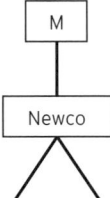

De aandeelhouder richt een nieuwe entiteit ('newco') op en deze wordt in de bestaande groep geschoven. Deze nieuw opgerichte entiteit geeft aandelen uit aan M in ruil voor de aandelen van de dochters. Er is geen verandering van eigendom gepland. Er zijn verder geen externe partijen betrokken. De nieuw opgerichte entiteit stelt een geconsolideerde jaarrekening op waarin de transactie moet worden verwerkt.

De analyse is vergelijkbaar als die voor een nieuw opgerichte entiteit die boven een groep wordt geplaatst. Ook hier lijkt geen sprake te zijn van een overname ('business combination') en het verwerken van de transactie als een overname, en hiermee het toepassen van de 'purchase accounting'-methode, lijkt geen recht te doen aan de economische realiteit van de transactie. Er is geen nieuwe rapporterende eenheid ontstaan en de nieuw opgerichte entiteit is in feite een voortzetting van de ondergelegen bestaande groep. En ook hier zou de analyse in beginsel niet anders zijn als de nieuw opgerichte entiteit geldmiddelen aan M had betaald voor de aandelen van de dochters.

Kleindochter C wordt verhangen van dochter A naar dochter B

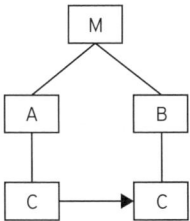

Situatie 1
Kleindochter C wordt verhangen van dochter A naar dochter B, waarbij zowel B als C een 'business' hebben.

Er is sprake van een overname ('business combination') omdat in deze transactie een overnemende partij beslissende zeggenschap over een 'business' krijgt.
- Als het verwerken van de transactie als een overname, en het toepassen van de 'purchase accounting'-methode, recht doet aan de economische realiteit: keuze uit 'purchase accounting'-methode, 'pooling of interests'-methode, en 'carry over accounting'-methode. Bij toepassing van de 'purchase accounting'-methode lijkt B de overnemende partij, maar dit dient op basis van de economische werkelijkheid en de feitelijke omstandigheden te worden vastgesteld.
- Als het verwerken van de transactie als een overname, en het toepassen van de 'purchase accounting'-methode, geen recht doet aan de economische realiteit: keuze uit 'pooling of interests'-methode en 'carry over accounting'-methode.

> **Situatie 2**
> Kleindochter C wordt verhangen van dochter A naar dochter B, waarbij B een lege entiteit is en C een 'business' heeft. B is geen nieuw opgerichte entiteit.
>
> Er is sprake van een overname ('business combination') omdat B als overnemende partij beslissende zeggenschap verkrijgt over een 'business' (C). Het verwerken van de transactie als een overname, en het toepassen van de 'purchase accounting'-methode, doet echter geen recht aan de economische realiteit omdat er geen nieuwe rapporterende eenheid is ontstaan. B zet feitelijk de activiteiten van C voort: keuze uit 'pooling of interests'-methode en 'carry over accounting'-methode.

> **Oprichting nieuwe entiteit ('newco') en verhangingen**
>
>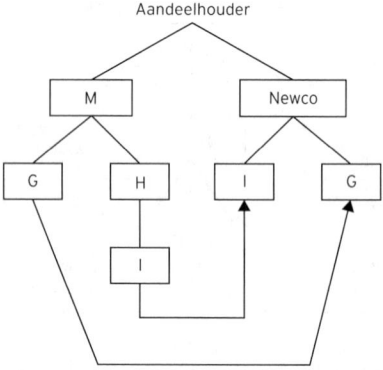
>
> De aandeelhouder richt een nieuwe entiteit ('newco') op. Dochter G wordt verhangen van moeder M naar de nieuw opgerichte entiteit, en kleindochter I wordt verhangen van dochter H naar de nieuw opgerichte entiteit. Hiervoor geeft de nieuw opgerichte entiteit aandelen uit aan M. Zowel G als I bevatten een 'business'.
>
> Er is sprake van een overname ('business combination') omdat in deze transactie een overnemende partij beslissende zeggenschap over een 'business' krijgt.
> ▸ Als het verwerken van de transactie als een overname, en het toepassen van de 'purchase accounting'-methode, recht doet aan de economische realiteit: keuze uit 'purchase accounting'-methode, 'pooling of interests'-methode, en 'carry over accounting'-methode. Als de 'purchase accounting'-methode wordt toegepast, dient de overnemende partij te worden vastgesteld. Normaliter kan een nieuw opgerichte entiteit niet worden aangemerkt als de overnemende partij, en dient G of I als de overnemende partij te worden vastgesteld.
> ▸ Als het verwerken van de transactie als een overname, en het toepassen van de 'purchase accounting'-methode, geen recht doet aan de economische realiteit: keuze uit 'pooling of interests'-methode en 'carry over accounting'-methode.
>
> In deze specifieke situatie zou de nieuw opgerichte entiteit kunnen worden aangemerkt als de overnemende partij als zij optreedt als het verlengstuk van de (toekomstige) aandeelhouder(s)/koper(s). Dit zou mogelijk zijn als de oprichting en verhangingen alleen plaatsvinden als de geplande beursgang plaatsvindt (en andersom). Deze oprichting en verhangingen zijn dan een integraal onderdeel van, voorwaardelijk aan en afhankelijk van de geplande beursgang. Het verwerken van de transactie als een overname, en het toepassen van de 'purchase accounting'-methode, lijkt recht te doen aan de economische realiteit omdat de beslissende zeggenschap over de nieuw opgerichte entiteit na de beursgang zal veranderen.
>
> NB: Als de nieuwe entiteit, voor de overname van G en I, zou zijn opgericht en wordt gehouden door een overnemende partij van buiten de groep, past de nieuw opgerichte entiteit de 'purchase accounting'-methode toe.

26.2.5 Verwerking in de enkelvoudige jaarrekening van de verkrijgende partij

Deze paragraaf is van toepassing op de enkelvoudige jaarrekening als er ook een geconsolideerde jaarrekening is. Is er geen geconsolideerde jaarrekening, dan zijn de voorgaande paragrafen van toepassing op de jaarrekening.

26 Transacties onder gemeenschappelijke leiding

In de enkelvoudige jaarrekening van de verkrijgende partij zouden naar onze mening onder de Nederlandse wet- en regelgeving de volgende in de tabel opgenomen situaties kunnen worden onderkend. De in de tabel opgenomen situaties en de daarbij naar onze mening in beginsel van toepassing zijnde mogelijke verwerkingen zijn in de teksten onder de tabel nader toegelicht. We willen benadrukken dat de mogelijke keuze uit de beschreven verwerkingsmethodes een stelselkeuze is en dat betekent dat de gekozen verwerkingsmethode consistent voor het verwerken van gelijksoortige transacties dient te worden toegepast.

De in paragraaf 26.2.3 beschreven verwerkingsmethodes zijn ook integraal van toepassing op de verwerking van deelnemingen verkregen via fusies en overnames onder gemeenschappelijke leiding, waarin de rechtspersoon beslissende zeggenschap heeft (RJ 214.343). Daarnaast spelen de in paragraaf 26.1.3 behandelde overwegingen rondom het entiteitsbeginsel en het onderscheid tussen een 'business' en een actief een rol bij de naar onze mening in beginsel van toepassing zijnde verwerking. Hierbij moet in zijn algemeenheid worden opgemerkt dat een verkrijgende partij een transactie waarbij een 'business' wordt verkregen bij uitzondering tegen reële waarde verwerkt - in tegenstelling tot een overdragende partij die dit bijna altijd zal doen. Het is hierbij van belang te realiseren dat er vele praktijksituaties zijn waarbij elke keer opnieuw de feiten en omstandigheden van de transactie moeten worden beoordeeld om tot een verwerking te komen die recht doet aan de economische realiteit van de transactie.

Wat wordt verkregen?	Hoe worden deelnemingen in de enkelvoudige jaarrekening normaliter gewaardeerd?	Wat is in beginsel de eerste waardering van de verkregen deelneming?
Meerderheidsdeelneming met 'business'	▶ Indien geconsolideerde jaarrekening: in enkelvoudige jaarrekening, tegen netto-vermogenswaarde of 'equity'-methode bij combinatie 3	Volgt verwerking in de geconsolideerde jaarrekening
	▶ Indien geen geconsolideerde jaarrekening, vanwege toepassing art. 2:408 BW: in enkelvoudige jaarrekening, tegen verkrijgingsprijs vanwege toepassing art. 2:408 BW	▶ Als het verkrijgen van de deelneming wordt gezien als het verkrijgen van een meerderheidsbelang in een 'business': boekwaarde, of reële waarde mits dit recht doet aan de economische realiteit van de transactie ▶ Als het verkrijgen van de deelneming wordt gezien als het verkrijgen van een actief: reële waarde
Meerderheidsdeelneming zonder 'business'	▶ Indien geconsolideerde jaarrekening: in enkelvoudige jaarrekening, tegen netto-vermogenswaarde of 'equity'-methode bij combinatie 3 ▶ Indien geen geconsolideerde jaarrekening, vanwege toepassing art. 2:408 BW: in enkelvoudige jaarrekening, tegen verkrijgingsprijs vanwege toepassing art. 2:408 BW	Reële waarde
Minderheidsdeelneming	Zowel indien geconsolideerde jaarrekening als indien geen geconsolideerde jaarrekening: in enkelvoudige jaarrekening, tegen netto-vermogenswaarde of 'equity'-methode bij combinatie 3, of verkrijgingsprijs afhankelijk van het al dan niet hebben van invloed van betekenis	Reële waarde

Geconsolideerde meerderheidsdeelneming die een 'business' houdt

De verwerking van het verkrijgen van een geconsolideerde meerderheidsdeelneming die wordt gewaardeerd tegen netto-vermogenswaarde, of op basis van de 'equity'-methode bij toepassing van combinatie 3, en die een 'business' houdt, volgt de verwerking in de geconsolideerde jaarrekening.

Als de overname in de geconsolideerde jaarrekening is verwerkt op basis van de 'pooling of interests'-methode of de 'carry over accounting'-methode, is de eerste waardering van de geconsolideerde meerderheidsdeelneming in de enkelvoudige jaarrekening tegen de boekwaarde van de onderliggende activa en passiva zoals in de geconsolideerde jaarrekening. Als de overname in de geconsolideerde jaarrekening is verwerkt op basis van de 'purchase accounting'-methode, is de eerste waardering van de geconsolideerde meerderheidsdeelneming in de enkelvoudige jaarrekening tegen de reële waarde van de onderliggende activa en passiva zoals in de geconsolideerde jaarrekening. Zie paragraaf 25.7 voor een uitgebreide behandeling.

Als een fusie of overname in de geconsolideerde jaarrekening wordt verwerkt volgens de 'pooling of interests'-methode, dan komt de vraag op hoe deze verwerkingsmethode in de enkelvoudige jaarrekening moet worden toegepast voor wat betreft de aanpassing van vergelijkende cijfers. Er zijn naar onze mening twee zienswijzen – dit is een stelselkeuze:
▶ De 'pooling of interests'-methode wordt (ook) volledig toegepast in de enkelvoudige jaarrekening, of
▶ De boekwaarde van de overgenomen deelneming wordt doorgeschoven op overnamedatum, en de fusie of overname wordt verwerkt op en vanaf overnamedatum – feitelijk het toepassen van de 'carry over accounting'-methode.

Zie ook hiervoor paragraaf 25.7.

Als een fusie of overname in de geconsolideerde jaarrekening wordt verwerkt volgens de 'carry over accounting'-methode blijven de componenten van het enkelvoudige eigen vermogen van de samengesmolten entiteit(en) (wettelijke reserves, als die worden gepresenteerd, en andere reserves) in beginsel in stand. De overnemende partij kan in de enkelvoudige jaarrekening geen gebruik maken van het alternatief (zoals beschreven onder 'Carry over accounting'-methode in par. 26.2.3) om de specifieke wettelijke en andere reserves van de overgenomen partij niet voort te zetten. Dit vanwege het formeel-juridische karakter van de enkelvoudige jaarrekening waaruit de beklemming van componenten van het eigen vermogen moet blijken en als gevolg waarvan deze beklemming in stand moet blijven.

Niet-geconsolideerde meerderheidsdeelneming die een 'business' houdt

Er is in deze situatie geen geconsolideerde jaarrekening. Het verkrijgen van een meerderheidsdeelneming die op grond van artikel 2:408 BW wordt gewaardeerd tegen verkrijgingsprijs en die een 'business' houdt, kan in de enkelvoudige jaarrekening in beginsel op verschillende manieren worden bezien:
▶ Als het verkrijgen van een meerderheidsbelang in, i.c. de overname van, een 'business'. Deze verkrijging kan worden verwerkt volgens de 'pooling of interests'- of de 'carry over accounting'-methode, tegen boekwaarde. De overname kan mogelijk op grond van RJ 240.206 ook worden verwerkt volgens de 'purchase accounting'-methode, tegen reële waarde, als dit recht doet aan de economische realiteit van de transactie zoals onder andere is beschreven in paragraaf 26.2.4 (RJ 214.343 en RJ 216.503).
▶ Als het verkrijgen van een actief. Hieruit volgt naar onze mening in beginsel verwerking tegen reële waarde.

Meerderheidsdeelneming zonder 'business'

Hier zijn twee situaties te onderkennen. De situatie waarin er:
- een geconsolideerde jaarrekening is. In deze geconsolideerde jaarrekening is de transactie verwerkt als het verkrijgen van individuele activa of een groep van activa die als geheel geen 'business' vormen. De meerderheidsdeelneming wordt in de enkelvoudige jaarrekening gewaardeerd tegen netto-vermogenswaarde, of op basis van de 'equity'-methode bij toepassing van combinatie 3.
- op grond van artikel 2:408 BW geen geconsolideerde jaarrekening is. De meerderheidsdeelneming wordt gewaardeerd tegen verkrijgingsprijs, op grond van ditzelfde artikel 2:408 BW.

In beide situaties wordt in de enkelvoudige jaarrekening het verkrijgen van een meerderheidsdeelneming die geen 'business' houdt in beginsel gezien als het verkrijgen van een actief. Hieruit volgt naar onze mening verwerking tegen reële waarde.

Minderheidsdeelneming

Het verkrijgen van een minderheidsdeelneming wordt in beginsel gezien als het verkrijgen van een actief. Hieruit volgt naar onze mening in beginsel verwerking tegen reële waarde. Er zijn echter naar onze mening situaties denkbaar dat het verkrijgen van een minderheidsdeelneming die een 'business' houdt, wordt verwerkt tegen boekwaarde.

Algemene opmerkingen bij verwerken tegen reële waarde

Indien de verkrijgende partij de overname verwerkt tegen reële waarde, wordt het verschil tussen de koopprijs en de reële waarde verwerkt als een informele kapitaalstorting respectievelijk een informele dividenduitkering (zie par. 26.3).

26.2.6 Verwerking door de overdragende partij

Het in deze paragraaf behandelde kan van toepassing zijn op een moedermaatschappij waarbij de overdracht aan een dochter alleen in de enkelvoudige jaarrekening wordt verwerkt, als ook op een dochtermaatschappij waarbij de overdracht aan een moeder of een andere dochtermaatschappij zowel in de geconsolideerde als de enkelvoudige jaarrekening wordt verwerkt.

26.2.6.1 Verwerking in de geconsolideerde jaarrekening

Er zijn geen voorschriften voor het verwerken van fusies en overnames onder gemeenschappelijke leiding door de overdragende partij. Voor het verwerken van fusies en overnames in de geconsolideerde jaarrekening van de overdragende partij wordt in het algemeen aansluiting gezocht bij de voorschriften voor verwerken van dergelijke transacties tussen partijen die niet onder gemeenschappelijke leiding staan zoals beschreven in paragraaf 25.8. Wij zijn van mening dat, onder de Nederlandse wet- en regelgeving, in bepaalde omstandigheden ook 'Reverse pooling' en 'Reverse carry over accounting' mogelijk zijn zoals hierna beschreven in paragraaf 26.2.6.3. Onder IFRS wordt 'reverse pooling' in het algemeen niet aanvaardbaar geacht.

Overdrachten van een moedermaatschappij aan dochter
Het in paragraaf 25.8 behandelde ziet op transacties die niet onder gemeenschappelijke leiding plaatsvinden en op transacties tussen zusters onder gemeenschappelijke leiding. Als overdrachten van een moedermaatschappij naar een 100%-dochter plaatsvinden, wordt door de moedermaatschappij in de geconsolideerde en enkelvoudige jaarrekening in het algemeen geen boekresultaat verwerkt omdat vanuit het oogpunt van de groep geen realisatie van dit boekresultaat heeft plaatsgevonden. Zie verder paragraaf 26.6.

26.2.6.2 Verwerking in de enkelvoudige jaarrekening van de overdragende partij

In de enkelvoudige jaarrekening van de overdragende partij zouden naar onze mening onder de Nederlandse wet- en regelgeving de volgende in de tabel opgenomen situaties kunnen worden onderkend. De in de tabel opgenomen situaties en de daarbij naar onze mening in beginsel van toepassing zijnde mogelijke verwerkingen zijn in de teksten onder de tabel nader toegelicht. Let wel: de mogelijke keuze uit de beschreven verwerkingsmethodes is een stelselkeuze. De gekozen verwerkingsmethode dient consistent voor het verwerken van gelijksoortige transacties te worden toegepast.

De in paragraaf 26.1.3 behandelde overwegingen rondom het entiteitsbeginsel en het onderscheid tussen een 'business' en een actief spelen een rol bij de naar onze mening in beginsel van toepassing zijnde verwerking. Hierbij moet in zijn algemeenheid worden opgemerkt dat een overdragende partij een transactie bijna altijd tegen reële waarde verwerkt - in tegenstelling tot een verkrijgende partij die een 'business' verkrijgt waarbij dit een uitzondering is. Het is hierbij van belang te realiseren dat er vele praktijksituaties zijn waarbij elke keer opnieuw de feiten en omstandigheden van de transactie moeten worden beoordeeld om tot een verwerking te komen die recht doet aan de economische realiteit van deze transactie.

Wat wordt overgedragen?	Hoe worden deelnemingen in de enkelvoudige jaarrekening normaliter gewaardeerd?	Hoe wordt in beginsel de verkoopopbrengst vastgesteld?
Meerderheidsdeelneming met 'business'	▶ Indien geconsolideerde jaarrekening: in enkelvoudige jaarrekening, tegen netto-vermogenswaarde of 'equity'-methode bij combinatie 3	Volgt verwerking in geconsolideerde jaarrekening
	▶ Indien geen geconsolideerde jaarrekening, vanwege toepassing art. 2:408 BW: in enkelvoudige jaarrekening, tegen verkrijgingsprijs vanwege toepassing art. 2:408 BW	▶ Als overdracht van de deelneming wordt gezien als de overdracht van een meerderheidsbelang in een 'business': reële waarde, of boekwaarde bij toepassing van 'reverse pooling' of 'reverse carry over accounting' mits de verkrijgende partij 'pooling' of 'carry over accounting' toepast ▶ Als overdracht van de deelneming wordt gezien als de overdracht van een actief: reële waarde
Meerderheidsdeelneming zonder 'business'	▶ Indien geconsolideerde jaarrekening: in enkelvoudige jaarrekening, tegen netto-vermogenswaarde of 'equity'-methode bij combinatie 3 ▶ Indien geen geconsolideerde jaarrekening, vanwege toepassing art. 2:408 BW: in enkelvoudige jaarrekening, tegen verkrijgingsprijs vanwege toepassing art. 2:408 BW	Reële waarde
Minderheidsdeelneming	Zowel indien geconsolideerde jaarrekening als indien geen geconsolideerde jaarrekening: in enkelvoudige jaarrekening, tegen netto-vermogenswaarde of 'equity'-methode bij combinatie 3, of tegen verkrijgingsprijs, afhankelijk van het al dan niet hebben van invloed van betekenis	Reële waarde

Geconsolideerde meerderheidsdeelneming die een 'business' houdt
De verwerking van de overdracht van een geconsolideerde meerderheidsdeelneming die wordt gewaardeerd tegen netto-vermogenswaarde, of op basis van de 'equity'-methode bij toepassing van combinatie 3, en die een 'business' houdt, volgt de verwerking in de geconsolideerde jaarrekening. Dit houdt in de dat de verkoopopbrengst naar onze mening wordt bepaald op de reële waarde, of op de boekwaarde bij toepassing van de 'reverse pooling' of 'reverse carry over accounting'. De laatste twee verwerkingsmethoden zijn naar onze mening alleen mogelijk mits de verkrijgende partij 'pooling' of 'carry over accounting' toepast. Zie paragrafen 26.2.6.1 en 26.2.6.3.

Als een overdracht in de geconsolideerde jaarrekening wordt verwerkt volgens 'reverse pooling', dan komt de vraag op hoe deze verwerkingsmethode in de enkelvoudige jaarrekening moet worden toegepast voor wat betreft de aanpassing van vergelijkende cijfers. Er zijn naar onze mening twee zienswijzen – dit is een stelselkeuze:
- 'Reverse pooling' wordt (ook) volledig toegepast in de enkelvoudige jaarrekening, of
- De boekwaarde van de overgedragen deelneming wordt doorgeschoven op transactiedatum – feitelijk het toepassen van 'reverse carry over accounting'.

Niet-geconsolideerde meerderheidsdeelneming die een 'business' houdt
Er is in deze situatie geen geconsolideerde jaarrekening. De overdracht van een meerderheidsdeelneming die op grond van artikel 2:408 BW wordt gewaardeerd tegen verkrijgingsprijs en die een 'business' houdt, kan in de enkelvoudige jaarrekening in beginsel op verschillende manieren worden bezien:
- Als de overdracht van een meerderheidsbelang in een 'business', i.c. de overdracht van een 'business'. De verkoopopbrengst kan worden bepaald op de reële waarde. Wij zijn van mening dat, onder de Nederlandse wet- en regelgeving, in bepaalde omstandigheden ook andere verwerkingen mogelijk zijn zoals 'reverse pooling' en 'reverse carry over accounting'. De verkoopopbrengst wordt dan bepaald op de boekwaarde. De laatste twee verwerkingsmethoden zijn naar onze mening alleen mogelijk mits de verkrijgende partij 'pooling' of 'carry over accounting' toepast. Zie hiervoor paragraaf 26.2.6.3.
- Als de overdracht van een actief. Hieruit volgt naar onze mening in beginsel dat de verkoopopbrengst wordt bepaald op de reële waarde.

Meerderheidsdeelneming zonder 'business'
Hier zijn twee situaties te onderkennen. De situatie waarin er:
- een geconsolideerde jaarrekening is. In deze geconsolideerde jaarrekening is de transactie verwerkt als de overdracht van individuele activa of een groep van activa die als geheel geen 'business' vormen. De meerderheidsdeelneming werd in de enkelvoudige jaarrekening gewaardeerd tegen netto-vermogenswaarde, of op basis van de 'equity'-methode bij toepassing van combinatie 3.
- op grond van artikel 2:408 BW geen geconsolideerde jaarrekening is. De meerderheidsdeelneming werd gewaardeerd tegen verkrijgingsprijs, op grond van ditzelfde artikel 2:408 BW.

In beide situaties wordt in de enkelvoudige jaarrekening de overdracht van een meerderheidsdeelneming die geen 'business' houdt in beginsel gezien als de overdracht van een actief. Hieruit volgt naar onze mening in beginsel dat de verkoopopbrengst wordt bepaald op de reële waarde.

Minderheidsdeelneming
De overdracht van een minderheidsdeelneming wordt in beginsel gezien als de overdracht van een actief. Hieruit volgt naar onze mening in beginsel verwerking tegen reële waarde. Er zijn echter naar onze mening situaties denkbaar dat het overdragen van een minderheidsdeelneming die een 'business' houdt, wordt verwerkt tegen boekwaarde.

Algemene opmerkingen bij verwerken tegen reële waarde
Indien de overdragende partij de overdracht verwerkt tegen reële waarde, wordt het verschil tussen de verkoopprijs en de reële waarde verwerkt als een informele kapitaalstorting respectievelijk een informele dividenduitkering (zie par. 26.3). Daarnaast moet de overdragende partij beoordelen of een boekwinst in de winst-en-verliesrekening kan worden verwerkt. Dit hangt af van de vraag of deze boekwinst daadwerkelijk is gerealiseerd. Zie hiervoor paragraaf 26.6.

26.2.6.3 'Reverse pooling' en 'Reverse carry over accounting'
Als een fusie of overname binnen dezelfde groep plaatsvindt, doet zich de vraag voor of het aanvaardbaar is dat de overdragende partij *reverse pooling* of *reverse carry over accounting* toepast.

'Reverse pooling' is het spiegelbeeld van de 'pooling of interests'-methode. Het toepassen van 'reverse pooling' komt vanuit de gedachte dat de overgedragen activiteiten niet in twee jaarrekeningen kunnen worden verwerkt. De overnemende partij verwerkt de overgenomen activiteiten immers, door middel van toepassing van de 'pooling of interests'-methode, alsof deze altijd al samengevoegd waren met de activiteiten van de overnemende partij, terwijl de overdragende partij deze activiteiten eveneens tot aan de transactiedatum in zijn jaarrekening (heeft) verwerkt. Bij 'reverse pooling' wordt de overdracht geacht reeds een feit te zijn vanaf het begin van het boekjaar waarin de overdracht is gerealiseerd. De juridische totstandkoming van de overdracht, zoals onder andere door de ontvangst van aandelen en/of geldmiddelen, wordt verwerkt op de transactiedatum als een vermogensmutatie. Ook worden de vergelijkende cijfers aangepast alsof de overdracht altijd al had plaatsgevonden. De wijziging van vergelijkende cijfers gaat niet verder terug dan tot het moment waarop de betrokken partijen onder gemeenschappelijke leiding kwamen.

Wij zijn van mening dat het toepassen van 'reverse pooling' alleen verdedigbaar is onder de voorwaarde dat de verkrijgende partij de 'pooling of interests'-methode toepast. Als de verkrijgende partij de 'purchase accounting'-methode of de 'carry over accounting'-methode toepast, is het toepassen van 'reverse pooling' door de overdragende partij naar onze mening niet verdedigbaar.

'Reverse carry over accounting' is het spiegelbeeld van de 'carry over accounting'-methode. Bij 'reverse carry over accounting' wordt de overdracht alsmede de juridische totstandkoming van de overdracht, zoals onder andere door de ontvangst van aandelen en/of geldmiddelen, verwerkt op de transactiedatum. Een verschil tussen de boekwaarde van de overgedragen activa en passiva en de overeengekomen transactieprijs wordt verwerkt als een informele dividenduitkering of informele kapitaalstorting in het eigen vermogen.

Wij zijn van mening dat het toepassen van 'reverse carry over accounting' alleen verdedigbaar is onder de voorwaarde dat de verkrijgende partij de 'carry over accounting'- of eventueel de 'pooling of interests'-methode toepast. Als de verkrijgende partij de 'purchase accounting'-methode toepast, is het toepassen van 'reverse pooling' door de overdragende partij naar onze mening niet verdedigbaar.

Vanuit een groepsgedachte, waarbij de moedermaatschappij vaak de verhangingen binnen de groep regisseert en het management van de individuele groepsmaatschappijen zich schikt naar het groepsbelang, kan met deze methoden in het algemeen het bedrijfseconomische inzicht worden gediend. Daarnaast is sprake van administratieve eenvoud, en worden dubbeltellingen voorkomen.

Uit vorenstaande mag ook worden afgeleid dat als de verkrijgende partij de 'purchase accounting'-methode toepast, de overdragende partij de transactie naar onze mening *moet* verwerken tegen de reële waarde zoals

26 Transacties onder gemeenschappelijke leiding

beschreven in paragraaf 26.2.6.1. Als de verkrijgende partij de 'carry over accounting'- of de 'pooling of interests'-methode toepast, *mag* de overdragende partij de transactie verwerken tegen de reële waarde.

Onder IFRS wordt 'reverse pooling' in het algemeen niet aanvaardbaar geacht, omdat IFRS 10, in tegenstelling tot IFRS 3, geen specifieke uitzondering voor transacties onder gemeenschappelijke leiding kent.

Voorbeeld verwerking door overdragende partij

Moeder A heeft twee dochters X en Y. X verkoopt haar dochter Z op 1 juli tegen boekwaarde van € 150 aan Y. Z heeft op 1 juli een reële waarde van € 155. Y verwerkt de overname op basis van de 'pooling of interests'-methode. Hoe kan X de verkoop van Z verwerken in de jaarrekening?

X heeft onder de Nederlandse wet- en regelgeving drie mogelijkheden om de verkoop te verwerken:
1. X verwerkt de transactie als een verkoop tegen reële waarde van € 155. X verwerkt deze verkoop op de transactiedatum van 1 juli met een boekwinst van € 5.
2. X past 'reverse pooling' toe. X verwerkt de overdracht tegen boekwaarde (met terugwerkende kracht) op 1 januari ten laste van het eigen vermogen, verwerkt de kasontvangst van € 150 op 1 juli ten gunste van het eigen vermogen, en past de vergelijkende cijfers aan.
3. X past 'reverse carry over accounting' toe. X verwerkt deze verkoop op transactiedatum van 1 juli met een boekwinst van € 0.

Onder IFRS kan X de overdracht op de transactiedatum verwerken als een verkoop tegen de reële waarde, als hierboven beschreven onder 1, of, afhankelijk van de onderliggende feiten en omstandigheden, tegen de overeengekomen transactieprijs. Als X de transactie verwerkt als een verkoop tegen de overeengekomen transactieprijs van € 150, verwerkt X deze verkoop op de transactiedatum van 1 juli met een boekwinst van € 0.

Verschillen Dutch GAAP - IFRS

Het is naar onze mening onder de Nederlandse wet- en regelgeving, bij een fusie of overname binnen dezelfde groep, onder omstandigheden verdedigbaar dat de overdragende partij 'reverse pooling' of 'reverse carry over accounting' toepast. Het toepassen van 'reverse pooling' door de overdragende partij is naar onze mening alleen verdedigbaar als de verkrijgende partij de 'pooling of interests'-methode toepast. Het toepassen van 'reverse carry over accounting' door de overdragende partij is naar onze mening alleen verdedigbaar als de verkrijgende partij de 'carry over'-methode of eventueel de 'pooling of interests'-methode toepast. Onder IFRS wordt het toepassen van 'reverse pooling' in de geconsolideerde jaarrekening in het algemeen niet aanvaardbaar geacht omdat IFRS 10 geen uitzonderingen voor transacties onder gemeenschappelijke leiding kent.

26.2.7 Presentatie en toelichting

Zoals in paragraaf 26.1.2 is aangegeven, wordt zowel in de Nederlandse wet- en regelgeving als in IFRS niet op systematische wijze aandacht besteed aan het verwerken van transacties onder gemeenschappelijke leiding. Wij zijn van mening dat voor de presentatie van en toelichting op fusies en overnames onder gemeenschappelijke leiding zo veel mogelijk aansluiting moet worden gezocht bij de bestaande voorschriften voor fusies en overnames.

26.2.7.1 Presentatie

Wij zijn van mening dat de presentatievoorschriften onder de Nederlandse wet- en regelgeving en IFRS zoals beschreven in paragraaf 25.9.1, indien van toepassing, over het algemeen onverkort moeten worden gevolgd.

26.2.7.2 Toelichting
Dutch GAAP

Wij zijn van mening dat onder de Nederlandse wet- en regelgeving bij toepassing van de 'purchase accounting'-methode of de 'pooling of interests'-methode over het algemeen de toelichtingsvoorschriften van Richtlijn 216 zoals beschreven in paragraaf 25.9.2 moeten worden gevolgd. Als de 'carry over accounting'-methode wordt toegepast, zijn wij van mening dat in het algemeen zo veel mogelijk aansluiting moet worden gezocht bij de toelichtingsvoorschriften voor de 'pooling of interests'-methode.

IFRS

Net zoals onder de Nederlandse wet- en regelgeving zijn wij van mening dat als onder IFRS de 'purchase accounting'-methode wordt toegepast, in het algemeen de toelichtingsvoorschriften van IFRS 3 zoals beschreven in paragraaf 25.9.2 moeten worden gevolgd. Als de 'pooling of interests'-methode of de 'carry over accounting'-methode wordt toegepast, zal in het algemeen zo veel mogelijk aansluiting moeten worden gezocht bij de toelichtingsvoorschriften voor de 'pooling of interests'-methode zoals beschreven in paragraaf 25.9.2.

26.3 Overdracht van niet-monetaire activa, informele dividenduitkering en informele kapitaalstorting

In de praktijk worden met enige regelmaat niet-monetaire activa zoals immateriële en/of materiële vaste activa, vastgoedbeleggingen, deelnemingen en/of voorraden overgedragen tussen groepsmaatschappijen. Daarnaast kan een moedermaatschappij verliezen van een dochtermaatschappij aanzuiveren of kan een moedermaatschappij (of aandeelhouder) een lening aan een dochtermaatschappij kwijtschelden. Deze transacties kunnen de juridische vorm hebben van koop/verkoop, ruil, schenking, een formele dividenduitkering (in natura), en een formele kapitaalstorting (in natura); waarbij geldt dat de juridische vorm van deze transacties in het algemeen niet leidend is voor de verwerking in de jaarrekening. Deze transacties kunnen mogelijk resulteren in informele dividenduitkeringen en kapitaalstortingen. De vraag komt op of en hoe deze informele dividenduitkeringen en kapitaalstortingen moeten worden verwerkt in de jaarrekening.

In deze paragraaf is afgezien van het elimineren van resultaten op intercompany-transacties. Zie hiervoor paragraaf 26.6.

26.3.1 Informele dividenduitkering onder Dutch GAAP

Overdrachten van activa door een 100%-dochtermaatschappij aan een moedermaatschappij, of tussen zustermaatschappijen met (uiteindelijk) dezelfde moedermaatschappij, waarbij de reële waarde hoger is dan de overeengekomen transactieprijs en die derhalve niet 'at arm's length' plaatsvinden, leiden tot een informele dividenduitkering voor het verschil.

De ontvangende partij verwerkt het dividend dat niet in contanten is uitgekeerd, tegen reële waarde (RJ 214.504). Voor het vaststellen van de reële waarde moet de (geschatte) waarde worden gehanteerd op het moment van dividenddeclaratie (ex dividend). De moedermaatschappij verwerkt de ontvangst van de informele dividenduitkering in natura dan ook volgens de geldende standaarden in haar enkelvoudige jaarrekening. Deze verwerking is initieel tegen reële waarde, en ten laste van de waarde van de deelneming, ervan uitgaande dat deze tegen netto-vermogenswaarde is gewaardeerd. De ontvangende zustermaatschappij verwerkt de ontvangst van een informele dividenduitkering van de overdragende zustermaatschappij als een informele kapitaalstorting door de moedermaatschappij. De moedermaatschappij wordt dan geacht deze informele dividenduitkering uiteindelijk te hebben ontvangen van de overdragende zustermaatschappij. Voor de enkelvoudige jaarrekening van de moedermaatschappij betekent een transactie tussen haar dochtermaatschappijen dat er een verschuiving in de netto-vermogenswaarde plaatsvindt van de overdragende dochtermaatschappij naar de ontvangende dochtermaatschappij.

26 Transacties onder gemeenschappelijke leiding

Voor de uitkerende partij zijn er geen specifieke voorschriften. Op basis van de beginselen, beschreven in paragraaf 26.1.3, zijn wij van mening dat de overdragende dochtermaatschappij de informele dividenduitkering in natura in beginsel verwerkt tegen reële waarde ten laste van de reserves. Een verschil tussen de reële waarde en de boekwaarde wordt als een winst in de winst-en-verliesrekening verwerkt.

Voor uitkeringen of overdrachten van deelnemingen kan een beroep worden gedaan op de uitzondering die geldt voor fusies en overnames onder gemeenschappelijke leiding; zie paragraaf 26.2.6.

Voorbeeld informele dividenduitkering in natura

Een 100%-dochter draagt een pand met een boekwaarde van € 70 over aan haar moeder. De moeder hoeft hiervoor niet te betalen; de transactieprijs is nul. De reële waarde van het pand is € 100. Er is dan sprake van een informele dividenduitkering van € 100. De dochter zal uiteraard in eerste instantie moeten toetsen of aan de formele voorschriften voor het uitkeren van dividend is voldaan (balanstest en liquiditeitstoets). Ervan uitgaande dat de uitkering mogelijk is, verwerkt de dochter:

Eigen vermogen	100	
Aan winst		30
Aan pand		70

Met toepassing van het entiteitsbeginsel neemt de moeder het uitgekeerde pand in beginsel tegen de reële waarde van € 100 op in haar enkelvoudige jaarrekening. Zij brengt de reële waarde van het pand in mindering op de deelneming in haar dochter, die tegen netto-vermogenswaarde is gewaardeerd.

Pand	100	
Aan deelneming in dochter		100

In dit voorbeeld is afgezien van het elimineren van resultaten op intercompany-transacties. Zie hiervoor paragraaf 26.6.

Voor de eisen en formele voorschriften die gelden voor een (interim-)dividenduitkering wordt verwezen naar paragraaf 15.2.9 en paragraaf 24.6. Deze voorschriften, omtrent vermogenstoets en liquiditeitstoets, moeten ook voor informele dividenduitkeringen in acht worden genomen.

26.3.2 Informele kapitaalstorting onder Dutch GAAP

Overdrachten van activa door een moedermaatschappij aan een 100%-dochtermaatschappij, of tussen zustermaatschappijen met (uiteindelijk) dezelfde moedermaatschappij, waarbij de reële waarde hoger is dan de overeengekomen transactieprijs en die derhalve niet 'at arm's length' plaatsvinden, leiden tot een informele kapitaalstorting voor het verschil.

De ontvangende partij verwerkt de informele kapitaalstorting in natura als agio (RJ 240.221). Stortingen in geld of een andere inbreng worden in het algemeen voor de eerste keer verwerkt tegen de reële waarde op het moment van de storting/inbreng (RJ 240.206). De ontvangende dochtermaatschappij verwerkt de informele kapitaalstorting in natura door de moedermaatschappij of door de overdragende zustermaatschappij dan ook volgens de geldende standaarden in haar geconsolideerde en enkelvoudige jaarrekening. Deze verwerking is initieel tegen reële waarde, en ten gunste van de agioreserve.

De moedermaatschappij verwerkt de informele kapitaalstorting tegen de boekwaarde van het overgedragen actief ten gunste van de ontvangende deelneming in de enkelvoudige jaarrekening, ervan uitgaande dat deze tegen netto-vermogenswaarde is gewaardeerd. De overdragende zustermaatschappij verwerkt deze overdracht van activa als een informele dividenduitkering aan de moedermaatschappij in het eigen vermogen in de geconsolideerde en enkelvoudige jaarrekening. De moedermaatschappij wordt dan geacht deze informele dividenduitkering uiteindelijk (als informele kapitaalstorting) te hebben ingebracht in de ontvangende zustermaatschappij.

Voor inbreng van deelnemingen kan een beroep worden gedaan op de uitzondering die voor fusies en overnames onder gemeenschappelijke leiding geldt, zie paragraaf 26.2.5.

> **Voorbeeld informele kapitaalstorting in natura**
>
> Een moeder draagt een pand met een boekwaarde van € 70 over aan een 100%-dochter. Deze dochter hoeft hiervoor niet te betalen; de transactieprijs is nul. De reële waarde van het pand is € 100. Er is dan sprake van een informele kapitaalstorting van € 100. De dochter verwerkt dit als volgt:
> Pand 100
> Aan agioreserve 100
>
> De moeder verwerkt in haar enkelvoudige jaarrekening, waarin deelnemingen tegen nettovermogenswaarde worden gewaardeerd:
> Deelneming in dochter 70
> Aan pand 70
>
> In dit voorbeeld is afgezien van het elimineren van resultaten op intercompany-transacties. Zie hiervoor paragraaf 26.6.

26.3.3 Informele dividenduitkering en kapitaalstorting onder IFRS

IFRS kent geen specifiek voorschrift voor het verwerken van vermogensstortingen zonder aandelenuitgifte zoals in RJ 240.221. Wel geldt het algemene voorschrift dat transacties met aandeelhouders worden verwerkt in het eigen vermogen (IAS 1.109). IFRIC 17 'Distributions of Non-cash Assets to Owners' met voorschriften voor het verwerken van uitkeringen in natura aan aandeelhouders is niet van toepassing op transacties onder gemeenschappelijke leiding (IFRIC 17.5). Wij zijn van mening dat het op grond van IAS 8.10-12 wel is toegestaan IFRIC 17 te volgen. Voor een uitwerking van IFRIC 17 wordt verwezen naar paragraaf 15.2.9.5.

Wij achten de uitgangspunten die in paragraaf 26.1.3 zijn behandeld van overeenkomstige toepassing. Dit betekent dat informele dividenduitkeringen en kapitaalstortingen kunnen worden verwerkt tegen reële waarde of, afhankelijk van de onderliggende feiten en omstandigheden, tegen de overeengekomen transactieprijs.

> **Voorbeeld verkoop merknaam door moeder aan dochter, onder Dutch GAAP en IFRS**
>
> Een moeder verkoopt een merknaam aan een 100%-dochter voor een bedrag dat lager is dan de reële waarde van het actief. De boekwaarde van de merknaam is € 50, de reële waarde is € 100 en de verkoopprijs is € 80.
>
> Onder de Nederlandse wet- en regelgeving verwerkt de dochter een dergelijke transactie gewoonlijk tegen reële waarde in haar jaarrekening. Dit betekent dat de dochter de merknaam opneemt in de balans tegen de reële waarde van € 100, een bankbetaling doet van € 80, en een agiostorting verwerkt van € 20. Een dergelijke verwerkingswijze is ook toegestaan onder IFRS. Onder IFRS is het, afhankelijk van de onderliggende feiten en omstandigheden, echter ook toegestaan om de transactie te verwerken tegen de overeengekomen transactieprijs. De dochter neemt de merknaam op in de balans tegen verkrijgingsprijs van € 80 en doet een bankbetaling van € 80.
>
> In dit voorbeeld is afgezien van het elimineren van resultaten op intercompany-transacties. Zie hiervoor paragraaf 26.6.

Verschillen Dutch GAAP - IFRS

Wij zijn van mening dat onder de Nederlandse wet- en regelgeving informele dividenduitkeringen en kapitaalstortingen worden verwerkt tegen reële waarde. Onder IFRS kunnen deze worden verwerkt tegen reële waarde of, afhankelijk van de onderliggende feiten en omstandigheden, tegen de overeengekomen transactieprijs.

26.4 Leningen en garanties

Binnen groepen worden leningen afgesloten en garanties gegeven die niet noodzakelijk 'at arm's length' zijn.

26 Transacties onder gemeenschappelijke leiding

26.4.1 Leningen

Dit betreffen vaak leningen die zijn afgesloten zonder rente, leningen met een lagere rente dan de marktrente, of leningen die zijn afgesloten tegen voorwaarden die (heel erg) gunstig zijn in vergelijking met voorwaarden die een derde partij zoals een bank zou stellen.

De eerste waardering van een lening vindt altijd plaats tegen de reële waarde (RJ 290.501, IFRS 9.5.1.1). Hierbij wordt de marktrente, de actuele rente voor een vergelijkbaar instrument met dezelfde voorwaarden, gehanteerd. Transactiekosten kunnen al dan niet deel uitmaken van de initiële waardering (zie par. 30.5.2). De reële waarde van een lening die niet 'at arm's length' is, zal bij afsluiten ongelijk zijn aan het bedrag dat wordt ontvangen of betaald. Het verschil tussen de ontvangen of betaalde geldmiddelen en de reële waarde van de lening wordt verondersteld een informele kapitaalstorting of dividenduitkering te zijn. Deze wordt verwerkt zoals beschreven in paragraaf 26.3.

De vervolgwaardering is de geamortiseerde kostprijs. De lening wordt opgerent tegen de marktrente.

Voorbeeld renteloze lening van moeder aan dochter

Een dochter ontvangt op 31 december van jaar 1 een 1-jarige renteloze lening van haar moeder voor een bedrag van € 550.000. Indien de dochter de lening zelf zou moeten afsluiten bij een bank, zou zij een rente moeten betalen van 10%.

De dochter en de moeder waarderen de lening initieel tegen reële waarde. De reële waarde van een kasstroom van € 550.000 (terugbetaling lening van de dochter aan de moeder over een jaar) bedraagt (bij een disconteringsvoet van 10%) € 500.000. Dit is ook de (geamortiseerde) kostprijs van de lening.

De dochter maakt van deze transactie de volgende journaalpost:

Liquide middelen	550.000	
Aan Schulden		500.000
Aan Agioreserve		50.000

Er is feitelijk sprake van een informele kapitaalstorting van € 50.000 door de moeder in de dochter.

De dochter verwerkt in jaar 2:

Rentekosten (10% x 500.000)	50.000	
Aan Schulden		50.000

De schuld staat ultimo jaar 2 voor € 550.000 in de boeken en wordt tegen dat bedrag afgelost.

De moeder maakt tegengestelde boekingen, met een vordering van € 500.000, een verhoging van de deelneming in de dochter van € 50.000 en rentebaten van € 50.000.

Hetzelfde principe geldt als de moeder een laagrentende lening verstrekt, bijvoorbeeld tegen 2%. In dat geval betaalt de dochter in jaar 2 € 561.000 (€ 550.000 + € 11.000 rente). De contante waarde van dat bedrag resulteert in een initiële waardering tegen reële waarde op 31 december van jaar 1 van € 510.000. De agiostorting is dan € 40.000.

26.4.2 Garanties

Bij garantiestelling of waarborgstelling (hierna 'garanties') binnen een groep heeft de moedermaatschappij zich aansprakelijk gesteld voor schulden en verplichtingen van groepsmaatschappijen. Voorbeelden zijn waarborg- en garantiecontracten, hoofdelijk medeschuldenaarschap, borgtocht en wisselborgtocht, alsmede derdenhypotheek en derdenpandrecht.

Onder de Nederlandse wet- en regelgeving wordt geen onderscheid gemaakt tussen financiële garantiecontracten en andere garanties. Derhalve vallen alle garanties onder de reikwijdte van Richtlijn 252 'Voorzieningen'. Onder IFRS wordt een onderscheid gemaakt tussen financiële garantiecontracten en andere garanties. Financiële garantiecontracten vallen binnen de reikwijdte van IFRS 9 'Financial Instruments'. De definitie van een financieel garantiecontract onder IFRS 9 luidt: "Een contract op grond waarvan de garantiegever verplicht is bepaalde betalingen te verrichten om de garantiehouder te compenseren voor een door hem geleden verlies omdat een bepaalde debiteur zijn betalingsverplichting uit hoofde van de oorspronkelijke of herziene voorwaarden van een schuldbewijs niet nakomt." Uit deze definitie blijkt dat sprake is van een overeenkomst en van een vergoeding voor een geleden verlies op basis van een gebeurtenis die leidt tot die vergoeding. Andere garanties vallen onder IAS 37 en zullen niet afwijken van de behandeling onder Richtlijn 252.

Financiële garanties

Een onderscheid moet worden gemaakt tussen financiële garanties waarvoor de groepsmaatschappij een 'at arm's length'-vergoeding heeft betaald en waarvoor de groepsmaatschappij geen of geen 'at arm's length'-vergoeding heeft betaald. In het navolgende wordt uitgegaan van de situatie dat de groepsmaatschappij geen of geen 'at arm's length'-vergoeding heeft betaald.

Financiële garanties die door een moedermaatschappij worden gegeven voor groepsmaatschappijen worden onder de Nederlandse wet- en regelgeving gewaardeerd tegen de beste schatting van de bedragen die noodzakelijk zijn om de desbetreffende verplichtingen en verliezen af te wikkelen (RJ 252.102 en 301). Zoals hierboven aangegeven, vallen deze financiële garanties onder IFRS binnen de reikwijdte van IFRS 9 en deze worden door de verstrekker initieel gewaardeerd tegen reële waarde (IFRS 9.5.1.1). Een moedermaatschappij die een financiële garantie afgeeft voor een groepsmaatschappij, verwerkt de waarde van deze financiële garantie in beginsel in de enkelvoudige jaarrekening afzonderlijk als een verplichting onder overeenkomstige verwerking in de deelneming in de groepsmaatschappij. Het afgeven van de financiële garantie heeft geen invloed op de omvang van het vermogen en resultaat van de moedermaatschappij. De groepsmaatschappij verwerkt de door de moedermaatschappij gegeven financiële garantie in beginsel als een voorwaardelijke vordering (zie hiervoor par. 16.3.1) zolang de financiële garantie niet wordt ingeroepen.

Onder IFRS kunnen naar onze mening de hierna volgende situaties worden onderscheiden voor het verwerken en waarderen van financiële garanties:
- De financiële garantie die door de moedermaatschappij aan de leninggever is verstrekt, maakt integraal onderdeel uit van de voorwaarden van de lening. Als de lening aan een derde zou worden overgedragen, gaat de financiële garantie automatisch mee over. De financiële garantie is dan niet te beschouwen als een afzonderlijke 'unit of account' en wordt dan ook niet afzonderlijk verwerkt. De groepsmaatschappij waardeert de lening initieel tegen reële waarde waarbij de financiële garantie onderdeel uitmaakt van deze reële waarde.
- De financiële garantie is afzonderlijk aan de leninggever verstrekt en maakt geen integraal onderdeel uit van de voorwaarden van de lening. Als de lening aan een derde zou worden overgedragen, gaat de financiële garantie niet automatisch mee over. De financiële garantie is te beschouwen als een afzonderlijke 'unit of account' en wordt afzonderlijk verwerkt en gewaardeerd tegen reële waarde. De groepsmaatschappij waardeert de lening initieel tegen reële waarde waarbij de financiële garantie geen onderdeel uitmaakt van deze reële waarde. Het verschil tussen de reële waarde en de ontvangen geldmiddelen van de lening wordt als informele kapitaalstorting verwerkt in de agioreserve in het eigen vermogen van de groepsmaatschappij.

Door het ontbreken van specifieke voorschriften zijn wij van mening dat de voorschriften voor het al dan niet afzonderlijk verwerken van financiële garanties onder omstandigheden ook onder de Nederlandse wet- en regelgeving toepasbaar zijn. Daarbij is het naar onze mening onder de Nederlandse wet- en regelgeving verdedigbaar om ook in de situatie dat de financiële garantie van de moedermaatschappij integraal onderdeel uitmaakt van de voorwaarden van de lening, deze te onderkennen en afzonderlijk te verwerken.

> **Voorbeeld afgifte financiële garantie door moeder voor dochter**
>
> Een groep bestaat uit twee entiteiten zijnde een moeder en een dochter. De moeder heeft een betere credit rating dan de dochter. De dochter wil op de markt € 100 lenen en terugbetalen over een periode van 5 jaar. De bank rekent een rente van 7,5% per jaar aan de dochter. De bank heeft ook aangeboden een rente van 7% per jaar te rekenen als de moeder garant staat voor de schuld van de dochter. De moeder besluit garant te staan voor de dochter, maar berekent geen kosten voor de af te geven garantie aan de dochter. De bank rekent op basis hiervan een rente van 7%. De reële waarde van de garantie is € 2, zijnde het contant gemaakte verschil tussen 7% en 7,5% rente per jaar over een periode van 5 jaar.
>
> *Garantie moeder maakt integraal onderdeel uit van voorwaarden lening*
> De garantie van de moeder maakt integraal deel uit van de leningsvoorwaarden tussen de bank en de dochter. Als de bank de lening overdraagt aan een derde partij, wordt deze contractpartij met de dochter voor de lening en contractpartij met de moeder voor de garantie. De dochter maakt de volgende journaalpost bij het aangaan van de lening:
>
> Geldmiddelen 100
> Aan Lening 100
>
> De dochter maakt de lening bij de initiële waardering tegen reële waarde contant tegen de marktrente van 7% voor een lening inclusief de garantie van de moeder. Zij neemt de garantie van de moeder niet separaat op. Zij verwerkt vervolgens een effectieve rentelast van 7% in de winst-en-verliesrekening.
> Onder de Nederlandse wet- en regelgeving is het ook mogelijk om de garantie van de moeder separaat op te nemen.
>
> *Garantie moeder maakt geen integraal onderdeel uit van voorwaarden lening*
> De moeder is de garantie afzonderlijk met de bank overeengekomen. De garantie is niet in de leningsvoorwaarden tussen de bank en de dochter opgenomen. Als de bank de lening overdraagt aan een derde partij, wordt deze contractpartij met de dochter voor de lening (en niet met de moeder voor de garantie). De dochter maakt de volgende journaalpost bij het aangaan van de lening:
>
> Geldmiddelen 100
> Aan Lening 98
> Aan Agioreserve 2
>
> De dochter maakt de lening bij de initiële waardering tegen reële waarde contant tegen de marktwaarde van 7,5% voor een lening zonder de garantie van de moeder. Zij verwerkt het verschil van € 2 tussen deze reële waarde van € 98 en het ontvangen bedrag van € 100 als een informele kapitaalstorting. De dochter zal vervolgens een effectieve rentelast van 7,5% verwerken in de winst-en-verliesrekening.
>
> De moeder verwerkt de garantie in beide situaties als een verplichting tegen de reële waarde van € 2 en als een informele kapitaalstorting in de dochter.

Andere garanties, waaronder aansprakelijkheidsverklaring op grond van artikel 2:403 BW

De meest voorkomende garantie in groepsverband is de afgifte door de moedermaatschappij van een aansprakelijkheidsstellingsverklaring op grond van artikel 2:403 BW voor een groepsmaatschappij. Zie hoofdstuk 42 voor een uitgebreide behandeling van het groepsregime uit hoofde van artikel 2:403 BW.

Een aansprakelijkheidsstellingsverklaring op grond van artikel 2:403 BW is naar onze mening geen financieel garantiecontract – zie definitie hierboven – omdat er geen sprake is van een overeenkomst, waarbij twee of meer partijen zijn betrokken, maar van een eenzijdige rechtshandeling. Tevens hoeft er geen sprake te zijn van een verliesgevende gebeurtenis om aanspraak te kunnen doen op deze garantie. Een aansprakelijkheidsstellingsverklaring op grond van artikel 2:403 BW valt derhalve onder IFRS binnen de reikwijdte van IAS 37. Zoals hiervoor behandeld vallen onder de Nederlandse wet- en regelgeving alle garanties onder de reikwijdte van Richtlijn 252 'Voorzieningen'.

Indien de moedermaatschappij zich aansprakelijk heeft gesteld voor schulden van groepsmaatschappijen wordt dit in eerste instantie niet verwerkt in de geconsolideerde en de enkelvoudige jaarrekening van de moedermaatschappij. Vanuit het perspectief van de moedermaatschappij zijn immers de schulden van de groepsmaatschappij opgenomen in de geconsolideerde jaarrekening of in de netto-vermogenswaarde van de deelneming in de enkelvoudige jaarrekening. Een eventuele vergoeding voor het verstrekken van deze garantie wordt immers geëlimineerd.

Een afgegeven garantie kan later leiden tot het opnemen van een voorziening in de enkelvoudige balans van de moedermaatschappij, namelijk als het risico op aansprakelijkheidsstelling zich manifesteert en een kasuitstroom waarschijnlijk is. Zie paragraaf 16.5.4 voor de behandeling van een voorziening in verband met aansprakelijkheid en paragraaf 10.4.3.4 voor de behandeling van deelnemingen met een negatief eigen vermogen.

Mocht niet aan de criteria voor het vormen van een voorziening zijn voldaan, dan verplicht artikel 2:376 BW tot afzonderlijke vermelding van de verplichtingen die ten behoeve van groepsmaatschappijen zijn aangegaan in de toelichting. Zie voor een uitvoerige behandeling paragraaf 16.5.4.

De groepsmaatschappij verwerkt in beginsel het verkrijgen van de garantie in haar geconsolideerde en enkelvoudige jaarrekening. Hierbij is van belang of de groepsmaatschappij een 'at arm's length'-vergoeding voor het verkrijgen van de garantie heeft betaald aan de moeder. Indien geen 'at arm's length' vergoeding is betaald door de groepsmaatschappij kan sprake zijn van een informele kapitaalstorting ten gunste van de agioreserve. In veel gevallen zal het verwerken van het verkrijgen van de garantie tegen reële waarde in zijn algemeenheid vanwege materialiteit achterwege blijven. De groepsmaatschappij neemt een garantievordering op zo gauw het risico zich heeft gemanifesteerd en zij de garantie van de moedermaatschappij zal inroepen.
Als de moedermaatschappij een aansprakelijkheidstellingsverklaring op grond van artikel 2:403 BW voor een groepsmaatschappij heeft afgegeven, hoeft deze ontvangende groepsmaatschappij de jaarrekening niet in overeenstemming met Titel 9 op te stellen en hoeft zij deze niet openbaar te maken.

Verschillen Dutch GAAP - IFRS
Onder de Nederlandse wet- en regelgeving vallen financiële garanties binnen de reikwijdte van Richtlijn 252 en worden gewaardeerd tegen de beste schatting van de bedragen die noodzakelijk zijn om de desbetreffende verplichtingen en verliezen af te wikkelen. Onder IFRS vallen financiële garantiecontracten binnen de reikwijdte van IFRS 9 en worden initieel gewaardeerd tegen reële waarde.

Onder IFRS wordt een financiële garantie die door de moedermaatschappij aan de leninggever is verstrekt en integraal onderdeel uitmaakt van de voorwaarden van de lening niet beschouwd als een afzonderlijke 'unit of account'. Deze wordt dan ook niet afzonderlijk verwerkt. Onder de Nederlandse wet- en regelgeving is het tevens verdedigbaar om in deze situatie de financiële garantie van de moedermaatschappij wel te onderkennen en afzonderlijk te verwerken.

26.5 Onderlinge dienstverlening

Naast het doen van allerlei uitkeringen, stortingen, overdrachten, en het verschaffen van leningen en garanties, voeren groepsmaatschappijen diensten uit voor andere groepsmaatschappijen die al dan niet worden doorbelast. Het is de vraag of en hoe deze diensten moeten worden verwerkt door zowel de dienstverlenende groepsmaatschappij als de ontvangende groepsmaatschappij. Dit wordt in zijn algemeenheid behandeld in paragraaf 26.5.1. De meest voorkomende diensten zijn personeelsdiensten en verrekeningen binnen een fiscale eenheid. Personeelsdiensten, waarin begrepen personeelskosten, pensioenkosten en bestuurdersbezoldiging, worden behandeld in paragraaf 26.5.2. Op aandelen gebaseerde betalingen in groepsaandelen worden behandeld in paragraaf 26.5.3 en verrekeningen binnen een fiscale eenheid worden behandeld in paragraaf 26.5.4.

26.5.1 Verwerking van onderlinge dienstverlening
Dutch GAAP

Als een groepsmaatschappij een doorbelasting voor kosten van onderlinge dienstverlening van een andere groepsmaatschappij ontvangt, zal deze groepsmaatschappij de kosten verwerken op basis van deze doorbelasting tenzij deze doorbelasting niet 'at arm's length' plaatsvindt. Als geen doorbelasting plaatsvindt of als deze doorbelasting duidelijk niet 'at arm's length' plaatsvindt, dienen, zoals in paragraaf 26.1.3 behandeld, naar onze mening kosten van onderlinge dienstverlening in het algemeen op 'at arm's length'-basis te worden verwerkt in de jaarrekening van de ontvangende groepsmaatschappij. Hetzelfde geldt voor de dienstverlenende groepsmaatschappij.

Als de doorbelasting niet 'at arm's length' plaatsvindt of als er geen doorbelasting plaatsvindt, zal de ontvangende groepsmaatschappij het verschil tussen de reële waarde van de diensten en de overeengekomen doorbelasting verwerken in de agioreserve als een informele kapitaalstorting.

Als de dienstverlenende groepsmaatschappij de moedermaatschappij is, zal deze het verschil als een informele kapitaalstorting verwerken ten gunste van de deelneming. Als de dienstverlenende groepsmaatschappij een andere groepsmaatschappij (bijv. zustermaatschappij) is, zal deze het verschil als een informele dividenduitkering aan de moedermaatschappij verwerken in het eigen vermogen. De moedermaatschappij wordt dan geacht deze informele dividenduitkering uiteindelijk (als informele kapitaalstorting) in te brengen in de ontvangende groepsmaatschappij.

Hoe moeten de doorbelastingen worden verwerkt in de winst-en-verliesrekening van de dienstverlenende groepsmaatschappij?
Er moet worden beoordeeld of de dienstverlenende groepsmaatschappij optreedt als principaal. Zie hiervoor paragraaf 5.2.2. Als de dienstverlenende groepsmaatschappij principaal is, verwerkt deze de doorbelasting van de kosten als opbrengsten. Als de dienstverlenende groepsmaatschappij geen principaal is, verwerkt deze de doorbelasting van de kosten al dan niet zichtbaar in mindering op de kosten. In het laatste geval presenteert de dienstverlenende groepsmaatschappij uiteindelijk alleen die kosten die op de dienstverlenende maatschappij zelf betrekking hebben.

IFRS

Als de onderlinge dienstverlening 'at arm's length' wordt doorbelast, wordt de dienstverlening in overeenstemming met de overeenkomst verwerkt in de jaarrekening van de ontvangende groepsmaatschappij. Hetzelfde geldt voor de dienstverlenende groepsmaatschappij. Hierbij gelden voor de wijze van presenteren van de doorbelaste kosten in de winst-en-verliesrekening van de dienstverlenende groepsmaatschappij dezelfde overwegingen als hiervoor bij de Nederlandse wet- en regelgeving beschreven.

Als de onderlinge dienstverlening niet 'at arm's length' is doorbelast, kan deze onder IFRS worden verwerkt tegen reële waarde of, afhankelijk van de onderliggende feiten en omstandigheden, tegen de overeengekomen transactieprijs. Zie verder paragraaf 26.1.3. Ook hierbij gelden voor de wijze van presenteren van de doorbelaste kosten in de winst-en-verliesrekening van de dienstverlenende groepsmaatschappij dezelfde overwegingen als hiervoor bij de Nederlandse wet- en regelgeving beschreven.

26.5.2 Personeelsdiensten

Binnen groepen komt het voor dat een groepsmaatschappij het personeel juridisch in dienst heeft maar dat dit personeel rechtstreeks werkt voor andere groepsmaatschappijen. Ook komt het voor dat een groepsmaatschappij de pensioenregeling voor de groep uitvoert. Hiermee verwant is de situatie dat bestuurders van groepsmaatschappijen geen bezoldiging ontvangen van de betreffende groepsmaatschappij waarvan zij bestuurder zijn. De bestuurders zijn in dienst van een andere groepsmaatschappij, bijvoorbeeld de moedermaatschappij.

26.5.2.1 Personeelskosten exclusief pensioenkosten

Richtlijn 271 'Personeelsbeloningen' en IAS 19 'Employee Benefits' bevatten geen voorschriften voor het verwerken van (doorbelastingen van) personeelskosten in groepsverband en de toelichtingen daarop.

Verwerking van personeelskosten onder Dutch GAAP

Als een groepsmaatschappij voor de uitvoering van zijn activiteiten personeelsdiensten ontvangt van een andere groepsmaatschappij, zijn wij van mening dat de ontvangende groepsmaatschappij personeelskosten verwerkt alsof het personeel formeel in dienst is, en de dienstverlenende groepsmaatschappij de doorbelastingen verwerkt zoals is beschreven in paragraaf 26.5.1. Op deze wijze wordt naar onze mening veelal recht gedaan aan de economische realiteit en wordt een getrouw beeld gegeven van de prestaties van zowel de ontvangende als de dienstverlenende groepsmaatschappij. Dit kan worden verduidelijkt in het volgende voorbeeld.

Voorbeeld verwerking personeelskosten onder Dutch GAAP

Moedermaatschappij heeft twee dochtermaatschappijen, A en B. Groepsmaatschappij A heeft juridisch het personeel van de groep in dienst en belast deze kosten op basis van een contract door aan groeps- en zustermaatschappij B die feitelijk gebruikmaakt van het personeel. De personeelskosten bedragen op jaarbasis € 100.

Als de doorbelasting 'at arm's length' gelijk is aan de personeelskosten verwerkt B:
personeelskosten 100
    aan rekening-courantschuld 100

en verwerkt A:
rekening-courantvordering 100
    aan personeelskosten 100

Als A (slechts) € 80 doorbelast aan B, en de doorbelasting niet 'at arm's length' wordt geacht, verwerkt B:
personeelskosten 100
    aan rekening-courantschuld 80
    aan agioreserve 20

verwerkt A:
rekening-courantvordering 80
overige reserves 20
    aan personeelskosten 100

en verwerkt M:
deelneming B 20
    aan deelneming A 20

Als doorbelastingen tussen groepsmaatschappijen plaatsvinden in de vorm van een totaalbedrag voor allerlei afgesproken diensten, dan zal normaliter de component voor personeelsdiensten in het totaalbedrag moeten worden vastgesteld.

26 Transacties onder gemeenschappelijke leiding

Verwerking van personeelskosten onder IFRS

Als de onderlinge dienstverlening 'at arm's length' is doorbelast, wordt de dienstverlening in overeenstemming met de overeenkomst, tegen reële waarde, verwerkt in de jaarrekening van de ontvangende groepsmaatschappij. Hetzelfde geldt voor de dienstverlenende groepsmaatschappij.

Als de onderlinge dienstverlening niet 'at arm's length' is doorbelast, kan deze onder IFRS worden verwerkt tegen reële waarde of, afhankelijk van de onderliggende feiten en omstandigheden, tegen de overeengekomen transactieprijs. Zie verder paragraaf 26.5.1.

Toelichting op personeelskosten

Wij zijn op grond van het inzichtsvereiste in artikel 2:362 lid 1 BW van mening dat, als de verleende personeelsdiensten en de eventuele doorbelastingen daarvan significant zijn, de omvang en systematiek van de doorbelastingen alsmede de wijze van verwerken van de verleende personeelsdiensten moeten worden toegelicht. Dit geldt zowel voor de dienstverlenende als de ontvangende groepsmaatschappij. Dit geldt zeker voor jaarrekeningen die zijn opgesteld op basis van IFRS omdat er een keuze is om de verleende/ontvangen personeelsdiensten te verwerken tegen reële waarde of, afhankelijk van de onderliggende feiten en omstandigheden, tegen de overeengekomen transactieprijs. Hiervoor kan onder IFRS ook grond worden gevonden in IAS 24 'Related Party Disclosures'.

26.5.2.2 Pensioenkosten

Verwerking van pensioenkosten onder Dutch GAAP en IFRS

Onder IFRS zijn contractuele afspraken tussen groepsmaatschappijen leidend voor het verwerken van pensioenkosten bij een gemeenschappelijke pensioenregeling (IAS 19.41). De ontvangende en de uitvoerende groepsmaatschappij verwerken alleen pensioenkosten indien en voor zover deze feitelijk worden doorbelast. Als er geen doorbelastingen zijn, dan verwerkt de ontvangende groepsmaatschappij geen pensioenkosten. De uitvoerende groepsmaatschappij verwerkt en draagt dan alle pensioenkosten. Pensioenkosten kunnen worden doorbelast op basis van de actuarieel bepaalde pensioenkosten, of als een los daarvan bepaalde pensioenbijdrage. Omdat IAS 19 een specifieke en complexe wijze van bepalen van de pensioenlasten kent, heeft de IASB het verwerken van pensioenkosten binnen de groep op basis van feitelijke doorbelastingen toegestaan.

Richtlijn 271 'Personeelsbeloningen' bevat geen voorschriften voor het verwerken van (doorbelastingen van) gemeenschappelijke pensioenregelingen en de daarmee gepaard gaande pensioenkosten. Het onder de verwerking van personeelskosten behandelde is naar onze mening in beginsel onder de Nederlandse wet- en regelgeving ook van toepassing op het verwerken van pensioenkosten van gemeenschappelijke pensioenregelingen. Omdat Richtlijn 271 een fundamenteel andere benadering volgt dan IAS 19, een zogenoemde verplichtingenbenadering, waarbij op relatief eenvoudige wijze kan worden bepaald welke pensioenverplichting op de diverse groepsmaatschappijen rusten, geldt naar onze mening het algemene principe dat kosten en opbrengsten van onderlinge dienstverlening in het algemeen worden verwerkt in de jaarrekening en wel op 'at arm's length'-basis. Wij hebben daarom de voorkeur om niet (geheel) doorbelaste pensioenkosten op dezelfde wijze te verwerken als personeelskosten (in beginsel 'at arm's length'; zie par. 26.5.1 en 26.5.2.1) omdat pensioenkosten immers een integraal onderdeel uitmaken van de personeelskosten.

Omdat de Nederlandse wet- en regelgeving geen voorschriften bevat voor het verwerken van (doorbelastingen van) gemeenschappelijke pensioenregelingen en de daarmee gepaard gaande pensioenkosten, en IFRS wel, kan het, naar onze mening, in bepaalde omstandigheden verdedigbaar zijn dat de ontvangende en de uitvoerende groepsmaatschappij alleen pensioenkosten verwerken indien en voor zover deze feitelijk worden doorbelast. Indien bijvoorbeeld sprake is van risicovergoedingen voor restrisico's in de gemeenschappelijke pensioenregeling en de daaruit voortvloeiende kosten door de moedermaatschappij voor haar rekening worden genomen, waarbij een toerekening naar de verschillende groepsmaatschappijen onevenredig veel moeite zou kosten of zelfs arbitrair zou kunnen zijn, kan het naar onze mening verdedigbaar zijn om voor deze restrisico's de feitelijk doorbelaste risicovergoedingen te verwerken.

Toelichting op pensioenkosten

De uitvoerende groepsmaatschappij neemt de door Richtlijn 271 of door IAS 19 voorgeschreven toelichtingen over pensioenen op. Zie hiervoor de paragrafen 18.2.5 respectievelijk 18.3.20.

In de praktijk komt de vraag op of de ontvangende groepsmaatschappij toelichtingen op de gemeenschappelijke pensioenregeling moet opnemen in zijn jaarrekening, en zo ja, welke. Richtlijn 271 bevat geen voorschriften voor gemeenschappelijke pensioenregelingen in groepsverband.
IAS 19 geeft aan dat de volgende informatie wordt opgenomen in de jaarrekening van de ontvangende groepsmaatschappij (IAS 19.149):
- de contractuele afspraak of het gevoerde beleid inzake het al dan niet doorbelasten van de op basis van IAS 19 bepaalde pensioenkosten;
- het beleid voor het vaststellen van de pensioenbijdrage die de ontvangende groepsmaatschappij moet betalen; en
- informatie over de gemeenschappelijke pensioenregeling.

De laatstgenoemde informatie over de gemeenschappelijke pensioenregeling kan worden opgenomen door een referentie naar de jaarrekening van de uitvoerende groepsmaatschappij waarin alle informatie over deze pensioenregeling is opgenomen, mits is voldaan aan de volgende voorwaarden (IAS 19.150):
- de relevante pensioenregeling is daarin afzonderlijk herkenbaar. Als informatie over regelingen is samengevoegd, dan moet de informatie over de individuele regeling daaruit kunnen worden afgeleid, bijvoorbeeld door vermelding van het relatieve belang in de samengevoegde vergelijkbare regelingen;
- de jaarrekening van de uitvoerende groepsmaatschappij is onder dezelfde condities en op hetzelfde moment beschikbaar als de jaarrekening van de ontvangende groepsmaatschappij die de verwijzing opneemt.

Indien niet aan deze voorwaarden is voldaan, worden de toelichtingen over de gemeenschappelijke pensioenregeling uit de jaarrekening van de uitvoerende groepsmaatschappij overgenomen in de jaarrekening van de ontvangende groepsmaatschappij. Bij de overwegingen die ten grondslag liggen aan het opnemen van deze informatie kan materialiteit een rol spelen.

Het onder de Nederlandse wet- en regelgeving achterwege laten van een gepaste toelichting geeft naar onze mening geen goed inzicht in de activiteiten, financiële positie en prestaties van de ontvangende groepsmaatschappij. Het is naar onze mening dan ook noodzakelijk om ook onder de Nederlandse wet- en regelgeving een met IAS 19 vergelijkbare referentie naar de jaarrekening van de uitvoerende groepsmaatschappij op te nemen, aangevuld met informatie over de onderlinge contractuele afspraken.

Wij zijn van mening dat het, zowel onder de Nederlandse wet- en regelgeving als onder IFRS, voor het vereiste inzicht noodzakelijk kan zijn, zelfs als aan de voorwaarden voor een referentie naar de jaarrekening van de uitvoerende groepsmaatschappij is voldaan, om additionele specifieke toelichtingen met betrekking tot de voor de individuele groepsmaatschappij relevante elementen van de gemeenschappelijke pensioenregeling op te nemen in de jaarrekening van deze groepsmaatschappij.

26 Transacties onder gemeenschappelijke leiding

Als gebruik wordt gemaakt van de optie in Richtlijn 271 om de pensioenen te verwerken overeenkomstig IFRS of US GAAP, wordt de informatie opgenomen die IFRS respectievelijk US GAAP inzake pensioenen verlangt (RJ 271.101). Voor IFRS gelden in dat verband de eerder genoemde voorschriften van IAS 19 (IAS 19.149-150).

26.5.2.3 Bezoldiging van bestuurders

Verwerking bezoldiging bestuurders onder Dutch GAAP

Het onder de verwerking van personeelskosten behandelde is naar onze mening in beginsel onder de Nederlandse wet- en regelgeving ook van toepassing op het verwerken van bezoldiging van bestuurders (zie par. 26.5.1 en 26.5.2.1). Dit betekent dat de kosten van bezoldiging van bestuurders in beginsel worden verwerkt in de jaarrekening van de ontvangende groepsmaatschappij, ook als er geen formele bezoldiging is afgesproken tussen de dienstverlenende en ontvangende groepsmaatschappij.

De kosten van de te verwerken bezoldiging van bestuurders worden bepaald door de totale bezoldiging van bestuurders in de groep toe te rekenen naar groepsmaatschappijen op basis van de feitelijke relatieve tijdsbesteding. De omvang van de formele aanstelling van een bestuurder is hierbij dus niet van belang. Het kan in de praktijk lastig zijn om een betrouwbare schatting van de feitelijke tijdsbesteding te maken omdat deze niet wordt geregistreerd en/of omdat werkzaamheden worden verricht die van toepassing zijn op meerdere groepsmaatschappijen. In beginsel zal moeten worden getracht tot een redelijke benadering van de feitelijke tijdsbesteding te komen. Materialiteit kan hierbij een rol spelen, zeker als de omvang van de feitelijke werkzaamheden voor de individuele groepsmaatschappij relatief gering is.

Verwerking bezoldiging bestuurders onder IFRS

Als de onderlinge dienstverlening 'at arm's length' is doorbelast, wordt de dienstverlening in overeenstemming met de overeenkomst, tegen reële waarde, verwerkt in de jaarrekening van de ontvangende groepsmaatschappij. Hetzelfde geldt voor de dienstverlenende groepsmaatschappij.

Als de onderlinge dienstverlening niet 'at arm's length is doorbelast, kan deze onder IFRS worden verwerkt tegen reële waarde of, afhankelijk van de onderliggende feiten en omstandigheden, tegen de overeengekomen transactieprijs. Zie verder paragraaf 26.5.1.

Toelichting op bezoldiging bestuurders

De toelichtingsvoorschriften met betrekking tot bezoldiging van bestuurders zijn van toepassing als er onder de Nederlandse wet- en regelgeving of IFRS kosten voor bezoldiging van bestuurders zijn verwerkt in de winst-en-verliesrekening. Zie verder paragrafen 21.2.4 tot en met 21.2.6.

In de praktijk besluit een ontvangende groepsmaatschappij soms om de kosten voor bezoldiging van bestuurders niet te verwerken omdat geen sprake is van materiële bedragen. Op grond van artikel 2:363 lid 3 BW blijft echter de verplichting bestaan om de bezoldiging van de bestuurders toe te lichten omdat hiervoor een andere materialiteit geldt. Ook moet onder de Nederlandse wet- en regelgeving rekening worden gehouden met de toelichtingsvoorschriften voor (van betekenis zijnde) transacties tussen verbonden partijen die niet onder normale marktvoorwaarden zijn aangegaan. Zie hiervoor paragraaf 21.2.8.

Richtlijn 271 geeft in bijlage 3 nadere aanwijzingen over welke elementen geacht worden te zijn begrepen in 'bezoldiging'. Als doorbelastingen tussen groepsmaatschappijen plaatsvinden in de vorm van een totaalbedrag voor allerlei afgesproken diensten, dan zal de component voor bezoldiging van bestuurders in het totaalbedrag moeten worden vastgesteld en toegelicht. Hoewel dit toelichtingsvoorschrift voor doorbelastingen onder de

Nederlandse wet- en regelgeving van toepassing is op open NV's (zie par. 21.2.5), zou dit naar onze mening onder de Nederlandse wet- en regelgeving ook van toepassing moeten zijn op andere entiteiten en onder IFRS op entiteiten die deze doorbelastingen hebben verwerkt. Ook in deze gevallen zijn wij van mening dat ontvangende groepsmaatschappijen de toelichtingen op bezoldiging van bestuurders moeten opnemen in hun jaarrekening, in beginsel ongeacht de materialiteit van de daarmee gemoeide bedragen.

26.5.3 Op aandelen gebaseerde betalingen in groepsaandelen

Binnen een groep kan de groepsmaatschappij die de goederen of diensten ontvangt een andere zijn dan de groepsmaatschappij die de op aandelen gebaseerde betaling afwikkelt. Tevens kunnen de op aandelen gebaseerde betalingen zijn gebaseerd op aandelen van een andere groepsmaatschappij. Het verwerken van deze kosten wijkt af van de algemene voorschriften zoals behandeld in paragraaf 26.5.1. Zie paragraaf 34.2.10 voor een uitgebreide behandeling van op aandelen gebaseerde betalingen in groepsaandelen. Hier wordt volstaan met een korte samenvatting.

Dutch GAAP

De Raad voor de Jaarverslaggeving stelt dat Richtlijn 275 'Op aandelen gebaseerde betalingen' niet hoeft te worden toegepast voor de verwerking van op aandelen gebaseerde betalingen die geïnitieerd zijn of[1] afgewikkeld worden door een persoon of maatschappij die niet tot de consolidatiekring van de rechtspersoon behoort (RJ 275.103a). Het is dus niet verplicht Richtlijn 275 toe te passen; het mag echter wel. Voor eventueel verplichte toelichtingen, zie verder paragraaf 21.2.8.3.

Als een groepsmaatschappij een doorbelasting van de kosten van een op aandelen gebaseerde betaling die is afgewikkeld door een andere groepsmaatschappij, ontvangt, dan zal deze groepsmaatschappij de kosten verwerken op basis van deze doorbelasting. Als geen doorbelasting plaatsvindt, verdient het naar onze mening naar analogie van andere doorbelastingen zoals beschreven in deze paragraaf 26.5 de voorkeur om de kosten te verwerken in overeenstemming met Richtlijn 275.

IFRS

IFRS 2 'Share-based Payment' kent wel specifieke voorschriften die er toe leiden dat de groepsmaatschappij die de goederen of diensten ontvangt ook de kosten van de op groepsaandelen gebaseerde betaling verwerkt. De omvang van de kosten hangt af van de classificatie van op aandelen gebaseerde betaling door deze groepsmaatschappij. Het verwerken van de op aandelen gebaseerde betaling in de jaarrekening van de groepsmaatschappij die de goederen of diensten ontvangt, kan verschillen van de verwerking in de jaarrekening van de groepsmaatschappij die de op aandelen gebaseerde betaling afwikkelt.

26.5.4 Verrekeningen binnen een fiscale eenheid

Groepsmaatschappijen kunnen onder bepaalde voorwaarden een fiscale eenheid vormen. Deze fiscale faciliteit houdt in dat de belastbare resultaten van deze groepsmaatschappijen ten behoeve van de belastingheffing worden samengevoegd alsof het één entiteit betreft. Binnen de fiscale eenheid worden fiscale verliezen van groepsmaatschappijen direct gecompenseerd met fiscale winsten van andere groepsmaatschappijen. Het bestaan van een fiscale eenheid heeft in het algemeen geen betekenis voor de geconsolideerde jaarrekening van de groepsmaatschappij die aan het hoofd van de fiscale eenheid staat, doch wel voor zijn enkelvoudige jaarrekening en de

---

[1] Overigens lijkt het meer voor de hand te liggen dat dit een cumulatieve voorwaarde is. In het geval dat een groepsmaatschappij de op aandelen gebaseerde betaling afwikkelt, zou het onlogisch zijn dat deze de op aandelen gebaseerde betaling niet verwerkt.

jaarrekeningen van de andere groepsmaatschappijen die deel uitmaken van de fiscale eenheid. De verwerking van het verrekenen van belastingen binnen een fiscale eenheid wijkt af van het behandelde in paragraaf 26.5.1. Voor een uitgebreide behandeling van de verrekening van belastingen binnen een fiscale eenheid wordt verwezen naar paragraaf 17.6. Hier wordt volstaan met een korte samenvatting.

Dutch GAAP

In Richtlijn 272 'Belastingen naar de winst' zijn voorschriften opgenomen voor de verwerking van de verrekening van belastingen tussen groepsmaatschappijen binnen een fiscale eenheid. In de praktijk kan de verrekening van belastingen tussen de groepsmaatschappij die aan het hoofd van de fiscale eenheid staat en de andere groepsmaatschappijen die deel uitmaken van de fiscale eenheid op verschillende wijzen plaatsvinden. De contractuele afspraken tussen de groepsmaatschappijen zijn leidend bij het verwerken van deze verrekeningen.

IFRS

IAS 12 'Income Taxes' gaat niet specifiek in op de problematiek van de verrekening van belastingen binnen een fiscale eenheid. De (internationale) opvattingen over het verwerken van verrekeningen van belastingen tussen groepsmaatschappijen verschillen, met als uitersten het geheel toerekenen van de kosten van belastingen en de daaraan gerelateerde belastingposities en het geheel niet toerekenen van de kosten van belastingen en de daaraan gerelateerde belastingposities. Ook onder IFRS dient rekening te worden gehouden met de contractuele afspraken tussen de groepsmaatschappijen. De wijze waarop belastingen binnen een fiscale eenheid zijn verrekend dient consistent te worden toegepast en te worden toegelicht.

26.6 Resultaten op intercompany-transacties
26.6.1 Inleiding

In Richtlijn 260 zijn voorschriften opgenomen met betrekking tot de verwerking van resultaten op intercompany-transacties in de geconsolideerde en enkelvoudige jaarrekening. IFRS heeft geen afzonderlijke standaard voor de eliminatie van resultaten op intercompany-transacties, maar de principes ten aanzien van eliminatie van resultaten op intercompany-transacties kunnen worden afgeleid uit IFRS 10.B86 en IFRS 11.B34, B36 en B37 en IAS 28.28-31B. Deze zijn gelijk aan de voorschriften zoals die hieronder worden uiteengezet.

Een intercompany-transactie kan zijn:
- Een overdracht van de feitelijk beleidsbepalende respectievelijk deelnemende rechtspersoon aan een groepsmaatschappij of deelneming (*downstream sale*: zie par. 26.6.2);
- Een overdracht van een groepsmaatschappij of deelneming aan de feitelijk beleidsbepalende respectievelijk deelnemende rechtspersoon (*upstream sale*: zie par. 26.6.3); of
- Een overdracht tussen deelnemingen en/of groepsmaatschappijen onderling (*sidestream sale*; zie par. 26.6.4).

De rechtspersoon kan zowel topholding, tussenholding in de groep of een andere groepsmaatschappij zijn.

Richtlijn 260 is niet van toepassing op intercompany-transacties tussen een rechtspersoon en een kapitaalbelang van die rechtspersoon, dat niet als groepsmaatschappij en niet als deelneming met invloed van betekenis kwalificeert, maar als belegging. Resultaten op dergelijke intercompany-transacties worden verwerkt in de geconsolideerde en enkelvoudige jaarrekening van de rechtspersoon (RJ 260.103).

Richtlijn 260 is niet de enige vindplaats waar een handleiding wordt gegeven voor de verwerking van resultaten op intercompany-transacties. In RJ 217.507 wordt in het kader van de consolidatie volledige eliminatie voorgeschreven van resultaten op transacties tussen in de consolidatie opgenomen groepsmaatschappijen (zie par. 23.8.4). En in RJ 215.208 en 209 wordt in het kader van de behandeling van joint ventures aandacht geschonken aan de verwerking van transacties tussen deelnemers in een joint venture (zie par. 11.2.1 en 11.2.2).

De behandeling in deze paragraaf spitst zich steeds toe op de vraag of het resultaat op intercompany-transacties als gerealiseerd kan worden aangemerkt dan wel moet worden geëlimineerd uit de geconsolideerde en/of enkelvoudige jaarrekening.

26.6.2 Downstream sale

Bij de behandeling van de verwerking van resultaten op 'downstream sale' intercompany-transacties in de jaarrekening van de moedermaatschappij is de volgende indeling aangehouden:
- Verkrijgende vennootschap is groepsmaatschappij:
  - verwerking in geconsolideerde jaarrekening van moeder: zie paragraaf 26.6.2.1;
  - verwerking in enkelvoudige jaarrekening van moeder:
    - waardering van deelneming in verkrijgende vennootschap volgens vermogensmutatiemethode: zie paragraaf 26.6.2.2;
    - waardering van deelneming in verkrijgende vennootschap tegen verkrijgingsprijs: zie paragraaf 26.6.2.3;
- Verkrijgende vennootschap is geen groepsmaatschappij:
  - waardering van deelneming in verkrijgende vennootschap volgens vermogensmutatiemethode:
    - verwerking in geconsolideerde jaarrekening van moeder: zie paragraaf 26.6.2.4;
    - verwerking in enkelvoudige jaarrekening van moeder: zie paragraaf 26.6.2.5;
  - waardering van deelneming in verkrijgende vennootschap tegen verkrijgingsprijs, verwerking in geconsolideerde en enkelvoudige jaarrekening van moeder: zie paragraaf 26.6.2.6.

26.6.2.1 Downstream – aan groepsmaatschappij – geconsolideerde jaarrekening moeder

- Downstream sale
- De verkrijgende vennootschap is een groepsmaatschappij
- Verwerking in de geconsolideerde jaarrekening van de moeder

Resultaten op intercompany-transacties tussen in de consolidatie opgenomen groepsmaatschappijen dienen in de consolidatie volledig uit zowel de balanswaardering als het groepsresultaat te worden geëlimineerd voor zover deze resultaten nog niet door een overdracht van het verkregen actief of passief aan derden buiten de groep zijn gerealiseerd. Ook indien een groepsmaatschappij niet wordt geconsolideerd, bijvoorbeeld vanwege te verwaarlozen betekenis, dienen de resultaten op intercompany-transacties met andere (al dan niet geconsolideerde) groepsmaatschappijen volledig te worden geëlimineerd. De eliminatie in de winst-en-verliesrekening dient eveneens volledig te geschieden voor – indien van toepassing – de geboekte omzet en de kostprijs van de omzet (RJ 217.507, RJ 260.201). Het verwerken van het verkoopresultaat in de geconsolideerde jaarrekening komt pas aan de orde, indien en voor zover het verkoopresultaat is gerealiseerd door transacties met derden buiten de groep.

26 Transacties onder gemeenschappelijke leiding

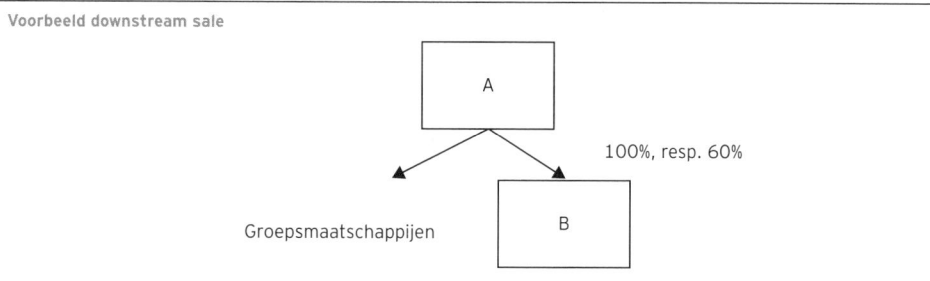

Voorbeeld downstream sale

Moeder A verkoopt een pand met een boekwaarde van € 100 voor € 150 aan groepsmaatschappij B.

Het resultaat van € 50 dat A op de verkoop aan B heeft behaald, wordt in de geconsolideerde jaarrekening van A volledig uit zowel de balanswaardering als het groepsresultaat geëlimineerd. Bij deze 'downstream sale' maakt het niet uit of A 100% van het aandelenkapitaal van B houdt of slechts 60%, zolang B maar groepsmaatschappij van A is.

Ook als B, zijnde een groepsmaatschappij van A, niet wordt meegeconsolideerd omdat B bijvoorbeeld van te verwaarlozen betekenis is, wordt het verkoopresultaat volledig geëlimineerd uit de geconsolideerde jaarrekening van A. Eliminatie vindt dan bijvoorbeeld plaats door het verkoopresultaat in mindering te brengen op de boekwaarde van deelneming B in de geconsolideerde balans van A.

26.6.2.2 Downstream – aan groepsmaatschappij – enkelvoudige jaarrekening moeder – deelneming volgens vermogensmutatiemethode

▶ Downstream sale
▶ De verkrijgende vennootschap is een groepsmaatschappij
▶ Verwerking in de enkelvoudige jaarrekening van de moeder
▶ Waardering van de deelneming in de verkrijgende vennootschap volgens de vermogensmutatiemethode

De deelnemende rechtspersoon bepaalt het resultaat op een 'downstream sale' aan de deelneming in de verkrijgende vennootschap proportioneel. Het verkoopresultaat wordt verwerkt naar rato van het relatieve belang dat derden hebben in de deelneming. Het verkoopresultaat wordt geëlimineerd naar rato van het relatieve belang dat de deelnemende rechtspersoon heeft in de deelneming (RJ 260.202 en 302). Het verkoopresultaat dat wordt verwerkt in de enkelvoudige jaarrekening kan dus afwijken van het verkoopresultaat dat wordt verwerkt in de geconsolideerde jaarrekening (RJ 260.301 en 308).

Bij een waardering van de deelneming volgens de vermogensmutatiemethode wordt de deelneming beschouwd als een samenstel van activa en passiva en niet als een ondeelbaar actief. Bij deze waarderingsmethode komt tot uitdrukking dat de deelnemende partij een economisch belang heeft bij dit samenstel van activa en passiva van de deelneming, waaronder de door de groep aan de deelneming overgedragen activa of passiva. Daarbij past dat het verkoopresultaat nog niet wordt verwerkt voor het aandeel dat de groep heeft in die deelneming, indien en voor zover die deelneming het verkoopresultaat zelf nog niet heeft gerealiseerd door overdracht aan een derde (RJ 260.203).

Eliminatie vindt plaats door het verkoopresultaat:
▶ in de winst-en-verliesrekening, in mindering te brengen op het volledige verkoopresultaat; en
▶ in de balans, in mindering te brengen op de boekwaarde van deelneming of als overlopende post op te nemen.

Als de boekwaarde van de deelneming nul is omdat deze een negatief vermogen heeft, kan het te elimineren resultaat niet op de boekwaarde van de deelneming in mindering worden gebracht. In dat geval wordt een overlopende post opgenomen. De opname van deze overlopende post staat los van het eventueel opnemen van een voorziening voor het negatieve vermogen van de deelneming.

Het geëlimineerde verkoopresultaat wordt pas verwerkt, indien en voor zover het verkoopresultaat op het actief of passief wordt gerealiseerd. Dat kan gebeuren door overdracht van het actief of passief aan een derde, maar ook door afschrijving op het actief (RJ 260.205 en 301).

Voorbeeld downstream sale

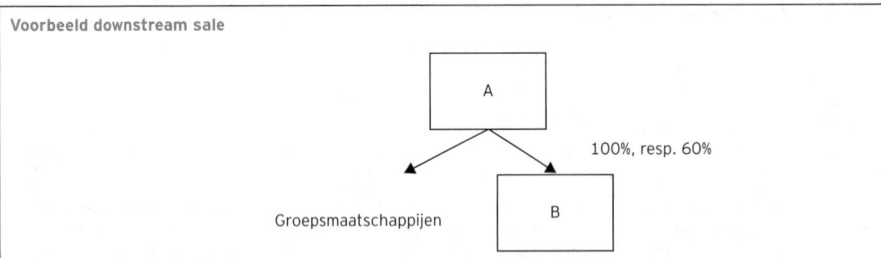

Moeder A verkoopt een pand met een boekwaarde van € 100 voor € 150 aan groepsmaatschappij B.

In het geval dat A een 100%-belang heeft in B, zal het gehele verkoopresultaat van € 50 worden geëlimineerd. In het geval dat A een 60%-belang houdt in B, neemt A een verkoopresultaat op van € 20 (40% van € 50) en wordt € 30 (60% van € 50) geëlimineerd. Het geëlimineerde resultaat van € 50 respectievelijk € 30 wordt pas in de enkelvoudige jaarrekening van A verwerkt, indien en voor het verkoopresultaat op het pand wordt gerealiseerd. Dat kan gebeuren door overdracht van het pand door B aan een derde, maar ook door afschrijving bij B op het pand.

Hoe vindt eliminatie plaats?
Eliminatie door A vindt plaats door het verkoopresultaat van € 50 respectievelijk € 30:
▶ in mindering te brengen op het in de winst-en-verliesrekening opgenomen volledige verkoopresultaat; en
▶ in mindering te brengen op de boekwaarde van deelneming B of als overlopende post op te nemen in de balans.

Naarmate het verkoopresultaat op het pand bij B wordt gerealiseerd, neemt de boekwaarde van de deelneming in B toe tot het bedrag van € 50 respectievelijk € 30 of neemt de overlopende post op dezelfde wijze af, en wordt een dienovereenkomstige bate verwerkt in de winst-en-verliesrekening van A.

In het geval dat A een 60%-belang houdt in B en B de verschuldigde koopsom direct en in contanten betaalt, levert het vorenstaande de volgende journaalposten op in de enkelvoudige jaarrekening van A:

Bij verkoop:
Bank   150
  aan pand   100
  aan winst   50

en vervolgens, gedeeltelijke eliminatie van het verkoopresultaat:
Winst   30
  aan deelneming B   30

en daarna, realisatie van het verkoopresultaat door afschrijving (uitgaande van een levensduur van 30 jaar):
Deelneming B   1
  aan gerealiseerd verkoopresultaat   1

Stel dat de boekwaarde van B nul is omdat B een negatief vermogen heeft: Het te elimineren verkoopresultaat kan dan niet op de boekwaarde van deelneming B in mindering worden gebracht. In dat geval wordt een overlopende post opgenomen in de balans van A (dus de volgende journaalpost: winst € 30, aan overlopende post € 30, waarbij de realisatie van het verkoopresultaat door afschrijving van de overlopende post plaatsvindt). De opname van een overlopende post staat los van het eventueel opnemen van een voorziening voor het negatieve vermogen van deelneming B.

26 Transacties onder gemeenschappelijke leiding

26.6.2.3 Downstream – aan groepsmaatschappij – enkelvoudige jaarrekening moeder – deelneming tegen verkrijgingsprijs

> ▸ Downstream sale
> ▸ De verkrijgende vennootschap is een groepsmaatschappij
> ▸ Verwerking in de enkelvoudige jaarrekening van de moeder
> ▸ Waardering van de deelneming in de verkrijgende vennootschap tegen de verkrijgingsprijs

Als de deelnemende rechtspersoon een tussenhoudstermaatschappij is, mag de rechtspersoon een geconsolideerde jaarrekening achterwege laten als wordt voldaan aan een aantal voorwaarden (art. 2:408 BW, RJ 217.214). Tevens is het dan toegestaan om in de enkelvoudige jaarrekening de groepsmaatschappijen en/of deelnemingen niet te waarderen volgens de vermogensmutatiemethode (art. 2:389 lid 9 BW, RJ 214.325). De groepsmaatschappijen en/of deelnemingen worden dan in de regel gewaardeerd tegen de verkrijgingsprijs (art. 2:384 lid 1 BW). Zie paragrafen 10.3.3 en 23.4.2.

Ook in deze situatie is Richtlijn 260 van toepassing (RJ 260.102). Indien de rechtspersoon ervoor kiest de deelneming in de verkrijgende vennootschap te waarderen tegen verkrijgingsprijs, dan wordt het verkoopresultaat direct en volledig in zowel het enkelvoudige als in het groepsresultaat verwerkt (RJ 260.214).
Bij een waardering op verkrijgingsprijs wordt de deelneming anders dan bij de waardering volgens de vermogensmutatiemethode behandeld als een ondeelbaar actief. De deelneming wordt in het kader van de waardering beschouwd als een zelfstandige entiteit. Daarbij past dat géén proportionele winstbepaling plaatsvindt (RJ 260.215).

Wanneer in wezen niet gerealiseerd?
Er moet nog wel de kanttekening worden gemaakt dat eliminatie wel aan de orde komt als de rechtspersoon het verkoopresultaat op de overdracht in wezen niet (geheel of gedeeltelijk) heeft gerealiseerd. Intercompanytransacties kunnen immers uitsluitend gericht zijn op het verwerken van winst en daarmee van een hoger uitkeerbaar vermogen, terwijl verwerking van deze transactie in de jaarrekening geen recht doet aan de economische realiteit. In deze situatie hangt het al dan niet verwerken van het verkoopresultaat af van de uitkomsten van een kritische beoordeling van de feiten en omstandigheden. Indien daarbij bijvoorbeeld de verkrijgende vennootschap de koopsom schuldig blijft of financiert door middel van aandelenuitgifte en ook, gezien haar vermogenspositie, zelfstandig beschouwd niet in staat zou zijn de koopsom in geld te vergoeden kan dit aanleiding zijn om de winst op de transactie als niet-gerealiseerd te beschouwen (RJ 260.311).

26.6.2.4 Downstream – niet aan groepsmaatschappij – geconsolideerde jaarrekening moeder – deelneming volgens vermogensmutatiemethode

> ▸ Downstream sale
> ▸ De verkrijgende vennootschap is geen groepsmaatschappij
> ▸ Verwerking in de geconsolideerde jaarrekening van de moeder
> ▸ Waardering van de deelneming in de verkrijgende vennootschap volgens de vermogensmutatiemethode

De deelnemende rechtspersoon bepaalt het resultaat op een 'downstream sale' aan de deelneming in de verkrijgende vennootschap proportioneel. Het verkoopresultaat wordt verwerkt naar rato van het relatieve belang dat derden hebben in de deelneming. Het verkoopresultaat wordt geëlimineerd naar rato van het relatieve belang dat de deelnemende rechtspersoon heeft in de deelneming (RJ 260.202).

Een verlies dat voortvloeit uit de overdracht van vlottende activa of een bijzondere waardevermindering van vaste activa dient wél volledig (en niet proportioneel) te worden verwerkt (RJ 260.202). Het actief is dan feitelijk minder waard dan waarvoor het in de boeken stond. De waardevermindering dient eerst te worden verwerkt voordat de verkooptransactie wordt verwerkt.

26.6.2.5 Downstream – niet aan groepsmaatschappij – enkelvoudige jaarrekening moeder - deelneming volgens vermogensmutatiemethode

- Downstream sale
- De verkrijgende vennootschap is geen groepsmaatschappij
- Verwerking in de enkelvoudige jaarrekening van de moeder
- Waardering van de deelneming in de verkrijgende vennootschap volgens de vermogensmutatiemethode

De deelnemende rechtspersoon verwerkt de transactie zoals beschreven in paragraaf 26.6.2.4 (RJ 260.202 en 302).

26.6.2.6 Downstream – niet aan groepsmaatschappij – geconsolideerde en enkelvoudige jaarrekening moeder - deelneming tegen verkrijgingsprijs

- Downstream sale
- De verkrijgende vennootschap is geen groepsmaatschappij
- Verwerking in de geconsolideerde en enkelvoudige jaarrekening van de moeder
- Waardering van de deelneming in de verkrijgende vennootschap tegen de verkrijgingsprijs

De deelnemende rechtspersoon waardeert de deelneming in de verkrijgende vennootschap tegen de verkrijgingsprijs omdat sprake is van een minderheidsdeelneming waarop geen invloed van betekenis op het zakelijk en financieel beleid kan worden uitgeoefend. De verwerking van de transactie is dan in de geconsolideerde en enkelvoudige jaarrekening gelijk. De deelnemende rechtspersoon verwerkt de transactie zoals beschreven in paragraaf 26.6.2.3 (RJ 260.214, 309 en 311).

26.6.3 Upstream sale

Bij de bespreking van de verwerking van resultaten op 'upstream sale' intercompany-transacties in de jaarrekening van de moedermaatschappij is de volgende indeling aangehouden:
- Overdragende vennootschap is groepsmaatschappij:
  - verwerking in geconsolideerde jaarrekening van moeder: zie paragraaf 26.6.3.1;
  - verwerking in enkelvoudige jaarrekening van moeder:
    - waardering van deelneming in overdragende vennootschap volgens vermogensmutatie-methode: zie paragraaf 26.6.3.2;
    - waardering van deelneming in overdragende vennootschap tegen verkrijgingsprijs: zie paragraaf 26.6.3.3.
- Overdragende vennootschap is geen groepsmaatschappij:
  - waardering van deelneming in overdragende vennootschap volgens vermogensmutatiemethode, verwerking in geconsolideerde en enkelvoudige jaarrekening van moeder: zie paragraaf 26.6.3.4.
  - waardering van deelneming in overdragende vennootschap tegen verkrijgingsprijs, verwerking in geconsolideerde en enkelvoudige jaarrekening van moeder: zie paragraaf 26.6.3.5.

26.6.3.1 Upstream – door groepsmaatschappij – geconsolideerde jaarrekening moeder

- ▶ Upstream sale
- ▶ De overdragende vennootschap is een groepsmaatschappij
- ▶ Verwerking in de geconsolideerde jaarrekening van de moeder

Resultaten op intercompany-transacties tussen in de consolidatie opgenomen groepsmaatschappijen dienen in de consolidatie volledig uit zowel de balanswaardering als het groepsresultaat te worden geëlimineerd zoals beschreven in paragraaf 26.6.2.1.

In het geval dat de deelnemende rechtspersoon minder dan een 100%-belang houdt in de overdragende vennootschap, wordt nog steeds het volledige verkoopresultaat geëlimineerd uit de geconsolideerde jaarrekening (RJ 217.507). De eliminatie wordt pro rata toegerekend aan het minderheidsbelang op basis van het aandeel in de verkopende groepsmaatschappij (RJ 260.201). Het hierna volgende voorbeeld geeft aan hoe dit zou kunnen worden uitgevoerd.

> **Voorbeeld upstream sale**
>
> Moeder A houdt een 60%-belang in groepsmaatschappij B. B verkoopt een pand met een boekwaarde van € 100 voor € 150 aan A.
> A verwerkt in deze situatie géén verkoopresultaat en hiermee resultaat op deelneming B, noch in haar vennootschappelijke balans noch in de ten behoeve van de consolidatie te gebruiken cijferopstellingen. Immers, doordat er geen sprake is van een waardestijging die gerealiseerd is door middel van een transactie met partijen die buiten de groepsjaarrekening van A staan, is in géén van de gevallen sprake van een toename van het eigen vermogen van A. Omdat de waardestijging van deelneming B voor 60% toekomt aan A en voor 40% aan de minderheidsaandeelhouders, vindt de eliminatie van het verkoopresultaat cq. deze waardestijging plaats voor 60% ten laste van A (winst meerderheid, in het eigen vermogen) en voor 40% ten laste van de minderheidsaandeelhouders (winst minderheid, in het belang van derden).

26.6.3.2 Upstream – door groepsmaatschappij – enkelvoudige jaarrekening moeder – deelneming volgens vermogensmutatiemethode

- ▶ Upstream sale
- ▶ De overdragende vennootschap is een groepsmaatschappij
- ▶ Verwerking in de enkelvoudige jaarrekening van de moeder
- ▶ Waardering van de deelneming in de overdragende vennootschap volgens de vermogensmutatiemethode

De deelnemende rechtspersoon bepaalt zijn aandeel in het resultaat van de deelneming op de overdracht proportioneel en elimineert dit uit zijn enkelvoudige jaarrekening. Indien het verkoopresultaat echter een verlies betreft, wordt het aandeel van de groep daarin onmiddellijk verwerkt indien dat voortvloeit uit de overdracht van vlottende activa of een bijzondere waardevermindering van vaste activa (RJ 260.206-210 en 304).

Eliminatie vindt plaats door het verkoopresultaat:
- ▶ in de winst-en-verliesrekening, in mindering te brengen op het resultaat deelneming; en
- ▶ in de balans, in mindering te brengen op de boekwaarde van deelneming of als overlopende post op te nemen.

Het geëlimineerde verkoopresultaat wordt pas verwerkt, indien en voor zover het verkoopresultaat op het actief of passief wordt gerealiseerd. Dat kan gebeuren door overdracht van het actief of passief aan een derde, maar ook door afschrijving op het actief (RJ 260.205).

> **Voorbeeld upstream sale**
>
>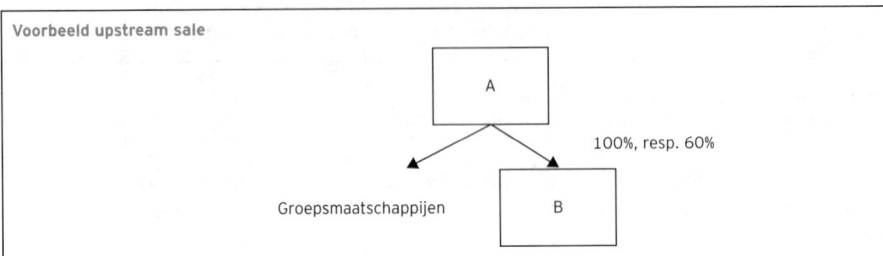
>
> Groepsmaatschappij B verkoopt een pand met een boekwaarde van € 100 voor € 150 aan moeder A.
>
> In het geval dat A een 100%-belang houdt in B, zal het gehele verkoopresultaat van B van € 50 worden geëlimineerd.
>
> In het geval dat A een 60%-belang houdt in B, elimineert A zijn gehele aandeel in het verkoopresultaat van B van € 30 (60% van € 50):
> - op het resultaat deelnemingen in haar enkelvoudige winst-en-verliesrekening, en
> - op de deelnemingen, in de enkelvoudige balans.
>
> Het geëlimineerde verkoopresultaat van B wordt pas in het enkelvoudig resultaat van A verwerkt, als het pand is verkocht aan een derde of als het pand door eigen afschrijvingen is gerealiseerd.

26.6.3.3 Upstream – door groepsmaatschappij – enkelvoudige jaarrekening moeder – deelneming tegen verkrijgingsprijs

> - Upstream sale
> - De overdragende vennootschap is een groepsmaatschappij
> - Verwerking in de enkelvoudige jaarrekening van de moeder
> - Waardering van de deelneming in de overdragende vennootschap tegen de verkrijgingsprijs

Er wordt met betrekking tot de overdracht van het actief geen resultaat (al dan niet geëlimineerd) verwerkt in de enkelvoudige jaarrekening van de deelnemende rechtspersoon. Slechts wanneer de deelneming dividend beschikbaar stelt aan de deelnemende rechtspersoon, neemt deze uitsluitend dat dividend in haar enkelvoudige resultaat op (RJ 260.216 en 310). Het uitkeren van dividend door de deelneming kan een aanwijzing zijn voor de deelnemende rechtspersoon om te beoordelen of zich een bijzondere waardevermindering bij de overdragende vennootschap voordoet.

26.6.3.4 Upstream – niet door groepsmaatschappij – geconsolideerde en enkelvoudige jaarrekening moeder – deelneming volgens vermogensmutatiemethode

> - Upstream sale
> - De overdragende vennootschap is geen groepsmaatschappij
> - Verwerking in de geconsolideerde en de enkelvoudige jaarrekening van de moeder
> - Waardering van de deelneming in de overdragende vennootschap volgens de vermogensmutatiemethode

De deelnemende rechtspersoon verwerkt de transactie zoals beschreven in paragraaf 26.6.3.2. Dit geldt zowel voor de geconsolideerde als de enkelvoudige jaarrekening.

26 Transacties onder gemeenschappelijke leiding

> **Voorbeeld upstream sale***
>
> Moeder A houdt een 40%-belang in deelneming B. B heeft in enig boekjaar een resultaat van € 400 behaald. Hierin is opgenomen een resultaat van € 100 op intercompany-goederenleveranties van B aan A. Dit verkoopresultaat van € 100 is ultimo boekjaar nog niet door A gerealiseerd door transacties met derden. A had aan het begin van het boekjaar geen door B geleverde goederen in voorraad. A verwerkt een resultaat deelneming B van € 120 (40% van (€ 400 - € 100). A heeft hiermee zijn aandeel in het resultaat van de intercompany-transactie van € 40 geëlimineerd (40% van € 100). Zowel uit het resultaat deelnemingen, in de winst-en-verliesrekening, als uit de post deelnemingen, in de balans.
>
> * voorbeeld ontleend aan RJ 260.207-209

26.6.3.5 Upstream - niet door groepsmaatschappij - geconsolideerde en enkelvoudige jaarrekening moeder - verkrijgingsprijs

> ▶ Upstream sale
> ▶ De overdragende vennootschap is geen groepsmaatschappij
> ▶ Verwerking in de geconsolideerde en de enkelvoudige jaarrekening van de moeder
> ▶ Waardering van de deelneming in de overdragende vennootschap tegen de verkrijgingsprijs

De deelnemende rechtspersoon verwerkt de transactie zoals beschreven in paragraaf 26.6.3.3. Dit geldt zowel voor de geconsolideerde als de enkelvoudige jaarrekening.

26.6.4 Sidestream sale

Bij de bespreking van de verwerking van resultaten op 'sidestream sale' intercompany-transacties in de jaarrekening van de moedermaatschappij is de volgende indeling aangehouden:
▶ Bij transactie betrokken rechtspersonen zijn groepsmaatschappijen:
  ▶ verwerking in geconsolideerde jaarrekening van moeder: zie paragraaf 26.6.4.1;
  ▶ verwerking in enkelvoudige jaarrekening van moeder:
    ▶ waardering van deelnemingen volgens vermogensmutatiemethode: zie paragraaf 26.6.4.2;
    ▶ waardering van deelnemingen tegen verkrijgingsprijs: zie paragraaf 26.6.4.3.
▶ Bij transactie betrokken rechtspersonen zijn geen groepsmaatschappijen:
  ▶ waardering van deelnemingen volgens vermogensmutatiemethode, verwerking in geconsolideerde en enkelvoudige jaarrekening van moeder: zie paragraaf 26.6.4.4.
  ▶ waardering van deelnemingen tegen verkrijgingsprijs, verwerking in geconsolideerde en enkelvoudige jaarrekening van moeder: zie paragraaf 26.6.4.5.

26.6.4.1 Sidestream - groepsmaatschappijen - geconsolideerde jaarrekening moeder

> ▶ Sidestream sale
> ▶ De bij de transactie betrokken rechtspersonen zijn groepsmaatschappijen
> ▶ Verwerking in de geconsolideerde jaarrekening van de moeder

De deelnemende rechtspersoon verwerkt de transactie zoals beschreven in paragraaf 26.6.3.1.

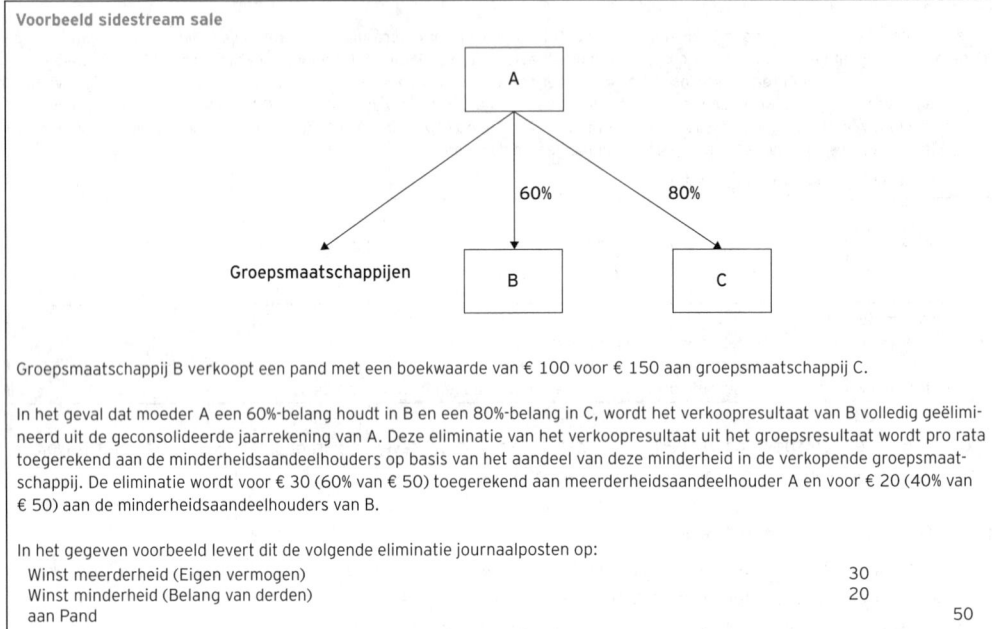

Groepsmaatschappij B verkoopt een pand met een boekwaarde van € 100 voor € 150 aan groepsmaatschappij C.

In het geval dat moeder A een 60%-belang houdt in B en een 80%-belang in C, wordt het verkoopresultaat van B volledig geëlimineerd uit de geconsolideerde jaarrekening van A. Deze eliminatie van het verkoopresultaat uit het groepsresultaat wordt pro rata toegerekend aan de minderheidsaandeelhouders op basis van het aandeel van deze minderheid in de verkopende groepsmaatschappij. De eliminatie wordt voor € 30 (60% van € 50) toegerekend aan meerderheidsaandeelhouder A en voor € 20 (40% van € 50) aan de minderheidsaandeelhouders van B.

In het gegeven voorbeeld levert dit de volgende eliminatie journaalposten op:

Winst meerderheid (Eigen vermogen)	30	
Winst minderheid (Belang van derden)	20	
aan Pand		50

26.6.4.2 Sidestream – groepsmaatschappijen –enkelvoudige jaarrekening moeder – deelnemingen volgens vermogensmutatiemethode

> ▶ Sidestream sale
> ▶ De bij de transactie betrokken rechtspersonen zijn groepsmaatschappijen
> ▶ Verwerking in de enkelvoudige jaarrekening van de moeder
> ▶ Waardering van de deelnemingen volgens de vermogensmutatiemethode

Als een actief of passief wordt overgedragen tussen twee deelnemingen die beide volgens de vermogensmutatiemethode worden gewaardeerd, beperkt de deelnemende rechtspersoon zijn aandeel in het verkoopresultaat van de overdragende vennootschap tot het deel dat overeenkomt met de afname van zijn relatieve belang in het overgedragen actief of passief. Dat deel van het verkoopresultaat is immers gerealiseerd door overdracht aan minderheidsaandeelhouders. Als de overdracht er niet toe leidt dat het relatieve belang van de deelnemende rechtspersoon in het overgedragen actief of passief afneemt, verwerkt de deelnemende rechtspersoon geen verkoopresultaat in het resultaat uit deelnemingen.

Indien het verkoopresultaat van de overdragende vennootschap echter een verlies betreft, wordt het aandeel van de deelnemende rechtspersoon daarin verwerkt indien dat voortvloeit uit de overdracht van vlottende activa of een bijzondere waardevermindering van vaste activa (RJ 260.211-213 en 305).

Het verkoopresultaat dat wordt verwerkt in de enkelvoudige jaarrekening kan dus afwijken van het verkoopresultaat dat wordt verwerkt in de geconsolideerde jaarrekening (RJ 260.301 en 308).

Het geëlimineerde verkoopresultaat wordt pas verwerkt, indien en voor zover het verkoopresultaat op het actief of passief wordt gerealiseerd. Dat kan gebeuren door overdracht van het actief of passief aan een derde, maar ook door afschrijving op het actief (RJ 260.205).

26 Transacties onder gemeenschappelijke leiding

> **Voorbeeld sidestream sale**
> Zie voorbeeld sidestream sale in paragraaf 26.6.4.1.
>
> In het geval dat A een 100%-belang houdt in zowel B als C, zal A geen verkoopresultaat in de resultaten uit deelnemingen verwerken. Het verkoopresultaat van € 50 dat B heeft behaald, zal worden geëlimineerd uit het resultaat van deelneming B en in mindering worden gebracht op de boekwaarde van deelneming C.
> Dat zou ook het geval zijn als A een 60%-belang houdt in B en 80%-belang in C. Het relatieve belang van A in het pand neemt immers toe van 60% tot 80%.
>
> In het geval dat A een 60%-belang houdt in B en een 40%-belang in niet-groepsmaatschappij C, verwerkt A een verkoopresultaat in de resultaten uit deelneming. Het relatieve belang van A in het pand neemt immers af met 20%. Hiermee is een deel van het verkoopresultaat gerealiseerd. A neemt een verkoopresultaat op van € 10 (20% van € 50). Het restant van het verkoopresultaat van € 40 wordt geëlimineerd zoals hiervoor in dit voorbeeld beschreven. Overigens zou de verwerking in de geconsolideerde jaarrekening hetzelfde zijn.

26.6.4.3 Sidestream – groepsmaatschappijen – enkelvoudige jaarrekening moeder – deelnemingen tegen verkrijgingsprijs

> ▸ Sidestream sale
> ▸ De bij de transactie betrokken rechtspersonen zijn groepsmaatschappijen
> ▸ Verwerking in de enkelvoudige jaarrekening van de moeder
> ▸ Waardering van de deelnemingen tegen de verkrijgingsprijs

Indien een actief of passief wordt overgedragen tussen twee deelnemingen die worden gewaardeerd tegen de verkrijgingsprijs, is er voor de deelnemende rechtspersoon geen sprake van realisatie van een verkoopresultaat. De deelnemende rechtspersoon is immers niet direct betrokken bij de transactie.

Slechts wanneer een deelneming dividend beschikbaar stelt aan de deelnemende rechtspersoon, neemt de deelnemende vennootschap uitsluitend dat dividend in haar enkelvoudige resultaat op. Het uitkeren van dividend door een deelneming kan een aanwijzing zijn voor de deelnemende rechtspersoon om te beoordelen of zich een bijzondere waardevermindering bij de deelneming voordoet (RJ 260.216 en 310).

26.6.4.4 Sidestream – geen groepsmaatschappijen – geconsolideerde en enkelvoudige jaarrekening moeder – deelnemingen tegen vermogensmutatiemethode

> ▸ Sidestream sale
> ▸ De bij de transactie betrokken rechtspersonen zijn geen groepsmaatschappijen
> ▸ Verwerking in de geconsolideerde en de enkelvoudige jaarrekening van de moeder
> ▸ Waardering van de deelnemingen volgens de vermogensmutatiemethode

De deelnemende rechtspersoon verwerkt de transactie zoals beschreven in paragraaf 26.6.4.2. Dit geldt zowel voor de geconsolideerde als de enkelvoudige jaarrekening.

26.6.4.5 Sidestream – geen groepsmaatschappijen – geconsolideerde en enkelvoudige jaarrekening moeder – deelnemingen tegen verkrijgingsprijs

> ▸ Sidestream sale
> ▸ De bij de transactie betrokken rechtspersonen zijn geen groepsmaatschappijen
> ▸ Verwerking in de geconsolideerde en de enkelvoudige jaarrekening van de moeder
> ▸ Waardering van de deelnemingen tegen de verkrijgingsprijs

De deelnemende rechtspersoon verwerkt de transactie zoals beschreven in paragraaf 26.6.4.3. Dit geldt zowel voor de geconsolideerde als de enkelvoudige jaarrekening.

27 Vreemde valuta

27.1/2 De functionele valuta	
Functionele valuta	Valuta van de economische omgeving waarin de rechtspersoon actief is.
	Toepassing dient consistent in tijd te zijn; aanpassing in geval van een belangrijke wijziging in de economische realiteit (dit is geen stelselwijziging).
Presentatievaluta	De valuta waarin de jaarrekening wordt gepresenteerd.
Vreemde valuta	Iedere andere valuta dan de functionele valuta van een rechtspersoon.
Lokale valuta	De valuta van het land waarin de rechtspersoon statutair is gevestigd.
27.3 Transacties in vreemde valuta	
Eerste verwerking	Waardering in de functionele valuta tegen de koers op de transactiedatum.

Omrekeningsmethode op daaropvolgende balansdata	▶ monetaire balansposten: koers per balansdatum;
	 ▶ niet-monetaire balansposten:
	     ▶ waardering tegen historische kosten: historische koers;
	     ▶ waardering tegen actuele waarde: koers geldend op het moment van waardering.

Verwerking koersverschillen	▶ koersverschillen op monetaire posten: verwerken in winst-en-verliesrekening; ▶ koersverschillen op niet-monetaire posten die tegen actuele waarde worden gewaardeerd: rechtstreeks in het eigen vermogen in de herwaarderingsreserve.
27.4 Omrekening van functionele valuta in presentatievaluta, waaronder bedrijfsuitoefening in het buitenland ('omrekening buitenlandse deelnemingen')	
Bedrijfsuitoefening in het buitenland ('deelneming in het buitenland')	Een bedrijfsuitoefening die plaatsvindt door middel van een groepsmaatschappij, deelneming, joint venture of filiaal van de rechtspersoon en waarvan de activiteiten worden verricht in een ander land dan het land van de rechtspersoon of in een andere valuta dan de functionele valuta van de rechtspersoon.
Netto-investering in een bedrijfsuitoefening in het buitenland	Het bedrag van het belang dat de rechtspersoon heeft in het saldo van de activa en passiva van die bedrijfsuitoefening. Kan naast het aandeel in het eigen vermogen ook verstrekte vorderingen of verkregen leningen omvatten.

Omrekening van een functionele valuta naar een afwijkende presentatievaluta	▶ activa en passiva omrekenen tegen koers op balansdatum; ▶ bijzondere bepaling voor omrekening goodwill, met keuzemogelijkheid onder de Nederlandse wet- en regelgeving; ▶ baten en lasten omrekenen tegen de koers op transactiedatum; ▶ kasstromen (kasstroomoverzicht) omrekenen tegen de koers op transactiedatum; ▶ omrekeningsverschillen in het eigen vermogen; ▶ koersverschillen inzake transacties in samenhang met netto-investering in buitenlandse deelneming (vorderingen, schulden, financiering, afdekking) ook via eigen vermogen; ▶ bij afstoting deelneming cumulatieve omrekeningsverschillen in winst-en-verliesrekening; ▶ voor afdekking van valutarisico's bevat IFRS specifieke regelgeving.
Kasstroomoverzicht	Omrekening tegen (een benadering van) de koers op het moment van de transactie. Onder de Nederlandse wet- en regelgeving mogen, bij toepassing van de indirecte methode, de kasstromen uit operationele activiteiten worden omgerekend tegen de koers die wordt gebruikt bij de omrekening van de winst-en-verliesrekening.
Hyperinflatie	Ook rekening houden met invloed koopkrachtwijzigingen.
27.5 Presentatie en toelichting	
Presentatie van koersverschillen op transacties in de winst-en-verliesrekening	Als onderdeel van het bedrijfsresultaat of als onderdeel van de financiële baten en lasten.
Omrekeningsverschil op buitenlandse deelneming	Geheel opnemen in de wettelijke reserve omrekeningsverschillen of gedeeltelijk toerekenen aan deze reserve en aan de wettelijke reserve ingehouden winst deelnemingen.
Toelichting	Uitgebreide verplichte toelichting
27.6 Vrijstellingen voor middelgrote rechtspersonen	
Omrekening functionele valuta in een presentatievaluta	Middelgrote rechtspersonen mochten zowel activa en passiva als baten en lasten omrekenen tegen slotkoersen. Voor verslagjaren die aanvangen op of na 1 januari 2020 geldt deze vrijstelling niet meer en moeten de baten en lasten worden omgerekend tegen koersen ten tijde van de transacties, al dan niet benaderd door middel van gemiddelde koersen.

27.1 Inleiding

In dit hoofdstuk wordt ingegaan op de gevolgen die rechtspersonen in hun jaarrekening ondervinden indien zij te maken hebben met vreemde valuta. Onderscheid wordt gemaakt tussen twee typen van gebeurtenissen/transacties:
▶ aan- en verkooptransacties in een andere valuta;
▶ omrekening van belangen in entiteiten in een andere valuta; in termen van de regelgevers de omrekening van een functionele valuta in een andere presentatievaluta.

27 Vreemde valuta

Centraal staat het begrip functionele valuta, de valuta van de economische omgeving waarin de rechtspersoon actief is. Vreemde valuta's zijn alle andere valuta's dan de functionele valuta van een rechtspersoon (RJ 122.0). De valuta waarin de jaarrekening wordt gepresenteerd wordt aangeduid als de presentatievaluta. Deze kan afwijken van de functionele valuta. De omrekening van een functionele valuta in een afwijkende presentatievaluta kan ook aan de orde zijn bij de omrekening van een jaarrekening van een buitenlandse deelneming ten behoeve van het opmaken van een geconsolideerde jaarrekening of ten behoeve van de bepaling van de netto-vermogenswaarde. De volgende onderwerpen komen hierna aan de orde:
1. de bepaling van de functionele valuta (par. 27.2);
2. de omrekening van transacties in vreemde valuta naar de functionele valuta (par. 27.3);
3. de omrekening van de functionele valuta naar een afwijkende presentatievaluta, waaronder de omrekening van bedrijfsuitoefening in het buitenland (par. 27.4);
4. de presentatie en toelichting inzake vreemde valuta (par. 27.5).

In dit hoofdstuk wordt niet ingegaan op afgeleide financiële instrumenten die vallen onder Richtlijn 290 en IFRS 9 (zie hoofdstuk 31).

27.2 De functionele valuta
27.2.1 Bepaling van de functionele valuta

Een rapporterende entiteit dient te allen tijde een functionele valuta ('functional currency') te bepalen. Veelal zal deze functionele valuta vervolgens ook worden gehanteerd voor de presentatie in de jaarrekening, dan tevens aangeduid als de presentatievaluta. De functionele en de presentatievaluta zijn dan gelijk aan elkaar. Maar het is ook mogelijk dat de jaarrekening in een andere valuta dan de functionele valuta wordt gepresenteerd. De omrekening naar presentatievaluta geschiedt altijd vanuit de cijfers op basis van de functionele valuta (zie par. 27.4.1).

De functionele valuta is de valuta van de economische omgeving waarin de rechtspersoon actief is (RJ 122.0, IAS 21.8). Voor iedere entiteit dient diens functionele valuta te worden bepaald ongeacht er sprake is van een zelfstandige rechtspersoon, een rechtspersoon met een bedrijfsuitoefening in het buitenland (zoals een moedermaatschappij) of een bedrijfsuitoefening in het buitenland (zoals een groepsmaatschappij, branche of vaste inrichting) (RJ 122.105). Een geconsolideerde jaarrekening kent echter geen functionele valuta, omdat hier niet sprake is van een entiteit maar van een groep entiteiten gezamenlijk. De geconsolideerde jaarrekening kent daarom alleen een presentatievaluta. Deze kan gelijk zijn aan de functionele valuta in de enkelvoudige jaarrekening van de moedermaatschappij, maar dat hoeft niet.

Doorgaans zal de functionele valuta gelijk zijn aan de lokale valuta (de valuta van het land waarin de rechtspersoon statutair is gevestigd, RJ 122.0). Het kan echter ook zo zijn dat een andere dan de lokale valuta de functionele valuta van de rechtspersoon is. Uitgangspunt is dat primair gekeken moet worden naar (RJ 122.106, IAS 21.9):
▶ de valuta die hoofdzakelijk bepalend is voor de verkoopprijzen van de goederen en diensten van de rechtspersoon en de valuta van het land waarvan de concurrentie en wet- en regelgeving hoofdzakelijk die verkoopprijzen bepalen; en
▶ de valuta die hoofdzakelijk bepalend is voor de arbeids- en materiaalkosten en andere kosten voor de levering van goederen en diensten aan de rechtspersoon.

Indien deze factoren niet doorslaggevend zijn, kan in aanvulling daarop ook worden gekeken naar (RJ 122.107, IAS 21.10):
▶ de valuta waarin financiering wordt aangetrokken; en
▶ de valuta waarin vanuit bedrijfsactiviteiten ontvangen middelen gewoonlijk worden aangehouden.

Het kan voorkomen dat aankopen overwegend worden gefinancierd met leningen of eigen-vermogensinstrumenten die in een andere valuta dan de lokale valuta luiden, dat ontvangsten uit operationele activiteiten doorgaans plaatsvinden in een andere valuta dan de lokale valuta, dat de verkoopprijzen worden bepaald en afgerekend in een andere valuta dan de lokale valuta en dat kosten van arbeid, grondstoffen etc. worden bepaald en afgerekend in een andere valuta dan de lokale valuta. Wij zijn van mening dat in zo'n situatie het hanteren van de lokale valuta de economische realiteit van de rechtspersoon onvoldoende zou weergeven en dus dient de andere valuta als de functionele valuta van de rechtspersoon te worden gekozen. De lokale valuta is dan een vreemde valuta en voor zover er transacties in de lokale valuta zijn, moeten die naar de functionele valuta worden omgerekend.

Voorbeeld bepaling functionele valuta

Een Nederlandse oliehandelaar koopt en verkoopt olie in USD. Ook de prijzen op de in- en verkoopmarkt worden genoteerd in USD. Enkele kosten worden bepaald en afgerekend in euro. Ervan uitgaande dat de omzet en kostprijs verkopen aanzienlijk zwaarder wegen dan de overige kosten, zal de functionele valuta van deze onderneming de USD zijn.

In groepsverband dient ook iedere in het buitenland gevestigde entiteit (ongeacht de rechtsvorm, dus zowel een rechtspersoon als ook bijvoorbeeld een branche) aan de hand van bovengenoemde aanwijzingen zijn functionele valuta te bepalen. Een dergelijke buitenlandse bedrijfsuitoefening kan soms zodanig zijn, dat de functionele valuta gelijk moet worden gesteld aan die van de rechtspersoon/ moedermaatschappij. Daarbij spelen de volgende factoren een rol (RJ 122.108, IAS 21.11):
▶ of de activiteiten van de bedrijfsuitoefening in het buitenland worden uitgevoerd als verlengstuk van die van de rechtspersoon, in plaats van dat de uitvoering plaatsvindt met een belangrijke mate van zelfstandigheid. Een voorbeeld van een verlengstukactiviteit is de situatie waarin de buitenlandse deelneming alleen goederen verkoopt die van de rechtspersoon afkomstig zijn en de opbrengsten van de verkoop aan de rechtspersoon worden overgedragen;
▶ of de transacties van de buitenlandse entiteit met de rechtspersoon een belangrijk of beperkt onderdeel uitmaken van de activiteiten van de bedrijfsuitoefening in het buitenland;
▶ of de kasstromen uit de activiteiten van de bedrijfsuitoefening in het buitenland rechtstreeks van invloed zijn op de kasstromen van de rechtspersoon en onmiddellijk beschikbaar zijn om aan hem te worden overgedragen; en
▶ of de kasstromen uit de activiteiten van de bedrijfsuitoefening in het buitenland volstaan om aan bestaande en te verwachten verplichtingen te kunnen voldoen zonder dat de rechtspersoon geldmiddelen beschikbaar stelt.

Indien op grond van deze factoren de buitenlandse bedrijfsuitoefening direct verbonden is aan de eigen bedrijfsuitoefening, dan zal de functionele valuta van de buitenlandse bedrijfsuitoefening gelijk zijn aan die van de moedermaatschappij.

Voorbeeld bepaling functionele valuta bedrijfsuitoefening in het buitenland

Een Nederlandse rechtspersoon (Moeder) heeft een dochteronderneming in USA (Dochter). Dochter produceert lokaal bepaalde goederen en verkoopt deze ook in de USA.
Gebaseerd op de primaire factoren die hierboven zijn genoemd (valuta bepalend voor de verkoopprijzen en valuta hoofdzakelijk bepalend voor de kosten) is de functionele valuta van Dochter op de US dollar te stellen.

Gesteld dat de activiteiten van Dochter mede worden gefinancierd door een eurolening van Moeder en dat tevens de door Dochter gerealiseerde netto-kasstroom op gezette tijden naar Moeder worden overgemaakt, zijn dit dan factoren die ook in de vaststelling van de functionele valuta van Dochter moeten worden betrokken?
Gegeven het duidelijke onderscheid en 'prioriteit' in structuur is dit niet wat door de regelgeving wordt beoogd. De beoordeling op basis van de primaire factoren geven afdoende onderbouwing voor de conclusie dat de US dollar de functionele valuta van Dochter is. Een nadere beoordeling op basis van de secundaire factoren komt dan niet meer aan de orde.

Echter, indien Dochter niet zelf produceert maar de goederen inkoopt en die inkoop in euro's verricht dan geeft de beoordeling aan de hand van de primaire factoren niet onmiddellijk een duidelijke conclusie. In dat geval zullen de secundaire factoren in de afweging worden betrokken.

Indien de in de voorgaande alinea's vermelde aanwijzingen niet eenduidig zijn voor de bepaling van de functionele valuta, dient de leiding van de rechtspersoon die valuta te bepalen welke de economische gevolgen van de onderliggende transacties, gebeurtenissen en omstandigheden op de meest getrouwe wijze weergeeft (RJ 122.109, IAS 21.12). Daarbij wordt het meeste gewicht toegekend aan de valuta waarin de omzet en kosten luiden. Niettemin kunnen er situaties zijn waarbij verschillende keuzes van functionele valuta gerechtvaardigd zijn. In dat geval zal de ondernemingsleiding haar keuze moeten bepalen.

De functionele valuta van een tussenhoudstermaatschappij

In de situatie van een tussenhoudstermaatschappij is de eerste vraag die gesteld dient te worden of de tussenhoudstermaatschappij feitelijk een verlengstuk is van één van de bovenliggende maatschappij(en) dan wel of er sprake is van zelfstandige activiteiten. Vrij vertaald: 'kijkt' de tussenhoudstermaatschappij vooral naar 'boven' of naar 'beneden'?

In het eerste geval zal de tussenhoudstermaatschappij een onzelfstandige rol vervullen en daarmee wordt de functionele valuta bepaald door de bovenliggende maatschappij. Als voorbeeld: een US-moeder heeft een NL-tussenhoudstermaatschappij welke alleen maar als houder van de aandelen van in eurolanden gevestigde groepsmaatschappijen optreedt en overige financieringen verstrekt vanuit de US-moedermaatschappij c.q. zelf middelen aantrekt (veelal wel onder garantie van de moedermaatschappij) en deze doorleent aan de groepsmaatschappijen. De functionele valuta van de tussenhoudstermaatschappij zal dan de functionele valuta van de US-moedermaatschappij zijn.

In het tweede geval zal de tussenhoudstermaatschappij ook (meer) activiteiten in coördinerende en faciliterende zin uitvoeren, zoals coördinatie van beleid, verkoopactiviteiten, shared service centers et cetera. De functionele valuta van de tussenhoudstermaatschappij zal dan afgeleid worden van de eigen activiteiten van de tussenhoudstermaatschappij.

27.2.2 Wijziging van de functionele valuta

Een eenmaal vastgestelde functionele valuta mag niet worden gewijzigd, tenzij een verandering is opgetreden in de economische realiteit van de transacties, gebeurtenissen en omstandigheden die relevant zijn voor de rechtspersoon (RJ 122.110, IAS 21.13). Indien de functionele valuta wordt gewijzigd dienen de omrekeningsprocedures voor de nieuwe functionele valuta op prospectieve wijze te worden toegepast vanaf de datum waarop de wijziging heeft plaatsgevonden (RJ 122.214, IAS 21.35). Een rechtspersoon rekent dan alle posten om in de nieuwe functionele valuta op basis van de wisselkoers op de datum waarop de wijziging naar de andere functionele valuta heeft plaatsgevonden. Voor niet-monetaire posten worden de hieruit voortvloeiende omrekeningsverschillen verwerkt als onderdeel van de kostprijs van deze posten (RJ 122.216, IAS 21.37).

De voorafgaand aan de wijziging van de functionele valuta in het eigen vermogen opgenomen geaccumuleerde koersverschillen blijven in de betreffende reserve opgenomen en worden pas 'gerecycled' bij het desinvesteren van de deelneming (RJ 122.216, IAS 21.37) (par. 27.4.4.6).

Het is derhalve niet toegestaan om een wijziging van de functionele valuta te verwerken als een stelselwijziging, alsof de nieuwe functionele valuta altijd al van toepassing zou zijn geweest.

27.3 Transacties in vreemde valuta
27.3.1 Begripsbepaling

Er is sprake van een transactie in vreemde valuta indien een rechtspersoon inkopen of verkopen verricht dan wel geldmiddelen ontvangt of betaalt in vreemde valuta, dat wil zeggen, in een andere valuta dan de functionele

valuta. RJ 122.0 en IAS 21.20 omschrijven een transactie in vreemde valuta in meer formele zin als een transactie die is uitgedrukt in een vreemde valuta of die moet worden afgewikkeld in een vreemde valuta, met inbegrip van transacties die ontstaan wanneer een rechtspersoon:
- goederen of diensten koopt of verkoopt waarvan de prijs in een vreemde valuta luidt;
- middelen leent of uitleent en de te betalen of ontvangen bedragen luiden in een vreemde valuta; of
- anderszins activa verwerft of vervreemdt, of verplichtingen aangaat of afwikkelt, die in een vreemde valuta luiden.

Omdat de primaire administratie van een rechtspersoon moet worden gevoerd in de functionele valuta van de rechtspersoon, dienen alle transacties in vreemde valuta te worden omgerekend naar de functionele valuta (par. 27.3.2). De uit de omrekening ontstane koersverschillen dienen vervolgens te worden verwerkt (par. 27.3.3). Indien een jaarrekening wordt gepresenteerd in een andere valuta dan de functionele valuta, is een afzonderlijke omrekening van de functionele valuta naar de presentatievaluta nodig (par. 27.4).

Transacties in vreemde valuta kunnen ook de aan- of verkoop van afgeleide financiële instrumenten betreffen, zoals valutatermijncontracten of valutaswaps. Deze afgeleide financiële instrumenten (of derivaten) kunnen ingevolge Richtlijn 290 (zie hoofdstuk 31) worden gewaardeerd tegen reële waarde of tegen kostprijs. Voorts kunnen de derivaten worden gebruikt ten behoeve van het afdekken van risico's (hedge-accounting). Richtlijn 122 is alleen van toepassing op derivaten die tegen kostprijs worden gewaardeerd en waarvoor geen hedge-accounting is toegepast (RJ 122.102). De overige derivaten worden behandeld in hoofdstuk 31.

27.3.2 Wijze van omrekening
Eerste verwerking
RJ 122.201 en IAS 21.21 stellen dat een transactie in vreemde valuta bij de eerste verwerking dient te worden gewaardeerd in de functionele valuta door omrekening tegen de contante wisselkoers ('spotkoers') tussen de functionele valuta en de vreemde valuta die geldt op de datum van de transactie. De transactiedatum is de datum waarop de transactie voor het eerst voor verwerking in aanmerking komt. IFRIC 22 verduidelijkt dat bij een vooruitbetaling of een vooruitontvangst de datum van de transactie de datum is waarop de vooruitbetaling of vooruitontvangst in de balans wordt verwerkt. Dit is in het algemeen de betalingsdatum.
Om praktische redenen mag een koers gebruikt worden die de koers op de transactiedatum benadert, bijvoorbeeld door de hantering van een gemiddelde koers voor een week of maand voor alle transacties die zich in een specifieke vreemde valuta hebben voorgedaan, mits dit niet tot grote verschillen leidt ten opzichte van de verwerking tegen de koers op het moment van het aangaan van de transactie. Indien de contante wisselkoersen echter aanzienlijk fluctueren, is het gebruik van de gemiddelde koers voor een periode niet mogelijk (RJ 122.202, IAS 21.22).

Verwerking op daaropvolgende balansdata
De omrekening van balansposten uit transacties in vreemde valuta op de daaropvolgende balansdata dient als volgt plaats te vinden (RJ 122.203, IAS 21.23):
- monetaire balansposten in vreemde valuta: tegen de koers per balansdatum;
- niet-monetaire balansposten in vreemde valuta:
  - bij waardering tegen historische kosten: tegen de wisselkoers van de functionele valuta geldend op de transactiedatum of de benaderde koers (historische koers);
  - bij waardering tegen actuele waarde: tegen de wisselkoers van de functionele valuta geldend op het moment waarop de actuele waarde werd bepaald.

27 Vreemde valuta

Bij de omrekening is derhalve het onderscheid tussen monetaire en niet-monetaire posten van belang. Het belangrijkste kenmerk van een monetaire post is het recht op ontvangst (of de verplichting tot levering) van een vast of vast te stellen aantal valuta-eenheden (RJ 122.0, RJ 122.113, IAS 21.16). Voorbeelden hiervan zijn: handelsvorderingen, handelsschulden, leaseverplichtingen en liquide middelen, maar ook pensioenen en andere personeelsbeloningen die in contanten moeten worden uitbetaald, verplichtingen uit hoofde van voorzieningen die in contanten moeten worden voldaan, en de onder schulden opgenomen dividendverplichtingen.

Voorbeelden van niet-monetaire posten, waarbij dus geen recht op ontvangst (of verplichting tot levering) van een vast of vast te stellen aantal valuta-eenheden bestaat, zijn vooruitbetaalde bedragen voor goederen en diensten (bijvoorbeeld vooruitbetaalde huur), goodwill, immateriële vaste activa, materiële vaste activa, gebruiksrechten met betrekking tot leases, voorraden, beleggingen in aandelen en voorzieningen die afgewikkeld moeten worden door de levering van een niet-monetair actief (RJ 122.113, IAS 21.16).

De eis dat monetaire balansposten worden verwerkt tegen de koers op de balansdatum geldt ook voor posten waarvoor termijntransacties zijn afgesloten. Een voorbeeld is een vordering in dollars die over drie maanden wordt betaald en waarbij de verhouding tussen de dollar en de euro over drie maanden door middel van een termijncontract is gefixeerd. De vordering mag niet tegen de termijnkoers worden gewaardeerd, maar dient te worden gewaardeerd tegen de koers op balansdatum. Wel kan een eventueel koersverschil worden uitgesteld, indien sprake is van hedge-accounting (zie par. 31.5).

> **Voorbeeld omrekening monetaire en niet-monetaire posten**
>
> Een onderneming, met als functionele valuta de euro, kent onder andere de volgende transacties:
> 1. 1 november van jaar 1: Aankoop van een machine in dollars ($ 100.000); aankoopbedrag blijft men schuldig; de machine wordt gewaardeerd tegen historische kostprijs.
> 2. 1 februari van jaar 2: Betaling van de machine.
>
> De koersverhouding tussen de euro en de dollar is als volgt: 1/11: $ 1 = € 1; 31/12: $ 1 = € 0,9; 1/2: $ 1 = € 0,7
>
> De machine is een niet-monetair actief dat wordt omgerekend tegen de koers op transactiedatum. De historische kostprijs van de machine wordt derhalve bepaald op € 100.000. Er ontstaan geen koersverschillen ten aanzien van deze machine.
> Omdat het aankoopbedrag schuldig wordt gebleven, wordt ook een monetaire post Crediteuren opgenomen. Deze post wordt gewaardeerd tegen de actuele koers. Op 1/11 bedragen de crediteuren € 100.000, op 31/12 € 90.000 en uiteindelijk vindt afwikkeling plaats tegen € 70.000. Dit betekent dat in jaar 1 een koerswinst van € 10.000 is ontstaan en in jaar 2 een koerswinst van € 20.000.

Combinatie van historische kosten en actuele waardering

Een bijzondere situatie is die waarbij waardering plaatsvindt tegen kostprijs of lagere marktwaarde, dan wel waarbij de boekwaarde op basis van historische kosten in het kader van een 'impairment-test' moet worden vergeleken met de realiseerbare waarde. In een dergelijke situatie worden kostprijzen (met een omrekening tegen historische koers) vergeleken met actuele waarderingen. RJ 122.205 en IAS 21.25 bepalen daaromtrent het volgende. De boekwaarde van dergelijke niet-monetaire activa in een vreemde valuta wordt bepaald door:
- de kostprijs of de boekwaarde, al naargelang het geval, omgerekend tegen de wisselkoers op het moment waarop het bedrag bepaald werd (dat wil zeggen de wisselkoers op de transactiedatum voor een post die gewaardeerd wordt op basis van kostprijs) te vergelijken met
- de opbrengstwaarde of realiseerbare waarde, al naargelang het geval, omgerekend tegen de wisselkoers op het moment waarop de waarde werd vastgesteld (bijvoorbeeld de slotkoers op balansdatum).

Het gevolg van deze vergelijking kan zijn dat een bijzonder waardeverminderingsverlies wordt verwerkt in de functionele valuta, terwijl het niet zou worden verwerkt in de vreemde valuta, of omgekeerd (RJ 122.205, IAS 21.25).

> **Voorbeeld waardering tegen kostprijs of lagere marktwaarde**
>
> Een entiteit kent als functionele valuta de euro. Een specifiek product kent een prijsvorming op basis van de US dollar. Voorraden worden gewaardeerd tegen kostprijs of lagere marktwaarde, in dit geval de $-waarde op moment van inkoop omgerekend naar de € tegen de koers op transactiedatum.
>
> Een voorraad is gekocht tegen dollars, met een totale kostprijs van $ 10.000. Omgerekend tegen functionele valuta op basis van de koers op aankoopdatum ($ 1 = € 0,9) levert dit een kostprijs op van € 9.000. Op balansdatum is de marktwaarde van de voorraad $ 11.000, zodat in dollars gemeten geen sprake is van een afwaardering. De koers op balansdatum bedraagt $ 1 = € 0,8. Dit betekent dat de marktwaarde in de functionele valuta € 8.800 bedraagt, zodat een afwaardering van € 200 noodzakelijk is.

Verschillende wisselkoersen

RJ 122.206 en IAS 21.26 gaan nog in op de situatie dat er verschillende wisselkoersen beschikbaar zijn. In dat geval wordt de koers gebruikt waartegen de toekomstige kasstromen uit de transactie of de saldi van activa en passiva zouden kunnen zijn afgewikkeld indien deze kasstromen hadden plaatsgevonden op de datum van de waardering. Wanneer, in een ander geval, twee valuta's onderling niet kunnen worden ingewisseld, wordt de eerstvolgende koers gebruikt waartegen inwisseling wel mogelijk is.

27.3.3 Verwerking koersverschillen van transacties in vreemde valuta

Hoofdregel

De omrekening van *monetaire posten* in vreemde valuta op transactiedatum en balansdatum (of tussen twee balansdata) en de afwikkeling van monetaire posten leiden tot koersverschillen indien de wisselkoersen zijn gewijzigd. Deze koersverschillen dienen in het resultaat te worden opgenomen in de periode dat zij zich voordoen (RJ 122.207/208, IAS 21.28/29). Daarbij speelt dus geen enkele rol of de koersverschillen al dan niet zijn gerealiseerd: alle koersverschillen worden opgenomen in de winst-en-verliesrekening.

Voor koersverschillen op *niet-monetaire posten* geldt (RJ 122.209, IAS 21.30):
▶ Indien de post wordt gewaardeerd tegen actuele waarde en de waardeverandering van de post (dat wil zeggen inclusief koersverschillen) rechtstreeks in het resultaat opgenomen wordt en er tevens de verplichting bestaat om de waardeveranderingen in een herwaarderingsreserve op te nemen (zie par. 15.2.4), worden de koersverschillen zowel in het resultaat als in een herwaarderingsreserve opgenomen.
▶ Indien de post wordt gewaardeerd tegen actuele waarde, de waardeveranderingen van de post (dat wil zeggen inclusief koersverschillen) rechtstreeks in het resultaat worden opgenomen en er niet tevens de verplichting bestaat de waardeveranderingen in een herwaarderingsreserve op te nemen, worden de koersverschillen in het resultaat opgenomen.
▶ Indien de post wordt gewaardeerd tegen actuele waarde en de waardeveranderingen van de post rechtstreeks in een herwaarderingsreserve moeten worden opgenomen, worden ook de koersverschillen rechtstreeks in een herwaarderingsreserve opgenomen.

Ook hierbij maakt het niet uit of de koersverschillen zijn gerealiseerd of niet.

Uitzonderingen op de hoofdregel

Op de hier opgenomen hoofdregel voor de verwerking van koersverschillen op transacties, bestaan enige uitzonderingen:
▶ Indien het koersrisico inzake een transactie is afgedekt met behulp van bijvoorbeeld valutatermijntransacties, valutaswaps of valutaopties worden de koersverschillen niet direct in het resultaat opgenomen in het geval dat voldaan wordt aan de eisen van hedge-accounting (zie verder par. 31.5).

▶ Ook kan een lening in vreemde valuta zijn aangegaan om de zogenaamde netto-investering in een bedrijfsuitoefening in het buitenland af te dekken of te financieren; de koersverschillen op deze lening worden – op voorwaarde dat voldaan wordt aan de eisen van hedge-accounting – opgenomen in het eigen vermogen (zie verder par. 27.4.4).

▶ Soms heeft een rechtspersoon een vordering op of een schuld aan een bedrijfsuitoefening in het buitenland die een zodanig karakter heeft dat sprake is van een uitbreiding of inkrimping van de investering in de bedrijfsuitoefening in het buitenland; ook de hieruit voortvloeiende koersverschillen worden opgenomen in het eigen vermogen (zie verder par. 27.4.4).

27.4 Omrekening van functionele valuta in presentatievaluta, waaronder bedrijfsuitoefening in het buitenland ('omrekening buitenlandse deelnemingen')

In deze paragraaf wordt onder andere aandacht gegeven aan de omrekening van 'buitenlandse deelnemingen'. Deze in het spraakgebruik veel gehanteerde term wordt in de regelgeving niet op deze wijze teruggevonden omdat het omrekenen van 'buitenlandse deelnemingen' conceptueel bezien onderdeel is van de meer generieke wijze van omrekenen van functionele valuta naar presentatievaluta. Vanuit het perspectief van de buitenlandse deelneming worden diens cijfers dan omgerekend naar een 'presentatievaluta' die afwijkt van diens functionele valuta. In het vervolg van de bespreking zal de meer abstracte terminologie zoals gehanteerd in de regelgeving worden gebruikt.

27.4.1 Presentatievaluta

De presentatievaluta ('presentation currency') van een rechtspersoon is de valuta waarin de jaarrekening van de rechtspersoon wordt gepresenteerd (RJ 122.0, IAS 21.8). Een rechtspersoon kan de jaarrekening in een andere valuta dan zijn functionele valuta presenteren. IFRS stelt hieromtrent geen specifieke eisen en laat derhalve de keuze van de presentatievaluta vrij.

In de Nederlandse wetgeving geldt echter artikel 2:362 lid 7 BW: 'Indien de werkzaamheid van de rechtspersoon of de internationale vertakking van zijn groep dat rechtvaardigt, mag de jaarrekening of alleen de geconsolideerde jaarrekening worden opgesteld in een vreemde geldeenheid.' Met vreemde geldeenheid wordt in dit wetsartikel een andere valuta dan de euro bedoeld. De mogelijkheid om een vreemde geldeenheid als presentatievaluta te hanteren kan, afhankelijk van de vraag waar het internationale karakter zich voordoet – uitsluitend bij de groepsmaatschappijen van de rechtspersoon of zowel bij de rechtspersoon als bij de groepsmaatschappijen – op de enkelvoudige en geconsolideerde jaarrekening of alleen de geconsolideerde jaarrekening betrekking hebben (RJ 190.105).

Indien voor een Nederlandse rechtspersoon de functionele valuta anders is dan de euro, zal er veelal voldoende rechtvaardiging zijn om op grond van de Nederlandse wetgeving deze functionele valuta ook als presentatievaluta te kiezen. Indien de functionele valuta de euro is, zal het lastiger zijn om een andere valuta dan de euro als presentatievaluta te rechtvaardigen. Zoals eerder vermeld, kent een groep als zodanig geen specifiek bepaalde functionele valuta. Voor de geconsolideerde jaarrekening dient echter wel een presentatievaluta te worden gekozen. Als de functionele valuta van de belangrijkste groepsmaatschappijen afwijkt van de euro, zal daarin een rechtvaardiging kunnen worden gevonden om de geconsolideerde jaarrekening te presenteren in die valuta.
Naast de officiële jaarrekening, kan een onderneming ook een pro forma-jaarrekening opmaken in een andere presentatievaluta, bijvoorbeeld in de Yen ten behoeve van de Japanse aandeelhouders terwijl de euro de functionele valuta is.

Omdat artikel 2:362 lid 7 BW niet geldt voor rechtspersonen die in hun jaarrekening IFRS toepassen, is, zoals aangegeven, voor deze rechtspersonen de keuze van de presentatievaluta geheel vrij.

27.4.4.2 Afwijkende balansdata buitenlandse deelnemingen

Indien de buitenlandse deelneming in de consolidatie is betrokken per een andere datum dan de balansdatum (art. 2:412 lid 2 BW laat een maximale afwijking van drie maanden toe), doet zich de vraag voor of omrekening dient plaats te vinden tegen de koers op de afwijkende balansdatum van de buitenlandse deelneming, of tegen de koers op de balansdatum van de geconsolideerde jaarrekening. De regelgeving stelt dat in beginsel omrekening plaatsvindt tegen de koers op de balansdatum van de buitenlandse deelneming, maar dat er wel nog aanpassingen worden aangebracht voor *belangrijke* koerswijzigingen tot aan de balansdatum van de rapporterende rechtspersoon (RJ 122.309, IAS 21.46).

27.4.4.3 Uitbreidingen, inkrimpingen en afdekkingen van de netto-investering in buitenlandse deelnemingen

A. Kwalificerende vorderingen en schulden

Kwalificerende vordering op een deelneming

Inzake de bedrijfsuitoefening in het buitenland is het begrip netto-investering van belang. Een netto-investering in een bedrijfsuitoefening in het buitenland is het bedrag van het belang dat de rechtspersoon heeft in het saldo van de activa en passiva van die bedrijfsuitoefening (RJ 122.0, IAS 21.8). De netto-investering bestaat uit het aandeel in het eigen vermogen van de buitenlandse deelneming, aangepast voor bepaalde vorderingen en schulden tussen de rechtspersoon en zijn deelneming. Onder de Richtlijnen worden vorderingen en schulden alléén tot de netto-investering gerekend, indien i) de afwikkeling van de post niet *in de nabije toekomst* is gepland (bijvoorbeeld door een aflossingsschema) en ii) het niet waarschijnlijk is dat de post in de nabije toekomst zal worden afgewikkeld (RJ 122.112).

Onder IFRS geldt een striktere bepaling. Vorderingen en schulden worden onder IFRS alléén tot de netto-investering gerekend, indien i) de afwikkeling van de post niet is gepland (bijvoorbeeld door een aflossingsschema) en ii) het niet waarschijnlijk is dat de post in de nabije toekomst zal worden afgewikkeld (IAS 21.15). Onder IFRS ontbreken de woorden 'in de nabije toekomst' in de eerste voorwaarde, waarmee het in beginsel niet uitmaakt of de geplande afwikkeling in de nabije of verre toekomst plaats zal vinden.

Door middel van het volgende voorbeeld wordt dit nader toegelicht.

Voorbeeld van een vordering die al dan niet kwalificeert als onderdeel van de netto-investering

Euro BV heeft een rentedragende vordering van $ 1 miljoen op haar buitenlandse groepsmaatschappij Dollar Inc. terug te betalen in één bedrag na 20 jaar.

Richtlijnen
De aflossing ligt dermate ver in de toekomst dat geen sprake is van de 'nabije toekomst'. Tenzij andere bijzondere omstandigheden dit belemmeren, zal waarschijnlijk worden geconcludeerd dat de vordering kwalificeert als onderdeel van de netto-investering in de buitenlandse entiteit.

IFRS
Omdat hier sprake is van een 'geplande' afwikkeling (de terugbetaling na 20 jaar) kwalificeert de lening *niet* als een uitbreiding van de netto-investering.

Alhoewel voorgaand (eenvoudig) voorbeeld in de praktijk wordt aangetroffen zullen er in heel veel gevallen feiten en omstandigheden zijn die mede in aanmerking moeten worden genomen, zoals:
- Op welk moment wordt onder de Richtlijnen een terugbetalingstermijn zodanig kort dat sprake is van 'nabije toekomst'? Een termijn van drie jaar lijkt dat al snel te zijn. Maar als daarbij wordt betrokken;
    - dat de lening verstrekt wordt voor het doel van financiering van activiteiten waarvan bekend is dat de onderneming ernaar streeft dat activiteitenniveau ook na die driejaarsperiode nog langdurig te ontplooien;
    - tevens de (realistische) verwachting bestaat dat dan geen directe externe financiering door de deelneming zal kunnen worden aangetrokken;
    - dat daardoor dus de stellige verwachting bestaat dat de financiering ook in die omvang na het verstrijken van de driejaarsperiode zal worden gecontinueerd voor een langdurige periode, dan ontstaat een beeld van duurzame financiering waaruit, na het mede in de vaststelling betrekken van de overige feiten en omstandigheden, kan worden geconcludeerd dat toch sprake kan zijn van een uitbreiding van de netto-investering in de buitenlandse entiteit.

Onder IFRS is een enigszins vergelijkbare insteek denkbaar. Stel in voorgaand voorbeeld dat reeds bij aangaan van de lening door partijen wordt afgesproken dat op aflossingsdatum sprake zijn zal van voortzetting van financiering doch dat partijen pas op aflossingsdatum zullen bezien of dit in de vorm van een lening of door kapitaaluitbreiding zal geschieden. Ook dan verschuift de economische betekenis van de afspraak naar een zodanige duurzame financiering dat niet langer sprake is van een feitelijk geplande aflossing (en kan wel degelijk reden zijn om te concluderen dat sprake is van een uitbreiding van de netto-investering). Wel is duidelijk dat IFRS hogere eisen stelt aan het zeer langdurige karakter van de (her)financiering.

Uiteraard betekent dit niet dat er nimmer sprake zou kunnen zijn van aflossing van een kwalificerende vordering. Immers, gesteld dat de verkrijger van de lening door omstandigheden geconfronteerd wordt met een aanzienlijke afname van de omvang van haar activiteiten met overeenkomstige afname van haar financieringsbehoefte, dan kan het zijn dat de vordering geheel of gedeeltelijk 'overtollig' wordt en dat de verkrijger overgaat tot terugbetaling van het overtollige bedrag. Daarmee vervalt dan niet automatisch de kwalificatie van een 'kwalificerende vordering'.
Omtrent de verantwoording van de gecumuleerde valutaverschillen bij aflossing van de lening wordt verwezen naar paragraaf 27.4.4.6.

Handelsvorderingen en -schulden
Handelsvorderingen en -schulden kunnen in beginsel niet als onderdeel van de netto-investering in een bedrijfsuitoefening in het buitenland worden aangemerkt (RJ 122.112, IAS 21.15). Echter, er kunnen allerlei omstandigheden van toepassing zijn die het karakter alsnog doen wijzigen in een uitbreiding of inkrimping van de netto-investering; een en ander vereist wel een zorgvuldige beoordeling van alle feiten en omstandigheden waarbij het uitgangspunt van de regelgeving in acht dient te worden genomen (geen verwachte of geplande toekomstige afwikkeling).

Kwalificerende schuld aan een deelneming
Indien de rechtspersoon een (kwalificerende) vordering heeft op de buitenlandse deelneming, is sprake van een uitbreiding van de netto-investering. Indien de rechtspersoon echter een (kwalificerende) schuld heeft aan de buitenlandse deelneming, is sprake van een inkrimping van de netto-investering.

B. Verwerking koersverschillen op kwalificerende vorderingen en schulden

De verwerking van koersverschillen op kwalificerende vorderingen en schulden in de situatie van waardering van een deelneming op *netto-vermogenswaarde/equity method* wordt als eerste behandeld. Aansluitend wordt de waardering van een deelneming op verkrijgingsprijs uitgewerkt.

Inleiding

Als vorderingen en schulden worden gerekend tot de netto-investering in de buitenlandse deelneming, dan worden de koersverschillen hierop verwerkt zoals die op de andere onderdelen van de netto-investering, dat wil zeggen, in het eigen vermogen en dus niet via de winst-en-verliesrekening zoals aangegeven in paragraaf 27.3.3 (RJ 122.211, IAS 21.15).

Een groepsmaatschappij die een lening heeft ontvangen van de moedermaatschappij dient in (alléén) haar statutaire jaarrekening eventuele omrekeningsverschillen wel altijd te verwerken in de winst-en-verliesrekening, ook indien de lening bij de moedermaatschappij geldt als onderdeel van de netto-investering in een bedrijfsuitoefening in het buitenland (RJ 122.213, IAS 21.28/32). Doch vervolgens wordt, uitsluitend ten behoeve van de verslaglegging aan de moedermaatschappij, een aanpassing doorgevoerd waarbij het koersresultaat uit de winst-en-verliesrekening wordt gehaald en rechtstreeks in het eigen vermogen wordt verantwoord. Past de moedermaatschappij netto-vermogenswaarde toe voor de waardering van deze deelneming, dan wordt bij de moedermaatschappij het omrekeningsverschil zowel in de geconsolideerde als in de enkelvoudige jaarrekening als een rechtstreekse vermogensmutatie verwerkt (RJ 122.308, IAS 21.32/33).

Aangetrokken leningen ter financiering van de netto-investering

Naast onderlinge vorderingen en schulden als deel van de netto-investering, kan zich ook de situatie voordoen dat een lening in vreemde valuta is aangegaan om de netto-investering in een buitenlandse deelneming te financieren of af te dekken. De uit deze lening voortvloeiende koersverschillen dienen, in afwijking van de hoofdregel voor de verwerking van koersverschillen op transacties (zie par. 27.3.3) te worden verwerkt in het eigen vermogen, voor zover de lening effectief is als dekking van de koersverschillen voortvloeiende uit de netto-investering in de buitenlandse deelneming (art. 2:389 lid 8 BW, RJ 122.217, IFRS 9.6.5.13). Voorwaarde voor deze verwerking is dat aan de eisen omtrent hedge-accounting wordt voldaan (RJ 290.640, IFRS 9.6.5.13).

Verwerking van koersverschillen inzake kwalificerende vorderingen bij waardering van de deelneming op netto-vermogenswaarde

Indien sprake is van een kwalificerende vordering op een buitenlandse deelneming, en dus sprake is van een uitbreiding van een netto-investering, is het *niet* van belang in welke valuta de vordering luidt (IAS 21.33). Achtereenvolgens worden de volgende situaties nader besproken waarin de verstrekker van de vordering een van de verkrijger afwijkende functionele valuta kent:
1. de kwalificerende vordering luidt in de functionele valuta van de verkrijger (de gefinancierde entiteit);
2. de kwalificerende vordering luidt in de functionele valuta van de verstrekker;
3. de kwalificerende vordering luidt in een valuta die noch de functionele valuta van de verkrijger noch de functionele valuta van de verstrekker is.

Ad 1) de kwalificerende vordering luidt in de functionele valuta van de verkrijger (de gefinancierde entiteit): het vermogen en resultaat van de verkrijger wordt niet beïnvloed omdat de kasstromen die samenhangen met de vordering in de functionele valuta van de verkrijger worden afgewikkeld. De verstrekker wordt dan wel met omrekeningsverschillen geconfronteerd die rechtstreeks in het eigen vermogen worden verwerkt (IAS 21.33).

> **Voorbeeld kwalificerende vordering in functionele valuta verkrijger**
> Euro BV houdt alle aandelen van Dollar Inc., een Amerikaanse vennootschap.
> Euro BV heeft een US$-vordering op Dollar Inc. waarvan de afwikkeling niet gepland is en het niet waarschijnlijk is dat afwikkeling in nabije toekomst zal plaatsvinden. Het is dus een kwalificerende vordering. Euro BV heeft de € als functionele valuta, Dollar Inc. heeft de $ als functionele valuta. Dollar Inc. heeft géén omrekeningsverschil in haar jaarrekening. Euro BV heeft wel een omrekeningsverschil wegens de wijziging in de omrekenkoers $-€, welke, omdat sprake is van een kwalificerende vordering, rechtstreeks in het eigen vermogen wordt verwerkt.

Ad 2) de kwalificerende vordering luidt in de functionele valuta van de verstrekker: het vermogen en resultaat van de verkrijger wordt beïnvloed door de ontwikkeling in de valutakoers. In de statutaire (en eventuele fiscale) jaarrekening van de verkrijger wordt een omrekeningsverschil als bate of last in de resultatenrekening verwerkt. Echter in de jaarrekening van de verstrekker, zowel in diens enkelvoudige jaarrekening als de eventuele groepsjaarrekening, wordt géén bate of last via de resultatenrekening verwerkt doch wordt het omrekeningsverschil rechtstreeks in het eigen vermogen verwerkt (IAS 21.33).

> **Voorbeeld kwalificerende vordering in functionele valuta verstrekker**
> Euro BV houdt alle aandelen van Dollar Inc., een Amerikaanse vennootschap.
> Euro BV heeft een euro-vordering op Dollar Inc. waarvan de afwikkeling niet gepland is en het niet waarschijnlijk is dat afwikkeling in nabije toekomst zal plaatsvinden. Het is dus een kwalificerende vordering. Euro BV heeft de € als functionele valuta, Dollar Inc. heeft de $ als functionele valuta. Dollar Inc. wordt geconfronteerd met koersverlies van $ 1 miljoen omrekeningsverschil in haar jaarrekening, en verwerkt dit in haar (wettelijke) *vennootschappelijke* winst-en-verliesrekening. Echter, *voor consolidatiedoeleinden* corrigeert Dollar Inc. dit verlies en brengt het bedrag van € 1 miljoen rechtstreeks in mindering op haar eigen vermogen. Euro BV verwerkt de tegenwaarde van dit omrekeningsverschil in haar enkelvoudige en eventuele groepsjaarrekening als een rechtstreekse vermogensmutatie.

Ad 3) de kwalificerende vordering luidt in een valuta die noch de functionele valuta van de verkrijger noch de functionele valuta van de verstrekker is: de hiervóór onder 1) en 2) beschreven verwerking van valutaverschillen geldt ook voor de situatie dat de vordering in een andere valuta wordt afgesloten dan de functionele valuta van een van de betrokken entiteiten. De valutaverschillen worden bij de deelneming in diens statutaire jaarrekening in de winst-en-verliesrekening verwerkt doch ten behoeve van de waardering bij de moedermaatschappij aangepast naar een rechtstreekse vermogensmutatie. Bij de moedermaatschappij wordt het omrekeningsverschil eveneens als een rechtstreekse vermogensmutatie verwerkt in de vennootschappelijke en eventuele geconsolideerde jaarrekening (IAS 21.33).

Ten slotte wordt nog opgemerkt dat óók zelfs in de situatie dat een rapporterende entiteit die rechtstreeks een kwalificerende vordering op de gefinancierde entiteit heeft doch deze via een zustermaatschappij van de gefinancierde entiteit laat lopen, sprake is van een uitbreiding van de netto-investering en de valutaverschillen als rechtstreekse vermogensmutaties verwerkt worden (IAS 21.15A en 21.33).

> **Voorbeeld kwalificerende vordering verstrekt via zustermaatschappij**
> Moeder M heeft twee 100%-deelnemingen A en B. B heeft van A een US$-lening verkregen die als een uitbreiding van de netto-investering door moeder M kan worden aangemerkt (géén afwikkeling gepland en niet waarschijnlijk dat afwikkeling in de nabije toekomst zal plaatsvinden). De functionele valuta van M en A is de euro, die van B is de US dollar. De koersverschillen die bij A en M zullen optreden zullen dan als rechtstreekse vermogensmutaties worden verwerkt.

Verwerking van koersverschillen inzake kwalificerende vorderingen bij waardering van de deelneming op kostprijs

Bij de verwerking van valutaverschillen van een kwalificerende vordering op een deelneming die in de (enkelvoudige) jaarrekening tegen kostprijs is gewaardeerd, is het niet mogelijk om de vordering eveneens op kostprijs op te nemen en geen jaarlijkse aanpassing op basis van de valutakoers op balansdatum uit te voeren. Die wijze van verwerking is namelijk in strijd met de generieke bepaling dat alle financiële activa in een vreemde valuta moeten worden omgerekend tegen de valutakoers op balansdatum. RJ 122.211 maakt geen onderscheid tussen situaties waarin de deelneming wel of niet tegen kostprijs is gewaardeerd. De valutaverschillen voortkomend uit de omrekening van een vordering die deel uitmaakt van de netto-investering worden daarom verwerkt in de reserve omrekeningsverschillen. IAS 21.32/33 maakt wel een onderscheid tussen die situaties. Daarom moeten de waarderingsverschillen in de resultatenrekening worden verwerkt als de deelneming op kostprijs wordt gewaardeerd.

27.4.4.4 Goodwill en aanpassingen naar reële waarde bij overnames

Bij de acquisitie van een buitenlandse deelneming dienen de bij de deelneming aanwezige identificeerbare activa en passiva door de overnemende onderneming te worden gewaardeerd tegen reële waarde en wordt het verschil met de verkrijgingsprijs als goodwill verantwoord (zie par. 25.3).

De waardeaanpassingen naar reële waarde en de goodwill worden niet opgenomen in de boekwaarde van de activa en passiva van de deelneming zoals deze in de eigen statutaire jaarrekening wordt gepresenteerd (geen 'push down accounting'). RJ 122.310 laat twee alternatieven toe voor de omrekening van de goodwill:
a. de goodwill wordt feitelijk behandeld alsof 'push down accounting' zou hebben plaatsgevonden, dus als een actief of een passief (in geval van negatieve goodwill) van de buitenlandse deelneming; deze moet dan worden omgerekend tegen de koers op balansdatum (de goodwill wordt dan als het ware gefixeerd in vreemde valuta); of
b. de goodwill wordt behandeld als een actief of een passief (in geval van negatieve goodwill) van de rapporterende rechtspersoon; deze moet dan worden omgerekend tegen de transactiekoers (en daarna gefixeerd in de rapporteringsvaluta).

IAS 21.47 staat alleen de eerstgenoemde verwerkingswijze toe.

De Richtlijnen boden optie b ook voor elke aanpassing naar de reële waarde van activa en passiva ontstaan bij de acquisitie van een bedrijfsuitoefening in het buitenland. Voor verslagjaren aanvangend op of na 1 januari 2020 kunnen de aanpassingen naar de reële waarde alleen worden omgerekend tegen de koers op balansdatum (optie a). Dit geldt ook voor immateriële vaste activa die door de deelneming zelf niet zijn geactiveerd. Deze stelselwijziging mag prospectief verwerkt worden (RJ 122.310/602).

27 Vreemde valuta

Voorbeeld omrekening goodwill

A verwerft B tegen een koopprijs van 160. A heeft vóór moment van overname alleen een banksaldo van 160 dat gefinancierd is met eigen vermogen. De jaarrekening van B luidt in dollars ($), die van A in euro's (€). Bij de eerste waardering van B bepaalt A het vermogen van B op basis van de 'fair value' van de afzonderlijke activa en passiva van B. De 'fair value adjustment' bedraagt 10. De geconsolideerde balans van A en enkelvoudige balans van B luiden, bij een koers van 1 $ = 1 €, als volgt:

A - Geconsolideerd

Activa B		EV	160
Originele boekwaarde	100		
'FV adjustment'	10		
	110		
Goodwill	50		
	160		160

B - Enkelvoudig

Activa B	100	EV	100

Op de eerstvolgende balansdatum dient ter zake van de buitenlandse deelneming B het omrekeningsverschil te worden berekend. Op die balansdatum is de koers: 1 $ = 1,1 €. Het omrekeningsverschil kan nu op twee manieren worden berekend.

Methode RJ 122.310 sub b (niet toegelaten onder IFRS):
Bij deze methode wordt ter berekening van het omrekeningsverschil de betaalde goodwill niet toegerekend aan B. De goodwill is bij de verwerving van B bepaald in euro's en blijft in euro's luiden, met als gevolg dat ter zake daarvan geen koersverschillen kunnen ontstaan. Voor de 'fair value adjustments' kunnen wel koersverschillen ontstaan.

Wordt deze methode gevolgd, dan luidt de geconsolideerde balans van A als volgt:

A - Geconsolideerd

Activa B		EV	160
Originele boekwaarde 100 x 1,1	110	Omrekeningsverschil	11
'FV adjustment' 10 x 1,1	11		
	121		
Goodwill	50		
	171		171

Er is in die situatie geen sprake van een wisselkoerseffect op de goodwill bij A (noch geconsolideerd, noch enkelvoudig), maar wel op de 'fair value adjustments'.
Zou A bij de eerste bepaling van de fair value van het eigen vermogen van B activa/passiva in aanmerking nemen, die B volgens haar grondslagen niet kon activeren/passiveren, dan wordt voor deze activa/passiva ook een omrekeningsverschil bepaald.

Methode RJ 122.310 sub a (methode voorgeschreven door IFRS):
Bij deze methode worden ter berekening van het omrekeningsverschil de betaalde goodwill net als de 'fair value adjustments' toegerekend aan B. Wordt deze methode gevolgd, dan luidt de geconsolideerde balans van A als volgt:

A - Geconsolideerd

Activa B		EV	160
Originele boekwaarde 100 x 1,1	110	Omrekeningsverschil	16
'FV adjustment' 10 x 1,1	11		
	121		
Goodwill	55		
	176		176

Het totale omrekeningsverschil is dan 16 (=(100 + 10 + 50) x (1,10 - 1,00)).

27.4.4.5 Koersverschillen intragroepsvorderingen en -schulden

Bij de bepaling van de netto-vermogenswaarde en bij consolidatie worden intragroepsvorderingen en -schulden geëlimineerd. Monetaire activa of passiva binnen de groep kunnen echter niet worden geëlimineerd tegen de corresponderende verplichting of vordering binnen de groep, zonder het verantwoorden van de valutakoersfluctuaties in de winst-en-verliesrekening. Dit houdt verband met het feit dat de monetaire post een verplichting inhoudt om een valuta tegen een andere valuta in te wisselen, en daarmee de rechtspersoon blootstelt aan een winst of verlies als gevolg van valutakoersfluctuaties. Derhalve wordt een dergelijk valutakoersverschil verwerkt in de winst-en-verliesrekening (RJ 122.308, IAS 21.45). Indien het verschil betrekking heeft op monetaire posten die deel uitmaken van de netto-investering in een bedrijfsuitoefening in het buitenland, dan wordt het omrekeningsverschil rechtstreeks verwerkt in de reserve omrekeningsverschillen als onderdeel van het eigen vermogen, zie paragraaf 27.4.4.3 voor de (strikte) voorwaarden ter zake.

Voorbeeldverwerking intragroepsvordering en -schuld

A heeft een 100%-deelneming B. A heeft een lening verstrekt aan B van US dollar 500. De functionele (en rapporterings-)valuta van A is de euro, en die van B de US dollar. De wisselkoers aan het begin van het boekjaar is 1 $ = 1 €. De balansen van A en B aan het begin van het boekjaar zien er als volgt uit:

Balans A
Deelneming B	1.000	AK	200
Vordering op B	500	Reserves	1.300
	1.500		1.500

Balans B
Activa	1.500	EV	1.000
		Lening van A	500
	1.500		1.500

Per einde boekjaar bedraagt de wisselkoers $ 1 = € 1,1. Nu de vordering/schuld voor A een verplichting inhoudt om dollars tegen euro's in te wisselen, dienen de valutakoersverschillen daarover in de geconsolideerde jaarrekening te worden verantwoord. Twee situaties zijn nu denkbaar.

1) De vordering en schuld zijn louter intragroepsvordering en -schuld. Het valutakoersverschil van 50 (500x 0,1) dient dan in de winst-en-verliesrekening te worden opgenomen. De enkelvoudige balans van A, waarin B is gewaardeerd tegen netto-vermogenswaarde en waarin het eigen vermogen wordt uitgesplitst, ziet er dan als volgt uit:

A - Enkelvoudig
Deelneming B	1.100	AK	200
1.000 x 1,1 = 1.100		Reserves	1.300
Vordering op B	550	Wett. reserve	
500 x 1,1 = 550		omrekeningsverschil	100
		Resultaat	50
	1.650		1.650

In de geconsolideerde balans wordt het actief van 1.650 geëlimineerd tegen de omgerekende passiva van B. Voorts worden de omgerekende activa van B opgenomen (1.500 x 1,1 = 1.650).

2) Is evenwel de lening een uitbreiding van de netto-investering van A in B (zie de voorwaarden ter zake in par. 27.4.4.3), dan wordt het valutakoersverschil opgenomen in het eigen vermogen en wel in de wettelijke reserve omrekeningsverschillen. De enkelvoudige balans van A ziet er dan als volgt uit:

A - Enkelvoudig
Deelneming B	1.100	AK	200
1.000 x 1,1 = 1.100		Reserves	1.300
Vordering op B	550	Wett. reserve	
500 x 1,1 = 550		omrekeningsverschil	150
	1.650		1.650

Ook nu vindt in de geconsolideerde balans eliminatie plaats van het actief van 1.650 met de passiva van B.

27.4.4.6 Verwerken cumulatieve omrekeningsverschillen bij afstoten deelneming, liquidatie, terugbetaling van aandelenkapitaal, buitengebruikstelling, dividenduitkering, aflossing leningen ('recycling')

Omrekeningsverschillen die zich voordoen bij een buitenlandse deelneming dienen in de wettelijke reserve omrekeningsverschillen deelnemingen verantwoord te worden. De reserve omrekeningsverschillen bestaat echter uitsluitend voor deelnemingen die op balansdatum nog aanwezig zijn. Dat betekent dat geaccumuleerde omrekeningsverschillen op een bepaald moment uit de reserve omrekeningsverschillen deelnemingen verwijderd moeten worden. In deze paragraaf worden de voorschriften inzake het al dan niet recyclen van geaccumuleerde omrekeningsverschillen uiteengezet.

Richtlijnen
Zowel bij gehele als bij gedeeltelijke desinvestering van de deelneming dient het gedeelte van de reserve dat op het gedesinvesteerde deel van die deelneming betrekking heeft aan de reserve te worden onttrokken (art. 2:389 lid 8 BW). Deze cumulatieve omrekeningsverschillen worden op het moment van vervreemding verwerkt in de winst-en-verliesrekening als onderdeel van het resultaat op verkoop van de buitenlandse deelneming (RJ 122.311).

Voor verslagjaren aanvangend voor 1 januari 2020 bestond ook de mogelijkheid om de cumulatieve omrekeningsverschillen over te boeken naar de Overige reserves. Als deze mogelijkheid toegepast werd, moet de stelselwijziging retrospectief worden verwerkt conform RJ 140 (zie par. 28.3).

IFRS
Onderscheid in vormen van desinvestering
Voor de bepaling van het tijdstip waarop de geaccumuleerde omrekeningsverschillen worden 'gerecycled' of geherclassificeerd is het van belang of sprake is van een 'volledige' desinvestering of een partiële desinvestering. Onder een 'volledige' desinvestering wordt verstaan:
- De desinvestering van de gehele buitenlandse activiteit (in casu het gehele kapitaal en vergelijkbare financiële instrumenten in een subsidiary, een associate, een joint arrangement of een branch/filiaal) (IAS 21.48).
- Een zodanige partiële vermindering van het (kapitaal)belang in een subsidiary dat daarmee de zeggenschap verloren gaat, ook al blijft een resterend belang over dat als associate, joint arrangement of financieel actief te boek wordt gesteld (IAS 21.48A) (zie ook par. 23.7).
- Een zodanige partiële vermindering van het (kapitaal)belang in een associate of joint arrangement dat een eventueel resterend belang niet langer als een associate of joint arrangement maar als een financieel actief kwalificeert, te waarderen op basis van de voorschriften van IFRS 9 (IAS 21.48A).

Een partiële desinvestering is elke vorm van vermindering van het (kapitaal)belang anders dan de situaties die bij 'volledige' desinvestering zijn aangegeven.

Dit onderscheid dient overeenkomstig te worden toegepast op (aflossing van) leningen die verstrekt zijn aan deelnemingen en die als een uitbreiding van de netto-investering in die deelneming dient te worden beschouwd. Vanwege de voorwaarden die bestaan voor het kunnen aanmerken van een vordering als een 'kwalificerende vordering' (zie par. 27.4.4.3) zal onder IFRS een (gedeeltelijke) aflossing niet vaak voorkomen.
IAS 21.49 gaat verder nog in op wat wel en niet onder desinvestering kan worden verstaan:
- met een 'desinvestering' wordt gelijkgesteld: liquidatie, terugbetaling van aandelenkapitaal, het staken van activiteiten (met als resultante een 'lege' entiteit). Ook dan is sprake van het muteren van de inzake deze deelneming in de reserve omrekeningsverschillen geboekte koersresultaten;

▶ negatieve resultaten uit afwaarderingen (impairments): dit wordt niet als een vorm van desinvestering gezien en mag niet leiden tot een mutatie in de reserve omrekeningsverschillen. Een soortgelijke situatie is van toepassing voor het geval een deelneming op basis van IFRS 5 wordt gerubriceerd onder 'assets held for sale'.

Opgemerkt wordt dat niet de juridische vorm van een uitkering van de deelneming aan de aandeelhouder maar de economische realiteit van de uitkering doorslaggevend is voor het al dan niet muteren van het relatieve aandeel in de reserve omrekeningsverschillen.

'Volledige desinvestering'

IAS 21.48 geeft aan dat bij een 'volledige desinvestering' (zoals eerder gedefinieerd) het volledige bedrag van de gecumuleerde omrekeningsverschillen dient te worden gerecycled naar de winst-en-verliesrekening. Dit geldt ook indien nog een minderheidsbelang gehouden blijft (IAS 21.48A sub a). Het cumulatieve omrekeningsverschil wordt in de winst-en-verliesrekening verantwoord als onderdeel van het transactieresultaat op de desinvestering.

Voor de *geconsolideerde* jaarrekening geldt nog dat ingeval een buitenlandse groepsmaatschappij wordt verkocht waarbij sprake is van een minderheidsaandeelhouder het koersverschil dat toerekenbaar is aan het minderheidsbelang eveneens van de balans dient te worden verwijderd. Dit vindt plaats via het van de balans verwijderen van het minderheidsbelang (als onderdeel van de verkooptransactie), zonder een verwerking via de winst-en-verliesrekening (IAS 21.48B).

Voorbeeld verwerking geaccumuleerd koersverschil

Moeder BV heeft een 80% belang in een buitenlandse activiteit via Child Ltd. In het eerste jaar ontstaat een koersverlies over het eigen vermogen van Child van 1.000, hiervan komt 80% voor rekening van Moeder.
In de geconsolideerde jaarrekening wordt feitelijk de volgende quasi journaalpost opgenomen:

Eigen vermogen	800	
Minderheidsbelang	200	
Aan Netto actief Child		1.000

In de geconsolideerde winst-en-verliesrekening van Moeder is géén koersverlies zichtbaar. In het overzicht van de directe vermogensmutaties ('statement of other comprehensive income') wordt een totaal koersverlies van 1.000 zichtbaar gemaakt. Dit koersverlies is dan ook onderdeel van het totaalresultaat dat wordt 'verdeeld' tussen de aandeelhouders van Moeder en de minderheidsaandeelhouder. In schema:

Geconsolideerde winst-en-verliesrekening	**Jaar 1**
Omzet	x.xxx
Kostprijs omzet en kosten	x.xxx
Nettowinst	<u>nihil</u>
Geconsolideerd overzicht van niet-gerealiseerde resultaten	
Nettowinst	Nihil
Niet-gerealiseerde resultaten die in de toekomst via het resultaat verwerkt worden	
Koersverschillen omrekening buitenlandse bedrijfsuitoefening	-800
Niet-gerealiseerde resultaten die in de toekomst niet via het resultaat verwerkt worden	
Koersverschillen omrekening buitenlandse bedrijfsuitoefening toe te rekenen aan minderheidsbelang	<u>-200</u>
Totaal niet-gerealiseerde resultaten na belastingen	<u>-1.000</u>
Totaal van gerealiseerde en niet-gerealiseerde resultaten na belastingen	-1.000
Toe te rekenen aan:	
Aandeelhouders Moeder BV	-800
Minderheidsbelang	<u>-200</u>
	<u>-1.000</u>

In jaar 2 wordt het 80%-belang gedesinvesteerd voor de boekwaarde. Omdat het in het eigen vermogen opgenomen geaccumuleerde koersverschil 'gerecycled' dient te worden naar de winst-en-verliesrekening betekent dit dat een nettoverlies ontstaat ter grootte van de gecumuleerde omrekeningsverschillen. Ingevolge de bepaling van IAS 21.48B wordt alléén het aan de moedermaatschappij toe te rekenen gedeelte in de winst-en-verliesrekening opgenomen. In schema:

27 Vreemde valuta

Geconsolideerde winst-en-verliesrekening	Jaar 2	Jaar 1
Omzet	x.xxx	x.xxx
Kostprijs omzet en kosten	x.xxx	x.xxx
Operationeel resultaat	nihil	nihil
Resultaat op verkoop deelneming	-800	nihil
Nettowinst	-800	nihil
Geconsolideerd overzicht van niet-gerealiseerde resultaten		
Nettowinst	-800	Nihil
Niet-gerealiseerde resultaten die in de toekomst via het resultaat verwerkt worden		
- Koersverschillen omrekening buitenlandse bedrijfsuitoefening (Jaar 2: gerealiseerd)	+800	-800
Niet-gerealiseerde resultaten die in de toekomst niet via het resultaat verwerkt worden		
- Koersverschillen omrekening buitenlandse bedrijfsuitoefening toe te rekenen aan minderheidsbelang (in jaar 2 géén recycling)	0	-200
Totaal niet-gerealiseerde resultaten na belastingen	+800	-1.000
Totaal van gerealiseerde en niet-gerealiseerde resultaten na belastingen	nihil	-1.000
Toe te rekenen aan:		
Aandeelhouders Moeder BV	nihil	-800
Minderheidsbelang	nihil	-200
	nihil	1.000

Partiële desinvestering
IFRS maakt in IAS 21.48C onderscheid tussen een partiële desinvestering van i) een bedrijfsuitoefening via een groepsmaatschappij en ii) alle andere vormen van bedrijfsuitoefening in het buitenland, in casu deelneming (niet zijnde groepsmaatschappij), joint arrangement of filiaal/branche.

i) partiële desinvestering van een bedrijfsuitoefening via een groepsmaatschappij:
In deze situatie kan een partiële desinvestering alleen maar inhouden dat een zodanig beperkt belang wordt gedesinvesteerd dat na desinvestering nog immer sprake is van 'control'. Stel als uitgangspunt een belang in een *groepsmaatschappij* van 75% waarvan een gedeelte van het kapitaalbelang wordt verkocht (bijvoorbeeld verkoop 5%), zonder dat de 'control' verloren gaat (in casu resteert een kapitaalbelang van 70%). Het voorschrift bepaalt dat het relatieve aandeel van de geaccumuleerde koersverschillen dient te worden gealloceerd binnen het groepsvermogen. In casu: 5/75^e-gedeelte van de geaccumuleerde koersverschillen wordt binnen het totale eigen vermogen overgeboekt van *eigen vermogen toekomend aan de aandeelhouders van de moedermaatschappij* naar *eigen vermogen van het minderheidsbelang derden*. Omdat deze desinvestering in een groepsmaatschappij niet samenvalt met het verloren gaan van 'control' vindt géén overboeking naar de winst-en-verliesrekening plaats.

ii) partiële desinvestering van alle andere vormen van bedrijfsuitoefening in het buitenland, in casu deelneming (niet zijnde groepsmaatschappij), joint arrangement of filiaal/branche:
Hiervoor geldt dat voor elke partiële desinvestering sprake dient te zijn van een proportionele terugboeking van de geaccumuleerde koersverschillen naar de *winst-en-verliesrekening* (IAS 21.48C). Dit geldt dus niet voor een zodanige vermindering van het (kapitaal)belang in een associate of joint arrangement dat het resterend belang als een financieel actief kwalificeert, omdat die, zoals hiervoor besproken, aangemerkt worden als een 'volledige desinvestering'.

IFRS geeft niet aan wat de verwerking moet zijn bij aflossing van leningen die verstrekt zijn aan deelnemingen en die als een uitbreiding van de netto-investering in die deelneming dienen te worden beschouwd. Daarom kan een onderneming een keuze maken welke verwerkingsmethode gehanteerd wordt, zolang deze methode consequent toegepast wordt. De meeste ondernemingen kiezen er voor om de gecumuleerde omrekeningsverschillen gerelateerd aan de lening niet te recyclen via de winst-en-verliesrekening, waardoor dit bedrag onderdeel blijft uitmaken van de reserve omrekeningsverschillen. Echter, ondernemingen kunnen er ook voor kiezen om deze omrekeningsverschillen wel te recyclen via de winst-en-verliesrekening. Bij een gedeeltelijke desinvestering van (het kapitaalbelang in) de deelneming zal niet alleen het relatieve aandeel in de koersverschillen over het eigen vermogen dienen te worden overgeboekt doch tevens het relatieve aandeel van de koersverschillen van de kwalificerende leningen (ongeacht of tevens sprake is van een aflossing).

27.4.4.7 Hedge van een netto-investering in een buitenlandse eenheid

Zowel IFRS als de Richtlijnen bieden de mogelijkheid om hedge-accounting toe te passen in geval van een hedge van een netto-investering in een buitenlandse eenheid mits aan de voorwaarden voor hedge-accounting is voldaan (RJ 290.640, IFRS 9.6.5.13). De verwerking is vergelijkbaar met de verwerking bij kasstroomhedge-accounting: de effecten van het effectieve deel van het hedge-instrument worden verwerkt in het eigen vermogen (RJ) of 'other comprehensive income' (IFRS) (RJ 122.217, IFRS 9.6.5.13).

IFRIC 16 'Hedges of a Net Investment in a Foreign Operation' bevat aanvullende regels over de afdekking van het valutarisico met betrekking tot een netto-investering in buitenlandse deelnemingen. IFRIC 16 geeft aan in welke gevallen sprake kan zijn van een afdekking van het valutarisico in de netto-investering. Daarbij wordt ingegaan op drie vragen:
1. Wat is de aard van het afgedekte risico waarvoor een afdekkingstransactie kan worden afgesloten?
2. Waar in de groep dient het afdekkingsinstrument te worden gehouden?
3. Hoe dient te worden omgegaan met een afstoting van een afgedekte netto-investering?

Met betrekking tot de eerste vraag stelt IFRIC 16 dat het afgedekte risico (bij het afdekken van een netto-investering in een buitenlandse deelneming) gelijk is aan het valutarisico dat ontstaat tussen de functionele valuta van de netto-investering (de buitenlandse deelneming) en de functionele valuta van iedere moedermaatschappij (de onmiddellijke moeder van de deelneming, dan wel een tussenholding of de ultieme moeder). Eventuele (andere) verschillen tussen functionele valuta en presentatievaluta kunnen als zodanig niet worden afgedekt.

Met betrekking tot de tweede vraag vereist IFRIC 16 niet dat de entiteit die blootstaat aan het valutarisico ook zelf het afdekkingsinstrument dient te houden. Dit betekent dat het afdekkingsinstrument door iedere entiteit in de groep kan worden gehouden, onafhankelijk van de functionele valuta van die entiteit.

Bij afstoting van een netto-investering vereist IFRIC 16 dat het cumulatieve bedrag aan koersverschillen, voor die betreffende entiteit opgenomen in de reserve omrekeningsverschillen, aan de reserve wordt onttrokken en in de winst-en-verliesrekening wordt opgenomen.

Verschillen Dutch GAAP – IFRS

IFRS laat de keuze van de presentatievaluta vrij. De Nederlandse wetgeving biedt alleen de mogelijkheid om een andere presentatievaluta dan de euro te hanteren indien de werkzaamheid van de rechtspersoon of de internationale vertakking van zijn groep dat rechtvaardigt.

RJ 122.211 maakt geen onderscheid tussen situaties waarin de deelneming wel of niet tegen kostprijs is gewaardeerd. De valutaverschillen voortkomend uit de omrekening van een vordering die deel uitmaakt van de netto-investering worden daarom verwerkt in de reserve omrekeningsverschillen. IAS 21.32/33 maakt wel een onderscheid tussen die situaties. Daarom moeten onder IFRS de waarderingsverschillen in de resultatenrekening verwerkt worden als de deelneming op kostprijs wordt gewaardeerd. RJ 122.310 onderscheidt twee mogelijke verwerkingswijzen van goodwill. IAS 21.47 laat slechts één verwerkingswijze toe, namelijk de jaarlijkse omrekening van de goodwill en reële-waardeaanpassing tegen de koers op balansdatum.

IFRS kent het expliciete voorschrift dat als sprake is van het verloren gaan van 'control' van een groepsmaatschappij ('subsidiary') c.q. invloed van betekenis bij een deelneming ('associate') c.q. gezamenlijke zeggenschap bij een joint arrangement terwijl niet het gehele kapitaalbelang wordt gedesinvesteerd doch alleen een gedeelte van dit belang, de gecumuleerde omrekeningsverschillen voor het *volledige* bedrag naar de winst-en-verliesrekening overgeboekt moet worden, terwijl onder de Nederlandse wet- en regelgeving dan een proportionele overboeking plaatsvindt.

Uitsluitend voor de situatie waarin sprake is van het verloren gaan van 'control' van een groepsmaatschappij ('subsidiary') waarin de moedermaatschappij een belang heeft dat minder is dan 100% (en dus sprake is van een minderheidsbelang in het eigen vermogen) schrijft alléén IFRS voor dat het gecumuleerde omrekeningsverschil voor het relatieve belang dat de moedermaatschappij in de groepsmaatschappij heeft bezeten in de winst-en-verliesrekening wordt opgenomen en het gedeelte dat is gealloceerd aan het minderheidsbelang niet in de winst-en-verliesrekening mag worden opgenomen (IAS 21.48B).
Eveneens uitsluitend voor een groepsmaatschappij schrijft IFRS voor dat in geval van een mutatie in het kapitaalbelang, zonder dat de 'control' verloren gaat, een proportionele herallocatie van de geaccumuleerde koersverschillen tussen eigen vermogen toekomend aan de aandeelhouders van de moedermaatschappij en het minderheidsbelang dient plaats te vinden.

IAS 21 is expliciter wat betreft de reikwijdte van de bepaling omtrent het onttrekken van delen van de reserve omrekeningsverschillen ten aanzien van vervreemde deelnemingen. IAS 21.49 stelt dat vervreemdingen kunnen geschieden door verkoop, liquidatie, terugbetaling van kapitaal en in omstandigheden door betaling van dividend. RJ 122.311 refereert alleen aan vervreemding. Inhoudelijk bezien lijkt geen uitdrukkelijk verschil beoogd.
IFRS kent nog nadere regelgeving omtrent de verwerking van afdekkingstransacties voor de netto-investering in buitenlandse entiteiten; de Richtlijnen kennen dergelijke aanvullende regelgeving niet.

27.4.5 Kasstroomoverzicht

Ingeval het kasstroomoverzicht op basis van de indirecte methode wordt opgesteld, wordt in de praktijk veelvuldig aan deze methode invulling gegeven door het vergelijken van twee balansposities en de verschilbedragen als kasstroom op te nemen. Principieel bezien is dit onjuist omdat de kasstromen op basis van RJ 360.203 en IAS 7.25/26 een weergave dienen te zijn van de koers op het moment van de transactie. Om praktische redenen bepalen de Richtlijnen dat de kasstromen uit operationele activiteiten mogen worden omgerekend tegen de koers die wordt gebruikt bij de omrekening van de winst-en-verliesrekening. In geval van de mutatie in het werkkapitaal dient dit eveneens de gemiddelde koers te zijn, doch in geval van de 'balans aftrekmethode' ontstaan hierdoor afwijkingen.

> **Voorbeeld omrekening kasstroomoverzicht met vreemde valuta**
>
> Een 'Moeder' met functionele valuta de euro heeft een groepsmaatschappij 'Dochter' met functionele valuta de US dollar.
> De balans van Moeder en Dochter luiden op 31 december van jaar 1 als volgt:
>
> | Moeder | | | | Dochter | | | |
> |---|---|---|---|---|---|---|---|
> | Dochter | € 1.000 | Aandelen | € 1.000 | Kas | $ 1.000 | Aandelen | $ 1.000 |
>
> Met een omrekenkoers van $ 1 = € 1 is de geconsolideerde balans als volgt:
>
> | Geconsolideerd | | | |
> |---|---|---|---|
> | Kas | € 1.000 | Aandelen | € 1.000 |
>
> Dochter realiseert in jaar 2 een omzet van $ 2.000 waarvan $ 1.500 in contanten wordt afgerekend en $ 500 op rekening is. Van kosten wordt geabstraheerd zodat het resultaat van Dochter over boekjaar 2 $ 2.000 bedraagt.
>
> De balans en winst-en-verliesrekening over jaar 2 van Dochter luiden dan als volgt:
>
> | Dochter - balans | | | | Dochter - W/V-rekening | |
> |---|---|---|---|---|---|
> | Kas | $ 2.500 | Aandelen | $ 1.000 | Omzet | $ 2.000 |
> | Vordering | $ 500 | Winst | $ 2.000 | Winst boekjaar | $ 2.000 |
> | | $ 3.000 | | $ 3.000 | | |
>
> De ontwikkeling van de verhouding Euro-Dollar heeft geleid tot de volgende koers eind jaar 2: $ 1 = € 0,8. De gemiddelde koers komt uit op $ 1 = € 0,9.
> Moeder heeft in jaar 2 geen andere (eigen) activiteiten en rapporteert enkelvoudig alleen het resultaat deelnemingen:
>
> | Moeder - balans | | | | Moeder - W/V-rekening | |
> |---|---|---|---|---|---|
> | Dochter | € 2.400 | Aandelen | € 1.000 | Resultaat Dochter (2.000 x 0,9) | € 1.800 |
> | | | Res. KV | € (400) | | |
> | | | Winst | € 1.800 | Winst boekjaar | € 1.800 |
> | | € 2.400 | | € 2.400 | | |
>
> De reserve omrekeningsverschillen is het totaal van het omrekeningsverschil over de beginstand ad $ 1.000, ofwel negatief € 200 (= $ 1.000 x - 0,2) en het omrekeningsverschil van het resultaat van gemiddelde koers naar balanskoers, berekend op negatief € 200 (= $ 2.000 x - 0,1), ofwel totaal negatief € 400.
>
> Geconsolideerd:
>
> | Geconsolideerd - balans | | | | Geconsolideerd - W/V-rekening | |
> |---|---|---|---|---|---|
> | Kas | € 2.000 | Aandelen | € 1.000 | Omzet (2.000 x 0,9) | € 1.800 |
> | Vordering | € 400 | Res. KV | € (400) | | |
> | | | Winst | € 1.800 | Winst boekjaar | € 1.800 |
> | | € 2.400 | | € 2.400 | | |
>
> Het geconsolideerde kasstroomoverzicht waarbij de mutatie werkkapitaal is bepaald door het aftrekken van twee balanscijfers, zou leiden tot het volgende overzicht:
>
> | Geconsolideerd kasstroomoverzicht | | |
> |---|---|---|
> | Operationeel resultaat | € 1.800 | |
> | Mutatie werkkapitaal | € (400) | |
> | Operationele kasstroom | € 1.400 | |
> | 'overige mutaties' | (€ 50) | |
> | Kasstroom | € 1.350 | |
> | | | |
> | Kas 1/1 | € 1.000 | |
> | Koersverschil | € (350) | (= $ 1.000 x -0,2 en $ 1.500 x -0,1) |
> | Mutatie | € 1.350 | (= $ 1.500 x 0,9) |
> | Kas 31/12 | € 2.000 | |

In dit voorbeeld is duidelijk zichtbaar dat een 'sluitpost' ('overige mutaties') benodigd is om het kasstroomoverzicht cijfermatig te laten aansluiten. Voor een correcte weergave van het kasstroomoverzicht ingevolge de indirecte methode is het noodzakelijk om de mutaties van het werkkapitaal in het boekjaar tegen de gemiddelde koers om te rekenen. De weergave is dan als volgt:

> **Voorbeeld omrekening kasstroomoverzicht met vreemde valuta (vervolg)**
>
> **Geconsolideerd kasstroomoverzicht**
> | | |
> |---|---|
> | Operationeel resultaat | € 1.800 |
> | Mutatie werkkapitaal | € (450) |
> | Operationele kasstroom | € 1.350 |
> | 'overige mutaties' | 0 |
> | Kasstroom | € 1.350 |
>
> | | | |
> |---|---|---|
> | Kas 1/1 | € 1.000 | |
> | Koersverschil | € (350) | (= $ 1.000 x -0,2 en $ 1.500 x -0,1) |
> | Mutatie | € 1.350 | (= $ 1.500 x 0,9) |
> | Kas 31/12 | € 2.000 | |
>
> De beoogde uitwerking kan worden bereikt door het opstellen van kasstroomoverzichten van te consolideren groepsmaatschappijen in de eigen functionele valuta en deze vervolgens via het gebruikelijke consolidatieproces om te rekenen naar de presentatievaluta van de rapporterende entiteit:
>
> | **Kasstroomoverzicht Dochter** | | **Omgerekend tegen gemiddelde koers** |
> |---|---|---|
> | Operationeel resultaat | $ 2.000 | € 1.800 |
> | Mutatie werkkapitaal | $ (500) | € (450) |
> | Operationele kasstroom | $ 1.500 | € 1.350 |
> | 'overige mutaties' | 0 | n.v.t. |
> | Kasstroom | $ 1.500 | € 1.350 |
> | | | **Omgerekend tegen relevante koers** |
> | Kas 1/1 | $ 1.000 | € 1.000 (koers 1/1) |
> | Koersv. | N.v.t | € (350) (=$ 1.000 X -0,2 en $ 1.500 x -0,1) |
> | Mutatie | $ 1.500 | € 1.350 (gemiddelde koers) |
> | Kas 31/12 | $ 2.500 | € 2.000 (koers 31/12) |
>
> Omdat Moeder in jaar 2 geen eigen kasstromen heeft gekend is het geconsolideerde kasstroomoverzicht hierdoor (in dit zeer vereenvoudigde voorbeeld) gelijk aan het kasstroomoverzicht van Dochter omgerekend naar rapportagevaluta van Moeder.

Vergelijkbare opmerkingen aangaande het gebruik van gemiddelde dan wel, in voorkomende gevallen, de (exacte) feitelijke transactiekoersen zijn te maken met betrekking tot de investerings- en financieringskasstromen. Daarbij wordt met name gedacht aan die situaties waarbij omvangrijke (des)investeringen of opname/aflossen van financiering van incidentele aard zijn en op momenten plaatsvinden dat de transactiekoersen nadrukkelijk afwijken van de gemiddelde koers als gehanteerd voor de omrekening van de operationele kasstromen (c.q. winst-en-verliesrekening).

27.4.6 Hyperinflatie

Bezien naar de situatie van eind 2020 zijn de volgende landen als hyperinflatieland aangemerkt:
- Argentinië vanaf 2018;
- Iran vanaf 2020;
- Libanon vanaf 2020;
- Soedan vanaf 2013;
- Venezuela vanaf 2009;
- Zimbabwe vanaf 2019; en
- Zuid-Soedan vanaf datum onafhankelijkheid (1 juli 2011).

Indien een buitenlandse deelneming haar jaarcijfers opstelt in de lokale valuta van een land met hyperinflatie, zou de in de voorgaande paragrafen weergegeven omrekeningssystematiek een vertekend beeld geven. Hyperinflatie gaat immers gepaard met sterk dalende koersniveaus. Omrekening van de netto-investering tegen de lagere koersen zou kunnen leiden tot een aanzienlijke vermindering van het eigen vermogen in de presentatievaluta, terwijl de werkelijke waarde aanzienlijk minder is afgenomen.

Van hyperinflatie is in ieder geval sprake indien de inflatie over een periode van drie jaren in totaal 100% of meer heeft bedragen (RJ 122.312). In IAS 29.3 is een aantal karakteristieken opgenomen waaruit voortvloeit dat er sprake is van een land met hyperinflatie. De opsomming is niet limitatief:
- de plaatselijke bevolking geeft de voorkeur aan het aanhouden van de koopkracht in niet-monetaire activa of in relatief stabiele vreemde valuta. Bedragen in lokale valuta worden onmiddellijk geïnvesteerd om koopkrachtbehoud te garanderen;
- de plaatselijke bevolking beschouwt monetaire activa in termen van relatief stabiele vreemde valuta en niet in de eigen valuta. Prijzen kunnen worden weergegeven in die vreemde valuta;
- bij kopen en verkopen op krediet wordt in de prijs rekening gehouden met het koopkrachtverlies gedurende de kredietperiode ook al is die periode relatief kort;
- rentevoeten, lonen en prijzen zijn verbonden aan een prijsindex;
- de cumulatieve inflatie gedurende drie jaar nadert of overschrijdt de 100%.

Voor de bespreking van dit onderwerp wordt onderscheid gemaakt tussen:
1. entiteiten die zijn gevestigd in een land waarin sprake is van hyperinflatie en die een eigen (geconsolideerde) jaarrekening opstellen, waarbij de functionele valuta tevens de valuta van het land met hyperinflatie is;
2. buitenlandse deelnemingen gevestigd in landen waarin sprake is van hyperinflatie en waarvan de jaarrekening door de moedermaatschappij wordt omgerekend naar de presentatievaluta ten behoeve van diens geconsolideerde jaarrekening.

Ad 1 entiteiten die zijn gevestigd in een land waarin sprake is van hyperinflatie en die een eigen (geconsolideerde) jaarrekening opstellen, waarbij de functionele valuta tevens de valuta van het land met hyperinflatie is

IFRS kent in IAS 29 een afzonderlijke standaard voor de enkelvoudige of geconsolideerde jaarrekening van een entiteit die gevestigd is in een land waar sprake is van hyperinflatie en waarbij de functionele valuta de valuta van het land van vestiging is. De Richtlijnen kennen deze regelgeving niet hetgeen valt te verklaren uit de situatie dat in Nederland geen sprake is van hyperinflatie.
IAS 21 omvat aanvullend enkele specifieke bepalingen voor de wijze waarop de betreffende jaarrekening dient te worden aangepast aan koopkrachtcorrecties.

Kern van de relevante regelgeving in IAS 29 en IAS 21 is dat in een dergelijke jaarrekening al het gepresenteerde cijfermateriaal door middel van koopkrachtcorrecties dient te worden herzien naar de positie op balansdatum van de laatste rapporteringsperiode. Dat geldt óók voor de vergelijkende cijfers die door middel van relevante indexen eveneens naar de positie op meest recente balansdatum worden herzien (IAS 29.34).

Ad 2 buitenlandse deelnemingen gevestigd in landen waarin sprake is van hyperinflatie en waarvan de jaarrekening door de moedermaatschappij wordt omgerekend naar de presentatievaluta ten behoeve van diens geconsolideerde jaarrekening

Voor zover het de cijfers van het betreffende boekjaar betreft (en niet de vergelijkende cijfers) worden jaarrekeningen van buitenlandse deelnemingen die zijn opgesteld in de valuta van landen met hyperinflatie voor de verwerking in de geconsolideerde jaarrekening van de rapporterende rechtspersoon eerst aangepast aan de hyperinflatie voordat omrekening plaatsvindt in de presentatievaluta van de rapporterende rechtspersoon. De balansposten en posten van de winst-en-verliesrekening worden daarbij uitgedrukt in koopkrachteenheden van de functionele valuta van de rechtspersoon op de balansdatum van het boekjaar teneinde de invloed van de prijsstijgingen weer te geven. Het daaruit resulterende positieve of negatieve resultaat over de netto-monetaire positie dient in de winst-en-verliesrekening te worden verwerkt en afzonderlijk gekwantificeerd te worden toegelicht (RJ 122.312 sub a, IAS 29.8/9, IAS 21.43).

De voor hyperinflatie aangepaste jaarcijfers dienen vervolgens te worden omgerekend in de presentatievaluta tegen de koers per balansdatum. Dat geschiedt als volgt (RJ 122.312 sub b, IAS 21.42):
▶ activa, passiva en componenten van het eigen vermogen worden voor (uitsluitend de meest recente) balans omgerekend tegen de koers per balansdatum;
▶ baten en lasten worden voor (uitsluitend de meest recente) periode omgerekend tegen de koers per balansdatum;
▶ alle koersverschillen worden rechtstreeks in het eigen vermogen gepresenteerd.

De vergelijkende cijfers dienen de cijfers te zijn die in de jaarrekening van het voorgaande jaar als cijfers over het verslagjaar zijn gepresenteerd (zij worden – eenmaal uitgedrukt in de presentatievaluta – dus niet aangepast voor prijs- en daaropvolgende wisselkoersaanpassingen gedurende het meest recente boekjaar) (RJ 122.312 sub c, IAS 21.42 sub b). Dit is consistent met de waarde op dat moment, zijnde de toenmalige (voor koopkracht gecorrigeerde) activa en passiva tegen de toenmalige omrekeningskoers.
Indien niet langer sprake is van hyperinflatie en de in lokale valuta opgemaakte jaarcijfers van de buitenlandse deelneming niet langer behoeven te worden aangepast aan de invloed van prijswijzigingen, dienen de op dat moment aangepaste waarden verder als historische verkrijgingsprijs te worden aangemerkt voor de daarop volgende omrekening van de jaarrekening van de buitenlandse deelneming (RJ 122.313, IAS 21.43).

Verwerking in het eerste jaar van hyperinflatie

De verwerking van de situatie van hyperinflatie in het eerste jaar onder de Nederlandse wet- en regelgeving is niet gelijk aan IFRS.

Dutch GAAP
RJ 122.312a geeft een keuze uit twee mogelijkheden voor de eerste omrekening van activa en verplichtingen in het eerste jaar dat sprake is van hyperinflatie:
1. niet-monetaire posten worden aan het begin van het boekjaar omgerekend voor het effect van de (hyper)inflatie vanaf het moment dat de activa zijn verkregen en verplichtingen zijn aangegaan (feitelijk een volledig terugwerkende kracht). Voor een nadere uitwerking zie hierna bij *IFRS-regelgeving*;
2. niet-monetaire posten worden aan het begin van het boekjaar omgerekend voor het effect van de (hyper)inflatie vanaf het begin van het boekjaar waarin voor het eerst wordt voldaan aan de criteria van hyperinflatie (ofwel een startindex aan het begin van het boekjaar van 100%) (niet toegelaten onder IFRS).

De Richtlijnen bevatten, anders dan IFRS, geen voorschriften over de verwerking van latente belastingen in deze situatie.

IFRS
Als nadere uitwerking van de bepalingen in IAS 29.24 wordt in IFRIC 7 'Applying the Restatement Approach under IAS 29 Financial Reporting in Hyperinflationary Economies' ingegaan op de vraag op welke wijze de jaarrekening moet worden aangepast indien de economie waarin de onderneming (of haar dochtermaatschappij) zich bevindt, in hyperinflatie raakt en op welke wijze latente belastingen moeten worden bepaald en omgerekend bij toepassing van 'hyperinflation accounting'. In het jaar waarin wordt geconstateerd dat een land in hyperinflatie verkeert,

moet de jaarrekening inclusief de vergelijkende cijfers over het voorgaande jaar worden aangepast aan de inflatie. De onderneming moet IAS 29 toepassen alsof de economie altijd in hyperinflatie was geweest. Dit gebeurt door de activa en passiva die daarvoor in aanmerking komen volgens IAS 29 aan te passen voor inflatie vanaf het moment van acquisitie (of latere herwaardering) van activa of het aangaan van de verplichting. Dit beslaat dus mede een periode waarin er geen hyperinflatie was. Ter zake van de latente belastingen is de vraag of (1) eerst de latente belasting moet worden berekend om deze vervolgens aan te passen voor inflatie of dat (2) eerst alle aanpassingen voor inflatie moeten plaatsvinden om vervolgens het ontstane verschil met de boekwaarde te berekenen en daarmee eventuele latente belastingen. Vervolgens is de vraag hoe moet worden omgegaan in de vergelijkende cijfers met de bedragen aan latente belastingen, moeten deze worden aangepast voor inflatie of niet? IFRS IC concludeerde dat methode (2) moet worden toegepast en dat de latente belastingbedragen van vorig jaar (en de stand in de openingsbalans) moeten worden aangepast voor inflatie sinds die data tot aan de balansdatum van het huidige boekjaar.

27.5 Presentatie en toelichting

27.5.1 Presentatie

In de winst-en-verliesrekening

Met betrekking tot presentatie van de koersverschillen op transacties in vreemde valuta in de winst-en-verliesrekening bestaan de volgende mogelijkheden:
- als onderdeel van het bedrijfsresultaat;
- als onderdeel van de financiële baten en lasten.

Toerekening aan netto-omzet en kostprijs van de omzet of inkoopkosten is in het algemeen niet juist. Deze transacties dienen te worden gewaardeerd tegen de transactiekoers (die in geval van een kostprijshedge- of kasstroomhedge-accounting feitelijk de afdekkingskoers kan zijn of kan benaderen). In ieder geval dienen de koerseffecten die ontstaan door uitgestelde betaling of ontvangst van geldmiddelen separaat van de omzet of inkoopkosten te worden gepresenteerd.

In de balans

Een specificatie van het eigen vermogen is onder de Nederlandse wet- en regelgeving alleen verplicht in de enkelvoudige jaarrekening. Bij toepassing van IFRS dienen ook in de geconsolideerde balans de omrekeningsverschillen afzonderlijk te worden onderscheiden en in de balans of toelichting te worden weergegeven (IAS 21.32/39).
De omrekeningsverschillen die rechtstreeks in het eigen vermogen worden verwerkt dienen in de balans als volgt te worden gepresenteerd (RJ 122.404):
- indien de omrekeningsverschillen betrekking hebben op het positieve resultaat van deelnemingen en rechtstreekse waardevermeerderingen in overeenstemming met artikel 2:389 lid 6 BW (niet-uitgekeerde winsten deelnemingen die niet zonder beperking kunnen worden uitgekeerd en andere niet-uitkeerbare vermogensvermeerderingen bij de deelneming zoals een herwaardering van materiële vaste activa), als een reserve omrekeningsverschillen in overeenstemming met artikel 2:389 lid 8 BW, dan wel als onderdeel van de wettelijke reserve deelnemingen in overeenstemming met artikel 2:389 lid 6 BW;
- de overige omrekeningsverschillen als een reserve omrekeningsverschillen in overeenstemming met artikel 2:389 lid 8 BW.

De grondslagen voor wijze van omrekening en de verwerking van valutakoersverschillen moeten worden toegelicht (RJ 122.404 en 502).

27 Vreemde valuta

> **Voorbeeld presentatie omrekeningsverschillen in het eigen vermogen**
>
> Onderneming Y koopt op 1 januari van jaar 1 een belang van 25% in het eigen vermogen van een buitenlandse deelneming P. De aankoopprijs is gelijk aan de netto-vermogenswaarde en bedraagt $ 750.000 (25% x $ 3.000.000). In jaar 1 maakt P een winst van $ 60.000 die wordt ingehouden. Y vormt een wettelijke reserve ingehouden winst deelnemingen. Y rapporteert in euro. De koers gedurende heel jaar 1 bedroeg $ 1 = € 1. De wettelijke reserve per 31 december van jaar 1 bedraagt € 15.000 (60.000 x 25% x 1).
>
> In jaar 2 maakt P geen winst of verlies. De koers per 31 december van jaar 2 bedraagt $ 1 = € 1,1. Het totale omrekeningsverschil over het beginvermogen is + € 76.500 (0,1 x [750.000 + 15.000]).
> Dit kan op twee wijzen worden gepresenteerd:
> ▶ het gehele bedrag ad € 76.500 onder de reserve omrekeningsverschillen. De wettelijke reserve ingehouden winst deelnemingen per 31 december van jaar 2 blijft dan € 15.000 (gefixeerd in de presentatievaluta);
> ▶ voor een bedrag van € 1.500 (0,1 x 15.000) onder de wettelijke reserve ingehouden winst deelneming en voor een bedrag van € 75.000 (0,1 x 750.000) onder de reserve omrekeningsverschillen. De wettelijke reserve ingehouden winst deelnemingen per 31 december van jaar 2 wordt dan € 16.500 en is gefixeerd in vreemde valuta ($ 15.000, omgerekend tegen de koers op de balansdatum).

Zowel de reserve ingehouden winsten deelnemingen als bedoeld in artikel 2:389 lid 6 BW als de reserve omrekeningsverschillen als bedoeld in artikel 2:389 lid 8 BW, zijn wettelijke reserves en kunnen dus niet vrijelijk worden uitgekeerd (RJ 122.402).

De wettelijke reserve omrekeningsverschillen kan een negatief saldo hebben (art. 2:389 lid 8 BW). Indien de reserve omrekeningsverschillen als gevolg van omrekeningsverliezen een debetsaldo vertoont, houdt dit dus niet in dat dit saldo ten laste van de winst-en-verliesrekening moet worden aangevuld. Wel is de consequentie dat vrije reserves tot het bedrag van genoemd debetsaldo niet uitkeerbaar zijn (art. 2:389 lid 8 BW, RJ 122.405).

27.5.2 Toelichting

In de wet is bepaald dat de grondslagen voor omrekening van in vreemde valuta luidende bedragen worden uiteengezet en dat tevens wordt vermeld op welke wijze koersverschillen zijn verwerkt (art. 2:384 lid 5 BW). Richtlijn 122 vereist de volgende toelichtingen (RJ 122.502-508):
▶ de grondslagen voor de wijze van omrekening en de verwerking van valutakoersverschillen afzonderlijk uiteengezet voor de balans en de winst-en-verliesrekening met betrekking tot (RJ 122.502):
  ▶ transacties in vreemde valuta;
  ▶ bedrijfsuitoefening in het buitenland; en
  ▶ de goodwill en de aanpassing naar reële waarde voor de verwerving van een bedrijfsuitoefening in het buitenland;
▶ de vermelding van (RJ 122.503, IAS 21.52):
  ▶ het bedrag van de valutakoersverschillen die in de winst-en-verliesrekening zijn verwerkt; en
  ▶ een aansluiting tussen het bedrag van de reserve omrekeningsverschillen aan het begin van de periode en het bedrag aan het eind van de periode, inclusief de netto valutakoersverschillen die gedurende de verslagperiode in de reserve omrekeningsverschillen zijn verwerkt;
▶ indien de presentatievaluta (RJ 122.504, IAS 21.53):
  ▶ afwijkt van de functionele valuta dient te worden toegelicht dat, en de reden waarom voor het gebruik van een presentatievaluta anders dan de functionele valuta is gekozen;
  ▶ afwijkt van de lokale valuta (toepassing van art. 2:362 lid 7 BW), dient de reden daarvan te worden toegelicht;
  ▶ is gewijzigd ten opzichte van een voorgaande verslagperiode, dient de reden daarvan te worden toegelicht en gemotiveerd;

- indien de functionele valuta van de rechtspersoon of van een belangrijke bedrijfsuitoefening in het buitenland is gewijzigd ten opzichte van de voorgaande verslagperiode, dient te worden toegelicht dat, en de reden waarom de functionele valuta is gewijzigd (RJ 122.505, IAS 21.54);
- indien de presentatievaluta afwijkt van de functionele valuta waarop de bepalingen ter zake van hyperinflatie van toepassing zijn, dient de rechtspersoon de slotkoersen van de presentatievaluta ten opzichte van de functionele valuta te vermelden per balansdatum van het boekjaar en van alle gepresenteerde voorgaande boekjaren (RJ 122.506). IAS 29.39 vereist toelichting over onder andere toegepaste indexcijfers (zie ook hierna bij 'Verschillen');
- de vermelding welke van de twee alternatieve methoden voor eerste omrekening van een bedrijfsuitoefening in het buitenland is gekozen in geval van hyperinflatie (RJ 122.506a);
- indien de jaarrekening informatie bevat die niet is verplicht op basis van de wettelijke bepalingen of van de bepalingen in de Richtlijnen en deze informatie wordt gepresenteerd in een andere dan de functionele of presentatievaluta, dienen de volgende bepalingen in acht genomen te worden (RJ 122.507, IAS 21.57):
    - de desbetreffende informatie dient duidelijk te kunnen worden onderscheiden van de voorgeschreven informatie omgerekend volgens de bepalingen ter zake van omrekening zoals opgenomen in de Richtlijnen;
    - de functionele valuta die gebruikt is bij het opmaken van de jaarrekening en de methode van omrekening van de additionele informatie dienen te worden toegelicht;
    - het feit dat de functionele valuta de economische realiteit weergeeft en dat de additionele informatie enkel ten behoeve van bepaalde gebruikers in een andere valuta wordt gepresenteerd, dient te worden vermeld; en
    - de valuta waarin de additionele informatie wordt gepresenteerd, dient te worden toegelicht;
- in de toelichting wordt vermeld het effect van een koerswijziging na balansdatum op monetaire posten in vreemde valuta of op de jaarrekening van een buitenlandse bedrijfsuitoefening, als kennis van deze ontwikkeling nodig is voor een juiste beoordeling respectievelijk besluitvorming door gebruikers van de jaarrekening (RJ 122.508).

Bij deze toelichtingsbepalingen is enkele malen het begrip 'functionele valuta' gebruikt. Hoewel een groep, en daarmee een geconsolideerde jaarrekening, geen functionele valuta kent, betekent dit niet dat de informatiebepalingen niet van toepassing zijn voor de geconsolideerde jaarrekening. Voor de toepassing van de toelichtingen dient in dat geval als functionele valuta te worden gelezen de functionele valuta van de rechtspersoon die aan het hoofd van de groep staat (RJ 122.501, IAS 21.51).

Voorbeeld waarderingsgrondslag vreemde valuta

Vreemde valuta

a) Functionele en presentatievaluta
De posten in de jaarrekening van de groepsmaatschappijen worden gewaardeerd met inachtneming van de valuta van de economische omgeving waarin de groepsmaatschappijen voornamelijk hun bedrijfsactiviteiten uitoefenen (de functionele valuta). De geconsolideerde jaarrekening is opgesteld in euro's, zijnde de presentatievaluta van de Groep.

b) Transacties, vorderingen en schulden
Transacties in vreemde valuta gedurende de verslagperiode zijn in de jaarrekening omgerekend naar de functionele valuta tegen de koers op transactiedatum. Monetaire activa en passiva in vreemde valuta worden omgerekend tegen de koers per balansdatum.
De uit de afwikkeling en omrekening voortvloeiende koersverschillen komen ten gunste of ten laste van de winst-en-verliesrekening.

c) Deelnemingen
Indien de functionele valuta van een groepsmaatschappij afwijkt (geen enkele opereert in een hyperinflatoire economie) van de presentatievaluta wordt op de volgende wijze naar de presentatievaluta omgerekend:
- Activa en passiva worden omgerekend tegen de koers per balansdatum.
- De posten van de winst-en-verliesrekening worden omgerekend tegen de gemiddelde koersen gedurende het boekjaar.

De valuta-omrekeningsverschillen die hierdoor ontstaan worden rechtstreeks in het eigen vermogen verwerkt.

27 Vreemde valuta

> Indien leningen in vreemde valuta zijn aangegaan om de netto-investering in een buitenlandse deelneming te financieren, worden de koersverschillen verwerkt in de reserve omrekeningsverschillen voor zover de lening effectief is als dekking van de koersverschillen op de netto-investering in de buitenlandse deelneming.
> Indien een buitenlandse onderneming (gedeeltelijk) wordt vervreemd, worden de cumulatieve valuta-omrekeningsverschillen omgezet van de reserve omrekeningsverschillen naar de overige reserves.

Verschillen Dutch GAAP - IFRS

Toelichtingsvereisten die wel in de Richtlijnen maar niet in IFRS opgenomen zijn, omvatten:
- de motivering voor het gebruik van een rapporteringsvaluta die afwijkt van lokale valuta (RJ 122.504);
- welke grondslagen zijn gebruikt voor de omrekening van de goodwill en de aanpassing naar reële waarde bij de acquisitie van een buitenlandse eenheid (RJ 122.502);
- het effect van een koerswijziging na balansdatum op monetaire posten in vreemde valuta of op de jaarrekening van een buitenlandse bedrijfsuitoefening, als kennis van deze ontwikkeling nodig is voor een juiste beoordeling respectievelijk besluitvorming door gebruikers van de jaarrekening (RJ 122.508).

Anders dan de Richtlijnen bevat IAS 29.39 enkele toelichtingseisen in die gevallen waarin een onderneming de jaarrekening opstelt in een hyperinflatievaluta:
- het feit dat de jaarrekening en vergelijkende cijfers zijn aangepast aan de koopkrachtontwikkeling van de functionele valuta;
- of de jaarrekening is opgesteld op basis van historische kosten of actuele waarde;
- welke prijsindex is gehanteerd en welk niveau deze index had op de balansdatum en de bewegingen van deze index gedurende het boekjaar en het daaraan voorafgaande boekjaar.

27.6 Vrijstellingen voor middelgrote rechtspersonen

Middelgrote rechtspersonen mochten bij de omrekening van de functionele valuta in een andere presentatievaluta de activa, passiva, baten en lasten omrekenen tegen de koers per balansdatum, waarbij het omrekeningsverschil direct in het eigen vermogen werd verwerkt. Deze mogelijkheid is vervallen voor baten en lasten met ingang van verslagjaren die aanvangen op of na 1 januari 2020. De omrekening dient nu plaats te vinden op dezelfde wijze als voor grote rechtspersonen, waarbij deze posten worden omgerekend tegen de koersen ten tijde van de transacties, al dan niet benaderd door middel van gemiddelde koersen (zie par. 27.4.3). Deze wijziging mag prospectief worden toegepast (RJ 122.601).

28 Stelselwijzigingen, schattingswijzigingen en foutherstel

28.1 Begripsbepaling stelsel	
Stelsel	De grondslagen voor waardering en resultaatbepaling, voor rechtstreekse mutaties in het eigen vermogen, voor consolidatie, voor indeling en andere aspecten van de presentatie en voor het opstellen van het kasstroomoverzicht.
Stelselkeuze	Keuze van een stelsel voor de eerste jaarrekening en van een grondslag of regel voor elke nieuwe soort gebeurtenis of transactie.
Stelselwijziging	Een wijziging van onderdelen van het stelsel ten opzichte van het voorgaande jaar.
28.2 Aanvaardbaarheid stelselwijziging	
Stelselmatigheidsbeginsel	Gelijksoortige posten worden op dezelfde wijze gewaardeerd en gepresenteerd (gelijktijdig) en van jaar tot jaar worden dezelfde grondslagen gehanteerd (volgtijdig).
Aanvaardbaarheid van stelselwijziging	Slechts indien vereist bij wet, door Richtlijnen/standaarden verlangd of wanneer daarvoor andere gegronde redenen bestaan. Verbetering van het inzicht staat daarbij centraal, binnen de kaders van de wet- en regelgeving.
Uitzondering IFRS	Overgang van kostprijsmodel naar actuele waarde model voor (im)materiële vaste activa wordt onder IFRS niet als stelselwijziging verwerkt en toegelicht (onder de RJ wel).
28.3 Verwerking en presentatie van stelselwijziging in de jaarrekening	
Verwerking	Het cumulatieve effect wordt verwerkt in het beginvermogen van het jaar dat de stelselwijziging wordt doorgevoerd, tenzij overgangsbepalingen van nieuwe of gewijzigde regelgeving een andere methode voorschrijven of toestaan. Als het cumulatieve effect in uitzonderlijke gevallen niet kan worden bepaald, vindt prospectieve verwerking plaats.
Stelselwijziging gedurende het boekjaar	Een stelselwijziging dient altijd te worden doorgevoerd vanaf de eerste datum van het boekjaar met uitzondering van een wijziging van de waardering van (im)materiële vaste activa van het kostprijsmodel naar het actuele-waardemodel onder IFRS (onder RJ per begin boekjaar).
Aanpassing vergelijkende cijfers	De vergelijkende cijfers moeten worden aangepast, tenzij dat praktisch niet mogelijk is of als op grond van overgangsbepalingen prospectieve verwerking voor de specifieke stelselwijziging is toegestaan.
Aanpassing meerjarenoverzichten	Ook cijfers in meerjarenoverzichten dienen te worden aangepast aan het nieuwe stelsel.

Presentatie en toelichting	Aard, redenen, verwerkingswijze, betekenis voor vermogen en resultaat, vermelding verschillen tussen oorspronkelijke en aangepaste cijfers en afwijking van retrospectieve verwerking. Onder Dutch GAAP belangrijke invloed volgende jaren. Onder IFRS verwachte impact van nieuwe nog niet in werking getreden standaarden en eis voor de presentatie van een 'extra' openingsbalans (derde balans).
28.4 Schattingswijzigingen	
Schattingswijziging	Indien een eerdere schatting wordt herzien of de wijziging van een schattingsmethode.
Verwerking schattingswijziging	Alleen prospectief, dat wil zeggen in huidige en (indien van toepassing) toekomstige perioden.
28.5 Foutherstel	
Foutherstel	Herstel van een zodanige onjuistheid in een (reeds vastgestelde) jaarrekening dat tekortgeschoten is in het geven van het wettelijk vereiste inzicht (materiële fout).
Ernstige tekortkoming wettelijke vereiste inzicht	Indien sprake is van een zodanige onjuistheid dat in ernstige mate tekortgeschoten is in het geven van het wettelijk vereiste inzicht, dan is op grond van de Nederlandse wet een mededeling bij de KvK aan de orde en bij beursfondsen tevens deponering bij de AFM.
Verwerking, presentatie en toelichting	De effecten van foutherstel (materiële fouten) verwerken in beginvermogen onder aanpassing vergelijkende cijfers (retrospectieve verwerking) en verschil toelichten.
	Toelichting van de aard, omvang en het effect van de fout.
	Onder IFRS een eis voor de presentatie van een 'extra' openingsbalans (derde balans).
	Uitgebreide toelichtingseisen onder Dutch GAAP en IFRS. Andere (niet-materiële) fouten verwerken in het jaar dat de fout wordt ontdekt.

28.1 Begripsbepaling stelsel
28.1.1 Stelsel

Een stelsel omvat het geheel van grondslagen en regels voor het opstellen van jaarrekeningen. De grondslagen en regels kunnen nader worden onderverdeeld in (RJ 940, RJ 140.0):
1. grondslagen voor waardering en resultaatbepaling, in het bijzonder:
    - de grondslagen voor waardering van activa en passiva;
    - de grondslagen voor resultaatbepaling;
    - de criteria betreffende de noodzaak respectievelijk de toelaatbaarheid van rechtstreekse mutaties van het eigen vermogen;
2. consolidatiegrondslagen, dat wil zeggen de criteria die worden toegepast om dochtermaatschappijen, groepsmaatschappijen en joint ventures al dan niet in de consolidatie te betrekken en de regels voor de verwerking van onderlinge transacties (zie ook arrest OK, 2003, FLOHIL/BMC in par. 28.2.2);

28 Stelselwijzigingen, schattingswijzigingen en foutherstel

3. de grondslagen voor indeling en andere aspecten van de presentatie (groeperen, samenvoegen, ontleden en rangschikken van posten);
4. de grondslagen voor het opstellen van het kasstroomoverzicht, waaronder de indeling en andere aspecten van de presentatie van dit overzicht (zie punt 3).

De verslaggevingsgrondslagen zijn in IAS 8, 'Accounting Policies, Changes in Accounting Estimates and Errors' gedefinieerd als 'de specifieke principes, grondslagen, conventies, regels en praktijken die door een entiteit worden toegepast bij de opstelling en presentatie van de jaarrekening'. Deze definitie van het begrip 'verslaggevingsgrondslagen' onder IFRS sluit aan bij de Nederlandse definitie van het begrip 'stelsel'.

Inzake de regels voor de indeling (onder punt 3) dient vooral gedacht te worden aan de rubricering van posten in de balans en winst-en-verliesrekening. Onder de Nederlandse wet- en regelgeving betreft dit ook de keuze van de modellen overeenkomstig het Besluit modellen jaarrekening.
Inzake de andere aspecten van presentatie kan gedacht worden aan de wijze waarop gegevens worden gesegmenteerd en indien in de toelichting reële-waarde-informatie is opgenomen, de wijze waarop de reële waarde is berekend. Onder dit aspect dient ook te worden verstaan de toegepaste presentatievaluta en dit betekent dat een wijziging hierin ook als stelselwijziging dient te worden behandeld (zie nadere uitwerking in par. 28.3).

28.1.2 Stelselkeuze

Aan het opstellen van de jaarrekening ligt de keuze van een stelsel ten grondslag. In de wet is bepaald dat de rechtspersoon zich bij de keuze van een grondslag laat leiden door de bepaling van artikel 2:362 lid 1 BW. Het uitgangspunt van dit artikel is dat de jaarrekening volgens normen die in het maatschappelijk verkeer als aanvaardbaar worden beschouwd een zodanig inzicht geeft dat een verantwoord oordeel kan worden gevormd omtrent vermogen en resultaat – en voor zover mogelijk door middel van een jaarrekening – omtrent solvabiliteit en liquiditeit (RJ 140.201). In het Framework geeft de IASB aan dat financiële informatie relevant en getrouw dient te zijn wil deze bruikbaar zijn. Mede worden de kenmerken vergelijkbaarheid, verifieerbaarheid, tijdigheid en begrijpelijkheid benoemd (Framework hoofdstuk 'Qualitative characteristics of useful financial information'). Voor een nadere uiteenzetting van het Framework en de wijzigingen hierin wordt verwezen naar hoofdstuk 4.

Onder stelselkeuze wordt verstaan de keuze van een stelsel. Tot de stelselkeuze behoort eveneens de keuze voor een grondslag voor het vermelden van posten die voorheen niet voorkwamen of niet belangrijk waren, dan wel de keuze voor een grondslag voor handelingen of gebeurtenissen die naar hun aard verschillen van die welke voorheen voorkwamen. Wanneer een onderneming voor het eerst een jaarrekening opstelt is voor het eerst sprake van stelselkeuze. De keuze voor een stelsel zal gewoonlijk de grondslagen en regels voor het opstellen van de jaarrekening voor langere tijd vastleggen. Het ligt daarom voor de hand de plannen en verwachtingen voor de toekomstige ontwikkelingen bij de stelselkeuze te betrekken, opdat het stelsel voor een langere periode toereikend zal zijn. Immers, het in een reeks van jaren gebruiken van hetzelfde stelsel voor het opstellen van de jaarrekening, bevordert de mogelijkheid tot het vormen van een verantwoord oordeel omtrent de ontwikkeling van het vermogen, het resultaat en de kasstromen van de rechtspersoon (RJ 140.204).

28.1.3 Stelselwijziging

Er is sprake van een stelselwijziging indien één of meer grondslagen en/of regels zoals beschreven in paragraaf 28.1.1 verschillen van die welke bij het opstellen van de jaarrekening van het voorgaande jaar zijn gehanteerd. Ook de overgang van een stelsel dat niet of niet meer als aanvaardbaar wordt beschouwd naar een wel toelaatbaar geacht stelsel wordt als een stelselwijziging aangemerkt (RJ 940, RJ 140.0).

Tot stelselwijziging dient te worden overgegaan indien de wet dat vereist, verder indien dat door deze Richtlijnen wordt verlangd of indien de wijziging leidt tot een belangrijke verbetering van het inzicht dat de jaarrekening geeft. De bevordering van het inzicht dient bij de beslissing tot stelselwijziging centraal te staan (RJ 140.206). Verder is het toelaatbaar tot stelselwijziging over te gaan indien sprake is van gegronde redenen als genoemd in de wet (RJ 140.207). Onder IFRS dient tot stelselwijziging over te worden gegaan indien een standaard of een interpretatie dat vereist of die leidt tot betrouwbare en meer relevante informatie in de jaarrekening over de financiële positie, de behaalde resultaten of de kasstromen van de onderneming. De bevordering van het inzicht dient bij de beslissing tot stelselwijziging centraal te staan (IAS 8.14). Dit komt nader aan de orde in paragraaf 28.2.

28.1.4 Verschil tussen stelselkeuze, stelselwijziging, schattingswijziging en foutherstel

Een stelselwijziging (zie par. 28.1.3 en 28.2) dient te worden onderscheiden van:
- een stelselkeuze (zie par. 28.1.2): hiervan is sprake indien voor de eerste opstelling van de jaarrekening of voor een nieuw soort gebeurtenis of transactie voor het eerst een grondslag wordt gekozen;
- een schattingswijziging (zie par. 28.4): hiervan is sprake indien een eerdere schatting wordt herzien of als er een wijziging plaatsvindt in de schattingsmethode; voorbeelden zijn de gebruiksduurschatting van materiële vaste activa en de schatting van de omvang van een voorziening;
- foutherstel (zie par. 28.5): hiervan is bijvoorbeeld sprake als van een fout stelsel dat niet overeenstemt met wet- en regelgeving wordt overgegaan op een juist stelsel. Tevens is dan sprake van een stelselwijziging. Ook in het geval dat sprake is van herstel van een foutieve toepassing van een juist stelsel spreekt men van foutherstel.

Opgemerkt wordt dat het onderscheid tussen stelselkeuze, schattingswijziging, stelselwijziging en foutherstel niet altijd scherp is en ook afhankelijk is van de concrete situatie. Het onderscheid tussen foutherstel en schattingswijziging vraagt oordeelsvorming.

De volgende voorbeelden illustreren de benodigde oordeelsvorming:

> **Voorbeeld onderscheid stelselkeuze en stelselwijziging:**
> Een onderneming koopt in enig jaar een nieuw pand en verwerkt kosten voor groot onderhoud in de boekwaarde van het actief. Afhankelijk van de situatie is dit een stelselkeuze of stelselwijziging:
> - Indien de onderneming **voor** deze gebeurtenis al een pand bezat waarvoor ze groot onderhoud moest plegen, maar zij in het verleden deze kosten van groot onderhoud verwerkte via een onderhoudsvoorziening, dan is sprake van een stelselwijziging in het boekjaar 2021 (zie par. 7.5). Dit houdt in dat de onderneming in haar jaarrekening 2021 het groot onderhoud opneemt in de boekwaarde van het actief met inachtneming van de overgangsbepalingen in RJ 212.807.
> - Indien de onderneming nog geen panden bezat waardoor in het verleden geen sprake was van groot onderhoud, dan is dit een nieuw soort gebeurtenis waarvoor de stelselkeuze is gemaakt om kosten voor groot onderhoud te verwerken in de boekwaarde van het actief in overeenstemming met de keuzemogelijkheden vallende onder RJ 212.445.

> **Voorbeelden onderscheid schattingswijziging en foutherstel:**
> Indien de onderneming in het boekjaar 2021 het bedrag van de voorziening groot onderhoud verhoogt, dan is sprake van een schattingswijziging als deze verhoging het gevolg is van een wijziging in omstandigheden of het beschikbaar komen van nieuwe informatie. Echter, ingeval de onderneming in 2020 de voorziening op grond van de op dat moment beschikbare informatie tegen een hoger bedrag had moeten opnemen, dan is sprake van foutherstel in de jaarrekening over het boekjaar 2021.
> Een dergelijke afweging is ook van belang als de gebruiksduur van een actief wijzigt.

28 Stelselwijzigingen, schattingswijzigingen en foutherstel

Toekomstige regelgeving

De IASB heeft in september 2017 een Exposure Draft (ED/2017/5) uitgebracht waarin het onderscheid tussen een stelselwijziging en schattingswijziging wordt verduidelijkt. Naar verwachting zal in het eerste kwartaal van 2021 deze Exposure Draft definitief worden. De aangepaste standaard zal naar verwachting van toepassing zijn op boekjaren die aanvangen op of na 1 januari 2023.

28.2 Aanvaardbaarheid stelselwijziging

28.2.1 Stelselmatigheidsbeginsel

Eén van de algemene beginselen die ten grondslag liggen aan de jaarrekeningen is het beginsel van stelselmatigheid (art. 2:362 lid 2 BW). Stelselmatigheid houdt in dat gelijksoortige posten op dezelfde wijze worden gewaardeerd en gepresenteerd (gelijktijdige stelselmatigheid). Tevens valt onder dit beginsel dat van jaar tot jaar dezelfde grondslagen worden gehanteerd (volgtijdige stelselmatigheid) (RJ 140.202-204). Het beginsel van stelselmatigheid is derhalve een rem op het doorvoeren van stelselwijzigingen. In IAS 8 wordt gesproken over 'consistency of accounting policies' waarmee wordt gedoeld op de gelijktijdige stelselmatigheid (IAS 8.13). Daarnaast wordt in IAS 8.15 gesteld dat in beginsel dezelfde grondslagen worden toegepast in elke periode en van de ene naar de volgende periode.

28.2.2 Reikwijdte en aanvaardbaarheid van stelselwijzigingen

Het leidende beginsel in de jaarrekening, het verschaffen van een zodanig inzicht dat een verantwoord oordeel kan worden gevormd, kan het beginsel van stelselmatigheid doorbreken. Bij de vraag of een stelselwijziging aanvaardbaar is, staat derhalve het inzichtvereiste centraal (RJ 140.206-207, IAS 8.14). Vanwege het inzichtvereiste heeft de Ondernemingskamer in het arrest OK, 2003, FLOHIL/BMC geoordeeld dat de stelselwijziging inzake doorbelasting van kosten ongeoorloofd was (zie onderstaand voorbeeld).

> **Voorbeeld ongeoorloofde stelselwijziging inzake de doorbelasting van kosten (OK arrest, 2003, FLOHIL/BMC)**
>
> In de jaarrekening 2000 van BMC was als gevolg van een reorganisatie en herstructurering van de groep waartoe BMC behoort, een doorbelasting van kosten verwerkt, waarvan de methode fundamenteel anders was dan die welke voordien werd toegepast en die leidde tot een drastische daling van het resultaat in 2000.
>
> De OK oordeelt dat een wijziging van de methodiek van doorbelasting van kosten een stelselwijziging is. Het betreft namelijk een wijziging van de grondslagen voor de verwerking van onderlinge transacties die onderdeel van de consolidatiegrondslagen zijn. Een stelselwijziging moet worden toegelicht. De OK stelt vast dat in de jaarrekening geen melding is gemaakt van een stelselwijziging, zodat - nog afgezien van het feit of de stelselwijziging geoorloofd is - BMC ten onrechte de voorschriften inzake stelselwijziging niet heeft nageleefd.
>
> Een stelselwijziging mag slechts wegens gegronde redenen plaatsvinden. De OK oordeelt dat de nieuwe methode van doorbelasting van kosten - het totaal van de kosten van het gebruik van faciliteiten en diensten door de groep wordt naar rato van de omzet per vennootschap toegerekend en doorbelast - in casu onaanvaardbaar is en dat de jaarrekening derhalve niet is ingericht volgens normen die in het maatschappelijk verkeer als aanvaardbaar worden beschouwd.
>
> De stelselwijziging wordt dus niet geoorloofd geacht. Immers, aldus de OK, deze methode gaat geheel voorbij aan het daadwerkelijk door de betrokken vennootschap gemaakte gebruik van de groepsfaciliteiten en diensten en de door dat gebruik door deze vennootschap veroorzaakte kosten.
>
> Het uiteindelijke oordeel van de OK is, dat de jaarrekening niet een zodanig inzicht geeft dat een verantwoord oordeel kan worden gevormd omtrent het vermogen en resultaat. De OK geeft het bevel de jaarrekening op een aantal punten opnieuw in te richten.

De wet stelt in algemene zin dat een stelselwijziging slechts mag worden doorgevoerd, indien daarvoor gegronde redenen bestaan (art. 2:384 lid 6 BW; art. 2:363 lid 4 BW). De RJ geeft hiervan een nadere invulling en stelt:
- dat een stelselwijziging *dient* te worden doorgevoerd indien (RJ 140.206):
  - de wet dat vereist; of
  - de Richtlijnen dat verlangen; of
  - de wijziging leidt tot een belangrijke verbetering van het inzicht;
- en dat een stelselwijziging *mag* worden doorgevoerd indien (RJ 140.207):
  - het nieuwe stelsel aansluit op een voorkeur in de wet of in de Richtlijnen; of
  - het nieuwe stelsel aansluit op nieuw ingevoerde alternatieven in de wet of in de Richtlijnen; of
  - het nieuwe stelsel in de desbetreffende bedrijfstak algemeen gebruikelijk is; of
  - het nieuwe stelsel aansluit bij internationale opvattingen; of
  - het nieuwe stelsel aansluit bij het stelsel van de moedermaatschappij; of
  - een belangrijke verandering in de aard van de activiteiten van de rechtspersoon met zich meebrengt dat een gewijzigde presentatie een beter inzicht geeft in het vermogen, het resultaat en/of de kasstromen van de rechtspersoon.

Bij het beoordelen of een stelselwijziging mag worden doorgevoerd, blijft centraal staan dat door de stelselwijziging sprake dient te zijn van een belangrijke verbetering van het inzicht (RJ 140.201 en 206).

Verschillen Dutch GAAP - IFRS

IFRS maakt eveneens een onderscheid tussen verplichte en vrijwillige stelselwijzigingen waarbij er verschillen zijn in de verwerking en de toelichting (zie par. 28.3.1 respectievelijk 28.3.3). RJ maakt een dergelijk onderscheid voor de verwerking en toelichting van de stelselwijziging niet. IAS 8.14 schrijft voor dat een stelselwijziging uitsluitend wordt doorgevoerd indien:
- een standaard of een interpretatie dat vereist (de verplichte stelselwijziging); of
- die leidt tot betrouwbare en meer relevante informatie in de jaarrekening over de financiële positie, de behaalde resultaten of de kasstromen van de onderneming (de vrijwillige stelselwijziging).

Daarnaast is in IFRS de volgende uitzondering opgenomen (IAS 8.17). Als er sprake is van een wijziging van de waardering van (im)materiële vaste activa volgens het kostprijsmodel naar het actuele-waardemodel, wordt een dergelijke stelselwijziging niet volgens IAS 8 verwerkt, maar als een herwaardering in overeenstemming met IAS 38 respectievelijk IAS 16. Dit houdt in prospectieve verwerking ofwel het niet aanpassen van de vergelijkende cijfers. Bovendien zijn de toelichtingseisen van IAS 8 hierop niet van toepassing (IAS 8.18). De RJ kent een dergelijke specifieke bepaling niet en derhalve dient de overgang naar het actuele-waardemodel onder Nederlandse grondslagen als stelselwijziging te worden verwerkt (retrospectieve verwerking) en toegelicht.

28.3 Verwerking en presentatie van stelselwijziging in de jaarrekening

28.3.1 Verwerking

Indien een stelselwijziging wordt doorgevoerd in één of meer van de grondslagen voor waardering van activa en passiva, voor de resultaatbepaling of de criteria betreffende de noodzaak respectievelijk de toelaatbaarheid van rechtstreekse mutaties van het eigen vermogen, dient de verwerking met terugwerkende kracht (retrospectief)

28 Stelselwijzigingen, schattingswijzigingen en foutherstel

plaats te vinden, tenzij een specifieke Richtlijn een andere verwerkingswijze voorschrijft of toestaat. Dit betekent dat (RJ 140.208):

- herrekening dient plaats te vinden van het eigen vermogen aan het eind van het voorgaande boekjaar op basis van de gewijzigde grondslagen; en
- het verschil tussen het eigen vermogen aan het eind van het voorgaande boekjaar vóór en ná herrekening (het zogenaamde 'cumulatieve effect') wordt verwerkt als een rechtstreekse mutatie in het eigen vermogen aan het begin van het boekjaar waarin de stelselwijziging is doorgevoerd, met inachtneming van de winstbelasting. Het cumulatieve effect wordt verwerkt in de overige reserves, tenzij de wet of een Richtlijn een andere post van het eigen vermogen voorschrijft.

Deze verwerkingswijze is ook van toepassing in het geval dat een wijziging in de consolidatiegrondslagen gevolgen heeft voor het eigen vermogen en/of resultaat. Dit kan bijvoorbeeld het geval zijn als in eerdere boekjaren transacties hebben plaatsgevonden met een bepaalde maatschappij waarvan in het onderhavige boekjaar, als gevolg van een stelselwijziging, de consolidatiegrondslag wordt gewijzigd (RJ 140.208).

Door de IASB worden in IAS 8 twee situaties onderscheiden (IAS 8.19, IAS 8.22):
- als er sprake is van een stelselwijziging vereist door een nieuwe standaard of interpretatie, zal de stelselwijziging verwerkt moeten worden overeenkomstig de specifieke overgangsbepalingen van de nieuwe standaard of interpretatie (als die er zijn); en
- als de nieuwe standaard of interpretatie geen overgangsbepaling kent of als op vrijwillige basis een stelselwijziging wordt doorgevoerd, moet die worden verwerkt overeenkomstig de 'retrospectieve'-methode. In dat geval dient onder IFRS het eigen vermogen aan het begin van het eerste gepresenteerde voorgaande boekjaar te worden aangepast alsof de gewijzigde grondslagen altijd al zijn toegepast. Op dit punt wijkt IFRS af van de RJ, aangezien de RJ voorschrijft dat het cumulatieve effect als een rechtstreekse mutatie in het eigen vermogen aan het begin van het boekjaar waarin de stelselwijziging is doorgevoerd, verwerkt dient te worden. Hierbij dient te worden opgemerkt dat, hoewel anders geformuleerd in de standaarden, dit naar verwachting niet meteen tot een andere uitwerking zal leiden aangezien onder de RJ ook de vergelijkende cijfers van het voorafgaande boekjaar dienen te worden aangepast (zie par. 28.3.2).

Als het om praktische redenen niet mogelijk is het cumulatieve effect aan het begin van de huidige periode te bepalen ('impracticable') op basis van de toepassing van de gewijzigde grondslagen of regels op alle voorgaande perioden, dient de toepassing plaats te vinden vanaf de vroegst mogelijke datum (IAS 8.25).

In het uitzonderlijke geval dat het cumulatieve effect redelijkerwijze niet kan worden bepaald, wordt de prospectieve methode toegepast, dat wil zeggen dat de boekwaarden aan het begin van het betreffende boekjaar, gebaseerd op het oude stelsel, als uitgangspunt worden genomen bij de toepassing van het nieuwe stelsel (RJ 140.209). Onder IFRS dienen de boekwaarden aan het begin van het vroegst mogelijke boekjaar als uitgangspunt genomen te worden (IAS 8.24-25).

Het nieuwe stelsel dient te worden toegepast op alle activiteiten die zich in het jaar waarin de stelselwijziging is doorgevoerd hebben voorgedaan, ook al is de beslissing tot stelselwijziging in de loop van het boekjaar of na afloop van het boekjaar genomen. Hierdoor wordt bewerkstelligd dat de jaarrekening is opgesteld volgens hetzelfde stelsel (RJ 140.210). Dit betekent dat de stelselwijziging wordt doorgevoerd per de eerste datum van het boekjaar. IFRS kent een dergelijke specifieke bepaling niet, echter op basis van IAS 8.15, waarin wordt gesteld, dat dezelfde grondslagen worden toegepast in elke periode, is de regelgeving in IFRS in overeenstemming met de RJ.

Het is derhalve niet toegestaan om een deel van het boekjaar het oude stelsel toe te passen en op een deel van het boekjaar het nieuwe stelsel. De stelselwijziging mag ook niet worden doorgevoerd per 31 december van een boekjaar, omdat dan de balans, de winst-en-verliesrekening en het kasstroomoverzicht zouden zijn gebaseerd op verschillende grondslagen.

28.3.2 Vergelijkende cijfers
Aanpassing vergelijkende cijfers voorgaand boekjaar

Artikel 2:363 lid 5 BW stelt dat de bedragen van het voorafgaande jaar voor zover nodig ter wille van de vergelijkbaarheid worden herzien, waarbij de afwijking ten gevolge van de herziening wordt toegelicht. Volgens RJ 140.211 en IAS 8.22 dient aan deze eis te worden voldaan door de vergelijkende cijfers van het voorafgaande boekjaar aan te passen aan de gewijzigde grondslag, waarbij de verschillen met de oorspronkelijke cijfers in de toelichting worden aangegeven. Indien van toepassing, dienen ook de (vergelijkende) cijfers van het totaalresultaat te worden aangepast. Dit houdt in dat het cumulatieve effect van de stelselwijziging die rechtstreeks in het eigen vermogen wordt verwerkt, niet afzonderlijk in het overzicht totaalresultaat wordt opgenomen (RJ 265.204), omdat dit tot een dubbeltelling zou leiden. Immers de wijziging is al in de cijfers van het totaalresultaat verwerkt. Van een uitzondering op de eis van aanpassing van de vergelijkende cijfers kan sprake zijn als de specifieke overgangsbepalingen van de gewijzigde wet- of regelgeving dit toestaan. Onder IFRS worden de vergelijkende cijfers bij een stelselwijziging op dezelfde wijze aangepast.

Op grond van het bovenstaande dient het deel van het cumulatieve effect dat betrekking heeft op de periode *voorafgaand* aan het *voorgaande* boekjaar als een rechtstreekse mutatie in het beginvermogen van het voorgaande boekjaar te worden gepresenteerd (en niet als deel van het resultaat ofwel totaalresultaat van het voorgaande boekjaar). Indien een stelselwijziging met terugwerkende kracht wordt doorgevoerd, moet in het algemeen worden aangenomen dat aanpassing van vergelijkende cijfers praktisch uitvoerbaar is.

Bij uitzondering zal aanpassing van vergelijkende cijfers praktisch niet mogelijk zijn en zal de prospectieve methode worden toegepast. Indien de aanpassing van vergelijkende cijfers praktisch niet uitvoerbaar is, is een toelichting vereist (art. 2:363 lid 5 BW, RJ 140.211 en IAS 8.28-29, zie par. 28.3.3).

Opgemerkt wordt dat de aanpassing van vergelijkende cijfers geen wijziging inhoudt van de jaarrekening van het voorafgaande jaar, maar dat dit alleen geschiedt ten behoeve van de vergelijkbaarheid.

Aanpassing vergelijkende cijfers bij wijziging in presentatievaluta

Een wijziging van de presentatievaluta wordt zowel onder IFRS als RJ als een stelselwijziging verwerkt, hetgeen betekent dat ook de vergelijkende cijfers worden aangepast. Hierdoor ontstaat de situatie dat in de aangepaste vergelijkende cijfers een verschil bestaat tussen de functionele en presentatievaluta. De omrekening van de oude functionele naar nieuwe presentatievaluta in de vergelijkende cijfers vindt als volgt plaats (IAS 21.39-40):
- Activa en passiva tegen eindkoers;
- Opbrengsten en kosten tegen de transactiekoers. Dit mag benaderd worden door de gemiddelde koers mits er geen significante fluctuaties zijn in de koers;
- De omrekeningsverschillen worden verwerkt in 'other comprehensive income' (en dus rechtstreeks in het eigen vermogen). Volgens de Nederlandse wet wordt hier een wettelijke reserve omrekeningsverschillen voor gevormd (art. 2:389 lid 8 BW).

28 Stelselwijzigingen, schattingswijzigingen en foutherstel

Bovenstaande omrekening vindt dus niet alleen plaats aan het einde van het boekjaar, maar ook aan het begin van het boekjaar tegen de op dat ogenblik geldende koers om het effect voor het 'other comprehensive income' over het boekjaar inzake de koersverschillen te kunnen bepalen. Ook zal de reserve omrekeningsverschillen zowel per begin boekjaar als per einde boekjaar bepaald moeten worden.

Aanpassingen in meerjarenoverzichten

De wettelijke bepalingen inzake de aanpassing van vergelijkende cijfers hebben uitsluitend betrekking op het voorgaande boekjaar. Ook de cijfers in meerjarenoverzichten dienen volgens de RJ (RJ 140.212) te worden aangepast aan het nieuwe stelsel, tenzij dit praktisch niet mogelijk is. Als dat laatste het geval is, dient dit te worden vermeld. Wanneer het praktisch niet mogelijk is om het cumulatieve effect, aan het begin van de verslagperiode, van de toepassing van de gewijzigde grondslag op alle gepresenteerde voorgaande boekjaren te bepalen, worden de cijfers in het meerjarenoverzicht aangepast vanaf het vroegste tijdstip waarop dit praktisch wel mogelijk is (RJ 140.212). IFRS kent geen afzonderlijke standaard die in het algemeen aandacht besteedt aan de presentatie van meerjarenoverzichten (zie 37.1).

Verschillen Dutch GAAP - IFRS

Bij verwerking van een stelselwijziging op retrospectieve wijze dient onder IFRS het eigen vermogen aan het begin van het eerste gepresenteerde voorgaande boekjaar te worden aangepast alsof de gewijzigde grondslagen altijd al zijn toegepast. Op dit punt wijkt IFRS af van de RJ, aangezien de RJ voorschrijft dat het cumulatieve effect als een rechtstreekse mutatie in het eigen vermogen aan het begin van het boekjaar waarin de stelselwijziging is doorgevoerd, verwerkt dient te worden. Zoals aangegeven leidt dit naar verwachting niet meteen tot een andere uitwerking aangezien onder de RJ ook de vergelijkende cijfers van het voorafgaande boekjaar dienen te worden aangepast.

Een ander verschil doet zich voor wanneer het cumulatieve effect redelijkerwijze niet kan worden bepaald. Bij toepassing van de RJ wordt de prospectieve methode toegepast waarbij de boekwaarden aan het begin van het betreffende boekjaar, gebaseerd op het oude stelsel, als uitgangspunt worden genomen bij de toepassing van het nieuwe stelsel. Onder IFRS dienen de boekwaarden aan het begin van het vroegst mogelijke boekjaar als uitgangspunt genomen te worden.

28.3.3 Presentatie en toelichting

Indien een stelselwijziging is doorgevoerd, dient in de toelichting de volgende informatie te worden opgenomen (RJ 140.213-216):
a. het verschil tussen het oude en het nieuwe stelsel;
b. de redenen die tot stelselwijziging hebben geleid (dit volgt ook uit art. 2:363 lid 4 BW en 2:384 lid 6 BW);
c. verder dient ten aanzien van een stelselwijziging als genoemd in paragraaf 28.1.1 onderdeel 1 de volgende informatie te worden verstrekt:
   - de wijze waarop de effecten van de stelselwijziging in de jaarrekening zijn verwerkt;
   - de betekenis van de stelselwijziging voor vermogen en resultaat (zie hierna); en
   - de betekenis van de stelselwijziging voor individuele posten;
d. indien verwacht kan worden dat een stelselwijziging een belangrijke kwantitatieve invloed zal hebben op een of meer volgende boekjaren: een cijfermatige indicatie van deze invloed;
e. indien een betrouwbare berekening of schatting van de invloed op vermogen en resultaat niet mogelijk is of indien een cijfermatige indicatie van de invloed op volgende boekjaren niet kan worden gegeven, dient dat in de toelichting te worden vermeld;

f. indien de aanpassing van de vergelijkende cijfers praktisch niet mogelijk is, dient de reden voor het niet aanpassen te worden vermeld alsmede de aard van de aanpassing indien deze wel had plaatsgevonden (art. 2:363 lid 5 BW, RJ 140.211).

> **Voorbeeld toelichting stelselwijziging**
>
> A BV is een Nederlandse vennootschap die deel uitmaakt van de ABC-groep in de VS. Het groepshoofd van ABC-groep stelt een geconsolideerde jaarrekening (US GAAP) op en publiceert deze in de VS.
>
> A BV houdt de meerderheid van de aandelen in de volgende groepsmaatschappijen: B BV (99,99%), D BV (100%), E BV (100%), F BV (95%), G BV (100%) en H BV (75%).
>
> Naar aanleiding van de herstructurering binnen de ABC Groep is de waardering van de deelnemingen in de vennootschappelijke jaarrekening van A BV ter discussie gesteld. Het US-groepshoofd rapporteert op basis van US GAAP, waarbij waardering van deelnemingen in de vennootschappelijke jaarrekening tegen historische kostprijs plaatsvindt. Gegeven de grondslag van het US-groepshoofd en de mogelijkheid die artikel 2:389 lid 9 BW biedt indien artikel 2:408 BW wordt toegepast, heeft het management van A BV besloten de waardering van haar deelnemingen te wijzigen van waardering tegen netto-vermogenswaarde naar waardering tegen historische kostprijs of lagere realiseerbare waarde.
>
> De stelselwijziging is in de jaarrekening 2021 retrospectief verwerkt per 1 januari 2021 en de vergelijkende cijfers zijn overeenkomstig aangepast. De verwerking is weergegeven in de toelichting op de financiële vaste activa op pagina ... Deze stelselwijziging betekent een afname van de waarde van de post deelnemingen in groepsmaatschappijen met een overeenkomstige afname van het eigen vermogen van A BV. Er zijn geen gevolgen voor de (latente) winstbelastingen. Het effect van de stelselwijziging is voor het resultaat 2020 € 4,8 miljoen negatief en is voor het eigen vermogen per 1 januari 2021 € 29,4 miljoen negatief. Voor het boekjaar 2021 bedraagt het effect op het resultaat € 3,1 miljoen negatief en het cumulatieve effect op het eigen vermogen € 32,5 negatief.

Artikel 2:384 lid 6 BW biedt twee mogelijkheden om inzicht te geven in de betekenis van de stelselwijziging voor (eigen) vermogen en (netto)resultaat:
- de betekenis voor vermogen en resultaat van het voorgaande jaar (verschil tussen feitelijk toegepaste oude stelsel en de situatie dat het nieuwe stelsel al zou zijn toegepast);
- de betekenis voor vermogen en resultaat van het boekjaar (verschil tussen feitelijk toegepaste nieuwe stelsel en de situatie dat het oude stelsel nog zou zijn toegepast).

De betekenis voor vermogen en resultaat van het voorgaande jaar wordt feitelijk reeds gegeven doordat vergelijkende cijfers aan het nieuwe stelsel moeten worden aangepast en de verschillen tussen het oude en nieuwe stelsel moeten worden verstrekt. Aanbevolen wordt in ieder geval altijd de betekenis voor vermogen en resultaat van het boekjaar zelf weer te geven, omdat daarmee duidelijk wordt gemaakt wat de effecten zijn van de beslissing tot stelselwijziging in het jaar waarin de beslissing is genomen en waarover wordt gerapporteerd. Indien het praktisch niet mogelijk is dit effect te kwantificeren, wordt aanbevolen de betekenis kwalitatief te beschrijven (RJ 140.214).

De IASB maakt bij de informatie die moet worden verstrekt in de toelichting onderscheid tussen stelselwijzigingen als gevolg van de toepassing van een nieuwe standaard of interpretatie en vrijwillige stelselwijzigingen. RJ maakt een dergelijk onderscheid voor de verwerking en toelichting van de stelselwijziging niet.

Indien sprake is van een stelselwijziging als gevolg van de toepassing van een nieuwe standaard of interpretatie die leidt tot een effect op de huidige of een voorgaande periode dan wel op toekomstige perioden, moet de volgende informatie in de toelichting worden opgenomen (IAS 8.28):
- de titel van de standaard of interpretatie;
- indien van toepassing, dat de stelselwijziging geschiedt in overeenstemming met de overgangsbepalingen van de desbetreffende standaard of interpretatie;
- de aard van de stelselwijziging;

- indien van toepassing, een beschrijving van de overgangsbepalingen;
- indien van toepassing, de overgangsbepalingen die een effect kunnen hebben op toekomstige perioden;
- het bedrag van de aanpassing voor de huidige periode en voor elke voorafgaande periode:
  - de omvang van de correctie van iedere post die hierdoor wordt beïnvloed;
  - de gewone en verwaterde winst per aandeel voor zover van toepassing;
- het bedrag van de aanpassingen met betrekking tot perioden voorafgaand aan de perioden die in de vergelijkende cijfers worden gerapporteerd;
- indien van toepassing, de omstandigheden die ertoe hebben geleid dat het praktisch niet mogelijk is om de stelselwijziging geheel of gedeeltelijk met terugwerkende kracht toe te passen en een beschrijving van hoe en vanaf wanneer de stelselwijziging wel is doorgevoerd.

Indien sprake is van een vrijwillige stelselwijziging die leidt tot een effect op de huidige of een voorgaande periode dan wel op toekomstige perioden, moet de volgende informatie in de toelichting worden opgenomen (IAS 8.29):
- de aard van de stelselwijziging;
- de redenen waarom het nieuwe stelsel betrouwbare en meer relevante informatie geeft;
- het bedrag van de aanpassing voor de huidige periode en voor elke voorafgaande periode van elke post in de jaarrekening en, indien van toepassing, van de gewone en verwaterde winst per aandeel;
- het bedrag van de aanpassingen met betrekking tot perioden voorafgaand aan de perioden die in de vergelijkende cijfers worden gerapporteerd;
- indien van toepassing, de omstandigheden die ertoe hebben geleid dat het praktisch niet mogelijk is om de stelselwijziging geheel of gedeeltelijk met terugwerkende kracht toe te passen en een beschrijving van hoe en vanaf wanneer de stelselwijziging wel is doorgevoerd.

In geval van retrospectieve aanpassing of reclassificatie, dienen onder IFRS drie balansen te worden opgesteld, namelijk einde boekjaar, einde vorig boekjaar en begin van de eerste vergelijkende periode (IAS 1.40A). Echter, indien de retrospectieve aanpassing of reclassificatie geen materiële invloed heeft op de informatie in de balans aan het begin van de eerste vergelijkende periode, is het niet verplicht om deze additionele balans op te stellen. In de RJ is geen eis tot het opstellen van een 'extra' openingsbalans (derde balans) opgenomen.

Onder IFRS dient een onderneming die een nieuw uitgevaardigde standaard of interpretatie die nog niet in werking is getreden, nog niet heeft toegepast, dit te melden en de volgende informatie in de toelichting op te nemen (IAS 8.30-31):
- de titel van de standaard of interpretatie;
- de aard van de toekomstige wijzigingen;
- de datum waarop de standaard of interpretatie verplicht moet worden toegepast;
- de datum waarop de onderneming van plan is de nieuwe standaard of interpretatie toe te passen; en
- een bespreking van het effect van de stelselwijziging, of indien dat effect niet bekend is of redelijkerwijs kan worden ingeschat, vermelding van dat feit.

Verschillen Dutch GAAP - IFRS

In IFRS zijn de toelichtingseisen meer expliciet beschreven. Al zal onder de Nederlandse wet- en regelgeving de benodigde toelichting om te voldoen aan het 'inzichtsvereiste' (bedoeld in art. 2:362 lid 1 BW) niet verschillen van IFRS met uitzondering van de volgende punten:
- In de Richtlijnen ontbreekt een bepaling over de informatieverschaffing over nieuwe, nog niet in werking getreden regelgeving die de onderneming nog niet toepast.
- In de RJ is de eis voor de presentatie van een 'extra' openingsbalans (derde balans) niet opgenomen.

Een voorbeeld van een foutief stelsel is hieronder gegeven.

> **Voorbeeld foutief stelsel**
> Een onderneming heeft in haar enkelvoudige jaarrekeningen tot en met Jaar 2 haar groepsmaatschappijen tegen kostprijs of lagere realiseerbare waarde gewaardeerd en wijzigt dit in haar jaarrekening over Jaar 3 naar nettovermogenswaarde. Dit leidt tot een materiële aanpassing in de jaarrekening. Er is en was geen sprake van de toepassing van artikel 2:408 BW (consolidatievrijstelling voor tussenhoudsters). In dit geval is zowel sprake van foutherstel als van een stelselwijziging. Immers, de onderneming gaat over van een fout naar een goed stelsel. De verwerkingswijzen van foutherstel en een stelselwijziging zijn identiek. Zowel de toelichtingseisen voor foutherstel als stelselwijziging zijn van toepassing.

Materiële fouten en opzettelijke immateriële fouten

Indien een fout wordt geconstateerd, is het van belang te bepalen of de fout materieel van aard is. Een materiële fout is een zodanige onjuistheid in een jaarrekening – geconstateerd na het vaststellen van die jaarrekening – dat de jaarrekening in het geven van het wettelijk vereiste inzicht (bedoeld in art. 2:362 lid 1 BW) tekortschiet. Bij de afweging of sprake is van een materiële fout beoordeelt de rechtspersoon of de weglating, de onjuiste weergave of de versluiering van informatie, afzonderlijk of gezamenlijk, de economische beslissingen die gebruikers op basis van de jaarrekening nemen, zou kunnen beïnvloeden. Dit is afhankelijk van de omvang en de aard en wordt beoordeeld op basis van alle feiten en omstandigheden (RJ 150.103, IAS 8.5). Voor een nadere uitwerking van het begrip 'materialiteit' in IAS 1 (zie par. 4.4.3.4 voor nadere uitleg).

Opgemerkt wordt dat een wijziging in een schatting niet als een fout moet worden aangemerkt (RJ 150.103), voor zover althans de eerdere schattingen op basis van de toen beschikbare informatie als aanvaardbaar kunnen worden beschouwd. Een voorbeeld hiervan is het verantwoorden van een verlies bij de afwikkeling van een niet uit de balans blijkende verplichting (zoals een juridische claim) hetgeen een schattingswijziging betreft en geen fout (IAS 8.48).

De regels voor foutherstel gelden onder IFRS niet alleen voor materiële fouten, maar ook voor doelbewuste immateriële fouten om een bepaalde voorstelling te bereiken van de financiële positie van een onderneming (IAS 8.41).

Fouten die leiden tot ernstige tekortkoming in het wettelijk vereiste inzicht

De Nederlandse wet geeft aan dat sprake kan zijn van een zodanige onjuistheid in de jaarrekening, geconstateerd na het vaststellen van de jaarrekening door de leden of de aandeelhouders, dat de jaarrekening in het geven van het wettelijk vereiste inzicht (bedoeld in art. 2:362 lid 1 BW) in ernstige mate tekort is geschoten (RJ 150.102, voorheen ook wel aangeduid als 'fundamentele fout'). Indien sprake is van een dergelijke fout is artikel 2:362 lid 6 BW van toepassing. Dit artikel schrijft voor dat het bestuur omtrent het in ernstige mate tekortschieten van het inzicht onverwijld aan de leden of aandeelhouders bericht en dat het een mededeling dienaangaande neerlegt ten kantore van het handelsregister. Bij deze mededeling wordt een accountantsverklaring gevoegd, mits de jaarrekening was gecontroleerd. Een dergelijke fout dient derhalve te leiden tot onmiddellijke actie, zodra deze wordt ontdekt. Beursgenoteerde vennootschappen dienen daarnaast een mededeling te sturen aan de AFM (art. 5:25m lid 5 Wft). Beursgenoteerde vennootschappen worden geacht hiermee te hebben voldaan aan de verplichting om de mededeling te deponeren bij het handelsregister (art. 2:362 lid 6 BW).

Dit impliceert dat wanneer een onderneming een fout constateert in haar Nederlandse statutaire jaarrekening, van geval tot geval zal moeten worden beoordeeld in hoeverre er sprake is van in ernstige mate tekortschieten van het wettelijk vereiste inzicht en navenant acties dienen te worden ondernomen.

28 Stelselwijzigingen, schattingswijzigingen en foutherstel

Bij de bepaling of een fout materieel is en of (ook) sprake is van een fout waardoor het wettelijk vereiste inzicht in ernstige mate tekortschiet, worden zowel kwantitatieve als kwalitatieve overwegingen beoordeeld. Voorbeelden van kwantitatieve overwegingen zijn de invloed op het vermogen, balanstotaal, resultaat, omzet en netto-omzet voor het relevant boekjaar en huidige jaar. IFRS Practice Statement 2 'Making Materiality Judgements' bevat handvatten voor de bepaling van materialiteit zijn opgenomen, die in ogenschouw kunnen worden genomen bij de bepaling of een fout materieel is.

Voorbeelden van kwalitatieve overwegingen zijn:
- Of een immateriële fout in dit boekjaar mogelijk een materieel effect heeft op toekomstige jaren of op het komend tussentijds bericht.
- De impact op het voldoen aan de convenanten met de bank of andere overeenkomsten.
- De impact op het voldoen aan wettelijke eisen zoals bij een financiële instelling de eisen van De Nederlandsche Bank.
- De impact op kernratio's die door analisten gebruikt worden.
- Een afwijkende verandering in trends, met name in de context van de ontwikkelingen binnen de markt en bedrijfstak.
- De invloed op gesegmenteerde informatie.
- Het belang van de informatie in relatie tot andere informatie die gebruikers van de jaarrekening ontvangen zoals begrotingen.
- Het effect op andere informatie (zoals bestuursverslag) die tezamen met de jaarrekening openbaar wordt gemaakt en dat een impact kan hebben op de beslissingen van de gebruikers van de jaarrekening.
- Het ontbreken of niet juist zijn van informatie in de toelichting die niet vereist is door de regelgeving, maar van belang is voor de gebruikers van de jaarrekening.
- De impact op managementbeloningen bijvoorbeeld een bonus die het management anders niet ontvangen zou hebben.
- Of het betrekking heeft op verbonden partijen.
- Of het betrekking heeft op gevoelige kwesties.

In de praktijk worden voor fouten die leiden tot een ernstige tekortkoming in het wettelijk vereiste inzicht de volgende kwantitatieve indicaties gehanteerd: een impact op het eigen vermogen van 20% of meer of een impact op het nettoresultaat van 50% of meer. Echter, wij zijn van mening dat dit slechts indicaties zijn. Een voorbeeld van een fout die onder deze indicaties ligt, maar toch tot een ernstige tekortkoming kan leiden, is de situatie waarbij de nettowinst verandert in een verlies.

Verschillen Dutch GAAP - IFRS

De Nederlandse wet- en regelgeving kent de eis bij fouten die leiden tot een ernstige tekortkoming in het inzicht, dat het bestuur een mededeling bij de Kamer van Koophandel neerlegt. Daarnaast dienen beursfondsen een aangepaste jaarrekening te deponeren bij de AFM.
IFRS kent een dergelijke bepaling niet. Wel zal elke rechtspersoon die onder Titel 9 Boek 2 BW valt en (vrijwillig) IFRS toepast aan deze wetsbepaling onderworpen zijn.

28.5.2 Verwerking, presentatie en toelichting foutherstel
Materiële fout
Een materiële fout wordt hersteld in de eerste nog niet vastgestelde jaarrekening nadat de fout is geconstateerd (RJ 150.201, IAS 8.42).

De rechtspersoon verwerkt een materiële fout als volgt:
- het eigen vermogen aan het einde van het voorafgaande boekjaar wordt herrekend alsof de fout niet heeft plaatsgevonden (RJ 150.202);
- het verschil tussen het eigen vermogen aan het eind van het voorafgaande boekjaar voor en na herrekening (het cumulatief effect), dient te worden verwerkt als een rechtstreekse mutatie van het eigen vermogen aan het begin van het boekjaar waarin het foutherstel plaatsvindt (RJ 150.202); en
- de vergelijkende cijfers inclusief meerjarenoverzichten worden aangepast (art. 2:363 lid 5 BW, RJ 150.205-206);
- voor zover van toepassing dienen ook de cijfers van het totaalresultaat te worden aangepast (RJ 150.205).

Onder IFRS worden materiële fouten op dezelfde retrospectieve wijze verwerkt als onder de Nederlandse wet- en regelgeving (IAS 8.42).

Dit betekent dat de jaarrekening – inclusief de vergelijkende cijfers van voorgaande boekjaren – moet worden opgesteld alsof de fout nooit is gemaakt. De aanpassing van de vergelijkende cijfers houdt geen wijziging van de jaarrekening van het voorafgaande boekjaar in, maar vindt alleen plaats vanwege de vergelijkbaarheid (RJ 150.205). Indien de fout is gemaakt vóór het vroegste boekjaar dat in de jaarrekening wordt gepresenteerd, zoals bij het herstellen van een fout in de grondslagen voor waardering en resultaatbepaling, moeten de openingssaldi van de activa, de verplichtingen en het eigen vermogen van dat vroegste boekjaar worden aangepast (RJ 150.205, IAS 8.42). Dit effect wordt derhalve niet verwerkt als een deel van het resultaat van het vorig boekjaar maar als een rechtstreekse mutatie in het eigen vermogen aan het begin van vorig boekjaar.

Indien herberekening van voorgaande jaren (inclusief meerjarenoverzichten) praktisch niet mogelijk is, dient de foutcorrectie plaats te vinden vanaf de vroegst mogelijke periode. Dit wordt dan in de toelichting vermeld (RJ 150.205-206, IAS 8.43-45 en 49). De toelichtingseisen worden later in deze paragraaf nader beschreven.

Voorbeelden verwerking foutherstel
Vervolg voorbeeld foutstelsel in paragraaf 28.5.1

De financiële gegevens (in duizenden euro's) inzake de fout zijn als volgt:
- De boekwaarde (kostprijs) van de deelneming is 10 per 31/12 van Jaar 2.
- De nettovermogenswaarde is 100 per 31/12 van Jaar 2.
- Het resultaat deelnemingen over Jaar 2 is 5 en is niet uitgekeerd.
- Het eigen vermogen per 31/12 van Jaar 2 voor correctie fout is 200.
- Het resultaat over Jaar 2 voor correctie fout is 0.
- Het eigen vermogen in Jaar 2 is enkel gewijzigd door het resultaat.

Dit betekent voor de jaarrekening over Jaar 3 dat het beginvermogen per 1/1 van Jaar 2 wordt aangepast voor het cumulatief effect van deze fout (verschil tussen de nettovermogenswaarde (100-5) en boekwaarde 10 per 1/1/ van Jaar 2 = 85).
Het beginvermogen per 1/1 van Jaar 2 na aanpassing is 285 (eigen vermogen voor aanpassing is 200 plus het cumulatieve effect van de fout van 85).

De vergelijkende cijfers over Jaar 2 worden ook aangepast.
Dit betekent dat het resultaat over Jaar 2 een bedrag van 5 wordt (resultaat voor aanpassing is 0 plus het resultaat deelneming over Jaar 2 van 5).

En het eigen vermogen per 31/12 van Jaar 2 op de balans een bedrag van 290 wordt (eigen vermogen voor aanpassing is 200 plus cumulatief effect van de fout van 85 plus aangepast resultaat van 5).

28 Stelselwijzigingen, schattingswijzigingen en foutherstel

> **Voorbeeld verwerking fout in afschrijving**
> ▶ Onderneming A heeft in Jaar 1 en Jaar 2 20 per jaar te weinig op de materiële vaste activa afgeschreven. Deze fout wordt ontdekt bij het opstellen van de jaarrekening over Jaar 3.
> ▶ Vóór foutherstel bedraagt het eigen vermogen van A per 1-1 van Jaar 2 100, het resultaat over Jaar 2 30 en over Jaar 3 40.
> ▶ De fout is materieel.
>
> Dit betekent het volgende voor de cijfers over Jaar 2 en 3 in de jaarrekening over Jaar 3:
>
> | | Voor correctie | Na correctie |
> |---|---:|---:|
> | Eigen vermogen Jaar 2 | 100 | |
> | Correctie fout | -20 | |
> | **Eigen vermogen 1/1 van Jaar 2 na correctie fout** | | 80 |
> | Resultaat Jaar 2 | 30 | |
> | Correctie fout | -20 | |
> | Resultaat Jaar 2 na correctie fout | | 10 |
> | **Eigen vermogen 31/12 van Jaar 2 na correctie fout** | | 90 |
> | Resultaat Jaar 3 | 40 | |
> | Correctie fout | 0 | |
> | Resultaat Jaar 3 na correctie fout | | 40 |
> | **Eigen vermogen 31/12 van Jaar 3 na correctie fout** | | 130 |

Toelichtingseisen

In de toelichting wordt volgens de RJ de volgende informatie opgenomen in geval van herstel van een materiële fout (RJ 150.204-205):

▶ dat sprake is van herstel van een materiële fout;
▶ het effect van het foutherstel;
▶ de aard van de fout;
▶ de omvang van de fout voor zover van toepassing;
▶ de verschillen tussen de aangepaste vergelijkende cijfers en de oorspronkelijke vergelijkende cijfers (art. 2:363 lid 5 BW);
▶ indien de aanpassing van de vergelijkende cijfers praktisch niet mogelijk is, de reden voor het niet aanpassen alsmede de aard van de aanpassing indien deze wel had plaatsgevonden (RJ 150.205);
▶ indien de aanpassing van daarvoor liggende jaren in meerjarenoverzichten niet mogelijk is, dit feit (RJ 150.206);
▶ aangepaste gewone en verwaterde winst per aandeel voor vergelijkende boekjaren voor zover van toepassing (RJ 340.301).

IFRS vereist soortgelijke informatie in de toelichting als bovenstaand. IFRS schrijft de volgende toelichting voor (IAS 8.49):

▶ de aard van de fout;
▶ voor elke gepresenteerd vergelijkend boekjaar voor zover praktisch mogelijk:
  ▶ de omvang van de correctie van iedere post die hierdoor wordt beïnvloed;
  ▶ de gewone en verwaterde winst per aandeel voor zover van toepassing;
▶ de omvang van de correctie van het beginvermogen van de vroegste periode gepresenteerd;
▶ indien de aanpassing van een vergelijkende periode niet mogelijk is, de omstandigheden die hiertoe geleid hebben en een beschrijving van hoe en vanaf wanneer de fout is gecorrigeerd.

Bij retrospectieve aanpassing of reclassificatie, dienen onder IFRS drie balansen te worden opgesteld, namelijk einde boekjaar, einde vorig boekjaar en begin van de eerste vergelijkende periode (IAS 1.40A). Echter, indien de retrospectieve aanpassing of reclassificatie geen materiële invloed heeft op de informatie in het overzicht van de financiële positie aan het begin van de eerste vergelijkende periode, is het niet verplicht om deze additionele balans op te stellen. In de RJ is geen eis tot het opstellen van een 'extra' openingsbalans (derde balans) opgenomen.

Niet-materiële fout

De RJ regelt ook de situatie indien er sprake is van een niet-materiële fout. Niet-materiële fouten worden verantwoord in de winst-en-verliesrekening van de eerste jaarrekening die op het moment van constateren van deze fout nog moet worden opgemaakt. Baten en lasten uit hoofde van het foutherstel dienen in de winst-en-verliesrekening te worden verantwoord overeenkomstig de aard van de post (RJ 150.203). In IAS 8 is in de Basic of Conclusions een soortgelijke conclusie opgenomen (IAS 8.BC20-22).

Verschillen Dutch GAAP - IFRS

Ook al zijn in IFRS de toelichtingseisen meer expliciet beschreven, onder de Nederlandse wet- en regelgeving zal de benodigde toelichting om te voldoen aan het 'inzichtsvereiste' (bedoeld in art. 2:362 lid 1 BW) niet verschillen van IFRS.
De RJ kent niet de eis zoals in IFRS om een 'extra' openingsbalans (derde balans) te presenteren.
Aanvullend vraagt de RJ om, indien de aanpassing van de vergelijkende cijfers praktisch niet mogelijk is, de aard van de aanpassing als deze wel had plaatsgevonden toe te lichten.

29 Bijzondere waardeverminderingen van vaste activa

29.1 Begripsbepaling bijzondere waardeverminderingen	
Bijzondere waardevermindering ('*impairment*')	▶ extra afwaardering, naast systematische afschrijvingen, van vaste activa omdat de realiseerbare waarde lager is dan de boekwaarde; ▶ de voorschriften zijn van toepassing ongeacht de wijze waarop de activa worden gewaardeerd; ▶ de voorschriften zijn van toepassing op alle *vaste* activa, met enkele uitzonderingen.
29.2 Bepaling van een bijzondere waardevermindering	
Wanneer 'impairment test' uit te voeren	Bij aanwijzingen voor bestaan van een bijzondere waardevermindering. Voor specifieke activa geldt een jaarlijkse 'impairment test'.
	Drie fasen:
Bepaling realiseerbare waarde	1. nagaan of er externe of interne aanwijzingen zijn voor het bestaan van bijzondere waardeverminderingen; 2. als aanwijzingen bestaan: het bepalen van de realiseerbare waarde; 3. het vergelijken van de realiseerbare waarde met de boekwaarde; is de realiseerbare waarde lager, dan is er sprake van een bijzondere waardevermindering.
Bepaling opbrengstwaarde	Voor de bepaling van de opbrengstwaarde, wordt zo veel mogelijk aansluiting gezocht bij recente transacties en andere marktinformatie.
Bepaling bedrijfswaarde	Voor de bepaling van de bedrijfswaarde bestaan er specifieke regels, waaronder regels inzake de bepaling van de kasstromen en de disconteringsvoet.
29.3 Verwerking van een bijzondere waardevermindering	
Bijzonder waardeverminderingsverlies	In de winst-en-verliesrekening, tenzij ten laste van een herwaarderingsreserve - indien van toepassing.
Vergoeding bijzonder waardeverminderingsverlies	In de winst-en-verliesrekening als aan opnamecriteria is voldaan.
29.4 Terugneming van een bijzondere waardevermindering	
Terugneming	▶ op elke balansdatum dient te worden nagegaan of er aanwijzingen zijn dat het eerder verantwoorde verlies niet meer bestaat of is verminderd; ▶ een hogere realiseerbare waarde dient in aanmerking te worden genomen als er sprake is van een wijziging in schattingen en veronderstellingen die destijds aan de bepaling van de realiseerbare waarde ten grondslag lagen.

29.5 Kasstroomgenererende eenheden	
Vaststelling van een kasstroomgenererende eenheid	Als de realiseerbare waarde van een individueel actief niet kan worden bepaald, wordt de realiseerbare waarde bepaald van de kasstroomgenererende eenheid waartoe het actief behoort. Dit is de kleinste identificeerbare groep van activa die kasstromen genereert die in grote mate onafhankelijk zijn van kasstromen van andere activa of groepen van activa.
De realiseerbare waarde en boekwaarde van een kasstroomgenererende eenheid	Consistentie tussen bepaling van realiseerbare waarde en boekwaarde, bijvoorbeeld consistentie met kasstromen.
Bijzondere waardevermindering van een kasstroomgenererende eenheid	De bijzondere waardevermindering wordt in beginsel pro rata toegerekend aan individuele activa, tenzij er sprake is van goodwill.
Terugneming van een bijzondere waardevermindering van een kasstroomgenererende eenheid	Terugname wordt in beginsel pro rata toegerekend aan individuele activa, tenzij er sprake is van goodwill.
29.6 Goodwill	
Bijzondere waardevermindering van goodwill	Bij aanwijzingen voor bestaan van een bijzondere waardevermindering dient 'impairment test' te worden uitgevoerd. IAS 36 vereist voor goodwill een jaarlijkse 'impairment test' op een vaste datum. Richtlijn 216 vereist dit voor goodwill die wordt afgeschreven over een periode langer dan twintig jaar, aan het einde van het boekjaar.
Toerekening goodwill aan kasstroomgenererende eenheden	Goodwill wordt bij overname toegerekend aan (groepen van) kasstroomgenererende eenheden die voordeel behalen uit de overname. Er zijn restricties voor wat betreft aggregatie van (groepen van) kasstroomgenererende eenheden.
'Impairment test' goodwill en belang van derden	Brutering van te testen goodwillbedrag in geval van belang van derden.
Verwerking van een bijzondere waardevermindering	Eerst goodwill afwaarderen. Vervolgens in beginsel pro rata toegerekend aan overige individuele activa.
Terugneming bijzondere waardevermindering goodwill	Een terugneming van eerder afgewaardeerde goodwill is niet toegestaan.
Tussentijdse berichtgeving en een bijzondere waardevermindering van goodwill (IFRIC 10)	Geen terugneming van een in een eerdere interim-periode verwerkt bijzonder waardeverminderingsverlies van goodwill in een latere interim-periode binnen een boekjaar.
Ontwikkelingen IFRS	De IASB heeft op haar werkplan een project staan inzake goodwill en impairment.
29.7 Algemene bedrijfsactiva	
Toerekening en verwerking bijzondere waardevermindering	Toerekening conform goodwill, zoals beschreven in paragraaf 29.6. Verwerking zoals reguliere activa (niet zijnde goodwill).

29 Bijzondere waardeverminderingen van vaste activa

29.8 Presentatie: en toelichting	
Presentatie en toelichtingen	Besluit modellen jaarrekening kent specifieke presentatievoorschriften.
	Uitgebreide toelichtingen voorgeschreven. Voor additionele presentatievoorschriften en toelichtingsvereisten met betrekking tot een bijzondere waardevermindering op goodwill, zie paragraaf 25.9.2.2.
29.9 Vrijstellingen voor middelgrote rechtspersonen	
Vrijstellingen	Middelgrote rechtspersonen zijn vrijgesteld van bepaalde toelichtingsvereisten.

29.1 Begripsbepaling bijzondere waardeverminderingen

Op de meeste immateriële en materiële vaste activa wordt systematisch afgeschreven op basis van de geschatte gebruiksduur. Daarnaast kunnen zich bijzondere waardeverminderingen voordoen, als wordt vastgesteld dat de 'realiseerbare waarde' (zie hierna) van het actief lager is dan de boekwaarde. Bijzondere waardeverminderingen kunnen zich ook voordoen bij immateriële en materiële vaste activa waarop niet wordt afgeschreven, alsmede bij financiële vaste activa. Het doorvoeren van een bijzondere waardevermindering wordt ook wel aangeduid met 'impairment'. Richtlijn 121 'Bijzondere waardeverminderingen van vaste activa' en IAS 36 'Impairment of Assets' behandelen dit vraagstuk. De huidige tekst van IAS 36 wijkt op sommige punten af van Richtlijn 121.

Terwijl de wet spreekt over het doorvoeren van een bijzondere waardevermindering als sprake is van een *duurzaam* lagere waarde, speelt het begrip 'duurzaamheid' geen expliciete rol in Richtlijn 121. In Richtlijn 121 wordt gesteld dat een waardevermindering dient te worden doorgevoerd als sprake is van een lagere realiseerbare waarde (RJ 121.201). De realiseerbare waarde is daarbij de hoogste van de opbrengstwaarde (directe opbrengstwaarde) en de bedrijfswaarde (indirecte opbrengstwaarde) (IAS 36.6, RJ 121.0) (zie verder par. 29.2.2). Veelal zal de bedrijfswaarde de hoogste van beide zijn, omdat anders voortgezette aanwending van het actief economisch niet doelmatig is. Daarbij geldt dat, aangezien de bedrijfswaarde wordt ingevuld als de best mogelijke schatting van de met het actief over de resterende levensduur te behalen toekomstige kasstromen, een onderscheid tussen duurzaam en niet-duurzaam geen rol speelt (zie ook RJ 121.104). Om die reden wordt Richtlijn 121 verenigbaar geacht met de wettelijke bepalingen.

Ter zake van financiële vaste activa bepaalt artikel 2:387 lid 3 BW nog: 'Bij de waardering van de financiële vaste activa mag in ieder geval met op de balansdatum opgetreden waardeverminderingen rekening worden gehouden.' In het geval van financiële vaste activa mag dus ook een waardevermindering die niet duurzaam van aard is bij de waardering worden betrokken. Als een financieel vast actief wordt gewaardeerd tegen actuele waarde komen bijzondere waardeverminderingen in het algemeen door toepassing van dit stelsel tot uitdrukking. Voor bijzondere waardeverminderingen van financiële vaste activa wordt verwezen naar hoofdstukken 9, 10 en 30.

Richtlijn 121 en IAS 36 zijn zowel van toepassing op vaste activa die gewaardeerd worden tegen verkrijgings- of vervaardigingsprijs, als op vaste activa die gewaardeerd worden tegen actuele waarde of netto-vermogenswaarde. Ten behoeve van de toepassing van de bepalingen is dus de gekozen waarderingsgrondslag niet relevant. Doorslaggevend voor de noodzaak om een waardevermindering door te voeren is de hoogte van de boekwaarde in relatie tot de realiseerbare waarde (RJ 121.101 en 105, IAS 36.1).

Richtlijn 121 is niet van toepassing op financiële vaste activa waarop Richtlijn 290 van toepassing is (deelnemingen waarop geen invloed van betekenis wordt uitgeoefend, effecten (gerubriceerd onder Financiële vaste activa) en langlopende vorderingen), activa uit hoofde van personeelsbeloningen als bedoeld in Richtlijn 271, en latente belastingvorderingen waarop Richtlijn 272 van toepassing is. Richtlijn 121 geldt dus wel voor deelnemingen die tegen netto-vermogenswaarde zijn gewaardeerd, en uiteraard voor alle immateriële en materiële vaste activa (RJ 121.102, IAS 36.2). IAS 36 bevat nog meer uitzonderingen; de standaard is eveneens niet van toepassing op: vastgoedbeleggingen die zijn gewaardeerd tegen reële waarde (IAS 40 'Investment Property'), biologische activa die zijn gewaardeerd tegen reële waarde (IAS 41 'Agriculture'), activa uit verzekeringscontracten (IFRS 4 'Insurance Contracts') en vaste activa aangehouden voor verkoop (IFRS 5 'Non-current Assets Held for Sale and Discontinued Operations') (IAS 36.2). Onder IFRS 16 worden de meeste leases op de balans verwerkt als een gebruiksrecht met een bijbehorende leaseverplichting. Onder de Richtlijnen worden operationele leases niet op de balans verwerkt. Hierdoor zijn er onder IFRS activa (gebruiksrechten) die er onder de Richtlijnen niet zijn (zie verder hoofdstuk 32). Gebruiksrechten kunnen onder IFRS ook onderhevig zijn aan bijzondere waardeverminderingen. Onder de Richtlijnen zou sprake kunnen zijn van een verlieslatend huurcontract (zie verder par. 16.5.3). Voor financiële leases onder de Richtlijnen geldt hetzelfde als voor gebruiksrechten onder IFRS.

In het proces om te bepalen of er sprake is van een bijzondere waardevermindering kan een drietal fasen worden onderkend:
1. nagaan of er aanwijzingen bestaan dat er mogelijk sprake is van een bijzondere waardevermindering (RJ 121.2, IAS 36.7-17);
2. als deze aanwijzingen bestaan: het bepalen van de realiseerbare waarde zijnde de hoogste van de opbrengstwaarde en de bedrijfswaarde (RJ 121.3, IAS 36.18-57);
3. het vergelijken van de realiseerbare waarde met de boekwaarde; als de realiseerbare waarde lager is, wordt een bijzondere waardevermindering doorgevoerd (RJ 121.4, IAS 36.58-64).

Uitgangspunt is, dat een bijzonder waardeverminderingsverlies wordt bepaald ten aanzien van een individueel vast actief. Als het evenwel niet mogelijk is om de realiseerbare waarde van een *individueel vast actief* te bepalen, moet worden nagegaan tot welke kasstroomgenererende eenheid het actief behoort (zie par. 29.5). Bij de toerekening van activa aan een kasstroomgenererende eenheid nemen goodwill en algemene bedrijfsactiva een bijzondere plaats in (zie par. 29.6 en 29.7). De vaststelling van een eventueel bijzonder waardeverminderingsverlies vindt dan plaats op het niveau van de kasstroomgenererende eenheid (RJ 121.5, IAS 36.65-108). Nadat bijzondere waardeverminderingen zijn doorgevoerd, is het mogelijk dat in een later jaar de omstandigheden zodanig zijn gewijzigd dat de waardevermindering moet worden teruggenomen (RJ 121.6, IAS 36.109-125).

Verschillen Dutch GAAP - IFRS

In afwijking van Richtlijn 121 is IAS 36 niet van toepassing op:
- vastgoedbeleggingen die zijn gewaardeerd tegen reële waarde bij toepassing van IAS 40 'Investment Property';
- biologische activa die zijn gewaardeerd tegen reële waarde bij toepassing van IAS 41 'Agriculture';
- activa uit verzekeringscontracten bij toepassing van IFRS 4 'Insurance Contracts'; en
- vaste activa aangehouden voor verkoop bij toepassing van IFRS 5 'Non-current Assets Held for Sale and Discontinued Operations'.

Het verschil inzake vastgoedbeleggingen is overigens slechts een formeel verschil aangezien Richtlijn 121 materieel gezien niet van toepassing is indien en voor zover vastgoedbeleggingen worden gewaardeerd tegen reële waarde waarbij wijzigingen in de reële waarde in het resultaat worden verantwoord. Bijzondere waardeverminderingen komen immers door middel van veranderingen in de reële waarde tot uitdrukking.

29 Bijzondere waardeverminderingen van vaste activa

29.2 Bepaling van een bijzondere waardevermindering
29.2.1 Wanneer 'impairment test' uit te voeren

Op iedere balansdatum dient te worden beoordeeld of er aanwijzingen zijn dat een actief aan een bijzondere waardevermindering onderhevig is. Als dergelijke aanwijzingen aanwezig zijn, dient de realiseerbare waarde van het actief te worden bepaald (RJ 121.202, IAS 36.9).
Het gaat vooral om de volgende aanwijzingen die kunnen worden verkregen uit externe en interne informatiebronnen, en aanwijzingen met betrekking tot groepsmaatschappijen, deelnemingen en joint ventures.

Aanwijzingen uit *externe* informatiebronnen (RJ 121.203, IAS 36.12) zijn:
- de reële waarde van een actief is aanzienlijk sneller gedaald dan uit het verloop van de tijd of uit normaal gebruik van het actief zou voortvloeien;
- in de marktomstandigheden of in de omgevingsfactoren van de rechtspersoon hebben zich belangrijke wijzigingen met nadelig effect voor het actief voorgedaan dan wel deze zullen zich in de nabije toekomst voordoen;
- marktrentes of andere marktpercentages zijn gestegen met invloed op de disconteringsvoet en daarmee de bedrijfswaarde;
- de boekwaarde van de netto-activa van de rechtspersoon is hoger dan de reële waarde van het uitstaande aandelenkapitaal van de rechtspersoon.

De laatste hierboven genoemde aanwijzing suggereert dat de markt van mening is dat de waarde van de rechtspersoon lager is dan de boekwaarde. Het is echter mogelijk dat de markt rekening heeft gehouden met andere factoren dan het rendement dat de rechtspersoon op haar activa genereert. Een individuele rechtspersoon kan bijvoorbeeld een hoge schuldenlast hebben die zij niet volledig kan aflossen. Ook kan het zijn dat de onderneming over kennis beschikt die in de markt (nog) niet bekend is. Een marktkapitalisatie lager dan het eigen vermogen zal derhalve niet noodzakelijk tot uiting komen in een bijzonder waardeverminderingsverlies. Dit hangt af van de feiten en omstandigheden. De meeste rechtspersonen ontkomen er niet aan om hun kasstroomgenererende eenheden in deze omstandigheden te evalueren, tenzij er voldoende ruimte was in een eerdere 'impairment test' die niet zou zijn beïnvloed door latere gebeurtenissen, of als geen van de activa of kasstroomgenererende eenheden gevoelig is voor marktkapitalisatie als indicator. Als een formele beoordeling van bijzondere waardeverminderingen vereist is wanneer de marktkapitalisatie onder het eigen vermogen ligt, moet er goed op worden gelet dat de disconteringsvoet die wordt gebruikt om de bedrijfswaarde te berekenen, consistent is met de huidige marktbeoordelingen. IAS 36 vereist geen formele aansluiting tussen marktkapitalisatie van de rechtspersoon, opbrengstwaarde en bedrijfswaarde. Rechtspersonen moeten echter in staat zijn om de reden voor het tekort te begrijpen en te overwegen of ze voldoende toelichtingen hebben gedaan waarin de factoren worden beschreven die zouden kunnen leiden tot een bijzondere waardevermindering in de volgende perioden (IAS 36.134 (f)).

Aanwijzingen uit *interne* informatiebronnen (RJ 121.203, IAS 36.12) zijn:
- aanwijzingen zijn voorhanden van economische veroudering of beschadiging van het actief;
- in het gebruik van het actief hebben zich belangrijke wijzigingen met nadelig effect voor het actief voorgedaan dan wel deze zullen zich in de nabije toekomst voordoen; onder deze wijzigingen zijn begrepen het beëindigen of reorganiseren van het bedrijfsonderdeel waartoe het actief behoort en het afstoten van het actief voordat de verwachte economische levensduur is geëindigd;
- er zijn aanwijzingen dat de economische prestaties van het actief beduidend minder zijn of zullen zijn dan verwacht (dit kan blijken uit de operationele resultaten en kasstromen die zijn weergegeven in de interne rapportages).

Andere aanwijzingen met betrekking tot groepsmaatschappijen, deelnemingen of joint ventures, bij ontvangst van dividend, zijn (IAS 36.12):
- de boekwaarden van de groepsmaatschappijen, deelnemingen of joint ventures in de vennootschappelijke jaarrekening zijn hoger dan de boekwaarden van de netto-activa (inclusief de goodwill) van deze groepsmaatschappijen, deelnemingen of joint ventures in de geconsolideerde jaarrekening;
- het in de periode betaalbaar gestelde dividend is groter dan het totaalresultaat van de groepsmaatschappij, deelneming of joint venture in deze periode.

Naast voornoemde aanwijzingen kunnen er nog andere aanwijzingen voor bijzondere waardeverminderingen zijn. De lijst met voornoemde aanwijzingen is niet limitatief.

In de gevallen dat goodwill wordt afgeschreven over een periode langer dan twintig jaar is het noodzakelijk ten minste aan het einde van elk boekjaar een schatting te maken van de realiseerbare waarde, ook bij het ontbreken van een indicatie van een bijzondere waardevermindering (RJ 216.230). Zie verder paragraaf 29.6.1. Hetzelfde geldt voor een immaterieel actief dat nog niet in gebruik is genomen (RJ 210.419, IAS 36.10) en een immaterieel actief dat wordt afgeschreven over een levensduur van meer dan twintig jaar (RJ 210.419). Onder IAS 36 geldt dit ook voor immateriële vaste activa met een onbepaalbare gebruiksduur en voor goodwill (IAS 36.10).

Het is *niet* de bedoeling dat bij elke wijziging van de marktrente of rentabiliteitseis op investeringen een (her)berekening van de realiseerbare waarde wordt gemaakt. Zo heeft een wijziging in de kortlopende rentevoet niet zonder meer gevolgen voor de bij discontering gehanteerde langetermijnrente. Het kan ook zo zijn dat als gevolg van gevoeligheidsanalyses bekend is dat de afname van de realiseerbare waarde als gevolg van de stijging van de disconteringsvoet naar verwachting niet zal leiden tot een materiële bijzondere waardevermindering (RJ 121.204, IAS 36.16).

Als er een aanwijzing is dat een actief mogelijk aan een bijzondere waardevermindering onderhevig is, kan dit erop wijzen dat de resterende levensduur, de afschrijvingsmethode of de restwaarde van het actief herzien moet worden, ook al wordt er uiteindelijk geen bijzonder waardeverminderingsverlies verwerkt (RJ 121.206, IAS 36.17).

Voorbeelden van aanwijzingen in interne rapportages dat mogelijk een bijzondere waardevermindering is opgetreden, zijn (RJ 121.205, IAS 36.14):
- de kasstromen voor verwerving, gebruik en onderhoud van het actief zijn beduidend hoger dan oorspronkelijk gebudgetteerd;
- de netto-kasstromen of operationele resultaten uit het actief zijn beduidend slechter dan oorspronkelijk gebudgetteerd;
- een belangrijke terugval in de gebudgetteerde netto-kasstromen of operationele resultaten uit het actief, of een belangrijke toename in het verwachte verlies uit het actief;
- operationele verliezen of negatieve netto-kasstromen uit het actief, als de bedragen van het lopende boekjaar worden gerelateerd aan de gebudgetteerde bedragen voor de toekomst.

Verschillen Dutch GAAP - IFRS

In tegenstelling tot Richtlijn 121 schrijft IAS 36 voor dat inzake de volgende activa jaarlijks een 'impairment test' moet worden uitgevoerd ongeacht of er sprake is van enige aanwijzing voor een waardevermindering:
- immateriële vaste activa met een onbepaalbare gebruiksduur (waarop niet wordt afgeschreven);
- goodwill verworven in een overname.

29 Bijzondere waardeverminderingen van vaste activa

In de gevallen dat goodwill of immateriële vaste activa wordt afgeschreven over een periode langer dan twintig jaar is het onder Richtlijn 216 respectievelijk Richtlijn 210 ook noodzakelijk ten minste aan het einde van elk boekjaar een schatting te maken van de realiseerbare waarde, ook bij het ontbreken van een indicatie van een bijzondere waardevermindering.

29.2.2 Bepaling realiseerbare waarde

Op elke balansdatum dient te worden nagegaan of één of meer van de hiervoor onder paragraaf 29.2.1 vermelde aanwijzingen of andere aanwijzingen zich voordoen, en dient, zo dit het geval is, vervolgens van het actief de realiseerbare waarde te worden bepaald (RJ 121.202, IAS 36.9).

De realiseerbare waarde is de hoogste van de opbrengstwaarde en de bedrijfswaarde (RJ 121.0, IAS 36.6). Het Besluit actuele waarde (BAW) bepaalt hierover het volgende: als een materieel of immaterieel vast actief, niet zijnde beleggingen, tegen actuele waarde wordt gewaardeerd, komt daarvoor in aanmerking de actuele kostprijs. Waardering geschiedt tegen bedrijfswaarde indien deze lager is dan de actuele kostprijs. Indien de opbrengstwaarde lager is dan de actuele kostprijs en hoger is dan de bedrijfswaarde, geschiedt de waardering tegen de opbrengstwaarde (art. 7 BAW). Een letterlijke lezing van het BAW leidt ertoe dat in de situatie dat de bedrijfswaarde van een actief lager is dan de boekwaarde, maar de opbrengstwaarde hoger is dan de boekwaarde, dat het actief wordt afgewaardeerd ondanks dat de boekwaarde gerealiseerd kan worden via verkoop. Onder de Richtlijnen wordt altijd naar de realiseerbare waarde gekeken, zodat er dan geen afwaardering plaatsvindt (RJ 210.306 en RJ 212.403).

Primair wordt voor de bepaling van de realiseerbare waarde gekeken naar het individuele actief. Een belangrijke uitzondering hierop is de situatie van onderling in hoge mate afhankelijke (groepen van) activa die gezamenlijk kasstromen genereren – zogenaamde kasstroomgenererende eenheden (zie par. 29.5), goodwill (zie par. 29.6) en algemene bedrijfsactiva (zie par. 29.7) (RJ 121.304, IAS 36.22).

29.2.3 Bepaling opbrengstwaarde

Onder opbrengstwaarde wordt verstaan het bedrag waartegen een actief maximaal kan worden verkocht, onder aftrek van de nog te maken kosten (art. 5 BAW, RJ 940). Deze opbrengstwaarde wordt ook wel aangeduid als netto-opbrengstwaarde of als directe opbrengstwaarde. In IAS 36 wordt deze opbrengstwaarde aangeduid als de reële waarde minus de verkoopkosten (IAS 36.6). De reële waarde is onder IFRS 13 gedefinieerd als de prijs die zou worden ontvangen om een actief te verkopen of betaald zou worden om een verplichting over te dragen in een ordelijke transactie tussen marktpartijen op de waarderingsdatum (IAS 36.6).

Behalve uit een reeds ter zake van het actief gesloten verkoopovereenkomst, kan de opbrengstwaarde worden afgeleid uit prijzen die op een actieve markt worden gehanteerd, of op de best beschikbare informatie omtrent het bedrag dat bij een verkoop gerealiseerd zou kunnen worden. Bij het bepalen van dit bedrag dient rekening te worden gehouden met prijzen die bij (recente) transacties van dezelfde of soortgelijke activa binnen de bedrijfstak zijn overeengekomen (RJ 121.306-307). De opbrengstwaarde is geen weergave van een geforceerde verkoop behalve wanneer de leiding van de rechtspersoon gedwongen is tot een onmiddellijke verkoop (RJ 121.307).

Het is aanvaardbaar, als er geen bindende verkoopovereenkomst of een actieve markt voor het actief is, om de opbrengstwaarde van een actief te baseren op de best beschikbare informatie (RJ 121.307). Als schatting van de prijs die een partij bereid is te betalen zou dan bijvoorbeeld een contante-waardeberekening van de toekomstige kasstromen die een derde met dit actief kan behalen, kunnen dienen. Hierbij is het van belang dat de schatting van de kasstromen is gebaseerd op de mogelijkheden en verwachtingen die een derde partij hierbij heeft en er bijvoorbeeld geen rekening wordt gehouden met synergie of andere ondernemingsspecifieke kenmerken. Een dergelijke waardering is derhalve niet gelijk aan de bedrijfswaarde.

Voor afstoting nog te maken kosten worden op de bruto-opbrengstwaarde in mindering gebracht. Voorbeelden hiervan zijn juridische kosten, kosten van verhuizing, en direct toe te rekenen extra kosten om het actief verkoopklaar te maken. Beëindigingsvergoedingen of reorganisatiekosten na afstoting van het actief zijn geen kosten die op de bruto-opbrengstwaarde in mindering worden gebracht (RJ 121.308, IAS 36.28). Het zou wel kunnen dat een mogelijke koper dit soort kosten meeneemt in de te betalen prijs, zodoende kunnen deze per saldo wel begrepen zijn in de opbrengstwaarde.

29.2.4 Bepaling bedrijfswaarde

Onder bedrijfswaarde wordt verstaan de contante waarde van de aan een actief of samenstel van activa toe te rekenen geschatte toekomstige kasstromen die kunnen worden verkregen met de uitoefening van een bedrijf (art. 3 BAW, RJ 121.0, vergelijkbare definitie in IAS 36.6). Ook de kasstromen die worden verkregen bij het uiteindelijk afstoten van het actief of de activa, worden bij het bepalen van de bedrijfswaarde in acht genomen (RJ 120.203). De bedrijfswaarde wordt ook wel aangeduid als indirecte opbrengstwaarde. In IAS 36 wordt deze aangeduid als 'value in use' (IAS 36.6).

De bepaling van de bedrijfswaarde van een actief geschiedt in twee stappen (RJ 121.309, IAS 36.31):
- schatten van de toekomstige inkomende en uitgaande kasstromen bij voortgezet gebruik van het actief en bij het uiteindelijk afstoten van het actief;
- vaststelling van de toepasselijke disconteringsvoet en toepassing daarvan op de toekomstige kasstromen.

29.2.4.1 Schatten van toekomstige kasstromen

Bij het bepalen van de bedrijfswaarde dienen (RJ 121.310, IAS 36.33):
- kasstroomprognoses te worden gebaseerd op redelijke en onderbouwde veronderstellingen die de beste schatting van de leiding van de rechtspersoon weergeven van de economische omstandigheden die van toepassing zullen zijn gedurende de resterende levensduur van het actief. Hierbij dient een relatief groot gewicht te worden toegekend aan externe informatie;
- kasstroomprognoses te worden gebaseerd op de meest recente budgetten die zijn goedgekeurd door de leiding van de rechtspersoon. Prognoses gebaseerd op deze budgetten dienen een periode te bestrijken van maximaal vijf jaar, behalve wanneer een langere periode kan worden gerechtvaardigd; en
- kasstroomprognoses na de periode die is begrepen in de meest recente budgetten te worden gebaseerd op een extrapolatie van de prognose gebaseerd op de budgetten gebruikmakend van een vast of dalend groeicijfer voor latere jaren, behalve wanneer een toenemende groei kan worden gerechtvaardigd. Deze groei dient echter niet hoger te zijn dan de 'lange termijn gemiddelde groeivoet' voor de producten, bedrijfstak, land of landen waarin de rechtspersoon actief is, of de markt waarin het actief wordt gebruikt, behalve wanneer een hogere groeivoet kan worden gerechtvaardigd.

Uit het bovenstaande blijkt dat de specifieke kasstroomprognoses ook een periode korter dan vijf jaar kunnen bestrijken, afhankelijk van bijvoorbeeld de plannings- en budgetteringshorizon van de betreffende rechtspersoon. Hierbij is het overigens wel van belang dat de gehanteerde prognoseperiode voldoende lang is zodat zij een goede basis vormt voor de extrapolatieperiode. Als dat namelijk niet het geval is, kan dit leiden tot een aanzienlijke over- of onderschatting van de bedrijfswaarde. Vooral in cyclische sectoren zal dit een belangrijk aandachtspunt zijn.

29 Bijzondere waardeverminderingen van vaste activa

IAS 36 somt nog een aantal elementen op die bij de bepaling van de bedrijfswaarde betrokken dienen te worden (IAS 36.30):
1. een schatting van de toekomstige kasstromen die de rechtspersoon verwacht uit het actief te halen;
2. verwachtingen met betrekking tot mogelijke variaties in het bedrag en/of de timing van toekomstige kasstromen;
3. de tijdswaarde van geld, gerepresenteerd door de huidige risicovrije marktrente;
4. de prijs om de onzekerheid die aan het actief verbonden is te dragen;
5. andere factoren zoals illiquiditeit, die marktdeelnemers zouden betrekken in het berekenen van de toekomstige kasstromen die de rechtspersoon verwacht uit het actief te halen.

In appendix A van IAS 36 worden twee mogelijke benaderingen om de contante waarde van de toekomstige kasstromen te berekenen beschreven die beide kunnen worden gebruikt om de bedrijfswaarde te schatten. Volgens de traditionele benadering ('Traditional Approach') worden aanpassingen voor factoren 2 tot en met 5 meegenomen in de disconteringsvoet. Volgens de verwachte kasstroombenadering ('Expected Cash Flow Approach') worden factoren 2, 4 en 5 betrokken bij de aanpassingen van de toekomstige kasstromen. Welke benadering de rechtspersoon ook kiest, de uitkomst moet de verwachte contante waarde van de toekomstige kasstromen weergeven; en dat is het gewogen gemiddelde van alle mogelijke uitkomsten (IAS 36.32).

Traditionele benadering en de verwachte kasstroombenadering
De traditionele benadering maakt gebruik van een enkele set van geschatte kasstromen en een enkele disconteringsvoet waarin alle risico's zijn verwerkt. Deze benadering veronderstelt dat een enkele disconteringsvoet alle verwachtingen over de toekomstige kasstromen en de juiste risicopremie kan omvatten en legt daarom de meeste nadruk op de selectie van de disconteringsvoet (IAS 36.A4).

In sommige gevallen is de traditionele benadering relatief makkelijk om toe te passen, bijvoorbeeld voor activa met contractuele kasstromen (IAS 36.A5). Echter, bij complexe casussen is deze benadering mogelijk niet geschikt, zoals bij niet-financiële activa waarvoor geen markt of vergelijkbaar actief bestaat. Het vaststellen van een disconteringsvoet met de juiste risicopremie vereist een analyse van ten minste twee activa, namelijk een actief dat op de markt bestaat met een waarneembare disconteringsvoet en het actief waarvoor de waarde moet worden bepaald. De juiste disconteringsvoet moet namelijk zijn afgeleid uit de waarneembare disconteringsvoet van het andere actief (IAS 36.A6).

IAS 36.A7 stelt dat de verwachte kasstroombenadering, in sommige situaties, een effectievere benadering is dan de traditionele benadering (IAS 36.A7). Deze benadering maakt namelijk gebruik van alle verwachtingen over mogelijke kasstromen in plaats van één enkele meest waarschijnlijke kasstroom en kent aan elk kasstroomscenario een kans toe om tot een gewogen gemiddelde van de netto contante waarde te komen. Deze benadering zou mogelijk meer geschikt zijn indien bijvoorbeeld sprake is van grote onzekerheid over de toekomstige kasstromen. De disconteringsvoet houdt vervolgens rekening met de risico's en variabiliteit waarvoor de kasstromen niet zijn aangepast.

Het gebruik van kansen is een essentieel onderdeel van de verwachte kasstroombenadering, wat ook onderhevig is aan subjectiviteit (IAS 36.A10). Daarnaast kan de verwachte kasstroombenadering in sommige gevallen waarin geen uitgebreide informatie voorhanden is om verschillende kasstroomscenario's te bepalen tot substantiële extra kosten leiden. De rechtspersoon dient een balans te vinden tussen de kosten om extra informatie te verkrijgen en de verhoging van de betrouwbaarheid die deze informatie zou toevoegen (IAS 36.A12).

Welke methode ook wordt gebruikt, een rechtspersoon moet ervoor zorgen dat consistente aannames worden gebruikt voor de schatting van kasstromen en de keuze van een geschikte disconteringsvoet om dubbeltellingen of weglatingen te vermijden.

Voorbeeld verwachte kasstroombenadering (ontleend aan IAS 36.A7)

Er zijn drie mogelijke scenario's ten aanzien van de kasstromen:
1. Scenario 1: 100 met een kans van 10%
2. Scenario 2: 200 met een kans van 60%
3. Scenario 3: 300 met een kans van 30%

Dit betekent dat de verwachte kasstroom 220 is (100*10%+200*60%+300*30%).

Voorbeeld verwachte kasstroombenadering en traditionele benadering (ontleend aan IAS 36.A8, A9)

Er bestaat onzekerheid over het tijdstip waarop de kasstroom van 1.000 zal worden ontvangen. De volgende opties zijn van toepassing:
1. Jaar 1 met een kans van 10%
2. Jaar 2 met een kans van 60%
3. Jaar 3 met een kans van 30%

Verwachte kasstroombenadering
Contante waarde jaar 1 tegen 5% is 95,24 (1.000/1,05*10%)
Contante waarde jaar 2 tegen 5,25% is 541,64 (1.000/1,0525^2*60%)
Contante waarde jaar 3 tegen 5,50% is 255,48 (1.000/1,0550^3*30%)

De totale contante waarde is daarmee 892,36 onder de verwachte kasstroombenadering.

Traditionele kasstroombenadering
Onder de traditionele benadering is de uitkomst 902,73, namelijk de meest waarschijnlijke kasstroom van jaar 2 verdisconteerd tegen 5,25%. Deze afwijking ontstaat doordat de traditionele kasstroombenadering geen goede weergave is van een mogelijke afwijking in het moment van ontvangst.

Samenstelling van de schatting van toekomstige kasstromen

De schattingen van toekomstige kasstromen dienen te omvatten (RJ 121.311, IAS 36.39):
a. prognoses van de kasontvangsten bij voortgezet gebruik van het actief;
b. prognoses van kasuitgaven die noodzakelijk zijn om de kasontvangsten te genereren (inclusief de kasuitgaven om het actief gebruiksklaar te maken) en die direct kunnen worden toegewezen of toegerekend op een redelijke en consistente basis; en
c. netto-kasstromen, indien van toepassing, te ontvangen (of te betalen) bij het afstoten van een actief aan het einde van de levensduur.

Ad a en b

Toekomstige kasstromen dienen te worden geschat voor het actief in de staat waarin het zich bevindt, waarbij de uitgaven die nodig zijn om de oorspronkelijke capaciteit te onderhouden of te behouden dienen te worden meegenomen (RJ 121.313 en 317, IAS 36.44 en 49). De schattingen dienen *geen* toekomstige kasontvangsten of kasuitgaven te omvatten die naar verwachting voortvloeien uit (RJ 121.313, IAS 36.44):

- een toekomstige reorganisatie waaraan de rechtspersoon nog niet is gebonden; of
- toekomstige investeringen die de oorspronkelijke capaciteit verbeteren of vergroten, tenzij de rechtspersoon zich heeft verplicht tot investeren (RJ 121.316, IAS 36.48).

29 Bijzondere waardeverminderingen van vaste activa

Investeringen die nodig zijn om de oorspronkelijke capaciteit te onderhouden of te behouden dienen te worden meegenomen in de toekomstige kasstromen. Deze zijn soms moeilijk te onderscheiden van investeringen die de oorspronkelijke capaciteit verbeteren of vergroten. In veel gevallen dienen investeringen die de oorspronkelijke capaciteit verbeteren of vergroten separaat te worden goedgekeurd door het management en kan derhalve mogelijk voor dit onderscheid aansluiting worden gezocht bij de investeringsplannen en het bijbehorende goedkeuringsproces.

Als de rechtspersoon zich *wél* heeft verbonden tot reorganisatie (waaronder dan dient te worden verstaan een programma dat gepland en beheerst wordt door de leiding van de rechtspersoon en dat de aard van de bedrijfsactiviteiten van de rechtspersoon of de wijze waarop deze wordt geleid wezenlijk verandert (RJ 121.314, IAS 36.46), dient hiermee bij de schatting van de kasstromen rekening te worden gehouden. In die situatie (RJ 121.315, IAS 36.47):
▶ geven de schattingen van toekomstige kasontvangsten en kasuitgaven bij het bepalen van de bedrijfswaarde, de kostenbesparingen en andere voordelen van de reorganisatie weer (gebaseerd op de meeste recente budgetten die zijn goedgekeurd door de leiding van de vennootschap); en
▶ wordt met schattingen voor toekomstige uitgaven voor de reorganisatie rekening gehouden indien en voor zover zij in aanmerking komen voor opname in een reorganisatievoorziening (in overeenstemming met Richtlijn 252 'Voorzieningen' en IAS 37 'Provisions, Contingent Liabilities and Contingent Assets').

Ter voorkoming van dubbeltellingen dienen schattingen van toekomstige kasstromen voorts *niet* te omvatten (RJ 121.318, IAS 36.50):
▶ kasontvangsten of uitgaven uit financieringsactiviteiten waaronder begrepen leasebetalingen welke als leaseverplichting zijn opgenomen en interestbaten en lasten (door het disconteren wordt immers reeds het effect van interestlasten in aanmerking genomen); of
▶ ontvangsten of betalingen van belastingen naar de winst (omdat de disconteringsvoet eveneens wordt bepaald vóór belasting).

Ad c
De schatting van de te ontvangen of te betalen netto-kasstroom bij het afstoten van het actief aan het einde van de levensduur dient het bedrag te zijn dat een rechtspersoon verwacht te ontvangen in een zakelijke transactie tussen onafhankelijke ter zake kundige partijen na aftrek van de te verwachten kosten van het afstoten (RJ 121.320, IAS 36.52).
De schatting van de netto-kasstroom bij het afstoten van een actief aan het einde van de levensduur wordt op dezelfde wijze bepaald als de opbrengstwaarde (zie par. 29.2.3), behalve dat (RJ 121.321, IAS 36.53):
▶ een rechtspersoon gangbare prijzen op de datum van de schatting gebruikt voor vergelijkbare activa die aan het einde van hun levensduur zijn en die op vergelijkbare wijze zijn gebruikt als het betreffende actief; en
▶ deze prijzen worden aangepast voor het effect van zowel toekomstige prijsstijgingen door algemene inflatie als specifieke toekomstige prijsstijgingen (of -dalingen). Als de schattingen van toekomstige kasstromen en de disconteringsvoet echter het effect van algemene inflatie uitsluiten, wordt dit effect eveneens uitgesloten bij de schattingen van de netto-kasstroom bij afstoting.

Het is aanvaardbaar, als er geen bindende verkoopovereenkomst of een actieve markt voor het actief is, om de restwaarde van een actief te baseren op de best beschikbare informatie (RJ 121.307). Als schatting van de prijs die een partij bereid is te betalen zou dan bijvoorbeeld een contante-waardeberekening van de toekomstige kasstromen die een derde met dit actief kan behalen, kunnen dienen. In deze gevallen zal de waardering mogelijk weinig afwijken van de situatie waarin het management van de rechtspersoon veronderstelt dat zij het actief doorexploiteert (zie a).

Toekomstige kasstromen in vreemde valuta
Toekomstige kasstromen worden geschat in de valuta waarin deze worden gegenereerd en vervolgens contant gemaakt tegen een geschikte disconteringsvoet voor die valuta. De contante waarde van de toekomstige kasstromen wordt omgerekend tegen de wisselkoersen die gelden op de datum dat de vaststelling van de bedrijfswaarde plaatsvindt (RJ 121.322, IAS 36.54).

29.2.4.2 Disconteringsvoet
Wanneer de toekomstige kasstromen zijn geschat, dient de huidige waarde van deze kasstromen te worden bepaald door ze te disconteren. De disconteringsvoet dient vóór belastingen te worden bepaald en dient te zijn gebaseerd op zowel de actuele marktrente als de specifieke risico's met betrekking tot het actief. Risico's waarmee reeds in de bepaling van de kasstromen rekening is gehouden, mogen uiteraard niet in de disconteringsvoet worden opgenomen (RJ 121.323, IAS 36.55). De te hanteren disconteringsvoet is in feite de rendementseis die investeerders zouden stellen als zij een investering overwegen in een actief dat wat betreft omvang van de kasstroom, tijd en risico vergelijkbaar is. De disconteringsvoet wordt dan ook ontleend aan het percentage dat is gebruikt in actuele markttransacties voor vergelijkbare activa, of is de gewogen gemiddelde vermogenskostenvoet van een ter beurze genoteerde rechtspersoon die een enkel actief heeft (of een portefeuille van activa) dat vergelijkbaar is in termen van capaciteit en risico's (RJ 121.324, IAS 36.56,). De te hanteren disconteringsvoet dient op basis van vorenstaande voornamelijk te worden bepaald vanuit een externe invalshoek: Wat zou een externe investeerder als rendement op zijn investering in een soortgelijk actief of activiteit eisen?

Kan de disconteringsvoet niet worden ontleend aan actuele marktpercentages, dan mogen bij wijze van alternatief de volgende percentages als uitgangspunt worden gebruikt (RJ 121.325-326, IAS 36.A17):
- de gewogen gemiddelde vermogenskostenvoet van de rechtspersoon;
- de marginale rentevoet voor de rechtspersoon;
- andere marktrentes.

Daarbij moet nog het volgende in aanmerking worden genomen (RJ 121.312, 319, 323, 324, 326 en 327, en IAS 36.40, 51 en A15-16, A18-A21):
- De gekozen disconteringsvoet wordt aangepast om de risico's die specifiek aan de geprojecteerde kasstromen zijn verbonden (veroorzaakt bijvoorbeeld door landen, valuta, prijzen of kasstromen) tot uitdrukking te brengen en om risico's die niet relevant zijn uit te sluiten.
- De disconteringsvoet dient consistent te worden bepaald:
  - Teneinde dubbeltellingen te voorkomen, worden risico's waarmee reeds in de bepaling van de kasstromen rekening is gehouden niet in de disconteringsvoet opgenomen.
  - Omdat door het disconteren het effect van interestlasten in aanmerking wordt genomen, sluiten deze kasontvangsten en kasuitgaven uit financieringsactiviteiten uit.
  - Op vergelijkbare wijze worden toekomstige kasstromen geschat vóór belasting omdat de disconteringsvoet eveneens wordt bepaald vóór belasting.
- De gekozen disconteringsvoet dient onafhankelijk te zijn van de vermogensstructuur van de rechtspersoon en de wijze waarop het actief is gefinancierd, omdat de in de toekomst te verwachten kasstromen van het actief niet afhankelijk zijn van de wijze waarop het actief is gefinancierd. Uitgangspunt is derhalve een 'genormaliseerde' disconteringsvoet.

- Als de gekozen disconteringsvoet ná belastingen is (zoals dat het geval zal zijn bij een gewogen gemiddelde vermogenskostenvoet), dient de disconteringsvoet te worden herrekend naar een disconteringsvoet vóór belastingen.
- Gewoonlijk wordt één enkele disconteringsvoet gebruikt. Maar wanneer de bedrijfswaarde gevoelig is voor verschillen in risico's of rentevoorwaarden die zich in verschillende perioden voordoen, worden voor deze perioden verschillende disconteringsvoeten gebruikt.
- Schattingen van toekomstige kasstromen en de disconteringsvoet dienen op consistente wijze veronderstellingen omtrent prijsstijgingen als gevolg van algemene inflatie weer te geven. Als dan ook in de disconteringsvoet het effect van prijsstijgingen als gevolg van algemene inflatie is opgenomen, worden toekomstige kasstromen in nominale termen geschat. Als in de disconteringsvoet het effect van algemene prijsstijgingen niet is opgenomen, worden toekomstige kasstromen geschat in reële termen (en wordt bij deze schattingen wel rekening gehouden met specifieke prijsstijgingen en -dalingen).

Voorbeeld bepaling disconteringsvoet

Het bepalen van de disconteringsvoet geschiedt op basis van de gewogen gemiddelde vermogenskostenvoet ('weighted average cost of capital'; WACC) van een gefingeerde rechtspersoon met een eigen en vreemd vermogen dat gebruikelijk is in de sector waarin de rechtspersoon actief is, en met een risicoprofiel dat vergelijkbaar is met dat van de rechtspersoon. Het doel hiervan is om (bij gebreke van een vergelijkbare ter beurze genoteerde rechtspersoon) de veronderstellingen met betrekking tot de disconteringsvoet zo veel mogelijk te objectiveren.

Bij de WACC van de gekozen rechtspersoon gaat het om de volgende elementen: de verhouding van de marktwaarde van het eigen vermogen tot de marktwaarde van het vreemd vermogen, de kosten van het eigen vermogen en de kosten van het vreemd vermogen. De WACC (ná belastingen) wordt dan in de volgende formule uitgedrukt:

$$WACC = \frac{E}{D+E} * k_{ev} + \frac{D}{D+E} * k_{vv} * (1-t)$$

waarbij:

E = marktwaarde eigen vermogen
D = marktwaarde vreemd vermogen
k_{ev} = kostenvoet eigen vermogen
k_{vv} = kostenvoet vreemd vermogen
t = belastingtarief

De verhouding van de marktwaarde van het eigen vermogen tot de marktwaarde van het vreemd vermogen wordt afgeleid uit de percentages eigen en vreemd vermogen die in de sector, waarin de rechtspersoon actief is, gebruikelijk zijn.

De kostenvoet van het vreemd vermogen wordt bepaald door uit te gaan van de risicovrije rentevoet (zijnde het rendement op staatsobligaties) verhoogd met een risicopremie voor de gefingeerde rechtspersoon in de sector.

De kostenvoet van het eigen vermogen wordt veelal bepaald aan de hand van het 'Capital Asset Pricing Model' (CAPM). Volgens dit model wordt de kostenvoet van het eigen vermogen opgebouwd uit de risicovrije rentevoet verhoogd met een risicopremie waarin het marktrisico en het additionele risico van een investering in aandelen besloten liggen. Deze risicopremie wordt bepaald met behulp van een multiplier (bèta genaamd). De risicopremie houdt rekening met de gebruikelijke risico's van de sector waarin de rechtspersoon actief is.

Voorbeeld bepaling bedrijfswaarde na winstbelastingen							
Jaar		1	2	3	4	5	verder
Bedrijfsresultaat (EBIT)		100	125	130	130	135	
Belastingen over bedrijfsresultaat		-35	-44	-45	-45	-47	
Bedrijfsresultaat minus aangepaste belastingen (NOPLAT)		65	81	85	85	88	
Afschrijvingen		40	45	50	45	50	
Investeringen		-50	-50	-50	-20	-50	
Mutatie werkkapitaal		0	-5	-20	0	-20	
Vrije kasstroom		55	71	65	110	68	88
Disconteringsvoet	9,62%	0,912	0,832	0,759	0,692	0,632	
Contante waarde (CW) vrije kasstromen		50	59	49	76	43	
CW vrije kasstromen		277					
CW restwaarde		576	(= 88/0,0962 * 1/1,0962^5)				
Bedrijfswaarde		**853**					

In de berekening is de mutatie van het werkkapitaal meegenomen. Dit betekent dat het werkkapitaal ook in de te toetsen boekwaarde dient te worden opgenomen. Het in de berekening opgenomen werkkapitaal betreft het netto-operationele werkkapitaal geschoond voor financieringselementen. Dit betreft het werkkapitaal dat benodigd is voor de operationele activiteiten. Het niet voor de operationele activiteiten benodigde deel van de liquide middelen en de korte termijn rentedragende financiering is geëlimineerd.

Voor de bepaling van de bedrijfswaarde worden kasstromen vóór belastingen in aanmerking genomen (RJ 121.319, IAS 36.51). Dat heeft tot gevolg dat ook de disconteringsvoet vóór belastingen dient te zijn. De gewogen gemiddelde vermogenskostenvoet van een rechtspersoon wordt doorgaans ná belastingen bepaald (bijvoorbeeld in bovenstaand voorbeeld). In dat geval zal de disconteringsvoet ná belastingen herrekend dienen te worden naar een disconteringsvoet vóór belastingen. In de situatie dat de fiscale afschrijvingen en de commerciële afschrijvingen aan elkaar gelijk zijn en dus de momenten waarop fiscaal en commercieel de belastingkasstromen zich voordoen gelijk zijn, zal doorgaans gebruik kunnen worden gemaakt van de methode om de disconteringsvoet ná belastingen te bruteren tegen het toepasselijke winstbelastingtarief. In dat geval zal de disconteringsvoet vóór belastingen en de disconteringsvoet ná belastingen gebruteerd tegen het winstbelastingtarief, dezelfde contante waarde opleveren. Ontstaan evenwel verschillen tussen fiscale en commerciële afschrijvingen, dan neemt bij hantering van de bruteringsmethode ook het verschil tussen de disconteringsvoet vóór en die ná belastingen toe. In dat geval zullen de disconteringsvoet vóór belasting en de disconteringsvoet ná belastingen gebruteerd tegen het winstbelastingtarief niet dezelfde contante waarde opleveren. De disconteringsvoet ná belastingen dient dan op een andere wijze te worden herrekend naar de disconteringsvoet vóór belastingen, namelijk iteratief (IAS 36.BCZ85). Deze herrekening is complex.

Als een bedrijfswaarde overigens wordt berekend op basis van een disconteringsvoet ná belastingen, is het noodzakelijk om bij het berekenen van de bedrijfswaarde geen rekening te houden met beschikbare compensabele verliezen, alsmede te veronderstellen dat de fiscale waardering gelijk is aan de bedrijfswaarde. Immers, deze componenten worden separaat gewaardeerd in de jaarrekening als latente belastingvorderingen, en op deze manier wordt voorkomen dat er sprake is van dubbeltellingen (IAS 36.BCZ84). In het bovenstaande voorbeeld is verondersteld dat aan deze voorwaarde is voldaan.

29 Bijzondere waardeverminderingen van vaste activa

> **Voorbeeld disconteringsvoet vóór en ná belastingen**
>
> Uit onderstaand voorbeeld blijkt, dat simpele brutering van de disconteringsvoet ná belastingen van 8,96% er niet toe leidt, dat een disconteringsvoet vóór belastingen van 12,80% dezelfde netto-contante waarde (NCW) oplevert als de disconteringsvoet ná belastingen. Alleen bij een disconteringsvoet vóór belastingen van 10,92% (iteratief bepaald) blijkt de netto-contante waarde dezelfde te zijn als bij een disconteringsvoet ná belastingen van 8,96%.
>
> | Jaar | | 1 | 2 | 3 | 4 | 5 |
> |---|---|---|---|---|---|---|
> | Omzet | | 100,0 | 100,0 | 100,0 | 100,0 | 100,0 |
> | Kosten | | 46,0 | 46,0 | 46,0 | 46,0 | 46,0 |
> | Afschrijvingen (fiscaal) | | 100,0 | 100,0 | | | |
> | Bedrijfsresultaat | | -46,0 | -46,0 | 54,0 | 54,0 | 54,0 |
> | Belastingen (30%) | | -13,8 | -13,8 | 16,2 | 16,2 | 16,2 |
> | Winst | | -32,2 | -32,2 | 37,8 | 37,8 | 37,8 |
> | Kasstromen voor belastingen | | 54,0 | 54,0 | 54,0 | 54,0 | 54,0 |
> | NCW@12,80% | 190,8 | | | | | |
> | NCW@10,92% | 200,0 | | | | | |
> | Kasstromen na belastingen | | 67,8 | 67,8 | 37,8 | 37,8 | 37,8 |
> | NCW@8,96% | 200,0 | | | | | |
> | EV | 40% kev | | 16,0% | | | |
> | VV | 60% kvv | | 6,1% | | | |
> | WACC na belastingen | 8,96% | | | | | |
> | WACC voor belastingen | 12,80% O.b.v. brutering WACC na belastingen (8,96% /[1 - 0,3]) | | | | | |
> | WACC voor belastingen | 10,92% Iteratief bepaald | | | | | |

29.2.4.3 Subjectiviteit bepaling bedrijfswaarde

Onderkend moet worden dat de bepaling van de bedrijfswaarde in zekere mate aan subjectiviteit onderhevig is. De schatting van de kasstromen alsmede, in mindere mate, de keuze van de disconteringsvoet kunnen een grote invloed hebben op de uitkomst van de te berekenen bedrijfswaarde. Hoewel Richtlijn 121 en IAS 36 aanwijzingen geven over de bij het bepalen van de bedrijfswaarde te hanteren grondslagen, zullen verschillende schattingen van kasstromen en disconteringsvoeten aanvaardbaar zijn. In de praktijk zal vaak sprake zijn van een interval van aanvaardbare bedrijfswaarden. Om de subjectiviteit hierbij zo veel mogelijk te beperken kunnen de volgende aspecten in de beschouwing worden betrokken:

- hoewel de leiding van de rechtspersoon verantwoordelijk is voor de schatting, is het raadzaam hierbij ook onafhankelijke waarderingsdeskundigen in te schakelen;
- schattingen dienen zo veel mogelijk te worden onderbouwd met externe bronnen;
- een meer optimistische of een meer pessimistische schatting dient aan te sluiten op andere waarnemingen ten aanzien van de rechtspersoon en haar markten;
- een vergelijking met de opbrengstwaarde kan nuttig zijn om te begrijpen of de verschillen tussen de bedrijfswaarde en de opbrengstwaarde uitlegbaar zijn. Deze kunnen bijvoorbeeld liggen in ondernemingsspecifieke factoren zoals synergie. Andere factoren die een rol kunnen spelen zijn toekomstige uitbreidingsinvesteringen en reorganisaties – deze mogen niet worden opgenomen in de bedrijfswaarde maar zijn mogelijk wel onderdeel van de opbrengstwaarde als een derde hier ook rekening mee zou houden;
- een voortschrijdende vergelijking van gerealiseerde en geschatte kasstromen geeft de kwaliteit van het schattingsproces aan en kan bijdragen aan verbeteringen van toekomstige schattingen; bovendien kunnen dit indicatoren zijn voor een eventuele terugneming van de bijzondere waardevermindering (zie par. 29.4).

Opgemerkt wordt dat het gevaar van een onjuiste verantwoording niet alleen ligt in een te optimistische schatting. Ook een te pessimistische schatting is onjuist, vooral omdat daardoor de resultaten in toekomstige jaren positiever worden voorgesteld dan is gerechtvaardigd. Een te hoge afwaardering zorgt immers voor lagere afschrijvingslasten in toekomstige jaren.

De in Richtlijn 121 en IAS 36 opgenomen en in deze paragraaf weergegeven voorschriften met betrekking tot het bepalen van de bedrijfswaarde wijken op een aantal punten af van de gangbare financieringstheorie. Voorbeelden hiervan zijn onder andere de invloed van belastingen, en reeds geplande, toekomstige uitbreidingsinvesteringen en/of reorganisaties. Hierdoor kan een berekening van de bedrijfswaarde volgens de financieringstheorie afwijken van een berekening van de bedrijfswaarde volgens Richtlijn 121 en IAS 36. Het berekenen van de bedrijfswaarde blijft daarmee primair een verslaggevingsexercitie en is niet noodzakelijkerwijs gelijk aan een ondernemingswaardering. De rechtspersoon dient erop bedacht te zijn dat de voorschriften van Richtlijn 121 en IAS 36 worden gevolgd bij het bepalen van de bedrijfswaarde.

De hiervoor genoemde subjectiviteit kan zich overigens ook voordoen bij het bepalen van de opbrengstwaarde, als er bijvoorbeeld geen recente of vergelijkbare transacties of relevante marktinformatie beschikbaar zijn.

29.3 Verwerking van een bijzondere waardevermindering

Indien en voor zover de boekwaarde van een vast actief hoger is dan de realiseerbare waarde van het actief, dient het actief te worden afgewaardeerd tot de realiseerbare waarde (RJ 121.401, IAS 36.59). Het bedrag van de afwaardering is een bijzonder waardeverminderingsverlies in overeenstemming met artikel 2:387 lid 3 BW.

Het verlies wordt onmiddellijk verwerkt in de winst-en-verliesrekening, tenzij de afwaardering ten laste van een herwaarderingsreserve kan worden gebracht in overeenstemming met artikel 2:390 lid 3 BW (art. 2:387 lid 4 BW, RJ 121.402, IAS 36.60).

De afwaardering noodzaakt tot een aanpassing van de afschrijvingen op het actief (RJ 121.404, IAS 36.63). De afschrijvingslast voor de toekomstige perioden dient te worden herzien om de aangepaste boekwaarde, verminderd met de eventuele restwaarde, stelselmatig over de resterende levensduur te verdelen.

Als het bedrag van de afwaardering groter is dan de boekwaarde van het actief, moet worden bezien of een voorziening moet worden gevormd in overeenstemming met de regelgeving van de betreffende Standaard of Richtlijn (RJ 121.403, IAS 36.62). Zie hiervoor hoofdstuk 16. Dit kan voorkomen indien zowelde bedrijfswaarde als opbrengstwaarde negatief zijn, wat in de praktijk weinig voorkomt.

Voorbeeld bepaling bijzonder waardeverminderingsverlies van een individueel actief

Een rechtspersoon heeft een fabriek met een boekwaarde van € 10.500, die tegen kostprijs is gewaardeerd. De vraag naar de producten die in deze fabriek worden geproduceerd is belangrijk afgenomen. Dit wordt gezien als een aanwijzing dat de fabriek wellicht onderhevig is aan een bijzondere waardevermindering. De realiseerbare waarde van de fabriek dient te worden bepaald. Dat is mogelijk omdat de fabriek zelfstandig kasstromen genereert.

De fabriek heeft een specifieke constructie zodat zij niet gemakkelijk voor andere doeleinden kan worden gebruikt. De opbrengstwaarde wordt geschat op € 9.000. Voor de bepaling van de bedrijfswaarde worden de toekomstige kasstromen bij gebruik en bij afstoting van de fabriek bepaald en contant gemaakt tegen een disconteringsvoet vóór belastingen die is ontleend aan de gewogen gemiddelde vermogenskostenvoet van vergelijkbare rechtspersonen. De bedrijfswaarde komt uit op € 7.000.

De opbrengstwaarde is hoger dan de bedrijfswaarde, zodat de opbrengstwaarde dient te worden vergeleken met de boekwaarde om een bijzonder waardeverminderingsverlies te kunnen vaststellen. Het verlies bedraagt € 1.500, dat onmiddellijk wordt verwerkt in het resultaat en wordt afgeboekt op de boekwaarde van de fabriek. De boekwaarde van de fabriek bedraagt hierna nog € 9.000. De afschrijvingen voor de toekomstige perioden dienen te worden herzien.

29 Bijzondere waardeverminderingen van vaste activa

Vergoedingen in verband met een bijzonder waardeverminderingsverlies

Rechtspersonen kunnen een monetaire of niet-monetaire vergoeding ontvangen van derden in verband met een bijzonder waardeverminderingsverlies. Voorbeelden hiervan zijn een verzekeringsuitkering of een schadeloosstelling. Een dergelijke vergoeding wordt niet meegenomen bij de bepaling van de realiseerbare waarde. Het bijzondere waardeverminderingsverlies en de daarmee samenhangende vergoeding worden als losstaande gebeurtenissen gezien en als volgt verwerkt:

- de verwerking van het bijzondere waardeverminderingsverlies geschiedt op de wijze zoals in deze paragraaf uiteengezet;
- de monetaire of niet-monetaire vergoeding van derden in verband met het bijzondere waardeverminderingsverlies wordt ten gunste van de winst-en-verliesrekening gebracht zodra aan de opnamecriteria is voldaan; en
- de kosten van het herstel, de aankoop of vervaardiging van een actief ter vervanging worden als aanschaffingskosten van een actief verwerkt (RJ 121.701-703, IAS 16.65-66; zie ook par. 7.6).

29.4 Terugneming van een bijzondere waardevermindering

Richtlijn 121 en IAS 36 bepalen dat, als eenmaal een bijzonder waardeverminderingsverlies op een vast actief is verwerkt, op elke balansdatum dient te worden nagegaan of er aanwijzingen bestaan dat het verlies niet meer bestaat of is verminderd (RJ 121.602, IAS 36.110). Het gaat met name om dezelfde aanwijzingen als die welke hiervoor zijn vermeld in paragraaf 29.2.1, maar dan in omgekeerde, positieve zin (RJ 121.603, IAS 36.111).

Aanwijzingen uit externe informatiebronnen zijn:
- de reële waarde van het actief is in de afgelopen periode belangrijk gestegen;
- belangrijke wijzigingen met een positief effect voor de rechtspersoon hebben zich in de verslagperiode voorgedaan of zullen zich in de nabije toekomst voordoen op het terrein van techniek, markt, economie of wettelijke verplichtingen in de omgeving waarin de rechtspersoon actief is dan wel in de markt waaraan het actief dienstbaar is;
- marktrentes of andere marktrentabiliteitseisen op investeringen zijn de afgelopen periode gedaald en deze dalingen beïnvloeden naar verwachting de disconteringsvoet en daarmee in belangrijke mate de bedrijfswaarde.

Aanwijzingen uit interne informatiebronnen zijn:
- belangrijke veranderingen met een voordelig effect op de rechtspersoon hebben zich in de verslagperiode voorgedaan of doen zich naar verwachting in de nabije toekomst voor, in de mate waarin of de wijze waarop het actief wordt gebruikt of naar verwachting zal worden gebruikt. Deze veranderingen omvatten ook in de verslagperiode gedane kapitaaluitgaven ter verbetering of vergroting van de capaciteit van een actief dan wel de verplichting tot het beëindigen of herstructureren van de activiteiten waartoe het actief behoort; en
- er zijn duidelijke aanwijzingen vanuit de interne rapporteringen dat de economische prestaties van een actief beter zijn of zullen zijn dan verwacht.

Andere aanwijzingen met betrekking tot groepsmaatschappijen, deelnemingen en joint ventures zijn:
- de boekwaarden van de netto-activa (inclusief de goodwill) van de groepsmaatschappijen, deelnemingen en joint ventures in de geconsolideerde jaarrekening zijn hoger dan de boekwaarden van deze groepsmaatschappijen, deelnemingen en joint ventures in de vennootschappelijke jaarrekening;
- het totaalresultaat van de groepsmaatschappij, deelneming en joint venture over de periode is groter dan het in deze periode betaalbaar gestelde dividend.

Als één of meer aanwijzingen zoals hiervoor beschreven bestaan, dient de realiseerbare waarde van het actief opnieuw te worden bepaald (RJ 121.602, IAS 36.110). Als de realiseerbare waarde hoger is dan de boekwaarde van het actief op dat moment, is dat op zich nog geen reden om het destijds verwerkte bijzondere waardeverminderingsverlies terug te nemen. Immers, de terugname van een bijzonder waardeverminderingsverlies uitsluitend als het gevolg van het verstrijken van de tijd is geen feitelijke wijziging in de omstandigheden die hebben geleid tot de bijzondere afwaardering, en is daarmee uitdrukkelijk niet toegestaan. Een terugname is slechts dan toegestaan, indien en voor zover bij de bepaling van de nieuwe realiseerbare waarde blijkt dat sprake is van wijzigingen in de schattingen en veronderstellingen die destijds aan de bepaling van de realiseerbare waarde ten grondslag lagen, zoals bijvoorbeeld een toename van de kasstromen of een daling van de disconteringsvoet. Slechts in dat geval dient de boekwaarde van het actief te worden verhoogd tot het bedrag van de opnieuw bepaalde realiseerbare waarde van het actief (RJ 121.605, IAS 36.114).

Aan een verhoging van de boekwaarde wordt wel een beperking gesteld: de verhoogde boekwaarde van het actief mag niet hoger zijn dan de boekwaarde na afschrijvingen die bepaald zou zijn als in voorgaande jaren geen bijzonder waardeverminderingsverlies voor het actief zou zijn verwerkt (RJ 121.608, IAS 36.117). De verhoging van de boekwaarde die een terugneming is van een bijzonder waardeverminderingsverlies, wordt onmiddellijk als bate verwerkt in de winst-en-verliesrekening, tenzij de verhoging via het totaalresultaat ten gunste van een herwaarderingsreserve kan worden gebracht en voor zover destijds het bijzondere waardeverminderingsverlies ten laste van een herwaarderingsreserve is gebracht (RJ 121.610-611, IAS 36.119). Het ongedaan maken van een bijzonder waardeverminderingsverlies noodzaakt tot het aanpassen van de afschrijvingen voor de toekomstige perioden op het actief (RJ 121.612, IAS 36.121). Als, ondanks de aanwijzingen, wordt geconcludeerd dat een bijzonder waardeverminderingsverlies niet kan worden teruggenomen, kan het wel zo zijn dat de resterende levensduur, de afschrijvingsmethode of de restwaarde moet worden herzien (RJ 121.604, IAS 36.113).

> **Voorbeeld terugneming bijzonder waardeverminderingsverlies van een individueel actief (vervolg op voorbeeld opgenomen in par. 29.3)**
>
> De boekwaarde van de fabriek bedraagt inmiddels € 8.900 (€ 9.000 na verwerken van bijzonder waardeverminderingsverlies en afschrijvingen daarna). In weerwil van de veronderstellingen die werden gehanteerd toen de vraag naar de producten van deze fabriek afnam, blijkt thans dat de vraag naar de producten weer belangrijk is toegenomen. Reden genoeg om na te gaan wat de realiseerbare waarde van de fabriek nu is. De opbrengstwaarde van de fabriek wordt nog steeds geschat op € 9.000.
>
> De schatting van de bedrijfswaarde levert een heel andere uitkomst op. De toekomstige kasstromen worden in vergelijking met de schattingen die bij de vorige bepaling van de realiseerbare waarde werden gehanteerd, aanzienlijk positiever ingeschat. Op basis van deze gewijzigde inschattingen komt de bedrijfswaarde van de fabriek nu uit op € 9.400.
>
> De realiseerbare waarde ligt nu dus hoger dan de boekwaarde van € 8.900. Als destijds het bijzondere waardeverminderings-verlies niet zou zijn verwerkt, zou de boekwaarde van de fabriek thans € 10.500 -/- € 300 (afschrijvingen) = € 10.200 hebben bedragen. Dat betekent dat de huidige boekwaarde van € 8.900 tot de huidige realiseerbare waarde van € 9.400 kan worden verhoogd en dat het destijds verwerkte bijzondere waardeverminderingsverlies van € 1.500 tot het bedrag van € 500 kan worden teruggenomen. Het bedrag van € 500 wordt als bate in de winst-en-verliesrekening opgenomen. De gedeeltelijke terugneming van het bijzondere waardeverminderingsverlies noodzaakt weer tot aanpassing van de toekomstige afschrijvingen op de fabriek.

29.5 Kasstroomgenererende eenheden
29.5.1 Vaststelling van een kasstroomgenererende eenheid

In voorgaande paragrafen is steeds uitgegaan van een bijzondere waardevermindering van een individueel vast actief. Het kan echter voorkomen dat de realiseerbare waarde van een actief niet kan worden bepaald. Dit is het geval als (RJ 121.502, IAS 36.67):
- het actief geen kasontvangsten bij voortgezet gebruik genereert die in hoge mate losstaan van andere activa; en
- de bedrijfswaarde naar verwachting belangrijk afwijkt van de opbrengstwaarde.

In dergelijke gevallen kan de realiseerbare waarde alleen worden bepaald voor de kasstroomgenererende eenheid waartoe het actief behoort. Vastgesteld moet dan worden tot welke kasstroomgenererende eenheid het actief behoort.

Een kasstroomgenererende eenheid is de kleinst identificeerbare groep van activa die kasstromen genereert bij voortgezet gebruik die in grote mate onafhankelijk zijn van kasstromen van andere activa of groepen van activa (RJ 121.0, IAS 36.6). Bij het bepalen of kasontvangsten in hoge mate onafhankelijk zijn van de kasontvangsten van andere activa (of groepen van activa) worden onder andere de volgende aspecten in aanmerking genomen (RJ 121.503-504, IAS 36.69-70):
- de wijze waarop de leiding van de rechtspersoon de activiteiten bewaakt (bijvoorbeeld via productielijnen, activiteiten, individuele locaties, districten of gebieden);
- hoe de leiding van de rechtspersoon beslissingen neemt omtrent het continueren of afstoten van de activa en activiteiten van de rechtspersoon;
- of een actieve markt bestaat voor de prestaties die worden voortgebracht door een actief of groep van activa.

Kasstroomgenererende eenheden dienen van periode tot periode voor hetzelfde actief of dezelfde typen van activa consistent te worden bepaald, behalve wanneer een verandering hierin gerechtvaardigd is (RJ 121.506, IAS 36.72).

> **Voorbeeld bepaling van een kasstroomgenererende eenheid (ontleend aan IAS 36.68)**
>
> Een busmaatschappij heeft een contract gesloten met een gemeente om vijf buslijnen te exploiteren. Vaste activa, in casu bussen, bushalten en wachtruimten, kunnen op betrouwbare wijze worden toegerekend aan de individuele lijnen. Een van de buslijnen opereert met verliezen. De vraag is of de vaste activa per buslijn een kasstroomgenererende eenheid vormen, of alle vaste activa voor alle buslijnen gezamenlijk.
> Het antwoord is dat, omdat de busmaatschappij niet de mogelijkheid heeft om de verlieslatende route af te stoten, en daarmee de kasstromen van alle lijnen onlosmakelijk met elkaar verbonden zijn, de activa voor alle buslijnen gezamenlijk één kasstroomgenererende eenheid vormen.

Als een actieve markt bestaat voor de prestaties die worden voortgebracht door een actief of groep van activa, dient dit actief of deze groep van activa als een kasstroomgenererende eenheid te worden beschouwd (RJ 121.504, IAS 36.70). In een rechtspersoon of een groep kan zich de situatie voordoen dat prestaties intern worden aangewend, zoals levering van halffabricaten aan een ander onderdeel binnen de rechtspersoon of de groep. Of daarbij sprake is van één kasstroomgenererende eenheid, of van afzonderlijke eenheden, hangt mede af van de vraag of voor de intern geleverde prestatie ook een zelfstandige actieve markt bestaat. Is dat het geval, dan zal sprake zijn van verschillende kasstroomgenererende eenheden. De reden hiervan is dat dit actief of deze groep van activa bij voortgezet gebruik kasontvangsten zou kunnen genereren die in hoge mate onafhankelijk zijn

van de kasontvangsten van andere activa of groepen van activa (RJ 121.505, IAS 36.71). Alsdan dient de beste schatting van de toekomstige marktprijzen voor de prestaties te worden gebruikt (RJ 121.504, IAS 36.70):
- bij de bepaling van de bedrijfswaarde van de kasstroomgenererende eenheid zelf, voor het schatten van de toekomstige kasontvangsten die betrekking hebben op het interne gebruik van de prestaties; en
- bij de bepaling van de bedrijfswaarde van andere kasstroomgenererende eenheden voor het schatten van de toekomstige kasuitgaven die betrekking hebben op het interne gebruik van de prestaties.

Een voorbeeld van interne leveringen en het al dan niet bestaan van een actieve markt is hierna opgenomen.

Voorbeeld bepaling van een kasstroomgenererende eenheid in geval van interne leveringen (met aanpassingen ontleend aan Richtlijn 121, bijlage 1)

Dit voorbeeld behandelt een fabriek waarin een gedeelte van een productieproces wordt uitgevoerd.

Een belangrijke grondstof die door fabriek Y wordt gebruikt voor haar eindproducten is een halffabricaat dat van fabriek X wordt gekocht. Fabriek X is onderdeel van dezelfde rechtspersoon. De twee fabrieken worden gezamenlijk geleid. De producten worden door X tegen een zakelijke prijs aan Y verkocht. Van de eindproducten van Y wordt 80% verkocht aan derden. De vraag is wat de kasstroomgenererende eenheden voor X en Y zijn in de volgende situaties:

Situatie 1: Voor de producten die X aan Y verkoopt bestaat een actieve markt. De interne verrekenprijzen zijn zakelijke prijzen die gelijk zijn aan de geschatte marktprijzen.
Situatie 2: Er bestaat geen actieve markt voor de producten die X aan Y verkoopt.

Situatie 1
X kan haar producten verkopen in een actieve markt en daarmee kasstromen genereren die in hoge mate onafhankelijk zijn van de kasstromen van Y. Om die reden is het waarschijnlijk dat X een afzonderlijke kasstroomgenererende eenheid is, ondanks dat een gedeelte van de productie door Y wordt gebruikt (zie RJ 121.504).
Het is waarschijnlijk dat Y ook een afzonderlijke kasstroomgenererende eenheid is. Y verkoopt 80% van haar producten aan derden. Derhalve kunnen de kasstromen in hoge mate als onafhankelijk worden beschouwd.

Situatie 2
De realiseerbare waarden van de afzonderlijke fabrieken kunnen waarschijnlijk niet onafhankelijk van elkaar worden vastgesteld omdat:
a. het merendeel van de productie van X intern wordt aangewend en niet kan worden verkocht op een actieve markt. Derhalve zijn de kasstromen van X afhankelijk van de vraag van Y. Om die reden kan X niet worden beschouwd als een kasstroomgenererende eenheid die in hoge mate onafhankelijk van Y kasstromen genereert; en
b. de twee fabrieken worden gezamenlijk geleid.

X en Y zijn, als gevolg hiervan, naar verwachting gezamenlijk de kleinste groep van activa die in hoge mate onafhankelijke kasstromen genereert. Zij vormen gezamenlijk één kasstroomgenererende eenheid.

29.5.2 De realiseerbare waarde en boekwaarde van een kasstroomgenererende eenheid

De realiseerbare waarde van een kasstroomgenererende eenheid wordt op dezelfde wijze bepaald als waarop de realiseerbare waarde van een individueel actief wordt bepaald (RJ 121.507, IAS 36.74). Verwezen wordt naar de paragrafen 29.2.2 tot en met 29.2.4.

De boekwaarde van een kasstroomgenererende eenheid dient consistent te worden bepaald met de wijze waarop de realiseerbare waarde van de kasstroomgenererende eenheid wordt bepaald (RJ 121.508, IAS 36.75).

De boekwaarde van een kasstroomgenererende eenheid omvat de boekwaarde van alleen die activa die direct, dan wel op redelijke en consistente basis, aan de kasstroomgenererende eenheid kunnen worden toegerekend en die de toekomstige geschatte kasontvangsten genereren (RJ 121.509, IAS 36.76). De boekwaarde van een kasstroomgenererende eenheid omvat niet de boekwaarde van een in de balans opgenomen passiefpost, behalve wanneer de realiseerbare waarde niet kan worden bepaald zonder rekening te houden met deze passiefpost. Dit kan bijvoorbeeld voorkomen wanneer het afstoten van een kasstroomgenererende eenheid van de koper vereist dat deze passiefposten overneemt (RJ 121.509 en 511, IAS 36.76 en 78). Als dit het geval is, is de opbrengstwaarde (of de geschatte kasstroom van de uiteindelijke afstoting) de geschatte verkoopprijs van de activa en de passiefposten gezamenlijk, verminderd met de kosten van het afstoten. Om een zinvolle vergelijking tussen de boekwaarde en de realiseerbare waarde van een kasstroomgenererende eenheid mogelijk te maken wordt de boekwaarde van de passiefposten bij zowel het bepalen van de bedrijfswaarde als van de boekwaarde van de kasstroomgenererende eenheid in mindering gebracht (RJ 121.511, IAS 36.78), mits de kasstromen hiermee dan ook consistent zijn bepaald (RJ 121.507, IAS 36.75). Het is dus niet zo dat de contante waarde van de kasstromen van de passiefposten in mindering op de bedrijfswaarde wordt gebracht, maar de boekwaarde. Anders zou mogelijk een verstorend effect optreden als gevolg van verschillen in disconteringsvoeten.

> **Voorbeeld bepaling van een kasstroomgenererende eenheid waarbij rekening wordt gehouden met passiefposten (ontleend aan IAS 36.78)**
>
> In dit voorbeeld exploiteert een rechtspersoon een mijn in een land waar de wetgeving vereist dat de eigenaar van de mijn het terrein moet herstellen na voltooiing van de mijnactiviteiten. Een voorziening van 500 is gevormd gelijk aan de contante waarde van de herstelkosten.
>
> De rechtspersoon voert een impairment test uit op de mijn als kasstroomgenererende eenheid. De rechtspersoon heeft verschillende aanbiedingen ontvangen om de mijn te verkopen tegen een prijs van 800. In deze prijs is de overname van de verplichting om het terrein te herstellen opgenomen. De bedrijfswaarde van de mijn bedraagt 1.200 en de boekwaarde van de activa van de mijn is 1.000.
>
> De opbrengstwaarde bedraagt 800 en houdt al rekening met de voorziene herstelkosten. De bepaling van de bedrijfswaarde van de kasstroomgenererende eenheid moet ook rekening houden met de herstelkosten en komt daarmee neer op 700 (bedrijfswaarde van de mijn van 1.200 minus de voorziening voor de herstelkosten van 500). De boekwaarde van de mijn bedraagt 500 (boekwaarde van de mijn van 1.000 minus de voorziening voor de herstelkosten van 500. Hiermee is de realiseerbare waarde van de kasstroomgenererende eenheid hoger dan de boekwaarde en is er geen sprake van een duurzame waardevermindering.

Om praktische redenen wordt de realiseerbare waarde van een kasstroomgenererende eenheid soms bepaald rekening houdend met activa die geen deel uitmaken van de kasstroomgenererende eenheid (bijvoorbeeld debiteuren en andere financiële activa) en passiefposten die al in de jaarrekening zijn opgenomen (bijvoorbeeld crediteuren, pensioenen en andere voorzieningen). In dergelijke gevallen wordt de boekwaarde van de kasstroomgenererende eenheid vermeerderd respectievelijk verminderd met de boekwaarde van deze activa en passiefposten (RJ 121.512, IAS 36.79).

29.5.3 Bijzondere waardevermindering van een kasstroomgenererende eenheid

De bepalingen als besproken in paragraaf 29.3 zijn eveneens van toepassing op de verwerking van een bijzonder waardeverminderingsverlies van een kasstroomgenererende eenheid. Evenals voor individuele activa geldt dat een bijzonder waardeverminderingsverlies van een kasstroomgenererende eenheid uitsluitend dient te worden verwerkt als de realiseerbare waarde lager is dan de boekwaarde. Een bijzonder waardeverminderingsverlies dient vervolgens in beginsel pro rata te worden toegerekend aan de boekwaarden van alle activa van de eenheid, tenzij er goodwill aanwezig is (zie par. 29.6).

Deze verlagingen van de boekwaarden dienen te worden behandeld als waardeverminderingsverliezen op individuele activa en onmiddellijk te worden verwerkt als een last in de winst-en-verliesrekening tenzij het verlies dient te worden behandeld als een herwaarderingsafname (RJ 121.520, IAS 36.104).

De boekwaarde van een individueel actief wordt echter niet verder verlaagd dan tot de hoogste van (RJ 121.521, IAS 36.105):

- de opbrengstwaarde (indien te bepalen);
- de bedrijfswaarde (indien te bepalen); en
- nihil.

Op deze wijze kan de pro rata-toerekening worden doorbroken. Het bedrag van het bijzonder waardeverminderingsverlies dat anders aan het actief zou zijn toegerekend dient weer pro rata te worden toegerekend aan de andere activa van de eenheid (RJ 121.521, IAS 36.105).

Er dient uitsluitend een passiefpost te worden verwerkt voor enig resterend bedrag van een waardeverminderingsverlies voor een kasstroomgenererende eenheid als dat wordt vereist door een andere Standaard of Richtlijn (RJ 121.522, IAS 36.108). Is het verwerken van een passiefpost niet mogelijk, dan wordt het resterende bedrag niet in aanmerking genomen.

Voor een voorbeeld van de bepaling van een bijzondere waardevermindering van een kasstroomgenererende eenheid, zie paragraaf 29.6.4. Dit kan voorkomen indien zowelde bedrijfswaarde als opbrengstwaarde negatief zijn, wat in de praktijk weinig voorkomt.

Voorbeeld doorbreking van de pro rata toerekening van de bijzondere waardevermindering van een kasstroomgenererende eenheid

In dit voorbeeld is sprake van een rechtspersoon met een fabriek als kasstroomgenererende eenheid. De kasstroomgenererende eenheid omvat een fabriekspand (boekwaarde 1.000) en machines (boekwaarde 500).

Uit de impairment test voor de fabriek is gebleken dat de realiseerbare waarde lager is dan de boekwaarde en er sprake is van een duurzame waardevermindering. Het bedrag van de duurzame waardevermindering bedraagt 60.

Het waardeverminderingsverlies van 60 dient in beginsel pro rata te worden toegerekend aan de boekwaarden van alle activa van de eenheid.

Dit betekent dat in beginsel een bedrag van 40 wordt toegerekend aan het pand (1.000/(1.000+500)*60) en een bedrag van 20 aan de machines (500/(1.000+500)*60).

Echter, de opbrengstwaarde van het pand gebaseerd op een taxatie bedraagt 1.100 en is daarmee hoger dan de boekwaarde. Derhalve wordt de pro rata toerekening doorbroken. Het bedrag dat aan het pand zou worden gealloceerd dient weer pro rata te worden toegerekend aan de andere activa van de eenheid, de machines. De opbrengstwaarde van de machines bedraagt 400. Hiermee wordt de hele duurzame waardevermindering van 60 aan de machines toegerekend.

29.5.4 Terugneming van een bijzondere waardevermindering van een kasstroomgenererende eenheid

De bepalingen als besproken in paragraaf 29.4 zijn eveneens van toepassing op de terugneming van een bijzonder waardeverminderingsverlies van een kasstroomgenererende eenheid. De terugneming van een bijzonder waardeverminderingsverlies voor een kasstroomgenererende eenheid dient in beginsel op een pro ratabasis, gebaseerd op de boekwaarden van de activa van de eenheid, te worden toegerekend aan de boekwaarden van deze activa.

De toenames in boekwaarden dienen te worden behandeld als terugnemingen van waardeverminderingsverliezen voor individuele activa en dienen als bate te worden verwerkt in de winst-en-verliesrekening tenzij de afname van het bijzondere waardeverminderingsverlies als een toevoeging aan de herwaarderingsreserve moet worden behandeld (RJ 121.610, IAS 36.122).

29 Bijzondere waardeverminderingen van vaste activa

Bij het toerekenen van de terugneming van een bijzonder waardeverminderingsverlies voor een kasstroomgenererende eenheid dient de boekwaarde van een actief niet verder te worden verhoogd dan tot (RJ 121.614, IAS 36.123):
- de realiseerbare waarde (indien te bepalen); en
- de boekwaarde die bepaald zou zijn (na afschrijvingen) indien in voorgaande jaren geen bijzonder waardeverminderingsverlies zou zijn verwerkt.

Het bedrag van de terugneming van het bijzondere waardeverminderingsverlies dat anders aan het actief zou zijn toegerekend dient op pro ratabasis aan de andere activa van de eenheid te worden toegerekend (RJ 121.614, IAS 36.123). Kan niet het gehele bedrag van de terugneming aan activa worden toegerekend, dan wordt het resterende bedrag niet in aanmerking genomen.

Voor een voorbeeld van de terugneming van een bijzondere waardevermindering van een kasstroomgenererende eenheid, zie paragraaf 29.6.5.

29.6 Goodwill
29.6.1 Bijzondere waardevermindering van goodwill

Richtlijn 216 'Fusies en overnames' hanteert het uitgangspunt dat er systematische afschrijving optreedt van geactiveerde goodwill en daarnáást ook sprake kan zijn van een bijzondere waardevermindering van geactiveerde goodwill (RJ 216.229 en 230). De aanwijzingen die er op kunnen duiden dat goodwill aan een bijzondere waardevermindering onderhevig is zijn beschreven in paragraaf 29.2.1. In de gevallen dat goodwill wordt afgeschreven over een periode langer dan twintig jaar is het noodzakelijk ten minste aan het einde van elk boekjaar een schatting te maken van de realiseerbare waarde, ook bij het ontbreken van een indicatie van een bijzondere waardevermindering (RJ 216.230). Dit geldt ook in de situatie dat aanvankelijk de geschatte gebruiksduur minder was dan twintig jaar, maar later een schattingswijziging is doorgevoerd naar een gebruiksduur die langer is dan twintig jaar. Bij verkorting van de gebruiksduur tot onder de twintig jaar vervalt de eis van jaarlijkse toetsing (RJ 216.231). Zie verder paragraaf 25.3.2.2.

IFRS 3 'Business Combinations' hanteert daarentegen als uitgangspunt dat goodwill die is verkregen bij een overname niet in aanmerking komt voor systematische afschrijving maar in plaats daarvan jaarlijks, of zelfs nog frequenter als daar aanleiding toe is, moet worden onderworpen aan een 'impairment test' (IAS 36.10).

De jaarlijkse 'impairment test' van een kasstroomgenererende eenheid (of groep eenheden) waaraan goodwill is toegerekend kan op elk tijdstip binnen het jaar plaatsvinden, mits de test ieder jaar op hetzelfde tijdstip geschiedt (IAS 36.96).

Verschillen Dutch GAAP - IFRS

In tegenstelling tot Richtlijn 121 schrijft IAS 36 voor dat inzake goodwill verworven in een overname jaarlijks een 'impairment test' moet worden uitgevoerd ongeacht of er sprake is van enige aanwijzing voor een waardevermindering. In de gevallen dat goodwill wordt afgeschreven over een periode langer dan twintig jaar is het onder Richtlijn 216 ook noodzakelijk ten minste aan het einde van elk boekjaar een schatting te maken van de realiseerbare waarde, ook bij het ontbreken van een indicatie van een bijzondere waardevermindering.

29.6.2 Toerekening goodwill aan kasstroomgenererende eenheden

Voor goodwill geldt dat deze niet onafhankelijk van andere (groepen van) activa kasstromen genereert en dat dus voor goodwill als individueel actief geen realiseerbare waarde is te bepalen. Daarom moet bij de 'impairment test' op goodwill de realiseerbare waarde van de kasstroomgenererende eenheid of (groep van) eenheden waaraan de goodwill is toegerekend, worden bepaald (RJ 121.513, IAS 36.81).

Goodwill dient op overnamedatum te worden toegerekend aan elk van de (groepen van) kasstroomgenererende eenheden waarvan te verwachten is dat zij voordeel behalen ten gevolge van de uit de overname voortvloeiende synergie. De (groepen van) kasstroomgenererende eenheden waaraan de goodwill wordt toegerekend dienen (RJ 121.514, IAS 36.80):
- het laagste niveau te representeren waarop goodwill wordt geregistreerd voor interne managementdoeleinden; en
- niet groter te zijn dan de operationele segmenten (voor aggregatie) volgens Richtlijn 350/IFRS 8, ook als de rechtspersoon geen informatie over segmenten opneemt.

De toerekening van goodwill die is ontstaan bij een overname aan een (groep van) kasstroomgenererende eenheid (eenheden) vindt plaats ongeacht de vraag of de overgenomen activa en passiva ook geheel of ten dele aan deze eenheden zijn toegerekend (IAS 36.80). Het voorgaande brengt met zich mee dat het laagste niveau van toerekening soms bestaat uit een aantal kasstroomgenererende eenheden waaraan de goodwill is gerelateerd, maar waarbij toerekening op een niet-arbitraire basis aan de individuele kasstroomgenererende eenheden onmogelijk is. Toerekening op niet-arbitraire basis kan in die gevallen alleen plaatsvinden aan groepen kasstroomgenererende eenheden (IAS 36.81).

De 'impairment test' voor goodwill kan, in aansluiting op het voorgaande, betrekking hebben op een kasstroomgenererende eenheid waaraan goodwill is toegerekend maar ook op een groep van kasstroomgenererende eenheden waaraan goodwill is toegerekend. Als goodwill is toegerekend aan een groep van kasstroomgenererende eenheden, wordt elke kasstroomgenererende eenheid binnen die groep (waar dus geen goodwill aan toegerekend is) aan een 'impairment test' onderworpen zodra er aanwijzingen zijn dat een bijzondere waardevermindering heeft plaatsgevonden. De boekwaarde exclusief goodwill van de desbetreffende kasstroomgenererende eenheid wordt dan vergeleken met de realiseerbare waarde (zie par. 29.5) (RJ 121.514, IAS 36.88 en 90). Vervolgens wordt de groep van kasstroomgenererende eenheden *als geheel* onderworpen aan een 'impairment test', hierbij wordt ook de goodwill als onderdeel van de boekwaarde opgenomen.

Als goodwill is toegerekend aan een kasstroomgenererende eenheid en de rechtspersoon beëindigt een deel van de activiteiten van die eenheid, dan dient de goodwill die verband houdt met de beëindigde activiteiten (RJ 121.515, IAS 36.86):
- te worden opgenomen in de boekwaarde van de desbetreffende activiteiten als het resultaat van de transactie wordt vastgesteld; en
- te worden gemeten op basis van de relatieve waarden van de beëindigde activiteiten en de voortgezette activiteiten, tenzij een andere methode een aantoonbaar betere toerekening van de goodwill aan de beëindigde activiteiten geeft.

29 Bijzondere waardeverminderingen van vaste activa

> **Voorbeeld toerekening goodwill aan beëindigde entiteiten**
>
> Rechtspersoon X verkoopt activiteiten die onderdeel waren van een kasstroomgenererende eenheid waaraan goodwill was toegerekend van € 60, voor € 100. De goodwill kan niet worden toegerekend aan (groepen van) activa op een lager niveau dan de kasstroomgenererende eenheid. De realiseerbare waarde van het deel van de kasstroomgenererende eenheid dat wordt behouden bedraagt € 300.
>
> Omdat de goodwill niet kan worden toegerekend aan activa of kasstroomgenererende eenheden op een lager niveau, wordt deze toegerekend op basis van de relatieve waarden van de beëindigde activiteiten en de voortgezette activiteiten. Hierbij is verondersteld dat de rechtspersoon de goodwill van de afgestoten activiteiten niet aantoonbaar op een betere wijze kan toerekenen. Daarom wordt 25% van de goodwill, zijnde € 15 (€ 100 / (€ 100 + € 300) * 60), opgenomen in de boekwaarde van de desbetreffende beëindigde activiteiten als het resultaat van de transactie wordt vastgesteld.

Ook als een rechtspersoon wijzigingen aanbrengt in haar rapportagestructuur die ertoe leiden dat de opbouw van één of meer kasstroomgenererende eenheden waaraan goodwill is toegerekend, verandert, moet de goodwilltoerekening daaraan worden aangepast (RJ 121.516, IAS 36.87). Dit gebeurt op overeenkomstige wijze op basis van een relatieve waardebenadering, zoals hiervoor beschreven, tenzij een andere methode aantoonbaar beter is.

> **Voorbeeld toerekening goodwill na wijzigingen in rapportagestructuur**
>
> Goodwill van € 160 is toegerekend aan kasstroomgenererende eenheid A. A zal worden opgedeeld in drie delen die zullen worden toegevoegd aan de kasstroomgenererende eenheden B, C en D. De goodwill kan niet worden toegerekend aan (groepen van) activa op een lager niveau dan kasstroomgenererende eenheid A. Deze goodwill wordt daarom toegerekend op basis van de relatieve waarden van de drie delen voordat deze worden toegevoegd aan B, C en D. De realiseerbare waarden van de drie delen van A bedragen € 200, € 300 en € 500. De bedragen van de goodwill die zullen worden toegerekend aan B, C en D bedragen respectievelijk € 32 (€ 200 / (€ 200 + € 300 + € 500) * € 160), € 48 en € 80.

29.6.3 'Impairment test' goodwill en belang van derden

Onder IFRS 3 kan in het kader van een overname een belang van derden en hiermee de goodwill op een tweetal wijzen worden bepaald, namelijk op partiële of volledige wijze. In het laatste geval is het goodwillbedrag hoger aangezien dit is gebaseerd op de (zelfstandige) reële waarde van het verworven belang en het belang van derden. Bij de op partiële wijze bepaling van de goodwill wordt het belang van derden gewaardeerd tegen het proportionele aandeel in de reële waarde van de identificeerbare activa en verplichtingen van de overgenomen partij. Onder Richtlijn 216 is alleen de partiële wijze toegestaan (zie par. 25.2.6).

Voor de 'impairment test' moet worden uitgegaan van het volledige goodwillbedrag. Als het belang van derden is gewaardeerd tegen het proportionele aandeel in de reële waarde van de identificeerbare activa en verplichtingen, dient de boekwaarde van het belang van derden eerst te worden aangepast voor het bruto goodwillbedrag (IAS 36, Appendix C4). De goodwill dient als het ware te worden gebruteerd. Hierdoor zal het **moment** van een bijzondere waardevermindering gelijk zijn. Wel is het **bedrag** van de bijzondere waardevermindering verschillend.

Richtlijn 121 bevat hierover geen specifieke voorschriften. Wij zijn van mening dat de verwerking onder de Richtlijnen in beginsel de IFRS-methodiek dient te volgen om zo een goede vergelijking van boekwaarde en realiseerbare waarde mogelijk te maken. Dit wordt verduidelijkt in onderstaand voorbeeld.

> **Voorbeeld 'impairment test' van een kasstroomgenererende eenheid met goodwill bij aanwezigheid van een belang van derden (ontleend aan IAS 36, Illustrative Example 7)**
>
> Rechtspersoon X verwerft 80% van de aandelen van rechtspersoon Y voor € 2.100 op 1 januari van jaar 1. Op die dag is de reële waarde van de netto-activa van Y € 1.500. In de geconsolideerde jaarrekening van X wordt opgenomen:
> - netto-activa Y € 1.500;
> - belang van derden € 300 tegen het proportionele aandeel in de reële waarde van de identificeerbare activa en verplichtingen van Y (20% van € 1.500);
> - goodwill € 900 (€ 2.400 (= € 2.100 + € 300) - € 1.500).
>
> Y is een kasstroomgenererende eenheid. € 400 goodwill is toe te rekenen aan Y. De rest van de goodwill wordt toegerekend aan andere kasstroomgenererende eenheden binnen de groep. Jaarlijks (of zo nodig vaker) is een 'impairment test' verplicht. Aan het eind van jaar 1 is de realiseerbare waarde van Y € 1.000. De netto-activa (exclusief goodwill) van Y bedragen € 1.350.
>
> *'Impairment test'*
> Een deel van de realiseerbare waarde van Y (€ 1.000) is toe te rekenen aan het belang van derden dat is gewaardeerd tegen het proportionele aandeel in de reële waarde van de identificeerbare activa en verplichtingen. Daarom moet de goodwill worden gebruteerd om de vergelijking met de realiseerbare waarde mogelijk te maken.
>
> | Eind jaar 1 | Goodwill | Netto-activa | Totaal |
> |---|---|---|---|
> | Boekwaarde | 400 | 1.350 | 1.750 |
> | Goodwill belang van derden* | 100 | - | 100 |
> | Aangepaste boekwaarde | 500 | 1.350 | 1.850 |
> | Realiseerbare waarde | | | 1.000 |
> | Bruto bijzonder waardeverminderingsverlies | | | 850 |
>
> *) Toegerekend: 80% = € 400, 20% = € 100
>
> *Toerekening bijzonder waardeverminderingsverlies*
> Het waardeverminderingsverlies van € 850 wordt eerst in mindering gebracht op de boekwaarde van de goodwill en daarna op de andere activa. Van de € 850 wordt eerst € 500 toegerekend aan de goodwill. Het verlies wordt slechts verwerkt voor het 80%-belang van X (in Y), zijnde € 400 (80% van € 500). Hiermee is de goodwill van Y volledig afgeboekt. Het waardeverminderingsverlies van het belang van derden van € 100 (20% van € 500) wordt niet verwerkt, omdat dit deel van de goodwill niet in de balans is opgenomen. Het resterende verlies van € 850 - € 500 = € 350 komt ten laste van de boekwaarde van de activa van Y, zodat na deze afboeking een boekwaarde resteert van de netto-activa van € 1.350 - € 350 = € 1.000.
>
> Stel dat in bovenstaande voorbeeld de realiseerbare waarde van Y € 1.400 is. Het bijzondere waardeverminderingsverlies zou dan bruto € 450 bedragen. Het waardeverminderingsverlies wordt wederom eerst in mindering gebracht op de boekwaarde van de goodwill, en wordt wederom slechts verwerkt voor het 80%-belang van X (in Y). Het waardeverminderingsverlies bedraagt € 360 (80% van € 450). Het waardeverminderingsverlies van het belang van derden van € 90 (20% van € 450) wordt niet verwerkt, omdat dit deel van de goodwill niet in de balans is opgenomen. Dit betekent dat er een netto-bedrag aan goodwill van € 40 resteert. Omdat de netto-activa van Y (€ 1.350) lager zijn dan de realiseerbare waarde (€ 1.400) is er geen aanleiding voor een afwaardering van de netto-activa van Y. De totale boekwaarde van goodwill en netto-activa bedraagt na de afwaardering € 1.390. Wij merken op dat dit bedrag lager is dan de realiseerbare waarde van € 1.400 wat wordt veroorzaakt doordat niet de gehele goodwill is opgenomen (ook niet na afwaardering).

29.6.4 Verwerking van een bijzondere waardevermindering van goodwill

De bepalingen als besproken in paragraaf 29.5.3 zijn eveneens van toepassing op de verwerking van een bijzonder waardeverminderingsverlies van een kasstroomgenererende eenheid waaraan goodwill is toegerekend. Wel resteert hier nog het vraagstuk hoe de bijzondere waardevermindering aan de goodwill dient te worden toegerekend.

Een bijzonder waardeverminderingsverlies dient te worden toegerekend aan de boekwaarden van de activa van de eenheid en wel als volgt (RJ 121.520, IAS 36.104):
- eerst aan de goodwill die is toegerekend aan de kasstroomgenererende eenheid;
- vervolgens aan de andere activa van de eenheid, in beginsel op pro rata wijze verdeeld over de boekwaarden van alle activa van de eenheid.

29 Bijzondere waardeverminderingen van vaste activa

De boekwaarde van een individueel actief wordt echter niet verder verlaagd dan tot de hoogste van (RJ 121.521, IAS 36.105):
- de opbrengstwaarde (indien te bepalen);
- de bedrijfswaarde (indien te bepalen); en
- nihil.

Voorbeeld berekening van de bedrijfswaarde en bepaling van een bijzondere waardevermindering (ontleend aan Richtlijn 121, bijlage 2)

(In dit voorbeeld wordt afgezien van belastingeffecten)

Basisgegevens
Aan het einde van jaar 1 verwerft rechtspersoon T de rechtspersoon M voor € 10.000. M bezit fabrieken in drie landen. De verwachte levensduur van de samengevoegde activiteiten is 15 jaar.

Overzicht 1: Gegevens per 31 december van jaar 1

(€)	Toerekening van de aankoopprijs	Reële waarde van de te onderscheiden activa	Goodwill
Activiteiten in land A	3.000	2.000	1.000
Activiteiten in land B	2.000	1.500	500
Activiteiten in land C	5.000	3.500	1.500
Totaal	10.000	7.000	3.000

De activiteiten in ieder land vormen de kleinste kasstroomgenererende eenheden waaraan goodwill op een redelijke en consistente basis kan worden toegerekend. De toerekening is gebaseerd op de aankoopprijzen van de activiteiten in ieder land zoals gespecificeerd in de koopovereenkomst. Voor individuele activa binnen land A kunnen geen zelfstandige kasstromen worden geïdentificeerd.
T hanteert de lineaire methode voor de afschrijving op de activa van land A en gaat uit van een levensduur van 15 jaar en een restwaarde van nihil.

Aanwijzing voor bijzondere waardevermindering en bepaling realiseerbare waarde
In jaar 5 wordt een nieuwe regering gekozen in land A. Deze neemt nieuwe wetgeving aan die de export van het belangrijkste product van T belangrijk beperkt. Als een gevolg hiervan zal voor de voorzienbare toekomst de productie van T met 40% verminderen.

De belangrijke exportbeperking en de hierdoor ontstane productievermindering zijn een aanwijzing voor een bijzondere waardevermindering en vereisen van T dat deze de realiseerbare waarde van de netto-activa en de goodwill van de activiteiten in land A bepaalt. De realiseerbare waarde is de hoogste van de opbrengstwaarde en de bedrijfswaarde. In dit voorbeeld kan de opbrengstwaarde van de kasstroomgenererende eenheid land A niet worden bepaald, aangezien het niet waarschijnlijk is dat er een koper bestaat voor alle activa van de eenheid. De realiseerbare waarde is daarom gelijk aan de bedrijfswaarde.

Om de bedrijfswaarde van de kasstroomgenererende eenheid land A te bepalen (zie overzicht 2) doet T het volgende:
a. stelt een kasstroomprognose op voor de komende 5 jaar (jaar 6 tot en met 10) afgeleid van de meest recente door de directie goedgekeurde budgetten;
b. schat de aansluitende kasstromen (jaar 11 tot en met 16), gebaseerd op een dalend groeicijfer; en
c. selecteert een disconteringsvoet van 15% hetgeen de actuele marktrente en de specifieke risico's voor de kasstroomgenererende eenheid land A weergeeft.

Overzicht 2: Berekening van de bedrijfswaarde van de kasstroomgenererende eenheid land A ultimo jaar 5				
Jaar	Langetermijn groeivoet	Toekomstige kasstromen	Contante waarde factor tegen disconteringsvoet van 15%[3]	Contante waarde toekomstige kasstromen
6 (n=1)		230 [1]	0,86957	200
7		253 [1]	0,75614	191
8		273 [1]	0,65752	180
9		290 [1]	0,57175	166
10		304 [1]	0,49718	151
11	3%	313 [2]	0,43233	135
12	-2%	307 [2]	0,37594	115
13	-6%	289 [2]	0,32690	94
14	-15%	245 [2]	0,28426	70
15	-25%	184 [2]	0,24719	45
16	-67%	61 [2]	0,21494	13
Bedrijfswaarde				1.360

[1] Gebaseerd op de beste schattingen van de directie van de netto toekomstige kasstromen (na de terugval van 40%).
[2] Gebaseerd op een extrapolatie van kasstromen van voorgaande jaren, gebruikmakend van een dalend groeicijfer.
[3] De contante-waardefactor is berekend als $k = 1/(1+a)^n$, waarbij a de disconteringsvoet is en n de disconteringsperiode.

Bepaling en verwerking bijzonder waardeverminderingsverlies
Uit overzicht 2 blijkt dat de bedrijfswaarde (= realiseerbare waarde) van de kasstroomgenererende eenheid land A € 1.360 bedraagt. T vergelijkt deze waarde met de boekwaarde (zie overzicht 3).

Overzicht 3: Berekening en toerekening van het bijzondere waardeverminderingsverlies voor de kasstroomgenererende eenheid land A ultimo jaar 5

(€)	Goodwill	Identificeerbare activa	Totaal
Historische kosten	1.000	2.000	3.000
Cumulatieve afschrijvingen (jaren 2-5)	-267	-533	-800
Boekwaarde	733	1.467	2.200
Bijzonder waardeverminderingsverlies	-733	-107	-840
Boekwaarde na bijzonder waardeverminderingsverlies	0	1.360	1.360

T verwerkt onder Richtlijn 121 een bijzonder waardeverminderingsverlies van € 840 direct ten laste van de winst-en-verliesrekening. De boekwaarde van de goodwill die betrekking heeft op de activiteiten in land A wordt afgeboekt voordat de andere identificeerbare activa binnen de kasstroomgenererende eenheid land A worden verlaagd. De boekwaarde van de goodwill is derhalve, na afboeking, nihil.
Onder IFRS 3 zou, als gevolg van het niet afschrijven van de goodwill, het bijzondere waardeverminderingsverlies € 1.107 hebben bedragen, namelijk € 1.000 voor de goodwill en € 107 voor de identificeerbare activa.

29.6.5 Terugneming van een bijzondere waardevermindering van goodwill

De bepalingen als besproken in paragraaf 29.5.4 zijn eveneens van toepassing op de terugneming van een bijzonder waardeverminderingsverlies van een kasstroomgenererende eenheid waaraan goodwill is toegerekend. Hier resteert eveneens het vraagstuk of en hoe de terugneming van een bijzonder waardeverminderingsverlies aan de goodwill dient te worden toegerekend.

Richtlijn 121 en IAS 36 bepalen dat een terugneming van een eerder verwerkt bijzonder waardeverminderingsverlies niet kan leiden tot een verhoging van de boekwaarde van goodwill, maar uitsluitend tot een verhoging van de boekwaarde van andere individuele activa van de kasstroomgenererende eenheid. Toerekening aan goodwill is dus niet toegestaan (RJ 121.613 en IAS 36.122 en 124).

29 Bijzondere waardeverminderingen van vaste activa

> **Voorbeeld terugneming van een bijzonder waardeverminderingsverlies (ontleend aan IAS 36, Ilustrative Examples, Example 4)**
>
> Dit voorbeeld is een vervolg op het voorbeeld van paragraaf 29.6.4.
>
> In jaar 7 blijkt dat de situatie zich verbetert. De effecten van de exportwetgeving op de productie van T blijken minder dramatisch dan aanvankelijk gedacht. Dit is een aanwijzing dat sprake kan zijn van een terugneming van een bijzonder waardeverminderingsverlies. Er vindt een herschatting van de realiseerbare waarde plaats. De realiseerbare waarde van de kasstroomgenererende eenheid van A wordt geschat op € 1.710.
>
> De boekwaarde van de goodwill van A aan het eind van jaar 7 is 0. De goodwill was immers na de bijzondere waardevermindering aan het einde van jaar 5 op 0 gesteld. De boekwaarde van de activa is € 1.113, namelijk de boekwaarde aan het einde van jaar 5 (€ 1.360) minus 2 additionele jaren afschrijving van € 247 (de jaarlijkse afschrijving bedroeg € 2.000 / 15 = € 133,33; na de bijzondere waardevermindering van € 107 bedroeg de jaarlijkse afschrijving € 1.360 / 11 = € 123,64).
> Het verschil tussen de realiseerbare waarde (€ 1.710) en de boekwaarde (€ 1.113) bedraagt € 597. Er dient te worden vastgesteld wat de boekwaarde van de activa zou zijn geweest als de eerdere bijzondere waardevermindering niet zou hebben plaatsgevonden. Dat zou zijn: € 2.000 - (6 x € 133.33) = € 1.200. Het verschil van € 87 tussen deze boekwaarde en de huidige boekwaarde van € 1.113 wordt verwerkt als een terugneming van een bijzondere waardevermindering. De bijzondere waardevermindering van de goodwill wordt niet teruggenomen.

29.6.6 Tussentijdse berichtgeving en een bijzondere waardevermindering van goodwill

Door IFRIC (voorganger van de IFRS Interpretations Committee) is een uitspraak gedaan aangaande een inconsistentie tussen IAS 34 'Interim Financial Reporting' en IAS 36 met betrekking tot de regelgeving voor bijzondere waardeverminderingen van goodwill. IFRIC 10 'Interim Financial Reporting and Impairment' stelt dat de specifieke regelgeving van IAS 36 voorrang heeft boven de regelgeving van IAS 34. Dit betekent dat een bijzonder waardeverminderingsverlies van goodwill dat is verwerkt in een interim-periode van enig boekjaar *niet* mag worden teruggenomen in een volgende interim-periode van hetzelfde boekjaar.

Het aantal niet-beursgenoteerde rechtspersonen dat tussentijdse berichten opstelt, zal niet groot zijn. Als deze niet-beursgenoteerde rechtspersonen de Nederlandse wet- en regelgeving in hun jaarrekening toepassen, zal een bijzondere waardevermindering op goodwill minder vaak voorkomen omdat op goodwill wordt afgeschreven (of omdat de goodwill direct in mindering op het eigen vermogen werd gebracht voorafgaand aan de wetswijzigingen die ingingen per 2016). Als de bovengenoemde tegenstrijdigheid zich echter zou voordoen, dan zou IFRIC 10 naar analogie kunnen worden toegepast. Voor meer informatie wordt verwezen naar paragraaf 45.7.2.4.

Verschillen Dutch GAAP - IFRS

IFRIC 10 heeft een specifieke bepaling dat bijzondere waardeverminderingen op goodwill die verantwoord zijn in een interim-periode niet kunnen worden teruggenomen in een volgende interim-periode.

29.6.7 Ontwikkelingen IFRS

De IASB heeft op haar werkplan een project staan inzake goodwill en impairment. In maart 2020 heeft de IASB het 'Discussion Paper Business Combinations - Disclosures, Goodwill and Impairment' gepubliceerd. De IASB heeft hiermee als doel om de toelichtingen in de jaarrekening ten aanzien van overnames te verbeteren, het behouden van de duurzame-waardeverminderingmethode voor goodwill, en om vereenvoudigingen voor de 'impairment test' te overwegen. De IASB heeft opgenomen dat kasstroomgenererende eenheden waaraan goodwill is gealloceerd enkel worden getest wanneer een bijzondere waardevermindering plaatsvindt en niet jaarlijks.

De IASB heeft in de 'discussion paper' opgenomen:
- Betere toelichtingen over overnames te vereisen;
- Dat de 'impairment test' niet effectiever gemaakt kan worden;

- De amortisatie van goodwill niet te herintroduceren;
- Een vereiste te introduceren om eigen vermogen voor goodwill te presenteren;
- Verlichting te verstrekken voor de jaarlijkse kwantitatieve 'impairment test';
- De berekening van de bedrijfswaarde te verbeteren;
- Dat identificeerbare activa en passiva afzonderlijk van goodwill verwerkt blijven worden.

De periode om commentaar te leveren op het 'discussion paper' liep tot 31 December 2020.

29.7 Algemene bedrijfsactiva

Bij de toerekening van activa aan een kasstroomgenererende eenheid nemen algemene bedrijfsactiva, net zoals goodwill, een bijzondere plaats in. Algemene bedrijfsactiva omvatten activa zoals het gebouw van het hoofdkantoor, automatiseringssystemen of een onderzoekscentrum. De structuur van een rechtspersoon bepaalt of activa classificeren als 'algemene bedrijfsactiva' (RJ 121.517, IAS 36.100).

Algemene bedrijfsactiva genereren, net zoals goodwill, niet onafhankelijk van andere activa (of groepen van activa) kasstromen en daarom kan voor algemene bedrijfsactiva als individuele activa geen bedrijfswaarde worden bepaald. Algemene bedrijfsactiva dienen daarom, als er een aanwijzing is dat zij onderhevig zijn aan een bijzondere waardevermindering en verwacht wordt dat de opbrengstwaarde lager is dan de boekwaarde, aan een kasstroomgenererende eenheid (eenheden) te worden toegerekend, om vervolgens van deze kasstroomgenererende eenheden inclusief de algemene bedrijfsactiva en eventuele goodwill, de realiseerbare waarde te bepalen.

Wanneer een rechtspersoon onderzoekt of een kasstroomgenererende eenheid een bijzondere waardevermindering heeft ondergaan, dient de rechtspersoon alle algemene bedrijfsactiva te identificeren die betrekking hebben op de betreffende kasstroomgenererende eenheid en toe te rekenen voor zover hiervoor een redelijke en consistente basis is (RJ 121.513, 517 tot en met 519, IAS 36.81 en 101). Zie verder paragraaf 29.6.

Voorbeeld toerekening algemene bedrijfsactiva aan kasstroomgenererende eenheden (ontleend aan IAS 36 Illustrative Example 8)

Een rechtspersoon heeft drie kasstroomgenererende eenheden (A, B en C) en een kantoorgebouw. De boekwaarde van het kantoorgebouw bedraagt € 150 en wordt toegerekend aan de boekwaarde van elke individuele kasstroomgenererende eenheid. De toerekening vindt plaats op een gewogen basis omdat de geschatte economische levensduur van A 10 jaar bedraagt, die van B en C 20 jaar.

	A	B	C	Totaal
Boekwaarde (in €)	100	150	200	450
Geschatte resterende economische levensduur (in jaren)	10	20	20	
Weging	1	2	2	
Boekwaarde na weging (in €)	100	300	400	800
Pro rata toerekening kantoorgebouw (in %)	12% (100/800)	38% (300/800)	50% (400/800)	100%
Pro rata toerekening kantoorgebouw (in €)	19	56	75	150
Boekwaarde na toerekening kantoorgebouw	119	206	275	600

Stel dat de realiseerbare waarde van kasstroomgenererende eenheid A 110 bedraagt, dan leidt dit tot een bijzonder waardeverminderingsverlies van 9 (119 -/- 110). Hieruit blijkt het belang van toerekening van algemene bedrijfsactiva. Als dit immers niet was gebeurd was geen bijzonder waardeverminderingsverlies geïdentificeerd (110 is meer dan 100, de boekwaarde zonder algemene bedrijfsactiva).

29.8 Presentatie en toelichting

Ter zake van bijzondere waardeverminderingen dient uitgebreide informatie in de toelichting te worden opgenomen.

Voor iedere categorie van activa moet worden vermeld (RJ 121.801, IAS 36.126):
- het bedrag van de bijzondere waardeverminderingsverliezen en de terugnemingen daarvan die in de winst-en-verliesrekening zijn verwerkt alsmede de posten van het totaalresultaat in welke zij zijn verwerkt;
- het bedrag van de bijzondere waardeverminderingsverliezen en de terugnemingen daarvan die in het totaalresultaat en het eigen vermogen zijn verwerkt.

Deze informatie mag worden gepresenteerd samen met andere informatie voor de betreffende categorie van activa, zoals bijvoorbeeld in een mutatieoverzicht. Indien het categoriale model wordt toegepast, dan worden de (terugnamen van) bijzondere waardeverminderingen gepresenteerd als overige waardeveranderingen van materiële en immateriële vaste activa (modellen E en I in het Besluit modellen jaarrekening). Onder IAS 1 is er geen vereiste om (terugnamen van) bijzondere waardeverminderingen separaat in het primaire overzicht van de winst-en-verliesrekening op te nemen.

Grote rechtspersonen die Richtlijn 350 'Gesegmenteerde informatie' toepassen, moeten het volgende toelichten voor ieder te rapporteren segment (RJ 121.804):
- het bedrag van de bijzondere waardeverminderingsverliezen die in de winst-en-verliesrekening en/of rechtstreeks in het eigen vermogen zijn verwerkt;
- het bedrag van de terugnemingen van de bijzondere waardeverminderingsverliezen die in de winst-en-verliesrekening en/of rechtstreeks in het eigen vermogen zijn verwerkt.

IAS 36 vereist deze informatie eveneens voor elk te rapporteren segment, als IFRS 8 wordt toegepast (IAS 36.129).

Als een bijzonder waardeverminderingsverlies van een individueel actief of van een kasstroomgenererende eenheid, of de terugneming daarvan, voor de jaarrekening als geheel van materieel belang is, dient te worden vermeld (RJ 121.805, IAS 36.130):
- de belangrijkste gebeurtenissen en omstandigheden die tot het verlies of de terugneming daarvan hebben geleid;
- het bedrag van het verlies of de terugneming daarvan;
- in geval van een individueel actief:
  - de aard van het actief;
  - het te rapporteren segment waartoe het actief behoort;
- in geval van een kasstroomgenererende eenheid:
  - een beschrijving van de eenheid (bijvoorbeeld een productielijn, fabriek, bedrijfsonderdeel, geografisch gebied, een segment);
  - het bedrag van het verlies of de terugneming daarvan per categorie van activa en per te rapporteren segment;
  - als ten opzichte van het verleden wijzigingen zijn aangebracht in de samenstelling van de eenheid, de aard en de redenen van de wijzigingen;
- welke realiseerbare waarde, de opbrengstwaarde of de bedrijfswaarde, van toepassing is;

- als de opbrengstwaarde van toepassing is, hoe het bedrag daarvan is bepaald (bijvoorbeeld onder verwijzing naar een actieve markt);
- als de realiseerbare waarde is gebaseerd op kasstroomprognoses, een beschrijving van de methode en de belangrijkste veronderstellingen waarop de kasstroomprognoses zijn gebaseerd, zoals de periode en de disconteringsvoet(en) gehanteerd bij het schatten van de huidige en vroegere bedrijfswaarde (indien van toepassing).

IFRS vereist aanvullende toelichtingen, zoals:
- toelichting van de realiseerbare waarde (bedrag);
- als de realiseerbare waarde gebaseerd is op de opbrengstwaarde:
  - niveau in de reële-waardehiërarchie waarop de opbrengstwaarde is gebaseerd,
  - beschrijving van de waarderingstechniek (bij waardering in level 2 of level 3) en redenen om deze waarderingstechniek te veranderen, indien van toepassing,
  - belangrijke veronderstellingen voor de waarderingen van waarderingen in level 2 en level 3. Als de waardering is gebaseerd op een methodiek die gebruikmaakt van discontering, dient de disconteringsvoet te worden toegelicht.

Als de hierboven vermelde informatie niet voor een individueel actief of kasstroomgenererende eenheid wordt gegeven, maar de totale bijzondere waardeverminderingsverliezen, of de terugnemingen daarvan, voor de jaarrekening als geheel wel van materieel belang zijn, dient de volgende informatie te worden verstrekt (RJ 121.806, IAS 36.131):
- de voornaamste categorieën van activa die aan een bijzondere waardevermindering onderhevig zijn;
- de voornaamste gebeurtenissen en omstandigheden die tot deze bijzondere waardevermindering(en) hebben geleid.

Voorts wordt de rechtspersoon *aanbevolen* de belangrijkste veronderstellingen die zijn gehanteerd bij de bepaling van de realiseerbare waarde gedurende het boekjaar toe te lichten (RJ 121.807, IAS 36.132).

Als een deel van de goodwill uit een overname per balansdatum (nog) niet is toegerekend aan een kasstroomgenererende eenheid (of groep van kasstroomgenererende eenheden), moet het bedrag van deze niet toegerekende goodwill en de reden hiervan worden vermeld in de toelichting (IAS 36.133). In Richtlijn 121 zijn hieromtrent geen voorschriften opgenomen.

IAS 36 verlangt, in tegenstelling tot Richtlijn 121, uitgebreide informatie over de schattingen die zijn gehanteerd bij de bepaling van de realiseerbare waarde van kasstroomgenererende eenheden waartoe goodwill of immateriële vaste activa met een onbepaalbare economische levensduur behoren (IAS 36.134-137). Vermeld dient onder meer te worden (IAS 36.134):
- de boekwaarde van de goodwill en van de immateriële vaste activa met een onbepaalbare economische levensduur per kasstroomgenererende eenheid;
- of de realiseerbare waarde van de eenheid is bepaald op basis van de bedrijfswaarde dan wel op basis van de opbrengstwaarde;
- als de realiseerbare waarde is bepaald op basis van de bedrijfswaarde:
  - een beschrijving van de gehanteerde veronderstellingen;
  - een beschrijving van de methode van het management om de aan elke veronderstelling toegewezen waarde te bepalen;
  - de periode waarop de veronderstellingen betrekking hebben en als een langere periode wordt gebruikt dan vijf jaar, waarom die langere periode gerechtvaardigd is;

29 Bijzondere waardeverminderingen van vaste activa

- ▶ het groeipercentage dat toegepast wordt bij de extrapolatie van kasstroomprognoses;
- ▶ de toegepaste disconteringsvoeten;
- ▶ als de realiseerbare waarde is bepaald op basis van de opbrengstwaarde, de methode die is gebruikt om die waarde te bepalen. Als de opbrengstwaarde niet is bepaald aan de hand van marktprijzen, dient de volgende informatie voor de opbrengstwaarde te worden vermeld:
  - ▶ een beschrijving van de gehanteerde veronderstellingen;
  - ▶ een beschrijving van de methode van het management om de aan elke veronderstelling toegewezen waarde te bepalen;
  - ▶ het niveau van de reële-waardehiërarchie volgens IFRS 13;
  - ▶ als er een verandering is geweest in de waarderingstechniek, deze verandering en de reden ervan;
  - ▶ als de opbrengstwaarde is gebaseerd op een verdisconteringstechniek: periode waarover kasstromen zijn voorspeld, groeipercentage dat is toegepast bij extrapolatie van kasstroomprognoses en de disconteringsvoet;
- ▶ als een redelijkerwijs mogelijke wijziging in gehanteerde veronderstellingen die aan de bepaling van de realiseerbare waarde ten grondslag ligt, ertoe zou leiden dat de boekwaarde van de eenheid groter zou zijn dan haar realiseerbare waarde:
  - ▶ het bedrag waarmee de realiseerbare waarde van de eenheid haar boekwaarde overschrijdt;
  - ▶ de waarde die is toegekend aan de veronderstellingen;
  - ▶ het bedrag waarmee de waarde die aan de veronderstellingen is toegekend gewijzigd moet worden, zodat de realiseerbare waarde van de eenheid gelijk is aan haar boekwaarde.

Als de boekwaarde van goodwill en/of immateriële vaste activa met een onbepaalbare gebruiksduur (hierna tezamen: de activa) aan verschillende kasstroomgenererende eenheden is toegekend, en het bedrag dat op die wijze is toegekend aan elke eenheid niet significant is in vergelijking met de totale boekwaarde van de activa van de rechtspersoon, dient dit feit te worden vermeld, samen met de totale boekwaarde van de activa die aan de eenheden is toegerekend.

Als bovendien de realiseerbare waarde van één van deze eenheden is gebaseerd op dezelfde veronderstellingen en de aan haar toegekende totale boekwaarde van de activa is significant in vergelijking met de totale boekwaarde van de activa van de rechtspersoon, dient dit feit te worden vermeld en ook (IAS 36.135):
- ▶ de totale boekwaarde van de aan die eenheden toegerekende activa;
- ▶ een beschrijving van de gehanteerde veronderstellingen;
- ▶ een beschrijving van de methode van het management om de aan de veronderstellingen toegewezen waarde te bepalen;
- ▶ als een redelijkerwijs mogelijke wijziging in gehanteerde veronderstellingen ertoe zou leiden dat de totale boekwaarde van de eenheden groter zou zijn dan het totaal van hun realiseerbare waarde:
  - ▶ het bedrag waarmee de totale realiseerbare waarde van de eenheden hun totale boekwaarde overschrijdt;
  - ▶ de waarde die is toegekend aan veronderstellingen;
  - ▶ het bedrag waarmee de waarde die aan de veronderstellingen is toegekend gewijzigd moet worden, zodat de totale realiseerbare waarde van de eenheden gelijk is aan hun totale boekwaarde.

Verschillen Dutch GAAP - IFRS

Indien het categoriale model wordt toegepast, dan worden de (terugnamen van) bijzondere waardeverminderingen gepresenteerd als overige waardeveranderingen van materiële en immateriële vaste activa (modellen E en I in het Besluit modellen jaarrekening). Onder IAS 1 is er geen vereiste om (terugnamen van) bijzondere waardeverminderingen separaat in het primaire overzicht van de winst-en-verliesrekening op te nemen.

Als een deel van de goodwill per balansdatum (nog) niet is toegerekend aan een kasstroomgenererende eenheid (of groep van kasstroomgenererende eenheden), moet onder IAS 36 het bedrag van deze niet toegerekende goodwill en de reden hiervan worden vermeld in de toelichting. In Richtlijn 121 zijn hieromtrent geen voorschriften opgenomen.

Richtlijn 121 beveelt aan de belangrijkste veronderstellingen die zijn gehanteerd bij de bepaling van de realiseerbare waarde toe te lichten. IAS 36 verlangt uitgebreidere informatie als er bijzondere waardeverminderingen zijn waarbij de realiseerbare waarde is gebaseerd op de opbrengstwaarde.
IAS 36 verlangt verder uitgebreide informatie over de schattingen die zijn gehanteerd bij de bepaling van de realiseerbare waarde van kasstroomgenererende eenheden waartoe goodwill of immateriële vaste activa met een onbepaalbare economische levensduur behoren.

29.9 Vrijstellingen voor middelgrote rechtspersonen

Middelgrote rechtspersonen zijn vrijgesteld van de verplichting om toelichting te geven bij (terugnemingen van) waardeverminderingsverliezen inzake de toerekening aan te rapporteren segment (RJ 121.804).

De vrijstellingen voor middelgrote rechtspersonen voor de toelichtingsvereisten van RJ 121.805 (zie par. 29.8) zijn met ingang van verslagjaren die aanvangen op of na 1 januari 2021 beperkt. Middelgrote rechtspersonen zijn alleen nog vrijgesteld voor de volgende toelichtingsvereisten van RJ 121.805 voor zover de toelichtingen betrekking hebben op informatie over segmenten:
- in geval van een individueel actief:
  - het te rapporteren segment waartoe het actief behoort;
- in geval van een kasstroomgenererende eenheid:
  - een beschrijving van de eenheid (bijvoorbeeld een productielijn, fabriek, bedrijfsonderdeel, geografisch gebied, een segment);
  - het bedrag van het verlies of de terugneming daarvan per categorie van activa en per te rapporteren segment.

Voor verslagjaren die aanvingen voor 1 januari 2021 waren middelgrote rechtspersonen vrijgesteld voor de toelichtingsvereisten van RJ 121.805 (zie par. 29.8) behoudens de volgende:
- de belangrijkste gebeurtenissen of omstandigheden die geleid hebben tot de verwerking of terugneming van het bijzondere waardeverminderingsverlies;
- het bedrag van het bijzondere waardeverminderingsverlies dat is verwerkt of teruggenomen; en
- voor een individueel actief, de aard van het individuele actief waarvoor een waardevermindering is doorgevoerd of teruggenomen.

30 Financiële instrumenten

30.1 Algemeen	
RJ 290 versus IFRS 9	In vergelijking met IFRS 9 bestaan er onder Richtlijn 290 relatief meer keuzemogelijkheden en zijn over het algemeen de voorwaarden minder strikt. Hierdoor is de toepassing van Richtlijn 290 eenvoudiger dan IFRS 9, maar wordt de vergelijkbaarheid tussen jaarrekeningen wellicht verminderd.
30.2 Begripsbepaling	
Financieel instrument	Elke overeenkomst die leidt tot een financieel actief bij één partij en een financiële verplichting of eigen-vermogensinstrument bij een andere partij.
30.3 Opnemen, niet langer verwerken in de balans, saldering	
Opname in de balans ('recognition')	Een financieel actief of een financiële verplichting dient in de balans te worden opgenomen op het moment dat contractuele rechten of verplichtingen ten aanzien van dat instrument ontstaan.
Niet langer opnemen in de balans ('derecognition')	Een overgedragen financieel actief blijft op de balans indien alle of nagenoeg alle economische risico's en voordelen zijn behouden, en gaat van de balans af indien alle of nagenoeg alle economische risico's en voordelen zijn overgedragen. Is dat niet zo, dan is het al dan niet op de balans blijven in Richtlijn 290 verder afhankelijk van de mate waarin economische voordelen en risico's zijn overgedragen en in IFRS 9 van de vraag of er nog beschikkingsmacht bestaat over het actief.
Saldering activa en passiva	Indien de onderneming de beschikking heeft over een deugdelijk juridisch instrument voor gesaldeerde afwikkeling en het stellige voornemen bestaat het saldo als zodanig netto of simultaan af te wikkelen, dienen het financieel actief en passief te worden gesaldeerd.
30.4 Presentatie en classificatie als eigen of vreemd vermogen	
Classificatie van financieel instrument als eigen vermogen of als vreemd vermogen, in geconsolideerde jaarrekening	Op basis van economische realiteit. Als vreemd vermogen indien verplichting tot betaling. Als eigen vermogen in de overige gevallen.
	Zogenoemde 'puttable' eigen-vermogensinstrumenten zijn op grond van de definitie vreemd vermogen, maar kunnen wel als eigen vermogen worden gepresenteerd.
Classificatie van financieel instrument als eigen of als vreemd vermogen, in enkelvoudige jaarrekening	Richtlijnen: op basis van juridische aanduiding.
	IFRS: classificatie op basis van economische realiteit (conform geconsolideerde jaarrekening).
Classificatie samengesteld instrument	Splitsing in eigen-vermogenscomponent en vreemd-vermogenscomponent verplicht.

Winst-en-verliesrekening	Presentatie als winstbepalingspost (rentekosten) of winstbestemmingspost (dividenduitkering) volgt de classificatie in de balans als vreemd of eigen vermogen.

30.5 Waarderingsbegrippen

Waardering	De eerste waardering van een financieel instrument vindt plaats tegen reële waarde. In hoeverre bij de eerste waardering rekening wordt gehouden met transactiekosten hangt af van de vervolgwaardering. De vervolgwaardering van financieel instrumenten is afhankelijk van de categorie. Waarderingsgrondslagen zijn kostprijs/geamortiseerde kostprijs en reële waarde.
Kostprijs	Kostprijs is de reële waarde op het verkrijgingsmoment, inclusief transactiekosten. Deze waarderingsgrondslag is vooral van toepassing bij bepaalde eigen-vermogensinstrumenten (onder Richtlijn 290). Indien de reële waarde lager is, wordt naar deze lagere waarde afgewaardeerd ten laste van het resultaat.
Geamortiseerde kostprijs	De geamortiseerde kostprijs is een kostprijsgrondslag die specifiek van toepassing is op vorderingen en schulden. Bij de waardering wordt rekening gehouden met de amortisatie van agio/disagio (Richtlijnen laten onder voorwaarden lineaire amortisatie toe). Zonder transactiekosten en agio/disagio is de geamortiseerde kostprijs gelijk aan de nominale waarde. Rente wordt verwerkt in de winst-en-verliesrekening op basis van de effectieve-rentemethode.
Reële waarde	Onder de Richtlijnen is dit het bedrag waarvoor een actief kan worden verhandeld of een verplichting kan worden afgewikkeld tussen ter zake goed geïnformeerde partijen, die tot een transactie bereid en onafhankelijk van elkaar zijn.
	Onder IFRS 13 is dit de prijs die zou worden ontvangen bij verkoop van een actief of zou worden betaald bij overdracht van een verplichting in een ordelijke transactie tussen marktpartijen op de waarderingsdatum.
	Bij de bepaling van de reële waarde maakt IFRS 13 een hiërarchie op drie niveaus van betrouwbaarheid.

30.6 Classificatie en waardering en bijzondere waardevermindering: Richtlijn 290

Classificatie financiële activa volgens RJ 290	Richtlijn 290 onderscheidt de volgende typen financiële activa: ▶ handelsportefeuille: waardering tegen reële waarde met wijzigingen in de reële waarde verantwoord in de winst-en-verliesrekening; ▶ derivaten (zie hoofdstuk 31); ▶ gekochte leningen en obligaties: onderscheid tot einde looptijd aangehouden (geamortiseerde kostprijs) en overig. Overige gekochte leningen en obligaties kunnen tegen reële waarde of tegen geamortiseerde kostprijs worden gewaardeerd. Bij waardering tegen reële waarde bestaat voor de verwerking van waardewijzigingen een keuze tussen direct in de winst-en-verliesrekening of eerst via de herwaarderingsreserve en pas bij realisatie in de winst-en-verliesrekening;

	▸ verstrekte leningen en overige vorderingen: waardering tegen geamortiseerde kostprijs; ▸ investeringen in eigen-vermogensinstrumenten: onderscheid naar beursgenoteerde instrumenten en niet-beursgenoteerde investeringen. Investeringen in eigen-vermogensinstrumenten met een beursnotering worden tegen reële waarde gewaardeerd. Voor investeringen in eigen-vermogensinstrumenten die niet-beursgenoteerd zijn bestaat een keuze om deze in de balans te verwerken tegen kostprijs of reële waarde; ▸ bij waardering tegen reële waarde bestaat voor de verwerking van de waardewijzigingen een keuze tussen direct in de winst-en-verliesrekening of eerst via de herwaarderingsreserve en pas bij realisatie in de winst-en-verliesrekening.
Classificatie financiële verplichtingen volgens RJ 290	RJ 290 onderscheidt de volgende groepen financiële verplichtingen: ▸ handelsportefeuille: waardering tegen reële waarde met wijzigingen in de reële waarde verantwoord in de winst-en-verliesrekening; ▸ derivaten (zie hoofdstuk 31); ▸ overige (niet handelsgerelateerd): waardering tegen geamortiseerde kostprijs.
Bijzondere waardeverminderingen volgens RJ 290	Bijzondere waardeverminderingen worden doorgevoerd als er objectieve aanwijzingen zijn dat sprake is van een lagere waarde ('incurred loss model'). Onder RJ 290 bestaat ook de mogelijkheid om (alleen) ten aanzien van bijzondere waardeverminderingen de bepalingen van IFRS 9 toe te passen.

30.7 Classificatie en waardering en bijzondere waardevermindering: hoofdlijnen IFRS 9

Classificatie financiële activa volgens IFRS 9	▸ IFRS 9 kent één benadering voor de classificatie van alle financiële activa, inclusief de activa die een embedded derivaat bevatten. Dat betekent dat financiële activa in z'n geheel worden geclassificeerd en dat embedded derivaten niet worden afgescheiden. Er wordt een onderscheid gemaakt in schuld/vorderinginstrumenten (*debt instruments*, hierna schuldinstrumenten genoemd) en eigen-vermogensinstrumenten (*equity investments*). Voor alle financiële activa geldt dat de eerste waardering plaatsvindt tegen reële waarde.
	
	De vervolgwaardering hangt af van de aard van het instrument en van specifieke criteria.
	▸ Onder IFRS 9 vindt de vervolgwaardering van schuldinstrumenten plaats tegen:
	  ▸ geamortiseerde kostprijs;
	  ▸ reële waarde met waardeveranderingen in reële waarde via de overige onderdelen van het totaalresultaat (*OCI*) in het eigen vermogen; of
	  ▸ reële waarde met waardeveranderingen in de winst-en-verliesrekening.

	▸ Waardering tegen geamortiseerde kostprijs mag alleen plaatsvinden als aan twee criteria cumulatief is voldaan: 　▸ de contractuele bepalingen van het instrument voorzien in kasstromen op bepaalde data en de kasstromen betreffen uitsluitend de hoofdsom en rente op de resterende hoofdsom. Dit wordt ook wel genoemd de *Solely Payments of Principal and Interest* ('SPPI')-*test*. 　▸ het bedrijfsmodel is gericht op het aanhouden van de activa teneinde de contractuele kasstromen te ontvangen. Dit wordt ook wel genoemd de *business model-test*. ▸ De vervolgwaardering van eigen-vermogensinstrumenten is altijd tegen reële waarde. De verwerking van waardeveranderingen kan hetzij geschieden in het resultaat, hetzij in het eigen vermogen via de overige onderdelen van het totaalresultaat ('OCI').
Bijzondere waardeverminderingen volgens IFRS 9	Bijzondere waardeverminderingen worden verwerkt op basis van het *expected credit loss*-model. Dit is van toepassing op alle financiële instrumenten die tegen geamortiseerde kostprijs worden gewaardeerd, inclusief handelsvorderingen en leasevorderingen alsmede schuldinstrumenten in de categorie reële waarde met waardeveranderingen in reële waarde via de overige onderdelen van het totaalresultaat ('OCI') in het eigen vermogen ('fair value through OCI'), toezeggingen tot het verstrekken van leningen en verstrekte financiële garantiecontracten.
Classificatie financiële verplichtingen volgens IFRS 9	IFRS 9 onderscheidt de volgende typen financiële verplichtingen: ▸ verplichtingen gewaardeerd tegen reële waarde met waardeveranderingen in de winst-en-verliesrekening. Dit omvat passiva die worden aangehouden voor handelsdoeleinden (*held for trading*, inclusief derivaten) en passiva waarvoor de onderneming bij initiële verwerking kiest voor waardering tegen reële waarde met verantwoording van waardeveranderingen in de winst-en-verliesrekening; ▸ overige financiële verplichtingen: waardering tegen geamortiseerde kostprijs. Embedded derivaten dienen eventueel te worden afgescheiden.
30.8　Toelichting	
Informatie-elementen	RJ 290: onder andere rente- en kasstroomrisico, kredietrisico, liquiditeitsrisico en 'reële waarde'-informatie. IFRS 7: soortgelijke informatie-eisen plus additionele informatie-eisen, waaronder kwantitatieve toelichting die aansluit op (risico-) informatie die het 'key management personnel' ontvangt.
30.9　Vrijstelling voor middelgrote rechtspersonen (alleen RJ)	
Toelichting financiële instrumenten	Toelichtingen inzake rente- en kasstroomrisico en kredietrisico zijn niet verplicht maar wordt aanbevolen deze op te nemen. Daarnaast zijn enkele overige toelichtingsvereisten niet verplicht.

30 Financiële instrumenten

30.1 Algemeen

Financiële instrumenten omvatten zowel primaire instrumenten zoals vorderingen, schulden en aandelen, als afgeleide instrumenten (ook wel derivaten genaamd) zoals financiële opties, futures, termijncontracten, renteswaps en valutaswaps. Dit hoofdstuk behandelt primaire financiële instrumenten. De waardering, resultaatbepaling en toelichting van primaire instrumenten worden ook (specifieker) behandeld in hoofdstuk 9 'Financiële vaste activa', hoofdstuk 14 'Overige vlottende activa' en hoofdstuk 19 'Schulden'. De onderwerpen derivaten, embedded derivaten en hedge accounting worden behandeld in hoofdstuk 31.

Regelgeving

De verwerking, waardering, resultaatbepaling, presentatie en toelichting van financiële instrumenten worden in de Richtlijnen voornamelijk behandeld in Richtlijn 290.
In IFRS zijn de volgende drie standaarden omtrent financiële instrumenten opgenomen:
- IAS 32 Financial Instruments: Presentation;
- IFRS 9 Financial Instruments;
- IFRS 7 Financial Instruments: Disclosures.

In vergelijking met IFRS kent Richtlijn 290 andere en soms meer keuzemogelijkheden.

Transitie naar alternatieve rentebenchmarks: IBOR reform

Enige aspecten met betrekking tot verslaggeving inzake de zogenoemde transitie naar alternatieve rentebenchmarks (IBOR reform) worden behandeld in paragraaf 31.1.

Toepasbaarheid IAS 39

De verzekeringssector had bezorgdheid over verschillende ingangsdata van twee belangrijke standaarden: IFRS 9 'Financiële instrumenten' en IFRS 17 'Verzekeringscontracten'. Deze standaarden hebben een ingangsdatum van respectievelijk 1 januari 2018 en 1 januari 2023. Daartoe is het voor ondernemingen die verzekeringscontracten uitgeven mogelijk om de invoering van IFRS 9 aangepast in te voeren door een van de twee volgende mogelijkheden toe te passen:
- ondernemingen waarvan de activiteiten overwegend verband houden met verzekering (in de regel verzekeraars) kunnen gebruik maken van een tijdelijke vrijstelling voor de toepassing van IFRS 9 door IAS 39 nog toe te passen tot uiterlijk 2023; of
- met betrekking tot bepaalde financiële activa, bepaalde effecten uit hoofde van de toepassing van IFRS 9 niet te verwerken in de winst-en-verliesrekening maar deze te verantwoorden in de overige onderdelen van het totaalresultaat ('OCI'), waardoor de winst of het verlies voor die bepaalde financiële activa aan het einde van de boekjaar even groot is als de verzekeraar IAS 39 op deze bepaalde financiële activa had toegepast.

In dit hoofdstuk worden de vereisten van IAS 39 overigens niet langer behandeld.

Toepassingsgebied

Richtlijn 290 en IFRS (IAS 32, IFRS 9 en IFRS 7) zijn van toepassing op alle categorieën financiële instrumenten.

Richtlijn 290 (RJ 290.202) en IFRS (IAS 32.4, IFRS 9.2 en IFRS 7.3) geven expliciet aan op welke financiële activa of passiva zij **niet** van toepassing zijn:
- belangen in groepsmaatschappijen;

- belangen in overige deelnemingen waarop invloed van betekenis wordt uitgeoefend op het zakelijke en financiële beleid;
- belangen in joint ventures;
- rechten en verplichtingen uit hoofde van leaseovereenkomsten waarvoor RJ 292/IAS 17 Leasing gelden, met uitzondering van de bijzondere waardevermindering bepalingen onder IFRS 9;
- verplichtingen voortvloeiend uit aanspraken uit hoofde van pensioenen en soortgelijke regelingen waarvoor RJ 271/IAS 19 gelden;
- verplichtingen uit hoofde van verzekeringscontracten (IFRS 4);
- door de onderneming uitgegeven eigen-vermogensinstrumenten; opgemerkt wordt dat de houder van dergelijke instrumenten RJ 290/IFRS 9 wel toepast;
- contracten betreffende financiële garanties (alleen RJ);
- contracten op basis van een voorwaardelijke vergoeding bij overnames; deze vrijstelling geldt alleen voor de overnemende partij (alleen RJ);
- (termijn)contracten tussen een overnemende partij en een verkopende partij bij een overname, inzake onvoorwaardelijke koop of verkoop van een partij op een toekomstige datum (IFRS 3);
- contracten die een betaling vereisen die is gebaseerd op klimatologische, geologische of andere fysieke variabelen (alleen RJ);
- overeenkomsten (*commitments*) tot het (in de toekomst) geven van leningen die niet (netto) kunnen worden afgewikkeld in liquide middelen of een ander financieel instrument, met uitzondering van de bijzondere waardevermindering bepalingen onder IFRS 9. Ook in het toepassingsgebied van IFRS 9 vallen overeenkomsten tot het geven van leningen, die door de uitgever zijn aangewezen als *financial liability at fair value through profit or loss*, die netto kunnen worden afgewikkeld en toezeggingen om leningen te verstrekken tegen een rente die lager is dan de marktrente;
- financiële instrumenten uit hoofde van op aandelen gebaseerde betalingen die binnen het toepassingsgebied van Richtlijn 275 vallen;
- rechten van de entiteit op vergoedingen waarvoor een voorziening is opgenomen in overeenstemming met IAS 37; IFRS 9 bevat wel bepalingen over hoe een uitgever van een garantie dit contract dient te verwerken.

Daarnaast wordt in de standaarden nog een aantal bijzondere financiële instrumenten aangegeven waarop Richtlijn 290 en/of IFRS van toepassing zijn (RJ 290.201, IAS 32.4, IFRS 9.2.4-5):
- contracten tot aankoop of verkoop van niet-financiële activa (*commodities*), waarbij elk van de partijen het recht heeft op nettobasis af te rekenen in liquide middelen of een ander financieel instrument of door ruil van financiële instrumenten. Opgemerkt wordt dat goederentermijncontracten die zijn afgesloten en worden gehouden in verband met de ontvangst of levering van niet-financiële goederen overeenkomstig de verwachte in- of verkopen of gebruiksbehoeften van de onderneming niet in het toepassingsgebied van Richtlijn 290 en IFRS 9 vallen. Dergelijke contracten worden gezien als een normale inkoop of verkoop van goederen en worden als zodanig verwerkt. Dus als een onderneming een contract op levering van dieselolie afsluit dat in liquide middelen kan worden afgerekend, dan dient dat contract als derivaat te worden verwerkt, tenzij de onderneming verwacht dat de dieselolie daadwerkelijk fysiek zal worden geleverd en de onderneming deze dieselolie voor haar bedrijfsproces gebruikt. IFRS 9 kent de zogenoemde reële-waarde-optie voor contracten voor eigen gebruik. Bij het aangaan van een contract kan een onderneming dan een onherroepelijke keuze maken om een contract voor eigen gebruik tegen reële waarde via de winst-en-verliesrekening (de reële-waarde-optie) te waarderen. Een dergelijke keuze is alleen toegestaan als het een boekhoudkundige mismatch elimineert of aanzienlijk vermindert (IFRS 9.2.5);

- rechten en verplichtingen die voortvloeien uit verzekeringscontracten die in hoofdzaak financiële risico's in plaats van verzekeringsrisico's overdragen en deze contracten voldoen aan de definitie van een financieel actief, een financiële verplichting of een derivaat (RJ 290.201);
- contracten betreffende financiële garanties, waarbij er op grond van deze garanties betalingen moeten worden verricht naar aanleiding van wijzigingen in een bepaalde rentevoet, prijs van een financieel instrument, commodityprijs, valutakoers, index van prijzen of rentevoeten, kredietwaardigheid of andere variabele (soms de 'onderliggende waarde' genoemd) (RJ 290.201). In die gevallen is namelijk sprake van een derivaat. Echter, in het geval van bijvoorbeeld een *letter of credit* zal er veelal geen sprake zijn van een derivaat. Een dergelijk contract zal daarom onder de Richtlijnen tegen kostprijs of lagere waarde als gevolg van een te verwachten betaling kunnen worden opgenomen.

30.2 Begripsbepaling
30.2.1 Definities

In Richtlijn 940 en IAS 32 is de volgende definitie van een financieel instrument opgenomen:
'Een financieel instrument is een overeenkomst die leidt tot een financieel actief bij een partij en een financiële verplichting of een eigen-vermogensinstrument bij een andere partij' (Richtlijn 940, IAS 32.11,).

Een financieel actief is elk actief dat bestaat uit (Richtlijn 940, IAS 32.11):
a. liquide middelen;
b. een eigen-vermogensinstrument van een andere partij;
c. een contractueel recht is om:
    - liquide middelen of een ander financieel actief te ontvangen van een andere partij; of
    - financiële activa of financiële verplichtingen te ruilen met een andere partij onder voorwaarden die potentieel voordelig zijn; of
d. een contract dat in de eigen-vermogensinstrumenten van de onderneming zal of kan worden afgewikkeld en dat:
    - een niet-derivaat is waarbij de onderneming verplicht is, of kan worden, om een variabel aantal van de eigen-vermogensinstrumenten van de onderneming te ontvangen; of
    - een derivaat is dat zal of kan worden afgewikkeld op een andere wijze dan door de ruil van een vast bedrag aan liquide middelen of een ander financieel actief voor een vast aantal van de eigen-vermogensinstrumenten van de onderneming. Een voorbeeld hiervan is het recht om een vast aantal van de eigen aandelen terug te kopen van een derde tegen een prijs die van tevoren is vastgelegd.

Een financiële verplichting is elke verplichting die (Richtlijn 940, IAS 32.11):
a. een contractuele verplichting is om:
    - liquide middelen of een ander financieel actief aan een andere partij over te dragen; of
    - financiële activa of financiële verplichtingen te ruilen met een andere partij onder voorwaarden die potentieel nadelig zijn; of
b. een contract is dat in de eigen-vermogensinstrumenten van de onderneming zal of kan worden afgewikkeld en dat:
    - een niet-derivaat is waarbij de onderneming verplicht is, of kan worden, om een variabel aantal van de eigen-vermogensinstrumenten van de onderneming te leveren; of
    - een derivaat is dat zal of kan worden afgewikkeld op een andere wijze dan door de ruil van een vast bedrag aan liquide middelen of een ander financieel actief voor een vast aantal van de

eigen-vermogensinstrumenten van de onderneming. Een voorbeeld hiervan is de verplichting om eigen aandelen terug te kopen van een derde, tegen een niet van te voren vaststaande prijs, bijvoorbeeld de reële waarde op dat moment.

Een eigen-vermogensinstrument is elk contract dat het overblijvende belang omvat in de activa van een partij, na aftrek van alle verplichtingen (Richtlijn 940, IAS 32.11).

30.3 Opnemen en verwijderen van de balans

30.3.1 Opnemen op de balans ('recognition')

De vraag in hoeverre iets als financieel actief of passief op de balans moet worden opgenomen, wordt aangeduid als het *recognition*-vraagstuk. Indien eenmaal besloten is dat er sprake is van een financieel actief of passief, dient te worden bepaald tegen welke waarde dit in de balans wordt verwerkt (zie par. 30.6 en par. 30.7).

Richtlijn 290 en IFRS 9 bevatten specifieke bepalingen over de vraag wanneer een financieel instrument moet worden geactiveerd dan wel gepassiveerd. RJ 290.701 en IFRS 9.3.1 bepalen dat een onderneming een financieel instrument op de balans opneemt zodra zij partij wordt in de contractuele bepalingen van het financiële instrument. Dit geldt zowel voor primaire financiële instrumenten als voor derivaten. Bij derivaten is het mogelijk dat zij moeten worden geactiveerd/gepassiveerd, maar dat bij het aangaan van het contract de waarde nihil is, zodat bij eerste opname in de balans per saldo niets verschijnt. Een onderneming sluit bijvoorbeeld een valutatermijntransactie af waarbij bij sluiting de prestatie en tegenprestatie een gelijke reële waarde hebben. De reële waarde van het instrument is daarmee nihil en er wordt dus per saldo niets zichtbaar op de balans opgenomen.

30.3.2 Van de balans verwijderen ('derecognition')

RJ 290.702 vermeldt dat een financieel instrument niet langer in de balans dient te worden opgenomen indien een transactie er toe leidt dat alle of nagenoeg alle rechten op economische voordelen en alle of nagenoeg alle risico's met betrekking tot de positie aan een derde zijn overgedragen. Dit sluit aan op de algemene regelgeving omtrent het niet langer verwerken van activa en verplichtingen.

Daarnaast zijn in Richtlijn 115 enkele algemene criteria opgenomen als uitwerking van het economische realiteitsbeginsel. RJ 115.109 bepaalt dat een op de balans opgenomen actief of post van het vreemd vermogen (passief) op de balans dient te blijven indien een transactie niet leidt tot een belangrijke verandering in de economische realiteit met betrekking tot dit actief of passief. Bij de beoordeling of sprake is van een belangrijke verandering in de economische realiteit, dient daarbij te worden uitgegaan van die economische voordelen en risico's die zich naar waarschijnlijkheid in de praktijk zullen voordoen, en niet van voordelen en risico's waarvan redelijkerwijze niet te verwachten is dat zij zich zullen voordoen. Bij de beoordeling van risico's inzake een debiteurenportefeuille betekent dit bijvoorbeeld dat wordt uitgegaan van het redelijkerwijs te schatten risico van oninbaarheid en niet van het maximaal mogelijke risico. Indien de juridische overdracht van de debiteurenportefeuille niet leidt tot een belangrijke verandering in het feitelijk verwachte risico van oninbaarheid, blijft de debiteurenportefeuille op de balans (RJ 115.109).

IFRS 9

IFRS 9 gaat veel gedetailleerder dan de Richtlijnen in op *derecognition* van financiële instrumenten. In IFRS 9 is een scheiding aangebracht tussen economische voordelen en risico's (*risks and rewards*) en beschikkingsmacht (*control*). IFRS 9 geeft aan dat de evaluatie van overdracht van 'risks and rewards' voorafgaat aan de evaluatie van overdracht van 'control'. Regels ten aanzien van het verwijderen van de balans van een financieel actief zijn opgenomen in IFRS 9.3.2.1-23, met de volgende illustratie in tabelvorm in IFRS 9.B3.2.1.

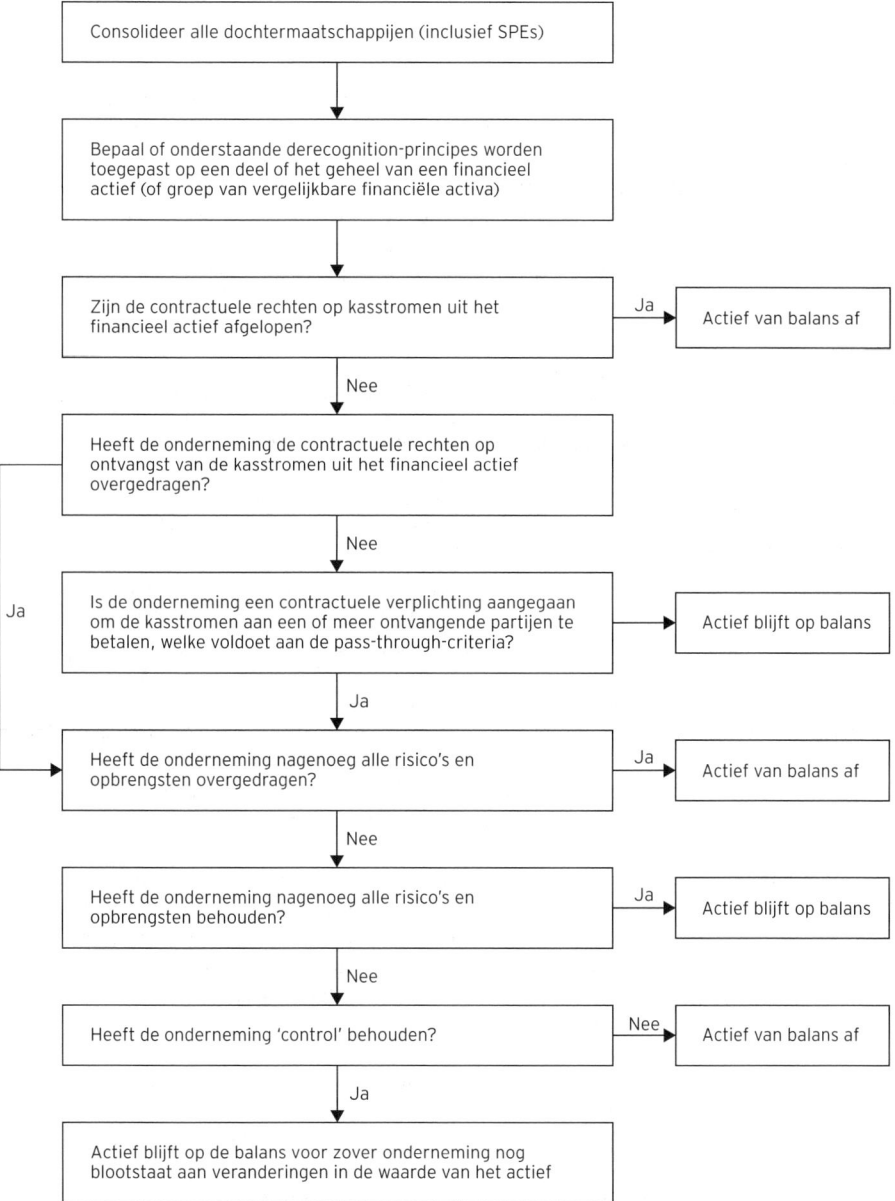

Eerst wordt beoordeeld of de deelneming of een zogenoemde SPE (*special purpose entity*) moet worden geconsolideerd. Als een financieel actief wordt overgedragen aan een entiteit die moet worden geconsolideerd, blijft uiteindelijk het financiële actief in de geconsolideerde balans opgenomen en is ten behoeve van de geconsolideerde jaarrekening een verdere analyse niet relevant. Indien dat niet zo is, vindt een verdere analyse plaats.
IFRS 9 geeft aan dat bij overdracht van financiële activa dient te worden beoordeeld of de regels voor 'derecognition' moeten worden toegepast op een deel of op het geheel van het financieel actief. Daarna dient te worden beoordeeld of nagenoeg alle risico's en opbrengsten (economische voordelen) behouden zijn. Indien nagenoeg alle risico's en opbrengsten zijn behouden, dienen de activa niet van de balans te worden gehaald. Indien nagenoeg alle risico's en opbrengsten zijn overgedragen worden de activa van de balans gehaald. Indien de risico's en opbrengsten niet nagenoeg geheel zijn overgedragen en ook niet nagenoeg geheel zijn behouden, dient te worden bepaald of beschikkingsmacht ('control') is overgedragen. Als beschikkingsmacht is overgedragen worden de activa van de balans gehaald. Als beschikkingsmacht is behouden, dan worden de activa op de balans gehouden voor zover de onderneming nog blootstaat aan veranderingen in de waarde van het actief (IFRS 9.3.2.6).

Voorbeeld overdracht debiteurenportefeuille

Stel een gehele debiteurenportefeuille van € 1.000 wordt overgedragen aan een factoringbedrijf, waarbij de overdragende onderneming een garantie geeft voor verliezen als gevolg van wanbetaling tot een maximum van € 100. Het vóór de overdracht geschatte risico van oninbaarheid bedraagt 3%. Het factoringbedrijf draagt alle verdergaande risico's bij een oninbaarheid van meer dan € 100. Het factoringbedrijf heeft voorts het recht de vorderingen door te verkopen of als onderpand te gebruiken.

Onder IFRS 9 wordt eerst de overdracht van de economische risico's en voordelen beoordeeld. Dit zou ertoe leiden dat de gehele debiteurenportefeuille op de balans blijft. Het verwachte economisch risico (3%) is immers door de transactie niet overgedragen. De van het factoringbedrijf ontvangen bedragen worden beschouwd als financiering met debiteuren als onderpand en worden daarom onder het vreemd vermogen opgenomen. RJ 115/290 leidt tot eenzelfde uitkomst.

Opgemerkt wordt dat bij dit soort transacties, en bij vergelijkbare zogenaamde securitisatietransacties, waarbij wel sprake is van overdracht van financiële activa aan een andere entiteit, de activa wel weer op de balans zullen verschijnen indien de activa zijn overgedragen aan een 'special purpose entity' en deze 'special purpose entity' vervolgens moet worden geconsolideerd (zie par. 23.5).

Daarnaast zijn er in IFRS 9 regels opgenomen voor zogenaamde *pass through arrangements* waarbij de overdragende partij nog steeds de kasstromen int voor de kopende partij in de situatie dat de contractuele rechten niet zijn overgedragen. Om een actief van de balans te halen dienen de geïnde kasstromen onverwijld te worden doorgegeven en mogen deze niet (tijdelijk) ten eigen bate worden gebruikt. Eventueel ontvangen interest in de korte periode dat de gelden bij de onderneming staan, dient ook te worden doorbetaald.

Ten aanzien van financiële passiva geldt dat deze van de balans afgaan wanneer de verplichting tenietgaat, met andere woorden, wanneer de in het contract vastgelegde verbintenis wordt nagekomen, wordt ontbonden dan wel afloopt (IFRS 9.3.3.1). Het kan daarbij niet alleen gaan om het kwijtschelden van een schuld, of het aflossen van een lening, maar ook om het overdragen van een lening, mits daarbij geen garantie, terugneemverplichting of terugneemrecht anders dan tegen de dan geldende marktwaarde wordt overeengekomen en mits de schuldeiser de onderneming kwijt van de verplichting.

Verplichtingen kunnen ook van de balans afgaan indien deze worden omgezet in eigen vermogen (*debt for equity swap*). IFRIC 19 geeft hiervoor bepalingen in de situatie dat de schuldeiser niet tevens aandeelhouder is (dus transacties binnen de groep vallen buiten het toepassingsgebied). Bij een omzetting verdwijnt de schuld van de balans. De uitgifte van aandelen wordt gewaardeerd tegen reële waarde, tenzij deze reële waarde niet betrouwbaar valt vast te stellen; in dat geval worden de aandelen gewaardeerd tegen de reële waarde van de omgezette schuld. Het verschil tussen de boekwaarde van de schuld en de reële waarde van de uitgegeven aandelen wordt in de winst-en-verliesrekening verwerkt als een bate of last. Hoewel de Richtlijnen geen specifieke bepalingen hieromtrent bevat, lijkt IFRIC 19 ook bij toepassing van Dutch GAAP de meest aangewezen verwerkingsmethode.

IFRS bevat hiernaast bepalingen over hoe omgegaan dient te worden met vervanging van de ene verplichting door de andere (IFRS 9.3.3.2). Een voorbeeld doet zich voor indien een lening wordt overgesloten tegen andere voorwaarden (bijvoorbeeld rente, looptijd, zekerheden). In dit geval dient beoordeeld te worden of de financiële verplichting verantwoord blijft, of niet langer wordt opgenomen ('derecognized') en een nieuwe verplichting wordt opgenomen (het verschil tussen de boekwaarde van de oude lening en de eerste waardering van de nieuwe lening loopt via resultaat, IFRS 9.3.3.3). Onder IFRS dient de verplichting niet langer opgenomen te worden indien de voorwaarden van de nieuwe verplichting substantieel verschillend zijn. IFRS beschouwt de verplichtingen als substantieel verschillend indien de contante waarde van de nieuwe kasstromen, inclusief fees die aan de financier worden betaald, met gebruik van de originele effectieve interestvoet minstens 10% afwijkt van de contante waarde van de kasstromen onder de oorspronkelijke verplichting (IFRS 9.B3.3.6). Indien de voorwaarden substantieel verschillend zijn, worden de gerelateerde transactiekosten in de winst-en-verliesrekening verantwoord. Indien de voorwaarden niet substantieel verschillend zijn, wordt de contante waarde van de kasstromen van de oorspronkelijke verplichting vergeleken met de herberekende contante waarde van de nieuwe kasstromen en wordt een herzieningswinst of -verlies in de winst-en-verliesrekening verantwoord. De contante waarde van de nieuwe kasstromen moet worden herberekend als de contante waarde van de heronderhandelde of herziene contractuele kasstromen, gedisconteerd tegen de oorspronkelijke effectieve rentevoet van de verplichting (IFRS 9.5.4.3 en IFRS 9.BC4.253).

De Richtlijnen bevatten de algemene bepaling dat de verwerking de economische realiteit dient te volgen. Een op de balans opgenomen actief of post van het vreemd vermogen dient op de balans te blijven indien een transactie niet leidt tot een belangrijke verandering in de economische realiteit met betrekking tot dit actief of deze post van het vreemd vermogen. Dergelijke transacties leiden niet tot het verantwoorden van resultaten. Deze situatie kan zich bijvoorbeeld voordoen indien de transactie vanuit het gezichtspunt van de economische realiteit moet worden beschouwd als een (her)financiering van een bestaand actief (RJ 115.109). De Richtlijnen bevatten geen 10%-norm, zoals in IFRS 9 is opgenomen.

Voorbeeld herfinanciering

Op 1 januari 2015 heeft een entiteit € 100 miljoen geleend tegen een rente van 7%. De lening wordt volledig terugbetaald op 31 december 2024. De entiteit heeft € 5 miljoen aan transactiekosten betaald. Op basis van de effectieve rente van 7,736% kan het volgende schema worden opgesteld:

Jaar	Beginstand	Interest	Betalingen	Eindstand
2015	95,00	7,35	(7,00)	95,35
2016	95,35	7,38	(7,00)	95,73
2017	95,73	7,40	(7,00)	96,13
2018	96,13	7,44	(7,00)	96,57
2019	96,57	7,47	(7,00)	97,04
2020	97,04	7,51	(7,00)	97,55
2021	97,55	7,55	(7,00)	98,10
2022	98,10	7,59	(7,00)	98,69
2023	98,69	7,63	(7,00)	99,32
2024	99,32	7,68	(107,00)	-

Door financiële problemen heronderhandelt de entiteit de lening. Per 1 januari 2020 wordt overeenstemming bereikt over het volgende. In 2020 en 2021 wordt geen rente betaald. Hierna zal 12,5% rente worden betaald. Verder wordt de lengte van de lening verlengd tot en met 31 december 2027. De financier van de entiteit heeft juridische kosten gemaakt voor € 2 miljoen en deze in rekening gebracht bij de entiteit. De hoofdsom wijzigt niet.

De netto contante waarde tegen de originele effectieve interestvoet is als volgt:

Jaar	Kasstroom	Bedrag	Disconteringsvoet	Verdisconteerd
2020	Juridische kosten	2,00	1	2,00
2022	Interest	12,50	$1/1,07736^3$	10,00
2023	Interest	12,50	$1/1,07736^4$	9,28
2024	Interest	12,50	$1/1,07736^5$	8,61
2025	Interest	12,50	$1/1,07736^6$	7,99
2026	Interest	12,50	$1/1,07736^7$	7,42
2027	Interest en hoofdsom	112,50	$1/1,07736^8$	61,98
Totaal				107,28

107,28 is 110,6% van de huidige boekwaarde (97,04). Onder IFRS zal dit worden gezien als het aflossen van de oude lening en opname van een nieuwe lening. Hierbij dient de nieuwe lening bij eerste opname gewaardeerd te worden tegen de reële waarde. Eventuele transactiekosten worden niet in de waardering opgenomen. In de praktijk kan het moeilijk zijn om deze reële waarde te bepalen, omdat er wellicht geen enkele andere financier bereid zou zijn om geld te lenen vanwege de financiële mogelijkheden.

Aannemende dat de lening een reële waarde van 98 vertegenwoordigt, zou de journaalpost als volgt zijn:

Originele lening	97,04	
Verlies (sluitpost)	2,96	
Nieuwe lening		98,00
Bank (transactiekosten)		2,00

Onder de Richtlijnen is deze conclusie niet zonder meer gelijk, omdat het 10%-criterium niet hard is opgenomen.

Verschillen Dutch GAAP – IFRS

Onder de Richtlijnen moet worden gekeken of er sprake is van een wijziging in de economische realiteit. Zowel onder IFRS als onder de Richtlijnen moet worden gekeken in hoeverre economische voordelen en risico's van het instrument overgaan. Er is echter een verschil. IFRS 9 geeft meer gedetailleerde regels over 'derecognition' van financiële instrumenten. Bij de bepaling of een actief van de balans af mag, wordt in eerste instantie gekeken naar economische risico's en voordelen ('risks and rewards'), zoals onder de Richtlijnen, en in tweede instantie naar de beschikkingsmacht ('control'), in afwijking van de Richtlijnen. Een actief blijft op de balans als alle of nagenoeg alle economische risico's zijn behouden en een actief gaat van de balans af als alle of nagenoeg alle economische risico's zijn overgedragen. Als deze uiterste situaties zich niet voordoen, gaat een actief onder IFRS van de balans af als de beschikkingsmacht is overgedragen. Onder de Richtlijnen speelt beschikkingsmacht als zodanig geen rol; het actief kan dan mogelijk gedeeltelijk van de balans af voor zover risico's zijn overgedragen. Verder kent IFRS gedetailleerde bepalingen omtrent wijzigingen in financiële verplichtingen. De Richtlijnen volgen in deze ook het economische realiteitsbeginsel.

30.3.3 Datum van verwerking van een aan- of verkooptransactie in de balans

Een aankoop of verkoop volgens standaardmarktconventies dient per categorie financiële activa stelselmatig in de balans te worden opgenomen of niet langer opgenomen hetzij op de transactiedatum (datum van aangaan van bindende overeenkomst, *trade date*) hetzij op de leveringsdatum (datum van overdracht, *settlement date*) (RJ 290.703 en IFRS 9.3.1.2). IFRS 9 behandelt alleen transacties met betrekking tot financiële activa en bevat geen specifieke vereisten rondom trade date en settlement date voor transacties met betrekking tot financiële verplichtingen, hetgeen betekent dat feitelijk deze op transactiedatum worden opgenomen. De Richtlijnen behandelen wel beide.

Voor sommige transacties is het transactiemoment en het leveringsmoment gelijk en voor veel rechtspersonen is dit onderscheid voor de verwerking niet relevant. Bij grote transacties rond het einde van de verslagperiode, waar het transactiemoment en het leveringsmoment in twee verschillende verslagperiodes vallen, kan dit onderscheid significant zijn (RJ 290.704).

Voorbeelden van een verschil tussen transactiedatum en leveringsdatum zijn (RJ 290.705):
- bankbetalingen waarbij een verschil optreedt tussen de datum van de opdracht tot overboeken (de boekdatum) en de valuteringsdatum. Dit kan volgens standaard-marktconventies een verschil van één tot enkele dagen zijn, afhankelijk van het type overboeking en de specifieke afspraken met banken;
- levering van aandelen gekocht via een effectenbeurs. Levering vindt vaak enkele dagen na de dag van de transactie plaats.

Indien bepaalde financiële activa worden gewaardeerd tegen reële waarde, en deze categorie van financiële instrumenten in de balans wordt opgenomen op leveringsdatum, worden de veranderingen van de reële waarde tussen transactiedatum en leveringsdatum al wel verantwoord. Er wordt dan een actiefpost opgenomen ter grootte van de verandering van de reële waarde in de periode van transactiemoment tot balansdatum. Onder de RJ geldt dit principe ook voor financiële verplichtingen. Hierdoor wordt bewerkstelligd dat het resultaat bij toepassing van opname op transactiedatum of leveringsdatum hetzelfde is (RJ 290.706, IFRS 9.B3.1.6).

> **Voorbeeld transactiedatum en afwikkelingsdatum bij opname van een financieel instrument**
>
> Op 29 december 2020 (transactiedatum) verplicht een onderneming zich tot de aankoop van een obligatie voor 1.000. Op 31 december 2020 stijgt de reële waarde van de obligatie naar 1.002. Op 4 januari 2021 (afwikkelingsdatum) is de reële waarde 1.003. De obligatie maakt deel uit van een handelsportefeuille, hetgeen betekent dat alle waardeveranderingen onmiddellijk in de winst-en-verliesrekening worden opgenomen (zie par. 30.6.2).
>
> Bij keuze voor verwerking op de transactiedatum wordt de obligatie op 29 december 2020 op de balans opgenomen tegen 1.000.
> Op 31 december 2020 wordt deze gewaardeerd tegen 1.002 en wordt een winst van 2 verantwoord. Tussen 31 december 2020 en 4 januari 2021 wordt nog een winst van 1 verantwoord.
>
> Bij keuze voor de verwerking op de afwikkelingsdatum wordt op 31 december 2020 uitsluitend een actief en een winst van 2 verantwoord. De obligatie verschijnt pas op de balans op 4 januari 2021 voor een bedrag van 1.003 (waarbij opnieuw een winst van 1 wordt verantwoord).
>
> Conclusie: bij het opnemen van een financieel instrument maakt de keuze tussen transactiedatum en afwikkelingsdatum alleen uit voor het balansbeeld, niet voor de winst-en-verliesrekening.

> **Voorbeeld transactiedatum en afwikkelingsdatum bij niet langer opnemen van een financieel instrument**
>
> Op 29 december 2020 (transactiedatum) verplicht een onderneming zich tot de verkoop van een obligatie voor 1.000. De obligatie is oorspronkelijk aangekocht voor 980. Op 31 december 2020 stijgt de reële waarde van de obligatie naar 1.002. Op 4 januari 2021 (afwikkelingsdatum) is de reële waarde 1.003. De obligatie was opgenomen in de categorie 'aangehouden om contractuele kasstromen te ontvangen of te verkopen', wat inhoudt dat waardering plaatsvindt tegen reële waarde, met waardewijzigingen in het eigen vermogen ('other comprehensive income').
>
> Bij keuze voor verwerking op de transactiedatum wordt de obligatie op 29 december 2020 afgeboekt en wordt een vordering opgenomen voor 1.000. De winst van 20 wordt overgeboekt van other comprehensive income naar het resultaat. Waardewijzigingen worden niet langer meegenomen.
>
> Bij keuze voor de verwerking op de afwikkelingsdatum wordt op 31 december 2020 het financieel instrument gewaardeerd op 1.000. Waardewijzigingen worden niet meer verantwoord. Bij afwikkeling in 2021 wordt de winst van 20 overgeboekt van other comprehensive income naar het resultaat en wordt het financieel instrument afgeboekt.
>
> Conclusie: bij het niet langer opnemen van een financieel instrument maakt de keuze tussen transactiedatum en afwikkelingsdatum zowel uit voor het balansbeeld, als voor de winst-en-verliesrekening.

Opgemerkt wordt dat de criteria voor het op de balans opnemen van financiële instrumenten afwijken van die voor niet-financiële instrumenten zoals voorraden. Een inkoopcontract van voorraden wordt bijvoorbeeld in het algemeen niet op de balans opgenomen. De voorraden verschijnen pas op de balans op het moment dat deze daadwerkelijk zijn geleverd (zie par. 12.2).

Verwachte toekomstige transacties, ook indien deze zeer waarschijnlijk zijn, komen nooit op de balans.

30.3.4 Salderen

De Richtlijnen en IFRS (RJ 290.837, IAS 32.42) geven aan dat er omstandigheden zijn waaronder financiële activa en financiële verplichtingen worden gesaldeerd. Verrekening en saldering moeten van elkaar worden onderscheiden. Verrekening heeft tot gevolg dat, onder bepaalde voorwaarden, schulden en vorderingen tot hun gemeenschappelijk beloop tenietgaan; zij verdwijnen uit het vermogen van de onderneming. Juridisch is geen sprake meer van een schuld en een vordering. Salderen is het tegen elkaar laten wegvallen van posten in de jaarrekening. Juridisch is nog wel sprake van een vordering en een schuld. Artikel 2:363 lid 2 BW bevat een algemeen salderingsverbod: 'Het is niet geoorloofd in de jaarrekening activa en passiva of baten en lasten tegen elkaar te laten wegvallen, indien zij ingevolge deze titel (Titel 9) in afzonderlijke posten moeten worden opgenomen.' Het salderingsverbod voorkomt dat activa en passiva of baten en lasten die per balansdatum deel uitmaken van het vermogen of resultaat van de onderneming, niet in de jaarrekening van de onderneming worden opgenomen.

De hoofdregel voor saldering onder IFRS en de Richtlijnen is in principe gelijk. Saldering van een financieel actief en een financiële verplichting is uitsluitend toegestaan, en dan ook verplicht, indien en voor zover (RJ 290.837, IAS 32.42):
- de onderneming over een deugdelijk juridisch instrument beschikt om het financiële actief en de financiële verplichting gesaldeerd af te wikkelen; en
- de onderneming het stellige voornemen heeft het saldo als zodanig netto of simultaan af te wikkelen.

In de praktijk blijkt het vaak moeilijk om aan deze beide eisen te voldoen, waardoor posten niet kunnen worden gesaldeerd. Een voorbeeld is het aanhouden van meer bankrekeningen bij één bank. In de praktijk geeft een bank veelal geen juridisch recht van verrekening van deze bankrekeningen aan een onderneming.

Met betrekking tot saldering zijn specifieke toelichtingen vereist (zie par. 30.8.3).

Salderen van cash pools en IFRS IC-agendabeslissing

Sommige ondernemingen en banken salderen op basis van de IAS 32-vereisten de saldi van de bankrekeningen die deel uitmaken van een zogenoemde *notional cash pool* en ook wordt de rente gesaldeerd in de winst-en-verliesrekening.

Bij cash pooling worden de diverse debet- en creditposities van een onderneming bij een bank samengevoegd tot één positie. Er zijn verschillende vormen van cash pools. Eén daarvan is notional cash pooling, waarbij de saldi van alle deelnemende bankrekeningen van één of meer ondernemingen binnen een groep virtueel met elkaar worden verrekend. De bank rekent dan debet- en creditrente over het netto saldo van die bankrekeningen. Ook wordt een kredietfaciliteit over een netto-positie beschikbaar gesteld. Zo kan het zijn dat er op de ene bankrekening een overschot is aan liquide middelen terwijl er op een andere een tekort is. Binnen een cash pool worden de creditsaldi gebruikt om die tekorten aan te zuiveren.

De IFRS Interpretation Committee (IFRS IC) heeft in maart 2016 een agendabeslissing genomen inzake het salderen met betrekking tot cash pools. De vraag was of de van tijd tot tijd fysieke overdracht van saldi (niet zijnde de saldi per balansdatum) naar een netto-positie, voldoende is om aan te tonen dat aan het criterium van 'het voornemen om het saldo netto of simultaan af te wikkelen' wordt voldaan en wel zodanig dat dit het salderen van saldi in de balans per balansdatum rechtvaardigt.

IFRS IC heeft besloten dat noch een interpretatie, noch een wijziging van een standaard nodig was en besloot om dit onderwerp niet op de agenda te nemen. Tijdens IFRS IC's beraadslagingen zijn enkele aspecten van cash pooling arrangements en de IFRS-vereisten besproken. Een belangrijke overweging was dat er op de verschillende bankrekeningen binnen de cash pool mutaties plaatsvinden vóórdat de volgende fysieke netto-afwikkeling plaatsvindt. Namelijk, uit hoofde van de normale bedrijfsuitoefening wordt een bankrekening gebruikt om betalingen te verrichten en bedragen te ontvangen. IFRS IC merkte op dat als niet verwacht wordt dat dezelfde bedragen als die per balansdatum aanwezig zijn daadwerkelijk netto worden afgewikkeld, het niet juist is om te beweren dat de onderneming het voornemen heeft om die saldi per balansdatum netto af te wikkelen. De gevolgen van de IFRS IC-agendabeslissing zijn dat een onderneming bedragen uit hoofde van notional cash pooling in specifieke gevallen niet langer kan salderen en deze dus bruto in de balans dient te presenteren.

Opgemerkt kan worden dat er vormen van cash poolovereenkomsten zijn waarbij saldi van bankrekeningen anders worden gebruikt voor het volgende netto-afwikkelingsmoment. Er is dan ook oordeelsvorming nodig om te bepalen of er per balansdatum wordt voldaan aan het voornemen om netto of simultaan af te wikkelen. Tevens kan worden opgemerkt dat sommige ondernemingen een cash poolovereenkomst hebben waarbij er een zodanige contractuele relatie bestaat dat de bankrekeningen in de pool worden gezien als één *unit of account*. De interpretatie van dergelijke overeenkomsten vergt over het algemeen een uitvoerige juridische analyse.

30.4 Presentatie en classificatie als eigen of vreemd vermogen
30.4.1 Classificatie eigen vermogen/vreemd vermogen in de geconsolideerde jaarrekening

De Richtlijnen en IAS 32 geven ten aanzien van de classificatie en presentatie uitgebreide regels omtrent het verschil tussen eigen en vreemd vermogen ten aanzien van een uitgegeven instrument. Richtlijn 290 bevat de regels voor classificatie van een instrument in de geconsolideerde jaarrekening. Richtlijn 240 bevat de regels voor classificatie van een instrument in de enkelvoudige jaarrekening. De hoofdregel in Richtlijn 290 (voor de geconsolideerde jaarrekening) en IAS 32 is dat de economische realiteit van de contractuele bepalingen en niet de juridische vorm van een financieel instrument de classificatie in de balans bepaalt (*substance over form*) (RJ 290.801, IAS 32.15). De classificatie van een instrument wordt bepaald op basis van een beoordeling van de economische realiteit op het moment dat het instrument voor het eerst in de balans wordt opgenomen. De classificatie als eigen vermogen of als vreemd vermogen wordt bepaald op het moment van opname op de balans en mag op een later moment niet worden gewijzigd (RJ 290.801 en RJ 290.804 en IAS 32.15 en IAS 32.18). De economische realiteit en de juridische vorm stemmen overigens veelal overeen, maar dit is niet altijd het geval.

Het beslissende kenmerk ter onderscheiding van een financiële verplichting en een eigen-vermogensinstrument is het al dan niet bestaan van een contractuele verplichting van de ene partij om liquide middelen of een ander financieel actief over te dragen aan een andere partij, of om een ander financieel instrument te ruilen met de houder onder voorwaarden die potentieel nadelig zijn voor de emittent (RJ 290.802 en 290.803, IAS 32.16). Als een dergelijke verplichting bestaat, is sprake van een financiële verplichting. Indien geen sprake is van een dergelijke verplichting, is sprake van een eigen-vermogensinstrument.

Er is ook sprake van een verplichting als de overdracht van middelen nog niet vaststaat, maar de entiteit door een derde gedwongen kan worden middelen over te dragen als de derde dit verzoekt of als zich een bepaalde gebeurtenis voordoet. Dus ook voorwaardelijke verplichtingen worden opgenomen als verplichting indien de entiteit geen zeggenschap heeft over het voldoen aan de voorwaarden. Dit geldt zelfs als het voldoen aan de voorwaarden onwaarschijnlijk is.

Er is op dit punt echter een belangrijk verschil tussen Richtlijn 290 en IAS 32. Indien sprake is van preferente aandelen waarbij uitkering van dividend plaatsvindt indien voldoende winst wordt gemaakt, is onder IAS 32 altijd sprake van vreemd vermogen. RJ 290.810 geeft echter aan dat uitkeringen op basis van winst feitelijk wezenskenmerken van eigen vermogen zijn en geeft de onderneming de keuze om instrumenten met een dergelijke voorwaarde voor uitkering voor presentatie te classificeren als eigen vermogen of vreemd vermogen. De onderneming dient de gemaakte keuze in de toelichting uiteen te zetten.

Het 'aflossen' van een financieel instrument door middel van betaling in eigen aandelen valt als zodanig niet onder de definitie van een verplichting. Niettemin is sprake van classificatie als een verplichting indien het aantal bij aflossing uit te geven aandelen variabel is. Bij een variabel aantal aandelen kan immers worden bereikt dat de houder van het financiële instrument feitelijk niet het risico van een eigen-vermogensverschaffer loopt, omdat de hoofdsom door de variatie in aantal uit te geven aandelen geheel of gedeeltelijk wordt gegarandeerd. Daarom is alleen sprake van eigen vermogen indien betaling plaatsvindt door middel van een vast aantal aandelen (RJ 290.802 en 805, IAS 32.11 en 21).
Zelfs een geringe variatie in het aantal uit te geven aandelen leidt al tot classificatie als verplichting, ook als daarmee de obligatiehouder feitelijk in aanzienlijke mate eigen-vermogenrisico loopt.

Als aflossing plaatsvindt in een vast aantal aandelen, dan is alleen sprake van eigen vermogen als ook het af te lossen bedrag vaststaat (het zogenoemde *fixed-for-fixed* criterium). De IASB heeft bepaald dat onder strikte voorwaarden het bedrag niet noodzakelijkerwijze een vast bedrag in de functionele valuta van de entiteit behoeft te zijn; ook een vast bedrag in een vreemde valuta staat classificatie als eigen vermogen niet altijd in de weg. In de praktijk komt dit voor bij claimemissies (*right issues*) aan bestaande aandeelhouders die in vreemde valuta luiden. Deze claimemissies zijn dus geen derivaten. Hoewel in Richtlijn 290 geen gelijke bepaling is opgenomen, zijn wij van mening dat deze benadering ook in Nederland juist is, gezien de economische realiteit van het instrument. Soms is sprake van een samengesteld instrument, waarbij zowel sprake is van elementen van eigen vermogen als van een verplichting. Daarop wordt ingegaan in paragraaf 30.4.2. In paragraaf 30.4.3 wordt ingegaan op een bijzondere categorie: de zogenaamde *puttable* eigen-vermogensinstrumenten, waarbij de onderneming een contractuele verplichting heeft deze terug te kopen indien deze worden aangeboden.

De classificatie in de balans bepaalt tevens de classificatie in de winst-en-verliesrekening. Uitkeringen aan houders van financiële instrumenten die zijn geclassificeerd als eigen-vermogensinstrument worden verwerkt als dividend als onttrekking aan het eigen vermogen. Uitkeringen aan houders van financiële instrumenten die zijn geclassificeerd als vreemd-vermogensinstrument worden verwerkt als onderdeel van de winstbepaling (financieringskosten) (RJ 290.821, IAS 32.35). Bij de classificatie in de winst-en-verliesrekening is derhalve niet relevant wat de formele titel van de uitkering is: bijvoorbeeld een dividenduitkering van als vreemd vermogen geclassificeerde aflosbare aandelen wordt behandeld als rentekosten.

In de onderstaande tabel worden voorbeelden gegeven van financiële instrumenten en geïllustreerd onder welke contractuele omstandigheden sprake is van eigen vermogen of van een financiële verplichting in de geconsolideerde jaarrekening (veelal afkomstig uit Richtlijn 290). Met uitzondering van het als zesde genoemde instrument (zie hierboven) is de classificatie in de Richtlijnen en IFRS gelijk.

30 Financiële instrumenten

Instrument	Relevante contractuele voorwaarden	Presentatie
Verplicht aflosbare aandelen	De uitgevende onderneming is verplicht de aandelen na enige jaren terug te betalen. Tussentijds wordt dividend betaald.	Financiële verplichting
Mogelijk aflosbare aandelen	De uitgevende onderneming heeft het recht de aandelen terug te betalen.	Eigen vermogen
Mogelijk aflosbare aandelen	De aandeelhouder behoudt zich het recht voor na enige jaren aflossing van de aandelen te verlangen	Financiële verplichting
Preferent aandeel, al dan niet cumulatief dividend	De uitgevende onderneming moet de preferente aandelen voor een vast of bepaalbaar bedrag (winstonafhankelijk) op een bepaalde of bepaalbare datum in de toekomst inkopen.	Financiële verplichting
Preferent aandeel, met al dan niet cumulatief dividend	De uitgevende onderneming moet eeuwigdurend vaste of bepaalbare (winstonafhankelijke) 'dividendbetalingen' doen.	Financiële verplichting
Preferent aandeel, met al dan niet cumulatief dividend	Het preferent dividend wordt op jaarbasis vastgesteld en is enkel afhankelijk van de winst van de onderneming in dat jaar.	Keuze om dit instrument als eigen vermogen of als financiële verplichting te verantwoorden (IFRS: verplichting)
Preferent aandeel, met al dan niet cumulatief dividend, waarbij de betaling van het dividend ter discretie van de onderneming is	Het aandeel is eeuwigdurend, zonder plicht voor de uitgevende onderneming het aandeel terug te kopen. Bovendien is uitkering van dividend ter discretie van de directie, commissarissen of op basis van een besluit van de algemene vergadering.	Eigen vermogen
Inkoop van goederen of diensten die worden voldaan in eigen aandelen van de onderneming	De onderneming is verplicht een aantal eigen vermogensinstrumenten te leveren waarbij het aantal bepaald wordt door de waarde van de eigen aandelen.	Financiële verplichting
Gekochte calloptie op eigen aandelen	De onderneming heeft recht op de inkoop van een vast aantal eigen-vermogensinstrumenten van de onderneming zelf tegen een vaste vergoeding (vergelijk inkoop van eigen aandelen).	Eigen vermogen
Geschreven calloptie op eigen aandelen	De onderneming heeft de plicht tot verkoop van een vast aantal eigen-vermogensinstrumenten van de onderneming zelf tegen een vaste vergoeding.	Eigen vermogen
Gekochte putoptie op eigen aandelen	De onderneming heeft het recht om eigen aandelen te verkopen aan de houder van de putoptie.	Eigen vermogen

Instrument	Relevante contractuele voorwaarden	Presentatie
Geschreven putoptie op eigen aandelen	De onderneming is verplicht tot inkoop van eigen aandelen, bij uitoefening van de putoptie door de houder van de instrumenten. Ook indien er een plicht tot inkoop van een aandeel derden in een meegeconsolideerde onderneming bestaat dient presentatie als hiernaast omschreven te worden toegepast.	De putoptie (premie) is eigen vermogen. Wel wordt voor de contante waarde van de mogelijke toekomstige betaling een financiële verplichting opgenomen die ten laste van het eigen vermogen wordt gevormd.
Termijntransactie voor de inkoop van eigen aandelen	De onderneming is verplicht tot de inkoop van eigen-vermogensinstrumenten van de onderneming in ruil voor een bepaalde hoeveelheid liquide middelen of een ander financieel actief.	De termijntransactie is eigen vermogen (maar heeft in het algemeen een waarde nihil bij eerste waardering) en daarnaast bestaat een financiële verplichting ten bedrage van de contante waarde van het inkoopbedrag dat ten laste van het eigen vermogen wordt gevormd.
Perpetuele lening	Er is geen aflossing overeengekomen en aflossing zal alleen plaatsvinden met instemming met de uitgevende onderneming. Tot het moment van aflossing wordt rente betaald.	Financiële verplichting

30.4.2 Samengestelde financiële instrumenten

Er bestaan financiële instrumenten met zowel componenten van vreemd vermogen als van eigen vermogen; deze duidt men aan als samengestelde (of hybride) financiële instrumenten. Een voorbeeld van een samengesteld instrument is een uitgegeven converteerbare obligatielening. Een ander voorbeeld betreft een aflosbare lening, waarvan rentebetalingen winstafhankelijk zijn. In Richtlijn 290 en IAS 32 wordt een afzonderlijke classificatie van de verschillende componenten van samengestelde financiële instrumenten verplicht gesteld (RJ 290.813, IAS 32.28).

Ook zijn in Richtlijn 290 en IAS 32 nog bepalingen opgenomen voor samengestelde instrumenten inzake de waardebepaling van de componenten. De onderneming dient bij uitgifte allereerst de waarde van de vreemd-vermogenscomponent vast te stellen. Het verschil tussen de waarde van het gehele instrument en de vreemd-vermogenscomponent is per definitie gelijk aan de eigen-vermogenscomponent (RJ 290.817, IAS 32.31).

Bij een converteerbare obligatielening waarbij conversie plaats vindt tegen een vast aantal aandelen kan op deze wijze eerst de boekwaarde van de financiële verplichting worden bepaald door de stroom toekomstige betalingen aan rente en aflossingen tegen de geldende marktrente voor een vergelijkbare verplichting zonder eigen-vermogenscomponent (conversieoptie) contant te maken. De boekwaarde van de eigen-vermogenscomponent (de conversieoptie) kan dan worden bepaald door de boekwaarde van de financiële verplichting af te trekken van de waarde van het samengestelde instrument als geheel (RJ 290.818, IAS 32.32).

30 Financiële instrumenten

Voorbeeld splitsing converteerbare obligatielening

Gegevens

Converteerbare obligatielening:
- Nominale waarde en uitgifteprijs per obligatie — € 1.000,00
- Aantal uitgegeven obligaties — 50.000 stuks
- Uitgiftedatum — 31-12-2021
- Aflossingsdatum — 31-12-2046
- Interestpercentage (halfjaarlijkse betaling) — 7,8%
- Marktrente vergelijkbare niet-converteerbare obligaties — 10,0%
- Huidige aandelenkoers — € 25,00
- Conversiekoers — € 30,30
- Omruilverhouding — 1 obligatie levert 33 aandelen
- Nominale waarde aandeel — € 10,00

Verwerking

Bij uitgifte converteerbare obligaties:

Bank	€ 50.000.000	
Aan vreemd vermogen – converteerbare obligaties		€ 39.960.000
Aan eigen vermogen – overige reserves		€ 10.040.000

Toelichting: het als vreemd vermogen opgenomen bedrag (€ 39.960.000) is de contante waarde van de toekomstige betalingen (rente en aflossing), disconteringspercentage 10% per jaar, 5% per halfjaar. De waarde van het eigen-vermogenscomponent is het verschil tussen de waarde van het gehele instrument en de waarde van de vreemd-vermogenscomponent.

Bij rentebetaling 30-6-2022:

Interest (5% x 39.960.000)	€ 1.998.000	
Aan bank (3,9% x 50.000.000)		€ 1.950.000
Aan vreemd vermogen – converteerbare obligaties		€ 48.000

Bij rentebetaling 31-12-2022:

Interest (5% x [39.960.000 + 48.000])	€ 2.000.400	
Aan bank (3,9% x 50.000.000)		€ 1.950.000
Aan converteerbare obligaties		€ 50.400

Op 31-12-2046 staan de converteerbare obligaties voor € 50.000.000 op de balans. Bij conversie wordt geboekt:

Vreemd vermogen – converteerbare obligaties	€ 50.000.000	
Eigen vermogen – overige reserves	€ 10.040.000	
Aan eigen vermogen – aandelenkapitaal (50.000 x 33 x € 10)		€ 16.500.000
Aan eigen vermogen – agio (50.000 x 33 x [€ 30,30 - € 10])		€ 33.500.000
Eigen vermogen – agio		€ 10.040.000

In dit voorbeeld is geen rekening gehouden met belastingen en is gekozen om bij conversie het deel dat bij uitgifte in de Overige reserves is verantwoord, over te boeken naar de post Agio (RJ 240.210).

In het navolgende schema zijn twee overige voorbeelden opgenomen van samengestelde financiële instrumenten, waarbij is uitgegaan van splitsing in componenten.

Instrument	Relevante contractuele voorwaarden	Presentatie
Verplicht converteerbare obligatielening	De uitgevende onderneming is verplicht na afloop van de looptijd van de obligatie een vast aantal aandelen uit te geven. Gedurende de looptijd van de obligatie wordt rente betaald.	Contante waarde van de renteverplichting op basis van marktrente van een niet-converteerbare obligatie: financiële verplichting. Overig bedrag: eigen vermogen.
Verplicht converteerbare obligatielening	De uitgevende onderneming is verplicht na afloop van de looptijd van de obligatie een variabel aantal aandelen uit te geven. Gedurende de looptijd van de obligatie wordt rente betaald.	Contante waarde van de rente- en aflossingsverplichting op basis van marktrente van een niet-converteerbare obligatie: Financiële verplichting.

30.4.3 'Puttable' eigen-vermogensinstrumenten en coöperaties

Zogenoemde 'puttable' eigen-vermogensinstrumenten bevatten een contractuele verplichting voor de onderneming om het instrument terug te kopen, indien dat wordt aangeboden. Dergelijke instrumenten worden in de praktijk vaak uitgegeven door coöperaties (ledenkapitaal) en open eind beleggingsfondsen. Zo kan in sommige gevallen een lid van een coöperatie bij uittreding zijn ledenparticipatie aanbieden aan de coöperatie en krijgt hij in ruil daarvoor het ingelegde bedrag terug. Volgens de definities zoals opgenomen in paragraaf 30.4.2 is sprake van een verplichting. Voor coöperaties en open eind beleggingsinstellingen zou dat veelal betekenen dat ze in het geheel geen eigen vermogen hebben en daarmee ook per definitie een resultaat van nihil rapporteren (alle vergoedingen zijn dan immers resultaatbepalend). Omdat dit afbreuk doet aan de informatiewaarde van de jaarrekening, is voor 'puttable' instrumenten een uitzondering op de hoofdregel ingevoerd (RJ 290.808, IAS 32.16A).

RJ 290.808 bepaalt dat 'puttable' instrumenten als eigen vermogen mogen worden gepresenteerd indien ze alle volgende kenmerken bevatten:

a. het geeft de houder bij liquidatie recht op een pro-rata deel van de netto-activa in de onderneming;
b. het instrument is achtergesteld ten opzichte van alle andere instrumenten;
c. al deze 'meest achtergestelde' instrumenten hebben identieke eigenschappen, ze zijn bijvoorbeeld allemaal 'puttable';
d. de onderneming heeft geen andere financiële instrumenten of contracten waarbij (1) de verwachte kasstromen uit deze instrumenten of contracten grotendeels gebaseerd zijn op het resultaat of de veranderingen in netto-activa van de onderneming; en (2) dit andere instrument of contract de resterende waarde van de puttable instrumenten grotendeels kan beperken of vastzetten.

De bepalingen van IAS 32.16A zijn grotendeels hetzelfde. Echter, waar de onderneming onder de RJ de keuze heeft om de 'puttable' instrumenten als eigen vermogen of vreemd vermogen te classificeren, is het onder IFRS een verplichting om de instrumenten als eigen vermogen te classificeren als wordt voldaan aan de gestelde kenmerken.

Het gaat er dus om dat de instrumenten het meest achtergesteld zijn en de houders daarmee uiteindelijk de grootste risicodragers in de onderneming zijn.

In IAS 32.16C zijn vergelijkbare bepalingen opgenomen voor instrumenten die voorzien in een terugbetaling op het moment van liquidatie. Deze bepalingen zijn niet overgenomen door de Richtlijnen, mogelijk omdat het vraagstuk van liquidatie geen rol speelt bij een jaarrekening die is opgemaakt op basis van de continuïteitsveronderstelling.

Voor een coöperatie geldt dat soms aangeboden ledenparticipaties moeten worden terugbetaald, maar dat terugbetaling verboden is indien die terugbetaling ertoe zou leiden dat het aantal participaties of het gestorte bedrag op participaties onder een bepaald niveau komt. RJ 620.204 en IFRIC 2 geven aan dat het ledenkapitaal in totaliteit mag worden bezien en dat het minimale niveau, waaronder geen terugbetaling plaatsvindt, is aan te merken als eigen vermogen. Deze bepaling is feitelijk alleen maar van belang als de participaties op zichzelf niet als 'puttable' zijn aan te merken, omdat in dat geval alle ledenparticipaties als eigen vermogen aangemerkt mogen worden.

30.4.4 Classificatie eigen vermogen/vreemd vermogen in de enkelvoudige jaarrekening

Voor de enkelvoudige jaarrekening geven de Richtlijnen een keuze. De classificatie van een financieel instrument als eigen vermogen of als vreemd vermogen in de enkelvoudige jaarrekening kan worden gebaseerd op de juridische vorm van het instrument. Indien hiervoor wordt gekozen, dient het totaal van de financiële instrumenten die op basis van de economische realiteit als vreemd vermogen zouden worden verantwoord maar op basis van de juridische vorm per balansdatum in de enkelvoudige jaarrekening als eigen vermogen worden verantwoord, afzonderlijk binnen het eigen vermogen te worden gepresenteerd. Voor ieder hieronder begrepen instrument dienen de belangrijkste condities te worden vermeld (RJ 240.207).

Indien niet gekozen wordt voor classificatie op basis van de juridische vorm, maar op basis van de economische realiteit, wordt de classificatie van een financieel instrument als eigen vermogen of vreemd vermogen in de enkelvoudige jaarrekening gebaseerd op de bepalingen aangaande verwerking in de balans zoals opgenomen in alinea's 801 tot en met 819 respectievelijk aangaande verwerking in de winst-en-verliesrekening zoals opgenomen in alinea's 821 tot en met 824 van Richtlijn 290 'Financiële instrumenten' (RJ 240.208).

IFRS maakt geen onderscheid in de classificatie voor de enkelvoudige en de geconsolideerde jaarrekening.

Verschillen Dutch GAAP – IFRS

De bepalingen in Richtlijn 290 inzake classificatie van financiële instrumenten als eigen of vreemd vermogen stemmen grotendeels overeen met die van IAS 32. De verschillen luiden als volgt:
- Richtlijn 290 geeft voor preferente aandelen waarbij het dividend jaarlijks wordt vastgesteld en enkel afhankelijk is van de winst van de onderneming in dat jaar, de keuze om dit instrument als eigen vermogen of als financiële verplichting te verantwoorden. Onder IAS 32 kwalificeert een dergelijke preferent aandeel als financiële verplichting.
- Onder Richtlijn 290 heeft een onderneming de keuze om bepaalde 'puttable' instrumenten als eigen vermogen of vreemd vermogen te classificeren. In IAS 32 is bepaald dat als 'puttable' instrumenten aan specifieke kenmerken voldoen, deze als eigen vermogen moeten worden geclassificeerd.
- Voor de enkelvoudige jaarrekening geven de Richtlijnen een keuze om een financieel instrument te classificeren op basis van de juridische vorm of op basis van de economische realiteit (RJ 240.207/209). Dit kan ertoe leiden dat onder Nederlandse wet- en regelgeving de classificatie van een instrument in de geconsolideerde en de enkelvoudige jaarrekening niet gelijk is, terwijl onder IFRS de classificatie in de geconsolideerde en enkelvoudige jaarrekening gelijk zal zijn.

30.5 Waarderingsbegrippen

30.5.1 Algemeen

Richtlijn 290 en IFRS 9 onderscheiden een aantal categorieën binnen financiële activa en financiële verplichtingen. Deze classificatie is van belang omdat deze de waarderingsgrondslag en grondslag voor resultaatbepaling bepaalt. De classificatie verschilt tussen Richtlijn 290 en IFRS 9.

De waardering van een financieel instrument kan zijn kostprijs, geamortiseerde kostprijs of reële waarde. In deze paragraaf worden de waarderingsbegrippen uiteengezet (par. 30.5.3 tot en met 30.5.5).

30.5.2 Eerste waardering en vervolgwaardering

Eerste waardering

De eerste waardering van een financieel instrument vindt altijd plaats tegen de reële waarde. Deze reële waarde geldt als uitgangspunt voor de (geamortiseerde) kostprijs. Hierbij kunnen transactiekosten al dan niet deel uitmaken van de initiële waardering. Transactiekosten zijn de extra kosten die direct zijn toe te rekenen aan de verwerving, uitgifte of vervreemding van een financieel actief of een financiële verplichting, zoals (afsluit)provisies en commissies. Het gaat daarbij om extra kosten die niet zouden zijn gemaakt indien de onderneming het financiële instrument niet had verworven, uitgegeven of vervreemd (Richtlijn 940, IFRS 9 Appendix A). Of transactiekosten deel uitmaken van de initiële waardering hangt af van de vervolgwaardering (zie hierna). Verwachte transactiekosten bij verkoop worden niet in de waardering betrokken, maar worden verantwoord op het moment van verkoop. In sommige gevallen is de reële waarde van een instrument bij afsluiten ongelijk aan het bedrag dat wordt ontvangen of betaald. Zo kan er bijvoorbeeld sprake zijn van een rentevrije lening verstrekt door een aandeelhouder; in dat geval zal het verschil tussen de ontvangen middelen en de reële waarde van de schuld waarschijnlijk een kapitaalstorting zijn.

Voorbeeld renteloze lening van moeder aan dochter

Dochter D ontvangt op 31 december 2020 een 1-jarige renteloze lening van Moeder M voor een bedrag van € 550.000. Indien D de lening zelf zou moeten afsluiten bij de bank, zou D een rente moeten betalen van 10%.
D en M dienen de eerste waardering van dit financieel instrument op te nemen tegen de reële waarde. De reële waarde van een kasstroom van € 550.000 (terugbetaling lening van D aan M) bedraagt (bij een disconteringsvoet van 10%) € 500.000. Dit is ook de (geamortiseerde) kostprijs van het financiële instrument.

D maakt van deze transactie de volgende journaalpost:

Liquide middelen	550.000	
Aan Schulden		500.000
Aan Eigen vermogen: agio		50.000

Er is feitelijk sprake van een informele kapitaalstorting door M in D.

In 2021 wordt geboekt:

Rentekosten (10% x 500.000)	50.000	
Aan Schulden		50.000

De schuld staat nu voor € 550.000 in de boeken en wordt tegen dat bedrag afgelost.

M maakt tegengestelde boekingen, met een vordering van € 500.000, een verhoging van de deelneming met € 50.000 en met rentebaten van € 50.000.
Hetzelfde principe geldt als M een laagrentende lening verstrekt, bijvoorbeeld tegen 2%. In dat geval betaalt D in 2021 € 561.000 (€ 550.000 + € 11.000 rente). De contante waarde van dat bedrag levert een reële waarde (en kostprijs) op 31 december 2020 van € 510.000. De agiostorting is dan € 40.000.

Een ander voorbeeld betreft een lening die verstrekt wordt door een overheidsorgaan, waarbij de contractueel afgesproken rente lager is dan de marktrente. Hierdoor zal de reële waarde van de verplichting lager zijn dan het ontvangen bedrag. Het verschil wordt als overheidssubsidie verwerkt (zie hoofdstuk 35).

30.5.3 Kostprijs

De kostprijs is de verkrijgingsprijs van een actief of passief. Zoals in paragraaf 30.5.2 aangegeven is de kostprijs normaliter gelijk aan de reële waarde van het financieel instrument op het moment van verkrijging. Daarbij worden transactiekosten begrepen in de eerste waardering (RJ 290.501). Het begrip kostprijs sec is vooral (en met name onder Richtlijn 290) van toepassing bij investeringen in bepaalde eigen-vermogensinstrumenten. Bij rentedragende waarden (vorderingen, schulden) wordt gesproken over een geamortiseerde kostprijs (zie par. 30.5.4). IFRS 9 kent een uitzondering voor de eerste waardering van handelsvorderingen. Handelsvorderingen die geen significante financieringscomponent hebben (zoals bepaald in overeenstemming met IFRS 15) moeten bij eerste opname tegen hun transactieprijs worden gewaardeerd (IFRS 9.5.1.3).

30.5.4 Geamortiseerde kostprijs

De geamortiseerde kostprijs is een kostprijsgrondslag die specifiek van toepassing is op vorderingen en schulden. Bij waardering tegen geamortiseerde kostprijs worden, net als bij waardering tegen kostprijs, de transactiekosten begrepen in de eerste waardering. Bij een actief betekent dit dat de transactiekosten bij de boekwaarde van het actief worden opgeteld, bij een verplichting worden de transactiekosten daarop in aftrek gebracht. De geamortiseerde kostprijs kan gelijk zijn aan de nominale waarde, namelijk indien er geen agio/disagio en transactiekosten zijn.

Voorbeeld eerste waardering van financiële activa/passiva en transactiekosten (geamortiseerde kostprijs)

1. Een onderneming koopt op 10 december obligaties met een beurswaarde van € 1.000. Bij de aankoop brengt de tussenpersoon € 5 aan transactiekosten in rekening. De obligaties worden op 10 december voor € 1.005 in de administratie opgenomen. De € 5 wordt jaarlijks afgeschreven met behulp van de effectieve-rentemethode.
2. Een onderneming geeft op 1 januari een 10-jarige obligatielening uit van € 1.000. De tussenpersoon betrokken bij de uitgifte brengt de onderneming € 5 aan kosten in rekening. De lening wordt op 1 januari voor € 995 in de administratie opgenomen. De € 5 wordt jaarlijks bijgeschreven met behulp van de effectieve-rentemethode.

Inzake een vordering (waaronder een obligatie) is sprake van agio als meer geld wordt betaald dan de nominale waarde (of hoofdsom) en van disagio als minder geld wordt betaald. Inzake een verplichting is sprake van agio als meer geld wordt ontvangen dan de nominale waarde en van disagio als minder geld wordt ontvangen. Agio ontstaat als bij eerste waardering de vergoeding van de vordering of schuld hoger is dan de marktvergoeding (en disagio als de vergoeding van de vordering of schuld lager is dan de marktvergoeding). Door de agio en disagio wordt de feitelijke vergoeding gelijkgesteld aan de marktvergoeding. De jaarlijkse in de winst-en-verliesrekening verantwoorde vergoeding sluit aan op de marktvergoeding en wordt bereikt door het agio/disagio op annuïtaire wijze te amortiseren over de looptijd van de vordering of schuld. Dit wordt de effectieve-rentemethode genoemd. De effectieve rente wordt vastgesteld bij de eerste verwerking van het financiële instrument en wordt later niet aangepast voor bijvoorbeeld ontwikkelingen in de marktrente.

De jaarlijkse effectieve rente wordt voorts beïnvloed door transactiekosten. Ook deze worden op annuïtaire wijze verdeeld over de looptijd van de vordering of schuld.
In algemene zin maakt de onderneming bij de berekening van de effectieve rentevoet een schatting van de kasstromen, waarbij rekening wordt gehouden met alle contractuele bepalingen van het financiële instrument (bijvoorbeeld vooruitbetaling, vervroegde aflossing, andere opties, premies, kortingen), maar niet met toekomstige

kredietverliezen (Richtlijn 940, IFRS 9 Appendix A). Door middel van deze berekeningswijze zullen de rentebaten of -lasten constant zijn uitgedrukt als percentage van de boekwaarde van de betreffende vordering of schuld.

Aldus is de geamortiseerde kostprijs gedefinieerd als het bedrag waarvoor het financiële actief of de financiële verplichting bij de eerste verwerking in de balans wordt opgenomen, verminderd met aflossingen op de hoofdsom, vermeerderd of verminderd met via de effectieve-rentemethode bepaalde cumulatieve amortisatie van het verschil tussen dat eerste bedrag en het aflossingsbedrag en verminderd met eventuele afboekingen wegens bijzondere waardeverminderingen of oninbaarheid. (Richtlijn 940, IFRS 9 Appendix A).

De Richtlijnen geven aan dat het toepassen van lineaire amortisatie (in plaats van het toepassen van de effectieve-rentemethode) als alternatief wordt toegestaan indien lineaire amortisatie niet tot belangrijke verschillen leidt ten opzichte van het toepassen van de effectieve-rentemethode (RJ 940, RJ 273.201). IFRS kent deze uitzondering niet.

Hierna volgen enige voorbeelden van de bepaling van de geamortiseerde kostprijs.

> **Voorbeeld geamortiseerde kostprijs met gebruik van effectieve-rentemethode en disagio**
>
> Een onderneming koopt op 1 januari 2021 obligaties met een nominale waarde van € 100 miljoen, een couponrente van 5% en een resterende looptijd van 3 jaar. De rente wordt aan het einde van het jaar ontvangen. De marktrente op 1 januari 2021 is 6%. De reële waarde en de kostprijs van de obligatie bedragen derhalve € 97,33 (de contante waarde van de rente en aflossing op basis van een disconteringsvoet van 6%) op 1 januari 2021. De obligatie wordt door de onderneming aangemerkt als een financieel actief dat tot het einde van de looptijd wordt aangehouden.
> De geamortiseerde kostprijs, rentebaten en rentebetaling per jaar zijn nu als volgt:
>
> | JAAR | GEAMORTISEERDE KOSTPRIJS 1-1 | RENTEBATE | ONTVANGEN RENTE | GEAMORTISEERDE KOSTPRIJS 31-12 |
> |---|---|---|---|---|
> | 2021 | 97,33 | 5,84 | 5 | 98,17 |
> | 2022 | 98,17 | 5,89 | 5 | 99,06 |
> | 2023 | 99,06 | 5,94 | 5 | 100,00 |
>
> De rente wordt op deze wijze verantwoord volgens de effectieve-rentemethode. De rentebate is immers ieder jaar 6% van de geamortiseerde kostprijs per 1-1. Het verschil tussen de renteontvangst en de rentebate verhoogt de geamortiseerde kostprijs. Onder Richtlijn 290 is het toegestaan om het disagio bij aankoop (€ 2,67) lineair over drie jaar te verdelen als dit niet tot belangrijke verschillen leidt ten opzichte van het toepassen van de effectieve-rentemethode, hetgeen resulteert in een rentebate van € 5,89 in alle jaren (maar een dalende gemiddelde rentevoet). Onder IFRS is dit niet toegestaan.

> **Voorbeeld geamortiseerde kostprijs met gebruik van de effectieve-rentemethode en verschillende rentevoeten**
>
> Een bank verstrekt op 1 januari 2021 een lening met een nominale waarde van € 1.250 en een looptijd van 5 jaar. De couponrente is gespecificeerd in het leningscontract en bedraagt voor 2021 6% van de hoofdsom, voor 2022 8%, voor 2023 10%, voor 2024 12% en voor 2025 16,4%. De rente wordt aan het einde van het jaar ontvangen. De rentevoet die de kasstromen exact gelijkmaakt aan de hoofdsom is in dit geval 10%.
> De geamortiseerde kostprijs, rentebaten en rentebetaling per jaar zijn nu als volgt:
>
> | JAAR | GEAMORTISEERDE KOSTPRIJS 1-1 | RENTEBATE (10% van geamortiseerde kostprijs) | ONTVANGEN RENTE | GEAMORTISEERDE KOSTPRIJS 31-12 |
> |---|---|---|---|---|
> | 2021 | 1.250 | 125 | 75 | 1.300 |
> | 2022 | 1.300 | 130 | 100 | 1.330 |
> | 2023 | 1.330 | 133 | 125 | 1.338 |
> | 2024 | 1.338 | 134 | 150 | 1.322 |
> | 2025 | 1.322 | 132 | 204 | 1.250 (voor aflossing, na aflossing = 0) |
>
> De rente wordt op deze wijze, evenals in het voorgaande voorbeeld, verantwoord volgens de effectieve-rentemethode. De rentebate is ieder jaar 10% van de geamortiseerde kostprijs per 1-1. Het verschil tussen de rentebetaling en de rentebate verhoogt of verlaagt de geamortiseerde kostprijs. Aan het einde van de looptijd is de geamortiseerde kostprijs exact gelijk aan het bedrag van de ontvangen aflossing. In dit voorbeeld er is geen verschil tussen de kostprijs van de lening en het aflossingsbedrag, maar de geamortiseerde kostprijs aan het begin van ieder jaar is niet 1.250.
> De effectieve-rentemethode moet worden toegepast.
>
> Op basis van Richtlijn 290 kan lineaire amortisatie verdedigbaar zijn, als wordt geconcludeerd dat dit niet leidt tot een materieel verschil met de annuïtaire berekening. Lineaire amortisatie zou leiden tot een jaarlijkse rentebate van 654 (de som van de ontvangen rente) gedeeld door 5 = 130,8 per jaar.
>
> (Voorbeeld is ontleend aan Implemention Guidance B.27 van IFRS 9.)

> **Voorbeeld verwerking transactiekosten via effectieve-rentemethode (geamortiseerde kostprijs)**
> ▶ De bank verstrekt op 31 december 2020 een lening van € 100.000 tegen een rentevoet van 7%. Voorts wordt een afsluitprovisie betaald van 0,18%. De looptijd is twee jaar.
> ▶ De ontvangen kasstroom op 31 december 2020 bedraagt € 99.820. Op 31 december 2021 wordt € 7.000 rente betaald. En op 31 december 2022 wordt € 107.000 betaald voor rente en aflossing. De rentevoet die de uitgaande kasstromen in 2021 en 2022 gelijkstelt aan de ingaande kasstroom in 2020 is 7,1%. Dat is de effectieve rentevoet.
> ▶ De geamortiseerde kostprijs op 31 december 2020 is € 99.820. De rentelasten in 2021 bedragen € 7.087 (7,1% x € 99.820); er wordt slechts € 7.000 betaald en het verschil wordt toegevoegd aan de boekwaarde van de lening. De geamortiseerde kostprijs op 31 december 2021 is dan € 99.907 (99.820 + 87).
> ▶ De rentelasten in 2022 bedragen € 7.093 (7,1% x € 99.907). De geamortiseerde kostprijs op 31 december 2022 (voor aflossing) komt dan uit op € 100.000 (99.907 + 93).
>
> Bij lineaire amortisatie zouden de rentelasten in 2021 en 2022 € 7.090 bedragen.

Bij perpetuele leningen (leningen zonder aflossingsverplichting) die tegen (vaste of variabele) marktrente worden uitgegeven, is de geamortiseerde kostprijs in ieder jaar gelijk aan de hoofdsom. In dat geval is er immers geen looptijd en geen af te lossen bedrag. Bij een perpetuele lening waarbij bij het aangaan van de perpetuele lening is overeengekomen dat de rentevoet na een aantal jaren daalt, kan de geamortiseerde kostprijs afwijken van de hoofdsom. De jaarlijkse rentevoeten zijn nu immers niet gelijk aan de marktrente.

> **Voorbeeld geamortiseerde kostprijs met gebruik van de effectieve-rentemethode en perpetuele lening**
> Een perpetuele lening wordt uitgegeven op basis van een rentevoet van 16% voor de eerste 10 jaar en 0% voor de jaren daarna. In feite is hierbij sprake van impliciete aflossingen. In dat geval is de jaarlijkse geamortiseerde kostprijs gelijk aan de hoofdsom minus de impliciete aflossingen op basis van de effectieve-rentemethode. Na 10 jaar is de geamortiseerde kostprijs nihil. Er worden ook immers geen interest- of aflossingsbedragen meer verwacht na die periode.
>
> (Voorbeeld is ontleend aan Implemention Guidance B.25 van IFRS 9.)

Indien sprake is van een agio of disagio en van een renteherzieningsdatum, doet zich de vraag voor of amortisatie van agio/disagio dient plaats te vinden tot aan de renteherzieningsdatum of tot aan het einde van de looptijd. In het geval dat op de renteherzieningsdatum een herziening plaatsvindt tot aan de marktrente, moet ervan worden uitgegaan dat het agio/disagio betrekking heeft op de periode tot aan die datum. Amortisatie zal dan ook moeten plaatsvinden tot aan deze renteherzieningsdatum. Indien het agio/disagio betrekking heeft op de gehele looptijd (en de renteherziening dan ook niet geheel tegen marktrente zal zijn), vindt amortisatie plaats tot het einde van de looptijd. Dit kan bijvoorbeeld het geval zijn als de *credit rating* van de schuldenaar is verslechterd en een hogere risico-opslag van toepassing is.

Verschillen Dutch GAAP – IFRS

De Richtlijnen geven aan dat het toepassen van lineaire amortisatie in plaats van het toepassen van de effectieve-rentemethode als alternatief wordt toegestaan indien lineaire amortisatie niet tot belangrijke verschillen leidt ten opzichte van het toepassen van de effectieve-rentemethode (RJ 273.201, RJ 940). IFRS kent deze uitzondering niet.

30.5.5 Reële waarde

IFRS 13 heeft reële waarde gedefinieerd als de prijs die zou worden ontvangen bij verkoop van een actief of zou worden betaald bij overdracht van een verplichting in een ordelijke transactie tussen marktpartijen op de waarderingsdatum. De Richtlijnen verstaan onder de reële waarde het bedrag waarvoor een actief kan worden verhandeld of een passief kan worden afgewikkeld tussen ter zake goed geïnformeerde partijen, die tot een transactie bereid en onafhankelijk van elkaar zijn (RJ 940). Het Besluit actuele waarde hanteert het begrip 'marktwaarde'. Richtlijn 290 geeft aan dat de begrippen marktwaarde en reële waarde te beschouwen zijn als synoniemen. Voor een nadere uiteenzetting van het begrip reële waarde verwijzen wij naar paragraaf 4.7.4.

Met betrekking tot transactiekosten bij een vervolgwaardering tegen reële waarde geldt het volgende:
- in geval van waardering na de eerste verwerking tegen reële waarde met verwerking van de waardeveranderingen via de winst-en-verliesrekening, dienen de transactiekosten in de eerste periode van waardering in de winst-en-verliesrekening te worden verwerkt;
- in geval van waardering na de eerste verwerking tegen reële waarde met verwerking van de waardeveranderingen via het eigen vermogen, dienen de transactiekosten te worden verwerkt in de eerste waardering. Op het moment van de overdracht van het actief aan een derde en door opname van de rentebaten op basis van de effectieve-rentemethode (in geval van een rentedragend financieel actief) dienen de transactiekosten in de winst-en-verliesrekening te worden verwerkt.

Wanneer een instrument tegen reële waarde wordt gewaardeerd, zal deze reële waarde elke rapportageperiode bepaald dienen te worden. De wijzigingen in de reële waarde worden ofwel in de winst-en-verliesrekening ofwel in het eigen vermogen verwerkt, afhankelijk van de subcategorie waarin het financieel instrument valt en/of de keuzes die de onderneming heeft gemaakt (zie par. 30.6 en par. 30.7).

Bij de bepaling van de reële waarde bepaalt IFRS 13.72 een hiërarchie op drie niveaus, die weliswaar niet expliciet wordt genoemd in RJ 290.524 e.v., maar in wezen op dezelfde wijze van toepassing is.
Niveau 1 betreft de situatie dat een financieel instrument wordt verhandeld op een actieve markt. De genoteerde marktprijs is dan de beste aanwijzing voor de reële waarde (RJ 290.526, IFRS 13.76). Een actieve markt is een markt waarbij de goederen die worden verhandeld homogeen zijn, en er normaliter op elk moment kopers en verkopers worden gevonden en de prijzen beschikbaar zijn voor het publiek.

Een genoteerde marktprijs is meestal wel, maar niet per definitie een goede indicatie van de reële waarde. De genoteerde marktprijs is niet gelijk aan de reële waarde als er geen actieve markt is, bijvoorbeeld omdat de markt niet goed ontwikkeld is of er geringe volumes worden verhandeld in verhouding tot het aantal eenheden. In dat geval is een bepaling van de reële waarde op niveau 2 (of eventueel 3) aan de orde.

Bij niveau 2 wordt de reële waarde afgeleid uit de reële waarde van zijn bestanddelen of van een soortgelijk instrument indien voor de bestanddelen ervan of een soortgelijk instrument wel een betrouwbare reële waarde is aan te wijzen; er is dan sprake van waarneembare inputs voor de bepaling van de reële waarde. Als er geen actieve markt is, maar er hebben zich recente transacties voorgedaan, zullen de transactieprijzen een belangrijke indicator voor de reële waarde geven.

Bij niveau 3 wordt de reële waarde bepaald met behulp van algemeen aanvaarde waarderingsmodellen en waarderingstechnieken; er is sprake van gebruik van niet-waarneembare inputs die significant zijn voor de gehele waardering.

Ook met betrekking tot financiële verplichtingen kan sprake zijn van waardering tegen reële waarde (met verwerking van waardeveranderingen in het resultaat). Een bijzonder vraagstuk dat zich daarbij voordoet betreft de situatie dat de eigen kredietwaardigheid verslechtert: dit leidt tot een verlaging van de reële waarde van de schuld en tot een toename van het eigen vermogen of een bate. Dat is geen logische uitkomst: een bate rapporteren, terwijl het slechter gaat met de onderneming. De oorzaak hiervan is dat op de balans niet de waarde van de onderneming is weergegeven: als dat wel zo zou zijn, zou de bate inzake de verplichtingen meer dan gecompenseerd worden door lasten met betrekking tot afwaarderingen van activa (waaronder de intern ontwikkelde goodwill, die in dat geval op de balans zou staan). Onder IFRS 13 is duidelijk dat hiermee rekening dient te worden gehouden (IFRS 13.42). Onder de Richtlijnen is dit niet duidelijk en het is volgens ons verdedigbaar om hier wel of geen rekening mee te houden. Wel dient dit van periode tot periode consistent te worden toegepast en dient dit in de grondslagen te worden toegelicht.
Voor de verwerking van financiële verplichtingen met waardering tegen reële waarde met verwerking van waardeveranderingen in het resultaat, wordt verwezen naar paragraaf 30.7.6.

Verschillen Dutch GAAP – IFRS

IFRS 13 hanteert een andere definitie van reële waarde en bevat bovendien gedetailleerde voorschriften voor bepaling van de reële waarde.
IFRS 13 vereist dat bij waardering van verplichtingen rekening wordt gehouden met het eigen kredietrisico. Onder de Richtlijnen is dit niet duidelijk. Zodoende dat het volgens ons zowel verdedigbaar is om hier wel als niet rekening mee te houden. Deze keuze zal stelselmatig moeten worden toegepast.

30.6 Classificatie en waardering en bijzondere waardeverminderingen: Richtlijn 290

30.6.1 Algemeen

RJ 290.407 onderscheidt vijf categorieën financiële activa:
- financiële activa die deel uitmaken van een handelsportefeuille (par. 30.6.2);
- derivaten (hoofdstuk 31);
- gekochte leningen en obligaties (par. 30.6.3);
- verstrekte leningen en overige vorderingen (par. 30.6.4);
- investeringen in eigen-vermogensinstrumenten (par. 30.6.5).

RJ 290.413 onderscheidt drie categorieën financiële verplichtingen:
- financiële verplichtingen die deel uitmaken van een handelsportefeuille (par. 30.6.2);
- derivaten (hoofdstuk 31);
- overige financiële verplichtingen (hieronder vallen schulden, deze worden uitgebreid behandeld in hoofdstuk 19).

De categorie 'Overige financiële verplichtingen' zal voor de meeste ondernemingen veruit de grootste categorie zijn waarin posten als handelscrediteuren en opgenomen leningen (schulden) worden verantwoord. Schulden dienen als langlopende of kortlopende schulden in de balans te worden gepresenteerd. Overige financiële verplichtingen worden gewaardeerd tegen geamortiseerde kostprijs (RJ 290.523).

De zogenoemde reële-waarde-optie zoals IFRS 9 deze kent, bestaat niet onder Richtlijn 290.
Richtlijn 290 geeft voor bepaalde posten wel de mogelijkheid om deze op te nemen tegen reële waarde waarbij wijzigingen in de reële waarde verwerkt worden in de winst-en-verliesrekening, alleen is de toepassing beperkter. Een voorbeeld van vergelijkbare toepassing is de situatie dat een onderneming een obligatie heeft gekocht: zij kan er onder RJ 290.518 voor kiezen deze te waarderen tegen reële waarde met verwerking van waardewijzigingen in de winst-en-verliesrekening. Opgemerkt wordt dat er voor deze keuze geen voorwaarden bestaan. Een aandachtspunt hierbij is dat een dergelijke keuze onder Richtlijn 290 voor de hele betreffende (sub)categorie gemaakt dient te worden, terwijl de reële-waarde-optie onder IFRS 9 in sommige gevallen ook voor een individueel financieel instrument gekozen kan worden (mits aan de voorwaarden wordt voldaan).
Een voorbeeld van een beperktere toepassing is dat het waarderen van financiële verplichtingen tegen reële waarde onder Richtlijn 290 alleen is toegestaan als het om instrumenten in de handelsportefeuille gaat (zie par. 30.6.2). Dit zal met name in de financiële sector voorkomen, bijvoorbeeld voor zogenoemde shortposities. Waarderen tegen reële waarde voor andere financiële verplichtingen is niet toegestaan binnen de Richtlijnen en het Besluit actuele waarde (art. 10 lid 2 BAW).

In het volgende overzicht zijn de algemene regels voor de waardering en resultaatbepaling na eerste verwerking van de verschillende financiële activa en verplichtingen samengevat:

30 Financiële instrumenten

Categorie/Type financieel instrument	Subcategorie	Waardering na eerste verwerking	Verwerking van waardeveranderingen in winst-en-verliesrekening
Handelsportefeuille (financiële activa en financiële verplichtingen). Alinea 508 en 509.		Reële waarde	Direct in winst-en-verliesrekening.
Derivaten (activa en passiva). Geen onderdeel handelsportefeuille.	Hedge accounting	Keuze: Reële waarde	Volgens de reële waarde- en kasstroomhedge-accountingmodellen van RJ 290.
		Kostprijs	Volgens het kostprijshedge-accountingmodel van RJ 290. Indien de afgedekte positie tegen reële waarde wordt verwerkt, verandert de rechtspersoon ook de waardering van het derivaat naar reële waarde en past hij reële-waarde- of kasstroomhedge accounting toe.
	Overig – met beursgenoteerde aandelen als onderliggende waarde	Reële waarde	Direct in winst-en-verliesrekening.
	Overig – met een andere onderliggende waarde dan beursgenoteerde aandelen	Kostprijs	Gerealiseerde baten en lasten in winst-en-verliesrekening conform alinea 513, alsmede bij overdracht aan een derde of bij een bijzondere waardevermindering.
		Reële waarde	Direct in winst-en-verliesrekening.
Gekochte leningen en obligaties. Geen onderdeel handelsportefeuille.	Tot het einde van de looptijd aangehouden	Geamortiseerde kostprijs	Effectieve rente in winst-en-verliesrekening. In winst-en-verliesrekening bij overdracht aan een derde of bij een bijzondere waardevermindering.
	Overig	Geamortiseerde kostprijs	Effectieve rente in winst-en-verliesrekening. In winst-en-verliesrekening bij overdracht aan een derde of bij een bijzondere waardevermindering.
		Reële waarde	Direct in winst-en-verliesrekening. Eerst via de herwaarderingsreserve, bij realisatie in winst-en-verliesrekening. Effectieve rente in winst-en-verliesrekening. Waardeverminderingen onder de (geamortiseerde) kostprijs direct in winst-en-verliesrekening.
Verstrekte leningen en overige vorderingen.	Geen onderdeel van een handelsportefeuille	Geamortiseerde kostprijs	Effectieve rente in winst-en-verliesrekening. In winst-en-verliesrekening bij overdracht aan een derde of bij een bijzondere waardevermindering.
Investering in eigen-vermogensinstrumenten.	Geen onderdeel van een handelsportefeuille – Beursgenoteerd	Reële waarde	Direct in winst-en-verliesrekening. Eerst via eigen vermogen (herwaarderingsreserve), bij realisatie in winst-en-verliesrekening. Waardeverminderingen onder de kostprijs direct in winst-en-verliesrekening.
Investering in eigen-vermogensinstrumenten.	Geen onderdeel van een handelsportefeuille – Niet-beursgenoteerd	Kostprijs	In winst-en-verliesrekening bij overdracht aan een derde of bij een bijzondere waardevermindering.

Categorie/Type financieel instrument	Subcategorie	Waardering na eerste verwerking	Verwerking van waardeveranderingen in winst-en-verliesrekening
		Reële waarde	Direct in winst-en-verliesrekening. Eerst via eigen vermogen (herwaarderingsreserve), bij realisatie in winst-en-verliesrekening. Waardeverminderingen onder de kostprijs direct in winst-en-verliesrekening.
Overige financiële verplichtingen.	Geen onderdeel van een handelsportefeuille	Geamortiseerde kostprijs	Effectieve rente in winst-en-verliesrekening.

30.6.2 Handelsportefeuille

De categorie 'Handelsportefeuille' omvat alle financiële activa en verplichtingen, primaire en afgeleide, die worden aangehouden voor handelsdoeleinden. Een financieel actief of financiële verplichting wordt aangehouden voor handelsdoeleinden indien het financiële actief (RJ 290.408/414):
a. hoofdzakelijk wordt verworven of aangegaan met het doel het actief of de verplichting op korte termijn te verkopen of af te wikkelen; of
b. deel uitmaakt van geïdentificeerde financiële instrumenten die gezamenlijk worden beheerd en waarvoor aanwijzingen bestaan van een recent, feitelijk patroon van winstnemingen op korte termijn.

Instrumenten binnen de handelsportefeuille worden gewaardeerd tegen reële waarde, met wijzigingen in de reële waarde in de winst-en-verliesrekening (RJ 290.508/509). Hiervoor gelden geen keuzemogelijkheden voor waardering op kostprijs, zoals bij andere categorieën het geval is.

30.6.3 Gekochte leningen en obligaties

'Gekochte leningen en obligaties' die geen onderdeel uitmaken van een handelsportefeuille, zijn primaire financiële activa met vaste of bepaalbare betalingen. Van derden gekochte vorderingen zoals bedrijfs- of staatsobligaties maken deel uit van deze categorie. Richtlijn 290 onderscheidt binnen Gekochte leningen en obligaties de volgende twee subcategorieën:
a. tot het einde van de looptijd aangehouden. De onderneming is stellig voornemens en zowel contractueel als economisch in staat deze aan te houden tot het einde van de looptijd;
b. overige gekochte leningen en obligaties.

De waardering per subcategorie is als volgt (RJ 290.515 tot en met 518).

a. Tot einde looptijd aangehouden
Gekochte leningen en obligaties zijn financiële activa met vaste of bepaalbare betalingen, waarvan de rechtspersoon het stellig voornemen heeft en zowel contractueel als economisch in staat is deze aan te houden tot het einde van de looptijd. Ze dienen te worden gewaardeerd tegen geamortiseerde kostprijs (RJ 290.410/516).

b. Overige gekochte leningen en obligaties
Overige gekochte leningen en obligaties worden gewaardeerd tegen kostprijs of reële waarde. Bij waardering tegen reële waarde dient de onderneming een keuze te maken voor de verwerking van de baten en lasten die voortvloeien uit veranderingen in de reële waarde van deze instrumenten (RJ 290.518):
a. direct in de winst-en-verliesrekening; of

b. via de herwaarderingsreserve en bij realisatie in de winst-en-verliesrekening. Hierbij wordt nog opgemerkt dat alleen cumulatief positieve herwaarderingen direct in het eigen vermogen worden verwerkt.

Bij verwerking van de waardeveranderingen direct in de winst-en-verliesrekening (optie a) vereist artikel 2:390 lid 1 BW wel dat, door overboeking vanuit de overige reserves, een herwaarderingsreserve wordt opgenomen voor zover er voor het instrument geen frequente marktnoteringen zijn. Voor obligaties zonder beursnotering zal in het algemeen van een frequente marktnotering geen sprake zijn en dient derhalve een herwaarderingsreserve te worden opgenomen.

Bij verwerking van de waardeveranderingen in het eigen vermogen (optie b), dient in geval van een cumulatieve waardevermindering tot onder de kostprijs deze waardevermindering van een individueel actief onmiddellijk in de winst-en-verliesrekening te worden verantwoord, omdat slechts cumulatief positieve herwaarderingen direct in het eigen vermogen worden verwerkt (RJ 290.518).

30.6.4 Verstrekte leningen en overige vorderingen

'Verstrekte leningen en overige vorderingen' die geen onderdeel uitmaken van een handelsportefeuille, zijn primaire financiële activa met vaste of bepaalbare betalingen die niet op een actieve markt zijn genoteerd. Ze worden gewaardeerd tegen geamortiseerde kostprijs (RJ 290.519). Dit zal voor veel ondernemingen een belangrijke categorie zijn. Handelsdebiteuren vallen hier bijvoorbeeld onder. Handelsdebiteuren zijn ook een voorbeeld van een situatie waarbij in de meeste gevallen de nominale waarde samenvalt met de geamortiseerde kostprijs. Waardering tegen reële waarde is niet toegestaan.
Vorderingen worden uitgebreid behandeld in de hoofdstukken 9 (langlopende vorderingen) en 14 (kortlopende vorderingen).

30.6.5 Investeringen in eigen-vermogensinstrumenten

'Investeringen in eigen-vermogensinstrumenten', veelal beleggingen in aandelen, die geen onderdeel uitmaken van een handelsportefeuille, zijn onderdeel van één van de volgende subcategorieën (RJ 290.520):
a. beursgenoteerd;
b. niet-beursgenoteerd.

a. Investeringen in eigen-vermogensinstrumenten met een beursnotering
Investeringen in eigen-vermogensinstrumenten met een beursnotering worden tegen reële waarde gewaardeerd. Daarbij dient de onderneming per (sub)categorie een keuze te maken om de baten en lasten die voortvloeien uit veranderingen in de reële waarde van deze instrumenten (RJ 290.521):
a. direct in de winst-en-verliesrekening te verantwoorden; óf
b. via de herwaarderingsreserve te verantwoorden en bij realisatie in de winst-en-verliesrekening. Hierbij wordt nog opgemerkt dat alleen cumulatief positieve herwaarderingen direct in het eigen vermogen worden verwerkt. Het is niet toegestaan een negatieve herwaarderingsreserve te vormen.

b. Investeringen in eigen-vermogensinstrumenten zonder een beursnotering
Voor investeringen in eigen-vermogensinstrumenten zonder beursnotering dient een onderneming een keuze te maken per (sub)categorie om deze in de balans te verwerken tegen kostprijs of reële waarde. Indien de onderneming kiest voor verwerking tegen reële waarde, dient de onderneming de keuze te maken om de baten en lasten die voortvloeien uit veranderingen in de reële waarde van deze instrumenten (RJ 290.522):
a. direct in de winst-en-verliesrekening te verantwoorden; of

b. via de herwaarderingsreserve te verantwoorden en bij realisatie in de winst-en-verliesrekening. Hierbij wordt nog opgemerkt dat alleen cumulatief positieve herwaarderingen direct in het eigen vermogen worden verwerkt. Het is niet toegestaan een negatieve herwaarderingsreserve te vormen.

Bij verwerking van de waardeveranderingen direct in de winst-en-verliesrekening (optie a) vereist artikel 2:390 lid 1 BW dat, door overboeking vanuit de overige reserves, een herwaarderingsreserve wordt opgenomen voor zover er voor het instrument geen frequente marktnoteringen zijn. Voor aandelen zonder beursnotering zal in het algemeen van een frequente marktnotering geen sprake zijn en dient derhalve een herwaarderingsreserve te worden opgenomen.

30.6.6 Herclassificatie tussen categorieën

RJ 290.532 geeft aan dat sprake kan zijn van herclassificatie van financiële instrumenten van de ene (sub)categorie naar de andere. Indien sprake is van een herclassificatie van een kostprijscategorie naar een reële-waardecategorie wordt het waardeverschil in een herwaarderingsreserve opgenomen. Indien sprake is van een herclassificatie van een reële-waardecategorie naar een kostprijscategorie wordt de reële waarde op het moment van herclassificatie beschouwd als de kostprijs ('deemed cost'). Herclassificatie leidt daarom niet tot een bate of last.

30.6.7 Bijzondere waardeverminderingen RJ 290

Een onderneming dient op elke balansdatum te beoordelen of er objectieve aanwijzingen zijn voor bijzondere waardeverminderingen van een financieel actief of een groep van financiële activa (RJ 290.533). Dit dient te geschieden voor alle categorieën financiële activa die tegen (geamortiseerde) kostprijs gewaardeerd worden.

Voorbeelden van objectieve aanwijzingen voor bijzondere waardeverminderingen van een financieel actief of een portefeuille activa zijn (RJ 290.534):
a. aanzienlijke financiële problemen van de rechtspersoon of de schuldenaar die het instrument uitgeeft;
b. contractbreuk, zoals wanbetaling met betrekking tot rentebetalingen of aflossingen;
c. een tegemoetkoming van de leningever aan de leningnemer op grond van economische of juridische gronden in verband met financiële problemen van de leningnemer, die de leningever anders niet zou overwegen;
d. waarschijnlijkheid van faillissement of een financiële reorganisatie van de leningnemer;
e. het wegvallen van een actieve markt voor dat financieel actief vanwege financiële problemen; of
f. informatie die er op wijst dat er sprake is van een bepaalbare vermindering van de verwachte toekomstige kasstromen uit een portefeuille financiële activa sinds de eerste waardering van deze activa in de balans, welke vermindering nog niet is waar te nemen bij de individuele financiële activa in de portefeuille, zoals:
   1. nadelige veranderingen in de betalingsstatus van leningnemers in de portefeuille (bijvoorbeeld een toegenomen aantal uitgestelde betalingen of creditcarddebiteuren die hun kredietlimiet hebben bereikt en die het maandelijkse minimumbedrag betalen); of
   2. nationale of lokale economische omstandigheden die nauw samenhangen met de wanbetaling op de activa in portefeuille (bijvoorbeeld een toename in de werkloosheid in het geografische gebied van de leningnemers, een daling van de onroerendgoedprijzen bij hypotheken in het desbetreffende gebied, of nadelige veranderingen in de sectorale omstandigheden waar de leningnemers in de portefeuille door worden geraakt).

30 Financiële instrumenten

De volgende voorbeelden behoeven op zich geen objectieve aanwijzingen voor een bijzondere waardevermindering te vormen, maar kunnen dat in samenhang met andere aanwijzingen wel zijn (RJ 290.535):
- het wegvallen van een actieve markt omdat de financiële instrumenten van de andere partij niet langer ter beurze worden verhandeld;
- een verlaging van de kredietwaardigheid van de andere partij (dit is op zichzelf nog geen aanwijzing voor een bijzondere waardevermindering, maar kan in samenhang met andere beschikbare informatie wel een aanwijzing zijn voor een bijzondere waardevermindering);
- een daling van de reële waarde van een financieel actief beneden de kostprijs of geamortiseerde kostprijs (dit is niet noodzakelijkerwijs een aanwijzing voor een bijzondere waardevermindering; een voorbeeld is een daling van de reële waarde van een belegging in een schuldbewijs die het gevolg is van een stijging van de risicovrije rentevoet).

De onderneming dient voor alle afzonderlijk belangrijke financiële activa eerst op individuele basis te beoordelen of er objectieve aanwijzingen zijn voor een bijzondere waardevermindering. Bij afzonderlijk niet-belangrijke financiële activa dient deze beoordeling op individuele of collectieve basis te geschieden. Indien de onderneming bepaalt dat er geen objectieve aanwijzingen zijn voor een bijzondere waardevermindering van een op individuele basis beoordeeld financieel actief ongeacht of dit een belangrijk actief is, neemt hij het actief op in een portefeuille van financiële activa met een vergelijkbaar kredietrisico en dient deze portefeuille vervolgens collectief op aanwijzingen voor bijzondere waardeverminderingen te beoordelen. Activa die op individuele basis worden beoordeeld op bijzondere waardeverminderingen en waarvoor een bijzonder waardeverminderingsverlies is verwerkt, dienen niet ook nog te worden betrokken bij een collectieve beoordeling op bijzondere waardeverminderingen (RJ 290.536).

Bij aanwezigheid van objectieve aanwijzingen voor bijzondere waardeverminderingen, dient de onderneming de omvang van het verlies uit hoofde van de bijzondere waardevermindering te bepalen en in de winst-en-verliesrekening te verwerken (RJ 290.537). Voor financiële activa gewaardeerd tegen kostprijs of geamortiseerde kostprijs is de in aanmerking te nemen lagere waarde gelijk aan de contante waarde van de best mogelijke schatting van de toekomstige kasstromen. De disconteringsvoet is bij waardering tegen de geamortiseerde kostprijs gelijk aan de initieel bepaalde effectieve rentevoet. Bij waardering tegen kostprijs (eigen-vermogensinstrumenten) is de disconteringsvoet de actuele vermogenskostenvoet voor een soortgelijk financieel actief. Richtlijn 290 biedt een eenvoudig alternatief voor het bepalen en waarderen van een waardevermindering van tegen geamortiseerde kostprijs gewaardeerde activa: afwaardering mag ook plaatsvinden op basis van 'kostprijs of lagere marktwaarde/reële waarde' (RJ 290.537a). In dat geval wordt dus niet alleen rekening gehouden met wijzigingen in verwachte kasstromen, maar ook met wijzigingen in de marktrente. Indien de marktwaarde in een volgende periode weer toeneemt, dienen de eerder geboekte waardeverminderingen weer te worden teruggenomen tot maximaal de (geamortiseerde) kostprijs die zou zijn bepaald als er geen sprake zou zijn geweest van een bijzondere waardevermindering. Per subcategorie financiële activa dient stelselmatig een keuze te worden gemaakt tussen een van de beide systemen van afwaardering (RJ 290.537b).

> **Voorbeeld geamortiseerde kostprijs en bijzondere waardeverminderingen**
>
> Onderneming X verstrekt op 31 december 2017 een 4-jarige lening aan onderneming Y tegen marktvoorwaarden. Er is sprake van een vaste rente van 4%. De geamortiseerde kostprijs (= nominale waarde) bedraagt € 100.000.
>
> Op 31 december 2020 stelt X vast dat Y niet meer in staat is geheel aan zijn verplichtingen te voldoen. Verwacht wordt dat de rente van 2021 (op 31 december 2021) wordt betaald, maar dat van de hoofdsom slechts € 50.000 zal worden ontvangen. De marktrente voor een vergelijkbare lening op 31 december 2021 is 5%.

> Afwaardering dient te vinden tegen de beste schatting van de toekomstige kasstromen, met de initiële effectieve rente als disconteringsvoet. Op 31 december 2021 wordt de vordering derhalve gewaardeerd tegen € 51.923 (€ 54.000/1,04). De afwaardering is daarom € 48.077 (€ 100.000 - € 51.923).
>
> Onder Richtlijn 290 bestaat het alternatief om te waarderen op basis van de huidige reële waarde. De reële waarde is (€ 51.429, zijnde de contante waarde op basis van de actuele marktrente, dus € 54.000 / 1,05. De afwaardering is dan € 48.571.
>
> Het is dus niet juist om de vordering in dit voorbeeld te waarderen tegen € 50.000.
>
> Ook al is sprake van een bijzondere waardevermindering, dan blijft er een belangrijk verschil tussen activa gewaardeerd tegen geamortiseerde kostprijs en activa gewaardeerd tegen reële waarde; in het laatste geval wordt (automatisch) afgewaardeerd naar de lagere reële waarde, in het eerste geval niet.

Er worden geen verliezen opgenomen als gevolg van toekomstige gebeurtenissen, hoe waarschijnlijk deze ook zijn.

Terugneming bijzondere waardevermindering

Voor de terugname van een bijzondere waardevermindering maakt Richtlijn 290 onderscheid in drie situaties:
- Voor financiële activa gewaardeerd tegen geamortiseerde kostprijs worden voorheen opgenomen waardeverminderingsverliezen teruggenomen indien de afname van de waardevermindering verband houdt met een objectieve gebeurtenis na afboeking. De terugname dient te worden beperkt tot maximaal het bedrag dat benodigd is om het actief te waarderen op de geamortiseerde kostprijs ten tijde van de terugname als geen sprake zou zijn geweest van een bijzondere waardevermindering. Het teruggenomen verlies dient in de winst-en-verliesrekening te worden verwerkt.
- Voor investeringen in eigen-vermogensinstrumenten die op kostprijs worden gewaardeerd wordt het bijzondere waardeverminderingsverlies slechts teruggenomen indien het wegnemen van de indicatie van een bijzondere waardevermindering objectief waarneembaar is.
- Bij het alternatief om een waardevermindering te laten plaatsvinden op basis van 'kostprijs of lagere marktwaarde/reële waarde' dienen – indien en voor zover deze marktwaarde en een volgende periode toeneemt – de eerder geboekte waardeverminderingen weer te worden teruggenomen tot maximaal de (geamortiseerde) kostprijs die zou zijn bepaald als er geen sprake zou zijn geweest van een bijzondere waardevermindering.

Richtlijn 290 staat ook toe dat in de jaarrekening (alleen) ten aanzien van bijzondere waardeverminderingen de bepalingen van IFRS 9 worden toegepast. Dit betreffen dan de volgende financiële activa:
- gekochte leningen en obligaties (die geen onderdeel van de handelsportefeuille zijn);
- verstrekte leningen en overige vorderingen;
- contracten betreffende financiële garanties; en
- toezeggingen tot het verstrekken van leningen.

Bij toepassing van IFRS 9 dienen de alinea's 5.4.4 en 5.5.1 tot en met 5.5.20 alsmede de toepassingsleidraden B5.4.9 en B5.5.1 tot en met B5.5.55 van IFRS 9 integraal te worden toegepast, in plaats van de alinea's 533 tot en met 540 van Richtlijn 290. Tevens dienen dan de alinea's 35A tot en met 35N van IFRS 7 'Financiële instrumenten: informatieverschaffing' alsmede de toepassingsleidraden B8A tot en met B8J van IFRS 7 te worden toegepast.

30 Financiële instrumenten

30.7 Classificatie en waardering en bijzondere waardeverminderingen: hoofdlijnen IFRS 9

30.7.1 Algemeen

IFRS 9 'Financiële Instrumenten' kent naast de bepalingen wanneer iets wordt opgenomen in en wordt verwijderd van de balans nog een drietal hoofdthema's: classificatie en waardering, bijzondere waardeverminderingen, en hedge-acccounting. Voor hedge-accounting verwijzen wij naar paragraaf 31.5.

IFRS 9 kent één benadering voor de classificatie van alle financiële activa, inclusief de activa die een embedded derivaat bevatten. Dat betekent dat financiële activa in z'n geheel worden geclassificeerd en dat embedded derivaten niet worden afgescheiden. Er wordt een onderscheid gemaakt in schuld/vorderingsinstrumenten (*debt instruments*, hierna schuldinstrumenten genoemd) en eigen-vermogensinstrumenten (*equity investments*). Voor alle financiële activa geldt dat de eerste waardering plaatsvindt tegen reële waarde. De vervolgwaardering hangt af van de aard van het instrument en van specifieke criteria.

IFRS 9 maakt een onderscheid in een aantal categorieën financiële verplichtingen. Dit wordt behandeld in paragraaf 30.7.4.

IFRS 9 bevat een model met betrekking tot het classificeren van financiële activa. Hieronder is schematisch opgenomen hoe het classificeren van financiële activa onder IFRS 9 in zijn werk gaat:

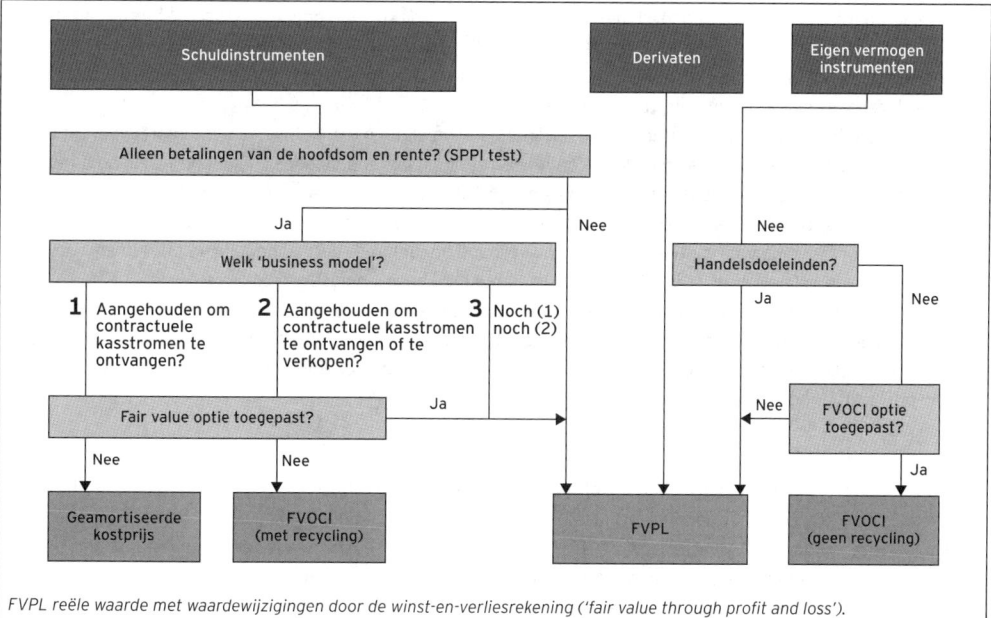

FVPL reële waarde met waardewijzigingen door de winst-en-verliesrekening ('fair value through profit and loss').
FVOCI reële waarde met waardeveranderingen in reële waarde via de overige onderdelen van het totaalresultaat in het eigen vermogen ('fair value through OCI').

30.7.2 Classificatie en waardering van activa: schuldinstrumenten

Voorbeelden van schuldinstrumenten zijn handelsvorderingen, vorderingen uit hoofde van verstrekte leningen en obligaties. Er wordt in IFRS 9 geen onderscheid gemaakt tussen beursgenoteerde en niet-beursgenoteerde instrumenten.

Onder IFRS 9 vindt de vervolgwaardering van schuldinstrumenten plaats tegen:
- geamortiseerde kostprijs;
- reële waarde met waardeveranderingen in reële waarde via de overige onderdelen van het totaalresultaat ('OCI') in het eigen vermogen; of
- reële waarde met waardeveranderingen in de winst-en-verliesrekening.

Waardering tegen geamortiseerde kostprijs mag alleen plaatsvinden als aan twee criteria cumulatief is voldaan:
- de contractuele bepalingen van het instrument voorzien in kasstromen op bepaalde data en de kasstromen betreffen uitsluitend de hoofdsom en rente op de resterende hoofdsom. Dit wordt ook wel genoemd de *Solely Payments of Principal and Interest ('SPPI')-test*.
- het bedrijfsmodel is gericht op het aanhouden van de activa teneinde de contractuele kasstromen te ontvangen. Dit wordt ook wel genoemd de *business model-test*.

SPPI-test

Indien een financieel actief, zijnde een schuldinstrument, wordt gewaardeerd tegen geamortiseerde kostprijs of tegen reële waarde met waardeveranderingen in reële waarde via de overige onderdelen van het totaalresultaat ('OCI') in het eigen vermogen dient het financiële actief de SPPI-test te doorstaan. De SPPI-test dient te worden uitgevoerd op het niveau van het instrument. Daarnaast dient de test op het instrument in zijn geheel te worden uitgevoerd, zelfs als het een samengesteld instrument betreft.

Een financieel actief doorstaat de test indien de contractuele bepalingen van het instrument voorzien in contractuele kasstromen op bepaalde data en de kasstromen betreffen uitsluitend de aflossingen en rentebetalingen op het uitstaande bedrag van de hoofdsom. De hoofdsom is in dit kader de reële waarde van het financiële actief bij eerste opname. De rente bestaat uit een vergoeding voor tijdswaarde van het geld, het kredietrisico, het liquiditeitsrisico, een vergoeding voor gemaakte kosten die verband houden met het aanhouden van het financiële actief en een winstmarge, alle die consistent zijn met een zogenoemde basisleningsovereenkomst.

Ten aanzien van de contractuele bepalingen van het instrument kan het zijn dat de economische relatie tussen de hoofdsom en de vergoeding voor de tijdswaarde van geld en het kredietrisico die bij zo'n hoofdsom hoort iets is gewijzigd. Beoordeeld moet dan worden of een dergelijke afwijking significant is ten opzichte van een rentetoepassing die normaliter hoort bij een dergelijke lening.

Business model-test

Naast de SPPI-test is de uiteindelijke classificatie ook afhankelijk van het 'business model' waaronder het financiële actief door de entiteit gehouden wordt. Het is hierbij belangrijk dat de beoordeling vaak op portefeuilleniveau plaatsvindt en dat de evaluatie gebaseerd is op een scenario dat redelijkerwijs verwacht kan worden. Het bedrijfsmodel om de financiële activa te beheren wordt bepaald door de manier waarop het bedrijf feitelijk wordt beheerd alsmede door de wijze waarop de prestaties van het bedrijf worden geëvalueerd, waarbij niet naar één factor wordt gekeken maar alle relevante aanwijzingen overwogen worden. Hierbij wordt onder andere hoe de prestaties worden gerapporteerd aan het management, hoe de managers binnen van het bedrijf worden beloond (bijvoorbeeld op basis van reële waarde van de beheerde activa) en frequentie, tijdstip en omvang van de verkopen in voorgaande perioden.

Waardering tegen reële waarde met waardeveranderingen in reële waarde via de overige onderdelen van het totaalresultaat ('OCI') in het eigen vermogen vindt plaats indien zij voldoen aan het criterium dat de contractuele kenmerken van het instrument zijn gericht op kasstromen op bepaalde data en de kasstromen uitsluitend de rente en de hoofdsom betreffen en tegelijkertijd deze schuldinstrumenten worden gehouden binnen het bedrijfsmodel waarin de instrumenten worden beheerd om **zowel** de contractuele kasstromen te ontvangen (rente en aflossing) **als** de instrumenten te verkopen en op die manier de kasstromen te realiseren. De interestbaten, valutaresultaten en bijzondere waardeverminderingen (kredietverlies) uit hoofde van deze schuldinstrumenten worden wel verwerkt in de winst-en-verliesrekening. Dat geldt ook voor het cumulatieve resultaat in het eigen vermogen ('OCI') dat wordt overgeboekt naar de winst-en-verliesrekening als het desbetreffende schuldinstrument niet langer in de balans wordt opgenomen, bijvoorbeeld door een verkoop (*recycling*).

Alle overige schuldinstrumenten worden gewaardeerd tegen reële waarde met waardeveranderingen in het resultaat.

Ook als aan de voornoemde criteria is voldaan, kan de grondslag van reële waarde worden gekozen (*fair value option*), mits de keuze voor reële waarde leidt tot een eliminatie of belangrijke vermindering van een *accounting mismatch*. Indien de onderneming kiest om voor deze instrumenten de 'fair value option' te gebruiken dan worden alle waardeveranderingen in de winst-en-verliesrekening verwerkt.

30.7.3 Classificatie en waardering van activa: eigen-vermogensinstrumenten

De vervolgwaardering van alle beleggingen in eigenvermogensinstrumenten en contracten betreffende die instrumenten moeten tegen reële waarde worden gewaardeerd. In beperkte omstandigheden kan de kostprijs een passende schatting van de reële waarde vormen. Dit kan het geval zijn als er onvoldoende meer recente informatie beschikbaar is om de reële waarde te bepalen, of als er van een grote bandbreedte van mogelijke waarderingen tegen reële waarde sprake is en de kostprijs de beste schatting van de reële waarde binnen die bandbreedte vertegenwoordigt.

De verwerking van waardeveranderingen kan hetzij geschieden in het resultaat, hetzij in het eigen vermogen via de overige onderdelen van het totaalresultaat ('OCI'). In beide gevallen maakt de waardeverandering deel uit van het totaalresultaat (*comprehensive income*).

Verwerking van waardeveranderingen in het resultaat is in één geval verplicht: als de eigen-vermogensinstrumenten aangehouden worden voor handel ('held for trading'). Daaronder vallen ook derivaten inzake eigen-vermogensinstrumenten. In alle andere gevallen is sprake van een vrije keuze. Deze keuze wordt gemaakt per instrument en kan later niet meer worden gewijzigd.

Bij verwerking van de waardeveranderingen in het eigen vermogen wordt het ontvangen dividend in de winst-en-verliesrekening verantwoord (tenzij sprake is van een terugbetaling van de kostprijs). De in het eigen vermogen en totaalresultaat opgenomen waardeveranderingen worden niet later alsnog opgenomen in het netto-resultaat ('no recycling'); dat betekent dat er geen tussentijdse impairment wordt doorgevoerd en dat bij verkoop gerealiseerde waardeveranderingen niet in de winst-en-verliesrekening worden opgenomen. Wel dient uitgebreid informatie te worden toegelicht over verkopen en de resultaten daarvan.

30.7.4 Classificatie en waardering van financiële verplichtingen

Onder IFRS 9 worden financiële verplichtingen geclassificeerd en gewaardeerd tegen reële waarde met waardeveranderingen in de winst-en-verliesrekening of tegen geamortiseerde kostprijs. De eerste waardering is reële waarde.

Financiële verplichtingen worden gewaardeerd tegen reële waarde met waardeveranderingen in de winst-en-verliesrekening wanneer deze worden aangehouden voor handelsdoeleinden of wanneer wordt gekozen om deze te waarderen tegen reële waarde met waardeveranderingen in de winst-en-verliesrekening; de zogenoemde 'fair value option' (zie par. 30.7.6).

IFRS 9 specificeert verder de verwerking van voor verplichtingen uit hoofde van bepaalde financiële garantiecontracten en de verwerking van een bijzondere waardevermindering dienaangaande, alsmede toezeggingen om leningen te verstrekken tegen een vergoeding die lager is dan de marktrente.

Alle overige financiële verplichtingen kennen over het algemeen als vervolgwaardering geamortiseerde kostprijs.

30.7.5 Herclassificatie van activa

In bepaalde uitzonderlijke omstandigheden worden financiële activa van een onderneming geherclassificeerd tussen de categorieën: geamortiseerde kostprijs; reële waarde met waardeveranderingen in het eigen vermogen ('OCI'); en reële waarde met waardeveranderingen in de winst-en-verliesrekening. Het betreffen alleen niet-afgeleide schuldinstrumenten. Een onderneming mag geen enkele financiële verplichting herclassificeren.

Verwacht wordt dat wijzigingen van het bedrijfsmodel zeer zelden zullen plaatsvinden. Tot dergelijke wijzigingen wordt besloten door het hoger management van de onderneming als gevolg van externe of interne veranderingen; de wijzigingen moeten van betekenis zijn voor de bedrijfsactiviteiten van de onderneming en zij moeten aan externe partijen kunnen worden aangetoond. Er zal zich derhalve pas een wijziging in het bedrijfsmodel van een onderneming voordoen wanneer de onderneming met een voor haar bedrijfsactiviteiten belangrijke activiteit begint of stopt; bijvoorbeeld wanneer de entiteit een bedrijfsactiviteit heeft verworven, afgestoten of beëindigd.

Wanneer (en alleen wanneer) een onderneming haar bedrijfsmodel wijzigt voor het beheren van financiële activa, dan moeten alle betrokken financiële activa in overeenstemming met het nieuwe bedrijfsmodel worden geherclassificeerd. De herclassificatie dient prospectief te worden toegepast vanaf de herclassificatiedatum, die wordt gedefinieerd als de eerste dag van de eerste verslagperiode die volgt op de wijziging in het bedrijfsmodel die resulteert in de herclassificatie van financiële. Bijgevolg mogen eventuele eerder opgenomen winsten, verliezen of rente niet worden herzien.

30.7.6 Reële-waarde-optie

Financiële activa of financiële verplichting kunnen onder IFRS 9 ook vrijwillig worden aangewezen als een instrument met als waardering reële waarde met waardeveranderingen in de winst-en-verliesrekening. Dit is de reële-waarde-optie ofwel de 'fair value option'.

Toepassing van de reële-waarde-optie onder IFRS 9 is alleen mogelijk indien het toepassen van de reële-waarde-optie een accounting mismatch wegneemt of deze aanzienlijk vermindert, welke zou bestaan als financiële activa of verplichtingen op verschillende grondslagen worden gewaardeerd. Ten aanzien van financiële verplichtingen mag ook de reële-waarde-optie worden toegepast als een groep van financiële instrumenten (activa, passiva of beide) op reële-waardebasis wordt gemanaged, overeenkomstig een gedocumenteerde risicomanagement/ investeringsstrategie.

Bij waardering van financiële verplichtingen tegen reële waarde doet zich het tegenintuïtieve verschijnsel voor dat verslechtering van de eigen kredietwaardigheid leidt tot een bate. Immers, verslechtering van de eigen kredietwaardigheid leidt tot een verhoging van de te betalen rente (hogere risico-opslag) en als de toekomstige kasstromen tegen deze hogere rente contant worden gemaakt resulteert een lagere verplichting. Indien onder IFRS 9 de reële-waarde-optie wordt toegepast, wordt het deel van de waardeverandering dat betrekking heeft op veranderingen in de eigen kredietwaardigheid niet gepresenteerd in de winst-en-verliesrekening, maar wel via het totaalresultaat ('other comprehensive income') in het eigen vermogen. Voor zover een dergelijke presentatie echter zou leiden tot een 'accounting mismatch' (omdat de effecten van veranderingen in de kredietwaardigheid worden geneutraliseerd door waardeveranderingen van tegen reële waarde gewaardeerde financiële activa) worden de waardeveranderingen wel in de winst-en-verliesrekening gepresenteerd. Dat geldt ook voor de bate als gevolg van gedaalde kredietwaardigheid (en de last als gevolg van de gestegen kredietwaardigheid) in het geval de financiële verplichtingen deel uitmaken van de handelsportefeuille.

De reële-waarde-optie kan ook nuttig zijn indien een onderneming een zogenoemde hybride contract heeft met daarin een of meer embedded derivaten en het basisinstrument geen actief binnen de reikwijdte van IFRS 9 is. De bepalingen hiervan worden verder behandeld in paragraaf 31.3.

30.7.7 Bijzondere waardeverminderingen: IFRS 9

IFRS 9 kent ten aanzien van bijzondere waardeverminderingen van vorderingen (de zogenoemde kredietvoorzieningen) het *expected credit loss*-model. Er zijn bepalingen voor het doorvoeren van bijzondere waardeverminderingen met betrekking tot bepaalde financiële activa opgenomen. De bepalingen vereisen dat op deze financiële activa (zoals een lening) onmiddellijk een kredietverlies of -voorziening wordt genomen op basis van een verwacht verlies dat zich in de komende twaalf maanden zal voordoen dan wel, bij verslechterde kredietkwaliteit, een kredietverlies dat is gebaseerd op de gehele resterende looptijd van de lening. Dit leidt wellicht tot het eerder verantwoorden van de kredietverliezen ten opzichte van leningen waarbij alleen kredietverliezen worden verantwoord die reeds zijn opgetreden ('incurred').

De bepalingen van IFRS 9 ten aanzien van bijzondere waardeverminderingen zijn van toepassing op alle financiële instrumenten die tegen geamortiseerde kostprijs worden gewaardeerd, inclusief handelsvorderingen en leasevorderingen alsmede schuldinstrumenten in de categorie reële waarde met waardeveranderingen in reële waarde via de overige onderdelen van het totaalresultaat in het eigen vermogen ('fair value through OCI'), toezeggingen tot het verstrekken van leningen en verstrekte financiële garantiecontracten.

In het algemeen zijn de bepalingen van het verwachte kredietverliesmodel erop gericht dat het verwachte kredietverlies de verslechtering of verbetering van de kredietkwaliteit van het financiële actief (dat wil zeggen de lening, toezegging van een lening of financiële garantiecontract) weerspiegelt. Bij het verstrekken van een lening wordt onmiddellijk een kredietverlies of -voorziening genomen ten bedrage van het verlies dat de komende twaalf maanden wordt verwacht. De lening begeeft zich dan in een zogenoemd stadium 1. Als vervolgens de kredietkwaliteit van de lening significant verslechtert, wordt dit verwachte twaalfmaanden verlies vervangen door een verwacht kredietverlies op basis van de gehele resterende looptijd van de lening. IFRS 9 gaat uit van een weerlegbaar vermoeden dat een de kredietkwaliteit significant is verslechterd bij een betalingsachterstand van meer dan 30 dagen. De lening begeeft zich in dat geval in stadium 2. Als er nadien objectief bewijs van een opgetreden waardevermindering is verkregen, zal de lening zich begeven in stadium 3.

Schematisch kan dit als volgt worden weergegeven:

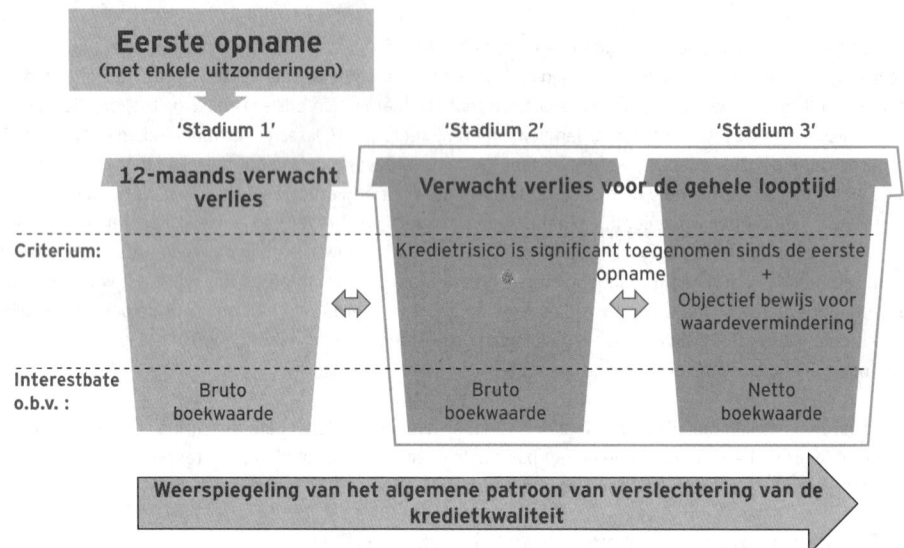

IFRS 9 gaat in op de bepalingen van het verwacht kredietverlies (zoals op basis van *probability of default*) maar definieert niet een bepaalde methodiek hoe te bepalen of de kredietkwaliteit van een lening verslechtert. Ten aanzien van een lening wordt op een eerder moment een kredietvoorziening getroffen dan het moment dat er sprake is van een daadwerkelijke opgetreden bijzondere waardevermindering of een wanbetaling. Het begrip wanbetaling is niet precies gedefinieerd maar IFRS 9 is helder dat wanbetaling breder is dan het niet in staat zijn om te betalen en ook kwalitatieve indicatoren van wanbetaling (zoals het breken van convenanten) dienen te worden meegewogen. Overigens gaat de standaard uit van een weerlegbaar vermoeden dat er sprake is van een wanbetalingssituatie zich voordoet bij een betalingsachterstand van meer dan 90 dagen.

In principe geldt bovenstaande model voor alle genoemde financiële activa. Dit zal ook de grootste impact hebben op portefeuilles van leningen waarin opgenomen vorderingen met een relatief langere looptijd. Zo moet worden vastgesteld wanneer er sprake is van een verandering in kredietrisico en of een dergelijke verandering significant is of niet. Ofschoon de IASB niet de bedoeling had om hier een specifieke methodiek voor te schrijven, wordt in IFRS 9 aangegeven dat dit een mix van kwalitatieve en kwantitatieve indicatoren zijn die overwogen moeten worden. IFRS 9 geeft een aantal indicatieve factoren waar rekening mee moet worden gehouden, zoals:
▶ een actueel of verwachte significante verandering in de externe of interne credit rating van een financieel instrument;
▶ significante veranderingen in prijsindicatoren van kredietrisico zoals *credit spreads*;
▶ bestaande of toekomstige negatieve veranderingen in de bedrijfs-, economische of financiële condities van de debiteur die van invloed kunnen zijn dat de debiteur mogelijkheid tot betaling;
▶ een actuele of verwachte verandering in het operationeel resultaat van de debiteur;
▶ een actuele of verwachte verandering in regelgeving, economische of technische omgeving van de debiteur;

30 Financiële instrumenten

- significante veranderingen ten aanzien van financiële ondersteuning die de debiteur geniet van zijn moedermaatschappij of andere partijen;
- verwachte veranderingen in het naleven van de lening voorwaarden inclusief het niet nakomen van convenanten; en
- significante veranderingen in verwachte prestaties en gedragingen van de debiteur die van invloed kunnen zijn op de betaling van zijn verplichtingen.

Bij het bepalen of een kredietrisico significant is gestegen is veel oordeelsvorming nodig waarbij het onder meer afhangt van het kredietrisico bij de eerste opname van de vordering en de verwachte looptijd van de vordering. Bijvoorbeeld, een procentuele toename van de waarschijnlijkheid op wanbetaling zal voor een vordering met een laag initieel kredietrisico veel significanter kunnen zijn dan die van een vordering met een hoog initieel kredietrisico. Ook zal ten aanzien van twee vordering met hetzelfde kredietrisico bij eerste opname het risico op wanbetaling kunnen verschillen als de looptijd van de ene vordering langer is dan de andere.

IFRS 9 definieert (de omvang van) een kredietverlies als het verschil tussen alle contractuele kasstromen die overeenkomstig het contract aan een entiteit verschuldigd zijn en alle kasstromen die de entiteit verwacht te zullen ontvangen verdisconteerd tegen de oorspronkelijke effectieve rentevoet. Verder bepaalt IFRS 9 dat de te verwachten kredietverliezen het gewogen gemiddelde is van kredietverliezen waarbij de risico's op een wanbetaling als wegingsfactoren worden gebruikt. De verwachte kasstromen omvatten tevens kasstromen uit hoofde van verkoop van onderpand en andere vormen van kredietbescherming die integraal onderdeel uitmaken van de contractvoorwaarden.

Als een lening zich in stadium 1 bevindt, is de kredietvoorziening gebaseerd op het verlies dat de komende twaalf maanden wordt verwacht. IFRS 9 definieert 'binnen twaalf maanden te verwachten kredietverliezen' als het gedeelte van de tijdens de looptijd te verwachten kredietverliezen, dat het risico weergeeft van de risico op wanbetaling binnen een periode van twaalf maanden na de verslagdatum.
Als een lening zich in stadium 2 of 3 begeeft, is de kredietvoorziening gebaseerd op een verwacht kredietverlies op basis van de gehele resterende looptijd van de lening. IFRS 9 definieert 'tijdens de looptijd te verwachten kredietverliezen' als de te verwachten kredietverliezen die voortvloeien uit alle mogelijke gebeurtenissen op wanbetaling over de verwachte looptijd van een financieel instrument.

De te verwachten kredietverliezen op een financieel instrument moeten op zodanige wijze gewaardeerd worden dat het volgende wordt weergegeven:
- een onvertekend en kans gewogen bedrag dat is bepaald door een reeks van mogelijke uitkomsten te evalueren;
- de tijdswaarde van geld; en
- redelijke, gefundeerde en zonder ongerechtvaardigde kosten of inspanningen beschikbare informatie over gebeurtenissen uit het verleden, de aanwezige omstandigheden en prognoses van toekomstige economische omstandigheden.

Bij de waardering van te verwachten kredietverliezen hoeft niet noodzakelijkerwijs elk mogelijk scenario in aanmerking te worden genomen. Echter moet wel het risico of de kans onderzocht worden dat er zich een kredietverlies voordoet door de kans in aanmerking te nemen dat er zich een kredietverlies voordoet. Tevens moet daarbij meegenomen worden de kans dat er zich geen kredietverlies voordoet. Deze analyse moet gemaakt worden ook al is de kans dat er zich een kredietverlies voordoet als zeer gering beschouwd wordt.

De maximumperiode die bij de waardering van te verwachten kredietverliezen in aanmerking moet worden genomen, is de maximale contractuele periode (inclusief verlengingsopties) gedurende welke de entiteit aan kredietrisico is blootgesteld en geen langere periode, ook al sluit die langere periode aan bij hoe in de praktijk wordt gehandeld.

Vereenvoudigd model voor handels- en leasevorderingen en contractactiva

In het bijzondere waardeverminderingsmodel van IFRS 9 zijn enkele vereenvoudigingen mogelijk voor handels- en leasevorderingen en contractactiva. Voor handelsvorderingen zonder een financieringskarakter (zoals bedoeld in IFRS 15) is de vereenvoudigde methode zelfs verplicht. Bij de vereenvoudigde methode is het niet nodig om veranderingen in het kredietrisico voor het financiële actief bij te houden, maar in plaats daarvan is het verplicht om een kredietvoorziening op te nemen op basis van een verwacht verlies voor de gehele looptijd van het desbetreffende financiële actief.

Vanwege het kortlopende karakter van deze financiële activa voorziet IFRS 9 in een meer vereenvoudigde aanpak met een meer praktisch middel voor dergelijke vorderingen. Een veel gebruikt voorbeeld hiervan is een voorzieningenmatrix, die hulp kan bieden om de kredietvoorziening te bepalen. Deze vereenvoudigde aanpak wordt uitgelegd aan de hand van onderstaand voorbeeld.

Voorbeeld: vereenvoudigde toepassing berekening verwachte kredietverlies voor handelsvorderingen

Onderneming C heeft uitstaande handelsvorderingen en geconcludeerd dat deze geen significante financieringscomponenten bevatten. De contractuele vervaldatum van de handelsvorderingen is 30 dagen na factuurdatum. Onderneming C hanteert de vereenvoudigde toepassing uit IFRS 9 om het verwachte kredietverlies voor de gehele looptijd van deze vorderingen te bepalen met behulp van een zogenoemde voorzieningenmatrix. De onderneming heeft een portefeuille van vorderingen ter grootte van € 30 miljoen. De vorderingen betreffen een grote groep van kleine cliënten en de risicokenmerken van deze cliënten zijn representatief voor de gehele portefeuille. De voorzieningmatrix die Onderneming C hanteert, is gebaseerd op historisch waarneembare wanbetalingsgegevens over de gehele looptijd van de handelsvorderingen en is aangepast voor toekomstige schattingen. Die toekomstige schattingen zijn onder andere gebaseerd op macro-economische vooruitzichten, financiële en economische condities die bij deze groep cliënten behoren. Onderneming C actualiseert iedere rapporteringsdatum de historische data alsmede worden veranderingen in de toekomstige economische en financiële ontwikkelingen geanalyseerd. Bij Onderneming C leidt dit per balansdatum 31 december tot de omvang van de debiteurenvoorziening van € 580.000, die is als volgt is opgebouwd:

	Huidig	1-30 dagen na vervaldatum	31-60 dagen na vervaldatum	61-90 dagen na vervaldatum	Meer dan 90 dagen na vervaldatum
Percentage wanbetalingen	0,3%	1,6%	3,6%	6,6%	10,6%

bedragen in euro's	Bruto boekwaarde	Verwacht verlies over de gehele looptijd (bruto boekwaarde x percentage wanbetalingen over de gehele looptijd)
Huidig	15.000.000	45.000
1-30 dagen na vervaldatum	7.500.000	120.000
31-60 dagen na vervaldatum	4.000.000	144.000
61-90 dagen na vervaldatum	2.500.000	165.000
Meer dan 90 dagen na vervaldatum	1.000.000	106.000
	30.000.000	580.000

Veel onderneming maken al gebruik van een dergelijke matrix om hun debiteurenvoorzieningen te bepalen, maar dat geldt voor de inschatting van verwachte kastromen op basis van opgetreden verliezen. Onder IFRS 9 moeten ondernemingen in de te hanteren percentages van de matrix ook gebruikmaken van toekomstige informatie om zodoende de te verwachten verliezen in te schatten. Dit komt onder meer tot uitdrukking in bovenstaande matrix door dat ook voor de debiteuren die geen betalingsachterstand hebben, een kredietvoorziening wordt verantwoord van 0,3%.

30.8 Toelichting

30.8.1 Algemene informatie en waarderingsgrondslagen

De Nederlandse wet en de Richtlijnen (RJ 290) bevatten het voorschrift dat uitgebreide informatie dient te worden verschaft over financiële instrumenten. Daarbij wordt onderscheiden tussen financiële instrumenten die tegen actuele waarde worden gewaardeerd (art. 2:381a BW) en financiële instrumenten die niet tegen actuele waarde worden gewaardeerd (art. 2:381b BW). In IFRS zijn de toelichtingsvereisten opgenomen in IFRS 7 'Financial Instruments: Disclosures'.

RJ 290.906 bepaalt dat omtrent alle financiële instrumenten, zowel in de balans opgenomen als niet in de balans opgenomen, het volgende in de toelichting dient te worden opgenomen:
a. informatie over de omvang en de aard van de financiële instrumenten, inclusief belangrijke contractuele bepalingen die invloed kunnen hebben op zowel bedrag en tijdstip als mate van zekerheid van de toekomstige kasstromen; en
b. de grondslagen voor waardering en resultaatbepaling, inclusief de criteria voor opname van financiële instrumenten in de balans en de toegepaste waarderingsmethoden.

Deze informatieverplichting stemt overeen met de wettelijke informatieplicht.

> **Voorbeeld vermelding grondslagen (Dutch GAAP)**
> Maatschappij X en haar groepsmaatschappijen houden geen financiële instrumenten voor handelsdoeleinden en geven deze ook niet uit. In de balans opgenomen financiële instrumenten worden gewaardeerd tegen geamortiseerde kostprijs tenzij anders vermeld.

IFRS 7 vereist soortgelijke informatie als vereist in Richtlijn 290 (IFRS 7.7 en IFRS 7.21) maar IFRS 7 geeft een significant groter aantal en meer gedetailleerde toelichtingseisen dan de Richtlijnen. IFRS 7 benadrukt daarbij dat een onderneming informatie moet verstrekken die de gebruikers in staat stelt te beoordelen hoe belangrijk financiële instrumenten voor de onderneming zijn. De standaard geeft aan dat hierbij informatie wordt gegeven die aansluit bij de wijze waarop het management de risico's beoordeelt. Zo moet de kwantitatieve toelichting over risico's worden gebaseerd op informatie die het *key management personnel* hierover ontvangt. Naast kwantitatieve informatie verlangt IFRS 7.32A-33 ook daarop aansluitende kwalitatieve toelichting, waarbij de onderlinge interactie tussen de kwalitatieve en kwantitatieve aspecten wordt benadrukt. Ten slotte kent IFRS 13 uitgebreide toelichtingsvereisten voor financiële instrumenten die tegen reële waarde zijn gewaardeerd, of waarvan de reële waarde is toegelicht.

30.8.2 Toelichting renterisico

Voor elke categorie financiële activa en financiële verplichtingen, zowel in de balans opgenomen als niet in de balans opgenomen, dient de onderneming informatie te geven over de mate waarin zij blootstaat aan rente- en kasstroom- en liquiditeitsrisico, door middel van informatie die ten minste de volgende punten omvat (RJ 290.918).
a. de contractuele renteherzienings- of aflossingsdata, voor zover laatstgenoemde eerder liggen;
b. de effectieve rentevoeten, voor zover van toepassing.

Bij de informatie inzake rente-, kasstroom- en liquiditeitsrisico dienen ook de effecten van hedge-instrumenten te worden betrokken. Hierbij wordt aanbevolen om deze risico-informatie te verstrekken zowel inclusief als exclusief het effect van hedege-instrumenten, met uitsplitsing naar de relevante en gehele looptijden. Middelgrote rechtspersonen mogen de informatie beperken tot het liquiditeitsrisico en wordt het opnemen van de toelichting inzake het rente- en kasstroomrisico in Richtlijn 290 aanbevolen. Daarnaast gelden de wettelijke vereisten inzake toelichting uit artikel 2:391 BW. Op grond hiervan dient een onderneming in het bestuursverslag toelichting inzake het gebruik van financiële instrumenten op te nemen, waaronder het beleid inzake risicobeheer en over de gelopen risico's.

30.8.3 Toelichting kredietrisico

Voor elke categorie financiële activa en financiële verplichtingen, zowel in de balans opgenomen als niet in de balans opgenomen, dient de onderneming informatie te geven over de mate waarin zij kredietrisico loopt, door middel van informatie die ten minste de volgende punten omvat (RJ 290.928, IFRS 7.34 en IFRS 7.36). RJ 290.928 geldt alleen voor grote rechtspersonen:

a. Het bedrag dat het best het maximale kredietrisico weergeeft dat op de balansdatum wordt gelopen, in het geval dat tegenpartijen hun verplichtingen uit hoofde van financiële instrumenten niet nakomen, zonder rekening te houden met de reële waarde van verkregen zakelijke onderpanden. Indien het maximale kredietrisico wordt weergegeven door de boekwaarde in de balans, is een afzonderlijke vermelding niet nodig.
b. Belangrijke concentraties van kredietrisico.

Voorts dient informatie te worden gegeven over verkregen zekerheden en onderpanden die als waarborg dienen indien de vorderingen niet kunnen worden geïnd (RJ 290.929, IFRS 7.36). Aangegeven dient te worden wat het effect is op het kredietrisico, bijvoorbeeld door een indicatie van de reële waarde van de tot zekerheid verkregen activa.

Voor middelgrote rechtspersonen wordt het opnemen van deze toelichting in Richtlijn 290 aanbevolen. Daarnaast gelden de wettelijke vereisten inzake toelichting uit artikel 2:391 BW. Op grond hiervan dient een onderneming in het bestuursverslag toelichting inzake het gebruik van financiële instrumenten op te nemen, waaronder het beleid inzake risicobeheer en over de gelopen risico's.

IFRS 7 vereist voor elk type risico dat voortkomt uit financiële instrumenten, dat kwantitatieve toelichting wordt gegeven die is gebaseerd op informatie die het 'key management personnel' hierover ontvangt. Ten aanzien van kredietrisico vereist IFRS 7.35A-N en verder zeer specifieke informatie in de toelichting van de jaarrekening.

IFRS 7 vereist verder informatie omtrent eventuele salderingsovereenkomsten. Hierbij zal kwantitatief moeten worden toegelicht:

a. brutobedragen van financiële activa en passiva;
b. de bedragen die voor saldering in aanmerking komen volgens IAS 32 (zie par. 30.3.4);
c. nettobedragen zoals in de balans opgenomen;
d. bedragen die onder een netting agreement vallen, maar niet zijn opgenomen in het item b) waaronder items die niet aan alle salderingscriteria voldoen en onderpanden in geld;
e. nettobedrag van c) minus d).

> **Voorbeeld toelichting kredietrisico onder Dutch GAAP**
> Maatschappij X en haar groepsmaatschappijen hebben procedures en gedragslijnen om de omvang van het kredietrisico bij elke tegenpartij of markt te beperken. Deze procedures en de geografische spreiding van de activiteiten van de groepsmaatschappijen beperken de blootstelling van maatschappij X aan het risico verbonden aan kredietconcentraties en marktrisico's. Het maximale kredietrisico is gelijk aan de boekwaarde van de financiële activa.

30.8.4 Toelichting liquiditeitsrisico

Liquiditeitsrisico is het risico dat de rechtspersoon niet de mogelijkheid heeft om de financiële middelen te verkrijgen die nodig zijn om aan de verplichtingen uit hoofde van de financiële instrumenten te voldoen. De Nederlandse wet vereist dat in het bestuursverslag (kwalitatieve) toelichting wordt gegeven op de financiële risico's uit hoofde van financiële instrumenten, waaronder het door de onderneming gelopen liquiditeitsrisico (art. 2:391 lid 3 BW, RJ 290.304).

IFRS 7.39 vereist zowel kwalitatieve als kwantitatieve toelichting over liquiditeitsrisico. Een onderneming dient – apart voor niet-derivaten en derivaten – een looptijdanalyse voor financiële verplichtingen te geven, waarbij alle toekomstige contractuele kasstromen, inclusief de betalingen van rente, worden weergegeven (een 'niet-verdisconteerde analyse'). Gevolg is dat het totaalbedrag van deze analyse niet aansluit met de boekwaarde van de financiële verplichtingen. In deze aflossingsanalyse dienen ook financiële garantiecontracten te worden opgenomen (tegen het maximale gegarandeerde bedrag) en de verplichtingen uit hoofde van toezeggingen om leningen te verstrekken. Ook dient de onderneming een beschrijving te geven van de wijze waarop de onderneming het liquiditeitsrisico beheerst. IFRS 7.34 geeft aan dat de kwantitatieve toelichting moet aansluiten op informatie die het 'key management personnel' hierover ontvangt.

30.8.5 Toelichting marktrisico

Marktrisico is het risico dat de waarde van een financieel instrument zal fluctueren als gevolg van veranderingen van marktprijzen, veroorzaakt door factoren die uitsluitend gelden voor het individuele instrument of de emittent hiervan, of door factoren die alle instrumenten die verhandeld worden in de markt beïnvloeden. Richtlijn 290 vereist alleen kwalitatieve toelichting over risico's van financiële instrumenten (waaronder marktrisico). Daarnaast vereist de Nederlandse wet dat in het bestuursverslag (kwalitatieve) toelichting wordt gegeven op de financiële risico's uit hoofde van financiële instrumenten, waaronder het door de onderneming gelopen marktrisico, dat onderdeel uitmaakt van het prijsrisico (art. 2:391 lid 3 BW, RJ 290.304).

IFRS 7 vereist zowel kwalitatieve als kwantitatieve toelichting over marktrisico. Een onderneming dient onder IFRS een gevoeligheidsanalyse op te nemen voor elk type marktrisico. Hierin dient te worden aangegeven hoe eigen vermogen en winst-en-verliesrekening worden beïnvloed indien risicovariabelen zouden veranderen. Daarnaast dienen de gebruikte methoden en aannames te worden toegelicht (IFRS 7.40). IFRS 7.34 geeft aan dat de kwantitatieve toelichting moet aansluiten op risico-informatie die het 'key management personnel' hierover ontvangt.

30.8.6 Toelichting reële waarde

Voor elke categorie financieel actief en financiële verplichting, zowel in de balans opgenomen als niet in de balans opgenomen, dient de onderneming informatie te geven over de reële waarde (RJ 290.937, IFRS 13.93). RJ 290.937 geldt voor grote en middelgrote ondernemingen. Het bedrag van de reële waarde hoeft niet in toelichting te worden opgenomen voor zover de financiële activa of de financiële verplichtingen al tegen reële waarde zijn gewaardeerd in de balans.

De Richtlijnen en IFRS geven aan dat opname van informatie over reële waarde in de toelichting ook het weergeven van de gehanteerde methode en de belangrijkste veronderstellingen omvat die zijn gebruikt bij de toepassing daarvan (RJ 290.937, IFRS 13.93d).

De Richtlijnen geven aan dat indien het niet mogelijk is om binnen een redelijke termijn of tegen redelijke kosten op voldoende betrouwbare wijze de reële waarde te bepalen van een financieel instrument, en de onderneming om deze reden dergelijke financiële instrumenten waardeert tegen kostprijs, dit feit dient te worden vermeld. Voor belangrijke financiële instrumenten waarvoor dit geldt, dient tevens een beschrijving te worden opgenomen van de betreffende financiële instrumenten, alsmede een verklaring waarom de reële waarde niet betrouwbaar bepaald kan worden en, indien mogelijk, de bandbreedte van de schattingen waarbinnen de reële waarde zeer waarschijnlijk zal liggen. Verder wordt bij het niet langer verwerken in de balans van belangrijke financiële instrumenten waarvan voordien de reële waarde niet betrouwbaar kon worden bepaald, dit feit vermeld, alsmede de boekwaarde van bedoelde financiële instrumenten ten tijde van de verkoop en het bedrag van de verwerkte bate of last. Indien deze bate of last gering is kan worden volstaan met de toelichting van dit feit (RJ 290.938).

Als geen informatie over de reële waarde in de toelichting wordt gegeven, omdat de reële waarde niet voldoende betrouwbaar kan worden bepaald, dient informatie te worden verschaft die gebruikers van jaarrekeningen behulpzaam is bij het vormen van een eigen oordeel over de omvang van mogelijke verschillen tussen de boekwaarde van financiële activa en financiële verplichtingen en hun reële waarde (RJ 290.941).

IFRS vereist aanvullende toelichting over reële waarden. IFRS 13.93 en IFRS 13.95 vereist dat voor iedere categorie financiële instrumenten die is gewaardeerd tegen reële waarde onder andere de volgende informatie wordt opgenomen:
- het niveau of de niveaus in de reële-waardehiërarchie (niveau 1, 2 of 3; zie par. 30.5.5) op basis waarvan de instrumenten zijn gewaardeerd;
- alle belangrijke herclassificaties tussen niveau 1 en niveau 2, en de reden voor herclassificatie;
- voor alle waarderingen op niveau 3 een aansluiting tussen de begin- en eindbalans, waarin zijn opgenomen de in de winst-en-verliesrekening verwerkte resultaten, de in het eigen vermogen verwerkte resultaten, de aankopen, verkopen en overige mutaties, de herclassificaties naar of vanuit niveau 3 en de redenen voor herclassificaties.

De Richtlijnen vereisen voor financiële activa en financiële verplichtingen die gewaardeerd worden op reële waarde, dat aangegeven wordt of de boekwaarden zijn afgeleid van genoteerde marktprijzen, onafhankelijke taxaties, netto-contante-waardeberekeningen of dat een andere geschikte methode is gehanteerd. Belangrijke veronderstellingen dienen te worden toegelicht (RJ 290.916).

De Richtlijnen en IFRS vereisen dat de presentatie van de reële waarde in de toelichting zodanig is, dat een vergelijking met de boekwaarde mogelijk is.

> **Voorbeeld toelichting reële waarde onder Dutch GAAP**
>
> | Bedragen x € 1.000 | 31-12-2021 | | 31-12-2020 | |
> |---|---|---|---|---|
> | | boekwaarde | reële waarde | boekwaarde | reële waarde |
> | Kortlopende schulden | 3.311 | 3.343 | 3.812 | 3.828 |
> | Langlopende schulden | 7.609 | 8.359 | 4.656 | 5.084 |
>
> De kortlopende schuld bestaat uit kortlopende schulden aan banken en kortlopende leningen van andere dan bancaire instellingen. De reële waarde van de kortlopende schuld is nagenoeg gelijk aan de marktwaarde als gevolg van de korte looptijden van de betreffende instrumenten.
> De reële waarde van de langlopende schuld is geschat door de contante waarde van de leningen te berekenen aan de hand van een geschatte rendementscurve, passend bij de looptijden van de geldende contracten, aan het einde van het jaar. De reële waarde is hoger doordat de leningen een vaste rentestructuur hebben waarbij de huidige marktrente lager is dan de contractueel afgesproken rente.

30.8.7 Toelichting financiële activa boekwaarde hoger dan reële waarde

Als een onderneming een of meer financiële activa heeft opgenomen tegen een boekwaarde die hoger is dan de reële waarde, dient deze onderneming de volgende gegevens te verschaffen (RJ 290.943):
a. de boekwaarde en de reële waarde van óf de individuele activa, óf de relevante groepen van die individuele activa; en
b. de redenen voor het niet verlagen van de boekwaarde, inclusief het gegeven waarop de leiding van de onderneming de overtuiging baseert dat de boekwaarde kan worden gerealiseerd.

IFRS 7 kent deze toelichtingseis niet.

> **Voorbeeld toelichting boekwaarde hoger dan reële waarde onder Dutch GAAP**
>
> Een beursgenoteerde obligatie is gewaardeerd tegen geamortiseerde kostprijs. De reële waarde (gebaseerd op de beurskoers) is lager. De lagere waarde wordt veroorzaakt doordat de marktrente hoger is dan de couponrente. De onderneming heeft de obligatie niet tegen lagere waarde opgenomen omdat de obligatie wordt aangehouden tot het einde van de looptijd en verwacht wordt dat aan de rente- en aflossingsverplichtingen wordt voldaan.

30.8.8 Financiële activa of verplichtingen tegen reële waarde met waardewijzigingen in winst-en-verliesrekening en aanvullende informatie

De Richtlijnen kennen geen specifieke toelichtingseisen bovenop de hiervoor beschreven vereisten ten aanzien van financiële activa of verplichtingen tegen reële waarde met waardewijzigingen in winst-en-verliesrekening, maar bevatten wel aanbevelingen op dit punt. IFRS 7 kent de volgende specifieke eisen.

Indien de onderneming ervoor kiest leningen of vorderingen bij initiële verwerking te waarderen tegen reële waarde, met verantwoording van waardeveranderingen in de winst-en-verliesrekening dient zij de volgende toelichting op te nemen (IFRS 7.9):
1. het maximumkredietrisico per balansdatum;
2. het bedrag waarmee een derivaat of vergelijkbaar instrument dit maximum kredietrisico indekt;
3. de wijziging in de reële waarde van de lening of vordering als gevolg van wijzigingen in kredietrisico (gedurende de periode en cumulatief);
4. de wijziging in de reële waarde van het derivaat of vergelijkbaar instrument (gedurende de periode en cumulatief).

Indien de onderneming ervoor kiest een financiële verplichting bij initiële verwerking te waarderen tegen reële waarde, met verantwoording van waardeveranderingen in de winst-en-verliesrekening, en verplicht is de wijziging in de reële waarde van de financiële verplichting als gevolg van wijzigingen in kredietrisico in de overige onderdelen van het totaalresultaat ('OCI') te presenteren, dient zij de volgende toelichting op te nemen (IFRS 7.10):
1. het cumulatieve bedrag van de verandering in de reële waarde van de financiële verplichting als gevolg van wijzigingen in kredietrisico;
2. het verschil tussen de boekwaarde van de financiële verplichting en het bedrag dat de onderneming contractueel dient te betalen aan het einde van de looptijd;
3. alle overboekingen van de cumulatieve winst of verlies binnen het eigen vermogen tijdens het boekjaar, inclusief de reden voor een dergelijke overboeking;
4. als een verplichting tijdens het boekjaar niet langer is opgenomen, het in de overige onderdelen van het totaalresultaat ('OCI') gepresenteerde bedrag dat bij de verwijdering is gerealiseerd.

Indien de onderneming de financiële verplichting heeft gewaardeerd tegen reële waarde met verantwoording van waardeveranderingen in de winst-en-verliesrekening en verplicht is alle veranderingen in reële waarde van de verplichting in de winst-en-verliesrekening te presenteren, dient zij de volgende toelichting op te nemen (IFRS 7.10A):
1. het bedrag van de verandering in de reële waarde van de financiële verplichting als gevolg van wijzigingen in kredietrisico, zowel voor de periode als cumulatief;
2. het verschil tussen de boekwaarde van de financiële verplichting en het bedrag dat de onderneming contractueel dient te betalen aan het einde van de looptijd.

Voorts dient een beschrijving van de gehanteerde methoden om te voldoen aan bovenstaande vereisten te worden beschreven (IFRS 7.11).
De Richtlijnen bevelen aanvullende informatie aan, zoals het totale bedrag van de verandering in de reële waarde van financiële activa en financiële verplichtingen die zijn opgenomen als baten of lasten in de verslagperiode, op te nemen indien het aannemelijk is dat deze het inzicht van gebruikers van de jaarrekening in financiële instrumenten vergroot (RJ 290.946).

RJ 290.947 sluit af met de opsomming van aanvullende informatie met betrekking tot financiële instrumenten die in de toelichting opgenomen dient te worden. Deze vereisten gelden alleen voor grote rechtspersonen. Het betreft toelichting over (RJ 290.947):
▶ informatie over belangrijke posten aan opbrengsten en kosten en over baten en lasten voortvloeiend uit financiële activa en financiële verplichtingen, of deze nu in het nettoresultaat of als afzonderlijke component van het eigen vermogen zijn opgenomen. Hiertoe:
  ▶ worden de totale rentebaten en totale rentelasten (beide op basis van historische kosten) apart vermeld. Financiële instrumenten die tegen reële waarden worden gewaardeerd en waarvan de herwaardering direct in de winst-en-verliesrekening wordt verwerkt, zijn uitgesloten van de verplichting om rentebaten en rentelasten afzonderlijk op basis van historische kosten toe te lichten. Voor dergelijke financiële instrumenten mag rente onderdeel zijn van het totale resultaat van het financiële instrument;
  ▶ wordt een splitsing opgenomen van 'gerealiseerde' tegenover 'niet-gerealiseerde' baten en lasten met betrekking tot financiële activa waarvoor na eerste verwerving aanpassing plaatsvindt op reële waarde en waarvoor de reële-waardeverschillen direct in het vermogen worden verwerkt. Hierbij wordt apart vermeld het nettoresultaat over de in de periode opgenomen totale baten en lasten uit hoofde van het niet langer verwerken van bedoelde financiële activa, naast de in de winst-en-verliesrekening over de periode opgenomen totale baten en lasten uit aanpassingen op reële waarde van in de balans verwerkte activa en verplichtingen. Een soortgelijke splitsing met betrekking tot voor handelsdoeleinden aangehouden financiële activa en verplichtingen is niet vereist;

30 Financiële instrumenten

- indien de onderneming een 'securitisatie'- of terugkoopovereenkomst is aangegaan, worden voor bedoelde transacties die in de huidige verslagperiode hebben plaatsgevonden en voor overige gehandhaafde belangen uit transacties die in voorgaande verslagperioden hebben plaatsgevonden apart vermeld wat de aard en omvang van die transacties is, met inbegrip van een beschrijving van eventuele zakelijke zekerheden en kwantitatieve informatie over de belangrijkste veronderstellingen waarvan is uitgegaan bij de berekening van de reële waarde van nieuwe en gehandhaafde belangen. Daarnaast wordt aangegeven of de financiële activa niet langer in de balans verwerkt worden;
- wanneer de onderneming een financieel actief heeft heringedeeld als een actief dat tegen geamortiseerde kostprijs dient te worden verantwoord, in plaats van tegen reële waarde wordt in overeenstemming met artikel 2:384 lid 6 BW de reden vermeld voor de herclassificatie; en
- wanneer de onderneming samengestelde instrumenten die een financiële verplichting en een eigen-vermogenscomponent omvatten als eigen vermogen presenteert, licht de onderneming in overeenstemming met artikel 2:381 BW dit feit toe.

Voor middelgrote rechtspersonen wordt het opnemen van deze toelichting aanbevolen en gelden de wettelijke vereisten van Richtlijn 400 'Bestuursverslag'.

30.8.9 Beheersing van kapitaal

IAS 1.134 kent een specifieke eis dat ondernemingen toe moeten lichten wat haar doelstellingen, beleid en processen zijn ten aanzien van het beheersen van kapitaal. Hierbij dient kwalitatieve en kwantitatieve informatie te worden gegeven. Verder dienen ondernemingen aan te geven of zij hebben voldaan aan externe kapitaaleisen.

Voorbeeld beheersing kapitaal

De belangrijkste doelstelling voor de onderneming is om haar huidige credit rating te handhaven. Hiervoor beoordeelt zij primair de solvabiliteitsratio, zoals weergegeven. Doelstelling is om deze ratio boven 30% te houden. De groep houdt bij investeringsbeslissingen, financieringen en bij haar dividendbeleid rekening met deze doelstellingen. Er zijn geen wijzigingen geweest in deze doelstelling.

	2021 €	2020 €
Eigen vermogen	5.000	4.500
Achtergestelde lening	500	500
Totaal garantievermogen	5.500	5.000
Balanstotaal	17.500	16.000
Solvabiliteitsratio	31%	31%

De Richtlijnen kennen geen vergelijkbare bepaling voor niet-financiële instellingen.

Verschillen Dutch GAAP – IFRS

IFRS 7 vereist soortgelijke informatie als vereist in Richtlijn 290 maar IFRS 7 vereist een significant groter aantal en meer gedetailleerde toelichtingen dan Richtlijn 290. IFRS 7 benadrukt tevens dat een onderneming informatie moet verstrekken die de gebruikers in staat stelt te beoordelen hoe belangrijk financiële instrumenten voor de onderneming zijn. De standaard geeft aan dat hierbij informatie wordt gegeven die aansluit bij de wijze waarop het management de risico's beoordeelt. Ten slotte kent IFRS 7 specifieke toelichtingseisen ten aanzien van toelichting over financiële activa of verplichtingen tegen reële waarde met waardewijzigingen in de winst-en-verliesrekening en vereist IFRS 7 een gevoeligheidsanalyse voor marktrisico's. IAS 1 kent specifieke eisen omtrent toelichtingen inzake de beheersing van kapitaal.

30.9 Vrijstellingen voor middelgrote rechtspersonen (alleen RJ)
30.9.1 Vrijstellingen in toelichtingsvereisten

In paragraaf 30.8 zijn de vereiste toelichtingen voor financiële instrumenten behandeld. Voor middelgrote ondernemingen is een aantal van deze toelichtingen niet verplicht. Wel wordt door de RJ aanbevolen deze op te nemen (RJ 290.900). Het gaat om de volgende toelichtingen:
- toelichtingen inzake rente- en kasstroomrisico (RJ 290.918 t/m 927);
- toelichting inzake kredietrisico (RJ 290.928 t/m 936);
- overige toelichtingsvereisten zoals opgenomen in RJ 290.946 en 947 (zie par. 30.8.8).

De overige toelichtingsvereisten in Richtlijn 290 die gelden voor grote rechtspersonen gelden ook voor middelgrote rechtspersonen. Dit betreft de toelichting over grondslagen voor waardering en resultaatbepaling, toelichting over reële waarde en toelichting over financiële activa gewaardeerd tegen een hogere waarde dan de reële waarde, alsmede ook toelichting inzake liquiditeitsrisico zoals opgenomen in RJ 290.918.

31 Derivaten, embedded derivaten en hedge-accounting

31.1 Algemeen	
RJ 290 versus IFRS 9	In vergelijking met IFRS 9 bestaan er onder Richtlijn 290 relatief meer keuzemogelijkheden en zijn over het algemeen de voorwaarden minder strikt. Hierdoor is de toepassing van Richtlijn 290 eenvoudiger dan IFRS 9, maar wordt de vergelijkbaarheid tussen jaarrekeningen wellicht verminderd.
31.2 Begripsbepaling	
Financieel instrument	Elke overeenkomst die leidt tot een financieel actief bij één partij en een financiële verplichting of eigen-vermogensinstrument bij een andere partij.
Derivaat	Een financieel instrument dat de drie volgende kenmerken bezit: 1. de waarde verandert als gevolg van veranderingen van marktfactoren als een bepaalde rentevoet, prijs van een financieel instrument, goederenprijs, valutakoers, prijsindex of rentevoet, kredietwaardigheid, of andere variabele (soms 'de onderliggende waarde' genoemd); 2. er is geen of een geringe netto-aanvangsinvestering benodigd in verhouding tot andere soorten contracten die op vergelijkbare wijze reageren op veranderingen in genoemde marktfactoren; en 3. het wordt op een tijdstip in de toekomst afgewikkeld.
31.3 In een contract besloten derivaten ('embedded derivaten')	
Embedded derivaat	Dit is een in een contract besloten derivaat.
	Een embedded derivaat dient te worden gescheiden van het hoofdcontract en separaat te worden verwerkt als een derivaat, indien aan drie voorwaarden wordt voldaan: 1. geen nauw verband tussen de economische kenmerken en risico's van het in een contract besloten derivaat en de economische risico's en kenmerken van het basiscontract; 2. afzonderlijk instrument met dezelfde voorwaarden als het in een contract besloten derivaat zou voldoen aan de definitie van derivaat; en 3. het samengestelde instrument wordt niet gewaardeerd tegen reële waarde met verwerking van veranderingen in de reële waarde in de winst-en-verliesrekening.
	Onder toepassing van Richtlijn 290 vindt het afscheiden van embedded derivaten plaats voor zowel financiële activa, financiële verplichtingen als niet-financiële instrumenten; onder toepassing van IFRS 9 alleen voor financiële verplichtingen en niet-financiële instrumenten. Onder toepassing van IFRS 9 worden financiële activa in z'n geheel geclassificeerd en gewaardeerd en dat betekent dat embedded derivaten niet worden afgescheiden.

31.4 Waardering en resultaatbepaling

Waardering	De eerste waardering van een financieel instrument vindt plaats tegen reële waarde. In hoeverre bij de eerste waardering rekening wordt gehouden met transactiekosten hangt af van de vervolgwaardering.
	De vervolgwaardering van financieel instrumenten is afhankelijk van de classificatie. Waarderingsgrondslagen zijn kostprijs/geamortiseerde kostprijs en reële waarde.
Kostprijs	Kostprijs is de reële waarde op het verkrijgingsmoment, inclusief transactiekosten. Deze waarderingsgrondslag is vooral van toepassing bij eigen-vermogensinstrumenten en bij derivaten (onder RJ). Indien de reële waarde lager is, wordt naar deze lagere waarde afgewaardeerd ten laste van het resultaat, tenzij kostprijshedge-accounting wordt toegepast.
Geamortiseerde kostprijs	De geamortiseerde kostprijs is een kostprijsgrondslag die specifiek van toepassing is op vorderingen en schulden. Bij de waardering wordt rekening gehouden met de annuïtaire amortisatie van agio/disagio (De Richtlijnen laten onder voorwaarden lineaire amortisatie toe). Zonder transactiekosten en agio/disagio is de geamortiseerde kostprijs gelijk aan de nominale waarde. Rente wordt verwerkt in de winst-en-verliesrekening op basis van de effectieve-rentemethode.
Reële waarde	Onder IFRS 13 is dit de prijs die zou worden ontvangen bij verkoop van een actief of zou worden betaald bij overdracht van een verplichting in een ordelijke transactie tussen marktpartijen op de waarderingsdatum.
	Onder de Richtlijnen is dit het bedrag waarvoor een actief kan worden verhandeld of een verplichting kan worden afgewikkeld tussen ter zake goed geïnformeerde partijen, die tot een transactie bereid en onafhankelijk van elkaar zijn. Bij de bepaling van de reële waarde maakt IFRS 13 een hiërarchie op drie niveaus van betrouwbaarheid.
Classificatie financiële activa volgens RJ 290	Richtlijn 290 onderscheidt de volgende typen financiële activa die relevant zijn in dit hoofdstuk: ▶ handelsportefeuille: waardering tegen reële waarde met wijzigingen in de reële waarde verantwoord in de winst-en-verliesrekening; ▶ derivaten zonder hedge-accounting: onderscheiden naar situatie dat onderliggende waarde beursgenoteerd aandeel is en de situatie dat onderliggende waarde geen beursgenoteerd aandeel is. Indien onderliggende waarde beursgenoteerd aandeel is, waardering van derivaat tegen reële waarde met wijzigingen in de reële waarde verantwoord in de winst-en-verliesrekening.
Classificatie financiële activa volgens RJ 290	▶ indien onderliggende waarde geen beursgenoteerd aandeel is, keuze om derivaat te waarderen tegen kostprijs of lagere reële waarde, of tegen reële waarde met wijzigingen in de reële waarde verantwoord in de winst-en-verliesrekening; ▶ derivaten met hedge-accounting (zie par. 31.5).

31 Derivaten, embedded derivaten en hedge-accounting

Classificatie financiële verplichtingen volgens RJ 290	Richtlijn 290 onderscheidt de volgende groepen financiële verplichtingen die relevant zijn voor dit hoofdstuk: ▶ handelsportefeuille: waardering tegen reële waarde met wijzigingen in de reële waarde verantwoord in de winst-en-verliesrekening; ▶ derivaten zonder hedge-accounting en derivaten met hedge-accounting: verwerking hetzelfde als onder financiële activa.
Classificatie financiële activa volgens IFRS 9 Classificatie financiële verplichtingen volgens IFRS 9	IFRS 9 onderscheidt de volgende typen financiële activa die relevant zijn in dit hoofdstuk: ▶ activa gewaardeerd tegen reële waarde met verwerking van waardeveranderingen in de winst-en-verliesrekening. Dit omvat activa die worden aangehouden voor handelsdoeleinden ('held for trading'), inclusief derivaten.
31.5 Hedge-accounting	
Hedgerelaties RJ 290/IFRS 9	Een hedgerelatie is de relatie tussen een hedge-instrument en een afgedekte positie. Een hedge-instrument is een financieel instrument (afdekkingsinstrument) dat door middel van beleid is aangewezen en waarvan de verandering van de reële waarde of kasstromen naar verwachting de veranderingen van de reële waarde of kasstromen van een aangewezen afgedekte positie zullen compenseren.
Hedge-accounting	Hedge-accounting heeft tot doel om de resultaten van het afdekkingsinstrument en de afgedekte positie gelijktijdig in de winst-en-verliesrekening te verwerken, om op die wijze de afdekking van een risico tot uitdrukking te brengen. Er bestaan vier soorten modellen voor de toepassing van hedge-accounting binnen Richtlijn 290 (IFRS kent: alleen de drie eerstgenoemde modellen): ▶ reële-waardeafdekkingen ('*fair value hedges*'): hierbij worden hedge-instrumenten gebruikt om het blootstaan aan wijzigingen in de reële waarde van een op de balans opgenomen actief of passief of een 'unrecognised firm commitment' af te dekken: waardemutatie afdekkingsinstrument naar resultaat; ▶ waardemutatie afgedekte item voor het afgedekte risico wordt gemuteerd op de waarde van het afgedekte instrument en tevens in het resultaat verantwoord; ▶ kasstroomafdekkingen ('*cash flow hedges*'): hierbij worden hedge-instrumenten gebruikt om onzekere toekomstige kasstromen van een op de balans opgenomen actief of passief of van een zeer waarschijnlijk toekomstige transactie af te dekken: waardemutatie afdekkingsinstrument naar eigen vermogen (voor zover het afdekkingsinstrument effectief is), en opnemen in de boekwaarde van het afgedekte niet-financiële actief (of onder de Richtlijn 290 opnemen in het resultaat als het afgedekte item tot resultaat leidt);

	▶ hedges van een netto-investering in een buitenlandse eenheid: zie paragraaf 27.4.4;
	▶ kostprijsafdekkingen: Richtlijn 290 staat toe een model van kostprijshedge-accounting te hanteren, indien het derivaat (afdekkingsinstrument) tegen kostprijs wordt gewaardeerd en de afgedekte post niet tegen reële waarde is gewaardeerd. Hierbij wordt het afdekkingsinstrument slechts in de balans ge(her)waardeerd voor zover de afgedekte post ook in het resultaat wordt verwerkt; het is niet mogelijk de waarderingsgrondslag van de afgedekte positie aan te passen. Het model van kostprijshedge-accounting is onder IFRS niet aan de orde, omdat derivaten verplicht tegen reële waarde worden gewaardeerd.
	Voor toepassing van hedge-accounting gelden specifieke voorwaarden. Belangrijke voorwaarden zijn hedgedocumentatie en effectiviteit van de hedge.
31.6 Toelichting	
Informatie-elementen	Richtlijnen: onder andere hedge-accounting, rente- en kasstroomrisico, kredietrisico, liquiditeitsrisico en reële waarde-informatie.
	IFRS: soortgelijke informatie-eisen plus additionele maar ook uitgebreidere informatie-eisen, waaronder kwantitatieve toelichting die aansluit op (risico-)informatie die het *key management personnel* ontvangt.
31.7 Vrijstelling voor middelgrote rechtspersonen (alleen RJ)	
Toelichting financiële instrumenten	Toelichtingen inzake rente- en kasstroomrisico en kredietrisico zijn niet verplicht maar wordt aanbevolen deze op te nemen. Daarnaast zijn enkele overige toelichtingsvereisten niet verplicht.

31.1 Algemeen

Financiële instrumenten omvatten zowel primaire instrumenten zoals vorderingen, schulden en aandelen, als afgeleide instrumenten (ook wel derivaten genaamd) zoals financiële opties, futures, termijncontracten, renteswaps en valutaswaps. Dit hoofdstuk behandelt derivaten, embedded derivaten en hedge-accounting. De waardering, resultaatbepaling en toelichting van primaire instrumenten worden ook (specifieker) behandeld in hoofdstuk 9 'Financiële vaste activa', hoofdstuk 14 'Overige vlottende activa', hoofdstuk 19 'Schulden en overlopende passiva' en hoofdstuk 30 'Financiële instrumenten'.

Regelgeving

De verwerking, waardering, resultaatbepaling, presentatie en toelichting van (embedded) derivaten worden behandeld in Richtlijn 290.
In IFRS zijn de volgende drie standaarden omtrent financiële instrumenten opgenomen:
▶ IAS 32 Financial Instruments: Presentation;
▶ IFRS 9 Financial Instruments;
▶ IFRS 7 Financial Instruments: Disclosures.

In vergelijking met IFRS 9 kent Richtlijn 290 afhankelijk van het onderwerp zowel meer als minder keuzemogelijkheden. De bepalingen in Richtlijn 290 zijn algemeen van aard en om deze reden meer gericht op de onderliggende

31 Derivaten, embedded derivaten en hedge-accounting

principes. Eén van de keuzes die Richtlijn 290 biedt is dat voor derivaten waarvan de onderliggende waarde geen beursgenoteerd aandeel is, voor de waardering kan worden gekozen tussen kostprijs en reële waarde met waardewijzigingen in de winst-en-verliesrekening. Voor derivaten waarvan de onderliggende waarde een beursgenoteerd aandeel is, geldt deze keuze niet; deze worden verplicht tegen reële waarde gewaardeerd, met waardewijzigingen in de winst-en-verliesrekening. IFRS verplicht die grondslag voor alle derivaten. Een schematische weergave van de waardering van derivaten onder IFRS is opgenomen in paragraaf 30.7.1.

Een andere keuze binnen Richtlijn 290 betreft de mogelijkheid om kostprijshedge-accounting toe te passen.

Een ander verschil tussen Richtlijn 290 en IFRS 9 ziet toe op de vereiste toelichtingen. De toelichtingen verschillen in grote mate tussen beide standaarden.

Toepasbaarheid IAS 39

De IASB heeft bij het gereedkomen van IFRS 9 nog niet het onderwerp macrohedge-accounting behandeld. De IASB heeft besloten dit onderwerp niet binnen de reikwijdte van algemene hedge-accounting te laten vallen en het als een apart project gedefinieerd. De huidige IFRS 9 standaard faciliteert de mogelijkheid om bij overgang naar IFRS 9 – als een stelselkeuze – de hedge-accountingvereisten van IAS 39 te blijven toepassen en niet de hedge-accountingvereisten van IFRS 9 toe te passen. Dit kan totdat de IASB haar macro-hedgingproject heeft afgerond. In dit hoofdstuk worden de vereisten van IAS 39 inzake hedge-accounting niet langer behandeld.

Toepassingsgebied

In de standaarden wordt nog een aantal bijzondere contracten aangegeven waarop Richtlijn 290, IAS 32 en IFRS 9 van toepassing zijn (RJ 290.201, IAS 32.4-5, IFRS 9.2.2-2.7):
- contracten tot aankoop van derivaten op aandelen van rechtspersonen die kwalificeren als groepsmaatschappijen, overige deelnemingen waarop invloed van betekenis op het zakelijke en financiële beleid wordt uitgeoefend, en joint ventures;
- contracten tot aankoop of verkoop van niet-financiële activa (commodities), waarbij elk van de partijen het recht heeft op nettobasis af te rekenen in liquide middelen of een ander financieel instrument of door ruil van financiële instrumenten. Opgemerkt wordt dat goederentermijncontracten die zijn afgesloten en worden gehouden in verband met de ontvangst of levering van niet-financiële goederen overeenkomstig de verwachte in- of verkopen of gebruiksbehoeften van de onderneming niet in het toepassingsgebied van IFRS 9 en Richtlijn 290 vallen. Dergelijke contracten worden gezien als een normale inkoop of verkoop van goederen en worden als zodanig verwerkt. Dus als een onderneming een contract op levering van dieselolie afsluit dat in liquide middelen kan worden afgerekend, dan dient dat contract als derivaat te worden verwerkt, tenzij de onderneming verwacht dat de dieselolie daadwerkelijk fysiek zal worden geleverd en de onderneming deze dieselolie voor haar bedrijfsproces gebruikt. Onder IFRS 9 kan de onderneming er overigens voor kiezen om onder bepaalde voorwaarden deze contracten te waarderen tegen reële waarde met waardeveranderingen door de winst-en-verliesrekening (zie par. 31.5.11);
- rechten en verplichtingen die voortvloeien uit verzekeringscontracten die in hoofdzaak financiële risico's in plaats van verzekeringsrisico's overdragen en deze contracten voldoen aan de definitie van een financieel actief, een financiële verplichting of een derivaat;
- contracten betreffende financiële garanties, voor zover sprake is van contracten waarbij er op grond van deze garanties betalingen moeten worden verricht naar aanleiding van wijzigingen in een bepaalde rentevoet, prijs van een financieel instrument, commodityprijs, valutakoers, index van prijzen of rentevoeten, kredietwaardigheid of andere variabele (soms de onderliggende waarde genoemd). In die gevallen is namelijk sprake van een derivaat. Echter, in het geval van bijvoorbeeld een *letter of credit* zal er veelal geen sprake zijn van een derivaat.

Transitie naar alternatieve rentebenchmarks: IBOR reform

Het gebruik van zogenoemde rentebenchmarks is divers en raakt veel aspecten van de bedrijfsvoering van instellingen. Veel gebruikte rentebenchmarks voor interbancaire tarieven zijn Euribor, EONIA en LIBOR. Deze – maar ook andere rentebenchmarks – worden tevens gebruikt in financiële producten en contracten. Eén van de aanbevelingen na de financiële crisis was om de interbancaire tarieven (IBOR) te hervormen. Deze benchmarks indexeren biljoenen euro's in een breed scala van financiële producten, maar hun levensvatbaarheid op lange termijn werd in twijfel getrokken. Derhalve vindt momenteel een wereldwijde transitie plaats naar alternatieve rentebenchmarks. In de Europese Unie is een wettelijk kader voor (rente)benchmarks vastgelegd in de 'Verordening (EU) nr. 2016/1011 van het Europees Parlement en de Raad van 8 juni 2016 betreffende indices die worden gebruikt als benchmarks voor financiële instrumenten en financiële overeenkomsten of om de prestaties van beleggingsfondsen te meten' ('BMR'). Dit betekent onder meer dat cruciale rentebenchmarks per 1 januari 2022 alleen mogen worden gebruikt voor nieuwe transacties wanneer zij beheerd worden door een beheerder die voldoet aan de vereisten uit de BMR.

De IASB heeft deze ontwikkelingen gevolgd en heeft op 26 september 2019 de IASB als een eerste fase wijzigingen in een aantal standaarden gepubliceerd: *Interest Rate Benchmark Reform, Amendments to IFRS 9, IAS 39 and IFRS 7*. Deze wijzigingen zijn bedoeld om de effecten van de hervormingen op de financiële verslaggeving, met name ten aanzien van hedge-accounting, te mitigeren in de periode totdat een nieuwe, hervormde rentebenchmark wordt opgenomen in contracten. Inhoudelijk betekenen deze wijzigingen dat instellingen moeten veronderstellen dat de rentebenchmark ten behoeve van hedge-accounting ongewijzigd blijft tot het moment waarop de aanpassing naar een alternatieve benchmark heeft plaatsgevonden. Hiermee worden hedge-accountingrelaties in stand gehouden. Daarbij geldt nog steeds dat ineffectiviteit ten gevolge van IBOR-reform moet worden verwerkt in overeenstemming met de daarvoor geldende voorschriften in IFRS.

Waar in de eerste fase de problemen rondom de financiële verslaggeving werden behandeld met betrekking tot de periode voorafgaand aan de vervanging van een bestaande rentebenchmark door een alternatieve risicovrije rentevoet, heeft de IASB in de tweede fase zich gericht op kwesties die van invloed zijn op de financiële verslaggeving wanneer een bestaande rentebenchmark daadwerkelijk wordt vervangen door een alternatieve rentebenchmark. De IASB heeft diverse verlichtingen in IFRS 9 en IAS 39 (en IFRS 4 en IFRS 16) opgenomen die de verslaggevingseffecten van aanpassingen in financiële contracten door de IBOR-transitie zo veel mogelijk beperken. De belangrijkste verlichtingen gaan over het verwerken van aanpassingen in financiële contracten. Hoe worden bijvoorbeeld aanpassingen in een contract van een bestaande lening verwerkt, waarbij de referentie naar EONIA is gewijzigd in ESTR en de rentemarge is bijgesteld? Beoordeeld moet worden of de aanpassing in een contract als een beëindiging moet worden beschouwd, waarbij het financiële instrument van de balans gaat ('derecognition'), of als een aanpassing ('modification') met bijbehorende impact die in het resultaat moet worden verwerkt. Door de verlichtingen is het toegestaan om de wijzigingen in referentierentes in leningscontracten als gevolg van de IBOR-transitie, op dezelfde wijze te verwerken als een wijziging in een variabele rentevoet, waarbij er dan geen sprake is van *derecognition* respectievelijk *modification*. Daarnaast voorzien de verlichtingen er in om afdekkingsrelaties voort te zetten die mogelijkerwijs anders verbroken zouden moeten worden. Tevens is in de wijzigingen aangegeven dat andere aanpassingen – d.w.z. aanpassingen in contracten niet uit hoofde van de IBOR-reform – in overeenstemming met de bestaande regels moeten worden verwerkt. Hierbij valt te denken aan aanpassingen die niet direct een gevolg zijn van de IBOR-transitie, maar wel tegelijkertijd worden aangebracht, bijvoorbeeld in looptijd, nominaal bedrag of wijziging van een specifieke kredietopslag in een rente. Dergelijke wijzigingen kunnen dan alsnog leiden tot *derecognition* van posities dan wel impact op het resultaat hebben.

31 Derivaten, embedded derivaten en hedge-accounting

De RJ heeft via RJ-Uiting 2019-17: 'Overwegingen bij de invloed van de IBOR-reform op hedge-accounting' d.d. 2 december 2019 overwegingen ten aanzien van bovenstaand gegeven en de wijzigingen in IFRS ondersteund. Voorts heeft de RJ de wijzigingen in IFRS geanalyseerd op mogelijke impact op de Richtlijnen en geconcludeerd dat de voorschriften voor hedge-accounting in de Richtlijnen reeds een meer *principle based*-karakter hebben vergeleken met de voorschriften in IFRS. Derhalve is er geen noodzaak om de aanpassingen die zijn gemaakt in de IFRS-standaarden ook in de Richtlijnen te verwerken om mogelijke ongewenste impact van de IBOR-reform op hedgerelaties te adresseren. In de Uiting heeft de RJ aangegeven dat indien specifieke ontwikkelingen, bijvoorbeeld uit hoofde van fase 2 van het IBOR-reform project van de IASB, aanleiding geven tot aanvullende overwegingen inzake mogelijke consequenties van IBOR-reform voor de jaarrekening, de RJ hierover nader zal communiceren. In RJ-Uiting 2021-2: 'Geen wijzigingen in de Richtlijnen uit hoofde van de IBOR-reform' heeft de RJ bevestigd dat ook naar aanleiding van fase 2 van het IBOR-reform project van de IASB om dezelfde als hierboven genoemde reden er geen noodzaak is om de Richtlijnen aan te passen.

Ook onder de Richtlijnen geldt ineffectiviteit ten gevolge van IBOR reform als aandachtspunt; deze moet worden verwerkt in overeenstemming met de daarvoor geldende voorschriften in Richtlijn 290.

31.2 Begripsbepaling
31.2.1 Definities

Een *derivaat* is een financieel instrument dat de drie volgende kenmerken bezit (Richtlijn 940, IFRS 9 Appendix A):
a. de waarde verandert als gevolg van veranderingen van marktfactoren als een bepaalde rentevoet, prijs van een financieel instrument, goederenprijs, valutakoers, prijsindex of rentevoet, kredietwaardigheid, of andere variabele (soms de onderliggende waarde genoemd);
b. er is geen of een geringe netto-aanvangsinvestering benodigd in verhouding tot andere soorten contracten die op vergelijkbare wijze reageren op veranderingen in genoemde marktfactoren;
c. het wordt op een tijdstip in de toekomst afgewikkeld.

Deze definitie leidt er toe dat ook inkoopcontracten van goederen als derivaat worden aangemerkt zolang deze contracten netto worden afgewikkeld. Netto-afwikkeling betekent dat de goederen zoals genoemd in het contract niet fysiek worden geleverd, maar dat een afrekening van de reële waarde van het contract plaatsvindt (Richtlijn 940, IFRS 9.2.4). Indien dergelijke contracten zijn afgesloten en worden gehouden in verband met de ontvangst of levering van een niet-financieel goed overeenkomstig voor de verwachte in- of verkopen of gebruiksbehoeften van de onderneming dan vallen deze in eerste instantie niet binnen de reikwijdte van IFRS 9. Dit wordt gewoonlijk aangeduid als de 'eigen behoefte-uitzondering' en dergelijke contracten worden gezien als een normale inkoop of verkoop van goederen en als zodanig verwerkt. In de regel betekent dit dan dat ze niet worden verwerkt voordat er levering heeft plaatsgevonden, tenzij wordt gekozen om deze contracten onder bepaalde voorwaarden te waarderen tegen reële waarde met waardeveranderingen door de winst-en-verliesrekening (zie ook par. 31.5.11).

Derivaten scheppen rechten en verplichtingen, waardoor een of meer van de financiële risico's waaraan de onderliggende primaire financiële instrumenten onderhevig zijn, worden overgedragen. Derivaten resulteren niet in de overdracht van de onderliggende waarde bij het aangaan van de overeenkomst, en een dergelijke overdracht vindt ook niet noodzakelijkerwijs plaats na afloop van de overeenkomst. Voorbeelden van derivaten zijn financiële opties, futures, termijncontracten, renteswaps en valutaswaps (IFRS 9.BA.1).

31.3 In een contract besloten derivaten ('embedded derivaten')

In paragraaf 31.4.7 wordt de waardering van derivaten behandeld in de situatie dat geen hedge-accounting wordt toegepast. Onder Richtlijn 290 (RJ 290.512) worden derivaten waarvan de onderliggende waarde een beursgenoteerd aandeel is verplicht tegen reële waarde gewaardeerd, met waardewijzigingen in de winst-en-verliesrekening. RJ 290.513 geeft aan dat voor derivaten waarvan de onderliggende waarde geen beursgenoteerd aandeel is, voor de waardering kan worden gekozen tussen kostprijs en reële waarde met waardewijzigingen in de winst-en-verliesrekening. Onder Richtlijn 290 is het dus mogelijk om derivaten waarvan de onderliggende waarde geen beursgenoteerd aandeel is, te waarderen tegen kostprijs. IFRS kent deze uitzondering niet. Onder IFRS is de situatie dat als geen hedge-accounting wordt toegepast alle derivaten worden gewaardeerd tegen reële waarde, met wijzigingen van de reële waarde in de winst-en-verliesrekening.

In Richtlijn 290 (RJ 290.825) en IFRS 9 (IFRS 9.4.3.1) komt naar voren dat derivaten ook kunnen zijn besloten in andere contracten (de zogenoemde *embedded derivatives*). De vraag hierbij is of deze embedded derivaten dienen te worden afgescheiden van het basiscontract en separaat als derivaat in de balans worden verantwoord. In IFRS bestaat de zogenoemde embedded derivaten enkel met betrekking tot financiële verplichtingen en niet-financiële instrumenten. Voor financiële activa (schuldinstrumenten) geldt namelijk de 'SPPI test', welke is beschreven in paragraaf 30.7.2. Onder toepassing van Richtlijn 290 vindt het afscheiden van embedded derivaten plaats voor zowel financiële activa, financiële verplichtingen als niet-financiële instrumenten.

De reden dat onder de Richtlijnen en IFRS specifiek wordt ingegaan op het afscheiden van embedded derivaten is de volgende. RJ 290.510-513 en IFRS 9.4.3.1 geven al aan dat (voor RJ: sommige) derivaten tegen reële waarde worden opgenomen met waardeveranderingen verantwoord in de winst-en-verliesrekening. Met de bepalingen ten aanzien van afscheiden wordt bewerkstelligd dat ook die derivaten die besloten ('embedded') zijn in bijvoorbeeld een verkoopcontract dat niet tegen reële waarde gewaardeerd is, separaat worden verantwoord. Het embedded derivaat wordt gewaardeerd volgens de grondslagen van reguliere derivaten.

Het afscheiden van een embedded derivaat dient te geschieden als aan alle van de volgende voorwaarden is voldaan (RJ 290.827, IFRS 9.4.3.3):
a. er bestaat geen nauw verband tussen de economische kenmerken en risico's van het in het contract besloten derivaat en de economische kenmerken en risico's van het basiscontract;
b. een afzonderlijk instrument met dezelfde voorwaarden als het in het contract besloten derivaat zou voldoen aan de definitie van een derivaat; en
c. het samengestelde instrument (hoofdinstrument inclusief derivaat) wordt niet tegen reële waarde gewaardeerd met verwerking van de reële waardeveranderingen in het resultaat.

Als het embedded derivaat wordt afgescheiden, en het basiscontract is een financieel instrument, dan wordt het basiscontract verwerkt volgens Richtlijn 290/IFRS 9. Is het basiscontract geen financieel instrument dan is de verwerking conform de van toepassing zijnde standaard of richtlijn.
Wanneer de onderneming een in een contract besloten derivaat dient te scheiden van het basiscontract, maar bij eerste waardering – dan wel op een later moment – de waarde van het in een contract besloten derivaat niet individueel te bepalen is, is scheiden van derivaat en basiscontract niet nodig (RJ 290.831, IFRS 9.4.3.6). IFRS bepaalt dat in dat geval het gehele samengestelde contract dient te worden gewaardeerd tegen reële waarde met waardewijzigingen in de winst-en-verliesrekening (IFRS 9.4.3.6). Onder Richtlijn 290 wordt het samengestelde instrument dan gewaardeerd tegen de waarderingsgrondslag van het basisinstrument. Dit zal slechts in zeer uitzonderlijke gevallen het geval zijn. Vaak is het bijvoorbeeld ook mogelijk om de reële waarde van het basiscontract

31 Derivaten, embedded derivaten en hedge-accounting

(exclusief embedded derivaat) te bepalen. In dit geval wordt het embedded derivaat beschouwd als een restpost op basis van RJ 290.832.

Voorbeelden van derivaten waarvan de economische kenmerken een nauw verband met de economische kenmerken van het basiscontract kennen (en dus niet afzonderlijk behoeven te worden opgenomen), zijn:
- een renteplafond (*interest cap*) begrepen in een variabel rentende lening welke bij afsluiten niet *in the money* is;
- een opgenomen lening met optie tot vervroegde aflossing onder de voorwaarde dat er geen sprake is van een significante boekwinst of -verlies voor de houder bij het vervroegd aflossen van het contract.

Voorbeelden van embedded derivaten die geen nauw verband tussen economische kenmerken kennen en veelal wel afzonderlijk moeten worden verwerkt zijn:
- een optie tot verlenging van de looptijd van een vastrentende lening indien de rentevoet bij verlenging niet wordt aangepast aan de marktrente;
- aan- en verkoopcontracten in vreemde valuta indien deze valuta afwijkt van de valuta van de primaire economische omgeving van de ondernemingen die partij zijn in het contract en van de valuta waarin dergelijke contracten gebruikelijk luiden.

Een voorbeeld van de laatstgenoemde embedded derivaten is een Nederlandse oliemaatschappij die olie verkoopt aan een Franse onderneming, waarbij het verkoopcontract luidt in Zwitserse franken (terwijl dit internationaal gebruikelijk luidt in Amerikaanse dollars). In dit geval bestaat voor de Nederlandse onderneming het verkoopcontract uit het basiscontract plus een embedded derivaat om op termijn Zwitserse franken te kopen. Voor de Franse onderneming is er sprake van een embedded derivaat om op termijn Zwitserse franken te verkopen.

Voorbeeld afscheiden embedded derivaat

Een onderneming wil een lening afsluiten voor 10 jaar voor € 1.000.000. De huidige marktrente voor een soortgelijke lening bedraagt 4%. In de onderhandelingen met de bank wil de onderneming graag een lagere rente bedingen. De bank is bereid akkoord te gaan met een rente van 3,5% op voorwaarde dat de bank na 10 jaar het recht krijgt om de lening te verlengen met 10 jaar tot 20 jaar voor een rente van 4,5%.

Analyse
De lening bevat een embedded derivaat, namelijk een door de onderneming geschreven optie die de bank het recht geeft om de lening te verlengen. De bank zal (normaliter vanuit rationeel economisch handelen) gebruikmaken van dit recht als de rente na 10 jaar lager is dan 4,5%. De onderneming heeft vervolgens de plicht om deze lening af te nemen tegen een hogere rente dan de marktrente die zij zou moeten betalen op dat moment. Dit derivaat hangt niet nauw samen met de lening (basiscontract) waardoor afscheiden noodzakelijk zal zijn. De onderneming bepaalt de reële waarde van de optie op € 40.554 en de reële waarde van de lening op € 959.446.

De reële waarde van de lening is als volgt berekend:

Jaar	Rentebetaling (3,5%)	Hoofdsom	Totaal	Contante waarde tegen 4%
1	35.000	-	35.000	33.654
2	35.000	-	35.000	32.359
3	35.000	-	35.000	31.115
4	35.000	-	35.000	29.918
5	35.000	-	35.000	28.767
6	35.000	-	35.000	27.661
7	35.000	-	35.000	26.597
8	35.000	-	35.000	25.574
9	35.000	-	35.000	24.591
10	35.000	1.000.000	1.035.000	699.209
Totaal	350.000	1.000.000	1.350.000	959.446

> De lening wordt in de vervolgwaardering gewaardeerd op basis van de geamortiseerde kostprijs. Deze zal langzaamaan oplopen tot € 1.000.000. De optie wordt separaat verantwoord en de waardering van de optie hangt af van de door de onderneming gekozen waarderingsgrondslag voor derivaten (reële waarde of kostprijs). N.B. De optie kan niet worden opgenomen in een hedgerelatie, omdat dit een geschreven optie is (de tegenpartij heeft het recht).
>
> De boeking op afsluitmoment is dus als volgt:
> Bank 1.000.000
> aan Lening 959.446
> aan Embedded derivaat 40.554
>
> Stel: de optie heeft aan het eind van jaar 1 een negatieve waarde van EUR 85.000 als gevolg van een gedaalde rente. De journaalposten zijn dan als volgt:
> Waardemutaties embedded derivaat 44.446
> aan Embedded derivaat 44.446
>
> De rentekosten worden bepaald op basis van de effectieve-rentemethode. De effectieve rente is 4%. Dit leidt tot rentekosten van 4% over € 959.446, zijnde € 38.378. Ook wordt de rente betaald (3,5% over € 1.000.000):
> Rentekosten lening 38.378
> aan Lening 3.378
> aan Bank 35.000

Het kan complex zijn om te bepalen of de economische kenmerken en risico's van het basiscontract en het embedded derivaat nauw met elkaar verbonden zijn. Zowel de Richtlijnen (Richtlijn 290, bijlage 5) als IFRS (IFRS 9.B4.3.1-12) hebben nadere voorbeelden en handreikingen gegeven om deze analyse te maken. Vanwege deze voorbeelden kan toepassing hiervan in de praktijk er toe leiden dat embedded derivaten onder de Richtlijnen anders worden behandeld dan onder IFRS.

Verschillen Dutch GAAP - IFRS

Ten aanzien van de verwerking van embedded derivaten bestaat het volgende verschil: Richtlijn 290 en IFRS 9 geven beide aan dat wanneer een onderneming de waarde van het in een contract besloten derivaat niet individueel kan bepalen, scheiden niet nodig is. Onder IFRS 9 wordt het gehele samengestelde instrument dan gewaardeerd tegen reële waarde met waardewijzigingen in de winst-en-verliesrekening (IFRS 9.4.3.6), onder Richtlijn 290 wordt het samengestelde instrument gewaardeerd tegen de waarderingsgrondslag van het basisinstrument. Dit kan ook de kostprijs zijn.

Verder wordt onder IFRS 9 een embedded derivaat inzake een financieel actief dat een schuldinstrument betreft, niet afgescheiden, maar wordt het gehele financiële actief gewaardeerd tegen reële waarde met waardeveranderingen door de winst-en-verliesrekening als het niet voldoet aan de zogenoemde 'SPPI'-criteria.

Het kan complex zijn of de economische kenmerken en risico's van het basiscontract en het embedded derivaat nauw met elkaar verbonden zijn. Zowel de Richtlijnen (Richtlijn 290, bijlage 5) als IFRS (IFRS 9.B4.3.1-12) hebben nadere voorbeelden en handreikingen gegeven om deze analyse te maken.
Vanwege deze voorbeelden kan toepassing hiervan in de praktijk er toe leiden dat embedded derivaten onder de Richtlijnen anders worden behandeld dan onder IFRS.

31.4 Waardering en resultaatbepaling
31.4.1 Algemeen

De waardering van een derivaat kan zijn kostprijs of reële waarde. In deze paragraaf worden eerst de waarderingsbegrippen uiteengezet (par. 31.4.2 en 31.4.3).

31.4.2 Kostprijs

De kostprijs is de verkrijgingsprijs van een actief of passief. Zoals in paragraaf 31.4.5 aangegeven is de kostprijs gelijk aan de reële waarde van het financieel instrument op het moment van verkrijging. Daarbij worden transactiekosten begrepen in de eerste waardering (RJ 290.501). Het begrip kostprijs sec is alleen van toepassing onder de Richtlijnen.

Waardering tegen kostprijs bij derivaten impliceert dat, indien van toepassing, afwaardering dient plaats te vinden naar een lagere waarde. Deze lagere waarde is gedefinieerd als de reële waarde. Bij derivaten is het ook mogelijk dat de reële waarde negatief is. Dit betekent dat bij waardering tegen kostprijs altijd afwaardering naar een lagere reële waarde dient plaats te vinden, ten laste van de winst-en-verliesrekening (RJ 290.541). Deze lagere reële waarde dient te worden vastgesteld op een wijze die de lopende rente buiten beschouwing laat. Voor valutatermijncontracten is het aanvaardbaar de lagere reële waarde te bepalen door omrekening tegen de koers op balansdatum.

Het is overigens niet duidelijk hoe kostprijs geïnterpreteerd moet worden indien de initiële waardering negatief is, bijvoorbeeld in geval van een geschreven optie. Stel, dat de optie waardeloos expireert, dan is de waarde op dat moment nihil. Wanneer deze bate verantwoord dient te worden, is niet opgenomen in de Richtlijnen. Het lijkt verdedigbaar om gedurende de looptijd deze premie te amortiseren en te verantwoorden als bate, zodat toerekening plaatsvindt aan de uitoefenperiode. Wel dient in ieder geval afwaardering plaats te vinden naar een lagere reële waarde. Lager dient hierbij geïnterpreteerd te worden als 'meer negatief' ten opzichte van de (geamortiseerde) kostprijs.

31.4.3 Reële waarde

IFRS 13 heeft reële waarde gedefinieerd als de prijs die zou worden ontvangen bij verkoop van een actief of zou worden betaald bij overdracht van een verplichting in een ordelijke transactie tussen marktpartijen op de waarderingsdatum. De Richtlijnen verstaan onder de reële waarde het bedrag waarvoor een actief kan worden verhandeld of een passief kan worden afgewikkeld tussen ter zake goed geïnformeerde partijen, die tot een transactie bereid en onafhankelijk van elkaar zijn (Richtlijn 940). Het Besluit actuele waarde hanteert het begrip 'marktwaarde'. Richtlijn 290 geeft aan dat de begrippen marktwaarde en reële waarde te beschouwen zijn als synoniemen. Voor een nader uiteenzetting van het begrip reële waarde verwijzen wij naar paragraaf 30.5.5.

> **Voorbeeld bepaling reële waarde van een renteswap**
>
> Op 1 januari 2020 trekt ABC een 5-jarige vastrentende lening aan van € 100.000 tegen 7% met jaarlijkse interestbetalingen. De marktrente (EURIBOR) is op dat moment ook 7% (geen agio/disagio).
>
> ABC wenst variabele rente te betalen en sluit een renteswap af (ontvang vast, betaal variabel, hoofdsom € 100.000). Direct na het afsluiten van de swap stijgt de EURIBOR-rente naar 8% en deze blijft gedurende 2020 op dat niveau. Wat is de reële waarde van de renteswap op 31 december 2020 (dus na een jaar), na verrekening van de rente?
>
> De reële waarde wordt bepaald door de contante waarde van het toekomstige renteverschil te bepalen, met de EURIBOR-rente als disconteringsvoet, of een andere disconteringsvoet wanneer kredietrisico en/of onderpand van betekenis is. Het jaarlijkse renteverschil is -/- € 1.000. De contante waarde in 4 jaar -/- € 1.000 tegen 8% bedraagt -/- € 3.312. Dat is de reële waarde van de renteswap op 31 december 2020 Het voorbeeld gaat hierbij uit van een vlakke rentecurve (curve waarbij de rente constant is gedurende de looptijd), dit kan in werkelijkheid anders zijn. In werkelijkheid is de rente op langere termijn vaak hoger dan op korte termijn.
>
> Renteswaps zijn over het algemeen specifiek overeengekomen en zijn daarom niet genoteerd op een actieve markt. Wel is het onderliggende bestanddeel (EURIBOR-rente) meestal objectief waarneembaar. Renteswaps zullen daarom over het algemeen in niveau 2 vallen.

Ook bij waardering van derivaten tegen reële waarde wordt rekening gehouden met de kredietwaardigheid van de tegenpartij. Specifiek voor derivaten wordt in dit verband gesproken over een zogenoemde *credit valuation adjustment* (CVA) in geval van derivaten met een positieve reële waarde en een zogenoemde *debit valuation adjustment* (DVA) in geval van derivaten met een negatieve reële waarde. Ten aanzien van de DVA is het onder IFRS 13 duidelijk dat hiermee rekening gehouden dient te worden (IFRS 13.42). Onder de Richtlijnen is dit niet duidelijk. Volgens ons is het verdedigbaar om hier wel of geen rekening mee te houden. Wel dient dit van periode tot periode consistent te worden toegepast en dient dit in de grondslagen te worden toegelicht.

Verschillen Dutch GAAP - IFRS

IFRS 13 hanteert een andere definitie van reële waarde en bevat bovendien gedetailleerde voorschriften voor bepaling van de reële waarde.

IFRS 13 vereist dat bij waardering van verplichtingen rekening wordt gehouden met het eigen kredietrisico. Onder de Richtlijnen is dit niet duidelijk. Volgens ons is het verdedigbaar om hier wel of geen rekening mee te houden.

31.4.4 Handelsportefeuille

De categorie 'Handelsportefeuille' (IFRS: *'held for trading'*) omvat de derivaten die worden aangehouden voor handelsdoeleinden. Een derivaat wordt aangehouden voor handelsdoeleinden indien (RJ 290.408/414):

a. het hoofdzakelijk wordt verworven of aangegaan met het doel het actief of de verplichting op korte termijn te verkopen of af te wikkelen; of

b. het deel uitmaakt van geïdentificeerde financiële instrumenten die gezamenlijk worden beheerd en waarvoor aanwijzingen bestaan van een recent, feitelijk patroon van winstnemingen op korte termijn.

Derivaten binnen de handelsportefeuille worden gewaardeerd tegen reële waarde, met wijzigingen in de reële waarde in de winst-en-verliesrekening (RJ 290.508/509). Dit betekent dat derivaten die onderdeel zijn van de handelsportefeuille – bijvoorbeeld omdat de onderneming met derivaten speculeert op waardewijzigingen op korte-termijn – altijd tegen reële waarde worden gewaardeerd.

Onder IFRS worden alle derivaten als 'held for trading' te worden behandeld (IFRS 9 Appendix A). Een uitzondering hierop zijn derivaten gehouden als een financieel garantie contract of zijn aangewezen en effectief zijn al hedging instrument.

31.4.5 Toepasselijke grondslagen van waardering en resultaatbepaling van derivaten

In deze paragraaf geven wij een overzicht van de toepasselijke grondslagen van derivaten zowel in Richtlijn 290 als in IFRS 9.

Eerste waardering

De eerste waardering van een derivaat vindt altijd plaats tegen de reële waarde. Deze reële waarde geldt als de kostprijs. Hierbij kunnen transactiekosten onder de Richtlijnen al dan niet deel uitmaken van de initiële waardering. Transactiekosten zijn de extra externe kosten die direct zijn toe te rekenen aan de verwerving, uitgifte of vervreemding van een derivaat, zoals (afsluit)provisies en commissies. Het gaat daarbij om extra kosten die niet zouden zijn gemaakt indien de onderneming het derivaat niet had verworven, uitgegeven of vervreemd (Richtlijn 940, IFRS 9.B5.4.8). Of transactiekosten deel uitmaken van de initiële waardering hangt af van de vervolgwaardering (zie par. 30.5.3 en par. 30.5.5). Verwachte transactiekosten bij verkoop worden niet in de waardering betrokken, maar worden verantwoord op het moment van verkoop.

31 Derivaten, embedded derivaten en hedge-accounting

Vervolgwaardering

In het onderstaande schema wordt de vervolgwaardering van derivaten aangegeven.

Post onder RJ	Post onder IFRS	Grondslag van waardering en resultaatbepaling
Handelsportefeuille		
Derivaten in de handelsportefeuille	'Held for trading'	RJ en IFRS: Reële waarde, met waardeveranderingen in het resultaat
Niet-handelsportefeuille		
Derivaten (zonder toepassing hedge-accounting):		
a. Onderliggende waarde - Beursgenoteerd aandeel	'Held for trading'	RJ en IFRS: Reële waarde, met waardeveranderingen in het resultaat
Post onder RJ	Post onder IFRS	Grondslag van waardering en resultaatbepaling
Derivaten (zonder toepassing hedge-accounting):		
b. Onderliggende waarde - Geen beursgenoteerd aandeel	'Held for trading'	RJ: Idem of Kostprijs (of lagere waarde) IFRS: Reële waarde, met waardeveranderingen in het resultaat;
Derivaten (met toepassing hedge-accounting):		
a. Reële-waardehedge-accounting	'Fair value hedge-accounting'	Zie paragraaf 31.5.5
b. Kasstroomhedge-accounting	'Cash flow hedge-accounting'	Zie paragraaf 31.5.6
c. Hedge van een netto-investering	'Hedge of a net investment in foreign operations'	Zie paragraaf 31.5.7
d. Kostprijshedge-accounting	Niet van toepassing	Zie paragraaf 31.5.8

31.4.6 Derivaten (zonder toepassing hedge-accounting)

Binnen Richtlijn 290 wordt een onderscheid gemaakt tussen derivaten waarvan de onderliggende waarde een beursgenoteerd aandeel is en derivaten waarvan de onderliggende waarde geen beursgenoteerd aandeel is. In de situatie dat geen hedge-accounting wordt toegepast, worden derivaten waarvan de onderliggende waarde een beursgenoteerd aandeel is gewaardeerd tegen reële waarde, met wijzigingen in de reële waarde in de winst-en-verliesrekening (RJ 290.512). Voor derivaten waarvan de onderliggende waarde geen beursgenoteerd aandeel is bestaat de keuze deze ook te waarderen tegen reële waarde met wijzigingen van de reële waarde in de winst-en-verliesrekening dan wel te kiezen voor waardering tegen kostprijs (met afwaardering tegen lagere waarde indien van toepassing, zie par. 31.4.2) (RJ 290.513). Deze keuze wordt stelselmatig gemaakt voor alle derivaten waarvan de onderliggende waarde geen beursgenoteerd aandeel is. Voor derivaten aangehouden vanwege hedge-accountingdoeleinden komen als waarderingsgrondslag kostprijs en reële waarde in aanmerking. Hierbij is het toegestaan om deze keuze afzonderlijk te maken per type hedgerelatie (RJ 290.511); bijvoorbeeld reële waardehedge-accounting voor valutahedges inzake voorraadposities en kostprijshedge-accounting voor het afdekken van het renterisico op variabel rentende leningen.

De gerealiseerde baten en lasten die voortvloeien uit tegen kostprijs gewaardeerde derivaten dienen aan de opeenvolgende verslagperioden te worden toegerekend en in de jaarrekening te worden verwerkt (RJ 290.513). Een voorbeeld is een renteswap die wordt gewaardeerd tegen kostprijs zonder dat kostprijshedging wordt toegepast.

Uit deze renteswap volgt een periodieke renteafrekening, die wordt toegerekend aan de desbetreffende verslaggevingsperiode waarop zij betrekking heeft.

Ingevolge IFRS 9 (Appendix A en B4.1.6) worden alle derivaten tegen reële waarde gewaardeerd met wijzigingen in de reële waarde in de winst-en-verliesrekening indien geen hedge-accounting wordt toegepast.

Derivaten met toepassing van hedge-accounting worden besproken in paragraaf 31.5.

31.4.7 Verschillen Dutch GAAP - IFRS
Samenvattend is het verschil in classificatie tussen Nederlandse wet- en regelgeving en IFRS als volgt:
In de situatie waarin geen hedge-accounting wordt toegepast, kan onder Richtlijn 290 een derivaat waarvan de onderliggende waarde geen beursgenoteerd aandeel is en geen onderdeel is van de handelsportefeuille, worden gewaardeerd tegen kostprijs. Onder IFRS worden alle derivaten waarop geen hedge-accounting wordt toegepast in de balans verwerkt tegen reële waarde met de wijzigingen in de reële waarde in de winst-en-verliesrekening.

31.5 Hedge-accounting

31.5.1 Algemeen
In paragraaf 31.4 zijn de bepalingen voor de waardering en resultaatbepaling van financiële instrumenten uiteengezet. Daarbij is voorbijgegaan aan de situatie dat bepaalde financiële instrumenten worden aangegaan om risico's af te dekken (te hedgen).
Ondernemingen lopen velerlei financiële risico's, waaronder valuta- en renterisico, maar ook risico's inzake bijvoorbeeld beleggingen, kredietwaardigheid en grondstofprijzen. Een onderneming met de euro als functionele valuta heeft bijvoorbeeld een lening in een buitenlandse valuta (US dollar). Zij loopt dan valutarisico over deze lening als gevolg van koersveranderingen van de US dollar ten opzichte van de euro. Ook kan het zijn dat een onderneming een transactie is aangegaan waarin op termijn goederen worden verkocht in een buitenlandse valuta, terwijl de kostprijs van deze goederen in euro's luidt. Ook dan loopt de onderneming valutarisico.

Ook lopen veel ondernemingen renterisico. Bij een opgenomen lening met een variabele rente heeft de onderneming onzekerheid over de kasuitstroom. Bij een vastrentende vordering loopt de onderneming risico over de marktwaarde van deze lening door veranderingen in de marktrente.
In deze situaties kan, indien aan bepaalde voorwaarden is voldaan, een specifieke verwerkingswijze worden gevolgd die afwijkt van de in paragraaf 31.4 gegeven grondslagen. Deze specifieke werkwijze wordt aangeduid als (de toepassing van) hedge-accounting. De bepalingen voor hedge-accounting hebben ten doel om de resultaten van het hedge-instrument en de afgedekte positie gelijktijdig in de winst-en-verliesrekening te verwerken, om op die wijze de afdekking van een risico in de verslaggeving tot uitdrukking te brengen.

Toepassing van hedge-accounting is facultatief. Per type hedgerelatie heeft de onderneming de mogelijkheid te kiezen voor het al dan niet toepassen van hedge-accounting (onder Richtlijn 290 wordt deze keuzevrijheid overigens ingeperkt indien gebruik wordt gemaakt van generieke hedgedocumentatie). Hedge-accounting kan worden gebruikt als bij toepassing van de algemene grondslagen een verschil (mismatch) ontstaat tussen:
- ▶ enerzijds het moment van verwerking van de resultaten uit het hedge-instrument en anderzijds de afgedekte positie; of
- ▶ enerzijds de waardering en resultaatbepaling van het hedge-instrument en anderzijds de afgedekte positie.

31 Derivaten, embedded derivaten en hedge-accounting

Hedge-accounting wijkt af van de anders geldende regels voor de verwerking van derivaten. Het kan ertoe leiden dat verliezen op derivaten niet direct verantwoord worden of via het eigen vermogen worden verwerkt.

Richtlijn 290 onderscheidt vier modellen voor hedge-accounting, te weten reële-waardehedge-accounting, kasstroomhedge-accounting, hedge van een netto-investering in een bedrijfsuitoefening in het buitenland, en kostprijshedge-accounting. IFRS 9 kent alleen de eerste drie modellen. De kenmerken van de modellen zijn als volgt:
- reële-waardeafdekkingen (*fair value hedges*): hierbij wordt het risico van wijzigingen in de reële waarde van een op de balans opgenomen actief of passief (zoals een vastrentende lening) of van een *firm commitment* (zoals een niet op de balans opgenomen investeringsverplichting) afgedekt;
- kasstroomafdekkingen (*cash flow hedges*): hierbij wordt het risico van onzekere toekomstige kasstromen van een op de balans opgenomen actief of passief (zoals een variabel rentende lening) of van een zeer waarschijnlijke, maar nog niet zekere toekomstige transactie (zoals een verwachte inkooptransactie in vreemde valuta) afgedekt;
- hedges van een netto-investering in een buitenlandse eenheid: hierbij wordt het valutarisico van een investering in het eigen vermogen van een buitenlandse eenheid afgedekt;
- kostprijsafdekking. Richtlijn 290 staat toe een model van kostprijshedge-accounting te hanteren, indien het derivaat (hedge-instrument) tegen kostprijs wordt gewaardeerd. Het model van kostprijshedge-accounting is onder IFRS niet aan de orde, omdat derivaten onder IFRS verplicht tegen reële waarde worden gewaardeerd. Kostprijshedge-accounting kan zowel worden gebruikt om veranderingen in reële waarden als veranderingen in kasstromen af te dekken (en kan dus zowel in de plaats van reële-waardehedge-accounting als in de plaats van kasstroomhedge-accounting worden toegepast).

Voorbeeld renteswap en aard van de hedge
- Een renteswap is een derivaat waarbij een ruil plaatsvindt tussen vaste en variabele rentebetalingen. Een dergelijke swap kan zowel voor een 'fair value hedge' als voor een 'cash flow hedge' gebruikt worden, afhankelijk van wat het afgedekte risico is.
- Indien een onderneming bijvoorbeeld een vastrentende verplichting heeft, liggen de jaarlijkse rentekasstromen vast, maar varieert de reële waarde van de lening afhankelijk van de markrente. Een renteswap waarbij een variabele rente wordt betaald in ruil voor ontvangst van een vaste rente, zet een vastrentende verplichting feitelijk om in een variabel rentende verplichting (immers, de ontvangst van vaste rente uit hoofde van de swap wordt gebruikt om aan de renteverplichting uit hoofde van de lening te voldoen, zodat beide rentebedragen tegen elkaar wegvallen; wat overblijft is de verplichting tot betaling van variabele rente uit hoofde van de renteswap). Daarmee wordt het risico van fluctuaties in de reële waarde afgedekt. In dat geval is er sprake van een 'fair value hedge'.
- Dezelfde renteswap met betaling van een variabele rente en ontvangst van een vaste rente kan ook voor een 'cash flow hedge' worden gebruikt, namelijk van een financieel actief met variabele rente. In dat geval wordt door de swap een vaste ingaande kasstroom gecreëerd, zodat het risico van fluctuaties in de kasstroom wordt afgedekt (maar er wel risico's op fluctuaties in de reële waarde ontstaan).
- Uit een renteswap als zodanig kan derhalve niet worden afgeleid welk accountingregime van toepassing is zonder te weten wat het 'gehedgede' item is. Mede om die reden is een formele documentatie van de hedgerelatie voor de toepassing van hedge-accounting van groot belang (zie par. 31.5.2).
- In beide gevallen kan onder Richtlijn 290 overigens voor een 'kostprijshedge' worden gekozen, maar ook dan is het noodzakelijk vast te leggen of kasstromen dan wel waardeveranderingen worden afgedekt.

31.5.2 Voorwaarden voor hedge-accounting

IFRS 9 en Richtlijn 290 geven aan dat aan specifieke voorwaarden moet zijn voldaan om hedge-accounting te mogen toepassen. Onder IFRS gelden de volgende voorwaarden (IFRS 9.6.4.1).
a. de hedgerelatie bestaat enkel uit in aanmerking komende afdekkingsinstrument en in aanmerking komende afgedekte posities;
b. bij de aanvang van de hedgerelatie wordt de hedgerelatie formeel aangewezen en gedocumenteerd, inclusief hoe dit past binnen het risicobeheerstrategie en doelstelling van de onderneming. In die documentatie moet

het volgende worden opgenomen: de identificatie van het afdekkingsinstrument, de afgedekte positie, de aard van het af te dekken risico en hoe wordt beoordeeld of de afdekkingsrelatie aan de vereisten inzake afdekkingseffectiviteit voldoet (met inbegrip van haar analyse van de bronnen van de effectiviteit van de hedge en van de wijze waarop de hedgeratio wordt bepaald);

c. de hedgerelatie voldoet aan alle volgende vereisten inzake de effectiviteit:
   i. er is sprake van een economische relatie tussen de afgedekte positie en het afdekkingsinstrument;
   ii. de waardeveranderingen die uit deze economische relatie voortvloeien zijn niet hoofdzakelijk terug te voeren op het effect van het kredietrisico; en
   iii. de hedgeratio van de hedgerelatie is gelijk aan die welke resulteert uit de hoeveelheid van de afgedekte positie die de entiteit werkelijk afdekt, en de hoeveelheid van het afdekkingsinstrument waarvan de entiteit daadwerkelijk gebruikmaakt om die hoeveelheid van de afgedekte positie af te dekken. Echter, deze aanwijzing mag geen onevenwichtigheid tussen de wegingsfactor van de afgedekte positie en de wegingsfactor van het afdekkingsinstrument weerspiegelen welke aanleiding zou geven tot (al dan niet opgenomen) afdekkingsineffectiviteit die in een uitkomst van de administratieve verwerking kan resulteren welke inconsistent is met het doel van hedge-accounting.

Richtlijn 290 kent min of meer dezelfde voorwaarden maar deze zijn wat algemener geformuleerd (RJ 290.610 en 290.613).

Er kan ook aan de voorwaarden worden voldaan in een latere periode dan dat de afdekkingstransactie is afgesloten. Hedge-accounting kan echter alleen prospectief worden toegepast nadat aan deze voorwaarden is voldaan.

Hedgedocumentatie

Hedgedocumentatie wordt vereist omdat hedgedocumentatie ervoor zorgt dat vooraf wordt aangegeven of wel of geen hedge-accounting wordt toegepast. Dit zorgt er ten eerste voor dat wordt beoordeeld of de hedge aan de gestelde voorwaarden voldoet, maar vooral dat achteraf niet alsnog de keuze kan worden gemaakt wel of geen hedge-accounting toe te passen over de afgelopen periode. Indien deze keuze wel achteraf gemaakt zou kunnen worden, zou op basis van de wetenschap van dat moment het gerapporteerde resultaat eenvoudig beïnvloed kunnen worden door de alsdan te maken keuze.

Dit betekent bijvoorbeeld ook dat indien een hedge-instrument voortijdig wordt afgewikkeld, maar gedocumenteerd is dat hedge-accounting wordt toegepast, het hedgeresultaat in de periode wordt verwerkt waarin ook de afgedekte transactie wordt verwerkt (mits deze nog wordt verwacht). Dit speelt ook in de situatie waarbij een onderneming gedwongen is om een positie 'door te rollen', omdat het bijvoorbeeld een uitstaande risicopositie over 3 jaar betreft, maar slechts derivatencontracten met een looptijd van 1 jaar beschikbaar zijn. Op basis van de hedgedocumentatie wordt dit resultaat dan nog steeds uitgesteld en pas in de winst-en-verliesrekening verwerkt gelijktijdig met de afgedekte transactie.

Richtlijn 290 geeft bij het toepassen van hedge-accounting twee mogelijkheden (RJ 290.613):
▶ toepassen van hedge-accounting op basis van generieke documentatie; of
▶ toepassen van hedge-accounting op basis van documentatie per individuele hedgerelatie.

IFRS kent dit onderscheid niet, daar worden alleen de individuele hedgerelaties onderkend.

Indien een onderneming hedge-accounting toepast op basis van generieke documentatie, zijn de voorwaarden (RJ 290.614):
a. beschrijving van de algemene hedgestrategie en documentatie hoe de hedgerelaties passen in de doelstellingen van risicobeheer en de verwachting aangaande de effectiviteit van deze hedgerelaties (dat is de mogelijkheid van het bereiken van compensatie van aan het afgedekte risico toe te rekenen veranderingen in reële waarden of kasstromen);
b. beschrijving van de in het soort hedgerelatie betrokken hedge-instrumenten en afgedekte posities;
c. de ineffectiviteit (dat is de mate waarin de waardeveranderingen van het hedge-instrument die van de afgedekte positie niet compenseren) dient in de winst-en-verliesrekening te worden verwerkt.

Indien een onderneming kiest voor dit type van documentatie dan dient de onderneming afgedekte risico's consistent – in de tijd en naar soort van hedgerelatie – volgens de regels van hedge-accounting te verwerken. Dit betekent derhalve dat bij generieke documentatie er geen keuze is om voor een individuele hedgerelatie wel of geen hedge-accounting toe te passen.

Indien een onderneming hedge-accounting toepast op basis van documentatie per individuele hedgerelatie, zijn de voorwaarden (RJ 290.615):
a. documentatie hoe de individuele hedgerelatie past in de doelstellingen van risicobeheer en beschrijving van de hedgestrategie, waaronder de verwachting aangaande de effectiviteit van de hedgerelatie (dat is de mogelijkheid van het bereiken van compensatie van aan het afgedekte risico toe te rekenen veranderingen in reële waarden of kasstromen);
b. beschrijving van het in de individuele hedgerelatie betrokken hedge-instrument en de afgedekte positie of transactie; en
c. de ineffectiviteit (dat is de mate waarin de waardeveranderingen van het hedge-instrument die van de afgedekte positie niet compenseren) uit hoofde van de individuele hedgerelatie dient in de winst-en-verliesrekening te worden verwerkt.

Hedge-instrumenten

IFRS 9 geeft aan dat alleen met derden afgesloten contracten (c.q. instrumenten) in aanmerking komen voor kwalificerende hedge-accountingrelaties (RJ 290.608, IFRS 9.6.2.3).

Het doel van hedging is het afdekken van fluctuaties. Daarom kan een geschreven optie niet dienen als hedge-instrument voor een hedge-accountingrelatie (tenzij als afdekking van een gekochte optie), omdat daarmee fluctuaties juist toenemen. Een gekochte optie kan wel fungeren als hedge-instrument voor het toepassen van hedge-accounting.

De Richtlijnen en de IASB hebben eisen gesteld aan de hedge-instrumenten die in een hedgerelatie mogen worden opgenomen. Alle derivaten mogen in een hedgerelatie worden opgenomen, afgezien van (per saldo) geschreven opties (RJ 290.606, IFRS 9.6.2.1). Richtlijn 290 geeft weinig toelichting omtrent wat met 'per saldo' wordt bedoeld. Vanuit IFRS 9 bestaat hierover meer regelgeving. Omdat de onderliggende gedachte gelijk is zijn wij van mening dat deze regelgeving ook relevant is onder Richtlijn 290. Van belang is onder andere:
▶ Per saldo wordt geen geld (premie) ontvangen bij aanvang van de derivaten. Ontvangst van een premie is een indicatie voor een geschreven optie.
▶ Een eventuele premie mag ook niet worden verdisconteerd in een lagere swaprente. Immers, op dat moment wordt het voordeel van de premie gedurende de looptijd genoten. Een voordeel is echter nooit gratis, hiervoor worden risico's gelopen.

- Afgezien van de uitoefenprijs, zijn de onderliggende kritieke kenmerken gelijk, waaronder valuta, betaaldata en overige variabelen.
- De omvang van een gekochte optie dient groter of gelijk te zijn aan een gerelateerde geschreven optie (bijvoorbeeld de collar heeft gelijke hoofdsommen). RJ 290.606 bevat een voorbeeld waarbij een gekochte calloptie met een onderliggende waarde van USD 50 gecombineerd wordt met een geschreven putoptie met een onderliggende waarde van USD 100. RJ 290.606 geeft aan dat hier sprake is van een per saldo geschreven optie.

Onder IFRS 9 is het niet toegestaan om een gecombineerd contract te splitsen zodat voor een individueel onderliggend derivaat hedge-accounting toegepast kan worden (IFRS 9.6.2.4). Enige uitzonderingen zijn de tijdswaarde en intrinsieke waarde van een optie, het verschil tussen de spotkoers en forwardkoers van een forwardcontract en een gedeelte van het gehele derivaat, zoals 50% van het nominale bedrag. Een derivaat mag echter niet worden aangewezen voor een deel van zijn verandering in reële waarde dat voortvloeit uit slechts een deel van de periode waarin het derivaat wordt gehouden.

Onder Richtlijn 290 is deze expliciete beperking vanuit IFRS 9 niet overgenomen. Wij zien daarom ook mogelijkheden om wel een deel van het gecombineerde derivaat onder hedge-accounting te krijgen. Van belang is dat splitsing initieel en gedurende de looptijd betrouwbaar kan plaatsvinden. In geval van een swap die voortijdig door een bank beëindigd kan worden, betekent dit dat de jaarlijkse rentekosten gebaseerd worden op de initiële marktrente, die hoger zal liggen dan de swaprente vanwege de verdisconteerde premie. Dit verschil wordt in beginsel gepassiveerd als boekwaarde van de geschreven optie. Voor de geschreven optie zal vervolgens op ieder rapportagemoment de reële waarde bepaald moeten worden om te beoordelen of verdere verliezen verantwoord moeten worden.

Afgezien van derivaten kunnen ook niet-afgeleide financiële activa en niet-afgeleide financiële verplichtingen worden aangemerkt als hedge-instrument onder IFRS 9 indien deze zijn gewaardeerd tegen reële waarde met waardeveranderingen in de winst-en-verliesrekening, tenzij het een financiële verplichting waarop de zogenoemde reële waarde-optie is toegepast en waarvan het bedrag van de verandering in de reële waarde uit hoofde van het eigen kredietrisico in de overige onderdelen van het totaalresultaat ('OCI') wordt verwerkt. Bij afdekking van een valutarisico mag de valutarisicocomponent van een niet-afgeleid financieel actief of een niet-afgeleide financiële verplichting als afdekkingsinstrument worden aangewezen, op voorwaarde dat het geen belegging in een eigenvermogensinstrument betreft waarbij gekozen is de veranderingen in reële waarde in de overige onderdelen van het totaalresultaat ('OCI') te presenteren. Richtlijn 290 heeft deze bepalingen in mindere mate vorm gegeven. Wel is aangegeven dat monetaire posten in vreemde valuta als hedge-instrument kunnen worden gebruikt (RJ 290.607).

Afgedekte positie

Een afgedekte positie kan zijn (RJ 290.609, IFRS 9.6.3.1):
- een actief;
- een verplichting;
- een niet-opgenomen bindende overeenkomst;
- een zeer waarschijnlijke in de toekomst verwachte transactie;
- een netto-investering in een buitenlandse activiteit.

Een afgedekte kan ook een component van een dergelijke positie of groep van posities zijn. De afgedekte positie moet betrouwbaar te meten zijn. Het is toegestaan om afgedekte posities te combineren (RJ 290.611, IFRS 9.6.3.4).

31 Derivaten, embedded derivaten en hedge-accounting

IFRS 9 is expliciet gemaakt dat afgedekte posities met tegenpartijen buiten de groep moeten zijn (IFRS 9.6.3.5). Alhoewel niet expliciet opgenomen in de Richtlijnen, zijn wij van mening dat dit ook onder de Richtlijnen geldt omdat interne posities worden geëlimineerd.

Belangrijk aandachtspunt is dat de afgedekte positie in geval van een verwachte transactie een zeer waarschijnlijke transactie moet zijn (RJ 290.609, IFRS 9.6.3.3). Het criterium van 'zeer waarschijnlijk' betreft een zekerheidsniveau dat hoger is dan 'more likely than not' (vergelijk met opname van voorzieningen), maar niet zo hoog als 'virtually certain' (vergelijk met opname van contingent assets). Wij zien het begrip 'zeer waarschijnlijk' als equivalent van het onder IFRS 9 gebruikte begrip 'highly probable'. Dit betekent in onze ogen dat het niet is toegestaan om als afgedekte positie de opbrengsten uit een project op te nemen waarvan de kans 51% is dat het project zal doorgaan. In dit geval wordt niet voldaan aan het 'zeer waarschijnlijk'-criterium. Ander voorbeeld dat zich in de praktijk voordoet is het afdekken van het renterisico op een toekomstige financieringsbehoefte. Hierbij geldt dat deze financieringsbehoefte hoger of lager kan worden als gevolg van schommelingen in kasstromen, bijvoorbeeld door betere of slechtere prestaties of grotere/kleinere investeringen. Hierdoor bestaat een risico dat de werkelijke financieringsbehoefte lager is dan de prognose. Ingeval de prognose is gebruikt voor het afsluiten van een afdekkingsinstrument (veelal renteswap) zal 'overhedging' en ineffectiviteit ontstaan. Hierdoor kan het in de praktijk complex zijn om te beoordelen of een verwachte transactie inderdaad zeer waarschijnlijk is.

31.5.3 Effectiviteit

Het begrip effectiviteit kent twee aspecten. Ten eerste wordt onder IFRS van de hedgerelatie verwacht dat deze voldoende effectief is om hedge-accounting te mogen toepassen. Ten tweede wordt achteraf de vastgesteld of er sprake is van enige ineffectiviteit en wordt het bedrag aan ineffectiviteit direct in de winst-en-verliesrekening verwerkt.

In veel gevallen, zoals bij rente en valuta, is het mogelijk om zeer effectieve hedges aan te gaan. Een onderneming kan er echter voor kiezen een minder effectieve hedge aan te gaan, omdat deze hedge goedkoper is (bijvoorbeeld actievere markt voor zesmaands- dan voor driemaandsrente) of dat er geen beter instrument voorhanden is. Het beoordelen van effectiviteit brengt een tweetal aspecten met zich mee:
a. is de hedge voldoende effectief om hedge-accounting toe te passen; en
b. hoe wordt de opgetreden ineffectiviteit verwerkt?

Effectiviteit: het mogen toepassen van hedge-accounting

Het eerste aspect van effectiviteit betreft de effectiviteitstest. Hierbij is de vraag of wordt verwacht dat de hedge effectief zal zijn. IFRS 9 stelt dat bij aanvang van de hedgerelatie er een formele aanwijzing en documentatie aanwezig moet zijn, inclusief hoe de risicomanagementdoelstelling die aan de hedgerelatie ten grondslag ligt, past in de risicomanagementstrategie. De documentatie bevat ten minste:
- de identificatie van het hedge-instrument;
- de afgedekte positie;
- de aard van het risico dat wordt afgedekt; en
- hoe de onderneming beoordeelt of de hedgerelatie voldoet aan de hedge-effectiviteitsvereisten.

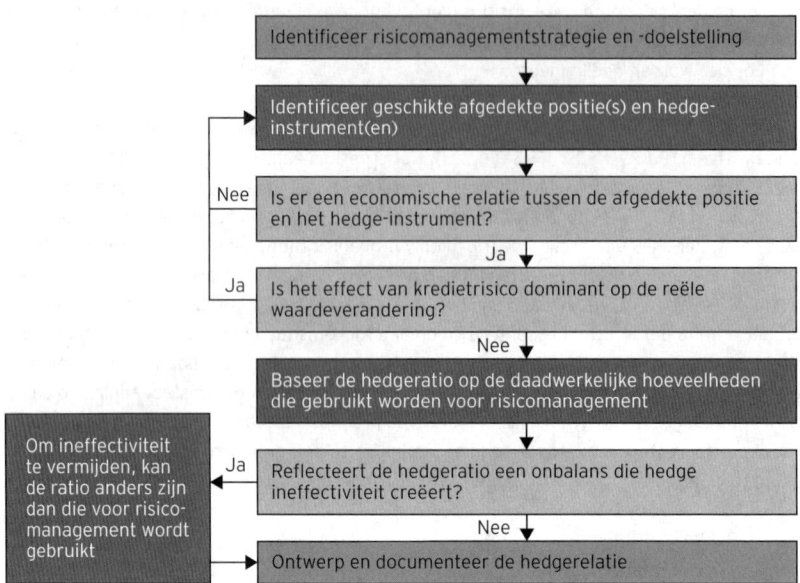

Het hedge-instrument en de afgedekte positie moeten een economische relatie hebben. Dat kan onderbouwd worden door een statistische correlatie, maar dat hoeft in de meeste gevallen niet. Zowel kwantitatieve als kwalitatieve factoren moeten overwogen worden, zoals de looptijd, aantallen of nominale bedragen, data van de kasstromen, rente, kwaliteit en locatie. IFRS 9 stelt dat het kredietrisico niet de waardeveranderingen van de hedge-instrument en de afgedekte positie mag domineren, omdat kredietrisico niet als een risicocomponent in een hedge-accountingrelatie kan worden aangemerkt. De hedgeratio is de verhouding tussen het bedrag van de afgedekte positie en het hedge-instrument dat in de hedgerelatie wordt betrokken. Risicomanagers bepalen over het algemeen deze verhouding zo dat de effectiviteit van de hedge het beste is. In de meeste gevallen is dit 1:1, maar dat is niet noodzakelijk.

Bij aanvang van de hedgerelatie moet vastgesteld of wordt voldaan aan de vereisten en vervolgens moet dit voortdurend blijvend worden vastgesteld. Deze prospectieve test dient minimaal elke rapporteringsdatum plaats te vinden. Ondernemingen hoeven onder IFRS 9 niet langer een retrospectieve kwantitatieve effectiviteitsbeoordeling uit te voeren om te beoordelen of hedge-accounting kon worden toegepast. Wel wordt daadwerkelijk opgetreden ineffectiviteit direct in de winst-en-verliesrekening verwerkt.
Onder IFRS 9 worden de hedgerelaties die niet meer voldoende effectief blijken, terwijl het oorspronkelijke doel van risicobeheer is gehandhaafd, geherbalanceerd (in plaats van gediscontinueerd).

31 Derivaten, embedded derivaten en hedge-accounting

Schematisch ziet dat er als volgt uit:

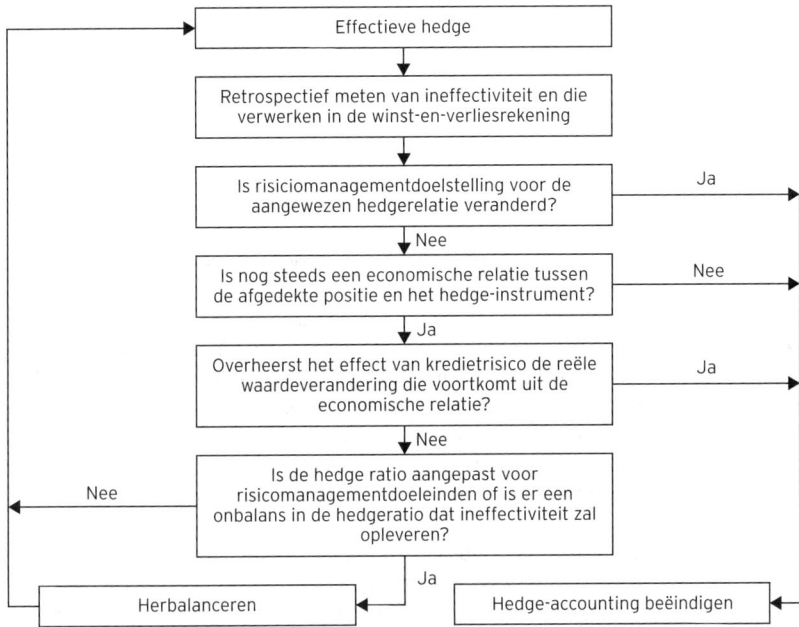

Binnen Richtlijn 290 zijn de principes rondom het bepalen van de effectiviteit iets anders vorm gegeven. Binnen de Richtlijnen zijn de principes en regels van IFRS 9 niet in alle omvang opgenomen, maar worden deze wel binnen de Richtlijn 290 hedge-accounting principes toepasbaar geacht. Wel stelt Richtlijn 290 dat de effectiviteit kan worden getoetst door middel van bijvoorbeeld (RJ 290.616):
- de vergelijking van de reële waardeverandering van een hedge-instrument en van een afgedekte positie in een bepaalde periode of cumulatief vanaf het aangaan van de hedgerelatie ('dollar offset methode');
- het vergelijken van de kritische kenmerken van een hedge-instrument en van een afgedekte positie ('critical terms match'); als de kritische kenmerken van hedge-instrument en hedged item gelijk zijn, kan dat een indicatie zijn van een hoge mate van effectiviteit;
- het uitvoeren van regressieanalyse op de veranderingen van de reële waarde van het hedge-instrument en de afgedekte positie.

Zeker bij kostprijshedges onder Richtlijn 290, maar ook bij andere hedges, zal veelal een kwalitatieve beoordeling worden uitgevoerd om aan de voorwaarden van verwachte effectiviteit te voldoen, vaak op basis van de kritische kenmerken. Op basis van Richtlijn 290 lijkt het verdedigbaar om deze verwachte effectiviteit kwalitatief te toetsen en, indien bepaalde kenmerken niet exact matchen, te beoordelen of hierbij bedrijfseconomisch van een afdekking sprake is.

Zoals gesteld, zijn de principes en regels van IFRS 9 niet opgenomen in Richtlijn 290. Wel is het onder Richtlijn 290 mogelijk om hedge-accounting – in tegenstelling tot IFRS 9 – te allen tijde te beëindigen.

Het bepalen en verwerken van ineffectiviteit

Indien is voldaan aan de effectiviteitseisen om hedge-accounting te mogen toepassen, volgt ook het tweede aspect van effectiviteit. De werkelijke ineffectiviteit die zich heeft voorgedaan dient in de winst-en-verliesrekening verwerkt te worden. Het bedrag aan ineffectiviteit dat verwerkt dient te worden is mede afhankelijk van het type hedgerelatie dat wordt gehanteerd.

Bij een reële-waardehedge wordt zowel de verandering van de reële waarde van het hedge-instrument als de verandering van de reële waarde voor het afgedekte risico van de afgedekte positie direct in de winst-en-verliesrekening verwerkt, en daarmee dus ook automatisch de ineffectiviteit.

Bij een kasstroomhedge wordt alleen ineffectiviteit in de winst-en-verliesrekening verwerkt voor zover de reële-waardemutatie van het hedge-instrument groter is dan de tegenovergestelde cumulatieve verandering in de afgedekte toekomstige kasstromen. In een situatie dat de reële-waardemutatie van het hedge-instrument kleiner is dan de tegenovergestelde cumulatieve verandering in de afgedekte toekomstige kasstromen, wordt geen ineffectiviteit verantwoord in de winst-en-verliesrekening. De waardemutatie van de afgedekte positie wordt in de praktijk vaak via een hypothetisch derivaat berekend. Een hypothetisch derivaat is het perfecte derivaat ter afdekking van de risico's van de afgedekte positie. Als het werkelijk afgesloten derivaat een reële waarde heeft die bijvoorbeeld meer negatief is dan de reële waarde van dit hypothetisch derivaat, zou het geld kosten om naar de optimale hedgesituatie te gaan. Dit verlies zal als zodanig verantwoord moeten worden.

De hypothetisch-derivaatmethode maakt het eenvoudiger om de waardeontwikkelingen van de afgedekte positie (vertegenwoordigd via het hypothetisch derivaat) te vergelijken met de waardeontwikkelingen van het werkelijke derivaat. Het hypothetisch derivaat (bijvoorbeeld renteswap) zal kenmerken hebben die identiek overeenkomen met de kenmerken van de afgedekte positie (bijvoorbeeld variabele rente op de lening). Hierdoor zijn de kasstromen uit het hypothetisch derivaat een exact spiegelbeeld van de kasstromen van de afgedekte positie. Bij deze methode moet bij aanvang van de hedgerelatie de reële waarde van het hypothetische derivaat nihil zijn. In geval van het afdekken van de variabele rente op de lening met een renteswap, wordt als hypothetisch derivaat een renteswap geconstrueerd. Omdat deze renteswap een initiële reële waarde van nul dient te hebben, wordt die vaste rente op een zodanige hoogte gesteld dat deze initiële waarde van nul wordt bereikt. Deze vaste rentevoet wordt iteratief bepaald.

Voor kostprijshedge-accounting gelden nog specifiekere bepalingen over wijze waarop de ineffectiviteit wordt verwerkt. Zie hiervoor paragraaf 31.5.8.

Onderstaand is een voorbeeld opgenomen van de verwerking van ineffectiviteit in een reële-waardehedge, kasstroomhedge en kostprijshedge. In dit voorbeeld wordt ervan uitgegaan dat aan de voorwaarden van hedge-accounting is voldaan.

> **Voorbeeld verwerking ineffectiviteit in hedges**
>
> Een onderneming heeft een variabelrentende lening waarbij zij een interest rate swap heeft afgesloten om de variabele rente om te zetten in een vaste rente (kasstroomhedge). Daarnaast heeft de onderneming een vastrentende lening, waarbij zij een interest rate swap heeft afgesloten om de vaste rente om te zetten in variabele rente (reële waardehedge). Hierbij zijn de hoofdsommen van de lening en de swap exact aan elkaar gelijk. Door een verschil in onderliggende rentes ontstaan verschillen in reële waarde. Het onderstaande hedged item is ofwel het hypothetisch derivaat behorende bij de variabelrentende lening (kasstroomhedge) ofwel de vastrentende lening (reële-waardehedge).

31 Derivaten, embedded derivaten en hedge-accounting

Verschil in:	Reële-waardehedge	Kasstroomhedge	Kostprijshedge
derivaat reële waarde 120, hedged item reële waarde -100	boeking +20 in winst-en-verliesrekening	boeking +20 in winst-en-verliesrekening	geen effect in winst-en-verliesrekening
	Boekingen: Derivaat 120 Aan resultaat 120 Resultaat 100 Aan lening 100	Boeking: Derivaat 120 Aan resultaat 20 Aan eigen vermogen 100	geen boeking
derivaat reële waarde 100, hedged item reële waarde -120	boeking -20 in winst-en-verliesrekening	'underhedged', geen effect in winst-en-verliesrekening.	geen effect in winst-en-verliesrekening
	Boekingen: Derivaat 100 Aan resultaat 100 Resultaat 120 Aan lening 120	Boeking: Derivaat 100 Aan eigen vermogen 100	geen boeking
derivaat reële waarde -120, hedged item reële waarde +100	boeking -20 in winst-en-verliesrekening	boeking -20 in winst-en-verliesrekening	boeking -20 in winst-en-verliesrekening
	Boekingen: Resultaat 120 Aan derivaat 120 Lening 100 Aan Resultaat 100	Boeking: Resultaat 20 Eigen vermogen 100 Aan derivaat 120	Boeking: Resultaat 20 Aan derivaat 20
derivaat reële waarde -100, hedged item reële waarde +120	boeking +20 in winst-en-verliesrekening	'underhedged', geen effect in winst-en-verliesrekening.	geen effect in winst-en-verliesrekening
	Boekingen: Resultaat 100 Aan derivaat 100 Lening 120 Aan resultaat 120	Boeking: Eigen vermogen 100 Aan derivaat 100	Geen boeking

Ten slotte geven wij een voorbeeld van een situatie waarbij het ene derivaat wel onder hedge-accounting wordt gebracht, en een ander derivaat niet.

Voorbeeld swap gecombineerd met geschreven swaption

Een onderneming trekt een 30 jaar variabel rentende lening aan. De onderneming beschouwt de variabiliteit van rentekasstromen als risico. De onderneming wil de eerste jaren een zo laag mogelijke rente betalen. Swaprate voor 10 jaar bedraagt 3,5%. Swaprate voor 30 jaar bedraagt 4%. De onderneming wil gebruikmaken van kostprijshedge-accounting. De onderneming sluit een 10 jaars swap af, en betaalt 3% vaste rente in ruil voor variabele rente. Tegelijkertijd sluit X een swaption af met dezelfde bank. Deze swaption geeft de bank het recht na 10 jaar een 20-jaars swap af te sluiten waarin de onderneming 4,5% vaste rente betaalt in ruil voor variabele rente.
Wat is de analyse van dit contract?

Alleen voor het deel van de swap kan hedge-accounting worden toegepast, omdat de swaption een geschreven optie betreft. De rentelast in de eerste 10 jaar is 3,5%. Het verschil tussen de 3,5% last en de 3% swaprente wordt gepassiveerd als verkrijgingsprijs van de swaption. Hiernaast zal beoordeeld moeten worden of aanvullende resultaatboekingen (positief dan wel negatief) noodzakelijk zijn voor waardering van de swaption.

31.5.4 Beëindigen van hedge-accounting

Hedge-accounting dient onder IFRS 9 te worden beëindigd indien niet langer aan de voorwaarden van hedge-accounting (zie par. 31.5.2) wordt voldaan. Zoals ook in paragraaf 31.5.3 aangegeven, omvat dit ook als de risicomanagementdoelstelling ten aanzien van de hedgerelatie is veranderd. IFRS 9 kent ook een 'gedeeltelijke beëindiging' van hedge-accounting. Dat betekent dat hedge-accounting voortgezet wordt voor het resterende deel van de hedgerelatie.

In onderstaande tabel is een aantal veel voorkomende scenario's samengevat die resulteren in volledige of gedeeltelijke beëindiging van hedge-accounting:

Scenario	Beëindiging
Risicomanagementdoelstelling is veranderd	Volledig of gedeeltelijk
Er is niet langer een economische relatie tussen de afgedekte positie en het hedge-instrument	Volledig
Het effect van kredietrisico overheerst de waardeverandering van de hedgerelatie	Volledig
Als onderdeel van het herbalanceren, de omvang van de afgedekte positie of het hedge-instrument wordt teruggebracht	Gedeeltelijk
Het hedge-instrument expireert	Volledig
Het hedge-instrument is (volledig of gedeeltelijk) verkocht, afgelopen of uitgeoefend	Volledig of gedeeltelijk
De afgedekte positie (of een deel daarvan) is niet langer aanwezig of verwacht wordt dat de toekomstige transactie niet langer plaatsvindt	Volledig of gedeeltelijk

Richtlijn 290 kent wel de mogelijkheid dat hedge-accounting vrijwillig kan worden beëindigd. Hedge-accounting dient te worden beëindigd indien er sprake is van (RJ 290.620):
a. het hedge-instrument afloopt of wordt verkocht, beëindigd of wordt uitgeoefend;
b. de hedge niet langer voldoet aan de voorwaarden zoals die hiervoor zijn beschreven;
c. het niet langer kiezen voor het toepassen van hedge-accounting en derhalve de toewijzing als hedgerelatie staakt. In feite betreft dit het vrijwillig beëindigen van hedge-accounting.

31.5.5 Reële-waardehedge-accounting ('fair value hedge accounting')

In een reële-waardehedgerelatie wordt het derivaat (hedge-instrument) gewaardeerd tegen reële waarde, met wijzigingen in de reële waarde in de winst-en-verliesrekening. De afgedekte positie wordt, voor zover de waardeverandering is toe te rekenen aan het afgedekte risico, ook tegen reële waarde gewaardeerd. Dit betekent dus niet automatisch dat de afgedekte positie tegen reële waarde wordt gewaardeerd. Er kunnen immers andere factoren – naast het afgedekte risico – invloed hebben op de reële waarde van de afgedekte positie. Deze vorm van hedge-accounting wordt toegepast bij het afdekken van het risico van reële-waardeveranderingen, bijvoorbeeld de afdekking van het renterisico van een vastrentende vordering. (Als de marktrente verandert, verandert de reële waarde van een vastrentende vordering ook, welke dan gecompenseerd wordt door een tegenovergestelde verandering in waarde van het derivaat).

Indien een reële-waardeafdekking gedurende de gehele periode voldoet aan de in de vorige paragraaf genoemde voorwaarden, dient de hedge als volgt te worden verantwoord (RJ 290.619, IFRS 9.6.5.8):
a. de winst of het verlies voortvloeiend uit de herwaardering van het hedge-instrument naar reële waarde dient onmiddellijk in de winst-en-verliesrekening verantwoord te worden;
b. de afgedekte positie wordt, voor zover de waardeverandering is toe te rekenen aan het afgedekte risico, ook tegen reële waarde gewaardeerd. Deze aanpassing wordt onmiddellijk in de winst-en-verliesrekening verwerkt.

31 Derivaten, embedded derivaten en hedge-accounting

Bij een 100% effectieve hedge zijn deze wijzigingen gelijk en tegengesteld, waardoor het netto-effect in de winst-en-verliesrekening nul zal zijn. Waar sprake is van ineffectiviteit (de waardeverandering van hedge-instrument en de afgedekte post compenseren elkaar niet volledig) wordt deze automatisch direct als winst of verlies in de winst-en-verliesrekening verwerkt (zie voorbeeld in par. 31.5.3).

Hierna volgt een voorbeeld van de (gedeeltelijke) afdekking van reële-waardeveranderingen van een actief dat tegen geamortiseerde kostprijs wordt gewaardeerd (zoals bij een verstrekte lening).

> **Voorbeeld reële-waardehedge van een actief gewaardeerd tegen geamortiseerde kostprijs**
>
> Een onderneming heeft een vastrentende lening verstrekt en sluit voor 50% van de lening een renteswap af om de fluctuaties in de reële waarde van de lening af te dekken. De renteswap houdt in dat vaste rente wordt betaald en variabele rente wordt ontvangen. De lening is gewaardeerd tegen (geamortiseerde) kostprijs van 100. Aan het einde van jaar 1 is de reële waarde van de renteswap -5. Dit leidt tot een last in de winst-en-verliesrekening. De reële waarde voor het afgedekte risico (i.e. de rente) van de lening is aan het einde van jaar 1 gelijk aan 110. Echter, de lening wordt in eerste instantie tegen geamortiseerde kostprijs gewaardeerd en niet tegen reële waarde.
>
> Omdat reële-waardehedge-accounting wordt toegepast, wordt de boekwaarde van de lening aangepast aan de waardeverandering van het 'gehedgede' deel van het risico. De waardeverandering wordt in de winst-en-verliesrekening opgenomen. Deze boekwaarde is nu niet meer gelijk aan de geamortiseerde kostprijs, maar ook niet aan een (benaderde) reële waarde, aangezien slechts 50% van de verandering in de reële waarde van de lening in de boekwaarde is meegenomen.
>
> Op de balans aan het einde van jaar 1 is de lening nu gewaardeerd tegen 105, terwijl onder de passiva de renteswap is opgenomen voor een bedrag van 5. Het nettobedrag is 100, maar saldering is niet toegestaan, tenzij aan de eisen voor saldering is voldaan (zie paragraaf 30.3.4).
>
> Indien de renteswap niet als hedge zou worden aangemerkt, wordt in jaar 1 een last van 5 opgenomen in de winst-en-verliesrekening. De lening blijft dan gewaardeerd tegen 100.
>
> Hierbij wordt opgemerkt dat het bedrag van 105 niet direct aansluit op de reële waarde, noch op de geamortiseerde kostprijs. Dit bedrag kan alleen vanuit de onderliggende mutaties worden verklaard.

Indien een afgedekt actief of passief tegen reële waarde wordt gewaardeerd met waardeveranderingen in de winst-en-verliesrekening, is er geen reële-waardehedge-accounting nodig om de waardeverandering van het hedge-instrument tegen de waardeverandering van het afgedekte actief of passief in de winst-en-verliesrekening weg te laten vallen. Dit is een belangrijke reden – mits aan de voorwaarden wordt voldaan – voor het toepassen van de fair value option onder IFRS (zie paragraaf 30.7.6). Reële-waardehedge-accounting is dus ook niet nodig in het geval dat het valutarisico van een monetaire post wordt afgedekt: doordat de monetaire posten worden omgerekend tegen de koers op de balansdatum en alle koersveranderingen in de winst-en-verliesrekening worden opgenomen, vallen de waardemutaties in de winst-en-verliesrekening voor een groot deel als het ware automatisch tegen elkaar weg. Dit wordt geïllustreerd in het volgende voorbeeld.

> **Voorbeeld 'fair value hedge' en afdekking valutarisico zonder toepassing van hedge-accounting**
>
> Op 1 juni 2020 ontvangt een onderneming voor CHF 1 miljoen goederen die betaald dienen te worden op 31 maart 2021. Om het risico van de valutaschommelingen van de Zwitserse frank op de post crediteuren in te dekken, sluit de onderneming een termijncontract met een nominale waarde van CHF 1 miljoen met een toekomstige koers van CHF 1 = € 0,685 en een vervaldatum van 31 maart 2021. Dit wordt beschouwd als een 'fair value hedge', omdat hiermee het risico van fluctuaties in de reële waarde van de schuld wordt afgedekt.
>
> | | Dagkoers | Termijnkoers voor 31 maart 2021 |
> |---|---|---|
> | 1 juni 2020 | CHF 1 = € 0,65 | CHF 1 = € 0,685 |
> | 31 december 2020 | CHF 1 = € 0,68 | CHF 1 = € 0,698 |
> | 31 maart 2021 | CHF 1 = € 0,70 | |
>
> De volgende boekingen worden door de onderneming gemaakt (in €):
>
> a. 1 juni 2020
> Ontvangst goederen
> Voorraad 650.000
> Aan Handelscrediteuren 650.000
>
> b. 31 december 2020
> **Aanpassing marktwaarde termijncontract**
> Termijncontract (1 miljoen x verschil termijnkoers [= 0,698 - 0,685*]) 13.000
> Aan Financiële opbrengsten 13.000
> **Boeking koersverlies op handelscrediteuren**
> Financiële kosten (1 miljoen x verschil marktwaarde [= 0,68 - 0,65]) 30.000
> Aan Handelscrediteuren 30.000
>
> c. 31 maart 2021
> **Boeking koersverlies op handelscrediteuren**
> Financiële kosten (1 miljoen x verschil marktwaarde [= 0,70 - 0,68]) 20.000
> Aan Handelscrediteuren 20.000
> **Aanpassing marktwaarde termijncontract**
> Termijncontract (1 miljoen x verschil termijnkoers [= 0,70 - 0,698]) 2.000
> Aan Financiële opbrengsten 2.000
> **Uitoefening termijncontract**
> Bank (CHF) 700.000
> Aan Termijncontract (1 miljoen x verschil termijnkoers [= 0,70 - 0,685]) 15.000
> Aan Bank (€) 685.000
> **Betaling handelscrediteuren**
> Handelscrediteuren 700.000
> Aan Bank (CHF) 700.000
>
> Doordat de koers is vastgezet op 0,685 bedraagt het nadelige financiële resultaat van deze transactie per saldo € 35.000. Dit is het verschil tussen de dagkoers en termijnkoers op het moment van het aangaan van het termijncontract (1 miljoen x [0,685 - 0,65]). Dit wordt verklaard door het verwachte renteverschil op de betreffende valuta. Hiervan wordt € 17.000 in 2020 geboekt en € 18.000 in 2021.
>
> * Eenvoudigheidshalve gaat het slechts om een berekening bij benadering.

De verwerking van een reële-waardehedge met toepassing van hedge-accounting is ingewikkelder indien voor het actief waardeveranderingen worden verwerkt in het eigen vermogen. Hierna volgt daarvan een voorbeeld.

> **Voorbeeld reële-waardehedge van een actief gewaardeerd tegen reële waarde met waardeveranderingen in het eigen vermogen**
>
> Een onderneming koopt een obligatie voor 100. De obligatie wordt gewaardeerd tegen reële waarde met waardeveranderingen via het totaalresultaat in het eigen vermogen. Aan het einde van jaar 1 heeft de obligatie een reële waarde van 110. Het waardeverschil van 10 wordt tijdelijk in het eigen vermogen opgenomen. Ter afdekking van het risico van verdere fluctuaties in de reële waarde wordt aan het eind van jaar 1 een derivaat gekocht.

31 Derivaten, embedded derivaten en hedge-accounting

> Aan het einde van jaar 2 is de reële waarde van het derivaat 5. De toename van de reële waarde van het derivaat wordt als bate in de winst-en-verliesrekening opgenomen. De waardestijging van het derivaat wordt gecompenseerd door een waardedaling van de obligatie voor een bedrag van 5. Omdat er sprake is van hedge-accounting van een 'fair value hedge' wordt de waardedaling van de obligatie nu direct in de winst-en-verliesrekening opgenomen. De obligatie wordt derhalve aan het einde van jaar 2 gewaardeerd tegen 105. Het in jaar 1 in het eigen vermogen geboekte waardeverschil van 10 komt pas in de winst-en-verliesrekening bij verkoop van de obligatie.
> Indien geen hedge-accounting zou worden toegepast, zou in jaar 2 in de winst-en-verliesrekening een bate van 5 uit hoofde van het derivaat zijn opgenomen en zou de daling van de reële waarde van de obligatie ten laste van het eigen vermogen zijn gebracht.

Bij beëindiging van reële waardehedge-accounting worden de afgedekte positie en de het hedge-instrument vanaf het moment van beëindiging geherwaardeerd op basis van de algemene regels voor waardering en resultaatbepaling. Verdere aanpassing van de boekwaarde van een afgedekte positie dat gewaardeerd wordt tegen (geamortiseerde) kostprijs, wordt gestaakt.

Aanpassingen van de boekwaarde als gevolg van reële waarde-hedge-accounting dienen door middel van amortisatie ten laste of ten gunste van de winst-en-verliesrekening worden gebracht. De amortisatie kan beginnen zodra een aanpassing zich voordoet en moet uiterlijk aanvangen wanneer de afgedekte positie niet meer voor afdekkingswinsten en -verliezen wordt aangepast. Onder IFRS 9 wordt de amortisatie gebaseerd op een herberekende effectieve rentevoet op de datum waarop met die amortisatie wordt begonnen. Onder Richtlijn 290 kan ook een lineaire amortisatie worden toegepast.

31.5.6 Kasstroomhedge-accounting ('cash flow hedge-accounting')

Deze vorm van hedge-accounting wordt toegepast bij het afdekken van toekomstige onzekere kasstromen, bijvoorbeeld de afdekking van de toekomstige variabele rentebetalingen of van toekomstige kasstromen in vreemde valuta vanwege toekomstige in- of verkopen. In een kasstroomafdekking wordt het derivaat (hedge-instrument) gewaardeerd tegen reële waarde.

Indien een kasstroomafdekking gedurende de gehele periode voldoet aan de in paragraaf 31.5.2 genoemde voorwaarden, dient de hedge als volgt te worden verantwoord (RJ 290.625, IFRS 9.6.5.11):
a. het deel van de winst of het verlies behaald op het hedge-instrument dat als effectief kan worden bestempeld, dient rechtstreeks in het eigen vermogen te worden verantwoord;
b. het ineffectieve deel van de winst of het verlies behaald op het hedge-instrument dient onmiddellijk in het resultaat te worden verantwoord.

Op het moment waarop de resultaten van de afgedekte positie in de winst-en-verliesrekening wordt verwerkt (bijvoorbeeld wanneer de rente als last wordt verantwoord), dient het daaraan gerelateerde resultaat uit het eigen vermogen naar de winst-en-verliesrekening te worden overgebracht (gerecycled). De wijze waarop deze 'recycling' plaatsvindt hangt onder andere af van de aard van de afgedekte positie. Verwachte toekomstige zeer waarschijnlijke transacties (*highly probable forecast transactions*) vallen onder kasstroomafdekking. Indien een dergelijke toekomstige transactie waarvoor een kasstroomhedge is aangegaan leidt tot een niet-financieel actief of passief op de balans (bijvoorbeeld voorraden, materiële vaste activa), moet de onderneming onder IFRS 9 deze betrekken bij de initiële waardering van dat actief of passief (dit wordt wel aangeduid als de *base adjustment*) (IFRS 9.6.5.11).

Met ingang van 2021 worden ook onder Richtlijn 290 de in het eigen vermogen geboekte winsten of verliezen betrokken bij de initiële waardering van dat niet financieel actief of passief (RJ 290.631). Daarmee is de keuze om – als alternatief – de bedragen die in het eigen vermogen zijn geboekt, in de winst-en-verliesrekening op te nemen naar de mate waarin ook de resultaten van de afgedekte positie worden verantwoord, komen te vervallen. Dus bij bijvoorbeeld een hedge van een verwachte inkooptransactie van goederen, wordt bij een 'base adjustment' het resultaat van de hedge bijgeteld of afgetrokken van de kostprijs van de gekochte goederen zodra deze op de balans worden opgenomen.

Voor een kasstroomhedge die leidt tot opname van een financieel actief of passief is een base adjustment niet toegestaan. Daarvoor geldt slechts één verwerkingswijze; de in het eigen vermogen geboekte bedragen dienen in de winst-en-verliesrekening te worden verwerkt in dezelfde periode of perioden waarin het verkregen actief of de aangegane verplichting van invloed is op de winst of het verlies (zoals in de perioden waarin rentebaten en -lasten worden verwerkt) (RJ 290.630).

Teneinde het ineffectieve deel van de herwaardering in de juiste periode in de winst-en-verliesrekening te verwerken, dient de onderneming op elke balansdatum voor een kasstroomhedge maximaal het laagste absolute bedrag van de volgende twee waardeveranderingen in het eigen vermogen op te nemen (RJ 290.625, IFRS 9.6.5.11):
a. de cumulatieve herwaardering van het hedge-instrument sinds het aanwijzen van de hedgerelatie; en
b. de cumulatieve verandering van de waarde van de toekomstige afgedekte kasstromen voor zover toe te rekenen aan het afgedekte risico.

Deze wijze van bepalen van ineffectiviteit leidt ertoe dat als de waardeverandering van het hedge-instrument groter is dan de waardeverandering van de toekomstige kasstromen (overdekking of *overhedge*), het bedrag aan 'overhedge' direct in de winst-en-verliesrekening wordt verwerkt. Indien de waardeverandering van het hedge-instrument daarentegen kleiner is dan de waardeverandering van de toekomstige kasstromen (onderdekking of *underhedge*), wordt geen ineffectiviteit in de winst-en-verliesrekening verwerkt en komt deze pas tot uiting bij afwikkeling van de afgedekte kasstromen. Zie hiervoor ook het voorbeeld zoals opgenomen in paragraaf 31.5.3. Hierna volgen twee voorbeelden van een kasstroomhedge: eerst een hedge inzake een toekomstige verkooptransactie, daarna toepassing van hetzelfde voorbeeld op een toekomstige inkooptransactie.

Voorbeeld kasstroomhedge inzake toekomstige verkooptransactie

Een onderneming verwacht goederen in Zwitserse franken te verkopen voor een bedrag van CHF 10 miljoen gedurende zes maanden tot 31 maart 2021. Om het risico van waardevermindering van de Zwitserse frank in te dekken, koopt de onderneming een putoptie met een nominale waarde van CHF 10 miljoen voor een premie van € 20.000 met een vervaldatum van 31 maart 2021. De dagkoers en uitoefeningskoers bedraagt CHF 2 = € 1.

De hedge wordt voor dit voorbeeld verondersteld aan de voorwaarden voor hedge-accounting te voldoen en kan als effectief worden beschouwd. Er is sprake van een kasstroomhedge, omdat het risico van fluctuaties van de toekomstige ingaande kasstromen wordt afgedekt. In dit voorbeeld wordt ervan uitgegaan dat alleen de intrinsieke waarde van de optie als hedge-instrument wordt aangemerkt en niet ook de tijdswaarde van de optie (RJ 290.628, IFRS 9.6.2.4).

De dagkoers en de daarmee verband houdende marktwaarde van de optie kunnen als volgt worden weergegeven:*

	Contractkoers CHF/€	Dagkoers CHF/€	Marktwaarde optie		
			Tijdswaarde €	Intrinsieke waarde €	Totaal €
30-09-2020	2	2	20.000	0	20.000
31-12-2020	2	2,1	10.000	238.095	248.095
31-03-2021	2	2,3	0	652.174	652.174

De volgende boekingen worden door de onderneming gemaakt (in €):
a. 30 september 2020
  Kopen van de opties op deviezen
  Opties/derivaat (balanspost)   20.000
  Aan Bank   20.000

31 Derivaten, embedded derivaten en hedge-accounting

b. 31 december 2020

Aanpassing tijdswaarde optie		
Waardevermindering opties (winst-en-verliesrekening)	10.000	
Aan Opties/derivaat		10.000
Aanpassing intrinsieke waarde optie bij toepassing van 'cash flow hedging'		
Opties/derivaat	238.095	
Aan Eigen vermogen		238.095

c. 31 maart 2021

Aanpassing tijdswaarde optie		
Waardevermindering opties (winst-en-verliesrekening)	10.000	
Aan Opties/derivaat		10.000
Aanpassing intrinsieke waarde optie bij toepassing van 'cash flow hedging'		
Opties/derivaat	414.079	
Aan Eigen vermogen		414.079
Verkoop goederen		
Debiteuren	4.347.826	
Aan Omzet (CHF 10 miljoen [2,3 CHF/€])		4.347.826
Optie indekking eigen vermogen naar W&V geboekt		
Eigen vermogen	652.174	
Aan Omzet		652.174
Afwikkeling optie		
Bank	652.174	
Aan Optie/derivaat		652.174

De verkooptransactie is uiteindelijk gerealiseerd tegen de koers 2 CHF/€: de geboekte omzet is € 5 miljoen (CHF 10.000.000 : 2 = € 5.000.000 = 4.347.826 + 652.174).

De optie was *'at the money'* bij het aangaan, de premie bestond derhalve volledig uit tijdswaarde en is afzonderlijk in de winst-en-verliesrekening verantwoord. De toerekening aan 2020 en 2021 heeft daarbij plaatsgevonden op basis van de ontwikkeling van de marktwaarde van het tijdswaarde-element.

* De tijdswaarde betreft het verschil tussen de reële waarde en de intrinsieke waarde van de optie. In dit voorbeeld neemt de tijdswaarde lineair af, maar dit hoeft niet zo te zijn.

Voorbeeld kasstroomhedge inzake toekomstige inkooptransactie

Stel nu, dat sprake is van een toekomstige inkooptransactie voor CHF 10 miljoen en dat een calloptie is aangegaan om het risico van waardevermeerdering van de Zwitserse frank af te dekken. In tegenstelling tot voorgaand voorbeeld verandert de koers van de Zwitserse frank zodat de dagkoers op 31-12-2020 1,91 is en op 31-3-2021 1,77 is. De gedurende de looptijd van de calloptie in het eigen vermogen opgenomen verandering van de reële waarde is een bate van 652.174; de inkoopprijs in euro bedraagt 4.347.826 (dezelfde bedragen als in het voorgaande voorbeeld).

Toepassing van de 'base adjustment'
Het resultaat van de optie wordt in dit geval gecorrigeerd op de kostprijs van de voorraad. De journaalpost van de aankoop van de goederen zou dan luiden:

Voorraden	5.000.000	
Eigen vermogen	652.174	
Aan Crediteuren		5.652.174

De bate van de optie komt in de winst-en-verliesrekening wanneer de betreffende voorraden worden verkocht (als een impliciete vermindering van de kostprijs van de omzet).

De verwerking van de in het eigen vermogen opgenomen hedgeresultaten van een beëindigde kasstroomhedge is ervan afhankelijk of de afgedekte kasstromen naar verwachting nog zal plaatsvinden. Indien de afgedekte positie een toekomstige transactie was die naar verwachting niet meer zal plaatsvinden, dienen de betreffende hedgeresultaten direct vanuit het eigen vermogen naar de winst-en-verliesrekening te worden overgebracht. Overigens zal de onderneming voor dat geval wel een goede verklaring moeten hebben waarom de transactie in eerste instantie als zeer waarschijnlijk werd aangemerkt en uiteindelijk toch niet optrad. Dit zou namelijk ook van invloed kunnen zijn op de beoordeling van andere reeds bestaande of nieuw te vormen hedgerelaties. Als immers met regelmaat hedgerelaties worden verbroken kan dit een indicatie zijn dat vooraf niet aan het 'zeer waarschijnlijk'-criterium wordt voldaan. Alhoewel Richtlijn 290 en IFRS 9 geen concrete criteria hebben benoemd is dit wel een belangrijke overweging. Indien de toekomstige transactie naar verwachting nog wel zal plaatsvinden doch niet meer zeer waarschijnlijk is, blijven de cumulatieve hedgeresultaten in het eigen vermogen opgenomen totdat de betreffende transactie plaatsvindt. Een toekomstige transactie dient dus zeer waarschijnlijk te zijn om in aanmerking te komen voor kasstroomhedge-accounting, terwijl voor een beëindigde hedgerelatie de verwerking ervan afhankelijk is of deze transactie naar verwachting nog zal plaatsvinden (een aanzienlijk lagere mate van waarschijnlijkheid).

31.5.7 Hedge van een netto-investering in een buitenlandse eenheid

Een netto-investering in een buitenlandse eenheid is het bedrag van het belang dat een onderneming heeft in het saldo van de activa en passiva van die bedrijfsuitoefening. Als deze buitenlandse eenheid een functionele valuta heeft (bepaald op basis van de bepalingen in Richtlijn 122/IAS 21) die afwijkt van de functionele valuta van de rapporterende onderneming, kan de wens bestaan het valutarisico dat de rapporterende onderneming loopt te hedgen en hedge-accounting toe te passen. Bij een hedge van een netto-investering in een buitenlandse eenheid wordt het derivaat (hedge-instrument) gewaardeerd tegen reële waarde, waarbij de waardewijzigingen voor zover deze effectief zijn, direct in het eigen vermogen worden verwerkt (RJ 290.640, RJ 122.211/217, IFRS 9.6.5.13-14). De verwerking van een hedge van een netto-investering is dus initieel gelijk aan de verwerking van een kasstroomafdekking. Een verschil is wel aanwezig voor wat betreft de recycling van deze resultaten onder de Richtlijnen. Hierbij bestaat namelijk bij een hedge van een netto-investering een keuzemogelijkheid om deze via het resultaat te recyclen of via de overige reserves, dit in tegenstelling tot kasstroomafdekking waar altijd via het resultaat wordt gerecycled. Voor de verdere bespreking van een hedge van een netto-investering in een buitenlandse eenheid onder de Richtlijnen en onder IFRS wordt verwezen naar hoofdstuk 27.

31.5.8 Kostprijshedge-accounting

Richtlijn 290 staat toe een model van kostprijshedge-accounting te hanteren, namelijk indien het derivaat (hedge-instrument) tegen kostprijs wordt gewaardeerd (RJ 290.633 e.v.). Waardering tegen kostprijs zorgt er immers niet voor dat een afwaardering naar lagere reële waarde kan worden voorkomen (zie par. 31.4.2), derhalve is de mogelijkheid van kostprijshedge-accounting geïntroduceerd. Het model van kostprijshedge-accounting is onder IFRS niet aan de orde, omdat derivaten verplicht tegen reële waarde worden gewaardeerd. De kostprijs van een derivaat is regelmatig nihil en omdat bij kostprijshedge-accounting de waardemutaties niet worden verantwoord staan de derivaten dus veelal niet zichtbaar in de balans. Een uitzondering daarop is de situatie dat de afgedekte post een monetaire post in vreemde valuta betreft; dan wordt het derivaat, voor zover het valuta-elementen in zich heeft, gewaardeerd tegen de koers van de balansdatum om daarmee valuta-effecten te neutraliseren (zie voorbeeld hierna).

31 Derivaten, embedded derivaten en hedge-accounting

> **Voorbeeld kostprijshedge-accounting en valutaderivaten**
>
> A trekt op 31 december 2019 een 2-jarige 6%-lening aan van $ 100.000. A rapporteert in euro's. A dekt het valutarisico af door een valutaswap: op 31 december 2021 wordt $ 100.000 ontvangen en € 100.000 betaald. A waardeert de swap tegen kostprijs en past kostprijshedge-accounting toe. De kostprijs van het derivaat is nihil. De lening wordt gewaardeerd tegen geamortiseerde kostprijs.
>
> De koersontwikkeling van de dollar is als volgt:
> - 31 december 2019: $ 1 = € 1
> - 31 december 2020: $ 1 = € 1,10
> - 31 december 2021: $ 1 = € 1,30.
>
> Op de balans per 31 december 2020 dient de lening te worden gewaardeerd tegen de actuele valutakoers, met verwerking van koersverschillen in het resultaat. De boekwaarde van de lening wordt daarmee € 110.000, het koersverlies bedraagt € 10.000.
>
> Omdat feitelijk het koersrisico door middel van de swap is afgedekt, wordt bij toepassing van hedge-accounting geen koersresultaat getoond. Het koersverschil wordt daarom ook verwerkt in de waardering van het derivaat, dat daarmee uitkomt op € 10.000 (met verwerking van de koerswinst in het resultaat). Dus hoewel het derivaat wordt gewaardeerd tegen de kostprijs, en deze nihil is, wordt het valuta-element wel op de balans verantwoord en gewaardeerd, voor zover sprake is van een op de balans opgenomen afgedekte post in vreemde valuta. Hierbij worden de lening en het derivaat niet gesaldeerd, behalve als aan de salderingscriteria wordt voldaan.

> **Voorbeeld kostprijshedge-accounting en valutaderivaten (termijnkoers wijkt af van slotkoers)**
>
> Dit voorbeeld is gelijk aan het voorgaande, maar de termijnkoers wijkt nu af van de slotkoers op het moment van het afsluiten van de lening en de valutaswap. De slotkoers op 31 december is $ 1 = € 1, de termijnkoers $ 1 = € 1,05. Dit betekent dat op 31 december 2021 $ 100.000 wordt ontvangen en € 105.000 wordt betaald.
> De RJ geeft aan dat het verschil tussen spotkoers en termijnkoers moet worden verdeeld over de looptijd van het derivaat (RJ 290.633a3), maar geeft niet aan hoe. De meest voor de hand liggende oplossing is lineaire amortisatie van het verschil. Dit betekent dat in 2020 en 2021 een last van € 2.500 wordt geboekt. Het derivaat wordt dan op 31 december 2020 gewaardeerd tegen € 7.500 (€ 10.000 - € 2.500) en op 31 december 2021 tegen € 25.000 (€ 30.000 - € 5.000).

Veel derivaten hebben een kostprijs van nihil, maar dat geldt bijvoorbeeld niet voor opties. Indien opties worden gekocht, dient een optiepremie te worden betaald. Deze optiepremie is de kostprijs. De reële waarde van de optie bestaat uit de intrinsieke waarde en de tijdswaarde (verwachtingswaarde). De tijdswaarde neemt gedurende de looptijd van de optie af tot nihil. De ontwikkeling van de intrinsieke waarde hangt af van de mate waarin de optie 'in the money' is.
De vraag is hoe de optie in de jaarrekening moet worden verwerkt. Richtlijn 290 geeft hiervoor geen aanwijzingen indien kostprijshedge-accounting wordt toegepast.

> **Voorbeeld verwerking van gekochte optie in de jaarrekening**
>
> Een valuta-optie wordt gekocht voor € 30. De optie geeft recht om over 3 jaar $ 1.000 te kopen tegen een vastgelegde dollar-eurokoers van $ 1 = € 1.
> Als na drie jaar de koers is $ 1 = € 0,90, dan is de optie 'out of the money'. De intrinsieke waarde en reële waarde zijn dan nihil.
> Als na drie jaar de koers is $ 1 = € 1,10, dan is de intrinsieke waarde (= reële waarde) € 100.
>
> Indien de optie deel uitmaakt van een hedgerelatie (afdekking valutarisico) en kostprijshedging wordt toegepast, ligt lineaire amortisatie voor de hand (vergelijkbaar met de behandeling van het verschil tussen spot rate en forward rate, zie het voorgaande voorbeeld). Ieder jaar wordt dan een last genomen van € 10.
> Als geen hedge-accounting wordt toegepast, en waardering plaatsvindt tegen kostprijs of lagere waarde, zal bij een reële waarde van de optie onder de € 30 worden afgewaardeerd naar die lagere waarde (met eventueel terugneming tot aan de kostprijs bij latere waardestijgingen), en zal worden gewaardeerd tegen de kostprijs als de reële waarde hoger is.

Kostprijshedge-accounting kan als vorm van hedge-accounting administratief eenvoudiger zijn dan de andere vormen van hedge-accounting. Immers, in veel gevallen, waarbij de kritische kenmerken van het hedge-instrument en de afgedekte positie aan elkaar gelijk zijn, zijn geen verdere boekingen noodzakelijk tot het moment van

afwikkelen van de hedge. Ondernemingen zullen mogelijk toch kiezen voor hedge-accounting-vormen waarbij het derivaat tegen reële waarde wordt gewaardeerd (reële waarde en kasstroomhedge-accounting), omdat bijvoorbeeld:
▶ deze verwerking overeenstemt met de verwerking onder IFRS;
▶ de onderneming van mening is dat dit een beter beeld geeft van bijvoorbeeld de solvabiliteit en liquiditeit van de onderneming;
▶ bepaalde belanghebbenden (bijvoorbeeld externe financiers) dit vereisen;
▶ indien de onderneming heeft gekozen om derivaten waarvoor geen hedge-accounting wordt toegepast tegen reële waarde te waarderen, en ervoor te zorgen dat alle derivaten op dezelfde wijze worden gewaardeerd;
▶ het gehedgede item wordt gewaardeerd tegen reële waarde.

We merken op dat ook bij waardering van derivaten tegen kostprijs het toepassen van kostprijshedge-accounting zinvol kan zijn. Immers, indien de reële waarde van een derivaat lager is dan de kostprijs, dient een afwaardering ten laste van het resultaat te worden verantwoord indien geen kostprijshedge-accounting is toegepast.

Bepaling en verwerking van ineffectiviteit bij kostprijshedge-accounting

De bepaling en verwerking van ineffectiviteit bij kostprijshedge-accounting kan via het volgende stroomschema worden weergegeven:

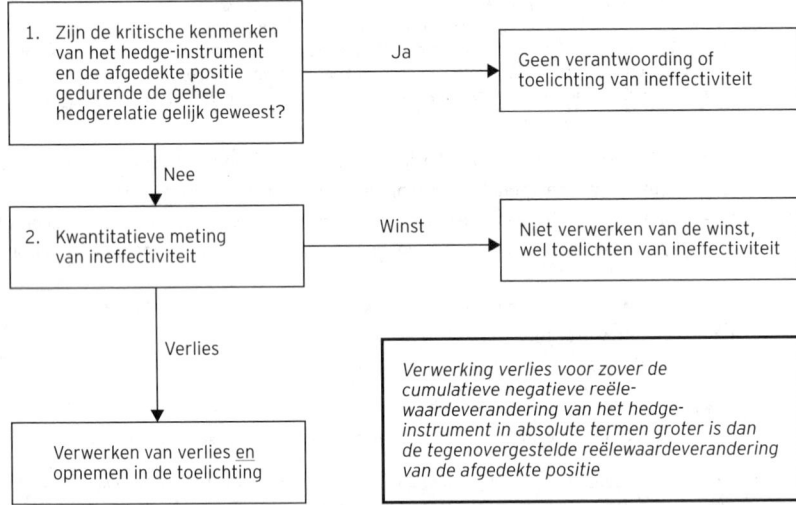

Bij kostprijshedges wordt ineffectiviteit in twee stappen getoetst:
1. In eerste instantie wordt beoordeeld of de kritische kenmerken gedurende de gehele hedgerelatie gelijk zijn geweest. Is dit het geval, dan is verdere kwantitatieve meting van ineffectiviteit niet vereist (RJ 290.634). De Richtlijnen noemen als voorbeelden van kritische kenmerken omvang, de looptijd, het afgedekte risico en de wijze van afrekening. Richtlijn 290 gaat hierbij niet specifiek in op het kredietrisico. Wij zijn van mening dat een verschillend kredietrisico van het afdekkingsinstrument in vergelijking met de afgedekte positie in beginsel geen belemmering is voor het voldoen aan de kritische kenmerken. Als er significante verslechteringen zijn in

31 Derivaten, embedded derivaten en hedge-accounting

de kredietwaardigheid van de tegenpartij kan dit wel als gevolg hebben dat niet langer wordt voldaan aan de kritische-kenmerkentoets.

2. Volgt uit stap 1 dat de kritische kenmerken niet aan elkaar gelijk zijn, is dit een indicatie dat de kostprijshedge een ineffectief deel bevat. In dit geval moet de omvang van het ineffectieve deel bepaald worden door middel van een kwantitatieve ineffectiviteitsmeting. Dit gebeurt op dezelfde wijze als bij reële-waardehedges en kasstroomhedges.

Richtlijn 290 geeft als meest geëigende invulling voor de kwantitatieve ineffectiviteitsmeting een vergelijking van de cumulatieve verandering van de reële waarde van het hedge-instrument met de cumulatieve verandering van de waarde van de afgedekte positie sinds het aanwijzen van de hedgerelatie (RJ 290.634). Dit staat ook wel bekend als de dollar offset-methode. Bij veel hedges die meer kenmerken hebben van een kasstroomafdekking vergt deze methode een extra tussenstap, namelijk bepaling van een zogenoemde hypothetisch derivaat (zie par. 31.5.3). Deze methodiek wordt onder IFRS en US GAAP ook toegepast en wij beschouwen het als *best practice* om deze bepalingen naar analogie toe te passen.

Voorbeeld kritische kenmerken komen na een tijd niet meer overeen

Afgedekte positie in eerste instantie
De afdekte positie is een lening die benodigd is voor een investering. De verwachte omvang is als volgt:
▶ Jaar 1: € 100.000
▶ Jaar 2: € 100.000
▶ Jaar 3: € 100.000
▶ Jaar 4: € 100.000

De lening heeft een variabele rente plus een vaste opslag (voor liquiditeits- en kredietrisico).

De variabele rente op basis van forward rates op moment van aanvang van de lening is als volgt:

Jaar	1	2	3	4
Variabele rente	1,79%	1,84%	1,87%	1,90%

Hedge-instrument
Een renteswap met de volgende omvang:
▶ Jaar 1: € 100.000
▶ Jaar 2: € 100.000
▶ Jaar 3: € 100.000
▶ Jaar 4: € 100.000

Onder de swap wordt een variabele rente ontvangen (zelfde rentestructuur als de lening) en een vaste rente betaald van 1,85%. De reële waarde van de swap op aanvangsmoment is nihil.

Analyse
De hoofdsom, looptijd, renteherzieningsdatums, datums van ontvangst en betaling en de basis van de rentevoet zijn gelijk bij het hedge-instrument en de afgedekte positie. Nadere kwantitatieve berekeningen zijn op het aanvangsmoment niet noodzakelijk.

Ter illustratie wordt hier aangegeven hoe het hypothetisch derivaat bepaald zou worden. Er wordt een derivaat gezocht dat perfect de verwachte kasstromen van de lening zou afdekken. Dit is een swap van variabel naar vast. Belangrijk is om de hoogte van de vaste rente te bepalen.

Dit gebeurt als volgt:

Jaar	1	2	3	4	Totaal
Aanvang	1,79%	1,84%	1,87%	1,90%	
Omvang	100.000	100.000	100.000	100.000	
Variabele rente	1.790	1.840	1.870	1.904	7.404
Contante waarde variabele rente	1.759	1.774	1.769	1.765	7.067
Stel vast %	1,85%	**1,85%**	1,85%	1,85%	
Rente vast betalen	1.850	1.850	1.850	1.850	7.400
Rente variabel ontvangen	1.790	1.840	1.870	1.904	7.404
Kasstromen swap	-60	-10	20	54	4
Contante waarde kasstromen swap	-59	-10	19	50	0

Het rentepercentage van 1,85% is bepaald op een zodanige hoogte dat de contante waarde van de kasstromen van de swap (reële waarde van het hypothetisch derivaat) nul zijn bij aanvang. Dit is een belangrijk uitgangspunt bij constructie van het hypothetisch derivaat. Dit betekent niet dat de niet-verdisconteerde kasstromen ook nul zijn. Immers de positieve kasstromen aan het eind krijgen door verdisconteering minder "gewicht" dan de negatieve kasstromen aan het begin. In dit geval is het rentepercentage identiek aan de swap die daadwerkelijk is afgesloten. In de praktijk is dit niet altijd het geval.

Ontwikkeling in feitenpatroon

Gedurende het eerste jaar blijkt dat de investering later gereed is dan verwacht, en bovendien duurder uit zal vallen. De onderneming verwacht dat de achterstanden ingelopen zullen worden en dat in het laatste jaar zelfs meer dan de initiële verwachting gefinancierd zal worden. De verwachte financiering is nu als volgt:

- Jaar 1: € 70.000 (werkelijkheid)
- Jaar 2: € 80.000
- Jaar 3: € 100.000
- Jaar 4: € 120.000

De omvang van de lening in jaar 2 tot en met 4 wordt als zeer waarschijnlijk beschouwd.
De variabele rente is gedurende het eerste jaar gewijzigd. De variabele rente (forwardcurve) aan het eind van jaar 1 is nu als volgt:

Jaar	2	3	4
Variabele rente	1,20%	1,60%	2,00%

Analyse bij gewijzigd feitenpatroon

De eerste vraag die speelt is of de hedgerelatie verbroken moet worden op basis van RJ 290.639. In dit geval wordt aangenomen dat dit niet hoeft omdat de transactie naar verwachting nog plaatsvindt, alleen de omvang en de timing van de transacties zijn gewijzigd. Bovendien gaan we ervan uit dat hier in de hedgedocumentatie ruimte voor is geboden.

Echter, de kritische kenmerken (namelijk de hoofdsom) van de swap en de lening komen nu niet meer overeen. Als gevolg hiervan is een kwantitatieve ineffectiviteitsmeting noodzakelijk. De onderneming zal een (nieuw) hypothetisch derivaat moeten construeren, gebruikmakend van de gewijzigde ingeschatte hoofdsommen maar met de oorspronkelijke rentecurve. Het hypothetisch derivaat zal zo worden geconstrueerd dat deze bij aanvang van de hedgerelatie (let op: dit is dus een verondersteld moment in het verleden en niet op moment van wijziging van inschatting) een reële waarde van nihil heeft.

Dit gebeurt als volgt:

De reële waarde van de swap wordt als volgt bepaald:

Jaar	2	3	4	Totaal
Omvang	100.000	100.000	100.000	
Vaste rente	1,85%	1,85%	1,85%	
Vaste rente betalen	-1.850	-1.850	-1.850	-5.550
Rentecurve	1,20%	1,60%	2,00%	
Variabele rente ontvangen	1.200	1.600	2.000	4.800
Netto kasstroom swap	-650	-250	150	-750
Contante waarde	-642	-242	141	-743

De swap heeft dus een negatieve reële waarde van EUR 743.

31 Derivaten, embedded derivaten en hedge-accounting

De reële waarde van het hypothetisch derivaat wordt als volgt bepaald:				
Jaar	2	3	4	Totaal
Omvang	80.000	100.000	120.000	
Vaste rente	1,86%	1,86%	1,86%	
Vaste rente betalen	-1.487	-1.858	-2.230	-5.575
Variabele rente	1,20%	1,60%	2,00%	
Variabele rente ontvangen	960	1.600	2.400	4.960
Netto kasstroom hypothetisch derivaat	-527	-258	170	-615
Contante waarde	-520	-250	160	-611

Het hypothetisch derivaat heeft een negatieve waarde van EUR 611.

Doordat de reële waarde van de swap meer negatief is, dient een verlies te worden verantwoord van EUR 132 (-/-743 versus -/- 611). Dit verlies wordt voornamelijk veroorzaakt door een verschillende ontwikkeling in de rente in jaar 2 ten opzichte van jaar 4 waarbij de omvang van de hoofdsom van de lening en de renteswap niet aan elkaar gelijk zijn.

Aanvullende opmerkingen:
- In het voorbeeld is sprake van een lagere omvang van het derivaat ten opzichte van de lening in jaar 4. Naar onze mening is dit mogelijk, op voorwaarde dat er voor het totale derivaat geen sprake is van een grotere omvang van de afgedekte positie. Dit is in het voorbeeld niet aan de orde. De ineffectiviteit wordt dan primair veroorzaakt door de ontwikkelingen in de rentecurve in de verschillende jaren.
- In dit voorbeeld zijn de berekeningen van reële waarden en contante waarden licht vereenvoudigd. Tevens zijn diverse getallen en percentages afgerond.

Ondanks dat geen ineffectiviteit in de winst-en-verliesrekening verwerkt wordt als het derivaat een positieve reële waarde vertegenwoordigt (uitgaande van initiële waardering op nihil), is toch een kwantitatieve ineffectiviteitsmeting voorgeschreven omdat ook deze – niet verwerkte – ineffectiviteit moet worden toegelicht (RJ 290.913f).

Met betrekking tot de vaststelling van ineffectiviteit bestaat een belangrijk verschil tussen overdekking en onderdekking. Hierbij geldt wel dat aan de criteria voor hedge-accounting moet zijn voldaan, waaronder de verwachting aangaande de effectiviteit van de hedgerelatie (RJ 290.614/615). Bij kasstroomhedging en kostprijshedging geldt dat onderdekking niet leidt tot ineffectiviteit, maar overdekking wel. Bij toepassing van kostprijshedge-accounting hoeft een ineffectief deel van de hedgerelatie namelijk alleen te worden verwerkt voor zover de cumulatieve **negatieve** reële-waardeverandering van het hedge-instrument in absolute termen groter is dan de tegenovergestelde reële-waardeverandering van de afgedekte positie (RJ 290.635). Dit betekent dat het werkelijke derivaat een meer negatieve waardeontwikkeling heeft gehad dan het best mogelijke (hypothetische) derivaat. Het zou dus ook daadwerkelijk geld kosten om naar de optimale hedge te gaan.

Deze wijze van bepalen van ineffectiviteit leidt ertoe dat als de absolute waardeverandering van het hedge-instrument groter is dan de waardeverandering van de toekomstige kasstromen, dit bedrag direct in de winst-en-verliesrekening wordt verwerkt voor zover het hedge-instrument een negatieve waardeontwikkeling ten opzichte van de kostprijs heeft. Indien die waardeontwikkeling ten opzichte van de kostprijs positief is, wordt deze ineffectiviteit niet in de winst-en-verliesrekening verwerkt, maar toegelicht.

Indien de waardeverandering van het hedge-instrument daarentegen kleiner is dan de waardeverandering van de toekomstige kasstromen, wordt geen ineffectiviteit in de winst-en-verliesrekening verwerkt, wel moet deze worden toegelicht.

Schematisch kan dit als volgt worden weergegeven (dit gaat uit van een reële waarde van nihil bij aangaan van het derivaat):

Schema gebaseerd op cumulatieve waardeontwikkelingen		
	Derivaat positieve reële waarde	**Derivaat negatieve reële waarde**
Waardeontwikkeling derivaat absoluut **kleiner** dan hypothetisch derivaat	Geen verwerking ineffectiviteit, wel toelichting ineffectiviteit	Geen verwerking ineffectiviteit, wel toelichting ineffectiviteit
Waardeontwikkeling derivaat absoluut **groter** dan hypothetisch derivaat	Geen verwerking ineffectiviteit, wel toelichting ineffectiviteit	Verwerking ineffectiviteit en toelichting ineffectiviteit

Deze asymmetrische behandeling komt voort uit het beginsel van kostprijs of lagere reële waarde voor op kostprijs gewaarde derivaten, waarbij een hogere reële waarde niet wordt verantwoord maar een lagere reële waarde wel. De waardering is dan van een derivaat dat speculatief is of niet is opgenomen in een hedgerelatie.

De ineffectiviteit wordt op cumulatieve basis bepaald. Onder kostprijshedge-accounting worden alleen verliezen (en terugname van verliezen) verwerkt in het resultaat.

> **Voorbeeld ineffectiviteit (1)**
> Een onderneming heeft een lening van € 100.000 opgenomen, waarbij variabele rente wordt betaald. De variabele rente is gebaseerd op 3-maands EURIBOR. De onderneming heeft als beleid om geen variabel renterisico te hebben op aangegane financiering. In dit kader heeft zij een swap afgesloten. Omdat een 3-maands EURIBOR swap relatief duur was, heeft de onderneming gekozen voor een 6-maands EURIBOR swap. De onderneming berekent hedge effectiviteit door het relateren van waardewijzigingen op de swap aan waardewijzigingen op een hypothetisch derivaat. De onderneming past kasstroomhedge-accounting toe.
>
> Casus 1:
> De swap heeft een reële-waardemutatie van € 1.000. Het hypothetisch derivaat heeft een waardemutatie van € 900. De verhouding 100/90 valt binnen de effectiviteitsgrenzen, zodat de hedge voldoet aan de effectiviteitseisen om hedge-accounting toe te mogen passen. Er is sprake van overdekking, zodat € 100 in het resultaat verantwoord dient te worden.
>
> Casus 2:
> De swap heeft een reële-waardemutatie van € 900. Het hypothetisch derivaat heeft een waardemutatie van € 1.000. De verhouding 90/100 valt binnen de effectiviteitsgrenzen, zodat de hedge voldoet aan de effectiviteitseisen om hedge-accounting toe te mogen passen. Er is sprake van onderdekking, zodat geen ineffectiviteit in het resultaat verantwoord dient te worden.
>
> **Voorbeeld ineffectiviteit (2)**
> Een onderneming heeft in 2020 een valutatermijncontract afgesloten, om in juli 2020 $ 135.000 te verkopen voor € 100.000 opgenomen. Achterliggende gedachte is dat de onderneming zeer waarschijnlijk verwacht dat zij $ 150.000 omzet heeft in deze periode. De onderneming heeft als beleid om 90% van de verwachte verkopen in te dekken. De onderneming berekent hedge effectiviteit door het relateren van de onderliggende positie aan verkopen ten opzichte van de onderliggende positie aan valutatermijncontracten.
>
> Casus 1:
> Per 31 december 2020 heeft de onderneming de verwachting dat de verkopen in de betreffende periode $ 140.000 zullen zijn. Ondanks dat deze $ 140.000 lager is dan initieel verwacht, is deze nog steeds hoger dan de ingedekte $ 135.000. Zolang de onderneming nog steeds zeer waarschijnlijk acht dat deze $ 140.000 zich zal voordoen, kan hedge-accounting worden toegepast. Omdat $ 135.000 lager is dan $ 140.000 is geen sprake van overdekking en wordt geen hedge ineffectiviteit verantwoord.

31 Derivaten, embedded derivaten en hedge-accounting

> **Casus 2:**
> Per 31 december 2020 heeft de onderneming de verwachting dat de verkopen in de betreffende periode $ 110.000 zullen zijn. Deze $ 110.000 ligt lager dan de ingedekte positie van $ 135.000. Zolang de onderneming nog steeds zeer waarschijnlijk acht dat deze $ 110.000 zich zal voordoen, kan hedge-accounting worden toegepast voor dit deel. Omdat $ 135.000 hoger is dan $ 110.000 is sprake van overdekking. Er wordt potentieel hedge ineffectiviteit verantwoord voor de onderliggende reële waarde van $ 25.000 van de $ 135.000. In geval van waardering op kostprijs onder RJ kan het nog steeds zo zijn dat dit niet leidt tot een post in de winst-en-verliesrekening, namelijk indien het derivaat een positieve reële waarde heeft. Wel moet deze ineffectiviteit worden toegelicht. Indien het instrument een negatieve reële waarde heeft, zal $ 25.000 / $ 135.000 van de totale reële waarde als last worden verantwoord.
>
> Verder speelt in deze casus als overweging of wel aan het criterium van 'zeer waarschijnlijk' is voldaan. Indien vaak voorkomt dat vooraf ingeschatte posities niet worden waargemaakt, kan dit ertoe leiden dat dit niet het geval is. Dan kan geen hedge-accounting worden toegepast.

Beëindigen van kostprijshedge-accounting

De rechtspersoon dient kostprijshedge-accounting in de volgende omstandigheden te staken (RJ 290.639):
- Het hedge-instrument loopt af of wordt verkocht, beëindigd of uitgeoefend. Hierbij wordt vervanging of telkens vernieuwen (*rollover*) van een hedge-instrument in een ander hedge-instrument niet beschouwd als expiratie of beëindiging indien deze vervanging of vernieuwing deel uitmaakt van de gedocumenteerde hedge-strategie van de rechtspersoon.
- In dit geval dient het cumulatieve gerealiseerde resultaat op het hedge-instrument dat nog niet in de winst-en-verliesrekening was verwerkt toen er sprake was van een effectieve hedge afzonderlijk in de overlopende posten in de balans te worden verwerkt tot de afgedekte transactie plaatsvindt.
- De hedgerelatie voldoet niet langer aan de criteria voor hedge-accounting. Indien de afgedekte positie een in de toekomst verwachte transactie betreft, dient verwerking van hedgeresultaten afhankelijk van de afgedekte positie plaats te vinden. Daarbij kan de in de toekomst verwachte transactie in twee categorieën van zekerheid van plaatsvinden worden ingedeeld:
  - de transactie vindt naar verwachting nog plaats. Hedge-accounting wordt vanaf dat moment stopgezet. Het hiermee samenhangende cumulatieve resultaat op het hedge-instrument dat in de periode waarin de hedge effectief was buiten de winst-en-verliesrekening of off-balance was gehouden, blijft afhankelijk van de situatie off balance of op de balans (zoals bij balansposities in vreemde valuta).
  - de transactie vindt naar verwachting niet meer plaats. Het hiermee samenhangende cumulatieve resultaat op het hedge-instrument dat in de periode waarin de hedge effectief was buiten de winst-en-verliesrekening of *off-balance* was gehouden, dient naar de winst-en-verliesrekening te worden overgebracht.
- Dit betekent dat het geen automatisme is dat betaalde bedragen voor de afkoop van een derivaat in de winst-en-verliesrekening worden verwerkt. Immers, als de afgedekte positie naar verwachting nog plaatsvindt, dient het bedrag dat niet in de winst-en-verliesrekening was verwerkt (omdat dit effectief was) te worden toegerekend aan de looptijd van de betreffende hedgerelatie. Richtlijn 290 heeft niet nader uitgewerkt hoe deze toerekening plaats dient te vinden.

31.5.9 Voorbeelden van de verschillende soorten hedge-accounting

Hierna volgt eerst een voorbeeld waarin de onderneming valutarisico loopt en dit al dan niet afdekt. Daarna volgt een voorbeeld waarin de onderneming renterisico loopt.

Afdekking van valutarisico bij de toekomstige verkoop van goederen (voorbeeld afgeleid van voorbeelden in bijlage 3 bij RJ 290)

Onderneming A met de euro als functionele- en presentatievaluta exporteert regelmatig goederen naar Amerika en factureert deze goederen in USD. Op 1 november 2020 sluit onderneming A een verkooptransactie waarbij zij verwacht op 15 mei 2021 goederen ter waarde van USD 250.000 te leveren, met gelijktijdige betaling door de afnemer.
De volgende scenario's zijn te onderscheiden.

1. Onderneming A dekt het valutarisico uit de toekomstige, zeer waarschijnlijke, leveringstransacties niet af. De geldontvangst van de afnemer worden geboekt tegen de koers op 15 mei 2021.
2. Onderneming A dekt het valutarisico uit de toekomstige, zeer waarschijnlijke, leveringstransacties af door een valutatermijncontract af te sluiten, om zich zo tegen de variabiliteit van de €-tegenwaarden van USD-verkoopopbrengsten te beschermen. Zij past geen hedge-accounting toe. Zij waardeert het derivaat tegen kostprijs (of lagere marktwaarde).
3. Onderneming A dekt het valutarisico af door een valutatermijncontract af te sluiten, maar past nu wel hedge-accounting toe. Zij waardeert het derivaat tegen kostprijs en past kostprijshedge-accounting toe.
4. Onderneming A dekt het valutarisico af door een valutatermijncontract af te sluiten en past hedge-accounting toe. Zij waardeert het derivaat tegen reële waarde en past kasstroomhedge-accounting toe.
5. Onderneming A dekt het valutarisico af door een valutatermijncontract af te sluiten en past hedge-accounting toe. Zij waardeert het derivaat tegen reële waarde en past reële-waardehedge-accounting toe. (Voor valutahedging is er voor een 'firm commitment' een stelselmatige keuze).

Bij scenario 2, 3, en 4 sluit onderneming A een valutacontract af met een bankinstelling met de verplichting op 15 mei 2020 USD 250.000 te leveren en € 250.000 af te nemen. Op 1 november 2020 tekent onderneming A het contract voor de order met een waarde USD 250.000, levering van goederen vindt plaats op 15 mei 2021.

De reële waarde van het valutatermijncontract is als volgt, waarbij is aangenomen dat er geen verschil is tussen de contante- en de termijnkoers.

	€ 1 is USD	Te ontvangen € in €	Te leveren USD in €	Reële waarde van derivaat in €	Wijziging in reële waarde in €
1 november 2020	1,0000	250.000	(250.000)	0	0
31 december 2020	0,8333	250.000	(300.012)	(50.012)	(50.012)
15 mei 2021	0,7692	250.000	(325.013)	(75.013)	(25.001)

Scenario 1

Datum	Transactie	Bank	Omzet (W&V)	Valutakoersresultaat (W&V)	Bindende overeenkomst	Derivaat	Eigen vermogen (hedge reserve)
15 mei 2021	Levering goederen	325.013	(325.013)				
Totaal		**325.013**	**(325.013)**				

Scenario 2

Datum	Transactie	Bank	Omzet (W&V)	Valutakoersresultaat (W&V)	Bindende overeenkomst	Derivaat	Eigen vermogen (hedge reserve)
1 november 2020	Afsluiten derivaat					0	0
31 december 2020	Jaareindewaardering derivaat (kostprijs/ lagere marktwaarde)			50.012		(50.012)	
15 mei 2021	Waardering derivaat			25.001		(25.001)	
15 mei 2021	Levering goederen	325.013	(325.013)				
15 mei 2021	Afwikkelen derivaat	(75.013)				75.013	
Totaal		**250.000**	**(325.013)**	**75.013**		**0**	

31 Derivaten, embedded derivaten en hedge-accounting

Datum	Transactie	Bank	Omzet (W&V)	Valutakoers-resultaat (W&V)	Bindende overeen-komst	Derivaat	Eigen vermogen (hedge reserve)
Scenario 3							
1 november 2020	Afsluiten derivaat						0
31 december 2020	Jaareindewaardering derivaat (kostprijs)						0
15 mei 2021	Waardering derivaat						0
15 mei 2021	Levering goederen	325.013	(325.013)				
15 mei 2021	Afwikkelen derivaat	(75.013)	75.013				
Totaal		**250.000**	**(250.000)**				
Scenario 4							
1 november 2020	Afsluiten derivaat					0	0
31 december 2020	Jaareindewaardering derivaat (reële waarde)					(50.012)	50.012
15 mei 2021	Waardering derivaat					(25.001)	25.001
15 mei 2021	Levering goederen	325.013	(325.013)				
15 mei 2021	Afwikkelen derivaat	(75.013)				75.013	
15 mei 2021	Overboeking uit eigen vermogen		75.013				(75.013)
Totaal		**250.000**	**(250.000)**			**0**	**0**
Scenario 5							
1 november 2020	Afsluiten derivaat					0	0
31 december 2020	Jaareindewaardering derivaat (reële waarde)			50.012		(50.012)	
31 december 2020	Waardering bindende overeenkomst			(50.012)	50.012		
15 mei 2021	Waardering derivaat			25.001		(25.001)	
15 mei 2021	Waardering bindende overeenkomst			(25.001)	25.001		
15 mei 2021	Levering goederen	325.013	(325.013)				
15 mei 2021	Afwikkelen derivaat	(75.013)				75.013	
15 mei 2021	Afboeken bindende overeenkomst		75.013		(75.013)		
Totaal		**250.000**	**(250.000)**	**0**	**0**	**0**	

Afdekking van renterisico op een opgenomen lening

Op 1 januari 2020 trekt onderneming ABC een vijfjarige variabel rentende lening aan van € 100.000.000 tegen EURIBOR, met jaarlijkse interestbetalingen. In het kader van haar renterisicobeleid en strategie wenst ABC vaste rente te betalen. ABC sluit om die reden een renteswap af waarbij zij gedurende vijf jaar variabele EURIBOR interest ontvangt en een vaste interest van 7% betaalt over een onderliggende waarde van € 100.000.000. De EURIBOR interestvoet gaat na het afsluiten van de lening en van de swap omlaag naar 6% en bedraagt ook op 31 december 2020 6%.

De reële waarden van de swap en van de lening zijn als volgt:

In € 1.000	Reële waarde swap (na renteverrekening)	Reële waarde lening (na renteverrekening)
1 januari 2020	-	(100.000)
31 december 2020	(3.465)	(100.000)

De reële waarde van de swap is de contante waarde van het renteverschil van 1.000 (6.000 - 7.000) voor de komende vier jaar, contant gemaakt tegen de marktrente van 6% (zie voorbeeld in par. 31.4.3).

De volgende scenario's zijn te onderscheiden.
1. Onderneming ABC dekt het renterisico niet af.
2. Onderneming ABC dekt het renterisico af door een renteswap af te sluiten. Zij past geen hedge-accounting toe. Zij waardeert het derivaat tegen kostprijs (of lagere marktwaarde).
3. Onderneming ABC dekt het renterisico af door een renteswap af te sluiten en past nu wel hedge-accounting toe. Zij waardeert het derivaat tegen kostprijs en past kostprijshedge-accounting toe.
4. Onderneming ABC dekt het renterisico af door een renteswap af te sluiten en past hedge-accounting toe. Zij waardeert het derivaat tegen reële waarde en past kasstroomhedge-accounting toe.

Scenario 1

Datum	Transactie (bedragen in € 1)	Bank	Derivaat	Eigen vermogen (hedge reserve)	Lening	Interest (W&V)
1 januari 2020	Opname lening	100.000			(100.000)	
31 december 2020	Afrekening 6% rente op de lening	(6.000)				6.000
Totaal		**94.000**			**(100.000)**	**6.000**

Scenario 2

1 januari 2020	Opname lening	100.000			(100.000)	
1 januari 2020	Afsluiten renteswap		0			0
31 december 2020	Afrekening 6% rente op de lening	(6.000)				6.000
31 december 2020	Ontvangst variabele rente 6% inzake renteswap	6.000				(6.000)
31 december 2020	Betaling vaste rente 7% inzake renteswap	(7.000)				7.000
31 december 2020	Verandering reële waarde renteswap		(3.465)			3.465
Totaal		**93.000**	**(3.465)**		**(100.000)**	**10.465**

Scenario 3

1 januari 2020	Opname lening	100.000			(100.000)	
1 januari 2020	Afsluiten renteswap		0			0
31 december 2020	Afrekening 6% rente op de lening	(6.000)				6.000
31 december 2020	Ontvangst variabele rente 6% inzake renteswap	6.000				(6.000)
31 december 2020	Betaling vaste rente 7% inzake renteswap	(7.000)				7.000
31 december 2020	Verandering reële waarde renteswap		0			0
Totaal		**93.000**	**0**		**(100.000)**	**7.000**

31 Derivaten, embedded derivaten en hedge-accounting

Scenario 4 Datum	Transactie (bedragen in € 1)	Bank	Derivaat	Eigen vermogen (hedge reserve)	Lening	Interest (W&V)
1 januari 2020	Opname lening	100.000			(100.000)	
1 januari 2020	Afsluiten renteswap		0			0
31 december 2020	Afrekening 6% rente op de lening	(6.000)				6.000
31 december 2020	Ontvangst variabele rente 6% inzake renteswap	6.000				(6.000)
31 december 2020	Betaling vaste rente 7% inzake renteswap	(7.000)				7.000
31 december 2020	Verandering reële waarde renteswap		(3.465)	3.465		
Totaal		**93.000**	**(3.465)**	**3.465**	**(100.000)**	**7.000**

Analyse:
- Het afdekken van het renterisico heeft in dit voorbeeld geleid tot een nadelig financieel effect. Scenario 1 levert daarom (achteraf) in dit voorbeeld de beste resultaten op.
- Bij scenario 2 is te zien dat zonder hedge-accounting een beeld wordt gegeven dat niet in overeenstemming is met de hedgestrategie. De verandering in de reële waarde van de swap, die feitelijk een weergave is van (verwachte) toekomstige verschillen tussen de vaste en de variabele rente, wordt in het resultaat opgenomen in 2020 en niet verwerkt in toekomstige jaren.

In scenario 3 en 4 is de rentelast 7.000, hetgeen overeenkomt met de ingedekte vaste rente van de swap. In scenario 4 vindt een waardering van het derivaat plaats, waarbij waardeveranderingen zijn opgenomen in het eigen vermogen, zodat het effect op het resultaat 2020 nihil is.

31.5.10 Kosten van hedging

Wanneer hedging plaatsvindt met bijvoorbeeld opties wordt de intrinsieke waarde van de optie (verschil tussen de uitoefenprijs en de reële waarde van de onderliggende grootheid) afgezet tegen de veranderingen van het afgedekte risico. Er bestaat de keuze om in plaats van een gehele optie alleen de intrinsieke waarde van de optie in de hedgerelatie te betrekken. IFRS 9.6.5.15 bevat een verwerkingswijze voor deze tijdswaarde van opties wanneer wordt gekozen om alleen de intrinsieke waarde in de hedgerelatie te betrekken. Veranderingen in de reële waarde van de tijdswaarde van opties worden onder IFRS 9 eerst opgenomen in het eigen vermogen (via *other comprehensive income*, of wel 'OCI'). De daaropvolgende behandeling hangt af van de aard van de afgedekte positie, hetgeen in onderstaand schema is uiteengezet.

Bovenstaande verwerking van kosten van hedging geldt ook voor de zogenoemde termijnelementen (ook wel genoemd termijnpunten) en valutabasisspreads van financiële instrumenten. Wanneer het termijnelement en het contante element van een termijncontract wordt gesplitst en enkel de waardeverandering van het contante element van het termijncontract als afdekkingsinstrument wordt aangewezen, of wanneer de valutabasisspread van een financieel instrument wordt afgesplitst en van de aanwijzing van het financiële instrument als afdekkingsinstrument wordt uitgesloten dan bestaat er de keuze om het termijnelement van het termijncontract en de valutabasisspread van het financiële instrument op dezelfde manier te verwerken als de tijdswaarde van opties (IFRS 9.6.5.16, IFRS 9.B6.5.34-39).

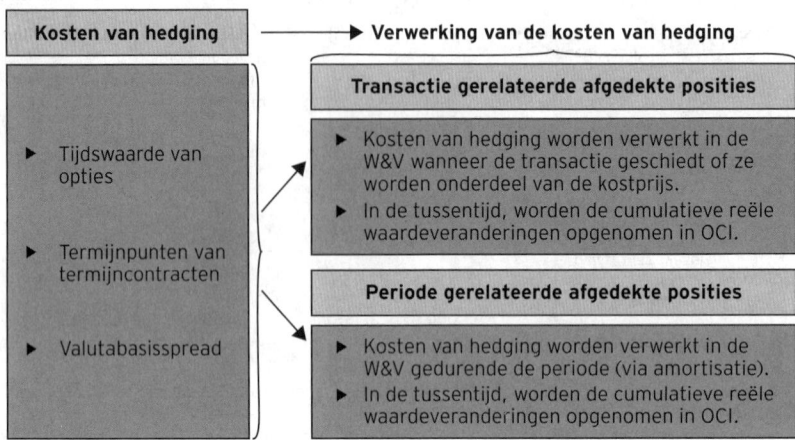

Richtlijn 290 kent geen afzonderlijke bepalingen over de verwerking van alle kosten van hedging. Ten aanzien van kasstroomhedge-accounting stelt RJ 290.628 dat indien een bepaald onderdeel van de waardeveranderingen van het hedge-instrument wordt uitgesloten in de hedgerelatie, voor het uitgesloten onderdeel geen hedge accounting kan worden toegepast. Voor het uitgesloten onderdeel gelden dan de 'basisregels' en wordt de herwaardering voor zover deze is toe te schrijven aan dat uitgesloten onderdeel in de winst-en-verliesrekening. Ten aanzien van reële waardehedge-accounting worden alle winsten of verliezen uit de herwaardering van het derivaat onmiddellijk in de winst-en-verliesrekening verwerkt (RJ 290.619). Ten aanzien van kostprijshedge-accounting geeft Richtlijn 290 geen aanwijzingen hoe met kosten van hedging kan worden omgegaan (zie ook par. 31.5.8).

31.5.11 Commoditycontracten voor de levering van goederen

Veel aankoop- en verkoopcontracten van grondstoffen voldoen aan de criteria om deze netto af te wikkelen in liquide middelen, omdat de grondstoffen gemakkelijk om te zetten zijn in liquide middelen en op dezelfde wijze als financiële derivaten kunnen worden verwerkt. Dergelijke contracten vallen echter niet binnen de reikwijdte van IFRS 9 als zij zijn afgesloten en worden gehouden in verband met de ontvangst of levering voor de verwachte in- of verkopen of gebruiksbehoeften van de onderneming. Dit wordt gewoonlijk aangeduid als de 'eigen behoefte-uitzondering' en dergelijke contracten worden gezien als een normale inkoop of verkoop van goederen en als zodanig verwerkt. In de regel betekent dit dan dat ze niet worden verwerkt voordat er levering heeft plaatsgevonden.

Als een derivaat wordt afgesloten om de risico's van dergelijke contracten voor eigen gebruik af te dekken, creëert deze 'eigen behoefte-uitzondering' een boekhoudkundige mismatch, omdat deze in- en verkoopcontracten niet worden verwerkt. Dit terwijl het derivaat al wel wordt opgenomen en gewaardeerd tegen reële waarde met waardeveranderingen door de winst-en-verliesrekening. Ofwel, de reële-waardeverandering van het derivaat dat wordt gebruikt voor risicobeheerdoeleinden heeft geen boekhoudkundige compensatie in de vorm van de veranderingen in de reële waarde van het in- of verkoopcontract. Om deze boekhoudkundige mismatch te elimineren, biedt IFRS 9 de mogelijkheid om hedge-accounting toe te passen. Onder andere door de documentatievereisten en het monitoren van de hedge-effectiviteit, zien sommigen als een administratieve last. Bovendien sluiten ondernemingen veelal grote hoeveelheden commoditycontracten af. Binnen dat grote volume van contracten compenseren posities elkaar en zal een onderneming die posities op nettobasis afdekken.

31 Derivaten, embedded derivaten en hedge-accounting

IFRS 9 kent ook de mogelijkheid om contracten voor eigen gebruik te waarderen tegen reële waarde. Bij het aangaan van een dergelijk contract kan dan een onherroepelijke keuze gemaakt worden om een contract voor eigen gebruik tegen reële waarde via de winst-en-verliesrekening (de reële waarde optie) te waarderen. Een dergelijke keuze is alleen toegestaan als het een boekhoudkundige mismatch elimineert of aanzienlijk vermindert (IFRS 9.2.5).

Richtlijn 290 kent deze mogelijkheid niet.

31.6 Toelichting
31.6.1 Algemene informatie en waarderingsgrondslagen

In IFRS zijn de toelichtingsvereisten opgenomen in IFRS 7 'Financial Instruments: Disclosures'.
De Nederlandse wet en de Richtlijnen (met name Richtlijn 290) bevatten het voorschrift dat uitgebreide informatie dient te worden verschaft over financiële instrumenten. Daarbij wordt onderscheiden tussen financiële instrumenten die tegen actuele waarde worden gewaardeerd (art. 2:381a BW) en financiële instrumenten die niet tegen actuele waarde worden gewaardeerd (art. 2:381b BW). Er is de laatste jaren veel aandacht voor de toelichting op derivaten. Een voorbeeld dat vaak terugkomt, is de toelichting op de reële waarde van derivaten waarvoor kostprijshedge-accounting wordt toegepast. Dit heeft veel publieke aandacht gekregen bij bijvoorbeeld woningcorporaties en onderwijsinstellingen.

RJ 290.906 bepaalt dat omtrent alle financiële instrumenten, zowel in de balans opgenomen als niet in de balans opgenomen, het volgende in de toelichting dient te worden opgenomen:
a. informatie over de omvang en de aard van de financiële instrumenten, inclusief belangrijke contractuele bepalingen die invloed kunnen hebben op zowel bedrag en tijdstip als mate van zekerheid van de toekomstige kasstromen; en
b. de grondslagen voor waardering en resultaatbepaling, inclusief de criteria voor opname van financiële instrumenten in de balans en de toegepaste waarderingsmethoden.

Deze informatieverplichting stemt overeen met de wettelijke informatieplicht.

Voorbeeld vermelding grondslagen derivaten (Dutch GAAP)

Derivaten die zijn afgesloten om valuta- en renterisico's af te dekken, worden gewaardeerd overeenkomstig de afgedekte positie vanwege de toepassing van kostprijshedge-accounting. De resultaten op derivaten worden gelijktijdig verantwoord met de resultaten van de afgedekte positie.

Voorbeeld toelichting risico's derivaten

De onderneming heeft in het verleden een renteswap afgesloten voor het afdekken van het renterisico op een variabel rentende lening. De renteswap zet de variabele rente op de lening (gebaseerd op 3-maands-EURIBOR) om in een vaste rente van 4% en heeft per balansdatum een hoofdsom van € 50.000.000 en een resterende looptijd van 3 jaar. De kritische kenmerken van de swap en de lening komen overeen, waaronder de looptijd, hoofdsom, rentestructuur en de afrekenmomenten. De waarde van de swap bedraagt per balansdatum € 3,5 miljoen negatief. Vanwege de toepassing van kostprijshedge-accounting is dit verlies niet verantwoord. Indien de waarde van de swap daalt tot meer dan € 4,0 miljoen negatief, dient de onderneming het meerdere als onderpand (margin calls) te storten. De reële waarde van de swap zou dalen van € 3,5 miljoen negatief tot € 4,0 miljoen negatief bij een rentedaling van 0,5%. Iedere verdere rentedaling van 0,1% leidt tot een additionele daling van de reële waarde en een betaling aan onderpand van € 0,1 miljoen. De onderneming heeft naar verwachting voldoende liquide middelen beschikbaar om deze mogelijke margin calls te kunnen betalen.

IFRS 7 vereist soortgelijke informatie als vereist in Richtlijn 290 (IFRS 7.7 en IFRS 7.21) maar IFRS 7 geeft een significant groter aantal en meer gedetailleerde toelichtingseisen dan Richtlijn 290. IFRS 7 benadrukt daarbij dat een onderneming informatie moet verstrekken die de gebruikers in staat stelt te beoordelen hoe belangrijk financiële instrumenten voor de onderneming zijn. De standaard geeft aan dat hierbij informatie wordt gegeven die aansluit bij de wijze waarop het management de risico's beoordeelt. Zo moet de kwantitatieve toelichting over risico's worden gebaseerd op informatie die het *key management personnel* hierover ontvangt. Naast kwantitatieve informatie verlangt IFRS 7.32A/33 ook daarop aansluitende kwalitatieve toelichting, waarbij de onderlinge interactie tussen de kwalitatieve en kwantitatieve aspecten wordt benadrukt. Ook dient een onderneming informatie over risico management strategieën te verstrekken op de onderdelen waar hedge-accounting van toepassing is. Het doel van deze toelichtingen is dat een gebruiker van de informatie in staat is om te bepalen hoe de risico management strategie de beoogde risico's mitigeert. Daarnaast dient de informatie de gebruiker in staat te stellen om te evalueren welk effect de risico management strategie heeft op de kasstromen. Ook dient er te worden toegelicht welk effect hedge-accounting heeft of de balans, resultatenrekening en eigen vermogen verloopoverzicht. De vereiste toelichtingen met betrekking tot hedge-accounting kunnen worden gepresenteerd in een enkele toelichting of in een aparte sectie van de jaarrekening. Aan de vereiste toelichtingen kan worden voldaan door het referen aan waar de informatie beschikbaar is in de jaarrekening. Ten slotte kent IFRS 13 uitgebreide toelichtingsvereisten voor financiële instrumenten die tegen reële waarde zijn gewaardeerd, of waarvan de reële waarde is toegelicht.

31.6.2 Toelichting renterisico

Bij de informatie inzake rente- en kasstroom- en liquiditeitsrisico dienen ook de effecten van hedge-instrumenten te worden betrokken. Hierbij wordt aanbevolen om deze risico-informatie te verstrekken zowel inclusief als exclusief het effect van de hedge-instrumenten, met uitsplitsing naar de relevante en gehele looptijden.

Voor middelgrote rechtspersonen wordt het opnemen van deze toelichting in Richtlijn 290 aanbevolen. Daarnaast gelden de wettelijke vereisten inzake toelichting uit artikel 2:391 BW. Op grond hiervan dient een onderneming in het bestuursverslag toelichting inzake het gebruik van financiële instrumenten op te nemen, waaronder het beleid inzake risicobeheer en over de gelopen risico's.

Voorbeeld toelichting renterisico			
	Jaar 1	Jaar 2	Jaar 3
Renteprofiel exclusief derivaten			
Variabel rentende leningen	100.000	90.000	80.000
Vastrentende leningen	50.000	50.000	50.000
Totaal leningen	**150.000**	**140.000**	**130.000**
Derivaten (variabel naar vast)	50.000	45.000	40.000
Renteprofiel inclusief derivaten			
Variabel rentende leningen	50.000	45.000	40.000
Vastrentende leningen	100.000	95.000	90.000
Totaal leningen	**150.000**	**140.000**	**130.000**

31.6.3 Toelichting liquiditeitsrisico

Een weergave van de kasstromen uit hoofde van derivaten wordt alleen gegeven voor zover dit noodzakelijk is voor het begrip van de timing van de kasstromen (bijvoorbeeld bij interest rate swaps in een kasstroomhedge of voor toegezegde leningen).

31 Derivaten, embedded derivaten en hedge-accounting

Een belangrijk liquiditeitsrisico kan voortkomen uit zogenaamde *margin calls*. Dit zijn onderpanden die gestort dienen te worden op het moment dat derivaten een negatieve waardering krijgen. De tegenpartij (vaak een bank) kan op deze manier haar kredietrisico beperken. Dit risico zal ook toegelicht dienen te worden bij het liquiditeitsrisico (RJ 290.913e, IFRS 7.B11F(g)).

31.6.4 Toelichting financiële activa boekwaarde hoger dan reële waarde

Als een onderneming een of meer financiële activa heeft opgenomen tegen een boekwaarde die hoger is dan de reële waarde, dient deze onderneming de volgende gegevens te verschaffen (RJ 290.943). Dit geldt alleen voor grote rechtspersonen:
a. de boekwaarde en de reële waarde van óf de individuele activa, óf de relevante groepen van die individuele activa; en
b. de redenen voor het niet verlagen van de boekwaarde, inclusief het gegeven waarop de leiding van de onderneming de overtuiging baseert dat de boekwaarde kan worden gerealiseerd.

IFRS 7 kent deze toelichtingseis niet.

Door middelgrote rechtspersonen dient, conform de wettelijke bepalingen, deze informatie uitsluitend te worden verstrekt over financiële vaste activa.

> **Voorbeeld toelichting boekwaarde hoger dan reële waarde onder Dutch GAAP**
> Een derivaat is gewaardeerd tegen kostprijs (reële waarde negatief EUR 3 miljoen). De lagere waarde wordt veroorzaakt doordat de marktrente die ontvangen wordt op de swap lager is dan de vaste rente die betaald wordt op de swap. Vanwege de toepassing van kostprijshedge-accounting is de swap niet afgewaardeerd naar de lagere reële waarde, omdat deze verliezen worden gecompenseerd door lagere rentekosten op een gerelateerde variabel rentende lening.

31.6.5 Toelichting inzake hedge-accounting
IFRS 7

Als een onderneming hedge-accounting toepast, dient onder IFRS 7 informatie op te nemen over de risicobeheerstrategie, het bedrag, tijdstip en onzekerheid van toekomstige kasstromen alsmede omtrent de effecten op de financiële positie en prestaties.

Risicobeheerstrategie

Een onderneming dient onder IFRS 7 onder andere de volgende informatie op te nemen inzake de risicobeheerstrategie (IFRS 7.22A-B):
- de risicobeheerstrategie voor elke risicocategorie van risicoblootstellingen die wordt afgedekt en waarvoor hedge-accounting wordt toegepast;
- een beschrijving van de afdekkingsinstrumenten die worden gebruikt (en de wijze waarop zij worden gebruikt) om risicoblootstellingen af te dekken
- de wijze waarop ten behoeve van de beoordeling van de afdekkingseffectiviteit de economische relatie tussen de afgedekte positie en het afdekkingsinstrument wordt bepaald
- de wijze waarop de afdekkingsverhouding wordt vastgesteld; en
- wat de bronnen van afdekkingsineffectiviteit zijn.

Wanneer een specifieke risicocomponent als afgedekte positie wordt aangewezen, moet ook kwalitatieve of kwantitatieve informatie worden verstrekt verstrekken over (IFRS 7.22C):
- de wijze waarop de risicocomponent is bepaald, die als afgedekte positie is aangewezen (met inbegrip van een beschrijving van de aard van de relatie tussen de risicocomponent en de post als geheel); en
- de wijze waarop de risicocomponent gerelateerd is aan de positie in haar geheel (bijvoorbeeld, de aangewezen risicocomponent was in het verleden gemiddeld voor 80% verantwoordelijk voor de veranderingen in de reële waarde van de positie als geheel).

Bedrag, tijdstip en onzekerheid van toekomstige kasstromen

Een onderneming dient toelichting te geven over het bedrag, tijdstip en onzekerheid van toekomstige kasstromen (IFRS 7.23A-F).

Per risicocategorie dient kwantitatieve informatie te worden vermeld om gebruikers van de jaarrekening in staat te stellen de voorwaarden van afdekkingsinstrumenten te beoordelen, alsook de wijze waarop deze voorwaarden invloed hebben op het bedrag, het tijdstip en de onzekerheid van de toekomstige kasstromen. Om aan deze vereiste te voldoen, moet een uitsplitsing worden verstrekt die informatie verschaft over: een profiel van het tijdstip van het nominale bedrag van het afdekkingsinstrument en – in voorkomend geval – de gemiddelde prijs of rente (bijvoorbeeld uitoefen- of termijnprijs enz.) van het afdekkingsinstrument. Onder specifieke omstandigheden is een onderneming hiervan vrijgesteld en gelden alternatieve toelichtingsvereisten.

Tevens dient per risicocategorie een beschrijving te worden toegelicht van de bronnen van afdekkingsineffectiviteit die tijdens de looptijd van de afdekkingsrelatie naar verwachting op die relatie van invloed zullen zijn. Indien in een afdekkingsrelatie andere bronnen van afdekkingsineffectiviteit ontstaan, dienen die bronnen per risicocategorie en de daaruit voortvloeiende afdekkingsineffectiviteit te worden vermeld. Voor kasstroomafdekkingen dient een beschrijving te worden gegeven van elke verwachte toekomstige transactie waarop in de voorgaande periode hedge-accounting was toegepast, maar die zich naar verwachting niet langer zich zal voordoen.

Effecten van hedge-accounting op de financiële positie en prestaties

Met betrekking tot de effecten van hedge-accounting op de financiële positie en prestaties dient een onderneming onder andere onderstaande toelichting op te nemen (IFRS 7.24A-F). Dat dient te geschieden in tabelvorm en afzonderlijk per risicocategorie voor iedere soort afdekking: reële waarde-afdekking, kasstroomafdekking of afdekking van een netto-investering in een buitenlandse eenheid.

Toegelicht dient te worden:
- de boekwaarde van de afdekkingsinstrumenten (afzonderlijk voor financiële activa en financiële verplichtingen);
- de post in de balans waarin het afdekkingsinstrument is opgenomen;
- de verandering in de reële waarde van het afdekkingsinstrument die wordt gebruikt als basis voor het opnemen van de afdekkingsineffectiviteit voor de periode; en
- de nominale bedragen (met inbegrip van hoeveelheden, bijvoorbeeld in ton of kubieke meter) van de afdekkingsinstrumenten.

Voor reële waarde-afdekkingen moet worden toegelicht:
- de boekwaarde van de afgedekte positie opgenomen in de balans (met afzonderlijke presentatie van activa en verplichtingen);
- het cumulatieve bedrag van reële waarde-afdekkingsaanpassingen van de afgedekte positie;

- de post in de balans waarin de afgedekte positie is opgenomen;
- de waardeverandering van de afgedekte positie die is gebruikt als basis voor het opnemen van de afdekkingsineffectiviteit voor de periode; en
- het cumulatieve bedrag van de resterende reële waarde-afdekkingsaanpassingen in de balans voor alle afgedekte posten die overeenkomstig niet langer voor afdekkingswinsten en -verliezen worden aangepast.

Een onderneming dient tevens voor reële waarde-afdekkingen te vermelden:
- de afdekkingsineffectiviteit, Dat wil zeggen het verschil tussen de afdekkingswinsten of -verliezen van het afdekkingsinstrument en de afgedekte positie die is opgenomen in de winst-en-verliesrekening (of in de overige onderdelen van het totaalresultaat ('OCI') voor afdekkingen van een eigenvermogensinstrument); en
- de post in de winst-en-verliesrekening die het bedrag aan afdekkingsineffectiviteit bevat.

Voor kasstroomafdekkingen en afdekkingen van een netto-investering in een buitenlandse eenheid dient te worden toegelicht:
- de waardeverandering van de afgedekte positie die is gebruikt als basis voor het opnemen van de afdekkingsineffectiviteit voor de periode;
- de saldi in de kasstroomafdekkingsreserve en de valuta-omrekeningsreserve; en
- de resterende saldi in de kasstroomafdekkingsreserve en de valuta-omrekeningsreserve van alle afdekkingsrelaties waarvoor niet langer hedge accounting wordt toegepast.

Voor kasstroomafdekkingen en afdekkingen van een netto-investering in een buitenlandse activiteit dient tevens te worden toegelicht:
- de afdekkingswinsten of -verliezen van de verslagperiode die in de overige onderdelen van het totaalresultaat ('OCI') zijn opgenomen;
- de in de winst-en-verliesrekening opgenomen afdekkingsineffectiviteit;
- de post in de winst-en-verliesrekening die het bedrag aan afdekkingsineffectiviteit bevat;
- het bedrag dat uit de kasstroomafdekkingsreserve of de valuta-omrekeningsreserve als herclassificatie-aanpassing conform IAS 1 naar de winst-en-verliesrekening is geherclassificeerd;
- de post in de winst-en-verliesrekening die deze herclassificatie-aanpassing bevat; en
- voor afdekkingen van nettoposities, de afdekkingswinsten of -verliezen die in een afzonderlijke post in de winst-en-verliesrekening zijn opgenomen.

Een onderneming moet ook een aansluiting van elke component van het eigen vermogen verstrekken, alsook een analyse van de overige onderdelen van het totaalresultaat in overeenstemming met IAS 1.

Richtlijn 290

Richtlijn 290 kent minder specifieke eisen. Wel dient, indien hedge-accounting wordt toegepast en de kritische kenmerken van de afgedekte positie en het afdekkingsinstrument niet gedurende de gehele hedgerelatie zijn overeengekomen, de cumulatieve reële-waardeverandering van de hedge-instrumenten te worden toegelicht, uitgesplitst naar waardeveranderingen met betrekking tot het effectieve deel van de hedge en waardeveranderingen met betrekking tot het ineffectieve deel van de hedge. Van het ineffectieve deel dient te worden aangegeven welk bedrag cumulatief in de winst-en-verliesrekening is verwerkt. Er is ook een aanbeveling om toelichting op te nemen indien het aannemelijk is dat deze het inzicht van gebruikers van de jaarrekening in financiële instrumenten vergroot (RJ 290.946). Hierbij wordt ten aanzien van hedges aanbevolen om op te nemen het totale bedrag van uitgestelde of niet-opgenomen baten of lasten van afdekkingsinstrumenten anders dan de baten of lasten die gerelateerd zijn aan afdekking van verwachte toekomstige transacties (RJ 290.946).

Verschillen Dutch GAAP - IFRS

Richtlijn 290 vereist soortgelijke informatie als vereist in IFRS 7 maar IFRS 7 geeft een significant groter aantal en meer gedetailleerde toelichtingseisen dan Richtlijn 290. IFRS 7 benadrukt tevens dat een onderneming informatie moet verstrekken die de gebruikers in staat stelt te beoordelen hoe belangrijk financiële instrumenten voor de onderneming zijn. De standaard geeft aan dat hierbij informatie wordt gegeven die aansluit bij de wijze waarop het management de risico's beoordeelt.

31.7 Vrijstellingen voor middelgrote rechtspersonen (alleen Richtlijnen)

31.7.1 Vrijstellingen in toelichtingsvereisten

In paragraaf 31.6 zijn de vereiste toelichtingen voor derivaten behandeld. Voor middelgrote ondernemingen is een aantal van deze toelichtingen niet verplicht. Wel wordt in Richtlijn 290 aanbevolen deze op te nemen (RJ 290.900). Het gaat om de toelichtingen inzake rente- en kasstroomrisico (RJ 290.918 tot en met 927).

De overige toelichtingsvereisten in Richtlijn 290 die gelden voor grote rechtspersonen gelden ook voor middelgrote rechtspersonen. Dit betreft de toelichting over grondslagen voor waardering en resultaatbepaling, toelichting over reële waarde en toelichting over financiële activa gewaardeerd tegen een hogere waarde dan de reële waarde, alsmede ook toelichting inzake liquiditeitsrisico zoals opgenomen in RJ 290.918.

32 Leasing

32.1 Begripsbepaling en nadere onderverdelingen	
Begrip lease	Overeenkomst waarbij de lessor het gebruik van een leaseobject voor een overeengekomen periode en vergoeding afstaat aan de lessee.
	Ook overeenkomsten die niet de meest gebruikelijke vorm van een lease hebben, kunnen als lease kwalificeren. IFRS en de Richtlijnen bevatten hiervoor gedetailleerde regelgeving.
Samenvoegen en splitsen van contracten	In sommige gevallen moeten contracten worden gecombineerd.
Splitsen van contracten	Als contracten meerdere leasebestanddelen bevatten, dienen deze onder IFRS in beginsel afzonderlijk verwerkt te worden. De Richtlijnen bepalen dit specifiek voor grond en gebouwen.
Het onderscheiden van de leasebetalingen van andere betalingen	Als contracten andere diensten/goederen bevatten, dienen deze in beginsel afzonderlijk verwerkt te worden. Hierop bestaan uitzonderingen.
Leasevormen	▶ financiële en operationele lease; ▶ bij financiële lease voor- en nadelen verbonden aan eigendom geheel of nagenoeg geheel bij lessee; operationele lease zijn alle niet-financiële leaseovereenkomsten.
32.2 Classificatie als financiële lease of operationele lease	
Algemeen	Onderscheid is belangrijk voor de lessee onder de Richtlijnen – dus niet onder IFRS – en voor de lessor – zowel onder de Richtlijnen als onder IFRS.
	Voor classificatie is de economische realiteit van de transactie bepalend, niet zozeer de juridische vorm van de transactie. Een financiële lease is een leaseovereenkomst waarbij de voor- en nadelen verbonden aan de eigendom geheel of nagenoeg geheel door de lessee worden gedragen.
Indicaties voor financiële lease	▶ IFRS en de Richtlijnen noemen vijf voorbeelden van indicaties voor financiële lease (kwalitatieve criteria); ▶ voor twee voorbeelden hanteren de Richtlijnen indicatieve kwantitatieve criteria, het 75%- en het 90%-criterium. IFRS kent geen indicatieve kwantitatieve criteria.
Toepassing van het 90%-criterium	▶ Er zijn voorschriften voor bepaling van de minimale leasebetalingen; ▶ Disconteringsvoet is de impliciete rentevoet of de incrementele rente.
Wijziging van de leaseclassificatie	Slechts beperkte gevallen waarin de leaseclassificatie kan worden aangepast.

Special purpose company	Bij de beoordeling van de leaseovereenkomst moeten de in een andere hoedanigheid dan die van lessee gedragen economische risico's mede in aanmerking worden genomen.
Sub-leases	Sub-leases worden geclassificeerd op basis van de hoofdlease (IFRS) of op basis van het onderliggende actief (RJ).
32.3 Verwerking in de jaarrekening van de lessee	
Financiële lease (RJ 292)	▶ balans: activering object, passivering verplichting; ▶ W&V: afschrijvingen en rentebestanddeel van leasebetalingen.
Operationele lease (RJ 292)	▶ balans: geen activering object, toekomstige verplichtingen in toelichting; ▶ W&V: leasebetalingen lineair over de leaseperiode.
IFRS	Hoofdregel: ▶ balans: activering gebruiksrecht, passivering verplichting; ▶ W&V: afschrijvingen en rentebestanddeel van leasebetalingen.
32.4 Verwerking in de jaarrekening van de lessor	
Financiële lease	▶ balans: vordering; ▶ W&V: verkoopbate (indien actief wordt overgedragen), alsmede baten in verband met financiering en dienstverlening uit leasetermijnen.
Operationele lease	▶ balans: activeren overeenkomstig de aard van de activa; ▶ W&V: baten uit de lease en afschrijvingen van het actief.
32.5 'Sale-and-leaseback'-transacties	
Met financiële teruglease (RJ 292)	Geen winst of verlies bij verkooptransactie.
Met operationele teruglease (RJ 292)	Winst of verlies bij verkooptransactie afhankelijk van verkoopprijs en leasetermijnen.
IFRS	Winst of verlies alleen indien aan criteria van omzetverantwoording wordt voldaan (op basis van IFRS 15) en dan proportioneel; teruglease wordt verwerkt conform nieuw model in IFRS 16. Indien niet wordt voldaan aan criteria, transactie verwerken als een financieringstransactie.
32.6 Samengestelde transacties met de juridische vorm van een leaseovereenkomst	
Samengestelde transacties	Substance van de transactie primaire aandachtspunt. Specifieke voorwaarden voor verantwoording van baten.
32.7 Vrijstellingen voor middelgrote rechtspersonen	
Vrijstellingen	Enkele vrijstellingen voor wat betreft toelichtingen.

32.1 Begripsbepaling en nadere onderverdelingen

Dit hoofdstuk behandelt de verwerking van leasecontracten in de jaarrekening (RJ 292, IFRS 16). Richtlijn 292 'Leasing' is in belangrijke mate gebaseerd op de voormalige regelgeving onder IFRS die was opgenomen in IAS 17 'Leases'. IFRS 16 'Leases' is op veel punten vergelijkbaar met de leases standaard onder US GAAP, maar er zijn ook belangrijke verschillen. Dit hoofdstuk behandelt verder uitsluitend de bepalingen onder IFRS 16 en gaat niet in op de voormalige bepalingen onder IAS 17 of op US GAAP.

Als gevolg van de introductie van IFRS 16 is het aantal verschillen tussen de Richtlijnen en IFRS belangrijk toegenomen. Er is een aantal onderdelen waar de regelgeving grote verschillen vertoont, waaronder verslaggeving door de lessee en 'sale-and-leaseback'-transacties. Voor deze onderdelen behandelen wij Richtlijn 292 en IFRS 16 afzonderlijk, waarna een overzicht volgt van de belangrijkste verschillen. In andere gevallen zijn de verschillen in regelgeving beperkt – waaronder de definitie van een lease en verslaggeving door de lessor – en worden Richtlijn 292 en IFRS 16 gelijktijdig besproken, waarna een overzicht volgt van de belangrijkste verschillen.

Een conceptueel belangrijk verschil is dat de verslaggeving onder Richtlijn 292 afhankelijk is van welke partij de **economische voor- en nadelen** van **het actief zelf** draagt terwijl IFRS 16 de nadruk legt op de **beschikkingsmacht** over **het gebruik van het actief**.

De Richtlijnen staan toe dat in plaats van Richtlijn 292 de bepalingen van IFRS 16 worden gehanteerd bij het opstellen van de jaarrekening, mits integraal en consistent toegepast. Deze keuze moet worden toegelicht (RJ 292.101).

32.1.1 Begripsbepaling

Een eenduidige begripsomschrijving van het verschijnsel leasing is niet eenvoudig te geven. De betekenis van het begrip verschilt in de tijd en verschilt ook in verschillende landen.

De Richtlijnen definiëren een leaseovereenkomst als volgt (RJ 292.0):
Een leaseovereenkomst is een overeenkomst waarbij een contractpartij – de lessor (verhuurder) – het recht van gebruik van een actief (leaseobject) voor een overeengekomen periode en voor een bepaalde vergoeding aan de andere contractpartij – de lessee (huurder) – afstaat. Hieronder kunnen vallen huurovereenkomsten, (erf)pachtovereenkomsten en huurkoop zoals in de Nederlandse wet gedefinieerd.

Onder IFRS 16 wordt een lease gedefinieerd als een contract, of een deel van een contract, dat aan de klant het gebruiksrecht van een actief overdraagt voor een bepaalde tijdsperiode tegen een vergoeding.

Aangezien er geen specifieke civiele wetgeving op leasegebied bestaat in Nederland, zijn bovengenoemde contractvormen, en eventuele andere, zoals verbruiksleen met eigendomsoverdracht, de juridische vorm waarin een leaseovereenkomst wordt gegoten. Ook is het mogelijk een geheel eigen contractvorm te kiezen. In de fiscale wetgeving heeft leasing (in het bijzonder in de omzetbelasting) wel een eigen plaats. Ook de zogenaamde leaseregeling en de fiscale jurisprudentie wijzen op een eigen positie van leasing in fiscaal verband.

Richtlijn 292 en IFRS 16 sluiten leaseovereenkomsten voor de exploratie of het gebruik van natuurlijke hulpbronnen (zoals olie, gas, etc.) en licentieovereenkomsten met betrekking tot zaken als films, video's, toneelstukken, manuscripten, patenten en copyrights uit. Deze overeenkomsten zullen dus geanalyseerd moeten worden op basis van andere Richtlijnen of IFRS-standaarden zoals Richtlijn 210 'Immateriële vaste activa'/IAS 38 'Intangible assets' en Richtlijn 270 'De winst-en-verliesrekening'/IFRS 15 'Revenue from Contracts with Customers'. Overigens kan voor dergelijke contracten in sommige gevallen zoveel overeenkomst bestaan met een leasetransactie, dat de voorschriften van Richtlijn 292 en IFRS 16 mede richtinggevend zullen zijn voor de behandeling van de overeenkomsten.

RJ 292.105 en IFRS 16 zorgen ervoor dat het toepassingsgebied van Richtlijn 292 respectievelijk IFRS 16 ook overeenkomsten bevatten die niet de meest gebruikelijke vorm van een leaseovereenkomst hebben, maar wel het recht van gebruik van een actief bevatten. Voorbeelden van dergelijke overeenkomsten, waarbij een rechtspersoon (de leverancier) het recht van gebruik van het actief aan een andere rechtspersoon (de afnemer) geeft (veelal samen met hieraan gerelateerde diensten), zijn:
- outsourcing-overeenkomsten (bijvoorbeeld de outsourcing van elektronische dataverwerking);
- overeenkomsten in de telecomindustrie waarbij leveranciers van netwerkcapaciteit met afnemers overeenkomen om bepaalde capaciteit ter beschikking te stellen;
- 'take-or-pay' en vergelijkbare overeenkomsten, waarbij de afnemer verplicht is tot het verrichten van betalingen ongeacht of er daadwerkelijk afname is geweest van de betreffende goederen of diensten (bijvoorbeeld een 'take-or-pay'-overeenkomst om alle elektriciteit af te nemen van de elektriciteitscentrale van de leverancier).

In sommige gevallen kan sprake zijn van een leaseovereenkomst waarbij de afnemer het recht verkrijgt een actief te gebruiken dat onderdeel is van een groter complex van activa. Als voorbeeld zou men kunnen denken aan een fabriek die meerdere productielijnen bevat die elk als een aparte component kunnen worden beschouwd, dan wel het geheel van de productielijnen wordt als één actief beschouwd. Afhankelijk van de overige voorwaarden van de overeenkomst, kan het zo zijn dat de lessee de rechten verkrijgt tot een specifieke productielijn, bijvoorbeeld omdat de leverancier de productie niet kan verplaatsen naar een andere lijn om de af te leveren goederen te produceren.

Het lease-element in de overeenkomst moet worden verantwoord als een lease. De beoordeling of een overeenkomst een lease bevat, dient plaats te vinden op het tijdstip van het aangaan van de overeenkomst (RJ 292.105, IFRS 16.9).

De gedetailleerde bepalingen of een overeenkomst een lease bevat zijn met ingang van 2020 in belangrijke mate geharmoniseerd tussen de Richtlijnen en IFRS. Het is toegestaan om de nieuwe bepalingen prospectief voor nieuwe contracten toe te passen. Het is echter ook toegestaan om per categorie geleasede activa de bepalingen met terugwerkende kracht – voor bestaande contracten – toe te passen (RJ 292.602).

Een overeenkomst bevat een lease indien deze in ruil voor een vergoeding aan de wederpartij (de leverancier) de zeggenschap gedurende de overeengekomen gebruiksperiode over het gebruik van een geïdentificeerd actief aan de rechtspersoon (de afnemer) verleent. Er dient hiervoor aan de volgende voorwaarden te worden voldaan:
- Er is sprake van een geïdentificeerd actief;
- De afnemer heeft gedurende de gehele gebruiksperiode het recht op vrijwel alle economische voordelen uit het gebruik van het geïdentificeerde actief; en
- De afnemer heeft gedurende de gehele gebruiksperiode het recht om het gebruik van het geïdentificeerde actief te bepalen.

Het volgende schema geeft dit in hoofdlijnen weer (RJ 292.105, IFRS 16.B31):

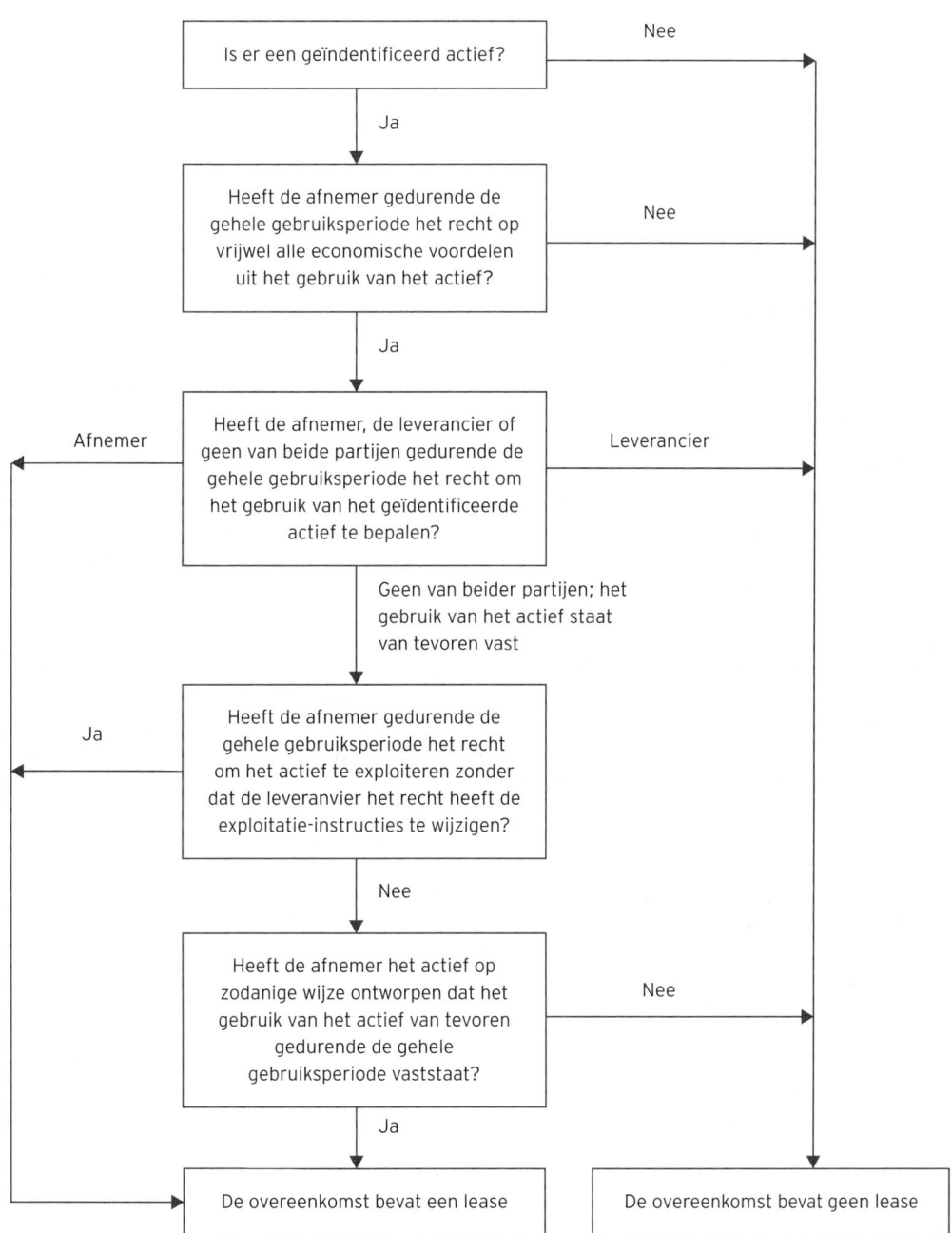

Geïdentificeerd actief

Een actief wordt gewoonlijk geïdentificeerd doordat de overeenkomst dit uitdrukkelijk specificeert. Een actief kan echter ook geïdentificeerd worden op het moment dat de leverancier het voor gebruik beschikbaar stelt (RJ 292.106, IFRS 16.B13).

Zelfs in het geval dat het actief is gespecificeerd, kunnen er toch situaties zijn dat er geen identificeerbaar actief is. Dit treedt bijvoorbeeld op in geval van substantiële vervangingsrechten van de leverancier. Een vervangingsrecht is substantieel als aan beide volgende criteria wordt voldaan:
- de leverancier beschikt in de praktijk gedurende de gehele gebruiksperiode over de mogelijkheid om het actief door een alternatief actief te vervangen. De afnemer kan de leverancier bijvoorbeeld niet beletten het actief te vervangen en alternatieve activa zijn voor de leverancier gemakkelijk beschikbaar of kunnen eventueel binnen een redelijke termijn door de leverancier worden geleverd; en
- de leverancier heeft een economisch voordeel bij de uitoefening van zijn recht om het actief te vervangen. Dat wil zeggen dat de economische voordelen van de vervanging van het actief groter zijn dan de kosten van de vervanging van het actief (RJ 292.106a, IFRS 16.B14).

IFRS 16 bepaalt specifiek dat deze analyse plaatsvindt bij aanvang van het contract en houdt geen rekening met factoren die onwaarschijnlijk zijn dat ze zich zullen voordoen (IFRS 16.B16). Als de afnemer niet kan bepalen of een vervangingsrecht substantieel is, zal zij aannemen dat dit niet het geval is (IFRS 16.B19). Dit zorgt er in voorkomende gevallen voor dat eerder sprake is van een lease die als zodanig wordt verwerkt. Overigens zijn wij van mening dat onder de Richtlijnen dezelfde benadering gepast is.

Delen van activa kunnen ook een identificeerbaar actief zijn. Hiervan is sprake als het fysiek afzonderlijk is, zoals veelal verdiepingen in een gebouw. Daarnaast is ook sprake van een identificeerbaar actief als vrijwel de gehele capaciteit van het actief wordt ingekocht onder een contract en de afnemer daardoor het recht op vrijwel alle economische voordelen uit het gebruik van het actief heeft (RJ 292.106b, IFRS 16.B20). Alhoewel 'vrijwel de gehele capaciteit' niet is ingevuld wordt hiervoor in de praktijk 90% gehanteerd, gebaseerd op vergelijkbare terminologie onder de huidige Richtlijn 292 en de voormalige IAS 17.

Recht op vrijwel alle economische voordelen van het gebruik van het geïdentificeerde actief

Voor de aanwezigheid van een lease is het vereist dat de afnemer gedurende de gehele gebruiksperiode het recht heeft op vrijwel alle economische voordelen uit het gebruik van het geïdentificeerde actief (bijvoorbeeld door gedurende de gehele periode te beschikken over het exclusieve gebruik van het actief). Een afnemer kan op vele manieren direct of indirect economische voordelen uit het gebruik van het actief verkrijgen, zoals door het gebruiken, aanhouden of sub-leasen van het actief (RJ 292.107, IFRS 16.B21). Hierbij is het van belang dat dit gebeurt binnen de grenzen van het contract. Hiermee wordt bijvoorbeeld bedoeld dat een clausule die bepaalt dat een voertuig alleen in bepaalde geografische gebieden mag worden gebruikt er niet voor zorgt dat de afnemer niet vrijwel alle economische voordelen van gebruik van het actief verkrijgt (RJ 292.110, IFRS 16.B22). Vaak zijn dit beschermingsrechten voor de leverancier.

Recht om het gebruik van het identificeerbare actief te bepalen

Een afnemer heeft het recht om het gebruik van het identificeerbare actief te bepalen indien de afnemer het gebruik van het geïdentificeerde actief kan bepalen (IFRS 16.B24a). Bij het bepalen op welke wijze en voor welk doel een actief wordt gebruikt gaat het om de besluitvormingsrechten die het meest relevant zijn. Besluiten zijn relevant als zij de economische voordelen van het gebruik beïnvloeden (IFRS 16.B25). Hierbij kan worden gedacht aan besluiten omtrent de output van het actief, of het actief wordt gebruikt, waar het actief wordt gebruikt en of het actief überhaupt wordt gebruikt en voor hoeveel output (RJ 292.108, IFRS 16.B26). Besluitvormingsrechten die niet bepalen hoe en voor welk doel het actief wordt gebruikt omvatten bepalingen omtrent onderhoud, bepalingen omtrent het bedienen van het actief en beschermingsrechten van de leverancier (RJ 292.110a, IFRS 16.B27, B30).

Indien geen van beide partijen gedurende de gehele gebruiksperiode het recht heeft om het gebruik van het actief te bepalen (de relevante beslissingen omtrent het gebruik van het actief zijn vooraf gedefinieerd) bevat de overeenkomst *géén* lease tenzij:
- de afnemer gedurende de gehele gebruiksperiode het recht heeft om het actief te exploiteren (of bepaalt hoe anderen het actief moeten exploiteren) zonder dat de leverancier deze instructies kan wijzigen; of
- de afnemer het actief (of specifieke delen ervan) heeft ontworpen op zodanige wijze dat het gebruik gedurende de gehele gebruiksperiode van tevoren vaststaat (RJ 292.108b, IFRS 16.B24b).

Herbeoordeling overeenkomst

Indien aan één of meer van de volgende voorwaarden wordt voldaan (RJ 292.111) dient de overeenkomst opnieuw beoordeeld te worden:
a. er is een wijziging in de contractuele bepalingen, tenzij het een vernieuwing of verlenging van de overeenkomst betreft;
b. er is een verandering in de beoordeling of nakoming van de overeenkomst afhankelijk is van een specifiek actief;
c. er is een belangrijke wijziging van het actief; of
d. een vernieuwingsoptie wordt uitgeoefend of een verlenging wordt overeengekomen tussen de betrokken partijen, tenzij de mogelijkheid tot vernieuwing of verlenging reeds was opgenomen in de oorspronkelijke contractvoorwaarden. Een vernieuwing of verlenging van de overeenkomst voor het einde van de looptijd van de oorspronkelijke overeenkomst waarbij geen aanpassing plaatsvindt van de oorspronkelijke voorwaarden wordt slechts beoordeeld met betrekking tot de vernieuwings- of verlengingsperiode.

Een herbeoordeling of een overeenkomst een lease bevat, dient gebaseerd te zijn op de feiten en omstandigheden op het tijdstip van de herbeoordeling rekening houdend met de resterende looptijd van de overeenkomst (RJ 292.112).

Schattingswijzigingen (bijvoorbeeld de geschatte hoeveelheid productie die geleverd zal worden aan de afnemer of andere potentiële afnemers) leiden niet tot een herbeoordeling. Indien een overeenkomst wordt herbeoordeeld en er wordt bepaald dat de overeenkomst een lease bevat (of geen lease meer bevat), dan vindt verwerking van die lease (eindigt verwerking van die lease) overeenkomstig Richtlijn 292 plaats (RJ 292.112):
1. in de situaties a, b en c zoals hiervoor beschreven: vanaf het tijdstip waarop de verandering in omstandigheden aanleiding geeft tot een herbeoordeling;
2. in de situatie d zoals hiervoor beschreven: vanaf het tijdstip van aanvang van de vernieuwings- of verlengingsperiode.

Onder IFRS 16 vindt herevaluatie alleen plaats als de voorwaarden en condities van het contract wijzigen (IFRS 16.11).

Verschillen Dutch GAAP - IFRS

Onder IFRS 16 vindt herevaluatie van een contract om te bepalen of deze een lease bevat alleen plaats als de voorwaarden en condities van het contract wijzigen (IFRS 16.11). Onder de Richtlijnen zijn er meer situaties gedefinieerd waarin contracten opnieuw beoordeeld worden (RJ 292.111).

32.1.2 Samenvoegen van contracten

RJ 190.4 bevat regelgeving voor samengestelde transacties. Van samengestelde transacties is sprake als de transacties alle voortvloeien uit één wederzijdse wilsovereenstemming, die zich kan manifesteren in één of meerdere overeenkomsten tussen partijen. De afzonderlijke activa en/of passiva die bij samengestelde transacties zijn betrokken, dienen op hun reële waarde te worden gewaardeerd.

IFRS 16 bepaalt dat twee of meer contracten met dezelfde tegenpartij die op of rondom hetzelfde tijdstip worden afgesloten als een enkel contract worden verwerkt als wordt voldaan aan één van de volgende criteria:
- de contracten zijn onderhandeld met een gemeenschappelijk commercieel doel dat niet kan worden begrepen zonder de contracten als één geheel te beschouwen;
- het bedrag dat als vergoeding onder een contract wordt betaald is afhankelijk van de prijs of prestatie van het andere contract; of
- de rechten om onderliggende activa te gebruiken in de contracten zijn één leasebestanddeel.

32.1.3 Splitsen van contracten

Onder IFRS 16.B32 is sprake van afzonderlijke leasecomponenten als aan beide volgende criteria wordt voldaan:
- De lessee kan profiteren van het gebruik van een onderliggend actief op zichzelf of samen met andere middelen die redelijkerwijs beschikbaar zijn voor de lessee. Redelijkerwijs beschikbare middelen zijn die goederen of diensten die afzonderlijk verkocht of geleased worden of middelen waarover de lessee al beschikt.
- Het onderliggende actief is niet in hoge mate afhankelijk van of verbonden met de andere onderliggende activa in het contract.

Het splitsen van contracten kan bijvoorbeeld relevant zijn in het geval dat onderliggende activa of gebruiksrechten een verschillende levensduur hebben.

De Richtlijnen bevatten alleen specifieke regelgeving voor de classificatie en verwerking indien een leaseovereenkomst zowel grond als gebouwen bevat (RJ 292.124, zie verder par. 32.2.1).

32.1.4 Het onderscheiden van de leasebetalingen van andere betalingen

Indien een overeenkomst een lease bevat dienen de bepalingen van Richtlijn 292 of IFRS 16 toegepast te worden op het leasebestanddeel van de overeenkomst. De overige elementen in de overeenkomst (die dus geen lease zijn), dienen verwerkt te worden op basis van de voor die elementen van toepassing zijnde Standaarden of Richtlijnen (RJ 292.113, IFRS 16.16). Dit is bijvoorbeeld van belang bij serviceleasing, waarbij onderhoud een relevant onderdeel van het contract is.

Onder de Richtlijnen dienen de betalingen en overige vergoedingen onder de overeenkomst onderscheiden te worden in betalingen die betrekking hebben op de lease en betalingen die betrekking hebben op de overige elementen van de overeenkomst op basis van de relatieve reële waardes (RJ 292.114).

Onder IFRS 16 vindt allocatie over leasebestanddelen en niet-leasebestanddelen door de lessee plaats op basis van relatieve afzonderlijke verkoopprijzen. Allocatie over meerdere afzonderlijke leasebestanddelen vindt op dezelfde wijze plaats (IFRS 16.12 en 13). Lessors passen IFRS 15 toe op de allocatie van leasebestanddelen en niet-leasebestanddelen.

De minimale leasebetalingen bevatten alleen de betalingen voor het leasebestanddeel (het recht van het gebruik van het actief) en worden afgesplitst van de betalingen voor de overige elementen van de overeenkomst (bijvoorbeeld voor dienstverlening en kosten van grond- en hulpstoffen). In sommige situaties zal voor het onderscheid tussen leasebetalingen en andere betalingen een belangrijke mate van schatting nodig zijn. Een afnemer kan de leasebetalingen bijvoorbeeld schatten op basis van een leaseovereenkomst voor een vergelijkbaar actief, waarin geen andere bestanddelen zijn opgenomen, of door de betalingen voor de overige bestanddelen in de overeenkomst te schatten door een vergelijking te maken met overeenkomsten zonder leasebestanddeel en deze betalingen dan in mindering te brengen op de totale betalingen onder de overeenkomst (RJ 292.115).

Indien een afnemer concludeert dat het praktisch niet uitvoerbaar is om de betalingen betrouwbaar te splitsen, dient de afnemer (RJ 292.116):
a. in het geval van een financiële lease, een actief en een daarmee samenhangende schuld op te nemen tegen een bedrag gelijk aan de reële waarde van het onderliggend actief geïdentificeerd als het leaseobject. De schuld wordt vervolgens verminderd als betalingen onder de overeenkomst worden verricht en een financieringslast wordt aan de schuld toegevoegd op basis van de marginale rentevoet van de afnemer; en
b. in het geval van een operationele lease, alle betalingen te verwerken als leasebetalingen in het kader van de toelichtingsvereisten van Richtlijn 292.

Onder IFRS 16 mogen lessees per klasse van onderliggende activa kiezen om betalingen voor de overige elementen niet af te splitsen van de betalingen voor de leasebestanddelen. Deze worden dan gezamenlijk als één leasecomponent beschouwd (IFRS 16.15).

Voorbeeld alloceren vergoeding aan leasebestanddelen en overige bestanddelen

Een lessee gaat een contract aan voor de lease van een actief. In het contract is opgenomen dat de lessor onderhoud zal uitvoeren aan het actief en hiervoor een vergoeding ontvangt. De volgende vergoedingen zijn in het contract opgenomen:

Lease	80.000
Onderhoud	10.000
Totaal	90.000

De afzonderlijke verkoopprijzen/reële waarden kunnen niet worden waargenomen. De lessee maakt een inschatting waarbij zoveel mogelijk gebruik wordt gemaakt van observeerbare informatie. Deze inschatting is als volgt:

Lease	85.000
Onderhoud	15.000
Totaal	100.000

De afzonderlijke verkoopprijs van het leasebestanddeel is 85% van de totale contractvergoeding. Derhalve vindt allocatie van de totale contractprijs als volgt plaats:

Lease	76.500	85% * 90.000
Onderhoud	13.500	15% * 90.000
Totaal	90.000	

Onder IFRS 16 heeft de lessee de keuzemogelijkheid om het onderhoud niet af te splitsen en de volledige vergoeding van 90.000 als vergoeding voor het leasebestanddeel te beschouwen.

Verschillen Dutch GAAP - IFRS

RJ 190.4 bevat regelgeving voor samengestelde transacties. Van samengestelde transacties is sprake als de transacties alle voortvloeien uit één wederzijdse wilsovereenstemming, die zich kan manifesteren in één of meerdere overeenkomsten tussen partijen. De afzonderlijke activa en/of passiva die bij samengestelde transacties zijn betrokken, dienen op hun reële waarde te worden gewaardeerd. IFRS 16 heeft specifiekere regelgeving voor het combineren van contracten en het identificeren van afzonderlijke leasebestanddelen.

Indien een leaseovereenkomst zowel grond als gebouwen bevat, dient de classificatie van deze bestanddelen onder de Richtlijnen afzonderlijk plaats te vinden, in overeenstemming met de algemene bepalingen voor classificatie.

Onder IFRS 16 is sprake van afzonderlijke leasebestanddelen als aan beide volgende criteria wordt voldaan:
- De lessee kan profiteren van het gebruik van een onderliggend actief op zichzelf of samen met andere middelen die redelijkerwijs beschikbaar zijn voor de lessee. Redelijkerwijs beschikbare middelen zijn die goederen of diensten die afzonderlijk verkocht of geleased worden of middelen waarover de lessee al beschikt.
- Het onderliggende actief is niet in hoge mate afhankelijk van of samenhangend met de andere onderliggende activa in het contract.

De regels in IFRS zijn hierdoor breder van toepassing en daardoor strikter.

IFRS 16 bepaalt dat ieder leasebestanddeel afzonderlijk verwerkt dient te worden. Hierbij vindt allocatie over leasebestanddelen en niet-leasebestanddelen door de lessee plaats op basis van relatieve afzonderlijke verkoopprijzen. Allocatie over meerdere afzonderlijke leasebestanddelen vindt op dezelfde wijze plaats (IFRS 16.12 en 13). Lessors passen IFRS 15 toe op de allocatie van leasebestanddelen en niet-leasebestanddelen. RJ 292.114 bepaalt dat de betalingen en overige vergoedingen onder de overeenkomst onderscheiden dienen te worden in betalingen die betrekking hebben op de lease en betalingen die betrekking hebben op de overige elementen van de overeenkomst op basis van de relatieve reële waardes. In de praktijk zal dit veelal tot vergelijkbare uitkomsten leiden.

32.1.5 Leasevormen
Financiële lease en operationele lease

Het meest gangbare onderscheid is het onderscheid tussen financiële lease en operationele lease. Onder de Richtlijnen is dit van belang voor de verwerking van leases bij zowel de lessee als de lessor. Onder IFRS 16 is dit slechts van belang voor de verwerking bij de lessor. Het onderscheid tussen financiële leases en operationele leases is niet relevant voor de lessee onder IFRS 16.

Bij financiële lease (andere gebruikte termen: finance lease, capital lease, financierings[ver]huur) brengt de naam al tot uitdrukking dat het gaat om leasing met een zwaar accent op het financieringskarakter van de overeenkomst. De Richtlijnen en IFRS definiëren een financiële lease als (RJ 292.0, IFRS 16 Appendix A) een leaseovereenkomst waarbij de voor- en nadelen verbonden aan de eigendom geheel of nagenoeg geheel door de lessee worden gedragen; de juridische eigendom kan, maar hoeft niet uiteindelijk te worden overgedragen door de lessor aan de lessee. Een financiële lease is in feite een vorm van financiering.

Operationele lease (andere gebruikte termen: exploitatie [ver]huur, operating lease) is leasing met minder accent op de financieringsaspecten. De nadruk ligt bij deze lease voor de lessee op het tijdelijk voor de bedrijfsvoering kunnen beschikken over het leaseobject. De Richtlijnen en IFRS definiëren operationele leases als (RJ 292.0, IFRS 16 Appendix A) alle leaseovereenkomsten die niet als financiële lease kwalificeren.

Operationele lease stemt grotendeels overeen met wat een huurovereenkomst naar Nederlands recht beoogt, namelijk dat de lessee het gebruiksnut van een object heeft, zonder de voor- en nadelen van de eigendom geheel of nagenoeg geheel te dragen. De verplichtingen van de lessor bij operationele lease gaan veelal echter verder dan die van een traditionele verhuurder; hij zorgt gewoonlijk voor het volledige onderhoud van de in huur gegeven objecten en tevens voor vervanging bij tijdelijke uitval van het gehuurde. Operationele lease heeft vooral betrekking op courante objecten met een voorspelbaar waardeverloop.

Voor de classificatie van een leaseovereenkomst als financiële lease of operationele lease is bepalend wie de voor- en nadelen verbonden aan de eigendom van het leaseobject draagt, de lessor of de lessee. Deze voor- en nadelen bestaan onder andere uit de hieronder genoemde elementen (RJ 292.117):

Voordelen
- winstgevende exploitatie gedurende de economische levensduur van het object;
- waardestijging van het object;
- realisatie van de restwaarde van het object.

Nadelen
- verlies door overcapaciteit of technologische veroudering;
- verlies door verminderde opbrengst door gewijzigde economische omstandigheden;
- waardedaling van het object.

Indien de voor- en nadelen verbonden aan de eigendom van het leaseobject geheel of nagenoeg geheel door de lessee worden gedragen, wordt de leaseovereenkomst aangemerkt als financiële lease. Indien dat niet het geval is, kwalificeert de betreffende leaseovereenkomst als operationele lease (RJ 292.118, IFRS 16 Appendix A).

32.2 Classificatie als financiële lease of operationele lease
32.2.1 Algemeen

Aan de verwerking van leaseovereenkomsten in de jaarrekening van de lessee (onder de Richtlijnen) en lessor (onder zowel de Richtlijnen als IFRS) gaat de vraag vooraf of het gaat om financiële lease of operationele lease. Het antwoord op deze vraag bepaalt in het algemeen de wijze van verwerking (of vermelding) in de jaarrekening. Zowel RJ 292.120 als IFRS 16.63 geven aan dat voor het onderscheid tussen financiële en operationele lease de economische realiteit bepalend is en niet zozeer de juridische vorm. Een financiële lease is een leaseovereenkomst waarbij de voor- en nadelen verbonden aan de eigendom geheel of nagenoeg geheel door de lessee worden gedragen; de juridische eigendom kan, maar hoeft niet uiteindelijk te worden overgedragen door de lessor aan de lessee (RJ 292.0, IFRS 16 Appendix A). Financiële lease is in feite een vorm van financiering. Een operationele lease is iedere leaseovereenkomst die niet als financiële lease kwalificeert (RJ 292.0, IFRS 16 Appendix A).

IFRS 16 bevat geen leaseclassificatie voor lessees. Lessees kennen slechts één model, afgezien van leases met een looptijd korter dan één jaar of leases van 'activa van lage waarde'. 'Activa van lage waarde' is een begrip dat niet is gedefinieerd door de IASB. De application guidance en basis for conclusions maken duidelijk dat gedacht wordt aan activa met een aanschafwaarde van USD 5.000 of minder in nieuwstaat. Dit zijn in veel gevallen laptops, telefoons, printers, computers etc. Hiermee worden veel activa uitgezonderd die naar verwachting van de IASB toch niet materieel zullen zijn voor de totale jaarrekening.

Deze verschillende behandeling van lessors en lessees leidt ertoe dat er onder IFRS geen spiegelbeeldige verwerking zal zijn van leases voor de lessor en de lessee. De IASB heeft hiervoor gekozen omdat zij primair de 'off balance sheet accounting' van operationele leases bij lessees wilde veranderen. Omdat er weinig kritiek was op lessor accounting is bij de invoering van IFRS 16 besloten om lessor accounting zo veel mogelijk onveranderd te laten.

In de navolgende paragrafen gaan wij nader in op de classificatie van leasecontracten. Omdat een leaseovereenkomst zowel geldt voor de lessee als de lessor, is een consistent gebruik van de definities in het kader van leaseclassificatie voor zowel lessor als lessee gepast. De toepassing van die definities voor de verschillende omstandigheden die zich bij lessor en lessee voordoen, kan er soms toe leiden dat een lease voor de lessee en de lessor verschillend wordt geclassificeerd. Een situatie die kan leiden tot een operationele lease voor de lessee en een financiële lease voor de lessor is een situatie waarin de lessor een restwaardegarantie heeft gekregen die wordt verstrekt door een niet met de lessee verbonden partij (RJ 292.119). Leaseclassificatie vindt plaats op het tijdstip van aangaan van de overeenkomst (RJ 292.111, IFRS 16.66).

Lease van grond en gebouwen

Indien een leaseovereenkomst zowel grond als gebouwen bevat, dient de classificatie van deze bestanddelen afzonderlijk plaats te vinden, in overeenstemming met de algemene bepalingen voor classificatie. De Richtlijnen geven aan dat een lease van grond gewoonlijk als een operationele lease zal worden geclassificeerd als de grond een onbeperkte economische levensduur heeft (RJ 292.124). Ook IFRS geeft aan dat een belangrijke overweging bij de classificatie van land is, dat land normaliter een oneindige levensduur heeft (IFRS 16.B55). De oneindige levensduur van grond is dus een belangrijke indicator, maar is niet automatisch doorslaggevend. In de redenen voor de conclusies bij IFRS 16 wordt bijvoorbeeld gesteld dat een 999-jarige lease van grond zeer waarschijnlijk zal leiden tot de classificatie van de lease als financiële lease. Het geheel van contractvoorwaarden zal moeten worden bezien in het kader van de classificatie, waarbij ook de netto contante waarde test een belangrijke factor is.

RJ 292.126 en IFRS 16.B56 geven aanwijzingen ten aanzien van het toerekenen van de minimale leasebetalingen aan respectievelijk grond en gebouwen. Dit dient plaats te vinden naar rato van het relatieve aandeel van de afzonderlijke objecten in de totale reële waarde van de leasebelangen, zie onderstaand voorbeeld. Verder geven RJ 292.126 en IFRS 16.B56 aan dat indien er geen splitsing kan worden gemaakt, de gehele leaseovereenkomst als financiële lease moet worden verantwoord, tenzij duidelijk is dat beide als operationele lease classificeren dan classificeert de gehele lease als operationele lease.

> **Voorbeeld splitsing grond en gebouwen bij lease**
>
> Onderneming A leaset van onderneming B voor een periode van 20 jaar grond en een gebouw. De lease van grond is door onderneming A geclassificeerd als operationele lease en de lease van het gebouw als financiële lease. Bij het aangaan van de leaseovereenkomst bedraagt de reële waarde van de grond € 1.000.000 en is de verwachte restwaarde gelijk aan deze reële waarde (contante waarde restwaarde: € 376.890). De reële waarde van het gebouw bedraagt € 750.000 en de verwachte restwaarde is gelijk aan € 150.000 (contante waarde restwaarde: € 56.533). De minimale leasebetaling bedraagt per jaar € 105.646 en de gehanteerde disconteringsvoet is 5%.
> De toerekening van de minimale leasebetalingen aan respectievelijk de grond en het gebouw is als volgt.
>
> | | Grond | Gebouw |
> |---|---|---|
> | Reële waarde bij aanvang van de lease | € 1.000.000 | € 750.000 |
> | Contante waarde restwaarde | € 376.890 | € 56.533 |
> | Saldo | € 623.110 (47,3%) | € 693.467 (52,7%) |
>
> € 50.000 (= 47,3% * € 105.646) van de minimale leasebetalingen wordt toegerekend aan de grond en € 55.646 (= 52,7% * € 105.646) aan het gebouw. Onder de assumptie dat de restwaarde van de grond gelijk is aan de reële waarde bij aanvang, wordt over de grond alleen rente van 5% over de hoofdsom € 1.000.000 vergoed. In dit geval blijkt dus ook dat 47,3% van € 105.646 gelijk is aan 5% van € 1.000.000.
>
> De allocatie op basis van het saldobedrag houdt rekening met het feit dat de waarde van de grond aan het einde van de lease naar verwachting niet is gedaald, terwijl ten aanzien van het gebouw een andere situatie geldt. Door deze wijze van toerekening wordt derhalve rekening gehouden met het economisch verbruik van de grond en de gebouwen gedurende de leaseperiode. Immers bij toerekening op basis van de reële waarden bij aanvang van de lease zou de toerekening aan het grondelement te hoog zijn.

RJ 292.128 geeft aan dat afzonderlijke waardering van grond en gebouwen niet is vereist als het belang van de lessee in beide kwalificeert als vastgoedbelegging en deze in overeenstemming met Richtlijn 213 'Vastgoedbeleggingen' wordt gewaardeerd tegen actuele waarde. Als de lessee dit doet dient het belang in het vastgoed te worden verwerkt als ware het een financiële lease (RJ 292.129). Door deze toepassing komt de (bruto) waarde van het gebruiksrecht van het actief onder het leasecontract op de balans van de lessee, echter niet het actief zelf. Op deze wijze verwerkt de lessee eventuele waardestijgingen van een gehuurd pand in zijn winst-en-verliesrekening (zie ook hoofdstuk 8).

Verschillen Dutch GAAP - IFRS
In tegenstelling tot de Richtlijnen kent IFRS 16 geen leaseclassificatie voor de lessee.

32.2.2 Indicaties dat sprake is van financiële lease
IFRS en de Richtlijnen vermelden de volgende voorbeelden van indicaties en situaties die leiden tot classificatie als financiële lease. Voorbeelden van situaties waarin de lease gewoonlijk als financiële lease wordt geclassificeerd, zijn (RJ 292.120, IFRS 16.63):
a. de eigendom van het leaseobject gaat over naar de lessee aan het einde van de leaseperiode;
b. de lessee heeft het recht het leaseobject te kopen tegen een bedrag ver beneden de verwachte reële waarde van het object op het moment dat dit recht voor het eerst kan worden uitgeoefend, zodanig dat op het moment van sluiten van de leaseovereenkomst het redelijk zeker is dat de optie zal worden uitgeoefend ('bargain purchase option');
c. de leaseperiode omvat het belangrijkste deel van de economische levensduur van het leaseobject;
d. op het moment van het aangaan van de leaseovereenkomst is de contante waarde van de minimale leasebetalingen gelijk of nagenoeg gelijk aan de reële waarde van het leaseobject;
e. het leaseobject is zodanig specifiek dat het, zonder belangrijke modificaties, alleen geschikt is voor gebruik door de lessee.

De leaseperiode zoals genoemd onder c is gedefinieerd als de niet-opzegbare periode gedurende welke de lessee zich heeft verbonden het actief te leasen, samen met eventuele verdere perioden waarvoor de lessee het recht heeft om de lease te verlengen al dan niet met verdere betaling, voor zover het op tijdstip van het aangaan van de lease redelijkerwijs zeker is te achten dat de lessee van dit recht gebruik zal maken (RJ 292.0). Onder IFRS 16 geldt een vergelijkbare definitie waarin is opgenomen dat perioden voor vervroegde beëindiging worden meegenomen in de leaseperiode, tenzij het redelijk zeker is dat er van de beëindiging geen gebruik zal worden gemaakt.

Voorbeeld bepaling leaseperiode - verlengingsoptie

Een onderneming heeft een leasecontract voor 7 jaar met een verlengingsoptie van 3 jaar, zodat het totaal van de lease 10 jaar kan worden. De leaseperiode is 7 jaar, tenzij het redelijk zeker is dat van de verlengingsoptie gebruik zal worden gemaakt. Als dit redelijk zeker is, is de leaseperiode 10 jaar.

Voorbeeld bepaling leaseperiode - beëindigingsoptie

Een onderneming heeft een leasecontract voor 10 jaar met een beëindigingsoptie na 7 jaar, zodat het totaal van de lease 10 jaar kan worden. De leaseperiode is 7 jaar, tenzij het redelijk zeker is dat van de beëindigingsoptie geen gebruik zal worden gemaakt. Als dit redelijk zeker is, is de leaseperiode 10 jaar.

Voor de voorbeelden genoemd onder c en d wordt in de Richtlijnen aangegeven dat soms kwantitatieve criteria worden gehanteerd (het 75%- en 90%-criterium). In IFRS 16 ontbreekt elke verwijzing naar een kwantificering van enig criterium in positieve of in negatieve zin; echter in de praktijk worden ook onder IFRS het 75%- en het 90%-criterium toegepast als eerste indicatoren bij de classificatie van leases. Echter, indien deze grenzen worden benaderd kan het geheel van contractvoorwaarden alsnog leiden tot classificatie als financiële lease.

De Richtlijnen geven aan dat bij het 75%-criterium wordt bezien of de leaseperiode 75% of meer van de economische levensduur van het leaseobject bedraagt. Bij het 90%-criterium wordt bezien of de contante waarde van de minimale leasebetalingen 90% of meer bedraagt van de waarde van het leaseobject bij de aanvang van de leaseovereenkomst. Alhoewel deze criteria kunnen worden beschouwd als indicatief, zijn zij in de praktijk vaak bepalend voor de classificatie.

Indicaties of situaties die individueel of in combinatie er verder toe kunnen leiden dat de lease als financieel wordt geclassificeerd, zijn (RJ 292.121, IFRS 16.64):
1. indien bij tussentijdse opzegging van de leaseovereenkomst door de lessee, de lessee het verlies dat daardoor voor de lessor ontstaat aan de lessor dient te compenseren;
2. voor- of nadelen door waardewijzigingen in de reële waarde van de restwaarde (het restwaarderisico) komen toe aan de lessee (bijvoorbeeld in de vorm van een korting op de leasetermijnen die gelijk is aan de opbrengst van de verkoop van de leaseobjecten aan het einde van de leaseovereenkomst);
3. de lessee komt het recht toe, tijdens of onmiddellijk na het verstrijken van de periode voor welke de lessor zich heeft verbonden, het leaseobject te leasen tegen een leaseprijs die belangrijk lager is dan de te verwachten marktconforme leaseprijs.

De voorbeelden van situaties zoals die hierboven onder a tot en met e en 1 tot en met 3 zijn genoemd, zijn als volgt toe te lichten.

Eigendomsovergang/nominale koopoptie (ad a en b)

In de eerste twee situaties is het zeker of zo goed als zeker dat het leaseobject aan het einde van de leaseperiode het eigendom wordt van de lessee. In de eerste situatie staat dit vast. In de tweede situatie is er sprake van een zogenaamde nominale koopoptie. Dat wil zeggen dat de lessee een calloptie heeft die redelijk zeker zal worden uitgeoefend. Uitoefening zal immers plaatsvinden als de uitoefenprijs beduidend lager is dan de (verwachte) marktwaarde op het moment dat de lessee van zijn recht gebruik kan maken. Behoudens bijzondere omstandigheden zal het leaseobject dus na verloop van tijd in eigendom overgaan naar de lessee. De overeenkomst is aldus in economische zin vergelijkbaar met huurkoop. Een bijzondere omstandigheid zou kunnen zijn dat de waardeontwikkeling van het leaseobject sterk afwijkt van de verwachtingen, waardoor de lessee geen gebruik maakt van het kooprecht. Dit is echter zo uitzonderlijk dat meer algemeen gesproken er veelal sprake is van een economische koopdwang. De vaststelling of de overeengekomen koopprijs een 'bargain' is, is niet altijd op voorhand duidelijk. De Richtlijn geeft aan dat het bedrag zodanig moet zijn dat het redelijk zeker is dat de optie wordt uitgeoefend. Een dergelijke afweging is niet in een algemeen percentage uit te drukken. Dit komt vooral doordat deze afweging sterk afhangt van het type actief dat geleased wordt. Daarnaast is het aantal jaren voordat de optie wordt uitgeoefend een belangrijke factor. Hoe langer de periode die verstrijkt voordat de optie kan worden uitgeoefend, hoe moeilijker het zal zijn om vast te stellen dat redelijkerwijs kan worden verwacht dat de optie wordt uitgeoefend. Er zijn meerdere redenen voor dit probleem.

Ten eerste is het moeilijker in te schatten wat de vraag naar een product zal zijn naarmate de periode langer duurt. Ten tweede zal de waarde van bepaalde typen activa sterker fluctueren dan van andere typen activa.

Daarom zal het veelal zo zijn dat hoe verder in de toekomst de optie uitgeoefend kan worden, hoe relatief lager de optieprijs moet zijn ten opzichte van de geschatte reële waarde. Bovendien moet de optieprijs relatief lager zijn ten opzichte van de geschatte reële waarde voor een actief dat meer aan waardeverandering onderhevig is dan voor een actief met een relatief stabiele waarde.

Economische levensduur/75%-criterium (ad c)

Situatie c heeft als achterliggende gedachte dat als bij het aangaan van de lease al vaststaat dat de lessee het leaseobject voor het belangrijkste deel van de economische levensduur ter beschikking zal hebben, het waarschijnlijk is dat de lessee geheel of nagenoeg geheel de risico's en voordelen van het actief draagt en het minder waarschijnlijk is dat de lessor van anderen dan de lessee afhankelijk is om zijn resultaat te behalen op de leaseovereenkomst.

De Richtlijnen hanteren, zoals gezegd, in dit verband een indicatief criterium van 75%: in het algemeen is sprake van financiële lease indien de leaseperiode 75% of meer van de economische levensduur van het leaseobject bedraagt.

Contante waarde minimale leasebetalingen/90%-criterium (ad d)

Situatie d betreft de vergelijking van de contante waarde van de minimale leasebetalingen met de reële waarde van het leaseobject. Als de contante waarde van de minimale leasebetalingen *gelijk of nagenoeg gelijk* is aan de reële waarde van het leaseobject, is classificatie als financiële lease waarschijnlijk. Als een indicatief criterium geldt hier het 90%-criterium.

De gedachtegang achter dit vergelijken van de contante waarde van de minimale leasebetalingen en de reële waarde van het leaseobject is de volgende. De leasebetalingen in de toekomst bevatten een rentebestanddeel, door de contante waarde te berekenen wordt dit bestanddeel uit de toekomstige betalingen geëlimineerd. Als nu de som van die contant gemaakte toekomstige betalingen het bedrag van de reële waarde van het leaseobject bij de aanvraag van de lease benadert of daaraan gelijk is, zal in economische zin de situatie vergelijkbaar zijn met koop op afbetaling of huurkoop. De betrokkenheid van de lessee bij het leaseobject is dan dermate groot, dat de lessee als economische eigenaar is aan te merken. De lease kwalificeert dan als financiële lease. Er is sprake van subjectiviteit bij het aangeven van een grens, waarbij de contante waarde van de leaseobjecten zo veel lager is dan de reële waarde van het leaseobject bij de aanvang van de lease, dat niet meer kan worden gesproken van economische eigendom bij de lessor.

Zie voor nadere opmerkingen over de toepassing van het 90%-criterium paragraaf 32.2.3.

'Special purpose lease' (ad e)

Situatie e betreft de zogenaamde 'special purpose lease'. Er is sprake van een leaseobject dat specifiek voor de lessee is bestemd. Het ontleent zijn waarde vooral aan de mogelijkheid om het in het bedrijf van de lessee aan te wenden. Na ingebruikneming door de lessee is het leaseobject nog nauwelijks van waarde in het economische verkeer, omdat uitsluitend tegen zeer hoge kosten ingebruikneming door andere partijen is te realiseren. Voor dergelijke situaties is alleen een leaseovereenkomst af te sluiten als de betrokken lessee aan een lessor de gehele waarde of nagenoeg de gehele waarde zal vergoeden. In economische zin is ook dan weer de situatie vergelijkbaar met koop op afbetaling of huurkoop. De lessee is economisch eigenaar en de leaseovereenkomst kwalificeert als financiële lease. Als van deze indicatie sprake is, dan zijn er veelal ook één of meerdere van de andere indicatoren aanwezig.

Tussentijdse opzegging/compensatie verlies (ad 1)

Hierbij gaat het om een voor de lessee bestaande verplichting om bij tussentijdse opzegging door de lessee het daardoor voor de lessor ontstane verlies te compenseren. Hoe dit verlies moet worden vastgesteld, is niet aangegeven. Duidelijk is echter dat in een dergelijk geval sprake is van een boete verbonden aan opzegging, die de lessee wordt opgelegd. Daardoor vermindert het economische risico van de lessor. Indien nu het gehele verlies in de boete wordt gecompenseerd, is het risico bij de lessee gelegd. Deze is dus economisch eigenaar en er is sprake van een financiële lease. Indien de tussentijdse opzegging wordt meegenomen bij de uitvoering van de 75%-test dan dient ook de boete te worden meegenomen voor de 90%-test teneinde tot een consistente beoordeling van de verschillende classificatiecriteria te komen.

Restwaarderisico (ad 2)

Bij bepaling 2 is één van de belangrijkste risico's, het restwaarderisico, bij de lessee gelegd. Voor het zogenaamde 'upward potential', de mogelijkheid van waardeverhoging in vergelijking met de verwachte restwaarde, betekent dit een voordeel voor de lessee als hij de oorspronkelijk verwachte restwaarde (bijvoorbeeld als koopoptie) aan de lessor moet vergoeden. Als het echter gaat om het zogenaamde 'downward risk', de mogelijkheid van een aanzienlijk lagere waarde dan de verwachte restwaarde, is er sprake van een nadeel voor de lessee als deze de oorspronkelijk verwachte restwaarde toch aan de lessor moet voldoen. De overname van het restwaarderisico door de lessee is te beschouwen als een indicatie voor een financiële lease.

Nominale verlengingsoptie (ad 3)

In geval 3 gaat het om een zogenaamde nominale *verlengingsoptie*. De lessee krijgt het recht om de leaseperiode te verlengen tegen zodanige voorwaarden dat, afgezien van buitengewone omstandigheden, de lessee van dit recht gebruik zal maken. Toch is het op zichzelf niet zo dat een dergelijke optie tot financiële lease moet leiden.

Bijvoorbeeld in een situatie waarbij de oorspronkelijke leaseperiode samen met de verlengingsperiode slechts een relatief klein deel van de economische levensduur van het leaseobject betreft en de leaseverplichtingen slechts een beperkt deel van de waarde van het leaseobject uitmaken, is er geen sprake van financiële lease. Integendeel, het gaat dan om operationele lease. Een verlengingsoptie kan de kwalificatie van een lease wel beïnvloeden. Bij een nominale verlengingsoptie dient de lease beoordeeld te worden alsof het gaat om een lease met een leaseperiode die zowel de oorspronkelijke leaseperiode als de periode van verlenging omvat. Ook de leaseverplichtingen over zowel de oorspronkelijke leaseperiode als de verlenging moeten in de beschouwing worden betrokken.

Verschillen Dutch GAAP - IFRS

De criteria die in de Richtlijnen en IFRS worden gehanteerd ten behoeve van het onderscheid tussen financiële en operationele leasing, zijn inhoudelijk gelijk; de leaseclassificatie wordt bepaald door de economische realiteit van de transactie en niet door de juridische vorm. Uit het geheel van de contractvoorwaarden dient het karakter van de lease te worden afgeleid (RJ 292.120, IFRS 16.63).

Verschillend is echter dat RJ 292.120 naast kwalitatieve voorbeelden ook kwantitatieve indicatoren aanhaalt, terwijl IFRS 16.63 alleen kwalitatieve voorbeelden noemt. Kwantitatieve indicatoren zijn bijvoorbeeld het 75%-criterium (de leaseperiode moet 75% of meer van de economische levensduur bedragen) en het 90%-criterium (de contante waarde van de minimale leasebetalingen moet 90% of meer van de waarde van het lease-object bedragen). Overigens worden de kwantitatieve indicatoren uitdrukkelijk als aanvulling op de voorbeelden genoemd voor de invulling van de hoofdregel. IFRS 16.63 noemt hier slechts de kwalitatieve criteria: the major part of the economic life of the asset, en substantially all of the fair value of the leased asset. In de praktijk wordt in situaties waarin IFRS wordt toegepast ook vaak het 75%- en 90%-criterium gebruikt om een indicatie te krijgen of er sprake is van een operationele of financiële lease.

32.2.3 Toepassing van het 90%-criterium

Het 90%-criterium is in Nederland slechts als indicatief criterium te beschouwen voor het onderscheid tussen financiële en operationele lease. Ter vermijding van misverstand wordt uitdrukkelijk opgemerkt dat als men al het 90%-criterium hanteert in het kader van de classificatie van een leaseovereenkomst, daaraan geen absolute betekenis toekomt. Een calculatie die uitkomt op een lager percentage dan 90% rechtvaardigt niet zonder meer de conclusie dat er sprake is van operationele lease. Het is wel zo dat een calculatie die uitkomt op een percentage van 90% of hoger in het algemeen leidt tot de kwalificatie als financiële lease.

Er is een indicatie van een financiële lease indien de contante waarde van de minimum-leasebetalingen 90% of meer bedraagt van de waarde van het leaseobject bij de aanvang van de leaseovereenkomst. Bij de hantering van dit criterium dient nader te worden vastgesteld wat de verschillende in de berekening op te nemen componenten omvatten. Ook zonder de kwantitatieve invulling van het criterium is het van belang de inhoud van de componenten nader te bezien.

Bij de toepassing van het 90%-criterium is het van belang in eerste instantie vast te stellen wat tot de leaseverplichtingen moet worden gerekend. Vervolgens dient de rentevoet te worden bepaald waarmee de leaseverplichtingen contant moeten worden gemaakt. Aan deze elementen wordt hierna achtereenvolgens aandacht besteed.

Leaseverplichtingen

Als voor de toepassing van het 90%-criterium in aanmerking te nemen leaseverplichtingen gelden alle betalingen waartoe de lessee kan worden verplicht (zowel betalingen waartoe de lessee formeel kan worden verplicht als betalingen die op grond van de economische verhoudingen door een rationeel handelende lessee zullen worden verricht), en die kunnen worden aangemerkt als vergoeding voor het door de lessee voor een bepaalde periode verkrijgen van de gebruiksrechten van het leaseobject. Daarbij dient niet uitsluitend te worden gedacht aan de leasetermijnbedragen gedurende de vaste leaseperiode en de leasetermijnbedragen uit hoofde van een verlenging van de leaseperiode na een nominale verlengingsoptie, maar ook aan andere verplichte betalingen door de lessee. Te denken valt bijvoorbeeld aan een eventuele boete die verschuldigd is indien van een in de overeenkomst opgenomen koopoptie of verlengingsoptie geen gebruik wordt gemaakt, een eventueel door de lessee verstrekte restwaardegarantie en de uitoefenprijs van een verkooprecht van de lessor tegenover de lessee.

Minimale leasebetalingen

De minimale leasebetalingen waar het hier over gaat, zijn in RJ 292.0 en in IFRS 16 Appendix A als volgt omschreven. De minimale leasebetalingen zijn de betalingen waartoe de lessee gedurende de leaseperiode of aan het einde daarvan verplicht is of kan worden gesteld (exclusief voorwaardelijke leasebetalingen, vergoedingen voor dienstverlening en belastingen die door de lessor dienen te worden betaald en die de lessor gerestitueerd krijgt), samen met:
a. voor de lessee: eventuele bedragen die hij of een met hem verbonden partij garandeert;
b. voor de lessor: een eventuele restwaarde die is gegarandeerd door de lessee of een met deze verbonden partij, dan wel een onafhankelijke derde partij die financieel in staat is deze garantie waar te maken.

Omdat vergoedingen voor dienstverlening niet worden meegeteld bij de berekening van de contante waarde van de leasebetalingen, is het belangrijk dat deze nauwkeurig zijn geïdentificeerd in een contract, zie hiervoor ook paragraaf 32.1.4.

Indien de lessee het recht heeft het leaseobject in eigendom te verkrijgen tegen een prijs die zo veel lager is dan de verwachte reële waarde op het tijdstip waarop het recht kan worden uitgeoefend, dat het – op het tijdstip van het aangaan van de lease – redelijkerwijs zeker is dat van het recht gebruik zal worden gemaakt, omvatten de minimale leasebetalingen ten minste de gedurende de leaseperiode verschuldigde leasetermijnen én het bedrag verschuldigd bij uitoefening van het koopnrecht (RJ 292.0, IFRS 16 Appendix A).

Aan het niet-gebruikmaken van een verlengingsoptie dan wel het vervroegd beëindigen is in sommige gevallen een boetebeding gekoppeld. De boete moet door de lessee worden voldaan aan de lessor indien de lessee geen gebruikmaakt van zijn recht tot verlenging of gebruik maakt van zijn recht tot beëindiging en wordt in de afweging betrokken. Is verlenging niet waarschijnlijk, dan wordt de lease zonder verlenging maar inclusief de boetebetaling beoordeeld. In het andere geval worden de betalingen uit hoofde van de verlenging betrokken in de beoordeling.

Voorwaardelijke leasebetalingen zijn (dat gedeelte van) de leasebetalingen die geen vast karakter hebben, maar afhankelijk zijn van een factor anders dan uitsluitend het verstrijken van de tijd (bijvoorbeeld een percentage van de omzet of de mate van gebruik) (RJ 292.0, IFRS 16 Appendix A). Deze betalingen worden niet opgenomen in de minimale leasebetalingen. Significante bedragen aan voorwaardelijke leasebetalingen leiden daardoor in veel gevallen tot een classificatie als operationele lease omdat de lessor hierdoor ook risico's loopt en blijft lopen op deze onderliggende factoren en deze risico's dus niet heeft overgedragen aan de lessee.

> **Voorbeeld bepaling minimale leasebetalingen**
>
> Een leasecontract bevat de volgende mogelijke leasebetalingen voor het gebruik maken van een actief voor een periode van 5 jaar:
> - € 1.000 per maand, geïndexeerd op basis van de consumentenprijsindex. De consumentenprijsindex bij aanvang van de lease is 120.
> - € 2 per product dat wordt geproduceerd met het actief. De verwachting is dat per maand 100 producten worden gemaakt.
>
> De minimum leasebetalingen zijn € 1.000 per maand. De mogelijke stijgingen van de consumentenprijsindex worden hierin niet betrokken. Evenmin worden de betalingen voor de verwachte productie hierin betrokken.

Restwaardegarantie

Soms garandeert de lessee aan de lessor een bepaalde restwaarde. Doorgaans zijn de voorwaarden zo dat indien aan het einde van de leaseperiode de lessor het leaseobject aan een derde verkoopt, waarbij de opbrengst lager is dan een van tevoren afgesproken bedrag, de lessee de opbrengst moet aanvullen tot het afgesproken bedrag. Indien een garantie is overeengekomen, moet bij de toepassing van de 90%-regel tot de door de lessee te verrichten betalingen worden gerekend het bedrag dat de lessee uit hoofde van de garantie maximaal verplicht zou kunnen zijn te betalen. Het gaat dus niet om een schatting van het daadwerkelijk te betalen bedrag maar om de maximale betalingsverplichting in de slechtst denkbare situatie.

Er wordt onderscheid gemaakt tussen een gegarandeerde restwaarde bij de lessee dan wel de lessor. De gegarandeerde restwaarde is (RJ 292.0, IFRS 16 Appendix A):
a. bij de lessee onder Richtlijn 292: het deel van de restwaarde dat is gegarandeerd door de lessee of een met deze verbonden partij (het bedrag van de garantie is het in elk geval maximaal mogelijk te betalen bedrag);
b. bij de lessee onder IFRS 16: de verwachte betalingen onder een restwaardegarantie door de lessee aan de lessor;
c. bij de lessor: het deel van de restwaarde dat is gegarandeerd door de lessee of door een niet met de lessor verbonden derde die financieel in staat is deze garantie waar te maken.

Tussen lessee en lessor kan zijn overeengekomen dat periodiek de leasetermijnbedragen worden herzien, waarbij de rentecomponent in de leasetermijnbedragen wordt afgestemd op de op het moment van de herziening geldende rentestand. Bij toepassing van de 90%-regel kan de voorwaarde buiten beschouwing worden gelaten. Evaluatie van de lease kan plaatsvinden onder de veronderstelling dat de rentestand gelijk blijft aan de stand bij de aanvang van de lease.

Nominale koopoptie (bargain purchase option)

Indien de lessee aan het einde van de leaseperiode een koopoptie (calloptie) heeft, dan behoort de uitoefenprijs van deze optie slechts dan tot de in beschouwing te nemen leaseverplichtingen als de optie als nominaal ('bargain') is te beschouwen. In die situatie is verdere calculatie op basis van de 90%-regel echter overbodig, aangezien op grond van het voorkomen van een nominale koopoptie reeds direct tot financiële lease kan worden geconcludeerd. Opgemerkt wordt dat een op zich niet-nominale koopoptie een nominaal karakter kan krijgen, doordat in de overeenkomst een boete is opgenomen die bij het niet uitoefenen van de optie moet worden voldaan. Bij een putoptie ligt de situatie anders. Indien de lessor het recht heeft het leaseobject aan de lessee te verkopen, moet bij toepassing van de 90%-regel de prijs die de lessee in dat geval zou moeten betalen, tot de door de lessee te verrichten betalingen worden gerekend.

Disconteringsvoet

Voor het contant maken van de leaseverplichtingen komen twee disconteringsvoeten in aanmerking. Dit zijn de impliciete rentevoet van de lease en de marginale (of incrementele) rentevoet van de lessee. De impliciete rentevoet is het rentepercentage dat de lessor in zijn calculatie heeft gehanteerd. Het is de interne rentevoet van het door de lessor in de lease geïnvesteerde bedrag. De som van de met deze rentevoet contant gemaakte door de lessor verwachte ontvangsten uit de lease (exclusief vergoedingen voor aanvullende diensten) inclusief de verwachte restwaarde, is gelijk aan de reële waarde van het leaseobject en de geactiveerde initiële directe kosten van de lessor.

Contante waarde van minimale leasebetalingen	+	Contante waarde van ongegarandeerde restwaarde	=	Reële waarde van het leaseobject	+	Geactiveerde initiële directe kosten van de lessor

RJ 292.0 omschrijft de marginale rentevoet als de rentevoet waartegen de lessee een soortgelijke lease zou hebben kunnen afsluiten of, indien die niet kan worden vastgesteld, de rentevoet waartegen de lessee op het tijdstip van het aangaan van de lease het bedrag nodig voor de aankoop van het actief zou hebben kunnen lenen voor een overeenkomstige tijdsduur en met overeenkomstige zekerheid. De vermelding van overeenkomstige zekerheid komt voort uit de gedachte dat de lessor het geleasede actief als onderpand beschouwt voor de te ontvangen leasebetalingen. Zou daarom in het geval van een lease van een gebouw de marginale rentevoet worden bepaald, dan zou dit de rente zijn die de lessee moet vergoeden op een hypothecaire lening.

IFRS 16 omschrijft de incrementele rentevoet als de rente die een lessee zou moeten betalen om het bedrag te lenen over een soortgelijke looptijd, en met een soortgelijk onderpand, dat noodzakelijk zou zijn om een actief met een soortgelijke waarde als het gebruiksrecht te verkrijgen in een soortgelijke economische omgeving (IFRS 16 Appendix A).

Bij de toepassing van het 90%-criterium dient de lessor altijd uit te gaan van de impliciete rentevoet. De lessee zal niet altijd op de hoogte zijn van de impliciete rentevoet en in voorkomende gevallen deze ook moeilijk kunnen bepalen. Als de lessee de impliciete rentevoet kent, is dit ook de rentevoet op basis waarvan de contante waarde van de leasebetalingen moet worden berekend. Als de impliciete rentevoet praktisch niet is te bepalen, dient de lessee de marginale rentevoet te hanteren (RJ 292.201, IFRS 16.26).

> **Voorbeeld berekening impliciete rentevoet en toepassing 90%-criterium**
>
> Stel dat een leaseovereenkomst wordt gesloten betreffende een leaseobject met een reële waarde van € 150.000. De leaseperiode is 3 jaren. Aan het einde van deze periode heeft de lessee het recht het object te kopen voor € 10.000. Gezien het verwachte waardeverloop van het leaseobject wordt deze optie door geen van de partijen als een 'bargain' beschouwd.
> De overeenkomst voorziet in 3 leasetermijnbedragen van ieder € 57.500, steeds vervallend nadat een jaar van de leaseperiode is verstreken. Op basis van deze gegevens kan, aangenomen dat in de leasetermijnbedragen geen bedragen voor aanvullende diensten zijn opgenomen, de impliciete rentevoet worden bepaald.
>
> De impliciete rentevoet volgt uit de gelijkstelling van enerzijds de contante waarde van de minimale leasebetalingen en de ongegarandeerde restwaarde en anderzijds de reële waarde van het leaseobject (er wordt geabstraheerd van initiële directe kosten voor de lessor). Daarmee is de contante waarde van de verwachte opbrengsten voor de lessor (leasebetalingen en restwaarde) gelijk aan de huidige verkoopprijs (reële waarde) van het actief. De impliciete rentevoet bedraagt 10,19% en kan als volgt worden berekend:

Contante waarde leasebetalingen en restwaarde						
Jaar	Leasebetalingen	Restwaarde	Rentevoet	Disconteringsfactor	Contante waarde leasebetalingen	Contante waarde restwaarde
(a)	(b)	(c)	(d)	(e)=1/(1+(d))^(a)	(f)=(b)*(e)	(g)=(c)*(e)
1	57.500		10,19%	0,9075	52.184	
2	57.500		10,19%	0,8236	47.360	
3	57.500	10.000	10,19%	0,7475	42.981	7.475
					142.525	7.475
					Totaal	150.000

(1) Contante waarde leasebetalingen en restwaarde — 150.000
(2) Reële waarde leaseobject — 150.000
Rentevoet waardoor (1) gelijk is aan (2) — 10,19%

Vanuit de lessee geldt dat er geen verplichting is de restwaarde te betalen. De restwaarde is dus geen onderdeel van de minimale leasebetalingen. Daarom geldt bij het toepassen van het 90%-criterium dat de lessee slechts de 3-jaartermijn van € 57.500 contant maakt tegen de impliciete rentevoet. De contante waarde van de minimale leasetermijnbedragen bij dit percentage bedraagt € 142.525 (zie berekening hierboven). Deze contante waarde uitgedrukt in een percentage van de huidige reële waarde van € 150.000 bedraagt 95%. Dit betekent dat de 90%-test aangeeft dat er sprake is van een financiële lease.

Verschillen Dutch GAAP - IFRS

In IFRS 16 wordt het 90%-criterium niet genoemd. In de praktijk wordt in situaties waarin IFRS wordt toegepast echter ook vaak het 90%-criterium gebruikt om een indicatie te krijgen of er sprake is van een operationele of financiële lease.

32.2.4 Wijziging van de leaseclassificatie

Er kan zich een situatie voordoen waarin de leaseclassificatie heeft plaatsgevonden op het tijdstip van het aangaan van de lease, maar de leaseovereenkomst later wordt gewijzigd. Indien de lessor en de lessee overeenkomen bepaalde voorwaarden van de overeenkomst te wijzigen, zonder dat een geheel nieuwe overeenkomst wordt aangegaan, is het de vraag of, als die voorwaarden al hadden gegolden op het moment van aangaan van de lease, de classificatie anders zou zijn uitgevallen. Als op basis van de eerdergenoemde classificatiegronden de gewijzigde leaseovereenkomst anders zou zijn geclassificeerd, wordt de gewijzigde leaseovereenkomst beschouwd als een nieuwe overeenkomst over de (resterende) leaseperiode. Echter, veranderingen in schattingen (bijvoorbeeld van de economische levensduur of de restwaarde van het leaseobject) of veranderingen in omstandigheden (bijvoorbeeld betalingsonmacht bij de lessee), geven geen aanleiding de leaseovereenkomst opnieuw te classificeren (RJ 292.123, IFRS 16.66).

32.2.5 'Special purpose company' (SPC)

Soms is er sprake van leaseovereenkomsten die worden gesloten tussen een lessee en een speciaal opgerichte maatschappij die als lessor optreedt. Een dergelijke speciaal opgerichte maatschappij wordt aangeduid als een 'special purpose entity' of een 'special purpose company' (verder SPC). De lessee treedt in een dergelijke structuur behalve als lessee ook in een andere hoedanigheid op ten opzichte van de SPC. Die andere hoedanigheid kan bijvoorbeeld zijn: aandeelhouder, (commanditair) vennoot, financier of garantiegever. Bij de beoordeling van de leaseovereenkomst moeten de in een andere hoedanigheid dan die van lessee gedragen economische risico's mede in aanmerking worden genomen.

Een economisch risico dat de lessee, of een andere maatschappij die tot de groep van de lessee behoort, loopt in een andere hoedanigheid dan die van lessee, is bijvoorbeeld het geheel of ten dele verloren gaan van het door de lessee als commanditair vennoot ingebrachte commanditair kapitaal in een SPC in de vorm van een CV. Dit kan voorkomen als het leaseobject in waarde vermindert. Richtlijn 292 stelt dat een dergelijk economisch risico 'mede in aanmerking dient te worden genomen in het kader van de beoordeling of uit het geheel van de contractvoorwaarden blijkt dat sprake is van financiële lease' (RJ 292.130). Daarnaast besteden de Richtlijnen aandacht aan entiteiten waarin de vennootschap beslissende zeggenschap heeft (RJ 217.205). In sommige gevallen moet op basis van deze Richtlijn worden geconcludeerd dat de lessee een SPC-lessor moet opnemen in zijn geconsolideerde jaarrekening. Bij toepassing van IFRS is dit niet specifiek in IFRS 16 geregeld, en wordt voor een SPC primair beoordeeld of deze geconsolideerd moet worden. Als dat het geval is, kan vanwege de consolidatie toch een actief en een verplichting op de balans komen bij een operationele lease, omdat de SPC (de lessor) geconsolideerd wordt. De criteria voor het wel of niet consolideren van een SPC worden besproken in hoofdstuk 23.

Verschillen Dutch GAAP - IFRS

RJ 292.130 gaat in op de situatie waarin een leaseovereenkomst wordt gesloten met een SPC-lessor. In IFRS 16 wordt geen speciale aandacht geschonken aan de situatie waarin een SPC-lessor wordt ingeschakeld. IFRS richt zich in beginsel alleen op de vraag of de 'special purpose company' (SPC) geconsolideerd moet worden. Wel dient rekening te worden gehouden met het grondbeginsel van welke partij de belangrijkste voor- en nadelen verbonden aan economisch eigendom draagt.

32.2.6 Sub-leases

Sub-leases zijn leases waarin een onderneming een actief leaset (als lessee) en doorleaset (als lessor). Onder de Richtlijnen is het gebruikelijk om classificatie plaats te laten vinden op basis van het onderliggende actief. Classificatie onder IFRS 16 vindt plaats op basis van het gebruiksrecht van het actief. Achtergrond lijkt te zijn dat bij IFRS 16 het gebruiksrecht op de balans staat en hiervoor dus ook de vraag optreedt of dit op de balans blijft als gebruiksrecht of dat dit leidt tot een netto-investering in de lease (zie par. 32.3). Onder de Richtlijnen is er bij operationele lease geen actief op de balans opgenomen, waardoor praktisch gezien niet aan de vraag wordt toegekomen of er sprake is van een verkoop van een (niet in de balans opgenomen) actief door middel van een financiële sub-lease. Dit zou namelijk ook tot problemen leiden bij de praktische verwerking van de sub-lease als financiële lease; wat is bijvoorbeeld de tegenhanger van de netto-investering in de lease? Een verplichting is bijzonder omdat de hoofdlease geen financiële lease is, maar een directe bate (met toekomstige lasten zonder baten) is conceptueel ook moeilijk verdedigbaar. In de praktijk vindt daarom classificatie plaats op basis van het onderliggende actief. Een operationele hoofdlease zal immers vrijwel altijd leiden tot een operationele sub-lease, omdat het contractueel onlogisch is om bijvoorbeeld een langere sub-lease af te sluiten dan de hoofdlease. Bij een financiële lease onder de Richtlijnen maakt het vanwege de criteria om tot een financiële lease te komen waarschijnlijk in veel gevallen weinig uit of gekeken wordt naar het onderliggende actief of naar het gebruiksrecht. De impact hiervan zal in veel gevallen ook beperkt zijn.

Voorbeelden van classificatie van een sub-lease

Situatie

Een onderneming huurt een pand voor 5 jaar tegen een marktconforme huur van € 100.000 per jaar, achteraf te betalen. De resterende economische levensduur van het pand is 30 jaar. De reële waarde van het pand is € 2.500.000. Er is geen koopverplichting en er zijn geen verlengingsopties of koopopties afgesproken. Het pand is niet specifiek voor de onderneming. Na een jaar verhuurt de onderneming het pand voor 4 jaar tegen een dan marktconforme huur van € 105.000 per jaar. De reële waarde van het pand is € 2.490.000.

> **Analyse onder Richtlijn 292 vanuit de onderneming**
> De inhuur van het pand bevat niet het belangrijkste deel van de economische levensduur van het pand. Daarnaast is de contante waarde van de leasebetalingen niet nagenoeg gelijk aan de reële waarde van het pand. Ook aan de andere indicatoren voor een financiële lease is niet voldaan zodat de inhuur wordt geclassificeerd als een operationele lease.
>
> De verhuur van het pand bevat niet het belangrijkste deel van de economische levensduur van het pand. Daarnaast is de contante waarde van de leasebetalingen niet nagenoeg gelijk aan de reële waarde van het pand. Ook aan de andere indicatoren voor een financiële lease is niet voldaan zodat de verhuur wordt geclassificeerd als een operationele lease.
>
> **Analyse onder IFRS 16 vanuit de onderneming**
> Er vindt geen classificatie van de inhuur plaats. De inhuur valt niet onder de vrijstellingen voor leases met een korte leaseperiode of leases van activa met een lage waarde. De onderneming neemt een leaseverplichting op voor de contante waarde van de leasebetalingen van € 100.000 per jaar en daartegenover een gebruiksrecht.
>
> De verhuur bevat 100% van de resterende gebruiksduur van het gebruiksrecht. Omdat de verhuurprijs vast is, is het enige resterende risico voor de onderneming het kredietrisico. Hiermee wordt geacht dat de voor- en nadelen van het gebruiksrecht nagenoeg geheel door de uiteindelijke huurder worden gedragen en dus zijn overgedragen door de onderneming. De verhuur wordt geclassificeerd als een financiële lease.

Verschillen Dutch GAAP - IFRS

Onder de Richtlijnen is het gebruikelijk om classificatie plaats te laten vinden op basis van het onderliggende actief. Classificatie van sub-leases onder IFRS 16 vindt plaats op basis van het gebruiksrecht van het actief.

32.3 Verwerking in de jaarrekening van de lessee

Onder Richtlijn 292 is het van belang of de lease voor de lessee classificeert als een financiële lease of als een operationele lease. Deze worden behandeld in paragraaf 32.3.1 respectievelijk 32.3.2. Onder IFRS 16 is dit onderscheid niet van belang voor lessees. De verslaggeving door lessees onder IFRS 16 wordt behandeld in paragraaf 32.3.3.

32.3.1 Financiële lease – lessee (Richtlijn 292)

Balans

Bij financiële lease dient het leaseobject bij de lessee te worden geactiveerd en dienen de jegens de lessor geldende financiële verplichtingen door de lessee te worden gepassiveerd. De initiële activering vindt plaats tegen de reële waarde van het leaseobject op het moment van het aangaan van de leaseovereenkomst, tenzij de contante waarde van de minimale leasebetalingen lager is. Uit de bepaling van de impliciete rentevoet in de lease volgt dat dit veelal de contante waarde van de minimale leasebetalingen zal zijn. Hierdoor zal dit ook bij toepassing van de marginale rentevoet veelal het geval zijn. De contante waarde wordt vastgesteld met behulp van de impliciete rentevoet, tenzij deze niet praktisch te bepalen is, dan dient de marginale rentevoet te worden gehanteerd (RJ 292.201).

Daarnaast is in RJ 292.205 opgenomen dat initiële directe kosten van de lessee dienen te worden opgenomen in de eerste verwerking van het actief. Onder Richtlijn 292 worden initiële directe kosten gedefinieerd als de meerkosten die direct zijn toe te rekenen aan de onderhandeling over en de afsluiting van de leaseovereenkomst (RJ 292.0). De schuld en het actief worden initieel verwerkt bij aanvang van de leaseperiode, dit is de eerste datum waarop de lessee recht heeft op het gebruik van het geleasede actief (RJ 292.0).

Na de initiële verantwoording van het leaseobject en de met de lease samenhangende schuld vindt vermindering van het actief plaats door afschrijvingen en van het passief door aflossing (de periodieke leasebetalingen worden gesplitst in een rentebestanddeel en een aflossingsbestanddeel). De leaseverplichting geldt als een monetaire post. Indien de leaseverplichting luidt in een andere valuta dan de functionele valuta, leidt dit tot valutaverschillen die in het resultaat worden verantwoord.

Onder de Richtlijnen worden activa onder een financiële lease gecombineerd gepresenteerd met activa in eigendom. In de toelichting dient de lessee te vermelden dat hij wel economisch maar geen juridisch eigenaar is van het leaseobject (art. 2:366 lid 2 BW), hierbij wordt ook de boekwaarde van deze activa vermeld (RJ 292.208).

Winst-en-verliesrekening

De periodieke leasebetalingen, exclusief de eventuele vergoeding voor servicekosten, moeten worden gesplitst in een aflossingsgedeelte en een rentebestanddeel. De berekening vindt plaats op basis van de effectieve-rentemethode, of mag ook om praktische redenen plaatsvinden met behulp van een methode die deze benadert (RJ 292.206). Het rentebestanddeel komt ten laste van de winst-en-verliesrekening van de lessee.

Naast het rentebestanddeel moet de lessee de afschrijvingen op het leaseobject ten laste van de winst-en-verliesrekening brengen (RJ 292.207). De afschrijvingen en eventuele andere waardeverminderingen van het leaseobject vinden plaats op basis van de bepalingen zoals die ook voor andere materiële vaste activa van toepassing zijn. Dit brengt met zich mee, dat het niet aanvaardbaar is de afschrijvingen gelijk te stellen aan de schuldaflossing (RJ 292.207).

Als er geen redelijke zekerheid is dat de lessee aan het einde van de leaseperiode eigenaar wordt van het leaseobject, dient afschrijving van het leaseobject te geschieden over de kortste termijn van de leaseperiode en de economische gebruiksduur van het leaseobject (RJ 292.207).

Voorbeeld verwerking van een financiële lease bij lessee

De lease start op 1 januari van jaar 1 voor apparatuur met een verwachte economische levensduur van 3 jaar. De apparatuur blijft (in juridische zin) eigendom van de lessor. De leaseperiode komt overeen met de economische levensduur.
De reële waarde van de apparatuur is € 150.000. De lessee moet de lessor € 57.500 achteraf per kalenderjaar betalen. De geschatte restwaarde (niet gegarandeerd) bedraagt € 10.000. Dit betreft de schrootwaarde van de apparatuur.
Zoals uit de berekening in het voorbeeld in paragraaf 32.2.3 blijkt, is bij deze uitgangspunten:
- De impliciete rentevoet 10,19%;
- De contante waarde van de leaseverplichtingen € 142.525; en
- De contante waarde van de leaseverplichtingen als percentage van de reële waarde van het leaseobject 95%.

De eerste stap is het bepalen van de classificatie van de lease. In dit geval is de lease voor een periode van 3 jaar, een periode die gelijk is aan de verwachte economische levensduur van het actief. Op basis van het levensduurcriterium is dus sprake van een financiële lease. Ook indien de contante waarde van de leasetermijnen wordt afgezet tegen de reële waarde van het object is er sprake zijn van een financiële lease, omdat dit percentage 95% is. De volgende boekingen moeten worden gemaakt:

Op 1 januari van jaar 1 bij aanvang van de lease:
  Geleasede apparatuur   € 142.525
  Aan leaseverplichting (langlopende schuld)   € 142.525

De lease wordt geboekt tegen de contante waarde van de minimale leasetermijnen, die in dit geval lager is dan de reële waarde. Indien de contante waarde van de leaseverplichtingen hoger is dan de reële waarde zou de lease tegen reële waarde zijn opgenomen.

De volgende stap is een juiste verdeling te maken tussen rentelasten en de jaarlijkse vermindering van de leaseverplichting. Deze verdeling wordt gemaakt met behulp van de effectieve-rentemethode:

Jaar	Leaseverplichting begin van het jaar	Leasebetaling	Rentekosten leaseverplichting	Vermindering leaseverplichting	Leaseverplichting eind van het jaar
	(a)	(b)	€=10,19%x(a)	(d)=(b)-(c)	€=(a)-(d)
1	142.525	57.500	14.519	42.981	99.544
2	99.544	57.500	10.140	47.360	52.184
3	52.184	57.500	5.316	52.184	0

Dit leidt tot de volgende journaalpost voor jaar 1:

Rentekosten	€ 14.519	
Leaseverplichting	€ 42.981	
Aan liquide middelen		€ 57.500

De geleasede apparatuur die in de balans is verantwoord moet tevens worden afgeschreven. Hierbij wordt geen rekening gehouden met de restwaarde, omdat deze toekomt aan de lessor. Er wordt gedurende een periode van 3 jaar lineair afgeschreven. Deze 3-jaarsperiode is de duur van de leaseperiode en niet de economische levensduur (alhoewel deze in dit voorbeeld aan elkaar gelijk zijn), omdat het leaseobject aan het eind van de leaseperiode terug gaat naar de lessor.

Elk jaar wordt dus tevens de volgende boeking gemaakt:

Afschrijvingskosten	€ 47.508	
Aan materiële vaste activa		€ 47.508 [€ 142.525/3]

De totale kosten zijn dus als volgt:

	Jaar 1	Jaar 2	Jaar 3	Totaal
Afschrijvingskosten	47.508	47.508	47.509	142.525
Rentekosten	14.519	10.140	5.316	29.975
Totale kosten	62.027	57.648	52.825	172.500

Hieruit blijkt dat de kosten jaarlijks afnemen. Dit komt door afnemende rentekosten vanwege een afnemende verplichting.

Vanwege de ongunstige economische ontwikkelingen als gevolg van de coronacrisis komt het voor dat lessors/verhuurders een tegemoetkoming doen aan lessees/huurders door huurbedragen tijdelijk te verlagen of uitstel van betaling te verlenen. Indien leasebetalingen van reeds lopende leasecontracten als gevolg van de impact van Covid-19 gedurende een beperkte periode verminderd worden, vrijstelling van betaling plaatsvindt, of worden uitgesteld, dient de netto-leaseverplichting te worden verlaagd met de contante waarde van de wijziging van de betalingen. Deze verlaging dient als bate in de winst-en-verliesrekening te worden verwerkt, ofwel ineens op het moment van de contractwijziging, ofwel via toerekening aan de periode waarop de verlaging betrekking heeft. De boekwaarde van het leaseobject wordt niet aangepast (RJ 292.206a).

Kasstroomoverzicht

De verwerking van een financiële lease in het kasstroomoverzicht van de lessee volgt in het algemeen gesteld de verwerking van de financiering van de aankoop van een actief middels een lening. Van belang is echter dat bij aanvang van de lease er geen kasstromen zijn – immers de lessee neemt het actief op onder gelijktijdige boeking van een leaseverplichting. Pas ten tijde van de periodebetalingen is er sprake van kasstromen. De Richtlijn geeft expliciet aan hoe leasebetalingen in het kasstroomoverzicht worden verwerkt (RJ 360.207). De betaling van leasetermijnen wordt verdeeld in het aflossingsdeel dat wordt gepresenteerd als uitgaven in verband met financieringsactiviteiten en het rentedeel dat wordt gepresenteerd als kasstromen uit financieringsactiviteiten of kasstromen uit hoofde van operationele activiteiten (RJ 360.213). Dit gebeurt consistent voor alle rentebetalingen.

Voor een nadere toelichting verwijzen wij naar paragraaf 20.3.2.

Informatie in de toelichting

De doelstelling van de toelichting op financiële leases in de jaarrekening van de lessee is om, samen met de informatie opgenomen in de balans, de winst-en-verliesrekening en het kasstroomoverzicht, inzicht te verschaffen in het effect dat de financiële leases hebben op het vermogen, het resultaat en de kasstromen van de lessee. Om invulling te geven aan deze doelstelling dient de lessee, in aanvulling op de vereisten opgenomen in Richtlijn 290, de volgende toelichtingen te verschaffen met betrekking tot financiële leases:

- voor elke categorie activa de boekwaarde op de balansdatum. Tevens wordt op grond van artikel 2:366 lid 2 BW vermeld dat de lessee geen juridisch eigenaar is voor zover dit niet reeds in de balans tot uitdrukking is gebracht;
- een looptijdanalyse ingedeeld naar de meest relevante verslagperioden van de toekomstige minimale leasebetalingen. Op basis van artikel 2:375 lid 2 BW bevat de looptijdanalyse de volgende verslagperioden:
  - niet langer dan een jaar na balansdatum;
  - langer dan een jaar en niet langer dan vijf jaar na de balansdatum; en
  - langer dan vijf jaar na de balansdatum.
- Er kan aanleiding zijn om een meer gedetailleerde looptijdanalyse te verstrekken om aan bovengenoemde doelstelling te voldoen.
- een algemene beschrijving van de belangrijkste bepalingen opgenomen in de leaseovereenkomsten. Hierbij kan worden gedacht aan:
  - een nadere indeling per categorie activa zoals verantwoord in de jaarrekening;
  - de voorwaarden van voorwaardelijke leasebetalingen;
  - het bestaan en de inhoud van verlengingsopties, koopopties of doorberekeningsclausules;
  - de restricties die voortvloeien uit de leaseovereenkomsten, zoals met betrekking tot dividenduitkeringen, additionele financiering en het sluiten van andere leaseovereenkomsten.
- het bedrag van de voorwaardelijke leasebetalingen dat als last is verwerkt in de verslagperiode; en
- het totaal van de naar verwachting te ontvangen toekomstige minimale sub-lease opbrengsten met betrekking tot niet tussentijds opzegbare sub-leases op de balansdatum (RJ 292.208).

32.3.2 Operationele lease – lessee (Richtlijn 292)
Balans en winst-en-verliesrekening

De lessee zal in een situatie van operationele lease het leaseobject niet activeren (RJ 292.210). In de toekomst te vervallen termijnen worden ook niet gepassiveerd. Wel zal, als verplichtingen over langere perioden tot bedragen van betekenis zijn aangegaan, daarvan in de toelichting mededeling moeten worden gedaan (art. 2:381 BW). De leasebetalingen zal de lessee lineair over de leaseperiode ten laste van de winst-en-verliesrekening dienen te brengen, tenzij een andere toerekeningssystematiek meer representatief is voor het patroon van de met het leaseobject te verkrijgen voordelen (RJ 292.211).

Voorbeeld verwerking van een operationele lease door een lessee

De lease start op 1 januari van jaar 1 voor apparatuur met een verwachte economische levensduur van 3 jaar. De apparatuur blijft (in juridische zin) eigendom van de lessor. De leaseperiode is 2 jaar.
De reële waarde van de apparatuur is € 150.000. De lessee moet de lessor € 57.500 achteraf per kalenderjaar betalen.

De impliciete rentevoet in de lease is onbekend; de marginale rentevoet van de lessee is 10%.
De contante waarde van de leaseverplichting is € 57.500 x (1/(1+0.10) + (1/((1+0.10)^2))) = € 99.793.
De eerste stap is het bepalen van de classificatie van de lease. In dit geval is de lease voor een periode van 2 jaar ten opzichte van een economische levensduur van 3 jaar. Op basis van het levensduurcriterium is dus geen sprake van een financiële lease. Ook indien de reële waarde van het object wordt afgezet tegen de contante waarde van de leasetermijnen zou geen sprake zijn van een financiële lease (contante waarde van de leasetermijnen is € 99.793 ten opzichte van de reële waarde van € 150.000 is gelijk aan 67% van de reële waarde).

De lessee boekt jaarlijks de leasebetaling ten laste van de winst-en-verliesrekening:		
Boeking in jaar 1 en in jaar 2		
Leasekosten	€ 57.500	
Aan liquide middelen		€ 57.500

Zouden in de leasetermijnen elementen van vooruitbetaling zijn begrepen, dan vindt voor die elementen activering onder de overlopende activa plaats met toerekening naar toekomstige jaren. De Richtlijnen wijzen nog op een situatie waarin de lessor een vergoeding betaalt aan de lessee ter stimulering om een overeenkomst te sluiten. Deze moet de lessee verwerken als een vermindering van de leasekosten over de leaseperiode. Deze verwerking zal eveneens lineair plaatsvinden, tenzij een andere toerekeningssystematiek meer representatief is voor het voordelenpatroon (RJ 292.211).

> **Voorbeeld van vooruitbetaling**
>
> Een onderneming sluit een huurovereenkomst af om een auto te huren voor een periode van 3 jaar. Vastgesteld wordt dat er sprake is van een operationele lease. De leasebetalingen bedragen € 10.000 voor jaar 1, € 8.000 voor jaar 2 en € 6.000 voor jaar 3. De leasebetaling in jaar 1 bevat een element van vooruitbetaling. De totale leasebetalingen van € 24.000 worden lineair verantwoord als kosten. In jaar 1 worden leasekosten voor € 8.000 verantwoord. Als gevolg van de betaling van € 10.000 ontstaat een overlopende actiefpost van € 2.000.

> **Voorbeeld van stimuleringsvergoeding (lease-incentive)**
>
> Een onderneming sluit een huurovereenkomst af om een gebouw te huren voor een periode van 10 jaar. Vastgesteld wordt dat er sprake is van een operationele lease. Om de onderneming tegemoet te komen in de verhuiskosten die zij maakt in het eerste jaar, is in het eerste jaar geen huur verschuldigd. De 9 jaren daarna is een jaarlijkse huur van 100 verschuldigd. De onderneming dient de totale huurkosten (9 x 100) lineair aan de totale huurperiode van 10 jaar toe te rekenen. Dit betekent dat zij jaarlijks huurkosten van 90 verantwoordt.

Richtlijn 292 bevat geen expliciete bepalingen hoe de lessee dient om te gaan met initiële directe kosten. Vanuit het algemene principe om leasebetalingen over de leaseperiode ten laste van de winst-en-verliesrekening te brengen, zijn wij van mening dat dit ook toegepast kan worden voor initiële directe kosten.

De leaseverplichting die als schuld is opgenomen – die over het algemeen beperkt is bij operationele leases – geldt als een monetaire post. Indien de leaseverplichting luidt in een andere valuta dan de functionele valuta, leidt dit tot valutaverschillen die in het resultaat worden verantwoord.

Vanwege de ongunstige economische ontwikkelingen als gevolg van de coronacrisis komt het voor dat lessors/verhuurders een tegemoetkoming doen aan lessees/huurders door huurbedragen tijdelijk te verlagen of uitstel van betaling te verlenen. Indien leasebetalingen van reeds lopende leasecontracten als gevolg van de impact van Covid-19 gedurende een beperkte periode verminderd worden, mag dit effect worden toegerekend aan de periode waarop de vermindering of vrijstelling betrekking heeft en hoeft deze niet lineair te worden toegerekend. Deze mogelijkheid geldt niet als slechts uitstel van betaling wordt verleend (RJ 292.211a).

Kasstroomoverzicht

De verwerking van een operationele lease in het kasstroomoverzicht van de lessee leidt tot verwerking van de periodieke betalingen als een operationele kasstroom.

Informatie in de toelichting

De doelstelling van de toelichting op operationele leases in de jaarrekening van de lessee is om, samen met de informatie opgenomen in de balans, de winst-en-verliesrekening en het kasstroomoverzicht, inzicht te verschaffen in het effect dat de operationele leases hebben op het vermogen, het resultaat en de kasstromen van de lessee. Om invulling te geven aan deze doelstelling dient de lessee, in aanvulling op de vereisten opgenomen in Richtlijn 290, de volgende toelichtingen te verschaffen met betrekking tot operationele leases:
- een looptijdanalyse ingedeeld naar de meest relevante verslagperioden van de toekomstige minimale leasebetalingen. De looptijdanalyse dient in ieder geval de volgende perioden te bevatten:
  - niet langer dan een jaar na de balansdatum;
  - langer dan een jaar en niet langer dan vijf jaar na de balansdatum; en
  - langer dan vijf jaar na de balansdatum.

Er kan aanleiding zijn om een meer gedetailleerde looptijdanalyse te verstrekken om aan bovengenoemde doelstelling te voldoen.
- een beschrijving van de belangrijkste leaseobjecten die als operationele lease worden verwerkt. Deze beschrijving kan worden gecombineerd met de toelichting onder het vorige punt;
- een algemene beschrijving van de belangrijkste bepalingen opgenomen in de leaseovereenkomsten. Hierbij kan worden gedacht aan:
  - een nadere indeling naar de belangrijkste leaseobjecten;
  - de voorwaarden van voorwaardelijke leasebetalingen;
  - het bestaan en de inhoud van verlengingsopties, koopopties of doorberekeningsclausules;
  - de restricties voortvloeiende uit de leaseovereenkomsten, zoals met betrekking tot dividenduitkeringen, additionele financiering en het sluiten van andere leaseovereenkomsten.
- het totaal van de naar verwachting te ontvangen toekomstige minimale sub-lease-ontvangsten met betrekking tot niet (tussentijds) opzegbare sub-leases op de balansdatum;
- de in de verslagperiode in de winst-en-verliesrekening als last verwerkte lease-betalingen en als opbrengst verantwoorde sub-lease-ontvangsten; en
- indien een afnemer concludeert dat het praktisch niet uitvoerbaar is om betalingen betrouwbaar te splitsen in leasebetalingen en andere betalingen, vermelding dat de toegelichte bedragen ook betalingen voor niet-leasebestanddelen uit hoofde van de overeenkomst bevatten (niet verplicht voor middelgrote rechtspersonen) (RJ 292.212).

32.3.3 Verslaggeving door de lessee onder IFRS 16

Zoals in paragraaf 32.2.1 vermeld, kent IFRS 16 geen classificatie voor lessees. De volgende uitzonderingen zullen verwerkt worden op een methode die gelijk is aan operationele leases onder de Richtlijnen, dat wil zeggen dat de leasebetalingen in beginsel op een tijdsevenredige basis als kosten worden verantwoord over de leaseperiode:
- Voor leases met een leasetermijn korter dan 12 maanden is het onder IFRS 16 toegestaan om geen leaseverplichting (en dus ook geen gebruiksrecht) op te nemen. Deze keuze wordt gemaakt per categorie van onderliggende activa.
- 'Activa van lage waarde' is een begrip dat niet is gedefinieerd door de IASB. De application guidance en basis for conclusions maken duidelijk dat gedacht wordt aan activa met een aanschafwaarde van USD 5.000 of minder in nieuwstaat. Dit zijn in veel gevallen laptops, telefoons, printers, computers et cetera. Hiermee worden veel activa uitgezonderd die naar verwachting van de IASB toch niet materieel zullen zijn voor de totale jaarrekening. Voor leases van activa met een lage waarde is het onder IFRS 16 toegestaan om geen leaseverplichting (en dus ook geen gebruiksrecht) op te nemen. Deze keuze kan worden gemaakt per lease. Het is dus

onder IFRS 16 expliciet voor een onderneming niet vereist om een materialiteitsafweging te maken voor deze leases.

Bij alle leases die niet onder deze uitzonderingen vallen, wordt bij het aangaan van de lease een actief erkend vanwege het recht op gebruik van het actief. Tegelijk wordt een verplichting opgenomen voor de toekomstige leasebetalingen. Zowel het actief als de verplichting worden gewaardeerd op de contante waarde van de toekomstige leasebetalingen. Verdiscontering vindt plaats tegen de impliciete rentevoet in de lease of de incrementele rentevoet van de lessee. Vervolgens wordt het actief (meestal lineair) afgeschreven en worden de afschrijvingskosten apart in de winst-en-verliesrekening geboekt. Daarnaast worden rentekosten berekend volgens de effectieve-rentemethode. De afname van de verplichting is gelijk aan de betaling minus de rentekosten. Gevolg is dat voor een individuele lease veelal de totale kosten aan het begin van de leaseperiode hoger zijn dan aan het eind van de leaseperiode. De verwerking is dus vrijwel gelijk aan de verwerking voor financiële leases onder de Richtlijnen.

> **Voorbeeld verwerking leases bij lessee**
>
> Een actief wordt geleased onder de volgende voorwaarden:
> - Leasetermijn: 3 jaar;
> - Jaarlijkse termijnen: € 10.000, € 12.000 en € 14.000 in respectievelijk jaar 1, 2 en 3;
> - Disconteringsvoet: 4,24%;
> - Contante waarde leaseverplichting: € 33.000
>
> De lease betreft een auto. Er is geen sprake van een 'actief van lage waarde', noch is sprake van een leasetermijn korter dan één jaar. De verwerking is gelijk aan de huidige verwerking van een financiële lease.
>
> | Jaar | Leaseverplichting begin van het jaar (a) | Leasebetaling (b) | Rentekosten leaseverplichting (c)=4,24%x(a) | Vermindering leaseverplichting (d)=(b)-(c) | Leaseverplichting eind van het jaar (e)=(a)-(d) |
> |---|---|---|---|---|---|
> | 1 | 33.000 | 10.000 | 1.398 | 8.602 | 24.398 |
> | 2 | 24.398 | 12.000 | 1.033 | 10.967 | 13.431 |
> | 3 | 13.431 | 14.000 | 569 | 13.431 | 0 |
> | | | | 3.000 | | |
>
> | Jaar | Boekwaarde gebruiksrecht begin van het jaar (f) | Afschrijvingskosten (g)=33.000/3 | Boekwaarde gebruiksrecht eind van het jaar (h) | Totale IFRS 16 kosten van het jaar (i)=(c)+(g) |
> |---|---|---|---|---|
> | 1 | 33.000 | 11.000 | 22.000 | 12.398 |
> | 2 | 22.000 | 11.000 | 11.000 | 12.033 |
> | 3 | 11.000 | 11.000 | 0 | 11.569 |
> | | | 33.000 | | 36.000 |
>
> De journaalposten in jaar 1 zijn als volgt:
>
> *Leasecontract*
> Gebruiksrecht   33.000
> Aan leaseverplichting   33.000
>
> *Betalingstermijn*
> Leaseverplichting   10.000
> Aan bank   10.000
>
> *Afschrijvingskosten*
> Afschrijvingskosten   11.000
> Aan gebruiksrecht   11.000
>
> *Rentekosten*
> Rentekosten   1.398
> Aan leaseverplichting   1.398

Onder Richtlijn 292 zou de verwerking als volgt zijn:			
Jaar	Leasekosten voor het jaar (a)	Leasebetaling (b)	Overlopende leaseverplichting (c)=(a)-(b)+(c vorig jaar)
1	12.000	10.000	2.000
2	12.000	12.000	2.000
3	12.000	14.000	0

De journaalposten in jaar 1 zijn als volgt:
Leasekosten   12.000
Aan overlopende leaseverplichting   2.000
Aan bank   10.000

Een vergelijking van IFRS 16 en Richtlijn 292 leidt tot het volgende beeld:

Jaar	IFRS 16 Afschrijvingskosten (a)	IFRS 16 Rentekosten (b)	IFRS 16 Totale kosten (c)=(a)+(b)	Richtlijn 292 Leasekosten (d)	Verschil (e)=(c)-(d)
1	11.000	1.398	12.398	12.000	398
2	11.000	1.033	12.033	12.000	33
3	11.000	569	11.569	12.000	-/- 431
			36.000	36.000	0

Onder IFRS 16 worden de kosten voor een individuele lease eerder verwerkt dan de operationele leasekosten onder Richtlijn 292, alhoewel de totale leasekosten gelijk zijn. Dit effect wordt veroorzaakt door afnemende rentekosten gedurende de looptijd – vanwege een afnemende verplichting – onder IFRS 16.

Leaseverplichtingen

De leasebetalingen die onder IFRS 16 worden opgenomen in de leaseverplichting bevatten de volgende betalingen:
- vaste betalingen (inclusief betalingen die in substance vast zijn);
- variabele leasebetalingen die afhankelijk zijn van een index of tarief, gebaseerd op de index of tarief bij aanvang van de gebruiksperiode. Voorbeelden zijn betalingen die afhankelijk zijn van de consumentenprijsindex of van een rentetarief;
- bedragen die naar verwachting betaald moeten worden onder een restwaardegarantie;
- de uitoefenprijs van een koopoptie als het redelijk zeker is dat de lessee deze optie zal uitoefenen;
- boetes voor beëindiging van de lease, als de beëindiging van de optie is meegenomen in bepaling van de leasetermijn (IFRS 16.27).

Hieruit volgt dat variabele leasebetalingen die niet afhankelijk zijn van een index of tarief – maar bijvoorbeeld van het gebruik of de opbrengsten van het onderliggende actief – niet worden opgenomen in de leaseverplichting. Deze worden als periodekosten verantwoord in de periode waarin deze zich voordoen.

Als praktische toepassing is het voor lessees toegestaan om per categorie van onderliggende activa ervoor te kiezen om leasebestanddelen en niet-leasebestanddelen te combineren als leasebestanddelen (IFRS 16.15).

De leaseverplichting wordt in de balans opgenomen op het moment dat het actief ter beschikking wordt gesteld aan de lessee (IFRS 16.22).

De leaseverplichting wordt na initiële verwerking opgehoogd met de rente en verlaagd met gedane betalingen. De leaseverplichting moet daarnaast worden aangepast in geval van herschattingen of leaseaanpassingen. Herschattingen vinden plaats in de volgende situaties:

- De leaseperiode wijzigt, bijvoorbeeld ingeval beëindigings- of verlengingsopties worden uitgeoefend of anders worden ingeschat dan voorheen.
- De inschatting dat een koopoptie wordt uitgeoefend wijzigt.
- De omvang van het bedrag betaalbaar onder een restwaardegarantie wijzigt.
- De omvang van leasebetalingen die afhankelijk zijn van een index of tarief wijzigt.

In de eerste twee gevallen wordt de disconteringsvoet ook aangepast, omdat de leaseperiode wijzigt.

Voorbeeld aanpassing index

Een onderneming gaat een lease aan voor een gebouw voor een periode van 10 jaar. De leasebetaling bedraagt € 100.000 voor jaar 1, aan het begin van het jaar te voldoen. Voor de vervolgjaren geldt dat de leasebetaling jaarlijks wordt opgehoogd met de geldende consumentenprijsindex (CPI). De CPI voor jaar 1 bedraagt 100.

De leaseverplichting wordt bepaald op basis van 10 betalingen van € 100.000. Het is niet nodig om inschattingen te maken van de toekomstige ontwikkelingen in de CPI.

Aan het eind van jaar 1 wordt gepubliceerd dat de CPI is toegenomen naar 102. De leasebetaling voor jaar 2 bedraagt daardoor € 102.000. De leaseverplichting wordt nu opgehoogd naar 9 toekomstige betalingen van € 102.000. De disconteringsvoet hoeft niet opnieuw betaald te worden. De stijging in de leaseverplichtingen wordt ook opgenomen in het gebruiksrecht. De afschrijvingen over het gebruiksrecht worden prospectief aangepast.

Een leaseaanpassing wordt gezien als een separate lease als de aanpassing resulteert in een uitbreiding van de omvang van de lease door toevoeging van het gebruiksrecht of één of meer onderliggende activa en de vergoeding voor de lease toeneemt met een bedrag dat in lijn ligt met de afzonderlijke verkoopprijs voor de uitbreiding van de omvang rekening houdend met de specifieke omstandigheden van het contract. Als géén sprake is van een separate lease wordt de leaseverplichting herrekend op basis van de gewijzigde leasebetalingen en met een herziene disconteringsvoet. In geval van afname van de omvang van de lease (minder gebruiksrechten of een kortere periode) wordt het gebruiksrecht afgeboekt om de gedeeltelijke of gehele beëindiging van de lease tot uitdrukking te brengen. Dit kan leiden tot een bate of last die in de winst-en-verliesrekening tot uitdrukking komt. Alle andere aanpassingen van de leaseverplichting (waaronder toenames in de omvang van de lease en wijzigingen in de leasebetalingen) worden in het gebruiksrecht verwerkt.

Vanwege de ongunstige economische ontwikkelingen als gevolg van de coronacrisis komt het voor dat lessors/verhuurders een tegemoetkoming doen aan lessees/huurders door huurbedragen tijdelijk te verlagen of uitstel van betaling te verlenen. Onder bepaalde voorwaarden hoeven lessees de bepalingen omtrent leaseaanpassingen niet te volgen – dit mag echter wel (IFRS 16.46A en 46B). In de praktijk zijn er meerdere manieren hoe vervolgens de aanpassing als gevolg van de coronacrisis verwerkt kan worden. Het meest gebruikelijk lijkt te zijn om de vrijval van de leaseverplichting direct als bate te verantwoorden.

De leaseverplichting geldt als een monetaire post. Indien de leaseverplichting luidt in een andere valuta dan de functionele valuta, leidt dit tot valutaverschillen die in het resultaat worden verantwoord.

Gebruiksrecht

De boekwaarde van het gebruiksrecht bevat initieel:
- de waardering van de leaseverplichting;
- leasebetalingen gedaan voorafgaand aan de gebruiksperiode, verminderd met stimuleringsvergoedingen (lease-incentives);
- initiële directe kosten die door de lessee zijn gemaakt; en
- een inschatting van de kosten die de lessee moet maken voor ontmanteling en verwijdering van het onderliggende actief, herstellen van het terrein waar het gelegen was of herstel van het onderliggende actief naar de conditie die vereist is in het contract, behalve als deze kosten worden gemaakt om voorraden te produceren (IFRS 16.24).

Initiële directe kosten zijn onder IFRS 16 gedefinieerd als de incrementele kosten van het verkrijgen van een lease die zich niet zouden hebben voorgedaan als de lease niet verkregen was, met uitzondering van dit soort kosten voor dealer-producenten lessors in een financiële lease (IFRS 16 Appendix A).

Het actief wordt vervolgens verwerkt onder een kostprijsmodel of een reële-waardemodel. Het reële-waardemodel moet worden toegepast als het gebruiksrecht een vastgoedbelegging betreft en de onderneming onder IAS 40 vastgoedbeleggingen op reële waarde waardeert. Het reële-waardemodel mag worden gebruikt voor gebruiksrechten van activa waarvoor de onderneming voor soortgelijke activa in eigendom onder IAS 16 het reële-waardemodel toepast.

Onder het kostprijsmodel wordt het gebruiksrecht verminderd met afschrijvingen en bijzondere waardeverminderingen. De boekwaarde van het gebruiksrecht wordt ook aangepast voor aanpassingen van de leaseverplichting als gevolg van herschattingen of leaseaanpassingen. Hieronder vallen ook aanpassingen van de inschatting van de kosten die de lessee moet maken voor ontmanteling en verwijdering van het onderliggende actief. De verantwoording van de voorziening voor deze kosten is gebaseerd op IAS 37 (zie ook par. 7.6).

Het gebruiksrecht is geen monetaire post. Dit betekent dat wijzigingen in valutakoersen na initiële verwerking van de leaseverplichting – en het gebruiksrecht – geen invloed hebben op de boekwaarde van het gebruiksrecht.

Presentatie

Het gebruiksrecht kan in de balans separaat worden gepresenteerd van andere activa. Als alternatief is het mogelijk om gebruiksrechten te combineren met overeenstemmende activa die in eigendom zijn (bijvoorbeeld gehuurde panden met panden in eigendom), waarbij in de toelichting een uitsplitsing wordt gegeven (IFRS 16.47).

De leaseverplichtingen kunnen in de balans afzonderlijk worden gepresenteerd van andere verplichtingen. Als leaseverplichtingen niet apart worden gepresteerd, wordt in de toelichting aangegeven onder welke post de leaseverplichtingen zijn opgenomen in de balans (IFRS 16.47). Hierbij is het in voorkomende gevallen ook relevant om leaseverplichtingen te splitsen in kortlopende en langlopende verplichtingen.

In de winst-en-verliesrekening worden rentekosten over de leaseverplichting afzonderlijk gepresenteerd van afschrijvingskosten over de gebruiksrechten (IFRS 16.49).

Kasstroomoverzicht

In het kasstroomoverzicht worden aflossingen van de leaseverplichting gepresenteerd als kasstromen uit financieringsactiviteiten. Betalingen voor het rentedeel in de leasebetalingen worden gepresenteerd conform de stelselkeuze voor andere betaalde rente. Betalingen voor kortetermijnleases, leases met een lage waarde en variabele leasebetalingen die niet in de leaseverplichting zijn opgenomen worden gepresenteerd als kasstromen uit operationele activiteiten (IFRS 16.50).

Informatie in de toelichting

IFRS 16 bevat uitgebreidere toelichtingseisen dan Richtlijn 292. De doelstelling van de toelichtingen is dat informatie wordt toegelicht die – gezamenlijk met de informatie in de primaire overzichten – gebruikers een basis geeft om het effect van leases op de financiële positie, financiële prestaties en kasstromen vast te stellen (IFRS 16.51).

De volgende bedragen dienen te worden toegelicht (IFRS 16.53):
- afschrijvingskosten van gebruiksrechten per categorie van onderliggende activa;
- rentekosten over de leaseverplichtingen;
- kosten voor leases met een leasetermijn korter dan een jaar (met uitzondering van leases met een looptijd van een maand of minder);
- kosten voor leases van activa met een lage waarde;
- kosten voor variabele leasebetalingen die niet in de leaseverplichting zijn opgenomen;
- opbrengsten voor sub-leasen van gebruiksrechten;
- totale uitgaven voor leases;
- toevoegingen aan gebruiksrechten;
- baten of lasten als gevolg van 'sale-and-leaseback'-transacties;
- boekwaarde van gebruiksrechten aan het eind van de periode per categorie van onderliggende activa.

De lessee geeft ook een looptijdanalyse van leaseverplichtingen in overeenstemming met IFRS 7, daarmee is deze eis vergelijkbaar met andere financiële verplichtingen.

Een lessee licht toe of gebruik wordt gemaakt van de vrijstellingen voor activa met een lage waarde of leases met een korte looptijd (IFRS 16.60). Als de portfolio van leases van activa met een lage waarde per jaareinde niet representatief is voor de gehele periode, dient hierover aanvullende toelichting te worden gegeven (IFRS 16.55).

Indien de lessee gebruikmaakt van de mogelijkheid om leaseaanpassingen als gevolg van de coronacrisis niet als leaseaanpassing te verwerken, dient dit te worden toegelicht alsmede het effect op de winst-en-verliesrekening (IFRS 16.60A).

Daarnaast kunnen aanvullende toelichtingen vereist zijn om aan de doelstelling voor toelichtingen te voldoen, waaronder (IFRS 16.59):
- aard van de lease activiteiten door de lessee;
- toekomstige betalingen die de lessee mogelijk moet doen die niet zijn opgenomen in de leaseverplichtingen, waaronder:
  - variabele leasebetalingen;
  - verlengingsopties en beëindigingsopties;
  - restwaardegaranties; en
  - leases die nog niet zijn aangevangen maar al wel zijn afgesloten;

- restricties of covenanten als gevolg van leases; en
- 'sale-and-leaseback'-transacties.

Verschillen Dutch GAAP - IFRS

Vrijstelling voor kortetermijnleases

Voor leases met een leasetermijn korter dan 12 maanden is het onder IFRS 16 toegestaan om geen leaseverplichting (en dus ook geen gebruiksrecht) op te nemen. Deze keuze wordt gemaakt per categorie van onderliggende activa. Onder Richtlijn 292 is er geen vrijstelling voor leases met een korte termijn. Vaak zullen deze leases vanwege de korte looptijd als operationele lease kwalificeren. Daardoor is de verwerking in de praktijk vaak gelijk voor kortetermijnleases.

Vrijstelling voor leases van activa met een lage waarde

'Activa van lage waarde' is een begrip dat niet is gedefinieerd door de IASB. De application guidance en basis for conclusions maken duidelijk dat gedacht wordt aan activa met een aanschafwaarde van USD 5.000 of minder in nieuwstaat. Dit zijn in veel gevallen laptops, telefoons, printers, computers etc. Hiermee worden veel activa uitgezonderd die naar verwachting van de IASB toch niet materieel zullen zijn voor de totale jaarrekening. Het is onder IFRS 16 expliciet niet vereist om een materialiteitsafweging te maken voor deze leases voor een onderneming. Voor leases van activa van activa met een lage waarde is het onder IFRS 16 toegestaan om geen leaseverplichting (en dus ook geen gebruiksrecht) op te nemen. Deze keuze kan worden gemaakt per lease. Onder Richtlijn 292 is er geen vrijstelling voor leases van activa met een lage waarde. Vaak zullen deze leases als operationele lease kwalificeren. Daardoor is de verwerking in de praktijk vaak gelijk voor leases van activa van lage waarde.

Vrijstelling splitsen lease en niet-lease elementen lessee

Als praktische toepassing is het voor lessees toegestaan om per categorie van onderliggende activa ervoor te kiezen om leasebestanddelen en niet-leasebestanddelen te combineren als leasebestanddelen (IFRS 16.15). Onder RJ 292.116 is dit alleen mogelijk als het praktisch niet uitvoerbaar is om de betalingen betrouwbaar te splitsen.

Verantwoording initiële directe kosten van een lease

Onder IFRS 16 worden initiële directe kosten van de lessee opgenomen in de initiële boekwaarde van het gebruiksrecht. Vervolgens wordt deze boekwaarde in beginsel via afschrijvingen gealloceerd aan de gebruiksduur.

Richtlijn 292 bevat geen expliciete bepalingen hoe de lessee dient om te gaan met initiële directe kosten in geval van een operationele lease. Vanuit het algemene principe om leasebetalingen over de leaseperiode ten laste van de winst- en verliesrekening te brengen, zijn wij van mening dat dit ook toegepast kan worden voor initiële directe kosten. In geval van een financiële lease worden de kosten begrepen in de initiële boekwaarde van het actief.

Herrekenen leaseverplichtingen

De leaseverplichting moet onder IFRS 16 worden aangepast in geval van herschattingen of leaseaanpassingen. Herschattingen vinden plaats in de volgende situaties:
- De leaseperiode wijzigt, bijvoorbeeld in geval beëindigings- of verlengingsopties worden uitgeoefend of anders worden ingeschat dan voorheen.
- De inschatting dat een koopoptie wordt uitgeoefend wijzigt.
- De omvang van het bedrag betaalbaar onder een restwaardegarantie wijzigt.
- De omvang van leasebetalingen die afhankelijk zijn van een index of tarief wijzigt.

In de eerste twee gevallen wordt de disconteringsvoet ook aangepast, omdat de leaseperiode wijzigt.

Richtlijn 292 bevat geen bepalingen wanneer de leaseverplichting (in geval van een financiële lease) wijzigt. Het is hierdoor niet duidelijk of de leaseverplichting aangepast moet worden in geval van wijzigingen in voorwaardelijke leasebetalingen (vierde item hierboven) of dat dit niet hoeft te gebeuren. De andere drie factoren komen in geval van financiële leases weinig voor.

Contractaanpassingen
IFRS 16 bevat specifieke bepalingen of een contractaanpassing gezien moet worden als een separaat nieuw leasecontract of als een aanpassing van een bestaand leasecontract. Ingeval sprake is van een aanpassing van een bestaand leasecontract bevat IFRS 16 gedetailleerde regelgeving hoe de wijziging verwerkt dient te worden. Richtlijn 292 bevat geen vergelijkbare regelgeving.

Definitie initiële directe kosten
Initiële directe kosten zijn onder IFRS 16 gedefinieerd als de incrementele kosten van het verkrijgen van een lease die zich niet zouden hebben voorgedaan als de lease niet verkregen was, met uitzondering van dit soort kosten voor dealer-producenten lessors in een financiële lease (IFRS 16 Appendix A). Deze definitie is consistent met IFRS 15.

Onder Richtlijn 292 worden initiële directe kosten gedefinieerd als de meerkosten die direct zijn toe te rekenen aan de onderhandeling over en de afsluiting van de leaseovereenkomst (RJ 292.0).

Separate presentatie activa
Het gebruiksrecht onder IFRS 16 kan in de balans separaat worden gepresenteerd van andere activa. Als alternatief is het mogelijk om gebruiksrechten te combineren met activa die in eigendom zijn (bijvoorbeeld gehuurde panden met panden in eigendom), waarbij in de toelichting een uitsplitsing wordt gegeven (IFRS 16.47).

Onder de Richtlijnen worden activa onder een financiële lease gecombineerd gepresenteerd met activa in eigendom. In de toelichting dient de lessee te vermelden dat hij wel economisch maar geen juridisch eigenaar is van het leaseobject (art. 2:366 lid 2 BW), hierbij wordt ook de boekwaarde van deze activa vermeld (RJ 292.208).

Toelichtingen
IFRS 16 bevat uitgebreidere toelichtingseisen dan Richtlijn 292, deze worden in belangrijke mate verklaard door een andere verwerking onder IFRS 16.

Richtlijn 292 vereist de vermelding op grond van artikel 2:366 lid 2 BW dat de lessee geen juridisch eigenaar is van het leaseobject.

Belangrijkste financiële gevolgen IFRS 16 ten opzichte van Richtlijn 292

IFRS 16 kent cijfermatig over het algemeen de volgende consequenties:
- Balans:
  - hogere verplichtingen en gebruiksrechten en daarmee hoger balanstotaal;
  - geen voorziening voor verlieslatende leases maar afwaardering (bijzondere waardeverminderingen) van gebruiksrechten;
  - enigszins lager eigen vermogen doordat lasten voor een individuele lease eerder worden verantwoord dan operationele leasekosten onder Richtlijn 292.
- Winst-en-verliesrekening:
  - lagere operationele leasekosten;

- ▶ hogere afschrijvingskosten (over het gebruiksrecht);
- ▶ hogere rentekosten.
▶ Kasstroomoverzicht:
- ▶ lagere operationele kasuitstromen;
- ▶ hogere financiële kasuitstromen.

Voorbeeld Koninklijke Ahold Delhaize N.V. 2018 transitie toelichting ter illustratie effecten implementatie IFRS 16 (p. 110 jaarrekening 2018):

Ahold Delhaize leases a significant number of its stores, as well as distribution centers, offices and other assets, such as company cars and equipment. IFRS 16 will have material implications for the balance sheet, income statement and certain key performance indicators due to the size of the Company's lease portfolio. If IFRS 16 had been applied to the 2018 financial statements, a right-of-use asset line would have been included on the balance sheet, with a corresponding increase in lease liabilities and opening accumulated deficit.

The estimated impact of IFRS 16 on the opening balance sheet as of January 1, 2018 (the start of the 2018 financial year), would lead in:
- an increase in total assets for an amount of approximately € 6.4 billion;
- an increase in total liabilities for an amount of approximately € 7 billion;
- with an offsetting decrease of approximately € 0.6 billion in equity.

In addition, in the income statement there would have been changes in the items making up operating income and in the total amount of net financial expense. Preliminary estimates indicate that operating income for the 2018 financial year will increase in the range of € 210 million to € 250 million and net finance expense in the range of € 220 million to € 260 million. Within operating income, this gives rise to a movement from operating expenses to depreciation; consequently, EBITDA (earnings before interest, tax, depreciation and amortization) will increase. We do not expect that the implementation of IFRS 16 will have a significant impact on our earnings per share.

We will record a deferred tax position only for those jurisdictions for which we expect that the IFRS 16 accounting methodology will not be accepted in the corporate income tax return.

Kengetallen onder IFRS 16 kunnen als volgt worden vergeleken met kengetallen onder Richtlijn 292:
- ▶ lagere solvabiliteitsratio;
- ▶ hogere EBIT;
- ▶ hogere EBITDA.

Sommige ondernemingen hanteren ook andere kengetallen, om zo beter vergelijkbaar te zijn.

32.4 Verwerking in de jaarrekening van de lessor

Onder zowel de Richtlijnen als IFRS is het voor de verslaggeving door lessors van belang of leases classificeren als financiële lease of als operationele lease.

32.4.1 Financiële lease – lessor

Balans en winst-en-verliesrekening

Veelal komt een financiële lease via een onafhankelijke leasemaatschappij tot stand. In die situatie wordt de juridische eigenaar van het leaseobject de leasemaatschappij en de economische eigenaar de lessee. De financiële lease wordt door de leasemaatschappij, de lessor, als vordering in de balans verwerkt voor een bedrag gelijk aan de netto-investering in de lease (RJ 292.301, IFRS 16.67). De netto-investering is gelijk aan de contante waarde van de toekomstige leaseontvangsten plus de contante waarde van de verwachte restwaarde. In de praktijk is de netto-investering meestal gelijk aan de verkoopprijs van het object.

De leasebetalingen die in een verslagperiode worden ontvangen (exclusief de vergoeding voor dienstverlening), dient de lessor te splitsen in een aflossingsgedeelte op de hoofdsom en een gedeelte dat is aan te merken als realisatie van baten in verband met de financiering door de lessor (RJ 292.309). De financieringsbaten dient de lessor zodanig te verantwoorden dat een constant periodenrendement wordt behaald, berekend over de resterende netto-investering met betrekking tot de financiële lease (RJ 292.309, IFRS 16.75).

De plaats waar de leasemaatschappij/lessor de vordering op de lessee zal rubriceren in de balans, is niet nader uitgewerkt. Over het algemeen wordt deze al naar gelang de looptijd als financiële vaste activa of kortlopende vorderingen opgenomen.

Vaak komen lessors bij de voorbereiding van en onderhandelingen over een lease voor directe initiële kosten te staan, zoals provisies en kosten voor juridische bijstand. Voor financiële lease worden deze kosten gemaakt om financieringsbaten te verwerven. Onder Richtlijn 292 worden initiële directe kosten gedefinieerd als de meerkosten die direct zijn toe te rekenen aan de onderhandeling over en de afsluiting van de leaseovereenkomst (RJ 292.0, RJ 292.304). Initiële directe kosten zijn onder IFRS 16 gedefinieerd als de incrementele kosten van het verkrijgen van een lease die zich niet zouden hebben voorgedaan als de lease niet verkregen was, met uitzondering van dit soort kosten voor dealer-producenten lessors in een financiële lease (IFRS 16, Appendix A). Volgens RJ 292.303 worden deze kosten hetzij direct ten laste van de winst-en-verliesrekening gebracht, hetzij toegerekend over de leaseperiode tegenover de leasebaten. IFRS 16.69 kent deze keuze niet en vereist dat deze kosten worden opgenomen in de boekwaarde van de leasevordering en worden toegerekend over de leaseperiode.

In bepaalde gevallen is er sprake van leveranciers die als lessor optreden. Bij een financiële lease verdwijnt dan het op deze manier 'verkochte' actief van de balans van de leverancier, waar het tevoren als handelsvoorraad te boek stond. Daarvoor in de plaats zal de leverancier-lessor in zijn balans een vordering ter grootte van de netto-investering in de lease opnemen. Het belangrijkste aspect in deze situatie is de winst op de transactie. De Richtlijnen stellen dat de leverancier die als lessor optreedt, een transactieresultaat op de verkoop tot uitdrukking dient te brengen conform de grondslagen die hij normaliter toepast voor gewone transacties. Daarbij dient, als ten opzichte van de marktconforme rente een duidelijk lagere rente wordt aangehouden, het transactieresultaat hiervoor te worden gecorrigeerd. Het transactieresultaat wordt verlaagd met het verschil tussen de contante waarde van de toekomstige leasebetalingen berekend met de (aangehouden) lagere rente en die met marktconforme rente (RJ 292.304). Voor zover het gaat om initiële directe kosten van de leveranciers dienen deze bij het aangaan van de leaseovereenkomst ten laste van de winst-en-verliesrekening te worden gebracht aangezien ze voornamelijk verband houden met het realiseren van het transactieresultaat op de verkoop (RJ 292.304 en 308, IFRS 16 Appendix A).

Voorbeeld verwerking van een financiële lease bij lessor (op basis van Bijlage 1 bij Richtlijn 292)

Fabriek X fabriceert gespecialiseerde machines, verkoopt deze en biedt tevens de mogelijkheid aan de machines te leasen. De relevante gegevens zijn de volgende:

1. De vaste looptijd van de leaseovereenkomst is 3 jaar. De verwachte economische levensduur is 3 jaar.
2. De lessor krijgt per jaar achteraf gelijke betalingen van € 57.500. Het leaseobject gaat terug naar de lessor na afloop van de leaseovereenkomst.
3. De lease gaat in met ingang van 1 januari van jaar 1. Betalingen zijn elk jaar achteraf op de balansdatum verschuldigd.
4. De kostprijs van de apparatuur is € 100.000. De lessor heeft bij het aangaan van de lease initiële kosten van € 2.500.
5. De reële waarde is gelijk aan de verkoopprijs van de apparatuur en bedraagt € 150.000.
6. De machines hebben een verwachte restwaarde van € 10.000 aan het eind van jaar 3.
7. De lessor wenst een opbrengst van 10,19% (de impliciete rentevoet in het contract).
8. De initiële directe kosten worden als onderdeel van de kostprijs van verkochte goederen direct ten laste van de winst-en-verliesrekening gebracht.

De eerste stap is de classificatie van de lease. De bovenstaande beschrijving is gelijk aan het voorbeeld in paragraaf 32.3.1 en de lease dient als een financiële lease geclassificeerd te worden.

De kostprijs van het ter beschikking stellen van de machines voor de lease bestaat uit de historische kostprijs van de voorraad (€ 100.000) plus de nu te maken extra kosten vanwege de lease (de initiële directe kosten (€ 2.500)) minus de toekomstige opbrengsten vanwege de verkoop van de machines na afloop van de lease (de contante waarde van de restwaarde (€ 10.000 x $1/((1+0.1019)^3)$). De kostprijs van de verkochte machines is derhalve 95.025 (€ 100.000 + 2.500 -/- 7.475).

De lessor zal de volgende boekingen maken bij aanvang van de lease:

Leasevordering	€ 150.000	
Kostprijs van verkochte goederen	€ 95.025	
Aan voorraad		€ 100.000
Aan netto-omzet		€ 142.525
Aan crediteuren/liquide middelen (initiële directe kosten)		€ 2.500

De transactiewinst voor de lessor is derhalve € 47.500 (€ 142.525 - € 95.025). Dit is gelijk aan de reële waarde ad € 150.000 minus de boekwaarde van de voorraad (€ 100.000) en de initiële kosten (€ 2.500). De omzet is gelijk aan de leasevordering minus de contante waarde van de verwachte restwaarde (€ 150.000 - € 7.475).

Vervolgens zullen betalingen gedaan worden door de lessee. De betalingen bevatten zowel een aflossingsdeel als een rentecomponent:

Jaar	Leasevordering begin van het jaar	Leaseontvangst	Renteopbrengsten leasevordering	Vermindering leasevordering	Leasevordering eind van het jaar
	(a)	(b)	(c)=10,19%x(a)	(d)=(b)-(c)	(e)=(a)-(d)
1	150.000	57.500	15.280	42.220	107.780
2	107.780	57.500	10.979	46.521	61.260
3	61.260	57.500	6.240	51.260	10.000

De volgende boekingen zal de lessor maken:

Eerste jaar

Kas	€ 57.500	
Aan leasevordering		€ 42.220
Aan renteopbrengsten		€ 15.280

Tweede jaar

Kas	€ 57.500	
Aan leasevordering		€ 46.521
Aan renteopbrengsten		€ 10.979

Aan het einde van de leaseperiode (na 3 jaar) keert het leaseobject terug naar de lessor en zal de volgende boeking worden gemaakt:

Actief	€ 10.000	
Aan leasevordering		€ 10.000

Een leaseaanpassing wordt onder IFRS 16 gezien als een separate lease als de aanpassing resulteert in een uitbreiding van de omvang van de lease door toevoeging van het gebruiksrecht van één of meer onderliggende activa en de vergoeding voor de lease toeneemt met een bedrag dat in lijn ligt met de afzonderlijke verkoopprijs voor de uitbreiding van de omvang rekening houdend met de specifieke omstandigheden van het contract. Als géén sprake is van een afzonderlijke lease is de verwerking als volgt:

▶ Als de lease een operationele lease zou zijn geweest als de aanpassing vanaf het aangaan van de leaseovereenkomst effectief zou zijn geweest, wordt de leaseaanpassing als een nieuwe lease gezien en wordt de boekwaarde van de netto-investering beschouwd als de aanvangswaarde van het onderliggende actief.

▶ Als de lease geen operationele lease zou zijn geweest vindt verwerking plaats onder IFRS 9 (IFRS 16.80). Achtergrond is dan dat een vordering (netto-investering) wordt herzien waarvoor de regels voor financiële instrumenten van toepassing zijn.

Richtlijn 292 bevat geen bepalingen hoe omgegaan moet worden met contractaanpassingen van financiële leases bij de lessor.

Vanwege de ongunstige economische ontwikkelingen als gevolg van de coronacrisis komt het voor dat lessors/verhuurders een tegemoetkoming doen aan lessees/huurders door huurbedragen tijdelijk te verlagen of uitstel van betaling te verlenen. Indien leasebetalingen van reeds lopende leasecontracten als gevolg van de impact van Covid-19 gedurende een beperkte periode verminderd worden, of worden uitgesteld, dient de vordering te worden verlaagd met de contante waarde van de wijziging van de betalingen, gebaseerd op de oorspronkelijke rentevoet. Deze verlaging wordt als last in de winst-en-verliesrekening verwerkt (RJ 292.309a). Onder IFRS 16 en IFRS 9 zal de verwerking in de meeste gevallen tot dezelfde uitkomst leiden.

Zoals eerder aangegeven is classificatie van sub-leases anders onder IFRS 16 dan onder de Richtlijnen. Sub-leases zullen onder IFRS vaker als financiële lease worden geclassificeerd. Dit kan als gevolg hebben dat bij aanvang van de sub-lease er baten worden verantwoord. Dit wordt geïllustreerd in het volgende voorbeeld.

Voorbeelden van verwerking van een sub-lease (situatie gelijk aan voorbeeld in par. 32.2.6)

Situatie
Een onderneming huurt een pand voor 5 jaar tegen een marktconforme huur van € 100.000 per jaar, achteraf te betalen. De resterende economische levensduur van het pand is 30 jaar. De reële waarde van het pand is € 2.500.000. Er is geen koopverplichting en er zijn geen verlengingsopties of koopopties afgesproken. Het pand is niet specifiek voor de onderneming. Na een jaar verhuurt de onderneming het pand voor 4 jaar tegen een dan marktconforme huur van € 105.000 per jaar. De reële waarde van het pand is € 2.490.000. De disconteringsvoet wordt bepaald op 5%.

Analyse onder Richtlijn 292 vanuit de onderneming
De inhuur van het pand bevat niet het belangrijkste deel van de economische levensduur van het pand. Daarnaast is de contante waarde van de leasebetalingen niet nagenoeg gelijk aan de reële waarde van het pand. Ook aan de andere indicatoren voor een financiële lease is niet voldaan zodat de inhuur wordt geclassificeerd als een operationele lease.

De verhuur van het pand bevat niet het belangrijkste deel van de economische levensduur van het pand. Daarnaast is de contante waarde van de leasebetalingen niet nagenoeg gelijk aan de reële waarde van het pand. Ook aan de andere indicatoren voor een financiële lease is niet voldaan zodat de verhuur wordt geclassificeerd als een operationele lease.

Gevolg is dat in jaren 2 tot en met 5 er jaarlijks € 100.000 aan huurkosten worden verantwoord en € 105.000 aan huurbaten. Jaarlijks wordt € 5.000 aan winst gemaakt (uitgaande van deze transacties en dat operationele leasecontracten niet als vastgoedbelegging worden verwerkt [wat onder voorwaarden wel zou kunnen onder RJ 213.102]).

Samengevat kan dit als volgt worden weergegeven:

Jaar	Huurkosten	Huuropbrengsten	Resultaat
1	100.000	0	-/- 100.000
2	100.000	105.000	5.000
3	100.000	105.000	5.000
4	100.000	105.000	5.000
5	100.000	105.000	5.000
Totaal	500.000	420.000	-/- 80.000

> **Analyse onder IFRS 16 vanuit de onderneming**
> Als lessee hoeft de inhuur niet geclassificeerd te worden. De inhuur valt niet onder de vrijstellingen voor leases met een korte leaseperiode of leases van activa met een lage waarde. De onderneming neemt een leaseverplichting op voor de contante waarde van de leasebetalingen van € 100.000 per jaar en daartegenover een gebruiksrecht. Deze zijn initieel € 432.948. Na één jaar lineair afschrijven resteert een gebruiksrecht van € 346.358. De leaseverplichting bedraagt na één jaar € 354.595.
>
> De verhuur bevat 100% van de resterende gebruiksduur van het gebruiksrecht. Omdat de verhuurprijs vast is, is het enige resterende risico voor de onderneming het kredietrisico. Hiermee wordt geacht dat de voor- en nadelen van het gebruiksrecht nagenoeg geheel door de uiteindelijke huurder worden gedragen en zijn overgedragen door de onderneming. De verhuur wordt geclassificeerd als een financiële lease. De onderneming maakt gebruik van de mogelijkheid in IFRS 16.68 om de rentevoet voor de sub-lease gelijk te laten zijn aan die van de headlease. De netto-investering bedraagt de contante waarde van 4 leasetermijnen van € 105.000, zijnde € 372.325. Omdat sprake is van een financiële lease wordt het gebruiksrecht van € 346.358 van de balans gehaald en wordt de netto investering opgenomen voor € 372.325, dit leidt tot een directe bate van € 25.967. De leaseverplichting blijft in de balans opgenomen voor € 354.595. In de jaren hierna worden jaarlijks rentebaten over de netto-investering verantwoord en rentekosten over de leaseverplichting. Dit zorgt ook jaarlijks voor een rentemarge.
>
> Samengevat kan dit als volgt worden weergegeven:
>
> | Jaar | Afschrijving gebruiksrecht | Rentekosten leaseverplichting | Bate bij aangaan financiële sub-lease | Rentebaten netto-investering | Resultaat |
> |---|---|---|---|---|---|
> | 1 | 86.590 | 21.647 | | | -/- 108.237 |
> | 2 | | 17.730 | 25.967 | 18.616 | 26.853 |
> | 3 | | 13.616 | | 14.297 | 681 |
> | 4 | | 9.297 | | 9.762 | 465 |
> | 5 | | 4.762 | | 5.000 | 238 |
> | Totaal | 86.590 | 67.052 | 25.967 | 47.675 | -/- 80.000 |

Kasstroomoverzicht

In het kasstroomoverzicht van de lessor dient rekening te worden gehouden met het feit dat het aangaan van de leaseovereenkomst geen directe gevolgen heeft voor de kaspositie, met uitzondering van de betaling van het actief en de initiële kosten (indien deze daadwerkelijk gedurende de periode zijn betaald) of de fabricage van het actief. Bij het opstellen van het kasstroomoverzicht volgens de indirecte methode dient derhalve rekening te worden gehouden met de mutatie van de overige gerelateerde balansposities (voorraad, activa, leasevorderingen, et cetera). Slechts vanaf het moment dat sprake is van de periodebetalingen door de lessee is er een daadwerkelijke kasstroom die veelal deels als operationele kasstroom of investeringskasstroom (rentedeel) en deels als investeringskasstroom (aflossingsdeel) dient te worden behandeld.

Informatie in de toelichting

Richtlijn 292

De doelstelling van de toelichting op financiële leases in de jaarrekening van de lessor is om, samen met de informatie opgenomen in de balans, de winst-en-verliesrekening en het kasstroomoverzicht, inzicht te verschaffen in het effect dat de financiële leases hebben op het vermogen, het resultaat en de kasstromen van de lessor. Om invulling te geven aan deze doelstelling dient de lessor, in aanvulling op de vereisten opgenomen in Richtlijn 290, de volgende toelichtingen te verschaffen met betrekking tot financiële leases:
- een aansluiting tussen de bruto-investering in de lease en de contante waarde van de toekomstige minimale leasebetalingen op de balansdatum. Daarnaast dient de bruto-investering in de lease en de contante waarde van de minimale leasebetalingen op de balansdatum voor elk van de volgende verslagperioden te worden vermeld:
  - niet langer dan een jaar na balansdatum;
  - langer dan een jaar en niet langer dan vijf jaar na balansdatum; en
  - langer dan vijf jaar na balansdatum.

Teneinde te voldoen aan de hiervoor aangegeven doelstelling van de toelichting kan er, mede afhankelijk van de verschillen in de jaarlijkse leasebetalingen, aanleiding zijn een meer gedetailleerde looptijdanalyse te verstrekken (niet verplicht voor middelgrote rechtspersonen).
▶ de onverdiende rentebaten;
▶ de ongegarandeerde restwaarden van de leaseobjecten die de lessor economisch toekomen;
▶ de cumulatieve voorziening voor oninbaarheid die in mindering is gebracht op de contante waarde van de minimale leasebetalingen (niet verplicht voor middelgrote rechtspersonen);
▶ het bedrag van de voorwaardelijke leasebetalingen dat als opbrengst is verwerkt in de verslagperiode (niet verplicht voor middelgrote rechtspersonen); en
▶ een algemene beschrijving van de belangrijkste bepalingen opgenomen in de leaseovereenkomsten. Hierbij kan worden gedacht aan het bestaan en de inhoud van verlengingsopties, koopopties of doorberekeningsclausules en aanwezige restwaardegaranties (RJ 292.311).

IFRS 16

IFRS 16 bevat uitgebreidere toelichtingen voor lessors dan Richtlijn 292. De doelstelling van de toelichtingen is dat informatie wordt toegelicht die – gezamenlijk met de informatie in de primaire overzichten – gebruikers een basis geeft om het effect van leases op de financiële positie, financiële prestaties en kasstromen vast te stellen (IFRS 16.89).

Voor financiële leases moeten de volgende toelichtingen worden verstrekt (IFRS 16.90):
▶ Verkoopwinst of -verlies;
▶ Financieringsopbrengsten over de netto-investering in de lease; en
▶ Inkomsten gerelateerd aan variabele leaseopbrengsten die niet waren opgenomen in de netto-investering in de lease.

Een lessor verstrekt ook een aansluiting tussen de bruto-investering in de lease en de contante waarde van de toekomstige minimale leasebetalingen op de balansdatum. Hierin zijn opgenomen:
a. de bruto-investering en de contante waarde van de minimale leasebetalingen voor elk van de volgende perioden:
   1. de periode niet langer dan een jaar na de balansdatum;
   2. de periode langer dan een jaar en niet langer dan vijf jaar na de balansdatum;
   3. de periode langer dan vijf jaar na de balansdatum;
b. de onverdiende financieringsbaten;
c. de ongegarandeerde restwaarde van de leaseobjecten die de lessor economisch toekomen.

Voor financiële leases verstrekt de lessor kwantitatieve en kwalitatieve informatie omtrent de belangrijke veranderingen in de boekwaarde van de netto-investering in de lease (IFRS 16.93).

Een lessor moet aanvullende toelichtingen verstrekken om aan de doelstelling voor toelichtingen te voldoen. Hieronder zouden kunnen vallen (IFRS 16.92):
▶ de aard van de lessors leaseactiviteiten; en
▶ hoe de lessor het risico beheerst met betrekking tot restrisico's in onderliggende activa, inclusief hoe hij dit risico beheerst. Dit heeft bijvoorbeeld betrekking op het restwaarderisico op het moment dat de leaseovereenkomsten eindigen. Dit zou kunnen zijn door middel van terugkoopovereenkomsten, restwaardegaranties of variabele leasebetalingen voor gebruik boven een bepaald vooraf gestelde omvang.

Verschillen Dutch GAAP - IFRS

Samenvattend bestaan de volgende verschillen in de verwerking van een financiële lease bij een lessor:
- Definitie van initiële directe kosten.
- Verwerking van initiële directe kosten. Volgens RJ 292.303 worden initiële directe kosten hetzij direct ten laste van de winst-en-verliesrekening gebracht, hetzij toegerekend over de leaseperiode tegenover de leasebaten. IFRS 16.69 kent deze keuze niet en vereist dat deze kosten worden opgenomen in de boekwaarde van de leasevordering en worden toegerekend over de leaseperiode tegenover de leasebate. Echter, als de lessor een dealer-producent is, dan worden deze kosten zowel onder de Richtlijnen als IFRS verantwoord in de winst-en-verliesrekening.
- IFRS 16 kent specifieke bepalingen omtrent contractaanpassingen. Richtlijn 292 kent geen vergelijkbare bepalingen.
- Leaseclassificatie van sub-leases (zie par. 32.2.6) en daaruit voortvloeiende verschillen in verwerking. Onder IFRS 16 is eerder sprake van financiële sub-leases.
- IFRS 16 vraagt meer toelichtingen dan Richtlijn 292.

32.4.2 Operationele lease – lessor
Balans en winst-en-verliesrekening

De lessors dienen de activa in de balans te verwerken overeenkomstig de aard van die activa (RJ 292.312, IFRS 16.88). Wat betreft de baten uit de lease als bestanddeel van de leasebetalingen (exclusief de vergoeding voor servicekosten), geldt dat de lessor deze op tijdsevenredige basis moet verwerken over de leaseperiode, tenzij een andere toerekening meer representatief is voor de wijze waarop het economisch nut van het leaseobject in waarde vermindert (RJ 292.313, IFRS 16.81).

De Richtlijn geeft aan dat initiële directe kosten, niet zijnde verkoopkosten, hetzij worden toegerekend over de leaseperiode tegenover de leasebaten, hetzij direct ten laste van de winst-en-verliesrekening worden gebracht (RJ 292.315). Initiële directe kosten zijn bijvoorbeeld provisies en kosten voor juridische bijstand (RJ 292.303). IFRS 16.83 staat deze keuze niet toe. Initiële directe kosten voor de lessor worden opgenomen in de boekwaarde van het actief onder operationele lease en toegerekend over de leaseperiode op dezelfde basis als de leaseopbrengsten. Initiële kosten omvatten niet de vergoedingen die de lessor betaalt aan de lessee of derden als stimulering om een overeenkomst te sluiten. Deze kosten dienen tijdsevenredig te worden toegerekend aan de leaseperiode, tenzij een andere toerekening aan de met het leaseobject te genereren baten meer geëigend is (RJ 292.315).

Afschrijving van de leaseobjecten bij de lessor, en eventuele waardevermindering, vindt plaats conform de voor andere materiële vaste activa toegepaste grondslagen (RJ 292.316, IFRS 16.84).

De van de lessee te ontvangen termijnen worden op de vervaldag als vordering opgenomen (onder de vlottende activa) en opgenomen in het resultaat van de periode waarop zij betrekking hebben. De opbrengsten worden als netto-omzet verantwoord.

32 Leasing

Voorbeeld verwerking van een operationele lease bij lessor

Fabriek X fabriceert gespecialiseerde machines, verkoopt deze en biedt tevens de mogelijkheid aan de machines te leasen. De relevante gegevens zijn de volgende:
1. De vaste looptijd van de leaseovereenkomst is 2 jaar. De verwachte economische levensduur is 3 jaar.
2. De lessor krijgt per jaar achteraf gelijke betalingen van € 57.500. Het leaseobject gaat terug naar de lessor na afloop van de leaseovereenkomst.
3. De lease gaat in met ingang van 1 januari van jaar 1. Betalingen zijn elk jaar achteraf op de balansdatum verschuldigd.
4. De boekwaarde (kostprijs) is € 100.000 en de reële waarde van de apparatuur is € 150.000. De lessor heeft bij het aangaan van de lease initiële kosten van € 2.500. De impliciete rentevoet is 10,19%.
5. De machines hebben een verwachte restwaarde van € 10.000 aan het eind van jaar 3.
6. De initiële directe kosten worden direct ten laste van de winst-en-verliesrekening gebracht (keuze onder de Richtlijnen – niet mogelijk onder IFRS).

De eerste stap is de classificatie van de lease. In dit geval is de leasetermijn 2 jaar terwijl de verwachte economische levensduur van het object 3 jaar is. De contante waarde van de leasebetalingen bedraagt € 99.544 en is minder dan 90% van de reële waarde van € 150.000. De lease zou op basis van deze twee uitkomsten geclassificeerd moeten worden als een operationele lease.

De lessor zal de volgende boekingen maken bij aanvang van de lease:

Actief onder operationele lease	€ 100.000	
Aan voorraad/materieel vast actief		€ 100.000

Van de initiële directe kosten wordt geboekt (alleen toegestaan onder Richtlijn 292):

Kosten	€ 2.500	
Aan crediteuren/liquide middelen		€ 2.500

Vervolgens zullen betalingen gedaan worden door de lessee.

Jaar	Leaseontvangst	Leaseopbrengst	Boekwaarde begin van het jaar	Afschrijving	Boekwaarde eind van het jaar
1	57.500	57.500	100.000	30.000	70.000
2	57.500	57.500	70.000	30.000	40.000

Aan het einde van de leaseperiode (na 2 jaar) zal de volgende boeking worden gemaakt:

Voorraad/materieel vast actief	€ 40.000	
Aan actief onder operationele lease		€ 40.000

Alternatief: initiële kosten opnemen in de boekwaarde van het actief

In bovenstaand voorbeeld zijn de initiële directe kosten direct ten laste van de winst-en-verliesrekening gebracht. Onder RJ 292.315 mag de lessor er ook voor kiezen de initiële kosten op te nemen in de boekwaarde van het actief en over de leaseperiode toe te rekenen. Onder IFRS is dit verplicht.
Als in bovenstaand voorbeeld de initiële directe kosten worden geactiveerd als onderdeel van het actief, leidt dit tot de volgende boekingen:

Actief onder operationele lease	€ 100.000	
Aan voorraad/materieel vast actief		€ 100.000

Actief onder operationele lease	€ 2.500	
Aan crediteuren/liquide middelen		€ 2.500

Vervolgens zullen betalingen gedaan worden door de lessee.

Jaar	Leaseontvangst	Leaseopbrengst	Boekwaarde begin van het jaar	Afschrijving	Boekwaarde eind van het jaar
1	57.500	57.500	102.500	31.250	71.250
2	57.500	57.500	71.250	31.250	40.000

De lessor zal de volgende boekingen maken:		
Eerste jaar en tweede jaar		
Kas	€ 57.500	
Aan leaseopbrengsten		€ 57.500
Afschrijvingskosten	€ 31.250	
Aan actief onder operationele lease		€ 31.250
De afschrijvingen bestaan uit € 30.000 op het actief en € 1.250 (=€ 2.500/2) afschrijvingen van de initiële kosten die aan de boekwaarde van het actief zijn toegevoegd.		
Aan het einde van de leaseperiode (na 2 jaar) zal de volgende boeking worden gemaakt:		
Voorraad/materieel vast actief	€ 40.000	
Aan actief onder operationele lease		€ 40.000

IFRS 16 bevat specifieke bepalingen of een contractaanpassing gezien moet worden als een separaat nieuw leasecontract of als een aanpassing van een bestaand leasecontract. Ingeval sprake is van een aanpassing van een bestaand leasecontract bevat IFRS 16 gedetailleerde regelgeving hoe de wijziging verwerkt dient te worden. Deze zijn opgenomen in IFRS 16.79 en 80. Richtlijn 292 bevat geen vergelijkbare regelgeving.

Vanwege de ongunstige economische ontwikkelingen als gevolg van de coronacrisis komt het voor dat lessors/ verhuurders een tegemoetkoming doen aan lessees/huurders door huurbedragen tijdelijk te verlagen of uitstel van betaling te verlenen. Indien leasebetalingen van reeds lopende leasecontracten als gevolg van de impact van Covid-19 gedurende een beperkte periode verminderd worden, mag dit effect worden toegerekend aan de periode waarop de vermindering of vrijstelling betrekking heeft en hoeft deze niet lineair te worden toegerekend. Deze mogelijkheid geldt niet als slechts uitstel van betaling wordt verleend (RJ 292.313a). IFRS 16 is voor lessors niet aangepast als gevolg van de coronacrisis, derhalve dienen leaseaanpassingen onder IFRS 16 lineair te worden toegerekend aan de resterende leaseperiode.

Informatie in de toelichting
Richtlijn 292
De doelstelling van de toelichting op operationele leases in de jaarrekening van de lessor is om, samen met de informatie opgenomen in de balans, de winst-en-verliesrekening en het kasstroomoverzicht, inzicht te verschaffen in het effect dat de operationele leases hebben op het vermogen, het resultaat en de kasstromen van de lessor. Om invulling te geven aan deze doelstelling dient de lessor, in aanvulling op de vereisten opgenomen in Richtlijn 290, de volgende toelichtingen te verschaffen met betrekking tot operationele leases:
- de toekomstige minimale leasebetalingen voor niet (tussentijds) opzegbare leaseovereenkomsten voor elk van de volgende verslagperioden:
    - niet langer dan een jaar na balansdatum;
    - langer dan een jaar en niet langer dan vijf jaar na balansdatum; en
    - langer dan vijf jaar na balansdatum.

Teneinde te voldoen aan de hiervoor aangegeven doelstelling van de toelichting kan er, mede afhankelijk van de verschillen in de jaarlijkse leasebetalingen, aanleiding zijn een meer gedetailleerde looptijdanalyse te verstrekken.
- het bedrag van de voorwaardelijke leasebetalingen dat als opbrengst is verwerkt in de verslagperiode (niet verplicht voor middelgrote rechtspersonen); en
- een algemene beschrijving van de belangrijkste bepalingen opgenomen in de leaseovereenkomsten. Hierbij kan worden gedacht aan het bestaan en de inhoud van verlengingsopties, koopopties of doorberekeningsclausules en aanwezige restwaardegaranties (RJ 292.319).

IFRS 16

IFRS 16 bevat uitgebreidere toelichtingen voor lessors dan Richtlijn 292. De doelstelling van de toelichtingen is dat informatie wordt toegelicht die – gezamenlijk met de informatie in de primaire overzichten – gebruikers een basis geeft om het effect van leases op de financiële positie, financiële prestaties en kasstromen vast te stellen (IFRS 16.89).

Voor materiële vaste activa die onder een operationele lease worden uitgeleased, gelden de toelichtingseisen onder IAS 16 'Property, Plant and Equipment'. De toelichtingen worden afzonderlijk gegeven voor activa die onder een operationele lease worden uitgeleased en activa die worden gehouden en gebruikt door de lessor (IFRS 16.95).

Een lessor geeft een schema van leasebetalingen die vervallen in ieder van de komende vijf jaren (op individuele basis) en een totaal van leasebetalingen die na vijf jaar vervallen (IFRS 16.97).

Een lessor moet aanvullende toelichtingen verstrekken om aan de doelstelling voor toelichtingen te voldoen. Hieronder zouden kunnen vallen (IFRS 16.92):
- de aard van de lessors leaseactiviteiten; en
- hoe de lessor het risico beheerst met betrekking tot restrisico's in onderliggende activa, inclusief hoe hij dit risico beheerst. Dit heeft bijvoorbeeld betrekking op het restwaarderisico op het moment dat de leaseovereenkomsten eindigen. Dit zou kunnen zijn door middel van terugkoopovereenkomsten, restwaardegaranties of variabele leasebetalingen voor gebruik boven een bepaald vooraf gestelde omvang.

Verschillen Dutch GAAP - IFRS

Samenvattend bestaan de volgende verschillen in de verwerking van een operationele lease bij een lessor:
- De Richtlijnen geven aan dat initiële directe kosten hetzij worden toegerekend over de leaseperiode tegenover de leasebaten, hetzij direct ten laste van de winst-en-verliesrekening worden gebracht (RJ 292.315). IFRS 16.83 staat deze keuze niet toe. Initiële directe kosten voor de lessor worden opgenomen in de boekwaarde van het actief onder operationele lease en toegerekend over de leaseperiode op dezelfde basis als de leaseopbrengsten.
- IFRS 16 bevat specifieke bepalingen voor contractaanpassingen.
- De Richtlijnen bevatten specifieke bepalingen omtrent contractaanpassingen als gevolg van de coronacrisis. IFRS bevat hier geen uitzondering op de gebruikelijke verwerking van contractaanpassingen.
- IFRS 16 bevat meer toelichtingseisen dan Richtlijn 292.

32.5 'Sale-and-leaseback'-transacties

Een 'sale-and-leaseback'-transactie is een transactie waarbij een actief wordt verkocht en hetzelfde actief wordt teruggeleased (RJ 292.401, IFRS 16.98). Bij 'sale-and-leaseback'-transacties is de verwerking in de jaarrekening onder de Richtlijnen afhankelijk van de classificatie van de teruglease. Teruglease kan plaatsvinden op operationele of op financiële basis. Deze classificatie bepaalt ook of resultaat mag worden genomen op de verkooptransactie. Omdat IFRS 16 geen classificatie kent van leasecontracten voor de lessee is leaseclassificatie niet van belang. Onder IFRS 16 is wel van belang of sprake is van een verkoop van het actief, dit wordt geëvalueerd aan de hand van de criteria in IFRS 15. Gezien de verschillen tussen de Richtlijnen en IFRS worden deze hierna separaat behandeld.

32.5.1 'Sale-and-leaseback' met financiële teruglease (Richtlijn 292)

Indien er sprake is van een financiële teruglease dient een eventueel positief verschil tussen de verkoopopbrengst en de boekwaarde van het leaseobject in de jaarrekening van verkoper/lessee te worden gespreid over de leaseperiode (RJ 292.402). De transactie is een vorm van financiering met het leaseobject als zekerheid en dient dan ook als een financieringsovereenkomst verwerkt te worden. Het leaseobject blijft gewaardeerd op basis van de boekwaarde voor de 'sale-and-leaseback' en hierover blijft afgeschreven worden. Uiteraard dient de lessee vast te stellen in hoeverre de economische levensduur als gevolg van het aangaan van de lease is gewijzigd. Immers aan het einde van de leasetermijn vervalt het actief normaliter aan de lessor.

Het verschil tussen de verkoopprijs en de contante waarde van de leaseverplichting (hetgeen kan ontstaan doordat de leaseperiode korter is dan de resterende levensduur) wordt als overlopende post opgenomen met een jaarlijkse vrijval ten gunste van het resultaat. Een eventueel negatief verschil tussen de verkoopprijs en de boekwaarde van het actief wordt bij financiële teruglease niet als verlies verwerkt, tenzij er sprake is van een bijzondere waardevermindering (RJ 292.406).

Voorbeeld van verwerking van een 'Sale-and-leaseback' met financiële teruglease in de jaarrekening van de lessee (ontleend aan Bijlage 2 van Richtlijn 292)

Gegevens
Onderneming heeft een machine welke wordt verkocht aan een leasemaatschappij en vervolgens wordt teruggeleased ('sale-and-leaseback'). Hierbij zijn de volgende gegevens van toepassing:
▶ de boekwaarde van de machine voor verkoop bedraagt € 50.000;
▶ de resterende economische levensduur en gebruiksduur van de machine zijn 8 jaar;
▶ de machine wordt verkocht aan de leasemaatschappij voor € 100.000;
▶ de machine wordt teruggeleased voor een periode van 7 jaar;
▶ de restwaarde aan het einde van de leasetermijn wordt door de lessor geschat op € 10.000 – er zijn geen garanties van toepassing;
▶ de jaarlijkse leasetermijnen bedragen € 18.000, welke aan het einde van het jaar worden voldaan;
▶ de impliciete rentevoet van de lessor bedraagt 8%;
▶ er wordt afgezien van belastingen.

Classificatie leaseback
De leaseperiode omvat het belangrijkste deel van de economische levensduur van het object, namelijk 7 van de 8 jaar. De contante waarde van de minimale leasebetalingen bedraagt € 93.715 en is daarmee nagenoeg gelijk aan de reële waarde van het leaseobject. Derhalve wordt de leaseback geclassificeerd als een financiële lease.

Verwerking sale-en-leaseback
Conform alinea's RJ 292.402 en 403 wordt deze transactie niet als een verkooptransactie, maar primair als een financieringsovereenkomst verwerkt. Dit betekent dat er geen verkoop noch enige verkoopwinst wordt verantwoord, maar een leaseverplichting wordt opgenomen. Het verschil tussen de verkoopprijs en de contante waarde van de leaseverplichting wordt opgenomen als overlopende post. Deze overlopende post is feitelijk de verkochte restwaarde van het actief na 7 jaar.

Eerste verwerking sale-en-leaseback

Kas	€ 100.000	
Aan Leaseverplichting		€ 93.715
Aan Overlopende post		€ 6.285

Waardering na eerste verwerking
De afschrijving van de machine wordt aangepast aan de kortste termijn van de leaseperiode of de gebruiksduur van het object. De leasebetalingen worden gesplitst in rentelasten en aflossing van de uitstaande verplichting. De rentelasten worden zodanig aan elke periode tijdens de leaseperiode toegerekend dat dit resulteert in een constante periodieke rentevoet over de (in iedere periode gemiddelde) resterende netto-verplichting met betrekking tot de financiële lease. De overlopende post valt lineair vrij over de looptijd van de lease.

Bovenstaande resulteert in een rentevoet ad 8%, en jaarlijkse rentelasten en aflossingen zoals in onderstaande tabel weergegeven:

Jaar	Leaseverplichting begin van het jaar (a)	Leasebetaling (b)	Rentekosten leaseverplichting (c)=8%x(a)	Vermindering leaseverplichting (d)=(b)-(c)	Leaseverplichting eind van het jaar (e)=(a)-(d)
1	93.715	18.000	7.497	10.503	83.212
2	83.212	18.000	6.657	11.343	71.869
3	71.869	18.000	5.750	12.250	59.619
4	59.619	18.000	4.769	13.231	46.388
5	46.388	18.000	3.711	14.289	32.099
6	32.099	18.000	2.568	15.432	16.667
7	16.667	18.000	1.333	16.667	0

De lessee zal de volgende boekingen maken:

Eerste jaar:
Afschrijving (W&V) (€ 50.000/7) € 7.143
Aan Machine (Balans) € 7.143

Leaseverplichting (Balans) € 10.503
Rentelasten (W&V) € 7.497
Aan Kas (Balans) € 18.000

Overlopende post (Balans) € 898
Aan Vrijval overlopende post (W&V) € 898

Tweede jaar:
Afschrijving (W&V) € 7.143
Aan Machine (Balans) € 7.143

Leaseverplichting (Balans) € 11.343
Rentelasten (W&V) € 6.657
Aan kas (Balans) € 18.000

Overlopende post (Balans) € 898
Aan Vrijval overlopende post (W&V) € 898
Etc.

Als gevolg van de 'sale-and-leaseback' neemt de afschrijving toe met € 893 (namelijk afschrijving ad € 6.250 op basis van 8 jaar versus € 7.143 op basis van 7 jaar). Deze hogere afschrijving wordt (meer dan) volledig gecompenseerd door de vrijval van de overlopende post.

De toelichting door lessee en lessor op een 'sale-and-leaseback'-transactie met financiële teruglease is overeenkomstig de eerder vermelde vereisten voor de toelichting op een financiële lease (zie par. 32.3.1 en par. 32.4.1). De bijzondere voorwaarden van de 'sale-and-leaseback'-transactie moet op grond daarvan ook worden toegelicht (RJ 292.407).

De verwerking bij de lessor van het onderhavige voorbeeld is die van het verstrekken van een financiering. Er is een uitstroom van financiële middelen, welke leidt tot de opname van een vordering op de lessee. Aan de hand van de impliciete rentevoet wordt periodiek de renteopbrengst verantwoord.

32.5.2 'Sale-and-leaseback' met operationele teruglease (Richtlijn 292)

De bepalingen in de Richtlijnen voor een situatie van 'sale-and-leaseback' met operationele teruglease zijn gecompliceerder dan in het geval waarin er sprake is van financiële teruglease. De operationele lease leidt ertoe dat de

transactie kan leiden tot de verwerking van een winst of verlies. De bepaling daarvan en de wijze van verwerking zijn afhankelijk van de onderlinge verhouding tussen:
- de boekwaarde van het leaseobject;
- de reële waarde van het leaseobject; en
- de verkoopprijs van het leaseobject.

Er dient als volgt te worden gehandeld (RJ 292.404):
a. Indien de verkoopprijs gelijk is aan de reële waarde wordt een eventuele boekwinst of een eventueel boekverlies onmiddellijk verwerkt in de winst-en-verliesrekening van de verkoper/lessee.
b. Indien de verkoopprijs hoger is dan de reële waarde wordt het verschil tussen de verkoopprijs en de reële waarde als overlopende passiefpost opgenomen en ten gunste van de winst-en-verliesrekening gebracht over de periode gedurende welke het actief naar verwachting zal worden gebruikt. Een eventueel verschil tussen reële waarde en de boekwaarde wordt onmiddellijk als boekwinst of -verlies verantwoord in de winst-en-verliesrekening.
c. Indien de verkoopprijs lager is dan de reële waarde wordt een eventuele boekwinst of een eventueel boekverlies (het verschil tussen de verkoopprijs en de boekwaarde) onmiddellijk verantwoord in de winst-en-verliesrekening. In geval van een boekverlies, wordt (het deel van) het boekverlies dat wordt gecompenseerd door toekomstige leasebetalingen lager dan de markttarieven opgenomen als overlopende actiefpost en in verhouding tot de leasebetalingen ten laste van de winst-en-verliesrekening gebracht over de periode gedurende welke het actief naar verwachting zal worden gebruikt. Als alternatief is het ook toegestaan, om rekening te houden met deze compensatie indien er sprake is van een winst of indien de compensatie groter is dan de last.

Overigens zal in situatie c bij de classificatie van de teruglease in financiële lease of operationele lease rekening gehouden moeten worden met het geheel van de transactie. Vooral een te nauwe invulling van de minimale leasebetalingen bij toepassing van het 90%-criterium kan tot verkeerde conclusies leiden.

Voorbeelden situaties 'sale-and-leaseback'-transacties met operationele lease, gebaseerd op Bijlage 3 bij Richtlijn 292		
Situatie	Regelgeving	Cijfervoorbeeld
Verkoopprijs is gelijk aan reële waarde.	Een eventuele boekwinst of boekverlies wordt ten gunste of ten laste van het resultaat gebracht.	Stel, de verkoopprijs is 100 en de reële waarde is 100; dan: • als boekwaarde 90: winst 10; • als boekwaarde 110: verlies 10
Verkoopprijs is hoger dan reële waarde.	1 verschil tussen verkoopprijs en reële waarde wordt gepassiveerd en geamortiseerd (t.g.v. resultaat) over looptijd contract; en 2 verschil tussen boekwaarde en reële waarde wordt als resultaat verantwoord (dit geldt voor zowel winsten als verliezen).	Stel, de verkoopprijs is 100, de reële waarde is 80: • overlopende passiefpost is 20 • indien boekwaarde is 70: winst is 10; • indien boekwaarde is 110: verlies is 30
Verkoopprijs is lager dan reële waarde en het verschil tussen de verkoopprijs en de reële waarde wordt niet gecompenseerd door toekomstige leasebetalingen lager dan marktconforme tarieven.	Een verschil tussen boekwaarde en verkoopprijs wordt als resultaat verantwoord (dit geldt voor zowel winsten als verliezen).	Stel, de verkoopprijs is 80, de reële waarde is 100: • indien boekwaarde is 70: winst is 10; • indien boekwaarde is 110: verlies is 30

Situatie	Regelgeving	Cijfervoorbeeld
Verkoopprijs is lager dan reële waarde en het verschil tussen de verkoopprijs en de reële waarde wordt wel gecompenseerd door toekomstige leasebetalingen lager dan marktconforme tarieven.	Een verschil tussen boekwaarde en verkoopprijs wordt als resultaat verantwoord (dit geldt voor zowel winsten als verliezen), gecorrigeerd door een overlopende actiefpost, die wordt afgeschreven in verhouding tot de leasebetalingen in de verwachte periode van gebruik van het actief. De overlopende actiefpost bedraagt: a. alleen de last, voor zover gecompenseerd; of b. het (volledige) bedrag, dat wordt gecompenseerd.	Stel, de verkoopprijs is 80, de reële waarde is 100 en compensatie is 10: • indien boekwaarde is 70: winst is 10 (keuze a) of 20 (keuze b, met overlopende post van 10); • indien boekwaarde is 110: verlies is 20 met overlopende post van 10 (keuze a en b)

De toelichtingseisen voor operationele en financiële leases gelden ook voor 'sale-and-leaseback'-contracten (zie par. 32.3.2 en 32.4.2). De bijzondere voorwaarden van de 'sale-and-leaseback'-transactie moet men op grond daarvan ook toelichten (RJ 292.407).

32.5.3 'Sale-and-leaseback' onder IFRS 16

Onder IFRS 16 is het bestaande onderscheid tussen operationele en financiële leases voor lessees vervallen. Er zullen daarmee bij lessees geen 'off-balance sheet' leases meer bestaan, behalve eventueel voor leases met een looptijd korter dan één jaar en leases van 'activa van lage waarde' (zie ook par. 32.2.1 en 32.3.3).

Lessees dienen dus alle leases die niet onder de uitzonderingscriteria vallen in de balans op te nemen en dus leiden 'sale-and-leaseback'-transacties niet meer tot 'off balance sheet'-financiering.

In een 'sale-and-leaseback'-transactie wordt alleen verkoopresultaat verantwoord indien voldaan wordt aan de eisen in IFRS 15 omtrent het voldoen aan een prestatieverplichting. Indien de transactie voldoet aan deze criteria, wordt verkoopwinst op de transactie verantwoord en wordt het oorspronkelijke actief niet langer opgenomen. De verkoopwinst wordt op proportionele basis bepaald waarbij alleen een bate wordt verantwoord over de rechten die zijn overgedragen aan de koper-lessor. De teruglease wordt verwerkt conform IFRS 16. Indien de teruglease niet op basis van marktconforme voorwaarden plaatsvindt, dient hiervoor gecorrigeerd te worden.

De transactie voldoet bijvoorbeeld niet aan de criteria van IFRS 15 als de verkoper-lessee een terugkooprecht heeft dat substance heeft, omdat er dan geen beschikkingsmacht ('control') is overgedragen. De teruglease is op zich onvoldoende om te concluderen dat niet aan de criteria voor omzetverantwoording wordt voldaan. In dit kader is belangrijk om onderscheid te maken tussen 'control' over het actief (van belang voor IFRS 15) en 'control' over het gebruiksrecht over het actief (van belang voor IFRS 16). Indien de transactie niet voldoet aan de criteria van omzetverantwoording onder IFRS 15, wordt deze volledig als een financieringstransactie verwerkt. Er wordt geen omzet of winst verantwoord in de 'sale-and-leaseback'-transactie. De ontvangen bedragen worden als financiële verplichting opgenomen en volgen de verslaggevingsregels voor financiële verplichtingen onder IFRS 9. De boekwaarde of de aard van het onderliggende actief wordt ook niet aangepast. De koper-lessor verwerkt het onderliggende actief niet maar neemt in plaats daarvan een financiële vordering onder IFRS 9 op.

Op het moment dat wel voldaan wordt aan de voorwaarden voor omzetverantwoording, vindt de verwerking als volgt plaats voor de lessee:
- het onderliggende actief wordt niet langer in de balans van de verkoper-lessee opgenomen;
- het gebruiksrecht wordt gewaardeerd op een proportie van de boekwaarde van het onderliggende actief op basis van het gebruiksrecht dat is behouden. De proportie kan hierbij worden bepaald als de verhouding tussen de contante waarde van de leaseverplichting (geschoond voor eventuele vooruitbetaling of additionele financiering) en de reële waarde van het verkochte actief zoals in onderstaand voorbeeld is gedaan;
- een verschil tussen reële waarde en transactiewaarde van de verkoop wordt als volgt verwerkt:
  - als verkoop plaatsvindt tegen een transactieprijs lager dan de reële waarde wordt dit beschouwd als een vooruitbetaling;
  - als verkoop plaatsvindt tegen een transactieprijs hoger dan de reële waarde wordt dit beschouwd als additionele financiering.
- de bate als gevolg van verkoop heeft aldus alleen betrekking op de rechten die zijn overgedragen aan de koper-lessor (IFRS 16.100 en 101). Hierbij heeft de IFRS Interpretations Committee bepaald dat bij de verplichting ook een verwachting van de variabele leasebetalingen meegenomen moet worden. Dit wijkt dus af van de gebruikelijke regels voor variabele leasebetalingen (zie par. 32.3.3).

De koper-lessor corrigeert ook de transactieprijs voor afwijkingen ten opzichte van de reële waarde. Verder past de koper-lessor de gebruikelijke verslaggevingsregels toe zoals beschreven in paragraaf 32.4.

Voorbeelden van verwerking van een 'sale-and-leaseback'-transactie (gebaseerd op IFRS 16.IE11)

Een onderneming (verkoper-lessee) verkoopt een gebouw aan een andere onderneming (koper-lessor) voor € 2.000.000. Direct voor de transactie was de boekwaarde van het gebouw € 1.000.000. Op hetzelfde moment gaat de verkoper-lessee een contract aan met koper-lessor voor het gebruik van het pand voor 18 jaar, met jaarlijkse betalingen van € 120.000, te betalen aan het eind van ieder jaar. De voorwaarden en omstandigheden van de transacties zijn zo dat de overdracht van het gebouw door verkoper-lessee voldoet aan de eisen voor het voldoen van een prestatieverplichting onder IFRS 15. Als gevolg daarvan verantwoorden verkoper-lessee en koper-lessor de transactie als een 'sale-and-leaseback'. Dit voorbeeld negeert initiële directe kosten.
De reële waarde van het pand bij verkoop is € 1.800.000. Omdat de vergoeding voor verkoop van het gebouw niet op reële waarde is, maken verkoper-lessee en koper-lessor aanpassingen om de verkoop op reële waarde te verantwoorden. Het bedrag van het overschot op de verkoopprijs van € 200.000 (€ 2.000.000 -/- € 1.800.000) wordt verwerkt als aanvullende financiering door koper-lessor aan verkoper-lessee.
De impliciete rentevoet in de lease is 4,5% per jaar, en is bepaalbaar door verkoper-lessee. De contante waarde van de jaarlijkse leasebetalingen (18 betalingen van € 120.000, verdisconteerd tegen 4,5% per jaar) bedraagt € 1.459.200, waarvan € 200.000 betrekking heeft op de aanvullende financiering en € 1.259.200 betrekking heeft op de lease, dit komt overeen met 18 jaarlijkse betalingen van respectievelijk € 16.447 en € 103.553.
De koper-lessor classificeert de lease van het gebouw als een operationele lease.

Verkoper-lessee
Bij aanvang van de leaseperiode waardeert de verkoper-lessee het gebruiksrecht van de leaseback van het gebouw als een proportie van de voorheen geldende boekwaarde van het gebouw dat betrekking heeft op de leaseback, dit is € 699.555. Dit wordt berekend als € 1.000.000 (boekwaarde van het pand) * € 1.259.200 (contante waarde van de leasebetalingen voor het gebruiksrecht van 18 jaar) / € 1.800.000 (reële waarde van het gebouw).
De verkoper-lessee verwerkt alleen de boekwinst die betrekking heeft op de rechten die zijn overgedragen aan de koper-lessor voor € 240.355, wat als volgt is berekend. De boekwinst op het gebouw bedraagt € 800.000 (€ 1.800.000 -/- € 1.000.000), waarvan:
- € 559.645 (€ 800.000 * € 1.259.200/€ 1.800.000) betrekking heeft op de gebruiksrechten van het gebouw die behouden zijn door de verkoper-lessee; en
- € 240.355 (€ 800.000 * ((€ 1.800.000 -/- € 1.259.200)/€ 1.800.000) betrekking heeft op de rechten die zijn overgedragen aan de koper-lessor.

> Bij aanvang van de leaseperiode verwerkt de verkoper-lessee de transactie als volgt:
>
> | | | |
> |---|---|---|
> | Bank | 2.000.000 | |
> | Gebruiksrecht gebouw | 699.555 | |
> | Aan gebouw | | 1.000.000 |
> | Aan financiële verplichting | | 1.459.200 |
> | Aan baten | | 240.355 |
>
> Onder Richtlijn 292 wordt een boekwinst van € 800.000 verantwoord - ervan uitgaande dat dit een operationele teruglease betreft. Onder Richtlijn 292 wordt eveneens gecorrigeerd voor de aanvullende financiering van € 200.000.
>
> Koper-lessor
> Bij aanvang van de leaseperiode verwerkt de koper-lessor de transactie als volgt:
>
> | | | |
> |---|---|---|
> | Gebouw | 1.800.000 | |
> | Financieel actief | 200.000 | (18 betalingen van € 16.447 verdisconteerd tegen 4,5% per jaar) |
> | Aan bank | | 2.000.000 |
>
> Na aanvang van de leaseperiode verwerkt de koper-lessor € 103.553 van de jaarlijkse betaling van € 120.000 als leasebetalingen. Het resterende bedrag van € 16.447 van jaarlijkse betalingen ontvangen van koper-lessee wordt verwerkt als (a) betalingen voor terugbetaling van het financieel actief en (b) renteopbrengsten.

IFRS 16 bevat uitgebreidere toelichtingen voor lessors dan Richtlijn 292. De doelstelling van de toelichtingen is dat informatie wordt toegelicht die – gezamenlijk met de informatie in de primaire overzichten – gebruikers een basis geeft om het effect van leases op de financiële positie, financiële prestaties en kasstromen vast te stellen (IFRS 16.89).

Daarnaast kunnen aanvullende toelichtingen vereist zijn om aan de doelstelling voor toelichtingen te voldoen. IFRS 16.59 noemt hierbij specifiek 'sale-and-leaseback'-transacties.

Verschillen Dutch GAAP - IFRS

Voldoet 'sale-and-leaseback' aan voorwaarden voor omzetverantwoording

IFRS 16 heeft regels voor 'sale-and-leaseback'. Een transactie wordt alleen onder deze regelgeving verwerkt indien voldaan wordt aan de eisen in IFRS 15 omtrent het voldoen aan een prestatieverplichting. Indien dit niet het geval is, wordt de transactie als een financiering verwerkt. De transactie voldoet bijvoorbeeld niet aan de criteria van omzetverantwoording als de verkoper-lessee een terugkooprecht heeft dat substance heeft, omdat er dan geen beschikkingsmacht ('control') is overgedragen. De teruglease is op zich onvoldoende om te concluderen dat niet aan de criteria voor omzetverantwoording wordt voldaan. In dit kader is het belangrijk om onderscheid te maken tussen 'control' over het actief (van belang voor IFRS 15) en 'control' over het gebruiksrecht over het actief (van belang voor IFRS 16).

Onder Richtlijn 292 is het niet van belang om vast te stellen of aan de eisen voor omzetverantwoording onder Richtlijn 270 wordt voldaan. Onder Richtlijn 292 is het van belang of de teruglease als operationele of als financiële lease wordt geclassificeerd.

Verwerking bate 'sale-and-leaseback'

Indien de reële waarde van het verkochte actief hoger is dan de boekwaarde en er is sprake van een operationele teruglease, wordt onder de Richtlijnen in beginsel het verschil als bate verantwoord. Onder IFRS 16 wordt de bate proportioneel verwerkt. De bate wordt alleen verwerkt voor zover het actief niet wordt terug geleased. Hiervoor kan de verhouding worden bepaald tussen de contante waarde van de leaseverplichting (geschoond voor eventuele vooruitbetaling of additionele financiering) en de reële waarde van het actief. De direct verantwoorde bate onder IFRS 16 valt daardoor in de meeste gevallen lager uit dan onder Richtlijn 292.

Toelichtingen
IFRS 16 bevat uitgebreidere toelichtingen dan Richtlijn 292.

32.6 Samengestelde transacties met de juridische vorm van een leaseovereenkomst

RJ 292.5 geeft bepalingen over samengestelde transacties met de juridische vorm van een leaseovereenkomst.

In deze Richtlijn wordt ingegaan op een zeer specifieke soort transactie die ook in Nederland voorkomt. Voorbeelden van dergelijke transacties zijn de 'US Cross Border Leases' en 'Lease-leaseback'-transacties. De Richtlijn gaat in op een drietal vragen. Allereerst wordt vastgesteld dat Richtlijn 292 over leases niet automatisch moet worden toegepast uitsluitend en alleen omdat een transactie de juridische vorm van een lease heeft. Altijd moet worden gekeken naar de 'substance' van een transactie. Voorts gaat de interpretatie in op de vraag onder welke voorwaarden de baten uit deze transactie onmiddellijk mogen worden verantwoord. De volgende indicatoren leiden ertoe dat het niet is toegestaan de baten in één keer te verantwoorden:
- verplichtingen om bepaalde activiteiten uit te voeren of niet uit te voeren worden als voorwaarden gesteld om de baten te ontvangen;
- beperkingen zijn verbonden aan het gebruik van het actief;
- de mogelijkheid om de baten terug te betalen en dat mogelijkerwijs een extra bedrag wordt betaald, is niet gering.

Ten slotte wordt de vraag beantwoord onder welke omstandigheden de bij de transactie ontstane vorderingen en verplichtingen niet op de balans behoeven te worden verantwoord. De volgende omstandigheden worden in dit kader genoemd:
- de onderneming heeft geen 'control' over een gestort depot en heeft geen verplichting de leasebetalingen te voldoen. Dit is bijvoorbeeld het geval indien een vooruitbetaald bedrag op een afzonderlijke beleggingsrekening wordt gestort ter bescherming van de investeerder en dat bedrag alleen kan worden gebruikt om de investeerder te betalen, de investeerder instemt met de betaling van de leasetermijnen uit de opbrengsten van de beleggingen en de onderneming niet de mogelijkheid heeft betaling van de beleggingsrekening naar de investeerder tegen te houden;
- de onderneming heeft slechts een gering risico het gehele ontvangen bedrag terug te betalen, of wanneer geen bedrag is ontvangen alleen een gering risico om een bedrag te betalen bijvoorbeeld onder een afgegeven garantie. Een gering risico is aanwezig indien bijvoorbeeld de voorwaarden van de overeenkomst eisen dat een vooruitbetaald bedrag wordt geïnvesteerd in risicoloze activa waarvan verwacht wordt dat deze voldoende kasstromen zullen genereren om de leasetermijnen te voldoen;
- de enige kasstromen die verwacht worden zijn de leasebetalingen die voldaan worden uit de opbrengsten uit een afzonderlijke beleggingsrekening.

Andere verplichtingen uit hoofde van de transactie, zoals afgegeven garanties en verplichtingen in geval van voortijdige beëindiging dienen, afhankelijk van de daaraan verbonden voorwaarden, te worden verwerkt op basis van de Richtlijn voor voorzieningen, niet in de balans opgenomen verplichtingen en niet in de balans opgenomen activa (Richtlijn 252) en/of de Richtlijn voor financiële instrumenten (Richtlijn 290).

In Bijlage 4 van Richtlijn 292 zijn enkele voorbeelden opgenomen van samengestelde transacties met de juridische vorm van een leaseovereenkomst.

Dit type transacties valt onder IFRS 16 onder de reguliere 'sale-and-leaseback'-transacties. Vanwege de achtergrond van deze transacties zal er vaak niet worden voldaan aan de criteria voor omzetverantwoording en zal de verwerking overeenkomstig plaatsvinden.

32.7 Vrijstellingen voor middelgrote rechtspersonen

Middelgrote rechtspersonen zijn vrijgesteld van de volgende toelichtingseisen:
- indien een afnemer concludeert dat het praktisch niet uitvoerbaar is om betalingen betrouwbaar te splitsen in leasebetalingen en andere betalingen hoeft niet te worden vermeld dat de toegelichte bedragen ook betalingen voor niet-leasebestanddelen bevatten (RJ 292.212f);
- als lessor voor financiële leases:
  - een aansluiting tussen de bruto-investering in de lease en de contante waarde van de toekomstige minimale leasebetalingen op de balansdatum. Daarnaast dient de bruto-investering in de lease en de contante waarde van de minimale leasebetalingen op de balansdatum voor elk van de volgende verslagperioden te worden vermeld:
    - niet langer dan een jaar na balansdatum;
    - langer dan een jaar en niet langer dan vijf jaar na balansdatum; en
    - langer dan vijf jaar na balansdatum.
    Teneinde te voldoen aan de hiervoor aangegeven doelstelling van de toelichting kan er, mede afhankelijk van de verschillen in de jaarlijkse leasebetalingen, aanleiding zijn een meer gedetailleerde looptijdanalyse te verstrekken (RJ 292.311a).
  - de cumulatieve voorziening voor oninbaarheid die in mindering is gebracht op de contante waarde van de minimale leasebetalingen (RJ 292.311d);
  - het bedrag van de voorwaardelijke leasebetalingen dat als opbrengst is verwerkt in de verslagperiode (RJ 292.311e);
- als lessor voor operationele leases: het bedrag van de voorwaardelijke leasebetalingen dat als opbrengst is verwerkt in de verslagperiode (RJ 292.319b).

33 Activa bestemd voor verkoop en beëindiging van bedrijfsactiviteiten

33.1 Algemeen	
Richtlijn 345 'Beëindiging van bedrijfsactiviteiten'	Toelichtingsvoorschriften inzake verkoop/staking van bedrijfsonderdelen.
IFRS 5 'Non-current Assets Held for Sale and Discontinued Operations'	Voorschriften voor presentatie, toelichting, waardering en resultaatbepaling inzake verkoop van vaste activa en bedrijfsonderdelen.
33.2 Beëindiging van bedrijfsactiviteiten (RJ)	
Het begrip bedrijfsactiviteit	Een bedrijfsonderdeel dat: ▶ een belangrijke afzonderlijke activiteit vertegenwoordigt of aan een belangrijk afzonderlijk geografisch gebied of groep van afnemers levert; en ▶ zowel operationeel als voor financiële verslaggevingsdoeleinden wordt onderscheiden.
Het begrip 'niet duurzaam voortzetten'	Bedrijfsonderdeel wordt afgestoten of gestaakt volgens een bepaald plan.
Moment van eerste informatieverstrekking: initiële gebeurtenis	▶ verkoopovereenkomst; of ▶ formeel plan dat is goedgekeurd en bekendgemaakt.
Toelichting van de initiële gebeurtenis	Informatie moet worden verschaft over onder andere: ▶ tijdstip en aard initiële gebeurtenis; ▶ verwachte afrondingsdatum; ▶ beschrijving afgestoten/gestaakte bedrijfsonderdeel en welk operationeel segment; ▶ boekwaarden van het bedrijfsonderdeel; ▶ resultaten uit afstoting/staking bedrijfsonderdeel; ▶ kasstromen uit afstoting/staking bedrijfsonderdeel. Per beëindigde bedrijfsactiviteit en aanpassing vergelijkende cijfers.
Toelichting in geval van een afgesloten verkoopovereenkomst	Informatie moet worden verschaft over onder andere: ▶ resultaat voor belastingen van de verkoop; ▶ totale netto-verkoopopbrengst. Per beëindigde bedrijfsactiviteit en aanpassing vergelijkende cijfers.
Jaarlijks actualiseren van de toelichting	Informatie actualiseren in volgende jaarrekeningen totdat beëindiging is afgewikkeld.
Tussentijdse berichten	Toelichting belangrijke gebeurtenissen inzake beëindigde bedrijfsactiviteiten die zich sinds de laatste jaarrekening hebben voorgedaan.

33.3 Activa bestemd voor verkoop/uitkering aan aandeelhouders en beëindigde bedrijfsactiviteiten (IFRS)	
Doelstelling en reikwijdte IFRS 5	De presentatie en toelichtingseisen van IFRS 5 zijn van toepassing op alle vaste activa en 'disposal groups' inclusief specifiek gedefinieerde activa die niet onder de reikwijdte van IFRS 5 vallen qua waardering.
Kwalificatie als 'Held for sale'	'Held for sale' indien: ▶ geschikt voor onmiddellijke verkoop; ▶ gestart met uitvoering van verkoopbesluit/-plan; ▶ verkoop zeer waarschijnlijk en binnen een jaar; ▶ verkoopprijs en voorwaarden gebruikelijk zijn; en ▶ fundamentele wijziging of intrekken verkoopplan niet te verwachten.
Voldaan aan voorwaarden na balansdatum	Niet verantwoorden als 'held for sale'. Wel toelichting als voor het opmaken van de jaarrekening aan de voorwaarden wordt voldaan.
Kwalificatie als 'Held for distribution'	'Held for distribution': de bepalingen van IFRS 5 zijn ook van toepassing op vaste activa/'disposal groups' die kunnen worden gekwalificeerd als aangehouden voor uitkering aan de eigenaren van de onderneming, indien: ▶ het bestuur tot uitkering heeft besloten; ▶ geschikt is voor onmiddellijke uitkering; ▶ gestart is met uitvoering van het uitkeringsbesluit; ▶ de uitkering zeer waarschijnlijk is en binnen een jaar plaatsvindt; ▶ fundamentele wijziging of intrekken besluit niet te verwachten is.
Presentatie 'held for sale/distribution'	▶ afzonderlijke presentatie op de balans; ▶ afzonderlijke presentatie van de bijbehorende reserves onder eigen vermogen; ▶ geen aanpassing vergelijkende cijfers.
Toelichting 'held for sale/distribution'	▶ omschrijving vaste actief/'disposal group' en belangrijke klassen activa/passiva; ▶ verwachte verloop van de verkoop/uitkering; ▶ resultaat uit hoofde van afwaardering naar reële waarde minus verkoopkosten/uitkeringskosten; ▶ welk operationeel segment.
Waardering 'held for sale/ distribution' actief/'disposal group'	▶ waardering tegen de laagste van boekwaarde (rekening houdend met bijzondere waardevermindering) en reële waarde minus verkoopkosten/uitkeringskosten; ▶ geen afschrijving; ▶ eventueel bijzonder waardeverminderingsverlies in de winst-en-verliesrekening.

33 Activa bestemd voor verkoop en beëindiging van bedrijfsactiviteiten

Kwalificatie 'held for sale/distribution' is niet langer van toepassing (wijziging verkoopplan)	Indien kwalificatie 'held for sale/distribution' niet langer van toepassing: retrospectieve aanpassing van de boekwaarde. Geen aanpassing vergelijkende cijfers, met uitzondering van dochterondernemingen, joint operations, (gedeelte van) joint ventures en geassocieerde deelnemingen die niet langer als 'held for sale/distribution' kwalificeren.
Herclassificatie van 'held for distribution' naar 'held for sale' of vice versa	Voortzetting van waardering volgens IFRS 5. Geen verlenging van de verkoopperiode van een jaar.
Beëindigde bedrijfsactiviteiten	Discontinued operation: 'component of an entity' (in feite: kasstroomgenererende eenheid) die is afgestoten ofwel 'held for sale' is en ▶ een afzonderlijk, significante productgroep of geografisch gebied is; of ▶ onderdeel is van een plan om significante productgroep/geografisch gebied af te stoten; of ▶ een dochter is die uitsluitend is verworven met de bedoeling om haar weer te verkopen.
Presentatie en toelichting 'discontinued operation'	▶ resultaten uit de discontinued operation afzonderlijk in winst-en-verliesrekening; ▶ voorgeschreven uitsplitsing van resultaten uit discontinued operation (mag in toelichting); ▶ netto-kasstromen uit de discontinued operation (mag in toelichting); ▶ winst per aandeel (mag in toelichting); ▶ aanpassing vergelijkende cijfers.
De 'discontinued operation' is niet langer 'held for sale/distribution & 'discontinued operation'	Herclassificatie naar resultaten uit voorgezette activiteiten inclusief de baten/lasten van de nieuwe waardering. Aanpassing van de vergelijkende cijfers en toelichting van de reden, omstandigheden en financiële impact op de cijfers.
33.4 Verschillen Dutch GAAP – IFRS	
Verschillen	▶ De Nederlandse wet- en regelgeving kent alleen toelichtingsvoorschriften terwijl IFRS ook presentatie-, waarderings- en resultaatbepalingsvoorschriften kent. ▶ De Nederlandse wet- en regelgeving kent geen afzonderlijke categorie 'held for sale/distribution' op de balans en in de toelichting. ▶ Onder IFRS wordt niet meer afgeschreven op een 'held for sale/distribution' actief ongeacht of dat actief nog wordt gebruikt. ▶ Het begrip 'beëindigde bedrijfsactiviteit' is onder de Nederlandse wet- en regelgeving ruimer dan onder IFRS. ▶ Onder IFRS is afzonderlijke presentatie in de winst-en-verliesrekening van de resultaten van een 'discontinued operation' verplicht.
33.5 Vrijstellingen voor middelgrote rechtspersonen	
Tweetal vrijstellingen	▶ vrijstelling met betrekking tot informatie omtrent belastingen; ▶ geen informatie over segment.

33.1 Algemeen

Gezien de verschillen tussen het kader van IFRS en de Richtlijnen is er in dit hoofdstuk voor gekozen om beide regelgevingen separaat te behandelen. Wel zijn in een afzonderlijke paragraaf de verschillen van IFRS ten opzichte van de Richtlijnen aangegeven.

Dutch GAAP

In Richtlijn 345 'Beëindiging van bedrijfsactiviteiten' worden voorschriften gegeven voor in de jaarrekening op te nemen gegevens over beëindiging van bedrijfsactiviteiten. Het gaat om voorschriften voor de toelichting van een onderdeel van de rechtspersoon dat wordt aangemerkt als een bedrijfsactiviteit die niet duurzaam wordt voortgezet.

De Richtlijn bevat dus geen regels voor waardering van de activa en passiva en de bepaling van baten en lasten van de beëindigde bedrijfsactiviteit. De in andere Richtlijnen opgenomen reguliere voorschriften van waardering en resultaatbepaling zijn dan ook op het beëindigd bedrijfsonderdeel van toepassing (RJ 345.101). Dit betekent dat vaste activa bestemd voor verkoop gerubriceerd blijven onder de vaste activa en niet als een afzonderlijke balanspost getoond worden in de balans. Overigens wordt onder de materiële vaste activa wel een afzonderlijke categorie 'niet aan het productieproces dienstbare materiële vaste activa' gepresenteerd (art. 2: 366 lid 1 onder e BW), maar deze categorie wordt slechts gebruikt voor activa die daadwerkelijk niet aan het productieproces (meer) dienstbaar zijn zoals materiële vaste activa die vroeger in het bedrijfsproces zijn gebruikt, waarvan de aanwending is beëindigd (RJ 212.603). Een dergelijke categorie kent de Nederlandse wet- en regelgeving niet voor immateriële vaste activa. De RJ heeft niet meer de mogelijkheid opgenomen om buiten gebruik gestelde activa via een incidentele herwaardering op opbrengstwaarde te waarderen indien besloten is tot verkoop (zie ook par. 7.3.3.3). De RJ heeft namelijk besloten deze optie niet meer te adresseren.

Indien onder de Richtlijnen géén sprake is van een buitengebruik gesteld materieel vast actief loopt de afschrijving door tot het moment van afstoten (RJ 212.427). Voor de waardering en resultaatbepaling van buitengebruik gestelde of gedesinvesteerde/verkochte vaste activa wordt verwezen naar hoofdstuk 6, hoofdstuk 7 en hoofdstuk 8.

IFRS

IFRS 5 'Non-current Assets Held for Sale and Discontinued Operations' gaat over de verwerking in de jaarrekening van vaste activa en bedrijfsonderdelen die worden verkocht of worden beëindigd. IFRS 5 bevat niet alleen voorschriften omtrent de presentatie en toelichting, maar ook voorschriften voor waardering en resultaatbepaling. Richtlijn 345 is niet gebaseerd op IFRS 5.

33.2 Beëindiging van bedrijfsactiviteiten (RJ)

33.2.1 Definitie beëindiging van bedrijfsactiviteiten

Er is sprake van beëindiging van bedrijfsactiviteiten indien een bedrijfsactiviteit niet duurzaam wordt voortgezet (RJ 345.201). De begrippen 'bedrijfsactiviteit' en 'niet duurzaam voortzetten' worden in de Richtlijn uitgewerkt.

Het begrip bedrijfsactiviteit

Onder een bedrijfsactiviteit wordt verstaan een onderdeel van een rechtspersoon (RJ 345.201):
- ▶ dat een belangrijke afzonderlijke activiteit vertegenwoordigt of dat goederen of diensten levert in een belangrijk afzonderlijk geografisch gebied of aan een belangrijke afzonderlijke groep afnemers; en
- ▶ dat zowel operationeel als voor financiële verslaggevingsdoeleinden kan worden onderscheiden.

33 Activa bestemd voor verkoop en beëindiging van bedrijfsactiviteiten

Deze omschrijving houdt in dat operationele segmenten als bedoeld in Richtlijn 350 'Gesegmenteerde informatie', doorgaans zullen voldoen aan het eerstgenoemde criterium voor het zijn van een bedrijfsactiviteit (RJ 345.209/210; zie voor identificatie van segmenten paragraaf 22.2). Voor een rechtspersoon die in één enkel operationeel segment opereert, kan een belangrijke groep producten of diensten eveneens voldoen aan dit criterium (RJ 345.209).

Een onderdeel kan afzonderlijk worden onderscheiden voor operationele of financiële verslaggevingsdoeleinden, en daarmee voldoen aan het tweede genoemde criterium voor het zijn van een bedrijfsactiviteit, indien (RJ 345.211):
▶ de activa en posten van het vreemd vermogen direct zijn toe te rekenen aan het onderdeel;
▶ de opbrengsten direct zijn toe te rekenen aan het onderdeel; en
▶ de kosten voor meer dan de helft direct zijn toe te rekenen aan het onderdeel.

Activa, posten van het vreemd vermogen en opbrengsten en kosten zijn direct toe te rekenen aan een onderdeel als ze verdwijnen, indien het onderdeel wordt afgestoten, geliquideerd, stopgezet of op een andere wijze wordt beëindigd. Interest en andere financieringskosten zijn alleen toe te rekenen aan een onderdeel indien de desbetreffende schuld direct kan worden toegerekend aan het onderdeel (RJ 345.212).

Het begrip 'niet duurzaam voortzetten'

Van 'niet duurzaam voortzetten' is sprake, indien de rechtspersoon volgens een bepaald plan bedoeld bedrijfsonderdeel in zijn geheel of nagenoeg geheel of in gedeelten afstoot, of liquideert of stopzet (RJ 345.201).
Het afstoten of stopzetten kan op verschillende manieren plaatsvinden (bijvoorbeeld één verkoopovereenkomst voor het geheel dan wel verschillende verkoopovereenkomsten voor delen). Wel moet er in alle gevallen sprake zijn van een totaalplan waarin het afstoten, liquideren of stopzetten wordt gecoördineerd en een totaalresultaat wordt beoogd (RJ 345.205).

Herstructureringsmaatregelen waarbij de omvang van een bedrijfsactiviteit of de manier waarop zij wordt uitgevoerd wijzigt, worden op zichzelf niet aangemerkt als beëindiging van bedrijfsactiviteiten, omdat de bedrijfsactiviteit wordt voortgezet ondanks de verandering (RJ 345.202, 206 en 310). Voorbeelden van dergelijke handelingen die op zichzelf geen beëindiging van bedrijfsactiviteiten zijn, maar die in combinatie met andere omstandigheden wel als zodanig kunnen worden aangemerkt, zijn (RJ 345.207/208):
▶ het geleidelijk stopzetten van een productielijn of vorm van dienstverlening;
▶ het uit productie nemen van diverse producten binnen een bedrijfsonderdeel dat wordt voortgezet;
▶ het verschuiven van producten of verkoopactiviteiten van het ene naar het andere bedrijfsonderdeel;
▶ het sluiten van een fabriek om elders de productiviteit te verhogen of kosten te besparen;
▶ de verkoop van een groepsmaatschappij van wie de bedrijfsactiviteiten gelijk zijn aan die van andere groepsmaatschappijen.

Beëindiging bedrijfsactiviteit en continuïteit

Het feit dat een bedrijfsonderdeel wordt aangemerkt als een bedrijfsactiviteit die niet duurzaam wordt voortgezet leidt op zichzelf niet tot gerede twijfel omtrent de continuïteit van de rechtspersoon als geheel (RJ 345.203 en RJ 170), bijvoorbeeld in de situatie dat de onderneming een onderdeel verkoopt met als doel terug te keren naar zijn kernactiviteiten.
Echter, onder omstandigheden kan de beëindiging van bedrijfsactiviteiten wel een indicatie geven voor gerede twijfel omtrent de continuïteit van de rechtspersoon als geheel, bijvoorbeeld als de beëindiging tot een groot

verlies en/of negatieve kasstromen leidt of een belangrijke afzetmarkt hierdoor verloren gaat (RJ 170.303, zie hoofdstuk 46).

33.2.2 Moment van eerste informatieverstrekking: initiële gebeurtenis

Toelichting omtrent beëindiging van bedrijfsactiviteiten moet voor het eerst geschieden indien zich een bepaalde gebeurtenis, een zogenaamde initiële gebeurtenis, voordoet. Van een initiële gebeurtenis is sprake (RJ 345.301):
- wanneer de rechtspersoon een overeenkomst heeft gesloten tot verkoop van alle of nagenoeg alle activa van een bedrijfsactiviteit; of
- wanneer de bevoegde organen van de rechtspersoon een formeel en gedetailleerd plan dat leidt tot beëindiging van een bedrijfsactiviteit, hebben goedgekeurd en het plan hebben bekendgemaakt.

Een formeel en gedetailleerd plan bevat ten minste een beschrijving van (RJ 345.302):
- de desbetreffende bedrijfsactiviteiten;
- de desbetreffende locaties;
- de locatie, functie en het aantal werknemers dat een compensatie zal ontvangen voor de beëindiging van hun dienstverband of gebruik zal maken van een regeling voor vervroegde uittreding;
- de uitgaven die zullen worden gedaan;
- de periode waarin het plan zal worden geïmplementeerd.

Onder het bekendmaken van het plan wordt tevens verstaan het informeren van de betrokkenen over de belangrijkste punten (RJ 345.303).

33.2.3 Te verstrekken informatie

Aangaande de aard en omvang van de te verstrekken informatie maken de Richtlijnen een onderscheid in de voortgang van het desinvesteringsproces, en wel naar het moment van de:
- *initiële gebeurtenis* (als omschreven in par. 33.2.2), en
- de totstandkoming van de *verkoopovereenkomst*.

Toelichting van de initiële gebeurtenis

Wanneer zich een initiële gebeurtenis voordoet, dient in de toelichting op de jaarrekening van het boekjaar waarin de initiële gebeurtenis plaatsvindt, de volgende informatie te worden verschaft (RJ 345.304):
- een beschrijving van de bedrijfsactiviteit die niet duurzaam wordt voortgezet;
- het operationeel segment waarin deze bedrijfsactiviteit wordt gerapporteerd overeenkomstig Richtlijn 350 'Gesegmenteerde informatie' (zie hoofdstuk 22);
- het tijdstip en de aard van de initiële gebeurtenis;
- het tijdstip waarop of de periode waarin de beëindiging zal zijn afgerond, voor zover bekend of te bepalen;
- de boekwaarden per balansdatum van het totaal van de activa en het totaal van de posten van het vreemd vermogen die worden afgestoten of geliquideerd;
- de opbrengsten, de kosten en het resultaat voor belastingen toe te rekenen aan de bedrijfsactiviteit, alsmede de belastingen hierover (overeenkomstig RJ 272.713);
- de kasstromen uit operationele activiteiten, investeringsactiviteiten en financieringsactiviteiten van de te beëindigen bedrijfsactiviteit over de verslagperiode.

De RJ beveelt aan de informatie genoemd in de laatste twee punten in de primaire overzichten (in casu de winst-en-verliesrekening respectievelijk kasstroomoverzicht te vermelden (RJ 345.402). Omdat het Besluit

33 Activa bestemd voor verkoop en beëindiging van bedrijfsactiviteiten

Modellen Jaarrekening eveneens dient te worden nageleefd heeft de RJ een voorbeeld opgenomen waarin zowel de eerbiediging van het Besluit aan de orde is als de nadere uitsplitsing van de blijvende c.q. af te stoten bedrijfsonderdelen is opgenomen via een uitsplitsing in kolommen (zie onderstaand voorbeeld).

Voorbeeld afzonderlijke vermelding van beëindigde bedrijfsactiviteiten in de winst-en-verliesrekening (uit Bijlage bij Richtlijn 345)

Een onderneming heeft in jaar 1 het formeel plan opgesteld om segment C af te stoten. In jaar 2 heeft de onderneming een overeenkomst tot verkoop getekend. De verkoop is afgerond in jaar 3. De opbrengsten, kosten, belastingen en het resultaat van de beëindigde bedrijfsactiviteit moeten daarom worden toegelicht in jaar 1, 2 en 3. Als alternatief heeft de onderneming deze bedragen afzonderlijk in de winst-en-verliesrekening opgenomen. De uitwerking van dit alternatief voor de winst-en-verliesrekening (model F) kan als volgt worden gepresenteerd. Hieronder een voorbeeld van de alternatieve winst-en-verliesrekening over jaar 2:

Bedragen in € 1 miljoen	Segmenten A en B Jaar 2	Jaar 1	Segment C Jaar 2	Jaar 1	Onderneming als geheel Jaar 2	Jaar 1
Netto omzet	100	90	40	50	140	140
Kostprijs van de omzet	-50	-54	-65	-43	-115	-97
Bruto omzetresultaat	50	36	25	7	25	43
Verkoopkosten	-7	-7	-3	-2	-10	-9
Algemene kosten	-3	-4	-2	-2	-5	-6
	40	25	-30	3	10	28
Interestlasten	-20	-10	-5	-5	-25	-15
Resultaat voor belastingen	20	15	-35	-2	-15	13
Belastingen	-6	-7	11	1	5	6
Resultaat na belastingen	14	8	-24	-1	-10	7

In de toelichting op de winst-en-verliesrekening wordt de volgende informatie over de bijzondere posten verstrekt (art. 2:377 lid 7 BW, RJ 270.404):

Onder de kostprijs van de omzet zijn de volgende bijzondere posten opgenomen samenhangend met de afstoting van segment C:

bedragen in € 1 miljoen	Segmenten A en B Jaar 2	Jaar 1	Segment C Jaar 2	Jaar 1	Onderneming als geheel Jaar 2	Jaar 1
Afwaardering activa			-10	-20	-10	-20
Afvloeiingskosten			-30		-30	
Totaal bijzondere posten			-40	-20	-40	-20
Belastingen bijzondere posten			13	7	13	7
Netto bijzondere posten			-27	-13	-27	-13

De bovenstaande informatie dient voor elke bedrijfsactiviteit die niet duurzaam wordt voortgezet afzonderlijk te worden opgenomen (RJ 345.309) en te worden voorzien van aangepaste vergelijkende cijfers (RJ 345.404).

Middelgrote ondernemingen zijn op enkele onderdelen vrijgesteld (zie par. 43.3.4).

Indien de initiële gebeurtenis zich voordoet na afloop van het boekjaar, maar vóór de datum waarop de jaarrekening wordt opgemaakt, dient de hier bedoelde informatie eveneens in de toelichting te worden opgenomen (art. 2:380a BW, RJ 345.306).

Toelichting in geval van een afgesloten verkoopovereenkomst

Indien zich de situatie voordoet dat de rechtspersoon een overeenkomst aangaat tot verkoop van activa of afwikkeling van posten van het vreemd vermogen van een bedrijfsactiviteit die niet duurzaam wordt voortgezet, dient ook nog de volgende informatie te worden verstrekt (RJ 345.307):

▶ het resultaat vóór belastingen dat wordt behaald met de verkoop van activa of de afwikkeling van posten van het vreemd vermogen als gevolg van beëindiging van bedrijfsactiviteiten, alsmede de belastingen hierover (overeenkomstig RJ 272.713). Dit resultaat vóór belastingen wordt afzonderlijk vermeld in de toelichting op de winst-en-verliesrekening (RJ 345.401);

▶ de totale netto-verkoopopbrengst (na aftrek van de verwachte kosten van beëindiging) van de activa en posten van het vreemd vermogen, alsmede het verwachte tijdstip van ontvangst en de totale boekwaarde van de desbetreffende activa en posten van het vreemd vermogen.

De bovenstaande informatie dient voor elke bedrijfsactiviteit die niet duurzaam wordt voortgezet afzonderlijk te worden opgenomen (RJ 345.309) en te worden voorzien van aangepaste vergelijkende cijfers (RJ 345.404).

Jaarlijks actualiseren van de toelichting

Vervolgens dient de verstrekte informatie te worden geactualiseerd in de jaarrekeningen van de boekjaren na de periode waarin de initiële gebeurtenis heeft plaatsgevonden tot en met het boekjaar waarin de beëindigde bedrijfsactiviteit geheel is afgewikkeld. Een beëindiging is afgewikkeld indien het plan geheel of nagenoeg geheel is uitgevoerd of stopgezet. De betalingen door de koper behoeven nog niet voltooid te zijn (RJ 345.308).
Indien de rechtspersoon het plan wijzigt, dienen dat feit en de gevolgen daarvan te worden toegelicht (RJ 345.308).

Voorbeeld informatie bedrijfsactiviteit die niet duurzaam wordt voortgezet (bijlage bij Richtlijn 345)

Onderneming X heeft drie segmenten A, B en C. De directie heeft op 15 november van jaar 1 besloten tot afstoting van segment C en het plan publiekelijk bekendgemaakt. De boekwaarde van segment C bedraagt 90 (activa 105 minus vreemd vermogen 15). De opbrengstwaarde van segment C bedraagt 70 (activa 85 minus vreemd vermogen 15), resulterend in een last voor belastingen van 20 als gevolg van de afwaardering naar lagere opbrengstwaarde. Tot 31 december van jaar 1 vinden er geen andere wijzigingen meer plaats in de waarde van segment C. Het belastingpercentage bedraagt 35%.

Op 30 september van jaar 2 gaat bedrijf X een overeenkomst aan om segment C te verkopen. De transactie wordt geëffectueerd op 31 januari van jaar 3. De verkoopprijs van segment C bedraagt 60. Tevens is in de overeenkomst bepaald dat onderneming X het dienstverband van een aantal werknemers van segment C beëindigt. Na onderhandelingen met de werknemers moet onderneming X per 30 juni van jaar 3 afvloeiingskosten betalen van 30. Op 31 december van jaar 2 is de boekwaarde van segment C 30, bestaande uit activa van 65 en vreemd vermogen van 35 (inclusief een voorziening voor afvloeiingskosten van 30).

Verwerking in de jaarrekening
In de jaarrekening over jaar 1 wordt in de toelichting het volgende opgenomen:
'Op 15 november van jaar 1 heeft de directie een plan aangekondigd om segment C af te stoten. Deze beslissing vloeit voort uit de langetermijnstrategie om zich te richten op de kernactiviteiten segment A en segment B en de niet-gerelateerde bedrijfsonderdelen te desinvesteren. Onderneming X is in gesprek met diverse gegadigden voor segment C en is voornemens de verkoop eind jaar 2 af te ronden.'

Op 31 december van jaar 1 bedraagt de boekwaarde van de activa van segment C 85 (31 december vergelijkend boekjaar: 90) en het vreemd vermogen 15 (31 december vergelijkend boekjaar: 20). Over jaar 1 is de omzet 50 (vergelijkend boekjaar: 55), de kosten 47 (vergelijkend boekjaar: 30) en de rentelast 5 (vergelijkend boekjaar: 6), resulterend in een verlies voor belastingen van segment C van 2 (vergelijkend boekjaar: winst 19). De aan segment C toe te rekenen belastingbate hierover bedraagt 1 (vergelijkend boekjaar: belastinglast 7). Als onderdeel van de genoemde kosten is onder de kostprijs van de omzet een bijzondere post van 20 opgenomen als afwaardering naar verwachte lagere opbrengstwaarde van segment C. De belastingbate die hieraan is toe te rekenen, bedraagt 7. Over jaar 1 bedraagt de kasstroom uit operationele activiteiten van C -4 (vergelijkend boekjaar: -3), de kasstroom uit investeringsactiviteiten van C -7 (vergelijkend boekjaar: 3) en de kasstroom uit financieringsactiviteiten van C 3 (vergelijkend boekjaar: -3).

33 Activa bestemd voor verkoop en beëindiging van bedrijfsactiviteiten

> In de jaarrekening over jaar 2 wordt in de toelichting opgenomen:
> 'Op 15 november van jaar 1 heeft de directie een plan aangekondigd om segment C af te stoten. Op 30 september van jaar 2 is een overeenkomst gesloten om segment C te verkopen aan onderneming Z voor een bedrag van 60. Deze beslissing is genomen omdat de bedrijfsactiviteiten van segment C afwijken van de kernactiviteiten van segment A en segment B. Daarnaast blijft het resultaat van segment C achter bij de resultaten van de segmenten A en B. De activa van segment C zijn met 10 (voor belastingbate van 3) afgewaardeerd naar lagere opbrengstwaarde. Er is een voorziening voor afvloeiingskosten getroffen van 30 (voor belastingbate van 10). De afvloeiingskosten zullen op 30 juni van jaar 3 worden betaald aan de werknemers die als gevolg van de verkoop van segment C hun baan zullen verliezen'.
>
> De verkoop van C is op 31 januari van jaar 3 afgerond en resulteerde in een actieve belastinglatentie van 4 die met de toekomstige resultaten van segment A en B zal worden verrekend. Op 31 december van jaar 2 bedraagt de boekwaarde van de activa van segment C 65 (31 december van jaar 1: 85) en het vreemd vermogen 35 (31 december van jaar 1: 15). Over jaar 2 is de omzet 40 (jaar 1: 50), de kosten 70 (jaar 1: 47) en de rentelast 5 (jaar 1: 5), resulterend in een verlies voor belastingen van segment C van 35 (jaar 1: 2). De aan segment C toe te rekenen belastingbate hierover bedraagt 11 (jaar 1: 1). Over jaar 2 bedraagt de kasstroom uit operationele activiteiten van C -7 (jaar 1: -4), de kasstroom uit investeringsactiviteiten van C 1 (jaar 1: -7) en de kasstroom uit financieringsactiviteiten van C 2 (jaar 1: 3).

Tussentijdse berichten

Indien Richtlijn 394 'Tussentijdse berichten' van toepassing is, dient in de toelichting van tussentijdse berichten informatie te worden opgenomen over belangrijke gebeurtenissen die zich met betrekking tot beëindiging van bedrijfsactiviteiten sinds de laatste jaarrekening hebben voorgedaan. Deze informatie omvat belangrijke wijzigingen in bedragen of het tijdstip van afwikkeling (RJ 345.405).

33.3 Activa bestemd voor verkoop/uitkering aan aandeelhouders en beëindigde bedrijfsactiviteiten (IFRS)

33.3.1 Doelstelling en reikwijdte IFRS 5

Doelstelling

IFRS 5 'Non-current Assets Held for Sale and Discontinued Operations' heeft tot doel voorschriften te geven voor (IFRS 5.1):
- de presentatie, waardering en toelichting van en over vaste activa waarvan het voornemen bestaat deze te verkopen ('assets held for sale');
- de presentatie van en toelichting over beëindigde bedrijfsactiviteiten.

IFRS 5 heeft betrekking op vaste activa. Het gaat om vaste activa bestemd om te worden verkocht (IFRS 5.1-4):
- 'non-current asset, held for sale' (hierna: actief), een individueel vast actief bestemd om te worden verkocht; en
- 'disposal group, held for sale' (hierna: 'disposal group'), groepen van activa met mogelijk direct daaraan gerelateerde schulden, die tezamen bestemd zijn om te worden verkocht en voorwerp zijn van één transactie.

Reikwijdte IFRS 5

Voor wat betreft de eisen omtrent de waardering heeft IFRS 5 geen betrekking op de volgende activa, individueel of behorend tot een 'disposal group' (IFRS 5.5):
- actieve belastinglatenties uit de toepassing van IAS 12 'Income Taxes';
- activa die voortvloeien uit de toepassing van IAS 19 'Employee Benefits';
- financiële activa die vallen onder het bereik van IFRS 9 'Financial Instruments';
- activa waarop IAS 40 'Investment Property' van toepassing is, voor zover op de activa het 'fair value-model' wordt toegepast;

- activa waarop IAS 41 'Agriculture' van toepassing is, voor zover de activa worden gewaardeerd tegen 'fair value less costs to sell'; en
- activa die voortvloeien uit de toepassing van IFRS 4 'Insurance Contracts'.

Deze activa blijven derhalve gewaardeerd op basis van de waarderingsgrondslagen volgens de bovengenoemde specifieke standaarden. Met nadruk wordt opgemerkt dat deze reikwijdtebepaling alléén voor de waardering geldt; de classificatie, presentatie en toelichting dient wél overeenkomstig IFRS 5 plaats te vinden (IFRS 5.2).
Tevens bepaalt IFRS 5.5B dat op het moment dat vaste activa/'disposal groups' worden gekwalificeerd als 'held for sale' of 'discontinued operations', de toelichtingsvereisten van andere IFRS-standaarden niet meer van toepassing zijn. Hierop zijn twee uitzonderingen van toepassing:
- indien deze andere IFRS-standaarden specifieke toelichtingsvereisten bevatten voor vaste activa/'disposal groups' aangehouden voor verkoop. Bijvoorbeeld IAS 1 die de afzonderlijke vermelding in de winst-en-verliesrekening vraagt in één enkel bedrag van het resultaat na belasting van de 'discontinued operations' en het resultaat na belasting uit hoofde van de afwaardering van de vaste activa/'disposal group' tot reële waarde minus verkoopkosten (IAS 1.82 onder ea);
- indien de waardering van deze activa niet binnen de reikwijdte van IFRS 5 valt (IFRS 5.5). De toelichting over de grondslagen van waardering dient dan overeenkomstig de van toepassing zijnde standaard plaats te vinden.

Aanvullende toelichting kan nodig zijn om te voldoen aan het algemene inzichtsvereiste (IAS 1.15) en het vereiste om aannames met betrekking tot de toekomst toe te lichten die een significant risico van een materiële aanpassing in het volgende jaar met zich meebrengen (IAS 1.125 & IFRS 5.5).

Uitkering aan aandeelhouders in de vorm van vaste activa/'disposal group' ('held for distribution')

De bepalingen van IFRS 5 ten aanzien van classificatie, presentatie, waardering en toelichting zijn ook van toepassing op vaste activa/'disposal groups' die kunnen worden gekwalificeerd als aangehouden voor uitkering aan de eigenaren (aandeelhouders) van de onderneming in overeenstemming met IFRIC 17 'Distributions of Non-cash Assets to Owners' (IFRS 5.5A), met andere woorden die als 'held for distribution' zijn aan te merken. IFRIC 17 stelt dat voor deze activa/'disposal groups' IFRS 5 dient te worden toegepast vanaf het moment dat het bestuur het besluit heeft genomen tot de uitkering. De uitkering hoeft dus nog niet te zijn vastgesteld door de aandeelhouders. Wel dient het actief/de 'disposal group' geschikt te zijn voor onmiddellijke uitkering en dient de uitkering 'highly probable' te zijn (IFRS 5.12A). Voor de overige voorwaarden voor kwalificatie als 'held for distribution' wordt verwezen naar de volgende paragraaf.

33.3.2 Kwalificatie, presentatie en toelichting 'held for sale/distribution'
Kwalificatie als 'held for sale'

Een vast actief/'disposal group' voldoet aan de kwalificatie 'held for sale' indien realisatie van het actief/de 'disposal group' niet geschiedt door gebruik ervan in het bedrijfsproces, maar door een verkooptransactie (IFRS 5.6). De kwalificatie 'held for sale' heeft slechts betekenis voor de jaarrekening over het boekjaar waarin op enig moment aan de volgende kwalificatievoorwaarden wordt voldaan (IFRS 5.7/8):
- het bestuur heeft een verkoopbesluit genomen en een verkoopplan opgesteld. Onder verkoop wordt ook de ruil van vaste activa verstaan, mits deze economisch 'substance' heeft (IFRS 5.10);
- het actief/de 'disposal group' is geschikt voor onmiddellijke verkoop;
- met de uitvoering van het verkoopbesluit en -plan is feitelijk een begin gemaakt;
- de verkoop is zeer waarschijnlijk en het is te verwachten dat deze binnen een jaar zal plaatsvinden;

33 Activa bestemd voor verkoop en beëindiging van bedrijfsactiviteiten

- de gevraagde verkoopprijs is in overeenstemming met de reële waarde van het actief/de 'disposal group' en ook zijn de overige verkoopvoorwaarden gebruikelijk bij een verkoop van een dergelijk actief/'disposal group'; en
- het is niet te verwachten dat het verkoopplan fundamenteel zal worden gewijzigd of zal worden ingetrokken.

Hieruit volgt ook dat activa die (tijdelijk) buiten gebruik worden gesteld, niet als activa 'held for sale' classificeren (IFRS 5.13-14).

Bovenstaande voorwaarden zijn ook van toepassing als een onderneming van plan is een zodanig belang in een dochteronderneming te verkopen dat zij haar overwegende zeggenschap (control) verliest. Dit is dus onafhankelijk van het feit of de onderneming een minderheidsbelang in de ex-dochteronderneming behoudt (IFRS 5.8A).

> **Voorbeeld 'held for sale' ('Example 1' uit IFRS 5 'Implementation Guidance')**
> Het bestuur van een onderneming heeft het besluit genomen het hoofdkantoor van de onderneming te verkopen, een koper te zoeken en een nieuw hoofdkantoor te laten bouwen. De onderneming zal het oude hoofdkantoor blijven gebruiken totdat het nieuwe hoofdkantoor in gebruik kan worden genomen. In zo'n situatie is het oude hoofdkantoor niet geschikt voor onmiddellijke verkoop, ook al zou vóór het moment waarop het nieuwe hoofdkantoor kan worden betrokken een definitieve verkoopovereenkomst tot stand zijn gekomen. Dit betekent dat in deze situatie IFRS 5 niet van toepassing is en het hoofdkantoor niet als 'held for sale' wordt geclassificeerd en gewaardeerd. Presentatie en waardering volgens de reguliere grondslagen van IAS 16 'Property, plant and equipment' is aan de orde.
> Het oude hoofdkantoor is pas geschikt voor onmiddellijke verkoop, wanneer het nieuwe hoofdkantoor kan worden betrokken. Zodra het nieuwe hoofdkantoor is betrokken en het oude hoofdkantoor dus leegstaat, is IFRS 5 wel van toepassing en wordt het hoofdkantoor geclassificeerd, gewaardeerd en toegelicht als 'held for sale'.

Indien een vast actief/'disposal group' wordt verworven en op dat moment al het voornemen bestaat het actief/de 'disposal group' weer te gaan verkopen, dient het actief/de 'disposal group' als 'held for sale' te worden gekwalificeerd, indien het naar verwachting binnen een jaar zal worden doorverkocht en het zeer waarschijnlijk is dat uiterlijk binnen een korte periode (normaliter drie maanden) na verwerving aan de bedoelde kwalificatievoorwaarden wordt voldaan (IFRS 5.11).

Indien de verkoop langer duurt dan één jaar, maar zulks het gevolg is van feiten of omstandigheden die buiten de invloedssfeer van de rechtspersoon liggen en er voldoende aanwijzing is dat de rechtspersoon zich zal houden aan het verkoopplan, moet het actief/de 'disposal group' toch als 'held for sale' worden gekwalificeerd (IFRS 5.9). In de volgende omstandigheden is deze uitzondering aan de orde:
- De rechtspersoon heeft besloten het actief/de 'disposal group' binnen een jaar te verkopen, maar kan redelijkerwijs verwachten dat derden (niet de koper) voorwaarden zullen stellen aan de overdracht waardoor de periode om de verkoop af te ronden wordt verlengd en de maatregelen om aan deze voorwaarden te voldoen, kunnen pas gestart worden na het verkrijgen van de 'firm purchase commitment' en het is zeer waarschijnlijk dat de 'firm purchase commitment' binnen een jaar wordt verkregen (IFRS 5 Appendix B1(a)).
- Een rechtspersoon verkrijgt een 'firm purchase commitment', maar de koper of derden stellen voorwaarden aan de overdracht van het actief/de 'disposal group' waardoor de periode om de verkoop af te ronden wordt verlengd en de maatregelen om aan deze voorwaarden te voldoen zijn tijdig gestart en een gunstige oplossing van de factoren die de vertraging veroorzaken, wordt verwacht (IFRS 5 Appendix B1(b)).
- Gedurende het eerste jaar van 'held for sale' ontstaan omstandigheden die voorheen onwaarschijnlijk waren waardoor het actief/de 'disposal group' niet binnen een jaar verkocht wordt en (IFRS 5 Appendix B1(c)):
  - de rechtspersoon gedurende het eerste jaar maatregelen heeft getroffen als reactie op deze gewijzigde omstandigheden;

- het actief/de 'disposal group' actief op de markt wordt aangeboden tegen een prijs die redelijk is binnen de gewijzigde omstandigheden; en
- het actief/de 'disposal group' blijft voldoen aan de voorwaarden voor 'held for sale' zoals het beschikbaar zijn voor onmiddellijke verkoop en dat de verkoop binnen één jaar zeer waarschijnlijk blijft.

> **Voorbeeld 'verkoop duurt langer dan één jaar' ('Example 6' uit IFRS 5 'Implementation Guidance')**
> Een onderneming heeft zich gecommitteerd aan een plan om een fabriek te verkopen in zijn huidige staat en classificeert deze fabriek vanaf dat moment als 'held for sale'. Na het sluiten van de verkoopovereenkomst, wordt door de inspecteur van de koper milieuschade geconstateerd die voorheen niet bekend was. De koper eist van de onderneming deze schade te herstellen waardoor de periode van afronding van de verkoop langer wordt dan een jaar na ingaan van het verkoopplan. De onderneming is gestart met de benodigde acties voor herstel en het is zeer waarschijnlijk dat de schade opgelost kan worden. Daarom blijft de fabriek als 'held for sale' geclassificeerd.

Voldaan aan voorwaarden na balansdatum

Indien na de balansdatum maar vóór het opmaken van de jaarrekening aan de voorwaarden wordt voldaan, mag het actief/de 'disposal group' niet als 'held for sale' in de jaarrekening worden verantwoord (IFRS 5.12). Wel dient dan in de toelichting te worden vermeld:
- een omschrijving van het vaste actief/de 'disposal group' (IFRS 5.41(a));
- een omschrijving van de feiten en omstandigheden die tot de verwachte verkoop hebben geleid en een aanduiding van de verwachte wijze en het verwachte tijdstip van verkoop (IFRS 5.41(b));
- de aanduiding van het te rapporteren segment (volgens IFRS 8 'Operating Segments') waarin het actief/de 'disposal group' is opgenomen (IFRS 5.41(d)).

Kwalificatie als 'held for distribution'

Een vast actief/'disposal group' voldoet aan de kwalificatie 'held for distribution' indien:
- het bestuur tot uitkering aan de eigenaren (aandeelhouders) heeft besloten;
- het actief/de 'disposal group' geschikt is voor onmiddellijke uitkering;
- gestart is met uitvoering van het uitkeringsbesluit;
- de uitkering zeer waarschijnlijk binnen een jaar zal plaatsvinden;
- fundamentele wijziging of intrekken van het uitkeringsbesluit niet te verwachten is.

In bovenstaande analyse wordt impliciet meegewogen dat de goedkeuring door de aandeelhoudersvergadering van het uitkeringsbesluit zeer waarschijnlijk is (IFRS 5.12A).

Presentatie 'held for sale/distribution'

Indien een actief/'disposal group' zich in enig boekjaar kwalificeert als 'held for sale/distribution', zijn op het actief/ de 'disposal group' de volgende voorschriften van toepassing:
- het actief/de activa en passiva behorende tot een 'disposal group' dienen afzonderlijk op de balans te worden gepresenteerd (IFRS 5.38);
- de activa en passiva die afzonderlijk moeten worden gepresenteerd, mogen niet worden gesaldeerd (IFRS 5.38);
- de cumulatieve baten en lasten welke zijn verwerkt als onderdeel van het 'other comprehensive income' en die betrekking hebben op het actief/de activa en passiva behorende tot een 'disposal group' dienen afzonderlijk binnen het eigen vermogen te worden gepresenteerd (IFRS 5.38). Dit houdt in het afzonderlijk vermelden van de bijbehorende reserves (afkomstig uit 'other comprehensive income') (zie onderstaand voorbeeld);
- de vergelijkende cijfers worden niet aangepast (IFRS 5.40).

33 Activa bestemd voor verkoop en beëindiging van bedrijfsactiviteiten

Voorbeeld presentatie 'held for sale' in de balans onder IFRS

GECONSOLIDEERDE BALANS PER 31 DECEMBER   X € 1.000

ACTIVA	Jaar 3		Jaar 2	
Vaste activa				
Immateriële vaste activa	73.184		41.832	
Goodwill	420.120		390.430	
Materiële vaste activa	179.006		189.046	
Financiële vaste activa	2.860		3.050	
Latente belastingvorderingen	3.672		4.438	
Financiële derivaten	-		954	
		678.842		629.750
Vlottende activa				
Voorraden	402.664		460.378	
Te vorderen winstbelastingen	15.524		12.122	
Handelsdebiteuren, overige vorderingen en overlopende activa	41.808		84.034	
Financiële derivaten	5.170		-	
Geldmiddelen en kasequivalenten	37.498		31.136	
	502.664		587.670	
Activa aangehouden voor verkoop	60.008		-	
		562.672		587.670
Balanstotaal		**1.241.514**		**1.217.420**
Eigen vermogen				
Geplaatst kapitaal	19.474		19.156	
Agio	7.904		8.076	
Reserves m.b.t. activa aangehouden voor verkoop*	100		-	
Ingehouden winsten	687.728		514.332	
Eigen vermogen toe te rekenen aan aandeelhouders van de vennootschap		715.206		541.564

PASSIVA	Jaar 3		Jaar 2	
Langlopende passiva				
Voorziening voor personeelsbeloningen	14.092		15.004	
Andere voorzieningen	17.284		9.050	
Latente belastingverplichtingen	55.586		41.096	
Langlopende leningen	97.484		187.010	
Andere langlopende verplichtingen	18.032		4.214	
Financiële derivaten	958		-	
		203.436		256.374
Kortlopende passiva				
Te betalen winstbelastingen	4.402		5.640	
Kortlopend gedeelte voorzieningen	16.192		13.306	
Rekening-courantschulden aan kredietinstellingen	15.832		42.454	
Handelscrediteuren, overige schulden en overlopende passiva	265.624		354.108	
Financiële derivaten	1.770		3.974	
	303.820		419.482	
Passiva aangehouden voor verkoop	19.052		-	
		322.872		419.482
Balanstotaal		**1.241.514**		**1.217.420**

* De reserves met betrekking tot activa aangehouden voor verkoop betreffen het bedrag opgenomen in het eigen vermogen aan cumulatieve baten en lasten welke zijn verwerkt als onderdeel van het 'other comprehensive income' en die betrekking hebben op het actief/de activa en passiva behorende tot een 'disposal group'.

Uit bovenstaand voorbeeld blijkt dat 'held for sale/distribution' activa en -passiva op de balans gepresenteerd worden als afzonderlijke post na de vlottende activa respectievelijk kortlopende schulden.

Toelichting 'held for sale/distribution'

Indien in het boekjaar een vast actief/'disposal group' wordt gekwalificeerd als 'held for sale/distribution' of is verkocht/uitgekeerd, dient de volgende informatie in de toelichting te worden opgenomen:
- de belangrijke rubrieken van de activa en passiva geclassificeerd als 'held for sale/distribution' worden in balans of toelichting vermeld (IFRS 5.38) met uitzondering van de nieuw verworven dochteronderneming die direct als 'held for sale' wordt geclassificeerd (IFRS 5.39);
- een omschrijving van het vaste actief/de 'disposal group';
- een omschrijving van de feiten en omstandigheden die tot de verwachte verkoop/uitkering hebben geleid en een aanduiding van de verwachte wijze en het verwachte tijdstip van verkoop/uitkering. Dit houdt in het verwachte verloop van verkoop/uitkering;
- de winst of het verlies voortvloeiend uit de waardering tegen reële waarde minus verkoopkosten/uitkeringskosten van het vaste actief/de 'disposal group' en wanneer de winst of het verlies niet afzonderlijk in de winst-en-verliesrekening is opgenomen, de aanduiding van de post waarin de winst of het verlies is opgenomen;
- de aanduiding van het segment (volgens IFRS 8 'Operating Segments') waarin het actief/de 'disposal group' is opgenomen (IFRS 5.41).

33.3.3 Waardering 'held for sale/distribution' actief/'disposal group'

De waarderingsgrondslagen in deze paragraaf zijn van toepassing op:
- 'held for sale/distribution' activa die wat betreft waardering onder de reikwijdte van IFRS 5 vallen (zie par. 33.3.1); en
- de 'disposal group' in zijn geheel (portefeuillebenadering: IFRS 5.4).

Tevens zijn er voorschriften voor het toerekenen van de (eventuele) afwaardering van de 'disposal group' aan de individuele activa/passiva die ook in deze paragraaf worden behandeld.

Uitgangspunt bij waardering 'held for sale/distribution'

Eerst wordt van het actief/de 'disposal group', op het moment vlak voor de kwalificatie als 'held for sale/distribution', de boekwaarde bepaald overeenkomstig de van toepassing zijnde voorschriften van de betreffende standaard die van toepassing zijn voor het actief. Indien op grond daarvan een bijzondere waardevermindering genomen moet worden, omdat de realiseerbare waarde lager is dan de boekwaarde, wordt een bijzonder waardeverminderingsverlies verantwoord (IFRS 5.18). Vervolgens is deze waarde het uitgangspunt voor de waardering van het actief/de 'disposal group' als 'held for sale'. Overigens zijn wij van mening dat een classificatie naar 'held for sale/distribution' vrijwel altijd een aanwijzing betreft voor een bijzondere waardevermindering die eerst getoetst dient te worden op grond van IAS 36 'Impairment of Assets'.

Nieuw verworven actief 'held for sale'

Een nieuw verworven actief dat vanaf de initiële aankoop als 'held for sale' kwalificeert, wordt gewaardeerd tegen de laagste van de initiële boekwaarde die het gehad zou hebben zonder kwalificatie als 'held for sale' (bijvoorbeeld de kostprijs) en de reële waarde minus verkoopkosten. Ingeval het actief onderdeel is van een 'business combination' is de eerste waardering de reële waarde minus verkoopkosten (IFRS 5.16).

33 Activa bestemd voor verkoop en beëindiging van bedrijfsactiviteiten

Waardering, afschrijving en bijzondere waardevermindering 'held for sale/distribution'

Zowel bij de eerste als bij de latere waardering van het actief/de 'disposal group' als 'held for sale/distribution' geldt het volgende:

- Net voor het moment van de reclassificatie als 'held for sale/distribution' wordt het actief/disposal group (hernieuwd) gewaardeerd op basis van de relevante IFRS-standaard (IFRS 5.18) rekening houdend met bijzondere waardevermindering (IAS 36); anders gezegd, het actief/'disposal group' blijft tot het moment van reclassificatie op dezelfde wijze en grondslagen gewaardeerd (zie bovenstaande alinea 'Uitgangspunt bij waardering 'held for sale/distribution').
- In de situatie van een 'disposal group', bijvoorbeeld één of meerdere kasstroomgenererende eenheden, blijven de posten die niet onder de reikwijdte van de waarderingsbepalingen van IFRS 5 vallen (zie par. 33.3.1, onder andere latente belasting- en pensioenposten) gewaardeerd op basis van de betreffende standaarden (i.c. IAS 12 en IAS 19), óók bij een latere waardering (IFRS 5.19).
- Vervolgens wordt het actief/de 'disposal group' gewaardeerd tegen de laagste van de boekwaarde en de reële waarde verminderd met de verkoopkosten/uitkeringskosten (IFRS 5.15/15A). In de uitzonderingssituatie (IFRS 5 Appendix B1) dat de verkoop langer duurt dan één jaar, wordt hiervan de contante waarde opgenomen waarbij het verloop van de tijd wordt verwerkt in de winst-en-verliesrekening (IFRS 5.17).
- Indien de reële waarde van de gehele 'disposal group' (inclusief de opnieuw bepaalde boekwaarde van de posten die niet onder de reikwijdte van de waarderingsbepalingen van IFRS 5 vallen) verminderd met de verkoopkosten/uitkeringskosten lager is dan de boekwaarde van het actief/de 'disposal group', wordt een (aanvullend) bijzonder waardeverminderingsverlies op het actief/de 'disposal group' verantwoord (IFRS 5.20).
- Op het actief/de activa behorende tot een 'disposal group' wordt niet afgeschreven. Rentekosten met betrekking tot de verplichtingen behorende tot een 'disposal group' worden wel verwerkt (IFRS 5.25).
- Indien bij latere waardering van een 'held for sale/distribution' actief/'disposal group' de reële waarde verminderd met de verkoopkosten/uitkeringskosten weer toeneemt, wordt een bate verantwoord. De bate kan evenwel niet meer bedragen dan de cumulatieve bijzondere waardeverminderingsverliezen die voorheen onder toepassing van IFRS 5 en/of eerdere toepassing van IAS 36 zijn verantwoord (IFRS 5.21/22).

Toerekening van waardering 'disposal group' aan individuele activa/passiva

Een bijzonder waardeverminderingsverlies op een 'disposal group' wordt als volgt aan de afzonderlijke activa en passiva gealloceerd (zie ook onderstaand voorbeeld):

1. Het bijzonder waardeverminderingsverlies wordt verantwoord voor zover al geen bijzonder waardeverminderingsverlies op grond van andere IFRS-standaarden is verwerkt. Zoals hierboven is opgemerkt, wordt bij de bepaling van het bijzonder waardeverminderingsverlies de posten die qua waardering niet onder de reikwijdte van IFRS 5 vallen, op basis van de ingevolge de relevante ('eigen') standaard 'opnieuw' bepaalde boekwaarde (inclusief eventueel bijzondere waardevermindering), in de boekwaarde van de 'disposal group' opgenomen (IFRS 5.20).
2. Het bijzonder waardeverminderingsverlies wordt eerst toegerekend aan de goodwill die tot een 'disposal group' behoort (namelijk indien de goodwill is verkregen in een 'business combination' en de 'disposal group' als een kasstroomgenererende eenheid kan worden aangemerkt waaraan de goodwill conform IAS 36 is toegerekend).
3. Het (resterend) bijzonder waardeverminderingsverlies wordt daarna toegerekend aan de vaste activa die als afzonderlijk actief qua waardering onder de reikwijdte van IFRS 5 zouden vallen. Deze toerekening geschiedt pro rata op basis van de boekwaarden van de vaste activa (IFRS 5.23).

De onder punt 2 en 3 genoemde methoden van toerekenen zijn gebaseerd op de allocatiemethode van IAS 36 'Impairment of assets' met het verschil dat onder IFRS 5 de individuele boekwaarde van een vast actief kan dalen beneden haar realiseerbare waarde.

Voorbeeld toerekening bijzonder waardeverminderingsverlies aan 'disposal group' ('Example 10' uit IFRS 5 'Implementation Guidance')

Een onderneming is voornemens een groep van activa te verkopen. De activa vormen een 'disposal group' en worden als volgt gewaardeerd:

	Boekwaarde per balansdatum vóór classificatie als held for sale	Boekwaarde bepaald onmiddellijk vóór classificatie als held for sale
Goodwill	1.500	1.500
MVA (gewaardeerd tegen reële waarde)	4.600	4.000
MVA (gewaardeerd tegen kostprijs)	5.700	5.700
Voorraden	2.400	2.200
Financiële activa 'FVOCI'	1.800	1.500
	16.000	14.900

De onderneming verantwoordt een verlies van 1.100 onmiddellijk voorafgaand aan de classificatie van de 'disposal group' als 'held for sale'.

De onderneming schat dat de reële waarde verminderd met de verkoopkosten van de 'disposal group' 13.000 bedraagt. De onderneming verantwoordt een bijzonder waardeverminderingsverlies van 1.900 op het moment dat de 'disposal group' wordt geclassificeerd als 'held for sale'. Het bijzonder waardeverminderingsverlies wordt toegerekend aan de vaste activa waarop de waarderingsvoorschriften van IFRS 5 van toepassing zijn. Daarom is geen bijzonder waardeverminderingsverlies toegerekend aan de voorraden (want vlottend actief) en aan de financiële activa 'at fair value through other comprehensive income' (want valt qua waardering niet onder de reikwijdte van IFRS 5). Het bijzonder waardeverminderingsverlies is eerst toegerekend aan de goodwill (1.500).

Het resterend verlies (400) is pro rata toegerekend aan de materiële vaste activa (MVA) waarvan 41% (4.000/9.700) aan de MVA gewaardeerd tegen reële waarde (41% van 400 = 165) en 59% (5.700/9.700) aan de MVA gewaardeerd tegen kostprijs (59% van 400 = 235). Overigens wordt bij een latere waardering van de 'disposal group' op dezelfde wijze de allocatie aan de afzonderlijke activa en passiva uitgevoerd:

	Boekwaarde bepaald onmiddellijk vóór classificatie als held for sale	Toegerekend bijzonder waardeverminderingsverlies	Boekwaarde na toerekening bijzonder waardeverminderingsverlies
Goodwill	1.500	(1.500)	0
MVA (gewaardeerd tegen reële waarde)	4.000	(165)	3.835
MVA (gewaardeerd tegen kostprijs)	5.700	(235)	5.465
Voorraden	2.200	-	2.200
FA 'FVOCI'	1.500	-	1.500
	14.900	1.900	13.000

Een winst of verlies dat op de datum van verkoop nog niet is verwerkt, wordt alsnog verantwoord. Hiervoor verwijst IFRS naar de standaarden inzake desinvestering van IAS 16 'Property, plant and equipment' en IAS 38 'Intangible assets' (IFRS 5.24). Dit kan zich voordoen als bijvoorbeeld de verkoopopbrengst in de huidige periode afwijkt van de reële waarde minus verkoopkosten van een actief 'held for sale' aan het einde van de vorige periode.

Een terugneming van een bijzondere waardevermindering op een 'disposal group' wordt op dezelfde wijze aan de afzonderlijke activa en passiva gealloceerd als een bijzondere waardevermindering (IFRS 5.23, zie hierboven). Overigens wordt deze bate alleen verantwoord voor zover al geen bate uit hoofde van terugneming van bijzondere waardevermindering op grond van andere IFRS-standaarden is verwerkt (IFRS 5.19/22).

33 Activa bestemd voor verkoop en beëindiging van bedrijfsactiviteiten

De kwalificatie 'held for sale/distribution' is niet langer van toepassing (wijziging verkoopplan)

Indien een actief/'disposal group' niet langer voldoet aan de voorwaarden voor de kwalificatie als 'held for sale/distribution', dient het actief of dienen de activa van de 'disposal group' te worden gewaardeerd tegen de laagste van (IFRS 5.26 en 27):
- de boekwaarde die het actief had vóór de kwalificatie als 'held for sale/distribution', met inachtneming van alle waardeveranderingen (afschrijving, amortisatie en herwaardering) die het zou hebben ondergaan indien het niet als 'held for sale/distribution' zou zijn gekwalificeerd;
- de realiseerbare waarde van het actief op het moment van het niet langer voldoen aan de kwalificatie 'held for sale/distribution'.

Dit houdt in retrospectieve aanpassing van de boekwaarde van het actief/'disposal group'. Dit geldt ook voor dochterondernemingen, joint operations, (gedeelte van) joint ventures en geassocieerde deelnemingen die niet langer als 'held for sale/distribution' kwalificeren. Dit betekent voor (een gedeelte van) joint ventures en geassocieerde deelnemingen dat met terugwerkende kracht de waardering van deze belangen tegen de 'equity'-methode wordt aangepast alsof nooit sprake is geweest van 'held for sale/distribution'. Tijdens de periode van 'held for sale/distribution' was de 'equity'-waarde als het ware bevroren (IFRS 5.28).

De balans en winst-en-verliesrekening worden niet retrospectief aangepast met uitzondering van dochterondernemingen, joint operations, (gedeelte van) joint ventures en geassocieerde deelnemingen die niet langer als 'held for sale/distribution' kwalificeren. De balans en de winst-en-verliesrekening worden retrospectief aangepast alsof de dochterondernemingen, joint operations, (gedeelte van) joint ventures en geassocieerde deelnemingen nooit 'held for sale/distribution' zijn geweest (IFRS 5.28).

De waardeveranderingen worden ingeval van waardering op verkrijgingsprijs in de winst-en-verliesrekening verantwoord als resultaat uit voortgezette bedrijfsactiviteiten (IFRS 5.28). Indien het actief vóór classificatie als 'held for sale/distribution' werd geherwaardeerd op grond van IAS 16 of IAS 38 dan wordt de aanpassing als een herwaardering wordt verwerkt.

Herclassificatie van 'held for distribution' naar 'held for sale' of vice versa

Indien sprake is van een herclassificatie van 'held for distribution' naar 'held for sale' of andersom, geldt op het vorige een uitzondering. In dat geval wordt dit gezien als een voortzetting van het initiële plan tot desinvestering en blijven de waarderingsgrondslagen van IFRS 5 van kracht ('held for disposal accounting') en zijn de voorschriften inzake de beëindiging van de classificatie 'held for sale/distribution' niet van toepassing (IFRS 5.26A).
Dit houdt het volgende in:
- Waardering van 'held for sale' tegen reële waarde minus verkoopkosten respectievelijk waardering van 'held for distribution' tegen reële waarde minus distributiekosten (IFRS 5.15-15A).
- Indien dit leidt tot een bijzondere waardevermindering of toename van de reële waarde minus verkoopkosten, dan wordt deze verwerkt op de wijze zoals in deze paragraaf beschreven (IFRS 5.20-25, inzake verwerking van een [terugname van een] bijzonder waardeverminderings-verlies).
- Deze verandering in de wijze van afstoting leidt niet tot een verlenging van de periode waarbinnen de activa volgens IFRS 5.8-12A verkocht respectievelijk overgedragen dienen te zijn.

Dit wordt geïllustreerd door onderstaand voorbeeld.

> **Voorbeeld herclassificatie van 'held for distribution' naar 'held for sale':**
> Op 1 september van jaar 3 besluit een onderneming om haar aandelen in haar dochteronderneming over te dragen aan haar aandeelhouders. Als gevolg daarvan classificeert de dochteronderneming als 'held for distribution'. Echter, op 1 december van jaar 3 besluit de onderneming de dochter te verkopen aan derden. Dit betekent een wijziging van de methode van afstoting naar 'held for sale'. De datum van classificatie blijft 1 september van jaar 3 en de verkoop moet dus nog steeds binnen een jaar na deze datum zijn voltooid.

33.3.4 Beëindigde bedrijfsactiviteiten ('discontinued operations')
De begrippen 'discontinued operation' en 'component of an entity'

Een 'discontinued operation' is een '**component of an entity**' die ofwel is afgestoten, ofwel wordt gekwalificeerd als 'held for sale' en voldoet aan één van de volgende kenmerken (IFRS 5.32):
▶ betreft een afzonderlijke, significante productgroep of geografisch gebied;
▶ is onderdeel van een afzonderlijk, gecoördineerd plan om een significante productgroep of geografisch gebied af te stoten;
▶ betreft een dochteronderneming welke uitsluitend is verworven met de bedoeling haar weer te verkopen.

Een 'component of an entity' bestaat uit activiteiten en kasstromen die zowel operationeel als voor verslaggevingsdoeleinden duidelijk kunnen worden onderscheiden van de rest van de rechtspersoon, in feite een kasstroomgenererende eenheid of een groep van kasstroomgenererende eenheden (IFRS 5.31 en Appendix A).

Uit het bovenstaande blijkt dat 'held for sale' activa of 'disposal group' (zie par. 33.3.2) ook een 'discontinued operation' kunnen zijn. Echter, het is heel onwaarschijnlijk dat een individueel vast actief aan de definitie van 'discontinued operation' zal voldoen.
Daarnaast zal maar een gedeelte van de 'held for sale disposal groups' kunnen worden beschouwd als een 'discontinued operation', omdat niet alle 'disposal groups' een 'component of an entity' zijn (ofwel geen kasstroomgenererende eenheid of een groep van kasstroomgenererende eenheden). Slechts wanneer zij dat wel zijn en voldoen aan één van de overige bovengenoemde kenmerken, zijn zij tevens een 'discontinued operation' (zie onderstaand voorbeeld).

> **Voorbeeld 'held for sale' 'disposal group' die tevens 'discontinued operation' is**
> Een onderneming is voornemens haar enige vestiging in Spanje te verkopen. Het betreft een afzonderlijk operationeel segment dat 20% van het bedrijfsresultaat vertegenwoordigt. De onderneming heeft haar intentie tot verkoop kenbaar gemaakt in een persbericht d.d. 1 oktober van jaar 3 en is direct gestart met het benaderen van potentiële kopers. Ze verwacht de Spaanse vestiging binnen een jaar te verkopen. Op grond hiervan kwalificeert de groep van activa en passiva van de Spaanse vestiging per 31-12 van jaar 3 als 'held for sale'.
> Aangezien de Spaanse vestiging een afzonderlijk operationeel segment is en zelfstandig kasstromen genereert, is het een 'component of an entity'. Met de verkoop van de vestiging in Spanje, verlaat de onderneming een belangrijk geografisch gebied (20% van het bedrijfsresultaat). Hierdoor kwalificeert de Spaanse vestiging ook als 'discontinued operation'.

Om sprake te kunnen zijn van een 'discontinued operation' is het niet noodzakelijk dat het volledige belang in een 'disposal group' (bijvoorbeeld een groepsmaatschappij) wordt verkocht. Er kan ook sprake zijn van een 'discontinued operation' indien een onderneming zich heeft gecommitteerd aan een verkoopplan waarbij een dusdanig gedeelte van het belang in een groepsmaatschappij wordt verkocht dat de onderneming haar overwegende zeggenschap (control) verliest (IFRS 5.36A). Uiteraard is wel vereist dat sprake is van een 'disposal group' die voldoet aan de voorwaarden voor 'discontinued operations' om als zodanig gepresenteerd te worden.

33 Activa bestemd voor verkoop en beëindiging van bedrijfsactiviteiten

Een (deel van een) joint venture of geassocieerde deelneming zal slechts in zeer uitzonderlijke omstandigheden aan de definitie van 'discontinued operations' voldoen omdat meestal niet aan de criteria van een 'discontinued operation' wordt voldaan. Vooral aan de eis dat sprake moet zijn van een afzonderlijke, significante productgroep of geografisch gebied wordt vaak niet voldaan in geval van een (deel van een) joint venture of geassocieerde deelneming.

Presentatie en toelichting 'discontinued operation'

IFRS 5 bevat de algemene bepaling dat de rechtspersoon zodanig informatie verstrekt zodat de gebruikers van de jaarrekening de financiële gevolgen van de 'discontinued operation' kunnen evalueren. IFRS 5 bevat de volgende specifieke toelichtingseisen met betrekking tot een 'discontinued operation' (IFRS 5.33-34):

1. één afzonderlijk bedrag in het 'statement of comprehensive income' dat het totaal is van:
   ▶ het resultaat ná belastingen van de 'discontinued operation';
   ▶ het resultaat ná belastingen voortvloeiend uit de waardering van de 'discontinued operation' naar reële waarde verminderd met verkoopkosten;
   ▶ het resultaat ná belastingen uit hoofde van het afstoten van de 'discontinued operation';
2. een uitsplitsing van bedoeld bedrag in de volgende onderdelen (ofwel in het 'statement of comprehensive income' en dan als een apart onderdeel daarvan, afgescheiden van de baten en lasten voortvloeiende uit de voortgezette activiteiten, ofwel in de toelichting):
   ▶ opbrengsten, kosten en resultaat vóór belastingen van de 'discontinued operation', en de bijbehorende belastinglast;
   ▶ de bate of last voortvloeiend uit de waardering van de 'discontinued operation' naar reële waarde verminderd met verkoopkosten, of voortvloeiend uit het afstoten van de 'discontinued operation', en de daarbij behorende belastinglast;
3. het resultaat uit beëindigde activiteiten en het resultaat uit voortgezette activiteiten toekomend aan de aandeelhouders van de onderneming. Deze toelichting mag worden opgenomen als onderdeel van het 'statement of comprehensive income' of in de toelichting;
4. de netto-kasstromen die zijn toe te rekenen aan de operationele activiteiten en investerings- en financieringsactiviteiten van de 'discontinued operation'. De informatie wordt gegeven ofwel in de jaarrekening (als onderdeel van het kasstroomoverzicht), ofwel in de toelichting (IFRS 5.33);
5. de vergelijkende cijfers dienen te worden aangepast (anders dan bij de classificatie als 'held for sale') in de balans (IFRS 5.34);
6. de gewone en verwaterde winst per aandeel van 'discontinued operations'. Deze toelichting mag worden opgenomen als onderdeel van het 'statement of comprehensive income' of in de toelichting (IAS 33.68-68A).

De toelichtingen genoemd onder punt 2 en 4 zijn niet vereist indien de 'discontinued operation' een dochteronderneming is die uitsluitend is verworven met de bedoeling om haar weer te verkopen (IFRS 5.33).

Indien de onderneming ervoor kiest om een aparte winst-en-verliesrekening te presenteren naast het overzicht 'other comprehensive income', dienen de discontinued operations afzonderlijk in de winst-en-verliesrekening te worden gepresenteerd (IFRS 5.33A).

Indien in het boekjaar nog aanpassingen plaatsvinden van bedragen die betrekking hebben op 'discontinued operations' die in een vorig boekjaar zijn afgestoten, worden deze afzonderlijk onder de 'discontinued operations' vermeld en dienen de aard en de omvang van de aanpassingen te worden toegelicht. Te denken valt hierbij aan aanpassingen van de verkoopprijs, verplichtingen inzake productgaranties en afhandeling van verplichtingen jegens werknemers (IFRS 5.35).

Voorbeeld presentatie 'discontinued operations' in de winst-en-verliesrekening onder IFRS

GECONSOLIDEERDE WINST-EN-VERLIESREKENING
X € 1.000

		Jaar 3		Jaar 2[1]
Aan te houden activiteiten				
Netto-omzet		1.750.336		1.646.974
Kostprijs van de omzet		-854.390		-799.340
Brutomarge		895.946		847.634
Overige bedrijfsopbrengsten		1.384		-
Verkoopkosten	-646.978		-588.420	
Beheerskosten	-195.212		-170.006	
Totaal exploitatiekosten		-842.190		-758.426
Bedrijfsresultaat		55.140		89.208
Financiële baten	834		440	
Financiële lasten	-11.212		-13.398	
Netto financiële baten/lasten		-10.378		-12.958
Winst voor belastingen		44.762		76.250
Belastingen		-6.740		-10.942
Nettowinst aan te houden activiteiten		38.022		65.308
Nettowinst niet aan te houden activiteiten		159.534		14.840
Nettowinst		197.556		80.148
Toe te rekenen aan houders van gewone aandelen		197.556		80.148
Winst per aandeel (€)				
Nettowinst:				
aan te houden activiteiten		1,64		2,84
niet aan te houden activiteiten		6,84		0,64
totaal		8,48		3,48
Verwaterde winst:				
aan te houden activiteiten		1,64		2,80
niet aan te houden activiteiten		6,84		0,64
totaal		8,48		3,44

[1] Vergelijkende cijfers van jaar 2 zijn aangepast als gevolg van niet aan te houden activiteiten.

Voorbeeld van toelichting 'discontinued operations' onder IFRS

De post nettowinst niet aan te houden activiteiten omvat de exploitatieresultaten van Z (verkocht in jaar 3), X en Y (ultimo jaar 3 beide aangehouden voor verkoop) alsook de resultaten behaald bij de verkoop van Z in jaar 3.

Verwacht wordt dat de verkoop van X en Y binnen een termijn van circa 1 jaar mogelijk is. Z en X vormden gezamenlijk operating segment A, terwijl Y deel uitmaakte van het segment B. De balans, resultaten en kasstromen van de niet aan te houden activiteiten kunnen als volgt worden weergegeven:

33 Activa bestemd voor verkoop en beëindiging van bedrijfsactiviteiten

De balansposten niet aan te houden activiteiten zijn als volgt te specificeren:

	Jaar 3
Immateriële vaste activa	236
Materiële vaste activa	10.998
Financiële vaste activa	832
Voorraden	27.666
Vorderingen	3.942
Overige vlottende activa	2.742
Geldmiddelen en kasequivalenten	13.592
Activa aangehouden voor verkoop	**60.008**

	Jaar 3
Voorzieningen	690
Langlopende verplichtingen	906
Overige schulden	13.366
Overige kortlopende verplichtingen	4.090
Passiva aangehouden voor verkoop	**19.052**

De resultaten niet aan te houden activiteiten zijn als volgt te specificeren:

	Jaar 3		Jaar 2
Netto-omzet	435.514		614.904
Totale kosten	-444.194		-592.260
Bedrijfsresultaat uit operaties	-8.680		22.644
Financiële baten en lasten	-2.642		-2.918
Resultaat voor belastingen uit bedrijfsoperaties	-11.322		19.726
Waardeverminderingen	-21.522		-
Resultaat behaald bij verkoop	192.550		-
Resultaat voor belastingen	159.706		19.726
Belastingen:			
op resultaat uit bedrijfsoperaties		2.700	-4.886
op waardeverminderingen		-	-
op resultaat behaald bij verkoop	-2.872		
	-172		-4.886
Nettowinst uit niet aan te houden activiteiten	**159.534**		**14.840**

De ongerealiseerde baten en lasten ('other comprehensive income') niet aan te houden activiteiten zijn als volgt te specificeren:

	Jaar 3	Jaar 2
Koersverschillen deelnemingen	100	0
Reserve niet aan te houden activiteiten	**100**	**0**

De kasstromen niet aan te houden activiteiten zijn als volgt te specificeren (presentatie in de toelichting):

	Jaar 3	Jaar 2
Netto-kasstroom uit operationele activiteiten	**-11.016**	**10.644**
Netto-kasstroom uit investeringsactiviteiten	**244.238**	**-9.400**
Netto-kasstroom uit financieringsactiviteiten	**-3.190**	**-7.890**
Totale netto-kasstroom	**230.032**	**-6.646**

'Discontinued operations' in kasstroomoverzicht

In plaats van het presenteren van de kasstromen inzake 'discontinued operations' in de toelichting (zie bovenstaand voorbeeld), is het toegestaan deze kasstromen als afzonderlijk onderdeel van het kasstroomoverzicht te presenteren. Wij zijn van mening dat dit kan op twee wijzen:
- Door de kasstromen inclusief de 'discontinued operations' op te nemen in het kasstroomoverzicht (zoals ook in bovenstaand voorbeeld) en in het kasstroomoverzicht per soort activiteit (operationeel, investering en financiering) te noemen welk bedrag hiervan betrekking heeft op 'discontinued operations'.
- Door de kasstromen inzake 'discontinued operations' per soort activiteit (operationeel, investering en financiering) afzonderlijk te presenteren in het kasstroomoverzicht.

De 'discontinued operation' is niet langer 'held for sale' & 'discontinued operation'

Als een 'discontinued operation' – bijvoorbeeld omdat een geplande verkoop niet doorgaat – niet langer kan worden gekwalificeerd als 'held for sale' & 'discontinued operation' (IFRS 5.36/37):

- dienen de operationele resultaten die voorheen als resultaten uit een 'discontinued operation' waren gepresenteerd, voor de gepresenteerde boekjaren opnieuw als resultaten uit voortgezette activiteiten te worden gerubriceerd ofwel de vergelijkende cijfers worden aangepast;
- dient de bate of de last die voortvloeit uit een nieuwe waardering van de activa in de winst-en-verliesrekening als resultaat uit voortgezette bedrijfsactiviteiten te worden verantwoord;
- Het volgende dient te worden toegelicht (IFRS 5.42):
    - de reden voor de wijziging van het verkoopplan;
    - een beschrijving van de feiten en omstandigheden die hiertoe hebben geleid;
    - de impact hiervan op de resultaten in het boekjaar en de vergelijkende boekjaren.

33.4 Verschillen Dutch GAAP – IFRS

'Held for sale/distribution'

Het in IFRS 5 gehanteerde begrip 'non-current assets held for sale/distribution' kent geen equivalent in de Richtlijnen. Overigens zijn deze voorwaarden om als 'held for sale/distribution' te kwalificeren onder IFRS strikt (IFRS 5.7-8).

Indien onder IFRS een actief/'disposal group' in enig boekjaar gekwalificeerd moet worden als 'held for sale/distribution', wordt gewaardeerd tegen de laagste van (i) de boekwaarde en (ii) de reële waarde verminderd met de verkoopkosten/uitkeringskosten (IFRS 5.1). Uitgebreide regels zijn opgesteld voor de bepaling van de reële waarde en voor de verantwoording van waarderingsverschillen (IFRS 5.18-24).
De Richtlijnen bevatten geen gedetailleerde aanwijzingen voor de waardering van 'held for sale/distribution' activa/'disposal group'. De in andere Richtlijnen vervatte reguliere voorschriften van waardering en resultaatbepaling zijn van toepassing.

Tevens wordt onder IFRS niet langer afgeschreven op 'held for sale/distribution'-activa, terwijl onder de Richtlijnen afschrijving wordt gecontinueerd tot het moment van afstoten mits het actief nog in gebruik is.

Onder IFRS worden 'held for sale/distribution' activa en -passiva op de balans gepresenteerd als afzonderlijke post na de vlottende activa respectievelijk kortlopende schulden. De Richtlijnen kennen deze afzonderlijke classificatie niet. Bovendien bevat IFRS uitgebreide toelichtingseisen voor 'held for sale/distribution' activa. Dergelijke specifieke toelichtingseisen kennen de Richtlijnen niet. Overigens worden onder de Nederlandse wet- en regelgeving wel 'niet aan het productieproces dienstbare materiële vaste activa' als afzonderlijke categorie onder de materiële vaste activa gepresenteerd (art. 2: 366 lid 1 onder e BW).

Beëindigde bedrijfsactiviteiten

De criteria om onder IFRS te kwalificeren als 'discontinued operation' (IFRS 5.32: zie daarvoor par. 33.3.4) zijn strikter geformuleerd dan de in in de Nederlandse Richtlijnen gehanteerde criteria voor een 'bedrijfsactiviteit die niet duurzaam wordt voortgezet' (zie par. 33.2.1). In de Richtlijn wordt slechts gesproken over 'volgens een bepaald plan een bedrijfsonderdeel in zijn geheel of nagenoeg geheel of in gedeelten afstoten, liquideren of stopzetten' (RJ 345.201), terwijl in IFRS sprake dient te zijn van een verkoop of afstoting die voldoet aan de gestelde specifieke voorwaarden. Het begrip 'beëindigde bedrijfsactiviteit' is onder Richtlijn 345 dus ruimer dan onder IFRS.

33 Activa bestemd voor verkoop en beëindiging van bedrijfsactiviteiten

Richtlijn 345 kent geen grondslagen voor waardering en resultaatbepaling van beëindigde bedrijfsactiviteiten. De in andere Richtlijnen vervatte voorschriften zijn van toepassing. IFRS 5 geeft wel gedetailleerde voorschriften aangaande de waardering van de 'held for sale' activa en passiva behorend tot de 'discontinued operation'.

Onder Richtlijn 345 dient de rechtspersoon in het boekjaar dat de initiële gebeurtenis zich voordoet (ofwel het moment waarop de verkoopovereenkomst is gesloten of een formeel verkoopplan is goedgekeurd en bekendgemaakt) in de toelichting bepaalde informatie over de beëindigde bedrijfsactiviteit op te nemen en deze informatie jaarlijks te actualiseren totdat de beëindiging is afgerond, zie hiervoor paragraaf 33.2.3. Onder IFRS gelden ook uitgebreide toelichtingsvereisten voor een 'discontinued operation' (zie hiervoor par. 33.3.4), die op bepaalde punten anders zijn dan de Nederlandse wet- en regelgeving. Onder IFRS wordt informatie over een beëindigde bedrijfsactiviteit opgenomen zodra het voldoet aan de definitie van een 'discontinued operation' volgens IFRS 5 (IFRS 5.31-32) en dus sprake is van 'held for sale' of afstoting en aan de overige strikte criteria is voldaan.

De eisen voor de presentatie van een 'discontinued operation' in de winst-en-verliesrekening zijn onder IFRS strikter dan onder de Richtlijnen. Zo worden de resultaten van een 'discontinued operation' onder IFRS afzonderlijk in de winst-en-verliesrekening getoond, terwijl deze informatie onder de Nederlandse wet- en regelgeving ook in de toelichting mag worden opgenomen. Overigens wordt onder de Nederlandse wet- en regelgeving bij het toepassen van de optie om beëindigde bedrijfsactiviteiten afzonderlijk in de winst-en-verliesrekening te presenteren, het regulier model uit het Besluit Modellen Jaarrekening gevolgd en per post uit het model het bedrag uit beëindigde bedrijfsactiviteiten afzonderlijk weergegeven. De wijze van presenteren in de winst-en-verliesrekening onder de Richtlijnen wijkt dus af van IFRS.

Indien de zogenaamde initiële gebeurtenis inzake beëindiging van bedrijfsactiviteiten zich voordoet na afloop van het boekjaar, maar voor de datum van opmaken van de jaarrekening, wordt volgens de RJ hierover informatie verstrekt in de toelichting onder de gebeurtenissen na balansdatum (RJ 345.306). Ingevolge IFRS 5 mag dit nog geen 'discontinued operation' worden genoemd. Wel kan onder IFRS een toelichting als gebeurtenis na balansdatum noodzakelijk zijn.

Bij het beëindigen van de classificatie als 'discontinued operation' verlangt IFRS bepaalde informatie in de toelichting. Tevens dient onder IFRS bij herclassificatie naar 'continued operation' de waardering retrospectief te worden aangepast. De Richtlijn kent dergelijke vereisten niet.

33.5 Vrijstellingen voor middelgrote rechtspersonen

Middelgrote rechtspersonen zijn vrijgesteld van het geven van informatie over de belastingen toe te rekenen aan de bedrijfsactiviteiten die niet duurzaam worden voortgezet. Voorts hoeven middelgrote rechtspersonen geen informatie op te nemen in de toelichting over het operationele segment waarin over de te beëindigen bedrijfsactiviteit wordt gerapporteerd overeenkomstig Richtlijn 350 'Gesegmenteerde informatie', tenzij deze Richtlijn van toepassing is (RJ 345.304).

34 Op aandelen gebaseerde betalingen

34.1 Algemeen	
Inleiding	Uitgangspunt is dat voor elke transactie waarbij de rechtspersoon goederen of diensten ontvangt tegen een vergoeding in eigen-vermogensinstrumenten of een vergoeding die is gebaseerd op de waarde hiervan, kosten worden verwerkt.
Toepassingsgebied	Richtlijn 275 'Op aandelen gebaseerde betalingen' en IFRS 2 'Share-based Payment' bevatten bepalingen voor de verwerking, waardering, presentatie en toelichting van transacties waarbij goederen of diensten worden verkregen tegen uitreiking van eigen-vermogensinstrumenten of door het aangaan van een schuld waarvan de omvang is gebaseerd op de prijs van de eigen-vermogensinstrumenten.
	Richtlijn 275 is niet van toepassing op transacties met groepsmaatschappijen die buiten de consolidatiekring van de rapporterende entiteit vallen.
34.2 Verwerking en waardering	
Algemeen	Richtlijn 275 en IFRS 2 hebben een verschillende structuur, maar onderkennen dezelfde categorieën van op aandelen gebaseerde betalingen: ▸ af te wikkelen in eigen-vermogensinstrumenten; ▸ af te wikkelen in geldmiddelen; en ▸ met alternatieven voor afwikkeling.
Afwikkeling in eigen-vermogensinstrumenten	Verwerking in balans in eigen vermogen op basis van de reële waarde van de ontvangen goederen of diensten. Indien deze niet betrouwbaar is te schatten, op basis van de reële waarde van de toegekende eigen-vermogensinstrumenten.
	Richtlijn 275 staat (uitsluitend) bij personeelsaandelen (opties) ook verwerking toe op basis van de intrinsieke waarde met periodieke herwaardering (IFRS alleen als de reële waarde niet betrouwbaar is in te schatten).
Effecten van voorwaarden	Bij de bepaling van de cumulatieve last wordt rekening gehouden met voorwaarden gerelateerd aan de dienstperiode en andere prestatiegerelateerde voorwaarden, niet zijnde prijsgerelateerde voorwaarden, door middel van toerekening aan de wachtperiode.
	Alle andere voorwaarden worden verwerkt bij de bepaling van de reële waarde (of intrinsieke waarde indien van toepassing).

Afwikkeling in geldmiddelen	Verwerking in balans als verplichting op basis van de reële waarde van de verplichting. Richtlijn 275 staat bij personeelsaandelen (opties) ook verwerking toe op basis van de intrinsieke waarde met periodieke herwaardering (IFRS alleen als de reële waarde niet betrouwbaar is in te schatten).
'Graded vesting'	Bij een op aandelen gebaseerde betaling, waarbij de toegekende instrumenten in termijnen onvoorwaardelijk worden (soms aangeduid als 'graded vesting') vereist IFRS 2 dat elke afzonderlijke termijn als een aparte toekenning wordt verwerkt.
	Richtlijn 275 kent geen specifieke bepalingen voor regelingen waarbij periodiek een gedeelte van de toegekende instrumenten onvoorwaardelijk wordt.
Alternatieven voor afwikkeling	Verwerking als afwikkeling in eigen-vermogensinstrumenten of als afwikkeling in geldmiddelen afhankelijk van welke partij de afwikkeling kan bepalen.
Wijziging in voorwaarden	Een wijziging van voorwaarden leidt tot aanpassing van de reële waarde, welke bij een regeling af te wikkelen in eigen-vermogensinstrumenten leidt tot verwerking in het eigen vermogen en bij een regeling af te wikkelen in geldmiddelen tot aanpassing van de verplichting
	Annulering of afwikkeling verwerkt als een vervroeging van onvoorwaardelijk worden van de toezegging en alle resterende kosten direct verwerkt. Bij afwikkeling worden eventuele betaling boven de reële waarde als additionele kosten verwerkt. De betaling wordt verwerkt als inkoop eigen aandelen (bij afwikkeling in eigen-vermogensinstrumenten) of als afwikkeling van verplichting (bij afwikkeling in geldmiddelen).
Bepaling van de reële waarde	Voor op aandelen gebaseerde betalingen aan personeelsleden, in beginsel op basis van de marktprijs op de waarderingsdatum.
Op aandelen gebaseerde betalingen in groepsaandelen	Richtlijn 275 heeft geen specifieke bepalingen ten aanzien van de verwerking van op aandelen gebaseerde betalingen in groepsaandelen.
	IFRS 2 heeft specifieke regelgeving die ertoe leidt dat de rechtspersoon die de goederen of diensten ontvangt ook de kosten van de op groepsaandelen gebaseerde betalingen verwerkt. De waarde van de kosten hangt af van de classificatie van het aandelenplan voor de rechtspersoon.
	Managementparticipatieplan kwalificeert veelal als een op aandelen gebaseerde betaling indien participanten minder betalen dan de reële waarde.
Belastingen	Loonbelasting te betalen als 'af te wikkelen in geldmiddelen' onder de Richtlijnen. Onder IFRS bestaat een specifieke uitzondering.

34 Op aandelen gebaseerde betalingen

	Winstbelasting verwerken conform specifieke regels voor winstbelastingen.
34.3 Presentatie en toelichting	
Presentatie	Richtlijn 275 bevat presentatievoorschriften met betrekking tot de kosten en de verplichting. IFRS 2 bevat geen presentatievoorschriften.
Toelichting	Er geldt een groot aantal detailvoorschriften ten aanzien van de toelichting, waarbij de toelichtingsvereisten van IFRS 2 over het algemeen uitgebreider zijn dan de toelichtingsvereisten van Richtlijn 275. Daarnaast zijn er nog specifieke toelichtingsvereisten voor open naamloze vennootschappen.

34.1 Algemeen
34.1.1 Inleiding

Het uitgangspunt van de regelgeving met betrekking tot de verwerking van op aandelen gebaseerde betalingen is dat voor elke transactie waarbij de rechtspersoon goederen of diensten ontvangt tegen een vergoeding in eigen-vermogensinstrumenten (veelal aandelen of aandelenopties) of een vergoeding die is gebaseerd op de waarde hiervan, kosten worden verwerkt. Dit is ook het geval als deze vergoeding niet leidt tot een daadwerkelijke geldbetaling. De verwatering voor de aandeelhouders wordt feitelijk als kosten van de vennootschap gepresenteerd.

Door middel van een vereenvoudigd voorbeeld kan verduidelijkt worden wat de reden van het uitgangspunt is, dat op aandelen gebaseerde betalingen zouden moeten leiden tot kosten.

Voorbeeld van op aandelen gebaseerde betalingen die leiden tot kosten

Stel, een beursgenoteerde onderneming heeft diensten ontvangen van een adviesbureau. De onderneming is € 100.000 verschuldigd. De beurskoers van de aandelen van de onderneming is de afgelopen tijd stabiel op € 50 per aandeel. Afgezien van de extra handeling tot omwisseling en eventuele verkoopkosten, maakt het de leverancier in dit voorbeeld waarschijnlijk niet veel uit of hij € 100.000 ontvangt of 2.000 aandelen, die hij direct op de beurs te gelde kan maken. De verantwoorde kosten voor de verkregen dienst zou voor de onderneming dan ook gelijk moeten zijn. Betaling in aandelen kan overigens tot verwatering leiden voor de bestaande aandeelhouders, bijvoorbeeld wanneer nieuwe aandelen worden uitgegeven.

Wanneer betaling in aandelen plaatsvindt door middel van uitgifte van nieuwe aandelen is er sprake van verwatering. Bestaande aandeelhouders zien hierdoor hun relatieve belang in de onderneming verminderen. In totaal zijn er na de uitgifte dan meer geplaatste aandelen in de onderneming, waardoor procentueel gezien het belang van de bestaande aandeelhouders in het geheel kleiner wordt. Dit leidt tot een lager winstaandeel en kan leiden tot minder zeggenschap.

De regelgeving formuleert dit als volgt: De rechtspersoon verwerkt de ontvangen goederen of diensten uit een op aandelen gebaseerde betaling op het moment dat hij de goederen verkrijgt of naarmate de diensten worden verleend. De ontvangen goederen of diensten uit een op aandelen gebaseerde betaling worden verwerkt als last in de winst-en-verliesrekening, tenzij zij als actief worden verwerkt (RJ 275.202, IFRS 2.7 en 8).

Het uitgangspunt geldt ook in situaties waar personeel op aandelen gebaseerde betalingen ontvangt. De complexiteit van op aandelen gebaseerde betalingen zit vaak in het onderkennen van op aandelen gebaseerde betalingen en de waardering en allocatie van kosten hiervan. De regelgeving voor op aandelen gebaseerde betalingen is opgenomen in Richtlijn 275 'Op aandelen gebaseerde betalingen' en IFRS 2 'Share-based Payment'.

34.1.2 Toepassingsgebied

Richtlijn 275 en IFRS 2 bevatten bepalingen voor de verwerking, waardering, presentatie en toelichting van transacties waarbij goederen of diensten worden verkregen van personeel (inclusief bestuurders en commissarissen) of andere partijen (bijvoorbeeld een leverancier) tegen uitreiking van aandelen of andere eigen-vermogensinstrumenten of door het aangaan van een schuld waarvan de omvang is gebaseerd op de prijs van de aandelen of van andere eigen-vermogensinstrumenten van de rechtspersoon. Daarbij wordt met name ingegaan op de wijze waarop rechtspersonen de gevolgen van op aandelen gebaseerde betalingen in de winst-en-verliesrekening verwerken en uit dergelijke transacties voorkomende verplichtingen in de balans opnemen (RJ 275.101).

Voorbeelden van op aandelen gebaseerde betalingen zijn (RJ 275.102):
- een betaling aan een leverancier door middel van het verstrekken van aandelen;
- aandelen- en aandelenoptieregelingen voor personeel;
- bonusbetalingen die gebaseerd zijn op de waardeontwikkeling van de aandelen van de rechtspersoon; en
- een toekenning van eigen-vermogensinstrumenten bij een fusie of overname aan personeel van de overgenomen of fuserende partij in de hoedanigheid van personeelslid (bijvoorbeeld in ruil voor de voortzetting van hun dienstverband), of een annulering, vervanging of andere aanpassing van op aandelen gebaseerde betalingen in verband met een fusie of overname, of een andere herstructurering van het eigen vermogen.

Richtlijn 275 en IFRS 2 zijn niet van toepassing op:
- een transactie met een personeelslid van de rechtspersoon (of een andere partij) in de hoedanigheid van aandeelhouder (of houder van andere eigen-vermogensinstrumenten) van de rechtspersoon. Indien bijvoorbeeld alle aandeelhouders van de rechtspersoon het recht krijgen om extra aandelen te verwerven tegen een lagere prijs dan de reële waarde van die aandelen, en een personeelslid een dergelijk recht ontvangt als aandeelhouder, dan valt het toekennen van dat recht niet onder de toepassing van Richtlijn 275 en IFRS 2 (RJ 275.103, IFRS 2.4);
- een transactie waarbij de rechtspersoon goederen verwerft als onderdeel van een fusie of overname, zoals gedefinieerd in RJ 216.0 of IFRS 3.3 (RJ 275.103, IFRS 2.5);
- een transactie onder gemeenschappelijke leiding (RJ 275.103, IFRS 2.5);
- een transactie waarbij een 'business' wordt ingebracht in een joint venture als bedoeld in IFRS 11 (IFRS 2.5); RJ 275.103 geeft een bredere toepassing aan deze bepaling door aan te geven dat alle inbrengtransacties bij oprichting van alle entiteiten zijn uitgezonderd;
- een transactie waarbij de rechtspersoon goederen of diensten ontvangt of afneemt op grond van een contract waarop Richtlijn 290 'Financiële instrumenten', IAS 32 'Financial Instruments: Presentation', IFRS 9 'Financial Instruments' van toepassing is (RJ 275.103, IFRS 2.6). Een voorbeeld hiervan is dat de rechtspersoon een termijncontract voor goederen dat voor handelsdoeleinden wordt aangehouden, afrekent in aandelen.

Voorts hoeft Richtlijn 275 niet te worden toegepast voor op aandelen gebaseerde betalingen die in eigen-vermogensinstrumenten worden afgewikkeld, die zijn overeengekomen vóór 1 januari 2008.

IFRS 2 kent specifieke voorschriften voor groepsaandelen. Bepaald is dat een rechtspersoon die de op aandelen gebaseerde betalingen afwikkelt, maar waarbij een andere rechtspersoon de goederen of diensten verkrijgt, de transactie alleen als aandelen gebaseerde betalingen die worden afgewikkeld in eigen-vermogensinstrumenten kan verwerken, indien de afwikkeling plaatsvindt in aandelen van de rechtspersoon zelf. In andere gevallen wordt

34 Op aandelen gebaseerde betalingen

het verwerkt als op aandelen gebaseerde betalingen die worden afgewikkeld in geldmiddelen (IFRS 2.43C) (zie par. 34.2.10). Richtlijn 275 kent dergelijke specifieke voorschriften niet omtrent groepsaandelen.

Op aandelen gebaseerde betalingen waarbij ontvangen goederen of diensten niet kunnen worden geïdentificeerd

Richtlijn 275 en IFRS 2 zijn gebaseerd op de vooronderstelling dat de rechtspersoon in staat is de van andere partijen dan werknemers ontvangen goederen of diensten (zoals bijvoorbeeld voorraden, materiële vaste activa en schoonmaakdiensten) te identificeren.

Zoals in IFRS 2.2 is aangegeven, kunnen ook op aandelen gebaseerde betalingen voorkomen waarbij de rechtspersoon sommige of alle ontvangen goederen of diensten niet specifiek kan identificeren. Indien er geen specifiek identificeerbare goederen of diensten zijn, kunnen andere omstandigheden erop wijzen dat goederen of diensten zijn (of zullen worden) ontvangen, in welk geval IFRS 2 van toepassing is. Met name indien de reële waarde van de eventueel ontvangen identificeerbare goederen of diensten geringer blijkt te zijn dan de reële waarde van de toegekende eigen-vermogensinstrumenten of aangegane verplichting, wijst deze omstandigheid er doorgaans op dat een andere vergoeding (dat wil zeggen niet-identificeerbare goederen of diensten) zijn (of zullen worden) ontvangen.

De rechtspersoon bepaalt als eerste de reële waarde van ontvangen (of te ontvangen) identificeerbare goederen of diensten. De rechtspersoon bepaalt vervolgens de waarde van ontvangen (of te ontvangen) niet-identificeerbare goederen of diensten door het verschil te bepalen tussen de reële waarde van de op aandelen gebaseerde betaling en de reële waarde van eventueel ontvangen (of te ontvangen) identificeerbare goederen of diensten. De waarde van ontvangen (of te ontvangen) niet-identificeerbare goederen of diensten wordt bepaald op de toekenningsdatum. Bij op aandelen gebaseerde betalingen die in geldmiddelen worden afgewikkeld wordt de waarde van de verplichting evenwel op elke verslagdatum opnieuw bepaald tot het moment van de daadwerkelijke afwikkeling van de verplichting.

Richtlijn 275 bevat geen specifieke bepalingen voor op aandelen gebaseerde betalingen waarbij ontvangen goederen of diensten niet (volledig) kunnen worden geïdentificeerd.

Structuur standaarden Richtlijn 275/IFRS 2 en belangrijke begrippen

De verschillen tussen de Richtlijnen en IFRS hebben gevolgen voor de structuur en definities in beide standaarden:
- ▶ inperking reikwijdte Richtlijn 275: doordat Richtlijn 275 de transactie die wordt geïnitieerd of afgewikkeld door een persoon of maatschappij die niet tot de consolidatiekring van de rechtspersoon behoort, heeft uitgezonderd, is tevens sprake van een enigszins afwijkende definitie van 'in aandelen afgewikkelde' transacties;
- ▶ keuze Richtlijn 275 bij personeelsopties (RJ 275.314): Richtlijn 275 laat een keuze voor twee (gelijkwaardige) methoden van verwerking van op aandelen gebaseerde transacties met personeel (en anderen die soortgelijke diensten verlenen; RJ 275.210 en 301), hierna aangeduid als personeelsaandelen(opties). Richtlijn 275 kent namelijk zowel een waardering van de personeelsaandelen(opties) op basis van reële waarde als een waardering op basis van intrinsieke waarde (mits consistent toegepast). IFRS staat in beginsel alleen waardering op reële waarde toe, met als uitzondering op de regel in bijzondere omstandigheden de intrinsieke waarde. Vanwege de gelijkwaardige keuze die de RJ biedt voor de verwerking van personeelsopties heeft Richtlijn 275 een onderscheid aangebracht in twee paragrafen:
  - ▶ op aandelen gebaseerde betalingen voor transacties anders dan met personeel (RJ 275.2), en
  - ▶ op aandelen gebaseerde betalingen voor transacties met personeel (RJ 275.3).

Indeling van de nadere beschrijving in dit hoofdstuk
De verwerking en waardering van op aandelen gebaseerde betalingen wordt in dit hoofdstuk als volgt uiteengezet:
- op aandelen gebaseerde betalingen af te wikkelen in eigen-vermogensinstrumenten: paragraaf 34.2.2;
- het effect van voorwaarden verbonden aan op aandelen gebaseerde betalingen: paragraaf 34.2.3;
- op aandelen gebaseerde betalingen af te wikkelen in geldmiddelen: paragraaf 34.2.4;
- op aandelen gebaseerde betalingen waarbij de rechtspersoon of de tegenpartij een keuze heeft tot afwikkeling in eigen-vermogensinstrumenten of in geldmiddelen: paragraaf 34.2.7.
- op aandelen gebaseerde betalingen in groepsaandelen en in te kopen eigen aandelen: paragraaf 34.2.10.

Verschillen Dutch GAAP- IFRS
Het toepassingsgebied van Richtlijn 275 is beperkter dan IFRS 2 op de volgende transacties:
- Op een (inbreng)transactie tussen rechtspersonen onder gemeenschappelijke leiding, inclusief de inbreng-transactie die plaatsvindt bij oprichting van de rechtspersoon.
- Op aandelen gebaseerde betalingen, die geïnitieerd zijn of afgewikkeld worden door een persoon of maatschappij die niet tot de consolidatiekring van rechtspersoon behoort.

Richtlijn 275 en IFRS 2 hebben een verschillende structuur, maar onderkennen dezelfde categorieën van op aandelen gebaseerde betalingen. De definities van op aandelen gebaseerde betalingen die afgewikkeld worden in eigen-vermogensinstrumenten zijn enigszins verschillend vanwege de beperktere reikwijdte van Richtlijn 275. Richtlijn 275 bevat geen specifieke bepalingen voor op aandelen gebaseerde betalingen waarbij ontvangen goederen of diensten niet (volledig) kunnen worden geïdentificeerd. Voor IFRS is deze regelgeving geduid in de beschrijving van de reikwijdte van de standaard (IFRS 2.2).

34.2 Verwerking en waardering
34.2.1 Algemeen
34.2.1.1 Op aandelen gebaseerde betalingen op hoofdlijnen
In deze paragraaf wordt de verwerking van op aandelen gebaseerde betalingen op hoofdlijnen beschreven. In de volgende paragrafen van dit hoofdstuk wordt dit nader uitgewerkt.

Verwerking
De verwerking van op aandelen gebaseerde betalingen vindt plaats op of vanaf de datum van toekenning (in geval van personeel) dan wel op het moment van ontvangst van de goederen of diensten (in geval van derden). Op deze datum wordt een inschatting gemaakt van het aantal naar verwachting uit te geven aandelen of opties (q-component) en de reële waarde van een aandeel of optie (p-component). Onder de Nederlandse wet- en regelgeving kan ook de keuze gemaakt worden om de personeelsopties te waarderen tegen intrinsieke waarde met periodieke herwaardering (zie verder par. 34.2.2).

De reële waarde van een optie of vergelijkbare op aandelen gebaseerde betaling is afhankelijk van de voorwaarden van de optie, zoals de periode tot uitoefening, de volatiliteit van het aandeel en de uitoefenprijs van de optie.
Als de tegenpartij een dienst moet leveren, kennen op aandelen gebaseerde betalingen vaak voorwaarden waaraan voldaan moet zijn, voordat de tegenpartij een onvoorwaardelijk recht verkrijgt op de geldmiddelen, andere activa of eigen-vermogensinstrumenten.

34 Op aandelen gebaseerde betalingen

Voorwaarden die verband houden met de vraag of de rechtspersoon de diensten verkrijgt die de tegenpartij recht geven op de geldmiddelen, andere activa of eigen-vermogensinstrumenten als onderdeel van een op aandelen gebaseerde betaling worden wel aangeduid met 'vesting condities'.

IFRS 2 onderkent drie soorten vesting conditions:
- dienstgerelateerd: de tegenpartij moet een dienst leveren gedurende een bepaalde periode;
- prestatiegerelateerd: in aanvulling op de dienstgerelateerde voorwaarde moet ook een bepaald prestatieniveau worden bereikt gerelateerd aan:
  - de activiteiten van de rechtspersoon of van een andere entiteit in dezelfde groep; of
  - de prijs of waarde van een eigen-vermogensinstrument van de rechtspersoon of van een andere entiteit in dezelfde groep;
- prijsgerelateerd: een prestatiegerelateerde voorwaarde waarbij het prestatieniveau gerelateerd is aan de prijs of waarde van een eigen-vermogensinstrument van de rechtspersoon of van een andere entiteit in dezelfde groep.

Prestatiegerelateerde vesting conditions zijn dus dienstgerelateerde vesting conditions met een extra voorwaarde. Prijsgerelateerde vesting conditions zijn een specifiek soort prestatiegerelateerde vesting condition en bevatten dus ook altijd een dienstgerelateerde voorwaarde.

De Richtlijnen hanteren andere definities:
- prijsgerelateerd: een voorwaarde die gerelateerd is aan de prijs of waarde van een eigen-vermogensinstrument van de rechtspersoon;
- prestatiegerelateerd: een voorwaarde die niet kwalificeert als een prijsgerelateerde voorwaarde.

De definities onder de Richtlijnen gelden alleen voor transacties met personeel. In zo'n situatie is er bij een prestatiegerelateerde voorwaarde bijna altijd sprake van een bepaalde periode waarin de dienst geleverd moet worden. Daarom zullen deze verschillen in definities weinig effect hebben, zoals ook blijkt uit de bespreking van de verwerking van voorwaarden verderop.

IFRS 2 onderkent daarnaast voorwaarden die geen verband houden met de vraag of de rechtspersoon diensten verkrijgt in ruil voor de geldmiddelen, andere activa of eigen-vermogensinstrumenten als onderdeel van een op aandelen gebaseerde betaling. Dit betreffen zogenaamde 'non-vesting conditions'.

> **Voorbeeld non-vesting condition**
> Een voorbeeld van een non-vesting condition is een werknemer die recht krijgt op 100 aandelen na drie jaar met als enige voorwaarde dat hij niet in concurrentie treedt met de rapporterende entiteit gedurende die drie jaar. Duidelijk is hier dat deze voorwaarde geen verband houdt met diensten die de onderneming verkrijgt. De werknemer kan in dit voorbeeld drie jaar op de bank gaan zitten en hij heeft nog steeds recht op de aandelen.

Richtlijn 275 heeft deze non-vesting conditions niet specifiek onderkend (zie verder par. 34.2.3).

Vesting conditions worden opgenomen in de q-component behalve als er sprake is van prijsgerelateerde voorwaarden. De q-component wordt op elk rapporteringsmoment herzien met een cumulatieve herrekening. Als er uiteindelijk geen aandelen of een bedrag wordt uitgegeven zijn de kosten voor de vennootschap derhalve cumulatief nihil. Met prijsgerelateerde voorwaarden wordt rekening gehouden bij het bepalen van de reële waarde van de toezegging (p-component) en niet bij de schatting van het aantal instrumenten dat onvoorwaardelijk wordt.

Non-vesting condities worden net als prijsgerelateerde voorwaarden meegenomen in de bepaling van de reële waarde van de toezegging.

Op aandelen gebaseerde betalingen kennen twee basisvormen:
1. transacties met afwikkeling in eigen-vermogensinstrumenten; en
2. transacties met afwikkeling in geld gebaseerd op de waarde van eigen-vermogensinstrumenten.

Daarnaast worden transacties onderkend waarin de rechtspersoon of de tegenpartij de keuze heeft tot afwikkeling in eigen-vermogensinstrumenten of geldmiddelen.
Ongeacht de basisvorm boekt de onderneming kosten van de op aandelen gebaseerde betalingen. Het verschil treedt op in de creditboeking:
▶ bij transacties met afwikkeling in eigen-vermogensinstrumenten vindt de creditboeking in het eigen vermogen plaats;
▶ bij transacties met afwikkeling in geld vindt de creditboeking als een verplichting plaats.

Een ander belangrijk verschil is dat bij afwikkeling in eigen-vermogensinstrumenten de verwerking (p-component) wordt gebaseerd op basis van de éénmalig op toekenningsdatum bepaalde reële waarde (die daarna niet meer wordt aangepast), terwijl bij afwikkeling in geld de reële waarde op iedere rapporteringsdatum opnieuw wordt bepaald. Voor personeelsopties geldt onder de Richtlijnen de mogelijkheid om de verwerking te baseren op basis van de intrinsieke waarde die op iedere balansdatum opnieuw bepaald dient te worden.

Voor transacties met **afwikkeling in eigen-vermogensinstrumenten** dient de onderneming de reële waarde van de instrumenten (p-component) eenmalig te bepalen op de toekenningsdatum. Vervolgens dient de onderneming elke periode haar beste schatting te maken van het aantal instrumenten dat uiteindelijk onvoorwaardelijk wordt (q-component) en het aantal toegerekend aan de verstreken periode, vermenigvuldigd met de reële waarde op toekenningsdatum, te verwerken in het eigen vermogen. De boeking in het eigen vermogen is gelijk aan de kosten voor de rapporteringsperiode. Als uiteindelijk geen instrumenten onvoorwaardelijk worden dan worden de eerder verwerkte kosten teruggeboekt en zijn er cumulatief bezien geen kosten voor de vennootschap. Als de instrumenten wel onvoorwaardelijk worden, maar niet uitgeoefend worden als gevolg van het niet voldoen aan een prijsgerelateerde voorwaarde (uitoefenprijs is lager dan waarde van het aandeel op uitoefendatum) dienen de kosten verwerkt te blijven (en worden niet teruggeboekt).

Voor transacties met **afwikkeling in geld** dient de onderneming elke periode haar beste schatting te maken van de huidige reële waarde (p-component) en het aantal instrumenten dat uiteindelijk onvoorwaardelijk zal worden (q-component) en daarmee haar beste schatting te maken van het bedrag dat uiteindelijk betaald zal worden. Het bedrag toegerekend aan de verstreken periode wordt verwerkt als een verplichting. De mutatie in de verplichting is gelijk aan de kosten voor de rapporteringsperiode. Als uiteindelijk niets betaald hoeft te worden zijn er cumulatief ook geen kosten.

Voor de transacties waarin de rechtspersoon of de tegenpartij de keuze heeft tot afwikkeling in eigen-vermogensinstrumenten of geldmiddelen geeft de regelgeving aanwijzingen in welke situatie welke basisvorm van toepassing is. De nadere uitwerking is opgenomen in paragraaf 34.2.7.

34 Op aandelen gebaseerde betalingen

De twee basisvormen schematisch weergegeven:

De verwerking van de twee basisvormen kan als volgt worden samengevat:	Afwikkeling in eigen-vermogensinstrumenten	Afwikkeling in geldmiddelen
Waarderingsdatum	Toekenningsdatum	Toekenningsdatum en elke opvolgende balansdatum
Verwerking in balans	Eigen vermogen	Verplichting
Toerekening	Dienstperiode	Dienstperiode
Prijsgerelateerde voorwaarden	Wordt verwerkt in initiële waardering	Wordt verwerkt in initiële waardering alsmede in alle vervolgwaarderingen
Andere prestatie-gerelateerde voorwaarden	Beste schatting van aantal instrumenten dat onvoorwaardelijk wordt	Beste schatting van aantal instrumenten dat onvoorwaardelijk wordt

In de paragrafen 34.2.2 en verder wordt deze hoofdlijn nader uitgewerkt, waarbij onder meer ook aandacht wordt besteed aan de effecten van:
- de keuzemogelijkheid onder Richtlijn 275 om aandelenopties aan het personeel te verwerken tegen intrinsieke waarde met periodieke herwaardering;
- tussentijdse wijziging, annulering of voortijdige afwikkeling;
- keuzemogelijkheden voor afwikkeling in eigen-vermogensinstrumenten of in geld;
- voorwaarden die geen verband houden met de vraag of de rechtspersoon diensten verkrijgt in ruil voor de geldmiddelen, andere activa of eigen-vermogensinstrumenten als onderdeel van een op aandelen gebaseerde betaling ('non-vesting condities'); en
- verwerking van regelingen waarbij periodiek een gedeelte van de toegekende instrumenten onvoorwaardelijk wordt ('*graded vesting*').

34.2.2 Op aandelen gebaseerde betalingen af te wikkelen in eigen-vermogensinstrumenten

Algemene kenmerken

Indien in het kader van een op aandelen gebaseerde betaling die in eigen-vermogensinstrumenten wordt afgewikkeld goederen of diensten worden ontvangen, worden de goederen/diensten verwerkt als actief of kosten en verhoogt de rechtspersoon het eigen vermogen dienovereenkomstig (RJ 275.202, IFRS 2.7 en 8). Het lagere resultaat door het verantwoorden van de kosten van de op aandelen gebaseerde betalingen in de winst-en-verliesrekening wordt gecompenseerd door deze verhoging in het eigen vermogen en heeft derhalve per saldo geen effect op het eigen vermogen.

Een voorbeeld van een op aandelen gebaseerde betaling die wordt afgewikkeld in eigen-vermogensinstrumenten is de personeelsaandelenoptie. Een aandelenoptie is een recht dat de houder ervan heeft om gedurende of aan het einde van een bepaalde periode tegen een vaste of bepaalbare prijs aandelen van de rechtspersoon te verkrijgen (RJ 275.0).

Reële waarde

Een op aandelen gebaseerde betaling die in eigen-vermogensinstrumenten wordt afgewikkeld in ruil voor ontvangen goederen of diensten wordt verwerkt tegen de reële waarde van de ontvangen goederen en diensten, tenzij deze reële waarde niet betrouwbaar kan worden bepaald. Er is hier sprake van een weerlegbaar vermoeden dat de reële waarde van ontvangen goederen en diensten op een betrouwbare wijze kan worden bepaald.

Indien de reële waarde van de ontvangen goederen of diensten niet betrouwbaar kan worden bepaald, verwerkt de rechtspersoon de betaling op basis van de reële waarde van de toegekende eigen-vermogensinstrumenten (RJ 275.203, IFRS 2.10). Deze weerlegging van het vermoeden dat de reële waarde van de ontvangen goederen en diensten kan worden bepaald dient te worden vermeld in de toelichting (zie par. 34.3.2).

In afwijking hierop bepaalt de rechtspersoon bij transacties met personeel en anderen die soortgelijke diensten verlenen de reële waarde van de op aandelen gebaseerde betalingen altijd op basis van de waarde van de toegekende eigen-vermogensinstrumenten. De reden hiervoor is dat wordt verondersteld dat het niet mogelijk is de waarde van de verrichte arbeidsprestaties betrouwbaar te bepalen (RJ 275.302, IFRS 2.11 en 12).

In uitzonderingsgevallen kan het voorkomen dat ook de reële waarde van de eigen-vermogensinstrumenten niet betrouwbaar is in te schatten. In deze gevallen waardeert de rechtspersoon de eigen-vermogensinstrumenten tegen intrinsieke waarde (IFRS 2.24 en 25) zijnde het verschil tussen de reële waarde van het onderliggende aandeel en de uitoefenprijs van het eigen-vermogensinstrument. Richtlijn 275 staat voor aandelenopties (uitsluitend) verleend aan het personeel ook waardering tegen intrinsieke waarde toe in gevallen dat de reële waarde van de eigen-vermogensinstrumenten wel betrouwbaar is in te schatten. Dit wordt in het vervolg van deze paragraaf behandeld.

Waarderingsdatum

De verwerking van op aandelen gebaseerde betalingen die in eigen-vermogensinstrumenten worden afgewikkeld, vindt plaats op basis van de reële waarde op de waarderingsdatum. Waardeveranderingen van de eigen-vermogensinstrumenten na deze waarderingsdatum dienen niet te worden verwerkt (RJ 275.204, IFRS 2.23). De waarderingsdatum is de datum waarop de reële waarde van de toegekende eigen-vermogensinstrumenten wordt bepaald. De waarderingsdatum is afhankelijk van de soort transactie. In geval van transacties met *personeel* en anderen die soortgelijke diensten verlenen is deze datum de toekenningsdatum. De toekenningsdatum is de datum waarop een op aandelen gebaseerde betalingsovereenkomst tot stand komt, zijnde het moment waarop de rechtspersoon en de andere partij de voorwaarden van de overeenkomst accepteren.

In alle *andere* gevallen is de waarderingsdatum de datum waarop de rechtspersoon de goederen of diensten ontvangt. Indien de reële waarde van de goederen of diensten niet betrouwbaar is in te schatten, wordt de reële waarde van de eigen-vermogensinstrumenten gehanteerd op de datum van ontvangst van goederen dan wel diensten (RJ 275.107, IFRS 2.11 en 13).

Personeelaandelen(opties) – intrinsieke waarde

Vooral bij personeelsbeloningen wordt veel gebruikgemaakt van op aandelen gebaseerde betalingen waarbij de betaling door middel van personeelsaandelen(opties) plaatsvindt.
Richtlijn 275 geeft de rechtspersoon voor personeelsaandelen(opties) een keuze voor verwerking
- hetzij op basis van de reële waarde van de aandelenoptie,
- hetzij op basis van de intrinsieke waarde van de aandelenoptie (RJ 275.314).

De RJ heeft ondernemingen tegemoet willen komen met de keuze voor de intrinsieke waarde, omdat deze waarde veelal eenvoudiger te bepalen is dan de reële waarde van een optie. De intrinsieke waarde van een personeelsaandelen(optie) wordt bepaald als het *positieve* verschil tussen de reële waarde van het onderliggende eigen-vermogensinstrument en de uitoefenprijs (RJ 275.405).

34 Op aandelen gebaseerde betalingen

Bij verwerking op basis van de intrinsieke waarde wordt derhalve bij de waardering de zogeheten tijds- of verwachtingswaarde van de personeelsaandelen(optie) buiten beschouwing gelaten.

In het algemeen worden personeelsaandelen(opties) aan personeelsleden toegekend om hen aan de onderneming te binden en hen tot het leveren van bepaalde arbeidsprestaties aan te zetten. Op de toekenningsdatum zal de uitoefenprijs van de optie veelal gelijk zijn aan (of hoger zijn dan) de beurskoers van het aandeel (of de gemiddelde beurskoers van het aandeel over een bepaalde – korte – periode vóór de toekenningsdatum) of de waarde op basis van het interne waarderingsmodel indien er sprake is van niet-beursgenoteerde aandelen. De optie heeft in deze situatie op de toekenningsdatum geen intrinsieke waarde (ofwel een intrinsieke waarde van nihil). Soms is op de toekenningsdatum de uitoefenprijs van de optie lager dan de beurskoers van het aandeel. De optie heeft dan een intrinsieke waarde.

Indien de rechtspersoon ervoor kiest om de personeelsaandelen(opties) te verwerken op basis van de intrinsieke waarde wordt, ongeacht de wijze van afwikkeling, de intrinsieke waarde bepaald op iedere balansdatum en op de afwikkelingsdatum. Elke verandering in de intrinsieke waarde wordt in de winst-en-verliesrekening opgenomen. Dit betekent dat bij verwerking van personeelsaandelen(opties) op basis van de intrinsieke waarde van de personeelsaandelen(opties) zowel bij afwikkeling in eigen-vermogensinstrumenten als in geldmiddelen, op iedere verslagdatum de intrinsieke waarde wordt bepaald en op basis hiervan de verwerking plaatsvindt.

In IFRS 2 wordt geen keuze gegeven: Volgens IFRS 2 worden alle op aandelen gebaseerde betalingen opgenomen tegen reële waarde tenzij de reële waarde van de eigen-vermogensinstrumenten niet betrouwbaar is in te schatten. In die gevallen worden de op aandelen gebaseerde betalingen verwerkt op basis van de intrinsieke waarde zoals hiervoor weergegeven voor Richtlijn 275, dus inclusief periodieke herwaardering (IFRS 2.24).

Vorenstaande wordt hieronder nog eens schematisch weergegeven.

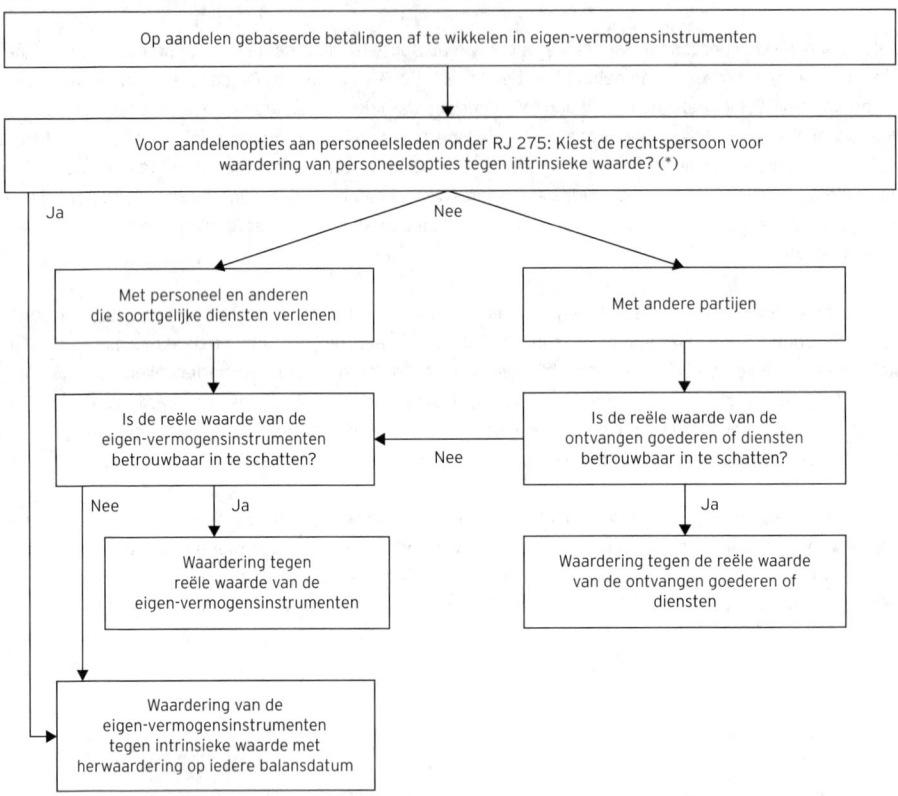

(*) Deze vraag is alleen voor de waardering van op aandelen gebaseerde betalingen onder Richtlijn 275 relevant. Voor de waardering van op aandelen gebaseerde betalingen onder IFRS 2 wordt het vervolg van het schema aangehouden.

Voor een voorbeeld van het verwerken van op aandelen gebaseerde betalingen die in eigen-vermogensinstrumenten worden afgewikkeld wordt verwezen naar paragraaf 34.2.3. Voor regelgeving met betrekking tot op aandelen gebaseerde betalingen in groepsaandelen en ingekochte eigen aandelen wordt verwezen naar paragraaf 34.2.10.

Verschillen Dutch GAAP – IFRS

Richtlijn 275 bevat specifieke regelgeving voor het verwerken van (uitsluitend) personeelsaandelen(opties) met daarin de vrije keuze om deze aandelenopties tegen reële waarde of intrinsieke waarde te waarderen. Volgens IFRS 2 worden alle op aandelen gebaseerde betalingen opgenomen tegen reële waarde tenzij, en dit wordt slechts in uitzonderingsgevallen mogelijk geacht, de reële waarde van de eigen-vermogensinstrumenten niet betrouwbaar is in te schatten. In dit geval worden op aandelen gebaseerde betalingen eveneens opgenomen tegen intrinsieke waarde.

34.2.3 Effect van voorwaarden verbonden aan op aandelen gebaseerde betalingen

Voorwaarden verbonden aan op aandelen gebaseerde betalingen

Het toekennen van een op aandelen gebaseerde betaling kan aan voorwaarden zijn gebonden.
De verschillende voorwaarden van op aandelen gebaseerde betalingen zijn van belang voor het bepalen van de reële waarde en/of de allocatie van de kosten over de periode.

Voorwaarden die verband houden met de vraag of de rechtspersoon de diensten verkrijgt die de tegenpartij recht geven op de geldmiddelen, andere activa of eigen-vermogensinstrumenten als onderdeel van een op aandelen gebaseerde betaling worden wel aangeduid met 'vesting condities'.

IFRS 2 onderkent drie soorten vesting conditions:
- dienstgerelateerd: de tegenpartij moet een dienst leveren gedurende een bepaalde periode;
- prestatiegerelateerd: in aanvulling op de dienstgerelateerde voorwaarde moet ook een bepaald prestatieniveau worden bereikt gerelateerd aan:
  - de activiteiten van de rechtspersoon of van een andere entiteit in dezelfde groep; of
  - de prijs of waarde van een eigen-vermogensinstrument van de rechtspersoon of van een andere entiteit in dezelfde groep;
- prijsgerelateerd: een prestatiegerelateerde voorwaarde waarbij het prestatieniveau gerelateerd is aan de prijs of waarde van een eigen-vermogensinstrument van de rechtspersoon of van een andere entiteit in dezelfde groep.

De Richtlijnen hanteren andere definities:
- prijsgerelateerd: een voorwaarde die gerelateerd is aan de prijs of waarde van een eigen-vermogensinstrument van de rechtspersoon;
- prestatiegerelateerd: een voorwaarde die niet kwalificeert als een prijsgerelateerde voorwaarde.

In het geval van personeelsopties zullen deze verschillen in definities weinig effect hebben, zoals blijkt uit de bespreking van de verwerking van voorwaarden verderop.

Daarnaast onderkent IFRS 2 voorwaarden die geen verband houden met de vraag of de rechtspersoon diensten verkrijgt in ruil voor de geldmiddelen, andere activa of eigen-vermogensinstrumenten als onderdeel van een op aandelen gebaseerde betaling. Dit betreffen zogenaamde 'non-vesting condities'. Richtlijn 275 heeft deze niet specifiek onderkend.

Onder IFRS 2 houdt de rechtspersoon bij het schatten van de reële waarde van de op aandelen gebaseerde betalingen rekening met de prijsgerelateerde voorwaarden en non-vesting condities (IFRS 2.19 en 21A). Onder de Richtlijnen behoeft alleen rekening te worden gehouden met prijsgerelateerde voorwaarden, omdat er geen specifieke bepalingen zijn opgenomen met betrekking tot non-vesting condities (RJ 275.307). Wij zijn echter van mening dat verwerking analoog aan IFRS 2 de voorkeur verdient. Het al dan niet voldoen aan non-vesting condities en prijsgerelateerde voorwaarden is niet van invloed op het toerekenen van kosten aan perioden. Voor meer details wordt verwezen naar het schema 'Overzicht van de voorwaarden die bepalen of de tegenpartij op aandelen gebaseerde betalingen ontvangt' hierna.

Vorenstaande hieronder schematisch weergegeven.

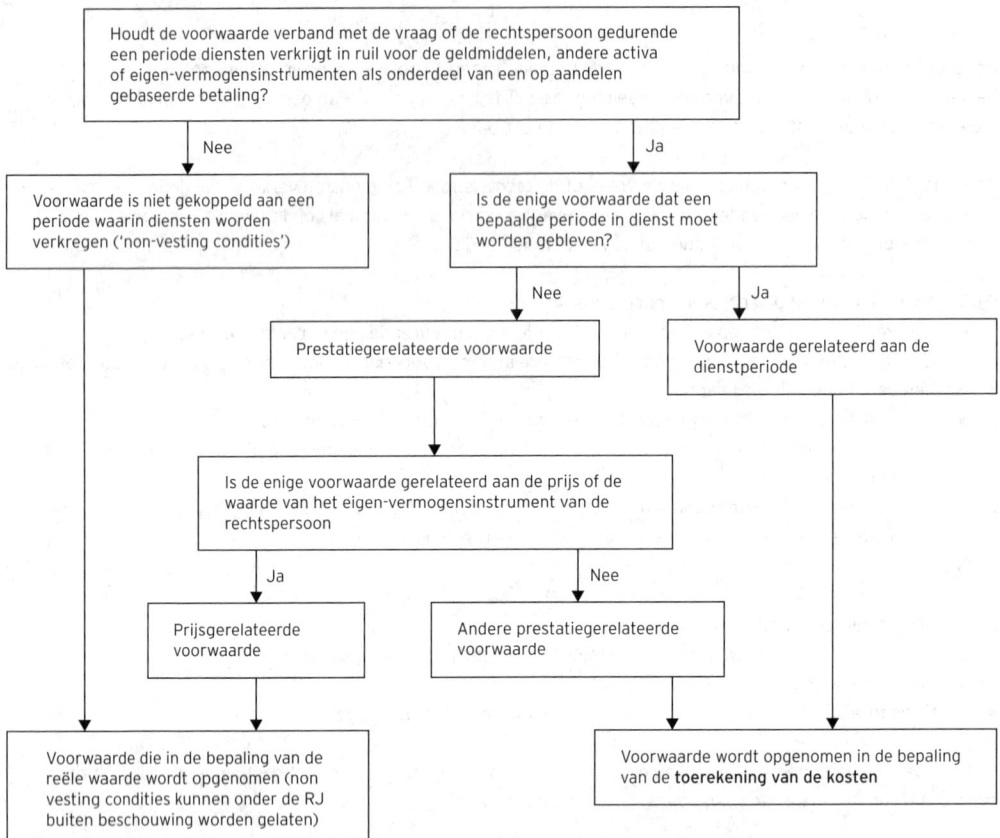

Indien geen dienstgerelateerde of prestatiegerelateerde voorwaarden zijn overeengekomen, neemt de rechtspersoon aan dat de diensten als vergoeding voor de op aandelen gebaseerde betaling reeds zijn verricht. De rechtspersoon verwerkt deze diensten volledig op de waarderingsdatum (zie par. 34.2.2) met een overeenkomstige tegenboeking in het eigen vermogen of als verplichting, afhankelijk van de wijze van afwikkeling (RJ 275.303, IFRS 2.14).

Indien wel een periode is afgesproken waarin de diensten moeten worden geleverd, wordt de waarde van de op aandelen gebaseerde betaling lineair toegerekend aan de periodes waarin de diensten worden verricht (RJ 275.304, IFRS 2.15), de zogenaamde wachtperiode of 'vesting period' (RJ 275.0, IFRS 2 Appendix A). De rechtspersoon neemt een bedrag op voor de diensten die tijdens de wachtperiode worden ontvangen, gebaseerd op de best mogelijke schatting van het aantal rechten dat naar verwachting onvoorwaardelijk zal worden. Deze schatting wordt, indien noodzakelijk, herzien indien uit latere informatie blijkt dat het aantal rechten dat naar verwachting onvoorwaardelijk wordt, afwijkt van de vorige schattingen.

34 Op aandelen gebaseerde betalingen

Op de datum dat de toekenning onvoorwaardelijk wordt, stelt de rechtspersoon de schatting gelijk aan het aantal rechten dat uiteindelijk onvoorwaardelijk is geworden op basis van de dienstgerelateerde en niet-prijsgerelateerde prestatiegerelateerde voorwaarden (RJ 275.306, IFRS 2.20). Dit betekent dat bij de schatting van het onvoorwaardelijk worden van de op aandelen gebaseerde betaling, geen rekening wordt gehouden met verwachtingen omtrent het voldoen aan de non-vesting condities en met de verwachtingen omtrent het voldoen aan de prijsgerelateerde voorwaarden. Deze voorwaarden zijn reeds meegenomen bij het bepalen van de reële waarde van de op aandelen gebaseerde betalingen. Indien niet aan de non-vesting condities en/of aan de prijsgerelateerde voorwaarden wordt voldaan, maar wel wordt voldaan aan alle andere prestatiegerelateerde en dienstgerelateerde voorwaarden, wordt de desbetreffende op aandelen gebaseerde betaling toch geacht onvoorwaardelijk te zijn geworden.

Uiteindelijk is het cumulatieve bedrag van de last gebaseerd op (het gedeelte van) de op aandelen gebaseerde betaling die onvoorwaardelijk wordt. Dit betekent dat op cumulatieve basis geen last voor ontvangen diensten wordt opgenomen indien de toekenning van eigen-vermogensinstrumenten niet onvoorwaardelijk wordt, omdat aan één of meer voorwaarden gerelateerd aan de dienstperiode of niet-prijsgerelateerde prestatiegerelateerde voorwaarden voor onvoorwaardelijke toezegging niet is voldaan (RJ 275.304, IFRS 2.19).

> **Voorbeeld van het niet-opnemen van een last als aan de voorwaarden voor de toekenning van de aandelen niet is voldaan**
> Een personeelslid krijgt aandelen toegekend op voorwaarde dat hij/zij ten minste drie jaar in dienst blijft. De rechtspersoon gaat er dan van uit dat de door het personeelslid te verrichten arbeidsprestaties als vergoeding voor de aandelen in de toekomst, gedurende deze wachtperiode van drie jaar, zullen worden ontvangen. Daarom worden de lasten aan deze wachtperiode toegerekend. Indien het personeelslid binnen drie jaar uit dienst gaat, wordt hiervoor op cumulatieve basis geen last verwerkt.

De toekenning van aandelen aan een personeelslid kan bijvoorbeeld afhankelijk zijn van de voortzetting van het dienstverband in combinatie met het voldoen aan andere prestatiegerelateerde voorwaarden (bijvoorbeeld een bepaalde winstgroei). De duur van de wachtperiode kan daardoor variëren tot aan het moment waarop aan deze prestatiegerelateerde voorwaarde wordt voldaan. In een dergelijke situatie gaat de rechtspersoon ervan uit dat hij de door het personeelslid te verrichten arbeidsprestaties als vergoeding voor de aandelen in de toekomst zal ontvangen gedurende de verwachte wachtperiode. De rechtspersoon schat de duur van de verwachte wachtperiode op de toekenningsdatum, op basis van de meest waarschijnlijke uitkomst van de prestatiegerelateerde voorwaarde(n). De effecten van de gewijzigde schatting worden verwerkt in de periode waarin deze wijziging plaatsvindt op basis van de cumulatief te verwerken last op de betreffende balansdatum (RJ 275.305, IFRS 2.15).

De rechtspersoon verwerkt de last voor de arbeidsprestaties die tijdens de wachtperiode worden ontvangen, gebaseerd op de best mogelijke schatting van de omvang van de betaling (bijvoorbeeld het aantal eigen-vermogensinstrumenten) dat naar verwachting onvoorwaardelijk zal worden. De rechtspersoon herziet, indien noodzakelijk, deze schatting op iedere balansdatum (RJ 275.306, IFRS 2.20). De niet-prijsgerelateerde prestatiegerelateerde voorwaarden dienen in aanmerking te worden genomen bij het bepalen van het aantal eigen-vermogensinstrumenten dat bij de transactie is betrokken. De rechtspersoon dient een schatting te maken van het aantal eigen-vermogensinstrumenten dat uiteindelijk onvoorwaardelijk zal worden en deze schatting aan te passen als blijkt dat de werkelijke aantallen afwijken van de gemaakte schatting. Op de datum waarop de toekenning onvoorwaardelijk wordt, stelt de rechtspersoon de schatting gelijk aan de omvang van de betaling die uiteindelijk onvoorwaardelijk is geworden. Een afname in de (geschatte) op aandelen gebaseerde betaling leidt tot terugname van de eerder verwerkte lasten (RJ 275.306, IFRS 2.20).

Vorenstaande wordt hieronder nog eens schematisch weergegeven (gebaseerd op IFRS 2 IG 24).

	Overzicht van de voorwaarden die bepalen of de tegenpartij op aandelen gebaseerde betalingen ontvangt					
	Voorwaarden die van invloed zijn op het onvoorwaardelijk worden van de op aandelen gebaseerde betaling ('vesting condities')			Voorwaarden die niet van invloed zijn op het onvoorwaardelijk worden van de op aandelen gebaseerde betaling ('non-vesting condities') (*)		
	Voorwaarden gerelateerd aan de dienstperiode	Prestatiegerelateerde voorwaarden		Noch de rechtspersoon noch de tegenpartij heeft de keuze om aan de voorwaarden te voldoen	De tegenpartij heeft de keuze om aan de voorwaarden te voldoen	De rechtspersoon heeft de keuze om aan de voorwaarden te voldoen
		Prijsgerelateerde voorwaarden	Andere prestatie-gerelateerde voorwaarden			
Voorbeelden	Het personeelslid dient drie jaren in dienst te blijven	De aandelenkoers dient een bepaald niveau te bereiken	Er dient een eerste beursnotering plaats te vinden	Een commodity index dient een bepaald niveau te bereiken	Een regeling waarbij personeelsleden een gedeelte van hun salaris sparen in ruil voor aandelenopties	Het laten voortbestaan van een aandelenoptie-regeling door de rechtspersoon
Opgenomen in de reële waarde?	Nee	Ja	Nee	Ja	Ja	Ja (**)
Verwerking indien niet aan de voorwaarden wordt voldaan	De rechtspersoon herziet de schatting van het aantal eigen-vermogens-instrumenten dat uiteindelijk onvoorwaardelijk zal worden	Geen verandering. (niet van invloed op de verwerking van de cumulatieve kosten)	De rechtspersoon herziet de schatting van het aantal eigen-vermogens-instrumenten dat uiteindelijk onvoorwaardelijk zal worden	Geen verandering. (niet van invloed op de verwerking van de cumulatieve kosten)	Annulering. De rechts-persoon neemt onmiddellijk het bedrag op voor de ontvangen diensten dat anders zou zijn verwerkt gedurende het resterende deel van de wachtperiode	Annulering. De rechtspersoon neemt onmiddellijk het bedrag op voor de ontvangen diensten dat anders zou zijn verwerkt gedurende het resterende deel van de wachtperiode

(*) Richtlijn 275, in tegenstelling tot IFRS 2, onderkent niet specifiek 'non-vesting condities'.
(**) In de bepaling van de reële waarde van de op aandelen gebaseerde betalingen wordt verondersteld dat het gehele plan door de onderneming wordt voorgezet.

Voorbeeld op aandelen gebaseerde betalingen af te wikkelen in eigen-vermogensinstrumenten (ontleend aan RJ 275 Bijlage 2)

Dit voorbeeld behandelt de verwerking in de jaarrekening van een aandelenoptieregeling voor personeel voor de volgende twee scenario's:
1. afwikkeling in eigen-vermogensinstrumenten, verwerking op basis van de reële waarde van de personeelsaandelenoptie;
2. afwikkeling in eigen-vermogensinstrumenten, verwerking op basis van de intrinsieke waarde van de personeelsaandelenoptie.

34 Op aandelen gebaseerde betalingen

Alle scenario's zijn in overeenstemming met Richtlijn 275. Scenario 1 is in overeenstemming met IFRS 2. Scenario 2 is alleen in overeenstemming met IFRS 2 indien de reële waarde van de eigen-vermogensinstrumenten niet betrouwbaar is in te schatten (zie par. 34.2.2).

Gegevens
Een rechtspersoon zegt aan 200 personeelsleden op 1 januari 100 aandelenopties toe. Iedere aandelenoptie geeft het recht om 1 aandeel te kopen tegen een uitoefenprijs van € 50. De opties kunnen uitsluitend uitgeoefend worden 1 dag nadat ze onvoorwaardelijk zijn geworden. De opties worden onvoorwaardelijk indien de desbetreffende personeelsleden 3 jaar vanaf de toekenningsdatum in dienst blijven.
De reële waarde van het aandeel bedraagt op 1 januari € 50. Op de daaropvolgende balansdata is de reële waarde als volgt: € 45, € 55, € 65.

De rechtspersoon heeft de volgende verwachtingen van het percentage personeelsleden dat de volle 3 jaar in dienst zal blijven: ultimo jaar 1: 80%, ultimo jaar 2: 85%. Eind jaar 3 blijkt 75% van betrokken personeelsleden nog in dienst te zijn.

Waardering personeelsaandelenoptie
Op basis van de bovenstaande gegevens zijn de volgende waarderingen af te leiden:

Jaar	Aandelenprijs	Intrinsieke waarde	Tijdswaarde-optie (1)	Reële-waarde-optie (1)
Aanvang	50	0	5	5
1	45	0	3	3
2	55	5	1	6
3	65	15	0	15

(1) De reële waarde en de tijdswaarde kunnen worden bepaald door middel van een optiewaarderingsmodel. In dit voorbeeld is de tijdswaarde fictief.

Verwerking
De verwerking van de personeelsaandelenoptie die wordt afgewikkeld in eigen-vermogensinstrumenten is afhankelijk van de grondslagkeuze van de rechtspersoon met betrekking tot de verwerking op basis van reële waarde of intrinsieke waarde.
De verwerking voor de twee scenario's kan als volgt worden samengevat:

	Last in W&V	Mutatie in verplichting	Eigen vermogen	Resultaat	EV (incl. resultaat
1. Waardering op basis van reële waarde					
Jaar 1: 200 personeelsleden x 80% x 100 opties x € 5 x1/3 jaar	26.667	-	26.667	-26.667	-
Jaar 2: (200 personeelsleden x 85% x 100 opties x € 5 x2/3 jaar) - 26.667	30.000	-	30.000	-30.000	-
Jaar 3: (200 personeelsleden x 75% x 100 opties x € 5 x3/3 jaar) - (26.667 + 30.000)	18.333	-	18.333	-18.333	-
Totaal: 200 personeelsleden x 75% x 100 opties x € 5	75.000	=	75.000	-75.000	=
2. Waardering op basis van intrinsieke waarde					
Jaar 1: 200 personeelsleden x 80% x 100 opties x € 0 x1/3 jaar	-	-	-	-	-
Jaar 2: (200 personeelsleden x 85% x 100 opties x € 5 x2/3 jaar) - 0 (jaar 2)	56.667	-	56.667	-56.667	-
Jaar 3: (200 personeelsleden x 75% x 100 opties x € 15 x3/3 jaar) - (0 + 56.667)	168.333	-	168.333	-168.333	-
Totaal: 200 personeelsleden x 75% x 100 opties x € 15	225.000	=	225.000	-225.000	=

Hieronder is scenario 1 in detail, inclusief journaalposten, uitgewerkt. Op scenario 2 is een korte toelichting gegeven.

Ad 1. Afwikkeling in eigen-vermogensinstrumenten, op basis van de reële waarde van de aandelenoptie

Journaalpost jaar 1
Dt Kosten aandelenoptieregeling € 26.667
Cr Eigen vermogen (overige reserves) € 26.667

De kosten in jaar 1 zijn als volgt bepaald: 200 personeelsleden x 80% x 100 opties x € 5 x 1/3 jaar. In deze berekening is dus rekening gehouden met de schatting van het aantal personeelsleden dat de volledige 3 jaar in dienst zal blijven, alsmede de lineaire toerekening van de lasten over de wachtperiode.

Journaalpost jaar 2
Dt Kosten aandelenoptieregeling € 30.000
Cr Eigen vermogen (overige reserves) € 30.000

De kosten in jaar 2 zijn bepaald door eerst de cumulatieve last te bepalen: 200 personeelsleden x 85% x 100 opties x € 5 x 2/3 jaar = € 56.667 en vervolgens hierop de last die reeds in jaar 1 is verwerkt in mindering te brengen (€ 56.667 - € 26.667 = € 30.000).

Journaalpost jaar 3
Dt Kosten aandelenoptieregeling € 18.333
Cr Eigen vermogen (overige reserves) € 18.333

De kosten in jaar 3 zijn bepaald door eerst de cumulatieve last te bepalen: 200 personeelsleden x 75% x 100 opties x € 5 x 3/3 jaar = € 75.000 en vervolgens hierop de cumulatieve last die ultimo jaar 2 is verwerkt in mindering te brengen (€ 75.000 - € 56.667 = € 18.333).

Ad 2: Afwikkeling in eigen-vermogensinstrumenten, verwerking op basis van de intrinsieke waarde van de aandelenoptie
Bij toepassing van de intrinsieke-waardemethode wordt op iedere balansdatum de intrinsieke waarde bepaald. Omdat de intrinsieke waarde op de verschillende balansdata afwijkt van de reële waarde op het toekenningsmoment is de last in jaar 1 lager dan onder scenario 1 en zijn de lasten in de jaren 2 en 3 cumulatief hoger.

Voorbeeld alternatief waardeverloop
Indien eind jaar 3 de reële waarde van het aandeel € 45 is en de opties derhalve waardeloos expireren, is de verwerking als volgt.

Waardering personeelsaandelenoptie
Op basis van de bovenstaande gegevens zijn de volgende waarderingen af te leiden:

Jaar	Aandelenprijs	Intrinsieke waarde	Tijdswaarde-optie (1)	Reële-waarde-optie (1)
Aanvang	50	0	5	5
1	45	0	3	3
2	55	5	1	6
3	45	0	0	0

(1) De reële waarde en de tijdswaarde kunnen worden bepaald door middel van een optiewaarderingsmodel. In dit voorbeeld is de tijdswaarde fictief.

Verwerking

	Last in W&V	Mutatie in verplichting	Eigen vermogen	Resultaat	EV (incl. resultaat)
1. Waardering op basis van reële waarde					
Jaar 1: 200 personeelsleden x 80% x 100 opties x € 5 x1/3 jaar	26.667	-	26.667	-26.667	-
Jaar 2: (200 personeelsleden x 85% x 100 opties x € 5 x2/3 jaar) - 26.667	30.000	-	30.000	-30.000	-
Jaar 3: (200 personeelsleden x 75% x 100 opties x € 5 x3/3 jaar) - (26.667 + 30.000)	18.333	-	18.333	-18.333	-
Totaal: 200 personeelsleden x 75% x 100 opties x € 5	75.000	=	75.000	-75.000	=

	Last in W&V	Mutatie in verplichting	Eigen vermogen	Resultaat	EV (incl. resultaat)
2. Waardering op basis van intrinsieke waarde					
Jaar 1: 200 personeelsleden x 80% x 100 opties x € 0 x1/3 jaar	-	-	-	-	-
Jaar 2: (200 personeelsleden x 85% x 100 opties x € 5 x2/3 jaar) - 0	56.667	-	56.667	-56.667	-
Jaar 3: (200 personeelsleden x 75% x 100 opties x € 0 x3/3 jaar) - (0 + 56.667)	-56.667	-	56.667	56.667	-
Totaal: 200 personeelsleden x 75% x 100 opties x € 0	-	=	-	-	=

> **Ad 1. Afwikkeling in eigen-vermogensinstrumenten, op basis van de reële waarde van de personeelsaandelenoptie**
> Het feit dat de aandelenopties waardeloos expireren heeft geen effect op de verwerking onder dit scenario, omdat de verwerking gebaseerd wordt op de reële waarde op de toekenningsdatum. De ontwikkeling van de reële waarde van het aandeel heeft daarop geen invloed meer.
>
> **Ad 2**
> Omdat in het scenario 2 de cumulatieve verwerking over de jaren plaatsvindt op basis van de waarde op de respectieve balansdata wordt per saldo in jaar 3 de volledige last teruggenomen.

Verschillen Dutch GAAP – IFRS

IFRS 2 onderkent ook voorwaarden die geen verband houden met de vraag of de rechtspersoon diensten verkrijgt in ruil voor de geldmiddelen, andere activa of eigen-vermogensinstrumenten als onderdeel van een op aandelen gebaseerde betaling ('non-vesting condities'). Richtlijn 275 heeft deze niet specifiek onderkend. Omdat er geen specifieke bepalingen zijn opgenomen, heeft de onderneming de keuze deze non-vesting condities, indien deze in praktijk voorkomen, op dezelfde wijze als onder IFRS 2 te verwerken.

34.2.4 Op aandelen gebaseerde betalingen af te wikkelen in geldmiddelen

De rechtspersoon neemt een verplichting op indien de goederen of diensten worden verworven bij een op aandelen gebaseerde betaling die in geldmiddelen wordt afgewikkeld (RJ 275.202, IFRS 2.7 en 8). Ontvangen goederen en diensten uit een op aandelen gebaseerde betaling die in geldmiddelen wordt afgewikkeld en de overeenkomstige opname van de verplichting worden verwerkt tegen de reële waarde van de verplichting. De verplichting wordt tot aan de afwikkeling op iedere balansdatum en op de afwikkelingsdatum opnieuw gewaardeerd tegen haar reële waarde. Eventuele veranderingen in de reële waarde van de verplichting worden verwerkt in de winst-en-verliesrekening (RJ 275.205, IFRS 2.30).

Een voorbeeld van een op aandelen gebaseerde betaling die wordt afgewikkeld in geldmiddelen is een (winstdelings)regeling voor het personeel waarbij een uitkering in geldmiddelen wordt toegezegd op basis van de stijging van de koers van het aandeel over een bepaalde periode (ook wel 'Share Appreciation Rights' genoemd).

Onder Richtlijn 275 geldt ook (uitsluitend) inzake personeelsaandelen(opties) die worden afgewikkeld in geldmiddelen de mogelijkheid om deze te waarderen op basis van de intrinsieke waarde, zoals hiervoor uiteengezet in paragraaf 34.2.2. IFRS 2 staat dit alleen toe indien de reële waarde niet betrouwbaar kan worden bepaald.

> **Voorbeeld van het verwerken van op aandelen gebaseerde betalingen die in geldmiddelen worden afgewikkeld (ontleend aan RJ 275 Bijlage 2, nummering gelijk gehouden)**
>
> Dit voorbeeld behandelt de verwerking in de jaarrekening van een aandelenoptieregeling voor personeel voor de volgende twee scenario's:
> 3. afwikkeling in geldmiddelen, verwerking op basis van de reële waarde van de personeelsaandelenoptie;
> 4. afwikkeling in geldmiddelen, verwerking op basis van de intrinsieke waarde van de personeelsaandelenoptie.
>
> Alle scenario's zijn in overeenstemming met Richtlijn 275. Scenario 3 is in overeenstemming met IFRS 2, en scenario 4 is in overeenstemming met IFRS 2 indien de reële waarde van de verplichting niet betrouwbaar is in te schatten (zie par. 34.2.2).
>
> Gegevens
> Een rechtspersoon zegt aan 200 personeelsleden op 1 januari toe om een bedrag uit te keren dat de waarde van 100 aandelenopties reflecteert. Iedere aandelenoptie geeft het recht om 1 aandeel te kopen tegen een uitoefenprijs van € 50. De opties kunnen uitsluitend uitgeoefend worden 1 dag nadat ze onvoorwaardelijk zijn geworden. De opties worden onvoorwaardelijk indien de desbetreffende personeelsleden 3 jaar vanaf de toekenningsdatum in dienst blijven.
> De reële waarde van het aandeel bedraagt op 1 januari € 50. Op de daaropvolgende balansdata is de reële waarde als volgt: € 45, € 55, € 65.

De rechtspersoon heeft de volgende verwachtingen van het percentage personeelsleden dat de volle 3 jaar in dienst zal blijven: ultimo jaar 1: 80%, ultimo jaar 2: 85%. Eind jaar 3 blijkt 75% van betrokken personeelsleden nog in dienst te zijn.

Waardering personeelsaandelenoptie
Op basis van de bovenstaande gegevens zijn de volgende waarderingen af te leiden:

Jaar	Aandelenprijs	Intrinsieke waarde	Tijdswaarde-optie (1)	Reële-waarde-optie (1)
Aanvang	50	0	5	5
1	45	0	3	3
2	55	5	1	6
3	65	15	0	15

(1) De reële waarde en de tijdswaarde kunnen worden bepaald door middel van een optiewaarderingsmodel. In dit voorbeeld is de tijdswaarde fictief.

Verwerking
De verwerking van de personeelsaandelenoptie die wordt afgewikkeld in geldmiddelen is afhankelijk van de grondslagkeuze van de rechtspersoon met betrekking tot de verwerking op basis van reële waarde of intrinsieke waarde.
De verwerking voor de twee scenario's kan als volgt worden samengevat:

	Last in W&V	Mutatie in verplichting	Eigen vermogen	Resultaat	EV (incl. resultaat)
3. Waardering op basis van reële waarde					
Jaar 1: 200 personeelsleden x 80% x 100 opties x € 3 x1/3 jaar	16.000	16.000	-	-16.000	-16.000
Jaar 2: (200 personeelsleden x 85% x 100 opties x € 6 x2/3 jaar) - 16.000	52.000	52.000	-	-52.000	-52.000
Jaar 3: (200 personeelsleden x 75% x 100 opties x € 15 x3/3 jaar) - (16.000 + 52.000)	157.000	157.000	-	157.000	-157.000
Totaal 200 personeelsleden x 75% x 100 opties x € 15	225.000	225.000	-	225.000	-225.000

	Last in W&V	Mutatie in verplichting	Eigen vermogen	Resultaat	EV (incl. resultaat)
4. Waardering op basis van intrinsieke waarde					
Jaar 1: 200 personeelsleden x 80% x 100 opties x € 0 x1/3 jaar	-	-	-	-	-
Jaar 2: (200 personeelsleden x 85% x 100 opties x € 5 x2/3 jaar) - 0	56.667	56.667	-	-56.667	-56.667
Jaar 3: (200 personeelsleden x 75% x 100 opties x € 15 x3/3 jaar) - (0 + 56.667)	168.333	168.333	-	168.333	-168.333
Totaal: 200 personeelsleden x 75% x 100 opties x € 15	225.000	225.000	-	225.000	-225.000

(*) Nummering gelijk gehouden aan het voorbeeld van Richtlijn 275 bijlage 2.

Hieronder is scenario 3 in detail, inclusief journaalposten, uitgewerkt. Op scenario 4 is een korte toelichting gegeven.

Ad 3. Afwikkeling in geldmiddelen, verwerking op basis van de reële waarde van de personeelsaandelenoptie
Bij afwikkeling in geldmiddelen en waardering tegen reële waarde, vindt de verwerking op iedere balansdatum plaats op basis van de reële waarde op dat moment. Onder dit scenario vindt een opboeking van een voorziening plaats.

Journaalpost jaar 1
Dt Kosten aandelenoptieregeling € 16.000
Cr Verplichting € 16.000

De kosten in jaar 1 zijn als volgt bepaald: 200 personeelsleden x 80% x 100 opties x € 3 x 1/3 jaar. In deze berekening is dus rekening gehouden met de schatting van het aantal personeelsleden dat de volledige 3 jaar in dienst zal blijven, alsmede de lineaire toerekening van de lasten over de wachtperiode. De reële waarde van de verplichting wordt elke balansdatum opnieuw bepaald en is gedaald ten opzichte van het moment van uitgifte (van € 5 naar € 3).

Journaalpost jaar 2
Dt Kosten aandelenoptieregeling € 52.000
Cr Verplichting € 52.000

De kosten in jaar 2 zijn bepaald door eerst de cumulatieve last te bepalen: 200 personeelsleden x 85% x 100 opties x € 6 x 2/3 jaar = € 68.000 en vervolgens hierop de last die reeds in jaar 1 is verwerkt in mindering te brengen (€ 68.000 - € 16.000 = € 52.000).

Journaalpost jaar 3
Dt Kosten aandelenoptieregeling € 157.000
Cr Verplichting € 157.000

De kosten in jaar 3 zijn bepaald door eerst de cumulatieve last te bepalen: 200 personeelsleden x 75% x 100 opties x € 15 x 3/3 jaar = € 225.000 en vervolgens hierop de cumulatieve last die ultimo jaar 2 is verwerkt in mindering te brengen (€ 225.000 - € 68.000 = € 157.000).

Ad 4. Afwikkeling in geldmiddelen, verwerking op basis van de intrinsieke waarde van de personeelsaandelenoptie
Bij afwikkeling in geldmiddelen en waardering tegen intrinsieke waarde, zijn de verwerkte bedragen gelijk aan scenario 2 van het voorbeeld bij afwikkeling in eigen vermogensinstrumenten. Onder het scenario van afwikkeling in geldmiddelen vindt echter een opboeking van een verplichting plaats.

Voorbeeld alternatief waardeverloop

Indien eind jaar 3 de reële waarde van het aandeel € 45 is en de opties derhalve waardeloos expireren, is de verwerking als volgt.

Waardering personeelsaandelenoptie
Op basis van de bovenstaande gegevens zijn de volgende waarderingen af te leiden:

Jaar	Aandelenprijs	Intrinsieke waarde	Tijdswaarde-optie (1)	Reële-waarde-optie (1)
Aanvang	50	0	5	5
1	45	0	3	3
2	55	5	1	6
3	45	0	0	0

(1) De reële waarde en de tijdswaarde kunnen worden bepaald door middel van een optiewaarderingsmodel. In dit voorbeeld is de tijdswaarde fictief.

	Last in W&V	Mutatie in verplichting	Eigen vermogen	Resultaat	EV (incl. resultaat)
3. Waardering op basis van reële waarde					
Jaar 1: 200 personeelsleden x 80% x 100 opties x € 3 x 1/3 jaar	16.000	16.000	-	-16.000	-16.000
Jaar 2: (200 personeelsleden x 85% x 100 opties x € 6 x 2/3 jaar) - 16.000	52.000	52.000	-	-52.000	-52.000
Jaar 3: (200 personeelsleden x 75% x 100 opties x € 0 x 3/3 jaar) - (16.000 + 52.000)	-68.000	-68.000	-	68.000	68.000
Totaal: 200 personeelsleden x 75% x 100 opties x € 0	-	-	-	-	-

	Last in W&V	Mutatie in verplichting	Eigen vermogen	Resultaat	EV (incl. resultaat)
4. Waardering op basis van intrinsieke waarde					
Jaar 1: 200 personeelsleden x 80% x 100 opties x € 0 x 1/3 jaar	-	-	-	-	-
Jaar 2: (200 personeelsleden x 85% x 100 opties x € 5 x 2/3 jaar) - 0	56.667	56.667	-	-56.667	-56.667
Jaar 3: (200 personeelsleden x 75% x 100 opties x € 0 x 3/3 jaar) - (0 + 56.667)	-56.667	56.667		56.667	56.667
Totaal: 200 personeelsleden x 75% x 100 opties x € 0	-	-	-	-	-

(*) Nummering gelijk gehouden aan het voorbeeld van Richtlijn 275 Bijlage 2.

Ad 3 en 4. Afwikkeling in geldmiddelen
Omdat in de scenario's met betrekking tot afwikkeling in geldmiddelen de cumulatieve verwerking over de jaren plaatsvindt op basis van de waarde op de respectieve balansdata wordt per saldo in jaar 3 de volledige last teruggenomen.

Voorwaarden bij een regeling af te wikkelen in geldmiddelen

IFRS 2 kent specifieke bepalingen hoe prestatiegerelateerde voorwaarden en non-vesting voorwaarden moeten worden behandeld bij de waardering van op aandelen gebaseerde transacties af te wikkelen in geldmiddelen.

De bepalingen geven aan dat:
- vesting condities (anders dan prijsgerelateerde voorwaarden) niet in aanmerking worden genomen bij het bepalen van de reële waarde van een in geldmiddelen afgewikkelde, op aandelen gebaseerde betaling. In plaats daarvan moeten, zoals voor in aandelen afgewikkelde op aandelen gebaseerde betalingstransacties, dergelijke voorwaarden in aanmerking worden genomen door het aantal toekenningen aan te passen dat is opgenomen in de waardering van de verplichting;
- het bedrag dat wordt opgenomen voor de ontvangen diensten tijdens de vestingperiode moet zijn gebaseerd op de beste schatting van de entiteit van het aantal te verwachten toekenningen. Deze schatting moet, indien nodig, worden herzien als uit latere informatie blijkt dat het aantal toekenningen dat naar verwachting onvoorwaardelijk zal worden afwijkt van eerdere schattingen. Op de datum van onvoorwaardelijk worden moet de entiteit de schatting herzien om deze gelijk te laten zijn aan het aantal toekenningen dat uiteindelijk onvoorwaardelijk wordt;
- op cumulatieve basis het bedrag dat uiteindelijk wordt opgenomen voor ontvangen goederen of diensten als tegenprestatie voor de in geldmiddelen afgewikkelde, op aandelen gebaseerde betaling gelijk zal zijn aan de geldmiddelen die worden betaald (IFRS 2.33A-33B, 33D); en
- bij de bepaling van de reële waarde (bij toekenning, periodieke herwaardering en afwikkeling) van de in geldmiddelen af te wikkelen, op aandelen gebaseerde betaling dienen prijsgerelateerde voorwaarden en non-vesting condities meegenomen te worden (IFRS 2.33C).

Richtlijn 275 kent geen specifieke bepalingen voor voorwaarden verbonden aan een regeling af te wikkelen in geldmiddelen. Een rechtspersoon heeft daarom de keuze deze bij de bepaling van het aantal instrumenten dat uiteindelijk onvoorwaardelijk wordt c.q. de reële waarde van de op aandelen gebaseerde betaling, buiten beschouwing te laten of deze op dezelfde wijze als IFRS 2 te verwerken. Wij zijn echter van mening dat verwerking analoog aan IFRS 2 de voorkeur verdient.

34 Op aandelen gebaseerde betalingen

Verschillen Dutch GAAP – IFRS

Richtlijn 275 bevat specifieke regelgeving over het verwerken van personeelsaandelenopties en geeft de keuze om (uitsluitend) personeelsaandelenopties tegen reële waarde of intrinsieke waarde te waarderen. Volgens IFRS 2 worden alle op aandelen gebaseerde betalingen opgenomen tegen reële waarde tenzij, en dit wordt slechts in uitzonderingsgevallen mogelijk geacht, de reële waarde van de eigen-vermogensinstrumenten om de verplichting te bepalen niet betrouwbaar is in te schatten. Volgens IFRS worden in dit geval op aandelen gebaseerde betalingen eveneens opgenomen tegen intrinsieke waarde.

IFRS 2 kent specifieke bepalingen ten aanzien van voorwaarden verbonden aan regelingen af te wikkelen in geldmiddelen.

34.2.5 Schematische samenvatting

Voorgaande paragrafen kunnen met betrekking tot Richtlijn 275 als volgt schematisch worden samengevat (Richtlijn 275 Bijlage 1). In het schema is de situatie dat er een alternatieve afwikkeling mogelijk is, niet meegenomen (zie hiervoor par. 34.2.7).

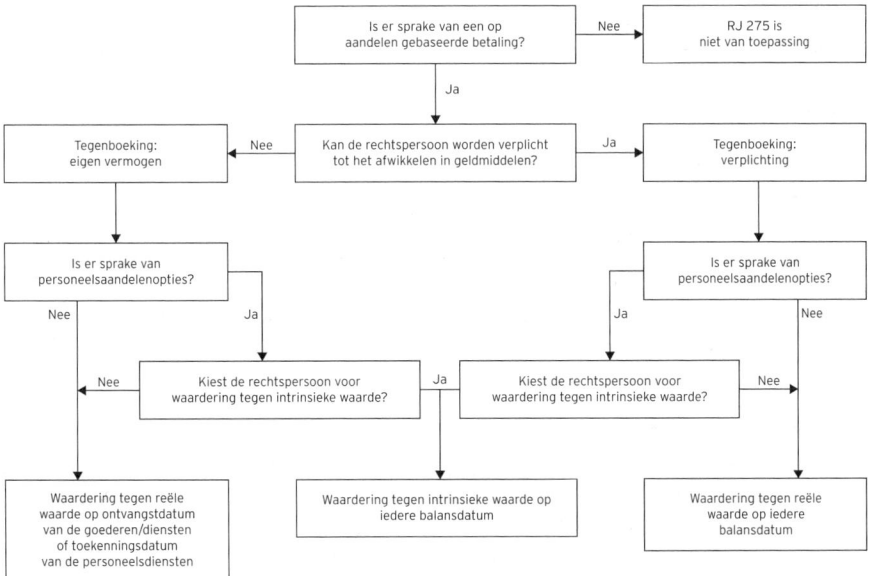

IFRS 2 verschilt van vorenstaand schema met betrekking tot de waardering van de personeelsaandelenopties. IFRS 2 kent geen keuzemogelijkheid. Op aandelen gebaseerde betalingen kunnen alleen worden gewaardeerd tegen intrinsieke waarde indien de reële waarde niet betrouwbaar is in te schatten (zie par. 34.2.2).

34.2.6 Verwerking van regelingen waarbij periodiek een gedeelte van de toegekende instrumenten onvoorwaardelijk wordt ('graded vesting')

Bij een op aandelen gebaseerde betaling, waarbij de toegekende instrumenten in termijnen onvoorwaardelijk worden (soms aangeduid als 'graded vesting') vereist IFRS 2 dat elke afzonderlijke termijn als een aparte toekenning wordt verwerkt. Een rechtspersoon kan een werknemer bijvoorbeeld 600 opties toekennen, waarvan er 100 onvoorwaardelijk worden als de werknemer één jaar in dienst blijft, nog eens 200 na twee jaar en de laatste 300 na drie jaar. Een dergelijke toekenning wordt behandeld als drie afzonderlijke toekenningen van 100, 200 en 300 opties, op grond van het feit dat de verschillende vestingperiodes zullen betekenen dat de drie tranches van de toekenning verschillende reële waarden hebben (IFRS 2.IG11).

Richtlijn 275 kent geen specifieke bepalingen voor regelingen waarbij periodiek een gedeelte van de toegekende instrumenten onvoorwaardelijk wordt. Een rechtspersoon heeft daarom de keuze alle toegekende instrumenten lineair toe te rekenen aan de gehele wachtperiode of deze op dezelfde wijze als IFRS 2 te verwerken. Wij zijn echter van mening dat verwerking analoog aan IFRS 2 de voorkeur verdient.

Verschillen Dutch GAAP – IFRS

Bij een op aandelen gebaseerde betaling, waarbij de toegekende instrumenten in termijnen onvoorwaardelijk worden (soms aangeduid als 'graded vesting') vereist IFRS 2 dat elke afzonderlijke termijn als een aparte toekenning wordt verwerkt. Richtlijn 275 kent geen specifieke bepalingen voor regelingen waarbij periodiek een gedeelte van de toegekende instrumenten onvoorwaardelijk wordt.

34.2.7 Op aandelen gebaseerde betalingen met alternatieven voor de afwikkeling

In de voorgaande paragrafen zijn op aandelen gebaseerde betalingen behandeld die of in eigen-vermogensinstrumenten of in geldmiddelen worden afgewikkeld. Er zijn echter ook situaties waarbij (één van) de betrokken partijen op het afwikkelingsmoment een keuze hebben.

Een voorbeeld van een op aandelen gebaseerde betaling met alternatieven voor de afwikkeling is een personeelsoptie waarbij de werknemer de keuze heeft tussen het verkrijgen van aandelen of de waarde van de aandelen in geldmiddelen.

Op aandelen gebaseerde betalingen waarbij de rechtspersoon de afwikkeling kan bepalen

Indien de rechtspersoon op grond van de bepalingen in de overeenkomst de keuze heeft tot afwikkeling in geldmiddelen of in eigen-vermogensinstrumenten, dient de rechtspersoon vast te stellen of zij een feitelijke verplichting heeft om in geldmiddelen af te wikkelen. Indien zij een dergelijke feitelijke verplichting heeft, wordt de betaling verwerkt als een op aandelen gebaseerde betaling die in geldmiddelen wordt afgewikkeld (RJ 275.208, IFRS 2.41 en 42) (zie par. 34.2.4).

De rechtspersoon heeft een feitelijke verplichting tot afwikkeling in geldmiddelen indien de keuze voor afwikkeling in eigen-vermogensinstrumenten geen economische realiteit heeft (bijvoorbeeld omdat de rechtspersoon juridisch gezien geen nieuwe of bestaande aandelen mag uitgeven), of indien de rechtspersoon een gangbare praktijk of vastgelegd beleid heeft om in geldmiddelen af te wikkelen, of indien de rechtspersoon over het algemeen overgaat tot afwikkeling in geldmiddelen wanneer de tegenpartij daartoe verzoekt.

Indien de rechtspersoon zonder beperkingen het afwikkelingsalternatief kan bepalen, wordt de transactie verwerkt als een op aandelen gebaseerde betaling die in eigen-vermogensinstrumenten wordt afgewikkeld (RJ 275.206, IFRS 2.43) (zie par. 34.2.2).

34 Op aandelen gebaseerde betalingen

Indien de rechtspersoon een op aandelen gebaseerde betaling die is verwerkt als een in eigen-vermogensinstrumenten af te wikkelen op aandelen gebaseerde betaling, afwikkelt in geldmiddelen, wordt de contante betaling verwerkt als een terugkoop van een aandelenbelang en ten laste van het eigen vermogen gebracht (RJ 275.209, IFRS 2.43). Indien in eigen-vermogensinstrumenten wordt afgewikkeld, worden zo nodig binnen het eigen vermogen bedragen overgeboekt van de ene component naar de andere (IFRS 2.43).

Soms bestaat er een verschil in de reële waarde van de op aandelen gebaseerde betaling welke afhankelijk is van de afwikkeling in eigen-vermogensinstrumenten of geldmiddelen. Indien de rechtspersoon kiest voor het afwikkelingsalternatief met de hoogste reële waarde wordt het overschot – het verschil tussen de betaalde geldmiddelen en de reële waarde van de eigen-vermogensinstrumenten die anders zouden zijn uitgegeven of het verschil tussen de reële waarde van de uitgegeven eigen-vermogensinstrumenten en de geldmiddelen die anders zouden zijn betaald – op de afwikkelingsdatum in de winst-en-verliesrekening opgenomen (IFRS 2.43).

Op aandelen gebaseerde betalingen waarbij de tegenpartij de afwikkeling kan bepalen

Als de tegenpartij het recht heeft om afwikkeling in geldmiddelen te eisen, heeft de rechtspersoon als het ware een samengesteld financieel instrument uitgegeven dat bestaat uit een schuldcomponent (het recht van de tegenpartij om betaling in contanten te vragen) en een eigen-vermogenscomponent (het recht van de tegenpartij om afwikkeling in eigen-vermogensinstrumenten te vragen). De reële waarde van de toezegging bij afwikkeling in geldmiddelen dient als verplichting te worden verwerkt. Indien de reële waarde van de afwikkeling in geldmiddelen lager is dan de reële waarde van de afwikkeling in eigen-vermogensinstrumenten, staat Richtlijn 275 toe het verschil als een separaat eigen-vermogenscomponent te verwerken. Indien niet voor deze splitsing is gekozen, neemt de rechtspersoon uitsluitend een verplichting op (RJ 275.207). IFRS 2 kent deze keuze niet en schrijft voor dat de op aandelen gebaseerde betaling wordt verwerkt als een samengesteld financieel instrument (IFRS 2.35) en derhalve deze splitsing altijd wordt gemaakt indien de reële waarde van afwikkeling in eigen-vermogensinstrumenten hoger is dan van afwikkeling in geldmiddelen.

Bij transacties met andere partijen dan personeel waarbij de reële waarde van de ontvangen goederen of diensten direct wordt bepaald, stelt de rechtspersoon de waarde van de eigen-vermogenscomponent van het samengesteld financieel instrument vast als het verschil tussen de reële waarde van de goederen of diensten en de reële waarde van de schuldcomponent op de datum dat de goederen of diensten worden ontvangen (IFRS 2.35). Bij andere transacties, waaronder transacties met personeel, moet de rechtspersoon de reële waarde van het samengestelde financiële instrument op de waarderingsdatum (dit is de datum waarop het instrument wordt toegekend, de 'grant date', IFRS 2 IG20, zie par. 34.2.2) bepalen, waarbij de reële waarde van de schuldcomponent en de reële waarde van de eigen-vermogenscomponent separaat worden bepaald. Hierbij wordt rekening gehouden met de voorwaarden waaronder de op aandelen gebaseerde betaling is toegekend (IFRS 2.36 en 37).

De rechtspersoon herwaardeert tot en met de afwikkelingsdatum de verplichting tegen reële waarde. Indien de rechtspersoon de op aandelen gebaseerde betaling afwikkelt in eigen-vermogensinstrumenten, wordt de verplichting onmiddellijk overgeboekt naar het eigen vermogen als vergoeding voor de uitgegeven eigen-vermogensinstrumenten (IFRS 2.39).

Indien de rechtspersoon in geldmiddelen afwikkelt, wordt de betaling van geldmiddelen als het volledig voldoen van de verplichting behandeld. Een eerder opgenomen eigen-vermogenscomponent blijft in het eigen vermogen opgenomen. De tegenpartij heeft via de keuze voor de ontvangst van geldmiddelen bij afwikkeling afstand gedaan van het recht op de ontvangst van eigen-vermogensinstrumenten. Dit sluit echter niet uit dat de rechtspersoon binnen het eigen vermogen bedragen overboekt van de ene component naar de andere (IFRS 2.40).

Vorenstaande wordt hieronder nog eens schematisch weergegeven.

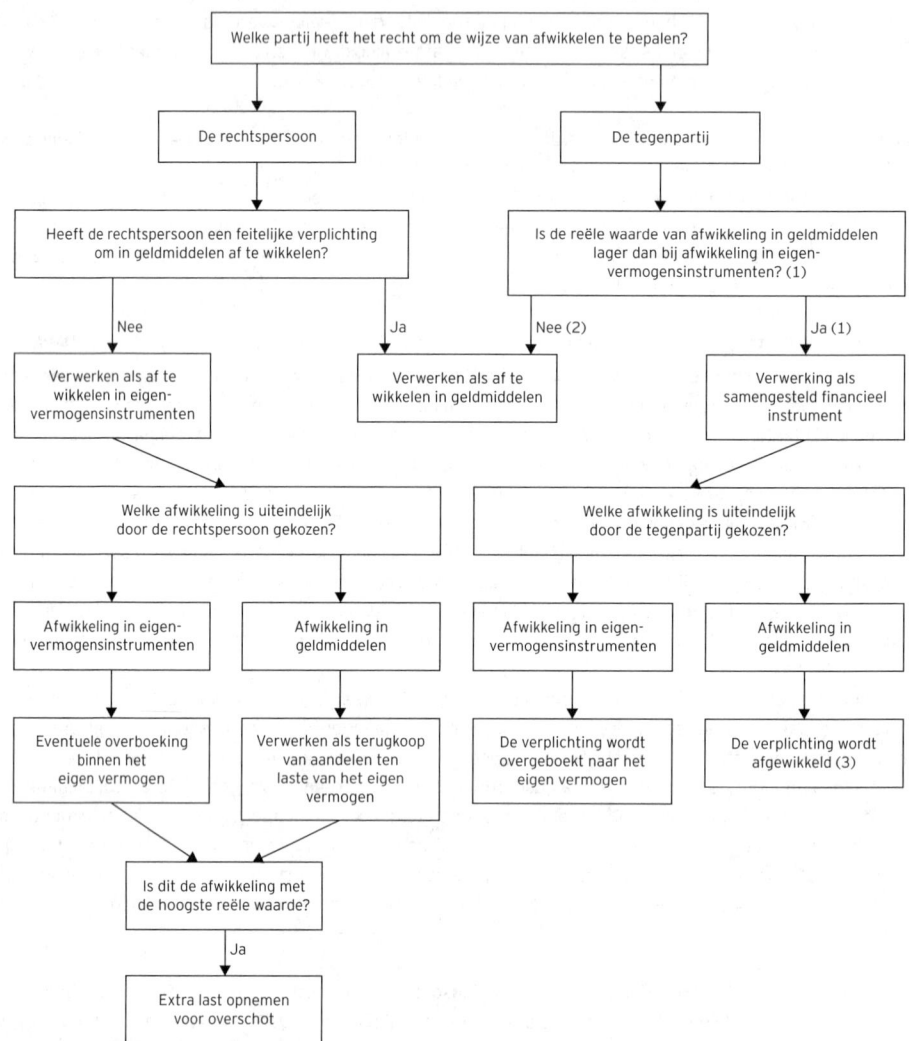

(1) Onder Richtlijn 275 heeft de rechtspersoon de keuze om in deze situatie de op aandelen gebaseerde betaling volledig te verwerken als een samengesteld instrument; het is echter ook toegestaan om de eigen-vermogenscomponent niet te verwerken en uitsluitend een verplichting op te nemen (RJ 275.207).
(2) Onder IFRS 2 wordt een op aandelen gebaseerde betaling waarbij de tegenpartij het recht heeft om de wijze van afwikkeling te bepalen, verwerkt als een samengesteld financieel instrument. Indien de reële waarde van afwikkeling in geldmiddelen gelijk of hoger is dan de reële waarde van afwikkeling in eigen-vermogensinstrumenten, dan is de reële waarde van de eigenvermogenscomponent nihil. De reële waarde van het samengesteld financieel instrument is dan gelijk aan de reële waarde van de schuldcomponent (IFRS 2.37). Effectief is de verwerking dan gelijk aan de verwerking van een op aandelen gebaseerde betaling die wordt afgewikkeld in geldmiddelen. Indien er uiteindelijk toch wordt afgewikkeld in eigenvermogensinstrumenten wordt op dat moment de verplichting overgeboekt naar het eigen vermogen.
(3) De eigen-vermogenscomponent blijft in het eigen vermogen, eventueel overboeking binnen het eigen vermogen.

34 Op aandelen gebaseerde betalingen

Verschillen Dutch GAAP - IFRS

Richtlijn 275 geeft rechtspersonen de keuze om op aandelen gebaseerde betalingen, waarbij de tegenpartij de afwikkeling kan bepalen en waarvan de reële waarde van de afwikkeling in geldmiddelen lager is dan de reële waarde van de afwikkeling in eigen-vermogensinstrumenten, te verwerken als een samengesteld financieel instrument of als een verplichting. IFRS 2 kent deze keuze niet en schrijft voor dat deze op aandelen gebaseerde betalingen wordt verwerkt als een samengesteld financieel instrument (IFRS 2.35).

34.2.8 Wijzigingen in de voorwaarden met inbegrip van annulering en afwikkeling

Het is mogelijk dat een rechtspersoon de voorwaarden waartegen de op aandelen gebaseerde betalingen zijn toegekend, wijzigt.

> **Voorbeeld van een wijziging in de voorwaarden van een op aandelen gebaseerde betaling**
> De uitoefenprijs van aan personeel toegekende opties kan bijvoorbeeld worden verlaagd, waardoor de waarde van die opties op dat moment toeneemt. De reële waarde van de opties wordt daardoor verhoogd.

Indien die wijzigingen ervoor zorgen dat de totale reële waarde van de op aandelen gebaseerde betaling op het moment van de wijziging toeneemt, of die wijzigingen op een andere manier voordelig zijn voor de tegenpartij, verwerkt de rechtspersoon de effecten van deze wijzigingen (RJ 275.308, IFRS 2.27). Effecten van wijzigingen die ervoor zorgen dat de totale reële waarde van de op aandelen gebaseerde betaling op het moment van de wijziging afneemt, of wijzigingen op een andere manier nadelig zijn voor de tegenpartij, worden niet verwerkt als sprake is van afwikkeling in eigen vermogensinstrumenten (IFRS 2.B44).

Richtlijn 275 bevat bepalingen voor annuleringen of voortijdige afwikkeling van zowel regelingen die in liquide middelen als in eigen-vermogensinstrumenten worden afgewikkeld. IFRS 2 bevat alleen expliciete regels voor annuleringen of voortijdige afwikkeling van regelingen die in eigen-vermogensinstrumenten worden afgewikkeld. Als een op aandelen gebaseerde betaling tijdens de wachtperiode wordt geannuleerd of voortijdig wordt afgewikkeld (niet zijnde een annulering omdat niet aan de voorwaarden voor onvoorwaardelijke toezegging wordt voldaan):

- wordt de annulering of afwikkeling door de rechtspersoon verwerkt als een vervroeging van het onvoorwaardelijk worden van de toezegging, en wordt derhalve onmiddellijk het bedrag voor de ontvangen diensten verwerkt dat anders zou zijn verwerkt gedurende het resterende deel van de wachtperiode;
- wordt elke betaling aan de tegenpartij bij annulering of afwikkeling van de toekenning:
  - in het geval van een op aandelen gebaseerde betaling die in eigen-vermogensinstrumenten wordt afgewikkeld, ten laste van het eigen vermogen gebracht als een inkoop van eigen-vermogensinstrumenten, behalve voor zover de betaling de reële waarde van de eigen-vermogensinstrumenten, bepaald op de inkoopdatum, overschrijdt. Het eventuele surplus wordt als last verwerkt;
  - in geval van een op aandelen gebaseerde betaling die in geldmiddelen wordt afgewikkeld, ten laste van de tot dan toe opgeboekte verplichting gebracht. Het eventuele surplus van de betaling wordt als last verwerkt;
- worden, indien nieuwe op aandelen gebaseerde betalingen aan de tegenpartij worden toegekend en de rechtspersoon op de toekenningsdatum van die nieuwe op aandelen gebaseerde betalingen de nieuwe op aandelen gebaseerde betalingen aanmerkt als vervanging van de geannuleerde op aandelen gebaseerde betalingen, de vervangende op aandelen gebaseerde betalingen op dezelfde wijze verwerkt als een wijziging van de oorspronkelijke toekenning van op aandelen gebaseerde betalingen (RJ 275.310 en 311, IFRS 2.28).

Als de rechtspersoon of de tegenpartij kan kiezen om aan de 'non-vesting condities' te voldoen, verwerkt de rechtspersoon het niet voldoen aan de voorwaarden door de rechtspersoon of de tegenpartij als een annulering (IFRS 2.28A). Bijvoorbeeld als de voorwaarde is opgenomen dat een werknemer aandelen krijgt bij een beursgang van de onderneming en de beursgang van de onderneming gaat niet door dan wordt het niet voldoen aan de voorwaarde van het plan behandeld als een annulering.

IFRS 2 bevat geen specifieke bepalingen voor aanpassingen en annuleringen van een op aandelen gebaseerde betaling die in liquide middelen wordt afgewikkeld. Het ligt echter voor de hand om deze als volgt te verwerken:
- als een toekenning wordt aangepast wordt de verplichting hierna verwerkt op basis van de nieuwe reële waarde. Het effect van de wijziging wordt in het resultaat verwerkt;
- als de toekenning wordt geannuleerd, valt de verplichting vrij ten gunste van het resultaat;
- als een toekenning wordt afgewikkeld, wordt de verplichting van de balans verwijderd en enig verschil met de afwikkeling wordt als resultaat verwerkt.

Indien de rechtspersoon eigen-vermogensinstrumenten die onvoorwaardelijk zijn geworden terugkoopt, wordt de betaling aan de tegenpartij ten laste van het eigen vermogen gebracht, behalve voor zover de betaling de reële waarde van de eigen-vermogensinstrumenten, bepaald op de inkoopdatum, overschrijdt. Het eventuele surplus wordt als last opgenomen (RJ 275.312, IFRS 2.29).

Voorbeeld wijzigingen in de voorwaarden waartegen op aandelen gebaseerde betalingen zijn toegekend, met inbegrip van annulering en afwikkeling (voorbeeld ontleend aan RJ 275, bijlage 2)

Indien de rechtspersoon een op aandelen gebaseerde betaling tijdens de wachtperiode annuleert of voortijdig afwikkelt vindt de verwerking hiervan plaats op basis van RJ 275.310 en 311 en IFRS 2.28.

Hieronder is desbetreffende verwerking uiteengezet indien de rechtspersoon, uitgaande van het oorspronkelijke waardeverloop in het voorbeeld, zoals opgenomen in paragraaf 34.2.3 en 34.2.4, besluit om de regeling voortijdig af te wikkelen voor een bedrag van € 108.000 aan het einde van jaar 2. Hierbij is ervan uitgegaan dat er op dat moment nog 90% van de betrokken personeelsleden in dienst zijn en deze allen in aanmerking komen voor de voortijdige afwikkeling. De uitwerking hiervan is voor de vier scenario's in journaalposten uiteengezet.

Ad 1. Afwikkeling in eigen-vermogensinstrumenten, op basis van de reële waarde van de aandelenoptie

Verwerking additionele kosten
Dt Kosten aandelenoptieregeling € 33.333
Cr Eigen vermogen (overige reserves) € 33.333

De resterende nog toe te rekenen kosten worden direct in het resultaat verwerkt uitgaande van de personeelsleden die op het afwikkelingsmoment nog in dienst zijn ((200 personeelsleden x 90% x 100 opties x € 5) - 56.667).

Afwikkeling aandelenoptieregeling in geld
Dt Eigen vermogen (overige reserves) € 108.000
Cr Kas € 108.000

De afwikkeling wordt verwerkt als een inkoop van eigen-vermogensinstrumenten en derhalve direct ten laste van het eigen vermogen gebracht. Dit leidt niet tot een extra last in de winst-en-verliesrekening, omdat het bedrag gelijk is aan de reële waarde van de instrumenten op inkoopdatum (200 x 90% x 100 x € 6).

Ad 2. Afwikkeling in eigen-vermogensinstrumenten, verwerking op basis van de intrinsieke waarde van de aandelenoptie
Idem aan scenario 1. Hierbij dient echter wel opgemerkt te worden dat het te verwerken bedrag gebaseerd is op de intrinsieke waarde aan het einde van jaar 2 (€ 5), welke bij toeval gelijk is aan de reële waarde op het toekenningsmoment, waar de verwerking van scenario 1 op gebaseerd is.

34 Op aandelen gebaseerde betalingen

Ad 3. Afwikkeling in geldmiddelen, verwerking op basis van de reële waarde van de aandelenoptie

Verwerking additionele kosten
Dt Kosten aandelenoptieregeling € 40.000
Cr Verplichting € 40.000

De additionele kosten die op het moment van afwikkeling worden verwerkt zijn gelijk aan de hoogte van de afwikkeling minus de reeds opgebouwde verplichting (€ 108.000 - € 68.000).

Afwikkeling aandelenoptieregeling in geld
Dt Verplichting € 108.000
Cr Kas € 108.000

De afwikkeling wordt ten laste van de verplichting gebracht.

Ad 4. Afwikkeling in geldmiddelen, verwerking op basis van de intrinsieke waarde van de aandelenoptie

Verwerking additionele kosten
Dt Kosten aandelenoptieregeling € 51.333
Cr Verplichting € 51.333

De additionele kosten die op het moment van afwikkeling worden verwerkt zijn gelijk aan de hoogte van de afwikkeling minus de reeds opgebouwde verplichting (€ 108.000 - € 56.667).

Afwikkeling aandelenoptieregeling in geld
Dt Verplichting € 108.000
Cr Kas € 108.000

De afwikkeling wordt ten laste van de verplichting gebracht.

Verschillen Dutch GAAP – IFRS

Richtlijn 275 en IFRS 2 verschillen niet in de verwerking van wijzigingen in de voorwaarden en met inbegrip van annulering en afwikkeling.

34.2.9 Bepaling van de reële waarde

De reële waarde van een op aandelen gebaseerde betaling aan personeel, en anderen die soortgelijke diensten verrichten, wordt bepaald op basis van de marktprijs op de waarderingsdatum, indien deze beschikbaar is. Hierbij wordt rekening gehouden met de voorwaarden waarop die eigen-vermogensinstrumenten zijn toegekend (RJ 275.402, IFRS 2.16) (zie par. 34.2.3).

Er zijn veel eigen-vermogensinstrumenten die zodanig (specifiek) zijn geconstrueerd voor de doelgroep, dat er geen direct waarneembare marktprijs beschikbaar is. Dit geldt veelal ook voor aandelen die niet beursgenoteerd zijn. In dat geval wordt de reële waarde van een op aandelen gebaseerde betaling bepaald met behulp van waarderingstechnieken. Met deze technieken wordt geschat wat de prijs van bijvoorbeeld het eigen-vermogensinstrument op de waarderingsdatum zou zijn geweest in geval van een transactie tussen ter zake goed geïnformeerde, tot een transactie bereid zijnde partijen die onafhankelijk zijn (RJ 275.403, IFRS 2.17).

De waarderingstechniek dient in overeenstemming te zijn met algemeen aanvaarde waarderingsmethoden voor het waarderen van financiële instrumenten (zie hiervoor ook hoofdstuk 30). Bij de toepassing van de waarderingstechniek dient rekening te worden gehouden met alle factoren en veronderstellingen waarmee ter zake goed geïnformeerde, tot een transactie bereid zijnde partijen rekening zouden houden bij het vaststellen van de prijs (met inachtneming de voorwaarden waarop die eigen-vermogensinstrumenten zijn toegekend (zie par. 34.2.3) (RJ 275.403, IFRS 2.17). Richtlijn 275 bepaalt dat indien de rechtspersoon gebruikmaakt van een intern waarderingsmodel voor zijn eigen aandelen, bijvoorbeeld bij een interne markt, dit model ook kan worden toegepast voor het bepalen van de reële waarde (RJ 275.403). IFRS 2 kent een soortgelijke bepaling niet.

Het is evident dat dergelijke berekeningen complex zijn. In IFRS 2 is appendix B opgenomen waarin wordt ingegaan op het bepalen van de reële waarde van aandelen en aandelenopties door middel van optiewaarderingsmodellen, zoals bijvoorbeeld het Black & Scholes-model of een binominaal model (IFRS 2.B17). In deze modellen wordt rekening gehouden met specifieke waarderingsaspecten, zoals de uitoefenprijs, de verwachte looptijd van de optie, de actuele prijs van de onderliggende aandelen, de verwachte volatiliteit van deze aandelen, de verwachte dividenden op de aandelen en de risicovrije interestvoet. Richtlijn 275 gaat hier niet specifiek op in. Richtlijn 275 staat voor personeelsaandelenopties ook de intrinsieke waarde toe, waarvoor de berekeningen minder complex zijn (zie par. 34.2.2).

Bij het bepalen van de reële waarde op de waarderingsdatum wordt rekening gehouden met de voorwaarden die niet van invloed zijn op het onvoorwaardelijk worden van de op aandelen gebaseerde betaling (non vesting condities) en met de prijsgerelateerde voorwaarden. Bij het bepalen van de reële waarde dient geen rekening te worden gehouden met voorwaarden gerelateerd aan de dienstperiode of andere prestatiegerelateerde voorwaarden (RJ 275.404, IFRS 2.19,) (zie par. 34.2.3).

Verschillen Dutch GAAP – IFRS

In IFRS 2 is informatie opgenomen over het bepalen van de reële waarde van aandelen en aandelenopties door middel van optiewaarderingsmodellen. Richtlijn 275 gaat niet specifiek in op dergelijke modellen. Richtlijn 275 stelt dat indien er een intern waarderingsmodel wordt gehanteerd binnen de rechtspersoon, dit model ook voor Richtlijn 275 kan worden toegepast.

34.2.10 Op aandelen gebaseerde betalingen in groepsaandelen

In een groepsstructuur kan de rechtspersoon die de goederen of diensten verkrijgt een ander zijn dan de rechtspersoon die de op aandelen gebaseerde betaling afwikkelt. Tevens kunnen de op aandelen gebaseerde betaling gebaseerd zijn op aandelen van een andere rechtspersoon.

Richtlijn 275 hoeft niet te worden toegepast voor de verwerking van op aandelen gebaseerde betalingen, die geïnitieerd zijn of afgewikkeld worden door een persoon of maatschappij die niet tot de consolidatiekring van de rechtspersoon behoort (RJ 275.103a). Richtlijn 275 mag in deze situatie wel toegepast worden. In ieder geval geldt dat deze op aandelen gebaseerde betalingen op basis van de toelichting op verbonden partijen toegelicht zullen moeten worden. Indien de onderneming een doorbelasting van de kosten van een op aandelen gebaseerde betaling, afgewikkeld door een gelieerde onderneming, ontvangt zal de kostenverantwoording op basis hiervan plaatsvinden, waarbij toerekening eveneens plaatsvindt aan de wachtperiode. Indien geen doorbelasting plaatsvindt verdient het, op basis van de algemene bepalingen van toerekening van kosten aan de onderneming die de voordelen heeft, de voorkeur om de kosten toe te rekenen op basis van Richtlijn 275. Voor het bedrag aan kosten wordt een informele kapitaalstorting opgenomen (par. 15.2.3 en hoofdstuk 26).

Op basis van IFRS 2.3A dienen rechtspersonen die de goederen of diensten ontvangen, of die de transactie afwikkelen de bepalingen van IFRS 2 te volgen. In de rest van deze paragraaf wordt alleen IFRS behandeld.

34 Op aandelen gebaseerde betalingen

De verwerking van de op aandelen gebaseerde betaling in de jaarrekening van de rechtspersoon die de goederen of diensten ontvangt, kan verschillen van de verwerking bij de rechtspersoon die de afwikkeling doet. De rechtspersoon, die de goederen of diensten ontvangt, beoordeelt de volgende punten om te bepalen op welke wijze de op aandelen gebaseerde betaling verwerkt dient te worden in zijn jaarrekening (IFRS 2.43a):
1. de aard van de op aandelen gebaseerde betaling; en
2. de rechten en verplichtingen van de rechtspersoon.

De rechtspersoon die de goederen of diensten ontvangt, zal de kosten van de op aandelen gebaseerde betalingen verwerken. De omvang van de kosten is afhankelijk van de classificatie van de op aandelen gebaseerde betaling. Alleen in de volgende situaties zal de rechtspersoon die de goederen of diensten ontvangt, de waarde van de goederen of diensten verwerken als op aandelen gebaseerde betalingen afgewikkeld in eigen-vermogensinstrumenten:
1. de op aandelen gebaseerde betalingen zijn gebaseerd op de aandelen van de rechtspersoon zelf; of
2. de rechtspersoon heeft geen verplichting tot afwikkeling.

In alle andere situaties zal de rechtspersoon de waarde van de goederen en diensten verwerken als op aandelen gebaseerde betalingen afgewikkeld in geldmiddelen (IFRS 2.43B).

Een rechtspersoon die de op aandelen gebaseerde betalingen afwikkelt, maar waarbij een andere rechtspersoon de goederen of diensten verkrijgt, kan de transactie alleen als aandelen gebaseerde betalingen die worden afgewikkeld in eigen-vermogensinstrumenten verwerken, indien de afwikkeling plaatsvindt in aandelen van de rechtspersoon zelf. In andere gevallen wordt het verwerkt als aandelen gebaseerde betalingen die worden afgewikkeld in geldmiddelen (IFRS 2.43C).

In onderstaand schema zijn een aantal situaties van groepsrelaties weergegeven die de verschillen in verwerking in de jaarrekening van een moedermaatschappij en een dochtermaatschappij weergeven. Hierin wordt aangegeven of verwerking van de op aandelen gebaseerde betaling plaatsvindt als afgewikkeld in eigen-vermogensinstrumenten of als afgewikkeld in geldmiddelen.

	Verwerking in de enkelvoudige jaarrekening van de moedermaatschappij, als afgewikkeld in ...	Verwerking in de geconsolideerde jaarrekening van de moedermaatschappij, als afgewikkeld in ...	Verwerking in de jaarrekening van de dochtermaatschappij, als afgewikkeld in ...
Moedermaatschappij verstrekt eigen aandelen/opties aan personeel van de dochtermaatschappij	eigen-vermogensinstrumenten (eigen aandelen)	eigen-vermogensinstrumenten (eigen aandelen)	eigen-vermogensinstrumenten (geen verplichting tot afwikkeling)
Moedermaatschappij verstrekt geldelijke bonus gebaseerd op eigen aandelen/opties aan personeel van de dochtermaatschappij	geldmiddelen (geen eigen aandelen)	geldmiddelen (geen eigen aandelen)	eigen-vermogensinstrumenten (geen verplichting tot afwikkeling)
Moedermaatschappij verstrekt aandelen/opties van de dochtermaatschappij aan personeel van de dochtermaatschappij	geldmiddelen (geen eigen aandelen)	eigen-vermogensinstrumenten (eigen aandelen)	eigen-vermogensinstrumenten (eigen aandelen)

	Verwerking in de enkelvoudige jaarrekening van de moedermaatschappij, als afgewikkeld in ...	Verwerking in de geconsolideerde jaarrekening van de moedermaatschappij, als afgewikkeld in ...	Verwerking in de jaarrekening van de dochtermaatschappij, als afgewikkeld in ...
Moedermaatschappij verstrekt geldelijke bonus gebaseerd op aandelen/opties van de dochtermaatschappij aan personeel van de dochtermaatschappij	geldmiddelen (geen eigen aandelen)	geldmiddelen (geen eigen aandelen)	eigen-vermogens-instrumenten (geen verplichting tot afwikkeling)
Dochtermaatschappij verstrekt aandelen/opties van de moedermaatschappij aan personeel van de dochtermaatschappij	eigen-vermogens-instrumenten (geen verplichting tot afwikkeling)	eigen-vermogens-instrumenten (eigen aandelen)	geldmiddelen (geen eigen aandelen en verplichting tot afwikkeling)
Dochtermaatschappij verstrekt geldelijke bonus gebaseerd op aandelen/opties van de moedermaatschappij aan personeel van de dochtermaatschappij	niet van toepassing	geldmiddelen; (geen eigen aandelen)	geldmiddelen; (geen eigen aandelen en verplichting tot afwikkeling)

Indien de rechtspersoon een op aandelen gebaseerde betaling, die in eigen-vermogensinstrumenten van de rechtspersoon zelf wordt afgewikkeld, heeft toegekend aan haar personeel, wordt deze als zodanig verwerkt ongeacht of (IFRS 2.B49):

▶ de rechtspersoon ervoor kiest dan wel verplicht is deze eigen-vermogensinstrumenten van een andere partij te kopen;
▶ de rechten van de personeelsleden op de eigen-vermogensinstrumenten van de rechtspersoon door de rechtspersoon zelf of door haar aandeelhouder(s) zijn toegekend; dan wel
▶ de op aandelen gebaseerde betaling is afgewikkeld door de rechtspersoon zelf of door haar aandeelhouder(s).

Managementparticipatieplan

Soms wordt het management van een onderneming de mogelijkheid geboden te participeren in het kapitaal van de onderneming, bijvoorbeeld wanneer een onderneming wordt overgenomen door een participatiemaatschappij. Het management wordt op deze manier extra geprikkeld goed te presteren. Als dit ertoe leidt dat de onderneming goed presteert, dan profiteert het management van de onderneming hiervan mee. Het doel is om op deze manier het participerende management door haar aandelenbezit recht te geven op een deel van de waardestijging.

In het kader van de verwerking in de jaarrekening is het van belang wie de transactie initieert of afwikkelt en of er voorwaarden verbonden zijn aan de toekenning van de eigen-vermogensinstrumenten. Met name wanneer het management niet betaalt voor de toegekende eigen-vermogensinstrumenten of deze met korting ten opzichte van de reële waarde verkrijgt, moet naar onze mening verondersteld worden dat deze worden toegekend in ruil voor verrichte of nog te verrichten diensten en valt deze toekenning daarmee onder de reikwijdte van IFRS 2 (IFRS 2.B48(b)).

Een dergelijke transactie valt echter veelal niet verplicht binnen de werkingssfeer van Richtlijn 275, aangezien er een vrijstelling geldt voor transacties die zijn geïnitieerd of afgewikkeld worden door een persoon of rechtspersoon die niet tot de consolidatiekring van de rechtspersoon behoort (RJ 275.103a).

34 Op aandelen gebaseerde betalingen

Ongeacht of verwerking als last in de jaarrekening aan de orde is, dient, op basis van IAS 24 'Related Party Disclosures' c.q. Richtlijn 330 'Verbonden partijen' een dergelijk participatieplan toegelicht te worden in de jaarrekening als een transactie met een verbonden partij (onder Richtlijn 330 alleen verplicht indien niet 'at arm's length').

Onderlinge doorbelastingen

Bij de dochtermaatschappij worden de kosten verantwoord met een overeenkomstige tegenboeking van het eigen vermogen uit hoofde van een bijdrage van de moedermaatschappij (informele kapitaalstorting). In IFRS is niet duidelijk hoe onderlinge betalingen verwerkt zouden moeten worden, maar dit lijkt de verwerking in het eigen vermogen te zijn op basis van IFRS 2.43D hetgeen ook logisch is gezien het feit dat anders een dubbele last in de winst-en-verliesrekening zou ontstaan. De rechtspersoon die de goederen of diensten ontvangt, maar de op aandelen gebaseerde betaling niet afwikkelt, verwerkt de kosten op basis van op aandelen gebaseerde betaling afgewikkeld in geldmiddelen onafhankelijk van de onderlinge afspraken tussen de verschillende rechtspersonen (IFRS 2.43D).

Voorbeeld van een op aandelen gebaseerde betaling in groepsaandelen (ontleend aan het Illustrative Example 14 bij IFRS 2)

Aan het begin van het eerste jaar kent de moedermaatschappij 200 aandelenopties toe aan 100 personeelsleden van een dochteronderneming. De opties worden onvoorwaardelijk aan het einde van het tweede jaar voor zover de personeelsleden op dat moment nog in dienst zijn bij de dochteronderneming.
De reële waarde van een optie op de toekenningsdatum is € 30. Op de toekenningsdatum schat de dochteronderneming in dat 80% van de personeelsleden nog in dienst is aan het einde van het tweede jaar. Deze schatting wijzigt niet in de twee jaren die volgen. Aan het einde van het tweede jaar zijn 19 personeelsleden vertrokken. De moedermaatschappij belast de dochteronderneming niet voor de aandelen die worden toegekend.

De aandelenoptieregeling wordt in de geconsolideerde jaarrekening verwerkt als een op aandelen gebaseerde betaling die in eigen-vermogensinstrumenten wordt afgewikkeld. De dochteronderneming verwerkt de regeling ook als een op aandelen gebaseerde betaling die in eigen-vermogensinstrumenten wordt afgewikkeld met de verwerking van een overeenkomstige vermogensstorting door de moedermaatschappij.

Verwerking
De lasten per periode en cumulatief bedragen:

Jaar	Berekening	Personeelskosten in periode	Cumulatieve personeelskosten
1	2.000 opties × 80% × € 30 × 1/2 jaar	240.000	240.000
2	(2.000 opties × 81% × € 30) - 240.000	246.000	486.000

De dochtermaatschappij boekt de volgende journaalposten:

Journaalpost jaar 1
Dt Kosten aandelenoptieregeling € 240.000
Cr Eigen vermogen (vermogensstorting door moedermaatschappij) € 240.000

Journaalpost jaar 2
Dt Kosten aandelenoptieregeling € 246.000
Cr Eigen vermogen (vermogensstorting door moedermaatschappij) € 246.000

Verschillen Dutch GAAP – IFRS

Richtlijn 275 hoeft niet te worden toegepast voor de verwerking van op aandelen gebaseerde betalingen, die geïnitieerd zijn of afgewikkeld worden door een persoon of maatschappij die niet tot de consolidatiekring van de rechtspersoon behoort. In IFRS is hiervoor specifieke regelgeving opgenomen in IFRS 2, die ertoe leiden dat de rechtspersoon die de goederen of diensten ontvangt ook de kosten van de op aandelen gebaseerde betalingen verwerkt. De waarde van de kosten hangt af van de classificatie van het aandelenplan voor de rechtspersoon.

34.2.11 Belastingen

Indien en voor zover de rechtspersoon de loonbelasting (of een soortgelijke belasting) draagt die het personeel verschuldigd is over de op aandelen gebaseerde betaling, wordt deze last verwerkt als onderdeel van de personeelsbeloningen. De verwerking vindt plaats conform de bepalingen voor een op aandelen gebaseerde betaling die in geldmiddelen wordt afgewikkeld (RJ 275.315). Onder IFRS is een specifieke uitzondering opgenomen in IFRS 2.33E. Als een werkgever aandelen moet inhouden om de belastingverplichtingen van de werknemer te voldoen voor op aandelen gebaseerde betalingen die afgewikkeld worden in eigen-vermogensinstrumenten, wordt – ondanks dat sprake is van betaling van liquide middelen aan de Belastingdienst – de regeling volledig verwerkt als op aandelen gebaseerde betalingen die afgewikkeld worden in eigen-vermogensinstrumenten.

Het kan voorkomen dat de baten en/of lasten in de winst-en-verliesrekening in verband met op aandelen gebaseerde betalingen aan personeel, afwijken van de baten en/of lasten uit hoofde van de desbetreffende betalingen bij de bepaling van de fiscale winst (of het fiscale verlies) over de verslagperiode. Voor de wijze van verwerking van deze verschillen wordt verwezen naar hoofdstuk 17.

Verschillen Dutch GAAP – IFRS

Onder de Richtlijnen wordt gerelateerde loonbelasting behandeld als op aandelen gebaseerde betaling die in geldmiddelen wordt afgewikkeld. Onder IFRS bestaat een specifieke uitzondering waardoor betalingen in sommige gevallen toch als op aandelen gebaseerde betalingen die afgewikkeld worden in eigen-vermogensinstrumenten behandeld kunnen worden.

34.3 Presentatie en toelichting

34.3.1 Presentatie

Goederen of diensten die ontvangen worden in ruil voor een op aandelen gebaseerde betaling worden op eenzelfde wijze in de jaarrekening gepresenteerd, als wanneer zij zouden worden ontvangen in een transactie die wordt afgewikkeld in geldmiddelen (RJ 275.501). Dit betekent bijvoorbeeld dat de kosten van op aandelen gebaseerde betalingen voor personeel worden gepresenteerd als onderdeel van de personeelsbeloningen.

Voor de verwerking en presentatie van een op aandelen gebaseerde betaling in het eigen vermogen op grond van dit hoofdstuk wordt verwezen naar hoofdstuk 15. Daar wordt specifiek de verwerking van bedragen ontvangen in verband met in de toekomst mogelijk te verstrekken aandelen behandeld (RJ 275.502).

De op te nemen verplichting wordt gepresenteerd als voorziening dan wel als schuld. Een verplichting wordt gepresenteerd als een voorziening indien de omvang of het moment van afwikkeling onzeker is. In alle andere gevallen wordt de verplichting gepresenteerd als schuld (RJ 275.503). De bepalingen inzake presentatie en toelichting in hoofdstuk 16 zijn dienovereenkomstig van toepassing.

IFRS 2 bevat geen presentatievereisten.

Verschillen Dutch GAAP – IFRS

Richtlijn 275 bevat presentatievereisten. IFRS 2 kent die niet.

34 Op aandelen gebaseerde betalingen

34.3.2 Toelichting

Het uitgangspunt is dat de rechtspersoon informatie verstrekt over de aard en omvang van op aandelen gebaseerde betalingen gedurende de verslagperiode. Hiertoe worden de belangrijkste bepalingen van de aan deze betalingen ten grondslag liggende overeenkomsten opgenomen. Deze bepalingen betreffen onder andere een beschrijving van ieder type op aandelen gebaseerde betaling dat op enig moment in de periode bestond, met inbegrip van de belangrijkste voorwaarden van iedere overeenkomst, zoals de voorwaarden voor onvoorwaardelijke toezegging, de maximale looptijd van toegekende opties, en de afwikkelingsmethode (bijvoorbeeld afwikkeling in eigen-vermogensinstrumenten of in geldmiddelen). Een rechtspersoon met nagenoeg vergelijkbare soorten op aandelen gebaseerde betalingen mag deze informatie geaggregeerd vermelden, tenzij afzonderlijke vermelding vereist is om te voldoen aan vorenstaande uitgangspunt (RJ 275.504, IFRS 2.44 en 45a).

Het gedurende het boekjaar verwerkte bedrag van op aandelen gebaseerde betalingen wordt in de toelichting vermeld (RJ 275.505, IFRS 2.50). Volgens IFRS 2 wordt dit bedrag gesplitst in op aandelen gebaseerde betalingen die in eigen-vermogensinstrumenten worden afgewikkeld en op aandelen gebaseerde betalingen die in geldmiddelen worden afgewikkeld (IFRS 2.50). Volgens Richtlijn 275 wordt het bedrag dat onder de lonen is verwerkt afzonderlijk vermeld (RJ 275.505).

Voor zover de lasten betrekking hebben op transacties met bestuurders of commissarissen, dienen ze te worden meegenomen bij de toelichtingen de bezoldigingen als bedoeld in artikel 2:383 BW.

De rechtspersoon vermeldt welke waarderingsgrondslag is gehanteerd en verstrekt informatie over de wijze waarop de reële waarde, dan wel de intrinsieke waarde voor aandelenopties, is bepaald bij het verwerken van de op aandelen gebaseerde betaling (RJ 275.507). Hierbij kan de volgende informatie worden opgenomen:
- de marktprijs die is gehanteerd om de reële waarde te bepalen;
- het gebruikte (optie)waarderingsmodel en de hierbij gebruikte gegevens;
- of en hoe eventuele prijsgerelateerde voorwaarden zijn verwerkt in de bepaling van de reële waarde.

IFRS 2 bevat meer gedetailleerde toelichtingsvereisten met betrekking tot de wijze waarop de reële waarde van ontvangen goederen en diensten dan wel de toegekende eigen-vermogensinstrumenten is bepaald (IFRS 2.46-48).

Indien de veronderstelling dat de reële waarde van de goederen of diensten betrouwbaar is in te schatten (zie par. 34.2.2), is losgelaten, wordt dit feit vermeld en wordt toegelicht waarom de veronderstelling is weerlegd (IFRS 2.49).

De rechtspersoon vermeldt verder in de toelichting (RJ 275.508):
- het beleid ten behoeve van het afdekken van verleende aandelenopties; hierbij kan worden gedacht aan de inkoop van eigen aandelen, het verwerven van callopties op eigen aandelen en het plaatsen van nieuwe aandelen;
- de positie per balansdatum van verleende en nog niet afgedekte aandelenopties; en
- (indien per balansdatum afdekking geheel of gedeeltelijk door middel van de inkoop van eigen aandelen, de verwerving van callopties op eigen aandelen of een soortgelijke transactie heeft plaatsgevonden) de hiervoor gemiddeld betaalde prijzen.

Op de mutaties van de reserves worden de bepalingen van artikel 2:378 BW over het verloop van het eigen vermogen gedurende het boekjaar toegepast. Hierbij worden in ieder geval de mutaties in verband met verleende eigen-vermogensinstrumenten en de mutaties in verband met de uitoefening van eigen-vermogensinstrumenten, zoals aandelenopties, afzonderlijk gepresenteerd (RJ 275.509, IFRS 2.50/51 [a])).

IFRS 2 bevat aanvullende toelichtingsvereisten met betrekking tot de (boekwaarde en intrinsieke waarde van de) verplichtingen die voortvloeien uit op aandelen gebaseerde betalingen (IFRS 2.51 [b]).

Aandelenopties verstrekt aan het personeel

De toelichtingsvereisten voor een open naamloze vennootschap zijn opgenomen in artikel 2:383d BW en worden hieronder behandeld. Een naamloze vennootschap is geen 'open naamloze vennootschap' indien aan de volgende cumulatieve voorwaarden is voldaan (art. 2:383b BW):
- de statuten kennen uitsluitend aandelen op naam;
- de statuten bevatten een blokkeringsregeling; en
- de statuten laten niet toe dat met medewerking van de vennootschap certificaten aan toonder worden uitgegeven.

Voor rechtspersonen die niet kwalificeren als een open naamloze vennootschap beveelt Richtlijn 275 aan deze wettelijke toelichtingsvereisten op te nemen. Deze toelichting hoeft voor bestuurders en commissarissen dan niet afzonderlijk te worden opgenomen (RJ 275.510).

De open naamloze vennootschap die bestuurders of werknemers rechten toekent om aandelen in het kapitaal van de vennootschap of een dochtermaatschappij te nemen of te verkrijgen, verstrekt in de toelichting voor iedere bestuurder, iedere commissaris, en voor de werknemers gezamenlijk een reeks van gegevens (art. 2:383d lid 1 BW):
- de uitoefenprijs van de rechten en de prijs van de onderliggende aandelen indien de uitoefenprijs lager ligt dan de prijs van de aandelen op de toekenningsdatum;
- het aantal aan het begin van het boekjaar nog niet uitgeoefende rechten;
- het aantal in het boekjaar verleende rechten met de daarbij behorende voorwaarden;
- het aantal in het boekjaar uitgeoefende rechten met vermelding van het aantal aandelen en de uitoefenprijzen;
- het aantal aan het einde van het boekjaar nog niet uitgeoefende rechten waarbij wordt vermeld:
  - de uitoefenprijs;
  - de resterende looptijd;
  - de belangrijkste voorwaarden voor uitoefening;
  - een financieringsregeling die in verband met het toekennen is getroffen;
  - andere gegevens die voor de beoordeling van de waarde van de rechten van belang zijn;
- indien van toepassing, de gehanteerde criteria voor de toekenning of uitoefening van de rechten.

Indien optierechten aan een commissaris worden toegekend, moet opgave worden gedaan van de redenen die ten grondslag liggen aan het besluit tot het toekennen van deze rechten aan commissarissen.

IFRS 2 bevat vergelijkbare toelichtingsvereisten. De toelichtingsvereisten van IFRS 2 zijn van toepassing op alle rechtspersonen, niet alleen op open naamloze vennootschappen, waarbij geen onderscheid hoeft te worden gemaakt naar individuele bestuurders, individuele commissarissen, en werknemers (IFRS 2.45b, c en d). IAS 24 vereist toelichting van het totaal van op aandelen gebaseerde betalingen aan 'key management personnel' (par. 21.2.5).

De vennootschap vermeldt hoeveel aandelen in het kapitaal van de vennootschap per balansdatum zijn ingekocht of na balansdatum zullen worden ingekocht dan wel hoeveel nieuwe aandelen per balansdatum zijn geplaatst of na balansdatum zullen worden geplaatst ten behoeve van het uitoefenen van de rechten (art. 2:383d lid 3 BW). Hiermee wordt feitelijk het beleid van de vennootschap toegelicht. Dit beleid kan variëren van het volledig afdekken van de openstaande posities door inkoop of plaatsing van eigen aandelen op het moment van toekenning tot het inkopen of plaatsen van aandelen op het moment van uitoefening.

Artikel 2:383d lid 1 BW heeft het over de toekenning van rechten om aandelen te nemen of te verkrijgen. Onder aandelen worden tevens verstaan certificaten van aandelen die met medewerking van de vennootschap zijn uitgegeven. De vorm van de rechten tot het nemen of verkrijgen van aandelen wordt niet nader in de wet omschreven of beperkt. Uit de wetsgeschiedenis blijkt dat alle rechten die in wezen het nemen of verkrijgen van aandelen inhouden, onder de wettelijke regeling vallen. Dus bijvoorbeeld ook claims, warrants, converteerbare obligaties en verwante instrumenten.

Aandelenopties als transacties tussen verbonden partijen

Op aandelen gebaseerde betalingen zijn transacties tussen verbonden partijen, indien werknemers van de rechtspersoon op aandelen gebaseerde betalingen ontvangen, die geïnitieerd zijn of afgewikkeld worden door een persoon of maatschappij die niet tot de consolidatiekring van de rechtspersoon behoort. Voor de toelichting van deze regelingen wordt verwezen naar de bepalingen van Richtlijn 330 'Verbonden partijen' (RJ 275.511) (zie hiervoor par. 21.2.8).

Verschillen Dutch GAAP – IFRS

IFRS 2 bevat meer gedetailleerde toelichtingsvereisten, onder meer met betrekking tot de wijze waarop de reële waarde van de ontvangen goederen en diensten dan wel de toegekende eigen-vermogensinstrumenten is bepaald, en de (boekwaarde en intrinsieke waarde van de) verantwoorde verplichtingen.

De Nederlandse wet bevat toelichtingsvereisten voor open naamloze vennootschappen. Deze toelichtingsvereisten zijn van toepassing op individuele bestuurders, individuele commissarissen en werknemers. IFRS heeft vergelijkbare toelichtingsvereisten. Deze toelichtingsvereisten zijn van toepassing op alle rechtspersonen waarbij geen onderscheid hoeft te worden gemaakt naar individuele bestuurders, individuele commissarissen, en werknemers, anders dan de toelichting van de kosten van op aandelen gebaseerde betalingen aan 'key management personnel'.

35 Overheidssubsidies, emissierechten, concessieovereenkomsten en heffingen

35 Overheidssubsidies, emissierechten en dienstverlening uit hoofde van concessieovereenkomsten en heffingen

35.1 Algemeen	
Financiële relaties tussen de overheid en de onderneming (anders dan vennootschapsbelasting)	▶ Overheidssubsidies en andere vormen van overheidssteun. ▶ Om niet verkregen emissierechten. ▶ Dienstverlening uit hoofde van concessieovereenkomsten. ▶ Heffingen.
35.2 Overheidssubsidies en andere vormen van overheidssteun	
Vier categorieën	▶ Exploitatiesubsidies: subsidie matchen met bestedingen/-exploitatietekorten. ▶ Financieringsfaciliteiten: pas als subsidie verwerken indien blijkt dat terugbetaling niet nodig is. Een verschil tussen de nominale en reële waarde van de lening doordat de rente lager is dan de marktrente, wordt direct als subsidie verwerkt. IFRS: ook als subsidie verwerken indien er redelijke zekerheid is dat zal worden voldaan aan de voorwaarden van kwijtschelding. ▶ Ontwikkelingskredieten: ontvangsten in mindering brengen op ontwikkelingskosten en terugbetalingen verwerken als kosten van de omzet (RJ, IFRS: geen specifieke regels). ▶ Investeringssubsidies: onder overlopende passiva opnemen (niet als egalisatierekening) of in mindering brengen op investering.
Subsidie in de vorm van andere op geld waardeerbare voordelen	Niet nader uitgewerkt onder Nederlandse wet- en regelgeving. Onder IFRS worden niet-monetaire activa verwerkt op basis van reële waarde of als alternatief op basis van nominale waarde. Overheidsassistentie kan niet-kwantificeerbaar en kwantificeerbaar zijn. Significante overheidsassistentie die niet-kwantificeerbaar is, wordt toegelicht onder IFRS. Van kwantificeerbare assistentie is de reële waarde te bepalen en deze valt onder het toepassingsgebied van IAS 20 overheidssubsidies.
Terugbetaling van overheidssubsidies	Niet nader uitgewerkt onder Nederlandse wet- en regelgeving (met uitzondering van voorwaardelijke ontwikkelingskredieten). Over het algemeen verwerking als schattingswijziging. Onder IFRS verwerking als schattingswijziging vereist.
35.3 Emissierechten	
Verwerkingsmethode	Verwerking van om niet verkregen emissierechten op moment van levering onder de RJ: ▶ Bruto variant – eerste waardering van om niet verkregen emissierechten tegen reële waarde met overheidssubsidie als passiefpost. ▶ Netto variant – eerste waardering van om niet verkregen emissierechten tegen kostprijs (zijnde nihil). Geen specifieke regels voor emissierechten onder IFRS.

35.4 Dienstverlening uit hoofde van concessieovereenkomsten	
Verwerkingsmethode publiek-private samenwerkingsverband	▶ Als Financieel actief ('financieel actief model') - de concessienemer heeft een onvoorwaardelijke vordering op de concessiegever. ▶ Als Immaterieel actief ('immaterieel actief model') - de concessienemer ontvangt een recht om gebruikers van de openbare dienst kosten in rekening te brengen.
35.5 Heffingen	
Verwerking van heffingen die van overheidswege worden opgelegd	Op één van de volgende twee wijzen wordt dit verwerkt: ▶ in de periode waarop de overheidsheffing betrekking heeft; of ▶ op het moment dat aan alle voorwaarden voor de overheidsheffing is voldaan. Onder IFRIC 21 'Levies' is enkel de tweede methode toegestaan.

35.1 Algemeen

In dit hoofdstuk wordt ingegaan op financiële relaties tussen de overheid en de onderneming anders dan vennootschapsbelasting waarvoor wordt verwezen naar hoofdstuk 17 'Belastingen naar de winst' (voor investeringsregelingen in de vorm van belastingfaciliteiten wordt ook verwezen naar par. 17.1.3). Voor deze andere financiële relaties heeft de RJ en/of IFRS specifieke richtlijnen uitgegeven, omdat de overige richtlijnen onvoldoende duidelijk maken hoe de verwerking van deze financiële relaties in de jaarrekening dient plaats te vinden. Deze financiële relaties zijn:
1. overheidssubsidies en andere vormen van overheidssteun (par. 35.2);
2. om niet verkregen en gekochte emissierechten (par. 35.3);
3. dienstverlening uit hoofde van concessieovereenkomsten (par. 35.4);
4. heffingen (par. 35.5).

35.2 Overheidssubsidies en andere vormen van overheidssteun

35.2.1 Definities en Categorieën

De RJ heeft een afzonderlijke Richtlijn (RJ 274) over overheidssubsidies en andere vormen van overheidssteun opgesteld. Ook IFRS heeft hiervoor in IAS 20 specifieke bepalingen opgenomen. Overheidssteun (in SIC 10 benoemd als 'government assistance') wordt gedefinieerd als handelingen van de overheid die direct zijn gericht op het verschaffen van economische voordelen aan één rechtspersoon of aan een specifieke categorie van rechtspersonen die voldoen aan bepaalde criteria. Overheidssubsidies zijn een voorbeeld van overheidssteun (RJ 940, IAS 20.3, SIC 10).

Overheidssubsidies ('government grants') zijn van de overheid afkomstige geldelijke bijdragen (of andere op geld waardeerbare voordelen) aan de rechtspersoon of aan een specifieke categorie van rechtspersonen, indien de rechtspersoon voldoet of heeft voldaan aan bepaalde voorwaarden ten aanzien van zijn operationele activiteiten. Overheidssubsidies gerelateerd aan biologische activa worden besproken in hoofdstuk 7 'Materiële vaste activa' (par. 7.8.5).

Deze subsidies zijn te onderscheiden van de normale verkooptransacties van de rechtspersoon (RJ 940, IAS 20.3). De RJ (RJ 274 Definities, RJ 940) en IFRS (IAS 20.3) onderscheiden de volgende (vergelijkbare) categorieën van overheidssubsidies:

Categorieën op basis van Richtlijn 274	Categorieën op basis van IAS 20
Exploitatiesubsidies	Subsidies gerelateerd aan het resultaat
Financieringsfaciliteiten	Kwijt te schelden leningen ('forgivable loans')
Ontwikkelingskredieten	-
Investeringssubsidies	Subsidies gerelateerd aan activa

35.2.2 Presentatie, waardering en resultaatbepaling

Op basis van de RJ en IFRS dienen subsidies op een systematische wijze ten gunste van de winst-en-verliesrekening te worden gebracht in het jaar dat de gerelateerde kosten worden verantwoord (RJ 274.108 en IAS 20.12). Verwerking in het eigen vermogen is uitdrukkelijk niet toegestaan (IAS 20.16). De RJ sluit de optie van verwerking via het eigen vermogen impliciet uit, door deze keuzemogelijkheid niet in de RJ te geven (RJ 274.108).

Subsidies dienen pas in de winst-en-verliesrekening te worden verwerkt, indien er redelijke zekerheid is dat zal worden voldaan aan de gestelde subsidievoorwaarden en dat de subsidies zullen worden ontvangen (RJ 274.107 en IAS 20.7).

Het maakt voor het moment van verwerking in het resultaat niet uit of de subsidie wordt verkregen in geld, andere activa of door het kwijtschelden van een lening.
Hieronder wordt ingegaan op enkele specifieke presentatie- en waarderingseisen voor de eerder genoemde categorieën.

Exploitatiesubsidies

Exploitatiesubsidies zijn subsidies die worden verkregen uit hoofde van bestedingen die in het jaar van besteding als kosten worden beschouwd, of subsidies die worden verkregen voor bepaalde gederfde opbrengsten of voor exploitatietekorten in het algemeen (RJ 940). De exploitatiesubsidies worden opgenomen op het moment dat het een redelijke zekerheid is dat aan de gestelde voorwaarden is voldaan. Dit houdt in dat de exploitatiesubsidies ten gunste van de winst-en-verliesrekening komen in het jaar waarin de daarmee samenhangende bestedingen worden verwerkt of waarin de betreffende opbrengsten zijn gederfd, dan wel het exploitatietekort zich heeft voorgedaan (RJ 274.108, IAS 20.12/IAS 20.20).

Subsidies die gerelateerd zijn aan het resultaat worden volgens IAS 20.29 in een afzonderlijke post in de winst-en-verliesrekening opgenomen, hetzij als onderdeel van de post overige opbrengsten gerubriceerd dan wel als aftrekpost op de gerelateerde kosten verantwoord. De Nederlandse Richtlijnen hebben geen specifieke regelgeving opgenomen voor de presentatie van exploitatiesubsidie in de winst-en-verliesrekening, maar op basis van de algemene uitgangspunten zijn de presentatiemethoden zoals opgenomen in IAS 20 toepasbaar.

IAS 20.20 stelt verder uitdrukkelijk dat, indien de subsidie wordt ontvangen voor verliezen die al in een voorgaande periode zijn verantwoord, of voor onvoorwaardelijke directe financiële steun zonder verdere kosten in de toekomst, deze direct en volledig in de winst-en-verliesrekening dient te worden opgenomen. Indien er een subsidie wordt verkregen als compensatie van kosten in voorgaande jaren dan dient een degelijke subsidie in de winst-en-verliesrekening te worden opgenomen zodra deze invorderbaar is. Een degelijke subsidie moet inclusief het bedrag in de jaarrekening worden toegelicht (IAS 20.22).

Financieringsfaciliteiten

Financieringsfaciliteiten zijn verbonden aan een krediet. Dit kan zijn in de vorm van achterstelling, kwijtschelding van een lening indien bepaalde voorwaarden zijn vervuld en/of een lagere rente op het krediet dan de marktrente (RJ 940).

Het verkregen krediet wordt initieel bij eerste waardering op de balans als schuld opgenomen tegen de marktwaarde. Dit houdt in dat een krediet met een rente lager dan de marktrente, in lijn met Richtlijn 290 en IFRS 9, opgenomen wordt tegen een lagere waarde dan het ontvangen krediet. Het verschil tussen de initiële waardering en het ontvangen krediet wordt verwerkt als overheidssubsidie (RJ 274.110, IAS 20.10A), hetzij als exploitatiekosten- dan wel als investeringssubsidie.

Bij de initiële waardering tegen marktwaarde wordt er geen rekening gehouden met mogelijke kwijtscheldingen. Het krediet dient als schuld op de balans te worden opgenomen. Op het moment dat blijkt dat (een deel van) het krediet niet hoeft te worden terugbetaald, wordt dat deel verwerkt als subsidie (RJ 274.109, IAS 20.10). Afhankelijk van de aard van de overheidssubsidie wordt de subsidie verwerkt als exploitatiesubsidie of als investeringssubsidie. Voor zover het vrijvallende bedrag betrekking heeft op bestedingen die in voorgaande jaren als bedrijfslasten zijn genomen, wordt het vrijgevallen bedrag onder de overige bedrijfskosten gepresenteerd (RJ 274.109).

De verwerking onder IAS 20 is min of meer gelijk aan de RJ. In IAS 20.10 wordt echter nog specifiek gesteld dat, indien er redelijke zekerheid bestaat dat wordt voldaan aan de criteria voor kwijtschelding, de betreffende faciliteit als subsidie dient te worden aangemerkt.

Ontwikkelingskredieten

Een ontwikkelingskrediet is een krediet dat is verkregen ter financiering van ontwikkelingskosten. Indien de ontwikkeling mislukt, wordt het krediet (na verloop van tijd) kwijtgescholden. Bij succes is, naast aflossing, rente verschuldigd. De aflossing wordt meestal gekoppeld aan de als gevolg van de ontwikkelingsactiviteiten behaalde omzet of het behaalde resultaat (RJ 940).

Indien de terugbetaling van een verkregen ontwikkelingskrediet afhankelijk is gesteld van omzetten of financiële resultaten van het betreffende project, dienen ontvangsten inzake het krediet in mindering te worden gebracht op de ontwikkelingskosten. Het saldo wordt in de jaarrekening verwerkt in overeenstemming met de onder de immateriële vaste activa besproken gedragslijnen. De terugbetaling en rente op het krediet dienen als kosten van de omzet te worden beschouwd (RJ 274.111).

De IASB doet geen specifieke uitspraken ten aanzien van dit soort subsidies. IFRS maakt geen onderscheid tussen kredietfaciliteiten en ontwikkelingskredieten. Volgens IAS 20.10 moeten kredietfaciliteiten verwerkt worden als schuld totdat er redelijke zekerheid is dat zal worden voldaan aan de voorwaarden van kwijtschelding. Dit kan ertoe leiden dat het moment van verwerking als een overheidssubsidie met bijbehorende bate zich op een ander tijdstip voordoet dan onder de RJ.

Investeringssubsidies

Investeringssubsidies zijn subsidies voor bestedingen die worden toegerekend aan een aantal jaren waarin de besteding wordt geacht een nuttig effect te genereren. Deze subsidies kunnen worden gezien als vermindering van het te investeren bedrag dan wel als bijdrage in de financiering daarvan (RJ 940). De ontvangen investeringssubsidie kan zowel als een vooruitontvangen bedrag onder de overlopende passiva worden opgenomen als in

35 Overheidssubsidies, emissierechten, concessieovereenkomsten en heffingen

mindering worden gebracht op het geïnvesteerde bedrag (RJ 274.112, IAS 20.24). Investeringssubsidies worden ook besproken in het hoofdstuk over materiële vaste activa (par. 7.3.1.5).

Subsidie in de vorm van andere op geld waardeerbare voordelen

Naast geldelijke bijdragen vallen andere op geld waardeerbare voordelen ook onder overheidssteun (RJ 940, IAS 20.3). Deze vorm van overheidssubsidie bestaat uit overdracht van niet-monetaire activa en overheidsassistentie.

Niet-monetaire activa

Onder IFRS geldt, indien er sprake is van een overdracht van een niet-monetair actief, bijvoorbeeld grond of middelen ten voordele van een entiteit, dat de reële waarde van het niet-monetaire actief bepaald dient te worden en het actief en de overheidssubsidie opgenomen dient te worden tegen reële waarde (IAS 20.23). Als alternatief mogen het actief en de overheidssubsidie opgenomen worden tegen nominale waarde hetgeen per saldo neerkomt op het niet opnemen en het enkel toelichten van de overheidssubsidie (IAS 20.23). Onder Nederlandse wet- en regelgeving wordt de waardering van deze vorm van overheidssteun niet nader uitgewerkt. Wij zijn van mening dat een dergelijke transactie onder de RJ in beginsel tegen reële waarde verwerkt wordt.

Overheidsassistentie (government assistance)

Overheidsassistentie (Government assistance) kan worden onderverdeeld in kwantificeerbare en niet-kwantificeerbare assistentie. Niet-kwantificeerbare assistentie wordt uitgesloten van het toepassingsgebied van IAS 20 als die niet op redelijke wijze gewaardeerd kan worden en die niet onderscheiden kan worden van de normale handelsactiviteiten van de onderneming (IAS 20.34). Voorbeelden van niet-kwantificeerbare assistentie zijn marketing of technisch advies (IAS 20.35). Dergelijke overheidssteun dient toegelicht te worden als het significant is (IAS 20.36).

Kwantificeerbare overheidsassistentie is ondersteuning waarvoor een reële waarde kan worden bepaald.

Onder Nederlandse wet- en regelgeving wordt de waardering van overheidsassistentie niet nader uitgewerkt. Wij zijn van mening dat er geen verschillen zijn tussen de uitwerking onder IFRS van de twee soorten van overheidsassistentie en de Nederlandse wet- en regelgeving.

Een voorbeeld van overheidsassistentie zijn garanties hetgeen hieronder nader is uitgewerkt.

Garanties

In bepaalde gevallen verstrekt de overheid indirect steun aan een rechtspersoon in de vorm van garanties. Een garantie kan niet-kwantificeerbaar of kwantificeerbaar zijn. Ingeval deze niet-kwantificeerbaar is, maar wel significant is, wordt deze toegelicht op grond van IAS 20.36.

Ingeval een reële waarde bepaald kan worden voor de garantie (kwantificeerbare assistentie) valt deze onder het toepassingsgebied van IAS 20. Dit houdt in dat de toelichtingseisen van IAS 20.39 aan de orde zijn (zie par. 35.2.3). Vervolgens wordt nagegaan of de kwantificeerbare garantie tot een bedrag aan overheidssubsidie in de jaarrekening leidt. Dit kan het geval zijn als de garantie niet een integraal onderdeel is van de lening. Dit zal afhankelijk zijn van de feiten en omstandigheden van de garantie en is een kwestie van oordeelsvorming. Hierbij wordt in ogenschouw genomen of de lening inclusief de garantie overdraagbaar is. Indien wordt vastgesteld dat het een overheidssubsidie is, zijn de regels inzake financieringsfaciliteiten van toepassing (zie par. 35.2.2).

Het verschil tussen het ontvangen bedragen en de reële waarde van de lening wordt dan opgenomen als een overheidssubsidie.

Terugbetaling van overheidssubsidies

Onder Richtlijn 274 zijn geen specifieke regels opgenomen voor de terugbetaling van overheidssubsidies, met uitzondering van terugbetalingen van voorwaardelijke ontwikkelingskredieten (RJ 274.111). Op basis van de algemene definitie van een schattingswijziging in Richtlijn 145 is een terugbetaling van verkregen overheidssubsidie in zijn algemeenheid te beschouwen als een schattingswijziging.

Onder IFRS is bepaald dat een terugbetaling van een overheidssubsidie verwerkt dient te worden als een schattingswijziging (IAS 20.32). Het terugbetalen van exploitatiesubsidies dient in de winst- en verliesrekening te worden verantwoord.

Bij het terugbetalen van een investeringssubsidie moet de gepassiveerde subsidie worden verlaagd. Eventuele boekverliezen dienen direct te worden verantwoord in de winst-en-verliesrekening. Indien de boekwaarde van een actief was verlaagd dient de boekwaarde met het volledige bedrag te worden verhoogd. Vervolgens dient er een inhaalafschrijving plaats te vinden (IAS 20.32). Daarnaast dient te worden overwogen of de omstandigheden die tot de terugbetaling van de subsidie leiden, ook tot een bijzondere waardevermindering van het actief leiden (IAS 20.33).

Verschillen Dutch GAAP – IFRS

Hoewel er een aantal verschillen zijn in de diepgang van de regelgeving, sluit het algemene uitgangspunt voor verwerking van de subsidie binnen IFRS aan op dat in Nederland. Tussen IFRS en Nederlandse wet- en regelgeving zijn er de volgende expliciete verschillen:

- Exploitatiesubsidies: Vergoedingen voor eerdere verliezen of onvoorwaardelijke steun, zonder toekomstige kosten, dienen onder IFRS direct te worden verwerkt in de winst-en-verliesrekening.
- Financieringsfaciliteiten: Indien er redelijke zekerheid is dat aan de kwijtscheldingscriteria wordt voldaan, vereist IFRS dat het wordt aangemerkt als subsidie.
- Ontwikkelingskredieten: Onder IFRS zijn er geen specifieke vereisten, in beginsel worden deze als kredietfaciliteit verwerkt, tot het moment dat er voldaan wordt aan de vereisten van kwijtschelding, dit kan leiden tot een verschil in het tijdstip van verwerken.
- Subsidie in de vorm van andere op geld waardeerbare voordelen zoals niet-monetaire activa en overheidsassistentie inclusief garanties is niet uitgewerkt onder de Nederlands wet- en regelgeving. Al zijn wij van mening dat dit in de praktijk niet tot verschillen zal leiden.

35.2.3 Toelichting

In de toelichting dient informatie te worden verschaft ten aanzien van (RJ 274.121, IAS 20.39):

- de aard van verkregen subsidies en (andere vormen van) overheidssteun;
- de wijze van verwerking in de jaarrekening van de subsidies en overheidssteun (art. 2:384 lid 5 BW);
- de omvang van de in het boekjaar verwerkte subsidies en overheidssteun (in RJ 274.121 dient dit slechts opgenomen te worden indien dit bijdraagt tot het inzicht dat de jaarrekening geeft);
- de uit ontwikkelingskredieten voortvloeiende voorwaardelijke financiële verplichtingen.

Voorts eist IAS 20.39 vermelding van onvervulde voorwaarden en andere onzekerheden die aan de in de jaarrekening opgenomen subsidie zijn verbonden. IAS 20.22 schrijft voor dat verantwoorde subsidie over kosten uit voorgaande boekjaren moeten worden toegelicht. De RJ verplicht dit niet, echter de aard en omvang van de subsidie dient wel te worden toegelicht.

35 Overheidssubsidies, emissierechten, concessieovereenkomsten en heffingen

> **Voorbeeld toelichting**
> De volgende overheidssubsidies zijn in mindering gebracht op de overige personeelskosten:
> ▶ Subsidie met betrekking tot speur- en ontwikkeling (WBSO) ten bedrage van € 1.000 (jaar 0: € 978).
> ▶ Subsidie op het gebied van scholing (ESF) ten bedrage van € 685 (jaar 0: € 694).

Verschillen Dutch GAAP – IFRS

De toelichtingsvereisten onder IFRS zijn uitgebreider dan die onder Nederlandse wet- en regelgeving, met name met betrekking tot de onvervulde voorwaarden en andere onzekerheden.

35.3 Emissierechten

35.3.1 Algemeen en regelgeving

Algemeen

Sinds 1 januari 2005 zijn bepaalde ondernemingen geconfronteerd met de EU-richtlijn over de handel in emissierechten inzake broeikasgassen (i.c. CO_2). De richtlijn houdt in dat aangewezen ondernemingen aan het begin van ieder kalenderjaar emissierechten ontvangen van de overheid, die recht geven op een bepaalde uitstoot van CO_2. Deze emissierechten zijn vrij verhandelbaar. Rechtspersonen kunnen bijvoorbeeld rechten verkopen of aanvullende rechten kopen. Na afloop van het kalenderjaar wordt de daadwerkelijke uitstoot aan CO_2 vastgesteld en dienen de rechtspersonen emissierechten in te leveren ter hoogte van deze daadwerkelijke uitstoot. Indien een onderneming een tekort heeft, moet een boete worden betaald en kan (binnen bepaalde beperkingen) het tekort ten laste van de rechten van het volgende jaar worden gebracht.

Indien emissierechten worden aangehouden voor verkoop in het kader van de normale bedrijfsvoering dan behoren de emissierechten tot de voorraad. Dit zal met name het geval zijn voor handelaren in emissierechten. Zie voor een nadere uiteenzetting van de definitie voorraad het hoofdstuk 12.

Richtlijnen voor de jaarverslaggeving

In de bijlage bij Richtlijn 274 wordt ingegaan op de verwerking van om niet verkregen en gekochte emissierechten. Daarnaast wordt ingegaan op de vraag in hoeverre, indien van toepassing, systematische afschrijving van geactiveerde emissierechten mogelijk is. Tevens wordt in deze bijlage de verwerking van de opbrengst uit hoofde van verkoop van emissierechten behandeld.

IFRS

IFRS IC heeft in 2004 IFRIC 3 'Emission Rights' uitgebracht. Het nadeel van de voorgestelde verwerkingswijze in IFRIC 3 was dat bepaalde 'accounting-mismatches' konden ontstaan ten opzichte van andere richtlijnen. Omdat de 'accounting-mismatches' zouden moeten worden opgelost door het aanpassen van bestaande richtlijnen en dit de verantwoordelijkheid is van de IASB en niet van IFRS IC, heeft de IASB besloten om deze interpretatie in te trekken. In paragraaf 35.3.2.2 wordt ingegaan op de ingetrokken IFRIC 3.

35.3.2 Verwerking van om niet verkregen en aangekochte emissierechten

35.3.2.1 Verwerking van emissierechten volgens de Richtlijnen voor de jaarverslaggeving

Ten aanzien van de verwerking en waardering van emissierechten en de daaruit voortvloeiende verplichtingen zijn op grond van Titel 9 Boek 2 BW en de Richtlijnen voor de jaarverslaggeving meerdere varianten denkbaar. In de bijlage van Richtlijn 274 worden twee varianten besproken: de 'bruto variant' en de 'netto variant'.

Voor beide voorbeelden geldt de veronderstelling dat er jaarlijks wordt getoetst of er sprake is van een tekort of overschot ten opzichte van de voor dat jaar toegekende emissierechten.

Het is op grond van lokale wet- en regelgeving mogelijk dat emissierechten worden toegekend voor een periode van langer dan een jaar en in bepaalde landen mag een aan het einde van een jaar geconstateerd tekort of overschot worden verrekend met de emissierechten over de andere jaren van de toekenningsperiode. Ook in deze gevallen vindt er jaarlijks een toetsing plaats.

Verwerking van emissierechten volgens beide varianten

In onderstaande tabel worden de verschillen in verwerking en waardering van beide varianten uiteengezet (Richtlijn 274, bijlage):

	Bruto variant	**Netto variant**
Initiële waardering emissierechten	Toegekende emissierechten worden initieel gewaardeerd tegen hun reële waarde op het verkrijgingsmoment (deze waarde wordt vervolgens verondersteld de kostprijs te zijn ten behoeve van de verdere verwerking).	Toegekende emissierechten worden initieel gewaardeerd tegen de daadwerkelijke verkrijgingsprijs (zijnde nihil).
Overheidssubsidie	Het verschil tussen de initiële waardering van de rechtstreeks van de overheid verkregen emissierechten en de daadwerkelijke verkrijgingsprijs daarvan (veelal nihil) wordt aangemerkt als overheidssubsidie en verantwoord als overlopend passief. Deze post wordt vervolgens systematisch ten gunste van het resultaat gebracht gedurende de looptijd van de rechten, met inachtneming van eventueel tussentijds verkochte emissierechten.	Doordat er geen actief wordt gevormd voor de emissierechten wordt er ook geen overheidssubsidie in de balans als overlopende passiefpost opgenomen (en afgeschreven).
Bijgekochte emissierechten	Naderhand bijgekochte emissierechten worden initieel gewaardeerd tegen de verkrijgingsprijs.	Naderhand bijgekochte emissierechten worden initieel gewaardeerd tegen de verkrijgingsprijs.
Voorziening	Voor de daadwerkelijke uitstoot wordt een verplichting (voorziening) gevormd, te waarderen tegen de boekwaarde van de (benodigde) emissierechten die de onderneming beschikbaar heeft. Voor zover de uitstoot groter is dan de beschikbare emissierechten, wordt dat gedeelte van de voorziening gewaardeerd tegen de reële waarde van de (nog te verkrijgen) emissierechten. Indien en voor zover een boete moet worden betaald, wordt ook deze ten laste van het resultaat voorzien. De verplichting wordt gevormd ten laste van het resultaat – of opgenomen in de kostprijs van geproduceerde activa, indien van toepassing – naarmate de uitstoot gedurende het jaar plaatsvindt. Indien de verplichting wordt gevormd door opneming in de kostprijs van geproduceerde activa, wordt de daaraan gerelateerde geamortiseerde overheidssubsidie ook in de kostprijs van deze geproduceerde activa opgenomen.	Voor de daadwerkelijke uitstoot wordt slechts een verplichting (voorziening) gevormd voor zover deze de toegekende emissierechten te boven gaat, te waarderen tegen de reële waarde van de (nog te verkrijgen) emissierechten. De verplichting wordt gevormd ten laste van het resultaat – of opgenomen in de kostprijs van geproduceerde activa, indien van toepassing – naarmate de uitstoot gedurende het jaar plaatsvindt. Voor een eventueel te betalen boete wordt ten laste van het resultaat een voorziening gevormd.

35 Overheidssubsidies, emissierechten, concessieovereenkomsten en heffingen

Initiële waardering
In de bruto variant worden verkregen emissierechten in de jaarrekening inzichtelijk gemaakt door het opnemen van een immaterieel vast actief. De emissierechten, om niet verkregen, hebben immers een waarde in het economische verkeer.
In de netto variant wordt de algemene bepaling gevolgd dat de eerste waardering van een actief tegen kostprijs, zijnde nihil, plaatsvindt.

Overheidssubsidie
Er zijn geen voorschriften betreffende de verwerking van de overheidsbijdragen in natura in de RJ opgenomen. In de netto variant wordt er dan ook geen passief opgenomen voor de overheidsbijdrage in natura.

In de bruto variant wordt het verschil tussen de initiële waardering van de rechtstreeks van de overheid verkregen emissierechten en de daadwerkelijke kostprijs daarvan (veelal nihil) aangemerkt als overheidssubsidie en als vooruit ontvangen bedrag onder de overlopende passiva opgenomen (naar analogie van RJ 274.112). De op de balans gepassiveerde overheidssubsidie valt vervolgens systematisch ten gunste van het resultaat vrij (naar analogie van alinea 274.113), met inachtneming van tussentijds verkochte rechten. Het is op grond van RJ 252.313 toegestaan deze vrijval te salderen met de lasten in verband met de uitstoot.

Bijgekochte rechten
Later bijgekochte rechten worden initieel verwerkt tegen de verkrijgingsprijs, er is bij deze initiële verwerking geen verschil tussen de bruto- en de netto variant.

Voorziening
Bij de bruto variant wordt voor de daadwerkelijke uitstoot een voorziening opgenomen ten laste van het resultaat, of opgenomen in de kostprijs van geproduceerde activa indien van toepassing. Op grond van RJ 252.301 wordt het bedrag, dat als voorziening wordt opgenomen, gewaardeerd tegen de beste schatting van de bedragen die noodzakelijk zijn om de desbetreffende verplichting per balansdatum af te wikkelen. Omdat de daadwerkelijke uitstoot (jaarlijks) wordt afgewikkeld met de initieel verkregen emissierechten en de eventueel bijgekochte emissierechten, wordt de voorziening gewaardeerd tegen de boekwaarde van de (benodigde) emissierechten.

In de netto variant wordt er geen voorziening opgenomen, omdat er voor de afwikkeling van de verplichting per balansdatum geen bedragen hoeven te worden opgeofferd. De emissierechten zijn immers niet gewaardeerd in de balans. Alleen als de daadwerkelijke uitstoot meer is dan waarvoor rechten zijn verkregen moet er een voorziening worden opgenomen.

Voorbeeld
Hieronder is voor beide varianten een voorbeeld uitgewerkt. Zoals in onderstaande voorbeelden nader wordt toegelicht is het effect op het resultaat bij toepassing van de bruto variant per saldo gelijk aan het effect op het resultaat bij toepassing van de netto variant. Het toepassen van de bruto variant geeft de gebruiker van de jaarrekening weliswaar meer inzicht in de reële waarde van de om niet verkregen emissierechten, maar per saldo is het effect op het resultaat bij beide varianten gelijk.

Voorbeeld bruto variant, ontleend aan de bijlage van Richtlijn 274

Gegevens

Op 1 januari van jaar 1 krijgt onderneming ABC (om niet) emissierechten voor de CO_2-uitstoot in jaar 1 ter hoogte van 12.000 ton toegewezen door de overheid. De reële waarde van emissierechten is op 1 januari van jaar 1 10 per ton, op 30 juni van jaar 1 12 per ton en op 31 december van jaar 1 11 per ton. Tot en met 30 juni van jaar 1 heeft onderneming ABC voor 5.500 ton CO_2 uitgestoten, verwachting voor het gehele jaar is op dat moment 12.000 ton. Tot en met 31 december van jaar 1 heeft onderneming ABC voor 12.500 CO_2 uitgestoten. Onderneming ABC koopt ultimo jaar 1 nog aanvullend emissierechten bij voor 500 ton tegen 11 per ton. Bij onderneming ABC is geen sprake van productie van activa, dus de vorming van de voorziening komt direct ten laste van het resultaat.

Uitwerking

Per 1 januari van jaar 1 verwerkt onderneming ABC de verleende emissierechten voor jaar 1 tegen de veronderstelde kostprijs: 12.000 ton x 10 = 120.000. De journaalpost luidt:

Immateriële vaste activa	120.000	
aan Overlopend passief		120.000

Per 30 juni van jaar 1 (indien tussentijdse cijfers worden opgesteld) wordt de gepassiveerde overheidssubsidie geamortiseerd op basis van de werkelijke uitstoot: 5.500 ton x 10 = 55.000. De journaalpost luidt:

Overlopend passief	55.000	
aan Operationeel resultaat (bedrijfslasten)		55.000

Per 30 juni van jaar 1 wordt de verplichting in verband met de werkelijke emissie over de eerste helft van jaar 1 opgeboekt: 5.500 ton x 10 (veronderstelde kostprijs van de toegekende emissierechten) = 55.000. De journaalpost luidt:

Operationeel resultaat (bedrijfslasten)	55.000	
aan Voorziening		55.000

Op 31 december van jaar 1 koopt de onderneming aanvullend emissierechten tegen 11 per ton om te voorkomen dat een tekort over 2016 bestaat: 500 ton x 11 = 5.500. De journaalpost luidt:

Immateriële vaste activa	5.500	
aan Bank		5.500

Per 31 december van jaar 1 wordt de gepassiveerde overheidssubsidie geamortiseerd op basis van de werkelijke uitstoot tot het beschikbare maximum. De werkelijke uitstoot over de tweede helft van jaar 1 bedraagt 12.500 ton -/- 5.500 ton = 7.000 ton. Echter, de nog beschikbare gepassiveerde overheidssubsidie is gebaseerd op 6.500 ton (toegekend 12.000 ton -/- verbruik 5.500 ton = 6.500 ton). Derhalve bedraagt de amortisatie 6.500 ton x 10 = 65.000. De journaalpost luidt:

Overlopend passief	65.000	
aan Operationeel resultaat (bedrijfslasten)		65.000

Per 31 december van jaar 1 wordt de verplichting in verband met de werkelijke uitstoot over de tweede helft van jaar 1 geboekt. Van deze 7.000 ton kan nog 6.500 ton worden voldaan uit de initieel verkregen emissierechten (12.000 ton -/- 5.500 ton in eerste halfjaar verbruikt = 6.500 ton). Voor dit gedeelte geldt de initiële kostprijs van 10, derhalve in totaal 65.000. Het restant van 500 ton wordt voldaan uit de bijgekochte emissierechten. De kostprijs van de bijgekochte emissierechten bedraagt 11 per ton, zodat het totaal van dit gedeelte 5.500 bedraagt. De totale kosten voor de emissie over het tweede halfjaar bedragen derhalve 70.500. De journaalpost luidt:

Operationeel resultaat (bedrijfslasten)	70.500	
aan Voorziening		70.500

Begin jaar 2 wordt vervolgens de verplichting afgewikkeld tegen inlevering van de emissierechten. De journaalpost luidt:

Voorziening	125.500	
aan Immateriële vaste activa		125.500

35 Overheidssubsidies, emissierechten, concessieovereenkomsten en heffingen

---

Voorbeeld netto variant, ontleend aan de bijlage van Richtlijn 274

Gegevens
De in dit voorbeeld gebruikte gegevens zijn identiek aan het voorbeeld van variant I.

Uitwerking
Per 1 januari van jaar 1 dient onderneming ABC de verleende emissierechten voor jaar 1 te verwerken tegen de kostprijs. Deze is nihil en derhalve vindt geen verwerking plaats.
Per 30 juni van jaar 1 (indien tussentijdse cijfers worden opgesteld) is er geen sprake van amortisatie van de gepassiveerde overheidssubsidie. Omdat de werkelijke uitstoot nog lager is dan de toegekende emissierechten wordt per 30 juni van jaar 1 geen verplichting opgenomen.

Op 31 december van jaar 1 koopt de onderneming aanvullend emissierechten ten bedrage van 11 per ton om te voorkomen dat een tekort over jaar 1 ontstaat: 500 ton x 11 = 5.500. De journaalpost luidt:

Immateriële vaste activa	5.500	
aan Bank		5.500

Per 31 december van jaar 1 is evenmin sprake van amortisatie van gepassiveerde overheidssubsidie. Echter, de emissie valt voor jaar 1 hoger uit dan de toegekende emissierechten: 12.500 ton ten opzichte van 12.000 ton. Dit betekent dat voor 500 ton een voorziening wordt opgenomen, te waarderen tegen de reële waarde van de (verkregen dan wel nog te verkrijgen) emissierechten. In dit geval is dat 500 ton x 11 = 5.500. De journaalpost luidt:

Operationeel resultaat (bedrijfslasten)	5.500	
aan Voorziening		5.500

Begin jaar 2 wordt vervolgens de verplichting afgewikkeld tegen inlevering van de emissierechten. De journaalpost luidt:

Voorziening	5.500	
aan Immateriële vaste activa		5.500

Zoals hiervoor besproken is per saldo het resultaateffect van de bruto variant dan wel de netto variant gelijk. In beide gevallen bedragen de bedrijfslasten 5.500.

Verrekening over meerdere jaren

In bepaalde landen mag aan het einde van een jaar het geconstateerde tekort of overschot worden verrekend met de emissierechten over de andere jaren van de toekenningsperiode. Indien naar verwachting de gehele toekenningsperiode met een tekort aan rechten zal worden afgesloten, is het aanvaardbaar aan het einde van het jaar een voorziening te treffen voor het verschil tussen de cumulatieve uitstoot waarvan de rechten systematisch ten gunste van het resultaat zijn gebracht, en de daadwerkelijke cumulatieve uitstoot, indien en voor zover de daadwerkelijke cumulatieve uitstoot groter is.

35.3.2.2 Verwerking van emissierechten volgens IFRS

IFRS IC heeft in 2004 IFRIC 3 'Emission Rights' uitgebracht. Deze interpretatie stelde de volgende verwerkingsmethode voor van om niet verkregen emissierechten:

- Toegekende emissierechten worden initieel gewaardeerd tegen de reële waarde op het verkrijgingsmoment (deze reële waarde wordt vervolgens verondersteld de kostprijs te zijn ten behoeve van de verdere verwerking). Naderhand bijgekochte emissierechten worden initieel gewaardeerd tegen de verkrijgingsprijs, zijnde de reële waarde.
- Het verschil tussen de initiële waardering van de rechtstreeks van de overheid verkregen emissierechten en de daadwerkelijke verkrijgingsprijs daarvan (veelal nihil) wordt aangemerkt als overheidssubsidie en verantwoord als overlopend passief. Deze post wordt vervolgens systematisch ten gunste van het resultaat gebracht gedurende de looptijd van de rechten, ongeacht de vraag of de rechten tussentijds worden verkocht.

- De vervolgwaardering van de geactiveerde emissierechten geschiedt op basis van de initiële kostprijs (reële waarde op het verkrijgingsmoment). Er wordt in principe niet afgeschreven op de emissierechten, omdat deze rechten pas worden gebruikt/aangewend op het moment dat ze worden ingeleverd ter afwikkeling van de door de daadwerkelijke uitstoot opgebouwde verplichting.
- Voor de daadwerkelijke uitstoot wordt een verplichting (voorziening) gevormd, te waarderen tegen de beste schatting van bedragen die noodzakelijk zijn om de verplichting af te wikkelen op balansdatum. Dit is normaliter de reële waarde van de rechten benodigd om de uitstoot tot en met de balansdatum te compenseren.

In IFRIC 3 is ook een voorbeeld uitgewerkt waarbij de rechten geherwaardeerd worden tegen reële waarde.

De IASB heeft IFRIC 3 ingetrokken, na bezwaren vanuit de Europese Unie dat de verwerking niet zou aansluiten op het vereiste getrouwe beeld. Het is daarom de vraag of IFRIC 3 door Europese ondernemingen zou mogen worden toegepast, omdat deze interpretatie wellicht niet zou zijn goedgekeurd in Europa. De RJ vermeldt dat IFRIC 3 als nadeel heeft dat bepaalde 'accounting-mismatches' kunnen ontstaan. Daardoor leidt IFRIC 3 volgens de RJ in het algemeen niet tot aanvaardbare financiële verslaggeving (RJ 274, bijlage par. 3.3). Het toepassen van beide varianten zoals beschreven in de vorige paragrafen en opgenomen in bijlage 1 van de RJ achten wij toepasbaar onder IFRS, totdat IFRS specifieke regels heeft opgesteld.

Toekomstige regelgeving
De IASB en de FASB waren bezig met een gezamenlijk project voor de ontwikkeling van richtlijnen voor emissierechten. De IASB was het erover eens dat het krijgen van emissierechten leidt tot het opnemen van een actief en dat dit actief gewaardeerd dient te worden op basis van de reële waarde en dat er een verplichting dient te worden opgenomen voor hetzelfde bedrag. Dit komt overeen met de bruto variant in de bijlage van Richtlijn 274. De IASB was het nog niet eens over de timing van de opname van de verplichting voor het overschrijden van de rechten. Dit gezamenlijk project is vertraagd en het betreffende onderzoek is op dit moment uitgesteld.

35.3.3 Verwerking van opbrengst bij verkoop van om niet verkregen emissierechten (RJ)

De toegekende emissierechten voldoen aan de definitie van een immaterieel vast actief ook als deze niet tot uitdrukking worden gebracht in de balans. Emissierechten kunnen worden gekocht en verkocht, ongeacht de stand van de cumulatieve werkelijke emissie. Indien emissierechten worden verkocht, wordt een verkoopopbrengst gerealiseerd die wordt verantwoord in de winst-en-verliesrekening. Hierbij wordt verondersteld dat sprake is van een niet-speculatieve verkoop van emissierechten, hetgeen betekent dat de rechten alleen worden verkocht indien ze naar verwachting niet (meer) benodigd zijn in de periode waarvoor ze zijn toegekend. Het verkochte deel zal normaal gesproken een relatief gering deel van de toegekende emissierechten uitmaken, uitgaande van in continuïteit te verrichten bedrijfsactiviteiten.

Voorbeeld verwerking van opbrengst bij verkoop van om niet verkregen emissierechten, ontleend aan de bijlage van Richtlijn 274

De in dit voorbeeld als uitgangspunt gebruikte gegevens zijn identiek aan het voorbeeld van variant I en II.

Stel dat op 30 juni van jaar 1 de onderneming ABC verwacht dat de totale uitstoot over jaar 1 11.500 ton zal bedragen en daarmee emissierechten ter hoogte van 500 ton over zal hebben.
Onderneming ABC besluit daarom deze 500 ton te verkopen. Dat betekent dat zij 500 ton x 12 = 6.000 ontvangt. De gerelateerde gepassiveerde overheidssubsidie wordt dienovereenkomstig als gerealiseerd beschouwd. De journaalpost luidt als volgt:

35 Overheidssubsidies, emissierechten, concessieovereenkomsten en heffingen

Bij toepassing variant I		
Bank	6.000	
Aan Immateriële vaste activa		5.000
Aan Overige bedrijfsopbrengsten		1.000
Overlopend passief	5.000	
aan Overige bedrijfsopbrengsten		5.000
Bij toepassing variant II		
Bank	6.000	
Aan Overige bedrijfsopbrengsten		6.000

35.3.4 Systematische afschrijving van emissierechten (RJ)

Ten aanzien van afschrijvingen kan worden opgemerkt dat emissierechten pas worden gebruikt/aangewend op het moment dat zij worden ingeleverd ter afwikkeling van de door de emissie opgebouwde verplichting, zodat geen sprake kan zijn van systematische afschrijving van (indien van toepassing) geactiveerde emissierechten.

Verschillen Dutch GAAP – IFRS

Als gevolg van het intrekken van IFRIC 3, kent IFRS geen specifieke regels voor de verwerking van emissierechten.

35.4 Dienstverlening uit hoofde van concessieovereenkomsten

35.4.1 Algemeen

In veel landen, waaronder Nederland, worden steeds meer publieke taken ondergebracht bij de particuliere sector via publiek-private samenwerkingsverbanden. Voorbeelden zijn (tol)wegen, spoorlijnen, waterzuiveringsbedrijven, ziekenhuizen die door de private sector worden gedreven, enz. In de meeste gevallen gaat het om situaties waarbij een bepaalde infrastructuur zoals een tolweg, een ziekenhuis of een gevangenis wordt gebouwd door de private sector, gedurende een bepaalde periode (tot soms 30 jaar) wordt gerund door de private sector en na deze periode (gratis) teruggaat naar de overheid met in de meeste gevallen de verplichting om de infrastructuur op een zodanige wijze terug te geven dat deze nog een bepaald aantal jaren (20-30 jaar) kan worden gebruikt.
Sinds 2006 kent IFRS specifieke regels voor dienstverlening uit hoofde van concessieovereenkomsten. De RJ bevat paragraaf 5 van Richtlijn 221 'Onderhanden projecten' die verduidelijking geeft voor de verwerking in de jaarrekening opgesteld op basis van de RJ.
De verwerking sluit aan bij de in november 2006 door de International Accounting Standards Board (IASB) uitgegeven interpretatie IFRIC 12 'Service Concession Arrangements'.

35.4.2 Begripsbepaling en toepassingsgebied

In IFRIC 12 en RJ 221.5 wordt ingegaan op publiek-private concessieovereenkomsten. Dit is gedefinieerd als een overeenkomst tussen de rechtspersoon (concessienemer) en de overheid (de concessiegever), waarbij de rechtspersoon een openbare dienst verleent door middel van een infrastructuur nadat hij deze heeft gebouwd of verbeterd, en waarbij de overheid bepaalt welke diensten met de infrastructuur moeten worden verricht, aan wie de diensten worden verleend en tegen welke prijs. RJ 221.5 en IFRIC 12 gaan uitsluitend in op de verwerking van deze concessies in de jaarrekening van de concessienemer, niet op de verwerking in de jaarrekening van de concessiegever.

Het moet dus gaan om situaties waarbij een bepaalde openbare taak door middel van infrastructuur wordt verricht (water, gezondheid, wegen, straatverlichting, spoorweg, e.d.) door een concessienemer en waarbij zich het volgende voordoet (RJ 221.502, IFRIC 12.5):

a. de concessiegever bepaalt de diensten die de rechtspersoon met behulp van de infrastructuur verleent, aan wie hij deze verleent en tegen welke prijs; en
b. ofwel de concessiegever verkrijgt aan het einde van de overeenkomst zeggenschap ver een significant overblijvend belang in de infrastructuur, ofwel de infrastructuur wordt gedurende de overeenkomst geheel verbruikt.

Het gaat zowel om infrastructuur die door de concessienemer specifiek voor de concessie wordt gebouwd of gekocht van een derde partij als om bestaande infrastructuur waartoe de concessiegever aan de concessienemer het recht van toegang verschaft (RJ 221.504, IFRIC 12.7). Het gaat dus niet om activa die de concessienemer al had, noch om activa die uiteindelijk niet teruggaan naar de concessiegever.

35.4.3 Verwerking en waardering vergoeding

De concessienemer dient de opbrengsten voor de door de concessienemer verleende bouw- of verbeterdiensten en exploitatiediensten onder de Nederlandse wet- en regelgeving te verwerken en te waarderen in overeenstemming met de paragrafen 1 tot en met 4 van Richtlijn 221 'Onderhanden projecten' en alinea 115 tot en met 123 van Richtlijn 270 'De winst-en-verliesrekening' (RJ 221.505, 517). Bij toepassing van IFRS dienen de bepalingen van IFRS 15 te worden gevolgd (IFRIC 12.12, 14 en 20).

Voor een nadere uiteenzetting van deze regelgeving wordt verwezen naar hoofdstuk 5 en 13.

Toepassing van de Nederlandse wet- en regelgeving en IFRS leidt er feitelijk toe dat de concessie wordt gezien als een contract voor het verlenen van diensten (constructie en andere diensten) en de projectkosten en -opbrengsten moeten dus naar rato van de verrichte prestaties ('percentage of completion'-methode) worden verwerkt in de winst-en-verliesrekening. De concessienemer verantwoordt omzet en resultaat tijdens de constructieperiode, aangezien voor deze dienstverlening een vergoeding wordt ontvangen (een financiële vergoeding of er wordt een immaterieel recht verkregen). De wijze van verwerking van de vergoeding voor de constructieperiode in de balans is afhankelijk van het type model dat van toepassing is: het financieel actief model of het immaterieel actief model (RJ 221.501, IFRIC 12.15).

Onafhankelijk van welk model van toepassing is, kunnen in een concessieovereenkomst meerdere prestaties worden onderscheiden, waarbij de verwerking per prestatie tegen reële waarde plaatsvindt op het moment dat de prestatie wordt geleverd (relatieve reële waardes). Hierdoor dienen de opbrengsten te worden toegerekend aan de verschillende onderdelen van het contract (bijvoorbeeld constructie, herstel en operationele dienstverlening). De verschillende modellen leiden tot verschillen in opbrengstverantwoording na de constructieperiode. Zo kan dit tot een situatie leiden waarbij de operationele kasstromen onder beide modellen gelijk zijn, maar de verantwoorde opbrengsten over de gehele periode niet.

Voor een nadere uiteenzetting wordt verwezen naar paragraaf 35.4.5 en 35.4.6.

Verschillen Dutch GAAP – IFRS

Indien de entiteit IFRS 15 toepast voor haar omzetverantwoording dienen de vijf stappen van het model te worden gehanteerd. Een uitwerking onder de Richtlijnen kan daarom tot andere conclusies leiden. Voor en nadere uiteenzetting van de verschillen wordt verwezen naar hoofdstuk 5 en 13.

35 Overheidssubsidies, emissierechten, concessieovereenkomsten en heffingen

Regelgeving van toepassing op toekomstige jaren

De RJ heeft in december een nieuwe Richtlijn uitgebracht voor opbrengsten verantwoording (RJ-Uiting 2020-15 'Ten geleide bij Richtlijnen 221, 270, B5 en B13 (aangepast 2021')). Deze richtlijn zal ingaan per 2022. Op basis van de nieuwe Richtlijn dienen individuele prestatieverplichtingen in een contract geïdentificeerd te worden en dient aan elke prestatieverplichting een transactieprijs te worden toegerekend. De verwachting is dat de nieuwe standaard niet leidt tot verschillen in verwerking van de dienstverlening uit hoofde van concessieovereenkomsten. Voor een nadere uiteenzetting van deze regelgeving wordt verwezen naar hoofdstuk 5 en 13.

35.4.4 Verwerking in de balans

Indien de rechtspersoon bouw- of verbeterdiensten verleent, worden er twee verschillende modellen voor de verwerking van de vergoeding van de concessiegever uit concessieovereenkomsten onderscheiden: het financieel actief model (verwerking als financieel actief) en het immaterieel actief model (verwerking als immaterieel actief) (RJ 221.507, IFRIC 12.15). Dit houdt in dat de ontvangen vergoeding van de concessiegever tegen reële waarde als financieel of immaterieel actief wordt opgenomen (RJ 221.507, IFRIC 12.13).

Bij het financieel actief model heeft de concessienemer het contractueel recht om een vergoeding (liquide middelen of andere financiële activa) te ontvangen in ruil voor het uitvoeren van de concessie. Indien er sprake is van een onvoorwaardelijke vordering op de concessiegever wordt deze vordering als financieel actief opgenomen (RJ 221.508, IFRIC 12.16).

Bij het immaterieel actief model heeft de concessienemer een recht verkregen om gebruikers van de openbare dienst kosten in rekening te brengen. Het is geen onvoorwaardelijk recht om geldmiddelen te ontvangen, omdat de bedragen afhankelijk zijn van de mate waarin het publiek van de dienst gebruikmaakt (RJ 221.511, IFRIC 12.17).

Bij de concessienemer wordt geen materieel vast actief verantwoord, omdat de concessienemer geen volledige zeggenschap kan uitoefenen over de infrastructuur. De concessienemer beheert slechts de infrastructuur in de naam van de concessiegever. Immers, de concessiegever bepaalt welke dienst aan wie voor welke prijs wordt verricht met de betreffende infrastructuur en heeft een significant resterend belang in de infrastructuur aan het einde van de overeenkomst.

Indien de rechtspersoon deels via een financieel actief en deels via een immaterieel actief voor de bouw- of verbeterdiensten wordt betaald, dient hij beide componenten afzonderlijk te verwerken en te waarderen tegen hun reële waarden (RJ 221.515, IFRIC 12.18). Voor het verschil tussen de reële waarde van de infrastructuur en het financieel actief moet een immaterieel actief worden opgenomen. Dit reflecteert de betaling voor het recht om aan gebruikers bedragen in rekening te brengen voor het gebruik van de infrastructuur (RJ 221.511, IFRIC 12.17).
In het geval de concessiegever zich garant stelt dat de reële waarde van de infrastructuur in elk geval vergoed wordt aan de concessienemer zal er pas een financieel actief worden opgenomen door de concessienemer. In het geval de concessiegever geen enkele onvoorwaardelijke betaling verricht of garandeert (en dus het volledige risico bij de concessienemer ligt), neemt de concessienemer het volledige bedrag als immaterieel actief op. Indien de concessiegever voor een deel van de reële waarde van de infrastructuur onvoorwaardelijke betalingen verricht of zich garant stelt, zal de concessienemer zowel een financieel actief als een immaterieel actief opnemen. Het totaal is gelijk aan de reële waarde van de infrastructuur.

Bij de bepaling van de waarde van de te ontvangen tegenprestatie voor de bouwwerkzaamheden wordt niet alleen gekeken naar de reële waarde van de concessie, maar moet tevens rekening worden gehouden met de uit de concessie voortvloeiende verplichtingen zoals het bouwen van nieuwe infrastructuur of het verbeteren van de bestaande infrastructuur. Overige verplichtingen voortvloeiend uit de concessie, zoals het verrichten van periodiek onderhoud en het regelmatig vervangen van versleten activa, moeten worden verwerkt volgens Richtlijn 252/ IAS 37 door het verantwoorden van een voorziening naarmate de activa slijten (de schade die aan de infrastructuur van de concessiegever wordt gedaan) (RJ 221.520, IFRIC 12.21).

De beslissingsboom om te bepalen of de dienstverlening uit hoofde van concessieovereenkomst binnen de scope van RJ 221.5 en IFRIC 12 valt is hieronder weergegeven:

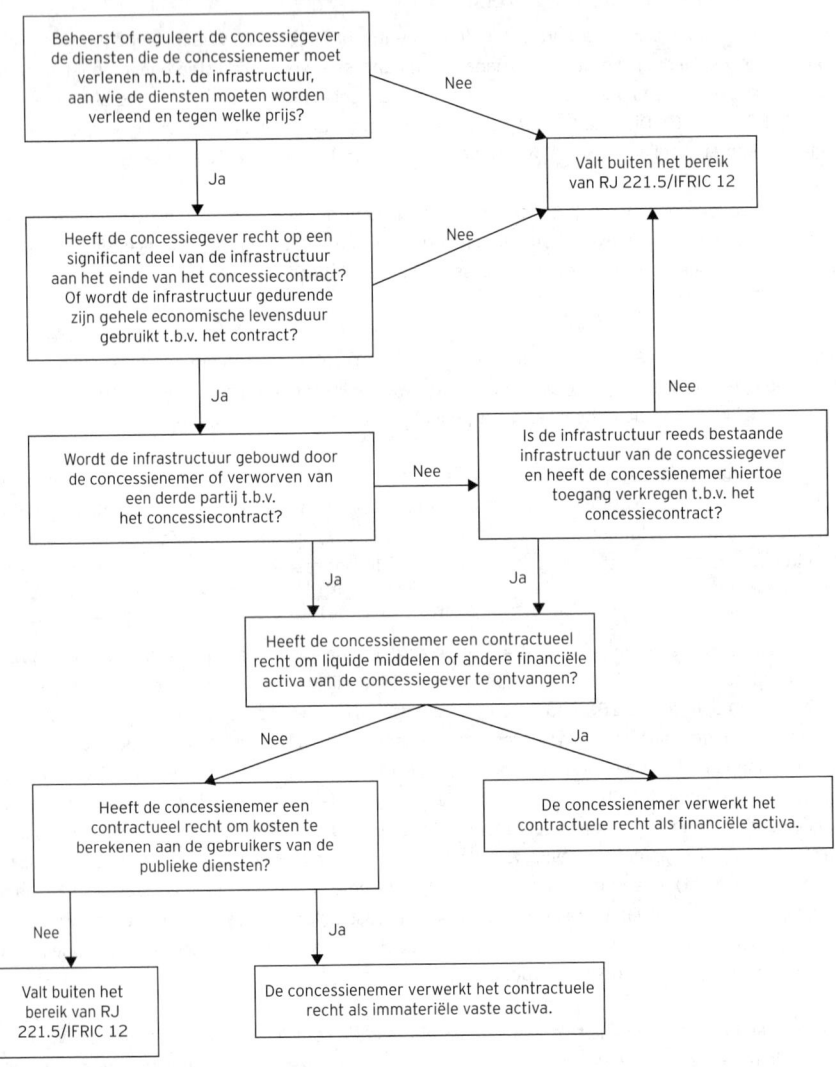

35 Overheidssubsidies, emissierechten, concessieovereenkomsten en heffingen

35.4.5 Het financieel actief model

Bij het financieel actief model heeft de concessienemer het contractueel recht om een vergoeding (liquide middelen of andere financiële activa) te ontvangen in ruil voor het uitvoeren van de concessie (RJ 221.508, IFRIC 12.16).

De concessienemer moet nagaan in hoeverre deze een financieel actief heeft in de zin van een onvoorwaardelijke vordering op de concessiegever. Deze vordering kan rechtstreeks zijn, bijvoorbeeld omdat de concessiegever een bepaald bedrag per periode betaalt gedurende de concessieperiode. De vordering kan ook indirect zijn, namelijk indien de concessienemer bij de gebruikers een vergoeding int voor het gebruik en de concessiegever een garantie afgeeft voor minimale inkomsten van de concessienemer indien er onvoldoende gebruik is gemaakt van de infrastructuur door de gebruikers, ook al is de betaling afhankelijk gesteld van de voorwaarde dat de concessienemer ervoor moet zorgen dat de infrastructuur aan gespecificeerde kwaliteits- of efficiëntievereisten voldoet (RJ 221.508, IFRIC 12.16). Een voorbeeld van het laatste is een concessie van een tolweg waarbij de concessienemer tol heft bij al diegenen die gebruikmaken van de tolweg. Indien zou blijken dat het gebruik beneden een bepaald niveau blijft, kan de concessienemer rechtstreeks bij de concessiegever terecht voor additionele betalingen om het verschil met het afgesproken niveau te vergoeden.

Indien betaling op een eerder/later moment plaatsvindt dan de levering van de dienst, ontstaat een schuld/vordering. De bedragen die (op instructie van) zullen worden ontvangen van de concessiegever worden overeenkomstig RJ 290/IFRS 9 verwerkt (RJ 221.509, IFRIC 12.23).

Het financieel actief wordt bij eerste opname gewaardeerd op reële waarde, daarna tegen geamortiseerde kostprijs (met oprenting). Elke wijziging van de verwachte ontvangsten leidt tot een aanpassing van het financieel actief met verwerking van deze mutaties in de winst-en-verliesrekening. Onder het financieel actief model wordt bouwrente niet geactiveerd, hetgeen ook niet nodig is, omdat er reeds een oprenting van het financieel actief plaatsvindt, dat de rentelast compenseert (RJ 221.510, IFRIC 12.22).

Er ontstaat bij de concessienemer geen verplichting tot het teruggeven van het actief aan het eind van de concessieperiode omdat er geen materieel vast actief op de balans van de concessienemer staat. De activiteiten die aan het eind van de looptijd eventueel moeten worden verricht om de infrastructuur terug in een bepaalde staat van oplevering te brengen worden gezien als diensten die volgens Richtlijn 221 of Richtlijn 270/IFRS 15 worden verwerkt.

In onderstaand voorbeeld wordt uiteengezet hoe de verwerking bij de concessienemer van een financieel actief plaatsvindt. Het voorbeeld is ontleend aan de Richtlijnen en zal naar verwachting onder IFRIC 12 tot dezelfde uitwerking leiden.

Voorbeeld 1: De concessiegever geeft de concessienemer een financieel actief (ontleend aan RJ 221 Bijlage 1)

De contractvoorwaarden zijn als volgt: de concessienemer dient binnen 2 jaar een weg aan te leggen en vervolgens het onderhoud van de weg te plegen voor de volgende 3 jaar. Aan het einde van jaar 5 zal de concessienemer de weg van nieuw asfalt moeten voorzien (herstelkosten, als dienstverlening te verwerken). Na jaar 5 komt het contract te vervallen.

Tabel 1.1 De totale contractkosten:

Contractkosten	Jaar	Bedrag
Constructiekosten	1	€ 400
Constructiekosten	2	€ 400
Operationele kosten	3-5	€ 20
Herstelkosten	5	€ 40

De concessiegever betaalt de concessienemer € 360 per jaar om de jaren 3-5 voor het beschikbaar stellen van de weg aan het publiek.

De concessienemer verantwoordt de omzet en kosten op basis van Richtlijn 221 en 270. De kosten van elke dienst worden verantwoord op basis van voortgang van de verrichte prestaties. De contractopbrengst (reële waarde van de te ontvangen bedragen) wordt op hetzelfde tijdstip verantwoord. De onderneming dient geen kosten op te nemen voor de herstelwerkzaamheden voor de weg, maar verantwoordt de omzet voor deze dienst, als operationele dienstverlening wanneer deze verricht is.

Tabel 1.2 Reële waarde van de te ontvangen bedragen:

Contractkosten	Reële waarde
Constructiekosten	Verwachte kosten + 5%
Operationele kosten	Verwachte kosten + 20%
Herstelkosten	Verwachte kosten + 10%

Verondersteld wordt dat de onderneming het project financiert met een externe lening en de ingehouden winsten. Voor de lening geldt een percentage van 6%.

In dit voorbeeld heeft de rechtspersoon gekozen om de ontvangen en betaalde rente onder de kasstromen uit operationele activiteiten te rangschikken (RJ 360.213, IAS 7.33).

Tabel 1.3 Kasstromen per jaar:

Jaar	1	2	3	4	5	Totaal
Ontvangsten toe te rekenen aan constructie	-	-	336	336	292	964
Ontvangsten toe te rekenen aan operationele activiteiten	-	-	24	24	24	72
Ontvangsten toe te rekenen aan herstelactiviteiten	-	-	-	-	44	44
Constructiekosten	-400	-400	-	-	-	-800
Operationele kosten	-	-	-20	-20	-20	-60
Herstelkosten	-	-	-	-	-40	-40
Lening opname/(terugbetaling)	400	424	-291	-308	-225	-
Financieringskosten	-	-24	-49	-32	-14	-119
Netto kasstroom	-	-	-	-	61	61

Indien de kasstromen en reële waarde gelijk blijven, waarbij verondersteld wordt dat de kasstromen aan het eind van het jaar ontvangen worden, dan is de effectieve rente 5,8% per jaar:

Jaar	1	2	3	4	5
Kasstromen toegerekend aan constructie	-420	-420	336	336	292
Effectieve rente op financieel actief	5,8%				

Het financieel actief zal aan het eind van het eerste jaar € 420 bedragen (kosten + 5%). In jaar 2 wordt het financieel actief met € 24 opgerent (5,8% van € 420) en wordt de omzet van het tweede jaar ad € 420 aan het financieel actief toegevoegd (kosten +5%). Dit betekent een vordering van € 864 aan het eind van jaar 2. Pas in jaar 3 wordt naast de oprenting en de opboeking van de omzet ook een bedrag ontvangen.

Op basis van de contractvoorwaarden en de veronderstellingen leidt dit tot de volgende overzichten in de jaarrekening van de concessienemer:

35 Overheidssubsidies, emissierechten, concessieovereenkomsten en heffingen

Tabel 1.4 Winst-en-verliesrekening

Jaar	1	2	3	4	5	Totaal
Omzet	420	420	24	24	68	956
Contractkosten	-400	-400	-20	-20	-60	-900
Renteopbrengsten	-	24	50	34	16	124
Financieringskosten	-	-24	-49	-32	-14	-119
Netto resultaat	20	20	5	6	10	61

Tabel 1.5 Balans

Jaar	1	2	3	4	5
Financieel Actief	420	864	578	276	-
Lening/rekening-courant bank	-400	-824	-533	-225	-
Liquide middelen	-	-	-	-	61
Activa, netto	20	40	45	51	61

Tabel 1.6 Presentatie in kasstroomoverzicht

Jaar	1	2	3	4	5	Totaal
Kasstromen uit operationele activiteiten	-400	-424	5	6	10	-803
Kasstromen uit investeringsactiviteiten	-	-	286	302	276	864
Kasstromen uit financieringsactiviteiten	400	424	-291	-308	-225	-
Netto kasstroom	-	-	-	-	61	61

Toelichting bij het kasstroomoverzicht
In jaar 1 en jaar 2 licht de rechtspersoon toe dat in de constructiefase een financieel actief is opgenomen in de balans, in ruil voor de constructiedienstverlening. Dit heeft niet geleid tot een kasontvangst en is derhalve niet opgenomen in het kasstroomoverzicht.

35.4.6 Het immaterieel actief model

Bij het immaterieel actief model bestaat de overeenkomst uit de verkrijging van een concessie tot het exploiteren van een bepaalde infrastructuur, waartegenover de concessienemer bepaalde tegenprestaties moet verrichten (meestal het bouwen van de infrastructuur) en vervolgens het exploiteren van de infrastructuur met deze concessie. De concessie houdt in dat de concessienemer een recht heeft/verkrijgt om gebruikers van de openbare dienst kosten in rekening te brengen. Het is geen onvoorwaardelijk recht om geldmiddelen te ontvangen, omdat de bedragen afhankelijk zijn van de mate waarin het publiek van de dienst gebruikmaakt.

In het immaterieel actief model wordt voor de reële waarde van de ontvangen vergoeding voor de bouw- of verbeterdiensten een immaterieel vast actief opgenomen, welke vervolgens over de looptijd van de concessie wordt afgeschreven. Indien de reële waarde van de concessie niet op betrouwbare wijze kan worden geschat mag ook worden gekeken naar de reële waarde van de daarvoor opgegeven tegenprestatie, namelijk de bouwdiensten (of andere geleverde diensten in ruil voor het verkrijgen van de concessie) (RJ 221.512/IFRIC 12.26). Dit immaterieel actief wordt vervolgens over de looptijd van de concessie afgeschreven.

Omdat tegenover het bouwen van de infrastructuur de verkrijging van de concessie staat, moet tijdens deze bouw al omzet (en ook resultaat) worden verantwoord op deze bouwdiensten. RJ 221/IFRS 15 is van toepassing (percentage of completion method). Hierbij worden de bedragen die worden ontvangen van het publiek tevens als opbrengsten beschouwd.

Onder het immaterieel actief model wordt geen voorziening voor het overdragen van het actief aan het eind van de concessieperiode verantwoord want de infrastructuur staat niet op de balans van de concessienemer en het immaterieel actief is afgeschreven aan het eind van de looptijd van de concessie.

Bouwrente wordt verwerkt volgens RJ 273 en IAS 23. Dit betekent dat financieringskosten na de bouwfase niet meer kunnen worden geactiveerd. Indien er een uitdrukkelijk contractueel recht bestaat om deze bij de concessiegever of derde partij in rekening te brengen ontstaat er tegenover de rentekosten een rentebate (met een corresponderende vordering op de concessiegever of derde partij) (RJ 221.514, IFRIC 12.22).

In onderstaand voorbeeld wordt uiteengezet hoe de verwerking bij de concessienemer van een immaterieel actief plaatsvindt. Het voorbeeld is ontleend aan de Richtlijnen en zal naar verwachting onder IFRIC 12 tot dezelfde uitwerking leiden.

Voorbeeld 2: De concessiegever geeft de concessienemer een immaterieel actief (ontleend aan RJ 221 Bijlage 1)

De contractvoorwaarden zijn gelijk aan voorbeeld 1 met uitzondering van de betalingen door de concessiegever. In dit voorbeeld heeft de concessienemer het recht om aan gebruikers van de weg tol te heffen.
De concessienemer verwacht dat het aantal voertuigen over de tolweg constant blijft en naar verwachting een opbrengst genereert van € 360 in elk jaar van jaar 3-5.

Op basis van Richtlijn 210 (Immateriële vaste activa) wordt het immaterieel vast actief gewaardeerd tegen kostprijs (de reële waarde van de betalingen om het actief te ontvangen, hetgeen de reële waarde is van de te verwachten vergoeding voor de geleverde constructiediensten).

De concessienemer schat in dat de reële waarde van de ontvangen bedragen gelijk zal zijn aan de verwachte constructie kosten plus 5% marge. In het voorbeeld wordt verondersteld dat de concessienemer de rentekosten van 6% per jaar activeert.

Tabel 2.1 Initiële waardering van het immaterieel actief:

	Reële waarde
Constructiekosten in jaar 1 (€ 400 x (1 + 5%))	-420
Activeren van rentekosten (zie tabel 2.3)	24
Constructiekosten in jaar 2 (€ 400 x (1 + 5%))	420
Immaterieel vast actief in jaar 2	864

Het immaterieel vast actief wordt afgeschreven over de looptijd van het recht (de jaren 3-5). De jaarlijkse afschrijving is € 864/3 = € 288 per jaar.

De concessienemer verantwoordt de omzet en kosten op basis van Richtlijn 221. De kosten van constructie worden verantwoord op basis van voortgang van de verrichte prestaties. De contractopbrengst voor constructie (reële waarde van de te ontvangen bedragen) wordt op hetzelfde tijdstip verantwoord als de kosten. De opbrengst van de tol in de jaren 3-5 wordt verantwoord bij het gebruik van de weg (ontvangst). De onderneming dient een voorziening op te nemen voor de herstelwerkzaamheden voor de weg, omdat deze slijt als gevolg van het gebruik.

De onderneming neemt de contante waarde op van de voorziening voor herstel in jaar 5. Voor het voorbeeld wordt verondersteld dat dit jaarlijks € 12,7 kost, contant gemaakt tegen 4,9%. Dit leidt tot de volgende verplichting voor herstelwerkzaamheden:

Tabel 2.2 Voorziening voor herstelwerkzaamheden

Jaar	3	4	5	Totaal
Toename verplichting in het jaar	12,7	12,7	12,7	38
Oprenting	-	0,6	1,3	2
Totale kosten in W & V rekening	12,7	13,3	14,0	40

Verondersteld wordt dat de onderneming het project financiert met een externe lening en de ingehouden winsten. Voor de lening geldt een percentage van 6%.

In dit voorbeeld heeft de rechtspersoon gekozen om de ontvangen en betaalde rente onder de kasstromen uit operationele activiteiten te rangschikken (RJ 360.213, IAS 7.33).

Betaalde interest gedurende de bouwfase worden verantwoord onder de kasstromen uit operationele activiteiten.

35 Overheidssubsidies, emissierechten, concessieovereenkomsten en heffingen

Tabel 2.3 Kasstromen per jaar

Jaar	1	2	3	4	5	Totaal
Ontvangsten	-	-	360	360	360	1.080
Constructiekosten	-400	-400	-	-	-	-800
Operationele kosten	-	-	-20	-20	-20	-60
Herstelkosten	-	-	-	-	-40	-40
Lening opname/ (terugbetaling)	400	424	-291	-308	-225	-
Financieringskosten	-	-24	-49	-32	-14	-119
Netto kasstroom	-	-	-	-	61	61

Op basis van de contractvoorwaarden en de veronderstellingen leidt dit tot de volgende overzichten in de jaarrekening van de concessienemer:

Tabel 2.4 Winst-en-verliesrekening

Jaar	1	2	3	4	5	Totaal
Omzet	420	420	360	360	360	1.920
Afschrijvingskosten	-	-	-288	-288	-288	-864
Herstelkosten	-	-	-13	-13	-13	-38
Contractkosten	-400	-400	-20	-20	-20	-860
Financieringskosten	-	-	-49	-33	-15	-97
Netto resultaat	20	20	-10	7	24	61

Tabel 2.5 Balans

Jaar	1	2	3	4	5
Immaterieel actief	420	864	576	288	-
Lening/rekening-courant bank	-400	-824	-533	-225	-
Voorziening voor herstelwerkzaamheden	-	-	-13	-26	-
Liquide middelen	-	-	-	-	61
Activa, netto	20	40	30	37	61

Tabel 2.6 Presentatie in kasstroomoverzicht

Jaar	1	2	3	4	5	Totaal
Kasstromen uit operationele activiteiten	-400	-424	291	308	286	61
Kasstromen uit investeringsactiviteiten	-	-	-	-	-	-
Kasstromen uit financieringsactiviteiten	400	424	-291	-308	-225	-
Netto kasstroom	-	-	-	-	61	61

Toelichting bij het kasstroomoverzicht
In jaar 1 en jaar 2 licht de rechtspersoon toe dat in de constructiefase een immaterieel actief is opgenomen in de balans, in ruil voor de constructiedienstverlening. Dit heeft niet geleid tot een kasontvangst en is derhalve niet opgenomen in het kasstroomoverzicht.

35.4.7 Gemengd model

Indien de concessienemer ten dele met een financieel actief en ten dele met een immaterieel actief voor de bouwdiensten wordt betaald, dient elke component van de vergoeding van de concessienemer afzonderlijk administratief te worden verwerkt. Beide componenten van de vergoeding die is ontvangen of waarop recht is verkregen, dienen bij de eerste opname te worden gewaardeerd tegen de reële waarde van de vergoeding die is ontvangen of waarop recht is verkregen (RJ 221.515, IFRIC 12.18). IFRIC 12 heeft een voorbeeld van het gemengde model opgenomen (IFRIC 12, voorbeeld 3).

Verschillen Dutch GAAP – IFRS

De regels in paragraaf 5 in Richtlijn 221 zijn overeenkomstig IFRIC 12.

35.4.8 Toelichting (RJ en IFRS)

De toelichtingsvereisten inzake dienstverlening uit hoofde van concessies zijn opgenomen in RJ 390.1 'Informatie over dienstverlening uit hoofde van concessie' en SIC 29 'Service Concession Arrangements: Disclosures'.

De concessienemer en de concessiegever dienen het volgende in iedere periode te vermelden, indien en voor zover relevant voor het inzicht of, op welk moment en met welke zekerheid geldmiddelen kunnen worden gegenereerd (RJ 390.102, SIC 29.6):
1. een beschrijving van de afspraken in hoofdlijnen;
2. de belangrijke voorwaarden in de afspraken die van invloed zijn op de grootte, het moment en de zekerheid van de toekomstige kasstromen (bijvoorbeeld de periode van de concessie, de momenten van nieuwe tariefstelling en de basis voor de bepaling van nieuwe tarieven of nieuwe onderhandelingen);
3. de aard en omvang (bijvoorbeeld hoeveelheid, tijdsperiode of bedrag) van:
    a. de rechten op het gebruik van specifieke activa;
    b. de verplichtingen tot dienstverlening of de rechten op het verwachten van dienstverlening;
    c. de verplichtingen tot koop of bouw van materiële vaste activa;
    d. de verplichtingen tot overdracht van specifieke activa aan het einde van de concessieperiode of de rechten op ontvangst van deze activa;
    e. de opties tot verlenging of beëindiging; en
    f. andere rechten en verplichtingen (bijvoorbeeld groot onderhoud); en
4. de veranderingen van de afspraken gedurende de periode indien van toepassing; en
5. de wijze waarop de concessieovereenkomst is geclassificeerd (als financieel actief of immaterieel actief).

De concessienemer dient tevens de opbrengsten en het resultaat te vermelden die in de verslagperiode zijn gerealiseerd uit hoofde van de ruil van bouw- of verbeterdiensten voor een financieel actief of een immaterieel actief (RJ 390.102a, SIC 29.6a).

De toelichtingen dienen voor iedere afspraak inzake concessiedienstverlening afzonderlijk te worden gegeven of samengevoegd voor iedere groep van afspraken inzake concessiedienstverlening. Een groep is een verzameling afspraken inzake concessiedienstverlening waarbij de betrokken diensten van een gelijke aard zijn (bijvoorbeeld tolrechten, telecommunicatiedienstverlening en waterdistributie) (RJ 390.103, SIC 29.7).

Het is belangrijk om te beseffen dat SIC 29 qua reikwijdte mogelijk breder is dan IFRIC 12. Vanuit IFRIC 12 speelt 'control' een belangrijke rol inzake de vereiste toepassing van de standaard. Daarentegen is SIC 29 meer beschrijvend opgesteld, waarbij transacties onder de reikwijdte van SIC 29 vallen zonder dat 'control' een criterium is. In de praktijk betekent dit dat een onderneming op basis van transacties die zij doet aangaande publieke goederen mogelijkerwijs toelichtingen moet verschaffen op basis van SIC 29 zonder dat zij deze transacties hoeft te verwerken conform IFRIC 12.

Verschillen Dutch GAAP – IFRS

De toelichtingsvereisten onder IFRS zijn gelijk aan die onder de Nederlandse wet- en regelgeving.

35 Overheidssubsidies, emissierechten, concessieovereenkomsten en heffingen

35.5 Heffingen
IFRS

In mei 2013 heeft de IFRS IC een interpretatie gepubliceerd ten aanzien van de verwerking van heffingen die van overheidswege worden opgelegd (IFRIC 21 'Levies'). Het is niet altijd duidelijk wanneer een verplichting tot het betalen van een heffing ontstaat en een verplichting of voorziening moet worden gevormd op basis van IAS 37. Onder heffingen wordt verstaan een uitstroom van middelen opgelegd door de overheden (of daaraan gelijk te stellen organen of entiteiten, zowel lokaal, nationaal als internationaal) anders dan de uitstroom van middelen die binnen de reikwijdte van andere standaarden vallen (bijvoorbeeld winstbelastingen (IAS 12) en boetes als gevolg van niet-nakoming van wet- en regelgeving) (IFRIC 21.4). Op aankopen van activa en afnemen van diensten van de overheid is deze interpretatie niet van toepassing. Een voorbeeld van heffing waarop de interpretatie van toepassing is, is bijvoorbeeld de bankbelasting en onroerendezaakbelasting.

De interpretatie gaat in op het tijdstip van verwerking van de verplichting als gevolg van heffingen wanneer deze onder de werking vallen van IAS 37 (voorzieningen). Ook behandelt de interpretatie de verwerking van de verplichting wanneer het bedrag en het tijdstip van betaling zeker is. De verwerking van de uitstroom van middelen als last in de winst-en-verliesrekening valt buiten de scope van de interpretatie.

Betalingen aan de overheid in het kader van de verwerving van een actief of in het kader van dienstverlening op basis van een contract vallen niet onder de definitie van heffingen. Emissierechten vallen eveneens buiten de reikwijdte van de interpretatie (zie par. 35.3).

Bepalend voor de opname van een verplichting, de zogenaamde 'obligating event', is de activiteit dat leidt tot de verplichting tot het betalen van de heffing (IFRIC 21.8). In veel gevallen hebben de activiteiten betrekking op de participatie van de entiteit in een specifieke markt gedurende een specifieke periode. Het feit dat een jaarrekening wordt opgesteld op basis van de continuïteitsveronderstelling impliceert niet dat een entiteit nu reeds een feitelijke verplichting heeft tot het betalen van heffingen die zullen worden opgeroepen door operationele activiteiten in de toekomst, ook als het niet rationeel is om deze activiteiten te beëindigen (IFRIC 21.9-10).

Wanneer de heffing progressief oploopt naar rato van de operationele activiteiten, bijvoorbeeld wanneer de entiteit omzet genereert, dan wordt de verplichting op dezelfde basis bepaald en opgenomen (IFRIC 21.11). Wanneer de verplichting pas ontstaat als een bepaalde drempelwaarde wordt bereikt, dan wordt de verplichting volledig opgenomen op het moment dat de drempelwaarde wordt bereikt (IFRIC 21.12). Vooruitbetaling op heffingen (die nog niet verschuldigd zijn) worden geactiveerd (IFRIC 21.14).

Een onderneming past in het tussentijdse bericht dezelfde opname- en verwerkingsgrondslagen toe als in de jaarrekening. Dit betekent dat een verplichting tot betaling van een heffing niet wordt opgenomen in het tussentijdse bericht als er aan het einde van de tussentijdse verslagperiode geen sprake is van een bestaande verplichting tot betaling van de heffing. Dit betekent ook dat een verplichting tot betaling van een heffing wordt opgenomen in het tussentijdse bericht als er aan het einde van de tussentijdse verslagperiode sprake is van een bestaande verplichting tot betaling van de heffing.

> **Voorbeeld – Verplichting ontstaat direct wanneer de onderneming omzet genereert (ontleend aan IFRIC 21 voorbeeld 2)**
> Een onderneming heeft een boekjaar gelijk aan het kalenderjaar. Zodra de onderneming omzet genereert in jaar 1 in een specifieke markt moet de onderneming een heffing betalen. Deze heffing wordt gebaseerd op de omzet in jaar 0. De onderneming heeft in jaar 0 omzet gegenereerd in de specifieke markt en in het huidige boekjaar wordt op 3 januari de eerste omzet gegenereerd.
> In dit voorbeeld wordt de totale verplichting opgenomen op 3 januari van het huidige boekjaar, aangezien het 'obligating event' het voor de eerste keer genereren van omzet in jaar 1 is. Het genereren van omzet in het jaar 0 is nodig om de omvang van de verplichting vast te stellen, maar is niet voldoende om reeds aan het einde van het voorgaande boekjaar een verplichting op te nemen. Indien in jaar 1 geen omzet zou worden gegenereerd, zou de verplichting nihil zijn.

Wanneer de van toepassing zijnde regelgeving bepaalt dat een heffing pas verschuldigd is wanneer een entiteit werkzaam is in een specifieke markt aan het eind van het boekjaar, wordt geen verplichting opgenomen tot de laatste dag van het boekjaar. Er wordt geen voorziening gevormd gedurende het jaar uitgaande van de veronderstelling dat de onderneming werkzaam zal zijn in de specifieke markt aan het eind van het boekjaar. Dit heeft tot gevolg dat in zulke gevallen geen voorziening in de tussentijdse cijfers wordt opgenomen.

Dutch GAAP

De rechtspersoon dient de overheidsheffing op één van de volgende twee wijzen te verwerken:
- in de periode waarop de overheidsheffing betrekking heeft; of
- op het moment dat aan alle voorwaarden voor de overheidsheffing is voldaan (de IFRS-methode).

De rechtspersoon dient in de toelichting van de jaarrekening uiteen te zetten welke methode is gehanteerd (RJ 252.429).

> **Voorbeeld verwerking van onroerendezaakbelasting (OZB)**
> OZB is geregeld in de Gemeentewet (art. 220 van de Gemeentewet) en geldt voor alle gemeenten. OZB is een zogenoemde tijdstipbelasting die 'eigenaren' en gebruikers van onroerende zaken jaarlijks moeten betalen aan de gemeente. De gemeente bepaalt de hoogte van de OZB aan de hand van de WOZ-waarde. Gemeenten zijn vrij in het vaststellen van het OZB-tarief. De gemeente stelt de WOZ-waarde ieder jaar opnieuw vast. De 'eigenaar' of gebruiker van een onroerende zaak is op 1 januari van enig jaar de OZB verschuldigd voor dat kalenderjaar. Wanneer de 'eigenaar' of gebruiker na 1 januari verhuist, heeft dit voor hem geen invloed op de OZB. De eigenaar of gebruiker op 1 januari is belastingplichtig.
>
> Meestal verrekent de notaris de eigenarenbelasting tussen de koper en verkoper, maar dit is een afzonderlijke, civielrechtelijke overeenkomst tussen koper en verkoper waar de Gemeentewet niet op toeziet. Op basis van de Gemeentewet is dus de hoofdregel dat de verkopende partij, als deze 'eigenaar' was op 1 januari van het belastingjaar, de OZB aan de gemeente dient te betalen.
>
> *Verwerking onder IFRIC 21*
> Met betrekking tot de OZB is het de vraag wanneer de tot verplichting leidende gebeurtenis ontstaat. Gebaseerd op de Gemeentewet is dat voor de eigenaar of gebruiker van het onroerend goed 1 januari van het belastingjaar. Op dat moment moet de onderneming (als eigenaar of gebruiker) de verplichting geheel verwerken. De verplichting wordt niet opgebouwd gedurende het jaar (of het jaar voorafgaand aan 1 januari). Zoals de naam en aard van de belasting al aangeeft, is OZB een tijdstipbelasting die direct is verschuldigd op 1 januari. Het bezitten of gebruiken van het pand op dat ene moment is dus bepalend voor de belasting in zijn geheel over het jaar.
>
> *Verwerking als een actief of als kosten?*
> IFRIC 21.14 stelt dat een onderneming een actief opneemt als zij een heffing heeft vooruitbetaald die betrekking heeft op toekomstige tot verplichting leidende gebeurtenis(sen). Echter, voor de OZB geldt dat er geen sprake is van een toekomstige tot verplichting leidende gebeurtenis, omdat die gebeurtenis zich voordoet of heeft voorgedaan op 1 januari. Dit betekent dan ook dat de OZB op 1 januari direct moet worden verwerkt in de winst-en-verliesrekening. Bepalend hierbij is dat de OZB op een later tijdstip – zoals bij een verhuizing na 1 januari – niet (in zijn geheel of gedeeltelijk) kan worden teruggevorderd van de gemeente. Ook kan niet worden afgedwongen dat de OZB wordt verrekend met de koper bij een verkoop van het onroerend goed na 1 januari. Een dergelijke verrekening wordt vrijwillig en op individuele basis civielrechtelijk overeengekomen tussen verkoper en koper.

35 Overheidssubsidies, emissierechten, concessieovereenkomsten en heffingen

> **Verwerking onder RJ**
> Naast de verwerking zoals IFRIC 21 deze voorschrijft, staat RJ 252.429 toe de kosten gelijkmatig toe te rekenen aan het betreffende jaar, door middel van het boeken van een voorziening, dan wel een vooruitbetaling.
>
> **Voorbeeld van de boekingen**
> Indien de entiteit onroerendezaakbelasting dient te betalen van € 1200 per jaar, de verplichting ontstaat indien op 1 januari de entiteit een vastgoedbezitting heeft. Op 31 maart wordt de factuur ontvangen en betaald. De verwerking wordt in de volgende journaalposten weergegeven:
>
> Voor de maanden januari, februari en maart:
> kosten onroerendezaakbelasting € 100
> aan voorziening € 100
>
> Op de datum van de factuur:
> voorziening € 300
> vooruitbetaling € 900
> aan crediteuren € 1200
>
> Op de datum van betaling:
> crediteuren € 1200
> aan bank € 1200
>
> Voor de maanden april tot en met december:
> kosten € 100
> aan vooruitbetaling € 100

Verschillen Dutch GAAP – IFRS

Onder IFRS kan de heffing enkel verwerkt worden op het moment dat aan alle voorwaarden voor de overheidsheffing is voldaan. Onder de RJ is het daarnaast mogelijk de overheidsheffing te verwerken in de periode waarop de overheidsheffing betrekking heeft. IFRS is daarom strikter met betrekking tot de verwerking van heffingen en staat enkel één verwerkingsmethode toe in tegenstelling tot de RJ die twee verwerkingsmethoden kent.

36 Niet in de balans opgenomen verplichtingen en activa

36.1 Begripsbepaling	
Niet in de balans opgenomen verplichtingen	Niet in de balans opgenomen **verplichtingen** worden ingedeeld in drie categorieën: ▶ voorwaardelijke verplichtingen; ▶ niet-verwerkte verplichtingen; ▶ meerjarige financiële verplichtingen.
Niet in de balans opgenomen activa	Niet in de balans opgenomen **activa** (RJ) worden ingedeeld in twee categorieën (IFRS kent geen onderscheid): ▶ voorwaardelijke activa; ▶ niet-verwerkte activa.
Niet in de balans opgenomen regelingen	Specifieke NL wetgeving aangaande te verstrekken toelichting op niet in de balans opgenomen regelingen.
36.2 Vermelding in de toelichting	
Niet in de balans opgenomen verplichtingen	Per categorie dient de volgende informatie te worden verstrekt: ▶ omschrijving van de aard; ▶ zakelijk doel (alleen bij regeling conform de Nederlandse wet); ▶ schatting van het financiële effect; ▶ indicatie onzekerheden bedrag en moment uitstroom; ▶ mogelijkheid van enigerlei vergoeding. Indien er slechts een geringe mogelijkheid is dat voor de afwikkeling van niet in de balans opgenomen verplichtingen middelen nodig zullen zijn, hoeft bovenstaande informatie niet te worden gegeven. Indien het verstrekken van bovenstaande informatie niet uitvoerbaar is, dient dit te worden vermeld.
Niet in de balans opgenomen activa	De volgende informatie dient te worden verstrekt: ▶ omschrijving van de aard; ▶ zakelijk doel (alleen bij regeling conform de Nederlandse wet); ▶ schatting van het financiële effect. Indien het verstrekken van bovenstaande informatie niet uitvoerbaar is, dient dit te worden vermeld.
Niet in de balans opgenomen regelingen	Informatie verschaffen indien noodzakelijk voor de beoordeling van de financiële positie van de rechtspersoon.
36.3 Vrijstelling voor middelgrote rechtspersonen	
Vrijstelling	De financiële gevolgen van niet in de balans opgenomen regelingen behoeven niet te worden toegelicht.

36.1 Begripsbepaling
36.1.1 Algemeen

Een rechtspersoon kan activa en/of verplichtingen hebben die conform de geldende regelgeving niet in de balans mogen worden opgenomen (zie RJ 115.104 en 105, IASB Framework 5.6 en par. 4.5.2, 4.5.3 en 4.6). Een rechtspersoon kan zich bijvoorbeeld garant hebben gesteld voor de schulden van deelnemingen of kan rechten hebben uit hoofde van claims die nog te onzeker zijn om op te nemen in de balans. Voor de gebruiker van de jaarrekening kan het van belang zijn om dergelijke activa en verplichtingen te kennen. Derhalve wordt in bepaalde gevallen toelichting vereist van niet uit de balans blijkende activa en/of verplichtingen. Voorbeeld van een toelichting is een langlopend huurcontract, waarmee een gebruiker van de jaarrekening in staat is deze contractuele verplichting te betrekken in de beoordeling van de financiële positie respectievelijk toekomstige kasstromen van de rechtspersoon.

De Nederlandse wet vereist in meer algemene termen de uiteenzetting van 'niet in de balans opgenomen regelingen' (art. 2:381 lid 2 BW).
In dit hoofdstuk is onderscheid gemaakt tussen 'niet in de balans opgenomen verplichtingen', 'niet in de balans opgenomen activa' en 'niet in de balans opgenomen regelingen'.

36.1.2 Niet in de balans opgenomen verplichtingen ('contingent liabilities')

Indien de verslaggevende rechtspersoon verplichtingen is aangegaan die op grond van de daarop van toepassing zijnde voorschriften niet als schuld of als voorziening in de balans kunnen worden opgenomen, dient in principe in de toelichting melding te worden gemaakt van deze verplichtingen. Dit voorschrift volgt uit de wet (in het bijzonder art. 2:376, 2:381 en 2:383 lid 2 BW), Richtlijn 252 en Richtlijn 390.2 alsmede IAS 37.

In de regelgeving worden de niet in de balans opgenomen verplichtingen waarover informatie in de toelichting dient te worden opgenomen onderscheiden in de volgende categorieën (art. 381 lid 1 BW, RJ 252.0, RJ 940 en IAS 37.10):
a. voorwaardelijke verplichtingen;
b. niet verwerkte verplichtingen;
c. meerjarige financiële verplichtingen.

Deze laatste categorie is in IAS 37 niet als afzonderlijke categorie opgenomen maar uitgewerkt in de betreffende standaarden, bijvoorbeeld inzake leasing in IFRS 16.51 (zie hoofdstuk 32).

De onderscheiden begrippen zijn als volgt omschreven (RJ 252.0, RJ 940, IAS 37.10):
a. voorwaardelijke verplichtingen: mogelijke verplichtingen die voortkomen uit gebeurtenissen tot en met de balansdatum, en waarvan het bestaan afhankelijk is van het zich in de toekomst al dan niet voordoen van een of meer onzekere gebeurtenissen zonder dat de rechtspersoon daarop doorslaggevende invloed kan uitoefenen. Een voorbeeld betreft de toezegging door een beursgenoteerde onderneming om aan bepaalde werknemers een bonus te betalen indien de beurskoers op een vooraf bepaald moment een bepaald bedrag zal zijn;
b. niet verwerkte verplichtingen: bestaande verplichtingen die voortkomen uit gebeurtenissen tot en met de balansdatum, die echter niet worden verwerkt omdat:
    1. het niet waarschijnlijk is dat de afwikkeling ervan resulteert in een uitstroom van middelen die economische voordelen in zich bergen. Een voorbeeld betreft tegen de rapporterende rechtspersoon lopende claims, waarvan toekenning zeer onwaarschijnlijk is; of

36 Niet in de balans opgenomen verplichtingen en activa

2. het bedrag van de verplichtingen niet met voldoende betrouwbaarheid kan worden vastgesteld. Een voorbeeld betreft tegen de rapporterende rechtspersoon lopende claims, waarvan de uitkomst waarschijnlijk of zelfs zeker is, maar waarvan de grootte van het bedrag niet met voldoende betrouwbaarheid kan worden vastgesteld; en
c. meerjarige financiële verplichtingen: bestaande verplichtingen waartoe de rechtspersoon voor een aantal toekomstige jaren is verbonden, zoals die welke uit langlopende overeenkomsten voortvloeien, waarvan de tegenprestatie eveneens in die toekomstige jaren zal plaatsvinden. Hierbij kan gedacht worden aan meerjarige lease- of huurcontracten. Voor financiële verplichtingen met een kortere looptijd kan toelichting vereist zijn op grond van de toelichtingsvereisten voor niet in de balans opgenomen regelingen, zie hiervoor paragraaf 36.1.4.

Andere voorbeelden van verplichtingen die niet in de balans zijn opgenomen en kunnen vallen onder één van de drie hiervoor genoemde categorieën, zijn:
- een garantieverplichting inhoudende de verplichting tot betaling of presteren aan een wederpartij, indien een derde nalatig is in de nakoming van diens verplichting;
- een garantieverplichting inhoudende de verplichting tot het opkomen voor verliezen van derden;
- de hoofdelijke aansprakelijkstelling die voorwaarde is voor vrijstelling van een groepsmaatschappij van de wettelijke voorschriften met betrekking tot de inrichting en publicatie van de jaarrekening (art. 2:403 lid 1 onder f BW);
- garanties die ten behoeve van de gezamenlijke bestuurders en, afzonderlijk, garanties die ten behoeve van de gezamenlijke commissarissen van de rechtspersoon zijn verstrekt door de rechtspersoon, zijn dochtermaatschappijen en de maatschappijen waarvan hij de gegevens consolideert (art. 2:383 lid 2 BW);
- ketenaansprakelijkheid die rust op aannemers en inleners van arbeidskrachten (RJ 252.109);
- aansprakelijkheid uit hoofde van lidmaatschap van een coöperatie;
- aansprakelijkheid uit hoofde van het zijn van vennoot in een vennootschap onder firma of beherend vennoot in een commanditaire vennootschap;
- aansprakelijkheid uit hoofde van aansprakelijkstelling voor schulden van anderen of risico voor verdisconteerde wissels of cheques (art. 2:376 BW).

Indien een rechtspersoon gezamenlijk met anderen of hoofdelijk aansprakelijk is voor een verplichting, wordt het deel van de verplichting waaraan naar verwachting door de andere partijen zal worden voldaan, behandeld als een niet in de balans opgenomen verplichting (RJ 252.205, IAS 37.29). Hiermee komt tot uitdrukking dat een rechtspersoon een verplichting heeft, maar dat het waarschijnlijk is dat een ander de verplichting (gedeeltelijk) afwikkelt middels een uitstroom van middelen. De rechtspersoon treft een voorziening conform RJ 252.201 en IAS 37.29 voor dát deel van de verplichting waarvoor een uitstroom van middelen door de rechtspersoon waarschijnlijk is. Een bijzondere vorm van hoofdelijke aansprakelijkheid is de wettelijke aansprakelijkheid voor de vennoten van een vennootschap onder firma en de beherend venno(o)t(en) van een commanditaire vennootschap. Zolang de Vof of CV in staat is de schulden uit eigen exploitatie als vennootschap te kunnen voldoen zijn er geen gevolgen voor de balans van de (beherend) venno(o)te(en), en kan worden volstaan met de in paragraaf 36.2.1 uiteengezette toelichting (RJ 252.206 en RJ 214.617). Echter, indien door cumulatieve verliezen een tekort in het Vof- of CV-kapitaal ontstaat, heeft dit vanwege de wettelijke aansprakelijkheid wel degelijk ook gevolgen voor de balans van de (beherend) venno(o)te(en); voor het tekort zal/zullen de (beherend) venno(o)te(en) een overeenkomstige schuld dienen te verwerken.

Door de voortgang van besprekingen, arbitrages, rechtszaken e.d. kan meer informatie beschikbaar komen over de aard en omvang van een niet in de balans opgenomen verplichting. Op het moment dat het waarschijnlijk wordt dat een uitstroom van middelen noodzakelijk wordt, dient hetzij een voorziening (RJ 252.513, IAS 37.30) hetzij een schuld te worden opgenomen (RJ 252.513). Slechts in zeer uitzonderlijke omstandigheden kan sprake zijn van een situatie waarbij geen betrouwbare schatting van het bedrag van de voorziening (RJ 252.513, IAS 37.30) of schuld (RJ 252.513) kan worden gemaakt.

36.1.3 Niet in de balans opgenomen activa ('contingent assets')

Het kan voorkomen dat bij de verslaggevende rechtspersoon sprake is van activa waarvan toekomstige opbrengsten of realisatie omgeven is door een dermate grote mate van onzekerheid dat deze niet in de balans kunnen worden opgenomen. Voor de beoordeling van de financiële positie kan het wel van belang zijn deze mogelijke toekomstige voordelen en kasstromen mee te wegen.

De regelgeving bevat voorschriften met betrekking tot informatieverstrekking van niet in de balans opgenomen activa. In Richtlijn 252 wordt het volgende onderscheid gemaakt (RJ 252.0 en RJ 940):
a. voorwaardelijke activa (art. 2:381 lid 1 BW);
b. niet verwerkte activa.

In IAS 37 is een dergelijk onderscheid niet expliciet aangebracht.
De in de Richtlijnen onderscheiden begrippen zijn als volgt omschreven:
a. voorwaardelijke activa (RJ 252.0, RJ 252.212, RJ 940 en IAS 37.10): mogelijke activa die voortkomen uit gebeurtenissen tot en met de balansdatum, en waarvan het bestaan afhankelijk is van het zich in de toekomst al dan niet voordoen van een of meer onzekere gebeurtenissen zonder dat de rechtspersoon daarop doorslaggevende invloed kan uitoefenen. Een voorbeeld betreft de verkoop van een groepsmaatschappij tegen een vaste prijs (hoger dan de boekwaarde) onder de opschortende voorwaarde dat antikartelbepalingen niet van toepassing zijn, terwijl de leiding ('control') nog niet is overgedragen (RJ 252.212); maar ook een 'earn-out'-regeling met betrekking tot een inmiddels verkochte deelneming is een voorbeeld van een dergelijk voorwaardelijk actief;
b. niet verwerkte activa (RJ 252.0, RJ 252.212 en RJ 940): bestaande activa die voortkomen uit gebeurtenissen tot en met de balansdatum, die echter niet worden verwerkt omdat:
    1. de kostprijs of waarde ervan niet op betrouwbare wijze kan worden vastgesteld. Een voorbeeld betreft ingediende claims tegen een derde waarvan de toekenning vrijwel zeker of zelf geheel zeker is, maar waarvan het bedrag niet op betrouwbare wijze kan worden geschat; of
    2. het niet waarschijnlijk is dat uit deze activa in de toekomst economische voordelen naar de rechtspersoon zullen vloeien. Een voorbeeld betreft een tegen een derde ingediende claim waarvan de toekenning (nog) niet vrijwel zeker is.

Indien er sprake is van voorwaardelijke activa waarbij de rechtspersoon geen doorslaggevende invloed kan uitoefenen, maar waarvan het vrijwel zeker ('virtually certain') is dat hieruit voor de rechtspersoon economische voordelen zullen voortvloeien, worden de activa en de desbetreffende baten opgenomen op de balans respectievelijk de winst-en-verliesrekening en is er geen sprake meer van een 'contingent asset' (RJ 252.521, IAS 37.33).

Zowel overeenkomsten onder opschortende voorwaarde(n) als overeenkomsten onder ontbindende voorwaarde(n) kunnen tot niet in de balans opgenomen activa leiden (RJ 252.211).
Overeenkomsten onder opschortende voorwaarde(n) zijn overeenkomsten die pas werking krijgen op het moment waarop bepaalde gebeurtenissen plaatsvinden (RJ 252.0, RJ 940). Overeenkomsten onder ontbindende voorwaarde(n) zijn overeenkomsten die direct werking verkrijgen, maar juist vervallen op het moment waarop bepaalde gebeurtenissen plaatsvinden (RJ 252.0, RJ 940).

36.1.4 Niet in de balans opgenomen regelingen

Een rechtspersoon licht op grond van artikel 2:381 lid 2 BW niet in de balans opgenomen regelingen toe, indien de risico's of voordelen die uit deze regelingen voortvloeien van betekenis zijn en voor zover de openbaarmaking van dergelijke risico's of voordelen noodzakelijk is voor de beoordeling van de financiële positie en de toekomstige kasstromen van de rechtspersoon.

Het kan hierbij gaan om elke transactie of overeenkomst tussen rechtspersonen en entiteiten, ook wanneer zij geen rechtspersoonlijkheid hebben, die niet in de balans is opgenomen. Voorbeelden zijn (RJ 390.204 en 205):
- special purpose entities en soortgelijke structuren (voor zover niet meegeconsolideerd in de geconsolideerde jaarrekening);
- risico- en winstdelingsregelingen;
- verplichtingen die voortvloeien uit een overeenkomst zoals schuldfactoring;
- gecombineerde koop- en terugkoopovereenkomsten;
- regelingen met betrekking tot consignatie van aandelen;
- 'take or pay'-regelingen;
- securitisatie die wordt geregeld via afzonderlijke rechtspersonen en entiteiten zonder rechtspersoonlijkheid;
- in onderpand gegeven activa;
- operationele leasingregelingen; en
- outsourcing.

36.2 Vermelding in de toelichting
36.2.1 Niet in de balans opgenomen verplichtingen

RJ 252.509 en IAS 37.86 eisen de volgende toelichting voor iedere categorie van de niet in de balans opgenomen verplichtingen:
- een omschrijving van de aard van de verplichting;
- een schatting van het financiële effect van de verplichting. Deze schatting dient te geschieden op basis van de beginselen die in RJ 252.301-310 en IAS 37.36-52 zijn opgenomen voor de bepaling van het bedrag van voorzieningen (zie par. 16.3);
- een indicatie van de onzekerheden met betrekking tot het bedrag of het moment van de uitstroom;
- de mogelijkheid van enigerlei vergoeding.

Op grond van artikel 2:381 lid 2 BW dient tevens het zakelijk doel van een regeling te worden toegelicht.

De bovenstaande informatie behoeft niet te worden gegeven indien het zeer onwaarschijnlijk is ('possibility of any outflow is remote') dat voor de afwikkeling van niet in de balans opgenomen verplichtingen middelen nodig zullen zijn (RJ 252.509, IAS 37.28/86). Wanneer (een gedeelte van) de informatie niet wordt gegeven omdat dit praktisch niet uitvoerbaar is, dient dit te worden vermeld (RJ 252.510, IAS 37.91). In zeer uitzonderlijke gevallen is het mogelijk dat vermelding van een of meer van deze gegevens de positie van de rechtspersoon in een geschil ernstig zou schaden. In die gevallen behoeft de rechtspersoon die informatie niet te verstrekken. Wel wordt dan de algemene aard van het geschil vermeld (RJ 252.512, IAS 37.92). IAS 37.92 vereist voorts vermelding van het feit en de reden waarom de informatie niet is verstrekt.

Op basis van RJ 252.514 dient in de toelichting het totaalbedrag aan langlopende verbintenissen tot het doen van betalingen ter verkrijging van gebruiksrechten of andere rechten, die niet in de balans zijn opgenomen te worden vermeld, waarbij afzonderlijk wordt aangegeven welke totaalbedragen vervallen na één jaar en na vijf jaar. Indien individuele verbintenissen door looptijd en/of door omvang van bijzondere betekenis zijn, dient in de toelichting mededeling te worden gedaan van de aard, het bedrag en de looptijd. Voor de bepalingen inzake de vermelding van operationele leaseverplichtingen wordt verwezen naar paragraaf 32.3.2.

Ook inzake niet in de balans opgenomen verplichtingen moet worden vermeld voor welke schulden zakelijke zekerheid is gesteld en in welke vorm dat is geschied (art. 2:381 lid 1 BW). Voorts moet worden vermeld ten aanzien van welke schulden de rechtspersoon zich, al dan niet voorwaardelijk, heeft verbonden tot het bezwaren of niet bezwaren van goederen, voor zover dat noodzakelijk is voor het verschaffen van het in artikel 2:362 lid 1 BW bedoelde inzicht (art. 2:375 lid 3 BW).

Voorbeeld niet in de balans opgenomen verplichtingen

Voorwaardelijke verplichtingen
Met een aantal marktpartijen zijn voorwaardelijke afspraken gemaakt inzake toekomstige investeringen, herstructureringen en dergelijke. De groep heeft zich in jaar 1 garant gesteld voor een lening (€ p,p miljoen) en een restwaardegarantie van installaties (€ q,q miljoen) met als doel om toekomstige investeringen, herstructureringen en dergelijke in ... mogelijk te maken. De groep verwacht, wanneer besloten wordt tot het doen van investeringen, herstructureringen en dergelijke, dat de volledige garantstelling ingezet wordt voor de financiering hiervan. Het besluit is onder meer afhankelijk van marktontwikkelingen binnen de sector. De garantstelling is afgegeven voor een periode van vijf jaar.

Ten behoeve van een aantal groepsmaatschappijen en deelnemingen zijn garanties verstrekt inzake de nakoming van lease-, huur-, aflossings- en renteverplichtingen jegens derden tot een bedrag van € rr miljoen. De garantiestelling heeft tot doel de groepsmaatschappijen en deelnemingen in staat te stellen verplichtingen aan te gaan die nodig zijn om te opereren. De verwachte uitstroom betreft nihil op basis van de huidige inschatting van de financiële positie van de betreffende groepsmaatschappijen en deelnemingen. Onzekerheid is onder meer gelegen in de ontwikkeling van de financiële positie van de partijen waarvoor een garantiestelling is verstrekt. De garantstelling is afgegeven voor een onbepaalde duur.

Meerjarige financiële verplichtingen
De aangegane meerjarige financiële verplichtingen jegens marktpartijen belopen per ultimo jaar 1 € t,t miljoen, waarvan € u,u miljoen in jaar 2 zal worden afgewikkeld. Het doel van de financiële verplichtingen is om modernisering van de verhuurde infrastructuur door huurders mogelijk te maken. De vennootschap heeft zich tot maximaal € v,v miljoen gecommitteerd tot investeringen, waarbij toekomstige huurders van de betreffende infrastructuur het moment van investeren kunnen bepalen. Langlopende verplichtingen zijn aangegaan inzake de huur van kantoorpanden, alsmede de (operationele) lease van voertuigen. De vennootschap heeft een huurcontract tot en met jaar 1 voor een kantoorpand met een optie op verlenging voor vijf jaar. De jaarlijkse huurlasten bedragen € w,w miljoen. Voor voertuigen worden veelal vierjarige operationele leaseovereenkomsten gesloten. De jaarlijkse last bedraagt circa € x,x miljoen. Het totaal van de langlopende verplichtingen welke na één jaar vervalt bedraagt € y,y miljoen en na vijf jaar € z,z miljoen.

Lopende claims en geschillen
Door een aantal ondernemingen, daarin gesteund door een aantal oliemaatschappijen, is bezwaar gemaakt tegen de door de vennootschap gehanteerde tarieven voor dienst A van afnemers B. Dit heeft geresulteerd in een civiele procedure tussen de vennootschap en genoemde ondernemingen.
Op basis van de tussenuitspraken tot dusverre in de civiele procedure is besloten geen voorziening te treffen. In de op ...... jaar 1 gesloten investeringsovereenkomst tussen de YYY, de gemeente ZZZ en de vennootschap is een vrijwaringsclausule ter zake opgenomen.

Overige verplichtingen
Aan het personeel is bij de oprichting van de vennootschap per 1 januari jaar 1 een werkgelegenheidsgarantie verstrekt voor de duur van vijf jaar. Het doel van deze garantie is het aantrekken van deskundig personeel.

In de Richtlijnen worden enige specifieke categorieën verplichtingen behandeld die in IFRS in de betreffende standaarden of onder de algemene regels worden behandeld. De specifieke aanwijzingen uit de Richtlijnen volgen hieronder.

36 Niet in de balans opgenomen verplichtingen en activa

Verplichtingen onder opschortende of ontbindende voorwaarde

Zowel overeenkomsten onder opschortende voorwaarde(n) als overeenkomsten onder ontbindende voorwaarde(n) kunnen tot niet in de balans opgenomen verplichtingen leiden (RJ 252.207).

Verplichtingen onder opschortende voorwaarde zijn overeenkomsten die pas werking krijgen op het moment waarop bepaalde gebeurtenissen plaatsvinden (RJ 252.0 en RJ 940).
Verplichtingen onder opschortende voorwaarde worden niet in de balans opgenomen, tenzij het waarschijnlijk is dat de gebeurtenissen plaats zullen vinden en de overeenkomst in werking zal treden. In dat geval dient een voorziening te worden opgenomen (RJ 254.108). Na de vervulling van de voorwaarde dient de verplichting als schuld te worden gepassiveerd of, indien de omvang onzeker is maar wel betrouwbaar te schatten, als voorziening (RJ 254.108). Zolang verplichtingen onder opschortende voorwaarde niet in de balans zijn opgenomen, dienen zij te worden toegelicht als niet in de balans opgenomen verplichting (RJ 254.108).

Verplichtingen onder ontbindende voorwaarde zijn overeenkomsten die direct werking verkrijgen, maar juist vervallen op het moment waarop bepaalde gebeurtenissen plaatsvinden (RJ 252.0, RJ 252.207 en RJ 940). Dergelijke verplichtingen zullen in de balans worden opgenomen al naar gelang de schatting van de waarschijnlijkheid van het zich voordoen van de ontbindende voorwaarde.

Verplichtingen inzake vaste activa

De toelichting dient te vermelden het totaalbedrag van de betalingen inzake vaste activa waartoe de rechtspersoon zich heeft verbonden, kortom de investeringsverplichtingen (RJ 252.515, RJ 212.604, RJ 212.703 letter d, IAS 16.74).

Verplichtingen inzake voorraden

De toelichting dient te vermelden het totaalbedrag aan verplichtingen uit in- en verkoopcontracten betrekking hebbende op voorraden, indien zij in verhouding tot de normale bedrijfsomvang een abnormaal grote afname- of leveringsplicht inhouden (RJ 252.516).

Verplichtingen ten behoeve van groepsmaatschappijen en melden van fiscale eenheid

In de toelichting dienen verplichtingen jegens groepsmaatschappijen afzonderlijk te worden vermeld (art. 2:381 lid 1 BW). Met betrekking tot verplichtingen ten behoeve van groepsmaatschappijen bepaalt RJ 252.517 dat in de toelichting afzonderlijk dient te worden vermeld – indien dit het geval is – dat de rechtspersoon in een fiscale eenheid voor vennootschapsbelasting en/of omzetbelasting met andere groepsmaatschappijen is opgenomen.

Verschillen Dutch GAAP - IFRS

De volgende (specifiek) Nederlandse aspecten dienen te worden toegelicht:
- de hoofdelijke aansprakelijkstelling die voorwaarde is voor vrijstelling van een groepsmaatschappij van de wettelijke voorschriften met betrekking tot de inrichting en publicatie van de jaarrekening (art. 2:403 lid 1 BW);
- garanties die ten behoeve van de gezamenlijke bestuurders en, afzonderlijk, garanties die ten behoeve van de gezamenlijke commissarissen van de rechtspersoon zijn verstrekt door de rechtspersoon, zijn dochtermaatschappijen en de maatschappijen waarvan hij de gegevens consolideert (art. 2:383 lid 2 BW);
- ook inzake niet in de balans opgenomen verplichtingen moet worden vermeld voor welke schulden zakelijke zekerheid is gesteld en in welke vorm dat is geschied. Voorts moet worden vermeld ten aanzien van welke schulden de rechtspersoon zich, al dan niet voorwaardelijk, heeft verbonden tot het bezwaren of niet bezwaren

van goederen, voor zover dat noodzakelijk is voor het verschaffen van het in artikel 2:362 lid 1 BW bedoelde inzicht (art. 2:375 lid 3 BW);
- met betrekking tot verplichtingen ten behoeve van groepsmaatschappijen dient in de toelichting afzonderlijk te worden vermeld – indien dit het geval is – dat de rechtspersoon in een fiscale eenheid voor vennootschapsbelasting en/of omzetbelasting met andere groepsmaatschappijen is opgenomen (RJ 252.517);
- de ketenaansprakelijkheid (RJ 252.109);
- voor zover noodzakelijk voor het inzicht dient over de onbeperkte aansprakelijkheid van een vennoot in een Vof of de beherend vennoot van een CV in de toelichting informatie te worden gegeven (RJ 252.206, RJ 214.617).

Deze toelichtingen zijn niet specifiek opgenomen in IAS 37, maar vallen wel onder de algemene toelichtingsvereisten over voorwaardelijke verplichtingen in IAS 37.

Voorts moeten meerjarige, niet in de balans opgenomen financiële verplichtingen worden vermeld in de toelichting (art. 2:381 BW, RJ 252.514). In IAS 37 zijn hieromtrent geen specifieke regels opgenomen, maar wordt dit uitgewerkt in de betreffende standaarden.

Ook wordt in de toelichting vermeld het totaalbedrag aan verplichtingen uit inkoop- en verkoopcontracten betrekking hebbend op voorraden, indien deze in verhouding tot de normale bedrijfsomvang een abnormaal grote afname- of leveringsplicht inhouden (RJ 252.516). In IFRS zijn hier geen specifieke regels over opgenomen.

In zeer uitzonderlijke gevallen is het mogelijk dat vermelding van één of meer van deze gegevens over de niet in de balans opgenomen verplichtingen en activa de positie van de rechtspersoon in een geschil ernstig zou schaden. IAS 37.92 vereist vermelding van het feit dat en de reden waarom de toelichting, die normaliter gegeven dient te worden, niet is opgenomen. De Nederlandse wet- en regelgeving vereist alleen een toelichting van de algemene aard van het geschil (RJ 252.512).

36.2.2 Niet in de balans opgenomen activa

De aard van de niet in de balans opgenomen activa dient in de toelichting kort te worden beschreven (RJ 252.518, IAS 37.89). Op grond van artikel 2:381 lid 2 BW dient tevens het zakelijke doel van een regeling te worden toegelicht.

Van voorwaardelijke activa dient, wanneer het waarschijnlijk is dat economische voordelen naar de rechtspersoon zullen vloeien, tevens een schatting te worden gegeven – indien uitvoerbaar – van het financiële effect van de voordelen (RJ 252.518, IAS 37.89). Dit dient te gebeuren op basis van de beginselen die in RJ 252.301-310 en IAS 37.36-52 van toepassing zijn verklaard op de bepaling van het bedrag van voorzieningen (zie par. 16.3).

Wanneer (een gedeelte van) de informatie die dient te worden verstrekt, niet wordt gegeven omdat dat niet uitvoerbaar is, dient dit te worden vermeld (RJ 252.519, IAS 37.91). In zeer uitzonderlijke gevallen is het mogelijk dat vermelding van een of meer van de gegevens de positie van de rechtspersoon in een geschil ernstig zou kunnen schaden. In die gevallen behoeft de rechtspersoon die informatie niet te verstrekken. Wel wordt dan de algemene aard van het geschil vermeld (RJ 252.520, IAS 37.92).

IAS 37.92 vereist voorts vermelding van het feit en de reden waarom de informatie niet is verstrekt. De Nederlandse wet- en regelgeving vereist alleen een toelichting van de algemene aard van het geschil (RJ 252.520).

36 Niet in de balans opgenomen verplichtingen en activa

> **Voorbeeld niet in de balans opgenomen rechten**
> Overige rechten
> In jaar 1 is een deelneming verkocht. Daarbij is een earn out-regeling overeengekomen op door deze deelneming eventueel te realiseren overwinsten in de periode jaar 1 tot en met jaar 3. De uitbetaling bedraagt maximaal € 1 miljoen en vindt uiterlijk plaats in jaar 3.

36.2.3 Niet in de balans opgenomen regelingen

Van niet in de balans opgenomen regelingen indien de risico's of voordelen die uit deze regelingen voorvloeien van betekenis zijn en voor zover de openbaarmaking noodzakelijk is voor de beoordeling van de financiële positie van de rechtspersoon, vereist de Nederlandse wet (art. 2:381 lid 2 BW, RJ 390.204) de vermelding van:
- de aard;
- het zakelijk doel; en
- de financiële gevolgen.

Zoals uit de woorden 'voor zover deze van betekenis zijn voor de beoordeling van de financiële positie' valt af te leiden, behoeft geen integrale uiteenzetting van alle regelingen plaats te vinden. Bij de bespreking van het toenmalige wetsvoorstel (Kamerstukken II, 2008-2009, 31 508, nr. 6) in de Tweede Kamer is de betekenis van deze inperking nader aan de orde geweest. Uiteraard dient de afweging of vermelding al dan niet vereist is vanuit het perspectief van de gebruiker van de jaarrekening te geschieden. Verder is duidelijk geworden dat de wetgever geen kwantitatieve grenzen heeft willen aangeven; gerefereerd wordt aan de situatie dat voor veel andere informatie-elementen ook geen gekwantificeerd onderscheid in mate van belang voor het inzicht in de wetgeving is opgenomen. Aldus wordt de vaststelling van de op te nemen informatie overgelaten aan de verantwoordelijke functionarissen van de betreffende entiteit, waarbij de wetgever aangaf ervan uit te gaan dat bestaande mogelijkheden van aansprakelijkstellingen van verantwoordelijke functionarissen voldoende is om adequate naleving van deze bepalingen af te dwingen.

RJ 390.206 licht de aspecten toe die van belang kunnen zijn voor de toelichting, afhankelijk van de situatie en regeling:
- aard van de regeling;
- looptijd van de regeling;
- belangrijke kenmerken;
- de omvang van mogelijke financiële voor- en nadelen en de omstandigheden waarvan deze afhankelijk zijn;
- in hoeverre de tegenpartij is aan te merken als een verbonden partij;
- de overeengekomen financiële afspraken.

36.3 Vrijstelling voor middelgrote rechtspersonen

Met betrekking tot de hiervóór besproken niet in de balans opgenomen regelingen hoeven middelgrote rechtspersonen alleen aard en zakelijk doel uiteen te zetten; zij zijn vrijgesteld van het geven van informatie over de financiële gevolgen van niet in de balans opgenomen regelingen (art. 2:397 lid 6 BW).

37 Winst per aandeel en andere kengetallen, kerncijfers en meerjarenoverzichten

37.1 Algemeen	
Doel van kerncijfers, kengetallen en meerjarenoverzichten	De gebruikers van de jaarrekening in een kort bestek kennis te laten nemen van (de ontwikkelingen in) de financiële positie en de resultaten van een onderneming, al dan niet voor een langere reeks van jaren.
Wet- en regelgeving	Geen wettelijke bepalingen. Richtlijn 430 behandelt kerncijfers, kengetallen en meerjarenoverzichten en is van toepassing op kerncijfers, kengetallen en meerjarenoverzichten die in de jaarstukken zijn opgenomen. IFRS kent geen afzonderlijke standaard die in het algemeen aandacht besteedt aan de presentatie van kerncijfers, kengetallen en meerjarenoverzichten. Richtlijn 340 en IAS 33 behandelen winst per aandeel.
37.2 EBITDA en vergelijkbare kerncijfers	
Begripsbepaling	Enkele vaak gebruikte kerncijfers: ▶ EBIT: 'Earnings Before Interest and Taxes'; ▶ EBITDA: 'Earnings Before Interest Taxes Depreciation and Amortization'.
Gebruik van kerncijfers in winst-en-verliesrekening	RJ: Gebruik van EBITDA onverenigbaar met BMJ. IFRS: Gebruik van EBITDA (als tussentelling) onder voorwaarden mogelijk.
ESMA Guidelines on APMs	Richtsnoeren voor het gebruik en de presentatie van alternatieve prestatiemaatstaven in bestuursverslag, prospectus en andere vormen van rapportage (niet zijnde de jaarrekening) van onder toezicht staande emittenten.
Toekomstige regelgeving	Exposure Draft 'General Presentation and Disclosures' met verschillende voorstellen teneinde de informatieverschaffing in IFRS-jaarrekeningen te verbeteren.
37.3 Winst per aandeel	
Reikwijdte	IAS 33 is verplicht voor beursgenoteerde ondernemingen en ondernemingen die bezig zijn met een beursgang. RJ 340 geldt voor ondernemingen die de winst per aandeel publiceren.
37.4 Gewone winst per aandeel	
Gewone winst per aandeel	De gewone winst per aandeel wordt berekend door de nettowinst of het verlies over het boekjaar toekomend aan houders van gewone aandelen, te delen door het gewogen gemiddeld aantal uitstaande gewone aandelen gedurende het boekjaar.

37.5 Verwaterde winst per aandeel	
Verwaterde winst per aandeel	De verwaterde winst per aandeel wordt berekend door de gewone winst per aandeel te corrigeren voor de verwaterende effecten van alle potentiële gewone aandelen op de nettowinst of het verlies over het boekjaar en het gewogen gemiddeld aantal uitstaande gewone aandelen van het boekjaar.
37.6 Tussentijdse cijfers en winst per aandeel	
Tussentijdse cijfers	De informatie over de winst per aandeel wordt voor iedere tussentijdse periode afzonderlijk bepaald.
37.7 Presentatie en toelichting winst per aandeel	
Presentatie en toelichting	Vermelding van de gewone en de verwaterde winst per aandeel is onder de RJ verplicht op de pagina van de winst-en-verliesrekening; de berekening dient te worden toegelicht.
	IAS 33 vereist vermelding van de gewone en verwaterde winst per aandeel op de pagina van het overzicht met het totaalresultaat. Indien gebruik wordt gemaakt van de mogelijkheid om een aparte winst-en-verliesrekening te presenteren, dient vermelding verplicht op deze pagina plaats te vinden. IAS 33 vraagt daarnaast ook de afzonderlijke vermelding van de gewone en de verwaterde winst per aandeel voor alleen de voortgezette bedrijfsactiviteiten.
	Bij de berekening van met winst per aandeel vergelijkbare andere ratio's zo veel mogelijk gebruikmaken van IAS 33 en Richtlijn 340 en aansluiting met bedragen in jaarrekening houden.
37.8 Vergelijkende cijfers winst per aandeel	
Vergelijkende cijfers	Vergelijkende cijfers aanpassen onder IFRS en de RJ voor het veranderde aantal aandelen indien er geen verandering in de middelen is opgetreden, of indien sprake is van effecten van materiële fouten en stelselwijzigingen.
	Onder de RJ dienen ook de vergelijkende cijfers aangepast te worden voor effecten van fusies die kwalificeren als een samensmelting van belangen.
37.9 Vrijstellingen voor middelgrote rechtspersonen	
Winst per aandeel	Middelgrote rechtspersonen hoeven deze gegevens niet te vermelden. Indien winst per aandeel vrijwillig wordt vermeld, dan dient dit in overeenstemming met Richtlijn 340 te geschieden: er zijn geen vrijstellingen.

37.1 Algemeen
37.1.1 Inleiding en doel
Kerncijfers (inclusief alternatieve prestatiemaatstaven), kengetallen en meerjarenoverzichten worden in de jaarstukken opgenomen om de gebruikers in een kort bestek kennis te laten nemen van (de ontwikkelingen in)

37 Winst per aandeel en andere kengetallen, kerncijfers en meerjarenoverzichten

de financiële positie en de resultaten van een onderneming, door het vermelden van belangrijke grootheden en verhoudingen tussen belangrijke grootheden (oftewel, verhoudingsgetallen of ratio's), al dan niet voor een langere reeks jaren. Voor een verantwoorde oordeelsvorming moeten deze gegevens worden bezien in samenhang met informatie die elders in de jaarstukken is opgenomen (RJ 430.101).

Paragraaf 37.1.2 behandelt de algemene wet- en regelgeving voor kerncijfers, kengetallen en meerjarenoverzichten. In paragraaf 37.2 wordt nader ingegaan op de bekende kerncijfers EBIT, EBITDA en enkele varianten. Als onderdeel hiervan komen ook de ESMA-richtsnoeren voor alternatieve prestatiemaatstaven aan bod (zie par. 37.2.3), waarbij wordt opgemerkt dat deze een bredere reikwijdte hebben dan alleen EBIT en EBITDA (inclusief varianten).

De winst per aandeel is een bekende financiële ratio en bedoeld om een eerste indruk te geven van de financiële prestaties van een onderneming. Teneinde de vergelijkbaarheid van de prestaties te verbeteren, zowel tussen verschillende ondernemingen in dezelfde verslagperiode als tussen verschillende verslagperioden van dezelfde onderneming, zijn voor dit belangrijke kengetal afzonderlijke voorschriften opgenomen in Richtlijn 340 'Winst per aandeel' en IAS 33 'Earnings per Share'. Deze voorschriften worden behandeld in paragraaf 37.3 en verder.

37.1.2 Wet- en regelgeving

Nederlandse wetgeving

In Titel 9 Boek 2 BW zijn geen specifieke bepalingen omtrent winst per aandeel en andere kengetallen, kerncijfers en meerjarenoverzichten opgenomen. Het Besluit modellen jaarrekening bevat voorschriften voor de inrichting van de balans en winst-en-verliesrekening.

Richtlijnen voor de jaarverslaggeving

Richtlijn 430 'Kerncijfers, kengetallen en meerjarenoverzichten' is van toepassing op kerncijfers, kengetallen en meerjarenoverzichten die in de jaarstukken zijn opgenomen (RJ 430.102). De jaarstukken bestaan, voor zover van toepassing, uit de volgende onderdelen: de jaarrekening(en); het bestuursverslag; verklaringen van de bij de uitgevende instelling als ter zake verantwoordelijk aangewezen personen; het verslag van de raad van commissarissen; de overige gegevens; de overige informatie bij de jaarrekening, het bestuursverslag en de overige gegevens (RJ 940).

Onder een kerncijfer wordt verstaan de cijfermatige weergave van een voor de onderneming belangrijke grootheid, met inbegrip van alternatieve prestatiemaatstaven (RJ 430.0). Voorbeelden zijn: bedrijfsresultaat; nettowinst; eigen vermogen; garantievermogen.

Onder een kengetal wordt verstaan een getal dat een voor de onderneming belangrijke verhouding tussen twee grootheden weergeeft (RJ 430.0). Een andere naam voor kengetal is verhoudingsgetal of ratio. Voorbeelden zijn: verhouding eigen vermogen of garantievermogen/totaal vermogen; verhouding vlottende activa/vreemd vermogen op korte termijn; verhouding totaal resultaat/totaal vermogen.

Onder een meerjarenoverzicht wordt verstaan de weergave over een reeks van meestal vijf of meer jaren van kerncijfers en kengetallen met betrekking tot al dan niet samengevatte onderdelen van de jaarrekening (RJ 430.0). De RJ legt uit dat het bij beursgenoteerde ondernemingen in het algemeen gebruikelijk is om meerjarenoverzichten op te nemen en beveelt aan om dit gebruik ook te volgen bij niet-beursgenoteerde ondernemingen (RJ 430.108). In de praktijk wordt regelmatig aan het begin van het financieel verslag een beknopt overzicht met kerncijfers en kengetallen opgenomen (voor twee, drie of vijf jaar) en aan het einde van het verslag een uitgebreid meerjarenoverzicht (vijf of tien jaar). Bij de keuze van de in het meerjarenoverzicht op te nemen gegevens dient rekening te worden gehouden met de aard van de onderneming.

De kerncijfers en kengetallen in jaarstukken kunnen worden onderscheiden in direct en niet direct uit de jaarrekening af te leiden kerncijfers en kengetallen. De kerncijfers en kengetallen die niet direct uit de jaarrekening zijn af te leiden, dienen duidelijk te worden omschreven en toegelicht (waaronder de definitie, berekeningswijze en, voor zover mogelijk, een cijfermatige aansluiting met posten in de jaarrekening) (RJ 430.104). Kerncijfers en kengetallen die niet direct zijn af te leiden uit de jaarrekening dienen niet met meer nadruk te worden gepresenteerd dan kerncijfers en kengetallen die direct uit de jaarrekening zijn af te leiden (RJ 430.106).

Indien een jaarrekening bestaat uit zowel een enkelvoudige jaarrekening als een geconsolideerde jaarrekening, verdient het in het algemeen de voorkeur om de kerncijfers en de kengetallen aan de geconsolideerde jaarrekening te ontlenen (RJ 430.107).

Zoveel en voor zover mogelijk wordt bij ieder opgenomen kerncijfer en kengetal het cijfer respectievelijk het getal van het voorafgaande jaar vermeld. Ter wille van de vergelijkbaarheid dienen kerncijfers en kengetallen van voorgaande jaren op gelijke wijze te worden berekend als in de onderhavige verslagperiode. Indien een wijziging is aangebracht in de keuze voor of de berekeningswijze van gegevens, dienen de gegevens van voorgaande jaren te worden berekend volgens het nieuwe stelsel, tenzij dit praktisch niet mogelijk is (welk feit moet worden vermeld). De reden voor wijzigingen in de keuze voor of de berekeningswijze van kerncijfers en kengetallen dient te worden toegelicht (RJ 430.105).

Voor de berekening en vermelding van de winst per aandeel bestaat een afzonderlijke Richtlijn (RJ 340). Deze wordt behandeld in paragraaf 37.3 en verder.

IFRS

IFRS bevat een afzonderlijke standaard (IAS 33) voor de bepaling en presentatie van de winst per aandeel (zie par. 37.3 en verder). Verder kent IFRS geen specifieke voorschriften met betrekking tot kerncijfers, kengetallen en meerjarenoverzichten. Wel bevat IAS 1 'Presentation of Financial Statements' enkele relevante presentatievoorschriften (zie par. 37.2.2).

Verschillen Dutch GAAP - IFRS

IFRS besteedt, in tegenstelling tot de Nederlandse wet- en regelgeving, geen afzonderlijke aandacht aan kerncijfers, kengetallen en meerjarenoverzichten, met uitzondering van de winst per aandeel.

Toekomstige regelgeving

De IASB heeft in december 2019 de Exposure Draft (ED) 'General Presentation and Disclosures' gepubliceerd. Hierin worden verschillende voorstellen gedaan teneinde de informatieverschaffing in IFRS-jaarrekeningen te verbeteren. Relevant voor dit hoofdstuk zijn de nieuwe voorschriften voor de inrichting van de winst-en-verliesrekening en door management gedefinieerde prestatiemaatstaven, alsmede enkele aanpassingen met betrekking tot de winst per aandeel. Deze voorstellen worden behandeld in paragraaf 37.2.4 respectievelijk paragraaf 37.7.

De IASB heeft in december 2020 de ontvangen feedback besproken en moet nu besluiten of, en zo ja welke, voorstellen (al dan niet in gewijzigde vorm) definitief worden gemaakt, alsmede per wanneer.

37 Winst per aandeel en andere kengetallen, kerncijfers en meerjarenoverzichten

37.2 EBITDA en vergelijkbare kerncijfers
37.2.1 Begripsbepaling

In de financiële wereld wordt veelvuldig gebruikgemaakt van in oorsprong Amerikaanse kerncijfers, bedoeld als prestatiemaatstaven. Enkele van de belangrijkste daarvan zijn EBIT, EBITDA en daarmee vergelijkbare kerncijfers. Hierna volgen beschrijvingen van veelgebruikte termen en een korte toelichting op het gebruik ervan.

Earnings

E(arnings) staat voor *Revenue minus Expenses*, te vertalen als omzet minus alle kosten, ofwel het nettoresultaat. Dit resultaat na belasting wordt ook wel getrapt weergegeven:
- Resultaat na belasting doorlopende activiteiten
- Plus: (netto)resultaten beëindigde activiteiten
- Nettoresultaat

EBIT

EBIT is de afkorting van '(E)arnings (B)efore (I)nterest and (T)axes', te vertalen als resultaat vóór rente en belastingen, ofwel het bedrijfsresultaat. Dit kerncijfer geeft de winstgevendheid van een onderneming weer, **zonder** rekening te houden met de fiscaal-juridische situatie en de wijze van financiering van een onderneming.

EBIT wordt gebruikt om de gang van zaken te beoordelen en/of (via een globale benadering) de waarde van een onderneming te bepalen in die situaties waarin het mogelijk is om de operationele activiteiten in een andere fiscale, juridische of financiële hoedanigheid voort te zetten. Hierbij valt te denken aan de opname in een groter geheel na een fusie of overname, dan wel financiële en fiscale herstructurering.

Bij waardebepaling is EBIT vaak het vertrekpunt omdat de waarde van fiscale claims apart kan worden bepaald, terwijl de beoordeling van de potentie van de onderneming om rente te betalen (EBIT/Interest = *interest coverage ratio*) tot andere financieringsvormen kan leiden (d.w.z. meer of minder eigen vermogen).

EBITD

EBITD is de afkorting van '(E)arnings (B)efore (I)nterest (T)axes and (D)epreciation', te vertalen als resultaat vóór rente, belastingen en afschrijvingen, ofwel bedrijfsresultaat exclusief afschrijvingen. Onder afschrijvingen (D) wordt in dit verband alléén verstaan de afschrijvingen op materiële vaste activa (inclusief vastgoedbeleggingen en activa uit hoofde van leases).

Dit kerncijfer is een eerste verkorte benadering voor de operationele kasstroom van de onderneming (bedrijfsresultaat + afschrijvingen). In feite zijn echter veel meer correcties nodig om vanuit de winst-en-verliesrekening de echte operationele kasstroom te bepalen (vergelijk de bespreking van het kasstroomoverzicht in par. 20.2.3).

EBITA

EBITA is de afkorting van '(E)arnings (B)efore (I)nterest (T)axes and (A)mortisation', te vertalen als resultaat vóór rente, belastingen en amortisatie ofwel bedrijfsresultaat exclusief amortisatie. Onder amortisatie wordt in dit verband verstaan de afschrijving op goodwill en andere immateriële activa die verband houden met aankopen van ondernemingen of activiteiten.

Dit kerncijfer wordt gehanteerd door ondernemingen die bij overnames substantiële uitgaven hebben gedaan of nog zullen doen voor goodwill of andere immateriële activa, waarbij (bijvoorbeeld nog twintig jaar) amortisatielasten in het bedrijfsresultaat worden opgenomen.

EBITDA

EBITDA is de afkorting van '(E)arnings (B)efore (I)nterest (T)axes (D)epreciation and (A)mortisation', ofwel bedrijfsresultaat exclusief afschrijvingen en amortisatie.

Allereerst is het een indicator voor de winstgevendheid in 'cash flow'-termen (zie opmerking over kasstroom onder 'EBITD' hierboven). Daarnaast geeft het als prestatiemaatstaf aan hoeveel kasstroomgenererende ruimte er is om de leningen af te lossen en interest te betalen.

In de praktijk wordt ook wel een 'recurring EBITDA' aangetroffen. Hierbij wordt EBITDA aangepast voor incidentele posten die normaliter wel onder het EBITDA-begrip vallen; het dan resterende bedrag aan EBITDA wordt door de rapporterende entiteit als een maatstaf voor de 'blijvende' ('recurring') winstgevendheid gezien.

Schema EBITDA en vergelijkbare kerncijfers	
Schematisch kunnen de begrippen als volgt worden gerangschikt:	
Netto-omzet	xxxxx
Kostprijs omzet (excl. afschrijvingen en amortisatie)	xxxxx
Bruto marge	xxxxx
Verkoop- en algemene kosten (excl. afschrijvingen en amortisatie)	xxxxx
Resultaat deelnemingen	xxxxx
EBITDA	xxxxx
Afschrijvingen materiële vaste activa	xxxxx
EBITA	xxxxx
Amortisatie goodwill en overige immateriële activa	xxxxx
EBIT	xxxxx
Interest	xxxxx
Resultaat voor belastingen voortgezette bedrijfsactiviteiten	xxxxx
Belastingen	xxxxx
Resultaat na belastingen voortgezette bedrijfsactiviteiten	xxxxx
Nettoresultaat beëindigde bedrijfsactiviteiten	xxxxx
Nettoresultaat	xxxxx

37.2.2 Gebruik van kerncijfers in de winst-en-verliesrekening

In RJ 270.509 geeft de RJ aan dat het gebruik van EBITA en EBITDA in de winst-en-verliesrekening onverenigbaar is met het Besluit Modellen Jaarrekening (BMJ). Hetzelfde geldt overigens voor EBITD. Geen van de voorgeschreven modellen kent de mogelijkheid om EBITA, EBITD of EBITDA in de winst-en-verliesrekening te presenteren vanwege artikel 6 lid 1 BMJ dat stelt dat het toepasselijke model de volgorde van de posten bepaalt. Zie verder paragraaf 5.1.4.6. Een onderneming kan deze kerncijfers derhalve slechts in de toelichting hanteren (RJ 270.509).

IFRS kent geen voorgeschreven modellen voor de winst-en-verliesrekening. Wel bevat IAS 1 enkele relevante (algemene) presentatievoorschriften. IAS 1.85-85A staat toe om additionele regels en subtotalen op te nemen in de winst-en-verliesrekening. Deze subtotalen mogen slechts bestaan uit bedragen welke zijn bepaald in overeenstemming met IFRS-standaarden. De subtotalen dienen bovendien i) te worden gepresenteerd op een wijze die helder en eenduidig is, ii) consistent te worden toegepast en iii) niet met meer prominentie te worden weergegeven dan (sub)totalen die zijn voorgeschreven door IFRS. Binnen de kaders van IAS 1 kan een onderneming er voor kiezen om een tussentelling van bijvoorbeeld EBITDA op te nemen.

37 Winst per aandeel en andere kengetallen, kerncijfers en meerjarenoverzichten

Verschillen Dutch GAAP - IFRS

IFRS hanteert geen vaste modellen voor de winst-en-verliesrekening en spreekt zich niet uit over het gebruik van begrippen als EBITDA en dergelijke in de winst-en-verliesrekening. De Nederlandse wet- en regelgeving spreekt zich uit tegen het gebruik van EBITA en EBITDA in de winst-en-verliesrekening, wegens onverenigbaarheid met het BMJ, en stelt dat deze informatie slechts in de toelichting kan worden opgenomen.

37.2.3 ESMA 'Guidelines on Alternative Performance Measures'

In 2015 heeft ESMA (het Europese samenwerkingsverband van beurstoezichthouders) richtsnoeren uitgebracht voor het gebruik van alternatieve prestatiemaatstaven (APM's), zoals EBIT, EBITA en EBITDA. Deze richtsnoeren zijn van toepassing op ondernemingen die aandelen en schuldbewijzen laten verhandelen via gereguleerde markten onder toezicht van de aan ESMA verbonden nationale toezichthouders (in Nederland de AFM).

Het doel van de richtsnoeren is het geven van voorschriften voor het gebruik en de presentatie van APM's in het bestuursverslag en andere vormen van rapportage door de onderneming (doch niet zijnde de jaarrekening, halfjaarberichten en dergelijke). ESMA neemt de volgende standpunten in:

1. De richtsnoeren zijn van toepassing op alle door emittenten gepubliceerde informatie en prospectussen die onder de reikwijdte van het toezicht vallen. De richtsnoeren zijn niet van toepassing op APM's die alleen in de jaarrekening zelf (inclusief halfjaarberichten en dergelijke) zijn opgenomen. De richtsnoeren zijn zodoende wél van toepassing op APM's die zowel in de jaarrekening als in informatie die onder het toezicht valt (zoals een bestuursverslag of prospectus), zijn opgenomen.
2. ESMA beschouwt als APM's alle prestatiemaatstaven die niet zijn gedefinieerd in IFRS, de Europese jaarrekeningrichtlijnen of andere toegelaten rapporteringsstelsels.
3. APM's worden gedefinieerd als een financiële maatstaf van historische of toekomstige financiële prestaties, financiële posities of kasstromen, niet zijnde een financiële maatstaf die gedefinieerd of gespecificeerd is in het toepasselijk kader voor financiële verslaglegging.
4. APM's worden doorgaans afgeleid van (of gebaseerd op) cijfers die aan financiële overzichten (bijvoorbeeld de jaarrekening) zijn ontleend; voorbeelden van APM's zijn operationeel resultaat, 'cash earnings', resultaat voor eenmalige lasten, EBITDA, nettoschulden en autonome groei.
5. De richtsnoeren zijn niet van toepassing op maatstaven die zijn gedefinieerd of gespecificeerd in het toepasselijke kader voor financiële verslaggeving, zoals opbrengsten ('revenue'), winst of verlies, en winst per aandeel. Tevens zijn de richtsnoeren niet van toepassing op fysieke en niet-financiële maatstaven zoals aantal medewerkers of deelnemers, omzet per vierkante meter (indien rechtstreeks uit financiële overzichten overgenomen) of sociale en milieumaatstaven (broeikasgasemissies, aantallen medewerkers per type contract op geografische locaties);
6. ESMA geeft de volgende richtsnoeren met betrekking tot de presentatie en toelichting van APM's (samenvatting op hoofdlijnen):
    ▶ APM's dienen duidelijk te worden gedefinieerd en omschreven, inclusief vermelding van de belangrijkste gebruikte veronderstellingen;
    ▶ Voorkomen dient te worden dat gebruikers door APM's op het verkeerde been kunnen worden gezet. Zo dient de omschrijving de 'lading' duidelijk weer te geven en zo neutraal mogelijk te zijn. Ook mogen (correctie)posten niet onterecht als eenmalig, weinig frequent of ongebruikelijk worden aangemerkt;
    ▶ APM's dienen kwantitatief te worden aangesloten op de in de jaarrekening gebruikte bedragen (met toelichting van de gemaakte aanpassingen), tenzij een APM direct uit de jaarrekening blijkt (bijvoorbeeld een subtotaal in de winst-en-verliesrekening);

- De reden waarom APM's worden gehanteerd, dient te worden toegelicht om gebruikers inzicht te geven in de relevantie en betrouwbaarheid;
- APM's mogen niet met meer prominentie worden weergegeven dan maatstaven die direct uit de jaarrekening blijken (bijvoorbeeld door IFRS voorgeschreven bedragen of subtotalen in de jaarrekening);
- Het gebruik van APM's dient in de tijd consistent te zijn en vergelijkende cijfers dienen te worden verstrekt. Als een APM wordt geherdefinieerd, dan moet dat gedegen worden toegelicht en moeten vergelijkende cijfers worden aangepast.

Deze bepalingen sluiten grotendeels aan op hetgeen is aangegeven in IAS 1.55-55A en IAS 1.85-85A inzake het opnemen van additionele regels en subtotalen in de balans respectievelijk de winst-en-verliesrekening en het overzicht van overig totaalresultaat (zie ook par. 37.2.2).

37.2.4 Toekomstige regelgeving

In de Exposure Draft 'General Presentation and Disclosures' (zie par. 37.1.2) stelt de IASB voor om een vaste indeling van de winst-en-verliesrekening voor te schrijven, bestaande uit vier onderdelen: 'operating', 'integral associates and joint ventures', 'investing' en 'financing' (zie ook par. 5.1.4.1). Deze indeling van de winst-en-verliesrekening gaat gepaard met drie nieuwe subtotalen:
- 'Operating profit or loss';
- 'Operating profit or loss and income and expenses from integral associates and joint ventures'; en
- 'Profit or loss before financing and income tax'.

Het doel van deze nieuwe indeling en subtotalen is het verbeteren van de vergelijkbaarheid tussen verschillende entiteiten. Opgemerkt wordt dat 'profit or loss before financing and income tax' weliswaar voor vergelijkbare doeleinden als EBIT kan worden gebruikt, echter niet identiek is en daarom niet als EBIT kan worden omschreven (ED BC46-47).

De voorstellen van de IASB bieden de mogelijkheid om een subtotaal 'operating profit or loss before depreciation and amortisation' op te nemen als een entiteit de categoriale kostensplitsing hanteert in de winst-en-verliesrekening. Dit subtotaal is echter niet identiek aan EBITDA, bijvoorbeeld omdat het aandeel in het resultaat van geassocieerde deelnemingen en joint ventures niet is inbegrepen (ED BC172-173).

Daarnaast stelt de IASB voor om zogenoemde 'management performance measures' (MPM's) op te laten nemen in een apart onderdeel van de toelichting ('a single note to the financial statements'). MPM's zijn subtotalen van baten en lasten die:
- Gebruikt worden in de publieke communicatie buiten de jaarrekening;
- Aanvullend zijn op de totalen en subtotalen zoals gespecificeerd door IFRS; en
- De visie van het management op een aspect van de financiële prestaties communiceren.

De presentatie van deze MPM's moet gepaard gaan met de volgende toelichtingen:
- Een beschrijving waarom elke MPM de visie van het management op de prestaties communiceert en hoe de MPM is berekend;
- Een aansluiting tussen elke MPM en het meest vergelijkbare totaal of subtotaal zoals gespecificeerd door IFRS;
- Het effect op belastingen en aandeel derden voor elke post in deze aansluiting;
- Een uitleg hoe dit effect op belastingen is bepaald; en
- Indien van toepassing, een uitleg van veranderingen in de berekening van MPM's of veranderingen in de MPM's die worden verstrekt.

37 Winst per aandeel en andere kengetallen, kerncijfers en meerjarenoverzichten

37.3 Winst per aandeel

De winst per aandeel behoort tot de meest bekende financiële ratio's. Om prestaties zo zuiver mogelijk te vergelijken (in tijd of tussen ondernemingen onderling), kan niet simpelweg worden volstaan met het delen van de winst zoals deze direct uit de winst-en-verliesrekening blijkt, door het aantal uitstaande aandelen per balansdatum.
In het vervolg van dit hoofdstuk worden inzake winst per aandeel achtereenvolgens de volgende onderwerpen behandeld:
- De reikwijdte van de voorschriften in Richtlijn 340 en IAS 33 (par. 37.3.1);
- Bepaling van de gewone winst per aandeel (par. 37.4);
- Bepaling van de verwaterde winst per aandeel (par. 37.5);
- Winst per aandeel in tussentijdse berichten (par. 37.6);
- Presentatie- en toelichtingsvereisten (par. 37.7); en
- Vergelijke cijfers inzake winst per aandeel (par. 37.8).

37.3.1 Reikwijdte

IFRS schrijft de toepassing van IAS 33 voor in de (geconsolideerde) jaarrekening van entiteiten met beursgenoteerde (potentiële) aandelen en van entiteiten die bezig zijn een beursnotering te verwerven (IAS 33.2). De RJ schrijft de vermelding van winst per aandeel niet voor.

Voor niet-beursgenoteerde ondernemingen die niet bezig zijn met een beursgang van hun (potentiële) aandelen, is de opname van de winst per aandeel niet verplicht, maar indien de winst per aandeel wordt vermeld, dient deze te worden berekend en te worden vermeld in overeenstemming met de bepalingen van de Standaard of Richtlijn (IAS 33.3, RJ 340.101).

Winst óf verlies per aandeel

Het begrip 'winst' in de term winst per aandeel dient ruim te worden beschouwd. Vermelding dient ook plaats te vinden als deze bedragen negatief zijn (een verlies per aandeel) (RJ 340.402, IAS 33.69).

Zowel (gewone) winst per aandeel als verwaterde winst per aandeel

IFRS hanteert de terminologie van 'basic earnings per share', overeenkomend met (gewone) winst per aandeel, en 'diluted earnings per share', overeenkomend met verwaterde winst per aandeel.
Bij de vermelding en berekening van de winst per aandeel wordt onderscheid gemaakt tussen de (gewone) winst per aandeel en de verwaterde winst per aandeel. Vanuit het conceptuele gedachtegoed met betrekking tot winst per aandeel is de (gewone) winst per aandeel informatief over de gang van zaken in de betreffende periode (en het verleden) en de verwaterde winst van 'waarschuwende aard' als een indicatie voor de toekomstige ontwikkelingen.

Welk aandeel

Vermelding van de winst per aandeel dient plaats te vinden voor elk type gewone aandelen dat een verschillend recht op een aandeel in de nettowinst van een periode heeft (RJ 340.401, IAS 33.66).
Onder een 'gewoon aandeel' wordt in deze verstaan het eigen-vermogensinstrument dat is achtergesteld bij alle andere categorieën eigen-vermogensinstrumenten (RJ 340.0, IAS 33.5).

Vermelding geconsolideerd en/of enkelvoudig

Indien een geconsolideerde jaarrekening wordt gepresenteerd, dan dient de winst per aandeel slechts te worden gepresenteerd op basis van geconsolideerde informatie (RJ 340.102, IAS 33.4). Indien de rechtspersoon ook de winst per aandeel wil vermelden op basis van enkelvoudige informatie, dan is vermelding van deze informatie volgens IFRS alleen toegestaan op de pagina van de enkelvoudige winst-en-verliesrekening. Het is niet toegestaan om de winst per aandeel op basis van enkelvoudige informatie in de geconsolideerde jaarrekening te vermelden (IAS 33.4).

Verschillen Dutch GAAP - IFRS

IFRS spreekt zich specifiek uit over eventuele vermelding van de winst per aandeel op basis van enkelvoudige informatie, de Nederlandse wet- en regelgeving vermeldt hier niets over.

37.4 Gewone winst per aandeel

37.4.1 Berekening van de gewone winst per aandeel - Inleiding en te hanteren winstbegrip

De hoofdregel voor de berekening van de gewone winst per aandeel onder IFRS en de Richtlijnen is om de netto winst of het verlies over de betreffende periode toekomend aan houders van gewone aandelen (de gewone winst (teller)), te delen door het gewogen gemiddeld aantal uitstaande gewone aandelen gedurende die periode (noemer) (RJ 340.201, IAS 33.10).

De wijze van berekening van de gewone winst is uitgewerkt in paragraaf 37.4.2; die van het aantal gewone aandelen in paragraaf 37.4.3.

Nadere uitwerking 'winstbegrip' onder IFRS

Onder IFRS dient naast de (totale) winst per gewoon aandeel, indien deze wordt gepresenteerd, ook het resultaat uit voortgezette bedrijfsactiviteiten (dus exclusief winst of verlies van beëindigde bedrijfsactiviteiten) per gewoon aandeel te worden berekend (IAS 33.9).

Op basis van IAS 1 heeft de onderneming onder IFRS de keuze tussen het opnemen van één overzicht met het totaalresultaat ('statement of profit or loss and other comprehensive income') dan wel het opnemen van dezelfde informatie in twee overzichten, zijnde een winst-en-verliesrekening ('statement of profit or loss') en een overzicht van niet-gerealiseerde resultaten ('statement of other comprehensive income'). Deze keuze in de wijze van presentatie in één dan wel twee overzichten heeft geen invloed op de berekening van de gewone en de verwaterde winst omdat IAS 33.9 en 33.12-13 aangeven dat moet worden uitgegaan van de gewone winst vóór eventuele mutaties in 'other comprehensive income'. Het is hierbij niet relevant of alleen een alomvattend overzicht met het totaalresultaat wordt gepresenteerd dan wel twee deeloverzichten. In beide gevallen zal het resultaat na belastingen (maar vóór mutaties in 'other comprehensive income') het startpunt vormen voor de berekening van de gewone winst.

Verschillen Dutch GAAP - IFRS

Naast de winst of het verlies per gewoon aandeel dient onder IFRS, indien deze wordt gepresenteerd, ook het resultaat uit voortgezette bedrijfsactiviteiten (dus exclusief winst of verlies van beëindigde bedrijfsactiviteiten) per gewoon aandeel te worden berekend. De Nederlandse wet- en regelgeving schrijft dit niet voor.

37.4.2 Bepaling van de gewone winst

Uitgangspunt voor het in de teller op te nemen winstbedrag, is het nettoresultaat dat toekomt aan de aandeelhouders van de rapporterende (moeder)maatschappij. Dit is het bedrag van het nettoresultaat in een op Nederlandse wet en regelgeving gebaseerde jaarrekening (d.w.z. groepsresultaat minus aandeel derden; RJ 217.501); in een

37 Winst per aandeel en andere kengetallen, kerncijfers en meerjarenoverzichten

IFRS-jaarrekening is dit het gerapporteerde nettoresultaat verminderd met het aan aandeel derden toekomend aandeel in de winst (resp. vermeerderd met een aan aandeel derden toe te rekenen verlies) (IAS 33.A1).

Dit bedrag wordt gecorrigeerd voor de bedragen na belastingen van preferente dividenden, voor winsten of verliezen bij vereffening van preferente aandelen en voor andere, vergelijkbare effecten van preferente aandelen uitsluitend voor zover geclassificeerd als eigen vermogen (IAS 33.12). Dividend van preferente aandelen geclassificeerd als een verplichting wordt uiteraard niet afgetrokken van de winst (IAS 33.13), omdat dit dividend al bij de winstbepaling als onderdeel van de rentekosten in aanmerking is genomen. De RJ is beknopter en noemt slechts de aftrek van preferente dividenden; de winsten of verliezen bij vereffening van preferente aandelen en andere, vergelijkbare effecten van preferente aandelen worden niet expliciet genoemd (RJ 340.202). Praktisch bezien zal in voorkomende gevallen ook onder Nederlandse regelgeving rekening moeten worden gehouden met laatstgenoemde zaken.

Bij de aanpassing van het nettoresultaat voor preferent dividend op cumulatief preferente aandelen, dient te worden uitgegaan van het aan het boekjaar toe te rekenen dividend, ongeacht of dit is gedeclareerd (RJ 340.203, IAS 33.14(b)). Het cumulatieve karakter leidt er immers toe dat in het algemeen declaratie in een later boekjaar zal plaatsvinden. Hieruit volgt dat het in een boekjaar gedeclareerde dividend van cumulatief preferente aandelen dat betrekking heeft op een eerder boekjaar, niet wordt afgetrokken (aftrek heeft immers al in een eerder jaar plaatsgevonden) (RJ 340.203, IAS 33.14).

Voorbeeld van het voorgaande in schema:

	Dutch GAAP	IFRS
Dutch GAAP:		
Nettoresultaat (groepsresultaat minus aan aandeel derden toekomend resultaat)	X	
Af: Preferent dividend (uitsluitend indien de preferente aandelen als eigen vermogen zijn geclassificeerd)	-Y	
Nettoresultaat t.b.v. bepaling winst per aandeel	Z	
IFRS:		
Nettoresultaat		A
Af: toekomend aan aandeel derden		-B
Nettowinst toekomend aan aandeelhouders van de (moeder)maatschappij		X
Af: Preferent dividend (uitsluitend indien de preferente aandelen als eigen vermogen zijn geclassificeerd)		-Y
Nettoresultaat t.b.v. bepaling winst per aandeel		Z

Specifieke IFRS-bepalingen

Naast de winst per aandeel bepaald op basis van het 'totale' (zijnde voortgezette en beëindigde activiteiten) resultaat over het boekjaar dient ook de winst of het verlies per aandeel over alléén de voortgezette activiteiten gerapporteerd te worden (IAS 33.12 letter a). Bij de bepaling van de winst of het verlies uit voortgezette bedrijfsactiviteiten worden correcties aangebracht:

▶ Aanpassingen voor preferent dividend (als hierboven uiteengezet, IAS 33.14-15).
▶ Eventueel agio of disagio bij uitgifte van preferente aandelen ter compensatie van een hoog respectievelijk laag dividend in latere perioden wordt geamortiseerd naar de overige reserve op basis van de effectieve-rentemethode. Het geamortiseerde bedrag wordt behandeld als preferent dividend bij de berekening van de winst per aandeel (IAS 33.15).
▶ Winsten of verliezen kunnen ontstaan bij de vereffening van preferente aandelen indien de reële waarde van de betaalde vergoeding afwijkt van de boekwaarde van de preferente aandelen. Dit verschil representeert een vergoeding aan de houders van preferente aandelen en wordt daarom ook verwerkt als een vermindering of

vermeerdering van de overige reserve. Het verschil wordt gecorrigeerd op de winst of het verlies toekomend aan de houders van gewone aandelen (IAS 33.16).
- Vergelijkbaar is de wijziging van conversievoorwaarden bij converteerbare preferente aandelen. In dat geval wordt het verschil bepaald tussen de reële waarde van de gewone aandelen bij conversie op basis van de gewijzigde voorwaarden ten opzichte van de originele voorwaarden. Dit verschil wordt gecorrigeerd op de winst of het verlies toekomend aan de houders van gewone aandelen (IAS 33.17).

Verschillen Dutch GAAP - IFRS
Bij de bepaling van de gewone winst, voor de berekening van de gewone winst per aandeel, is IFRS explicieter over de toe te passen correcties in verband met preferente aandelen dan de Nederlandse wet- en regelgeving.

37.4.3 Bepaling van het aantal gewone aandelen
37.4.3.1 Gewogen gemiddelde van aantal gewone aandelen
Bij de berekening van de winst per aandeel dient het aantal gewone aandelen het gewogen gemiddelde van het aantal in het boekjaar uitstaande aandelen te zijn (RJ 340.204, IAS 33.19). In beginsel worden *alle* uitstaande gewone aandelen in deze berekening betrokken, doch in enkele specifieke situaties bestaan uitzonderingen:
- niet-volgestorte aandelen;
- ingekochte eigen aandelen;
- voorwaardelijk intrekbare aandelen.

In het volgende (vereenvoudigde) voorbeeld is de aanpassing voor ingekochte eigen aandelen zichtbaar. In de daaropvolgende tekst wordt nader op de basiselementen ingegaan. De behandeling van de aanpassingen in meer complexe situaties (zoals de aanpassing omdat het aantal uitstaande aandelen is gewijzigd zonder overeenkomstige instroom van middelen) vindt daarna plaats.

Voorbeeld berekening gewone winst per aandeel (afgeleid van RJ 340 Bijlage, voorbeeld A)
Voor de berekening zijn de volgende gegevens beschikbaar:

Nettowinst 20x1: 11.000

Dividend op preferente aandelen (geclassificeerd als eigen vermogen): 1.000

Verloop gewone aandelen

		Uitgegeven aandelen	Ingekochte aandelen	Uitstaande aandelen
01-01-20x1	beginstand	2.000	100	1.900
31-05-20x1	uitgifte nieuwe aandelen tegen contanten	800	-	2.700
01-12-20x1	inkoop eigen aandelen tegen contanten	-	150	2.550
31-12-20x1	eindstand	2.800	250	2.550

Bepaling van de nettowinst, die toekomt aan houders van gewone aandelen:
Nettowinst 20x1 -/- preferent dividend = 11.000 -/- 1.000 = 10.000

Bepaling van het gewogen gemiddeld aantal gewone aandelen:
- (1.900 * 5/12) + (2.700 * 6/12) + (2.550 * 1/12) = 2.354 aandelen, of
- (1.900 * 12/12) + (800 * 7/12) - (150 * 1/12) = 2.354 aandelen

Berekening van de winst per aandeel:
Nettowinst, die toekomt aan houders van gewone aandelen, gedeeld door het gewogen gemiddeld aantal gewone aandelen = 10.000 / 2.354 = 4,25

37 Winst per aandeel en andere kengetallen, kerncijfers en meerjarenoverzichten

Aanpassingen naar tijdsgelang
Het gewogen gemiddelde van het aantal in de periode uitstaande aandelen is het aantal gewone aandelen aan het begin van de periode, gecorrigeerd voor het aantal ingekochte aandelen of uitgegeven aandelen gedurende de periode, vermenigvuldigd met een gewogen gemiddelde tijdsfactor (IAS 33.20). Ofwel, er zijn tijdsgewogen aanpassingen nodig zodanig dat de in het boekjaar uitstaande aandelen bij de berekening van de noemer worden gewogen naar evenredigheid van het deel van het jaar dat zij hebben uitgestaan.

Bepaling van het tijdstip (voor de aanpassing naar tijdsgelang)
Aandelen worden meegenomen in de berekening van het gewogen gemiddeld aantal aandelen vanaf de datum dat de tegenprestatie opeisbaar is (veelal is dit de uitgiftedatum), tenzij de contractuele voorwaarden aanleiding geven hiervoor een ander tijdstip te hanteren (RJ 340.205, IAS 33.21). IAS 33.21 geeft de volgende voorbeelden:
▶ bij uitgifte van gewone aandelen in ruil voor contanten als het geld opeisbaar is;
▶ bij uitgifte van gewone aandelen door conversie van vreemd vermogen in gewone aandelen vanaf het moment dat niet langer interest toekomt aan de houder van het instrument;
▶ bij uitgifte van aandelen als tegenprestatie voor omzetting of kwijtschelding van een financiële verplichting, vanaf het moment van omzetting of kwijtschelding;
▶ bij uitgifte van gewone aandelen als tegenprestatie voor de verkrijging van een actief anders dan tegen geld vanaf het moment dat het actief is opgenomen in de balans;
▶ bij uitgifte van gewone aandelen als tegenprestatie voor het leveren van diensten aan een rechtspersoon vanaf het moment dat de diensten zijn geleverd.

De datum vanaf wanneer de aandelen worden meegenomen, wordt bepaald door de condities en voorwaarden van een uitgifte. Er wordt dus gekeken naar de economische realiteit (RJ 340.205, IAS 33.21).

Uitgezonderde aandelen
In beginsel worden *alle* uitstaande gewone aandelen in de berekening betrokken, doch in enkele specifieke situaties bestaan uitzonderingen:
▶ niet-volgestorte aandelen;
▶ ingekochte eigen aandelen;
▶ voorwaardelijk intrekbare aandelen.

Gewone aandelen die niet zijn volgestort, worden behandeld als een fractie van een gewoon aandeel naar rato van het recht dat zij hebben op dividend ten opzichte van een volledig volgestort aandeel gedurende het boekjaar (RJ 340.207, IAS 33.A15).

Hoewel IAS 33 in tegenstelling tot Richtlijn 340 niet expliciet stelt dat ingekochte eigen aandelen die worden gehouden door de vennootschap zelf of door meegeconsolideerde groepsmaatschappijen, niet tot de uitstaande aandelen behoren (RJ 340.204), is de bepaling ook onder IAS 33 van toepassing. Dit blijkt onder meer uit voorbeeld 2 bij IAS 33.

Uitstaande gewone aandelen die voorwaardelijk intrekbaar zijn worden niet meegenomen, tot het moment waarop de aandelen niet meer intrekbaar zijn (RJ 340.208, IAS 33.24).

37.4.3.2 Aanvullende bepalingen voor de berekening van het aantal gewone aandelen

Voor de berekening van het aantal gewone aandelen zijn in Richtlijn 340 en IAS 33 aanvullende bepalingen opgenomen.

Gewone aandelen die worden uitgegeven in verband met de verwerving van een deelneming die als overname kwalificeert, worden opgenomen in het gewogen gemiddeld aantal aandelen per de datum van de overname, omdat de resultaten van de overgenomen rechtspersoon vanaf dezelfde datum worden verantwoord (RJ 340.206, IAS 33.22).

Gewone aandelen die worden uitgegeven in verband met een voeging van rechtspersonen die als samensmelting van belangen kwalificeert (en die volgens de 'pooling of interests'-methode wordt verwerkt), worden opgenomen in het gewogen gemiddeld aantal aandelen voor alle gepresenteerde boekjaren, omdat de jaarrekening van de gevoegde rechtspersonen wordt opgesteld alsof de gevoegde entiteit altijd al heeft bestaan. Bij de berekening van de winst per aandeel wordt het totaal van het gewogen gemiddelde aantal aandelen van de gevoegde rechtspersonen herleid tot het equivalent in aandelen van de rechtspersoon waarvan de aandelen uitstaan na de voeging (RJ 340.206). IAS 33 kent geen soortgelijke bepaling, omdat IFRS 3 'Business Combinations' geen onderscheid maakt tussen een overname en een samensmelting van belangen; in alle gevallen dient een overnemende en een overgenomen partij te worden geïdentificeerd (zie hoofdstuk 25).

Gewone aandelen die zullen worden uitgegeven bij de conversie van een verplicht converteerbaar instrument worden meegenomen vanaf het moment dat de overeenkomst wordt aangegaan (IAS 33.23). Alhoewel de RJ hier niet expliciet op ingaat, lijkt dit ook onder de Richtlijnen van toepassing te zijn, gelet op de algemene bepaling.

Gewone aandelen die worden uitgegeven nadat is voldaan aan bepaalde voorwaarden (voorwaardelijk uit te geven aandelen), worden gezien als uitstaande aandelen en worden betrokken in de berekening van de winst per aandeel vanaf de datum dat aan alle noodzakelijke voorwaarden is voldaan (d.w.z. wanneer de gebeurtenissen zich hebben voorgedaan) (RJ 340.208, IAS 33.24). Een voorbeeld hiervan doet zich voor als in geval van een overname sprake is van toekomstige uitgifte van extra aandelen als onderdeel van een prestatieafhankelijke overnameprijs ('contingent consideration'). Echter, aandelen waarvan de uitgifte slechts afhankelijk is van het verstrijken van een specifieke tijdsperiode, worden reeds meegenomen, omdat het verstrijken van de tijdsperiode zeker is (IAS 33.24).

Verschillen Dutch GAAP - IFRS

Indien gewone aandelen worden uitgegeven in verband met een fusie of overname, verschilt onder Richtlijn 340 de berekening van de winst per aandeel bij een overname van de berekening van de winst per aandeel bij een samensmelting van belangen. IFRS maakt dit onderscheid niet en verwerkt iedere bedrijfscombinatie als een overname. Derhalve verschilt de berekening van de winst per aandeel indien een transactie onder de Nederlandse wet- en regelgeving als samensmelting van belangen kwalificeert.

37.4.3.3 Verandering aantal gewone aandelen zonder overeenkomstige verandering van middelen

Bepaald is dat het gewogen gemiddeld aantal uitstaande gewone aandelen gedurende het boekjaar moet worden aangepast voor gebeurtenissen die het aantal uitstaande aandelen veranderen zonder dat er een gerelateerde verandering in middelen is opgetreden, tenzij er sprake is van een conversie van potentiële gewone aandelen (RJ 340.209, IAS 33.26). Tevens is dan sprake van aanpassing van de vergelijkende cijfers (zie ook par. 37.8).

37 Winst per aandeel en andere kengetallen, kerncijfers en meerjarenoverzichten

Uitgifte van gewone aandelen, of verkleining van het aantal uitstaande aandelen, kan plaatsvinden zonder een overeenkomstige wijziging in middelen (RJ 340 210, IAS 33.27). Voorbeelden hiervan zijn:
1. een bonusuitgifte en bonusaandeel om niet (stockdividend);
2. een bonuselement in een uitgifte van aandelen;
3. een aandelensplitsing;
4. een omgekeerde aandelensplitsing.

Van belang is nog dat voor de elementen 1, 3 en 4 in RJ 340.301 en IAS 33.64 wordt voorgeschreven dat aanpassing óók dient plaats te vinden voor de mutaties ter zake die ná balansdatum maar vóór opmaakdatum hebben plaatsgevonden. Voor element 2 geldt deze behandeling slechts voor het deel van de aandelenuitgifte dat als bonuselement wordt aangemerkt. De aanpassing dient ook op de vergelijkende cijfers te worden doorgevoerd en tevens dient de betreffende aanpassing te worden toegelicht.

Bij een splitsing van aandelen, uitgifte van bonusaandelen om niet, uitkering van stockdividend en omgekeerde splitsing van aandelen, worden aandelen (ingetrokken of) uitgegeven aan de bestaande aandeelhouders zonder een vergoeding. Daarom neemt het aantal gewone aandelen toe of af zonder dat er sprake is van een stijging of afname van financiële middelen. Voor de berekening van de winst per aandeel wordt de verandering in het aantal aandelen in dit boekjaar in aanmerking genomen door als uitgangspunt te hanteren dat de aandelen worden geacht te zijn uitgegeven of ingetrokken vanaf het begin van het boekjaar (daarnaast dienen de vergelijkende cijfers te worden aangepast) (IAS 33.28). In IAS 33 worden de navolgende voorbeelden voor bepaling van het aantal gewone aandelen bij een bonusuitgifte en een claimemissie expliciet vermeld. Onder Richtlijn 340 zijn deze voorbeelden overeenkomstig van toepassing.

Ad 1) Bonusuitgifte en bonusaandeel om niet

Een bonusuitgifte of bonusaandeel om niet is een uitkering door een rechtspersoon aan zijn aandeelhouders in aandelen (ofwel dividend uitgekeerd in aandelen). Het aantal gewone aandelen vermeerdert zonder een overeenkomstige toename van middelen.

Voorbeeld uitgifte van bonusaandelen om niet, inclusief aanpassing vergelijkend cijfer (IAS 33, voorbeeld 3)	
Nettowinst 20x0	180
Nettowinst 20x1	600
Gewone aandelen, uitstaand tot en met 30 september 20x1	200
Bonusuitgifte 1 oktober 20x1	2 gewone aandelen voor 1 gewoon aandeel uitstaand per 30 september 20x1 (200 x 2 = 400 bonusaandelen)
Gewone winst per aandeel 20x1	600 / (200 + 400) = 1,00
Aangepast gewone winst per aandeel 20x0	180 / (200 + 400) = 0,30 (was: 180 / 200 = 0,90)

Omdat de uitgifte van bonusaandelen in het voorbeeld plaatsvindt om niet, wordt de uitgifte behandeld alsof deze had plaatsgevonden per de eerste van het boekjaar. Tevens worden de vergelijkende cijfers overeenkomstig aangepast (zie par. 37.8).

Een complicatie kan zich voordoen bij een zogenaamd 'keuzedividend': hieronder wordt verstaan een vorm van dividend waarbij de individuele aandeelhouder zelf kan bepalen of het dividend via een contante betaling dan wel in de vorm van extra aandeelbewijzen wordt genoten. De regelgeving onderkent deze situatie niet afzonderlijk. De vraag is dan ook of dit type dividend dan als een 'bonusaandeel' dient te worden aangemerkt (met verwerking als een uitgifte van een aandeel om niet tot gevolg, als hiervoor uitgewerkt) dan wel als een combinatie van een uitgifte van een aandeel tegen een 'storting', waarbij de storting wordt gelijkgesteld aan het bedrag van het niet-uitbetaalde contante dividend. De tweede opvatting lijkt gepast indien de entiteit een (juridische) verplichting heeft tot het toekennen van het dividend waarbij het aan de aandeelhouder is om die keuze te maken (en de keuze niet wordt geïnitieerd door de entiteit); voor zover er een verschil bestaat tussen de reële waarde van de toegekende aandelen en het bedrag van het contante dividend, wordt dit verschil als 'bonuselement' aangemerkt en verwerkt (zie hierna).

Ad 2) Bonuselement bij een uitgifte van aandelen

Als aandelen worden uitgegeven tegen reële waarde is er geen bonuselement. Immers, er is een evenredige toename van financiële middelen.

Bij een claimemissie van aandelen is dit echter vaak anders. Een claimemissie is een uitgifte van aandelen waarbij de bestaande aandeelhouders een recht van voorkeur hebben bij de inschrijving. Bij een claimemissie van aandelen wordt de emissieprijs veelal zodanig vastgesteld dat deze beneden de reële waarde (ofwel de verwachte beurskoers na emissie) ligt (IAS 33.A2). De onderneming ontvangt door de emissie een lager bedrag aan middelen dan bij de uitgifte van een gelijk aantal aandelen tegen marktwaarde, waardoor voor bestaande aandeelhouders verwatering van de waarde per aandeel optreedt. De bestaande aandeelhouders worden voor deze verwatering gecompenseerd door de toekenning van een claimrecht (IAS 33.A2). Dit claimrecht is een voordeel dat op één van de volgende wijzen kan worden gerealiseerd:

1. Zij verkrijgen het recht om bij voorkeur mee te doen aan de emissie van nieuwe aandelen tegen de lagere prijs.
2. Verkoop van het claimrecht via de effectenbeurs aan derden; de opbrengst is dan een compensatie in geld voor de verwatering van de marktwaarde van hun belang.

Voor de berekening van de winst per aandeel wordt een claimemissie beschouwd als een emissie tegen marktwaarde gecombineerd met de uitgifte van bonusaandelen. De aanpassing van het aantal uitstaande aandelen voor het veronderstelde bonuselement en het vaststellen van de winst per aandeel omvat de volgende elementen (IAS 33.A2):

1. Berekening van de theoretische waarde per aandeel na de claimemissie: dit is de reële waarde van alle uitstaande aandelen onmiddellijk voor de uitoefendatum plus het ontvangen bedrag van de claimemissie, gedeeld door het aantal uitstaande aandelen voor de uitoefendatum en het aantal aandelen van de claimemissie.
2. Berekening van een correctiefactor: de reële waarde van het aandeel onmiddellijk vóór de uitoefendatum wordt gedeeld door de theoretische reële waarde per aandeel na de claimemissie.
3. Berekening van de winst per aandeel: bij de berekening van de winst per aandeel wordt vervolgens uitgegaan van het gewogen gemiddelde van het gecorrigeerde aantal aandelen vóór emissie en het aantal aandelen na emissie.

37 Winst per aandeel en andere kengetallen, kerncijfers en meerjarenoverzichten

---

Voorbeeld berekening gewone winst per aandeel na een claimemissie (gebaseerd op IAS 33, voorbeeld 4)

Voor de berekening zijn de volgende gegevens beschikbaar:
- Nettowinst in 20x0: 1.100, in 20x1: 1.500; in 20x2: 1.800
- Aantal uitstaande gewone aandelen voor claimemissie: 500
- Claimemissie: 1 gewoon aandeel op 5 uitstaande aandelen (dus 100 nieuwe aandelen)
  Uitoefenprijs: 5,00
  Datum claimemissie: 1 januari 20x1
  Uiterste uitoefendatum claimrechten: 1 maart 20x1
- Beurskoers van 1 gewoon aandeel onmiddellijk vóór de uiterste uitoefendatum: 11,00

Berekening van de theoretische waarde per aandeel na claimemissie
Om de theoretische waarde van de claim te berekenen kan gebruik worden gemaakt van de volgende vergelijking, waarbij 'n' het aantal claims is, benodigd voor één nieuw aandeel:

Waarde 'n' claims plus emissieprijs = beurskoers cum claim - theoretische claimwaarde.

Hieruit volgt dat de theoretische claimwaarde bedraagt: $(11,00 - 5,00) / (5 + 1) = 1,00$
De theoretische reële waarde na de claimemissie bedraagt derhalve: $11,00 - 1,00 = 10,00$

Berekening van de correctiefactor

$$\frac{\text{Reële waarde van een aandeel vóór uitoefening claimrecht}}{\text{Theoretische reële waarde van een aandeel na de claimemissie}} = \frac{11,00}{10,00} = 1,10$$

Deze correctiefactor brengt het bonuselement van de claimemissie tot uitdrukking.

Berekening van de winst per aandeel (WPA)

	20x0	20x1	20x2
20x0 oorspronkelijke WPA: 1.100/500 aandelen	2,20		
20x0 WPA na claimemissie: 1.100/(500 * 1,10)	2,00		
20x1 WPA inclusief de effecten van de claimemissie $\frac{1.500}{((500*1,10)*2/12)+(600*10/12)}$		2,54	
20x2 WPA: 1.800/600 aandelen			3,00

In dit voorbeeld is het bonuselement (de lagere emissieprijs c.q. waarde van de claim) goed zichtbaar: de correctiefactor bedraagt 0,1 (= 10%) terwijl het aandelenkapitaal met 20% is uitgebreid.
Ook goed zichtbaar is dat de aanpassing voor het bonuselement naar tijdsgelang in de rapporteringsperiode 20x1 en voor de volledige periode in het vergelijkend cijfer 20x0 plaatsvindt, terwijl de mutatie in het aandelenkapitaal voor zover deze heeft geleid tot een marktconforme opbrengst voor de entiteit pas vanaf moment van feitelijke emissie (1 maart 20x1) in de bepaling van het aantal aandelen (naar tijdsgelang) wordt betrokken.

Ad 3) Aandelensplitsing

Een aandeel wordt gesplitst door de nominale waarde per aandeel te verlagen zonder dat het totale nominale aandelenkapitaal afneemt. Door splitsing komen er dus meer aandelen. Het aantal uitstaande gewone aandelen vermeerdert zonder een overeenkomstige toename van middelen. De bestaande aandeelhouders krijgen meer aandelen met dezelfde totale waarde. Tevens is sprake van aanpassing van de vergelijkende cijfers (zie par. 37.8).

Ad 4) Omgekeerde aandelensplitsing

Bij een omgekeerde aandelensplitsing vermindert normaliter het aantal uitstaande gewone aandelen zonder een overeenkomstige afname van middelen. Tevens is sprake van aanpassing van de vergelijkende cijfers (zie par. 37.8).

Soms geschiedt een omgekeerde aandelensplitsing in combinatie met een superdividend. In wezen is het effect van de transactie het terugkopen van aandelen tegen reële waarde en is de afname in het aantal aandelen het gevolg van een overeenkomstige afname van middelen. Dit doet zich voor bij een inkoop van aandelen waarbij op hetzelfde moment een speciaal dividend wordt uitgekeerd dat vrijwel gelijk is aan de reële waarde van de ingekochte aandelen. Het gewogen gemiddelde van het aantal gewone aandelen dient aangepast te worden voor de afname in het aantal gewone aandelen op het moment dat het speciale dividend wordt verwerkt (IAS 33.29). In deze specifieke situatie is géén sprake van aanpassing van vergelijkende cijfers. De Richtlijnen kennen een dergelijke bepaling niet.

Verschillen Dutch GAAP - IFRS
Indien een omgekeerde aandelensplitsing effectief een inkoop van aandelen betreft, bijvoorbeeld als er op hetzelfde moment een speciaal dividend wordt uitgekeerd dat vrijwel gelijk is aan de reële waarde van de ingekochte aandelen, dient de afname van het aantal aandelen verwerkt te worden op het moment dat het speciale dividend wordt verwerkt (IAS 33.29). De Nederlandse wet- en regelgeving kent een dergelijke bepaling niet.

37.5 Verwaterde winst per aandeel
37.5.1 Verwatering van de winst per aandeel
37.5.1.1 Begrip 'verwatering'

Een verwateringseffect treedt op in de situatie dat nieuwe aandelen niet aan dezelfde groep van aandeelhouders doch (mede) aan *nieuwe* aandeelhouders ('derden', maar ook personeel) worden uitgegeven tegen een koers die lager is dan de beurskoers. Een voorbeeld is de door de onderneming uitgegeven opties aan personeel die het recht geven om in de toekomst aandelen te verwerven tegen een koers die nu reeds is bepaald. Indien op het moment van uitoefening van dit recht de feitelijke beurskoers hoger is dan de uitoefenkoers, is er op dat moment voor de dan bestaande groep van aandeelhouders sprake van een verwateringseffect.

De mate van verwatering ('dilution') is niet alleen afhankelijk van het tijdstip van vergroting van het aantal aandelen en van het aantal nieuwe aandelen, maar ook van de ontwikkeling van de beurskoers van het aandeel. Het kan gaan om de verwaterde winst (teller) en het aantal gewone aandelen aangepast voor de effecten van potentiële aandelen (noemer) van de deling.

Dit betekent dat bij de berekening van de verwaterde winst per aandeel rekening wordt gehouden met de waarschijnlijkheid dat bepaalde financieringstransacties zich in het komende jaar zullen voltrekken. Dit heeft tot gevolg dat bij de berekening moet worden uitgegaan van een hypothetische uitoefening, zodat enkele veronderstellingen en keuzes moeten worden gemaakt. Potentiële gewone aandelen worden bijvoorbeeld verondersteld zo vroeg mogelijk geconverteerd te zijn, dat wil zeggen aan het begin van het boekjaar of bij latere uitgifte.

37.5.1.2 Berekening verwaterde winst per aandeel

De verwaterde winst per aandeel dient te worden berekend zowel voor álle bedrijfsactiviteiten als, indien gepresenteerd, voor de bedrijfsactiviteiten die worden voortgezet ('continuing operations') (IAS 33.30). De Richtlijnen schrijven een dergelijke splitsing (logischerwijs) niet voor omdat in de Nederlandse verhoudingen de onder IFRS voorgeschreven splitsing in voortgezette en beëindigde activiteiten niet wordt voorgeschreven.

Bij de berekening van de verwaterde winst per aandeel dient de gewone winst per aandeel te worden gecorrigeerd voor de effecten van alle potentiële gewone aandelen die tot verwatering zullen leiden (RJ 340.211, IAS 33.31). Onder een potentieel gewoon aandeel wordt verstaan: een financieel instrument of ander contract dat de houder

37 Winst per aandeel en andere kengetallen, kerncijfers en meerjarenoverzichten

recht geeft op gewone aandelen (RJ 340.0, IAS 33.5). Als voorbeelden hiervan kunnen onder meer opties,[1] warrants[2] en converteerbare obligaties worden genoemd.

De berekening van de verwaterde winst per aandeel moet consistent zijn met de berekening van de gewone winst per aandeel, waarbij het effect van alle potentiële gewone aandelen die gedurende het boekjaar uitstonden en tot verwatering zullen leiden, in aanmerking moet worden genomen (RJ 340.212, IAS 33.32).

De bepaling van de verwaterde winst wordt besproken in paragraaf 37.5.2; die van het aantal aandelen bij verwaterde winst per aandeel in paragraaf 37.5.3.

Verschillen Dutch GAAP – IFRS
IFRS eist, in tegenstelling tot de Nederlandse wet- en regelgeving, in bepaalde gevallen ook vermelding van de verwaterde winst per aandeel van alleen de voortgezette bedrijfsactiviteiten.

37.5.2 Bepaling van verwaterde winst

De winst of het verlies wordt aangepast voor kosten en opbrengsten die gerelateerd zijn aan de omzetting van potentiële gewone aandelen. Voorbeelden zijn de rente die is verschuldigd op converteerbare obligaties (deze verhoogt de verwaterde nettowinst) en de aan de omzetting verbonden conversiekosten (deze verlagen de verwaterde nettowinst).

Bij de bepaling van de verwaterde winst per aandeel dient het bedrag van de aan houders van gewone aandelen toekomende nettowinst of verlies over een periode, zoals berekend bij de bepaling van de gewone winst per aandeel, te worden aangepast voor het effect ná belastingen van (RJ 340.213, IAS 33.33):
▶ dividenden op en andere posten gerelateerd aan potentiële gewone aandelen die tot verwatering zullen leiden en die in mindering zijn gebracht om uit te komen op de aan houders van gewone aandelen toekomende nettowinst, zoals berekend bij de bepaling van de gewone winst (zie par. 37.4.2);
▶ rente verwerkt in het boekjaar met betrekking tot de potentiële gewone aandelen die tot verwatering zullen leiden; en
▶ elke andere verandering in opbrengsten of kosten die voort zou komen uit de conversie van de potentiële gewone aandelen die tot verwatering zullen leiden.

Bovenstaande aanpassingen in de teller (de verwaterde winst) hebben tot gevolg dat bedragen die na conversie van de potentiële gewone aandelen niet meer ten laste van de winst komen, buiten beschouwing worden gelaten (IAS 33.34). Bijvoorbeeld: door een veronderstelde conversie van converteerbare obligaties stijgt de winst met het bedrag van de gerelateerde rente na belastingen. Deze benadering staat bekend als de 'if converted method'.

---

[1] Een op een beurs verhandelbaar recht om een bepaalde onderliggende waarde (aandeel, obligatie, etc.) gedurende een bepaalde periode tegen een bepaalde prijs te kopen of verkopen.
[2] Een verhandelbaar recht om gedurende een bepaalde periode tegen een bepaalde prijs nieuwe aandelen bij een uitgevende instelling te kopen.

> **Voorbeeld berekening verwaterde winst per aandeel bij converteerbare obligaties (gebaseerd op IAS 33, voorbeeld 6 en RJ 340 Bijlage, voorbeeld B)**
>
> Voor de berekening zijn de volgende gegevens beschikbaar:
> - nettoresultaat toekomend aan houders van gewone aandelen — 540
> - aantal uitstaande gewone aandelen — 200
> - aantal converteerbare obligaties — 100
> - de converteerbare obligaties worden ingewisseld in de verhouding 2:1 rentelast converteerbare obligaties: 60, na belastingeffect — 40
>
> Het herrekend nettoresultaat bedraagt 540 + 40 = — 580
> Na de conversie bedraagt het aantal aandelen 200 + 100/2 = — 250
> De gewone winst per aandeel bedraagt 540/200 = — 2,70
> De verwaterde winst per aandeel bedraagt 580/250 = — 2,32

37.5.3 Bepaling aantal aandelen bij verwaterde winst per aandeel

37.5.3.1 Primaire voorwaarde: conversie dient 'verwaterend' te zijn

Potentiële gewone aandelen worden alleen in de berekening van de verwaterde winst per aandeel meegenomen indien de conversie in gewone aandelen de winst per aandeel uit voortgezette bedrijfsactiviteiten zou verlagen, dan wel het verlies per aandeel uit voortgezette bedrijfsactiviteiten zou verhogen (IAS 33.41). Dit betekent dat indien een potentieel gewoon aandeel niet tot verwatering leidt van de winst per aandeel uit voortgezette bedrijfsactiviteiten, dit potentieel gewoon aandeel niet wordt meegenomen bij de bepaling van verwaterde winst per aandeel uit voortgezette en beëindigde bedrijfsactiviteiten, ook al werkt het wel verwaterend op beëindigde bedrijfsactiviteiten (IAS 33.42-43).

De Richtlijnen schrijven een dergelijke splitsing van de winst per aandeel uit voortgezette en beëindigde bedrijfsactiviteiten niet voor. In plaats daarvan wordt gesteld dat de winst na belasting als basis dient te worden gehanteerd om vast te stellen of de potentiële gewone aandelen verwaterend zijn of de winst per aandeel verhogen (RJ 340.222). De hoofdregel is gelijk aan IFRS: potentiële gewone aandelen dienen uitsluitend te worden behandeld als verwaterend wanneer de conversie in gewone aandelen de nettowinst per aandeel zou verlagen (RJ 340.221). Indien potentiële gewone aandelen door conversie in gewone aandelen de winst per aandeel zouden verhogen of het verlies per aandeel zouden verlagen, worden de effecten hiervan niet betrokken bij de berekening van de verwaterde winst per aandeel (RJ 340.223).

37.5.3.2 Gewone aandelen en potentiële gewone aandelen

Bij de berekening van de verwaterde winst per aandeel dient het aantal aandelen te worden bepaald op (RJ 340.214, IAS 33.36):
- het gewogen gemiddeld aantal gewone aandelen, zoals berekend bij de bepaling van de gewone winst per aandeel (zie par. 37.4.3.1); plus
- het gewogen gemiddeld aantal gewone aandelen dat zou worden uitgegeven bij de conversie in gewone aandelen van alle potentiële aandelen die tot verwatering zullen leiden.

Potentiële gewone aandelen:
- die tot verwatering zullen leiden, worden geacht te zijn geconverteerd in gewone aandelen aan het begin van het betreffende boekjaar of, indien later, per de datum van de feitelijke uitgifte van de potentiële gewone aandelen (RJ 340.214, IAS 33.36);
- die gedurende het boekjaar zijn ingetrokken of verlopen, worden alleen in de berekening van de verwaterde winst per aandeel opgenomen voor het deel van de periode waarin ze hebben uitgestaan (RJ 340.225, IAS 33.38);

37 Winst per aandeel en andere kengetallen, kerncijfers en meerjarenoverzichten

- die gedurende het boekjaar zijn geconverteerd in gewone aandelen, worden in de berekening van de verwaterde winst per aandeel opgenomen vanaf het begin van de periode tot aan de datum van conversie. Vanaf de datum van conversie worden de gewone aandelen opgenomen in zowel de gewone als de verwaterde winst per aandeel (RJ 340.225, IAS 33.38).

In Richtlijn 340 en IAS 33 worden verschillende situaties vermeld waarbij de conversie of de uitoefening van potentiële aandelen ter discretie is van een van de partijen. Hierbij geldt dat het aantal gewone aandelen dat wordt uitgegeven bij de conversie van potentiële gewone aandelen die tot verwatering zullen leiden, wordt bepaald in overeenstemming met de (conversie)voorwaarden van de potentiële gewone aandelen. Hierbij moet worden uitgegaan van de meest voordelige conversiekoers of uitoefenkoers vanuit het oogpunt van de houder van de potentiële gewone aandelen (RJ 340.215, IAS 33.39). Echter, ten aanzien van contracten die vereffend mogen worden in gewone aandelen of contanten heeft IFRS het volgende bepaald:

- Indien de keuze bij de uitgevende rechtspersoon ligt, dient de rechtspersoon aan te nemen dat het contract in gewone aandelen zal worden vereffend, en dient hij derhalve de resulterende potentiële gewone aandelen mee te nemen bij de berekening van de verwaterde winst per aandeel, indien zij tot verwatering leiden (IAS 33.58).
- Indien echter de keuze bij de houder van de contracten ligt, dient de rechtspersoon bij de berekening van de verwaterde winst per aandeel uit te gaan van die wijze van vereffening die het meest verwaterend is (IAS 33.60).

De Richtlijnen vermelden, in tegenstelling tot IFRS, dat als er sprake is van een financieel instrument of ander contract dat naar keuze van de rechtspersoon of houder kan worden afgewikkeld in aandelen of op andere wijze (bijvoorbeeld in geld), het maximum aantal uit te geven aandelen, ongeacht de aangegeven keuzemogelijkheid, als potentiële gewone aandelen dient te worden beschouwd bij de berekening van de verwaterde winst per aandeel (RJ 340.216a). De RJ maakt bij de berekeningswijze geen verschil tussen situaties waarin de keuze tussen vereffening in gewone aandelen dan wel in contanten ligt bij de uitgevende rechtspersoon en situaties waarin deze keuze ligt bij de houder van het instrument of het contract.

37.5.3.3 Opties, warrants en equivalenten

Er is sprake van verwatering bij opties, warrants en equivalenten wanneer de (toekomstige) uitgifte van aandelen plaatsvindt tegen een prijs lager dan de reële waarde. De reële waarde wordt voor de berekening van de winst per aandeel bepaald als de gemiddelde prijs (koers) van de gewone aandelen gedurende de verslaggevingsperiode. Het bedrag van de verwatering is de reële waarde minus de uitgifteprijs (RJ 340.217-219, IAS 33.45-46).

Bij de berekening van de verwaterde winst per aandeel van opties, warrants en equivalenten die tot verwatering zullen leiden wordt:

- verondersteld dat deze opties, warrants en equivalenten worden uitgeoefend en dat andere potentiële gewone aandelen van de rechtspersonen die tot verwatering zullen leiden, zullen worden uitgegeven (RJ 340.217, IAS 33.45);
- een dergelijke uitgifte behandeld als een combinatie van (RJ 340.219, IAS 33.46,):
  a. een overeenkomst om een bepaald aantal gewone aandelen uit te geven tegen de gemiddelde reële waarde gedurende de periode. De uit te geven aandelen worden tegen de reële waarde gewaardeerd, zodat deze geacht worden niet verwaterend of winstverhogend te zijn. Deze aandelen worden dan ook niet meegenomen in de berekening van de verwaterde winst per aandeel; en
  b. een overeenkomst om de resterende gewone aandelen zonder tegenprestatie uit te geven (bonusaandelen). Deze aandelen genereren geen inkomsten en hebben geen effect op de aan houders van gewone

aandelen toekomende nettowinst; zij verwateren en worden geteld bij het aantal uitstaande gewone aandelen bij de berekening van de verwaterde winst per aandeel.

Het verwaterend effect van opties, warrants en hun equivalenten (optiecontracten) wordt derhalve bepaald door eerst de theoretische opbrengst te bepalen bij uitoefening van de optiecontracten, uitgaande van de gemiddelde prijs (koers) van de gewone aandelen. Vervolgens wordt het aantal gewone aandelen bepaald dat tegen de gemiddelde prijs uitgegeven had kunnen worden uit deze theoretische opbrengst. Het verschil tussen het aantal uitgegeven aandelen bij veronderstelde uitoefening van de optiecontracten en het aantal aandelen dat zou zijn uitgegeven bij uitgifte tegen reële waarde moet worden behandeld als een uitgifte van aandelen zonder tegenprestatie, hetgeen tot verwatering leidt. De aandelen die zouden zijn uitgegeven zonder tegenprestatie worden opgeteld bij het aantal uitstaande gewone aandelen teneinde de verwaterde winst per aandeel te bepalen (RJ 340.217, RJ 340 voorbeeld C, IAS 33 voorbeeld 5).

Voorbeeld berekening verwaterde winst per aandeel bij opties (gebaseerd op RJ 340 Bijlage, voorbeeld C en IAS 33, voorbeeld 5)

Voor de berekening zijn de volgende gegevens beschikbaar:
- nettowinst voor het boekjaar — 1.200.000
- gewogen gemiddeld aantal gewone aandelen gedurende het boekjaar — 500.000 aandelen
- gemiddelde reële waarde van een gewoon aandeel gedurende het boekjaar — 20,00
- gewogen gemiddeld aantal aandelen onder optie gedurende het boekjaar — 100.000 aandelen
- uitoefenprijs voor aandelen onder optie gedurende het boekjaar — 15,00

Uitwerking:	Winst	Aandelen	Per aandeel
Nettowinst voor het boekjaar	1.200.000		
Gewogen gemiddeld aantal aandelen gedurende het boekjaar		500.000	
Winst per aandeel	1.200.000	500.000	2,40
Aantal aandelen onder optie		100.000	
Aantal aandelen dat zou zijn uitgegeven tegen reële waarde (100.000 x 15,00) / 20,00		(75.000)	
Verwaterde winst per aandeel	1.200.000	525.000	2,29

Opties, warrants en equivalenten zijn alleen verwaterend indien de veronderstelde uitoefening zou hebben plaatsgevonden tegen een lagere prijs dan de gemiddelde prijs (koers) gedurende de verslaggevingsperiode, ofwel wanneer deze instrumenten gedurende de verslagperiode gemiddeld 'in the money' waren (IAS 33.47).

Onder IFRS dienen personeelsopties met vaste of bepaalbare voorwaarden en niet-onvoorwaardelijke aandelen behandeld te worden als opties en dienen ze te worden meegenomen vanaf de toekenningsdatum. Prestatiegerelateerde personeelsopties worden behandeld als voorwaardelijk uit te geven aandelen, omdat hun uitgifte afhankelijk is van het voldoen aan specifieke voorwaarden naast het verstrijken van de tijd (IAS 33.48). Alhoewel een dergelijke bepaling niet is opgenomen in de Richtlijnen, ligt overeenkomstige toepassing wel voor de hand.

37.5.3.4 Converteerbare instrumenten

Voor de bepaling van de verwaterde winst per aandeel dient te worden vastgesteld of er sprake is van een verwateringseffect van converteerbare instrumenten (IAS 33.49). Converteerbare preferente aandelen zijn niet verwaterend indien het preferente dividend voor de betreffende periode per uit te geven gewoon aandeel bij conversie groter is dan de gewone winst per aandeel. Overeenkomstig is een converteerbare schuld niet verwaterend indien de rente (na aftrek van belastingen en andere wijzigingen in opbrengsten en kosten) per uit te geven gewoon aandeel bij conversie groter is dan de gewone winst per aandeel (IAS 33.50). Deze aanvulling in IAS 33 is niet expliciet opgenomen in de Richtlijnen doch inherent aan de bepaling ingevolge RJ 340.221 dat alleen sprake is van een verwatering als de nettowinst per aandeel wordt verlaagd.

37.5.3.5 Volgorde verwaterende elementen

In de beoordeling of potentiële gewone aandelen verwaterend of winstverhogend zijn, wordt elke uitgifte of reeks van potentiële gewone aandelen individueel in plaats van geaggregeerd beoordeeld. De volgorde waarin potentiële gewone aandelen worden beoordeeld kan beïnvloeden of deze wel of niet verwaterend zijn. Om de maximale verwatering van de gewone winst per aandeel te bepalen, wordt daarom elke uitgifte of reeks van potentiële gewone aandelen beoordeeld in volgorde van de meest verwaterende tot de minst verwaterende (RJ 340.224, IAS 33.44).

Opties en warrants worden in het algemeen als eerste meegenomen omdat zij geen effect hebben op de teller van de berekening (IAS 33.44). Hierdoor verwateren zij het meest; er vindt immers geen toevoeging aan de winst plaats. Alhoewel dit niet expliciet door de RJ wordt vermeld, is uit een voorbeeld af te leiden dat de RJ eenzelfde methodiek voorstaat.

Voorbeeld berekening verwaterde winst per aandeel bij meerdere soorten potentiële gewone aandelen (gebaseerd op IAS 33 voorbeeld 9 en RJ 340 Bijlage, voorbeeld D)

De volgende gegevens zijn beschikbaar:
- gewone winst per aandeel (10.000 nettowinst; 2.354 aandelen) — 4,25
- gemiddelde reële waarde van een gewoon aandeel gedurende het jaar — 75
- aantal uitstaande opties — 100
- uitoefenprijs opties — 60
- aantal converteerbare preferente aandelen — 800
- die elk gerechtigd zijn tot een cumulatief dividend per aandeel van — 8
- elk preferent aandeel is converteerbaar in twee gewone aandelen
- er staat een converteerbare obligatielening uit met een nominale waarde van — 100.000
- deze obligatielening heeft een couponrente van — 5%
- elke obligatie van duizend is converteerbaar in twintig gewone aandelen
- het belastingtarief bedraagt — 35%

Uitwerking:

Stap 1: Bepaling van de volgorde van de in de berekening te betrekken potentiële gewone aandelen

	Toename van de winst	Toename gewone aandelen	Winst per extra aandeel
Opties			
Toename van de winst	-		
Uitgifte extra aandelen zonder tegenprestatie 100 * (75 - 60)/75 =		20	-
(Toelichting: tegenprestatie = 100 x 60 = 6.000; voor 6.000 zouden tegen reële waarde verkregen zijn 6.000 / 75 = 80 aandelen; werkelijk verkregen 100 aandelen; dus 20 'gratis' aandelen.)			
Converteerbare preferente aandelen			
Toename nettowinst, 800 * 8 =	6.400		
Uitgifte extra aandelen, 800 * 2 =		1.600	4,00
Converteerbare obligatie			
Toename nettowinst, 100.000 * 0,05 * (1 - 0,35) =	3.250		
Uitgifte extra aandelen, 100 * 20 =		2.000	1,63

In dit voorbeeld zijn de opties het meest verwaterend (er vindt immers geen toevoeging aan de winst plaats), gevolgd door de converteerbare obligaties (die voegen nog 1,63 per nieuw aandeel aan de winst toe), terwijl de converteerbare preferente aandelen het minst verwaterend zijn. Bij de bepaling van de verwaterde winst per aandeel wordt deze volgorde aangehouden.

Stap 2: Berekening van het effect van de potentiële gewone aandelen op de verwaterde winst per aandeel

	Nettowinst gewone aandelen	Gewone aandelen	Per aandeel
Gerapporteerd	10.000	2.354	4,25
Opties	-	20	
	10.000	2.374	4,21 verwaterend
Converteerbare obligaties	3.250	2.000	
	13.250	4.374	3,03 verwaterend
Converteerbare preferente aandelen	6.400	1.600	
	19.650	5.974	3,29 Winstverhogend

Stap 3: Bepaling van de verwaterde winst per aandeel
Aangezien de verwaterde winst per aandeel toeneemt als de converteerbare preferente aandelen in de berekening worden betrokken (van 3,03 naar 3,29), zijn de converteerbare preferente aandelen winstverhogend en daarom worden deze niet betrokken in de berekening van de verwaterde winst per aandeel. De verwaterde winst per aandeel bedraagt derhalve 3,03.

37.5.3.6 Voorwaardelijk uit te geven aandelen en Voorwaardelijk uit te geven potentiële aandelen

Evenals bij de gewone winst per aandeel (zie par. 37.4.3) worden voorwaardelijk uit te geven aandelen of potentiële aandelen in de berekening betrokken vanaf het begin van het boekjaar of, indien later, vanaf het begin van de looptijd van de overeenkomst inzake voorwaardelijke uitgifte. Het aantal voorwaardelijk uit te geven aandelen of potentiële aandelen wordt bepaald op het aantal aandelen of potentiële aandelen dat zou moeten worden uitgegeven indien de looptijd van de overeenkomst inzake voorwaardelijke uitgifte zou eindigen op het eind van dit boekjaar. Aanpassing van de vergelijkende cijfers is niet toegestaan indien aan het einde van de looptijd van de overeenkomst van voorwaardelijke uitgifte niet aan de voorwaarden is voldaan (RJ 340.216, IAS 33.52).

In de situatie van voorwaardelijk uit te geven *potentiële* aandelen is voor een aantal typen van voorwaarden door IFRS specifiek aangegeven hoe aan het einde van de verslagperiode het aantal uit te geven aandelen dient te worden bepaald:

▶ Indien het behalen van een bepaald bedrag aan resultaat de voorwaarde is voor uitgifte van aandelen en dat bedrag behaald is aan het einde van de periode, maar gehandhaafd moet blijven voor een vervolgperiode na het einde van de verslagperiode, dienen deze aandelen, indien verwaterend, meegenomen te worden voor de berekening van de verwaterde winst per aandeel (IAS 33.53).
▶ Indien het aantal voorwaardelijk uit te geven aandelen afhankelijk is van de toekomstige beurskoers van het aandeel, wordt aan het einde van de verslagperiode het aantal aandelen bepaald dat zou zijn uitgegeven als die datum de einddatum van de voorwaardelijke periode was; dit aantal aandelen wordt meegenomen voor de berekening van de verwaterde winst per aandeel indien verwaterend (IAS 33.54).
▶ Wanneer de toekenning van aandelen afhankelijk is van voorwaarden anders dan resultaat of beurskoers van het aandeel (bijvoorbeeld het openen van een bepaald aantal winkels), wordt per einde van de verslagperiode bepaald hoeveel aandelen uitgegeven zullen worden onder de aanname dat er zich geen veranderingen zullen voordoen in de status ten aanzien van deze voorwaarde tot het einde van de voorwaardelijke periode; dit aantal aandelen wordt meegenomen voor de berekening van de verwaterde winst per aandeel indien verwaterend (IAS 33.56).

37 Winst per aandeel en andere kengetallen, kerncijfers en meerjarenoverzichten

Hoewel deze latere wijzigingen in IAS 33 niet zijn doorgevoerd in Richtlijn 340, is het conceptueel consistent om dergelijke voorwaarden op eenzelfde wijze te behandelen onder de Nederlandse regelgeving.

Verschillen Dutch GAAP - IFRS

De Nederlandse wet- en regelgeving maakt bij de berekeningswijze van de verwaterde winst per aandeel bij contracten die vereffend mogen worden in gewone aandelen of contanten, geen verschil tussen situaties waarin de keuze tussen deze twee mogelijkheden ligt bij de uitgevende rechtspersoon en situaties waarin deze keuze ligt bij de houder van het instrument of het contract. IFRS doet dit wel.

Of potentiële gewone aandelen tot verwatering leiden, en derhalve mee worden genomen in de berekening van de verwaterde winst per aandeel, wordt bepaald aan de hand van het effect op de winst of het verlies uit voortgezette bedrijfsactiviteiten per aandeel onder IFRS en het gehele resultaat (inclusief beëindigde bedrijfsactiviteiten) onder de Nederlandse regelgeving.

De RJ vermeldt niet hoe er moet worden omgegaan met personeelsopties met vaste of bepaalbare voorwaarden en prestatiegerelateerde personeelsopties. IFRS doet dit wel.

37.5.4 Bijzondere bepalingen

Richtlijn 340 is gebaseerd op IAS 33 in de versie zoals gepubliceerd in 1997. De in 2003 aangebrachte wijzigingen in IAS 33 zijn niet doorgevoerd in RJ 340. De volgende bijzondere bepalingen die zijn opgenomen in IAS 33 zijn niet opgenomen in Richtlijn 340.

Gekochte put- en callopties

Contracten zoals gekochte putopties en gekochte callopties, ofwel opties die door de rechtspersoon op zijn eigen aandelen gehouden worden, worden niet meegenomen in de berekening van de verwaterde winst per aandeel, omdat verondersteld wordt dat uitoefening niet zal leiden tot verwatering. Een putoptie[3] zal immers alleen dan uitgeoefend worden als de uitoefenprijs ('verkoopprijs') hoger is dan de marktprijs en een calloptie[4] zal alleen dan uitgeoefend worden als de uitoefenprijs ('koopprijs') lager is dan de marktprijs (IAS 33.62).

Geschreven putopties

Contracten die de rechtspersoon verplichten om eigen aandelen in te kopen, zoals geschreven putopties, worden meegenomen in de berekening van de verwaterde winst per aandeel voor zover zij tot verwatering zullen leiden. Indien deze contracten 'in the money' zijn gedurende de verslagperiode (d.w.z. indien de uitoefenprijs hoger is dan de gemiddelde prijs gedurende de betreffende periode), dient het potentiële verwaterende effect als volgt berekend te worden (IAS 33.63):
- er wordt verondersteld dat aan het begin van de verslagperiode voldoende gewone aandelen worden uitgegeven (tegen de gemiddelde prijs gedurende de periode) om aan de contractuele verplichtingen te kunnen voldoen;
- er wordt verondersteld dat de opbrengsten gebruikt worden om aan de contractuele verplichtingen te voldoen (d.w.z. om eigen aandelen in te kopen);
- het verschil tussen het verondersteld aantal uit te geven aandelen en het verondersteld aantal ingekochte aandelen wordt meegenomen voor de berekening van de verwaterde winst per aandeel.

---

[3] Een verhandelbaar recht om gedurende een bepaalde tijd een bepaalde onderliggende waarde (bijvoorbeeld een aandeel) tegen een bepaalde prijs te mogen verkopen.
[4] Een verhandelbaar recht om gedurende een bepaalde tijd een bepaalde onderliggende waarde (bijvoorbeeld een aandeel) tegen een bepaalde prijs te kopen.

> **Voorbeeld geschreven putoptie (ontleend aan IAS 33.A10)**
> ▶ Veronderstel dat een rechtspersoon 120 geschreven putopties op aandelen heeft met een uitoefenprijs van € 35.
> ▶ De rechtspersoon heeft de verplichting om 120 aandelen terug te nemen tegen een vergoeding, de tegenprestatie, van € 4.200 (zijnde 120 opties * € 35).
> ▶ De gemiddelde marktprijs van de gewone aandelen gedurende de periode bedraagt € 28.
> ▶ Bij de berekening van de verwaterde winst per aandeel veronderstelt de rechtspersoon dat hij 150 aandelen (zijnde € 4.200/28) uitgeeft aan het begin van de verslagperiode om uit de fictieve opbrengst van € 4.200 te voldoen aan zijn verplichting van € 4.200, te betalen voor de uitoefening van de 120 geschreven putopties.
> ▶ Het verschil tussen de 150 theoretisch uitgegeven gewone aandelen en de 120 theoretisch ingekochte gewone aandelen, zijnde 30, wordt toegevoegd aan de deler in de berekening van de verwaterde winst per aandeel.

Verschillende categorieën gewone aandelen

Het eigen vermogen van sommige rechtspersonen omvat (IAS 33.A13):
▶ Instrumenten die deelnemen in het dividend tezamen met de gewone aandelen, op basis van een bepaalde formule (bijvoorbeeld twee voor één), met in sommige gevallen een limiet aan de omvang van deelname (bijvoorbeeld maximaal een bepaald bedrag per aandeel);
▶ Een categorie gewone aandelen met een dividendpercentage dat verschilt van een andere categorie gewone aandelen, maar zonder prioriteitsrechten van een van de betreffende categorieën.
Allereerst dient dan te worden nagegaan of sprake is van aandelen die in gewone aandelen converteerbaar zijn. Als dat het geval is en het conversie-effect verwaterend, dan wordt voor de bepaling van alléén de verwaterde winst per aandeel verondersteld dat conversie heeft plaatsgevonden. Zijn de aandelen niet converteerbaar, dan dient zowel de gewone winst per aandeel als de verwaterde winst per aandeel te worden aangepast voor het effect van de winst of het verlies dat kan worden toegerekend aan de verschillende categorieën aandelen.

Bij de berekening van de gewone en verwaterde winst per aandeel dient de winst toegerekend te worden aan de verschillende aandelen op basis van hun gerechtigdheid in de winst. Vervolgens dient de winst per aandeel te worden bepaald voor ieder instrument of iedere categorie gewone aandelen (IAS 33.A14).

Voorgaande bepalingen gelden ook voor instrumenten uitgegeven door joint ventures of een deelneming waarop de moedermaatschappij invloed van betekenis kan uitoefenen (IAS 33.A11).

Potentiële gewone aandelen van groepsmaatschappijen, joint ventures of entiteiten waarop de moedermaatschappij invloed van betekenis kan uitoefenen

Een groepsmaatschappij, joint venture of entiteit waarop de moedermaatschappij invloed van betekenis kan uitoefenen (geassocieerde deelneming), kan potentiële gewone aandelen uitgeven die converteerbaar zijn in gewone aandelen van de groepsmaatschappij, joint venture of geassocieerde deelneming, dan wel in aandelen van de moedermaatschappij. Indien deze potentiële gewone aandelen een verwaterend effect hebben op de gewone winst per aandeel, worden zij opgenomen in de berekening van de verwaterde winst per aandeel (IAS 33.40).

Met potentiële gewone aandelen uitgegeven door een groepsmaatschappij, joint venture of geassocieerde deelneming die recht geven op aandelen van de groepsmaatschappij, joint venture of geassocieerde deelneming wordt rekening gehouden bij de berekening van de verwaterde winst per aandeel van de moedermaatschappij door eerst de verwaterde winst per aandeel van de betreffende groepsmaatschappij, joint venture of geassocieerde deelneming te bepalen. Deze wordt vervolgens, rekening houdend met het aantal gehouden aandelen, opgeteld bij de verwaterde winst per aandeel van de moedermaatschappij, exclusief het resultaat van de betreffende groepsmaatschappij, joint venture of geassocieerde deelneming. Potentiële gewone aandelen uitgegeven door een groepsmaatschappij, joint venture of geassocieerde deelneming die recht geven op aandelen van de

37 Winst per aandeel en andere kengetallen, kerncijfers en meerjarenoverzichten

moedermaatschappij, worden op dezelfde wijze verwerkt als potentiële gewone aandelen uitgegeven door de moedermaatschappij (IAS 33.A11).

37.6 Tussentijdse cijfers en winst per aandeel

Indien bij tussentijdse cijfers (bijvoorbeeld bij kwartaal- of halfjaarcijfers) informatie over de winst per aandeel wordt opgenomen, dient deze op basis van Richtlijn 340 en IAS 33 te worden opgesteld. De informatie over de winst per aandeel wordt bepaald voor iedere tussentijdse periode afzonderlijk. Dit betekent dat het totaal van de winst per aandeel van vier individuele kwartalen niet gelijk hoeft te zijn aan de winst per aandeel op jaarbasis.

Deze werkwijze is in overeenstemming met de bepalingen voor het opstellen van tussentijdse cijfers (zie hoofdstuk 45). Hierbij geldt het principe dat tussentijdse cijfers op dezelfde wijze opgesteld dienen te worden als jaarcijfers, maar ook dat jaarcijfers niet beïnvloed worden door (de frequentie van) het opstellen van tussentijdse cijfers (RJ 394 en IAS 34).

37.7 Presentatie en toelichting winst per aandeel

Volgens de RJ dient de vermelding van de gewone en verwaterde winst per aandeel plaats te vinden op de pagina van de winst-en-verliesrekening (en dus niet in de toelichting) voor iedere categorie van gewone aandelen die een ander recht geeft tot deelname in de winst van de verslagperiode. De gewone en verwaterde winst over het boekjaar en de vergelijkende perioden dienen op gelijkwaardige wijze gepresenteerd te worden (RJ 340.401). De presentatie dient ook plaats te vinden als de bedragen negatief zijn, en er dus een verlies per aandeel optreedt (RJ 340.402).

Onder IFRS biedt IAS 1 de keuze om één overzicht met het totaalresultaat, dan wel twee deeloverzichten (zijnde een winst-en-verliesrekening en een overzicht van niet-gerealiseerde resultaten), op te nemen (IAS 1.81).
- Indien gekozen wordt voor één overzicht met het totaalresultaat, dan dienen de gewone en verwaterde winst per aandeel (zowel die gebaseerd op het nettoresultaat toekomend aan de aandeelhouders van de moedermaatschappij als die uit voortgezette activiteiten) als onderdeel van dit overzicht (op dezelfde pagina) te worden opgenomen (IAS 33.66);
- Indien een afzonderlijke winst-en-verliesrekening wordt gepresenteerd, dan dienen de gewone en verwaterde winst per aandeel (zowel die gebaseerd op het nettoresultaat toekomend aan de aandeelhouders van de moedermaatschappij als die uit voortgezette activiteiten) als onderdeel van de winst-en-verliesrekening (op dezelfde pagina) te worden opgenomen (IAS 33.67A).

De informatie dient voor alle perioden die als vergelijkend cijfer zijn opgenomen, te worden gepresenteerd. De verwaterde winst per aandeel dient ook te worden vermeld als deze gelijk is aan de gewone winst per aandeel, waarbij een samengevoegde presentatie op één regel is toegelaten (IAS 33.67).

IFRS kent een aanvullende bepaling ten aanzien van de gewone en verwaterde winst per aandeel uit beëindigde bedrijfsactiviteiten ('discontinued operations'). Indien van toepassing, dan dienen kengetallen ofwel te worden gerapporteerd als onderdeel van (op de pagina van) het overzicht met het totaalresultaat of de winst-en-verliesrekening, ofwel in de toelichting te worden opgenomen (IAS 33.68 en 68A). De RJ vraagt deze vermeldingen niet.

Een rechtspersoon dient voorts toe te lichten:
1. de bedragen die worden gebruikt als teller in de berekening van de gewone en de verwaterde winst per aandeel, en een aansluiting van deze bedragen met de nettowinst of het verlies toekomend aan de moedermaatschappij (RJ 340.501, IAS 33.70(a));
2. het gewogen gemiddelde aantal gewone aandelen dat wordt gebruikt als noemer in de berekening van de gewone en verwaterde winst per aandeel en een aansluiting van de verschillende noemers met elkaar (RJ 340.501, IAS 33.70(b));
3. instrumenten (inclusief voorwaardelijk uit te geven aandelen) die potentieel de gewone winst per aandeel in de toekomst kunnen verwateren, maar die niet in de berekening zijn meegenomen omdat zij in de betreffende periode(n) niet tot verwatering hebben geleid (IAS 33.70(c));
4. een beschrijving van transacties in gewone aandelen of potentiële gewone aandelen die plaats hebben gevonden na de balansdatum, waarvoor geen aanpassing heeft plaatsgevonden en die een significante verandering in het aantal gewone aandelen of potentiële gewone aandelen tot gevolg gehad zou hebben indien deze transacties voor de balansdatum hadden plaatsgevonden (IAS 33.70(d)).

Inzake de eerste twee punten vereist IAS 33.70 dat in de aansluiting het individuele effect van iedere categorie van instrumenten wordt weergegeven. De RJ schrijft deze detaillering niet voor. Tevens behoeft ingevolge de Richtlijnen geen toelichting over het derde punt te worden verstrekt.

Richtlijn 340 gebruikt voor het vierde punt een enigszins andere benadering bij de toelichtingsvereisten. Vereist wordt om transacties met (potentiële) gewone aandelen die na de balansdatum hebben plaatsgevonden toe te lichten indien dat noodzakelijk is voor het inzicht (RJ 340.303). IFRS geeft als voorbeelden die eventueel toelichting behoeven (IAS 33.71):
▶ de emissie van aandelen tegen betaling in contanten;
▶ de emissie van aandelen waarvan de opbrengsten worden gebruikt voor de aflossing van op de balansdatum bestaande schulden of van op de balansdatum uitstaande preferente aandelen;
▶ de terugbetaling op uitstaande gewone aandelen;
▶ de conversie of uitoefening van rechten van op de balansdatum uitstaande potentiële gewone aandelen;
▶ de uitgifte van warrants, opties of converteerbare instrumenten; en
▶ het voldoen aan voorwaarden die zouden leiden tot de uitgifte van voorwaardelijk uit te geven aandelen.

Daarnaast wordt aanbevolen de voorwaarden van financiële instrumenten toe te lichten die kunnen leiden tot verwatering van de winst per aandeel (RJ 340.502, IAS 33.72).

Als een rechtspersoon naast de gewone en verwaterde winst per aandeel andere bedragen per aandeel toelicht, dienen deze bepaald te worden op basis van hetzelfde gewogen gemiddelde aantal aandelen en dienen het gewone en het verwaterde bedrag op gelijke wijze gepresenteerd te worden in de toelichting. Als daarbij een component van de nettowinst wordt gebruikt die niet separaat in de winst-en-verliesrekening wordt gerapporteerd, dient een aansluiting te worden gemaakt tussen de gebruikte component en een component die in de winst-en-verliesrekening wordt gerapporteerd (RJ 340.503, IAS 33.73).

Verschillen Dutch GAAP - IFRS
De belangrijkste verschillen ten aanzien van presentatie en toelichting zijn:
▶ Naast de gewone en verwaterde winst per aandeel gebaseerd op het nettoresultaat toekomend aan de aandeelhouders van de rapporterende (moeder)maatschappij, dienen, indien van toepassing, deze cijfers volgens IFRS ook op basis van het resultaat uit voortgezette bedrijfsactiviteiten te worden gepresenteerd.

37 Winst per aandeel en andere kengetallen, kerncijfers en meerjarenoverzichten

▸ Afhankelijk van de keuze van de onderneming voor het opnemen van alleen een overzicht met het totaalresultaat dan wel in twee deeloverzichten, dient de onderneming de gewone en verwaterde winst per aandeel te verantwoorden als onderdeel (op de pagina van) het overzicht met het totaalresultaat dan wel de winst-en-verliesrekening.
▸ Indien van toepassing dienen de gewone en verwaterde winst per aandeel uit beëindigde bedrijfsactiviteiten op de pagina van het overzicht met het totaalresultaat, de winst-en-verliesrekening of in de toelichting te worden gepresenteerd.
▸ Onder IFRS dienen in de toelichting de instrumenten die potentieel tot verwatering zouden kunnen leiden, maar in de betreffende periode niet verwaterend waren, te worden vermeld.
▸ IFRS vereist dat transacties met gewone aandelen of potentiële gewone aandelen die hebben plaatsgevonden na de balansdatum, worden toegelicht. De RJ vereist deze toelichting alleen indien dat noodzakelijk is om gebruikers van de jaarrekening in staat te stellen een juiste afweging te maken en juiste beslissingen te nemen.

Toekomstige regelgeving
In de Exposure Draft 'General Presentation and Disclosures' (zie par. 37.1.2) stelt de IASB voor om de keuze voor de teller in 'aangepaste winst per aandeel'-berekeningen te beperken tot (sub)totalen zoals gespecificeerd door IFRS en 'management peformance measures' (zie par. 37.2.4). In het voorstel zijn als voorwaarden opgenomen:
▸ Dat de aangepaste winst per aandeel niet met meer prominentie wordt weergegeven dan de voorgeschreven gewone en verwaterde winst per aandeel;
▸ Dat de aangepaste winst per aandeel wordt berekend op basis van hetzelfde gewogen gemiddeld aantal aandelen (de noemer) als bepaald in IAS 33; en
▸ Dat de aangepaste winst per aandeel in de toelichting wordt opgenomen, en niet als onderdeel van de primaire overzichten (bij de winst-en-verliesrekening zelf).

37.8 Vergelijkende cijfers winst per aandeel

Op (de pagina van) de winst-en-verliesrekening wordt niet alleen de winst per aandeel over het afgelopen boekjaar vermeld, maar ook die over de boekjaren waarvoor vergelijkende cijfers zijn opgenomen in de winst-en-verliesrekening. Daarnaast is het mogelijk dat de winst per aandeel bedragen gedurende een reeks van jaren zijn opgenomen in een meerjarenoverzicht dat deel uitmaakt van het jaarverslag van de onderneming.

Bij het presenteren van cijfers van voorgaande boekjaren doet zich de vraag voor of aanpassing van de eerder gepubliceerde cijfers noodzakelijk is. Dit is het geval indien het aantal gewone of potentiële gewone aandelen verandert, zonder dat er een gerelateerde verandering in middelen is opgetreden (RJ 340.301, IAS 33.64). Voorbeelden hiervan zijn (zie par. 37.4.3.3):
▸ een bonusuitgifte (of stockdividend);
▸ een aandelensplitsing;
▸ een omgekeerde aandelensplitsing.

De berekening van de gewone en verwaterde winst per aandeel dient in dergelijke gevallen voor alle gepresenteerde perioden met terugwerkende kracht te worden aangepast (IAS 33.64, RJ 340.301). Indien dergelijke aandelenuitgiften plaatsvinden na de balansdatum, maar vóór de datering van de jaarrekening, dienen de gepresenteerde berekeningen per aandeel in de jaarrekening voor deze en elke voorgaande periode te zijn gebaseerd op het nieuwe aantal aandelen. Bovendien dient de verwerking van dergelijke veranderingen in het aantal aandelen te worden toegelicht (RJ 340.301, IAS 33.64).

In aanvulling hierop dienen de gewone en de verwaterde winst per aandeel voor alle gepresenteerde perioden en meerjarenoverzichten te worden aangepast voor de effecten van het herstel van materiële fouten en aanpassingen als gevolg van wijzigingen in de grondslagen voor waardering en resultaatbepaling (RJ 340.301, IAS 33.64). De RJ voegt hieraan toe de effecten van een voeging van rechtspersonen, die kwalificeert als een samensmelting van belangen (RJ 340.301).

Een rechtspersoon verandert de verwaterde winst per aandeel over voorgaande perioden niet in het geval van veranderingen in de gehanteerde veronderstellingen, noch in het geval van conversie van potentiële gewone aandelen in uitstaande gewone aandelen (RJ 340.302, IAS 33.65). De winst per aandeel wordt ook niet aangepast als gevolg van transacties met gewone aandelen of potentiële gewone aandelen, waarbij wel financiële middelen zijn verkregen of onttrokken, aangezien deze transacties geen invloed hebben op de omvang van het eigen vermogen waarmee de winst of het verlies over het boekjaar is gegenereerd.

In het hierna opgenomen voorbeeld worden zowel de gewone winst per aandeel over het huidige boekjaar als de aanpassing van de gewone winst per aandeel over het voorafgaande boekjaar uitgewerkt, in het geval dat in de loop van het huidige boekjaar een splitsing van aandelen heeft plaatsgevonden.

Voorbeeld aanpassing van vergelijkende cijfers in het geval van een splitsing van aandelen

Dit voorbeeld is een uitbreiding van het eerste voorbeeld in paragraaf 37.4.3.
- Nettowinst 20x1 — 11.000
- Dividend op preferente aandelen — 1.000
- Op 01-06-20x1 heeft een splitsing van aandelen plaatsgevonden in de verhouding 1:2
- De winst over 20x0 toekomend aan houders van gewone aandelen bedroeg — 9.000
- Het gemiddeld gewogen aantal uitstaande gewone aandelen in 20x0 was — 1.900

Voor de berekening van het gewogen gemiddeld aantal gewone aandelen in 20x1 zijn aldus de volgende gegevens beschikbaar:

		Uitgegeven aandelen	Ingekochte aandelen	Uitstaande aandelen
01-01-20x1	Beginstand	2.000	100	1.900
31-05-20x1	Uitgifte nieuwe aandelen tegen contanten	800	-	2.700
31-05-20x1	Tussenstand direct voor splitsing	2.800	100	2.700

Deze bedragen dienen eerst te worden aangepast voor de gevolgen van de aandelensplitsing in de verhouding 1:2 op 01-06-20x1, voordat de overige gegevens over 20x1 kunnen worden gebruikt.

		Uitgegeven aandelen	Ingekochte aandelen	Uitstaande aandelen
01-01-20x1	Aangepaste beginstand	4.000	200	3.800
31-05-20x1	Aangepaste uitgifte	1.600	-	5.400
01-06-20x1	Tussenstand direct na splitsing	5.600	200	5.400
01-12-20x1	Inkoop eigen aandelen tegen contanten	-	300	5.100
31-12-20x1	Eindstand	5.600	500	5.100

De berekening van het gewogen gemiddeld aantal gewone aandelen in 20x1 kan dan als volgt plaatsvinden:
- (3.800 * 5/12) + (5.400 * 6/12) + (5.100 * 1/12) = 4.708 aandelen, of
- (3.800 * 12/12) + (1.600 * 7/12) - (300 * 1/12) = 4.708 aandelen

De aan houders van gewone aandelen toekomende winst over 20x1 is 10.000 (11.000 - 1.000 preferent dividend), en dus bedraagt de gewone winst per aandeel: 10.000 / 4.708 = 2,12.
De oorspronkelijke gewone winst per aandeel over het jaar 20x0 bedraagt: 9.000 / 1.900 = 4,74.
De voor vergelijkingsdoeleinden in 20x1 aangepaste gewone winst per aandeel over het jaar 20x0 bedraagt: 9.000 / (1.900 * 2) = 9.000 / 3.800 = 2,37.

37 Winst per aandeel en andere kengetallen, kerncijfers en meerjarenoverzichten

Verschillen Dutch GAAP - IFRS

De gewone en de verwaterde winst per aandeel dienen onder de Nederlandse wet- en regelgeving voor alle gepresenteerde perioden en meerjarenoverzichten te worden aangepast voor de effecten van een voeging van rechtspersonen, die kwalificeert als een samensmelting van belangen. IFRS verwerkt alle fusies en overnames ('business combinations') als een overname.

37.9 Vrijstellingen voor middelgrote rechtspersonen

Voor middelgrote rechtspersonen is het verstrekken van gegevens over de winst per aandeel niet verplicht, maar als de winst per aandeel wordt vermeld, dient deze te worden berekend en vermeld in overeenstemming met de bepalingen van de Richtlijn en bestaan geen vrijstellingen (RJ 340.101).

38 Gebeurtenissen na balansdatum

38.1/2	Algemeen en begripsbepaling en Onderscheid verwerken en toelichten
Begripsbepaling	Splitsing in gebeurtenissen die wel en gebeurtenissen die geen nadere informatie geven over de feitelijke situatie per balansdatum.
Datering van de jaarrekening	Relevant voor de bepaling tot welk moment de gebeurtenissen na balansdatum zijn verwerkt.
38.3	**Verwerking in de jaarrekening van gebeurtenissen die nadere informatie geven over de feitelijke situatie per balansdatum**
Gebeurtenissen die nadere informatie geven	*IFRS en Dutch GAAP met IFRS-grondslagen*: gebeurtenissen verwerken tot het moment waarop 'financial statements are authorised for issue' (opgemaakt door het bestuur).
	Dutch GAAP (overig): verwerking afhankelijk van het tijdstip waarop de gebeurtenis zich voordoet: ▶ tot het opmaken van de jaarrekening: verwerking in de jaarrekening; ▶ tot het vaststellen van de jaarrekening: geen verwerking in de jaarrekening tenzij dit noodzakelijk ('onontbeerlijk') is voor het inzicht; ▶ na het vaststellen van de jaarrekening: geen verwerking in de jaarrekening.
38.4	**Verwerking van gebeurtenissen die geen nadere informatie geven over de feitelijke situatie per balansdatum**
Gebeurtenissen die geen nadere informatie geven	Geen verwerking in de jaarrekening, tenzij de continuïteitsveronderstelling vervalt en de jaarrekening wordt opgesteld uitgaande van liquidatie van het geheel der werkzaamheden van de rechtspersoon.
	IFRS beperkt zich tot vermeldingen in de toelichting. In de Nederlandse situatie gaat het om vermelding: ▶ in de toelichting, indien zij belangrijke financiële gevolgen hebben voor de rechtspersoon (inclusief de in zijn geconsolideerde jaarrekening betrokken maatschappijen); ▶ (tevens) in het bestuursverslag, indien van invloed op verwachtingen.
38.5	**Samenvattende schema's**
Verwerkingswijzen	Schema Dutch GAAP.
	Schema IFRS en Dutch GAAP.
38.6	**Dividendvoorstel**
Dividend gewone aandelen	*IFRS*: Op de balansdatum nog niet vastgestelde dividenden mogen niet als verplichting worden opgenomen.
	RJ: voorkeur voor de door IFRS voorgeschreven verwerkingswijze; de Nederlandse wet laat echter nog twee andere verwerkingswijzen toe.

Dividend preferente aandelen	Uitgaande van daartoe strekkende statutaire bepalingen dient preferent dividend altijd (en onafhankelijk van de classificatie van preferente aandelen als vreemd dan wel eigen vermogen) als verplichting te worden verwerkt.

38.1 Algemeen en begripsbepaling

Naar hun aard kunnen gebeurtenissen na de balansdatum in twee groepen worden ingedeeld (RJ 160.103, IAS 10.3):

- gegevens die blijken na de balansdatum en die (pas op dat moment) nadere informatie geven over de feitelijke situatie per balansdatum ('adjusting events after the reporting period'); voorbeelden hiervan zijn:
  - een rechterlijke uitspraak die bevestigt dat de rechtspersoon inderdaad reeds per balansdatum een verplichting had;
  - informatie waaruit blijkt dat een actief reeds per balansdatum duurzaam in waarde was gedaald;
  - de uiteindelijke vaststelling van de verkrijgingsprijs van een reeds per balansdatum verworven actief;
  - de ontdekking van een reeds per balansdatum bestaande fraude;
- gegevens die blijken na de balansdatum en die geen nadere informatie geven over de feitelijke situatie per balansdatum ('non-adjusting events after the reporting period'); voorbeelden hiervan zijn:
  - de aan- of verkoop van deelnemingen;
  - het plotselinge faillissement van een deelneming;
  - waardedaling van beleggingen.

38.2 Onderscheid verwerken en toelichten

Indien op grond van hiernavolgende paragrafen wordt geconcludeerd dat verwerking in de jaarrekening vereist is, dienen de cijfers daadwerkelijk te worden aangepast. De cijfermatige gegevens in de jaarrekening zullen in dat geval wijzigen (RJ 160.201, IAS 10.8). Het ongewijzigd laten van deze cijfers en vervolgens alleen informatie omtrent deze gebeurtenissen opnemen in de toelichting volstaat dan niet. Verwerking omvat zowel de positieve als de negatieve gebeurtenissen (RJ 160.103, art. 2:384 lid 2 BW, IAS 10.3).Datering van de jaarrekening

Omdat het voor belanghebbenden van belang is om te weten tot welke datum de gebeurtenissen na de balansdatum in de jaarrekening in acht en in aanmerking zijn genomen, dient in de jaarrekening de datum van het opmaken van de jaarrekening door het bestuur (directie of betreffend bestuursorgaan) (RJ 160.401) te worden vermeld respectievelijk de datum waarop de 'financial statements were authorised for issue' (IAS 10.17) (zie par. 2.4.2).

38.2.1 Vermelding van de mogelijkheid tot het wijzigen van de jaarrekening na opmaak

Ingevolge IAS 10.17 dient vermeld te worden of de aandeelhouders de mogelijkheid hebben om de jaarrekening te wijzigen na opmaak. Dit is geen expliciete vereiste onder de Nederlandse wet- en regelgeving. Bij Nederlandse rechtspersonen maakt het bestuur de jaarrekening op, maar stelt de algemene vergadering de jaarrekening vast. De algemene vergadering heeft derhalve de (theoretische) mogelijkheid om de inhoud van de posten van de jaarrekening te bepalen en eventueel te (laten) wijzigen.

38 Gebeurtenissen na balansdatum

Verschillen Dutch GAAP - IFRS

IFRS vereist, in tegenstelling tot de Nederlandse wet- en regelgeving, vermelding van het feit dat de aandeelhouders de mogelijkheid hebben om de jaarrekening te wijzigen na opmaak.

38.3 Verwerking in de jaarrekening van gebeurtenissen die nadere informatie geven over de feitelijke situatie per balansdatum

De gebeurtenis na balansdatum die normaliter het meest vérstrekkende gevolg voor de presentatie in de jaarrekening kan hebben is een bijzondere gebeurtenis waardoor de continuïteit van de onderneming respectievelijk de continuïteitsveronderstelling van de entiteit vervalt.

Is er sprake van een gebeurtenis na balansdatum die blijkt in de periode na de balansdatum tot aan de datum van het opmaken (onder IFRS) of vaststellen (onder Nederlandse wet- en regelgeving) van de jaarrekening, en die gebeurtenis ertoe leidt dat de veronderstelling van continuïteit vervalt of discontinuïteit onontkoombaar is, dan dienen deze gegevens wel in de jaarrekening (die wordt opgesteld uitgaande van liquidatie van het geheel van de werkzaamheden van de rechtspersoon) te worden verwerkt. Dit is een afwijking van de algemene regels; immers, in dit geval is sprake van een gebeurtenis na balansdatum die geen nadere informatie geeft over de situatie op balansdatum (art. 2:362 lid 6 BW, RJ 160.206, RJ 170.102, IAS 10.14). Voor de betekenis van discontinuïteit en een jaarrekening op basis van liquidatiegrondslagen zie hoofdstuk 46.

Minder vérstrekkende gebeurtenissen na balansdatum (die nadere informatie geven over de feitelijke situatie per balansdatum) kunnen, onder omstandigheden, ook tot verwerking in de jaarrekening leiden. In deze paragraaf wordt op dit type gebeurtenissen nader ingegaan; een schematisch overzicht is opgenomen in paragraaf 38.5.

Dutch GAAP

De Nederlandse regelgeving (RJ 160.202a) maakt voor de verwerking van gebeurtenissen na balansdatum onderscheid op basis van de door de entiteit gekozen verslaggevingstandaarden. In paragraaf 3.1.5 zijn de mogelijke combinaties van toe te passen standaarden aangegeven:

Combinatie	Geconsolideerde jaarrekening	Enkelvoudige jaarrekening
1	Titel 9	Titel 9
2	IFRS	Titel 9 zonder waarderingsgrondslagen IFRS
3	IFRS	Titel 9 met waarderingsgrondslagen IFRS
4	IFRS	IFRS

Is sprake van *combinatie 3 of 4* dan schrijft RJ 160.202a voor om de verwerking van de gebeurtenissen na balansdatum conform de bepalingen van IAS 10 te laten plaatsvinden, dat wil zeggen tot het moment waarop de jaarrekening 'authorised for issue' is (ofwel de datum waarop de jaarrekening door het bestuur voor (formele) opmaak wordt ondertekend). Gebeurtenissen die zich in die gevallen na het opmaken van de jaarrekening voordoen, worden niet meer verwerkt in de jaarrekening. De volgende situaties kunnen worden onderscheiden:
1. Er komt informatie beschikbaar na de datum van opmaken maar vóór het vaststellen van de jaarrekening, bijvoorbeeld een omvangrijke claim tegen de rechtspersoon wordt afgewezen door de rechter. Een onderneming die de jaarrekening op basis van de Nederlandse wet- en regelgeving opstelt kan dergelijke informatie verwerken in de jaarrekening indien dit onontbeerlijk is voor het vereiste inzicht. Een onderneming die de jaarrekening op basis van IFRS opstelt verwerkt dergelijke informatie niet.

2. Er komt informatie beschikbaar na de datum van opmaken maar vóór het vaststellen van de jaarrekening, bijvoorbeeld de onderneming ontdekt een fundamentele fout in de jaarrekening. Een onderneming die de jaarrekening op basis van de Nederlandse wet- en regelgeving opstelt zal dergelijke informatie verwerken in de jaarrekening omdat dit onontbeerlijk is voor het vereiste inzicht. Voor een onderneming die de jaarrekening op basis van IFRS opstelt geeft de wet in dergelijke gevallen geen specifieke regels. Het lijkt voor de hand liggend dat de algemene vergadering in een dergelijke situatie de IFRS-jaarrekening met fundamentele fout niet zal vaststellen maar ofwel de jaarrekening gewijzigd zal vaststellen ofwel het bestuur de opdracht zal geven de jaarrekening opnieuw op te maken zonder de fundamentele fout. Het lijkt onwaarschijnlijk dat de algemene vergadering in een dergelijk geval de IFRS jaarrekening met fundamentele fout zal vaststellen en dat vervolgens het bestuur de procedure zoals beschreven in artikel 2:362 lid 6 BW zal volgen (mededeling aan de algemene vergadering met controleverklaring daarbij).
3. Wanneer na vaststellen van de jaarrekening blijkt dat de jaarrekening in ernstige mate tekortschiet in het geven van het inzicht – zoals bedoeld in artikel 2:362 lid 1 BW – dan gelden voor de onderneming die de jaarrekening op basis van de Nederlandse wet- en regelgeving opstelt en de onderneming die de jaarrekening op basis van IFRS opstelt dezelfde regels (art. 2: 362 lid 6 BW). Het bestuur dient in deze situatie de algemene vergadering hieromtrent te berichten en een mededeling te deponeren bij het handelsregister. Deze procedure is op dezelfde wijze verplicht voor Nederlandse rechtspersonen die IFRS toepassen in de jaarrekening (art. 2:362 lid 9 BW).

Voor Nederlandse beursvennootschappen zijn tevens de bepalingen van de Wft van toepassing (met name art. 5:25c lid 7 en 9 Wft).

Is sprake van combinatie 1 of 2 dan is voor de beantwoording van de vraag of en hoe deze gegevens in de jaarrekening moeten worden verwerkt, bepalend op welk moment tijdens het proces van opmaken, vaststellen en deponeren van de jaarrekening de gegevens bekend worden (voor de verschillen tussen 'opmaken' en 'vaststellen' wordt verwezen naar hoofdstuk 2):

- De gegevens blijken in de periode na de balansdatum tot aan de datum van het opmaken van de jaarrekening, en geven nadere informatie over de feitelijke situatie op balansdatum:
  - deze gegevens dienen bij het opmaken van de jaarrekening in de jaarrekening te worden verwerkt (art. 2:384 lid 2 BW en RJ 160.201).
- De gegevens blijken in de periode na het opmaken van de jaarrekening tot aan het vaststellen van de jaarrekening door de algemene vergadering (of ander daartoe bevoegd statutair orgaan, zoals de ledenvergadering), en geven nadere informatie over de feitelijke situatie op balansdatum:
  - deze gegevens worden alléén in de jaarrekening verwerkt voor zover dat noodzakelijk is ('onontbeerlijk') voor het inzicht (art. 2:362 lid 6 BW en RJ 160.202).
- De gegevens blijken ná het vaststellen van de jaarrekening door de algemene vergadering (of ander daartoe bevoegd statutair orgaan, zoals de ledenvergadering).

Voorbeelden van gebeurtenissen na de balansdatum die nadere informatie geven over de feitelijke situatie op de balansdatum zijn (RJ 160.204, IAS 10.9):

- de uitspraak na de balansdatum inzake een rechtszaak die bevestigt dat de rechtspersoon reeds een op de balansdatum bestaande verplichting had (dat betekent dan dat het bedrag van een eerder opgenomen voorziening wordt overgeboekt naar de schulden, en in geval van een eerdere vermelding als 'niet uit de balans blijkende verplichting' het verwerken van een voorziening of een schuld);
- de ontvangst van informatie omtrent waardevermindering van een actief (bijvoorbeeld het faillissement van een debiteur of verkoop van een voorraad);

- de vaststelling na de balansdatum van de kostprijs van voor de balansdatum gekochte activa of opbrengsten van verkochte activa;
- de vaststelling na de balansdatum van de hoogte van de winstdeling of bonusbetalingen wanneer de rechtspersoon een in rechte afdwingbare of feitelijke verplichting tot betaling had op de balansdatum als gevolg van gebeurtenissen van voor die datum;
- de constatering van fraude of fouten waaruit blijkt dat de jaarrekening onjuist was.

De toelichting op de jaarrekening dient te worden aangepast aan (nieuwe) informatie die na de balansdatum is ontvangen omtrent de toestand op balansdatum (RJ 160.402, IAS 10.19).

Fundamentele fouten

Indien op grond van nadere gegevens moet worden geconcludeerd dat de eerder vastgestelde jaarrekening (of de opgemaakte jaarrekening bij toepassing van IFRS of bij toepassing van combinatie 3) in ernstige mate tekortschiet in het geven van het vereiste inzicht (vaak omschreven als een zogenaamde fundamentele fout), dienen deze gegevens onverwijld te worden bericht (door het bestuur) aan de leden of aandeelhouders (en, zo deze in functie is, gelijktijdig aan de Ondernemingsraad). Voorts wordt dan een mededeling (van het bestuur) hieromtrent gedeponeerd bij het handelsregister en wordt (bij deze bestuursmededeling, ook wel genoemd désaveuverklaring) een verklaring bijgevoegd van de controlerend accountant, althans indien de (achteraf gezien: tekortschietende) jaarrekening overeenkomstig artikel 2:393 BW was gecontroleerd en voorzien van een controleverklaring (RJ 160.203 en art. 2:362 lid 6 BW). Ook dient in voorkomende gevallen een dergelijke mededeling te worden toegevoegd aan een jaarrekening die op andere wijze dan door deponering bij het handelsregister openbaar wordt gemaakt (RJ 160.203 en art. 2:395 lid 2 BW). Indien bij een beursgenoteerde instelling de opgemaakte en openbaar gemaakte – nog niet vastgestelde – jaarrekening in ernstige mate tekortschiet in het geven van het vereiste inzicht, dient hieromtrent onverwijld een bericht openbaar te worden gemaakt (art. 5:25c lid 6 Wft). Tevens dient een beursgenoteerde instelling bovengenoemde bestuursmededeling (ex art. 2:362 lid 6 BW) onverwijld openbaar te maken en naar de AFM te zenden (art. 5:25c lid 9 Wft), waarna de AFM deze deponeert bij het handelsregister (art. 5:25m lid 8 Wft).

IFRS

IAS 10.3 beperkt zich tot het in aanmerking nemen van die gebeurtenissen na de balansdatum die zich voordoen in de periode tussen de balansdatum en de datum waarop alle formaliteiten zijn vervuld vóór het 'naar buiten brengen' van de jaarrekening ('financial statements authorised for issue'). Deze periode is in de Nederlandse situatie vergelijkbaar met de periode tussen de balansdatum en de datum van het opmaken van de jaarrekening door het bestuur (statutaire directie, raad van bestuur) van de entiteit.

IFRS schrijft verwerking voor van alle gebeurtenissen die zich in de aangegeven periode (voor datum 'authorised for issue') voordoen (IAS 10.7 en 10.8).

Verschillen Dutch GAAP - IFRS

Bij het in aanmerking nemen van gebeurtenissen na de balansdatum onderscheidt IFRS slechts één periode en hanteert Dutch GAAP drie perioden.

38.4 Verwerking van gebeurtenissen die geen nadere informatie geven over de feitelijke situatie per balansdatum

Gegevens die blijken na de balansdatum en die geen nadere informatie geven over de feitelijke situatie per balansdatum, dienen niet in de jaarrekening te worden verwerkt, tenzij deze een grote betekenis voor de rechtspersoon hebben omdat de continuïteitsveronderstelling vervalt en de jaarrekening wordt opgesteld uitgaande van liquidatie van het geheel van de werkzaamheden van de rechtspersoon (RJ 160.206, IAS 10.10 en 10.14). Met betrekking tot deze problematiek wordt verwezen naar de uiteenzetting in hoofdstuk 46.

Volgens de Nederlandse wetgeving kan vermelding van een gebeurtenis na balansdatum in de toelichting (art. 2:380a BW) en in het bestuursverslag (art. 2:391 lid 2 BW) noodzakelijk zijn. De vermelding in het bestuursverslag dient ook plaats te vinden indien de jaarrekening, met gebruikmaking van artikel 2:362 lid 8 BW (vrijwillig of verplicht), op basis van IFRS-grondslagen wordt opgesteld; immers, ook dan is Afdeling 7 (van Titel 9 Boek 2 BW) inzake het bestuursverslag van kracht en dient de vermelding ex artikel 2:391 lid 2 BW (bestuursverslag) plaats te vinden.

Vermelding in de toelichting

Bij een balans is in feite sprake van een 'momentopname', waarbij de besluitvorming omtrent de jaarrekening en de resultaatbestemming door de algemene vergadering (of ander daartoe statutair bevoegd orgaan, zoals de ledenvergadering) op een later tijdstip plaats. Desondanks geldt in de Nederlandse situatie dat gegevens die blijken na de balansdatum en die geen nadere informatie geven over de feitelijke situatie per balansdatum in de toelichting dienen te worden vermeld, althans indien zij belangrijke financiële gevolgen hebben voor de rechtspersoon en de in zijn geconsolideerde jaarrekening betrokken maatschappijen (art. 2:380a BW en RJ 160.404). De vermelding omvat de aard van de gebeurtenissen alsmede de omvang van de financiële gevolgen, heeft zowel betrekking op risico's en verliezen als op gunstige financiële gevolgen. Indien een betrouwbare schatting van de omvang van de financiële gevolgen niet mogelijk wordt geacht, dient dit te worden vermeld. Aangezien de toelichting een onderdeel is van de jaarrekening betreft het hier in het algemeen gegevens die bekend zijn geworden tot aan het moment van opmaken van de jaarrekening (RJ 160.405).

Het kan dus zowel gaan om voordelige als nadelige financiële gevolgen, zoals bijvoorbeeld een belangrijke acquisitie of afstoting, reorganisatieprocessen of het wegvallen van belangrijke markten. De RJ verwijst hierbij specifiek naar de toelichtingsvereisten voortkomend uit Richtlijn 345 'Beëindiging van bedrijfsactiviteiten' (RJ 345.304).

Vermelding in het bestuursverslag

Van gegevens die blijken na de balansdatum en die geen nadere informatie geven over de feitelijke situatie per balansdatum, wordt in Nederlandse situatie onder omstandigheden ook melding gemaakt in het bestuursverslag (art. 2:391 lid 2 BW en RJ 160.407; zie ook par. 39.4.10). Het betreft hier in het bijzonder gebeurtenissen die van invloed zijn op de verwachtingen (in de 'toekomstparagraaf'). Veelal zullen deze gebeurtenissen eveneens in de toelichting zijn opgenomen. Voorbeelden van gebeurtenissen die kunnen leiden tot vermelding in het bestuursverslag zijn:
▶ het besluit nieuwe activiteiten te ontplooien dan wel activiteiten af te stoten;
▶ het voornemen tot internationalisering;
▶ het verwerven van deelnemingen.

Toelichting onder IFRS

Wat betreft de toelichting op de jaarrekening schrijft IFRS voor:
▶ dat indien de entiteit informatie ontvangt over de toestand op balansdatum, deze (nieuwe) informatie, voor zover van toepassing, moet worden verwerkt, in de toelichting op de jaarrekening (IAS 10.19);

- dat van de gebeurtenissen na de balansdatum die geen nadere informatie geven over de feitelijke situatie per balansdatum, indien zij dermate belangrijk ('materieel') zijn dat het niet toelichten de oordeelsvorming van de gebruikers van de jaarrekening beïnvloedt, de volgende informatie dient te worden gegeven:
  - de aard van de gebeurtenis;
  - een schatting van de financiële gevolgen van de gebeurtenis, dan wel een verklaring dat een zodanige schatting niet kan worden gemaakt (IAS 10.21).

Voorbeeld vermelding gebeurtenissen na balansdatum, ontleend aan een bestuursverslag

(a) Bedrijfscombinaties

Begin jaar 2 heeft de Groep een 100%-belang verworven in Beheer BV en haar dochtermaatschappijen (hierna gezamenlijk 'Beheer' genoemd).

De kostprijs van deze acquisitie bestaat uit een initiële betaling in contanten van € X miljoen en x.xxx.xxx gewone aandelen in Groep ('Groep aandelen') uitgegeven op de acquisitiedatum ('closing'), zijnde begin jaar 2. Voorts wordt de kostprijs bepaald door een earn out-regeling, bestaande uit twee betalingen: een maximale betaling van € Z1 miljoen in contanten en een maximum van y.yyy.yyy in Groep aandelen verschuldigd ongeveer vijf maanden en respectievelijk een jaar na closing. De tweede betaling bestaat uit een maximale betaling van € Z2 miljoen in contanten en een maximum van y.yyy.yyy in Groep aandelen verschuldigd ongeveer 17 maanden en respectievelijk twee jaar na closing.
Het bedrag aan earn out-betalingen is afhankelijk van de winstgevendheid van Beheer in jaar 1 en jaar 2 in vergelijking tot vooraf bepaalde winstdoelstellingen.

Op basis van een voorlopige waardering, zijn de kosten van de business combinatie Beheer ingeschat op circa € XX miljoen. Dit bedrag bestaat uit de inschatting van de reële waarde van de uitgegeven en uit te geven Groep aandelen tegen € z,zz per aandeel (de genoteerde prijs van het Groep aandeel per begin jaar 2), de initiële betaling in contanten van € X miljoen, de verwachte earn out-betalingen in contanten (gecorrigeerd voor de tijdswaarde van geld) en kosten direct toerekenbaar aan de acquisitie.

De uitgegeven en uit te geven Groep aandelen in het kader van deze transactie hebben verkooprestricties van twee tot vier jaar.

De uit te geven Groep aandelen in het kader van de earn out-regeling hebben een verwateringseffect op de winst per aandeel vanaf begin jaar 2.

De vennootschap is momenteel in een afrondende fase wat betreft het proces van allocatie van de aankoopkosten van deze Beheer business combinatie. Als gevolg hiervan kunnen in dit stadium verdere details van de financiële consequenties van de acquisitie niet worden gegeven.

(b) Uitkering van dividend op gewone aandelen
Verwezen wordt naar Toelichting bb op de statutaire jaarrekening.

(c) Nieuwe financieringsstructuur cumulatief preferente financieringsaandelen B
Op 31 december jaar 1 diende het dividend opnieuw te worden vastgesteld voor de preferente financieringsaandelen B. Met de investeerders is een overeenkomst gesloten om de voorwaarden zodanig aan te passen, dat de preferente financieringsaandelen B in overeenstemming met IFRS (IAS 32) als eigen vermogen kunnen worden verwerkt. De Statuten dienen op dit punt te worden aangepast, wat staat geagendeerd voor de Algemene Vergadering op 15 mei jaar 2.
Het preferente dividend zal worden vastgesteld op 475 basispunten boven de zevenjaarsrente van Nederlandse Staatsobligaties en retrospectief worden toegepast vanaf 1 januari jaar 2.

Verschillen Dutch GAAP - IFRS

Vermeldingen omtrent gebeurtenissen na de balansdatum worden volgens IFRS steeds opgenomen in de toelichting, volgens de Nederlandse wet- en regelgeving dient vermelding in de toelichting en in het bestuursverslag aan de orde te komen. IFRS kent in het geheel geen bepalingen omtrent het bestuursverslag.

38.5 Samenvattende schema's

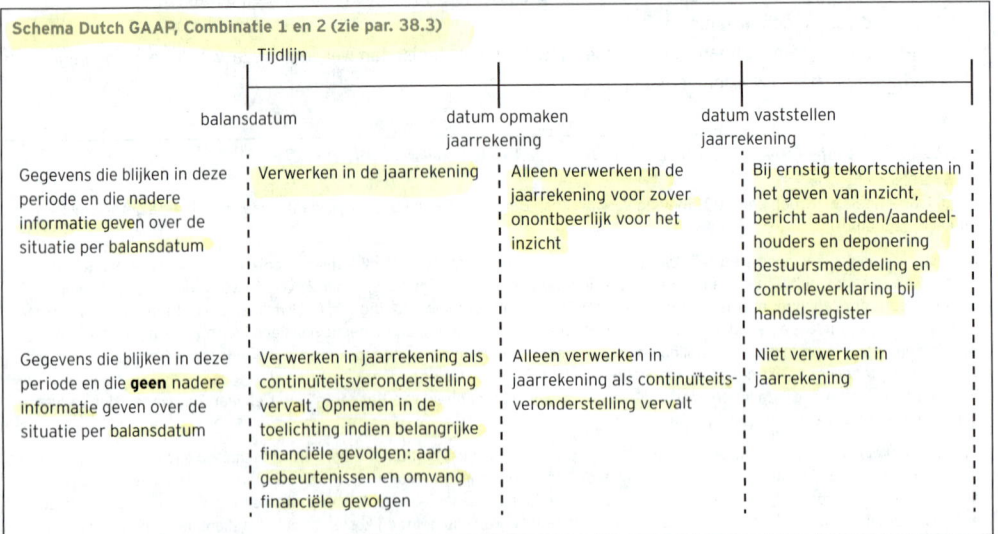

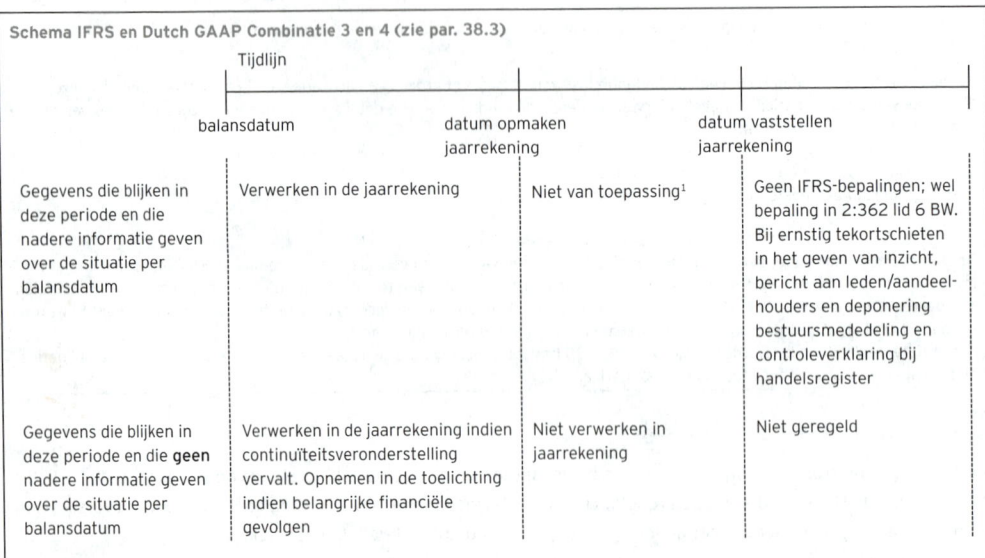

1   Dit ziet toe op het bepaalde in IAS 10 dat na de datum waarop 'the financial statements were authorised for issue' geen wijzigingen meer kunnen plaatsvinden; bij een Nederlandse beursvennootschap wordt (art. 5:25c lid 1 Wft) de door het bestuur opgemaakte jaarrekening direct algemeen verkrijgbaar gesteld ('authorised for issue').

38.6 Dividendvoorstel
38.6.1 Dividend op gewone aandelen

Op grond van RJ 420.108 is vereist dat in de jaarrekening, of in andere tezamen met de jaarrekening openbaar gemaakte stukken, informatie wordt opgenomen aangaande het over het boekjaar gedeclareerde of voorgestelde dividend per aandeel.

Ingevolge IAS 10.12 is het niet toegestaan om een dividenduitkering die wordt vastgesteld na de balansdatum als verplichting op te nemen in de balans. Dit voorschrift berust op het uitgangspunt dat hierdoor geen nader inzicht in de feitelijke situatie op balansdatum wordt gegeven. Er is immers geen sprake van een verplichting op balansdatum.
De voorgenomen dividenduitkering dient volgens IAS 10.13 en IAS 1.137 te worden vermeld in de toelichting op de jaarrekening.

In de Nederlandse situatie is voor de verwerking van het voorgestelde bedrag aan dividenduitkering sprake van een keuze uit drie mogelijkheden (art. 2:373 lid 1 BW, RJ 160.208):
- het niet afzonderlijk in de balans verwerken; dan wordt het (onverdeelde) resultaat van het boekjaar als een afzonderlijke post in het eigen vermogen opgenomen en is sprake van een balans vóór voorgestelde resultaatbestemming. Het voorgestelde bedrag aan dividenduitkering wordt vermeld in de toelichting (art. 2:380c BW);
- in de balans verwerken als een separate component van het eigen vermogen; dan is sprake van een balans ná winstbestemming;
- in de balans verwerken onder de schulden; ook dan is sprake van een balans ná winstbestemming.

Interim-dividend

De RJ bepaalt in RJ 160.210 dat indien de balans wordt opgemaakt vóór winstbestemming, het uitgekeerde interim-dividend in mindering dient te worden gebracht op het resultaat na belastingen van het boekjaar waarbij het saldo wordt aangeduid als onverdeelde winst. Dit gebeurt zichtbaar in de balans.

38.6.2 Dividend preferente aandelen
Dutch GAAP

RJ 160.209 omvat specifieke bepalingen voor de verwerking en presentatie van preferent dividend.

De presentatie van het uit te keren preferent dividend is onafhankelijk van de presentatie van de balans vóór dan wel ná winstbestemming en is tevens onafhankelijk van de classificatie van preferent aandelenkapitaal als onderdeel van het eigen vermogen dan wel als onderdeel van het vreemde vermogen.

Indien preferent dividend moet worden uitgekeerd op basis van statutaire bepalingen, indien voldoende vrij uitkeerbaar eigen vermogen uit de jaarrekening blijkt, dient het als preferent dividend uit te keren bedrag als een verplichting op balansdatum te worden opgenomen.

Indien sprake is van een BV waarvan het bestuur geen goedkeuring tot uitkering van preferent dividend heeft verleend, wordt het ontbreken van deze goedkeuring in de toelichting vermeld. Ingeval de balans vóór winstbestemming wordt ingericht waarbij het preferent aandelenkapitaal als eigen vermogen wordt gepresenteerd, dient het als preferent dividend uit te keren bedrag, voor zover onderdeel van de winstbestemming, op het resultaat na belastingen van het boekjaar in mindering te worden gebracht; het resterende saldo van het resultaat boekjaar wordt dan aangeduid met de term 'onverdeelde winst'. Dit gebeurt zichtbaar op de balans.

Indien onvoldoende vrij vermogen uit de jaarrekening blijkt en er in toekomstige jaren bij voldoende vrij vermogen alsnog preferent dividend moet worden uitgekeerd, dient het dan te betalen bedrag te worden vermeld in de toelichting.

IFRS

De classificatie van de preferente dividendschuld volgt de classificatie in de balans. In geval van preferente aandelen zal op basis van de IFRS-voorschriften veelal sprake zijn van vreemd vermogen (zie hoofdstuk 30). In dat geval dient het preferente dividend als onderdeel van de financiële baten en lasten te worden gepresenteerd respectievelijk als verplichting (voor zover betaling niet in het desbetreffende boekjaar heeft plaatsgevonden); daarmee is preferent dividend géén onderdeel van de winstbestemming.

Het bedrag van het cumulatieve preferente dividend dat (nog) niet is opgenomen in de balans dient volgens IAS 1.137 te worden vermeld in de toelichting op de jaarrekening.

Verschillen Dutch GAAP - IFRS

Onder de Nederlandse wet- en regelgeving is het bij een balans na winstbestemming toegestaan om het voorgestelde dividend onder de schulden te presenteren; dit is geen mogelijkheid onder IFRS.

De presentatie van het uit te keren preferente dividend geschiedt onder de Nederlandse wet- en regelgeving onafhankelijk van de classificatie van de preferente aandelen. Bij toepassing van IFRS volgt de classificatie van het uit te keren preferente dividend de classificatie van de preferente aandelen.

39 Bestuursverslag

39.1 Begripsbepaling en toepassingsgebied	
Naamgeving	Het bestuursverslag wordt ook wel verslag van de raad van bestuur of directieverslag genoemd.
39.2 Wet- en regelgeving met betrekking tot het bestuursverslag	
Voor alle ondernemingen	Voor alle ondernemingen, behalve micro- en kleine ondernemingen is artikel 2:391 BW en Richtlijn 400 van toepassing.
Voor beursgenoteerde vennootschappen	▸ het Besluit van 23 december 2004 tot vaststelling van de nadere voorschriften omtrent de inhoud van het bestuursverslag (Besluit inhoud bestuursverslag), zoals gewijzigd in 2017; ▸ de Nederlandse Corporate Governance Code; ▸ het Besluit van 5 april 2006 tot uitvoering van artikel 10 van Richtlijn 2004/25/EG van het Europees Parlement en de Raad van de Europese Unie 21 april 2004 (Besluit artikel 10 Overnamerichtlijn); ▸ het 'Besluit bekendmaking niet-financiële informatie' ter uitvoering van EU-richtlijn 2014/95/EU, zoals gepubliceerd in 2017; ▸ het Besluit van 26 juli 2008 ter uitvoering van artikel 41 van Richtlijn 2006/43/EG, zoals gewijzigd in 2016 (Besluit instelling auditcommissie); en ▸ de Wet op het financieel toezicht (Wft); de bestuursverklaring.
39.3 Formele aspecten bestuursverslag	
Algemeen	Bestuursverslag mag niet strijdig zijn met de jaarrekening.
Taaleenheid	Nederlands, tenzij door algemene vergadering anders besloten.
Geldeenheid	Dezelfde geldeenheid als de jaarrekening.
Openbaarmaking	Gelijktijdig met de jaarrekening, door deponering bij het handelsregister, maar mag ten kantore van de vennootschap worden gehouden. Voor beursgenoteerde ondernemingen openbaarmaking en deponering bij de AFM.
Ondertekening	Ondertekening van het bestuursverslag door directie is niet verplicht, maar in de praktijk wel gebruikelijk.
Reikwijdte	Er dient duidelijk te blijken welke onderdelen van het jaarverslag (jaarstukken) precies onderdeel uitmaken van het bestuursverslag. In de praktijk bestaat hier vaak onduidelijkheid over.

Structuurregime	Een NV of BV die aan bepaalde 'grootte' criteria voldoet is wettelijk verplicht om een zogeheten structuurregime in te stellen. Hoofdregel van dit regime betreft het verplicht instellen van een raad van commissarissen met verregaande bevoegdheden.
Vrijstellingen	Voor micro- en kleine rechtspersonen bestaat een vrijstelling van het opmaken van een bestuursverslag. Voor groepsmaatschappijen bestaat een vrijstelling bij toepassing artikel 2:403 BW. Van de uitgebreide rapportage inzake niet-financiële informatie zijn kleine en middelgrote rechtspersonen vrijgesteld, omdat dit alleen is voorgeschreven voor grote rechtspersonen die tevens een organisatie van openbaar belang (OOB) zijn met meer dan 500 werknemers.

39.4 Wettelijke vereisten

Algemene informatie	Doelstelling, omschrijving van activiteiten, juridische structuur, interne structuur en elementen van het gevoerde beleid.
Financiële informatie en gang van zaken	Toestand op de balansdatum en gang van zaken gedurende het boekjaar. Aandacht besteden aan: ontwikkeling gedurende boekjaar, omzet en resultaten, solvabiliteit en liquiditeit, kasstromen en financieringsbehoefte. Tevens aandacht geven aan ontwikkeling in verslagjaar van belangrijke aangelegenheden waarover in voorgaand verslagjaar verwachtingen zijn uitgesproken.
Risico's en onzekerheden	Beschrijving voornaamste risico's en onzekerheden en hoe deze worden beheerst. Mogelijke categorieën zijn: strategie, operationeel, financieel, financiële verslaggeving en wet- en regelgeving.
Informatie over financiële instrumenten	Aandacht voor doelstellingen en beleid op gebied van risicobeheer inzake het gebruik van financiële instrumenten en het beheer van deze risico's.
Informatie over gedragscodes	In het bestuursverslag dient aangegeven te worden of specifieke gedragscodes (zoals een corporate governance code) verplicht of vrijwillig worden gevolgd en welke gedragscodes dit betreft.
Informatie over maatschappelijke aspecten van ondernemen	Informatie inzake maatschappelijke aspecten en effecten verbonden aan de ondernemingsactiviteiten voor zover relevant. In het bijzonder met betrekking tot algemene aspecten, milieuaspecten, sociale aspecten en economische aspecten.
Informatie over onderzoek en ontwikkeling	Aard werkzaamheden, betekenis positie en gang van zaken onderneming, splitsing onderzoek in fundamenteel en toegepast, vereist ongeacht of post immateriële vaste activa is opgenomen in de balans, geen ontheffing wegens gewichtige belangen mogelijk.

Overige informatie	Aanbeveling om afhankelijk van de relevantie op te nemen: marketing en distributie, interne beheersing, risicomanagement, kwaliteitsbeheersing, informatievoorziening, automatisering en financiering.
Toekomstparagraaf	Informatie voor zover gewichtige belangen zich hiertegen niet verzetten, zoals investeringen, financiering, personeelsbezetting, omstandigheden waarvan omzetontwikkeling en rentabiliteit afhankelijk zijn.
Mededeling over m/v-verdeling	Grote NV's en BV's dien(d)en (tot 2020) mededeling te doen over een (on)evenwichtige m/v-verdeling binnen de raad van bestuur of raad van commissarissen. In 2021 wordt wettelijk bepaald dat grote NV's en BV's een passend streefcijfer moeten vaststellen voor de m/v-verhouding en daarover ook jaarlijks moeten rapporteren aan de SER.

39.5 Aanvullende vereisten beursgenoteerde vennootschappen

Opbouw bestuursverslag beurfondsen	Voor een beursgenoteerde vennootschap gelden nadere wettelijke eisen voor het bestuursverslag, waaronder corporate governance-, diversiteits- en niet-financiële-informatie.
Corporate governance informatie	Een corporate governance-verklaring wordt opgenomen in, of als bijlage bij, het bestuursverslag en kan op de website mededelingopenbaar worden gemaakt. Over de naleving van de Nederlandse Corporate Governance Code dient een Nederlandse beursgenoteerde vennootschap informatie op te nemen in het bestuursverslag.
	Deze informatievereisten liggen in elkaars verlengde. Het is daarom verdedigbaar om de corporate governance-verklaring en de mededelingen over de naleving van de Nederlandse Corporate Governance Code, zoals functioneren en samenstelling van bepaalde organen en beschermingsconstructies, te combineren.
Risicoparagraaf	In aanvulling op wettelijke eisen: belangrijkste kenmerken omtrent interne beheers- en controlesysteem, beschrijving van voornaamste risico's, beschrijving opzet en werking interne risicobeheersings- en controlesysteem, beschrijving van eventuele tekortkomingen en opname van in control-statement.
Overige informatievereisten	Een open NV waarop artikel 2:383b BW van toepassing is en niet als beursgenoteerde NV deze informatie opneemt in een apart bezoldigingsverslag (art. 2:135b lid 3 onder k BW), doet mededelingen over beleid ten aanzien van bezoldiging van bestuur en raad van commissarissen. Een beursgenoteerde vennootschap neemt deze informatie op in een apart bezoldigingsverslag (art. 2:135b lid 3 onder k BW).

Bezoldigingsverslag	Er wordt een apart bezoldigingsverslag opgesteld (art. 2:135b BW).
Verslag raad van commissarissen	Indien de vennootschap een two tier structuur heeft, wordt op basis van de Nederlandse corporate governance code een verslag van de raad van commissarissen uitgebracht met informatie over onder andere samenstelling, functioneren, vergaderingen, commissies en onafhankelijkheid. Tevens wordt apart aandacht besteed aan remuneratie.
Auditcommissie	Organisaties van openbaar belang dienen een auditcommissie in te stellen. Indien geen auditcommissie wordt ingesteld dient uit het bestuursverslag te blijken welk orgaan de taken daarvan vervult en wat de samenstelling van het orgaan is.
Diversiteitsbeleid	Een grote beursgenoteerde vennootschap moet informatie opnemen over het gevoerde diversiteitsbeleid aangaande bestuur en raad van commissarissen. In 2021 wordt een wettelijk ingroeiquotum ingevoerd voor benoeming van ten minste een derde vrouwelijke leden raad van commissarissen of niet-uitvoerende bestuurders.
Niet-financiële Informatie	Een organisatie van openbaar belang (OOB) met meer dan 500 werknemers moet mededelingen over niet-financiële informatie opnemen in het bestuursverslag.
Bestuursverklaring	Een beursgenoteerde vennootschap is verplicht om als onderdeel van het financieel verslag een specifieke bestuursverklaring openbaar te maken omtrent het getrouwe beeld van de jaarrekening en het getrouwe beeld van het bestuursverslag. De bestuursverklaring betreft een afzonderlijk onderdeel, naast het bestuursverslag en de jaarrekening.
Aandachtspunten	Verschillende organisaties geven jaarlijks aanbevelingen voor de inhoud van het bestuursverslag, bezoldigingsverslag of Verslag Raad van Commissarissen.

39.6 Informatie omtrent niet-financiële verslaggeving

Maatschappelijke verslaggeving	Een onderneming kan een afzonderlijk maatschappelijk verslag openbaar maken. In de RJ-bundel is sinds 2003 een Handreiking voor Maatschappelijke Verslaggeving opgenomen. Internationaal zijn er diverse initiatieven om te komen tot mogelijke standaarden.

39.7 IFRS

IFRS	In 2010 is door de IASB de 'IFRS Practice Statement, Management Commentary, a framework for presentation' uitgebracht. Dit is geen standaard, maar een vrijwilllig te hanteren leidraad. In 2018 is door de IASB een project tot mogelijke aanpassing of uitbreiding daarvan aangekondigd.

39 Bestuursverslag

39.1 Begripsbepaling en toepassingsgebied

Het jaarlijkse (financieel) verslag bevat naast de jaarrekening en de overige gegevens ook een bestuursverslag. Door de wetgever wordt het begrip bestuursverslag gebruikt ter aanduiding van het schriftelijk verslag van het bestuur omtrent de gang van zaken bij de rechtspersoon en het door de rechtspersoon gevoerde beleid. In de praktijk komen naast de 'wettelijke term' bestuursverslag ook wel de benamingen 'directieverslag' of 'verslag van de raad van bestuur' voor (RJ 400.101).

In de praktijk bestaat het bestuursverslag voor niet-beursgenoteerde ondernemingen veelal uit:
- het wettelijk vereiste bestuursverslag;
- andere (overige) informatie.

Definitie beursgenoteerde vennootschap

Voor beursgenoteerde vennootschappen gelden aanvullende eisen ten aanzien van het bestuursverslag. Onder een beursgenoteerde vennootschap wordt hierna verstaan een rechtspersoon waarvan de effecten (aandelen en/of obligaties) zijn toegelaten tot de handel op een gereglementeerde markt in één van de EU/EER-lidstaten; in het vervolg van dit hoofdstuk aangeduid als 'beursgenoteerde vennootschappen'. Deze aanduiding wordt gebruikt omdat bij een notering aan een gereglementeerde markt, waardoor tevens sprake is van een 'organisatie van openbaar belang' (OOB), enkele nadere wettelijke eisen gelden voor het bestuursverslag. Bij een beursnotering aan een niet-gereglementeerde markt, zoals een multilaterale handelsfaciliteit of een daarmee vergelijkbaar systeem, gelden geen nadere wettelijke eisen voor het bestuursverslag, maar kan wel de Nederlandse corporate governance code van toepassing zijn (zie par. 39.5.2.2).

Voor beursgenoteerde vennootschappen wordt aan de hierboven genoemde informatie nog toegevoegd:
- verslag van de Raad van Commissarissen, conform Nederlandse Corporate Governance Code;
- niet-financiële verklaring/verslag, als onderdeel van het bestuursverslag;
- bestuursverklaring (op grond van art. 5:25c lid 2 onder c Wft).

De wettelijke bepalingen omtrent de inhoud van het bestuursverslag zijn opgenomen in artikel 2:391 BW. Het bestuur van een grote of middelgrote NV (art. 2:101 BW), BV (art. 2:210 BW), coöperatie, onderlinge waarborgmaatschappij (art. 2:58 lid 1 BW), commerciële vereniging (art. 2:49 BW), commerciële stichting (art. 2:300 BW) of een formeel buitenlandse vennootschap (Wet op de formeel buitenlandse vennootschappen) moet elk boekjaar een schriftelijk bestuursverslag opstellen. Het bestuursverslag heeft betrekking op de rechtspersoon zelf alsmede op groepsmaatschappijen waarvan de financiële gegevens in de geconsolideerde jaarrekening zijn opgenomen.

Dit hoofdstuk is als volgt ingedeeld:
- wet- en regelgeving met betrekking tot het bestuursverslag (par. 39.2);
- de formele aspecten van het bestuursverslag (par. 39.3);
- de eisen die gelden voor alle ondernemingen (par. 39.4):
  - algemene informatie (par. 39.4.2);
  - financiële informatie en gang van zaken (par. 39.4.3);
  - informatie over voornaamste risico's en onzekerheid (par. 39.4.4);
  - informatie over financiële instrumenten (par. 39.4.5);
  - informatie over toepassing van gedragscodes (par. 39.4.6);
  - informatie over maatschappelijke aspecten van ondernemen (par. 39.4.7);
  - informatie over onderzoek en ontwikkeling (par. 39.4.8);

- ▶ overige informatie (par. 39.4.9);
- ▶ toekomstparagraaf (par. 39.4.10);
- ▶ evenwichtige zetelverdeling man/vrouw (par. 39.4.11);
▶ de aanvullende eisen voor beursgenoteerde vennootschappen en andere OOB's (par. 39.5):
- ▶ opbouw bestuursverslag beursfondsen (par. 39.5.1);
- ▶ corporate governance-informatie (par. 39.5.2);
- ▶ risicoparagraaf (par. 39.5.3);
- ▶ overige informatievereisten (par. 39.5.4);
- ▶ verslag raad van commissarissen (par. 39.5.6);
- ▶ bekendmaking diversiteitsbeleid (par. 39.5.7);
- ▶ bekendmaking niet-financiële informatie bestuursverslag beursgenoteerde vennootschappen (par. 39.5.8);
- ▶ bestuursverklaring (par. 39.5.9);
- ▶ aandachtspunten bestuursverslag beursfondsen 2019 (par. 39.5.10);
▶ informatie omtrent niet-financiële verslaggeving en maatschappelijke verslaggeving (par. 39.6);
▶ IFRS (par. 39.7).

In een integrated report kunnen de strategie, governance, financiële prestaties en vooruitzichten van een organisatie worden gekoppeld aan de sociale, milieu- en economische context waarbinnen de organisatie opereert. Hoofdstuk 40 is geheel aan integrated reporting gewijd.

In dit hoofdstuk wordt niet ingegaan op het bestuursverslag bij organisaties met bijzondere kenmerken of waarvoor specifieke (aanvullende) wet- en regelgeving van toepassing is.

39.2 Wet- en regelgeving met betrekking tot het bestuursverslag

Voor alle rechtspersonen, behalve micro- en kleine rechtspersonen zijn artikel 2:391 BW en Richtlijn 400 van toepassing.

Voor beursgenoteerde vennootschappen gelden daarnaast verschillende wetten, besluiten en regels waarvan een aantal hieronder in de onderlinge samenhang worden behandeld. In paragraaf 39.5 wordt de wet- en regelgeving ten aanzien van beursgenoteerde vennootschappen inhoudelijk behandeld per onderwerp.

- ▶ het Besluit van 23 december 2004 tot vaststelling van de nadere voorschriften omtrent de inhoud van het bestuursverslag, zoals gewijzigd bij Besluit van 29 augustus 2017 (verder: Besluit inhoud bestuursverslag);
- ▶ de Nederlandse Corporate Governance Code (laatstelijk aangepast 8 december 2016);
- ▶ het Besluit van 5 april 2006 tot uitvoering van artikel 10 van Richtlijn 2004/25/EG van het Europees Parlement en de Raad van de Europese Unie 21 april 2004 (verder: Besluit artikel 10 Overnamerichtlijn);
- ▶ het Besluit van 14 maart 2017 'Besluit bekendmaking niet-financiële informatie' ter uitvoering van EU-richtlijn 2014/95/EU;
- ▶ het Besluit van 26 juli 2008 ter uitvoering van artikel 41 van Richtlijn 2006/43/EG, zoals gewijzigd bij Besluit van 8 december 2016 (verder: Besluit instelling auditcommissie); en
- ▶ de Wet op het financieel toezicht (Wft); de bestuursverklaring.

Opvallend is dat een aantal aspecten behandeld wordt in meerdere wetten, besluiten en regels. Aangezien het toepassingsgebied en de reikwijdte van de verschillende wet- en regelgeving afwijkt, is de regelgeving in de laatste jaren ten aanzien van het bestuursverslag complex geworden. Om die reden is in Richtlijn 400 als bijlage een stroomschema en een tabel opgenomen die beogen schematisch inzichtelijk te maken aan welke bepalingen een rechtspersoon moet voldoen op grond van de hierboven genoemde besluiten.

Besluit inhoud bestuursverslag

Artikel 2:391 lid 5 BW stelt dat bij algemene maatregel van bestuur nadere voorschriften kunnen worden gesteld omtrent de inhoud van het bestuursverslag. Deze voorschriften kunnen in het bijzonder betrekking hebben op naleving van een in algemene maatregel van bestuur aan te wijzen gedragscode en op de inhoud, openbaarmaking en het accountantsonderzoek van een verklaring inzake corporate governance en (sinds boekjaar 2017) een niet-financiële verklaring (Stb. 2016, 352). Deze in artikel 2:391 lid 5 BW genoemde nadere voorschriften zijn opgenomen in het Besluit inhoud bestuursverslag. Dit Besluit is oorspronkelijk in 2004 ingevoerd om de toenmalige Nederlandse Corporate Governance Code aan te wijzen als gedragscode waarover beursvennootschappen in het bestuursverslag mededeling (pas-toe-of-leg-uit) moesten doen. In 2009 is dit Besluit aangepast als gevolg van een toenmalige wijziging in de Vierde EG-richtlijn, doorgaans de Corporate Governance Richtlijn genoemd (2006/46/EC), waarmee de zogeheten 'corporate governance-verklaring' van beursfondsen in nationale wetgeving werd verankerd. In 2016 is dit Besluit opnieuw aangepast als gevolg van een EU-richtlijn, vaak de Niet-Financiële Informatie/NFI-richtlijn genoemd (2014/95/EU), waarmee ook voorschriften werden ingevoerd voor vermelding van het diversiteitsbeleid door grote OOB's. In 2017 is dit Besluit opnieuw aangepast als gevolg van de in 2016 gewijzigde Nederlandse Corporate Governance Code.

Het Besluit inhoud bestuursverslag is van toepassing op een vennootschap (NV of BV) waarvan effecten zijn toegelaten tot de handel op een gereglementeerde markt binnen de EU/EER. Het Besluit inhoud bestuursverslag bevat enkele vrijstellingen voor een vennootschap waarvan effecten niet zijnde aandelen, bijvoorbeeld obligaties, zijn toegelaten tot de handel op een gereglementeerde markt. Verder wijst dit Besluit inhoud bestuursverslag de Nederlandse Corporate Governance Code aan als gedragscode zoals omschreven in artikel 2:391 lid 5 BW. Hierdoor moet een vennootschap waarvan aandelen of certificaten van aandelen zijn toegelaten tot een gereglementeerde markt of een vergelijkbaar systeem buiten de EU/EER, of tot een multilaterale handelsfaciliteit of vergelijkbaar systeem in het bestuursverslag mededelingen doen over de naleving van de bepalingen uit deze Nederlandse Corporate Governance Code, dat wil zeggen over de naleving van de codebepalingen gericht tot het bestuur en de raad van commissarissen. Daarnaast stelt het Besluit inhoud bestuursverslag eisen ten aanzien van mededelingen van deze corporate governance-informatie (corporate governance-verklaring) en mededelingen over kapitaalstructuur (vereist volgens het Besluit artikel 10 overnamerichtlijn). Deze inhoudelijke eisen komen in paragraaf 39.5 aan bod.

Nederlandse Corporate Governance Code

Op 9 december 2003 heeft de toenmalige Commissie-Tabaksblat in haar eindrapport een Nederlandse Corporate Governance Code gepubliceerd. Deze Code werd ook wel de Code Tabaksblat genoemd. De Code heeft sindsdien, met name in 2009 en 2016, een aantal wijzigingen ondergaan en is via het Besluit inhoud bestuursverslag wettelijk verankerd.
Op 8 december 2016 heeft de toenmalige Monitoring Commissie Corporate Governance Code de herziene Corporate Governance Code (de Code) gepubliceerd. De belangrijkste vernieuwing was het centraal stellen van langetermijnwaardecreatie en de introductie van cultuur als onderdeel van goede corporate governance. Daarnaast werd deze Code op diverse andere punten geactualiseerd.

Nederlandse beursgenoteerde vennootschappen dienen jaarlijks in het bestuursverslag mededelingen te doen over de naleving van de principes en best practice-bepalingen van de Nederlandse Corporate Governance Code die zijn gericht tot het bestuur en de raad van commissarissen. In de Code zijn principes van goede corporate governance uitgewerkt in deze 'best practice'-bepalingen, die een zekere normstelling creëren voor het gedrag van bestuurders en commissarissen, ook in de relatie tot de externe accountant en de aandeelhouders. De bepalingen in de Nederlandse Corporate Governance Code ten aanzien van de inhoud van het bestuursverslag en het verslag van de raad van commissarissen worden verderop nader uitgewerkt.

Onderstaande tabel omvat het toepassingsgebied van de Nederlandse Corporate Governance Code en het Besluit inhoud bestuursverslag (bron: Richtlijn 400 bijlage 1 en NBA-handreiking 1109: Verantwoordelijkheid accountant voor in het bestuursverslag opgenomen corporate governance-informatie). In deze tabel wordt de term *niet-gereglementeerd* gehanteerd voor notering aan een *multilaterale handelsfaciliteit* (MTF):

Op welke vennootschappen is de Nederlandse Corporate Governance Code respectievelijk het Besluit inhoud bestuursverslag van toepassing?			
Soort effecten	Soort beurs	Is de Nederlandse Corporate Governance Code van toepassing?	Is het Besluit inhoud bestuursverslag van toepassing?
Aandelen	Gereglementeerd EU	Ja	Ja
Aandelen	Gereglementeerd vergelijkbaar EU	Ja	Ja
Aandelen	Niet gereglementeerd/MTF	Nee, tenzij groot	Nee
Aandelen grote vennootschap	Niet gereglementeerd/MTF	Ja	Nee
Obligaties	Gereglementeerd EU	Nee	Ja, met uitzondering van artikelen 2a lid 2, 3 en 3a, b, c
Obligaties	Gereglementeerd vergelijkbaar EU	Nee	Nee
Obligaties	Niet gereglementeerd/MTF	Nee	Nee
Obligaties gecombineerd met aandelen	Obligaties gereglementeerd EU gecombineerd met aandelen niet gereglementeerd/MTF	Nee	Ja, uitgezonderd artikel 3.1

Besluit artikel 10 Overnamerichtlijn

Het Besluit artikel 10 Overnamerichtlijn is ingevoerd als gevolg van de Europese Richtlijn 2004/25/EG (Overnamerichtlijn) en geeft nadere informatievereisten voor het bestuursverslag ten aanzien van onder meer beschermingsconstructies. Dit Besluit artikel 10 Overnamerichtlijn is van toepassing op een NV waarvan (certificaten van) aandelen zijn toegelaten tot de handel op een gereglementeerde markt binnen de EU/EER of een met een gereglementeerde markt vergelijkbaar systeem buiten de EU/EER.

Bekendmaking niet-financiële informatie

Het in 2017 gepubliceerde 'Besluit bekendmaking niet-financiële informatie' strekt ter uitvoering van EU-richtlijn 2014/95/EU. Dit vereist de bekendmaking van niet-financiële informatie door een organisatie van openbaar belang (OOB) die tevens kwalificeert als grote rechtspersoon en meer dan 500 werknemers heeft. Dergelijke grote organisaties van openbaar belang – waaronder beursvennootschappen die effecten (aandelen of obligaties) hebben genoteerd aan een gereglementeerde markt, banken en verzekeraars –, moeten een niet-financiële verklaring opnemen in het bestuursverslag. Daarnaast moet wegens het in 2016 gepubliceerde 'Besluit bekendmaking diversiteitsbeleid' een beursvennootschap waarvan effecten (aandelen of obligaties) zijn genoteerd aan een gereglementeerde markt en kwalificeert als grote rechtspersoon, ook met minder dan 500 werknemers, op grond van dezelfde EU-richtlijn 2014/95/EU in het bestuursverslag informatie verstrekken over het diversiteitsbeleid met betrekking tot de samenstelling van het bestuur en de raad van commissarissen.

Besluit instelling auditcommissie

Een OOB dient als gevolg van het Besluit van 26 juli 2008, zoals gewijzigd bij Besluit van 8 december 2016 (Stb. 2016, 507), een auditcommissie in te stellen (Besluit instelling auditcommissie). Een auditcommissie is volgens het Besluit samengesteld uit leden van de raad van commissarissen (bij een two tier/duaal systeem) of uit leden van het bestuur die niet belast zijn met het uitvoerend bestuur (bij een one tier/monistisch systeem). Wel is in 2019 geregeld (Stb. 2019, nr. 252) dat bepaalde organisaties, namelijk grote pensioenfondsen en instellingen voor wetenschappelijk onderzoek, die sinds 1 januari 2020 zijn aangewezen als OOB niet aan (alle) bepalingen van het Besluit instelling auditcommissie behoeven te voldoen (Besluit aanwijzing organisaties van openbaar belang jo. art. 1b Besluit toezicht accountantsorganisaties).

Wft: de bestuursverklaring

Op grond van artikel 5:25c Wft is een beursgenoteerde vennootschap verplicht om als onderdeel van de financiële verslaggeving naast een door een accountant gecontroleerde jaarrekening en bestuursverslag tevens verklaringen van de ter zake verantwoordelijk aangewezen personen ('bestuursverklaring') openbaar te maken. De bestuursverklaring dient ook bij de halfjaarlijkse financiële verslaggeving, de halfjaarrekening en het halfjaarlijks bestuursverslag openbaar te worden gemaakt (art. 2:52d Wft). In essentie houden de verklaringen in dat de (half)jaarrekening en het (halfjaarlijks) bestuursverslag een getrouw beeld geeft.

39.3 Formele aspecten bestuursverslag

39.3.1 Algemeen

De wet bepaalt in artikel 2:391 lid 4 BW dat het bestuursverslag niet in strijd mag zijn met de jaarrekening en tevens dat, indien het getrouwe beeld dit vereist, het bestuursverslag verwijzingen bevat naar en aanvullende uitleg over posten in de jaarrekening. Deze bepaling houdt in dat de informatie die is opgenomen in het bestuursverslag, voor zover die betrekking heeft op het getrouwe beeld omtrent de toestand op de balansdatum en de gang van zaken gedurende het afgelopen boekjaar, moet overeenstemmen met de informatie in de jaarrekening.

Relatie jaarrekening en bestuursverslag

Toelichtingen op afzonderlijke posten in de balans en de winst-en-verliesrekening maken deel uit van de toelichting als onderdeel van de jaarrekening en dienen niet in plaats daarvan te worden opgenomen in het bestuursverslag (RJ 400.136).

39.3.2 Taal en geldeenheid

Taal

De wet (art. 2:391 lid 1 BW) schrijft voor dat het bestuursverslag in beginsel in de Nederlandse taal wordt opgesteld. Het gebruik van een andere taal is alleen mogelijk na een daartoe strekkend besluit van de algemene vergadering. Totdat dit besluit door een nieuw besluit wordt herroepen, dient het bestuursverslag in dezelfde taal te worden opgesteld als waartoe de algemene vergadering heeft besloten.

Het bestuursverslag en de overige gegevens dienen derhalve of in dezelfde taal als de jaarrekening, of in de Nederlandse taal te zijn opgesteld (RJ 190.111). De wet bepaalt (art. 2:394 lid 4 BW) het volgende:

'Gelijktijdig met en op dezelfde wijze als de jaarrekening worden het bestuursverslag en de overige in artikel 392 bedoelde gegevens in het Nederlands of in een van de andere in het eerste lid genoemde talen openbaar gemaakt'. De genoemde andere talen zijn Frans, Duits of Engels (art. 2:394 lid 1 BW).
Los van de taal waartoe de algemene vergadering heeft besloten, dient het exemplaar van het bestuursverslag bestemd voor de ondernemingsraad in de Nederlandse taal te zijn opgesteld (art. 31a lid 2 WOR).

Geldeenheid

De cijfermatige informatie in het bestuursverslag die op de groep betrekking heeft, dient te worden verstrekt in dezelfde geldeenheid als die waarin de geconsolideerde jaarrekening is opgesteld.

In het geval dat de cijfermatige informatie in het bestuursverslag betrekking heeft op de rechtspersoon zelf, geldt dat de valuta van de geconsolideerde jaarrekening gebruikt dient te worden. In de situatie dat de enkelvoudige jaarrekening een andere valuta hanteert dan de geconsolideerde jaarrekening, zal men tevens de informatie moeten verschaffen in de valuta van de enkelvoudige jaarrekening (RJ 190.108).

39.3.3 Openbaarmaking

Algemeen

Het openbaar maken van het bestuursverslag gebeurt gelijktijdig met de jaarrekening door het deponeren van het bestuursverslag bij het handelsregister. De wet (art. 2:394 lid 4 BW) geeft echter de mogelijkheid dat het bestuursverslag ten kantore van de rechtspersoon ter inzage van eenieder worden gehouden, in welk geval de rechtspersoon hiervan bij deponering jaarrekening opgaaf bij het handelsregister moet doen en aldus aan eenieder op verzoek een volledig of gedeeltelijk afschrift van het bestuursverslag ten hoogste tegen de kostprijs moet verstrekken. Op deze laatste wijze van 'openbaarmaking' van het bestuursverslag, namelijk door het bestuursverslag niet te deponeren bij het handelsregister maar ten kantore van de rechtspersoon te houden en alleen bij opvraag tegen kostprijs te verstrekken, is de afgelopen jaren kritiek ontstaan. Volgens critici is deze mogelijkheid niet meer van deze tijd en zouden alle middelgrote en grote rechtspersonen het bestuursverslag gewoon tezamen met de jaarrekening bij het handelsregister behoren te deponeren. Daarvoor is echter een wetswijziging nodig, oftewel het schrappen van deze huidige wettelijke mogelijkheid om het bestuursverslag ten kantore van de rechtspersoon te houden. Voor beursgenoteerde vennootschappen is dit uiteraard niet mogelijk en gelden specifieke regels omtrent de openbaarmaking; deze worden besproken in paragraaf 39.5.11.

Indien de minister van Economische Zaken na verzoek daartoe (op grond van art. 2:58 BW, art. 2:101 BW, of art. 2:210 BW) ontheffing voor het opmaken van de jaarrekening heeft verleend, behoeft ook het bestuursverslag niet openbaar te worden gemaakt mits een afschrift van die ontheffing ten kantore van het handelsregister wordt neergelegd (art. 2:394 lid 5 BW). Om een dergelijke ontheffing kan niet worden verzocht door een beursgenoteerde vennootschap, althans niet door een NV of BV waarvan effecten zijn genoteerd op een gereglementeerde markt (art. 2:101 lid 7/201 lid 8 BW). Zie voor de specifieke procedure paragraaf 2.7.

39.3.4 Ondertekening en reikwijdte van het bestuursverslag

In de praktijk bestaat soms onduidelijkheid over de reikwijdte van het bestuursverslag. Deze onduidelijkheid wordt mede veroorzaakt doordat ondernemingen steeds meer informatie verstrekken naast de jaarrekening en dergelijke informatie in het bestuursverslag of elders in het jaarbericht opnemen. De verenigbaarheidstoets van de controlerend accountant (art. 2:393 lid 2 BW), waarbij deze onderzoekt of het bestuursverslag overeenkomstig de wet is opgesteld en met de jaarrekening verenigbaar is, heeft eveneens betrekking op de andere informatie die naast de wettelijke verplichte informatie in het bestuursverslag wordt opgenomen. Naast de verenigbaarheidstoets zal de controlerend accountant dergelijke andere informatie lezen en op basis van zijn kennis en begrip, verkregen vanuit de jaarrekeningcontrole of anderszins, overwegen of deze andere informatie materiële afwijkingen bevat.

Indien informatie over bepaalde thema's buiten het bestuursverslag wordt geplaatst, maakt deze informatie in formele juridische zin geen deel uit van het bestuursverslag. In de praktijk komen onder meer de volgende voorbeelden voor van informatie die buiten het bestuursverslag wordt geplaatst: informatie over maatschappelijk verantwoord ondernemen, duurzaamheidsrapportages of aanvullende corporate governance-informatie (te denken valt aan aanvullende corporate governance-informatie die verder gaat dan hetgeen vereist is op grond van het BW en het Besluit inhoud bestuursverslag of corporate governance-informatie bij entiteiten waarop het Besluit inhoud bestuursverslag niet van toepassing is).

Manieren om de duidelijkheid omtrent welke informatie wel en welke niet tot het bestuursverslag behoort te vergroten zijn:
- inzichtelijk maken door middel van de inhoudsopgave, door verwijzingen naar specifieke pagina's of door middel van lay-out;
- in een tabel aangeven welke onderdelen deel uitmaken van het bestuursverslag;
- verwijzingen opnemen in het bestuursverslag naar bepaalde elders opgenomen passages. Door middel van verwijzingen worden deze passages geacht deel uit te maken van het bestuursverslag. Wij raden aan om deze verwijzingen zo specifiek mogelijk te maken. Ook informatie geplaatst op de website van de onderneming kan via het opnemen van een verwijzing deel uitmaken van het bestuursverslag. Een verwijzing naar de website is met name gebruikelijk bij bepaalde (meer statische) informatie, met name corporate governance-informatie kan op de website worden geplaatst (maar ook bij plaatsing op de website maakt deze corporate governance-informatie formeel onderdeel uit van het bestuursverslag);
- ondertekening van het bestuursverslag door bestuurders is zoals gesteld geen formeel vereiste, maar kan eveneens bijdragen om inzichtelijk te maken welke onderdelen deel uitmaken van het bestuursverslag.

> **Voorbeeld van het gebruik van verwijzingen in het bestuursverslag en ondertekening door het bestuur (geplaatst aan het einde van het bestuursverslag)**
> Het hoofdstuk Corporate Governance (vanaf pagina XX) en de in het Remuneratierapport/Bezoldigingsverslag opgenomen paragrafen 'Beloningsbeleid senior management' (pagina XX) en 'Beloningsstructuur senior management 20xx' (pagina XX) worden geacht in dit verslag te zijn ingelast.
>
> Plaats, datum
> DE RAAD VAN BESTUUR

39.3.5 Melding van opgaaf met betrekking tot structuurregime

Een 'grote' NV of BV (of een 'grote' coöperatie) die aan de hieronder te noemen vereisten voldoet, is wettelijk verplicht het zogeheten 'structuurregime' in te voeren. Hoofdregel van dit structuurregime is de verplichte instelling van een raad van commissarissen die beschikt over verregaande bevoegdheden. Aan de verplichte toepassing van het structuurregime gaat een inlooptijd van drie jaar vooraf, na afloop van deze termijn dienen de statuten (de 'structuur') van de NV of BV te zijn aangepast aan het structuurregime. Dergelijke 'grote' vennootschappen moeten zodra zij voldoen aan de hieronder genoemde vereisten van het structuurregime hiervan opgaaf doen ten kantore van het handelsregister. Zolang het structuurregime nog niet in werking is getreden, gedurende de inlooptijd van drie jaar, moet ook in het bestuursverslag melding worden gemaakt van deze opgaaf bij het handelsregister.

Van een 'grote' NV of BV (in de zin van de structuurregeling) is sprake wanneer deze NV of BV (blijkens de jaarrekening) aan de navolgende drie cumulatieve vereisten voldoet:
1. Het geplaatste kapitaal tezamen met de reserves bedraagt volgens de balans met toelichting ten minste € 16 miljoen.
2. De vennootschap of een afhankelijke maatschappij heeft een op grond van de Wet op de Ondernemingsraden verplichtte ondernemingsraad ingesteld.
3. De vennootschap en afhankelijke maatschappijen hebben in de regel ten minste 100 werknemers in Nederland.

Zoals hierboven genoemd moet van het kwalificeren als 'structuurvennootschap', zodra daarvan opgaaf is gedaan bij het handelsregister, ook melding te worden gemaakt in het bestuursverslag. Indien de opgaaf bij het handelsregister later weer wordt doorgehaald, moet dit feit eveneens in het eerstvolgende bestuursverslag worden meegedeeld (art. 2:63b lid 1 BW, art. 2:153 lid 1 BW en art. 2:263 lid 1 BW). Ook voor grote coöperaties bestaat een soortgelijk structuurregime, waarvan de voorwaarden min of meer gelijk zijn aan die voor de NV en BV, en een soortgelijke opgaaf bij het handelsregister en melding in het bestuursverslag verplicht is (art. 2:63b BW).

39.3.6 Vrijstellingen

Voor micro- en kleine rechtspersonen bestaat een vrijstelling van het opmaken van een bestuursverslag. Ook bestaat er een vrijstelling voor groepsmaatschappijen die gebruik kunnen maken van de toepassing van de publicatievrijstelling van artikel 2:403 BW (zie par. 42.1.1).
Middelgrote rechtspersonen zijn vrijgesteld van het rapporteren over niet-financiële prestatie-indicatoren in het bestuursverslag (art. 2:397 lid 8 BW). Deze vrijstellingen voor middelgrote, kleine en micro-rechtspersonen zijn niet van toepassing voor beleggingsentiteiten en OOB's (art. 2:398 lid 3 resp. 7 BW).

39.4 Wettelijke vereisten

39.4.1 Inleiding

De aspecten waarover door alle rechtspersonen informatie dient te worden verschaft in het bestuursverslag zijn opgenomen in artikel 2:391 lid 1 t/m3 BW en Richtlijn 400. De wet beperkt zich tot het noemen van de in het bestuursverslag te bespreken onderwerpen. De inhoud ervan is echter niet nader geregeld. In Richtlijn 400 wordt wel een nadere uitwerking van deze wettelijke eisen gegeven.

Deze onderwerpen worden in de navolgende paragrafen nader uitgewerkt.

Aangezien de wet in artikel 2:391 lid 1 t/m 3 BW een andere indeling hanteert dan Richtlijn 400, is hieronder een tabel opgenomen met de aspecten die wettelijk vereist zijn met een verwijzing naar de desbetreffende paragrafen waarin deze in RJ 400 behandeld worden.

Aspect	Artikel 2:391	Richtlijn 400 paragraaf	Handboek paragraaf
Evenwichtige en volledige analyse van de toestand op de balansdatum, de ontwikkeling gedurende het boekjaar en de resultaten	Lid 1	400.109-110	39.4.3
Niet-financiële prestatie-indicatoren, met inbegrip van milieu- en personeelsaangelegenheden	Lid 1	400.113-122	39.4.7
Beschrijving van de voornaamste risico's en onzekerheden waarmee de rechtspersoon wordt geconfronteerd	Lid 1	400.110A-110C	39.4.4
Verwachte gang van zaken, voor zover gewichtige belangen zich hiertegen niet verzetten	Lid 2	400.129-135	39.4.10

39 Bestuursverslag

Aspect	Artikel 2:391	Richtlijn 400 paragraaf	Handboek paragraaf
Mededelingen omtrent de werkzaamheden op het gebied van onderzoek en ontwikkeling	Lid 2	400.123-127	39.4.8
Vermeld wordt hoe bijzondere gebeurtenissen waarmee in de jaarrekening geen rekening behoeft te worden gehouden, de verwachtingen hebben beïnvloed	Lid 2	400.129-135	39.4.10
Een open NV waarop artikel 2:383b BW van toepassing is, en als beursgenoteerde NV dit niet in het aparte bezoldigingsverslag opneemt (art. 2:135b lid 3 onder k BW), doet voorts mededeling van het beleid van de vennootschap aangaande de bezoldiging van haar bestuurders en commissarissen en de wijze waarop dit beleid in het verslagjaar in de praktijk is gebracht	Lid 2	Niet uitgewerkt in Richtlijn 400	39.5
Doelstellingen en het beleid inzake risicobeheer ten aanzien van het gebruik van financiële instrumenten. Daarbij wordt aandacht besteed aan het beleid inzake de afdekking van risico's verbonden aan alle belangrijke soorten voorgenomen transacties	Lid 3	400.111	39.4.4
De door de rechtspersoon gelopen prijs-, krediet-, liquiditeits- en kasstroomrisico's	Lid 3	400.111	39.4.5
Evenwichtige verdeling m/v	Lid 7	400.108a	39.4.11

39.4.2 Algemene informatie

Een analyse van het gevoerde beleid en van de financiële positie wordt veelal voorafgegaan door algemene informatie omtrent de rechtspersoon en de daaraan verbonden onderneming(en). In een stellige uitspraak heeft de RJ aangegeven dat in het bestuursverslag, mede teneinde de jaarrekening zinvol te kunnen interpreteren, tevens algemene informatie omtrent de rechtspersoon (RJ 400.108) en de daaraan verbonden ondernemingen verschaft dient te worden.

Deze algemene informatie omvat in ieder geval (RJ 400.108):
▶ de doelstelling; deze kan bijvoorbeeld zijn vastgelegd in een 'mission statement';
▶ een omschrijving van de (kern)activiteiten van de onderneming met de belangrijkste producten, diensten, geografische gebieden en eventueel categorieën afnemers en leveranciers;
▶ de juridische structuur van de onderneming inclusief de groepsstructuur en de toepasselijkheid van het structuurregime;
▶ de interne organisatiestructuur en personele bezetting;
▶ belangrijke elementen van het gevoerde beleid.

39.4.3 Financiële informatie

In het bestuursverslag moet men onder andere aandacht besteden aan de toestand op de balansdatum en de ontwikkeling gedurende het boekjaar (art. 2:391 lid 1 BW). De RJ geeft aan dat bij de bespreking in het bestuursverslag door middel van een evenwichtige en volledige analyse ten minste aan de volgende aspecten aandacht dient te worden besteed (RJ 400.109):
▶ de ontwikkeling gedurende het boekjaar;
▶ de behaalde omzet en resultaten;
▶ de toestand op balansdatum (solvabiliteit en liquiditeit); en
▶ de voornaamste risico's en onzekerheden (zie par. 39.4.4); en
▶ de kasstromen en financieringsbehoeften.

Deze analyse moet in overeenstemming zijn met de omvang en complexiteit van de rechtspersoon en groepsmaatschappijen (art. 2:391 lid 1 BW, RJ 400.109). Indien noodzakelijk voor een goed begrip van de ontwikkelingen worden ook niet-financiële prestatie-indicatoren met inbegrip van milieu- en personeelsaangelegenheden vermeld. Voor de bespreking van niet-financiële prestatie-indicatoren verwijzen wij naar paragraaf 39.5.8.

Het is van belang voor het inzicht dat een onderscheid wordt gemaakt tussen omzet en resultaten behaald met kernactiviteiten, nevenactiviteiten en reeds beëindigde of op termijn te beëindigen activiteiten. Het verdient aanbeveling hierbij aandacht te geven aan de ontwikkeling van zowel de absolute bedragen als die van de positie op relevante markten (RJ 400.109).

Tevens dient aandacht te worden besteed aan de daadwerkelijke ontwikkeling in het verslagjaar van belangrijke aangelegenheden waarover in het voorgaande bestuursverslag verwachtingen werden uitgesproken, dan wel een belangrijke mate van onzekerheid werd vermeld (RJ 400.110). In dit verband beveelt de RJ aan dat in het bestuursverslag de belangrijke afwijkingen van in het voorgaande bestuursverslag genoemde (trendmatige) ontwikkelingen worden vermeld.

Het bestuursverslag mag niet in strijd zijn met de jaarrekening en bevat verwijzingen naar en aanvullende uitleg over posten in de jaarrekening indien dit noodzakelijk is voor het verschaffen van een getrouw beeld in het bestuursverslag (art. 2:391 lid 4 BW). Toelichtingen op afzonderlijke posten van de balans en winst-en-verliesrekening maken echter deel uit van de toelichting als onderdeel van de jaarrekening en dienen niet in plaats daarvan te worden opgenomen in het bestuursverslag (RJ 400.136). Uiteraard is het wel mogelijk om bepaalde specifieke informatie die in de toelichting moet worden opgenomen, zoals bijvoorbeeld belangrijke gebeurtenissen na balansdatum (art. 2:380a BW), eveneens te vermelden in het bestuursverslag.

Het gebruik van grafieken kan zinvol zijn (RJ 400.137). Ook op deze grafieken is de eis van getrouwheid van toepassing evenals het verbod op strijdigheid met de jaarrekening. Dit houdt onder meer in dat:
- de in grafieken gepresenteerde getallen overeenstemmen met de in de jaarverslaggeving voorkomende financiële en andere kwantitatieve informatie;
- de schalen die in de grafieken zijn gehanteerd en de daarbij gehanteerde methoden bijdragen aan de getrouwe weergave van de veranderingen en de verbanden tussen financiële en/of andere kwantitatieve informatie in de jaarverslaggeving.

39.4.4 Informatie over voornaamste risico's en onzekerheden

De rechtspersoon geeft een beschrijving van de voornaamste risico's en onzekerheden waarmee de rechtspersoon (en de groepsmaatschappijen waarvan de financiële gegevens in het bestuursverslag zijn opgenomen) wordt geconfronteerd (RJ 400.110a). Het gaat niet om het geven van een uitputtende uiteenzetting van alle mogelijke risico's en onzekerheden, maar om een selectie en weergave van de belangrijkste risico's en onzekerheden waarvoor de rechtspersoon zich ziet geplaatst.

De RJ geeft aan dat bij de identificatie van selectie van de voornaamste risico's en onzekerheden in ieder geval de volgende categorieën van belang zijn (RJ 400.110b):
- Strategie: hieronder vallen risico's en onzekerheden, vaak met een externe oriëntatie/ontstaansgrond, die een belemmering vormen om de strategie en/of het businessmodel van de rechtspersoon te realiseren en invloed kunnen hebben op de langetermijndoelstellingen. Deze omvatten onder meer risico's en onzekerheden die betrekking hebben op of gepaard gaan met:
  - (eventuele wijzigingen in) de strategie van de rechtspersoon;

- de 'governance' van de rechtspersoon;
- de marktvraag naar producten en/of diensten die de rechtspersoon aanbiedt;
- de afhankelijkheid van de rechtspersoon van bepaalde producten en/of diensten;
- ontwikkelingen in het concurrerend vermogen van de rechtspersoon zelf en die van zijn concurrenten, zowel bij het aanbieden als het verkrijgen van producten en/of diensten;
- technologische ontwikkelingen;
- maatschappelijke ontwikkelingen; en
- duurzaamheidsaspecten.
- Operationele activiteiten: Dit zijn risico's en onzekerheden die de effectiviteit en efficiëntie van de operationele activiteiten van de rechtspersoon beïnvloeden en daarmee vooral betrekking hebben op de processen binnen de rechtspersoon en van invloed kunnen zijn op de kortetermijndoelstellingen. Deze omvatten onder meer risico's en onzekerheden gerelateerd aan:
  - de interne organisatie en administratie;
  - fraudegevoeligheid;
  - corruptie;
  - implementatie van nieuwe informatiesystemen;
  - de kwaliteit van personeel of producten of risico's op het toebrengen van schade aan het milieu;
  - de beloningssystematiek van de rechtspersoon; en
  - de reputatie van de rechtspersoon of zijn producten en diensten.
- Financiële positie: Dit betreft risico's en onzekerheden met betrekking tot de financiële positie van de rechtspersoon, zoals koersrisico's, liquiditeitsrisico's, valutarisico's, renterisico's en onzekerheden in de mogelijkheden om financiering aan te trekken.
- Financiële verslaggeving: Hieronder vallen risico's en onzekerheden die van invloed zijn op de betrouwbaarheid van de interne en externe financiële verslaggeving. Dit betreft onder andere onzekerheden bij complexe toerekeningsproblemen, de mate van subjectiviteit bij waarderingsvraagstukken en risico's ten aanzien van de inrichting van de financiële verslaggevingssystemen.
- Wet- en regelgeving: Dit zijn risico's en onzekerheden die voortvloeien uit wetten en regels (zowel intern als extern), en een directe invloed hebben op de organisatie en/of de bedrijfsprocessen van de rechtspersoon. Dit omvat onder andere risico's en onzekerheden van het opereren in een omgeving met veel en complexe regelgeving, risicogevoeligheid van het niet naleven van mededingingsregels en milieuwetgeving, risico's van (financieel) toezicht, onzekerheden met betrekking tot misbruik van voorkennis en risico's als gevolg van veranderende belastingwetgeving.

Als uitwerking van dan wel in aanvulling op de wettelijk vereiste beschrijving van de voornaamste risico's en onzekerheden waarmee de rechtspersoon wordt geconfronteerd, dient de rechtspersoon een beschrijving op hoofdlijnen te geven van de bereidheid risico's en onzekerheden al dan niet af te dekken (de zogenoemde risicobereidheid of 'risk appetite'). De mate van risicobereidheid is een leidraad voor het al dan niet nemen van maatregelen ter beheersing van risico's en onzekerheden. Daarnaast dient de rechtspersoon de volgende informatie te verschaffen (RJ 400.110c):
- een beschrijving van de maatregelen die zijn getroffen ter beheersing van de voornaamste risico's en onzekerheden, zo mogelijk met een kwalitatieve beschrijving van de verwachte effectiviteit van de genomen maatregelen. Indien voor één of meer van de voornaamste risico's en onzekerheden geen beheersingsmaatregelen zijn getroffen, dient dit feit te worden uiteengezet;
- een beschrijving van de verwachte 'impact' op de resultaten en/of financiële positie indien één of meer van de voornaamste risico's en onzekerheden zich zouden voordoen, zo mogelijk gebaseerd op gevoeligheidsanalyses;

▶ een beschrijving van de risico's en onzekerheden die in het afgelopen boekjaar een belangrijke 'impact' op de rechtspersoon hebben gehad, en de gevolgen daarvan voor de rechtspersoon; en
▶ of, en zo ja welke, verbeteringen in het systeem van risicomanagement van de rechtspersoon zijn of worden aangebracht.

De rechtspersoon geeft bij voorkeur aan de wijze waarop het systeem van risicomanagement is verankerd in de organisatie, en de maatregelen die de rechtspersoon heeft genomen ('soft controls') ter beïnvloeding van de cultuur, het gedrag en de motivatie van zijn werknemers. De uitgebreidheid van de informatie wordt mede bepaald door de omvang en complexiteit van de rechtspersoon en zijn activiteiten en de daaraan gerelateerde risico's en onzekerheden (RJ 400.110c).

39.4.5 Informatie over financiële instrumenten

Door het hanteren van financiële instrumenten kunnen risico's ontstaan. In het bestuursverslag wordt aandacht besteed aan de doelstellingen en het beleid op het gebied van risicobeheer inzake het gebruik van financiële instrumenten en het beheer van deze risico's. Aandacht moet onder meer worden besteed aan het beleid inzake de afdekking van risico's verbonden aan alle belangrijke soorten voorgenomen transacties. Voorts moet aandacht besteed worden aan de door de rechtspersoon en de groepsmaatschappijen gelopen prijs-, krediet-, liquiditeits- en kasstroomrisico's (art. 2:391 lid 3 BW, RJ 400.111).

39.4.6 Informatie over toepassing van gedragscodes

Richtlijn 400 beveelt aan dat de rechtspersoon aangeeft of specifieke gedragscodes worden gevolgd en welke gedragscodes dit betreft. De rechtspersoon geeft voorts aan of deze gedragscodes verplicht of vrijwillig worden gevolgd. In het bestuursverslag (of in de inhoudsopgave) neemt de rechtspersoon een verwijzing op naar de beschikbare informatie over de naleving van de gedragscode (bijvoorbeeld naar de website). Onder gedragscodes worden ook internationale conventies en richtlijnen verstaan, de RJ noemt hierbij als voorbeeld de International Labour Office-verklaring over fundamentele principes en rechten op het werk, de Tripartite International Labour Office-verklaring inzake multinationale ondernemingen en sociaal beleid, de OESO-richtlijnen voor multinationale ondernemingen en de Richtlijn verantwoord inkopen van de International Chamber of Commerce (RJ 400.112). Over het algemeenheid kan het feit dat gedragscodes worden gehanteerd van belang zijn om te vermelden in het bestuursverslag, ook als dit niet wettelijk verplicht is (op grond van art. 2:391 lid 5 BW). Dit kunnen bijvoorbeeld (internationale) gedragscodes inzake niet-financiële informatie of duurzaamheidsinformatie betreffen zoals behandeld in paragraaf 39.4.7 en 39.6.2.

De aanvullende vereisten voor Nederlandse beursgenoteerde rechtspersonen ten aanzien van gedragscodes worden behandeld in paragraaf 39.5.2.

39.4.7 Informatie over maatschappelijke aspecten van ondernemen

De wet is, afgezien van bepalingen voor beursgenoteerde ondernemingen/OOB's, ten aanzien van informatieverstrekking over maatschappelijke aspecten van ondernemen zeer beperkt. Zoals vermeld, stelt artikel 2:391 lid 1 BW dat in het bestuursverslag een analyse wordt gegeven waarin zowel financiële als niet-financiële prestatie-indicatoren, zoals milieu- en personeelsaangelegenheden, een plaats krijgen. De nadere uitwerking hiervan is te vinden in Richtlijn 400. Verslaggeving over maatschappelijke aspecten van ondernemen kan bijvoorbeeld ook plaatsvinden in een afzonderlijk (maatschappelijk) verslag (zie RJ 920 'Handreiking voor Maatschappelijke Verslaggeving') of door middel van een duurzaamheidsverslag of Integrated Report. Voor integrated reporting verwijzen wij naar hoofdstuk 40. In deze paragraaf zijn alleen die vereisten opgenomen die volgens Richtlijn 400 onderdeel dienen te zijn van het bestuursverslag.

De RJ geeft in Richtlijn 400 aanwijzingen voor maatschappelijke aspecten van ondernemen als onderdeel van het bestuursverslag. Er zijn echter geen stellige uitspraken opgenomen in Richtlijn 400, dat laat veel ruimte voor de eigen invulling door de rechtspersoon. Het is primair de verantwoordelijkheid van (het bestuur van) de rechtspersoon om in dialoog met zijn maatschappelijke omgeving invulling te geven aan maatschappelijk ondernemen en de aspecten te selecteren die in het bestuursverslag worden opgenomen. Voor zover relevant beveelt Richtlijn 400 aan in de verslaggeving over maatschappelijk verantwoord ondernemen aandacht te besteden aan elk van de volgende aspecten (RJ 400.118):

- *Algemene maatschappelijke aspecten*: hier worden uiteengezet de belangrijkste problemen en uitdagingen voor de rechtspersoon, in welke mate deze (mede)bepalend zijn voor de bedrijfsstrategie, welke rol in dit kader belanghebbenden daarbij vervullen, het onderlinge verband tussen de milieu-, sociale en economische aspecten en de maatschappelijke aspecten van verkochte producten en/of verrichte diensten.
- *Milieuaspecten*: hierbij kan worden gedacht aan informatie over energie-, materiaal- en watergebruik, lozingen, emissies en afval. Tevens worden hieronder begrepen milieubeschermingsmaatregelen ter voorkoming van verontreiniging van lucht, water en grond, alsmede de bescherming en stimulering van de kwaliteit en de ongeschonden toestand van ecosystemen.
- *Sociale aspecten*: hierbij kan worden gedacht aan: informatie over arbeidsaangelegenheden, waaronder werkgelegenheid, sociale zekerheid, arbeidsomstandigheden en arbeidsvoorwaarden. Dit behelst tevens aspecten als veiligheid en gezondheid, opleiding en training, diversiteit en ontplooiingsmogelijkheden. Tevens hebben sociale aspecten betrekking op informatie over mensenrechten, fundamentele beginselen en rechten op het werk, respect voor lokale gemeenschappen en inheemse volkeren, alsmede informatie over sociaal-maatschappelijke betrokkenheid van de rechtspersoon.
- *Economische aspecten*: hiertoe behoren zowel financiële als niet-financiële aspecten. Bij financiële aspecten kan worden gedacht aan de financiële bijdragen aan de maatschappij in brede zin (bijvoorbeeld in de vorm van belastingen), alsmede de financiële bijdragen van de rechtspersoon aan zijn stakeholders zoals afnemers, toeleveranciers, werknemers, vermogensverschaffers en overheid. Niet-financiële economische aspecten omvatten de maatschappelijke creatie en verspreiding van kennis via onderzoek en ontwikkeling en dergelijke.

Met betrekking tot de informatie over deze aspecten wordt aanbevolen een onderscheid te maken tussen de maatschappelijke aspecten van (RJ 400.119):

- de eigen bedrijfsvoering en ondernemingsactiviteiten; dit betreft aspecten die direct stuurbaar en beheersbaar zijn door de rechtspersoon; en
- de (internationale) keten waarin de rechtspersoon opereert; dit betreft aspecten die buiten het wettelijke bereik en de overheersende zeggenschap van de rechtspersoon vallen, maar waarop de rechtspersoon wel een positieve invloed kan uitoefenen (bijvoorbeeld door deel te nemen aan sectorbrede initiatieven of door eisen te stellen aan het sociale beleid of het milieubeleid van toeleveranciers).

Bij de verslaggeving over hierboven genoemde aspecten wordt aanbevolen aandacht te besteden aan de volgende elementen (RJ 400.120):

- dialoog met de belanghebbenden (stakeholders): dit betreft zowel een toelichting op de wijze waarop stakeholders zijn geconsulteerd, alsook de eventuele uitkomsten van de dialoog. De uitgebreidheid van het verslag hierover is mede afhankelijk van de al dan niet actieve rol die belanghebbenden vervullen;
- beleid ter zake van het maatschappelijke aspect: hierbij komen aan de orde welk beleid ter zake van het aspect wordt gevoerd, en wat daarvoor de voornaamste overwegingen zijn. De rechtspersoon kan bij zijn beleid

- aansluiten bij bestaande (inter)nationale verklaringen, verdragen en richtlijnen. Bij dit element komen tevens de financieel-economische aspecten van het beleid aan de orde;
- organisatie ervan: bij dit element wordt ingegaan op de verdeling van taken en verantwoordelijkheden binnen de rechtspersoon en de wijze van beheersing hiervan ('governance structuur' en managementinformatiesystemen in verband hiermee);
- uitvoering en uitkomsten ervan: bij dit element wordt informatie verstrekt over de uitvoering van het beleid mede aan de hand van de in het verslagjaar behaalde resultaten (bijvoorbeeld door het vermelden van getroffen maatregelen en behaalde prestaties aan de hand van prestatie-indicatoren). Tot de hier verstrekte informatie behoort tevens informatie over de toetsing van uitvoering en uitkomsten aan beleid en eerder uitgesproken verwachtingen; en
- toekomstverwachtingen: dit betreft de verwachtingen van het management ten aanzien van interne en externe ontwikkelingen die een mogelijk effect hebben op de genoemde maatschappelijke aspecten van ondernemen. Wij verwijzen in dit kader ook naar paragraaf 39.4.10.

Onderscheid naar segmenten kan van belang zijn. Aanbevolen wordt aansluiting te zoeken bij Richtlijn 350 'Gesegmenteerde informatie' (RJ 400.121).

In het bestuursverslag worden de hoofdzaken van voor de rechtspersoon relevante maatschappelijke aspecten van ondernemen zodanig toegelicht dat de gebruiker zich een duidelijk beeld kan vormen van deze aspecten, alsmede van de kern van het beleid van de rechtspersoon en de uitkomsten daarvan met betrekking tot maatschappelijk verantwoord ondernemen in het verslagjaar (RJ 400.122).

Als de rechtspersoon zowel in het bestuursverslag als in een afzonderlijk (bijvoorbeeld maatschappelijk) verslag rapporteert, bevat het afzonderlijke verslag doorgaans meer gedetailleerde informatie dan in het bestuursverslag. Richtlijn 400 beveelt aan om in het bestuursverslag naar het afzonderlijke (maatschappelijke) verslag te verwijzen (bijvoorbeeld in de vorm van een afzonderlijk verslag op de website), ook indien slechts in een afzonderlijk document wordt gerapporteerd. Deze verwijzing in het bestuursverslag kan ook het voornemen van toekomstige publicatie van een dergelijk (maatschappelijk) verslag betreffen (RJ 400.122).

39.4.8 Informatie over onderzoek en ontwikkeling

In het bestuursverslag dienen mededelingen te worden gedaan omtrent de werkzaamheden op het gebied van onderzoek en ontwikkeling (art. 2:391 lid 2 BW, RJ 400.123). Ten aanzien van de omschrijving van wat valt te verstaan onder 'onderzoek en ontwikkeling' verwijzen we naar hoofdstuk 6, 'Immateriële vaste activa'. Het wettelijk voorschrift tot het opnemen in het bestuursverslag is van toepassing ongeacht of 'ontwikkelingskosten' zijn geactiveerd onder Immateriële vaste activa (RJ 400.124).

De RJ beveelt aan om in de mededelingen informatie te verschaffen over de aard van de werkzaamheden op het gebied van onderzoek en ontwikkeling en over hun betekenis voor de positie en de verwachte gang van zaken van de rechtspersoon (RJ 400.125). De RJ stelt dat het van belang kan zijn het onderzoek te onderscheiden naar fundamenteel en toegepast onderzoek (RJ 400.126).

De RJ vermeldt dat informatie over onderzoek en ontwikkeling uit het oogpunt van concurrentie soms als 'gevoelige' informatie kan worden gekwalificeerd en dat als gevolg daarvan een zekere terughoudendheid met betrekking tot het verstrekken van informatie gepast kan zijn (RJ 400.127). De wet verleent echter geen ontheffing van het voorschrift om informatie te verschaffen.

39.4.9 Overige informatie

Afhankelijk van de relevantie voor de gebruikers van de jaarlijkse verslaggeving kunnen voorts de volgende onderwerpen in het bestuursverslag van belang zijn (RJ 400.128):
- marketing en distributie;
- interne beheersing van processen en procedures;
- kwaliteitsbeheersing;
- informatievoorziening in- en extern;
- automatisering; en
- financiering.

39.4.10 Toekomstparagraaf

In het bestuursverslag dient aandacht te worden besteed aan de verwachte gang van zaken voor zover gewichtige belangen zich hiertegen niet verzetten (art. 2:391 lid 2 BW). Het begrip gewichtige belangen is niet nader in de wet ingevuld. De RJ stelt dat de bepaling inhoudt dat de rechtspersoon geen mededelingen behoeft te doen die hem in het economische verkeer ernstig kunnen schaden (RJ 400.133). Er bestaat, aldus de RJ, een spanningsveld tussen enerzijds de informatie die gebruikers zouden willen verkrijgen omtrent de visie van het bestuur op bedoelde risico's en kansen en anderzijds de informatie die het bestuur kan verstrekken zonder de belangen van de rechtspersoon ernstig te schaden. Doorgaans zullen 'gewichtige belangen' zich voordoen in die gevallen waarin strategische overwegingen tot bijzondere voorzichtigheid manen, bijvoorbeeld:
- plannen tot overneming van andere bedrijven waarvoor de onderhandelingen nog niet zijn gevorderd;
- voortijdige bekendmaking van plannen tot het op de markt brengen van nieuwe producten.

Van de rechtspersoon kan niet worden verwacht dat hij zodanig concrete mededelingen doet dat andere marktpartijen daardoor voortijdig over belangrijke informatie kunnen beschikken. De interpretatie van dit begrip ('gewichtige belangen') komt derhalve voor rekening van de bestuurders.

De wet geeft aan dat in de toekomstparagraaf van het bestuursverslag, voor zover gewichtige belangen zich hiertegen niet verzetten, in het bijzonder aandacht besteed dient te worden aan (art. 2:391 lid 2 BW, RJ 400.132):
- de investeringen;
- de financiering;
- de personeelsbezetting; en
- de omstandigheden waarvan de ontwikkeling van de omzet en van de rentabiliteit afhankelijk is.

De eerste drie onderwerpen hebben voornamelijk betrekking op langetermijnbeleidsbeslissingen. De mededelingen in het bestuursverslag betreffen dus de verwachte gevolgen van het gevoerde beleid op deze gebieden. Kwantitatieve projecties kunnen nuttig zijn, maar zijn niet vereist (RJ 400.134).

Tot de omstandigheden waarvan de ontwikkeling van de omzet en de rentabiliteit afhankelijk is, behoren relevante interne en externe ontwikkelingen, zoals voor de rechtspersoon belangrijke vooruitzichten en voornemens ten aanzien van producten, diensten en markten met inbegrip van daartoe behorende kansen en risico's. Tot de risico's behoren onder meer concentraties ten aanzien van bijvoorbeeld afnemers of markten. In dat verband is ook de relatieve positie in de relevante markten van belang (RJ 400.135).

Ook over andere relevante aspecten, met name die welke bijzondere risico's met zich meebrengen, bijvoorbeeld gerelateerd aan specifieke valuta of wegens overheidsmaatregelen, behoort in dit verband informatie te worden verstrekt.

De ontwikkeling van de omzet en de rentabiliteit is mede afhankelijk van omstandigheden die de rechtspersoon niet in de hand heeft. De verlangde mededelingen kunnen in dit opzicht beperkt blijven tot de omstandigheden die naar het oordeel van het bestuur de ontwikkeling in het bijzonder zullen bepalen.

Tot de omstandigheden waarvan de ontwikkeling van de omzet en van de rentabiliteit afhankelijk is, kunnen – naast die welke rechtstreeks betrekking hebben op de rechtspersoon – ook behoren omstandigheden als de (inter) nationale economische ontwikkelingen en algemene overheidsmaatregelen (RJ 400.135).

In het bestuursverslag moet worden vermeld hoe bijzondere gebeurtenissen die zich na het einde van het boekjaar hebben voorgedaan, waarmee in de jaarrekening geen rekening behoeft te worden gehouden, de verwachtingen hebben beïnvloed (art. 2:391 lid 2 BW). Voor een nadere behandeling van gebeurtenissen na de balansdatum wordt verwezen naar hoofdstuk 38 'Gebeurtenissen na balansdatum'.

39.4.11 Mededeling over m/v verdeling

Het wettelijk voorschrift (Wet bestuur en toezicht in NV/BV) dat de 'evenwichtige verdeling' van mannen en vrouwen in raad van bestuur en raad van commissarissen regelt was tot 1 januari 2020 in de wet opgenomen. De bepaling dat hierover in het bestuursverslag mededelingen moesten worden gedaan (art. 2:391 lid 7 BW) is per 1 januari 2020 vervallen.

Deze bepaling hield in dat een 'grote' NV of BV, in de zin van de groottecriteria uit het jaarrekeningenrecht, ernaar moet streven dat ten minste 30% van de zetels van bestuur en raad van commissarissen wordt bekleed door vrouwen respectievelijk mannen (art. 2:166 en 2:276 BW) en zolang er (nog) geen sprake was van genoemde evenwichtige verdeling van de zetels moest een desbetreffende grote NV/BV hieromtrent mededelingen doen in het bestuursverslag. De verplichting informatie omtrent de evenwichtige verdeling op te nemen in het bestuursverslag gold tot en met bestuursverslagen opgemaakt vóór 31 december 2019. Per 1 januari 2020 zijn deze wettelijke bepalingen vervallen. Echter, op basis van een SER-advies en daaropvolgende motie van de Tweede Kamer, kondigde de Nederlandse wetgever eind 2019 aan om in 2020 een nieuw wetsvoorstel te ontwikkelen. Er is inderdaad in 2020 een wetsvoorstel ingediend (wetsvoorstel 35 628) dat in 2021 als wet zal worden ingevoerd. De nieuwe wet zal inhouden dat een grote NV of BV, in de zin van de groottecriteria in het jaarrekeningenrecht, passende en ambitieuze doelen in de vorm van een streefcijfer moet vaststellen voor de verhouding tussen mannen en vrouwen in het bestuur en de raad van commissarissen alsmede in de door de NV/BV te bepalen subtop (in art. 2:166 en 2:276 BW). De grote NV/BV wordt ook verplicht een plan op te stellen om deze doelen te bereiken. Over de voortgang daarvan zal de grote NV/BV jaarlijks binnen tien maanden na afloop van het boekjaar aan de SER moeten rapporteren. De nieuwe wet zal ook regelen dat hierover tevens in het bestuursverslag informatie moet worden opgenomen, hetgeen zal worden opgenomen in het Besluit inhoud bestuursverslag (via art. 2:391 lid 5 BW). In deze nieuwe wet wordt naast het bovengenoemde vereiste tevens voor een beursgenoteerde NV of BV, waarvan aandelen zijn genoteerd aan een gereglementeerde markt, een ingroeiquotum ingevoerd voor benoeming van ten minste een derde vrouwelijke leden in de raad van commissarissen of niet-uitvoerende bestuurders als gekozen is voor een monistisch bestuursmodel (one tier board).

39.5 Aanvullende vereisten beursfondsen

39.5.1 Opbouw bestuursverslag beursfondsen

Als gevolg van de in paragraaf 39.2 besproken wet- en regelgeving is de opbouw van het bestuursverslag van een beursgenoteerde vennootschap als volgt:
- bestuursverslag, bestaande uit:
    - wettelijke eisen (par. 39.4);
    - corporate governance-informatie (par. 39.5.2);
    - risicoparagraaf (par. 39.5.3); en
    - overige informatievereisten bestuursverslag (par. 39.5.4);
    - verslag raad van commissarissen (par. 39.5.6);
    - bekendmaking diversiteitsbeleid (par. 39.5.7);
    - bekendmaking niet-financiële informatie (par. 39.5.8);
    - bestuursverklaring (par. 39.5.9);
    - aandachtspunten bestuursverslag beursgenoteerde vennootschappen (39.5.10);
    - openbaarmaking (39.5.11).

Deze onderwerpen worden in de navolgende paragrafen uitgewerkt, voor zover de aspecten niet al behandeld zijn in paragraaf 39.4. Deze aanvullende vereisten voor beursgenoteerde vennootschappen zijn voornamelijk opgenomen in het Besluit inhoud bestuursverslag (zie par. 39.2).

Indien de vennootschap een two tier structuur heeft, dus indien de vennootschap een aparte raad van commissarissen (RvC) en een aparte raad van bestuur heeft, brengt de RvC – vrijwillig of omdat het een beursgenoteerde vennootschap betreft die de Nederlands Corporate Governance Code naleeft – een verslag van de raad van commissarissen uit. Dit verslag van de raad van commissarissen (RJ 405.101) maakt onderdeel uit van de jaarstukken (RJ 940). Het verslag van de raad van commissarissen is formeel geen onderdeel van het bestuursverslag. Indien de vennootschap een one tier board heeft, met een raad van bestuur bestaande uit zowel uitvoerende als niet-uitvoerende bestuurders, wordt aanbevolen een afzonderlijk verslag van de niet-uitvoerende bestuurders uit te brengen als alternatief van een verslag van de raad van commissarissen (RJ 405.106).

Het Burgerlijk Wetboek of andere wetgeving omvat geen bepalingen of vereisten ten aanzien van het verslag van de raad van commissarissen. Er zijn alleen vereisten voor het verslag van de raad van commissarissen opgenomen in de Nederlandse Corporate Governance Code en op basis daarvan is door de RJ nadere guidance daarover opgenomen in Richtlijn 405. Het verslag van de raad van commissarissen wordt behandeld in paragraaf 39.5.6.

39.5.2 Corporate governance-informatie

Het is voor bepaalde beursgenoteerde vennootschappen wettelijk verplicht om ten aanzien van corporate governance informatie openbaar te maken in een zogeheten corporate governance-verklaring als onderdeel van het bestuursverslag (par. 39.5.2.1). Dit is geregeld in het aan artikel 2:391 lid 5 BW gerelateerde Besluit inhoud bestuursverslag en inhoudelijk voornamelijk omschreven in de Nederlandse Corporate Governance Code (art. 1 en 2 Besluit inhoud bestuursverslag). De inhoudelijke mededelingen inzake corporate governance worden in paragraaf 39.5.2.3 behandeld.

39.5.2.1 Corporate governance-verklaring volgens het Besluit inhoud bestuursverslag

Een beursgenoteerde vennootschap maakt op grond van het Besluit inhoud bestuursverslag een zogenoemde verklaring inzake corporate governance openbaar (art. 2a lid 1 Besluit inhoud bestuursverslag). Een dergelijke corporate governance-verklaring kan als volgt openbaar worden gemaakt:
- als specifiek onderdeel van het bestuursverslag;
- als bijlage bij het bestuursverslag; of
- langs elektronische weg (op de website van de vennootschap).

Een onderneming kan de corporate governance-verklaring dus openbaar maken als onderdeel van het bestuursverslag of als afzonderlijk document (bijlage). In het laatste geval moet deze bijlage gevoegd worden bij (de jaarrekening en het) bestuursverslag dat wordt gedeponeerd bij het handelsregister.

Ook bestaat de mogelijkheid om de verklaring inzake corporate governance op de website van de vennootschap (langs elektronische weg) te plaatsen, in dat geval moet de vennootschap in het bestuursverslag vermelden waar deze verklaring voor het publiek elektronisch beschikbaar is. Deze verklaring op de website dient dan rechtstreeks en permanent toegankelijk zijn. Ook als de vennootschap voor deze wijze van openbaarmaking kiest, maakt deze verklaring formeel onderdeel uit van het bestuursverslag. Indien de corporate governance-verklaring op de website is gepubliceerd, behoeft deze niet ook nog afzonderlijk bij het handelsregister te worden gedeponeerd. In zo'n geval volstaat een verwijzing in het bestuursverslag naar de vindplaats op de website.

Er is in de praktijk soms enige onduidelijkheid hoe deze 'corporate governance-verklaring' vormgegeven moet worden. Een interpretatie is dat het een beschrijving betreft van enkele aan corporate governance gerelateerde onderwerpen, waarover informatie dient te worden opgenomen in deze corporate governance-verklaring als onderdeel van het bestuursverslag. Het bestuur behoeft echter niet inhoudelijk iets te verklaren, er wordt niet verwacht dat zij een standpunt inneemt (een 'verklaring' afgeeft). Mogelijk is de oorzaak van deze discussie een onnauwkeurige vertaling van de Europese Corporate Governance Richtlijn (2006/46/EC). De Engelse versie van de Corporate Governance Richtlijn spreekt van 'corporate governance statement'. Het Engelse begrip 'statement' heeft naast de betekenis 'verklaring' ook de betekenis 'uiteenzetting', het laatste sluit meer aan op de vereisten in het Besluit inhoud bestuursverslag.

Hieronder zijn de aspecten genoemd die opgenomen dienen te worden in de corporate governance-verklaring en in de navolgende paragrafen worden uitgewerkt. Gezien de aard van bepaalde aspecten is gekozen deze te behandelen in de risicoparagraaf (par. 39.5.3) en verslag raad van commissarissen (par. 39.5.6).

Aspect	Besluit inhoud bestuursverslag	Vergelijkbare wet en regelgeving	Uitgewerkt in paragraaf:
Mededeling omtrent de naleving van de principes en Best Practice bepalingen van de Nederlandse Corporate Governance Code die zijn gericht tot bestuur en raad van commissarissen.	Art. 3 sub 1	Preambule Nederlandse Corporate Governance Code	39.5.2.3
Belangrijkste kenmerken van het beheers- en controlesysteem van de vennootschap met betrekking tot de financiële verslaggeving	Art. 3a sub a	Best practice bepaling 1.4.2, 1.4.3	39.5.3

Aspect	Besluit inhoud bestuursverslag	Vergelijkbare wet en regelgeving	Uitgewerkt in paragraaf:
Het functioneren van de aandeelhoudersvergadering en haar voornaamste bevoegdheden en de rechten van de aandeelhouders en hoe deze kunnen worden uitgeoefend, voor zover dit niet onmiddellijk uit de wet volgt	Art. 3a sub b	Beschermingsconstructies zijn behandeld in Besluit art. 10 Overnamerichtlijn 1 lid 1; verder geen aanvullende vereisten	39.5.2.3
De samenstelling en het functioneren van het bestuur	Art. 3a sub c	Geen expliciete bepaling opgenomen	39.5.2.3
De samenstelling en het functioneren van de raad van commissarissen en hun commissies	Art. 3a sub c	Best practice bepalingen 2.3.3, 2.3.4, 2.3.5	39.5.6
Diversiteitsbeleid met betrekking tot de samenstelling van het bestuur en de raad van commissarissen	Art. 3a sub d	Besluit bekendmaking diversiteitsbeleid, Best practice bepalingen 2.1.5, 2.1.6	39.5.7
Voor zover het Besluit artikel 10 Overnamerichtlijn van toepassing is op de NV, neemt zij in de corporate governance-verklaring, de mededeling op die zij moet doen ingevolge artikel 1 lid 1, onderdelen c, d, f, h en i, van dat besluit en neemt zij de gegevens op, genoemd in artikel 2:392 lid 1 onder d BW	Art. 3b	Besluit art. 10 Overnamerichtlijn 1 lid 1 sub c, d, f, h en i en artikel 2:392 lid 1 sub d BW	39.5.2.2

Voor een beursgenoteerde vennootschap waarvan uitsluitend effecten, niet zijnde aandelen (maar bijvoorbeeld obligaties), zijn toegelaten tot de handel op een gereglementeerde markt geldt een vrijstelling voor het opstellen van een volledige corporate governance-verklaring. Op deze vrijstelling bestaan twee uitzonderingen:
(i) de vrijstelling is niet van toepassing indien van de vennootschap tevens aandelen worden verhandeld op een multilaterale handelsfaciliteit in de zin van artikel 1:1 Wft; en
(ii) de vrijstelling ziet niet op de verplichting tot verstrekking van informatie over het beheers- en controlesysteem en de vermeldingen krachtens het Besluit artikel 10 Overnamerichtlijn (art. 1 Besluit inhoud bestuursverslag).

39.5.2.2 Corporate governance-hoofdstuk volgens de Nederlandse Corporate Governance Code

De Nederlandse Corporate Governance Code, en daarmee ook de mededeling omtrent naleving daarvan ('pas-toe-of-leg-uit') in het bestuursverslag, is van toepassing op:
(i) alle vennootschappen met statutaire zetel in Nederland waarvan de aandelen of certificaten van aandelen zijn toegelaten tot de handel op een gereglementeerde markt of een daarmee vergelijkbaar systeem; en
(ii) alle grote vennootschappen met statutaire zetel in Nederland (> € 500 miljoen balanswaarde) waarvan de aandelen of certificaten zijn toegelaten tot de handel op een multilaterale handelsfaciliteit of een daarmee vergelijkbaar systeem.

De Nederlandse Corporate Governance Code stelt in de preambule dat een dergelijke Nederlandse beursgenoteerde vennootschap de hoofdlijnen van de corporate governance-structuur elk jaar, mede aan de hand van de principes die in de code zijn genoemd, in een afzonderlijk hoofdstuk in het bestuursverslag uiteenzet. De uiteenzetting van deze hoofdlijnen van de corporate governance-structuur gaat iets verder dan de informatie genoemd in het Besluit inhoud bestuursverslag, maar het is goed verdedigbaar om de corporate governance-verklaring onderdeel te laten zijn van deze hoofdlijnen indien gekozen wordt de verklaring als onderdeel van het bestuursverslag openbaar te maken.

In de praktijk vermelden beursgenoteerde vennootschappen veelal ter verduidelijking dat de corporate governance-passage niet alleen fungeert als het corporate governance-hoofdstuk in de zin van de Nederlandse Corporate Governance Code maar tevens als de verklaring inzake corporate governance zoals vereist door het Besluit inhoud bestuursverslag.

> **Voorbeeld: gelijkstelling corporate governance-hoofdstuk en -verklaring inzake corporate governance**
> Corporate governance
> Dit hoofdstuk beschrijft de wijze waarop de Nederlandse Corporate Governance Code door onderneming X wordt toegepast en geeft informatie over kapitaal en zeggenschap, de raad van bestuur, de raad van commissarissen en de externe accountant. Het hoofdstuk, inclusief verwijzingen die geacht worden hiervan integraal deel uit te maken, dient, samen met de publicatie 'De implementatie door onderneming X van de Nederlandse Corporate Governance Code' van [datum] (te vinden op de website), tevens als verklaring inzake corporate governance als bedoeld in artikel 2a van het Besluit inhoud bestuursverslag.

39.5.2.3 Informatievereisten corporate governance

Hierna worden de informatie vereisten ten aanzien van corporate governance toegelicht. Deze informatie heeft betrekking op:
- een mededeling omtrent naleving Nederlandse Corporate Governance Code;
- transacties waarbij tegenstrijdige belangen spelen; en
- beschermingsconstructies.

Mededeling omtrent naleving Nederlandse Corporate Governance Code

Volgens het Besluit inhoud bestuursverslag dient de beursgenoteerde vennootschap in het corporate governance-hoofdstuk een mededeling te doen over de naleving van de principes en best practice-bepalingen van de Nederlandse Corporate Governance Code en eventuele andere gedragscodes en corporate governance-praktijken die de vennootschap al dan niet vrijwillig naleeft (art. 3 lid 1 Besluit inhoud bestuursverslag, RJ 400.203). Deze bepaling is dus ook van toepassing op een andere gedragscode die de vennootschap vrijwillig naleeft en op alle relevante informatie over de corporate governance-praktijken die anders dan krachtens wettelijke bepaling worden toegepast.

De Nederlandse Corporate Governance Code kent een vergelijkbare bepaling (volgens diens preambule is de Code gericht op de governance van Nederlandse beursgenoteerde vennootschappen). Indien de vennootschap principes of best practice-bepalingen niet heeft nageleefd of niet voornemens is deze in het lopende en daaropvolgende boekjaar na te leven, doet zij daarvan in het bestuursverslag gemotiveerd opgave.

Algemene vergadering, bestuur en raad van commissarissen

Volgens het Besluit inhoud bestuursverslag moet de beursgenoteerde vennootschap in de corporate governance-verklaring informatie verstrekken over:
- het functioneren van de aandeelhoudersvergadering en haar voornaamste bevoegdheden en de rechten van de aandeelhouders en hoe deze kunnen worden uitgeoefend, voor zover dit niet onmiddellijk uit de wet volgt;
- samenstelling en het functioneren van het bestuur en de raad van commissarissen en hun commissies.

Met betrekking tot het functioneren van de diverse organen van de vennootschap gaat het niet om een waardeoordeel te verstrekken, maar om het toelichten van een aantal formele aspecten zoals bevoegdheden en het aantal vergaderingen. De gevraagde informatie ten aanzien van de raad van commissarissen en hun commissies, zoals auditcommissie, remuneratiecommissie en selectie- en benoemingscommissie maakt in de praktijk vaak deel uit van het verslag van de raad van commissarissen.

Transacties waarbij tegenstrijdige belangen spelen

De Nederlandse Corporate Governance Code kent voor Nederlandse beursgenoteerde vennootschappen een aantal bepalingen met betrekking tot transacties waarbij tegenstrijdige belangen spelen. Best practice-bepaling 2.7.3 geeft aan hoe te handelen wanneer sprake is van een potentieel tegenstrijdig belang en bepaling 2.7.4 vereist dat alle transacties waarbij tegenstrijdige belangen van bestuurders en commissarissen spelen die van materiële betekenis zijn voor de vennootschap en/of voor de desbetreffende bestuurders, worden gepubliceerd in het bestuursverslag, met vermelding van het tegenstrijdig belang en de verklaring dat bepalingen 2.7.3 en 2.7.4 zijn nageleefd.

Alle transacties tussen de vennootschap en natuurlijke of rechtspersonen die ten minste 10% van de aandelen in de vennootschap houden, worden volgens best practice-bepaling 2.7.5 onder in de branche gebruikelijke condities overeengekomen. Besluiten tot het aangaan van transacties met deze personen die van materiële betekenis zijn voor de vennootschap en/of voor deze personen behoeven goedkeuring van de raad van commissarissen. Dergelijke transacties worden gepubliceerd in het bestuursverslag, met de verklaring dat best practice-bepaling 2.7.5 is nageleefd.

Los van deze bepalingen in de Nederlandse Corporate Governance Code is van belang dat op grond van de eind 2019 in werking getreden wet (Stb. 2019, nr. 423 en 436) tot uitvoering van de EU-richtlijn aandeelhoudersbetrokkenheid (2017/828/EU) bepaalde beursgenoteerde vennootschappen, waarvan aandelen of met medewerking van de vennootschap uitgegeven certificaten zijn genoteerd aan een gereglementeerde markt, wettelijk verplicht zijn een materiële transactie met een verbonden partij die niet is aangegaan in het kader van de normale bedrijfsvoering of niet onder normale marktvoorwaarden, direct openbaar te maken op het moment van de transactie (art. 2:169 BW).

Beschermingsconstructies

Op grond van artikel 1 lid 1 van het Besluit artikel 10 Overnamerichtlijn moeten beursgenoteerde vennootschappen in het bestuursverslag informatie verschaffen over onder andere de kapitaalstructuur van de vennootschap en de aanwezigheid van aandeelhouders met bijzondere zeggenschapsrechten. Volgens artikel 3 van het Besluit artikel 10 Overnamerichtlijn is de informatieverplichting niet van toepassing op een beleggingsinstelling waarvan de rechten van deelneming op verzoek van de deelnemers, ten laste van de activa van deze beleggingsmaatschappij direct of indirect worden ingekocht of terugbetaald.

De informatie over beschermingsconstructies die moet worden gegeven kan van wezenlijk belang zijn voor een belegger die overweegt een (aanzienlijk) belang in de vennootschap te verwerven. Deze kan daardoor een betere inschatting maken van de zeggenschapsverhoudingen in de vennootschap. De desbetreffende inlichtingen moeten worden opgenomen in (een toelichtend verslag in) het bestuursverslag.

Het Besluit artikel 10 Overnamerichtlijn vereist openbaarmaking van de volgende gegevens:
1. De kapitaalstructuur van de vennootschap, het bestaan van verschillende soorten aandelen en de daaraan verbonden rechten en plichten en het percentage van het geplaatste kapitaal dat door elke soort wordt vertegenwoordigd (art. 1 letter a Besluit artikel 10 Overnamerichtlijn).
Dit betreft het gehele geplaatste kapitaal; de informatie kan niet worden beperkt tot de aandelen en certificaten die zijn toegelaten tot de handel op een gereglementeerde markt. Wanneer verschillende soorten aandelen zijn uitgegeven moet voor elke soort aandelen informatie worden verstrekt over de daaraan verbonden rechten en plichten. Ook moet per soort aandelen worden aangegeven welk deel van het geplaatste kapitaal wordt vertegenwoordigd.

2. Elke beperking door de vennootschap van de overdracht van aandelen of met medewerking van de vennootschap uitgegeven certificaten van aandelen (art. 1 letter b Besluit artikel 10 Overnamerichtlijn).
   De Overnamerichtlijn noemt enkele voorbeelden van overdrachtsbeperkingen: het geval dat het bezit van aandelen is gelimiteerd (een zogenoemde X%-regeling) en een blokkeringsregeling (overdracht van aandelen is afhankelijk van de goedkeuring van de vennootschap of van andere aandeelhouders). Een beperking van de overdracht van certificaten op basis van een overeenkomst tussen een aandeelhouder-administratiekantoor en een certificaathouder valt buiten de informatieplicht omdat de vennootschap geen partij is bij zo'n overeenkomst.
3. Deelnemingen in de vennootschap waarvoor een meldingsplicht bestaat overeenkomstig de artikelen 5:34, 5:35 en 5:43 Wft (art. 1 letter c Besluit artikel 10 Overnamerichtlijn).
   In de Overnamerichtlijn wordt aangegeven dat de verkrijging van een middellijk belang of kruisparticipatie ook onder de meldingsplicht valt.
4. Bijzondere zeggenschapsrechten verbonden aan aandelen en de naam van de gerechtigde
   (art. 1 letter d Besluit artikel 10 Overnamerichtlijn).
   In de Overige gegevens die worden toegevoegd aan de jaarrekening moeten ook gegevens over bijzondere zeggenschapsrechten worden vermeld (art. 2:392 lid 1 onder d BW). Op grond van dit besluit moeten dergelijke gegevens in het bestuursverslag worden opgenomen. Wanneer vermelding in het bestuursverslag heeft plaatsgevonden is opname in de Overige gegevens niet nodig (art. 2: 392 lid 1 onder d BW). Er hoeft derhalve geen dubbele opgave te worden gedaan.
5. Het mechanisme voor de controle van een regeling, die rechten toekent aan werknemers om aandelen in het kapitaal van de vennootschap of een dochtermaatschappij te nemen of te verkrijgen, wanneer de controle niet rechtstreeks door de werknemers wordt uitgeoefend (art. 1 letter e Besluit artikel 10 Overnamerichtlijn).
   Indien de vennootschap een werknemersaandelenparticipatieplan heeft dat niet rechtstreeks door de werknemers wordt gecontroleerd, moet worden aangegeven wat het controlemechanisme dan wel is. Zou de uitgifte van aandelen c.q. opties geheel worden beheerst door het bestuur van de vennootschap, dan kan dat belangrijke informatie zijn voor degene die een openbaar bod overweegt. Met de uitgifte van de nieuwe aandelen kan immers ook een verschuiving in de zeggenschap worden bewerkstelligd.
6. Elke beperking van stemrecht, termijnen voor de uitoefening van stemrecht en de uitgifte, met medewerking van de vennootschap, van certificaten van aandelen (art. 1 letter f Besluit artikel 10 Overnamerichtlijn).
   Er moet worden aangegeven of er een beperking van de uitoefening van het stemrecht bestaat, zoals een beperking tot een bepaald percentage of aantal stemmen. Ook moet worden aangegeven of er verplichte termijnen gelden voor de uitoefening van het stemrecht en of er systemen zijn waardoor met medewerking van de vennootschap de financiële rechten verbonden aan aandelen kunnen toekomen aan een ander dan de aandeelhouder. Met dit laatste wordt gedoeld op certificering van aandelen met medewerking van de vennootschap.
7. Elke overeenkomst met een aandeelhouder voor zover aan de vennootschap bekend, die aanleiding kan geven tot beperking van de overdracht van aandelen of met medewerking van de vennootschap uitgegeven certificaten van aandelen of tot beperking van het stemrecht (art. 1 letter g Besluit artikel 10 Overnamerichtlijn).
   Dit onderdeel ziet primair op overeenkomsten tussen aandeelhouders onderling maar kan ook betrekking hebben op overeenkomsten tussen een aandeelhouder-(stichting)administratiekantoor en een certificaathouder. Omdat de vennootschap geen partij is bij een dergelijke overeenkomst geldt de informatieverplichting alleen indien de vennootschap kennis heeft van de desbetreffende overeenkomst.
8. De voorschriften betreffende benoeming en ontslag van bestuurders en commissarissen en wijziging van de statuten (art. 1 letter h Besluit artikel 10 Overnamerichtlijn).
9. De bevoegdheden van het bestuur in het bijzonder tot de uitgifte van aandelen van de vennootschap en de verkrijging van eigen aandelen door de vennootschap (art. 1 letter i Besluit artikel 10 Overnamerichtlijn).

10. Belangrijke overeenkomsten waarbij de vennootschap partij is en die tot stand komen, worden gewijzigd of ontbonden onder de voorwaarde van een wijziging van zeggenschap over de vennootschap nadat een openbaar bod in de zin van art. 5:70 Wft is uitgebracht, alsmede de gevolgen van die overeenkomsten tenzij de overeenkomsten of gevolgen zodanig van aard zijn dat de vennootschap door die mededeling ernstig wordt geschaad (art. 1 letter j Besluit artikel 10 Overnamerichtlijn). Dit betreft belangrijke overeenkomsten waarbij de vennootschap partij is en waarin een 'change of control'-clausule is opgenomen. Wanneer een belangrijke overeenkomst wordt aangegaan, gewijzigd of ontbonden vanwege een wijziging van zeggenschap over de vennootschap na een openbaar overnamebod, dan moeten die overeenkomst en de gevolgen daarvan bekend worden gemaakt. Onverminderd eventuele andere regelgeving kan openbaarmaking achterwege blijven indien de vennootschap daardoor ernstig wordt geschaad vanwege de aard van de overeenkomst en/of de bedoelde gevolgen.
11. Elke overeenkomst van de vennootschap met een bestuurder of werknemers die voorziet in een uitkering bij beëindiging van het dienstverband naar aanleiding van een openbaar bod in de zin van art. 5:70 Wft (art. 1 letter k Besluit artikel 10 Overnamerichtlijn).
Openbaarmaking is vereist van overeenkomsten tussen de vennootschap en haar bestuurders of werknemers indien in een vergoeding wordt voorzien wanneer vanwege een openbaar overnamebod ontslag wordt genomen, zonder geldige reden tot ontslag wordt overgegaan of wanneer een eind komt aan de arbeidsverhouding. Dergelijke vergoedingen kunnen de overnamekosten (aanzienlijk) verhogen.

Het Besluit inhoud bestuursverslag stelt dat een aantal van de bovenstaande gegevens (de gegevens hierboven genoemd onder 3, 4, 6, 8 en 9) deel uitmaken (al dan niet via een verwijzing) van de corporate governance-verklaring in het bestuursverslag (art. 3b Besluit inhoud bestuursverslag) voor zover het Besluit artikel 10 Overnamerichtlijn van toepassing is op de beursgenoteerde vennootschap. In aanvulling hierop neemt de beursgenoteerde vennootschap een lijst met namen van degenen aan wie een bijzondere zeggenschap in de rechtspersoon toekomt, met een beschrijving van de aard van dat recht (zoals op grond van art. 2:392 lid 1 onder d BW opgenomen in de 'Overige gegevens'), voor zover niet reeds omtrent deze gegevens mededeling is gedaan in het bestuursverslag (op grond van artikel 2:391 lid 5 BW).

De Nederlandse Corporate Governance Code kent ook een best practice-bepaling ten aanzien van opname van informatie betreffende beschermingsconstructies. Volgens best practice-bepaling 4.2.6 geeft het bestuur in het bestuursverslag een overzicht van alle uitstaande of potentieel inzetbare beschermingsmaatregelen tegen een overname van zeggenschap over de vennootschap en geeft daarbij aan onder welke omstandigheden deze beschermingsconstructies naar verwachting kunnen worden ingezet.

39.5.3 Risicoparagraaf
Algemene beschrijving risico's

Volgens artikel 2:391 lid 1 BW moet het bestuursverslag een beschrijving geven van de voornaamste risico's en onzekerheden waarmee de rechtspersoon wordt geconfronteerd. Deze bepaling geldt voor alle rechtspersonen, niet alleen voor beursgenoteerde vennootschappen. Door beursgenoteerde vennootschappen dient evenwel veel aanvullende informatie te worden verstrekt die hieronder is toegelicht.

Het Besluit inhoud bestuursverslag vereist in artikel 3a dat de beursgenoteerde vennootschap een mededeling doet omtrent de belangrijkste kenmerken van het beheers- en controlesysteem van de vennootschap in verband met het proces van financiële verslaggeving van de vennootschap en van de groep waarvan de financiële gegevens in de jaarrekening zijn opgenomen. Het Besluit vraagt dus een beschrijving.

De Nederlandse Corporate Governance Code gaat beduidend verder. Volgens best practice-bepaling 1.4.2 legt het bestuur in het bestuursverslag verantwoording af over:
(i) de uitvoering van het risicobeoordeling en beschrijft de voornaamste risico's waarvoor de vennootschap zich geplaatst ziet in relatie tot haar risicobereidheid. Hierbij kan gedacht worden aan strategische, operationele, compliance en verslaggevingsrisico's;
(ii) de opzet en werking van de interne risicobeheersings- en controlesystemen over het afgelopen boekjaar;
(iii) eventuele belangrijke tekortkomingen in de interne risicobeheersings- en controlesystemen die in het boekjaar zijn geconstateerd, welke eventuele significante wijzigingen in die systemen zijn aangebracht, welke eventuele belangrijke verbeteringen van die systemen zijn voorzien en dat deze onderwerpen besproken zijn met de auditcommissie en de raad van commissarissen; en
(iv) de gevoeligheid van de resultaten van de vennootschap voor materiële wijzigingen in externe omstandigheden.

Hierbij sluit deze best practice-bepaling in de Code dus aan op de indeling die ook in Richtlijn 400 is opgenomen (RJ 400.110a).

In de beschrijving besteedt de vennootschap tevens aandacht aan haar risicoprofiel: de houding ten opzichte van de genoemde risico's (risk appetite; ook opgenomen in RJ 400.110c) en, voor zover mogelijk, de gevoeligheid van de vennootschap voor verwezenlijking van de risico's. Een kwantificering van de beschreven risico's kan onder omstandigheden een positief effect hebben op de informatieve waarde van de beschrijving. De beschrijving van de voornaamste risico's sluit aan op de in artikel 2:391 lid 2 BW voorgeschreven 'risicoparagraaf' en op de beschrijving van de wezenlijke risico's in het kader van artikel 5:25c Wft.

Bij de opzet en werking van de interne risicobeheersings- en controlesystemen kan het bestuur ook aangeven welk raamwerk het heeft gehanteerd bij de evaluatie van het interne risicobeheersings- en controlesysteem. Een goede manier om de voornaamste risico's en onzekerheden te beschrijven is volgens het COSO-model. Het COSO-model geeft niet alleen een standaard indeling van de risico's maar ook een standaard voor de opzet van een intern beheersingssysteem.

Best practice-bepaling 1.4.3 stelt het volgende:
Het bestuur verklaart in het bestuursverslag met een duidelijke onderbouwing dat:
(i) het verslag in voldoende mate inzicht geeft in tekortkomingen in de werking van de interne risicobeheersings- en controlesystemen;
(ii) voornoemde systemen een redelijke mate van zekerheid geven dat de financiële verslaggeving geen onjuistheden van materieel belang bevat;
(iii) het naar de huidige stand van zaken gerechtvaardigd is dat de financiële verslaggeving is opgesteld op going concern basis; en
(iv) in het verslag de materiële risico's en onzekerheden zijn vermeld die relevant zijn ter zake van de verwachting van de continuïteit van de vennootschap voor een periode van twaalf maanden na opstelling van het verslag.

In control-statement

Best practice-bepalingen 1.4.2 en 1.4.3 behandelt de verklaring van het bestuur ten aanzien van het beheersen van financiële verslaggevingsrisico's. Deze verklaring wordt in de praktijk soms ook wel 'in control-statement' of 'going concern-statement' genoemd. De Code geeft geen voorschrift voor de wijze van formulering daarvan door het bestuur. Maar dit zou bijvoorbeeld als volgt kunnen worden geformuleerd:

> Het bestuur verklaart:
> - dat ten aanzien van financiële verslaggevingsrisico's de interne risicobeheersings- en controlesystemen een redelijke mate van zekerheid geven dat de financiële verslaggeving geen onjuistheden van materieel belang bevat;
> - dat going-concern/continuïteitsverwachting gerechtvaardigd is; en
> - dat de risicobeheersings- en controlesystemen in het verslagjaar naar behoren hebben gewerkt.

Het bestuur geeft van het bovengenoemde een duidelijke onderbouwing.

SOx Section 404

Nederlandse ondernemingen die genoteerd zijn aan een effectenbeurs in de Verenigde Staten of een dochteronderneming zijn van een moedermaatschappij met beursnotering in de Verenigde Staten kunnen onder de zogenoemde Sarbanes-Oxley Act (SOx) vallen. SOx Section 302 verplicht het management (CEO en CFO) tot het vaststellen en verklaren dat de beheersmaatregelen rondom de informatieverstrekking in openbaar gemaakte financiële rapportages toereikend zijn.

Tevens is het management volgens SOx Section 404 verplicht om jaarlijks een mededeling op te nemen in de jaarrekening over de effectiviteit van deze beheersmaatregelen. Opvallend is dat deze mededeling uit hoofde van SOx Section 404 betrekking heeft op de situatie per balansdatum.

39.5.4 Overige informatievereisten bestuursverslag beursfondsen

Vanuit de wet- en regelgeving is op een aantal plaatsen overige informatievereisten opgenomen die relevant kunnen zijn voor het bestuursverslag van beursgenoteerde vennootschappen (beursfondsen).

Artikel 2:391 lid 2 (laatste volzin) BW bevat sinds vele jaren het voorschrift dat een open NV die de bezoldigingsgegevens van de individuele bestuurders en commissarissen in de jaarrekening moet vermelden (art. 2: 383b BW) tevens verplicht is in het bestuursverslag mededeling te doen van het beleid van de vennootschap aangaande de bezoldiging van haar bestuurders en commissarissen en de wijze waarop dit beleid in het verslagjaar in de praktijk is gebracht (zie par. 39.4.1). Echter, sinds eind 2019 zijn beursgenoteerde vennootschappen (waaronder open NV's), waarvan aandelen of met medewerking van de vennootschap uitgegeven certificaten zijn genoteerd aan een gereglementeerde markt, verplicht een afzonderlijk bezoldigingsverslag op te stellen en openbaar te maken (art. 2:135b BW). In dit bezoldigingsverslag worden namelijk eveneens de bezoldigingsgegevens opgenomen zoals deze (op grond van art. 2:383c t/m 2:383e BW door een open NV) in de toelichting van de jaarrekening worden of werden opgenomen. Tevens zal een bezoldigingsbeleid moeten worden vastgesteld, ter stemming voorgelegd aan de algemene vergadering, en openbaar gemaakt (art. 2:135a BW). Zie hierna in paragraaf 39.5.5.

De Nederlandse Corporate Governance Code stelt ook een aantal algemene informatievereisten ten aanzien van het bestuursverslag. Hieronder worden kort de inhoud van deze best practice-bepalingen genoemd, althans voor zover deze nog niet eerder in dit hoofdstuk aan de orde zijn gekomen:
- In het bestuursverslag geeft het bestuur een toelichting op zijn visie op langetermijnwaardecreatie en op de strategie ter realisatie daarvan en licht toe op welke wijze in het afgelopen boekjaar daaraan is bijgedragen, daarbij wordt zowel van de korte- als langetermijnontwikkelingen verslag gedaan (best practice-bepaling 1.1.4).
- Indien het bestuur werkt met een *executive committee*, houdt het bestuur rekening met de checks and balances die onderdeel uitmaken van het two tier systeem. Dit betekent onder meer het waarborgen van deskundigheid en verantwoordelijkheden van het bestuur en een adequate informatievoorziening aan de raad van commissarissen. De raad van commissarissen houdt hier toezicht op en heeft daarbij specifiek aandacht voor de dynamiek en de verhouding tussen het bestuur en het executive committee.

- In het bestuursverslag wordt verantwoording afgelegd over:
    i. de keuze voor het werken met een executive committee;
    ii. de rol, taak en samenstelling van het executive committee; en
    iii. de wijze waarop het contact tussen de raad van commissarissen en het executive committee is vormgegeven (best practice-bepaling 2.1.3).
- Verantwoording over cultuur: in bestuursverslag geeft het bestuur een toelichting op:
    i. de waarden en de wijze waarop deze worden ingebed in de vennootschap en de met haar verbonden onderneming; en
    ii. de werking van de door het bestuur opgestelde gedragscode en de naleving van deze gedragscode door de vennootschap (best practice-bepaling 2.5.4).

In aanvulling op de Nederlandse Corporate Governance Code wordt door de RJ aanbevolen om tevens een korte samenvatting van de afwijkingen van de Code ('leg-uit') op te nemen in het bestuursverslag, althans indien gebruik wordt gemaakt van de mogelijkheid om de verklaring inzake corporate governance langs elektronische weg openbaar te maken en in het bestuursverslag te vermelden waar de verklaring voor het publiek elektronisch beschikbaar is (RJ 400.207).

39.5.5 Bezoldigingsverslag

Met de op 1 december 2019 in werking getreden wet (Stb. 2019, nr. 423 en 436) tot uitvoering van de EU-richtlijn aandeelhoudersbetrokkenheid (2017/828/EU) zijn beursgenoteerde NV's, waarvan aandelen of met medewerking van de vennootschap uitgegeven certificaten zijn genoteerd aan een gereglementeerde markt, jaarlijks verplicht een bezoldigingsverslag op te stellen en openbaar te maken (art. 2:135b BW). In dit bezoldigingsverslag worden eveneens de bezoldigingsgegevens opgenomen zoals deze op grond van art. 2:383c t/m 2:383e BW in de toelichting van de jaarrekening worden opgenomen. Tevens zal een bezoldigingsbeleid moeten worden vastgesteld en openbaar gemaakt (art. 2:135a BW). De informatie uit het remuneratierapport, op basis van de Nederlandse Corporate Governance Code, en het bezoldigingsverslag, op grond van art. 2:135b BW, zal veelal worden gecombineerd en wordt beschouwd als onderdeel van de jaarstukken van de beursgenoteerde vennootschap. Bovendien wordt op de jaarlijkse algemene vergadering zowel gestemd, dat wil zeggen via een adviserende stemming, over het bezoldigingsverslag als gestemd over de vaststelling van de jaarrekening.

Via RJ-Uiting 2019-16 'Implementatie EU-richtlijn Aandeelhoudersbetrokkenheid' heeft de RJ in de RJ-bundel een nieuw hoofdstuk 404 'Bezoldigingsverslag en remuneratierapport' toegevoegd met daarin de voorschriften voor het bezoldigingsverslag. Hierdoor zijn ook diverse alinea's (107, 108 en 109) van Richtlijn 405 'Verslag van raad van commissarissen' verplaatst naar Richtlijn 404 'Bezoldigingsverslag en remuneratierapport'.

Op grond van de wet (art. 2:135b BW) stelt een desbetreffende beursgenoteerde NV jaarlijks een duidelijk en begrijpelijk bezoldigingsverslag op dat een overzicht bevat van alle bezoldigingen die in het voorgaande boekjaar aan individuele bestuurders zijn toegekend of verschuldigd zijn. Het bezoldigingsverslag wordt jaarlijks ter adviserende stemming aan de algemene vergadering voorgelegd, waarbij tevens in het bezoldigingsverslag tevens wordt toegelicht hoe met de vorige jaarlijkse stemming van de algemene vergadering rekening is gehouden.

Ten aanzien van de bezoldiging van iedere individuele bestuurder van de beursgenoteerde vennootschap komen in het bezoldigingsverslag ten minste de volgende onderwerpen aan de orde:
a. het totale bedrag aan bezoldigingen uitgesplitst naar onderdeel;
b. het relatieve aandeel van de vaste en variabele bezoldigingen;

c. de wijze waarop het totale bedrag van de bezoldiging strookt met het bezoldigingsbeleid en bijdraagt aan de langetermijnprestaties van de vennootschap;
d. de wijze waarop de door of vanwege de vennootschap gestelde financiële en niet-financiële doelen zijn toegepast;
e. de jaarlijkse verandering in de bezoldiging over ten minste vijf boekjaren, de ontwikkeling van de prestaties van de vennootschap en de gemiddelde bezoldiging, uitgaande van een volledige werkweek, van de werknemers van de vennootschap die geen bestuurder zijn gedurende deze periode, gezamenlijk gepresenteerd op een wijze die vergelijking mogelijk maakt;
f. indien de vennootschap dochtermaatschappijen heeft of de financiële gegevens van andere maatschappijen consolideert, de bezoldiging die in het boekjaar ten laste van die dochtermaatschappijen of andere maatschappijen is gekomen;
g. het aantal toegekende en aangeboden aandelen en aandelenopties en de belangrijkste voorwaarden voor uitoefening van de rechten;
h. de gehele of gedeeltelijke terugvordering van een bonus (als bedoeld in art. 2:135 lid 8 BW);
i. eventuele afwijking van het besluitvormingsproces voor de uitvoering van het bezoldigingsbeleid (als bedoeld in art. 2:135a lid 6 onder h BW);
j. eventuele afwijking van het bezoldigingsbeleid (als bedoeld in art. 2:135a lid 4 BW) met een toelichting van de aard van de uitzonderlijke omstandigheden (als bedoeld in art. 2:135a lid 5 BW) en met vermelding van de specifieke onderdelen waarvan wordt afgeweken; en
k. de in art. 2:383c t/m 2:383e BW genoemde informatie voor zover die informatie niet reeds vereist is op grond van dit lid.

Tevens is wettelijk bepaald dat het bezoldigingsverslag na de algemene vergadering openbaar wordt gemaakt op de website van de vennootschap en dat deze informatie toegankelijk is gedurende tien jaar (art. 2:135b lid 6 BW). Ten slotte is wettelijk bepaald dat een accountant (als bedoeld in art. 2:393 lid 1 BW) controleert of het bezoldigingsverslag de voornoemde wettelijk vereiste informatie bevat (art. 2:135b lid 7 BW).

39.5.6 Verslag raad van commissarissen

Indien de vennootschap een two tier structuur heeft, dat wil zeggen dat de vennootschap een aparte raad van commissarissen (RvC) en een aparte raad van bestuur heeft, brengt deze RvC – hetzij vrijwillig hetzij omdat zij als beursgenoteerde vennootschap de Nederlands Corporate Governance Code naleeft – een verslag van de raad van commissarissen uit als onderdeel van de jaarstukken (RJ 405.101). Het verslag van de raad van commissarissen maakt geen onderdeel uit van het bestuursverslag. Indien de vennootschap een one tier board heeft, met een raad van bestuur bestaande uit uitvoerende en niet-uitvoerende bestuurders, wordt door de RJ aanbevolen dat de niet-uitvoerende bestuurders verantwoording afleggen in een afzonderlijk (onderdeel van het) verslag (RJ 405.106).

Het Burgerlijk Wetboek of andere wetgeving omvat geen wettelijke bepalingen of vereisten ten aanzien van het verslag van de raad van commissarissen. De vereisten voor het verslag van raad van commissarissen zijn opgenomen in de Nederlandse Corporate Governance Code. Om die reden is door de RJ nadere guidance ontwikkeld en opgenomen in Richtlijn 405 'Verslag raad van commissarissen'. De alinea's in Richtlijn 405 bevatten nadere guidance hoe aan de diverse bepalingen van de Nederlandse Corporate Governance Code invulling kan worden gegeven.

Het eerder genoemde Besluit inhoud bestuursverslag vereist opname van informatie over de samenstelling en het functioneren van de raad van commissarissen en hun commissies (art. 3a letter c Besluit inhoud bestuursverslag), zoals auditcommissie, remuneratiecommissie en selectie- en benoemingscommissie. Alhoewel deze informatie formeel dus opgenomen dient te worden in de corporate governance-verklaring die deel uitmaakt van het bestuursverslag, is het uit pragmatisch oogpunt goed verdedigbaar om deze gegevens op te nemen in het verslag van de raad van commissarissen. Om formeel te voldoen aan Besluit inhoud bestuursverslag kan de beursvennootschap dan in de corporate governance-verklaring een verwijzing opnemen naar de betreffende passage in het verslag van de raad van commissarissen. Op deze wijze voorkomt een beursvennootschap dat gegevens onnodig dubbel worden opgenomen in de jaarstukken.

De Nederlandse Corporate Governance Code besteedt in hoofdstuk II ook aandacht aan het verslag van de raad van commissarissen. Best practice-bepaling 2.3.11 stelt dat het verslag van de raad van commissarissen deel uitmaakt van de jaarstukken van de vennootschap. Volgens de Nederlandse Corporate Governance Code legt de raad van commissarissen in het verslag verantwoording af over het uitgeoefende toezicht in het afgelopen boekjaar. Het is om die reden dat de RJ, als er sprake is van een one tier bestuur, aanbeveelt dat de niet-uitvoerende bestuurders verantwoording afleggen in een afzonderlijk (onderdeel van het) verslag (RJ 405.106).

In het verslag worden in ieder geval de onderstaande onderwerpen behandeld (RJ 405.105 e.v.):
- In het verslag van de raad van commissarissen legt de raad van commissarissen verantwoording af over de wijze waarop de raad betrokken was bij de totstandkoming en toezicht houdt op de uitvoering van de strategie (best practice-bepaling 1.1.3).
- Indien voor de interne audit functie geen interne audit dienst is ingericht, beoordeelt de raad van commissarissen jaarlijks, mede op basis van een advies van de auditcommissie, of adequate alternatieve maatregelen zijn getroffen en beziet of behoefte bestaat om een interne auditdienst in te richten. De raad neemt de conclusies alsmede eventuele aanbevelingen en alternatief getroffen maatregelen die daaruit voortkomen, op in het verslag van de raad van commissarissen (best practice-bepaling 1.3.6).
- In het verslag wordt van elke commissaris opgave gedaan van: i. geslacht; ii. leeftijd; iii. nationaliteit; iv. hoofdfunctie; v. nevenfuncties voor zover deze relevant zijn voor de vervulling van de taak als commissaris; vi. tijdstip van eerste benoeming; en vii. de lopende termijn waarvoor de commissaris is benoemd (best practice-bepaling 2.1.2).
- Het verslag van de raad van commissarissen vermeldt dat naar het oordeel van de raad is voldaan aan de eisen voor onafhankelijkheid (bedoeld in best practice-bepaling 2.1.7 t/m 2.1.9) en geeft daarbij aan, indien van toepassing, welke commissaris(sen) de raad als niet-onafhankelijk beschouwt (best practice-bepaling 2.1.10).
- Een commissaris wordt benoemd voor een periode van vier jaar en kan daarna éénmalig voor een periode van vier jaar worden herbenoemd. De commissaris kan nadien wederom worden herbenoemd voor een benoemingstermijn van twee jaar die daarna met maximaal twee jaar kan worden verlengd. Herbenoeming na een periode van acht jaar wordt gemotiveerd in het verslag van de raad van commissarissen (best practice-bepaling 2.2.2).
- Het verslag van de raad van commissarissen vermeldt: i. op welke wijze de evaluatie van de raad van commissarissen, de afzonderlijke commissies en de individuele commissarissen heeft plaatsgevonden; ii. op welke wijze de evaluatie van het bestuur en de individuele bestuurders heeft plaatsgevonden; en iii. wat is of wordt gedaan met de conclusies van de evaluaties (best practice-bepaling 2.2.8).
- De raad van commissarissen ontvangt van elk van de commissies een verslag van de beraadslagingen en bevindingen. In het verslag van de raad van commissarissen doet de raad verslag van de uitvoering van de taakopdracht van de commissies in het boekjaar. Daarin wordt vermeld de samenstelling van de commissies, het aantal vergaderingen van de commissies en de belangrijkste onderwerpen die in de vergaderingen aan de orde zijn gekomen (best practice-bepaling 2.3.5).

▶ Commissarissen worden geacht aanwezig te zijn bij vergaderingen van de raad van commissarissen en bij vergaderingen van commissies waarvan zij deel uitmaken. Indien commissarissen frequent afwezig zijn bij deze vergaderingen, worden zij daarop aangesproken. Het verslag van de raad van commissarissen vermeldt het aanwezigheidspercentage van elke commissaris bij de vergaderingen van de raad van commissarissen en van de commissies (best practice-bepaling 2.4.4).

Indien sprake is van een one tier bestuursstructuur leggen, volgens de Nederlandse Corporate Governance Code, de niet-uitvoerende bestuurders verantwoording af over het uitgeoefende toezicht in het afgelopen boekjaar in het verslag van de raad van commissarissen (best practice-bepaling 5.1.5). Uit de toelichting op de Code volgt dat deze verantwoording deel kan uitmaken van het bestuursverslag of in een apart verslag kan worden opgenomen dat bij of met de jaarstukken wordt gepubliceerd.
De RJ beveelt aan dat de niet-uitvoerende bestuurders verantwoording afleggen in een afzonderlijk (onderdeel van het) verslag (RJ 405.106).

Volgens de Nederlandse Corporate Governance Code legt de raad van commissarissen in een apart rapport, het renumeratierapport, op een inzichtelijke wijze verantwoording af over de uitvoering van het beloningsbeleid en wordt het renumeratierapport geplaatst op de website van de vennootschap (principe 3.4). In de toelichting op de Nederlandse Corporate Governance Code staat dat de wettelijke eisen aan het remuneratierapport zijn neergelegd in de artikelen 2:383c t/m 2:383e BW. Met ingang van 1 december 2019 zijn beursgenoteerde NV's, waarvan aandelen of met medewerking van de vennootschap uitgegeven certificaten zijn genoteerd aan een gereglementeerde markt, verplicht een zogeheten bezoldigingsverslag op te stellen en openbaar te maken (art. 2:135b BW). In dit bezoldigingsverslag worden ook de gegevens opgenomen zoals deze op grond van art. 2:383c t/m 2:383e BW vereist zijn (zie paragraaf 39.5.5). Bij een desbetreffende beursgenoteerde NV kan het bezoldigingsverslag, als geregeld in artikel 2:135b BW, worden gecombineerd met en/of dezelfde inhoud hebben als het remuneratierapport, zoals geregeld in de Nederlandse Corporate Governance Code.
Volgens deze Code bereidt de remuneratiecommissie het remuneratierapport voor waarin, naast hetgeen de wet vereist, in ieder geval op inzichtelijke wijze verslag wordt gedaan van (best practice-bepaling 3.4.1):
(i) de wijze waarop het beloningsbeleid in het afgelopen boekjaar in praktijk is gebracht;
(ii) de wijze waarop de uitvoering van het beloningsbeleid bijdraagt aan langetermijnwaardecreatie;
(iii) dat scenarioanalyses in overweging zijn genomen;
(iv) van de beloningsverhoudingen binnen de vennootschap en de met haar verbonden onderneming en indien van toepassing de wijzigingen in deze verhoudingen ten opzichte van voorgaande boekjaar;
(v) indien een bestuurder een variabele beloning ontvangt, de wijze waarop deze beloning bijdraagt aan langetermijnwaardecreatie, de vooraf vastgestelde en meetbare prestatiecriteria waarvan de variabele beloning afhankelijk is gesteld en de relatie tussen de beloning en de prestatie; en
(vi) indien een (voormalig) bestuurder een ontslagvergoeding ontvangt, de reden voor deze vergoeding
(RJ 405.107).

De RJ beschrijft in Richtlijn 404 'Bezoldigingsverslag en remuneratierapport' relevante aandachtspunten voor de wijze waarop invulling kan worden gegeven aan het vermelden van de beloningsverhoudingen binnen de vennootschap en de met haar verbonden ondernemingen (als bedoeld in best practice-bepaling 3.4.1 sub iv). Volgens de toelichting op de Nederlands Corporate Governance Code gaat het hierbij om de verhouding tussen de beloning van de bestuurders en een door de vennootschap vast te stellen representatieve referentiegroep, maar deze geeft geen verdere uitwerking of handvatten voor de bepaling van deze beloningsverhoudingen. Volgens de RJ is een van de manieren waarop de vennootschap nadere toelichting kan geven op de beloningsverhoudingen het vermelden van de verhouding tussen de beloning van de hoogst betaalde bestuurders en de beloning van de overige werknemers, dit wordt wel aangeduid met de term 'pay ratio' (RJ 404.105).

Auditcommissie

Een organisatie van openbaar belang (OOB), waaronder een vennootschap met een beursnotering aan een gereglementeerde markt, bank of verzekeraar, dient als gevolg van het Besluit van 26 juli 2008, zoals gewijzigd bij Besluit van 8 december 2016 (Stb. 2016, nr. 507), een auditcommissie in te stellen (Besluit instelling auditcommissie). Een auditcommissie is volgens dit Besluit samengesteld uit leden van de raad van commissarissen of uit leden van het bestuur die niet belast zijn met het uitvoerend bestuur. Indien een organisatie van openbaar belang geen auditcommissie instelt, dan dient op grond van het Besluit instelling auditcommissie uit het bestuursverslag te blijken welk orgaan de taken van een auditcommissie uitoefent. Een mogelijkheid is om de gehele raad van commissarissen aan te wijzen als desbetreffend orgaan. De bepalingen uit het Besluit instelling auditcommissie gelden voor alle organisaties van openbaar belang, ook een OOB die niet onder het toepassingsbereik van de Nederlandse Corporate Governance Code valt (tenzij sprake is van een vrijstelling voor o.a. dochtermaatschappij op grond van art. 3 Besluit instelling auditcommissie).

Voor de volledigheid wordt erop gewezen dat door het in 2019 gepubliceerde Besluit aanwijzing organisaties van openbaar belang per 1 januari 2020 ook de volgende organisaties zijn aangewezen als OOB: netbeheerders, instellingen voor wetenschappelijk onderzoek, grote pensioenfondsen en grote woningcorporaties (toegelaten instellingen volkshuisvesting). In dit Besluit is tevens bepaald dat grote pensioenfondsen, die zijn aangewezen als OOB, geen auditcommissie behoeven in te stellen (Besluit aanwijzing organisaties van openbaar belang jo. art. 1b Besluit toezicht accountantsorganisaties).

39.5.7 Bekendmaking diversiteitsbeleid

Het 'Besluit bekendmaking diversiteitsbeleid' bevat een voorschrift voor grote beursgenoteerde vennootschappen. Met 'grote' beursgenoteerde vennootschappen wordt bedoeld 'groot' in de zin van het jaarrekeningenrecht; zie voor de criteria paragraaf 43.2.3.

Sinds 2017 moeten dergelijke grote beursgenoteerde vennootschappen in het bestuursverslag aandacht besteden aan het gevoerde diversiteitsbeleid met betrekking tot het bestuur en de raad van commissarissen. Het diversiteitsbeleid kan betrekking hebben op leeftijd, geslacht en achtergrond inzake opleiding en beroepservaring. Wanneer een beursvennootschap geen diversiteitsbeleid heeft, moet deze in de verklaring uiteenzetten waarom dit het geval is. Het bestuursverslag bevat:
- een beschrijving van het diversiteitsbeleid ter attentie van bestuur en raad van commissarissen. Beleid kan zien op leeftijd, geslacht, achtergrond inzake opleiding en beroepservaring;
- de doelstellingen van dit beleid;
- de wijze van tenuitvoerlegging; en
- de resultaten in de verslagperiode.

De accountant gaat na of de vereiste informatie in het bestuursverslag is opgenomen en met de jaarrekening verenigbaar is, en of de informatie in het licht van de tijdens het onderzoek van de jaarrekening verkregen kennis en begrip omtrent de rechtspersoon en zijn omgeving, geen materiële onjuistheden bevat.

Deze bepalingen zijn gebaseerd op een EU-richtlijn (2014/95/EU) en staan los van het in Nederland eind 2020 ingediende wetsvoorstel (zie paragraaf 39.4.11) dat in 2021 als wet zal worden ingevoerd. Met deze nieuwe wet wordt een ingroeiquotum ingevoerd voor de benoeming van ten minste een derde vrouwelijke leden in de raad van commissarissen of niet-uitvoerende bestuurders als gekozen is voor een monistisch bestuursmodel (one tier board).

39.5.8 Bekendmaking niet-financiële informatie

Grote OOB's – waaronder beursgenoteerde vennootschappen, banken en verzekeraars met meer dan 500 werknemers – moeten een niet-financiële verklaring opnemen in het bestuursverslag waarin mededeling wordt gedaan over (Besluit bekendmaking niet-financiële informatie; Stb. 2017, nr.100):
- het bedrijfsmodel van de rechtspersoon;
- het beleid inzake milieu, personeel, mensenrechten, corruptie/omkoping én de voornaamste risico's hieromtrent en de beheersing van deze risico's; en
- de niet-financiële prestatie-indicatoren.

Als geen beleid is geformuleerd wordt hiervan gemotiveerd opgave gedaan. De mededelingen kunnen in uitzonderlijke gevallen achterwege blijven indien zij betrekking hebben op ophanden zijnde ontwikkelingen of zaken waarover wordt onderhandeld en de mededelingen ernstige schade zouden toebrengen aan de commerciële positie van de rechtspersoon. Het achterwege blijven van de mededelingen mag niet in de weg staan aan een getrouw en evenwichtig begrip van de ontwikkeling, de resultaten, de positie van de rechtspersoon en de effecten van zijn activiteiten. De accountant gaat na of de niet-financiële verklaring overeenkomstig het voornoemde besluit is opgesteld en met de jaarrekening verenigbaar is, en of de verklaring in het licht van de tijdens het onderzoek van de jaarrekening verkregen kennis en begrip omtrent de rechtspersoon en zijn omgeving, materiële onjuistheden bevat.

39.5.9 Bestuursverklaring

Een beursgenoteerde vennootschap is verplicht om als onderdeel van de financiële verslaggeving naast een door een accountant gecontroleerde jaarrekening en bestuursverslag tevens een bestuursverklaring op te nemen en openbaar te maken (art. 5:25c lid 2 Wft). De bestuursverklaring dient ook bij de halfjaarlijkse verslaggeving te worden opgenomen en openbaar gemaakt (art. 5:25d lid 2 Wft).

In de bestuursverklaring, dienen de verantwoordelijke personen met duidelijke vermelding van naam en functie te verklaren dat:
- de jaarrekening (of halfjaarrekening) een getrouw beeld geeft van de activa, de passiva, de financiële positie en de winst of het verlies van de uitgevende instelling en de gezamenlijk in de consolidatie opgenomen ondernemingen; en
- het bestuursverslag (of halfjaarlijks bestuursverslag) een getrouw beeld geeft omtrent de toestand op de balansdatum, de gang van zaken gedurende het boekjaar van de uitgevende instelling en van de met haar verbonden ondernemingen waarvan de gegevens in haar jaarrekening zijn opgenomen en dat in het bestuursverslag de wezenlijke risico's waarmee de uitgevende instelling wordt geconfronteerd, zijn beschreven.

De bestuursverklaring is een afzonderlijk document dat geen onderdeel uitmaakt van de jaarrekening of het bestuursverslag. Deze bestuursverklaring kan ook als een afzonderlijk document worden uitgebracht. Het is echter aan te bevelen om de bestuursverklaring op een afzonderlijke plaats in één document op te nemen samen met de jaarrekening, bestuursverslag en overige gegevens. Een goede plaats hiervoor kan zijn tussen het bestuursverslag en de jaarrekening (RJ 400.209).

In de praktijk plaatsen veel vennootschappen de bestuursverklaring aan het einde van het bestuursverslag waarbij zij de ondertekening van het bestuursverslag en de bestuursverklaring laten samenvallen. Formeel lijkt dit strikt genomen niet in overeenstemming met artikel 5:25c en 5:25d Wft op basis waarvan de bestuursverklaring een afzonderlijk document is.

De bestuursverklaring dient ondertekend te worden door de verantwoordelijke personen. Het wordt vrij algemeen aangenomen dat de bestuursverklaring alleen door de statutair bestuurders van de vennootschap behoeft te worden ondertekend. Een vennootschap kan echter ook verkiezen om andere verantwoordelijke personen mee te laten tekenen, bijvoorbeeld leden van de raad van commissarissen.

39.5.10 Aandachtspunten bestuursverslag beursfondsen

Het is inmiddels traditie dat in Nederland diverse partijen of (belangen)organisaties, zoals bijvoorbeeld Eumedion of VEB (Vereniging van Effectenbezitters), jaarlijks aandachtspunten voor het bestuursverslag, bezoldigingsverslag of verslag van de raad van commissarissen van beursfondsen publiceren.

Als toezichthouders op de financiële verslaggeving van beursvennootschappen publiceren AFM en ESMA regelmatig rapporten. De AFM publiceerde in december 2019 het rapport 'In Balans 2019', in november 2020 het rapport 'In Balans 2020' inzake Covid-19 gerelateerde informatie in halfjaarlijkse financiële verslaggeving. ESMA rapporteerde in december 2019 over de ervaringen in de lidstaten met de door ESMA opgestelde richtsnoeren voor gebruik van alternatieve prestatie-indicatoren (ESMA's Guidelines on Alternative Performance Measures). Tevens publiceren AFM en ESMA jaarlijks de bij (de toetsing van) de jaarrekeningen te hanteren prioriteiten(enforcement priorities), dit zijn vaak ook prioriteiten ten aanzien van onderwerpen die gerelateerd zijn aan informatie in het bestuursverslag, zoals bijvoorbeeld de impact van Covid-19, going-concern verwachtingen of niet-financiële informatie, waaronder de impact van klimaatverandering.

Monitoring Commissie Corporate Governance Code

Ten aanzien van de Nederlandse Corporate Governance Code is van belang dat er periodiek, laatstelijk eind 2018, een Monitoring Commissie wordt benoemd door de minister van Economische Zaken en Klimaat. De taak van deze Commissie is de naleving van de Code in de praktijk te monitoren en bevindingen daarover te rapporteren. Daarbij is de Commissie door de minister verzocht om de vraagstukken en aandachtspunten op te pakken die zijn geïdentificeerd door de vorige Commissie in haar zogeheten slotdocument. Door de Monitoring Commissie worden rapporten uitgebracht over de monitoring van de naleving van de Code. Daaruit blijkt dat de naleving van de Code in Nederland hoog is. Wel wijst de Commissie in haar monitoringsrapport veelal op aandachtspunten. Omdat de Code het principe van veronderstelde toepassing kent, gebaseerd op het onderliggende vertrouwensbeginsel van 'pas toe of leg uit' geldt alleen afwijking van de Code zonder motivering als niet-naleving. In het geval de vennootschap niet aangeeft dat van een gedragsbepaling wordt afgeweken, is als gevolg van de aanname dat de vennootschap deze bepaling naleeft sprake van naleving (veronderstelde toepassing). Dit knelt omdat ongeveer 70% van de Code uit gedragsbepalingen bestaat met zachte of moeilijk kwantificeerbare normen. Over de belangrijkste wijzigingen in de Code in 2016, die vooral betrekking hebben op langetermijnwaardecreatie, ondernemingscultuur, bestuurdersbeloningen, risicomanagement en diversiteitsbeleid bestaat het algemene beeld dat vennootschappen deze principes omarmen, maar bij de uitvoering nog veel vragen hebben ten aanzien van (gebrek aan) definities, over de toepassing van open normen, en over nut en noodzaak van bepaalde rapportages (bijvoorbeeld over beloningsverhoudingen). De Commissie bespreekt aanbevelingen met de schragende partijen om mogelijk in 2021 tot verdere duiding en actualisering van de Code te komen.

39.5.11 Openbaarmaking

Voor ondernemingen met een beursnotering aan een gereglementeerde markt is artikel 5.25c Wft van belang. Hierdoor moeten dergelijke uitgevende instellingen de jaarlijkse financiële verslaggeving binnen vier maanden na het einde van het boekjaar algemeen verkrijgbaar stellen (zie voor details par. 2.3). De jaarlijkse financiële verslaggeving bestaat uit een door een externe accountant gecontroleerde jaarrekening, het bestuursverslag en de bestuursverklaring.

Dergelijke uitgevende instellingen moeten tegelijkertijd met het algemeen verkrijgbaar stellen de hiervoor genoemde jaarlijkse financiële verslaggeving deponeren bij de AFM (art. 5:25m Wft). De AFM zorgt er vervolgens voor dat deze gedeponeerde informatie voor het publiek beschikbaar is in een openbaar register. Dergelijke uitgevende instellingen moeten de jaarrekening binnen vijf dagen na vaststelling, en met deze vastgestelde jaarrekening dus tevens het bestuursverslag, deponeren bij de AFM (art. 5:25o Wft). De AFM zendt deze stukken vervolgens door naar het handelsregister, zodat daarmee tevens voldaan wordt aan de deponeringsplicht (art. 2:394 lid 8 BW). In een in 2020 gepubliceerde consultatie voor een wetsvoorstel wordt voorgesteld deze doorstuurplicht van de AFM te schrappen, waarmee uitgevende instellingen alsdan de vastgestelde jaarrekening moeten deponeren bij het handelsregister.

Voor de verplichtingen betreffende halfjaarcijfers wordt verwezen naar hoofdstuk 45.

39.6 Informatie omtrent niet-financiële verslaggeving

39.6.1 Inleiding

Verslaggeving over niet-financiële prestatiecriteria heeft de afgelopen jaren een sterke ontwikkeling doorgemaakt. Stakeholders van ondernemingen gaan steeds meer belang hechten aan niet-financiële prestatiecriteria naast de financiële verantwoording. Gevolg hiervan zijn een aantal ontwikkelingen, die gerelateerd zijn aan de jaarrekening, namelijk diversiteitsbeleid (zie par. 39.5.7) en niet-financiële informatie (zie par. 39.5.8), maatschappelijke verslaggeving en integrated reporting. De ontwikkelingen met betrekking tot maatschappelijke verslaggeving worden hieronder kort toegelicht. Voor toekomstige ontwikkelingen wordt verwezen naar hoofdstuk 40.

39.6.2 Maatschappelijke verslaggeving

Maatschappelijke verslaggeving is het afgelopen decennium in ontwikkeling. Inmiddels bestaat een breed draagvlak voor deze vorm van verslaggeving, soms ook wel duurzaamheidsverslaggeving genoemd. Ook in de politiek staat het onderwerp in de belangstelling. Er zijn vooral veel initiatieven binnen de Europese organisaties en politiek. Onder andere is mede op verzoek van de Europese Commissie door EFRAG een (European) Corporate Reporting Lab opgericht dat zich in eerste instantie nadrukkelijk zal richten op 'climate related reporting'. De Europese Commissie heeft in 2020 een evaluatie uitgevoerd van de EU-richtlijn inzake niet-financiële informatie (2014/95/EU) en zal in 2021 een voorstel publiceren tot aanpassing en uitbreiding van deze richtlijn.

In Nederland heeft de RJ al sinds 2003, met een aanpassing in 2009, een Handreiking gepubliceerd voor afzonderlijke maatschappelijke verslaggeving. Toepassing van deze Handreiking voor Maatschappelijke verslaggeving (RJ 920) is niet verplicht. Uitgangspunten hierbij zijn vrijwilligheid en eigen verantwoordelijkheid. De doelstelling van de Handreiking is het bieden van een conceptueel kader dat organisaties kunnen gebruiken bij het opstellen van hun maatschappelijk verslag. Ondernemingen dienen aan de hand van dit conceptueel kader de maatschappelijke verslaggeving specifiek te maken naar hun eigen situatie. Het onderstaande komt uit deze Handreiking (RJ 920).

De doelstelling van maatschappelijke verslaggeving (RJ 920) is het informeren van relevante belanghebbenden en het verantwoording afleggen over maatschappelijke verantwoordelijkheden. Belanghebbenden kunnen deze informatie gebruiken ten behoeve van hun oordeels- of besluitvorming. De maatschappelijke verslaggeving biedt tevens een uitgangspunt voor de dialoog tussen organisaties en hun belanghebbenden.

Een onderneming kent veel belanghebbenden waarmee bij de samenstelling van het verslag rekening moet worden gehouden. De Handreiking noemt specifiek de volgende belanghebbenden: werknemers, consumenten, omwonenden, financiële relaties, overige zakelijke relaties, maatschappelijke organisaties en overheden en hun instellingen.

Het maatschappelijk verslag kan op verschillende manieren worden gepubliceerd: afzonderlijk of gebundeld met de financiële verslaggeving. Maatschappelijke verslaggeving kan plaatsvinden als onderdeel van het bestuursverslag of in een afzonderlijk maatschappelijk verslag. Zoals vermeld in paragraaf 39.4.7 dient volgens artikel 2:391 BW in het bestuursverslag aandacht gegeven te worden aan niet-financiële prestatie-indicatoren. Als een onderneming een afzonderlijk verslag uitbrengt, bevat deze doorgaans meer gedetailleerde informatie dan het bestuursverslag. Het heeft de voorkeur dat organisaties jaarlijks hun maatschappelijk verslag publiceren, indien mogelijk gelijktijdig met het financiële bestuursverslag. Voor een vergelijking in de tijd wordt van organisaties verwacht dat zij maatschappelijke verslagen van ten minste drie opeenvolgende jaren bewaren.

De kwaliteitskenmerken van maatschappelijk verslaggeving worden in de Handreiking toegelicht, te weten: relevantie, duidelijkheid, betrouwbaarheid, betrokkenheid van belanghebbenden en contextuele samenhang. Deze begrippen worden verder uitgelegd in de Handreiking.

In het maatschappelijk verslag wordt voor economische, milieu- en sociale aspecten volgens een logische structuur informatie gegeven over het beleid, de doelstellingen, het management en de behaalde prestaties en de toekomstige ontwikkelingen. In het algemeen wordt van maatschappelijke verslaggeving verwacht dat voor zover relevant voor de ondernemingsactiviteiten informatie wordt gegeven over:

- Profiel van de organisatie en samenvattend overzicht: informatie over producten, diensten, merken, afzetmarkten, organisatiestructuur en belangrijke indicatoren.
- Managementaspecten van maatschappelijk verantwoord ondernemen: de Handreiking beveelt aan om de aandacht te besteden aan de volgende aspecten:
    - Dialoog met stakeholders: de wijze van identificeren en selecteren, de wijze van dialoog voeren, de uitkomsten ervan en de wijze waarop deze gebruikt zijn.
    - Strategie en beleid: voorwoord van de raad van bestuur of directie, eigen visie op maatschappelijk verantwoord ondernemen en de bijdrage aan duurzame ontwikkeling, kansen en obstakels, doelstellingen en tijdpad.
    - Bestuursstructuur en organisatie van maatschappelijk verantwoord ondernemen: inbedding in de organisatiestructuur, verdeling van de taken en verantwoordelijkheden en de wijze van toezicht houden op de strategie en prestaties van het beleid ten aanzien van maatschappelijk verantwoord ondernemen. Onder andere: risicomanagement, integratie in de dagelijkse activiteiten, gebruikte standaarden voor managementsystemen, corrigerende maatregelen naar aanleiding van resultaten van audits, certificatie ervan en klachtenafhandeling.
    - Uitvoering van beleid en toelichting op de resultaten: getroffen maatregelen en behaalde prestaties wat betreft economische, milieu- en sociale prestaties.
    - Milieuaspecten: maatregelen ter beheersing van de milieueffecten en -belasting.
    - Sociale aspecten: arbeidsaangelegenheden, mensenrechten, integriteit, aspecten van sociaal-maatschappelijke betrokkenheid en productverantwoordelijkheid.
    - Economische aspecten: aspecten van de economische transacties, financiële en niet-financiële indicatoren, economische gevolgen van (des)investeringen, afstoten van bedrijfsonderdelen en toekomstige ontwikkelingen in de personeelsomvang.
    - Toekomstverwachtingen: toekomstige ontwikkelingen en nieuwe doelstellingen.

▶ Maatschappelijk verslaggevingsbeleid: motivering van de keuze van de informatie, de rol van de dialoog met stakeholders, het beleid ten aanzien van gegevensverkrijging en de gehanteerde methoden, inherente beperkingen in de betrouwbaarheid, toelichting op eventuele wijzigingen ten opzichte van het voorgaande jaar.

De Handreiking (RJ 920) gaat niet in detail in op de onderwerpen die in een maatschappelijk verslag opgenomen kunnen worden. Voor de aanwijzingen ten aanzien van de kwaliteit en inhoud van het verslag wordt in de Handreiking verwezen naar de Richtlijnen voor Duurzaamheidsverslaggeving van Global Reporting Initiative (GRI).

39.7 IFRS

IFRS en bestuursverslag

IFRS kent geen specifieke bepalingen omtrent het bestuursverslag. In IAS 1.13 wordt aangegeven dat veel ondernemingen buiten de 'financial statements' een 'financial review by management presenteren'. Tevens wordt vermeld, in IAS 1.14, dat veel ondernemingen buiten de 'financial statements' nog andere informatie verstrekken, zoals milieurapporten en overzichten van toegevoegde waarde. Met name betreft dit bedrijfstakken waarin milieufactoren belangrijk zijn en werknemers worden beschouwd als een belangrijke gebruikersgroep.

IFRS practice statement

Het 'IFRS Practice Statement, Management Commentary, a framework for presentation' is een leidraad voor de praktijk, maar uitdrukkelijk geen standaard; de bedoeling van de IASB is om hiermee een 'guidance'-document te geven dat ondernemingen die IFRS hanteren vrijwillig kunnen gebruiken. In de IFRS financial statements dient, indien de onderneming daarin management commentary opneemt, te worden uitgelegd ('explained') in hoeverre dit Practice Statement is toegepast. Toepassing daarvan is puur vrijwillig, het gaat erom dat het voor gebruikers van de IFRS financial statements behulpzaam is om te weten in hoeverre door de opstellers gebruik is gemaakt van deze Practice Statement. De vraag of en wanneer een bestuursverslag moet worden uitgebracht is niet aan de IASB, daarvoor is bepalend de (nationale) wetgeving, voorschriften van externe toezichthouders en/of de effectenbeurzen. Wel geeft de IASB aan dat het management commentary een 'narrative report' is dat gerelateerd is aan de IFRS financial statements, zodat het niet als los document beschikbaar mag komen.

Voor ondernemingen die onder nationale wetgeving vallen met betrekking tot (de inhoud van) het bestuursverslag, zoals Nederlandse rechtspersonen en soortgelijke ondernemingen in andere lidstaten van de Europese Unie, zal de 'guidance' uit dit IFRS Practice Statement zelden relevant zijn omdat de van toepassing zijnde wetgeving prevaleert. Het is uiteraard mogelijk dat daarnaast vrijwillig (onderdelen uit) deze IFRS Practice Statement zullen worden gevolgd.

De IASB heeft als één van haar projecten dit (Practice Statement) Management Commentary op de agenda. Op basis van diverse ontwikkelingen zullen naar verwachting de ontwikkelingen inzake duurzaamheidsrapportage (zie par. 39.6 en par. 40) in dit project bij de IASB nader aan de orde komen. Er wordt in 2021 van de IASB een voorstel tot aanpassing van dit Practice Statement Management Commentary verwacht. Er zijn diverse stakeholders geweest die een beroep hebben gedaan op de IASB en de IFRS Foundation om bij te dragen aan de ontwikkeling van internationale standaarden voor niet-financiële informatie of duurzaamheidsrapportages. In september 2020 heeft de IFRS Foundation een 'Consultation Paper on Sustainability Reporting' gepubliceerd, waarin gesuggereerd wordt om een Sustainability Standards Board (SSB) op te richten. De reacties op deze consultatie waren zodanig, dat mede op basis van berichtgeving in februari 2021 van de IFRS Foundation verwacht kan worden dat deze in september 2021 een voorstel zal publiceren voor de oprichting van een SSB, min of meer als zusterorganisatie van de IASB.

40 De toekomst van Corporate Reporting

40.1 Ontwikkelingen	
Trends in corporate reporting	De toekomst van corporate reporting wordt besproken aan de hand van ontwikkelingen en trends die hebben geleid tot het huidige stelsel van verslaggeving. In eerste instantie wet- en regelgeving voor jaarrekeningen, daarna regels voor bestuursverslagen en als vervolgstap voor andere vormen van corporate reporting.
40.2 Nieuwe focus: nadere rapportagevormen	
Ontwikkelingen in de EU	In navolging van de EU richtlijn (2014) inzake verplichte niet-financiële informatie door grote OOB's, wordt in de EU gewerkt aan een voorstel tot herziening van deze EU richtlijn (2021) en aan mogelijke standaarden voor niet-financiële informatie door alle grote ondernemingen.
Ontwikkelingen IFRS Foundation	De mogelijke internationale ontwikkeling van standaarden is geïnitieerd door een consultatie van de IFRS Foundation (2020) over de oprichting van een Sustainable Standards Board (SSB)
40.3 Integrated Reporting	
Integrated Reporting <IR>	Een al ingezette ontwikkeling is Integrated Reporting (IR). Het doel daarvan is de meest materiële informatie over de strategie, governance, resultaten en toekomstverwachtingen samen brengen in één geïntegreerd verslag. Deze informatie wordt gepresenteerd in de commerciële, sociale en ecologische context waarin de organisatie opereert. De manier waarop door of binnen de organisatie waarde wordt gecreëerd wordt namelijk ook beïnvloed door de omgeving, relaties met anderen en beschikbaarheid en kwaliteit van verschillende hulpbronnen.
<IR> Framework	Raamwerk voor een geïntegreerd verslag waarin het waardecreatieproces centraal staat. Bij waardecreatie zijn verschillende soorten kapitaal relevant voor een onderneming: ▶ Financieel kapitaal ▶ Geproduceerd kapitaal ▶ Intellectueel kapitaal ▶ Menselijk kapitaal ▶ Sociaal en relationeel kapitaal ▶ Natuurlijk kapitaal Daarnaast wordt waardecreatie beïnvloed door de governance, kansen, risico's en de visie en strategie.

40.4 Principes en inhoud geïntegreerde verslag	
Principes	▶ Strategische en toekomstgerichte focus ▶ Connectiviteit van de informatie ▶ Relaties met de stakeholders ▶ Beknoptheid ▶ Materialiteit ▶ Betrouwbaarheid en volledigheid ▶ Consistentie en vergelijkbaarheid
Inhoud	▶ Beschrijving van de organisatie en de externe omgeving ▶ Governance ▶ Bedrijfsmodel ▶ Kansen en risico's ▶ Strategie en gebruik van kapitalen ▶ Resultaten/prestaties ▶ Vooruitzichten ▶ Verslaggevingsbeleid
40.5 Integrated Reporting in Nederland	
<IR> in Nederland	De praktische uitdaging is om te komen tot een beknopt, geïntegreerd verslag dat voldoet aan het <IR> Framework en aan de Nederlandse wet- en regelgeving.
40.6 Het opstellen van een geïntegreerd verslag in de praktijk	
Stappenplan	Om een Integrated Report succesvol op te stellen zijn er een aantal stappen die een organisatie doorloopt.
<IR> in de praktijk	Via haar website biedt de International Integrated Reporting Council diverse documenten aan om <IR> te implementeren. Tevens worden 'good practices' benoemd en een overzicht van ondernemingen die het <IR> Framework toepassen.
40.7 Onderzoek	
Meetbare en vergelijkbare niet-financiële informatie	Onderzoeken geven aan dat het belangrijk is dat niet-financiële informatie meetbaar en vergelijkbaar is. Het 'Embankment Project for Inclusive Capitalism' doet voorstellen voor zulke maatstaven.

40.1 Ontwikkelingen
40.1.1 Inleiding

In dit hoofdstuk wordt een kort overzicht gegeven van de mogelijke toekomstige ontwikkelingen in de verslaggeving door ondernemingen en organisaties. In dat kader zal eerst kort worden teruggekeken naar de ontwikkelingen die afgelopen decennia hebben geleid tot het huidige stelsel van (voornamelijk: financiële) verslaggeving, waarbij een zekere trend waarneembaar is. Daarnaast zal worden gekeken naar aanzetten in onder meer rapporten en consultaties met voorstellen voor een ruimer stelsel van (voornamelijk: niet-financiële) rapportering. Tevens wordt nader ingegaan op het systeem van Integrated Reporting <IR>.

40 De toekomst van Corporate Reporting

De term 'corporate reporting' wordt in dit hoofdstuk gebruikt omdat deze term de afgelopen jaren vaak in internationaal verband wordt gehanteerd. Een soms wel gebruikte definitie van corporate reporting is dat het een mechanisme betreft voor de communicatie en verantwoording (accountability/stewardship) jegens alle belanghebbenden (stakeholders). Dit is derhalve een breed begrip, in ieder geval veel breder dan het 'ten minste' voldoen aan bestaande wet- en regelgeving. Het is ook een breder begrip dan 'sustainability reporting', al is het duidelijk dat de meeste aandacht de laatste jaren vooral uitgaat naar de discussies over dergelijke duurzaamheidsrapportages.

De (internationale) discussies rond corporate reporting houden ook verband met elkaar. In dat kader kan bijvoorbeeld gewezen worden op het enige jaren geleden door de Financial Stability Board (FSB) ingestelde Task Force on Climate-related Financial Disclosures (TCFD). Deze TCFD-aanbevelingen zijn inmiddels door vele ondernemingen, beleggers en autoriteiten omarmd. De TCFD-aanbevelingen hebben ook een (in)directe band met de financiële verantwoording van ondernemingen: namelijk de financiële risico's vanwege de mogelijke invloed van klimaatverandering. De TCFD adviseert hierover 'disclosures' op te nemen, in relatie tot Governance/Risk Management, Strategy en Metrics/Targets, in de jaarlijks openbaar te maken (financiële) verslaggeving. Maar daarbij onderkent TCFD dat ondernemingen dergelijke disclosures wellicht bij voorkeur eerst op een andere wijze of in een andere rapportage zullen opnemen. Dit laatste geeft de discussie aardig weer. Enerzijds hebben allerlei klimaat- (waaronder wereldwijde opwarming) of duurzaamheidsgerelateerde ontwikkelingen daadwerkelijke invloeden die nu of op termijn ook tot uitdrukking komen in de (traditionele) financiële verslaggeving. Anderzijds past dit soort informatievoorziening niet altijd in de huidige wijze van verslaggeving en externe controle daarvan. Hieronder worden kort enkele belangrijke ontwikkelingen geschetst en in perspectief geplaatst.

40.1.2 Oorspronkelijke focus: de jaarrekening

Gesteld kan worden dat de wet- en regelgeving voor externe financiële verslaggeving door ondernemingen in eerste instantie ontstond door initiatieven van nationale wetgevers, veelal onder druk van parlementen. De eerste wetgeving voor jaarverslaggeving ontstond ruwweg aan het begin van de vorige eeuw, in de periode na de Eerste Wereldoorlog. Zo werd in Nederland rond 1929 de eerste wettelijke balans-publicatie-plicht voor open Naamloze Vennootschappen geïntroduceerd in het toenmalige Wetboek van Koophandel. De totstandkoming van de Europese Economische Gemeenschap (EEG), ingezet na de Tweede Wereldoorlog, betekende dat er vooral in de jaren '70 en '80 van de vorige eeuw een aantal belangrijke communautaire EEG-richtlijnen op het gebied van vennootschapsrecht, waaronder ook jaarrekeningenrecht, werden ontwikkeld. Het kenmerkende van dergelijke EEG (thans: EU-)richtlijnen is dat lidstaten verplicht zijn deze regels te implementeren in de nationale wetgeving. Hiermee werd eind vorige eeuw een belangrijke Europese harmonisatie van de vennootschapswetgeving bewerkstelligd, waaronder regels over de inhoud, controle en openbaarmaking van jaarrekeningen. De bepalingen uit deze Europese richtlijnen voor jaarrekeningen zijn, in de periode vanaf 1980 tot op heden, in Nederland voornamelijk geïmplementeerd in Titel 9 Boek 2 van het Burgerlijk Wetboek.

Rondom de totstandkoming van één Europese (EU-gereglementeerde) kapitaalmarkt, in de periode rond de eeuwwisseling, werd sterk de behoefte gevoeld aan een betere uniformering en vergelijkbaarheid van de jaarrekeningen van de op die markt beursgenoteerde ondernemingen. Dergelijke vergelijkbaarheid was door bovengenoemde harmonisatie via communautaire EU-richtlijnen jaarrekeningenrecht slechts deels bereikt. Mede daarom werd er door de Europese Commissie het voorstel gedaan tot aansluiting bij het initiatief tot ontwikkeling (IASC/IASB) van International Accounting Standards (IAS). In 2002 werd de zogeheten Europese IAS-Verordening gepubliceerd, welke een rechtstreekse werking heeft en niet afhankelijk is van implementatie in nationale wetgeving door de lidstaten. Hiermee werden ondernemingen met een beursnotering aan een gereglementeerde markt in de EU vanaf boekjaar 2005 verplicht om door de Europese Commissie goedgekeurde internationale verslaggevingsstandaarden, IAS en opvolger IFRS, toe te passen in de geconsolideerde jaarrekening (hierna: IFRS-EU). Tevens werd hiermee geregeld i) dat lidstaten de toepassing van deze IFRS-EU ook konden toestaan of verplichten in de enkelvoudige jaarrekening van beursgenoteerde ondernemingen en ii) dat lidstaten toepassing van deze IFRS-EU ook konden toestaan of verplichten in de geconsolideerde en enkelvoudige jaarrekening van alle (niet-beursgenoteerde) ondernemingen. Daarmee is sindsdien een coherent systeem van jaarrekeningenregels binnen de EU-lidstaten ontstaan. Feitelijk gelden voor alle niet-beursgenoteerde onderneming de bepalingen van de EU richtlijn jaarrekening (2013/34/EU) zoals verankerd in de nationale wetgeving. Daarnaast kunnen nadere nationale verslaggevingsstandaarden worden ontwikkeld, zoals in Nederland door middel van de Richtlijnen voor de Jaarverslaggeving. Voor aan een gereglementeerde markt beursgenoteerde ondernemingen komt daar vervolgens bovenop dat toepassing van IFRS-EU verplicht is in de geconsolideerde jaarrekening, de geconsolideerde halfjaarrekening en in een prospectus. Voor nadere informatie wordt verwezen naar hoofdstuk 1.

40.1.3 Verdere focus: het bestuursverslag

In de periode na het jaar 2000 ontstond er meer aandacht voor de inhoud van het bestuursverslag en zijn daarvoor nadere regels ontwikkeld. In eerste instantie werd deze trend vooral geïnitieerd door ontwikkelingen op het gebied van corporate governance, waaronder het ontstaan van zogeheten corporate governance codes, voornamelijk bij beursgenoteerde ondernemingen. De toepassing en uitleg over de naleving ('pas-toe-of-leg-uit') van dergelijke corporate governance codes in het bestuursverslag van desbetreffende beursfondsen werd wettelijk verplicht. Hetzelfde gold voor andere corporate governance gerelateerde informatie, zoals bijvoorbeeld inzake aandeelhoudersrechten, de bezoldiging en diversiteit samenstelling raden van bestuur en commissarissen, etc. Omdat dergelijke informatie niet altijd in een (IFRS-EU) jaarrekening past, werd een aanknopingspunt gevonden in het bestuursverslag. Er ontstond regelgeving over verplicht op te nemen informatie in het bestuursverslag. Ook dit werd grotendeels geregeld via de communautaire EU jaarrekeningrichtlijnen, die in de nationale wetgeving van de lidstaten zijn geïmplementeerd.

Deze (Europese) wet- en regelgeving werd primair ontwikkeld voor nadere informatieverstrekking, in het bestuursverslag, door beursfondsen of andere organisaties van openbaar belang. Maar dergelijke regels sijpelen in meer of mindere mate ook door in bestuursverslagen van (grotere) niet-beursgenoteerde ondernemingen en andere organisaties. Belangrijk is in dit verband dat in 2014 de EU-richtlijn jaarrekening is gebruikt om verantwoording inzake zogeheten niet-financiële informatie verplicht te stellen in het bestuursverslag. Als gevolg van deze zogenoemde EU-richtlijn niet-financiële informatie (2014/95/EU), hierna te noemen: EU NFI-richtlijn, zijn sinds boekjaar 2016 grotere organisaties van openbaar belang met meer dan 500 werknemers, verplicht om in bestuursverslagen bepaalde niet-financiële informatie op te nemen over:
▶ het bedrijfsmodel van de rechtspersoon;
▶ het beleid inzake milieu, personeel, mensenrechten, corruptie/omkoping én de voornaamste risico's hieromtrent en de beheersing van deze risico's; en
▶ de niet-financiële prestatie-indicatoren.

Dit is in Nederland geïmplementeerd via het Besluit bekendmaking niet-financiële informatie (Stb. 2017, nr.100). Voor nadere informatie wordt verwezen naar hoofdstuk 39.

In 2020 is deze Europese NFI-richtlijn geëvalueerd door de Europese Commissie. De discussies die vervolgens intensief werden en worden gevoerd in Europese gremia over de 'future of corporate reporting' liggen voornamelijk in het verlengde van deze evaluatie en van de ervaringen met voornoemde NFI-richtlijn. Deze hebben ook raakvlakken met de in 2019 ingezette 'sustainable finance' strategie van de Europese Commissie. Dit wordt in paragraaf 40.2.1 nader uiteengezet.

40 De toekomst van Corporate Reporting

40.2 Nieuwe focus: nadere rapportagevormen

In internationaal verband zijn er ook vele initiatieven geweest voor een verdere modernisering van corporate reporting. Het zou te ver gaan om alle initiatieven, rapporten of voorstellen van de vele (soms daartoe speciaal opgerichte) organisaties te noemen. Een mijlpaal in deze ontwikkelingen is wel dat er in het najaar van 2020 een belangrijk consultatiedocument is uitgebracht door de IFRS-Foundation. Dit wordt in paragraaf 40.2.2 besproken. Daarnaast wordt vanaf paragraaf 40.3 nader ingegaan op het al in 2012 ontwikkelde initiatief voor zogeheten 'Integrated Reporting' dat sindsdien, ook in Nederland, behoorlijk veel navolging heeft gekregen.

40.2.1 Ontwikkelingen in de EU

Na de publicatie van de EU NFI-richtlijn, in 2014, werd in 2017 door de Europese Commissie zogeheten niet-bindende richtsnoeren gepubliceerd. Deze richtsnoeren geven een methodologie voor het rapporteren van niet-financiële informatie (Publicatieblad EU, 2017/C 215). Het doel daarvan is, hoewel deze richtsnoeren niet verplicht zijn, om ondernemingen een beeld te geven van de vereisten van de EU NFI-richtlijn en hen daarmee te helpen om aan deze vereisten te kunnen voldoen. Daarbij is ook nadrukkelijk geregeld dat ondernemingen er voor kunnen kiezen om een (inter)nationaal framework te hanteren. Als voorbeeld van zo'n framework worden genoemd: UN Guiding Principles on Business and Human Rights, UN Sustainable Development Goals (SDG) en ISO 26000. Maar ook wordt gewezen op het Global Reporting Initiative (GRI), Sustainabilty Accounting Standards Board (SASB) en Integrated Reporting (<IR>). Het laatstgenoemde wordt in hierna in paragraaf 40.3 besproken.

In 2019 publiceerde de Europese Commissie een aanvulling op deze niet-bindende richtsnoeren betreffende klimaatrapportages (Publicatieblad EU, 2019/C 209). Dit betrof in feite een aanvulling bestaande uit integratie van de TFCD-aanbevelingen zoals genoemd in paragraaf 40.1.1. In dit verband moet ook worden genoemd dat de Europese Commissie in haar zogeheten 'Green Deal' eind 2019 het belang benadrukte van het verbeteren van niet-financiële informatie door ondernemingen en financiële instituties. Een belangrijk onderdeel hiervan is ook de zogeheten "renewed sustainable finance strategy" van de Europese Commissie, dat voortbouwt op het Action Plan on Financing Sustainable Growth uit 2018. Daarin wordt als een van de doelen genoemd het kanaliseren van private investeringen richting duurzame beleggingen. Het achterliggende idee is dat investeerders beter geïnformeerd moeten worden over de duurzaamheid van hun beleggingen. Dit ook omdat de vraag van (institutionele) beleggers naar duurzaamheidsinformatie steeds groter is geworden.

Maar de toenemende vraag is juist ook weer een direct gevolg van Europese wetgeving: eind 2019 werd namelijk een EU Verordening gepubliceerd betreffende "informatieverschaffing over duurzaamheid in de financiële dienstensector". Deze zogeheten Transparantieverordening (2019/2088) is in maart 2021 in werking getreden. Daaraan gekoppeld is ook de zogenoemde Taxonomieverordening (2020/852) die regelt dat er een EU-breed kwalificatiesysteem, een taxonomie, wordt ontwikkeld om te kunnen aanduiden en bepalen hoe duurzaam, veelal genoemd hoe "groen", een belegging is. Deze bepalingen gelden voor diverse financiële producten, waaronder beleggingsportefeuilles, beleggingsproducten, verzekeringen of pensioenen met een beleggingselement. Deze EU verordeningen zijn gericht op financiële marktdeelnemers zoals banken, verzekeraars, fondsbeheerders, beleggingsondernemingen of pensioenaanbieders. Deze moeten informatie publiceren over het duurzame karakter van hun producten en het over hun beleid ten aanzien van duurzaamheid en klimaatrisico's. Dergelijke informatie, gebaseerd op de taxonomie, zal bijvoorbeeld moeten worden opgenomen in een fondsprospectus, essentiële beleggersinformatie, marketingdocumentatie, website én in jaarverslagen. Op grond van de in 2021 in werking getreden Transparantieverordening zullen alle voornoemde documenten daaraan moeten voldoen. In 2022 zal vervolgens de Taxonomieverordening, in eerste instantie gedeeltelijk, van toepassing worden. Het spreekt voor zich dat de nieuwe wetgeving voor de financiële dienstensector, voor de financiële marktdeelnemers een grote impact zal hebben.

Het achterliggende doel is uiteraard dat beleggers, en dan niet alleen de grote institutionele beleggers maar ook de individuele beleggers (consumenten), hierdoor een beter beeld krijgen over de duurzaamheidsaspecten van "groene" of juist niet-groene maar "bruine" beleggingen. De aanbieders van de beleggingsproducten moeten daarover in hun marketinginformatie rapporteren. Het spreekt voor zich dat deze aanbieders van dergelijke beleggingsproducten op hun beurt de ondernemingen, waarvan de aandelen of obligaties zijn genoteerd op de kapitaalmarkt, zullen 'dwingen' om die duurzaamheidsinformatie te verschaffen. Immers, pas indien de ondernemingen deze duurzaamheidsinformatie verschaffen, kunnen de beleggingsaanbieders deze informatie ook daadwerkelijk verzamelen en verstrekken aan (potentiële) beleggers. Dat zijn zij immers verplicht op basis van bovengenoemde verordeningen, zodat het evident is dat het bepaalde in deze verordeningen daarmee (in)direct gaat doorwerken. De technische uitwerking van deze taxonomie en volledige inwerkingtreding daarvan zal naar verwachting een groot effect hebben.

Op het eerste gezicht lijken voornoemde EU verordeningen voor de 'beleggingssector' los te staan van de jaarverslaggeving door ondernemingen. Toch kan dit, zoals aangegeven, niet geheel los van elkaar worden gezien. Als gebruikers van jaarrekeningen zullen beleggingsaanbieders duurzaamheidsinformatie verwachten, alleen al omdat zij die zelf moeten verzamelen en verstrekken. Bovendien bevat de Taxonomieverordening een bepaling dat deze ook deels van toepassing is op ondernemingen die aan de bepalingen van de EU NFI-richtlijn moeten voldoen. Hiertoe zal er uiterlijk 1 juli 2021 een zogeheten 'gedelegeerde handeling' worden gepubliceerd gericht op de inhoud en presentatie van "ecologisch duurzame economische activiteiten" in het NFI-verslag.

Daarnaast is de bovengenoemde publicatie van (aanvullende) richtsnoeren bij de EU NFI-richtlijn en de inmiddels uitgevoerde evaluatie van deze EU NFI-richtlijn gecombineerd met een ander initiatief. Op verzoek van de Europese Commissie is in 2019 door EFRAG het zogeheten 'European Corporate Reporting Lab' opgericht. Het doel van dit Corporate Reporting Lab is om innovaties op dit gebied in Europa te stimuleren. Dit onder meer door 'good practices' te identificeren, de dialoog tussen onderneming en stakeholders te faciliteren en daarover in het publieke domein te rapporteren. Het is niet verwonderlijk dat dit Corporate Reporting Lab werd verzocht om in eerste instantie te focussen op niet-financiële informatie, waaronder duurzaamheidsrapportages, alsmede de klimaatgerelateerde rapportages in lijn met de TFCD-aanbevelingen. Vervolgens zal door dit Corporate Reporting Lab op de middellange termijn worden gekeken naar milieurapportages, integrated reporting, digitalisering en andere innovaties ten aanzien van corporate reporting. In 2019 is ook een rapport van Accountancy Europe gepubliceerd, getiteld 'Interconnected standard setting for corporate reporting'. Dit rapport bevat ook een aanzet voor de mogelijke ontwikkeling van standaarden voor NFI-rapportages, waaronder inbegrepen rapportage over 'enviromental, social and governance' (ESG) en corporate social responsibility (CSR). Dit rapport bevat een aantal mogelijke manieren waarop hiervoor standaarden zouden kunnen worden ontwikkeld, waaronder bijvoorbeeld i) via de structuur van de IFRS, ii) via een regionale (lees: EU) structuur en iii) wereldwijde structuur. Inmiddels is over alternatief i) een consultatie verschenen van de IFRS Foundation, zie hierna in paragraaf 40.2.2, en wordt ook alternatief ii) nadrukkelijk binnen de EU onderzocht. Om die reden is in najaar 2020 door de stuurgroep van bovengenoemde EFRAG Corporate Reporting Lab, op uitdrukkelijk verzoek en onder mandaat van de Europese Commissie, een Task Force benoemd. Deze Task Force is gevraagd aanbevelingen te doen inzake technisch voorbereidend werk voor mogelijke Europese 'non-financial reporting standards'. Dit mede om de toekomstige implementatie van de in 2021 te herziene EU-NFI richtlijn te ondersteunen. In oktober 2020 heeft deze Task Force een interim rapport gepubliceerd. Begin 2021 zijn diverse stakeholders outreaches gehouden, terwijl in april 2021 het eindrapport van de Task Force wordt verwacht. Overigens wordt het aangekondigde voorstel van de Europese Commissie voor een herziene EU NFI-richtlijn ook medio 2021 verwacht.

40.2.2 Ontwikkelingen IFRS Foundation

Hoewel er in allerlei opzichten onderzoek wordt gedaan naar corporate reporting is het niet verwonderlijk dat daarbij vaak primair wordt gekeken naar de grote multinationale beursgenoteerde ondernemingen en hun investeerders. De 'impact' van dergelijke ondernemingen op de omgeving waarin zij opereren en de (wereldwijde) maatschappelijke situatie maakt dat dit ook vanzelfsprekend is. Bovendien zijn er veel betrokkenen en belanghebbenden bij dergelijke organisaties. In dat verband is het ook niet verwonderlijk dat diverse partijen de afgelopen jaren publiekelijk een beroep hebben gedaan op de organisatie die sinds vele jaren de internationale standaarden voor financiële verslaggeving ontwikkelt, de IASB. Dergelijke pleidooien waren vaak een soort oproep aan de IASB om, in navolging van de succesvolle totstandkoming en bijna wereldwijde toepassing van internationale standaarden voor financiële verslaggeving (IFRS), ook dergelijke internationale standaarden voor duurzaamheidsrapportages e.d. te gaan ontwikkelen. Door de IASB werd op dit soort suggesties vaak, veelal bij monde van voorzitter Hoogervorst, terughoudend gereageerd. Het argument daarvoor was dat de IASB weliswaar veel kennis en ervaring heeft met standaarden voor financiële verslaggeving, maar dat hoeft niet te gelden voor het (nieuwe) terrein van andersoortige rapportages. Dat vereist een geheel andere deskundigheid. De IASB wees daarbij wel op enkele bestaande initiatieven, waaronder de herziening van haar 'practice statement' met aanbevelingen, dus niet in een verplichte standaard (IFRS), voor bespreking door het management van relevante ontwikkelingen in een zogenoemde 'management commentary'. Ook wees de IASB op het feit dat vele relevante ontwikkelingen inzake niet-financiële informatie, duurzaamheid, klimaatverandering en dergelijke nu al hun doorwerking hebben in de financiële verslaggeving en indien aan de orde dus moeten worden toegelicht ('disclosed') in de jaarrekening.

Daarna is er echter een belangrijke ontwikkeling geweest in 2020. De overkoepelende organisatie IFRS Foundation, waarvan de Trustees onder meer verantwoordelijk zijn voor de governance van de IASB en benoeming van de IASB-leden, heeft in september 2020 een 'Consultation Paper on Sustainabilty Reporting' uitgebracht. De reden voor deze consultatie is gelegen in het feit dat de Trustees na veel voorafgaand overleg met diverse stakeholders hadden vernomen "that there is an urgent need to improve the consistency and comparability in sustainability reporting". In de bewoordingen van de IFRS Foundation kan dit min of meer als volgt worden omschreven: vanwege de toegenomen aandacht voor klimaat en sociale kwesties, ontwikkelingen op het gebied van duurzaamheidsverslaggeving en toenemende vraag naar standaarden verzoekt de IFRS Foundation via deze consultatie input van belanghebbenden over de behoefte aan wereldwijde standaarden en de mogelijke rol die de IFRS Foundation kan spelen in de ontwikkeling daarvan. In het consultatiedocument worden enige manieren geschetst waarop de IFRS Foundation zo'n rol kan vervullen. Een van de opties is het onder de vlag van de IFRS Foundation oprichten van een nieuwe organisatie, als een soort zusterorganisatie van de IASB, dat zich allereerst zal richten op klimaat gerelateerde rapportages: in de vorm van een nieuwe Sustainability Standards Board (SSB). Er zijn enorm veel reacties op deze consultatie ontvangen waarvan de commentaar deadline eindigde op 31 december 2020. Het zou te ver gaan deze reacties hier te beschrijven. Duidelijk is wel dat veel partijen de oprichting van een SSB zouden toejuichen. Daarnaast wordt aangegeven dat sommigen een doelstelling van alleen 'klimaatgerelateerd' of 'climate first approach' te eng geformuleerd vinden en dat men een ruimere taakopvatting zou verwelkomen. Sommigen wijzen er op dat dit initiatief bij voorkeur in nauwe samenwerking zou moeten moet gaan of niet ten koste zou mogen gaan van andere initiatieven, waaronder bijvoorbeeld die van de Europese Commissie (zie par. 40.2.1) of die inzake Integrated Reporting (zie par. 40.3). Zeker ook omdat inmiddels diverse organisaties samenwerkingsverbanden aan lijken te gaan. Zo hebben IIRC en SASB eind 2020 aangekondigd te willen gaan fuseren tot een 'Value Reporting Foundation'.

Hoe dan ook, de reacties op de consultatie zijn zodanig dat de IFRS Foundation eigenlijk niet meer op het reeds ingetreden pad lijkt te kunnen terugkeren. De kans dat er een dergelijke SSB zal komen lijkt bijzonder groot. De enige vraag is de exacte vormgeving en vooral de snelheid waarmee de beoogde standaarden daadwerkelijk kunnen worden ontwikkeld. Het idee is dat de governance structuur en ervaring van IASB kunnen worden 'gekopieerd' in de SSB en dat door de samenwerking tussen IASB en SSB beiden zouden kunnen profiteren van expertise, onderzoek en van de toenemende interactie tussen financial reporting en sustainability reporting. In een korte reactie hebben de Trustees van de IFRS Foundation in februari 2021 medegedeeld om in het najaar van 2021 met een definitief voorstel te zullen komen, mogelijk een aankondiging tot oprichting van de SSB. Deze mededeling werd direct verwelkomd en krachtig ondersteund door IOSCO, de internationale organisatie van beurstoezichthouders, die graag wil samenwerken met de IFRS Foundation bij de oprichting van een SSB. De verwachting is dat dit voorstel inzake een SSB al in november 2021 zal worden besproken op de UN Climate Change Conference (COP 26).

40.3   Integrated Reporting

Integrated Reporting (<IR>) wordt beschouwd als een belangrijke ontwikkeling op het gebied van verslaggeving en wordt ook in Nederland door diverse ondernemingen toegepast. Dit onderdeel beschrijft wat <IR> inhoudt, wat de bouwstenen van het <IR> Framework zijn en wat er in een geïntegreerd verslag moet staan. Tevens worden een aantal suggesties gedaan hoe <IR> in de Nederlandse situatie, in combinatie met de vereisten in wet- en regelgeving inzake verslaggeving, kan worden toegepast. Dit hoofdstuk bevat ook een stappenplan dat een bedrijf kan doorlopen om <IR> toe te gaan passen, praktijkvoorbeelden en bronnen voor aanvullende informatie over <IR>. De IIRC (International Integrated Reporting Council) is en blijft een belangrijk initiatief, net zoals de zogeheten CRD (Corporate Reporting Dialogue), al zijn er inmiddels andere ontwikkelingen (zie par. 40.2.2) waaronder de door IIRC en SASB eind 2020 aangekondigde fusie tot de 'Value Reporting Foundation'.

Aangezien bovengenoemde zaken echter vooralsnog niet nader zijn uitgewerkt, gaan we hieronder in op het huidige systeem van Integrated Reporting zoals dat de afgelopen jaren door de IIRC is ontwikkeld. Het uitgangspunt van <IR> is dat waarde niet alleen gecreëerd wordt door of binnen een organisatie. Waarde wordt ook beïnvloed door de externe omgeving en relaties met anderen. Ook is waarde afhankelijk van de beschikbaarheid en kwaliteit van verschillende hulpbronnen. Het rapporteren van uitsluitend financiële informatie is daarom onvoldoende voor vermogensverschaffers om inzicht te krijgen hoe de onderneming in de toekomst waarde zal creëren en hoe de onderneming in de afgelopen periode waarde heeft gecreëerd. Het doel van <IR> is dan ook om de meest materiële informatie over de strategie, governance, resultaten en toekomstverwachtingen van een bedrijf samen te brengen.

Een geïntegreerd verslag bevat naast inzicht in financieel gecreëerde waarde (winst uit producten en diensten) ook informatie over de sociale en ecologische context waarin het bedrijf opereert. Een toelichting op behaalde sociale waarde (mens en maatschappij), ecologische waarde (behoud van de aarde) en intellectuele waarde (kennis) maken ook onderdeel uit van <IR> verslaggeving.

De International Integrated Reporting Council (IIRC), die verantwoordelijk is voor het opstellen van het <IR> Framework en het stimuleren van het toepassen daarvan, heeft duidelijk gekozen om de vermogensverschaffers als belangrijkste doelgroep van het geïntegreerde verslag te zien. Dit blijkt ook uit de personen en organisaties die betrokken zijn geweest bij het opstellen van het <IR> Framework. <IR> geeft daarom aan welke informatie vermogensverschaffers nodig hebben bij de beslissing om in een onderneming te investeren. De informatie over de strategie, governance, resultaten en toekomstverwachting is echter ook relevant voor andere stakeholders.

<IR> is dus niet het bundelen van het financiële jaarverslag en het duurzaamheidsverslag of het opnemen van een paragraaf over niet-financiële informatie in het bestuursverslag. <IR> gaat veel verder en is een manier om het proces van waardecreatie, de strategie en toekomstbestendigheid beter inzichtelijk te maken.

Een geïntegreerd verslag is belangrijk om inzicht te geven in de waardeontwikkeling van de onderneming. De IIRC is echter van mening dat een geïntegreerd verslag alleen niet voldoende is. Het gaat er niet alleen om dat er geïntegreerd gerapporteerd wordt, maar ook dat er binnen de onderneming geïntegreerd gedacht wordt. Omdat waarde niet alleen afhankelijk is van de activiteiten binnen een organisatie, maar ook wordt beïnvloed door de externe omgeving, relaties met anderen en de beschikbaarheid en kwaliteit van verschillende hulpbronnen, is het van groot belang dat al deze aspecten worden meegenomen in de strategieontwikkeling en bedrijfsvoering. De IIRC duidt dit aan als Integrated Thinking. Geïntegreerde verslaggeving is belangrijk, maar de echte toegevoegde waarde van het raamwerk volgt volgens de IIRC uit een geïntegreerde visie van management waarin alle aspecten van waardecreatie betrokken worden.

Integrated Thinking en <IR> versterken elkaar. Het opstellen van een geïntegreerd verslag maakt de afhankelijkheid tussen verschillende vormen van kapitaal inzichtelijk. Dit kan als startpunt fungeren om de visie en strategie van de bedrijfsvoering (verder) te integreren. Wanneer de visie en strategie (meer) geïntegreerd zijn, is het ook gemakkelijker om geïntegreerd te rapporteren.

40.3.1 Wat maakt een <IR> uniek?

<IR> heeft een aantal kernconcepten die het uniek maken. Het eerste concept is de focus op bredere waardecreatie vanuit het bedrijfsperspectief. Er wordt niet enkel gekeken naar één vorm van waarde (kapitaal), maar het gaat om waardecreatie door een bedrijf op meerdere terreinen. Dit is een andere en meer open visie op het bedrijfsmodel dan tot op heden gebruikelijk is in veel landen. Een ander concept is de concrete benoeming van de verschillende typen waarde die een onderneming kan creëren. Het derde concept is waardecreatie zien als een continu proces in een open en snel veranderende omgeving.

Daarom is de context waarin een onderneming opereert en de relatie met stakeholders relevant voor het waardecreatieproces. De kern van een geïntegreerd verslag is de toelichting op het proces van waardecreatie. Hierin wordt compact beschreven wat de input, de kernactiviteiten, processen en de uitkomsten zijn van de gehele bedrijfsvoering. Vermogensverschaffers krijgen door de informatie over de volledige impact van de bedrijfsactiviteiten en de samenhang tussen de financiële en niet-financiële prestaties een beter beeld van de organisatie en kunnen daardoor een beter geïnformeerde beslissing nemen.

40.3.2 Het <IR> Framework

De IIRC heeft het concept <IR> uitgewerkt en een raamwerk ontwikkeld waarvan de oorspronkelijke versie al in december 2013 is gepubliceerd (zie website van de IIRC).
In het raamwerk wordt het waardecreatieproces als uitgangspunt genomen. Het verslag moet het vermogen om waarde te (blijven) creëren op korte en lange termijn inzichtelijk maken. Daarom dient er aandacht te zijn voor alle vormen van kapitaal waar een onderneming afhankelijk van is en dient er tevens aandacht te zijn voor de impact die een onderneming heeft op de maatschappij.

De IIRC heeft zes vormen van kapitaal geïdentificeerd die voor een onderneming relevant (kunnen) zijn:
▶ financieel kapitaal, zoals leningen en eigen vermogen;
▶ geproduceerd kapitaal, zoals producten, diensten, gebouwen, machines en infrastructuur;
▶ intellectueel kapitaal, zoals patenten, licenties, copyrights, systemen en protocollen;
▶ menselijk kapitaal, zoals vaardigheden, ervaring en kennis van personeel;
▶ sociaal en relationeel kapitaal, zoals relaties met de samenleving en belangrijke belanghebbenden; en
▶ natuurlijk kapitaal, zoals natuurlijke hulpbronnen en het milieu.

Deze soorten kapitaal kunnen zowel als input als output voorkomen binnen het waardecreatieproces. Verschillende soorten kapitaal worden in de bedrijfsactiviteiten gebruikt om te komen tot producten, diensten en andere uitkomsten van de bedrijfsactiviteiten. De bedrijfsactiviteiten zelf hebben ook weer invloed op de verschillende soorten kapitaal. De opbrengsten uit de verkoop van de geproduceerde goederen hebben bijvoorbeeld invloed op het financiële kapitaal, terwijl de onderzoeks- en ontwikkelingsactiviteiten van de onderneming invloed hebben op het intellectuele kapitaal. Per kapitaal dient inzichtelijk gemaakt te worden of waarde wordt gecreëerd, verminderd of zelfs vernietigd.

Het proces van waardecreatie wordt daarnaast ook beïnvloed door de governance, kansen, risico's en de visie en strategie van de onderneming. In een geïntegreerd verslag moet aan al deze aspecten aandacht worden besteed om vermogensverschaffers goed te informeren over de houdbaarheid van de strategie, het bedrijfsmodel en het vermogen om waarde te (blijven) creëren.

40.4 Principes en inhoud geïntegreerde verslag

40.4.1 Principes

Het raamwerk bestaat uit een aantal principes die toegepast moet worden bij het opstellen van het geïntegreerde verslag. Allereerst moet het verslag een *strategische en toekomstgerichte focus* hebben. Het geïntegreerde verslag moet inzicht geven in de strategie van de organisatie en hoe de strategie gerelateerd is aan het vermogen van de onderneming om waarde te creëren op korte, middellange en lange termijn. Daarnaast is het belangrijk dat het verslag goed inzicht geeft in de *connectiviteit van de informatie*. Het verslag moet een holistisch beeld geven van relaties tussen alle elementen die invloed hebben op het vermogen van de onderneming om waarde te creëren.

Het verslag dient ook inzicht te geven in de *relaties met de stakeholders*. Belangrijke stakeholders kunnen een grote invloed hebben op de organisatie en haar vermogen om waarde te creëren. Het is daarom belangrijk om te weten hoe de organisatie omgaat met de wensen en behoeften van haar stakeholders. Het is tevens belangrijk dat een geïntegreerd verslag *beperkt in omvang* is. De focus moet liggen op informatie over zaken die substantieel invloed hebben op de waardecreatie. Ook bij <IR> speelt *materialiteit* daarom een rol. Informatie wordt als materieel gezien als de informatie een substantiële impact kan hebben op het vermogen van de organisatie om waarde te creëren op korte, middellange of lange termijn. Tot slot is het belangrijk dat de verstrekte informatie *betrouwbaar*, *volledig*, *consistent* en *vergelijkbaar* is.

40.4.2 Inhoud

Qua inhoud onderscheidt het raamwerk acht onderwerpen die aandacht moeten krijgen:
a. Beschrijving van de organisatie en de externe omgeving;
b. Governance;
c. Bedrijfsmodel;
d. Kansen en risico's;
e. Strategie en gebruik van kapitalen;
f. Resultaten;
g. Vooruitzichten; en
h. Wijze van opstellen van het geïntegreerde verslag.

Het raamwerk is 'principle-based'. In plaats van gedetailleerde voorschriften moet bij elk onderwerp een centrale vraag worden beantwoord. Er wordt wel een aantal informatie-elementen genoemd dat bij dat onderwerp ter sprake kan komen. Onderstaande tabel geeft deze informatie beknopt weer.

Belangrijk element om hierbij in gedachten te houden is dat het niet gaat om het losstaand presenteren van al deze informatie. Het gaat erom dat de elementen geïntegreerd en samenhangend gerapporteerd worden.

40 De toekomst van Corporate Reporting

Onderwerpen geïntegreerd verslag

a. Beschrijving van de organisatie en de externe omgeving
Wat doet de organisatie en wat zijn de omstandigheden waarin de organisatie opereert?
- doelstelling van de organisatie;
- normen en waarden van de organisatie;
- aandeelhoudersstructuur, kapitaalstructuur, juridische structuur en interne organisatiestructuur;
- belangrijkste activiteiten en markten;
- positionering binnen de markten en concurrentieverhoudingen;
- positie in de (internationale) waardeketen;
- omvang van de organisatie, gemeten naar omzet en aantal werknemers;
- belangrijke ontwikkelingen in de externe omgeving en de reactie van de organisatie daarop.

b. Governance
Hoe helpt de governancestructuur bij het creëren van waarde?
- bestuursstructuur, inclusief achtergrond van de bestuurders en commissarissen en mate van diversiteit;
- de invloed van wet- en regelgeving op de bestuursstructuur;
- wijze waarop de normen en waarden van de organisatie invloed hebben op het gebruik van de verschillende soorten kapitaal;
- of de organisatie op het gebied van corporate governance verder gaat dan de wettelijke eisen;
- beleid voor bezoldiging van bestuurders en commissarissen, wijze waarop het beleid is toegepast en hoe dit beleid leidt tot waardecreatie;
- acties van de RvC om de strategie, risico's en interne risicobeheersingsmaatregelen te beoordelen;
- verantwoordelijkheid van de RvC voor het stimuleren en toepassen van innovatie;
- beloningsverhoudingen binnen de organisatie.

c. Bedrijfsmodel
Wat is het bedrijfsmodel?
- belangrijkste input;
- belangrijkste bedrijfsactiviteiten;
- belangrijkste producten en diensten;
- interne resultaten, zoals omzet, cash flow, werknemerstevredenheid en reputatie;
- externe resultaten, zoals klanttevredenheid, merkentrouw, belastingafdracht en sociale en ecologische gevolgen van het gevoerde beleid.

d. Risico's en kansen
Wat zijn de specifieke risico's en kansen die invloed hebben op de waardecreatie door de organisatie en hoe gaat de organisatie daarmee om?
- beschrijving van de belangrijkste interne en externe risico's van de organisatie;
- inschatting van de kans dat die risico's zich voor zullen doen en de impact als de risico's zich voordoen;
- beschrijving van de stappen die genomen zijn om de risico's te beheersen;
- beschrijving van de belangrijkste kansen voor de organisatie en de wijze waarop de organisatie waarde creëert vanuit deze kansen.

e. Strategie en gebruik van kapitalen
Waar wil de organisatie naar toe en hoe wil zij daar komen?
- strategische doelstellingen op korte, middellange en lange termijn;
- de strategie die moet leiden tot het realiseren van de doelstellingen;
- de inzet van resources om de strategie te implementeren;
- de rol van innovatie binnen de strategie;
- de rol van stakeholders bij het ontwikkelen van de strategie.

f. Resultaten
In welke mate heeft de organisatie haar strategische doelstellingen gerealiseerd en wat is de impact op de verschillende soorten kapitaal?
- behaalde financiële resultaten;
- de veranderingen in het geproduceerde, intellectuele, menselijke, sociale en natuurlijke kapitaal;
- de status van de relaties met de belangrijkste stakeholders;
- een vergelijking tussen de huidige en historische resultaten;
- een vergelijking tussen de huidige resultaten en de vooruitzichten;
- het verband tussen de financiële resultaten en de veranderingen in de andere soorten kapitaal.

> g. Vooruitzichten
> *Wat zijn de belangrijkste uitdagingen en onzekerheden die de organisatie tegenkomt bij het uitvoeren van de strategie? En wat zijn de implicaties daarvan?*
> ▶ verwachte veranderingen in de externe omgeving en hoe de onderneming voorbereid is om daarop te reageren;
> ▶ verwachtingen en de gevoeligheid van de verwachte resultaten voor externe omstandigheden;
> ▶ bespreking van de gerealiseerde resultaten in vergelijking met de in het voorgaande jaar uitgesproken verwachtingen.
>
> h. Wijze van opstellen van het rapport
> *Hoe heeft de organisatie bepaald welke aangelegenheden opgenomen zijn in het geïntegreerde verslag? En hoe zijn die onderwerpen gekwantificeerd of beoordeeld?*
> ▶ wijze waarop de organisatie bepaald heeft waarvan wel en geen verslag wordt gedaan, inclusief de manier waarop de gehanteerde materialiteit is bepaald.

40.5 <IR> in Nederland

Voor Nederlandse ondernemingen kan het opstellen van een geïntegreerd verslag aantrekkelijk zijn als daarmee tegelijkertijd ook kan worden voldaan aan de Nederlandse wet- en regelgeving. In Nederland zijn ondernemingen namelijk verplicht of wordt aanbevolen (Corporate Governance Code) dan wel geadviseerd om allerlei informatie-elementen op te nemen in het bestuursverslag. Afhankelijk van, onder andere, de omvang van de organisatie en een beursnotering gaat het om de vereisten en aanbevelingen uit artikel 2:391 BW, Besluit inhoud bestuursverslag, Besluit bekendmaking niet-financiële informatie, Richtlijn 400 'Bestuursverslag' of Richtlijn 920 'Handreiking voor Maatschappelijke Verslaggeving' en de Nederlandse Corporate Governance Code (zie hoofdstuk 39).

Er is dus veel informatie die opgenomen moet worden, of die aanbevolen wordt om op te nemen. Deels overlapt deze informatie met de informatie-elementen die het <IR> raamwerk vraagt. Maar er zijn ook elementen die wel door de Nederlandse wet- en regelgeving vereist of aanbevolen worden, maar niet door het <IR> raamwerk of andersom. Diverse extra informatie-elementen vanuit de Nederlandse wet- en regelgeving zijn goed te structureren op basis van de belangrijkste onderwerpen in het <IR> raamwerk. Op die manier kan er tot een geïntegreerd verslag worden gekomen, dat voldoet aan het <IR> raamwerk en aan de Nederlandse wet- en regelgeving voor het bestuursverslag (Richtlijn 400), het verslag van de raad van commissarissen (Richtlijn 405) en het maatschappelijk verantwoord ondernemen-verslag (Handreiking RJ 920).

Als een globale impressie van de inhoud van zo'n verslag geeft onderstaand overzicht op hoofdlijnen de *aanvullende* informatie weer die een geïntegreerde verslag moet bevatten om te voldoen aan de Nederlandse wet- en regelgeving. Het overzicht moet dus gelezen worden in combinatie met het overzicht in paragraaf 40.4. Daarbij wordt uitgegaan van de vereisten en aanbevelingen voor beursgenoteerde ondernemingen. De extra informatie wordt aangegeven per sectie in lijn met de structuur zoals voorgesteld in het <IR> Framework.

> **Aanvullende inhoud van een geïntegreerd verslag dat voldoet aan de Nederlandse wet- en regelgeving**
>
> a. Beschrijving van de organisatie en de externe omgeving
> *Wat doet de organisatie en wat zijn de omstandigheden waarin de organisatie opereert?*
> ▶ Internationale handels-, financierings- en eigendomsrelaties;
> ▶ juridische structuur van de onderneming met in begrip van groepsstructuur en toepasselijkheid van het structuurregime;
> ▶ specifieke gedragscodes die worden gevolgd.
>
> b. Governance
> *Hoe helpt de governancestructuur bij het creëren van waarde?*
> ▶ wijze waarop maatschappelijk verantwoord ondernemen (MVO) ingebed is in de bestuursstructuur;
> ▶ of de organisatie de Nederlandse Corporate Governance Code opvolgt (Corporate Governance Verklaring);
> ▶ informatie over eventuele beschermingsconstructies;
> ▶ taakuitvoering van de auditcommissie, remuneratiecommissie en selectie- en benoemingscommissie;
> ▶ beoordeling van de RvC van haar eigen functioneren en het functioneren van het bestuur.

40 De toekomst van Corporate Reporting

---

c. Bedrijfsmodel
Wat is het bedrijfsmodel?
- ▶ herkomst van grondstoffen en halffabrikaten;
- ▶ belangrijkste bedrijfsprocessen en IT-processen.

d. Risico's en kansen
Wat zijn de specifieke risico's en kansen die invloed hebben op de waardecreatie door de organisatie en hoe gaat de organisatie daarmee om?
- ▶ beschrijving van de voornaamste strategische, operationele, financiële en juridische risico's en onzekerheden waarmee de rechtspersoon wordt geconfronteerd en de bereidheid om risico's en onzekerheden al dan niet af te dekken;
- ▶ beschrijving van de verwachte impact indien één of meer van de voornaamste risico's en onzekerheden zich zouden voordoen;
- ▶ ontwikkelingen van de belangrijkste risico's en onzekerheden (daarbij gaat het ook om sociale en ecologische aspecten en mensenrechten, omkoping en corruptie);
- ▶ beschrijving van de opzet en werking van de interne risicobeheersings- en controlesystemen voor de belangrijkste risico's, en van eventuele belangrijke tekortkomingen die hierin geconstateerd zijn;
- ▶ risicobeheer op het gebied van financiële instrumenten;
- ▶ beleid voor afdekking van risico's verbonden aan alle belangrijke soorten voorgenomen transacties en aan gelopen prijs-, krediet-, liquiditeits- en kasstroomrisico's.

e. Strategie en gebruik van kapitalen
Waar wil de organisatie naar toe en hoe wil zij daar komen?
- ▶ wijze waarop wordt gestuurd op materiële sociale en milieuaspecten, de eerbieding van mensenrechten en het voorkomen van omkoping en corruptie.

f. Resultaten
In welke mate heeft de organisatie haar strategische doelstellingen gerealiseerd en wat is de impact op de verschillende soorten kapitaal?
- ▶ geen.

g. Vooruitzichten
Wat zijn de belangrijkste uitdagingen en onzekerheden die de organisatie tegenkomt bij het uitvoeren van de strategie? En wat zijn de implicaties daarvan?
- ▶ verwachte gang van zaken van de economische, sociale en milieuaspecten.

h. Wijze van opstellen van het rapport
Hoe heeft de organisatie bepaald welke aangelegenheden opgenomen zijn in het geïntegreerde verslag? En hoe zijn die onderwerpen gekwantificeerd of beoordeeld?
- ▶ geen.

Het <IR> raamwerk stelt duidelijk dat het geïntegreerde verslag kort en bondig moet zijn. Dit verslag moet het verhaal over de waardecreatie door de onderneming vertellen. Een verslag dat zowel aan de eisen van het raamwerk voldoet als aan de Nederlandse wet- en regelgeving moet nog steeds beknopt zijn. Bepaalde details over bijvoorbeeld corporate governance of milieu passen hier niet in. Die aanvullende informatie kan via een website ter beschikking worden gesteld en het geïntegreerde verslag kan verwijzen naar die website.

In het geïntegreerde verslag wordt de belangrijkste financiële informatie opgenomen over de positie en de resultaten. Maar het geïntegreerde verslag kan de wettelijk verplichte jaarrekening niet vervangen. Bovendien is duidelijk dat de gedetailleerde informatie in een (IFRS-EU of Dutch GAAP) jaarrekening belangrijk is voor professionele gebruikers van de jaarrekening.

40.6 Het opstellen van een geïntegreerd verslag in de praktijk
40.6.1 Stappenplan: Hoe komt een geïntegreerd verslag tot stand?

Voor het opstellen van een geïntegreerd verslag, is actieve betrokkenheid van het bestuur essentieel. Sterker nog, dat is een voorwaarde om Integrated Thinking en <IR> succesvol te kunnen implementeren. Voor een goede uitvoering is het daarnaast aan te raden om een multidisciplinair team in te zetten, waarbij bijvoorbeeld de financiële afdeling, de duurzaamheidsafdeling en Human Resources betrokken zijn bij het proces. Een stappenplan voor een organisatie kan worden opgesteld aan de hand van de volgende hoofdlijnen.

1. Bepaal het doel
Organisaties dienen te beginnen met het vaststellen van het doel; waarom wil de organisatie overstappen op <IR> en wat betekent dit voor de huidige verslaggevingscyclus? Daarnaast is het ook van belang dat wordt nagedacht hoe de principes van Integrated Thinking het strategieproces kunnen en zullen beïnvloeden.

2. Stel een goede governancestructuur op
Zoals al benoemd is het van groot belang om verschillende bedrijfsonderdelen te betrekken bij dit proces. Denk aan strategie, financiën, duurzaamheid, Human Resources en communicatie. Het is aan te raden om een stuurgroep op te zetten die toeziet op de kwaliteit van het geïntegreerde verslag. Daarnaast zal met Internal Control/Audit worden afgestemd welke documentatie nodig is voor de verifieerbaarheid van de informatie in het geïntegreerde verslag.

3. Inventariseer de thema's
Als de randvoorwaarden zoals het doel en de governancestructuur duidelijk zijn, wordt naar de inhoud gekeken. Er moet vastgesteld worden welke informatie zo relevant is dat het opgenomen behoort te worden in het verslag. Dit wordt gedaan aan de hand van een materialiteitsanalyse van economische, ecologische en sociale aspecten. Hiervoor is het aan te raden om een stakeholderdialoog te organiseren, omdat uiteindelijk het doel is om het verslag te laten aansluiten bij de informatiebehoefte van de stakeholders.

4. Definieer, op basis van de eerdere stappen, de belangrijkste risico- en prestatie-indicatoren
Als vervolgstap dienen de belangrijkste risico- en prestatie-indicatoren gedefinieerd te worden. Een duidelijke definitie en afbakening is hierbij relevant.

5. Implementeer processen voor de informatieverzameling
Vervolgens moeten processen geïmplementeerd worden voor het verzamelen van informatie over de materiële (relevante) onderwerpen. Waar mogelijk wordt hierbij aangesloten bij bestaande verslaggevingsprocessen. Soms zullen daarvoor nieuwe verslaggevingssystemen opgezet moeten worden.

6. Creëer het raamwerk voor het geïntegreerde verslag
Als de informatieverzameling in gang is gezet is het van belang om de structuur van het verslag vast te stellen. Het is aan te raden om deze opzet te toetsen aan de inhoudscriteria van het <IR> raamwerk om te bepalen of alle gevraagde informatie aan bod komt.

7. Overweeg de kwaliteit van het geïntegreerde verslag verder te verhogen via externe assurance

Organisaties kunnen overwegen, mits het verslaggevingsproces goed genoeg is, om de informatie in het verslag te voorzien van externe assurance. Externe assurance door een onafhankelijke openbaar accountant verhoogt het vertrouwen van stakeholders in de gepresenteerde informatie.

40.6.2 <IR> in de praktijk

De website van de IIRC (www.integratedreporting.org) biedt veel informatie om tot een geïntegreerd verslag te komen. De website bevat een omschrijving van het <IR> raamwerk en ervaringen van ondernemingen die <IR> toepassen, een overzicht van 'good practices' per aspect van het <IR> raamwerk.

Ook verschillende Nederlandse bedrijven passen (onderdelen van) het <IR> Framework toe. De website van de IIRC noemt onder andere de volgende Nederlandse ondernemingen als <IR> Reporters: ABN Amro, Achmea, Aegon, AkzoNobel, DSM, ING, KPN, NN, NS, Philips, Rabobank, Randstad, Schiphol, Triodos en Unilever. De jaarverslagen van deze ondernemingen kunnen behulpzaam zijn om tot een geïntegreerd verslag te komen. In de database met voorbeelden worden ook verschillende ondernemingen per aspect genoemd.

Integrated Reporting is een betrekkelijk recente ontwikkeling. Diverse partijen, waaronder vermogensverschaffers, geven duidelijk aan <IR> een belangrijke ontwikkeling te vinden. De praktische uitwerking om te komen tot een geïntegreerd verslag is wel een uitdaging, maar een zeer relevante uitdaging.

40.7 Onderzoek

Uit het EY-onderzoek 'Does non-financial reporting tell your value creation story?' gehouden in 2018 blijkt dat gebruikers van niet-financiële informatie het belangrijk vinden dat de informatie meetbaar en vergelijkbaar is. De prestaties van bedrijven zijn moeilijk te beoordelen als de informatie niet vergeleken kan worden met informatie van andere organisaties.

Dit blijkt ook uit het eveneens in 2018 gepubliceerde rapport van het 'Embankment Project for Inclusive Capitalism'. Dit rapport is een initiatief van de Coalition for Inclusive Capitalism en EY. Het doel van het project is om maatstaven te identificeren en te ontwikkelen om langetermijnwaarde te meten.

Het rapport is gebaseerd op de inzichten van bedrijven, asset managers en institutionele investeerders. Deze deelnemers aan het project hebben aangegeven op welke terreinen het het meest belangrijk is om zulke maatstaven te ontwikkelen. Deze gebieden zijn:
- Waarde werknemers:
  - Gebruik van menselijk kapitaal
  - Gezondheid werknemers
  - Organisatiecultuur
- Waarde consumenten:
  - Innovatie
  - Vertrouwen van consumenten in de onderneming en haar producten
  - Gezondheid consumenten
- Waarde voor de samenleving en impact op milieu
- Doelen duurzame ontwikkeling
  - Economische groei en werkgelegenheid

- Bijdragen aan de samenleving
- Beperken van de impact op het milieu
- Diversiteit en inclusiviteit
- Corporate governance

Voor elk gebied doet het rapport concrete voorstellen qua maatstaven. Tegelijk geeft het rapport aan dat het project niet af is. Er moet nog veel werk gedaan worden om niet-financiële informatie goed meetbaar en vergelijkbaar te maken. Een belangrijke vraag daarbij is ook of de overheden en regelgevende instanties hierbij een rol moeten spelen. Uit het eerder genoemde EY-onderzoek blijkt duidelijk dat investeerders vinden dat deze instanties hierbij betrokken moeten zijn.

41 Overige gegevens

41.1 Algemeen	
Begripsbepaling	De 'Overige gegevens' zijn geen onderdeel van de jaarrekening of van het bestuursverslag, maar zij maken naast het bestuursverslag en de jaarrekening afzonderlijk deel uit van één geheel van jaarlijkse rapportering.
Taal en geldeenheid van Overige gegevens	De taal van de Overige gegevens is dezelfde als die van de jaarrekening ofwel de Nederlandse taal.
	De geldeenheid van de Overige gegevens is dezelfde als die van de enkelvoudige jaarrekening of, indien de gegevens betrekking hebben op de groep (bijvoorbeeld gebeurtenissen na balansdatum), als die van de geconsolideerde jaarrekening.
41.2 Inhoud	
Specifieke informatie-elementen	▶ accountantsverklaring (controleverklaring); ▶ statutaire regeling omtrent winstbestemming; ▶ statutaire regeling omtrent de bijdrage in een tekort van een coöperatie of een onderlinge waarborgmaatschappij; ▶ bijzondere statutaire zeggenschapsrechten; ▶ aantal stemrechtloze of winstrechtloze aandelen; ▶ nevenvestigingen.
41.3 Verschillen Dutch GAAP – IFRS	
IFRS	IFRS kent geen Overige gegevens als afzonderlijk onderdeel van financiële verslaggeving. Slechts een aantal informatie-elementen wordt in de IFRS-jaarrekening opgenomen.
41.4 Vrijstellingen middelgrote, kleine en micro-rechtspersonen	
Deponering overige gegevens	Een middelgrote rechtspersoon behoeft enkele onderdelen van de Overige gegevens niet te deponeren. Micro- en kleine rechtspersonen behoeven geen Overige gegevens toe te voegen.

41.1 Algemeen

Begripsbepaling

'Overige gegevens' is de wettelijke aanduiding van een afzonderlijk onderdeel van de jaarlijkse rapportering door ondernemingen dat in Nederland wordt toegevoegd aan de jaarrekening. Een dergelijk voorschrift kent de EU-richtlijn jaarrekening of IFRS niet. Dit onderdeel 'Overige gegevens' wordt opgenomen naast het bestuursverslag en de jaarrekening en vormt daarmee één geheel (eventueel samen met andere onderdelen, zoals bijvoorbeeld het verslag van de raad van commissarissen of een overzicht van kengetallen). Het opnemen van Overige gegevens is wettelijk verplicht (art. 2:392 BW). De Overige gegevens bestaan uit zes specifiek genoemde, al dan niet van toepassing zijnde informatie-elementen. Deze informatie-elementen – behalve de controleverklaring van de externe accountant – mogen ook in de jaarrekening of in het bestuursverslag zelf worden opgenomen; bij de Overige gegevens dient dan te worden verwezen naar de plaats waar deze informatie, het toe te voegen gegeven, reeds is vermeld (RJ 410.101). De wettelijk voorgeschreven Overige gegevens hebben betrekking op de rechtspersoon zelf en niet op de groepsmaatschappijen. Groepsmaatschappijen dienen hun eigen Overige gegevens bij hun jaarlijkse rapportering op te nemen.

Relatie met jaarrekening en bestuursverslag; taal en geldeenheid

De Overige gegevens mogen niet in strijd zijn met de jaarrekening en met het bestuursverslag (art. 2:392 lid 2 BW). De Overige gegevens dienen te worden opgesteld hetzij in dezelfde taal als de jaarrekening, hetzij in de Nederlandse taal (RJ 190.111; art. 2:394 lid 4 BW). Eventuele cijfermatige informatie in de Overige gegevens dient te worden opgenomen in dezelfde geldeenheid als die welke wordt gehanteerd in de enkelvoudige jaarrekening; heeft deze cijfermatige informatie echter betrekking op de groep, dan dient de geldeenheid van de geconsolideerde jaarrekening te worden gehanteerd (RJ 190.108).

Artikel 2:403 BW

Indien gebruik gemaakt wordt van de vrijstelling genoemd in artikel 2:403 lid 1 BW (zie hoofdstuk 42), behoeven de Overige gegevens niet te worden toegevoegd (art. 2:403 lid 3 BW).

Openbaarmaking

Artikel 2:394 lid 4 BW bepaalt dat gelijktijdig en op dezelfde wijze als de jaarrekening (dat wil zeggen door middel van deponering bij het handelsregister) de Overige gegevens openbaar moeten worden gemaakt. In plaats van deponering bij het handelsregister kunnen de Overige gegevens ook ten kantore van de rechtspersoon ter inzage van eenieder worden gehouden. Dit geldt echter niet voor een aantal specifieke Overige gegevens, namelijk voor de controleverklaring, of de reden waarom een controleverklaring ontbreekt, en de informatie over nevenvestigingen; deze dienen altijd aan de bij het handelsregister gedeponeerde jaarrekening te worden toegevoegd (zie hierna in par. 41.2).

41.2 Inhoud

De onder de Overige gegevens op te nemen zes informatie-elementen zijn (art. 2:392 lid 1 BW):
a. De controleverklaring, of een mededeling waarom deze ontbreekt. Een controleverklaring mag slechts ontbreken omdat deze niet wettelijk vereist is, bijvoorbeeld indien er sprake is van een micro- of kleine rechtspersoon (art. 2:395a lid 6 jo. art. 2:396 lid 6 BW) of indien de rechtspersoon artikel 2:403 BW toepast. Dit betreft een informatie-element dat niet is geregeld in IFRS, want IFRS gaat niet in op controle van de jaarrekening of controleverklaring.
b. Een weergave van de *statutaire regeling omtrent de bestemming van de winst*. Er kan niet worden volstaan met een enkele verwijzing naar de desbetreffende artikelen van de statuten; vereist is een letterlijke weergave van die artikelen uit de statuten dan wel een samenvatting van hun inhoud (RJ 420.105). Dit betreft een informatie-element dat niet is geregeld in IFRS. Overigens behoeft een commerciële stichting of vereniging dit informatie-element niet te vermelden (art. 2:392 lid 5 BW).
Voor de volledigheid wordt erop gewezen dat in het verleden in de Overige gegevens ook een opgave werd gedaan van *de bestemming van de winst of de verwerking van het verlies* of het voorstel daartoe. Dit is echter, met ingang van boekjaren aanvangend op of na 1 januari 2016, verplaatst naar de toelichting (art. 2:380c BW) zodat bijvoorbeeld in de toelichting van de opgemaakte, maar nog vast te stellen jaarrekening het volgende wordt opgenomen: de omvang van de behaalde winst, het dividendvoorstel en de voorgestelde toevoeging aan de overige reserves. Overigens is in IFRS geregeld dat op grond van IAS 1 in de toelichting dient te worden opgenomen het bedrag van de dividenden dat werd voorgesteld of gedeclareerd na de balansdatum maar vóór

41 Overige gegevens

de datum waarop de jaarrekening werd goedgekeurd voor uitgifte (authorised for issue) en het bedrag aan eventuele cumulatieve preferente dividenden dat nog niet werd opgenomen (IAS 1.137).

c. Voor een coöperatie of onderlinge waarborgmaatschappij: een weergave van *de statutaire regeling omtrent de bijdrage in een tekort*, voor zover deze van de wettelijke bepalingen afwijkt. Dit betreft een informatie-element dat niet is geregeld in IFRS.

d. Een lijst van namen van degenen aan wie een *bijzonder statutair recht inzake de zeggenschap in de rechtspersoon* toekomt, met een omschrijving van de aard van dat recht. Is dit recht in een aandeel belichaamd, dan wordt vermeld hoeveel aandelen iedere rechthebbende houdt; komt het recht toe aan een vennootschap, vereniging, coöperatie, onderlinge waarborgmaatschappij of stichting, dan worden tevens de namen van de bestuurders daarvan vermeld (art. 2:392 lid 3 BW). Een voorbeeld hiervan is het bestaan van prioriteitsaandelen op grond waarvan bijvoorbeeld de oprichter van een BV bijzondere zeggenschapsrechten heeft.

Voor dit specifieke informatie-element geldt dat de minister van Economische Zaken desverzocht aan de rechtspersoon wegens gewichtige reden ontheffing kan verlenen (zie par. 2.7.2); deze ontheffing kan steeds voor maximaal vijf jaar worden verlengd (art. 2:392 lid 4 BW). Dit betreft een informatie-element dat niet is geregeld in IFRS.

e. Voor een BV: een opgave van het aantal stemrechtloze aandelen en het aantal aandelen zonder winstrecht dan wel een beperkt recht tot deling in de winst of reserves, dat wil zeggen indien er door de BV dergelijke stemrechtloze of winstrechtloze aandelen zijn uitgegeven. Dit betreft een informatie-element dat niet is geregeld in IFRS.

Voor de volledigheid wordt erop gewezen dat in het verleden in de Overige gegevens ook een opgave werd opgenomen van het aantal *winstbewijzen* en soortgelijke rechten met vermelding van de bevoegdheden die zij geven. Deze informatie is echter, met ingang van boekjaren aanvangend op of na 1 januari 2016, verplaatst naar de toelichting (art. 2:380d BW).

Daarnaast werd in het verleden in de Overige gegevens ook een opgave opgenomen van de *gebeurtenissen na de balansdatum*. Ook deze informatie is, met ingang van boekjaren aanvangend op of na 1 januari 2016, verplaatst naar de toelichting (art. 2:380a BW). Overigens betreft dit uitsluitend die gebeurtenissen na de balansdatum die *geen* nadere informatie geven over de feitelijke situatie per balansdatum en belangrijke financiële gevolgen hebben (zie hoofdstuk 38, 'Gebeurtenissen na balansdatum' en in het bijzonder par. 38.3).

f. Een opgave van het bestaan van *nevenvestigingen* en van de landen waar nevenvestigingen zijn, alsmede van hun handelsnaam (indien deze afwijkt van die van de rechtspersoon). Het gaat hierbij om de nevenvestigingen van de rechtspersoon zelf en niet om die van de groepsmaatschappijen. De vermelding kan als volgt luiden: 'De rechtspersoon heeft nevenvestigingen/filialen, onder de handelsnaam X, in België, Duitsland en Spanje.' Dit betreft een informatie-element dat niet is geregeld in IFRS.

In **onderstaande tabel** (in kader) wordt aangegeven voor welke soort rechtspersonen de in bovengenoemde alinea's (in a t/m f) genoemde informatie behoren op te nemen in de Overige gegevens.

Overige gegevens	NV	BV	Coöperatie/ Onderlinge waarborg- maatschappij	Commerciële stichting	Commerciële vereniging	Indien micro- of kleine rechtspersoon
a. Controleverklaring externe accountant	Ja	Ja	Ja	Ja	Ja	Nee (redenen ontbreken)
b. Statutaire regeling winstbestemming	Ja	Ja	N.v.t.	Ja	Ja	Nee
c. Statutaire regeling bijdrage in tekort	N.v.t.	N.v.t.	Ja	N.v.t	N.v.t.	Nee

Overige gegevens	NV	BV	Coöperatie/ Onderlinge waarborg- maatschappij	Commerciële stichting	Commerciële vereniging	Indien micro- of kleine rechtspersoon
d. Statutaire zeggenschapsrechten	Ja	Ja	Ja	Ja	Ja	Nee
e. Stemrecht- of winstrechtloze aandelen	N.v.t.	Ja	N.v.t.	N.v.t	N.v.t	Nee
f. Opgave nevenvestigingen	Ja	Ja	Ja	Ja	Ja	Nee

41.3 Verschillen Dutch GAAP - IFRS

IFRS kent geen Overige gegevens als afzonderlijk onderdeel van financiële verslaggeving.

41.4 Vrijstelling voor middelgrote, kleine en micro-rechtspersonen

Voor micro- en kleine rechtspersonen is er een vrijstelling voor het toevoegen van Overige gegevens (art. 2:395a lid 6 BW jo. art. 2:396 lid 7 BW).

Voor middelgrote rechtspersonen zijn er voor wat betreft de inrichting van de Overige gegevens geen vrijstellingen. Wel zijn er voor middelgrote rechtspersonen vrijstellingen ten aanzien van de deponering van de Overige gegevens. Gegevens die alsdan niet hoeven te worden gedeponeerd zijn (art. 2:397 lid 7 BW):

- ▶ een lijst met namen van degenen met een bijzonder statutair zeggenschapsrecht;
- ▶ bij een BV: een opgave van het aantal stemrechtloze aandelen en het aantal winstrechtloze aandelen, met vermelding van de bevoegdheden die zij geven.

42 Vrijstellingen in verband met groepsregime (art. 2:403 BW)

42.1 Toepassing groepsregime (art. 2:403 BW)	
Groepsregime (art. 2:403 BW)	Als aan een aantal voorwaarden is voldaan, hoeft een Nederlandse rechtspersoon/groepsmaatschappij de jaarrekening niet overeenkomstig Titel 9 in te richten en openbaar te maken. Het is een organisatie van openbaar belang (OOB) niet toegestaan gebruik te maken van het groepsregime.
42.2 Voorwaarden voor toepassing	
Voorwaarden	▶ Opstellen summiere balans en winst-en-verliesrekening (inrichtingsjaarrekening). ▶ Instemmingsverklaring. ▶ Aansprakelijkheidsverklaring. ▶ Geconsolideerde jaarrekening met controleverklaring. ▶ Bestuursverslag.
42.3 Uitwerking voorwaarden voor toepassing groepsregime	
Deponeren	Bij handelsregister: ▶ instemmingsverklaring; ▶ aansprakelijkheidsverklaring; ▶ geconsolideerde jaarrekening met controleverklaring; ▶ bestuursverslag.
42.4 Beëindiging aansprakelijkheid en beëindiging groepsregime	
Beëindiging aansprakelijkheid	Deponering intrekkingsverklaring bij handelsregister.
Beëindiging overblijvende aansprakelijkheid	▶ Mededeling voorgenomen beëindiging ter inzage bij handelsregister. ▶ Aankondiging in landelijk verspreid dagblad. ▶ Geen schuldeisersverzet.

42.1 Toepassing groepsregime (art. 2:403 BW)

42.1.1 Algemeen en reikwijdte

Als aan alle voorwaarden van artikel 2:403 BW is voldaan, behoeft een Nederlandse rechtspersoon de jaarrekening niet overeenkomstig de voorschriften van Titel 9 in te richten. Het is een groepsmaatschappij die een organisatie van openbaar belang (OOB) is niet toegestaan de vrijstelling van artikel 2:403 BW toe te passen.

Naast de bevoegdheid tot afwijking van de inrichtingsvereisten van Titel 9 behoeven ook geen bestuursverslag en Overige gegevens te worden opgesteld, er behoeft geen (wettelijk verplichte) accountantscontrole plaats te vinden en de rechtspersoon/groepsmaatschappij is vrijgesteld van deponering van de jaarrekening bij het handelsregister. Een soortgelijke vrijstellingsmogelijkheid als geboden in artikel 2:403 BW komt (naast Nederland) slechts voor in drie andere EU-lidstaten (Duitsland, Luxemburg, Ierland). Groepsmaatschappijen in andere EU-lidstaten kennen een dergelijke regeling niet; het afgeven van een aansprakelijkheidsverklaring door een moedermaatschappij met als doel vrijstelling van deponering voor meegeconsolideerde maatschappijen behoort in andere EU-lidstaten dus niet tot de mogelijkheden.

De achterliggende gedachte bij de 403-regeling is gelegen in een 'compensatiegedachte': de crediteur van de vrijgestelde groepsmaatschappij heeft niet langer inzicht in de financiële gegevens van de groepsmaatschappij en ontvangt in plaats daarvan de deponering van de aansprakelijkstelling (garantiestelling) door de moedermaatschappij.

42.2 Voorwaarden voor toepassing

De voorwaarden voor toepassing van artikel 2:403 BW zijn de volgende:
a. de balans van de vrijgestelde groepsmaatschappij vermeldt in elk geval de som van de vaste activa, de som van de vlottende activa, het bedrag van het eigen vermogen, en van de schulden (inclusief voorzieningen), en de winst-en-verliesrekening vermeldt in elk geval het resultaat uit de gewone bedrijfsuitoefening en het saldo der overige baten en lasten, een en ander na belastingen (zie par. 42.3.2);
b. de leden of aandeelhouders hebben na de aanvang van het boekjaar en voor de vaststelling van de jaarrekening schriftelijk verklaard met afwijking van de voorschriften van Titel 9 in te stemmen (zie par. 42.3.4);
c. de financiële gegevens van de vrijgestelde groepsmaatschappij worden door een andere rechtspersoon of vennootschap geconsolideerd in een geconsolideerde jaarrekening waarop krachtens het toepasselijke recht de verordening van het Europees Parlement en de Raad betreffende de toepassing van internationale standaarden voor jaarrekeningen (de IAS-Verordening) of de richtlijn 2013/34/EU van de Raad van de Europese Gemeenschappen inzake het vennootschapsrecht (EU-richtlijn jaarrekening) van toepassing is (zie par. 42.3.5);
d. de geconsolideerde jaarrekening, voor zover niet gesteld of vertaald in het Nederlands, is gesteld of vertaald in het Frans, Duits of Engels;
e. de accountantsverklaring (controleverklaring) en het bestuursverslag zijn gesteld of vertaald in dezelfde taal als de geconsolideerde jaarrekening;
f. de consoliderende maatschappij heeft schriftelijk verklaard zich hoofdelijk aansprakelijk te stellen voor de uit rechtshandelingen van de rechtspersoon voortvloeiende schulden (zie par. 42.3.6);
g. de instemmingsverklaring en de aansprakelijkheidsverklaring zijn neergelegd ten kantore van het handelsregister (zie par. 42.3.7);
h. de geconsolideerde jaarrekening én de accountantsverklaring én het bestuursverslag liggen telkens binnen zes maanden na de balansdatum of binnen een maand na een geoorloofde latere openbaarmaking ten kantore van het handelsregister (zie par. 42.3.7).

Als aan deze voorwaarden cumulatief is voldaan, bestaat de bevoegdheid tot afwijking van de eisen inzake de inrichting van de jaarrekening zoals opgenomen in Titel 9 Boek 2 BW.

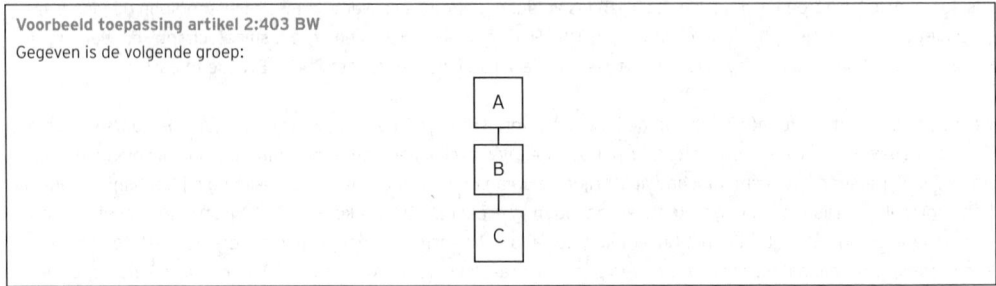

42 Vrijstellingen in verband met groepsregime (art. 2:403 BW)

> A verstrekt een verklaring van hoofdelijke aansprakelijkstelling voor B, B doet dit voor C. A maakt een geconsolideerde jaarrekening op. De vraag kan worden gesteld of B en C, aangenomen dat aan de andere voorwaarden is voldaan, gebruik kunnen maken van artikel 2:403 BW.
>
> Artikel 2:403 BW vermeldt in lid 1 onder f dat 'de onder c bedoelde rechtspersoon of vennootschap' schriftelijk moet hebben verklaard zich hoofdelijk aansprakelijk te stellen. Deze rechtspersoon of vennootschap is die welke de financiële gegevens van de betrokken rechtspersoon waarvoor de hoofdelijkheidsverklaring is afgelegd, opneemt in een geconsolideerde jaarrekening. De consoliderende maatschappij staat hierbij dus centraal. Indien A de consoliderende maatschappij is, dan moet A voor alle groepsmaatschappijen die gebruik willen maken van de regeling van artikel 2:403 BW een verklaring van hoofdelijke aansprakelijkheid afleggen voor de schulden van die groepsmaatschappijen. Het antwoord op de gestelde vraag is dan ook dat B gebruik kan maken van artikel 2:403 BW en C niet. Indien A echter ook een verklaring van hoofdelijke aansprakelijkheid voor C verstrekt, dan kan C wel van de vrijstelling gebruikmaken.
>
> Algemeen
> De consoliderende maatschappij (al dan niet hoofd van de groep) legt de schriftelijke verklaring van hoofdelijke aansprakelijkheid af.
>
> En andersom
> De maatschappij die de schriftelijke verklaring van hoofdelijke aansprakelijkheid aflegt, moet de financiële gegevens van de vrij te stellen rechtspersonen (groepsmaatschappijen) opnemen in een geconsolideerde jaarrekening.

42.2.1 Voor- en nadelen van toepassing groepsregime

De voordelen van toepassing van het groepsregime zijn dat:
- de vrijgestelde maatschappij haar jaarrekening niet conform Titel 9 Boek 2 BW behoeft in te richten;
- de vrijgestelde maatschappij geen jaarrekening behoeft te deponeren; bij het handelsregister ligt een geconsolideerde jaarrekening (van de consoliderende moedermaatschappij);
- bij de jaarrekening van de vrijgestelde groepsmaatschappij geen controleverklaring wordt vereist, tenzij in de statuten is bepaald dat accountantscontrole vereist is.

De nadelen van toepassing van het groepsregime zijn onder andere de volgende:
- de consoliderende rechtspersoon maakt zich door het afleggen van de aansprakelijkheidsverklaring tot hoofdelijk medeschuldenaar voor schulden uit rechtshandelingen verricht door de vrijgestelde rechtspersoon en daardoor zichzelf tot aansprakelijk debiteur;
- men niet weet hoeveel schulden zullen opkomen, de (zich aansprakelijk stellende) aandeelhouder (consoliderende moedermaatschappij) zal het aangaan van rechtshandelingen (door de groepsmaatschappij) moeilijk kunnen beheersen;
- bij duurcontracten (zoals arbeids- en huurcontracten) blijven voortdurend nieuwe schulden uit de één keer verrichte rechtshandeling (het aangaan van de overeenkomst) ontstaan. Men blijft ook na intrekking van de 403-verklaring voor deze schulden aansprakelijk, tenzij de betrokken vennootschap geen groepsmaatschappij meer is en/of de groep verlaat en een specifieke procedure wordt gevolgd (zie par. 42.3.1);
- de meningen over de reikwijdte van de aansprakelijkstellingverklaring zijn verdeeld, omdat de wettekst op dit punt ('voor de uit rechtshandelingen van de rechtspersoon voortvloeiende schulden') onduidelijk is: hier worden met regelmaat juridische procedures over gevoerd;
- bij verkoop van een groepsmaatschappij het risico bestaat dat wordt vergeten de aansprakelijkheidsverklaring (tijdig) in te trekken, met alle mogelijke gevolgen van dien. De voormalige moedermaatschappij zou dan nog aansprakelijk kunnen worden gesteld door crediteuren van de voormalige groepsmaatschappij. Uit de jurisprudentie blijkt dat dit risico groot is - zelfs als de crediteur weet dat de onderneming geen deel meer uitmaakt van de groep voor de voormalige moedermaatschappij kan de crediteur zich desondanks beroepen op de niet (tijdig) ingetrokken aansprakelijkheidsverklaring.

42.3 Uitwerking voorwaarden voor toepassing groepsregime

42.3.1 Groepsmaatschappij

Alleen een rechtspersoon die tot de groep behoort (groepsmaatschappij) kan gebruikmaken van artikel 2:403 BW. Toepassing van de vrijstelling heeft alleen zin als het gaat om tot de groep behorende rechtspersonen die onder Titel 9 vallen. Op een formeel buitenlandse rechtspersoon kan het groepsregime worden toegepast indien deze formeel buitenlandse rechtspersoon onder Titel 9 valt. Toepassing van artikel 2:403 BW op een joint venture is slechts mogelijk indien de partners in de joint venture tot dezelfde groep behoren en de joint venture in deze groep integraal geconsolideerd wordt.

42.3.2 Summiere jaarrekening vrijgestelde rechtspersoon

Als aan alle voorwaarden van artikel 2:403 BW tegelijkertijd is voldaan, kan het bestuur van de groepsmaatschappij op grond van artikel 2:403 lid 1 onder a BW volstaan met het opmaken van een vereenvoudigde balans en winst-en-verliesrekening (RJ 305.202). De balans moet daarbij in ieder geval bestaan uit: de som van de vaste activa, de som van de vlottende activa, het eigen vermogen en de schulden (inclusief voorzieningen). De winst-en-verliesrekening bevat in ieder geval de posten: resultaat uit de gewone bedrijfsuitoefening na belastingen, overige baten en lasten na belastingen en resultaat na belastingen.

Hoewel deze stukken in hun algemeenheid niet voor publicatie bestemd zullen zijn maar alleen voor 'intern' gebruik en resultaatvaststelling, is het opmaken van de vereenvoudigde balans en winst-en-verliesrekening wettelijk verplicht. Dat blijkt niet alleen uit artikel 2:403 lid 1 onder a BW maar ook is in artikel 2:10 lid 2 BW bepaald dat: 'Onverminderd het bepaalde in de volgende titels van dit boek is het bestuur verplicht jaarlijks binnen zes maanden na afloop van het boekjaar een balans en een staat van baten en lasten van de rechtspersoon op te maken.'

Het belang van het voldoen aan artikel 2:10 BW met betrekking tot het opmaken van een jaarrekening van de rechtspersoon, ook indien deze is vereenvoudigd op grond van artikel 2:403 BW, is gelegen in het voorkomen van het risico op aansprakelijkheid van bestuurders/commissarissen en het kunnen bepalen van de wettelijke ruimte tot het al dan niet doen van dividenduitkeringen. Dit blijkt onder andere uit de volgende artikelen:

- artikel 344a Wetboek van Strafrecht; in geval van een privaatrechtelijke rechtspersoon is bij faillissement een bestuurder en/of commissaris strafrechtelijk aansprakelijk voor het niet naleven van artikel 2:10 BW;
- artikelen 2:138, 2:149, 2:248 en 2:259 BW; schending van artikel 2:10 BW houdt in dat in geval van faillissement een bestuurder en/of commissaris zijn taak onbehoorlijk heeft vervuld en dat wordt vermoed dat de onbehoorlijke taakvervulling een belangrijke oorzaak is van het faillissement. Het gevolg is een hoofdelijke aansprakelijkheid voor het tekort in de boedel;
- artikelen 2:58, 2:101 en 2:210 BW; de jaarrekening moet worden opgemaakt door het bestuur en ter vaststelling overgelegd aan de algemene vergadering;
- artikel 2:105 BW (bij de NV); uitkering van winst geschiedt na vaststelling van de jaarrekening waaruit blijkt dat de uitkering geoorloofd is (uiteraard moet ook aan de overige eisen worden voldaan voordat tot dividenduitkering kan worden overgegaan);
- artikel 2:216 BW (bij de BV); de algemene vergadering is bevoegd tot bestemming van de winst die door vaststelling van de jaarrekening bepaald is en tot vaststelling van uitkeringen, voor zover het eigen vermogen groter is dan de reserves die krachtens de wet of de statuten moeten worden aangehouden (uiteraard moet ook aan de overige eisen van artikel 2:216 BW – waaronder goedkeuring door het bestuur – worden voldaan voordat tot dividenduitkering kan worden overgegaan).

42 Vrijstellingen in verband met groepsregime (art. 2:403 BW)

Hoewel niet wettelijk voorgeschreven verdient het gelet op de hierboven beschreven betekenis van de vereenvoudigde 403-jaarrekening de sterke aanbeveling om bij het opmaken daarvan uit te gaan van de grondslagen voor waardering en resultaatbepaling, zoals verwoord in Titel 9 Boek 2 BW en de Richtlijnen (RJ 305.203). Dit is met name van belang in verband met het bepaalde in de artikelen 2:105 en 2:216 BW (waarin wordt bepaald wanneer uitkering van dividend geoorloofd is).

Overwogen kan worden om ten behoeve van de algemene vergadering die de jaarrekening vaststelt, bij de posten genoemd in artikel 2:403 lid 1 onder a BW vergelijkende bedragen te verstrekken (RJ 305.203).

Bij het opmaken van de vereenvoudigde jaarrekening op grond van artikel 2:403 BW moet in ieder geval rekening worden gehouden met eventuele inrichtingsvoorschriften die voortvloeien uit andere titels uit Boek 2 BW dan Titel 9, zoals bijvoorbeeld voor een NV de verplichte vorming van wettelijke reserves genoemd in de artikelen 2:67a, 2:94a en 2:98c BW (zie par. 15.2.5).

42.3.3 Gecombineerde toepassing artikelen 2:403 BW en 2:408 BW

De vrijstelling van de inrichtingsvoorschriften voor de jaarrekening van een tot een groep behorende rechtspersoon geldt alleen onder de in paragraaf 42.2 vermelde voorwaarden. Een van deze voorwaarden houdt in dat de financiële gegevens van de vrijgestelde rechtspersoon/groepsmaatschappij door een andere rechtspersoon/moedermaatschappij moeten zijn opgenomen in een geconsolideerde jaarrekening waarop de Europese IAS-verordening (Vo. EG 1606/2002) of de EU-richtlijn jaarrekening (2013/34/EU) van toepassing is. Indien het gaat om een rechtspersoon die op grond van artikel 2:408 lid 1 BW is vrijgesteld van consolidatie (een tussenhoudstermaatschappij), kan een tot de groep van die tussenhoudstermaatschappij behorende rechtspersoon waarvoor de tussenhoudstermaatschappij een zogenaamde 403-verklaring heeft afgegeven, niet van de inrichtingsvrijstelling gebruikmaken. Dit is een niet-toelaatbare combinatie: de gecombineerde toepassing van artikel 2:403 BW en artikel 2:408 BW is niet mogelijk (RJ 217.216).

Voorbeeld gecombineerde toepassing artikel 2:403 en 2:408 BW

Gegeven is de volgende groep:

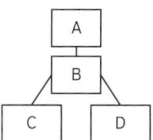

Indien C en D artikel 2:403 BW toepassen en B de hoofdelijke aansprakelijkheidsverklaringen afgeeft, dan dient B de financiële gegevens van C en D op te nemen in haar geconsolideerde jaarrekening. B kan om die reden niet worden vrijgesteld van consolidatie op grond van artikel 2:408 BW.

In het geval dat C en D artikel 2:403 BW toepassen en A de hoofdelijke aansprakelijkheidsverklaringen afgeeft, dan dient A de financiële gegevens op te nemen in haar geconsolideerde jaarrekening. B kan in dat geval worden vrijgesteld van consolidatie van C en D op grond van artikel 2:408 BW, immers de financiële gegevens van C en D worden opgenomen in een groter geheel, de moedermaatschappij A.

> **Voorbeeld gecombineerde toepassing artikel 2:403 en 2:408 BW**
>
>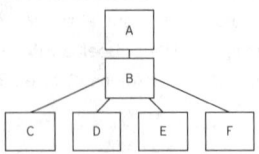
>
> Een vennootschap die hoofd is van een groepsdeel, is gehouden van haar groepsdeel een geconsolideerde jaarrekening op te stellen. Hierin moeten de financiële gegevens van **alle** tot het groepsdeel behorende groepsmaatschappijen worden opgenomen: dus zowel 403-maatschappijen als de overige tot het groepsdeel behorende groepsmaatschappijen. Indien B hoofd is van het groepsdeel waartoe C en D (twee Nederlandse vennootschappen) en E en F (twee buitenlandse vennootschappen) behoren, kan B artikel 408 toepassen; voorwaarde daarvoor is dat B, C, D, E en F in de geconsolideerde jaarrekening van A zijn geconsolideerd. In dat geval kunnen C en D artikel 2:403 BW toepassen indien A aansprakelijkheidsverklaringen afgeeft. Zij kunnen dit niet doen op basis van een door B afgegeven verklaring van hoofdelijke aansprakelijkheid. Een door B afgegeven aansprakelijkheidsverklaring kan slechts dienen als grond voor de toepassing van artikel 2:403 BW door C of D indien B een geconsolideerde jaarrekening van zijn groepsdeel, dus inclusief E en F, opmaakt.

42.3.4 Instemmingsverklaring

Eén van de voorwaarden voor toepassing van artikel 2:403 BW is dat leden of aandeelhouders na aanvang van het boekjaar en vóór de vaststelling van de jaarrekening schriftelijk hebben verklaard in te stemmen met afwijking van de voorschriften (van Titel 9 Boek 2 BW). Het gaat hier om de aandeelhouders van de vrij te stellen rechtspersoon (groepsmaatschappij). De achtergrond hiervan is dat het minderheidsaandeelhouders niet onmogelijk mag worden gemaakt, indien zij dat wensen, kennis te nemen van volgens de wet vereiste minimale jaarrekeninggegevens waarop zij als aandeelhouder recht hebben. Alle aandeelhouders moeten daarom uitdrukkelijk instemmen, hetgeen betekent dat één aandeelhouder al kan verhinderen dat artikel 2:403 BW wordt toegepast door tegen te stemmen of door niets van zich te laten horen. De instemming betreft de instemming met de afwijking van de inrichtingsvoorschriften van Titel 9 voor het bestuursverslag, de jaarrekening en de overige gegevens.

De instemmingsverklaring moet ná aanvang van het boekjaar en vóór vaststelling van de jaarrekening worden afgegeven. De instemming moet elk jaar opnieuw worden gegeven; een doorlopende machtiging is niet toegestaan. De instemmingsverklaring moet worden gedeponeerd bij het handelsregister.

De tekst van een instemmingsverklaring zou er als volgt uit kunnen zien:

> **Voorbeeld instemmingsverklaring ex artikel 2:403 lid 1 onder b BW**
>
> Hierbij verklaren wij, als houdster van alle geplaatste aandelen van (naam van groepsmaatschappij waarvoor aansprakelijk gesteld) voor het boekjaar 20xx in te stemmen met de afwijking van de voorschriften die gelden voor de opstelling, deponering en accountantscontrole van de jaarstukken in overeenstemming met het bepaalde in artikel 2:403 lid 1 onder b BW.
>
> De financiële gegevens van (naam van groepsmaatschappij waarvoor aansprakelijk gesteld) zijn opgenomen in de geconsolideerde jaarrekening van (naam moedervennootschap), welke is gedeponeerd bij het handelsregister.
>
> Plaats, datum
>
> Naam van vertegenwoordiger
> Functie van vertegenwoordiger
> Namens (naam moedervennootschap)
>
> De instemmingsverklaring dient jaarlijks te worden gedeponeerd bij het handelsregister.

42.3.5 Geconsolideerde jaarrekening en consoliderende maatschappij

De financiële gegevens van de vrij te stellen rechtspersoon (groepsmaatschappij) moeten ingevolge artikel 2:403 BW worden opgenomen in de geconsolideerde jaarrekening van een binnen- of buitenlandse

42 Vrijstellingen in verband met groepsregime (art. 2:403 BW)

moedermaatschappij waarop krachtens toepasselijk recht de IAS-verordening (Vo. EG 1606/2002) van het Europees Parlement en de Raad betreffende de toepassing van internationale standaarden voor jaarrekeningen of de EU-richtlijn jaarrekening (2013/34/EU) dan wel de richtlijn voor de (geconsolideerde) jaarrekening van banken en andere financiële instellingen respectievelijk verzekeringsmaatschappijen van het Europees Parlement en de Raad van toepassing is.

Dit laatste betekent dat alleen de geconsolideerde jaarrekening van een moedermaatschappij opgericht naar het recht van een van de EU/EER[1]-landen, mits opgemaakt conform de genoemde voorschriften, voor toepassing van artikel 2:403 BW kan worden gebruikt. Daarmee moet de zich aansprakelijk stellende moedermaatschappij zijn opgericht naar het recht van (en gevestigd zijn in) een lidstaat van de EU/EER. Dit in tegenstelling tot hetgeen bij artikel 2:408 BW geldt. Een geconsolideerde jaarrekening van een buitenlandse moedermaatschappij die louter vrijwillig rekening houdt met de eisen van de EU-richtlijn jaarrekening dan wel van de IAS-verordening is voor de toepassing van het groepsregime niet bruikbaar. Aldus kan bijvoorbeeld de geconsolideerde jaarrekening van een Amerikaanse onderneming of van een onderneming buiten de EU/EER (Verenigd Koninkrijk na Brexit) die vrijwillig IFRS toepast nooit in het kader van de toepassing van artikel 2:403 BW worden gebruikt. Ten overvloede merken wij op dat de vrijgestelde groepsmaatschappij geen OOB kan zijn maar de consoliderende moedermaatschappij kan wel een OOB zijn.

In sommige landen (bijv. België en Duitsland) geldt de leer van de werkelijke zetel: dit betekent dat, indien een rechtspersoon uit een ander land in België is gevestigd waar de leer van de werkelijke zetel geldt, de Belgische regelgeving op die rechtspersoon van toepassing is. Dit betekent dat indien een rechtspersoon, niet zijnde opgericht in een EU-land of EER-land, toch gevestigd is in een EU-land of een EER-land waarin de leer van de werkelijke zetel geldt, deze rechtspersoon toch de consoliderende maatschappij kan zijn voor de toepassing van het groepsregime.

Een formeel buitenlandse vennootschap die onder Titel 9 valt kan ook als consoliderende maatschappij voor de toepassing van het groepsregime gelden.

De geconsolideerde jaarrekening, waarin de financiële gegevens moeten worden opgenomen, kan zowel van het hoofd van de groep zijn als van een andere consoliderende groepsmaatschappij, mits de maatschappij die consolideert, tevens de maatschappij is die zich middels een schriftelijke verklaring hoofdelijk aansprakelijk heeft gesteld.

De geconsolideerde jaarrekening die ten behoeve van de toepassing van artikel 2:403 BW dient te worden opgesteld, staat toepassing van de artikelen 2:407 lid 2 BW in de weg. Indien het groepshoofd op geconsolideerde basis 'klein' is op grond van artikel 2:396 BW, dient als gevolg van de toepassing van artikel 2:403 BW een volledige geconsolideerde jaarrekening te worden opgemaakt en gedeponeerd. Dit betekent dat het deponeren van een geconsolideerde jaarrekening, inclusief winst-en-verliesrekening vereist is en tevens accountantscontrole en een controleverklaring verplicht zijn. Dit volgt uit de wetsgeschiedenis[2] bij de implementatie van de Zevende Richtlijn in de Nederlandse wetgeving.

Indien een Nederlandse moedermaatschappij de geconsolideerde jaarrekening opstelt, dient het feit dat een 403-verklaring is afgegeven te blijken door vermelding daarvan op de lijst met deelnemingen die in de (toelichting van de) jaarrekening van de moedermaatschappij is opgenomen. Die lijst kan ook afzonderlijk bij het

---

[1] Tot de Europese Unie behoren de volgende landen: België, Bulgarije, Cyprus, Denemarken, Duitsland, Estland, Finland, Frankrijk, Griekenland, Hongarije, Ierland, Italië, Kroatië, Letland, Litouwen, Luxemburg, Malta, Nederland, Oostenrijk, Polen, Portugal, Roemenië, Slovenië, Slowakije, Spanje, Tsjechië, Zweden. Tot de Europese Economische Ruimte (EER) behoren de volgende landen: alle landen van de Europese Unie, Liechtenstein, Noorwegen en IJsland.

[2] Kamerstukken II 1987-1988, 19 813, nr. 9 (Tweede nota van wijziging).

handelsregister worden gedeponeerd. Dit omdat vermeld moet worden ten aanzien van welke rechtspersonen de moedermaatschappij een aansprakelijkstelling overeenkomstig artikel 2:403 BW heeft afgegeven (art. 2:414 lid 5 BW).

Toepassing artikel 2:403 BW en Brexit

Het Verenigd Koninkrijk (VK) is per 31 januari 2020 uit de EU getreden. Vanaf dat moment trad een overgangsfase in werking die duurde tot en met 31 december 2020. In deze periode (dus tot en met 31-12-2020) blijven alle EU-richtlijnen en -regels nog voor het VK van kracht. Gedurende deze overgangsperiode heeft iedereen tijd gehad om zich voor te bereiden op de nieuwe afspraken die de EU en het VK hebben gemaakt over hun relatie na 31 december 2020. Dat leidt ertoe dat voor de jaarrekening over boekjaar 2019 Nederlandse groepsmaatschappijen met een VK-moeder nog gebruik kunnen maken van de vrijstelling van artikel 2:403 BW mits de (enkelvoudige/geconsolideerde) jaarrekening van de VK-moeder is opgemaakt en vastgesteld vóór 31-12-2020. Voor jaarrekeningen over boekjaar 2020 kan niet langer gebruik worden gemaakt van artikel 2:403 BW door Nederlandse groepsmaatschappijen met een VK-moeder.

42.3.6 Aansprakelijkheidsverklaring

De consoliderende maatschappij moet schriftelijk verklaren zich hoofdelijk aansprakelijk te stellen voor de uit rechtshandelingen van de vrij te stellen groepsmaatschappij voortvloeiende schulden (art. 2:403 lid 1 onder f BW). Een buitenlandse moedermaatschappij zal zich vermoedelijk niet snel aansprakelijk willen stellen voor haar (Nederlandse) groepsmaatschappijen. Voor buitenlandse groepsmaatschappijen zal de Nederlandse consoliderende moedermaatschappij zich niet snel aansprakelijk wensen te stellen, omdat de Nederlandse wettelijke regeling niet inhoudt dat daarmee de buitenlandse groepsmaatschappijen van hun eisen tot inrichting en deponering van de jaarrekening in het land van herkomst worden bevrijd. Dit is mogelijk wel het geval in Duitsland, Luxemburg en Ierland, waar een vergelijkbaar groepsregime in de wetgeving is opgenomen. Het feit dat een aansprakelijkheidsverklaring is afgegeven, dient uit de lijst met deelnemingen te blijken die in de jaarrekening van de moedermaatschappij is opgenomen of die afzonderlijk bij het handelsregister is gedeponeerd. Uiteraard dient de aansprakelijkheidsverklaring zelf ook te worden gedeponeerd bij het handelsregister.

Een beperking in de reikwijdte van de aansprakelijkheid (qua tijdstip van inwerkingtreding of qua inhoud) in de aansprakelijkheidsverklaring brengt met zich mee dat het groepsregime niet kan worden toegepast. De aansprakelijkheid van de moedermaatschappij blijft echter wel bestaan.

De tekst van een aansprakelijkheidsverklaring zou er als volgt uit kunnen zien:

Voorbeeld aansprakelijkheidsverklaring ex artikel 2:403 lid 1 onder f BW

De ... (naam van de maatschappij, die zich medeaansprakelijk stelt), gevestigd te ..., ten dezen rechtsgeldig vertegenwoordigd door ... (naam en functie wettelijk vertegenwoordiger), verklaart zich hiermede tot wederopzegging **hoofdelijk aansprakelijk** voor de schulden die voortvloeien uit aangegane rechtshandelingen in de zin van artikel 2:403 1 lid 1 f BW van ... (naam en woonplaats van de betrokken groepsmaatschappij).

Plaats, datum

Naam van vertegenwoordiger
Functie van vertegenwoordiger
Namens (naam moedervennootschap)

Deze verklaring dient (eenmalig) te worden gedeponeerd bij het handelsregister.

42 Vrijstellingen in verband met groepsregime (art. 2:403 BW)

42.3.7 Deponering

Een voorwaarde voor de toepassing van artikel 2:403 BW is, dat een geconsolideerde jaarrekening wordt opgesteld waarin gegevens van de vrijgestelde groepsmaatschappijen zijn opgenomen. Deze geconsolideerde jaarrekening moet binnen zes maanden na de balansdatum of binnen een maand na een geoorloofde latere openbaarmaking (bijv. verlenging door de algemene vergadering op grond van bijzondere omstandigheden; art. 2:101/210 lid 1 BW) door de rechtspersoon die gebruikmaakt van artikel 2:403 BW worden gedeponeerd bij het handelsregister in Nederland. De balansdatum waarop wordt gedoeld, is de balansdatum van de geconsolideerde jaarrekening.

Als voorwaarde voor de toepassing van het groepsregime geldt ook dat de volgende stukken tijdig ten kantore van het handelsregister moeten worden neergelegd:
- instemmingsverklaring van alle aandeelhouders of leden (zie par. 42.3.4);
- aansprakelijkheidsverklaring van de consoliderende moedermaatschappij (zie par. 42.3.6);
- de geconsolideerde jaarrekening (zie par. 42.3.5);
- het geconsolideerde bestuursverslag van de moedermaatschappij;
- de controleverklaring bij de geconsolideerde jaarrekening.

De te deponeren geconsolideerde jaarrekening moet worden gedeponeerd in de toegestane talen (Nederlands, Frans, Duits of Engels), of in vertalingen in de toegestane talen. Het bestuursverslag en de controleverklaring moeten zijn gesteld in dezelfde taal als de geconsolideerde jaarrekening.
De instemmingsverklaring moet elk jaar opnieuw door de aandeelhouders worden afgegeven en door het bestuur van de vrijgestelde groepsmaatschappij worden gedeponeerd. De gedeponeerde aansprakelijkheidsverklaring blijft in beginsel geldig tot het moment waarop de verklaring wordt ingetrokken.

Uiterste tijdstip van toepassing

Slechts indien aan alle in lid 1 van artikel 2:403 BW genoemde voorwaarden wordt voldaan, kan van de vrijstellingsregeling gebruik worden gemaakt. Over de vraag tot welk moment nog beslist kan worden tot toepassing van het groepsregime op een groepsmaatschappij bestaat discussie. Uit de literatuur[3] blijkt dat het uiterste tijdstip van rechtmatige toepassing van artikel 2:403 BW het tijdstip is waarop de jaarrekening van de vrijgestelde maatschappij had moeten worden opgemaakt. Bij een NV/BV is dat vijf maanden na afloop van het boekjaar en bij maximaal uitstel door de algemene vergadering tien maanden na afloop van het boekjaar. In uitzonderlijke gevallen ligt het uiterste tijdstip van toepassing van artikel 2:403 BW twaalf maanden na afloop van het boekjaar.

Wel moet dan aan alle toepassingsvoorwaarden kunnen worden voldaan. Indien de jaarrekening van de groepsmaatschappij over dat boekjaar al is vastgesteld kan artikel 2:403 BW niet meer worden toegepast. Ook indien de moedermaatschappij de betrokken groepsmaatschappij niet (meer) in de consolidatie heeft opgenomen kan artikel 2:403 BW niet (meer) worden toegepast. Toepassing met terugwerkende kracht ter reparatie van bijvoorbeeld niet-naleving van de deponeringsplicht (dus na afloop van de uiterste termijn van twaalf maanden) is niet mogelijk.

42.4 Beëindiging aansprakelijkheid en beëindiging groepsregime
42.4.1 Beëindiging nieuwe aansprakelijkheid

De aansprakelijkheid uit hoofde van artikel 2:403 BW wordt beëindigd door het deponeren van een intrekkingsverklaring bij het handelsregister.

---

[3] Onder andere H. Beckman, *De jaarrekeningvrijstelling voor afhankelijke groepsmaatschappijen*, 1995, Kluwer. E.C.A. Nass, *Groepsregime, jaarrekening en aansprakelijkheid*, 2019, Wolters Kluwer.

De tekst van een intrekkingsverklaring zou er als volgt uit kunnen zien:

Voorbeeld intrekking aansprakelijkheidsverklaring ex artikel 2:404 lid 1 BW

De ... (naam en woonplaats van de hoofdelijk aansprakelijke maatschappij), ten dezen rechtsgeldig vertegenwoordigd door ... (naam en functie wettelijke vertegenwoordiger) verklaart hierbij dat zij de verklaring in de zin van artikel 2:403 lid 1 f BW, gedateerd op ... waarin zij zich tot wederopzegging hoofdelijk aansprakelijk stelt voor de schulden voortvloeiende uit de rechtshandelingen van ... (naam en woonplaats van de betrokken groepsmaatschappij) verricht op of na ..... (datum) per heden intrekt.

Plaats, datum

Naam van vertegenwoordiger
Functie van vertegenwoordiger
Namens (naam moedervennootschap)

Deze verklaring dient (eenmalig) te worden gedeponeerd bij het handelsregister.

Door intrekking van de aansprakelijkheidsverklaring wordt 'nieuwe' aansprakelijkheid voorkomen. De in het verleden ontstane aansprakelijkheid wordt door deponering van de intrekkingsverklaring echter niet beëindigd. Evenmin eindigt de aansprakelijkheid voor 'nieuwe' schulden die nog ontstaan uit rechtshandelingen aangegaan onder vigeur van het regime van artikel 2:403 BW. Het aangaan van duurcontracten, zoals arbeids- en huurcontracten, doet bij iedere prestatie van de wederpartij opnieuw een schuld ontstaan. Deze resterende aansprakelijkheid – door de wetgever 'overblijvende aansprakelijkheid' genoemd – voor schulden die zijn ontstaan tot het tijdstip waarop jegens schuldeisers een beroep op de intrekking kan worden gedaan, blijft bestaan (zie omtrent intrekking van deze 'overblijvende aansprakelijkheid' par. 42.4.2).

In de praktijk ontstaat soms discussie over de intrekking van een aansprakelijkheidsverklaring. Het komt namelijk soms helaas voor dat een voormalige moedermaatschappij vergeet een eerder afgegeven verklaring ex artikel 2:403 BW (aansprakelijkheidsverklaring) in te trekken, terwijl de groepsband inmiddels is verbroken (bijvoorbeeld door verkoop van de aandelen van de – voormalige – groepsmaatschappij). De consequentie van het niet intrekken daarvan is dat de aansprakelijkheid van de voormalige moedermaatschappij voor de schulden uit rechtshandelingen van de voormalige groepsmaatschappij blijft doorlopen.

Indien een groepsmaatschappij naar verwachting binnen afzienbare termijn zal worden verkocht en voor deze groepsmaatschappij een 403-verklaring is afgegeven, is het aan te bevelen om in een vroeg stadium de 403-verklaring in te trekken. Na intrekking van de aansprakelijkheidsverklaring moet de (voorheen) vrijgestelde groepsmaatschappij uiteraard weer zelfstandig aan alle jaarrekeningverplichtingen voldoen.

42.4.2 Overblijvende aansprakelijkheid

De na deponering van een intrekkingsverklaring 'overblijvende' aansprakelijkheid kan worden beëindigd indien aan alle volgende voorwaarden is voldaan (art. 2:404 BW):
- de betrokken rechtspersoon (waarvoor de 403-verklaring was afgegeven) behoort niet meer tot de groep;
- een mededeling tot voorgenomen beëindiging van de overblijvende aansprakelijkheid heeft ten minste twee maanden ter inzage gelegen bij het handelsregister;
- er is een aankondiging gedaan in een landelijk verspreid dagblad dat en waar de mededeling tot voorgenomen beëindiging ter inzage ligt;
- tegen het voornemen tot beëindiging van de overblijvende aansprakelijkheid is niet of niet tijdig door schuldeisers verzet gedaan gedurende een periode van twee maanden na aankondiging in het landelijk verspreide dagblad, dan wel het schuldeisersverzet is ingetrokken of bij onherroepelijk rechterlijke uitspraak ongegrond verklaard.

De tekst van een mededeling tot voorgenomen beëindiging zou er als volgt uit kunnen zien:

> **Voorbeeld mededeling voornemen tot beëindiging overblijvende aansprakelijkheid ex artikel 2:404 lid 3 onder b BW**
>
> De ... (naam en woonplaats van de aansprakelijke maatschappij), ten deze vertegenwoordigd door ... (naam en functie wettelijke vertegenwoordiger) deelt mee dat het voornemen bestaat de als gevolg van de toepassing van artikel 2:403 BW aansprakelijkheid voor de schulden uit rechtshandelingen van de ... (naam en woonplaats voorheen vrijgestelde groepsmaatschappij) en waaromtrent de in dit kader afgelegde verklaring van hoofdelijke aansprakelijkstelling op ... (datum) voor schulden uit nadien door ... (naam voorheen vrijgestelde rechtspersoon) aangegane rechtshandelingen is ingetrokken, overeenkomstig het bepaalde in artikel 2:404 lid 3 BW per ... (datum) te beëindigen.
>
> Plaats, datum
>
> Naam van vertegenwoordiger
> Functie van vertegenwoordiger
> Namens (naam moedervennootschap)
>
> Deze mededeling dient te worden gedeponeerd bij het handelsregister.

De tekst van een advertentie zou er als volgt uit kunnen zien:

> **Voorbeeld conceptadvertentie als bedoeld in artikel 2:404 lid 3 onder c BW**
>
> **KOP**: (Naam bedrijf dat aansprakelijkheidsverklaring heeft afgegeven)
>
> De directie van ... (naam vennootschap die aansprakelijkheidsverklaring heeft afgegeven) kondigt aan dat een mededeling van het voornemen tot beëindiging van de aansprakelijkstelling van ... (naam vennootschap die aansprakelijkheidsverklaring heeft afgegeven) voor ... (naam vennootschap waarvoor aansprakelijkheidsverklaring is afgegeven) als bedoeld in artikel 2:404 lid 3 letter b BW vanaf ... (datum) ter inzage ligt ten kantore van het handelsregister.

42.4.3 Beëindiging groepsregime, vergelijkende cijfers en toepasselijk grootteregime

De vraag rijst of een rechtspersoon waarvoor een aansprakelijkheidsverklaring op grond van artikel 2:403 BW was afgegeven en die aldus in eerdere boekjaren vrijgesteld was van de verplichting een jaarrekening te deponeren, in de eerste jaarrekening die weer aan de eisen van Titel 9 voldoet en die wordt gedeponeerd vergelijkende cijfers moet opnemen. Het uitgangspunt van de wet is immers dat bij iedere post in de jaarrekening zo veel mogelijk het vergelijkend cijfer wordt verstrekt (art. 2: 363 lid 5 BW). Dit betekent dat ook in de eerste jaarrekening die wordt opgesteld na toepassing van het groepsregime voor zover mogelijk de vergelijkende cijfers moeten worden opgenomen. In de literatuur wordt wel het standpunt verdedigd dat de opname van vergelijkende cijfers niet vereist zou zijn omdat dan via deze vergelijkende cijfers, de cijfers over het vrijgestelde voorafgaande boekjaar, alsnog openbaar zouden worden gemaakt.

Wij zijn van mening dat het verdedigbaar is dat in de eerste jaarrekening die wordt opgesteld na toepassing van het groepsregime het van toepassing zijnde grootteregime wordt bepaald op basis van de cijfers over uitsluitend dat eerste boekjaar na beëindiging van het groepsregime. Dit is vergelijkbaar met een nieuw opgerichte vennootschap die op grond van artikel 2: 389 lid 1 BW het van toepassing zijnde regime moet bepalen op basis van de groottecriteria over het eerste boekjaar.

42.4.4 Toepassing van artikel 2:403 BW in een overnamesituatie

De vraag is of artikel 2:403 BW kan worden toegepast indien een rechtspersoon wordt overgedragen aan een andere groep en de koper artikel 2:403 BW van toepassing wil laten zijn op de gekochte maatschappij. Stel, vennootschap A wordt gekocht door vennootschap X op 1 juli 2021. Deze nieuwe moedermaatschappij X kan op grond van de consolidatieregels vennootschap A pas consolideren vanaf het moment van overname 1 juli 2021. De vraag ontstaat dan of over het boekjaar 2021 artikel 2:403 BW voor A wel toegepast kan worden omdat in de geconsolideerde jaarrekening van X een geconsolideerde winst-en-verliesrekening is opgenomen vanaf (overnamedatum) 1 juli 2021. Een oplossing zou kunnen zijn om aan de geconsolideerde jaarrekening 2021 pro forma cijfers toe te voegen waarin de verkrijgende maatschappij X de vennootschap A vanaf het begin van het boekjaar (1 januari 2021 consolideert. Een gebruiker heeft in die situatie in ieder geval alle informatie.

43 Vrijstellingen voor middelgrote rechtspersonen

43.1 Begripsbepaling	
Indeling van rechtspersonen naar grootte	Rechtspersonen worden onderscheiden in micro, klein, middelgroot en groot.
IFRS	IFRS kent geen regeling van indeling van ondernemingen naar grootte.
43.2 Maatstaven voor indeling van rechtspersonen naar grootte	
Criteria voor indeling naar grootte	De criteria zijn: balanstotaal, netto-omzet en aantal werknemers (alles op geconsolideerde basis, tenzij artikel 2:408 BW wordt toegepast). De bij de criteria behorende grensbedragen bepalen het grootteregime van de rechtspersoon.
Wisseling van grootte	Slechts wisseling van grootteregime indien zonder onderbreking op twee opeenvolgende balansdata de werkelijke grootte afwijkt van het laatst toegepaste grootteregime.
43.3 Vrijstellingen voor middelgrote rechtspersonen	
Vrijstellingen	Zowel de wet als de Richtlijnen kennen een aantal vrijstellingen voor middelgrote rechtspersonen.

43.1 Begripsbepaling

De rechtspersonen en vennootschappen die vallen onder het bereik van Titel 9 van Boek 2 BW worden naar hun grootte onderscheiden in micro, klein, middelgroot en groot. Dit onderscheid is van belang voor de inrichtings- en publicatievoorschriften van de jaarrekening, het bestuursverslag en de Overige gegevens en voor de accountantscontrole. Voor beursgenoteerde vennootschappen en andere organisaties van openbaar belang (OOB's) zijn de grootte-criteria niet van toepassing (art. 2:398 lid 7 BW). Ongeacht de grootte moeten dergelijke beursgenoteerde ondernemingen en OOB's altijd het regime 'groot' toepassen. De toepassing van de inrichtings- en publicatievoorschriften is afhankelijk van het toepasselijke grootteregime. In het kort gezegd zijn de inrichtings- en publicatievoorschriften voor een micro-rechtspersoon uiterst summier, voor een kleine rechtspersoon minder vergaand dan die voor een middelgrote rechtspersoon, en die voor een middelgrote rechtspersoon weer minder vergaand dan die voor een grote rechtspersoon. Voor een micro- of kleine rechtspersoon is accountantscontrole niet wettelijk verplicht, voor een middelgrote en grote rechtspersoon, OOB's en in sommige specifieke sectoren indien dit is voorgeschreven in specifieke wetgeving wel.

IFRS kent geen regeling voor indeling van ondernemingen naar hun grootte, waarvan de toepassing van voorschriften afhankelijk wordt gemaakt. Wel heeft de IASB een standaard 'IFRS for Small and Medium-Sized Entities' gepubliceerd met daarin opgenomen voorschriften voor dergelijke SME's

Een middelgrote rechtspersoon die vrijwillig EU-IFRS toepast, kan geen gebruikmaken van de publicatievrijstellingen en zal dus de jaarrekening moeten opmaken en deponeren volgens het regime voor grote rechtspersonen (art. 2:362 lid 9 BW, RJ 315.104). De jaarrekening moet in dat geval aan alle eisen die IFRS stelt voldoen en tevens is wettelijke accountantscontrole verplicht.

43.2 Maatstaven voor indeling van rechtspersonen naar grootte

43.2.1 Drie criteria voor indeling naar grootte

De grootte van rechtspersonen en vennootschappen die vallen onder het bereik van Titel 9 Boek 2 BW wordt bepaald aan de hand van de volgende criteria:
- balanstotaal;
- netto-omzet;
- werknemers.

Balanstotaal

De artikelen 2: 395a, 2:396 en 2:397 BW omschrijven dit als 'de waarde van de activa volgens de balans met toelichting'. De waarde mag worden bepaald op de grondslag van verkrijgings- en vervaardigingsprijs, ook al zou een andere grondslag (actuele waarde) voor waardering van de activa in de jaarrekening worden toegepast.

Netto-omzet

Het begrip netto-omzet wordt omschreven in artikel 2:377 lid 6 BW: 'Onder de netto-omzet wordt verstaan de opbrengst uit levering van goederen en diensten uit het bedrijf van de rechtspersoon, onder aftrek van kortingen en dergelijke en van over de omzet geheven belastingen.' Voor een uitgebreide behandeling van het begrip netto-omzet wordt verwezen naar paragraaf 5.2.1. De netto-omzet wordt berekend over het boekjaar (art. 2:395a, 2:396 en 2:397 BW). In het geval dat een boekjaar langer of korter is dan twaalf maanden (het eerste boekjaar na oprichting of door wijziging van boekjaar), beveelt RJ 315.103 aan om de netto-omzet naar evenredigheid over twaalf maanden te berekenen. In het geval van een lang boekjaar is het ook geoorloofd – aldus RJ 315.103 – de netto-omzet van de laatste twaalf maanden als criterium te nemen.

Werknemers

De artikelen 2:395a, 2:396 en 2:397 BW omschrijven dit als 'het gemiddeld aantal werknemers over het boekjaar'. Met werknemers worden bedoeld de werknemers waarmee de rechtspersoon een civielrechtelijke arbeidsovereenkomst heeft gesloten. RJ 315.103 beveelt aan het gemiddeld aantal werknemers te bepalen op basis van mensjaren (FTE's).

43.2.2 Toepassing van de grootecriteria op geconsolideerde basis

De artikelen 2:395a, 2:396 en 397 BW bepalen het volgende: De bepaling van de groottecriteria geschiedt op geconsolideerde basis; dat betekent dat de waarde van de activa, de netto-omzet en het aantal werknemers van groepsmaatschappijen, die in de consolidatie zouden moeten worden betrokken als de rechtspersoon een geconsolideerde jaarrekening zou moeten opmaken, moeten worden meegeteld. De eis dat het groottergime op geconsolideerde basis moet worden bepaald is niet van toepassing indien de rechtspersoon artikel 2:408 BW toepast. De rechtspersoon mag het groottergime in dat geval bepalen op basis van zijn vennootschappelijke jaarrekening.

Voor het antwoord op de vraag wanneer een rechtspersoon groepsmaatschappijen heeft die in de consolidatie moeten worden betrokken, wordt hier verwezen naar de paragrafen 10.1.1 en 23.3.

Behoeft de rechtspersoon geen geconsolideerde jaarrekening op te maken – zoals bij toepassing van artikel 2:408 BW (zie daarvoor par. 23.4.2) – dan wordt de grootte van de rechtspersoon bepaald op basis van de drie criteria volgens de vennootschappelijke (enkelvoudige) jaarrekening. Indien de rechtspersoon aan twee van de drie criteria voldoet gedurende twee opeenvolgende balansdata, kwalificeert de rechtspersoon zich voor de desbetreffende categorie.

43 Vrijstellingen voor middelgrote rechtspersonen

43.2.3 Grensbedragen van de groottecriteria

De grensbedragen die op dit moment gelden zijn:

	Micro-rechtspersoon	Kleine rechtspersoon	Middelgrote rechtspersoon
Balanstotaal	≤ € 350.000	≤ € 6 mln.	≤ € 20 mln.
Netto-omzet	≤ € 700.000	≤ € 12 mln.	≤ € 40 mln.
Werknemers	< 10	< 50	< 250

De grensbedragen worden bij algemene maatregel van bestuur herzien (art. 2:398 lid 4 BW). De laatste herziening ging in voor boekjaren vanaf 1 januari 2016.

43.2.4 Groottecriteria en commerciële verenigingen en stichtingen

Voor de toepassing van de groottecriteria op commerciële verenigingen en stichtingen (art. 2:360 lid 3 BW) wordt uitgegaan van het totaal van de activa van de stichting of vereniging en, op geconsolideerde basis indien van toepassing, van de netto-omzet en het gemiddeld aantal werknemers van de onderneming of ondernemingen die de stichting of vereniging in stand houdt (art. 2:398 lid 5 BW). Voor een uiteenzetting van de definitie van commerciële verenigingen en stichtingen wordt verwezen naar paragraaf 52.1.

43.2.5 Vaststelling van de grootte per balansdatum en wisseling van grootte

Na oprichting van de rechtspersoon dient per balansdatum de grootte van de rechtspersoon aan de hand van de groottecriteria te worden vastgesteld. Indien de rechtspersoon per eerste balansdatum bijvoorbeeld middelgroot is, is het middelgrootregime op de eerste jaarrekening van toepassing. Daarmee staat vast dat het middelgrootregime ook voor het tweede boekjaar van toepassing is, ongeacht de werkelijke grootte per de tweede balansdatum (art. 2:398 lid 1 BW, RJ 315.106). Of het middelgrootregime ook voor het derde boekjaar van toepassing is, hangt af van de werkelijke grootte van de rechtspersoon per de tweede en derde balansdatum. Als bijvoorbeeld de rechtspersoon per de tweede balansdatum middelgroot is en per de derde balansdatum klein, dan blijft het middelgrootregime voor het derde boekjaar van toepassing. Zou de rechtspersoon zowel per de tweede als per de derde balansdatum klein zijn, dan wordt op het derde boekjaar het kleinregime van toepassing. Van wisseling van grootteregime is namelijk (pas) sprake wanneer zonder onderbreking op twee opeenvolgende balansdata de werkelijke grootte afwijkt van het laatst toegepaste groottegime. Met ingang van de tweede opeenvolgende balansdatum wordt dan het regime van toepassing dat behoort bij de grootte op dat moment (art. 2:395a lid 1 BW, art. 2:396 lid 1 BW en art. 2:397 lid 1 BW, RJ 315.105).

Voorbeeld werking regimewisseling							
Ter verduidelijking wordt het volgende voorbeeld gegeven (waarbij K = klein, M = middelgroot, G = groot):							
Jaar	1	2	3	4	5	6	7
Criteria	M	K	M	G	G	M	M
Regime	M	M	M	M	G	G	M

> **Voorbeeld regimewisseling van klein naar middelgroot**
> Een onderneming die het eerste jaar klein is en in het tweede jaar middelgroot, mag in het tweede jaar nog het kleine regime toepassen en daarmee de vrijstellingen die gelden voor kleine rechtspersonen. Dit betekent dat ook in het tweede jaar nog gebruik kan worden gemaakt van de consolidatievrijstelling voor kleine groepen. Pas als de onderneming twee opeenvolgende jaren als middelgrote groep kan worden geclassificeerd, moet een geconsolideerde jaarrekening worden opgesteld. De vraag rijst of een rechtspersoon in dat geval vergelijkende cijfers moet opnemen. Het uitgangspunt van de wet is immers dat bij iedere post in de jaarrekening zo veel mogelijk het vergelijkend cijfer wordt verstrekt (art. 2: 363 lid 5 BW). Dit betekent dat ook in de eerste geconsolideerde jaarrekening die wordt opgesteld na toepassing van de consolidatievrijstelling voor kleine groepen voor zover mogelijk de vergelijkende cijfers moeten worden opgenomen. In de literatuur wordt wel het standpunt verdedigd dat de opname van vergelijkende cijfers niet vereist zou zijn omdat dan via deze vergelijkende cijfers, de cijfers over het vrijgestelde voorafgaande boekjaar, alsnog openbaar zouden worden gemaakt.

43.3 Vrijstellingen voor middelgrote rechtspersonen

Is eenmaal vastgesteld dat het middelgrootregime op de rechtspersoon van toepassing is, dan kan vervolgens worden nagegaan welke mogelijke vrijstellingen ter zake van inrichting en publicatie van de jaarrekening kunnen worden benut. In de wet zijn vrijstellingen opgenomen voor de inrichtings- en de deponeringsjaarrekening. In de Richtlijnen voor de jaarverslaggeving zijn vrijstellingen opgenomen voor de inrichtingsjaarrekening (in de afzonderlijke Richtlijnen en tevens samengevat in Richtlijn 315).

Met betrekking tot de deponeringsjaarrekening van middelgrote ondernemingen geldt dat de door de algemene vergadering vastgestelde jaarrekening dient te worden gedeponeerd met uitzondering van de specifiek vrijgestelde elementen zoals genoemd in artikel 2:397 lid 3 t/m lid 8 BW. Deze vereenvoudigingen gelden ten behoeve van het opmaken én het vaststellen van de jaarrekening van rechtswege. Zijn zij bij het opmaken niet in aanmerking genomen, dan mogen zij alsnog ten behoeve van deponering worden aangebracht, behoudens statutair andersluidende bepalingen of andersluidend besluit van de algemene vergadering (art. 2:397 lid 5 BW).

Voorts betekent dit dat de informatie die in de door de algemene vergadering vastgestelde jaarrekening is opgenomen voortvloeiende uit stellige uitspraken van de RJ, ook in de deponeringsjaarrekening moet worden opgenomen (zoals bijvoorbeeld het kasstroomoverzicht). Datzelfde geldt voor een toelichting die vrijwillig is opgenomen in de opgemaakte jaarrekening en aldus door de algemene vergadering is vastgesteld; deze wordt ook in de deponeringsjaarrekening opgenomen.

43.3.1 Vrijstellingen voor de balans met toelichting
Inrichting
Er zijn geen wettelijke vrijstellingen voor middelgrote rechtspersonen voor de in te richten balans met toelichting.

De Richtlijnen kennen de volgende vrijstellingen:

Immateriële vaste activa
Middelgrote rechtspersonen behoeven geen onderscheid aan te brengen tussen intern gegenereerde immateriële vaste activa en gekochte immateriële vaste activa (RJ 210.501; zie par. 6.5.2 en 6.6).

Vastgoedbeleggingen
Een rechtspersoon die vastgoedbeleggingen waardeert tegen historische kosten dient de reële waarde van deze vastgoedbeleggingen te vermelden, indien de reële waarde niet op betrouwbare wijze kan worden vastgesteld dient aanvullende informatie te worden opgenomen (RJ 213.805; zie par. 8.8.2). Een middelgrote rechtspersoon

was tot boekjaren aangevangen voor 1 januari 2021 vrijgesteld van het opnemen van aanvullende informatie (zie par. 8.9). Deze vrijstelling is vervallen voor boekjaren die aanvangen op of na 1 januari 2021.

Eigen vermogen
Middelgrote rechtspersonen zijn vrijgesteld van informatieverstrekking over het gedeelte van het agio en het gestort en opgevraagd kapitaal dat fiscaal niet als gestort aangemerkt wordt (RJ 240.218: zie par. 15.2.3 en 15.6). Tevens behoeven middelgrote rechtspersonen geen informatie te verstrekken over de beginstand en de mutaties gedurende het boekjaar van de door de rechtspersoon verleende rechten tot het nemen of verkrijgen van aandelen (RJ 240.238 onder a t/m c).

Deponering

Op grond van artikel 2:397 lid 5 BW kan een middelgrote rechtspersoon volstaan met de deponering van een beperkte balans en toelichting die er, met inachtneming van de vrijstellingsmogelijkheden, zoals hieronder opgenomen uit kan zien (model A). De Romeinse (I, II, etc.) en Arabische cijfers (1, 2, etc.) die in het model zijn opgenomen mogen worden weggelaten (art. 4 lid 2 BMJ). De posten die met Romeinse cijfers zijn aangeduid moeten in ieder geval op de balans worden opgenomen. De posten die met Arabische cijfers zijn aangeduid mogen geheel of gedeeltelijk in de toelichting van de balans worden opgenomen met herhaling van de som.

A. Vaste activa
I Immateriële vaste activa
1. kosten van oprichting en uitgifte van aandelen
2. goodwill
3. overige immateriële vaste activa

II Materiële vaste activa
1. bedrijfsgebouwen en -terreinen
2. machines en installaties
3. andere vaste bedrijfsmiddelen
4. vaste bedrijfsmiddelen in uitvoering en vooruitbetaald op materiële vaste activa
5. niet aan de bedrijfsuitoefening dienstbaar

III Financiële vaste activa
1. deelnemingen in groepsmaatschappijen
2. vorderingen op groepsmaatschappijen
3. andere deelnemingen
4. vorderingen op participanten en op maatschappijen waarin wordt deelgenomen
5. overige financiële vaste activa

IV Som der vaste activa

B. Vlottende activa
I Voorraden

II Vorderingen[1]
1. op groepsmaatschappijen
2. op participanten en op maatschappijen waarin wordt deelgenomen
3. overlopende activa
4. overige vorderingen
5. van aandeelhouders opgevraagde stortingen

III Effecten
IV Liquide middelen
V Som der vlottende activa

C. Kortlopende schulden (ten hoogste 1 jaar)[1]
1. converteerbare obligaties en andere leningen
2. andere obligaties en onderhandse leningen
3. schulden aan banken
4. schulden aan groepsmaatschappijen
5. schulden aan participanten en aan maatschappijen waarin wordt deelgenomen
6. overlopende passiva
7. overige schulden

D. Uitkomst van vlottende activa min kortlopende schulden
E. Uitkomst van activa min kortlopende schulden
F. Langlopende schulden (nog voor meer dan 1 jaar)[1]
1. converteerbare obligaties en andere leningen
2. andere obligaties en onderhandse leningen
3. schulden aan banken
4. schulden aan groepsmaatschappijen
5. schulden aan participanten en aan maatschappijen waarin wordt deelgenomen
6. overlopende passiva
7. overige schulden

G. Voorzieningen
1. voor pensioenen
2. voor belastingen
3. overige

H. Eigen vermogen
I Gestort en opgevraagd kapitaal

II Agio

III Herwaarderingsreserve

---

[1] Afzonderlijk het deel met betrekking tot buiten de groep staande verbonden ondernemingen.

43 Vrijstellingen voor middelgrote rechtspersonen

IV Wettelijke en statutaire reserves
1. wettelijke
2. statutaire

V Overige reserves

VI Onverdeelde winst

In de toelichting moeten nog de volgende gegevens worden opgenomen:
- Indien vaste activa worden gewaardeerd op actuele waarde: voor elke categorie vaste activa de vermelding van de som van de herwaarderingen per balansdatum ter vaststelling van de boekwaarde die zou zijn opgenomen als de activa op basis van het kostprijsmodel zouden zijn gewaardeerd (art. 2:368 lid 2a BW);
- tot welk bedrag de resterende looptijd van de afzonderlijk vermelde schulden langer dan 1 jaar is met een aanduiding van de rentevoet en met afzonderlijke vermelding, voor het totaal van de schulden, tot welk bedrag de resterende looptijd langer is dan vijf jaar (art. 2:375 lid 2 BW);
- de door de rechtspersoon verstrekte zakelijke zekerheden (art. 2:375 lid 3 BW);
- de door de rechtspersoon verstrekte garanties en dergelijke (art. 2:376 BW).

43.3.2 Vrijstellingen voor de winst-en-verliesrekening met toelichting
Inrichting en deponering

Op grond van het Besluit modellen jaarrekening moet een middelgrote rechtspersoon de winst-en-verliesrekening opstellen conform model E of F. Op grond van artikel 2:397 lid 3 en 5 BW kan een middelgrote rechtspersoon bepaalde posten samenvoegen in de winst-en-verliesrekening. Deze samenvoegingen gelden zowel voor de in te richten als de te deponeren winst-en-verliesrekening. De samenvoeging van deze posten leidt dan praktisch gezien tot het gebruik van model I of J. De volgende posten kunnen worden samengevoegd tot één post 'brutobedrijfsresultaat' of 'brutomarge':

Bij toepassing van het categoriale model (zie model I in bijlage 2 Besluit modellen jaarrekening):
- netto-omzet;
- toe- en afneming voorraad gereed product en onderhanden werk;
- geactiveerde productie voor het eigen bedrijf;
- overige bedrijfsopbrengsten;
- kosten van grond- en hulpstoffen en overige externe kosten.

Bij toepassing van het functionele model (zie model J in bijlage 2 Besluit modellen jaarrekening):
- netto-omzet;
- kostprijs van de omzet;
- overige bedrijfsopbrengsten.

Middelgrote rechtspersonen moeten de volgende informatie met betrekking tot de toelichting op de winst-en-verliesrekening opnemen:
- de omzetontwikkeling ten opzichte van vorig jaar in een verhoudingscijfer (art. 2:397 lid 3 BW);
- de baten en lasten uit de verhouding met groepsmaatschappijen moeten afzonderlijk worden vermeld (art. 2:377 lid 5 BW);

- baten en lasten die aan een ander boekjaar moeten worden toegerekend, worden toegelicht naar aard en omvang (art. 2:377 lid 7 BW);
- het bedrag en de aard van de posten van baten en lasten die van uitzonderlijke omvang zijn of in uitzonderlijke mate voorkomen (art. 2:377 lid 8 BW);
- een aanvullende vermelding van de lonen en de sociale lasten met afzonderlijke vermelding van de pensioenlasten (art. 2:382 BW).

De Richtlijnen geven de volgende vrijstellingen ten aanzien van bepaalde informatie die moet worden opgenomen in de toelichting:
- een toelichting van de kostprijs van de voorraden verwerkt in de winst-en-verliesrekening (RJ 220.601 onder d);
- een toelichting op de samenstelling van de kostprijs van de voorraden (RJ 220.606);
- een nadere toelichting van de overige bedrijfskosten, zo nodig voorzien van een specificatie (RJ 270.503; zie par. 5.8);
- additionele informatie ten aanzien van de categoriale kostensoorten, waaronder het totaalbedrag van de in de winst-en-verliesrekening verwerkte afschrijvingen indien de functionele indeling wordt toegepast (RJ 270.504; zie par. 5.8).

Belastingen

Middelgrote rechtspersonen zijn vrijgesteld van de volgende toelichtingen (zie par. 17.5.1 en 17.7):
- tijdelijke verschillen inzake investeringen in groepsmaatschappijen, buitenlandse niet zelfstandige eenheden, deelnemingen en joint ventures waarvoor geen latentie is gevormd (RJ 272.709);
- afzonderlijke vermelding van de belastinglast van niet duurzaam voortgezette activiteiten (RJ 272.713);
- de gevolgen voor de verschuldigde belasting van voorgestelde of gedeclareerde dividenden (RJ 272.714);
- toelichting van de rentevoet en gemiddelde looptijd van de belastingvorderingen en -verplichtingen die tegen contante waarde worden gewaardeerd (RJ 272.707b en 707c);
- tariefsverschillen in de situaties waarin winsten worden ingehouden ten opzichte van situaties waarin deze worden uitgekeerd (RJ 272.715).

43.3.3 Vrijstellingen met betrekking tot de toelichting

Er zijn geen wettelijke vrijstellingen voor middelgrote rechtspersonen voor de toelichting. De Richtlijnen kennen de volgende vrijstellingen.

Verwijzing tussen primaire overzichten en toelichting

Middelgrote rechtspersonen zijn vrijgesteld van het opnemen van verwijzingen in de balans, de winst-en-verliesrekening en het kasstroomoverzicht naar de relevante toelichtingen (RJ 300.104). Aanbevolen wordt om een dergelijke verwijzing op te nemen.

Gesegmenteerde informatie t.a.v. bijzondere waardeverminderingsverliezen

Middelgrote rechtspersonen zijn vrijgesteld van het geven van gesegmenteerde informatie zoals bedoeld in RJ 121.804 (zie par. 29.8).

43 Vrijstellingen voor middelgrote rechtspersonen

Bijzondere waardeverminderingen van vaste activa

Middelgrote rechtspersonen waren tot boekjaren aangevangen voor 1 januari 2021 vrijgesteld van het geven van nadere toelichting over een bijzonder waardeverminderingsverlies zoals vermeld in RJ 121.805 onder c2 t/m g. Met ingang van boekjaren die aanvangen op of na 1 januari 2021 is (een deel van) deze vrijstelling vervallen. Middelgrote rechtspersonen behoeven voor boekjaren die aanvangen op of na 1 januari 2021 geen nadere toelichting op te nemen over een bijzonder waardeverminderingsverlies zoals vermeld in RJ 121.805 onder c2 en d1 en d2 voor zover de toelichtingen betrekking hebben op informatie over segmenten (zie par. 29.9).

Stelselwijzigingen

Middelgrote rechtspersonen waren tot boekjaren aangevangen voor 1 januari 2021 vrijgesteld van het geven van een cijfermatige indicatie van de invloed van een stelselwijziging in het geval dat kan worden verwacht dat een stelselwijziging belangrijke kwantitatieve invloed zal hebben op een of meer volgende boekjaren (RJ 140.216). Deze vrijstelling is vervallen voor boekjaren die aanvangen op of na 1 januari 2021.

Schattingswijzigingen

Middelgrote rechtspersonen waren tot boekjaren aangevangen voor 1 januari 2021 vrijgesteld van het geven van een cijfermatige indicatie van de invloed van een schattingswijziging op één of meer volgende boekjaren (RJ 145.305). Deze vrijstelling is vervallen voor boekjaren die aanvangen op of na 1 januari 2021.

Fusies en overnames

Voor fusies en overnames die zijn gerealiseerd na de balansdatum dient informatie te worden opgenomen (RJ 216.410; zie par. 25.9). Indien het praktisch niet haalbaar is deze informatie te verstrekken dient dit als zodanig te worden toegelicht. Middelgrote rechtspersonen zijn vrijgesteld van de toelichtingsvereisten opgenomen in RJ 216.401-409. Zij kunnen volstaan met een opgave van de gebeurtenissen na de balansdatum met belangrijke financiële gevolgen voor de rechtspersoon en de in zijn geconsolideerde jaarrekening betrokken maatschappijen tezamen, onder mededeling van de omvang van die gevolgen (RJ 216.410; zie par. 25.9 en 25.12).

Financiële instrumenten

Middelgrote rechtspersonen zijn vrijgesteld van de volgende toelichtingen (zie par. 30.9):
- rente- en kasstroomrisico (RJ 290.918 tot en met 290.927), waarbij overigens de wettelijke toelichtingen inzake resterende looptijd en de rentevoet wel van kracht blijven (art. 2:375 lid 2 BW; zie par. 30.8.2);
- kredietrisico (RJ 290.928 tot en met RJ 290.936; zie par. 30.8.3);
- financiële activa: indien financiële activa gewaardeerd zijn tegen een hogere waarde dan de reële waarde dient de rechtspersoon aanvullende informatie te verschaffen. Een middelgrote rechtspersoon behoeft deze informatie slechts te verschaffen voor financiële vaste activa (RJ 290.943);
- diverse aanvullende gegevens met betrekking tot financiële instrumenten (RJ 290.947; zie par. 30.8.8).

Tot boekjaren aangevangen voor 1 januari 2021 waren middelgrote rechtspersonen tevens vrijgesteld van het geven van toelichtingen inzake het liquiditeitsrisico. Deze vrijstelling is vervallen met ingang van boekjaren die aanvangen op of na 1 januari 2021.

Leasing

Middelgrote rechtspersonen zijn vrijgesteld van de volgende toelichtingseisen (zie par. 32.7):
- vermelding van het bedrag van de voorwaardelijke leasebetalingen dat is verwerkt in de periode voor financiële en operationele leases in de jaarrekening van de lessor (RJ 292.311 onder e, RJ 292.319 onder b);
- de vermelding dat de toegelichte bedragen ook betalingen voor niet-leasebestanddelen uit hoofde van de overeenkomst bevatten (RJ 292.212 onder f);
- aansluiting bij een lessor tussen de bruto-investeringen in de lease en de contante waarde van de minimale leasebetalingen (RJ 292.311 onder a);
- vermelding bij een lessor van de cumulatieve voorziening voor oninbaarheid die in mindering is gebracht op de minimale leasebetalingen (RJ 292.311 onder d).

43.3.4 Overige vrijstellingen

De wet en de Richtlijnen kennen de volgende vrijstellingen.

Vermelding honorarium accountantskosten

De wet geeft een vrijstelling voor de vermelding van het accountantshonorarium (art. 2:397 lid 4 BW, RJ 390.304).

Vermelding niet uit de balans blijkende regelingen

Van de niet uit de balans blijkende regelingen behoeft slechts de aard en het zakelijk doel te worden vermeld in de toelichting (art. 2:397 lid 6 BW). Middelgrote rechtspersonen zijn vrijgesteld van het geven van informatie over de financiële gevolgen van niet in de balans opgenomen regelingen (RJ 390.207).

Vermelding verbonden partijen

Er is een vrijstelling voor middelgrote rechtspersonen om informatie in de toelichting op te nemen over transacties tussen verbonden partijen die niet op normale marktvoorwaarden zijn aangegaan, tenzij de rechtspersoon een naamloze vennootschap is (art. 2:397 lid 6 BW).
Bij naamloze middelgrote rechtspersonen mag de openbaarmaking beperkt zijn tot transacties tussen de vennootschap en haar voornaamste aandeelhouders en tussen de vennootschap en de leden van de bestuur en van de raad van commissarissen.
De vrijstelling is niet van toepassing op de beursgenoteerde middelgrote rechtspersoon (RJ 330.203).

Overzicht van het totaalresultaat

Middelgrote rechtspersonen zijn vrijgesteld van het opstellen van een overzicht van het totaalresultaat (RJ 265.101; zie par. 5.8).

Winst per aandeel

Indien middelgrote rechtspersonen (vrijwillig) de winst per aandeel in de jaarrekening vermelden, dienen zij deze winst per aandeel te berekenen overeenkomstige de bepalingen van Richtlijn 340 (zie par. 37.9). Er gelden dan geen vrijstellingen.

43 Vrijstellingen voor middelgrote rechtspersonen

Segmentatie

Middelgrote rechtspersonen zijn vrijgesteld van het opnemen van gesegmenteerde informatie overeenkomstig Richtlijn 350 (RJ 350.204). Ook aan het segmentatievoorschrift van artikel 2:380 BW hoeft niet te worden voldaan (zie par. 22.1.2).

Beëindiging van bedrijfsactiviteiten

Middelgrote rechtspersonen hoeven, in het boekjaar waarin een initiële gebeurtenis (verkoop van alle of nagenoeg alle activa of het bekendmaken van een plan dat leidt tot beëindiging van de bedrijfsactiviteit) zich voordoet, geen informatie op te nemen in de toelichting omtrent de belastingen over het resultaat uit gewone bedrijfsuitoefening toe te rekenen aan de bedrijfsactiviteit die niet duurzaam wordt voortgezet (RJ 345.304; zie par. 33.2.3 en 33.5).

Voorts hoeven middelgrote rechtspersonen geen informatie op te nemen in de toelichting over het bedrijfssegment of het geografische segment waarin de te beëindigen bedrijfsactiviteit wordt gerapporteerd overeenkomstig Richtlijn 350 'Gesegmenteerde informatie', tenzij Richtlijn 350 van toepassing is (RJ 345.304; zie par. 33.2.3 en 33.5).

Tussentijdse berichten

Middelgrote rechtspersonen hoeven niet meer informatie op te nemen in een tussentijds bericht dan op grond van andere hoofdstukken van de Richtlijnen opgenomen moet worden in de jaarrekening of het bestuursverslag (RJ 394.103; zie par. 45.8).

Bestuursverslag

In lid 8 van artikel 2:397 BW wordt vermeld dat geen aandacht behoeft te worden besteed aan niet-financiële prestatie-indicatoren als bedoeld in artikel 2:391 lid 1 BW (zie par. 45.8). Tevens mag op grond van artikel 2:394 lid 4 BW worden afgezien van openbaarmaking van het bestuursverslag door deponering bij het handelsregister, mits de stukken ter inzage worden gehouden ten kantore van de rechtspersoon en op verzoek aan een ieder een volledig of gedeeltelijk afschrift daarvan ten hoogste tegen de kostprijs wordt verstrekt. De rechtspersoon dient hiervan opgaaf te doen bij het handelsregister.

Overige gegevens

Voor wat betreft de inrichting van de Overige gegevens zijn er geen vrijstellingen. Wel zijn er vrijstellingen ten aanzien van de deponering bij het handelsregister van bepaalde onderdelen van de Overige gegevens. Gegevens die niet hoeven te worden openbaar gemaakt zijn (art. 2:397 lid 7 BW):
- een lijst met namen van degenen met een bijzonder statutair zeggenschapsrecht (art. 2:392 lid 1 onder d BW);
- een opgave van het aantal stemrechtloze of winstrechtloze aandelen (art. 2:392 lid 1 onder e BW);
- een lijst met namen van bestuurders van vennootschappen, verenigingen, coöperaties, onderlinge waarborgmaatschappijen of stichtingen, die aandelen van de rechtspersoon hebben met een bijzonder statutair zeggenschapsrecht en hoeveel zodanige aandelen deze rechthebbenden houden (art. 2:392 lid 3 BW).

Deze stukken moeten wel ten kantore van de rechtspersoon ter inzage worden gehouden (art. 2:394 lid 4 BW).

44 Jaarrekening voor micro- en kleine rechtspersonen

44.1 Begripsbepaling	
Indeling van rechtspersonen naar grootte	Rechtspersonen worden onderscheiden in micro, klein, middelgroot en groot.
IFRS	IFRS kent geen regeling voor indeling van ondernemingen naar grootte. Wel is er een specifieke IFRS voor middelgrote en kleine ondernemingen (IFRS SME).
44.2 Jaarrekening van micro- en kleine rechtspersonen	
Richtlijnen voor kleine rechtspersonen, met apart hoofdstuk micro-rechtspersonen	In een bundel Richtlijnen voor micro- en kleine rechtspersonen (RJk) worden per onderwerp en post voorschriften gegeven voor de inrichting van de jaarrekening van een kleine rechtspersoon. Er is in de RJk-bundel een afzonderlijk hoofdstuk M1 voor de jaarrekening van 'micro-rechtspersonen' opgenomen.
44.3 Jaarrekening voor micro-rechtspersonen	
Jaarrekening van micro-rechtspersoon	De jaarrekening van een micro-rechtspersoon bestaat uit een zeer eenvoudige balans en winst-en-verliesrekening, zonder toelichting en tevens vrijgesteld van opstellen bestuursverslag.
Toe te passen grondslagen	Grondslagen van Titel 9 Boek 2 BW van toepassing met wat vereenvoudigingen.
44.4 Jaarrekening van micro- en kleine rechtspersonen met toepassing van fiscale waarderingsgrondslagen	
Fiscale waarderingsgrondslagen toegestaan	Aanvullende toelichting is vereist op basis van het Besluit fiscale waarderingsgrondslagen. Overige bepalingen van Titel 9 inzake presentatie, toelichting en deponering blijven onverkort van kracht.
44.5 Algemene grondslagen voor waardering en resultaatbepaling voor kleine rechtspersonen	
Algemene grondslagen	De algemene uitgangspunten en grondslagen voor waardering en resultaatbepaling zijn van overeenkomstige toepassing voor micro- en kleine rechtspersonen. De vrijstellingen hebben vooral betrekking op de toelichtingseisen.
44.6 Verschillende jaarrekeningposten	
Vrijstellingen voor kleine rechtspersonen	Ten aanzien van de meeste jaarrekeningposten gelden dezelfde waarderings- en resultaatbepalingsgrondslagen als voor grote rechtspersonen. Uitzonderingen betreffen in het bijzonder, de waardering van onderhanden projecten, de waardering van beursgenoteerde effecten en de activering van ontwikkelings-kosten.
	De overige vrijstellingen betreffen de toelichting ten aanzien van de diverse onderwerpen. Voorts is het toegestaan het voorgestelde dividend als verplichting op te nemen.

44.7 Overige gegevens, winstbestemming en verwerking verlies	
Vrijstellingen voor kleine rechtspersonen	Vrijstelling geldt voor het toevoegen van Overige gegevens.
44.8 Vrijstellingen ten aanzien van deponering	
Deponeringsverplichting	Slechts een beperkte balans met toelichting behoeft gedeponeerd te worden.

44.1 Begripsbepaling

De rechtspersonen en vennootschappen die vallen onder het bereik van het jaarrekeningenrecht in Titel 9 van Boek 2 BW worden naar hun grootte onderscheiden in micro, klein, middelgroot en groot. Dit onderscheid is van belang voor de inrichtings- en publicatievoorschriften van de jaarrekening, het bestuursverslag en de Overige gegevens en voor het accountantsonderzoek (wettelijk verplichte controle). Voor beursgenoteerde vennootschappen en organisaties van openbaar belang (OOB's) zijn de grootecriteria niet van toepassing (art. 2:398 lid 7 BW); ongeacht de werkelijke grootte moeten beursgenoteerde vennootschappen, OOB's, beleggingsmaatschappijen en ICBE's altijd het regime 'groot' toepassen. De toepassing van de inrichtings- en publicatievoorschriften is afhankelijk van het toepasselijke grootteregime (zie voor de bepaling van het grootteregime par. 43.2). In het kort gezegd zijn de inrichtings- en publicatievoorschriften voor een micro-rechtspersoon uiterst summier, voor een kleine rechtspersoon minder vergaand dan die voor een middelgrote rechtspersoon, en die voor een middelgrote rechtspersoon weer minder vergaand dan die voor een grote rechtspersoon. Voor een kleine rechtspersoon is een accountantscontrole niet verplicht, voor een middelgrote en grote rechtspersoon wel.

IFRS kent geen regeling voor indeling van ondernemingen naar hun grootte, waarvan de toepassing van voorschriften afhankelijk wordt gemaakt. Wel heeft de IASB in 2009 een specifieke International Financial Reporting Standard for Small and Medium-Sized Entities (IFRS SME) uitgebracht, in 2015 is deze aangepast.

Invoering van microregime

Bij de implementatie van de EU-richtlijn jaarrekening in Titel 9 Boek 2 BW (in 2015) is van de gelegenheid gebruik gemaakt om het 'microregime' in te voeren (art. 2:395a BW). Tevens zijn de grensbedragen voor het regime van kleine, middelgrote en grote rechtspersonen herzien (voor de 'kleine rechtspersoon': balanstotaal maximaal € 6 mln en netto-omzet € 12 mln). Deze grensbedragen zijn van toepassing voor boekjaren die aanvangen op of na 1 januari 2016. Om voor een boekjaar vast te stellen of op twee achtereenvolgende balansdata is voldaan aan de aangepaste grensbedragen kunnen ook voor het vorige boekjaar (vergelijkende cijfers) de aangepaste grensbedragen worden gehanteerd (RJk A101b).

44.2 Jaarrekening van micro- en kleine rechtspersonen

Is eenmaal vastgesteld welk grootteregime op de rechtspersoon van toepassing is, dan kan vervolgens worden nagegaan welke mogelijke vrijstellingen op grond van wet- en regelgeving ter zake van inrichting, controle en publicatie van de jaarrekening kunnen worden benut. In paragraaf 44.5 wordt een overzicht gegeven van algemene waarderingsgrondslagen die gelden. In paragraaf 44.6 worden diverse jaarrekeningposten en overige onderwerpen besproken en wordt aangegeven wat voor kleine rechtspersonen geldt.

In paragraaf 44.7 wordt ingegaan op de winstbestemming; in paragraaf 44.8 worden de vrijstellingen die gelden bij deponering van de jaarrekening besproken. De regels voor kleine organisaties zonder winststreven zijn opgenomen in paragraaf 53.9.

44 Jaarrekening voor micro- en kleine rechtspersonen

Accountantscontrole is bij een kleine rechtspersoon niet verplicht (art. 2:396 lid 6 BW).
In onderstaand schema wordt een korte samenvatting van de algemene vrijstellingen gegeven.

Inrichting	Accountantscontrole	Publicatie
Balans met toelichting: vrijstellingen. Winst-en-verliesrekening: vrijstellingen. Bestuursverslag: volledig vrijgesteld. Overige gegevens: volledig vrijgesteld.	Niet verplicht.	Balans met toelichting: vrijstellingen. Winst-en-verliesrekening: volledig vrijgesteld. Bestuursverslag: volledig vrijgesteld. Overige gegevens: volledig vrijgesteld.

RJ-bundel 'Richtlijnen voor micro- en kleine rechtspersonen'

In september 2020 is de editie 2020 van de RJ-bundel met Richtlijnen voor micro- en kleine rechtspersonen (hierna RJk-bundel te noemen) verschenen. De Richtlijnen die in de bundel zijn opgenomen zijn van toepassing voor verslagjaren die aanvangen op of na 1 januari 2021. In de bundel zijn de minimumeisen voor de inrichtingsjaarrekening van de micro- en kleine rechtspersoon opgenomen. Voor de te publiceren jaarrekening bestaan voor de micro- en kleine rechtspersonen additionele wettelijke vrijstellingen. De Europese richtlijn jaarrekening (2013/34/EU) bepaalt dat lidstaten voor kleine rechtspersonen (waaronder micro-rechtspersonen) geen andere toelichtingen in de jaarrekening mogen voorschrijven, dan die door de Europese richtlijn jaarrekening zijn bepaald. De RJ heeft dit opgelost door middel van een splitsing van de bepalingen omtrent de toelichting zoals opgenomen in de bundel 'Richtlijnen voor micro- en kleine rechtspersonen' in wettelijk voorgeschreven toelichtingen en andere toelichtingen. De wettelijk vereiste toelichtingen zijn herkenbaar aan een referentie naar een wetsartikel of door het gebruik van het woord 'moeten'. Bij andere toelichtingen wordt de formulering gebruikt dat de rechtspersoon 'kan overwegen' deze informatie te verschaffen. In dit hoofdstuk is deze formulering aangehouden.

De RJk-bundel bestaat uit vijf delen;
▶ In deel M worden de bepalingen die uitsluitend gelden voor micro-rechtspersonen uiteengezet.
▶ In deel A worden voor kleine rechtspersonen naast een inleiding op de bundel tevens de algemene grondslagen van waardering en resultaatbepaling behandeld en daarnaast enkele specifieke onderwerpen, zoals stelselwijzigingen, gebeurtenissen na de balansdatum en winstbestemming.
▶ De waardering en resultaatbepaling van specifieke posten worden in deel B behandeld.
▶ In deel C zijn specifieke hoofdstukken voor bijzondere kleine rechtspersonen opgenomen, waaronder kleine organisaties zonder winststreven en kleine fondsenwervende instellingen.
▶ In deel D zijn wetteksten, modellen, besluiten en handreikingen opgenomen.

Het uitgangspunt van een afzonderlijke bundel voor micro- en kleine rechtspersonen is om de meest voorkomende situaties bij micro- en kleine rechtspersonen te behandelen en daarvoor regels te geven. Voor bijzondere onderwerpen (waarvan de RJ verwacht dat deze zich bij micro- en kleine rechtspersonen niet snel zullen voordoen) wordt veelal verwezen naar de Richtlijnen-bundel voor grote en middelgrote rechtspersonen (hierna te noemen RJ-bundel). Indien voor bepaalde onderwerpen geen Richtlijnen worden gegeven en ook niet wordt verwezen naar de RJ-bundel, zal de rechtspersoon zelf een verwerkingswijze moeten kiezen die relevante en betrouwbare verslaggeving oplevert voor de besluitvorming van gebruikers van de jaarrekening. Hierbij moeten de algemene grondslagen voor waardering en resultaatbepaling mede in acht worden genomen.

Fiscale grondslagen voor micro- en kleine rechtspersonen in de commerciële jaarrekening

Micro- en kleine rechtspersonen kunnen in de commerciële jaarrekening gebruikmaken van de mogelijkheid om fiscale waarderingsgrondslagen toe te passen (art. 2:396 lid 6 BW). Een Handreiking bij de toepassing van fiscale grondslagen door micro- en kleine rechtspersonen' is opgenomen in de RJk-bundel 2020 in hoofdstuk D3.1 (voor micro-rechtspersonen) en in D3.2 voor kleine rechtspersonen (zie voor verdere behandeling par. 44.4).

Onderscheid enkelvoudige en geconsolideerde jaarrekening; toepassen IFRS

Micro- en kleine rechtspersonen moeten ingevolge Titel 9 Boek 2 BW een jaarrekening opstellen. Een jaarrekening bestaat uit een balans en een winst-en-verliesrekening met toelichting en de geconsolideerde jaarrekening indien de rechtspersoon verplicht is een geconsolideerde jaarrekening op te stellen (art. 2:361 lid 1 BW) en geen gebruikmaakt van de consolidatievrijstelling voor kleine groepen (art. 2:407 lid 2 onder a BW). Artikel 2:362 lid 8 BW biedt rechtspersonen de mogelijkheid om zowel de enkelvoudige als de geconsolideerde jaarrekening op te stellen volgens IFRS-EU (de door de Europese Commissie goedgekeurde standaarden en interpretaties, ontwikkeld door de IASB). Indien een micro- of kleine rechtspersoon er vrijwillig voor kiest IFRS-EU toe te passen in de jaarrekening, kan geen gebruik worden gemaakt van de vrijstellingen in artikel 2:395a of 396 BW zoals het kunnen volstaan met het opstellen van een beperkte balans met toelichting (zie ook RJk A6.102).

44.3 Jaarrekening voor micro-rechtspersonen

Bij de implementatie van de EU-richtlijn jaarrekening in Titel 9 Boek 2 BW (in 2015) is van de gelegenheid gebruik gemaakt om het 'microregime' in te voeren (art. 2:395a BW).

44.3.1 Wat is een micro-rechtspersoon?

Volgens de richtlijn en het BW (art. 2:395a BW) is sprake van een micro-entiteit wanneer de betrokken vennootschap op balansdatum twee van de drie volgende criteria niet overschrijdt:
▶ Balanstotaal € 350.000
▶ Netto-omzet € 700.000
▶ Gemiddeld aantal werknemers gedurende het boekjaar: 10

De groottecriteria worden berekend op geconsolideerde basis. Dit houdt in dat de waarde van de activa, de netto-omzet en het gemiddeld aantal werknemers over het boekjaar moeten worden meegeteld van groepsmaatschappijen die de rechtspersoon zou consolideren indien hij een geconsolideerde jaarrekening op zou moeten maken. Dit geldt niet indien de rechtspersoon een tussenhoudstermaatschappij is die gebruikmaakt van de consolidatievrijstelling van artikel 2:408 BW (RJk M1.105).

44.3.2 Jaarrekening van micro-rechtspersonen

De jaarrekening van een micro-rechtspersoon bestaat uit een eenvoudige balans met de vergelijkende cijfers over het voorgaande boekjaar en een winst-en-verliesrekening met de vergelijkende cijfers over het voorgaande boekjaar, zij hoeven geen toelichting in de jaarrekening op te nemen en zijn vrijgesteld van het opstellen van een bestuursverslag (art. 2:395a lid 6 BW, RJk M1.201 en 202). Micro-rechtspersonen kunnen ervoor kiezen in hun jaarrekening gebruik te maken van fiscale grondslagen, mits deze worden toegepast voor alle posten (art. 2:395a lid 7 BW, RJk M1.104 en D3.101).

In de balans neemt de micro-rechtspersoon in ieder geval de volgende posten op (RJk M1.203):
▶ Vaste activa met afzonderlijke vermelding van kosten die verband houden met de oprichting en uitgifte van aandelen.
▶ Vlottende activa met afzonderlijke vermelding van opgevraagde stortingen van geplaatst kapitaal.
▶ Eigen vermogen.
▶ Voorzieningen.

44 Jaarrekening voor micro- en kleine rechtspersonen

▶ Schulden, waarbij totaal aan schulden met een looptijd van minder dan een jaar (kortlopende schulden) en het totaal aan schulden met een looptijd van meer dan een jaar (langlopende schulden) moet worden opgenomen.[1]

Een NV vermeldt onder de balans iedere verwerving en vervreemding voor eigen rekening van eigen aandelen en certificaten daarvan. Daarbij vermeldt de NV de redenen van de verwerving alsmede het aantal, het nominale bedrag en de overeengekomen prijs van de aandelen en certificaten en het gedeelte van het kapitaal dat zij vertegenwoordigen (art. 2:395a lid 4 BW, RJk M1.204).

In de winst-en-verliesrekening neemt de micro-rechtspersoon in ieder geval de volgende posten op (art. 2:395a lid 5 BW, RJk M.205):
▶ Netto-omzet.
▶ Overige bedrijfsopbrengsten.
▶ Lonen.
▶ Kosten van grond- en hulpstoffen.
▶ Afschrijvingen en waardeverminderingen.
▶ Overige bedrijfskosten.
▶ Belastingen.
▶ Resultaat na belastingen.

44.3.3 Grondslagen van waardering- en resultaatbepaling

Een micro-rechtspersoon past de waarderings-en resultaatbepalingsgrondslagen van Titel 9 toe (RJk M1.301). De in paragraaf 44.5 besproken bepalingen voor waardering en resultaatbepaling voor kleine rechtspersonen zijn van overeenkomstige toepassing op de jaarrekening van micro-rechtspersonen. De afwijkende bepalingen worden hierna besproken.

Overlopende posten

In afwijking van de algemene grondslagen behoeft een micro-rechtspersoon voor de overige bedrijfskosten in de balans geen overlopende activa of passiva op te nemen (art. 2: 395a lid 3 BW en RJk M1.302). Een micro-rechtspersoon behoeft bijvoorbeeld geen overlopend actief op te nemen voor vooruitbetaalde huurkosten. Wel vermeldt de micro-rechtspersoon het feit dat geen overlopende activa en passiva zijn opgenomen onderaan de balans (art. 2:395a lid 3 BW).[2]

Waardering tegen actuele waarde

Waardering op actuele waarde is toegestaan voor materiële of immateriële vaste activa, niet zijnde beleggingen, en voor agrarische voorraden (RJk M1.303). Indien materiële vaste activa of immateriële vaste activa, niet zijnde beleggingen, worden gewaardeerd tegen de actuele waarde, komt daarvoor in aanmerking de actuele kostprijs. Waardering geschiedt tegen de realiseerbare waarde indien deze lager is dan de actuele kostprijs. Indien de opbrengstwaarde lager is dan de actuele kostprijs en hoger is dan de bedrijfswaarde, geschiedt de waardering tegen de opbrengstwaarde. Indien agrarische voorraden worden gewaardeerd tegen de actuele waarde komt daarvoor in aanmerking de opbrengstwaarde (art. 8 BAW).
Waardering tegen marktwaarde is niet toegestaan voor de micro-rechtspersoon (art. 5a BAW). Dit betekent dat de micro-rechtspersoon financiële instrumenten en vastgoedbeleggingen niet mag waarderen tegen actuele waarde

---
[1] Verzamelwet 2018 (Stb. 2018, 228), wijziging van artikel 2:395a lid 4 BW.
[2] Verzamelwet 2018 (Stb. 2018, 228), wijziging van artikel 2:395 lid 3 BW.

(RJk M1.303). Afwaardering van posten naar lagere marktwaarde bij toepassing van de waarderingsgrondslag historische kostprijs kwalificeert niet als waardering tegen marktwaarde (RJk M1.303).

Aanvullende toelichting in verband met wettelijk vereiste inzicht

De microrechtspersoon is op grond van artikel 2:395a lid 6 BW vrijgesteld van het opnemen van de specifieke toelichtingen in de jaarrekening. Er kunnen zich echter uitzonderlijke omstandigheden voordoen waardoor de jaarrekening van de micro-rechtspersoon zonder aanvullende gegevens in ernstige mate tekortschiet in het geven van het in artikel 2:362 lid 1 BW vereiste inzicht. In dergelijke omstandigheden behoort volgens de RJ de micro-rechtspersoon op grond van artikel 2:362 lid 4 BW in de jaarrekening gegevens te verstrekken ter aanvulling van hetgeen artikel 2:395a BW van de micro-rechtspersoon verlangt (RJk M1.202). Een voorbeeld van uitzonderlijke omstandigheden kan zijn het zich voordoen van ernstige onzekerheid over de continuïteit.

Eerste toepassing: stelselwijziging

De wijzigingen voortvloeiend uit de eerste toepassing van het regime voor micro-rechtspersonen kwalificeert als een stelselwijziging die moet worden verwerkt in overeenstemming met de bepalingen voor stelselwijzigingen zoals die zijn voorgeschreven voor kleine rechtspersonen (RJk M1.304). De vergelijkende cijfers van het voorgaande boekjaar moeten worden aangepast. De micro-rechtspersoon hoeft de stelselwijziging niet toe te lichten.

Openbaarmaking

De jaarrekening van een micro-rechtspersoon wordt volgens de bepalingen van artikel 2:394 BW openbaar gemaakt. Daarbij mag rekening worden gehouden met de vereenvoudigingen en vrijstellingen van artikel 2:395a lid 8 BW. Dit betekent dat de micro-rechtspersoon uitsluitend de overeenkomstig hierboven genoemde (opgemaakte) balans openbaar hoeft te maken (RJk M1.401). Indien een micro-rechtspersoon vrijwillig meer informatie opneemt in de opgemaakte jaarrekening dan artikel 2:395a BW vereist, dan mag hij deze informatie in de openbaar te maken balans achterwege laten (RJk M1.402).

44.4 Jaarrekening van micro- en kleine rechtspersonen met toepassing van fiscale waarderingsgrondslagen

44.4.1 Algemeen

De wet biedt micro- en kleine ondernemingen de mogelijkheid om bij het opstellen van hun op grond van Titel 9 Boek 2 BW verplichte jaarrekening ('commerciële jaarrekening') te volstaan met waardering van de activa en passiva op basis van de waarderingsgrondslagen zoals die gebruikt worden voor de aangifte vennootschapsbelasting (Vpb). Concreet betekent dit dat de balans en de winst-en-verliesrekening gelijk of vrijwel gelijk zullen zijn aan de in de aangifte Vpb ('fiscale jaarrekening') opgenomen balans en winst-en-verliesrekening. Micro- en kleine rechtspersonen zijn niet verplicht de fiscale grondslagen toe te passen in de commerciële jaarrekening; zij zijn vrij om een afzonderlijke jaarrekening op commerciële grondslagen op te stellen. Ook blijft de vrijheid bestaan om bij de keuze voor fiscale grondslagen nog aanvullende informatie te verstrekken. Wat uitdrukkelijk niet is toegestaan is een mix te kiezen van fiscale en commerciële waarderingsgrondslagen al naar gelang het beste uitkomt. De keuze voor fiscale waarderingsgrondslagen betekent een integrale keuze voor het complete fiscale regime. Alle andere bepalingen van Titel 9 Boek 2 BW zoals die in de toelichting op te nemen informatie en deponering, blijven ongewijzigd van kracht. Omdat het op basis van Titel 9 Boek 2 BW vereiste inzicht in vermogen en resultaat anders in te grote mate tekort zou schieten, heeft de wetgever niet toegestaan om de aangifte Vennootschapsbelasting letterlijk te volgen en in de plaats te stellen van de jaarrekening. De opzet van de wet is wel om zo veel mogelijk aan te sluiten op de aangifte Vennootschapsbelasting.

44.4.2 Besluit fiscale waarderingsgrondslagen en Handreiking fiscale grondslagen

In het Besluit fiscale waarderingsgrondslagen[3] zijn aanvullende eisen voor de commerciële jaarrekening op basis van fiscale grondslagen opgenomen.

In hoofdstuk D3.2 van de RJk-bundel 2020 is de 'Handreiking bij de toepassing van fiscale grondslagen door kleine rechtspersonen' en eveneens een aparte 'Handreiking bij de toepassing van fiscale grondslagen door micro-rechtspersonen' opgenomen (RJk D3.1). Deze Handreikingen hebben als doel om kleine rechtspersonen respectievelijk micro-rechtspersonen behulpzaam te zijn bij het opstellen van hun jaarrekening op basis van fiscale grondslagen. De Handreikingen zijn gebaseerd op het Besluit fiscale grondslagen en op de wettelijke bepalingen. Deze Handreikingen zijn in de RJk-bundel 2020 iets verduidelijkt, onder andere aangaande de opbouw van de fiscale kostenegalisatiereserve. Hieronder worden de bepalingen besproken die in het Besluit fiscale grondslagen en in de Handreiking zijn opgenomen.

44.4.3 Waardering van deelnemingen

Deelnemingen worden in de jaarrekening als kapitaalbelang gewaardeerd volgens de toegepaste fiscale waarderingsgrondslag. Indien de deelneming behoort tot de fiscale eenheid van de micro-rechtspersoon, is de deelneming niet als zelfstandig actief opgenomen in de fiscale aangifte van de fiscale eenheid, maar zijn de activa en passiva van de deelneming hierin opgenomen. Daarentegen wordt de jaarrekening wel op enkelvoudige basis opgemaakt en kan de deelneming in de jaarrekening van de rechtspersoon gewaardeerd worden tegen het netto-bedrag van de activa en verplichtingen van de deelneming gewaardeerd tegen de fiscale waarderingsgrondslagen. Hierdoor zal in beginsel het eigen vermogen aansluiten op het fiscale eigen vermogen. Indien het netto-bedrag van de activa en verplichtingen negatief is, wordt op grond van de doelstelling om aan te sluiten op de fiscale waardering, dit bedrag als passiefpost opgenomen, ongeacht het bestaan van een verplichting tot aanzuivering van dit tekort. Ter presentatie van deze passiefpost kan bijvoorbeeld de post voorziening deelneming worden gehanteerd. Indien de deelneming niet behoort tot de fiscale eenheid is de waarderingsgrondslag voor de jaarrekening ook gelijk aan de waarderingsgrondslag zoals toegepast in de fiscale aangifte. Dit betekent bijvoorbeeld dat als in de fiscale aangifte de deelneming fiscaal tegen historische kostprijs, lagere bedrijfswaarde of hogere netto-vermogenswaarde wordt gewaardeerd, de deelneming in de jaarrekening op dezelfde wijze gewaardeerd wordt (RJk D3.1.202 en D3.2.202).

44.4.4 Belastinglast en belastinglatenties

In afwijking van de aangifte Vennootschapsbelasting dient tevens het bedrag van de last vennootschapsbelasting in de winst-en-verliesrekening te worden opgenomen (en is het te betalen of te verrekenen bedrag derhalve een post in de commerciële balans). Ook dient een slotregel 'Netto winst' te worden opgenomen.

In de jaarrekening op basis van fiscale grondslagen worden geen latente belastingen verwerkt. Er zijn immers geen verschillen tussen de commerciële en de fiscale waardering die kunnen leiden tot een latentie in de jaarrekening. Voorts worden geen actieve latenties verwerkt uit hoofde van voorwaartse verliescompensatie (RJk D3.1.203-204 en D3.2.203-204).

---

[3] Gedateerd 28 augustus 2008, gepubliceerd op 9 september 2008, Stb. 2008, 353, aangepast per 1 november 2015, Stb. 2015, 350.

44.4.5 Herinvesteringsreserves

Boekwinsten bij vervreemding van een bedrijfsmiddel worden in beginsel ten gunste van de winst-en-verliesrekening gebracht, als onderdeel van de overige bedrijfsopbrengsten of de netto-omzet (in geval van regelmatig terugkerende verkopen van materiële vaste activa in het kader van normale bedrijfsactiviteiten). Als wordt voldaan aan de voorwaarden en gekozen wordt voor het vormen van een herinvesteringsreserve, wordt de boekwinst als rechtstreekse vermogensmutatie in de herinvesteringsreserve verwerkt en maakt zij geen onderdeel uit van de fiscale winst(berekening). Herinvesteringsreserves behoren tot het fiscaal vermogen en dienen als een afzonderlijke component van het vermogen te worden gepresenteerd. Indien vervanging van het bedrijfsmiddel plaatsvindt worden deze gereserveerde boekwinsten rechtstreeks in mindering gebracht op de vervangende investeringen indien en voor zover fiscaal aanvaardbaar. Het kan zijn dat een herinvesteringsreserve niet of slechts gedeeltelijk wordt aangewend en volgens fiscale grondslagen op enig moment vrijvalt in de fiscale winst(berekening). In dat geval wordt deze vrijval alsnog in de winst-en-verliesrekening verwerkt, als onderdeel van bijvoorbeeld de overige bedrijfsopbrengsten (RJk D3.1.205 en 206 en D3.2.205 en 206).

44.4.6 Groot onderhoud

Voor groot onderhoud kan een fiscale kostenegalisatiereserve worden gevormd (ter gelijkmatige verdeling van kosten en lasten) dan wel een voorziening (indien wordt voldaan aan de vereisten van het 'baksteenarrest').

Een fiscale kostenegalisatiereserve is een post die onderdeel uitmaakt van het eigen vermogen (RJk D3.1.207 en D3.2.207). De opbouw van de kostenegalisatiereserve vindt plaats ten laste van de winst-en-verliesrekening, als onderdeel van bijvoorbeeld de overige bedrijfskosten. Indien vervolgens in enig jaar groot onderhoud wordt uitgevoerd, worden de kosten van het uitgevoerde groot onderhoud direct ten laste van de kostenegalisatiereserve gebracht.

Als de kosten uitgaan boven het saldo van de kostenegalisatiereserve, worden de (meer)kosten verwerkt in de winst-en-verliesrekening. Als de kostenegalisatiereserve hoger is dan de gemaakte kosten voor welk doel de reserve gevormd is, valt het restant van de reserve vrij ten gunste van de winst-en-verliesrekening. De reserve valt eveneens vrij ten gunste van de winst-en-verliesrekening als het doel waarvoor deze reserve is gevormd, is komen te vervallen.

Indien voor groot onderhoud fiscaal een voorziening wordt gevormd, vindt de verwerking van toevoegingen en onttrekkingen aan deze voorziening plaats conform de verwerking volgens de commerciële grondslagen zoals uiteengezet in RJk B10. Toevoegingen aan en vrijvallende bedragen uit de voorziening komen ten laste respectievelijk ten gunste van de winst-en-verliesrekening, als onderdeel van bijvoorbeeld de overige bedrijfskosten. De toevoegingen aan de voorziening worden bepaald op basis van het geschatte bedrag van het groot onderhoud en de periode die telkens tussen de werkzaamheden voor groot onderhoud verloopt. Kosten van groot onderhoud worden onttrokken aan de voorziening. Als de kosten uitgaan boven de boekwaarde van de voorziening, worden de (meer)kosten verwerkt in de winst-en-verliesrekening. Als de voorziening hoger is dan de gemaakte kosten voor welk doel de voorziening is gevormd, valt het restant van de voorziening vrij ten gunste van de winst-en-verliesrekening. De voorziening valt eveneens vrij ten gunste van de winst-en-verliesrekening als het doel waarvoor deze voorziening is gevormd, is komen te vervallen.

44.4.7 Presentatie eigen vermogen voor kleine rechtspersonen en voor micro- rechtspersonen

Kleine rechtspersonen

Op de balans worden fiscale herinvesteringsreserves afzonderlijk onder het eigen vermogen opgenomen (art. 2 lid 1 Besluit fiscale waarderingsgrondslagen). Een herinvesteringsreserve is geen wettelijke reserve op grond van Titel 9 Boek 2 BW. Gecombineerd met de voorschriften van artikel 2:373 lid 1 BW worden bij toepassing van fiscale grondslagen afzonderlijk opgenomen (RJk D3.2.303):
- het geplaatste kapitaal;
- agio;
- wettelijke reserves;
- statutaire reserves;
- herinvesteringsreserves;
- overige reserves.

Overwogen kan worden een verloopoverzicht op te nemen van de hierboven vermelde posten, zodat inzicht wordt gegeven in rechtstreekse vermogensmutaties en mutaties die via de winst-en-verliesrekening en/of uit hoofde van de resultaatbestemming worden verwerkt.

De fiscaal toelaatbare reserves, anders dan de herwaarderingsreserve, mogen in de jaarrekening gepresenteerd worden onder de Overige reserves. Als alternatief is het toegestaan om deze reserves te presenteren onder een aparte post 'Overige fiscale reserves' als onderdeel van het eigen vermogen (RJk D3.2.304). Dit kan betreffen:
- kostenegalisatiereserve;
- exportreserve;
- risicoreserve;
- herbestedingsreserve;
- opwaarderingsreserve;
- voor beleggingsinstellingen: herbeleggingsreserve en afrondingsreserve;
- overige reserves.

Aangezien fiscaal niet op actuele waarde wordt gewaardeerd komt een herwaarderingsreserve niet voor in een jaarrekening op fiscale grondslagen. Alle andere wettelijke reserves kunnen wel voorkomen. De voorschriften voor wettelijke reserves zijn immers niet te beschouwen als grondslagen voor de waardering van activa en passiva en voor de bepaling van het resultaat.

Indien deelnemingen anders worden gewaardeerd dan op kostprijs of lagere bedrijfswaarde, bijvoorbeeld op netto-vermogenswaarde, kan op grond van Titel 9 Boek 2 BW een wettelijke reserve deelnemingen aan de orde zijn, zoals bijvoorbeeld de wettelijke reserve deelnemingen uit hoofde van artikel 2:389 lid 6 BW (RJk D3.2.306). Indien deelnemingen worden gewaardeerd op kostprijs of lagere bedrijfswaarde, komt een wettelijke reserve deelnemingen niet voor.

Micro-rechtspersonen

Wettelijke reserves behoren op grond van het BW ook door micro-rechtspersonen gevormd worden. De voorschriften voor wettelijke reserves zijn immers niet te beschouwen als grondslagen voor de waardering van activa en passiva en voor de bepaling van het resultaat. Aangezien een micro-rechtspersoon het eigen vermogen echter als één post mag presenteren in de balans, behoeven wettelijke reserves niet afzonderlijk in de balans te worden getoond.

Een herinvesteringsreserve is geen wettelijke reserve, want deze is niet voorgeschreven door het BW maar is een fiscale faciliteit (RJk D3.1.303).

44.4.8 Informeel kapitaal

Het 'informeel kapitaal' wordt, indien van toepassing, door een kleine rechtspersoon gepresenteerd onder het agio (RJk D3.2.406). Van informeel kapitaal is bijvoorbeeld sprake als de rechtspersoon een bedrijfspand koopt van een aandeelhouder tegen een prijs die lager is dan de waarde in het economische verkeer. Het bedrijfspand wordt dan fiscaal normaliter gewaardeerd tegen de waarde in het economische verkeer. Deze waarderingsgrondslag wordt dan eveneens toegepast in de commerciële jaarrekening op fiscale waarderingsgrondslagen. De verkrijgingsprijs van het bedrijfspand wordt dan verhoogd tot de waarde in het economische verkeer. Dit verschil wordt als informeel kapitaal rechtstreeks in het eigen vermogen verwerkt. Ook bedragen die door aandeelhouders zijn ingebracht zonder uitgifte van aandelen behoren tot het informeel kapitaal, bijvoorbeeld de aanzuivering van verliezen of de kwijtschelding van een lening door de aandeelhouder in zijn hoedanigheid van aandeelhouder (RJk D3.1.405 en D3.2.406).

44.4.9 Verkapt dividend

Van verkapt dividend is bijvoorbeeld sprake als goederen door een BV tegen een lagere waarde dan de waarde in het economische verkeer worden verkocht aan de aandeelhouder. Fiscaal wordt de waarde in het economische verkeer als de verkoopprijs beschouwd. Derhalve wordt een boekwinst verantwoord ter hoogte van de waarde in het economische verkeer minus de boekwaarde van het actief.
Hierbij wordt de nog te betalen vennootschapsbelasting en eventuele dividendbelasting verwerkt als verplichting (RJk D3.1.406 en D3.2.407). Het verkapt dividend (zijnde het verschil tussen de waarde in het economische verkeer en de daadwerkelijk gehanteerde contractwaarde) leidt tot het verantwoorden van een dividenduitkering ten laste van de vrije reserves.

44.4.10 Winst-en-verliesrekening

In afwijking van de aangifte Vennootschapsbelasting dient de in de jaarrekening op te nemen winst-en-verliesrekening ook dié posten te omvatten die geheel of gedeeltelijk niet belast zijn (bijvoorbeeld investeringsaftrek, niet-aftrekbare kosten of rente; art. 2 lid 2 Besluit fiscale waarderingsgrondslagen).

44.4.11 Toelichting

Kleine rechtspersonen

In de toelichting dient te worden aangegeven voor welke posten het gebruik van de fiscale grondslagen tot een afwijking heeft geleid die van belang is voor het inzicht in het vermogen; de toelichting is óók onderdeel van de publicatiejaarrekening (RJk D3.2.309). Deze toelichting hoeft alleen *beschrijvend* van aard te zijn, een cijfermatige analyse is niet voorgeschreven.

Een toelichtende tekst kan bijvoorbeeld luiden:
'Door het gebruik van fiscale waarderingsgrondslagen worden de deelnemingen en de machines en installaties lager gewaardeerd dan bij waardering op commerciële grondslagen het geval zou zijn. De bedrijfsgebouwen en terreinen daarentegen worden hoger gewaardeerd.'

Micro-rechtspersonen

Indien de micro-rechtspersoon de voor hem van toepassing zijnde fiscale waarderingsgrondslagen toepast, maakt hij daarvan volgens het BW melding in de toelichting (art. 2:395a lid 7 BW). Omdat een micro-rechtspersoon echter geen toelichting hoeft op te nemen, beveelt de RJ aan dat kan worden volstaan met de vermelding 'Fiscale waarderingsgrondslagen toegepast' bij de balans en de winst-en-verliesrekening. De afzonderlijke grondslagen voor de waardering van activa en passiva en voor de bepaling van het resultaat hoeven niet te worden vermeld (RJk D3.1.305).

44.4.12 Fiscale correcties over eerdere jaren

De Belastingdienst kan overgaan tot een navordering van belasting over eerdere jaren, bijvoorbeeld naar aanleiding van een boekenonderzoek. Dit leidt tot een correctie van de belastbare winst en van de te betalen vennootschapsbelasting over die eerdere jaren. Feitelijk vindt een correctie plaats van de aangifte(n) Vennootschapsbelasting over eerdere jaren. Deze correcties kunnen echter niet meer in de reeds vastgestelde jaarrekeningen van deze eerdere boekjaren worden doorgevoerd.

Aanbevolen wordt om in de jaarrekening op basis van fiscale grondslagen correcties over eerdere jaren (inclusief de correctie op de verschuldigde vennootschapsbelasting) retrospectief te verwerken. Dat wil zeggen verwerking in het beginvermogen van de oudste nog niet vastgestelde jaarrekening. Dergelijke correcties moeten worden toegelicht (RJk D3.1.401 en D3.2.401).

In lijn met het bepaalde in artikel 1 van het Besluit fiscale waarderingsgrondslagen wordt het aanvaardbaar geacht om de vergelijkende cijfers van het voorgaande boekjaar niet aan te passen. Uiteraard is het wel toegestaan de vergelijkende cijfers aan te passen. Ook in dat geval moeten de correcties worden toegelicht (RJk D3.1.402 en D3.2.402).

Omwille van de aansluiting op de fiscale behandeling van correcties wordt voor de verwerking van fiscale correcties op dit punt afgeweken van hoofdstuk A3.3 van de Richtlijnen voor de jaarverslaggeving voor kleine rechtspersonen. Dit betekent dat niet-materiële fouten als gevolg van fiscale correcties ook retrospectief mogen worden verwerkt.

44.4.13 Consolidatie

In de meeste gevallen zal een micro- of kleine rechtspersoon geen geconsolideerde jaarrekening opstellen, althans indien gebruik kan worden gemaakt van een consolidatievrijstelling voor kleine groepen (art. 2:407 lid 2 BW). Indien een micro- of kleine rechtspersoon wel een geconsolideerde jaarrekening opstelt, moet die geconsolideerde jaarrekening voldoen aan de bepalingen van afdeling 13 van Titel 9 Boek 2 BW. De consolidatiekring bestaat dan uit de ingevolge artikel 2:406 BW te consolideren maatschappijen. Het al dan niet bestaan van een fiscale eenheid voor de vennootschapsbelasting heeft daar geen invloed op (RJk D3.1.403 en D3.2.403).

Dit houdt in dat bij een fiscale eenheid die afwijkt van de consolidatiekring, een 'geconsolideerde jaarrekening of geconsolideerd overzicht van de fiscale eenheid' niet een geconsolideerde jaarrekening is volgens afdeling 13 van Titel 9 Boek 2 BW. (RJk D3.1.403 en D3.2.403).

In de geconsolideerde jaarrekening worden de fiscale grondslagen van de consoliderende rechtspersoon toegepast. Indien nodig worden daartoe de financiële gegevens van in de consolidatie te betrekken maatschappijen herrekend (RJk D3.1.404 en D3.2.404).

Verschillen in het eigen vermogen en het resultaat volgens de enkelvoudige jaarrekening en volgens de geconsolideerde jaarrekening van de kleine rechtspersoon worden in de toelichting bij de enkelvoudige jaarrekening vermeld (art. 2:389 lid 10 BW; RJk D3.2.405; deze eis is niet van toepassing op micro-rechtspersonen). Dergelijke verschillen ontstaan onder andere indien in de enkelvoudige jaarrekening de geconsolideerde deelnemingen worden gewaardeerd op 'kostprijs of lagere bedrijfswaarde'.

44.4.14 Overgang naar fiscale grondslagen

De aanpassing naar fiscale grondslagen wordt als een stelselwijziging aangemerkt (RJk D3.1.501 en D3.2.501). Voor een stelselwijziging moet een gegronde reden zijn. Deze reden hoeft niet te worden vermeld. Een gegronde reden voor deze stelselwijziging kan bijvoorbeeld zijn het realiseren van administratieve lastenverlichting. Als nadere administratieve lastenverlichting behoeven de vergelijkende cijfers echter *niet* te worden aangepast. In dat geval worden de vergelijkende cijfers opgenomen op basis van de commerciële grondslagen (RJk D3.1.502 en D3.2.502). Aanpassing van de vergelijkende cijfers is overigens niet verboden; desgewenst kan aanpassing van de vergelijkende cijfers op vrijwillige basis plaatsvinden.

44.5 Algemene grondslagen voor waardering en resultaatbepaling voor kleine rechtspersonen

Algemeen

De algemene doelstellingen, uitgangspunten en grondslagen zoals besproken in hoofdstuk 4, 'Algemene grondslagen' zijn onverkort van toepassing voor kleine rechtspersonen. Ook de criteria voor opname en vermelding van gegevens (met daarbij de materialiteitscriteria), het onderscheid tussen vast en vlottend, de weergave van de economische realiteit van transacties, de regels omtrent saldering en de bepalingen met betrekking tot discontinuïteit zijn op kleine rechtspersonen van toepassing. Informatie wordt als materieel beschouwd indien het weglaten of het onjuist weergeven daarvan de economische beslissingen die gebruikers op basis van de jaarrekening nemen, zou kunnen beïnvloeden (RJk A1.304a).

Continuïteit/discontinuïteit

Indien de continuïteitsveronderstelling (art. 2:384 lid 3 BW) vervalt, en de rechtspersoon naar verwachting niet aan al zijn verplichtingen zal kunnen voldoen, wordt de balans met toelichting opgesteld uitgaande van liquidatie van het geheel der werkzaamheden van de rechtspersoon (RJk A2.213). Deze grondslagen worden ook wel aangeduid als grondslagen uitgaande van onontkoombare discontinuïteit of grondslagen op liquidatiebasis. De rechtspersoon die is opgericht voor bepaalde tijd, of waarvan na de oprichting door de directie of ander bevoegd orgaan wordt besloten de rechtspersoon voort te zetten voor bepaalde tijd, doet dit alleen als de liquidatie dan wel staking van alle bedrijfsactiviteiten zich niet voltrekt volgens een bij oprichting dan wel bij dat besluit bepaald scenario waarin de rechtspersoon naar verwachting aan al zijn verplichtingen zal voldoen (RJk A2.213a). Voorts schrijft artikel 2:384 lid 3 BW voor dat in de toelichting wordt medegedeeld wat de gevolgen van de discontinuïteit voor het vermogen en het resultaat zijn. Hiermede wordt derhalve het verschil met de waardering op continuïteitsbasis tot uitdrukking gebracht (RJk A2.213).

Er bestaat gerede twijfel omtrent de continuïteit van de werkzaamheden van de rechtspersoon indien de rechtspersoon niet meer op eigen kracht aan haar verplichtingen kan voldoen. Dit houdt in dat zonder medewerking van belanghebbenden de discontinuïteit van de werkzaamheden van de rechtspersoon onvermijdelijk is, terwijl nog niet vaststaat of verdergaande medewerking wordt verkregen. In dit geval kan in het algemeen de jaarrekening nog worden opgesteld op basis van de continuïteitsveronderstelling. Inde toelichting wordt alsdan een adequate uiteenzetting gegeven van de omstandigheden waarin de onderneming verkeert (RJk A2.214).

Voor de grondslagen van een balans uitgaande van liquidatie van het geheel der werkzaamheden van de rechtspersoon wordt verwezen naar Richtlijn 170 'Discontinuïteit en ernstige onzekerheid over continuïteit', paragraaf 2 en naar de behandeling in hoofdstuk 46. De in Richtlijn 170, paragraaf 2 genoemde toelichtingen mogen worden beperkt tot de voor kleine rechtspersonen wettelijk vereiste toelichtingen (RJk A2.216).

Van de balans verwijderen ('derecognition')

Een op de balans opgenomen actief of post van het vreemd vermogen blijft op de balans indien een transactie niet leidt tot een belangrijke verandering in de economische realiteit met betrekking tot dit actief of deze post van het vreemd vermogen (risks and rewards-benadering). Dergelijke transacties geven evenmin aanleiding tot het verantwoorden van resultaten. Deze situatie kan zich bijvoorbeeld voordoen indien de transactie vanuit het gezichtspunt van de economische realiteit moet worden beschouwd als een financiering van een bestaand actief. Bij de beoordeling of sprake is van een belangrijke wijziging in de economische realiteit wordt uitgegaan van die economische voordelen en risico's die zich naar waarschijnlijkheid in de praktijk zullen voordoen en niet op voordelen en risico's waarvan redelijkerwijze niet te verwachten is dat zij zich voordoen. Bij de beoordeling van risico's inzake een debiteurenportefeuille betekent dit bijvoorbeeld dat wordt uitgegaan van het redelijkerwijs te schatten risico van oninbaarheid en niet van het maximaal mogelijke risico. Indien de juridische overdracht van de debiteurenportefeuille niet leidt tot een belangrijke verandering in het feitelijk verwachte risico van oninbaarheid, blijft de debiteurenportefeuille op de balans (RJk A2.108a).

Algemene grondslagen voor de bepaling van het resultaat

Het begrip baten bestaat uit zowel opbrengsten als andere voordelen. Volgens de bepalingen in Titel 9 Boek 2 BW vallen onder 'andere voordelen' bijvoorbeeld: waardevermeerderingen van financiële instrumenten en andere beleggingen (RJk A2.502).

Aanvullende informatie over actuele waarde

De rechtspersoon kan bij toepassing van de historische prijsgrondslag overwegen aanvullende informatie over actuele waarde op te nemen in de toelichting (RJk A2:206a).

44.5.1 Bijzondere waardeverminderingen van vaste activa

In deel A van de RJk-bundel is tevens een Richtlijn 'Bijzondere waardeverminderingen van vaste activa' (RJk A2.3) opgenomen. De in deze Richtlijn opgenomen regels zijn dezelfde als die in de RJ-bundel zijn opgenomen met betrekking tot bijzondere waardeverminderingen van vaste activa. In een aantal gevallen (zoals het bepalen van een kasstroomgenererende eenheid, de waardeverminderingen indien er sprake is van goodwill, de terugneming van waardeverminderingsverliezen) wordt verwezen naar de RJ-bundel (RJk A2.327-328). Zie verder hoofdstuk 29. Voor wat betreft de toelichting en presentatie van bijzondere waardeverminderingen bij kleine rechtspersonen zijn de volgende regels van toepassing.

Voor iedere categorie activa wordt in de jaarrekening toegelicht (RJk A2.324):
- het bedrag aan bijzondere waardeverminderingsverliezen verantwoord in de winst-en-verliesrekening en de posten waarin deze zijn opgenomen; en
- het bedrag aan waardeverminderingsverliezen dat gedurende het boekjaar rechtstreeks ten laste van het eigen vermogen is verantwoord.

Indien een bijzonder waardeverminderingsverlies voor een individueel actief in het boekjaar is verantwoord en dit van materieel belang is voor de jaarrekening van de rechtspersoon als geheel, kan de rechtspersoon overwegen om de volgende aanvullende toelichtingen op te nemen (RJk A2.325):
- de belangrijkste gebeurtenissen of omstandigheden die geleid hebben tot verantwoording van het bijzonder waardeverminderingsverlies;
- het bedrag van het bijzonder waardeverminderingsverlies dat is verantwoord;
- de aard van het actief;
- of de opbrengstwaarde of de bedrijfswaarde van toepassing is.

Indien de bijzondere waardeverminderingsverliezen gedurende de verslagperiode in totaliteit van materieel belang zijn voor de rechtspersoon als geheel, kan de rechtspersoon overwegen om een korte omschrijving op te nemen in de toelichting over (RJk A2.326):
- de belangrijkste categorieën van activa beïnvloed door bijzondere waardeverminderingsverliezen;
- de belangrijkste gebeurtenissen of omstandigheden die geleid hebben tot verantwoording van het bijzonder waardeverminderingsverlies.

44.5.2 Vreemde valuta

In de RJk-bundel wordt slechts kort ingegaan op de verwerking van transacties in vreemde valuta (RJk A2.4). De regels die in de RJk-bundel worden gegeven zijn dezelfde als in de RJ-bundel. Voor de verwerking van de vreemde valuta en de verwerking van bedrijfsuitoefening in het buitenland wordt verwezen naar de RJ-bundel, Richtlijn 122 'Prijsgrondslagen voor vreemde valuta'(zie hoofdstuk 27). Er geldt een vrijstelling voor kleine rechtspersonen om de winst-en-verliesrekening van buitenlandse eenheden om te rekenen tegen de koers op de balansdatum.
Wat betreft de presentatie en toelichting geldt dat het toegepaste stelsel voor de omrekening en de verwerking van de koersverschillen op transacties afzonderlijk voor de balans en voor de winst-en-verliesrekening uiteen wordt gezet (RJk A2.409).
Bij gebruik van een rapporteringsvaluta die afwijkt van de lokale valuta kan de rechtspersoon overwegen de motivering daarvan in de toelichting op te nemen. Dit geldt ook voor de motivering van een wijziging van de rapporteringsvaluta (RJk A2.410).

44.5.3 Stelselwijzigingen, schattingswijzigingen en foutherstel

De definities, verwerkingswijze, algemene regels en toelichting omtrent *stelselwijzigingen* en foutherstel (RJk A3) wijken niet af van die in de RJ-bundel (zie hoofdstuk 28). Kleine rechtspersonen zijn wel vrijgesteld van de verplichting om, indien de stelselwijziging naar verwachting een belangrijke kwantitatieve invloed zal hebben, in een of meer volgende boekjaren een cijfermatige indicatie van deze invloed te geven. In RJk A3.106 is opgenomen dat het cumulatieve effect van een stelselwijziging retrospectief verwerkt moet worden als een rechtstreekse mutatie van het eigen vermogen aan het begin van het boekjaar waarin de stelselwijziging is doorgevoerd (via de overige reserves: tenzij de wet of een Richtlijn een andere post in het eigen vermogen voorschrijft). Extra zal moeten worden toegelicht wat de betekenis van de stelselwijziging is voor individuele posten in de jaarrekening (RJk A3.114). De definities en verwerkingswijze van *schattingswijzigingen* (RJk A3.2) wijken niet af van die van de RJ-bundel. Omtrent schattingswijzigingen behoeven kleine rechtspersonen geen toelichting op te nemen.

Omtrent *foutherstel* is bepaald dat de rechtspersoon een materiële fout herstelt in de eerste nog niet vastgestelde jaarrekening nadat de fout is geconstateerd (RJk A3.304). De rechtspersoon herstelt een materiële fout die effect heeft op het eigen vermogen als volgt:
▶ het eigen vermogen aan het einde van het voorafgaande boekjaar wordt herrekend alsof de fout niet heeft plaatsgevonden; en
▶ het verschil tussen het eigen vermogen aan het eind van het voorafgaande boekjaar voor en na herrekening (het cumulatief effect), wordt verwerkt als een rechtstreekse mutatie van het eigen vermogen aan het begin van het boekjaar waarin het foutherstel plaatsvindt (RJk A3.305).

De rechtspersoon verwerkt het herstel van een niet-materiële fout in de winst-en-verliesrekening van de eerste jaarrekening die op het moment van het constateren van de fout nog moet worden opgemaakt en verantwoordt een eventuele bate of last uit hoofde van het herstel overeenkomstig de aard van de post (RJk A3.306). De rechtspersoon vermeldt in de toelichting dat er sprake is van het herstel van een materiële fout, alsmede het effect van het herstel van de fout en tevens de aard en voor zover van toepassing de omvang van de fout (RJk A3.307).

De bedragen van het voorafgaande boekjaar worden voor zover nodig ter wille van de vergelijkbaarheid herzien en de afwijking ten gevolge van de herziening wordt toegelicht (art. 2:363 lid 5 BW). In geval van het herstel van een materiële fout past de rechtspersoon de vergelijkende cijfers aan, waarbij de verschillen met de oorspronkelijke cijfers in de toelichting worden vermeld. Echter, indien de aanpassing van de vergelijkende cijfers praktisch niet mogelijk is, vermeldt de rechtspersoon de reden voor het niet aanpassen alsmede de aard van de aanpassing indien deze wel had plaatsgevonden (RJk A3.308). Indien het foutherstel betrekking heeft op de grondslagen voor waardering van activa en passiva of voor de resultaatbepaling, wordt het deel van het effect van het foutherstel dat betrekking heeft op perioden voorafgaande aan het vorig boekjaar niet gepresenteerd als een deel van het resultaat van het vorig boekjaar maar als een rechtstreekse mutatie in het eigen vermogen aan het begin van het vorig boekjaar. De aanpassing van vergelijkende cijfers houdt geen wijziging van de jaarrekening van het voorafgaande boekjaar in, maar vindt alleen plaats vanwege de vergelijkbaarheid (RJk A3.308).

44.5.4 Gebeurtenissen na balansdatum

De algemene regels omtrent de verwerking van gebeurtenissen na de balansdatum (RJk A4) zijn dezelfde als voor grote en middelgrote rechtspersonen (zie hoofdstuk 38). Ten aanzien van dividend wordt echter bepaald dat indien een dividenduitkering na de balansdatum wordt vastgesteld, het kleine rechtspersonen is toegestaan het op grond van de winstbestemming voorgestelde bedrag aan dividenduitkering als verplichting op balansdatum op te nemen in een balans opgemaakt na winstbestemming (RJk A4.108). In geval van discontinuïteit na balansdatum, vervalt de continuïteitsveronderstelling en wordt verwezen (RJk A4.109) naar alinea A2.211 en verder inzake het opstellen van de jaarrekening uitgaande van liquidatie van het geheel der werkzaamheden van de rechtspersoon (zie hoofdstuk 46).
Een rechtspersoon vermeldt de datum van het opmaken van de jaarrekening omdat op grond hiervan belanghebbenden kunnen vaststellen tot welke datum gebeurtenissen na balansdatum in de jaarrekening in acht zijn genomen (RJk A4.110).

44.5.5 Verbonden partijen

Omdat artikel 2:381 lid 3 BW niet van toepassing is op kleine rechtspersonen zijn deze vrijgesteld van de opname van informatie omtrent verbonden partijen. In de RJk-bundel zijn dan ook geen nadere verplichtingen opgenomen.

44.6 Verschillende jaarrekeningposten
44.6.1 Immateriële vaste activa en goodwill

Wat betreft de definities en waardering van immateriële vaste activa en goodwill wordt verwezen naar het gestelde in hoofdstuk 6 respectievelijk hoofdstuk 25 voor zover hieronder niet anders wordt vermeld.

In tegenstelling tot middelgrote en grote rechtspersonen zijn kleine rechtspersonen niet verplicht ontwikkelingskosten te activeren indien aan de voorwaarden is voldaan, maar is er een keuze om dergelijke kosten te activeren of direct in de winst-en-verliesrekening te verantwoorden (RJk B1.105).

Indien echter de interne ontwikkeling van immateriële vaste activa de belangrijkste activiteit van de rechtspersoon is, kan de rechtspersoon overwegen in de toelichting het totaalbedrag van de kosten (met inbegrip van afschrijving) van onderzoek en ontwikkeling die in het boekjaar ten laste van het resultaat zijn verantwoord (RJk B1.120) te vermelden.

In de balans dient een afzonderlijke vermelding van kosten die verband houden met de oprichting en uitgifte van aandelen te worden opgenomen indien van toepassing en onder de vlottende activa een afzonderlijke vermelding van opgevraagde stortingen van geplaatst kapitaal (art. 2: 396 lid 3 BW).

Wat betreft immateriële vaste activa dient het volgende in de toelichting te worden vermeld (RJk B1.119):
- de toegepaste waarderingsgrondslag (art. 2:384 lid 5 BW);
- immateriële vaste activa die als zekerheid zijn gesteld voor schulden (art. 2: 375 lid 3 BW);
- de gehanteerde afschrijvingsmethoden (art. 2:386 lid 2 BW);
- de reden voor de afschrijvingsduur van goodwill indien de economische levensduur niet op betrouwbare wijze kan worden geschat (art. 2:386 lid 3 BW).

De rechtspersoon kan overwegen om de volgende informatie in de toelichting op te nemen (RJk B1.119):
- de economische levensduur of de gehanteerde afschrijvingspercentages;
- de post in de winst-en-verliesrekening waarin de afschrijvingen van de immateriële vaste activa zijn opgenomen;
- de reden en de factoren die een significante rol hebben gespeeld bij de bepaling van de afschrijvingstermijn langer dan twintig jaar;
- de factoren die een belangrijke rol hebben gespeeld bij de bepaling van de economische levensduur;
- de omschrijving, boekwaarde en de resterende levensduur van iedere individuele post die van groot belang is voor de rechtspersoon;
- de boekwaarde van immateriële activa met beperkte eigendomsrechten of van immateriële activa die als zekerheid zijn gesteld voor schulden;
- verplichtingen uit hoofde van verwerking van immateriële vaste activa.

44.6.2 Materiële vaste activa

Voor de definities en waardering van materiële vaste activa wordt verwezen naar het gestelde in hoofdstuk 7.

Kosten van groot onderhoud

Indien aan een materieel vast actief telkens na een langere gebruiksperiode groot onderhoud wordt verricht, worden de kosten in direct verband met het groot onderhoud verwerkt (RJk B2.122):
- in de boekwaarde van het actief, indien is voldaan aan de activeringscriteria. De kosten van groot onderhoud zullen veelal een andere gebruiksduur hebben dan de rest van het actief en worden aangemerkt als een afzonderlijk af te schrijven bestanddeel; of

▶ via een onderhoudsvoorziening. De toevoegingen aan de voorziening worden bepaald op basis van het geschatte bedrag van het groot onderhouden en de periode die telkens tussen de werkzaamheden voor groot onderhoud verloopt. Als de kosten uitgaan boven de boekwaarde van de voorziening, worden de (meer)kosten verwerkt in de winst-en-verliesrekening.

De verwerking van kosten van groot onderhoud moet voor alle soortgelijke activa op dezelfde wijze plaatsvinden. De bepaling dat het niet langer is toegestaan om kosten van groot onderhoud in de winst-en-verliesrekening te verwerken mag prospectief worden toegepast indien in plaats daarvan voor de componentenbenadering wordt gekozen. Indien voor een onderhoudsvoorziening wordt gekozen is een retrospectieve toepassing van de stelselwijziging wel verplicht (RJk B2.133a).

Regelmatig voorkomende onderhoudskosten van een materieel vast actief worden verwerkt in de winst-en-verliesrekening wanneer zij gemaakt worden. Regelmatig voorkomende onderhoudskosten betreffen onder meer de kosten van arbeid, hulpstoffen en kleine onderdelen, vaak aangeduid als reparatie en onderhoud van het materieel vast actief (RJk B2.123).

Toelichting

De kleine rechtspersoon is vrijgesteld van de op grond van artikel 2:366 BW verplichte uitsplitsing van materiële vaste activa. In de toelichting moet een kleine rechtspersoon de volgende informatie opnemen (RJk B2.131):
▶ de grondslagen van waardering voor de bepaling van de kostprijs en/of de actuele waarde (art. 2:384 lid 5 BW);
▶ de wijze van verwerking van kosten van herstel en kosten van groot onderhoud (art. 2:384 lid 5 BW);
▶ de gebruikte afschrijvingsmethoden (art. 2:386 lid 2 BW);
▶ of rente over vreemd vermogen is geactiveerd als onderdeel van de kostprijs (art. 2:388 lid 2 BW);
▶ de som van de herwaarderingen (art. 2:368 lid 2 BW);
▶ materiële vaste activa die als zekerheid dienen voor verplichtingen (art. 2:375 lid 3 BW).

Tevens moet een toelichting worden gegeven over materiële vaste activa die bijzondere waardeverminderingen hebben ondergaan (art. 2:387 lid 4 BW en RJk B2.133).

Tevens kan overwogen worden de volgende toelichtingen op te nemen (RJk B2.132):
▶ de gebruiksduur of toegepaste afschrijvingspercentages;
▶ de aard en omvang van overige mutaties die van belang zijn;
▶ het bedrag aan contractuele investeringsverplichtingen inzake materiële vaste activa;
▶ het totaal te verwachten bedrag van de kosten van herstel indien daarvoor een voorziening wordt opgebouwd; en
▶ de gedurende de verslagperiode geactiveerde rente.

44.6.3 Vastgoedbeleggingen

Wat betreft de definities en waardering van vastgoedbeleggingen wordt verwezen naar het gestelde in hoofdstuk 8. Daarnaast worden de volgende gegevens vermeld (RJk B2.211):
▶ Bij waardering tegen historische kosten dienen de gehanteerde afschrijvingsmethoden te worden vermeld (art. 2:384 lid 5 BW);
▶ Bij waardering tegen actuele waarde dient de som van de herwaarderingen per balansdatum (art. 2:368 lid 2 BW) te worden vermeld.

De rechtspersoon kan overwegen de volgende toelichtingen op te nemen (RJk B2.212):
- in het geval van niet-eenduidige classificatie, de gehanteerde criteria bij het onderscheiden van vastgoedbeleggingen en vastgoed voor eigen gebruik;
- een uitsplitsing naar vastgoedbeleggingen en vastgoed voor eigen gebruik;
- de in de winst-en-verliesrekening opgenomen bedragen voor huurinkomsten en directe exploitatiekosten al dan niet van vastgoedbeleggingen die huuropbrengsten hebben gegenereerd;
- het bestaan en de omvang van beperkingen met betrekking tot de aanwendbaarheid van vastgoedbeleggingen of de inbaarheid van opbrengsten;
- belangrijke contractuele verplichtingen tot aankoop, bouw, reparatie of onderhoud.

Bij waardering tegen historische kosten kan overwogen worden de volgende informatie op te nemen (RJk B2.212):
- de economische levensduur of de toegepaste afschrijvingspercentages;
- de historische kostprijs en de cumulatieve afschrijvingen (samen met de cumulatieve waardeverminderingen) aan het begin en aan het einde van de periode.

Bij waardering tegen actuele waarde kan overwogen worden de volgende informatie op te nemen:
- de methoden en relevante veronderstellingen die gehanteerd zijn bij het bepalen van de reële waarde en/of de waardering door een onafhankelijke en ter zake kundige taxateur.

Voor de verwerking van herclassificaties van vastgoed wordt verwezen (RJk B2.213) naar de RJ-bundel, Richtlijn 213 'Vastgoedbeleggingen' (zie hoofdstuk 8).
Voor de verwerking en waardering van gebruiksrechten in onroerende zaken die bij een lessee classificeren als een operationele lease en voldoen aan de definitie van een vastgoedbelegging en als zodanig worden gepresenteerd, wordt verwezen (RJk B2.214) naar de RJ-bundel, Richtlijn 213 'Vastgoedbeleggingen' (zie hoofdstuk 8).

44.6.4 Financiële vaste activa, fusies en overnames, consolidatie en 'intercompany'-transacties

Algemeen
Voor de definities en waardering van financiële vaste activa wordt verwezen naar het gestelde in hoofdstuk 9 voor zover hieronder niet anders wordt vermeld. De categorieën financiële vaste activa hoeven niet afzonderlijk te worden gepresenteerd (RJk B3.101).

Consolidatie
Een kleine rechtspersoon aan het hoofd van een kleine groep mag gebruikmaken van een vrijstelling om een geconsolideerde jaarrekening op te stellen (art. 2:407 lid 2 BW en RJk B3.3 e.v.). Indien geen gebruik gemaakt wordt van de vrijstelling en een geconsolideerde jaarrekening wordt opgesteld wordt verwezen naar de RJ-bundel, Richtlijn 217 'Consolidatie' (zie hoofdstuk 23). Indien sprake is van een personal holding (zie voor definitie hoofdstuk 23) behoeven onderliggende maatschappijen niet te worden meegeconsolideerd en zal de rechtspersoon eerder kwalificeren als klein. Dit geldt ook voor participatiemaatschappijen.

Fusies en overnames
Als kleine rechtspersonen te maken krijgen met fusies en overnames, moeten zij voor de verwerking van fusies en overnames in de geconsolideerde jaarrekening en voor de verwerking van een activa/passivatransactie in de vennootschappelijke en geconsolideerde jaarrekening Richtlijn 216 'Fusies en overnames' uit de RJ-bundel toepassen

44 Jaarrekening voor micro- en kleine rechtspersonen

(RJk B3.202; zie voor een uitwerking van deze Richtlijn hoofdstuk 25). Kleine rechtspersonen behoeven van de volgens Richtlijn 216 van de RJ-bundel te verstrekken informatie slechts het volgende te vermelden (RJk B3.203):
- een beschrijving van de wijze van verwerken in de jaarrekening (art. 2:384 lid 5 BW).

De rechtspersoon kan overwegen de volgende toelichting op te nemen (RJk B3.203):
- het percentage van de verkregen zeggenschap in het belang;
- een beschrijving van de gefuseerde of overgenomen partijen en de ingangsdatum van de fusie of overname gehanteerd voor de verwerking in de jaarrekening;
- inzake negatieve goodwill die betrekking heeft op toekomstige verliezen: het bedrag dat in de balans als negatieve goodwill in verband met de fusie of overname is verwerkt, de periode waarin deze negatieve goodwill ten gunste van de winst-en-verliesrekening wordt gebracht en de post van de winst-en-verliesrekening waaronder de bate in verband met de negatieve goodwill is verantwoord.

Intercompany-transacties

Bij kleine rechtspersonen die deel uitmaken van een groep kunnen veelvuldig kostendoorbelastingen plaatsvinden binnen de groep (RJk B3.403; voor de verwerking van dergelijke doorbelastingen wordt verwezen naar par. 26.6). Opbrengsten uit hoofde van dergelijke doorbelastingen kunnen in de vennootschappelijke jaarrekening gewoonlijk direct volledig als gerealiseerd worden beschouwd, omdat ze veelal bij de afnemende maatschappij niet worden geactiveerd maar als kosten worden verwerkt. Indien dergelijke doorbelastingen wel worden geactiveerd bij de afnemende partij moet de rechtspersoon Richtlijn 260 'De verwerking van resultaten op intercompany-transacties' uit de RJ-bundel toepassen (zie par. 26.6). Voor de verwerking van alle intercompany-transacties wordt verwezen naar Richtlijn 260 (RJk B3.403: zie verder par. 26.6). Op grond van artikel 2:384 lid 5 BW worden de grondslagen van de waardering en de bepaling van het resultaat omtrent intercompany-transacties in de toelichting uiteengezet. De rechtspersoon kan overwegen om de overige in Richtlijn 260 vermelde toelichtingen op te nemen (RJk B3.403).

Verwerking van herwaarderingen bij deelnemingen

De verwerking van een waardemutatie van de post deelnemingen, bij de deelnemende rechtspersoon, als gevolg van het feit dat sprake is van een herwaardering van een actiefpost bij de deelneming zelf kan op twee manieren geschieden (RJk B8.112):
- als wettelijke reserve deelnemingen: de waardemutatie wordt aangemerkt als een rechtstreekse vermogensvermeerdering van de deelneming waarop de bepalingen van artikel 2:389 lid 6 BW van toepassing zijn;
- als herwaarderingsreserve: de waardemutatie wordt aangemerkt als een herwaardering van het actief van de deelneming waarop de bepalingen van artikel 2:390 BW van toepassing zijn.

De gekozen verwerkingswijze dient voor alle deelnemingen consistent te worden toegepast.
Tevens is in alinea RJk B3.121 opgenomen dat indien de deelnemende rechtspersoon de deelneming aanvankelijk heeft gewaardeerd tegen verkrijgingsprijs dan wel actuele waarde en hij vervolgens invloed van betekenis op het zakelijke en financiële beleid van de deelneming is gaan uitoefenen, de verwerking van het verschil (voor zover dit bestaat uit nog niet gerealiseerde herwaarderingen van de deelneming) tussen de netto-vermogenswaarde en de oude boekwaarde wordt opgenomen in een wettelijke reserve deelnemingen of in een herwaarderingsreserve. Voor zover de meerwaarde niet in een herwaarderingsreserve of een wettelijke reserve deelnemingen wordt opgenomen wordt de meerwaarde in de overige reserves opgenomen.

44.6.5 Voorraden

Wat betreft de definities en waardering van voorraden wordt verwezen naar het gestelde in hoofdstuk 12 voor zover hieronder niet anders wordt vermeld.

In de toelichting dient – indien van toepassing – de volgende informatie te worden opgenomen (RJk B4.110):
- voorraden die als zekerheid zijn gesteld voor schulden (art. 2:375 lid 3 BW);
- de gehanteerde grondslagen van de waardering van onderscheiden voorraden en van de bepaling van het resultaat op goederentransacties en -posities, waaronder bij waardering op verkrijgingsprijs of vervaardigingsprijs de vermelding van de toepassing van regels als fifo, gewogen gemiddelde prijzen of lifo;
- een uiteenzetting van de wijze van bepaling van de lagere opbrengstwaarde;
- het feit dat in de waardering van de voorraden rente over vreemd vermogen in aanmerking is genomen.

De rechtspersoon kan overwegen in de toelichting de volgende informatie op te nemen (RJk B4.110):
- de boekwaarde van de voorraden die zijn gewaardeerd op lagere opbrengstwaarde;
- het bedrag dat gedurende de verslagperiode aan rente is geactiveerd in de voorraden;
- het bedrag van de terugneming van een eerder verwerkte afwaardering tot de lagere opbrengstwaarde, alsmede de omstandigheden en/of gebeurtenissen die hebben geleid tot de terugneming van de afwaardering.

Indien de lifo-regel wordt toegepast, geschiedt waardering van de voorraad tegen prijzen die in beginsel geen weerspiegeling zijn van het prijsniveau per balansdatum. De rechtspersoon kan overwegen in de toelichting de volgende informatie op te nemen (RJk B4.110):
- de wijze waarop de lifo-regel wordt gehanteerd (op transactiebasis dan wel per periode);
- de (gemiddelde) verkrijgingsprijs- of vervaardigingsprijzen of de fifo-waarde van deze voorraden.

Indien tot slot een aangegane verplichting tot aan- of verkoop van voorraden niet in de balans is opgenomen, moet de omvang indien van bijzondere betekenis en de looptijd worden toegelicht (art. 2:381 lid 1 BW).

44.6.6 Onderhanden projecten

Bij verwerking van projectopbrengsten en projectkosten mogen kleine rechtspersonen een keuze maken tussen twee methoden van winstneming (RJk B5.308):
- winstneming naar rato van verrichte prestaties bij de uitvoering van het project;
- winstneming bij oplevering respectievelijk voltooiing van het project.

Winstneming naar rato van de verrichte prestaties bij de uitvoering van het project is toepasbaar indien het resultaat van het project op betrouwbare wijze kan worden ingeschat. Indien het waarschijnlijk is dat de totale projectkosten de totale projectopbrengsten zullen overschrijden, worden de verwachte verliezen onmiddellijk in de winst-en-verliesrekening verwerkt. Het bedrag van een dergelijk verlies wordt bepaald ongeacht (RJk B5.315):
- de vraag of het verlies al dan niet is aangevangen;
- het stadium van realisatie van het project; of
- het bedrag aan winst dat wordt verwacht op andere, niet gerelateerde projecten.

Aanbevolen wordt de post onderhanden projecten te presenteren als afzonderlijke post tussen voorraden en vorderingen. Indien geen afzonderlijke post wordt opgenomen maken onderhanden projecten deel uit van vorderingen of van kortlopende schulden (RJk B5.322).

44 Jaarrekening voor micro- en kleine rechtspersonen

Aanbevolen wordt een onderhanden project in de balans te presenteren als een gesaldeerde post van de per project gerealiseerde projectkosten en toegerekende winst, verminderd met de verwerkte verliezen en de gedeclareerde termijnen. Het saldo van het onderhanden project kan per balansdatum een debetstand of een creditstand zijn, afhankelijk van de mate van de gerealiseerde projectkosten en de toegerekende winst, de verwerkte verliezen en de gedeclareerde termijnen. Indien het saldo van het onderhanden project een debetstand vertoont wordt het nettobedrag verwerkt als een actief. Indien het saldo van het onderhanden project een creditstand vertoont wordt het nettobedrag verwerkt als een schuld (RJk B5.323).

Als alternatief is het toegestaan om het saldo van alle onderhanden projecten als een totaal te verwerken en te presenteren in de balans (RJk B5.324).

Als model voor de winst-en-verliesrekening wordt aanbevolen het categoriale model (model I) te hanteren, omdat uit dit model de productiewaarde is af te leiden (RJk B5.317).
In geval van winstneming naar rato van de verrichte prestatie worden de in het boekjaar aan projecten bestede kosten, verhoogd met de toegerekende winst, op een van de volgende wijzen gepresenteerd (RJk B5.318):
- als netto-omzet; of
- als wijziging in onderhanden projecten. Bij deze laatstgenoemde wijze wordt in het jaar van oplevering van een project de netto-omzet verantwoord en onder de post wijziging in onderhanden projecten de terugneming van de betreffende dit project eerder op deze regel verantwoorde bedragen.

In geval van winstneming bij oplevering worden de op een project betrekking hebbende kosten, in het boekjaar op een van de volgende wijzen gepresenteerd (RJk B5.318):
- onder de post wijziging in onderhanden projecten. In dit geval vindt verantwoording van netto-omzet eerst plaats bij oplevering van een project, met daartegenover onder de post wijziging in onderhanden projecten de terugneming van de betreffende dit project eerder op deze regel verantwoorde bedragen; of
- als netto-omzet. In het jaar van oplevering wordt dan voorts de met het project behaalde winst als netto-omzet verantwoord.

Als alternatief is het toegestaan het functionele model (model J) te hanteren (RJk B5.320).

In de jaarrekening wordt toegelicht de gebruikte methode van winstneming alsmede de gebruikte methode voor de bepaling van de mate van de verrichte prestaties (RJk B5.327).

Het is kleine rechtspersonen tevens toegestaan IFRS 15, zoals aanvaard door de EU, toe te passen voor opbrengsten en gerelateerde kosten met betrekking tot onderhanden projecten in plaats van RJk B5.3 'Onderhanden projecten' mits sprake is van een integrale en consistente toepassing van IFRS 15. Dit betekent tevens dat IFRS 15, zoals aanvaard door de EU, moet worden toegepast voor opbrengsten en gerelateerde kosten met betrekking tot de verkoop van goederen en het verlenen van diensten in plaats van RJk B13.102-107.

Regelgeving van toepassing in toekomstige jaren
De RJ heeft in december 2020 RJ-Uiting 2020-15 gepubliceerd, omdat geconstateerd werd dat er in de praktijk behoefte is aan aanvullende richtlijnen over de manier waarop opbrengsten moeten worden verantwoord. In de analyse hoe de RJ het beste aan die behoefte tegemoet kan komen, heeft de RJ de bepalingen in IFRS 15 'Revenue from Contracts with Customers' meegenomen. De RJ heeft geconcludeerd dat het volledig overnemen van de bepalingen van IFRS 15 in de Richtlijnen niet wenselijk is. In de RJk-bundel zijn onder andere wijzigingen

aangebracht in RJk B5.3. Deze wijzigingen worden van kracht voor verslagjaren die aanvangen op of na 1 januari 2022. Hierna worden de wijzigingen kort uiteengezet.

Variabele vergoedingen (RJk B5.306)
Er waren geen specifieke bepalingen opgenomen voor de verwerking van variabele vergoedingen als de omvang ervan betrouwbaar kan worden bepaald. De RJ heeft nu opgenomen dat de omvang van een te verwerken variabele vergoeding wordt bepaald door een schatting te maken. De rechtspersoon past hierbij voorzichtigheid toe. De toepassing van voorzichtigheid heeft als doel om ervoor te zorgen dat er alleen opbrengsten worden verwerkt waarvan de kans klein is dat ze later teruggenomen moeten worden. De RJ benadrukt dat de schattingsonzekerheid ten aanzien van een variabele vergoeding zodanig hoog kan zijn dat het bedrag van de totale opbrengst en het resultaat niet op betrouwbare wijze kan worden bepaald. Dit zou bijvoorbeeld het geval kunnen zijn bij een overeenkomst waarbij alleen een vergoeding verschuldigd is indien een bepaald resultaat wordt behaald ('no cure no pay'). Indien een overeenkomst bestaat uit een vaste en een variabele vergoeding kan de omvang van de vaste vergoeding zodanig hoog zijn dat het bedrag van de totale opbrengst en het resultaat wel op betrouwbare wijze kunnen worden bepaald ondanks de onzekerheid over de hoogte van de variabele vergoeding.

Presentatie van onderhanden projecten in de winst-en-verliesrekening (RJk B5.317)
In de richtlijnen was opgenomen dat de projectopbrengsten als netto-omzet of als wijziging in onderhanden projecten in de winst-en-verliesrekening werden gepresenteerd zolang een project nog niet was voltooid. De RJ staat het niet langer toe dat gerealiseerde projectopbrengsten als wijziging in onderhanden projecten worden gepresenteerd. De RJ beoogt hiermee dat een beter inzicht wordt gegeven in de projectopbrengsten en de vergelijkbaarheid van jaarrekeningen wordt verbeterd. Volledigheidshalve wordt benadrukt dat de post 'Wijziging in voorraden gereed product en onderhanden werk' zoals opgenomen in het Besluit modellen jaarrekening geen betrekking heeft op onderhanden projecten in opdracht van derden binnen het toepassingsgebied van RJk B5.3. Deze post heeft betrekking op voorraden binnen het toepassingsgebied van RJk B4.1.9.

Presentatie van onderhanden projecten in de balans (RJk B5.323)
De richtlijnen boden de mogelijkheid om het saldo van alle onderhanden projecten als één totaal in de balans te presenteren. De RJ acht deze presentatiewijze niet langer aanvaardbaar, omdat deze presentatiewijze onvoldoende inzicht geeft in de balansposities en niet in lijn is met de algemene bepalingen ten aanzien van het salderen van balansposten. Indien het saldo van een onderhanden project:
- een debetstand vertoont, wordt het netto-bedrag verwerkt als een actief; en
- een creditstand vertoont, wordt het netto-bedrag verwerkt als een verplichting.

44.6.7 Vorderingen en overlopende activa

Wat betreft de definities en waardering van vorderingen en overlopende activa wordt verwezen naar het gestelde in hoofdstuk 14 voor zover hieronder niet anders wordt vermeld. De eerste waardering van vorderingen vindt plaats tegen reële waarde, inclusief transactiekosten indien deze materieel zijn en de vervolgwaardering tegen geamortiseerde kostprijs (RJk B5.103). Indien er geen sprake is van agio of disagio en transactiekosten is de geamortiseerde kostprijs gelijk aan de nominale waarde van de vorderingen, onder aftrek van voorzieningen wegens oninbaarheid. De nominale waarde van een actief is de hoofdsom die wordt genoemd in de overeenkomst waaruit het actief is ontstaan. Betalingskortingen en kredietbeperkingstoeslagen worden van de nominale waarde afgetrokken. Behalve de opgevraagde stortingen van het geplaatst aandelenkapitaal (art. 2:396 lid 3 BW) hoeven de categorieën vorderingen niet afzonderlijk te worden gepresenteerd (RJk B5.101). Indien de looptijd van vorderingen langer dan een jaar is, wordt voor het totaal van de onder de vlottende activa opgenomen vorderingen toegelicht tot welk bedrag de resterende looptijd langer is dan een jaar (art. 2:370 lid 2 BW). Daarnaast wordt

afzonderlijk over de leningen, voorschotten en garanties, ten behoeve van bestuurders en commissarissen van de rechtspersoon de volgende informatie verstrekt (art. 2:383 lid 2 BW) (RJk B5.106):
- totaalbedrag;
- openstaande bedragen;
- rentevoet;
- belangrijkste overige bepalingen;
- aflossingen gedurende het boekjaar.

Voor zover rechten op te ontvangen goederen of diensten in de balans worden opgenomen, worden zij gerubriceerd onder de actiefpost waarop zij betrekking hebben.

Indien dit belangrijk is voor het inzicht dienen de overlopende activa tot uitdrukking te worden gebracht, ófwel door een afzonderlijke rubricering in de balans, ófwel door een specifieke benaming of door een nadere uiteenzetting in de toelichting. Indien de overlopende activa apart gerubriceerd moeten worden, moet worden aangegeven in welke mate de post als langlopend te beschouwen is (RJk B5.203).

Regelgeving van toepassing in toekomstige jaren

Eind 2020 is een nieuwe Richtlijn B5 verschenen met daarin tevens opgenomen een nieuwe Richtlijn B5.1 'Vorderingen' en B5.2 'Overlopende activa'. Behalve een gewijzigde nummering is geen sprake van inhoudelijke wijzigingen. De nieuwe Richtlijn is van toepassing op verslagjaren 2022.

44.6.8 Effecten

Voor de definities en waardering van effecten wordt verwezen naar het gestelde in hoofdstuk 14 voor zover hieronder niet anders wordt vermeld. Effecten worden gewaardeerd tegen kostprijs (verkrijgingsprijs of lagere marktwaarde) of actuele waarde (art. 2:384 lid 1 BW, RJk B6.103).
Indien effecten tegen actuele waarde zijn gewaardeerd komt daarvoor in aanmerking de reële waarde (RJk B6.104).
Veelal zal voor niet-beursgenoteerde effecten niet direct een betrouwbare reële waarde zijn aan te wijzen. In dat geval wordt de reële waarde benaderd door deze (art. 10 lid 1 BAW):
- af te leiden uit de reële waarde van zijn bestanddelen of van een soortgelijk instrument indien voor de bestanddelen ervan of voor een soortgelijk instrument wel een betrouwbare markt is aan te wijzen; of
- te benaderen met behulp van algemeen aanvaarde waarderingsmodellen en waarderingstechnieken.

Indien het niet mogelijk is om door middel van bovengenoemde benaderingswijzen een betrouwbare actuele waarde vast te stellen, worden de effecten tegen de verkrijgingsprijs gewaardeerd (art. 10 lid 3 BAW). Waardevermeerderingen van op actuele waarde gewaardeerde effecten kunnen onmiddellijk in de winst-en-verliesrekening worden opgenomen. Op grond van artikel 2:390 lid 1 BW wordt in dat geval wel een herwaarderingsreserve gevormd voor waardevermeerderingen van effecten die niet beursgenoteerd zijn.

Indien effecten tegen verkrijgingsprijs zijn gewaardeerd en de reële waarde van de effecten hoger is, kan de rechtspersoon overwegen deze hogere reële waarde in de toelichting te vermelden (RJk B6.107).

Indien effecten zijn afgewaardeerd worden naar lagere reële waarde moet in de toelichting worden uiteengezet welke methode voor de afwaardering is toegepast (RJk B6.107).

Alle gerealiseerde en niet-gerealiseerde waardeveranderingen worden verantwoord in de winst-en-verliesrekening onder 'waardeveranderingen van vorderingen die tot de vaste activa behoren en van effecten'.
Alle periodieke opbrengsten uit hoofde van effecten zoals dividend en rente worden verantwoord onder 'opbrengst van vorderingen die tot de vaste activa behoren en van effecten' (RJk B6.108).

44.6.9 Liquide middelen

Voor de definities en waardering van liquide middelen wordt verwezen naar het gestelde in hoofdstuk 14.
De categorieën liquide middelen hoeven niet afzonderlijk te worden gepresenteerd (RJk B7.101). Ook worden onder liquide middelen deposito's en dergelijke opgenomen die ter onmiddellijke beschikking staan (RJk B7.101). Indien de liquide middelen langer dan twaalf maanden niet ter vrije beschikking staan moeten ze worden opgenomen onder de financiële vaste activa (RJk B7.102).

44.6.10 Eigen vermogen

De Richtlijn omtrent eigen vermogen in de RJk-bundel is slechts van toepassing voor de enkelvoudige jaarrekening. Voor de bepalingen inzake het eigen vermogen in de geconsolideerde jaarrekening wordt verwezen naar Richtlijn 240 van de RJ-bundel.

Wat betreft de definities en de bepalingen omtrent de verschillende categorieën eigen vermogen in de enkelvoudige jaarrekening wordt verwezen naar het gestelde in hoofdstuk 15. De categorieën van het eigen vermogen worden afzonderlijk vermeld. De rechtspersoon kan overwegen om in het verloopoverzicht vergelijkende cijfers op te nemen (RJk B8.103).

Naast het bepaalde in artikel 2:373 BW dient in de toelichting ingevolge de volgende wettelijke bepalingen de volgende informatie te worden opgenomen (RJk B8.126):
- de opgave van het ingehouden deel van het resultaat (art. 2:396 lid 3 BW);
- of en op welke wijze in samenhang met de herwaardering rekening wordt gehouden met de invloed van belastingen op vermogen en resultaat (art. 2:390 lid 5 BW);
- indien sprake is van een naamloze vennootschap: vermelding van iedere verwerving en vervreemding voor haar rekening van eigen aandelen en certificaten daarvan; daarbij worden de redenen van verwerving, het aantal, het nominale bedrag en de overeengekomen prijs van de bij elke handeling betrokken aandelen en certificaten en het gedeelte van het kapitaal dat zij vertegenwoordigen medegedeeld (art. 2:378 lid 3 BW).

Vermeld moet worden de som der herwaarderingen die betrekking hebben op de activa welke op balansdatum aanwezig zijn (art. 2:396 lid 3 jo. art. 2:368 lid 2 onder a BW).
De rechtspersoon kan overwegen belangrijke mutaties in het eigen vermogen na het einde van het boekjaar, bijvoorbeeld als gevolg van uitgifte van aandelen, in de toelichting te vermelden (RJk B8.129).
Voorts kan de rechtspersoon overwegen het voorstel voor de bestemming van de vrijval uit dan wel voor de bron van de toevoeging aan de wettelijke en statutaire reserves op te nemen in de toelichting (RJk B8.115).

Indien cumulatief preferente aandelen of soortgelijke aandelen zijn geplaatst moet, indien dividend achterstallig is, de omvang daarvan in de toelichting worden aangegeven. Indien sprake is van een BV waarvan het bestuur geen goedkeuring tot uitkering van preferent dividend heeft verleend, wordt het ontbreken van deze goedkeuring in de toelichting vermeld (RJk B8.130).

Classificatie eigen vermogen-vreemd vermogen

Bij de classificatie van financiële instrumenten in de enkelvoudige jaarrekening als eigen vermogen of als vreemd vermogen is de juridische vorm bepalend, tenzij de rechtspersoon kiest de classificatie te baseren op de economische realiteit (RJk B8.106). Als de juridische vorm wordt gehanteerd worden aandelen geclassificeerd als eigen vermogen en leningen als vreemd vermogen. Indien de classificatie in de enkelvoudige jaarrekening wordt gebaseerd op de economische realiteit zijn in overeenstemming met RJk B12.112 'Financiële instrumenten' de bepalingen aangaande verwerking in de balans zoals opgenomen in Richtlijn 290 801-819 respectievelijk aangaande verwerking in de winst-en-verliesrekening zoals opgenomen in Richtlijn 290.821-824 van overeenkomstige toepassing.

Eigen aandelen

Indien de rechtspersoon of een dochter of deelneming daarvan zich verbonden heeft tot het kopen van uitstaande aandelen van de rechtspersoon of van certificaten van aandelen, wordt daarvan in de toelichting melding gemaakt onder mededeling van de nominale waarde van de aandelen of certificaten van aandelen, van de overeengekomen prijs en van de eventuele andere relevante voorwaarden (RJk B8.128). De verkrijgingsprijs (inclusief transactiekosten) in geval van inkoop van eigen aandelen komt in beginsel in mindering op de overige reserves. Indien de statuten dat toestaan kan de verkrijgingsprijs ook op andere reserves in het eigen vermogen in mindering worden gebracht (RJk B8.107).

Negatief eigen vermogen

Een relatief gering of negatief eigen vermogen kan een indicator zijn voor twijfel over de continuïteit. Indien er sprake is van gerede twijfel omtrent de continuïteit van de rechtspersoon wordt in de toelichting een adequate uiteenzetting gegeven van de omstandigheden waarin de onderneming verkeert (RJk B8.131).

Garantievermogen

In veel gevallen treft men in de praktijk combinaties aan van eigen vermogen en componenten van het vreemd vermogen die een zekere achterstelling in rangorde hebben in vergelijking met andere componenten van het vreemd vermogen. Dergelijke samentellingen kennen geen wettelijke benaming. De aanduiding van de betreffende vermogens in de praktijk is veelal *garantievermogen*, *aansprakelijk vermogen* en dergelijke. De in de modellen gehanteerde volgorde van posten laat meestal niet toe dat de betreffende posten in een aaneensluitende opsomming worden weergegeven. Immers, tussen eigen vermogen en de langlopende schulden is het noodzakelijk de voorzieningen op te nemen. De vermelding van het bedrag van het garantievermogen vindt daarom veelal plaats in de toelichting. Posten met een kortlopend karakter worden niet in het garantievermogen of aansprakelijk vermogen opgenomen (RJk B8.132).

Personeelsopties

Indien de rechtspersoon opties heeft uitgegeven kan overwogen worden het aantal aan het einde van het boekjaar nog niet uitgeoefende aandelenopties te vermelden, waarbij afzonderlijk kan worden aangegeven (RJk B8.127):
- het aantal aandelen of certificaten daarvan, de soort en het nominale bedrag waarop de verleende opties aanspraak geven;
- de uitoefenprijs van de verleende opties;
- de resterende looptijd van de nog niet uitgeoefende opties;
- de belangrijkste voorwaarden die voor uitoefening van de opties gelden;
- de eventuele financieringsregelingen die bij de toekenning van de opties zijn getroffen;
- de eventuele andere gegevens die voor de beoordeling van de waarde van de opties van belang zijn.

Voor de verwerking en de specifieke toelichtingseisen van aandelenoptieregelingen wordt verwezen naar Richtlijn 275 'Op aandelen gebaseerde betalingen' (zie hoofdstuk 34). De daar genoemde toelichtingen mogen worden beperkt tot de voor kleine rechtspersonen wettelijk vereiste toelichtingen (RJk B8.135).

Voor het overige wordt verwezen naar het bepaalde in Richtlijn 240 van de RJ-bundel.

Herwaarderingsreserve

De volgende bijzonderheden gelden met betrekking tot de herwaarderingsreserve (RJk B8.110):
- Indien een vermindering van de herwaarderingsreserve ten gunste van de winst-en-verliesrekening wordt gebracht dan wordt deze op een afzonderlijke regel van de winst-en-verliesrekening gepresenteerd en niet in mindering gebracht op de bedrijfslasten of toegevoegd aan het netto-omzet resultaat. Deze regel dient te worden gepresenteerd direct voorafgaand aan de financiële baten en lasten als onderdeel van het resultaat uit gewone bedrijfsuitoefening.
- Indien op grond van artikel 2:390 lid 1 BW de herwaarderingsreserve is verminderd met latente belastingverplichtingen met betrekking tot activa die tegen actuele waarde zijn gewaardeerd, wordt het ten gunste van de winst-en-verliesrekening gebrachte bedrag op bruto-basis bepaald. Het belastingbedrag dat samenhangt met de vermindering van de herwaarderingsreserve wordt onder de post belastingen resultaat uit gewone bedrijfsuitoefening ten laste van het resultaat gebracht.
- Indien een ongerealiseerde waardevermeerdering ten gunste van de winst-en-verliesrekening is gebracht – en in verband hiermee een herwaarderingsreserve is gevormd – dan wordt de daarop volgende realisatie van de herwaarderingsreserve rechtstreeks in de overige reserves opgenomen.

44.6.11 Verplichtingen/schulden

Verplichtingen worden onderscheiden in:
- voorzieningen;
- langlopende schulden;
- kortlopende schulden;
- overlopende passiva;
- niet in de balans opgenomen verplichtingen.

Deze categorieën hoeft een kleine rechtspersoon niet afzonderlijk te presenteren (RJk B9.101).
Zowel voor de kortlopende schulden als de langlopende schulden wordt in alinea B9.103 uiteengezet wanneer een schuld als kortlopend dan wel als langlopend moet worden gerangschikt in de balans (zie voor een nadere uitwerking van deze bepalingen hoofdstuk 19).

Een schuld wordt als langlopende schuld gerubriceerd indien een rechtspersoon op balansdatum voornemens is én het recht heeft onder de geldende leningsvoorwaarden de schuld te herfinancieren voor een termijn van minimaal 12 maanden na balansdatum. Indien de rechtspersoon op balansdatum niet het recht heeft onder de geldende leningsvoorwaarden de schuld te herfinancieren voor een termijn van minimaal 12 maanden na balansdatum, maar de herfinanciering is contractueel overeengekomen vóór het moment van opmaken van de jaarrekening, is het toegestaan deze schuld als langlopend te rubriceren. De toepassing van deze optie wordt dan toegelicht (RJk B9.106).

Indien na balansdatum maar voor het moment van opmaken van de jaarrekening de schuldenaar gebruik heeft gemaakt van de bevoegdheid tot vervroegde aflossing waarbij de vervroegde aflossing heeft plaatsgevonden dan wel de vervroegde aflossing is overeengekomen, is het toegestaan de schuld als kortlopend te rubriceren. Op grond van artikel 2:384 lid 5 BW wordt de toepassing van deze optie vermeld in de toelichting.

In de toelichting wordt de rentevoet vermeld en tevens welk bedrag van de schuld een looptijd heeft van langer dan een jaar en langer dan vijf jaar (art. 2:375 lid 2 BW).
Indien de invloed van het (dis)agio op de effectieve rente meer dan fractioneel is, kan de rechtspersoon overwegen hierover informatie te verschaffen (RJk B9.204). Over de gestelde zakelijke zekerheden moet per soort zekerheidstelling per categorie schuld vermeld worden (art. 2:375 lid 3 BW):
▶ voor welke schulden zakelijke zekerheid is gesteld en de vorm van de zekerheidstelling;
▶ voor welke schulden de rechtspersoon een verbintenis tot bezwaring of niet-bezwaring van de goederen is aangegaan.

Indien een langlopende schuld onder bepaalde omstandigheden op balansdatum direct of op korte termijn opeisbaar is, wordt deze schuld als kortlopende schuld gerubriceerd (RJk B9.206).

Indien echter op of voor balansdatum met de schuldeiser een herstelperiode is overeengekomen en daarom onmiddellijke opeising niet mogelijk is, blijft de schuld als langlopend geclassificeerd, mits de herstelperiode minimaal tot 12 maanden na balansdatum loopt. Indien pas na balansdatum doch voor het moment van opmaken van de jaarrekening overeenstemming wordt bereikt door de rechtspersoon met de schuldeiser over een herstelperiode waardoor de lening niet binnen 12 maanden na balansdatum opeisbaar is, is het toegestaan de schuld als langlopend te classificeren. De toepassing van deze optie moet dan worden toegelicht (art. 9 BMW).

Het karakter van de overlopende passiefposten wordt door rubricering in de balans of door specifieke benaming, of door een nadere uiteenzetting in de toelichting tot uitdrukking gebracht. Aanbevolen wordt het bedrag van de overlopende passiefposten alleen afzonderlijk in de balans op te nemen indien het bedrag ervan van voldoende belang is en in andere gevallen het bedrag samen te voegen met de overige schulden (RJk B9.402).
Indien de overlopende passiva in een afzonderlijke rubriek onder de kortlopende schulden worden opgenomen, moet worden aangegeven in welke mate de post als langlopend te beschouwen is (RJk B9.403).

44.6.12 Voorzieningen en niet in de balans opgenomen verplichtingen

Voor de definities en waardering van voorzieningen en niet in de balans opgenomen verplichtingen wordt verwezen naar hoofdstuk 16.
Van iedere categorie *voorzieningen* moet een kleine rechtspersoon de gekozen waarderingsgrondslag vermelden (RJk B10.109). Indien een verplichting die voortkomt uit een gebeurtenis in het verleden geheel of gedeeltelijk niet wordt voorzien omdat het bedrag ervan niet met voldoende betrouwbaarheid kan worden vastgesteld, dient dit feit te worden vermeld (RJk B10.110).

De rechtspersoon vermeldt op grond van artikel 2:381 lid 1 BW tot welke belangrijke niet in de balans opgenomen financiële verplichtingen de rechtspersoon voor een aantal toekomstige jaren is verbonden, alsmede tot welke voorwaardelijke activa, voorwaardelijke verplichtingen en niet verwerkte verplichtingen de rechtspersoon is verbonden. Daarbij worden afzonderlijk vermeld de verplichtingen jegens groepsmaatschappijen (RJk B10.203a).

Ten aanzien van *niet in de balans opgenomen verplichtingen* wordt de aard voor iedere categorie ervan in de toelichting kort beschreven (RJk B10.204). Tevens kan de rechtspersoon overwegen (indien praktisch mogelijk) voor iedere categorie per balansdatum de volgende toelichting te verschaffen (RJk B10.204):
▶ een schatting van het financiële effect ervan;

▶ een indicatie van de onzekerheden met betrekking tot het bedrag of het moment van de uitstroom; en
▶ de mogelijkheid van enigerlei vergoeding.

Deze informatie behoeft niet te worden gegeven indien het zeer onwaarschijnlijk is dat voor de afwikkeling van niet in de balans opgenomen verplichtingen middelen nodig zullen zijn. Wanneer (een gedeelte van) deze informatie niet wordt gegeven omdat dat niet uitvoerbaar is, kan de rechtspersoon overwegen dit te vermelden. In zeer uitzonderlijke gevallen is het mogelijk dat vermelding van deze informatie de positie van de rechtspersoon in een geschil ernstig zou schaden. In die gevallen behoeft de rechtspersoon de informatie niet te verstrekken. Wel kan de rechtspersoon dan overwegen de algemene aard van het geschil te vermelden. In de toelichting wordt informatie verstrekt over verplichtingen die zijn aangegaan voor schulden e.d. van groepsmaatschappijen en overige verbonden maatschappijen buiten de groep (art. 2:361 lid 4 BW).

Tevens dient in de toelichting de volgende informatie te worden opgenomen (RJk B10.205-209):
▶ over de hoedanigheid van volledig onbeperkt aansprakelijk vennoot in een Vof of CV (beherend vennoot);
▶ met betrekking tot verplichtingen ten behoeve van groepsmaatschappijen wordt bepaald dat in de toelichting afzonderlijk dient te worden vermeld dat de rechtspersoon deel uitmaakt van een fiscale eenheid voor vennootschapsbelasting en/of omzetbelasting met andere groepsmaatschappijen;
▶ het totaalbedrag van de betalingen inzake vaste activa waartoe de rechtspersoon zich heeft verbonden, kortom de investeringsverplichtingen;
▶ het totaalbedrag aan langlopende verbintenissen tot het doen van betalingen ter verkrijging van gebruiksrechten of andere rechten die niet in de balans zijn opgenomen, waarbij afzonderlijk wordt aangegeven welke totaalbedragen vervallen na een jaar en na vijf jaar. Indien individuele verbintenissen door looptijd en/of door omvang van bijzondere betekenis zijn, kan de rechtspersoon overwegen in de toelichting mededeling te doen van de aard, het bedrag en de looptijd;
▶ het totaalbedrag aan verplichtingen uit in- en verkoopcontracten betrekking hebbende op voorraden, indien zij in verhouding tot de normale bedrijfsomvang een abnormaal grote afname- of leveringsplicht inhouden;
▶ garanties ten behoeve van de gezamenlijke bestuurders en afzonderlijk de garanties ten behoeve van de gezamenlijke commissarissen van de rechtspersoon, zoals verstrekt door de rechtspersoon, zijn dochtermaatschappijen en de maatschappijen waarvan hij de gegevens consolideert.

44.6.13 Leasing

De definities van operationele en financiële lease zijn dezelfde als die bij een grote (of middelgrote) rechtspersoon. De beoordeling en de verwerking van operationele lease en financiële lease geschieden bij een kleine rechtspersoon op dezelfde wijze als bij een grote (of middelgrote) rechtspersoon (zie hoofdstuk 32). Bij leaseovereenkomsten ter zake van grond en gebouwen is het toegestaan om de bestanddelen van grond en gebouwen in het kader van de leaseclassificatie afzonderlijk in beschouwing te nemen (RJk B11.106). Tevens mag bij de berekening van de contante waarde van de leasetermijnen ook de marginale rentevoet worden gehanteerd indien aannemelijk is dat deze niet materieel afwijkt van de impliciete rentevoet (RJk B11.107).
Een kleine rechtspersoon behoeft minder toelichting op te nemen.
Voor een financiële lease wordt in de toelichting de rentevoet vermeld en tevens welk bedrag van de schuld een looptijd heeft langer dan een jaar en langer dan vijf jaar (art. 2:375 lid 2 BW).

Voor operationele leases (dit zijn langlopende verbintenissen tot het doen van betalingen ter verkrijging van gebruiksrechten of andere rechten) worden in de toelichting de nominale waarde van de minimale leaseverplichtingen en een gemiddelde looptijd van deze verplichting vermeld (RJk B11.113).

44.6.14 Financiële instrumenten

Toelichtingseisen bij waardering tegen kostprijs

Voor financiële activa die zijn gewaardeerd tegen een hoger bedrag dan de actuele waarde vermeldt de rechtspersoon op grond van artikel 2:381b BW (RJk B12.109):
- de boekwaarde en de reële waarde van de afzonderlijke activa of van de passende groepen van de afzonderlijke activa; en
- de reden waarom de boekwaarde niet is verminderd, alsmede de aard van de aanwijzingen die ten grondslag liggen aan de overtuiging dat de boekwaarde zal kunnen worden gerealiseerd.

Toelichtingseisen bij waardering tegen actuele waarde

Per categorie van financiële instrumenten die tegen reële waarde worden gewaardeerd vermeldt de rechtspersoon op grond van artikel 2:381a BW de reële waarde, de waardeveranderingen die in de winst-en-verliesrekening zijn opgenomen, de waardeveranderingen die op grond van artikel 2:390 lid 1 BW in de herwaarderingsreserve zijn opgenomen en de waardeveranderingen die op de vrije reserves in mindering zijn gebracht (RJk B12.110). Per categorie van afgeleide financiële instrumenten wordt informatie gegeven over de omvang en de aard van de instrumenten, alsmede de voorwaarden die op het bedrag, het tijdstip en de zekerheid van toekomstige kasstromen van invloed kunnen zijn.

Indien de reële waarde met behulp van waarderingsmodellen en -technieken is bepaald, worden op grond van artikel 2:381a BW de aannames die daaraan ten grondslag liggen vermeld.

44.6.15 Winst-en-verliesrekening

Voor de verwerking van opbrengsten door een kleine rechtspersoon gelden dezelfde criteria als voor een grote rechtspersoon (zie hiervoor hoofdstuk 5).

Het is rechtspersonen toegestaan IFRS 15, zoals aanvaard door de EU, toe te passen voor opbrengsten en gerelateerde kosten met betrekking tot de verkoop van goederen en het verlenen van diensten in plaats van RJk B13.102-107 'Winst-en-verliesrekening', mits sprake is van een integrale en consistente toepassing van IFRS 15. Dit betekent tevens dat IFRS 15, zoals aanvaard door de EU, moet worden toegepast voor opbrengsten en gerelateerde kosten met betrekking tot onderhanden projecten in plaats van RJk B5.3 'Onderhanden projecten'.

In de toelichting moet (art. 2:384 lid 5 BW en RJk B13.109) de methode van toerekening van opbrengsten aan verslagperioden worden uiteengezet, waaronder de wijze van vaststelling van de mate van voltooiing van opdrachten tot dienstverlening.

Bedragen die de rechtspersoon voor derden ontvangt zijn geen weergave van hetgeen de rechtspersoon voor eigen rekening en risico presteert (RJk B13.110). Bedragen die voor rekening van derden worden ontvangen en worden doorbetaald (waaronder bepaalde, over de omzet geheven belastingen) vormen daarom geen opbrengsten. Dit is ook van belang voor het bepalen van de netto-omzet in het kader van de groottecriteria.

De kleine rechtspersoon mag zijn winst-en-verliesrekening opstellen op basis van de modellen I en J van het Besluit modellen jaarrekening. Bij toepassing van deze modellen wordt slechts de brutomarge weergegeven. De netto-omzet wordt in dat geval niet getoond. De rechtspersoon vermeldt in een verhoudingscijfer in welke mate de netto-omzet ten opzichte van het vorige jaar is gestegen of gedaald (art. 2:396 lid 4 BW).

Bijzondere posten worden met het oog op de vergelijkbaarheid en de analyse van de resultaten naar aard en omvang afzonderlijk en ongesaldeerd verwerkt dan wel als zodanig toegelicht. Dit geldt ook voor bijzondere posten die zijn opgenomen in meerjarenoverzichten. Indien een bijzondere post is verwerkt in meerdere andere posten van de winst-en-verliesrekening, kan de rechtspersoon overwegen het totale financiële effect van deze bijzondere post toe te lichten alsmede de wijze waarop de bijzondere post is verwerkt. Dit kan geschieden door het geven van een specificatie (inclusief bedragen) van de posten waaronder de bijzondere post is verwerkt (RJk B13.112).

Regelgeving van toepassing in toekomstige jaren

De RJ heeft in december 2020 RJ-Uiting 2020-15 gepubliceerd, omdat geconstateerd werd dat er in de praktijk behoefte is aan aanvullende richtlijnen over de manier waarop opbrengsten moeten worden verantwoord. In de analyse hoe de RJ het beste aan die behoefte tegemoet kan komen, heeft de RJ de bepalingen in IFRS 15 'Revenue from Contracts with Customers' meegenomen. De RJ heeft geconcludeerd dat het volledig overnemen van de bepalingen van IFRS 15 in de Richtlijnen niet wenselijk is. In de RJk-bundel zijn onder andere wijzigingen aangebracht in RJk B13. Deze wijzigingen worden van kracht voor verslagjaren die aanvangen op of na 1 januari 2022. Hierna worden de wijzigingen kort uiteengezet.

Afzonderlijk te identificeren componenten (RJk B13.101b)

Het is in bepaalde gevallen noodzakelijk om RJk B13 toe te passen op afzonderlijk te identificeren componenten van een overeenkomst, of een groep van overeenkomsten, teneinde de economische realiteit van een overeenkomst of een groep van overeenkomsten weer te geven.

Variabele vergoedingen (RJk B13.103)

Er waren geen specifieke bepalingen opgenomen voor de verwerking van variabele vergoedingen als de omvang ervan betrouwbaar kan worden bepaald. De RJ heeft nu opgenomen dat de omvang van een opbrengst wordt bepaald op het bedrag waarop de rechtspersoon verwacht recht te hebben in ruil voor geleverde goederen of diensten. Dit bedrag kan variëren vanwege kortingen, teruggaven, terugbetalingen, prijsconcessies, prestatiebonussen, sancties of andere soortgelijke elementen. Dergelijke vergoedingen worden aangeduid als variabele vergoedingen. De omvang van een te verwerken variabele vergoeding wordt bepaald door een beste schatting te maken rekening houdend met een redelijke mate van voorzichtigheid.

44.6.16 Personeelsbeloningen

Verwerking en waardering van pensioenrechten

In Richtlijn B14 wordt de verplichtingenbenadering gevolgd; het onderscheid tussen toegezegde-bijdrageregeling en toegezegd-pensioenregeling is niet aan de orde.

Voor pensioenregelingen van de directeur-grootaandeelhouder die in eigen beheer worden gehouden neemt de rechtspersoon een voorziening op voor de per balansdatum opgebouwde pensioenverplichting. De opgebouwde pensioenverplichting bestaat uit de opgebouwde pensioenaanspraken, inclusief onvoorwaardelijk overeengekomen (toekomstige) indexaties van de opgebouwde aanspraken (RJk B14.110).

Een pensioenregeling wordt in eigen beheer gehouden als deze wordt uitgevoerd door de rechtspersoon zelf, of door een houdstermaatschappij dan wel directiepensioenlichaam (RJk B14.110).

Deze voorziening wordt gewaardeerd op basis van een in Nederland algemeen aanvaardbare actuariële waarderingsmethodiek. De daarbij te hanteren actuariële veronderstellingen worden gebaseerd op de beste schatting van de variabelen die de omvang bepalen van de uitgaven die naar verwachting noodzakelijk zullen zijn om de verplichting af te wikkelen (RJk B14.110).

Voorwaardelijk overeengekomen indexaties behoren niet tot de opgebouwde pensioenverplichting. Voorwaardelijk overeengekomen indexaties zijn indexaties waarvan de toekenning afhankelijk is van toekomstige gebeurtenissen of omstandigheden. Dit is bijvoorbeeld het geval als is overeengekomen dat een ingegaan pensioen jaarlijks 'indien mogelijk' wordt aangepast (RJk B14.110).

Open indexaties kunnen onvoorwaardelijk of voorwaardelijk zijn overeengekomen. Open indexaties houden in dat opgebouwde rechten vóór de pensioendatum en/of ingegane pensioenen worden aangepast aan de loon- of prijsontwikkeling, uitgedrukt in een algemeen indexcijfer (RJk B14.110).

De rechtspersoon kan ervoor kiezen om bij de bepaling van de omvang van de voorziening rekening te houden met aanpassingen van per balansdatum opgebouwde aanspraken die voortvloeien uit verwachte toekomstige salarisstijgingen en/of uit eventuele verwachte toekomstige aanpassingen vanwege toekenning van voorwaardelijk overeengekomen indexaties (RJk B14.110).

Sinds 1 april 2017 is de 'Wet uitfasering pensioen in eigen beheer en overige fiscale pensioenmaatregelen' van kracht. Verwachte toekomstige salarisstijgingen hebben daarmee niet langer invloed op de omvang van de voorziening (RJk B14.110).

De rechtspersoon moet in de toelichting de gehanteerde berekeningsgrondslagen en de gehanteerde rekenrente vermelden (art. 2:384 lid 5 BW).

Voor oudedagsverplichtingen op basis van de 'Wet uitfasering pensioen in eigen beheer en overige fiscale pensioenmaatregelen' wordt een verplichting opgenomen onder de schulden. Deze wordt gewaardeerd tegen de fiscale boekwaarde (RJk B14.110a).

Bij de berekening van de verplichting kan worden volstaan met het in aanmerking nemen van de verschuldigde premie als last in de winst-en-verliesrekening (RJk B14.112). Voor zover de verschuldigde premie niet is voldaan wordt deze als verplichting opgenomen in de balans (RJk B14.113). Als de reeds betaalde premiebedragen de verschuldigde premie overtreffen, wordt het meerdere opgenomen als een overlopend actief voor zover er sprake zal zijn van terugbetaling door het fonds of van verrekening met in de toekomst verschuldigde premies (RJk B14.113).

Indien het effect van de tijdswaarde van geld materieel is, wordt de verplichting gewaardeerd tegen de contante waarde. De disconteringsvoet vóór belastingen waartegen contant wordt gemaakt, geeft de actuele marktrente weer. De marktrente per balansdatum van hoogwaardige ondernemingsobligaties is de meest geëigende invulling van actuele marktrente. Indien de periode waarover de uitgaven contant worden gemaakt niet langer is dan een jaar, behoeft de verplichting niet tegen de contante waarde te worden opgenomen. (RJk B14.114).

Naast een verplichting voor de nog verschuldigde periodieke pensioenpremies wordt in de balans een verplichting opgenomen voor eventueel nog andere verschuldigde bedragen met betrekking tot per balansdatum opgebouwde rechten (RJk B14.115).

Er wordt eveneens een voorziening opgenomen voor op andere wijze dan door financieringsachterstanden ontstane tekorten in een pensioenfonds of bij een levensverzekeringsmaatschappij waarvoor de rechtspersoon een juridische en feitelijke verplichting heeft (RJk B14.116).

Toelichting pensioenregeling

In de toelichting kan worden overwogen een beschrijving in algemene zin van de inhoud van de (belangrijkste) pensioenregelingen op te nemen waarin in ieder geval aandacht kan worden besteed aan de gevolgen van de pensioenregeling(en) voor de rechtspersoon (RJk B14.117).
Op grond van artikel 2:377 lid 3 onder f BW dienen de pensioenlasten afzonderlijk te worden verwerkt.

Verwerking andere uitgestelde beloningen

Een kleine rechtspersoon kan de andere uitgestelde beloningen verwerken op dezelfde wijze als een grote rechtspersoon. Als alternatief is het ook toegestaan (RJk B14.106a) voor jubileumuitkeringen, 'sabbatical leaves' en vergelijkbare uitkeringen de last te nemen in het jaar dat deze worden uitgekeerd respectievelijk opgenomen, tenzij er sprake is van een onvoorwaardelijke opbouw van rechten.

Ontslagvergoedingen

De regels voor verwerking van een uitkering bij ontslag zijn dezelfde als voor grote rechtspersonen (zie par. 5.4.3).

44.6.17 Belastingen

Wat betreft de definities en waardering en verwerking van belastingen, belastinglatenties en de bijzondere bepalingen indien er sprake is van een fiscale eenheid, wordt verwezen naar hoofdstuk 17. Kleine rechtspersonen zijn op grond van artikel 2:396 BW vrijgesteld van (RJk B15.119):
- afzonderlijke vermelding van latente belastingvorderingen en latente belastingverplichtingen;
- afzonderlijke vermelding van vorderingen en schulden ter zake van belastingen.

De belastinglast of -bate met betrekking tot het resultaat uit gewone bedrijfsuitoefening moet afzonderlijk in de winst-en-verliesrekening worden gepresenteerd (RJk B15.119).

Voor het salderen van latente belastingvorderingen en -verplichtingen wordt verwezen naar paragraaf 17.5. In de toelichting wordt een uiteenzetting gegeven van de gehanteerde methode van waardering (art. 2:384 lid 5 BW). De rechtspersoon kan overwegen het totaalbedrag aan belastingen dat rechtstreeks in het vermogen is verwerkt, te vermelden (RJk B15.121).

44.6.18 Rente

Als rentelasten zijn geactiveerd moet hiervan in de toelichting melding worden gemaakt (art. 2:388 lid 2 BW). Verder kan de rechtspersoon overwegen het bedrag dat gedurende het boekjaar is geactiveerd afzonderlijk te vermelden in de toelichting op de post Rentelasten, alsmede de rentevoet die is gehanteerd voor de berekening van de te activeren rentepost (RJk B16.105).

Agio, disagio, transactiekosten en aflossingspremies moeten als rentelast aan de opeenvolgende verslagperioden worden toegerekend. Deze toerekening moet zodanig geschieden dat per saldo de effectieve rente in de winst-en-verliesrekening wordt verwerkt en in de balans (per saldo) de amortisatiewaarde van de schuld wordt verwerkt. Het toepassen van lineaire amortisatie in plaats van het toepassen van de effectieve rentemethode wordt als alternatief toegestaan (RJk B16.104).

44.6.19 Overheidssubsidies

Er gelden voor kleine rechtspersonen geen vrijstellingen voor de verwerking en waardering van overheidssubsidies (zie hoofdstuk 35).
In de toelichting moet worden vermeld:
- de wijze waarop subsidies en andere vormen van overheidssteun in de jaarrekening zijn verwerkt (art. 2:384 lid 5 BW); en;
- de voorwaardelijke financiële verplichtingen die verband houden met genoten ontwikkelingskrediet (art. 2:381 lid 1 BW).

Indien een premie ingevolge een investeringsregeling of een eenmalige investeringsaftrek wordt beschouwd als een belastingfaciliteit, wordt het recht daarop in het jaar waarin daaraan voor het eerst een waarde kan worden toegekend, hetzij ineens, hetzij over een aantal jaren gespreid ten gunste van de post 'Belastingen' in de winst-en-verliesrekening gebracht (RJk B17.115).

De rechtspersoon kan overwegen de volgende toelichtingen te verschaffen (RJk B17.116):
- de aard van de verkregen subsidies en andere vormen van overheidssteun; en
- de omvang van de in het verslagjaar in de jaarrekening verwerkte subsidies en andere vormen van overheidssteun.

44.6.20 Toelichting

De toelichting vormt volgens artikel 2:361 lid 1 BW een onderdeel van de jaarrekening.
Volgens RJk B18.102 dient de toelichting minimaal te omvatten:
- een uiteenzetting van de gehanteerde waarderings- en resultaatbepalingsgrondslagen en een uiteenzetting van de gehanteerde consolidatiegrondslagen;
- detaillering en informatie die volgens de wet in de toelichting wordt opgenomen (bijvoorbeeld: mutatie-overzichten, omzetspecificaties etc.).

De rechtspersoon kan overwegen overige detailleringen op te nemen (gelet op het inzicht in vermogen en resultaat) zoals informatie over verbonden partijen, looptijd leningen, zekerheidstelling schulden, voorwaardelijke verplichtingen.

De toelichting dient zodanig te worden gerubriceerd dat de duidelijkheid wordt gediend. De toelichting moet de volgorde van de vermelding van de posten aanhouden (art. 2:363 lid 1 BW).

Algemeen gedeelte

In het algemene gedeelte van de toelichting moeten (voor zover dit niet reeds elders in de jaarrekening of de daarmee gezamenlijk openbaar gemaakte stukken is gebeurd) de naam, de rechtsvorm, de statutaire vestigingsplaats, nummer van inschrijving bij de KvK worden opgenomen (RJk B18.104).
Daarnaast moeten in dit gedeelte worden behandeld:
- grondslagen van waardering en resultaatbepaling (inclusief de gemaakte keuze tussen waardering tegen actuele waarde of tegen historische kostprijs) en wijzigingen hierin inclusief redenen en invloed op de gepresenteerde cijfers;
- de wijze van toerekening van baten en lasten (op welk moment worden de prestaties geacht te zijn geleverd, welke kosten worden in de waardering van de voorraden begrepen etc.);
- de behandeling van belastingen, vreemde valuta's, immateriële vaste activa, belangrijke bijzondere voorzieningen;

- wijzigingen in de grondslagen voor de waardering van activa en passiva en voor de resultaatbepaling, alsmede wijzigingen in de presentatie van de balans en van de winst-en-verliesrekening, een en ander met name voor wat betreft de redenen voor de wijzigingen en de invloed daarvan op de cijfers; acquisities of afstotingen en hun invloed op de cijfers (art. 2:363 lid 5 BW);
- de doorslaggevende betekenis van bepaalde gebeurtenissen voor de interpretatie van de jaarrekening (art. 2:362 lid 1 BW).

De rechtspersoon kan overwegen in het algemene gedeelte voorts de volgende toelichtingen te verschaffen:
- een beschrijving van de belangrijkste activiteiten van de rechtspersoon;
- het adres van de rechtspersoon;
- indien de plaats van feitelijke activiteiten afwijkt van de statutaire vestigingsplaats de plaats en het adres van de feitelijke activiteiten;
- een uiteenzetting over de verlieslatendheid en/of discontinuïteit van activiteiten.

Specifiek gedeelte

Het specifieke gedeelte van de toelichting omvat onder andere (RJk B18.105):
- grondslagen voor zover deze niet reeds in het algemene gedeelte van de toelichting zijn opgenomen;
- uiteenzettingen en vermeldingen omtrent waardebepalingen en de daarvoor toegepaste technieken;
- specificaties ter zake van de balans en winst-en-verliesrekening;
- informatie over het gemiddelde aantal werknemers en het aantal werknemers dat buiten Nederland werkzaam is (art. 2:382 BW).

Bij de beslissing een bepaalde grondslag al of niet afzonderlijk te vermelden wordt afgewogen of vermelding bijdraagt aan het vereiste inzicht in de wijze waarop transacties en gebeurtenissen zijn verwerkt in het resultaat. De RJ noemt een groot aantal voorbeelden van te vermelden grondslagen (RJk B18.106).

Beëindiging bedrijfsactiviteiten

Voor de definitie van beëindiging van bedrijfsactiviteiten wordt verwezen naar hoofdstuk 33. Een kleine rechtspersoon kan overwegen in het boekjaar waarin de initiële gebeurtenis zich voordoet, in de toelichting op de jaarrekening bepaalde informatie over deze bedrijfsactiviteit te vermelden (RJk B18.204). Het gaat hierbij om:
- een beschrijving van de bedrijfsactiviteit die niet duurzaam wordt voortgezet;
- het tijdstip en de aard van de initiële gebeurtenis;
- het tijdstip waarop of de periode waarin de beëindiging zal worden afgerond;
- de boekwaarden per balansdatum van het totaal van de activa en het totaal van de posten van het vreemd vermogen die worden afgestoten/geliquideerd.

Dienstverlening uit hoofde van concessies

Voor de definitie van concessiedienstverlening wordt verwezen naar paragraaf 35.4. Indien en voor zover relevant voor het inzicht kan de rechtspersoon overwegen in de toelichting een uiteenzetting te geven (RJk B18.302) van:
- de (contractuele) afspraken en de opgetreden wijzigingen daarin;
- de belangrijke voorwaarden in de afspraken die van invloed zijn op grootte, moment en zekerheid van de kasstromen;
- de aard en omvang van de rechten en verplichtingen;
- de veranderingen van de afspraken gedurende de periode.

De te verstrekken informatie mag worden samengevoegd voor groepen van concessies (RJk B18.303).

44.7 Overige gegevens, winstbestemming en verwerking verlies

Overige gegevens

Voor de begripsbepaling en de overige algemene voorschriften omtrent de overige gegevens wordt verwezen naar hoofdstuk 41. Een kleine rechtspersoon behoeft geen overige gegevens op te stellen of toe te voegen aan de jaarrekening (art. 2:396 lid 7 BW).

Winstbestemming en verwerking verlies

In artikel 2:362 lid 2 BW is opgenomen dat in de balans het vermogen mag worden weergegeven zoals dit is samengesteld met inachtneming van de bestemming van de winst of de verwerking van het verlies, of, zolang deze niet vaststaan, met inachtneming van het voorstel daartoe (RJk A8.101). Indien de rechtspersoon het dividend of het voorstel daartoe niet verwerkt in de jaarrekening kan overwogen worden het bedrag hiervan te vermelden in de toelichting (RJk A8.102). Artikel 11 van het Besluit modellen jaarrekening bepaalt dat boven aan de balans wordt aangegeven of daarin de bestemming van het resultaat wordt verwerkt. Is de bestemming van het resultaat niet verwerkt, dan wordt op de balans het nettoresultaat na belastingen afzonderlijk vermeld als laatste post van het eigen vermogen met de omschrijving 'resultaat boekjaar' (RJk A8.103).

Voor de uitwerking van bovenstaande gegevens wordt verwezen naar hoofdstuk 41. De Overige gegevens behoeven door een kleine rechtspersoon niet te worden toegevoegd en dus ook niet gedeponeerd.

44.8 Vrijstellingen ten aanzien van deponering

44.8.1 Algemeen

Kleine rechtspersonen kunnen op grond van artikel 2:396 lid 8 BW volstaan met de openbaarmaking van een beperkte balans met toelichting. Wat betreft de formaliteiten van het openbaar maken door deponering bij het handelsregister wordt verwezen naar paragraaf 2.8. De winst-en-verliesrekening met toelichting behoeft niet te worden gedeponeerd (art. 2:396 lid 8 BW). Een kleine rechtspersoon moet de jaarrekening volgens de bepalingen van artikel 2:394 BW deponeren. Daarbij mag rekening worden gehouden met de vereenvoudigingen en vrijstellingen van artikel 2:396 BW (RJk A6.102).

Indien een kleine rechtspersoon geen winst beoogt (blijkens de doelomschrijving in haar statuten, zoals bijvoorbeeld een pensioen-BV), mag op grond van artikel 2:396 lid 9 BW openbaarmaking van een balans met toelichting achterwege blijven, mits:
- de rechtspersoon de balans met toelichting op verzoek van aandeelhouders, certificaathouders (of anderen die het recht hebben de algemene vergadering bij te wonen) en schuldeisers onmiddellijk en zonder kosten aan hen toezendt, of ten kantore van de rechtspersoon ter inzage geeft;
- bij het handelsregister een accountantsverklaring wordt neergelegd, inhoudende dat de rechtspersoon geen werkzaamheden heeft verricht buiten de doelomschrijving en dat artikel 2:396 lid 8 BW van toepassing is op de rechtspersoon.

Een kleine rechtspersoon is vrijgesteld van (het opstellen en) het deponeren van een bestuursverslag (art. 2:396 lid 7 BW). Ook behoeven geen Overige gegevens te worden opgesteld en te worden gedeponeerd (art. 2:396 lid 7 BW). Een kleine rechtspersoon die vrijwillig IFRS-EU toepast in de enkelvoudige jaarrekening kan geen gebruikmaken van de vrijstellingen voor kleine rechtspersonen en dus niet volstaan met de publicatie van een beperkte balans met toelichting. Ook de wettelijke vrijstellingen voor openbaarmaking en accountantscontrole gelden in dat geval niet.

44.8.2 Vrijstellingen voor de balans met toelichting

Op grond van artikel 2:396 lid 3 BW mag worden volstaan met een balans met toelichting die beperkt is tot de volgende gegevens:
- de hoofdindeling van de balans;
- som van de herwaarderingen;
- het bedrag van de vorderingen met een looptijd langer dan een jaar zonder uitsplitsing naar soort vordering;
- specificatie eigen vermogen;
- het bedrag van de schulden met een looptijd langer dan een jaar. en het totale bedrag van de schulden langer dan vijf jaar, zonder uitsplitsing naar soort schuld;
- verstrekte zakelijke zekerheden;
- verstrekte garanties;
- opgave van het ingehouden deel van het resultaat.

Op grond van artikel 2:396 lid 5 BW dienen de volgende gegevens wel opgenomen te worden in de toelichting:
- een mutatie-overzicht voor de herwaarderingsreserve;
- de zakelijke inhoud van rechtshandelingen als bedoeld in de artikelen 2:94, 2:94c en 2:204 BW;
- een naamloze vennootschap vermeldt iedere verwerving en vervreemding voor haar rekening van eigen aandelen of certificaten daarvan;
- naam en woonplaats van de maatschappij die de geconsolideerde jaarrekening opstelt van het groepsdeel waartoe de rechtspersoon behoort (art. 2:396 lid 5 BW);
- niet in de balans opgenomen langlopende verplichtingen (art. 2:381 BW);
- gemiddeld aantal gedurende het boekjaar bij de rechtspersoon werkzame werknemers (art. 2:382 BW);
- leningen, voorschotten en garanties verstrekt ten behoeve van bestuurders en commissarissen (art. 2:383 lid 2 BW).

45 Tussentijdse berichten

45.1 Begripsbepaling en afbakening	
Tussentijdse berichten	Financiële overzichten over een verslagperiode korter dan een volledig boekjaar.
45.2 Wet- en regelgeving	
Toepassing	Voor bepaalde beursgenoteerde rechtspersonen, wettelijke verplichting voor opstellen halfjaarlijkse financiële verslaggeving in Wft.
	Voor niet-beursgenoteerde rechtspersonen, geen verplichting of aanbeveling voor het opstellen van tussentijdse berichten in RJ 394 of IAS 34.
45.3 Vorm en inhoud halfjaarlijkse financiële verslaggeving	
Halfjaarrekening	Voor beursgenoteerde rechtspersonen, minimumeisen in Wft en IAS 34.
	Voor niet-beursgenoteerde rechtspersonen, minimumeisen met betrekking tot alle vormen van tussentijdse berichten, en niet specifiek voor halfjaarrekening, in RJ 394 of IAS 34.
	Minimumeisen: Verkorte balans, winst-en-verliesrekening of (alleen IAS 34) overzicht totaalresultaat, mutatie-overzicht eigen vermogen, kasstroomoverzicht, specifieke toelichting op de genoemde overzichten en toelichting van de belangrijkste gebeurtenissen.
Halfjaarlijks bestuursverslag en bestuursverklaring	Voor beursgenoteerde rechtspersonen, minimumeisen voor halfjaarlijks bestuursverslag en bestuursverklaring in Wft.
	Voor niet-beursgenoteerde rechtspersonen, nauwelijks tot geen minimumeisen voor halfjaarlijks bestuursverslag in RJ 394 of IAS 34. Bestuursverklaring is niet vereist.
Tijdstip van rapportering	Voor beursgenoteerde rechtspersonen, binnen drie maanden na afloop van de halfjaarperiode, voorgeschreven door Wft.
	Voor niet-beursgenoteerde rechtspersonen, beveelt RJ 394 aan om te publiceren binnen drie maanden na afloop van de periode. IAS 34 beveelt aan om binnen 60 dagen na afloop van de periode te publiceren.
45.4 Vorm en inhoud kwartaalberichten	
Minimuminhoud	Voor zowel beursgenoteerde rechtspersonen als niet-beursgenoteerde rechtspersonen, minimumeisen met betrekking tot alle vormen van tussentijdse berichten, en niet specifiek voor kwartaalberichten, in RJ 394 of IAS 34.

45.5 Perioden waarover wordt gerapporteerd	
Balans	Einde tussentijdse periode en ter vergelijking einde laatst afgesloten boekjaar.
Winst-en-verliesrekening	Tussentijdse periode en cumulatief lopende boekjaar en ter vergelijking zelfde perioden vorige boekjaar.
Mutatie-overzicht eigen vermogen	Mutaties begin boekjaar tot en met einde tussentijdse periode en ter vergelijking zelfde periode vorige boekjaar.
Kasstroomoverzicht	Cumulatief lopende boekjaar en ter vergelijking zelfde periode vorige boekjaar.
45.6 Eerste toepassing IFRS	
	IFRS 1 vereist toelichtende informatie over de effecten van de eerste toepassing van IFRS.
45.7 Grondslagen van waardering en resultaatbepaling	
Algemene principe	Een tussentijds bericht wordt op basis van dezelfde grondslagen opgesteld als de jaarrekening. Verder worden nieuwe grondslagen, waaronder stelselwijzigingen, die van toepassing zijn in het boekjaar toegepast.
Uitzonderingen op het algemene principe	Materialiteit en schattingen ruimer voor het tussentijdse bericht. Belastingdruk in het tussentijdse bericht gebaseerd op het gehele boekjaar; hierbij rekening houdend met compensatie van verliezen uit het verleden.
45.8 Vrijstellingen voor middelgrote rechtspersonen	
Opname van informatie	Middelgrote rechtspersonen kunnen gebruikmaken van wettelijke vrijstellingen voor inrichtings- en publicatievoorschriften.

45.1 Begripsbepaling en afbakening

Tussentijdse berichten zijn (financiële) overzichten over een verslagperiode korter dan een volledig boekjaar (RJ 394.104, IAS 34.4). Voorbeelden zijn halfjaarberichten en kwartaalberichten.

Tussentijdse berichten worden gepubliceerd om tijdig informatie over de ontwikkeling van omzet, resultaat en vermogen te verschaffen aan belanghebbenden.
Om die reden kan wet- en regelgeving voorschriften omvatten voor de opstelling van een tussentijds bericht.

Beursgenoteerde rechtspersonen zijn in beginsel verplicht halfjaarlijkse financiële verslaggeving op te stellen en te publiceren, voor rechtspersonen met een notering aan een gereglementeerde markt is dit wettelijk verplicht (zie par. 45.3).
De halfjaarlijkse financiële verslaggeving van beursgenoteerde rechtspersonen is duidelijk een onderdeel (geworden) van het Governance model en het periodiek afleggen van verantwoording door het bestuur van de rechtspersoon. Voor niet-beursgenoteerde rechtspersonen zijn er geen overeenkomstige voorschriften en staat het verantwoordingselement niet voorop. De eventueel opgestelde tussentijdse berichtgeving is voornamelijk gericht op het verstrekken van tussentijdse informatie over de gang van zaken (informatief karakter).

Naast tussentijdse berichten in de vorm van financiële overzichten kan er ook sprake zijn van andere vormen van tussentijdse berichten. Voorbeelden hiervan zijn:
- een naamloze vennootschap die een tussentijdse dividenduitkering doet, is verplicht een tussentijdse vermogensopstelling op te maken en deze bij het handelsregister te deponeren (art. 2:105 lid 4 BW);
- een rechtspersoon die een emissieprospectus opstelt, is in bepaalde omstandigheden verplicht tussentijdse financiële gegevens in het prospectus op te nemen (art. 5:13 lid 1 Wft en Prospectusverordening (Verordening EU 2017/1129);
- als een rechtspersoon betrokken is bij een juridische splitsing of een juridische fusie, is deze in bepaalde omstandigheden verplicht een tussentijdse vermogensopstelling op te maken (voor splitsing art. 2:334g lid 2 BW, voor fusie art. 2:313 lid 2 BW) (zie verder par. 25.10).

Op deze vormen van tussentijdse berichten met een specifiek doel/oogmerk wordt verder niet ingegaan. In dit hoofdstuk worden halfjaarberichten en kwartaalberichten behandeld.

45.2 Wet- en regelgeving

De verplichting voor beursgenoteerde rechtspersonen om halfjaarberichten op te stellen volgt uit de Wet op het financieel toezicht (Wft). De voorschriften van de Europese Transparantierichtlijn (2004/109/EG) zijn in deze wet opgenomen. De Wft hanteert voor het halfjaarbericht de term 'halfjaarlijkse financiële verslaggeving'. De halfjaarlijkse financiële verslaggeving moet worden opgesteld op basis van door de EU goedgekeurde IFRS (in casu Internationale verslaggevingsstandaard IAS 34 'Interim Financial Reporting' ('IAS 34')). Ook het Besluit uitvoeringsrichtlijn transparantie uitgevende instellingen Wft (Besluit Wft) bevat voorschriften met betrekking tot halfjaarlijkse financiële verslaggeving.

De Wft kent géén voorschriften tot opstellen van tussentijdse berichten met een grotere frequentie dan halfjaarlijkse berichten; met andere woorden, kwartaalberichten worden niet door de Wft voorgeschreven.

In Titel 9 Boek 2 BW en in de beursregels van Euronext[1] zijn geen voorschriften opgenomen die verplichten tot het opstellen van tussentijdse berichten.

In onderstaand schema is de toepassing van de wet- en regelgeving samengevat.

Wet- en regelgeving	Toepassing
Wft	Verplicht voor beursgenoteerde rechtspersonen
Besluit Wft	Verplicht voor beursgenoteerde rechtspersonen
IFRS/IAS 34	Verplicht voor beursgenoteerde rechtspersonen
	Mag worden toegepast door niet-beursgenoteerde rechtspersonen (waarvoor dus geen verplichting geldt om tussentijdse berichten op te stellen)
RJ 394	Mag worden toegepast door niet-beursgenoteerde rechtspersonen (waarvoor dus geen verplichting geldt om tussentijdse berichten op te stellen)

Wet op het financieel toezicht

De voorschriften met betrekking tot halfjaarlijkse financiële verslaggeving zijn opgenomen in de 'Regels voor informatievoorziening door uitgevende instellingen', hoofdstuk 5.1A van de Wft en in het Besluit transparantie

---

[1] Euronext Rule Book, Book I: Geharmoniseerde Regels, 17 mei 2019, en Book II: Algemeen Reglement Euronext Amsterdam Stock Market, 20 mei 2019.

uitgevende instellingen Wft. Deze voorschriften zijn van toepassing op bepaalde beursgenoteerde rechtspersonen; nader omschreven als uitgevende instellingen met Nederland als lidstaat van herkomst, en waarvan de effecten (aandelen en/of obligaties) zijn toegelaten tot de handel op een gereglementeerde markt in de Europese Unie (art. 5.25b lid 1 Wft).

Uitgevende instellingen zijn instellingen die effecten hebben uitgegeven of voornemens zijn effecten uit te geven (art. 1.1 Wft). Deze voorschriften zijn in beginsel ook van toepassing op beursgenoteerde 'closed-end' beleggingsinstellingen. Beleggingsinstellingen waarvan de rechten van deelneming op verzoek van de deelnemers ten laste van de activa of indirect worden ingekocht of terugbetaald, zogenaamde 'open-end' beleggingsinstellingen, en maatschappijen of fondsen voor collectieve belegging in effecten, zogenaamde 'ICBE's', zijn uitgesloten (art. 5:25b lid 3 Wft). Deze voorschriften zijn tevens niet van toepassing op uitgevende instellingen die voor 31 december 2010 uitsluitend beursgenoteerde obligaties hebben uitgegeven voor handel op een gereglementeerde markt in de Europese Unie met een nominale waarde per eenheid van ten minste € 50.000, zulks voor de looptijd van deze obligaties, en/of die uitsluitend beursgenoteerde obligaties of andere effecten zonder aandelenkarakter hebben uitgegeven met een nominale waarde per eenheid van ten minste € 100.000 (art. 5:25g lid 2 en 3 Wft). Onderstaand schema is een hulpmiddel om vast te stellen of Nederland de lidstaat van herkomst is (als bedoeld in art. 5.25a lid 1c en 5.25g lid 3 Wft):

	Statutaire zetel in Nederland	Statutaire zetel in andere lidstaat EU	Zetel buiten de EU (*)
Aandelen, of obligaties met nominale waarde < € 1.000	Ja, immers statutaire zetel in Nederland, ongeacht op welke gereglementeerde markt in de EU of op welke beurs buiten de EU de effecten zijn toegelaten.	Nee, andere lidstaat is de lidstaat van herkomst.	Ja, als effecten zijn toegelaten tot de handel op een gereglementeerde markt in Nederland en/of als op grond van de prospectus-verordening de jaarlijkse informatie wordt ingediend bij de AFM in Nederland.
Obligaties met nominale waarde van € 1.000 tot en met € 50.000	Uitgevende instelling heeft keuze als de effecten zijn toegelaten tot de handel op een gereglementeerde markt in een andere lidstaat in de EU: Nederland (statutaire zetel) of andere lidstaat (gereglementeerde markt).	Uitgevende instelling heeft keuze als de effecten zijn toegelaten tot de handel op een gereglementeerde markt in Nederland: Nederland (gereglementeerde markt) of andere lidstaat (statutaire zetel).	Ja, als de effecten zijn toegelaten tot de handel op een gereglementeerde markt in Nederland. Als sprake is van toelating tot meerdere gereglementeerde markten in andere lidstaten in de EU, heeft de uitgevende instelling een keuze uit één van deze lidstaten. Deze keuze blijft ten minste drie jaar geldig, tenzij de effecten van de uitgevende instelling niet meer worden toegelaten tot de handel op een gereglementeerde markt in de EU.

(*) Uitgevende instellingen met een zetel in een staat die geen EU lidstaat is en waarvan Nederland lidstaat van herkomst is, kunnen hun halfjaarlijkse financiële verslaggeving, zoals bedoeld in artikel 5:25d lid 1 Wft, opmaken overeenkomstig de in die staat geldende wettelijke voorschriften, indien die voorschriften gelijkwaardig zijn aan IFRS. Voor een uitleg van gelijkwaardigheid, zie paragraaf 23.4.2.2. De overige leden van artikel 5:25d Wft blijven buiten toepassing (art. 5:25v lid 1 Wft). Daarnaast bevat het Besluit transparantie uitgevende instellingen Wft een aantal inhoudsvereisten met betrekking tot het halfjaarlijks bestuursverslag (art. 9) en de bestuursverklaring (art. 10). De op deze uitgevende instellingen van toepassing zijnde wet- en regelgeving wordt verder niet behandeld.

De ESMA houdt op haar website een database van de gereglementeerde markten in de EU bij.
De Wft bevat specifieke voorschriften voor halfjaarlijkse financiële verslaggeving (verder behandeld in par. 45.3).
IAS 34 kent deze specifieke voorschriften niet.

Richtlijn 394 en IAS 34

De RJ en de IASB hebben met Richtlijn 394 'Tussentijdse berichten' ('RJ 394') respectievelijk IAS 34 minimumeisen met betrekking tot de vorm en/of inhoud van tussentijdse berichten en de grondslagen van waardering en resultaatbepaling die in tussentijdse berichten moeten worden toegepast, gepubliceerd. Richtlijn 394 is ooit opgesteld op basis van een eerdere versie van IAS 34, doch daarna slechts deels aangepast aan nadien doorgevoerde wijzigingen in IAS 34.

Zowel Richtlijn 394 als IAS 34 schrijven niet voor welke rechtspersonen de regelgeving over tussentijdse berichten moeten toepassen. IAS 34 beveelt aan dat beursgenoteerde rechtspersonen de regelgeving over tussentijdse berichten toepassen (IAS 34.1), maar uiteindelijk is het de Wft die voorschrijft dat beursgenoteerde rechtspersonen door de EU goedgekeurde IFRS (in casu IAS 34) moeten toepassen.

Door de verplichte toepassing van IFRS door bepaalde beursgenoteerde rechtspersonen is Richtlijn 394 primair bedoeld voor niet-beursgenoteerde rechtspersonen. Niet-beursgenoteerde rechtspersonen zijn niet verplicht Richtlijn 394 of IAS 34 toe te passen in hun tussentijdse berichten. Als een rechtspersoon echter stelt dat een tussentijds bericht is opgesteld in overeenstemming met de Richtlijnen voor de jaarverslaggeving of IFRS, dan dient de rechtspersoon Richtlijn 394 respectievelijk IAS 34 daadwerkelijk en volledig te hebben toegepast (RJ 394.101, IAS 34.3).

Verschillen Dutch GAAP - IFRS

De verplichting voor beursgenoteerde rechtspersonen om halfjaarlijkse financiële verslaggeving op te stellen volgt uit de Wft. Deze halfjaarlijkse financiële verslaggeving moet worden opgesteld op basis van IAS 34. IAS 34 beveelt zelf aan dat beursgenoteerde rechtspersonen de regelgeving over tussentijdse berichten toepassen.
Door de verplichte toepassing van IFRS door beursgenoteerde rechtspersonen is Richtlijn 394 primair bedoeld voor niet-beursgenoteerde rechtspersonen. Richtlijn 394 bevat geen verplichting of aanbeveling tot het opstellen van tussentijdse berichten. Niet-beursgenoteerde rechtspersonen zijn niet verplicht Richtlijn 394 of IAS 34 toe te passen in hun tussentijdse berichten, tenzij zij aangeven de Richtlijnen dan wel IFRS toe te passen.

Naast de minimumeisen voor tussentijdse berichten (IAS 34 en Richtlijn 394) die van toepassing is op beursgenoteerde en niet-beursgenoteerde rechtspersonen, bevat de Wft specifieke wetgeving voor halfjaarlijkse financiële verslaggeving van dergelijke beursgenoteerde rechtspersonen. IAS 34 kent deze specifieke voorschriften niet.

45.3 Vorm en inhoud halfjaarlijkse financiële verslaggeving

Beursgenoteerde rechtspersonen

Uitgevende instellingen waarvan *aandelen en/of obligaties* zijn toegelaten tot de handel op een gereglementeerde markt en die een geconsolideerde jaarrekening opstellen, maken zo spoedig mogelijk, doch uiterlijk drie maanden na afloop van de eerste zes maanden van het boekjaar, de halfjaarlijkse financiële verslaggeving op en stellen deze algemeen verkrijgbaar (art. 5:25d lid 1 Wft). Uitgevende instellingen deponeren deze verslaggeving gelijktijdig met de algemeenverkrijgbaarstelling bij de Autoriteit Financiële Markten (AFM) (art. 5:25m lid 5 Wft). De AFM oefent in het kader van de Wet toezicht financiële verslaggeving toezicht uit op de juiste toepassing van de verslaggevingsregels in de halfjaarlijkse financiële verslaggeving en op het tijdig deponeren van deze verslaggeving.

De halfjaarlijkse financiële verslaggeving van dergelijke beursgenoteerde rechtspersonen omvat (art. 5:25d lid 2 Wft):
- de halfjaarrekening (zie par. 45.3.1);
- het halfjaarlijks bestuursverslag (zie par. 45.3.2); en
- de verklaringen van de bij de uitgevende instelling als ter zake verantwoordelijke aangewezen personen van het feit dat, voor zover hun bekend, de halfjaarrekening en het halfjaarlijks bestuursverslag een getrouw beeld geven van de toestand op de balansdatum ('bestuursverklaring'; zie par. 45.3.3).

De geconsolideerde halfjaarrekening wordt opgesteld op basis van IFRS, en wel IAS 34. Wanneer geen geconsolideerde halfjaarrekening moet worden opgemaakt, kan alsnog sprake zijn van de noodzaak een enkelvoudig halfjaarbericht op te stellen. Deze enkelvoudige halfjaarrekening behoeft dan niet op basis van IAS 34 te worden opgesteld; wel is ten minste sprake van een verkorte balans, een verkorte winst-en-verliesrekening en de toelichting op deze overzichten (art. 5:25d lid 5 en 6 Wft).

Niet-beursgenoteerde rechtspersonen

Als een niet-beursgenoteerde rechtspersoon er voor heeft gekozen om de Richtlijnen voor de Jaarverslaggeving of IFRS toe te passen, dan zijn de minimumeisen voor tussentijdse berichten in Richtlijn 394 respectievelijk IAS 34 van toepassing. De Richtlijnen bevelen aan het tussentijdse bericht te publiceren binnen drie maanden na het verstrijken van de periode waarop het betrekking heeft en IAS 34 beveelt aan deze binnen 60 dagen te publiceren (RJ 394.203, IAS 34.1(b)).

Rechtspersonen hoeven niet meer informatie op te nemen in een tussentijds bericht dan op grond van andere Richtlijnen voor de jaarverslaggeving moet worden opgenomen in de jaarrekening of het bestuursverslag (RJ 394.101). IAS 34 kent een dergelijk voorschrift niet.

Verschillen Dutch GAAP - IFRS

Ingevolge Richtlijn 394 hoeven rechtspersonen niet meer informatie op te nemen in een tussentijds bericht dan dat er gewoonlijk moet worden opgenomen in de jaarrekening of het bestuursverslag. IAS 34 kent een dergelijk voorschrift niet. De Richtlijnen bevelen aan om de tussentijdse berichten binnen drie maanden te publiceren en IAS 34 beveelt aan deze te publiceren binnen 60 dagen.

45.3.1 Minimumeisen halfjaarrekening

De Wft bevat beperkte minimumeisen voor de halfjaarrekening van bepaalde beursgenoteerde rechtspersonen (art. 5:25d lid 5 en 6 Wft). Richtlijn 394 en IAS 34 bevatten minimumeisen voor alle vormen van tussentijdse berichten, niet specifiek voor de halfjaarrekening. De Wft geeft wel aan dat de geconsolideerde halfjaarrekening op basis van door de EU goedgekeurde IFRS (in casu IAS 34) moet worden opgesteld.

45.3.1.1 Minimumeisen bij de geconsolideerde halfjaarrekening

De hier behandelde minimumeisen voor een geconsolideerde halfjaarrekening zijn van toepassing op beursgenoteerde rechtspersonen die IAS 34 verplicht moeten toepassen en niet-beursgenoteerde rechtspersonen die Richtlijn 394 of IAS 34 vrijwillig toepassen.

Het staat een rechtspersoon vrij meer informatie op te nemen dan volgens Richtlijn 394 en IAS 34 is vereist (RJ 394.301, IAS 34.7).

45 Tussentijdse berichten

A. Componenten van de halfjaarrekening
In de halfjaarrekening worden de volgende componenten opgenomen (RJ 394.301, IAS 34.8):
- een verkorte balans;
- onder RJ 394 een verkorte winst-en-verliesrekening; onder IAS 34 een verkort overzicht van het totaalresultaat, gepresenteerd in één verkort overzicht of in een afzonderlijke verkorte winst-en-verliesrekening en een verkort overzicht van gerealiseerde en niet-gerealiseerde resultaten;
- een verkort mutatie-overzicht van het eigen vermogen;
- een verkort kasstroomoverzicht; en
- specifieke toelichtingen op de bovengenoemde overzichten (zie B. Toelichtingen hierna).

De rechtspersoon kan natuurlijk ook een volledige halfjaarrekening opstellen, in dit geval moet IAS 1 worden toegepast (IAS 34.7 en 9).

Wanneer wordt gesproken over 'verkorte' overzichten, wordt daarmee aangegeven dat deze overzichten niet alle posten hoeven weer te geven die in deze overzichten in de jaarrekening staan. Wel dienen de verkorte overzichten ten minste de rubrieken en tussentellingen te omvatten die in de meest recente jaarrekening zijn weergegeven. Additionele posten of toelichtingen dienen opgenomen te worden indien weglating ertoe leidt dat er geen juist inzicht wordt gegeven (RJ 394.302, IAS 34.10).

De overzichten worden op geconsolideerde basis opgesteld als de rechtspersoon de meest recente jaarrekening ook op geconsolideerde basis heeft opgesteld (RJ 394.301, IAS 34.14); in die situatie is het niet vereist om tevens enkelvoudige overzichten op te stellen.

Als een rechtspersoon verkorte overzichten presenteert en er is sprake van een stelselwijziging, foutenherstel of reclassificatie met een materieel effect op de balans aan het begin van de vergelijkende periode (de derde balans), dan laat IFRS toe om deze derde balans niet op te nemen in de verkorte overzichten (IAS 1.BC33). Als een rechtspersoon echter een volledige halfjaarrekening opstelt, dient deze derde balans wel te worden opgenomen (IAS 34.5(f)). Richtlijn 394 kent een dergelijk voorschrift niet.

De vermelding van de winst per aandeel (gewone winst per aandeel en verwaterde winst per aandeel) is verplicht als de vennootschap onder het toepassingsgebied van Richtlijn 340 'Winst per aandeel' of IAS 33 'Earnings per Share' valt (RJ 394.301, IAS 34.11).

B. Toelichtingen
De minimumeisen voor het halfjaarlijks bestuursverslag worden uitgewerkt in paragraaf 45.3.2. Deze paragraaf 45.3.1 behandelt de minimumeisen die aan de halfjaarrekening gesteld worden; in dit subonderdeel B. 'Toelichtingen' worden alleen de voorschriften voor de in de toelichting bij de halfjaarcijfers op te nemen informatie-elementen uitgewerkt. De regelgeving staat toe dat bepaalde informatie-elementen naar keuze hetzij in de halfjaarrekening, hetzij in de bestuurstoelichting (bestuursverslag) worden opgenomen (RJ 394.303/304, IAS 34.16A), mits (IAS 34.16A) sprake is van een duidelijke verwijzing vanuit de halfjaarrekening naar de bestuurstoelichting (bestuursverslag).
De Richtlijn heeft deze keuzemogelijkheid in meer generieke termen omschreven en geeft aan dat de informatie in het tussentijds _bericht_ moet worden opgenomen zonder specifieke duiding op welke plaats in het bericht dit is (RJ 394.303).

Ten behoeve van het overzicht worden in dit onderdeel alle door de regelgevers voorgeschreven informatie-elementen uiteengezet met waar aan de orde de toevoeging óf naar keuze vermelding in de halfjaarrekening dan wel in de bestuurstoelichting mag plaatsvinden.

IAS 34 schrijft voor dat als een verkorte halfjaarrekening is opgesteld in overeenstemming met IAS 34 c.q. met een volledige toepassing van IFRS, dit feit wordt vermeld (IAS 34.19). Dit betekent in de Nederlandse praktijk: IAS 34 zoals goedgekeurd door de EU. Richtlijn 394 kent een dergelijk voorschrift niet. Als de rechtspersoon een volledige halfjaarrekening publiceert, wordt vermeld dat de jaarrekening is opgesteld in overeenstemming met IFRS zoals goedgekeurd door de EU (IAS 1.16).

Het is nadrukkelijk de bedoeling om relevante informatie te geven omtrent de gebeurtenissen en transacties die belangrijk zijn om inzicht te kunnen verwerven in de wijzigingen in de financiële positie en de resultaten van de rechtspersoon sinds de laatste jaarrekening. Omdat een gebruiker van een verkorte halfjaarrekening toegang zal hebben tot de meest recente jaarrekening van de rechtspersoon, is het daarom niet nodig informatie uit de jaarrekening te herhalen en/of toelichtingen te actualiseren die insignificant zijn gewijzigd in de huidige periode (IAS 34.15 en 15A).

IFRS en de Richtlijnen geven voorschriften voor het uiteenzetten van informatie-elementen die in veel gevallen overeenkomen; hieronder wordt de volgorde van de voorschriften ingevolge IAS 34 aangehouden. Deze opsomming is niet limitatief (IAS 34.15B).
Ingevolge RJ 394.303 en RJ 394.307 dient de Informatie omtrent belangrijke gebeurtenissen en transacties te worden opgenomen indien sprake is van voldoende materieel belang (IFRS gebruikt de term 'significant'):

	IAS 34	RJ 394	keuze
▶ De afwaardering van voorraden naar opbrengstwaarde en de terugneming daarvan	34.15B(a)	394.304	-
▶ De verwerking van een verlies in verband met een duurzame waardedaling van materiële, immateriële en financiële vaste activa, andere activa en de terugneming daarvan	34.15B(b)	394.304	-
▶ onder IAS 34 ook activa in de reikwijdte van IFRS 15 (contract assets)	34.15B(b)	n.v.t.	-
▶ De vrijval van reorganisatievoorzieningen	34.15B(c)	394.304	-
▶ Aankopen en verkopen van materiële vaste activa	34.15B(d)	394.304	-
▶ Verplichtingen die zijn aangegaan voor de aankoop van materiële vaste activa	34.15B(e)	394.304	-
▶ Het overeenkomen van een regeling ter zake van een claim	34.15B(f)	394.304	-
▶ Correcties van materiële fouten (zie verder par. 45.3.3) in eerder gerapporteerde gegevens	34.15B(g)	394.304	-
▶ Wijzigingen in de economische bedrijfsomstandigheden die van invloed zijn op de reële waarde van de financiële activa en de financiële verplichtingen van de rechtspersoon, ongeacht of deze activa of verplichtingen tegen reële waarde of tegen geamortiseerde kostprijs zijn gewaardeerd	34.15B(h)	n.v.t.	-
▶ Het niet (langer) voldoen aan bepaalde betalingsverplichtingen of bepaalde financieringsvoorwaarden, als dit nog niet is geredresseerd voor de datum einde tussentijdse rapporteringsperiode	34.15B(i)	394.304	-
▶ Transacties met verbonden partijen	34.15B(j)	394.304	-
▶ Wijzigingen in de niveaus van de reële-waardehiërarchie die bij de bepaling van de reële waarde van financiële instrumenten wordt gehanteerd	34.15B(k)	n.v.t.	-
▶ Wijzigingen in de classificatie van financiële activa als gevolg van een wijziging in het doel of het gebruik van deze activa	34.15B(l)	n.v.t.	-

45 Tussentijdse berichten

	IAS 34	RJ 394	keuze
▶ Veranderingen in voorwaardelijke verplichtingen of vorderingen sinds de balansdatum van de laatste jaarrekening	34.15B(m)	394.303	-
▶ De mededeling dat dezelfde grondslagen voor waardering en resultaatbepaling als in de jaarrekening zijn gehanteerd; of als sprake is van stelselwijzigingen of het toepassen van nieuwe standaarden, een beschrijving van de aard van de stelselwijziging of de nieuwe standaard en de invloed op vermogen en resultaat	34.16A(a)	394.303	Ja
▶ Een toelichting op de seizoensgevoeligheid of het cyclische verloop van de gerapporteerde activiteiten	34.16A(b)	394.303	Ja
▶ Een toelichting op aard en omvang van bijzondere posten	34.16A(c)	394.303	Ja
▶ IAS 34 noemt de invloed op activa, verplichting en eigen vermogen, naast resultaten en kastromen	34.16A(c)	n.v.t.	Ja
▶ De aard en het bedrag van schattingswijzigingen van bedragen die in voorgaande tussentijdse perioden van het lopende boekjaar zijn gerapporteerd, of schattingswijzigingen van bedragen die in voorgaande boekjaren zijn gerapporteerd	34.16A(d)	394.303	Ja
▶ De uitgifte, inkoop, en terugbetaling van schuldtitels en eigen-vermogensinstrumenten	34.16A(e)	394.303	Ja
▶ Betaald dividend (in totaal of per aandeel) afzonderlijk voor de verschillende soorten aandelen	34.16A(f)	394.303	Ja
▶ De opbrengsten en de resultaten van operationele segmenten (mits van toepassing, zie nadere uiteenzetting onder deze tabel)	34.16A(g)	394.303	Ja
▶ Gebeurtenissen na de datum van het eindigen van de tussentijdse periode met belangrijke financiële gevolgen voor de rechtspersoon en de geconsolideerde groepsmaatschappijen, voor zover niet verwerkt in het tussentijdse bericht	34.16A(h)	394.303	Ja
▶ De effecten van veranderingen in de groepsstructuur gedurende de tussentijdse periode, inclusief fusies, aan- en verkopen van groepsmaatschappijen en deelnemingen, langetermijnbeleggingen, reorganisaties en activiteiten die worden beëindigd	34.16A(i)	394.303	Ja
▶ met betrekking tot bedrijfscombinaties (IAS 34.16A(i)): alle toelichtingen van IFRS 3 'Business Combinations' (zie verder par. 25.9.2)	34.16A(i)	n.v.t.	Ja
▶ Met betrekking tot financiële instrumenten: informatie over de reële waarde zoals voorgeschreven door IFRS 7 en IFRS 13 (zie verder par. 30.8.6 en 30.8.7)	34.16A(j)	n.v.t.	Ja
▶ Entiteiten die beleggingsentiteit worden of ophouden beleggingsentiteit te zijn: informatie over het effect op de jaarrekening van de verandering in hun status (zie verder par. 23.3.3 en 23.6.4)	34.16A(k)	n.v.t.	Ja
▶ Uitsplitsing omzet als bedoeld in IFRS 15.114/115	34.16A(l)	n.v.t.	Ja
▶ Het feit dat het tussentijds bericht niet is gecontroleerd door een deskundige als bedoeld in art. 2:393 BW, tenzij door een dergelijke deskundige een verklaring is afgegeven bij het tussentijds bericht; in dat geval dient deze verklaring onverkort te worden opgenomen in het tussentijds bericht	n.v.t.	394.303	-

De hierboven opgenomen aanduiding met betrekking tot op te nemen informatie inzake segmenten betreft (IAS 34.16A(g)):
▶ de omzet derden en intercompany omzet, voor zover regelmatig gerapporteerd aan de 'chief operating decision maker' (zie par. 22.2.1);
▶ resultaat per segment;

- het totaalbedrag van de activa en de verplichtingen per segment voor zover regelmatig gerapporteerd aan de 'chief operating decision maker' en als deze materieel zijn veranderd ten opzichte van de totaalbedragen in de jaarrekening;
- een beschrijving van de verschillen ten opzichte van de jaarrekening in het bepalen van de segmenten en het resultaat per segment; en
- aansluiting van het resultaat per segment met het resultaat voor belastingen en met het resultaat uit beëindigde bedrijfsactiviteiten van de rechtspersoon.

Bij de beslissing om posten al dan niet toe te lichten in de halfjaarrekening wordt de relatieve betekenis in relatie tot de financiële gegevens in de halfjaarrekening in acht genomen. Ook dient er rekening mee te worden gehouden dat waarderingen bij het opstellen van de halfjaarrekening meer onderhevig zijn aan schattingen dan die voor de jaarrekening. Zie verder paragraaf 45.7.2.1.

Het kan voorts noodzakelijk zijn in de jaarrekening terug te komen op de halfjaarrekening. Dit is het geval bij belangrijke wijzigingen in schattingen die plaatsvinden in de laatste tussentijdse periode in het rapportagejaar (bijvoorbeeld het tweede halfjaar), waarbij er over die periode geen afzonderlijke halfjaarrekening wordt uitgegeven. De aard en het bedrag van de wijziging in de schatting wordt dan in de toelichting in de jaarrekening opgenomen (RJ 394.308, IAS 34.26).

Verschillen Dutch GAAP - IFRS
De Wft bevat beperkte minimumeisen voor de geconsolideerde halfjaarrekening van bepaalde beursgenoteerde rechtspersonen. Richtlijn 394 en IAS 34 bevatten minimumeisen voor alle vormen van tussentijdse berichten, niet specifiek voor de halfjaarrekening. De Wft geeft wel aan dat de geconsolideerde halfjaarrekening op basis van door de EU goedgekeurde IFRS (in casu IAS 34) moet worden opgesteld.

Voor een gedeelte van de in IAS 34 opgenomen informatievoorschriften geldt dat een entiteit de informatie in de bestuurstoelichting mag opnemen, mits sprake is van een duidelijke verwijzing vanuit de halfjaarrekening naar de bestuurstoelichting (RJ 394.303/304, IAS 34.16A).
De Richtlijn geeft in meer generieke termen aan dat de informatie in het tussentijds *bericht* wordt opgenomen (RJ 394.303).

De minimumeisen van Richtlijn 394 voor een halfjaarrekening komen grotendeels overeen met IAS 34. Verschillen zijn aangegeven in de hierboven opgenomen tabel.

Richtlijn 394 vereist dat de controle- of beoordelingsverklaring in het tussentijds bericht wordt opgenomen. Indien er geen beoordelingsverklaring aanwezig is, dan dient dit tevens te worden vermeld. IAS 34 kent dergelijke voorschriften niet.

45.3.1.2 Minimumeisen indien geen verplichting tot opstelling geconsolideerde halfjaarrekening

Beursgenoteerde rechtspersonen
Wanneer geen geconsolideerde halfjaarrekening hoeft te worden opgemaakt, bestaat de (enkelvoudige) halfjaarrekening uit een verkorte balans, een verkorte winst-en-verliesrekening en de toelichting op deze overzichten (art. 5:25d lid 5b en 6b Wft). Bij het opmaken van de (enkelvoudige) verkorte balans en de verkorte winst-en-verliesrekening past de uitgevende instelling dezelfde beginselen en grondslagen met betrekking tot presentatie, waardering en resultaatbepaling toe als in de jaarrekening (art. 5:25d lid 7 Wft). De (enkelvoudige) verkorte balans

en de verkorte winst-en-verliesrekening bevatten dezelfde posten, opschriften en subtotalen als in die overzichten in de enkelvoudige jaarrekening zijn opgenomen (art. 2 lid 1 Besluit transparantie uitgevende instellingen Wft). Aan de (enkelvoudige) halfjaarrekening worden posten toegevoegd ingeval de halfjaarlijkse financiële verslaggeving zonder die toegevoegde posten geen getrouw beeld zou geven van het vermogen, de financiële toestand en de resultaten van de uitgevende instelling (art. 2 lid 2 Besluit transparantie uitgevende instellingen Wft). In de (enkelvoudige) halfjaarrekening wordt voorts opgenomen (art. 2 lid 3 Besluit uitvoeringsrichtlijn transparantie uitgevende instellingen Wft):
▶ een vergelijkende verkorte balans waarin informatie is opgenomen die betrekking heeft op het eind van het voorgaande boekjaar; en
▶ een vergelijkende verkorte winst-en-verliesrekening waarin informatie is opgenomen die betrekking heeft op dezelfde periode van het voorgaande boekjaar.

De Wft schrijft niet voor dat een kasstroomoverzicht moet worden opgesteld.

De toelichting op de (enkelvoudige) halfjaarrekening bevat (art. 2 lid 4 Besluit transparantie uitgevende instellingen Wft):
▶ voldoende informatie om de halfjaarrekening met de laatste jaarrekening te kunnen vergelijken; en
▶ voldoende informatie en uitleg om een goed inzicht te kunnen verschaffen in materiële veranderingen van bedragen en in de gebeurtenissen in de eerste zes maanden van het boekjaar die van invloed zijn op de balans en de winst-en-verliesrekening.

Niet-beursgenoteerde rechtspersonen
Niet-beursgenoteerde rechtspersonen die geen verplichting hebben een geconsolideerde halfjaarrekening op te maken, maar die er voor hebben gekozen RJ 394 of IAS 34 toe te passen in het enkelvoudige halfjaarbericht, passen de minimumeisen zoals beschreven in paragraaf 45.3.1.1 toe.

45.3.2 Minimumeisen halfjaarlijks bestuursverslag
Beursgenoteerde rechtspersonen

De Wft bevat minimumeisen voor het halfjaarlijks bestuursverslag. Het halfjaarlijks bestuursverslag van een beursgenoteerde rechtspersoon waarvan de *aandelen en/of obligaties (effecten)* zijn toegelaten tot de handel op een gereglementeerde markt in de Europese Unie bevat ten minste:
▶ een opsomming van belangrijke gebeurtenissen die zich de eerste zes maanden van het desbetreffende boekjaar hebben voorgedaan en het effect daarvan op de halfjaarrekening; en
▶ een beschrijving van de voornaamste risico's en onzekerheden voor de overige zes maanden van het desbetreffende boekjaar (art. 5:25d lid 8 Wft).

Toelichtingen op transacties met verbonden partijen
Als van een uitgevende instelling *aandelen* zijn toegelaten tot de handel op een gereglementeerde markt in de Europese Unie, bevat het halfjaarlijks bestuursverslag eveneens de belangrijkste transacties met verbonden partijen (art. 5:25d lid 9 Wft).

Als deze uitgevende instelling verplicht is een geconsolideerde jaarrekening op te maken, bevat het halfjaarlijks bestuursverslag (art. 3 lid 1 Besluit transparantie uitgevende instellingen Wft):
▶ de transacties met verbonden partijen die in de eerste zes maanden van het lopende boekjaar hebben plaatsgevonden en die materiële gevolgen hebben gehad voor de financiële positie of resultaten van de uitgevende instelling in die periode; en

▶ alle wijzigingen in de in het laatste opgestelde bestuursverslag beschreven transacties met verbonden partijen die materiële gevolgen hebben gehad voor de financiële positie of resultaten van de uitgevende instelling in de eerste zes maanden van het lopende boekjaar.

Als deze uitgevende instelling niet verplicht is een geconsolideerde jaarrekening op te maken, vermeldt het halfjaarlijks bestuursverslag ten minste (art. 3 lid 2 Besluit transparantie uitgevende instellingen Wft):
▶ de van betekenis zijnde transacties die door de rechtspersoon niet onder normale marktvoorwaarden met een verbonden partij zijn aangegaan;
▶ de omvang van die transacties;
▶ de aard van de betrekking met de verbonden partij; alsmede
▶ andere informatie over die transacties die nodig is voor het verschaffen van inzicht in de financiële positie van de rechtspersoon.

Informatie over individuele transacties kan overeenkomstig de aard ervan worden samengevoegd, tenzij gescheiden informatie nodig is om inzicht te verschaffen in de gevolgen van transacties met verbonden partijen voor de financiële positie van de rechtspersoon. Vermelding van transacties tussen twee of meer leden van een groep kan achterwege blijven, mits dochtermaatschappijen die partij zijn bij de transactie geheel in eigendom zijn van één of meer leden van de groep.

IAS 34 kent geen voorschriften voor een bestuursverslag.

Niet-beursgenoteerde rechtspersonen

Voor niet-beursgenoteerde rechtspersonen is het opnemen van een bestuursverslag – in Richtlijn 394 bestuurstoelichting genoemd – niet verplicht, maar aanbevolen (RJ 394.301). Richtlijn 394 beveelt aan om in het bestuursverslag mededelingen te doen over de te verwachten gang van zaken voor het lopende boekjaar, mede gezien de in het laatste bestuursverslag uitgesproken verwachtingen dienaangaande (RJ 394.305). Tevens beveelt de RJ aan om een overzicht van kengetallen op te nemen (RJ 394.301).
IAS 34 bevat geen voorschriften voor een bestuursverslag of overzicht kengetallen.

Controle- of beoordelingsverklaring

Als een accountant een controle- of beoordelingsverklaring heeft afgegeven bij een tussentijds bericht, wordt deze verklaring samen met de halfjaarlijkse financiële verslaggeving algemeen verkrijgbaar gesteld (art. 5:25d lid 3 Wft). Als de halfjaarlijkse financiële verslaggeving niet door een accountant is gecontroleerd of beoordeeld, wordt dat door de uitgevende instelling in haar halfjaarlijks bestuursverslag vermeld (art. 5:25d lid 4 Wft). Deze voorschriften komen overeen met hetgeen is opgenomen in RJ 394.303, zij het dat deze alinea geen nadere duiding geeft waar deze vermelding in het tussentijds bericht wordt opgenomen. IAS 34 kent dergelijke voorschriften niet.

Verschillen Dutch GAAP - IFRS

De verplichting voor beursgenoteerde rechtspersonen om een halfjaarlijks bestuursverslag op te stellen volgt uit de Wft. De Wft bevat minimumeisen voor een halfjaarlijks bestuursverslag.
Niet-beursgenoteerde rechtspersonen kunnen Richtlijn 394 of IAS 34 toepassen. RJ 394 bevat geen verplichting of aanbeveling tot het opstellen van tussentijdse berichten en dus een bestuursverslag. Als een tussentijds bericht wordt opgesteld, beveelt Richtlijn 394 aan een bestuursverslag (bestuurstoelichting) op te nemen.
IAS 34 bevat geen voorschriften voor een bestuursverslag.

Richtlijn 394 bevat slechts aanbevelingen met betrekking tot het bestuursverslag. RJ 394 beveelt aan om in de bestuurstoelichting mededelingen te doen over de te verwachten gang van zaken voor het lopende boekjaar. IAS 34 bevat geen voorschriften voor een bestuursverslag.

De Wft en Richtlijn 394 vereisen dat als er geen controle op of beoordeling van de halfjaarlijkse financiële verslaggeving heeft plaatsgevonden door een accountant, dit feit wordt vermeld. De Wft vereist vermelding in het halfjaarlijks bestuursverslag. Richtlijn 394 geeft geen nadere duiding waar deze vermelding wordt opgenomen. IAS 34 kent een dergelijk voorschrift niet.

Richtlijn 394 beveelt aan een overzicht van kengetallen op te nemen. IAS 34 kent een dergelijke aanbeveling niet.

45.3.3 Bestuursverklaring

De hier behandelde voorschriften voor een bestuursverklaring volgen uit de Wft en zijn van toepassing op bepaalde beursgenoteerde rechtspersonen.

Het bestuur ('de bij de uitgevende instelling als ter zake verantwoordelijk aangewezen personen') geeft met duidelijke vermelding van naam en functie, een verklaring ('bestuursverklaring') af dat, voor zover hun bekend (art. 5:25d lid 2c, 8 en 9 Wft):
- de halfjaarrekening een getrouw beeld geeft van de activa, de verplichtingen, de financiële positie en de winst of het verlies van de uitgevende instelling en de gezamenlijke in de consolidatie opgenomen entiteiten; en
- het halfjaarlijks bestuursverslag een getrouw overzicht geeft van:
  - de belangrijke gebeurtenissen die zich de eerste zes maanden van het desbetreffende boekjaar hebben voorgedaan en het effect daarvan op de halfjaarrekening; alsmede
  - een beschrijving van de voornaamste risico's en onzekerheden voor de overige zes maanden van het desbetreffende boekjaar; en
  - als de aandelen zijn toegelaten tot de handel op een gereglementeerde markt, de belangrijkste transacties met verbonden partijen.

IAS 34 kent een dergelijk voorschrift niet.

Verschillen Dutch GAAP - IFRS
De verplichting voor beursgenoteerde rechtspersonen om een bestuursverklaring op te stellen volgt uit de Wft. De Wft bevat specifieke voorschriften voor een bestuursverklaring. IFRS kent een dergelijk voorschrift tot het opstellen van een bestuursverklaring niet.

45.4 Vorm en inhoud kwartaalberichten

Beursgenoteerde rechtspersonen
Er is geen wettelijke verplichting voor beursgenoteerde rechtspersonen een kwartaalbericht algemeen verkrijgbaar te stellen. Het staat de uitgevende instelling uiteraard vrij om op vrijwillige basis kwartaalberichten algemeen verkrijgbaar te blijven stellen.

Indien een kwartaalbericht vrijwillig wordt gepubliceerd zijn hiervoor geen vereisten opgenomen in de Wft. Als de rechtspersoon er voor heeft gekozen om IAS 34 toe te passen, zijn de minimumeisen voor alle vormen van tussentijdse berichten in IAS 34 van toepassing (zoals behandeld in par. 45.3.1.1).

Niet-beursgenoteerde rechtspersonen

Als een niet-beursgenoteerde rechtspersoon er voor heeft gekozen om Richtlijn 394 respectievelijk IAS 34 toe te passen, zijn de minimumeisen voor tussentijdse berichten in Richtlijn 394 respectievelijk IAS 34 van toepassing (zoals behandeld in par. 45.3.1.1). Er is voor niet-beursgenoteerde rechtspersonen geen verschil in voorschriften voor het rapporteren op kwartaalbasis en het rapporteren op halfjaarbasis.

Controle- of beoordelingsverklaring

Evenals voor de halfjaarlijkse financiële verslaggeving bestaat er in Nederland geen wettelijke plicht tot controle of beoordeling van kwartaalberichten door een accountant.

45.5 Perioden waarover wordt gerapporteerd

In een tussentijds bericht wordt informatie opgenomen die betrekking heeft op de financiële situatie aan het einde van de tussentijdse periode en op de gebeurtenissen die zich gedurende die periode hebben voorgedaan. Daarbij doet zich de vraag voor in hoeverre vergelijkende cijfers moeten worden opgenomen. Als niet alleen op halfjaarlijkse basis wordt gerapporteerd, maar ook op kwartaalbasis, doet zich voorts de vraag voor in hoeverre in de berichten over het tweede, derde en eventueel het vierde kwartaal naast kwartaalcijfers ook cumulatieve cijfers voor het jaar moeten worden opgenomen.

In tussentijdse berichten worden (ten minste) de volgende onderdelen opgenomen (RJ 394.306, IAS 34.20):

- een verkorte balans aan het einde van de tussentijdse periode met als vergelijkend cijfer een balans aan het einde van het laatst afgesloten boekjaar;
- onder Richtlijn 394 een verkorte winst-en-verliesrekening; onder IAS 34 een verkort overzicht van het totaalresultaat, gepresenteerd in één verkort overzicht of in een aparte verkorte winst-en-verliesrekening en een verkort overzicht van gerealiseerde en niet-gerealiseerde resultaten; beiden over de betreffende tussentijdse periode en cumulatief voor het lopende boekjaar, met als vergelijkende cijfers dezelfde tussentijdse periode en cumulatieve periode in het vorige boekjaar;
- een verkort overzicht van de mutaties in het eigen vermogen van het begin van het boekjaar tot aan het einde van de tussentijdse periode met als vergelijkende cijfers het overzicht van alle mutaties in het eigen vermogen in dezelfde periode in het vorige boekjaar;
- een verkort kasstroomoverzicht waarin zijn opgenomen de kasstromen in de periode van het begin van het boekjaar tot aan het einde van de tussentijdse periode met als vergelijkende cijfers het kasstroomoverzicht over dezelfde periode in het vorige boekjaar.

Als op kwartaalbasis wordt gerapporteerd, is het opvallend dat voor de tussentijdse periode van drie maanden geen kasstroomoverzicht en geen mutatie-overzicht eigen vermogen hoeven te worden opgenomen. Er hoeven uitsluitend cumulatieve cijfers te worden opgenomen. Wordt alleen op halfjaarbasis gerapporteerd, dan zijn de tussentijdse periodecijfers en de cumulatieve cijfers uiteraard aan elkaar gelijk.

In onderstaande tabel wordt het bovenstaande geïllustreerd voor een rechtspersoon die op kwartaalbasis rapporteert. Dit betreft een tussentijds bericht over het derde kwartaal (RJ 394 Bijlage, IAS 34 Appendix A,).

	Tussentijdse periode		Vergelijkende cijfers	
Balans	Per einde van tussentijdse periode	30-9-20x1	Per einde laatst afgesloten boekjaar	31-12-20x0
Winst-en-verliesrekening	Over tussentijdse periode	3 maanden t/m 30-9-20x1	Overeenkomstige periode voorgaande boekjaar	3 maanden t/m 30-9-20x0

	Tussentijdse periode		Vergelijkende cijfers	
	Cumulatief t/m einde tussentijdse periode	9 maanden t/m 30-9-20x1	Cumulatief overeenkomstige periode voorgaande boekjaar	9 maanden t/m 30-9-20x0
Kasstroomoverzicht	Vanaf begin boekjaar tot einde tussentijdse periode	9 maanden t/m 30-9-20x1	Overeenkomstige periode in het voorgaande boekjaar	9 maanden t/m 30-9-20x0
Mutatie-overzicht eigen vermogen	Vanaf begin boekjaar tot einde tussentijdse periode	9 maanden t/m 30-9-20x1	Overeenkomstige periode in het voorgaande boekjaar	9 maanden t/m 30-9-20x0

Rechtspersonen met bijzonder seizoensgevoelige activiteiten wordt aanbevolen aanvullende gegevens te verstrekken over een periode van twaalf maanden, eindigend op het einde van de tussentijdse periode waarover wordt gerapporteerd (RJ 394.306, IAS 34.21).

45.6 Eerste toepassing IFRS

Bij een eerste toepassing van IFRS kunnen andere grondslagen van toepassing zijn dan die welke werden gehanteerd in de jaarrekening die gebaseerd was op de vorige verslaggevingsregels. Om de gebruiker enig houvast te geven en enige vergelijkbaarheid mogelijk te maken, vereist IFRS 1 'First-time Adoption of IFRS' dat informatie wordt opgenomen over de effecten van de eerste toepassing van IFRS op de financiële positie, de resultaten en de kasstromen (IFRS 1.23).

Als een rechtspersoon die voor het eerst IFRS toepast, tussentijdse berichten opstelt onder IAS 34 voor een periode die deel uitmaakt van het boekjaar in de eerste IFRS-jaarrekening, wordt in dit tussentijdse bericht de volgende informatie opgenomen (IFRS 1.32):

1. Als deze rechtspersoon een tussentijds bericht onder de vorige verslaggevingsregels heeft gepubliceerd voor de vergelijkbare tussentijdse periode van het voorgaande verslagjaar:
   ▶ een aansluiting tussen het eigen vermogen onder de vorige verslaggevingsregels en het eigen vermogen onder IFRS aan het einde van de vergelijkende tussentijdse periode; en
   ▶ een aansluiting tussen het perioderesultaat en het cumulatieve resultaat onder de vorige verslaggevingsregels en het perioderesultaat en het cumulatieve resultaat onder IFRS over die vergelijkbare tussentijdse periode.
2. Aanvullend worden de volgende aansluitingen opgenomen in het tussentijdse bericht of wordt verwezen naar een gepubliceerd bericht waarin deze aansluitingen zijn opgenomen:
   ▶ een aansluiting tussen het eigen vermogen onder de vorige verslaggevingsregels en het eigen vermogen onder IFRS op transitiedatum en op het einde van het laatste boekjaar in de laatste jaarrekening onder de vorige verslaggevingsregels; en
   ▶ een aansluiting tussen het resultaat onder de vorige verslaggevingsregels en het resultaat onder IFRS van het laatste boekjaar in de laatste jaarrekening onder de vorige verslaggevingsregels; en
   ▶ als de rechtspersoon een kasstroomoverzicht had opgenomen in de laatste jaarrekening onder de vorige verslaggevingsregels, dan worden materiële afwijkingen met het kasstroomoverzicht onder IFRS toegelicht.

In onderstaande tabel wordt het bovenstaande geïllustreerd voor een rechtspersoon die de transitiedatum op 1 januari van jaar 1 heeft gesteld, haar eerste IFRS-jaarrekening opstelt over het boekjaar 2 en halfjaarlijkse financiële verslaggeving opstelt per 30 juni van jaar 2 onder IAS 34.

	Tussentijdse periode	Vergelijkende periodes		
	30 juni jaar 2	31 december jaar 1	30 juni jaar 1	1 januari jaar 1
Per balansdatum				
Balans	IAS 34.20a	IAS 34.20a		
Aansluiting eigen vermogen		IFRS 1.32b	IFRS 1.32a	IFRS 1.32b
Over tussentijdse periode				
Winst-en-verliesrekening	IAS 34.20b		IAS 34.20b	
Aansluiting winst-en-verliesrekening		IFRS 1.32b	IFRS 1.32a	
Mutatie-overzicht eigen vermogen	IAS 34.20c		IAS 34.20c	
Kasstroomoverzicht	IAS 34.20d		IAS 34.20d	
Toelichting materiële afwijkingen kasstroomoverzicht		IFRS 1.32b		
Voor de additionele aansluitingen verwijst IFRS 1.32b naar IFRS 1.24 tot en met IFRS 1.26.				

Een rechtspersoon die *vrijwillig* IFRS voor het eerst wil toepassen, hoeft, naar onze mening, de tussentijdse berichten voor periodes die deel uitmaken van het boekjaar in haar eerste IFRS-jaarrekening, niet al op basis van IAS 34 op te stellen. De eerste IFRS-jaarrekening is immers nog niet opgemaakt en/of vastgesteld - de jaarrekening van de rechtspersoon is dus formeel nog niet overgegaan op IFRS. De rechtspersoon kan uiteindelijk nog steeds besluiten om de jaarrekening niet op basis van IFRS op te stellen.

IAS 34 veronderstelt dat gebruikers van het tussentijdse bericht beschikken over informatie uit de meest recente jaarrekening. Als een rechtspersoon die voor het eerst IFRS toepast, in zijn meest recente jaarrekening onder de vorige verslaggevingsregels niet zodanige informatie heeft opgenomen dat hiermee het tussentijdse bericht onder IFRS begrijpelijk is, dan neemt de rechtspersoon deze informatie alsnog op in het tussentijdse bericht (IFRS 1.33).

45.7 Grondslagen van waardering en resultaatbepaling

Bij de waardering van activa en verplichtingen en het bepalen van het resultaat over een tussentijdse periode kunnen twee benaderingen worden onderscheiden, namelijk de discrete benadering en de integrale benadering. Bij de discrete benadering wordt de verslaggeving over elke tussentijdse periode als een zelfstandige verantwoording beschouwd, waarbij dezelfde voorschriften voor afgrenzing gelden als bij de verslaggeving over een geheel jaar. De integrale benadering daarentegen beschouwt de tussentijdse periode als een onderdeel van een geheel boekjaar en rekent bedragen toe aan de tussentijdse periode vanuit het perspectief van een geheel jaar. Zowel in Richtlijn 394 als in IAS 34 wordt de discrete benadering, zoals behandeld in paragraaf 45.7.1, als uitgangspunt genomen. Echter, hierbij worden enkele uitzonderingen gemaakt. Deze worden in paragraaf 45.7.2 behandeld.

45.7.1 Uitwerking van de algemene principes

In het algemeen gelden voor het verwerken van activa, verplichtingen, opbrengsten en kosten in het tussentijdse bericht dezelfde grondslagen als voor het verwerken van deze posten in de jaarrekening. Dit principe is niet van toepassing voor die grondslagen waarvoor sinds de meest recente jaarrekening een stelselwijziging is doorgevoerd of voor nieuwe standaarden die sinds het begin van het boekjaar dienen te worden toegepast (RJ 394.401, IAS 34.28).

Uitgangspunt hierbij is dat de frequentie waarmee wordt gerapporteerd (jaarlijks, halfjaarlijks, per kwartaal) niet van invloed mag zijn op de jaarlijkse resultaatbepaling. De gehele periode tussen de laatst opgestelde jaarrekening en de rapporteringsdatum van het tussentijdse bericht dient in beschouwing te worden genomen. Met andere woorden, de resultaatbepaling moet plaatsvinden op een cumulatieve ('year to date') basis (RJ 394.401, IAS 34.28). Dit betekent onder meer dat schattingen die zijn gemaakt in een tussentijdse periode binnen hetzelfde boekjaar (kunnen) worden aangepast in een latere tussentijdse periode (RJ 394.401, IAS 34.29). Bedragen die in vorige tussentijdse berichten zijn gerapporteerd worden dus niet met terugwerkende kracht aangepast (IAS 34.35 en 34.36).

Seizoensgebonden, cyclische of incidentele opbrengsten en kosten worden verwerkt in de tussentijdse periode waarin zij zijn gerealiseerd respectievelijk zijn ontstaan. Het is dus niet toegestaan deze opbrengsten en kosten uit te stellen of daarop te anticiperen, tenzij dit in de jaarrekening zou zijn toegestaan (RJ 394.402 en 403, IAS 34.37 en 34.39). Wel is het uiteraard mogelijk een aanvullend overzicht over de twaalf maanden eindigend per de balansdatum van de tussentijdse periode te presenteren (met vergelijkende cijfers van het jaar daarvoor), waardoor rekening wordt gehouden met het seizoenpatroon (RJ 394.403, IAS 34.21).

Voorbeelden uitwerking van de algemene principes

Geplande uitgaven
Er wordt in het eerste halfjaar niet vooruitgelopen op geplande uitgaven in het tweede halfjaar (bijvoorbeeld verwachte uitgaven voor groot onderhoud).

Immaterieel vast actief
Als pas in het tweede halfjaar is voldaan aan de criteria voor het opnemen van een immaterieel vast actief, dan mogen de uitgaven voor dit immaterieel vast actief in het eerste halfjaar niet alsnog worden geactiveerd.

Bijzondere waardeverminderingen
Ook bij de opstelling van het tussentijdse bericht wordt nagegaan of er sprake is van een bijzondere waardevermindering, zonder dat hiervoor echter gedetailleerde calculaties zoals ten behoeve van de jaarrekening hoeven te worden gemaakt.

Voorziening voor vakantiedagen
In het tussentijdse bericht zal de voorziening voor vakantiedagen worden bepaald op basis van de opgebouwde en uitstaande vakantierechten aan het einde van de tussentijdse periode. De vakantierechten worden maandelijks opgebouwd, maar de rechten worden veelal genoten in de zomermaanden. Als gevolg van deze vakantieperiode, zal de voorziening voor vakantiedagen in het tussentijdse bericht over het derde kwartaal lager zijn dan in het eerste kwartaalbericht.

Jaareindebonus
Een jaareindebonus wordt (alleen) in een tussentijdse periode verwerkt als er aan het einde van deze periode sprake is van een wettelijke of feitelijke verplichting tot betaling van de bonus (bij toepassing van dezelfde criteria voor het opnemen van een voorziening als in de jaarrekening).

Omrekening vreemde valuta
Bij de omrekening van vreemde valuta wordt uitgegaan van de feitelijke gemiddelde koersen van en van de feitelijke slotkoersen aan het einde van de tussentijdse periode, en wordt bij de verwerking van koers- en omrekeningsverschillen geen rekening gehouden met mogelijke compenserende effecten in toekomstige tussentijdse perioden.

Deze voorbeelden zijn (samen met andere voorbeelden) opgenomen in IAS 34 Appendix B. Deze voorbeelden zijn niet opgenomen in RJ 394 maar worden wel van overeenkomstige toepassing geacht.

Onroerendezaakbelasting
Onder IFRIC 21 'Levies' worden de kosten en de verplichting met betrekking tot de onroerendezaakbelasting per 1 januari direct verwerkt in die tussentijdse periode waarin 1 januari valt. Bij een verslagjaar dat gelijk is aan het kalenderjaar is dat derhalve de eerste tussentijdse periode van het jaar. Onder Nederlandse verslaggevingsregels kan de onroerendezaakbelasting ook worden toegerekend aan de periode waarop deze betrekking heeft (RJ 252.429). Zie verder paragraaf 35.5.

> **Dividendopbrengsten**
> Dividendopbrengsten op beleggingen worden verwerkt in de tussentijdse periode waarin deze dividenden zijn gedeclareerd. Dit betekent dat een financiële instelling een grote dividendopbrengst verwerkt in het kwartaal waarin veel algemene vergaderingen van aandeelhouders plaatsvinden waar dividendbesluiten worden genomen.
>
> **Voorbeeld met combinatie van hierboven besproken voorbeelden:**
> Seizoenpatroon omzet
> Als in het eerste halfjaar een omzet van 100 wordt behaald en vanwege het seizoenpatroon in het tweede halfjaar een omzet van 500, mogen de vaste kosten van het boekjaar (200) niet op basis van de omzet (of de contributiemarge) aan de tussentijdse perioden worden toegerekend. Dit moet eenvoudigweg naar tijdsverloop geschieden; dus de helft aan het eerste halfjaar en de helft aan het tweede halfjaar, tenzij de kosten een duidelijk verband hebben met een kostenveroorzakende factor anders dan het tijdsverloop. In dit voorbeeld zou daardoor een resultaat van nul (100 - 100) ontstaan in het eerste halfjaar en een grote winst van 400 (500 - 100) in het tweede halfjaar.

De voorschriften voor de grondslagen van waardering en resultaatbepaling van Richtlijn 394 komen grotendeels overeen met die van IAS 34. IAS 34 geeft meer voorbeelden:

▶ in Appendix B zijn voorbeelden van het toepassen van waarderings- en resultaatbepalings-grondslagen opgenomen; en

▶ in Appendix C zijn voorbeelden van het toepassen van schattingen opgenomen.

Deze voorbeelden zijn niet overgenomen in Richtlijn 394, maar zij worden wel van overeenkomstige toepassing geacht.

45.7.2 Uitzonderingen op de algemene principes

In een aantal gevallen zijn de grondslagen of de toepassing ervan in het tussentijdse bericht niet geheel gelijk aan die in de jaarrekening dan wel specifiek voor het tussentijds bericht. Dit geldt voor:

▶ schattingen (zie par. 45.7.2.1);

▶ materialiteit (zie par. 45.7.2.2);

▶ belastingen (zie par. 45.7.2.3); en

▶ bijzondere waardeverminderingen (zie par. 45.7.2.4).

45.7.2.1 Schattingen

De wijze van waardering en resultaatbepaling in een tussentijds bericht dient te waarborgen dat de in het tussentijdse bericht verstrekte informatie betrouwbaar is en dat alle van belang zijnde financiële informatie die relevant is voor een goed inzicht in de financiële positie of het resultaat van de rechtspersoon wordt uiteengezet. Alhoewel waarderingen en resultaatbepalingen bij zowel de jaarrekening als bij een tussentijds bericht veelal zijn gebaseerd op redelijke schattingen, zal bij het opstellen van een tussentijds bericht in het algemeen meer gebruik worden gemaakt van schattingsmethoden dan bij het opstellen van een jaarrekening (RJ 394.404, IAS 34.41). De schattingen zullen echter wel gefundeerd moeten zijn. Ook kan de totstandkoming van tussentijdse cijfers minder aan (interne) controle onderhevig zijn. Door deze totstandkoming en de eerder besproken schattingen kan het tussentijdse bericht minder nauwkeurig zijn. Dit kan aanvaardbaar zijn gezien de doelstelling van het tussentijdse bericht zoals in paragraaf 45.1 behandeld.

> **Voorbeelden van schattingen bij tussentijds bericht**
> Voorzieningen
> In sommige gevallen zijn er voor de bepaling van de omvang van voorzieningen rapportages van deskundige derden nodig. Schatting van deze voorzieningen voor het tussentijdse bericht kan bestaan uit het bijwerken van de deskundigenrapportage die in het kader van de jaarrekening is opgesteld in plaats van het opstellen van een nieuw rapport door een deskundige. Zie onderstaande voorbeeld met betrekking tot pensioenen.

> **Pensioenen**
> Een rechtspersoon bepaalt de omvang van de pensioenverplichtingen en de beleggingen per jaareinde voor de toegezegd-pensioenregelingen. Vaak maakt een rechtspersoon voor deze berekeningen gebruik van een actuaris. Voor het tussentijdse bericht kan extrapolatie van de laatste actuariële berekening voldoende zijn als er geen grote wijzigingen zijn opgetreden in de omstandigheden en in de pensioenregelingen.
>
> **Bijzondere waardeverminderingen**
> Is er sprake van een indicatie van een bijzondere waardevermindering, dan zal hiervoor een berekening worden gemaakt. Bij het bepalen van de bijzondere waardevermindering (en het terugnemen hiervan) kunnen in het tussentijds bericht echter minder gedetailleerde calculaties worden gemaakt.
>
> Deze voorbeelden zijn (samen met andere voorbeelden) opgenomen in IAS 34 Appendix C. Deze voorbeelden zijn niet opgenomen in RJ 394 maar worden wel van overeenkomstige toepassing geacht.

45.7.2.2 Materialiteit

Bij de beslissing om posten al dan niet te verwerken en/of toe te lichten in het tussentijdse bericht wordt de relatieve betekenis in relatie tot de financiële gegevens in het tussentijdse bericht in acht genomen. Paragraaf 4.4.3.4 bevat een uiteenzetting van de overwegingen die de IASB en de Raad voor de Jaarverslaggeving ter zake hebben opgenomen in het Conceptual Framework respectievelijk Stramien en enkele nadere bepalingen in standaarden.

In 2018 heeft de IASB aanvullend het Practice Statement 2 'Making materiality judgements' (PS2) uitgebracht, zie ook paragraaf 4.4.3.4. PS2 omvat nadere gedachten en voorbeelden voor toepassing van het materialiteitsbeginsel voor zowel jaarrekeningen als tussentijdse berichten. In beginsel gelden voor tussentijdse berichten dezelfde materialiteitsoverwegingen als voor de verslaggeving over gehele boekjaren, doch dient dit wel in de context van de lengte van de rapporteringsperiode en de aard van een tussentijds bericht te worden afgewogen. Dit kan betekenen dat bepaalde informatie die voor de jaarrekening niet relevant is, wel relevant kan zijn in het kader van het tussentijdse bericht en omgekeerd (PS2.84-88, IAS 34.23, IAS 34.26 en RJ 394.307).

45.7.2.3 Belastingen

De belastinglast voor een tussentijdse periode wordt bepaald op basis van het over het betreffende boekjaar verwachte effectieve belastingpercentage (RJ 394.401, IAS 34.30c). Dit is een voorbeeld van resultaatbepaling op basis van een integrale basis in plaats van de algemene eis tot toepassing 'year-to-date' (zie par. 45.7.1). De belastinglast van de tussentijdse periode wordt beschouwd als een onderdeel van de belastinglast van een geheel boekjaar, en wordt toegerekend aan de tussentijdse periode vanuit het perspectief van een geheel jaar.

Als de rechtspersoon de verwachting heeft dat een eerder niet opgenomen latente belastingvordering in verband met verliescompensatiemogelijkheden wel zal worden gerealiseerd, dan wordt de bate meegenomen in de berekening van het verwachte effectieve belastingpercentage van het jaar. Dit percentage wordt gebruikt in de berekening van de belastinglast of -bate voor de tussentijdse periode. Het belastingvoordeel als gevolg van verliezen in een kwartaal die kunnen worden gecompenseerd met winsten uit het voorgaande jaar, wordt verwerkt in het kwartaal waarin het verlies optreedt. Deze verliezen worden opgenomen als een actief (IAS 34 Appendix B21).

> **Voorbeeld belastingen**
> Veronderstel de volgende belastingtariefstructuur: de eerste € 100.000 winst wordt niet belast; daarboven wordt de winst belast met 30%. De rechtspersoon behaalt over het eerste kwartaal een (commerciële en fiscale) winst van € 100.000. Het verwachte fiscale resultaat over het gehele jaar is € 600.000.

> **Welke belastinglast moet worden getoond over het eerste kwartaal?**
>
> De discretionaire benadering ('year-to-date') zou ertoe leiden dat er geen belastinglast wordt getoond. Echter, Richtlijn 394 en IAS 34 schrijven voor dat de integrale benadering (volledig boekjaar) wordt toegepast. Deze stelt dat de verwachte effectieve belastingdruk voor het gehele jaar wordt toegepast op het resultaat over het eerste kwartaal. Er wordt in dit geval een effectieve belastingdruk geschat van (30% x (€ 600.000 - 100.000))/€ 600.000 = 25%. De belastinglast over het eerste kwartaal bedraagt 25% x € 100.000 = € 25.000.

45.7.2.4 Specifieke regelgeving voor bijzondere waardeverminderingen in tussentijdse berichten

Zoals in paragraaf 45.7.1 aangegeven, is het uitgangspunt van tussentijdse berichtgeving dat de frequentie waarmee wordt gerapporteerd (jaarlijks, halfjaarlijks, per kwartaal), geen invloed mag hebben op de jaarlijks resultaatbepaling (RJ 394.401, IAS 34.28). In IFRIC 10 'Interim Financial Reporting and Impairment' is specifieke regelgeving opgenomen waarmee van dit voorschrift wordt afgeweken.
IFRIC 10 verduidelijkt de samenhang tussen IAS 34 en IAS 36 'Impairment of Assets'. De Nederlandse wet- en regelgeving kent deze voorschriften niet.

IFRIC 10 bepaalt dat bijzondere waardeverminderingen ('impairments') op goodwill die in een eerdere tussentijdse periode is verwerkt niet in een latere tussentijdse periode in het hetzelfde boekjaar mag worden teruggenomen (IAS 36.124 bepaalt dat bijzondere waardeverminderingen op goodwill niet mogen worden teruggenomen: zie par. 29.6.5).

IFRIC 10 geeft aan dat deze verbodsbepaling voorrang heeft op het uitgangspunt dat de rapporteringsfrequentie de jaarlijkse resultaatbepaling niet mag beïnvloeden. In geval van bijzondere waardeverminderingen wordt de discretionaire benadering als uitgangspunt genomen bij het opstellen van tussentijdse berichten. Dit betekent dat het jaarresultaat van een rechtspersoon die kwartaalverslagen publiceert, in voorkomende gevallen kan afwijken van het jaarresultaat van een rechtspersoon die (in plaats van op kwartaalbasis) op halfjaarlijkse of jaarlijkse basis rapporteert.

Door de verplichte toepassing van door de EU goedgekeurde IFRS door bepaalde beursgenoteerde rechtspersonen zijn de Richtlijnen primair bedoeld voor de niet-beursgenoteerde rechtspersonen. Het aantal Nederlandse niet-beursgenoteerde rechtspersonen dat tussentijdse berichten onder de Nederlandse wet- en regelgeving opstelt, is niet groot. Hierdoor zal een bijzondere waardevermindering van goodwill minder vaak voorkomen omdat op goodwill wordt afgeschreven. Overigens heeft ook de Nederlandse wet- en regelgeving een bepaling dat een terugname van een waardevermindering van goodwill niet mag plaatsvinden (art. 2:387 lid 5 BW en RJ 121.613; zie ook par. 29.6.5 en 29.6.6).

Verschillen Dutch GAAP - IFRS
De voorschriften van IFRIC 10 inzake de verwerking van bijzondere waardeverminderingen in een tussentijdse periode zijn niet in de Nederlandse wet- en regelgeving opgenomen.

45.7.3 Stelselwijzigingen

Het is uiteraard mogelijk in het tussentijdse bericht een stelselwijziging door te voeren. Hiervoor geldt de regelgeving van Richtlijn 140 'Stelselwijzigingen' respectievelijk IAS 8 'Accounting Policies, Changes in Accounting Estimates and Errors', IAS 16 'Property, Plant and Equipment' of IAS 38 'Intangible Assets', de laatste twee in het geval dat materiële of immateriële vaste activa overgaan van het kostprijsmodel naar het reële-waardemodel (zie verder par. 28.3).

Voor tussentijdse berichten betekent dit onder andere dat, als een stelselwijziging wordt doorgevoerd in een andere dan de eerste tussentijdse periode van het boekjaar, de cijfers over de voorgaande tussentijdse perioden van datzelfde jaar worden gewijzigd op basis van het nieuwe stelsel. De vergelijkende cijfers van de vergelijkbare tussentijdse periode van het vorige jaar worden in geval van een stelselwijziging eveneens aangepast (RJ 394.405, IAS 34.43). Het verdient daarom aanbeveling stelselwijzigingen door te voeren in de eerste tussentijdse periode waarover wordt gerapporteerd (RJ 394.405).

45.8 Vrijstellingen voor middelgrote rechtspersonen

Middelgrote ondernemingen kunnen bij toepassing van Richtlijn 394 gebruikmaken van de wettelijke vrijstellingen van de inrichtings- en publicatievoorschriften voor middelgrote ondernemingen zoals weergeven in artikel 2:397 lid 3 tot en met 7 BW. Voorts hoeven middelgrote rechtspersonen niet meer informatie op te nemen in een tussentijds bericht dan op grond van andere richtlijnen moet worden opgenomen in de jaarrekening of het bestuursverslag (RJ 394.103).

46 Jaarrekening in geval van (on)vrijwillige discontinuïteit

46.1 Continuïteit, discontinuïteit en liquidatie	
Algemeen	Formele aspecten ten aanzien van jaarrekening in discontinuïteit worden besproken in paragraaf 2.13.
	Inhoudelijke aspecten ten aanzien van jaarrekening in discontinuïteit worden in dit hoofdstuk besproken.
Het continuïteitsbeginsel	Bij ernstige onzekerheid over de continuïteit is het continuïteitsbeginsel nog wel van toepassing, maar als de veronderstelling van continuïteit onjuist is, niet meer.
Het onderscheid tussen discontinuïteit en liquidatie	Discontinuïteit is een ruimer begrip dan liquidatie. Liquidatie is het juridisch ontbinden van de rechtspersoon. Discontinuïteit omvat staking van het geheel der werkzaamheden. Onderscheid tussen onvrijwillige discontinuïteit (onontkoombare discontinuïteit) en vrijwillige discontinuïteit (entiteiten die zijn opgericht voor een bepaalde tijd of vrijwillig besluit tot discontinuïteit).
Onvrijwillige discontinuïteit	Duurzame voortzetting van het geheel der werkzaamheden van de rechtspersoon is onmogelijk geworden doordat de rechtspersoon niet meer op eigen kracht aan zijn verplichtingen zal kunnen voldoen en voldoende aanvullende medewerking van belanghebbenden niet kan worden verkregen.
46.2 Discontinuïteit van het geheel der werkzaamheden is onontkoombaar	
Gebeurtenissen na balansdatum	Ook indien onontkoombaarheid van discontinuïteit na balansdatum ontstaat, maar voor het opmaken van de jaarrekening, dient hiermee rekening te worden gehouden.
Vrijwillige discontinuïteit	RJ geeft toelichtingseisen, maar gaat niet in op de toe te passen grondslagen. Grondslagen kunnen gelijk zijn aan die bij toepassing van het continuïteitsbeginsel.
IFRS	Geen specifieke regelgeving voor jaarrekening op basis van discontinuïteit.
46.3 Jaarrekening in een situatie van onontkoombare discontinuïteit	
Algemeen	De jaarrekening dient te worden opgesteld uitgaande van liquidatie van de werkzaamheden van de rechtspersoon. De invloed van andere grondslagen op vermogen en resultaat dient te worden vermeld.
Algemeen uitgangspunt van RJ 170	Een liquidatiebalans waarbij de balans het tekort (of overschot) aangeeft dat naar verwachting resulteert bij afwikkeling van de activa en passiva van de rechtspersoon.
Waardering activa	Alle activa opnemen (ook intern ontwikkelde immateriële activa) en waarderen tegen opbrengstwaarde; een onderneming die kan worden verkocht is een afzonderlijk actief.

Waardering verplichtingen	Verplichtingen waarderen tegen de beste schatting van de bedragen die noodzakelijk zijn om de posten contractueel af te wikkelen. Geen rekening mag worden gehouden met mogelijke toekomstige kwijtschelding van schulden.
Verwachte kosten en opbrengsten	Overige verwachte kosten en opbrengsten opnemen die niet zijn begrepen in de waardering van activa en passiva. Opname als overlopende post.
Winst-en-verliesrekening	De gevolgen van de wijzigingen in de waardering van activa en verplichtingen worden opgenomen in de winst-en-verliesrekening. Winst-en-verliesrekening moet blijven voldoen aan het Besluit modellen jaarrekening.
Wettelijke reserves	Wettelijke reserves blijven in beginsel opgenomen ook al is regelgeving niet in alle gevallen even duidelijk of expliciet.
Overgang naar jaarrekening op basis van discontinuïteit	Overgang geschiedt prospectief.
Presentatie en toelichting	Conform Titel 9 Boek 2 BW met additionele toelichtingseisen.
Voorbeeld liquidatiebalans	Als voorbeeld is een liquidatiebalans opgenomen.

46.1 Continuïteit, discontinuïteit en liquidatie

46.1.1 Algemeen

In dit hoofdstuk worden de gevolgen van discontinuïteit, zoals gevolgen voor presentatie, waardering van posten en toelichting op de jaarrekening besproken. De meer formele aspecten omtrent de jaarrekening, zoals opmaak, termijnen en deponering, indien sprake is van discontinuïteit of liquidatie komen aan de orde in paragraaf 2.13.

46.1.2 Het continuïteitsbeginsel

De jaarrekening wordt gewoonlijk opgesteld in de veronderstelling dat de continuïteit van de onderneming gewaarborgd is en dat zij haar bedrijf(sactiviteiten) in de afzienbare toekomst zal voortzetten. Dit continuïteitsbeginsel (of het beginsel van 'going concern') wordt ook in de wet omschreven: artikel 2:384 lid 3 BW bepaalt dat wordt uitgegaan van de veronderstelling dat het geheel der werkzaamheden van de rechtspersoon wordt voortgezet, tenzij die veronderstelling onjuist is of haar juistheid aan gerede twijfel onderhevig is. Hier worden twee situaties genoemd:
1. de veronderstelling van continuïteit is onjuist;
2. de veronderstelling van continuïteit is aan gerede twijfel onderhevig; 'gerede twijfel' is daarbij gelijk te stellen aan het in de praktijk gebruikelijke 'ernstige onzekerheid' (RJ 170.101); IAS 1.25 spreekt van 'material uncertainties' waardoor 'significant doubt' ontstaat.

Alleen in het eerste geval is het continuïteitsbeginsel bij het opmaken van de jaarrekening niet meer van toepassing. In geval van 'gerede twijfel/ernstige onzekerheid' blijft het continuïteitsbeginsel wel gehandhaafd. Die situatie wordt besproken in paragraaf 4.3.3. In dit hoofdstuk gaan wij uitsluitend in op de jaarrekening die is opgesteld zonder dat het continuïteitsbeginsel van toepassing is.

In het vervolg van deze subparagraaf wordt ingegaan op achtergronden en begrippenkader:
- Het onderscheid tussen discontinuïteit en liquidatie (par. 46.1.3).
- Onvrijwillige en vrijwillige discontinuïteit (par. 46.1.4).

46.1.3 Het onderscheid tussen discontinuïteit en liquidatie

Er is een verschil tussen 'discontinuïteit' en 'liquidatie'. De term 'liquidatie' (of 'ontbinding') kent een wettelijke basis en ziet op de daadwerkelijke juridische beëindiging van de entiteit zelf. De formeel-juridische liquidatie kent wettelijk omschreven procedures die crediteuren bescherming geven tegen het verloren gaan van middelen van de entiteit en beoogt daarmee benadeling van crediteuren te voorkomen.

Liquidatie kan gedwongen zijn als gevolg van faillissement, waarbij aan faillissement een situatie van surseance van betaling vooraf kan gaan. In een situatie van surseance van betaling blijven de gewone jaarrekeningverplichtingen van kracht, waarbij, afhankelijk van de omstandigheden, al dan niet het continuïteitsbeginsel van toepassing is (zie verder par. 2.13.3). Op de formele jaarrekeningverplichtingen in een situatie van liquidatie wordt ingegaan in paragraaf 2.13.1 en 2.13.2. Liquidatie kan ook vrijwillig plaatsvinden, meestal wordt dan de term 'ontbinding' gebruikt.

'Discontinuïteit' is een bredere term dan 'liquidatie' en hoeft niet te leiden tot ontbinding van de juridische entiteit. Er is namelijk ook sprake van discontinuïteit indien het geheel der werkzaamheden wordt beëindigd. De vennootschap als juridische entiteit blijft dan bestaan, maar is feitelijk leeg.

De terminologie 'het geheel der werkzaamheden' komt uit de wet (art. 2:384.3 BW) en wordt gebruikt in het kader van het al dan niet toepassen van het continuïteitsbeginsel. Een gedeeltelijke beëindiging van de werkzaamheden is dus in dit kader geen 'discontinuïteit', al kan wel sprake zijn van 'beëindiging van bedrijfsactiviteiten' (RJ) of 'discontinued operations' (IFRS). Die situatie wordt besproken in hoofdstuk 33.

Ook bij resterende activiteiten van geringe omvang zal de veronderstelling van continuïteit aan de orde moeten blijven.

> **Voorbeeld beoordeling continuïteit**
>
> Groep XYZ BV besluit haar productie en verkoopactiviteiten in Europa te herstructureren. Het in Nederland gevestigde verkoop- en distributiecentrum wordt met de Belgische deelneming samengevoegd. Alle activiteiten van de Nederlandse deelneming worden beëindigd en overgedragen aan de Belgische vestiging, met uitzondering van bepaalde douane- en btw activiteiten waarvoor de Nederlandse deelneming als 'agent' voor de groep zal gaan functioneren. Van het Nederlandse personeel worden de arbeidsovereenkomsten beëindigd met uitzondering van twee personeelsleden voor de 'agent'-functie. De agentenprovisie bedraagt 2% van de inkoopwaarde van de goederen.
>
> Voor de Nederlandse deelneming is onmiskenbaar sprake van een drastische aanpassing van de bedrijfsactiviteiten. Echter, niet alle activiteiten komen te vervallen; hetgeen blijft voortbestaan kent een eigen continuïteit. De veronderstelling van continuïteit blijft daarom gehandhaafd.

46.1.4 Onvrijwillige en vrijwillige discontinuïteit

Evenals liquidatie kan ook discontinuïteit onvrijwillig of vrijwillig zijn.

Van onvrijwillige discontinuïteit is sprake indien duurzame voortzetting van het geheel der werkzaamheden van de rechtspersoon onmogelijk is geworden doordat de rechtspersoon niet meer op eigen kracht aan zijn verplichtingen zal kunnen voldoen en voldoende aanvullende medewerking van belanghebbenden niet kan worden verkregen. Richtlijn 170 hanteert hiervoor het begrip 'onontkoombare discontinuïteit' (RJ 170.103).

Vrijwillige discontinuïteit kent twee basisvormen (RJ 170.104):
- Entiteiten die zijn opgericht voor een bepaalde tijd. De liquidatie dan wel staking van alle bedrijfsactiviteiten voltrekt zich dan volgens een bij oprichting bepaald scenario. Voorbeelden zijn bepaalde aannemingscombinaties en beleggingsfondsen. De einddatum van de activiteiten en/of juridische liquidatie van de entiteit is dan in de contracten, statuten en/of andere vormen van samenwerkingsovereenkomsten vastgelegd.
- Een vrijwillig besluit tot discontinuïteit. Dit is aan de orde indien na oprichting van de rechtspersoon de directie een besluit heeft genomen de rechtspersoon te liquideren dan wel alle bedrijfsactiviteiten te staken.

In beide gevallen is de voorwaarde dat de rechtspersoon aan zijn verplichtingen zal voldoen. Is cdaarvan geen sprake, dan ontstaat in het algemeen de situatie van onontkoombare discontinuïteit.

> **Voorbeeld entiteit die is opgericht voor een bepaalde tijd**
> Een beleggingsfonds kent een looptijd van 10 jaar. De statuten bepalen dat de van participanten verkregen middelen worden aangewend voor beleggingen in de vastgoedsector. Ook de opbrengsten van beleggingen worden opnieuw belegd. De vermogenswaarde na tien jaar wordt uitgekeerd aan de participanten.
> Dit beleggingsfonds is opgericht voor bepaalde tijd. De discontinuïteit staat bij aanvang vast.
> Uiteraard kunnen participanten gedurende het bestaan van het beleggingsfonds besluiten om, bijvoorbeeld vanwege de marktomstandigheden, het fonds tijdelijk langer voort te zetten. Dat doet aan het karakter van een entiteit die is opgericht voor een bepaalde tijd niet af.

In bijgaand stroomschema worden mogelijke verschillende situaties in beeld gebracht.

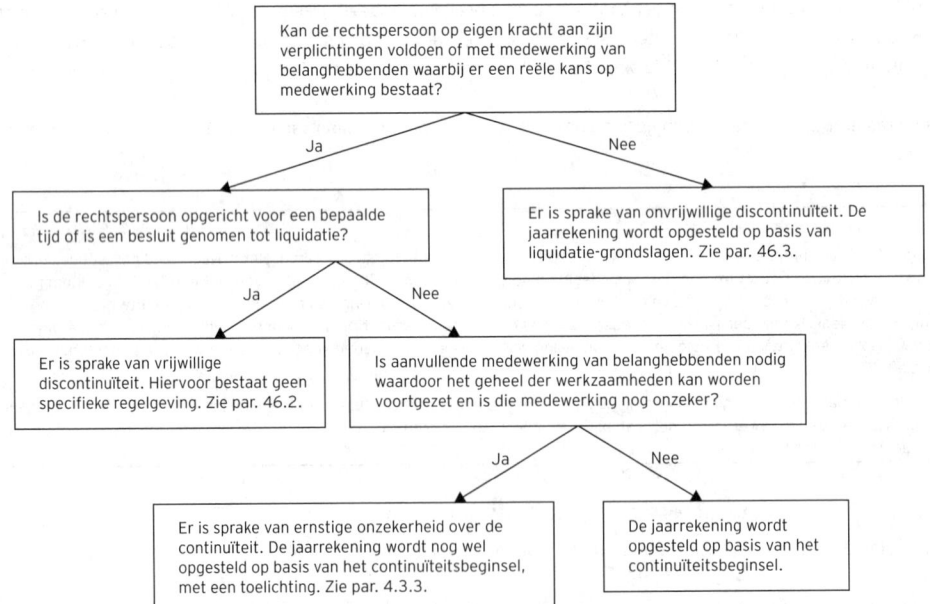

46 Jaarrekening in geval van (on)vrijwillige discontinuïteit

46.2 Discontinuïteit van het geheel der werkzaamheden is onontkoombaar

Zoals aangegeven in paragraaf 46.1.4 is sprake van onontkoombare discontinuïteit (RJ 170.103) indien de discontinuïteit onvrijwillig is. Indien er sprake is van onontkoombaarheid van discontinuïteit vervalt de toepassing van het continuïteitsbeginsel.

Ook indien de onontkoombare discontinuïteit pas blijkt na balansdatum, maar voor het opmaken van de jaarrekening, is het continuïteitsbeginsel niet langer van toepassing. Dit is een afwijking van de algemene regelgeving inzake verwerking van gebeurtenissen na balansdatum (zie hoofdstuk 38); immers, in dit geval is sprake van een gebeurtenis na balansdatum die geen nadere informatie geeft over de situatie op balansdatum (zie RJ 160.206). Gewoonlijk zou dit pas leiden tot verwerking in de jaarrekening van het jaar waarin de gebeurtenis plaatsvindt, maar onontkoombaarheid van discontinuïteit is een zodanig majeure gebeurtenis dat deze terugwerkt tot de laatste nog niet opgemaakte jaarrekening en daarin verwerkt moet worden.
In RJ 170.2 zijn bepalingen opgenomen over de inrichting van de jaarrekening in een situatie van onontkoombare discontinuïteit (zie par. 46.3).

Vrijwillige discontinuïteit

Richtlijn 170 bevat geen bepalingen voor de inrichting van de jaarrekening in een situatie van vrijwillige discontinuïteit. Wel wordt aangegeven dat ook in die gevallen het continuïteitsbeginsel niet van toepassing is, en dat de rechtspersoon dit feit onder mededeling van de mogelijke invloed op vermogen en resultaat in de toelichting uiteen dient te zetten. De rechtspersoon dient de aard van zijn (nog resterende) bedrijfsactiviteiten toe te lichten en hierbij, indien van toepassing, te vermelden dat hij is opgericht voor een bepaalde tijd (RJ 170.104). Ook vermelding van andere informatie die voor de oordeelsvorming van gebruikers relevant is, zoals informatie over het afwikkelingsscenario, is gewenst. Deze informatie dient ieder jaar te worden opgenomen, ook al is de geplande discontinuïteit meer dan twaalf maanden na balansdatum.

Bij de bepaling van vermogen en resultaat in een situatie van vrijwillige discontinuïteit kunnen in de praktijk meestal dezelfde grondslagen worden toegepast die zouden gelden als het continuïteitsbeginsel wel van toepassing zou zijn. Uiteraard wordt bij het opmaken van deze jaarrekeningen gedurende alle jaren rekening gehouden met de geplande afwikkeling, zodat bijvoorbeeld een gebruiksduur van een materieel vast actief nooit langer kan zijn dan tot de datum van afwikkeling van de entiteit.

IFRS

IAS 1.25 geeft aan dat het continuïteitsbeginsel niet van toepassing is indien het management besluit om te liquideren of de activiteiten te beëindigen of indien er geen ander realistisch alternatief is om dat te doen. Dit sluit aan bij de Nederlandse wet- en regelgeving. IFRS maakte geen melding van de situatie dat een entiteit is opgericht voor een bepaalde tijd. Verder geeft IFRS geen inhoudelijke bepalingen over de wijze waarop een jaarrekening moet worden opgemaakt in een situatie dat het continuïteitsbeginsel niet van toepassing is. In de praktijk zal in veel gevallen aangesloten kunnen worden bij de Nederlandse wet- en regelgeving.

46.3 Jaarrekening in een situatie van onontkoombare discontinuïteit

46.3.1 Algemeen

In deze paragraaf wordt ingegaan op de inhoud van de jaarrekening in een situatie dat sprake is van onontkoombare discontinuïteit (onvrijwillige discontinuïteit).

Uiteraard dient in alle gevallen te worden vermeld dat de jaarrekening niet op basis van de continuïteitsveronderstelling is opgemaakt. IAS 1.25 vereist uitdrukkelijk dat wordt aangegeven waarom de continuïteitsveronderstelling niet meer van toepassing is. Ook in RJ 170.208 wordt gesteld dat de feiten en omstandigheden die hebben geleid tot de onontkoombare discontinuïteit moeten worden toegelicht.

In de Memorie van Toelichting bij artikel 2:384 lid 3 en 4 BW wordt gesteld dat er, indien de continuïteit niet verzekerd is, er reden kan bestaan tot waardering op een andere grondslag dan de gebruikelijke, bijvoorbeeld op basis van liquidatiewaarde (RJ 170.105). De 'grondslagen uitgaande van onontkoombare discontinuïteit' worden ook wel aangeduid als 'grondslagen uitgaande van liquidatie van het geheel der werkzaamheden' of 'grondslagen op liquidatiebasis'.
In de toelichting van de jaarrekening dient te worden uiteengezet wat de gevolgen zijn van discontinuïteit voor vermogen en resultaat (art. 2:384 lid 3 BW, RJ 170.206). Hiermee wordt het verschil met waardering op continuïteitsbasis zichtbaar gemaakt.
IAS 1.25 is op dit punt minder expliciet en eist slechts vermelding van de grondslag die wel gehanteerd is alsmede de reden waarom de jaarrekening niet op basis van continuïteitsgrondslagen is opgesteld. Omdat IFRS op dit punt geen nadere guidance geeft, beperken wij ons in het navolgende tot de bepalingen in de Nederlandse wet- en regelgeving.

46.3.2 Uitgangspunt

Het algemene uitgangspunt dat is gekozen in Richtlijn 170 is dat toekomstige (verwachte) baten en lasten samenhangend met toekomstige ingaande en uitgaande kasstromen worden verwerkt in de eerste jaarrekening die is opgesteld op liquidatiegrondslagen, met uitzondering van financiële baten en lasten (bijv. te betalen of ontvangen rente). Dit betekent dat, indien de in eerste instantie gehanteerde schattingen ook blijken uit te komen, in eventuele latere jaarrekeningen per saldo geen resultaat wordt opgenomen uit hoofde van eventueel resterende operationele activiteiten.

46.3.3 Waardering activa

RJ 170.201 geeft aan dat alle activa die voldoen aan de definitie van een actief worden verwerkt in de balans (ongeacht of deze al eerder in de balans waren opgenomen) en worden gewaardeerd tegen de (verwachte) opbrengstwaarde.

Het opnemen van alle activa die voldoen aan de definitie van een actief gaat uit van activa die in het kader van de afwikkeling afzonderlijk worden verkocht. Dit kunnen ook activa zijn die niet eerder op de balans waren opgenomen en zelfs op grond van activeringscriteria nooit mogen worden geactiveerd in een situatie van continuïteit. De RJ noemt als voorbeelden een intern ontwikkeld klantenbestand en een intern ontwikkeld merkrecht. Deze immateriële activa voldoen wel aan de definitie van een actief, maar de specifieke bepaling in RJ 210.229 verbiedt activering daarvan (als het continuïteitsbeginsel van toepassing is). Het in een situatie van discontinuïteit wel activeren van deze posten is gebaseerd op het algemene uitgangspunt dat in de jaarrekening die is opgesteld op liquidatiegrondslagen alle verwachte toekomstige opbrengsten worden opgenomen.

De RJ stelt voorts uitdrukkelijk dat een onderneming (de 'bedrijfsactiviteiten' of 'business') als zodanig een actiefpost kan zijn, namelijk indien die onderneming als onderdeel van de discontinuïteit kan worden verkocht. Dit kunnen zowel aandelen in een rechtspersoon zijn als een samenhangend geheel van activa en verplichtingen, dan wel combinaties daarvan.

Waardering van de activa vindt plaats tegen de opbrengstwaarde (RJ 170.202). De opbrengstwaarde kan in het geval van discontinuïteit worden aangeduid als liquidatiewaarde, om, zo stelt de RJ, daarmee aan te duiden dat de opbrengst wordt verkregen op een markt waarop de rechtspersoon normaal niet opereert. Daarmee wordt waarschijnlijk (mede) bedoeld de omstandigheid dat sprake is van een gedwongen verkoop op een kortere dan gebruikelijke termijn, hetgeen gewoonlijk leidt tot een lagere opbrengst.

Het verwerken tegen opbrengstwaarde van activa betekent niet alleen een afwaardering naar lagere opbrengstwaarde, maar betekent ook, indien van toepassing, een opwaardering naar hogere opbrengstwaarde. In jaarrekeningen waarin het continuïteitsbeginsel van toepassing is, is herwaardering naar hogere opbrengstwaarde slechts in bepaalde gevallen mogelijk (bijvoorbeeld bij bepaalde financiële instrumenten).
Bij het waarderen van een te verkopen onderneming tegen opbrengstwaarde kan dit leiden tot het activeren van intern gegenereerde goodwill. Het activeren van intern gegenereerde goodwill is uitdrukkelijk verboden in een jaarrekening op basis van continuïteit (RJ 210.216). Voor wat betreft een eventueel aanwezige deelneming geldt dat deze in de consolidatie betrokken blijft tot aan het moment van daadwerkelijke afstoting en dat betekent dat de activa en passiva van de te verkopen onderneming afzonderlijk (dus bruto) gepresenteerd blijven in de geconsolideerde jaarrekening.
Belastingvorderingen of latente belastingvorderingen worden verwerkt en gewaardeerd tegen de beste schatting van de belastingbedragen die na balansdatum zullen worden verrekend c.q. ontvangen (RJ 170.202).

46.3.4 Waardering verplichtingen

Volgens RJ 170.201/203 worden alle verplichtingen ('posten van het vreemd vermogen') in de balans verwerkt in overeenstemming met RJ 115.105, en worden deze gewaardeerd tegen (de beste schatting van) de bedragen die noodzakelijk zijn om de desbetreffende posten contractueel af te wikkelen.

RJ 115.105 geeft een algemeen criterium voor het in de balans opnemen van verplichtingen, namelijk wanneer het waarschijnlijk is dat de afwikkeling van een bestaande verplichting gepaard zal gaan met een uitstroom van middelen die economische voordelen in zich bergen en waarbij de omvang van het bedrag waartegen de afwikkeling zal plaatsvinden op betrouwbare wijze kan worden vastgesteld.
RJ 290.702 bepaalt dat verplichtingen niet langer in de balans worden opgenomen indien alle of nagenoeg alle rechten op economische voordelen en alle of nagenoeg alle risico's aan een derde zijn overgedragen. Deze regel geldt ook voor de balans op liquidatiebasis: de financiële verplichtingen worden alleen van de balans afgehaald indien deze teniet zijn gegaan, bijvoorbeeld door betaling of kwijtschelding (tot en met de opmaakdatum van de jaarrekening). Het is dus niet toegestaan om schulden van de balans te halen vanuit de gedachte dat de schuldeisers waarschijnlijk toch niet betaald gaan worden.

Inzake voorzieningen kan de liquidatiegrondslag leiden tot het vrijvallen van bestaande voorzieningen (zoals een voorziening groot onderhoud) en tot het vormen van nieuwe voorzieningen (zoals een voorziening voor afvloeiing van personeel).

Verplichtingen (schulden en voorzieningen) worden gewaardeerd tegen de beste schatting van de benodigde kasstromen om de verplichting te voldoen. Voor schulden is dat veelal de nominale (contractuele of aflossings-) waarde van de te betalen bedragen, exclusief rentebetalingen (zie par. 46.3.5). Bij de waardering van schulden dient geen rekening te worden gehouden met agio of disagio en transactiekosten. Er wordt dus niet meer uitgegaan van de geamortiseerde kostprijs. De achtergrond hiervan is dat bij discontinuïteit niet langer sprake is van een reguliere afwikkeling van de schulden.

Ook wordt bij de waardering van de verplichtingen geen rekening gehouden met het eigen kredietrisico van de onderneming. Indien daarmee wel rekening zou worden gehouden zou de schuld veel lager worden gewaardeerd omdat in een situatie van liquidatie het kredietrisico (de weergave van de kans dat aan rente- en aflossingsverplichtingen wordt voldaan) extreem is. Ook hier geldt dus: geen afwaardering van de schuld omdat de verwachting bestaat dat de schuldeisers niet volledig worden betaald.

Belastingverplichtingen of latente belastingverplichtingen worden verwerkt en gewaardeerd tegen de beste schatting van de belastingbedragen die na balansdatum zullen moeten worden betaald.

46.3.5 Verwachte kosten en opbrengsten
In de balans wordt op basis van RJ 170.201/204 ook rekening gehouden met verwachte kosten en opbrengsten die niet zijn begrepen in de waardering van verplichtingen en activa. Voor deze verwachte kosten en opbrengsten worden in de balans overlopende posten opgenomen. Dit betreft bijvoorbeeld verwachte kosten van de liquidatie en verwachte operationele exploitatieresultaten (voor zover deze niet reeds zijn begrepen in de waardering van activa tegen opbrengstwaarde).

Toekomstige financiële baten en lasten (renteopbrengsten, dividendopbrengsten, rentekosten) worden niet opgenomen. Dat volgt uit de in Richtlijn 170 weergegeven waardering van activa tegen opbrengstwaarde en van schulden tegen nominale (aflossings-)waarde. De opbrengstwaarde van financiële activa en de nominale waarde van de schulden houden immers rekening met de tijdswaarde van het geld. Zou bijvoorbeeld wel rekening worden gehouden met toekomstige rentebetalingen op schulden, dan zou de schuld feitelijk worden gewaardeerd tegen de som van alle toekomstige kasstromen (rente plus aflossing) en niet tegen de nominale waarde (alleen aflossing). De gebruikelijke aanduiding van waardering van schulden tegen nominale waarde is overigens in zoverre verwarrend dat het feitelijk een waardering tegen contante waarde betreft, namelijk de contante waarde van de rentebetalingen plus de aflossing tegen de contractueel overeengekomen rente.

46.3.6 Winst-en-verliesrekening
In de voorgaande onderdelen is ingegaan op de balans. De gevolgen van de wijzigingen in de waardering van activa en verplichtingen worden opgenomen in de winst-en-verliesrekening. Deze winst-en-verliesrekening moet blijven voldoen aan de modellen in het Besluit modellen jaarrekening.

In het jaar waarin voor het eerst een jaarrekening op liquidatiebasis wordt opgesteld, hebben diverse posten betrekking op waardeveranderingen van activa en verplichtingen. Waardevermeerderingen van activa worden afzonderlijk opgenomen onder de Overige bedrijfsopbrengsten (hetzij uitgesplitst in de winst-en-verliesrekening zelf, hetzij in de toelichting). Waardeverminderingen van activa worden opgenomen als onderdeel van de lasten (bij de categoriale indeling in een afzonderlijke post, bij de functionele indeling als onderdeel van de functionele kosten). Wijzigingen in de waardering van latente belastingvorderingen en -verplichtingen worden opgenomen als belastingkosten en wijzigingen in de voorzieningen in de post waarop de voorziening betrekking heeft. De aanpassing van de schuld van geamortiseerde kostprijs naar nominale waarde is een financiële bate of last.

Het in de overlopende posten opgenomen toekomstig exploitatieresultaat wordt als netto-post opgenomen onder de Overige bedrijfsopbrengsten of onder de Overige bedrijfskosten, en dus niet uitgesplitst naar netto-omzet en kosten van de omzet. De netto-omzet die in de winst-en-verliesrekening wordt getoond heeft alleen betrekking op de netto-omzet die in het betreffende jaar is behaald. De onder de overlopende posten opgenomen andere toekomstige kosten, zoals liquidatiekosten, worden verantwoord als Overige bedrijfskosten.

Afzonderlijke benaming van de posten in de winst-en-verliesrekening is uiteraard toegestaan en zal vaak ten behoeve van het inzicht de voorkeur verdienen. Lasten voortvloeiend uit discontinuïteit worden als voorbeeld genoemd van omstandigheden die aanleiding kunnen zijn voor het verwerken van een bijzondere post (IAS 1.98, RJ 270.405), artikel 2:377 lid 8 BW bepaalt dat het bedrag en de aard van de posten van baten en lasten die van uitzonderlijke omvang zijn of in uitzonderlijke mate voorkomen moeten worden vermeld en toegelicht. IAS 1.97 vereist dat van materiële baten en lasten de aard en omvang worden toegelicht. De wetgever heeft met de term 'uitzonderlijk' dezelfde inhoud bedoeld als de RJ-term 'bijzonder' (RJ 270.404).
Bijzondere posten worden omschreven als baten of lasten die op grond van de aard, omvang of het incidentele karakter afzonderlijk dienen te worden toegelicht. De verplichting een toelichting omtrent uitzonderlijke baten en lasten op te nemen geldt voor alle rechtspersonen, ongeacht de grootte met uitzondering van micro-rechtspersonen. Bijzondere posten worden naar aard en omvang afzonderlijk en ongesaldeerd toegelicht (zie voor een verdere uiteenzetting omtrent bijzondere posten par. 5.6).

In de winst-en-verliesrekening in latere jaren worden schattingswijzigingen en financiële baten en lasten gepresenteerd. Schattingswijzigingen worden in beginsel gepresenteerd in dezelfde post als die waarin eerdere waardeveranderingen werden gepresenteerd. De presentatie van de afwikkeling van de overlopende post inzake exploitatieresultaten dient naar onze mening niet netto, maar bruto te geschieden. Dat wil zeggen dat de feitelijk in het boekjaar behaalde netto-omzet en daarmee samenhangende kosten afzonderlijk worden gepresenteerd, met daartegenover een afzonderlijk opgenomen afwikkeling van de overlopende post.

46.3.7 Wettelijke reserves

RJ 170.207 geeft aan dat de rechtspersoon op grond van artikel 2:390 lid 1 BW onder meer een herwaarderingsreserve vormt voor zover waardevermeerderingen van activa die op balansdatum nog aanwezig zijn, ten gunste van het resultaat zijn gebracht. Een herwaarderingsreserve wordt in dat geval niet gevormd voor activa waarvoor frequente marktnoteringen bestaan. Het opnemen van een herwaarderingsreserve is ook van toepassing indien dergelijke herwaarderingen in een jaarrekening op basis van continuïteit niet mogen worden verantwoord (bijvoorbeeld een herwaardering van een immaterieel actief). De RJ maakt niet duidelijk of over eventueel geactiveerde interne goodwill een wettelijke reserve moet worden opgenomen. Hierover doet de wet geen uitspraak, omdat dit bij een 'gewone' jaarrekening niet voorkomt. Het ligt voor de hand dat ook in dat geval een wettelijke reserve wordt opgenomen, omdat sprake is van een positieve herwaardering van een actief (namelijk de onderneming die verkocht gaat worden). Minder eenduidig is hoe moet worden omgegaan met toekomstige opbrengsten en kosten: de gedachte kan zijn dat voor de geactiveerde toekomstige opbrengsten een wettelijke reserve noodzakelijk is, maar evenzeer verdedigbaar is om slechts een wettelijke reserve op te nemen voor zover de geactiveerde toekomstige opbrengsten de toekomstige kosten overtreffen. Zelfs zou kunnen worden betoogd dat per saldo opgenomen toekomstige kosten in mindering mogen worden gebracht op bijvoorbeeld de wettelijke reserve interne goodwill, omdat immers beide posten niet zouden bestaan in het systeem van een jaarrekening op basis van continuïteit.

Een andere gedachte is dat bij discontinuïteit het concept van een wettelijke reserve maar beperkte betekenis zal hebben. Niet alleen zal in veel gevallen het eigen vermogen negatief zijn, ook zal uitkering van eigen vermogen in een situatie van discontinuïteit al gauw in strijd komen met beginselen van behoorlijk bestuur (en in een situatie van een BV zal het bestuur veelal zijn goedkeuring aan een eventuele dividenduitkering moeten onthouden).

46.3.8 Overgang naar jaarrekening op basis van discontinuïteit

De overgang van een jaarrekening op basis van continuïteitsgrondslagen naar een jaarrekening die uitgaat van discontinuïteit is geen stelselwijziging, maar een wijziging in de omstandigheden waarin de entiteit zich bevindt. Daarom dient de wijziging prospectief te worden verwerkt (RJ 170.205). Het verschil tussen de oude en de nieuwe boekwaarden dient te worden verwerkt in de winst-en-verliesrekening op het moment van de wijziging. Vergelijkende cijfers worden niet aangepast.

Daarnaast schrijft artikel 2:384 lid 3 BW voor dat in de toelichting wordt meegedeeld wat de gevolgen van de discontinuïteit voor het vermogen en het resultaat zijn. Dit brengt het verschil met de waardering op basis van de continuïteitsgrondslagen tot uitdrukking (RJ 170.206).

46.3.9 Presentatie en toelichting

RJ 170.207 geeft aan dat ook bij een jaarrekening waar het continuïteitsbeginsel niet van toepassing is, de wettelijke presentatie- en toelichtingsvereisten onverkort van toepassing blijven. In paragraaf 46.3.6 is in dat verband de inrichting van de winst-en-verliesrekening besproken.

RJ 170.208 vereist het opnemen van de volgende aanvullende toelichtingen:
- de feiten en omstandigheden die hebben geleid tot onontkoombare discontinuïteit;
- een beschrijving van het liquidatieplan of, als dit niet aanwezig is, de verwachte wijze van liquidatie;
- de methoden en belangrijke veronderstellingen die zijn gehanteerd bij de waardering op liquidatiebasis en de belangrijke onzekerheden daarbij;
- de aard en bedragen van de belangrijke positieve en negatieve waardeveranderingen (inclusief kwijtscheldingen) die zijn verwerkt in de winst-en-verliesrekening;
- de aard en bedragen van de in de balans opgenomen kosten en opbrengsten tot de verwachte datum van afwikkeling.

46.3.10 Een voorbeeld van een jaarrekening in een situatie van onontkoombare discontinuïteit

Dit hoofdstuk sluiten we af met een vereenvoudigd voorbeeld van een balans die is opgesteld in een situatie van onontkoombare discontinuïteit, derhalve op basis van liquidatiegrondslagen, met toepassing van de bepalingen in RJ 170.2.

Geconsolideerde balans Jaar 1 op basis van het continuïteitsbeginsel			
Immateriële vaste activa	200	Eigen vermogen	-200
Materiële vaste activa	800	Voorzieningen	100
Voorraden en Debiteuren	400	Schulden	1.550
Liquide middelen	50		
Totaal	**1.450**	**Totaal**	**1.450**

46 Jaarrekening in geval van (on)vrijwillige discontinuïteit

Aanvullende gegevens:
- In de consolidatie is begrepen dochter B die afzonderlijk wordt verkocht. B heeft alleen immateriële activa (60) en materiële activa (200) en de geschatte opbrengstwaarde van heel B bedraagt 310. Ter wille van de eenvoud is in het voorbeeld deelneming B in de geconsolideerde jaarrekening netto opgenomen en niet langer geconsolideerd. De deelneming blijft echter in de consolidatie betrokken tot het moment van daadwerkelijke afstoting, en dit betekent dat de activa en passiva van de deelneming ook in de geconsolideerde liquidatiebalans afzonderlijk moeten worden opgenomen.
- Opbrengstwaarde niet op de balans opgenomen zelf-ontwikkeld merk: 40.
- Opbrengstwaarde overige materiële vaste activa exclusief B: 420.
- Voor alle overige activa geldt: boekwaarde is opbrengstwaarde.
- Onder de voorzieningen is een voorziening groot onderhoud begrepen van 25.
- Bij liquidatie dient een voorziening afvloeiing te worden opgenomen van 80.
- De verwachte exploitatieverliezen in jaar 2 (en evt. verder) bedragen 75. Toekomstige kosten zijn 10.

Geconsolideerde balans jaar 2 op basis van liquidatiegrondslagen			
Immateriële vaste activa	180	Eigen vermogen	-430
Materiële vaste activa	420	Voorzieningen	155
Deelneming B	310	Schulden	1.550
Voorraden en Debiteuren	400	Overlopende passiva	85
Liquide middelen	50		
Totaal	**1.360**	**Totaal**	**1.360**

Toelichting:
- Immateriële vaste activa: 200 - 60 (B) + 40 (merk) = 180.
- Materiële vaste activa: 420 is gegeven (is excl. B 800 - 200 = 600; dit betekent een waardevermindering van de materiële vaste activa van 180).
- Deelnemingen: opbrengstwaarde dochter B, incl. 50 (310 - 60 - 200) eigen goodwill.
- Voorzieningen: 100 - 25 (groot onderhoud) + 80 (afvloeiing).
- Overlopende passiva: 75 (exploitatieverliezen) + 10 (toekomstige kosten).
- Eigen vermogen: is met 230 gedaald als gevolg van:
  - eigen vermogen B: toename +50
  - immateriële vaste activa: toename +40
  - materiële vaste activa: afname -/-180
  - voorzieningen: toename van -/-55
  - overlopende posten toename van -/-85

Deel IV

Financiële instellingen

47 Banken

47.1 Inleiding	
Begripsbepaling	Een bank is een kredietinstelling zoals gedefinieerd in artikel 1:1 van de Wet op het financieel toezicht.
47.2 Wet- en regelgeving	
Nederlandse wet- en regelgeving	Titel 9 Boek 2 BW bevat onder andere afdeling 14 'Bepalingen voor banken'. Met enkele aanpassingen zijn vrijwel alle overige afdelingen van Titel 9 Boek 2 BW ook op banken van toepassing. Dit geldt echter niet voor de meeste artikelen van de afdelingen 3 en 4. Daarnaast is er het Besluit jaarrekening banken.
Richtlijnen	RJ 600 van de RJ betreft de jaarverslaggeving door banken. Daarnaast zijn andere Richtlijnen van toepassing op banken, waaronder RJ 290 over financiële instrumenten.
IFRS	IFRS bevat veel algemene bepalingen die ook van toepassing zijn op banken. Een beperkt aantal bepalingen is voor banken van groot belang, zoals die betreffende financiële instrumenten.
DNB-rapportages	De rapportages aan DNB kent een bepaald stramien voor de balans en winst-en-verliesrekening.
47.3 De posten van de balans	
Model voor de balans	IFRS kent geen voorgeschreven model. De Nederlandse regelgeving kent een voorgeschreven model.
IFRS	De activa en passiva dienen in de balans of in de toelichting te worden gesplitst in een aantal categorieën. IFRS schrijft geen volledig model voor de balans voor.
Financiële instrumenten	De bepalingen betreffende financiële instrumenten zijn voor banken van groot belang. De meeste posten op de balans betreffen immers financiële instrumenten.
Handelsportefeuilles, beleggingsportefeuilles, overige portefeuilles	De Nederlandse bepalingen betreffende de beleggingsportefeuille zijn anders dan de bepalingen volgens IFRS.
Achtergestelde schulden	In het Nederlandse model is de post achtergestelde schulden afzonderlijk opgenomen. Onder IFRS kunnen de achtergestelde schulden in een desbetreffende passiefpost zijn begrepen. Achtergestelde schulden die aan bepaalde voorwaarden voldoen worden door de toezichthouder tot de zogenoemde beschikbare solvabiliteit (toetsingsvermogen) gerekend.

Algemene bankrisico's	Het Fonds voor algemene bankrisico's is onder IFRS niet toegestaan. IFRS staat wel toe dat een bank in het kader van de winstbestemming binnen het eigen vermogen een bedrag opzij zet voor: ▶ potentiële kredietverliezen boven de specifieke voorzieningen; ▶ algemene bankrisico's.
47.4 De posten van de winst-en-verliesrekening	
Model voor de winst-en-verliesrekening	IFRS kent geen volledig voorgeschreven model. De Nederlandse regelgeving kent een voorgeschreven model.
IFRS	De resultaten dienen in de winst-en-verliesrekening of in de toelichting te worden gesplitst in een aantal categorieën. IFRS schrijft geen volledig model voor de winst-en-verliesrekening voor.
Rentebaten en rentelasten	Het begrip rente wordt vaak ruim geïnterpreteerd. Onder IFRS dienen de volgens de effectieve-rentemethode berekende renteopbrengsten afzonderlijk te worden gepresenteerd in de winst-en-verliesrekening.
Provisiebaten en provisielasten	Opbrengsten uit hoofde van vergoedingen van voor rekening van derden verrichte diensten en betalingen voor door derden verrichte diensten.
Resultaat uit financiële transacties	Resultaat uit vlottende effecten, valuta-instrumenten en dergelijke.
Waardeveranderingen van Vorderingen	Waardecorrecties en voorzieningen.
Waardeveranderingen van financiële vaste activa	Waardemutaties van effecten en deelnemingen.
47.5 Toelichtingen	
Financiële instrumenten	De toelichting conform IFRS 7 is zeer uitgebreid.
Looptijden	Zowel onder IFRS als onder de Nederlandse wet- en regelgeving dienen specificaties naar looptijd van de meeste balansposten te worden opgenomen in de toelichting.
Kapitaalbeheer en vermogensratio's	Zowel onder RJ als IFRS dienen banken toelichting te geven over hun kapitaalbeheer en vermogensratio's.
Segmentatie	IFRS 8 Operating Segments.

47.1 Inleiding

In dit hoofdstuk wordt de financiële verslaggeving door banken behandeld. De bijzondere kenmerken van banken werken in een groot aantal gevallen door in de verslaggeving. Voor de jaarrekening van banken geldt specifieke wet- en regelgeving, alsmede wordt via de rapportages aan De Nederlandsche Bank (DNB) een bepaald stramien gehanteerd ten aanzien van de posten in de balans en winst-en-verliesrekening.

Banken in Nederland dienen een vergunning te hebben zoals bedoeld in de Wet op het financieel toezicht (Wft). Een dergelijke vergunning kan worden verleend door DNB. Alleen indien een financiële onderneming beschikt over een vergunning tot het uitoefenen van het bankbedrijf, mag zij het woord 'bank' in de naam hanteren. Met bank wordt bedoeld een kredietinstelling zoals gedefinieerd in artikel 1:1 van de Wft. De Wft kent vrijstellingsbepalingen en mogelijkheden tot ontheffing, als gevolg waarvan niet alle kredietinstellingen een vergunning nodig hebben en ingeschreven dienen te zijn in de registers van DNB. Om deze reden beperkt de reikwijdte van de voorschriften zich tot banken zijnde geregistreerde kredietinstellingen als bedoeld in artikel 2:11 onder 1 Wft: in Nederland gevestigde ondernemingen die over een vergunning beschikken en uit dien hoofde in het register van DNB zijn ingeschreven. In de navolgende tekst is zo veel mogelijk het begrip 'bank' gebruikt.

In dit hoofdstuk wordt ook ingegaan op IFRS-bepalingen, zoals de voor banken relevante bepalingen van IAS 1, IAS 32, IFRS 9 en IFRS 7. Tevens wordt in dit hoofdstuk uiteengezet welke voorschriften in Nederland van toepassing zijn voor banken die IFRS niet hoeven toe te passen. In de hoofdstukken 30 en 31 van dit handboek worden de verslaggevingsregels voor financiële instrumenten in detail behandeld.

Gevoed door de in 2008 ontstane kredietcrisis geven inmiddels steeds meer nationale en internationale instanties aanbevelingen over de informatie die banken zouden moeten opnemen in de toelichting van de jaarrekening. Een voorbeeld hiervan is Enhancing The Risk Disclosures of Banks gepubliceerd door de Enhanced Disclosure Task Force. Dit is een initiatief van de financiële sector om meer openheid te geven over de risico's bij banken. Het rapport is onder auspiciën van de Financial Stability Board (FSB) opgesteld door de werkgroep Enhanced Disclosure Task Force en geeft aanbevelingen voor betere informatie over risico's bij banken. Ook de European Securities and Markets Authority (ESMA) publiceert van tijd tot tijd aanbevelingen en schept via publicaties verwachtingen over informatie die ondernemingen en dus ook banken in hun jaarrekening zouden moeten opnemen. Dit zelfde geschiedt op nationaal niveau ook door toezichthoudende instanties als DNB en de Autoriteit Financiële Markten (AFM). De nadruk ligt veelal op financiële instrumenten. Een meer uitgebreide bespreking van deze aanbevelingen valt buiten doel en reikwijdte van dit Handboek.

De meeste banken in Nederland passen verplicht of vrijwillig IFRS toe bij het opmaken van de jaarrekening. Enkele banken, doorgaans kleine, maken de jaarrekening op volgens Nederlandse verslaggevingsregels. Als gevolg hiervan wordt het overgrote deel van het balanstotaal van de Nederlandse banken die een jaarrekening moeten opmaken, onder IFRS gerapporteerd.

47.2 Wet- en regelgeving
IFRS

IFRS bevat veel algemene bepalingen die ook van toepassing zijn op banken. Een beperkt aantal specifieke bepalingen is juist voor banken van groot belang, zoals die betreffende financiële instrumenten. IFRS-standaarden die voor banken van groot belang zijn, zijn de volgende:

Van kracht voor boekjaar 2021
- IFRS 7 'Financial Instruments: Disclosures'.
- IFRS 9 'Financial Instruments'.
- IFRS 13 'Fair Value Measurement'.
- IAS 1 'Presentation of financial statements'.
- IAS 32 'Financial Instruments: Presentation'.

De gebruikers van de jaarrekening van een bank zijn geïnteresseerd in de liquiditeit, de solvabiliteit en de risico's die zijn gerelateerd aan de posten in de balans en aan de rechten en verplichtingen die niet in de balans worden verantwoord. Liquiditeit betreft de mogelijkheid om aan betalingsverplichtingen te voldoen die voortvloeien uit opnames van spaargeld en aflopende deposito's, aan de hand van middelen die vrijkomen uit uitzettingen en beleggingen van een bank. Solvabiliteit betreft het positieve verschil tussen (risico gewogen) activa en passiva en daarmee de kapitaaltoereikendheid van de bank.

Een bank staat bloot aan liquiditeitsrisico en aan risico's die voortvloeien uit veranderingen in vreemdevalutakoersen, rentestanden, marktwaarden en de kredietwaardigheid van cliënten en tegenpartijen. Deze risico's kunnen in de jaarrekening tot uitdrukking worden gebracht, maar de gebruikers van de jaarrekening hebben er baat bij wanneer een bank ook toelichting verschaft over de wijze waarop de risico's die voortvloeien uit de bancaire processen, in beeld worden gebracht en worden beheerst.

IAS 32 bevat de presentatievereisten voor financiële instrumenten, IFRS 9 de bepalingen over opname op de balans, waardering en resultaatbepaling, bijzondere waardeverminderingen en hedge-accounting. In IFRS 13 is geregeld hoe de reële waarde van financiële (maar ook niet-financiële) instrumenten bepaald moet worden en wat daarover moet worden toegelicht in de jaarrekening. IFRS 13 gaat dus niet over wanneer reële waarden gebruikt moeten worden; dat is geregeld in IFRS 9. Alle verdere toelichtingsvereisten over financiële instrumenten zijn opgenomen in IFRS 7. IFRS 7 geeft aan dat een entiteit haar financiële instrumenten dient te groeperen in klassen van vergelijkbare instrumenten en, waar toelichting is vereist, deze toelichting per klasse op dient te nemen.

Ook voor banken geldt dat zelfs bij integrale toepassing van IFRS, zowel in de geconsolideerde als in de enkelvoudige jaarrekening, bepaalde Nederlandse regels van toepassing blijven. Onderwerpen die IFRS niet behandeld zijn onder andere: bestuurdersbeloningen, het bestuursverslag, de openbaarmaking, de accountantscontrole en de kapitaalbescherming (wettelijke reserves). In Titel 9 Boek 2 BW is om deze reden lid 9 toegevoegd aan artikel 2:362 BW, dat luidt:
'De rechtspersoon die de jaarrekening opstelt volgens de in lid 8 bedoelde standaarden, past van deze titel slechts de afdelingen 7 tot en met 10 en de artikelen 362 lid 6, een na laatste volzin, lid 7, laatste volzin en lid 10, 365 lid 2, 373, 379 leden 1 en 2, 380b onderdeel d, 382, 382a, 383, 383b tot en met 383e, 389 leden 8 en 10, en 390 toe. Banken passen tevens artikel 421 lid 5 toe.'

Met artikel 2:421 lid 5 BW is geregeld dat banken ten aanzien van de leningen, voorschotten en garanties ten behoeve van bestuurders en commissarissen zoals bedoeld in artikel 2:383 lid 2 BW, alleen de openstaande bedragen hoeven te vermelden en niet de afgewaardeerde bedragen en de bedragen waarvan werd afgezien, de rentevoet, de belangrijkste overige bepalingen en de aflossingen gedurende het boekjaar.

Nederlandse wet- en regelgeving

Een onderneming die niet verplicht is de geconsolideerde jaarrekening op te stellen volgens de door de Europese Unie goedgekeurde standaarden van de IASB, mag daar wel vrijwillig voor kiezen, zo ook banken. Indien de geconsolideerde jaarrekening wordt opgesteld conform de bepalingen van Boek 2 van het Burgerlijk Wetboek, moet echter ook de enkelvoudige jaarrekening aan deze bepalingen voldoen. Indien de jaarrekening wordt opgesteld conform IFRS moeten wel de afdelingen 7 tot en met 10 van Titel 9 Boek 2 BW (art. 2:391 BW tot en met art. 2:395 BW), betreffende het bestuursverslag, de overige gegevens, het deskundigenonderzoek en de openbaarmaking, worden toegepast, evenals een aantal specifieke wetsbepalingen.

In Titel 9 Boek 2 BW is afdeling 14 'Bepalingen voor banken' opgenomen, waarin is vastgelegd dat op een bank Titel 9 Boek 2 BW van toepassing is. Met enkele aanpassingen zijn vrijwel alle afdelingen van Titel 9 Boek 2 BW ook op banken van toepassing. Dit geldt echter niet voor de meeste artikelen van de afdelingen 3 en 4. Dit aangezien in deze afdelingen de – niet op banken toegespitste – voorschriften omtrent de balans, respectievelijk de winst-en-verliesrekening en de toelichting hierop worden gegeven. Voor banken gelden evenmin de in afdeling 11 opgenomen vrijstellingen voor inrichting van de jaarrekening op grond van de omvang van het bedrijf van de rechtspersoon. In Titel 9 Boek 2 BW is een aantal vrijstellingsbepalingen voor banken niet van toepassing. Een bank kan niet in de enkelvoudige jaarrekening de zogenoemde verkorte winst-en-verliesrekening opstellen zoals is bepaald in artikel 2:402 BW. Tevens kan een bank niet gebruikmaken van de vrijstelling voor het opmaken van een jaarrekening zoals bepaald in artikel 2:403 BW.

In afdeling 14 worden vaste activa nader gedefinieerd als deelnemingen, immateriële en materiële activa. Daarnaast is opgenomen dat andere activa als vaste activa gelden, voor zover zij bestemd zijn om duurzaam voor de bedrijfsuitoefening te worden gebruikt (art. 2:416 lid 2 BW). Deze regeling is van belang in verband met de waardering van activa. Verder is in de wet een aantal specifieke waarderingsvoorschriften gegeven voor onder meer effecten in de handels- en de beleggingsportefeuille (art. 2:422 BW). Opvallend is dat in afdeling 14 specifieke waarderingsvoorschriften zijn opgenomen voor de activa en passiva in vreemde valuta (art. 2:423 BW). Voor niet-banken zijn hiervoor geen specifieke regels opgenomen in Titel 9 Boek 2 BW. Banken mogen een Fonds voor algemene bankrisico's voeren (art. 2:424 BW) maar de RJ beveelt aan van deze mogelijkheid geen gebruik te maken (RJ 600.257). Ten slotte worden in afdeling 14 specifieke voorschriften gegeven voor de consolidatie voor banken en bancaire onderdelen. In de geconsolideerde jaarrekening van een bank worden, overeenkomstig de voorschriften voor banken, ten minste geconsolideerd de groepsmaatschappijen zijnde banken, alsmede de groepsmaatschappijen zijnde niet-banken, waarvan de werkzaamheden rechtstreeks liggen in het verlengde van het bankbedrijf. Worden andere groepsmaatschappijen zijnde niet-banken geconsolideerd, dan geschiedt dit conform de voorschriften voor banken. Is laatstbedoelde niet-bank een verzekeringsmaatschappij, dan geschiedt de consolidatie van deze verzekeringsmaatschappij evenwel overeenkomstig de voorschriften voor verzekeringsmaatschappijen (art. 2:426 BW).

De hierboven samengevatte afdeling 14 is vrij summier, aangezien vele algemeen geldende jaarrekeningvoorschriften eveneens op banken van toepassing zijn. Hiermee wordt nog niet tegemoetgekomen aan alle in de Europese richtlijn opgenomen voorschriften. Dit geldt vooral voor het model van de balans, het model van de winst-en-verliesrekening, en voor de inhoud van de toelichting. Een en ander is bij algemene maatregelen van bestuur geregeld: het Besluit jaarrekening banken, evenals het Besluit modellen jaarrekening.

In het Besluit jaarrekening banken worden de benamingen van de posten van de balans en de winst-en-verliesrekening volgens het modellenbesluit, logisch in groepen ingedeeld, herhaald. In dit Besluit is een aantal waarderingsaspecten opgenomen. Daarnaast wordt, veelal zeer gedetailleerd, ingegaan op de inhoud van de in de toelichting op de balans en de winst-en-verliesrekening te vermelden informatie. Ten slotte worden in dit Besluit specifieke voorschriften gegeven over de wijze waarop bepaalde zaken in de jaarrekening dienen te worden verwerkt.

De wetgever heeft voor banken een specifiek model (model K) toegevoegd aan het Besluit modellen jaarrekening (BMJ). Voor de winst-en-verliesrekening kan gekozen worden uit de modellen L of M. De benaming van de posten in de modellen mag worden gewijzigd (art. 16 lid 5 BMJ). DNB heeft in het verleden aanbevolen daar gebruik van te maken om voor een groot aantal posten een andere benaming te hanteren. In het navolgende zullen wij deze benamingen ook veelal hanteren, omdat het gebruik hiervan usance is in de branche. In het besluit is aangegeven dat alle posten uit de modellen dienen te worden opgenomen, ook al zijn deze in het geheel van de jaarrekening van te verwaarlozen betekenis voor het wettelijk vereiste inzicht (art. 16 lid 3 BMJ). Aan de posten van de balans en van de winst-en-verliesrekening die van toepassing zijn op banken, mogen volgens het Besluit modellen

jaarrekening geen posten worden toegevoegd. Een uitsplitsing van posten van de balans en van de winst-en-verliesrekening in de toelichting is wel toegestaan (art. 16 lid 6 BMJ).
De RJ heeft een Richtlijn voor banken opgenomen in Richtlijn 600 'Banken'.

Code Banken

In oktober 2014 is een nieuwe Code Banken ('Code Banken 2015') gepresenteerd. De vernieuwde Code Banken is in werking getreden op 1 januari 2015 en is van toepassing op alle banken met een zetel in Nederland die beschikken over een bankvergunning als bedoeld in artikel 2:11 van de Wet op het financieel toezicht. Banken waarop de Code Banken van toepassing is en die deel uitmaken van een groep, kunnen onderdelen toepassen op het niveau van de entiteit die aan het hoofd staat van de desbetreffende groep.

Als gevolg van de invoering van de Code Banken 2015 dient de bank elk jaar op haar website te vermelden op welke wijze zij de Code Banken in het voorafgaande jaar heeft toegepast. Daarbij vermeldt de bank tevens in hoeverre zij vooruitgang heeft geboekt bij toepassing van de principes. Ook geeft zij met concrete voorbeelden aan op welke wijze naleving heeft plaatsgevonden. Indien van toepassing geeft de bank gemotiveerd aan waarom een principe eventueel niet (volledig) is toegepast (*comply or explain*).

Country-by-country reporting voor banken

In september 2014 is het 'Besluit uitvoering publicatieverplichtingen richtlijn kapitaalvereisten' gepubliceerd. Met dit besluit zijn enige eisen uit de EU-richtlijn Kapitaalvereisten (CRD IV) geïmplementeerd, waardoor banken (en beleggingsondernemingen) worden verplicht om – uitgesplitst naar land (*country-by-country*) – informatie openbaar te maken over:
a. naam en aard van activiteiten;
b. omzet;
c. gemiddeld aantal werknemers;
d. winst/verlies voor belasting;
e. winstbelasting; en
f. ontvangen overheidssubsidies.

Deze informatie kan worden opgenomen in de jaarrekening of een apart verslag en wordt (bij een wettelijke controle van de bank) onderzocht door de externe accountant.

47.3 De posten van de balans
47.3.1 Model voor de balans
IFRS

IFRS kent geen voorgeschreven modellen voor de balans en de winst-en-verliesrekening. In IAS 1 is wel een aantal algemene uitgangspunten voor de inrichting van de balans en de winst-en-verliesrekening opgenomen. De European Banking Authority (EBA) heeft modellen uitgewerkt voor de geconsolideerde balans en de geconsolideerde winst-en-verliesrekening van een bank onder IFRS als onderdeel van de Financial Reporting (Finrep) aan toezichthouders, zoals deze de EBA voor ogen staat. Deze modellen kunnen als uitgangspunt dienen voor de inrichting van de balans en de winst-en-verliesrekening in de jaarrekening. De cursief gedrukte posten kunnen ook in de toelichting, als uitsplitsing van de desbetreffende post, worden opgenomen.

Het model voor de balans en de vertaling hiervan in het Nederlands zijn hierna weergegeven.

Consolidated Balance Sheet Statement

Assets

Cash and cash equivalents
  Cash on hand
  Cash balances at central banks
  Other demand deposits
Financial assets held for trading
  Derivatives
  Equity instruments
  Debt securities
  Loans and advances
Financial assets mandatorily at fair value through profit or loss
  Equity instruments
  Debt securities
  Loans and advances
Financial assets designated at fair value through profit or loss
  Debt securities
  Loans and advances
Financial assets at fair value through other comprehensive income

  Equity instruments
  Debt securities
  Loans and advances
Loans and receivables
  Debt securities
  Loans and advances
Derivatives – Hedge accounting
Fair value changes of the hedged items in portfolio hedge of interest rate risk
Investments in subsidiaries, joint ventures and associates

Tangible assets
  Property, Plant and Equipment
  Investment property
Intangible assets
  Goodwill
  Other intangible assets
Tax assets
  Current tax assets
  Deferred tax assets
Other assets
Non-current assets and disposal groups classified as held for sale

TOTAL ASSETS

Geconsolideerde balans

Activa

Contante geldmiddelen en kasequivalenten
  Contante geldmiddelen
  Kasmiddelen bij centrale banken
  Overige direct opvraagbare deposito's
Financiële activa aangehouden voor handelsdoeleinden
  Derivaten
  Eigen-vermogensinstrumenten
  Schuldinstrumenten
  Leningen en voorschotten
Financiële activa verplicht tegen reële waarde met verwerking van waardeveranderingen in het resultaat
  Eigen-vermogensinstrumenten
  Schuldinstrumenten
  Leningen en voorschotten
Financiële activa tegen reële waarde met verwerking van waardeveranderingen in het resultaat
  Schuldinstrumenten
  Leningen en voorschotten
Financiële activa tegen reële waarde met waardeveranderingen in reële waarde via de overige onderdelen van het totaalresultaat in het eigen vermogen
  Eigen-vermogensinstrumenten
  Schuldinstrumenten
  Leningen en voorschotten
Leningen en vorderingen (inclusief leasecontracten)
  Schuldinstrumenten
  Leningen en voorschotten
Derivaten – hedge-accounting
Reële-waardeveranderingen van de afgedekte posten in een portefeuillehedge van renterisico
Investeringen in groepsmaatschappijen, joint ventures en deelnemingen met significante invloed
Materiële activa
  Onroerende zaken en bedrijfsmiddelen
  Vastgoedbeleggingen
Immateriële activa
  Goodwill
  Overige immateriële activa
Belastingen
  Belastingvorderingen
  Latente belastingvorderingen
Overige activa
Niet-vlottende activa en groepen van af te stoten activa beschikbaar voor verkoop

TOTAAL ACTIVA

Consolidated Balance Sheet Statement

Liabilities

Financial liabilities held for trading
   Derivatives
   Short positions
   Deposits
   Debt securities issued
   Other financial liabilities
Financial liabilities designated at fair value through profit or loss
   Deposits
   Debt securities issued
   Other financial liabilities
Financial liabilities measured at amortised cost
   Deposits
   Debt securities issued
   Other financial liabilities
Derivatives – Hedge accounting
Fair value changes of the hedged items in portfolio hedge of interest rate risk
Provisions
   Pensions and other post employment benefit obligations
   Other long term employee benefits
   Restructuring
   Pending legal issues and tax litigation
   Commitments and guarantees given
   Other provisions
Tax liabilities
   Current tax liabilities
   Deferred tax liabilities
Other liabilities
Share capital repayable on demand
Liabilities included in disposal groups classified as held for sale

TOTAL LIABILITIES

Consolidated Balance Sheet Statement

Equity

Capital
   Paid up capital
   Unpaid capital which has been called up
Share premium
Equity instruments issued other than capital

Equity component of compound financial instruments

   Other equity instruments issued
Other Equity
Accumulated other comprehensive income
   Items that will not be reclassified to profit or loss

   Tangible assets

Geconsolideerde balans

Passiva

Financiële verplichtingen aangehouden voor handelsdoeleinden
   Derivaten
   Short-posities
   Deposito's
   Uitgegeven schuldinstrumenten
   Overige schulden
Financiële passiva aangemerkt tegen reële waarde met verwerking van waardeveranderingen in het resultaat
   Deposito's
   Uitgegeven schuldinstrumenten
   Overige schulden
Financiële passiva tegen geamortiseerde kostprijs
   Deposito's
   Uitgegeven schuldinstrumenten
   Overige schulden
Derivaten – hedge-accounting
Reële-waardeveranderingen van de afgedekte posten in een portefeuille van renterisico
Voorzieningen
   Voorziening voor pensioenverplichtingen
   Overige langlopende personeelsverplichtingen
   Reorganisatie
   Claims en juridische procedures
   Verplichtingen uit hoofde van leningen en garanties
   Overige voorzieningen
Belastingen
   Belastingvorderingen
   Latente belastingvorderingen
Overige passiva
Aandelenkapitaal terug te betalen op afroep
Passiva begrepen in groepen van af te stoten activa en passiva, aangehouden voor handelsdoeleinden

TOTAAL PASSIVA

Geconsolideerde balans

Eigen vermogen

Gestort en opgevraagd kapitaal
   Gestort kapitaal
   Opgevraagd kapitaal
Agioreserve
Uitgegeven eigen-vermogensinstrumenten, anders dan aandelen

Eigen-vermogenscomponent van samengestelde financiële instrumenten

   Overig uitgegeven eigen-vermogensinstrumenten
Overig eigen vermogen
Cumulatief totaal resultaat
   Items die niet naar de winst-en-verliesrekening worden overgeboekt

   Materiële activa

47 Banken

Consolidated Balance Sheet Statement	Geconsolideerde balans
Intangible assets	Immateriële activa
Actuarial gains or (-) losses on defined benefit pension plans	Actuariële winsten of (-) verliezen op toegezegde pensioenregelingen
Non-current assets and disposal groups classified as held for sale	Niet-vlottende activa of af te stoten activa geclassificeerd als beschikbaar voor verkoop
Share of other recognised income and expenses of investments in subsidiaries, joint ventures and associates	Aandeel in de niet-gerealiseerde resultaten van investeringen in groepsmaatschappijen, joint ventures en deelnemingen met significante invloed
Fair value changes of equity instruments measured at fair value through other comprehensive income	Reële waardeveranderingen van eigen-vermogensinstrumenten tegen reële waarde met waardeveranderingen in reële waarde via de overige onderdelen van het totaalresultaat in het eigen vermogen
Hedge ineffectiveness of fair value hedges for equity instruments measured at fair value through other comprehensive income	Hedge-ineffectiviteit van reële-waardehedges inzake eigen-vermogensinstrumenten tegen reële waarde met waardeveranderingen in reële waarde via de overige onderdelen van het totaalresultaat in het eigen vermogen
Fair value changes of equity instruments measured at fair value through other comprehensive income (hedged item)	Reële waardeveranderingen van eigen-vermogensinstrumenten tegen reële waarde met waardeveranderingen in reële waarde via de overige onderdelen van het totaalresultaat in het eigen vermogen (afgedekte positie)
Fair value changes of equity instruments measured at fair value through other comprehensive income (hedging instrument)	Reële waardeveranderingen van eigen-vermogensinstrumenten tegen reële waarde met waardeveranderingen in reële waarde via de overige onderdelen van het totaalresultaat in het eigen vermogen (hedge-instrument)
Fair value changes of financial liabilities at fair value through profit or loss attributable to changes in their credit risk	Reële waardeveranderingen van financiële verplichtingen met verwerking van waardeveranderingen in het resultaat door verandering in hun kredietrisico
Items that may be reclassified to profit or loss	Items die mogelijk naar de winst-en-verliesrekening worden overgeboekt
Hedge of net investments in foreign operations (effective portion)	Hedge van een netto-investering in buitenlandse entiteiten (effectieve deel)
Foreign currency translation	Vreemde-valutaverschillen
Hedging derivatives. Cash flow hedges (effective portion)	Hedge derivaten. Kasstroomhedges (effectieve deel)
Fair value changes of debt instruments measured at fair value through other comprehensive income	Reële waardeveranderingen van schuldinstrumenten tegen reële waarde met waardeveranderingen in reële waarde via de overige onderdelen van het totaalresultaat in het eigen vermogen
Hedging instruments (not designated elements)	Hedge-instrumenten (niet aangewezen elementen)
Non-current assets or disposal groups classified as held for sale	Niet-vlottende activa of af te stoten activa geclassificeerd als beschikbaar voor verkoop
Share of other recognised income and expenses of investments in subsidiaries, joint ventures and associates	Aandeel in de niet-gerealiseerde resultaten van investeringen in groepsmaatschappijen, joint ventures en deelnemingen met significante invloed
Retained earnings	Algemene reserve/ingehouden winsten
Revaluation reserve	Herwaarderingsreserve
Other reserves	Overige reserves
Reserves or accumulated losses of expenses of investments in subsidiaries, joint ventures and associates accounted for using the equity method	Reserves of cumulatieve verliezen van investeringen in groepsmaatschappijen, joint ventures en deelnemingen met significante invloed gewaardeerd volgens de equity-methode
<Treasury shares>	<Aandelen in eigen bezit>
Profit (loss) attributable to equity holders of the parent	Winst (verlies) toekomend aan de aandeelhouders van de moedermaatschappij
<Interim dividends>	<Interim-dividend>
Minority interest [non-controlling interests]	Minderheidsbelang
Accumulated Other Comprehensive Income	Cumulatief overig totaal resultaat
Other items	Overige posten
TOTAL EQUITY	**TOTAAL EIGEN VERMOGEN**
TOTAL EQUITY AND TOTAL LIABILITIES	**TOTAAL EIGEN VERMOGEN EN PASSIVA**

Nederlandse wet- en regelgeving

Het bovenstaande model van de balans komt op hoofdlijnen overeen met het model dat onder de Nederlandse wet- en regelgeving geldt (model K met inachtneming van de andere benamingen zoals aangegeven in paragraaf 30.4.2).

Kasmiddelen	Bankiers
Kortlopend overheidspapier	Toevertrouwde middelen:
Bankiers	▶ Spaargelden
Kredieten:	▶ Overige toevertrouwde middelen
▶ Kredieten aan de overheid	Schuldbewijzen
▶ Kredieten aan de private sector	Overige schulden
Rentedragende waardepapieren	Overlopende passiva
Aandelen	Voorzieningen
Deelnemingen in groepsmaatschappijen	Fonds voor algemene bankrisico's
Overige deelnemingen	Achtergestelde schulden (a)
Immateriële activa	Eigen vermogen (b)
Onroerende zaken en bedrijfsmiddelen	Belang van derden (c)
Overige activa	Groepsvermogen (b + c)
Van aandeelhouders opgevraagde stortingen	Aansprakelijk groepsvermogen (a + b + c)
Overlopende activa	
Totaal activa	Totaal passiva
	(Onder de balans)
	Voorwaardelijke schulden
	Onherroepelijke faciliteiten

47.3.2 Financiële instrumenten algemeen

Inzake de verslaggeving voor banken zijn financiële instrumenten van groot belang, aangezien de meeste posten op de balans financiële instrumenten zijn. In hoofdstuk 30 worden de criteria voor werking, classificatie en waardering alsmede bijzondere waardeverminderingen behandeld. In hoofdstuk 31 worden de criteria voor de verwerking en waardering van derivaten en hedge-accounting behandeld.

47.3.3 Handelsportefeuilles, beleggingsportefeuilles, overige portefeuilles
Nederlandse wet- en regelgeving

Tot de beleggingsportefeuille van banken behoren financiële instrumenten, die naar hun bestemming vaste activa zijn, dat wil zeggen bestemd zijn om duurzaam verbonden te zijn aan de bedrijfsuitoefening van de bank onder meer voor de beheersing van rente-, solvabiliteits- en liquiditeitsrisico's (art. 2:416 lid 2 BW). Voorbeelden van financiële instrumenten die beleidsmatig bestemd kunnen zijn als beleggingsportefeuille zijn rentedragende waardepapieren met een relatief gering kredietrisico (bijvoorbeeld obligaties uitgegeven door landen of ondernemingen met een goede kredietwaardigheid) en onderhandse leningen.

Tot de handelsportefeuille behoren eigen posities:
▶ die voortvloeien uit het actief kopen en verkopen van financiële instrumenten met de bedoeling om op korte termijn voordeel te behalen uit prijsverschillen als gevolg van schommelingen in financiële markten;
▶ in financiële instrumenten die voortvloeien uit het verrichten van transacties voor cliënten;
▶ die worden ingenomen om posities in de handelsportefeuille in te dekken.

Voorbeelden van financiële instrumenten die tot de handelsportefeuille kunnen behoren, zijn effecten en afgeleide instrumenten, leningen, deposito's en andere opgenomen gelden. Uit deze definities volgt dat naast aandelen en rentedragende waardepapieren ook andere activa en passiva tot de beleggings- en handelsportefeuille kunnen behoren.

Eigen obligaties en dergelijke mogen slechts worden opgenomen als actiefpost wanneer deze tot de handelsportefeuille behoren en niet achtergesteld zijn. Emissierestanten van eigen obligaties mogen dus niet worden geactiveerd maar dienen in mindering te worden gebracht op de schuldpositie (RJ 600.217).

Er is geen definitie opgenomen van de overige portefeuilles in de Nederlandse wet. Deze kunnen daarom als restportefeuilles worden beschouwd. Wat betreft rentedragende waardepapieren die noch behoren tot de beleggingsportefeuille noch tot de handelsportefeuille, zou bijvoorbeeld gedacht kunnen worden aan bij wijze van kredietverlening gekocht (verhandelbaar) 'commercial paper' en emissierestanten. In het geval van aandelen valt te denken aan aandelen die zijn verkregen door omzetting van een 'slecht lopend' krediet in aandelen of aan participaties.

IFRS

IFRS 9 kent één benadering voor de classificatie van alle financiële activa, inclusief de activa die een embedded derivaat bevatten. Dat betekent dat financiële activa in z'n geheel worden geclassificeerd en dat embedded derivaten niet worden afgescheiden. Er wordt een onderscheid gemaakt in schuld/vorderingsinstrumenten ('debt instruments', hierna schuldinstrumenten genoemd), eigen-vermogensinstrumenten ('equity investments') en derivaten. Onder IFRS 9 bepaalt de classificatie van het instrument veelal in welke portefeuille het instrument wordt opgenomen.

Onder IFRS 9 vindt de vervolgwaardering van schuldinstrumenten plaats tegen:
▶ geamortiseerde kostprijs;
▶ reële waarde met waardeveranderingen in reële waarde via de overige onderdelen van het totaalresultaat ('OCI') in het eigen vermogen; of
▶ reële waarde met waardeveranderingen in de winst-en-verliesrekening (inclusief de instrumenten in de handelsportefeuille).

Waardering tegen geamortiseerde kostprijs mag alleen plaatsvinden als aan twee criteria cumulatief is voldaan:
▶ de contractuele bepalingen van het instrument voorzien in kasstromen op bepaalde data en de kasstromen betreffen uitsluitend de hoofdsom en rente op de resterende hoofdsom. Dit wordt ook wel genoemd de *solely payments of principal and Interest ('SPPI')-test*.
▶ het bedrijfsmodel is gericht op het aanhouden van de activa teneinde de contractuele kasstromen te ontvangen. Dit wordt ook wel genoemd de *business model-test*.

De vervolgwaardering van alle beleggingen in eigen-vermogensinstrumenten en contracten betreffende die instrumenten moeten tegen reële waarde worden gewaardeerd. In beperkte omstandigheden kan de kostprijs een passende schatting van de reële waarde vormen. Dit kan het geval zijn als er onvoldoende meer recente informatie beschikbaar is om de reële waarde te bepalen, of als er van een grote bandbreedte van mogelijke waarderingen tegen reële waarde sprake is en de kostprijs de beste schatting van de reële waarde binnen die bandbreedte vertegenwoordigt. Echter, in de Basis for Conclusions (IFRS 9.BC5.18) merkt de IASB op dat bovengenoemde omstandigheden niet van toepassing zijn voor eigen-vermogensinstrumenten die worden gehouden door specifieke ondernemingen zoals financiële instellingen en beleggingsfondsen.

De verwerking van waardeveranderingen kan hetzij geschieden in het resultaat, hetzij in het eigen vermogen via de overige onderdelen van het totaalresultaat ('OCI'). In beide gevallen maakt de waardeverandering deel uit van het totaalresultaat ('comprehensive income').

Verwerking van waardeveranderingen in het resultaat is in één geval verplicht: als de eigen-vermogensinstrumenten aangehouden worden voor handel ('held for trading'). Daaronder vallen ook derivaten inzake eigen-vermogensinstrumenten. In alle andere gevallen is sprake van een vrije keuze. Deze keuze wordt gemaakt per instrument en kan later niet meer worden gewijzigd.

Bij verwerking van de waardeveranderingen in het eigen vermogen wordt het ontvangen dividend in de winst-en-verliesrekening verantwoord (tenzij sprake is van een terugbetaling van de kostprijs). De in het eigen vermogen en totaalresultaat opgenomen waardeveranderingen worden niet later alsnog opgenomen in het netto-resultaat ('no recycling'); dat betekent dat er geen noodzaak is tot het afzonderlijk verwerken van een bijzondere waardevermindering ('impairment') en dat bij verkoop gerealiseerde waardeveranderingen niet in de winst-en-verliesrekening worden opgenomen. Wel dient uitgebreid informatie te worden toegelicht over verkopen en de resultaten daarvan.

Derivaten worden altijd gewaardeerd tegen reële waarde met – indien geen hedge-accounting wordt toegepast – waardeveranderingen in de winst-en-verliesrekening.

47.3.4 Kortlopend overheidspapier
Nederlandse wet- en regelgeving
Deze post omvat door overheden geplaatste rentedragende waardepapieren, voor zover deze waardepapieren herdiscontabel of beleenbaar zijn bij de centrale bank van het land van uitgifte. Deze waardepapieren moeten bijvoorbeeld als onderpand kunnen dienen voor schulden die een bank heeft bij de desbetreffende centrale bank (RJ 600.214).
De Nederlandse regels (art. 1 lid 1b Besluit jaarrekening banken) stellen dat de oorspronkelijke looptijd van dergelijke waardepapieren (de balanspost kortlopend overheidspapier maximaal twee jaar mag zijn. Het vereiste ten aanzien van de looptijd geeft aan dat onder deze post alleen stukken met een relatief hoge liquiditeit, in feite kortlopende beleggingen, kunnen worden opgenomen. Stukken met een langere oorspronkelijke looptijd worden, indien zij als vaste activa kunnen worden aangemerkt, als onderdeel van de beleggingsportefeuille rentedragende waardepapieren verwerkt.

IFRS
Deze post wordt onder IFRS niet apart behandeld.

47.3.5 Bankiers (vorderingen [schulden] op [aan] kredietinstellingen)
Nederlandse wet- en regelgeving
Zowel aan de actiefzijde als de passiefzijde van de balans worden bankiers strikt onderscheiden, althans waar het de (niet in waardepapieren, respectievelijk schuldbewijzen belichaamde) vorderingen en schulden betreft. De afzonderlijke presentatie vloeit voort uit het feit dat deze posten niet gerelateerd zijn aan de activiteiten die de bank ten behoeve van haar cliënten bedrijft. De actiefpost bankiers en de passiefpost bankiers omvatten de vorderingen op respectievelijk de schulden aan andere banken. Deze posten omvatten rekening-courantverhoudingen tussen banken, voortvloeiende uit het (internationale) betalingsverkeer. Een Nederlandse bank die bijvoorbeeld transacties in Amerikaanse dollars wil verrichten, zal hiertoe een rekening-courant in deze muntsoort kunnen aanhouden bij een bank in de Verenigde Staten. Voorts omvatten deze posten vorderingen en schulden die resulteren uit de interbancaire geld- en kapitaalmarkt, zoals deposito's met looptijden variërend van één of enkele dagen tot zes of twaalf maanden en onderhandse leningen. Een bijzondere vorm van kortlopende interbancaire deposito's wordt gevormd door direct opvraagbare, respectievelijk opzegbare deposito's, zogenaamd daggeld (callgeld), die

desgewenst dagelijks worden verlengd. De posten bankiers omvatten daarom zowel direct opvraagbare bedragen als bedragen met een langere looptijd.

De post bankiers aan de actiefzijde bevat niet vorderingen op andere banken belichaamd in obligaties en andere al dan niet vaste waardepapieren.

IFRS

Deze post wordt onder IFRS niet apart behandeld.

47.3.6 Kredieten (vorderingen op klanten)
Nederlandse wet- en regelgeving

De post kredieten maakt bij de meeste banken een substantieel deel van de balanstelling uit. Onder dit hoofd worden opgenomen de vorderingen die samenhangen met de bedrijfsuitoefening van banken, voor zover het geen vorderingen op bankiers betreft of vorderingen belichaamd in rentedragende waardepapieren zoals obligaties en dergelijke. Voorbeelden van posten die als krediet worden gerubriceerd zijn rekening-courantfaciliteiten voor bedrijven en particulieren, leningen met een vaste looptijd, hypothecaire vorderingen (zoals woninghypotheken), persoonlijke leningen en doorlopende kredieten.

IFRS

Deze post wordt onder IFRS niet apart behandeld.

47.3.7 Rentedragende waardepapieren
Nederlandse wet- en regelgeving

Hieronder worden opgenomen de obligaties en andere vastrentende waardepapieren die door banken, andere rechtspersonen of publiekrechtelijke lichamen zijn uitgegeven. Het zijn vastrentende, verhandelbare obligaties en andere vastrentende waardepapieren, voor zover deze niet worden opgenomen onder kortlopend overheidspapier. Met obligaties en andere vastrentende waarden worden gelijkgesteld waardepapieren met een rentevoet die is gekoppeld aan een bepaalde renteparameter, bijvoorbeeld EURIBOR.

IFRS

Deze post wordt onder IFRS niet apart behandeld.

47.3.8 Aandelen
Nederlandse wet- en regelgeving

Onder de post aandelen worden aandelen en andere niet-vastrentende waarden opgenomen.

IFRS

Deze post wordt onder IFRS niet apart behandeld.

47.3.9 Overige activa
Nederlandse wet- en regelgeving en IFRS

Voor rubricering onder deze post zouden in aanmerking kunnen komen vorderingen die noch vorderingen op bankiers of kredietnemers zijn – anders gezegd: niet zijnde vorderingen uit het bancaire bedrijf – noch de aard van overlopende activa hebben, alsmede activa die niet onder andere actiefposten kunnen worden gerubriceerd. Voorbeelden hiervan zijn edele metalen, goederen en dergelijke.

47.3.10 Overlopende activa

Nederlandse wet- en regelgeving

Tot de overlopende activa worden onder meer gerekend vooruitbetaalde bedragen voor kosten die ten laste van de volgende periode(n) komen en nog te ontvangen bedragen ter zake van baten die aan verstreken periode(n) zijn toegerekend, zoals overlopende rente en de ongerealiseerde resultaten op valutatermijncontracten.

IFRS

Deze post is onder IFRS onderdeel van de overige activa.

47.3.11 Toevertrouwde middelen (schulden aan klanten)

Nederlandse wet- en regelgeving

Deze post aan de passiefzijde van de balans kan min of meer als tegenhanger worden beschouwd van de actiefpost kredieten. Hieronder worden opgenomen de schulden die samenhangen met de bedrijfsuitoefening van banken met uitzondering van de schulden aan banken, achtergestelde schulden en de schulden die belichaamd zijn in schuldbewijzen zoals obligaties. Voorbeelden zijn rekening-courantverhoudingen (betaalrekeningen) van bedrijven en particulieren, deposito's en spaarrekeningen.

IFRS

Deze post wordt onder IFRS niet apart behandeld.

47.3.12 Schuldbewijzen

Nederlandse wet- en regelgeving

De meest bekende component van deze post wordt gevormd door de uitgegeven obligatieleningen. Andere vormen van uitgegeven waardepapieren zijn notes, commercial paper, kas- en spaarbiljetten alsmede spaar- en bankbrieven.

IFRS

Deze post wordt onder IFRS niet apart behandeld.

47.3.13 Overige schulden respectievelijk Achtergestelde schulden

Nederlandse wet- en regelgeving

In het Nederlandse model van de balans is de post Achtergestelde schulden afzonderlijk opgenomen. Achtergestelde schulden zijn voor banken een belangrijke vorm van financiering. De reden hiervoor is dat achtergestelde schulden die aan de daartoe gestelde voorwaarden voldoen in het kader van de solvabiliteitstoetsing door DNB tot de zogenoemde beschikbare solvabiliteit (toetsingsvermogen) worden gerekend. Volgens RJ 600.255 kunnen in de geconsolideerde jaarrekening, in aanvulling op de achtergestelde schulden van de consoliderende vennootschap, ook de achtergestelde schulden van dochters worden opgenomen die door DNB voor de solvabiliteitstoetsing in aanmerking worden genomen. Indien dit gebeurt, dient te worden toegelicht ten opzichte van welke schulden de achterstelling heeft plaatsgevonden.

IFRS

Onder IFRS kunnen achtergestelde schulden in de desbetreffende passiva worden begrepen of afzonderlijk worden opgenomen.

47.3.14 Overlopende passiva
Nederlandse wet- en regelgeving

Tot de overlopende passiva worden onder meer gerekend vooruitontvangen bedragen voor baten die ten gunste van de volgende periode(n) komen en nog te betalen bedragen ter zake van lasten die aan een verstreken periode zijn toegerekend.

IFRS

Deze post is onder IFRS onderdeel van de overige passiva.

47.3.15 Fonds voor algemene bankrisico's
Nederlandse wet- en regelgeving

In de Wet van 17 maart 1993, houdende bepalingen voor de jaarrekening van banken luidt artikel 424 als volgt: 'Een bank mag op de balans onder de passiva onmiddellijk na de voorzieningen een post omvattende de dekking voor algemene bankrisico's opnemen, voor zover zulks geboden is om redenen van voorzichtigheid wegens de algemene risico's van haar bankbedrijf. Het saldo van de toegevoegde en onttrokken bedragen aan deze post wordt als afzonderlijke post in de winst-en-verliesrekening opgenomen'.

Artikel 2:406 lid 5 BW bepaalt dat in de geconsolideerde jaarrekening van een rechtspersoon die geen bank is, het fonds voor algemene bankrisico's mag worden opgenomen, doch alleen indien en voor zover het fonds van toepassing is ten aanzien van in de consolidatie te betrekken banken en maatschappijen die geen bank zijn maar waarvan de werkzaamheden in het verlengde van het bankbedrijf liggen (art. 2:426 lid 1 BW). Hoewel artikel 2:426 lid 1 BW geheel is herschreven, is de essentie van de bepalingen niet anders dan in het verleden. Maatschappijen die geen bank zijn worden in de geconsolideerde jaarrekening van een bank opgenomen volgens de voorschriften van banken. Toepassing van het fonds voor algemene bankrisico's mag alleen plaatsvinden door maatschappijen waarvan de werkzaamheden in het verlengde van het bankbedrijf liggen of die bestaan uit nevendiensten in het verlengde van het bankbedrijf. Aanbevolen wordt geen gebruik te maken van de mogelijkheid om een Fonds voor algemene bankrisico's te vormen (RJ 600.257).

IFRS

Het Fonds voor algemene bankrisico's is onder IFRS niet toegestaan. IFRS staat wel toe dat een bank in het kader van de winstbestemming binnen het eigen vermogen een bedrag opzij zet voor potentiële kredietverliezen boven de specifieke voorzieningen of algemene bankrisico's.

47.3.16 Eigen vermogen of schulden
Nederlandse wet- en regelgeving

De Nederlandse regels komen nagenoeg geheel overeen met IFRS, die hieronder worden behandeld. Echter, sinds 1 januari 2020 is in de enkelvoudige jaarrekening onder de Nederlandse regelgeving een stelselkeuze voor een classificatie hetzij op basis van de juridische vorm, hetzij van de economische betekenis .

IFRS

Conform IAS 32.15 dient elk instrument, of een component daarvan, bij eerste verwerking te worden gerubriceerd als schuld of als eigen vermogen in overeenstemming met de contractuele bepalingen en de definities van schulden en eigen vermogen volgens deze standaard. Hierbij is niet zozeer de juridische vorm bepalend als wel de economische realiteit.

Samengestelde financiële instrumenten hebben kenmerken van eigen vermogen en van schulden, bijvoorbeeld converteerbare obligaties. Deze instrumenten dienen volgens IAS 32.28 gesplitst te worden in beide genoemde componenten bij de verwerking in de balans.
Hiertoe wordt de volgende methode toegepast(IAS 32.31-32): bepaal de waarde van de component van de schulden en beschouw het restbedrag als eigen vermogen.

De behandeling van baten en lasten uit dergelijke instrumenten in de winst-en-verliesrekening volgt de verwerking in de balans (IAS 32.35). Uitkeringen op de componenten van het eigen vermogen maken deel uit van de winstbestemming en worden in het eigen vermogen verwerkt. Betalingen betreffende schulden worden als interestlasten in de winst-en-verliesrekening opgenomen. Betalingen op samengestelde instrumenten worden naar analogie toegerekend aan de winstbestemming respectievelijk de interestlasten. Zie voor de nadere invulling daarvan paragraaf 30.4.2.
Eigen aandelen die de bank of een deelneming van de bank in portefeuille houdt, die beschikbaar zijn voor wederverkoop of heruitgifte worden in mindering gebracht op het eigen vermogen.

47.3.17 Niet uit de balans blijkende verplichtingen

Veel banken gaan transacties aan die niet onmiddellijk leiden tot activa en passiva in de balans maar wel tot voorwaardelijke verplichtingen. Deze transacties vertegenwoordigen dikwijls een belangrijk deel van de bedrijfsactiviteiten van een bank en kunnen van grote invloed zijn op de risico's die een bank loopt. Door dergelijke transacties kunnen de risico's toenemen maar ook afnemen, bijvoorbeeld bij afdekking van risico's (hedges) van activa of passiva op de balans. Niet uit de balans blijkende verplichtingen kunnen voortvloeien uit transacties ten behoeve van cliënten of uit transacties voor eigen rekening. De bepalingen van IFRS en de Nederlandse wet- en regelgeving komen nagenoeg overeen.

Nederlandse wet- en regelgeving

Artikel 1 lid 3 van het Besluit jaarrekening banken onderscheidt voorwaardelijke schulden en onherroepelijke faciliteiten.
Onder voorwaardelijke schulden worden alle transacties opgenomen waarbij de bank zich garant heeft gesteld voor de verplichtingen van derden (RJ 600.267). Deze post bevat de volgende componenten:
- verdisconteerde wissels;
- aansprakelijkstellingen en gestelde zekerheden voor schulden van anderen;
- onherroepelijke accreditieven en overige voorwaardelijke schulden.

Onherroepelijke toezeggingen (RJ 600.268): deze post omvat de niet opgenomen delen van de onherroepelijke toezeggingen die tot een kredietrisico kunnen leiden. Onder deze post zijn ingevolge artikel 7 lid 2 van het Besluit jaarrekening banken tevens opgenomen de verplichtingen uit hoofde van cessie-/retrocessieovereenkomsten waarbij de mogelijkheid bestaat dat activa moeten worden teruggekocht tegen een vooraf overeengekomen prijs en uitgiftegaranties (zoals *note issuance facilities* en *revolving underwriting facilities*) alsmede de activa welke zijn aangekocht onder rechtstreekse voorwaarden van koopovereenkomsten op termijn. Het totaalbedrag van de onherroepelijke toezeggingen wordt vermeld.

Artikel 7 lid 3 van het Besluit jaarrekening banken verlangt een toelichting op de onherroepelijke toezeggingen naar aard en omvang, tenzij deze van ondergeschikte betekenis zijn op het geheel van de schulden.

> **Voorbeeld van elementen uit de toelichting op niet uit de balans blijkende verplichtingen (op basis van de Nederlandse wet- en regelgeving)**
> Niet uit de balans blijkende verplichtingen
>
> Voorwaardelijke verplichtingen
> Verplichtingen wegens verstrekte borgtochten en garanties (...)
> Verplichtingen uit hoofde van onherroepelijke faciliteiten (...)
>
> Om tegemoet te komen aan de wensen van haar klanten biedt de bank aan leningen gerelateerde producten aan, zoals borgtochten en garanties. De onderliggende waarden van deze producten worden niet als activa of passiva in de balans opgenomen. Voor deze producten geeft het bedrag het maximale potentiële kredietrisico van de bank aan, indien wordt verondersteld dat al haar tegenpartijen hun contractuele verplichtingen niet meer nakomen en alle bestaande zekerheden geen waarde zouden hebben. Garanties betreffen zowel kredietvervangende als niet-kredietvervangende garanties. Naar verwachting zullen de meeste garanties aflopen zonder dat daarop aanspraak wordt gemaakt en zullen zij ook geen toekomstige kasstromen veroorzaken.
>
> Huurverplichtingen
> De vennootschap heeft huurovereenkomsten voor haar kantoorpanden. Daarnaast zijn operational leasecontracten voor het wagenpark afgesloten met een looptijd van minder dan 5 jaar. De totale last inzake de huur van kantoorpanden en operational leasecontracten voor het wagenpark in het jaar 20x4 bedroeg € 18 miljoen (20x3: € 17 miljoen). De verplichtingen naar resterende looptijd zijn als volgt:
> (...)
>
> Juridische procedures
> De bank is betrokken bij rechtszaken. Hoewel het niet mogelijk is de uitkomst van lopende of dreigende juridische procedures te voorspellen, is het bestuur van mening - op grond van informatie die thans beschikbaar is en na raadpleging van juridische adviseurs - dat het onwaarschijnlijk is dat de uitkomsten hiervan materieel nadelige gevolgen zullen hebben voor de financiële positie of bedrijfsresultaten van de bank.
>
> Depositogarantiestelsel
> Het depositogarantiestelsel is een regeling ter garantie van bepaalde banktegoeden van rekeninghouders als een bank failliet gaat. De regeling geeft zekerheid voor tegoeden tot een maximum van € 100.000 en geldt per rekeninghouder per bank. Indien bij betalingsonmacht van een kredietinstelling onvoldoende middelen resteren om aan de rekeninghouders van de betrokken instelling de gegarandeerde bedragen (geheel) te vergoeden, keert DNB tot aan voormelde maxima uit. Dit totaalbedrag wordt vervolgens door de banken volgens een omslagstelsel aan DNB vergoed.

47.3.18 Tijdelijk verkochte en gekochte activa
Nederlandse wet- en regelgeving

Tijdelijk verkochte activa blijven in de balans van de verkopende bank opgenomen wanneer de terugkoop (onder vermelding van leveringstijdstip en bepaalde prijs) is overeengekomen. Tegenover de als actief opgenomen ontvangen liquiditeiten wordt de terugkoopverplichting in de balans van de verkopende bank afhankelijk van de tegenpartij als schulden aan klanten of bankiers verantwoord (art. 2 lid 2 van het Besluit jaarrekening banken). In de toelichting bij de desbetreffende post wordt het bedrag van de overgedragen activa vermeld en een korte omschrijving gegeven van de aard van de desbetreffende transacties. Hierbij dient te worden vermeld dat de desbetreffende effecten en andere activa per balansdatum niet ter vrije beschikking staan (RJ 600.111).

Vergelijkbare bepalingen gelden voor tijdelijk gekochte activa waarbij de wederinkoop door de wederpartij (onder vermelding van leveringstijdstip en bepaalde prijs) is overeengekomen. Deze activa worden niet opgenomen in de balans van de kopende bank. Aanbevolen wordt in de toelichting bij de desbetreffende posten de aard en de omvang van de tijdelijk gekochte activa weer te geven en een korte omschrijving te geven van de aard van de desbetreffende transacties. De met deze tijdelijk gekochte activa samenhangende afdracht van liquiditeiten wordt in de balans van de kopende bank afhankelijk van de tegenpartij verantwoord als vorderingen op klanten of bankiers (art. 3 lid 1 van het Besluit jaarrekening banken, RJ 600.112).

47.4 De posten van de winst-en-verliesrekening
47.4.1 Model voor de winst-en-verliesrekening
IFRS

IFRS kent geen voorgeschreven modellen voor de balans en de winst-en-verliesrekening. In IAS 1 is wel een aantal algemene uitgangspunten voor de inrichting van de balans en de winst-en-verliesrekening opgenomen. Met de invoering van IFRS 9 is IAS 1.82 aangepast en wordt voorgeschreven welke posten expliciet in de winst-en-verliesrekening moeten worden gepresenteerd. Zo stelt IAS 1.82 dat naast de op grond van andere IFRSs te vermelden posten moet de rubriek betreffende winst of verlies of het overzicht van winst of verlies onder andere de posten bevatten die de volgende bedragen over de periode presenteren:

- opbrengsten, waarbij de volgens de effectieve rentemethode berekende renteopbrengsten afzonderlijk worden gepresenteerd;
- winsten en verliezen die voortvloeien uit het niet langer opnemen van financiële activa gewaardeerd tegen geamortiseerde kostprijs;
- bijzondere waardeverminderingsverliezen (met inbegrip van terugnemingen van bijzondere waardeverminderingsverliezen) bepaald in overeenstemming met IFRS 9.

Tevens dienen bepaalde resultaten uit hoofde van geherclassificeerde financiële instrumenten separaat worden gepresenteerd.

De EBA heeft modellen uitgewerkt voor de geconsolideerde balans en de geconsolideerde winst-en-verliesrekening van een bank onder IFRS als onderdeel van de Financial Reporting (Finrep) aan toezichthouders, zoals deze de EBA voor ogen staat. Deze modellen kunnen als uitgangspunt dienen voor de inrichting van de balans en de winst-en-verliesrekening in de jaarrekening. De cursief gedrukte posten kunnen ook in de toelichting, als uitsplitsing van de desbetreffende post, worden opgenomen.

Het model voor de winst-en-verliesrekening en de vertaling hiervan in het Nederlands zijn hierna weergegeven.

Consolidated Income Statement	Geconsolideerde winst-en-verliesrekening
Financial & operating income and expenses	**Financiële en operationele baten en lasten**
Interest income	Interestbaten
Financial assets held for trading	*Financiële activa aangehouden voor handelsdoeleinden*
Non-trading financial assets mandatorily at fair value through profit or loss	*Niet voor handelsdoeleinden aangehouden financiële activa verplicht tegen reële waarde met verwerking van waardeveranderingen in het resultaat*
Financial assets designated at fair value through profit or loss	*Financiële activa aangemerkt tegen reële waarde met verwerking van waardeveranderingen in het resultaat*
Financial assets at fair value through other comprehensive income	*Financiële activa tegen reële waarde met waardeveranderingen in reële waarde via de overige onderdelen van het totaalresultaat in het eigen vermogen*
Financial assets at amortised cost	*Financiële activa tegen geamortiseerde kostprijs*
Derivatives – Hedge accounting, interest rate risk	*Derivaten – hedge-accounting, renterisico*
Other assets	*Overige activa*
Interest income on liabilities	*Interestbaten uit verplichtingen*
(Interest expenses)	(Interestlasten)
(Financial liabilities held for trading)	*(Financiële verplichtingen aangehouden voor handelsdoeleinden)*

Consolidated Income Statement

(Financial liabilities designated at fair value through profit or loss)
(Financial liabilities measured at amortised cost)
(Derivatives – Hedge-accounting, interest rate risk)
(Other liabilities)
(Interest expense on assets)
(Expenses on share capital repayable on demand)
Dividend income
    Financial assets held for trading
    Non-trading financial assets mandatorily at fair value through profit or loss

    Financial assets at fair value through other comprehensive income

    Investments in subsidiaries, joint ventures and associates accounted for using other than equity method

Fee and commission income
(Fee and commission expenses)
Gains (losses) on derecognition of financial assets and liabilities not measured at fair value through profit or loss, net

    Financial assets at fair value through other comprehensive income

    Financial assets at amortised cost
    Financial liabilities measured at amortised cost
    Other
Gains (losses) on financial assets and liabilities held for trading, net
Gains (losses) on non-trading financial assets and liabilities mandatorily at fair value through profit or loss, net

Gains (losses) on financial assets and liabilities designated at fair value through profit or loss, net

Gains (losses) from hedge accounting, net
Exchange differences [gain (loss)], net
Gains (losses) on derecognition of non-financial assets, net

Other operating income
(Other operating expenses)
(Administration costs)
    (Staff expenses)
    (Other administrative expenses)
(Depreciation)
    (Property, Plant and Equipment)
    (Investment Properties)
    (Other intangible assets)
Modification gains or (loses), net

Geconsolideerde winst-en-verliesrekening

(Financiële passiva aangemerkt tegen reële waarde met verwerking van waardeveranderingen in het resultaat)
(Financiële passiva tegen geamortiseerde kostprijs
(Derivaten – hedge-accounting, renterisico)
(Overige schulden)
(Interestlasten uit activa)
(Kosten aandelenkapitaal terug te betalen op afroep)
Dividendbaten
    Financiële activa aangehouden voor handelsdoeleinden
    Niet voor handelsdoeleinden aangehouden financiële activa verplicht tegen reële waarde met verwerking van waardeveranderingen in het resultaat
    Financiële activa tegen reële waarde met waardeveranderingen in reële waarde via de overige onderdelen van het totaalresultaat in het eigen vermogen
    Investeringen in geconsolideerde deelnemingen, joint-ventures en deelnemingen met significante invloed niet gewaardeerd volgens de equity-methode

Provisiebaten
(Provisielasten)
Baten (lasten) uit niet langer verantwoorden van financiële activa en passiva niet tegen reële waarde met verwerking van waardeveranderingen in het resultaat, netto

    Financiële activa tegen reële waarde met waardeveranderingen in reële waarde via de overige onderdelen van het totaalresultaat in het eigen vermogen
    Financiële activa tegen geamortiseerde kostprijs
    Financiële passiva tegen geamortiseerde kostprijs
    Overige
Baten (lasten) op financiële activa en passiva aangehouden voor handelsdoeleinden, netto
Baten (lasten) op niet voor handelsdoeleinden aangehouden financiële activa en passiva verplicht gewaardeerd tegen reële waarde met verwerking van waardeveranderingen in het resultaat, netto
Baten (lasten) op financiële activa en passiva aangemerkt tegen reële waarde met verwerking van waardeveranderingen in het resultaat, netto
Baten (lasten) uit hedge-accounting, netto
Koersverschillen [bate (last)], netto
Baten (lasten) uit niet langer verantwoorden van niet financiële activa, netto

Overige operationele baten
(Overige operationele lasten)
(Administratieve lasten)
    (Personeelskosten)
    (Overige administratieve kosten)
(Afschrijving)
    (Onroerende zaken en bedrijfsmiddelen)
    (Vastgoedbeleggingen)
    (Overige immateriële activa)
Herzieningswinsten of (-verliezen)

Consolidated Income Statement	Geconsolideerde winst-en-verliesrekening
Financial assets at fair value through other comprehensive income	*Financiële activa tegen reële waarde met waardeveranderingen in reële waarde via de overige onderdelen van het totaalresultaat in het eigen vermogen*
Financial assets at amortised cost	*Financiële activa tegen geamortiseerde kostprijs*
(Provisions) reversal of provisions	(Voorzieningen) terugname van voorzieningen
(Commitments and guarantees given)	*(Lening verplichtingen en garanties)*
(Other provisions)	*(Overige voorzieningen)*
(Impairment or (reversal of impairment) on financial assets not measured at fair value through profit or loss)	(Waardevermindering of (terugname van waardevermindering) van financiële activa niet tegen reële waarde met verwerking van waardeveranderingen in het resultaat)
Financial assets at fair value through other comprehensive income	*Financiële activa tegen reële waarde met waardeveranderingen in reële waarde via de overige onderdelen van het totaalresultaat in het eigen vermogen*
Financial assets at amortised cost	*Financiële activa tegen geamortiseerde kostprijs*
(Impairment or (reversal of impairment) of investments in subsidiaries, joint ventures and associates)	Waardevermindering of (terugname van waardevermindering) van investeringen in groepsmaatschappijen, joint ventures en deelnemingen met significante invloed
(Impairment on non-financial assets)	(Waardevermindering niet-financiële activa)
(Property, plant and equipment)	*(Onroerende bedrijfsmiddelen)*
(Investment properties)	*(Vastgoedbeleggingen)*
(Goodwill)	*(Goodwill)*
(Other intangible assets)	*(Overige immateriële activa)*
(Other)	*(Overige)*
Negative goodwill recognised in profit or loss	Negatieve goodwill verantwoord in het resultaat
Share of the profit (loss) of investments in subsidiaries, joint ventures and associates	Aandeel in het resultaat van investeringen in groepsmaatschappijen, joint ventures en deelnemingen met significante invloed
Profit (loss) from non-current assets and disposal groups classified as held for sale not qualifying as discontinued operations	Resultaat uit niet-vlottende activa en groepen van af te stoten activa en passiva beschikbaar voor verkoop, niet voortvloeiende uit beëindiging van bedrijfsactiviteiten
PROFIT (LOSS) BEFORE TAX FROM CONTINUING OPERATIONS	WINST (VERLIES) VOOR BELASTINGEN UIT VOORTGEZETTE BEDRIJFSACTIVITEITEN
Tax expense (income) related to profit or loss from continuing operations	Belastinglast (-bate) resultaat uit voortgezette bedrijfsactiviteiten
PROFIT (LOSS) AFTER TAX FROM CONTINUING OPERATIONS	WINST (VERLIES) NA BELASTINGEN UIT VOORTGEZETTE BEDRIJFSACTIVITEITEN
Profit (loss) after tax from discontinued operations	Resultaat na belastingen beëindigde bedrijfsactiviteiten
Profit or (loss) before tax from discontinued operations	*Resultaat voor belastingen beëindigde bedrijfsactiviteiten*
(Tax expense or (income) related to discontinued operations)	*Belastinglast of (bate) met betrekking tot beëindigde bedrijfsactiviteiten*
PROFIT (LOSS) FOR THE YEAR	WINST (VERLIES) VOOR HET BOEKJAAR
Attributable to minority interest [non-controlling interest]	Toekomende aan minderheidsbelang derden
Attributable to the equity holders of the parent	Toekomende aan de aandeelhouders van de moedermaatschappij

Nederlandse wet- en regelgeving

Het bovenstaande model van de winst-en-verliesrekening komt op hoofdlijnen overeen met het model dat onder de Nederlandse wet- en regelgeving geldt (model L met inachtneming van de andere benamingen zoals aangegeven in par. 47.2).

47 Banken

Baten
Rentebaten
Rentelasten
Rente
Opbrengsten uit effecten en deelnemingen
Provisiebaten
Provisielasten
Provisie
Resultaat uit financiële transacties
Overige baten
Overig inkomen
Totaal baten

Personeels- en andere beheerskosten:
Personeelskosten
Andere beheerskosten
Afschrijvingen
Overige bedrijfslasten
Waardeveranderingen van vorderingen
Waardeveranderingen van financiële vaste activa
Toevoegingen of onttrekkingen aan het Fonds voor Algemene Bankrisico's
Totaal lasten
Bedrijfsresultaat voor belastingen
Belastingen bedrijfsresultaat
Bedrijfsresultaat na belastingen
Buitengewone baten
Buitengewone lasten
Belastingen buitengewoon resultaat
Buitengewoon resultaat na belastingen
Nettowinst (-verlies)

Een aantal paragrafen hierna is aangeduid met de benaming van de posten volgens het model van de winst-en-verliesrekening conform de Nederlandse wet- en regelgeving, met inachtneming van de aanbeveling van DNB betreffende de omschrijving van de posten.

Naast de in de volgende paragrafen behandelde posten vereist IFRS onder meer dat de winst-en-verliesrekening posten bevat die de volgende bedragen over de periode presenteren (IAS 1.82):
▶ winsten en verliezen die voortvloeien uit het niet langer opnemen van financiële activa gewaardeerd tegen geamortiseerde kostprijs;
▶ als een financieel actief uit de categorie gewaardeerd tegen geamortiseerde kostprijs geherclassificeerd wordt, zodat het gewaardeerd wordt tegen reële waarde met verwerking van waardeveranderingen in winst of verlies, de eventuele winst die of het eventuele verlies dat voortvloeit uit het verschil tussen de eerdere geamortiseerde kostprijs van het financiële actief en de reële waarde ervan op de herclassificatiedatum (als omschreven in IFRS 9);
▶ als een financieel actief uit de categorie gewaardeerd tegen reële waarde met verwerking van waardeveranderingen in de overige onderdelen van het totaalresultaat ('OCI') wordt geherclassificeerd, zodat het wordt

gewaardeerd tegen reële waarde met verwerking van waardeveranderingen in winst of verlies, de eventueel voorheen in de overige onderdelen van het totaalresultaat opgenomen cumulatieve winst die, of het eventueel voorheen in de overige onderdelen van het totaalresultaat opgenomen cumulatief verlies dat naar de winst of het verlies is geherclassificeerd.

47.4.2 Rentebaten en rentelasten
Nederlandse wet- en regelgeving

Het begrip rente moet vaak ruim worden geïnterpreteerd. Naast de reguliere rente omvat het namelijk ook de overige baten, respectievelijk lasten die het karakter van rente hebben, waaronder de amortisatie van verschillen met betrekking tot rentedragende waardepapieren (derhalve aangekocht tegen een andere dan de nominale waarde) die tot de beleggingsportefeuille behoren en tegen aflossingswaarde worden gewaardeerd alsmede alle baten en lasten in verband met de verkoop van stukken uit deze portefeuille. Ter zake van de rubricering van baten en lasten is niet relevant of een individueel bedrag betaalde dan wel ontvangen rente betreft maar of de corresponderende hoofdsom een actiefpost of een passiefpost is. Een te amortiseren agiopremie uit hoofde van de beleggingsportefeuille wordt aldus als een negatieve rentebate verantwoord. Andere voorbeelden van eerdergenoemde overige baten en lasten die het karakter van rente hebben, zijn: bepaalde provisiebaten en provisielasten (zoals bepaalde afsluitprovisies, kredietprovisie en bereidstellingsprovisie), die onderdeel zijn van de transactiekosten.

De vraag naar veilige beleggingen kan soms resulteren in een negatief rendement op financiële instrumenten van zeer hoge kwaliteit; bijvoorbeeld bepaalde (staats)obligaties of spaardeposito's. Ten aanzien van het fenomeen negatieve rente bepaalt RJ 600.304 dat zowel de negatieve rentebaten als negatieve rentelasten afzonderlijk dienen te worden toegelicht. De RJ spreekt zich niet uit waar de negatieve rentebaten dan wel negatieve rentelasten worden gepresenteerd in de winst-en-verliesrekening.

IFRS

Onder IFRS dienen de volgens de effectieve rentemethode berekende renteopbrengsten afzonderlijk te worden gepresenteerd in de winst-en-verliesrekening (IAS 1.82).

IFRS Interpretation Committee (IFRS IC) heeft het fenomeen negatieve rente ook in overweging genomen en heeft in januari 2015 een agendabeslissing genomen en daarin aangegeven dat rente die voortvloeit uit een negatieve effectieve rente op een financieel actief niet voldoet aan de definitie van renteopbrengsten omdat het een bruto-uitstroom weerspiegelt en niet een bruto-instroom van economische voordelen. Daarom dienen dergelijke uitgaven niet als renteopbrengsten te worden gepresenteerd, maar in een passende kostenpost in de winst-en-verliesrekening. Dit kan een afzonderlijke post zijn met bijvoorbeeld de omschrijving 'rentelasten uit hoofde van kortetermijnactiva' of een andere passende beschrijving. Als alternatief kan het passend zijn om de negatieve rentebaten in de (overige) rentelasten op te nemen. Wij zijn tevens van mening dat negatieve rente op financiële verplichtingen - die een dus een bate zijn - niet mag worden gesaldeerd met positieve rentelasten.

Verdere informatie wordt met name in de toelichting weergegeven.

47.4.3 Provisiebaten en provisielasten
Nederlandse wet- en regelgeving

Onder provisie wordt verstaan de opbrengsten uit vergoedingen van voor rekening van derden verrichte diensten en betalingen voor door derden verrichte diensten, in het bijzonder voor (RJ 600.306):
- garanties, kredietbeheer voor rekening van andere kredietverleners, effectentransacties voor rekening van derden;
- afwikkeling van betalingen en andere daarmee verband houdende lasten en opbrengsten, kosten voor het houden van rekeningen en voor effectenbeheer en -bewaring;
- aan- en verkoop van vreemde valuta, munten en edele metalen voor rekening van derden;
- bemiddeling in krediettransacties en spaar- of verzekeringscontracten.

Zoals in paragraaf 47.4.2 is aangegeven, worden bepaalde provisiebaten en -lasten die het karakter van rente hebben onder Rentebaten dan wel Rentelasten opgenomen. In de winst-en-verliesrekening worden de provisiebaten en de provisielasten afzonderlijk opgenomen. In de toelichting dient een nadere uitsplitsing te worden gegeven (RJ 600.307).

IFRS

Deze posten worden onder IFRS niet apart behandeld.

47.4.4 Resultaat uit financiële transacties
Nederlandse wet- en regelgeving

Het resultaat uit financiële transacties volgens het Nederlandse model van de winst-en-verliesrekening omvat het resultaat van transacties in niet tot de vaste activa behorende effecten, en, voor zover niet het karakter van rente hebbende, in valuta-instrumenten en overige financiële instrumenten, waardeveranderingen in tot de handelsportefeuille behorende posten alsmede resultaten uit koersverschillen op open valutaposities (RJ 600.308).

IFRS

Onder IFRS worden deze veelal onder diverse posten ondergebracht.

47.4.5 Waardeveranderingen van vorderingen
Nederlandse wet- en regelgeving

Deze post betreft waardecorrecties, respectievelijk getroffen voorzieningen ter zake van vorderingen op bankiers en kredieten alsmede voorwaardelijke schulden en onherroepelijke faciliteiten. Deze worden ook genoemd de bijzondere waardeverminderingsverliezen of wel verliezen die leiden tot een kredietvoorziening. Binnen de post mogen toegepaste waardeverminderingen, respectievelijk getroffen voorzieningen worden gesaldeerd met ongedaanmakingen hiervan.

IFRS

Onder IFRS dienen de bijzondere waardeverminderingen uit hoofde van financiële activa binnen de reikwijdte van IFRS 9 ook separaat in de winst-en-verliesrekening te worden gepresenteerd (IAS 1.82). IFRS kent niet het onderscheid in de presentatie tussen waardeveranderingen van vorderingen en waardeveranderingen van financiële vaste activa.

47.4.6 Waardeveranderingen van financiële vaste activa
Nederlandse wet- en regelgeving

Onder deze post worden verantwoord de zogenaamde waardeveranderingen op tot de vaste activa behorende effecten en deelnemingen. Hieronder vallen bijvoorbeeld de waardedaling van de beleggingsportefeuille aandelen, voor zover deze niet onttrokken kan worden aan de desbetreffende herwaarderingsreserve alsmede structurele waardedalingen van deelnemingen, niet voortvloeiende uit verliezen die als negatieve opbrengst uit effecten en deelnemingen worden verantwoord.

IFRS

Onder IFRS dienen de bijzondere waardeverminderingen uit hoofde van financiële activa binnen de reikwijdte van IFRS 9 ook separaat in de winst-en-verliesrekening te worden gepresenteerd (IAS 1.82). IFRS kent niet het onderscheid in de presentatie tussen waardeveranderingen van vorderingen en waardeveranderingen van financiële vaste activa.

47.5 Toelichtingen
47.5.1 Financiële instrumenten algemeen

De door IFRS vereiste toelichting op financiële instrumenten is voor banken niet anders dan voor andere ondernemingen. Zie voor een beschrijving in meer detail hoofdstuk 30.

IFRS 7 vereist veel toelichting inzake de risico's van financiële instrumenten. IFRS 7 vereist informatie in de jaarrekening die gebruikers ervan in staat stelt te beoordelen:
- het belang van financiële instrumenten voor de financiële positie en prestaties;
- de aard en de omvang van uit financiële instrumenten voortvloeiende risico's; en
- de wijze waarop de risico's worden beheerst.

IFRS 7 verlangt in een aantal gevallen informatie per categorie financiële instrumenten. Daartoe moeten de financiële instrumenten worden gegroepeerd in categorieën die passen bij de aard van de te verschaffen informatie, waarbij rekening wordt gehouden met de kenmerken van deze financiële instrumenten. Er moet voldoende informatie worden verstrekt om een aansluiting mogelijk te maken met de relevante posten in de balans.

De informatie over risico's van financiële instrumenten en de wijze waarop deze worden beheerst, moet ten minste kredietrisico, liquiditeitsrisico en marktrisico betreffen en omvat kwalitatieve (risicoposities en hoe deze zijn ontstaan; doelstellingen, grondslagen en procedures van de entiteit voor het beheersen van het risico en de gebruikte methoden voor de meting van het risico; eventuele wijzigingen ten opzichte van de voorgaande verslagperiode) en kwantitatieve aspecten (samenvattende kwantitatieve gegevens inzake de blootstelling aan genoemde risico's, gebaseerd op de informatie die intern wordt verstrekt aan managers op sleutelposities, waaronder gevoeligheidsanalyses betreffende marktrisico's).

De toelichting op financiële instrumenten is voor banken van groter belang dan bij veel andere ondernemingen. Immers, nagenoeg alle activa en passiva van een bank zijn financiële instrumenten. Daarom vereist dit onderwerp bij het opmaken van de jaarrekening bijzondere aandacht. Dit geldt in het bijzonder voor de toelichting op:
- Activa en passiva tegen reële waarde met verwerking van waardeveranderingen in het resultaat.
- Hedge-accounting.
- 'Day 1'-resultaat.
- Kredietrisico, liquiditeitsrisico en marktrisico.

Volgens RJ 600.236 dient in de toelichting een uitsplitsing te worden gegeven van het totaal van de derivaten volgens een voorgeschreven schema. In dit schema worden per categorie van derivaten gegevens vermeld over de nominale bedragen (*notional amounts*, de fictieve hoofdsom van de onderliggende waarde die als rekeneenheid wordt gehanteerd) en de reële waarde van de contracten voor zover deze positief is. Deze positieve reële waarde geeft een indicatie van het maximale risico (het wegvallen van de ongerealiseerde winst) voor de onderneming indien de tegenpartijen hun verplichtingen niet nakomen.

Indien financiële instrumenten tegen reële waarde worden gewaardeerd, dient volgens de Nederlandse wet additionele toelichting te worden verstrekt, onder meer over de aannames die daarbij zijn gehanteerd en details over de invloed op resultaat en het eigen vermogen. Indien financiële instrumenten niet tegen actuele waarde worden gewaardeerd, dienen over de reële waarde gegevens in de toelichting te worden opgenomen (art. 2:381a en 2:381b BW).

47.5.2 Looptijden van activa en passiva

IFRS 7 schrijft voor dat in de toelichting informatie moet worden opgenomen op basis waarvan gebruikers van de jaarrekening de aard van de risico's waaraan de onderneming blootstaat alsmede de mate waarin, kunnen beoordelen. Daartoe behoort ook de wijze waarop deze risico's worden beheerst. IFRS 7 is op een aantal punten minder prescriptief dan de Nederlandse regels. Zo vereist IFRS 7.39 dat looptijdoverzichten worden opgenomen in de toelichting, maar niet op welke wijze de perioden moeten worden uitgesplitst. Wel schrijft IFRS 7.39 voor dat het moet gaan om bedragen op basis van de resterende contractuele looptijd. De volgende indeling wordt als voorbeeld genoemd (IFRS 7 B11):
- één maand of korter;
- langer dan één maand, maar niet langer dan drie maanden;
- langer dan drie maanden, maar niet langer dan een jaar;
- langer dan een jaar, maar niet langer dan vijf jaar.

Bij een aantal actief- en passiefposten moet onder de Nederlandse wet- en regelgeving (art. 3 lid 8, art. 6 lid 5 en lid 7 Besluit jaarrekening banken) worden aangegeven tot welk bedrag de resterende looptijd tot aan elke aflossing:
- drie maanden of korter is;
- langer is dan drie maanden, maar niet langer dan een jaar;
- langer is dan een jaar, maar niet langer dan vijf jaar;
- langer is dan vijf jaar.

Het zinsdeel 'tot aan elke aflossing' is niet zonder betekenis. Het gevolg hiervan is namelijk dat één gelijkmatig lossende lening met een resterende looptijd van zes jaar gedeeltelijk in elk der bovenvermelde vier tijdvakken kan vallen.

Onder toepassing van de Nederlandse wet- en regelgeving vereist artikel 6 lid 1 Besluit jaarrekening banken dat voor schulden aan banken en schulden aan klanten wordt toegelicht welk deel van deze schulden onmiddellijk opeisbaar zijn. Wij zijn van mening dat voor banken die onder IFRS rapporteren, het ook relevant kan zijn om toe te lichten welke bedragen onmiddellijk opeisbaar zijn.

Eerdergenoemde looptijdensplitsing van de balanswaarden geldt voor onderstaande posten:
- bankiers (debet en credit), voor zover niet onmiddellijk opeisbaar;
- kredieten, voor zover de looptijd niet onbepaald is;

- toevertrouwde middelen, voor zover niet onmiddellijk opeisbaar (spaargelden en overige toevertrouwde middelen afzonderlijk);
- schuldbewijzen, voor zover dit geen verhandelbare schuldbewijzen zijn;
- achtergestelde schulden, niet zijnde die welke elk meer dan 10% belopen van het totaalbedrag der achtergestelde schulden. (Voor de achtergestelde schulden die elk meer dan 10% belopen moet namelijk onder meer de looptijd al individueel worden vermeld).

In aanvulling hierop beveelt de RJ (RJ 600.203, 208, 240, 245 en 250) aan om de posten waarvoor de aflossingsdatum onbepaald is in te delen naar de verwachte aflossingsdatum. IFRS (IFRS 7.B10A-B11F) kennen meer generieke bepalingen; onder andere door aan te geven wat de belangrijkste voorwaarden zijn van schulden waar de aflossingsbedragen niet vaststaan.

Bovenvermelde informatieverstrekking vormt mogelijk een grote hoeveelheid aan cijfers en wordt veelal in de praktijk niet per desbetreffende post vermeld, doch door middel van één afzonderlijke opstelling.

Een andere informatieverstrekking onder de Nederlandse wet- en regelgeving (art. 3 lid 3 en art. 6 lid 4 Besluit jaarrekening banken) in het kader van de liquiditeit is vermelding van het in het volgende boekjaar opeisbare bedrag. Deze vermelding is slechts vereist in het geval van de actiefpost rentedragende waardepapieren (ten principale uitsluitend verhandelbare stukken omvattende), alsmede dat gedeelte van de passiefpost schuldbewijzen dat verhandelbare schuldbewijzen betreft.

47.5.3 Activa en passiva in vreemde valuta inclusief termijntransactie

Volgens artikel 11 lid 2 van het Besluit jaarrekening banken dient van de som der activa, respectievelijk passiva in vreemde valuta de tegenwaarde in euro's te worden vermeld. Op zich geven deze cijfers niet de mate van het valutarisico aan. Ter afdekking van dit risico kunnen namelijk valutatermijntransacties zijn afgesloten. Artikel 12 lid 1 van het Besluit jaarrekening banken sluit hierop aan. Voorgeschreven is het geven van een overzicht van de op de balansdatum openstaande termijntransacties, waarbij tevens dient te worden meegedeeld of een belangrijk deel van deze transacties is aangegaan ter afdekking van risico's of een belangrijk deel handel betreft. Minder logisch is dat volgens de toelichting op bedoeld artikel 12 lid 1 het overzicht in kwestie kwalitatief van aard is en bedragen niet hoeven te worden gegeven. Het zou meer inzicht geven indien voor de belangrijkste valuta de posities (inclusief 'off-balance sheet'-posities) zouden worden opgenomen.

47.5.4 Achtergestelde activa

Onder de volgende, al dan niet in waardepapieren belichaamde posten van de balans volgens het Nederlandse model kunnen mede achtergestelde vorderingen voorkomen:
- bankiers (debet);
- kredieten;
- rentedragende waardepapieren.

Zo dit het geval is, dient onder de Nederlandse wet- en regelgeving (art. 3 lid 5 Besluit jaarrekening banken) voor deze balansposten in de toelichting afzonderlijk de verhouding te worden aangegeven met:
- groepsmaatschappijen;
- andere deelnemingen, alsmede participanten;
- overige schuldenaren.

47.5.5 Activa die niet ter vrije beschikking staan

IFRS 7.14 vereist informatie in de toelichting over:
- de boekwaarde van de financiële activa die als zekerheid zijn gesteld voor (voorwaardelijke) schulden;
- de voorwaarden van de zekerheidstelling.

Voor een aantal schulden moet volgens de Nederlandse wet- en regelgeving (art. 8 Besluit jaarrekening banken) in de toelichting worden aangegeven dat activa zijn verbonden, welke activa deswege niet meer ter vrije beschikking staan en tot welk bedrag dat is geschied. Dit betreft bijvoorbeeld rentedragende waardepapieren die in onderpand zijn gegeven als zekerheid voor een schuld aan de centrale bank. Het gaat om de volgende schulden (balanshoofden):
- bankiers credit;
- toevertrouwde middelen;
- schuldbewijzen;
- overige schulden;
- voorwaardelijke schulden.

Het ligt voor de hand de bovenvermelde informatieverstrekking niet per balanspost te regelen, maar door middel van een afzonderlijke – in de toelichting op te nemen – opstelling.

47.5.6 Effecten

Volgens de Nederlandse wet- en regelgeving dienen de posten rentedragende waardepapieren en aandelen in de toelichting gesplitst te worden weergegeven in beleggings-, handels- en overige portefeuilles (art. 3 lid 3 Besluit jaarrekening banken).

Volgens artikel 11 lid 5 van het Besluit jaarrekening banken dienen de bedragen van de in bruikleen of verbruikleen gegeven, respectievelijk ontvangen waardepapieren in de toelichting te worden vermeld. Het betreft waardepapieren (effecten) die in verbruikleen zijn ontvangen, en vervolgens weer in bruikleen of verbruikleen worden gegeven. Een en ander komt niet in de balans tot uitdrukking. Omdat hieruit echter wel verplichtingen tot teruggave van soortgelijke pakketten van effecten kunnen voortvloeien, heeft de wetgever het wenselijk geacht dat hierover in de toelichting een en ander wordt vermeld.

47.5.7 Bankiers/kredieten

In Richtlijn 600 is een tweetal aanbevelingen en een voorschrift betreffende waardeverminderingen van bankiers respectievelijk kredieten opgenomen. De criteria en de wijze waarop waardeverminderingen en afboekingen van kredieten worden bepaald, dienen te worden toegelicht. Ook wordt aanbevolen het brutobedrag te vermelden van kredieten waarover geen rente meer wordt verantwoord. Bovendien wordt aanbevolen een verloopoverzicht op te nemen van waardeverminderingen van kredieten (RJ 600.205 en RJ 600.211).

47.5.8 Groeps- en deelnemingsverhoudingen

Op basis van artikel 2:361 lid 4 BW en vanwege de artikelen 3 lid 5 en 6 lid 3 van het Besluit jaarrekening banken, dient bij een aantal actief- en passiefposten te worden aangegeven welk gedeelte van de post betrekking heeft op:
- groepsmaatschappijen; of
- andere rechtspersonen en vennootschappen die een deelneming hebben in de bank of waarin de bank een deelneming heeft.

Deze vereiste vermeldingen gelden voor onderstaande posten:
- kortlopend overheidspapier;
- bankiers (debet en credit);
- kredieten en toevertrouwde middelen;
- rentedragende waardepapieren;
- schuldbewijzen;
- achtergestelde schulden;
- voorwaardelijke schulden (uitsluitend voor wat betreft groepsmaatschappijen).

In de praktijk wordt deze informatie veelal niet per balanspost gegeven, doch door middel van één afzonderlijke opstelling voor alle posten tezamen.

In de toelichting worden eveneens de financiële verhoudingen opgenomen met 'andere rechtspersonen en vennootschappen die een deelneming hebben in de bank'. Hieronder wordt volgens artikel 2:361 lid 4 BW verstaan: 'alle groepsmaatschappijen en andere maatschappijen:
a. die op voet van de leden 1, 3 en 4 van artikel 2:24a BW rechten in de rechtspersoon kunnen uitoefenen, ongeacht of zij rechtspersoonlijkheid hebben; of
b. die dochtermaatschappij zijn van de rechtspersoon, van een groepsmaatschappij of van een maatschappij als bedoeld in onderdeel a.'

47.5.9 Trustactiviteiten

In de toelichting dient onder de Nederlandse wet- en regelgeving te worden vermeld dat de bank trustactiviteiten uitvoert, indien deze van belang zijn (art. 11 lid 1 Besluit jaarrekening banken). Niet-afgescheiden vermogens, die worden beheerd op eigen naam maar voor rekening van derden, worden onder de desbetreffende balansposten opgenomen (art. 2 lid 1 Besluit jaarrekening banken). De betrokken bedragen worden vermeld, zowel in totaal als gesplitst naar balansposten (art. 11 lid 1 Besluit jaarrekening banken). Afgescheiden vermogens, die worden beheerd op eigen naam maar voor rekening van derden, worden in de toelichting vermeld (art. 11 lid 1 Besluit jaarrekening banken). De bepaling over de niet-afgescheiden vermogens heeft in de praktijk geleid tot de oprichting van een groot aantal bewaarbedrijven voor de effecten die door een bank op haar 'eigen' naam werden bewaard bij derden voor rekening en risico van haar cliënten. Deze effecten werden daarna op naam gesteld van het bewaarbedrijf en op deze wijze afgescheiden van het eigen vermogen van de bank. Op deze wijze kon worden bewerkstelligd dat eerder bedoelde bepaling niet van toepassing is. Anders zouden de bewaarde effecten in kwestie (alsmede een overeenkomstige schuld) op de balans moeten worden verantwoord.

47.5.10 Kapitaalbeheer en vermogensratio's

De volgens IFRS vereiste toelichting betreffende het eigen vermogen en vermogensratio's is opgenomen in IAS 1.135 en verder. Een onderneming moet toelichting opnemen die het gebruikers van de jaarrekening mogelijk maakt om een oordeel te vormen over de doelstellingen, het beleid en de procedures voor het beheersen van het eigen vermogen. Daartoe is de volgende toelichting vereist.
- Kwalitatieve informatie over de doelstellingen, het beleid en de procedures voor het beheersen van het eigen vermogen, zoals (maar niet beperkt tot):
  - Beschrijving van wat wordt aangemerkt als eigen vermogen.
  - Wanneer externe vereisten worden gesteld aan het eigen vermogen, de aard van dergelijke vereisten en op welke wijze deze vereisten zijn ingebed in het beheer van het eigen vermogen.
  - Of, en in welke mate, wordt voldaan aan de doelstellingen voor het beheer van het eigen vermogen.

- Samenvattende kwalitatieve gegevens over wat wordt aangemerkt als eigen vermogen. Sommige ondernemingen beschouwen bepaalde (achtergestelde) schulden als deel van het eigen vermogen. Andere ondernemingen sluiten bepaalde elementen van het kapitaal uit van het eigen vermogen.
- Wijzigingen in de doelstellingen, het beleid en de procedures voor het beheersen van het eigen vermogen, en de kwalitatieve gegevens in de afgelopen periode.
- Of in de verslagperiode is voldaan aan de externe vereisten aan het eigen vermogen.
- Indien de onderneming niet heeft voldaan aan de externe vereisten, wat daarvan de gevolgen zijn.

Deze toelichting dient gebaseerd te zijn op de informatie die intern wordt verstrekt aan het management van de onderneming. Het kan voorkomen dat het eigen vermogen op diverse wijzen wordt beheerd en dat verscheidene externe vermogenseisen van toepassing zijn. Wanneer geaggregeerde toelichting op de vereisten en het beheer van het eigen vermogen geen bruikbare informatie zou opleveren, dan is het toegestaan om separate toelichting te verschaffen op de individuele vermogensvereisten die van toepassing zijn.

Banken dienen voor de toezichthouder (DNB) vermogensratio's te berekenen. De berekeningen zijn gebaseerd op solvabiliteitsrichtlijnen van DNB, die zijn afgeleid van richtlijnen van de Europese Unie en het Baselse Comité voor het toezicht op banken. Het eerste akkoord uit 1988 is in 2007 vervangen door een herzien akkoord, meestal kortweg aangeduid met Basel II. Inmiddels is onder de naam Basel III naar aanleiding van de financiële crisis gewerkt aan verder aangescherpte eisen. De herziening van het Europese raamwerk voor banken bestaat uit een richtlijn (CRD IV) die in nationale wetgeving moet worden omgezet en een bijbehorende uitvoeringsverordening (CRR) die rechtstreekse werking zal hebben. Dit raamwerk bevat de invulling van het Kapitaalakkoord Basel III. De implementatie zal gefaseerd plaatsvinden en is medio 2013 ingegaan.

De vermogensratio's per jaareinde dienen op grond van de RJ 600.263 in de toelichting bij de jaarrekening te worden vermeld. Hierbij dient in elk geval te worden vermeld wat het vereiste en aanwezige kernvermogen is, de omvang van het vereiste en aanwezige totale toetsingsvermogen, de vereiste en werkelijke ratio voor het kernvermogen en de vereiste en werkelijke ratio van het totale toetsingsvermogen. De Richtlijn beveelt de informatie gebruikt wordt die aansluit op toezichthoudersrapportages. Daarnaast wordt aanbevolen om inzicht te geven in de samenstelling van de risicogewogen posten en de opbouw van het toetsingsvermogen.

Op grond van RJ 600.264 dient in de toelichting te worden vermeld of in de verslagperiode is voldaan aan de gestelde vermogenseisen. Indien niet is voldaan aan deze vermogenseisen dient te worden toegelicht wat de gevolgen hiervan zijn.

De rechtspersoon die geen bank is, en waarvan de geconsolideerde jaarrekening voor een belangrijk deel de financiële gegevens van één of meer banken bevat, dient volgens het herziene artikel 2:406 lid 3 BW, in de toelichting ten minste inzicht te geven in de solvabiliteit van de banken als één geheel.

47.5.11 Niet uit de balans blijkende verplichtingen

De gebruikers van de jaarrekening dienen te worden geïnformeerd over de voorwaardelijke verplichtingen en onherroepelijke faciliteiten omdat deze van invloed kunnen zijn op de liquiditeit, de solvabiliteit en de inherente risico's van de bank. Om deze reden verwachten gebruikers van de jaarrekening adequate informatie over de aard en omvang van de niet uit de balans blijkende verplichtingen (algemeen art. 2:381 BW, voor banken art. 2:421 lid 4 BW alsmede RJ 390.2 en RJ 600.265 e.v.).

47.5.12 Kasstroomoverzicht

Ook banken dienen volgens de vereisten van Richtlijn 360 'Het kasstroomoverzicht' en IAS 7 'Cash Flow Statements', een kasstroomoverzicht op te nemen. De verschillen met de Nederlandse niet-bancaire bepalingen zijn beperkt. Zie voor meer informatie hoofdstuk 20 van dit Handboek.

In RJ 600.119 is aangegeven dat een dergelijk overzicht ook door banken dient te worden opgesteld. In de bijlage van de Richtlijn zijn voorbeelden van specifieke kasstroomoverzichten voor banken opgenomen. In de bijlage is een voorbeeld volgens de directe en de indirecte methode opgenomen. De RJ spreekt een lichte voorkeur uit voor de weergave van de kasstromen via de directe methode. Bij de directe methode worden de ontvangsten en uitgaven als zodanig gerapporteerd, terwijl bij de indirecte methode de kasstromen worden herleid door aanpassing van het gerapporteerde bedrijfsresultaat met posten die geen invloed hebben op de ontvangsten of uitgaven en mutaties in voorzieningen en overlopende posten.

De Richtlijn onderscheidt in het kasstroomoverzicht drie onderdelen:
- kasstromen uit operationele activiteiten;
- kasstromen uit investeringsactiviteiten;
- kasstromen uit financieringsactiviteiten.

Moeilijkheid bij banken is het onderscheid tussen kasstromen uit operationele activiteiten en kasstromen uit financieringsactiviteiten. Om die reden wijkt de indeling van de kasstromen uit operationele activiteiten in deze voorbeelden af van die in de specifieke Richtlijn. In de voorbeelden zijn onder het begrip geldmiddelen begrepen de kasmiddelen en het terstond opeisbare deel van vorderingen op bankiers.

47.5.13 Segmentatie

IFRS 8 'Operating Segments' vereist informatie over *operating segments* (bedrijfssegmenten) (zie tevens hoofdstuk 22). Een bank zou bijvoorbeeld de volgende bedrijfssegmenten kunnen onderscheiden: particulier bedrijf, zakelijk bedrijf, *investment banking*, vermogensbeheer en treasury & finance. Daarnaast zal een internationaal opererende bank informatie verschaffen per geografisch gebied waarin de bank actief is, zoals het land van vestiging en de werelddelen.

Volgens IFRS 8.33(b) zou de geografische indeling van niet-vlottende activa gebaseerd moeten zijn op de locatie van de activa. Volgens IFRS 8.33(a) kan de geografische indeling van opbrengsten van (externe) cliënten gebaseerd zijn op elk redelijk criterium, maar dat dient te worden toegelicht. Wanneer de interne rapportages niet zijn gebaseerd op IFRS kan het noodzakelijk zijn om de aansluiting tussen de interne rapportages en de gesegmenteerde gegevens te recapituleren in de toelichting.

In Nederland dienen banken het totaal van de baten te segmenteren. Voorts wordt door de RJ verwezen naar de algemene segmentatiebepalingen voor beursgenoteerde ondernemingen (RJ 600.312; zie verder hoofdstuk 22).

47.5.14 Winst-en-verliesrekening algemeen

De belangrijkste soorten baten van een bank zijn interest, provisies en handelsresultaten. Deze resultaatcomponenten worden bij voorkeur apart toegelicht zodat gebruikers van de jaarrekening de prestaties van de bank kunnen beoordelen. Deze toelichting dient in aanvulling op de vereisten van IFRS 8 'Operating Segments', te worden verstrekt.

De belangrijkste soorten lasten van een bank zijn interest, provisie, afboekingen op kredieten, afwaardering van beleggingen en beheerskosten. Ook deze lasten worden bij voorkeur elk toegelicht om het inzicht in de cijfers te vergroten. IFRS 7 kent een aantal specifieke toelichtingsvereisten, dienaangaande.

47.5.15 Transacties met verbonden partijen

IAS 24 'Related Party Disclosures' behandelt in het algemeen de toelichting op relaties en transacties van een onderneming met gelieerde partijen. Wanneer een bank transacties aangaat met gelieerde partijen dan is het noodzakelijk om de aard van de relatie toe te lichten, het soort transacties en de kenmerken van de transacties die relevant zijn in het kader van de jaarrekening. Aspecten die normaliter worden toegelicht zijn het beleid omtrent de kredietverschaffing aan gelieerde partijen en de aan deze partijen uitstaande leningen, alsmede:

- alle uitstaande leningen, voorschotten, garanties en dergelijke. De toelichting zou kunnen omvatten de totaal uitstaande bedragen aan het begin en aan het eind van het jaar en de mutaties hierin gedurende het jaar;
- de aan deze transacties gerelateerde baten en lasten;
- de toevoeging gedurende het jaar aan de voorzieningen voor oninbaarheid en de omvang van de voorziening op de balansdatum;
- niet uit de balans blijkende verplichtingen betreffende gelieerde partijen.

Ook wanneer een bank de jaarrekening volgens IFRS opmaakt blijven de artikelen 2:383 en 2:421 lid 5 BW van toepassing. Hierin is bepaald dat de tweede zin van artikel 2:383 lid 2 BW niet van toepassing is met uitzondering van de nog openstaande bedragen. In artikel 2:383 lid 2 BW wordt bepaald dat in de toelichting opgaaf wordt gedaan van de leningen, voorschotten en garanties ten behoeve van bestuurders van de rechtspersoon gezamenlijk en separaat ten behoeve van de commissarissen van de rechtspersoon gezamenlijk, die zijn verstrekt door de rechtspersoon, zijn dochtermaatschappijen of zijn groepsmaatschappijen. De laatste zin van artikel 2:383 lid 2 BW bepaalt dat opgegeven dienen te worden de nog openstaande bedragen, de rentevoet, de belangrijkste overige bepalingen en de aflossingen gedurende het boekjaar. Banken dienen dus alleen de openstaande bedragen te vermelden. Indien de bank een 'open NV' is zoals bedoeld in artikel 2:383a BW dan gelden de ruimere bepalingen van de artikelen 2:383c tot en met 2:383e BW over bezoldigingen, leningen en dergelijke, zodat de beperking van artikel 2:421 lid 5 BW niet van toepassing is.

48 Verzekeringsmaatschappijen

48.1 Terreinafbakening	
Verzekeringsmaatschappij	Een financiële onderneming met zetel in Nederland die ingevolge de Wet op het financieel toezicht (Wft) het bedrijf van verzekeraar mag uitoefenen, en waarop artikel 3:72 Wft van toepassing is. IFRS 4 en IFRS 17 behandelen verzekerings*contracten*.
48.2 Toepasselijke regelgeving	
Jaarrekening	Afdeling 15 Titel 9 Boek 2 BW, RJ 290/605, IFRS 4 of 17.
Staten en SFCR	De staten t.b.v. De Nederlandsche Bank worden opgesteld op basis van Solvency II[1] (Sii), waarbij de waardering tendeert naar marktwaarde. De waardering van verzekeringsverplichtingen in de jaarrekening mag op Sii-grondslagen gebaseerd worden. Diverse staten, aangevuld met andere informatie, worden *afzonderlijk* openbaar gemaakt als Solvency and Financial Condition Report (SFCR).
48.3 Algemene aspecten van de verslaggeving van verzekeringsmaatschappijen	
Beperkingen	BW Jaarrekeningregime: vrijstellingen (klein/middelgroot) niet van toepassing tenzij van toezicht vrijgesteld. Boekjaar: kalenderjaar.
48.4 Balans met toelichtingen	
Beleggingen	▸ terreinen en gebouwen zijn altijd beleggingen, waardering tegen kostprijs of marktwaarde; ▸ deelnemingen, waardering tegen (netto-)vermogenswaarde, kostprijs of reële waarde; ▸ aandelen, waardering tegen marktwaarde; ▸ overige financiële beleggingen, waardering tegen kostprijs of marktwaarde.
Vorderingen	Vorderingen op verzekeringnemers, tussenpersonen en herverzekering afzonderlijk weergeven.
Overige activa	Omvat onder meer materiële vaste activa anders dan gebouwen en terreinen.
Overlopende activa	Omvat overlopende acquisitiekosten (tenzij in mindering verzekeringsverplichtingen), en bij BW/RJ-verslaggeving eventueel nog te amortiseren (dis)agio inzake vastrentende beleggingen.
Eigen vermogen	Negatieve herwaarderingsreserves zijn toegestaan onder IFRS en bij toepassing van 'combinatie 3'.

---

[1] Richtlijn 2009/138/EG van 25 november 2009 betreffende de toegang tot en uitoefening van het verzekerings- en herverzekeringsbedrijf (Solvabiliteit II) en Verordening (EU) 2015/35 van 10 oktober 2014 tot aanvulling van die richtlijn.

Verzekeringsverplichtingen	Sii stelt solvabiliteitseisen (o.a. Solvency Capital Requirement, SCR) aan verzekeraars. Er gelden regels per 'tier' voor de aanwezige solvabiliteit ('Own Funds'). ▶ niet-verdiende premies en lopende risico's schadeverzekering; ▶ te betalen schades/uitkeringen; ▶ levensverzekering; ▶ (latente) winstdeling en kortingen; ▶ aandeel herverzekeraar in verzekeringsverplichtingen; ▶ overige; ▶ voor verzekeringen waarvan het beleggingsrisico (grotendeels) bij polishouders ligt. RJ vereist een toereikendheidstoets op het saldo van verzekeringsverplichtingen en verzekeringstechnische activa.
Overlopende passiva	Omvat onder NL GAAP eventueel nog te amortiseren (dis)agio op tegen aflossingswaarde gewaardeerde vastrentende beleggingen. IFRS kent alleen geamortiseerde kostprijs.

48.5 Risico's

Aanbeveling RJ (RJ 605.702)	Te belichten onderwerpen, in samenhang met het door het management wenselijk geachte niveau van solvabiliteit: ▶ prijsrisico's; ▶ kredietrisico's; ▶ liquiditeitsrisico's; ▶ kasstroomrisico's; ▶ verzekeringstechnische risico's; ▶ operationele risico's; ▶ zorgverzekeraars: specifieke voorschriften.

48.6 Winst-en-verliesrekening met toelichtingen

Technische rekeningen	Tonen het eigenlijke levens- of schadeverzekeringsbedrijf. Toerekening van beleggingsopbrengsten en kosten.
Niet-technische rekening	Alle elementen die niet zijn toegerekend aan het verzekeringsbedrijf, met name opbrengst van het eigen vermogen. IFRS kent geen indeling technisch - niet technisch.
Bronnenanalyse resultaat levensverzekering	De RJ vereist een analyse van het resultaat naar winstbronnen. Onder IFRS is geen resultaatanalyse voorgeschreven.
Analyse resultaten schadeverzekering	Splitsing resultaat naar risicoclusters (Dutch GAAP). Uitloopinformatie: max. 5 jaar (Dutch GAAP) of 10 jaar (IFRS).

48.7 Kasstroomoverzicht

Model	Afzonderlijk model in RJ 605; geen specifiek IFRS-model.

48.1 Terreinafbakening

Dit hoofdstuk behandelt de Nederlandse regels voor de jaarverslaggeving van *verzekeringsmaatschappijen* (art. 2:427-2:446 BW) en IFRS 4 inzake *verzekeringscontracten*. Waar nodig wordt tevens ingegaan op overige verslaggevingsregels relevant voor verzekeringsmaatschappijen.

48.1.1 Verzekeraars en verzekeringen

Volgens Afdeling 15 van Titel 9 Boek 2 BW zijn *verzekeringsmaatschappijen* financiële ondernemingen met zetel in Nederland die ingevolge de Wet op het financieel toezicht (Wft) in Nederland het bedrijf van *verzekeraar* mogen uitoefenen.

In Nederland gevestigde verzekeraarsmoeten zijn: naamloze vennootschap, onderlinge waarborgmaatschappij of Europese vennootschap (art. 3:20 Wft).

Soorten verzekeraars en hun activiteiten

IFRS maakt geen onderscheid tussen soorten verzekeringen.

Het BW en de Wft onderscheiden:
Levens(her)verzekeringen: doen uitkeringen in geld in verband met leven en dood van de mens.
Natura-uitvaartverzekeringen: vergoeden of verzorgen een pakket diensten rond de uitvaart.
Natura-uitvaartverzekeraars en -verzekeringen worden voor de verslaggeving aangemerkt als levensverzekeraars resp. levensverzekeringen (art. 2:427 lid 3 BW). *Schade(her)verzekeringen:* omvatten alle andere verzekeringen, inclusief ongevallenverzekeringen (art. 1:1 Wft). Zorgverzekeringen nemen binnen deze groep een bijzondere positie in. Hierop wordt in dit hoofdstuk slechts beperkt ingegaan.

Het is in Nederland verboden het schadeverzekeringsbedrijf én het levensverzekeringsbedrijf uit te oefenen binnen dezelfde juridische entiteit. Herverzekeren mag wel met 'leven' of 'schade' gecombineerd worden. Levensverzekeraars mogen natura-uitvaartverzekeringen aanbieden, maar het omgekeerde is niet toegestaan. Verder mag een levensverzekeraar bepaalde schadeverzekeringen (bijvoorbeeld arbeidsongeschiktheidsdekkingen) *in combinatie met* levensverzekeringen verkopen ('riders').

In Nederland worden medische verzekeringen tot de schadeverzekeringen gerekend, maar internationaal is dat ongebruikelijk. Andere indelingen zijn *'Life & Health Insurance'* vs. *'Property & Casualty Insurance'*, of *'Life Insurance'* vs. *'General Insurance'*. Internationale verzekeringsconcerns hanteren veelal de termen *'Life Insurance'* vs. *'Non-life Insurance'*.

Een 'entiteit voor risico-acceptatie' is zelf geen verzekeraar maar kan, bijvoorbeeld door het uitgeven van *'catastrophe bonds'*, risico's op de kapitaalmarkt onderbrengen. De door een verzekeraar aan hen overgedragen risico's worden gedekt door de van derden ontvangen financiering achter te stellen bij de uitbetaling op de 'verzekerde' risico's. Deze 'special purpose vehicles' worden in dit hoofdstuk verder niet behandeld

Solvency II en de jaarrekening

Waardering

De vereiste en aanwezige solvabiliteit van verzekeraars wordt bepaald op basis van het Solvency II (Sii) toezichtkader. De daarbij voorgeschreven waarderingen tenderen naar 'marktwaarden'[2], met een aantal belangrijke beperkingen.

De Sii-waarderingen mogen ook in de jaarrekening worden toegepast:
- op basis van de wetsgeschiedenis staat de RJ toe (RJ 605.519) dat de Sii-waardering van de verzekeringsverplichtingen wordt gevolgd;
- beleggingen van verzekeraars mogen op actuele waarde worden gewaardeerd (art. 10 BAW).

De waardering van verzekeringsverplichtingen onder Sii is geen marktwaarde, maar bevat veel actuele elementen. Bijlage 2 van Richtlijn 605 stelt dat beleggingen van verzekeraars tegen actuele waarde gewaardeerd **moeten** worden indien de verplichtingen tegen actuele waarde gewaardeerd worden.
Gezien ook de optie in art. 10 BAW heeft het dan ook sterk de voorkeur, bij toepassing van Sii-grondslagen voor de verplichtingen, de beleggingen tegen marktwaarde te waarderen. Omdat de waardemutaties van de technische voorzieningen volgens de modellen O en P via het resultaat worden geleid, ligt het dan voor de hand dat ook voor de waardeveranderingen van de beleggingen te doen.

Het *integraal* toepassen van Sii-grondslagen in de jaarrekening kent specifieke beperkingen. Een aantal hiervan wordt hierna behandeld.
- Bij de waardering van verzekeringsverplichtingen op Sii-basis worden verwachte kasstromen over de gehele contractperiode in aanmerking genomen. Bij afsluiting van het contract wordt het verwachte resultaat over die hele periode, inééns, verantwoord. De wetgever staat dit expliciet toe[3] en wijkt hiermee af van het 'accrual principe' dat baten moeten worden toegerekend aan de periode waarin de activiteiten plaatsvinden.

> **Voorbeeld toepassing Sii-waardering in de jaarrekening**
> Een schadeverzekering wordt afgesloten op 29 december 20x1 voor een duur van 3 jaar tegen een gelijkblijvende, gegarandeerde premie. Per jaar wordt een verzekeringstechnische winst verwacht van 10% van de jaarpremie.
> Onder Sii is er in 20x1 (3 dagen dekking) een winst van 3 * 10% = 30% van de jaarpremie. In de resterende 2 jaar is er, afgezien van interest, alleen nog een verzekeringstechnisch resultaat door afwijkingen tussen de uitkomsten en de initiële veronderstellingen.

- De wetgever biedt verzekeraars overigens ook de optie om de 'handelswinst' bij afsluiting uit te smeren over de looptijd van de polis. Dat wijkt echter af van Sii en leidt tot een meer 'traditionele' winstverantwoording.
- Omdat Sii geen resultatenrekening[4] met toelichting kent, is -bijvoorbeeld- niet geregeld hoe met het voorgaande moet worden omgegaan waar het de omzetverantwoording betreft.
- Verdiscontering is onder Sii altijd verplicht, terwijl dit door de verslaggevingsregels (op basis van de EU-Verzekeringsrichtlijn[5]) voor schadeverzekeraars bijna nooit mogelijk is, arbeidsongeschiktheids-verzekeringen

---

[2] Waarbij in beginsel aansluiting gezocht wordt bij de 'fair value hierarchy' van IFRS 13, maar zeer specifieke regels gelden voor de verzekeringsverplichtingen.
[3] Mvt bij Implementatiewet richtlijn solvabiliteit II, hoofdstuk 4.
[4] In de jaarlijkse rapportage aan DNB is wel een 'Nationale staat' winst-en-verliesrekening opgenomen, volgens BMJ Model O. Hoe deze staat moet aansluiten met de Sii balans is niet precies geregeld.
[5] 91/674/EEG.

(AOV) uitgezonderd. De Sii-waardering kan dus niet toegepast worden voor schadevoorzieningen als het geschatte effect van verdiscontering materieel is, tenzij het AOV betreft.
▶ Verdiscontering van belastingposities is onder NL GAAP toegestaan, maar onder Sii (op basis van IAS 12) verboden. Parallel rapporteren kan dus nopen tot een stelselwijziging.
▶ Sii kent specifieke waarderingen voor bepaalde activa. Goodwill wordt onder Sii bijv. gewaardeerd op nihil.
▶ Levensverzekeraars met pensioenen in eigen beheer moeten bij toepassing van Sii in de jaarrekening de bepalingen van IAS 19 'Personeelsbeloningen' toepassen. Dit betekent dat indien het pensioen in eigen beheer kwalificeert als *defined benefit*-regeling, de waardering sterk afwijkt van de regels voor verzekeringsverplichtingen onder Sii.

Toereikendheidstoets
Verzekeraars moeten een toereikendheidstoets uitvoeren op de verzekeringsverplichtingen in de jaarrekening (RJ 605.534-537a). Daarbij mag de Sii-waardering als toetsbedrag (minimum) worden gebruikt.

Sii en IFRS
Ervan uitgaande dat bij toepassing van Sii geen grondslagen worden gehanteerd die strijdig zijn met IFRS, is het naar onze mening toegestaan onder IFRS 4 om de Sii-grondslagen voor verzekeringsverplichtingen toe te passen. Uiteraard moet bij een *wijziging* van de grondslagen binnen IFRS naar Sii tevens voldaan worden aan de eis dat de overgang naar Sii geen verslechtering van de relevantie of betrouwbaarheid van de informatie in de betreffende IFRS-jaarrekening zou betekenen.
De onder Sii bepaalde waarde kan eveneens gebruikt worden als 'liability adequacy test' onder IFRS.

Presentatie
De Sii-balans is niet geschikt als basis voor de jaarrekening; een aantal herrubriceringen is noodzakelijk.

Toelichting
Het toepassen van de Sii-waardering voor verzekeringsverplichtingen moet uitgebreid toegelicht worden. Zo wordt bij de verdiscontering onder Sii gebruik gemaakt van een 'Ultimate Forward Rate'[6] en wordt geen rekening gehouden met het eigen kredietrisico. Sii leidt dus zeker niet tot een reële waarde van verzekeringsverplichtingen[7].

Het feit, dat het gehele verwachte resultaat op een contract direct bij afsluiting wordt verantwoord, maakt een adequate toelichting over de toegepaste methoden en grondslagen noodzakelijk voor het vereiste inzicht.

Richtlijnverzekeraars (zie het schema hierna) moeten solvabiliteitsinformatie openbaar maken via het SFCR[8]. Verzekeraars met Beperkte Risico-omvang (VBR) moeten volgens artikel 2:441 lid 10 BW de kern hiervan in de jaarrekening vermelden, zie ook RJ 605.403a, ongeacht of zij de Nederlandse wet- en regelgeving of IFRS[9] toepassen.

---

[6] Een geleidelijke verlaging van de UFR (3,75% per 31 december 2020) is aangekondigd; die verlaging kan belangrijke gevolgen voor de jaarrekening hebben.
[7] Overigens mag een verzekeraar, ook los van Sii, verzekeringsverplichtingen op actuele waarde waarderen (art. 10 lid 2(c) BAW).
[8] Deze toezichtsrapportage kan gecombineerd worden met de jaarrekening, maar dit is niet gebruikelijk.
[9] Artikel 2:362 lid 9 BW verklaart artikel 2:441 lid 10 BW van toepassing op onder IFRS rapporterende '*verzekeraars*', waarmee in dat geval VBR-verzekeraars bedoeld worden.

48.1.2 Toepassingsgebied Nederlandse regelgeving

De verslaggevingsregels van Afdeling 15 Titel 9 Boek 2 BW zijn van toepassing op verzekeringsmaatschappijen die periodiek staten aan de toezichthouder moeten verstrekken ingevolge artikel 3:72 lid 3 Wft. Rechtspersonen die het verzekeringsbedrijf uitoefenen maar geen *verzekeringsmaatschappij* zijn in de zin van het BW *mogen* de bepalingen van Afdeling 15 Titel 9 Boek 2 BW toepassen, als het inzicht daarmee wordt gediend (art. 2:427 lid 2 BW).

De Nederlandse toezichtregels onderscheiden drie groepen verzekeraars:

Toezichtgroep	Criteria	Bijzondere bepalingen
Richtlijnverzekeraars Deze vallen rechtstreeks en volledig onder de (Europese) regels.	Alle herverzekeraars Levens- en schadeverzekeraars met ▶ bruto geboekte premie > € 5 mln OF ▶ bruto technische voorz. > € 25 mln	Grensbedragen worden bepaald op basis van de jaarrekening. Richtlijnverzekeraars zijn organisaties van openbaar belang (OOB).
Verzekeraars met Beperkte Risico-omvang (VBR) die onder **Nederlandse** regels vallen. Ook wel aangeduid als ▶ Kleine verzekeraars of ▶ Solvency II Basic verzekeraars	Levensverzekeraars niet zijnde Richtlijnverzekeraar Natura-uitvaartverzekeraars tenzij zeer klein Schadeverzekeraars niet zijnde Richtlijnverzekeraar OF zeer kleine verzekeraar.	Een Kleine ('Sii Basic') verzekeraar wordt 'zeer klein' als 3 jaar lang aan de daarvoor gestelde maxima (zie hierna) wordt voldaan.
Verzekeraars die in **Nederland** vrijgesteld zijn op basis van hun omvang (zeer kleine verzekeraars).	Zeer kleine schade- en natura uitvaartverzekeraars als aan **AL** deze voorwaarden wordt voldaan: ▶ niet vrijwillig onder toezicht ▶ bruto geboekte premie € < 2 mln ▶ bruto technische voorz. < 10 € mln ▶ max. € 12.500 per polis verzekerd niet behorend tot een groep met > € 25 mln technische voorz., of waarvan een Richtlijnverz. deel uitmaakt ▶ zeer beperkte herverzekeringsactiviteiten ▶ uitsluitend natura-uitvaart of schade verzekeren ▶ geen molest verzekeren	Levensverzekeraars zijn nooit vrijgesteld van toezicht. Een zeer kleine verzekeraar wordt Klein (Sii Basic) als drie jaar lang één of meer van de maxima voor 'zeer klein' worden overschreden. Indexering van de grenzen per vijf jaar. Consument actief informeren dat geen DNB-toezicht plaatsvindt.

Deze indeling is van belang omdat Afdeling 15 Titel 9 Boek 2 BW niet van toepassing is op:
(i) een instelling die niet vergunningplichtig is en dus geen staten hoeft in te dienen, of
(ii) specifiek vrijgesteld is (zie hierna).

Verder heeft het onderscheid tussen Richtlijnverzekeraars en VBR (Sii Basic) verzekeraars bepaalde gevolgen voor de toelichting en gelden bepaalde vrijstellingsopties niet voor Richtlijnverzekeraars (OOB's). Op deze verschillen wordt in het vervolg van dit hoofdstuk nader ingegaan.

Er is een aantal verzekeraars dat in de toezichtwet specifiek vrijgesteld is, waaronder
▶ verzekeringsmaatschappijen die zich bezighouden met: hulpverlening aan de weg, repatriëring van bestuurder en/of voertuig;
▶ oorlog- en molestverzekeringsmaatschappijen in en buiten Nederland;
▶ Nederlandse verzekeringsmaatschappijen die voor (of met garantie van) de Staat exportkredieten dekken.

48 Verzekeringsmaatschappijen

48.2 Toepasselijke regelgeving
48.2.1 Specifieke bronnen

- Afdeling 15 Titel 9 Boek 2 BW
- Richtlijn 605, 'Verzekeringsmaatschappijen'
- Besluit actuele waarde (BAW)
- Besluit modellen jaarrekening (BMJ)
- IFRS 4/IFRS 17 'Insurance Contracts'
- EU Richtlijn en Verordening Solvabiliteit II
- Vrijstellingsregeling Wft
- Wet op het financieel toezicht (Wft)
- Besluit prudentiële regels Wft (BPR)

48.2.2 Jaarverslaggeving
IFRS: ten dele 'previous accounting'

Voor de behandeling van verzekeringsverplichtingen en de daarmee samenhangende activa geldt een overgangsstandaard: IFRS 4. Pas met de invoering van IFRS 17 zal er een volwaardige standaard zijn (zie onderstaand). IFRS 4 staat toe dat lokale verslaggevingsregels van toepassing blijven totdat IFRS 17 wordt geadopteerd. Veel Nederlandse verzekeraars deden de transitie naar IFRS in 2004 en hebben sindsdien eigen keuzes gemaakt inzake de wijzigingen in het BW en Richtlijn 605. Hierdoor zijn de verschillen met 'BW/RJ'-verzekeraars, en tussen IFRS-verzekeraars onderling, toegenomen.

Een deel van de bepalingen van Titel 9 Boek 2 BW is altijd van toepassing op de *(enkelvoudige)* jaarrekening, ook als IFRS-grondslagen worden toegepast (zie hoofdstuk 3). Een bijzonderheid is dat VBR-verzekeraars (die geen SFCR openbaar hoeven te maken), ook in de IFRS-jaarrekening extra toelichtingen moeten opnemen.[10]

Toekomstige regelgeving - IFRS 17

De volwaardige verzekeringsstandaard (IFRS 17) moet worden toegepast vanaf 1 januari 2023[11] maar mag ook op een eerder boekjaar worden toegepast, mits IFRS 9 tegelijkertijd wordt toegepast. Omdat de invoering van IFRS 17 niet synchroon verloopt aan die van IFRS 9 (2018), biedt IFRS 4 verzekeraars twee opties om accounting mismatches te beperken. Eén daarvan is de mogelijkheid om de eerste toepassing van IFRS 9 uit te stellen, eveneens tot 1 januari 2023. De andere mogelijkheid is om het effect op het resultaat van de verschillen tussen toepassing van IAS 39 en IFRS 9 te elimineren en deze in 'other comprehensive income' te verwerken.

In paragraaf 48.4.10 wordt, onder 'Nieuwe ontwikkelingen', een overzicht gegeven van de belangrijkste onderdelen van IFRS 17. Deze zijn complex en zullen een grote impact hebben op de verslaggeving van verzekeraars.

De invulling van 'Previous Accounting'

Het langdurig uitblijven van de opvolger van IFRS 4 heeft vragen opgeworpen zoals 'Wat is previous accounting'? Een voorbeeld is de oprichting van een nieuwe verzekeraar. 'Previous accounting' kan dan soms worden afgeleid uit wat in het betreffende land gebruikelijk is.

---

[10] Artikel 2:441 lid 10 BW geldt volgens artikel 2:362 lid 9 BW ook bij toepassing van IFRS.
[11] Onder voorbehoud van goedkeuring door de Europese Unie. Het goedkeuringsproces van de Europese Unie met betrekking tot IFRS 17 is naar verwachting eind 2021 afgerond.

Als 'previous accounting' wijzigt, hoeft een verzekeraar die aanpassing onder IFRS niet te volgen. Stel dat US GAAP het voorgaande accounting platform was, maar niet alle wijzigingen daarin zijn gevolgd: dan kan niet kortheidshalve verwezen worden naar US GAAP. Een maatschappij-specifieke toelichting op de gehanteerde grondslagen is dan nodig.

Als 'previous accounting' komt in Nederland in aanmerking Afdeling 15 van Titel 9 Boek 2 BW en de daarop gebaseerde RJ 605. Het moment van de transitie naar IFRS bepaalt welke versie van de RJ/BW-regels geldt. Belangrijke aanpassingen in NL GAAP sinds 2004 waren de invoering van de gedetailleerde voorschriften voor de TRT in 2007 en het weer vervallen daarvan in 2016.

48.3 Algemene aspecten van de verslaggeving van verzekeringsmaatschappijen

48.3.1 Jaarrekeningregime

Verzekeringsmaatschappijen[12] vallen onder het jaarrekeningregime 'groot', want de vrijstellingen op basis van omvang zijn niet van toepassing (art. 2:398 lid 7 BW). Accountantscontrole is dus verplicht.

48.3.2 Consolidatie

Maatschappijen die geen verzekeringsmaatschappij zijn, maar in de geconsolideerde jaarrekening van een verzekeringsmaatschappij worden opgenomen, worden verantwoord volgens de voorschriften voor verzekeringsmaatschappijen (art. 2:445 lid 1 BW). Indien de geconsolideerde jaarrekening voor een belangrijk deel uit financiële gegevens van één of meer verzekeringsmaatschappijen bestaat, dient inzicht te worden gegeven in de solvabiliteit van de verzekeringsmaatschappijen als geheel (art. 2:406 lid 4 BW).
Als de holding zelf geen verzekeringsmaatschappij is wordt de holding in de consolidatie verwerkt alsof het een verzekeringsmaatschappij is (art. 2:445 lid 2 BW).

Toepassing van het groepsregime is verboden voor organisaties van openbaar belang (OOB's). Dit houdt in dat alleen VBR-verzekeraars, waaronder natura-uitvaartverzekeraars, artikel 2:403 BW kunnen toepassen.

De consolidatievrijstelling voor kleine groepen kan niet worden toegepast als daarin een verzekeringsmaatschappij wordt betrokken (art. 2:407 lid 2 BW). Verzekeraars die een tussenholding zijn kunnen wel gebruikmaken van de consolidatievrijstelling van artikel 2:408 BW of de vergelijkbare vrijstelling van IFRS 10.4.

48.3.3 Boekjaar, termijnen en actualiteit

Het boekjaar van een verzekeringsmaatschappij is het kalenderjaar, tenzij DNB hiervoor ontheffing verleent (art. 3:70 Wft). De in de consolidatie verwerkte gegevens van herverzekering mogen maximaal zes maanden afwijken van de datum van de geconsolideerde balans (art. 2:446 lid 2 BW). Andere gegevens mogen niet ouder zijn dan drie maanden (art. 2:412 lid 2 BW).

De algemene termijn voor het opmaken van de jaarrekening van een verzekeringsmaatschappij is vijf maanden (N.V.) of zes maanden (onderlinge waarborgmaatschappij). Richtlijnverzekeraars moeten vanaf 1 januari 2021 apart een SFCR openbaar maken – zie artikel 134c BPR[13]. Eventueel kan deze SFCR gecombineerd worden met de

---

[12] Zie definitie in par. 48.1.1enuitleg in par. 48.1.2; verzekeraars die zijn vrijgesteld van toezicht vallen hier niet onder.
[13] Tot 31 december 2020 behoeven richtlijnverzekeraars de informatie niet afzonderlijk openbaar te maken; er geldt een overgangsregime. Zie artikel 134db BPR.

48 Verzekeringsmaatschappijen

jaarrekening. De informatie kan voor verschillende Richtlijnverzekeraars in een groep gecombineerd worden[14]. Een VBR moet de gelijksoortige, in artikel 2:441 lid 10 BW/artikel 134e BPR genoemde, informatie geven.

48.4 Balans met toelichtingen

48.4.1 Model

Artikel 16a lid 2 BMJ bevat enkele bijzondere bepalingen inzake verzekeringsmaatschappijen. De balans moet worden opgesteld volgens model N. Verzekeringsmaatschappijen mogen afwijken van een aantal benamingen.

48.4.2 Immateriële activa in relatie tot acquisities

Bij de acquisitie van een portefeuille verzekeringsverplichtingen of een verzekeraar worden conform Richtlijn 216 alle activa en passiva geherwaardeerd naar hun reële waarde. De koper mag echter, net als onder IFRS, een 'gesplitste presentatie' hanteren: de verzekeringsverplichtingen worden dan hoger[15] opgenomen dan de reële waarde en het verschil wordt geactiveerd (RJ 605.306 en IFRS 4.31-32). Het ontstane *immaterieel actief* is dus een correctie[16] op de waardering van de verzekeringsverplichtingen, die onder meer de contante waarde van toekomstige netto kasstromen (winstmarges) omvat. Het immaterieel actief moet worden geamortiseerd in samenhang[17] met de verkregen verzekeringsverplichtingen (RJ 605.306, IFRS 4.31(b)). Het actief moet worden betrokken in de RJ-toereikendheidstoets (RJ 605.308[18]) resp. in de *Liability Adequacy Test* (IFRS 4.15).

48.4.3 Beleggingen

48.4.3.1 Algemeen

Deze categorie bestaat uit (art. 2:430 lid 1 BW):
a. terreinen en gebouwen, met afzonderlijke vermelding van de terreinen en gebouwen voor eigen gebruik;
b. beleggingen in groepsmaatschappijen en deelnemingen;
c. overige financiële beleggingen.

Indien categorie a of c zowel vaste als vlottende (bijv. handels)portefeuilles bevat en de waardering daarvan onderling verschilt, dient gesplitste presentatie plaats te vinden (art. 2:430 lid 6 BW).

Een afzonderlijke categorie betreft de beleggingen *'waarbij de tot uitkering gerechtigde het beleggingsrisico draagt, alsmede spaarkasbeleggingen'*. Dit wordt in de branche veelal aangeduid als *'Beleggingen voor (rekening en) risico van polishouders'*.

Verzekeraars mogen alle beleggingen waarderen tegen actuele waarde (art. 10 lid 3 BAW). Daarvoor komt uitsluitend de marktwaarde in aanmerking (art. 2:442 lid 1 BW). Verloopstaten van de beleggingen in terreinen en gebouwen, groepsmaatschappijen en deelnemingen zijn verplicht (art. 2:431/2:368 lid 1 BW).

48.4.3.2 Gebouwen en terreinen

Gebouwen en terreinen van een verzekeringsmaatschappij zijn altijd beleggingen (art. 2:430 lid 1 BW). Complexen voor eigen (deel)gebruik worden afzonderlijk vermeld, maar bij de keuze van de waarderingsgrondslag wordt

---

[14] Voor VBR-verzekeraars is die combinatiemogelijkheid er niet, want voor elk geldt artikel 2:441 lid 10 BW.
[15] De waardering kan nooit lager zijn dan de reële waarde.
[16] Het immaterieel actief kent verschillende aanduidingen. 'Value Of Business Acquired' (VOBA) is een veelvoorkomende, maar strikt genomen betreft dat alleen de toekomstige winstmarges.
[17] IFRS 4 bevat hierover geen nadere voorschriften.
[18] De RJ noemt alleen 'winstmarges'.

geen onderscheid gemaakt tussen vastgoed voor eigen gebruik of voor beleggingsdoeleinden (nr. 36 MvT bij Afdeling 15 Titel 9 Boek 2 BW).

Waardering vindt plaats tegen kostprijs of marktwaarde (art. 2:442 lid 1 BW en art. 11 BAW, alsmede RJ 605.213a). Bij toepassing van marktwaarde *mag* niet worden afgeschreven en moeten waardeveranderingen via het resultaat geleid worden (RJ 213.503/4[19]). Wordt de marktwaarde gebaseerd op een schatting van de contante waarde van de netto-huur, dan moeten de waarderingsmethode en de discontovoet worden vermeld (art. 11 lid 2 onder b BAW).
Het als bouwrente geactiveerde bedrag moet eveneens worden vermeld (art. 2:388 lid 2 BW).

IFRS
Vastgoedbeleggingen worden volgens IAS 40 gewaardeerd op reële waarde, waarbij alle waardeveranderingen door de winst-en-verliesrekening worden geleid, of tegen kostprijs minus afschrijvingen en bijzondere waardeverminderingen. Indien vastgoed gedeeltelijk in eigen gebruik is maar het betreffende gedeelte niet afzonderlijk kan worden verkocht, is sprake van een *belegging* indien het eigen gebruik 'insignificant' is (IAS 40.10). In alle andere gevallen wordt een pand, geheel of ten dele in eigen gebruik, gewaardeerd volgens IAS 16, dus tegen kostprijs of tegen geherwaardeerde waarde (met waardemutaties via het vermogen), minus afschrijving. Het bedrag van een eventuele herwaardering wordt bij verkoop permanent[20] toegevoegd aan de overige reserves. Onder IAS 16 geldt ook de *componentenmethode* voor het bepalen van de afschrijvingslast.

IAS 40 kent de bijzondere bepaling dat voor zover vastgoedbeleggingen staan tegenover verzekeringsverplichtingen waarbij de polishouder deelt in de waardemutaties of opbrengsten van die vastgoedbelegging, de verzekeraar mag kiezen tussen waardering tegen reële waarde of kostprijs (IAS 40.32A-32C).

48.4.3.3 Beleggingen in groepsmaatschappijen en deelnemingen

Op deelnemingen van een verzekeringsmaatschappij worden de grondslagen van verzekeringsmaatschappijen toegepast, tenzij het om een bank gaat (art. 2:389 lid 4 BW). In het laatste geval mogen de bepalingen van Afdeling 14 Titel 9 BW 2 op de deelneming toegepast worden.

48.4.3.4 Overige financiële beleggingen

Onder dit hoofd worden opgenomen (art. 2:430 lid 4 BW):
a. aandelen en dergelijke, en andere niet-vastrentende waardepapieren;
b. waardepapieren met vaste of variabele rente;
c. belangen in beleggingspools;
d. vorderingen uit hypothecaire leningen e.d.;
e. vorderingen uit andere leningen;
f. deposito's bij banken;
g. andere financiële beleggingen.

Waardering van deze beleggingen vindt plaats tegen kostprijs of marktwaarde (art. 10 lid 1 BAW), aandelen echter altijd tegen marktwaarde, zie hierna.

---

[19] De RJ is in beide gevallen iets strenger dan de wet, zie resp. artikel 2:442 lid 4 en artikel 2:438 lid 4 BW.
[20] Bij toepassing van *'Shadow Accounting'* voor *'Unit Linked'*-contracten *gaat de bijbehorende aanpassing van de verzekeringsverplichtingen ook naar de herwaarderingsreserve en wordt deze bij realisatie evenmin naar de winst-en-verliesrekening geboekt* (Implementation Guidance IFRS 4, IG10).

48 Verzekeringsmaatschappijen

Verzekeraars *mogen* alle beleggingen op actuele waarde (veelal marktwaarde) waarderen. Als uitzondering op de algemene regel mogen zij dit ook doen voor tot vervaldag aangehouden financiële instrumenten en verstrekte leningen die niet tot de handelsportefeuille behoren, zoals hypotheken (art. 10 lid 3 BAW).[21]
Indien geen betrouwbare marktwaarde beschikbaar is, moet die door verzekeraars worden benaderd.

Aandelen etc.
Beleggingen in aandelen, converteerbare obligaties en derivaten moeten door verzekeraars worden gewaardeerd tegen marktwaarde (art. 2:442 lid 1 en 5 BW).
Participaties in beleggingsfondsen moeten worden behandeld als aandelen (RJ 605.205) tenzij sprake is van een deelneming of consolidatie. In de toelichting moeten de aard van de onderliggende beleggingen en de daarmee gepaard gaande risico's uiteengezet worden (RJ 605.229).

Rentedragende beleggingen
Verkrijgingsprijs, marktwaarde en aflossingswaarde (art. 2:442 lid 1 en art. 2:443 BW) komen in aanmerking als waarderingsgrondslag voor deze categorie. Het verschil tussen de verkrijgingsprijs en de aflossingswaarde heeft betrekking op:
▶ (dis)agio; de contante waarde van het verschil tussen de contractrente en de marktrente;
▶ (specifiek) debiteurenrisico; hiermee wordt bij de waardering rekening gehouden ongeacht welke waarderings-methode wordt gekozen (art. 2:387 lid 4 BW).

De RJ prefereert geamortiseerde kostprijs (RJ 605.214), maar waardering tegen aflossingswaarde is ook toegestaan. Het (dis)agio wordt dan afzonderlijk opgenomen en wordt geamortiseerd als interest (art. 2:443 lid 2 BW). Amortisatie geschiedt bij voorkeur volgens de *effectieve interest methode*, maar lineair is ook toegestaan. De Nederlandse regels staan verder toe agio direct ten laste van het resultaat af te boeken (art. 2:443 lid 2 BW), maar deze optie wordt vrijwel nooit gebruikt.

IFRS staat bij waardering tegen geamortiseerde kostprijs uitsluitend de effectieve-interestmethode toe, dus inclusief de amortisatie van (dis)agio.

Belangen in beleggingspools
Hieronder wordt het aandeel opgenomen dat de verzekeringsmaatschappij heeft in ongedeelde beleggingsportefeuilles, tezamen met andere (pensioen)verzekeraars. Waardering vindt plaats op basis van de eigen grondslagen, tenzij de hiervoor benodigde informatie ontbreekt (RJ 605.218). Het belang van deze belegging neemt af.

Andere financiële beleggingen
Dit omvat onder meer polisbeleningen, kasgeldleningen en schatkistpapier. Waardering vindt plaats op basis van de voorschriften in Richtlijn 290; zie hoofdstuk 30).

Depots bij verzekeraars
Dit betreft niet- vrij opneembare vorderingen die voortvloeien uit herverzekeringsovereenkomsten. Saldering met schulden of samenvoeging met andere vorderingen op de herverzekeraar is niet toegestaan (art. 2:430 lid 2 BW).

---

[21] Dit verwijst naar artikel 2:442 BW, waarmee artikel 46 van de Verzekeringsrichtlijn (91/674/EEG) werd geïmplementeerd. Artikel 2:442 BW is op dit punt echter niet heel duidelijk. Mogelijk is dat de reden dat de MvT bij de Implementatiewet richtlijn solvabiliteit II ten onrechte stelt dat marktwaarde voor verstrekte leningen ook voor verzekeraars verboden is.

Derivaten

Waardering vindt plaats tegen marktwaarde waarbij de waardemutaties rechtstreeks in de winst-en-verliesrekening worden verwerkt (art. 2:442 lid 5 BW), tenzij hedge-accounting wordt toegepast. Derivaten moeten apart op de balans worden gepresenteerd, wat betekent dat voor dergelijke posities aparte regels aan Model N moeten worden toegevoegd (RJ 605.222).

IFRS

Tot de invoering van IFRS 17 zullen de meeste IFRS-verzekeraars IAS 39 blijven toepassen (zie de paragraaf hierna). IAS 39 kent (in algemene zin) onderstaande opties voor waardering en resultaatbepaling inzake financiële instrumenten.

At fair value through profit or loss (FVTPL)	Waardering tegen reële waarde, alle waardemutaties direct verwerkt in de winst-en-verliesrekening. Dit omvat de *handelsportefeuille* en alle bij aankoop als FVTPL aangewezen beleggingen. Alle derivaten moeten FVTPL verantwoord worden, tenzij er sprake is van *cash flow hedging* of *net investment hedging*.
Held to maturity (HTM)	Waardering tegen geamortiseerde kostprijs.
Loans and receivables	Waardering tegen geamortiseerde kostprijs.
Available for sale (AFS; restgroep)	Waardering tegen reële waarde waarbij waardeverschillen eerst aan het vermogen worden toegevoegd en bij verkoop of impairment van het instrument als resultaat worden verantwoord. Onder AFS moet de geamortiseerde kostprijs overigens ook bijgehouden worden, voor een juiste verantwoording van interest, bijzondere waardeverminderingen en herwaardering.

De keuze voor de waarderings- en resultaatbepalingsgrondslag is aan voorwaarden gebonden, moet bij de eerste verantwoording van de belegging worden gedaan en kan alleen in bijzondere situaties worden gewijzigd. De eisen die gesteld zijn aan HTM zijn zo strikt, dat waardering tegen geamortiseerde kostprijs in de praktijk voor verzekeraars alleen toepasbaar is voor (hypothecaire) leningen en vorderingen.

Toekomstige regelgeving: samenloop wijzigingen IFRS 9 en 17

Het is, vooral voor levensverzekeraars, van groot belang dat waardering en resultaatbepaling inzake beleggingen en verzekeringsverplichtingen vergelijkbaar zijn. IFRS 17 biedt belangrijke mogelijkheden tot beperking van *accounting mismatches*.

- De IASB staat toe om bij de invoering van IFRS 17 bepaalde aanpassingen van de classificatie en waardering van de beleggingen door te voeren, ook indien IFRS 9 al eerder ingevoerd is.
- De invoering van IFRS 9 mag door verzekeraars uitgesteld worden tot de ingangsdatum[22] van IFRS 17 ('*temporary exemption*', ook wel '*deferral approach*') en als alternatief mag tot de invoering van IFRS 17 het *resultaateffect* van een onder IFRS 9 door te voeren herclassificatie naar FVTPL geneutraliseerd worden via het vermogen ('*overlay approach*').
  Om gebruik te kunnen maken van een van deze twee opties moet een verzekeraar aan een aantal voorwaarden voldoen.

---

[22] Volgens de standaard 1 januari 2023. Zie ook paragraaf 48.4.10.

48.4.3.5 Beleggingen voor risico van polishouders en spaarkasbeleggingen

Tot deze categorie (art. 2:429 lid 1 onder c BW) behoren beleggingen, veelal gerelateerd aan verzekeringen in beleggingseenheden[23]:
- fractie- of *unit-linked*-verzekeringen;
- spaarkasverzekeringen;
- gesepareerde beleggingsdepots.

Als de uitkeringsgerechtigde het beleggingsrisico draagt, moeten de aan de polis 'gekoppelde' beleggingen tegen marktwaarde worden gewaardeerd[24] (art. 2:442 lid 1 en 2 BW), waarbij alle waardemutaties via het resultaat moeten worden geleid (art. 2:438 lid 4 BW). Beleggingen in (administratief) gesepareerde beleggingsdepots (GB's) kunnen[25] ook op andere grondslag dan marktwaarde worden gewaardeerd (RJ 605.217). De GB-beleggingen worden dan, binnen de categorie beleggingen voor risico van polishouders, *afzonderlijk* op de balans opgenomen (RJ 605.226/230).

Indien herwaarderingen op deze beleggingen via het vermogen worden geleid, is het vormen van een voorziening voor latente winstdeling verplicht (art. 2:435 lid 1 onder e BW, RJ 605.510).

IFRS

IFRS kent geen 'beleggingen voor risico van polishouders'. Obligaties 'voor rekening en risico van polishouders' worden onder IFRS dus meestal op marktwaarde gewaardeerd. Indien gekozen wordt voor AFS zullen ongerealiseerde waardestijgingen in GB's veelal via *shadow accounting* (zie par. 48.4.9.10) als (latente) winstdelingsverplichting worden verantwoord. Hoewel shadow accounting optioneel is, ligt in dit geval verwerking als latente verplichting ook onder IFRS voor de hand, omdat ook ongerealiseerde waardeveranderingen 'voor risico van de polishouder' zijn.

48.4.4 Vorderingen

Hieronder dienen afzonderlijk te worden opgenomen de vorderingen op verzekeringnemers, tussenpersonen, overige vorderingen uit directe verzekeringen en vorderingen uit herverzekering. Onder dit hoofd kan ook geactiveerde *negatieve* latente winstdeling worden opgenomen (een tekort aan feitelijk rendement ten opzichte van het gegarandeerde rendement). In de toelichting dient zo'n post afzonderlijk te worden gepresenteerd, met een toelichting op de contractvoorwaarden en de wijze van verrekenen[26] (RJ 605.307). Die gekapitaliseerde winstdeling wordt betrokken in de RJ toereikendheidstoets (RJ 605.308).

Vorderingen op en schulden aan AWBZ en zorgverleners moeten apart worden toegelicht (RJ 605.303).

IFRS kent de genoemde specifieke toelichtingseisen niet.

---

[23] De 'eenheden', waar de rechten van de polishouder in zijn uitgedrukt, zijn meestal (fracties van) aandelen, maar het kunnen bijv. ook US dollars zijn.

[24] De marktwaarde van de verplichtingen is vaak niet gelijk aan de marktwaarde van de beleggingen, door bijvoorbeeld polishouderopties en garanties.

[25] Dit is omdat de (pensioen)rechten in geld luiden en niet in beleggingseenheden. Omdat vooral 'IFRS-verzekeraars' deze contracten sluiten, wordt van deze uitzondering niet of nauwelijks gebruik gemaakt.

[26] In sommige pensioencontracten met een minimum rendementsgarantie bestaat de mogelijkheid, binnen de contractperiode, onder-rendementen met latere overrendementen te compenseren ('loss carry forward'). Bij de waardering van de voorwaardelijke actiefpost die hierbij kan ontstaan spelen verwachtingen over de ontwikkeling van de beleggingsmarkten een belangrijke rol.

48.4.5 Overige activa

Dit betreft onder meer de materiële vaste activa. Deze worden gewaardeerd tegen kostprijs of actuele kostprijs/lagere bedrijfswaarde, voor zover het niet om beleggingen gaat (art. 7 BAW). Een verloopstaat is verplicht voor materiële vaste activa (art. 2:368 lid 1 BW).

48.4.6 Overlopende activa

Onder dit hoofd kunnen afzonderlijk de overlopende acquisitiekosten worden opgenomen (art. 2:434 lid 1 BW). Deze kunnen ook in mindering worden gebracht op de verzekeringsverplichtingen.

Onder overlopende activa (respectievelijk passiva) vinden we ook afzonderlijk het *saldo* nog te amortiseren (dis) agio van vastrentende beleggingen. Opnemen in de post beleggingen (geamortiseerde kostprijs) heeft echter de voorkeur (RJ 605.214). IFRS kent alleen geamortiseerde kostprijs.

48.4.7 Eigen vermogen en solvabiliteit

In de toelichting moeten (i) de minimaal vereiste, (ii) de door het bestuur gewenste en (iii) de aanwezige solvabiliteitsmarge worden vermeld (art. 2:441 lid 9 BW).

De door het bestuur wenselijk geachte solvabiliteit moet nader worden toegelicht in de jaarrekening (RJ 605.403), waarbij een relatie met de gerapporteerde risico's moet worden gelegd.

Vereiste solvabiliteit onder Sii

De regels voor de vereiste solvabiliteit zijn gebaseerd op een samengestelde risicoanalyse, voorgeschreven door Sii. Daarin wordt onderscheid gemaakt tussen een *'Solvency Capital Requirement'* (SCR[27]) en een *Minimum Capital Requirement (MCR)*. Afhankelijk van de mate waarin aan deze minima wordt voldaan kan de toezichthouder bepaalde maatregelen nemen.

De verzekeraars waarop Sii van toepassing is worden aangeduid als Richtlijnverzekeraars. VBR vallen onder vergelijkbare Nederlandse regels, met toepassing van een aantal technische vereenvoudigingen.

Binnen het bestek van dit hoofdstuk wordt op de complexe minimum kapitaalvereisten onder Sii niet nader ingegaan.

Aanwezige solvabiliteit en Own Funds onder Sii

De aanwezige solvabiliteit wordt ingaande 2016 eveneens bepaald op basis van de EU-regels. Het (toezicht)vermogen blijkt uit de Sii-'marktwaarde balans'. Niet alle waarderingen onder Sii zijn echter 'marktwaarden' in de zin van RJ en IFRS. Bij cijfermatige toelichtingen op de aanwezige solvabiliteit voor toezichtdoeleinden in de jaarrekening zal vaak een aansluiting tussen beide nodig zijn.

Bij de weging van de aanwezige solvabiliteit onderscheiden de toezichtregels verschillende soorten instrumenten (Tier 1 en Tier 2 kapitaal, elk met eigen omvangscriteria).

Verzekerings*groepen* zijn onderworpen aan vergelijkbare solvabiliteitsvoorschriften, waarbij het toezicht zich onder meer richt op intragroepposities en -transacties.[28] Een belangrijk doel is het tegengaan van double, of multiple, *gearing*: het door meerdere verbonden maatschappijen gebruiken van dezelfde activa als onderdeel van hun eigen aanwezige/toegestane vermogen.

---

[27] Niet te verwarren met de 'solvency ratio' [toegelaten vermogen/vereist minimum vermogen], die vaak ook met SCR wordt aangeduid.

[28] Groepstoezicht vereist soms internationale samenwerking tussen toezichthouders, waarbij één van hen als *groepstoezichthouder* specifieke bevoegdheden heeft.

IFRS

IAS 1 (par. 134-136) vereist kwalitatieve informatie over de intern gehanteerde doelstellingen en methoden inzake kapitaalbeheer, samenvattende kwantitatieve gegevens over wat feitelijk als kapitaal wordt aangewend (daar kunnen vreemd-vermogenscomponenten onder zijn) en wijzigingen ten opzichte van de voorgaande verslagperiode. Ook moet worden aangegeven of de maatschappij heeft voldaan aan alle extern opgelegde kapitaalvereisten en moeten de gevolgen worden uiteengezet als dit niet het geval was. Dit alles moet gebaseerd zijn op de door het topmanagement gehanteerde informatie.

IFRS, vooral toegepast door Richtlijnverzekeraars, kent weinig specifieke toelichtingsvereisten inzake de solvabiliteit. Het gaat evenwel om informatie die noodzakelijk kan zijn voor het inzicht, in welk geval vermelding van deze informatie in de toelichting op grond van de algemene eisen van IAS 1 verplicht is. Zo is cijfermatige solvabiliteitsinformatie verplicht als die noodzakelijk is voor het inzicht in de financiële positie van de verzekeraar.

48.4.8 Verzekeringsverplichtingen algemeen

Tot deze categorie behoren de volgende verplichtingen (in het BW aangeduid als 'technische voorzieningen', zie art. 2:435 lid 1 BW[29] en BMJ balansmodel N):

- voor rekening van de verzekeringsmaatschappij:
  - voor niet-verdiende premies en lopende risico's;
  - voor te betalen schades/uitkeringen;
  - voor winstdeling en kortingen;
  - voor latente winstdelingen;
  - voor levensverzekering;
  - overige;
- voor verzekeringen waarbij polishouders het beleggingsrisico dragen en voor spaarkassen.

Bij elk van deze verzekeringsverplichtingen kan sprake zijn van een aftrek in verband met het aandeel van herverzekeraars (cessie of retrocessie). Het op de balanspost in mindering brengen van het aandeel van de herverzekeraar is wettelijk verplicht (art. 2:435 lid 3 BW). Herverzekeren brengt echter kredietrisico's met zich mee; balansmodel N vereist dan ook dat de (latente[30]) vordering op de herverzekeraar afzonderlijk gepresenteerd wordt.

IFRS schrijft een afzonderlijke opname van het aandeel van de herverzekeraar voor als actiefpost voor (IFRS 4.14(d)).

De verzekeringsverplichtingen van (her)verzekerings*maatschappijen* dienen te worden vastgesteld volgens voor de bedrijfstak aanvaardbare grondslagen (art. 2:444 lid 1 BW), zodanig dat zal kunnen worden voldaan aan de verzekeringsverplichtingen. De wetgever wijst op de mogelijkheid om de waardering onder Sii te gebruiken voor de jaarrekening en de RJ ziet Sii dus ook als 'voor de bedrijfstak aanvaardbare grondslagen'. De Wft-waarderingsvoorschriften voor verzekeringsverplichtingen passen volgens de wetgever[31] en de RJ (605.519) ook binnen de opties van artikel 10 BAW. De RJ wijst er wel op (par. 605.519a) dat het hanteren van Sii-grondslagen kan leiden tot het verantwoorden van *verwachte toekomstige* winsten en vereist een toelichting op de gehanteerde methode van winstverantwoording.

---

[29] De egalisatievoorziening (kredietverzekering) is ingaande 2016 niet meer toegestaan.
[30] Het kan gaan om een geschat aandeel in bekende schades, maar ook om een geschat aandeel in verwachte, maar niet gemelde schades (IBNR) respectievelijk de geschatte verdere ontwikkeling van schades (IBNER).
[31] MvT bij de implementatiewet Solvabiliteit II, pag. 8.

Opgemerkt wordt dat verzekeringsverplichtingen in de huidige praktijk vrijwel nooit[32] op actuele waarde gewaardeerd worden. Ook waardering van de verzekeringsverplichtingen volgens Sii (in de 'marktwaardebalans') komt niet overeen met de begrippen reële waarde (RJ) of fair value (IFRS).[33]

In artikel 2:444a-d BW zijn algemeen geformuleerde uitgangspunten opgenomen voor de waardering van verzekeringsverplichtingen. Bij de behandeling van de afzonderlijke verplichtingen hierna gaan we in op enkele bijzonderheden zoals de catastrofevoorziening en discontering.
De RJ vereist een toereikendheidstoets met toelichting (zie par. 48.4.11.4) en verloopoverzichten van de verzekeringsverplichtingen (RJ 605.544).

De bij de waardering van verzekeringsverplichtingen gehanteerde methoden en grondslagen moeten worden toegelicht. Indien discontering plaatsvindt, moet worden aangegeven bij welke onderdelen en hoe. Voor schadeverzekeringen moet het disconteringseffect worden vermeld (RJ 605.550).

Verzekeringsverplichtingen zijn wettelijk gezien voorzieningen (art. 2:435 lid 2 BW), hetgeen onder meer betekent dat moet worden aangegeven in welke mate ze langlopend zijn (art. 2:374 lid 3 BW).

Indien de waarderingsgrondslag voor de verzekeringsverplichtingen afwijkt van die van de beleggingen ter dekking daarvan, bestaat een 'accounting mismatch'. RJ 605.220 beveelt aan zo veel mogelijk vergelijkbare waarderingsgrondslagen te kiezen.

Hierna behandelen we de verschillende verzekeringsverplichtingen. Omdat IFRS slechts 'insurance liabilities' in het algemeen kent, gaan we eerst in op de hoofdlijnen van de huidige regels van IFRS 4. Daarna volgt een aantal details inzake de Nederlandse bepalingen waarbij we op onderdelen een vergelijking maken met IFRS. Onder 'Nieuwe ontwikkelingen' ten slotte wordt ingegaan op de ontwikkeling van IFRS 17 en de relatie met IFRS 9.

48.4.9 Verzekeringsverplichtingen onder IFRS 4
48.4.9.1 Algemeen
IFRS 4 behandelt *verzekeringscontracten* (niet: *verzekeringsmaatschappijen*). De standaard is van toepassing op *'Insurance Liabilities'* en direct daarmee verbonden posten zoals 'herverzekeringsactiva', gekapitaliseerde acquisitiekosten en immateriële activa ontstaan bij de aankoop van verzekeraars of verzekeringsportefeuilles.

IFRS 4 definieert verzekeringscontracten op basis van het begrip *'significant insurance risk'*. Dat risico moet bovendien worden *overgedragen:* risico's die door het contract zelf worden opgeroepen (zoals afkoopkosten) blijven bij de afweging van wat 'significant' is buiten beschouwing.

48.4.9.2 Beleggingscontracten
Contracten die onvoldoende verzekeringsrisico overdragen zijn *investment contracts* (beleggingscontracten), die vallen onder IAS 32/39/IFRS 9.

---

[32] Bij een fusie of overname is waardering tegen marktwaarde wel aan de orde. Toepassing van de zogenaamde 'gesplitste presentatie' is dan toegestaan; zie paragraaf 48.4.2.
[33] Zo wordt eigen kredietrisico onder Solvency II niet gewaardeerd; wordt bij discontering gebruik gemaakt van een Ultimate Forward Rate en is het disconteren van schadevoorzieningen wettelijk beperkt (art. 2:444c lid 3 BW/RJ 605.530).

48.4.9.3 Beleggingscontracten met winstdelingskenmerken

'*Investment contracts with discretionary participation features*' (DPF) zijn contracten waarbij het management van de instelling kan beslissen over de hoogte van de winstdeling, en/of het moment waarop die toegekend wordt. Deze contracten vallen onder IFRS 4 en later IFRS 17 in plaats van onder IAS 39/IFRS 9, hoewel er per definitie geen sprake is van 'significant insurance risk'. Verder mag de verzekeraar kiezen hoe het 'feature' wordt bepaald, gewaardeerd en gepresenteerd (als verplichting of als eigen vermogen).

Zie voor een verdere toelichting op de verwerking van winstdelende contracten paragraaf 48.4.9.7.

48.4.9.4 Andere contracten onder IFRS 4

Sommige servicecontracten, zoals hulpverlening aan automobilisten, voldoen aan de definitie van '*Insurance Contracts*' en vallen dus onder IFRS 4. Gezien de aard van dergelijke contracten heeft dit voor de verslaggeving weinig praktische gevolgen. IFRS 17 biedt indien aan bepaalde voorwaarden wordt voldaan de mogelijkheid om dergelijke contracten onder IFRS 15 te behandelen.

Ook bepaalde bankproducten, waaronder (krediet)garanties, voldoen aan de definitie van verzekeringscontract. Indien kredietgaranties door een bank zijn uitgegeven vallen ze onder IAS 39/IFRS 9. Dat blijft onder IFRS 17 zo. Wel biedt IFRS 17 de volgende uitzonderingen:
- creditcardcontracten die aan de definitie van een verzekeringscontract voldoen, vallen in bepaalde gevallen niet onder IFRS 17 maar zijn (gedeeltelijk) te behandelen onder IFRS 9;
- voor bepaalde leningen die voldoen aan de definitie van een verzekeringscontract, geldt de keuzemogelijkheid om deze te behandelen onder IFRS 9 in plaats van IFRS 17.

48.4.9.5 Uitsluitingen van IFRS 4

Enkele soorten contracten zijn specifiek uitgezonderd van de werking van IFRS 4 en zullen dat onder IFRS 17 ook blijven:
- personeelsbeloningen (IAS 19);
- (product)garanties *direct* van fabrikant, dealer of retailer aan afnemer;
- de verwerking door de *polishouder*, tenzij het gaat om *herverzekering*.

48.4.9.6 Nederlandse producten

Nederlandse levensverzekeringsproducten voldoen in het algemeen aan de criteria van '*Insurance Contracts*' in de zin van IFRS 4, omdat wettelijke bepalingen een minimum aan risico-overdracht vereisen. Sommige bijzondere contracten en herverzekeringsvormen geven aanleiding tot nader onderzoek.

48.4.9.7 Veelheid van waarderingsgrondslagen en presentatiegebruiken

IFRS 4 bevat slechts beperkte[34] voorschriften voor de opname, de waardering, de presentatie en de toelichting van verzekeringscontracten. (IFRS 17, daarentegen, omvat specifieke voorschriften voor de behandeling van verzekeringscontracten, zie hieronder.) De 'vroegere' waardering en behandeling mogen onder IFRS 4 vrijwel ongewijzigd worden voortgezet. Uitzonderingen zijn verwerkt in het onderstaande overzicht van de belangrijkste bepalingen. Verbeteringen van de waarderingsgrondslagen zijn uiteraard toegestaan, maar niet verplicht. Enkele opties uit IFRS 4 zijn verwerkt in Richtlijn 605 (zoals '*Shadow Accounting*' en discretionaire winstdelingskenmerken), waardoor het aantal verslaggevingsopties onder de Nederlandse wet- en regelgeving is uitgebreid.

---

[34] Om deze reden geldt een deel van de bepalingen van IAS 8 (IFRS hiërarchie) niet voor verzekeringscontracten.

48.4.9.8 Verboden

Hoewel IFRS 4 heel liberaal is waar het betreft de toepassing van 'vroegere' verslaggeving, mag bij of na de transitie naar IFRS geen verslechtering van relevantie of betrouwbaarheid optreden door wijziging van de gekozen grondslagen. Zo vereist IFRS 4 geen discontering, zelfs niet bij levensverzekeringen; maar het is verboden om met verdiscontering te stoppen. Egalisatie-[35] en catastrofevoorzieningen zijn onder IFRS 4 niet toegestaan, omdat daarbij geen sprake is van een verplichting: het evenement heeft per definitie nog niet plaatsgevonden.

48.4.9.9 Discontering, reële waarde, eigen kredietwaardigheid

IFRS 4.24 staat discontering tegen een actuele marktrente expliciet toe voor elk *zelfgekozen* deel van de portefeuille. Aangezien IFRS 4.24 toestaat dat tegelijkertijd, voor dat zelfgekozen deel van de verplichtingen, ook andere grondslagen mogen worden gewijzigd die actuele schattingen en assumpties vereisen, zijn wij zijn van mening dat uit het geheel kan worden afgeleid dat dezelfde keuzevrijheid bestaat voor waardering tegen reële waarde.

48.4.9.10 Shadow accounting

Shadow accounting heeft tot doel accounting mismatches te voorkomen/beperken. Een accounting mismatch kan ontstaan wanneer:
- de achterliggende marktontwikkeling de boekwaarden van de beleggingen en verzekeringsverplichtingen niet op dezelfde manier beïnvloedt; en/of
- de ongerealiseerde waardemutaties van beleggingen en verplichtingen op verschillende wijze worden verwerkt.

Ter illustratie hanteren we de volgende vraag:
Veel verzekeringspolissen bieden een winstdeling op basis van gerealiseerde waardemutaties op beleggingen. In hoeverre is dan sprake van een winstdelingsverplichting als er ongerealiseerde waardemutaties verantwoord zijn?

We onderscheiden hierna eerst ongerealiseerde waardemutaties die direct in het *vermogen* worden verwerkt van ongerealiseerde waardemutaties die via het *resultaat* lopen:
- via het vermogen:
  Voor AFS-beleggingen bevat US GAAP het voorschrift om ongerealiseerde waardemutaties bij bepaalde accounting mismatches te behandelen *alsof realisatie heeft plaatsgevonden*.
  De waardemutatie wordt dan, geheel of ten dele, direct vanuit de *'Available For Sale' Reserve* overgeboekt naar de verzekeringsverplichtingen, respectievelijk verwerkt als aanpassing van geactiveerde acquisitiekosten of (evt. immateriële) verzekeringsactiva. In de openingsbalans van de volgende periode wordt die balansaanpassing weer teruggenomen. Deze presentatiewijziging beperkt zich tot het vermogen en de verplichtingen. Die methodiek staat bekend als Shadow Accounting. IFRS 4 staat, net als US GAAP, deze verantwoordingswijze toe voor beleggingen die onder IFRS tegen 'Fair Value' worden gewaardeerd waarbij waardemutaties in 'Other Comprehensive Income' (OCI) worden verwerkt.

- via het resultaat:
  Voor ongerealiseerde waardemutaties die via het *resultaat* worden verantwoord bevat US GAAP voorschriften die voorkomen dat een accounting mismatch ontstaat. Echter, onder IFRS is het denkbaar, bij toepassing van andere (lokale) grondslagen, dat de met de beleggingen corresponderende verzekeringsverplichtingen, acquisitiekosten e.d. niet tegelijk worden aangepast, zodat er ook een mismatch in de *winst-en-verliesrekening* is. Daarom heeft de IASB de optie van shadow accounting breder gemaakt. Shadow accounting onder IFRS kan

---

[35] Sinds 2016 ook onder BW verboden.

ook inhouden dat in de winst-en-verliesrekening verantwoorde, ongerealiseerde waardestijgingen van beleggingen geheel of ten dele worden geneutraliseerd door een wijziging, eveneens via de winst-en-verliesrekening, van de technische voorzieningen, acquisitiekosten e.d.

Benadrukt wordt dat shadow accounting onder US GAAP verplicht is, terwijl het (bredere) concept shadow accounting van IFRS 4 binnen IFRS optioneel is.

48.4.9.11 Embedded derivatives

In bepaalde gevallen moeten verzekeringscontracten naar analogie van IAS 39 worden gesplitst in een *host contract* en een derivaat (marktwaarde, verwerking via het resultaat). Als het derivaat zelf aan de definitie van een *insurance contract* beantwoordt, hoeft het niet afzonderlijk gewaardeerd en verantwoord te worden. De *'Guidance on Implementation'* (IG) bij IFRS 4 geeft aan dat in sommige gevallen een *keuze* kan worden gemaakt om een *(embedded) derivative* als zodanig afzonderlijk te verantwoorden en te waarderen.

48.4.9.12 Liability Adequacy Test (LAT)

IFRS 4 vereist een toets op toereikendheid (als spiegel van *impairment tests*).

'Previous accounting' bepaalt in beginsel welke lokale toereikendheidstoets onder IFRS 4 ('liability adequacy test' of LAT) moet worden toegepast. IFRS 4 verwijst ook voor het aggregatieniveau naar die lokale toets. Verzekeringsconcerns hebben echter veelal een eigen 'IFRS concern-LAT' ontwikkeld, die door dochter-verzekeraars over het algemeen gevolgd wordt.

Onder IFRS gelden als minimumeisen slechts dat de test gebaseerd is op een actuele schatting van toekomstige kasstromen (discontering wordt niet vereist) en dat opties en garanties in de beoordeling worden betrokken (opname respectievelijk waardering wordt niet vereist).
De huidige Nederlandse regels (de RJ-toereikendheidstoets, zie par. 48.4.9.6) bevatten algemene aanwijzingen. De RJ geeft aan (RJ 605.535) dat de Sii-waardering bij de beoordeling van de minimumwaardering kan worden betrokken.

48.4.9.13 Toelichtingen

IFRS 4 bevat twee algemeen geformuleerde uitgangspunten voor de toelichting:
▶ specificatie van en toelichting op de bedragen in balans en winst-en-verliesrekening;
▶ informatie over de geschatte omvang en timing van toekomstige kasstromen alsmede de onzekerheden die daarbij een rol spelen.

De IG bij IFRS 4 bevat detailaanbevelingen en -suggesties voor de toelichtingen. De IG vormt echter geen onderdeel van de standaard.

48.4.10 Nieuwe ontwikkelingen: IFRS 17

48.4.10.1 Scope en status

IFRS 17 is uitgegeven in 2017. Daarna zijn van verschillende kanten bezwaren aangevoerd tegen bepaalde elementen van de standaard. De IASB heeft naar aanleiding van deze bezwaren in juni 2020 op een aantal specifieke punten van IFRS aanpassingen doorgevoerd, alsmede de invoering uitgesteld tot 1 januari 2023. Gezien de complexiteit van IFRS 17 zullen verzekeraars naar verwachting veel tijd nodig hebben voor de implementatie.

De belangrijkste bepalingen zijn hierna opgenomen.[36]

48.4.10.2 Waardering op hoofdlijnen

- Aggregatieniveau: er wordt onderscheid gemaakt tussen portefeuilles (contracten met vergelijkbare risico's die gezamenlijk beheerd worden) en daarbinnen groepen (jaarlagen, gesplitst naar winstgevendheidskarakteristieken).
- De waardering wordt gebaseerd op de kans-gewogen, verdisconteerde actuele beste schatting van alle toekomstige kasstromen die uit een contract verwacht worden, inclusief een schatting inzake uit te keren winstdeling.
- De contractduur die bepaalt welke toekomstige kasstromen moeten worden meegenomen bij de waardering van de verzekeringsverplichting, eindigt op het moment waarop een adequate premie-aanpassing kan worden doorgevoerd.
- Ongerealiseerde winst op een contract wordt gereserveerd als '*Contractual Service Margin*' (CSM). Deze wordt geamortiseerd naar rato van het totaal van de verleende diensten. Als verleende diensten worden in aanmerkingen genomen verzekeringsdekking en, waar van toepassing, *investment services*.
- Indien een polis reeds bij aanvang verlieslatend blijkt te zijn (per saldo een verwachte uitstroom van middelen), moet dit verlies onmiddellijk worden verantwoord.
- Acquisitiekosten worden als onderdeel van de uitgaande kasstromen opgenomen en komen dus in mindering op de CSM.
- Herschattingen van toekomstige kasstromen (bijv. als gevolg van toenemende overlevingskansen) van de verplichtingen alsmede wijzigingen in de risico-opslag worden verwerkt in de CSM, die echter niet negatief kan worden: in dat geval wordt een afzonderlijke aanvullende verplichting (*loss component*) verantwoord en bijgehouden.
- Er zijn specifiekere bepalingen voor de behandeling van winstdelende contracten. Voor winstdelende contracten die aan bepaalde criteria voldoen, geldt het zogenoemde *variable fee*-model. Binnen dit model is het aandeel van de verzekeraar (*shareholder's share*) in de beleggingsopbrengsten onderdeel van de CSM.
- Een expliciete marge voor onzekerheid is vereist.
- Discontering vindt plaats tegen de actuele marktrente, uitgaande van de (rente)karakteristieken van de portefeuille(s).
- Er wordt geen rekening gehouden met de eigen kredietwaardigheid. De verzekeraar moet per portefeuille de effecten van marktrentebewegingen op de verzekeringsverplichting hetzij via het resultaat dan wel als OCI verwerken. Effecten van andere marktwaardewijzigingen moeten deze verwerkingswijze via óf het resultaat óf OCI ook volgen.
- De totale verplichting zal opgebouwd worden uit de volgende componenten, voor zover van toepassing:
  - verwachte kasstromen;
  - risico-opslag;
  - verwachte toekomstige winst (CSM).
- Binnen de totale verplichting, zoals opgebouwd volgens de bovengenoemde componenten, wordt onderscheid gemaakt naar het deel dat betrekking heeft op nog te verlenen dekking (*liability for remaining coverage*) en het deel dat samenhangt met een schatting van de nog af te wikkelen schade/uitkeringen (*liability for incurred claims*).
- Voor zowel bepaalde verzekeringsproducten met winstdeling als uitgaande herverzekering gelden specifieke aanpassingen van het algemene waarderingsmodel.
- Voor contracten met een dekkingsperiode van maximaal een jaar, waaronder veel schadeverzekeringen en herverzekeringen zullen vallen, geldt een aanzienlijk eenvoudiger methode.
- Invoering geschiedt in beginsel retrospectief. De overgangsbepalingen maken het echter mogelijk de transitie te vereenvoudigen, waaronder het achterwege laten van splitsing van de bestaande portefeuille naar jaarlagen.

---

[36] Rekening houdend met in de ED opgenomen aanpassingsvoorstellen.

Bij de overname van een portefeuille of een bedrijfsovername zal de kopende partij de contracten herwaarderen alsof ze op dat moment zijn afgesloten. De eerste waardering is volgens de waarderingsmethodiek van IFRS 17,[37] welke niet noodzakelijkerwijs overeenkomt met de fair value bij overname.

De hoofdlijnen van het 'General model' van IFRS 17 kunnen als volgt worden geïllustreerd:

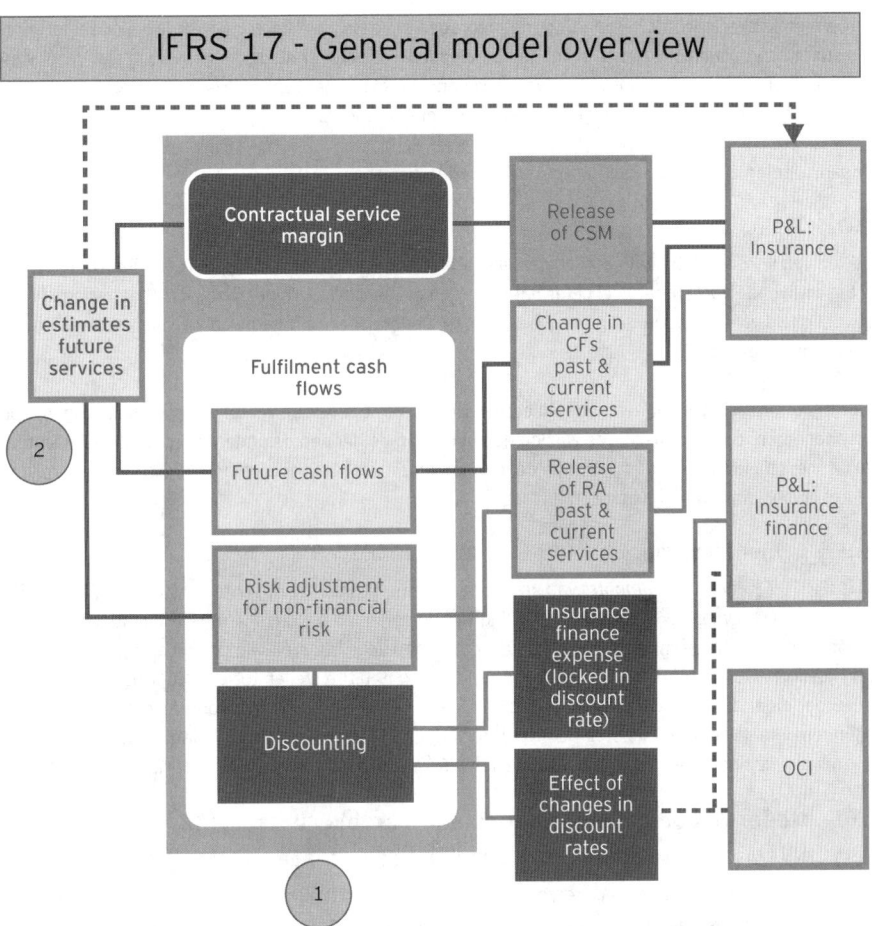

1. bij afsluiting van het contract wordt de premie opgedeeld in de verwachte kasstromen, een risico-opslag en de verwachte winst. Een verlies wordt direct geboekt (de CSM kan niet negatief zijn).
2. als blijkt dat eerdere schattingen moeten worden bijgesteld, worden de aanpassingen in de CSM verwerkt voor zover mogelijk. Tegenvallers die niet in de CSM verwerkt kunnen worden, komen ten laste van het resultaat. Mogelijk is er ook aanleiding om de risico-opslag ('risk adjustment') aan te passen.

---

[37] Dit is voor een bedrijfsovername, naast IAS 19 en IAS 12, een derde afwijking van het principe in IFRS 3 van een openingswaardering tegen fair value en kan naar onze mening dus aanzienlijke gevolgen hebben voor goodwill.

De uitkeringen (= 'insurance service expenses') en de vrijval van resp. de CSM en de risico-opslag worden verwerkt als omzet, inclusief oprenting voor de ingeprijsde rente. Wijzigingen in de verplichtingen als gevolg van bewegingen van de marktrente worden in het resultaat of in het eigen vermogen (OCI) verwerkt.

48.4.10.3 Presentatie

Verdiende premies en schade- respectievelijk uitkeringslasten zullen in de winst-en-verliesrekening getoond blijven worden. De premie-omzet wordt verminderd met bedragen die de polishouder in elk geval weer zal terugontvangen ('*investment components*'). Het resterende bedrag zal gespreid over de dekkingsperiode als omzet worden verantwoord. Voor kortlopende contracten (vooral schadeverzekeringen) zal een vereenvoudigde presentatie worden toegestaan die lijkt op de huidige 'verdiende premie'-methode.

Beleggingsresultaten zullen afzonderlijk zichtbaar worden gemaakt.

48.4.10.4 Toelichtingen

De invoering van IFRS 17 betekent een aanzienlijke uitbreiding van de toelichtingen. Naast informatie over risico's in meer beschrijvende vorm moet veel cijfermatig worden toegelicht, zoals de opbouw en het verloop van posten en de gevoeligheid van veronderstellingen. Daarbij is vrij gedetailleerd aangegeven welke componenten afzonderlijk moeten worden getoond.

Een belangrijke aanvulling is dat een gedetailleerd verloopoverzicht van de verzekeringsverplichtingen moet worden opgenomen, dat afzonderlijk de wijzigingen in elk van de genoemde onderdelen van de verplichting toont. Dit maakt onderscheid tussen de effecten op de verplichtingen van nieuwe contracten, externe factoren (zoals marktrente) en besluiten van de verzekeraar.

48.4.10.5 Samenhang met de implementatie van IFRS 9

In 2018 is IFRS 9 *Financial Instruments*, van kracht geworden. IFRS 17 geldt echter pas vanaf 1 januari 2023. Gezien het belang van vergelijkbare verantwoording van beleggingen en verzekeringsverplichtingen heeft de IASB besloten om verzekeraars de mogelijkheid te geven om òf bepaalde effecten van de invoering van IFRS 9 op het resultaat tijdelijk in OCI op te nemen, òf de invoering van IFRS 9 uit te stellen tot de invoeringsdatum van IFRS 17. De verzekeraar moet dan wel voldoen aan bepaalde criteria. IFRS 4 is aangepast voor deze uitzondering. Zoals eerder genoemd heeft de IASB besloten de invoering van IFRS 17 uit te stellen tot 1 januari 2023. In het verlengde daarvan heeft de board de uitstelmogelijkheid van IFRS 9 verlengd tot dezelfde datum.

48.4.11 Nederlandse regelgeving inzake verzekeringsverplichtingen

48.4.11.1 Niet-verdiende premie en lopende risico's schadeverzekering

Deze paragraaf behandelt alleen schadeverzekering, omdat de voorziening niet-verdiende premies inzake *levensverzekeringen* vrijwel altijd onder de 'technische voorziening voor levensverzekering' wordt opgenomen. Afzonderlijke vermelding mag echter ook (art. 2:435 lid 6 BW).

Bij schadeverzekering worden premiebaten verantwoord naar rato van het verloop van het risico, veelal tijdsevenredig. De voorziening niet-verdiende premies betreft dat deel van de gefactureerde ('geboekte') premie, dat betrekking heeft op de dekkingsperiode na de balansdatum.

48 Verzekeringsmaatschappijen

De *voorziening niet-verdiende premie schadeverzekering* is een saldo van onverdiende bruto premies, vooruitbetaalde herverzekeringspremies en de tegengestelde provisie-elementen van beide. De op de voorziening in mindering gebrachte provisies moeten worden toegelicht (art. 2:435 lid 4 BW[38]).

De *voorziening lopend risico* (art. 2:444a BW) betreft een schatting inzake de volgende risico's:
- Niet-toereikende premie (RJ 605.504 en 504a). Dit betreft verzekeringscontracten die binnen de lopende contractperiode naar verwachting verliezen zullen opleveren, rekening houdend met alle nog te verwachten premieontvangsten, schades en kosten;
- Verzekeringen met een in de tijd stijgend risico zonder dat de premie navenant toeneemt, zoals de voorzieningen voor de effecten van veroudering (van personen, zoals bij arbeidsongeschiktheid; maar ook garantieverzekeringen).

Een eventuele *catastrofevoorziening* moet eveneens onder het hoofd 'Niet-verdiende premie en lopende risico's' worden opgenomen (art. 2:435 lid 1 en art. 2:444a lid 1 BW). Onder IFRS zijn catastrofevoorzieningen niet toegestaan.

Het verschil tussen twee balansstanden van de Technische voorziening niet-verdiende premies en lopende risico's' wordt in de *Technische Rekening Schadeverzekering* gepresenteerd als post 'Wijziging technische voorziening niet-verdiende premies en lopende risico's'.

De RJ verplicht de verzekeraar in de toelichting het verloop van de voorziening aan te geven, alsmede de gehanteerde methoden en grondslagen (RJ 605.544/546). Inzake de catastrofevoorziening wordt aanbevolen tevens het doel en regels voor wijziging toe te lichten (RJ 605.545).
De omvang van de volgende voorzieningen moeten afzonderlijk worden toegelicht: lopende risico's (art. 2:435 lid 5 BW), de actuariële voorziening ziektekosten, de vergrijzingsvoorziening en de voorziening voor verlieslatende contracten (RJ 605.546).

Indien de Sii-waardering in de jaarrekening wordt gebruikt zijn er geen overlopende premies: alle met de verzekeringsverplichtingen samenhangende balansposities worden dan samengevoegd (maar niet gesaldeerd).

48.4.11.2 Fondsen (schadeverzekering)
Fondsen zijn een tussenvorm van de voorziening onverdiende premie/lopend risico en de voorziening schade. Premies, schades en kosten worden verantwoord per *tekenjaar*.[39] Het belang van de fondsensystematiek nam in recente jaren in Nederland gestaag af, en is onder Sii niet aan de orde.

48.4.11.3 Te betalen schade en uitkeringen
Deze paragraaf behandelt alleen verplichtingen van schadeverzekeraars.
Te betalen uitkeringen uit hoofde van levensverzekering worden in de praktijk altijd onder de 'technische voorziening levensverzekering' opgenomen, hoewel aparte vermelding ook mag (art. 2:435 lid 6 BW).

Deze post bevat de volgende (bruto-)componenten (art. 2:444c BW):
- vastgestelde, nog niet betaalbaar gestelde schade-uitkeringen;

---

[38] Vreemd genoeg is dit niet verwerkt in het nieuwe artikel 2:444a BW, dat specifiek gaat over de componenten van de voorziening niet-verdiende premies en lopende risico's.
[39] Het 'Tekenjaar 2012' omvat alle contracten die in het kalenderjaar 2012 zijn getekend, dus zelfs een contract dat op 31 december 2012 is getekend en loopt van 31 december 2012 tot 31 december 2013.

- schattingen inzake bekende claims op schadeverzekeringen, waaronder:
  - enkelvoudige uitkeringen;
  - periodieke uitkeringen (vooral bij arbeidsongeschiktheid);
- schattingen inzake reeds voorgevallen schadegevallen die nog niet gemeld zijn, meestal aangeduid als *Incurred But Not Reported* (IBNR);
- eventueel een marge voor nadelige afwijkingen van gemaakte schattingen (*Incurred But Not Enough Reserved*' of IBNER);
- geschatte kosten voor volledige afhandeling van alle gemelde en niet-gemelde bruto schades: hiervoor wordt de voorziening schadebehandelingskosten (SBK) gevormd, die onderdeel is van de voorziening schade.

Op het (bruto-)bedrag *te betalen schades en uitkeringen* wordt in mindering gebracht:
- het geschatte aandeel van de herverzekeraar (art. 2:435 lid 3 BW);
- regres: de overige naar verwachting bij derden verhaalbare bedragen;
- de verwachte baten uit *subrogatie* resp. het in eigendom verkrijgen van verzekerde zaken zoals gestolen auto's die worden teruggevonden na de schade-uitkering (art. 2:444c lid 1 onder c BW).

Discontering van verplichtingen uit hoofde van periodieke uitkeringen is toegestaan. Voor de rest van de schade-verplichtingen is discontering slechts toegestaan onder de volgende strikte voorwaarden[40]:
1. de afwikkeling vindt niet plaats binnen vier jaar na de balansdatum;
2. het patroon van afwikkeling is betrouwbaar te schatten;
3. het bedrag van de voorziening vóór discontering en de methode van discontering worden vermeld.[41]

De RJ voegt hier de volgende toelichtingseisen aan toe (RJ 605.550):
a. de branches waarin discontering wordt toegepast;
b. de afwikkelingstermijn(en);
c. de in acht genomen toekomstige prijsontwikkelingen.

Veel aansprakelijkheidsrisico's zijn 'long tail' (eis 1) maar de afwikkeling daarvan is typisch moeilijk voorspelbaar (eis 2). Discontering wordt daarom vrijwel uitsluitend toegepast voor de 'voorziening voor periodieke uitkeringen' (VPU). Artikel 2:444 BW stelt discontering niet verplicht, maar het is zeker 'aanvaardbaar in de bedrijfstak'. Onder IFRS 17 wordt discontering verplicht voor schadeafwikkelingsperioden langer dan 1 jaar.

RJ 605.529 bepaalt dat bij het vormen van de voorziening SBK rekening moet worden gehouden met de gemiddelde schadeafwikkelingstermijn per type verzekering, alle toekomstige kosten en inflatie.

Bij toepassing van Sii wordt de voorziening schade gewaardeerd op wettelijke grondslagen die tenderen naar actuele waarde.

Minimumvoorziening en RJ-toereikendheidstoets
De verzekeringsverplichtingen uit hoofde van schadeverzekering moeten volgens de RJ onderworpen worden aan een toets op toereikendheid: dit wordt behandeld onder 'Levensverzekering' in paragraaf 48.4.11.4.

---

[40] Artikel 2:444c BW. De bepaling was tot eind 2015 opgenomen in de toezichtwet. Sii en de EU-verzekeringsrichtlijn zijn op dit punt strijdig, dus deze bepaling verhindert volledige toepassing van Sii in een (BW/RJ-)jaarrekening.
[41] De RJ herhaalt dit vereiste in RJ 605.550 en stelt daarbij dat beide toelichtingen niet hoeven worden gegeven voor de voorziening periodieke uitkeringen.

48.4.11.4 Levensverzekering

De voorziening levensverzekeringsverplichtingen kan omvatten:
a. de verplichtingen die ontstaan uit:
   - niet-verdiende premies: rubricering onder dit hoofd (art. 2:435 lid 6 BW) is gebruikelijk;
   - vastgestelde, nog niet betaalbaar gestelde uitkeringen: idem;
   - pensioenregelingen inzake de eigen werknemers, berekend volgens Richtlijn 271. Deze verplichting *mag* hieronder worden opgenomen als het bedrag wordt toegelicht (art. 2:435 lid 7 BW). Onder IFRS is deze combinatie niet toegestaan;
   - andere verplichtingen uit hoofde van levensverzekeringscontracten.
b. waarop zichtbaar in mindering zijn gebracht:
   - het aandeel van de herverzekeraar;
   - acquisitiekosten, voor zover niet als actiefpost gepresenteerd (toelichten: art. 2:435 lid 4 BW);
   - te amortiseren 'rentestandkortingen' (art. 2:435 lid 3 BW); zie toelichting hierna.

Waardering van de voorziening (levens)verzekeringsverplichtingen (VVP) levensverzekeringen

Waardering vindt plaats volgens een voldoende voorzichtige (bij voorkeur prospectieve[42]) actuariële methode' (art. 2:444b BW). Daarbij wordt rekening gehouden met[43] (kasstromen inzake):
- toekomstige premies;
- alle uit de verzekeringscontracten volgende toekomstige verplichtingen.

RJ 605.506 verduidelijkt dat het laatste omvat:
- alle gegarandeerde uitkeringen en gegarandeerde afkoopwaarden;
- winstdelingen waarop de verzekerde/rechthebbende aanspraak kan maken (reeds voor polishouders bestemde winstdelingen worden onder de 'voorziening voor winstdelingen en kortingen' opgenomen);
- financiële effecten van keuzemogelijkheden die de verzekerde/rechthebbende heeft;
- kosten, waaronder provisies.

Vooral de volgende grondslagen zijn van belang:
- discontovoet;
- overlevingstafels en leeftijdscorrecties;
- waardering en amortisatie van immateriële activa en gekapitaliseerde acquisitiekosten.

Rentestandkorting

Rentestandkorting (RSK) is een premiecorrectie, gebaseerd op het verschil tussen de marktrente en de tariefrente bij afsluiting van het contract. RSK wordt volgens artikel 2:435 lid 3 BW *in mindering* op de VVP gebracht. Dit is gebaseerd op de veronderstelling[44] dat de marktrente hoger is dan de (vaste) discontovoet waartegen de verplichting traditioneel gewaardeerd werd. Bij daling van de marktrente tot onder dat niveau wordt de RSK echter negatief – anders gezegd: er wordt meer premie gevraagd dan tegen de vaste discontovoet gepassiveerd wordt. Dit meerdere wordt dan *bijgeteld* om tot de totale voorziening te komen.

---

[42] Hoewel RJ 605.525 refereert aan artikel 2:444b lid 1 BW, geeft het BW slechts aan dat de prospectieve benadering bepalend is voor het minimaal op te nemen bedrag. Een retrospectieve methode is toegestaan als die niet tot een lagere voorziening leidt, of het type verzekeringscontract (bijv. unit-linked) daarom vraagt (art. 2:444b lid 2 BW).
[43] Dit houdt niet per definitie in dat deze componenten voor hun reële waarde in de VVP zijn opgenomen.
[44] Ook de RJ gaat nog uit van een actiefpost (RJ 605.527).

Actuariële (progressieve) amortisatie van RSK heeft de voorkeur (RJ 605.527). RSK wordt betrokken in de RJ-toereikendheidstoets.

Geactiveerde acquisitiekosten levensverzekeringen

Dit betreft het gekapitaliseerde deel van de kosten die samenhangen met het sluiten van verzekeringsovereenkomsten (art. 2:440 lid 2 BW). Dit kan volgens RJ 605.622 omvatten:
- reclame- en marketingkosten;
- afsluitprovisie, voor zover die nog toegestaan was;[45]
- aanbrengprovisie betaald aan personeel;
- kosten van medische keuring;
- kosten van het behandelen van aanvragen en het opstellen van polissen;
- kosten voor het opnemen van posten in de portefeuille;
- alle andere kosten die direct of *indirect* te maken hebben met het sluiten van een verzekeringsovereenkomst.

Indien acquisitiekosten worden geactiveerd,[46] vindt kapitalisatie plaats onder overlopende activa (art. 2:434 lid 1 onder b BW), of als vermindering van de VVP (art. 2:435 lid 4 BW). Indien het bedrag van de geactiveerde kosten in mindering is gebracht op de VVP, moeten deze afzonderlijk worden toegelicht (art. 2:435 lid 4 BW). Daarnaast moet voor geactiveerde kosten de soort kosten die het betreft worden toegelicht (RJ 605.624). Voor de amortisatie worden verschillende methoden gehanteerd. RJ 605.625 adviseert actuariële amortisatie in het tempo waarin kostenopslagen worden geacht beschikbaar te komen.

Minimumrendementsgaranties

Richtlijn 605 bevat specifieke bepalingen voor de situatie waar een minimum rendement is toegezegd bij een *unit-linked* polis of een verzekering met winstdeling op basis van een GB.
Deze garanties moeten als rentederivaat worden behandeld. Dit houdt in dat ze gewaardeerd worden tegen marktwaarde en opgenomen worden onder de overige verzekeringsverplichtingen (RJ 605.514/209/210). Waardemutaties worden direct in de winst-en-verliesrekening verantwoord.

Ook de rendementen op de beleggingen van 'traditionele' verzekeringen kunnen lager zijn dan de garantie, die impliciet in het premietarief is verwerkt. Voor traditionele verzekeringen hoeft echter geen voorziening te worden gevormd, waardoor er feitelijk sprake is van een productafhankelijke waardering van de garanties. In de RJ-toereikendheidstoets (RJ 605.534) moeten wel al dergelijke garanties in aanmerking genomen worden.

De IFRS-toereikendheidstoets (LAT) verplicht niet de minimum rendementsgaranties afzonderlijk te waarderen of te presenteren. IFRS stelt alleen dat de LAT '*considers* ... cash flows resulting from embedded options and guarantees.'

Marktrente en actuele waarde

Een verzekeraar mag volgens IFRS 4.24 altijd via een stelselwijziging overgaan tot discontering van de technische voorzieningen tegen actuele marktrente. In combinatie daarmee kunnen ook 'other current estimates and assumptions' inzake bijvoorbeeld sterfte, verval en kosten als stelselwijziging worden 'meegenomen'. Het staat de verzekeraar vrij te kiezen voor welk deel van de portefeuille deze, eventueel gecombineerde, stelselwijziging plaatsvindt ('*designation*'). Dit is in tegenspraak met de algemene regels van IAS 8; het is bedoeld om het gebruik van marktrente zo veel mogelijk te faciliteren.

---

[45] Ingaande 1 januari 2013 is provisie voor 'complexe producten', waaronder levensverzekeringsproducten, verboden.
[46] Acquisitiekosten mogen ook ineens ten laste van het resultaat worden gebracht (RJ 605.623).

48 Verzekeringsmaatschappijen

De RJ heeft deze optie overgenomen: daar waar discontering is toegestaan, is de introductie van discontering tegen actuele marktrente toegestaan[47] als stelselwijziging voor *elk deel* van de portefeuille. De bepaling is niet geheel gelijk aan IFRS 4.24: de RJ plaatst dit, meer expliciet dan IFRS 4, in het kader van het mitigeren van een *'accounting mismatch'*. De betreffende paragraaf (RJ 605.522) vereist in tegenstelling tot IFRS 4.24 juist niet dat aanpassingen naar 'meer realistische assumpties' voor sterfte et cetera *uitsluitend* in combinatie met de introductie van verdiscontering tegen actuele marktrente als stelselwijziging kwalificeren; de RJ hanteert hier 'en/of'.

Minimumvoorziening en RJ-toereikendheidstoets

Verzekeraars dienen op elke balansdatum een door de RJ voorgeschreven toereikendheidstoets uit te voeren op het saldo van:
- de verzekeringsverplichtingen:
  - niet-verdiende premies en de voorziening voor lopende risico's, waaronder de catastrofevoorziening indien deze is getroffen;
  - levensverzekering;
  - te betalen schaden of te betalen uitkeringen;
  - winstdeling en kortingen;
  - latente winstdelingsverplichtingen.
- de aftrekposten voor:
  - geactiveerde acquisitiekosten;
  - immateriële activa;
  - vorderingen uit hoofde van latente winstdeling.

Dit saldo wordt vergeleken met het totaal van:
- actuele schattingen van alle (voor zover van toepassing: verdisconteerde) contractuele netto uitgaande kasstromen inzake verzekerde rechten/belangen verhoogd met:
  - de uitgaande kasstromen inzake claimbehandelingskosten;
  - de uitgaande kasstromen inzake in contracten besloten opties en garanties;
  - een opslag voor onzekerheid.

De toets richt zich op de bruto-verzekeringsverplichtingen; de van de herverzekeraar te ontvangen bedragen worden afzonderlijk op inbaarheid beoordeeld.

De SII-regels voor de waardering van de verzekeringsverplichtingen gaan uit van actuele schattingen van alle verdisconteerde contractuele kasstromen. Deze regels kunnen dus volgens RJ 605.535 bij de toets worden betrokken.

Bij de evaluatie van de uitkomst van de toereikendheidstoets is van belang welke waarderingsgrondslagen voor overige activa en passiva, in de praktijk met name (hypothecaire) leningen, worden toegepast. Het mechanisme om deze waarderingsverschillen in aanmerking te nemen wordt **'accounting mismatch correctie'** (AMC) genoemd. Gezien de koppeling met de toezichtregels was deze AMC tot en met 2015[48] in de jaarrekening op basis van de Nederlandse wet- en regelgeving verplicht. Veel maatschappijen passen de AMC nog steeds toe in de IFRS LAT of in de RJ-toereikendheidstoets. Het volgende voorbeeld illustreert dit, waarbij wordt afgezien van belastingen.

---

[47] Veel schadeverzekeringen mogen niet worden gedisconteerd: wel kunnen zij op 'actuele waarde' worden gewaardeerd volgens artikel 10 lid 2 BAW.
[48] Solvency II (2016) **gaat uit** van actuele waardering van alle activa en passiva.

> **Voorbeeld toereikendheidstoets**
>
> Verzekeraar A heeft een niet-verantwoord tekort van 100 in de toereikendheidstoets. Zijn leningenportefeuille, gewaardeerd tegen geamortiseerde kostprijs, bevat namelijk een stille reserve van 110. De verzekeraar **had** de verzekeringsverplichtingen **kunnen** waarderen op een wijze die niet had geleid tot een ontoereikendheid, zonder dat een lager vermogen getoond zou worden, namelijk door de leningen tegen marktwaarde op te nemen.
>
> Verzekeraar B heeft initieel een overschot in de toereikendheidstoets van 75. Echter, zijn leningenportefeuille, gewaardeerd tegen geamortiseerde kostprijs, is 90 hoger gewaardeerd dan de marktwaarde. Indien dit verschil wordt meegenomen bij de evaluatie van de toets, heeft B een te verantwoorden tekort van 15.

De AMC is een extracomptabele vergelijking. Verzekeraar A in het voorbeeld mag de verplichtingen ongewijzigd laten, hoewel deze als zodanig niet adequaat zijn. Verzekeraar B moet bij toepassing van de AMC echter de verplichtingen met minimaal 15 verhogen.

RJ 605.535 bepaalt dat een verzekeringsmaatschappij het verschil tussen de actuele waarde en de balanswaarde van beleggingen in de RJ-toereikendheidstoets 'betrekt'.[49] Er zijn echter geen expliciete toelichtingsvereisten over de mate waarin niet-verantwoorde waardeverschillen in de toereikendheidstoets meegenomen zijn. Zoals uit het voorbeeld (verzekeraar A) blijkt, kan de overwaarde van beleggingen geheel of ten dele gedeeltelijk 'toegewezen' zijn aan het tekort in de verplichtingen. De mate waarin dit 'extracomptabel' gebeurt is belangrijke informatie. Afhankelijk van het belang kan een cijfermatige toelichting dus toch vereist zijn (zie bijv. RJ 605.554 en IAS 1.122/125).

Indien uit de toets naar voren komt dat de voorziening voor verzekeringsverplichtingen (na de AMC zoals hiervoor beschreven en eventueel '*Shadow Accounting*', zie 48.4.9.10) ontoereikend is, dient het tekort in zijn geheel ten laste van de winst-en-verliesrekening te worden gebracht.

De verwerking van een dergelijk resultaat vindt plaats door afwaardering van de volgende activa of verhoging van de volgende verzekeringsverplichtingen, waarbij ten aanzien van de allocatie consistentie betracht moet worden:
- geactiveerde acquisitiekosten;
- immateriële activa (onder andere toekomstige winstmarges) inzake overgenomen verzekeringsportefeuilles;
- vorderingen uit hoofde van (negatieve) latente winstdeling;
- rentestandkorting;
- verzekeringsverplichtingen.

Schadevoorzieningen die een afwikkeltermijn van maximaal 4 jaar hebben mogen *kwalitatief* getoetst worden (RJ 605.537a).

Door dalende marktrente en toenemende overlevingskansen hebben veel levensverzekeraars in de afgelopen jaren voorzieningen moeten versterken omdat de toereikendheidstoets een tekort aantoonde. Vanaf dat moment vormen de uitgangspunten van de toereikendheidstoets de feitelijke waarderingsgrondslagen. Dit dient naar onze mening tot uitdrukking te komen in de grondslagen en de toelichtingen.

Levensverzekeraars moeten in de jaarrekening opnemen de kwantitatieve uitkomst van, en de grondslagen voor, de toereikendheidstoets (RJ 605.554). Voor schadeverzekeraars wordt dit aanbevolen (RJ 605.555).

---

[49] Dit aspect van RJ 605.553 betreft geen stellige uitspraak.

Belangrijk is hierbij de toelichting die de RJ vereist over het aggregatieniveau waarop de RJ-toereikendheidstoets is uitgevoerd. IFRS 4 bevat geen richtlijnen voor het aggregatieniveau van de LAT en verwijst ook hiervoor naar 'previous accounting'.

48.4.11.5 Garantie- en winstdelingsregelingen

De verzekeraar moet toelichten welke garantie- en winstdelingsregelingen worden toegepast. Hiervan moet verder worden toegelicht welke keuzemogelijkheden de polisvoorwaarden bevatten en welke bedragen uit dien hoofde onder de verzekeringsverplichtingen en/of het eigen vermogen zijn opgenomen (RJ 605.552).

Voorziening latente winstdeling

Deze voorwaardelijke verplichting heeft betrekking op ongerealiseerde resultaten op beleggingen, voor zover die *bij realisatie* contractueel tot winstdeling zouden leiden. Indien de ongerealiseerde resultaten via de herwaarderingsreserve lopen, kan de voorziening rechtstreeks uit die reserve worden versterkt (RJ 605.512 onder a[50]). Als ongerealiseerde resultaten via het resultaat worden geleid wordt de voorziening voor latente winstdeling gevoed door het opnemen van een last uit hoofde van latente winstdeling. De voorziening latente winstdeling is wettelijk verplicht (art. 2:435 lid 1 onder e BW). Onder IFRS leidt toepassing van *'Shadow accounting'* voor vergelijkbare situaties tot dezelfde verwerking.

Voorziening discretionaire winstdeling

De RJ heeft alle opties voor de verwerking van discretionaire winstdeling uit IFRS 4 overgenomen.
Richtlijn 605 staat toe, doch verplicht niet, de resultaten die *in aanmerking komen voor een besluit* tot winstdeling naar keuze geheel of ten dele (alvast) als winstdelingsreservering in de jaarrekening te verwerken. Niet alleen mogen maatschappijen dus beslissen of ze dit 'oormerken' al of niet toepassen, ze mogen ook bepalen voor welke bedragen. Het staat de verzekeraar ook vrij beide voorlopige besluiten later te wijzigen, alsmede te besluiten *of*, respectievelijk *wanneer*, uiteindelijk winstdeling aan polishouders wordt toegekend.

Het genoemde 'oormerken' kan bovendien gebeuren binnen het eigen vermogen (RJ 605.405) of als verplichting ('voorziening discretionaire winstdeling'). Bij verwerking binnen het vermogen moet onderscheid gemaakt worden tussen enerzijds het deel dat voortkomt uit ongerealiseerde waardestijgingen – onderdeel van de herwaarderingsreserve – en anderzijds een deel van de overige reserves (RJ 605.405: 'bestemde reserve').

Richtlijn 605 geeft voorschriften voor de verwerking van de mutaties, aangevuld met voorbeeld-journaalposten (RJ 605, bijlage 3). De RJ verplicht tevens tot het verstrekken van een mutatie-overzicht van in het eigen vermogen of onder de voorzieningen opgenomen bedragen inzake discretionaire winstdeling (RJ 605.405/544).
IFRS kent in het geheel geen verwerkingsvoorschriften voor de mutaties in de DPF 'reservering' en eist geen afzonderlijke verwerking van het 'beklemde' bedrag. Ook bevat IFRS geen specifiek vereiste ten aanzien van een mutatie-overzicht.

Winstdeling en kortingen

Deze post heeft overwegend het karakter van een kortlopende schuld. Het betreft winstdelingsbedragen (art. 2:435 lid 1 onder d BW), die aan bepaalde groepen van levensverzekeringscontracten zijn toegewezen, maar nog niet hebben geleid tot (a) uitkering, (b) verrekening met premie of (c) verhoging van het verzekerde bedrag via een storting van een winstdelingspremie.

---

[50] De RJ hanteert niet de term 'shadow accounting'.

48.4.11.6 Overige verzekeringsverplichtingen

Hieronder worden alle voorzieningen opgenomen die niet onder de voorgaande verzekeringsverplichtingen zijn gerubriceerd, maar toch voortvloeien uit lopende verzekeringscontracten. De RJ noemt expliciet de voorziening minimum-interestgaranties, maar ook een aanvullende voorziening voor het langlevenrisico valt hieronder. De grondslagen voor de waardering van de overige verzekeringsverplichtingen dienen te worden toegelicht (RJ 605.553).

48.4.11.7 Herverzekering

Inkomende herverzekering

De verslaggeving inzake inkomende[51] herverzekering (het verzekeren van een verzekeringsmaatschappij) is vrijwel gelijk aan die voor directe (het verzekeren van individuen en bedrijven) verzekering. Inkomende herverzekering komt in beperkte mate ook voor bij directe verzekeraars, bijvoorbeeld bij onderlinge herverzekering via een 'pool'.

Uitgaande herverzekering

De naar verwachting uit hoofde van uitgaande[52] herverzekeringsrisico's te verrekenen uitkeringen worden in mindering gebracht op de bruto verzekeringsverplichtingen (art. 2:435 lid 3 BW).

Met sommige herverzekeringscontracten wordt geen, of verwaarloosbaar weinig, verzekeringsrisico overgedragen. Het gaat dan veelal om een financieringsconstructie en verantwoording dient dan ook als zodanig plaats te vinden (RJ 605.802).

IFRS 4 bevat slechts enkele specifieke bepalingen inzake *uitgaande* herverzekering:
- impairment test op 'reinsurance assets';
- uitsluitend gesaldeerde (netto, eigen rekening) bedragen zijn verboden; de opbouw uit bruto en herverzekering moet altijd duidelijk zijn;
- verantwoording als herverzekeringscontract mag niet leiden tot het niet verantwoorden van een financiële positie. Dan moet de financiële component van het contract afzonderlijk gepresenteerd en gewaardeerd worden ('*Unbundling*')[53]. Overigens moet hierbij wél sprake zijn van overdracht van voldoende verzekeringsrisico en/of discretionaire winstdeling; anders is IAS 39/IFRS 9 van toepassing.

De behandeling van uitgaande herverzekering onder IFRS 17 volgt in de basis het model voor directe contracten, maar bevat wel een aantal aanpassingen die specifiek zijn toegespitst op uitgaande herverzekeringscontracten.

48.4.11.8 Consolidatie en buitenlandse groepsmaatschappijen

Nationale voorschriften inzake prudentieel toezicht kunnen ertoe leiden dat de waarderingsgrondslagen binnen een internationale verzekeringsgroep verschillen. Hoewel uniforme keuze van grondslag het uitgangspunt is (art. 2:410 lid 3 BW) kunnen er omstandigheden zijn waarin dit te veel problemen oplevert. Als de buitenlandse toezichtregels een afwijkende waardering vereisen mogen die lokaal verplichte grondslagen in de geconsolideerde jaarrekening worden gehanteerd (art. 2:446 lid 3 BW). Er moeten dan wel aanvullende toelichtingen worden gegeven (RJ 605.516).

---

[51] Ook aangeduid als 'geaccepteerde herverzekering' of algemener als 'indirecte tekening'.
[52] Ook wel 'afgegeven herverzekering' of cessie'. Herverzekering van herverzekering etc. wordt vrijwel altijd aangeduid als retrocessie.
[53] Zie IFRS 4.IG5 - IG Example 3.

IFRS 4 staat het samenvoegen van verschillende lokale grondslagen voor verzekeringsverplichtingen ook toe – als uitzondering op de regels van IFRS 10.

Artikel 2:446 lid 1 BW bevat een vrijstelling van de eliminatieregels bij consolidatie, die vooral van belang is voor intragroep-provisies en -herverzekering. Indien deze vrijstelling gebruikt wordt moet dit worden vermeld, inclusief de invloed op vermogen en resultaat (RJ 605.628).
IFRS kent dergelijke uitzonderingen niet: volledige eliminatie is verplicht.

48.4.11.9 Verzekeringsverplichtingen voor verzekeringen waarbij polishouders het beleggingsrisico dragen en voor spaarkassen

Onder deze balanspost worden alle beleggingsverzekeringen en spaarkasverzekeringen verantwoord, ongeacht hoe het beleggingsrisico precies verdeeld is. Onder dit hoofd worden ook gerubriceerd de verplichtingen uit hoofde van collectieve (pensioen)contracten waarbij de winstdeling op een administratief gesepareerd depot (GB) is gebaseerd.

Indien de contante waarde van netto uitkeringen en kosten uit hoofde van deze contracten hoger is dan de marktwaarde van de ermee verbonden beleggingen, wordt hiermee bij de bepaling van de technische voorziening rekening gehouden. Zie 'Minimumrendementsgaranties' in paragraaf 48.4.11.4. Waardering van die (extra) verplichtingen is niet vereist, tenzij de uitkomst van de toereikendheidstoets daartoe leidt.

48.4.12 Schulden

Onder dit hoofd worden afzonderlijk weergegeven (art. 2:436 lid 1 BW):
- achtergestelde schulden (art. 2:429 lid 2 BW);
- schulden uit directe verzekeringsovereenkomsten;
- schulden uit herverzekeringsovereenkomsten;
- converteerbare leningen;
- andere obligatieleningen en onderhandse leningen;
- schulden aan kredietinstellingen;
- belastingen en premies sociale verzekeringen (eventueel in de toelichting);
- overige schulden.

Onder BW/RJ is discontering van belastingverplichtingen – die mede als gevolg van specifieke fiscale faciliteiten langlopend kunnen zijn – toegestaan.
IAS 12 eist nominale waardering van alle belastingverplichtingen (IAS 12.53).

48.4.13 Overlopende passiva

Onder deze post kan onder meer zijn opgenomen het saldo nog te amortiseren agio/disagio inzake vastrentende waarden gewaardeerd op aflossingswaarde. Agio en disagio kunnen ook direct verwerkt worden in de waardering van de belegging (geamortiseerde kostprijs). Dit heeft de voorkeur van de RJ (605.214) en is verplicht onder IFRS.

48.5 Risico's

Artikel 2:391 BW bevat algemene bepalingen over de toelichting van risico's in het bestuursverslag. De RJ beveelt aan hierbij in te gaan op de volgende onderwerpen, in samenhang met wat het management wenselijk acht als solvabiliteit (RJ 605.702):
- prijsrisico's;
- kredietrisico's;
- liquiditeitsrisico's;
- kasstroomrisico's;
- verzekeringstechnische risico's;
- operationele risico's.

Verzekeringstechnische risico's worden toegelicht door vermelding van bijvoorbeeld polisvoorwaarden, risicoconcentraties en gevoeligheidsanalyses, of door informatie over 'Value at risk' respectievelijk toegerekend economisch kapitaal (RJ 605.704). Ook het *'Asset-Liability management'* beleid wordt uiteengezet (RJ 605.705). In het door Richtlijn 290 voorgeschreven overzicht van rente- en kasstroomrisico's mag daartoe gebruik worden gemaakt van *verwachte* (in tegenstelling tot *contractuele*) kasstromen uit hoofde van verzekeringsverplichtingen. De looptijd van levensverzekeringen is vooral afhankelijk van het moment van overlijden waardoor de contractuele looptijden voor verzekeraars weinig betekenis hebben.

IFRS vereist dat informatie over risico's in de jaarrekening wordt verstrekt. Naast de informatie die IFRS 7 vereist inzake financiële instrumenten vereist IFRS 4 informatie in de jaarrekening over verzekeringsrisico zoals: gevoeligheden van veronderstellingen, concentraties en uitloopoverzichten.
Net als Richtlijn 605 staat IFRS 4 toe, in afwijking van IFRS 7, dat liquiditeitsinformatie wordt gegeven op basis van (verdisconteerde) *verwachte* kasstromen. Onder IFRS mogen gevoeligheidsanalyses ook gebaseerd worden op andere dan IFRS-grondslagen, bijvoorbeeld *'embedded value'*, mits adequaat toegelicht. Verder moet informatie worden gegeven over debiteurenrisico's, liquiditeitsrisico's en marktrisico's.

48.6 Winst-en-verliesrekening met toelichtingen
48.6.1 Algemeen

Het eerste deel van de winst-en-verliesrekening van een verzekeringsmaatschappij is de technische rekening levensverzekering of -schadeverzekering. Het saldo van de technische rekening is het startpunt van het tweede deel, de 'niet-technische rekening'. Er is een verbindende post 'toegerekende opbrengst uit beleggingen' waarmee beleggingsopbrengsten worden gealloceerd tussen levensverzekering, schadeverzekering en overige activiteiten/eigen vermogen.

Voor levensverzekeringen moet model O worden gehanteerd. Schadeverzekeraars mogen ook model P hanteren (art. 16a lid 2 BMJ; zie bijlage 2). In model P worden de beleggingsopbrengsten in de technische rekening schade uitgesplitst. Voor IFRS-verzekeraars zijn deze modellen ook van belang, als 'combinatie 3' wordt toegepast.[54] De enkelvoudige winst-en-verliesrekening op basis van de Nederlandse wet- en regelgeving wijkt qua indeling sterk af van de onder IFRS gebruikelijke winst-en-verliesrekening.

Als Sii wordt gehanteerd voor de waardering van de verzekeringsverplichtingen, moeten ook de gerelateerde baten en lasten op Sii-basis worden verantwoord. Sii kent evenwel geen voorschriften voor de

---

[54] In de enkelvoudige jaarrekening wordt dan het BW gevolgd.

48 Verzekeringsmaatschappijen

winst-en-verliesrekening; in de Nederlandse toezichtsrapportage is hiervoor als 'nationale staat' het model O/P toegevoegd. Dit model sluit evenwel niet aan op de manier[55] waarop Sii de balansposities bepaalt.

48.6.2 Technische rekening

De Europese[56] technische rekeningen (BW-modellen O en P en staten) omvatten de volgende posten:

Technische rekeningen (zie ook art. 2:438 lid 1 BW)
Verdiende premies eigen rekening
Toegerekende opbrengsten uit beleggingen
Opbrengsten uit beleggingen
Niet-gerealiseerde opbrengsten uit beleggingen
Overige technische baten eigen rekening
Uitkeringen
Wijziging overige technische voorzieningen
Wijziging voorziening winstdelingen en kortingen
Bedrijfskosten
Beleggingslasten
Niet-gerealiseerd verlies op beleggingen
Overige technische lasten
Aan niet-technische rekening toegerekende opbrengsten uit beleggingen
Wijziging egalisatievoorziening *(kredietverzekering)*
Resultaat technische rekening

48.6.2.1 Verdiende premies

Hier worden afzonderlijk opgenomen:

- Brutopremies en koopsommen, inclusief premies inkomende herverzekering, poliskosten en opslagen, na aftrek van kortingen. Het geheel wordt aangeduid als geboekte brutopremies.
- Uitgaande herverzekeringspremies (geboekt).
- Wijziging verzekeringsverplichtingen.

Het saldo wordt aangeduid als *'verdiende premie eigen rekening'*, bij schadeverzekering ook wel *'verdiende netto premie'*.

Onder IFRS worden herverzekeringspremies, in plaats van als negatieve baten, ook wel als lasten verantwoord. Verzekeraars kennen geen begrip netto-omzet[57]. De samenstelling van de geboekte premies levens-verzekering moet wel naar verschillende gezichtspunten worden toegelicht (art. 2:441 lid 6 en 7 BW).
In de premieomzet worden mede begrepen alle spaarelementen van de premies.

De spaarpremies worden grotendeels aan de technische voorziening toegevoegd. De wijziging van de verzekeringsverplichtingen loopt ook over het resultaat, aldus zowel de premie- en interestbaten als de uitkeringen grotendeels neutraliserend.[58]
Ook bevat de premieomzet eventuele winstdelingen die zijn aangewend ter verbetering van de verzekerde rechten; die component van de premieomzet moet afzonderlijk worden vermeld (art. 16a lid 5 BMJ). Er zijn in de winst-en-verliesrekening dus vier stromen inzake deze winstdeling zichtbaar: primair zijn er de interestbaten (1) die leiden tot winstdelingslasten (2). Het gebruik van de winstdeling om rechten te verbeteren leidt tot

---

[55] Zo is niet geregeld hoe omzetverantwoording moet plaatsvinden.
[56] Richtlijn 19/12/1991 (91/674/EEG), Afdeling 3.
[57] Artikel 2:377 lid 3 BW is ingevolge artikel 2:428 lid 1 BW niet van toepassing.
[58] Een uitzondering is het spaarkasbedrijf.

premieomzet (3), die grotendeels wordt geneutraliseerd met een last door toeneming van de verzekeringsverplichtingen (4).

IFRS 4 bevat slechts beperkte regels voor de premieverantwoording. Bijzonder is dat ontvangen bedragen inzake 'Investment Contracts' met een DPF als premie verantwoord mogen worden. Voor 'gewone' Investment Contracts is dat niet toegestaan (IAS 39: deposit accounting).

Volgens de RJ behoren herverzekeringspremies, ontvangen dan wel betaald, inzake contracten die geen of slechts een verwaarloosbare risico-overdracht inhouden, niet tot de premie-omzet. Ook onder IFRS 4 geldt dat slechts sprake kan zijn van een (her)verzekeringscontract indien er voldoende risico-overdracht plaatsvindt.

48.6.2.2 Beleggingsopbrengsten

Wanneer beleggingsopbrengsten in de winst-en-verliesrekening tot uitdrukking komen hangt af van de gekozen grondslagen, zie hierna.

De wijze van *presenteren* in de technische rekeningen en de niet-technische rekening is afhankelijk van het model (O, P).

Opgemerkt wordt dat de beleggingsinkomsten en het technische resultaat in de geconsolideerde technische rekening kunnen verschillen van die in de enkelvoudige. Door consolidatie verschuiven enkele posten die onderdeel zijn van het resultaat deelnemingen van de technische naar de niet-technische rekening.

RJ 605.224 beveelt aan om *ongerealiseerde* positieve en negatieve resultaten op de beleggingen, voor rekening van de maatschappij zelf, gesaldeerd in de winst-en-verliesrekening op te nemen. Dezelfde aanbeveling geldt, als afzonderlijke post, voor de gerealiseerde resultaten. Indien gerealiseerde en ongerealiseerde resultaten op de eigen portefeuille ook worden samengevoegd in de winst-en-verliesrekening, wordt de splitsing van dit totaalsaldo in de toelichting opgenomen (RJ 605.228).

In elk geval moeten afzonderlijk worden vermeld (art. 2:440 lid 3 en 5 BW):
- opbrengsten uit deelnemingen;
- opbrengsten uit terreinen en gebouwen;
- opbrengsten uit overige beleggingen;
- beleggingskosten, inclusief de rentekosten.

Toerekening van beleggingsopbrengsten

De beleggingsopbrengsten worden verdeeld over:
- technische verzekeringsactiviteiten voor risico van de maatschappij;
- technische verzekeringsactiviteiten voor risico van polishouders;
- niet-technisch (opbrengst eigen vermogen en algemene voorzieningen).

Er bestaan geen richtlijnen voor de toerekening van beleggingen aan het eigen vermogen en de verzekeringsverplichtingen. De gekozen verdelingsgrondslag moet wel worden toegelicht (art. 2:438 lid 3 BW). Het wijzigen van de toerekeningsmethode geldt als stelselwijziging (RJ 605.613), hetgeen het belang benadrukt.

In een geconsolideerde winst-en-verliesrekening waarin levensverzekeringen en schadeverzekeringen worden verantwoord mogen alle opbrengsten uit beleggingen primair in de niet-technische rekening worden verwerkt (art. 2:445 lid 3 BW), vanuit waar dan de toerekening plaatsvindt.

48 Verzekeringsmaatschappijen

Maatschappijen die IFRS toepassen hebben meestal de (EU-)modellen losgelaten en daarmee ook de allocatie van beleggingsopbrengsten. In de rapportage aan de toezichthouder moet deze (normatieve) allocatie echter nog wel gemaakt worden[59].

Opbrengsten van beleggingen voor risico van polishouders

Gerealiseerde en ongerealiseerde opbrengsten van beleggingen voor risico van polishouders worden meestal[60] in de winst-en-verliesrekening verantwoord (art. 2:438 lid 4 BW).
Bij voorkeur wordt slechts één gecombineerde post 'Beleggingsopbrengsten voor risico van polishouders' gehanteerd (RJ 605.224).

Aandelen

Dividenden worden als bate verwerkt, stockdividend veelal ter waarde van het gemiste contante dividend. Onder IFRS worden stockdividenden tegen actuele waarde als bate verantwoord.

Ongerealiseerde waardemutaties worden via het vermogen geleid of direct als resultaat verantwoord. Verkoopresultaten op aandelen worden direct als bate verantwoord (art. 2:438 lid 5 BW[61]). Onder IFRS gelden dezelfde regels, met uitzondering van bij *impairments* (zie hierna onder *Bijzonderheden inzake ongerealiseerde waardemutaties*).

Vastgoed

De over de verslagperiode gefactureerde huur wordt als bate verantwoord[62]. Verkoopresultaten op beleggingen in vastgoed, die tegen marktwaarde worden gewaardeerd, worden direct als bate verantwoord (art. 2:438 lid 5 BW geldt ook voor vastgoedbeleggingen: zie art. 2:430 lid 1 BW). Afschrijving op beleggingen in vastgoed die gewaardeerd worden op marktwaarde is niet verplicht.
Bij gebouwen en terreinen in eigen gebruik is sprake van *interne* huuropbrengsten, waarvan de tegenhanger als bedrijfskosten wordt verantwoord. In dat geval wordt het bedrag aan interne huur respectievelijk huisvestingskosten toegelicht (art. 2:442 lid 4 BW).

Onder IAS 40 moet ofwel het totaalrendement van vastgoedbeleggingen als bate worden verantwoord (fair value model) ofwel de huurbaten, afschrijvingslasten en eventuele verkoopresultaten (kostprijsmodel). Voor panden in eigen gebruik (IAS 16) wordt alleen de (verplichte) afschrijving verantwoord, tenzij een deel van het pand extern verhuurd wordt. Het verantwoorden van interne huurkosten met als tegenhanger huuropbrengsten is onder IFRS niet toegestaan. Indien panden voor eigen gebruik periodiek naar marktwaarde worden geherwaardeerd, wordt het cumulatieve bedrag van de herwaardering bij verkoop buiten de winst-en-verliesrekening om aan de overige reserves toegevoegd.

---

[59] De 'Nationale Staat' winst-en-verliesrekening, gelijk aan het BMJ-model, sluit echter niet aan bij Sii.
[60] Voor gesepareerde beleggingsdepots (GB) geldt een uitzondering (Nr. 23, MvT bij Afdeling 15 Titel 9 Boek 2 BW), maar GB komen vooral voor bij verzekeraars die IFRS toepassen.
[61] Hoewel opgenomen in paragraaf 3 ('winst-en-verliesrekening en toelichting daarop') van Afdeling 15 maakt de memorie van toelichting duidelijk dat het om de grondslag voor het resultaat gaat.
[62] De opbrengst moet bruto (zonder aftrek van exploitatiekosten) worden opgenomen. Er is echter een lange traditie onder Nederlandse verzekeraars om de opbrengst netto op te nemen. Dit komt waarschijnlijk voort uit toezichtregels (Wtv 1993) voor de staten, die tot op heden vaak gevolgd worden in de jaarrekening. De RJ staat deze saldering echter niet expliciet toe en ook onder IFRS is er geen basis voor een netto presentatie.

Rentedragende waarden
De couponinterest plus of min de amortisatie (annuïtair, eventueel lineair) van (dis)agio wordt als interestbate verwerkt. Onder IFRS is *lineaire* amortisatie van (dis)agio alleen bruikbaar als de uitkomst niet materieel afwijkt van die bij toepassing van de effectieve interest-methode.
Verantwoorde, ongerealiseerde, waardemutaties worden via het vermogen geleid of direct als resultaat verwerkt. Verkoopresultaten worden evenals onder IFRS direct als bate verantwoord.

Bijzonderheden inzake ongerealiseerde waardemutaties
Waardemutaties van niet-afgeleide financiële instrumenten kunnen onder het BW via het vermogen worden verwerkt, uitsluitend voor zover de boekwaarde de kostprijs overstijgt. Dit moet worden bezien vanuit de individuele belegging (bijv. een bepaalde obligatielening).
Onder IFRS kan de 'Available for sale reserve' ook negatief zijn. Bij toepassing van IFRS-grondslagen in een enkelvoudige jaarrekening onder Titel 9 Boek 2 BW in combinatie met een geconsolideerde IFRS-jaarrekening (combinatie 3) is dat eveneens toegestaan.

Bijzondere waardeverminderingen komen onder Titel 9 Boek 2 BW en onder IFRS direct ten laste van het resultaat. Terugnemingen daarvan worden, tot aan de oorspronkelijke kostprijs, onder BW verwerkt als bate. Het terugnemen van impairments van aandelen is onder IFRS niet toegestaan.

48.6.2.3 Overige technische baten en lasten
Onder dit hoofd worden alle overige technische resultaten verwerkt die direct met het verzekeringsbedrijf samenhangen. Bijzonder is dat we onder dit hoofd ook vinden de inbreng, respectievelijk overdracht, van contracten (waardeoverdrachten), waarvan de belangrijkste tegenhanger gevormd wordt door de post 'wijziging technische voorziening'.

48.6.2.4 Schades en uitkeringen; uitloop
Dit betreft betalingen inzake vastgestelde schades respectievelijk afkopen, expiratie-uitkeringen, overlijdensuitkeringen, pensioenen en lijfrenten inzake levensverzekeringen. De van herverzekeraars (te) ontvangen bedragen worden hierop in mindering gebracht. Bij schadeverzekeraarswordt in de netto schadelast begrepen de wijziging van de voorziening voor te betalen schades, eveneens naaftrek van herverzekering. Onder de schadelasten worden ook schadebehandelings/uitkeringskosten opgenomen. Bij schadeverzekeraars wordt dit vaak beperkt tot de bijkomende externe (expertise-) kosten.
Onder IFRS worden herverzekeringsuitkeringen ook wel als baten verantwoord.

In de schadelastis mede begrepen het effect van positieve en negatieve bijstellingen op eerdere reserveringen (de schade-uitloop). Dit biedt een aanknopingspunt voor de beoordeling van het reserveringsbeleid van de schadeverzekeraar, de volatiliteit van de schadelast en de invloed van uitgaande herverzekering. In de jaarrekening moet daarom een uitloopoverzicht worden opgenomen, tenzij 'de cumulatieve uitloop zowel in de voorafgaande drie boekjaren als in het boekjaar telkens minder bedraagt dan 10% van het resultaat van de technische rekening van het desbetreffende boekjaar'.

De RJ geeft de hierna opgenomen tabel als voorbeeld (RJ 605, bijlage 6). Artikel 2:439 lid 6 BW houdt in dat een uitloopoverzicht *minimaal* moet tonen het boekjaar, elk van de *drie* daaraan voorafgaande jaren, en alle oudere jaren samen. Volgens RJ 605.616 moet de aansluiting van het schema met de balans duidelijk zijn. Ook moet worden toegelicht hoe de verschillende componenten van de voorziening in het uitloopschema zijn verwerkt: vooral IBNR is hier van belang, maar ook bijvoorbeeld kostenvoorzieningen. De RJ beveelt aan het schema niet alleen na herverzekering (netto) op te nemen, doch ook bruto. Het effect van discontering op de uitloop moet afzonderlijk toegelicht worden.

Afloopstatistiek boekjaar per te rapporteren risicogroep:					Bruto
Schadejaar	Voorziening schaden ultimo vorig boekjaar	Benodigde interest	Betaalde schade in boekjaar	Voorziening schaden ultimo boekjaar	Afwikkelresultaat
Oudere jaren					
bj - 9					
bj - 8					
(etc.)					
bj - 1					
bj					
Diversen					
interne schadebehandelingskosten					
interne schadebehandelingskosten bj					
Totalen					

Of een uitloopoverzicht zal worden gegeven is door het '10%-criterium' sterk afhankelijk van het resultaat van de technische rekening. Verzekeringsresultaten van alle producten hebben daar invloed op, alsmede beleggingsinkomsten en andere technische resultaten. In de Sii-rapportage moet altijd een uitgebreid uitloopoverzicht worden opgenomen.

IFRS 4 vraagt om uitloopinformatie tot en met het jaar waarin de oudste claim met nog materiële onzekerheid waar het betreft tijdstip en bedrag, met een maximum van tien jaar.

48.6.2.5 Wijziging technische voorziening levensverzekering

Deze post is in beginsel gelijk aan het verschil tussen begin- en eindvoorziening. De post bevat dus alle effecten van financiële transacties, van bijstellingen van economisch-actuariële grondslagen en van afwijkingen tussen de werkelijkheid en de eerder gehanteerde veronderstellingen.
De winst-en-verliesrekening van een verzekeraars is door deze wijze van presenteren weinig inzichtelijk en biedt vooral zicht op de kasstromen premies en schades/uitkeringen.
De RJ vraagt (RJ 604) inzake levensverzekeringen een specificatie van het resultaat naar bronnen, zie onder 'Analyse' in paragraaf 48.6.3.

48.6.2.6 Winstdeling en kortingen

Deze post bevat de ten laste van het boekjaar 'gereserveerde' bedragen voor winstdelingen aan polishouders, de afschrijving van rentestandkorting en premiekortingen met een winstdelingskarakter.
Winstdeling ontvangen van herverzekeraars wordt verantwoord als negatieve acquisitiekosten. Het bedrag van de winstdeling en het bedrag van de kortingen wordt in de toelichting opgenomen (art. 2:440 lid 6 BW).

48.6.2.7 Bedrijfskosten

Deze worden onderverdeeld in (art. 2:440 lid 1 BW):
- acquisitiekosten;

- wijziging overlopende acquisitiekosten;
- beheers- en personeelskosten; afschrijvingen bedrijfsmiddelen;
- provisie en winstdeling ontvangen van herverzekeraars.

Toegerekende kosten van schadebehandeling resp. het verrichten van uitkeringen worden opgenomen onder de post Betaalde schades respectievelijk Uitkeringen.

Betaalde en verschuldigde provisies worden in de toelichting vermeld (art. 2:441 lid 8 BW).

48.6.3 Analyse

Levensverzekering

De RJ vraagt een specificatie van het resultaat naar winstbronnen (RJ 605.604), doch geeft niet aan welke vorm of diepgang die analyse moet hebben.

IFRS 4 bevat geen voorschriften voor resultaatanalyse.

Schadeverzekering

Het brancheresultaat 'schadeverzekering' moet volgens de wet in de jaarrekening worden toegelicht (art. 2:441 lid 2 en 4 BW). Dit kan in de vorm van een resultatenoverzicht per risicogroep ('branche'). Dit geeft slechts beperkte informatie over de resultaatopbouw.

Voor inkomende herverzekering moet de resultaatopbouw worden gegeven indien dit ten minste 10% van de premie-omzet betreft (art. 2:441 lid 3 BW).

48.7 Kasstroomoverzicht

Hierna zijn de RJ-modellen voor het kasstroomoverzicht volgens de indirecte methode opgenomen. Kasstromen samenhangend met beleggingen worden onder 'investeringen' gepresenteerd, maar worden in de praktijk ook wel onder 'operationele kasstromen' gerubriceerd.

De RJ heeft ook een model voor de directe methode ontwikkeld. Onder IFRS zijn in IFRS 4.37b en 4.42 verwijzingen naar de directe methode opgenomen. De directe methode wordt echter niet vaak toegepast.

48 Verzekeringsmaatschappijen

Bijlage Verzekeringsmaatschappijen

Indirecte methode

Bedragen in € 1.000

Kasstroom uit operationele activiteiten

- nettowinst ...
- vermeerdering technische voorziening eigen rekening ...
- mutatie voorzieningen ...
- afschrijving acquisitiekosten ...
- afschrijving rentestandkortingen ...
- afschrijving bedrijfsmiddelen ...
- mutatie kortlopende schulden ... ...
- overlopende acquisitiekosten ... ...
- verleende rentestandkortingen ... ...
- mutatie vorderingen ... ...
- overige mutaties ... ...

Totaal kasstroom uit operationele activiteiten ...

Kasstroom uit investerings- en beleggingsactiviteiten

- investeringen en aankopen
    - beleggingen in terreinen en gebouwen en in aandelen ...
    - beleggingen in groepsmaatschappijen en deelnemingen ...
    - overige beleggingen ...
    - materiële vaste activa ...
- desinvesteringen, aflossingen en verkopen ...
    - beleggingen in terreinen en gebouwen en in aandelen ...
    - beleggingen in groepsmaatschappijen en deelnemingen ...
    - overige beleggingen ...
    - materiële vaste activa ...

...

- saldo mutatie beleggingen voor risico van polishouders ...

Totaal kasstroom uit investerings- en beleggingsactiviteiten ...

Kasstroom uit financieringsactiviteiten

- emissie aandelenkapitaal ...
- mutatie eigen aandelen ...
- mutatie langlopende leningen ...
- mutatie depots voor herverzekeraars ...
- mutatie kortlopende leningen ...
- betaalde dividenden ...

Totaal kasstroom uit financieringsactiviteiten ...

Mutatie liquide middelen ...

49 Beleggingsentiteiten

49.1 Algemeen	
Beleggingsentiteit	Een beleggingsentiteit is een entiteit die, ongeacht de rechtsvorm, gelden of andere goederen ter collectieve belegging vraagt of verkrijgt, teneinde de deelnemers in de opbrengst van de beleggingen te doen delen.
	Collectieve belegging wil zeggen het houden van beleggingen voor meer dan één deelnemer niet zijnde groepsmaatschappijen of verbonden partijen.
Beleggingsinstelling	Een beleggingsinstelling als bedoeld in artikel 4 lid 1 onderdeel a van de Europese Richtlijn inzake beheerders van alternatieve beleggingsinstellingen (AIFMD): een instelling voor collectieve belegging, met inbegrip van beleggingscompartimenten daarvan, die bij een reeks beleggers kapitaal ophalen om dit overeenkomstig een bepaald beleggingsbeleid in het belang van deze beleggers te beleggen in de vorm van een beleggingsfonds of een beleggingsmaatschappij en die geen icbe is.
Icbe	Een maatschappij of fonds voor collectieve belegging in effecten in de vorm van een instelling als bedoeld in artikel 1 lid 2 van de Europese Richtlijn instellingen voor collectieve beleggingen in effecten (ook wel UCITS genoemd).
'Open-end'-beleggingsentiteit	Beleggingsentiteit waarvan de rechten van deelneming op verzoek van de houder ten laste van de activa direct of indirect worden ingekocht of terugbetaald.
'Closed-end'-beleggingsentiteit	Beleggingsentiteit waarbij geen sprake is van inkoop of terugbetaling van rechten van deelneming op verzoek van de houder.
Retailbeleggingsentiteit	Onder een retailbeleggingsentiteit wordt verstaan: ▶ alle icbe's; ▶ beleggingsinstellingen waarvan de rechten van deelneming ook worden aangeboden aan niet-professionele beleggers en waarvan de rechten van deelneming kunnen worden verworven tegen een tegenwaarde minder dan € 100.000 per deelnemer of een nominale waarde per recht hebben van minder dan € 100.000 (art. 4:37p Wft).
49.2 Balans	
Waardering	Aanbevolen wordt om beleggingen te waarderen tegen de reële waarde (het Besluit actuele waarde hanteert hiervoor het begrip 'marktwaarde').

Inrichting balans	Model Q of R voor de balans is voorgeschreven voor beleggingsentiteiten. Op grond van de Gedelegeerde Verordening (231/2013) en Richtlijn 615 bevat de balans voorgeschreven elementen.
Waardeveranderingen	Aanbevolen wordt om gerealiseerde en ongerealiseerde waardeveranderingen van beleggingen in de winst-en-verliesrekening te verwerken.
Toelichting verloop en samenstelling beleggingen	Beleggingsentiteiten stellen een sluitend overzicht op van verloop en samenstelling van de beleggingen met een gespecificeerde opgave van beleggingen die deelneming zijn. Daarnaast worden beleggingen in andere beleggingsentiteiten toegelicht en zijn er specifieke bepalingen voor een toelichting per balanspost van een beleggingsentiteit.
Inkoop en heruitgifte van eigen deelnemingsrechten	Voor 'open-end'-beleggingsentiteiten is het aanvaardbaar om de nominale waarde van de ingekochte eigen deelnemingsrechten zichtbaar in mindering te brengen op het geplaatste kapitaal en het verschil tussen de nominale waarde en de verkrijgingsprijs in mindering te brengen op het agio. Opslagen komen ten gunste van de overige opbrengsten.
	Ingekochte eigen deelnemingsrechten worden niet meegerekend bij de bepaling van de winst per aandeel.
	Voor retailbeleggingsentiteiten wordt in de toelichting een vergelijkend overzicht opgenomen van de intrinsieke waarde en het aantal uitstaande rechten van deelneming per het einde van het boekjaar over de laatste drie jaar.
49.3 Winst-en-verliesrekening	
Inrichting winst- en verliesrekening	Model S voor de winst-en-verliesrekening is voorgeschreven. Op grond van de Gedelegeerde Verordening (231/2013) en Richtlijn 615 bevat de winst-en-verliesrekening voorgeschreven elementen.
Resultaatbepaling	Het rendement van de instelling bestaat uit de opbrengsten uit beleggingen (interest, dividend, etc.), waardeveranderingen van beleggingen (gerealiseerde en ongerealiseerde waardeveranderingen) en overige resultaatcomponenten.
	Aanbevolen wordt om niet alleen de opbrengsten uit beleggingen, maar ook de gerealiseerde en ongerealiseerde waardeveranderingen via de winst-en-verliesrekening te verwerken.
Presentatie	In die gevallen waarin niet alle waardeveranderingen in de winst-en-verliesrekening worden opgenomen, wordt buiten de telling van de winst-en-verliesrekening een post opgenomen onder de benaming 'wijziging in de reserves uit hoofde van waardeveranderingen' en tevens het beleggingsresultaat als totaal onder de winst-en-verliesrekening vermeld.

Kostentransparantie	Voor retailbeleggingsentiteiten zijn vereisten aan kostentransparantie prominent opgenomen in het BGfo. Het BGfo vereist één kostenparagraaf en stelt gedetailleerde eisen aan de cijfermatige en tekstuele toelichting van de kosten. De hoogte van verschillende kostensoorten moet worden aangegeven inclusief de berekeningsgrondslag en de wijze van verwerking in de verslaggeving. Verdere aanwijzingen voor toelichting van de 'lopende kosten factor' in vergelijking tot het prospectus, verwerking transactiekosten en toelichting van de 'portefeuille omloop factor', performance gerelateerde vergoedingen, oprichtings- en emissiekosten, exploitatiekosten en overige kosten toelichtingen.
Oprichtings- en emissiekosten	Aanbevolen wordt om deze kosten niet te activeren. Indien deze niet worden geactiveerd, moeten oprichtingskosten in één keer ten laste van het resultaat worden gebracht. Emissiekosten moeten in dat geval niet ten laste van het agio worden gebracht.
49.4 Kasstroomoverzicht	
Presentatie	Het kasstroomoverzicht bestaat uit kasstromen uit beleggings-activiteiten en kasstromen uit financieringsactiviteiten. Zowel de directe als de indirecte methode is toegestaan.
49.5 Toelichting	
Inhoud	Naast de toelichting van de fiscale positie die voor alle beleggingsentiteiten geldt, zijn er specifieke toelichtingsvereisten voor retailbeleggingsentiteiten. Deze omvatten onder andere: informatie omtrent de intrinsieke waarde over de laatste drie jaren, toelichting bij gebruik instrumenten voor goed portefeuillebeheer waaronder derivaten, toelichting effectenfinancieringstransacties, totale opbrengstenswaps en hergebruik en toelichting gelieerde partijen.
Aandelenklassen en subfondsen	Een aandelenklasse heeft geen eigen beleggingsbeleid of afgescheiden vermogen; een subfonds wel. Per aandelenklasse dient informatie te worden opgenomen in de toelichting. De relevante financiële informatie voor subfondsen is gelijk aan die voor beleggingsentiteiten.
49.6 Bestuursverslag	
Inhoud	De doelstellingen van de beleggingsentiteit en het gevoerde beleggingsbeleid, ten minste in de termen van rendement en risico.
Beleggingsresultaat per deelnemingsrecht	Tevens dient in het bestuursverslag het beleggingsresultaat per (bij derden uitstaande) deelnemingsrecht over de laatste vijf jaar, gesplitst naar inkomsten, waardeveranderingen en kosten te worden opgenomen.

Inzicht in risico's en beleid	Voor beleggingsentiteiten gelden ook de eisen van Richtlijn 400 Bestuursverslag, zo dienen onder andere de doelstellingen en beleid ter zake van risicobeheer ten aanzien van financiële instrumenten opgenomen te worden.
Beloningsbeleid	Er gelden toelichtingsvereisten in het bestuursverslag van de beleggingsentiteit ten aanzien van het beloningsbeleid en de beloning in het boekjaar van de beheerder.
Verklaring omtrent de bedrijfsvoering van de beheerder	Het bestuursverslag van een retailbeleggingsentiteit bevat een verklaring van de beheerder omtrent de inrichting van de bedrijfsvoering en de effectieve werking ('AO/IB-verklaring').
Stembeleid en stewardship	Retailbeleggingsentiteiten lichten het stembeleid toe inzake (certificaten) van aandelen in beursgenoteerde instellingen. Aanvullend kan het betrokkenheidsbeleid (stewardship) worden toegelicht, alsmede op welke wijze dit beleid is nageleefd, in combinatie met een toelichting van de samenstelling en omloopsnelheid van de portefeuille.
Transparantie inzake duurzaamheid	Wanneer de ecologische of sociale kenmerken worden gepromoot of duurzame beleggingen onderdeel zijn van het beleggingsdoel, wordt aanbevolen de mate waarin aan deze kenmerken is voldaan en de duurzaamheidsgerelateerde impact toe te lichten in het bestuursverslag
Actief en passief beheer	Voor passief beheerde beleggingsinstellingen wordt de volgfout ten opzichte van de benchmark toegelicht. Voor actief beheerde beleggingsentiteiten zijn aanbevelingen opgenomen inzake de toelichting van de mate van actief beheer en informatie over de fondsbeheerder en zijn team.
49.7 Overige gegevens:	
Inhoud	Naast de Overige gegevens die alle entiteiten moeten opnemen, moeten gegevens worden opgenomen ten aanzien van persoonlijke belangen van bestuurders en commissarissen in de beleggingen van de retailbeleggingsentititeit.
49.8 Periodieke informatieverschaffing door beleggingsinstellingen:	
Inhoud	Een beheerder van een beleggingsinstelling dient periodiek en ten minste gelijktijdig met de jaarrekening informatie aan beleggers te verstrekken voor zover dit niet reeds in het bestuursverslag of de jaarrekening opgenomen is.

49 Beleggingsentiteiten

49.9 Halfjaarcijfers	
Inhoud	Balans en winst-en-verliesrekening, mutatie-overzicht eigen vermogen, overzicht beleggingsportefeuille, overzicht intrinsieke waarde, intrinsieke waarde per recht van deelneming, uit te keren interim-dividend, 'lopende kosten' en gegevens inzake persoonlijke belangen van bestuurders en commissarissen.
49.10 Verplichtingen voor beheerders en bewaarders	
Vergunninghoudende beheerders of bewaarders	Dienen jaarrekening, bestuursverslag, overige gegevens en halfjaarcijfers aan de AFM te verstrekken.
49.11 Vrijstellingen voor middelgrote rechtspersonen	
Geen vrijstellingen	Voor beleggingsinstellingen en icbe's waarvoor ingevolge de Wft een vergunning is verleend gelden geen vrijstellingen op basis van de omvangcriteria.

49.1 Algemeen
49.1.1 Begripsbepaling en definities

Dit hoofdstuk behandelt de specifieke bepalingen voor de verslaggeving van beleggingsentiteiten.

> De vereisten voor de jaarrekening gesteld bij of krachtens de Wet op het financieel toezicht die in dit hoofdstuk worden beschreven gelden ongeacht of de beleggingsentiteit rapporteert op basis van EU-IFRS of Titel 9 Boek 2 BW.

Beleggingsentiteit

Een beleggingsentiteit is een entiteit, ongeacht de rechtsvorm, die gelden of andere goederen ter collectieve belegging vraagt of verkrijgt, teneinde de deelnemers in de opbrengst van de beleggingen te doen delen. Collectieve belegging is het houden van beleggingen voor meer dan één deelnemer niet zijnde groepsmaatschappijen of verbonden partijen (RJ 615.101).

De Wet op het financieel toezicht (Wft) onderscheidt in artikel 1:1 beleggingsinstellingen en icbe's.
De term beleggingsinstelling in de Wft is daarmee beperkt en ziet uitsluitend op (alternatieve) beleggingsinstellingen als bedoeld in artikel 4 lid 1 onderdeel a van de Richtlijn inzake beheerders van alternatieve beleggingsinstellingen (de zogenoemde AIFMD-richtlijn).
De Wft onderkent verder de icbe, gedefinieerd als: een instelling voor collectieve belegging in effecten als bedoeld in artikel 1 lid 2 van de Richtlijn instellingen voor collectieve beleggingen in effecten (icbe-richtlijn).
De term beleggingsentiteit zoals die in dit hoofdstuk wordt gebruikt, sluit aan op Richtlijn 615 *Beleggingsentiteiten* en omvat dus zowel beleggingsinstellingen als icbe's. Daar waar relevant is het onderscheid expliciet gemaakt.

Indien een beleggingsentiteit rechtspersoonlijkheid bezit spreekt men van een beleggingsmaatschappij, anders van een beleggingsfonds of fonds voor gemene rekening. Een fonds voor gemene rekening is geen rechtspersoon maar een middels een overeenkomst tussen een beheerder en een bewaarder afgescheiden vermogen. De beheerder voert daarbij onder andere het beleggingsbeleid uit en de bewaarder verzorgt de bewaring van de waarden van het fonds en onder andere de controle van de kasstromen.

> Dit hoofdstuk is van toepassing op alle beleggingsentiteiten waarvoor de beheerder dan wel de beleggingsentiteit zelf een vergunning heeft verkregen op grond van artikel 2:65 Wft of artikel 2:69c Wft of die door haar rechtsvorm op grond van artikel 2:360 BW onderworpen is aan Titel 9 Boek 2 BW. Voor de overige beleggingsentiteiten kan dit hoofdstuk richtinggevend zijn. In dit hoofdstuk worden uitsluitend de afwijkingen van de algemene bepalingen voor de jaarrekening van beleggingsentiteiten behandeld. Voor de algemene bepalingen voor de (jaar)verslaggeving die zowel voor beleggingsentiteiten als overige rechtspersonen gelden, wordt verwezen naar de overige hoofdstukken van dit Handboek.

'Open end'- en 'closed end'-beleggingsentiteiten

De manier waarop de vrije toe- en uittreding tot de beleggingsentiteit is geregeld, bepaalt het onderscheid tussen een *open-end-* en *closed-end-*beleggingsentiteit. Van een 'open-end'-beleggingsentiteit is sprake als de rechten van deelneming op verzoek van de houder ten laste van de activa direct of indirect worden ingekocht of terugbetaald. Van een 'closed-end'-beleggingsentiteit is sprake wanneer er geen sprake is van inkoop of terugbetaling van rechten van deelneming op verzoek van de houder. Bij een 'semi-open-end'-beleggingsentiteit vindt uitgifte onbeperkt en inkoop van deelnemingsrechten beperkt plaats. Bij een 'semi-closed-end'-beleggingsentiteit vindt uitgifte beperkt en inkoop van deelnemingsrechten onbeperkt plaats.

Een icbe is altijd een open-end-beleggingsentiteit, al is een tijdelijke opschorting van inkoop of terugbetaling van deelnemingsrechten mogelijk in uitzonderlijke gevallen, wanneer de omstandigheden het eisen en wanneer opschorting gelet op de belangen van de deelnemers verantwoord is.

Beleggingsmaatschappij met veranderlijk kapitaal

De uitgifte en inkoop van eigen aandelen door een beleggingsmaatschappij met veranderlijk kapitaal ('open-end') is op grond van het vennootschapsrecht aan minder regels gebonden dan bij andere vennootschappen. Artikel 2:76a BW bevat criteria om een beleggingsentiteit als een beleggingsmaatschappij met veranderlijk kapitaal aan te merken: onder andere is bepaald dat de instelling uitsluitend ten doel mag hebben haar vermogen zodanig te beleggen dat de risico's daarvan worden gespreid, teneinde haar aandeelhouders in de opbrengst te doen delen en dat aan de beheerder een vergunning is verleend onder de Wft. Alle andere beleggingsmaatschappijen worden **niet** aangemerkt als beleggingsmaatschappij met veranderlijk kapitaal.

Retailbeleggingsentiteit

De regelgeving stelt hogere eisen aan informatieverschaffing aan retailbeleggingsentiteiten.
Onder een retailbeleggingsentiteit wordt verstaan:
- een icbe; of
- een beleggingsinstelling waarvan de rechten van deelneming ook worden aangeboden aan niet-professionele beleggers, waarvan de rechten van deelneming kunnen worden verworven tegen een tegenwaarde minder dan € 100.000 per deelnemer of een nominale waarde per recht hebben van minder dan € 100.000 (art. 4:37p Wft).

Als professionele belegger worden onder andere aangemerkt (art. 1:1 Wft): een beleggingsentiteit, beheerder van een beleggingsentiteit, pensioenfonds, beleggingsonderneming, bank of verzekeraar.
Natuurlijke personen worden niet als professionele belegger aangemerkt.

49.1.2 Wet- en regelgeving
Wet op het financieel toezicht (Wft)

Voor beleggingsentiteiten is de Wet op het financieel toezicht (Wft) van belang. Voor beleggingsentiteiten is ook het aan de Wft gelieerde Besluit Gedragstoezicht financiële ondernemingen Wft (BGfo) relevant alsmede de toezichthoudersregeling van de AFM (Nadere Regeling gedragstoezicht financiële ondernemingen Wft, ofwel de NRgfo).

Beleggingsentiteiten (zowel beleggingsmaatschappijen als beleggingsfondsen) waarvoor de beheerder vergunningsplichtig is, vallen onder de Wft en de op grond van deze wet uitgevaardigde Besluiten en Nadere regelingen. De vergunningverlening wordt in Nederland uitgevoerd door de Stichting Autoriteit Financiële Markten (AFM). Het prudentieel toezicht (handhaven financiële soliditeit) wordt uitgevoerd door De Nederlandsche Bank (DNB).
In de Wft zijn onder andere voorschriften opgenomen omtrent opmaak, inrichting en publicatie van de jaarrekening van beleggingsentiteiten. Daarnaast zijn specifieke (toelichtings)vereisten opgenomen al naar gelang het type beleggingsentiteit.

Icbe-richtlijn

De Wft bevat bepalingen ter implementatie van de Europese Richtlijn 2009/65/EG *tot coördinatie van de wettelijke en bestuursrechtelijke bepalingen betreffende bepaalde instellingen voor collectieve belegging in effecten (icbe's)*. Op 18 maart 2016 is de Europese Richtlijn 2014/91/EU ('UCITS V') *tot wijziging van Richtlijn 2009/65/EG wat bewaartaken, beloningsbeleid en sancties betreft*' in de Wft en de aanverwante regelgeving geïmplementeerd. UCITS V bevat aanscherpingen van de bestaande icbe-voorschriften ten aanzien van (transparantie) beloningsbeleid en de verantwoordelijkheden van de bewaarder. Het aanstellen van een bewaarder is nu in alle gevallen verplicht gesteld.
Naast de icbe-richtlijn zijn er ook gedelegeerde verordeningen van toepassing met een rechtstreekse werking.

De verslaggevingsvereisten voor icbe's worden in dit hoofdstuk verder uitgewerkt.

AIFMD-richtlijn

In 2013 is de Europese Richtlijn 2011/61/EU *inzake beheerders van alternatieve beleggingsinstellingen* ('AIFMD') in de Wft en de aanverwante regelgeving geïmplementeerd. De Gedelegeerde Verordening tot aanvulling van de AIFMD-richtlijn (EU/231/2013) kent een directe werking en bevat aanvullingen ten aanzien van vrijstellingen, algemene voorwaarden voor de bedrijfsuitoefening, bewaarders, hefboomfinanciering, transparantie en toezicht.

Verordeningen inzake Europese durfkapitaalfondsen en Europese sociaalondernemerschapsfondsen

Verordening (EU) nr. 345/2013 en Verordening (EU) nr. 346/2013 van het Europees Parlement en de Raad van 17 april 2013 betreffende Europese durfkapitaalfondsen resp. Europese sociaalondernemerschapsfondsen zijn van toepassing voor beheerders van beleggingsinstellingen die vrijwillig de benaming 'EuVECA' respectievelijk 'EuSEF' toepassen voor kwalificerende durfkapitaalfondsen respectievelijk sociaalondernemerschapsfondsen. EuVECA's beleggen in niet-beursgenoteerde aandelen van kleine en middelgrote ondernemingen in de EU zonder hefboomfinanciering. EuSEF's beleggen in sociale ondernemingen. Dit omvat een uitgebreid gamma van ondernemingen met uiteenlopende juridische vormen, die sociale diensten of goederen leveren aan kwetsbare, gemarginaliseerde, benadeelde of uitgesloten personen.

Voor een vergunningsplichtige beheerder gelden de verslaggevingseisen in deze verordeningen in aanvulling op de verslaggevingsvereisten voor beleggingsinstellingen. De verordeningen bevatten wel enkele aanvullende toelichtingsvereisten die samenhangen met inzicht in de samenstelling van de portefeuille en de activiteiten, alsmede voor EuSEF's een duiding van de sociale resultaten.

Uitzondering: voor EuVECA's en EuSEF's zonder rechtspersoonlijkheid die worden aangeboden door een kleine beheerder (conform de registratieplicht van art. 2:66a Wft), gelden niet de verslaggevingsvereisten uit dit hoofdstuk, al dient de beheerder wel voor elke beleggingsinstelling een jaarverslag beschikbaar te stellen aan de AFM – en op verzoek aan beleggers – met daarin opgenomen een gecontroleerde jaarrekening. De verslaggevingsnormen zijn primair gebaseerd op de voorwaarden die de beheerder met de beleggers is overeengekomen.

Verordening inzake Europese Langetermijn investeringsfondsen

Op 9 december 2015 is de Europese Verordening (2015/760) betreffende Europese langetermijnbeleggingsinstellingen (*European long-term investment funds – ELTIFs*) van kracht geworden. Deze verordening stelt uniforme regels vast in verband met de vergunning, het beleggingsbeleid en de voorwaarden voor bedrijfsuitoefening betreffende beleggingsinstellingen, die in de Unie als ELTIFs worden verhandeld. De benaming ELTIF mag dan ook alleen worden gebruikt indien de beleggingsinstelling overeenkomstig deze verordening een vergunning heeft verkregen.

De nieuwe regels betreffende ELTIFs hangen nauw samen met de AIFMD Richtlijn (Richtlijn 2011/61/EU), omdat die richtlijn het rechtskader vormt dat geldt voor het beheer en de verhandeling van alternatieve beleggingsinstellingen (abi's) in de Unie. Per definitie zijn ELTIFs beleggingsinstellingen die beheerd worden door abi-beheerders welke een vergunning hebben.

De verslaggevingsregels volgen die van beleggingsinstellingen, maar aanvullende eisen omvatten het opstellen van een kasstroomoverzicht, informatie omtrent participatie in instrumenten waarbij middelen van de begroting van de Europese Unie zijn betrokken, informatie over de waarde van de afzonderlijke kwalificerende portefeuillemaatschappijen en de waarde van andere activa waarin de ELTIF heeft geïnvesteerd met inbegrip van de waarde van gebruikte afgeleide instrumenten en informatie over de rechtsgebieden waarin de activa van de ELTIF zich bevinden.

Verordening inzake Geldmarktfondsen

Verordening (EU) 2017/1131 inzake geldmarktfondsen van 14 juni 2017 stelt regels vast voor in de Europese Unie gevestigde, beheerde of verhandelde geldmarktfondsen, de financiële instrumenten die in aanmerking komen voor belegging door een geldmarktfonds, de portefeuille van een geldmarktfonds en de waardering daarvan alsmede de rapportagevereisten met betrekking tot een geldmarktfonds.

Geldmarktfondsen (*Money market funds* of 'MMFs') zijn icbe's of beleggingsinstellingen die financiering op korte termijn verstrekken aan financiële instellingen, ondernemingen en overheden. Voor beleggers is dit een alternatief voor bankdeposito's een doeltreffende manier om hun kredietrisico en blootstelling te spreiden.

De verslaggevingsregels volgen die van beleggingsinstellingen en icbe's, maar aanvullende eisen omvatten het aanduiden van het type MMF (een variabele *net asset value*, een variabele 'net asset value' met lage volatiliteit, een overheidsschuld constant 'net asset value' geldmarktfonds of niet-Europese constant 'net asset value' geldmarktfonds); het toelichten of het gaat om een kortlopend of standaard geldmarktfonds en het toelichten van de wijze waarop de waarde van de activa worden geraamd en de 'net asset value' wordt berekend.

De beheerder van een MMF stelt de beleggers van het MMF ten minste eens per week alle volgende informatie ter beschikking, zodat het voor de hand ligt om deze ook in het (half)jaarverslag op te nemen:
a. de indeling naargelang van looptijd van de portefeuille van het MMF;
b. het kredietprofiel van het MMF;
c. de WAM en de WAL van het MMF;
   WAM is de gewogen gemiddelde looptijd van de portefeuille tot de datum waarop de hoofdsom van een effect volledig moet worden terugbetaald of, indien korter, tot de volgende aanpassing van de rentevoet aan de marktrente.

WAL is de gewogen gemiddelde duur van de portefeuille: de gemiddelde tijd tot de datum waarop de hoofdsom van een effect volledig moet worden terugbetaald.
d. nadere gegevens over de tien grootste deelnemingen in het MMF, waaronder de naam, het land, het type looptijd en activa, en over de tegenpartij in het geval van retrocessieovereenkomsten en omgekeerde retrocessieovereenkomsten;
e. de totale waarde van de activa van het MMF;
f. het nettorendement van het MMF.

Benchmarkverordening

Verordening (EU) 2016/1011 van 8 juni 2016 *betreffende indices die worden gebruikt als benchmarks voor financiële instrumenten en financiële overeenkomsten of om de prestatie van beleggingsfondsen te meten (...)*, behandelt het gebruik van een benchmark door een onder toezicht staande entiteit in de Europese Unie en is van kracht vanaf 1 januari 2018. Artikel 29 van deze verordening maakt duidelijk dat een onder toezicht staande entiteit in de Europese Unie een benchmark of combinatie van benchmarks uitsluitend mag gebruiken wanneer de benchmark wordt verstrekt door een in de Europese Unie gevestigde beheerder en is opgenomen in het ESMA-register of een benchmark die is opgenomen in dat register. De toelichting bij de Uitvoeringswet verordening inzake financiële benchmarks, kwalificeert artikel 29 lid 1 als één van de kernbepalingen van de verordening. Benchmarks die zijn opgenomen in het ESMA-register zijn volgens de regels van de verordening tot stand gekomen en zouden in beginsel bestand moeten zijn tegen manipulatie. Door een niet-geregistreerde benchmark te gebruiken in een financieel product, verkoopt de aanbieder in essentie een product dat niet aan alle wettelijke vereisten voldoet. Overtreding van artikel 29 lid 1 van de verordening vormt derhalve een schending van het hoofddoel van de verordening en is strafbaar onder de Wet op de Economische Delicten ('WED').

49.1.3 Rapportage en publicatievereisten

Op grond van artikel 4:37o lid 1 Wft is een Nederlandse beheerder van een beleggingsinstelling verplicht jaarlijks binnen zes maanden na afloop van het boekjaar een jaarrekening, een bestuursverslag en overige gegevens van de door hem aangeboden beleggingsinstellingen aan de AFM te verstrekken. Uitsluitend voor closed-end beursgenoteerde beleggingsinstellingen geldt op grond van artikel 5:25c lid 1 Wft een termijn van vier maanden na afloop van het boekjaar. Voor icbe's geldt op grond van artikel 4:51 lid 1 Wft eveneens een termijn van vier maanden. De jaarrekening dient te worden voorzien van een controleverklaring.

Voor retailbeleggingsentiteiten, geldt aanvullend dat openbaarmaking van de jaarrekening dient te geschieden overeenkomstig de bepalingen van Titel 9 Boek 2 BW en dat de jaarrekening dient te worden gepubliceerd op de website van de beheerder (art. 115y lid 4 resp. art. 120 lid 2 BGfo). Voor icbe's geldt aanvullend dat publicatie dient te worden medegedeeld in een landelijk verspreid Nederlands dagblad dan wel aan het adres van iedere deelnemer (art. 120 lid 2 BGfo). Het bestuursverslag, de jaarrekening en de overige gegevens worden voor de deelnemers kosteloos verkrijgbaar gesteld en worden opgenomen op de website van de beheerder. Verder bevat de BGfo een aantal toelichtingsvereisten voor retailbeleggingsentiteiten.

Een retailbeleggingsentiteit dient binnen negen weken na afloop van de eerste helft van het boekjaar halfjaarcijfers op te stellen en openbaar te maken (art. 115y lid 6 en 7 BGfo, respectievelijk art. 4:51 lid 2 Wft). Indien de halfjaarcijfers door een accountant zijn onderzocht wordt diens verklaring bij de halfjaarcijfers gevoegd. Overigens geldt voor 'closed-end' beursgenoteerde beleggingsinstellingen een termijn van twee maanden (art. 5:25d lid 1 Wft). Voor de hierin op te nemen gegevens wordt verwezen naar paragraaf 49.8.

Beheerders en bewaarders

Beheerders en bewaarders van retailbeleggingsentiteiten vallen onder de bepalingen van Titel 9 Boek 2 BW op grond van de bepalingen van de Wft. Met de Implementatiewet wijziging richtlijn icbe's is voor bewaarders (van zowel icbe's als beleggingsinstellingen) een zelfstandige vergunningsplicht geïntroduceerd (art. 2:3g Wft).

Ook een beheerder van een retailbeleggingsentiteit en een bewaarder dienen hun jaarrekening te publiceren. De beheerder moet tevens de halfjaarcijfers openbaar maken.

49.1.4 Verslaggevingsregels voor beleggingsentiteiten

Beleggingsmaatschappijen zijn op grond van hun rechtsvorm onderworpen aan de vereisten van

Titel 9 Boek 2 BW, alsmede het Besluit actuele waarde en het Besluit Modellen Jaarrekening (BMJ). In het BMJ zijn modellen voor de jaarrekening van beleggingsentiteiten opgenomen. Voor de balans zijn de modellen Q en R en voor de winst-en-verliesrekening model S opgenomen (zie voor de modellen Bijlage 2). Nadere invulling van de normen die in het maatschappelijk verkeer als aanvaardbaar worden beschouwd, zijn vastgelegd in de Richtlijnen voor de jaarverslaggeving en specifiek voor beleggingsentiteiten in Richtlijn 615 *Beleggingsentiteiten*. Ook Richtlijn 290 'Financiële instrumenten' inzake de verwerking, waardering, presentatie en toelichting van financiële instrumenten is relevant (zie hoofdstuk 30). Voorts is Richtlijn 213 'Vastgoedbeleggingen' relevant voor beleggingsentiteiten in vastgoed, hetgeen grotendeels gebaseerd is op IAS 40 (zie hoofdstuk 8). Het is overigens goed om te beseffen dat in beginsel alle hoofdstukken van de RJ-bundel van toepassing zijn op beleggingsentiteiten, dus ook bijvoorbeeld Richtlijn 400 'Bestuursverslag'.

Beleggingsentiteiten die op grond van hun rechtsvorm niet zijn onderworpen aan Titel 9 Boek 2 BW, maar waarvoor de beheerder wel een vergunning heeft ingevolge de Wft, zijn op grond van artikel 4:51 Wft (voor icbe's) of artikel 4:37o lid 3 Wft (voor beleggingsinstellingen) toch onderworpen aan Titel 9 Boek 2 BW (of EU-IFRS).

RJ 100.410 maakt duidelijk: 'op grond van artikel 4:37o Wft zijn de jaarrekeningvoorschriften van Titel 9 Boek 2 BW ook van toepassing op de beleggingsentiteit met een andere rechtsvorm dan in artikel 2:360 BW genoemd, die een vergunning heeft ingevolge de Wet op het financieel toezicht dan wel waarvan de beheerder van de beleggingsentiteit een vergunning heeft ingevolge de Wet op het financieel toezicht'. Het gaat bijvoorbeeld om fondsen voor gemene rekening of commanditaire vennootschappen. Op grond van artikel 2:398 lid 3 BW zijn de vrijstellingen voor kleine en middelgrote vennootschappen niet van toepassing voor beleggingsentiteiten die onder toezicht staan.

Deze uitleg wordt ook gegeven door de toezichthouder (de AFM) in de standaardvragen en antwoorden (Q&As) voor beleggingsinstellingen op haar website. Daarbij erkent de AFM dat er door verschillen in de rechtsvorm of aard van de beleggingsinstelling verschillende uitwerkingen zijn binnen Boek 2 Titel 9 BW. Om daarvan een voorbeeld te geven: anders dan bij een beleggingsmaatschappij, beschikt een beleggingsfonds niet over een eigen vermogen. Bij de invulling van de artikelen 2:373 en 2:378 BW door een beleggingsfonds dient voor presentatiedoeleinden het aan participanten toekomende deel van de netto-activa te worden onderscheiden naar analogie van artikel 2:373 BW, zonder dat daarmee een beperking wordt verondersteld in de uitkeerbaarheid van (een deel van) het aan participanten toekomende deel van de netto-activa aan de participanten. Ten slotte merkt de AFM op dat evenmin onderscheid wordt gemaakt tussen beleggingsinstellingen die (ook) worden aangeboden aan niet-professionele beleggers en beleggingsinstellingen die uitsluitend worden aangeboden aan professionele beleggers.

Op jaarrekeningen van Nederlandse 'closed-end' alternatieve beleggingsinstellingen waarvan de deelnemingsrechten zijn toegelaten op een in Nederland gelegen of functionerende gereglementeerde markt is niet artikel 4:37o Wft maar artikel 5:25c Wft van toepassing. Dat artikel regelt de periodieke (jaar)verslaggevingsverplichtingen voor uitgevende instellingen.

49.1.5 Toepassing van IFRS voor beleggingsentiteiten

De Nederlandse vergunningsplichtige beleggingsentiteit stelt op grond van de Wft een jaarrekening, een bestuursverslag en overige gegevens op in overeenstemming met Titel 9 Boek 2 BW. Artikel 2:362 lid 8 BW biedt de mogelijkheid om de jaarrekening op te stellen volgens de door de International Accounting Standards Board vastgestelde en door de Europese Commissie goedgekeurde standaarden ('EU-IFRS'), mits daarbij alle van toepassing zijnde vastgestelde en goedgekeurde standaarden worden toegepast. Alleen beursgenoteerde beleggingsinstellingen dienen als gevolg van Europese regelgeving voor hun geconsolideerde jaarrekening EU-IFRS toe te passen.
Indien de beleggingsentiteit de jaarrekening opstelt op basis van EU-IFRS dan blijft – naast alle jaarverslaggevingsvereisten uit de Wft – een aantal Nederlandse wettelijke bepalingen van Titel 9 Boek 2 BW en richtlijnen van toepassing, waaronder de bepalingen omtrent kapitaalbescherming, de inhoud van het bestuursverslag en de overige gegevens, openbaarmaking en toelichtingen zoals die van accountantshonoraria en bestuurdersbeloningen.

IFRS

Volgens IAS 1.16 dient aangegeven te worden of de jaarrekening is opgesteld overeenkomstig IFRS.
IFRS kent geen aparte standaarden voor beleggingsentiteiten met uitzondering van het consolidatieverbod voor beleggingsentiteiten (zie hierna).
Voor beleggingsentiteiten relevante voorschriften zijn voornamelijk opgenomen in IAS 1 'Presentation of Financial Statements', IAS 32 'Financial Instruments: Presentation', IFRS 9 'Financial Instruments', IFRS 7 'Financial Instruments: Disclosures', IFRS 12 'Disclosure of Interests in Other Entities', IFRS 13 'Fair Value Measurement' en voor beleggingen in onroerende zaken ook IAS 40 'Investment Property'.

49.1.6 Consolidatie door beleggingsentiteiten

In de Richtlijnen is een expliciete consolidatievrijstelling voor beleggingsentiteiten opgenomen voor meerderheidsbelangen in beleggingen gehouden door beleggingsentiteiten die Richtlijn 615 toepassen, als er ten aanzien van deze meerderheidsbelangen vanaf het moment van aankoop een concrete exit-strategie is geformuleerd, zodanig dat duidelijk is dat deze belangen slechts gehouden worden om ze te vervreemden op een volgens de exit-strategie gedefinieerd moment (RJ 217.308).

Indien de beleggingsentiteit gebruikmaakt van deze consolidatievrijstelling, dienen de meerderheidsbelangen niet te worden aangemerkt als deelneming, maar worden deze als effecten gerubriceerd. Daarmee zijn voor deze meerderheidsbelangen voor de waardering en resultaatbepaling alsmede de presentatie en toelichting Richtlijn 226 'Effecten' en Richtlijn 290 'Financiële instrumenten' van toepassing (RJ 317.308a).
Voor beleggingsentiteiten die gebruikmaken van de consolidatievrijstelling wordt aanbevolen om alle meerderheidsbelangen te waarderen tegen de reële waarde en de gerealiseerde en ongerealiseerde waardeveranderingen hiervan in de winst-en-verliesrekening te verwerken (RJ 615.202a). De beleggingsentiteit die gebruikmaakt van deze vrijstelling dient de volgende zaken te vermelden in de jaarrekening:
▸ de toepassing van de consolidatievrijstelling en de reden hiervan (RJ 217.308);
▸ naam, woonplaats en het verschafte aandeel in het geplaatste kapitaal in elke deelneming groter dan 20% van het geplaatste kapitaal van de deelneming (RJ 217.308b en art. 2:379 lid 1 BW);

- afspraken of beperkingen (aard, omvang en reden) om middelen over te dragen van deze deelnemingen in de vorm van dividend, terugbetalingen van leningen of voorschotten (RJ 217.308c);
- afspraken of voornemens (aard, omvang en reden) om financiële steun te verlenen aan de deelnemingen of het bijstaan bij het verkrijgen van financiële steun (RJ 217.308c).

IFRS

Voor beleggingsentiteiten die onder de definitie vallen van IFRS 10.27, geldt dat zij niet overgaan tot consolidatie van dochterondernemingen en tevens IFRS 3 'Business Combinations' niet toepassen wanneer zij zeggenschap over een andere entiteit verkrijgen. In plaats daarvan waardeert een beleggingsentiteit een belegging in een dochteronderneming tegen reële waarde met verwerking van waardeveranderingen in de winst-en-verliesrekening (IFRS 10.31). Een beleggingsentiteit volgens de definitie in IFRS 10 (IFRS 10.27 en 10.28) verkrijgt middelen van één of meer beleggers om beleggingsdiensten te verrichten met als zakelijke doel om opbrengsten uit hoofde van waardestijgingen en/of beleggingsinkomsten te realiseren en waardeert en evalueert de prestaties van vrijwel al haar beleggingen op basis van reële waarde. Een onderscheidend kenmerk van het zakelijk doel van een beleggingsentiteit is het hebben van een exit-strategie (IFRS 10.B85F) op het niveau van de verschillende types beleggingen die beschrijft hoe zij van plan is de waardestijgingen te realiseren van aandelenbelangen en ('eeuwigdurende') schuldbewijzen zonder einddatum. Een beleggingsentiteit kan een belegging bezitten in een andere beleggingsentiteit die in samenhang met de entiteit is opgericht voor juridische, regelgevende, fiscale of soortgelijke zakelijke doeleinden. In dat geval behoeft de beleggingsentiteit geen exit-strategie voor deze belegging te hebben, op voorwaarde dat de deelneming van de beleggingsentiteit passende exit-strategieën voor haar beleggingen heeft (IFRS 10.B85H). In veel *master-feeder* structuren zal dit van toepassing zijn.

IFRS 12.19A vereist dat een beleggingsentiteit toelicht dat zij verplicht is de uitzondering op de consultatie toe te passen. IFRS 12.9A vereist verder dat een beleggingsentiteit informatie verschaft over de belangrijke oordelen en veronderstellingen waarvan is uitgegaan bij de bepaling dat zij een beleggingsentiteit is. Als de beleggingsentiteit een of meer van de typische kenmerken van een beleggingsentiteit zoals bedoeld in IFRS 10.28 ontbeert, dan moeten de redenen worden opgeven waarom is geconcludeerd dat de entiteit een beleggingsentiteit is.

Wanneer een entiteit een beleggingsentiteit wordt of juist ophoudt een beleggingsentiteit te zijn, dan moet de wijziging van de status als beleggingsentiteit en de redenen voor deze statuswijziging worden vermeld. Daarnaast moet een entiteit die een beleggingsentiteit wordt, het effect van de statuswijziging op de jaarrekening voor de gepresenteerde periode toelichten (IFRS 12.9B), onder vermelding van:
a. de totale reële waarde op de datum van de statuswijziging van de dochterondernemingen die niet langer worden geconsolideerd;
b. de eventuele totale winst of het eventuele totale verlies, berekend overeenkomstig alinea B101 van IFRS 10; en
c. de post(en) in de winst-en-verliesrekening waarin de winst of het verlies is opgenomen (indien niet afzonderlijk gepresenteerd).

49.2 Balans
49.2.1 Inrichting van de balans

Zoals eerder is vermeld, zijn de balansmodellen Q en R voorgeschreven voor beleggingsentiteiten (art. 16b lid 2 BMJ). Volgens RJ 615.302 is de indeling van de activa in vaste en vlottende activa voor de beleggingen gezien de aard van de beleggingsinstelling niet relevant en moeilijk toepasbaar. Voor de overige activa (niet zijnde beleggingen) is dit criterium wel toepasbaar en zal het wettelijk verplichte onderscheid van toepassing blijven (zie voor

de modellen Bijlage 2). Op grond van de Gedelegeerde Verordening (231/2013), overgenomen in RJ 615.302a, bevat de balans minimaal de volgende elementen:
- Activa
  - beleggingen;
  - geldmiddelen en kasequivalenten
  - vorderingen; en
  - overlopende posten.
- Passiva
  - beleggingen (shortposities of financiële instrumenten met een negatieve waarde);
  (de post beleggingen op de passivazijde van de balans is niet per se opgenomen in de Gedelegeerde Verordening (231/2013), maar is geïntroduceerd in RJ 615.302a);
  - crediteuren;
  - schulden;
  - overige passiva.
- Netto-activa (eigen vermogen)

Deze (minimum) eisen zijn niet strijdig met het BMJ dat meer gedetailleerde modelschema's voor de inrichting van jaarrekeningen van beleggingsentiteiten bevat (zie Bijlage 2).

IFRS

IFRS kent geen voorgeschreven modellen voor de balans, maar geeft in IAS 1.54 algemene aanwijzingen. In IAS 1.60, 1.66 en 1.69 worden nadere richtlijnen aangegeven voor het onderscheid tussen vlottende en niet-vlottende activa en passiva. Verder wordt verwezen naar de desbetreffende hoofdstukken in dit Handboek.

49.2.2 Beleggingen

49.2.2.1 Waardering

Artikel 2:384 BW bepaalt dat voor financiële instrumenten de keuze bestaat tussen waardering op verkrijgingsprijs of actuele waarde. Volgens artikel 2:401 lid 2 BW mag een beleggingsentiteit de beleggingen tegen marktwaarde waarderen. RJ 615.201 bevat de aanbeveling om beleggingen te waarderen tegen de reële waarde (in de wet 'marktwaarde' genoemd). Onder de marktwaarde wordt verstaan 'het bedrag waarvoor een actief kan worden verhandeld of een verplichting kan worden afgewikkeld tussen ter zake goed geïnformeerde partijen, die tot een transactie bereid en onafhankelijk van elkaar zijn' (art. 4 BAW). Indien voor een beleggingsobject geen actieve markt bestaat, dat wil zeggen dat er geen of geen regelmatige marktnotering bestaat, dient nadere invulling te worden gegeven aan de reële waarde.

Op grond van artikel 10 van het Besluit actuele waarde geldt dat indien financiële instrumenten worden gewaardeerd tegen de actuele waarde, daarvoor in aanmerking komt de marktwaarde. Indien niet direct een betrouwbare marktwaarde voor de financiële instrumenten is aan te wijzen, wordt de marktwaarde benaderd door deze af te leiden uit de marktwaarde van zijn bestanddelen of van een soortgelijk instrument indien voor de bestanddelen ervan of voor een soortgelijk instrument wel een betrouwbare markt is aan te wijzen; of te benaderen met behulp van algemeen aanvaarde waarderingsmodellen en waarderingstechnieken. Overigens is artikel 11 van het Besluit waardering activa in dat kader relevant voor beleggingen in vastgoed. Dat artikel bepaald dat indien activa, niet zijnde financiële instrumenten, die opbrengsten kunnen opleveren als belegging, worden gewaardeerd tegen de actuele waarde, daarvoor in aanmerking komt de marktwaarde. Als benadering van de marktwaarde kan de contante waarde van de geschatte toekomstige kasstromen worden gehanteerd. De Richtlijnen gebruiken ten aanzien van financiële instrumenten in plaats van het begrip marktwaarde het begrip reële waarde.

RJ 615.203 verwijst voor de bepaling van de reële waarde van beleggingen in financiële instrumenten naar Richtlijn 290 Financiële instrumenten(zie hoofdstuk 30) en voor de bepaling van de reële waarde van beleggingen in vastgoed naar Richtlijn 213 'Vastgoedbeleggingen' (zie hoofdstuk 8).

Aanvullende vereisten voor retailbeleggingsentiteiten
Voor icbe's is het vereist om ten minste eenmaal per jaar een onafhankelijke deskundige een waardering uit te laten voeren van de niet-beursgenoteerde activa (art. 4:52a Wft) en de waardevaststelling van financiële derivaten te onderwerpen aan een onafhankelijke toetsing (art. 34a lid 3 BGfo).

IFRS
Onder IFRS zijn voor beleggingsinstellingen vooral de standaarden over financiële instrumenten (IAS 32, IFRS 9, IFRS 7 en IFRS 13) relevant (zie hoofdstuk 30). Deze standaarden hebben betrekking op effecten en afgeleide instrumenten, maar niet op beleggingen in vastgoed (IAS 40, zie hoofdstuk 8).
Op grond van de definitie van een beleggingsentiteit (IFRS 10.27) en het daaruit volgende bedrijfsmodel in combinatie met IFRS 9 (4.1.4 en toepassingsleidraad B4.1.6), zal een beleggingsentiteit haar beleggingen tegen reële waarde waarderen met waardeveranderingen in de winst-en-verliesrekening.

IAS 28 biedt participatiemaatschappijen, beleggingsmaatschappijen en vergelijkbare beleggingsentiteiten die in financiële activa beleggen teneinde te profiteren van hun totaalrendement in de vorm van rente of dividenden en veranderingen in de reële waarde, de optie om beleggingen in joint ventures en deelnemingen te waarderen tegen reële waarde met verwerking van waardeveranderingen in de winst-en-verliesrekening (IAS 28.18).

49.2.2.2 Resultaatbepaling
Artikel 2:384 lid 7 BW stelt dat waardeveranderingen van financiële instrumenten en andere beleggingen ook in het resultaat kunnen worden opgenomen. Waardeveranderingen van afgeleide financiële instrumenten worden onmiddellijk in het resultaat opgenomen, tenzij hedge-accounting wordt toegepast. In aanvulling daarop bepaalt artikel 2:390 lid 1 BW dat een herwaarderingsreserve niet vereist is indien voor deze activa frequente marktwaarderingen bestaan. Voor activa waarvoor dit niet het geval is (bijvoorbeeld in het geval van vastgoedbeleggingen) is een herwaarderingsreserve derhalve wel vereist. Voor beleggingsentiteiten maakt artikel 2:401 lid 2 BW duidelijk dat nadelige koersverschillen van een beleggingsentiteit ten opzichte van de voorafgaande balansdatum niet ten laste van de winst-en-verliesrekening behoeven te worden gebracht, mits zij op de reserves worden afgeboekt en dat voordelige koersverschillen op de reserves mogen worden bijgeboekt. Voor beleggingsinstellingen geldt op grond van artikel 104 van de Gedelegeerde Verordening (231/2013/EU) dat de waardeveranderingen in de winst-en-verliesrekening moeten worden gepresenteerd. Voor icbe's geldt dat RJ 615.202 aanbeveelt om gerealiseerde en ongerealiseerde waardeveranderingen in de winst-en-verliesrekening op te nemen.

Overigens geldt dat in die gevallen waarin niet alle waardeveranderingen in de winst-en-verliesrekening worden opgenomen, op grond van artikel 16b lid 3 van het Besluit modellen jaarrekening buiten de telling van de winst-en-verliesrekening een post 'wijziging in de reserves uit hoofde van waardeveranderingen' dient te worden opgenomen. Het verdient aanbeveling in die gevallen tevens het beleggingsresultaat van de beleggingsentiteit als totaal onder de winst-en-verliesrekening te vermelden.

49 Beleggingsentiteiten

Voor een nadere uiteenzetting van bovengenoemde categorieën en hoe beleggingen in deze categorieën ingedeeld moeten worden, wordt verwezen naar hoofdstuk 30.

49.2.2.3 Transactiekosten

Transactiekosten zijn de kosten die verbonden zijn aan het ruilen of het afwikkelen van het onderliggende financiële instrument. Transactiekosten kunnen betrekking hebben op belastingen en heffingen, provisies betaald aan tussenpersonen, adviseurs, brokers of handelaren en heffingen door toezichthoudende instanties of beurzen (RJ 615.203 met verwijzing naar RJ 290.528).

De verwerking van transactiekosten van beleggingsentiteiten (RJ 615.207) wijkt niet af van hetgeen bepaald is in alinea 501 van Richtlijn 290 (zie hoofdstuk 30) en RJ 213.301 (zie hoofdstuk 8) en derhalve dienen verkoopkosten van beleggingen als onderdeel van de gerealiseerde waardeverandering bij verkoop te worden verwerkt (RJ 615.209).

49.2.2.4 Presentatie en toelichting

De wijze waarop de reële waarde is bepaald, dient te worden toegelicht (RJ 615.402). Voor financiële instrumenten geldt dat artikel 2:371 lid 1 BW toelichting vereist met betrekking tot het onderscheid tussen beursgenoteerde effecten en niet-beursgenoteerde effecten. Artikel 2:381a BW vereist toelichting van het gebruik van een waarderingsmodel of -techniek voor de bepaling van de actuele waarde en toelichting van de aannames die daaraan ten grondslag liggen. RJ 290.912 verduidelijkt dat het gaat om het toelichten van de methoden en belangrijke veronderstellingen die zijn gehanteerd bij het schatten van de reële waarde en wel afzonderlijk voor belangrijke categorieën financiële activa en verplichtingen. Per categorie van financiële instrumenten dienen de actuele waarde, de waardeveranderingen die in de winst-en-verliesrekening zijn opgenomen, de waardeveranderingen die op grond van artikel 2:390 lid 1 BW in de herwaarderingsreserve zijn opgenomen, en de waardeveranderingen die op de vrije reserves in mindering zijn gebracht; te worden toegelicht en per categorie van afgeleide financiële instrumenten, dient informatie over de omvang en de aard van de instrumenten te worden opgenomen, alsmede de voorwaarden die op het bedrag, het tijdstip en de zekerheid van toekomstige kasstromen van invloed kunnen zijn.

RJ 290.916 vereist dat in de toelichting is aangegeven of de reële waarde is afgeleid van genoteerde marktprijzen, onafhankelijke taxaties, netto-contante-waardeberekeningen of dat een andere geschikte methode is gehanteerd. Tevens dienen belangrijke veronderstellingen die gebruikt zijn bij de bepaling van de waarde te worden toegelicht. Bij beleggingen waarvan de waarde is bepaald met behulp van rekenmodellen of taxaties, dienen de gehanteerde rekenmethoden of taxatiemethoden alsmede de frequentie van toepassing daarvan te worden vermeld (RJ 615.402).

Voor niet-financiële instrumenten die opbrengsten kunnen opleveren als beleggingen, zoals vastgoedbeleggingen, geldt dat op grond van artikel 11 lid 2 van het Besluit actuele waarde in de toelichting wordt vermeld welke benaderingsmethode is toegepast en indien de waarde is geschat op basis van de contante waarde van de verwachte toekomstige kasstromen, de aannames waarop de verwachtingen zijn gebaseerd en de gehanteerde rentevoet.

In de toelichting dienen de uitgangspunten voor taxatie uiteengezet te worden. De volgende elementen kunnen hierbij relevant zijn: de wijze van taxatie die is toegepast en indien de taxatie is afgeleid van het verwachte rendement, welke verwachtingen de instelling daaromtrent heeft en de rentevoet die is toegepast. Voorts dient te worden vermeld of taxatie verricht is door interne dan wel externe taxateurs. Indien geen jaarlijkse taxatie plaatsvindt van de portefeuille als geheel dan dient vermeld te worden welk deel van de waarde van de portefeuille in welk boekjaar is gewaardeerd (RJ 615.403).

Aanvullende toelichtingsvereisten voor retailbeleggingsentiteiten
Voor retailbeleggingsentiteiten dient te worden medegedeeld in hoeverre activa die geen beursgenoteerde financiële instrumenten zijn, door een onafhankelijke deskundige zijn gewaardeerd, volgens welke methode de waardering heeft plaatsgevonden, alsmede de regelmaat waarmee deze waardering plaatsvindt (RJ 615.404 en art. 122 lid 1 onder d BGfo).

IFRS
IFRS bevat uitgebreidere bepalingen inzake de toelichting op de waardering van financiële instrumenten en beleggingen in vastgoed. Zie hoofdstuk 8 en hoofdstuk 30.

49.2.2.5 Toelichting verloop en samenstelling beleggingen

De toelichting op de jaarrekening bevat - al dan niet door middel van referentie naar een ander onderdeel van het jaarverslag - een overzicht van de (beleggings)portefeuille van de beleggingsentiteit aan het einde van de verslagperiode (art. 22 lid 2 (c) AIFMD en art. 105 lid 1 (a) Gedelegeerde Verordening (231/2013)).

Aanvullende toelichtingsvereisten voor retailbeleggingsentiteiten
Voor retailbeleggingsentiteiten bepaalt artikel 122 lid 1 BGfo dat in de toelichting onder meer de volgende informatie moet worden opgenomen:
▶ een sluitend overzicht van het verloop gedurende het boekjaar van de beleggingen onderscheiden naar soort, waarin de som van de verkrijgingen, de som van de vervreemdingen, herwaarderingen en koersverschillen zijn opgenomen (RJ 615.406).
Onder onderscheiden naar soort dient te worden verstaan de indeling naar verschillende soorten effecten en andersoortige beleggingen, zoals beleggingen in vastgoed.
Voor vastgoedfondsen dient op grond van RJ 213.803 het verloop de volgende posten te omvatten: investeringen (onderscheid tussen initiële verkrijgingen en latere uitgaven); investeringen door overnames, buitengebruikstellingen en afstotingen; winsten of verliezen vanwege aanpassingen van de reële waarde, omrekeningsverschillen, overboekingen van en naar voorraden en vastgoed voor eigen gebruik en overige mutaties;
▶ de samenstelling van de beleggingen per einde van het boekjaar (RJ 615.407) uitgesplitst volgens de maatstaven die het best passen bij het beleggingsbeleid;
▶ een gespecificeerde opgave van beleggingen die deelneming zijn in de zin van artikel 2:389 lid 1 BW.

Voorbeeld verloopoverzicht van beleggingen

x € 1.000	Waarde begin boekjaar	Aankopen	Verkopen (tegen boekwaarde)	Gerealiseerd resultaat verkopen	Ongerealiseerde waardeveranderingen	Waarde einde boekjaar
Aandelen	1.102	649	(492)	(151)	140	1.248
Overige kapitaalbelangen	56	4	-	-	8	68
Obligaties	4.352	1.455	(1.461)	(133)	377	4.590
Onderhandse leningen	102	0	(10)	(1)	3	94
Hypothecaire leningen	561	132	(208)	(37)	46	494
Opties en warrants	33	10	(10)	185	(2)	216
Onroerend goed	876	260	(40)	(6)	24	1.114
Edele metalen	-	208	-	(208)	-	-
Overige beleggingen	109	23	(15)	(19)	(21)	77
Totaal	**7.191**	**2.741**	**(2.236)**	**(370)**	**575**	**7.901**

49 Beleggingsentiteiten

RJ 615.406 stelt dat in afwijking van Richtlijn 350 Gesegmenteerde informatie met betrekking tot segmentatie volstaan kan worden met het opnemen van het verloopoverzicht en het toelichten van de samenstelling van de beleggingen.

IFRS

IFRS kent geen specifieke vereisten omtrent een toelichting van de samenstelling en het verloop van beleggingen en derhalve ook geen specifieke vrijstellingen omtrent segmentinformatie voor (beursgenoteerde) beleggingsentiteiten.

IFRS 12 vereist informatieverschaffing inzake de aard van de risico's en de gevolgen voor de financiële positie, financiële prestaties en kasstromen die verband houden met belangen in andere entiteiten waarover een entiteit zeggenschap heeft (IFRS 12.6(b)(ii)).
Voor elke niet-geconsolideerde dochteronderneming, gezamenlijke overeenkomst en geassocieerde deelneming van materieel belang, vermeldt een beleggingsentiteit de naam, de aard van de relatie, de hoofdvestiging en de omvang van het eigendomsbelang (en stemrechten indien verschillend) (IFRS 12.19B en IFRS 12.21(a)). Verder vermeldt de beleggingsentiteit de aard en omvang van eventuele belangrijke beperkingen en verbintenissen of voornemens om steun te verlenen (IFRS 12.19D, IFRS 12.22(a) en IFRS 12.31) en indien tijdens de verslagperiode onverplicht steun is verleend: de redenen daarvoor alsmede het type en omvang van de steun (IFRS 12.19E en IFRS 12.30).
De beleggingsentiteit vermeldt de voorwaarden van alle contractuele overeenkomsten op grond waarvan de beleggingsentiteit of haar dochterondernemingen verplicht kunnen zijn financiële steun te verlenen aan gestructureerde entiteiten waarover zij de zeggenschap heeft, met inbegrip van de gebeurtenissen of omstandigheden die kunnen leiden tot een verlies (IFRS 12.19F) en indien tijdens de verslagperiode onverplicht steun is verleend resulterend in zeggenschap over die gestructureerde entiteit: een verklaring van de relevante factoren die geleid hebben tot de beslissing om steun te verlenen (IFRS 12.19G).

Indien de beleggingsentiteit de moedermaatschappij is van een andere beleggingsentiteit, dan worden ook de naam, de hoofdvestiging en de omvang van het eigendomsbelang (en stemrechten indien verschillend) vermeld van beleggingen waarover zeggenschap door de andere beleggingsentiteit wordt uitgeoefend. Deze informatie mag worden verschaft door in de jaarrekening van de beleggingsentiteit de jaarrekening van de andere beleggingsentiteit op te nemen (IFRS 12.19C).
ESMA Decision (ref EECS/0119-94) inzake 'Disclosure of fair value measurement of investments by an investment entity)' maakt duidelijk dat van een beleggingsentiteit die belegt via daartoe opgerichte juridische entiteiten (dochter(s)), additionele toelichting wordt verwacht – naar analogie van IFRS 13 – inzake de reële waarde van de (uiteindelijke) beleggingen, zoals:
▶ het niveau van de reële-waardehiërarchie (niveau 1, 2 of 3) per type of categorie;
▶ kwalitatieve informatie inzake de gebruikte waarderingsprocessen (met in begrip van, bijvoorbeeld hoe het waarderingsbeleid en de -procedures zijn bepaald voor het beoordelen van de juistheid en de betrouwbaarheid van waarderingen, vooral als waarderingsinformatie volgt uit externe informatiebronnen, en hoe veranderingen in waarderingen tegen reële waarde van periode tot periode worden geanalyseerd;
▶ kwantitatieve informatie inzake de waarderingstechnieken en significante niet-waarneembare inputs (niveau 3) die bij de bij de ontwikkeling van die waarderingen zijn gebruikt.

49.2.2.6 Toelichting beleggingen in andere beleggingsentiteiten

Aanvullende toelichtingsvereisten voor retailbeleggingsentiteiten

Een beleggingsentiteit die ten minste **85%** van het beheerde vermogen (in)direct heeft belegd in een andere beleggingsentiteit, wordt ook wel aangeduid als 'feeder', waarbij de andere beleggingsentiteit wordt aangeduid als 'master'. De feeder verstrekt de hierboven genoemde informatie met betrekking tot de master (art. 122 lid 1g BGfo), alsmede informatie omtrent het beleggingsbeleid van de master (art. 124 lid 1j BGfo).
Aan deze vereisten kan worden voldaan door het jaarverslag van de master bij te voegen bij het jaarverslag van de feeder, mits het bijgevoegde jaarverslag deze informatie bevat.

In de situatie dat er niet slechts één feeder in één master belegt, is het inzicht in de resultaten van de master erbij gebaat dat het gealloceerde aandeel van de feeder in het resultaat van de master wordt toegelicht. Hierbij kan onderscheid worden gemaakt in:
- direct resultaat uit beleggingen, verder onderverdeeld in dividendresultaat, rente-inkomsten en huurinkomsten;
- indirect resultaat uit beleggingen: gerealiseerde en ongerealiseerde winsten en verliezen uit beleggingen;
- kosten, verder onderverdeeld in beheerkosten, prestatievergoedingen, bewaarkosten en overige kosten, waarbij een eventuele (gedeeltelijke) teruggave van de gealloceerde kosten aan de feeder, wordt toegelicht; en
- overige resultaten.

De volgende informatie wordt opgenomen in de toelichting op de winst-en-verliesrekening indien de beleggingsentiteit gemiddeld 20% of meer van het beheerd vermogen direct of indirect belegt in een andere beleggingsentiteit (art. 124 lid 1 onder i BGfo):
1. waar de meest recente jaarrekening en het bestuursverslag van de andere beleggingsentiteit verkrijgbaar zijn;
2. of en zo ja, waar de beleggingsentiteit onder toezicht staat;
3. het relatieve belang van de beleggingsentiteit in de andere beleggingsentiteit aan het begin en einde van het boekjaar;
4. de intrinsieke waarde van de rechten van deelneming in de andere beleggingsentiteit aan het einde van het meest recente boekjaar van die andere beleggingsentiteit;
5. de samenstelling van de beleggingsportefeuille van de andere beleggingsentiteit aan het begin en het einde van het meest recente boekjaar van de andere beleggingsentiteit;
6. een beschrijving van het beleggingsresultaat van de andere beleggingsentiteit aan de hand van de meest recente jaarrekening van die andere beleggingsentiteit;
7. indien van toepassing: de afspraken tussen de beleggingsentiteit en de andere beleggingsentiteit over de verdeling van kosten en aan wie het voordeel ten goede komt.

49.2.3 Geldmiddelen en kasequivalenten

Waardering en resultaatbepaling

Banktegoeden worden verantwoord tegen nominale waarde omgerekend tegen de actuele wisselkoers.

Deposito's bij banken en in aanmerking komende kortlopende liquide beleggingen die ter belegging worden aangehouden, dienen als belegging te worden gepresenteerd (BMJ, balansmodel Q en R) en volgen de regels voor waardering en resultaatbepaling van beleggingen.

Presentatie en toelichting

Geldmiddelen en kasequivalenten betreffen onder meer, maar niet uitsluitend, kasmiddelen, direct opvraagbare deposito's en in aanmerking komende kortlopende liquide beleggingen (RJ 615.302a) en sluit daarmee aan op het begrip geldmiddelen (Richtlijn 940) zoals gehanteerd in het kasstroomoverzicht en is daarmee ruimer dan het begrip liquide middelen zoals die in de balans worden gepresenteerd. Indien de beleggingsentiteit kasequivalenten heeft zoals bedoeld in Gedelegeerde Verordening (231/2013) die afwijken van de definitie liquide middelen Richtlijn 940 (zoals in aanmerking komende kortlopende liquide beleggingen), dient een beleggingsentiteit de componenten en de bijbehorende bedragen van deze kasequivalenten afzonderlijk te vermelden in de toelichting op de balans, en te vermelden in welke posten van de balans de bedragen van deze componenten zijn opgenomen (RJ 615.302a).

IFRS

Volgens IAS 7.45 dient in de toelichting uiteengezet te worden uit welke componenten de kas en de kasequivalenten bestaan (en een aansluiting tussen de bedragen in het kasstroomoverzicht en in de balans worden vermeld).

49.2.4 Vorderingen, crediteuren, schulden en overlopende posten

Waardering en resultaatbepaling

Inzake overige financiële instrumenten is in RJ 615.203 met referentie naar RJ 290.529 bepaald dat de boekwaarde op basis van historische kosten van debiteuren en crediteuren onderworpen aan normale handelskredietvoorwaarden, in het algemeen de reële waarde benadert. Evenzo is de reële waarde van een depositoverplichting zonder een bepaalde resterende looptijd gelijk aan het onmiddellijk opeisbare bedrag op balansdatum (RJ 290.530).

IFRS

Ook onder IFRS wordt gesteld dat de reële waarde van een financieel instrument bij eerste opname normaliter de transactieprijs is (IFRS 9.B5.1.1). Dat wil zeggen de reële waarde van de betaalde of ontvangen vergoeding. Als echter een deel van de betaalde of ontvangen vergoeding voor iets anders is dan het financiële instrument, moet de reële waarde van het financiële instrument worden bepaald. De reële waarde van een niet-rentedragende langlopende lening of vordering kan bijvoorbeeld worden bepaald als de contante waarde van alle toekomstige kasontvangsten, gedisconteerd tegen de geldende marktrentevoet(en) voor een vergelijkbaar instrument (vergelijkbaar wat betreft valuta, looptijd, type rentevoet en andere factoren) met een vergelijkbare creditrating. Een eventueel aanvullend geleend bedrag is een last of een batenvermindering, tenzij het voor opname als een ander type actief in aanmerking komt.

Voor financiële verplichtingen met een kenmerk van directe opeisbaarheid – zoals een direct opvraagbaar deposito – maakt IFRS 13.47 duidelijk dat de reële waarde minimaal gelijk is aan het onmiddellijk opeisbare bedrag, gedisconteerd vanaf de eerste datum waarop het bedrag zou kunnen worden opgeëist.

IFRS 10.B85M maakt duidelijk dat een beleggingsentiteit haar niet-beleggingsactiva of haar verplichtingen niet tegen reële waarde hoeft te waarderen. Afhankelijk van men name het bedrijfsmodel voor financiële activa en passiva, is waardering tegen geamortiseerde kostprijs vereist (IFRS 9 4.1.2 en 4.2.1/4.2.2) als niet gekozen wordt waarderingen tegen reële waarde met verwerking van waardeveranderingen in winst en verlies.

Presentatie en toelichting

Op grond van BMJ (balansmodel Q en R) worden de vorderingen en schulden uit hoofde van effectentransacties separaat gepresenteerd en gesplitst in vorderingen op commissionairs en andere. Schulden aan

groepsmaatschappijen, participanten en aan maatschappijen waarin wordt deelgenomen alsmede schulden ter zake belastingen worden separaat gepresenteerd.
Er zijn geen specifieke toelichtingsvereisten voor de toelichting van vorderingen, schulden en overlopende posten door beleggingsentiteiten.

IFRS kent geen voorgeschreven modellen voor de inrichting van de balans.

49.2.5 Netto-activa
49.2.5.1 'Puttable instrumenten'
In IAS 32 zijn de grondslagen vastgelegd voor de indeling van financiële instrumenten als financiële verplichtingen of eigen vermogen. Deze grondslagen zijn met name van toepassing op de indeling van instrumenten met terugneemverplichting (*puttable instruments*) die door de houder aan de emittent mogen worden aangeboden in ruil voor geldmiddelen of een ander financieel instrument, zoals het geval is bij een 'open-end'-beleggingsentiteit. Het gevolg is dat 'open-end'-beleggingsentiteiten niet langer een eigen vermogen zouden kunnen presenteren en de uitgekeerde dividenden als financieringskosten dienen te presenteren.

Waardering en resultaatbepaling
'Open-end'-fondsen en fondsen waarbij de deelnemers recht hebben op een aandeel in het vermogen bij liquidatie, classificeren deze deelnemingsrechten ('puttable instrumenten') bij wijze van uitzondering op de definitie van een financiële verplichting als een eigen-vermogensinstrument als het alle volgende kenmerken heeft (IAS 32.16A):
- de deelnemers hebben recht op een pro rata deel van de netto activa bij liquidatie;
- het deelnemingsrecht behoort tot de categorie instrumenten die bij alle andere categorieën instrumenten is achtergesteld;
- de deelnemingsrechten in deze categorie hebben identieke kenmerken;
- de deelnemingsrechten kennen geen andere contractuele verplichtingen dan dat de beleggingsentiteit ze terugkoopt; en
- de beleggingsentiteit heeft geen ander financieel instrument of contract waarbij:
  - de verwachte kasstromen gedurende de looptijd van dit andere financieel instrument of contract in aanzienlijke mate gebaseerd zijn op de winst of het verlies, de verandering in de opgenomen netto activa of de verandering in de reële waarde van de opgenomen en niet-opgenomen netto activa van de beleggingsentiteit; en
  - dit andere financieel instrument of contract de rechten van de houders van de 'puttable deelnemingsrechten' substantieel beperken of vastleggen.

Deze 'puttable instrumenten' worden in de praktijk onder andere uitgegeven door 'open-end'-beleggingsinstellingen. RJ 290.808 spreekt eveneens van 'puttable eigen-vermogensinstrumenten' die onder bepaalde, hierboven genoemde voorwaarden als eigen vermogen gepresenteerd mogen worden. Dit betreft echter de behandeling in de geconsolideerde jaarrekening. In de enkelvoudige jaarrekening wordt onder de Nederlandse verslaggevingsregels de juridische vorm gevolgd, dat wil zeggen dat alle eigen-vermogens-instrumenten, 'puttable' of niet, als eigen vermogen worden gepresenteerd.

Voor wat betreft de waardering van 'puttable instruments' van een beleggingsinstelling ingeval de deelnemer het recht heeft om de deelnemingsrechten op elk moment terug te laten kopen door de beleggingsentiteit kan een probleem ontstaan als de dagelijkse waardebepaling ten behoeve van toe- en uittredingen door de beleggingsentiteit, afwijkt van de waardering volgens IFRS-grondslagen. IAS 32 geeft niet aan hoe de waarde berekend moet worden, maar stelt wel dat de berekening in hoofdlijnen aan moet sluiten bij IFRS. Op basis daarvan zou het in voorkomende gevallen aanvaardbaar kunnen zijn om voor de waardering van de 'puttable instruments' uit te gaan van de grondslagen die ook worden gehanteerd voor de dagelijkse waardebepaling ten behoeve van toe- en uittredingen. Het is aan te bevelen dat de beleggingsinstelling deze waardebepaling zichtbaar maakt in de toelichting middels een reconciliatie naar de IFRS-waarde.

49.2.5.2 Inkoop en heruitgifte van eigen deelnemingsrechten

Transacties in eigen deelnemingsrechten hebben onder andere invloed op de wijze van bepaling van de intrinsieke waarde per deelnemingsrecht en de winst per deelnemingsrecht. Vooral bij 'open-end'-beleggingsinstellingen komen dergelijke transacties regelmatig voor. Richtlijn 615 bevat regels ten aanzien van de verwerkingswijze van de inkoop en (her)uitgifte van eigen deelnemingsrechten en dividenduitkeringen voor uitsluitend 'open-end'-beleggingsentiteiten. Deze regels worden in deze paragraaf nader behandeld.

Verwerking van inkoop van eigen deelnemingsrechten

In Boek 2 BW is een aantal bepalingen opgenomen omtrent de verwerking van de inkoop van eigen deelnemingsrechten. In beginsel wordt het kapitaal niet verminderd met het bedrag van de ingekochte eigen deelnemingsrechten (art. 2:373 lid 3 BW). Volgens artikel 2:378 lid 2 BW dient in de toelichting te worden vermeld op welke post van het eigen vermogen de verkrijgingsprijs of boekwaarde daarvan in mindering is gebracht. Eigen deelnemingsrechten die de beleggingsinstelling houdt of doet houden, mogen niet worden geactiveerd (art. 2:385 lid 5 BW).

RJ 615.705 stelt echter dat het voor 'open-end'-beleggingsentiteiten aanvaardbaar is om de nominale waarde van de ingekochte eigen deelnemingsrechten zichtbaar in mindering te brengen op het geplaatste kapitaal en het verschil tussen de nominale waarde en de verkrijgingsprijs in mindering te brengen op het agio. Als de beleggingsentiteit deze verwerkingswijze hanteert, moet zij in de toelichting een mutatie-overzicht van de transacties in eigen deelnemingsrechten opnemen en de nominale waarde aangeven van de in bezit zijnde eigen deelnemingsrechten die in mindering zijn gebracht op het geplaatste kapitaal (RJ 615.429). Een dergelijk mutatie-overzicht behoeft niet te worden opgenomen als de beleggingsmaatschappij met veranderlijk kapitaal de eigen deelnemingsrechten behandelt als waren zij ingetrokken (RJ 615.430).

Voorbeeld mutatie-overzicht, XYZ Fund NV

Geplaatst kapitaal

Het maatschappelijk kapitaal bedraagt € 5.000.000,40 en is verdeeld in 12.500.000 gewone aandelen en 1 prioriteitsaandeel van elk € 0,40 nominaal. Per 31 december 2017 zijn 2.142.790 gewone aandelen en 1 prioriteitsaandeel geplaatst, volledig volgestort in contanten. Alle (her)uitgiften en innamen door XYZ hebben plaatsgevonden tegen de in het prospectus vermelde condities en volgens de voorgeschreven procedures.

Geplaatst kapitaal	2021		2020	
	Aantal aandelen	Kapitaal x € 1.000	Aantal aandelen	Kapitaal x € 1.000
Stand begin boekjaar	2.130.047	852	2.721.710	1.088
(Her)uitgegeven	351.743	141	294.369	118
Ingenomen	(338.999)	(136)	(886.032)	(354)
Stand eind boekjaar	2.142.791	857	2.130.047	852

Omdat de beleggingsmaatschappij met veranderlijk kapitaal regelmatig handelt in eigen deelnemings-rechten, hoeft zij op grond van artikel 2:401 BW geen gedetailleerde informatie per verwerving of vervreemding te vermelden zoals artikel 2:378 lid 3 BW eist (RJ 615.430).

De in de verkrijgingsprijs begrepen vergoeding voor resultaat van het lopende boekjaar dient niet via de winst-en-verliesrekening te worden verantwoord doch te worden verwerkt via de agioreserve of via een egalisatierekening (RJ 615.706). De egalisatierekening dient als onderdeel van het eigen vermogen te worden gepresenteerd. Eventuele dividenduitkeringen op in bezit zijnde eigen deelnemingsrechten moeten, bij toepassing van een egalisatierekening, eveneens op deze rekening worden geboekt (RJ 615.712). Hierdoor wijkt de berekening van de winst per deelnemingsrecht af van de in Richtlijn 340 voorgestelde berekeningswijze.

Het voor uitkering beschikbare bedrag per aandeel dat niet door transacties in eigen deelnemingsrechten wordt beïnvloed, wordt als volgt berekend (RJ 615.713):

$$\frac{\text{winst lopend boekjaar + mutatie egalisatierekening}}{\text{aantal bij derden uitstaande aandelen}}$$

De verwerkingswijze van het dividend op ingekochte eigen deelnemingsrechten verandert de fiscale doorstootverplichting voor fiscale beleggingsinstellingen niet (RJ 615.714). Indien de fiscale uitdelingsverplichting het voor uitkering beschikbare bedrag per aandeel overtreft, dient dit te worden toegelicht (RJ 615.425).

Verwerking van dividend op eigen deelnemingsrechten
Artikel 2:105 lid 5 BW en artikel 2:216 lid 5 BW bepalen dat eigen deelnemingsrechten bij de berekening van de winstverdeling meetellen, tenzij de statuten van de beleggingsinstelling anders bepalen. Dit houdt in dat indien de statuten de eigen deelnemingsrechten niet uitsluiten, het gedeclareerde dividend verwerkt dient te worden via (RJ 615.708):
▶ het agio; of
▶ de overige reserves (bijvoorbeeld de herbeleggingsreserve); of
▶ de egalisatierekening.

Aangegeven dient te worden welke verwerkingsmethode is toegepast (RJ 615.708).

Verwerking van verkoop/heruitgifte van eigen deelnemingsrechten
De verschillen tussen de heruitgifteprijs en de verkrijgingsprijs dienen op dezelfde wijze te worden verwerkt als de methode waarop de inkoop van eigen deelnemingsrechten wordt verwerkt. Dit geldt echter niet als de beleggingsmaatschappij met veranderlijk kapitaal de ingekochte eigen deelnemingsrechten behandelt alsof ze waren ingetrokken. De verkrijgingsprijs dient bij voorkeur via fifo-volgorde of benadering hiervan te worden bepaald (RJ 615.709).

Indien bij dergelijke transacties separaat aan beleggers kosten voor oprichting of emissie in rekening worden gebracht, dienen die kosten en de daarop betrekking hebbende opbrengsten in het resultaat te worden verwerkt (RJ 615.710).
Indien een beleggingsentiteit bij een emissie of inkoop van eigen deelnemingsrechten in de heruitgifte- of inkoopprijs een opslag respectievelijk afslag voor (het aandeel in de) transactiekosten van de aankoop of verkoop van beleggingen door de beleggingsentiteit begrepen heeft en indien de voornoemde opslag respectievelijk afslag afzonderlijk identificeerbaar is, dient een dergelijke opslag of afslag altijd ten gunste van het resultaat te worden verwerkt (RJ 615.711) onder de overige (bedrijfs)opbrengsten (Nota van Toelichting bij Wijzigingsbesluit BMJ). Indien de opslag respectievelijk afslag niet afzonderlijk identificeerbaar is, dan is deze onderdeel van de heruitgifte- of inkoopprijs en wordt deze in overeenstemming met RJ 240.403 rechtstreeks in het eigen vermogen (agio) verwerkt.

IFRS

Indien een entiteit haar eigen-vermogensinstrumenten inkoopt, moeten deze instrumenten ('ingekochte eigen aandelen') in mindering worden gebracht op het eigen vermogen. Er mag in het overzicht van gerealiseerde en niet-gerealiseerde resultaten geen winst of verlies worden opgenomen op de inkoop, verkoop, uitgifte of intrekking van eigen-vermogensinstrumenten van een entiteit (IAS 32.33). Een betaalde of ontvangen vergoeding moet rechtstreeks in het eigen vermogen worden verwerkt.

Presentatie en toelichting

Aanvullende toelichtingsvereisten voor retailbeleggingsentiteiten

De berekeningswijze van op- en afslagen alsmede aan wie de op- en afslagen ten goede zijn gekomen moet worden vermeld, evenals de overige eenmalige kosten die deelnemers in de beleggingsinstelling betalen bij in- en uittreding, inclusief de berekeningsgrondslag (art. 123 lid 1 onder h en i BGfo).

Voor retailbeleggingsentiteiten bepaalt artikel 122 lid 1c BGfo dat in de toelichting een vergelijkend overzicht opgenomen moet worden van de intrinsieke waarde en het aantal uitstaande rechten van deelneming per het einde van het boekjaar over de laatste drie jaar. RJ 615.408 verduidelijkt dat met het begrip intrinsieke waarde het volgens de balans zichtbare eigen vermogen van de beleggingsentiteit wordt bedoeld. Dit overzicht wordt in de praktijk veelal gecombineerd met het vereiste overzicht van het beleggingsresultaat per (bij derden uitstaand) deelnemingsrecht over de laatste vijf jaar volgens RJ 615.501.

Voorbeeld fictief meerjarenoverzicht

Net Asset Value	31-12-2021	31-12-2020	31-12-2019	31-12-2018	31-12-2017
NAV volgens balans	4.922	6.862	10.207	5.827	7.070
af: prioriteitsaandelen	-	133	125	106	116
	4.992	6.729	10.082	5.721	6.954
aantal uitstaande aandelen	232.329	286.329	318.329	395.329	467.829
NAV per aandeel €*	21,18	23,51	31,67	14,47	14,87
Beurskoers €	21,20	23,64	32,67	14,31	15,00
dividend per aandeel €*	-	-	-	-	-

* Op basis van het aantal op 31 december bij derden uitstaande aandelen.

Winst-en-verliesrekening	2021	2020	2019	2018	2017
opbrengsten uit beleggingen**	0,59	0,41	0,26	0,25	0,36
koersresultaten**	-3,50	-10,07	14,43	0,71	-9,87
kosten**	0,95	-0,95	-0,59	-0,48	-0,66
Totaal beleggingsresultaat**	-3,86	10,62	14,10	0,48	10,16

** Op basis van het aantal gemiddeld over het jaar bij derden uitstaande aandelen.

Aanvullend wordt in artikel 146 lid 1c BGfo voor icbe's een verdergaande uitsplitsing van de gesaldeerde mutaties in het eigen vermogen vereist, waaronder inkomsten uit beleggingen, overige inkomsten, belastingen, bestemming van het nettoresultaat, koersverschillen op beleggingen en mutaties ten gevolge van uitgifte of inkoop van deelnemingsbewijzen en overige mutaties van activa en passiva.

49.3 Winst-en-verliesrekening

49.3.1 Inrichting van de winst-en-verliesrekening

Voor de winst-en-verliesrekening is model S voorgeschreven (art. 16b lid 2 BMJ). Op grond van de Gedelegeerde Verordening (231/2013), overgenomen in RJ 615.303, bevat de winst-en-verliesrekening minimaal de volgende elementen:

Opbrengsten
- direct resultaat (dividend, rente en huur);
- indirect resultaat (gerealiseerde en ongerealiseerde waardeveranderingen); en
- overig resultaat (bijvoorbeeld opbrengsten uitlenen effecten).

Kosten
- beheerkosten (inclusief de prestatie gerelateerde vergoeding welke afzonderlijk dient te worden toegelicht op grond van RJ 615.306);
- bewaarkosten (RJ 615.303);
- overige kosten.

Deze (minimum) eisen zijn niet strijdig met het BMJ dat meer gedetailleerde modelschema's voor de inrichting van jaarrekeningen van beleggingsentiteiten bevat (zie Bijlage 2).

Wanneer gerealiseerde en/of ongerealiseerde waardeveranderingen via de reserves worden verwerkt (art. 2:401 lid 2 BW), dient buiten de telling van de winst-en-verliesrekening een post 'wijziging in de reserves uit hoofde van koersverschillen' te worden opgenomen (art. 16b lid 3 BMJ).

IFRS heeft geen voorgeschreven modellen voor de winst-en-verliesrekening, maar kent wel enkele algemene vereisten die zijn vastgelegd in IAS 1.82 en verder.

49.3.2 Beleggingsresultaat

Waardering en resultaatbepaling

Onder het beleggingsresultaat van een beleggingsentiteit verstaat men het rendement van de beleggingsentiteit dat bestaat uit direct resultaat uit beleggingen, indirect resultaat uit beleggingen (waardeveranderingen), overig resultaat alsmede beheer-, bewaar- en overige kosten (RJ 615.303).

Dividenden en terugbetaling van ingebracht kapitaal

In paragraaf 5.3.6 is de hoofdregel voor de verwerking van dividenden opgenomen: deze worden verwerkt als daarop recht is verkregen (RJ 270.125). Een uitzondering op deze hoofdregel betreft uitkeringen die duidelijk het karakter hebben van een terugbetaling van ingebracht kapitaal. Naar analogie van RJ 214.504 worden dividenden (kapitaaluitkeringen) die geacht worden onderdeel te zijn geweest in de verkrijgingsprijs niet als resultaat verantwoord maar op de verkrijgingsprijs in mindering gebracht. Het bepalen of een uitkering dividend of terugbetaling van ingebracht kapitaal betreft, is niet verder uitgewerkt in de Nederlandse wet- en regelgeving en vereist oordeelsvorming.

De beleggingsentiteit zal een consistente grondslag moeten bepalen en toelichten. Het volgende kan worden overwogen om te bepalen of er sprake is van dividend of terugbetaling van ingebracht kapitaal:
- de aard van de ontvangen transactiedocumentatie (zoals een dividend nota);
- het al dan niet inhouden van bron- of dividendbelasting;

- het bedrag van de uitkering in relatie tot de (cumulatieve) onverdeelde resultaten;
- het afstempelen of intrekken van (een deel van) de aandelen;
- het (korte) tijdsbestek tussen de investering en de uitkering.

Presentatie en toelichting

Een splitsing tussen gerealiseerde en ongerealiseerde waardeveranderingen kan arbitrair zijn omdat de kostprijs van de beleggingen op verschillende wijze kan worden bepaald. Om die reden eist RJ 615.303 geen uitsplitsing in de winst-en-verliesrekening - zoals vereist in de Gedelegeerde Verordening (231/2013). In plaats daarvan vereist RJ 615.303 dat de post indirect resultaat uit beleggingen (waardeveranderingen) in de toelichting verder wordt uitgesplitst naar gerealiseerde en ongerealiseerde winsten uit beleggingen per soort beleggingen en gerealiseerde en ongerealiseerde verliezen uit beleggingen en RJ 615.405a vereist toelichting van hoe deze resultaten zijn bepaald.

IFRS

Voor de algemene wijze van verwerking van het beleggingsresultaat onder IFRS wordt verwezen naar paragraaf 49.2.2. Interest dient te worden verwerkt op basis van de 'effectieve rente'-methode. Dividenden worden alleen in winst en verlies opgenomen wanneer het recht op dividend is vastgesteld, het bedrag betrouwbaar kan worden bepaald en de ontvangst waarschijnlijk is (IFRS 9 5.7.1A).

In de winst-en-verliesrekening of toelichting dient volgens IAS 1.99 een analyse van de kosten te worden gemaakt naar de aard van de kosten of de functie van de kosten voor de entiteit.

49.3.3 Kosten

Presentatie en toelichting

Vereisten aan kostentransparantie zijn prominent opgenomen in het BGfo en vormen derhalve verplichte toelichting voor retailbeleggingsentiteiten. Het BGfo vereist één kostenparagraaf en stelt gedetailleerde eisen aan de cijfermatige en tekstuele toelichting van de kosten (art. 123 lid 5 en 6 BGfo). De hoogte van verschillende kostensoorten moet worden aangegeven inclusief de berekeningsgrondslag en de wijze van verwerking in de verslaggeving (RJ 615.405).

49.3.3.1 Lopende kosten factor ('ongoing charges')

Aanvullende toelichtingsvereisten voor retailbeleggingsentiteiten
De termen *Total Expense Ratio* (TER) en 'synthetische kostenratio' zijn vanaf boekjaar 2012 komen te vervallen en vervangen door de term 'Lopende kosten'. Internationaal wordt dit laatste als *Ongoing Charges Figure* ('OCF') aangeduid.

Op grond van artikel 123 lid 1 onder l BGfo dient in de toelichting op de jaarrekening het niveau van de kosten te worden toegelicht gerelateerd aan haar gemiddelde intrinsieke waarde. De Nadere regeling gedragstoezicht financiële ondernemingen (NRgfo) geeft een verdere uitwerking van de vereisten aan de toelichting op de lopende kosten (factor), de eventueel in rekening gebrachte prestatievergoedingen en de portefeuille omloop factor (art. 6:2 NRgfo).

De NRgfo verwijst op zijn beurt naar artikel 10 lid 2 onderdeel b van Verordening nr. 583/2010 en de uitwerking van de ESMA (CESR 10-674). Hierin zijn de volgende vereisten opgenomen ten aanzien van de berekening en de toelichting van de lopende kosten factor:
- Er is een toereikende definitie van de lopende kosten opgenomen en deze definitie is in lijn met de hiervoor genoemde verordening en de uitwerking door ESMA. De definitie bevat minimaal de volgende elementen:
  - totaal van alle kosten onttrokken aan de beleggingsentiteit; en alle andere betalingen uit de activa van de beleggingsentiteit in de verslagperiode;
  - de kosten zijn vereist of toegestaan onder Nederlandse wet- en regelgeving, statuten en prospectus.
- Minimaal alle hierna volgende lopende kosten zijn onderdeel van de toelichting, voor zover deze in mindering zijn gebracht op de activa van de beleggingsentiteit in het verslagjaar:
  a. Alle vergoedingen aan de volgende personen, inclusief de personen waaraan taken zijn gedelegeerd:
     - de beheerder van de beleggingsentiteit;
     - het bestuur van de beleggingsentiteit;
     - bewaarinstelling (*depository*);
     - de bewaarder (*custodian*);
     - de beleggingsadviseur.
  b. Alle vergoedingen aan enige persoon die uitbestedingswerkzaamheden levert aan de hiervoor genoemde personen:
     - leveranciers van waarderings- en administratieve diensten;
     - leveranciers van diensten aan aandeelhouders, zoals distributeurs, effectenmakelaars en liquiditeitsverschaffers, et cetera.
  c. Registratievergoedingen, kosten van toezicht en vergelijkbare kosten.
  d. Accountantskosten.
  e. Betalingen aan (juridische) adviseurs.
  f. Distributievergoedingen.

- Niet opgenomen in de lopende kosten zijn de volgende kosten en vergoedingen:
  a. toe- en uittredingskosten of commissies et cetera die direct door de beleggers worden betaald;
  b. een prestatieafhankelijke vergoeding voor de beheerder of beleggingsadviseur;
  c. betaalde interest op leningen o/g;
  d. transactiekosten inzake de beleggingen (expliciet of impliciet, zoals de kosten verbonden aan een handelsplatform voor vastrentende waarden, market impact costs);
  e. betalingen inzake het aanhouden van derivaten, zoals margin calls;
  f. de waarde van goederen of diensten ontvangen door de beheerder in ruil voor het plaatsen van orders bij een effectenmakelaar (soft commissions) en vergelijkbare arrangementen.
  * Kosten die gemaakt worden door en ten laste van de beheerder van de beleggingsentiteit (RJ 615.413). Niet uitgesloten zijn transactiekosten vergoed aan personen onder het tweede gedachte streepje hierboven, onderdelen (a) en (b) die niet rechtstreeks aan de beleggingsentiteit toe te rekenen zijn en transactiekosten die samenhangen met aan- en verkopen van deelnemingen in onderliggende beleggingsentiteiten.
- In het geval van een *fee sharing agreement* kan de beheerder of een andere partij de kosten maken die (gedeeltelijk) voor rekening van de beleggingsentiteit zouden komen en aldus in de lopende kosten dienen te worden betrokken. Om deze reden dient iedere vergoeding aan derde partijen die samenhangt met 'fee sharing agreements' in de lopende kosten te worden betrokken.
- Indien de beleggingsentiteit gemiddeld 10% of meer van zijn vermogen heeft belegd in (een) ander(e) beleggingsentiteit(en), dan worden in de lopende kosten ratio de lopende kosten van de onderliggende beleggingsentiteiten opgenomen ('synthetisch').

49 Beleggingsentiteiten

- In het geval van een paraplufonds, worden de lopende kosten op een redelijke wijze toegerekend aan de subfondsen.
- De lopende kosten factor wordt uitgedrukt als de ratio van de totale lopende kosten in relatie tot gemiddelde netto-vermogenswaarde van de beleggingsentiteit. Het percentage wordt uitgedrukt in 2 decimalen.
- De berekening van de lopende kosten wordt gemaakt voor iedere aandelenserie afzonderlijk, tenzij er geen onderscheid is in de lopende kosten per aandelenserie.
- De in de berekening van de lopende kosten betrokken gemiddelde netto-vermogenswaarde wordt over dezelfde periode bepaald als de lopende kosten en gebruikt als meetpunten ieder moment dat de netto-vermogenswaarde ('NAV') berekend wordt.
- Indien een beleggingsentiteit een substantieel deel van zijn beleggingen (i.e. meer dan 10%) heeft belegd in (een) ander(e) beleggingsentiteit(en), dient rekening gehouden te worden met de lopende kosten van onderliggende beleggingsentiteiten:
    a. de lopende kosten factor (of equivalent) van ieder onderliggende beleggingsvehikel wordt pro rata bepaald op basis van het deel van het (eigen) vermogen van de beleggingsentiteit dat belegd is in ieder onderliggend beleggingsvehikel op de berekening datum; en
    b. vervolgens worden deze pro rata ratio's opgeteld bij de lopende kosten van de beleggingsentiteit, om zo te komen tot één totale ('synthetische') lopende kosten ratio.

'Ongoing Charges' (ofwel lopende kosten) moeten worden toegelicht, waarbij performancevergoeding als apart percentage dient te worden getoond.

RJ 615.413 verduidelijkt dat indien het boekjaar niet een geheel kalenderjaar betreft, bijvoorbeeld bij nieuw opgestarte beleggingsentiteiten, de lopende kostenfactor wordt geannualiseerd teneinde een goed beeld te geven van de doorlopende kosten voor een geheel boekjaar. In de toelichting op de lopende kosten factor wordt vermeld dat het een geannualiseerde lopende kostenfactor betreft op basis van een inschatting van de kosten op jaarbasis.

Artikel 123 lid 1 onder m BGfo vereist indien de beleggingsentiteit 85% of meer van het beheerde vermogen direct of indirect belegt in een andere beleggingsentiteit, toelichting van het niveau van de kosten van de andere beleggingsentiteit gerelateerd aan de gemiddelde intrinsieke waarde van de andere beleggingsentiteit, onder vermelding van de kosten die daarbij buiten beschouwing zijn gelaten.

Voorbeeld toelichting kosten

Kosten

	2021	2020
	x € 1.000	x € 1.000
Kosten ten gunste van bestuur en gelieerde partijen:		
Beheervergoeding	1.409	1.751
Prestatievergoeding	-	3.544
Administratievergoeding	113	181
Commissarisvergoeding	16	13
	1.538	5.489
Overige kosten:-		
Bewaarder	64	72
Accountant	19	20
Autoriteit Financiële Markten	10	11
Juridische en fiscale adviezen	8	4
Drukwerk en advertenties	7	12
Euronext Amsterdam	4	4
Overig	-	1
Rentelasten en bankkosten	2	3
	114	127
	1.652	**5.616**

Kosten ten gunste van bestuur en gelieerde partijen:

Beheervergoeding	De beheervergoeding bedraagt 0,067% per maand, berekend over het eigen vermogen aan het begin van de maand.
Prestatievergoeding	De prestatievergoeding bedraagt 20% van het positieve rendement van de beleggingsentiteit boven dat van haar benchmark op jaarbasis na aftrek van alle kosten.
Administratievergoeding	De administratievergoeding bedraagt 0,01% per maand, berekend over het eigen vermogen aan het begin van de maand.
Commissarisvergoeding	De bezoldiging van de commissarissen is als volgt:

Dhr. A	€ 4.701,- (incl. btw)	(2020: € 3.721,- incl. btw)
Mevr. B	€ 4.127,- (incl. btw)	(2020: € 3.147,- incl. btw)
Dhr. C	€ 3.467,-	(2020: € 2.645,-)
Dhr. D	€ 4.127,- (incl. btw)	(2020: € 3.147,- incl. btw)

De commissarisvergoeding ten gunste van de Commissarissen. De overige vergoedingen komen toe aan ABC Management NV. De werkelijke kosten zijn op basis van de in het prospectus beschreven systematiek berekend.

Overige kosten
De bewaarkosten betreffen kosten van bewaring over de totale portefeuille waarde en overige kosten van clearing/handling. Deze worden op basis van de door derden in rekening gebrachte kosten doorbelast zonder opslag.

De kosten voor accountant en fiscaal adviseurs worden voor zover mogelijk jaarlijks overeengekomen. Kosten voor de Autoriteit Financiële Markten worden mede op basis van het totale eigen vermogen aan het begin van het kalenderjaar in rekening gebracht aan XYZ. Alle kosten zijn in overeenstemming met het prospectus in rekening gebracht en naar de mening van de Directie marktconform. De werkelijke kosten zijn op basis van de in het prospectus beschreven systematiek berekend dan wel overeengekomen met derde partijen. Derhalve wijken deze niet significant af van de in het prospectus vermelde systematiek dan wel van de indicatie van de daarin vermelde bedragen. Marketing- en distributiekosten worden op geen enkele manier doorberekend aan XYZ, maar komen ten laste van de beheerder. Eventueel ontvangen retourprovisie komt volledig ten gunste van XYZ. In het boekjaar is geen retourprovisie ontvangen.

Honoraria accountant

Soort van dienstverlening	2021 x € 1.000	2020 x € 1.000
Controle (half)jaarverslaggeving	19	20
Overige wettelijk voorgeschreven assurance-werkzaamheden	3	1
Fiscaal advies	-	-
Overige diensten	-	-
Totaal	22	21

Volume effectentransacties gelieerde partijen
Het volume aan effectentransacties die plaatsvonden bij gelieerde partijen in het boekjaar bedraagt € 7.310.767 (13,56%) (2020: € 6.432.831 (12,71%).

Personeel
Het Fonds heeft evenals in het voorgaande boekjaar geen personeel in dienst.

> **Voorbeeld 'lopende kosten factor'**
>
> **Lopende kosten ratio**
>
> | Kostensoort | 2021 in % | Prospectus in % | 2020 in % |
> |---|---|---|---|
> | Beheerkosten | 0,80 | 0,80 | 0,80 |
> | Administratievergoeding | 0,12 | 0,12 | 0,12 |
> | Overige kosten | 0,01 | * | 0,02 |
> | Overige kosten beleggingen in fondsen van xxx Groep | 0,03 | | 0,03 |
> | Lopende kosten factor | 0,96 | | 0,97 |
> | Performance fee | | | 1,61 |
> | Totaal | 0,96 | | 2,58 |
>
> * voor de overige kosten is in het prospectus geen percentage vermeld. Wel is een percentage van maximaal 0,02% voor het bewaarloon vermeld. Deze kosten zijn in de overige kosten opgenomen.
>
> De lopende kosten factor drukt de kosten, die in de verslagperiode ten laste van het fonds zijn gebracht, uit in een percentage van het over het in de verslagperiode gemiddeld toevertrouwd vermogen. In de gepresenteerde lopende kosten factor zijn de transactiekosten niet begrepen en is geen rekening gehouden met inflatie.

49.3.3.2 Transactiekosten en Portefeuille omloopfactor

Aanvullende toelichtingsvereisten voor retailbeleggingsentiteiten

Artikel 123 lid 1 onder c BGfo vereist de toelichting van transactiekosten die geïdentificeerd en gekwantificeerd kunnen worden en de wijze waarop deze kosten ten laste zijn gekomen van het resultaat, in mindering zijn gebracht op het beheerde vermogen of anderszins ten laste zijn gekomen van de deelnemers in de beleggingsentiteit. Niet alle transactiekosten zijn eenvoudig identificeerbaar omdat de kosten vaak verborgen zijn als onderdeel van een nettoprijs die bij een transactie is overeengekomen, zoals de transactieprovisie van obligaties en derivaten, de spread en de market impact van transacties. Voor beleggingsentiteiten zijn er geen regels geformuleerd omtrent het opnemen van een betrouwbare schatting van transactiekosten, zoals die bijvoorbeeld bestaan voor een belangrijke categorie cliënten voor beleggingsentiteiten: pensioenfondsen (RJ 610.314/art. 10b van het Besluit uitvoering Pensioenwet en uitgewerkt in de Aanbevelingen Uitvoeringskosten van de Pensioenfederatie).

Omdat de daadwerkelijke transactiekosten van beleggingsentiteiten veelal niet volledig bekend zijn, kan hiervan een schatting worden gemaakt door de zogeheten omloopfactor. Artikel 123 lid 1 onder p BGfo vereist dan ook dat de beleggingsentiteit inzicht verschaft in de omloopsnelheid van de beleggingen en een vergelijking maakt met de in het voorgaand boekjaar gerealiseerde omloopsnelheid van de beleggingen. Dit is niet van toepassing op beleggingsentiteiten die (vrijwel) uitsluitend beleggen in onroerende zaken (art. 123 lid 2 BGfo).

De NRgfo (art. 6:2 lid 3) schrijft voor dat de omloopfactor als volgt wordt berekend: het totaal van transacties in financiële instrumenten (aankopen + verkopen van financiële instrumenten = Totaal 1) minus het totaal aan transacties (uitgifte + inkopen = Totaal 2) van rechten van deelneming gedeeld door de gemiddelde intrinsieke waarde van de beleggingsinstelling (X) volgens de formule [(Totaal 1 - Totaal 2) / X] * 100.

De in de berekening van de omloopfactor betrokken gemiddelde netto-vermogenswaarde wordt over dezelfde periode bepaald als de lopende kosten en gebruikt als meetpunten ieder moment dat de netto-vermogenswaarde berekend wordt. Als bijvoorbeeld dagelijks de netto-vermogenswaarde wordt bepaald dienen in de berekening van de lopende kosten ratio ook de dagelijkse netto-vermogenwaardes te worden betrokken.

RJ 615.414 maakt duidelijk dat de volgende transacties in financiële instrumenten onderdeel zijn van de berekening van de omloopfactor-berekening:
- aandelen;
- obligaties;
- derivaten;
- beleggingsentiteiten; en
- geldmarktinstrumenten met een oorspronkelijke looptijd langer dan een maand.

Transacties in financiële instrumenten die buiten de reikwijdte van de omloopfactor-berekening vallen, zijn geldmarktinstrumenten met een oorspronkelijke looptijd korter dan een maand.
Voor de transacties in derivaten wordt voor de transactiebedragen aangesloten bij de werkelijke kasstromen (gerealiseerde resultaten).

Indien een beleggingsentiteit is opgebouwd uit meerdere subfondsen wordt voor ieder subfonds een separate omloopfactor bepaald.

49.3.3.3 Performance gerelateerde vergoedingen

Waardering en resultaatbepaling
Een bijzondere categorie van prestatiegerelateerde vergoedingen is de zogenoemde 'carried interest'.
Carried interest is het recht op een deel van de winst als vergoeding ten laste van de netto-activa van de beleggingsentiteit dat een pro-rata of een proportionele vergoeding op het ingebrachte risicodragende kapitaal te boven gaat. Het recht op carried interest is daarmee geen vergoeding op ingebracht kapitaal (als kapitaalverschaffer), maar een prestatiegerelateerde vergoeding.
De behandeling van carried interest in de jaarrekeningen van beleggingsentiteiten in Nederland lijkt niet eenduidig. Het volgende uitgangspunt zou kunnen worden gehanteerd. Voorkomen zou moeten worden dat een deel van de netto-activa worden gepresenteerd alsof deze toekomen aan (gewone) beleggers waar echter een verplichting zou moeten worden gepresenteerd jegens de beheerder of een daaraan gelieerde partij. Hierbij wordt de presentatie in overeenstemming gebracht met de bepaling dat het wezen en de economische realiteit van het instrument prevaleert boven de juridische vorm (alinea's 106 tot en met 112 van RJ 115). Zodoende wordt carried interest in de winst-en-verliesrekening verwerkt als een prestatiegerelateerde vergoeding (last) op het moment dat het waarschijnlijk is dat deze resulteert in een uitstroom van middelen. De omvang van de last en de verplichting is veelal gebaseerd op de beste schatting om de verplichting per balansdatum af te wikkelen, waarbij deze gebaseerd kan zijn op de boekwaarde van de beleggingen (en andere netto-activabestanddelen) en rekening houdend met de contractuele bepalingen. Hierdoor is er een relatie tussen de verwerking van (on)gerealiseerde waardeveranderingen van beleggingen (en andere netto-activabestanddelen) én de verwerking van carried interest als last in het resultaat (toerekeningsbeginsel).

Presentatie en toelichting
Aanvullende toelichtingsvereisten voor retailbeleggingsentiteiten
De ten laste van de beleggingsentiteit door de beheerder of eventuele *investment adviser* gebrachte prestatievergoedingen worden apart gepresenteerd als percentage van de gemiddelde intrinsieke waarde. De prestatievergoedingen moeten in dezelfde toelichting als de lopende kosten factor worden vermeld, maar vormen geen onderdeel meer van de lopende kosten factor zelf (RJ 615.413). De reden hiervoor is dat specifiek onderscheid moet worden gemaakt tussen kosten met een doorlopend karakter en incidentele kosten, zodat bij een hoger dan verwacht rendement de hiervoor betaalde extra kosten apart inzichtelijk worden gemaakt. Hierdoor is de lopende kosten factor beter te vergelijken met andere beleggingsentiteiten die geen prestatievergoeding kennen.

De Europese toezichthouder ESMA wil retailbeleggers beter beschermen tegen onnodige kosten. Daarom zijn per 5 januari 2021 de Richtsnoeren inzake prestatievergoedingen voor icbe's en bepaalde soorten abi's van kracht (ESMA 34-92-992). Deze richtsnoeren zijn bedoeld om ervoor te zorgen dat de door de beheerders gebruikte modellen voor prestatievergoedingen stroken met de beginselen van eerlijk en rechtvaardig handelen bij de uitvoering van bedrijfsactiviteiten en van vaardig en zorgvuldig handelen, in het belang van het fonds dat zij beheren en op zodanige wijze dat er geen onnodige kosten aan het fonds en de beleggers in rekening worden gebracht. Ook hebben de richtsnoeren tot doel een gemeenschappelijke standaard te creëren ten aanzien van de openbaarmaking van prestatievergoedingen aan beleggers.

Richtsnoer 5 (49) inzake *Openbaarmaking van het model van prestatievergoedingen* vereist vermelding in de jaarlijkse en halfjaarlijkse verslagen en eventuele andere informatie achteraf voor iedere relevante aandelenklasse van het effect van de prestatievergoedingen door het volgende duidelijk weer te geven:
i. het daadwerkelijk in rekening gebrachte bedrag aan prestatievergoedingen; en
ii. het percentage van de vergoedingen op basis van de aandelenklasse NAV.

Overeenkomstig de in Richtsnoer 1 beschreven beginselen worden de belangrijkste elementen van de berekeningswijze van de prestatievergoeding vermeld, zoals de referentie-indicator (index, hurdle rate of combinatie van beide), de kristallisatiefrequentie, de referentieperiode, de hoogte van de presentatievergoeding, de methode en de berekeningsfrequentie (Richtsnoer 5 (47)).

49.3.3.4 Oprichtings- en emissiekosten
Waardering en resultaatbepaling
Op grond van artikel 2:386 lid 3 BW kunnen oprichtings- en emissiekosten worden geactiveerd en in ten hoogste vijf jaar worden afgeschreven onder 'afschrijvingen op immateriële en andere materiële vaste activa', dan wel in één keer ten laste van het resultaat worden gebracht onder de 'overige bedrijfskosten'. Indien deze kosten worden geactiveerd moet een wettelijke reserve worden aangehouden (art. 2:365 lid 2 BW). Verwezen wordt ook naar hoofdstuk 6 'Immateriële vaste activa (excl. goodwill)'.
In RJ 615.307 wordt gesteld dat de kosten van oprichting en uitgifte van aandelen die op basis van artikel 2:386 lid 3 BW mogen worden geactiveerd, niet voldoen aan de criteria voor immateriële vaste activa zoals opgenomen in RJ 210.104. Aanbevolen wordt derhalve om oprichtings- en emissiekosten niet te activeren. RJ 615.308 maakt duidelijk dat indien de oprichtingskosten en emissiekosten niet worden geactiveerd, deze ten laste van de winst-en-verliesrekening worden gebracht onder Overige bedrijfskosten (en derhalve niet verwerkt ten laste van het agio zoals RJ 240.219 voorschrijft).

IFRS
Onder IFRS is het niet toegestaan om oprichtings- en emissiekosten te activeren. Oprichtingskosten voldoen niet aan de criteria voor immateriële vaste activa en moeten direct ten laste van het resultaat worden verwerkt. Emissiekosten voldoen ook niet aan de criteria voor immateriële vaste activa en deze kosten moeten direct ten laste van het eigen vermogen worden verwerkt.

Presentatie en toelichting
Onder oprichtings- en emissiekosten worden kosten verstaan die verband houden met de oprichting van de instelling en uitgifte van aandelen (art. 2:365 lid 1 BW). Bij deze kosten kan worden gedacht aan kosten van adviseurs, toezichthouder, notariskosten, kosten van de emissieprospectus, drukkosten en dergelijke.

In de toelichting dient te worden vermeld hoe de oprichtings- en emissiekosten zijn verwerkt (art. 2:386 lid 2 BW) en de wijze waarop deze kosten ten laste zijn gekomen van het resultaat, in mindering zijn gebracht op het beheerde vermogen of anderszins ten laste zijn gekomen van de deelnemers in de beleggingsentiteit en welk gedeelte ten goede is gekomen aan de beheerder, de bewaarder, de bestuurders van de beheerder of bewaarder, of aan met de beheerder of bewaarder gelieerde (art. 123 lid 1a BGfo).

49.3.3.5 Exploitatiekosten en afschrijvingskosten vastgoed
Waardering en resultaatbepaling
In RJ 615.306 wordt verduidelijkt dat bij beleggingen in vastgoed de exploitatiekosten niet tot de beheerkosten behoren, maar tot de overige bedrijfskosten.

Volgens artikel 2:386 lid 4 BW dient op vaste activa met beperkte gebruiksduur jaarlijks stelselmatig te worden afgeschreven. Aangezien beleggingsentiteiten vastgoed aanhouden als belegging en dit tegen reële waarde waarderen, dient op vastgoedbelegging niet te worden afgeschreven (RJ 213.503). Verwezen wordt naar Richtlijn 213 (zie hoofdstuk 8).

49.3.3.6 Overige kostentoelichtingen
Aanvullende toelichtingsvereisten voor retailbeleggingsentiteiten
In aanvulling op de hierboven genoemde kosten, vereist artikel 123 BGfo dat de volgende gegevens in de toelichting worden opgenomen:
- de naar soort onderscheiden kosten, gemoeid met het beheer van de beleggingsentiteit, de bewaring van activa, de accountant, het toezicht en de marketing, met inbegrip van de berekeningsgrondslag en de wijze waarop deze kosten ten laste zijn gekomen van het resultaat, in mindering zijn gebracht op het beheerde vermogen of anderszins ten laste zijn gekomen van de deelnemers (lid 1b);
- indien van toepassing: de kosten voor het uitbesteden van werkzaamheden in het kader van het beheer van de beleggingsentiteit of de bewaring van de activa en de wijze waarop deze kosten ten laste zijn gekomen van het resultaat, in mindering zijn gebracht op het beheerde vermogen of anderszins ten laste zijn gekomen van de deelnemers (lid 1e);
- het totaal betaalde bedrag aan vergoedingen voor het aanbrengen van deelnemers indien dit bedrag hoger is dan één tiende procent van het gemiddelde beheerde vermogen van de beleggingsentiteit, de wijze waarop dit bedrag ten laste is gekomen van het resultaat, in mindering is gebracht op het beheerde vermogen of anderszins ten laste is gekomen van de deelnemers en, indien van toepassing, de namen van met de beleggingsentiteit, de beheerder of de bewaarder gelieerde partijen aan wie deze aanbrengprovisies ten goede zijn gekomen (lid 1f);
- alle andere naar soort onderscheiden kosten die hoger zijn dan 10% van de totale kosten, inclusief de berekeningsgrondslag, en de wijze waarop deze kosten ten laste zijn gekomen van het resultaat, in mindering zijn gebracht op het beheerde vermogen of anderszins ten laste zijn gekomen van de deelnemers (lid 1g);
- vergelijkend overzicht van de naar soort onderscheiden volgens het prospectus te maken kosten en de daadwerkelijk gemaakte kosten (lid 1j);
- kosten die voortvloeien uit directe of indirecte beleggingen in andere beleggingsinstellingen (lid 1k);
- indien van toepassing: retourprovisies (*hard commissions*) die niet ten goede zijn gekomen aan de beleggingsentiteit en aan wie deze retourprovisies ten goede zijn gekomen (lid 1n); Ook door de (bestuurders) van de beheerder ontvangen retourprovisies of ontvangen goederen dienen te worden vermeld (lid 4);
- indien van toepassing: de door de beheerder van een beleggingsentiteit, de bestuurders, de beheerder, de bewaarder van de icbe of de met de beheerder, beleggingsentiteit of bewaarder gelieerde partijen of derden voor

het uitvoeren van opdrachten ten behoeve van beleggingsentiteit ontvangen of in het vooruitzicht gestelde goederen (*soft dollar arrangementen*) (lid 1o).

49.3.4 Winst per aandeel
Presentatie en toelichting

Richtlijn 340 Winst per aandeel is ook van toepassing op beleggingsentiteiten (RJ 615.716). Voor de algemene vereisten wordt verwezen naar hoofdstuk 37 'Winst per aandeel en andere kerncijfers/Kengetallen en meerjarenoverzichten'. De berekening per deelnemingsrecht en de berekening van het beleggingsresultaat per deelnemingsrecht dienen gebaseerd te zijn op het aantal op het moment van waardebepaling bij derden uitstaande deelnemingsrechten (RJ 615.717).

Voor de berekeningswijze van de winst per deelnemingsrecht bij 'open-end'-beleggingsentiteiten wordt verwezen naar de paragraaf 49.2.5.2. In de praktijk wordt de vereiste informatie vaak in het meerjarenoverzicht geplaatst.

Volgens IAS 33.9 en IAS 33.30 dient de beursgenoteerde beleggingsentiteit de zogenoemde gewone en verwaterde winst per deelnemingsrecht te presenteren voor elk soort deelnemingsrecht.

49.4 Kasstroomoverzicht

Voor beleggingsentiteiten is opneming van een kasstroomoverzicht door de vele voorkomende vermogensmutaties relevant. Richtlijn 360 is ook op beleggingsentiteiten van toepassing (zie hoofdstuk 20 'Het kasstroomoverzicht'). Het kasstroomoverzicht voor beleggingsentiteiten bestaat uit twee onderdelen (RJ 615.311):
1. kasstromen uit beleggingsactiviteiten;
2. kasstromen uit financieringsactiviteiten.

Indien de beleggingsentiteit kasequivalenten heeft zoals bedoeld in de Gedelegeerde Verordening (231/2013) die afwijken van de definitie liquide middelen (zoals in aanmerking komende kortlopende liquide beleggingen), dient een beleggingsentiteit in het kasstroomoverzicht te vermelden in welke kasstromen de bedragen van deze componenten zijn opgenomen.

Merk op dat IAS 7.22 toestaat dat kasstromen inzake posten met een snelle omzet, grote bedragen en korte looptijden op netto-basis mogen worden gepresenteerd. IAS 7.24 noemt de plaatsing en opvraging van deposito's als voorbeeld. In hoofdstuk 20 is derhalve opgenomen dat hoewel in de Richtlijnen geen dergelijke bepalingen zijn opgenomen, het verdedigbaar lijkt in situaties als genoemd in IAS 7.22 en IAS 7.24 ook onder Nederlandse regelgeving presentatie op netto-basis toe te staan.

Voor het opstellen van kasstroomoverzichten worden twee methoden onderscheiden, te weten de directe en de indirecte methode.

Voorbeeld kasstroomoverzicht		
Kasstroomoverzicht		
Indirecte methode, € x duizend	2021	2020
Kasstroom uit beleggingsactiviteiten		
Nettoresultaat	-235.880	42.893
Resultaten zonder kasstroom beleggingsactiviteiten		
Ongerealiseerde waardeveranderingen van beleggingen	205.700	-21.000
Toename (-) / afname (+) opgelopen rente beleggingen	183	-172
Af: koers- en omrekenverschillen op geldmiddelen	-	-
(naar: netto kasstroom)		
Af: rente inzake langlopende schulden	-	-
(naar: financieringskasstroom)		
Veranderingen in het werkkapitaal		
Toename(-)/afname(+) van kortlopende vorderingen	5.482	-2.250
Toename(+)/afname(-) van kortlopende schulden	-4.793	1.849
Kasstromen		
Aankopen van beleggingen	-205.214	-334.563
Verkopen van beleggingen	217.581	432.475
Gerealiseerde waardeveranderingen	43.832	-12.115
	26.891	107.117
Kasstroom uit financieringsactiviteiten		
Veranderingen in het werkkapitaal		
Toename(+)/afname(-) van kortlopende schulden	-529	577
Kasstromen		
Ontvangen bij (her-)plaatsing eigen aandelen	33.962	51.264
Betaald bij inkoop eigen aandelen	-49.742	-141.680
Dividenduitkeringen	-16.160	-14.502
Ontvangsten uit opname van langlopende schulden	-	-
Aflossingen van langlopende schulden	-	-
Rente inzake langlopende schulden	-	-
	-32.469	-104.341
Netto kasstroom	-5.578	2.776
Koers- en omrekeningsverschillen op geldmiddelen	13	
Toename (+)/afname (-) geldmiddelen *	-5.565	2.776
Geldmiddelen begin boekjaar	5.814	3.038
Geldmiddelen einde boekjaar	249	5.814

*) In de toe- en afname van geldmiddelen worden incidentele debetstanden van bankrekeningen meegerekend als geldmiddelen.

IFRS kent geen voorgeschreven modellen voor het kasstroomoverzicht voor beleggingsentiteiten. Wel is in IAS 7.10 voorgeschreven dat - naast dat de indirecte of directe methode moet worden toegepast - een onderverdeling moet worden gemaakt in kasstromen uit operationele, investerings- en financieringsactiviteiten. In het overzicht moeten de saldi van kas en kasequivalenten worden weergegeven, die tevens moeten aansluiten op de balans.

49.5 Toelichting

49.5.1 Toelichting fiscale positie

In de toelichting dient de fiscale status van de beleggingsentiteit te worden vermeld (RJ 615.424). In fiscale zin kennen beleggingsentiteiten vele verschijningsvormen. Beleggingsfondsen en -maatschappijen kunnen op grond van hun rechtsvorm en/of zetel onderworpen zijn aan de Wet op de vennootschapsbelasting 1969. Op grond van artikel 28 van deze wet kunnen beleggingsentiteiten onder bepaalde voorwaarden evenwel opteren voor de status van fiscale beleggingsinstelling (Fbi). Deze status houdt in dat onder bepaalde voorwaarden de vennootschapsbelasting naar het nultarief wordt geheven. Daarnaast kunnen ook onder voorwaarden van de vennootschapsbelasting geheel vrijgestelde beleggingsinstellingen (Vbi) worden onderscheiden. Het in fiscale zin te onderscheiden besloten fonds voor gemene rekening is niet aan vennootschapsbelasting onderworpen (*transparance fiscale*).

De belastingen dienen te worden toegelicht overeenkomstig Richtlijn 272 'Belastingen naar de winst' (zie hoofdstuk 17). Uiteengezet dient te worden op welke wijze eventuele latente vennootschapsbelasting verband houdend met de beleggingen wordt verwerkt. In de toelichting dienen de verliezen vermeld te worden welke nog met komende winsten kunnen worden verrekend, voor zover het belastingeffect hiervan niet in de balans is opgenomen. In afwijking van RJ 272.403a is het Fbi's toegestaan om rekening te houden met de verwachte uitkering van de winst binnen de daarvoor geldende termijn na balansdatum. In dat geval wordt de belastingverplichting op nihil gewaardeerd (RJ 615.424). Indien bij toepassing van een egalisatierekening de fiscale uitdelingsverplichting het voor uitkering beschikbare bedrag per aandeel overtreft, dient dit te worden toegelicht (RJ 615.425).

49.5.2 Toelichting effectenfinancieringstransacties, totale opbrengstenswaps en hergebruik

EU Verordening (EU/2365/2015) *betreffende de transparantie van effectenfinancieringstransacties en van hergebruik en tot wijziging van Verordening (EU) nr. 648/2012* d.d. 25 november 2015 is van toepassing op alle beleggingsentiteiten die gebruikmaken van effectenfinancieringstransacties (securities financing transactions – 'SFT's') totale opbrengstenswaps en van hergebruik. Deze zijn als volgt gedefinieerd in de verordening:

- **Effectenfinancieringstransactie of SFT**: (a) een retrocessietransactie (*repo*); (b) verstrekte of opgenomen effecten- of grondstoffenleningen (*security or commodities lening or borrowing*); (c) een kooptransactie met wederverkoop of een verkooptransactie met wederinkoop (*buy-sell back/sell-buy back transaction*); (d) een margeleningstransactie (*margin lending transaction*).
- **Totale-opbrengstenswap**: een OTC-derivatencontract waarvan de uitvoering niet plaatsvindt op een gereglementeerde markt (of een gelijkwaardige markt van een derde land), waarbij een tegenpartij de totale economische prestatie van een referentieverplichting, met inbegrip van de opbrengsten van rente en vergoedingen, winsten en verliezen als gevolg van prijsschommelingen en kredietverliezen, aan een andere tegenpartij overdraagt.
- **Hergebruik**: het gebruik door een ontvangende tegenpartij, in eigen naam en voor eigen rekening, dan wel voor rekening van een andere tegenpartij, met inbegrip van natuurlijke personen, van in het kader van een zekerheidsovereenkomst ontvangen financiële instrumenten; dit gebruik omvat de eigendomsoverdracht of de uitoefening van een gebruiksrecht, maar omvat niet de tegeldemaking van het financieel instrument ingeval de verstrekkende tegenpartij in gebreke blijft.

Het (half)jaarverslag van de beleggingsentiteit bevat de volgende informatie (art. 13 en Deel A van de Bijlage bij Verordening EU/2365/2015, rekening houdend met de verdere duiding in ESMA Q&A's 34-32-352 en 34-43-392):

Algemene gegevens per jaareinde:
- het bedrag van de uitgeleende effecten en grondstoffen als een deel van de totale uitleenbare activa waarbij kasmiddelen en gelijkwaardige posten niet worden meegerekend;
- het bedrag van de activa die zijn betrokken bij de verschillende soorten SFT's en totale-opbrengstenswaps uitgedrukt als een absoluut bedrag (in de valuta van de instelling voor collectieve belegging) en als een deel van het beheerd vermogen van de instelling voor collectieve belegging.

Concentratiegegevens per jaareinde:
- de tien grootste emittenten van zekerheden van alle SFT's en totale-opbrengstenswaps (uitgesplitst naar bedragen van de als zekerheid gestelde effecten en grondstoffen die zijn ontvangen, volgens naam van de emittent);
- de tien meest voorkomende tegenpartijen voor de verschillende soorten SFT's en totale-opbrengstenswaps afzonderlijk (naam van de tegenpartij en brutobedrag van de nog lopende transacties).

Geaggregeerde transactiegegevens voor de verschillende soorten SFT's en totale opbrengstenswaps afzonderlijk, uit te splitsen naar onderstaande categorieën per jaareinde:
- soort zekerheden en kwaliteit van de zekerheden;
- looptijdprofiel van de zekerheden uitgesplitst naar de volgende looptijdsegmenten: minder dan één dag, één dag tot één week, één week tot één maand, één maand tot drie maanden, drie maanden tot één jaar, meer dan één jaar, open looptijd;
- valuta van de zekerheden;
- looptijdprofiel van de SFT's en totale-opbrengstenswaps uitgesplitst naar de volgende looptijdsegmenten: minder dan één dag, één dag tot één week, één week tot één maand, één maand tot drie maanden, drie maanden tot één jaar, meer dan één jaar, open transacties;
- land waar de tegenpartijen zijn gevestigd;
- afwikkeling en clearing (bijvoorbeeld tripartiet, centrale tegenpartij, bilateraal).

Gegevens over hergebruik van zekerheden:
- deel van de ontvangen zekerheden dat wordt hergebruikt, vergeleken met het maximumbedrag dat in het prospectus of in de beleggersinformatie wordt vermeld per jaareinde;
- rendement over het boekjaar voor de instelling voor collectieve belegging van de herbelegging van zekerheden in de vorm van contanten.

Bewaring van in het kader van SFT's en totale-opbrengstenswaps door de beleggingsentiteit ontvangen zekerheden per jaareinde:
- Aantal bewaarders, hun namen en het bedrag van de door elke bewaarder in bewaring genomen tot zekerheid strekkende activa.

Bewaring van in het kader van SFT's en totale-opbrengstenswaps door de beleggingsentiteit verstrekte zekerheden per jaareinde:
- Het deel van zekerheden die worden gehouden op gescheiden rekeningen of op gezamenlijke rekeningen, of op andere rekeningen aangehouden zekerheden.

Gegevens over het rendement en de kosten over het boekjaar voor de verschillende soorten SFT's en totale-opbrengstenswaps:
- Uitgesplitst tussen de instellingen voor collectieve belegging, de beheerder van de instelling voor collectieve belegging en derden (bijv. de agent-uitlener) in absolute cijfers en als percentage van het totale rendement van die soorten SFT's en totale-opbrengstenswaps.

49.5.3 Toelichting bij gebruik instrumenten voor goed portefeuillebeheer
Aanvullende toelichtingsvereisten voor retailbeleggingsentiteiten

Een beleggingsentiteit kan binnen het beleggingsbeleid technieken en instrumenten gebruiken met het oog op goed portefeuillebeheer, waaronder:
- het uitlenen van effecten en (reverse) repo-overeenkomsten;
- het gebruik van (over the counter) derivatentransacties; en
- het aangaan van een totale-opbrengstenswap of investeren in andere financiële derivaten met vergelijkbare kenmerken.

Voor retailbeleggingsentiteiten zijn – in aanvulling op hetgeen beschreven is in hoofdstuk 30 'Financiële instrumenten' – toelichtingsvereisten opgenomen in onder andere het BGfo en de ESMA Richtsnoeren (ESMA/2014/937) waarvan de AFM het wenselijk acht dat deze worden toegepast door retailbeleggingsentiteiten (zowel icbe's als niet-icbe's) die in Nederland worden aangeboden.
De Richtsnoeren bevatten aanwijzingen voor het 'jaarverslag' en zijn daarmee niet duidelijk of de informatie in het bestuursverslag of in de toelichting op de jaarrekening moet worden opgenomen. De vereisten die zijn opgenomen in het BGfo zien op de toelichting op de balans en de winst-en-verliesrekening in de jaarrekening.

In het algemeen dient het jaarverslag van de beleggingsentiteit nadere informatie te bevatten over (art. 35 van de ESMA Richtsnoeren):
- de verkregen positie door technieken voor goed portefeuillebeheer;
- de identiteit van de tegenpartij(en) van deze technieken voor goed portefeuillebeheer;
  Op grond van artikel 28 van de Richtsnoeren (en Antwoord 4c in ESMA Q&A 2016/1135) wordt tevens de identiteit bekendgemaakt (voor zover niet in het prospectus opgenomen) van de entiteit(en) waaraan directe en indirecte kosten en vergoedingen worden betaald en aangegeven of deze gelieerd zijn aan de beheerder of de bewaarder van de beleggingsentiteit;
- het type en het bedrag aan zekerheden die de beleggingsentiteit heeft ontvangen ter beperking van het tegenpartijrisico; en
- de inkomsten afkomstig uit technieken voor goed portefeuillebeheer voor de gehele verslagperiode, samen met de betaalde directe en indirecte operationele kosten en vergoedingen.
  Deze vormen onderdeel van de lopende kosten (ratio) zoals beschreven in paragraaf 49.3.3.1.
  Op grond van artikel 28 van de Richtsnoeren (en Antwoord 4c op de vragen omtrent technieken voor efficiënt portefeuillebeheer in ESMA34-43-392) wordt tevens het beleid toegelicht (voor zover niet in het prospectus opgenomen) ten aanzien van directe en indirecte operationele kosten/vergoedingen die aan technieken voor goed portefeuillebeheer zijn verbonden en die kunnen worden afgetrokken van de inkomsten die aan de beleggingsentiteit worden verstrekt ('fee sharing arrangements').

Uitlenen van effecten en (reverse) repo-overeenkomsten

Volgens artikel 2:371 lid 2 BW dient in de toelichting te worden vermeld in hoeverre de effecten niet ter vrije beschikking van de beleggingsentiteit staan. Hierbij kan men vooral denken aan uitgeleende of verpande effecten.

Aanvullende toelichtingsvereisten voor retailbeleggingsentiteiten

Indien financiële instrumenten worden in- of uitgeleend vermeldt de beleggingsentiteit de waarde van de in- en uitgeleende financiële instrumenten en de zekerheden die de beleggingsentiteit heeft verkregen (art. 124 lid 1 onder h BGfo en RJ 615.401). Deze informatie dient in de toelichting op de balans onder de balanspost financiële instrumenten te worden vermeld.

De toelichting op de balans en de winst-en-verliesrekening vermeldt de kosten die zijn gemaakt of vergoedingen die zijn gevraagd in verband met het in- en uitlenen van financiële instrumenten en de wijze waarop deze kosten ten laste zijn gekomen van het resultaat, in mindering zijn gebracht op het beheerde vermogen of anderszins ten laste zijn gekomen van de deelnemers onderscheidenlijk aan wie deze vergoedingen ten goede zijn gekomen (art. 123 lid 1 onder d BGfo).

Gebruik van (OTC) derivaten

Aanvullende toelichtingsvereisten voor retailbeleggingsentiteiten

In aanvulling op de algemene toelichtingsvereiste inzake de verkregen positie door technieken voor goed portefeuillebeheer bevat de toelichting op de balans en de winst-en-verliesrekening van een retailbeleggingsentiteit die gebruikmaakt van (OTC) derivaten bij de uitvoering van haar beleggingsbeleid:

- Ten minste het bedrag der verplichtingen, onderscheiden naar soort aan het einde van het boekjaar, die voortvloeien uit dekkingstransacties met betrekking tot koers- en wisselkoersrisico in verband met de beleggingen, voor zover een en ander niet reeds in de balans en winst-en-verliesrekening is begrepen (art. 122 lid 1 onder e BGfo).
- RJ 615.409 vult aan dat er inzicht gegeven dient te worden in overige significante valutaposities en financiële instrumenten die niet ter dekking van koers- of wisselkoersrisico dienen.
- Nadere informatie (art. 48 ESMA Richtsnoeren):
  - omtrent de identiteit van die uitgevende instelling wanneer de van een uitgevende instelling ontvangen zekerheden het percentage van 20% van de intrinsieke waarde van de beleggingsentiteit hebben overschreden;
  - of de beleggingsentiteit volledig gedekt is met onderpand in effecten die zijn uitgegeven of gegarandeerd door een lidstaat.

Aanvullende toelichtingsvereisten voor icbe's

Specifiek voor icbe's gelden de volgende toelichtingsvereisten met betrekking tot derivaten:

- Icbe's lichten het bedrag van de verplichtingen toe, onderscheiden naar soort aan het einde van het boekjaar, die voortvloeien uit verrichtingen met betrekking tot financiële derivaten en voor zover deze niet reeds in de balans en winst-en-verliesrekening zijn opgenomen (art. 146 lid 1 onder d BGfo voor icbe's).
- Een icbe doet de Autoriteit Financiële Markten ten minste jaarlijks mededeling van (art. 133 BGfo):
  - de tot haar [netto] activa behorende soorten financiële derivaten,
  - de onderliggende risico's,
  - de kwantitatieve begrenzingen; en
  - de methodes die zijn gekozen om de aan die transacties in deze financiële instrumenten verbonden risico's te ramen (art. 133 BGfo).
    Omdat een icbe geen fondsenrapportage kent zoals een beleggingsinstelling, betekent dit dat de jaarlijkse mededeling van artikel 133 BGfo onderdeel is van de jaarrekening die op grond van artikel 4:51 lid 1 Wft wordt verstrekt aan de AFM.

De kwantitatieve begrenzingen bevatten drempels voor het totale risico en de blootstelling aan tegenpartijrisico. De verhoogde blootstelling en het hefboomeffect dat wordt gegenereerd door gebruik te maken van (embedded) derivaten wordt berekend door gebruik te maken van de benadering op basis van de aangegane verplichtingen, risicowaarde (*Value at Risk* of 'VaR') benadering of een andere geavanceerde methode voor risicometing (art. 6:4 lid 2 NRgfo). De 'VaR' betreft een raming van het maximale potentiële verlies dat binnen een bepaalde tijdshorizon met een bepaalde zekerheidsgraad zal worden geleden.

De CESR's 'Guidelines on Risk Measurement and the Calculation of Global Exposure and Counterparty Risk for UCITS' (CESR 10-788 van 28 juli 2010) vereisen toelichting in de jaarrekening (box 25, onder 1 tot en met 5) inzake:
- de gehanteerde methode om het risico te meten: de benadering op basis van de aangegane verplichtingen, de relatieve 'VaR' of de absolute 'VaR';
Bij de standaardbenadering op basis van de aangegane verplichtingen wordt elke financiële derivatenpositie omgezet in de marktwaarde van een gelijkwaardige positie in de onderliggende waarden van het derivaat.
- indien de relatieve 'VaR' benadering wordt gehanteerd: informatie omtrent de referentieportefeuille;
- de kwantitatieve begrenzingen [zoals beschreven in het prospectus] worden in de jaarrekening toegelicht. Daarbij wordt minimaal informatie gegeven omtrent het laagste, hoogste en gemiddelde gebruik van de 'VaR' limieten die in gedurende het jaar berekend zijn. Hierbij dienen het model en de input die gebruikt zijn in de berekening worden opgenomen (berekeningsmodel, zekerheidsgraad, tijdshorizon, lengte van de data historie).
- indien een 'VaR' benadering wordt gehanteerd, wordt het aangehouden niveau van de hefboom (*leverage*) toegelicht gedurende de verslagperiode.
De hefboom ('leverage') wordt berekend op basis van de som van de nominale waarden van de gebruikte derivaten.

Het aangaan van een totale-opbrengstenswap of investeren in andere financiële derivaten met vergelijkbare kenmerken
Aanvullende toelichtingsvereisten voor retailbeleggingsentiteiten
In aanvulling op de algemene toelichtingsvereiste inzake de verkregen positie door technieken voor goed portefeuillebeheer en die bij gebruik van (OTC) derivaten, bevat de toelichting op de balans en de winst-en-verliesrekening van een retailbeleggingsentiteit die een totale-opbrengstenswap is aangegaan of investeert in andere financiële derivaten met vergelijkbare kenmerken:
- Nadere informatie over (art. 40 ESMA Richtsnoeren):
  - de onderliggende posities die zijn ingenomen door middel van financiële derivaten;
  - de identiteit van de tegenpartij(en) van deze financiële derivatentransacties; en
  - het type en bedrag aan zekerheden die de beleggingsentiteit heeft ontvangen ter beperking van het tegenpartijrisico.

49.5.4 Toelichting gelieerde partijen (art. 124 lid 1 BGfo)
Aanvullende toelichtingsvereisten voor retailbeleggingsentiteiten
Artikel 124 BGfo stelt een aantal eisen aan de toelichting op de balans en de winst-en-verliesrekening:
- indien van toepassing: een beschrijving van de overeenkomsten die de beleggingsentiteit is aangegaan met een partij die is gelieerd aan de beheerder, beleggingsentiteit of bewaarder (lid 1a);
- welk percentage van het totale transactievolume is uitgevoerd via met de beheerder, beleggingsentiteit of bewaarder gelieerde partijen (lid 1b);
- indien van toepassing: een opsomming van de soorten transacties die via de met de beleggingsentiteit, de beheerder of de bewaarder gelieerde partijen zijn uitgevoerd en de voorwaarden waaronder die transacties plaatsvinden. Indien een transactie met een gelieerde partij niet tegen marktconforme voorwaarden heeft plaatsgevonden wordt tevens de naam van de gelieerde partij, de prijs, de relevante voorwaarden, de getaxeerde waarde en de reden voor niet-marktconform handelen vermeld (lid 1c);
- indien van toepassing: het totaalbedrag dat is gemoeid met transacties met de met de beheerder, beleggingsentiteit of bewaarder gelieerde partij buiten een gereglementeerde beurs of markt (lid 1d);

- indien van toepassing: de directe of indirecte beleggingen in met de beheerder, beleggingsentiteit of bewaarder gelieerde partijen en onder welke voorwaarden verkoop of inkoop van, alsmede terugbetaling van rechten van deelneming in de andere beleggingsentiteit plaatsvindt (lid 1e);
- indien van toepassing: de beleggingen in met de beheerder, beleggingsentiteit of bewaarder gelieerde partijen – niet zijnde beleggingsentiteiten – die meer dan 10% van het beheerd vermogen van de gelieerde partij of van de beleggingsentiteit uitmaken, met een uiteenzetting van de relatie met de gelieerde partijen en het land van vestiging van de betreffende gelieerde partijen indien dit niet Nederland is (lid 1f);
- de naam van de partij aan wie de beheerder of bewaarder werkzaamheden heeft uitbesteed en een beschrijving van deze werkzaamheden (lid 1g).

Voor transacties met verbonden partijen zijn wettelijke bepalingen van toepassing. Hiervoor wordt verwezen naar hoofdstuk 21, 'Toelichting'.

IFRS kent ook uitgebreide voorschriften voor de toelichting. Zo zal op grond van IAS 24 Related Party Disclosures informatie over transacties met bestuurders en commissarissen te worden gegeven.

49.5.5 Aandelenklassen en subfondsen

Beleggingsentiteiten hebben veelal meer aandelenklassen. De Europese toezichthouder ESMA heeft op 30 januari 2017 een *Opinion* uitgegeven (ESMA34-43-296) in het kader van een gemeenschappelijk beleid ten aanzien van aandelenklassen. Om het onderscheid duidelijk te maken: een subfonds (*compartment*) van een beleggingsentiteit heeft een eigen (juridisch) afgescheiden vermogen dat wordt belegd volgens het beleggingsbeleid van het subfonds. Een aandelenklasse (*share class*) kent geen afgescheiden vermogen en deelt beleggingen met (een) andere aandelenklasse(n). Het beleggingsbeleid wordt niet of slechts in zeer beperkte mate aangepast, bijvoorbeeld in de vorm van afdekking van het valutarisico.

Toelichting aandelenklassen

De 'Opinion' kent beperkte voorbeelden voor toelichtingen, maar vraagt ten minste (art. 31 en 32 onder a) toelichting van de aard en de voornaamste kenmerken van de rechten van deelneming, in het bijzonder als er sprake is van aandelenklassen die het valutarisico van de portefeuille geheel of gedeeltelijk afdekken.

Het 'share class'-beleid dat op 3 juni 2014 werd gepubliceerd op de website van de AFM (onder het hoofdstuk Veelgestelde Vragen), vroeg meer specifieke toelichtingen. Wij zijn van mening dat deze toelichtingen nog steeds relevant zijn voor beleggingsentiteiten met verschillende aandelenklassen.

Per aandelenklasse wordt in de toelichting op de jaarrekening van de beleggingsentiteit een verloopstaat geplaatst kapitaal, verloopstaat agioreserve, stand totaal eigen vermogen, stand totaal aantal geplaatste aandelen en opbrengsten op aandelenklasseniveau wordt opgenomen.
Voor valuta afgedekte aandelen(klassen) wordt in de jaarrekening de afdekkingsstrategie van de valuta afgedekte aandelenklasse duidelijk omschreven (*main features*) inclusief het potentiële effect daarvan op de resultaten (*the key risks involved*), waaronder het tegenpartijrisico.
Daarnaast wordt voor elke aandelenklasse de volgende informatie per aandeel worden opgenomen in de toelichting:
- de intrinsieke waarde;
- transactieprijs;
- netto rendement en netto rendement van de benchmark;
- uitgekeerd dividend;

- vijf[1]- respectievelijk driejaarsoverzichten[2];
- Lopende Kosten Ratio (LKR)[3];
- beheerkosten;
- prestatievergoeding;
- overige kosten (toegerekend aan de aandelenklasse); en
- vaste kosten opslag (bij toe- en uittreding).

Toelichting subfondsen

De verslaggevingsvereisten, waaronder de toelichtingsvereisten, voor beleggingsentiteiten zijn overeenkomstig van toepassing op de 'relevante financiële gegevens' van subfondsen op grond van artikel 1:13 lid 4 Wft.

In het geval van een NV (of BV) met letteraandelen die subfondsen vormen (een zogenoemde 'parapluvennootschap'), is één (samengevoegde) statutaire jaarrekening vereist op grond van artikel 2:10 BW. In dit geval zijn de relevante financiële gegevens per subfonds onderdeel van de toelichting op de jaarrekening van de parapluvennootschap.

In het geval van een fonds voor gemene rekening met een paraplustructuur (een zogenoemd 'paraplufonds'), wordt veelal niet één (samengevoegde) jaarrekening opgesteld. Een fonds voor gemene rekening is namelijk geen rechtspersoon en kent geen statutaire verplichting omtrent de jaarrekening. Bovendien heeft een optelsom van de verschillende subfondsen veelal geen economische betekenis.

De relevante financiële gegevens per (individueel) subfonds vormen een jaarrekening op zich. Het is overigens mogelijk om de jaarrekeningen van de verschillende subfondsen van het paraplufonds in één set van jaarstukken op te nemen.

49.6 Bestuursverslag

De bepalingen van Richtlijn 400 Bestuursverslag zijn van toepassing op beleggingsentiteiten (zie hoofdstuk 39). In aanvulling op de bepalingen met betrekking tot het bestuursverslag in Afdeling 7 van Titel 9 Boek 2 BW en Richtlijn 400, besteedt een beleggingsentiteit in het bestuursverslag bovendien aandacht aan (RJ 615.501):
- de doelstellingen van de beleggingsentiteit en het gevoerde beleggingsbeleid, ten minste in de termen van rendement en risico;
- het beleggingsresultaat per (bij derden uitstaand) deelnemingsrecht over de laatste vijf jaar, gesplitst naar inkomsten, waardeveranderingen en kosten.

Artikel 2:391 lid 3 BW vereist dat een rechtspersoon ten aanzien van het gebruik van financiële instrumenten de doelstellingen en het beleid inzake risicobeheer in het bestuursverslag vermeldt. Dit is voor beleggingsentiteiten een relevante bepaling.

Het Besluit inhoud bestuursverslag (art. 3a) is van toepassing op beleggingsentiteiten met rechtspersoonlijkheid waarvan de (certificaten van) aandelen zijn toegelaten tot de handel op een gereglementeerde markt - zoals

---

[1] Toelichting in het bestuursverslag van het beleggingsresultaat per (bij derden uitstaand) deelnemingsrecht over de laatste vijf jaren, gesplitst naar inkomsten, waardeveranderingen en kosten (RJ 615.501).

[2] Toelichting op de balans met een overzicht over de laatste drie jaren van de intrinsieke waarde, het aantal uitstaande rechten van deelneming en de intrinsieke waarde per recht van deelnemingen, een en ander per het einde van het boekjaar (RJ 615.408/art. 122 lid 1 onder c BGfo).

[3] RJ 615.413: Indien een beleggingsentiteit of subfonds is opgebouwd uit meerdere aandelenklassen, dan wordt voor iedere aandelenklasse een afzonderlijke LKR bepaald.

bijvoorbeeld Euronext Fund Services – (OOB) of op een multilaterale handelsfaciliteit (geen OOB, maar wel met een balanstotaal van meer dan € 500 miljoen).

Dit besluit vereist mededeling in het bestuursverslag omtrent de belangrijkste kenmerken van het beheers- en controlesysteem in verband met financiële verslaggeving, mededeling omtrent het functioneren van de aandeelhoudersvergadering en het bestuur en de raad van commissarissen en hun commissies. Voor grote OOB's is eveneens mededeling van het diversiteitsbeleid vereist.

49.6.1 Beloningsbeleid

Een beleggingsinstelling of icbe neemt in het bestuursverslag informatie op omtrent het beloningsbeleid van de beheerder (art. 115m BGfo met verwijzing naar art. 22 lid 2 AIFMD (en daarmee naar art. 107 van de Gedelegeerde Verordening (231/2013) resp. art. 121 lid 2 BGfo met verwijzing naar art. 69 lid 3 icbe-richtlijn alsmede art. 1:120 Wft en de aanwijzingen van de AFM).

Deze toelichting laat onverlet de (wettelijk) verplichte toelichting in de jaarrekening omtrent bezoldigingen van (ex-)bestuurders en (ex-)commissarissen (zie par. 21.2.4, 21.2.5 en 21.2.6).

In een Nadere Memorie van Antwoord (d.d. 9 oktober 2019) heeft de minister van Financiën aangegeven dat een wijziging in de wet wordt voorbereid opdat (alsnog) gebruik wordt gemaakt van de mogelijkheid om beursgenoteerde open-end beleggingsentiteiten en icbe's uit te zonderen van de vereisten inzake bezoldiging(sverslag) (art. 2:135 t/m 2:135b BW) en transacties met verbonden partijen (art. 2:167 t/m 2:170 BW).

Kwantitatieve toelichting

De kwantitatieve toelichting bestaat uit:
1. het totale bedrag van de beloning gedurende het boekjaar, onderverdeeld in de vaste en variabele beloning die de beheerder van de beleggingsentiteit aan haar personeel betaalt, het aantal begunstigden en, in voorkomend geval, elk rechtstreeks door de beleggingsentiteit betaald bedrag, met inbegrip van elke prestatiebeloning [bijvoorbeeld *carried interest*];
2. het geaggregeerde bedrag van de beloning, uitgesplitst[4] naar [1] hogere leidinggevende medewerkers, [2] controlefuncties[5]; en [3] risico nemende medewerkers en elke werknemer wiens totale beloning binnen dezelfde beloningsschaal valt als die van hogere leidinggevende medewerkers en risico nemende medewerkers van wie de beroepswerkzaamheden het risicoprofiel van de beheerder of de beleggingsentiteit materieel beïnvloeden.
3. een opgave van het aantal werkzame natuurlijke personen een totale jaarlijkse beloning van € 1 miljoen of meer ontvangen, alsmede het bedrijfsonderdeel waarvoor zij in hoofdzaak werkzaamheden verrichten.

Op grond van de ESMA Questions and Answers – Application of the AIFMD (ESMA 34-32-352), alsmede de ESMA Questions and Answers – Application of the UCITS Directive (ESMA 34-43-392), wordt in de kwantitatieve toelichting ook de beloning van *identified staff* betrokken van partijen waaraan portfoliomanagement- of risicomanagementactiviteiten zijn gedelegeerd. Hiertoe kan aansluiting worden gezocht op de beloningstoelichting van die partijen zelf. Als die partijen niet onderworpen zijn aan vereisten omtrent een beheerst beloningsbeleid, kan op basis van contractuele afspraken deze informatie omtrent beloningen worden verkregen met betrekking tot de gedelegeerde portefeuilles op basis van een pro rata basis. In ieder geval mag de toelichting van de beloning worden gegeven voor het totaal van alle gedelegeerde partijen.

---

[4] Deze uitsplitsing volgt de onderscheiden categorieën van *identified staff* in het beloningsbeleid van de beheerder.
[5] Voor beleggingsinstellingen is separate toelichting van medewerkers in controlefuncties aanbevolen.

Vermeld wordt of de totale beloning in de toelichting van het bestuursverslag van de beleggingsinstelling al dan niet betrekking heeft op het volgende (RJ 615.411 en Gedelegeerde Verordening (231/2013)):
- de totale beloning van het gehele personeel van de beheerder, onder vermelding van het aantal begunstigden[6];
- de totale beloning van het personeel van de beheerder dat geheel of gedeeltelijk bij de activiteiten van de beleggingsinstelling is betrokken, onder vermelding van het aantal begunstigden;
- het voor rekening van de beleggingsinstelling komende gedeelte van de totale beloning van het personeel van de beheerder, onder vermelding van het aantal begunstigden.

Voor de verantwoording van betaalde beloningen door de beheerder in het bestuursverslag van de beleggingsentiteit is op grond van Richtlijn 615.507 niet het tijdstip waarop de betaling daadwerkelijk plaatsvindt bepalend, maar dient het jaar waarin de desbetreffende beloning ten laste van de beheerder komt, bepalend te zijn. Het is aanbevolen om toe te lichten wat de invloed is van schattingsposten in verband met nog niet vastgestelde variabele beloning en 'carried interest' bedragen.

Voorbeeld (kwantitatieve) toelichting beleggingsbeleid

De toelichting hieronder heeft betrekking op het totaal van de personele beloningen van geïdentificeerde personen en personen met controletaken, die werkzaamheden verrichten voor de beleggingsentiteiten onder beheer van ABC asset management BV. Een toewijzing aan individuele beleggingsinstellingen onder beheer is niet voorhanden.

	'Identified staff' in senior management functies	'Identified staff' buiten senior management functies	Medewerkers met controletaken	Overige medewerkers	Alle medewerkers [ABC asset management BV]
Beloning x € 1.000					
Vaste beloning	1.090	5.155	309	6.241	12.795
Variabele beloning	60	1.690	10	13	1.773
Totaal	1.150	6.845	319	6.254	17.698
Aantal medewerkers	4	41	3	96	144
Variabele beloning ten laste van beleggingsentiteit *(lucratieve belangen, carried interest, etc.)*	700	2.430	-	-	3.130

In verband met artikel 1:120 lid 2 onder a Wft melden wij het volgende: Geen enkele persoon heeft een beloning ontvangen die het miljoen overschrijdt.

In de tabel zijn de beloningen opgenomen die in het verslagjaar ten laste van het resultaat van de beheerder zijn gekomen. De variabele beloning bevat alle tot xx maart 20xx+1 goedgekeurde toekenningen en vastgestelde aanspraken in relatie tot de in 20xx geleverde prestaties, inclusief de waarde van het uitgestelde deel van deze variabele beloning. Variabele beloningen in de vorm van aandelen zijn omgerekend naar euro tegen de waarde op het moment van toekenning. In het verslagjaar aangepaste variabele beloningen, bijvoorbeeld doordat niet aan de retentievereisten is voldaan van in het verleden toegekende uitgestelde beloningen, zijn niet in de tabel opgenomen. Er was in het verslagjaar geen sprake van een situatie waarbij als gevolg van feiten en omstandigheden die na de oorspronkelijke toekenning aan het licht zijn gekomen, variabele beloning is teruggevorderd.

De variabele beloning die direct ten laste van de beleggingsentiteit is gekomen bestaat uit 'carried interest' aanspraken die in 20xx definitief zijn bepaald en deels betrekking hebben op prestaties die voor 20xx zijn geleverd.

---

[6] Voor icbe's geldt alleen deze optie.

Kwalitatieve toelichting

De beheerder verstrekt algemene informatie met betrekking tot financiële en niet-financiële criteria van het beloningsbeleid en de beloningspraktijken voor relevante personeelscategorieën om beleggers in staat te stellen uit te maken welke prikkels worden gecreëerd. Ten minste wordt de informatie openbaar die nodig is om inzicht te krijgen in het risicoprofiel van de beleggingsentiteit en in de genomen maatregelen om belangenconflicten te voorkomen of te beheren (art. 107 Gedelegeerde Verordening (231/2013)) en (AFM Veelgestelde Vragen over Beloningsbeleid) hoe het beloningsbeleid voldoet aan de regels en de genomen maatregelen om aan de regels te voldoen. Daarbij neemt de beheerder de additionele toelichtingsvereisten omtrent het beloningsbeleid en de beloningscultuur uit de Aanbeveling (2009/384/EG) in ogenschouw met inachtneming van de vertrouwelijkheid en de toepasselijke wetgeving inzake de bescherming van (persoons)gegevens (art. 161 t/m 164 ESMA/2013/232 en ESMA/2016/575).

De toelichting is in verhouding ('evenredig') met de omvang en de complexiteit van de beheerder en maakt inzichtelijk hoe het evenredigheidsbeginsel is toegepast. De informatie is eenvoudig te begrijpen, toegankelijk en minimaal op jaarlijkse basis geactualiseerd.

De volgende informatie dient te worden verstrekt (art. 165 t/m 168 ESMA 2013/232 en ESMA/2016/575 in aanvulling op de Aanbeveling (2009/384/EG):

a. informatie over het besluitvormingsproces waarbij het beloningsbeleid is vastgesteld;
   Icbe's vermelden eventuele materiële wijzigingen in het vastgestelde beloningsbeleid en de resultaten van de evaluaties (art. 13 onder c icbe-richtlijn).
b. informatie over de relatie tussen beloning en prestaties;
   Ook informatie over de opzet en de structuur van beloningsprocessen moet openbaar worden gemaakt door de abi-beheerders. Daarbij valt te denken aan de voornaamste kenmerken en doelstellingen van het beloningsbeleid en de wijze waarop de abi-beheerder waarborgt dat de beloning van medewerkers met controletaken onafhankelijk is van de bedrijfsonderdelen waarop zij toezicht houden. Het verslag moet een uiteenzetting bevatten van de parameters die worden gebruikt voor de toekenning van uitgestelde en niet-uitgestelde beloningscomponenten aan verschillende categorieën medewerkers.
   Icbe's vermelden de wijze waarop de beloning en de uitkeringen zijn berekend (art. 13 onder c icbe-richtlijn).
c. informatie over de voor prestatiebeoordeling en risicocorrectie gebruikte criteria;
   Op basis van de aanwijzingen van de toezichthouder (AFM Veelgestelde Vragen over Beloningsbeleid) worden hierbij minimaal de procedures en criteria vermeld die zijn vastgesteld voor het aanpassen en terugvorderen van de variabele beloningen.
d. informatie over de prestatiecriteria op basis waarvan aandelen, opties of variabele beloningscomponenten worden toegekend;
e. de belangrijkste parameters en de motivering van een eventuele jaarlijkse bonusregeling en eventuele andere niet-geldelijke voordelen.

Op grond van artikel 5 van Verordening (EU) 2019/2088 wordt uiterlijk vanaf 2021 in het beloningsbeleid informatie opgenomen over de wijze waarop dat beleid spoort met de integratie van duurzaamheidsrisico's.

49.6.2 Verklaring omtrent bedrijfsvoering
Aanvullende toelichtingsvereisten voor retailbeleggingsentiteiten

In het BGfo is in artikel 121 lid 1 (voor icbe's) en in artikel 115y lid 5 (voor beleggingsinstellingen) opgenomen dat de beheerder een verklaring opneemt in het bestuursverslag van de beleggingsentiteit, dat de beheerder voor de beleggingsentiteit beschikt over een beschrijving van de inrichting van de bedrijfsvoering die voldoet aan de bepalingen van artikel 3:17 lid 2c Wft en artikel 4:14 lid 1 Wft, en dat de bedrijfsvoering effectief en overeenkomstig de beschrijving functioneert. De oude regelgeving sprak van de 'administratieve organisatie en interne controleprocedures' (AO/IC), terwijl de nieuwe Wft spreekt over de 'bedrijfsvoering'. Ondanks het verschil in terminologie blijkt uit de parlementaire geschiedenis dat er géén verschil in reikwijdte of betekenis is beoogd (zie de toelichting bij art. 4:14 in Kamerstuk 29 708, nr. 1).

Een voorbeeldtekst van een dergelijke verklaring is de volgende:

Verklaring omtrent de bedrijfsvoering

Algemeen

Als beheerder van beleggingsentiteit XYZ is het, overeenkomstig artikel 121 van het Besluit gedragstoezicht financiële ondernemingen (BGfo), onze verantwoordelijkheid te verklaren dat voor beleggingsentiteit XYZ wordt beschikt over een beschrijving van de inrichting van de bedrijfsvoering overeenkomstig de Wet op het financieel toezicht en de daaraan gerelateerde regelgeving gestelde eisen en dat deze bedrijfsvoering gedurende het verslagjaar 201x effectief en overeenkomstig de beschrijving heeft gefunctioneerd.

Hieronder gaan wij in op de inrichting van de bedrijfsvoering van de beheerder voor zover gericht op de activiteiten van de beleggingsentiteit. De bedrijfsvoering is afgestemd op de omvang van de organisatie en in lijn met de bij op krachtens de wet gestelde vereisten. Een dergelijke structuur kan geen absolute zekerheid bieden dat zich nooit afwijkingen zullen voordoen, maar is ontworpen om een redelijke mate van zekerheid te verkrijgen over de effectiviteit van de interne beheersingsmaatregelen aangaande de risico's gerelateerd aan de activiteiten van de beleggingsinstelling.

De beoordeling van het functioneren en de effectiviteit van de bedrijfsvoering behoort tot de verantwoordelijkheid van de directie.

Activiteiten in het verslagjaar

Als onderdeel van de aanvraag van de vergunning is de opzet van de bedrijfsvoering beoordeeld en in lijn gebracht met de wetgeving. Relevante risico's zijn in kaart gebracht en bijbehorende interne controles zijn gedefinieerd. Aan de beoordeling van de effectiviteit en het functioneren van de bedrijfsvoering wordt in de praktijk invulling gegeven door...

Op basis van de met betrekking tot het verslagjaar verkregen (management)informatie ten aanzien van de uitgevoerde processen en de daarin opgenomen interne beheersingsmaatregelen alsmede uit specifieke controles daaromtrent, hebben wij vastgesteld dat deze beheersingsmaatregelen conform de beschrijving zijn uitgevoerd. Waar de uitkomsten deficiënties aan het licht brachten, zijn verbeteringen ingericht en corrigerende maatregelen getroffen dan wel in gang gezet.

Rapportage over de bedrijfsvoering

Gedurende het verslagjaar hebben wij de verschillende aspecten van de inrichting van de bedrijfsvoering beoordeeld. Bij onze werkzaamheden hebben wij, behoudens bovengenoemde opmerkingen, geen constateringen gedaan op grond waarvan zou moeten worden geconcludeerd dat de beschrijving van de opzet van de bedrijfsvoering als bedoeld in artikel 121 van het BGfo niet voldoet aan de vereisten zoals opgenomen in het BGfo en daaraan gerelateerde regelgeving. Ook is niet geconstateerd dat de maatregelen van interne controle niet effectief en overeenkomstig de beschrijving functioneren.

Op grond van het bovenstaande verklaren wij als beheerder voor beleggingsentiteit XYZ te beschikken over een beschrijving van de bedrijfsvoering als bedoeld in artikel 121 van het BGfo, die voldoet aan de eisen van het BGfo en verklaren wij met een redelijke mate van zekerheid dat de bedrijfsvoering gedurende het verslagjaar effectief en overeenkomstig de beschrijving heeft gefunctioneerd.

Voor het komende jaar verwachten wij geen significante wijziging in de opzet van de bedrijfsvoering.

Deze modeltekst is ontleend aan de publicatie van Dufas en Ernst & Young getiteld 'Handreiking AO/IC-verklaring voor beheerders van beleggingsinstellingen' (tweede editie, december 2007). In deze publicatie zijn ook andere modelteksten en een uitgebreide toelichting op de voorschriften opgenomen.

49.6.3 Toelichting stembeleid en stewardship
Aanvullende toelichtingsvereisten voor retailbeleggingsentiteiten

Een beleggingsentiteit met zetel in Nederland en een belegd vermogen waartoe beursgenoteerde (certificaten van) aandelen behoren, doet mededeling over de naleving van de principes en best practice-bepalingen van de Nederlandse Corporate Governance Code die zijn gericht tot de institutionele belegger (art. 5:86 Wft).
De principes gericht aan institutionele beleggers bepalen dat institutionele beleggers verantwoordelijk zijn jegens hun achterliggende begunstigden om op zorgvuldige en transparante manier te beoordelen of op welke wijze zij gebruikmaken van hun rechten als aandeelhouder van vennootschappen. De opgave is ten minste eenmaal per boekjaar vereist in het bestuursverslag of op de website; of aan het adres van iedere deelnemer. Indien de beleggingsentiteit kiest voor publicatie op de website bepaalt RJ 615.502, dat de beleggingsentiteit in het bestuursverslag de verwijzing naar de website opneemt.
In ieder geval dient ten minste eenmaal per kwartaal op de website verslag te worden uitgebracht of en hoe zij als aandeelhouder heeft gestemd op algemene vergaderingen (Nederlandse Corporate Governance Code, Principe 4.3.6).

Naleving door beleggingsentiteiten is gelijksoortig aan de 'pas toe of leg uit'-bepaling die voor naamloze vennootschappen geldt op grond van artikel 2:391 lid 5 BW. Een beleggingsentiteit zal aldus moeten mededelen of de toepasselijke principes en best practice-bepalingen van de gedragscode worden nageleefd of gemotiveerd opgave doen waarom (onderdelen van) de principes en best practice-bepalingen van de Code corporate governance niet worden nageleefd. Met de mogelijkheid om gemotiveerd van de Code af te wijken hebben beheerders van beleggingsinstellingen bijvoorbeeld de mogelijkheid om geen verantwoording af te leggen inzake het stembeleid met betrekking tot beleggingen die niet ten behoeve van achterliggende begunstigden (de deelnemers in de beleggingsentiteit) maar ten behoeve van het eigen vermogen zijn gedaan. Ook zou een institutionele belegger aandelen die worden gehouden in naamloze vennootschappen met zetel in een andere staat gemotiveerd kunnen uitzonderen van haar verantwoording over het stembeleid, omdat het praktisch gezien lastig is om het stemrecht in de algemene vergadering uit te oefenen.

Implementatie EU-richtlijn Aandeelhoudersbetrokkenheid en EFAMA Stewardship Code
Richtlijn (EU) 2017/828 tot wijziging van de Richtlijn aandeelhoudersrechten (2007/36/EG) om de langetermijnbetrokkenheid van aandeelhouders te bevorderen, is in de Wft (art. 5:87a t/m 5:87f) geïmplementeerd met de Wet van 6 november 2019 tot wijziging van Boek 2 van het Burgerlijk Wetboek, de Wet op het financieel toezicht en de Wet giraal effectenverkeer ter uitvoering van Richtlijn 2017/828/EU (...) en kent transparantieregels voor "vermogensbeheerders", waaronder (vergunningsplichtige) beheerders van beursgenoteerde beleggingsinstellingen en/of icbe's en beursgenoteerde beleggingsmaatschappijen zonder externe beheerder. Eerder was reeds de EFAMA Stewardship Code herzien en in lijn gebracht met deze Richtlijn.

Een vermogensbeheerder heeft een betrokkenheidsbeleid (of 'stewardship code') en maakt dit beleid openbaar op zijn website (art. 5:87c lid 1 Wft). Opname in het bestuursverslag is niet vereist, maar het ligt voor de hand om een verwijzing op te nemen in het bestuursverslag.

Het betrokkenheidsbeleid, bedoeld in het eerste lid van artikel 5:87c Wft, bevat een beschrijving van (art. 5:87c lid 2 Wft):
a. de wijze waarop de vermogensbeheerder toeziet op de vennootschappen waarin is belegd ten aanzien van relevante aangelegenheden, waaronder de strategie, de financiële en niet-financiële prestaties en risico's, de kapitaalstructuur, maatschappelijke en ecologische effecten en corporate governance van de vennootschappen waarin is belegd;

b. de wijze waarop de vermogensbeheerder een dialoog voert met de vennootschappen waarin is belegd;
c. de wijze waarop de vermogensbeheerder de stemrechten en andere aan aandelen verbonden rechten uitoefent;
d. de wijze waarop de vermogensbeheerder samenwerkt met andere aandeelhouders;
e. de wijze waarop de vermogensbeheerder communiceert met relevante belanghebbenden van de vennootschappen waarin is belegd; en
f. de wijze waarop belangenconflicten beheerst worden die verband houden met de betrokkenheid van de vermogensbeheerder.

Een vermogensbeheerder maakt ten minste eenmaal per boekjaar op zijn website openbaar op welke wijze het betrokkenheidsbeleid is uitgevoerd. Deze opgave bevat ten minste de wijze waarop de vermogensbeheerder heeft gestemd op de algemene vergadering van de vennootschappen waarin is belegd, waaronder het stemgedrag, een toelichting op de belangrijkste stemmingen en het gebruik van de diensten van stemadviseurs (art. 5:87c lid 3 Wft).

Indien een vermogensbeheerder in het laatst afgesloten boekjaar voorgaande bepalingen niet (geheel) heeft nageleefd of niet voornemens is deze in het volgende boekjaar geheel na te leven, doet hij daarvan ten minste eenmaal per boekjaar gemotiveerd opgave op zijn website (art. 5:87c lid 4 Wft).

Hierbij wordt opgemerkt dat artikel 5:86 Wft inzake stembeleid en (de toepasselijkheid van) de Nederlandse Corporate Governance Code ongewijzigd is.

Een beheerder van een beleggingsinstelling of icbe verstrekt de volgende informatie ten minste op verzoek aan de deelnemers van de door hem beheerde beleggingsinstelling of icbe (art. 5:87e lid 4 Wft):
1. Op welke wijze zijn beleggingsstrategie of de uitvoering daarvan in overeenstemming is met de overeenkomst en op welke wijze deze overeenkomst bijdraagt aan de middellange- tot langetermijnprestaties van de portefeuille;
2. Deze informatie omvat een rapportage over:
    a. de belangrijkste materiële middellange- tot langetermijnrisico's die aan de beleggingen zijn verbonden;
    b. de samenstelling, omloopsnelheid en kosten van de portefeuille;
    c. het gebruik van stemadviseurs voor betrokkenheidsactiviteiten;
    d. het beleid van de vermogensbeheerder inzake het sluiten van overeenkomsten waarin een tijdelijke en betaalde overdracht van deze stemmen is geregeld en op welke wijze dat in voorkomend geval wordt toegepast ten behoeve van zijn betrokkenheidsactiviteiten, met name tijdens de algemene vergadering van de vennootschappen waarin is belegd; en
    e. of en zo ja, de wijze waarop de vermogensbeheerder beleggingsbesluiten neemt op basis van een beoordeling van de middellange- tot langetermijnprestaties, waaronder de niet-financiële prestaties van de vennootschap waarin is belegd, welke belangenconflicten in verband met betrokkenheidsactiviteiten zijn ontstaan en op welke wijze de vermogensbeheerder daarmee is omgegaan.

De EFAMA Stewardship Code bevat vergelijkbare principes en aanbevelingen inzake de monitoring, betrokkenheid en het gebruikmaken van het stemrecht door (vermogens)beheerders bij de bedrijven waarin zij beleggen ('betrokken aandeelhouderschap'). Aan beheerders wordt gevraagd in uitingen over betrokken aandeelhouderschap te verwijzen naar deze code.

Een toelichting inzake *stewardship* kan niet los worden gezien van een toelichting van de samenstelling en omloopsnelheid van de portefeuille.

49.6.4 Transparantie duurzame beleggingen

Verordening (EU) 2019/2088 van 27 november 2019 betreffende informatieverschaffing over duurzaamheid in de financiële dienstensector bevat transparantievereisten ten aanzien van het prospectus en de website en ten aanzien van het bestuursverslag. Deze verordening is van toepassing vanaf 2021 en gewijzigd met Verordening (EU) 2020/852 van 18 juni 2020.

Transparantie van het promoten van ecologische of sociale kenmerken en van duurzame beleggingen
Wanneer de ecologische of sociale kenmerken van de beleggingsentiteit worden gepromoot of de beleggingsentiteit duurzame beleggingen tot doel heeft, wordt in het bestuursverslag een beschrijving opgenomen van het volgende (art. 11 Verordening (EU) 2019/2088):
▶ indien dit gepromoot werd: de mate waarin aan de ecologische of sociale kenmerken is voldaan;
▶ indien de beleggingsentiteit duurzame beleggingen of een vermindering van koolstofemissies tot doel heeft:
  ▶ het algemene duurzaamheidsgerelateerde effect van de beleggingsentiteit aan de hand van relevante duurzaamheidsindicatoren, of
  ▶ indien een index als referentiebenchmark is aangewezen, een vergelijking tussen het algemene duurzaamheidsgerelateerde effect van de beleggingsentiteit met de effecten van de aangewezen index en van een brede marktindex aan de hand van duurzaamheidsindicatoren.

Indien de beleggingsentiteit duurzame beleggingen of een vermindering van koolstofemissies tot doel heeft en belegt in een economische activiteit die bijdraagt aan een milieudoelstelling in de zin van art. 2 van Verordening (EU) 2019/2088, bevat het bestuursverslag het volgende (art. 5 van Verordening (EU) 2020/852):
a. de informatie over de milieudoelstelling(en) waaraan de onderliggende belegging bijdraagt;
b. een beschrijving van hoe en in welke mate de onderliggende beleggingen van de beleggingsentiteit, beleggingen zijn in economische activiteiten die als ecologisch duurzaam kunnen worden aangemerkt uit hoofde van art. 3 van Verordening (EU) 2020/852.
In deze beschrijving wordt het aandeel van de voor de beleggingsentiteit geselecteerde beleggingen in ecologisch duurzame economische activiteiten gespecificeerd, met inbegrip van nadere gegevens over de aandelen van faciliterende en transitieactiviteiten, uitgedrukt als een percentage van alle voor de beleggingsentiteit geselecteerde beleggingen.

De informatie wordt opgenomen in het jaarverslag. Aangezien artikel 11 lid 3 van Verordening (EU) 2019/2088 toestaat dat hiervoor informatie uit bestuursverslagen of niet-financiële rapportages wordt gebruikt, ligt verantwoording in het bestuursverslag van de beleggingsentiteit voor de hand.

Op 2 februari 2021 is het Final Report on draft Regulatory Technical Standards bij Verordening (EU) 2019/2088 gepubliceerd. Deze worden in 2021 omgezet in een gedelegeerde verordening en bevatten specifieke vereisten voor de hier genoemde toelichtingen. De beoogde datum waarop de technische reguleringsnormen van kracht worden is 1 januari 2022.

49.6.5 Actief en passief beheerde beleggingsentiteiten
Passief beheerde beleggingsentiteiten
Aanvullende toelichtingsvereisten voor retailbeleggingsentiteiten
Een passief beheerde beleggingsentiteit heeft als beleggingsstrategie het repliceren of volgen van een of meer indexen – al dan niet met een hefboom – op basis van synthetische of fysieke replicatie.

De ESMA Richtsnoeren (ESMA/2014/937, art. 11) zoals overgenomen door de AFM voor zowel icbe's als beleggingsinstellingen die in Nederland worden aangeboden, schrijven voor dat in het bestuursverslag en in het halfjaarbericht van een indexvolgende beleggingsentiteit de grootte van de volgfout aan het einde van de beschreven periode wordt vermeld. De volgfout is de volatiliteit van het verschil tussen het rendement van de indexvolgende beleggingsentiteit en het rendement van de gevolgde index of indexen. Het bestuursverslag bevat een verklaring voor elke afwijking tussen de verwachte en de daadwerkelijke volgfout over de betreffende periode. In het bestuursverslag wordt ook de *annual tracking difference* vermeld en toegelicht, dat wil zeggen het verschil tussen het jaarlijkse rendement van de indexvolgende beleggingsentiteit en het jaarlijkse rendement van de gevolgde index (RJ 615.504).

Actief beheerde beleggingsentiteiten
Aanvullende toelichting voor retailbeleggingsentiteiten
Vanuit toezichthouders en in de media is regelmatig aandacht voor de meerwaarde van actief beheerde beleggingsentiteiten (bijv. ESMA Public Statement 'Supervisory work on potential closet index tracking' (ESMA/2016/165)) en het 'Rapport verkenning potentiële indexhuggers - Bevindingen en aanbevelingen voor aanbieders van actieve beleggingsfondsen' (AFM, mei 2016). Er bestaan op dit moment geen specifieke verslaggevingsvereisten gericht op actief beheerde beleggingsentiteiten, maar op basis van genoemde rapporten alsmede het EFAMA Report on Closed Index Funds (6 juli 2016), hebben wij onderstaande aanbevolen toelichtingen geformuleerd:
- De mate van actief beheer, bijvoorbeeld door vermelding van de *active share*, de *tracking error* en/of R^2 ('r-squared').
  De 'active share' wordt berekend als de som van de absolute waarde van de afwijking van het gewicht van iedere belegging in vergelijking met het gewicht van die belegging in de benchmark (referentie index), gedeeld door 2.
  R^2 wordt ook wel de determinatiecoëfficiënt of verklarende variantie genoemd en geeft aan welk gedeelte van de variatie in het prestatie van de beleggingsentiteit wordt verklaard door de variatie in de prestaties van de benchmark (of referentie index).
- De top-10 holdings met bijbehorende wegingen en in vergelijking met de benchmark (of referentie index).
- Indien de 'active share' onder de 50% ligt, de 'tracking error' beperkt is tot minder dan 3% en/of de R^2 hoger is dan 0,9, is een toelichting aanbevolen waarbij de uitkomst(en) in verband worden gebracht met de meerjaren performance ten opzichte van de benchmark (of referentie index) alsmede de kostenstructuur van actief beheer.
- Kwalitatieve toelichting van het beleggingsbeleid en de mate van beleggingsvrijheid. Naast de doelstelling kunnen ook de vrijheid of de grenzen van het beleggingsbeleid concreter en kenbaar gemaakt worden, bijvoorbeeld door de maximaal toegestane tracking error te vermelden, en kan de ruimte die het beleggingsbeleid biedt voor onderzoeksactiviteiten, beleggingsstrategie en -stijl en dergelijke worden toegelicht.

In een (herhaal)onderzoek van de VEB en Morningstar (21 januari 2016) is gekeken naar acht punten in de informatievoorziening in de mogelijkheden om structureel de benchmark (of referentie index) te verslaan door actief beheerde beleggingsentiteiten Hieruit is de volgende aanbeveling gedestilleerd.

Bevat het bestuursverslag informatie omtrent:
1. De naam van de fondsmanager.
2. Ondersteuning door analisten (informatie over het beheerteam).
3. De achtergrond van de fondsmanager (kennis, kunde en ervaring).
4. Het moment van aantreden.
5. Andere taken binnen de organisatie.
6. Verantwoordelijkheden binnen de beleggingsentiteit.
7. Beslissingsstructuur binnen de beleggingsentiteit.
8. Beleggingen van fondsmanagers in de eigen beleggingsentiteit.

49.7 Overige gegevens
Aanvullende toelichting voor retailbeleggingsentiteiten
Een beleggingsentiteit vermeldt onder de overige gegevens, het totale persoonlijke belang dat de bestuurders van de beheerder van een beleggingsentiteit bij iedere belegging van de beleggingsentiteit aan het begin en het einde van het boekjaar hebben gehad (art. 122 lid 2 BGfo). RJ 615.423 verduidelijkt dat een persoonlijk belang kan bestaan uit zowel een geldelijk belang als uit een zeggenschapsbelang. In beide omstandigheden dient het totale (persoonlijke) belang te worden vermeld. Volstaan kan worden met vermelding van het belang van alle directieleden en commissarissen tezamen, aanbevolen wordt echter deze vermelding afzonderlijk op te nemen voor de gezamenlijke bestuurders en gewezen bestuurders en de gezamenlijke commissarissen en gewezen commissarissen.

Voor verdere te verstrekken informatie wordt verwezen naar paragraaf 21.2.8.

49.8 Periodieke informatieverschaffing door beleggingsinstellingen
Aanvullende vereisten voor beleggingsinstellingen
Artikel 4:37m Wft vereist van een beheerder van een beleggingsinstelling die rechten van deelneming in een door hem beheerde beleggingsinstelling in Nederland aanbiedt, om aan de deelnemers informatie te verschaffen, zoals bepaald in artikel 115k BGfo dat verwijst naar artikel 23 lid 2, tweede volzin, lid 4 en 5, alsmede lid 6 van de AIFMD. De hierna volgende informatie dient periodiek en ten minste gelijktijdig met het jaarverslag te worden verstrekt, alsmede de informatie die onverwijld aan beleggers dient te worden verstrekt voor zover dit niet reeds in het jaarverslag opgenomen is.

De beheerder van een beleggingsinstelling verschaft periodiek informatie over (art. 23 lid 4 AIFMD):
▶ het percentage activa waarvoor bijzondere regelingen gelden vanwege de illiquide aard ervan;
Hierbij wordt een overzicht gegeven van alle getroffen bijzondere regelingen onder vermelding van het volgende: of het gaat om side pockets gates of andere soortgelijke regelingen, welke waarderingsmethodiek wordt toegepast op activa waarvoor dergelijke regelingen gelden, en hoe op deze activa beheer- en prestatievergoedingen van toepassing zijn (art. 108 lid 2 Gedelegeerde Verordening (231/2013))
Het percentage abi-activa waarvoor bijzondere regelingen gelden wordt berekend door de nettowaarde van de activa waarvoor bijzondere regelingen gelden te delen door de intrinsieke waarde van de beleggingsinstelling.
▶ eventuele nieuwe regelingen voor het beheer van de liquiditeit van de beleggingsinstelling;
Beleggers worden in kennis gesteld (art. 108 lid 3 Gedelegeerde Verordening (231/2013)):
  ▶ wijziging in liquiditeitsbeheersystemen en procedures die van materieel belang zijn;
  ▶ activeringen van gates, side pockets of soortgelijke bijzondere regelingen of van opschorting van terugbetalingen;
  ▶ wijzigingen in liquiditeitsregelingen, ongeacht of het al dan niet om bijzondere regelingen gaat. Indien relevant, wordt ook vermeld onder welke voorwaarden terugbetaling is toegestaan en onder welke

omstandigheden dit aan het oordeel van het bestuur wordt overgelaten. Ook alle mogelijke stem- of andere beperkingen, de duur van een eventuele *lock-up* of alle *first in line-* of *pro-rating*-bepalingen met betrekking tot *gates* en opschortingen worden vermeld.
- het huidige risicoprofiel van de beleggingsinstelling en de risicobeheersystemen waarmee de beheerder deze risico's beheert.
De omschrijving van het risicoprofiel omvat een beschrijving van maatregelen om te beoordelen hoe gevoelig de portefeuille is voor de meest relevante risico's waaraan de beleggingsinstelling is of kan zijn blootgesteld; of de door de beheerder vastgestelde risicolimieten zijn of waarschijnlijk zullen worden overschreden, en ingeval deze risicolimieten zijn overschreden, onder welke omstandigheden dat is gebeurd en welke corrigerende maatregelen zijn genomen (art. 108 lid 4 Gedelegeerde Verordening (231/2013)).
De omschrijving van de risicobeheersystemen omvat een beschrijving van de hoofdkenmerken van de risicobeheersystemen waarmee de risico's van de beleggingsinstelling worden beheerd en in geval van een verandering wordt informatie verschaft over de verandering en over de verwachte gevolgen daarvan voor de (beleggers in de) beleggingsinstelling (art. 108 lid 5 Gedelegeerde Verordening (231/2013)).

De beheerder van een beleggingsinstelling die gebruikmaakt van hefboomfinanciering maakt met regelmaat en onverwijld de volgende informatie bekend (art. 23 lid 5 AIFMD):
- alle eventuele wijzigingen in de maximale hefboomfinanciering die mag worden gebruikt, alsook alle eventuele rechten op hergebruik van zekerheden of alle eventuele garanties die in het kader van de hefboomfinancieringsregeling zijn verleend;
De beschrijving bevat de oorspronkelijke en herziene maximale hefboomfinanciering, waarbij de hefboomfinanciering wordt berekend door de relevante blootstelling te delen door de intrinsieke waarde van de beleggingsinstelling; de aard van de verleende rechten op hergebruik van zekerheden; de aard van de verleende garanties; en met een van de bovenstaande elementen verband houdende wijzigingen in dienstverleners (art. 109 lid 2 Gedelegeerde Verordening (231/2013)).
- het totale bedrag van de door de beleggingsinstelling gebruikte hefboomfinanciering
De informatie over de totale hefboomfinanciering die is berekend volgens de brutomethode en volgens de methode op basis van gedane toezeggingen die door de abi worden gehanteerd, wordt bekendgemaakt (art. 109 lid 3 Gedelegeerde Verordening (231/2013)).

49.9 Halfjaarcijfers
Aanvullende toelichting voor retailbeleggingsentiteiten
De halfjaarcijfers van de beleggingsentiteit dienen de volgende gegevens te bevatten, indien van toepassing per subfonds (art. 125 BGfo):
- balans en winst-en-verliesrekening;
- mutatie-overzicht van het eigen vermogen;
- overzicht van de samenstelling van de activa;
- een opgave van de intrinsieke waarde van de instelling, het aantal uitstaande deelnemingsrechten en de intrinsieke waarde per recht van deelneming;
- het totale persoonlijke belang dat de bestuurders van de beheerder van een beleggingsentiteit bij iedere belegging van de beleggingsentiteit aan het begin en het einde van het boekjaar hebben gehad;
- het eventueel voorgenomen uit te keren of reeds uitgekeerde interim-dividend;
- indien de halfjaarcijfers door een accountant zijn onderzocht, wordt diens verklaring toegevoegd.

Ten slotte dient voor indexvolgende beleggingsentiteiten de grootte van de volgfout aan het einde van de beschreven periode te worden vermeld op grond van artikel 11 van ESMA Richtsnoeren en RJ 615.504.

Aanvullende toelichting voor icbe's

Voor een icbe geldt op grond van artikel 146 BGfo dat de balans en winst-en-verliesrekening of de toelichting daarop de volgende gegevens bevatten:
a. tegoeden bij banken;
b. een onderscheid in de overzichten van de beleggingen, bedoeld in artikel 122 lid 1 onder a en b BGfo (sluitend overzicht van het verloop van de beleggingen), naar:
   1. financiële instrumenten die zijn toegelaten tot de notering op een gereglementeerde markt;
   2. financiële instrumenten die op een gereglementeerde markt of een andere markt in financiële instrumenten worden verhandeld;
   3. effecten waarvan het aannemelijk is dat zij binnen een jaar na emissie zullen worden toegelaten tot de notering; en
   4. effecten en geldmarktinstrumenten die niet zijn toegelaten tot of worden verhandeld op een gereglementeerde markt of een andere markt in financiële instrumenten.

Voor *feeder-icbe's* geldt dat in de halfjaarcijfers de plaats vermeld wordt waar het bestuursverslag en de halfjaarcijfers van de *master-icbe* waarin de 'feeder-icbe' belegt, verkregen kunnen worden (art. 147i BGfo).

Voor verdere regelgeving ten aanzien van halfjaarcijfers wordt verwezen naar hoofdstuk 45 'Tussentijdse berichten' en Richtlijn 394, zie ook IAS 34 'Interim Financial Reporting'.

49.10 Verplichtingen voor beheerders en bewaarders

De Wft bevat enkele vereisten voor de (half)jaarverslaggeving door beheerders en bewaarders van retailbeleggingsentiteiten. Deze aanvullende vereisten gelden derhalve niet voor niet-vergunninghoudende beheerders van beleggingsinstellingen (light regime).
Een beheerder van een icbe verstrekt binnen vier maanden na afloop van het boekjaar aan de AFM een jaarrekening, een bestuursverslag en overige gegevens in overeenstemming met Titel 9 Boek BW en maakt deze openbaar, onder andere via de website van de beheerder. Voor een beheerder van een beleggingsinstelling en voor bewaarders geldt dezelfde eis, zij het dat de termijn zes maanden bedraagt. De jaarrekening is voorzien van een controleverklaring en de vrijstelling ex artikel 2:403 BW is niet van toepassing voor een beheerder.

De beheerder vermeldt het adres van de website in het bestuursverslag (art. 4:46 lid 3 (beheerder van icbe) en art. 115v lid 2 BGfo (beheerder van beleggingsinstelling)).

Artikel 1:120 Wft kent publicatie- en informatieverplichtingen inzake het beloningsbeleid van financiële ondernemingen en is van toepassing op onder andere beheerders van beleggingsentiteiten. De beheerder neemt in het bestuursverslag een beschrijving op van het beleggingsbeleid en maakt deze beschrijving ook op de website openbaar.
De kwantitatieve toelichtingsvereisten omvatten opgaven van hoeveel onder haar verantwoordelijkheid werkzame natuurlijke personen een totale jaarlijkse beloning van 1 miljoen euro of meer ontvangen, alsmede het bedrijfsonderdeel waar zij in hoofdzaak werkzaamheden voor verrichten en het aantal personen dat variabel beloond wordt en het jaarlijks aan natuurlijke personen werkzaam onder haar verantwoordelijkheid uitgekeerde bedrag aan variabele beloningen.
De kwalitatieve toelichtingsvereisten zijn gebaseerd op de Aanbeveling (2009/384/EG) en de aanwijzingen van de toezichthouder (AFM Q&A). Deze zijn reeds opgenomen in paragraaf 49.6.1 hierboven.

De beheerder vermeldt in de toelichting op de balans en de winst-en-verliesrekening ten minste de volgende cijfermatige en tekstuele toelichting in één paragraaf (art. 123 lid 4, 5 en 6 BGfo):
a. indien van toepassing: de door de beheerder van een icbe of diens bestuurders ontvangen retourprovisies;
b. indien van toepassing: de door de beheerder van een icbe of diens bestuurders voor het uitvoeren van opdrachten ten behoeve van de beheerder van een icbe of de door de beheerder van een icbe beheerde beleggingsinstellingen of icbe's ontvangen of in het vooruitzicht gestelde goederen;
c. de vergoedingen die zijn ontvangen in verband met het in- en uitlenen van financiële instrumenten van de door de beheerder van een icbe beheerde beleggingsinstellingen of icbe's.

De beheerder vermeldt verder onder de overige gegevens het totale persoonlijke belang dat de bestuurders van de beheerder bij iedere belegging van de icbe of beleggingsinstelling aan het begin en het einde van het boekjaar hebben gehad.

Voor een beheerder en bewaarder van een beleggingsentiteit gelden specifieke wet- en regelgeving inzake solvabiliteitseisen (kapitaaleisen), zoals opgenomen in artikel 3:57 Wft en het Besluit prudentiële regels Wft. Wij zijn van mening dat voor een getrouw beeld van het vermogen en het resultaat, alsmede voor zover de aard van een jaarrekening dat toelaat, omtrent de solvabiliteit en de liquiditeit van de rechtspersoon een adequate toelichting vereist is van de aanwezige solvabiliteit in relatie tot de wettelijke solvabiliteitseisen. Voor de inhoud van de toelichting, kan aansluiting worden gezocht bij de door de International Accounting Standards Board vastgestelde en door de Europese Commissie goedgekeurde standaarden (EU-IFRS), in het bijzonder bij IAS 1.134 en 1.135. In het bijzonder zijn wij van mening dat de beheerder dient toe te lichten of in de periode is voldaan aan van buitenaf opgelegde kapitaalvereisten, in termen van de minimum omvang, de samenstelling en de berekening van de solvabiliteit, alsmede de waardering van de vermogensbestanddelen die tot de solvabiliteit kunnen worden gerekend op grond van het Besluit prudentiële regels Wft, alsmede het vermelden van de gevolgen indien niet aan de van buitenaf opgelegde kapitaalvereisten wordt voldaan.

Ten slotte geldt voor beheerders die lid zijn van DUFAS dat gevraagd wordt om jaarlijks in een korte verklaring op de website of in het bestuursverslag aan te geven op welke wijze de Code Vermogensbeheerders is nageleefd op basis van 'comply and explain'. Indien bepaalde onderdelen van de Code niet van toepassing zijn op de beheerder, dan kan dat in deze verklaring worden toegelicht.

Een beheerder verstrekt verder binnen 9 weken na afloop van de eerste helft van het boekjaar halfjaarcijfers aan de AFM en maakt deze openbaar (door publicatie op de website). De halfjaarcijfers van een beheerder van een icbe bevatten ten minste de balans en winst-en-verliesrekening, alsmede een mutatieoverzicht van het eigen vermogen met inachtneming, voor zover de aard van deze stukken dat toelaat, van de bepalingen van Titel 9 Boek 2 BW, met uitzondering van artikel 2:403 BW, of de internationale jaarrekeningstandaarden. Indien de halfjaarcijfers door een accountant zijn onderzocht, wordt diens verklaring bij de halfjaarcijfers gevoegd.

Overigens kan (onverminderd het bepaalde in Titel 9 Boek 2 BW) de toezichthouder op aanvraag geheel of gedeeltelijk, al dan niet voor bepaalde tijd, ontheffing verlenen van het verstrekken van jaarrekening of halfjaarcijfers, indien de aanvrager aantoont dat daaraan redelijkerwijs niet kan worden voldaan en dat de doeleinden die worden beoogd anderszins worden bereikt.

49.11 Vrijstellingen voor middelgrote rechtspersonen

Een Nederlandse beleggingsentiteit waarop het deel Gedragstoezicht financiële ondernemingen van de Wft van toepassing is, is op grond van de Wft en ongeacht de rechtsvorm onderworpen aan de vereisten van Titel 9 Boek 2 BW. Voor beleggingsinstellingen is dit geregeld in artikel 4:37o Wft en voor icbe's in artikel 4:51 Wft. In deze artikelen is ook de controleplicht vastgelegd. Op grond van artikel 2:398 lid 3 BW zijn de vrijstellingen voor micro-, kleine en middelgrote rechtspersonen niet van toepassing voor een beleggingsentiteit. Derhalve gelden voor deze soort beleggingsentiteiten de rapporterings- en publicatiecriteria voor grote ondernemingen.

50 Pensioenfondsen

50.1 Algemeen	
Begrip pensioenfonds	Stichting die niet een premiepensioeninstelling is, waarin ten behoeve van ten minste twee deelnemers, gewezen deelnemers of hun nabestaanden gelden worden of werden bijeengebracht en worden beheerd ter uitvoering van ten minste een basispensioenregeling. Pensioenvermogen juridisch afgescheiden.
Relevante regelgeving	De belangrijkste regelgeving en richtlijnen op het gebied van verslaggeving van pensioenfondsen zijn: ▶ de Pensioenwet; ▶ de Wet verplichte beroepspensioenregeling; ▶ het Besluit financieel toetsingskader pensioenfondsen; ▶ de Wet aanpassing financieel toetsingskader; ▶ Titel 9 Boek 2 BW; ▶ de Richtlijn 610; ▶ het Rapportagekader pensioenfondsen. Pensioenfondsen zijn niet verplicht IFRS toe te passen. Het is pensioenfondsen toegestaan om vrijwillig over te gaan op IFRS. Pensioenfondsen die hiervoor kiezen vallen onder IAS 26 'Accounting and Reporting by Retirement Benefit Plans'.
Nettopensioenregeling	Een pensioenregeling inzake het loon boven het fiscale pensioenmaximum op basis van een zuivere premieovereenkomst, waarbij de deelnemer tot het moment van inkoop van het pensioen de beleggingsrisico's en actuariële risico's loopt.
Algemeen pensioenfonds	Een algemeen pensioenfonds is een pensioenfonds dat één of meerdere (beroeps)pensioenregelingen uitvoert en daarvoor een afgescheiden vermogen aanhoudt per collectiviteitkring. Hiertoe heeft een algemeen pensioenfonds een organisatie ingericht en moet een algemeen pensioenfonds over voldoende weerstandsvermogen beschikken om de risico's bij de bedrijfsvoering te kunnen opvangen.
50.2 Algemene aspecten verslaggeving pensioenfondsen	
Grootteregime	Ongeacht de grootte dient elk pensioenfonds te rapporteren op basis van de eisen van Titel 9 Boek 2 BW.
Modellen jaarrekening	In het Besluit modellen jaarrekening zijn voor pensioenfondsen geen specifieke modellen voorgeschreven. Richtlijn 610 geeft voorbeelden voor de indeling van een balans en de staat van baten en lasten.
Model Verslagstaten DNB	Voor de indiening van de verslagstaten ten behoeve van DNB wordt gebruikgemaakt van door DNB voorgeschreven modellen (staten).

50.3 Balans met toelichting	
Beleggingen	Alle beleggingen worden gewaardeerd tegen reële waarde. Hierbij dient onderscheid gemaakt te worden tussen beleggingen voor risico van het pensioenfonds, beleggingen voor risico van de deelnemers en het deel wat voor risico is van de herverzekeraar.
Herverzekeringen	Herverzekerde pensioenverplichtingen moeten tegen marktwaarde worden gewaardeerd, gerubriceerd en toegelicht, op basis van de overgedragen risico's.
Technische voorzieningen	Onvoorwaardelijk toegezegde verplichtingen gewaardeerd tegen de reële waarde waarbij discontering bij voorkeur plaatsvindt tegen de door DNB voorgeschreven curve. De voorziening pensioenverplichtingen wordt hierbij gesplitst in een voorziening pensioenverplichtingen voor risico van het pensioenfonds en een voorziening pensioenverplichtingen voor risico deelnemers.
Verlaging (korting) van de pensioenrechten	Afhankelijk van de feitelijke situatie moet een kortingsbesluit worden verwerkt in de technische voorzieningen dan wel worden toegelicht in het bestuursverslag, de toelichting op het herstelplan en de gebeurtenissen na balansdatum.
Overige voorzieningen, langlopende schulden, overige schulden en overlopende passiva	Voor de verwerking van overige voorzieningen wordt verwezen naar Richtlijn 252 'Voorzieningen', voor niet in de balans opgenomen verplichtingen en niet in de balans opgenomen activa, en voor de verwerking van langlopende en kortlopende schulden naar Richtlijn 254 'Schulden'. De onder de overige schulden en overlopende passiva opgenomen schulden uit hoofde van waardeoverdrachten, pensioenuitkeringen, derivaten en herverzekering dienen afzonderlijk te worden toegelicht.
VPL-gelden	De zogenaamde VPL-gelden, te weten de middelen uit hoofde van de Wet VPL (Wet aanpassing fiscale behandeling VUT/prepensioen en introductie levensloopregeling), die zijn ontvangen en nog niet zijn aangewend, dienen te worden opgenomen als afzonderlijke verplichting.
50.4 Staat van baten en lasten met toelichting	
Bijdragen werkgevers en werknemers	Aanbevolen wordt deze bijdragen in de toelichting te splitsen naar beide groepen en te splitsen in premiebijdragen (van werkgevers en werknemers) en premiebijdragen risico deelnemers.
Beleggingsopbrengsten	Onderscheid directe resp. indirecte beleggingsopbrengsten en kosten vermogensbeheer. Onderscheid gemaakt tussen beleggingsresultaten voor risico pensioenfonds en risico deelnemers.
	Inzicht in de kosten van vermogensbeheer en transactiekosten, waarbij de kosten van vermogensbeheer en de transactiekosten worden verbijzonderd naar beleggingscategorie.

Pensioenuitvoeringskosten	Pensioenuitvoeringskosten zijn veelal de kosten van pensioenbeheer alsmede de algemene kosten en de kosten voor het bestuur en het toezicht. Onder deze kosten dienen eveneens de accountantskosten te worden verantwoord en toegelicht overeenkomstig de wettelijke bepaling van artikel 2:382a BW.
Rentetoevoeging voorziening pensioenverplichtingen	Dit betreft de wijze waarop de rentetoevoeging over het jaar is bepaald.
Saldo overdrachten van rechten waardeoverdrachten	Dit betreft het saldo van binnenkomende en uitgaande waardeoverdrachten.
Overig	Alhoewel niet specifiek bepaald in Richtlijn 610 beveelt EY aan om omwille van het inzicht het resultaat in de toelichting nader onder te verdelen in actuariële bronnen.
Gebeurtenissen na balansdatum	Onderdeel van de toelichting zijn ook de 'gebeurtenissen na balansdatum'. Bij pensioenfondsen zullen hieronder ook worden verantwoord (significante) wijzigingen in de dekkingsgraad van het pensioenfonds die zijn ontstaan na balansdatum of indien na balansdatum het besluit is genomen om onder bepaalde voorwaarden de pensioenaanspraken te (gaan) verlagen.

50.5 Risicoparagraaf

Risicoparagraaf	In de jaarrekening en het bestuursverslag moet ingegaan worden op het beleid van het pensioenfonds en de risico's die het pensioenfonds bij de uitvoering van zijn taken loopt. Aanbevolen wordt beleidsmatige zaken op te nemen in het bestuursverslag en kwantitatieve en kwalitatieve toelichtingen op de posten in de balans op te nemen in de jaarrekening.

50.6 Kasstroomoverzicht, overige gegevens, bestuursverslag

Kasstroomoverzicht	Aanbeveling RJ voor onderscheid naar categorieën. In de rapportering richting DNB is een kasstroomoverzicht niet verplicht.
Overige gegevens	De volgende pensioenfondsspecifieke toevoegingen: ▶ uitvoeringsovereenkomst; ▶ verklaring actuaris.
Bestuursverslag	De RJ heeft een opsomming gegeven van onderwerpen die in het bestuursverslag aan de orde dienen te komen. In de Pensioenwet staat voorts dat in het bestuursverslag informatie verstrekt moet worden over opgelegde boetes en dwangsommen, eventueel door de toezichthouder opgelegde aanwijzingen en indien van toepassing nadere informatie over het herstelplan. Ook moet inzicht gegeven worden in de wijze waarop in het beleggingsbeleid rekening wordt gehouden met milieu en klimaat, mensenrechten en sociale verhoudingen.

> **50.7 Premiepensioeninstellingen**
>
> Premiepensioeninstellingen Een premiepensioeninstelling (PPI) is een organisatievorm die sinds 1 januari 2011 mogelijk is door de Wet introductie premiepensioeninstellingen. Een PPI valt onder de bepalingen van de Wet op het financieel toezicht (Wft) en de Pensioenwet (PW) en hieraan gerelateerde besluiten. Een PPI voert een premieregeling uit ten behoeve van de (voormalig) werknemers van aangesloten werkgevers. Een PPI mag wettelijk geen verzekeringstechnische risico's (zoals langlevenrisico, overlijdensrisico voor nabestaanden en arbeidsongeschiktheidsrisico) en risico's inzake de beleggingen van haar deelnemers dragen. Een PPI is daarmee een 'administratief vehikel'.
>
> De verslaggevingsvoorwaarden zijn opgenomen in een afzonderlijke Richtlijn (RJ 611).

50.1 Algemeen

50.1.1 Begripsbepaling

Dit hoofdstuk behandelt de jaarverslaggeving van pensioenfondsen. Onder een pensioenfonds wordt verstaan: een rechtspersoon die niet een premiepensioeninstelling is, waarin ten behoeve van ten minste twee deelnemers, gewezen deelnemers of hun nabestaanden gelden worden of werden bijeengebracht en worden beheerd ter uitvoering van ten minste een basispensioenregeling (art. 1 PW) (RJ 610.0).

In artikel 1 van de Pensioenwet wordt een onderscheid gemaakt tussen de volgende soorten pensioenfondsen:
- ondernemingspensioenfonds: een pensioenfonds verbonden aan een onderneming of een groep;
- bedrijfstakpensioenfonds: een pensioenfonds ten behoeve van een of meer bedrijfstakken of delen van een bedrijfstak;
- verplicht gesteld bedrijfstakpensioenfonds: een bedrijfstakpensioenfonds waarin deelneming verplicht is gesteld als bedoeld in artikel 2 lid 1 van de Wet verplichte deelneming in een bedrijfstakpensioenfonds 2000, artikel 21 lid 1 van de Wet privatisering ABP en artikel 113a lid 1 van de Wet op het notarisambt;
- algemeen pensioenfonds: een pensioenfonds dat één of meerdere pensioenregelingen of beroepspensioenregelingen als bedoeld in artikel 1 van de Wet verplichte beroepspensioenregeling uitvoert en daarvoor een afgescheiden vermogen aanhoudt per collectiviteitkring.

Pensioenfondsen hebben een stichting als rechtsvorm. Door de vorming van een aparte juridische entiteit wordt bereikt dat, in overeenstemming met de bepalingen van de Pensioenwet (PW), het pensioenvermogen juridisch is gescheiden van het ondernemingsvermogen. Een andere optie die volgens de PW is toegestaan, is het direct onderbrengen van de pensioenaanspraken, zonder pensioenfonds, bij een verzekeringsinstelling.

50.1.2 Wettelijk kader en richtlijnen inzake de jaarverslaggeving

De belangrijkste wet- en regelgeving inzake de jaarverslaggeving van pensioenfondsenzijn:
- de Pensioenwet;
- de Wet verplichte beroepspensioenregeling;
- het Besluit financieel toetsingskader pensioenfondsen;
- de Wet aanpassing financieel toetsingskader;

- Titel 9 Boek 2 BW;
- de Richtlijn 610 en de overige Richtlijnen (RJ 610.104);
- het Rapportagekader pensioenfondsen.

De Pensioenwet (PW) en het Besluit financieel toetsingskader pensioenfondsen (FTK) zijn in werking getreden op 1 januari 2007. Het FTK is de basis voor de jaarverslaggeving richting de toezichthouder. De wijzigingen in de verslaggeving richting DNB zijn door de toezichthouder toegelicht in het Rapportagekader pensioenfondsen. Met ingang van 1 januari 2015 is middels de Wet aanpassing financieel toetsingskader, het zogenaamde nieuw Financieel Toetsingskader (nFTK), in werking getreden welke het oude FTK vervangt en is verankerd in de Pensioenwet.

Ten behoeve van transparantie en inzicht in de financiële positie van het pensioenfonds en de wens van de toezichthouder tot eensporige verslaggeving wordt in Richtlijn 610 aangegeven de waarderingsvoorschriften uit de Pensioenwet toe te passen. Belangrijk voorschrift is de waardering van beleggingen en technische voorzieningen tegen reële waarde (marktwaarde) waarbij voor de technische voorzieningen het aanvaardbaar wordt geacht om hiervoor een disconteringsvoet te hanteren op basis van de UFR-methode voor de rentetermijnstructuur zoals gepubliceerd door DNB te hanteren, mits consistent toegepast.

Pensioenfondsen zijn niet verplicht de jaarrekening conform IFRS op te stellen. Het is voor pensioenfondsen wel toegestaan om vrijwillig IFRS toe te passen. In dat geval geldt IAS 26 'Accounting and Reporting by Retirement Benefit Plans'. Bij een eerste toepassing van IAS 26 zijn de bepalingen van IFRS 1 van toepassing. Overigens zal bij het opstellen van een jaarrekening volgens IFRS ook nog rekening gehouden moeten worden met de eisen die de Pensioenwet en Titel 9 Boek 2 BW stellen. In de praktijk hebben maar weinig pensioenfondsen voor de toepassing van IFRS gekozen.

50.1.3 Behandeling regelgeving in dit hoofdstuk

In dit hoofdstuk wordt alleen ingegaan op de specifieke regelgeving zoals deze is opgenomen in Richtlijn 610. Alle voorschriften van Titel 9 Boek 2 BW en de (overige) Richtlijnen zijn integraal van toepassing voor pensioenfondsen, uiteraard voor zover de specifieke wet- en regelgeving (Pensioenwet, FTK, en dergelijke) geen afwijkende en specifieke voorschriften geven. De niet besproken voorschriften van Titel 9 Boek 2 BW en de Richtlijnen zoals beschreven in de overige hoofdstukken (bijvoorbeeld Richtlijn 214 'Financiële vaste activa', Richtlijn 217 'Consolidatie' en Richtlijn 400 'Bestuursverslag') dienen derhalve bij de toepassing van dit hoofdstuk te worden betrokken (RJ 610.104). Met nadruk wordt gewezen op het belang van de regelgeving van Richtlijn 290 'Financiële Instrumenten' die bij veel pensioenfondsen van belang is in het kader van gebruikte derivaten en afgegeven garanties.

50.1.4 Nettopensioenregeling

Op basis van het Witteveenakkoord 2015 is de reguliere pensioenopbouw vanaf 1 januari 2015 fiscaal gemaximeerd tot een salaris van € 112.189 in kalenderjaar 2021 (in kalenderjaar 2020: € 110.111), dat wil zeggen dat de pensioenpremies voor een salaris tot dit maximum aftrekbaar zijn voor de loonheffing en inkomstenbelasting. De werkgever kan boven dit (fiscale) maximum een nettopensioenregeling aanbieden aan zijn werknemers, waarbij het mogelijk is dat deze wordt ondergebracht bij het pensioenfonds waar ook de basispensioenregeling is ondergebracht. Een en ander is verder uitgewerkt in RJ 610.108.

Een nettopensioenregeling (art. 117a PW en Algemene Maatregel van Bestuur) is een pensioenregeling, inzake het loon boven het fiscale pensioenmaximum, op basis van een zuivere premieovereenkomst, waarbij de deelnemer tot het moment van inkoop van het pensioen de beleggingsrisico's en actuariële risico's loopt (RJ 610.108). In tegenstelling tot een reguliere pensioenregeling wordt bij een nettopensioenregeling wel loonheffing/inkomstenbelasting geheven over de pensioenpremie, maar geen loonheffing/inkomstenbelasting geheven over de pensioenuitkeringen.

Met het pensioenkapitaal moet, op het moment dat de deelnemer overlijdt of de pensioengerechtigde leeftijd heeft bereikt, een pensioen bij het pensioenfonds worden ingekocht (in tegenstelling tot andere regelingen voor risico van de deelnemer, waarvan de kapitalen ook elders kunnen worden ondergebracht). Vanaf het moment van inkoop komen de beleggingen en pensioenvoorzieningen voor rekening van het pensioenfonds in overeenstemming met de reguliere pensioenregeling.

Als de nettopensioenregeling bij een pensioenfonds wordt ondergebracht, gelden er strikte voorwaarden om te voorkomen dat de nettopensioenregeling wordt vermengd met de reguliere (bruto-)pensioenregeling, zoals een gescheiden administratie en toerekening van beleggingsopbrengsten.

Gezien het bijzondere karakter van een nettopensioenregeling dienen de afspraken en de kenmerken van de nettopensioenregeling, alsmede de wijze waarop de regeling in de jaarrekening is verwerkt, te worden toegelicht.

De beleggingen behorende bij de nettopensioenregeling tot het moment van inkoop zijn onderdeel van de Beleggingen voor risico deelnemers (zie RJ 610.216). De voorzieningen behorende bij de nettopensioenregeling tot het moment van inkoop zijn onderdeel van de Voorziening voor pensioenverplichtingen risico deelnemers (zie RJ 610.264). Het pensioenfonds dient de beleggingen en voorzieningen behorende bij de nettopensioenregeling tot het moment van inkoop separaat op de balans op te nemen of een splitsing in de toelichting op de balans op te nemen.
De premies behorende bij de nettopensioenregeling (zie RJ 610.311) alsmede de beleggingsresultaten van de nettopensioenregeling (zie RJ 610.314) dienen tot het moment van inkoop door het pensioenfonds separaat in de staat van baten en lasten worden opgenomen of in de toelichting worden weergegeven.

50.1.5 Algemeen pensioenfonds

Een algemeen pensioenfonds is een pensioenfonds dat één of meerdere (beroeps)pensioenregelingen uitvoert en daarvoor een afgescheiden vermogen aanhoudt per collectiviteitkring (art. 1 PW). Hiertoe heeft een algemeen pensioenfonds een organisatie ingericht en moet een algemeen pensioenfonds over voldoende weerstandsvermogen beschikken om de risico's bij de bedrijfsvoering te kunnen opvangen (art. 112a PW).

Door het bestaan van afzonderlijke vermogenseisen bij de collectiviteitkringen is, naast de informatie omtrent de bedrijfsvoering van een algemeen pensioenfonds, inzicht in de financiële informatie per individuele collectiviteitkring van belang voor belanghebbenden.

Artikel 146 van de Pensioenwet bepaalt dat een algemeen pensioenfonds ieder afgescheiden vermogen afzonderlijk beschrijft in het bestuursverslag en in de jaarrekening. De toelichting bij de nota van wijziging voor artikel 146 geeft aan dat dit betekent dat ook de informatie over het pensioenvermogen per collectiviteitkring wordt weergegeven en dat andere informatie, die in het bestuursverslag moet worden opgenomen, eveneens per collectiviteitkring wordt gegeven.

Op de afzonderlijke collectiviteitkringen is het financieel toetsingskader voor pensioenfondsen van toepassing (art. 125a PW). Dit betekent onder meer dat per collectiviteitkring een (minimum) vereist eigen vermogen aanwezig moet zijn en elke collectiviteitkring een eigen (beleids)dekkingsgraad kent.

Het algemeen pensioenfonds brengt alle niet specifiek toerekenbare kosten in rekening bij de collectiviteitkringen op basis van een vastgestelde kostentoerekening. Hierbij kan worden gedacht aan kosten voor oprichting, organisatie en toezicht/bestuur van een algemeen pensioenfonds (RJ 610.109).

De jaarverslaggeving van een algemeen pensioenfonds dient de volgende onderdelen te omvatten (RJ 610.110):
- Bestuursverslag, waarin onder meer aandacht wordt besteed aan de ontwikkelingen in de bedrijfsvoering van het algemeen pensioenfonds en de kenmerken van en de ontwikkelingen binnen de verschillende collectiviteitkringen;
- Jaarrekening, bestaande uit:
  - een financiële verantwoording inzake de bedrijfsvoering van het algemeen pensioenfonds bestaande uit balans, staat van baten en lasten, kasstroomoverzicht en toelichting (dat wil zeggen exclusief financiële gegevens die in de collectiviteitkringen worden verantwoord);
  - een financiële verantwoording per collectiviteitkring bestaande uit balans, staat van baten en lasten, kasstroomoverzicht en toelichting; en
- Overige gegevens.

Financiële verantwoording inzake de bedrijfsvoering van het algemeen pensioenfonds (RJ 610.110)

Voor de financiële verantwoording inzake de bedrijfsvoering van het algemeen pensioenfonds zijn de relevante bepalingen van Richtlijn 610 overeenkomstig van toepassing.

Deze financiële verantwoording dient slechts de financiële gegevens te bevatten die betrekking hebben op de bedrijfsvoering van het pensioenfonds. Dit betekent dat de financiële gegevens die zijn opgenomen in de financiële verantwoording per collectiviteitkring niet worden opgenomen in de financiële verantwoording inzake de bedrijfsvoering.

In de toelichting inzake de bedrijfsvoering van het algemeen pensioenfonds dient tevens informatie te worden verstrekt over:
- het weerstandsvermogen (doel, omvang, vorming, onttrekking etc.); en
- de kostentoerekening naar de collectiviteitkringen (kwalitatief en kwantitatief).

Financiële verantwoording per collectiviteitkring (RJ 610.110)

Voor de financiële verantwoording per collectiviteitkring zijn de relevante bepalingen van Richtlijn 610 overeenkomstig van toepassing.

De kosten die specifiek toerekenbaar zijn aan een collectiviteitkring en de kosten die worden toegerekend vanuit de bedrijfsvoering (niet specifiek toerekenbare kosten) dienen in de financiële verantwoording per collectiviteitkring afzonderlijk te worden toegelicht.

50.2 Algemene aspecten verslaggeving pensioenfondsen

50.2.1 Titel 9 Boek 2 BW en openbaarmaking

Artikel 146 van de Pensioenwet bepaalt dat de jaarrekening van een pensioenfonds moet voldoen aan de bepalingen van Titel 9 Boek 2 BW en dat de vrijstellingen ten aanzien van inrichting en publicatie van de jaarrekening voor kleine en middelgrote rechtspersonen niet van toepassing zijn. Richtlijn 610 sluit aan op de bepalingen in de Pensioenwet. Het jaarverslag van een pensioenfonds dient binnen acht dagen na de vaststelling openbaar te worden gemaakt door deponering ten kantore van het handelsregister.

50.2.2 Rapportagemodel pensioenfondsen onder Richtlijn 610

Omwille van de vergroting van de onderlinge vergelijkbaarheid beveelt de RJ aan dat pensioenfondsen voor de balans en de staat van baten en lasten de modellen hanteren die als bijlage bij Richtlijn 610 zijn opgenomen (RJ 610.106).

50.2.2.1 Balansmodel

Balans pensioenfonds

Balans per 31 december jaar X *Voor/Na verdeling van het resultaat boekjaar* **ACTIEF**	Jaar 31-12-xx	
A. Beleggingen voor risico pensioenfonds		
1. Vastgoedbeleggingen	xxx	
2. Aandelen	xxx	
3. Vastrentende waarden	xxx	
4. Derivaten	xxx	
5. Overige beleggingen	xxx	
		xxx
B. Beleggingen voor risico deelnemers		
1. Vastgoedbeleggingen	xxx	
2. Aandelen	xxx	
3. Vastrentende waarden	xxx	
4. Derivaten	xxx	
5. Overige beleggingen	xxx	
		xxx
C. Herverzekeringsdeel technische voorzieningen		
1. Garantiecontracten	xxx	
2. Overige contracten herverzekering	xxx	
3. Overige vorderingen u.h.v. herverzekeringsdeel technische voorzieningen	xxx	
		xxx
D. Deelnemingen		xxx
E. Immateriële vaste activa		xxx
F. Materiële vaste activa		xxx
G. Vorderingen en overlopende activa		
1. Vorderingen uit herverzekering	xxx	
2. Overige vorderingen	xxx	
		xxx
H. Overige activa		
1. Liquide middelen	xxx	
2. Andere activa	xxx	
		xxx
		xxx

PASSIEF
A. Stichtingskapitaal en reserves
I. Stichtingskapitaal xxx
II. Wettelijke en statutaire reserves xxx
III. Bestemmingsreserves xxx
IV. Overige reserves <u>xxx</u>
    xxx

B. Achtergestelde leningen xxx
C. Technische voorzieningen
  1. Voorziening pensioenverplichtingen voor risico van het pensioenfonds xxx
  2. Overige technische voorzieningen <u>xxx</u>
    xxx
D. Voorziening pensioenverplichtingen risico deelnemers xxx
E. Overige voorzieningen xxx
F. Langlopende schulden xxx
G. Overige schulden en overlopende passiva <u>xxx</u>
    <u><u>xxx</u></u>

50.2.2.2 Model staat van baten en lasten

    Jaar x

Baten
a. Premiebijdragen (van werkgevers en werknemers) xxx
b. Premiebijdragen risico deelnemers xxx
c. Beleggingsresultaten risico pensioenfonds xxx
d. Beleggingsresultaten risico deelnemers xxx
e. Overige baten <u>xxx</u>
    xxx

Lasten
f. Pensioenuitkeringen -xxx
g. Pensioenuitvoeringskosten -xxx
h. Mutatie voorziening pensioenverplichtingen voor risico van het pensioenfonds +/-xxx
  - Pensioenopbouw -xxx
  - Indexering en overige toeslagen -xxx
  - Rentetoevoeging -xxx
  - Onttrekking voor pensioenuitkeringen en pensioenuitvoeringskosten -xxx
  - Wijziging marktrente +/-xxx
  - Wijziging uit hoofde van overdracht van rechten +/-xxx
  - Overige mutaties voorziening pensioenverplichtingen +/-xxx
i. Mutatie overige technische voorzieningen +/-xxx
j. Mutatie pensioenverplichtingen voor risico deelnemers +/-xxx
k. Mutatie herverzekeringsdeel technische voorzieningen +/-xxx
l. Saldo overdrachten van rechten +/-xxx
m. Overige lasten <u>- xxx</u>
    xxx

Saldo van baten en lasten <u>xxx</u>

Bestemming van het saldo van baten en lasten
Wettelijke en statutaire reserves xxx
Bestemmingsreserves xxx
Overige reserves xxx

Totaal saldo van baten en lasten <u>xxx</u>

50.2.3 Rapportagemodel pensioenfondsen onder IFRS (IAS 26)

IAS 26 kent geen specifieke modellen. De bepalingen zijn beduidend algemener van opzet in vergelijking met de bepalingen volgens de RJ. Een verschil tussen RJ en IFRS is dat in IFRS een nadrukkelijker onderscheid wordt gemaakt tussen de verslaggeving bij een **toegezegde-bijdrageregeling** en de verslaggeving bij een **toegezegd-pensioenregeling**. Bij Richtlijn 610 wordt dit onderscheid zichtbaar gemaakt in het onderscheid 'risico deelnemers' versus 'risico pensioenfonds'.

Toegezegde-bijdrageregeling

IAS 26.13 tot en met IAS 26.16 geven nadere bepalingen ten aanzien van de inhoud van het financiële verslag indien er sprake is van een toegezegde-bijdrageregeling. Bij een toegezegde-bijdrageregeling dient een overzicht te zijn opgenomen van de netto-activa beschikbaar voor uitkeringen en een omschrijving van het financieringsbeleid. In een toegezegde-bijdrageregeling wordt het bedrag van de toekomstige uitkeringen van een deelnemer bepaald door de bijdragen die door werkgever, de deelnemer of beide worden betaald, alsmede door de beleggingsopbrengsten en de operationele efficiency van het fonds.

Bij een toegezegde-bijdrageregeling veronderstelt IAS 26 dat de deelnemers geïnteresseerd zijn in de activiteiten van de regeling, aangezien deze directe invloed hebben op het bedrag van de toekomstige uitkeringen. Deelnemers wensen op de hoogte te zijn van het moment waarop de bijdragen zijn ontvangen en willen weten of deze op een geëigende wijze worden beheerd om de rechten van de begunstigden te beschermen. Een werkgever heeft belangstelling voor de efficiënte en billijke werking van de regeling.

Het doel van de verslaggeving voor een toegezegde-bijdrageregeling is periodiek informatie te verschaffen over de regeling en over de financiële prestaties van de beleggingen. Dat doel wordt gewoonlijk bereikt door in de verslaggeving het volgende op te nemen:
a. een beschrijving van de belangrijkste activiteiten over de periode en de gevolgen van eventuele wijzigingen ten aanzien van de regeling, de deelnemers en de algemene bepalingen;
b. overzichten die verslag uitbrengen over de transacties en de beleggingsprestaties over de periode en de financiële positie van de regeling aan het einde van de periode; en
c. een beschrijving van het beleggingsbeleid.

Toegezegd-pensioenregeling

IAS 26.28 tot en met IAS 26.31 geven nadere bepalingen ten aanzien van de inhoud van het financiële verslag indien er sprake is van een toegezegd-pensioenregeling. Bij de inrichting van het financiële verslag kan gekozen worden tussen de volgende opties:
a. In het verslag wordt een overzicht opgenomen van de netto-activa beschikbaar voor uitkeringen, de actuariële contante waarde van de toegezegde pensioenrechten en het resterende surplus of tekort. De verslaggeving van het fonds omvat eveneens mutatie-overzichten van de netto-activa beschikbaar voor uitkeringen en mutatie-overzichten van de actuariële waarde van de toegezegde pensioenrechten.
b. Een verslag met een overzicht van de netto-activa beschikbaar voor uitkeringen en een mutatie-overzicht van de netto-activa beschikbaar voor uitkeringen. De actuariële contante waarde van toegezegde pensioenrechten wordt vermeld in de toelichting bij de overzichten.
c. Een verslag met een overzicht van de netto-activa beschikbaar voor uitkeringen en een mutatie-overzicht van de netto-activa beschikbaar voor uitkeringen waarbij de actuariële contante waarde van toegezegde pensioenrechten is vermeld in een afzonderlijk actuarieel verslag dat bij de financiële informatie is gevoegd.

50 Pensioenfondsen

De indeling onder a komt overeen met de 'fondsvermogenmethode' (de enig toegelaten presentatie onder Richtlijn 610) en die onder b en c met de 'pensioenvermogenmethode'.

In de verslaggeving dient eveneens een overzicht van de netto-activa beschikbaar voor uitkeringen te worden opgenomen. In dit overzicht staat vermeld:
i. de activa aan het einde van de periode, in een gepaste indeling;
ii. de grondslag voor de waardering van activa;
iii. details over afzonderlijke beleggingen die meer dan 5% uitmaken van de netto-activa beschikbaar voor uitkeringen of 5% van enige klasse of soort van effecten;
iv. details van enige belegging in de werkgever; en
v. alle andere verplichtingen dan de actuariële contante waarde van toegezegde pensioenrechten.

In het mutatie-overzicht van de netto-activa dient de volgende informatie te worden opgenomen:
- bijdragen werkgever;
- bijdragen werknemer;
- beleggingsinkomsten, zoals rente en dividenden;
- overige baten;
- betaalde of te betalen uitkeringen (nader onderverdeeld in pensioen-, overlijdens-, en invaliditeitsuitkeringen);
- beheerskosten;
- overige kosten;
- winstbelastingen;
- winsten en verliezen uit vervreemding en wijzigingen in de waarde van beleggingen;
- overdrachten vanuit en aan andere regelingen.

In IAS 26 zijn verder geen expliciete bepalingen opgenomen betreffende de inrichting en de informatievereisten van de staat van baten en lasten.

50.3 Balans met toelichting
50.3.1 Beleggingen
50.3.1.1 Beleggingen onder het FTK en Richtlijn 610
Onder het FTK en Richtlijn 610 wordt een expliciet onderscheid gemaakt tussen:
- beleggingen voor risico pensioenfonds;
- beleggingen voor risico deelnemers (zowel positieve als negatieve risico's);
- herverzekeringsdeel technische voorzieningen (herverzekering op basis van een garantiecontract).

De Pensioenwet schrijft waardering van alle beleggingen tegen marktwaarde voor (art. 135 lid 1c PW). Het Besluit FTK (art. 13 lid 6 FTK) geeft daar een nadere uitwerking aan door als definitie van het begrip marktwaarde op te nemen: het bedrag waarvoor een actief kan worden verhandeld of een passief kan worden afgewikkeld tussen ter zake goed geïnformeerde partijen, die tot een transactie bereid en onafhankelijk van elkaar zijn.
Op basis hiervan heeft de RJ bepaald dat alle beleggingen dienen te worden gewaardeerd op reële waarde (zoals gedefinieerd in Richtlijn 290 'Financiële instrumenten') (RJ 610.209).

Volledigheidshalve wordt opgemerkt dat Titel 9 Boek 2 BW ook de waardering op kostprijs toestaat. Richtlijn 610 heeft deze optie niet overgenomen en verplicht tot waardering tegen marktwaarde. Achtergrond hierbij is dat specifieke regelgeving (Pensioenwet) boven algemene wetgeving (Titel 9) uitgaat. Overigens, omdat DNB voor de verplichte verslagstaten – in lijn met de Pensioenwet – waardering tegen marktwaarde voorschrijft, bestaat weinig animo om de jaarrekening op afwijkende grondslagen op te stellen.

Beleggingen voor risico van deelnemers betreffen beleggingen waarbij het beleggingsrisico niet bij het pensioenfonds ligt (RJ 610.216). De Pensioenwet spreekt in deze situatie van premieovereenkomsten waarbij de toezegging bestaat uit periodiek te storten bijdragen waarvan de omvang is bepaald in het reglement (verplichte bijdragen) of via het reglement (aanvullende vrijwillige bijdragen). De beleggingen voor risico van deelnemers worden eveneens gewaardeerd tegen reële waarde (RJ 610.216 verwijst naar 610.202-215). Het in de balans verwerken vindt dan plaats naar analogie van de voorschriften die gelden voor verzekeringsmaatschappijen: artikel 2:429 lid 1 onder c BW geeft uitdrukkelijk aan dat beleggingen waarbij de tot uitkering gerechtigde het beleggingsrisico draagt in de balans verwerkt dienen te worden. Naast de opvatting dat de post in de balans dient te worden verwerkt geldt als alternatieve opvatting om dit juist niet te verwerken. Laatstgenoemde opvatting berust op de beginselen zoals opgenomen in Richtlijn 115 'Criteria voor opname en vermelding van gegevens': deze geven aan dat posten waarvan het economisch eigendom niet bij de entiteit berust niet in de balans worden verwerkt (zie par. 4.6).

In situaties waarin het pensioenfonds voor de beleggingen voor risico van deelnemers een rendementsgarantie heeft afgegeven dient deze verplichting tegen marktwaarde te worden gewaardeerd. Voor de bepaling van de marktwaarde van dit derivaat kan gebruik worden gemaakt van (interne) waarderingsmodellen. Dit betreft een verplichting voor risico van het pensioenfonds welke afzonderlijk van de pensioenverplichtingen voor risico van deelnemers wordt gerubriceerd. Rendementsgaranties op pensioenverplichtingen voor risico van deelnemers worden verantwoord onder de 'Overige technische voorzieningen' (RJ 610.258).

De beleggingen voor risico pensioenfonds worden onderscheiden in de volgende beleggingscategorieën (RJ 610.202):
- vastgoedbeleggingen;
- aandelen;
- vastrentende waarden;
- derivaten;
- overige beleggingen.

Vastgoedbeleggingen omvatten (RJ 610.203):
- directe vastgoedbeleggingen;
- indirecte vastgoedbeleggingen (zijnde participaties in beleggingsinstellingen die beleggen in vastgoed);
- vastgoedbeleggingen in ontwikkeling.

Aandelen omvatten (RJ 610.204):
- beursgenoteerde aandelen;
- niet-beursgenoteerde aandelen;
- beursgenoteerde en niet-beursgenoteerde beleggingsinstellingen die beleggen in aandelen.

Vastrentende waarden omvatten (RJ 610.205):
- obligaties, hypothecaire leningen, leningen op schuldbekentenis en andere waardepapieren met een vaste of variabele rente;
- beursgenoteerde en niet-beursgenoteerde beleggingsinstellingen die beleggen in vastrentende waarden;
- deposito's en dergelijke.

Onder derivaten worden begrepen alle derivatencontracten die het pensioenfonds heeft afgesloten om risico's af te dekken alsmede overige derivatencontracten die dienen als belegging. Derivaten met een positieve waarde dienen te worden opgenomen onder de beleggingen; indien een derivaat een negatieve waarde heeft, dient het bedrag onder de schulden te worden verantwoord (RJ 610.206).

Bij de rapportage over beleggingen in beleggingsfondsen wordt de zogenaamde 'look-through'-regel toegepast voor de indeling naar categorie. Dat wil zeggen dat bijvoorbeeld de waardering van vastgoedfondsen wordt gerubriceerd onder vastgoed. Bij gemengde beleggingsinstellingen wordt aangesloten bij de hoofdcategorie, dan wel wordt een nadere uitsplitsing opgenomen, bijvoorbeeld conform het prospectus (RJ 610.211).

Belangrijke eisen ten aanzien van de toelichting op de beleggingen zijn:
▶ Het toelichten van de methodiek waarop de marktwaarde is bepaald voor iedere soort belegging (RJ 610.212).
▶ Het opnemen van een mutatieoverzicht van iedere soort belegging (RJ 610.214).
▶ Aangeven of en tot welk percentage wordt belegd in premiebijdragende ondernemingen en tegen welke voorwaarden (RJ 610.215).
▶ Vermelden in hoeverre beleggingen zijn uitgeleend of anderszins niet ter directe beschikking van het pensioenfonds staan (RJ 610.215).
▶ Opgave van in hoeverre bepaalde balansposities dan wel toekomstige kasstromen door middel van derivaten worden afgedekt (RJ 610.215).

De beleggingen behorende bij de nettopensioenregeling tot het moment van inkoop zijn onderdeel van de Beleggingen voor risico deelnemers (zie RJ 610.216). Het pensioenfonds dient de beleggingen behorende bij de nettopensioenregeling tot het moment van inkoop separaat op de balans op te nemen of een splitsing in de toelichting op de balans op te nemen.

50.3.1.2 Waardering van beleggingen in markten zonder frequente marktnotering

Volgens RJ 610.212 dient voor iedere soort belegging de methodiek waarop de marktwaarde is bepaald te worden toegelicht. Voor beleggingen die gewaardeerd zijn tegen marktwaarde en waarvoor geen frequente marktnoteringen bestaan moet normaliter op grond van artikel 2:390 lid 1 BW een wettelijke reserve (herwaarderingsreserve) opgenomen worden. Het doel van deze herwaarderingsreserve is met name de bescherming van de schuldeiser die door een vermogensuitkering de 'buffer' van het eigen vermogen ziet afnemen. Omdat pensioenfondsen geen aandeelhouders hebben en daarmee niet tot (dividend)uitkering van eigen vermogen kunnen overgaan alsmede dat daarnaast aan pensioenfondsen zware eisen worden gesteld ten aanzien van de aan te houden solvabiliteit, is het opnemen van een wettelijke herwaarderingsreserve volgens artikel 146 van de Pensioenwet niet van toepassing. De te vormen buffers vervangen als het ware de eisen van kapitaalbescherming.

Indien niet direct een betrouwbare reële waarde is aan te wijzen, wordt deze op grond van artikel 10 lid 1 van het Besluit actuele waarde benaderd door deze (RJ 226.209):
▶ af te leiden uit de marktwaarde van zijn bestanddelen of van een soortgelijk instrument indien voor de bestanddelen ervan of voor een soortgelijk instrument wel een betrouwbare markt is aan te wijzen, of;
▶ te benaderen met behulp van algemeen aanvaarde waarderingsmodellen en waarderingstechnieken.

Indien de reële waarde met behulp van waarderingsmodellen en -technieken is bepaald, vermeldt de rechtspersoon de aannames die daaraan ten grondslag liggen (art. 2:381a lid 1 BW).

Indien het niet mogelijk is om door middel van bovengenoemde benaderingswijzen een betrouwbare reële waarde vast te stellen, worden de desbetreffende aandelen en obligaties tegen de kostprijs gewaardeerd (art. 10 lid 3a en 3b Besluit actuele waarde, RJ 226.209).

50.3.1.3 Toelichting op bepaling reële waarde

RJ 290.916 stelt dat voor financiële activa en financiële verplichtingen die gewaardeerd worden tegen reële waarde de rechtspersoon dient aan te geven of de boekwaarden zijn afgeleid van 1) genoteerde marktprijzen, 2) onafhankelijke taxaties, 3) netto-contante-waardeberekeningen of 4) dat een andere geschikte methode is gehanteerd. Tevens dienen belangrijke veronderstellingen die gebruikt zijn bij de bepaling van de waarde te worden toegelicht.

Aan het kwantitatieve deel van bovenstaande bepaling kan bijvoorbeeld door middel van een tabel opvolging worden gegeven.

RJ 290.916	Genoteerde marktprijzen	Onafhankelijke taxaties	NCW berekening	Andere methode
Vastgoedbeleggingen				
Aandelen				
Vastrentende waarden				
Derivaten				
Overige beleggingen				
Totaal	Subtotaal 1	Subtotaal 2	Subtotaal 3	Subtotaal 4

Deze indeling geeft de gebruiker van de jaarrekening nadere informatie over de mate van subjectiviteit van de marktwaarde waarderingen.

50.3.1.4 Beleggingen onder IFRS

IAS 26.32/33 stelt dat de beleggingen gewaardeerd moeten worden tegen de reële waarde ('fair value'), hetgeen in overeenstemming is met Richtlijn 610. Voor beursgenoteerde beleggingen is dit de beurswaarde. Voor beleggingen die tot einde looptijd worden aangehouden en tevens bedoeld zijn als 'matching' van verplichtingen, mag geamortiseerde kostprijs worden toegepast. Indien de reële waarde niet kan worden bepaald, wordt vereist om de reden voor het niet kunnen bepalen uiteen te zetten.

50.3.2 Herverzekeringen technische voorzieningen

50.3.2.1 Begripsbepaling

Globaal wordt door de RJ onderscheid gemaakt in de volgende twee vormen verzekeringscontracten (RJ 610.217):
- verzekering op risicobasis;
- garantiecontract.

Het is niet toegestaan de actiefpost inzake herverzekerde pensioenverplichtingen in mindering te brengen op de post technische voorzieningen aan de passiefzijde (RJ 610.246). Achtergrond van deze bepaling is dat sprake is van twee verschillende partijen namelijk een schuld aan de deelnemers en een vordering op de herverzekeraar.

50 Pensioenfondsen

Verzekering op risicobasis
Bij deze verzekeringen wordt een premie betaald aan een verzekeraar voor overdracht van een risico (de risicopremie). Als de verzekerde gebeurtenis zich voordoet, vergoedt de verzekeraar de verzekerde uitkeringen aan het pensioenfonds. Arbeidsongeschiktheidspensioenen worden bijvoorbeeld vaak op risicobasis verzekerd (RJ 610.217).

Garantiecontract
Bij een garantiecontract worden levenslange pensioenuitkeringen door de verzekeraar gegarandeerd voor de ingekochte aanspraken. Verzekeringstechnische en beleggingsrisico's zijn verzekerd. Het pensioenfonds loopt in het algemeen alleen een (indirect) beleggingsrisico ten aanzien van de financiering van niet ingekochte indexatie en bij wisseling van verzekeraar waarbij de ingekochte aanspraken niet achterblijven bij de verzekeraar. De verzekerde aanspraken kunnen na afloop van het contract premievrij worden achtergelaten bij de verzekeraar (RJ 610.217).

In de brief van juni 2007 (Aanwijzingen Rapportagekader Pensioenfondsen) heeft De Nederlandsche Bank een nadere toelichting gegeven op de interpretatie van het begrip garantiecontract in het kader van de kwalificatie van de toets of sprake is van volledige herverzekering. Een contract kwalificeert zich volgens deze toelichting als een garantiecontract indien vaststaat dat risico's uit beleggingen en de verzekeringstechniek volledig zijn overgedragen aan de herverzekeraar. Ofwel kan het pensioenfonds na afloop van het contract de rechten premievrij en zonder verdere kosten (nu en in de toekomst) bij de herverzekeraar achterlaten. Na beëindiging van een contract is een pensioenfonds vaak nog administratie- en of garantiekosten aan de herverzekeraar verschuldigd. Indien de opgebouwde rechten premievrij bij de herverzekeraar achterblijven, worden de verschuldigde bedragen ingehouden op de toekomstige winstdeling. Pensioenfondsen voldoen onder deze constructie nog steeds aan de definitie van volledige herverzekering, mits de verschuldigde herverzekerings- en administratiekosten in enig jaar nooit hoger kunnen zijn dan de beschikbare winstdeling. Als dat niet het geval is, is sprake van een restrisico voor het pensioenfonds en is het fonds niet volledig herverzekerd.
Vaststaat dat het pensioenfonds nooit meer hoeft te betalen dan de overeengekomen jaarpremie.

Garantiecontracten kunnen een gesepareerd beleggingsdepot hebben of een aandeel in de beleggingsportefeuille van de verzekeraar. Bij een aandeel in de beleggingsportefeuille van de verzekeraar kan het pensioenfonds delen in de totale beleggingsresultaten die de verzekeraar behaalt. De verzekeraar bepaalt het beleggingsbeleid. Bij een gesepareerd depot deelt het fonds in (een percentage van) de beleggingsresultaten van het gesepareerde depot en heeft het fonds zelf ook vaak meer inspraak in de beleggingsmix (RJ 610.217).

Bij verzekeringscontracten op risicobasis dient de vordering te worden bepaald op het moment dat de verzekerde gebeurtenis zich voordoet. De waardering dient plaats te vinden op basis van de contante waarde van de verzekerde uitkeringen uit hoofde van het contract, volgens de grondslagen van het pensioenfonds, waarbij rekening wordt gehouden met de kredietwaardigheid van de verzekeraar (afslag voor kredietrisico) (RJ 610.224).

Bij garantiecontracten dient de vordering op de verzekeraar te worden bepaald op basis van de grondslagen van het pensioenfonds waarbij rekening wordt gehouden met de kredietwaardigheid van de verzekeraar. Omdat de verzekerde uitkeringen premievrij kunnen worden achtergelaten bij de verzekeraar is de waarde van de vordering gelijk aan de onder voorzieningen opgenomen technische voorziening pensioenverplichtingen, rekening houdend met de hierboven genoemde afslag voor kredietrisico. Er wordt, indien van toepassing, een vordering uit hoofde van resultaatdeling opgenomen (RJ 610.224).

De niet direct uit lopende afrekeningen opeisbare vorderingen uit verzekeringspolissen dienen op de balans in een afzonderlijke actiefpost te worden opgenomen. Binnen deze post wordt een verdere onderverdeling aangebracht naar de aard van de vordering, zoals winstdeling die niet direct opeisbaar is. Deze onderverdeling kan in de balans worden weergegeven. Het te vorderen bedrag kan ook als één bedrag op de balans worden opgenomen en in de toelichting nader worden uitgesplitst (RJ 610.225).

Opeisbare vorderingen/schulden uit hoofde van lopende afrekeningen binnen de contractperiode dienen te worden opgenomen als kortlopende vorderingen/kortlopende schulden. Zij maken geen deel meer uit van het herverzekeringsdeel technische voorzieningen (RJ 610.226).

In de toelichting dient de wijze waarop de waarde van het verzekeringscontract is berekend te worden toegelicht en dient informatie te worden gegeven over de aard en het systeem van de met de verzekeraars overeengekomen voorwaarden met betrekking tot verzekerde risico's. De voorwaarden omtrent resultaatdeling van beleggings- en verzekeringstechnische risico's dienen te worden toegelicht. Hierbij dient tevens de actuele stand inzake resultatendeling te worden vermeld (RJ 610.227).

Bij een garantiecontract met beleggingsdepot dient in de toelichting informatie over de in het depot opgenomen beleggingen te worden gegeven (RJ 610.228).

In de toelichting dient een mutatieoverzicht van de post herverzekeringsdeel technische voorzieningen te worden opgenomen. Tevens dient de aard van de inzake de verzekering verschuldigde en te vorderen bedragen te worden toegelicht. In de toelichting dienen de bepalingen van toepassing bij afloop van het contract te worden opgenomen (RJ 610.229).

50.3.2.2 Afslag voor kredietrisico op herverzekerde pensioenverplichtingen

In de brief van juni 2007 heeft De Nederlandsche Bank Nadere Richtlijnen gegeven over de wijze waarop de afslag voor kredietrisico berekend moet worden ten behoeve van de verslagstaten. De met de financiële crisis gepaard gaande ontwikkelingen en discussies hebben geleid tot heroverweging van de Nadere Richtlijnen.

In januari 2011 heeft de minister van Sociale Zaken en Werkgelegenheid de wijziging van het Besluit FTK ten aanzien van het kredietrisico op herverzekeraars in het Staatsblad gepubliceerd. De wijziging komt er voor wat betreft de verslaggeving in de verslagstaten en bij de bepaling van de FTK-dekkingsgraad op neer dat alleen nog een kredietafslag in aanmerking genomen moet worden indien er op balansdatum objectieve aanwijzingen zijn voor een bijzondere waardevermindering. Deze behandeling komt overeen met de ter zake relevante verslaggevingsvoorschriften (zie ook par. 30.6.7).

50.3.3 Vorderingen, overlopende activa, liquide middelen en overige activa

In de toelichting op de balans dient, voor zover dit niet uit de balans blijkt, de vorderingen op de werkgever(s), de vorderingen op de deelnemers van het pensioenfonds en de vorderingen uit hoofde van waardeoverdrachten afzonderlijk te worden vermeld (RJ 610.231). De waardering dient op basis van Richtlijn 222 'Vorderingen' plaats te vinden.

Liquide middelen worden opgenomen op basis van Richtlijn 228 'Liquide middelen'. Deposito's worden verantwoord onder de beleggingen.

50.3.4 Stichtingskapitaal, wettelijke reserves en overige reserves

Voor beleggingen die gewaardeerd zijn tegen marktwaarde en waarvoor geen frequente marktnoteringen bestaan moet op grond van artikel 2:390 lid 1 BW een wettelijke reserve herwaardering opgenomen worden. Het doel van de herwaarderingsreserve is kapitaalbescherming voor met name crediteuren. Omdat een pensioenfonds geen dividenduitkeringen kan doen en het gehele pensioenvermogen beschikbaar is voor het doen van uitkeringen is in artikel 146 van de Pensioenwet bepaald dat de wettelijke herwaarderingsreserve voor pensioenfondsen niet van toepassing is (zie ook par. 50.3.1.2). De statutaire reserves en de overige wettelijke reserves die het pensioenfonds conform artikel 2:389 BW vormt blijken op grond van artikel 2:373 lid 1 BW afzonderlijk uit de balans. Een nadere uitsplitsing wordt in de balans of in de toelichting opgenomen (RJ 610.235).

Volgens RJ 610.239 dient uit de toelichting de omvang van het minimaal vereist en het vereist eigen vermogen conform de Pensioenwet te blijken alsmede de mate waarin wordt voldaan aan de eisen inzake het (minimaal) vereiste eigen vermogen. De hierbij aansluitende (nominale) dekkingsgraad dient te worden vermeld alsmede de wijze waarop deze is berekend. Indien daarnaast andere dekkingsgraden worden vermeld dienen de berekeningswijzen daarvan eveneens te worden toegelicht (RJ 610.239).

Het bijzondere van pensioenfondsen is dat altijd in uiterste instantie gekort kan worden op de rechten van deelnemers. Dit vereist een adequate toelichting op het eigen vermogen in de toelichting (in de jaarrekening). Omdat een continuïteitsbeoordeling een lange(re)termijnkarakter heeft, is het van belang dat de hoofdlijnen van de herstelplannen en de impact daarvan op het eigen vermogen in de toelichting op het eigen vermogen worden vermeld.

50.3.5 Achtergestelde leningen

Achtergestelde leningen mogen, op grond van de Pensioenwet en het Besluit financieel toetsingskader pensioenfondsen, slechts worden aangegaan ter versterking van de financiële positie van het fonds. Daarom beveelt de RJ aan de achtergestelde leningen als eerste post direct volgend op de post Stichtingskapitaal en reserves op te nemen (RJ 610.242). Achtergestelde leningen worden niet op reële waarde maar op geamortiseerde kostprijs gewaardeerd (RJ 610.241).
De eisen van de te verstrekken toelichting zijn conform Richtlijn 254 'Schulden' en Richtlijn 290 'Financiële Instrumenten' (RJ 610.243).

50.3.6 Technische voorzieningen

Onder het hoofd Technische voorzieningen worden de volgende posten opgenomen (RJ 610.244):
- voorziening pensioenverplichtingen voor risico van het pensioenfonds;
- overige technische voorzieningen.

50.3.6.1 Voorziening pensioenverplichtingen voor risico van het pensioenfonds

Onder pensioenverplichtingen voor risico van het pensioenfonds wordt de voorziening opgenomen die is bedoeld om alle uit de pensioenregeling of andere overeenkomsten voorvloeiende pensioenverplichtingen te kunnen nakomen.

De algemene criteria voor opname van een verplichting zoals opgenomen in Richtlijn 115, 'Criteria voor opname en vermelding van gegevens', zijn ook van toepassing op pensioenfondsen. Onvoorwaardelijke pensioenverplichtingen voldoen aan de criteria voor opname. Een voorwaardelijke pensioenverplichting, zoals bedoeld in artikel 95 van de Pensioenwet, leidt in het algemeen niet tot het opnemen van een voorziening pensioenverplichtingen.

Vorming van een bestemmingsreserve voor voorwaardelijke pensioenverplichtingen, als onderdeel van de reserves, is wel toegestaan (RJ 610.245).
Onvoorwaardelijke pensioenverplichtingen zijn de opgebouwde nominale aanspraken en onvoorwaardelijke indexatie toezeggingen (RJ 610.245).

Voorwaardelijke pensioenverplichtingen zoals de toeslagen waarvoor in de Pensioenwet een consistent geheel van gewekte verwachtingen, financiering en realisatie wordt voorgeschreven, worden opgenomen indien is voldaan aan de bepalingen van Richtlijn 252 'Voorzieningen' (RJ 610.245).
Richtlijn 610 volgt het voorschrift uit de Pensioenwet (art. 126 lid 2a) dat de voorziening pensioenverplichtingen op basis van de marktwaarde dient te worden berekend inclusief een opslag voor kosten die gepaard gaan met het doen van toekomstige uitkeringen (RJ 610.250). De reële waarde (marktwaarde) wordt bepaald op basis van de contante waarde van de beste inschatting van toekomstige kasstromen uit onvoorwaardelijke pensioenverplichtingen. De contante waarde wordt bepaald met gebruikmaking van de marktrente. Het wordt aanvaardbaar geacht om hiervoor de actuele rentetermijnstructuur zoals gepubliceerd door DNB te hanteren, mits consistent toegepast (RJ 610.248). Afwijking van de door DNB gepubliceerde rentetermijnstructuur is in de jaarrekening toegestaan mits toegelicht (RJ 610.253). Als vervolg op een advies van de Commissie Parameters van juni 2019 heeft toezichthouder De Nederlandsche Bank besloten de nieuwe UFR-parameters, mede bepalend voor de manier waarop pensioenfondsen hun verplichtingen waarderen, vanaf 1 januari 2021 in vier gelijke stappen in te voeren. Zie hiervoor paragraaf 50.3.6.2.

Actuariële uitgangspunten dienen voor de inschatting van de marktwaarde acceptabel te zijn en rekening te houden met verwachte wijzigingen in overlevingskansen. De gehanteerde uitgangspunten dienen te passen binnen de eisen die de Pensioenwet stelt ten aanzien van actualiteit, prudentie en consistentie, rekening houdend met fondsspecifieke kenmerken. Dit laatste is gegeven de trend van de steeds toenemende levensverwachtingen een belangrijke assumptie voor de vaststelling van de voorziening voor pensioenverplichtingen (RJ 610.249). Het fonds dient ernaar te streven deze levensverwachtingen zo veel als mogelijk fondsspecifiek vast te stellen.

Bij de berekening van de pensioenverplichtingen dienen aanspraken en rechten te worden gewaardeerd naar het niveau dat zij op balansdatum hebben. Dit betekent dat rekening wordt gehouden met besluiten tot indexatie die voor balansdatum zijn opgenomen (ook al wordt het besluit pas in het volgende verslagjaar geëffectueerd). Indien na balansdatum besluiten tot indexatie worden genomen dienen deze te worden toegelicht als gebeurtenis na balansdatum met vermelding van de omvang (RJ 610.251-252). Voor de eventuele verwerking van kortingen in de technische voorzieningen (RJ 610.251a) wordt verwezen naar paragraaf 50.3.6.3.

In de toelichting dienen de grondslagen en de veronderstellingen die voor de bepaling van de pensioenverplichting zijn gebruikt, alsmede wijzigingen daarin ten opzichte van het vorige verslagjaar die een significante invloed hebben gehad op de hoogte van de pensioenverplichtingen, te worden vermeld. In ieder geval dienen de volgende veronderstellingen te worden vermeld (RJ 610.253):
- ▶ de gehanteerde marktrente en de wijze van bepaling van de gehanteerde marktrente, met een motivering indien deze afwijkt van de rentetermijnstructuur zoals gepubliceerd door DNB;
- ▶ de toegepaste actuariële veronderstellingen (zoals overlevingstafels);
- ▶ de wijze van indexering van pensioenverplichtingen en de gehanteerde uitgangspunten;
- ▶ de mate waarin is rekening gehouden met een verzekerde partner;
- ▶ het gehanteerde opslagpercentage voor excassokosten;
- ▶ op welke wijze rekening is gehouden met de pensioenopbouw met betrekking tot arbeidsongeschikte deelnemers.

Voorts dient informatie te worden gegeven over de aard van de verschillende pensioenregelingen die in de technische voorziening pensioenverplichtingen zijn opgenomen, waarbij tevens de indexatiebepalingen en de wijze waarop rekening wordt gehouden met indexatie moet worden toegelicht (RJ 610.254).

Van de voorziening pensioenverplichtingen dient een mutatieoverzicht te worden opgenomen. Indien voor het inzicht van belang dient een mutatieoverzicht per regeling te worden verstrekt (RJ 610.255).

Een mutatieoverzicht heeft overeenkomstig de in de staat van baten en lasten geïdentificeerde posten de volgende opbouw (RJ 610.255):
- stand begin boekjaar;
- toevoeging pensioenopbouw;
- indexering en overige toeslagen;
- rentetoevoeging;
- onttrekking voor pensioenuitkeringen en pensioenuitvoeringskosten;
- wijziging marktrente;
- overige mutaties;
- mutatie overdrachten van rechten;
- stand einde boekjaar.

Aanbevolen wordt in de toelichting de pensioenverplichtingen te splitsen naar de volgende categorieën deelnemers (aantallen en bedragen) (RJ 610.256):
- actieven;
- gepensioneerden;
- slapers;
- overigen.

In het geval dat een pensioenfonds één of meer herverzekeringscontracten heeft afgesloten dienen in de toelichting de aard en omvang van de overgedragen verzekeringstechnische en beleggingsrisico's te worden aangegeven (RJ 610.257).

50.3.6.2 Wijziging van de rentetermijnstructuur

Als vervolg op een advies van de Commissie Parameters van juni 2019 heeft toezichthouder De Nederlandsche Bank besloten de nieuwe UFR-parameters, mede bepalend voor de manier waarop pensioenfondsen hun verplichtingen waarderen, vanaf 1 januari 2021 in vier gelijke stappen in te voeren. Deze nieuwe parameters zouden volgens destijds gemaakte berekeningen leiden tot een daling van de dekkingsgraden met gemiddeld 2,5%. Dit percentage is sindsdien door de almaar verder dalende rente opgelopen tot gemiddeld 6%.

Met de stapsgewijze invoering zullen de nieuwe UFR (Ultimate Forward Rate) parameters begin 2024 volledig zijn ingevoerd. DNB zal de rentetermijnstructuur in de periode tot 1 januari 2024 baseren op een gewogen gemiddelde van de rentetermijnstructuur op basis van de huidige en de nieuwe UFR-parameters, waarbij de gewichten jaarlijks op 1 januari met gelijke stappen aangepast worden. Deze stapsgewijze invoering zorgt ervoor dat het effect van de nieuwe UFR-methode op de dekkingsgraden van pensioenfondsen zich geleidelijk in de tijd materialiseert.

Dat betekent dat rekening zal worden gehouden met het volgende schema:
- RTS per 31 januari 2021 t/m 31 december 2021: ¼ * RTS nieuwe UFR-methodiek + ¾ * RTS oude UFR-methodiek

- RTS per 31 januari 2022 t/m 31 december 2022: ½ * RTS nieuwe UFR-methodiek + ½ * RTS oude UFR-methodiek
- RTS per 31 januari 2023 t/m 31 december 2023: ¾ * RTS nieuwe UFR-methodiek + ¼ * RTS oude UFR-methodiek
- RTS vanaf 31 januari 2024 en daarna: 1 * RTS nieuwe UFR-methodiek + 0 * RTS oude UFR-methodiek

Informatie inzake de gewijzigde methodiek en de voorziene effecten voor de toekomstige dekkingsgraad van het pensioenfonds zal het pensioenfonds eveneens in het bestuursverslag toelichten als onderdeel van de interne en externe ontwikkelingen ten aanzien van de pensioenen (zie par. 50.6.3).

50.3.6.3 Verlaging (korting) van de pensioenrechten

Volgens RJ 610.251a kan sprake zijn van een herstelplan en per balansdatum kan zich dan een dekkingstekort voordoen. Voor het bepalen van de omvang van de pensioenverplichting dient in deze situatie te worden uitgegaan van de onvoorwaardelijk opgebouwde pensioenrechten en -aanspraken per balansdatum.

Met kortingen op die pensioenrechten en -aanspraken die verband houden met een dekkingstekort dat gedurende de herstelperiode niet of onvoldoende is ingelopen, dient rekening te worden gehouden indien per balansdatum een onvoorwaardelijk besluit door het bestuur daartoe is genomen.

Als er per balansdatum door het bestuur nog geen onvoorwaardelijk besluit tot korting van de pensioenaanspraken op balansdatum is genomen, dient in overeenstemming met Richtlijn 160 'Gebeurtenissen na balansdatum' bij de bepaling van de pensioenverplichting toch met een dergelijke korting op de pensioenaanspraken rekening te worden gehouden indien en voor zover het per balansdatum zeker is dat na balansdatum een onvoorwaardelijk kortingsbesluit zal worden genomen op basis van de per balansdatum geldende wet- en regelgeving en er ter zake van dit kortingsbesluit voor of uiterlijk op de datum van het vaststellen van de jaarrekening geen discretie meer is voor het bestuur van het pensioenfonds om een ander besluit te nemen. In de toelichting dient te worden uiteengezet wat het effect van deze kortingsmaatregel is alsook hoe deze is bepaald.

Aanbevolen wordt om in de toelichting ook in te gaan op de eventuele verschillen met de verslagstaten voor De Nederlandsche Bank als gevolg van de toepassing van deze kortingsmaatregel.

Discretie kan bijvoorbeeld voortkomen uit per balansdatum redelijkerwijs te voorziene effecten uit de evaluatie van het herstelplan, zoals additionele stortingen door de werkgever. Tot deze discretie behoort niet het feit dat het bestuur de kortingsmaatregel op meerdere wijzen kan toerekenen aan de deelnemers.

In de situatie dat er sprake is van een voorwaardelijk besluit en er is niet aan de voorwaarden voldaan om de pensioenrechten te verlagen, worden de pensioenrechten dus niet verlaagd en om die reden dus niet in de technische voorzieningen verwerkt. Indien na de balansdatum besluiten tot indexatie of korting worden genomen dienen deze te worden toegelicht als gebeurtenis na balansdatum met vermelding van de omvang (RJ 610.252).

50.3.6.4 Overige technische voorzieningen

Onder het hoofd Overige technische voorzieningen worden voorzieningen voor met de pensioenverplichtingen samenhangende risico's opgenomen voor zover die niet zijn opgenomen in de voorziening pensioenverplichtingen, zoals voor (RJ 610.258):
- arbeidsongeschiktheid;
- rendementsgarantie pensioenverplichting voor risico deelnemers;
- overige uitkeringen.

Bij de bepaling van de voorziening voor arbeidsongeschiktheid wordt rekening gehouden met de toekomstige schadelast voor zieke deelnemers op balansdatum die naar verwachting arbeidsongeschikt zullen worden verklaard. Met betrekking tot deze laatste categorie wordt de verplichting geschat op basis van ervaringscijfers (RJ 610.259).

Een door het pensioenfonds afgegeven rendementsgarantie wordt gezien als een rentederivaat dat op reële waarde gewaardeerd dient te worden conform de methodiek van Richtlijn 290 'Financiële instrumenten' (RJ 610.260).

De balanspost dient in de toelichting te worden gesplitst naar de onderscheiden voorzieningen (RJ 610.261). Op grond van artikel 2:274 lid 3 BW worden in de toelichting de aard van de voorzieningen, de wijze waarop deze zijn bepaald en de mate waarin deze voorzieningen langlopend zijn aangegeven (RJ 610.262). Van de overige technische voorzieningen dient een mutatieoverzicht te worden opgenomen (RJ 610.263).

50.3.6.5 Berekening van de technische voorzieningen onder IFRS

De verslaggevingsregels van IFRS en RJ inzake de technische voorzieningen komen grotendeels met elkaar overeen. Volgens IAS 26.18/23 dient de contante waarde van de verwachte uitkeringen in het kader van een pensioenregeling in de verslaggeving te worden opgenomen. Bij de berekening van de technische voorziening kan gebruik worden gemaakt van het huidige loonniveau of van het voorspelde loonniveau tot de datum dat de deelnemers met pensioen gaan. Naast de vermelding van de actuariële contante waarde van de toegezegde pensioenrechten, dient voldoende informatie te worden verschaft om duidelijk aan te geven in welke context de actuariële contante waarde van toegezegde pensioenrechten dient te worden begrepen. Een dergelijke verklaring kan worden gegeven in de vorm van informatie over de geschiktheid van de geplande toekomstige financiering en het financieringsbeleid op basis van loonvoorspellingen. Dit kan worden opgenomen in de financiële informatie, of in het verslag van de actuaris.

IAS 26.17 gaat in op de frequentie van actuariële waarderingen. Als op de datum van de financiële overzichten geen actuariële waardering is opgesteld, dan dient de meest recente waardering als basis te worden gebruikt. Richtlijn 610 bevat een dergelijke versoepeling niet en gaat er dus van uit dat de berekening minimaal per jaareinde plaatsvindt waarbij gewerkt moet worden met actuariële uitgangspunten die per jaareinde nog altijd actueel zijn.

Bij de berekening van de technische voorziening voor pensioenverplichtingen onder IAS 26 kunnen dezelfde uitgangspunten worden gehanteerd als die zijn gehanteerd bij de berekening van de IAS 19-lasten van de werkgever, omdat ook IAS 19 om een berekening vraagt van de reële waarde van de pensioentoezeggingen rekening houdend met actuariële en beleggingsrisico's.

50.3.7 Voorziening voor pensioenverplichtingen risico deelnemers

Bij deze pensioenverplichtingen dragen de deelnemers contractueel de beleggingsrisico's van de hieraan gerelateerde beleggingen (zowel opbrengsten als waardefluctuaties) (RJ 610.264). De verwerking van een verplichting dient met inachtname van Richtlijn 115 'Criteria voor opname en vermelding van gegevens' plaats te vinden. Zie ook de parallelle discussie inzake het al dan niet verwerken van beleggingen voor rekening van deelnemers in paragraaf 50.3.1.1

Voor pensioenverplichtingen in deze categorie kan het pensioenfonds aanvullende rendementsgaranties hebben verstrekt. Deze aanvullende garanties worden opgenomen onder de daarvoor passend geachte categorie overige technische voorziening (RJ 610.265).

Beleggingen voor risico deelnemers dienen eveneens te worden gewaardeerd tegen reële waarde. De waardering van de beleggingen bepaalt de waardering van de hier tegenover staande voorziening pensioenverplichtingen risico deelnemers (RJ 610.266).

Van de voorziening pensioenverplichtingen voor risico deelnemers dient een mutatieoverzicht te worden opgenomen. In het overzicht dienen in ieder geval afzonderlijk de stortingen en de onttrekkingen zichtbaar gemaakt te worden (RJ 610.267).

Een mutatieoverzicht heeft de volgende opbouw (RJ 610.267):
- stand begin boekjaar;
- premiebijdragen;
- overdrachtssom overgenomen pensioenverplichtingen;
- beleggingsresultaat voor risico deelnemers;
- expiratiekapitaal;
- overdrachtssom overgedragen pensioenverplichtingen;
- stand einde boekjaar.

De voorzieningen behorende bij de nettopensioenregeling tot het moment van inkoop zijn onderdeel van de Voorziening voor pensioenverplichtingen risico deelnemers (zie RJ 610.264). Het pensioenfonds dient de voorzieningen behorende bij de nettopensioenregeling tot het moment van inkoop separaat op de balans op te nemen of een splitsing in de toelichting op de balans op te nemen (RJ 610.108).

50.3.8 Overige voorzieningen, langlopende schulden, overige schulden en overlopende passiva

De onder de overige schulden en overlopende passiva opgenomen schulden uit hoofde van de volgende posten dienen afzonderlijk te worden toegelicht (RJ 610.269):
- waardeoverdrachten;
- pensioenuitkeringen;
- derivaten[1];
- herverzekering.

50.3.8.1 VPL-gelden

De zogenoemde VPL-gelden, te weten de middelen uit hoofde van de Wet VPL (Wet aanpassing fiscale behandeling VUT/prepensioen en introductie levensloopregeling), die zijn ontvangen en nog niet zijn aangewend, dienen te worden opgenomen als afzonderlijke verplichting. Onder VPL-gelden wordt verstaan de door werkgevers en/of werknemers bijeengebrachte, en door het fonds beheerde, financiële middelen waaruit toekomstige omzettingen van VPL-toezeggingen naar VPL-pensioen kan plaatsvinden nadat CAO-partijen tot deze omzetting hebben besloten. Belangrijk is te realiseren dat VPL-gelden niet onder de Pensioenwet vallen (dus geen technische voorziening voor pensioenverplichtingen) en geen eigendom is van het fonds (dus geen eigen vermogen).

Gezien de diversiteit van de VPL-regelingen, dienen de afspraken en de kenmerken van de overeengekomen regeling, alsmede de wijze waarop de regeling in de jaarrekening is verwerkt, te worden toegelicht (RJ 610.270).

---

[1] Hieronder worden niet begrepen derivaten uit hoofde van rendementsgaranties voor risico's voor deelnemers. Deze dienen onder de overige technische voorzieningen te worden verantwoord.

50.4 Staat van baten en lasten met toelichting
50.4.1 Presentatie
In de staat van baten en lasten dienen in ieder geval de volgende posten voor te komen (RJ 610.302):
a. premiebijdragen (van werkgevers en werknemers);
b. premiebijdragen risico deelnemers;
c. beleggingsresultaten risico fonds;
d. beleggingsresultaten risico deelnemers;
e. overige baten;
f. pensioenuitkeringen;
g. pensioenuitvoeringskosten (ten laste van het fonds);
h. mutatie voorziening pensioenverplichtingen voor risico van het pensioenfonds:
   - pensioenopbouw;
   - indexering en overige toeslagen;
   - rentetoevoeging;
   - onttrekking voor pensioenuitkeringen en pensioenuitvoeringskosten;
   - wijziging marktrente;
   - wijziging uit hoofde van overdracht van rechten;
   - overige mutaties voorziening pensioenverplichtingen.
i. mutatie overige technische voorzieningen;
j. mutaties pensioenverplichtingen voor risico deelnemers;
k. mutatie herverzekeringsdeel technische voorzieningen;
l. saldo overdrachten van rechten (kasstromen);
m. overige lasten.

Indien voor het inzicht van belang dient de post mutatie herverzekeringsdeel technische voorzieningen in de staat van baten en lasten nader te worden uitgesplitst; in ieder geval dient de post herverzekering in de toelichting te worden uitgesplitst (RJ 610.303).

Wanneer andere posten voor het inzicht van belang zijn, dienen deze posten te worden toegevoegd (RJ 610.304). Indien de werkgever(s) pensioenuitvoerings- en administratiekosten geheel of grotendeels draagt (dragen), dient dit in de toelichting te worden vermeld, inclusief het bedrag (RJ 610.306).

50.4.2 Premiebijdragen (van werkgevers en werknemers)
De Pensioenwet en het Besluit financieel toetsingskader pensioenfondsen schrijven voor dat een pensioenfonds ten minste een kostendekkende premie heft. In de kostendekkende premie zijn begrepen (RJ 610.308):
- actuarieel benodigde premie voor de opbouw van aanspraken, backservice, onvoorwaardelijke indexatie en risicopremies;
- opslag voor uitvoeringskosten, administratiekosten en toekomstige excassokosten;
- solvabiliteitsopslag, gerelateerd aan het beleggingsprofiel en samenstelling deelnemers van het pensioenfonds;
- benodigde premie voor voorwaardelijke toezeggingen gebaseerd op ambitie en inschattingen.

Binnen het Besluit financieel toetsingskader pensioenfondsen is het mogelijk jaarlijkse premieschommelingen in de kostendekkende premie als gevolg van sterk fluctuerende marktrentes in de te heffen premie over een door de toezichthouder voorgeschreven periode te egaliseren (dempen) door de rekenrente over deze periode op een gemiddelde te fixeren. Over de gehele periode moet deze gedempte premie kostendekkend zijn (RJ 610.308).

Een pensioenfonds vermeldt in zijn jaarrekening en bestuursverslag de samenstelling van de feitelijke premie en de hoogte van de premiecomponenten (art. 130 en 130a PW).

De aan het boekjaar toe te rekenen feitelijke premie dient als bate te worden verantwoord (RJ 610.309). Bij de bepaling van de aan het boekjaar toe te rekenen premie dient rekening te worden gehouden met onvoorwaardelijk geworden premiekortingen en/of premieopslagen (RJ 610.310).

Indien premies voor risico pensioenfonds en voor risico deelnemers (inclusief de premie uit hoofde van de nettopensioenregeling) in één bedrag in de staat van baten en lasten zijn opgenomen, dient in de toelichting een nadere uitsplitsing te worden opgenomen. Indien dit van belang is voor het inzicht dient ook de samenstelling van het premiebedrag nader te worden toegelicht (RJ 610.311).

De samenstelling van de kostendekkende premie over het boekjaar, de feitelijke premie over het boekjaar en de gedempte premie dienen te worden toegelicht. Voor zover van belang voor inzicht dienen de oorzaken van de verschillen tussen deze bedragen nader te worden toegelicht (RJ 610.312).

50.4.3 Beleggingsresultaten

Waardewijzigingen van beleggingen kunnen een wezenlijk onderdeel van de beleggingsperformance uitmaken. Ongerealiseerde waardewijzigingen worden eveneens in de staat van baten en lasten verwerkt (RJ 610.313).

Op de post beleggingsresultaten dienen de kosten van vermogensbeheer zichtbaar in mindering te worden gebracht. Transactiekosten kunnen worden gesaldeerd met de gerelateerde beleggingsopbrengsten. Indien en voor zover de transactiekosten betrouwbaar vastgesteld kunnen worden, dienen deze te worden toegelicht. Indien de transactiekosten niet betrouwbaar vastgesteld kunnen worden, dient de reden hiertoe gemotiveerd te worden toegelicht (RJ 610.314).

De post beleggingsresultaten dient in de toelichting dan wel in de staat van baten en lasten te worden gespecificeerd naar (RJ 610.314):
- beleggingsresultaten risico pensioenfonds;
- beleggingsresultaten risico deelnemers (indien betreffende beleggingen in de balans zijn verwerkt, zie par. 50.3.1.1).

Per bovenstaande categorie dient een nadere uitsplitsing te worden gemaakt naar (RJ 610.314):
- directe beleggingsopbrengsten;
- indirecte beleggingsopbrengsten;
- in aftrek gebrachte kosten van vermogensbeheer.

Onder kosten van vermogensbeheer vallen alle kosten die het pensioenfonds maakt voor het beheer van de beleggingen, met uitzondering van transactiekosten. De Richtlijn beveelt aan de kosten van vermogensbeheer in de toelichting te onderscheiden in exploitatiekosten van vastgoed (inclusief afschrijvingen) en overige kosten van vermogensbeheer. Transactiekosten zijn de externe kosten die gemaakt worden om een (beleggings)transactie tot stand te brengen en uit te voeren (RJ 610.315).

De directe en indirecte beleggingsresultaten (inclusief kosten) dienen gespecificeerd te worden naar de verschillende beleggingscategorieën. De RJ beveelt aan om, indien de beleggingen in de toelichting verder zijn uitgesplitst, bovengenoemde specificatie te geven naar de in de toelichting vermelde beleggingscategorieën (RJ 610.316).

In deze specificatie dienen de bruto-opbrengsten van de beleggingscategorieën te worden opgenomen waarop de kosten van vermogensbeheer zichtbaar in aftrek zijn gebracht. Indien geen betrouwbare toerekening kan worden gemaakt dient dit te worden toegelicht (RJ 610.317). Dit laatste is met name waarneembaar indien pensioenfondsen zijn belegd in beleggingsfondsen.

De beleggingsresultaten van de nettopensioenregeling (zie RJ 610.314) dienen tot het moment van inkoop door het pensioenfonds separaat in de staat van baten en lasten worden opgenomen of in de toelichting worden weergegeven (RJ 610.108).

50.4.4 Pensioenuitvoeringskosten

Pensioenuitvoeringskosten zijn veelal de kosten van pensioenbeheer alsmede de algemene kosten en de kosten voor het bestuur en het toezicht. Onder deze kosten dienen eveneens de accountantskosten te worden verantwoord en toegelicht overeenkomstig de wettelijke bepaling van artikel 2:382a BW.

50.4.5 Rentetoevoeging voorziening pensioenverplichtingen

De wijze waarop de rentetoevoeging over het jaar is bepaald dient te worden toegelicht (RJ 610.318).

50.4.6 Saldo overdrachten van rechten (waardeoverdrachten)

In de staat van baten en lasten dienen de kasstromen uit hoofde van waardeoverdrachten alsmede de mutatie in de voorziening afzonderlijk te worden opgenomen. Hierdoor wordt het financiële alsmede het actuariële resultaat op waardeoverdrachten zichtbaar gemaakt (RJ 610.319).

50.4.7 Overig

Alhoewel niet specifiek bepaald in Richtlijn 610 beveelt EY aan om omwille van het inzicht het resultaat in de toelichting nader onder te verdelen in de bronnen:
- het resultaat op premies;
- het resultaat op interest;
- het resultaat op kosten;
- het resultaat op waardeoverdrachten;
- het resultaat op sterfte;
- kosten inzake toegekende indexaties;
- overige mutaties.

50.4.8 Gebeurtenissen na balansdatum

Onderdeel van de toelichting zijn ook de 'gebeurtenissen na balansdatum'. Bij pensioenfondsen zullen hieronder ook worden verantwoord (significante) wijzigingen in de dekkingsgraad van het pensioenfonds die zijn ontstaan na balansdatum of indien na balansdatum het besluit is genomen om onder bepaalde voorwaarden de pensioenaanspraken te (gaan) verlagen. In dat geval zal ook een korte verwijzing naar het bestuursverslag worden opgenomen, omdat een dergelijk besluit ook daar (uitgebreid) zal moeten worden toegelicht.

50.5 Risicoparagraaf

In de jaarrekening en het bestuursverslag moet ingegaan worden op het beleid van het pensioenfonds en de risico's die het pensioenfonds bij de uitvoering van zijn taken loopt. De Richtlijn beveelt aan om beleidsmatige zaken op te nemen in het bestuursverslag en kwantitatieve en kwalitatieve toelichtingen op de posten in de balans op te nemen in de jaarrekening (RJ 610.401). In dit kader wordt ook verwezen naar Richtlijn 290 'Financiële Instrumenten' zoals beschreven in hoofdstuk 30. Alhoewel pensioenfondsen de keuzemogelijkheden in de waarderingsgrondslagen van financiële instrumenten van Richtlijn 290 niet kennen geeft deze Richtlijn wel nadere bepalingen over de te verstrekken toelichtingen op het gebied van het gebruik van derivaten voor risicobeheer.

De RJ beveelt aan om een beleidsmatige toelichting op de aanwezige risico's en het daarop gerichte beleid op te nemen in het bestuursverslag (RJ 610.403), zoals:
- matchingrisico;
- verzekeringstechnisch risico;
- concentratierisico;
- beleggingsrisico's, zoals renterisico, prijsrisico, kredietrisico en liquiditeitsrisico;
- beleggingsrisico's alternatieve beleggingen;
- operationele risico's (waaronder interne beheersing, IT en integriteitsrisico);
- uitbesteding en de risico's die hiermee samenhangen;
- juridische risico's.

De RJ beveelt tevens aan een toelichting op te nemen op het beleid van het fonds ten aanzien van de beheersing van risico's (RJ 610.403):
- ALM-beleid en duration matching;
- dekkingsgraad;
- financieringsbeleid;
- premiebeleid;
- indexatiebeleid;
- herverzekeringsbeleid;
- risicobeleid alternatieve beleggingen;
- beleid ten aanzien van uitbesteding.

Verder beveelt de RJ aan om informatie te geven omtrent beleggingen (RJ 610.404):
- samenstelling van de beleggingsportefeuille:
  - portefeuille vastgoedbeleggingen naar valuta, categorie en regio;
  - aandelenportefeuille naar valuta, bedrijfstak en regio;
  - vastrentende portefeuille naar looptijd, valuta en creditrating;
  - mate waarin is belegd in de sponsor;
  - gegevens over iedere belegging groter dan 5% van de totale beleggingen of groter dan 5% van de beleggingscategorie waartoe de belegging behoort.
- gevoeligheid van de beleggingen inclusief derivaten voor marktontwikkelingen.
- de wijze van afdekking van de risico's en de posities die als gevolg hiervan zijn ingenomen (in aanvulling op de toelichting op derivaten).
- duration van de vastrentende waarden.

Ten aanzien van pensioenverplichtingen beveelt de RJ het volgende aan (RJ 610.404):
- actuariële risico's;
- indexatierisico;
- premiepercentages en -grondslagen;
- specificatie van de premie naar jaarlijkse opbouw conform de Pensioenwet;
- ratio's zoals ten aanzien van maturity, met vermelding van de voor deze grootheden gehanteerde definities;
- duration van de pensioenverplichtingen;
- gevoeligheidsanalyse.

Indien de hierboven gevraagde toelichtingen reeds zijn opgenomen als toelichting op posten in de jaarrekening hoeven ze niet separaat in de risicoparagraaf te worden vermeld (RJ 610.405).

50.6 Kasstroomoverzicht, overige gegevens, bestuursverslag

50.6.1 Het kasstroomoverzicht

Onder de voorschriften van Richtlijn 610 dienen alle pensioenfondsen een kasstroomoverzicht op te nemen (RJ 610.501), waarbij de directe methode als voorkeursmethode is aanbevolen.

De RJ beveelt aan de stromen in het kasstroomoverzicht in te delen naar de belangrijkste activiteiten: beleggingen en uitvoering van het pensioenreglement, naar ten minste de volgende categorieën (RJ 610.501):
- ontvangen premies;
- ontvangen in verband met overdracht van rechten;
- betaalde pensioenuitkeringen;
- betaald in verband met overdracht van rechten;
- betaalde pensioenuitvoeringskosten;
- ontvangen uitkeringen van herverzekeraar(s);
- betaalde premies herverzekering;
- verkopen en aflossingen van beleggingen;
- ontvangen directe beleggingsopbrengsten;
- aankopen en verstrekkingen van beleggingen;
- betaalde kosten van vermogensbeheer.

50.6.2 Overige gegevens

Onder de Overige gegevens dienen de onderwerpen op grond van artikel 2:392 BW (zie hoofdstuk 41) te worden vermeld (RJ 610.502). Voorts kan hieraan worden toegevoegd:
- informatie over de tussen het pensioenfonds en een (de) sponsor(s) getroffen overeenkomst betreffende de financiering en de uitvoering (uitvoeringsovereenkomst);
- de verklaring van de actuaris (RJ 610.502).

50.6.3 Bestuursverslag

In het bestuursverslag wordt aandacht besteed aan (RJ 610.503) met in achtneming van Richtlijn 400 'Bestuursverslag':

Algemene informatie
- samenstelling van het bestuur en overige organen van het pensioenfonds;
- statutaire doelstellingen;

- inhoud van en wijziging in de belangrijkste kernactiviteiten, pensioenovereenkomst, uitvoeringsovereenkomst, pensioenregeling/-reglement, producten en diensten van het pensioenfonds, alsmede de categorieën belanghebbenden.

Financiële informatie

Samenvatting van en toelichting op de financiële positie van het pensioenfonds en de ontwikkeling daarin gedurende het verslagjaar waarbij aandacht wordt geschonken aan:

- ten aanzien van de beleggingen:
  - interne en externe ontwikkelingen ten aanzien van beleggingen en rendementen (waarbij de samenstelling van de rendementen wordt weergegeven voor en na aftrek van kosten van vermogensbeheer en/of transactiekosten);
  - vergelijking van het totaalrendement met de voor het pensioenfonds van toepassing zijnde benchmarks en de z-score (indien van toepassing).
  - inzicht in de kosten van vermogensbeheer en transactiekosten, waarbij de kosten van vermogensbeheer en de transactiekosten worden verbijzonderd naar beleggingscategorie. Hierbij worden de eventuele afwijkingen tussen de in het bestuursverslag en in de jaarrekening opgenomen bedragen toegelicht. Op grond van artikel 45a van de Pensioenwet en artikel 10b Besluit uitvoering Pensioenwet worden de kosten van vermogensbeheer en de transactiekosten opgenomen als totaalbedrag en als percentage van het in het verslagjaar gemiddeld belegd vermogen;
- ten aanzien van pensioenen:
  - interne en externe ontwikkelingen;
  - ontwikkeling in het aantal deelnemers, gespecificeerd naar te onderscheiden categorieën.
- inzicht in de kosten van pensioenbeheer. Op grond van artikel 45a van de Pensioenwet en artikel 10b Besluit uitvoering Pensioenwet worden deze kosten opgenomen als totaalbedrag en als bedrag per actieve deelnemer en pensioengerechtigde;
- samenvatting van het actuariële verslag met inbegrip van de actuariële analyse, de uitkomsten van de solvabiliteitstoets, en het oordeel van de actuaris over de financiële positie;
- informatie over de tussen een pensioenfonds en een (de) werkgever(s) getroffen overeenkomst betreffende de financiering en de uitvoering;
- informatie over (vereiste) dekkingsgraden zoals die door het pensioenfonds worden gehanteerd alsmede in hoeverre hieraan wordt voldaan.

Risicoparagraaf ten aanzien van de doelstellingen en het beleid alsmede het gebruik van financiële instrumenten, voor zover niet reeds elders in de jaarrekening of het bestuursverslag opgenomen.

Voor een nadere toelichting hierop wordt verwezen naar paragraaf 50.5.

Informatie over de verwachte gang van zaken

Deze informatie kan separaat of als onderdeel van bovenstaande beschouwing worden opgenomen (RJ 610.503). Hieronder kan ook worden ingegaan op belangrijke gebeurtenissen na balansdatum, zoals bijvoorbeeld het besluit om de pensioenaanspraken onder bepaalde voorwaarden te verlagen.

Overige informatie in het bestuursverslag

Op grond van de Pensioenwet worden de volgende gegevens in het bestuursverslag vermeld (RJ 610.504):
- informatie over de haalbaarheidstoets en de reële dekkingsgraad (art. 46a lid 3 PW);

- of in het afgelopen boekjaar:
  - dwangsommen en bestuurlijke boeten zijn opgelegd, en zo ja, hoeveel deze in totaal hebben bedragen (art. 96 onder a PW);
  - een aanwijzing als bedoeld in artikel 171 van de Pensioenwet aan de pensioenuitvoerder is gegeven (art. 96 onder b PW);
  - een bewindvoerder als bedoeld in artikel 173 van de Pensioenwet is aangesteld (art. 96 onder c PW);
  - een herstelplan als bedoeld in artikel 138 of artikel 139 van de Pensioenwet van toepassing is (art. 96 onder d PW);
  - de situatie, bedoeld in artikel 172 van de Pensioenwet, waarin de bevoegdheidsuitoefening van alle of bepaalde organen van een pensioenfonds is gebonden aan toestemming van de toezichthouder, is beëindigd (art. 96 onder e PW.
- een verantwoording van de raad van toezicht over de uitvoering van de taken en de uitoefening van de bevoegdheden (art. 104 lid 2 PW);
- een rapportage over de samenstelling naar leeftijd en geslacht van het verantwoordingsorgaan, het belanghebbendenorgaan en het bestuur en over de inspanningen die zijn verricht om diversiteit in de organen van het pensioenfonds te bevorderen (art. 107 PW);
- een oordeel van het verantwoordingsorgaan over het handelen van het bestuur, over het door het bestuur uitgevoerde beleid, evenals over beleidskeuzes voor de toekomst, alsmede een reactie van het bestuur daarop (art. 115a PW);
- een oordeel van het belanghebbendenorgaan over het handelen van het bestuur, over het door het bestuur uitgevoerde beleid, evenals over beleidskeuzes voor de toekomst, alsmede een reactie van het bestuur daarop (art. 115c PW);
- de hoogte van de totale kostendekkende premie (art. 130 onder a PW);
- de hoogte van de totale gedempte premie (art. 130 onder b PW);
- de hoogte van de totale feitelijke premie (art. 130 onder c PW);
- de samenstelling van de feitelijke premie en de hoogte van de premiecomponenten (art. 130a PW);
- op welke wijze in het beleggingsbeleid rekening wordt gehouden met milieu en klimaat, mensenrechten en sociale verhoudingen (art. 135 lid 4 PW); en
- of de principes uit de Code Pensioenfondsen zijn nageleefd. Als de principes niet zijn nageleefd of het pensioenfonds niet voornemens is deze in het lopende en daarop volgende boekjaar na te leven, wordt daarvan gemotiveerd opgave gedaan (art. 11 Besluit uitvoering PW).

De volgende toelichtingen dienen te worden verstrekt indien van toepassing (RJ 610.504):
- informatie over het herstelplan in geval van reservetekort, getroffen maatregelen en realisatie; en
- informatie over achterstanden in de indexatie.

In het bestuursverslag dient een meerjarenoverzicht met kerncijfers te worden opgenomen (RJ 610.506). Ten behoeve van de bevordering van de transparantie en vergelijkbaarheid van de uitvoeringskosten beveelt de Pensioenfederatie nog aan dat pensioenfondsen in het bestuursverslag nog inzicht verschaffen in:
- de integrale kosten van pensioenbeheer in euro's per deelnemer;
- de integrale kosten van vermogensbeheer in procenten van het gemiddeld belegd vermogen;
- de (geschatte) transactiekosten in procenten van het gemiddeld belegd vermogen.

Code Pensioenfondsen

De pensioenfondsen doen in het bestuursverslag mededeling over de naleving van de principes van de Code Pensioenfondsen. Indien een fonds de principes van de Code Pensioenfondsen niet heeft nageleefd of niet voornemens is deze in het lopende en daarop volgende boekjaar na te leven, doet het fonds daarvan in het bestuursverslag gemotiveerd opgave (RJ 610.602).

50.6.4 Bestuursverslag, kasstroomoverzicht en overige gegevens onder IFRS

IAS 26 kent minder gedetailleerde bepalingen betreffende de inrichting en informatievereisten van het bestuursverslag en de Overige gegevens dan de Richtlijnen voor de jaarverslaggeving. Een kasstroomoverzicht is niet verplicht.

IAS 26 eist de volgende informatieverstrekking (IAS 26.34):
1. Een overzicht van de mutaties in de netto-activa die beschikbaar zijn voor uitkeringen (nader gedetailleerd in IAS 26.35).
2. Een samenvatting van de belangrijkste accountinggrondslagen.
3. Een beschrijving van de pensioenregeling en van de effecten van daarin tijdens de verslagperiode aangebrachte wijzigingen.

De belangrijkste aanvullende informatie die in het financiële verslag of in een afzonderlijk verslag moet worden opgenomen betreft (IAS 26.36):
a. de namen van de werkgevers en de groepen van werknemers die zijn gedekt;
b. het aantal deelnemers dat uitkeringen ontvangt en het aantal andere deelnemers in een gepaste classificatie;
c. de soort regeling: toegezegde-bijdrageregeling of toegezegd-pensioenregeling;
d. een toelichting waarin vermeld wordt of deelnemers bijdragen leveren aan de regeling;
e. een beschrijving van de pensioenrechten die aan de deelnemers zijn toegezegd;
f. een beschrijving van de beëindigingsvoorwaarden van de regeling;
g. wijzigingen in a) tot en met f) tijdens de verslagperiode.

50.7 Premiepensioeninstellingen

50.7.1 Algemeen

Een premiepensioeninstelling (PPI) is een organisatievorm die sinds 1 januari 2011 mogelijk is door de Wet introductie premiepensioeninstellingen. Een PPI valt onder de bepalingen van de Wet op het financieel toezicht (Wft) en de Pensioenwet (PW) en hieraan gerelateerde besluiten. Een PPI voert een premieregeling uit ten behoeve van de (voormalig) werknemers van aangesloten werkgevers. Een PPI mag wettelijk geen verzekeringstechnische risico's (zoals langlevenrisico, overlijdensrisico voor nabestaanden en arbeidsongeschiktheidsrisico) en risico's inzake de beleggingen van haar deelnemers dragen (art. 23:1 PW en art. 1:1 Wft) (RJ 611.102).

De werkgever kan bij een PPI uitsluitend een premieovereenkomst onderbrengen waarbij een PPI geen risico draagt (art. 23:1 PW). Verzekeringstechnische risico's worden (door de werkgever direct of indirect via een PPI) bij een verzekeraar ondergebracht. Veelal wordt het vermogensbeheer van de premiegelden aan een vermogensbeheerder uitbesteed. De beleggingsrisico's liggen bij de deelnemers. Een PPI heeft met name een administratiefunctie. Hierdoor is de waarde van de beleggingen voor risico deelnemers per definitie gelijk aan de waarde van de verplichtingen voor risico deelnemers (RJ 611.102).

In een PPI worden gelden belegd om te zijner tijd, bij een andere organisatie, pensioenrechten in te kopen. Een PPI is verplicht de waarde van de pensioenaanspraken van de deelnemer, gewezen deelnemer of andere aanspraakgerechtigde op de datum van omzetting van de aanspraken in een vastgestelde pensioenuitkering rechtstreeks over te dragen aan een door een PPI aan te wijzen verzekeraar (art. 81a lid 1 PW). Op verzoek van de deelnemer, gewezen deelnemer of andere aanspraakgerechtigde kan de waarde van zijn pensioenaanspraken per de pensioendatum ook, onder voorwaarden, rechtstreeks worden overgedragen aan een pensioenuitvoerder die door de deelnemer, gewezen deelnemer of andere aanspraakgerechtigde is aangewezen (art. 81a lid 2 PW) (RJ 611.102).

IFRS kent geen specifieke voorschriften voor een PPI. De uitwerking in deze paragraaf gaat alleen in op de bepalingen die in Richtlijn 611 zijn opgenomen.

50.7.2 Opmaak en publicatieplicht premiepensioeninstellingen

Een PPI verstrekt op grond van artikel 3:71 Wft binnen zes maanden na afloop van het boekjaar aan De Nederlandsche Bank de jaarrekening, het bestuursverslag en de overige gegevens, bedoeld in de artikelen 2:361 lid 1, onderscheidenlijk artikel 2:391 lid 1 en artikel 2:392 lid 1 onder a tot en met f BW (RJ 611.103).

50.7.3 Rapportagemodel premiepensioeninstellingen onder Richtlijn 611

Een PPI heeft de rechtsvorm van naamloze vennootschap, besloten vennootschap met beperkte aansprakelijkheid, stichting of Europese naamloze vennootschap (art. 3:19a Wft). De rechtsvorm van een PPI bepaalt mede de eisen die gesteld worden aan de verslaggeving door een PPI (RJ 611.104).

Waar in deze paragraaf wordt gesproken over eigen vermogen, kan voor een stichting worden gelezen stichtingskapitaal en reserves. Waar in dit hoofdstuk wordt gesproken over de winst-en-verliesrekening, kan voor een stichting worden gelezen de staat van baten en lasten (RJ 611.106).

Omwille van de onderlinge vergelijkbaarheid beveelt de RJ aan dat een PPI, ongeacht de rechtsvorm, voor de balans en de winst-en-verliesrekening de voorbeelden hanteert die onderstaand zijn opgenomen. Een PPI met de rechtsvorm van naamloze of besloten vennootschap kan van deze aanbeveling gebruikmaken onder toepassing van de bepalingen in het Besluit modellen jaarrekening (RJ 611.105).

Balansmodel

Balans per 31 december jaar X		jaar X	
ACTIEF			
A.	**Beleggingen voor risico PPI**		
	1. Vastgoedbeleggingen	xxx	
	2. Aandelen	xxx	
	3. Vastrentende waarden	xxx	
	4. Derivaten	xxx	
	5. Overige beleggingen	<u>xxx</u>	xxx
B.	**Beleggingen voor risico deelnemers**		
	1. Vastgoedbeleggingen	xxx	
	2. Aandelen	xxx	
	3. Vastrentende waarden	xxx	
	4. Derivaten	xxx	
	5. Overige beleggingen	<u>xxx</u>	xxx
C.	**Immateriële vaste activa**		xxx
D.	**Materiële vaste activa**		xxx
E.	**Vorderingen en overlopende activa**		xxx
F.	**Liquide middelen**		xxx
G.	**Overige activa**		<u>xxx</u>
			<u>xxx</u>
PASSIEF			
A.	**Eigen vermogen**		
	I. Aandelenkapitaal	xxx	
	II. Agio	xxx	
	III. Wettelijke en statutaire reserves	xxx	
	IV. Overige reserves	<u>xxx</u>	xxx
B.	**Verplichtingen voor risico deelnemers**		
	1. Voorziening verplichtingen voor risico deelnemers		xxx
	2. Overige schulden voor risico deelnemers		xxx
C.	**Voorzieningen**		xxx
D.	**Langlopende schulden**		xxx
E.	**Overige schulden en overlopende passiva**		<u>xxx</u>
			<u>xxx</u>

Model winst-en-verliesrekening

	jaar X
Resultaten voor risico PPI	
a. Kostenvergoedingen beleggingsactiviteiten	xxx
b. Andere kostenvergoedingen (inclusief bemiddelingsvergoeding)	xxx
c. Beleggingsresultaten voor risico PPI	xxx
d. Overige baten	xxx
e. Uitvoeringskosten	-xxx
f. Overige lasten	<u>-xxx</u>
Totaal resultaat voor risico PPI, voor belastingen	xxx
Vennootschapsbelasting	-xxx
Resultaat na belastingen	<u>xxx</u>

Resultaten voor risico deelnemers

g.	Premiebijdragen	xxx
h.	Overdrachtssom overgenomen pensioenverplichtingen	xxx
i.	Beleggingsresultaten voor risico deelnemers	xxx
j.	Expiratiekapitaal	-xxx
k.	Overdrachtssom overgedragen pensioenverplichtingen	-xxx
l.	Ingehouden kosten (beheervergoeding en andere vergoedingen PPI)	-xxx
m.	Mutatie voorziening verplichtingen voor risico deelnemers	-xxx

50.7.4 Balans met toelichting

Beleggingen

Een PPI dient de beleggingen voor risico PPI en de beleggingen voor risico deelnemers gescheiden in de balans weer te geven (RJ 611.201). Beleggingen voor risico PPI betreffen beleggingen waarbij het beleggingsrisico bij een PPI ligt (RJ 611.202). Beleggingen voor risico deelnemers betreffen beleggingen waarbij het beleggingsrisico niet bij een PPI ligt (RJ 611.203). Hoewel de risico's van deze beleggingen niet voor een PPI zijn, worden deze beleggingen wel in de balans van een PPI opgenomen, omdat deze onlosmakelijk verbonden zijn aan de bedrijfsvoering van een PPI en aan de gebruikers inzicht geven omtrent de omvang van het beheerde vermogen (RJ 611.204).

Beleggingen dienen te worden gewaardeerd op reële waarde (RJ 611.205). In de toelichting dient voor iedere soort belegging de methodiek waarop de reële waarde is bepaald te worden toegelicht (RJ 611.209).

Vorderingen en schulden inzake beleggingen betreffende te vorderen respectievelijk te betalen posities, banksaldi en overige vorderingen voor risico deelnemers dienen onder de beleggingen voor risico deelnemers te worden geclassificeerd (RJ 611.207).

Van iedere soort belegging dient een mutatieoverzicht te worden opgenomen. Dit overzicht mag achterwege worden gelaten indien het beleggingen met een hoge omloopsnelheid (bijvoorbeeld deposito's) betreft. Indien het inzicht niet nadelig wordt beïnvloed, kunnen beleggingen met dezelfde aard en risicoprofiel in één overzicht worden samengevoegd (RJ 611.210).

Deze overzichten hebben de volgende opbouw (RJ 611.210):
▶ stand begin boekjaar;
▶ aankopen;
▶ waardeontwikkelingen;
▶ verkopen;
▶ overige mutaties;
▶ stand einde boekjaar.

In de toelichting dient te worden vermeld in hoeverre beleggingen zijn uitgeleend. Dit geldt ook voor andere constructies waarbij de beleggingen niet ter directe beschikking van een PPI staan (RJ 611.211).

Vorderingen en overlopende activa

In de toelichting op overige vorderingen dienen afzonderlijk te worden vermeld (RJ 611.213):
▶ de vorderingen op de werkgevers;
▶ de vorderingen op deelnemers van een PPI;
▶ de vorderingen uit hoofde van waardeoverdrachten.

Liquide middelen

Onder de liquide middelen worden opgenomen die kasmiddelen en tegoeden op bankrekeningen voor risico van een PPI die onmiddellijk dan wel op korte termijn opeisbaar zijn. Hieronder vallen dus niet de tegoeden in verband met beleggingstransacties voor risico deelnemers (RJ 611.214).

Eigen vermogen

In artikel 3:57 van de Wft wordt bepaald dat een PPI over voldoende solvabiliteit moet beschikken. De (minimum) solvabiliteitseisen worden in artikel 63a van het Besluit prudentiële regels Wft nader ingevuld (RJ 611.217).

Naast de minimumsolvabiliteit en de aanwezige solvabiliteit vermeldt een PPI de solvabiliteit die het bestuur van een PPI noodzakelijk acht. In de toelichting dient te worden uiteengezet hoe het bestuur van een PPI de noodzakelijk geachte solvabiliteit heeft bepaald, waarbij tevens wordt aangegeven in welke mate de in de risicoparagraaf opgenomen risico's bijdragen aan de noodzakelijk geachte solvabiliteit (RJ 611.218).

Verplichtingen voor risico deelnemers

Bij de verplichtingen voor risico deelnemers dragen de deelnemers contractueel de beleggingsrisico's van de hieraan gerelateerde beleggingen. De verplichtingen voor risico deelnemers bestaat uit de voorziening verplichtingen voor risico deelnemers en overige schulden voor risico deelnemers (RJ 611.219).

De waardering van de beleggingen voor risico deelnemers bepaalt de waardering van de hieraan gerelateerde verplichtingen voor risico deelnemers. Zoals eerder uiteengezet betreft dit de reële waarde van de beleggingen voor risico deelnemers (RJ 611.220).

Van de voorziening verplichtingen voor risico deelnemers dient een mutatieoverzicht te worden opgenomen. In het overzicht dienen in ieder geval afzonderlijk de stortingen en de onttrekkingen zichtbaar gemaakt te worden (RJ 611.221).

Dit overzicht heeft de volgende opbouw (RJ 611.221):
- stand begin boekjaar;
- premiebijdragen;
- overdrachtssom overgenomen pensioenverplichtingen;
- beleggingsresultaat voor risico deelnemers;
- expiratiekapitaal;
- overdrachtssom overgedragen pensioenverplichtingen;
- ingehouden kosten (beheervergoeding en andere vergoedingen PPI);
- stand einde boekjaar.

Nettopensioenregeling

Gezien het bijzondere karakter van een nettopensioenregeling dienen de afspraken en de kenmerken van een nettopensioenregeling, alsmede de wijze waarop de regeling in de jaarrekening is verwerkt, te worden toegelicht (RJ 611.402).

50.7.5 Winst-en-verliesrekening met toelichting

Een PPI stelt een winst-en-verliesrekening op. De in artikel 2:377 BW vermelde posten voor de inhoud van de winst-en-verliesrekening zijn voor het merendeel niet toepasbaar voor een PPI, omdat zij bij een PPI niet voorkomen dan wel van minder betekenis zijn (RJ 611.301).

De bijdragen die een PPI ontvangt voor pensioenopbouw dragen niet rechtstreeks bij aan het resultaat van een PPI. Ook de resultaten op de beleggingen voor risico deelnemers dragen niet rechtstreeks bij aan het resultaat van een PPI. Deze resultaten worden wel gepresenteerd onder de resultaten voor risico deelnemers, omdat deze onlosmakelijk verbonden zijn aan de bedrijfsvoering van een PPI en aan de gebruikers inzicht geven omtrent de voor de deelnemers behaalde beleggingsresultaten (RJ 611.301).

Het is mogelijk dat een PPI bemiddelingsactiviteiten uitvoert inzake het incasseren en doorbetalen van verzekeringspremies waarvoor een bemiddelingsvergoeding kan worden ontvangen. Dergelijke verzekeringspremies dragen niet bij aan het resultaat van een PPI en worden niet in de winst-en-verliesrekening van een PPI opgenomen (met uitzondering van de eventuele bemiddelingsvergoeding) (RJ 611.301).

In de toelichting op de winst-en-verliesrekening (onderdeel resultaten voor risico deelnemers) dient informatie te worden opgenomen omtrent de beleggingsresultaten en de hieraan gerelateerde kosten. Voor de bedrijfsuitvoering van een PPI is het van belang dat er inzicht wordt gegeven in de resultaatontwikkeling van de beleggingen voor risico deelnemers (RJ 611.301).

Kosteninhoudingen

In de toelichting dient te worden vermeld op welke wijze een PPI de kosteninhoudingen heeft verwerkt (RJ 611.303).

Beleggingsresultaten voor risico deelnemers

Op de beleggingsresultaten dienen kosten van vermogensbeheer zichtbaar in mindering te worden gebracht. Transactiekosten kunnen worden gesaldeerd met de gerelateerde beleggingsopbrengsten. Indien en voor zover de transactiekosten betrouwbaar vastgesteld kunnen worden, dienen deze te worden toegelicht. Indien de transactiekosten niet betrouwbaar vastgesteld kunnen worden, dient de reden hiervan te worden toegelicht (RJ 611.304).

Een PPI dient in de toelichting op de winst-en-verliesrekening informatie op te nemen omtrent de waardeontwikkeling van de beleggingen voor risico deelnemers (RJ 611.304).
In de toelichting dient een nadere uitsplitsing te worden gemaakt naar (RJ 611.304):
▶ directe beleggingsresultaten;
▶ indirecte beleggingsresultaten; en
▶ in aftrek gebrachte kosten van vermogensbeheer.

Onder kosten van vermogensbeheer vallen alle kosten die een PPI maakt voor het beheer van de beleggingen met uitzondering van transactiekosten. Transactiekosten zijn de externe kosten die gemaakt worden om een (beleggings)transactie tot stand te brengen en uit te voeren (RJ 611.305).
De (in)directe beleggingsresultaten en de in aftrek gebrachte kosten van vermogensbeheer dienen gespecificeerd te worden naar de verschillende beleggingscategorieën zoals genoemd in RJ 611.204. In deze specificatie dienen de bruto-opbrengsten van de beleggingscategorieën te worden opgenomen waarop de kosten van

vermogensbeheer zichtbaar in aftrek zijn gebracht. Indien geen betrouwbare toerekening kan worden gemaakt, dient dit te worden toegelicht (RJ 611.306).

Aanbevolen wordt om, indien de beleggingen in de toelichting verder zijn uitgesplitst, bovengenoemde specificatie te geven voor de in de toelichting vermelde beleggingscategorieën (RJ 611.306).

50.7.6 Kasstroomoverzicht, bestuursverslag

Kasstroomoverzicht

In het kasstroomoverzicht van een PPI worden geen kasstromen voor risico deelnemers verantwoord. De kasstromen uit beleggingsactiviteiten voor risico PPI kunnen onder de operationele activiteiten of onder de investeringsactiviteiten worden opgenomen (RJ 611.401).

Bestuursverslag

Het bestuursverslag wordt opgesteld conform de wettelijke eisen van artikel 2:391 BW. Richtlijn 400 'Bestuursverslag' is hierop van toepassing. De PPI vermeldt de volgende informatie als nadere uitwerking van de gang van zaken gedurende het verslagjaar en de toestand per balansdatum (RJ 611.403):

Algemene informatie

- juridische structuur;
- samenstelling van bestuur en overige organen van de PPI;
- statutaire doelstellingen; en
- inhoud van de belangrijkste kernactiviteiten, (premie)pensioenregelingen, producten en diensten van de PPI, alsmede de categorieën belanghebbenden.

Financiële informatie

Samenvatting van en toelichting op de financiële positie van de PPI en de ontwikkeling daarin gedurende het verslagjaar waarbij aandacht wordt geschonken aan:
- informatie over de door de PPI afgesloten overeenkomsten met cliënten betreffende de financiering en de uitvoering;
- informatie over de solvabiliteitseisen, zoals die door de PPI wordt gehanteerd alsmede in hoeverre hieraan wordt voldaan; en
- ten aanzien van de beleggingen voor risico deelnemers:
  - interne en externe ontwikkelingen ten aanzien van beleggingen en rendementen (waarbij de samenstelling van de rendementen wordt weergegeven voor en na aftrek van kosten van vermogensbeheer en/of transactiekosten);
  - inzicht in de kosten van vermogensbeheer en transactiekosten, waarbij de kosten van vermogensbeheer en de transactiekosten worden verbijzonderd naar beleggingscategorie. Hierbij worden de eventuele afwijkingen tussen de in het bestuursverslag en in de jaarrekening opgenomen bedragen toegelicht.

In de jaarrekening en het bestuursverslag wordt ingegaan op het beleid van de PPI en de risico's die de PPI bij de uitvoering van haar taken loopt. Aanbevolen wordt beleidsmatige zaken op te nemen in het bestuursverslag en kwantitatieve en kwalitatieve toelichtingen op de posten in de balans op te nemen in de jaarrekening (RJ 611.404). In het bestuursverslag dient een meerjarenoverzicht met kerncijfers te worden opgenomen (RJ 611.405).

Deel V

Overige organisaties

51 Coöperaties en onderlinge waarborgmaatschappijen

51.1 Algemeen	
Begripsbepaling	Een coöperatie en een OWM hebben als doel te voorzien in bepaalde economische behoeften van de leden, waartoe met de leden overeenkomsten worden gesloten. Onder het begrip coöperatie valt tevens de Europese Coöperatieve Vennootschap (SCE), opgericht overeenkomstig het recht van de lidstaat waar de SCE haar statutaire zetel heeft.
Toepasselijke wet- en regelgeving	Titel 9 Boek 2 BW en Titel 3 Boek 2 BW. Behalve de algemene Richtlijnen voor de Jaarverslaggeving zijn tevens de specifieke Richtlijnen 605 'Verzekeringsmaatschappijen' (voor zover in de vorm van een onderlinge waarborgmaatschappij) en Richtlijn 620 'Coöperaties' van toepassing.
51.2 Algemene aspecten jaarverslaggeving	
	Aan de orde komen: ▶ totstandkoming van het financieel verslag; ▶ verbonden maatschappijen; ▶ belangen in coöperaties; ▶ modellen; ▶ overige gegevens; ▶ accountantsonderzoek; ▶ openbaarmaking.
51.3 Balans met toelichting	
Financiële vaste activa	Onder de vorderingen op participanten vallen de leden van een corporatie of OWM.
Voorraden	Voorraden verkregen van leden worden gewaardeerd conform RJ 220.301. Een invulling van de kostprijs van voorraden die verkregen zijn van leden is de benaderde kostprijs, die kan worden gebaseerd op de voor de leden vastgestelde prijzen.
Vorderingen en schulden	Vorderingen uit leningen en voorschotten aan leden worden afzonderlijk vermeld (art. 2:370 lid 1 onder e BW). Het totale bedrag van vorderingen/schulden leden moet worden vermeld in de balans of toelichting (RJ 620.202). Schulden langer dan een jaar worden afzonderlijk toegelicht.
Classificatie eigen vermogen of vreemd vermogen	Specifieke bepalingen ter zake zijn opgenomen in RJ 620 alinea's 203 tot en met 206.

51.4 Exploitatierekening met toelichting	
Exploitatierekening	Een exploitatierekening dient de winst-en-verliesrekening te vervangen indien dit noodzakelijk is voor het te geven inzicht. In de exploitatierekening wordt de resultaatbestemming veelal verwerkt. Op transacties tussen een coöperatie en haar leden is RJ 330 (Verbonden partijen) van toepassing.

51.1   Algemeen

De eisen voor de jaarrekening zoals beschreven in de voorgaande hoofdstukken van dit Handboek zijn tevens op coöperaties en onderlinge waarborgmaatschappijen van toepassing; verwezen wordt naar deze hoofdstukken. Voor zover voor coöperaties of onderlinge waarborgmaatschappijen specifieke bepalingen gelden worden deze in dit hoofdstuk uiteengezet.

51.1.1   Begripsbepaling

Coöperatie

Een coöperatie is een bij notariële akte als coöperatie opgerichte vereniging. Zij moet zich blijkens de statuten ten doel stellen in bepaalde stoffelijke behoeften van haar leden te voorzien krachtens overeenkomsten, anders dan van verzekering, met hen gesloten in het bedrijf dat zij te dien einde te hunnen behoeve uitoefent of doet uitoefenen (art. 2:53 lid 1 BW).

In de statuten van de coöperatie is beschreven dat zij dus het doel heeft in bepaalde economische behoeften van haar leden te voorzien. Hiertoe worden met de leden overeenkomsten gesloten, niet zijnde verzekeringsovereenkomsten, in het bedrijf dat ten behoeve van de leden wordt uitgeoefend. Belangen van leden in het vermogen van een coöperatie noemt men aandelen, participatiebewijzen en dergelijke.

De coöperatie als rechtsvorm wordt vaak gekozen wanneer een ondernemer alleen een bepaald doel niet of niet gemakkelijk kan bereiken, maar tezamen met anderen wel.

Een voorbeeld is de zogenaamde 'verwerkingscoöperatie'. De coöperatie verwerkt de van de leden verworven goederen (bijvoorbeeld melk) tot producten (bijvoorbeeld zuivelproducten). Zij verhandelt deze met derden (bijvoorbeeld supermarkten). De winst die de coöperatie daarmee realiseert, wordt in haar eigen onderneming geïnvesteerd en komt uiteindelijk ten goede aan de leden.

Coöperaties zijn er in verschillende vormen. Behalve het hiervoor genoemde voorbeeld kunnen ook praktijkhouders zich verenigen in een coöperatie bijvoorbeeld de Huisartsencoöperatie; de achtergrond van deze coöperatie is een medisch-sociale. Een heel ander voorbeeld is de Rabobankorganisatie met bijna twee miljoen leden en met een oorspronkelijke achtergrond in de agrarische sector. Deze coöperatie is inmiddels uitgegroeid tot een van de grootste financiële dienstverleners in Nederland. Verder kan een coöperatie eigenaar zijn van een bedrijf dat verzekeringsovereenkomsten afsluit bijvoorbeeld Coöperatie Univé U.A.

Onder het begrip coöperatie valt tevens de Europese coöperatieve vennootschap, die zijn basis vindt in de Europese verordening (EG) nr. 1435/2003 met betrekking tot het statuut van de Europese Coöperatieve Vennootschap (SCE). De verordening is in Nederland uitgevoerd middels de Uitvoeringswet verordening Europese coöperatieve vennootschap van 14 september 2006. De Europese wetgever heeft gekozen voor een benaming die de verschillende talen van de Unie overschrijdt en is teruggevallen op het Latijn waardoor deze vennootschapsvorm SCE of voluit Societas Cooperativa Europaea is komen te heten.

51 Coöperaties en onderlinge waarborgmaatschappijen

De SCE wordt in iedere lidstaat beschouwd als een coöperatieve vennootschap die is opgericht overeenkomstig het recht van de lidstaat waar de SCE haar statutaire zetel heeft. Derhalve is hoofdstuk 620 van de Richtlijnen ook van toepassing op SCE's met statutaire zetel in Nederland (RJ 620.106).

De leden van de SCE verbinden zich aan de SCE tot het bedrag van hun inbreng, tenzij de statuten anders bepalen. Wanneer de leden van de SCE als zodanig beperkt aansprakelijk zijn, eindigt de naam van de SCE met de vermelding 'met beperkte aansprakelijkheid'. De leden kunnen ook kiezen voor onbeperkte aansprakelijkheid, dit hoeft niet te worden opgenomen in de naam van de SCE (RJ 620.106).

Onderlinge waarborgmaatschappij

Een onderlinge waarborgmaatschappij (OWM) is een bij notariële akte als onderlinge waarborgmaatschappij opgerichte vereniging. Zij moet zich blijkens de statuten ten doel stellen met haar leden verzekeringsovereenkomsten te sluiten, een en ander in het verzekeringsbedrijf dat zij te dien einde ten behoeve van haar leden uitoefent (art. 2:53 lid 2 BW).

De onderlinge waarborgmaatschappij kan worden opgevat als een coöperatie, met die bijzonderheid dat zij zich ten behoeve van haar leden belast met het verzekeringsbedrijf en dat de overeenkomsten, welke zij met haar leden sluit, verzekeringsovereenkomsten zijn.

Daar onderlinge waarborgmaatschappijen verzekeringsmaatschappijen zijn, zijn in de regel ook de voorschriften van de diverse verzekeringswetten van belang, zoals bijvoorbeeld de Wet op het financieel toezicht (Wft).

Aansprakelijkheid

Kenmerkend voor een coöperatie en een OWM is dat de leden bij ontbinding aansprakelijk zijn voor tekorten, behoudens statutair afwijkende regelingen. Uitgaande van de mate waarin de leden van de coöperatie/OWM aansprakelijk zijn, wordt een onderscheid gemaakt naar:

- Coöperatie dan wel OWM met wettelijke aansprakelijkheid (WA): bevatten de statuten geen maatstaf voor ieders aansprakelijkheid bij liquidatie, dan zijn allen voor gelijke delen aansprakelijk.
- Coöperatie dan wel OWM met uitgesloten aansprakelijkheid (UA): in dat geval heeft de coöperatie in haar statuten iedere verplichting van haar leden of oud-leden om in een tekort bij te dragen uitgesloten.
- Coöperatie dan wel OWM met beperkte aansprakelijkheid (BA): in dat geval heeft de coöperatie in haar statuten iedere verplichting van haar leden of oud-leden om in een tekort bij te dragen tot een maximum beperkt.

51.1.2 Toepasselijke wet- en regelgeving

De bepalingen inzake de jaarrekening, bestuursverslag en overige gegevens zoals opgenomen in Titel 9 Boek 2 BW zijn ingevolge artikel 2:360 lid 1 tevens van toepassing op de coöperatie en de OWM. Daarmee zijn tevens de Richtlijnen voor Jaarverslaggeving onverkort van toepassing. Op coöperaties en OWM's is ook Titel 3 Boek 2 BW (coöperaties en onderlinge waarborgmaatschappijen) van toepassing. Richtlijn 605 'Verzekeringsmaatschappijen' is van toepassing op verzekeringsmaatschappijen in de vorm van onderlinge waarborgmaatschappijen. Voor coöperaties is specifiek Richtlijn 620 'Coöperaties' van toepassing.

51.2 Algemene aspecten jaarverslaggeving van coöperaties en OWM's

51.2.1 Totstandkoming financieel verslag

Een coöperatie en een OWM moeten over de gang van zaken en de financiële toestand op de balansdatum een financieel verslag uitbrengen (art. 2:58 BW). Dit verslag bestaat uit het verslag van het bestuur, de jaarrekening

en de daaraan toe te voegen overige gegevens. Verder legt het bestuur ook het bestuursverslag ter inzage voor de leden, tenzij de artikelen 2:396 lid 6 BW of 2:403 BW voor de rechtspersoon gelden.
Op OWM's kunnen ook verslaggevingsvoorschriften van toepassing zijn die niet in Boek 2 BW zijn opgenomen. Deze bepalingen zijn dan van toepassing tezamen met die van Boek 2 BW.

Richtlijn 400 'Bestuursverslag' is ook van toepassing op coöperaties en OWM's. In navolging van RJ 400.112 (mededeling naleving gedragscodes) wordt aanbevolen dat coöperaties en OWM's toelichten of een gedragscode wordt gevolgd en welke gedragscode het betreft. De coöperatie of OWM geeft voorts aan of deze gedragscode verplicht of vrijwillig wordt gevolgd. In het bestuursverslag neemt de coöperatie of OWM een verwijzing op naar de beschikbare informatie over de naleving van de gedragscode. Een gedragscode specifiek voor coöperaties en OWM's is de 'NCR coöperatie code'. In 2019 is deze code herzien door de Nationale Coöperatieve Raad (NCR) gezamenlijk met haar leden. De herziene code omvat gedragsregels die transparantie en kwaliteit van (toezicht op) bestuur van coöperaties vergroten.

De Coöperatie Code 2019 is gebaseerd op breed gedragen coöperatieve principes en gedragsregels. Deze zijn niet vrijblijvend: van NCR-leden wordt verwacht dat ze de Principes en Voorschriften van de Coöperatie Code naleven. De toepassing en naleving van de Coöperatie Code wordt jaarlijks door de coöperaties geagendeerd en voorzien van een toelichting en motivering in het bestuursverslag.

De Wet bestuur en toezicht rechtspersonen is in 2020 aangenomen en onder andere van toepassing op coöperaties en onderlinge waarborgmaatschappijen.

51.2.2 Verbonden maatschappijen

Als een NV of een BV lid is van een coöperatie of OWM, kan deze lidmaatschapsrelatie ook als groepsmaatschappij worden aangemerkt, mits aan de algemene karakteristieken van een groepsmaatschappij wordt voldaan (economische eenheid, gemeenschappelijke leiding, beslissende zeggenschap).

Buiten het begrip dochtermaatschappij vallen lidmaatschappen van verenigingen. Dit betekent dat een rechtspersoon die lid is van een coöperatie of een OWM deze rechtspersonen op grond van de wet normaliter niet als dochtermaatschappij kan aanmerken, behoudens gevallen dat het lidmaatschapsrecht mede belichaamd is in aandelenkapitaal. Dit zou het geval kunnen zijn bij een OWM met een in aandelen verdeeld kapitaal. Naar de huidige regeling van het begrip dochtermaatschappij kunnen coöperaties en OWM's, mits aan deze wet wordt voldaan, wel gelden als dochtermaatschappij. Deze eisen omvatten: a) het kunnen uitoefenen van de meerderheid van de stemrechten in de algemene vergadering of b) de rechtspersoon of een dochtermaatschappij is lid of aandeelhouder van een andere rechtspersoon en heeft de mogelijkheid de meerderheid van de bestuursleden of commissarissen te benoemen of te ontslaan.

51.2.3 Belangen in coöperaties

Voor belangen in coöperaties dienen de artikelen 2:379 (gegevens over belangen) en 2:414 BW (gegevens over geconsolideerde belangen) naar analogie te worden toegepast. Daarbij moet rekening worden gehouden met toe- en uittredingsbepalingen en de regeling omtrent de verdeling van het exploitatieresultaat. Verder geldt dat indien leden tijdens het bestaan van de coöperatie geen aanspraak kunnen maken op (delen van) het eigen vermogen, het zogenaamde vermogen in dode hand, bij de waardering van het belang hiermee rekening moet worden gehouden.

51.2.4 Modellen

Het Besluit modellen jaarrekening (BMJ) geldt alleen voor NV's en BV's maar volgens RJ 620.402 dienen zij ten behoeve van het te geven inzicht ook zo veel mogelijk te worden toegepast door coöperaties en OWM's. Zonodig dient rekening te worden gehouden met de specifieke aspecten van coöperaties en OWM's.

Omdat de modellen niet van toepassing zijn hebben coöperaties en OWM's een grotere vrijheid ter zake van de benamingen, aanduidingen en verdeling over de balans en toelichting. Zo zou de post schulden als één post op de balans mogen worden opgenomen, mits de splitsing in langlopend en kortlopend uit de toelichting blijkt. Ook mogen achtergestelde schulden direct voor het eigen vermogen (model A) of direct na het eigen vermogen (model B) worden opgenomen teneinde tot een rubriek 'aansprakelijk vermogen' te komen. Met name is hierbij te denken aan achtergestelde langlopende ledenschuldrekeningen.

In de bijlage bij dit hoofdstuk zijn twee aan Richtlijn 620 toegevoegde modellen opgenomen van een exploitatierekening van coöperaties die inkopen bij leden. Indien coöperaties of OWM's zijn aan te merken als bank, verzekeringsmaatschappij of Wtb-beleggingsmaatschappij, zijn zij gebonden aan de jaarrekeningmodellen voor respectievelijk banken, verzekeraars en beleggingsmaatschappijen.

Verder is op coöperaties of OWM's de toepassing van het kleine en middelgrote jaarrekeningregime (art. 2:396 BW en art. 2:397 BW) toegestaan, tenzij een OWM onder toezicht van De Nederlandsche Bank valt. Coöperaties zijn verplicht de geconsolideerde winst-en-verliesrekening te vervangen door een geconsolideerde exploitatierekening indien het wettelijk vereiste inzicht dit vordert (art. 2:362 lid 1 BW jo. art. 2:361 lid 2 BW). Dit geldt dan ook voor het deponeringsverslag.

51.2.5 Overige gegevens

In artikel 2:392 lid 1 BW worden de gegevens opgesomd met betrekking tot de aan de jaarrekening en het bestuursverslag toe te voegen overige gegevens. Specifiek voor coöperaties en OWM's geldt hierbij tevens het opnemen van een weergave van de statutaire regeling omtrent de bijdrage in een tekort van een coöperatie of OWM, voor zover deze van de wettelijke bepalingen afwijkt (art. 2:392 lid 1 onder d BW).
Verder geldt dat opgegeven moet worden hetgeen statutair is bepaald omtrent de aansprakelijkheid van de leden. RJ 620.404 bepaalt dat bij de coöperatie met beperkte aansprakelijkheid (BA) de omvang van de ledenaansprakelijkheid dient te worden vermeld.

51.2.6 Accountantsonderzoek

Coöperaties en OWM's zijn op dezelfde wijze als NV's en BV's op grond van de wet verplicht de jaarrekening te doen onderwerpen aan accountantsonderzoek (art. 2:360 lid 1 eerste volzin, j° art. 2:393 BW), tenzij op hen het groepsregime (art. 2:403 BW) of het kleine jaarrekeningregime (art. 2:396 BW) van toepassing is.

OWM's zijn veelal onder toezicht van De Nederlandsche Bank staande rechtspersonen (art. 28 lid 1 Wtv-1993 en art. 17 lid 1 Wtn) en daarom verzekeringsmaatschappij in de zin van artikel 2:427 BW. In dat geval kan het kleine jaarrekeningregime geen toepassing vinden.
In de gevallen van wettelijke vrijstelling kan niettemin statutair accountantsonderzoek voorgeschreven zijn dan wel kan krachtens besluit accountantsonderzoek plaatsvinden. Is er geen raad van commissarissen en evenmin een verklaring van getrouwheid van een bevoegd accountant, dan moet de jaarrekening worden onderzocht door de zogenoemde kascommissie (art. 2:48 lid 2 BW).

51.2.7 Openbaarmaking

Coöperaties en OWM's zijn verplicht tot openbaarmaking van hun financieel verslag in de vorm zoals door de wet is voorgeschreven (art. 2:394 BW).
Op grond van artikel 2:394 lid 4 BW is het toegestaan het bestuursverslag en een gedeelte van de Overige gegevens niet te deponeren, mits deze stukken voor een ieder ter inzage worden gehouden ten kantore van de rechtspersoon en daarvan opgave geschiedt aan het handelsregister. De Overige gegevens die in deze situatie niet behoeven te worden gedeponeerd zijn onder andere een weergave van de statutaire regeling betreffende de bijdragen in een tekort van een coöperatie of OWM, voor zover deze van de wettelijke bepalingen afwijkt.

Coöperaties en OWM's met klein jaarrekeningregime behoeven geen gegevens over de bijdrage in het tekort bij ontbinding in hun deponeringsverslag op te nemen. Niettemin zijn de statutaire regelingen daaromtrent openbaar omdat de statuten ter inzage van een ieder ten kantore van het handelsregister liggen.

51.3 Balans met toelichting

51.3.1 Financiële vaste activa

Onder de vorderingen op participanten kunnen worden verstaan de leden van een coöperatie of OWM.

51.3.2 Voorraden

Voorraden worden door de coöperatie gewaardeerd conform RJ 220.301 (kostprijs of lagere opbrengstwaarde of tegen actuele waarde). Een invulling van de kostprijs van voorraden, die verkregen zijn van leden is de benaderde kostprijs. De benaderde kostprijs kan worden gebaseerd op de voor de leden vastgestelde prijzen die worden afgeleid uit de exploitatie van enig jaar. Deze prijzen komen in onderling overleg tussen de coöperatie en haar leden tot stand.
De waarderingsmethode en de wijze waarop deze waardering tot stand komt dienen in de toelichting te worden uiteengezet.

51.3.3 Vorderingen en schulden

Het bedrag van de vorderingen uit leningen en voorschotten aan leden van coöperaties en OWM's wordt afzonderlijk vermeld (art. 2:370 lid 1 onder e BW, RJ 620.202).
Indien sprake is van schulden aan leden van coöperaties uit hoofde van leveranties, gaat het primair om leverancierskrediet welke vallen onder de balanspost Schulden aan leveranciers en handelskredieten. Is de schuldverhouding uit hoofde van leningen of rekening-courantkrediet ontstaan, dan zou rubricering onder de post 'overige schulden' kunnen plaatsvinden. RJ 620.202 geeft in ieder geval aan dat het totale bedrag van de vorderingen op en het totale bedrag van de schulden aan leden van de coöperatie dienen te worden vermeld in de balans of de toelichting. Verder zijn in Richtlijn 222 'Vorderingen' en Richtlijn 254 'Schulden' toelichtingsvereisten opgenomen.

Schulden aan deelnemingen behoren in de balans afzonderlijk te worden verantwoord in de betreffende posten van de langlopende dan wel kortlopende schulden uit de balansmodellen volgens het Besluit modellen jaarrekening. Bij coöperaties en OWM's moet het deel van de schulden tot welk bedrag de resterende looptijd langer is dan een jaar in elk geval uit de toelichting blijken.

51.3.4 Classificatie eigen vermogen of vreemd vermogen

Bij de coöperatie en de OWM bestaat soms onduidelijkheid of posten zoals ledenkapitaal en waarborgkapitaal tot het eigen vermogen dan wel tot de schulden moeten worden gerekend. Vaak heeft met name ledenkapitaal het karakter van schuld. Daarom wordt dit begrip meestal aangeduid met ledenschuldrekening. Waarborgkapitaal zal in de regel tot het eigen vermogen behoren.

Ledenkapitaal en waarborgkapitaal moeten tot het eigen vermogen worden gerekend indien deze kapitalen op grond van de statuten gestort moesten worden zonder dat uit de statuten blijkt dat zij ten titel van schuld zijn verstrekt. Vormen zij een verplichting onder opschortende voorwaarde dan zal eveneens aldus gerubriceerd moeten worden, indien en voor zover niet aannemelijk is dat de voorwaarde wordt vervuld.

Ter bepaling of vermogenscomponenten tot het eigen vermogen of tot het vreemd vermogen behoren, dient de coöperatie alle voorwaarden verbonden aan de participatie in aanmerking te nemen. Deze voorwaarden omvatten toepasselijke wet- en regelgeving, de statuten en het huishoudelijke reglement van de coöperatie (RJ 620.203). Een belangrijk aandachtspunt hierbij is de juridische vorm maar bovenal ook de economische realiteit van de vermogenscomponent. Voor de classificatie van vermogenscomponenten in de enkelvoudige jaarrekening wordt verwezen naar Richtlijn 240 ('Eigen vermogen'), alinea's 207 tot en met 209 en voor de geconsolideerde jaarrekening naar Richtlijn 290 ('Financiële instrumenten') paragraaf 8 (RJ 620.203).

> **Voorbeeld classificatie eigen vermogen of vreemd vermogen**
>
> Het lidmaatschap van Coöperatie Z brengt met zich mee dat de leden verplicht aardappelen leveren aan de coöperatie volgens een vooraf overeengekomen quotum. Teneinde haar trouwe leden te belonen kent de coöperatie een statutair vastgelegde uitkering die voorziet in een uitkering na 15 jaren levering en lidmaatschap. Deze statutair vastgelegde uitkering is nader ingevuld door middel van een Aardappelenreglement. Het Aardappelenreglement bepaalt dat de uitkering afhankelijk is van de gemiddelde resultaten van de coöperatie over de afgelopen 6 jaren (op moment van uitkering) en de per individueel lid geleverde hoeveelheid (kg) en kwaliteit aardappelen. In het Aardappelenreglement is een bepaling opgenomen dat het bestuur van de coöperatie, na overleg met de raad van toezicht en de ledenraad, om haar moverende redenen een uitkering kan opschorten en/of kan besluiten om geen goedkeuring te verlenen aan de uitkering. Op basis van deze bepaling, opgenomen in het Aardappelenreglement, verwerkt de coöperatie, in lijn met Richtlijn 240 en Richtlijn 620.203, de uitkering tot moment van vaststelling door het bestuur als eigen vermogen.

In aanvulling op deze algemeen geldende Richtlijnen bepaalt Richtlijn 620 alinea's 203 tot en met 206 ten aanzien van participaties in de geconsolideerde jaarrekening van coöperaties:
- Participaties worden als vreemd vermogen beschouwd voor het gedeelte waarvoor geen terugbetalingsverbod geldt, tenzij sprake is van een 'puttable' instrument met alle kenmerken zoals opgenomen in RJ 290.808. Verandering van het aantal participaties dat onderworpen is aan een terugbetalingsverbod kan leiden tot een overboeking tussen vreemd en eigen vermogen. In dat geval dient de coöperatie het bedrag, het tijdstip en de reden voor de overboeking afzonderlijk te vermelden.
- Participaties gepresenteerd als eigen vermogen worden gewaardeerd tegen het opgeofferde bedrag.
- Participaties gepresenteerd als vreemd vermogen worden gewaardeerd tegen de contante waarde van het bedrag dat betaalbaar is op grond van de terugbetalingsbepalingen van de statuten, het huishoudelijke reglement of het toepasselijke recht. De waardemutatie van de verplichting als gevolg van het oprenten wordt gepresenteerd als interest in de exploitatierekening. Alle overige waardemutaties van deze participaties komen ten gunste of ten laste van het eigen vermogen.

'Puttable' eigen-vermogensinstrumenten, die in de praktijk vaak door coöperaties worden uitgegeven, bevatten een contractuele verplichting voor de onderneming om het financiële instrument terug te kopen. Dergelijke instrumenten zijn volgens RJ 290.802 een financiële verplichting, maar mogen bij het voldoen aan de in RJ 290.808 genoemde kenmerken als eigen vermogen in plaats van als vreemd vermogen worden gepresenteerd. Deze kenmerken zijn:
- het instrument geeft de houder bij liquidatie recht op een pro-rata deel van de netto-activa in de onderneming;

- het instrument is achtergesteld ten opzichte van alle andere instrumenten;
- al deze 'meest achtergestelde' instrumenten hebben identieke eigenschappen, ze zijn bijvoorbeeld allemaal 'puttable';
- de onderneming heeft geen andere financiële instrumenten of contracten waarbij de verwachte kasstromen uit deze instrumenten of contracten grotendeels zijn gebaseerd op het resultaat of de veranderingen in netto-activa van de onderneming en dit andere instrument of contract de resterende waarde van de puttable instrumenten grotendeels kan beperken of vastzetten.

Voorbeelden classificatie als eigen vermogen of vreemd vermogen van participaties met een terugbetalingsverbod (ontleend aan RJ 620.204a)

Voorbeeld 1
Coöperatie A heeft een ledenkapitaal van 100 participaties met een nominale waarde van € 1 per participatie, met een terugbetalingsverbod voor 20 specifieke participaties. Voor de andere 80 participaties die 'puttable' zijn, wordt dan niet voldaan aan alle criteria van een 'puttable' instrument zoals opgenomen in RJ 290.808. Dit betekent dat coöperatie A van het ledenkapitaal een bedrag van € 20 presenteert als eigen vermogen en een bedrag van € 80 als vreemd vermogen.

Voorbeeld 2
Coöperatie B heeft 100 participaties met een nominale waarde van € 1 per participatie. De participaties zijn 'puttable'. Er geldt een algemeen terugbetalingsverbod zodanig dat ten minste 20% van het ledenkapitaal niet terugbetaald mag worden. Als participanten zich aanmelden en verzoeken om terugbetaling, dan mogen die participanten kapitaal terugbetaald krijgen totdat een percentage van 20% (zijnde 20 van het ledenkapitaal) is bereikt. Daaropvolgende aanbieders van participaties mogen geen terugbetaling krijgen. Dit houdt dan in dat op iedere participatie terugbetaald wordt tot het minimumniveau waarbeneden een terugbetalingsverbod geldt, is bereikt. Aangezien daarmee alle individuele participaties hetzelfde kenmerk hebben, mag coöperatie B al deze participaties (dat wil zeggen het gehele ledenkapitaal van € 100) aanmerken als eigen vermogen zoals wordt toegestaan in RJ 290.808.

51.3.5 Voorziening voor verlieslatende contracten

De meeste Nederlandse coöperaties (en OWM's) in de Top 100[1] zijn actief in de agrarische sector. Dit betekent dat de resultaten van deze coöperaties kunnen worden beïnvloed door klimatologische ontwikkelingen. Zo wordt bijvoorbeeld de zomer van 2018 gekenmerkt door een lange periode van droogte, wat effect heeft op de beschikbaarheid en kwaliteit van agrarische producten en daarmee op de in- en verkoopprijzen. In een dergelijke situatie van verhoogde prijsvolatiliteit kan een coöperatie daarmee in de situatie terechtkomen waarin sprake is van verlieslatende contracten. Dit geldt temeer wanneer een coöperatie een systeem van garantieprijzen hanteert (bijvoorbeeld minimumprijzen voor de door leden te leveren grondstoffen).

Voor de vorming van een voorziening voor verlieslatende contracten gelden de voorschriften zoals opgenomen in paragraaf 16.5.3.

51.4 Exploitatierekening met toelichting

Coöperaties dienen ingevolge artikel 2:361 lid 2 BW de winst-en-verliesrekening te vervangen door een exploitatierekening indien het in artikel 2:362 lid 1 BW bedoelde inzicht daardoor wordt gediend; op deze rekening zijn de bepalingen omtrent de winst-en-verliesrekening zo veel mogelijk van overeenkomstige toepassing. Bepalingen omtrent winst en verlies zijn zo veel mogelijk van overeenkomstige toepassing op het exploitatiesaldo (RJ 620.301).

Een aanwijzing voor deze situatie kan zijn het in belangrijke mate hanteren van voorschotprijzen. Het saldo van de exploitatierekening voor coöperaties waarbij voorraden bij leden tegen voorschotprijzen worden ingekocht,

---

[1] De Nationale Coöperatieve Raad (NCR) stelt een Top 100 samen: de Top 100 omvat de grootste coöperaties en onderlingen naar netto-omzet.

heeft een specifieke betekenis omdat in beginsel het resultaat van de coöperatie dan ten gunste of ten laste van de leden komt. Winstbepaling en winstbestemming zijn bij deze coöperaties met elkaar verbonden. Dit kan tot uitdrukking worden gebracht in een specifieke exploitatierekening. In de bijlage bij dit hoofdstuk zijn twee voorbeelden opgenomen van een exploitatierekening van coöperaties die inkopen bij leden (RJ 620.301). Hierbij worden de aan de leden toegekende voorschotten, alsmede het uiteindelijk aan de leden toekomende bedrag, opgenomen in de post 'Ledenbetalingen'.

De exploitatierekening geeft het bedrag weer dat voor de leden uit de exploitatie van de activiteiten van de coöperatie beschikbaar is, met name wanneer die coöperatie voornamelijk voor de aangesloten leden werkzaam is. De bestemming van het voor leden beschikbare bedrag wordt veelal in de exploitatierekening verwerkt, al dan niet met afzonderlijke vermelding van gedane voorschotbetalingen en verschuldigde nabetaling (zie bijgaande voorbeelden).

Indien voorschotprijzen een marktconform verloop kennen, dan wel de leden tegen marktconforme prijzen producten of diensten van de coöperatie betrekken, worden deze betalingen en ontvangsten veelal onder de desbetreffende hoofden verwerkt en wordt een nettoresultaat getoond dat eventueel beschikbaar is voor nabetaling/restitutie.

Baten en lasten worden in overeenstemming met de algemene grondslagen in de wet en de Richtlijnen toegerekend aan de juiste periode.

> **Voorbeelden verantwoording baten en lasten**
>
> Voorbeeld 1
> Coöperatie A heeft een boekjaar dat gelijk is aan het kalenderjaar. De coöperatie verwerkt suikerbieten. Deze worden door haar leden geteeld en geleverd. De bietencampagne 20x1 (oogst en verwerking) loopt in een bepaald jaar van 15 september 20x1 tot en met 15 januari 20x2. Ondanks dat de bietencampagne betrekking heeft op het kalenderjaar 20x1 worden de baten en lasten toegerekend in lijn met algemene grondslagen. Dit houdt bijvoorbeeld in dat baten uit hoofde van verwerking in januari 20x2 ook aan dat boekjaar moeten worden toegerekend, ondanks dat dit van invloed kan zijn op de uitbetalingsprijs voor de leden voor de lopende campagne.
>
> Voorbeeld 2
> Coöperatie B heeft een graanpool opgezet om telers (leden) te ondersteunen bij de verkoop van granen. De coöperatie slaat de granen op na de oogst en verkoopt deze tegen de meest gunstige prijzen, al dan niet op middellange termijn. De coöperatie verwerkt deze transacties als omzet en kostprijs omzet op het moment dat wordt voldaan aan de eisen zoals opgenomen in Richtlijn 270. In voorkomende gevallen, voornamelijk wanneer de rechten op economische voordelen alsmede de risico's verbonden aan de granen niet zijn overgedragen aan de coöperatie kan sprake zijn van een agentenstructuur zoals omschreven in Bijlage 1 bij Richtlijn 270.

Op transacties tussen een coöperatie en haar leden is Richtlijn 330 'Verbonden partijen' van toepassing.

Bijlage: Voorbeeld 1 Exploitatierekening voor coöperaties die inkopen bij leden

Exploitatierekening over 20x1

	20x1	20x0
Netto-omzet	…..	…..
Kostprijs van de omzet **niet ingekocht bij leden**	…..	…..
Bruto-omzetresultaat	…..	…..
Verkoopkosten	…..	…..
Algemene beheerskosten	…..	…..
Som der kosten	…..	…..
Overige bedrijfsopbrengsten	…..	…..
Opbrengsten van vorderingen die tot de vaste activa behoren en van effecten	…..	…..
Andere rentebaten en soortgelijke opbrengsten	…..	…..
Waardeveranderingen van vorderingen die tot de vaste activa behoren en van effecten	…..	…..
Rentelasten en soortgelijke kosten	…..	…..
	…..	…..
Resultaat uit gewone bedrijfsuitoefening voor ledenbetalingen	…..	…..
Aandeel in resultaat van ondernemingen waarin wordt deelgenomen	…..	…..
Beschikbaar voor ledenbetalingen	…..	…..
Ledenbetalingen (inclusief reeds betaalde voorschotten)	…..	…..
Belastingen resultaat	…..	…..
Resultaat na belastingen	…..	…..

51 Coöperaties en onderlinge waarborgmaatschappijen

Bijlage: Voorbeeld 2 Exploitatierekening voor coöperaties die inkopen bij leden
Exploitatierekening over 20x1

	20x1	20x0
Netto-omzet	…..	…..
Wijziging in voorraad gereed product en onderhanden werk	…..	…..
Geactiveerde productie voor het eigen bedrijf	…..	…..
Overige bedrijfsopbrengsten	…..	…..
Som der bedrijfsopbrengsten	…..	…..
Kosten van grond- en hulpstoffen **niet ingekocht bij leden**	…..	…..
Kosten uitbesteed werk en andere externe kosten	…..	…..
Lonen en salarissen	…..	…..
Sociale lasten	…..	…..
Afschrijvingen op immateriële en materiële vaste activa	…..	…..
Bijzondere waardevermindering van vlottende activa	…..	…..
Overige bedrijfskosten	…..	…..
Som der bedrijfslasten	…..	…..
Opbrengsten van vorderingen die tot de vaste activa behoren en van effecten	…..	…..
Andere rentebaten en soortgelijke opbrengsten	…..	…..
Waardeveranderingen van vorderingen die tot de vaste activa behoren en van effecten	…..	…..
Rentelasten en soortgelijke kosten	…..	…..
	…..	…..
Resultaat uit gewone bedrijfsuitoefening voor ledenbetalingen	…..	…..
Aandeel in resultaat van ondernemingen waarin wordt deelgenomen	…..	…..
Beschikbaar voor ledenbetalingen	…..	…..
Ledenbetalingen (inclusief reeds betaalde voorschotten)	…..	…..
Belastingen resultaat	…..	…..
Resultaat na belastingen	…..	…..

52 Commerciële stichtingen en verenigingen

52.1 Algemeen	
Begripsbepaling	Een commerciële stichting of vereniging is een stichting of vereniging die een of meer ondernemingen in stand houdt, die ingeschreven behoren te zijn in het handelsregister.
Toepasselijke wet- en regelgeving	Titel 9 Boek 2 BW is van toepassing indien de netto-omzet van de in stand gehouden onderneming(en) de drempel overschrijdt als bedoeld in artikel 2:360 lid 3 BW. In dat geval zijn tevens de Richtlijnen van toepassing op zowel de ondernemingsactiviteiten als de andere activiteiten van de stichting of vereniging.
52.2 Algemene aspecten jaarverslaggeving	
	Aan de orde komen: ▶ totstandkoming van het financieel verslag; ▶ vereenvoudigingen c.q. vrijstellingen; ▶ prijsgrondslagen; ▶ modellen.
52.3 Balans met toelichting	
Eigen vermogen	Uitkeringen aan de leden of oprichters van de rechtspersoon zijn niet toegestaan (art. 2:285 lid 3 BW en art. 2:26 lid 3 BW). Het eigen vermogen dient in de balans afzonderlijk te worden gepresenteerd voor het vrij besteedbare en niet-vrij besteedbare deel. De reden van de beperking op de besteding moet worden toegelicht. De mutaties in de eigen-vermogenscomponenten moeten in een mutatie-overzicht worden weergegeven.
52.4 Winst-en-verliesrekening met toelichting	
Exploitatierekening	Als niet-marktconforme prijzen worden gehanteerd wordt de winst-en-verliesrekening vervangen door een exploitatierekening.
Netto-omzet	Bij de exploitatierekening wordt de netto-omzet van de in stand gehouden ondernemingen vermeld. De netto-omzet is gedefinieerd in artikel 2:377 lid 6 BW en RJ 630.209.
Informatie omtrent niet-commerciële activiteiten	De aard en omvang van commerciële en niet-commerciële activiteiten dienen te worden toegelicht.
Resultaatbestemming	Vermelding vindt plaats in de toelichting
Bezoldiging bestuurders en commissarissen	Informatieverstrekking hierover geldt onder toepassing van artikel 2:383 lid 1 BW en artikel 2:396 lid 5 laatste volzin BW.

52.1 Algemeen
52.1.1 Begripsbepaling

Een stichting is een rechtspersoon, die geen leden kent en die beoogt met behulp van een daartoe bestemd vermogen een in de statuten vermeld doel te verwezenlijken (art. 2:285 lid 1 BW).
Een vereniging is een rechtspersoon met leden die is gericht op een bepaald doel (art. 2:26 lid 1 BW).
De stichting en vereniging die een of meer ondernemingen in stand houden, die ingeschreven behoren te zijn in het handelsregister (art. 2:48 lid 3 en art. 2:299a BW) wordt aangeduid als commerciële stichting of commerciële vereniging.

Voor de jaarrekening van een commerciële stichting of vereniging gelden dezelfde regels als voor andere rechtspersonen. Voor de behandeling van de diverse onderwerpen wordt dan ook verwezen naar de betreffende hoofdstukken in dit handboek. Voor zover voor een commerciële stichting of vereniging bijzondere bepalingen van toepassing zijn worden deze in dit hoofdstuk besproken. In Richtlijn 630 zijn regels opgenomen voor commerciële stichtingen en verenigingen.

Voor een gewone (niet-commerciële) stichting of vereniging geldt er nog geen wettelijke verplichting tot deponeren van een jaarrekening. Wel is eind 2020 door het ministerie van Justitie en Veiligheid het wetsvoorstel 'Transparantie maatschappelijke organisaties' gepubliceerd. Hierin wordt voorgesteld dat alle stichtingen verplicht worden jaarlijks een balans en een staat van baten en lasten te deponeren bij het handelsregister (zie voor een verdere bespreking van het wetsvoorstel par. 52.1.3).

52.1.2 Wanneer is sprake van een commerciële stichting/vereniging?

Voor commerciële stichtingen en verenigingen zijn de bepalingen ter zake van de jaarrekening, het bestuursverslag en de overige gegevens van Titel 9 Boek 2 BW van toepassing, indien zij voldoen aan een drietal voorwaarden (art. 2:360 lid 3 BW):
a. het drijven van één of meer ondernemingen;
b. deze ondernemingen hebben een netto-omzet die de drempel als bedoeld in artikel 2:360 lid 3 BW overschrijdt; en
c. de stichting of vereniging valt niet onder bijzondere regelgeving die verplicht een (aan een jaarrekening gelijkwaardige) financiële verantwoording op te stellen.

Ad a Het drijven van een of meer ondernemingen

Voor de voorwaarde 'het drijven van een of meer ondernemingen' geldt dat de ondernemingen op grond van de Handelsregisterwet in het handelsregister zouden moeten worden ingeschreven. Of zij ook feitelijk zijn ingeschreven is niet van belang.

Uit de wetsgeschiedenis (Memorie van Toelichting [MvT], TK 1994-1995, 24 255, nr. 3) blijkt dat het gaat om ondernemingen die in het algemeen gerekend worden tot het bedrijfsleven: zij opereren op een markt en treden in concurrentie met andere ondernemingen. Volgens de MvT is in de jurisprudentie het begrip 'onderneming' voldoende duidelijk afgebakend: het gaat om instellingen die hun organisatie en activiteiten richten op het op commerciële wijze deelnemen aan het economische verkeer. Voorts stelt de minister in de MvT 'Het jaarrekeningenrecht is immers, anders dan het fiscale recht, primair gericht op het afleggen van financiële verantwoording door het bestuur over het gevoerde beleid en op de verschaffing van informatie aan belanghebbenden, welke onder meer strekt tot bescherming van crediteuren. Voorts bevordert het eerlijke concurrentieverhoudingen op de markt.'

52 Commerciële stichtingen en verenigingen

Aanwijzingen voor de aanwezigheid van een onderneming zijn opgenomen in het Handelsregisterbesluit en de Beleidsregel 'Het ondernemingsbegrip in het handelsregister'[1].
In artikel 2 Handelsregisterbesluit 2008 wordt een definitie gegeven van het begrip onderneming in de zin van de Handelsregisterwet.

Artikel 2 lid 1 Handelsregisterbesluit 2008 luidt als volgt: 'Van een onderneming is sprake indien een voldoende zelfstandig optredende organisatorische eenheid van één of meer personen bestaat waarin door voldoende inbreng van arbeid of middelen, ten behoeve van derden diensten of goederen worden geleverd of werken tot stand worden gebracht met het oogmerk daarmee materieel voordeel te behalen'.

Uit de beleidsregel van de staatssecretaris blijkt dat bij de bepaling of sprake is van een onderneming aansluiting gezocht dient te worden bij de criteria die door de Belastingdienst worden gebruikt bij de beoordeling of sprake is van een ondernemer in de zin van de Wet op de omzetbelasting. In dit kader spelen de volgende vragen een rol:
▶ Worden er goederen en/of diensten geleverd?
▶ Wordt er een meer dan symbolische vergoeding voor gevraagd?
▶ Wordt deelgenomen aan het (normale) economische verkeer?
▶ Is er een organisatie van arbeid en kapitaal?
▶ Is er sprake van geregelde deelname aan het economische verkeer (duurzaamheid)?
▶ Is er sprake van meer dan één opdrachtgever/afnemer (zelfstandigheid)?
▶ Bestaat de vrijheid om de werkzaamheden naar eigen inzicht te verrichten?

Als deze vragen positief worden beantwoord, is doorgaans sprake van een onderneming in de zin van de wet, tenzij niet voldaan wordt aan de voormelde definitie uit het Handelsregisterbesluit 2008 (deze definitie is primair gericht op het treden in concurrentie met anderen, het optreden op een markt). De beleidsregel geeft aan dat ook incidenteel beroeps- of bedrijfsmatig handelen kan worden aangemerkt als het drijven van een onderneming (als voorbeeld wordt genoemd het eenmalig organiseren van een popconcert). In RJ 630.103 wordt verduidelijkt dat ondernemingen die door eventuele groepsmaatschappijen van stichting of vereniging in stand worden gehouden, niet worden betrokken bij de beoordeling of de stichting of vereniging een onderneming in stand houdt.

Voorbeeld in stand houden onderneming
Een Stichting heeft ten doel het analfabetisme in Nederland te bestrijden en ontwikkelt daartoe allerlei programma's. Naast de subsidie die de Stichting van de overheid ontvangt, exploiteert de Stichting, om het doel te financieren, tevens een kleine goed lopende uitgeverij. Voor de beoordeling of sprake is van een commerciële stichting zal de uitgeverij, net als iedere andere uitgeverij, aangemerkt worden als een onderneming in de zin van de Handelsregisterwet.
Als de Stichting deze uitgeverij niet zelf zou exploiteren maar deze bijvoorbeeld was ondergebracht in een BV, waarvan de Stichting alle aandelen bezit (groepsmaatschappij van de Stichting), dan wordt de onderneming van de BV niet betrokken bij de beoordeling of de Stichting een onderneming in stand houdt. Het is immers de BV die de onderneming voert en een jaarrekening dient op te maken en te deponeren.

Bij de bepaling of sprake is van een commerciële stichting of vereniging (een stichting of vereniging mét onderneming) is derhalve primair bepalend of de stichting of vereniging in concurrentie treedt met anderen. Dit vereist een (subjectieve) beoordeling door het bestuur van de stichting of vereniging.

---

[1] De beleidsregel van de staatssecretaris van Economische Zaken van 23 juni 2008 (Stcrt. 2008, nr. 123; deze beleidsregel is summier gewijzigd in 2011; Stcrt. 2011, nr. 8401).

Ad b Netto-omzet drempel

Indien sprake is van een commerciële stichting of vereniging moet worden bepaald of met de onderneming van de stichting of vereniging een omzet wordt behaald die uitgaat boven de drempel als bedoeld in artikel 2:360 lid 3 BW (vanaf boekjaren aangevangen op of na 1 januari 2016 € 6 miljoen). Wat betreft de toepassing van het omzetcriterium gelden de volgende bepalingen:

▶ Het gaat alleen om de omzet van de onderneming(en) die de stichting of vereniging in stand houdt, niet om de omzet van de stichting of vereniging als geheel. Indien de stichting of vereniging meer dan één onderneming in stand houdt die moet worden ingeschreven in het handelsregister, moet volgens de MvT worden uitgegaan van de netto-omzet van de verschillende ondernemingen (die onder de vlag van één stichting opereren) op geconsolideerde basis (RJ 630.106). Verder blijft voor de toetsing of Titel 9 Boek 2 BW van toepassing is de netto-omzet van door groepsmaatschappijen zelf in stand gehouden ondernemingen buiten beschouwing. Dit laatste is ook verduidelijkt in RJ 630.103 zoals hierboven reeds vermeld.

Voorbeeld netto omzet Stichting

▶ De netto-omzet die de Stichting met de uitgeverij behaalt is de netto-omzet die telt in de beoordeling van de hoogte van de netto-omzet. De bedragen die de Stichting ontvangt in het kader van haar werkzaamheden ten behoeve van het doel van de Stichting 'het bestrijden van analfabetisme in Nederland' worden hierbij niet betrokken aangezien dit geen commerciële activiteiten zijn.

▶ Als de Stichting naast de uitgeverij bijvoorbeeld ook zelf een boekhandel had geëxploiteerd onder de vlag van de stichting (dus niet in een afzonderlijke rechtspersoon), dan was zowel de netto-omzet van de uitgeverij als van de boekhandel tezamen als geheel bekeken om te bezien of boven de netto-omzetdrempel wordt uitgekomen.

▶ De omzetdrempel houdt in dat de netto-omzet van de onderneming of meerdere ondernemingen gedurende twee opeenvolgende boekjaren zonder onderbreking nadien gedurende twee opeenvolgende boekjaren, de helft of meer bedraagt van het in artikel 2:396 lid 1 onder b BW, bedoelde bedrag (RJ 630.104). Is Titel 9 Boek 2 BW van toepassing, dan vervalt de toepassing alleen indien twee jaren achtereen de grens niet blijkt te zijn behaald. Het als drempel bedoelde netto-omzetbedrag bedraagt € 12 miljoen. Voor de toepassing van Titel 9 Boek 2 BW gaat het derhalve om ten minste de helft ervan, met andere woorden minimaal € 6 miljoen.

Artikel 2:398 lid 1 BW bepaalt dat de groottecriteria voor de kleine rechtspersoon (art. 2:396 BW) en voor de middelgrote rechtspersoon (art. 2:397 BW) voor het eerste en tweede boekjaar, ook gelden voor een rechtspersoon die op balansdatum van het eerste boekjaar aan de desbetreffende vereisten heeft voldaan. In dit verband doet RJ 630.105 de aanbeveling dit artikel analoog toe te passen op de 'netto-omzet grens' van artikel 2:360 lid 3 BW. Dit betekent dat Titel 9 Boek 2 BW eveneens van toepassing is op de jaarrekening over het eerste en het tweede boekjaar van een nieuw opgerichte commerciële stichting en vereniging die gedurende het eerste boekjaar aan het desbetreffende omzetcriterium heeft voldaan.

Voorbeeld toepassing groottecriteria

Als een commerciële stichting in 2018 wordt opgericht en over boekjaar 2018 een netto-omzet behaald meer dan € 6 miljoen, dan wordt de stichting in 2018 aangemerkt als een commerciële stichting waarop Titel 9 Boek 2 BW van toepassing is. Voorts zal het op de stichting toepasselijke groottergime aan de hand van de gebruikelijke criteria (netto-omzet, waarde activa, aantal werknemers) moeten worden bepaald. Indien de commerciële stichting kwalificeert als een middelgrote of grote rechtspersoon, zal accountantscontrole van de jaarrekening wettelijk verplicht zijn.

52 Commerciële stichtingen en verenigingen

Ad c Toepasselijkheid gelijkwaardige regelgeving

De regeling blijft buiten toepassing indien de stichting of vereniging bij of krachtens de wet (reeds) verplicht is een financiële verantwoording op te stellen die gelijkwaardig is aan een jaarrekening als bedoeld in Titel 9 Boek 2 BW en indien deze openbaar wordt gemaakt. Gelijkwaardigheid impliceert volgens de MvT dat de verschafte informatie als geheel en qua niveau en aard aansluit bij de eisen van Titel 9 Boek 2 BW. Onder publiceren behoeft in dit verband niet uitsluitend het deponeren bij het handelsregister te worden verstaan (RJ 630.107).

Voorbeelden van instellingen die onder bijzondere regelgeving vallen en die aldus zijn vrijgesteld, zijn grote non-profitinstellingen, zoals ziekenhuizen, scholen, bejaardenoorden en woningcorporaties. In de regelgeving die voor deze instellingen geldt, wordt overigens veelal voor zover mogelijk aansluiting gezocht bij Titel 9. In de Richtlijnen zijn specifieke richtlijnen opgenomen voor veel van deze instellingen. Veelal zijn afwijkingen van Titel 9 nodig. Die afwijkingen kunnen betrekking hebben op onder meer:
- de toelichting bij de jaarrekening;
- de inhoud van het bestuursverslag (ook wel: 'activiteitenverslag');
- de openbaarmaking van de jaarrekening;
- de accountantscontrole.

In het algemeen verzekeren deze sectorale regels een behoorlijke financiële jaarverslaggeving door de bedoelde non-profitinstellingen. Bovendien voorzien die regels, die meestal door het meest betrokken ministerie worden ontworpen, voor wat betreft onderwerpen als hierboven zijn aangegeven, beter in de specifieke eisen voor de verantwoording door die instellingen dan de algemene regels van Titel 9.

Indien een commerciële stichting of vereniging vanwege het in stand houden van een of meer ondernemingen, die aan bepaalde netto-omzetcriteria voldoen, Titel 9 Boek 2 BW moet toepassen, valt zij hieronder voor het totaal van haar activiteiten, dus niet alleen voor haar ondernemingsactiviteiten. In dat geval zijn tevens de Richtlijnen voor de Jaarverslaggeving van overeenkomstige toepassing op zowel de commerciële als de andere activiteiten van de commerciële stichting en vereniging. De voor de commerciële stichting en vereniging geldende algemene richtlijnen zijn opgenomen in Richtlijn 630 'Commerciële stichtingen en verenigingen'. Indien de commerciële stichting en vereniging ook voldoen aan de criteria voor bijzondere bedrijfstakken (afdeling 6 van de Richtlijnen) die specifiek door deze richtlijnen worden behandeld, gaan de specifieke richtlijnen vóór de algemene richtlijnen van Richtlijn 630.

Volledigheidshalve wordt opgemerkt dat niet-commerciële stichtingen en -verenigingen niet verplicht vallen onder Titel 9 Boek 2 BW, tenzij Titel 9 van overeenkomstige toepassing is op grond van verwijzing in andere bij of krachtens de wet uitgevaardigde voorschriften, zoals zorginstellingen, woningcorporaties en onderwijsinstellingen.

52.1.3 Toekomstige regelgeving

Eind 2020 heeft de minister voor Rechtsbescherming de Wet Transparantie Maatschappelijke Organisaties[2] (WTMO) aangeboden aan de Tweede Kamer. Het wetsvoorstel is één van de maatregelen van het kabinet om ongewenste invloed via buitenlandse geldstromen op Nederlandse politieke, maatschappelijke en religieuze organisaties tegen te gaan. De burgemeester, het openbaar ministerie (OM) en andere aangewezen overheidsinstanties krijgen de bevoegdheid om bij een maatschappelijke organisatie gericht navraag te kunnen doen naar buitenlandse giften en als het hoge giften zijn te vragen naar de persoon van de donateur. Het tweede deel van

---

[2] Tweede Kamer, vergaderjaar 2020-2021, 35 646.

het wetsvoorstel betreft stichtingen en is bedoeld om misbruik van financieel-economische aard, zoals witwassen en terrorismefinanciering tegen te gaan. Stichtingen zijn op grond van artikel 2:10 BW verplicht om jaarlijks een balans en staat van baten en lasten op te stellen. Het wetsvoorstel verplicht stichtingen door middel van een nieuw in te voeren artikel 2:299b BW om de balans en staat van baten en lasten voortaan uiterlijk binnen 10 maanden na afloop van het boekjaar te deponeren bij het handelsregister. Er worden in het wetsvoorstel geen eisen gesteld aan de vorm en de inhoud van de te deponeren balans en de staat van baten en lasten, welke worden ondertekend door de bestuurders en de commissarissen. Ook accountantscontrole van de balans en staat van baten en lasten is niet vereist.

52.2 Algemene aspecten jaarverslaggeving van commerciële stichtingen en verenigingen

52.2.1 Totstandkoming financieel verslag

Een commerciële vereniging of stichting die blijkens artikel 2:360 lid 3 eerste volzin BW onder Titel 9 valt, dient voor de totstandkoming van de jaarrekening rekening te houden met de eisen in artikel 2:49 BW (verenigingen) en artikel 2:300 BW (stichtingen) met betrekking tot het opmaken, ondertekenen en vaststellen van de jaarrekening. Het bestuur maakt de jaarrekening op binnen zes maanden na afloop van het boekjaar en legt deze tezamen met het bestuursverslag ter inzage ten kantore van de stichting of vereniging. De jaarrekening wordt ondertekend door de bestuurders en commissarissen of leden van het toezichthoudend orgaan. Uitstel is mogelijk met een termijn van vier maanden wegens bijzondere omstandigheden.

De jaarrekening wordt vastgesteld door het daartoe bevoegde orgaan. Uit de statuten zal moeten blijken welk orgaan dit is. Is door de statuten geen orgaan aangewezen dan zal het toezichthoudend orgaan het bevoegde orgaan zijn (art. 2:300 lid 3 BW). Indien er geen toezichthoudend orgaan is bij de stichting dan zal het bestuur het bevoegde orgaan zijn (art. 2:300 lid 3 BW).
Bij de vereniging is de algemene ledenvergadering het bevoegde orgaan (art. 2:49 lid 3 BW). Het bestuur moet uiterlijk een maand na afloop van de termijn (dat is dus uiterlijk binnen zeven maanden of in geval van verlenging binnen elf maanden na afloop van het boekjaar) een ledenvergadering houden (RJ 630.402 en 403).
Voor de betekenis van 'opmaken', het uitstel wegens bijzondere omstandigheden van de opmaakplicht, ondertekenen en vaststellen wordt verwezen naar het gestelde in de paragrafen 2.1 tot en met 2.7.

52.2.2 Vereenvoudigingen c.q. vrijstellingen van inrichtings-, publicatie- en accountantscontroleplicht

Afhankelijk van de omvang van de rechtspersonen die onder Titel 9 Boek 2 BW vallen, gelden bepaalde vrijstellingen voor de inrichting, publicatie en controle van de jaarrekening. Op basis van de in artikel 2:396 lid 1 en artikel 2:397 lid 1 BW genoemde groottecriteria wordt een onderscheid gemaakt naar micro-, kleine en middelgrote rechtspersonen. Deze vrijstellingen gelden ook voor commerciële stichtingen en verenigingen die onder Titel 9 Boek 2 BW vallen.
Voor de toepassing van de groottecriteria op commerciële stichtingen en verenigingen moet ingevolge artikel 2:398 lid 5 BW daarbij voor het criterium 'waarde van de activa' rekening worden gehouden met het totaal van de activa van de rechtspersoon als geheel (dus van de stichting/vereniging zelf en de ondernemingen die de stichting/vereniging drijft), terwijl de criteria 'netto-omzet' en 'gemiddeld aantal werknemers' alleen worden getoetst aan de hand van de onderneming(en) die de rechtspersoon in stand houdt, waarbij worden meegeteld netto-omzet en werknemers van groepsmaatschappijen die in een geconsolideerde jaarrekening zouden moeten worden opgenomen.

52 Commerciële stichtingen en verenigingen

> **Voorbeeld toepassing grootte-criteria**
> Weer uitgaande van de Stichting die het analfabetisme in Nederland bestrijdt en daarnaast een uitgeverij en een boekhandel exploiteert. Voor de toepassing van de groottecriteria geldt dat de waarde van de activa wordt bezien over het totaal van de activa van zowel de Stichting, de uitgeverij als de boekhandel. Voor het bepalen van de hoogte van de netto-omzet en het aantal werknemers worden alleen die van de uitgeverij en de boekhandel bekeken.

Voor de van toepassing zijnde vrijstellingen wordt verwezen naar hoofdstuk 43 en 44.

52.2.3 Prijsgrondslagen

Een commerciële stichting of vereniging kan in een aantal gevallen op grond van haar bijzondere karakter (bijvoorbeeld haar charitatieve doelstellingen) goederen en diensten verwerven tegen lagere dan marktconforme prijzen en tarieven. Daardoor is een vergelijking met ondernemingen waarmee zij in concurrentie treedt, niet goed mogelijk.

Indien activa in de balans zijn opgenomen of lasten zijn verwerkt tegen prijzen die belangrijk afwijken van marktconforme prijzen, wordt aanbevolen hiervan in de toelichting melding te maken met een uiteenzetting van de toegepaste prijsgrondslagen en zo mogelijk een kwantificering van het effect op de jaarrekening (RJ 630.301).

52.2.4 Modellen

Blijkens artikel 1 van het Besluit modellen jaarrekening zijn de in het besluit voorgeschreven modellen van de balans en de winst-en-verliesrekening alleen van toepassing op de naamloze en de besloten vennootschap. Richtlijn 630.201 bepaalt dat ten behoeve van het te geven inzicht dit Besluit door de commerciële stichting en vereniging op overeenkomstige wijze dient te worden toegepast. Voor baten en lasten uit niet-ondernemingsactiviteiten dienen één of meer nieuwe rubrieken te worden ingevoerd, gebaseerd op de aard van deze activiteiten (RJ 630.201).

52.3 Balans met toelichting

52.3.1 Eigen vermogen

In het algemeen geldt dat het vermogen van de stichting of vereniging altijd moet worden aangewend om het in de statuten vermelde doel te verwezenlijken. Meer specifiek geldt dat het de stichting en de vereniging ingevolge artikel 2:285 lid 3 BW respectievelijk artikel 2:26 lid 3 BW niet is toegestaan uitkeringen te doen aan oprichters of leden van de rechtspersoon of aan hen die deel uitmaken van haar organen (RJ 630.207).

De commerciële stichting of vereniging dient in de balans of in de toelichting het eigen vermogen zodanig te presenteren dat daaruit blijkt welk gedeelte vrij besteedbaar is. Hiervoor is het volgende onderscheid binnen het eigen vermogen van belang (RJ 630.202):
- stichtingskapitaal;
- herwaarderingsreserve;
- andere wettelijke reserves;
- statutaire reserves;
- bestemmingsfondsen;
- bestemmingsreserves;
- overige reserves.

Onder stichtingskapitaal wordt verstaan: het gedeelte van het eigen vermogen dat bij oprichting is ingebracht (RJ 630.203).
Omdat de commerciële stichting of vereniging die voornoemde netto-omzet drempel passeert de bepalingen van Titel 9 Boek 2 BW moet toepassen, zijn de bepalingen inzake wettelijke reserves van de artikelen 2:365 lid 2, 2:389 lid 6 en 8 en 2:390 BW van overeenkomstige toepassing (RJ 630.204).

Ten aanzien van het bestemmingsfonds bepaalt Richtlijn 630 nog dat in de toelichting tevens worden vermeld de beperkingen of alle overige voorwaarden die door de derden zijn gesteld (RJ 630.303).
Indien de statuten voorschrijven dat bepaalde reserves met beperkte bestedingsmogelijkheid worden gevormd, dient de commerciële stichting of vereniging in de toelichting het bedrag van de reserve en de essentie van de statutaire regeling te vermelden (RJ 630.305).

Ten aanzien van de bestemmingsreserve bepaalt Richtlijn 630 dat in de toelichting het bedrag en de beperkte doelstelling van iedere bestemmingsreserve moet worden vermeld, alsmede het feit dat het bestuur of de algemene ledenvergadering deze beperking heeft aangebracht (RJ 630.304).

Voorbeeld van bestemmingsreserves in de jaarrekening

Eigen vermogen
    Algemene reserve
    Bestemmingsreserve kunstaankopen
    Bestemmingsreserve herinrichting/heropening

Grondslagen voor de waardering van het resultaat
Kunstaankopen
De onderdelen van de subsidie en de overige bijdragen welke bestemd zijn voor kunstaankopen worden evenals de kunstaankopen zelf in de exploitatierekening verantwoord. De bedragen ten behoeve van kunstaankopen die ultimo boekjaar nog niet zijn besteed, worden toegevoegd aan de bestemmingsreserve kunstaankopen. Bij aankoop van kunstvoorwerpen in latere jaren vallen deze bedragen vrij ten gunste van de exploitatie. De mutatie in de bestemmingsreserve kunstaankopen wordt separaat verantwoord in de exploitatierekening.

Herinrichting/heropening
Een deel van de kosten voor de herinrichting/heropening van het nieuwe pand aan de Museumstraat wordt gedragen door het museum zelf. De hiermee samenhangende baten en lasten zijn buiten de reguliere exploitatie gehouden; het saldo van de ontvangsten en bestedingen ten behoeve van de herinrichting/heropening van het nieuwe museum is als bijzondere bate/last in de exploitatierekening verantwoord. Bedragen, bestemd voor de herinrichting/heropening die ultimo boekjaar nog niet zijn besteed, worden toegevoegd aan de bestemmingsreserve herinrichting/heropening. Bij besteding in latere jaren vallen deze bedragen vrij ten gunste van de exploitatie. De mutatie in de bestemmingsreserve herinrichting/heropening wordt separaat verantwoord in de exploitatierekening.

52.4 Winst-en-verliesrekening met toelichting
52.4.1 Exploitatierekening

Commerciële stichtingen en verenigingen kunnen ingevolge artikel 2:361 lid 2 BW de winst-en-verliesrekening vervangen door een exploitatierekening, indien het in artikel 2:362 lid 1 BW bedoelde inzicht daardoor wordt gediend; op deze rekening zijn de bepalingen omtrent de winst-en-verliesrekening zo veel mogelijk van overeenkomstige toepassing. Een exploitatierekening dient de winst-en-verliesrekening te vervangen, indien daarin in belangrijke mate niet-marktconforme prijzen zijn gehanteerd.
Bepalingen omtrent winst en verlies zijn zo veel mogelijk van overeenkomstige toepassing op het exploitatiesaldo (RJ 630.208).

52.4.2 Netto-omzet

De stichting en de vereniging die een of meer ondernemingen in stand houdt die ingevolge de wet in het handelsregister moeten worden ingeschreven, vermelden bij de exploitatierekening de netto-omzet van deze ondernemingen. Deze bepaling geldt ongeacht de omvang van de rechtspersoon, teneinde te kunnen beoordelen of een zodanige rechtspersoon al dan niet onder Titel 9 Boek 2 BW valt (zie art. 2:299a respectievelijk art. 2:48 lid 3 BW). Onder het begrip netto-omzet bij de commerciële stichting of vereniging wordt verstaan (art. 2:377 lid 6 BW en RJ 630.209): de opbrengsten uit levering van goederen en diensten uit de door hen gedreven ondernemingen, onder aftrek van kortingen en dergelijke en van over de omzet geheven belastingen. De opbrengsten van de overige (niet-commerciële) activiteiten zijn derhalve uitgezonderd. Indien de stichting of vereniging meer dan één onderneming in stand houdt die moet worden ingeschreven in het handelsregister, moet volgens de wet (art. 2:398 lid 5 BW) en de MvT worden uitgegaan van de netto-omzet op geconsolideerde basis (zie het in par. 52.1.2, onder b opgenomen voorbeeld).

52.5 Toelichting

Informatie over niet commerciële activiteiten

Indien een commerciële stichting of vereniging naast de commerciële activiteiten ook andere activiteiten verricht, dient over de aard en omvang van beide soorten activiteiten in de toelichting informatie te worden verstrekt (RJ 630.307).

Bestemming resultaat

De commerciële stichting en vereniging neemt zowel de statutaire regeling omtrent de bestemming van het resultaat als de wijze waarop het resultaat wordt bestemd op in de toelichting en niet zoals bij andere rechtspersonen voor een deel (de statutaire regeling) in de overige gegevens. De verplaatsing van deze gegevens naar de toelichting vloeit volgens de MvT van de wet voort uit de gedachte dat juist bij stichtingen en verenigingen die de winst niet mogen uitkeren aan de oprichters en leden er belangstelling is voor datgene wat er met het resultaat geschiedt. Omdat de overige gegevens niet op dezelfde wijze openbaar hoeven te worden gemaakt als de jaarrekening dienen deze gegevens in de toelichting te worden opgenomen (art. 2:383a BW en RJ 630.302).

Bezoldiging bestuurders en commissarissen

Aangezien commerciële stichtingen en verenigingen onder Titel 9 Boek 2 BW vallen is de informatieverstrekking over de bezoldiging van bestuurders en commissarissen op grond van artikel 2:383 lid 1 BW onverkort van toepassing. Voor zover deze rechtspersonen onder het kleine jaarrekeningregime vallen, mogen deze gegevens op grond van artikel 2:396 lid 5 tweede volzin BW onvermeld blijven. Als bestuurders van de stichting en de vereniging treden op de leden van het statutaire bestuur zoals bedoeld in artikel 2:291 lid 1 respectievelijk artikel 2:44 lid 1 BW. Als commissarissen van de stichting en de vereniging gelden in het kader van artikel 2:383 lid 1 BW de personen die in voorkomende gevallen krachtens de statuten met het toezicht op het bestuur zijn belast (RJ 630.308).

Voor de commerciële stichting of vereniging die onder het toepassingsgebied van de Wet normering topinkomens valt is RJ 271.7 van overeenkomstige toepassing (RJ 630.308; zie par. 21.2.7). Op grond van artikel 4:2 WNT kan de commerciële stichting of vereniging die de op grond van artikel 4:1 lid 1 en 2 WNT vastgestelde gegevens inzake bezoldiging of uitkering wegens beëindiging van het dienstverband in de jaarrekening opneemt, afzien van het opnemen in de jaarrekening van de verantwoording van bezoldigingsinformatie op grond van artikel 2:383 lid 1 BW en artikel 2:383c BW voor zover op hen van toepassing.

53 Organisaties zonder winststreven en fondsenwervende organisaties

53.1 Algemeen	
Begripsbepaling	Organisaties zonder winststreven (OZW's) zijn niet primair op het behalen van winst gericht maar op het realiseren van maatschappelijke doelstellingen.
	Fondsenwervende organisaties zijn een specifieke categorie van organisaties zonder winststreven waarvoor naast de in dit hoofdstuk besproken algemene bepalingen tevens bijzondere bepalingen gelden. In paragraaf 53.11 worden de bijzondere bepalingen voor fondsenwervende organisaties behandeld.
53.2 Toepasselijke wet- en regelgeving	
Titel 9 meestal niet van toepassing	OZW's zijn meestal stichtingen of verenigingen, waarvoor Titel 9 Boek 2 BW niet geldt. Deze uitzondering geldt niet voor een aantal OZW's die rechtstreeks dan wel via een andere wet onder Titel 9 Boek 2 BW vallen. Voor de niet onder Titel 9 Boek 2 BW vallende OZW's wordt toepassing van RJ 640 (OZW) sterk aanbevolen.
53.3 Inhoud jaarverslaggeving van OZW's	
Jaarverslag OZW bestaat uit	▶ Jaarrekening ▶ Bestuursverslag ▶ Soms overige gegevens
53.4 Totstandkoming en openbaarmaking	
Indien OZW een rechtspersoon is	Bestuur moet binnen zes maanden na afloop van het boekjaar de balans/staat van baten en lasten van de rechtspersoon opmaken.
	Meestal geen verplichting tot openbaarmaking.
53.5 Balans met toelichting	
Eigen vermogen	Uit de balans of toelichting moet het vrij besteedbaar en het niet-vrij besteedbaar deel blijken. Beide componenten moeten worden onderscheiden van voorzieningen.
Subsidieverplichtingen en verplichtingen tot het doen van giften	Worden als schuld opgenomen nadat besluiten ter zake zijn genomen en schriftelijk kenbaar zijn gemaakt.
53.6 Staat van baten en lasten met toelichting	
Baten in de vorm van zaken of diensten	Baten in natura worden tegen de reële waarde gewaardeerd of dienen anders te worden toegelicht.
Baten met een bijzondere bestemming	Deze baten moeten in de staat van baten en lasten dan wel in de toelichting afzonderlijk worden vermeld, inclusief de besteding ervan.

Subsidiebaten en overige baten	Subsidiebaten dienen per hoofdgroep in de (toelichting op de) staat van baten en lasten te worden vermeld, incl. het karakter en eventuele subsidievoorwaarden. Overige baten dienen elk als afzonderlijke categorie te worden verantwoord.
Financiële relaties met bestuurders en toezichthouders	Bezoldigingen, leningen, voorschotten en garanties moeten per categorie in de toelichting worden vermeld. Dit geldt tevens voor groepsmaatschappijen in geval van een geconsolideerde jaarrekening.
Segmentatie	Segmentatie per hoofdgroep van activiteiten of locaties indien de organisatie zeer verschillende soorten activiteiten verricht.
53.7 Geconsolideerde jaarrekening	
OZW als groepshoofd	Consolidatie verplicht indien OZW overheersende invloed heeft op andere organisatie.
Elementen die een rol spelen bij bepaling invloed op beleid	Meerderheid stemrechten.
	Benoemen ontslaan meerderheid directie.
	Vetorecht over belangrijkste bestuursbeslissingen.
Elementen die een rol spelen bij bepalen economische voordelen en risico's	Macht om andere entiteit te liquideren en substantieel aandeel in economische voordelen te krijgen.
	Macht om vermogensbestanddelen te laten uitkeren.
	Gerechtigd zijn tot een substantieel aandeel in eigen vermogen andere entiteit.
53.8 Bestuursverslag	
Inhoud	Doelstellingen, beleid, bestuurlijke voornemens, begroting, beleid ten aanzien van vrij besteedbaar vermogen, eventueel beleggingsbeleid.
53.9 Kleine organisaties zonder winststreven	
Kleine OZW's	Bepaalde vrijstellingen van toepassing.
53.10 Stichting Administratiekantoor	
Stichting Administratiekantoor	RJ 640 geeft tevens regels voor het opstellen van de jaarrekening van een Stichting Administratiekantoor.
53.11 Fondsenwervende organisaties	
Begripsbepaling	▶ Een organisatie zonder winstoogmerk; ▶ Die zich inzet voor specifieke maatschappelijke doelstellingen; ▶ Waar de via fondswerving ontvangen gelden worden besteed aan de doelstelling die de organisatie naleeft.
Kleine fondsenwervende instelling	▶ Organisatie waarvan de totale baten op geconsolideerde basis in het verslagjaar minder zijn dan € 500.000.
Toezicht op fondsenwervende instellingen	▶ Zelfregulering ▶ Erkenningsregeling goede doelen

53 Organisaties zonder winststreven en fondsenwervende organisaties

Verslaggeving	Een fondsenwervende organisatie die een erkenning heeft gekregen van het Centraal Bureau Fondsenwerving (CBF) is vanwege het keurmerk verplicht aan Richtlijn 650 te voldoen of aan RJk C2 indien sprake is van een kleine fondsenwervende instelling.
Modellen	▶ Bijlage 1 en 2 van Richtlijn 650: specifieke modellen voor de balans en de staat van baten en lasten. ▶ Bijlage 3 van Richtlijn 650: model voor specificatie van de lasten.
Activa	In de balans zijn de activa opgenomen in volgorde van toenemende liquiditeit. Bij de verschillende activaposten dient in de toelichting te worden aangegeven of de activa worden aangehouden: ▶ Als zijnde benodigd voor de bedrijfsvoering; ▶ Voor directe aanwending in het kader van de doelstelling; of ▶ Ter belegging
Reserves en fondsen	Een fondsenwervende organisatie is gehouden het vermogen slechts aan te wenden in overeenstemming met de doelstelling waartoe ze in het leven is geroepen. Daarom wordt gesproken over reserves en fondsen in plaats van over eigen vermogen.
Baten	Alle opbrengsten dienen voor het brutobedrag onder de baten te worden opgenomen, tenzij in Richtlijn 650 uitdrukkelijk anders is bepaald.
Lasten	Uit de staat van baten en lasten dienen de bestedingen in relatie tot de volgende activiteiten te blijken: ▶ Besteed aan doelstellingen; ▶ Wervingskosten.
Inhoud bestuursverslag	▶ De doelstelling, missie en visie; ▶ De belangrijkste risico's en onzekerheden; ▶ De doelrealisatie; ▶ Het financieel beleid en de financiële resultaten; ▶ De governance; ▶ De communicatie met belanghebbenden; ▶ De verwachte gang van zaken; en ▶ Maatschappelijke aspecten van ondernemen.

53.1 Begripsbepaling

Er zijn organisaties die niet als primaire doelstelling hebben het behalen van winst, maar die in eerste instantie gericht zijn op een kerkelijke, levensbeschouwelijke, maatschappelijke, charitatieve, culturele of wetenschappelijke doelstelling of anderszins een maatschappelijk doel of algemeen nut nastreven. In het kader van deze doelstelling kan de organisatie zich (tevens) bezighouden met het leveren van producten en/of diensten. Een dergelijke organisatie wordt aangeduid als organisatie zonder winststreven (hierna aan te duiden als OZW). Voorbeelden van OZW's zijn: door de overheid gesubsidieerde instellingen op het gebied van maatschappelijk werk, gezondheidszorg en sport, fondsenwervende organisaties; voor de laatstgenoemde categorie is overigens ook de afzonderlijke Richtlijn 650 van toepassing. Voor fondsenwervende organisaties is Richtlijn 640 van toepassing, tenzij Richtlijn 650 daarvan afwijkend is. Een bespreking van de bijzondere voorschriften voor fondsenwervende organisaties is opgenomen in paragaaf 53.11 van dit hoofdstuk.

Als meest geëigende rechtsvorm voor OZW's komen in de praktijk de stichtings- en verenigingsvorm voor, omdat de vereniging geen winst onder haar leden mag verdelen en de stichting geen uitkeringen mag doen aan oprichters of aan hen die deel uitmaken van haar organen.

OZW's kunnen worden onderscheiden naar de wijze waarop de financiële middelen worden verkregen:
▶ OZW's die opbrengsten verwerven voor geleverde goederen of diensten (opbrengstenwervend);
▶ OZW's die overwegend inkomsten verkrijgen uit subsidiëring en de activiteiten richten op de besteding van deze inkomsten (bestedingsgericht).

Verder worden OZW's doorgaans onderscheiden naar de aard van de activiteiten zoals de sectoren onderwijs (universiteiten en hogescholen), volkshuisvesting (woningcorporaties), volksgezondheid (zorginstellingen) en dergelijke. Dit onderscheid speelt in het kader van de verslaggeving geen rol en wordt daarom hier niet verder uitgewerkt.

53.2 Toepasselijke wet- en regelgeving

Volgens het in de RJ-bundel opgenomen 'Stramien voor de opstelling en vormgeving van jaarrekeningen' (Hoofdstuk 930) is het doel van de jaarrekening om informatie te verschaffen over de financiële positie, resultaten en wijzigingen in de financiële positie van een onderneming, die voor een grote reeks van gebruikers nuttig is voor het nemen van economische beslissingen. Er zijn organisaties zonder winststreven die op grond van hun rechtspersoonlijkheid of op grond van de aard van de activiteiten vallen onder Titel 9 Boek 2 BW (bijvoorbeeld commerciële stichtingen en verenigingen of NV's, BV's en dergelijke).

Tevens vallen bepaalde OZW's op grond van hun rechtsvorm of de aard van hun activiteiten rechtstreeks dan wel via een andere wet, koninklijk besluit of algemene maatregel van bestuur onder Titel 9 Boek 2 BW (waarbij soms bepalingen worden uitgezonderd). Dit geldt voor:
▶ coöperaties (krachtens art. 2:360 lid 1 eerste volzin BW);
▶ onderlinge waarborgmaatschappijen (krachtens art. 2:360 lid 1 eerste volzin BW);
▶ toegelaten instellingen volkshuisvesting (TIV's) (op grond van art. 35 en 36 Woningwet);
▶ universiteiten en hogescholen (op grond van art. 2.14 Wet op het HO en WO);
▶ zorginstellingen (op grond van art. 2 Regeling Verslaggeving WTZi: zie hoofdstuk 56);
▶ welzijnsinstellingen (op grond van art. 35 Bekostigingsbesluit welzijnsbeleid);
▶ onderwijsinstellingen (op grond van art. 2 Regeling jaarverslaggeving onderwijs).

De hiervoor niet aangeduide categorieën OZW's (niet-commerciële verenigingen en stichtingen) vallen in beginsel niet onder de verslaggevingsregels van Titel 9 Boek 2 BW en zijn daarom niet gehouden de Richtlijnen voor de Jaarverslaggeving (RJ) te betrekken bij het opmaken van de jaarrekening. Wettelijk gezien geldt voor hen alleen de algemeen geldende verplichting een administratie te voeren en jaarlijks een balans en een staat van baten en lasten op te stellen (art. 2:10 BW). Voor deze organisaties en OZW's waarvoor geen nadere specifieke regelgeving bestaat, verdient opvolging van Richtlijn 640 'Organisaties zonder winststreven' sterke aanbeveling (RJ 640.102). Indien Richtlijn 640 wordt toegepast dienen de andere stellige uitspraken van de RJ uit andere hoofdstukken dan Richtlijn 640 eveneens te worden toegepast. Als de OZW de Richtlijnen integraal heeft toegepast dient zij hiervan melding te maken in de toelichting op de jaarrekening (RJ 640.401).

Ook kan voor de jaarverslaggeving van een OZW specifieke wet- of regelgeving gelden, of bijzondere eisen zoals bijvoorbeeld subsidiegevers die stellen. In die gevallen gaan de specifieke wet- en regelgeving en de

53 Organisaties zonder winststreven en fondsenwervende organisaties

subsidievoorschriften vóór op de RJ-richtlijnen en dient door middel van aanvullende informatie in de toelichting ook de informatie te worden verstrekt die de Richtlijnen eisen (RJ 640.104).

53.3 Inhoud jaarverslaggeving

De jaarverslaggeving van een OZW dient in ieder geval de volgende onderdelen te bevatten (RJ 640.301):
- Jaarrekening, bestaande uit:
  - de balans, met de vergelijkende cijfers van het vorige boekjaar;
  - de staat van baten en lasten, met de vergelijkende cijfers van het vorige boekjaar;
  - de toelichting op de balans en de staat van baten en lasten.
- Bestuursverslag, waarin ten minste opgenomen:
  - de omschrijving van de doelstelling;
  - de samenstelling van bestuur en directie;
  - een verslag van de activiteiten.

Er is een sterke aanbeveling opgenomen (RJ 640.304) om tevens een kasstroomoverzicht op te nemen en hierbij zo veel mogelijk de eisen van Richtlijn 360 te volgen (zie voor een uitwerking van deze eisen hoofdstuk 20). Indien sprake is van een groep dient het kasstroomoverzicht op geconsolideerde basis te worden opgesteld (RJ 640.507).
In voorkomende gevallen dient in de jaarverslaggeving eveneens de controleverklaring te worden opgenomen, al dan niet onder het hoofd Overige gegevens (RJ 640.303).

In de staat van baten en lasten dienen de begrotingscijfers van het boekjaar te worden opgenomen en in de toelichting dienen de verschillen tussen de begroting en de werkelijke cijfers te worden geanalyseerd, tenzij de functie die door de OZW aan de begroting wordt toegekend dat niet zinvol maakt (RJ 640.305 en 402). Van dit laatste is bijvoorbeeld sprake als de OZW de begroting niet als belangrijk stuurinstrument gebruikt voor de beheersing van de activiteiten.

53.4 Vaststelling en openbaarmaking

Indien de OZW een rechtspersoon is, geldt dat het bestuur verplicht is jaarlijks binnen zes maanden na afloop van het boekjaar de balans en de staat van baten en lasten van de rechtspersoon te maken en op papier te stellen (art. 2:10 lid 2 BW). Voor gewone (niet-commerciële) verenigingen en stichtingen is er op dit moment géén wettelijke verplichting om jaarcijfers te deponeren bij het handelsregister. Eind 2020 heeft de minister voor Rechtsbescherming de Wet Transparantie Maatschappelijke Organisaties 2 (WTMO) aangeboden aan de Tweede Kamer. Het wetsvoorstel is één van de maatregelen van het kabinet om ongewenste invloed via buitenlandse geldstromen op Nederlandse politieke, maatschappelijke en religieuze organisaties tegen te gaan. Het wetsvoorstel verplicht stichtingen door middel van een nieuw in te voeren artikel 2:299b BW om de balans en staat van baten en lasten voortaan uiterlijk binnen 10 maanden na afloop van het boekjaar te deponeren bij het handelsregister. Er worden in het wetsvoorstel geen eisen gesteld aan de vorm en de inhoud van de te deponeren balans en de staat van baten en lasten, welke worden ondertekend door de bestuurders en de commissarissen. Ook accountantscontrole van de balans en staat van baten en lasten is niet vereist (zie verder par. 52.1.3).

Indien de OZW een vereniging is, geldt (art. 2:48 lid 1 BW) dat het bestuur op een algemene vergadering binnen zes maanden na afloop van het boekjaar, behoudens verlenging van deze termijn door de algemene vergadering, een bestuursverslag uit brengt over de gang van zaken in de vereniging en over het gevoerde beleid. Het bestuur legt de balans en de staat van baten en lasten met een toelichting ter goedkeuring aan de algemene vergadering over. Deze stukken worden ondertekend door de bestuurders en commissarissen; ontbreekt de ondertekening van een of meer van hen, dan wordt daarvan onder opgave van redenen melding gemaakt. Na verloop van de termijn kan ieder lid van de vereniging van de gezamenlijke bestuurders in rechte vorderen dat zij deze verplichtingen nakomen.

Indien de organisatie zonder winststreven een onder Titel 9 Boek 2 BW vallende rechtspersoon is dient de OZW de jaarrekening volgens de algemene regels op te stellen en openbaar te maken (zie voor deze algemene eisen hoofdstuk 2). Voor een OZW die niet onder Titel 9 Boek 2 BW valt gelden veelal geen wettelijke voorschriften tot openbaarmaking van de jaarrekening. Wel kan op grond van bijzondere wetgeving openbaarmakingsplicht voor OZW's bestaan, zoals bijvoorbeeld voor zorginstellingen op grond van de Regeling verslaggeving WTZi (Wet Toelating Zorginstelling) en onderwijsinstellingen op grond van de Regeling jaarverslaggeving onderwijs.
De RJ beveelt echter aan gezien de maatschappelijke betekenis van een OZW dat de jaarstukken aan belanghebbenden en belangstellenden ter beschikking worden gesteld, zodra ze zijn vastgesteld door de bevoegde organen (RJ 640.521).

53.5 Balans met toelichting
53.5.1 Algemeen

Het bijzondere karakter van de OZW komt in de balans alleen tot uiting in de posten van het eigen vermogen in de enkelvoudige balans. Indien een geconsolideerde jaarrekening wordt opgesteld, wordt het groepsvermogen niet uitgesplitst maar wordt onder het groepsvermogen alleen een eventueel aandeel afzonderlijk gepresenteerd dat niet aan de OZW toekomt (het aandeel derden: RJ 640.318). Een eventueel verschil tussen de omvang van het groepsvermogen en de omvang van het eigen vermogen volgens de enkelvoudige balans dient te worden toegelicht (RJ 640.403).

De balansmodellen zoals opgenomen in het Besluit modellen jaarrekening zijn blijkens artikel 1 BMJ alleen voorgeschreven voor de NV en de BV. De in het BMJ opgenomen modellen worden slechts toegepast bij een OZW voor zover dit een goed inzicht geeft in de bijzondere karakteristiek van de betrokken organisatie (RJ 640.307). Indien dit noodzakelijk is voor het inzicht worden omschrijvingen van en indelingen in posten voor zover nodig aangepast.

Als de OZW de Richtlijnen voor de jaarverslaggeving integraal heeft toegepast, dient zij hiervan melding te maken in de toelichting van de jaarrekening (RJ 640.401).
Voorts worden in de toelichting opgenomen:
► de statutaire naam, vestigingsplaats en rechtsvorm jaarrekening (RJ 640.401a);
► een opgave van de gebeurtenissen na de balansdatum met belangrijke financiële gevolgen, onder vermelding van de omvang van die gevolgen voor de jaarrekening (RJ 640.414).

53.5.2 Enkele posten van de balans
Eigen vermogen
Het bijzondere karakter van een OZW komt met name tot uiting in de posten van het eigen vermogen in de enkelvoudige balans. In het algemeen geldt dat het eigen vermogen niet is bedoeld om te eniger tijd aan de eigenaren, oprichters, leden of bestuurders van de organisatie te worden uitgekeerd, zoals bij een onderneming, maar dat het slechts kan worden aangewend in overeenstemming met de doelstellingen waarvoor de organisatie in het leven is geroepen (RJ 640.310).

53 Organisaties zonder winststreven en fondsenwervende organisaties

Voor een stichting of een vereniging geldt dat zij ingevolge de wet (art. 2:285 lid 3 BW respectievelijk art. 2:26 lid 3 BW) geen uitkeringen mogen doen aan oprichters of leden van de rechtspersoon of aan hen die deel uitmaken van haar organen.

In de balans of in de toelichting van een OZW dient het eigen vermogen zodanig te worden gepresenteerd dat daaruit blijkt welk gedeelte van het vermogen vrij besteedbaar is en welk gedeelte op enigerlei wijze is vastgelegd (RJ 640.311).

Indien de OZW een stichting is komt het voor dat bij de oprichting een beginkapitaal is ingebracht. Dit gedeelte van het eigen vermogen wordt bij voorkeur aangeduid als kapitaal of stichtingskapitaal (RJ 640.312). Het gedeelte van het eigen vermogen waarover de daartoe bevoegde organen zonder belemmering door wettelijke of statutaire bepalingen kunnen beschikken voor het doel waarvoor de organisatie is opgericht, wordt bij voorkeur aangeduid als Algemene reserve of Overige reserve of Overig (vrij) besteedbaar vermogen (RJ 640.314).

Bestemmingsfonds/bestemmingsreserve

Indien een deel van het eigen vermogen is afgezonderd omdat daaraan een beperktere bestedingsmogelijkheid is gegeven dan gezien de doelstelling van de organisatie zou zijn toegestaan en deze beperking door derden is aangebracht, dient dit deel te worden aangemerkt als bestemmingsfonds (RJ 640.315). In de toelichting dienen het bedrag en de beperkte doelstelling van ieder bestemmingsfonds te worden vermeld, alsmede de reden van deze beperking en alle overige voorwaarden die door de derden zijn gesteld (RJ 640.404).

Indien de beperking in de uitkeerbaarheid van het eigen vermogen niet door derden, maar door het bestuur is aangebracht, wordt het aldus afgezonderde deel van het eigen vermogen 'bestemmingsreserve' genoemd (RJ 640.313). In de toelichting dienen het bedrag en de beperkte doelstelling van iedere bestemmingsreserve te worden vermeld, alsmede het feit dat het bestuur deze beperking heeft aangebracht (RJ 640.405).
De reden voor het onderscheid tussen bestemmingsfonds en bestemmingsreserve is gelegen in het feit dat in geval van een bestemmingsreserve het bestuur de beperking in de bestemming heeft aangebracht en dus ook weer kan opheffen, zodat in wezen nog steeds sprake is van vrij besteedbaar vermogen (RJ 640.315); daarom de benaming 'reserve'. Ditzelfde geldt indien de beperking door de ledenvergadering van een vereniging is aangebracht.
Bestemmingsfondsen en bestemmingsreserves dienen te worden onderscheiden van voorzieningen (RJ 640.316). Indien de statuten voorschrijven dat bepaalde reserves met beperkte bestedingsmogelijkheid worden gevormd, dienen in de toelichting het bedrag en de aard van deze statutaire bepalingen te worden vermeld (RJ 640.406).

Voorbeeld toelichting vermogen

Eigen vermogen
Het vermogen van de kerk heeft een bijzonder karakter. De rechtspersonen, onderdeel van de consolidatiekring van de Protestantse Kerk in Nederland, zijn gehouden dit vermogen slechts aan te wenden in overeenstemming met de doelstelling waartoe ze in het leven is geroepen. De presentatie van het eigen vermogen in de balans wordt onderscheiden in:
- besteedbaar vermogen
- vastgelegd vermogen.

Besteedbaar vermogen
Het besteedbaar vermogen kent algemene reserves en bestemmingsreserves. Besteding van de bestemmingsreserves kan slechts indien dit binnen de gegeven 'bestemming' plaatsvindt.
De bestemming kan door bestuur/synode worden gewijzigd. De gevormde bestemmingsreserves mogen geen verplichting betreffen.

Vastgelegd vermogen
Binnen de definitie van vastgelegd vermogen bevinden zich de bestemmingsfondsen. Dit deel van het eigen vermogen is vanwege de specifieke bestemming, dat door 'derden' (gevers of overheid) is bepaald, slechts aan te wenden voor de specifieke bestemming.

Verloopoverzicht

Voor iedere post van het eigen vermogen dient een verloopoverzicht te worden opgenomen waaruit het beginsaldo van het vermogen, de mutaties in het vermogen en het eindsaldo van het vermogen blijken (RJ 640.317). Tenzij vermogensmutaties (dit zijn vermeerderingen of verminderingen van het eigen vermogen) op grond van Richtlijn 240.4 rechtstreeks in het eigen vermogen moeten of kunnen worden gemuteerd, dienen alle vermogensmutaties in de staat van baten en lasten te worden verantwoord. Dit geldt ook voor uitgaven die worden gedekt uit bestemmingsreserves en bestemmingsfondsen (RJ 640.201).

Subsidieverplichtingen en verplichtingen tot het doen van giften

Sommige OZW's realiseren hun doelstellingen mede door het verstrekken van subsidies en giften. Van een subsidieverplichting respectievelijk een verplichting tot het doen van een gift is veelal pas sprake nadat het daartoe bevoegde orgaan van de OZW een besluit ter zake heeft genomen en dit schriftelijk kenbaar heeft gemaakt aan de ontvanger van de subsidie of gift, zodanig dat een in rechte afdwingbare verplichting ontstaat. Een in rechte afdwingbare verplichting kan echter ook op andere wijze ontstaan. Dergelijke verplichtingen dienen in de balans als schuld te worden opgenomen en in de staat van baten en lasten als last te worden verantwoord, ook als de verplichting is aangegaan voor meer dan een jaar (RJ 640.202). Indien bijvoorbeeld een subsidietoezegging voor een periode van drie jaar is gedaan, verwerkt de OZW het volledige bedrag in het jaar van toezegging als last in de staat van baten en lasten en als verplichting in de balans (RJ 640.202). Indien subsidieverplichtingen vervallen, dient de OZW deze in het boekjaar waarin ze vervallen in de toelichting op de staat van baten en lasten zichtbaar in mindering te brengen op de verstrekte subsidies of giften (RJ 640.203).

53.6 Staat van baten en lasten met toelichting
53.6.1 Algemeen

Aangezien bij een OZW het winststreven ontbreekt, wordt aanbevolen de 'winst-en-verliesrekening' aan te duiden als 'staat van baten en lasten'. Andere benamingen die het karakter van dit overzicht beter weergeven zijn ook aanvaardbaar (RJ 640.302). De modellen van de winst-en-verliesrekening zoals opgenomen in het BMJ zijn blijkens artikel 1 van het BMJ alleen voorgeschreven voor de NV en de BV. De in het BMJ opgenomen modellen worden slechts toegepast bij een OZW voor zover dit een goed inzicht geeft in de bijzondere karakteristiek van de betrokken organisatie. Om dit inzicht te geven worden omschrijvingen van en indelingen in posten voor zover nodig aangepast (RJ 640.307). Alle baten en lasten dienen te worden verantwoord in de staat van baten en lasten, met uitzondering van de in Richtlijn 240, paragraaf 4 vermelde rechtstreekse mutaties in het eigen vermogen (RJ 640.201; zie voor een overzicht van deze mutaties par. 15.4). Uitgaven die worden gedekt uit bestemmingsreserves en bestemmingsfondsen dienen ook in de staat van baten en lasten te worden opgenomen (RJ 640.201).

53.6.2 Model van de staat van baten en lasten

Bij de indeling van de staat van baten en lasten dient een keuze te worden gemaakt tussen het categoriale en het functionele model (RJ 640.308).
In het categoriale model dienen – voor zover van toepassing – ten minste de volgende categorieën baten te worden onderscheiden (RJ 640.309):
- baten als tegenprestatie voor de levering van producten en/of diensten;
- subsidiebaten;
- sponsorbijdragen;
- giften en baten uit fondsenwerving;
- financiële baten;
- overige baten.

53 Organisaties zonder winststreven en fondsenwervende organisaties

In het categoriale model dienen – voor zover van toepassing – ten minste de volgende categorieën lasten te worden onderscheiden (RJ 640.309):
- inkoopwaarde van geleverde producten;
- personeelskosten;
- afschrijvingen op vaste activa;
- verstrekte subsidies of giften;
- financiële lasten;
- overige lasten.

53.6.3 Waardering

Indien baten worden ontvangen in de vorm van zaken of diensten, dienen deze te worden gewaardeerd tegen de reële waarde (voor zover bepaalbaar) en voor die reële waarde te worden verantwoord in de staat van baten en lasten (RJ 640.204). Dit geldt bijvoorbeeld voor het geval dat materiële vaste activa worden verkregen voor een bedrag lager dan de reële waarde van die activa of 'om niet'. Indien van belangrijke zodanige baten de waarde niet bepaalbaar is, dient daarvan in de toelichting melding te worden gemaakt (RJ 640.407). Een voorbeeld van een bate in de vorm van diensten is het om niet of tegen sterk gereduceerd tarief verrichten van diensten door een notaris (RJ 640.204). Vrijwilligerswerk wordt in het algemeen niet financieel verantwoord. Indien vrijwilligerswerk belangrijk is voor de OZW, wordt daarvan in het bestuursverslag melding gemaakt.

53.6.4 Dotaties aan en bestedingen van bestemmingsreserve/ bestemmingsfonds

Baten waarvoor een bijzondere bestemming is aangewezen, dienen afzonderlijk in de (toelichting op de) staat van baten en lasten te worden vermeld (RJ 640.408). Indien deze baten in het verslagjaar niet volledig zijn besteed, dienen de nog niet bestede gelden verwerkt te worden in de desbetreffende bestemmingsreserve(s) respectievelijk bestemmingsfonds(en) (RJ 640.205).

Indien in een volgend verslagjaar uit deze bestemmingsreserve(s) respectievelijk bestemmingsfonds(en) wordt geput, dient deze besteding enerzijds in de staat van baten en lasten als last te worden verantwoord en anderzijds als een onttrekking aan de desbetreffende bestemmingsreserve(s) respectievelijk bestemmingsfonds(en) te worden weergegeven (RJ 640.206).

Het saldo van de staat van baten en lasten wordt bepaald inclusief het overschot of tekort dat is ontstaan uit hoofde van de baten en lasten met een bijzondere bestemming (RJ 640.207).

Voorbeeld ontleend aan een jaarrekening			
Staat van baten en lasten over 20xx	Exploitatie 20xx €	Begroting 20xx €	Exploitatie 20ww €
Baten			
Opbrengst belegd vermogen	1.000.720	1.120.000	1.181.923
Interest	3.602	40.000	-
Exploitatie Nieuw XYZ	284.774	360.000	335.516
Exploitatie overige onroerende zaken	10.690	10.000	10.259
Diverse baten	18.745	-	431.963
Som der baten	**1.318.531**	**1.530.000**	**1.959.661**
Kosten			
Personeelskosten	318.417	307.000	281.049
Onderhoudskosten XYZ	135.000	99.000	105.120
Algemene kosten	416.419	348.000	383.775
Diverse lasten	13.090	-	-
Som der kosten	**882.926**	**754.000**	**769.944**
Bestedingen in het kader van statutaire doelstellingen	2.318.015	2.081.000	1.913.323
Exploitatieresultaat	(1.882.410)	(1.305.000)	(723.606)
Gerealiseerd koersresultaat	(366.866)	-	77.649
Ongerealiseerd koersresultaat	(13.204.597)	-	(372.110)
Saldo	**(15.453.873)**	**(1.305.000)**	**(1.018.067)**
Bestemming saldo			
Toevoeging stamkapitaal	1.190.675	-	1.167.329
Toevoeging reserve doelstelling	(377.590)	(1.305.000)	(67.539)
Toevoeging bestemmingsreserve	(431.102)	-	-
Toevoeging bestemmingsfonds	2.321	-	(2.158.862)
Toevoeging reserve koersrisico's	(15.838.177)	-	(2.158.862)
	(15.453.873)	**(1.305.000)**	**(1.018.067)**

53.6.5 Enkele baten in de staat van baten en lasten

Baten als tegenprestatie voor de levering van producten en/of diensten

Baten als tegenprestatie voor de levering van producten en/of diensten worden in de staat van baten en lasten weergegeven als 'omzet' of met een meer kenmerkende omschrijving zoals 'abonnementsgelden', 'deelnemersbijdragen', 'ontvangen huren' of 'recettes' (RJ 640.319).

Subsidiebaten

Indien verschillende soorten subsidies en/of subsidies van verschillende categorieën subsidiegevers – overheden (EU, overheid) of anderen (bedrijven, andere organisaties) – worden verkregen, dienen in de (toelichting op de) staat van baten en lasten de verkregen subsidies afzonderlijk per hoofdgroep te worden vermeld en dient uit de toelichting te blijken of de betreffende subsidies een incidenteel dan wel structureel karakter hebben (RJ 640.409). Het doel van deze indeling is om gebruikers van de jaarrekening in staat te stellen zich een oordeel te vormen omtrent de mate waarin de opbrengsten een incidenteel dan wel een enigermate permanent karakter hebben, waaruit inzicht kan worden verkregen in de risico's die de organisatie loopt ten aanzien van de in de toekomst te verwachten opbrengsten (RJ 640.410). In de toelichting dienen eventuele subsidievoorwaarden te worden vermeld. Tevens dient te worden vermeld in hoeverre subsidieafrekeningen nog niet door de subsidieverlener zijn goedgekeurd (RJ 640.411).

Giften en baten uit fondsenwerving/bijdragen van leden/baten uit nalatenschappen en loterijen

Giften en baten uit fondsenwerving worden in de staat van baten en lasten weergegeven als Baten uit fondsenwerving of met een meer kenmerkende omschrijving zoals Collecten, Mailingacties of Giften. Bijdragen van leden en/of donateurs worden als opbrengstencategorie afzonderlijk vermeld met bijvoorbeeld de omschrijving Contributies of Donaties, tenzij zij het karakter hebben van tegenprestatie voor de levering van specifieke producten en/of diensten (RJ 640.320). Baten uit nalatenschappen dienen te worden opgenomen in het boekjaar waarin de omvang betrouwbaar kan worden vastgesteld. In ieder geval dienen voorlopige uitbetalingen in de vorm van voorschotten in het boekjaar waarin ze worden verkregen te worden verantwoord als baten uit nalatenschappen (RJ 640.208). De omvang van een bate uit nalatenschap kan betrouwbaar worden vastgesteld als, op grond van het stadium waarin de afhandeling van de nalatenschap zich bevindt, een betrouwbare inschatting van de ontvangst kan worden gemaakt. Hiervan is in ieder geval sprake bij ontvangst van de akte van verdeling. Nalatenschappen dienen bij eerste verwerking te worden gewaardeerd tegen de reële waarde. Bij de waardering van nalatenschappen dient rekening te worden gehouden met eventuele rechten van vruchtgebruik. Voor de waardering van onroerende zaken is het aanvaardbaar de laatst beschikbare WOZ-waarde te hanteren, terwijl voor de waardering van het vruchtgebruik het aanvaardbaar is de fiscale waarde van het vruchtgebruik te gebruiken (RJ 640.208). Baten uit loterijen dienen te worden verantwoord voor het totaalbedrag van de inleg vermeerderd met de waarde van de om niet verkregen prijzen en verminderd met de waarde van de verstrekte prijzen (RJ 640.209).

Toekomstige regelgeving

In de praktijk wordt verschillend omgegaan met het moment van verwerking van nalatenschappen van particulieren. De RJ heeft daarom in RJ-Uiting 2020-10 voorgesteld om RJ 650.208 aan te passen. Naar aanleiding van ontvangen commentaren heeft de RJ in RJ-Uiting 2021-3 besloten om in RJ 650.208 te verduidelijken dat een bate uit een nalatenschap wordt verwerkt in het verslagjaar waarin de omvang betrouwbaar kan worden vastgesteld. Een bate uit nalatenschap kan betrouwbaar worden vastgesteld als op grond van het stadium waarin de afhandeling van de nalatenschap zich bevindt, een betrouwbare schatting van de omvang van de nalatenschap kan worden gemaakt. Deze beoordeling vindt per nalatenschap plaats. Als alternatief voor de beoordeling per nalatenschap acht de RJ het aanvaardbaar om baten uit nalatenschappen te verwerken op het moment dat de akte van verdeling dan wel, als er geen akte van verdeling is, de rekening en verantwoording in het verslagjaar is ontvangen. Bij ontvangst van de akte van verdeling of de rekening en verantwoording na balansdatum vindt vermelding plaats in de toelichting (bij 'niet in de balans opgenomen activa'). Indien wordt gekozen voor deze alternatieve verwerkingswijze dienen baten uit alle nalatenschappen op deze wijze te worden verwerkt. De verwerkingswijze dient consistent te worden toegepast en in de toelichting uiteengezet te worden.

53.6.6 Enkele lasten in de staat van baten en lasten

De wijze waarop kostentoerekening aan activiteiten plaatsvindt, dient in de toelichting te worden vermeld (RJ 640.412).

Bezoldiging van bestuurders en toezichthouders

De bezoldiging met inbegrip van de pensioenlasten van de bestuurders, gewezen bestuurders, toezichthouders en gewezen toezichthouders dient per categorie te worden vermeld. Tevens dienen de bedragen te worden vermeld van verstrekte leningen, voorschotten en garanties aan deze categorieën van personen. Informatie over de bezoldiging behoeft niet te worden vermeld als het bedrag tot een enkele natuurlijke persoon kan worden herleid (RJ 640.413). Ingeval in de geconsolideerde jaarrekening meerdere groepsmaatschappijen en andere rechtspersonen worden opgenomen, worden de bedragen die te hunnen laste zijn gekomen in de opgave begrepen (RJ 640.413).

De OZW vermeldt de gegevens over de bezoldiging en dergelijke van (gewezen) bestuurders en van (gewezen) toezichthouders in overeenstemming met RJ 271.6 ('Bezoldiging van bestuurders en commissarissen'; RJ 640.413). Voor zover van toepassing vermeldt de OZW:
- de nog openstaande bedragen;
- de afgewaardeerde bedragen;
- de bedragen waarvan werd afgezien;
- de rentevoet;
- de belangrijkste overige bepalingen;
- de aflossingen gedurende het boekjaar.

Resultaatbestemming
De OZW dient de resultaatbestemming onder de staat van baten en lasten op te nemen. Zij dient toevoegingen aan en onttrekkingen uit de bestemmingsreserves en bestemmingsfondsen als afzonderlijke posten in de resultaatbestemming te vermelden (RJ 640.306).

53.6.7 Segmentatie
Indien de organisatie zeer verschillende soorten activiteiten verricht en/of activiteiten verricht op zeer uiteenlopende locaties, dienen per hoofdgroep van activiteiten respectievelijk locaties de relevante posten van de balans en de staat van baten en lasten te worden gesegmenteerd (RJ 640.510). Bij de indeling naar hoofdgroepen kan de OZW zich richten naar Richtlijn 350 gesegmenteerde informatie (zie voor een bespreking hiervan par. 22.2). Informatie over de verschillende activiteiten en locaties (gesegmenteerde informatie) is relevant om inzicht te krijgen in de rendementen en risico's, efficiëntie en effectiviteit van deze activiteiten en in de toekomstige ontwikkeling hiervan (RJ 640.511).

53.7 Geconsolideerde jaarrekening
Een OZW die aan het hoofd staat van haar groep, stelt een geconsolideerde jaarrekening op waarin zijn opgenomen de eigen financiële gegevens met die van haar groepsmaatschappijen en andere rechtspersonen waarop zij een overheersende zeggenschap kan uitoefenen of waarover zij de centrale leiding heeft (RJ 640.501).

Van belang is of een (overheersende) organisatie – het groepshoofd – overheersende invloed heeft over een andere (overheerste) organisatie. Dit is het geval als het financiële en operationele beleid kan worden bepaald en op grond daarvan belangrijke economische voordelen kunnen worden behaald en tevens belangrijke economische risico's worden gelopen met betrekking tot de activiteiten van de overheerste organisatie.

Bij OZW's is vaak geen sprake van een relatie tussen organisaties via aandelenbezit. De relatie tussen deze organisaties vindt veelal zijn grond in de statutaire en contractuele bepalingen omtrent de invloed op het beleid en de economische voordelen en de risico's met betrekking tot de activiteiten. Al deze bepalingen moeten in de beschouwing betrokken worden om in de specifieke situatie te beoordelen of sprake is van een groepsrelatie. Ook eenheid van bestuur van twee (al dan niet nevengeschikte) entiteiten is op zichzelf nog onvoldoende grondslag om de conclusie te trekken dat sprake is van een groep of een groepsrelatie (RJ 640.501). Gezien het specifieke karakter van OZW's worden in RJ 640.502-504 meer concrete aspecten genoemd die in het kader van deze beoordeling van belang zijn.

53 Organisaties zonder winststreven en fondsenwervende organisaties

Aspecten met betrekking tot de invloed op het beleid van de andere entiteit die onder meer in de beoordeling van belang zijn (RJ 640.502):
▶ het al dan niet beschikken over de meerderheid van stemrechten in het bestuur of gelijkwaardig bestuursorgaan van de andere entiteit; dan wel de mogelijkheid om anderszins doorslaggevende invloed uit te oefenen op dit stemrecht;
▶ het al dan niet kunnen benoemen of ontslaan van de meerderheid van de leden van het bestuur of gelijkwaardig bestuursorgaan van de andere entiteit;
▶ het al dan niet kunnen uitbrengen van de meerderheid van stemrechten in de algemene vergadering van de andere entiteit of de mogelijkheid invloed uit te oefenen op het stemgedrag;
▶ het al dan niet beschikken over een vetorecht over belangrijke beslissingen van het bestuur of gelijkwaardig bestuursorgaan van die andere entiteit dan wel de mogelijkheid dergelijke beslissingen te herroepen of aan te passen; bijvoorbeeld inzake operationele beslissingen, of met betrekking tot investeringsbudgetten;
▶ de al dan niet bevoegdheid om goedkeuring te verlenen voor het aanstellen, herbenoemen en ontslaan van functionarissen op sleutelposities bij de andere entiteit;
▶ of het mandaat van de andere entiteit is bepaald en beperkt is;
▶ het al dan niet beschikken over bijzondere zeggenschapsrechten op grond waarvan invloed kan worden uitgeoefend op het financiële en operationele beleid van de andere entiteit.

Bij OZW's komt het vaak voor dat een directie functioneert en een raad van toezicht het toezicht uitoefent op de werkzaamheden van de directie en doorslaggevende invloed uitoefent op de besluitvorming. De raad van toezicht is dan te beschouwen als een voorbeeld van een 'gelijkwaardig bestuursorgaan' zoals hierboven is vermeld.

Aspecten met betrekking tot de economische voordelen en de risico's met betrekking tot de activiteiten die onder meer in de beoordeling van belang zijn (RJ 640.503):
▶ het al dan niet beschikken over de macht de andere entiteit op te heffen en een substantieel aandeel in de overblijvende economische voordelen te verkrijgen of substantiële schulden te dragen;
▶ het al dan niet beschikken over de macht uitkeringen van vermogensbestanddelen aan de andere entiteit te onttrekken, en/of het aansprakelijk zijn voor bepaalde verplichtingen van de andere entiteit;
▶ het al dan niet direct of indirect bezitten van de eigendomstitel van het eigen vermogen van de andere entiteit met een recht hierover in continuïteit te beschikken;
▶ het gerechtigd zijn tot een substantieel deel van het eigen vermogen van de andere entiteit in een bepaalde situatie, bijvoorbeeld in geval die andere entiteit wordt ontbonden;
▶ de mogelijkheid de andere entiteit aanwijzingen te geven om medewerking te verlenen aan het bereiken van de eigen doelen;
▶ het al dan niet blootgesteld zijn aan de overblijvende schulden van de andere entiteit.

Indien sprake is van economische afhankelijkheid van een bepaalde entiteit betekent dit nog niet noodzakelijkerwijs dat sprake is van overheersende zeggenschap door die andere entiteit. Bijvoorbeeld in het geval dat een bepaalde stichting haar fondsen grotendeels ontvangt van een andere stichting. Deze ontvangende stichting heeft zelf de bevoegdheid om te besluiten of zij fondsen accepteert van de donorstichting. De donorstichting heeft in een dergelijk geval weliswaar invloed, maar niet automatisch de macht om het financiële en operationele beleid te bepalen (RJ 640.504).

Uit RJ 217.206 vloeit voort dat bij nevengeschikte OZW's, waarvan de besturen een personele unie vormen, sprake kan zijn van een groepsrelatie. Wanneer geen sprake is van een groepsrelatie kan sprake zijn van verbonden partijen. Richtlijn 330 Verbonden partijen is van overeenkomstige toepassing op de OZW (RJ 640.506).

De consolidatieplicht rust op het groepshoofd. Het groepshoofd is de rechtspersoon die de centrale leiding heeft over de groep en het beleid van de groep kan bepalen (RJ 640.505).

In de toelichting van de geconsolideerde jaarrekening wordt inzicht gegeven in de groepsstructuur. Van alle rechtspersonen en vennootschappen waarvan de financiële gegevens zijn opgenomen in de geconsolideerde jaarrekening dient de volgende informatie in de toelichting te worden vermeld (RJ 640.508):
▶ statutaire naam, vestigingsplaats en rechtsvorm;
▶ omschrijving van de doelstelling;
▶ samenstelling van bestuur en directie.

Het is mogelijk dat het groepshoofd stichtingen en/of verenigingen in de consolidatie moet betrekken. Aangezien op de balans van het groepshoofd geen kapitaalbelang in een stichting of vereniging tot uitdrukking kan worden gebracht, is eliminatie van een zodanig kapitaalbelang tegenover het eigen vermogen van de stichting respectievelijk vereniging niet mogelijk. Het consolideren van jaarrekeningen van stichtingen en verenigingen komt daarom neer op het samenvoegen van de desbetreffende jaarrekeningen, onder eliminatie van onderlinge vorderingen en schulden en onderlinge baten en lasten. Het geconsolideerde eigen vermogen van de groep wijkt daardoor af van het eigen vermogen van het groepshoofd (RJ 640.509).

53.8 Bestuursverslag

Aan het bestuursverslag van een OZW komt een bijzondere betekenis toe. De aard van de activiteiten brengt namelijk met zich mee, dat de maatschappelijke betekenis daarvan slechts in beperkte mate uit de jaarrekening kan blijken. Daarom worden in Richtlijn 640, in aanvulling op Richtlijn 400 'Bestuursverslag', nog enkele richtlijnen gegeven (RJ 640.512).

Het bestuursverslag, ook wel aangeduid als activiteitenverslag, dient te beschrijven wat de doelstelling van de OZW is, met welk beleid die doelstelling wordt nagestreefd en op welke wijze de belangrijkste activiteiten daar inpassen (RJ 640.513). Aangezien de maatschappelijke betekenis van de activiteiten slechts in beperkte mate uit de financiële gegevens van de jaarrekening blijkt, wordt het resultaat van de activiteiten verbaal weergegeven in het bestuursverslag, waar mogelijk ondersteund door andersoortige gekwantificeerde informatie (RJ 640.514). Bij de indeling van het bestuursverslag wordt aansluiting gezocht bij de wijze waarom de activiteiten gesegmenteerd zijn (RJ 640.515). In het bestuursverslag dient melding plaats te vinden van belangrijke stellige bestuurlijke voornemens en inmiddels in het nieuwe jaar genomen besluiten, alsmede van de financiële vertaling daarvan. Tevens dient de begroting voor het jaar volgend op het verslagjaar in samenvattende vorm te worden opgenomen, tenzij de functie die door de OZW aan de begroting wordt toegekend dat niet zinvol maakt. Van dit laatste is bijvoorbeeld sprake als de OZW de begroting niet als belangrijk stuurinstrument gebruikt voor de beheersing van de activiteiten (RJ 640.516).

Het bestuursverslag dient inzicht te geven in de mate waarin baten eenmalig of jaarlijks terugkerend zijn. Hiermee geeft de organisatie inzicht in risico's ten aanzien van continuïteit van baten (RJ 640.516a).

Het beleid van de organisatie met betrekking tot de omvang en functie van het vrij besteedbare vermogen dient te worden verwoord (RJ 640.517). Hierbij wordt aandacht geschonken aan verwerking van een eventueel groot batig of nadelig saldo, alsmede aan de continuïteit van de organisatie. Belangrijke wijzigingen in de (statutaire) doelstelling dienen met redenen omkleed in het verslag te worden vermeld (RJ 640.518). Indien een organisatie beleggingen heeft, dient het bestuursverslag een uiteenzetting te bevatten van het gevoerde beleggingsbeleid en inzicht te geven in de vermogensrisico's (RJ 640.519).

53 Organisaties zonder winststreven en fondsenwervende organisaties

53.9 Kleine organisatie zonder winststreven
53.9.1 Begripsbepaling

In de RJk-bundel is een afzonderlijke Richtlijn (C1) opgenomen waarin regels voor de jaarverslaggeving van kleine OZW's zijn vermeld.
Kleine OZW's zijn OZW's die op twee opeenvolgende en aaneengesloten balansdata voldoen aan ten minste twee van de volgende drie vereisten:

Balanstotaal	≤ € 6 mln
Baten	≤ € 12 mln
Werknemers	< 50

Het begrip baten omvat zowel opbrengsten als andere voordelen indien de reguliere werkzaamheden van de OZW's erop zijn gericht deze andere voordelen structureel te behalen (RJk C1.102).

De bepalingen van Richtlijn C1 vormen de algemeen aanvaarde grondslagen voor de jaarverslaggeving van kleine rechtspersonen. De uitgebreidheid van de jaarverslaggeving van kleine OZW's hangt mede af van het specifieke karakter en de omvang en complexiteit van de organisatie. Ook de groep van gebruikers en hun informatiebehoeften, alsmede de positie van deze gebruikers in relatie tot de organisatie is daarbij van belang. Ook de afweging tussen de kosten en baten speelt een belangrijke rol (RJk C1.103).
In Richtlijn C1 worden richtlijnen gegeven die specifiek zijn voor de jaarverslaggeving van kleine OZW's De hoofdstukken in de RJk-bundel zijn van toepassing tenzij in Richtlijn C1 afwijkende specifieke voorschriften worden gegeven (RJk C1.104).
Aanbevolen wordt in de toelichting op de jaarrekening op te nemen dat de Richtlijnen voor de jaarverslaggeving voor kleine OZW's zijn gevolgd. Een dergelijke vermelding is slechts toegestaan indien deze Richtlijnen integraal zijn gevolgd (RJk C1.108).

53.9.2 Inhoud financieel verslag

Het financieel verslag van een kleine OZW bevat de volgende onderdelen (RJk C1.301):
- Jaarrekening bestaande uit:
  - de balans met vergelijkende cijfers;
  - de staat van baten en lasten met vergelijkende cijfers;
  - de toelichting op de balans en de staat van baten en lasten.
- Het bestuursverslag.
- Aanbevolen wordt een kasstroomoverzicht op te nemen.
- In voorkomende gevallen neemt de OZW in het financieel verslag eveneens de controleverklaring op al dan niet onder 'Overige Gegevens (RJk C1.302):

In de staat van baten en lasten worden de begrotingscijfers van het boekjaar opgenomen. In de toelichting worden de verschillen tussen de begroting en de werkelijke cijfers geanalyseerd. De begrotingscijfers worden niet vermeld als de functie die door de kleine OZW's aan de begroting wordt toegekend dat niet zinvol maakt (RJk C1.303). Van dit laatste is bijvoorbeeld sprake indien de OZW de begroting niet als belangrijk stuurinstrument gebruikt voor de beheersing van de activiteiten.

Een kleine OZW is niet verplicht een geconsolideerde jaarrekening op te stellen (RJk C1.401), mits aan de voorwaarden van artikel 2:407 BW is voldaan (zie voor de voorwaarden par. 23.6.1).
Indien de kleine organisatie zeer verschillende soorten activiteiten verricht, wordt aanbevolen per hoofdgroep van activiteiten de relevante posten van de balans en van de staat van baten en lasten te segmenteren (RJk C1.402).

53.9.3 Balans

Op de balans zijn in beginsel dezelfde Richtlijnen van toepassing als voor overige kleine rechtspersonen die onder Titel 9 Boek 2 BW vallen. Het bijzondere karakter van de OZW komt tot uitdrukking in de benaming van de posten van het eigen vermogen.
In de balans of in de toelichting wordt het eigen vermogen zodanig gepresenteerd dat daaruit blijkt welk gedeelte vrij besteedbaar is en welk gedeelte is vastgelegd (RJk C1.305).

Bestemmingsfonds

Een deel van het eigen vermogen kan zijn afgezonderd omdat daaraan een beperktere bestedingsmogelijkheid is gegeven dan gezien de doelstelling van de organisatie zou zijn toegestaan en deze beperking door derden is aangebracht. Dit deel wordt aangemerkt als bestemmingsfonds. In de toelichting worden het bedrag en de beperkte doelstelling van ieder bestemmingsfonds vermeld. Ook de reden van deze beperking en alle overige voorwaarden die door derden zijn gesteld worden vermeld (RJk C1.306).

Bestemmingsreserve

Indien de beperking niet door derden is aangebracht maar door het bestuur, wordt het aldus afgezonderde deel van het eigen vermogen aangeduid als bestemmingsreserve. In de toelichting worden het bedrag en de beperkte doelstelling van iedere bestemmingsreserve vermeld. Ook het feit dat het bestuur deze beperking heeft aangebracht wordt vermeld (RJk C1.307).

Bestemmingsfondsen en bestemmingsreserves zijn geen voorzieningen (RJk C1.308).
Indien de statuten voorschrijven dat bepaalde reserves met beperkte bestedingsmogelijkheid worden gevormd, worden in de toelichting het bedrag en de aard van deze statutaire bepalingen vermeld (RJk C1.309).
Voor iedere post van het eigen vermogen wordt een verloopoverzicht gegeven met het beginsaldo, de mutaties en het eindsaldo (RJk C1.310). Alle vermogensmutaties worden in de staat van baten en lasten verantwoord tenzij ze op grond van de Richtlijnen (RJk B8.121 tot en met 125) rechtstreeks in het eigen vermogen mogen worden gemuteerd (RJk C1.201). Uitgaven die worden gedekt uit bestemmingsreserves en bestemmingsfondsen worden eveneens in de staat van baten en lasten verantwoord.

Subsidieverplichtingen en verplichtingen tot het doen van giften

Sommige organisaties zonder winststreven realiseren hun doelstellingen mede door het verstrekken van subsidies en giften. Van een subsidieverplichting of verplichting tot het doen van giften is pas sprake nadat het daartoe bevoegde orgaan een besluit ter zake heeft genomen en dit schriftelijk kenbaar heeft gemaakt aan de ontvanger van de subsidie of gift, zodanig dat een in rechte afdwingbare verplichting ontstaat. Een in rechte afdwingbare verplichting kan echter ook op andere wijze ontstaan. Dergelijke verplichtingen worden in de balans als schuld opgenomen en in de staat van baten en lasten als last verantwoord, ook als de verplichting is aangegaan voor meer dan een jaar (RJk C1.202). Voor de verwerking, waardering en presentatie van subsidiebaten wordt hoofdstuk B17 'Overheidssubsidies' zo veel mogelijk gevolgd (RJk C1.203c).

53.9.4 Staat van baten en lasten

De algemene regels inzake de verantwoording van baten en lasten zijn tevens van toepassing voor de OZW's. Bijzondere bepalingen voor de kleine OZW zijn (RJk C1.204-208, 304 en 311-315):

- Indien de organisatie baten ontvangt in de vorm van zaken of diensten en deze baten zijn niet opgenomen in de staat van baten en lasten, dan maakt zij hiervan melding in de toelichting. Indien dit van belang is voor het inzicht geeft zij een indicatie van de reële waarde van deze baten.
- Vrijwilligerswerk wordt in het algemeen niet financieel verantwoord. Indien vrijwilligerswerk belangrijk is voor de organisatie dan wordt dit vermeld in het bestuursverslag.
- Baten waarvoor een bijzondere bestemming is aangewezen worden afzonderlijk in de staat van baten en lasten verwerkt. De aard van de bestemming wordt dan vermeld evenals de besteding hiervan. Indien baten waarvoor een bijzondere bestemming is aangewezen in het verslagjaar niet volledig zijn besteed, worden deze bedragen via de resultaatbestemming toegevoegd aan de bestemmingsreserve respectievelijk het bestemmingsfonds.
- Indien in een verslagjaar uit de bestemmingsreserve respectievelijk het bestemmingsfonds wordt geput wordt deze besteding enerzijds in de staat van baten en lasten als last verantwoord en anderzijds via de resultaatbestemming als een onttrekking aan de desbetreffende bestemmingsreserve respectievelijk het bestemmingsfonds weergegeven.
- Het saldo van de staat van baten en lasten wordt bepaald inclusief het overschot of het tekort dat is ontstaan uit hoofde van de baten en lasten met een bijzondere bestemming. Onder de staat van baten en lasten wordt vervolgens een specificatie opgenomen van de verwerking van dit saldo in de onderscheiden posten van het eigen vermogen.
- Indien verschillende soorten subsidies worden verkregen, worden in de (toelichting op de) staat van baten en lasten de verkregen subsidies afzonderlijk per hoofdgroep vermeld. In de toelichting wordt vermeld of de betreffende subsidies een incidenteel of een structureel karakter hebben. In de toelichting worden eventuele subsidievoorwaarden vermeld. Ook wordt vermeld in hoeverre subsidieafrekeningen nog niet door de subsidieverlener zijn goedgekeurd.
- Baten uit nalatenschappen worden opgenomen in het boekjaar waarin de omvang betrouwbaar kan worden vastgesteld. In ieder geval worden voorlopige uitbetalingen in de vorm van voorschotten in het boekjaar waarin ze worden verkregen verantwoord als baten uit nalatenschappen. De omvang van een bate uit nalatenschap kan betrouwbaar worden vastgesteld als, op grond van het stadium waarin de afhandeling van de nalatenschap zich bevindt, een betrouwbare schatting van de ontvangst kan worden gemaakt. Hiervan is in ieder geval sprake bij ontvangst van de akte van verdeling. Nalatenschappen worden bij eerste verwerking gewaardeerd tegen de reële waarde. Bij de waardering van nalatenschappen houdt de organisatie rekening met eventuele rechten van vruchtgebruik. Voor de waardering van onroerende zaken is het in de specifieke situatie voor de organisatie zonder winststreven aanvaardbaar de laatst beschikbare WOZ-waarde te hanteren. Voor de waardering van het vruchtgebruik is het in de specifieke situatie voor de organisatie zonder winststreven aanvaardbaar de fiscale waarde van het vruchtgebruik te hanteren.
- Baten uit loterijen worden verantwoord voor het totaalbedrag van de inleg vermeerderd met de waarde van de om niet verkregen prijzen en verminderd met de waarde van de verstrekte prijzen.
- Het wordt aanbevolen om de bezoldiging met inbegrip van de pensioenlasten van de bestuurders, gewezen bestuurders, toezichthouders en gewezen toezichthouders per categorie in de toelichting te vermelden. De bedragen van verstrekte leningen, voorschotten en garanties aan deze categorieën van personen worden in de toelichting vermeld. De organisatie hoeft informatie over de bezoldiging niet te vermelden als het bedrag tot een enkele natuurlijke persoon kan worden herleid.

53.9.5 Bestuursverslag

Aan het bestuursverslag van een kleine OZW komt een bijzondere betekenis toe (RJk C1.403-410). De aard van de activiteiten brengt namelijk met zich mee, dat de maatschappelijke betekenis daarvan slechts in beperkte mate uit de jaarrekening kan blijken. Daarom dient het bestuursverslag, ook wel aangeduid als activiteitenverslag, te beschrijven:
- de samenstelling van bestuur en directie,
- wat de doelstelling van de organisatie is,
- met welk beleid die doelstelling wordt nagestreefd en
- op welke wijze de belangrijkste activiteiten daarin passen, en
- het resultaat van de activiteiten weer te geven in het bestuursverslag, waar mogelijk ondersteund door andersoortige gekwantificeerde informatie.

In het bestuursverslag dient melding plaats te vinden van belangrijke stellige bestuurlijke voornemens en inmiddels in het nieuwe jaar genomen besluiten, alsmede van de financiële vertaling daarvan. Tevens dient de begroting voor het jaar volgend op het verslagjaar in samenvattende vorm te worden opgenomen, tenzij de functie die door de OZW aan de begroting wordt toegekend dat niet zinvol maakt. Van dit laatste is bijvoorbeeld sprake als de OZW de begroting niet als belangrijk stuurinstrument gebruikt voor de beheersing van de activiteiten.

Het beleid van de organisatie met betrekking tot de omvang en functie van het vrij besteedbare vermogen dient te worden verwoord. Belangrijke wijzigingen in de (statutaire) doelstelling dienen met redenen omkleed in het verslag te worden vermeld. Indien een organisatie beleggingen heeft, dient het bestuursverslag een uiteenzetting te bevatten van het gevoerde beleggingsbeleid en inzicht te geven in de risico's.

53.9.6 Vaststelling en openbaarmaking

Behalve voor een kleine OZW die onder Titel 9 Boek 2 BW valt, gelden veelal geen wettelijke voorschriften tot openbaarmaking van de jaarstukken.
Gezien de veelal maatschappelijke betekenis van dergelijke organisaties wordt echter aanbevolen dat de jaarstukken aan belanghebbenden en belangstellenden ter beschikking worden gesteld, zodra ze zijn vastgesteld door de bevoegde organen ((RJk C1.412).

Toekomstige regelgeving

Omdat in de praktijk verschillend wordt omgegaan met het moment van verwerking van nalatenschappen van particulieren, heeft de RJ in RJ-Uiting 2021-3 besloten om in RJk C.207 te verduidelijken dat een bate uit nalatenschap wordt verwerkt in het verslagjaar waarin de omvang betrouwbaar kan worden vastgesteld. Een bate uit een nalatenschap kan betrouwbaar worden vastgesteld als op grond van het stadium waarin de afhandeling van de nalatenschap zich bevindt, een betrouwbare schatting van de omvang van de nalatenschap kan worden gemaakt. Deze beoordeling vindt per nalatenschap plaats. Als alternatief voor de beoordeling per nalatenschap is het aanvaardbaar om baten uit nalatenschappen te verwerken in het verslagjaar waarin de akte van verdeling dan wel, als er geen akte van verdeling is, de rekening en verantwoording is ontvangen. De verwerkingswijze wordt consistent toegepast en in de toelichting uiteengezet.

53.10 Stichting Administratiekantoor

Algemeen

Een zogenoemde 'Stichting Administratiekantoor' (hierna 'Administratiekantoor') heeft als algemene statutaire doelstelling meestal het tegen toekenning van certificaten, ten titel van beheer in eigendom verwerven, beheren en administreren van aandelen (RJ 640.522). Voortvloeiend uit deze doelstelling (certificering) oefent het

53 Organisaties zonder winststreven en fondsenwervende organisaties

Administratiekantoor de rechten uit die aan de geadministreerde aandelen zijn verbonden, zoals het stemrecht en het claimrecht. Tevens verzorgt het Administratiekantoor de doorbetaling van op de aandelen ontvangen dividenden en andere uitkeringen (waaronder begrepen de liquidatie-uitkeringen) aan de certificaathouders. Op grond van de algemene bepalingen in artikel 2:10 lid 1 en 2 BW is het bestuur van een Administratiekantoor verplicht tot het voeren van een administratie en het opmaken van een balans met een staat van baten en lasten.
Richtlijn 640.522-529 geeft tevens regels voor het opstellen van de jaarrekening van een Administratiekantoor. Voor kleine OZW's zijn deze regels opgenomen in RJk C1.413-419, die identiek zijn aan de regels voor (middel)grote OZW's.

Verwerking van de aandelen en de certificaten in de balans

Doorgaans beschikt een Administratiekantoor niet over het economisch eigendom van de door haar in beheer gehouden aandelen, zodat de aandelen niet als een actief in de jaarrekening van de stichting kwalificeren (RJ 640.524 en RJ 640.525). Ook heeft de stichting vrijwel nooit verplichtingen jegens de certificaathouders voor de uitgegeven certificaten, anders dan het uitkeren aan de certificaathouders van de beschikbaar gekomen voordelen, verbonden aan de aandelen (zoals ontvangen dividend) (RJ 640.525). De stichting neemt daarom de in beheer gehouden aandelen en de uitgegeven certificaten niet op in de balans van de stichting. Gezien de aard en de doelstelling van de beheerverantwoording van het Administratiekantoor is het toegestaan de aandelen en de certificaten als pro memorie (p.m.) in de balans te verantwoorden (RJ 640.526).

Verwerking van ontvangsten op aandelen en uitkeringen op certificaten in de staat van baten en lasten

Ontvangsten op aandelen en uitkeringen op certificaten worden evenmin als baten en lasten in de staat van baten en lasten verwerkt in het geval de aandelen en de certificaten niet in de balans zijn verwerkt, omdat de stichting verplicht is om hetgeen ontvangen wordt, direct uit te keren aan de certificaathouders (RJ 640.527).
Indien aan het Administratiekantoor geen toekomstige economische voordelen toevloeien, merkt zij de ontvangsten op aandelen niet aan als baten. Voor het Administratiekantoor bestaat namelijk de verplichting om hetgeen ontvangen wordt, direct uit te keren aan de certificaathouders (RJ 640.528).

Toelichting

Het Administratiekantoor dient het volgende in de toelichting van de jaarrekening op te nemen met betrekking tot de aandelen en de certificaten (RJ 640.529):
▶ het aantal en het relatieve belang van de in beheer gehouden aandelen van de relevante rechtspersoon;
▶ de rechten die samenhangen met deze aandelen;
▶ het aantal en het relatieve belang van de uitgegeven certificaten;
▶ de voorwaarden van certificering en de mogelijkheid tot royering;
▶ de ontvangsten op aandelen en de uitkeringen op certificaten.

53.11 Fondsenwervende organisaties

Binnen Nederland is een groot aantal fondsenwervende organisaties aanwezig die bepaalde doelstellingen nastreven die zeer uiteenlopend zijn qua aard maar zeker ook qua omvang van organisatie en middelen. Door Goede Doelen Nederland (GDN), de branchevereniging van fondsenwervende organisaties, en de Belastingdienst wordt geschat dat er in Nederland meer dan 18.000 goededoelenorganisaties zijn. Het exacte aantal is niet bekend, net zozeer als ook niet bekend is hoeveel geld er in deze organisaties omgaat. Dit komt onder andere omdat er geen verplichte registratieplicht is voor dergelijke instellingen.

Fondsenwervende organisaties kunnen globaal worden omschreven als private organisaties die zich inzetten voor een speciale doelstelling. GDN geeft aan dat *'Fondsenwervende instellingen dienen het algemeen belang door zich in te zetten voor sociale, culturele, maatschappelijke, milieu- of gezondheidsdoelen. Ten behoeve van deze doeleinden zamelen zij geld in, dat zij op een verantwoorde wijze besteden en beheren'* (www.goededoelennederland.nl). Ook de RJ geeft een definitie: 'De fondsenwervende organisatie is een particuliere organisatie met een maatschappelijke doelstelling die niet op winst is gericht en voor het realiseren van haar doelstelling baten verwerft uit publieke offervaardigheid en daarnaast uit andere bronnen van herkomst zoals overheidssubsidies, loterijen en baten als tegenprestatie voor de levering van producten en/of diensten' (RJ 650.101).

Belangrijke gezamenlijke begrippen die uit de verschillende definities kunnen worden afgeleid zijn:
- een organisatie zonder winstoogmerk;
- die zich inzet voor specifieke maatschappelijke doelstellingen;
- waar de via fondswerving ontvangen gelden worden besteed aan de doelstelling die de organisatie naleeft.

Voor fondsenwervende instellingen geldt dat deze veelal in de vorm van een stichting of vereniging worden gedreven.

Op kleine fondsenwervende organisaties is hoofdstuk C2 'Kleine fondsenwervende organisaties' van de RJk-bundel van toepassing. De kleine fondsenwervende organisatie is een organisatie waarvan de totale baten op geconsolideerde basis in het verslagjaar minder zijn dan € 500.000. De grens van € 500.000 is ontleend aan de erkenningsregeling, zoals gepubliceerd door de stichting Samenwerkende Brancheorganisaties Filantropie.

53.11.1 Toezicht op fondsenwervende organisaties

In de sector bestaat een systeem van verantwoording en toezicht en daarbij gelden normen en gedragscodes gebaseerd op zelfregulering. Per 1 januari 2016 is de Erkenningsregeling Goede Doelen ingevoerd. De Erkenningsregeling is onderdeel van het Validatiestelsel dat de sector, vertegenwoordigd door de Samenwerkende Brancheorganisaties Filantropie (SBF), heeft ontwikkeld. Het Validatiestelsel is een direct voortvloeisel uit het in 2011 gesloten convenant 'Ruimte voor geven' tussen SBF en de overheid. In dit convenant zijn afspraken gemaakt over de samenwerking tussen overheid en de sector, over het vergroten van transparantie en het versterken van het publieksvertrouwen. Met de erkenning kunnen goededoelenorganisaties laten zien dat ze aan alle kwaliteitseisen voldoen, hun maatschappelijke doelen realiseren en transparant zijn. Dit draagt bij aan het publieksvertrouwen.

Voor de leden van Goede Doelen Nederland gelden de volgende codes, regels en richtlijnen:
- SBF-code voor Goed Bestuur; code voor goed bestuur (soort corporate governance code voor fondsenwervende organisaties;
- Richtlijn 650 en RJk C2 indien sprake is van kleine fondsenwervende organisaties en de aanbeveling Toepassing Richtlijn 650 'Kostentoerekening beheer en administratie;
- Erkenningsregeling Goede Doelen;
- Regeling beloning directeuren van goede doelen: de beloningsregeling maakt deel uit van de erkenningsregeling en is afgeleid van de WNT';
- Richtlijn Financieel beheer goede doelen;
- Handreiking verwerking en waardering van nalatenschappen belast met (vrucht)gebruik.

53 Organisaties zonder winststreven en fondsenwervende organisaties

53.11.2 Verslaggeving

Een fondsenwervende organisatie die een erkenning heeft gekregen van het Centraal Bureau Fondsenwerving (CBF) is vanwege het keurmerk verplicht aan Richtlijn 650 te voldoen of aan RJk C2 indien sprake is van een kleine fondsenwervende instelling.
In Richtlijn 640 'Organisaties-zonder-winststreven' zijn algemene bepalingen opgenomen voor de verslaggeving van (onder meer) fondsenwervende organisaties (zie de paragrafen hiervoor in dit hoofdstuk).
In Richtlijn 650 zijn specifieke bepalingen opgenomen voor de verslaggeving van fondsenwervende organisaties. Fondsenwervende organisaties dienen Richtlijn 650 en Richtlijn 640 en de overige stellige uitspraken uit de RJ-bundel toe te passen. Indien de voorschriften van Richtlijn 650 afwijken van die van Richtlijn 640 en de overige algemene Richtlijnen, gaan de voorschriften van Richtlijn 650 voor. Voor het bestuursverslag past de fondsenwervende organisatie de voorschriften van Richtlijn 650 toe. De voorschriften van Richtlijn 640 en Richtlijn 400 die betrekking hebben op het bestuursverslag, zijn in Richtlijn 650 verwerkt.
In deze paragraaf worden alleen de specifieke onderwerpen uit Richtlijn 650 behandeld. Voor zover bepaalde onderwerpen in Richtlijn 650 niet worden behandeld dient de fondsenwervende instelling terug te vallen op de overige Richtlijnen in de RJ-bundel en verwijzen wij naar de paragrafen hiervoor en de overige hoofdstukken in dit handboek.

Modellen
Voor fondsenwervende organisaties zijn in bijlage 1 en 2 van Richtlijn 650 specifieke modellen voor de balans en de staat van baten en lasten opgenomen (RJ 650.301). De fondsenwervende organisatie dient de balans en de staat van baten en lasten op te stellen overeenkomstig deze modellen. In bijlage 3 van Richtlijn 650 is een model toelichting bestedingen opgenomen: de organisatie dient in de toelichting een specificatie van de lasten op te nemen volgens dit in bijlage 3 opgenomen model.

Teneinde inzicht te geven in de bijzondere karakteristiek van de fondsenwervende organisatie kunnen de omschrijvingen van en indelingen in posten voor zover nodig worden aangepast.

53.11.3 Activa
53.11.3.1 Algemeen
In de balans zijn de activa opgenomen in volgorde van toenemende liquiditeit. Deze indeling geeft echter geen inzicht in de aanwending van de middelen voor de doelstelling, bedrijfsvoering of ter belegging, hetgeen belangrijke informatie is. Immers aanwending van de gelden in het kader van de doelstelling kan ook geschieden door het beschikbaar stellen van gelden (leningen en voorschotten) respectievelijk van andere activa (bijvoorbeeld apparatuur vooronderzoek, voorradenhulpgoederen, vakantiecentrum voor gehandicapten, scholings- en voorlichtingsmateriaal).

Voor een goed inzicht dient daarom bij de verschillende activaposten in de toelichting te worden aangegeven of de activa worden aangehouden:
- als zijnde benodigd voor de bedrijfsvoering;
- voor directe aanwending in het kader van de doelstelling; of
- ter belegging.

Een voorbeeld van activa in het kader van de doelstelling is een voorraad dekens en tenten. Kantoorinventaris is een voorbeeld van activa benodigd voor de bedrijfsvoering.

53.11.3.2 Materiële vaste activa

Materiële vaste activa aangewend in het kader van de doelstelling worden op dezelfde manier gewaardeerd als activa benodigd voor de bedrijfsvoering (RJ 650.201).

In het geval dat investeringen zijn gefinancierd uit een speciale inzamelingsactie dienen de baten uit de inzamelingsactie te worden verwerkt in de staat van baten en lasten en dient de investering te worden geactiveerd onder de materiële vaste activa. De baten verkregen uit de inzamelingsactie dienen via de bestemming van het saldo van baten en lasten te worden toegevoegd aan een bestemmingsfonds. Uit het bestemmingsfonds valt jaarlijks via de bestemming van het saldo van baten en lasten een bedrag vrij ten gunste van de overige reserves naar rato van de afschrijvingen op het materieel vast actief (RJ 650.201).

In het geval dat investeringen zijn gefinancierd uit een overheidssubsidie dient Richtlijn 274 'Overheidssubsidies' zo veel als mogelijk te worden toegepast (zie hoofdstuk 35).

Er kunnen zich omstandigheden voordoen waarbij het verantwoord kan zijn een investering ineens ten laste van de staat van baten en lasten te boeken. Deze omstandigheden kunnen zich voordoen indien een fondsenwervende organisatie in het kader van de doelstelling een actief verwerft waarvan de toekomstige exploitatie negatief is en de organisatie het beleid heeft dit actief nooit te vervreemden. Een voorbeeld is een fondsenwervende natuurbeheerorganisatie die in het kader van haar doelstelling natuurgebieden aanschaft met het doel deze zelf te beheren. De natuurbeheerorganisatie heeft het beleid deze natuurgebieden niet te vervreemden en de toekomstige exploitatie van deze gebieden is negatief. Wanneer zich deze omstandigheden voordoen, dienen de verwerkingswijze en de omstandigheden die tot deze verwerkingswijze hebben geleid in de toelichting te worden uiteengezet. Tevens dient de kostprijs van deze investeringen in het verslagjaar te worden vermeld (RJ 650.201).

53.11.4 Reserves en fondsen

De post reserves en fondsen heeft een bijzonder karakter. De organisatie is gehouden dit vermogen slechts aan te wenden in overeenstemming met de doelstelling waartoe ze in het leven is geroepen (RJ 650.202). Daarom wordt gesproken over reserves en fondsen in plaats van over eigen vermogen.

Toevoegingen aan en onttrekkingen uit reserves en fondsen dienen uit de bestemming van het saldo van baten en lasten te geschieden. Bestedingen waarvoor een bestemmingsreserve of een bestemmingsfonds is gevormd, dient de fondsenwervende organisatie daarom eerst te verwerken als last in de staat van baten en lasten (RJ 650.203). Zie verder paragraaf 53.5.2.

In de balans dient de post reserves en fondsen zodanig te worden gepresenteerd dat daaruit afzonderlijk blijken (RJ 650.303):
1. de reserves; en
2. de fondsen.

Van elke post van de reserves en fondsen dient een verloopoverzicht te worden opgenomen waaruit blijkt (RJ 650.304):
▶ het bedrag aan het begin van het boekjaar;
▶ de toevoegingen en verminderingen over het boekjaar, uitgesplitst naar hun aard; en
▶ het bedrag aan het eind van het boekjaar.

53 Organisaties zonder winststreven en fondsenwervende organisaties

Reserves

Het bestuur van een fondsenwervende organisatie geeft door de bepaling van de reserves aan op welke wijze het bestuur de ter beschikking staande middelen wenst aan te wenden (RJ 650.305). De reserves dienen in de balans te worden onderverdeeld in:
- continuïteitsreserve;
- statutaire reserves;
- bestemmingsreserves;
- herwaarderingsreserve; en
- overige reserves.

Continuïteitsreserve

Een continuïteitsreserve kan worden gevormd voor de dekking van risico's en om zeker te stellen dat de fondsenwervende organisatie ook in de toekomst aan haar verplichtingen kan voldoen. Indien een continuïteitsreserve wordt gevormd dienen toevoegingen aan en onttrekkingen uit de continuïteitsreserve plaats te vinden uit de bestemming van het saldo van baten en lasten. In dit geval dient de organisatie in de toelichting de door haar noodzakelijk geachte omvang van de continuïteitsreserve alsmede de daaraan ten grondslag liggende veronderstellingen te vermelden (RJ 650.306).

Bestemmingsreserve

Indien de organisatie een deel van de middelen heeft afgezonderd, omdat daaraan een beperktere bestedingsmogelijkheid is gegeven dan gezien haar doelstelling zou zijn toegestaan en deze beperking is door het bestuur aangebracht, dan dient zij dit deel aan te merken als bestemmingsreserve (RJ 650.307).

> **Voorbeeld bestemmingsreserve**
>
> Een voorbeeld van een bestemmingsreserve is een reserve bestemd voor de aanschaf van bijzondere apparatuur of een reserve voor bijzondere projecten waarvan de uitgaven worden gedekt uit eigen middelen.
> Een ander voorbeeld van een bestemmingsreserve is een reserve als bron van inkomsten die wordt gevormd voor de realisatie van de doelstelling op langere termijn. De reserve wordt gevormd om ook in de toekomst de exploitatielasten te kunnen dekken. De concrete bestemming moet van tevoren vastgesteld zijn. Voorbeelden zijn reserves die worden gevormd om de beheerskosten van fondsen op naam te dekken of voor de instandhouding van natuurterreinen.
> Een derde voorbeeld van een bestemmingsreserve betreft een reserve financiering activa. Indien en voor zover eigen middelen noodzakelijkerwijs zijn aangewend ten behoeve van activa benodigd voor de bedrijfsvoering of activa ter realisering van de doelstelling, kan de fondsenwervende organisatie een reserve financiering activa aanhouden (RJ 650.308).

Bestemmingsfondsen

Indien de organisatie een deel van de middelen heeft afgezonderd, omdat daaraan een beperktere bestedingsmogelijkheid is gegeven dan gezien haar doelstelling zou zijn toegestaan en deze beperking is door derden aangebracht, dient zij dit deel aan te merken als bestemmingsfonds (RJ 650.309); zie ook RJ 640.315.

> **Voorbeeld bestemmingsfonds**
>
> Een voorbeeld van een bestemmingsfonds is een donatie waarvan de donateur heeft aangegeven dat deze niet bestemd is om te besteden, maar om te beheren en het rendement daarvan te besteden aan de doelstelling.

Bijzonderheden omtrent reserves

Indien een actie voor een specifiek doel meer opbrengt dan voor dat doel benodigd is of aan een gift de bestemming ontvalt, dient dit feit te worden vermeld in het verslagjaar waarin dit duidelijk wordt. Het meerdere bedrag dient onder de overige reserves te worden verantwoord. Indien aan een bestemmingsfonds de bestemming ontvalt, dient het resterende bedrag aan de overige reserves te worden toegevoegd of, bij besluit van het bestuur, aan een bestemmingsreserve te worden toegevoegd. Deze verwerkingswijze dient te worden toegelicht (RJ 650.310).

53.11.5 Winst-en-verliesrekening

Alle opbrengsten dienen voor het brutobedrag onder de baten te worden opgenomen, tenzij in Richtlijn 650 uitdrukkelijk anders is bepaald. Kosten die nodig zijn om bepaalde baten te realiseren, dienen in de staat van baten en lasten als last te worden gepresenteerd, tenzij anders bepaald (RJ 650.311).

In de staat van baten en lasten dienen de begrotingscijfers van het verslagjaar te worden vermeld. In de toelichting of in het bestuursverslag dienen verschillen tussen de begroting en de werkelijke cijfers te worden geanalyseerd (RJ 650.312).

53.11.5.1 Baten

In de staat van baten en lasten dient in ieder geval een onderscheid gemaakt te worden in de volgende baten (RJ 650.313):
- baten van particulieren;
- baten van bedrijven;
- baten van loterijorganisaties;
- baten van subsidies van overheden;
- baten van verbonden organisaties zonder winststreven;
- baten van andere organisaties zonder winststreven;
- baten als tegenprestatie voor de levering van producten en/of diensten;
- overige baten.

Baten van particulieren en baten van bedrijven kunnen niet altijd goed van elkaar worden onderscheiden. Voorbeelden zijn baten uit evenementen, zoals een gala, en baten uit loterijen. Indien de baten niet eenduidig zijn onder te verdelen, rekent de fondsenwervende organisatie de betreffende baten volledig aan de meest geëigende categorie toe. De fondsenwervende organisatie dient het bedrag van en de categorie waaraan toerekening heeft plaatsgevonden in de toelichting uiteen te zetten (RJ 650.313).

Onder baten van verbonden organisaties zonder winststreven worden opgenomen de baten van nationale en internationale moeder- en zusterorganisaties van de fondsenwervende organisatie. In de toelichting moet inzicht worden gegeven in de aard van deze baten (RJ 650.313).

Baten van particulieren
Binnen baten van particulieren dienen in ieder geval in de toelichting afzonderlijk vermeld te worden de bijdragen uit:
- collecten;
- nalatenschappen;
- contributies;
- donaties en giften;
- eigen loterijen en prijsvragen;
- overige baten van particulieren.

Met de opbrengst uit collecten wordt inzamelingen door middel van collecten waarvoor vergunningen zijn afgegeven bedoeld (RJ 650.314).

53 Organisaties zonder winststreven en fondsenwervende organisaties

Baten uit subsidies van overheden
Onder baten uit subsidies van overheden worden uitsluitend subsidies die zijn verkregen van een overheid, waaronder EU of vergelijkbare internationale organisaties, overheidsinstellingen en publiekrechtelijke organisaties verantwoord. Tot deze subsidies worden ook gerekend, subsidies die via een andere organisatie van een overheid zijn verkregen en onder dezelfde voorwaarden zijn verdeeld of toegewezen (RJ 650.315).

De fondsenwervende organisatie kan een subsidie verkrijgen waaraan een terugbetalingsverplichting is verbonden bij het niet besteden van de subsidie overeenkomstig de subsidievoorwaarden. In dat geval mag de fondsenwervende organisatie pas een bate verantwoorden bij het aangaan van een verplichting tot besteding overeenkomstig de subsidievoorwaarden. Indien de fondsenwervende organisatie een subsidie verkrijgt zonder terugbetalingsverplichting, verwerkt de organisatie een bate in het jaar van toekenning (RJ 650.315).

De fondsenwervende organisatie dient in de toelichting te vermelden of de betreffende subsidies een incidenteel dan wel structureel karakter hebben. Voor het overige is Richtlijn 274 'Overheidssubsidies' van toepassing.

Baten als tegenprestatie voor de levering van producten en/of diensten
Baten als tegenprestatie voor de levering van producten en/of diensten worden als afzonderlijke post in de staat van baten en lasten opgenomen. Onder deze post worden bijvoorbeeld abonnementsgelden, entreegelden en baten uit de verkoop van artikelen opgenomen (RJ 650.316).

Bij verkoop van artikelen dient in de staat van baten en lasten onder de post baten als tegenprestatie voor de levering van producten en/of diensten de brutowinst te worden verantwoord. De brutowinst is de netto-omzet verminderd met de kostprijs van de verkochte producten en/of diensten. Onder de netto-omzet wordt verstaan de opbrengst onder aftrek van kortingen en over de omzet geheven belastingen. Onder de kostprijs wordt verstaan de inkoopwaarde van de producten en/of diensten, verhoogd met de op de inkoop en verkoop drukkende directe kosten, inclusief de logistieke kosten van in- en verkoop (RJ 650.316).

In de toelichting op de staat van baten en lasten dienen de netto-omzet, de kostprijs en de brutowinst te worden vermeld.

Indien de fondsenwervende organisatie uit hoofde van haar doelstelling artikelen verkoopt en/of diensten levert waarbij personen die tot de doelgroep behoren slechts een geringe eigen bijdrage betalen waardoor de activiteiten niet kostendekkend zijn, dan neemt de fondsenwervende organisatie het brutoresultaat op als lasten besteed aan de doelstelling.

Indien in het kader van de uitvoering van de doelstelling door personen die tot de doelgroep behoren een eigen bijdrage wordt voldaan, dient deze eigen bijdrage in de toelichting op de staat van baten en lasten zichtbaar in mindering te worden gebracht op de lasten.

Saldo financiële baten en lasten
Rentebaten en beleggingsresultaten dienen te worden verantwoord onder de post saldo financiële baten en lasten. De aan de organisatie berekende kosten van beleggingen, zoals bankkosten en kosten van beheer door derden en de eigen organisatie, dienen in mindering te worden gebracht op de post saldo financiële baten en lasten (RJ 650.317).

In de toelichting op de staat van baten en lasten dient inzicht gegeven te worden in de resultaten van het beleggingsbeleid. Minimaal moeten de volgende rubrieken afzonderlijk worden vermeld:
- rentebaten;
- rentelasten;
- dividend;
- gerealiseerde en ongerealiseerde koersresultaten;
- kosten van beleggingen;
- netto beleggingsresultaat.

53.11.5.2 Lasten

Uit de staat van baten en lasten dienen de bestedingen in relatie tot de volgende activiteiten te blijken (RJ 650.318):
- besteed aan doelstellingen;
- wervingskosten;
- kosten beheer en administratie.

Omdat belanghebbenden ook inzicht willen hebben in de omvang en samenstelling van de lasten naar kostensoorten, dient in de toelichting op de staat van baten en lasten een specificatie van de lasten gegeven te worden volgens het in de bijlage 3 bij Richtlijn 650 opgenomen 'model toelichting bestedingen'. De wijze waarop deze kostentoerekening plaatsvindt, dient duidelijk in de toelichting te worden vermeld. Bij deze toerekening dient een bestendige gedragslijn te worden gevolgd (RJ 650.319).

In de toelichting op de staat van baten en lasten dient een specificatie van de personeelskosten in lonen en salarissen, sociale lasten, pensioenlasten en overige personeelskosten te worden opgenomen. Tevens dient het gemiddeld aantal gedurende het boekjaar bij de rechtspersoon werkzame werknemers te worden vermeld.

Besteed aan doelstellingen

Indien de fondsenwervende organisatie bestedingen doet aan verschillende doelstellingen, dient zij per hoofdgroep van activiteiten de bestedingen toe te rekenen (RJ 650.320).

Volgens bijlage 3 bij Richtlijn 650 dienen per hoofdgroep te worden aangegeven:
- de omvang van de aan derden verstrekte subsidies;
- bijdragen;
- de kosten van de eigen activiteiten in het kader van de doelstelling.

Met de kosten van de eigen activiteiten in het kader van de doelstelling worden kosten van bijvoorbeeld zelf verricht wetenschappelijk onderzoek of door de organisatie zelf verleende hulp bedoeld, maar ook kosten in het kader van acceptatie, verslaggeving en evaluatie van projecten.

Onder kosten van uitbesteed werk wordt verstaan de kosten van een project waarvan de uitvoering door de organisatie is uitbesteed aan een derde en waarbij de regie en verantwoordelijkheid voor het project door de eigen organisatie plaatsvindt.

De keuze in het model opgenomen in bijlage 3 bij Richtlijn 650 voor de detaillering van het aantal verantwoorde doelstellingen dient aan te sluiten bij de statutaire doelstellingen en de bij de fondsenwerving gecommuniceerde doelstellingen (RJ 650.321).

53 Organisaties zonder winststreven en fondsenwervende organisaties

In de toelichting dient het totaalbedrag van de vrijvallende (niet tot uitkering gekomen) subsidieverplichtingen zichtbaar in mindering gebracht te worden op de verstrekte subsidies (RJ 650.322).

Van voorlichting als onderdeel van de doelstelling is sprake wanneer de organisatie voorlichting geeft, die primair ten doel heeft het bewerkstelligen van bewustwording, attitudeverandering en gedragsverandering (anders dan het geven van geld) bij de doelgroep. Het realiseren van dit voorlichtingsdoel moet een van de statutaire doelstellingen van de organisatie zijn en een rechtstreekse relatie hebben met de realisering van de hoofddoelstelling. Voorwaarde voor kostentoerekening aan voorlichting is een consistent voorlichtingsbeleid (RJ 650.323). Voor de situatie waarin voorlichting en fondsenwerving tegelijk plaatsvinden, zie RJ 650.325.

De fondsenwervende organisatie dient het bedrag van de voorlichtingskosten en de post waarin deze voorlichtingskosten zijn opgenomen afzonderlijk in de toelichting te vermelden.

Wervingskosten

Alle kosten van activiteiten, die ten doel hebben particulieren, bedrijven, loterijorganisaties, overheden en andere (fondsenwervende) organisaties te bewegen geld te geven voor één of meer van de doelstellingen, dienen te worden aangemerkt als wervingskosten. Dit houdt in dat de communicatiekosten tot de wervingskosten dienen te worden gerekend, tenzij sprake is van voorlichtingskosten (RJ 650.324).

Regelmatig zal er sprake zijn van gemengde activiteiten: voorlichting en fondsenwerving tegelijk (bijvoorbeeld het toezenden van voorlichtingsmateriaal met daarbij de al dan niet nadrukkelijk gestelde vraag om de organisatie ook te steunen). In die gevallen is het toegestaan het deel van deze kosten dat betrekking heeft op de voorlichtingsactiviteit daaraan toe te rekenen (RJ 650.325).

De fondsenwervende organisatie dient in de toelichting in een percentage te vermelden hoe de wervingskosten zich verhouden tot de baten. De organisatie dient het percentage te bepalen door de wervingskosten te delen door de som van de geworven baten (RJ 650.326).

Kosten beheer en administratie

Kosten van beheer en administratie zijn die kosten die de organisatie maakt in het kader van de (interne) beheersing en administratievoering die niet worden toegerekend aan de doelstelling of de werving van baten (RJ 650.327).

Personeelsbeloningen

De fondsenwervende organisatie dient het bedrag van de bezoldiging met inbegrip van de pensioenlasten, de omvang van het dienstverband in uren en het parttimepercentage van iedere individuele bestuurder en gewezen bestuurder en van iedere individuele toezichthouder en gewezen toezichthouder in de toelichting te vermelden. Tevens dient de organisatie de bedragen te vermelden van verstrekte leningen, voorschotten en garanties aan (gewezen) bestuurders en (gewezen) toezichthouders. Indien van toepassing vermeldt de organisatie de nog openstaande bedragen, de afgewaardeerde bedragen en de bedragen waarvan werd afgezien, de rentevoet, de belangrijkste overige bepalingen, en de aflossingen gedurende het boekjaar (RJ 650.328).

Met bestuurders wordt gedoeld op de personen die deel uitmaken van het bestuur, dus van het statutaire bestuursorgaan (zie art. 2:44 lid 1 en art. 2:291 lid 1 BW). Voorts worden hieronder begrepen degenen die bij de statuten algemene bevoegdheden hebben verkregen of aangemerkt kunnen worden als feitelijk leidinggevende (bijvoorbeeld de titulaire directeur die geen statutaire bestuurder is).

De fondsenwervende organisatie vermeldt de gegevens over de bezoldiging en dergelijke van (gewezen) bestuurders en van (gewezen) toezichthouders in overeenstemming met paragraaf 6 'Bezoldiging van bestuurders en commissarissen' van Richtlijn 271 'Personeelsbeloningen'.

Indien de organisatie de financiële gegevens van andere rechtspersonen of vennootschappen consolideert, worden de bedragen die ten laste van deze rechtspersonen of vennootschappen zijn gekomen in de opgave begrepen.

Bestemming saldo van baten en lasten
De bestemming van het saldo van baten en lasten dient onder de staat van baten en lasten dan wel in de toelichting te worden vermeld (RJ 650.329).

53.11.6 Geconsolideerde jaarrekening

Stichtingen en verenigingen kunnen geen wederzijdse kapitaalbelangen verkrijgen. De consolidatie van jaarrekeningen van stichtingen en/of verenigingen betreft in feite een samenvoeging van desbetreffende jaarrekeningen onder toepassing van de methode van consolidatie (elimineren van onderlinge vorderingen, schulden, baten en lasten). De geconsolideerde reserves en fondsen wijken hierdoor af van de reserves en fondsen van het groepshoofd. De verschillen tussen de reserves en fondsen volgens de balans en volgens de geconsolideerde balans en de verschillen tussen het resultaat in de staat van baten en lasten en het resultaat in de geconsolideerde staat van baten en lasten dienen door middel van een aansluitingsoverzicht te worden toegelicht (RJ 650.401).

Onderdelen van (inter)nationale organisaties
Indien een nationale vestiging van een (inter)nationaal verband een rechtspersoon is naar Nederlands recht, dient Richtlijn 650 onverkort te worden toegepast door die rechtspersoon (RJ 650.402). In dat geval dient in de toelichting verslag te worden gedaan van de besteding van eventuele afdrachten en subsidies door de rechtspersoon aan het (inter)nationaal verband. Voorts dient in de toelichting de aard en omvang van eventuele kosten te worden vermeld, die het (inter)nationaal verband voor zijn rekening heeft genomen ten bate van de fondsenwerving door de fondsenwervende organisatie.

53.11.7 Bestuursverslag

Het bestuursverslag is een verslag waarin de directie of het bestuur verantwoording aflegt over de gang van zaken bij de fondsenwervende organisatie en het door de organisatie gevoerde beleid (RJ 650.403). Het toezichthoudend orgaan legt verantwoording af over de uitvoering van zijn toezichthoudende taak in het verslag van het toezichthoudend orgaan. Afhankelijk van de inrichting van de organisatie is er wel of niet sprake van een toezichthoudend orgaan (raad van toezicht). Is een dergelijk orgaan niet benoemd dan rust de toezichthoudende taak mede op het bestuur en behoort tot het verslag van dat bestuur informatie over de wijze waarop het toezicht is geregeld.

Aan het bestuursverslag van een fondsenwervende organisatie komt een bijzondere betekenis toe. De aard van de activiteiten brengt met zich mee, dat de maatschappelijke betekenis daarvan slechts in beperkte mate uit de jaarrekening kan blijken.

In het bestuursverslag dient in ieder geval informatie te worden opgenomen over (RJ 650.404):
- de doelstelling, missie en visie;
- de belangrijkste risico's en onzekerheden;
- de doelrealisatie;
- het financieel beleid en de financiële resultaten;
- de governance;

- de communicatie met belanghebbenden;
- de verwachte gang van zaken; en
- maatschappelijke aspecten van ondernemen.

Informatie over doelstelling, missie en visie

De fondsenwervende organisatie dient in het bestuursverslag op een heldere en voor buitenstaanders inzichtelijke wijze inzicht te geven in statutaire doelstelling(en), missie en visie van de organisatie (RJ 650.405).

Informatie over belangrijkste risico's en onzekerheden

De fondsenwervende organisatie neemt in het bestuursverslag een beschrijving op van de voornaamste risico's en onzekerheden waarmee de organisatie wordt geconfronteerd (RJ 650.406). De uitgebreidheid van de informatie wordt mede bepaald door de omvang en complexiteit van de fondsenwervende organisatie en haar activiteiten en de daaraan gerelateerde risico's en onzekerheden.

Het gaat niet om het geven van een uitputtende uiteenzetting van alle mogelijke risico's en onzekerheden, maar om een selectie en weergave van de belangrijkste risico's en onzekerheden waarvoor de fondsenwervende organisatie zich ziet geplaatst. Dit stelt de gebruiker van het bestuursverslag in staat zich een goed beeld te vormen van mogelijke gebeurtenissen of ontwikkelingen met belangrijke gevolgen voor resultaten, de financiële positie of de continuïteit van bepaalde of alle activiteiten van de fondsenwervende organisatie zelf, of de groep indien de fondsenwervende organisatie aan het hoofd van een groep staat.

Onzekerheden ontstaan als gevolg van het geheel of gedeeltelijk ontbreken van informatie over, inzicht in of kennis van een gebeurtenis, de gevolgen daarvan, of de waarschijnlijkheid dat een gebeurtenis zich voordoet. Risico's zijn de effecten van onzekerheden op het behalen van doelstellingen.
Bij de identificatie en selectie van de voornaamste risico's en onzekerheden zijn in ieder geval de volgende categorieën van belang: strategie (inclusief reputatie), operationele activiteiten (inclusief fraude risico), financiële risico's, financiële verslaggeving en wet- en regelgeving.

De fondsenwervende organisatie geeft een beschrijving op hoofdlijnen van de bereidheid risico's en onzekerheden al dan niet af te dekken (de zogenoemde risicobereidheid of 'risk appetite'). De mate van risicobereidheid is een leidraad voor het al dan niet nemen van maatregelen ter beheersing van risico's en onzekerheden.

Daarnaast dient de fondsenwervende organisatie de volgende informatie te verschaffen (RJ 650.406):
- een beschrijving van de maatregelen die zijn getroffen ter beheersing van de voornaamste risico's en onzekerheden, zo mogelijk met een kwalitatieve beschrijving van de verwachte effectiviteit van de genomen maatregelen. Indien voor één of meer van de voornaamste risico's en onzekerheden geen beheersingsmaatregelen zijn getroffen, dient dit feit te worden uiteengezet;
- een beschrijving van de verwachte 'impact' op de resultaten en/of financiële positie indien één of meer van de voornaamste risico's en onzekerheden zich zouden voordoen, zo mogelijk gebaseerd op gevoeligheidsanalyses;
- een beschrijving van de risico's en onzekerheden die in afgelopen boekjaar een belangrijke 'impact' op de fondsenwervende organisatie hebben gehad, en de gevolgen daarvan voor de organisatie; en/of, en zo ja welke, verbeteringen in het systeem van risicomanagement van de fondsenwervende organisatie zijn of worden aangebracht.

De fondsenwervende organisatie geeft bij voorkeur aan op welke wijze het systeem van risicomanagement is verankerd in de organisatie en welke maatregelen de fondsenwervende organisatie heeft genomen ('soft controls') ter beïnvloeding van de cultuur, het gedrag en de motivatie van haar werknemers.

Informatie over doelrealisatie

De fondsenwervende organisatie dient in het bestuursverslag op een heldere en voor buitenstaanders inzichtelijke wijze inzicht te geven in (RJ 650.407):
- de gewenste resultaten en de beoogde verbetering van de situatie van de doelgroep dan wel van het maatschappelijke doel;
- de wijze van monitoren en evalueren van het behalen van resultaten en het realiseren van verbetering;
- de selectie van de programma's en/of projecten; en
- de belangrijkste bereikte resultaten en niet bereikte resultaten in het boekjaar in het licht van het (meerjaren) beleid.

Het is van belang dat de fondsenwervende organisatie het publiek en andere belanghebbenden inzicht geeft in de bestedingen aan de doelstelling in het boekjaar. Indien sprake is van (meerjaren) toezeggingen aan (project) subsidies en -bijdragen dan is het mogelijk dat de in de jaarrekening verantwoorde lasten uit hoofde van doelbestedingen sterk afwijken van de in het boekjaar daadwerkelijk verrichte uitgaven aan de doelbesteding. Dit omdat de toezeggingen (deels) pas in toekomstige jaren worden besteed. Indien deze situatie zich voordoet, geeft de organisatie een (kwalitatieve) toelichting voor zover mogelijk aangevuld met een kwantitatieve onderbouwing van de in het boekjaar verrichte uitgaven.

Informatie over financieel beleid en financiële resultaten

De fondsenwervende organisatie dient in het bestuursverslag op een heldere en voor buitenstaanders inzichtelijke wijze inzicht te geven in (RJ 650.408):
- een analyse van het saldo van baten en lasten waarbij specifiek toelichting wordt gegeven op bijzondere baten en lasten met een eenmalig karakter, baten en lasten uit voorgaande jaren die het inzicht van de belanghebbende in het saldo van baten en lasten beïnvloeden;
- een kwalitatieve analyse van de mate waarin baten eenmalig of jaarlijks terugkerend zijn. Hiermee geeft de fondsenwervende organisatie inzicht in risico's ten aanzien van de continuïteit van de baten;
- de gehanteerde fondsenwervingsmethode(n);
- de gewenste en gerealiseerde verhouding tussen de lasten 'besteed aan doelstelling', 'wervingskosten' en 'kosten beheer en administratie';
- de gewenste en gerealiseerde verhouding tussen wervingskosten en de som van geworven baten;
- het beleid ten aanzien van de functie en de omvang van de reserves en fondsen, waarbij inzicht wordt gegeven in de risicoanalyse die ten grondslag ligt aan de omvang van de continuïteitsreserve;
- het beleggingsbeleid waarbij een toelichting wordt gegeven op de volgende elementen:
  - het doel en de tijdshorizon;
  - het risicoprofiel en de samenstelling van de portefeuille;
  - duurzaamheidcriteria;
  - de wijze van beheer van de portefeuille, de verantwoordelijkheden en de bevoegdheden;
  - de wijze waarop controle/toezicht op de naleving van het beleggingsstatuut plaatsvindt; en
  - beleggingsresultaten in het boekjaar.

De fondsenwervende organisatie vermeldt ten aanzien van het gebruik van financiële instrumenten de doelstellingen en het beleid inzake risicobeheer, voor zover dat van betekenis is voor de beoordeling van de activa, passiva, financiële toestand en resultaat van de fondsenwervende organisatie. Daarbij wordt aandacht besteed aan het beleid inzake afdekking van risico's verbonden aan alle belangrijke soorten (financiële) transacties en aan de door de fondsenwervende organisatie gelopen prijs-, krediet-, liquiditeits- en kasstroomrisico's.

Deze toelichting heeft betrekking op de fondsenwervende organisatie en de groepsmaatschappijen waarvan de financiële gegevens in de geconsolideerde jaarrekening zijn opgenomen. Voor zover deze informatie in de jaarrekening is verstrekt, wordt aanbevolen een concrete verwijzing in het bestuursverslag naar de desbetreffende passage in de jaarrekening op te nemen.

Informatie over governance

De fondsenwervende organisatie dient in het bestuursverslag op een heldere en voor buitenstaanders inzichtelijke wijze inzicht te geven in (RJ 650.409):

- de juridische structuur van de fondsenwervende organisatie, met inbegrip van de groepsstructuur;
- de naam en functie van bestuurders, directieleden en toezichthouders en hun eventuele (betaalde en onbetaalde) hoofd- en nevenfuncties;
- het bezoldigingsbeleid voor bestuurders, directie, toezichthouders en medewerkers;
- de gedragscodes en richtlijnen die de organisatie onderschrijft en naleeft; en
- de wijze waarop het toezicht op de fondsenwervende organisatie is georganiseerd.

Indien de fondsenwervende organisatie onderdeel is van of een verbonden relatie heeft met een internationale fondsenwervende organisatie, dient inzicht te worden gegeven in de aard van de verbondenheid tussen de Nederlandse organisatie en de internationale organisatie.

Informatie over communicatie met belanghebbenden

De fondsenwervende organisatie dient in het bestuursverslag op een heldere en voor buitenstaanders inzichtelijke wijze inzicht te geven in haar beleid met betrekking tot de communicatie met belanghebbenden (RJ 650.410). Hierbij wordt in ieder geval aandacht besteed aan:

- het bepalen van de (groepen) belanghebbenden;
- de wijze waarop een optimale relatie met deze groepen belanghebbenden wordt nagestreefd.

Informatie over verwachte gang van zaken

De fondsenwervende organisatie dient in het bestuursverslag op een heldere en voor buitenstaanders inzichtelijke wijze inzicht te geven in de belangrijkste toekomstplannen voor de korte en middellange termijn (RJ 650.411). Hierbij dient specifiek ingegaan te worden op belangrijke wijzigingen in doelstelling, beleid, programma's en activiteiten die voor een belanghebbende relevant zijn. Zij dient de begroting voor het jaar volgend op het verslagjaar in samenvattende vorm op te nemen, tenzij de functie die zij aan de begroting toekent dat niet zinvol maakt.

Informatie over maatschappelijke aspecten van de activiteiten

In het algemeen is aan activiteiten van de fondsenwervende organisatie een drietal maatschappelijke aspecten verbonden, te weten milieu-, sociale en economische aspecten. Veelal wordt in dit verband gesproken over maatschappelijk verantwoord ondernemen (RJ 650.412).

Het is primair aan de fondsenwervende organisatie om in dialoog met zijn maatschappelijke omgeving invulling te geven aan maatschappelijk verantwoord ondernemen. De diversiteit van situaties maakt het niet goed mogelijk of wenselijk om precies en uniform voor te schrijven hoe de fondsenwervende organisatie dit zou moeten vormgeven. Wel mag op dit vlak transparantie worden verwacht, waarbij de fondsenwervende organisatie de keuze van relevante maatschappelijke aspecten en de daarop in het bestuursverslag op te nemen toelichting heeft afgestemd op de informatiebehoefte van belanghebbenden (stakeholders).

De fondsenwervende organisatie bepaalt of, en zo ja hoe, een toelichting op relevante maatschappelijke aspecten van ondernemen in het bestuursverslag wordt opgenomen, alsmede welke maatschappelijke aspecten als meest relevant worden aangemerkt.

Bij de verslaggeving over maatschappelijk verantwoord ondernemen wordt aanbevolen een onderscheid te maken tussen maatschappelijke aspecten van:
- de eigen bedrijfsvoering en activiteiten; en
- de (internationale) keten waarin de fondsenwervende organisatie opereert.

Overige toelichtingen en bestuursverslag
Toelichtingen op afzonderlijke posten van de balans en de staat van baten en lasten maken deel uit van de toelichting als onderdeel van de jaarrekening en dienen niet in plaats daarvan te worden opgenomen in het bestuursverslag (RJ 650.413).
Het gebruik van grafieken in het bestuursverslag kan zinvol zijn. Ook op deze voorstellingen is de eis van getrouwheid van toepassing, evenals het verbod op strijdigheid met de jaarrekening. Dit houdt onder meer in dat:
- de in grafieken gepresenteerde getallen overeenstemmen met de in de jaarverslaggeving voorkomende financiële en andere kwantitatieve informatie; en
- de schalen die in de grafieken zijn gehanteerd, alsmede de daarbij gehanteerde methoden bijdragen aan de getrouwe weergave van de veranderingen en de verbanden tussen financiële en/of andere kwantitatieve informatie in de jaarverslaggeving.

53.11.8 Kleine fondsenwervende instellingen

Voor kleine fondsenwervende organisaties is hoofdstuk C2 'Kleine fondsenwervende organisaties' van de RJk-bundel van toepassing. De kleine fondsenwervende organisatie is een organisatie waarvan de totale baten op geconsolideerde basis in het verslagjaar minder zijn dan € 500.000. Voor kleine fondsenwervende instellingen gelden vrijstellingen; wij verwijzen hiervoor naar de bepalingen in RJk C2.

54 Personenvennootschappen

54.1 Begripsbepaling	
Personenvennootschap	Een personenvennootschap is een personenassociatie waarbij sprake is van een contractuele samenwerking tussen twee of meer natuurlijke personen en/of rechtspersonen.
54.2 Algemene bepalingen personenvennootschappen	
Algemene bepalingen	De algemene bepalingen in de Nederlandse wetgeving voor personenvennootschappen, zoals een maatschap, vennootschap onder firma (Vof) of commanditaire vennootschap (CV).
54.3 Toepasselijke wet- en regelgeving	
Jaarverslaggeving van de personenvennootschap	Ten aanzien van de jaarrekening van personenvennootschappen is alleen artikel 3:15i BW en artikel 2:10 BW van toepassing. Titel 9 Boek 2 BW is alleen van toepassing indien alle vennoten (van een Vof of CV) die volledig aansprakelijk zijn, kapitaalvennootschappen naar buitenlands recht zijn. Wel kan in de vennootschapsovereenkomst Titel 9 Boek 2 BW en de Richtlijnen van overeenkomstige toepassing worden verklaard. Naar toekomstig recht blijft deze situatie ongewijzigd.
Jaarverslaggeving van de vennoten inzake belang in de personenvennootschap	Als de vennoot onder Titel 9 BW 2 valt, moet zij het belang op basis van deze regels en de Richtlijnen in haar jaarrekening verwerken. Anders gelden alleen de eerdergenoemde artikel 3:15i BW en artikel 2:10 BW.
54.4 Specifieke aspecten jaarverslaggeving personenvennootschap	
Classificatie als joint venture, aansprakelijkheid, inbreng, uitkeringen, kapitaal	Deze aspecten worden behandeld ten aanzien van de jaarrekening van een Titel 9-personenvennootschap en de jaarrekening van een personenvennootschap, niet vallend onder Titel 9 Boek 2 BW.
54.5 Specifieke aspecten jaarverslaggeving vennoten inzake belang in personenvennootschap	
Behandeling belang in personenvennootschap	Ingegaan wordt op: ▶ de classificatie van het belang in de personenvennootschap; ▶ de verwerking van het belang in de personenvennootschap in de jaarrekening van de vennoten; ook bij toepassing van IFRS-EU (IFRS 11).

54.1 Begripsbepaling

Bij personenvennootschappen bestaat een contractuele samenwerking tussen twee of meer natuurlijke personen en/of rechtspersonen die zich over en weer verplichten tot een bepaalde inbreng met als doel hiermee (economisch) voordeel te behalen voor de participanten (vennoten). Bij personenvennootschappen kunnen de vennoten zowel natuurlijke personen als rechtspersonen zijn. Personenvennootschappen hebben volgens de huidige wetgeving géén rechtspersoonlijkheid, en worden thans onderscheiden naar de vennootschap onder firma (Vof), de commanditaire vennootschap (CV) en de maatschap.

Kenmerk van dergelijke contractuele rechtsvormen zonder rechtspersoonlijkheid is dat de ondernemer (vennoot) in privé aansprakelijk is voor ondernemingsschulden (vennootschapsschulden). Zakelijke schuldeisers kunnen zich verhalen op het ondernemingsvermogen én het privévermogen van de ondernemer.

Vennootschap onder firma (Vof)

De vennootschap onder firma is een naar buiten toe kenbare maatschap waarin twee of meer participanten of vennoten ('firmanten') een bedrijf uitoefenen. Alle vennoten zijn bevoegd om op te treden namens de Vof. Iedere vennoot is met zijn privévermogen hoofdelijk en persoonlijk aansprakelijk voor het geheel van de schulden van de Vof. Verder heeft de Vof weliswaar een afgescheiden vermogen, maar dit blijft het vermogen van de firmanten.

Commanditaire vennootschap (CV)

De CV is een vennootschap onder firma waarbij het doel is een bedrijf uit te oefenen onder gemeenschappelijke naam. Het belangrijkste verschil met de Vof is dat bij de CV twee soorten vennoten worden onderscheiden: de beherende en de commanditaire (stille) vennoot. De beherende vennoot is evenals de vennoten van een Vof bevoegd om op te treden namens de vennootschap en is persoonlijk en hoofdelijk aansprakelijk voor het geheel van de schulden van de CV. De commanditaire vennoot is alleen financier van de CV en mag in principe dan ook geen externe beheersdaden verrichten namens de vennootschap of bij de vennootschap werkzaam zijn. De commanditaire vennoot is niet aansprakelijk voor de schulden van de vennootschap, althans niet verder dan tot het bedrag dat hij heeft ingebracht. Indien de commanditaire vennoot echter desondanks namens de CV externe beheersdaden verricht, dan wordt deze commanditaire vennoot net als een beherend vennoot aansprakelijk voor de schulden van de vennootschap.

Maatschap

De (stille en openbare) maatschap is een samenwerkingsvorm tussen twee of meer beroepsgenoten ('maten') die met wat zij inbrengen (arbeid, geld en/of goederen) een bepaald doel nastreven, waarbij het voordeel hieruit wordt gedeeld in verhouding tot ieders inbreng. De leden van de maatschap zijn ten opzichte van derden ieder voor gelijke delen aansprakelijk voor schulden van de maatschap. Derden kunnen de individuele leden van de maatschap derhalve niet aanspreken voor de gehele schuld van de maatschap.

54.2 Algemene bepalingen personenvennootschappen

54.2.1 Wetgeving personenvennootschappen

De wetgeving voor Nederlandse personenvennootschappen is te vinden in de artikelen 7A:1655 tot en met 1688 BW en de artikelen 16 tot en met 34 WvK (Wetboek van Koophandel).

In feite is de wetgeving voor de maatschap ook van toepassing op de Vof en CV, voor zover de wettelijke regeling van de Vof en CV niet van die van de maatschap afwijkt. Deze wetgeving is zeer oud, het huidige artikel 7A:1655 BW stamt uit 1838, en er zijn in de loop van de tijd diverse pogingen gewaagd om de wetgeving te moderniseren. Zo is er enkele jaren geleden veel aandacht en tijd besteed aan het wetsvoorstel dat beoogde om de huidige regels omtrent personenvennootschappen (Vof, CV en maatschap) in Boek 7A BW (maatschap) en Boek 1 WvK (Vof en CV) te vervangen door een nieuwe wettelijke regeling voor personenvennootschappen in Titel 13 van Boek 7 BW. Dit wetsvoorstel tot wijziging van personenvennootschappen (wetsvoorstel Titel 7.13 BW) werd zelfs in 2005 door de Tweede Kamer aangenomen (TK, 28 746) evenals (in 2009) het daarmee samenhangende wetsvoorstel Invoeringswet annex aanpassingswet (TK, 31 065). Echter, de behandeling van deze wetsvoorstellen in de Eerste Kamer werd telkenmale vooruitgeschoven en in 2011 besloot het (toenmalige) Kabinet deze wetsvoorstellen in te trekken. De beoogde wetswijziging werd toen niet (langer) opportuun geacht, omdat volgens het Kabinet het bedrijfsleven – met name het MKB – geen behoefte bleek te hebben aan een nieuwe wettelijke regeling voor personenvennootschappen. Vanuit de juridische praktijk is deze intrekking betreurd. De problemen die de praktijk ondervindt van het uitblijven van een goede nieuwe regeling van de personenvennootschap, waren voor enkele praktijkjuristen en wetenschappers aanleiding om in 2012 het initiatief te nemen tot het vormen van een breed samengestelde werkgroep met het doel een voorstel te maken voor een nieuwe wettelijke regeling van de personenvennootschap.

In april 2016 publiceerde de werkgroep een ontwerp-rapport met daarin als bijlagen een voorstel voor een wettelijke regeling, getiteld: 'Modernisering personenvennootschappen'. Vervolgens is een symposium georganiseerd om commentaar uit de praktijk te krijgen en dat leidde tot aanpassingen in rapport, ontwerp-wettekst en memorie van toelichting. Op 26 september 2016 heeft de werkgroep het definitieve rapport met bijlagen aan de Minister van Veiligheid en Justitie aangeboden. Op 21 februari 2019 is door dit ministerie het concept voor een nieuwe "wet modernisering personenvennootschappen" in consultatie gegeven. Het in deze internetconsultatie opgenomen concept voor een nieuwe titel 7.13 voorziet in twee rechtsvormen, namelijk de vennootschap en de commanditaire vennootschap. Beide rechtsvormen kunnen voor zowel beroeps- als bedrijfsactiviteiten worden gebruikt. De maatschap en de vennootschap onder firma blijven qua naam bestaan, maar de huidige verschillen zullen verdwijnen. Ook wordt voorgesteld dat alle vennootschappen rechtspersoonlijkheid verkrijgen. Na bestudering van de reacties op deze consultatie, die duurde tot 31 mei 2019, zal het ministerie naar verwachting een wetsvoorstel aanbieden aan de Tweede Kamer. Dit is tot op heden nog niet gebeurd.

Onder het huidige recht zijn bij een Vof alle vennoten hoofdelijk gebonden voor de verbintenissen van de vennootschap. Bij een CV is de beherend vennoot, die bevoegd is op te treden namens de CV (beheersdaden), hoofdelijk aansprakelijk voor de schulden van de CV. De commanditair vennoot is dat niet, tenzij deze aansprakelijk wordt omdat deze externe beheersdaden gaat verrichten. Tevens is, onder het huidige recht, een vennoot in de openbare maatschap alleen bevoegd de maatschap naar derden te vertegenwoordigen indien deze vennoot daartoe door de andere vennoten uitdrukkelijk is gevolmachtigd.

54.2.2 Afgescheiden vermogen

Een personenvennootschap is geen rechtspersoon en heeft geen 'eigen vermogen', mede vanwege de directe vermogensrechtelijke betrokkenheid van de vennoten. Er is echter wel een zeker onderscheid tussen het privévermogen van de vennoten en het zaaksvermogen van de vennootschap, dat bij een Vof of CV afgescheiden vermogen wordt genoemd. Maar ondanks dit onderscheid kan een vennoot met zijn privévermogen aansprakelijk zijn voor de schulden van de personenvennootschap. De crediteuren van een Vof hebben bijvoorbeeld zowel verhaal op het vermogen van de Vof als op het privévermogen van de vennoten.

54.2.3 Commanditaire vennootschap

De commanditaire vennootschap of CV is een personenvennootschap die naast één of meer beherende vennoten (besturende vennoten) ook één of meer commanditaire vennoten kent. Commanditaire vennoten zijn 'geldschieters' (financiers) die dan ook in beginsel niet bevoegd zijn om rechtshandelingen te verrichten voor de vennootschap en niet aansprakelijk zijn voor de verplichtingen van de vennootschap. Een commandiet is alleen gehouden tot storting van vermogen (inbreng) in de CV, welk vermogen beschikbaar is ter delging van een eventueel verlies van de CV. Echter, een commanditaire vennoot wordt wél hoofdelijk aansprakelijk als deze (als ware het een beherend vennoot) namens de CV rechtshandelingen gaat verrichten (bijvoorbeeld op basis van een volmacht).

54.3 Toepasselijke wet- en regelgeving

De toepasselijke verslaggevingseisen inzake personenvennootschappen worden hierna behandeld. Daarbij wordt een onderscheid gemaakt naar de jaarverslaggeving van de personenvennootschap zelf (zie par. 54.3.1) en de jaarverslaggeving van de vennoten inzake hun belang in de personenvennootschap (zie par. 54.3.2).

54.3.1 Jaarverslaggeving van de personenvennootschap

De grondslag voor de financiële verslaggeving door beoefenaren van een beroep en/of bedrijf wordt gevonden in de algemene administratieverplichting ter zake de vermogenstoestand betreffende het bedrijf en/of beroep volgens artikel 3:15i BW. Deze bepaling betreft een ieder, hetgeen dus omvat een natuurlijk persoon (eenmanszaak), personenvennootschap dan wel een privaatrechtelijke of publiekrechtelijke rechtspersoon naar binnenlands of buitenlands recht. In genoemd artikel wordt tevens artikel 2:10 BW van overeenkomstige toepassing verklaard, waardoor er tevens de plicht bestaat om jaarlijks een balans en een staat van baten en lasten op te stellen. De wet bevat echter verder geen nadere voorschriften ten aanzien van de inrichting van zo'n balans en de staat van baten en lasten.

Alleen in het geval sprake is van een CV of Vof, waarvan alle (beherende) vennoten die jegens schuldeisers volledig aansprakelijk zijn voor de schulden 'kapitaalvennootschappen naar buitenlands recht' zijn, zijn tevens de bepalingen van Titel 9 Boek 2 op de jaarrekening en het bestuursverslag (art. 2:360 lid 2 BW) van toepassing. In dit kader moet onder 'kapitaalvennootschappen naar buitenlands recht' worden verstaan alle buitenlandse vennootschapsvormen welke slechts hun vennootschapsvermogen (kapitaal/eigen vermogen) als waarborg aan derden bieden en waarbij de deelnemers/vennoten/aandeelhouders slechts beperkt aansprakelijk zijn (zoals dat het geval is bij bijvoorbeeld een GmbH, Sarl, BVBA, Ltd of vergelijkbare vennootschapsvormen).

> Dus als sprake is van een Vof waarvan de beide vennoten een Duitse GmbH en een UK Ltd zijn, dan valt de Vof op grond van artikel 2: 360 lid 2 BW onder Titel 9 Boek 2 BW. Heeft de Vof naast de GmbH en de Ltd tevens een Nederlandse BV of een natuurlijke persoon als derde vennoot dan valt de Vof zelf **niet** onder Titel 9 Boek 2 BW: immers niet **alle** aansprakelijke vennoten van de Vof zijn kapitaalvennootschappen naar buitenlands recht.

Buiten deze situatie vallen (gewone) personenvennootschappen niet onder het bereik van Titel 9 Boek 2 BW. Wel kan in de vennootschapsovereenkomst (bijvoorbeeld in de Vof-akte) worden bepaald, welke normen van toepassing zijn op de inrichting, publicatie en accountantscontrole van de balans en de staat van baten en lasten, daarmee kunnen Titel 9 Boek 2 BW en/of de Richtlijnen van de Raad voor de Jaarverslaggeving van overeenkomstige toepassing worden verklaard.

Er kunnen voor diverse beroepsgroepen ook afzonderlijke administratievereisten gelden (zoals voor advocaten, notarissen, accountants). Er kan ook voor een eigen systeem worden gekozen zolang maar wordt voldaan aan de wettelijke eis dat de rechten en verplichtingen van de personenvennootschap (en daarmee de rechten en verplichtingen tussen de vennoten) kunnen worden gekend.

Heeft de personenvennootschap ten minste 50 werknemers, dan moet een ondernemingsraad worden ingesteld (art. 2 lid 1 WOR). Er bestaat dan verantwoordingsplicht voor de vennoten jegens de ondernemingsraad gebaseerd op een krachtens de WOR uitgevaardigd besluit als bedoeld in artikel 31a lid 5 WOR, in casu het Besluit verstrekking financiële informatie aan ondernemingsraden 1985. Voor de personenvennootschap met een onderneming waarin ten minste tien maar minder dan vijftig werknemers werkzaam zijn, geldt het bepaalde in artikel 35b en 35c WOR. In dat geval verstrekt de ondernemer aan de werknemers ten minste eenmaal per jaar mondeling en schriftelijk informatie omtrent de werkzaamheden en de resultaten van de onderneming in het afgelopen jaar alsmede omtrent de verwachtingen voor het komende jaar.

54.3.2 Jaarverslaggeving van de vennoten inzake belang in de personenvennootschap

Vennoten van een personenvennootschap kunnen zowel natuurlijke persoon als rechtspersonen zijn. Als de vennoot in een personenvennootschap als rechtspersoon onder Titel 9 Boek 2 BW valt, bijvoorbeeld de vennoot is een BV, dient het belang in de personenvennootschap (door de BV) te worden verwerkt in haar jaarrekening in overeenstemming met Titel 9 Boek 2 BW en de Richtlijnen van de Raad voor de Jaarverslaggeving. Voor de verwerking (waardering, presentatie en toelichting) hiervan is bepalend of het belang in de personenvennootschap kwalificeert als een deelneming, groepsmaatschappij, dochtermaatschappij of joint venture. De kwalificatie en de verwerking van het belang wordt hierna behandeld in paragraaf 54.5.1.

Als de vennoot niet onder Titel 9 Boek 2 BW valt, bijvoorbeeld geen rechtspersoon is maar een natuurlijke persoon, moeten de financiële gegevens van de personenvennootschap bij de vennoot zelf worden meegenomen. Hierbij zijn alleen het eerdergenoemde artikel 3:15i BW en artikel 2:10 BW van toepassing.

54.4 Specifieke aspecten jaarverslaggeving van de personenvennootschap

54.4.1 Joint venture

In het algemeen kan worden gesteld dat het in een personenvennootschap, althans bij een Vof en maatschap, veelal zal gaan om samenwerking op voet van min of meer gelijkwaardigheid. Vaak zal de situatie dan ook zo zijn, dat de personenvennootschap voor jaarrekeningdoeleinden is aan te merken als 'joint venture'. Verwezen wordt naar de omschrijving van een joint venture in Richtlijn 940. De gezamenlijke uitoefening van zeggenschap veronderstelt gelijkwaardigheid van de deelnemers in de joint venture.

In het geval dat de personenvennootschap als een 'joint venture' is aan te merken, bepaalt RJ 215.210 dat in de jaarrekening van de joint venture de eerste waardering van de ingebrachte activa en passiva moet geschieden tegen de reële waarde op het moment van inbreng. Deze reële waarde wordt voor de joint venture beschouwd als de verkrijgingsprijs van de activa en passiva. Dit laat onverlet de wijze van verwerking van deze inbreng in de (geconsolideerde) jaarrekening van de deelnemer(s) van de joint venture.

Dit uitgangspunt is ook van toepassing op de personenvennootschap die geen joint venture is. Immers, een afzonderlijke rechtspersoon/vennootschap moet bij de verwerving van activa en passiva zelfstandig zijn positie bepalen en de verwerving in zijn jaarrekening verantwoorden in overeenstemming met de economische realiteit die de verwerving voor de rechtspersoon/vennootschap zelf heeft (RJ 115.106 tot en met 112).

De vervolgwaardering van de joint venture is afhankelijk van de gekozen grondslagen voor waardering en resultaatbepaling van de joint venture. Om doelmatigheidsredenen zullen door de joint venture-partners zo veel mogelijk gemeenschappelijke grondslagen voor de joint venture worden afgesproken.

54.4.2 Aansprakelijkheid

Een vennoot van een Vof is onbeperkt aansprakelijk voor schulden van de Vof. Bij een CV is de beherend vennoot, die bevoegd is op te treden namens de CV (beheersdaden), onbeperkt aansprakelijk voor de schulden van de CV. RJ 214.617 bepaalt, dat voor zover dit noodzakelijk is voor het inzicht dat de jaarrekening dient te geven, over deze onbeperkte aansprakelijkheid in de toelichting informatie moet worden gegeven. Indien en zodra de aansprakelijkheid effectief wordt, dient een schuld respectievelijk een voorziening in de balans te worden opgenomen. Zolang de Vof of CV in staat is de schulden uit eigen exploitatie van de vennootschap te kunnen voldoen zijn er geen gevolgen voor de balans van de (beherend) venno(o)te(en), en kan worden volstaan met de hiervóór uiteengezette toelichting. Echter, indien door cumulatieve verliezen een tekort in het Vof- of CV-kapitaal ontstaat, heeft dit vanwege de wettelijke aansprakelijkheid wel gevolgen voor de balans van de (beherend) venno(o)te(en); voor het tekort zal/zullen de (beherend) venno(o)te(en) een overeenkomstige schuld dienen te verwerken.

54.4.3 Inbreng

Volgens het huidig recht verplicht de samenwerking bij een personenvennootschap ieder van de vennoten tot inbreng (het leveren van een prestatie tot het bereiken van het gemeenschappelijke doel). Voor de jaarrekening van de vennootschap is slechts van belang de inbreng waarbij (tevens) de economische eigendom van goederen wordt verkregen. Immers, criteria voor opname in de balans van activa en posten van het vreemd vermogen zijn: beschikkingsmacht, bepaalbare waarde, economische voordelen en economisch risico (RJ 115.102 tot en met 105).

54.4.4 Winst en verlies; uitkeringen

Het jaarresultaat dient tussen de vennoten te worden verdeeld. Uitgangspunt is dat de waarde van de inbreng van de vennoten de basis is voor de verdeling van het jaarresultaat (het delen in de winst en het verlies). Bij de vennootschapsovereenkomst kan een andere verdeling worden overeengekomen.

In de vennootschapsovereenkomst kunnen nadere voorzieningen zijn opgenomen, bijvoorbeeld dat slechts een bepaald percentage wordt uitgekeerd of dat onder bepaalde omstandigheden niets wordt uitgekeerd. Ook al zou de vennootschapsovereenkomst een gehele uitkering toestaan, dan kan onder bijzondere omstandigheden het vorderen van een integrale uitkering in strijd zijn met de redelijkheid en de billijkheid, bijvoorbeeld in het geval van harde noodzaak van een (gedeeltelijke) interne financiering. Indien het aandeel in de winst niet of niet volledig wordt uitgekeerd, wordt door bijboeking van het niet-uitgekeerde gedeelte op de kapitaalrekening van de betreffende vennoot diens inbreng verhoogd.

Bij de vennootschapsovereenkomst kan worden bepaald dat iedere vennoot gehouden is zijn deel in het verlies aan te zuiveren. Is hieromtrent niets bepaald, dan kunnen de redelijkheid en billijkheid onder bijzondere omstandigheden meebrengen dat de vennoten hun aandeel in het verlies aanzuiveren. Bijvoorbeeld ingeval van een operatie tot sanering van de financiën die in het belang is van iedere vennoot.

54.4.5 Kapitaal

In de boeken van de vennootschap worden de vennoten op een kapitaalsrekening gecrediteerd voor de waarde van hun inbreng (netto-actief), verhoogd met de ingehouden winst en verminderd met geleden verliezen (indien afgesproken in de vennootschapsovereenkomst) en de opnamen in het jaar. Deze kapitaalsrekening vertegenwoordigt het 'vermogen' van de vennoten en niet 'eigen' vermogen van de personenvennootschap. Er is geen sprake van 'eigen' vermogen, omdat een personenvennootschap in juridische zin geen zelfstandige drager is van rechten en verplichtingen (want geen rechtspersoon) en derhalve geen juridisch 'eigenaar' van het vennootschappelijk vermogen.

54.5 Specifieke aspecten jaarverslaggeving van de vennoten inzake belang in de personenvennootschap

Hierna wordt de verwerking (waardering, presentatie en toelichting) van het belang in de personenvennootschap in de jaarrekening van de vennoten behandeld. Uitgangspunt daarbij is dat de vennoot als rechtspersoon onder Titel 9 Boek 2 BW valt.

54.5.1 Classificatie belang in de personenvennootschap

Beherend vennoot in Vof of CV

Is de rechtspersoon (bijvoorbeeld een BV) vennoot in de Vof of beherend vennoot in de CV, dan wordt het belang van de rechtspersoon in de Vof en CV gekwalificeerd als een *deelneming* op grond van artikel 2:24c lid 2 onder a BW ('als vennoot jegens schuldeisers volledig aansprakelijk voor de schulden').

Op grond van ditzelfde criterium, zoals eveneens vermeld in artikel 2:24a lid 2 BW en indien de rechtspersoon beherend vennoot is, is de Vof of CV ook *dochtermaatschappij*.

De Vof of CV kwalificeert tevens als *groepsmaatschappij* van de vennoot indien voldaan wordt aan de criteria voor groepsmaatschappijen volgens RJ 217.201 tot en met 204: er is dan sprake van een economische eenheid als gevolg van organisatorische verbondenheid en/of centrale leiding met een beleidsbepalende invloed ('control'). Is sprake van een groep, dan moet de rechtspersoon als groepshoofd de Vof of CV opnemen (consolideren) in de geconsolideerde jaarrekening.
Het hebben van beslissende zeggenschap van de rechtspersoon als vennoot in de Vof of CV bepaalt derhalve of sprake is van een groepsrelatie. Dit is afhankelijk van de feitelijke situatie en hetgeen over de zeggenschap en de organisatorische verbondenheid in de vennootschapsovereenkomst is geregeld.
Als bij een CV slechts één beherende vennoot is, zal deze normaliter het beleid van de CV bepalen. Als er bij een CV meerdere beherende vennoten zijn, zal doorgaans geen van de vennoten feitelijk beslissende zeggenschap in de Vof of CV hebben en kwalificeert de Vof of CV doorgaans niet als groepsmaatschappij.

Joint venture

Activiteiten met anderen kunnen gezamenlijk worden uitgevoerd in de vorm van een personenvennootschap. Een dergelijke samenwerking kwalificeert als een joint venture indien sprake is van contractuele regeling tot samenwerking met een gezamenlijk uit te oefenen zeggenschap over de activiteiten ('joint control': gezamenlijke beheersing). Door de gemaakte afspraken kan geen van de joint venture-partners eenzijdig beslissende invloed uitoefenen. Het belang in een joint venture voldoet ook doorgaans aan de definitie van een deelneming.
Joint ventures worden veelal gegoten in de vorm van een Vof of CV. Als er meerdere (beherende) vennoten zijn en geen van de vennoten heeft overwegende zeggenschap, dan dient de rechtspersoon haar belang in de Vof of CV in haar jaarrekening te verwerken als joint venture.

Commanditaire vennoot in CV

Is de rechtspersoon slechts commanditair vennoot in de CV, dan is zij niet volledig aansprakelijk voor de schulden. De CV kan daarom alleen kwalificeren als een *deelneming* van de rechtspersoon indien de rechtspersoon met de CV duurzaam verbonden is ten dienste van de eigen werkzaamheid (art. 2:24c lid 2 onder b BW). Of hiervan sprake is, hangt af van de feitelijke situatie en hetgeen hierover in de vennootschapsovereenkomst is overeengekomen. Als dit niet het geval is, kwalificeert het belang in de CV als een *belegging*.

Maatschap

Veelal wordt gesteld, omdat in de wetsgeschiedenis uitdrukkelijk alleen over vennootschappen onder firma en commanditaire vennootschappen wordt gesproken, dat het lidmaatschap van een rechtspersoon in een maatschap niet gelijkgesteld wordt aan een deelneming. Een lidmaatschap van een rechtspersoon in een maatschap kan echter onder omstandigheden, indien voldoende onderbouwd, wel degelijk kwalificeren als een deelneming.

54.5.2 Verwerking van het belang in de personenvennootschap in de jaarrekening van de vennoten

Op basis van de hiervoor genoemde classificatie worden hierna de specifieke verwerkingsaspecten van het belang in de personenvennootschap in de jaarrekening van de vennoten besproken. Voor de algemeen geldende verwerkingsaspecten omtrent de waardering, presentatie en toelichting van belangen van de rechtspersoon als deelneming, groepsmaatschappij, joint venture dan wel als belegging wordt verwezen naar hoofdstuk 9 'Financiële vaste activa', hoofdstuk 10 'Deelnemingen' en hoofdstuk 11 'Joint ventures'.

Deelneming

Zoals hiervoor is toegelicht, kwalificeert het belang van de rechtspersoon als vennoot in een Vof of beherend vennoot in een CV als een deelneming op grond van artikel 2:24c lid 2 onder a BW. Dit geldt eveneens als de rechtspersoon commanditair vennoot is in de CV en met de CV duurzaam verbonden is ten dienste van de eigen werkzaamheid (art. 2:24c lid 2 onder b BW). Verwezen wordt naar hoofdstuk 9 'Financiële vaste activa'.

Indien het belang kwalificeert als een deelneming én de rechtspersoon invloed van betekenis kan uitoefenen op het zakelijke en financiële beleid van de deelneming, dient de deelneming in de jaarrekening van de vennoot te worden gewaardeerd volgens de vermogensmutatiemethode. Daarbij geldt in beginsel de netto-vermogenswaarde, behalve indien onvoldoende gegevens ter beschikking staan in welk geval waardering tegen zichtbaar eigen vermogen plaatsvindt.

Indien het belang kwalificeert als een deelneming én de rechtspersoon (desondanks) géén invloed van betekenis kan uitoefenen op het zakelijke en financiële beleid van de deelneming, dient de deelneming in de jaarrekening van de vennoot te worden gewaardeerd volgens de verkrijgingsprijsmethode (kostprijs) dan wel de actuele-waardemethode.

Groepsmaatschappij

De vennootschap die kwalificeert als een groepsmaatschappij van de vennoot, impliceert dat de jaarrekening van de vennootschap moet worden betrokken in de geconsolideerde jaarrekening van de vennoot (moedermaatschappij). Hierop zijn de consolidatiebepalingen (consolidatievrijstellingen, consolidatiegrondslagen en de inhoud van de geconsolideerde jaarrekening) zoals opgenomen in hoofdstuk 23, van toepassing. Geen consolidatie vindt bijvoorbeeld plaats in het geval de rechtspersoon vennoot is in een Vof en op grond van de overeenkomst met andere vennoten daaraan geen beslissende zeggenschap in de Vof is verbonden (RJ 217.302).

De personenvennootschap kan ook als ondernemingsvorm worden toegepast bij 'special purpose entities' (SPE's); dit zijn maatschappijen die zijn opgericht om een speciaal doel te verwezenlijken. Volgens de wet behoren SPE's tot de consolidatiekring. De Richtlijnen gaan ervan uit dat een SPE als een groepsmaatschappij moet worden aangemerkt, die onder bepaalde voorwaarden (RJ 217.204 en 205) moet worden geconsolideerd. Verwezen wordt verder naar paragraaf 10.1.1.

Joint venture

In de enkelvoudige jaarrekening van de vennoot dienen belangen in een joint venture in de vorm van een personenvennootschap, mits deze belangen wettelijk als deelnemingen kwalificeren waarin invloed van betekenis wordt uitgeoefend, volgens de vermogensmutatiemethode te worden gewaardeerd en wel in beginsel de netto-vermogenswaarde (zie ook hoofdstuk 10). De netto-vermogenswaarde is niet altijd noodzakelijk, want de deelnemende joint venture-partners kunnen in hun eigen jaarrekeningen namelijk verschillende grondslagen hanteren. Om doelmatigheidsredenen worden doorgaans gemeenschappelijke grondslagen voor de joint venture afgesproken. Alsdan kan herrekening naar de eigen grondslagen hierbij om kostenredenen achterwege blijven.

In de geconsolideerde jaarrekening van de vennoot mag het belang in een joint venture worden opgenomen naar evenredigheid tot het daarin gehouden belang (proportionele consolidatie), indien hiermee wordt voldaan aan het wettelijke inzichtsvereiste (art. 2:409 BW). In ieder geval dient de naam en de zetel van het belang te worden vermeld in de geconsolideerde jaarrekening (art. 2:414 lid 1 onder b BW). Verder vloeit uit artikel 2:414 lid 2 onder b BW voort dat daarbij tevens moet worden toegelicht waarom het betrokken belang voor proportionele consolidatie in aanmerking is gekomen.

Belangen in een joint venture worden in de jaarrekening van de vennoot onder 'andere deelnemingen' gerubriceerd, indien zij beantwoorden aan de wettelijke kwalificatie van deelneming.
De resultaatneming vanwege de inbreng van activa in de joint venture – in de jaarrekening van de inbrengende vennoot – is afhankelijk van de vraag of met de inbreng (tevens) de economische eigendom (economische voordelen en risico's) van goederen aan de joint venture is overgedragen. Is dat het geval, dan schrijft RJ 215.208 proportionele resultaatbepaling en -verantwoording voor, zowel in de enkelvoudige als in de geconsolideerde jaarrekening van de deelnemende vennoot. Is met de inbreng niet (tevens) de economische eigendom (economische voordelen en risico's) van goederen door de inbrengende vennoot aan de vennootschap overgedragen, dan blijft de inbreng in diens balans opgenomen (RJ 215.208 en RJ 115.109).

Er dient echter geen resultaat ter zake de inbreng te worden verantwoord indien de door de deelnemers ingebrachte niet-monetaire activa ongeveer aan elkaar gelijk zijn voor wat betreft aard, gebruik (in dezelfde bedrijfsactiviteit) en reële waarde (RJ 215.208).

Een verlies op aan de joint venture overgedragen vaste en vlottende activa dient door de inbrengende vennoot onmiddellijk volledig te worden genomen (RJ 215.208).
Een niet verantwoord resultaat dient in mindering te worden gebracht op de boekwaarde van de betreffende activa in geval van proportionele consolidatie en op de netto-vermogenswaarde van de joint venture als er geen consolidatie plaatsvindt. Een dergelijk resultaat dient niet als ongerealiseerde winst in de balans te worden gepassiveerd (RJ 215.209).

Als een deelnemer in de joint venture activa van de joint venture koopt, dan dient de deelnemer zijn aandeel in de winst van de joint venture op die verkoop pas in zijn winst-en-verliesrekening te verantwoorden als het desbetreffende actief is (door)verkocht aan een derde. Als zijn aandeel in het resultaat op deze transactie een verlies betreft, wordt dit verlies op dezelfde wijze uitgesteld. Indien echter sprake is van een verlies op vlottende activa of een bijzondere waardevermindering van vaste activa (als bedoeld in RJ 121), dan dient dit verlies of deze bijzondere waardevermindering direct te worden genomen (RJ 215.209).

IFRS 11

De hoofdlijn van IFRS 11 is dat deze standaard, onder de verzamelnaam *joint arrangements*, nog maar twee situaties kent, namelijk *'joint operations'* of *'joint venture'*. Het aandeel in een joint venture wordt verplicht overeenkomstig de equity-methode gewaardeerd. Voor het aandeel in een 'joint operation' geldt een verwerking naar rato van het 'aandeel' van de deelnemende partij in de activa, passiva, opbrengsten en kosten van de 'joint operation', zoals dat 'aandeel' is bepaald en gespecificeerd in de tussen de partijen gesloten samenwerkingsovereenkomst. Voor een uitgebreide behandeling van het onderscheid tussen joint ventures en 'joint operations' en de verwerking daarvan in de jaarrekening wordt verwezen naar hoofdstuk 11.

Nederlands vennootschapsrecht en IFRS 11

Het onderscheid in IFRS 11 tussen 'joint operations' en joint ventures kan in de praktijk van het Nederlandse vennootschapsrecht vragen opleveren. Een vuistregel (maar niet meer dan dat) kan zijn dat als er sprake is van een samenwerking in de (juridische) vorm van een rechtspersoon, zoals in de vorm van een BV, er waarschijnlijk sprake is van een joint venture (in de zin van IFRS 11.16). Als er sprake is van samenwerking in een personenvennootschap, zoals in de vorm van een Vof of CV, zal er waarschijnlijk sprake zijn van een 'joint operation' (in de zin van IFRS 11.15). Ook als de samenwerking niet afzonderlijk in een (personen)vennootschap is ondergebracht zal er meestal sprake zijn van een 'joint operation' (in de zin van IFRS 11.15). Ook hiervoor geldt dat voor een nadere uitwerking van voornoemde vuistregel wordt verwezen naar hoofdstuk 11.

Overige effecten

Het belang van de vennoot in een maatschap wordt, zoals hiervoor uiteengezet, normaliter niet gelijk gesteld aan een deelneming. Omdat het belang wel behoort tot de financiële vaste activa, wordt zij binnen de financiële vaste activa dan gerubriceerd onder overige effecten. Zij mogen niet volgens de vermogensmutatiemethode worden gewaardeerd. Voor de waardering van het belang gelden de algemene grondslagen, dat wil zeggen waardering tegen verkrijgingsprijs (incl. duurzaam lagere waarde) dan wel tegen actuele waarde.

Resultaatverantwoording

Voor de verwerking van de resultaten van transacties tussen de vennoot en de personenvennootschap in het geval sprake is van groepsmaatschappijen dan wel van een deelnemende rechtspersoon en zijn deelnemingen, wordt verwezen naar paragraaf 26.6.

Is de personenvennootschap geen joint venture, maar een deelneming die tegen netto-vermogenswaarde moet worden gewaardeerd, dan geldt evenals bij een joint venture proportionele resultaat-verantwoording.

Onder omstandigheden dient het aandeel in het resultaat van de vennootschap te worden opgenomen in een wettelijke reserve (art. 2:389 lid 6 BW). Dit is afhankelijk van eventueel bestaande beperkingen die de deelnemende vennoten aan de uitkering van het resultaat van de personenvennootschap kunnen stellen.

Rust op een vennoot de verplichting zijn deel in het verlies (van de personenvennootschap) aan te zuiveren, dan is veelal RJ 214.339 van toepassing dat de vorming van een voorziening voorschrijft in de situatie dat de boekwaarde van de deelneming nihil is geworden en de deelnemende rechtspersoon geheel of ten dele instaat voor de schulden van de deelneming.

Niet in de balans opgenomen verplichtingen

Een rechtspersoon die volledig aansprakelijk vennoot is van een Vof of CV dient hierover in de toelichting informatie te geven (art. 2:375 lid 3 en art. 2:381 BW). Indien daartoe aanleiding is dient een voorziening te worden getroffen (RJ 214.617 en RJ 252.205).
In de toelichting van de jaarrekening kan een indicatie van de omvang van de verplichting worden opgenomen door van de vennootschap de omvang van voorzieningen, schulden en overlopende passiva op de balansdatum te vermelden.

Zolang de Vof of CV in staat is de schulden uit eigen exploitatie van de vennootschap te kunnen voldoen zijn er geen gevolgen voor de balans van de (beherend) venno(o)te(en), en kan worden volstaan met de hiervóór uiteengezette toelichting. Echter, indien door cumulatieve verliezen een tekort in het Vof of CV-kapitaal ontstaat heeft dit vanwege de wettelijke aansprakelijkheid wel gevolgen voor de balans van de (beherend) venno(o)te(en); voor het tekort zal/zullen de (beherend) venno(o)te(en) een overeenkomstige schuld dienen te verwerken.

55 Woningcorporaties

55.1 Algemeen	
Begripsbepaling	Een woningcorporatie is een toegelaten instelling voor de volkshuisvesting in de zin van art. 19 van de Woningwet. Een woningcorporatie heeft als doel uitsluitend op het gebied van de volkshuisvesting werkzaam te zijn en beoogt haar financiële middelen uitsluitend in het belang van de volkshuisvesting in te zetten.
Toepasselijke wet- en regelgeving	Besluit Toegelaten Instellingen Volkshuisvesting, Regeling Toegelaten Instellingen Volkshuisvesting, Titel 9 Boek 2 BW, Woningwet. Behalve de algemene Richtlijnen voor de Jaarverslaggeving is tevens de specifieke Richtlijn 645 'Toegelaten instellingen volkshuisvesting' van toepassing. Tot slot is de Wet normering bezoldiging topfunctionarissen publieke en semipublieke sector van toepassing op toegelaten instellingen.
	De overheid heeft besloten dat woningcorporaties met meer dan 5.000 verhuureenheden met ingang van 1 januari 2020 kwalificeren als Organisatie van Openbaar Belang ('OOB'). De jaarrekening vanaf boekjaar 2020 dient onder het OOB-regime te worden opgesteld en gecontroleerd.
55.2 Algemene aspecten jaarverslaggeving	
	Aan de orde komen: ▸ totstandkoming van het financieel verslag; ▸ modellen; ▸ grootteregime; ▸ accountantscontrole; ▸ openbaarmaking.
55.3 Balans met toelichting	
Vastgoed in exploitatie	Waardering tegen marktwaarde op basis van bijlage 2 bij de RTIV. Daarnaast toelichten van de beleidswaarde van het vastgoed in exploitatie.
Vastgoed in ontwikkeling	Waardering tegen verkrijgings- of vervaardigingsprijs met eventuele afwaardering naar lagere marktwaarde.
Vastgoed bestemd voor verkopen	Waardering in overeenstemming met Richtlijn 220 'Voorraden' na herclassificatie wanneer het geoormerkte vastgoed niet meer in exploitatie is.
Woningen verkocht onder voorwaarden	Verwerking vindt plaats als financierings- dan wel verkooptransactie. Dit is afhankelijk van de contractuele voorwaarden.

Eigen vermogen	Onder het eigen vermogen wordt een herwaarderingsreserve opgenomen (verschil verkrijgings- of vervaardigingsprijs met de marktwaarde op complexniveau).
Voorziening onrendabele investeringen	Voor toekomstige investeringen in bestaande complexen (vastgoed in exploitatie) en nieuwbouwprojecten (vastgoed in ontwikkeling bestemd voor eigen exploitatie), waarvoor in rechte afdwingbare verplichtingen dan wel feitelijke verplichtingen zijn aangegaan, dient te worden beoordeeld of en in hoeverre de verplichtingen kwalificeren als een verlieslatend contract.
Overige toelichtingsvereisten	Richtlijn 645 kent een aantal specifieke toelichtingsvereisten voor woningcorporaties.
55.4 Winst-en-verliesrekening met toelichting	
Winst-en-verliesrekening	De RTIV schrijft een specifiek woningcorporatiemodel (op basis van functionele indeling) voor.
Belastingen	Een woningcorporatie is belastingplichtig met ingang van 1 januari 2008. Richtlijn 272 'Belastingen naar de winst' is van overeenkomstige toepassing.

55.1 Algemeen

De eisen voor de jaarrekening zoals beschreven in de voorgaande hoofdstukken van dit Handboek zijn tevens op toegelaten instellingen (hierna: woningcorporaties) van toepassing; verwezen wordt naar deze hoofdstukken. De WNT wordt bijvoorbeeld behandeld in hoofdstuk 21. Voor zover voor woningcorporaties specifieke bepalingen gelden worden deze in dit hoofdstuk uiteengezet.

55.1.1 Begripsbepaling
Woningcorporatie

Dit hoofdstuk is van toepassing op rechtspersonen werkzaam in het belang van de volkshuisvesting. Op deze rechtspersonen, aangeduid als toegelaten instellingen volkshuisvesting is het Besluit toegelaten instellingen volkshuisvesting (BTIV) van toepassing. In het BTIV zijn in hoofdstuk 4 'Verantwoording' de bepalingen inzake de verslaggeving vastgelegd. De paragrafen in dit hoofdstuk regelen de inhoud van de verslaggeving.

Woningcorporaties zijn private rechtspersonen met een maatschappelijke functie. Zij kunnen op grond van de Woningwet worden toegelaten en stellen zich ten doel uitsluitend op het gebied van de volkshuisvesting werkzaam te zijn en beogen haar financiële middelen uitsluitend in het belang van de volkshuisvesting in te zetten. Dit is geregeld in de Woningwet. Het wettelijk kader voor toegelaten instellingen wordt naast de Woningwet gevormd door het BTIV en de Regeling toegelaten instellingen volkshuisvesting (hierna: RTIV) (RJ 645.104).

De activiteiten worden uitgevoerd binnen de woningcorporatie en haar dochters, deelnemingen en andere samenwerkingsverbanden. Tegenover de toelating en het toezicht staat dat woningcorporaties door de overheid worden gefaciliteerd. De financiering van hun vastgoed wordt in het algemeen gegarandeerd door het Waarborgfonds Sociale Woningbouw (WSW) waarin het Rijk en de gemeenten het ultieme risico door middel van een zogenaamde 'achtervangpositie' afdekken.

De sectorinstituten WSW en de Autoriteit woningcorporaties (hierna: Aw) vragen uit hoofde van hun rol informatie op bij de woningcorporaties zijnde: 'de prospectieve informatie' (dPi) en 'de verantwoordingsinformatie' (dVi). Ten behoeve van de door hen gewenste rapportages schrijven zij in het kader van de marktwaarde- en beleidswaardeberekening het te hanteren rekenmodel voor. Deze informatie wordt gebruikt ten behoeve van de toezichthoudende en borgende rol van de sectorinstituten. Ten behoeve van grotere uniformering, is sinds 2016 de 'marktwaarde in verhuurde staat' de voorgeschreven waarderingsgrondslag in de jaarrekening en dient vanaf de jaarrekening 2018 de beleidswaarde te worden toegelicht in de jaarrekening.

55.1.2 Toepasselijke wet- en regelgeving

Een groot deel van de bepalingen inzake de jaarrekening, bestuursverslag en overige gegevens zoals opgenomen in Titel 9 Boek 2 BW zijn ingevolge artikel 35 en 36 van de Woningwet tevens van toepassing op woningcorporaties. Daarmee zijn tevens de Richtlijnen voor de Jaarverslaggeving onverkort van toepassing. Op grond van artikel 30 BTIV is een aantal artikelen van Titel 9 Boek 2 BW niet van toepassing op de jaarrekening en het bestuursverslag van woningcorporaties. Op woningcorporaties is daarnaast Titel 2 Boek 2 BW (indien de corporatie een vereniging is) of Titel 6 Boek 2 BW (indien de corporatie een stichting is) van toepassing. Voor woningcorporaties is specifiek Richtlijn 645 'Toegelaten instellingen volkshuisvesting' van toepassing.

Vanaf 1 januari 2020 worden woningcorporaties met meer dan 5.000 verhuureenheden betiteld als 'organisaties van openbaar belang'.

55.2 Algemene aspecten jaarverslaggeving van woningcorporaties
55.2.1 Totstandkoming financieel verslag

Een woningcorporatie moet op basis van Titel 2 Afdeling 4 van de Woningwet over een bepaald jaar verslag leggen. Deze verslaglegging bestaat uit de jaarrekening (art. 35 lid 1 Woningwet), een jaarverslag (art. 36 lid 1 Woningwet) en een volkshuisvestingsverslag (art. 36a lid 1 Woningwet).

Artikel 32 BTIV geeft tevens aan welke verplichte onderwerpen de woningcorporatie in het volkshuisvestingsverslag op moet nemen. In aanvulling hierop kan de minister circulaires uitgeven met daarin onderwerpen die de woningcorporatie verplicht is in haar volkshuisvestingsverslag op te nemen. De onderwerpen uit artikel 32 BTIV betreffen:
a. de uitvoering van het in de gemeenten waar de woningcorporatie feitelijk werkzaam is geldende volkshuisvestingsbeleid, en gemaakte afspraken daarover met de colleges van burgemeester en wethouders (art. 44 lid 2 Woningwet);
b. de wijze waarop de corporatie haar middelen inzet voor de uitvoering van het volkshuisvestingsbeleid van de gemeente waarin de woningcorporatie actief is (zoals bedoeld in art. 42 lid 2 en 3 Woningwet);
c. een weergave van het gevoerde overleg tussen de colleges van burgemeester en wethouders van de gemeenten waarin de woningcorporatie werkzaam is (zoals bedoeld in art. 44 lid 2 Woningwet);
d. een weergave van het gevoerde overleg met de betrokken bewonersorganisaties;
e. de uitvoering van elk van haar werkzaamheden op het gebied van de volkshuisvesting (zoals bedoeld in art. 45 Woningwet);
f. de resultaten van het passend toewijzen van huurwoningen aan verhuurders en haar werkzaamheden om dit te bewerkstelligen (zoals bedoeld in art. 46 Woningwet);
g. de uitvoering van het door de woningcorporatie opgestelde reglement dat ziet op het financieel beleid en continuïteit van de woningcorporatie (zoals bedoeld in art. 55a Woningwet);
h. het verslag omtrent klachtenbehandeling (zoals bedoeld in art. 55b lid 3 Woningwet);
i. een weergave van de uitvoering van haar eventuele andere reglementen.

Daarnaast bevat het volkshuisvestingsverslag een overzicht van de met de woningcorporatie verbonden ondernemingen, met uitzondering van de ondernemingen van welke de woningcorporatie minder dan 2% van de aandelen houdt, en een uiteenzetting over hun werkzaamheden. Het BTIV gaat verder in haar definitie van een 'verbonden partij' dan Richtlijn 330.

Richtlijn 400 'Bestuursverslag' is ook van toepassing op woningcorporaties. In navolging van RJ 400.112 (mededeling naleving Nederlandse Corporate Governance Code) wordt aanbevolen dat woningcorporaties toelichten of en welke gedragscode wordt gevolgd. De woningcorporatie geeft voorts aan of deze gedragscode verplicht of vrijwillig wordt gevolgd. In het volkshuisvestingsverslag neemt de woningcorporatie een verwijzing op naar de beschikbare informatie over de naleving van de gedragscode. Een gedragscode specifiek voor woningcorporaties is de 'Governance code Woningcorporaties'. Deze code is in vernieuwde vorm in 2019 door de Aedes Vereniging van Woningcorporaties en Vereniging van Toezichthouders in Woningcorporaties uitgebracht.

Tevens neemt de woningcorporatie op grond van RJ 645.402 in het bestuursverslag een beleidsmatige beschouwing op over (1) de ontwikkeling van de marktwaarde, (2) de ontwikkeling van de beleidswaarde en (3) het verschil tussen de marktwaarde en de beleidswaarde van de onroerende zaken in exploitatie (inclusief consequenties van het verschil in deze waarden voor het eigen vermogen). Op deze wijze geeft de woningcorporatie weer op welke wijze het vermogen als het ware 'beklemd' is omdat dit zeer waarschijnlijk nooit gerealiseerd zal worden.

55.2.2 Modellen

Woningcorporaties stellen de balans, winst-en-verliesrekening en kasstroomoverzicht op conform het model dat hiertoe is opgenomen in Bijlage 3 van de RTIV (art. 15 lid 1 RTIV, RJ 645.301). Het model schrijft alle mogelijke balansposten voor, waarbij deze niet allemaal hoeven te worden gepresenteerd (alleen wanneer van toepassing). Voor de actieve belastinglatenties is in het model een splitsing opgenomen ten aanzien van rubricering onder financiële vaste activa en overige vorderingen.

Op grond van artikel 2:362 lid 2 BW is het mogelijk om de balans zowel vóór als na verwerking resultaatbestemming te presenteren. Echter, omdat het model voor de jaarrekening gelijk moet zijn met Bijlage 3 van de RTIV, mogen corporaties enkel een balans vóór verwerking resultaatbestemming presenteren.

In de toelichting van de enkelvoudige jaarrekening wordt, voor zover van toepassing, de splitsing aangebracht tussen diensten van algemeen economisch belang (DAEB) en de werkzaamheden die dat niet zijn (niet-DAEB) overeenkomstig het model voor de balans, de winst-en-verliesrekening en het kasstroomoverzicht, zoals die is opgenomen in bijlage 3 bij deze regeling (RJ 645.311). Bij de toelichting van de splitsing, moeten ook de aard van de niet-DAEB-activiteiten, en uitgangspunten en grondslagen voor toerekening van activa, verplichtingen, baten, lasten en kasstromen aan de DAEB-tak en de niet-DAEB-tak, worden toegelicht.

Voor toegelaten instellingen die het 'verlichte regime' mogen toepassen (met een netto jaaromzet van minder dan € 40 miljoen en conform een door de Aw goedgekeurd scheidingsvoorstel) is de splitsing alleen van toepassing voor zover het de winst-en-verliesrekening en het kasstroomoverzicht betreft.

55.2.3 Grootteregime en geconsolideerde jaarrekening

In artikel 30 lid 1 BTIV zijn verschillende vrijstellingen voor kleine en middelgrote rechtspersonen niet van toepassing verklaard. Voor een woningcorporatie met een beperkte omvang zijn de lichtere eisen voor het opstellen van de balans en de toelichting daarop, het opstellen van de winst-en-verliesrekening en een overzicht van het eigen vermogen, niet van toepassing. Ook zijn artikelen met betrekking tot gewijzigde waardering activa en passiva, beloningsstructuur bestuurders naamloze vennootschap, en gewijzigde openbaarmaking jaarrekening en jaarverslag van toepassing op woningcorporaties. Dit betekent dat een woningcorporatie een volledige jaarrekening opstelt alsof ze een (middel)grote rechtspersoon is ook al voldoet ze niet aan de grootecriteria. Een geconsolideerde jaarrekening stelt ze op met inachtneming van RJ 645.401 (uniformering van waarderingsgrondslagen).

55.2.4 Accountantscontrole

Woningcorporaties zijn op grond van de Woningwet verplicht om de jaarrekening te doen onderwerpen aan onderzoek van een accountant (art. 37 Woningwet). Dit onderzoek mondt uit in een controleverklaring omtrent de getrouwheid van de jaarrekening, bedoeld in artikel 35 Woningwet.

55.2.5 Openbaarmaking

Woningcorporaties zijn verplicht tot openbaarmaking van hun financieel verslag in de vorm zoals door de wet voorgeschreven (art. 2:394 BW). Daarnaast verstrekt de woningcorporatie op grond van de Beleidsregels financieel toezicht Autoriteit woningcorporaties 2015 haar financieel verslag vóór 1 mei volgend op het verslagjaar aan CorpoData (samenwerkingsverband Aw en WSW).

55.3 Balans met toelichting

55.3.1 Vastgoed in exploitatie

Algemeen

Het vastgoed in exploitatie van een woningcorporatie wordt gewaardeerd op basis van de actuele waarde (art. 35 lid 2 Woningwet), zijnde de marktwaarde (art. 31 lid 1 BTIV). In dit verband verstaat de Woningwet onder de marktwaarde de marktwaarde, overeenkomstig het marktwaardebegrip onderhandse verkoopwaarde in verhuurde staat. Het BTIV heeft in artikel 31 nadere uitwerking gegeven aan artikel 35 lid 2 Woningwet. In het artikel is aangegeven dat de marktwaarde op basis van de contante waarde van inkomende en uitgaande kasstromen dient te worden berekend (de DCF-methode). Verder maakt artikel 31 BTIV bij de waardering onderscheid naar de volgende categorieën:
- woongelegenheden;
- bedrijfsmatig en maatschappelijk onroerend goed;
- parkeergelegenheden;
- intramuraal zorgvastgoed.

Bij de waardering van het vastgoed onderscheidt de woningcorporatie een dooreksploiteer- en een uitpondscenario. De marktwaarde is de hoogste van beide waarderingen. De marktwaarde (reële waarde) wordt berekend op basis van Bijlage 2 bij de RTIV (art. 14 RTIV). Het Besluit actuele waarde is daarbij niet van toepassing (RJ 645.206). In deze paragraaf worden de specifieke bepalingen uit de Richtlijn 645 en Bijlage 2 bij de RTIV besproken die op het vastgoed in exploitatie van toepassing zijn.

Waardering bij eerste verwerking

De woningcorporatie verwerkt haar vastgoed in exploitatie als materieel vast actief indien (RJ 645.201):
a. het waarschijnlijk is dat de toekomstige prestatie-eenheden met betrekking tot het actief zullen toekomen aan de rechtspersoon; en
b. de kosten van het actief betrouwbaar kunnen worden vastgesteld.

Uitgaven na eerste verwerking worden ook geactiveerd als ze aan deze criteria voldoen (RJ 645.202).

Onroerende zaken in exploitatie die in aanmerking komen voor de verwerking als actief, worden bij de eerste verwerking gewaardeerd tegen de verkrijgingsprijs- of vervaardigingsprijs, inclusief transactiekosten (RJ 645.203).

Waardering na eerste verwerking (marktwaarde in verhuurde staat)

De marktwaarde van de onroerende zaken in exploitatie wordt berekend op basis van Bijlage 2 van de RTIV (RJ 645.206). De corporatie kan daarbij kiezen voor de zogenaamde 'basisversie' of de 'full versie'. De basisversie (met voorgeschreven parameters) vormt het uitgangspunt, welke gedetailleerd wordt uitgewerkt in Bijlage 2 van de RTIV (het handboek modelmatig waarderen marktwaarde). Het is de eigen verantwoordelijkheid en keuze van de woningcorporatie of de full versie wordt toegepast.

Hierbij wordt opgemerkt dat bij de keuze voor de basisversie, in sommige gevallen alsnog voor bepaalde types vastgoed (zoals bedrijfsmatig onroerend goed, maatschappelijk onroerend goed, zorgvastgoed, studenteneenheden en andere 'exoten' genoemd in Bijlage 2 van de RTIV) waardering op basis van full versie dient plaats te vinden. In deze full versie mag de woningcorporatie een aantal voorgeschreven parameters uit de basisversie aanpassen. Het gaat daarbij om de volgende parameters:
- schematische vrijheid;
- markthuur(stijging);
- exit yield;
- leegwaarde(stijging);
- disconteringsvoet;
- mutatie- en verkoopkans;
- onderhoud;
- technische splitsingskosten;
- bijzondere omstandigheden;
- erfpacht;
- exploitatiescenario.

De waardering op basis van de full versie met de genoemde vrijheidsgraden vereist de inschakeling van een externe taxateur (Bijlage 2 van de RTIV). Ten aanzien van de aangegeven vrijheidsgraden heeft de taxateur de ruimte om op basis van het principe 'pas toe of leg uit' tot aanpassingen over te gaan en daarmee tot een betere waardering te komen. Vastlegging van de aanpassingen onderbouwt de taxateur in het taxatiedossier. Dit taxatiedossier is op aanvraag beschikbaar voor de Aw.

Bij toepassing van de DCF-methode gaat de woningcorporatie uit van het huurcontract van de woningcorporatie, met alle daaraan verbonden rechten en verplichtingen en genormeerde jaarlijkse exploitatiekasstromen die op balansdatum zijn afgeleid van de 'marktgegevens' en door de corporatie worden onderbouwd met voor zover mogelijk externe bronnen. Dit betekent dat als waardebegrip de marktwaarde in verhuurde staat wordt gehanteerd.

Bijlage 2 van de RTIV beschrijft de marktwaarde van vastgoedbeleggingen als de meest waarschijnlijke prijs, die redelijkerwijs op de markt te verkrijgen is op balansdatum (ingevuld door Bijlage 2 van de RTIV). De marktwaarde in verhuurde staat kan worden berekend op basis van het scenario doorexploiteren en op basis van een uitpondscenario. De marktwaarde in verhuurde staat bepaalt de woningcorporatie als de hoogst realiseerbare waarde die redelijkerwijs op de markt te verkrijgen is (i.c. de meest waarschijnlijke prijs), berekend op basis van een doorexploitatie en uitpondscenario. Wanneer uitponden op basis van actuele juridische en feitelijke verplichtingen binnen de beschouwde periode (vijftien jaar, zie hierna) niet mogelijk is, bepaalt de woningcorporatie de marktwaarde van de vastgoedportefeuille op basis van het scenario doorexploiteren (zie hierna).

55 Woningcorporaties

De uitgangspunten die de woningcorporatie gebruikt voor de bepaling van de marktwaarde van de vastgoedbeleggingen in relatie tot de 'meest waarschijnlijke prijs, die redelijkerwijs op de markt te verkrijgen is per balansdatum', licht ze nader toe in de toelichting bij de waardering op marktwaarde. De keuze van inputvariabelen (normen) wordt bepaald door Bijlage 2 van de RTIV dan wel voor de vrijheidsgraden in de full versie door de markt waarop de woningcorporatie actief is. De inputvariabelen (normen) worden hierna nader uitgewerkt.

Bij het scenario doorexploiteren gaat de woningcorporatie ervan uit dat het volledige complex in bezit blijft gedurende de volledige DCF-periode. Voor deze periode hanteert ze een kasstroomexploitatieperiode van vijftien jaar. Voor de waarde ná de kasstroomexloitatieperiode van vijftien jaar, wordt een eindwaarde berekend. Bij de berekening van de eindwaarde in het doorexploiteerscenario wordt vanaf het 16e jaar wederom verondersteld dat sprake is van doorexploiteren met een voortdurende looptijd.

Bij het scenario uitponden is het uitgangspunt dat bij mutatie de woning direct wordt verkocht, tegen de leegwaarde van de individuele woning vrij van huur. Hierbij wordt expliciet opgemerkt dat het niet relevant is of (dit deel van) de vastgoedportefeuille beleidsmatig ook daadwerkelijk door de woningcorporatie gelabeld is voor verkoop. Immers, bij de waardering van vastgoed als belegging wordt uitgegaan van een marktbenadering, waarbij anders dan bij waardering op beleidswaarde, bij de waardering van de vastgoedportefeuille niet wordt uitgegaan van het eigen beleid van de woningcorporatie, tenzij dit (of ander) beleid op basis van actuele juridische en feitelijke verplichtingen kan worden afgedwongen. Opgemerkt wordt dat, ook bij het berekenen van het uitpondscenario, een DCF-periode wordt aangehouden van vijftien jaar en, conform het doorexploitatiescenario, voor de niet-verkochte woningen, die nog verhuurd zijn op basis van een rendementseis (exit yield) een eindwaarde wordt meegenomen. Zoals aangegeven is de marktwaarde in verhuurde staat de hoogste van deze twee DCF-berekeningen. In de paragrafen hierna zijn deze berekeningen nader uitgewerkt. Afhankelijk van toepassing van de basisversie of de full versie zijn bepaalde variabelen dwingend voorgeschreven door Bijlage 2 van de RTIV, zoals hiervoor reeds beschreven.

In de uitgangspunten voor de waardering wordt rekening gehouden met de juridische en feitelijke verplichtingen die direct of indirect verbonden zijn aan het vastgoed. Dit kan bijvoorbeeld gevolgen hebben voor de bepaling van de normen in de DCF-berekening. Hierna wordt nader ingegaan op de verwerking van juridische en feitelijke verplichtingen in de waardering.

Doorexploitatie

De marktwaarde in verhuurde staat bij doorexploiteren, representeert het bedrag dat het vastgoedobject bij complexgewijze verkoop aan een derde, die aansluitend de huurexploitatie voortzet, naar schatting zal opbrengen. Hierbij wordt van de aanname uitgegaan dat de lopende huurovereenkomsten met alle daaraan verbonden rechten en plichten gestand worden gedaan, inclusief de specifieke kenmerken die typerend zijn voor de exploitatie onder marktconforme omstandigheden.

Omdat bij doorexploiteren ervan uit wordt gegaan dat alle woningen blijvend verhuurd worden, wordt een woning na beëindiging van een huurcontract wederom verhuurd aan een derde tegen een markthuurprijs. De markthuurprijs is de huurprijs die de woningcorporatie kan realiseren bij de mutatie van de betreffende woning rekening houdend met de (wettelijke) huurprijsbepalingen. De exploitatieopbrengsten en kosten worden voor een periode van vijftien jaar zo goed mogelijk ingeschat, rekening houdend met de juridische en feitelijke verplichtingen die direct of indirect aan het vastgoed zijn verbonden. Daarnaast wordt de eindwaarde bepaald na afloop van de vijftienjarige DCF-periode op basis van de rendementseis (exit yield), die de marktpartij heeft als hij het bezit aan het einde van de DCF-periode wil kopen en vervolgens wil doorexploiteren. De exploitatiekasstroom en eindwaarde worden aan de hand van een disconteringsvoet berekend naar de waarde op het waarderingsmoment (contant gemaakt).

De volgende genormeerde kasstromen worden in de DCF-berekening onderscheiden:
- huur;
- onderhoud;
- verhuur en beheerlasten;
- directe exploitatielasten;
- eindwaarde.

Voor het berekenen van de marktwaarde worden de volgende uitgangspunten op complexniveau binnen het DCF-model gehanteerd. De uitgangspunten op complexniveau zijn daarbij gebaseerd op hetgeen hiervoor is opgenomen met betrekking tot aannames en uitgangspunten van de marktpartijen. De in te rekenen lasten betreffen uitsluitend de vastgoedgerelateerde kosten. De RTIV geeft hieraan nadere invulling, bijvoorbeeld met betrekking tot de volgende uitgangspunten:
- Markthuur: 'Het geschatte huurbedrag waarvoor het object op de waardepeildatum na behoorlijke marketing, onder de voorwaarden van de huurovereenkomst in een marktconforme transactie zou worden verhuurd door een bereidwillige verhuurder en een bereidwillige huurder, waarbij elk der partijen zou hebben gehandeld met kennis van zaken, prudent en niet onder dwang.' (op basis van Praktijkhandreiking Nederlandse Vastgoedtaxaties Commercieel Vastgoed).
- Macro-economische parameters:
    a. prijsinflatie;
    b. loonstijging;
    c. bouwkostenstijging;
    d. leegwaardestijging.
- Belangrijke objectgegevens voor woongelegenheden (bijv. mutatiekans, mogelijkheid van verkoop, bouwjaar, oppervlakte, WWS-punten, actuele contracthuur, leegstand, WOZ-waarde, erfpacht).
- Modelparameters voor woongelegenheden (bijvoorbeeld leegwaarde, markthuur, exploitatiekosten, huurstijging, huurderving, mutatiekans, verkoopkosten, erfpacht, disconteringsvoet, eindwaarde, overdrachtskosten).
- Belangrijke objectgegevens voor bedrijfsonroerend en maatschappelijk vastgoed (bijvoorbeeld bouwjaar, verhuurbaar (bruto) vloeroppervlakte, specificaties huidige huurcontract, markthuur, herzieningshuur, leegstand, WOZ-waarde, erfpacht).
- Modelparameters voor bedrijfsonroerend en maatschappelijk vastgoed (bijvoorbeeld markthuren, huurinkomsten en huurstijging, exploitatiekosten, erfpacht, disconteringsvoet, eindwaarde, overdrachtskosten).
- Tevens worden de uitgangspunten met betrekking tot de belangrijke objectgegevens en modelparameters voor parkeergelegenheden en intramuraal zorgvastgoed genoemd.

Marktwaarde in verhuurde staat: uitponden
Naast het scenario van dooreexploiteren kan de eindwaarde in de DCF ook worden berekend volgens een uitpondscenario. Bij dit scenario is er sprake van zowel een (afnemende) exploitatiekasstroom als van een verkoopkasstroom.

Voor de exploitatiekasstroom geldt in principe hetzelfde als bij het scenario dooreexploiteren. De exploitatieopbrengsten en -kosten worden voor een periode van vijftien jaar zo goed mogelijk ingeschat.
Bij het uitpondscenario wordt de exploitatiekasstroom echter voor de periode tot aan het moment van verkoop berekend. Verkoop van woningen wordt ingerekend op basis van de mutatiegraad. Voor het aantal niet-verkochte woningen na de DCF-periode van vijftien jaar (omdat deze nog niet zijn gemuteerd) vindt een eindwaardebepaling plaats op basis van een exit yield. De verkoopkasstroom is gebaseerd op de mutatiegraad en de leegwaarde van

de individuele woningen. De exploitatiekasstroom, eindwaarde en verkoopkasstroom worden aan de hand van een disconteringsvoet berekend naar de waarde op het waarderingsmoment (contant gemaakt).

De DCF-formule voor de bepaling van de marktwaarde bestaat uit de netto contante waarde van de kasstromen uit exploitatie plus verkopen bij mutatie in de beschouwde periode van vijftien jaar en een eindwaarde voor de ultimo het 15^e jaar nog niet verkochte woningen. De eindwaarde wordt gebaseerd op de rendementseis (exit yield) die een marktpartij heeft als hij het bezit aan het einde van de DCF-periode wil kopen.

Bijzondere posten bij de waardering van de kasstromen
Erfpacht en bestemmingswijziging
Indien de grond in erfpacht is uitgegeven moet de juridische beklemming van het erfpachtrecht meegenomen worden in de waardering. Dit geldt zowel voor de exploitatiekasstroom als de verkoopkasstroom en eventueel ook bij de bepaling van de eindwaarde. Te denken valt hierbij aan:
- Bestemming ten behoeve van een bepaald huursegment. De 'automatische' optrekking naar markthuurprijs bij mutatie kan dan niet toegepast worden.
- De vergoeding van het omzetten van tijdelijke erfpacht in eeuwigdurend dient meegenomen te worden in de waardering.
- Als bij verkoop op grond van de erfpachtuitgifte een (meerwaarde)afdracht plaatsvindt dan moet deze afdracht een onderdeel vormen van de verkoopkasstroom.

Splitsingskosten
Indien er bij gestapelde woningen en/of bedrijfsruimten nog sprake is van niet-gesplitste woningen, dan moet in het uitpondscenario met splitsingskosten rekening gehouden worden bij de schatting van de verkoopkasstroom. Ook bij de eindwaarde zal het niet gesplitst zijn van de woningen in aanmerking genomen moeten worden.

De waardemutaties die voortkomen uit wijzigingen in de marktwaarde worden verwerkt in de winst-en-verliesrekening, conform RJ 645.207.

Nieuwe definities onderhoud en verbetering

Het ministerie van Binnenlandse Zaken en Koninkrijksrelaties heeft op 30 september 2019 in de Regeling toegelaten instellingen volkshuisvesting 2015 (RTIV) nieuwe definities opgenomen voor onderhoud en verbetering en voor de verwerking daarvan. Uitgaven die voldoen aan de definitie van onderhoud moeten volgens de RTIV worden verwerkt als onderhoudslasten in de winst-en-verliesrekening, uitgaven die voldoen aan de definitie van verbetering moeten volgens de RTIV worden verwerkt als onderdeel van de kostprijs van het vastgoed in exploitatie.

Het onderscheid tussen onderhoud en verbeteringen volgt de maatregelen die corporaties verrichten bij de werkzaamheden aan het vastgoed in exploitatie. Deze worden per maatregel beoordeeld. De categorie 'verbetering' zal worden behandeld als investeringsuitgaven. Onderhoudsuitgaven zijn kosten.

Onderhoud is gedefinieerd als de werkzaamheden die naar hun aard dienen om een verhuurbare eenheid, dan wel complex – in vergelijking met de toestand waarin die zich bij stichting of latere verandering bevond – in bruikbare staat te herstellen en aldus de ingetreden achteruitgang op te heffen; dit ongeacht de omvang van de uitgaven.

De onderhoudsuitgaven betreffen aldus de uitgaven om een verhuurbare eenheid, dan wel complex in dezelfde technische en bouwkundige staat te houden, als waarin het zich op de peildatum (einde boekjaar) bevindt, rekening houdend met het effect van onderhoudscycli, zo nodig na het verhelpen van achterstallig onderhoud indien dit aanwezig is. Het in dezelfde technische en bouwkundige staat houden, houdt in dat er in of aan het vastgoed geen technische gebreken mogen zijn (minimaal conditiescore 4 op bouwdeelniveau voor alle bouwdelen conform NEN2767 of vergelijkbaar op het moment dat het onderhoud wordt uitgevoerd).

In de onderhoudsuitgaven zijn dus ook de uitgaven voor de vervanging van daken, voegwerk en kozijnen opgenomen omdat dit in beginstel kwalificeert als instandhouding. Ook de uitgaven voor vervanging van keukens, badkamers en toiletten vallen onder de onderhoudsuitgaven in verband met het technisch en bouwkundig in stand houden van het gebouw.

Verbetering is gedefinieerd als de werkzaamheden die dienen om aan de onroerende zaak of een zelfstandig gebouwdeel een wezenlijke verandering aan te brengen, waardoor de onroerende zaak naar inrichting, aard of omvang een wijziging heeft ondergaan. De verbetering wordt als investering aangemerkt.

De investeringen voor verbetering betreffen aldus de uitgaven met als doel het technisch of functioneel verbeteren van een verhuurbare eenheid, dan wel complex. De conceptuele kaders in de fiscale praktijkhandleiding dienen daarbij als uitvalbasis. Het betreffen (ook) uitgaven om een verhuurbare eenheid dan wel complex naar een hoger niveau te brengen (de theoretische of markttechnische verdiencapaciteit vergrotend), bijvoorbeeld verduurzamen naar energieneutraal, aanpassingen in de plattegrond, verhogen uitrustingsniveau van onderdelen van de woning of toevoegen van niet reeds in het object aanwezige installaties zoals zonnepanelen.

Tot de verbeteringen worden ten minste gerekend de werkzaamheden die verband houden met:
▶ het gebruiksklaar maken van een nieuw verworven onroerende zaak;
▶ de nieuwbouwuitgaven bij vervangende nieuwbouw die volgen na het slopen van bestaande opstallen;
▶ herstel van fysieke beschadiging aan onroerende zaken als gevolg van abnormale gebeurtenissen; en
▶ een ingrijpende verbouwing (definitie zie hierna).

Er is sprake van een 'ingrijpende verbouwing' als een onroerende zaak technisch en economisch gezien hoogst verouderd is of als van een onroerende zaak een gedeelte bouwvallig is, welk gedeelte wordt afgebroken, en in het overblijvende gedeelte een groot aantal veranderingen en vernieuwingen wordt aangebracht.

Een ingrijpende verbouwing betreft aldus een grondige renovatie van een verhuurbare eenheid, dan wel complex. De ingrijpende verbouwing is erop gericht dat bij de verhuurbare eenheid dan wel het complex een hedendaagse kwaliteit tot stand komt waar dit in de bestaande situatie niet het geval was. Deze kwaliteit zal tot stand komen via een projectmatige aanpak.De corporatie werkt voor het totaal een investeringsvoorstel uit, waaruit blijkt dat de prestaties van het complex positief worden beïnvloed (c.q. de waarde van het complex neemt toe na de ingreep). Het voorstel vloeit voort uit de vastgoedsturing (asset management) van de corporatie. Hierbij is het streven dat de lange termijn verhuurbaarheid van het betreffende object zodanig is dat in de komende jaren geen ingrijpende verplichtingen meer te verwachten zijn, anders dan planmatige cycli uit de meerjarenonderhoudsbegroting.

We beschouwen de ingrijpende verbouwing (renovatie) als een investering wanneer wordt voldaan aan de volgende criteria:
1. De energetische prestaties verbeteren wezenlijk (meerdere labelstappen) waardoor het bezit vanwege de ingrijpende verbouwing ook vanuit energetisch perspectief voor de langere termijn verhuurbaar is.
2. Gevelrenovatie of dakrenovatie (inclusief isolatie) maakt op een zodanige manier deel uit van de aanpak waardoor deze op een niveau vergelijkbaar met dat van nieuwgebouwde objecten wordt gebracht.

3. De werkzaamheden aan de onroerende zaak zijn mede gericht op het brengen dan wel houden van de kwaliteit van de badkamers, toiletten en keukens op het technische en functionele niveau dat in redelijkheid minimaal in nieuwgebouwde objecten mag worden verwacht.
4. Installatievoorzieningen van de verhuurbare eenheden dan wel complexen zijn als gevolg van de werkzaamheden toekomstbestendig in de zin dat ze niet binnen tien jaar hoeven te worden aangepakt.

De hiervoor genoemde criteria zijn limitatief, waarbij toegestaan wordt om met argumenten een ingrijpende verbouwing te beschouwen als aan drie van de vier criteria wordt voldaan. Wanneer dat zo is dan dient de corporatie te kunnen onderbouwen waarom redelijkerwijs niet aan het laatste criterium is voldaan, maar er toch sprake is van een ingrijpende verbouwing.

Bovenstaande betekent dat de corporatie voor de aanpak een investeringsafweging heeft gemaakt en er redelijkerwijs geen sprake meer is van terugbrengen in oude of vergelijkbare staat van het vastgoed. Het complex voldoet na de aanpak aan de hedendaagse kwaliteitsstandaarden. Mocht niet aan bovenstaande criteria zijn voldaan, dan is er geen sprake van een ingrijpende verbouwing.

In een overgangsbepaling in alinea 505 van Richtlijn 645 is opgenomen dat de toegelaten instelling volkshuisvesting in het verslagjaar 2019 uitgaven na eerste verwerking van vastgoed in exploitatie mag verwerken en presenteren overeenkomstig de in het voorgaande boekjaar toegepaste grondslagen. Deze bepaling is opgenomen omdat in alinea 445 van Richtlijn 212 'Materiële vaste activa' is bepaald dat kosten van groot onderhoud vanaf het boekjaar 2019 niet langer direct in de winst-en-verliesrekening mogen worden verwerkt. Indien toegelaten instellingen volkshuisvesting kosten van groot onderhoud in het boekjaar 2018 in de winst-en-verliesrekening verwerkten, is het toegestaan deze verwerkingswijze ook in 2019 toe te passen alvorens de kosten van groot onderhoud en andere uitgaven na eerste verwerking in het boekjaar 2020 in overeenstemming met artikel 14a van de RTIV worden verwerkt.

De nieuwe bepalingen voor onderhoud en verbetering zijn van toepassing op verslagjaren vanaf 2020, waarbij eerdere toepassing is toegestaan. De overgang dient te worden aangemerkt als een stelselwijziging die wordt verwerkt in overeenstemming met Richtlijn 140 'Stelselwijzigingen'. In afwijking van Richtlijn 140 is het toegestaan de stelselwijziging prospectief te verwerken. Bij prospectieve verwerking worden de uitgaven na eerste verwerking vanaf het boekjaar waarin de stelselwijziging wordt doorgevoerd volgens artikel 14a van de RTIV verwerkt. De vergelijkende cijfers worden niet aangepast. Bij prospectieve verwerking is het toegestaan, in afwijking van RJ 140.214, de betekenis van de stelselwijziging voor individuele posten uitsluitend kwalitatief toe te lichten. Dit houdt in dat vanwege de vergelijkbaarheid moet worden vermeld welke posten van de balans, de winst-en-verliesrekening en het kasstroomoverzicht door de stelselwijziging zijn beïnvloed (RJ-Uiting 2019-18).

De nieuwe definities van onderhoud en verbetering dienen voor de bepaling van de beleidswaarde in de toelichting van de jaarrekening ook te worden toegepast.

De mogelijkheid van het opnemen van een onderhoudsvoorziening voor onroerende zaken in exploitatie die gewaardeerd zijn tegen de marktwaarde wordt door RJ 645.209 expliciet uitgesloten.

Herclassificatie en herkwalificatie

Herclassificatie of herkwalificatie vindt plaats indien sprake is van een wijziging van het gebruik of het beleid gestaafd door relevante feiten en omstandigheden zoals genoemd in RJ 645.212:
- de daadwerkelijke aanvang van activiteiten ten behoeve van verkoop van onroerende zaken die niet meer in exploitatie zijn;
- de verkoop onder voorwaarden van onroerende zaken in exploitatie waarbij de transactie kwalificeert als financieringstransactie;
- de terugkoop van onder voorwaarden verkochte onroerende zaken die als financieringstransactie zijn aangemerkt ten behoeve van de eigen exploitatie of verkoop.

De verwerking vindt plaats in overeenstemming met RJ 645.213 en verder.

Hierbij is van belang dat in geval van herclassificatie van tegen marktwaarde gewaardeerde onroerende zaken in exploitatie naar voorraden als verkrijgingsprijs van de onroerende zaak ten behoeve van de opvolgende waardering de marktwaarde op het moment van wijziging van het gebruik moet worden genomen (RJ 645.214). In geval van herclassificatie van onroerende zaken verkocht onder voorwaarden naar voorraden neemt de corporatie als verkrijgingsprijs de terugkoopwaarde op het moment van wijziging in het gebruik (RJ 645.217). Op moment van herclassificatie wordt de eventueel gevormde herwaardering niet gerealiseerd. Van vrijval van de gevormde herwaarderingsreserve ten gunste van de overige reserves is pas sprake indien de onroerende zaak middels een verkooptransactie (en geen financieringstransactie) wordt verkocht.

Presentatie en toelichting

De woningcorporatie neemt de volgende aanvullende informatie in de toelichting op (RJ 645.3):
- Toelichtingen met betrekking tot de in de jaarrekening opgenomen marktwaarde (RJ 645.302):
  - toegepaste waarderingsgrondslag;
  - of de basisversie of de full versie is toegepast;
  - indien de full versie is toegepast: per vrijheidsgraad de reikwijdte, aard en omvang van de aanpassing ten opzichte van de basisversie op complexniveau;
  - wijze waarop een waarderingscomplex is bepaald;
  - methoden en relevante veronderstellingen alsook de disconteringsvoet die is gehanteerd bij de bepaling van de marktwaarde van woongelegenheden, bedrijfsmatig en maatschappelijk onroerend goed, parkeergelegenheden en intramuraal zorgvastgoed;
  - mate waarin de marktwaarde is gebaseerd op een waardering door een taxateur;
  - belangrijke contractuele verplichtingen tot aankoop, bouw of ontwikkeling van het vastgoed.
- Voor de onroerende zaken in exploitatie gewaardeerd tegen marktwaarde dient tevens een aansluiting te worden opgenomen tussen de boekwaarde op basis van de marktwaarde aan het begin en aan het einde van de periode, inclusief vergelijkende cijfers van de elementen als genoemd in RJ 645.303 a tot en met g. Daarnaast licht de woningcorporatie de som van de herwaarderingen per balansdatum toe.
- Feiten en omstandigheden die leiden tot een herclassificatie/herkwalificatie en de effecten hiervan op het vermogen en resultaat (RJ 645.305).

Beleidswaarde

Algemeen
Een woningcorporatie licht in haar jaarrekening de beleidswaarde van haar vastgoed toe. Tevens licht de corporatie de gehanteerde uitgangspunten toe. Dit toelichtingsvereiste is opgenomen om het verschil tussen de

in de jaarrekening opgenomen marktwaarde en de beleidswaarde inzichtelijk te maken, omdat een deel van de verantwoorde marktwaarde in de jaarrekening van de woningcorporatie waarschijnlijk niet wordt gerealiseerd. De beleidswaarde is gebaseerd op de 'existing value in use for social housing' (EUV-SH) zoals deze wordt gehanteerd in het Verenigd Koninkrijk en beoogt inzicht te geven in de verdiencapaciteit van de woningcorporatie uitgaande van haar eigen beleid.

De beleidswaarde moet worden afgeleid vanuit de marktwaarde in verhuurde staat. Enkele aspecten die relevant zijn in de marktwaardering, zoals de waarde van duurzaamheidsinvesteringen en risicodifferentiatie tussen verschillende typen vastgoed en locaties, zijn daardoor automatisch ook verankerd in de beleidswaarde (in tegenstelling tot de voorheen gehanteerde bedrijfswaarde, waarbij de waarde van het totale bezit met dezelfde vaste disconteringsvoet, contant werd gemaakt). Het verschil tussen de DCF-berekening van de marktwaarde en de beleidswaarde is gelegen in vier specifieke onderdelen die duiding geven aan de maatschappelijke opgave. De vier aanpassingen die nodig zijn om van de marktwaarde in verhuurde staat tot de beleidswaarde te komen, zijn:

- Het niet langer inrekenen van het 'uitpondscenario', maar enkel het toepassen van het 'doorexploiteerscenario' ('beschikbaarheid', oftewel het in stand houden van een sociale portefeuille);
- Het inrekenen van huurstijgingen naar de 'streefhuur' van de woningcorporatie op basis van eigen beleid, in plaats van huurstijgingen naar een marktconforme huur bij mutatie ('betaalbaarheid', oftewel het in stand houden van sociale huurprijzen passend bij de doelgroep);
- Het inrekenen van onderhoudsuitgaven op basis van het beleid van de woningcorporatie, in plaats van een marktconforme onderhoudsnorm ('kwaliteit', extra onderhoudsuitgaven voor het op lange termijn in stand houden van de portefeuille);
- Het inrekenen van beheeruitgaven op basis van het beleid van de woningcorporatie, in plaats van een marktconforme beheernorm ('beheer', extra beheeruitgaven die gepaard gaan met de sociale doelgroep).

Het verschil tussen markt- en beleidswaarde heet de 'maatschappelijk bestemming' en geeft duiding aan de waarde (en in de jaarrekening vermogen) dat niet wordt gerealiseerd gegeven het maatschappelijke beleid. Onderstaand is een en ander nog een keer schematisch weergegeven:

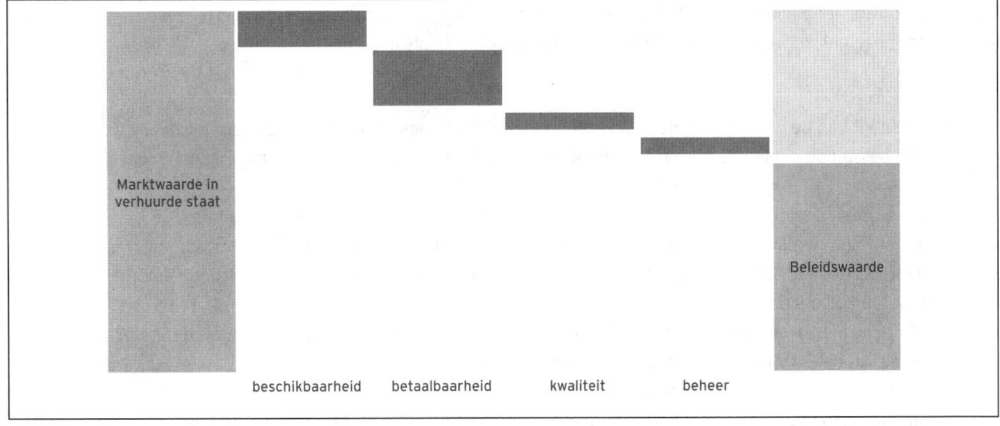

Berekening

Bij de berekening van de beleidswaarde zijn verschillende aspecten van belang. Ten eerste is de beleidswaarde enkel een aanpassing van de marktwaarde in verhuurde staat van woongelegenheden (zelfstandig en onzelfstandig). Voor niet-woongelegenheden (volgens de definitie van Bijlage 2 bij de RTIV), wordt verondersteld dat de marktwaarde en beleidswaarde gelijk zijn, omdat voor niet-woongelegenheden niet de beperkingen gelden vanuit maatschappelijk oogpunt. Zoals gezegd is het uitgangspunt voor de berekening van de beleidswaarde de marktwaarde in verhuurde staat, ongeacht of dit een marktwaarde op basis van de basisversie of de full-versie betreft.

Stap 1: beschikbaarheid

Voor de hele portefeuille wordt het doorexploiteerscenario uit de marktwaardeberekening afgedwongen (voor niet-woongelegenheden geldt dat deze per definitie een doorexploiteerscenario hebben, ook in de marktwaardeberekening). Aandachtspunten hierbij zijn:

- de disconteringvoet zal lager liggen ten opzichte van een uitpondscenario, hetgeen volgens de regelgever wordt gerechtvaardigd doordat de stabielere inkomsten leiden tot een lager risico;
- in het doorexploiteerscenario wordt een eindwaarde verondersteld op basis van doorexploiteren met een voortdurende looptijd. Indien in de full-versie gebruik wordt gemaakt van een exit yield moet deze worden vervangen door de in het Handboek modelmatig waarderen veronderstelde modelwaarde met een voortdurende looptijd;
- als in de DCF-berekening van de marktwaarde een kasstroom voor afkoop van erfpacht is opgenomen, dient deze te worden geëlimineerd bij toepassing van het doorexploiteerscenario;
- er worden (in tegenstelling tot de bedrijfswaardeberekening) géén verkopen ingerekend.

Stap 2: betaalbaarheid

Om voldoende sociale woningen beschikbaar te houden en qua toewijzing aan de wettelijke vereisten (zoals de passendheidsnorm) te voldoen, ligt de maximaal te vragen huur vaak lager dan de markthuur. Daarnaast passen veel woningcorporaties een specifiek huurbeleid toe, door een 'streefhuur' toe te passen (veelal een bepaald percentage van de maximale huur). De streefhuur of beleidshuur is de huur die bij mutatie wordt gevraagd conform het eigen corporatiebeleid en rekening houdend met wet- en regelgeving. Per verhuureenheid wordt de streefhuur van de corporatie opgenomen in de DCF-berekening, als vervanging van de markthuur. Hiermee wordt het huurbeleid op nagenoeg gelijke wijze verwerkt zowel in de beleidswaarde als in de bedrijfswaarde.

Stap 3: kwaliteit

Het uitgangspunt van de woningcorporatie is het op lange termijn beschikbaar houden van de sociale woningvoorraad. Hierbij passen de bij de marktwaarde gehanteerde marktnormen voor onderhoudsuitgaven niet.

In deze stap worden de componenten instandhoudingsonderhoud en mutatieonderhoud uit de DCF-berekening vervangen door een nominale (gecorrigeerd voor inflatie) eigen onderhoudsnorm. De norm sluit aan met het langjarig jaarlijks gemiddelde van de geraamde onderhoudsuitgaven in de meerjarenonderhoudsbegroting. Aandachtspunten bij deze stap zijn:

- de onderhoudsnorm vanuit het eigen beleid moet worden bepaald op basis van de nieuwe definities zoals opgenomen in de RTIV en het Handboek Marktwaardering 2019;
- een separate kasstroom voor achterstallig onderhoud moet (indien deze is opgenomen in de marktwaardeberekening) worden gecorrigeerd wanneer deze post tevens is opgenomen in de berekende onderhoudsnorm vanuit het eigen beleid;
- bij de berekening van de marktwaarde wordt (conform het Handboek) in de eindwaardeberekening verondersteld dat vanaf het 16e jaar de kosten voor instandhoudingsonderhoud met 100% worden verhoogd. Voor de

beleidswaarde wordt in de eindwaarde het minimum van tweemaal de marktconforme onderhoudsnorm of tweemaal de beleidsonderhoudsnorm verondersteld;
▶ van belang is tot slot dat bij de bepaling van de onderhoudsnorm vanuit het eigen beleid, enkel uitgaven in het kader van instandhouding worden meegewogen. Uitgaven ter verbetering of verduurzaming, die voldoen aan de nieuwe definities zoals opgenomen in de RTIV en het Handboek Marktwaardering 2019, dienen niet te worden opgenomen in de beleidsonderhoudsnorm.

Stap 4: beheer
Het exploiteren van de sociale woningvoorraad zorgt naast de reguliere beheerkosten mogelijk voor extra uitgaven ten behoeve van exploitatie en leefbaarheid. Beheeruitgaven kunnen derhalve afwijken van de bij de marktwaardeberekening gehanteerde marktnormen. Deze stap vervangt de volgende componenten uit de DCF-berekening met een beheernorm die aansluit bij de jaarlijkse werkelijke uitgaven voor beheer en leefbaarheid in de 15-jaars DCF-periode:
▶ beheerkosten;
▶ belastingen;
▶ verzekeringen;
▶ overige zakelijke lasten.

De definitie van de beheernorm vanuit het eigen beleid is gelijk met de definitie gehanteerd als het totaal van de posten 'Lasten verhuur en beheeractiviteiten' en 'Overige directe operationele lasten exploitatiebezit' in de functionele winst-en-verliesrekening aan het 'Netto resultaat exploitatie vastgoedportefeuille' minus de verhuurderheffing en erfpachtcanon (zie par. 55.4.1). De verhuurderheffing en erfpachtcanon zijn al in het doorexploiteerscenario ingerekend en zouden anders dubbel worden ingerekend.

55.3.2 Vastgoed in ontwikkeling

Vastgoed in ontwikkeling waardeert de woningcorporatie tegen de verkrijgings- of vervaardigingsprijs dan wel lagere marktwaarde. Waardering tegen hogere marktwaarde is niet toegestaan (RJ 645.209). Voor de bepaling van de marktwaarde gelden dezelfde uitgangspunten als hiervoor genoemd voor het vastgoed in exploitatie. Wanneer vastgoed in ontwikkeling bestemd is voor de verkoop en kwalificeert als projectontwikkeling, vindt verwerking en waardering plaats conform Richtlijn 221 'Onderhanden projecten' (RJ 645.209). Is vastgoed in ontwikkeling bestemd voor de verkoop, maar is deze nog niet verkocht, dan vindt verwerking plaats in overeenstemming met RJ 220 'Voorraden'.

55.3.3 Vastgoed bestemd voor verkoop

Vastgoed bestemd voor verkoop wordt gekwalificeerd en gewaardeerd in overeenstemming met Richtlijn 220 'Voorraden'. Hiervoor verwijzen we naar hoofdstuk 12.

In de praktijk bestaat onduidelijkheid over de vraag vanaf welk moment vastgoed in exploitatie dat bestemd is voor verkoop geherclassificeerd moet worden naar voorraden als vastgoed bestemd voor verkoop. Indien het vastgoed door de woningcorporatie geoormerkt is voor verkoop, maar nog niet leegstaat en in exploitatie is (er worden nog huuropbrengsten ontvangen), dan blijft het vastgoed opgenomen onder het vastgoed in exploitatie. Indien hiervan geen sprake meer is, dan wordt de woning geherclassificeerd naar vastgoed bestemd voor de verkoop en gewaardeerd in overeenstemming met Richtlijn 220 'Voorraden' voor de marktwaarde zoals deze was opgenomen onder het vastgoed in exploitatie (mits deze niet hoger is dan de verwachte opbrengstwaarde). Dit volgt uit het voorraadbegrip dat is opgenomen in RJ 220.107.

Voor onroerende zaken bestemd voor de verkoop vermeldt de woningcorporatie het aantal woningen en het aantal woningen dat naar verwachting binnen een jaar zal worden verkocht inclusief de daarbij behorende boekwaarde (RJ 645.306).

55.3.4 Woningen verkocht onder voorwaarden
Kwalificatie

Woningcorporaties verkopen vastgoed in ontwikkeling en vastgoed in exploitatie onder voorwaarden als zogenaamde VOV-transacties (VOV = verkoop onder voorwaarden). De VOV-transactie vindt veelal plaats tegen een marktprijs, waarop een contractueel bepaald kortingspercentage van toepassing is (RJ 645.210).

VOV-transacties worden gekwalificeerd als een transactie met terugkooprecht of als transactie met een terugkoopplicht. De kwalificatie is afhankelijk van de contractuele bepalingen en vindt plaats in overeenstemming met RJ 270 naar analogie van de voorbeelden als opgenomen in bijlage 1 bij Richtlijn 270. Deze kwalificatie is van belang om te bepalen of een VOV-transactie in de jaarrekening wordt verwerkt als een verkoop- of financieringstransactie. De VOV-transactie wordt als een verkooptransactie aangemerkt indien aan de volgende voorwaarden (cumulatief) wordt voldaan:

- de rechtspersoon heeft alle belangrijke rechten op economische voordelen alsmede alle belangrijke risico's met betrekking tot de goederen overgedragen aan de koper;
- de rechtspersoon behoudt over de verkochte goederen niet een zodanige voortgezette betrokkenheid, zoals bij de eigenaar, dat hij feitelijk kan blijven beschikken over die goederen en daarmee kan besluiten over de aanwending van die goederen;
- het bedrag van de opbrengst kan op betrouwbare wijze worden bepaald;
- het is waarschijnlijk dat de economische voordelen met betrekking tot de transactie aan de rechtspersoon zullen toevloeien; en
- de reeds gemaakte kosten en de kosten die (mogelijk) nog moeten worden gemaakt met betrekking tot de transactie kunnen op betrouwbare wijze worden bepaald.

Indien voldaan is aan deze criteria is sprake van een verkooptransactie. In dat geval wordt het verkoopresultaat in de winst-en-verliesrekening verwerkt en staat het vastgoed niet langer op de balans van de woningcorporatie. Ook wordt er geen terugkoopverplichting op de balans opgenomen ('off balance verwerking'). Voorbeelden hiervan zijn uitgewerkt in de bijlage bij Richtlijn 270. Een VOV-transactie met een terugkooprecht tegen de reële waarde op terugkoopmoment vindt plaats in overeenstemming met Richtlijn 270, voorbeeld 1a van bijlage 2 (verkoop). Ligt de prijs bij een terugkooprecht significant lager dan de verwachte reële waarde op terugkoopmoment, dan vindt de verwerking plaats in overeenstemming met voorbeeld 3a van bijlage 2 van Richtlijn 270 (geen verkoop).

Is niet voldaan aan de hierboven genoemde criteria, dan is er sprake van een financieringstransactie. Indien dat het geval is, wordt het verkoopresultaat niet in de winst-en-verliesrekening verantwoord en blijft het vastgoed op de balans van de woningcorporatie opgenomen. Er vindt herclassificatie plaats naar vastgoed verkocht onder voorwaarden (actief) en er ontstaat mogelijk een niet-gerealiseerde herwaardering. Tevens ontstaat een terugkoopverplichting op de balans ('on balance verwerking'). Voorbeelden hiervan zijn uitgewerkt in de bijlage bij Richtlijn 270. Indien er sprake is van een VOV-transactie met een terugkoopplicht, dan wordt door RJ 645.211 verwezen naar de voorbeelden 9a en 10a van bijlage 2 van Richtlijn 270.

Waardering

Onroerende zaken verkocht onder voorwaarden die zijn gekwalificeerd als financieringstransactie, waardeert de woningcorporatie op basis van de getaxeerde leegwaarde onder aftrek van de overeengekomen korting tussen de woningcorporatie en de koper op moment van verkoop aan de koper (art. 22 tot en met 26 BTIV en art. 9 RTIV) (RJ 645.215).

De terugkoopverplichting van de financieringstransactie waardeert de woningcorporatie in overeenstemming met Richtlijn 254 'Schulden'. De verplichting wordt gewaardeerd op basis van de terugkoopprijs per balansdatum, rekening houdend met de contractueel overeengekomen korting (RJ 645.211).

Voorbeeld waardering onroerende zaak verkocht onder voorwaarden kwalificerend als financieringstransactie

Een woningcorporatie verkoopt een woning onder voorwaarden met een getaxeerde leegwaarde van € 240.000 met een korting van 20% voor de koper. Daarnaast is overeengekomen dat een aandeel van 40% in de waardeverandering van de getaxeerde leegwaarde van de woning voor rekening van de woningcorporatie en 60% voor de koper is. De woningcorporatie neemt een actief van € 192.000 (€ 240.000 - (20% * 240.000)) op als onroerende zaak verkocht onder voorwaarden. Daarnaast neemt ze als passief een langlopende schuld op van € 192.000 voortkomend uit de verplichting om de woning in de toekomst terug te kopen. Wanneer de woning vanuit de onroerende zaken in exploitatie wordt verkocht, waarbij de marktwaarde € 160.000 bedroeg, dan wordt een waardeverandering in de winst-en-verliesrekening verantwoord en wordt in geval van een bate tevens een (additionele) herwaarderingsreserve van bruto € 32.000 opgenomen. In journaalposten ziet deze transactie er als volgt uit (waarbij effecten uit hoofde van belastingen buiten beschouwing worden gelaten):

Liquide middelen	€ 192.000	
a/ Terugkoopverplichting woning verkocht onder voorwaarden		€ 192.000
Onroerende zaken verkocht onder voorwaarden	€ 192.000	
a/ Onroerende zaken in exploitatie		€ 160.000
a/ Niet-gerealiseerde waardeveranderingen (winst-en-verliesrekening)		€ 32.000
Overige reserves	€ 32.000	
a/ Herwaarderingsreserve		€ 32.000

Stel, dat de getaxeerde leegwaarde na 1 jaar is gestegen met 10% tot € 264.000. De onroerende zaak verkocht onder voorwaarden waardeert de corporatie dan voor een bedrag van € 211.200 (€ 192.000 + € 192.000 * 10%). De terugkoopverplichting stijgt met 60% van de waardestijging (als gevolg van de afgesproken deling van de waardeverandering met de koper) tot € 206.400 (€ 192.000 + (€ 264.000 - € 240.000) * 60%). In journaalposten wordt de waardeverandering als volgt verwerkt:

Onroerende zaken verkocht onder voorwaarden	€ 19.200	
a/ Niet gerealiseerde waardeveranderingen (winst-en-verliesrekening)		€ 19.200
Niet gerealiseerde waardeveranderingen (winst-en-verliesrekening)	€ 14.400	
a/ Terugkoopverplichting woning verkocht onder voorwaarden		€ 14.400
Overige reserves	€ 19.200	
a/ Herwaarderingsreserve		€ 19.200

Toelichting

De volgende elementen licht de woningcorporatie toe aangaande de onroerende zaken verkocht onder voorwaarden:

▸ Uiteenzetting van het aantal onroerende zaken dat is verkocht onder voorwaarden en de condities waaronder de transacties hebben plaatsgevonden (RJ 645.307).
▸ Terugkooprechten en -plichten van de onroerende zaken verkocht onder voorwaarden die niet in de balans zijn opgenomen worden onder de niet in de balans opgenomen activa en verplichtingen toegelicht (RJ 645.308).

55.3.5 Eigen vermogen

De woningcorporatie neemt op grond van artikel 2:390 lid 1 BW een herwaarderingsreserve op. In deze herwaarderingsreserve worden de ongerealiseerde waardevermeerderingen van de onroerende zaken in exploitatie en verkocht onder voorwaarden opgenomen (RJ 645.207). De herwaarderingsreserve wordt gevormd voor het verschil tussen de boekwaarde op basis van verkrijgings- of vervaardigingsprijs en de marktwaarde van de onroerende zaken waarop de herwaarderingsreserve betrekking heeft. Hierbij wordt door de RJ aanbevolen uit te gaan van de initiële verkrijgings- of vervaardigingsprijs, zonder rekening te houden met afschrijvingen of waardeverminderingen. Een andere mogelijkheid is om wel rekening te houden met de cumulatieve afschrijvingen of waardeverminderingen. De gehanteerde methode moet in de toelichting worden opgenomen. Voor het overige wordt verwezen naar Richtlijn 240 'Eigen Vermogen', alinea 222 tot en met 227. Belangrijk element daarbij is dat de herwaarderingsreserve niet collectief maar per actief moet worden bepaald. Specifiek voor een woningcorporatie zal dat betekenen dat de herwaarderingsreserve wordt bepaald per waarderingscomplex (RJ 645.207). Realisatie van de herwaarderingsreserve vindt plaats binnen het eigen vermogen door overboeking van de herwaarderingsreserve naar de overige reserves (bijv. bij verkoop). Ook is het relevant bij de bepaling van de herwaarderingsreserve het effect van belastingen (RJ 272.304) mee te wegen.

55.3.6 Voorziening onrendabele investeringen

Voor toekomstige investeringen in bestaande complexen vastgoed in exploitatie, zoals verduurzaming, waarvoor in rechte afdwingbare verplichtingen dan wel feitelijke verplichtingen zijn aangegaan, dient beoordeeld te worden of en in hoeverre de verplichtingen kwalificeren als een verlieslatend contract. Bij investeringen in bestaande complexen is sprake van een verlieslatend contract indien de kostprijs van de investering hoger is dan de stijging van de marktwaarde van het complex (bijlage 2 van de Regeling toegelaten instellingen volkshuisvesting 2015 ('Handboek modelmatig waarderen marktwaarde')). Hiervoor wordt een voorziening voor onrendabele investeringen gevormd voor zover de uitgaven met betrekking tot een investering in bestaand vastgoed nog niet in de balans zijn verwerkt. De afwaardering van de bestede kosten en de vorming van de voorziening wordt in het resultaat verantwoord onder de post Overige waardeveranderingen (RJ 645.218).

Bij een nieuwbouwproject is sprake van een verlieslatend contract indien de investering in het vastgoed in ontwikkeling bestemd voor eigen exploitatie hoger is dan de verwachte marktwaarde van het vastgoed bij oplevering. Voor het verschil tussen de investering en de marktwaarde bij oplevering wordt een voorziening gevormd, indien en voor zover de uitgaven met betrekking tot het vastgoed in ontwikkeling bestemd voor eigen exploitatie nog niet in de balans zijn verwerkt.

55.3.7 Overige toelichtingsvereisten

In Richtlijn 645 worden de volgende toelichtingsvereisten expliciet genoemd naast de vereisten die reeds in dit hoofdstuk zijn behandeld:
- RJ 645.309: de passages die zijn opgenomen in de statuten inzake de bestemming van het eigen vermogen worden bij het eigen vermogen in de jaarrekening toegelicht.
- RJ 645.310: toelichting van het schuldrestant van de leningen welke geborgd zijn door het WSW of garanties welke aan overheden zijn verstrekt.

55.4 Winst-en-verliesrekening met toelichting

55.4.1 Winst-en-verliesrekening

RJ 645.301 geeft aan dat de woningcorporatie haar balans, winst-en-verliesrekening en kasstroomoverzicht opstelt in overeenstemming met Bijlage 3 van de RTIV. De RTIV verplicht een model voor de winst-en-verliesrekening op basis van het functionele model.

In het functionele model wordt het 'resultaat uit gewone bedrijfsuitoefening voor belastingen' uitgesplitst naar een functionele indeling. Daarbij worden de opbrengsten en kosten weergegeven naar de verschillende, door de RTIV gedefinieerde, bedrijfsfuncties:
▶ netto resultaat exploitatie vastgoedportefeuille;
▶ netto resultaat verkocht vastgoed in ontwikkeling;
▶ netto gerealiseerd resultaat verkoop vastgoedportefeuille;
▶ waardeveranderingen vastgoedportefeuille;
▶ netto resultaat overige activiteiten;
▶ overige organisatiekosten;
▶ leefbaarheid;
▶ financiële baten en lasten.

In de toelichting op de jaarrekening, dienen de opbrengsten en kosten van bovenstaande bedrijfsfuncties nader te worden toegelicht. Relevant hierbij is tevens dat in de toelichting op de winst-en-verliesrekening aanvullend informatie wordt toegelicht over de categoriale kostensoorten lonen en salarissen en de afschrijvingslasten (RJ 270.504), inclusief een toelichting op basis van welke verdeelsleutel deze kosten zijn toegerekend aan de verschillende bedrijfsfuncties.

55.4.2 Belastingen

Woningcorporaties zijn met ingang van 1 januari 2008 integraal belastingplichtig voor de vennootschapsbelasting. Voor de verwerking en waardering zijn de bepalingen van Richtlijn 272 'Belastingen naar de winst' van toepassing. Hiervoor wordt verwezen naar hoofdstuk 17.

Specifiek voor woningcorporaties geldt dat er in veel gevallen sprake is van tijdelijke verschillen inzake de waardering van het vastgoed en de langlopende schulden. De fiscale waardering van deze posten vindt plaats in overeenstemming met de zogenaamde vaststellingsovereenkomsten tussen de Belastingdienst en de woningcorporaties. In de vaststellingsovereenkomst (VSO 2 genoemd) zijn ten aanzien van de fiscale waardering per 1 januari 2008 in de fiscale balans van vastgoed, leningen en derivaten specifieke bepalingen opgenomen. Hierin is bepaald dat de woningcorporatie haar vastgoedportefeuille op de fiscale openingsbalans per 1 januari 2008 waardeert op de waarde in het economische verkeer. Dit betekent meer specifiek:
▶ Dat woningen met een huur beneden de liberaliseringsgrens worden gewaardeerd op een percentage van 70% van de WOZ-waarde.
▶ Dat woningen met een huur boven de liberaliseringsgrens worden gewaardeerd op een percentage van 80% van de WOZ-waarde.
▶ Maatschappelijk vastgoed wordt op de openingsbalans gewaardeerd op de waarde in het economische verkeer, berekend op basis van 100% van de WOZ-waarde.
▶ Bedrijfsmatig vastgoed wordt op de openingsbalans gewaardeerd op de waarde in de verhuurde staat, zoals bepaald door een onafhankelijke en gecertificeerde taxateur.

Voor woningen opgeleverd of verkregen ná 1 januari 2008 is de fiscale waarde gelijk aan de verkrijgings- of vervaardigingsprijs op het moment van activering (zie par. 55.3.1).

In deze vaststellingsovereenkomst is tevens opgenomen dat de leningenportefeuille en de beleggingsportefeuille, inclusief de derivatenportefeuille, op de waarde in het economische verkeer op de fiscale openingsbalans per 1 januari 2008 door de woningcorporatie worden opgenomen. De leningenportefeuille wordt dan gewaardeerd op de contante waarde van de kasstromen volgend uit de leningenportefeuille, waarbij deze kasstromen contant worden gemaakt tegen de jaarlijks verschillende disconteringsvoeten van de zerocoupon curve.

Uit VSO 2 volgt dat er sprake is van tijdelijke verschillen in de hiervoor genoemde gevallen. Uit deze bepalingen vloeit voort dat er bij woningcorporaties in principe sprake is van een latente belastingvordering c.q. latente belastingverplichting bij de hiervoor genoemde posten. Overeenkomstig Richtlijn 272 heeft de woningcorporatie de keuze voor waardering van latente belastingvorderingen en -verplichtingen tegen nominale of contante waarde. VSO 2 bevat fiscale faciliteiten die het mogelijk maken dat de fiscale waarde van vastgoed, na sloop weer opnieuw wordt 'ingebracht' in een nieuw te bouwen actief en het tijdelijke verschil wordt 'doorgeschoven'. Alleen als het zeer waarschijnlijk is dat voor het betreffende actief of passief geen fiscale afwikkeling gedurende de levensduur plaats zal vinden, dient rekening te worden gehouden met de fiscale afwikkeling gebaseerd op de voorgenomen wijze van realisatie na afloop van de levensduur (RJ 272.405).

56 Zorginstellingen

56.1 Algemeen	
Begripsbepaling	Een zorginstelling is een rechtspersoon die beschikt over een WTZi-toelating, bedoeld om zorg te kunnen leveren die wordt gefinancierd vanuit de Zorgverzekeringswet (Zvw) of de Wet langdurige zorg (Wlz).
Toepasselijke wet- en regelgeving	Wet toelating zorginstellingen (WTZi), het Uitvoeringsbesluit WTZi en de Regeling verslaggeving WTZi (RVW), Titel 9 Boek 2 BW. Behalve de algemene Richtlijnen voor de Jaarverslaggeving is tevens de specifieke Richtlijn 655 'Zorginstellingen' van toepassing. Tot slot is de Wet normering bezoldiging topfunctionarissen publieke en semipublieke sector (WNT) van toepassing op toegelaten zorginstellingen.
56.2 Algemene aspecten jaarverslaggeving van zorginstellingen	
Modellen	Verplichte indeling is geregeld op grond van artikel 3 onder e van de Regeling Verslaggeving WTZi.
Grootteregime	Voor wat betreft presentatie en toelichting geldt dat in beginsel elke WTZi-instelling als een grote rechtspersoon classificeert met hiermee samenhangende toelichtingsvereisten.
Consolidatie	Consolidatieplicht rust op het groepshoofd. Vrijstellingen voor tussenhoudsters mogelijk naar analogie artikel 2:408 BW. Steunstellingen worden in beginsel geconsolideerd, tenzij sprake is van vrijstelling onder specifieke voorwaarden.
Accountantscontrole	Accountantscontrole vereist vanaf bepaalde omvang instelling.
Openbaarmaking	Verplichting tot openbaarmaking bij Kamer van Koophandel alsmede bij het CIBG (vóór 1 juni van het volgende verslagjaar).
56.3 Balans met toelichting	
Onderhanden werk uit hoofde van DBC's/DBC-zorgproducten	Verwerken conform de uitgangspunten van Richtlijn 221 'Onderhanden projecten'.
Vorderingen en schulden uit hoofde van het financieringstekort of -overschot	Presentatie van het aan het einde van het verslagjaar bestaande verschil tussen het wettelijk budget voor aanvaardbare kosten en de ontvangen voorschotten en de in rekening gebrachte vergoedingen voor diensten en verrichtingen ter dekking van het wettelijk budget.
Eigen vermogen	In Richtlijn 655 zijn enkele specifieke bepalingen opgenomen omtrent presentatie en toelichting van het eigen vermogen.
56.4 Specifieke toelichtingsvereisten zorginstellingen	
Specifieke toelichting t.a.v. mutatie-overzichten	Specifieke toelichtingen ten aanzien van mutatieoverzichten van vaste activa en ten aanzien van langlopende schulden.
56.5 Winst-en- verliesrekening met toelichting	
Samenstelling bedrijfsopbrengsten	Specifieke categorieën naar financieringsstroom.

Honorariumkosten medisch specialisten	Afzonderlijke presentatie van honorariumkosten medisch specialisten in de winst-en-verliesrekening.
56.6 Specifieke toelichtingsvereisten zorginstellingen	
Specifieke toelichtingsvereisten zorginstellingen	Specifieke toelichtingen ten aanzien van de uitsplitsing van de personeelskosten en de overige bedrijfskosten.
Toelichting resultaat deelneming	Model jaarrekening VWS wijkt af van de wettelijke vereisten.
56.7 Toekomstige wijzigingen in de Nederlandse wet- en regelgeving, specifiek voor zorginstellingen	
Aanpassingswet toelating zorginstellingen	Met ingang van 2022 ook bestuursverslag binnen scope van verslaggeving zorginstellingen.
Grootecriterium	Aansluiting met Titel 9 Boek 2 BW, met uitzondering van categorie voor micro-ondernemingen.
Accountantscontrole	Kleine zorginstellingen eveneens binnen scope wetgeving.

56.1 Algemeen

De eisen voor de jaarrekening zoals beschreven in de voorgaande hoofdstukken van dit Handboek zijn tevens op toegelaten instellingen (hierna: zorginstellingen) van toepassing; in zijn algemeenheid wordt daarom verwezen naar deze hoofdstukken. De WNT wordt bijvoorbeeld behandeld in hoofdstuk 21. Voor zover voor zorginstellingen specifieke bepalingen gelden, worden deze in dit hoofdstuk uiteengezet.

56.1.1 Begripsbepaling

Zorginstellingen

Dit hoofdstuk is van toepassing op rechtspersonen die beschikken over een WTZi-toelating, bedoeld om zorg te kunnen leveren die wordt gefinancierd vanuit de Zorgverzekeringswet (Zvw) of de Wet langdurige zorg (Wlz). Vanuit artikel 5 WTZi is de definitie van een zorginstelling opgenomen: een 'zorginstelling' is een organisatorisch verband dat zorg verleent waarop aanspraak bestaat ingevolge artikel 3.1.1 van de Wet langdurige zorg of ingevolge een zorgverzekering als bedoeld in artikel 1 onder d van de Zorgverzekeringswet. De term organisatorisch verband wordt vervolgens op de website van wtzi.nl geduid als een organisatie waar ten minste twee personen namens de organisatie daadwerkelijk zorg verlenen. Op deze rechtspersonen, aangeduid als Wtzi-instellingen, is de Regeling verslaggeving WTZi van toepassing. De Regeling verslaggeving WTZi (RVW) is gebaseerd op de Wet toelating zorginstellingen (hierna: WTZi) die de minister voor Medische Zorg de mogelijkheid geeft nadere regels te stellen voor de verantwoording van instellingen die vallen onder de WTZi. De tekst van de Regeling verslaggeving WTZi is opgenomen in RJ 910 'Modellen en besluiten'.

Het toezicht op de zorgmarkten is, uit hoofde van de Wet marktordening gezondheidszorg (Wmg), belegd bij de Nederlandse Zorgautoriteit (NZa).

De volgende soorten zorginstellingen worden onderkend:
- Instellingen voor medisch specialistische zorg:
    - Universitair Medische Centrum
    - Algemeen Ziekenhuis
    - Categoraal ziekenhuis
    - Zelfstandig behandelcentrum
    - Revalidatiecentrum

- Geestelijke gezondheidszorg
- Gehandicaptenzorg
- Verpleging, verzorging en wijkverpleging
- Regionale Ambulancevoorzieningen

56.1.2 Toepasselijke wet- en regelgeving.

Een groot deel van de bepalingen inzake de jaarrekening, bestuursverslag en overige gegevens zoals opgenomen in Titel 9 Boek 2 BW zijn op grond van de Regeling verslaggeving WTZi (RVW) ook van toepassing op zorginstellingen. Op grond van artikel 2 RVW is een aantal artikelen van Titel 9 Boek 2 BW niet van toepassing op de jaarrekening van zorginstellingen. Naast de algemene Richtlijnen voor de Jaarverslaggeving is tevens de specifieke Richtlijn 655 'Zorginstellingen' van toepassing. Voorts zijn de criteria omtrent toelating van zorginstellingen geregeld in de Wet toelating zorginstellingen (WTZi) en het Uitvoeringsbesluit WTZi. Tot slot is de Wet normering bezoldiging topfunctionarissen publieke en semipublieke sector van toepassing op toegelaten instellingen.

Jeugdhulpaanbieders en gecertificeerde instellingen

Richtlijn 655 heeft ook betrekking op jeugdhulpaanbieders en gecertificeerde instellingen waarop de Regeling Jeugdwet van toepassing is (art. 4.2 lid 3 Regeling Jeugdwet). De Regeling Jeugdwet is gebaseerd op de Jeugdwet die de minister van Volksgezondheid, Welzijn en Sport de mogelijkheid geeft nadere regels te stellen voor de verantwoording van jeugdhulpaanbieders en gecertificeerde instellingen die vallen onder de Jeugdwet (RJ 655.102a).

Belastingplicht

Een zorginstelling kan een beroep doen op de vrijstelling voor de vennootschapsbelasting indien voldaan wordt aan twee voorwaarden die nader worden uitgewerkt in het Besluit zorgvrijstelling vennootschapsbelasting:
- De werkzaamhedeneis;
- De winstbestemmingseis.

De werkzaamhedeneis (art. 5 lid 1 onder c onder 1°Wet VPB 1969) houdt in dat een zorginstelling minimaal 90% kwalificerende zorgwerkzaamheden dient uit te voeren. De vraag in de praktijk is veelal wat onder deze 'zorgwerkzaamheden' valt. In het besluit wordt een algemeen toetsingskader gegeven.

De winstbestemmingseis schrijft voor dat als een zorginstelling winst behaalt, deze winst zowel statutair als feitelijk uitsluitend kan worden aangewend ten bate van het algemeen maatschappelijk belang. Doel van dit vereiste is te waarborgen dat de onder de zorgvrijstelling vrijgestelde winsten niet kunnen worden aangewend anders dan ten bate van de vrijgestelde zorgsfeer of een algemeen maatschappelijk belang.

56.2 Algemene aspecten jaarverslaggeving van zorginstellingen
56.2.1 Inleiding

Voorschriften met betrekking tot verslaggeving van zorginstellingen vinden hun oorsprong in bepalingen die bij of krachtens de wet worden vastgesteld. In dat kader worden hierna enkele wettelijke bepalingen behandeld ten aanzien van de inrichting van de jaarverslaggeving, de groottecriteria en de impact op de controleplicht, regels omtrent consolidatie en ten slotte de verplichting tot openbaarmaking van de verslaggeving van een zorginstelling.

56.2.2 Totstandkoming financiële verantwoording

In artikel 2 RVW is bepaald dat op de jaarverslaggeving van een zorginstelling Titel 9 Boek 2 BW van overeenkomstige toepassing is met uitzondering van de afdelingen 1, 7, 11 en 12, een en ander voor zover in de RVW niet anders is bepaald.

In afwijking van of in aanvulling op Titel 9 Boek 2 BW:
a. wordt de jaarverslaggeving ingericht overeenkomstig de richtlijnen, in het bijzonder Richtlijn 655;
b. wordt de jaarverslaggeving opgesteld en gepubliceerd in de Nederlandse taal en euro;
c. is het verslagjaar altijd gelijk aan een kalenderjaar;
d. wordt de balans en resultatenrekening opgesteld overeenkomstig de modellen in bijlage 1 bij Richtlijn 655, met dien verstande dat een zorginstelling die op twee opeenvolgende balansdata, zonder onderbreking nadien op twee opeenvolgende balansdata, heeft voldaan aan twee of drie van de eisen, genoemd in artikel 2:395a lid 1 onder a tot en met c BW, kan volstaan met een balans en resultatenrekening waarin ten minste de posten zijn opgenomen die zijn genoemd in bijlage 1 bij deze regeling;
e. is een zorginstelling die op twee opeenvolgende balansdata, zonder onderbreking nadien op twee opeenvolgende balansdata, heeft voldaan aan twee of drie van de eisen, genoemd in artikel 2:395a lid 1 onder a tot en met c BW, niet gehouden tot een verklaring als bedoeld in artikel 2:393 lid 5 BW;
f. kan een zorginstelling die op twee opeenvolgende balansdata, zonder onderbreking nadien op twee opeenvolgende balansdata, heeft voldaan aan twee of drie van de eisen genoemd in artikel 2:396 lid 1 onder a tot en met c BW volstaan met een beoordelingsverklaring van een accountant in plaats van een verklaring als bedoeld in artikel 2:393 lid 5 BW;
g. wordt de informatie, bedoeld bij of krachtens de artikelen 1.7 en 4.1 lid 1 en 2 van de Wet normering topinkomens, opgenomen in de jaarrekening, waarbij gebruik wordt gemaakt van een door de minister van Binnenlandse Zaken en Koninkrijksrelaties vast te stellen model.

Hieruit volgt dat op dit moment nog sprake is van een vrijstelling voor micro-zorginstellingen, waarbij kan worden volstaan met het opstellen van een verkorte jaarrekening bestaande uit alleen een balans en resultatenrekening. Ook is een micro-instelling niet controleplichtig, maar volstaat een beoordelingsverklaring van een accountant.

Het kasstroomoverzicht is van overeenkomstige toepassing voor zorginstellingen en zal daarom in dit hoofdstuk niet verder worden uitgewerkt. Hiervoor wordt verwezen naar hoofdstuk 20.

In RJ 655.514 is bepaald dat rechtspersonen die vanwege de rechtsvorm op grond van artikel 2:360 BW niet onder Titel 9 Boek 2 BW vallen, zoals stichtingen, niet verplicht zijn om een bestuursverslag op te stellen. Het opstellen van een bestuursverslag wordt in Richtlijn 655 desalniettemin sterk aanbevolen. Indien een dergelijk bestuursverslag wel wordt opgesteld, valt deze ook binnen de reikwijdte van de accountantscontrole.

56.2.3 Modellen

In artikel 3 onder e van de Regeling Verslaggeving WTZi is geregeld dat een zorginstelling de balans en de resultatenrekening dient op te stellen in overeenstemming met de modellen in bijlage 1 van Richtlijn 655. In het schema hierna is een nadere uitwerking van dit model opgenomen, inclusief verwijzingen voor specifieke jaarrekeningposten voor zorginstellingen naar de paragrafen in dit hoofdstuk waar deze nader worden behandeld. De overige balansposten vallen in beginsel onder de reikwijdte van het Burgerlijk Wetboek en de Richtlijnen voor de Jaarverslaggeving en worden in de respectievelijke hoofdstukken van het Handboek nader besproken.

56 Zorginstellingen

(GECONSOLIDEERDE) BALANS PER 31 DECEMBER 20X1
(na resultaatbestemming)

	Ref.	31-12-20X1 €	31-12-20X0 €
ACTIVA			
Vaste activa			
Immateriële vaste activa		0	0
Materiële vaste activa		0	0
Financiële vaste activa		0	0
Totaal vaste activa		0	0
Vlottende activa			
Voorraden		0	0
Onderhanden werk uit hoofde van DBC's / DBC-zorgproducten	par. 56.3.2	0	0
Vorderingen uit hoofde van financieringstekort	par. 56.3.3	0	0
Debiteuren en overige vorderingen		0	0
Effecten		0	0
Liquide middelen		0	0
Totaal vlottende activa		0	0
Totaal activa		0	0

	Ref.	31-12-20X1 €	31-12-20X0 €
PASSIVA			
Eigen vermogen	par. 56.3.4		
Kapitaal		0	0
Agioreserve		0	0
Herwaarderingsreserve		0	0
Wettelijke en statutaire reserves		0	0
Bestemmingsreserves		0	0
Bestemmingsfondsen		0	0
Algemene en overige reserves		0	0
Totaal groepsvermogen		0	0
Voorzieningen		0	0
Langlopende schulden (nog voor meer dan een jaar)		0	0
Kortlopende schulden (ten hoogste 1 jaar)			
Schulden uit hoofde van financieringsoverschot	par. 56.3.3	0	0
Overige kortlopende schulden		0	0
Totaal kortlopende schulden (ten hoogste 1 jaar)		0	0
Totaal passiva		0	0

(GECONSOLIDEERDE) RESULTATENREKENING OVER 20X1	Ref.	20X1 €	20X0 €
BEDRIJFSOPBRENGSTEN:	par. 56.5.1		
Opbrengsten zorgprestaties (en maatschappelijke ondersteuning)		0	0
Subsidies (exclusief Wmo en Jeugdwet)		0	0
Overige bedrijfsopbrengsten		0	0
Som der bedrijfsopbrengsten		0	0
BEDRIJFSLASTEN:			
Personeelskosten		0	0
Afschrijvingen op immateriële en materiële vaste activa		0	0
Bijzondere waardeverminderingen van vaste activa		0	0
Honorariumkosten vrijgevestigde medisch specialisten	par. 56.5.2	0	0
Overige bedrijfskosten	par. 56.6.2	0	0
Som der bedrijfslasten		0	0
BEDRIJFSRESULTAAT		0	0
Financiële baten en lasten	par. 56.6.3	0	0
RESULTAAT BOEKJAAR		0	0

RESULTAATBESTEMMING

Het resultaat is als volgt verdeeld:

	20X1 €	20X0 €
Toevoeging/(onttrekking):		
Bestemmingsreserve xxx		
Bestemmingsfonds yyy		
Algemene / overige reserves		
	0	0

56.2.4 Grootteregime

Op grond van artikel 2 RVW zijn afdelingen 1, 11 en 12 en daarmee de vrijstellingen op grond van omvang van de rechtspersoon, zoals opgenomen in de artikelen 2:395a, 2:396 en 2:397 BW, niet van toepassing (RJ 655.501). Daarom dient in beginsel elke zorginstelling met een WTZi-erkenning ongeacht de omvang een jaarrekening op te stellen, welke dient te voldoen aan de criteria van een grote rechtspersoon.

56.2.5 Consolidatieplicht

In artikel 7 lid 1 RVW is geregeld dat er op het groepshoofd een consolidatieplicht rust. Het groepshoofd is de rechtspersoon die de centrale leiding heeft over de groep en het beleid van de groep kan bepalen. Indien een groepshoofd ontbreekt, wijst de centrale leiding op grond van artikel 7 lid 2 RVW een bestuur aan dat de geconsolideerde jaarrekening opstelt.

Vrijstelling voor tussenhoudstermaatschappijen

Voor tussenhoudstermaatschappijen geldt een soortgelijke vrijstelling als opgenomen in artikel 2:408 BW. Op grond van artikel 7 lid 4 RVW hoeft een rechtspersoon waarvan de jaarrekening is opgenomen in de geconsolideerde jaarrekening van de groep geen geconsolideerde jaarrekening op te maken indien wordt voldaan aan de volgende voorwaarden:
a. De eigen financiële gegevens van de zorginstelling zijn opgenomen in een geconsolideerde jaarrekening van een andere rechtspersoon van de groep;
b. De onder a bedoelde geconsolideerde jaarrekening voldoet aan de eisen van de Regeling verslaggeving WTZi of aan de eisen van Titel 9 Boek 2 BW;
c. De onder a bedoelde geconsolideerde jaarrekening is in overeenstemming met artikel 9 RVW aangeleverd bij het Centraal Informatiepunt Beroepen Gezondheidszorg.
d. Het bestuur van de zorginstelling verwijst in de toelichting bij de enkelvoudige jaarrekening naar de onder a bedoelde geconsolideerde jaarrekening.

Consolidatie van steunstichtingen

De jaarrekening van een binnen de groep vallende steunstichting wordt in beginsel geconsolideerd in overeenstemming met de bepalingen van Richtlijn 217 'Consolidatie' en Richtlijn 640 'Organisaties-zonder-winststreven'. Consolidatie is niet verplicht van steunstichtingen die voldoen aan een aantal specifieke criteria (art. 7 lid 6 RVW), namelijk:
▶ een rechtspersoon die geen zorginstelling is;
▶ die haar middelen verkrijgt uit niet-zorggebonden gelden; en
▶ die volgens haar statuten algemeen nut beoogt of specifieke activiteiten van een zorginstelling ondersteunt.

In de praktijk zijn er bijvoorbeeld steunstichtingen die vanuit legaten zijn opgericht en die een beleggingsportefeuille of een vastgoedportefeuille beheren. De rendementen vanuit deze activiteiten kunnen vervolgens worden aangewend ten behoeve van de zorginstelling die de Stichting ondersteunt. Denk hierbij aan de financiering van specifieke projecten, innovatie binnen de zorginstelling en de financiering van opleidingen. Dergelijke steunstichtingen hoeven op grond van voornoemde bepaling in artikel 7 lid 6 RVW niet geconsolideerd te worden.

56.2.6 Formele aspecten

Het bestuur is verantwoordelijk voor het opmaken van de jaarrekening van de zorginstelling. De raad van toezicht stelt de jaarrekening vast.

Artikel 9 RVW stelt dat het bestuur van een zorginstelling de Jaarverantwoording Zorg vóór 1 juni van het jaar, volgend op het verslagjaar, met gebruikmaking van het elektronische platform DigiMV, aanlevert bij het Centraal Informatiepunt Beroepen Gezondheidszorg.

56.2.7 Accountantscontrole

In artikel 3 RVW onder e, f en g is geregeld dat de groottecriteria als genoemd in artikel 2:395a en artikel 2:396 BW van toepassing zijn op het al dan niet bestaan van een controleplicht.

De controleplicht ziet in beginsel toe op de jaarrekening, bestaande uit de balans, winst-en-verliesrekening, kasstroomoverzicht, de toelichting waaronder de grondslagen voor waardering en resultaatbepaling en de overige gegevens.

De zorginstelling dient op grond van RJ 655.506 in de jaarrekening naast de balans en de resultatenrekening een kasstroomoverzicht op te nemen. Op het kasstroomoverzicht is Richtlijn 360 van toepassing (zie hoofdstuk 20).

56.2.8 Openbaarmaking

Zorginstellingen zijn verplicht tot openbaarmaking van de jaarverslaggeving in de vorm zoals door de wet voorgeschreven (art. 2:394 BW) door deponering van de jaarrekening bij het handelsregister. In aanvulling op artikel 2:394 BW maakt de zorginstelling haar jaarverslaggeving openbaar door indiening in elektronische vorm bij het Centraal Informatiepunt Beroepen Gezondheidszorg vóór 1 juni van het jaar volgend op het verslagjaar (art. 9 lid 1 RVW). Met het publiek toegankelijk maken van verantwoordingsinformatie wordt de transparantie van de zorginstellingen, jeugdhulpaanbieders en gecertificeerde instellingen bevorderd, zowel horizontaal (cliënten, patiënten, afnemers van jeugdhulp en interne toezichthouders) als verticaal (verantwoordelijke overheden).

Voor stichtingen geldt een publicatieplicht indien de netto-omzet zonder onderbreking nadien gedurende twee opeenvolgende boekjaren € 6 miljoen of meer bedraagt of wanneer de stichting een WTZi-toegelaten lichaam is.

56.3 Balans met toelichting

56.3.1 Algemeen

Zoals in paragraaf 56.2 al vermeld, volgt de verslaggeving van zorginstellingen in veel gevallen de algemene verslaggevingsregels op grond van Titel 9 Boek 2 BW en de Richtlijnen voor de Jaarverslaggeving. In de volgende paragrafen gaan wij nader in op enkele jaarrekeningposten, die specifiek van toepassing zijn voor zorginstellingen. De verslaggevingsregels hieromtrent zijn uitgewerkt in Richtlijn 655 'Zorginstellingen'.

56.3.2 Onderhanden werk uit hoofde van DBC's/DBC-zorgproducten

Algemeen

Vanuit de regels en beleidsregels van de Nederlandse Zorgautoriteit (NZa) wordt onderscheid gemaakt tussen een DBC en een DBC-zorgproduct.

Diagnose Behandeling Combinatie (DBC) (Definities Richtlijn 655): een declarabele prestatie, die de resultante is van het totale traject van de diagnose die de zorgverlener stelt tot en met de (eventuele) behandeling die hieruit volgt.

DBC-zorgproduct: een declarabele prestatie welke is afgeleid uit een subtraject en zorgactiviteiten via door de NZa vastgestelde beslisbomen.

Overigens is dit onderscheid voor de verslaggeving niet van belang omdat ze in de jaarrekening op dezelfde manier worden verantwoord.

In Richtlijn 655 wordt gesteld dat de zorginstelling onderhanden DBC's en DBC-zorgproducten dient te beschouwen als onderhanden projecten (RJ 655.205) en daarmee in beginsel Richtlijn 221 in acht dient te nemen.

De specifieke toepassing hiervan kan complex zijn vanwege de diversiteit aan contractafspraken tussen de instelling en de verschillende zorgverzekeraars (plafond / aanneemsom / pxq / voorschotten). Afhankelijk van de aard van de contracten kan dit in de jaarrekening leiden tot terugbetalingsverplichtingen aan zorgverzekeraars dan wel vorderingen op zorgverzekeraars. In de basis dient immers de werkelijk geleverde zorg te worden gedeclareerd tegen de overeengekomen tarieven. Wanneer echter een contractueel bepaald productieplafond of aanneemsom wordt overschreven dan leidt dit ertoe dat het surplus aan geleverde zorg boven het contractueel bepaalde plafond of aanneemsom niet of slechts gedeeltelijk door de zorgverzekeraar wordt vergoed. Anderzijds, bij een onderbenutting van een aanneemsom resteert een vordering op de zorgverzekeraar.

Waardering

Voor het bepalen van de opbrengsten uit DBC's en DBC-zorgproducten dient de zorginstelling Richtlijn 270 'De winst-en-verliesrekening' toe te passen (RJ 655.205). Voor de bepaling of sprake is van verwachte verliezen op onderhanden projecten beschouwt de zorginstelling het totaal van DBC's en DBC-zorgproducten per zorgverzekeraar als één onderhanden project (RJ 655.205).

De post onderhanden projecten bestaat, indien van toepassing, uit het saldo van gerealiseerde projectkosten, toegerekende winst, verwerkte verliezen en reeds gedeclareerde termijnen (RJ 221.407). De post onderhanden projecten representeert een bedrag te vorderen van de zorgverzekeraars (indien actief), of een bedrag verschuldigd aan de zorgverzekeraars (indien passief) voor nog te verrichten werkzaamheden of een vooruitontvangen bedrag.

De specifieke regels en voorwaarden voor het registreren en declareren van een DBC zijn opgenomen in de Regeling prestaties en tarieven medisch specialistische zorg. Van belang voor de waardering van het onderhanden werk is het uitgangspunt dat een DBC maximaal 120 dagen blijft openstaan. Tot die tijd wordt een DBC als onderhanden werk gewaardeerd tegen afgeleide verkoopwaarde. Na deze termijn dient een DBC te worden gesloten en gefactureerd en dient bij voortzetting van de behandeling een vervolg-DBC te worden geopend. De gesloten DBC wordt dan gerubriceerd als nog te factureren onder de vorderingen en gewaardeerd tegen opbrengstwaarde.

De zorginstelling dient op grond van RJ 655.303 voorschotten van zorgverzekeraars uit hoofde van onderhanden DBC's of DBC-zorgproducten te presenteren in overeenstemming met Richtlijn 221 'Onderhanden projecten'. Daarbij is echter de aard van de voorschotten van belang. Indien deze bedoeld zijn ter financiering van het werkkapitaal dan zou het eveneens verdedigbaar zijn om deze in mindering te brengen op het openstaande saldo debiteuren/vorderingen op zorgverzekeraars.

RJ 221.409 stelt dat het aanbevolen wordt een onderhanden project in de balans te presenteren als een gesaldeerde post van de per project gerealiseerde projectkosten en toegerekende winst, verminderd met verwerkte verliezen en gedeclareerde termijnen. Daarmee hoeft dus geen specificatie van het onderhanden werk per verzekeraar te worden opgenomen in de jaarrekening.

56.3.3 Vorderingen en schulden uit hoofde van financieringstekort of -overschot

Algemeen

De financiering vanuit de Wet langdurige zorg vindt plaats op basis van een budgettair kader op basis waarvan bevoorschotting plaatsvindt aan de zorginstelling. Vervolgens wordt hier de werkelijk geleverde en gedeclareerde zorg tegen afgezet. Het saldo hiervan betreft het financieringstekort of -overschot. Dit is het aan het einde van het verslagjaar bestaande verschil tussen het wettelijk budget voor aanvaardbare kosten en de ontvangen voorschotten en de in rekening gebrachte vergoedingen voor diensten en verrichtingen ter dekking van het wettelijk budget (art. 6 RVW).

Het wettelijk budget voor aanvaardbare kosten heeft betrekking op de middelen die de zorginstelling ter beschikking staan voor het verlenen van zorg. Het budget bestaat uit een normatief gedeelte en een niet-normatief gedeelte. Na afloop van het boekjaar stelt de zorginstelling een berekening op van het definitieve budget (RJ 655.208). Dit is de som van de maximale vergoeding per zorgkantoor voor enig jaar (subsidie). De vergoeding voor diensten en verrichtingen betreft de som van de gefactureerde zorgproducten tegen de met de zorgkantoren afgesproken tarieven.

Waardering

Conform artikel 6 RVW neemt de zorginstelling een vordering of schuld uit hoofde van het financieringstekort of -overschot als afzonderlijke post in de balans op. Het financieringstekort of -overschot is het aan het einde van het verslagjaar bestaande verschil tussen het wettelijk budget voor aanvaardbare kosten en de ontvangen voorschotten en de in rekening gebrachte vergoedingen voor diensten en verrichtingen ter dekking van het wettelijk budget.

De zorginstelling dient de per balansdatum over de diverse jaren en op diverse Wet langdurige zorg (Wlz)-uitvoerders bestaande vorderingen uit hoofde van financieringstekorten als vordering aan de actiefzijde van de balans op te nemen. De zorginstelling dient de per balansdatum over de diverse jaren en diverse Wlz-uitvoerders bestaande schulden uit hoofde van financieringsoverschotten als schuld aan de passiefzijde van de balans op te nemen (RJ 655.304).

Een zorginstelling neemt vorderingen en schulden uit hoofde van subsidieregelingen op grond van de Wet maatschappelijke ondersteuning of de Jeugdwet uitsluitend gesaldeerd op indien en voor zover is voldaan aan de algemene salderingsvereisten. Het is op grond van RJ 655.304 niet toegestaan om vorderingen en schulden uit hoofde van financieringstekorten en -overschotten en uit hoofde van relaties met verschillende Wlz-uitvoerders gesaldeerd op te nemen, omdat niet wordt voldaan aan de algemene salderingsvereisten op basis van RJ 115.305.

Presentatie- en toelichting

De zorginstelling dient een specificatie op te nemen van vorderingen en schulden uit hoofde van het financieringstekort respectievelijk financieringsoverschot naar de te onderscheiden jaren conform model C van bijlage 1 bij Richtlijn 655, onder vermelding van het stadium van vaststelling van het budget.

Vorderingen en schulden uit hoofde van financieringstekort respectievelijk financieringsoverschot					
	jaar 1	jaar 2	jaar 3	jaar 4	totaal
	€	€	€	€	€
Saldo per 1 januari					0
Financieringsverschil boekjaar					0
Correcties voorgaande jaren					0
Betalingen/ontvangsten					0
Subtotaal mutatie boekjaar	0	0	0	0	0
Saldo per 31 december	0	0	0	0	0
Stadium van vaststelling (per erkenning):					

a= interne berekening
b= overeenstemming met zorgverzekeraars
c= definitieve vaststelling NZa

	jaar 3	jaar 4
	€	€
Waarvan gepresenteerd als:		
- vorderingen uit hoofde van financieringstekort		
- schulden uit hoofde van financieringsoverschot		
	0	0

Specificatie financieringsverschil in het boekjaar	jaar 3	jaar 4
	€	€
Wettelijk budget voor aanvaardbare kosten Wlz-zorg (exclusief subsidies)		
Af: vergoedingen ter dekking van het wettelijk budget		
Totaal financieringsverschil	0	0

56.3.4 Eigen vermogen

Algemeen

In Richtlijn 655 zijn enkele specifieke bepalingen opgenomen omtrent presentatie en toelichting van het eigen vermogen. Op grond van RJ 655.305 worden de volgende rubrieken binnen het eigen vermogen onderkend:
- het kapitaal;
- agioreserve;
- herwaarderingsreserve;
- wettelijke en statutaire reserves;
- bestemmingsreserves;
- bestemmingsfondsen;
- algemene reserves of overige reserves.

In de jaarrekening dient voor elk van deze posten een verloopoverzicht in de toelichting te worden opgenomen (RJ 655.305a).

Voorts merken wij op dat indien een zorginstelling vanuit de rechtsvorm waarin zij gedreven wordt onder de reikwijdte van het Burgerlijk Wetboek en de Richtlijnen van de Jaarverslaggeving valt dat tevens aanvullende toelichtingseisen verplicht zijn, waaronder het aantal uitstaande aandelen. Zie hiervoor verder hoofdstuk 15.

Bestemmingsreserve versus bestemmingsfonds

Van een bestemmingsreserve (overeenkomstig RJ 640.313) is sprake wanneer het bestuur een specifieke bestedingsdoelstelling heeft aangemerkt voor de betreffende gelden. Dit vloeit derhalve voort uit interne beleidskeuzes.

In de toelichting dient de zorginstelling het bedrag en het specifieke doel van iedere bestemmingsreserve te vermelden, evenals het feit dat het bestuur deze beperking heeft aangebracht. Indien de statuten voorschrijven dat bepaalde reserves met specifieke doelen worden gevormd, dient de instelling in de toelichting het bedrag en de aard van deze statutaire bepaling te vermelden (RJ 655.309).

Van een bestemmingsfonds (overeenkomstig RJ 640.315) is sprake wanneer de bestedingsmogelijkheid is opgelegd door derden, bijvoorbeeld op grond van bepalingen in subsidieregelingen, bepalingen met betrekking tot schenkingen en bepalingen bij wet.

De zorginstelling dient in de toelichting het bedrag en het specifieke doel van ieder bestemmingsfonds te vermelden, evenals de reden van deze beperking en alle overige voorwaarden die door de derden zijn gesteld (RJ 655.309a).

De reden voor het onderscheid tussen een bestemmingsfonds en een bestemmingsreserve is dat bij een bestemmingsreserve het bestuur de beperking heeft aangebracht en dus ook weer kan opheffen, zodat in wezen nog steeds sprake is van vrij besteedbaar vermogen.

Presentatie Reserve Aanvaardbare Kosten

De Reserve Aanvaardbare Kosten (RAK) is een soort egalisatiefonds om exploitatieverliezen uit hoofde van de zorgproductie op te vangen. Tot en met 2014 was hier sprake van een gereguleerd mechanisme uit hoofde van beleidsregels zoals bepaald door de Nederlandse Zorgautoriteit (NZa). De zorgaanbieder diende eEen positief exploitatieresultaat toe te voegen aan de RAK en in beginsel beschikbaar te houden voor de AWBZ-gefinancierde zorg. Een negatief exploitatieresultaat werd ten laste van de RAK gebracht. Aan de besteding van de RAK worden in de huidige beleidsregels van de NZa geen regels meer gesteld. Zorgaanbieders zijn in beginsel vrij zelf invulling te geven aan de "oude" RAK.

Instellingen die worden bekostigd op grond van de Wet langdurige zorg (voorheen AWBZ) presenteren de Reserve Aanvaardbare Kosten als bestemmingsfonds (RJ 655.309a). De reden dat de RAK voor deze financieringsstroom kwalificeert als bestemmingsfonds is dat hier een externe verplichting (op grond van de beleidsregels van de NZa) op rust om deze reserve uitsluitend aan een bepaald doel te besteden.

Instellingen voor medisch specialistische zorg presenteren de Reserve Aanvaardbare Kosten als algemene of overige reserve (RJ 655.309b). Eenzelfde principe is in beginsel ook van toepassing voor resultaten die worden behaald vanuit andere financieringsstromen (zoals Wmo/Jeugdwet). De reden dat de RAK voor deze financieringsstroom kwalificeert als algemene of overige reserve is dat er geen externe verplichting op rust om de RAK uitsluitend aan een bepaald doel te besteden.

56.4 Specifieke toelichtingsvereisten zorginstellingen
56.4.1 Mutatieoverzicht vaste activa

Op grond van artikel 2:368 lid 1 BW dient het verloop van elk der posten behorende tot de immateriële vaste activa in een sluitend overzicht te worden weergegeven. Uit het overzicht dient in ieder geval te blijken:
- de boekwaarde aan het begin van het boekjaar:
- de som van de waarden waartegen de in het boekjaar verkregen activa zijn te boek gesteld, en
- de som van de boekwaarden der activa waarover de rechtspersoon aan het einde van het boekjaar niet meer beschikt;
- de afschrijvingen, de waardeverminderingen en de terugneming daarvan over het boekjaar;
- de boekwaarde aan het einde van het boekjaar.

Naar analogie van artikel 2:368 lid 1 BW is in de modeljaarrekening van VWS een verloopoverzicht per categorie van de immateriële vaste activa voorgeschreven. Zie voorbeeld hierna.

MUTATIEOVERZICHT IMMATERIELE VASTE ACTIVA	Kosten op-richting en uitgifte van aandelen	Kosten van ontwikkeling	Kosten van concessies, vergunningen en rechten van intellectuele eigendom	Kosten van goodwill die van derden is verkregen	Vooruitbe-talingen op immateriële activa	Totaal
	€	€	€	€	€	€
Stand per 1 januari 20XX						
- aanschafwaarde						0
- cumulatieve afschrijvingen						0
Boekwaarde per 1 januari 20XX	0	0	0	0	0	0
Mutaties in het boekjaar						
- investeringen						0
- afschrijvingen						0
- bijzondere waardeverminderingen						0
- terugname bijz. waardeverminderingen						0
- terugname geheel afgeschreven activa						
aanschafwaarde						0
cumulatieve afschrijvingen						0
- desinvesteringen						
aanschafwaarde						0
cumulatieve afschrijvingen						0
per saldo	0	0	0	0	0	0
Mutaties in boekwaarde (per saldo)	0	0	0	0	0	0
Stand per 31 december 20XX						
- aanschafwaarde	0	0	0	0	0	0
- cumulatieve afschrijvingen	0	0	0	0	0	0
Boekwaarde per 31 december 20XX	0	0	0	0	0	0
Afschrijvingspercentage						

Ook voor de materiële vaste activa is naar analogie van RJ 212.702 in de modeljaarrekening van VWS een verloopoverzicht per categorie voorgeschreven. Zie voorbeeld hierna.

MUTATIEOVERZICHT MATERIELE VASTE ACTIVA						
	Bedrijfs- gebouwen en terreinen €	Machines en installaties €	Andere vaste bedrijfs- middelen, technische en administratieve uitrusting €	Materiële vaste bedrijfsactiva in uitvoering en vooruitbetalingen op materiële vaste activa €	Niet aan het bedrijfsproces dienstbare materiële activa €	Totaal €
Stand per 1 januari 20XX						
- aanschafwaarde						0
- cumulatieve herwaarderingen						0
- cumulatieve afschrijvingen						0
Boekwaarde per 1 januari 20XX	0	0	0	0	0	0
Mutaties in het boekjaar						
- investeringen						0
- herwaarderingen						0
- afschrijvingen						0
- bijzondere waardeverminderingen						0
- terugname bijz. waardeverminderingen						0
- *terugname geheel afgeschreven activa*						
aanschafwaarde						0
cumulatieve herwaarderingen						0
cumulatieve afschrijvingen						0
- *desinvesteringen*						
aanschafwaarde						0
cumulatieve herwaarderingen						0
cumulatieve afschrijvingen						0
per saldo	0	0	0	0	0	0
Mutaties in boekwaarde (per saldo)	0	0	0	0	0	0
Stand per 31 december 20XX						
- aanschafwaarde	0	0	0	0	0	0
- cumulatieve herwaarderingen	0	0	0	0	0	0
- cumulatieve afschrijvingen	0	0	0	0	0	0
Boekwaarde per 31 december 20XX	0	0	0	0	0	0
Afschrijvingspercentage						

Artikel 2:368 lid 1 BW stelt dat van elke post van de financiële vaste activa een mutatie-overzicht moet worden gegeven. Uit dat mutatie-overzicht moet blijken:
▶ de boekwaarde aan het begin van het boekjaar;
▶ de som van de waarden waartegen de in het boekjaar verkregen activa te boek zijn gesteld, en de som van de boekwaarden van de activa waarover de rechtspersoon aan het einde van het boekjaar niet meer beschikt;
▶ de herwaarderingen over het boekjaar overeenkomstig artikel 2:390 lid 1 BW;
▶ de afschrijvingen, de waardeverminderingen en de terugnemingen daarvan over het boekjaar;
▶ de boekwaarde aan het einde van het boekjaar.

MUTATIEOVERZICHT FINANCIELE VASTE ACTIVA

	Deelnemingen in groeps- maatschappijen €	Deelnemingen in overige verbonden maatschappijen €	Vorderingen op groeps- maatschappijen €	Vorderingen op overige verbonden maatschappijen €	Andere deelnemingen €	Vorderingen op participanten en op maatschappijen waarin wordt deelgenomen €	Overige effecten €	Vordering op grond van compensatie regeling €	Overige vorderingen €	Totaal €
Boekwaarde per 1 januari 20XX										0
Kapitaalstortingen										0
Resultaat deelnemingen										0
Ontvangen dividend										0
Acquisities van deelnemingen										0
Nieuwe/vervallen consolidaties										0
Verstrekte leningen / verkregen effecten										0
Ontvangen dividend / aflossing leningen										0
(Terugname) waardeverminderingen										0
Amortisatie (dis)agio										0
Boekwaarde per 31 december 20XX	0	0	0	0	0	0	0	0	0	0
Som waardeverminderingen										0

56.4.2 Overzicht langlopende schulden

In de toelichting op de balans is een specifiek overzicht opgenomen van de langlopende schulden waarbij per individuele lening details worden verstrekt omtrent leninggever, afsluitdatum, hoofdsom, looptijd, soort lening en overeengekomen rentepercentage.

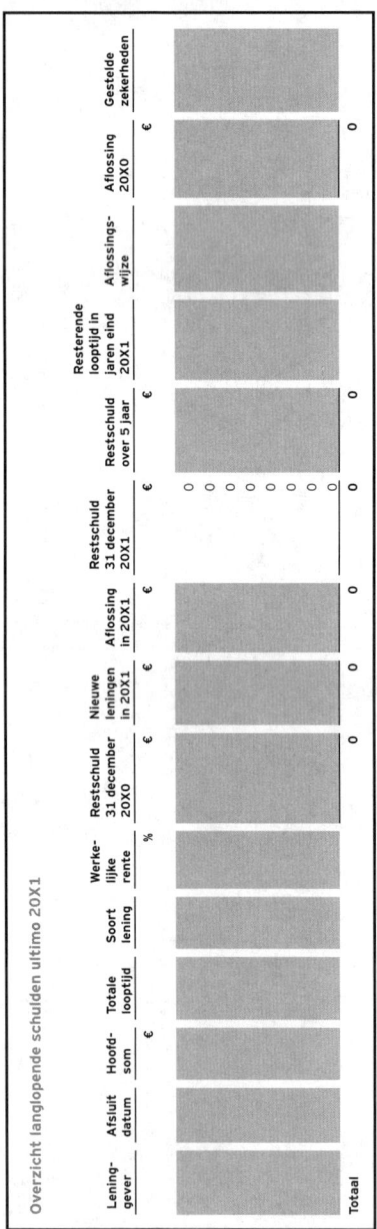

56.4.3 Macrobeheersinstrument

De minister van VWS stelt jaarlijks, voor het aankomende jaar, één macrokader voor de instellingen van medisch specialistische en andere curatieve zorg vast. Het beschikbare macrokader is afgeleid van de raming van het Centraal Planbureau voor de collectieve zorguitgaven. Dit is het totaalbedrag dat beschikbaar is voor zorg geleverd door de zorginstellingen.

Het macrobeheersinstrument (mbi) kan door de minister van VWS ingezet worden om overschrijdingen van het macrokader zorg terug te vorderen bij instellingen voor medisch specialistische zorg en bij instellingen voor curatieve geestelijke gezondheidszorg. Het macrobeheersinstrument is uitgewerkt in de Aanwijzing Macrobeheersmodel instellingen voor medisch specialistische zorg, respectievelijk Aanwijzing Macrobeheersinstrument curatieve geestelijke gezondheidszorg. Ook voor instellingen in andere sectoren kan een Aanwijzing Macrobeheersinstrument van toepassing zijn (RJ 655.207).

Jaarlijks wordt door de Nederlandse Zorgautoriteit (NZa) ambtshalve een mbi-omzetplafond vastgesteld. Tevens wordt door de NZa jaarlijks een omzetplafond per instelling vastgesteld, welke afhankelijk is van de realisatie van het mbi-omzetplafond van alle instellingen gezamenlijk. Deze vaststelling vindt plaats nadat door de minister van VWS de overschrijding van het mbi-omzetplafond uiterlijk vóór 1 december van het opvolgend jaar is gecommuniceerd.

De zorginstelling verwerkt een verplichting die voortvloeit uit de heffing op grond van het macrobeheersinstrument dat nog niet definitief is vastgesteld in overeenstemming met Richtlijn 252 'Voorzieningen', niet in de balans opgenomen verplichtingen en niet in de balans opgenomen activa. De zorginstelling verwerkt een verplichting die voortvloeit uit de heffing op grond van het macrobeheersinstrument dat definitief is vastgesteld als kortlopende schuld.

Instellingen nemen in de toelichting onder de niet uit de balans blijkende verplichtingen een toelichting op waar dit wordt vermeld, alsmede de grondslag voor de berekening. Zie onderstaand voorbeeld.

Verplichtingen uit hoofde van het macrobeheersinstrument

Bij het opstellen van de jaarrekening 20XX bestaat nog geen inzicht in realisatie van het mbi-omzetplafond over 20XX. NAAM INSTELLING is niet in staat een betrouwbare inschatting te maken van de uit het macrobeheersinstrument voortkomende verplichting en deze te kwantificeren. Als gevolg daarvan is deze verplichting niet tot uitdrukking gebracht in de balans van de instelling per 31 december 20XX.

De heffingsgrondslag Macrobeheersinstrument is als volgt opgebouwd:	20X1 €	20X0 €
Tariefopbrengst van DBC's, DBC-zorgproducten, overige zorgproducten in zowel het gereguleerde als het vrije segment en ZZP's GGZ		
Verrekenbedrag op grond van de beleidsregel Transitie bekostigingsstructuur medisch specialistische zorg resp. de beleidsregel Verlenging transitiemodel voor gebudgetteerde zorgaanbieders van gespecialiseerde curatieve GGZ		
Mutatie medisch specialistische zorg in het onderhanden werk		
Totaal heffingsgrondslag	0	0

Toelichting:

56.5 Winst-en-verliesrekening met toelichting
56.5.1 Samenstelling bedrijfsopbrengsten

In de winst-en-verliesrekening wordt onderscheid gemaakt binnen de bedrijfsopbrengsten tussen:
▶ Opbrengsten zorgprestaties (en maatschappelijke ondersteuning);
▶ Subsidies (exclusief Wmo en Jeugdwet);
▶ Overige bedrijfsopbrengsten.

Opbrengsten zorgprestaties

In de toelichting wordt vervolgens een nadere uitsplitsing voorgeschreven in het model, dat inzicht verschaft naar primair financieringsstroom/activiteit.

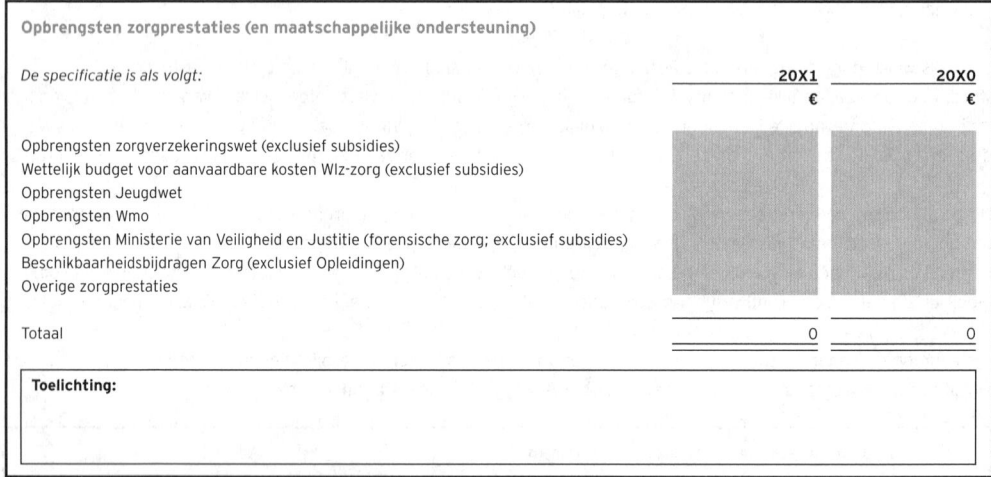

Het wettelijk budget voor aanvaardbare kosten (Wlz zorg) heeft betrekking op de middelen die de zorginstelling ter beschikking staan voor het verlenen van zorg. Het budget bestaat uit een normatief gedeelte en een niet-normatief gedeelte (RJ 655.208). Hiermee wordt bedoeld dat bepaalde elementen in de budgettoekenning gebaseerd zijn op normatieve vergoedingen ter dekking van investeringen in inventaris en (vervangende) (nieuw) bouw en instandhouding van huisvesting. Na afloop van het boekjaar stelt de instelling een berekening op van het definitieve wettelijk budget door middel van een zogeheten nacalculatie. Deze berekening wordt afgestemd met het zorgkantoor en vervolgens tweezijdig ingediend bij de Nederlandse Zorgautoriteit, die op grond hiervan het wettelijk budget definitief vaststelt.

Subsidies (exclusief Wmo en Jeugdwet)

Ook voor de subsidies wordt een nadere uitsplitsing voorgeschreven, primair ten behoeve van de vergelijkbaarheid tussen de zorginstellingen, alsmede als informatieverschaffing ten behoeve van de gebruikers (zijnde de subsidieverstrekkers).

Subsidies		
De specificatie is als volgt:	20X1	20X0
	€	€
Subsidies Zvw-zorg		
Rijksbijdrage werkplaatsfunctie en medische faculteit van UMC's		
Rijkssubsidies vanwege het Ministerie van Veiligheid en Justitie		
Rijkssubsidies vanwege het Ministerie van VWS		
Overige Rijkssubsidies		
Beschikbaarheidsbijdragen Opleidingen		
Subsidies vanwege Provincies en gemeenten (exclusief Wmo en Jeugdwet)		
Overige subsidies, waaronder loonkostensubsidies en EU-subsidies		
Totaal	0	0
Toelichting:		

Overige bedrijfsopbrengsten

Overige bedrijfsopbrengsten dienen nader te worden toegelicht naar Overige dienstverlening en Overige opbrengsten en worden daar vervolgens verder gespecificeerd.

56.5.2 Honorariumkosten vrijgevestigde medisch specialisten

In het model-jaardocument zoals door het ministerie van VWS uitgebracht, wordt in de winst-en-verliesrekening een afzonderlijke post honorariumkosten vrijgevestigde medisch specialisten gepresenteerd. Dit is overigens niet langer in de RJ verankerd. De tekst van RJ 655.315 luidde destijds: de zorginstelling dient de aan de instelling voor medisch specialistische zorg gedeclareerde bedragen door medisch specialisten, die geen onderdeel zijn van een collectief, op te nemen onder de post Honorariumkosten vrijgevestigd medisch specialisten die aan de instelling voor medisch specialistische zorg declareren.

56.6 Specifieke toelichtingsvereisten zorginstellingen
56.6.1 Uitsplitsing personeelskosten

In het model-jaardocument is een nadere uitsplitsing opgenomen van de personeelskosten. In artikel 2:377 lid 3 onder e en f BW is voorgeschreven dat de lonen en de sociale lasten met afzonderlijke vermelding van de pensioenlasten dienen te worden opgenomen. In aanvulling hierop wordt van zorginstellingen verwacht onder deze rubriek ook de andere personeelskosten te verantwoorden, alsook de kosten voor personeel niet in loondienst (zoals uitzendkrachten).

Personeelskosten		
De specificatie is als volgt:	20X1 €	20X0 €
Lonen en salarissen		
Sociale lasten		
Pensioenpremies		
Andere personeelskosten:		
Subtotaal	0	0
Personeel niet in loondienst		
Totaal personeelskosten	0	0
Specificatie gemiddeld aantal personeelsleden (in FTE's) per segment:		
Gemiddeld aantal personeelsleden op basis van full-time eenheden	0	0
Aantal personeelsleden dat buiten Nederland werkzaam is		
Toelichting:		

56.6.2 Uitsplitsing overige bedrijfskosten

In de wet zijn geen verdere bepalingen opgenomen ten aanzien van nadere uitsplitsing van overige bedrijfskosten. In het model-jaardocument zoals door het ministerie van VWS uitgebracht, is echter wel een functionele uitsplitsing opgenomen.

Overige bedrijfskosten		
De specificatie is als volgt:	20X1 €	20X0 €
Voedingsmiddelen en hotelmatige kosten		
Algemene kosten		
Patiënt- en bewonersgebonden kosten		
Onderhoud en energiekosten		
Huur en leasing		
Dotaties en vrijval voorzieningen		
Totaal	0	0
Toelichting:		

56.6.3 Toelichting resultaat deelneming

In het model-jaardocument zoals door het ministerie van VWS uitgebracht, wordt in het overzicht financiële baten en lasten tevens het resultaat van deelnemingen geaggregeerd opgenomen. Op grond van de wet en het Besluit modellen jaarrekening dient deze echter separaat te worden opgenomen in de winst-en-verliesrekening, al dan niet na een tussentelling voor het resultaat uit gewone bedrijfsuitoefening.

56.7 Toekomstige wijzigingen in de Nederlandse wet- en regelgeving, specifiek voor zorginstellingen

De (aanpassings)Wet toetreding zorgaanbieders (aWTZa) is verplicht van toepassing per 1 januari 2022. Deze vervangt de Wet toelating zorginstellingen (WTZi). Een onderdeel hiervan is wijziging van de regelgeving rondom de jaarverantwoording voor zorgaanbieders en combinatie-instellingen (zorgaanbieders die ook jeugdhulp verlenen of een gecertificeerde instelling of Veilig Thuis-organisatie zijn). Daarnaast wordt het toezicht op het nakomen van de regels overgeheveld van de Inspectie gezondheidszorg en jeugd (IGJ) naar de Nederlandse Zorgautoriteit (NZa). In het kort beschrijven we hier de belangrijkste wijzigingen ten opzichte van de WTZi.

De regeling gaat over de openbare jaarverantwoording die uit de volgende componenten bestaat:
- financiële verantwoording;
- bij de financiële verantwoording te voegen informatie:
  - Bestuursverslag in aansluiting op de vereisten in Titel 9 Boek 2 BW komt terug in de regelgeving.
  - Verslag interne toezichthouder.
  - Overige gegevens.
- andere informatie over de bedrijfsvoering van de zorgaanbieder:
  - (digiMV vragenlijst), zonder accountantscontrole.

Groottecriterium

Het groottecriterium voor zorgaanbieders zal eveneens onderdeel gaan uitmaken van het wettelijke criterium op grond van Titel 9 Boek 2 BW. Het daarbij geldende onderscheid wordt gemaakt overeenkomstig deze bepalingen in de artikelen 2:395a, 2:396 en 2:397 BW in:
- Klein;
- Middelgroot; en
- Groot.

Voor zorgaanbieders worden geen micro-entiteiten onderkend.

Accountantscontrole

Tevens komen ook kleine zorgaanbieders binnen de scope van de wetgeving, waardoor meer zorginstellingen binnen de scope van de verantwoording en accountantscontrole vallen.

Kasstroomoverzicht

Het kasstroomoverzicht is op dit moment niet opgenomen in de nieuwe regelgeving, terwijl dit wel een belangrijk onderdeel wordt geacht. Het is de verwachting dat hier nog een wijziging zal komen.

- Verhogen winst per aandeel
- Opties Rechten werknemers
- Tijdelijk ondersteunen koers

Schuldeisers
Bchj E v Solv. buffer.

Bijlage 1 Wetteksten [per 1 januari 2021]
Tekst van Titel 9 Boek 2 BW
Titel 9 De jaarrekening en het bestuursverslag

Afdeling 1 Algemene bepaling

Artikel 360
1. Deze titel is van toepassing op de coöperatie, de onderlinge waarborgmaatschappij, de naamloze vennootschap en de besloten vennootschap met beperkte aansprakelijkheid. Ongeacht hun rechtsvorm is deze titel op banken als bedoeld in artikel 415, betaalinstellingen als bedoeld in artikel 1:1 van de Wet op het financieel toezicht en elektronisch geldinstellingen als bedoeld in artikel 1:1 van de Wet op het financieel toezicht van toepassing.
2. Deze titel is eveneens van toepassing op een commanditaire vennootschap of een vennootschap onder firma waarvan alle vennoten die volledig jegens schuldeisers aansprakelijk zijn voor de schulden, kapitaalvennootschappen naar buitenlands recht zijn.
3. Deze titel is eveneens van toepassing op de stichting en de vereniging die een of meer ondernemingen in stand houden welke ingevolge de wet in het handelsregister moeten worden ingeschreven, indien de netto-omzet van deze ondernemingen gedurende twee opeenvolgende boekjaren zonder onderbreking nadien gedurende twee opeenvolgende boekjaren, de helft of meer bedraagt van het in artikel 396 lid 1, onder b, bedoelde bedrag, zoals gewijzigd op grond van artikel 398 lid 4. Indien de stichting of vereniging bij of krachtens de wet verplicht is een financiële verantwoording op te stellen die gelijkwaardig is aan een jaarrekening als bedoeld in deze titel en indien deze openbaar wordt gemaakt, blijft de eerste volzin buiten toepassing.

Afdeling 2 Algemene bepalingen omtrent de jaarrekening

Artikel 361
1. Onder jaarrekening wordt verstaan: de enkelvoudige jaarrekening die bestaat uit de balans en de winst- en verliesrekening met de toelichting, en de geconsolideerde jaarrekening indien de rechtspersoon een geconsolideerde jaarrekening opstelt.
2. Coöperaties en de in artikel 360 lid 3 bedoelde stichtingen en verenigingen vervangen de winst- en verliesrekening door een exploitatierekening, indien het in artikel 362 lid 1 bedoelde inzicht daardoor wordt gediend; op deze rekening zijn de bepalingen omtrent de winst- en verliesrekening zoveel mogelijk van overeenkomstige toepassing. Bepalingen omtrent winst en verlies zijn zoveel mogelijk van overeenkomstige toepassing op het exploitatiesaldo.
3. De bepalingen van deze titel gelden voor jaarrekeningen en hun onderdelen, zowel in de vorm waarin zij door het bestuur zijn opgemaakt als in de vorm waarin zij door het bevoegde orgaan van de rechtspersoon zijn vastgesteld.
4. Bij de toepassing van de artikelen 367, 370 lid 1, 375, 376, 377 lid 5 en 381 moeten overeenkomstige vermeldingen als met betrekking tot groepsmaatschappijen worden opgenomen met betrekking tot andere maatschappijen:
    a. die op voet van de leden 1, 3 en 4 van artikel 24a rechten in de rechtspersoon kunnen uitoefenen, ongeacht of zij rechtspersoonlijkheid hebben, of
    b. die dochtermaatschappij zijn van de rechtspersoon, van een groepsmaatschappij of van een maatschappij als bedoeld in onderdeel a.

Artikel 362
1. De jaarrekening geeft volgens normen die in het maatschappelijk verkeer als aanvaardbaar worden beschouwd een zodanig inzicht dat een verantwoord oordeel kan worden gevormd omtrent het vermogen en het resultaat,

jaarlijkse voorschriften, Bedrijfstak, Internationaal (handwritten annotation)

alsmede voor zover de aard van een jaarrekening dat toelaat, omtrent de solvabiliteit en de liquiditeit van de rechtspersoon. Indien de internationale vertakking van zijn groep dit rechtvaardigt, kan de rechtspersoon de jaarrekening opstellen naar de normen die in het maatschappelijk verkeer in een van de andere lidstaten van de Europese Gemeenschappen als aanvaardbaar worden beschouwd en het in de eerste volzin bedoelde inzicht geven.

2. De balans met de toelichting geeft getrouw, duidelijk en stelselmatig de grootte van het vermogen en zijn samenstelling in actief- en passiefposten op het einde van het boekjaar weer. De balans mag het vermogen weergeven, zoals het wordt samengesteld met inachtneming van de bestemming van de winst of de verwerking van het verlies, of, zolang deze niet vaststaat, met inachtneming van het voorstel daartoe. Bovenaan de balans wordt aangegeven of daarin de bestemming van het resultaat is verwerkt.

3. De winst- en verliesrekening met de toelichting geeft getrouw, duidelijk en stelselmatig de grootte van het resultaat van het boekjaar en zijn afleiding uit de posten van baten en lasten weer.

4. Indien het verschaffen van het in lid 1 bedoelde inzicht dit vereist, verstrekt de rechtspersoon in de jaarrekening gegevens ter aanvulling van hetgeen in de bijzondere voorschriften van en krachtens deze titel wordt verlangd. Indien dit noodzakelijk is voor het verschaffen van dat inzicht, wijkt de rechtspersoon van die voorschriften af; de reden van deze afwijking wordt in de toelichting uiteengezet, voor zover nodig onder opgaaf van de invloed ervan op vermogen en resultaat.

5. De baten en lasten van het boekjaar worden in de jaarrekening opgenomen, onverschillig of zij tot ontvangsten of uitgaven in dat boekjaar hebben geleid.

6. De jaarrekening wordt vastgesteld met inachtneming van hetgeen omtrent de financiële toestand op de balansdatum is gebleken tussen het opmaken van de jaarrekening en de algemene vergadering waarin zij wordt behandeld, voor zover dat onontbeerlijk is voor het in lid 1 bedoelde inzicht. Blijkt nadien dat de jaarrekening in ernstige mate tekortschiet in het geven van dit inzicht, dan bericht het bestuur daaromtrent onverwijld aan de leden of aandeelhouders en deponeert een mededeling daaromtrent bij het handelsregister; bij de mededeling wordt een accountantsverklaring gevoegd, indien de jaarrekening overeenkomstig artikel 393 is onderzocht. Een rechtspersoon waarvan effecten zijn toegelaten tot de handel op een gereglementeerde markt als bedoeld in de Wet op het financieel toezicht wordt geacht te hebben voldaan aan de verplichting om de mededeling, bedoeld in tweede volzin, te deponeren bij het handelsregister, indien zij de mededeling op grond van artikel 5:25m, vijfde lid, van die wet heeft toegezonden aan de Stichting Autoriteit Financiële Markten.

7. Indien de werkzaamheid van de rechtspersoon of de internationale vertakking van zijn groep dat rechtvaardigt, mag de jaarrekening of alleen de geconsolideerde jaarrekening worden opgesteld in een vreemde geldeenheid. De posten worden in de Nederlandse taal omschreven, tenzij de algemene vergadering tot het gebruik van een andere taal heeft besloten.

8. Een rechtspersoon kan de jaarrekening opstellen volgens de door de International Accounting Standards Board vastgestelde en door de Europese Commissie goedgekeurde standaarden, mits de rechtspersoon daarbij alle voor hem van toepassing zijnde vastgestelde en goedgekeurde standaarden toepast. Een rechtspersoon die de geconsolideerde jaarrekening opstelt volgens deze titel, kan niet de enkelvoudige jaarrekening opstellen volgens de vastgestelde en goedgekeurde standaarden. Een rechtspersoon die de geconsolideerde jaarrekening opstelt volgens de in de eerste zin van dit lid genoemde standaarden, kan in de enkelvoudige jaarrekening de waarderingsgrondslagen toepassen die hij ook in de geconsolideerde jaarrekening heeft toegepast.

9. De rechtspersoon die de jaarrekening opstelt volgens de in lid 8 bedoelde standaarden, past van deze titel slechts de afdelingen 7 tot en met 10 en de artikelen 362, lid 6, een na laatste volzin, lid 7, laatste volzin en lid 10, 365 lid 2, 373, 379 leden 1 en 2, 380b, onderdeel d, 382, 382a, 383, 383b tot en met 383e, 389 leden 8 en 10, en 390 toe. Banken passen tevens artikel 421 lid 5 toe. Verzekeraars passen tevens artikel 441 lid 10 toe.

10. De rechtspersoon vermeldt in de toelichting volgens welke standaarden de jaarrekening is opgesteld.

Bijlage 1 Wetteksten [per 1 januari 2021]

Artikel 363
1. De samenvoeging, de ontleding en de rangschikking van de gegevens in de jaarrekening en de toelichting op die gegevens zijn gericht op het inzicht dat de jaarrekening krachtens artikel 362 lid 1 beoogt te geven. Daarbij worden de voorschriften krachtens lid 6 en de andere afdelingen van deze titel in acht genomen. De toelichting houdt de volgorde van de vermelding van de posten aan.
2. Het is niet geoorloofd in de jaarrekening activa en passiva of baten en lasten tegen elkaar te laten wegvallen, indien zij ingevolge deze titel in afzonderlijke posten moeten worden opgenomen.
3. Een post behoeft niet afzonderlijk te worden vermeld, indien deze in het geheel van de jaarrekening van te verwaarlozen betekenis is voor het wettelijk vereiste inzicht. Krachtens deze titel vereiste vermeldingen mogen achterwege blijven voor zover zij op zichzelf genomen en tezamen met soortgelijke vermeldingen voor dit inzicht van te verwaarlozen betekenis zouden zijn. Vermeldingen krachtens de artikelen 378, 382 en 383 mogen evenwel niet achterwege blijven.
4. De indeling van de balans en van de winst- en verliesrekening mag slechts wegens gegronde redenen afwijken van die van het voorafgaande jaar; in de toelichting worden de verschillen aangegeven en worden de redenen die tot afwijkingen hebben geleid, uiteengezet.
5. Zoveel mogelijk wordt bij iedere post van de jaarrekening het bedrag van het voorafgaande boekjaar vermeld; voor zover nodig, wordt dit bedrag ter wille van de vergelijkbaarheid herzien en wordt de afwijking ten gevolge van de herziening toegelicht.
6. Wij kunnen voor de indeling van de jaarrekening bij algemene maatregel van bestuur modellen en nadere voorschriften vaststellen, die gelden voor de daarbij omschreven rechtspersonen. Bij de toepassing daarvan worden de indeling, benaming en omschrijving van de daarin voorkomende posten aangepast aan de aard van het bedrijf van de rechtspersoon, voor zover dat krachtens de algemene maatregel is toegelaten.

Afdeling 3 Voorschriften omtrent de balans en de toelichting daarop
§ 1 Hoofdindeling van de balans

Artikel 364
1. Op de balans worden de activa onderscheiden in vaste en vlottende activa, al naar gelang zij zijn bestemd om de uitoefening van de werkzaamheid van de rechtspersoon al of niet duurzaam te dienen.
2. Onder de vaste activa worden afzonderlijk opgenomen de immateriële, materiële en financiële vaste activa.
3. Onder de vlottende activa worden afzonderlijk opgenomen de voorraden, vorderingen, effecten, liquide middelen, en, voor zover zij niet onder de vorderingen zijn vermeld, de overlopende activa.
4. Onder de passiva worden afzonderlijk opgenomen het eigen vermogen, de voorzieningen, de schulden en, voor zover zij niet onder de schulden zijn vermeld, de overlopende passiva.

§ 2 Activa

Artikel 365
1. Onder de immateriële vaste activa worden afzonderlijk opgenomen:
   a. kosten die verband houden met de oprichting en met de uitgifte van aandelen;
   b. kosten van ontwikkeling;
   c. kosten van verwerving terzake van concessies, vergunningen en rechten van intellectuele eigendom;
   d. kosten van goodwill die van derden is verkregen;
   e. vooruitbetalingen op immateriële vaste activa.
2. Voorzover de rechtspersoon de kosten, vermeld in de onderdelen a en b van lid 1, activeert, moet hij deze toelichten en moet hij ter hoogte daarvan een reserve aanhouden.

Artikel 366

1 Onder de materiële vaste activa worden afzonderlijk opgenomen:
    a   bedrijfsgebouwen en -terreinen;
    b   machines en installaties;
    c   andere vaste bedrijfsmiddelen, zoals technische en administratieve uitrusting;
    d   materiële vaste bedrijfsactiva in uitvoering en vooruitbetalingen op materiële vaste activa;
    e   niet aan het productieproces dienstbare materiële vaste activa.
2 Indien de rechtspersoon op of met betrekking tot materiële vaste activa slechts een beperkt zakelijk of persoonlijk duurzaam genotsrecht heeft, wordt dit vermeld.

Artikel 367

Onder de financiële vaste activa worden afzonderlijk opgenomen:
a   aandelen, certificaten van aandelen en andere vormen van deelneming in groepsmaatschappijen;
b   andere deelnemingen;
c   vorderingen op groepsmaatschappijen;
d   vorderingen op andere rechtspersonen en vennootschappen die een deelneming hebben in de rechtspersoon of waarin de rechtspersoon een deelneming heeft;
e   overige effecten;
f   overige vorderingen, met afzonderlijke vermelding van de vorderingen uit leningen en voorschotten aan leden of houders van aandelen op naam.

Artikel 368

1 Het verloop van elk der posten, behorende tot de vaste activa, gedurende het boekjaar wordt in een sluitend overzicht weergegeven. Daaruit blijken:
    a   de boekwaarde aan het begin van het boekjaar;
    b   de som van de waarden waartegen de in het boekjaar verkregen activa zijn te boek gesteld, en de som van de boekwaarden der activa waarover de rechtspersoon aan het einde van het boekjaar niet meer beschikt;
    c   de herwaarderingen over het boekjaar overeenkomstig artikel 390 lid 1;
    d   de afschrijvingen, de waardeverminderingen en de terugneming daarvan over het boekjaar;
    e   de boekwaarde aan het einde van het boekjaar.
2 Voorts worden voor elk der posten behorende tot de vaste activa opgegeven:
    a   de som der herwaarderingen die betrekking hebben op de activa welke op de balansdatum aanwezig zijn;
    b   de som der afschrijvingen en waardeverminderingen op de balansdatum.

Artikel 369

Onder de tot de vlottende activa behorende voorraden worden afzonderlijk opgenomen:
a   grond- en hulpstoffen;
b   onderhanden werk;
c   gereed product en handelsgoederen;
d   vooruitbetalingen op voorraden.

Artikel 370

1 Onder de tot de vlottende activa behorende vorderingen worden afzonderlijk opgenomen:
    a   vorderingen op handelsdebiteuren;
    b   vorderingen op groepsmaatschappijen;

c vorderingen op andere rechtspersonen en vennootschappen die een deelneming hebben in de rechtspersoon of waarin de rechtspersoon een deelneming heeft;
d opgevraagde stortingen van geplaatst kapitaal;
e overige vorderingen, met uitzondering van die waarop de artikelen 371 en 372 van toepassing zijn, en met afzonderlijke vermelding van de vorderingen uit leningen en voorschotten aan leden of houders van aandelen op naam.
2 Bij elk van de in lid 1 vermelde groepen van vorderingen wordt aangegeven tot welk bedrag de resterende looptijd langer is dan een jaar.

Artikel 371
1 Behoren tot de vlottende activa aandelen en andere vormen van belangen in niet in de consolidatie betrokken maatschappijen als bedoeld in artikel 361 lid 4, dan worden deze afzonderlijk onder de effecten opgenomen. Vermeld wordt de gezamenlijke waarde van de overige tot de vlottende activa behorende effecten die zijn toegelaten tot de handel op een gereglementeerde markt of een multilaterale handelsfaciliteit, als bedoeld in artikel 1:1 van de Wet op het financieel toezicht of een met een gereglementeerde markt of multilaterale handelsfaciliteit vergelijkbaar systeem uit een staat die geen lidstaat is.
2 Omtrent de effecten wordt vermeld, in hoeverre deze niet ter vrije beschikking van de rechtspersoon staan.

Artikel 372
1 Onder de liquide middelen worden opgenomen de kasmiddelen, de tegoeden op bank- en girorekeningen, alsmede de wissels en cheques.
2 Omtrent de tegoeden wordt vermeld, in hoeverre deze niet ter vrije beschikking van de rechtspersoon staan.

§ 3 Passiva
Artikel 373
1 Onder het eigen vermogen worden afzonderlijk opgenomen:
    a het geplaatste kapitaal;
    b agio;
    c herwaarderingsreserves;
    d andere wettelijke reserves, onderscheiden naar hun aard;
    e statutaire reserves;
    f overige reserves;
    g niet verdeelde winsten, met afzonderlijke vermelding van het resultaat na belastingen van het boekjaar, voor zover de bestemming daarvan niet in de balans is verwerkt.
2 Is het geplaatste kapitaal niet volgestort, dan wordt in plaats daarvan het gestorte kapitaal vermeld of, indien stortingen zijn uitgeschreven, het gestorte en opgevraagde kapitaal. Het geplaatste kapitaal wordt in deze gevallen vermeld.
3 Het kapitaal wordt niet verminderd met het bedrag van eigen aandelen of certificaten daarvan die de rechtspersoon of een dochtermaatschappij houdt.
4 Wettelijke reserves zijn de reserves die moeten worden aangehouden ingevolge de artikelen 67a leden 2 en 3, 94a lid 6 onderdeel f, 98c lid 4, 365 lid 2, 389, leden 6 en 8, 390, 401 lid 2, en 423 lid 4.
5 In een jaarrekening die in een vreemde geldeenheid wordt opgesteld, wordt de in lid 1 onderdeel a bedoelde post opgenomen in die geldeenheid, naar de koers op de balansdatum. Tevens worden dan deze koers en het bedrag in Nederlands geld vermeld. Vermelden de statuten het geplaatste kapitaal in een andere geldeenheid dan de geldeenheid waarin de jaarrekening is opgesteld, dan wordt in de in lid 1 onderdeel a bedoelde post tevens deze koers en het bedrag in die andere geldeenheid vermeld.

Artikel 374

1. Op de balans worden voorzieningen opgenomen tegen naar hun aard duidelijk omschreven verplichtingen die op de balansdatum als waarschijnlijk of als vaststaand worden beschouwd, maar waarvan niet bekend is in welke omvang of wanneer zij zullen ontstaan. Tevens kunnen voorzieningen worden opgenomen tegen uitgaven die in een volgend boekjaar zullen worden gedaan, voor zover het doen van die uitgaven zijn oorsprong mede vindt voor het einde van het boekjaar en de voorziening strekt tot gelijkmatige verdeling van lasten over een aantal boekjaren.
2. Waardevermindering van een actief wordt niet door vorming van een voorziening tot uitdrukking gebracht.
3. De voorzieningen worden gesplitst naar de aard der verplichtingen, verliezen en kosten waartegen zij worden getroffen; zij worden overeenkomstig de aard nauwkeurig omschreven. In de toelichting wordt zoveel mogelijk aangegeven in welke mate de voorzieningen als langlopend moeten worden beschouwd.
4. In ieder geval worden afzonderlijk opgenomen:
    a. de voorziening voor belastingverplichtingen, die na het boekjaar kunnen ontstaan, doch aan het boekjaar of een voorafgaand boekjaar moeten worden toegerekend, met inbegrip van de voorziening voor belastingen die uit waardering boven de verkrijgings- of vervaardigingsprijs kan voortvloeien;
    b. de voorziening voor pensioenverplichtingen.

Artikel 375

1. Onder de schulden worden afzonderlijk opgenomen:
    a. obligatieleningen, pandbrieven en andere leningen met afzonderlijke vermelding van de converteerbare leningen;
    b. schulden aan kredietinstellingen;
    c. ontvangen vooruitbetalingen op bestellingen voor zover niet reeds op actiefposten in mindering gebracht;
    d. schulden aan leveranciers en handelskredieten;
    e. te betalen wissels en cheques;
    f. schulden aan groepsmaatschappijen;
    g. schulden aan rechtspersonen en vennootschappen die een deelneming hebben in de rechtspersoon of waarin de rechtspersoon een deelneming heeft, voor zover niet reeds onder f vermeld;
    h. schulden ter zake van belastingen en premiën van sociale verzekering;
    i. schulden ter zake van pensioenen;
    j. overige schulden.
2. Bij elke in lid 1 vermelde groep van schulden wordt aangegeven tot welk bedrag de resterende looptijd langer is dan een jaar, met aanduiding van de rentevoet daarover. Voor het totaal van de in lid 1 vermelde schulden wordt aangegeven tot welk bedrag de resterende looptijd langer is dan vijf jaar.
3. Voor het totaal van de in lid 1 genoemde groepen, wordt aangegeven voor welke schulden zakelijke zekerheid is gesteld en in welke vorm dat is geschied. Voorts wordt medegedeeld ten aanzien van welke schulden de rechtspersoon zich, al dan niet voorwaardelijk, heeft verbonden tot het bezwaren of niet bezwaren van goederen, voor zover dat noodzakelijk is voor het verschaffen van het in artikel 362 lid 1 bedoelde inzicht.
4. Aangegeven wordt tot welk bedrag schulden in rang zijn achtergesteld bij de andere schulden; de aard van deze achterstelling wordt toegelicht.
5. Is het bedrag waarmee de schuld moet worden afgelost hoger dan het ontvangen bedrag, dan mag het verschil, mits afzonderlijk vermeld, uiterlijk tot de aflossing worden geactiveerd.
6. Het bedrag wordt vermeld dat de rechtspersoon op leningen die zijn opgenomen onder de schulden met een resterende looptijd van meer dan een jaar, moet aflossen tijdens het boekjaar, volgend op dat waarop de jaarrekening betrekking heeft.
7. Bij converteerbare leningen worden de voorwaarden van conversie medegedeeld.

Bijlage 1 Wetteksten [per 1 januari 2021]

Artikel 376
Heeft de rechtspersoon zich aansprakelijk gesteld voor schulden van anderen of loopt hij nog risico voor verdisconteerde wissels of cheques, dan worden de daaruit voortvloeiende verplichtingen, voor zover daarvoor op de balans geen voorzieningen zijn opgenomen, vermeld en ingedeeld naar de vorm der geboden zekerheid. Afzonderlijk worden vermeld de verplichtingen die ten behoeve van groepsmaatschappijen zijn aangegaan.

Afdeling 4 Voorschriften omtrent de winst- en verliesrekening en de toelichting daarop
Artikel 377
1 Op de winst- en verliesrekening worden afzonderlijk opgenomen:
    a de baten en lasten uit de gewone bedrijfsuitoefening, de belastingen daarover en het resultaat uit de gewone bedrijfsuitoefening na belastingen;
    b de overige belastingen;
    c het resultaat na belastingen.
2 De baten en lasten uit de gewone bedrijfsuitoefening worden hetzij overeenkomstig lid 3, hetzij overeenkomstig lid 4 gesplitst.
3 Afzonderlijk worden opgenomen:
    a de netto-omzet;
    b de toe- of afneming van de voorraad gereed product en onderhanden werk ten opzichte van de voorafgaande balansdatum;
    c de geactiveerde productie ten behoeve van het eigen bedrijf;
    d de overige bedrijfsopbrengsten;
    e de lonen;
    f de sociale lasten met afzonderlijke vermelding van de pensioenlasten;
    g de kosten van grond- en hulpstoffen en de overige externe kosten;
    h de afschrijvingen en de waardeverminderingen ten laste van de immateriële en de materiële vaste activa, gesplitst naar die groepen activa;
    i waardeverminderingen van vlottende activa, voor zover zij de bij de rechtspersoon gebruikelijke waardeverminderingen overtreffen;
    j de overige bedrijfskosten;
    k het resultaat uit deelnemingen;
    l opbrengsten van andere effecten en vorderingen, die tot de vaste activa behoren;
    m de overige rentebaten en soortgelijke opbrengsten;
    n de wijzigingen in de waarde van de financiële vaste activa en van de effecten die tot de vlottende activa behoren;
    o de rentelasten en soortgelijke kosten.
4 Afzonderlijk worden opgenomen:
    a de netto-omzet;
    b de kostprijs van de omzet, met uitzondering van de daarin opgenomen rentelasten, doch met inbegrip van de afschrijvingen en waardeverminderingen;
    c het bruto-omzetresultaat als saldo van de posten a en b;
    d de verkoopkosten, met inbegrip van de afschrijvingen en buitengewone waardeverminderingen;
    e de algemene beheerskosten, met inbegrip van de afschrijvingen en waardeverminderingen;
    f de overige bedrijfsopbrengsten;
    g het resultaat uit deelnemingen;
    h opbrengsten uit andere effecten en vorderingen die tot de vaste activa behoren;
    i de overige rentebaten en soortgelijke opbrengsten;

j de wijzigingen in de waarde van de financiële vaste activa en van de effecten die tot de vlottende activa behoren;
k de rentelasten en soortgelijke kosten.
5 Bij de posten k-o van lid 3 en de posten g-k van lid 4 worden afzonderlijk vermeld de baten en lasten uit de verhouding met groepsmaatschappijen.
6 Onder de netto-omzet wordt verstaan de opbrengst uit levering van goederen en diensten uit het bedrijf van de rechtspersoon, onder aftrek van kortingen en dergelijke en van over de omzet geheven belastingen.
7 Baten en lasten welke aan een ander boekjaar moeten worden toegerekend, worden naar aard en omvang toegelicht.
8 Vermeld wordt het bedrag en de aard van de posten van baten en lasten die van uitzonderijke omvang zijn of in uitzonderlijke mate voorkomen.

Afdeling 5 Bijzondere voorschriften omtrent de toelichting
Artikel 378
1 Het verloop van het eigen vermogen gedurende het boekjaar wordt weergegeven in een overzicht. Daaruit blijken:
   a het bedrag van elke post aan het begin van het boekjaar;
   b de toevoegingen en de verminderingen van elke post over het boekjaar, gesplitst naar hun aard;
   c het bedrag van elke post aan het einde van het boekjaar.
2 In het overzicht wordt de post gestort en opgevraagd kapitaal uitgesplitst naar de soorten aandelen. Afzonderlijk worden vermeld de eindstand en de gegevens over het verloop van de aandelen in het kapitaal van de rechtspersoon en van de certificaten daarvan, die deze zelf of een dochtermaatschappij voor eigen rekening houdt of doet houden. Vermeld wordt op welke post van het eigen vermogen de verkrijgingsprijs of boekwaarde daarvan in mindering is gebracht.
3 Opgegeven wordt op welke wijze stortingen op aandelen zijn verricht die in het boekjaar opeisbaar werden of vrijwillig zijn verricht, met de zakelijke inhoud van de in het boekjaar verrichte rechtshandelingen, waarop een der artikelen 94, 94c of 204 van toepassing is. Een naamloze vennootschap vermeldt iedere verwerving en vervreemding voor haar rekening van eigen aandelen en certificaten daarvan; daarbij worden medegedeeld de redenen van verwerving, het aantal, het nominale bedrag en de overeengekomen prijs van de bij elke handeling betrokken aandelen en certificaten en het gedeelte van het kapitaal dat zij vertegenwoordigen.
4 Een naamloze vennootschap vermeldt de gegevens omtrent het aantal, de soort en het nominale bedrag van de eigen aandelen of de certificaten daarvan:
   a die zij of een ander voor haar rekening op de balansdatum in pand heeft;
   b die zij of een dochtermaatschappij op de balansdatum houdt op grond van verkrijging met toepassing van artikel 98 lid 5.

Artikel 379
1 De rechtspersoon vermeldt naam, woonplaats en het verschafte aandeel in het geplaatste kapitaal van elke maatschappij:
   a waaraan hij alleen of samen met een of meer dochtermaatschappijen voor eigen rekening ten minste een vijfde van het geplaatste kapitaal verschaft of doet verschaffen, of
   b waarin hij als vennoot jegens de schuldeisers volledig aansprakelijk is voor de schulden.
2 Van elke in onderdeel a van lid 1 bedoelde maatschappij vermeldt de rechtspersoon ook het bedrag van het eigen vermogen en resultaat volgens haar laatst vastgestelde jaarrekening, tenzij:
   a de rechtspersoon de financiële gegevens van de maatschappij consolideert;
   b de rechtspersoon de maatschappij op zijn balans of geconsolideerde balans overeenkomstig artikel 389 leden 1 tot en met 7 verantwoordt;

c de rechtspersoon de financiële gegevens van de maatschappij wegens te verwaarlozen belang dan wel op grond van artikel 408 niet consolideert; of
d minder dan de helft van het kapitaal van de maatschappij voor rekening van de rechtspersoon wordt verschaft en de maatschappij wettig haar balans niet openbaar maakt.
3 Tenzij zulk een maatschappij haar belang in de rechtspersoon wettig niet pleegt te vermelden, vermeldt de rechtspersoon:
   a naam en woonplaats van de maatschappij die aan het hoofd van zijn groep staat, en
   b naam en woonplaats van elke maatschappij die zijn financiële gegevens consolideert in haar openbaar gemaakte geconsolideerde jaarrekening, alsmede de plaats waar afschriften daarvan tegen niet meer dan de kostprijs zijn te verkrijgen.
4 Onze Minister van Economische Zaken kan van de verplichtingen, bedoeld in de leden 1, 2 en 3, desverzocht ontheffing verlenen, indien gegronde vrees bestaat dat door de vermelding ernstig nadeel kan ontstaan. Deze ontheffing kan telkens voor ten hoogste vijf jaren worden gegeven. In de toelichting wordt vermeld dat ontheffing is verleend of aangevraagd. Hangende de aanvraag is openbaarmaking niet vereist.
5 De vermeldingen, vereist in dit artikel en in artikel 414 mogen gezamenlijk worden opgenomen. De rechtspersoon mag het deel van de toelichting dat deze vermeldingen bevat afzonderlijk ter inzage van ieder te deponeren bij het handelsregister, mits beide delen van de toelichting naar elkaar verwijzen.

Artikel 380
1 Indien de inrichting van het bedrijf van de rechtspersoon is afgestemd op werkzaamheden in verschillende bedrijfstakken, wordt met behulp van cijfers inzicht gegeven in de mate waarin elk van de soorten van die werkzaamheden tot de netto-omzet heeft bijgedragen.
2 De netto-omzet wordt op overeenkomstige wijze gesplitst naar de onderscheiden gebieden waarin de rechtspersoon goederen en diensten levert.
3 Artikel 379 lid 4 is van overeenkomstige toepassing.

Artikel 380a
Vermeld worden de niet in de balans of winst- en verliesrekening opgenomen gebeurtenissen na de balansdatum met belangrijke financiële gevolgen voor de rechtspersoon en de in zijn geconsolideerde jaarrekening betrokken maatschappijen tezamen, onder mededeling van de omvang van die gevolgen.

Artikel 380b
Meegedeeld worden:
a de naam van de rechtspersoon;
b de rechtsvorm van de rechtspersoon;
c de zetel van de rechtspersoon; en
d het door de Kamer van Koophandel toegekende nummer bedoeld in artikel 9, onderdeel a, van de Handelsregisterwet 2007, waaronder de rechtspersoon in het handelsregister is ingeschreven.

Artikel 380c
De rechtspersoon doet opgave van de bestemming van de winst of de verwerking van het verlies, of, zolang deze niet vaststaat, het voorstel daartoe.

Artikel 380d
De rechtspersoon doet opgave van het aantal winstbewijzen en soortgelijke rechten, met vermelding van de bevoegdheden die zij geven.

Artikel 381
1   Vermeld wordt tot welke belangrijke, niet in de balans opgenomen, financiële verplichtingen de rechtspersoon voor een aantal toekomstige jaren is verbonden, zoals die welke uit langlopende overeenkomsten voortvloeien. Tevens wordt vermeld tot welke voorwaardelijke activa, voorwaardelijke verplichtingen en niet verwerkte verplichtingen de rechtspersoon is verbonden. Daarbij worden afzonderlijk vermeld de verplichtingen jegens groepsmaatschappijen. Artikel 375 lid 3 is van overeenkomstige toepassing.
2   Tevens wordt vermeld wat de aard, het zakelijk doel en de financiële gevolgen van niet in de balans opgenomen regelingen van de rechtspersoon zijn, indien de risico's of voordelen die uit deze regelingen voortvloeien van betekenis zijn en voor zover de openbaarmaking van dergelijke risico's of voordelen noodzakelijk is voor de beoordeling van de financiële positie van de rechtspersoon.
3   Vermeld wordt welke van betekenis zijnde transacties door de rechtspersoon niet onder normale marktvoorwaarden met verbonden partijen als bedoeld in de door de International Accounting Standards Board vastgestelde en door de Europese Commissie goedgekeurde standaarden zijn aangegaan, de omvang van die transacties, de aard van de betrekking met de verbonden partij, alsmede andere informatie over die transacties die nodig is voor het verschaffen van inzicht in de financiële positie van de rechtspersoon. Informatie over individuele transacties kan overeenkomstig de aard ervan worden samengevoegd, tenzij gescheiden informatie nodig is om inzicht te verschaffen in de gevolgen van transacties met verbonden partijen voor de financiële positie van de rechtspersoon. Vermelding van transacties tussen twee of meer leden van een groep kan achterwege blijven, mits dochtermaatschappijen die partij zijn bij de transactie geheel in eigendom zijn van een of meer leden van de groep.

Artikel 381a
Indien financiële instrumenten tegen de actuele waarde worden gewaardeerd, vermeldt de rechtspersoon:
a   indien de actuele waarde met behulp van waarderingsmodellen en -technieken is bepaald, de aannames die daaraan ten grondslag liggen;
b   per categorie van financiële instrumenten, de actuele waarde, de waardeveranderingen die in de winst- en verliesrekening zijn opgenomen, de waardeveranderingen die op grond van artikel 390 lid 1 in de herwaarderingsreserve zijn opgenomen, en de waardeveranderingen die op de vrije reserves in mindering zijn gebracht; en
c   per categorie van afgeleide financiële instrumenten, informatie over de omvang en de aard van de instrumenten, alsmede de voorwaarden die op het bedrag, het tijdstip en de zekerheid van toekomstige kasstromen van invloed kunnen zijn.

Artikel 381b
Indien financiële instrumenten niet tegen de actuele waarde worden gewaardeerd, vermeldt de rechtspersoon:
a   voor iedere categorie afgeleide financiële instrumenten:
    1°   de actuele waarde van de instrumenten, indien deze kan worden bepaald door middel van een van de krachtens artikel 384 lid 4 voorgeschreven methoden;
    2°   informatie over de omvang en de aard van de instrumenten; en
b   voor financiële vaste activa die zijn gewaardeerd tegen een hoger bedrag dan de actuele waarde en zonder dat uitvoering is gegeven aan de tweede zin van artikel 387 lid 4:
    1°   de boekwaarde en de actuele waarde van de afzonderlijke activa of van passende groepen van de afzonderlijke activa;
    2°   de reden waarom de boekwaarde niet is verminderd, alsmede de aard van de aanwijzingen die ten grondslag liggen aan de overtuiging dat de boekwaarde zal kunnen worden gerealiseerd.

Bijlage 1 Wetteksten [per 1 januari 2021]

Artikel 382
Medegedeeld wordt het gemiddelde aantal gedurende het boekjaar bij de rechtspersoon werkzame werknemers, ingedeeld op een wijze die is afgestemd op de inrichting van het bedrijf. De vennootschap doet daarbij opgave van het aantal werknemers dat buiten Nederland werkzaam is. Heeft artikel 377 lid 3 geen toepassing in de winst- en verliesrekening gevonden, dan worden de aldaar onder e en f verlangde gegevens vermeld.

Artikel 382a
1 Opgegeven worden de in het boekjaar ten laste van de rechtspersoon gebrachte totale honoraria voor het onderzoek van de jaarrekening, totale honoraria voor andere controleopdrachten, totale honoraria voor adviesdiensten op fiscaal terrein en totale honoraria voor andere niet-controlediensten, uitgevoerd door de externe accountant en de accountantsorganisatie, genoemd in artikel 1, eerste lid, onder a en e, van de Wet toezicht accountantsorganisaties.
2 Indien de rechtspersoon dochtermaatschappijen heeft of de financiële gegevens van andere maatschappijen consolideert, worden de honoraria die in het boekjaar te hunnen laste zijn gebracht, in de opgave begrepen.
3 De honoraria hoeven niet opgegeven te worden door een rechtspersoon waarvan de financiële gegevens zijn geconsolideerd in een geconsolideerde jaarrekening waarop krachtens het toepasselijke recht de verordening van het Europees Parlement en de Raad betreffende de toepassing van internationale standaarden voor jaarrekeningen of richtlijn 2013/34/EU van het Europees Parlement en de Raad van 26 juni 2013 betreffende de jaarlijkse financiële overzichten, geconsolideerde financiële overzichten en aanverwante verslagen van bepaalde ondernemingsvormen, tot wijziging van richtlijn 2006/43/EG van het Europees Parlement en de Raad en tot intrekking van richtlijnen 78/660/EEG en 83/349/EEG van de Raad (PbEU 2013, L 182) van toepassing is, mits de in lid 1 bedoelde honoraria in de toelichting van die geconsolideerde jaarrekening worden vermeld.

Artikel 383
1 Opgegeven worden het bedrag van de bezoldigingen, met inbegrip van de pensioenlasten, en van de andere uitkeringen voor de gezamenlijke bestuurders en gewezen bestuurders en, afzonderlijk, voor de gezamenlijke commissarissen en gewezen commissarissen. De vorige zin heeft betrekking op de bedragen die in het boekjaar ten laste van de rechtspersoon zijn gekomen. Indien de rechtspersoon dochtermaatschappijen heeft of de financiële gegevens van andere maatschappijen consolideert, worden de bedragen die in het boekjaar te hunnen laste zijn gekomen, in de opgave begrepen. Een opgave die herleid kan worden tot een enkele natuurlijke persoon mag achterwege blijven.
2 Met uitzondering van de laatste zin is lid 1 tevens van toepassing op het bedrag van de leningen, voorschotten en garanties, ten behoeve van bestuurders en commissarissen van de rechtspersoon verstrekt door de rechtspersoon, zijn dochtermaatschappijen en de maatschappijen waarvan hij de gegevens consolideert. Opgegeven worden de nog openstaande bedragen, de afgewaardeerde bedragen en de bedragen waarvan werd afgezien, de rentevoet, de belangrijkste overige bepalingen en de aflossingen gedurende het boekjaar.

Artikel 383a
De in artikel 360 lid 3 bedoelde stichtingen en verenigingen vermelden zowel de statutaire regeling omtrent de bestemming van het resultaat als de wijze waarop het resultaat na belastingen wordt bestemd.

Artikel 383b
In afwijking van artikel 383 gelden de artikelen 383c tot en met 383e voor de naamloze vennootschap, met uitzondering van de naamloze vennootschap waarvan de statuten uitsluitend aandelen op naam kennen, een blokkeringsregeling bevatten en niet toelaten dat met medewerking van de vennootschap certificaten aan toonder worden uitgegeven en met uitzondering van de naamloze vennootschap waarvan aandelen of met medewerking

van de vennootschap uitgegeven certificaten zijn toegelaten tot de handel op een gereglementeerde markt als bedoeld in art. 1:1 van de Wet op het financieel toezicht.

Artikel 383c
1 De vennootschap doet opgave van het bedrag van de bezoldiging voor iedere bestuurder. Dit bedrag wordt uitgesplitst naar
   a periodiek betaalde beloningen,
   b beloningen betaalbaar op termijn,
   c uitkeringen bij beëindiging van het dienstverband,
   d winstdelingen en bonusbetalingen, voor zover deze bedragen in het boekjaar ten laste van de vennootschap zijn gekomen. Indien de vennootschap een bezoldiging in de vorm van bonus heeft betaald die geheel of gedeeltelijk is gebaseerd op het bereiken van de door of vanwege de vennootschap gestelde doelen, doet zij hiervan mededeling. Daarbij vermeldt de vennootschap of deze doelen in het verslagjaar zijn bereikt.
2 De vennootschap doet opgave van het bedrag van de bezoldiging voor iedere gewezen bestuurder, uitgesplitst naar beloningen betaalbaar op termijn en uitkeringen bij beëindiging van het dienstverband, voor zover deze bedragen in het boekjaar ten laste van de vennootschap zijn gekomen.
3 De vennootschap doet opgave van het bedrag van de bezoldiging voor iedere commissaris, voor zover deze bedragen in het boekjaar ten laste van de vennootschap zijn gekomen. Indien de vennootschap een bezoldiging in de vorm van winstdeling of bonus heeft toegekend, vermeldt zij deze afzonderlijk onder opgave van de redenen die ten grondslag liggen aan het besluit tot het toekennen van bezoldiging in deze vorm aan een commissaris. De laatste twee volzinnen van lid 1 zijn van overeenkomstige toepassing.
4 De vennootschap doet opgave van het bedrag van de bezoldiging van iedere gewezen commissaris, voor zover dit bedrag in het boekjaar ten laste van de vennootschap is gekomen.
5 Indien de vennootschap dochtermaatschappijen heeft of de financiële gegevens van andere maatschappijen consolideert, worden de bedragen die in het boekjaar te hunnen laste zijn gekomen, in de opgaven begrepen, toegerekend naar de betreffende categorie van bezoldiging bedoeld in de leden 1 tot en met 4.
6 De vennootschap doet opgave van het bedrag van de aanpassing dan wel terugvordering van de bezoldiging als bedoeld in artikel 135 lid 6 tot en met 8.

Artikel 383d
1 De vennootschap die bestuurders of werknemers rechten toekent om aandelen in het kapitaal van de vennootschap of een dochtermaatschappij te nemen of te verkrijgen, doet voor iedere bestuurder en voor de werknemers gezamenlijk opgave van:
   a de uitoefenprijs van de rechten en de prijs van de onderliggende aandelen in het kapitaal van de vennootschap indien die uitoefenprijs lager ligt dan de prijs van die aandelen op het moment van toekenning van de rechten;
   b het aantal aan het begin van het boekjaar nog niet uitgeoefende rechten;
   c het aantal door de vennootschap in het boekjaar verleende rechten met de daarbij behorende voorwaarden; indien dergelijke voorwaarden gedurende het boekjaar worden gewijzigd, dienen deze wijzigingen afzonderlijk te worden vermeld;
   d het aantal gedurende het boekjaar uitgeoefende rechten, waarbij in ieder geval worden vermeld het bij die uitoefening behorende aantal aandelen en de uitoefenprijzen;
   e het aantal aan het einde van het boekjaar nog niet uitgeoefende rechten, waarbij worden vermeld:
      - de uitoefenprijs van de verleende rechten;
      - de resterende looptijd van de nog niet uitgeoefende rechten;

- de belangrijkste voorwaarden die voor uitoefening van de rechten gelden;
- een financieringsregeling die in verband met de toekenning van de rechten is getroffen;
- en andere gegevens die voor de beoordeling van de waarde van de rechten van belang zijn;

f indien van toepassing: de door de vennootschap gehanteerde criteria die gelden voor de toekenning of uitoefening van de rechten.

2 De vennootschap die commissarissen rechten toekent om aandelen in het kapitaal van de vennootschap of een dochtermaatschappij te verkrijgen, doet voorts voor iedere commissaris opgave van deze rechten, alsmede van de redenen die ten grondslag liggen aan het besluit tot het toekennen van deze rechten aan de commissaris. Lid 1 is van overeenkomstige toepassing.

3 De vennootschap vermeldt hoeveel aandelen in het kapitaal van de vennootschap per balansdatum zijn ingekocht of na balansdatum zullen worden ingekocht dan wel hoeveel nieuwe aandelen per balansdatum zijn geplaatst of na balansdatum zullen worden geplaatst ten behoeve van de uitoefening van de rechten bedoeld in lid 1 en lid 2.

4 Voor de toepassing van dit artikel wordt onder aandelen tevens verstaan de certificaten van aandelen welke met medewerking van de vennootschap zijn uitgegeven.

Artikel 383e
De vennootschap doet opgave van het bedrag van de leningen, voorschotten en garanties, ten behoeve van iedere bestuurder en iedere commissaris van de vennootschap verstrekt door de vennootschap, haar dochtermaatschappijen en de maatschappijen waarvan zij de gegevens consolideert. Opgegeven worden de nog openstaande bedragen, de rentevoet, de belangrijkste overige bepalingen, en de aflossingen gedurende het boekjaar.

Afdeling 6 Voorschriften omtrent de grondslagen van waardering en van bepaling van het resultaat
Artikel 384
1 Bij de keuze van een grondslag voor de waardering van een actief en van een passief en voor de bepaling van het resultaat laat de rechtspersoon zich leiden door de voorschriften van artikel 362 leden 1-4. Als grondslag komen in aanmerking de verkrijgings- of vervaardigingsprijs en de actuele waarde.

2 Bij de toepassing van de grondslagen wordt voorzichtigheid betracht. Winsten worden slechts opgenomen, voor zover zij op de balansdatum zijn verwezenlijkt. Verplichtingen die hun oorsprong vinden vóór het einde van het boekjaar, worden in acht genomen, indien zij vóór het opmaken van de jaarrekening zijn bekend geworden. Voorzienbare verplichtingen en mogelijke verliezen die hun oorsprong vinden vóór het einde van het boekjaar kunnen in acht worden genomen indien zij vóór het opmaken van de jaarrekening bekend zijn geworden.

3 Bij de waardering van activa en passiva wordt uitgegaan van de veronderstelling dat het geheel der werkzaamheden van de rechtspersoon waaraan die activa en passiva dienstbaar zijn, wordt voortgezet tenzij die veronderstelling onjuist is of haar juistheid aan gerede twijfel onderhevig is; alsdan wordt dit onder mededeling van de invloed op vermogen en resultaat in de toelichting uiteengezet.

4 Bij algemene maatregel van bestuur kunnen regels worden gesteld omtrent de inhoud, de grenzen en de wijze van toepassing van waardering tegen actuele waarden.

5 De grondslagen van de waardering van de activa en de passiva en de bepaling van het resultaat worden met betrekking tot elk der posten uiteengezet. De grondslagen voor de omrekening van in vreemde valuta luidende bedragen worden uiteengezet; tevens wordt vermeld op welke wijze koersverschillen zijn verwerkt.

6 Slechts wegens gegronde redenen mogen de waardering van activa en passiva en de bepaling van het resultaat geschieden op andere grondslagen dan die welke in het voorafgaande boekjaar zijn toegepast. De reden der verandering wordt in de toelichting uiteengezet. Tevens wordt inzicht gegeven in haar betekenis voor vermogen en resultaat, aan de hand van aangepaste cijfers voor het boekjaar of voor het voorafgaande boekjaar.

7 Waardeveranderingen van:
   a financiële instrumenten;
   b andere beleggingen; en
   c agrarische voorraden waarvoor frequente marktnoteringen bestaan die op grond van lid 1 tegen de actuele waarde worden gewaardeerd, kunnen in afwijking van de tweede zin van lid 2 onmiddellijk in het resultaat worden opgenomen, tenzij in deze afdeling anders is bepaald.
8 Waardeveranderingen van afgeleide financiële instrumenten, voor zover niet bedoeld in lid 8, worden, zo nodig in afwijking van lid 2, onmiddellijk ten gunste of ten laste van het resultaat gebracht. Waardeveranderingen van financiële instrumenten die dienen en effectief zijn ter dekking van risico's inzake activa, activa in bestelling en andere nog niet op de balans opgenomen verplichtingen, dan wel inzake voorgenomen transacties worden rechtstreeks ten gunste dan wel ten laste van de herwaarderingsreserve gebracht, voor zover dat noodzakelijk is om te bereiken dat deze waardeveranderingen in dezelfde periode in het resultaat worden verwerkt als de waardeveranderingen die zij beogen af te dekken.

Artikel 385
1 De activa en passiva worden, voor zover zij in hun betekenis voor het in artikel 362 lid 1 bedoelde inzicht verschillen, afzonderlijk gewaardeerd.
2 De waardering van gelijksoortige bestanddelen van voorraden en effecten mag geschieden met toepassing van gewogen gemiddelde prijzen, van de regels "eerst-in, eerst-uit" (Fifo), "laatst-in, eerst-uit" (Lifo), of van soortgelijke regels.
3 Materiële vaste activa en voorraden van grond- en hulpstoffen die geregeld worden vervangen en waarvan de gezamenlijke waarde van ondergeschikte betekenis is, mogen tegen een vaste hoeveelheid en waarde worden opgenomen, indien de hoeveelheid, samenstelling en waarde slechts aan geringe veranderingen onderhevig zijn.
4 De in artikel 365 lid 1 onder d en e genoemde activa worden opgenomen tot ten hoogste de daarvoor gedane uitgaven, verminderd met de afschrijvingen.
5 Eigen aandelen of certificaten daarvan die de rechtspersoon houdt of doet houden, mogen niet worden geactiveerd. De aan het belang in een dochtermaatschappij toegekende waarde wordt, al dan niet evenredig aan het belang, verminderd met de verkrijgingsprijs van aandelen in de rechtspersoon en van certificaten daarvan, die de dochtermaatschappij voor eigen rekening houdt of doet houden; heeft zij deze aandelen of certificaten verkregen voor het tijdstip waarop zij dochtermaatschappij werd, dan komt evenwel hun boekwaarde op dat tijdstip in mindering of een evenredig deel daarvan.

Artikel 386
1 De afschrijvingen geschieden onafhankelijk van het resultaat van het boekjaar.
2 De methoden volgens welke de afschrijvingen zijn berekend, worden in de toelichting uiteengezet.
3 De geactiveerde kosten in verband met de oprichting en met de uitgifte van aandelen worden afgeschreven in ten hoogste vijf jaren. De kosten van ontwikkeling voor zover geactiveerd en de geactiveerde kosten van goodwill worden afgeschreven naar gelang van de verwachte gebruiksduur. In uitzonderlijke gevallen waarin de gebruiksduur van kosten van ontwikkeling en goodwill niet op betrouwbare wijze kan worden geschat, worden deze kosten afgeschreven in een periode van ten hoogste tien jaren. In dergelijke gevallen worden in de toelichting de redenen voor de afschrijvingsduur van de kosten van goodwill vermeld
4 Op vaste activa met beperkte gebruiksduur wordt jaarlijks afgeschreven volgens een stelsel dat op de verwachte toekomstige gebruiksduur is afgestemd.
5 Op het overeenkomstig artikel 375 lid 5 geactiveerde deel van een schuld wordt tot de aflossing jaarlijks een redelijk deel afgeschreven.

Bijlage 1 Wetteksten [per 1 januari 2021]

Artikel 387
1 Waardeverminderingen van activa worden onafhankelijk van het resultaat van het boekjaar in aanmerking genomen.
2 Vlottende activa worden gewaardeerd tegen actuele waarde, indien deze op de balansdatum lager is dan de verkrijgings- of vervaardigingsprijs. De waardering geschiedt tegen een andere lagere waarde, indien het in artikel 362 lid 1 bedoelde inzicht daardoor wordt gediend.
3 Bij de waardering van de vaste activa wordt rekening gehouden met een vermindering van hun waarde, indien deze naar verwachting duurzaam is. Bij de waardering van de financiële vaste activa mag in ieder geval met op de balansdatum opgetreden waardevermindering rekening worden gehouden.
4 De afboeking overeenkomstig de voorgaande leden wordt, voor zover zij niet krachtens artikel 390 lid 3 aan de herwaarderingsreserve wordt onttrokken, ten laste van de winst- en verliesrekening gebracht. De afboeking wordt ongedaan gemaakt, zodra de waardevermindering heeft opgehouden te bestaan. De afboekingen ingevolge lid 3, alsmede de terugnemingen, worden afzonderlijk in de winst- en verliesrekening of in de toelichting opgenomen.
5 De tweede zin van lid 4 geldt niet voor afboekingen van goodwill.

Artikel 388
1 De verkrijgingsprijs waartegen een actief wordt gewaardeerd, omvat de inkoopprijs en de bijkomende kosten.
2 De vervaardigingsprijs waartegen een actief wordt gewaardeerd, omvat de aanschaffingskosten van de gebruikte grond- en hulpstoffen en de overige kosten, welke rechtstreeks aan de vervaardiging kunnen worden toegerekend. In de vervaardigingsprijs kunnen voorts worden opgenomen een redelijk deel van de indirecte kosten en de rente op schulden over het tijdvak dat aan de vervaardiging van het actief kan worden toegerekend; in dat geval vermeldt de toelichting dat deze rente is geactiveerd.

Artikel 389
1 De deelnemingen in maatschappijen waarin de rechtspersoon invloed van betekenis uitoefent op het zakelijke en financiële beleid, worden verantwoord overeenkomstig de leden 2 en 3. Indien de rechtspersoon of een of meer van zijn dochtermaatschappijen alleen of samen een vijfde of meer van de stemmen van de leden, vennoten of aandeelhouders naar eigen inzicht kunnen uitbrengen of doen uitbrengen, wordt vermoed dat de rechtspersoon invloed van betekenis uitoefent.
2 De rechtspersoon bepaalt de netto-vermogenswaarde van de deelneming door de activa, voorzieningen en schulden van de maatschappij waarin hij deelneemt te waarderen en haar resultaat te berekenen op de zelfde grondslagen als zijn eigen activa, voorzieningen, schulden en resultaat. Deze wijze van waardering moet worden vermeld.
3 Wanneer de rechtspersoon onvoldoende gegevens ter beschikking staan om de netto-vermogenswaarde te bepalen, mag hij uitgaan van een waarde die op andere wijze overeenkomstig deze titel is bepaald en wijzigt hij deze waarde met het bedrag van zijn aandeel in het resultaat en in de uitkeringen van de maatschappij waarin hij deelneemt. Deze wijze van waardering moet worden vermeld.
4 In de jaarrekening van een rechtspersoon die geen bank is als bedoeld in artikel 415 mag de verantwoording van een deelneming in een bank overeenkomstig afdeling 14 van deze titel geschieden. In de jaarrekening van een bank als bedoeld in artikel 415 wordt een deelneming in een rechtspersoon die geen bank is, verantwoord overeenkomstig de voorschriften voor banken met uitzondering van artikel 424 en onverminderd de eerste zin van lid 5. Deze uitzondering behoeft niet te worden toegepast ten aanzien van deelnemingen, waarin werkzaamheden worden verricht, die rechtstreeks liggen in het verlengde van het bankbedrijf.
5 In de jaarrekening van een rechtspersoon die geen verzekeringsmaatschappij is als bedoeld in artikel 427 mag de verantwoording van een deelneming in een verzekeringsmaatschappij overeenkomstig afdeling 15 van

deze titel geschieden. In de jaarrekening van een verzekeringsmaatschappij als bedoeld in artikel 427 wordt een deelneming in een rechtspersoon die geen verzekeringsmaatschappij is, verantwoord overeenkomstig de voorschriften voor verzekeringsmaatschappijen, onverminderd de eerste zin van lid 4 van dit artikel.

6 De rechtspersoon houdt een reserve aan ter hoogte van zijn aandeel in het positieve resultaat uit deelnemingen en in de rechtstreekse vermogensvermeerderingen sedert de eerste waardering overeenkomstig lid 2 of lid 3. Deelnemingen waarvan het cumulatief resultaat sedert die eerste waardering niet positief is, worden daarbij niet in aanmerking genomen. De reserve wordt verminderd met de uitkeringen waarop de rechtspersoon sedertdien tot het vaststellen van de jaarrekening recht heeft verkregen, alsmede met rechtstreekse vermogensverminderingen bij de deelneming; uitkeringen die hij zonder beperking kan bewerkstelligen, worden eveneens in mindering gebracht. Deze reserve kan in kapitaal worden omgezet. Onder de in dit lid bedoelde uitkeringen worden niet begrepen uitkeringen in aandelen.

7 Indien de waarde bij de eerste waardering overeenkomstig lid 2 of lid 3 lager is dan de verkrijgingsprijs of de voorafgaande boekwaarde van de deelneming, wordt het verschil als goodwill geactiveerd. Voor deze berekening wordt ook de verkrijgingsprijs verminderd overeenkomstig artikel 385 lid 5.

8 Waardevermeerderingen of waardeverminderingen van deelnemingen wegens omrekening van het daarin geïnvesteerde vermogen en het resultaat vanuit de valuta van de deelneming naar de valuta waarin de rechtspersoon zijn jaarrekening opmaakt, komen ten gunste respectievelijk ten laste van een reserve omrekeningsverschillen. Valutakoersverschillen op leningen aangegaan ter dekking van valutakoersrisico van buitenlandse deelnemingen, komen eveneens ten gunste respectievelijk ten laste van deze reserve. De reserve kan een negatief saldo hebben. Bij gehele of gedeeltelijke vervreemding van het belang in de desbetreffende deelneming wordt het gedeelte van de reserve dat op het vervreemde deel van die deelneming betrekking heeft aan deze reserve onttrokken. Indien de reserve omrekeningsverschillen een negatief saldo heeft, kunnen ter hoogte van dit saldo geen uitkeringen worden gedaan ten laste van de reserves.

9 Wegens in de toelichting te vermelden gegronde redenen mag worden afgeweken van toepassing van lid 1.

10 Verschillen in het eigen vermogen en het resultaat volgens de enkelvoudige jaarrekening en volgens de geconsolideerde jaarrekening van de rechtspersoon worden in de toelichting bij de enkelvoudige jaarrekening vermeld.

Artikel 390

1 Waardevermeerderingen van materiële vaste activa, immateriële vaste activa en voorraden die geen agrarische voorraden zijn, worden opgenomen in een herwaarderingsreserve. Waardevermeerderingen van andere activa die tegen actuele waarde worden gewaardeerd, worden opgenomen in een herwaarderingsreserve, tenzij ze krachtens artikel 384 ten gunste van het resultaat worden gebracht. Voorts vormt de rechtspersoon een herwaarderingsreserve ten laste van de vrije reserves of uit het resultaat van het boekjaar, voor zover in het boekjaar waardevermeerderingen van activa die op de balansdatum nog aanwezig zijn, ten gunste van het resultaat van het boekjaar zijn gebracht. Een herwaarderingsreserve wordt niet gevormd voor activa bedoeld in de vorige zin waarvoor frequente marktnoteringen bestaan. Ten hoogte van het bedrag van ten laste van de herwaarderingsreserve gebrachte uitgestelde verliezen op financiële instrumenten als bedoeld in artikel 384 lid 8, kunnen geen uitkeringen ten laste van de reserves worden gedaan. De herwaarderingsreserve kan worden verminderd met latente belastingverplichtingen met betrekking tot activa die zijn geherwaardeerd op een hoger bedrag.

2 De herwaarderingsreserve kan in kapitaal worden omgezet.

3 De herwaarderingsreserve is niet hoger dan het verschil tussen de boekwaarde op basis van de verkrijgings- of vervaardigingsprijs en de boekwaarde op basis van de bij de waardering gehanteerde actuele waarde van de activa waarop de herwaarderingsreserve betrekking heeft. Deze reserve wordt verminderd met het uit hoofde van een bepaald actief in de reserve opgenomen bedrag als het desbetreffende actief wordt vervreemd. Een

waardevermindering van een activum, gewaardeerd tegen de actuele waarde, wordt ten laste van de herwaarderingsreserve gebracht voor zover dit activum hieraan voorafgaande ten gunste van de herwaarderingsreserve is opgewaardeerd.
4 De verminderingen van de herwaarderingsreserve die ten gunste van de winst- en verliesrekening worden gebracht, worden in een afzonderlijke post opgenomen.
5 In de toelichting wordt uiteengezet, of en op welke wijze in samenhang met de herwaardering rekening wordt gehouden met de invloed van belastingen op vermogen en resultaat.

Afdeling 7 Bestuursverslag
Artikel 391
1 Het bestuursverslag geeft een getrouw beeld van de toestand op de balansdatum, de ontwikkeling gedurende het boekjaar en de resultaten van de rechtspersoon en van de groepsmaatschappijen waarvan de financiële gegevens in zijn jaarrekening zijn opgenomen. Het bestuursverslag bevat, in overeenstemming met de omvang en de complexiteit van de rechtspersoon en groepsmaatschappijen, een evenwichtige en volledige analyse van de toestand op de balansdatum, de ontwikkeling gedurende het boekjaar en de resultaten. Indien noodzakelijk voor een goed begrip van de ontwikkeling, de resultaten of de positie van de rechtspersoon en groepsmaatschappijen, omvat de analyse zowel financiële als niet-financiële prestatie-indicatoren, met inbegrip van milieu- en personeelsaangelegenheden. Het bestuursverslag geeft tevens een beschrijving van de voornaamste risico's en onzekerheden waarmee de rechtspersoon wordt geconfronteerd. Het bestuursverslag wordt in de Nederlandse taal gesteld, tenzij de algemene vergadering tot het gebruik van een andere taal heeft besloten.
2 In het bestuursverslag worden mededelingen gedaan omtrent de verwachte gang van zaken; daarbij wordt, voor zover gewichtige belangen zich hiertegen niet verzetten, in het bijzonder aandacht besteed aan de investeringen, de financiering en de personeelsbezetting en aan de omstandigheden waarvan de ontwikkeling van de omzet en van de rentabiliteit afhankelijk is. Mededelingen worden gedaan omtrent de werkzaamheden op het gebied van onderzoek en ontwikkeling. Vermeld wordt hoe bijzondere gebeurtenissen waarmee in de jaarrekening geen rekening behoeft te worden gehouden, de verwachtingen hebben beïnvloed. De naamloze vennootschap waarop artikel 383b van toepassing is, doet voorts mededeling van het beleid van de vennootschap aangaande de bezoldiging van haar bestuurders en commissarissen en de wijze waarop dit beleid in het verslagjaar in de praktijk is gebracht.
3 Ten aanzien van het gebruik van financiële instrumenten door de rechtspersoon en voor zover zulks van betekenis is voor de beoordeling van zijn activa, passiva, financiële toestand en resultaat, worden de doelstellingen en het beleid van de rechtspersoon inzake risicobeheer vermeld. Daarbij wordt aandacht besteed aan het beleid inzake de afdekking van risico's verbonden aan alle belangrijke soorten voorgenomen transacties. Voorts wordt aandacht besteed aan de door de rechtspersoon gelopen prijs-, krediet-, liquiditeits- en kasstroomrisico's.
4 Het bestuursverslag mag niet in strijd zijn met de jaarrekening. Indien het verschaffen van het in lid 1 bedoelde overzicht dit vereist, bevat het bestuursverslag verwijzingen naar en aanvullende uitleg over posten in de jaarrekening.
5 Bij algemene maatregel van bestuur kunnen nadere voorschriften worden gesteld omtrent de inhoud van het bestuursverslag. Deze voorschriften kunnen in het bijzonder betrekking hebben op naleving van een in de algemene maatregel van bestuur aan te wijzen gedragscode en op de inhoud, de openbaarmaking en het accountantsonderzoek van een verklaring inzake corporate governance en een niet-financiële verklaring als bedoeld in richtlijn 2013/34/EU van het Europees Parlement en de Raad van 26 juni 2013 betreffende de jaarlijkse financiële overzichten, geconsolideerde financiële overzichten en aanverwante verslagen van bepaalde ondernemingsvormen, tot wijziging van richtlijn 2006/43/EG van het Europees Parlement en de Raad en tot intrekking van richtlijnen 78/660/EEG en 83/349/EEG van de Raad (PbEU 2013, L 182).

6 De voordracht voor een krachtens lid 5 vast te stellen algemene maatregel van bestuur wordt niet eerder gedaan dan vier weken nadat het ontwerp aan beide kamers der Staten-Generaal is overgelegd.

Afdeling 8 Overige gegevens
Artikel 392
1 Het bestuur voegt de volgende gegevens toe aan de jaarrekening en het bestuursverslag:
   a de accountantsverklaring, bedoeld in artikel 393 lid 5, of een mededeling waarom deze ontbreekt;
   b een weergave van de statutaire regeling omtrent de bestemming van de winst;
   c een weergave van de statutaire regeling omtrent de bijdrage in een tekort van een coöperatie of onderlinge waarborgmaatschappij, voor zover deze van de wettelijke bepalingen afwijkt;
   d een lijst van namen van degenen aan wie een bijzonder statutair recht inzake de zeggenschap in de rechtspersoon toekomt, met een omschrijving van de aard van dat recht, tenzij omtrent deze gegevens mededeling is gedaan in het bestuursverslag op grond van artikel 391 lid 5;
   e een opgave van het aantal stemrechtloze aandelen en het aantal aandelen dat geen of slechts een beperkt recht geeft tot deling in de winst of reserves van de vennootschap, met vermelding van de bevoegdheden die zij geven;
   f opgave van het bestaan van nevenvestigingen en van de landen waar nevenvestigingen zijn, alsmede van hun handelsnaam indien deze afwijkt van die van de rechtspersoon.
2 De gegevens mogen niet in strijd zijn met de jaarrekening en met het bestuursverslag.
3 Is een recht als bedoeld in lid 1 onder d in een aandeel belichaamd, dan wordt vermeld hoeveel zodanige aandelen elk der rechthebbenden houdt. Komt een zodanig recht aan een vennootschap, vereniging, coöperatie, onderlinge waarborgmaatschappij of stichting toe, dan worden tevens de namen van de bestuurders daarvan medegedeeld.
4 Het bepaalde in lid 1 onder d en in lid 3 is niet van toepassing, voor zover Onze Minister van Economische Zaken desverzocht aan de rechtspersoon wegens gewichtige redenen ontheffing heeft verleend; deze ontheffing kan telkens voor ten hoogste vijf jaren worden verleend. Geen ontheffing kan worden verleend van het bepaalde in lid 1 onder d wanneer omtrent deze gegevens mededeling moet worden gedaan in het bestuursverslag op grond van artikel 391 lid 5.
5 Het bestuur van een stichting of een vereniging als bedoeld in artikel 360 lid 3 behoeft de gegevens, bedoeld in lid 1, onder b, en artikel 380c, niet aan de jaarrekening en het bestuursverslag toe te voegen.

Afdeling 8a Verslag over betalingen aan overheden
Artikel 392a
1 Bij algemene maatregel van bestuur worden ter uitvoering van richtlijnen van het Europees Parlement en de Raad van de Europese Unie houdende regels inzake de jaarrekening, regels gesteld met betrekking tot de verplichting van rechtspersonen uit bepaalde sectoren tot het opstellen en openbaar maken van een verslag dan wel een geconsolideerd verslag over betalingen die zij doen aan overheden en worden nadere regels gesteld omtrent de inhoud van het verslag.
2 De openbaarmaking van het verslag, bedoeld in lid 1, geschiedt binnen twaalf maanden na afloop van het boekjaar op de wijze als bedoeld in artikel 394 lid 1, tweede volzin.

Afdeling 9 Deskundigenonderzoek
Artikel 393
1 De rechtspersoon verleent opdracht tot onderzoek van de jaarrekening aan een registeraccountant, aan een Accountant-Administratieconsulent ten aanzien van wie in het accountantsregister een aantekening is geplaatst als bedoeld in artikel 36, tweede lid, onderdeel i, van de Wet op het accountantsberoep of aan

een wettelijke auditor als bedoeld in artikel 27, eerste lid, van de Wet toezicht accountantsorganisaties. De opdracht kan worden verleend aan een organisatie waarin accountants die mogen worden aangewezen, samenwerken. Indien een rechtspersoon tevens een organisatie van openbaar belang is als bedoeld in artikel 1, eerste lid, onderdeel l, van de Wet toezicht accountantsorganisaties, wordt door deze rechtspersoon aan de Stichting Autoriteit Financiële Markten medegedeeld welke accountant of accountantsorganisatie wordt beoogd voor het uitvoeren van een opdracht tot onderzoek van de jaarrekening van de rechtspersoon. Deze mededeling geschiedt voordat tot verlening van die opdracht, bedoeld in het tweede lid, is overgegaan. Onze Minister van Financiën stelt bij ministeriële regeling nadere regels over deze mededeling.

2   Tot het verlenen van de opdracht is de algemene vergadering bevoegd. Gaat deze daartoe niet over, of ontbreekt deze, dan is de raad van commissarissen bevoegd. Ontbreekt een raad van commissarissen, dan is het bestuur bevoegd. De aanwijzing van een accountant wordt door generlei voordracht beperkt. De opdracht kan worden ingetrokken door de algemene vergadering en door degene die haar heeft verleend. De opdracht kan enkel worden ingetrokken om gegronde redenen; daartoe behoort niet een meningsverschil over methoden van verslaggeving of controlewerkzaamheden. De algemene vergadering hoort de accountant op diens verlangen omtrent de intrekking van een hem verleende opdracht of omtrent het hem kenbaar gemaakte voornemen daartoe. Het bestuur en de accountant stellen de Stichting Autoriteit Financiële Markten onverwijld in kennis van de intrekking van de opdracht door de rechtspersoon of tussentijdse beëindiging ervan door de accountant en geven hiervoor een afdoende motivering.

3   De accountant onderzoekt of de jaarrekening het in artikel 362 lid 1 vereiste inzicht geeft. Hij gaat voorts na, of de jaarrekening aan de bij en krachtens de wet gestelde voorschriften voldoet, of het bestuursverslag overeenkomstig deze titel is opgesteld en met de jaarrekening verenigbaar is, en of het bestuursverslag in het licht van de tijdens het onderzoek van de jaarrekening verkregen kennis en begrip omtrent de rechtspersoon en zijn omgeving, materiële onjuistheden bevat, en of de in artikel 392 lid 1, onderdelen b tot en met f, vereiste gegevens zijn toegevoegd.

4   De accountant brengt omtrent zijn onderzoek verslag uit aan de raad van commissarissen en aan het bestuur. Hij maakt daarbij ten minste melding van zijn bevindingen met betrekking tot de betrouwbaarheid en continuïteit van de geautomatiseerde gegevensverwerking.

5   De accountant geeft de uitslag van zijn onderzoek weer in een verklaring omtrent de getrouwheid van de jaarrekening. De accountant kan een afzonderlijke verklaring afgeven voor de enkelvoudige jaarrekening en voor de geconsolideerde jaarrekening. De accountantsverklaring omvat ten minste:
   a   een vermelding op welke jaarrekening het onderzoek betrekking heeft en welke wettelijke voorschriften op de jaarrekening toepasselijk zijn;
   b   een beschrijving van de reikwijdte van het onderzoek, waarin ten minste wordt vermeld welke richtlijnen voor de accountantscontrole in acht zijn genomen;
   c   een oordeel of de jaarrekening het vereiste inzicht geeft en aan de bij en krachtens de wet gestelde regels voldoet;
   d   een verwijzing naar bepaalde zaken waarop de accountant in het bijzonder de aandacht vestigt, zonder een verklaring als bedoeld in lid 6, onderdeel b, af te geven;
   e   een vermelding van de gebleken tekortkomingen naar aanleiding van het onderzoek overeenkomstig lid 3 of het bestuursverslag overeenkomstig deze titel is opgesteld en of de in artikel 392 lid 1, onder b tot en met f, vereiste gegevens zijn toegevoegd;
   f   een oordeel over de verenigbaarheid van het bestuursverslag met de jaarrekening;
   g   een oordeel of er, in het licht van de tijdens het onderzoek van de jaarrekening verkregen kennis en begrip omtrent de rechtspersoon en zijn omgeving, materiële onjuistheden in het bestuursverslag zijn gebleken onder opgave van de aard van die onjuistheden;

h een verklaring betreffende materiële onzekerheden die verband houden met gebeurtenissen of omstandigheden die gerede twijfel kunnen doen rijzen of de rechtspersoon zijn werkzaamheden voort kan zetten;
i een vermelding van de vestigingsplaats van de accountantsorganisatie.
6 De accountantsverklaring, bedoeld in lid 5, heeft de vorm van:
 a een goedkeurende verklaring;
 b een verklaring met beperking;
 c een afkeurende verklaring; of
 d een verklaring van oordeelonthouding. De accountant ondertekent en dagtekent de accountantsverklaring.
7 De jaarrekening kan niet worden vastgesteld, indien het daartoe bevoegde orgaan geen kennis heeft kunnen nemen van de verklaring van de accountant, die aan de jaarrekening moest zijn toegevoegd, tenzij onder de overige gegevens een wettige grond wordt medegedeeld waarom de verklaring ontbreekt.
8 Iedere belanghebbende kan van de rechtspersoon nakoming van de in lid 1 omschreven verplichting vorderen.

Afdeling 10 Openbaarmaking
Artikel 394
1 De rechtspersoon is verplicht tot openbaarmaking van de jaarrekening binnen acht dagen na de vaststelling. De openbaarmaking geschiedt door deponering van een volledig in de Nederlandse taal gesteld exemplaar of, als dat niet is vervaardigd, een exemplaar in het Frans, Duits of Engels, bij het handelsregister, indien van toepassing op de wijze als voorgeschreven bij of krachtens artikel 19a van de Handelsregisterwet 2007. De dag van vaststelling moet zijn vermeld.
2 Is de jaarrekening niet binnen twee maanden na afloop van de voor het opmaken voorgeschreven termijn overeenkomstig de wettelijke voorschriften vastgesteld, dan maakt het bestuur onverwijld de opgemaakte jaarrekening op de in lid 1 voorgeschreven wijze openbaar; op de jaarrekening wordt vermeld dat zij nog niet is vastgesteld of goedgekeurd. Binnen twee maanden na gerechtelijke vernietiging van een jaarrekening moet de rechtspersoon een afschrift van de in de uitspraak opgenomen bevelen met betrekking tot de jaarrekening deponeren bij het handelsregister, met vermelding van de uitspraak.
3 Uiterlijk twaalf maanden na afloop van het boekjaar moet de rechtspersoon de jaarrekening op de in lid 1 voorgeschreven wijze openbaar hebben gemaakt.
4 Gelijktijdig met en op dezelfde wijze als de jaarrekening worden het bestuursverslag en de overige in artikel 392 bedoelde gegevens in het Nederlands of een van de andere in het eerste lid genoemde talen openbaar gemaakt. Het voorafgaande geldt, behalve voor de in artikel 392 lid 1 onder a en e genoemde gegevens, niet, indien de stukken ten kantore van de rechtspersoon ter inzage van een ieder worden gehouden en op verzoek een volledig of gedeeltelijk afschrift daarvan ten hoogste tegen de kostprijs wordt verstrekt; hiervan doet de rechtspersoon opgaaf ter inschrijving in het handelsregister.
5 De vorige leden gelden niet, indien Onze Minister van Economische Zaken de in artikel 58, artikel 101 of artikel 210 genoemde ontheffing heeft verleend; alsdan wordt een afschrift van die ontheffing ten kantore van het handelsregister gedeponeerd.
6 De in de vorige leden bedoelde bescheiden worden gedurende zeven jaren bewaard. De Kamer van Koophandel mag de op deze bescheiden geplaatste gegevens overbrengen op andere gegevensdragers, die zij in hun plaats in het handelsregister bewaart, mits die overbrenging geschiedt met juiste en volledige weergave der gegevens en deze gegevens gedurende de volledige bewaartijd beschikbaar zijn en binnen redelijke tijd leesbaar kunnen worden gemaakt.
7 Iedere belanghebbende kan van de rechtspersoon nakoming van de in de leden 1-5 omschreven verplichtingen vorderen.
8 Een vennootschap waarvan effecten zijn toegelaten tot de handel op een gereglementeerde markt als bedoeld in de Wet op het financieel toezicht wordt geacht te hebben voldaan aan:

Bijlage 1 Wetteksten [per 1 januari 2021]

a lid 1, indien zij de vastgestelde jaarrekening op grond van artikel 5:25o, eerste lid, van die wet heeft toegezonden aan de Stichting Autoriteit Financiële Markten;
b lid 2, eerste volzin, indien zij mededeling heeft gedaan op grond van artikel 5:25o, tweede lid, van die wet aan de Stichting Autoriteit Financiële Markten;
c vierde lid, eerste volzin, indien zij het bestuursverslag en de overige in artikel 392 bedoelde gegevens op grond van artikel 5:25o, vierde lid, van de Wet op het financieel toezicht heeft toegezonden aan de Stichting Autoriteit Financiële Markten.

Artikel 395
1 Wordt de jaarrekening op andere wijze dan ingevolge het vorige artikel openbaar gemaakt, dan wordt daaraan in ieder geval de in artikel 393 lid 5 bedoelde accountantsverklaring toegevoegd. Voor de toepassing van de vorige zin geldt als de jaarrekening van een rechtspersoon waarop artikel 397 van toepassing is, mede de jaarrekening in de vorm waarin zij ingevolge dat artikel openbaar mag worden gemaakt. Is de verklaring niet afgelegd, dan wordt de reden daarvan vermeld.
2 Wordt slechts de balans of de winst- en verliesrekening, al dan niet met toelichting, of wordt de jaarrekening in beknopte vorm op andere wijze dan ingevolge het vorige artikel openbaar gemaakt, dan wordt dit onduibelzinnig vermeld onder verwijzing naar de openbaarmaking krachtens wettelijk voorschrift, of, zo deze niet is geschied, onder mededeling van dit feit. De in artikel 393 lid 5 bedoelde accountantsverklaring mag alsdan niet worden toegevoegd. Bij de openbaarmaking wordt medegedeeld of de accountant deze verklaring heeft afgelegd. Is de verklaring afgelegd, dan wordt vermeld welke strekking als bedoeld in artikel 393 lid 6 de accountantsverklaring heeft en wordt tevens vermeld of de accountant in de verklaring in het bijzonder de aandacht heeft gevestigd op bepaalde zaken, zonder een verklaring als bedoeld in artikel 393 lid 6, onderdeel b, af te geven. Is de verklaring niet afgelegd, dan wordt de reden daarvan vermeld.
3 Is de jaarrekening nog niet vastgesteld, dan wordt dit bij de in lid 1 en lid 2 bedoelde stukken vermeld. Indien een mededeling als bedoeld in de laatste zin van artikel 362 lid 6 is gedaan, wordt dit eveneens vermeld.

Afdeling 11 Vrijstellingen op grond van de omvang van het bedrijf van de rechtspersoon
Artikel 395a
1 De leden 3 tot en met 6 gelden voor een rechtspersoon die op twee opeenvolgende balansdata, zonder onderbreking nadien op twee opeenvolgende balansdata, heeft voldaan aan twee of drie van de volgende vereisten:
   a de waarde van de activa volgens de balans met toelichting bedraagt, op de grondslag van verkrijgings- en vervaardigingsprijs, niet meer dan € 350 000;
   b de netto-omzet over het boekjaar bedraagt niet meer dan € 700 000;
   c het gemiddeld aantal werknemers over het boekjaar bedraagt minder dan 10.
2 Voor de toepassing van lid 1 worden meegeteld de waarde van de activa, de netto-omzet en het getal der werknemers van groepsmaatschappijen, die in de consolidatie zouden moeten worden betrokken als de rechtspersoon een geconsolideerde jaarrekening zou moeten opmaken. Dit geldt niet, indien de rechtspersoon artikel 408 toepast.
3 Het bepaalde in leden 3 en 4 van artikel 364 met betrekking tot de overlopende activa en passiva is niet van toepassing voor de overige bedrijfskosten bedoeld in artikel 377 lid 3 onder j. De rechtspersoon vermeldt het feit dat geen overlopende activa en passiva zijn opgenomen onderaan de balans.
4 Van de ingevolge afdeling 3 voorgeschreven opgaven behoeft geen andere te worden gedaan dan voorgeschreven in de artikelen 364 lid 1, 365 lid 1 onder a en 370 lid 1 onder d, 373 lid 1 waarbij de posten worden samengetrokken tot een post, 374 lid 1 en 375 lid 1 waarbij de posten worden samengetrokken tot een post en waarbij voor het totaal van de schulden wordt aangegeven tot welk bedrag de resterende looptijd ten hoogste

een jaar is en tot welk bedrag de resterende looptijd langer dan een jaar is. Voorts vermeldt een naamloze vennootschap de gegevens genoemd in de tweede zin van artikel 378 lid 3 onderaan de balans.
5 Van de ingevolge afdeling 4 voorgeschreven opgaven behoeft geen andere te worden gedaan dan voorgeschreven in de artikelen 377 lid 1 onder a met uitzondering van vermelding van de baten en lasten uit de gewone bedrijfsuitoefening, 377 lid 3 onder a, d en e, 377 lid 3 onder g met uitzondering van de vermelding van overige externe kosten, 377 lid 3 onder h en i waarbij de posten worden samengetrokken tot een post en 377 lid 3 onder j.
6 Afdeling 5, de voorschriften in afdeling 6 betreffende de voorgeschreven opgaven in de toelichting, en de afdelingen 7, 8 en 9 zijn niet van toepassing.
7 In afwijking van afdeling 6 van deze titel komen voor de waardering van de activa en passiva en voor de bepaling van het resultaat ook in aanmerking de grondslagen voor de bepaling van de belastbare winst, bedoeld in hoofdstuk II van de Wet op de vennootschapsbelasting 1969, mits de rechtspersoon daarbij alle voor hem van toepassing zijnde fiscale grondslagen toepast. Indien de rechtspersoon deze grondslagen toepast, maakt zij daarvan melding in de toelichting. Bij algemene maatregel van bestuur kunnen nadere regels worden gesteld omtrent het gebruik van deze grondslagen en de toelichting die daarbij gegeven wordt.
8 Artikel 394 is slechts van toepassing met betrekking tot een overeenkomstig leden 3 en 4 beperkte balans.

Artikel 396

1 De leden 3 tot en met 8 gelden voor een rechtspersoon die op twee opeenvolgende balansdata, zonder onderbreking nadien op twee opeenvolgende balansdata, heeft voldaan aan twee of drie van de volgende vereisten:
    a de waarde van de activa volgens de balans met toelichting bedraagt, op de grondslag van verkrijgings- en vervaardigingsprijs, niet meer dan € 6.000.000;
    b de netto-omzet over het boekjaar bedraagt niet meer dan € 12.000.000;
    c het gemiddeld aantal werknemers over het boekjaar bedraagt minder dan 50.
2 Voor de toepassing van lid 1 worden meegeteld de waarde van de activa, de netto-omzet en het getal der werknemers van groepsmaatschappijen, die in de consolidatie zouden moeten worden betrokken als de rechtspersoon een geconsolideerde jaarrekening zou moeten opmaken. Dit geldt niet, indien de rechtspersoon artikel 408 toepast.
3 Van de ingevolge afdeling 3 voorgeschreven opgaven behoeft geen andere te worden gedaan dan voorgeschreven in de artikelen 364, 365 lid 1 onder a, 368 lid 2 onder a, 370 lid 1 onder d, 373 leden 1 tot en met 5, eerste volzin, 375 lid 3 en 376, alsmede, zonder uitsplitsing naar soort schuld of vordering, in de artikelen 370 lid 2 en 375 lid 2, waarbij de aanduiding van de rentevoet achterwege blijft, en de opgave van het ingehouden deel van het resultaat.
4 In de winst- en verliesrekening worden de posten genoemd in artikel 377 lid 3 onder a-d en g, onderscheidenlijk lid 4 onder a-c en f, samengetrokken tot een post bruto-bedrijfsresultaat.
5 Het in artikel 378 lid 1 genoemde overzicht wordt slechts gegeven voor de herwaarderingsreserve, behoudens de tweede zin van artikel 378 lid 3. De artikelen 379, 380, 381 leden 2 en 3, 381b, aanhef en onder a, 382a en 383 lid 1 zijn niet van toepassing. De rechtspersoon vermeldt de naam en woonplaats van de maatschappij die de geconsolideerde jaarrekening opstelt van het groepsdeel waartoe de rechtspersoon behoort. De informatie die ingevolge artikel 382 wordt vermeld, wordt beperkt tot mededeling van het gemiddelde aantal gedurende het boekjaar bij de rechtspersoon werkzame werknemers.
6 In afwijking van afdeling 6 van deze titel komen voor de waardering van de activa en passiva en voor de bepaling van het resultaat ook in aanmerking de grondslagen voor de bepaling van de belastbare winst, bedoeld in hoofdstuk II van de Wet op de vennootschapsbelasting 1969, mits de rechtspersoon daarbij alle voor hem van toepassing zijnde fiscale grondslagen toepast. Indien de rechtspersoon deze grondslagen toepast, maakt zij

daarvan melding in de toelichting. Bij algemene maatregel van bestuur kunnen nadere regels worden gesteld omtrent het gebruik van deze grondslagen en de toelichting die daarbij gegeven wordt.
7 De artikelen 380c en 380d, 383b tot en met 383e, 391, 392 en 393 lid 1 zijn niet van toepassing.
8 Artikel 394 is slechts van toepassing met betrekking tot een overeenkomstig lid 3 beperkte balans en de toelichting. In de openbaar gemaakte toelichting blijven achterwege de gegevens bedoeld in art. 380a.
9 Indien de rechtspersoon geen winst beoogt, behoeft hij artikel 394 niet toe te passen, mits hij
   a de in lid 7 bedoelde stukken aan schuldeisers en houders van aandelen in zijn kapitaal of van certificaten daarvan of anderen aan wie het vergaderrecht toekomt op hun verzoek onmiddellijk kosteloos toezendt of ten kantore van de rechtspersoon ter inzage geeft; en
   b bij het handelsregister een verklaring van een openbare accountant heeft gedeponeerd, inhoudende dat de rechtspersoon in het boekjaar geen werkzaamheden heeft verricht buiten de doelomschrijving en dat dit artikel op hem van toepassing is.

Artikel 397

1 Behoudens artikel 396 gelden de leden 3 tot en met 7 voor een rechtspersoon die op twee opeenvolgende balansdata, zonder onderbreking nadien op twee opeenvolgende balansdata, heeft voldaan aan twee of drie van de volgende vereisten:
   a de waarde van de activa volgens de balans met toelichting bedraagt, op de grondslag van verkrijgings- en vervaardigingsprijs, niet meer dan € 20.000.000;
   b de netto-omzet over het boekjaar bedraagt niet meer dan € 40.000.000;
   c het gemiddeld aantal werknemers over het boekjaar bedraagt minder dan 250.
2 Voor de toepassing van lid 1 worden meegeteld de waarde van de activa, de netto-omzet en het getal der werknemers van groepsmaatschappijen, die in de consolidatie zouden moeten worden betrokken als de rechtspersoon een geconsolideerde jaarrekening zou moeten opmaken. Dit geldt niet, indien de rechtspersoon artikel 408 toepast.
3 In de winst- en verliesrekening worden de posten genoemd in artikel 377 lid 3, onder a-d en g, onderscheidenlijk lid 4, onder a-c en f, samengetrokken tot een post bruto-bedrijfsresultaat; de rechtspersoon vermeldt in een verhoudingscijfer, in welke mate de netto-omzet ten opzichte van die van het vorige jaar is gestegen of gedaald.
4 De artikelen 380 en 382a zijn niet van toepassing.
5 Van de in afdeling 3 voorgeschreven opgaven behoeven in de openbaar gemaakte balans met toelichting slechts vermelding die welke voorkomen in de artikelen 364, 365 lid 1 onder a en d, 366, 367 onder a-d, 368 lid 2 onder a, 370 lid 1 onder b-d, 373, 374 leden 3 en 4, 375 lid 1 onder a, b, f en g en lid 3, alsmede 376 en de overlopende posten. De leden 2 van de artikelen 370 en 375 vinden toepassing zowel op het totaal van de vorderingen en schulden als op de posten uit lid 1 van die artikelen welke afzonderlijke vermelding behoeven. De openbaar te maken winst- en verliesrekening en de toelichting mogen worden beperkt overeenkomstig lid 3 en lid 4.
6 De informatie die ingevolge artikel 381 lid 2 moet worden vermeld, wordt beperkt tot informatie over de aard en het zakelijk doel van de aldaar genoemde regelingen. Artikel 381 lid 3 is niet van toepassing, tenzij de rechtspersoon een naamloze vennootschap is, in welk geval de vermelding als bedoeld in artikel 381 lid 3 beperkt is tot transacties die direct of indirect zijn aangegaan tussen de vennootschap en haar voornaamste aandeelhouders en tussen de vennootschap en haar leden van het bestuur en van de raad van commissarissen.
7 De gegevens, bedoeld in artikel 392 lid 1 onderdelen d en e, en lid 3 worden niet openbaar gemaakt.
8 In het bestuursverslag behoeft geen aandacht te worden besteed aan niet-financiële prestatie-indicatoren als bedoeld in artikel 391 lid 1.

Artikel 398

1. Artikel 395a, 396 of artikel 397 geldt voor het eerste en tweede boekjaar ook voor een rechtspersoon die op de balansdatum van het eerste boekjaar aan de desbetreffende vereisten heeft voldaan.
2. Artikel 395a leden 3 tot en met 7, artikel 396 leden 3 tot en met 8 en artikel 397 leden 3 tot en met 7 zijn van toepassing voor zover de algemene vergadering uiterlijk zes maanden na het begin van het boekjaar niet anders heeft besloten.
3. De artikelen 395a tot en met 397 zijn niet van toepassing op een beleggingsmaatschappij of maatschappij voor collectieve belegging in effecten waarvoor artikel 401 lid 1 geldt.
4. Bij algemene maatregel van bestuur worden de in artikel 396 lid 1 en artikel 397 lid 1 genoemde bedragen verlaagd, indien het recht van de Europese Gemeenschappen daartoe verplicht, en kunnen zij worden verhoogd, voor zover geoorloofd.
5. Voor de toepassing van de artikelen 396 lid 1 en 397 lid 1 op een stichting of een vereniging als bedoeld in artikel 360 lid 3 wordt uitgegaan van het totaal van de activa van de stichting of vereniging en, met inachtneming van artikel 396 lid 2, van de netto-omzet en het gemiddeld aantal werknemers van de onderneming of ondernemingen die deze stichting of vereniging in stand houdt.
6. Artikel 395a is niet van toepassing op een participatieonderneming als bedoeld in artikel 2, onderdeel 15, van richtlijn 2013/34/EU van het Europees Parlement en de Raad van 26 juni 2013 betreffende de jaarlijkse financiële overzichten, geconsolideerde financiële overzichten en aanverwante verslagen van bepaalde ondernemingsvormen, tot wijziging van richtlijn 2006/43/EG van het Europees Parlement en de Raad en tot intrekking van richtlijnen 78/660/EEG en 83/349/EEG van de Raad (PbEU 2013, L 182).
7. De artikelen 395a tot en met 397 zijn niet van toepassing op rechtspersonen die als organisatie van openbaar belang:
   a. effecten hebben die zijn toegelaten tot de handel op een gereglementeerde markt van een lidstaat in de zin van artikel 4, lid 1, punt 14, van richtlijn 2004/39/EG van het Europees Parlement en de Raad van 21 april 2004 betreffende markten voor financiële instrumenten (PbEU 2004, L 145);
   b. kredietinstellingen zijn in de zin van artikel 4, punt 1, van richtlijn 2013/36/EU van het Europees Parlement en de Raad van 26 juni 2013 betreffende toegang tot het bedrijf van kredietinstellingen en het prudentieel toezicht op kredietinstellingen en beleggingsondernemingen, tot wijziging van Richtlijn 2002/87/EG en tot intrekking van de Richtlijnen 2006/48/EG en 2006/49/EG (PbEU 2013, L 176), en die geen instellingen als bedoeld in artikel 2, lid 5, van genoemde richtlijn 2013/36/EU zijn;
   c. verzekeringsondernemingen zijn in de zin van artikel 2, lid 1, van richtlijn 91/674/EEG van de Raad van 19 december 1991 betreffende de jaarrekening van verzekeringsondernemingen (PbEG 1991, L 374); of
   d. bij algemene maatregel van bestuur worden aangewezen wegens hun omvang of functie in het maatschappelijk verkeer.

Afdeling 12 Bepalingen omtrent rechtspersonen van onderscheiden aard

Artikel 399
(vervallen)

Artikel 400
Onze Minister van Financiën kan financiële instellingen die geen bank als bedoeld in artikel 415 zijn, op haar verzoek al dan niet onder voorwaarden toestaan afdeling 14, met uitzondering van artikel 424, toe te passen.

Artikel 401

1. Een beheerder van een beleggingsinstelling, een beheerder van een icbe, een beleggingsmaatschappij en een maatschappij voor collectieve belegging in effecten waarop het Deel Gedragstoezicht financiële

Bijlage 1 Wetteksten [per 1 januari 2021]

ondernemingen van de Wet op het financieel toezicht van toepassing is, moeten in aanvulling op de bepalingen van deze titel tevens voldoen aan de vereisten voor zijn onderscheidelijk haar jaarrekening, gesteld bij of krachtens die wet. Voor deze beheerder van een beleggingsinstelling, beheerder van een icbe, beleggingsmaatschappij en maatschappij voor collectieve belegging in effecten kan bij of krachtens die wet van artikel 394, lid 2, 3 of 4, en 403, worden afgeweken.

2 De beleggingen van een beleggingsmaatschappij of een maatschappij voor collectieve belegging in effecten als bedoeld in artikel 1:1 van de Wet op het financieel toezicht mogen tegen marktwaarde worden gewaardeerd. Nadelige koersverschillen ten opzichte van de voorafgaande balansdatum behoeven niet ten laste van de winst- en verliesrekening te worden gebracht, mits zij op de reserves worden afgeboekt; voordelige koersverschillen mogen op de reserves worden bijgeboekt. De bedragen worden in de balans of in de toelichting vermeld.

3 Op een beleggingsmaatschappij met veranderlijk kapitaal is artikel 378 lid 3, tweede zin, niet van toepassing.

Artikel 402

1 Zijn de financiële gegevens van een rechtspersoon verwerkt in zijn geconsolideerde jaarrekening, dan behoeft in de eigen winst- en verliesrekening slechts het resultaat uit deelnemingen na aftrek van de belastingen daarover als afzonderlijke post te worden vermeld. In de toelichting van de geconsolideerde jaarrekening wordt de toepassing van de vorige zin meegedeeld.

2 Dit artikel is niet van toepassing op rechtspersonen als bedoeld in artikel 398 lid 7.

Artikel 403

1 Een tot een groep behorende rechtspersoon behoeft de jaarrekening niet overeenkomstig de voorschriften van deze titel in te richten, mits:
   a de balans in elk geval vermeldt de som van de vaste activa, de som van de vlottende activa, en het bedrag van het eigen vermogen, van de voorzieningen en van de schulden, en de winst- en verliesrekening in elk geval vermeldt het resultaat uit de gewone bedrijfsuitoefening en het saldo der overige baten en lasten, een en ander na belastingen;
   b de leden of aandeelhouders na de aanvang van het boekjaar en voor de vaststelling van de jaarrekening schriftelijk hebben verklaard met afwijking van de voorschriften in te stemmen;
   c de financiële gegevens van de rechtspersoon door een andere rechtspersoon of vennootschap zijn geconsolideerd in een geconsolideerde jaarrekening waarop krachtens het toepasselijke recht de verordening van het Europese Parlement en de Raad betreffende de toepassing van internationale standaarden voor jaarrekeningen, richtlijn 2013/34/EU van het Europees Parlement en de Raad van 26 juni 2013 betreffende de jaarlijkse financiële overzichten, geconsolideerde financiële overzichten en aanverwante verslagen van bepaalde ondernemingsvormen, tot wijziging van richtlijn 2006/43/EG van het Europees Parlement en de Raad en tot intrekking van richtlijnen 78/660/EEG en 83/349/EEG van de Raad (PbEU 2013, L 182) of een der beide richtlijnen van de Raad van de Europese Gemeenschappen betreffende de jaarrekening en de geconsolideerde jaarrekening van banken en andere financiële instellingen dan wel van verzekeringsondernemingen van toepassing is;
   d de geconsolideerde jaarrekening, voor zover niet gesteld of vertaald in het Nederlands, is gesteld of vertaald in het Frans, Duits of Engels;
   e de accountantsverklaring en het bestuursverslag, zijn gesteld of vertaald in de zelfde taal als de geconsolideerde jaarrekening;
   f de onder c bedoelde rechtspersoon of vennootschap schriftelijk heeft verklaard zich hoofdelijk aansprakelijk te stellen voor de uit rechtshandelingen van de rechtspersoon voortvloeiende schulden; en

g de verklaringen, bedoeld in de onderdelen b en f zijn gedeponeerd bij het handelsregister alsmede, telkens binnen zes maanden na de balansdatum of binnen een maand na een geoorloofde latere openbaarmaking, de stukken of vertalingen, genoemd in de onderdelen d en e.
2 Zijn in de groep of het groepsdeel waarvan de gegevens in de geconsolideerde jaarrekening zijn opgenomen, de in lid 1 onder f bedoelde rechtspersoon of vennootschap en een andere nevengeschikt, dan is lid 1 slechts van toepassing, indien ook deze andere rechtspersoon of vennootschap een verklaring van aansprakelijkstelling heeft afgelegd; in dat geval zijn lid 1 onder g en artikel 404 van overeenkomstige toepassing.
3 Voor een rechtspersoon waarop lid 1 van toepassing is, gelden de artikelen 391 tot en met 394 niet.
4 Dit artikel is niet van toepassing op rechtspersonen als bedoeld in artikel 398 lid 7.

Artikel 404
1 Een in artikel 403 bedoelde aansprakelijkstelling kan worden ingetrokken door deponering van een daartoe strekkende verklaring ten kantore van het handelsregister.
2 Niettemin blijft de aansprakelijkheid bestaan voor schulden die voortvloeien uit rechtshandelingen welke zijn verricht voordat jegens de schuldeiser een beroep op de intrekking kan worden gedaan.
3 De overblijvende aansprakelijkheid wordt ten opzichte van de schuldeiser beëindigd, indien de volgende voorwaarden zijn vervuld:
  a de rechtspersoon behoort niet meer tot de groep;
  b een mededeling van het voornemen tot beëindiging heeft ten minste twee maanden lang ter inzage gelegen bij het handelsregister;
  c ten minste twee maanden zijn verlopen na de aankondiging in een landelijk verspreid dagblad dat en waar de mededeling ter inzage ligt;
  d tegen het voornemen heeft de schuldeiser niet tijdig verzet gedaan of zijn verzet is ingetrokken dan wel bij onherroepelijke rechterlijke uitspraak ongegrond verklaard.
4 Indien de schuldeiser dit verlangt moet, op straffe van gegrondverklaring van een verzet als bedoeld in lid 5, voor hem zekerheid worden gesteld of hem een andere waarborg worden gegeven voor de voldoening van zijn vorderingen waarvoor nog aansprakelijkheid loopt. Dit geldt niet, indien hij na het beëindigen van de aansprakelijkheid, gezien de vermogenstoestand van de rechtspersoon of uit anderen hoofde, voldoende waarborgen heeft dat deze vorderingen zullen worden voldaan.
5 Tot twee maanden na de aankondiging kan de schuldeiser voor wiens vordering nog aansprakelijkheid loopt, tegen het voornemen tot beëindiging verzet doen door het indienen van een verzoek bij de rechtbank van de woonplaats van de rechtspersoon die hoofdschuldenaar is.
6 De rechter verklaart het verzet slechts gegrond nadat een door hem omschreven termijn om een door hem omschreven waarborg te geven is verlopen, zonder dat deze is gegeven.

Artikel 404a
(vervallen)

Afdeling 13 Geconsolideerde jaarrekening
Artikel 405
1 Een geconsolideerde jaarrekening is de jaarrekening waarin de activa, passiva, baten en lasten van de rechtspersonen en vennootschappen die een groep of groepsdeel vormen en andere in de consolidatie meegenomen rechtspersonen en vennootschappen, als één geheel worden opgenomen.
2 De geconsolideerde jaarrekening moet overeenkomstig artikel 362 lid 1 inzicht geven betreffende het geheel van de in de consolidatie opgenomen rechtspersonen en vennootschappen.

Bijlage 1 Wetteksten [per 1 januari 2021]

Artikel 406
1. De rechtspersoon die, alleen of samen met een andere groepsmaatschappij, aan het hoofd staat van zijn groep, stelt een geconsolideerde jaarrekening op, waarin opgenomen de eigen financiële gegevens met die van zijn dochtermaatschappijen in de groep, andere groepsmaatschappijen en andere rechtspersonen waarop hij een overheersende zeggenschap kan uitoefenen of waarover hij de centrale leiding heeft.
2. Een rechtspersoon waarop lid 1 niet van toepassing is, maar die in zijn groep een of meer dochtermaatschappijen heeft of andere rechtspersonen waarop hij een overheersende zeggenschap kan uitoefenen of waarover hij de centrale leiding heeft, stelt een geconsolideerde jaarrekening op. Deze omvat de financiële gegevens van het groepsdeel, bestaande uit de rechtspersoon, zijn dochtermaatschappijen in de groep, andere groepsmaatschappijen die onder de rechtspersoon vallen en andere rechtspersonen waarop hij een overheersende zeggenschap kan uitoefenen of waarover hij de centrale leiding heeft.
3. De rechtspersoon die geen bank als bedoeld in artikel 415 is, en waarvan de geconsolideerde jaarrekening voor een belangrijk deel de financiële gegevens van één of meer banken bevat, geeft in de toelichting ten minste inzicht in de solvabiliteit van de banken als één geheel.
4. De rechtspersoon die geen verzekeringsmaatschappij als bedoeld in artikel 427 lid 1 is, en waarvan de geconsolideerde jaarrekening voor een belangrijk deel de financiële gegevens van één of meer verzekeringsmaatschappijen bevat, geeft in de toelichting ten minste inzicht in de solvabiliteit van de verzekeringsmaatschappijen als één geheel.
5. In de geconsolideerde jaarrekening van een rechtspersoon, die geen bank als bedoeld in artikel 415 is, mag ten aanzien van in de consolidatie te betrekken maatschappijen die bank zijn, tezamen met de in artikel 426 lid 1, tweede zin, bedoelde maatschappijen, artikel 424 worden toegepast.

Artikel 407
1. De verplichting tot consolidatie geldt niet voor gegevens:
   a. van in de consolidatie te betrekken maatschappijen wier gezamenlijke betekenis te verwaarlozen is op het geheel,
   b. van in de consolidatie te betrekken maatschappijen waarvan de nodige gegevens slechts tegen onevenredige kosten of met grote vertraging te verkrijgen of te ramen zijn,
   c. van in de consolidatie te betrekken maatschappijen waarin het belang slechts wordt gehouden om het te vervreemden.
2. Consolidatie mag achterwege blijven, indien:
   a. bij consolidatie de grenzen van artikel 396 niet zouden worden overschreden;
   b. geen in de consolidatie te betrekken maatschappij een rechtspersoon is als bedoeld in artikel 398 lid 7; en
   c. niet binnen zes maanden na de aanvang van het boekjaar daartegen schriftelijk bezwaar bij de rechtspersoon is gemaakt door de algemene vergadering.
3. Indien de rechtspersoon groepsmaatschappijen beheert krachtens een regeling tot samenwerking met een rechtspersoon waarvan de financiële gegevens niet in zijn geconsolideerde jaarrekening worden opgenomen, mag hij zijn eigen financiële gegevens buiten de geconsolideerde jaarrekening houden. Dit geldt slechts, indien de rechtspersoon geen andere werkzaamheden heeft dan het beheren en financieren van groepsmaatschappijen en deelnemingen, en indien hij in zijn balans artikel 389 toepast.

Artikel 408
1. Consolidatie van een groepsdeel mag achterwege blijven, mits:
   a. niet binnen zes maanden na de aanvang van het boekjaar daartegen schriftelijk bezwaar bij de rechtspersoon is gemaakt door ten minste een tiende der leden of door houders van ten minste een tiende van het geplaatste kapitaal;

b de financiële gegevens die de rechtspersoon zou moeten consolideren zijn opgenomen in de geconsolideerde jaarrekening van een groter geheel;
c de geconsolideerde jaarrekening en het bestuursverslag zijn opgesteld overeenkomstig de voorschriften van richtlijn 2013/34/EU van het Europees Parlement en de Raad van 26 juni 2013 betreffende de jaarlijkse financiële overzichten, geconsolideerde financiële overzichten en aanverwante verslagen van bepaalde ondernemingsvormen, tot wijziging van richtlijn 2006/43/EG van het Europees Parlement en de Raad en tot intrekking van richtlijnen 78/660/EEG en 83/349/EEG van de Raad (PbEU 2013, L 182) of overeenkomstig de voorschriften van een der richtlijnen van de Raad van de Europese Gemeenschappen betreffende de jaarrekening en de geconsolideerde jaarrekening van banken en andere financiële instellingen dan wel van verzekeringsondernemingen dan wel, indien deze voorschriften niet behoeven te zijn gevolgd, op gelijkwaardige wijze;
d de geconsolideerde jaarrekening met accountantsverklaring en bestuursverslag, voor zover niet gesteld of vertaald in het Nederlands, zijn gesteld of vertaald in het Frans, Duits of Engels, en wel in de zelfde taal; en
e telkens binnen zes maanden na de balansdatum of binnen een maand na een geoorloofde latere openbaarmaking bij het handelsregister de in onderdeel d genoemde stukken of vertalingen zijn gedeponeerd.
2 Onze Minister van Justitie kan voorschriften voor de jaarrekening aanwijzen die, zo nodig aangevuld met door hem gegeven voorschriften, als gelijkwaardig zullen gelden aan voorschriften overeenkomstig richtlijn 2013/34/EU van het Europees Parlement en de Raad van 26 juni 2013 betreffende de jaarlijkse financiële overzichten, geconsolideerde financiële overzichten en aanverwante verslagen van bepaalde ondernemingsvormen, tot wijziging van richtlijn 2006/43/EG van het Europees Parlement en de Raad en tot intrekking van richtlijnen 78/660/EEG en 83/349/EEG van de Raad (PbEU 2013, L 182). Intrekking van een aanwijzing kan slechts boekjaren betreffen die nog niet zijn begonnen.
3 De rechtspersoon moet de toepassing van lid 1 in de toelichting vermelden.
4 Dit artikel is niet van toepassing op een rechtspersoon waarvan effecten zijn toegelaten tot de handel op een gereglementeerde markt als bedoeld in de Wet op het financieel toezicht of een met een gereglementeerde markt vergelijkbaar systeem uit een staat die geen lidstaat is.

Artikel 409
De financiële gegevens van een rechtspersoon of vennootschap mogen in de geconsolideerde jaarrekening worden opgenomen naar evenredigheid tot het daarin gehouden belang, indien:
a in die rechtspersoon of vennootschap een of meer in de consolidatie opgenomen maatschappijen krachtens een regeling tot samenwerking met andere aandeelhouders, leden of vennoten samen de rechten of bevoegdheden kunnen uitoefenen als bedoeld in artikel 24a, lid 1; en
b hiermee voldaan wordt aan het wettelijke inzichtvereiste.

Artikel 410
1 De bepalingen van deze titel over de jaarrekening en onderdelen daarvan, uitgezonderd de artikelen 365 lid 2, 378, 379, 382a, 383, 383b tot en met 383e, 389 leden 6 en 8 en 390, zijn van overeenkomstige toepassing op de geconsolideerde jaarrekening.
2 Voorraden hoeven niet te worden uitgesplitst, indien dat wegens bijzondere omstandigheden onevenredige kosten zou vergen.
3 Wegens gegronde, in de toelichting te vermelden redenen mogen andere waarderingsmethoden en grondslagen voor de berekening van het resultaat worden toegepast dan in de eigen jaarrekening van de rechtspersoon.

Bijlage 1 Wetteksten [per 1 januari 2021]

4 Staat een buitenlandse rechtspersoon mede aan het hoofd van de groep, dan mag het groepsdeel waarvan hij aan het hoofd staat, in de consolidatie worden opgenomen overeenkomstig zijn recht, met een uiteenzetting van de invloed daarvan op het vermogen en resultaat.
5 De in artikel 382 bedoelde gegevens worden voor het geheel van de volledig in de consolidatie betrokken maatschappijen vermeld; afzonderlijk worden de in de eerste zin van artikel 382 bedoelde gegevens vermeld voor het geheel van de naar evenredigheid in de consolidatie betrokken maatschappijen.

Artikel 411
1 In de geconsolideerde jaarrekening behoeft het eigen vermogen niet te worden uitgesplitst.
2 Het aandeel in het groepsvermogen en in het geconsolideerde resultaat dat niet aan de rechtspersoon toekomt, wordt vermeld.

Artikel 412
1 De balansdatum voor de geconsolideerde jaarrekening is de zelfde als voor de jaarrekening van de rechtspersoon zelf.
2 In geen geval mag de geconsolideerde jaarrekening worden opgemaakt aan de hand van gegevens, opgenomen meer dan drie maanden voor of na de balansdatum.

Artikel 413
Indien de gegevens van een maatschappij voor het eerst in de consolidatie worden opgenomen en daarbij een waardeverschil ontstaat ten opzichte van de daaraan voorafgaande waardering van het belang daarin, moeten dit verschil en de berekeningswijze worden vermeld. Is de waarde lager, dan is artikel 389 lid 7 van toepassing op het verschil; is de waarde hoger, dan wordt het verschil opgenomen in het groepsvermogen, voor zover het geen nadelen weerspiegelt die aan de deelneming zijn verbonden.

Artikel 414
1 De rechtspersoon vermeldt, onderscheiden naar de hierna volgende categorieën, de naam en woonplaats van rechtspersonen en vennootschappen:
   a die hij volledig in zijn geconsolideerde jaarrekening betrekt;
   b waarvan de financiële gegevens in de geconsolideerde jaarrekening worden opgenomen voor een deel, evenredig aan het belang daarin;
   c waarin een deelneming wordt gehouden die in de geconsolideerde jaarrekening overeenkomstig artikel 389 wordt verantwoord;
   d die dochtermaatschappij zijn zonder rechtspersoonlijkheid en niet ingevolge de onderdelen a, b of c zijn vermeld;
   e waaraan een of meer volledig in de consolidatie betrokken maatschappijen of dochtermaatschappijen daarvan alleen of samen voor eigen rekening ten minste een vijfde van het geplaatste kapitaal verschaffen of doen verschaffen, en die niet ingevolge de onderdelen a, b of c zijn vermeld.
2 Tevens wordt vermeld:
   a op grond van welke omstandigheid elke maatschappij volledig in de consolidatie wordt betrokken, tenzij deze bestaat in het kunnen uitoefenen van het merendeel van de stemrechten en het verschaffen van een daaraan evenredig deel van het kapitaal;
   b waaruit blijkt dat een rechtspersoon of vennootschap waarvan financiële gegevens overeenkomstig artikel 409 in de geconsolideerde jaarrekening zijn opgenomen, daarvoor in aanmerking komt;
   c in voorkomend geval de reden voor het niet consolideren van een dochtermaatschappij, vermeld ingevolge lid 1 onder c, d of e;

d het deel van het geplaatste kapitaal dat wordt verschaft;
e het bedrag van het eigen vermogen en resultaat van elke krachtens onderdeel e van lid 1 vermelde maatschappij volgens haar laatst vastgestelde jaarrekening.
3 Indien vermelding van naam, woonplaats en het gehouden deel van het geplaatste kapitaal van een dochtermaatschappij waarop onderdeel c van lid 1 van toepassing is, dienstig is voor het wettelijk vereiste inzicht, mag zij niet achterwege blijven, al is de deelneming van te verwaarlozen betekenis. Onderdeel e van lid 2 geldt niet ten aanzien van maatschappijen waarin een belang van minder dan de helft wordt gehouden en die wettig de balans niet openbaar maken.
4 Artikel 379 lid 4 is van overeenkomstige toepassing op de vermeldingen op grond van de leden 1 en 2.
5 Vermeld wordt ten aanzien van welke rechtspersonen de rechtspersoon een aansprakelijkstelling overeenkomstig artikel 403 heeft afgegeven.

Afdeling 14 Bepalingen voor banken

Artikel 415
In deze afdeling wordt onder bank verstaan: een financiële onderneming met zetel in Nederland die een vergunning heeft voor het uitoefenen van het bedrijf van kredietinstelling als bedoeld in artikel 1:1 van de Wet op het financieel toezicht.

Artikel 416
1 Voor zover in deze afdeling niet anders is bepaald, gelden de afdelingen 1, 2, 5 tot en met 10 en 13 van deze titel voor banken, alsmede de artikelen 365 lid 2, 366 lid 2, 368, 373 leden 2 tot en met 5, 374, leden 1, 2, en 4, 375 leden 5 en 7, 376, tweede volzin, 377 lid 7, en de artikelen 402, 403 en 404.
2 Voor banken gelden de deelnemingen, de immateriële en de materiële activa als vaste activa. Andere effecten en verdere activa gelden als vaste activa, voor zover zij bestemd zijn om duurzaam voor de bedrijfsuitoefening te worden gebruikt.
3 Over een ontwerp van een algemene maatregel van bestuur als bedoeld in artikel 363, zesde lid, voor zover deze strekt ter uitvoering van de bepalingen van deze afdeling, en over een ontwerp van een algemene maatregel van bestuur als bedoeld in artikel 417 wordt de Europese Centrale Bank of De Nederlandsche Bank N.V., al naar gelang de bevoegdheidsverdeling op grond van de artikelen 4 en 6 van de verordening bankentoezicht, bedoeld in artikel 1:1 van de Wet op het financieel toezicht, gehoord.
4 Ten aanzien van een bank geeft Onze Minister van Economische Zaken geen beslissing op een verzoek om ontheffing als bedoeld in de artikelen 58 lid 5, 101 lid 4, 210 lid 4, 379 lid 4 of 392 lid 4 dan nadat hij daarover de Europese Centrale Bank of De Nederlandsche Bank N.V., al naar gelang de bevoegdheidsverdeling op grond van de artikelen 4 en 6 van de verordening bankentoezicht, bedoeld in artikel 1:1 van de Wet op het financieel toezicht, heeft gehoord.

Artikel 417
Bij algemene maatregel van bestuur worden ter uitvoering van richtlijnen van de raad van de Europese Gemeenschappen inzake de jaarrekening en de geconsolideerde jaarrekening van banken regels gesteld met betrekking tot de balans en de winst- en verliesrekening alsmede de toelichtingen daarop.

Artikel 418
(vervallen)

Bijlage 1 Wetteksten [per 1 januari 2021]

Artikel 419
De indeling, de benaming en de omschrijving van de posten van de balans en de winst- en verliesrekening mogen voor banken die niet één van de in artikel 360, eerste zin, genoemde rechtsvormen hebben, of voor gespecialiseerde banken afwijkingen bevatten, voor zover deze wegens hun rechtsvorm respectievelijk de bijzondere aard van hun bedrijf noodzakelijk zijn.

Artikel 420
1. Waardeverminderingen op de tot de vaste activa behorende effecten en deelnemingen mogen in de winst- en verliesrekening met de ongedaanmakingen van de afboekingen worden gesaldeerd, voor zover de waardeverminderingen niet aan de herwaarderingsreserve worden onttrokken.
2. Het eerste lid is eveneens van toepassing op de waardeverminderingen en ongedaanmakingen van de afboekingen ter zake van vorderingen op bankiers, klanten en voorzieningen voor voorwaardelijke verplichtingen en onherroepelijk toegezegde verplichtingen die tot een kredietrisico kunnen leiden.
3. Waardestijgingen van de niet tot de vaste activa, maar wel tot de handelsportefeuille behorende effecten die tegen actuele waarde worden gewaardeerd, worden in de winst- en verliesrekening in aanmerking genomen. Waardeverminderingen van deze effecten worden overeenkomstig artikel 387 leden 1 tot en met 3 in aanmerking genomen.

Artikel 421
1. Artikel 368 is van toepassing op de posten, behorende tot de vaste activa; gesaldeerde bedragen als bedoeld in artikel 420 lid 1 mogen met andere posten in het overzicht worden samengevoegd.
2. Artikel 376 tweede volzin is alleen van toepassing op de posten buiten de balanstelling.
3. Gelijksoortige handelingen als bedoeld in artikel 378 lid 3, tweede zin, mogen gezamenlijk worden verantwoord. Artikel 378 lid 4 onder a geldt niet voor de aandelen of certificaten daarvan die de bank in de gewone bedrijfsuitoefening in pand heeft genomen.
4. Artikel 381, eerste volzin, is slechts van toepassing voor zover de desbetreffende gegevens niet in de posten buiten de balanstelling zijn opgenomen. Artikel 381 leden 2 en 3 is niet van toepassing.
5. Met uitzondering van de nog openstaande bedragen is de tweede zin van artikel 383 lid 2 niet van toepassing.

Artikel 422
1. Waardepapieren met een vaste of van de rentestand afhankelijke rente die tot de vaste activa behoren, worden op de grondslag van de verkrijgingsprijs of tegen aflossingswaarde gewaardeerd, onverminderd de toepassing van artikel 387 lid 4.
2. Indien deze waardepapieren tegen aflossingswaarde in de balans worden opgenomen, wordt het verschil tussen de verkrijgingsprijs en de aflossingswaarde vermeld en over de jaren sinds de aanschaf gespreid als resultaat verantwoord. Het verschil mag ook in één keer worden verantwoord, indien de verkrijgingsprijs hoger was dan de aflossingswaarde.
3. De niet tot de vaste activa behorende effecten worden gewaardeerd op de grondslag van de verkrijgingsprijs, tegen aflossingswaarde of tegen actuele waarde. In geval van waardering tegen aflossingswaarde wordt de eerste zin van lid 2 op overeenkomstige wijze toegepast.

Artikel 423
1. Vaste activa in vreemde valuta die niet door contante of termijntransacties worden gedekt, worden opgenomen tegen de dagkoers op de balansdatum of op de datum van verkrijging van deze activa.
2. Niet afgewikkelde termijntransacties in vreemde valuta worden opgenomen tegen de dag- of termijnkoers op de balansdatum.

3   De overige activa en passiva in vreemde valuta worden opgenomen tegen de dagkoers op de balansdatum.
4   Verschillen, ontstaan bij de omrekening van activa en passiva worden in de winst- en verliesrekening verantwoord. Zij mogen evenwel ten gunste of ten laste van een niet-uitkeerbare reserve worden gebracht, voor zover zij betrekking hebben op vaste activa of termijntransacties ter dekking daarvan; het totaal van de positieve verschillen en dat van de negatieve verschillen wordt alsdan vermeld.

Artikel 424
Een bank mag op de balans onder de passiva onmiddellijk na de voorzieningen een post omvattende de dekking voor algemene bankrisico's opnemen, voor zover zulks geboden is om redenen van voorzichtigheid wegens de algemene risico's van haar bankbedrijf. Het saldo van de toegevoegde en onttrokken bedragen aan deze post wordt als afzonderlijke post in de winst- en verliesrekening opgenomen.

Artikel 425
Een bank waarop een vrijstelling van toepassing is als bedoeld in artikel 3:111, eerste lid van de Wet op het financieel toezicht, behoeft de jaarrekening en het bestuursverslag niet volgens de voorschriften van deze titel in te richten, mits de financiële gegevens zijn opgenomen in de geconsolideerde jaarrekening, het bestuursverslag en de overige gegevens van de bank op wier aansprakelijkheid de ontheffing is gegrond; de artikelen 393 en 394 gelden niet voor de bank waaraan de ontheffing is verleend. Aan de geconsolideerde jaarrekening worden een bestuursverslag en overige gegevens toegevoegd, die betrekking hebben op de in de geconsolideerde jaarrekening begrepen rechtspersonen en instellingen gezamenlijk.

Artikel 426
1   Maatschappijen die geen bank zijn en die in de geconsolideerde jaarrekening van een bank worden opgenomen, worden verantwoord overeenkomstig de voorschriften voor banken. Artikel 424 mag evenwel slechts ten aanzien van maatschappijen als bedoeld in de vorige zin wier werkzaamheden rechtstreeks in het verlengde van het bankbedrijf liggen of die bestaan uit het verrichten van nevendiensten in het verlengde van het bankbedrijf, worden toegepast.
2   De groepsmaatschappij aan het hoofd van de groep die de gegevens consolideert van een groep of een groepsdeel, welke geen of nagenoeg geen andere werkzaamheid heeft dan de uitoefening van het bankbedrijf, wordt in de geconsolideerde jaarrekening opgenomen overeenkomstig de voorschriften voor banken. Dit geldt slechts, indien deze groepsmaatschappij geen andere werkzaamheid heeft dan het beheren en financieren van groepsmaatschappijen en deelnemingen.
3   De leden 2 en 3 van artikel 407 zijn niet van toepassing. Indien een bank artikel 407 lid 1 onder c toepast ten aanzien van een dochtermaatschappij die eveneens bank is, en waarin het belang wordt gehouden vanwege een financiële bijstandsverlening, wordt de jaarrekening van laatstgenoemde bank gevoegd bij de geconsolideerde jaarrekening van eerstgenoemde bank. De belangrijke voorwaarden, waaronder de financiële bijstandsverlening plaatsvindt, worden vermeld.

Afdeling 15 Bepalingen voor verzekeringsmaatschappijen
§ 1 Algemene bepalingen
Artikel 427
1   In deze afdeling wordt onder verzekeringsmaatschappij verstaan: een financiële onderneming met zetel in Nederland die ingevolge de Wet op het financieel toezicht het bedrijf van verzekeraar mag uitoefenen of de werkzaamheden van een entiteit voor risico-acceptatie mag verrichten, en waarop artikel 2:26a, 2:27, 2:48, 2:49b of 2:54a van die wet van toepassing is.

2 Een rechtspersoon die het verzekeringsbedrijf uitoefent, doch die geen verzekeringsmaatschappij is, mag de voor verzekeringsmaatschappijen geldende voorschriften toepassen, indien het in artikel 362 lid 1 bedoelde inzicht daardoor wordt gediend.
3 De uitoefening van het natura-uitvaartverzekeringsbedrijf wordt voor de toepassing van deze afdeling aangemerkt als de uitoefening van het levensverzekeringsbedrijf. Een natura-uitvaartverzekering wordt voor de toepassing van deze afdeling aangemerkt als een levensverzekering.

Artikel 428
1 Voor zover in deze afdeling niet anders is bepaald, gelden de afdelingen 1, 2, 5 tot en met 10 en 13 van deze titel voor verzekeringsmaatschappijen, alsmede de artikelen 365, 366 lid 2, 368 lid 1, 373, 374, 375, leden 2, 3 en 5 tot en met 7, 376, 377 lid 7, 402, 403 en 404.
2 Voor verzekeringsmaatschappijen gelden de deelnemingen en de immateriële activa als vaste activa. Andere beleggingen en verdere activa gelden als vaste activa, voor zover zij bestemd zijn om duurzaam voor de bedrijfsuitoefening te worden gebruikt.
3 Over ontwerpen van een algemene maatregel van bestuur als bedoeld in de artikelen 363 lid 6 of 442 lid 1, voor zover deze strekken ter uitvoering van de bepalingen van deze afdeling wordt De Nederlandsche Bank N.V. gehoord.
4 Ten aanzien van een verzekeringsmaatschappij geeft Onze Minister van Economische Zaken geen beslissing op een verzoek om ontheffing als bedoeld in de artikelen 58 lid 5, 101 lid 4, 210 lid 4 of 392 lid 4 dan nadat hij daarover De Nederlandsche Bank NV heeft gehoord.

§ 2 Voorschriften omtrent de balans en de toelichting daarop

Artikel 429
1 Onder de activa worden afzonderlijk opgenomen:
   a de immateriële activa op de wijze bepaald in artikel 365;
   b de beleggingen;
   c de beleggingen waarbij de tot uitkering gerechtigde het beleggingsrisico draagt, alsmede de spaarkasbeleggingen;
   d de vorderingen;
   e de overige activa;
   f de overlopende activa; en
   g afgeleide financiële instrumenten.
2 Onder de passiva worden afzonderlijk opgenomen:
   a het eigen vermogen, op de wijze bepaald in artikel 373;
   b de achtergestelde schulden;
   c de technische voorzieningen eigen aan het verzekeringsbedrijf;
   d de technische voorzieningen voor verzekeringen waarbij de tot uitkering gerechtigde het beleggingsrisico draagt en die voor spaarkassen;
   e de voorzieningen, op de wijze bepaald in artikel 374;
   f de niet-opeisbare schulden in het kader van een herverzekeringsovereenkomst van een maatschappij die haar verplichtingen herverzekert;
   g de schulden;
   h de overlopende passiva; en
   i afgeleide financiële instrumenten.

3 Indien toepassing is gegeven aan artikel 430 lid 6, worden de beleggingen, bedoeld in lid 1, onderdeel b, onderscheiden in:
   a   beleggingen die gelden als vaste activa;
   b   beleggingen die gelden als vlottende activa, behorende tot de handelsportefeuille; en
   c   beleggingen die gelden als vlottende activa, niet behorende tot de handelsportefeuille.

Artikel 430
1 Onder de beleggingen worden afzonderlijk opgenomen:
   a   terreinen en gebouwen, al dan niet in aanbouw, en de vooruitbetalingen daarop, met afzonderlijke vermelding van de terreinen en gebouwen voor eigen gebruik;
   b   beleggingen in groepsmaatschappijen en deelnemingen;
   c   overige financiële beleggingen.
2 Op de balans van een maatschappij die herverzekeringen aanneemt, worden onder de beleggingen tevens afzonderlijk opgenomen de niet ter vrije beschikking staande vorderingen in het kader van een herverzekeringsovereenkomst.
3 Bij de beleggingen in groepsmaatschappijen en deelnemingen worden afzonderlijk vermeld:
   a   aandelen, certificaten van aandelen en andere vormen van deelneming in groepsmaatschappijen;
   b   andere deelnemingen;
   c   waardepapieren met een vaste of van de rentestand afhankelijke rente uitgegeven door en vorderingen op groepsmaatschappijen; en
   d   waardepapieren met een vaste of van de rentestand afhankelijke rente uitgegeven door en vorderingen op andere rechtspersonen en vennootschappen die een deelneming hebben in de verzekeringsmaatschappij of waarin de verzekeringsmaatschappij een deelneming heeft.
4 Van de overige financiële beleggingen worden afzonderlijk vermeld:
   a   aandelen, certificaten van aandelen, deelnemingsbewijzen en andere niet-vastrentende waardepapieren;
   b   waardepapieren met een vaste of van de rentestand afhankelijke rente;
   c   belangen in beleggingspools;
   d   vorderingen uit leningen voor welke zakelijke zekerheid is gesteld;
   e   andere vorderingen uit leningen;
   f   deposito's bij banken;
   g   andere financiële beleggingen.
5 Tenzij de post andere financiële beleggingen van ondergeschikte betekenis is op het geheel van de overige financiële beleggingen, wordt zij naar aard en omvang toegelicht.
6 Indien beleggingen die gelden als vaste activa op andere grondslagen worden gewaardeerd dan beleggingen die gelden als vlottende activa en die al dan niet behoren tot de handelsportefeuille, worden de beleggingen, genoemd in lid 1, onderdelen a of c, en lid 4, onderdelen a tot en met g, onderscheiden in:
   a   beleggingen die gelden als vaste activa;
   b   beleggingen die gelden als vlottende activa, behorende tot de handelsportefeuille; en
   c   beleggingen die gelden als vlottende activa, niet behorende tot de handelsportefeuille.

Artikel 431
Artikel 368 lid 1 is niet van toepassing op de overige financiële beleggingen, bedoeld in artikel 430 lid 1, onder c.

Artikel 432

1 Onder de vorderingen worden afzonderlijk opgenomen:
   a   vorderingen uit verzekeringsovereenkomsten, anders dan herverzekering, met afzonderlijke vermelding van de vorderingen op verzekeringnemers en op tussenpersonen;
   b   vorderingen uit herverzekeringsovereenkomsten;
   c   overige vorderingen.
2 Onderscheiden naar de in lid 1 genoemde groepen, worden aangegeven de vorderingen op groepsmaatschappijen en de vorderingen op andere rechtspersonen en vennootschappen die een deelneming hebben in de verzekeringsmaatschappij of waarin de verzekeringsmaatschappij een deelneming heeft.

Artikel 433

1 Onder de overige activa worden afzonderlijk opgenomen:
   a   materiële activa als bedoeld in artikel 366 lid 1 die niet onder de post terreinen en gebouwen moeten worden opgenomen, alsmede voorraden als bedoeld in artikel 369;
   b   liquide middelen, als bedoeld in artikel 372 lid 1;
   c   andere activa.
2 Tenzij de post andere activa van ondergeschikte betekenis is op het geheel van de overige activa, wordt zij naar aard en omvang toegelicht.

Artikel 434

1 Onder de overlopende activa worden afzonderlijk opgenomen:
   a   vervallen, maar nog niet opeisbare rente en huur;
   b   overlopende acquisitiekosten, voor zover niet reeds in mindering gebracht op de technische voorziening niet-verdiende premies dan wel op de technische voorziening levensverzekering;
   c   overige overlopende activa.
2 Vermeld worden de overlopende acquisitiekosten voor onderscheidenlijk levensverzekering en schadeverzekering.

Artikel 435

1 Onder de technische voorzieningen worden afzonderlijk opgenomen:
   a   de voorziening voor niet-verdiende premies en lopende risico's, waaronder de catastrofevoorziening indien deze is getroffen;
   b   de voorziening voor levensverzekering;
   c   de voorziening voor te betalen schaden of voor te betalen uitkeringen;
   d   de voorziening voor winstdeling en kortingen;
   e   de voorziening voor latente winstdelingsverplichtingen;
   f   de overige technische voorzieningen.
2 Artikel 374 is van toepassing op de verzekeringstechnische voorzieningen, voor zover de aard van de technische voorzieningen zich daartegen niet verzet
3 Op de technische voorzieningen, daaronder begrepen de technische voorzieningen, bedoeld in artikel 429 lid 2, onder d, wordt het deel dat door herverzekeringsovereenkomsten wordt gedekt op de balans in mindering gebracht. Eveneens worden op deze voorzieningen de rentestandkortingen in mindering gebracht.
4 Indien op de technische voorzieningen acquisitiekosten in mindering zijn gebracht, worden deze afzonderlijk vermeld.
5 Tenzij de voorziening voor lopende risico's van ondergeschikte betekenis is op het geheel van de voorziening niet-verdiende premies wordt de omvang toegelicht.

6 In het levensverzekeringsbedrijf behoeft geen technische voorziening voor niet-verdiende premies onderscheidenlijk voor te betalen uitkeringen te worden vermeld.
7 Onder de technische voorziening levensverzekering mag de voorziening, bedoeld in artikel 374 lid 4 onder b, worden opgenomen. In dat geval wordt in de toelichting het bedrag van de voorziening vermeld.

Artikel 435a
(vervallen)

Artikel 436
1 Onder de schulden worden afzonderlijk opgenomen:
   a schulden uit verzekeringsovereenkomsten, anders dan herverzekering;
   b schulden uit herverzekeringsovereenkomsten;
   c obligatieleningen, pandbrieven en andere leningen met afzonderlijke vermelding van converteerbare leningen;
   d schulden aan banken;
   e overige schulden, met afzonderlijke vermelding van schulden ter zake van belastingen en premiën sociale verzekering.
2 Onderscheiden naar de in lid 1 genoemde groepen, worden aangegeven de schulden aan groepsmaatschappijen en de schulden aan andere rechtspersonen en vennootschappen die een deelneming hebben in de verzekeringsmaatschappij of waarin de verzekeringsmaatschappij een deelneming heeft.
3 Artikel 375 lid 2 is van toepassing op elke in lid 1 vermelde groep van schulden.
4 Artikel 376 is niet van toepassing op verplichtingen uit verzekeringsovereenkomsten.

§ 3 Voorschriften omtrent de winst- en verliesrekening en de toelichting daarop

Artikel 437
1 In deze afdeling wordt onder de winst- en verliesrekening verstaan: een technische rekening schadeverzekering, een technische rekening levensverzekering en een niet-technische rekening. De technische rekeningen worden toegepast naar gelang van de aard van het bedrijf van de verzekeringsmaatschappij.
2 Een verzekeringsmaatschappij die uitsluitend herverzekert of die naast herverzekering het schadeverzekeringsbedrijf uitoefent, mag de technische rekeningen toepassen naar gelang de aard van de overeenkomsten die worden herverzekerd, dan wel uitsluitend de technische rekening schadeverzekering. Indien uitsluitend de technische rekening schadeverzekering wordt toegepast, worden afzonderlijk de brutopremies vermeld, onderscheiden naar levensverzekering en schadeverzekering.
3 Op de technische rekening schadeverzekering worden afzonderlijk opgenomen de baten en de lasten uit de gewone uitoefening van het schadeverzekeringsbedrijf en het resultaat daarvan voor belastingen.
4 Op de technische rekening levensverzekering worden afzonderlijk opgenomen de baten en de lasten uit de gewone uitoefening van het levensverzekeringsbedrijf en het resultaat daarvan voor belastingen.
5 Op de niet-technische rekening worden afzonderlijk opgenomen:
   a de resultaten voor belastingen uit de gewone uitoefening van het schadeverzekeringsbedrijf en het levensverzekeringsbedrijf, de opbrengsten en lasten uit beleggingen alsmede de niet-gerealiseerde opbrengsten en verliezen van beleggingen welke niet worden toegewezen aan of toekomen aan het schade- of levensverzekeringsbedrijf, en de toegerekende opbrengsten uit beleggingen overgeboekt van of aan de technische rekeningen, de andere baten en lasten, de belastingen op het resultaat van de gewone bedrijfsuitoefening, en dit resultaat na belastingen;
   b de buitengewone baten en lasten, de belastingen daarover en het buitengewone resultaat na belastingen;

c de overige belastingen;
   d het resultaat na belastingen.
6 Op de niet gerealiseerde opbrengsten en verliezen van beleggingen is artikel 438 lid 4 van toepassing.

Artikel 438
1 Afzonderlijk worden op de technische rekeningen, onder aftrek van herverzekeringsbaten en -lasten, opgenomen:
   a de verdiende premies;
   b de opbrengsten uit beleggingen;
   c de niet-gerealiseerde opbrengsten van beleggingen;
   d de overige baten;
   e de schaden of uitkeringen;
   f de toe- of afneming van de technische voorzieningen die niet onder andere posten moeten worden vermeld;
   g de toe- of afneming van de technische voorziening voor winstdeling en kortingen;
   h de bedrijfskosten;
   i de lasten in verband met beleggingen;
   j het niet-gerealiseerde verlies van beleggingen, op de wijze, bedoeld in lid 4;
   k de overige lasten;
   l de aan de niet-technische rekening toe te rekenen opbrengsten uit beleggingen.
2 Tenzij aan het schadeverzekeringsbedrijf beleggingen rechtstreeks kunnen worden toegewezen, worden in de technische rekening schadeverzekering de posten b en c van lid 1 vervangen door een post die de aan het schadeverzekeringsbedrijf toegerekende opbrengsten van beleggingen omvat, en vervallen de posten i, j en l van lid 1. Post m wordt slechts in de technische rekening schadeverzekering opgenomen.
3 Bij de toerekening van opbrengsten van beleggingen van het ene deel van de winst- en verliesrekening aan het andere, worden de reden en de grondslag vermeld.
4 Waardestijgingen van beleggingen die op de grondslag van de actuele waarde worden gewaardeerd, mogen in de winst- en verliesrekening in aanmerking worden genomen onder post c van lid 1 of, indien de uitzondering van het tweede lid zich niet voordoet dan wel artikel 445 lid 3 wordt toegepast, in de niet-technische rekening. Indien de eerste volzin toepassing vindt, worden de waardeverminderingen van deze beleggingen niet als een last in verband met beleggingen overeenkomstig artikel 440 lid 5 onder b verantwoord, maar opgenomen onder post j van lid 1. Waardestijgingen en waardeverminderingen van de beleggingen, bedoeld in artikel 429 lid 1, onder c moeten in de winst- en verliesrekening in aanmerking worden genomen op de wijze als in de eerste twee volzinnen aangegeven.
5 Tenzij toepassing is gegeven aan de eerste zin van lid 4, worden in het boekjaar gerealiseerde waardestijgingen van beleggingen die op de grondslag van de actuele waarde worden gewaardeerd in de winst- en verliesrekening in aanmerking genomen onder post b van lid 1.

Artikel 439
1 Op de technische en niet-technische rekeningen worden de volgende posten, naar gelang zij daarop voorkomen, overeenkomstig de volgende leden uitgesplitst.
2 De verdiende premies worden uitgesplitst in:
   a de brutopremies die tijdens het boekjaar zijn vervallen, uitgezonderd de samen met de premies geïnde belastingen of andere bij of krachtens de wet vereiste bijdragen;
   b de door de verzekeringsmaatschappij betaalde en verschuldigde herverzekeringspremies, onder aftrek van de bij de aanvang van het boekjaar verschuldigde herverzekeringspremies;

    c   de toe- of afneming van de technische voorziening voor niet-verdiende premies, alsmede, indien van toe-
         passing, van de technische voorziening voor lopende risico's;
    d   het herverzekeringsdeel van de toe- of afneming, bedoeld onder c.
3   In de technische rekening levensverzekering mag de toe- of afneming van de technische voorziening niet-ver-
    diende premies onderdeel uitmaken van de toe- of afneming van de technische voorziening levensverzekering
    en behoeft de uitsplitsing, bedoeld in lid 2, onder d, niet te worden gemaakt.
4   De schaden dan wel uitkeringen worden gesplitst in:
    a   de voor eigen rekening betaalde schaden of uitkeringen, met afzonderlijke opneming van de totaal betaalde
         schaden of uitkeringen en van het daarin begrepen herverzekeringsdeel;
    b   de toe- of afneming van de voorziening voor te betalen schaden of uitkeringen voor eigen rekening, met
         afzonderlijke opneming van het herverzekeringsdeel en van de som van deze beide bedragen.
5   Bij de post toe- of afneming van de technische voorzieningen die niet onder andere posten moet worden ver-
    meld, wordt afzonderlijk opgenomen:
    a   de toe- of afneming van de technische voorziening voor levensverzekering voor eigen rekening met afzon-
         derlijke opneming van het herverzekeringsdeel en van de som van beide bedragen;
    b   de toe- of afneming van de overige technische voorzieningen.
6   Tenzij de cumulatieve uitloop over de drie voorgaande boekjaren en de uitloop in het boekjaar telkens minder
    bedraagt dan tien procent van het resultaat van de technische rekening van het desbetreffende boekjaar,
    worden in de toelichting in een overzicht per branchegroep vermeld de aard en omvang van de uitloop in het
    boekjaar van de ten laste van de drie voorgaande boekjaren gevormde voorzieningen voor te betalen schaden
    of uitkeringen. In dit overzicht worden tevens per branchegroep vermeld de aard en omvang van de totale
    uitloop in het boekjaar van de ten laste van het vierde voorgaande boekjaar en de boekjaren daarvoor ge-
    vormde voorzieningen voor te betalen schaden of uitkeringen. In dit overzicht wordt het effect van toegepaste
    discontering aangegeven.

Artikel 440
1   Bij de bedrijfskosten worden afzonderlijk vermeld:
    a   de acquisitiekosten;
    b   de toe- of afneming van de overlopende acquisitiekosten;
    c   de beheerskosten, de personeelskosten en de afschrijvingen op bedrijfsmiddelen, voor zover deze niet
         onder de acquisitiekosten, de schaden of de lasten in verband met beleggingen zijn opgenomen;
    d   de op de bedrijfskosten in mindering gebrachte provisie en winstdeling die ter zake van herverzekerings-
         overeenkomsten is ontvangen.
2   Als acquisitiekosten worden aangemerkt de middellijk of onmiddellijk met het sluiten van verzekeringsovereen-
    komsten samenhangende kosten.
3   Bij de opbrengsten uit beleggingen worden afzonderlijk vermeld:
    a   de opbrengsten uit deelnemingen;
    b   de opbrengsten uit andere beleggingen, gesplitst naar opbrengsten uit terreinen en gebouwen en uit de
         overige beleggingen;
    c   de terugnemingen van de waardeverminderingen van beleggingen, voor zover niet in de herwaarderingsre-
         serve opgenomen;
    d   de opbrengsten bij verkoop van beleggingen.
4   Onderscheiden naar de in lid 3 onder a en b genoemde groepen worden de opbrengsten uit de verhouding met
    groepsmaatschappijen aangegeven.

5 Bij de lasten in verband met beleggingen worden afzonderlijk vermeld:
a de kosten in verband met het beheer van beleggingen, met inbegrip van de rentekosten;
b de waardeverminderingen van beleggingen, voor zover niet aan de herwaarderingsreserve onttrokken, alsmede de afschrijvingen op beleggingen;
c het verlies bij verkoop van beleggingen.
6 Het bedrag van de winstdeling en dat van de kortingen worden in de toelichting opgenomen.

§ 2a Het overzicht van de samenstelling van het totaalresultaat
Artikel 440a
In aansluiting op de winst- en verliesrekening wordt een overzicht van de samenstelling van het totaalresultaat opgenomen. Het totaalresultaat is gelijk aan het verschil in eigen vermogen tussen de balans aan het begin van het boekjaar en de balans aan het eind van het boekjaar, gecorrigeerd voor kapitaalstortingen en kapitaalonttrekkingen.

§ 4 Bijzondere voorschriften omtrent de toelichting
Artikel 441
1 Artikel 380 is niet van toepassing.
2 Een verzekeringsmaatschappij die het schadeverzekerings- of schadeherverzekeringsbedrijf uitoefent, vermeldt in een overzicht de volgende gegevens, waarin het herverzekeringsdeel is begrepen:
a de geboekte premies;
b de verdiende premies;
c de schaden;
d de bedrijfskosten; en
e de som van de herverzekeringsbaten- en lasten.
3 Deze gegevens worden gesplitst naar schadeverzekering en herverzekering, indien ten minste een tiende deel van de geboekte premies uit herverzekeringsovereenkomsten afkomstig is.
4 De gegevens met betrekking tot schadeverzekering worden onderscheiden naar de volgende groepen:
a ongevallen en ziekte;
b wettelijke aansprakelijkheid motorrijtuigen;
c motorrijtuigen overig;
d zee-, transport- en luchtvaartverzekering;
e brand en andere schade aan zaken;
f algemene aansprakelijkheid, met uitzondering van de wettelijke aansprakelijkheid motorrijtuigen en van de aansprakelijkheid voor zee, transport en luchtvaart;
g krediet en borgtocht;
h rechtsbijstand;
i hulpverlening; en
j diverse geldelijke verliezen;
indien de geboekte premies voor een groep meer dan € 10 000 000 bedragen. De verzekeringsmaatschappij vermeldt ten minste de gegevens van haar drie belangrijkste groepen.
5 Een verzekeringsmaatschappij die het levensverzekerings- of levensherverzekeringsbedrijf uitoefent, vermeldt in een overzicht de geboekte premies, met inbegrip van het herverzekeringsdeel, en het saldo van de herverzekeringsbaten en -lasten. De geboekte premies worden gesplitst naar levensverzekering en herverzekering, indien ten minste een tiende deel van de geboekte premies uit herverzekeringsovereenkomsten afkomstig is.

6   De geboekte premies levensverzekering worden onderscheiden naar:
    a   premies uit collectieve verzekeringsovereenkomsten en die uit individuele overeenkomsten;
    b   koopsommen en weerkerende betalingen; en
    c   premies van overeenkomsten waarbij de tot uitkering gerechtigde het beleggingsrisico draagt, van overeenkomsten met en van overeenkomsten zonder winstdeling; een onder a, b of c vermelde categorie die een tiende gedeelte of minder bedraagt van het totaal van de geboekte premies behoeft niet te worden vermeld.
7   Vermeld wordt het bedrag van de premies, met inbegrip van het herverzekeringsdeel, die zijn geboekt op verzekeringsovereenkomsten gesloten vanuit:
    a   Nederland;
    b   het overige grondgebied van de Europese Gemeenschappen;
    c   en de landen daarbuiten; telkens indien dat bedrag groter is dan het twintigste deel van het totaal van de geboekte premies.
8   Opgegeven wordt het bedrag van de betaalde en verschuldigde provisies, ongeacht de aard van de provisie.
9   In de toelichting wordt vermeld:
    a   het bedrag van de solvabiliteit waarover de verzekeringsmaatschappij tenminste moet beschikken;
    b   het bedrag van de solvabiliteit dat het bestuur van de verzekeringsmaatschappij noodzakelijk acht;
    c   het bedrag van de aanwezige solvabiliteit.
10 Verzekeraars met een risico-omvang als bedoeld in artikel 1:1 van de Wet op het financieel toezicht, vermelden in de toelichting die op basis van artikel 3:37c van die wet vastgestelde toelichtingen op de solvabiliteit en financiële positie.

§ 5 Bijzondere voorschriften omtrent de grondslagen van waardering en van bepaling van het resultaat
Artikel 442
1   Als actuele waarde van de beleggingen komt slechts in aanmerking de marktwaarde overeenkomstig de regels gesteld bij algemene maatregel van bestuur, onverminderd het bepaalde in artikel 389.
2   De beleggingen waarbij de tot uitkering gerechtigde het beleggingsrisico draagt, alsmede spaarkasbeleggingen worden gewaardeerd op de grondslag van de actuele waarde.
3   Voor elk der posten behorende tot de beleggingen die op de balansdatum aanwezig zijn, wordt de verkrijgings- of vervaardigingsprijs opgegeven indien de waardering op de grondslag van de actuele waarde geschiedt.
4   Indien beleggingen in terreinen en gebouwen op de grondslag van de actuele waarde worden gewaardeerd, behoeft artikel 386 lid 4 niet te worden toegepast. Indien het beleggingen in terreinen en gebouwen in eigen gebruik betreft, wordt in de toelichting op de winst- en verliesrekening het bedrag van de aan deze beleggingen toegerekende opbrengst aangegeven alsmede het toegerekende bedrag van de huisvestingskosten.
5   De beleggingen, bedoeld in artikel 430 lid 4, onder a, waaronder de beleggingen in converteerbare obligaties en afgeleide financiële instrumenten, voor zover niet bedoeld in artikel 384 lid 8, worden op de grondslag van de actuele waarde gewaardeerd.

Artikel 443
1   Waardepapieren met een vaste of van de rentestand afhankelijke rente die tot de beleggingen behoren, mogen tegen aflossingswaarde worden gewaardeerd, onverminderd de toepassing van artikel 387 lid 4. Indien deze waardepapieren geen aflossingswaarde kennen, worden zij op grondslag van de actuele waarde of tegen de verkrijgingsprijs gewaardeerd, onverminderd de toepassing van artikel 387 lid 4.
2   Indien deze waardepapieren tegen aflossingswaarde op de balans worden opgenomen, wordt het verschil tussen de verkrijgingsprijs en de aflossingswaarde vermeld en over de jaren sinds de aanschaf gespreid als

resultaat verantwoord. Het verschil mag ook in één keer als resultaat worden verantwoord, indien de verkrijgingsprijs hoger was dan de aflossingswaarde.
3 (vervallen)
4 De vorderingen uit leningen voor welke zakelijke zekerheid is gesteld en de andere vorderingen uit leningen, bedoeld in artikel 430 lid 4, onder d en e, mogen eveneens tegen aflossingswaarde worden gewaardeerd.

Artikel 444
De technische voorzieningen worden gewaardeerd op voor de bedrijfstak aanvaardbare grondslagen. Bij de waardering van de technische voorzieningen wordt ervan uitgegaan dat de verzekeringsmaatschappij in staat moet zijn te voldoen aan haar naar maatstaven van redelijkheid en billijkheid voorzienbare verplichtingen uit verzekeringsovereenkomsten. De bepaling van de technische voorziening voor levensverzekering en van die voor periodiek te betalen schaden of uitkeringen geschiedt door terzake deskundigen.

Artikel 444a
1 De door een verzekeringsmaatschappij aan te houden voorziening voor niet-verdiende premies en lopende risico's, waaronder de catastrofevoorziening indien deze is getroffen, omvat onder meer:
   a De in het boekjaar ontvangen premies ter zake van risico's die op het daarop volgende boekjaar of boekjaren betrekking hebben; en
   b De schaden en kosten uit lopende verzekeringen die na afloop van het boekjaar kunnen ontstaan en die niet gedekt kunnen worden door de voorziening die betrekking heeft op de niet-verdiende premies tezamen met de in het daarop volgende boekjaar of boekjaren nog te ontvangen premies.
2 De voorziening voor niet-verdiende premies wordt voor elke schadeverzekering afzonderlijk en op voorzichtige wijze bepaald. Het gebruik van statistische of wiskundige methoden is toegestaan indien de aard van de verzekering dat toelaat en indien deze methoden naar verwachting dezelfde resultaten opleveren als de afzonderlijke berekeningen.

Artikel 444b
1 De door een verzekeringsmaatschappij aan te houden voorziening voor levensverzekeringen wordt berekend op basis van een voldoende voorzichtige prospectieve actuariële methode, rekening houdend met de in de toekomst te ontvangen premies en met alle toekomstige verplichtingen volgens de voor iedere lopende levensverzekering gestelde voorwaarden.
2 In afwijking van het eerste lid kan een retrospectieve methode worden toegepast indien de op grond van die methode berekende technische voorzieningen niet lager zijn dan de voorzieningen bij toepassing van een prospectieve methode of indien het gebruik van een prospectieve methode vanwege de aard van het betrokken type levensverzekering niet mogelijk is.

Artikel 444c
1 De door een verzekeringsmaatschappij aan te houden voorziening voor te betalen schaden of voor te betalen uitkeringen omvat het bedrag van de te verwachten schaden, in aanmerking nemende:
   a de voor de balansdatum ontstane schaden of verplichtingen tot uitkering die zijn gemeld en nog niet zijn afgewikkeld en de voor de balansdatum ontstane schaden of verplichtingen tot uitkering die nog niet zijn gemeld;
   b de kosten die verband houden met de afwikkeling van schaden of uitkeringen; en
   c de in verband met schaden of uitkeringen te verwachten baten uit subrogatie en uit de verkrijging van de eigendom van verzekerde zaken.

2   Artikel 435a, lid 2, is van overeenkomstige toepassing. In geval van periodiek te betalen uitkeringen geschiedt de bepaling volgens erkende actuariële methoden.
3   Discontering van de voorziening voor te betalen schaden of voor te betalen uitkeringen, anders dan periodieke uitkeringen, is slechts toegestaan indien de afwikkeling van de schaden ten minste vier jaren na het tijdstip van het opmaken van de jaarrekening zal duren en deze afwikkeling geschiedt volgens een betrouwbaar schade-afwikkelingsschema, waarin mede rekening wordt gehouden met alle factoren die de kosten van afwikkeling van de schade verhogen. Indien de voorziening voor te betalen schaden of te betalen uitkeringen wordt verminderd ten gevolge van discontering van te betalen schaden worden in de toelichting op de balans het bedrag van de voorziening voor discontering en de gebruikte methode van discontering vermeld.
4   Met betrekking tot een communautaire co-assurantie zijn de voorzieningen voor te betalen schaden of voor te betalen uitkeringen verhoudingsgewijs ten minste gelijk aan die welke de co-assuradeur die als eerste verzekeraar optreedt, aanhoudt volgens de regels of gebruiken die gelden in de lidstaat van waaruit de eerste verzekeringsmaatschappij zijn verplichtingen uit hoofde van de communautaire co-assurantie is aangegaan.

Artikel 444d
De voorziening voor winstdeling en kortingen van een verzekeringsmaatschappij omvat de bedragen die in de vorm van winstdeling bestemd zijn voor de verzekeringnemers, verzekerden of gerechtigden op uitkeringen, voor zover deze niet hebben geleid tot verhoging van de voorziening voor levensverzekering, alsmede de bedragen die een gedeeltelijke terugbetaling van premies op grond van het resultaat van de verzekeringen vertegenwoordigen, voor zover deze niet tot verhoging van de ledenrekening hebben geleid.

§ 6 Bijzondere bepalingen voor de geconsolideerde jaarrekening
Artikel 445
1   Maatschappijen die geen verzekeringsmaatschappij zijn en die in de geconsolideerde jaarrekening van een verzekeringsmaatschappij worden opgenomen, worden verantwoord overeenkomstig de voorschriften voor verzekeringsmaatschappijen.
2   De groepsmaatschappij aan het hoofd van de groep die de gegevens consolideert van een groep of een groepsdeel, welke geen of nagenoeg geen andere werkzaamheid heeft dan de uitoefening van het verzekeringsbedrijf, wordt in de geconsolideerde jaarrekening opgenomen overeenkomstig de voorschriften voor verzekeringsmaatschappijen. Dit geldt slechts, indien deze groepsmaatschappij geen of nagenoeg geen andere werkzaamheid heeft dan het beheren en financieren van groepsmaatschappijen en deelnemingen.
3   In een geconsolideerde winst- en verliesrekening die zowel schade- als levensverzekeringsmaatschappijen betreft, mogen alle opbrengsten van beleggingen in de niet-technische rekening worden opgenomen. Zowel in de technische rekening schadeverzekering als in de technische rekening levensverzekering vervallen dan de posten i, j en l van artikel 438 lid 1 en worden de posten b en c van artikel 438 lid 1 vervangen door een post die onderscheidenlijk de aan de technische rekening schadeverzekering en levensverzekering toerekende opbrengsten van beleggingen omvat.
4   Artikel 407 lid 2 is niet van toepassing.

Artikel 446
1   Winsten en verliezen die voortvloeien uit overeenkomsten tussen in de consolidatie opgenomen maatschappijen behoeven niet te worden geëlimineerd, indien de overeenkomsten op basis van marktvoorwaarden zijn aangegaan en daaruit ten gunste van tot uitkering gerechtigden rechten voortvloeien. De toepassing van deze uitzondering wordt vermeld, alsmede de invloed daarvan op het vermogen en resultaat, tenzij deze invloed van ondergeschikte betekenis is.

Bijlage 1 Wetteksten [per 1 januari 2021]

2 De termijn van drie maanden, bedoeld in artikel 412 lid 2, wordt verlengd tot zes maanden voor in de geconsolideerde jaarrekening op te nemen gegevens ter zake van herverzekering.
3 Indien een buitenlandse verzekeringsmaatschappij deel uitmaakt van de groep, mogen de technische voorzieningen van deze maatschappij in de consolidatie worden opgenomen overeenkomstig de waarderingsvoorschriften van haar recht, voor zover dat recht afwijking van die voorschriften niet toestaat. Het gemaakte gebruik van de uitzondering wordt in de toelichting vermeld.
4 Het derde lid is van overeenkomstige toepassing ten aanzien van de beleggingen waarbij de tot uitkering gerechtigde het beleggingsrisico draagt en ten aanzien van de spaarkasbeleggingen.

Afdeling 16 Rechtspleging
Artikel 447
1 Op verzoek van degenen die krachtens artikel 448 daartoe bevoegd zijn, kan de ondernemingskamer van het gerechtshof Amsterdam aan een rechtspersoon of vennootschap als bedoeld in artikel 360 waarop deze titel van toepassing is, een statutair in Nederland gevestigde effectenuitgevende instelling als bedoeld in artikel 1, onderdeel b, van de Wet toezicht financiële verslaggeving of een beleggingsinstelling als bedoeld in artikel 1:1 van de Wet op het financieel toezicht bevelen de jaarrekening, het bestuursverslag of de daaraan toe te voegen overige gegevens of het verslag, bedoeld in artikel 392a of artikel 5:25e van de Wet op het financieel toezicht, in te richten overeenkomstig door haar te geven aanwijzingen.
2 Het verzoek kan slechts worden ingediend op de grond dat de verzoeker van oordeel is dat de in het eerste lid bedoelde stukken niet voldoen aan de bij of krachtens artikel 3 van verordening (EG) 1606/2002 van het Europees Parlement en de Raad van de Europese Unie van 19 juli 2002 betreffende de toepassing van internationale standaarden voor jaarrekeningen (PbEG L 243), deze titel, onderscheidenlijk de Wet op het financieel toezicht gestelde voorschriften. Het verzoek vermeldt in welk opzicht de stukken herziening behoeven.
3 Het verzoek heeft geen betrekking op een accountantsverklaring als bedoeld in artikel 393 lid 5.

Artikel 448
1 Tot het indienen van het verzoek is bevoegd:
 a iedere belanghebbende;
 b de advocaat-generaal bij het gerechtshof te Amsterdam in het openbaar belang.
2 Tot het indienen van het verzoek is voorts bevoegd de Stichting Autoriteit Financiële Markten, voor zover het stukken betreft die betrekking hebben op een effectenuitgevende instelling als bedoeld in artikel 1, onderdeel b, van de Wet toezicht financiële verslaggeving en met inachtneming van het in artikel 4 van die wet bepaalde.

Artikel 449
1 Het in artikel 447 bedoelde verzoek wordt ingediend binnen twee maanden na de dag waarop de jaarrekening is vastgesteld of het verslag, bedoeld in artikel 392a, is neergelegd ten kantore van het handelsregister. Indien het in artikel 447 bedoelde verzoek wordt gedaan ten aanzien van een effectenuitgevende instelling als bedoeld in artikel 1, onderdeel b, van de Wet toezicht financiële verslaggeving bedraagt de in de eerste volzin bedoelde termijn negen maanden, met dien verstande dat de termijn van een verzoek dat betrekking heeft op het verslag, bedoeld in artikel 5:25e van de Wet op het financieel toezicht, aanvangt op het moment dat het verslag overeenkomstig artikel 5:25m, eerste lid, van de Wet op het financieel toezicht algemeen verkrijgbaar is gesteld.
2 Het verzoek omtrent de jaarrekening die niet is vastgesteld, kan worden gedaan tot twee maanden of, voor zover het een effectenuitgevende instelling betreft als bedoeld in artikel 1, onderdeel b, van de Wet toezicht financiële verslaggeving, negenmaanden na de dag van de deponering van de jaarrekening bij het

handelsregister. Indien na de dag van de deponering de jaarrekening alsnog wordt vastgesteld, dan eindigt de termijn twee maanden of, voor zover het een effectenuitgevende instelling betreft als bedoeld in artikel 1, onderdeel b, van de Wet toezicht financiële verslaggeving, zes maanden na de dag waarop uit een neergelegde mededeling of uit de gedeponeerde jaarrekening blijkt van die vaststelling.

3 Indien een bericht als bedoeld in artikel 3, tweede lid, van de Wet toezicht financiële verslaggeving algemeen verkrijgbaar is gesteld, dan eindigt de termijn twee maanden na de dag waarop dit bericht algemeen verkrijgbaar is gesteld op de bij of krachtens dat artikel voorgeschreven wijze, doch niet eerder dan de termijnen, bedoeld lid 1 en lid 2.

4 Ter zake van tekortkomingen die niet uit de stukken blijken, eindigt de termijn twee maanden of, voor zover het een effectenuitgevende instelling betreft als bedoeld in artikel 1, onderdeel b, van de Wet toezicht financiële verslaggeving, negen maanden na de dag waarop de indiener van het verzoek daarvan in redelijkheid niet meer onkundig kon zijn, maar uiterlijk twee jaar na verloop van de termijn ingevolge de vorige leden.

Artikel 450

1 De ondernemingskamer behandelt het in artikel 447 bedoelde verzoek met de meeste spoed. De zaak zal met gesloten deuren worden behandeld; de uitspraak geschiedt in het openbaar.

2 Bij de bepaling van de dag waarop de behandeling aanvangt bepaalt de ondernemingskamer tevens een termijn waarbinnen de rechtspersoon, vennootschap, effectenuitgevende instelling of beleggingsinstelling, bedoeld in artikel 447, lid 1, waarop het verzoek betrekking heeft, een verweerschrift kan indienen.

3 Onverminderd de leden 4 tot en met 8 worden andere belanghebbenden dan de rechtspersoon, vennootschap, effectenuitgevende instelling of beleggingsinstelling, bedoeld in artikel 447, lid 1, waarop het verzoek betrekking heeft, niet opgeroepen en kunnen zij geen verweerschrift indienen.

4 Indien het verzoek wordt gedaan ten aanzien van een effectenuitgevende instelling als bedoeld in artikel 1, onderdeel b, van de Wet toezicht financiële verslaggeving en het verzoek niet is gedaan door de Stichting Autoriteit Financiële Markten, wordt deze in de gelegenheid gesteld te worden gehoord over de in het verzoek genoemde onderwerpen en, indien artikel 194 van het Wetboek van Burgerlijke rechtsvordering toepassing heeft gevonden, in de gelegenheid gesteld haar mening over het deskundigenbericht aan de ondernemingskamer kenbaar te maken.

5 De ondernemingskamer beslist niet dan nadat zij de accountant die met het onderzoek van de jaarrekening is belast geweest, in de gelegenheid heeft gesteld te worden gehoord over de in het verzoek genoemde onderwerpen. Dit is niet van toepassing indien het verzoek betrekking heeft op een verslag als bedoeld in artikel 392a.

6 De ondernemingskamer geeft, indien het verzoek wordt gedaan ten aanzien van een verzekeraar of kredietinstelling als bedoeld in artikel 1:1 van de Wet op het financieel toezicht, geen beslissing zonder dat De Nederlandsche Bank N.V. of de Europese Centrale Bank, indien deze bevoegd is toezicht uit te oefenen op grond van de artikelen 4 en 6 van de verordening bankentoezicht, bedoeld in artikel 1:1 van de Wet op het financieel toezicht, in de gelegenheid is gesteld te worden gehoord over de in het verzoek genoemde onderwerpen.

7 De ondernemingskamer geeft, indien het verzoek wordt gedaan ten aanzien van een beleggingsonderneming als bedoeld in artikel 1:1 van de Wet op het financieel toezicht, geen beslissing zonder De Nederlandsche Bank N.V. en de Stichting Autoriteit Financiële Markten in de gelegenheid te hebben gesteld te worden gehoord over de in het verzoek genoemde onderwerpen.

8 De ondernemingskamer geeft, indien het verzoek wordt gedaan ten aanzien van een beleggingsinstelling als bedoeld in artikel 1:1 van de Wet op het financieel toezicht, geen beslissing zonder De Nederlandsche Bank N.V. en de Stichting Autoriteit Financiële Markten in de gelegenheid te hebben gesteld te worden gehoord over de in het verzoek genoemde onderwerpen.

Bijlage 1 Wetteksten [per 1 januari 2021]

Artikel 451
1. Indien de ondernemingskamer het verzoek toewijst, geeft zij aan de rechtspersoon, vennootschap, of instelling een bevel omtrent de wijze waarop deze de jaarrekening, het bestuursverslag de daaraan toe te voegen overige gegevens of het verslag, bedoeld in artikel 392a, moet inrichten. Het bevel bevat daaromtrent nauwkeurige aanwijzingen.
2. De rechtspersoon, vennootschap of instelling is verplicht de stukken met inachtneming van het bevel op te maken en voor zover het de jaarrekening betreft, te besluiten omtrent de vaststelling.
3. De ondernemingskamer kan, ook ambtshalve, beslissen dat het bevel mede of uitsluitend een of meer toekomstige stukken betreft.
4. Indien het bevel betrekking heeft op de jaarrekening waarop het verzoek ziet, kan de ondernemingskamer het besluit tot vaststelling van die jaarrekening vernietigen. De ondernemingskamer kan de gevolgen van de vernietiging beperken.
5. Op verzoek van de rechtspersoon, vennootschap of instelling kan de ondernemingskamer wegens wijziging van omstandigheden haar bevel, voor zover dit betrekking heeft op toekomstige stukken, intrekken. Zij beslist niet dan na degene op wiens verzoek het bevel is gegeven in de gelegenheid te hebben gesteld te worden gehoord.

Artikel 452
1. Op verzoek van de Stichting Autoriteit Financiële Markten kan de ondernemingskamer van het gerechtshof te Amsterdam een effectenuitgevende instelling als bedoeld in artikel 1, onderdeel b, van de Wet toezicht financiële verslaggeving bevelen aan de verzoeker een nadere toelichting omtrent de toepassing van de bij of krachtens artikel 3 van verordening (EG) 1606/2002 van het Europees Parlement en de Raad van de Europese Unie van 19 juli 2002 betreffende de toepassing van internationale standaarden voor jaarrekeningen (PbEG L 243) deze titel of, de artikelen 5:25c, tweede, vierde of vijfde lid, 5:25d, tweede of vierde tot en met tiende lid, 5:25e, artikel 5:25v, eerste lid, of artikel 5:25w van de Wet op het financieel toezicht geldende voorschriften in de financiële verslaggeving als bedoeld in artikel 1, onderdeel d, van de Wet toezicht financiële verslaggeving te verschaffen.
2. Het verzoek wordt met redenen omkleed en kan met inachtneming van het in artikel 2 tot en met 4 van de Wet toezicht financiële verslaggeving bepaalde worden gedaan tot negen maanden na:
   a. de dag van toezending aan de Stichting Autoriteit Financiële Markten van de in artikel 1, onderdeel d, onder 1°, 2° en 3°, van de Wet toezicht financiële verslaggeving bedoelde stukken op grond van artikel 5:25o, eerste en vierde lid, van de Wet op het financieel toezicht;
   b. de dag van toezending aan de Stichting Autoriteit Financiële Markten van de in artikel 1, onderdeel d, onder 4° tot en met 8°, van de Wet toezicht financiële verslaggeving bedoelde stukken op grond van artikel 5:25m, vijfde lid, van de Wet op het financieel toezicht;
   c. de dag waarop de jaarrekening is openbaar gemaakt, bedoeld in artikel 394 lid 1, indien het een effectenuitgevende instelling betreft met statutaire zetel in Nederland, waarvan effecten alleen zijn toegelaten tot de handel op een met een gereglementeerde markt vergelijkbaar systeem in een staat die geen lidstaat is.
3. De leden 1 en 2 van artikel 450 zijn van overeenkomstige toepassing. Andere belanghebbenden dan de rechtspersoon, vennootschap, effectenuitgevende instelling of beleggingsinstelling, bedoeld in artikel 447, lid 1, waarop het verzoek betrekking heeft, worden niet opgeroepen en kunnen geen verweerschrift indienen.
4. Indien de ondernemingskamer het verzoek toewijst, kan zij aan de effectenuitgevende instelling een bevel geven omtrent de wijze waarop deze een nadere toelichting omtrent de toepassing van de in het eerste lid bedoeld voorschriften verschaft. De effectenuitgevende instelling is verplicht met inachtneming van het bevel de nadere toelichting te verschaffen.
5. De ondernemingskamer kan bepalen dat, indien of zolang de effectenuitgevende instelling niet voldoet aan het bevel, de effectenuitgevende instelling aan de Stichting Autoriteit Financiële Markten een door de

ondernemingskamer vast te stellen dwangsom verbeurt. De artikelen 611a tot en met 611i van het Wetboek van Burgerlijke Rechtsvordering zijn van overeenkomstige toepassing.

Artikel 453

1. De griffier van de ondernemingskamer doet ten kantore van het handelsregister, een afschrift van de beschikking van de ondernemingskamer neerleggen. Indien de beschikking betrekking heeft op een effectenuitgevende instelling als bedoeld in artikel 1, onderdeel b, van de Wet toezicht financiële verslaggeving verstrekt de griffier van de ondernemingskamer voorts een afschrift van de beschikking aan de Stichting Autoriteit Financiële Markten. Afschriften van beschikkingen die niet voorlopig ten uitvoer kunnen worden gelegd, worden nedergelegd zodra zij in kracht van gewijsde zijn gegaan.
2. Tot het instellen van beroep in cassatie tegen de beschikkingen van de ondernemingskamer uit hoofde van deze titel is, buiten de personen, bedoeld in het eerste lid van artikel 426 van het Wetboek van Burgerlijke Rechtsvordering, bevoegd de rechtspersoon, vennootschap of instelling ten aanzien waarvan de ondernemingskamer een beschikking heeft genomen, ongeacht of deze bij de ondernemingskamer is verschenen.

Artikel 454

1. Op verzoek van de Stichting Autoriteit Financiële Markten kan de ondernemingskamer van het gerechtshof te Amsterdam aan een effectenuitgevende instelling als bedoeld in artikel 1, onderdeel b van de Wet toezicht financiële verslaggeving bevelen een bericht als bedoeld in artikel 3, tweede lid, van de Wet toezicht financiële verslaggeving algemeen verkrijgbaar te stellen.
2. De Stichting Autoriteit Financiële Markten kan het verzoek slechts indienen op de grond dat de financiële verslaggeving als bedoeld in artikel 1, onderdeel d, van de Wet toezicht financiële verslaggeving niet voldoet aan de daaraan ingevolgde artikel 3 van verordening (EG) 1606/2002 van het Europees Parlement en Raad van de Europese Unie van 19 juli 2002 betreffende de toepassing van internationale standaarden voor jaarrekeningen (PbEG L 243), deze titel, of de artikelen 5:25c, tweede, vierde of vijfde lid, 5:25d, tweede of vierde tot en met tiende lid, 5:25e, artikel 5:25v, eerste lid, of artikel 5:25w van de Wet op het financieel toezicht gestelde voorschriften. Het verzoek vermeldt in welk opzicht de financiële verslaggeving als bedoeld in de vorige volzin niet voldoet.
3. Het verzoek heeft geen betrekking op de verklaring van de accountant, bedoeld in artikel 5:25c, vierde lid, van de Wet op het financieel toezicht.
4. Het verzoek kan worden gedaan tot negen maanden na:
    a. de dag van toezending aan de Stichting Autoriteit Financiële Markten van de in artikel 1, onderdeel d, onder 1°, 2° en 3°, van de Wet toezicht financiële verslaggeving bedoelde stukken op grond van artikel 5:25o, eerste en vierde lid, van de Wet op het financieel toezicht;
    b. de dag van toezending aan de Stichting Autoriteit Financiële Markten van de in artikel 1, onderdeel d, onder 4° tot en met 8°, van de Wet toezicht financiële verslaggeving bedoelde stukken op grond van artikel 5:25m, vijfde lid, van de Wet op het financieel toezicht;
    c. de dag waarop de jaarrekening is openbaar gemaakt, bedoeld in artikel 394 lid 1, indien het een effectenuitgevende instelling betreft met statutaire zetel in Nederland, waarvan effecten alleen zijn toegelaten tot de handel op een met een gereglementeerde markt vergelijkbaar systeem in een staat die geen lidstaat is. De leden 3 en 4 van artikel 449 zijn van overeenkomstige toepassing.
5. Op de behandeling van het verzoek door de ondernemingskamer zijn de leden 1 tot en met 3 en 5 tot en met 7 van artikel 450 van overeenkomstige toepassing.

Bijlage 1 Wetteksten [per 1 januari 2021]

Artikel 455
1 Indien de ondernemingskamer het in artikel 454 bedoelde verzoek toewijst, geeft zij de effectenuitgevende instelling een bevel om binnen een door de ondernemingskamer te stellen termijn in een openbare mededeling uit te leggen:
    a op welke wijze de in artikel 454, lid 2 bedoelde voorschriften in de toekomst zullen worden toegepast en de gevolgen daarvan voor de financiële verslaggeving te beschrijven; of
    b op welke onderdelen de financiële verslaggeving niet voldoet aan de in artikel 454, lid 2 bedoelde voorschriften en de gevolgen daarvan voor de financiële verslaggeving te beschrijven.
    Het bevel bevat daartoe nauwkeurige aanwijzingen.
2 De effectenuitgevende instelling is verplicht met inachtneming van het bevel de openbare mededeling te doen.
3 Op verzoek van de effectenuitgevende instelling kan de ondernemingskamer wegens wijziging van omstandigheden haar bevel voor zover dit betrekking heeft op toekomstige stukken intrekken. De ondernemingskamer beslist niet dan na de Stichting Autoriteit Financiële Markten te hebben gehoord.
4 Indien de beschikking betrekking heeft op een naar het recht van een andere staat opgerichte effectenuitgevende instelling als bedoeld in artikel 1, onderdeel b, onder 2°, van de Wet toezicht financiële verslaggeving verstrekt de griffier van de ondernemingskamer een afschrift van de beschikking aan de Stichting Autoriteit Financiële Markten.
5 De artikelen 452 lid 5 en 453 lid 2 zijn van overeenkomstige toepassing.

Tekst van diverse artikelen Boek 2 BW
Algemene bepalingen geldend voor alle rechtspersonen

Artikel 10

1. Het bestuur is verplicht van de vermogenstoestand van de rechtspersoon en van alles betreffende de werkzaamheden van de rechtspersoon, naar de eisen die voortvloeien uit deze werkzaamheden, op zodanige wijze een administratie te voeren en de daartoe behorende boeken, bescheiden en andere gegevensdragers op zodanige wijze te bewaren, dat te allen tijde de rechten en verplichtingen van de rechtspersoon kunnen worden gekend.
2. Onverminderd het bepaalde in de volgende titels is het bestuur verplicht jaarlijks binnen zes maanden na afloop van het boekjaar de balans en de staat van baten en lasten van de rechtspersoon te maken en op papier te stellen.
3. Het bestuur is verplicht de in de leden 1 en 2 bedoelde boeken, bescheiden en andere gegevensdragers gedurende zeven jaren te bewaren.
4. De op een gegevensdrager aangebrachte gegevens, uitgezonderd de op papier gestelde balans en staat van baten en lasten, kunnen op een andere gegevensdrager worden overgebracht en bewaard, mits de overbrenging geschiedt met juiste en volledige weergave der gegevens en deze gegevens gedurende de volledige bewaartijd beschikbaar zijn en binnen redelijke tijd leesbaar kunnen worden gemaakt.

Artikel 10a
Het boekjaar van een rechtspersoon is het kalenderjaar, indien in de statuten geen ander boekjaar is aangewezen.

Artikel 24a

1. Dochtermaatschappij van een rechtspersoon is:
   a. een rechtspersoon waarin de rechtspersoon of een of meer van zijn dochtermaatschappijen, al dan niet krachtens overeenkomst met andere stemgerechtigden, alleen of samen meer dan de helft van de stemrechten in de algemene vergadering kunnen uitoefenen;
   b. een rechtspersoon waarvan de rechtspersoon of een of meer van zijn dochtermaatschappijen lid of aandeelhouder zijn en, al dan niet krachtens overeenkomst met andere stemgerechtigden, alleen of samen meer dan de helft van de bestuurders of van de commissarissen kunnen benoemen of ontslaan, ook indien alle stemgerechtigden stemmen.
2. Met een dochtermaatschappij wordt gelijk gesteld een onder eigen naam optredende vennootschap waarin de rechtspersoon of een of meer dochtermaatschappijen als vennoot volledig jegens schuldeisers aansprakelijk is voor de schulden.
3. Voor de toepassing van lid 1 worden aan aandelen verbonden rechten niet toegerekend aan degene die de aandelen voor rekening van anderen houdt. Aan aandelen verbonden rechten worden toegerekend aan degene voor wiens rekening de aandelen worden gehouden, indien deze bevoegd is te bepalen hoe de rechten worden uitgeoefend dan wel zich de aandelen te verschaffen.
4. Voor de toepassing van lid 1 worden stemrechten, verbonden aan verpande aandelen, toegerekend aan de pandhouder, indien hij mag bepalen hoe de rechten worden uitgeoefend. Zijn de aandelen evenwel verpand voor een lening die de pandhouder heeft verstrekt in de gewone uitoefening van zijn bedrijf, dan worden de stemrechten hem slechts toegekend, indien hij deze in eigen belang heeft uitgeoefend.

Artikel 24b
Een groep is een economische eenheid waarin rechtspersonen en vennootschappen organisatorisch zijn verbonden. Groepsmaatschappijen zijn rechtspersonen en vennootschappen die met elkaar in een groep zijn verbonden.

Bijlage 1 Wetteksten [per 1 januari 2021]

Artikel 24c
1 Een rechtspersoon of vennootschap heeft een deelneming in een rechtspersoon, indien hij of een of meer van zijn dochtermaatschappijen alleen of samen voor eigen rekening aan die rechtspersoon kapitaal verschaffen of doen verschaffen teneinde met die rechtspersoon duurzaam verbonden te zijn ten dienste van de eigen werkzaamheid. Indien een vijfde of meer van het geplaatste kapitaal wordt verschaft, wordt het bestaan van een deelneming vermoed.
2 Een rechtspersoon heeft een deelneming in een vennootschap, indien hij of een dochtermaatschappij:
   a daarin als vennoot jegens schuldeisers volledig aansprakelijk is voor de schulden; of
   b daarin anderszins vennoot is teneinde met die vennootschap duurzaam verbonden te zijn ten dienste van de eigen werkzaamheid.

Artikel 24d
1 Bij de vaststelling in hoeverre de leden of aandeelhouders stemmen, aanwezig of vertegenwoordigd zijn, of in hoeverre het aandelenkapitaal verschaft wordt of vertegenwoordigd is, wordt geen rekening gehouden met lidmaatschappen of aandelen waarvan de wet bepaalt dat daarvoor geen stem kan worden uitgebracht.
2 In afwijking van lid 1 wordt voor de toepassing van de artikelen 24c, 63a, 152, 201a, 220, 224a, 262, 265a, 333a lid 2, 334ii lid 2, 336 lid 1, 346, 379 lid 1 en lid 2, 407 lid 2, 408 lid 1 en 414 ten aanzien van een besloten vennootschap met beperkte aansprakelijkheid tevens rekening gehouden met aandelen waarvan een statutaire regeling als bedoeld in artikel 228 lid 5 bepaalt dat daarvoor geen stem kan worden uitgebracht.

Bepalingen geldend voor verenigingen
Artikel 48
1 Het bestuur brengt op een algemene vergadering binnen zes maanden na afloop van het boekjaar, behoudens verlenging van deze termijn door de algemene vergadering, een bestuursverslag uit over de gang van zaken in de vereniging en over het gevoerde beleid. Het legt de balans en de staat van baten en lasten met een toelichting ter goedkeuring aan de vergadering over. Deze stukken worden ondertekend door de bestuurders en commissarissen; ontbreekt de ondertekening van een of meer hunner, dan wordt daarvan onder opgave van redenen melding gemaakt. Na verloop van de termijn kan ieder lid van de gezamenlijke bestuurders in rechte vorderen dat zij deze verplichtingen nakomen.
2 Ontbreekt een raad van commissarissen en wordt omtrent de getrouwheid van de stukken aan de algemene vergadering niet overgelegd een verklaring afkomstig van een accountant als bedoeld in artikel 393 lid 1, dan benoemt de algemene vergadering jaarlijks een commissie van ten minste twee leden die geen deel van het bestuur mogen uitmaken. De commissie onderzoekt de stukken bedoeld in de tweede zin van lid 1, en brengt aan de algemene vergadering verslag van haar bevindingen uit. Het bestuur is verplicht de commissie ten behoeve van haar onderzoek alle door haar gevraagde inlichtingen te verschaffen, haar desgewenst de kas en de waarden te tonen en de boeken, bescheiden en andere gegevensdragers van de vereniging voor raadpleging beschikbaar te stellen.
3 Een vereniging die een of meer ondernemingen in stand houdt welke ingevolge de wet in het handelsregister moeten worden ingeschreven, vermeldt bij de staat van baten en lasten de netto-omzet van deze ondernemingen.

Artikel 49
1 Jaarlijks binnen zes maanden na afloop van het boekjaar van een vereniging als bedoeld in artikel 360 lid 3, behoudens verlenging van deze termijn met ten hoogste vier maanden door de algemene vergadering op grond van bijzondere omstandigheden, maakt het bestuur een jaarrekening op en legt het deze voor de leden

ter inzage ten kantore van de vereniging. Binnen deze termijn legt het bestuur ook het bestuursverslag ter inzage voor de leden, tenzij de artikelen 396 lid 6, eerste volzin, of 403 voor de vereniging gelden.
2 De jaarrekening wordt ondertekend door de bestuurders en door de commissarissen; ontbreekt de ondertekening van een of meer hunner, dan wordt daarvan onder opgave van reden melding gemaakt.
3 De jaarrekening wordt vastgesteld door de algemene vergadering die het bestuur uiterlijk een maand na afloop van de termijn doet houden. Vaststelling van de jaarrekening strekt niet tot kwijting aan een bestuurder onderscheidenlijk commissaris.
4 Artikel 48 lid 1 is niet van toepassing op de vereniging bedoeld in artikel 360 lid 3. Artikel 48 lid 2 is hierop van toepassing met dien verstande dat onder stukken wordt verstaan de stukken die ingevolge lid 1 worden overgelegd.
5 Een vereniging als bedoeld in artikel 360 lid 3 mag ten laste van de door de wet voorgeschreven reserves een tekort slechts delgen voor zover de wet dat toestaat.
6 Onze Minister van Economische Zaken kan desverzocht om gewichtige redenen ontheffing verlenen van de verplichting tot het opmaken, het overleggen en het vaststellen van de jaarrekening. Afdeling 4.1.3.3 van de Algemene wet bestuursrecht is van toepassing op deze verzoeken tot ontheffing.

Artikel 50
De vereniging, bedoeld in artikel 360 lid 3, zorgt dat de opgemaakte jaarrekening, het bestuursverslag en de krachtens artikel 392 lid 1 toe te voegen gegevens vanaf de oproep voor de algemene vergadering, bestemd tot behandeling van de jaarrekening, te haren kantore aanwezig zijn. De leden kunnen de stukken aldaar inzien en er kosteloos een afschrift van verkrijgen.

Bepaling geldend voor coöperaties en onderlinge waarborgmaatschappijen
Artikel 58
1 Jaarlijks binnen zes maanden na afloop van het boekjaar, behoudens verlenging van deze termijn met ten hoogste vier maanden door de algemene vergadering op grond van bijzondere omstandigheden, maakt het bestuur een jaarrekening op en legt het deze voor de leden ter inzage ten kantore van de rechtspersoon. Binnen deze termijn legt het bestuur ook het bestuursverslag ter inzage voor de leden, tenzij de artikelen 396 lid 6, eerste volzin, of 403 voor de rechtspersoon gelden. De jaarrekening wordt vastgesteld door de algemene vergadering die het bestuur uiterlijk een maand na afloop van de termijn doet houden. Artikel 48 lid 2 is van overeenkomstige toepassing. Vaststelling van de jaarrekening strekt niet tot kwijting aan een bestuurder onderscheidenlijk commissaris.
2 De opgemaakte jaarrekening wordt ondertekend door de bestuurders en door de commissarissen; ontbreekt de ondertekening van een of meer hunner, dan wordt daarvan onder opgave van reden melding gemaakt.
3 De rechtspersoon zorgt dat de opgemaakte jaarrekening, het bestuursverslag en de krachtens artikel 392 lid 1 toe te voegen gegevens vanaf de oproep voor de algemene vergadering, bestemd tot behandeling van de jaarrekening, te zijnen kantore aanwezig zijn. De leden kunnen de stukken aldaar inzien en er kosteloos een afschrift van verkrijgen.
4 Ten laste van de door de wet voorgeschreven reserves mag een tekort slechts worden gedelgd voor zover de wet dat toestaat.
5 Onze Minister van Economische Zaken kan desverzocht om gewichtige redenen ontheffing verlenen van de verplichting tot het opmaken, het overleggen en het vaststellen van de jaarrekening. Afdeling[1] 4.1.3.3 van de Algemene wet bestuursrecht is van toepassing op deze verzoeken tot ontheffing.

---

[1] Bedoeld is: Paragraaf

Bijlage 1 Wetteksten [per 1 januari 2021]

Bepalingen geldend voor naamloze vennootschappen

Artikel 101

1. Jaarlijks binnen vijf maanden na afloop van het boekjaar der vennootschap, behoudens verlenging van deze termijn met ten hoogste vijf maanden door de algemene vergadering op grond van bijzondere omstandigheden, maakt het bestuur een jaarrekening op en legt het deze voor de aandeelhouders ter inzage ten kantore van de vennootschap. Indien van de vennootschap effecten zijn toegelaten tot de handel op een gereglementeerde markt als bedoeld in de Wet op het financieel toezicht, bedraagt de termijn vier maanden, tenzij artikel 5:25g, tweede of derde lid, van die wet van toepassing is. Deze termijn kan niet worden verlengd. Binnen deze termijn legt het bestuur ook het bestuursverslag ter inzage voor de aandeelhouders, tenzij de artikelen 396 lid 7 of 403 voor de vennootschap gelden. Het bestuur van de vennootschap waarop de artikelen 158 tot en met 161 en 164 van toepassing zijn, zendt de jaarrekening ook toe aan de in artikel 158 lid 11 bedoelde ondernemingsraad.
2. De jaarrekening wordt ondertekend door de bestuurders en door de commissarissen; ontbreekt de ondertekening van een of meer hunner, dan wordt daarvan onder opgave van reden melding gemaakt.
3. De jaarrekening wordt vastgesteld door de algemene vergadering. Vaststelling van de jaarrekening strekt niet tot kwijting aan een bestuurder onderscheidenlijk commissaris.
4. Besluiten waarbij de jaarrekening wordt vastgesteld, worden in de statuten niet onderworpen aan de goedkeuring van een orgaan van de vennootschap of van derden.
5. De statuten bevatten geen bepalingen die toelaten dat voorschriften of bindende voorstellen voor de jaarrekening of enige post daarvan worden gegeven.
6. De statuten kunnen bepalen dat een ander orgaan van de vennootschap dan de algemene vergadering van aandeelhouders de bevoegdheid heeft te bepalen welk deel van het resultaat van het boekjaar wordt gereserveerd of hoe het verlies zal worden verwerkt.
7. Onze Minister van Economische Zaken kan desverzocht om gewichtige redenen ontheffing verlenen van de verplichting tot het opmaken, het overleggen en het vaststellen van de jaarrekening. Geen ontheffing kan worden verleend ten aanzien van het opmaken van de jaarrekening van een vennootschap waarvan effecten zijn toegelaten tot de handel op een gereglementeerde markt als bedoeld in de Wet op het financieel toezicht.

Artikel 102

1. De naamloze vennootschap zorgt dat de opgemaakte jaarrekening, het bestuursverslag en de krachtens artikel 392 lid 1 toe te voegen gegevens vanaf de oproep voor de algemene vergadering, bestemd tot hun behandeling, te haren kantore aanwezig zijn. De houders van haar aandelen of van met haar medewerking uitgegeven certificaten daarvan kunnen de stukken aldaar inzien en er kosteloos een afschrift van verkrijgen.
2. Luiden deze aandelen of certificaten aan toonder of heeft de vennootschap schuldbrieven aan toonder uitstaan, dan kan tevens ieder de stukken, voor zover zij na vaststelling openbaar gemaakt moet worden, inzien en daarvan tegen ten hoogste de kostprijs een afschrift verkrijgen. Deze bevoegdheid vervalt zodra deze stukken zijn neergelegd ten kantore van het handelsregister.

Bepalingen geldend voor besloten vennootschappen met beperkte aansprakelijkheid

Artikel 210

1. Jaarlijks binnen vijf maanden na afloop van het boekjaar der vennootschap, behoudens verlenging van deze termijn met ten hoogste vijf maanden door de algemene vergadering op grond van bijzondere omstandigheden, maakt het bestuur een jaarrekening op en legt het deze voor de aandeelhouders ter inzage ten kantore van de vennootschap. Indien van de vennootschap effecten zijn toegelaten tot de handel op een gereglementeerde markt als bedoeld in de Wet op het financieel toezicht, bedraagt de termijn vier maanden, tenzij artikel 5:25g, tweede of derde lid, van die wet van toepassing is. Deze termijn kan niet worden verlengd. Binnen

deze termijn legt het bestuur ook het bestuursverslag ter inzage voor de aandeelhouders, tenzij de artikelen 396 lid 7 of 403 voor de vennootschap gelden. Het bestuur van de vennootschap waarop de artikelen 268 tot en met 271 en 274 van toepassing zijn, zendt de jaarrekening ook toe aan de in artikel 268 lid 11 bedoelde ondernemingsraad.

2 De jaarrekening wordt ondertekend door de bestuurders en door de commissarissen; ontbreekt de ondertekening van een of meer hunner, dan wordt daarvan onder opgave van reden melding gemaakt.
3 De jaarrekening wordt vastgesteld door de algemene vergadering. Vaststelling van de jaarrekening strekt niet tot kwijting aan een bestuurder onderscheidenlijk commissaris.
4 Besluiten waarbij de jaarrekening wordt vastgesteld, worden in de statuten niet onderworpen aan de goedkeuring van een orgaan van de vennootschap of van derden.
5 Indien alle aandeelhouders tevens bestuurder van de vennootschap zijn, geldt ondertekening van de jaarrekening door alle bestuurders en commissarissen tevens als vaststelling in de zin van lid 3, mits alle vergadergerechtigden in de gelegenheid zijn gesteld om kennis te nemen van de opgemaakte jaarrekening en met deze wijze van vaststelling hebben ingestemd zoals bedoeld in artikel 238 lid 1. In afwijking van lid 3 strekt deze vaststelling tevens tot kwijting aan de bestuurders en commissarissen. De statuten kunnen de in de eerste zin bedoelde wijze van vaststelling van de jaarrekening uitsluiten.
6 De statuten bevatten geen bepalingen die toelaten dat voorschriften of bindende voorstellen voor de jaarrekening of enige post daarvan worden gegeven.
7 De statuten kunnen bepalen dat een ander orgaan van de vennootschap dan de algemene vergadering van aandeelhouders de bevoegdheid heeft te bepalen welk deel van het resultaat van het boekjaar wordt gereserveerd of hoe het verlies wordt verwerkt.
8 Onze Minister van Economische Zaken kan desgewenst om gewichtige redenen ontheffing verlenen van de verplichting tot het opmaken, het overleggen en het vaststellen van de jaarrekening. Geen ontheffing kan worden verleend ten aanzien van het opmaken van de jaarrekening van een vennootschap waarvan effecten zijn toegelaten tot de handel op een gereglementeerde markt als bedoeld in de Wet op het financieel toezicht.

Artikel 212
De vennootschap zorgt dat de opgemaakte jaarrekening, het bestuursverslag en de krachtens artikel 392 lid 1 toe te voegen gegevens vanaf de oproep voor de algemene vergadering, bestemd tot hun behandeling, te haren kantore aanwezig zijn. De houders van haar aandelen of van met haar medewerking uitgegeven certificaten op naam daarvan kunnen de stukken aldaar inzien en er kosteloos een afschrift van verkrijgen.

Bepalingen geldend voor stichtingen
Artikel 299a
Een stichting die een of meer ondernemingen in stand houdt welke ingevolge de wet in het handelsregister moeten worden ingeschreven, vermeldt bij de staat van baten en lasten de netto-omzet van deze ondernemingen.

Artikel 300
1 Jaarlijks binnen zes maanden na afloop van het boekjaar van een stichting als bedoeld in artikel 360 lid 3, behoudens verlenging van deze termijn met ten hoogste vier maanden door het in lid 3 bedoelde orgaan op grond van bijzondere omstandigheden, maakt het bestuur een jaarrekening op en legt het deze voor hen die deel uitmaken van het in lid 3 bedoelde orgaan ter inzage ten kantore van de stichting. Binnen deze termijn legt het bestuur ook de krachtens artikel 392 lid 1 toe te voegen gegevens ter inzage voor hen die deel uitmaken van het in lid 3 bedoelde orgaan en het bestuursverslag, tenzij artikel 396 lid 7, voor zover het betreft het bestuursverslag, of artikel 403 voor de stichting gelden. Zij die deel uitmaken van het in lid 3 bedoelde orgaan kunnen kosteloos een afschrift van deze stukken verkrijgen.

Bijlage 1 Wetteksten [per 1 januari 2021]

2 De jaarrekening wordt ondertekend door de bestuurders en door hen die deel uitmaken van het toezicht houdende orgaan; ontbreekt de ondertekening van een of meer hunner, dan wordt daarvan onder opgave van reden melding gemaakt.
3 De jaarrekening wordt uiterlijk een maand na afloop van de termijn vastgesteld door het daartoe volgens de statuten bevoegde orgaan. Indien de statuten deze bevoegdheid niet aan enig orgaan verlenen, komt deze bevoegdheid toe aan het toezicht houdende orgaan en bij gebreke daarvan aan het bestuur.
4 Een stichting als bedoeld in artikel 360 lid 3 mag ten laste van de door de wet voorgeschreven reserves een tekort slechts delgen voor zover de wet dat toestaat.
5 Onze Minister van Economische Zaken kan desverzocht om gewichtige redenen ontheffing verlenen van de verplichting tot het opmaken, het overleggen en het vaststellen van de jaarrekening. Afdeling[2] 4.1.3.3 van de Algemene wet bestuursrecht is van toepassing op deze verzoeken tot ontheffing.

Wet op het Financieel Toezicht

§ 5.1a.1.2. Periodieke verplichtingen voor uitgevende instellingen

Artikel 5:25c

1 Binnen vier maanden na afloop van het boekjaar stelt een uitgevende instelling haar opgemaakte jaarlijkse financiële verslaggeving algemeen verkrijgbaar. De jaarlijkse financiële verslaggeving wordt gedurende een periode van ten minste tien jaar beschikbaar gehouden voor het publiek.
2 De jaarlijkse financiële verslaggeving omvat:
   a de door een accountant gecontroleerde jaarrekening;
   b het bestuursverslag; en
   c verklaringen van de bij de uitgevende instelling als ter zake verantwoordelijk aangewezen personen, met duidelijke vermelding van naam en functie, van het feit dat, voor zover hun bekend,
   1° de jaarrekening een getrouw beeld geeft van de activa, de passiva, de financiële positie en de winst of het verlies van de uitgevende instelling en de gezamenlijk in de consolidatie opgenomen ondernemingen; en
   2° het bestuursverslag een getrouw beeld geeft omtrent de toestand op de balansdatum, de gang van zaken gedurende het boekjaar van de uitgevende instelling en van de met haar verbonden ondernemingen waarvan de gegevens in haar jaarrekening zijn opgenomen en dat in het bestuursverslag de wezenlijke risico's waarmee de uitgevende instelling wordt geconfronteerd, zijn beschreven.
3 Indien de uitgevende instelling zetel heeft in Nederland wordt voor de toepassing van dit artikel verstaan onder:
   a de jaarrekening: de jaarrekening, bedoeld in artikel 361 van Boek 2 van het Burgerlijk Wetboek alsmede de gegevens die op grond van artikel 392, eerste lid, van Boek 2 van het Burgerlijk Wetboek hieraan moeten worden toegevoegd;
   b het bestuursverslag: het bestuursverslag, bedoeld in artikel 391 van Boek 2 van het Burgerlijk Wetboek.
4 Indien de uitgevende instelling zetel heeft in een andere lidstaat wordt voor de toepassing van dit artikel verstaan onder:
   a de jaarrekening: de jaarrekening die met inachtneming van het recht van die lidstaat ter uitvoering van de richtlijn jaarrekening en, voor zover toepasselijk, overeenkomstig artikel 3 van de IAS-verordening goedgekeurde voorschriften is opgemaakt, alsmede de door de accountant, die belast was met de controle van die jaarrekening, ondertekende en gedagtekende verklaring over de door hem uitgevoerde controle en, indien de uitgevende instelling tevens moederonderneming in de zin van de richtlijn jaarrekening is,

---

[2] Bedoeld is: Paragraaf

de jaarrekening die is opgemaakt met inachtneming van het recht van die lidstaat ter uitvoering van de richtlijn jaarrekening;
b het bestuursverslag: het bestuursverslag dat is opgesteld met inachtneming van het recht van die lidstaat ter uitvoering van de artikelen 19 en 20 van de richtlijn jaarrekening.
5 Indien de uitgevende instelling zetel heeft in een staat die geen lidstaat is en Nederland lidstaat van herkomst is, geeft de uitgevende instelling ten aanzien van de jaarrekening en het bestuursverslag overeenkomstige toepassing aan het derde lid.
6 Indien een beleggingsinstelling de jaarlijkse financiële verslaggeving ingevolge dit deel opstelt neemt de beheerder van de beleggingsinstelling de bij of krachtens algemene maatregel van bestuur te bepalen gegevens op in de jaarlijkse financiële verslaggeving of in een gelijktijdig met de jaarlijkse financiële verslaggeving algemeen verkrijgbaar te stellen document.
7 Indien tussen het algemeen verkrijgbaar stellen van de jaarlijkse financiële verslaggeving en de vaststelling daarvan, feiten of omstandigheden blijken die onontbeerlijk zijn voor het vormen van een verantwoord oordeel omtrent het vermogen, het resultaat, de solvabiliteit en de liquiditeit van de uitgevende instelling als bedoeld in artikel 362, zesde lid, eerste volzin, van Boek 2 van het Burgerlijk Wetboek, stelt de uitgevende instelling onverwijld een bericht hieromtrent algemeen verkrijgbaar.
8 Indien de vastgestelde jaarlijkse financiële verslaggeving afwijkt van de opgemaakte jaarlijkse financiële verslaggeving, stelt de uitgevende instelling na vaststelling onverwijld een bericht hieromtrent algemeen verkrijgbaar.
9 Indien de uitgevende instelling een mededeling als bedoeld in artikel 362, zesde lid, van Boek 2 van het Burgerlijk Wetboek doet, stelt de uitgevende instelling deze mededeling onverwijld algemeen verkrijgbaar.

Artikel 5:25d
1 Zo spoedig mogelijk, doch uiterlijk drie maanden na afloop van de eerste zes maanden van het boekjaar maakt een uitgevende instelling de halfjaarlijkse financiële verslaggeving op en stelt zij deze algemeen verkrijgbaar. De halfjaarlijkse financiële verslaggeving wordt gedurende een periode van ten minste tien jaar beschikbaar gehouden voor het publiek.
2 De halfjaarlijkse financiële verslaggeving omvat:
   a de halfjaarrekening;
   b het halfjaarlijks bestuursverslag; en
   c verklaringen van de bij de uitgevende instelling als ter zake verantwoordelijk aangewezen personen, met duidelijke vermelding van naam en functie, van het feit dat, voor zover hun bekend,:
   1° de halfjaarrekening een getrouw beeld geeft van de activa, de passiva, de financiële positie en de winst of het verlies van de uitgevende instelling en de gezamenlijke in de consolidatie opgenomen ondernemingen; en
   2° het halfjaarlijks bestuursverslag een getrouw overzicht geeft van de in het achtste en, voor zover van toepassing, negende lid bedoelde informatie.
3 Indien de halfjaarlijkse financiële verslaggeving is gecontroleerd of beperkt is beoordeeld door een accountant wordt de door hem ondertekende en gedagtekende verklaring of beoordeling samen met de halfjaarlijkse financiële verslaggeving algemeen verkrijgbaar gesteld.
4 Indien de halfjaarlijkse financiële verslaggeving niet door een accountant is gecontroleerd of beperkt is beoordeeld, wordt dat door de uitgevende instelling in haar halfjaarlijks bestuursverslag vermeld.
5 De halfjaarrekening van een uitgevende instelling met zetel in Nederland:
   a wordt opgemaakt met inachtneming van de ter zake overeenkomstig artikel 3 van de IAS-verordening goedgekeurde voorschriften, indien de uitgevende instelling op grond van Titel 9 van Boek 2 van het Burgerlijk Wetboek verplicht is een geconsolideerde jaarrekening op te maken; of

b bevat de verkorte balans, de verkorte winst- en verliesrekening en de toelichtingen daarop, indien de uitgevende instelling niet verplicht is een geconsolideerde jaarrekening op te maken.
6 De halfjaarrekening van een uitgevende instelling met zetel in een andere lidstaat:
   a wordt opgemaakt met inachtneming van de ter zake overeenkomstig artikel 3 van de IAS-verordening goedgekeurde voorschriften, indien de uitgevende instelling naar het recht van die lidstaat verplicht is een geconsolideerde jaarrekening op te maken; of
   b bevat de verkorte balans, de verkorte winst- en verliesrekening en de toelichtingen daarop, indien de uitgevende instelling niet verplicht is een geconsolideerde jaarrekening op te maken.
7 Bij het opmaken van de verkorte balans en de verkorte winst- en verliesrekening, bedoeld in het vijfde lid, onderdeel b en zesde lid, onderdeel b, past de uitgevende instelling dezelfde beginselen en grondslagen inzake indeling en waardering toe als bij de jaarlijkse financiële verslaggeving.
8 Het halfjaarlijks bestuursverslag bevat ten minste een opsomming van belangrijke gebeurtenissen die zich de eerste zes maanden van het desbetreffende boekjaar hebben voorgedaan en het effect daarvan op de halfjaarrekening, alsmede een beschrijving van de voornaamste risico's en onzekerheden voor de overige zes maanden van het desbetreffende boekjaar.
9 Indien van een uitgevende instelling aandelen zijn toegelaten tot de handel op een gereglementeerde markt, bevat het halfjaarlijks bestuursverslag eveneens de belangrijkste transacties met verbonden partijen.
10 Indien de uitgevende instelling zetel heeft in een staat die geen lidstaat is en Nederland lidstaat van herkomst is, geeft de uitgevende instelling ten aanzien van de halfjaarrekening en het halfjaarlijks bestuursverslag overeenkomstige toepassing aan het vijfde en het zevende lid.

Artikel 5:25e
Binnen zes maanden na afloop van het boekjaar stelt een uitgevende instelling die actief is in de sectoren, bedoeld in artikel 41 van de richtlijn jaarrekening, haar opgemaakte jaarlijkse verslag over betalingen aan overheden algemeen verkrijgbaar. Het verslag wordt gedurende een periode van ten minste tien jaar beschikbaar gehouden voor het publiek.

Artikel 5:25f
(vervallen)

Artikel 5:25g
1 De artikelen 5:25c en 5:25d zijn niet van toepassing op staten, regionale of lokale overheidslichamen, internationaalrechtelijke organisaties waarbij lidstaten zijn aangesloten, de Europese Centrale Bank, het Europees Stabiliteitsmechanisme, elk ander mechanisme dat is gecreëerd met als doel de financiële stabiliteit van de Europese monetaire unie te bewaren door middel van het verlenen van tijdelijke financiële bijstand aan de lidstaten die de euro als munt hebben en de nationale centrale banken van lidstaten.
2 De artikelen 5:25c en 5:25d zijn niet van toepassing op uitgevende instellingen die uitsluitend obligaties of andere effecten zonder aandelenkarakter als bedoeld in artikel 5:1, onderdeel e, uitgeven met een nominale waarde per eenheid van ten minste € 100 000 of de tegenwaarde daarvan, op de datum van uitgifte, in een andere munteenheid.
3 In afwijking van het eerste lid zijn de artikelen 5:25c en 5:25d niet van toepassing op uitgevende instellingen die uitsluitend obligaties uitgeven die tot de handel op een gereglementeerde markt in de Europese Unie zijn toegelaten en waarvan de nominale waarde per eenheid van ten minste € 50 000 of de tegenwaarde daarvan, op de datum van uitgifte, in een andere munteenheid, en die al voor 31 december 2010 tot de handel op een gereglementeerde markt in de Europese Unie waren toegelaten, zulks voor de looptijd van deze obligaties.

Bijlage 2 Besluit modellen jaarrekening

Zoals door de Raad voor de Jaarverslaggeving samengesteld uit het Besluit modellen jaarrekening van 23 december 1983, het Besluit van 19 maart 1985 tot wijziging van het Besluit modellen jaarrekening en het Besluit van 10 mei 1993, het Besluit van 30 november 1993, het Besluit van 18 juli 1995 en het Besluit van 22 december 2005 houdende wijziging van het Besluit modellen jaarrekening. [zoals gewijzigd per 1 november 2015]

Artikel 1

1. De balans van een naamloze of besloten vennootschap moet zijn ingericht overeenkomstig model A of model B, de winst-en-verliesrekening overeenkomstig model E of model F. Deze modellen zijn als bijlage bij dit besluit gevoegd.
2. Is artikel 396 van boek 2 van het Burgerlijk Wetboek van toepassing, dan kan de vennootschap voor de balans ook model C of model D kiezen en voor de winst-en-verliesrekening model I of model J. Deze modellen zijn bij dit besluit gevoegd.
3. Dit besluit is niet van toepassing op een rechtspersoon als bedoeld in artikel 395a van Boek 2 van het Burgerlijk Wetboek.

Artikel 2
(Vervallen)

Artikel 3
De posten worden afzonderlijk, overzichtelijk in een of meer kolommen ingevuld. Zo veel mogelijk worden daarnaast de bedragen voor het voorafgaande boekjaar gegeven. Boven de kolommen wordt in de balans de balansdatum en in de winst-en-verliesrekening het boekjaar vermeld waarop zij betrekking hebben.

Artikel 4

1. De aanduiding van het gekozen model mag worden weggelaten; het lettertype is vrij.
2. De letters en cijfers voor de posten mogen worden weggelaten of vervangen.
3. Posten zonder bedrag worden weggelaten, tenzij een bedrag voor het voorafgaande jaar moet worden vermeld. De aanwezigheid van een post in een model laat de bevoegdheid open geen bedrag in te vullen, wanneer de wet dat toestaat.

Artikel 5

1. Van de benamingen Vaste activa, Vlottende activa, Kortlopende schulden, Langlopende schulden, Voorzieningen en Eigen vermogen mag niet worden afgeweken.
2. Andere benamingen mogen slechts worden vervangen door benamingen die in het gegeven geval op ten minste even duidelijke wijze de inhoud van de post of telling aanduiden.
3. De uitkomsten van tussentellingen mogen worden ingevoegd en benoemd.
4. Tussentellingen en eindtellingen in de modellen die niet worden genoemd in de artikelen 364 tot en met 377 van boek 2 van het Burgerlijk Wetboek of, voor zover het betreft banken, in het Besluit jaarrekening banken dan wel, voor zover het betreft verzekeringsmaatschappijen, in de artikelen 429 tot en met 440 van dat boek mogen onbenoemd blijven. Opeenvolgende tussentellingen die onderling niet verschillen wegens het ontbreken van tussenliggende posten, mogen worden samengevoegd.

Artikel 6
1 De volgorde van de posten is die van het gekozen model. De post 'aandeel in winst/verlies van ondernemingen waarin wordt deelgenomen' mag ook aan alle financiële baten en lasten vooraf gaan.
2 Participatiemaatschappijen mogen de volgorde van de posten wijzigen in overeenstemming met het gebruik in hun bedrijfstak.
3 Onder participatiemaatschappij wordt in dit artikel verstaan een rechtspersoon of vennootschap waarvan de werkzaamheid is beperkt tot uitsluitend of nagenoeg uitsluitend het deelnemen in andere rechtspersonen of vennootschappen zonder zich in te laten met de bedrijfsvoering daarvan, tenzij door het uitoefenen van aandeelhoudersrechten.

Artikel 7
1 Aan de posten van de modellen mag een uitsplitsing worden toegevoegd; zij mogen door een uitsplitsing worden vervangen.
2 Posten mogen worden ingevoegd, voor zover hun inhoud niet wordt gedekt door een in het gekozen model vermelde post die niet als 'overige' is aangeduid.
3 De in artikel 377 lid 1 onder c en 437 lid 5 onder c van boek 2 van het Burgerlijk Wetboek en artikel 9 lid 1 onder c van het Besluit jaarrekening banken bedoelde overige belastingen moeten in de winst-en-verliesrekening worden opgenomen onmiddellijk voor de post resultaat na belastingen of onmiddellijk voor de post, bedoeld in artikel 10 lid 3.
4 Indien opbrengsten moeten worden verantwoord uit deelnemingen die niet overeenkomstig artikel 389 van boek 2 van het Burgerlijk Wetboek zijn gewaardeerd, moeten deze afzonderlijk als eerste post van de financiële baten worden opgenomen onder de benaming: uitkeringen uit niet op netto-vermogens-waarde e.d. gewaardeerde deelnemingen. Waardeveranderingen op deze deelnemingen worden hetzij afzonderlijk opgenomen onmiddellijk na de waardeveranderingen van vorderingen die tot de vaste activa behoren en van effecten, hetzij met die post samengevoegd, in het laatste geval wordt de benaming zo nodig aangepast.

Artikel 8
1 Elke ononderbroken reeks met Arabische cijfers genummerde posten in een model kan geheel of ten dele in de toelichting worden opgenomen, in plaats van op de balans, met herhaling van de som.
2 Elke ononderbroken reeks niet met hoofdletters gedrukte posten in de winst-en-verliesrekening kan geheel of ten dele in de toelichting worden opgenomen, in plaats van op de winst-en-verliesrekening, met herhaling van de som.
3 Voor zover dit artikel wordt toegepast, worden de reeksen in de toelichting opgenomen in de volgorde van het gekozen model.

Artikel 9
Wanneer een bedrag onder meer dan een post zou kunnen worden opgenomen, moet in de toelichting worden vermeld onder welke andere post of posten het bedrag kon worden opgenomen, hoe groot het bedrag is en waarop het betrekking heeft, een en ander indien het in artikel 362 lid 1 van boek 2 van het Burgerlijk Wetboek bedoelde inzicht daardoor wordt gediend.

Artikel 10
1 In een geconsolideerde jaarrekening mogen alle benamingen worden aangepast om het groepskarakter aan te geven.

Bijlage 2 Besluit modellen jaarrekening

2   In een geconsolideerde balans wordt het aandeel van derden in groepsmaatschappijen afzonderlijk als onderdeel van het groepsvermogen opgenomen. Overigens is de onderverdeling van het eigen vermogen in een geconsolideerde jaarrekening niet vereist.
3   In een geconsolideerde winst-en-verliesrekening wordt het aandeel van derden in het geconsolideerde resultaat na belastingen afzonderlijk gegeven; indien het gesplitst wordt gegeven, moet dit geschieden na het resultaat uit gewone bedrijfsuitoefening na belastingen en na het buitengewone resultaat na belastingen.

Artikel 11
Bovenaan de balans wordt aangegeven of daarin de bestemming van het resultaat is verwerkt. Is de bestemming van het resultaat niet verwerkt, dan moet op de balans het resultaat na belastingen afzonderlijk worden vermeld als laatste post van het eigen vermogen.

Artikel 12
1   In de modellen A, B, C en D mag de post 'overlopende activa' ook na de liquide middelen zelfstandig worden opgenomen.
2   In de modellen B en D mag de post 'overlopende passiva' ook na de schulden en in de modellen A en C na de voorzieningen zelfstandig worden opgenomen.
3   In de toelichting en in de modellen B en R mogen de uitsplitsing van de kortlopende en die van de langlopende schulden gezamenlijk worden gegeven, mits de onderverdeling weer uit de toelichting blijkt.

Artikel 13
(Vervallen)

Artikel 14
1   In model F mogen de posten Som der kosten en Netto-omzet-resultaat achterwege blijven.
2   In de modellen I en J mag van de kolomindeling worden afgeweken.

Artikel 15
Voor zover de wettelijk vereiste handtekeningen op het oorspronkelijke exemplaar van de jaarrekening zijn gesteld, mag op andere exemplaren daarvan worden volstaan met vermelding van de namen der ondertekenaren. Indien een handtekening op het oorspronkelijke exemplaar ontbreekt, wordt de reden daarvan op de andere exemplaren vermeld.

Artikel 16
1   1 Op banken als bedoeld in artikel 415 van boek 2 van het Burgerlijk Wetboek zijn de artikelen 3, 4, 5 leden 3 en 4, 6 lid 1, eerste zin, 7 leden 2 en 3, 8 leden 1 en 3, 9, 10, 11 en 15 van toepassing.
2   De balans van een bank moet zijn ingericht overeenkomstig model K, de winst-en-verliesrekening overeenkomstig de modellen L of M. Deze modellen zijn als bijlage bij dit besluit gevoegd.
3   De van hoofdletters voorziene posten van model K en de met hoofdletters gedrukte posten van de modellen L en M worden vermeld, ook als deze in het geheel van de jaarrekening van te verwaarlozen betekenis zijn voor het wettelijk vereiste inzicht.
4   Hypotheekbanken nemen op de balans onder de activa in plaats van de post 'vorderingen op klanten' een tweetal posten op, die onderscheidenlijk luiden: vorderingen op klanten uit hypothecaire leningen en overige vorderingen op klanten. Onder de passiva nemen deze banken in plaats van de post 'Schuldbewijzen' een tweetal posten op, die onderscheidenlijk luiden: pandbrieven en overige schuldbewijzen. Zij mogen de post

'Kasmiddelen' samenvoegen met de post 'Vorderingen op kredietinstellingen', tenzij de omvang van de kasmiddelen van betekenis is op het geheel van de activa.
5 De benamingen gebruikt in modellen K, L en M mogen slechts worden vervangen door benamingen die in het gegeven geval op ten minste even duidelijke wijze de inhoud van de post of telling aanduiden.
6 Aan de posten van deze modellen mag een uitsplitsing worden toegevoegd.
7 Indien opbrengsten moeten worden verantwoord uit deelnemingen die niet overeenkomstig artikel 389 van boek 2 van het Burgerlijk Wetboek zijn gewaardeerd, worden deze afzonderlijk van en onmiddellijk volgend op de opbrengsten uit deelnemingen onderscheidenlijk groepsmaatschappijen verantwoord onder de benaming: opbrengsten uit niet op netto-vermogenswaarde gewaardeerde deelnemingen.
8 Het aandeel in winst/verlies van ondernemingen waarin wordt deelgenomen, wordt opgenomen onder de opbrengsten uit deelnemingen onderscheidenlijk groepsmaatschappijen en wordt in de toelichting vermeld.
9 Elke ononderbroken reeks met arabische cijfers genummerde posten in de modellen L en M kan geheel of ten dele in de toelichting worden opgenomen, in plaats van op de winst-en-verliesrekening, met herhaling van de som. De reeksen worden in de toelichting opgenomen in de volgorde van het gekozen model.

Artikel 16a
1 Op verzekeringsmaatschappijen als bedoeld in artikel 427 van boek 2 van het Burgerlijk Wetboek zijn de artikelen 3, 4, 5 leden 3 en 4, 6 lid 1, eerste zin, 7 leden 2 en 3, 8 leden 1 en 3, 9, 10, 11 en 15 van toepassing.
2 De balans van een verzekeringsmaatschappij moet zijn ingericht overeenkomstig model N, de winst-en-verliesrekening overeenkomstig model O. Voor de technische rekening schadeverzekering mag model P worden gebruikt, indien de beleggingen rechtstreeks aan het schadeverzekeringsbedrijf kunnen worden toegewezen. Deze modellen zijn als bijlage bij dit besluit gevoegd.
3 De benamingen gebruikt in de modellen N, O en P mogen slechts worden vervangen door benamingen die in het gegeven geval op ten minste even duidelijke wijze de inhoud van de post of telling aanduiden.
4 Aan de posten van de modellen mag een uitsplitsing worden toegevoegd.
5 Indien in de technische rekening levensverzekering van de bruto premies koopsommen uit winstdeling deel uitmaken, wordt het bedrag daarvan afzonderlijk in de toelichting vermeld.
6 Het aandeel in winst/verlies van ondernemingen waarin wordt deelgenomen, wordt opgenomen onder de opbrengsten uit deelnemingen en wordt in de toelichting vermeld.
7 Indien opbrengsten moeten worden verantwoord uit deelnemingen die niet overeenkomstig artikel 389 van boek 2 van het Burgerlijk Wetboek zijn gewaardeerd, worden deze afzonderlijk van en onmiddellijk volgend op de opbrengsten uit deelnemingen verantwoord onder de benaming: opbrengsten uit niet op netto-vermogenswaarde gewaardeerde deelnemingen.
8 In de geconsolideerde jaarrekening van een verzekeringsmaatschappij mogen alle opbrengsten van beleggingen in de niet-technische rekening worden opgenomen. In model O vervallen dan in de technische rekeningen de posten opbrengsten uit beleggingen en beleggingslasten alsmede de posten niet-gerealiseerde winst op beleggingen en niet-gerealiseerd verlies op beleggingen. In plaats van de post opbrengsten uit beleggingen treedt de post toegerekende opbrengst van beleggingen.
9 Elke ononderbroken reeks met arabische cijfers genummerde posten in de modellen O en P kan geheel of ten dele in de toelichting worden opgenomen, in plaats van op de winst-en-verliesrekening, met herhaling van de som. De reeksen worden in de toelichting opgenomen in de volgorde van het gekozen model.

Artikel 16b
1 Op beleggingsmaatschappijen of maatschappijen voor collectieve beleggingen in effecten als bedoeld in artikel 1:1 van de Wet op het financieel toezicht, zijn de artikelen 2 tot en met 4, 5, leden 3 en 4, 6 lid 1, eerste zin, 7 leden 1 tot en met 3, 8 tot en met 11, 12 lid 3, en 15 van toepassing.

2   De balans van een beleggingsmaatschappij of maatschappij voor collectieve beleggingen in effecten moet zijn gericht[1] overeenkomstig model Q of R, de winst-en-verliesrekening overeenkomstig model S. Deze modellen zijn als bijlage bij dit besluit gevoegd.
3   Indien een beleggingsmaatschappij of maatschappij voor collectieve beleggingen in effecten de tweede zin van artikel 401, lid 2 van het Burgerlijk Wetboek toepast, neemt zij buiten de telling van de winst-en-verliesrekening een post op onder de benaming 'wijziging in de reserves uit hoofde van koersverschillen'.
4   Een beleggingsmaatschappij of maatschappij voor collectieve beleggingen in effecten die in onroerend goed belegt, mag in de winst-en-verliesrekening, ten einde inzicht te verschaffen in het exploitatieresultaat met betrekking tot het onroerend goed, de afschrijvingen op beleggingen in onroerend goed alsmede de op deze beleggingen betrekking hebbende overige lasten en kosten onmiddellijk onder de opbrengsten uit beleggingen in terreinen en gebouwen opnemen.
5   De benamingen gebruikt in de modellen Q, R en S mogen slechts worden vervangen door benamingen die in het gegeven geval op ten minste even duidelijke wijze de inhoud van de post of telling aanduiden.
6   Indien opbrengsten moeten worden verantwoord uit deelnemingen die niet overeenkomstig artikel 389 van boek 2 van het Burgerlijk Wetboek zijn gewaardeerd, worden deze afzonderlijk en onmiddellijk volgend op de opbrengsten uit deelnemingen verantwoord onder de benaming: opbrengsten uit niet op netto-vermogenswaarde gewaardeerde deelnemingen.

Artikel 17
Dit Besluit kan worden aangehaald als 'Besluit modellen jaarrekening'.

Artikel 18
1   Dit besluit treedt in werking met ingang van de dag waarop Titel 8[2] van Boek 2 van het Burgerlijk Wetboek kracht van wet verkrijgt.
2   Het is van toepassing op jaarrekeningen waarop Titel 8[2] van Boek 2 van het Burgerlijk Wetboek van toepassing is.

---

[1] Bedoeld zal zijn: ingericht
[2] Vervangen door Titel 9

Balansmodel A
Balans per ...

A Vaste activa
I Immateriële vaste activa
    1   kosten van oprichting en van uitgifte van aandelen
    2   kosten van ontwikkeling
    3   concessies, vergunningen en intellectuele eigendom
    4   goodwill
    5   vooruitbetaald op immateriële vaste activa

II Materiële vaste activa
    1   bedrijfsgebouwen en -terreinen
    2   machines en installaties
    3   andere vaste bedrijfsmiddelen
    4   vaste bedrijfsmiddelen in uitvoering en vooruitbetaald op materiële vaste activa
    5   niet aan de bedrijfsuitoefening dienstbaar

III Financiële vaste activa
    1   deelnemingen in groepsmaatschappijen
    2   vorderingen op groepsmaatschappijen
    3   andere deelnemingen
    4   vorderingen op participanten en op maatschappijen waarin wordt deelgenomen
    5   overige effecten
    6   overige vorderingen

IV Som der vaste activa

B Vlottende activa
I Voorraden
    1   grond- en hulpstoffen
    2   onderhanden werk
    3   gereed product en handelsgoederen
    4   vooruitbetaald op voorraden

II Vorderingen
    1   op handelsdebiteuren
    2   op groepsmaatschappijen
    3   op participanten en op maatschappijen waarin wordt deelgenomen
    4   overige vorderingen
    5   van aandeelhouders opgevraagde stortingen
    6   overlopende activa

III Effecten
IV Liquide middelen
V Som der vlottende activa

C Kortlopende schulden (ten hoogste 1 jaar)
    1   converteerbare leningen
    2   andere obligaties en onderhandse leningen
    3   schulden aan kredietinstellingen
    4   vooruit ontvangen op bestellingen
    5   schulden aan leveranciers en handelskredieten

6	te betalen wissels en cheques
7	schulden aan groepsmaatschappijen
8	schulden aan participanten en aan maatschappijen waarin wordt deelgenomen
9	belastingen en premies sociale verzekeringen
10	schulden terzake van pensioenen
11	overige schulden
12	overlopende passiva

D   Uitkomst van vlottende activa min kortlopende schulden

E   Uitkomst van activa min kortlopende schulden

F   Langlopende schulden (nog voor meer dan een jaar)
1. converteerbare leningen
2. andere obligaties en onderhandse leningen
3. schulden aan kredietinstellingen
4. vooruit ontvangen op bestellingen
5. schulden aan leveranciers en handelskredieten
6. te betalen wissels en cheques
7. schulden aan groepsmaatschappijen
8. schulden aan participanten en aan maatschappijen waarin wordt deelgenomen
9. belastingen en premies sociale verzekeringen
10. schulden terzake van pensioenen
11. overige schulden
12. overlopende passiva

G   Voorzieningen
1. voor pensioenen
2. voor belastingen
3. overige

H   Eigen vermogen

I   *Gestort en opgevraagd kapitaal*
II   *Agio*
III *Herwaarderingsreserve*
IV   *Wettelijke en statutaire reserves*
    1   wettelijke
    2   statutaire
V   *Overige reserves*
VI   *Onverdeelde winst*

Balansmodel B (actiefzijde)

Balans per ...

A   **Vaste activa**
I   *Immateriële vaste activa*
       1   kosten van oprichting en van uitgifte van aandelen
       2   kosten van ontwikkeling
       3   concessies, vergunningen en intellectuele eigendom
       4   goodwill
       5   vooruitbetaald op immateriële vaste activa

II   *Materiële vaste activa*
       1   bedrijfsgebouwen en -terreinen
       2   machines en installaties
       3   andere vaste bedrijfsmiddelen
       4   vaste bedrijfsmiddelen in uitvoering en vooruitbetaald op materiële vaste activa
       5   niet aan de bedrijfsuitoefening dienstbaar

III   *Financiële vaste activa*
       1   deelnemingen in groepsmaatschappijen
       2   vorderingen op groepsmaatschappijen
       3   andere deelnemingen
       4   vorderingen op participanten en op maatschappijen waarin wordt deelgenomen
       5   overige effecten
       6   overige vorderingen

B   **Vlottende activa**
I   *Voorraden*
       1   grond- en hulpstoffen
       2   onderhanden werk
       3   gereed product en handelsgoederen
       4   vooruitbetaald op voorraden

II   *Vorderingen*
       1   op handelsdebiteuren
       2   op groepsmaatschappijen
       3   op participanten en op maatschappijen waarin wordt deelgenomen
       4   overige vorderingen
       5   van aandeelhouders opgevraagde stortingen
       6   overlopende activa

III   *Effecten*
IV   Liquide middelen
Totaal

Bijlage 2 Besluit modellen jaarrekening

Balansmodel B (passiefzijde)

A   Eigen vermogen
I   Gestort en opgevraagd kapitaal
II   Agio
III Herwaarderingsreserve
IV   Wettelijke en statutaire reserves
    1   wettelijke
    2   statutaire
V   Overige reserves
VI   Onverdeelde winst

B   Voorzieningen
    1   voor pensioenen
    2   voor belastingen
    3   overige

C   Langlopende schulden (nog voor meer dan een jaar)
    1   converteerbare leningen
    2   andere obligaties en onderhandse leningen
    3   schulden aan kredietinstellingen
    4   vooruit ontvangen op bestellingen
    5   schulden aan leveranciers en handelskredieten
    6   te betalen wissels en cheques
    7   schulden aan groepsmaatschappijen
    8   schulden aan participanten en aan maatschappijen waarin wordt deelgenomen
    9   belastingen en premies sociale verzekeringen
    10   schulden terzake van pensioenen
    11   overige schulden
    12   overlopende passiva

D   Kortlopende schulden (ten hoogste 1 jaar)
    1   converteerbare leningen
    2   andere obligaties en onderhandse leningen
    3   schulden aan kredietinstellingen
    4   vooruit ontvangen op bestellingen
    5   schulden aan leveranciers en handelskredieten
    6   te betalen wissels en cheques
    7   schulden aan groepsmaatschappijen
    8   schulden aan participanten en aan maatschappijen waarin wordt deelgenomen
    9   belastingen en premies sociale verzekeringen
    10   schulden terzake van pensioenen
    11   overige schulden
    12   overlopende passiva

Totaal

Balansmodel C
Balans per ...

- **A Vaste activa**
  - I immateriële vaste activa
  - II materiële vaste activa
  - II financiële vaste activa
  - IV som der vaste activa

- **B Vlottende activa**
  - I voorraden
  - II vorderingen en overlopende activa
  - III effecten
  - IV liquide middelen
  - V som der vlottende activa

- **C Kortlopende schulden (ten hoogste 1 jaar) en overlopende passiva**

- **D Uitkomst vlottende activa min kortlopende schulden**

- **E Uitkomst activa min kortlopende schulden**

- **F Langlopende schulden (nog voor meer dan een jaar)**

- **G Voorzieningen**

- **H Eigen vermogen**
  - I gestort en opgevraagd kapitaal
  - II agio
  - III herwaarderingsreserve
  - IV wettelijke en statutaire reserves
  - V overige reserves
  - VI onverdeelde winst

Bijlage 2 Besluit modellen jaarrekening

Balansmodel D
Balans per ...

A	**Vaste activa**	
	I	immateriële vaste activa
	II	materiële vaste activa
	III	financiële vaste activa

A	**Eigen vermogen**	
	I	gestort en opgevraagd kapitaal
	II	agio
	III	herwaarderingsreserve
	IV	wettelijke en statutaire reserves
	V	overige reserves
	VI	onverdeelde winst

B	**Vlottende activa**	
	I	voorraden
	II	vorderingen en overlopende activa
	III	effecten
	IV	liquide middelen
Totaal		

B Voorzieningen

C Langlopende schulden (nog voor meer dan een jaar)

D Kortlopende schulden (ten hoogste 1 jaar) en overlopende passiva

Totaal

Winst-en-verliesrekeningsmodel E
Boekjaar ...

NETTO-OMZET

wijziging in voorraden gereed product en onderhanden werk
geactiveerde productie voor het eigen bedrijf
overige bedrijfsopbrengsten
SOM DER BEDRIJFSOPBRENGSTEN

kosten van grond- en hulpstoffen
kosten uitbesteed werk en andere externe kosten
lonen en salarissen
sociale lasten
afschrijvingen op immateriële en materiële vaste activa
overige waardeveranderingen van immateriële en materiële vaste activa
bijzondere waardevermindering van vlottende activa
overige bedrijfskosten
SOM DER BEDRIJFSLASTEN

opbrengst van vorderingen die tot de vaste activa behoren en van effecten
andere rentebaten en soortgelijke opbrengsten
waardeveranderingen van vorderingen die tot de vaste activa behoren en van effecten
rentelasten en soortgelijke kosten

RESULTAAT VOOR BELASTINGEN

belastingen
aandeel in winst/verlies van ondernemingen, waarin wordt deelgenomen

RESULTAAT NA BELASTINGEN

Winst-en-verliesrekeningsmodel F
Boekjaar ...

NETTO-OMZET

kostprijs van de omzet
BRUTO-OMZETRESULTAAT

verkoopkosten
algemene beheerkosten
som der kosten

NETTO-OMZETRESULTAAT

overige bedrijfsopbrengsten

opbrengst van vorderingen die tot de vaste activa behoren en van effecten
andere rentebaten en soortgelijke opbrengsten
waardeveranderingen van vorderingen die tot de vaste activa behoren en van effecten
rentelasten en soortgelijke kosten

RESULTAAT VOOR BELASTINGEN

belastingen
aandeel in winst/verlies van ondernemingen, waarin wordt deelgenomen

RESULTAAT NA BELASTINGEN

Winst-en-verliesrekeningsmodel I
Boekjaar ...

BRUTO-MARGE   -

lonen en salarissen   -
sociale lasten   -
afschrijvingen op immateriële en materiële vaste activa   -
overige waardeveranderingen van immateriële en materiële vaste activa   -
bijzondere waardevermindering van vlottende activa   -
overige bedrijfskosten   -

som der kosten   x

opbrengst van vorderingen die tot de vaste activa behoren en van effecten   -
andere rentebaten en soortgelijke opbrengsten   -
waardeveranderingen van vorderingen die tot de vaste activa behoren
en van effecten   -
rentelasten en soortgelijke kosten
                                                                                                     x

RESULTAAT VOOR BELASTINGEN   x

belastingen   -
aandeel in winst/verlies van ondernemingen waarin wordt deelgenomen   x

RESULTAAT NA BELASTINGEN   x

Winst-en-verliesrekeningsmodel J
Boekjaar ...

BRUTO-MARGE   -

verkoopkosten   -
algemene beheerkosten   -

som der kosten   x

opbrengst van vorderingen die tot de vaste activa behoren en van effecten   -
andere rentebaten en soortgelijke opbrengsten   -
waardeveranderingen van vorderingen die tot de vaste activa behoren
en van effecten   -
rentelasten en soortgelijke kosten   -
                                                                                              x
RESULTAAT VOOR BELASTINGEN   x

belastingen   -
aandeel in winst/verlies van ondernemingen waarin wordt deelgenomen   x

RESULTAAT NA BELASTINGEN   x

Balansmodel K

Balans per ...

Actief

A	Kasmiddelen	...
B	Overheidspapier herfinancierbaar bij de centrale bank	...
C	Vorderingen op kredietinstellingen	
	1 onmiddellijk opeisbaar	...
	2 overige	...
		...
D	Vorderingen op klanten	...
E	Obligaties en andere vastrentende Waardepapieren	
	1 van publiekrechtelijke emittenten	...
	2 van andere emittenten	...
		...
F	Aandelen en andere niet vastrentende waardepapieren	...
G	Deelnemingen in groepsmaatschappijen	
	1 in kredietinstellingen	...
	2 overige	...
		...
H	Overige deelnemingen	
	1 in kredietinstellingen	...
	2 overige	...
		...
I	Immateriële activa	
	1 kosten van oprichting en van uitgifte van aandelen	...
	2 kosten van onderzoek en ontwikkeling	...
	3 concessies, vergunningen en intellectuele eigendom	...
	4 goodwill	...
	5 vooruitbetaald op immateriële activa	...
		...
J	Materiële vaste activa	
	1 terreinen en gebouwen in eigen gebruik	...
	2 overige	...
		...
K	Overige activa	...
L	Van aandeelhouders opgevraagde stortingen	...
M	Overlopende activa	...
		...

Passief

A	Schulden aan kredietinstellingen	
	1 onmiddellijk opeisbaar	...
	2 overige	...
		...
B	Schulden aan klanten	
	1 spaargelden	
	1.1 onmiddellijk opeisbaar	...
	1.2 overige	...
	2 andere schulden	
	2.1 onmiddellijk opeisbaar	...
	2.2 overige	...
		...
C	Schuldbewijzen	
	1 obligaties en andere vastrentende waardepapieren	...
	2 overige	...
		...
D	Overige schulden	...
E	Overlopende passiva	...
F	Voorzieningen	
	1 voor pensioenen	...
	2 voor belastingen	...
	3 overige	...
		...
G	Achtergestelde schulden	...
H	Gestort en opgevraagd kapitaal	...
I	Agio	...
J	Herwaarderingsreserve	...
K	Wettelijke en statutaire reserves	...
	1 wettelijke	...
	2 statutaire	...
		...
L	Overige reserves	...
M	Onverdeelde winst	...
		...

A *Voorwaardelijke schulden*
    1   uit hoofde van verdisconteerde wissels
    2   uit hoofde van garanties e.d.
    3   uit hoofde van onherroepelijke accreditieven
    4   overige

B *Onherroepelijke toezeggingen*
    1   verplichtingen uit cessie en retrocessie
    2   overige

Winst-en-verliesrekeningsmodel L

Boekjaar ...

Rente en soortgelijke baten
1   rente van obligaties en andere vastrentende waardepapieren   ...
2   overige   ...
    ...

Rente en soortgelijke lasten   ...

Opbrengsten uit effecten en deelnemingen
1   opbrengsten uit aandelen en andere niet-vastrentende waardepapieren   ...
2   opbrengsten uit groepsmaatschappijen   ...
3   opbrengsten uit overige deelnemingen   ...
    ...

Ontvangen provisie   ...

Betaalde provisie   ...

Resultaat uit financiële transacties   ...

Overige bedrijfsopbrengsten   ...

Som der bedrijfsopbrengsten   ...

Personeels- en andere beheerskosten
1   personeelskosten
        1.1   lonen en salarissen   ...
        1.2   sociale lasten   ...
2   andere beheerskosten   ...

Afschrijvingen en waardeveranderingen op immateriële en materiële vaste activa   ...

Overige bedrijfslasten   ...

Waardeverminderingen van vorderingen en voorzieningen voor onder de balans opgenomen verplichtingen   ...

Vrijval waardeverminderingen van vorderingen en voorzieningen voor onder de balans opgenomen verplichtingen   ...

Waardeverminderingen van de tot de vaste activa behorende effecten en deelnemingen   ...

Vrijval waardeverminderingen van de tot de vaste activa behorende effecten en deelnemingen   ...

Som der bedrijfslasten   ...

Resultaat uit gewone bedrijfsuitoefening voor belastingen   ...

Belastingen resultaat gewone bedrijfsuitoefening   ...

Resultaat uit gewone bedrijfsuitoefening na belastingen   ...

Buitengewone baten*   ...

Buitengewone lasten*   ...

Belastingen buitengewoon resultaat*   ...

Buitengewoon resultaat na belastingen*   ...

Resultaat na belastingen   ...

*   In de officiële publicaties zijn deze posten nog opgenomen maar door de laatste wetswijziging in 2015 kunnen buitengewone posten niet langer voorkomen.

Bijlage 2 Besluit modellen jaarrekening

Winst-en-verliesrekeningsmodel M
Boekjaar ...

Lasten

Rente en soortgelijke lasten ...

Betaalde provisie ...

Verlies op financiële transacties ...

Personeels- en andere beheerskosten
1. personeelskosten
   - 1.1 lonen en salarissen ...
   - 1.2 sociale lasten ...
2. andere beheerskosten ...

Afschrijvingen en waardeverminderingen op immateriële en materiële vaste activa ...

Overige bedrijfslasten ...

Waardeveranderingen van vorderingen en voorzieningen van onder de balans opgenomen verplichtingen ...
Waardeveranderingen van de tot de vaste activa behorende effecten en deelnemingen ...

Belastingen resultaat uit gewone bedrijfsuitoefening ...

Buitengewone lasten* ...
Belastingen buitengewoon resultaat* ...
Buitengewoon resultaat na belastingen* ...

Winst na belastingen ...

Baten

Rente en soortgelijke baten
1. rente van obligaties en andere vastrentende waardepapieren ...
2. overige ...

Opbrengsten uit effecten en deelnemingen
1. opbrengsten uit aandelen en andere niet-vastrentende waardepapieren ...
2. opbrengsten uit groepsmaatschappijen ...
3. opbrengsten uit overige deelnemingen ...

Ontvangen provisie ...

Winst op financiële transacties ...

Waardeveranderingen van vorderingen en voorzieningen voor onder de balans opgenomen verplichtingen ...

Waardeveranderingen van de tot de vaste activa behorende effecten en deelnemingen ...

Overige bedrijfsopbrengsten ...

Belastingen resultaat uit gewone bedrijfsuitoefening ...

Buitengewone baten* ...
Belastingen buitengewoon resultaat* ...
Buitengewoon resultaat na belastingen* ...

Verlies na belastingen ...

* In de officiële publicaties zijn deze posten nog opgenomen maar door de laatste wetswijziging in 2015 kunnen buitengewone posten niet langer voorkomen.

Balansmodel N

Balans per ...

Actief

A Immateriële activa
1. kosten van oprichting en van uitgifte van aandelen ...
2. kosten van onderzoek en ontwikkeling ...
3. concessies, vergunningen en intellectuele eigendom ...
4. goodwill ...
5. vooruitbetaald op immateriële activa ...

B Beleggingen
I *Terreinen en gebouwen*
 1. voor eigen gebruik ...
 2. overige terreinen en gebouwen ...
II *Beleggingen in groepsmaatschappijen en deelnemingen*
 1. deelnemingen in groepsmaatschappijen ...
 2. obligaties uitgegeven door en vorderingen op groeps maatschappijen ...
 3. andere deelnemingen ...
 4. obligaties uitgegeven door en vorderingen op participanten en op maatschappijen waarin wordt deelgenomen ...
III *Overige financiële beleggingen*
 1. aandelen, deelnemingsbewijzen en andere niet-vastrentende waardepapieren ...
 2. obligaties en andere vastrentende waardepapieren ...
 3. belangen in beleggingspools
 4. vorderingen uit hypothecaire leningen ...
 5. vorderingen uit andere leningen ...
 6. deposito's bij kredietinstellingen ...
 7. andere financiële beleggingen ...
IV *Depots bij verzekeraars* ...

C Beleggingen voor risico van polishouders en spaarkasbeleggingen ...

Passief

A Eigen vermogen
I *gestort en opgevraagd kapitaal* ...
II *agio* ...
III *herwaarderingsreserve* ...
IV *wettelijke en statutaire reserves*
 1. wettelijke ...
 2. statutaire ...
V *overige reserves* ...
VI *onverdeelde winst* ...
...

B Achtergestelde schulden ...

C Technische voorzieningen
I *voor niet verdiende premies en lopende risico's:*
 a bruto ...
 b herverzekeringsdeel ...
II *voor levensverzekering:*
 a bruto ...
 b herverzekeringsdeel ...
III *voor te betalen schaden/uitkeringen:*
 a bruto ...
 b herverzekeringsdeel ...
IV *voor winstdeling en kortingen*
 a bruto ...
 b herverzekeringsdeel ...
V *egalisatievoorziening*
 a bruto ...
 b herverzekeringsdeel ...
VI *overige technische voorzieningen*
 a bruto ...
 b herverzekeringsdeel ...
...

D Technische voorzieningen voor verzekeringen waarbij polishouders het beleggingsrisico dragen en voor spaarkassen
 a bruto ...
 b herverzekeringsdeel ...
...

E Voorzieningen
1. Voor pensioenen ...
2. voor belastingen ...
3. overige ...
...

D	**Vorderingen**			**F**	**Depots van herverzekeraars**	...
I	vorderingen uit directe verzekering op					
	1 verzekeringnemers	...		**G**	**Schulden**	... ...
	2 tussenpersonen	...		I	schulden uit directe verzekering	
II	vorderingen uit herverzekering	...		II	schulden uit herverzekering	
III	overige vorderingen	...		III	converteerbare leningen	...
IV	van aandeelhouders opge-			IV	andere obligaties en onderhandse	
	vraagde stortingen	...			leningen	...
		...		V	schulden aan kredietinstellingen	...
				VI	overige schulden	...
						...
E	**Overige activa**					
I	materiële vaste activa en			**H**	**Overlopende passiva**	...
	voorraden	...				
II	liquide middelen	...				
III	andere activa	...				
		...				
F	**Overlopende activa**					
I	lopende rente en huur	...				
II	overlopende acquisitiekosten	...				
III	overige overlopende activa	...				
			...			
			...			...

Winst-en-verliesrekeningsmodel O
Boekjaar ...

Technische rekening schadeverzekering
Verdiende premies eigen rekening
Brutopremies ...
uitgaande herverzekeringspremies ...
    ...

wijziging technische voorzieningen niet-verdiende premies en lopende risico's
- bruto ...
- aandeel herverzekeraars ...
    ...
        ...

Toegerekende opbrengst uit beleggingen ...

Overige technische baten eigen rekening ...

Schaden eigen rekening
schaden
- bruto ...
- aandeel herverzekeraars ...
    ...

wijziging voorziening voor te betalen schaden
- bruto ...
- aandeel herverzekeraars ...
    ...
        ...

Wijziging overige technische voorzieningen eigen rekening ...

Winstdeling en kortingen ...

Bedrijfskosten
1   acquisitiekosten ...
2   wijziging overlopende acquisitiekosten ...
    ...
3   beheers- en personeelskosten; afschrijvingen bedrijfsmiddelen ...
4   provisie en winstdeling ontvangen van herverzekeraars ...
    ...

Overige technische lasten eigen rekening ...

Wijziging egalisatievoorziening ...

Resultaat technische rekening schadeverzekering ...

Technische rekening levensverzekering

Verdiende premies eigen rekening
Brutopremies ...
uitgaande herverzekeringspremies ...
wijziging technische voorziening niet-verdiende premies eigen rekening ...
    ...

Opbrengsten uit beleggingen
1   opbrengsten uit deelnemingen ...
2   opbrengsten uit andere beleggingen
    - terreinen en gebouwen ...
    - overige beleggingen ...
    ...
3   waardeveranderingen van beleggingen ...
4   gerealiseerde winst op beleggingen ...
    ...

Niet-gerealiseerde winst op beleggingen ...

Overige technische baten eigen rekening ...

Uitkeringen eigen rekening
uitkeringen
−   bruto ...
−   aandeel herverzekeraars ...
    ...
wijziging voorziening voor te betalen uitkeringen
−   bruto ...
−   aandeel herverzekeraars ...
    ...
    ...

Wijziging overige technische voorzieningen eigen rekening
voorziening voor levensverzekering
−   bruto ...
−   aandeel herverzekeraars ...
    ...
overige technische voorzieningen ...
    ...

Winstdeling en kortingen ...

Bedrijfskosten
1   acquisitiekosten ...
2   wijziging overlopende acquisitiekosten ...
    ...
3   beheers- en personeelskosten; afschrijvingen bedrijfsmiddelen ...
4   provisie en winstdeling ontvangen van herverzekeraars ...
    ...

Beleggingslasten
1   beheerskosten en rentelasten ...
2   waardeveranderingen van beleggingen ...
3   gerealiseerd verlies op beleggingen ...
                                                                                ...

Niet-gerealiseerd verlies op beleggingen ...

overige technische lasten eigen rekening ...

Aan niet-technische rekening toegerekende opbrengst uit beleggingen ...

Resultaat technische rekening levensverzekering ...

Niet-technische rekening

Resultaat technische rekening schadeverzekering ...
Resultaat technische rekening levensverzekering ...
Opbrengsten uit beleggingen
1 opbrengsten uit deelnemingen ...
2 opbrengsten uit andere beleggingen
  – terreinen en gebouwen ...
  – overige beleggingen ...
                                                                ...
3 waardeveranderingen van beleggingen ...
4 gerealiseerde winst op beleggingen ...
                                                                ...
Niet-gerealiseerde winst op beleggingen ...
Toegerekende opbrengst uit beleggingen overgeboekt van technische rekening ...
Beleggingslasten
1 beheerskosten en rentelasten ...
2 waardeveranderingen van beleggingen ...
3 gerealiseerd verlies op beleggingen ...
                                                                ...
Niet-gerealiseerd verlies op beleggingen ...
Toegerekende opbrengst uit beleggingen overgeboekt naar technische rekening schadeverzekering ...
Andere baten ...
Andere lasten ...
Resultaat uit gewone bedrijfsuitoefening voor belastingen ...
Belastingen resultaat uit gewone bedrijfsuitoefening ...
                                                                ...
Resultaat uit gewone bedrijfsuitoefening na belastingen
1 buitengewone baten ...
2 buitengewone lasten ...
3 belastingen buitengewoon resultaat ...

Buitengewoon resultaat na belastingen ...
Resultaat na belastingen ...

Winst-en-verliesrekeningsmodel P
Boekjaar...

Technische rekening schadeverzekering
Verdiende premies eigen rekening
brutopremies ...
uitgaande herverzekeringspremies ≡
    ...

wijziging technische voorzieningen nietverdiende premies en lopende risico's
- bruto ...
- aandeel herverzekeraars ≡
    ≡
    ...

Opbrengsten uit beleggingen ...
1   opbrengsten uit deelnemingen
2   opbrengsten uit andere beleggingen
- terreinen en gebouwen ≡
- overige beleggingen ...
3   waardeveranderingen van beleggingen ...
4   gerealiseerde winst op beleggingen ≡
    ...

Niet-gerealiseerde winst op beleggingen ...

Overige technische baten eigen rekening ...

Schaden eigen rekening
schaden
- bruto ...
- aandeel herverzekeraars ≡
    ...

wijziging voorziening voor te betalen schaden
- bruto ...
- aandeel herverzekeraars ≡
    ≡
    ...

Wijziging overige technische voorzieningen eigen rekening ...

Winstdeling en kortingen ≡

Bedrijfskosten
1   acquisitiekosten ...
2   wijziging overlopende acquisitiekosten ≡
3   beheers- en personeelskosten; afschrijvingen bedrijfsmiddelen ...
4   provisie en winstdeling ontvangen van herverzekeraars ≡
    ...

Beleggingslasten
1   beheerskosten en rentelasten ...
2   waardeveranderingen van beleggingen ...
3   gerealiseerd verlies op beleggingen ...
                                                                        ...
Niet-gerealiseerd verlies op beleggingen   ...
Overige technische lasten eigen rekening   ...
Aan niet-technische rekening toegerekende opbrengst uit beleggingen ...
Wijziging egalisatievoorziening   ...
Resultaat technische rekening schadeverzekering   ≡

Balansmodel Q

Balans per ...

A **Beleggingen**
- *I*   *Terreinen en gebouwen*
  - 1   in eigen gebruik   ...
  - 2   overige terreinen en gebouwen   ...
  -   ...

- *II*   *Beleggingen in groepsmaatschappijen en deelnemingen*
  - 1   deelnemingen in groepsmaatschappijen   ...
  - 2   obligaties uitgegeven door en vorderingen op groepsmaatschappijen   ...
  - 3   andere deelnemingen   ...
  - 4   obligaties uitgegeven door en vorderingen op participanten en maatschappijen waarin wordt deelgenomen   ═
  -   ...

- *III*   *Overige financiële beleggingen*
  - 1   aandelen, deelnemingsbewijzen en andere niet-vastrentende waardepapieren   ...
  - 2   obligaties en andere vastrentende waardepapieren   ...
  - 3   vorderingen uit hypothecaire leningen   ...
  - 4   vorderingen uit andere leningen   ...
  - 5   deposito's bij kredietinstellingen   ...
  - 6   andere financiële beleggingen   ═
  -   ...

- *IV*   *Som der beleggingen*   ...

B **Vorderingen**
- *I*   *Uit hoofde van effectentransacties op*
  - 1.1   commissionairs   ...
  - 1.2   anderen   ...
- *II*   Overige vorderingen   ...
- *III*   Overlopende activa   ═
-   ...

C **Overige activa**
- *I*   *Vaste activa*
  - 1   immateriële vaste activa
    - 1.1   kosten van oprichting en van uitgifte van aandelen   ...
    - 1.2   kosten van onderzoek en ontwikkeling   ...
    - 1.3   concessies, vergunningen en intellectuele eigendom   ...
    - 1.4   goodwill   ...
    - 1.5   vooruitbetaald op immateriële vaste activa   ...
  - 2   materiële vaste activa   ...
  - 3   financiële vaste activa   ...
- *II*   Liquide middelen   ...
- *III*   Andere activa   ═
-   ...

D **Kortlopende schulden (ten hoogste 1 jaar)**
- 1   uit hoofde van effectentransacties aan
  - 1.1   commissionairs   ...
  - 1.2   anderen   ═
-   ...
- 2   converteerbare leningen   ...

		3	andere obligaties en onderhandse leningen	...
		4	schulden aan kredietinstellingen	...
		5	te betalen wissels en chèques	...
		6	schulden aan groepsmaatschappijen	...
		7	schulden aan participanten en aan maatschappijen waarin wordt deelgenomen	...
		8	belastingen en premies sociale verzekeringen	...
		9	schulden ter zake van pensioenen	...
		10	overige schulden	...
		11	overlopende passiva	=

E	**Uitkomst van vorderingen en overige activa min kortlopende schulden**	=
F	**Uitkomst van activa min kortlopende schulden**	...

G	**Langlopende schulden (nog voor meer dan een jaar)**		
	1	uit hoofde van effectentransacties aan	
		1.1 commissionairs	...
		1.2 anderen	...
			...
	2	converteerbare leningen	...
	3	andere obligaties en onderhandse leningen	...
	4	schulden aan kredietinstellingen	...
	5	te betalen wissels en chèques	...
	6	schulden aan groepsmaatschappijen	...
	7	schulden aan participanten en aan maatschappijen waarin wordt deelgenomen	...
	8	belastingen en premies sociale verzekeringen	...
	9	schulden ter zake van pensioenen	...
	10	overige schulden	...
	11	overlopende passiva	...
			...

H	**Voorzieningen**	
	1 voor pensioenen	...
	2 voor belastingen	...
	3 overige	=
		...

I	**Achtergestelde schulden**	...

J	**Eigen vermogen**	
	I *Geplaatst kapitaal*	...
	II *Agio*	...
	III *Herwaarderingsreserve*	...
	IV *Wettelijke en statutaire reserves*	...
	V *Koersverschillenreserve*	...
	VI *Overige reserves*	...
	VII *Onverdeelde winst*	=
		=

Balansmodel R

Balans per ...

Actief

A Beleggingen
I   *Terreinen en gebouwen*
   1 in eigen gebruik ...
   2 overige terreinen en gebouwen ...
         ...

II *Beleggingen in groepsmaatschappijen en deelnemingen*
   1 deelnemingen in groepsmaatschappijen ...
   2 obligaties uitgegeven door en vorderingen op groepsmaatschappijen ...
   3 andere deelnemingen ...
   4 obligaties uitgegeven door en vorderingen op participanten en maatschappijen waarin wordt deelgenomen ...
         ...

III *Overige financiële beleggingen*
   1 aandelen, deelnemingsbewijzen en andere nietvastrentende waardepapieren ...
   2 obligaties en andere vast rentende waardepapieren ...
   3 vorderingen uit hypothecaire leningen ...
   4 vorderingen uit andere leningen ...
   5 deposito's bij kredietinstellingen ...
   6 andere financiële beleggingen ...
         ...

B Vorderingen
I   *uit hoofde van effectentransacties op*
   1 commissionairs ...
   2 anderen ...

II *Overige vorderingen* ...

III *Overlopende activa* ...
         ...

C Overige activa
I   *Vaste activa*
   1 immateriële vaste activa
     1.1 kosten van oprichting en van uitgifte van aandelen
     1.2 kosten van onderzoek en ontwikkeling ...
     1.3 concessies, vergunningen en intellectuele eigendom ...

Passief

A Eigen vermogen ...
I   *geplaatst kapitaal* ...
II *agio* ...
III *herwaarderingsreserve* ...
IV *wettelijke en statutaire reserves* ...
V   *koersverschillenreserve* ...
VI *overige reserves* ...
VII *onverdeelde winst* ...
         ...

B Achtergestelde schulden ...

C Voorzieningen
   1 voor pensioenen ...
   2 voor belastingen ...
   3 overige ...
         ...

D Langlopende schulden (nog voor meer dan een jaar)
   1 uit hoofde van effectentransacties aan
     1.1 commissionairs ...
     1.2 anderen ...
   2 converteerbare leningen andere obligaties en onderhandse
   3 leningen ...
   4 te betalen wissels en chèques ...
   5 schulden aan kredietinstellingen ...
   6 schulden aan groepsmaatschappijen ...
   7 schulden aan participanten en aan maatschappijen waarin wordt deelgenomen ...
   8 belastingen en premies sociale verzekeringen ...
   9 schulden ter zake van pensioenen ...
  10 overige schulden ...
  11 overlopende passiva ...
         ...

E Kortlopende schulden (ten hoogste 1 jaar)
   1 uit hoofde van effectentransacties aan
     1.1 commissionairs ...
     1.2 anderen ...
   2 converteerbare leningen ...
   3 andere obligaties en onderhandse leningen ...
   4 schulden aan kredietinstellingen ...
   5 te betalen wissels en chèques ...
   6 schulden aan groepsmaatschappijen ...

Bijlage 2 Besluit modellen jaarrekening

		1.4 goodwill	...	7	schulden aan participanten en aan maatschappijen waarin wordt deelgenomen	...
		1.5 vooruitbetaald op immateriële vaste activa	...	8	belastingen en premies sociale verzekeringen	...
			...	9	schulden ter zake van pensioenen	...
	2	materiële vaste activa	...	10	overige schulden	...
	3	financiële vaste activa	...	11	overlopende passiva	...
			...			
II	*Liquide middelen*		...			
III	*Andere activa*		...			
			...			

Winst-en-verliesrekeningsmodel S
Boekjaar ...

Opbrengsten uit beleggingen
- in groepsmaatschappijen ...
- in andere deelnemingen ...
- in terreinen en gebouwen ...
- in andere beleggingen ...

...

Gerealiseerde waardeveranderingen van beleggingen
- in groepsmaatschappijen ...
- in andere deelnemingen ...
- in terreinen en gebouwen ...
- in andere beleggingen ...

...

Niet-gerealiseerde waardeveranderingen van beleggingen
- in groepsmaatschappijen ...
- in andere deelnemingen ...
- in terreinen en gebouwen ...
- in andere beleggingen ...

...

Overige bedrijfsopbrengsten ...

Som der bedrijfsopbrengsten ...

Lasten in verband met het beheer van beleggingen ...
Beheerskosten en rentelasten ...
Afschrijvingen op beleggingen in onroerend goed ...
Afschrijvingen op immateriële en andere materiële vaste activa ...
Overige bedrijfskosten ...

Som der bedrijfslasten ...

Resultaat voor belastingen ...

belastingen ...

Resultaat na belastingen ...

Wijziging in de reserves uit hoofde van koersverschillen ...

Bijlage 3 Besluit actuele waarde

Besluit van 14 juni 2005, houdende regels over de inhoud, de grenzen en de wijze van toepassing in de jaarrekening van waardering tegen actuele waarde (Besluit actuele waarde). [zoals gewijzigd per 1 november 2015]

Artikel 1
1. Onder de actuele waarde van activa of passiva wordt verstaan de waarde die is gebaseerd op actuele marktprijzen of op gegevens die op de datum van waardering geacht kunnen worden relevant te zijn voor de waarde.
2. Als actuele waarde waartegen activa en passiva in de jaarrekening kunnen worden gewaardeerd, komt, afhankelijk van de soort activa of passiva dan wel van de omstandigheden, in aanmerking de actuele kostprijs, bedrijfswaarde, marktwaarde of opbrengstwaarde.

Artikel 2
Onder actuele kostprijs wordt verstaan:
a. de actuele inkoopprijs en bijbehorende kosten van een actief, verminderd met afschrijvingen; of,
b. de actuele aanschaffingskosten van de gebruikte grond- en hulpstoffen en de overige kosten welke rechtstreeks aan de vervaardiging van een actief kunnen worden toegerekend, verminderd met afschrijvingen. In deze kosten kunnen worden opgenomen een redelijk deel van de indirecte kosten en de rente op de schulden over het tijdvak dat aan de vervaardiging van het actief kan worden toegerekend.

Artikel 3
Onder de bedrijfswaarde wordt verstaan de contante waarde van de aan een actief of samenstel van activa toe te rekenen geschatte toekomstige kasstromen die kunnen worden verkregen met de uitoefening van het bedrijf.

Artikel 4
Onder de marktwaarde wordt verstaan het bedrag waarvoor een actief kan worden verhandeld of een passief kan worden afgewikkeld tussen terzake goed geïnformeerde partijen, die tot een transactie bereid en onafhankelijk van elkaar zijn.

Artikel 5
Onder de opbrengstwaarde wordt verstaan het bedrag waartegen een actief maximaal kan worden verkocht, onder aftrek van de nog te maken kosten.

Artikel 5a
Waardering tegen marktwaarde is niet toegestaan voor een rechtspersoon als bedoeld in artikel 395a van Boek 2 van het Burgerlijk Wetboek.

Artikel 6
Een immaterieel vast actief kan slechts tegen de actuele waarde worden gewaardeerd, indien:
a. het actief vanaf het moment van verkrijgen op de balans was opgenomen tegen kostprijs; en
b. voor het actief een liquide markt bestaat.

Artikel 7
Indien materiële vaste activa of immateriële vaste activa, niet zijnde beleggingen, worden gewaardeerd tegen de actuele waarde, komt daarvoor in aanmerking de actuele kostprijs. Waardering geschiedt tegen de bedrijfswaarde

indien deze lager is dan de actuele kostprijs. Indien de opbrengstwaarde lager is dan de actuele kostprijs en hoger dan de bedrijfswaarde, geschiedt de waardering tegen de opbrengstwaarde.

Artikel 8
Indien agrarische voorraden worden gewaardeerd tegen de actuele waarde, komt daarvoor in aanmerking de opbrengstwaarde.

Artikel 9
In de toelichting wordt uiteengezet hoe de actuele kostprijs, bedrijfswaarde of opbrengstwaarde, bedoeld in de artikelen 7 en 8, is bepaald.

Artikel 10
1 Indien financiële instrumenten worden gewaardeerd tegen de actuele waarde, komt daarvoor in aanmerking de marktwaarde. Indien niet direct een betrouwbare marktwaarde voor de financiële instrumenten is aan te wijzen, wordt de marktwaarde benaderd door deze:
    a af te leiden uit de marktwaarde van zijn bestanddelen of van een soortgelijk instrument indien voor de bestanddelen ervan of voor een soortgelijk instrument wel een betrouwbare markt is aan te wijzen; of
    b te benaderen met behulp van algemeen aanvaarde waarderingsmodellen en waarderingstechnieken.
2 Passiva wordt slechts tegen de actuele waarde gewaardeerd indien zij:
    a financiële instrumenten zijn die deel uitmaken van de handelsportefeuille;
    b afgeleide financiële instrumenten zijn; of
    c verzekeringsverplichtingen of pensioenverplichtingen zijn.
3 Waardering tegen actuele waarde is niet toegestaan voor:
    a tot de vervaldag aangehouden niet-afgeleide financiële instrumenten, behoudens beleggingen van verzekeringsmaatschappijen als bedoeld in artikel 442 van Boek 2 van het Burgerlijk Wetboek;
    b door de rechtspersoon verstrekte leningen of te innen vorderingen die geen deel uitmaken van de handelsportefeuille of van de beleggingen van verzekeringsmaatschappijen, bedoeld in artikel 442 van Boek 2 van het Burgerlijk Wetboek;
    c belangen in dochtermaatschappijen, in deelnemingen als bedoeld in artikel 389 lid 1 van Boek 2 van het Burgerlijk Wetboek en in rechtspersonen waarin wordt deelgenomen volgens een onderlinge regeling tot samenwerking, door de rechtspersoon uitgegeven eigen-vermogensinstrumenten, overeenkomsten die een eventuele inbreng in het kader van een samenwerking tussen ondernemingen behelzen, en andere financiële instrumenten met zodanig specifieke kenmerken dat verslaggeving over deze instrumenten volgens de algemeen aanvaarde praktijk niet tegen de actuele waarde dient te geschieden; en
    d financiële instrumenten waarvan de actuele waarde met toepassing van het eerste lid niet betrouwbaar kan worden vastgesteld; zij worden tegen de verkrijgingsprijs gewaardeerd.
4 Een grondstoffencontract dat elk der partijen het recht geeft op afwikkeling in contanten of in enig ander financieel instrument, wordt als afgeleid financieel instrument beschouwd, tenzij:
    a het grondstoffencontract werd gesloten en duurzaam dient ten behoeve van de verwachte inkoopbehoeften, verkoopbehoeften of gebruiksbehoeften van de rechtspersoon;
    b het grondstoffencontract bij het sluiten voor het in onderdeel a bedoelde doel werd bestemd; en
    c aangenomen mag worden dat de afwikkeling van het grondstoffencontract zal geschieden door levering van de grondstof.
5 Activa of passiva waarvan de risico's afgedekt zijn of zijn geweest door transacties als bedoeld in artikel 384 lid 8 van Boek 2 van het Burgerlijk Wetboek, kunnen worden gewaardeerd met inbegrip van de waardeveranderingen als bedoeld in dat lid.

Bijlage 3 Besluit actuele waarde

Artikel 11
1 Indien activa, niet zijnde financiële instrumenten, die opbrengsten kunnen opleveren als belegging, worden gewaardeerd tegen de actuele waarde, komt daarvoor in aanmerking de marktwaarde. Als benadering van de marktwaarde kan de contante waarde van de geschatte toekomstige kasstromen worden gehanteerd.
2 Indien de waarde van de in het eerste lid bedoelde activa wordt benaderd, wordt in de toelichting vermeld:
  a welke benaderingsmethode is toegepast; en
  b indien de waarde is geschat op basis van de contante waarde van de verwachte toekomstige kasstromen, de aannames waarop de verwachtingen zijn gebaseerd en de gehanteerde rentevoet.

Artikel 12
Indien een deelneming tegen de netto-vermogenswaarde wordt gewaardeerd, zijn de artikelen 6 tot en met 11 van toepassing op de waardering van de activa van de rechtspersoon of vennootschap waarin wordt deelgenomen.

Artikel 13
Het Besluit waardering activa wordt ingetrokken.

Artikel 14
De artikelen van dit besluit zijn van toepassing op jaarrekeningen die worden opgesteld over de boekjaren die zijn aangevangen op of na 1 januari 2005.

Artikel 15
Indien het bij koninklijke boodschap van 7 september 2004 ingediende voorstel van wet tot wijziging van Boek 2 van het Burgerlijk Wetboek ter uitvoering van Verordening (EG) nr. 1606/2002 van het Europees Parlement en de Raad van 19 juli 2002 betreffende de toepassing van internationale standaarden voor jaarrekeningen (PbEG L 243), van Richtlijn nr. 2001/65/EG van het Europees Parlement en de Raad van 27 september 2001 tot wijziging van de Richtlijnen 78/660/EEG, 83/349/EEG en 86/635/EEG met betrekking tot de waarderingsregels voor de jaarrekening en de geconsolideerde jaarrekening van bepaalde vennootschapsvormen evenals van banken en andere financiële instellingen (PbEG L 283), en van Richtlijn 2003/51/EG van het Europees Parlement en de Raad van 18 juni 2003 tot wijziging van de Richtlijnen 78/660/EEG, 83/349/EEG, 86/635/EEG en 91/674/EEG van de Raad betreffende de jaarrekening en de geconsolideerde jaarrekening van bepaalde vennootschapsvormen, banken en andere financiële instellingen, en verzekeringsondernemingen (PbEG L 178) (Wet uitvoering IAS-verordening, IAS 39-richtlijn en moderniseringsrichtlijn), Kamerstukken II 2003/04, 29 737, nadat het tot wet is verheven, in werking treedt, treedt dit besluit op hetzelfde tijdstip in werking.

Artikel 16
Dit besluit wordt aangehaald als: Besluit actuele waarde.

Trefwoordenregister

Trefwoordenregister

A

Aandeel van derden 15, 15.1.2, **15.5**
    aankoop 10.7.3, 15.5.6.1
    afname van - 15.5.6.1
    bij overname 15.5.3, 25.2.6
    call opties 15.5.1
    combinatie van opties 15.5.1
    mutaties in de omvang van - 15.5.6.1
    negatieve waarde van - 15.5.5
    opties op - 15.5.1, 25.2.6
    presentatie van - 15.5.2
    putopties 15.5.1
    toelichting 15.5.7
    toelichting IFRS 12 21.2.1.3
    toename van - 15.5.6.2
    vervolgwaardering 15.5.4
    verwatering van het belang 15.5.3.2
    waardering van **15.5.3**, 25.2.6
Aandelen
    aflosbare - 30.4.1, 30.4.2
    certificaten van- 9.1
    consignatie van - 36.1.4
    dividend op ingekochte eigen - 15.3.3
    eigen- 10.2.3, **10.7.2**, **15.3**
    in de toekomst te verstrekken - 15.2.2.6
    inkoop van eigen - 10.2.3, **10.7.2**, **15.3.1**
    inkoop van eigen - in kasstroomoverzicht 20.2.5
    preferente - 10.4.3.5, 15.2.9.3, 19.2.7, **30.4.1**, 30.4.4
    prioriteits - 10.4.3.5
    stemrechtloze 10.4.3.5, 41.2
    toelichting op eigen - 15.3.4
    verkoop van eigen - 15.3.2
    waardering 9.4.1, 14.6.2
    winstrechtloze 10.4.3.5, 41.2
Aandelenopties
    toelichting uitstaande optierechten 15.2.2.8
Aansprakelijk vermogen 15.1.3
Aansprakelijkheid 36.1.2
    civielrechtelijke - 2.4.4
    generieke - 16.5.4
    hoofdelijke - 36.1.2
    keten- 36.1.2
    pseudo- 16.5.4
    quasi- 16.5.4
    strafrechtelijke - 2.4.4

Trefwoordenregister

    - uit de wet 16.5.4
Accountantscontrole 2.10
    benoeming en ontslag accountant 2.10.1
    controleverklaring 2.10.3
    gevolgen niet-naleven accountantscontrole 2.10.5
    intrekking opdracht accountant 2.10.1
    vrijstelling - 2.10.4
    werkzaamheden accountant 2.10.2
Accountantshonoraria
    methode van vermelding 21.2.10
    vermelding in de jaarrekening 21.2.10
Accountantsverslag 2.10.3
Acquisition method; zie Overname
Activa
    algemeen 4.5.1
    niet in de balans opgenomen - 36.1.1, **36.1.3**, 36.2.2
    onderscheid vast/vlottend 4.5.2
Activa van een segment 22.3.1
Actuele waarde 4.7.3
    actuele kostprijs 4.7.3
    bedrijfswaarde 4.7.3, 29.2.4
    marktwaarde 4.7.4
    opbrengstwaarde 4.7.3, 12.3.6, 29.2.3
    reële waarde (fair value) 4.7.4
    reële waarde vastgoedbeleggingen 8.3.5
    toelichting 4.7.3
    toelichting vastgoedbeleggingen 8.8.2.3
    toepassing van - 4.7.3
    van kostprijs- naar actuele-waardemodel 28.2.2
    vervangingswaarde 4.7.3
Afschrijvingen
    vermelding in toelichting 21.2.3
Afweging nut en kosten 4.4.6
    vervangingswaarde 4.4.1
Agio 15.2.3, 19.4.2
Agrarische producten 12
    commoditybrokers en -traders 12.1
    commodity's 12.1
    definitie 12.1
    oogstmoment 12.3.1
    opbrengstwaarde 12.3.1
    reële waarde minus directe verkoopkosten 12.3.1
    toelichting 12.5
    waardering en resultaatbepaling 12.3.1, 12.3.6

Trefwoordenregister

Algemene grondslagen **4**, 4.1
Algemene grondslagen voor resultaatbepaling 5.1
Alternatieve prestatiemaatstaven (APM's) 5.1.4.6
    ESMA Guidelines on APMs 37.2.3
    toekomstige regelgeving IASB 37.2.4
Amortisatie 9.3, **9.4.2**
    annuïtaire 9.3, **9.4.2**
    lineaire 9.3, **9.4.2**
Amortisatiewaarde 4.7.5
Artikel 2:403 BW 42.1.1
Autoriteit Financiële Markten 1.4, **1.8.1**, 49.1
    bevoegdheden 1.8.1
    samenwerking met DNB 1.8.1

B
Badwill; zie Goodwill
Banken 47
    aandelen 47.3.8
    achtergestelde activa 47.5.4
    achtergestelde schulden 47.3.11, 47.3.13
    activa niet ter vrije beschikking 47.5.5
    balanspost bankiers **47.3.5**, 47.5.7
    balanspost kredieten **47.3.6**, 47.5.7
    balanspost overige activa 47.3.9
    balanspost overlopende activa 47.3.10
    balanspost overlopende passiva 47.3.14
    balanspost schulden **47.3.11**, 47.3.13, 47.3.16
    balanspost toevertrouwde middelen 47.3.11
    balanspost waardepapieren 47.3.7
    beleggingsportefeuille 47.3.3
    Code Banken 47.2
    country by country reporting 47.2
    effecten 47.5.6
    eigen vermogen **47.3.16**, 47.5.10
    financiële instrumenten **47.3.3**, 47.5.1
    fonds voor algemene bankrisico's 47.3.15
    groeps- en deelnemingsverhoudingen 47.5.8
    handelsportefeuilles 47.3.3
    IFRS 47, 47.2
    IFRS 7 47.5.1
    interbancaire geld- en kapitaalmarkt 47.3.5
    kapitaalbeheer 47.5.10
    kasstroomoverzicht 47.5.12
    kredietfaciliteiten 47.3.17
    liquiditeitsrisico 47.5.1
    looptijden activa en passiva 47.5.2

Trefwoordenregister

    marktrisico 47.5.1
    model balans 47.3.1
    model winst-en-verliesrekening 47.4.1
    niet uit de balans blijkende verplichtingen **47.3.17**, 47.5.11
    onherroepelijke faciliteiten 47.4.5, 47.5.11
    overheidspapier 47.3.4
    overige portefeuilles 47.3.3
    provisiebaten en provisielasten 47.4.3
    rentebaten en -lasten 47.4.2
    rentedragende waardepapieren 47.3.3, 47.3.7
    rentetypische looptijd 47.5.2
    resultaat uit financiële transacties 47.4.4
    risico gewogen post 47.5.10
    schuldbewijzen 47.3.12
    segmentatie 47.5.13
    termijntransactie 47.5.3
    tijdelijke verkochte/gekochte activa 47.3.18
    toetsingsvermogen 47.5.10
    trustactiviteiten 47.5.9
    valutarisico 47.5.3
    verbonden partijen 47.5.15
    vermogensratio's 47.5.10
    voorwaardelijke schulden 47.3.17
    vreemde valuta 47.5.3
    waardeveranderingen in de winst-en-verliesrekening **47.4.5**, 47.4.6
    wet- en regelgeving 47.2
    winst-en-verliesrekening **47.4**, 47.5.14
    zekerheidsstelling 47.5.5
Baten 5.1.2
    algemeen 4.5.5
    bijzondere baten en lasten 5.6
    presentatie 5.1.4
    verwerking 5.1.3
Bedrijfscombinatie; zie Overname
Bedrijfstakpensioenfonds 18.1.4, 18.2.2, 50.1.1
Bedrijfstakpensioenregeling 18.1.4
Bedrijfswaarde
    'Expected Cash Flow Approach' 29.2.4.1
    'Traditional Approach' 29.2.4.1
    traditionele benadering 29.2.4.1
    verwachte kasstroombenadering 29.2.4.1
Beëindiging bedrijfsactiviteiten en afstoting van (groepen) activa 33
    actualisatie toelichting 33.2.3
    bedrijfsactiviteit 33.2.1
    beëindiging 33.2.1
    besluit modellen jaarrekening 33.2.3

Trefwoordenregister

    continuïteit 33.2.2
    gebeurtenis na balansdatum **33.4**
    initiële gebeurtenis **33.2.2**, 33.2.3
    niet duurzaam voortzetten 33.2.1
    operationeel segment 33.2.1, 33.2.3
    regelgeving 33.1
    te verstrekken informatie 33.2.3
    tussentijdse berichten 33.2.3
    verkoopovereenkomst 33.2.3
    verschillen Dutch GAAP - IFRS 33.4
    vrijstelling middelgrote rechtspersonen 33.5
Begrijpelijkheid 4.4.1
Begrijpelijkheidsbeginsel 4.4.2
Belastingen 17, 17.5.2.2
    acute vorderingen en verplichtingen 17.2.1
    allocatie binnen fiscale eenheid 17.6
    balansbenadering 17.1.2
    belastinglast/-bate 17.1.2, 17.5.2.2
    definities en categorieën 17.1.1
    effectieve of toepasselijke tarief 17.5.2.2
    fiscale eenheid 17.6
    hybride vormen van belastingen 17.1
    internationale context 17.1.5
    other comprehensive income 17.4
    overheidssubsidies 17.1.3
    presentatie in balans 17.5.1.1
    presentatie in winst-en-verliesrekening 17.5.2.1
    saldering 17.5.1.1
    schema toepasselijke regelgeving 17.1.6
    statutaire jaarrekening 17.1.4
    toelichting **17.5.1.2**, 17.5.3
    verrekeningsmethodiek binnen fiscale eenheid 17.6
    verwerking mutaties 17.4
    vrijstelling middelgrote rechtspersonen 17.7
    wet op de vennootschapsbelasting 17.3.1
Belastinglatentie
    - bij herwaardering 15.2.4.7, **17.2.3.3**
    - bij samengestelde financiële instrumenten 17.2.3.4
    contante waarde 17.3.2
    - die voortvloeien uit op aandelen gebaseerde betalingen 17.2.3.5
    fiscale verrekeningsmogelijkheden 17.2.2.2
    - in kader van deelnemingen 17.2.3.2
    - in kader van overname 17.2.3.1
    latente belastingverplichtingen en -vorderingen 17.2.2.1, 17.2.2.2
    nominale waarde 17.3.2
    onzekere belastingposities 17.3.3

Trefwoordenregister

    presentatie in de balans en winst-en-verliesrekening 17.5.1.1, 17.5.2.1
    tijdelijke verschillen die niet leiden tot een belastinglatentie 17.2.2.3
    toelichting 17.5.1.2, 17.5.2.2, 17.5.3
    toerekeningsbeginsel 17.1.2
    verliescompensatie (achterwaarts en voorwaarts) **17.2.2.2**, 17.3.1
    verrekenbare tijdelijke verschillen 17.2.2.2
    waardering tegen welk tarief 17.3.1

Beleggingsentiteit 49
    aandelenklassen 49.5.5
    actief en passief beheerde - 49.6.5
    afgeleide instrumenten 49.2.2.2
    balans 49.2
    begripsbepaling 49.1.1
    beleggingen 49.2.2.2
    beleggingsresultaat 49.3.2
    beloningsbeleid 49.6.1
    bestuursverslag 49.6
    carried interest 49.3.3.3
    closed-end 49.1.1
    consolidatie door - 49.1.6
    effectenfinancieringstransacties 49.5.2
    eigen deelnemingsrechten 49.2.5.2
    exploitatiekosten en afschrijvingskosten vastgoed 49.3.3.5
    fiscale positie 49.5.1
    geldmiddelen en kasequivalenten 49.2.2.3, 49.2.3
    halfjaarcijfers 49.9
    hergebruik 49.5.2
    icbe 49.1.1
    IFRS voor - 49.1.5
    inkoop en heruitgifte eigen deelnemingsrechten 49.2.5.1
    inrichting van winst-en-verliesrekening 49.3.1
    kasstroomoverzicht 49.4
    kosten 49.3.3
    kostentoelichtingen 49.3.3.6
    liquide middelen 49.2.3
    lopende kosten bij - 49.3.3
    ongoing charges 49.3.3.1
    open-end 49.1.1
    oprichtings- en emissiekosten 49.3.3.4
    overige gegevens 49.6.2, 49.7
    over-the-counter-opties 49.5.3
    performance gerelateerde vergoedingen 49.3.3.3
    periodieke informatieverschaffing 49.8
    portefeuille omloopfactor 49.3.3.2
    presentatie 49.2.2.4
    puttable instrumenten 49.2.5.1

Trefwoordenregister

    rapportage en publicatievereisten 49.1.3
    resultaatbepaling 49.2.2.2
    retailbeleggingsentiteit 49.1.1
    semi-closed end 49.1.1
    semi-open end 49.1.1
    subfondsen 49.5.5
    toelichting 49.2.2.4
    toelichting beleggingen in andere beleggingsentiteiten 49.2.2.6
    toelichting stembeleid en stewardship 49.6.3
    toelichting verloop en samenstelling beleggingen 49.2.2.5
    toepasselijke regelgeving 49.1.2
    totale opbrengstenswaps 49.5.2
    transactiekosten 49.2.2.3, 49.3.3.2
    transparantie duurzame beleggingen 49.6.4
    verbonden partijen 49.5.4
    verklaring omtrent bedrijfsvoering 49.6.2
    verplichtingen voor beheerders en bewaarders 49.10
    verslaggevingsregels 49.1.4
    vorderingen, crediteuren, schulden en overlopende posten 49.2.4
    vrijstellingen voor middelgrote rechtspersonen 49.11
    waardering beleggingen 49.2.2.1
    wet- en regelgeving 49.1.2
    winst per aandeel 49.3.4
    winst-en-verliesrekening 49.3
Beleggingsentiteiten 23.6.4
Beleggingsfonds 49.1.1
Beleggingsmaatschappij 49.1.1
Beleidsbepalende invloed 23.2.2
Bepaalbare levensduur 6.4.2.1
Beschikkingsmacht 4.5.2.1
Beslissende zeggenschap; zie Overname
Besluit financieel toetsingskader pensioenfondsen (FTK) 18.3.17
Besluit jaarrekening banken 47.2
Bestuursverslag 39, 39.5.1, 39.5.2, 39.5.3, 39.5.8
    algemene informatie 39.4.2
    auditcommissie 39.5.6
    begripsbepaling 39.1
    beschermingsconstructies 39.5.2.3
    besluit inhoud bestuursverslag 39.2
    bestuursverklaring 39.5.9
    beursgenoteerde vennootschap 39.1, 39.5.1
    bezoldigingsverslag 39.5.5
    bijzondere gebeurtenissen 39.1
    corporate governance code 39.2, 39.5.2
    corporate governance verklaring 39.5.2.1
    directieverslag 39.1

Trefwoordenregister

    diversiteitsbeleid 39.5.7
    evenwichtige verdeling m/v 39.4.11
    financiële informatie 39.4.3
    financiële instrumenten 39.4.5
    formele aspecten 39.3.1
    gedragscodes 39.4.6
    geldeenheid 39.3.2
    IFRS Practice Statement 39.7
    in control statement 39.5.3
    informatie over kasstroomoverzicht 20.4.2
    kapitaalstructuur 39.5.2.3
    maatschappelijke aspecten 39.4.7
    maatschappelijke verslaggeving 39.6.2
    niet-financiële informatie beursgenoteerde vennootschappen 39.5.7
    ondertekening 39.3.4
    onderzoek en ontwikkeling 39.4.8
    ontwikkelingen gedurende het boekjaar 39.4.8
    openbaarmaking - 39.3.3, 39.5.11
    overige informatie 39.4.9
    overnamerichtlijn 39.2, 39.5.2.3
    risico's en onzekerheden 39.4.4
    risicoparagraaf 39.5.3
    speerpuntenbrief Eumedion 39.5.10
    structuurregime 39.3.5
    taal 39.3.2
    tegenstrijdige belangen 39.5.2.3
    toekomstgerichte informatie 39.4.10
    toepassingsgebied 39.1
    toestand op balansdatum 39.4.3
    verslag raad van commissarissen 39.5.6
    vrijstellingen 39.3.6
Betaling op basis van aandelen 34
    af te wikkelen in eigen-vermogensinstrumenten 34.2.2
    af te wikkelen in geldmiddelen 34.2.4
    afwikkeling met alternatieven 34.2.7
    annulering 34.2.8
    belastingen 34.2.11
    dienstgerelateerde voorwaarden 34.2.3
    graded vesting 34.2.6
    groepsaandelen 34.2.10
    intrinsieke waarde 34.2.2
    managementparticipatieplan 34.2.10
    non-vesting condities 34.2.3
    presentatie 34.3.1
    prestatiegerelateerde voorwaarden 34.2.3
    prijsgerelateerde voorwaarden 34.2.3
    reële waarde 34.2.2, 34.2.9

        schema 34.2.5
        termijnen 34.2.6
        toelichting 34.3.2
        toepassingsgebied 34.1.2
        vesting condities 34.2.3
        voorwaarden 34.2.3, 34.2.8
        waarderingsdatum 34.2.2
        wijzigingen 34.2.8
Betalingskorting 5.5.1
Betrouwbaarheid 4.4.1, 4.4.4
Beursgenoteerde effecten 9.4.1, **14.6**
        beursgenoteerde vennootschap, algemeen verkrijgbaar stellen jaarrekening 2.3.1
        definitie 1.7, **2.3.1**
        deponering jaarrekening beursgenoteerde onderneming bij AFM 2.8.2
        kasstroomoverzicht 20.2.1
        met Nederland als lidstaat van herkomst 1.2.2
Beursgenoteerde vennootschap 1.7
Bewaarplicht 2.11
        bewaarplicht na vereffening 2.11.2
Bezoldiging bestuurders en commissarissen 21.2.5
        open NV's 21.2.4
        vrijstellingen 21.2.5
        Wet Normering Topinkomens 21.2.7
Bezoldigingsverslag 39.5.5
Bijzondere aspecten inzake juridische fusie en splitsing 25.10
Biologische activa 7.8
        activering 7.8.2
        definitie 7.8.1
        draag(moeder)planten 7.8.2.1
        overheidssubsidies 7.8.5
        reikwijdte regelgeving 7.8.1
        resultaatbepaling 7.8.4
        toelichting 7.8.6
        waardering 7.8.3
Boekjaar 2.2
        eerste - 2.2.3
        wijziging van - 2.2.2
Boete voor vervroegde aflossing 19.4.4
Bonussen **5.4.2**, 19.2.8.3
Bronnen van regels 1.1
Business combination; zie Overname

C

Cash pooling 14.7.3.2
        kasstroomoverzicht 20.2.1
        saldering 30.3.4

Trefwoordenregister

Centrale leiding 10.1.1, 23.2.1
Cloud computing 6.2.5.5
Collectieve defined contribution regeling (CDC-regeling) 18.3.6
Commanditaire vennootschap 1.2.2
Commerciële stichting of vereniging 1.2.2, 52
    balans met toelichting 52.3
    begripsbepaling 52.1.1
    bestemming resultaat 52.5
    bezoldiging bestuurders 52.5
    deponering 52.1.1
    eigen vermogen 52.3.1
    exploitatierekening 52.4.1
    groottecriteria 43.2.4, 52.1.2, 52.2.2
    informatie over niet-commerciële activiteiten 52.5
    modellen 52.2.4
    netto-omzet 52.4.2
    prijsgrondslagen 52.2.3
    statutaire regeling winstbestemming commerciële - 21.2.11
    toekomstig 52.1.3
    toelichting 52.5
    toepassing titel 9: ondernemingsbegrip 52.1.2
    totstandkoming financieel verslag 52.2.1
    vrijstellingen 52.2.2
    wet- en regelgeving 52.1.1
    winst-en-verliesrekening met toelichting 52.4
Commodity's 12.3.6.2
Componentenbenadering 7.1.2, **7.4.1.1**, 7.5.1
Comprehensive income 5.7.2
    winst-en-verliesrekening met toelichting 15.4.2.2
Conceptual Framework 4
Concessie 6.1.3.3, 35
    informatie over - 35.4.8
Consolidatie 23
    aandeel van derden 23.8.1
    aanvang 23.3.5
    administratiekantoor 9.2.2
    balansdatum geconsolideerde jaarrekening 23.9.2
    beleggingsentiteiten 23.3.3
    beschermende rechten 23.2.2
    consolidatiekring
        special purpose entity 23.5
        vrijstellingen 23.6.1
    control 23.2.3
    'de facto' control 23.2.3.4
    einde 23.7
    eliminatie van relaties en resultaten 23.8.4

Trefwoordenregister

      gedelegeerde rechten 23.2.3.3
      groepshoofd 23.3.1
      groepsmaatschappij met negatief eigen vermogen 23.8.5
      grondslagen 23.8
      inhoud 23.9
      integrale 23.8.1
      kring 23.5
      materiële rechten 23.2.2
      ontbinding, faillissement van groepsmaatschappij 2.13.2
      participatiemaatschappij 23.3.3
      personal holding 23.3.4
      plicht 23.3
      potentiële stemrechten 23.2.3
      proportionele (Dutch GAAP) 23.8.2
      proportionele verantwoording (IFRS 11) 23.8.2
      relevante activiteiten 23.2.3.1
      resultaat uit groepsmaatschappij 23.9.4
      'silo' 23.2.3.5
      toelichting 23.9.5
      tussenhoudstermaatschappij 23.3.2
      uniforme grondslagen 23.8.3
      - van pensioenfondsen 18.1.6
      variabele opbrengsten 23.2.3.2
      verschillen eigen vermogen en resultaat enkelvoudig en geconsolideerd **15.1**, 15.4.2, 23.9.3
      vrijstelling consolidatiekring
            onevenredige kosten 23.6.1
            gezamenlijke betekenis te verwaarlozen 23.6.2
            slechts gehouden om te vervreemden 23.6.3
      vrijstelling consolidatieplicht 23.4
            vanwege omvang 23.4.1
            vanwege tussenhoudsterregime 23.4.2
      waarom? 23.1.2
      zustermaatschappijen 23.3.1
Consolidatieplicht
Constructive obligation 16.2.1
Contante waarde 4.7.5
Contingent consideration; zie Overname
Continuïteitsbeginsel 4.3.3
Controleverklaring 2.10.3
Coöperatie 51
      aansprakelijkheid 51.1.1
      accountantsonderzoek 51.2.6
      balans met toelichting 51.2.1
      begripsbepaling 51.1.1
      belangen in 51.2.3
      classificatie eigen vermogen of vreemd vermogen 51.3.4

Trefwoordenregister

    exploitatierekening 51.4
    ledenbetalingen 51.3.1
    ledenkapitaal 30.4.3, 51.2.4
    modellen 51.2.4
    openbaarmaking 51.2.7
    overige gegevens 51.2.5
    schulden 51.2.3
    toepasselijke wet- en regelgeving 51.1.2
    totstandkoming financieel verslag 51.2.1
    verbonden maatschappijen 51.2.2
    voorraden 51.3.2
    voorziening verlieslatende contracten 51.2.5, 51.3.5
    vorderingen 51.2.3
    vorderingen en schulden 51.3.3
Corporate governance 39.5.2
Corporate reporting 40
    bestuursverslag 40.1.3
    jaarrekening 40.1.2
    ontwikkelingen algemeen 40.1
    ontwikkelingen EU 40.2.1
    ontwikkelingen IFRS Foundation 40.2.2
Cryptocurrencies 6.1.1, 12.3.6.2, 14.2.3
    begripsbepaling 14.9.1
    belegging 14.9
    kasstroomoverzicht 20.2.1
    presentatie 14.9.3
    toelichting 14.9.3.2
    waardering 14.9.2

D
Datering van de jaarrekening 2.4.2
Decharge 2.6.5
Deelnemingen 10
    aan-/verkoop – in kasstroomoverzicht **20.3.6**, 20.4.1
    aanwijzing voor bijzondere waardevermindering 29.2.1
    actuele-waardemethode 10.4.2
    afname bestaand belang 10.8
    afstoting van - 10.8.1
    balansdata 10.4.3.6
    belangen in coöperaties 10.3.6
    bepaling goodwill 10.4.3.1
    bijzondere waardevermindering **10.4.1**, 10.4.3.6
    combinatie 3 10.3.5
    eigen aandelen 10.2.3
    eliminatie ongerealiseerde resultaten uit transacties met - 10.6
    enkelvoudige jaarrekening 10.6

Trefwoordenregister

'equity'-methode 10.3.3
'fresh start' 10.8.4
groepsmaatschappij 10.1.1
- in een personenvennootschap 10.1.4
- in een rechtspersoon 10.1.4
inkoop eigen aandelen 10.7.2
invloed van betekenis 10.3.1
kostprijsmethode 10.4.1
meegekocht dividend 10.2.3
moment van aanvang van de waardering 10.2.2
moment van verwerving - 10.2.1
negatief eigen vermogen 10.4.3.4
netto-vermogenswaardemethode 10.4.3
omgekeerde overname 10.4.3.2
onderscheid t.b.v. waardering 10.3.1
oorspronkelijke kostprijs 10.3.3, 10.5.3
presentatie 10.9.1
prioriteits- en preferente aandelen 10.4.3.5
proportionele eliminatie 10.6
samenvattend schema waardering 10.3.4
schulden aan - 19.2.4
stapsgewijze verwerving 10.7.1
stelselwijziging 10.5.3
toelichting 10.9.2
toename bestaand belang 10.7
verkoop 10.8.1
verkoop deelneming en gevolgen voor goodwill 10.8.6
verkoop met behoud overheersende zeggenschap 10.8.3
verkrijging van invloed van betekenis 10.5.1
verkrijgingsprijs 10.2.3
verlies invloed van betekenis 10.8.5
verlies overheersende zeggenschap 10.8.4
verlies van invloed van betekenis 10.5.2
vermogensmutatiemethode 10.3.3
veronderstelde kostprijs 10.3.3
verwateringsresultaat 10.8.2
verwerving aandeel derden 10.7.3
waardering en resultaatbepaling 10.4
waardering indien geen invloed van betekening 10.3.2
waardering onder IFRS 10.3.3
wettelijke reserve; zie Wettelijke reserves
wijziging van waarderingsmethode 10.5
zichtbaar-eigen-vermogenmethode **10.3.3**, 10.4.4
Defined benefit plan 18.3.3
Defined contribution plan 18.3.2

Trefwoordenregister

Deponering
    bestuursverslag en deel overige gegevens 2.8.3
Deponering jaarrekening 2.8
    beursgenoteerde ondernemingen 1.8.1, **2.8.2**
    deponeringsplicht nevenvestigingen 2.8.8
    gevolgen niet (tijdig) deponeren 2.8.7
    termijnen 2.8.4
    vrijstelling 2.8.6
Deposito's banken 47.3.5
Deposito's 20.2.1
Derde balans 28.3.3
Derecognition 4.6.2
Derivaten 31
    algemene informatie 31.6
    commoditycontracten 31.5.11
    definities 31.2.1
    eerste waardering 31.4.2, 31.4.5
    embedded - 31.3
    geamortiseerde kostprijs 31.4.3
    handelsportefeuille 31.4.4
    hypothetisch derivaat 31.5.3
    IBOR reform 31.1
    in een contract besloten - 31.3
    kasstroomoverzicht 20.3.4
    kostprijs 31.4.3
    OTC-derivaten 15.2.4.2
    reële waarde 31.4.3, 31.4.4, 31.4.5
    regelgeving 31.1
    resultaatbepaling 31.4.1
    toelichting 31.6, 31.6.1
    toelichting boekwaarde hoger dan reële waarde 31.6.4
    toelichting liquiditeitsrisico 31.6.3
    toelichting renterisico 31.6.2
    toepassingsgebied 31.1
    vrijstellingen middelgrote rechtspersonen 31.7.1
    waardering 31.4.1
    waarderingsgrondslagen 31.6
    zonder hedge accounting 31.4.6
Derogatiebeginsel 4.2.3
Dienstverlening uit hoofde van concessieovereenkomsten **35.4**
    begripsbepaling 35.4.2, 35.4.3, 35.4.4
    financieel actief model 35.4.5
    gemengd model 35.4.7
    immaterieel actief model 35.4.6
    toelichting 35.4.8

Directieverslag 39.1
Disagio 19.4.2
Dividend **5.3.6**, 15.2.9.6
    achterstallig - 15.2.9.3
    balans voor of na resultaatbestemming 15.2.9.1
    gedeclareerd - 38.6.1
    keuze- 15.2.9.4
    meegekocht - 10.2.3
    natura 15.2.9.5
    - op gewone aandelen 38.6.1
    opbrengsten 5.2.6, 10.4
    preferent - **15.2.9.3**, 38.6.2
    voor of na acquisitie 10.2.3
    voorgesteld op balansdatum 15.2.9
    - voorstel 38.6
Dochtermaatschappij 10.1.2
Doel van de jaarrekening 4.1, 4.2.3
Dollar offset methode
    voorgesteld op balansdatum 31.5.3

E
Earn out-regeling; zie Overname, 36.1.3, 36.2.2
EBIT(DA); zie Kerncijfers en kengetallen
Economische eenheid 10.1.1, 23.2.1
Effectieve-rentemethode 30.5.4
EFRAG 3.1.3
Eigen vermogen 15
    algemeen 4.5.4
    begripsbepaling 15.1.1, **15.2.1**
    categorieën 15.2
    classificatie als eigen of vreemd vermogen 15.1.5, **30.4**
    classificatie eigen vermogen/vreemd vermogen in enkelvoudige jaarrekening 30.4.4
    gebonden vermogen 15.1.4
    in de toekomst te verstrekken aandelen 15.2.2.6
    kapitaalvermindering 15.2.2.5
    mutatie-overzicht 15.4.2
    niet-verdeelde winsten 15.2.8
    optierecht 15.2.2.8
    rechtstreekse mutaties in - 15.4.1
    toegelaten rechtstreekse vermogensmutaties 15.4.1
    value gap 15.1.1
    vrij vermogen 15.1.4
    vrijstelling voor middelgrote rechtspersonen 15.6
Eigendom
    economische 4.4.4.2
    juridische 4.4.4.2

Trefwoordenregister

Elementen van de jaarrekening
    algemeen 4.5
    het niet meer opnemen van elementen 4.6.2
    het opnemen van elementen 4.6.1
    waarderen van elementen in de jaarrekening 4.6.2
Embedded derivaat 31.3
Emissiekosten 6.1.3.1, **15.2.3.2**
Emissierechten 35.3
    afschrijving (RJ) 35.3.4
    verkoop van om niet verkregen rechten (RJ) 35.3.3
    verwerking volgens IFRS 35.3.2.2
    verwerking volgens RJ 35.3.2.1
    voorraden 12.1
Endorsement mechanisme **3.1.3**, 3.1.4
Enkelvoudige jaarrekening 24
    begripsbepaling 24.1
    combinatie 1 24.3.3
    combinatie 2 24.3.4
    combinatie 3 24.3.5
    combinatie 4 24.3.6
    documentatie dividenduitkering 24.6.7
    enkelvoudig eigen vermogen-geconsolideerd eigen vermogen 24.5
    liquiditeitstoets 24.6.1, **24.6.5**
    moment van toetsen vermogen 24.6.3
    - op basis van Dutch GAAP 24.3.1
    - op basis van IFRS 24.3.2
    - relatie geconsolideerde jaarrekening 24.2
    relatie - geconsolideerde jaarrekening 2.9
    separate financial statements 24.4
    uitkeringen van vermogen 24.6
    vermogenstoets 24.6.1, **24.6.4**
    vermogenstoets bij negatief eigen vermogen 24.6.6
    - verschijningsvormen (Dutch GAAP) 24.3
    - verschijningsvormen IFRS 24.4
ESMA 1.8.2
EU jaarrekeningrichtlijn 1.7
EU-richtlijn aandeelhoudersbetrokkenheid 1.7
European Securities and Markets Authority (ESMA) 1.8
Europese Unie **1.7**, 3.1.3, 3.1.4
Evenwichtige verdeling m/v in bestuursverslag 39.4.11
Externe verslaggeving 4.1

F
Factoring **30.3.2**, 36.1.4
    kasstroomoverzicht 20.2.5

Trefwoordenregister

Faillissement en jaarrekening 2.13.2
Fifo 12.3.4
Financiële instrumenten 30
    actuele waarde 30.5.5
    afwikkelingsdatum 30.3.3
    beheersing kapitaal 30.8.9
    bijzondere waardevermindering 30.6, 30.7
    bijzondere waardeverminderingen IFRS 9 30.7.7
    business model test 30.7.2
    carve-out 3.1.3
    classificatie als eigen of vreemd vermogen 15.1.5, 19.1.4, 30.4
    classificatie eigen vermogen/vreemd vermogen in enkelvoudige jaarrekening 30.4.4
    classificatie van financiële instrumenten **30.6**, 30.7
    definities 30.2.1
    eerste waardering 30.5.2
    eigen kredietrisico 30.5.5, 30.7.1
    eigen-vermogensinstrumenten 30.2.1
    expected credit loss-model 30.7.7
    fair value hiërarchie **4.7.4**, 4.8.2, 30.5.5, 30.8.6
    fair value optie 30.7.2
    financiële activa 30.2.1
    financiële verplichtingen 30.2.1, **30.5.5**, **30.7.4**, **30.7.6**
    geamortiseerde kostprijs 30.5.4
    gekochte leningen en obligaties 30.6.3
    handelsportefeuille 30.6.2
    herclassificatie tussen categorieën 30.6.6
    herclassificatie van activa 30.7.5
    investeringen in eigen-vermogensinstrumenten 30.6.5
    kostprijs 30.5.3
    kredietrisico 30.5.5, 30.6.7, 30.7.2, 30.7.4, 30.7.7
    liquiditeitsrisico 30.7.2
    marktwaarde 30.5.5
    opnemen op de balans (recognition) 30.3.1
    presentatie 30.4
    puttable instrumenten 30.4.3
    reële waarde 30.5.2, **30.5.5**
    reële-waarde optie 30.7.6
    regelgeving 30.1
    renteherziening 30.5.4, 30.8.2
    saldering 30.3.4
    samengestelde - 30.4.2
    SPPI test 30.7.2
    terugneming bijzondere waardevermindering 30.6.7
    toelichting 30.8
    toelichting algemene informatie en waarderingsgrondslagen 30.8.1
    toelichting boekwaarde hoger dan reële waarde 30.8.7

Trefwoordenregister

    toelichting kredietrisico 30.8.3
    toelichting liquiditeitsrisico 30.8.4
    toelichting marktrisico 30.8.5
    toelichting reële waarde 30.8.6
    toelichting renterisico 30.8.2
    toelichting waardewijzigingen in winst-en-verliesrekening 30.8.8
    toepassingsgebied 30.1
    transactiedatum 30.3.3
    transactiekosten 30.5.2
    vereenvoudigd expected credit loss-model 30.7.7
    verrekening van financiële activa en verplichtingen 30.3.4
    verstrekte leningen en overige vorderingen 30.6.4
    vervolgwaardering eigen-vermogensinstrumenten 30.7.3
    verwijderen van de balans (derecognition) 30.3.2
    verzekeringscontract 30.1
    vreemd-vermogenscomponent 30.4.2
    vrijstellingen middelgrote rechtspersonen 30.9
    waardering schuldinstrumenten 30.7.2
    waardeveranderingen van - 30.6.1, 30.7.6
Financiële vaste activa 9
    aandelen 9.4
    begripsbepaling en regelgeving 9.1
    buiten de groep staande verbonden maatschappijen 9.1, 10.1.3
    categorieën - 9.2
    certificaten van aandelen; zie Aandelen
    deelnemingen; zie Deelnemingen
    duurzame waardevermindering 9.4.2
    geamortiseerde kostprijs 9.4.1, **9.4.2**
    gecumuleerde waardewijzigingen 9.5.4
    groep 9.1, 10.1.1
    kapitaalbelangen niet zijnde deelnemingen 9.2.2
    mutatieoverzichten 9.5.3
    niet duurzame waardevermindering 9.4.2
    niet langer opnemen in de balans 9.3
    overige effecten; zie Overige effecten
    overige informatie 9.5.5
    participaties 9.2.2
    presentatie 9.5.1
    uiteenzetting grondslagen 9.5.2
    vorderingen 9.2.1
    vrijstellingen middelgrote rechtspersonen 9.6
    waarderingsgrondslag **9.3**, 9.4
    zelfstandige vruchtdrager 9.2.2
Financiële verplichting 19.1.3.2
Fiscale eenheid 17.6
Fiscale grondslagen 1.2.3

Trefwoordenregister

Flex-BV 15.2.2.4, 15.2.9.6
    vereenvoudigde vaststelling bij - 2.6.2
Fondsenwervende organisaties 53.11
    activa 53.11.3.1
    baten 53.11.5.1
    baten uit subsidies van overheden 53.11.5.1
    baten van particulieren 53.11.5.1
    begripsbepaling 53.11
    besteed aan doelstellingen 53.11.5.2
    bestemmingsfonds 53.11.4
    bestemmingsreserve 53.11.4
    bestuursverslag 53.11.7
    continuïteitsreserve 53.11.4
    doelrealisatie 53.11.7
    geconsolideerde jaarrekening 53.11.6
    governance 53.11.7
    kleine - 53.11.8
    kosten beheer en administratie 53.11.5.2
    lasten 53.11.5.2
    materiële vaste activa 53.11.3.2
    personeelsbeloningen 53.11.5.2
    reserves 53.11.4
    reserves en fondsen 53.11.4
    saldo financiële baten en lasten 53.11.5.1
    toezicht op - 53.11.1
    verslaggeving 53.11.2
    wervingskosten 53.11.5.2
    wet- en regelgeving 53.11
    winst-en-verliesrekening 53.11.5
Formeel buitenlandse vennootschappen 1.2.2
Formele aspecten 2
Fout
    aanvullende regels beursfondsen 28.5.1
    begripsbepaling 28.5.1
    deponering 28.5.1
    derde balans 28.5.2
    ernstige tekortkoming in wettelijk vereiste inzicht 28.5.1
    foutief stelsel 28.5.1
    gebeurtenissen na balansdatum 28.5.1
    materiële - 28.5.1, 28.5.2
    niet-materiële - 28.5.2
    opzettelijke immateriële fouten 28.5.1
    presentatie 28.5.2
    toelichtingseisen 28.5.2
    verwerking 28.5.2

Trefwoordenregister

Foutherstel 28.5
    meerjarenoverzichten 28.5.2
    toelichtingseisen 28.5.2
Framework 4
Fungibele goederen 12.3.4
Fusie; zie Juridische fusie
Fusie; zie Overname
Fusies en overnames onder gemeenschappelijke leiding 26.2
    boekwaarden 26.2.3
    carry over accounting-methode 26.2.3
    economische realiteit 26.2.4
    eigen vermogen 26.2.3
    gemeenschappelijke leiding 26.2.1
    nieuw opgerichte entiteit (newco) 26.2.4
    omgekeerde overname 26.2.4
    pooling of interest methode 26.2.3
    presentatie en toelichting 26.2.7
    purchase accounting-methode 26.2.3
    reverse pooling en reverse carry-over accounting 26.2.6.3
    verslaggevingsvoorschriften 26.2.2
    verwerking door overdragende partij 26.2.6
    verwerking in enkelvoudige jaarrekening van overdragende partij 26.2.6.2
    verwerking in enkelvoudige jaarrekening verkrijgende partij 26.2.5
    verwerking in geconsolideerde jaarrekening 26.2.6.1
    verwerkingsmethodes 26.2.3
    wannneer welke verwerkingsmethode 26.2.4
    wordt een business overgenomen? 26.2.4

G

Garantievermogen 15.1.3
Geamortiseerde kostprijs 4.7.5, 9.3, 9.4.1, **9.4.2**, **30.5.4**
Gebeurtenissen na balansdatum **38**, 39.4.3
    begripsbepaling 38.1
    bestuursverslag 39.4.10
    datering van de jaarrekening 38.2
    dividenduitkeringen 38.6
    feitelijke situatie op balansdatum 38.1, **38.3**
    fouten 28.5.1, **38.3**
    onderscheid verwerken en toelichting 38.2
    pensioenfondsen **50.4.8**, 50.6.3
    samenvattend schema 38.5
    toelichting onder IFRS 38.4
    vermelding in bestuursverslag 38.4
    vermelding in de toelichting 38.4
    vermelding mogelijkheid tot wijzigen na opmaak 38.2.1
    verwerking in jaarrekening 38.3
    zonder nadere informatie situatie per balansdatum 38.4

Trefwoordenregister

Geconsolideerde jaarrekening 23.1.1
Geldeenheid 2.12
    bestuursverslag 2.12.4, 39.3.2
    omrekening aandelenkapitaal 2.12.3
    overige gegevens 2.12.4, 41.1
Geldmiddelen 20.2.1
Gelijktijdige stelselmatigheid 28.2.1
Gereglementeerde markt (beurs) **1.1**, 1.2.2, 1.7, 1.8
Getrouw beeld 4.2.3
Getrouwe weergave 4.4.1, 4.4.4
Gewogen gemiddelde inkoopprijzen 12.3.4
Global Reporting Initiative 39.6.2
Goodwill 25.3
    badwill 25.3.1.2
    begripsbepaling 25.3.1.1
    bijzondere waardevermindering goodwill 29.6
    bijzondere waardevermindering goodwill en belang van derden 29.6.3
    eigen - 25.3.1.2
    gekochte - 25.3.1.2
    - in vreemde valuta 25.3.4
    negatieve -
        begripsbepaling 25.3.3.1
        verwerking onder RJ 216 25.3.3.2
        toelichting 25.9.2.2
    ontwikkelingen IFRS 29.6.7
    positieve -
        verwerken van - 25.3.2
        eerste verwerking 25.3.2.1
        vervolgverwerking IFRS 3 25.3.2.2
        toelichting 25.9.2.2
    presentatie in balans en winst-en-verliesrekening 25.9.1
    soorten - in wet- en regelgeving 25.3.1.2
    terugneming bijzondere waardevermindering goodwill 29.6.5
    toelichting 25.9.2.2
    toerekening goodwill aan kasstroomgenererende eenheden 29.6.2
    tussentijdse berichtgeving en bijzondere waardevermindering goodwill 29.6.6
    verwerking bijzondere waardevermindering 29.6.4
Groep 23.2.1
Groepsmaatschappij 10.1.1
Groepsregime 42
    aansprakelijkheidsverklaring 42.3.6
    beëindiging - en toepasselijk grootteregime 42.4.3
    beëindiging - en vergelijkende cijfers 42.4.3
    beëindiging nieuwe aansprakelijkheid 42.4.1
    consoliderende maatschappij 42.3.5
    deponering 42.3.7

Trefwoordenregister

    gecombineerde toepassing artikelen 2:403 BW en en 2:408 BW 42.3.3
    geconsolideerde jaarrekening 42.3.5
    gevolgen van Brexit 42.3.5
    groepsmaatschappij 42.3.1
    instemmingsverklaring 42.3.4
    nadelen 42.2.1
    overblijvende aansprakelijkheid 42.4.2
    summiere jaarrekening 42.3.2
    toepassing in overnamesituatie 42.4.4
    toepassing van 42.1
    uiterste tijdstip van toepassing 42.3.7
    voordelen 42.2.1
    voorwaarden voor toepassen 42.2
Groepsvermogen 15.1.2
Grondbeginselen 4.3
Groot onderhoud **7.5**, 16.1.1
    vastgoedbeleggingen 8.3.3
Groottecriteria 43.2
    balanstotaal **43.2.1**, 43.2.3
    consolidatie 43.2.2
    grensbedragen 43.2.3
    netto-omzet **43.2.1**, 43.2.3
    werknemers **43.2.1**, 43.2.3
    wisseling grootte 43.2.5

H
Halfjaarcijfers, halfjaarrekening, toezicht op - 1.8.1
Halfjaarlijks bestuursverslag 1.7
Handelsregisterbesluit 1.2.2
Hedge accounting 31.5
    afdekking netto-investering buitenlandse deelneming **27.4.4.7**, 31.5.7
    afgedekte positie 31.5.2
    bedrag, tijdstip en onzekerheid toekomstige kasstromen 31.6.5
    beëindigen van - 31.5.4
    effecten op financiële positie en prestaties 31.6.5
    effectiviteit 31.5.3
    fair value - 31.5.5
    generieke documentatie 31.5.2
    hedgedocumentatie 31.5.2
    hedgedocumentatie op basis van individuele hedgerelatie 31.5.2
    hedge-instrumenten 31.5.2
    ineffectiviteit 31.5.3
    kasstroomafdekking (cash flow hedge) 31.5.6
    kosten van hedging 31.5.10
    kostprijshedge accounting 31.5.8
    modellen voor de verwerking van - 31.5.1

Trefwoordenregister

    onderdekking 31.5.3
    overdekking 31.5.3
    reële waarde hedge accounting 31.5.5
    risicobeheerstrategie 31.6.5
    toelichting 31.6.5
    voorbeelden verschillende soorten - 31.5.9
    voorwaarden voor toepassing - 31.5.2
Heffingen 35.5
Herfinanciering 19.5.3
Herverzekering 48.4.11.7
Herwaarderingsreserve 3.3.1, **15.2.4**
    bijzondere waardevermindering 29.3
    collectieve bepaling 15.2.4.3
    deelneming 15.2.4.6
    derivaten 15.2.4.2
    in verband met agrarische voorraden 12.3.6.1, **15.2.4.1**
    in verband met beleggingen 15.2.4.1
    in verband met financiële instrumenten **15.2.4.1**, 30.5.2, 30.6.1, 30.6.3
    incidentele herwaardering 7.3.3.3, **15.2.4.5**, 33.1
    individuele bepaling 15.2.4.3
    kasstroomafdekking 15.2.4.3
    materiële vaste activa 7.3.1.8, 7.3.3.3, **7.4.4**, 7.6.1, 7.7.2
    op basis van actuele waarde 7.3.3, 7.4.5, 7.6.1.1, **15.2.4**
    over-the-counter derivaten 15.2.4.2
    terugname bijzondere waardevermindering 29.4
    toelichting 15.2.4.9
    vermindering ten gunste van eigen vermogen of resultaat 15.2.4.8
    verminderingen - 15.2.4.7
    vermogensinstandhouding 4.8.2
    vreemde valuta 27.3.3
Herziening Vierde en Zevende EEG-Richtlijn, EU jaarrekeningrichtlijn 1.7
Historische kostprijs 4.7.2
Hybride instrument 15.1.5
Hyperinflatie 27.4.6

I

IAS 1 'Presentation of Financial Statements' 14, 15, 21
IAS 2 'Inventories' 12
IAS 7 'Statement of Cash Flows' 20
IAS 8 'Accounting Policies, Changes in Accounting Estimates and Errors' 28
IAS 10 'Events after the Reporting Period' 38
IAS 12 'Income taxes' 17
IAS 16 'Property, Plant and Equipment' 7
IAS 19 'Employee Benefits' 5.4, 18
IAS 20 'Accounting for Government Grants and Disclosures of Government Assistance' 35
IAS 21 'The Effects of Changes in Foreign Exchange Rates' 27

Trefwoordenregister

IAS 26 'Accounting and Reporting by Retirement Benefit Plans' 50, 50.1.2
IAS 27 'Separate Financial Statements' 24.4
IAS 28 'Investments in Associates and Joint Ventures' 10
IAS 29 'Financial Reporting in Hyperinflationary Economies' 27
IAS 32 'Financial Instruments: Presentation' 9, 19, 30
IAS 33 'Earnings per Share' 37
IAS 34 'Interim Financial Reporting' 45
IAS 36 'Impairment of Assets' 29
IAS 37 'Provisions, Contingent Liabilities and Contingent Assets' 16, 36
IAS 38 'Intangible Assets' 6
IAS 40 'Investment Property' 8
IAS 41 'Agriculture' 12
IAS-verordening 1.7, 1.8, **3.1.3**, 3.1.4
Icbe 49.1.1
IFRIC 3.1.1
IFRIC 3 'Emission Rights' 35.3.2.2
IFRIC 5 'Rights to interests arising from Decommissioning Restoration and Environmental Rehabilitation Funds' 16.5.9
IFRIC 6 'Liabilities arising from Participating in a Specific Market - Waste Electrical and Electronic Equipment' 16.5.9
IFRIC 10 'Interim Financial Reporting and impairments' 29.6.6, **45.7.2.4**
IFRIC 12 'Service Concession Arrangements' 35.4
IFRIC 17 'Distribution of non-cash assets to owners' **15.2.9.5**, 33.3.1
IFRIC 21 'Levies' 35, 35.5
IFRS 1 'First-time Adoption of International Financial Reporting Standards' 3, 3.2.1
    verplichte uitzonderingen 3.2.3
    vrijstellingen 3.2.4
IFRS 2 'Share-based Payment' 34, 34.1.1
IFRS 3 'Business Combinations' 25, 25.1
    transacties onder gemeenschappelijke leiding 26.2
IFRS 4 'Insurance Contracts' 48, 48.2.2, 48.4.9, 48.4.11.4, 48.4.11.7
IFRS 5 'Non-current Assets Held for Sale and Discontinued Operations' 33, **33.3.1**
    actualisatie toelichting 33.3.4
    afschrijving 33.3.3
    algemeen 33.1
    bijzondere waardevermindering held for sale 33.3.3
    component of entity 33.3.4
    disposal group 33.3.1, **33.3.2**, 33.3.3
    dochteronderneming uitsluitend om te vervreemden 33.3.2
    doel IFRS 5 33.3.1
    fair value less costs to sell 33.3.3
    firm purchase agreement 33.3.2
    gebeurtenis na balansdatum 33.4
    held for sale 33.3.1, **33.3.2**, **33.3.3**
    herclassificatie 33.3.3
    kasstroomoverzicht 20.2.2, **33.3.4**

  kwalificatie held for sale 33.3.2
  operationeel segment 33.3.2
  presentatie held for sale 33.3.2
  reikwijdte IFRS 5 33.3.1
  reserves held for sale 33.3.2
  toelichting held for sale 33.3.2
  uitkeringen aan aandeelhouders in de vorm van vaste activa 33.3.1
  verschillen IFRS - Dutch GAAP 33.4
  waardering held for sale 33.3.3
  wijziging verkoopplan **33.3.3**, 33.3.4
  winst per aandeel 33.3.4
IFRS 7 'Financial Instruments: Disclosures' 19, 30, 30.8
IFRS 8 'Operating Segments' 22
IFRS 9 'Financial Instruments' 9, 19, 14, 30, 30.1, 31, **30.6.1**
IFRS 10 'Consolidated Financial Statements' 10, 23.2.3
IFRS 11 'Joint Arrangements' 11, 11.1.2
IFRS 13 'Fair Value Measurement' 4.7.4, 19
  vastgoedbeleggingen 8
IFRS 15 'Revenue from Contracts with Customers' 5
  onderhanden projecten 13
IFRS 16 'Leases' 32
  vastgoedbeleggingen 8
IFRS 17 'Insurance Contracts' 48.4.10
IFRS 3
IFRS algemeen
  combinatie 3 - en Dutch GAAP (combinatie 1 t/m 4) 3.1.5
  consequenties van (eerste) toepassing - 3.2
  eerste toepassing - 3.2.1
  enkelvoudige jaarrekening 2.9, **3.1.5**
  framework for financial reporting 4.1
  geconsolideerde jaarrekening 2.9, **3.1.5**
  goedkeuring door Europese Unie 3.1.3
  herwaarderingsreserve 15.2.4.4
  invloed op Dutch GAAP 3.3.2
  keuze voor niet-beursgenoteerde ondernemingen 3.1.4
  openingsbalans 3.2.2
  SME 3.1.2
  toelichtende informatie bij eerste toepassing- 3.2.5
  transitiedatum 3.2.1
  van toepassing blijvende Nederlands regels 3.3.1
  verhouding Nederlandse regelgeving- 1.5.1
  verplichte toepassing - 3.1.4
  verplichte uitzonderingen bij eerste toepassing - 3.2.3
  verschillen met Dutch GAAP 3.4
  vrijstellingen bij eerste toepassing - 3.2.4
  vrijwillige toepassing - 3.1.4

Trefwoordenregister

    waardering deelnemingen in de enkelvoudige jaarrekening 3.1.5
    wettelijke reserves 3.3.1
IFRS IC 3.1.1
IFRS Practice Statement, Management Commentary, a framework for presentation 39.7
Immateriële vaste activa 6
    activering van - 6.2.1
    actuele waarde 6.3.2
    afschrijvingsmethode 6.4.4
    afstoting 6.4.7
    begripsbepaling 6.1.2
    beschikkingsmacht 6.1.2.1, **6.1.2.3**
    betrouwbare vaststelling kosten 6.2.1.2
    buitengebruikstelling 6.4.7
    business combination 6.2.4
    categorieën 6.1.3
    computersoftware 6.2.5.5
    economische levensduur **6.4.1**, 6.4.2
    emissierechten 6.2.6.1
    fysieke gedaante geen 6.1.2.7
    goodwill; zie Goodwill
    herwaardering 6.3.2
    identificeerbaarheid 6.1.2.1, **6.1.2.5**
    importquotum 6.2.6
    intellectuele rechten 6.1.3.3
    intern vervaardigd 6.2.5
    juridische afdwingbaarheid 6.1.2.3
    kosten 6.1.2.2
    kosten van oprichting 6.1.3.1
    kosten van uitgifte aandelenkapitaal 6.1.3.1
    kostprijsmodel 6.3
    maximale afschrijvingsperiode 6.4.2.2
    meegekochte 6.2.4
    milestone betalingen 6.2.5.4
    mutatie-overzicht 6.5.3
    niet-monetaire aard 6.1.2.6
    onbepaalbare economische levensduur 6.4.2.3
    onderzoekskosten 6.2.5.2
    ontwikkelingskosten 6.1.3.2, **6.2.5.3**
    opstartkosten 6.1.2.2
    overgenomen activa en passiva 6.2.4
    overheidsmaatregel 6.2.6
    presentatie 6.5.1
    promotiekosten 6.1.2.2, 6.2.3
    publiek-private concessieovereenkomst 6.2.6.2
    REACH 6.2.5.8
    reclamekosten 6.1.2.2

        reële waarde 6.3.2
        restwaarde 6.4.3
        ruil 6.2.7
        separeerbaarheid 6.1.2.5
        terugneming waardevermindering 6.4.6
        toekomstige economische voordelen 6.1.2.4
        toelichting 6.5.2
        trainingsactiviteiten 6.1.2.2, 6.2.3, 6.3.1
        verhuiskosten 6.2.3
        verkrijgings- of vervaardigingsprijs 6.3.1
        vervangingswaarde 6.3.2
        vervolgwaardering 6.3.1
        verwerving 6.2.2
        vooruitbetalingen op immateriële vaste activa 6.1.2.2, 6.1.3.5, 6.2.5.4
        vrijstellingen middelgrote rechtspersonen 6.6
        waardering 6.3
        waardering na eerste verwerking 6.3.1
        waardevermindering 6.4.5
        waarschijnlijkheid 6.2.1.1
        websitekosten 6.2.5.6
        weerlegbare veronderstelling 6.4.2.2
        wettelijke reserve 6.2.8
        winst per aandeel 6.2.4
        zelfstandige, separate verwerving van derden 6.2.3
Indicatieve factoren 4.4.3.4
Indirecte opbrengstwaarde 4.7.3, 29.2.4
Informele dividenduitkering 15.2.3
Informele kapitaalstorting 15.2.3
Inrichtingsmodellen winst-en-verliesrekening 5.1.4.1
Integrated reporting 40
        corporate reporting 40.1
        doel 40.3
        in Nederland 40.5
        inhoud 40.4.2
        integrated reporting in de praktijk 40.6.2
        integrated thinking 40.3
        International Integrated Reporting Council 40.3
        International Reporting Framework 40.3.2
        onderzoek 40.7
        opstellen van een geïntegreerd verslag in de praktijk 40.6
        principes 40.4.1
        structuur 40.3
        waardecreatieproces 40.3
        wat maakt - uniek? 40.3.1
Intercompany transacties 26.6
        downstream sale 26.6.2

Trefwoordenregister

        sidestream sale 26.6.4
        upstream sale 26.6.3
Interim-dividend **15.2.9.2**, 38.6.1
Intern gegenereerde goodwill 6.2.5.1
International Accounting Standards Board **1.6**, 3.1.1
        structuur - 3.1.1
International Financial Reporting Standards (IFRS) 1.1
Inzage jaarrekening 2.5
Inzichtsvereiste 4.2.3

J

Jaarrekening
        begripsbepaling 4.2.1
        doel 4.2.3
        enkelvoudige - 2.9, 4.2.1
        gebruikers 4.2.3
        geconsolideerde - 2.9, 4.2.1
        kwalitatieve kenmerken 4.4
Jaarrekening in geval van (on)vrijwillige discontinuïteit 46
        continuïteitsbeginsel 46.1.2
        discontinuïteit, algemeen 46.1.2
        entiteit opgericht voor bepaalde tijd 46.1.4
        liquidatie 46.1.3
        liquidatiegrondslagen 46.3.1
        onontkoombare discontinuïteit 46.2, 46.3.1
        onvrijwillige discontinuïteit 46.1.4
        overgang naar - 46.3.8
        presentatie 46.3.9
        toelichting 46.3.9
        verwachte kosten en opbrengsten 46.3.5
        voorbeeld jaarrekening op liquidatiegrondslagen 46.3.9, 46.3.10
        vrijwillige discontinuïteit 46.2
        waardering activa 46.3.3
        waardering verplichtingen 46.3.4
        wettelijke reserves 46.3.7
        winst-en-verliesrekening 46.3.6
Jaarrekening micro- en kleine rechtspersonen 44
        fiscale grondslagen 1.2.3
        micro-rechtspersonen 1.1, 1.5.1
Jaarrekening op basis van liquidatiegrondslagen; zie Jaarrekening in geval van (on)vrijwillige discontinuïteit, 4.3.3
Jaarrekeningprocedure 1.1
Joint arrangements; zie Joint venture
Joint venture 11
        begrip 11.1
        eliminatie van intercompany transacties 11.2.1.3, 11.2.2.4
        gezamenlijke activa 11.1.1.1

Trefwoordenregister

    gezamenlijke activiteiten 11.1.1.1
    gezamenlijke zeggenschap 11.1.1, 11.1.2.1
    IFRS 11 11.2.2.2
    jaarrekening van de - 11.3
    joint arrangements 11.1.2
    joint operation 11.1.2.2
    kenmerken 11.1.1
    presentatie 11.4
    resultaatbepaling 11.2
    toelichting 11.4
    verschillen Dutch GAAP en IFRS 11.1.3, 11.2.3
    vetorecht minderheidsaandeelhouder 11.1.1.1
    vormen van - 11.1.1.1
    waardering 11.2
Juridische fusie; zie Bijzondere aspecten inzake juridische fusie en splitsing
Juridische splitsing; zie Bijzondere aspecten inzake juridische fusie en splitsing

K
Kapitaal 15.2.2.1
    fiscaal niet erkend - 15.2.2.2
    gestort en opgevraagd - 15.2.2.1
    het geplaatste - 15.2.2.1
    het geplaatste - in vreemde valuta 15.2.2.3
    maatschappelijk - 15.2.2.1
    minimum- 15.2.2.1
    omrekening - in vreemde valuta 27.4.3
    overige toelichting 15.2.2.9
    toelichting geplaatst - 15.2.2.7
    -vermindering 15.2.2.5
    vermogensstortingen zonder aandelenuitgifte 15.2.3.3
    vooruitontvangen bedragen 15.2.2.6
Kapitaalbelangen, vermelding in de toelichting 21.2.1
Kasequivalenten 14.7.1, **20.2.1**
Kasstroomgenererende eenheid 29.5
    algemene bedrijfsactiva 29.7
    bijzondere waardevermindering kasstroomgenererende eenheid 29.5.3
    boekwaarde kasstroomgenererende eenheid 29.5.2
    realiseerbare waarde kasstroomgenererende eenheid 29.5.2
    terugneming bijzondere waardevermindering kasstroomgenererende eenheid 29.5.4
    vaststelling kasstroomgenererende eenheid 29.5.1
Kasstroomoverzicht 20
    aan-/verkoop deelnemingen **20.3.6**, 20.4.1
    beëindiging van bedrijfsactiviteiten 20.2.2
    bestuursverslag 20.4.2
    beursgenoteerde effecten 20.2.1
    bijzondere baten en lasten 20.3.7

Trefwoordenregister

        bijzondere bedrijfstakken 20.1.4
        bijzondere verwerkingselementen 20.3
        cash pooling 20.2.1
        cryptocurrencies 20.2.1
        debetsaldi op bankrekeningen 20.2.1
        deposito's 20.2.1
        derivaten 20.3.4
        directe/indirecte methode 20.2.3
        dividend (betaald/ontvangen) 20.2.6
        enkelvoudige informatie 20.1.7
        factoring 20.2.5
        financieringsactiviteiten 20.2.5
        functies 20.1.2
        geconsolideerde informatie 20.1.7
        herwaardering van activa 20.3.3
        indeling in categorieën 20.2.2
        inkoop van eigen aandelen 20.2.5
        interest (betaalde/ontvangen) 20.2.6
        investeringsactiviteiten 20.2.4
        investeringscrediteuren 20.2.4
        kasequivalenten 20.2.1
        kasstroom uit bedrijfsoperaties 20.2.3
        leasing **20.3.2**, 20.4.1, 32.3.1, 32.3.2, 32.3.3, 32.4.1
        middelenbegrip 20.2.1
        omschrijving 20.1.1
        operationele activiteiten 20.2.3
        overheidssubsidies 20.2.4
        plaats in de jaarrekening 20.1.5
        reikwijdte 20.1.3
        saldering ontvangsten en uitgaven 20.2.2
        samengestelde transacties **20.3.1**, 20.4.1
        terugkerende verkopen van materiële vaste activa 20.2.4
        toelichting 20.4.1
        transacties zonder ruil van geldmiddelen **20.3.1**, 20.4.1
        vergelijkende cijfers 20.1.6
        vergoeding van verzekeringsmaatschappij 20.2.4
        verkoop van activa met boekwinst/-verlies 20.2.4
        vreemde valuta **20.3.5**, 27.4.5
        vrijstelling voor 100%-groepsmaatschappijen 20.1.3
        vrijstelling voor kleine rechtspersonen 20.1.3
        vrijstelling voor zuivere tussenholdings 20.1.3
        vrijstellingen voor middelgrote rechtspersonen 20.5
        wijzigingen in 'uit financieringsactiviteiten voortvloeiende verplichtingen' 20.4.1
        winstbelasting (betaalde/ontvangen) 20.2.6
Kerncijfers en kengetallen 37
        alternatieve prestatiemaatstaven (APM's) 37.1.2, 37.2.3

Trefwoordenregister

    doel 37.1.1
    EBIT(DA) 37.2
    regelgeving 37.1.2
    toekomstige regelgeving IASB 37.1.2, 37.2.4
    winst per aandeel; zie Winst per aandeel
    winst-en-verliesrekening 37.2.2
Key management personnel 21.2.5
Klantenloyaliteitsprogramma's 5.3.9
Kleine rechtspersonen 44
    begripsbepaling 44.1
    belastingen 44.6.17
    bijzondere waardeverminderingen 44.5.1
    consolidatie 44.6.4
    continuïteit/discontinuïteit 44.5
    effecten 44.6.8
    eigen vermogen 44.6.10
    financiële instrumenten 44.6.14
    financiële vaste activa 44.6.4
    fiscale grondslagen 44.4
    fusies en overnames 44.6.4
    gebeurtenissen na balansdatum 44.5.4
    grondslagen voor waardering en resultaatbepaling 44.5
    groot onderhoud 44.6.2
    immateriële vaste activa en goodwill 44.6.1
    intercompany transacties 44.6.4
    jaarrekening 44.2
    leasing 44.6.13
    liquide middelen 44.6.9
    materiële vaste activa 44.6.2
    niet in de balans opgenomen verplichtingen 44.6.12
    onderhanden projecten 44.6.6
    overheidssubsidies 44.6.19
    overige gegevens 44.7
    overlopende activa 44.6.7
    pensioenen 44.6.16
    personeelsbeloningen 44.6.16
    rente 44.6.18
    stelselwijzigingen, schattingswijzigingen en foutherstel 44.5.3
    toelichting 44.6.20
    van de balans verwijderen 44.5
    vastgoedbeleggingen 44.6.3
    verbonden partijen 44.5.5
    verplichtingen/schulden 44.6.11
    voorraden 44.6.5
    voorzieningen 44.6.12
    vorderingen 44.6.7

Trefwoordenregister

vreemde valuta 44.5.2
vrijstellingen deponering 44.8
winstbestemming 44.7
winst-en-verliesrekening 44.6.15
Kortlopend overheidspapier 47.3.4
Kostensplitsing, categoriale en functionele 5.1.4.2
Kostprijshedge accounting
    beëindigen van - 31.5.8
    ineffectiviteit bij - 31.5.8
    ineffectiviteit onderdekking 31.5.8
    ineffectiviteit overdekking 31.5.8
Kredietprovisie 5.5.2, **19.4.5**
Kwalificerende activa 5.5.3
Kwalificerende verzekeringspolis 18.3.12
Kwalitatieve kenmerken jaarrekening 4.4
    afweging - 4.4.6
Kwartaalberichten 1.7

L

Lasten 5.1.2
    algemeen 4.5.6
    bijzondere lasten 5.6
    presentatie 5.1.4
    verwerking 5.1.3
Leasing 32
    afschrijvingen jaarrekening lessee (IFRS 16) 32.3.3
    afschrijvingen jaarrekening lessee (RJ 292) 32.3.1
    afschrijvingen jaarrekening lessor 32.4.2
    begripsbepaling 32.1.1
    classificatie lease 32.2
    disconteringsvoet 32.2.3
    economische levensduur 32.2.2
    economische voordelen van gebruik 32.1.1
    eigendomsovergang 32.2.2
    financiële lease 32.1.5, 32.2.1
    financiële lease in jaarrekening lessee (RJ 292) 32.3.1
    financiële lease in jaarrekening lessor 32.4.1
    gebruiksrecht 32.3.3
    geïdentificeerd actief 32.1.1
    grond en gebouwen 32.2.1
    herbeoordeling overeenkomst 32.1.1
    huurkoopovereenkomst 32.1.1
    huurovereenkomst 32.1.1
    impliciete rentevoet 32.2.3
    indicaties financiële lease 32.2.2
    kasstroomoverzicht 20.3.2

Trefwoordenregister

    minimale leasebetalingen 32.2.3
    nominale koopoptie 32.2.2, 32.2.3
    nominale verlengingsoptie 32.2.2
    operationele lease 32.1.5
    operationele lease – lessee (RJ 292) 32.3.2
    operationele lease – lessor 32.4.2
    outsourcing-overeenkomsten 32.1.1
    pachtovereenkomst 32.1.1
    recht om gebruik te bepalen 32.1.1
    restwaardegarantie 32.2.3
    restwaarderisico 32.2.2
    sale-and-leaseback 32.5
    samengestelde transacties 32.6
    samenvoegen van contracten 32.1.2
    serviceleasing 32.1.4
    special purpose company 32.2.5
    special purpose lease 32.2.2
    splitsen van contracten 32.1.3
    sub-leases 32.2.6
    toelichting 32.3.1, 32.3.2, 32.3.3, 32.4.1, 32.4.2
    toepassing 75%-criterium 32.2.2
    toepassing 90%-criterium 32.2.2, 32.2.3
    tussentijdse opzegging (compensatie verlies) 32.2.2
    vastgoedbeleggingen; zie Vastgoedbeleggingen
    voorwaardelijke leasebetalingen 32.2.3
    vrijstellingen middelgrote rechtspersonen 32.7
    wijziging leaseclassificatie 32.2.4
Legal obligation 16.2.1
Lening
    aan bestuurders 21.2.6
    aan commissarissen 21.2.6
    achtergestelde - **19.2.6**, 19.5.8.4
Leverancierskrediet 5.5.1
    verstrekte - en overige vorderingen 5.3.7
Lifo 12.3.4
    toelichting 12.5
Liquidatie en jaarrekening 2.13.1, 4.3.3, 46
Liquide middelen 14.7, 20.2.1
    cheques 14.7.1
    niet ter vrije beschikking staan liquide middelen 14.7.3
    wissels 14.7.1
Lonen en salarissen, vermelding in toelichting 21.2.3

Trefwoordenregister

M

Maatschappelijk verantwoord ondernemen 39.4.7
Maatschappelijke verslaggeving 39.6.2
Matchingbeginsel 4.4.3.3
Materialiteit 4.4.3.4
    Practice statement 4.4.3.4
    voor vermelding kapitaalbelangen **4.4.3.4**, 21.2.1.2
Materialiteitsbeginsel 4.4.3.4
Materiële vaste activa 7
    activa in bestelling 7.2.3
    activeren van rentekosten 7.3.1.3
    activering 7.2
    actuele inkoopprijs 7.3.3.1
    actuele kostprijs 7.3.3
    actuele vervaardigingsprijs 7.3.3.1
    actuele waarde 7.3.1.7, **7.3.3**, 7.3.3.1
    advertentiekosten 7.3.1.2
    adviseurshonoraria 7.3.1.2
    afhandelingskosten 7.3.1.2
    afschrijving 7.4.1
    afschrijvingsmethode 7.4.2
    bedrijfswaarde 7.3.4.1, 7.7.2.2
    betalingstermijn 7.3.1.2
    bijzondere waardeverminderingen 7.4.3
    buitengebruikstelling 7.3.3.3
    categorieën 7.1.2
    cumulatieve afschrijvingen bij herwaardering 7.3.3.1, 7.4.5
    definitie 7.1.2
    desinvestering 7.4.5
    economische eigendom 7.2.2
    fiscale afschrijving 7.4.1.3
    gebruikersrechten 7.2.2
    gebruiksduur 7.4.1.2, 7.4.2
    geleasede materiële vaste activa 7.2.2
    grond 7.1.2, 7.3.3.1, **7.3.3.2**, 7.4.1, 7.6
    herstelkosten 7.3.1.4, 7.6
    herwaardering 7.3.1.7, 7.3.1.8, 7.3.3, 7.3.4, **7.4.5**
    indirecte kosten 7.3.1.2, 7.3.3.1
    initiële waardering 7.3.1
    inspectie 7.5
    inversteringssubsidies 7.3.1.5
    juridisch eigendom 7.2.2
    kostprijs 7.3.1, **7.3.3**
    leveringskosten 7.3.1.1, 7.3.1.2
    mutatie-overzicht 7.7.3
    niet aan het productieproces dienstbare activa 7.1.4

Trefwoordenregister

        ontmantelingskosten 7.3.1.4
        ontvangen activa van klanten 7.2.4
        opbrengstwaarde **7.3.3.1**, 7.3.4, 7.4.1, 7.7.2.2
        personeelskosten 7.3.1.2
        presentatie 7.7
        reële waarde **7.3.1.7**, **7.3.3**, 7.3.4, 7.7.2.2
        renovatie 7.5
        reserveonderdelen en reservecapaciteit 7.1.3
        restwaarde 7.3.1.5, 7.3.3.1, 7.4.1, 7.4.1.2, **7.4.2**, **7.7.2.1**, 7.8.1
        resultaatbepaling 7.4
        ruiltransactie 7.3.4.1, 7.3.4.2
        sloopkosten 7.3.1.2
        terugkerende verkopen van - 7.1.2, 7.4.5
        toelichting 7.7
        vastgoedbelegging in aanbouw of in ontwikkeling 7.1.5
        verhuur van - 7.1.2
        verkrijgingsprijs 7.3.1.1
        vervaardigingsprijs 7.3.1.2
        vervangingsinvesteringen 7.3.1.6
        vervangingswaarde 7.3.3.1
        vervolgwaardering **7.3.1.7**, 7.3.2, 7.3.3
        waardering 7.3
        waardering van buiten gebruik gestelde activa 7.3.4
        WOZ-waarde 7.4.1.3
Meerjarenoverzichten 37
        doel 37.1.1
        foutherstel 28.5.2
        regelgeving 37.1.2
Micro-entiteitenrichtlijn 1.7
Micro-rechtspersonen 1.2.3, 44
        aanvullende toelichting i.v.m. inzicht 44.3.3
        actuele waarde 44.3.3
        begripsbepaling 44.1
        eerste toepassing, stelselwijziging 44.3.3
        fiscale grondslagen 44.4
        grondslagen van waardering en resultaatbepaling 44.3.3
        jaarrekening 44.3, 44.3.2
        openbaarmaking 44.3.3
        overlopende posten 44.3.3
        wat is een - 44.3.1
Minerale producten 12.3.6.2
Modellen (besluit modellen jaarrekening) **4.2.2**, 5.1.4
Moderniseringsrichtlijn 1.7

Trefwoordenregister

N
Negatieve goodwill; zie Goodwill
Negatieve rente 18.1.7
Netto-omzet 5.2.1
    begripsbepaling 5.2.1
    BPM 5.2.3
    kortingen 5.2.4
    omzetbonus 5.2.4
    rabat 5.2.4
    segmentatie **22.1.2**
    toelichting 5.3.10
Nettopensioenregeling
    Witteveenakkoord 2015 **50.1.4**
Nevenvestigingen 41.2
Niet in de balans opgenomen activa 36
Niet in de balans opgenomen regelingen 36.1.4, 36.2.3
Niet in de balans opgenomen verplichtingen 36
Niet-beursgenoteerde effecten 9.4
Nominale waarde 4.7.5

O
Obligatielening
    converteerbare - **19.2.1**, 30.4.2
    converteerbare -
    toelichting conversievoorwaarden 19.5.8.7
Obligaties 9.4, 14.6
Omgekeerde overname; zie Overname
Omgekeerde verwatering 10.7.2
Omzetbonus 5.2.4
Onderhanden projecten 13
    aanneemcontracten 13.3.1
    aard van contracten 13.3.1
    acquisitiekosten 13.5.2.1
    algemene kosten 13.5.2.1
    allocatie opbrengsten aan prestatieverplichtingen 13.4.2
    begripsbepaling 13.2
    betrouwbaar schatten resultaat 13.5.3.1
    categoriale model van winst-en-verliesrekening **5.1.4.2**, 13.6.1.2
    categorieën - 13.2
    claims 13.5.1
    combineren van contracten 13.3.2.1
    constructiecontracten 13.2.1
    contractwijziging 13.3.3
    definitie 13.2.1
    dienstverlening 13.2.3
    functionele model van winst-en-verliesrekening 13.6.1.2

Trefwoordenregister

    ideaalcomplex 13.5.3.1
    identificatie van het contract 13.3
    incidentele baten 13.5.2.1
    indirecte kosten 13.5.2.1
    kosten om contract te vervullen 13.5.2.2
    kosten van verkrijging contract 13.5.2.2
    meer-/minderwerk 13.3.2.1, 13.3.3, 13.5.1
    mutatie - 5.2.5
    opsplitsen van contracten 13.3.2.2
    'over time' versus 'point in time' 13.5.3.2
    'percentage of completion' (POC) methode 13.5.3.1
    POC methode met tussentijdse winstneming 13.5.3.1
    POC methode zonder tussentijdse winstneming 13.5.3.1
    presentatie in balans 13.6.1.1
    presentatie in winst-en-verliesrekening 13.6.1.2
    prestatieverplichtingen 13.4.1
    projectkosten 13.5.2, 13.5.3
    projectontwikkeling 13.2.2, 13.5.6
    projectopbrengsten 13.5.1, 13.5.3
    publiek-private concessieovereenkomsten 13.2.1
    regelgeving en reikwijdte 13.1.1
    regiecontracten 13.3.1
    rentekosten 13.5.2.1
    RJ-Uiting 2019-15 13.1.3
    RJ-Uiting 2020-15 13.1.3
    schattingswijziging 13.5.3.1, 13.5.5
    toelichting 13.6.2
    tussentijdse winstneming 13.5.3
    variabele vergoedingen 13.5.1.2
    vergoedingen ('incentives') 13.5.1
    verschillen RJ 221 - IFRS 15 13.1.2
    verwachte verliezen 13.5.4
    voortgang van prestaties 13.5.3.1, 13.5.3.2
    vrijstellingen middelgrote rechtspersonen 13.7
    wijziging betrouwbaarheid resultaat 13.5.5
Onderlinge waarborgmaatschappij 1.2.2, 51
    aansprakelijkheid 51.1.1
    accountantsonderzoek 51.2.6
    balans met toelichting 51.2.1
    begripsbepaling 51.1.1
    classificatie eigen vermogen of vreemd vermogen 51.3.4
    ledenbetalingen 51.3.1
    modellen 51.2.4
    openbaarmaking 51.2.7
    overige gegevens 51.2.5
    toepasselijke wet- en regelgeving 51.1.2

Trefwoordenregister

    totstandkoming financieel verslag 51.2.1
    verbonden maatschappijen 51.2.2
    voorraden 51.3.2
    vorderingen en schulden 51.3.3
Ondernemingskamer 1.4
Ondernemingspensioenregeling 18.1.4, 18.2.2, 18.3.4.4, 50.1.1
Ondertekening jaarrekening 2.4
    - door 2.4.1
Onpartijdigheid 4.4.1, **4.4.4.1**
Ontbinding en jaarrekening 2.13.1
Ontheffing opmaken/vaststellen jaarrekening 2.7
Ontslagvergoeding 5.4.3, 16.5.1
Ontwerprichtlijn RJ 270 5.2
Onzekerheden 4.2.3
Oordelen 4.2.3
Op korte termijn zeer liquide activa 20.2.1
Opbrengsten
    alternatieve prestatiemaatstaven (APM's) 5.1.4.6
    begripsbepaling 5.2
    betrouwbare schatting van resultaat inzake het verlenen van diensten 5.3.4
    definitie 5.2.1
    kasstroomoverzicht 20.2.3
    omvang - 5.3
    onderhanden projecten; zie Onderhanden projecten
    projectontwikkeling; zie Onderhanden projecten
    toelichting 5.3.10
    toepassingsgebied 5.3.1
    – uit verkoop van goederen 5.3.2
    – uit verlenen van diensten 5.3.4
    – van een segment 22.3.1, 22.3.2
    verwerking 5.3
Openbaarmaking jaarrekening op andere wijze 2.8.5
Opmaakplicht jaarrekening 2.1
    ontheffing 2.7
    termijnen 2.3
Organisatie van openbaar belang (OOB) 1.2.2
Organisaties zonder winststreven 53
    balans met toelichting 53.5.1
    baten uit fondsenwerving 53.6.5
    begripsbepaling 53.1
    bestemmingsfonds/bestemmingsreserve 53.5.2
    bestemmingsreserve/bestemmingsfonds 53.6.4
    bestuursverslag 53.8
    bezoldiging bestuurders en toezichthouders 53.6.6
    eigen vermogen 53.5.2
    enkele baten 53.6.5

Trefwoordenregister

        enkele lasten 53.6.6
        geconsolideerde jaarrekening 53.7
        inhoud jaarverslaggeving 53.3
        kleine 53.9
                inhoud financieel verslag 53.9.2
                balans 53.9.3
                staat van baten en lasten 53.9.4
                bestuursverslag 53.9.5
                vaststelling en openbaarmaking 53.9.6
        model van staat van baten en lasten 53.6.2
        segmentatie 53.6.7
        staat van baten en lasten met toelichting 53.6.1
        subsidiebaten 53.6.5
        subsidies 53.5.2
        vaststelling en openbaarmaking van jaarrekening 53.4
        waardering 53.6.3
        wet- en regelgeving 53.2
Organisatorische verbondenheid 23.2.1
Overheidssubsidies 35, 35.2
        biologische activa 7.8.5
        definitie 35.2.1
        exploitatiesubsidies 35.2.2
        financieringsfaciliteiten 35.2.2
        garantie 35.2.2
        investeringssubsidies 7.3.1.5, 7.3.3.1, 35.2.2
        kasstroomoverzicht 20.2.4
        natura 35.2.2
        ontwikkelingskredieten 35.2.2
        terugbetaling van subsidies 35.2.2
        toelichting 35.2.3
Overige bedrijfskosten 5.1.4.2, **5.1.4.3**
Overige bedrijfsopbrengsten 5.1.4.3
Overige effecten (onder financiële vaste activa)
        aandelen gehouden door een stichting administratiekantoor 9.2.2
        actuele waarde 9.4.1, 9.4.3
        geamortiseerde kostprijs **9.4.1**, 9.4.2
        participaties **9.2.2**, 9.4.5
        toelichting 9.4.2, **9.5**
        transactiekosten 9.4.4
        verkrijgingsprijs 9.4.2
        verschillen Dutch GAAP-IFRS 9.4.7
        waardering en resultaatbepaling 9.4
        waardevermindering **9.4.2**, 9.4.3
Overige gegevens 41
        begripsbepaling 41.1
        inhoud 41.2

Trefwoordenregister

    ontheffing gewichtige redenen 41.2
    openbaarmaking 41.1
    vrijstelling voor middelgrote, kleine en micro rechtspersonen 41.4
    wet- en regelgeving 41
Overige reserves 15.2.7
Overige vlottende activa 14
    aandelen 14.6
    activering 14.3
    begripsbepaling 14.2
    begripsbepaling effecten 14.6.1
    begripsbepaling liquide middelen 14.7.1
    begripsbepaling vlottende vorderingen 14.5.1
    categorieën 14.2
    collectief statische methode 14.4.1
    definities en categorieën 17.1
    dynamische methode 14.4.1
    eerste waardering vlottende vorderingen 14.5.2.1
    geamortiseerde kostprijs obligaties 14.6.2.1
    geamortiseerde kostprijs vorderingen 14.5.2.1
    handelsportefeuille 9.2.1, **14.6.2**
    kasstroomoverzicht 20.2.1
    kredietbeperkingstoeslag 14.4.1
    negatieve herwaarderingsreserve 14.6.2.1
    niet langer opnemen in balans 14.3.2
    obligaties 14.6
    onderscheid vast-vlottend 14.2.1
    opnemen in balans 14.3.2
    permanente kern van een vordering 14.4.1
    presentatie effecten 14.6.3
    presentatie liquide middelen 14.7.3
    presentatie overlopende activa 14.8.1
    presentatie vorderingen behorend tot de vlottende activa 14.5.3
    reële waarde effecten 14.6.2
    reële waarde vlottende vorderingen 14.5.2.1
    rubricering 4.5.2.3
    splitsing naar categorie 14.2.2
    te storten aandelenkapitaal 14.3.3
    toelichting effecten 14.6.3
    toelichting liquide middelen 14.7.3
    toelichting overlopende activa 14.8.3
    toelichting vorderingen behorend tot de vlottende activa 14.5.3
    vervolgwaardering vlottende vorderingen 14.5.2.1
    voorziening wegens oninbaarheid 14.4.1
    vorderingen handelsdebiteuren 14.5.1
    vorderingen op aandeelhouders 14.3.3
    vorderingen op groepsmaatschappijen 14.5.1

Trefwoordenregister

       vrijstelling middelgrote rechtspersonen 14.10
       waardemutaties 14.4.2
       waardering van effecten 14.6.2
       waardering van liquide middelen 14.7.2
       waardering van overlopende activa 14.8.2
       waardering van vorderingen behorend tot de vlottende activa 14.5.2
       waardevermindering van overige vlottende activa 14.4.1
       wanneer is sprake van een actief? 14.3.1
Overlopende activa 14.8
Overlopende passiva 19.2.8
       rubricering 19.2.8.2
       vooruitontvangen bedragen 19.2.8.1
Overname 25
       acquisition method 25.2.1
       begripsbepaling 25.1.1
       belang van derden 25.2.6
       beoordelen of business wordt overgenomen 25.1.2.1
              individuele activa of groep van activa die als geheel geen business vormen 25.1.2.1
       beslissende zeggenschap 25.1.1
       bijzondere aspecten inzake juridische fusie en splitsing 25.10
       business 25.1.2.1
       concentratietest 25.1.2.1
       -datum 25.2.3
       goodwill; zie Goodwill
       identificeerbare activa en passiva 25.2.5
              opname en waardering 25.2.5.1
              immateriële vaste activa 25.2.5.2
              vaststellen reële waarden 25.2.5.3
              aanpassen boekwaarden bij overgenomen partij 25.2.5.4
       individuele activa of groep van activa die als geheel geen 'business' vormen 25.1.2.1
       omgekeerde - 10.4.3.2, 25.2.2
       overnemende partij 25.2.2
       provisional 25.4
       purchase accounting-methode 25.2.1
       purchase price allocation 10.4.3.1, 25.2.5.2
       push-down accounting 25.2.5.4
       reverse acquisition 25.2.2
       stapsgewijze - 25.5
       stichtingen en verenigingen 25.11
       toelichting 25.9.2.1
       toepassingsgebied 25.1.2
       vaststellen dat sprake is van een - 25.1.2.1
       verkrijgingsprijs 25.2.4
       verwerken van een - 25.2
       verwerking door overdragende partij 25.8
       verwerking in enkelvoudige jaarrekening 25.7

Trefwoordenregister

    voorlopig verwerking van - 25.4
    vrijstellingen voor middelgrote rechtspersonen 25.12
Overzicht totaalresultaat 5.7.1
Overzicht van wet- en regelgeving 1

P
Participatiemaatschappij 23.3.3, 23.6.4
    vrijstelling consolidatieplicht: exitstrategie 23.6.4
Pensioenen 18
    actuariële grondslagen 18.3.10.6, 18.3.13.1
    actuariële resultaten 18.3.13.1
    actuele marktrente 18.2.2
    beëindiging van de regeling 18.3.15
    beleggingsresultaat 18.3.13.2
    beleggingsrisico 18.3.1
    bepaling contante waarde pensioenaanspraken 18.3.10
    bepaling pensioenlast 18.3.9
    bepaling pensioenverplichting 18.3.7, 18.3.8
    berekeningsperiode pensioenkosten 18.3.10.2
    classificatie van pensioenregelingen 18.3.1
    contante waarde van economische voordelen 18.3.17
    contante waarde van toegekende pensioenaanspraken 18.3.10
    dekkingsgraad 18.3.17, 18.3.18
    disconteringsvoet 18.3.10.8
    eindloon 18.1.4, **18.2.2**
    ervaringsaanpassingen 18.3.13.1
    financieringsplafond 18.3.18
    fondsbeleggingen 18.3.12
    handreiking toepassing IAS 19R in Nederlandse pensioensituatie 18.3.2
    IAS 19 18.3
    indexatie 18.3.10.7
    inperking van de regeling 18.3.15
    Interaction IFRIC 14 18.3.17
    kosten van medische verzorging 18.3.16
    lasten over verstreken diensttijd ('past service cost') 18.3.14
    levensverzekeringsmaatschappij 18.3.5
    middelloon 18.1.4, **18.3.5**
    nationale regelingen 18.3.4, 18.3.4.3
    negatieve rente **18.1.7**, 18.2.2.3, 18.3.10.8
    ondernemingsobligaties 18.2.2
    onevenredige verdeling van aanspraken 18.3.10.5
    opbrengst fondsbeleggingen 18.3.12
    opnemen van vorderingen 18.2.2.4
    other comprehensive income 18.2.3, 18.3.9, 18.3.13, 18.4
    overschotten 18.3.17
    pensioen in eigen beheer 18.2.2.6

Trefwoordenregister

    pensioenkosten in winst-en-verliesrekening 18.2.2.5
    pensioenlast 18.3.9
    pensioenregeling **18.1.4**, 18.1.5, 18.2.3, 18.3.1
    pensioenverplichting 18.3.7, 18.3.8
    presentatie **18.2.4**, 18.3.19, 18.3.20
    rechten op vergoedingen 18.3.12
    reële waarde en verwachte opbrengst fondsbeleggingen 18.3.12
    remeasurements 18.3.13
    Richtlijn 271 18.2
    risicodeling 18.3.18
    toe te rekenen netto rente bij toegezegd pensioenregeling 18.3.11
    toegekende pensioenaanspraken 18.3.10
    toelichting 18.2.5, 18.3.20
    toepassingsgebied 18.1.3
    verplichtingen aan pensioenuitvoerder 18.2.2.1
    verplichtingen aan werknemers 18.2.2.2
    verplichtingenbenadering 18.1.2, 18.2
    verwachte opbrengst fondsbeleggingen 18.3.12
    voorwaardelijke aanspraken 18.3.10.4
    waardering en resultaatbepaling toegezegde-bijdrageregeling 18.3.6, 18.3.8
    waardering en resultaatbepaling toegezegd-pensioenregeling 18.3.7
    waardering verplichtingen 18.2.2.3
    waardewijzigingen en schattingsverschillen 18.3.13
    werknemersbijdrage 18.3.18
    wijze van uitvoering van pensioenregeling 18.1.3
Pensioenfonds
    grootte-regime 50.2.1
Pensioenfondsen 50
    achtergestelde leningen 50.3.5
    actuariële uitgangspunten 50.3.6
    actuele rentetermijnstructuur 50.3.6.1
    algemeen pensioenfonds 50.1.1, **50.1.5**
    bedrijfstakpensioenfonds 50.1.1
    begripsbepaling 50.1.1
    beleggingen 50.3.1
    beleggingen onder IFRS 50.3.1.4
    beleggingen voor risico deelnemers 50.1.5, **50.3.1.1**
    beleggingsfondsen 50.3.1.1
    beleggingsresultaten 50.4.3
    bestuursverslag 50.4.2, 50.5, 50.6.4
    code Pensioenfondsen 50.6.3
    dekkingsgraad 50.3.2.1, 50.3.4, 50.3.6.1, 50.4.8
    financieel toetsingskader (FTK) 50.1.2
    fondsvermogenmethode 50.2.3
    garantiecontract 50.3.2.1
    gebeurtenissen na balansdatum 50.4.8

Trefwoordenregister

governance 50.6.3
herstelplan 18.2.2, 18.2.5, 18.3.4.1, 18.3.18, 50.3.4, **50.6.3**
herverzekeringen 50.3.2.1
kasstroomoverzicht 50.6.1, 50.6.4
korting pensioenrechten 50.3.6.3, 50.3.6.4
kredietrisico op herverzekeraars 50.3.2.2
marktwaarde 50.1.2, 50.3
modellen **50.2.2**, 50.2.3
nettopensioenregeling 50.3.1.1
ondernemingspensioenfonds 50.1.1
openbaarmaking 50.2.1
overdrachten 50.3.3, 50.3.8.1, **50.4.6**
overige activa 50.3.3
overige gegevens 50.6.2, 50.6.4
overige technische voorzieningen 50.3.6.4
Pensioenfederatie 50.6.3
pensioenuitvoeringskosten 50.4.4
pensioenvermogenmethode 50.2.3
premiebijdragen 50.4.2
presentatie baten en lasten 50.4.1
rapportagemodel - balans onder RJ 50.2.2.1
rapportagemodel - model van de staat van baten en lasten onder RJ 50.2.2.2
rapportagemodel - onder IFRS 50.2.3
reële waarde toelichting (onder RJ) 50.3.1.3
rentetermijnstructuur 50.3.6.1
rentetoevoeging voorzieningen 50.4.5
risicoparagraaf 50.5
staat van baten en lasten **50.2.2**, 50.4.1
statutaire reserves 50.3.5
stichtingskapitaal en reserves 50.3.4
technische voorzieningen 50.3.6
technische voorzieningen onder IFRS 50.3.6.5
Titel 9 Boek 2 BW 50.2.1
toegezegde-bijdrageregeling 50.2.3
toegezegd-pensioenregeling 50.2.3
transactiekosten **50.4.3**, 50.6.3
uitvoeringsovereenkomst 50.6.2, 50.6.3
verlaging pensioenrechten 50.3.6.3
vermogensbeheerkosten 50.4.3
voorziening pensioenverplichtingen risico deelnemers 50.3.7
voorziening pensioenverplichtingen voor risico van pensioenfonds 50.3.6.1
vpl-gelden 50.3.8.1
waardeoverdrachten 50.4.6
wettelijk kader en richtlijnen 50.1.2
wettelijke reserve 50.3.4
Witteveenakkoord 2015 50.1.4

Pensioenwet 50.1.2
'Percentage of completion' (POC) methode; zie Onderhanden projecten
Personal holding 23.3.4
Personeelsbeloningen 5.4
    andere langetermijn (IAS 19) 5.4.4
    arbeidsongeschiktheid 5.4.2
    beloningen tijdens dienstverband 5.4.2
    doorbetaling bij afwezigheid 5.4.2
    jubileumuitkeringen 5.4.2
    levensloopregelingen 5.4.2
    opbouw van rechten op beloning 5.4.2
    sabbatical 5.4.2
    vakantiedagen 5.4.2, 19.2.8.3
    vakantiegeldverplichtingen 19.2.8.3
    vermelding in toelichting 21.2.4
    VUT-regeling en andere non-activiteitsregelingen 18.4
    ziekte 5.4.2
Personeelsopties 34
    aandelenoptieregeling 34.1.2
    af te wikkelen in eigen-vermogensinstrumenten 34.2.2
    af te wikkelen in geldmiddelen 34.2.4
    afwikkeling met alternatieven 34.2.7
    annulering 34.2.8
    belastingen 34.2.11
    dienstgerelateerde voorwaarden 34.2.3
    graded vesting 34.2.6
    groepsaandelen 34.2.10
    intrinsieke waarde 34.2.2
    managementparticipatieplan 34.2.10
    non-vesting condities 34.2.3
    presentatie 34.3.1
    prestatiegerelateerde voorwaarden 34.2.3
    prijsgerelateerde voorwaarden 34.2.3
    reële waarde 34.2.2, 34.2.9
    schema 34.2.5
    termijnen 34.2.6
    toelichting 34.3.2
    vesting condities 34.2.3
    voorwaarden 34.2.3, 34.2.8
    waarderingsdatum 34.2.2
    wijzigingen 34.2.8
Personenvennootschap 1.2.2, 54
    aansprakelijkheid 54.4.2
    afgescheiden vermogen 54.2.2
    begripsbepaling 54.1
    classificatie belang in - 54.5.1

Trefwoordenregister

    commanditaire vennootschap (CV) 54.1, 54.2.3
    deelneming 54.5.2
    deelneming in een - 10.1.4
    groepsmaatschappij 54.5.2
    IFRS 11 54.5.2
    inbreng 54.4.3
    jaarverslaggeving 54.3.1
    jaarverslaggeving van de vennoten **54.3.2**, 54.5
    joint venture 54.4.1, 54.5.2
    kapitaal 54.4.5
    maatschap 54.1
    niet in de balans opgenomen verplichtingen 54.5.2
    overige effecten 54.5.2
    resultaatverantwoording 54.5.2
    uitkeringen 54.4.4
    vennootschap onder firma (Vof) 54.1
    verwerking belang in - in jaarrekening van de vennoten 54.5.2
    wetgeving 54.2.1
    winst en verlies 54.4.4
Pooling of interests-methode; zie Samensmelting van belangen
Positieve goodwill; zie Goodwill
Potentiële stemrechten **10.3.1**, 10.4.3.6, 23.2.1
Premiepensioeninstellingen 50.7
    balans 50.7.4
    bestuursverslag 50.7.6
    kasstroomoverzicht 50.7.6
    opmaak en publicatieplicht 50.7.2
    rapportagemodel - 50.7.3
    toelichting 50.7.4, 50.7.5
    wettelijk kader 50.7.1
    winst- en verliesrekening 50.7.5
Principles-based 3.4
Projected Unit Credit Methode 18.3.10.2
Projectontwikkeling; zie Onderhanden projecten
Purchase accounting-methode; zie Overname
Purchase price allocation; zie Overname
Push-down accounting; zie Overname
Putopties
    - op aandeel van derden 25.2.6
Puttable instrumenten 30.4.3

Q
Quasi-bestuurder 2.4.4

R
Raad voor de Jaarverslaggeving 1.5
    Richtlijnen voor micro- en kleine rechtspersonen 1.5.1

Trefwoordenregister

RJ-Uiting 1.5.1
taak van de RJ 1.5.1
Realisatiebeginsel 4.4.3.2
Realiseerbare waarde 29.2.2, 29.5.2
Recognition 4.6.1
Relevantie 4.4.3
Rente **5.3.6**, 19.4.3
    activeren van - 5.5.3, 7.3.1.3, 13.5.2.1
    effectieve - 5.3.6, 30.5.4
    - lasten 5.5
    netto- 17.3.2
    - opbrengsten 5.2.6
    toelichting 7.3.1.3, 7.7.2.1, **19.5.8.2**
Reorganisatie en ontslag 5.4.3
Resultaat bestemming 15.2.9.1
Resultaten van een segment 22.3.1
    netto- 22.3.1
Reverse acquisition; zie Overname
Richtlijnen
    ingangstijdstip 1.5.1
    inhoud en betekenis 1.5.1
    invloed IFRS 1.5.1
    toepassingsgebied 1.5.1
    uitingen 1.5.1
    verantwoordelijkheid accountant voor naleven 1.5.2
    verhouding met wettelijke bepalingen 1.5.1
Richtlijnen voor de Jaarverslaggeving 1.1
RJ 121 Bijzondere waardeverminderingen van vaste activa 29
RJ 122 Prijsgrondslagen voor vreemde valuta 27
RJ 140 Stelselwijzigingen 28
RJ 145 Schattingswijzigingen 28
RJ 150 Foutherstel 28
RJ 160 Gebeurtenissen na balansdatum 38
RJ 170 Discontinuïteit en ernstige onzekerheid over continuïteit 46
RJ 210 Immateriële vaste activa 6
RJ 212 Materiële vaste activa 7
RJ 213 Vastgoedbeleggingen 8
RJ 214 Financiële vaste activa 9.1, 10
RJ 215 Joint ventures 11
RJ 216 Fusies en overnames 25
RJ 217 Consolidatie 23
RJ 220 Voorraden 12
RJ 221 Onderhanden projecten 13
RJ 224 Overlopende activa 14.8
RJ 226 Effecten 14.6
RJ 228 Liquide middelen 14.7

Trefwoordenregister

RJ 240 Eigen vermogen 15
RJ 252 Voorzieningen, niet in de balans opgenomen verplichtingen en niet in de balans opgenomen activa 16, 36
RJ 254 Schulden 19
RJ 265 Overzicht van het totaalresultaat 5.7.1
RJ 270 De winst- en verliesrekening 5
RJ 271 Personeelsbeloningen 5.4, 18
RJ 272 Belastingen naar de winst 17
RJ 274 Overheidssubsidies 35
RJ 275 Op aandelen gebaseerde betalingen 34
RJ 290 Financiële instrumenten 14, 31
RJ 292 Leasing 32
      vastgoedbeleggingen 8
RJ 300 Functie en indeling 21
RJ 315 Vrijstellingen voor middelgrote rechtspersonen 43
RJ 330 Verbonden partijen 21
RJ 345 Beëindiging van bedrijfsactiviteiten 33
RJ 350 Gesegmenteerde informatie 22
RJ 360 Het kasstroomoverzicht 20
RJ 394 Tussentijdse berichten 45
RJ 400 Bestuursverslag 39
RJ 410 Overige gegevens 41
RJ 430 Kerncijfers, kengetallen en meerjarenoverzichten 37
RJ 600 Banken 47
RJ 605 Verzekeringsmaatschappijen 48
RJ 610 Pensioenfondsen 50
RJ 611 Premiepensioeninstellingen 50.7
RJ 615 Beleggingsentiteiten 49
RJ 620 Coöperaties 51
RJ 630 Commerciële stichtingen en verenigingen 52
RJ 640 Organisaties zonder winststreven 53
RJ 645 Toegelaten instellingen volkshuisvesting 55
RJ 655 Zorginstellingen 56
Royalty's 5.3.6
Ruil 5.3.8
Rules-based 3.4

S
Saldering 19.5.7, **30.3.4**, **30.8.3**
      kasstroomoverzicht 20.2.2
Sale-and-leaseback-transacties; zie Leasing
Samensmelting van belangen 25.6
      begripsbepaling 25.1.1
      bijzondere aspecten inzake juridische fusie en splitsing 25.10
      componenten van enkelvoudige eigen vermogen 25.6
      componenten van geconsolideerde eigen vermogen 25.6
      juridische totstandkoming 25.6

        pooling of interests-methode 25.6
        samenvoeging 25.6
        stichtingen en verenigingen 25.11
        toelichting 25.9.2.1
        verwerking door overdragende partij 25.8
        verwerking in enkelvoudige jaarrekening 25.7
        vrijstellingen voor middelgrote rechtspersonen 25.12
Schattingen 4.2.3
Schattingswijziging 28.4
        begripsbepaling 28.4.1
        in tussentijdse berichten 45.7.2.1
        verwerking - 28.4.2
        wijziging in afschrijvingsmethode, geschatte gebruiksduur, restwaarde 7.4.2, 7.7.2.1
        wijziging in schatting van kosten van herstel 7.6, 7.7.2.1
        wijziging in schattingsmethode 28.4.1
Schulden 19
        - aan deelnemingen 19.2.4
        - aan overige verbonden maatschappijen 19.2.5
        - aangehouden voor handelsdoeleinden 19.4.1
        achtergestelde - 19.2.6
        agio 19.4.2
        algemeen 4.5.3
        algemene beginselen 19.1.3.1
        begripsbepaling 19.1.1
        boeteclausules 19.4.4
        categorieën 19.2
        classificatie vreemd vermogen/eigen vermogen 19.1.4
        converteerbare obligatielening 19.2.1
        disagio 19.4.2
        embedded derivaat; zie Derivaten
        financiële verplichting 19.1.3.2
        geamortiseerde kostprijs 19.4.1
        herfinanciering 19.5.3
        kortlopende - 4.5.3.2, 19.5.2
        kredietprovisie 19.4.5
        langlopende - 4.5.3.2, 19.5.2
        langlopende schuld met resterende looptijd van meer dan vijf jaar 19.5.8.6
        looptijd - 19.5.8.5
        mutatie-overzicht 19.5.8.9
        negatieve rente 19.4.1.3, 19.4.3
        niet langer verwerken in de balans (derecognition) 19.3.2
        nog te betalen bezoldigingen 19.2.8.3
        onderscheid kortlopende en langlopende - 19.5.2
        ontvangen vooruitbetalingen op bestellingen 19.2.2
        opeisbaarheid 19.5.8.8
        opnemen in de balans (recognition) 19.3.1

Trefwoordenregister

        overige financiële verplichtingen 19.4.1.3
        overlopende passiva 19.2.8
        preferente aandelen 19.2.7
        premies sociale verzekeringen 19.2.3
        presentatie 19.5.1
        reële waarde 19.5.8.10
        rente 19.4.3
        rentevoet 19.5.8.2
        saldering 19.5.7
        samengestelde instrumenten 19.2.1, 19.5.6
        - ter zake van belastingen 19.2.3
        toelichting 19.5.8
        toepassingsgebied 19.1.2
        vervroegde aflossing 19.5.5
        vervroegde opeisbaarheid 19.5.4
        voortuitontvangen bedragen 19.2.8.1
        vrijstellingen voor middelgrote rechtspersonen 19.6
        waardering 19.4
        zakelijke zekerheden 19.5.8.3
Securitisatie 36.1.4
Segment
        aard 22.3.3
        managementrapportage 22.2.1
        - manager 22.2.1
        operationeel - 22.2.1
        te rapporteren - 22.2.2
Segmentatie 22
        aanbevolen richtlijnen 22.1.3
        aansluitingen 22.3.2
        aggregatiecriteria 22.2.2, 22.3.3
        asymmetrische allocatie 22.2.4
        beslissingschema 22.2.2
        bestuursrapportage **22.2.1**, 22.3.1
        bijzondere waardevermindering 29.6.2
        chief operating decision maker 22.2.1
        disaggregatie van opbrengsten 22.3.3
        doel 22.1.1
        enkelvoudige informatie 22.1.5
        geconsolideerde informatie 22.1.5
        geografisch gebied 22.1.2
        grondslagen waardering en resultaatbepaling 22.2.4
        IFRS 22.1.4
        informatie omtrent aggregatie 22.3.3
        kwantitatieve criteria 22.2.2
        managementrapportage 22.3.2
        matrixvorm van de organisatie 22.2.1

       operationeel segment 22.2.1
       organisatie brede toelichting 22.3.2
       overige informatie 22.3.3
       personeelsgegevens 22.1.2
       praktische grens 22.2.2
       samenvatting wet- en regelgeving 22.1.6
       te verstrekken informatie 22.3
       toelichting commercieel gevoelige informatie 22.3.2
       transacties tussen segmenten 22.3.3
       veranderingen in de organisatiestructuur 22.3.3
       verplichte wet- en regelgeving (Nederlandse rechtspersonen) 22.1.2
       vrijstelling middelgrote rechtspersoon 22.4, 43.3.4
       vrijwillige 22.1.4, 22.4
       wijziging grondslagen 22.2.4
       wijzigingen in te rapporteren segmenten 22.2.3
Share appreciation rights 34.2.4
Special purpose entity 36.1.4
Splitsing; zie Juridische splitsing
Stakeholders 4.2.3
Stapsgewijze overname; zie Overname
Statement of comprehensive income **5.7.2**, 15.4.2.2
Statutaire reserves 15.2.6
Stelsel 28.1.1
Stelselkeuze 28.1.2
Stelselmatigheidsbeginsel **4.4.5.2**, 28.2.1
Stelselwijziging 28
       aanvaardbaarheid 28.2, 28.2.2
       begripsbepaling 28.1.3
       derde balans 28.3.3
       – in tussentijdse berichten 45.7.3
       meerjarenoverzichten 28.3.2
       overgangsbepalingen 28.3.1
       presentatie 28.3.3
       prospectieve methode 28.3.1
       reikwijdte 28.2.2
       retrospectieve methode 28.3.1
       toelichting 28.3.3
       van kostprijs- naar actuele-waardemodel 28.2.2
       vergelijkende cijfers 28.3.2
       verplicht 28.2.2
       verschil met stelselkeuze, schattingswijziging en foutherstel 28.1.4
       verwerking - 28.3.1
       vrijwillig 28.2.2
       wijziging presentatievaluta 28.3.2
Stelselwijzigingen, schattingswijzigingen en foutherstel 28
Stewardship 4.2.3

Trefwoordenregister

Stichting
    - administratiekantoor 53.10
    overname 25.11
    samensmelting van belangen 25.11
Stichting administratiekantoor 53.10
Stramien voor opstelling en vorming van jaarrekeningen 4.1
Substance over form **4.4.4.2**, 30.4.1
    materiële vaste activa 7.2.2
Surseance van betaling en jaarrekening 2.13.3
Swaption 31.5.3

T
Taal
    bestuursverslag 39.3.2
    jaarrekening 2.12.5
    overige gegevens 41.1
Termijnen deponering; zie Deponering jaarrekening-beursgenoteerde ondernemingen
Tijdigheid 4.4.6
Titel 9 Boek 2 BW 1.1, **1.2**
Toegezegde-bijdrageregeling (Defined Contribution plan) 18.3.2
Toegezegd-pensioenregeling (Defined Benefit plan) 18.3.3
Toelichting 21
    afwijking regels 21.1.1.7
    geconsolideerde jaarrekening 21.2.1
    IFRS 12 21.2.1.3
    informatie over andere vennootschappen 21.2.1
    informatie over dienstverlening uit hoofde van concessie 35
    inhoud - 21.1.1
    specifieke onderdelen 21.2
    vergelijkende cijfers 21.1.2
    voldaan aan regels 21.1.1.6
    vrijstelling middelgrote rechtspersonen 21.3
    Wet Normering Topinkomens 21.2.7
Toepassingsgebied Titel 9 1.2.2
Toerekeningsbeginsel 4.3.2
Toezicht op financiële verslaggeving (op Nederlands en Europees niveau) 1.8
Totaalresultaat
    Termijnen deponering; zie Deponering jaarrekening-beursgenoteerde ondernemingen
    vrijstelling middelgrote rechtspersonen 5.8
Transacties onder gemeenschappelijke leiding 26
    at arm's length 26.1.1
    begrip gemeenschappelijke leiding 26.1.1
    begripsbepaling 26.1.1
    bezoldiging van bestuurders 26.5.2.3
    entiteitsbeginsel 26.1.3
    financiële garanties 26.4.2

       informele dividenduitkering en kapitaalstorting onder IFRS 26.3.3
       informele dividenduitkering onder Dutch GAAP 26.3.1
       informele kapitaalstorting onder Dutch GAAP 26.3.2
       leningen en garanties 26.4
       onderlinge dienstverlening 26.5
       op aandelen gebaseerde betalingen in groepsaandelen 26.5.3
       overdracht van niet-monetaire activa 26.3
       pensioenkosten 26.5.2.2
       personeelsdiensten 26.5.2
       uitzondering voor een business 26.1.3
       uitzonderingen reële waarde 26.1.3
       vaststellen reële waarde 26.1.3
       verrekeningen binnen fiscale eenheid 26.5.4
       verslaggevingsvoorschriften 26.1.2
       verwerking 26.1.3
       voorbeelden van - 26.1
       waardering 26.1.3
       wanneer invloed op jaarrekening 26.1.1
Transparantierichtlijn 1.7
Turbo-liquidatie 2.13.1
Tussenhoudster
       vrijstelling consolidatieplicht 10.3.3
Tussenhoudstermaatschappij 23.4.2.1
       samenloop artikel 408 BW en IFRS 10 23.4.2.3
       vrijstelling consolidatieplicht 23.4.2.1
           overname gedurende het boekjaar 23.4.2
           eis van gelijkwaardigheid 23.4.2.2
           deponering geconsolideerde jaarrekening 23.4.2.4
       vrijwillige toepassing IFRS-EU in enkelvoudige jaarrekening 23.4.2.5
Tussentijdse berichten 1.7, 45
       begripsbepaling 45.1
       belastingen 45.7.2.3
       beleggingsinstellingen 45.2
       beoordelingsverklaring 45.3.1.1, 45.3.2, 45.4
       bestuursverklaring 45.3.3
       beursgenoteerde rechtspersonen 45.3
       bijzondere waardevermindering goodwill 29.6.6
       bijzondere waardeverminderingen 45.7.2.4
       controleverklaring 45.3.1.1, 45.3.2, 45.4
       eerste toepassing IFRS 45.6
       halfjaarlijks bestuursverslag 45.3.2, 45.3.3
       halfjaarlijkse financiële verslaggeving 45.3
       halfjaarrekening 45.3.1
       kasstroomoverzicht 45.3.1.1, 45.5
       kwartaalberichten 45.4
       materialiteit 45.7.2.2

Trefwoordenregister

       minimumeisen bij geconsolideerde halfjaarrekening 45.3.1.1
       niet-beursgenoteerde rechtspersonen 45.3
       perioden waarover wordt gerapporteerd 45.5
       schattingen 45.7.2.1
       stelselwijzigingen 45.7.3
       tijdstip voor rapportering 45.3
       toelichtingen 45.3.1.1
       transparantierichtlijn 45.2
       vergelijkende cijfers 45.5
       verkorte overzichten 45.3.1.1
       vrijstellingen voor middelgrote rechtspersonen 45.8
       waardering en resultaatbepaling 45.7
       wet- en regelgeving 45.2
       wet op het financieel toezicht 45.3
       wet op het financieel toezicht (Wft) 45.2

U
Uitgaven voor exploratie en evaluatie van minerale hulpbronnen 6.2.5.7
Uitkeringen van vermogen 24.6
       vormen van - 24.6.2
Uitstel opmaak jaarrekening 2.3.2

V
Vastgoedbelegging
       lease van vastgoedbelegging 32.3.3
Vastgoedbeleggingen 8
       activeringscriteria 8.2
       actuele waarde 8.3.5, 8.4.1
       afschrijvingen 8.4.2
       afstoting 8.6
       begripsbepaling 8.1.1
       bijzondere bedrijfstakken 8.1.2
       buitengebruikstelling 8.6
       eerste waardering 8.3.2
       groepsverhoudingen 8.1.1
       groot onderhoud 8.3.3
       held for sale 8.6
       herclassificatie 8.5
       herwaarderingsreserve 8.4.1
       historische kosten 8.3.7, 8.4.2
       in ontwikkeling of aanbouw 8.1.1, 8.3.6
       initial recognition exception 8.3.2
       keuze waarderingsgrondslag 8.3.1
       lease van - 8.1.1
       moment van herclassificatie 8.5.1
       operationele leases als - door lessee 8.7.1
       presentatie in balans 8.8.1.1

Trefwoordenregister

        presentatie in winst-en-verliesrekening 8.8.1.2
        reële waarde 8.3.5
        reële waarde niet op betrouwbare wijze vast te stellen 8.3.6
        resultaatbepaling 8.4
        ruiltransactie 8.3.2
        sublease 8.7.2
        taxatie 8.3.4
        toelichting 8.8.2
        toelichting, algemeen 8.8.2.2
        toelichting bij actuele-waardemodel 8.8.2.3
        toelichting bij kostprijsmodel 8.8.2.4
        toelichtingsvereisten voor leases 8.8.2.1
        toepassingsgebied 8.1.1
        transactiekosten 8.3.2
        uitgaven na eerste verwerking 8.3.3
        uitgestelde betaling 8.3.2
        vastgoed voor eigen gebruik 8.1.1
        verkrijgings- en vervaardigingsprijs 8.3.2
        vervolgwaardering 8.3.4
        vrijstellingen middelgrote rechtspersonen 8.9
        waardering 8.3
        waardering bij herclassificatie 8.5.2
Vaststellen jaarrekening 2.6
        bij flex-BV 2.6.2
        decharge 2.6.5
        gevolgen niet vaststellen 2.6.3
        gevolgen vaststellen 2.6.4
        ontheffing 2.7
Vennootschap onder firma 1.2.2
Verbonden partijen 21.2.8
        buiten de groep staande verbonden partijen 21.2.9
        definitie 21.2.8.1
        toelichting 21.2.8.3
        transacties tussen - 21.2.8.2
Vereniging
        overname 25.11
        samensmelting van belangen 25.11
Vergelijkbaarheid 4.4.1
Vergelijkbaarheidsbeginsel 4.4.5
Verifieerbaarheid 4.4.1, **4.4.6**
Verkooptransactie met terug(ver)koopovereenkomst 5.3.3
Vermogensinstandhoudingsdoelstellingen 4.8.2
Verplichtingen 4.5.3.1
        fiscale eenheid 36.2.1
        garantie- 36.1.2
        investerings- 36.2.1

Trefwoordenregister

    - inzake vaste activa 36.2.1
    - inzake voorraden 36.2.1
    meerjarige - **36.1.2**, 36.2.1
    niet in de balans opgenomen - 36.1.1, 36.1.2, **36.2.1**
    - onder ontbindende voorwaarde 36.2.1
    - onder opschortende voorwaarde 36.2.1
    - ten behoeve van groepsmaatschappijen 36.1.2, **36.2.1**
    - van een segment 22.3.1, 22.3.2
    voorwaardelijke 36.2.1
    vrijstelling voor middelgrote rechtspersonen 36.3
Vervroegde aflossing/opeisbaarheid 19.5.4, 19.5.5
Verzekeraars 48.1
Verzekeringsmaatschappijen 48
    accounting mismatch correctie (AMC) 48.4.11.4
    acquisitiekosten 48.4.6, 48.4.11.4
    actuariële methode 48.4.11.4
    analyse verzekeringstechnisch resultaat 48.6.3
    balans 48.4
    bedrijfskosten 48.6.2.7
    belangen in beleggingspools 48.4.3.4
    beleggingen 48.4.3
    beleggingen voor risico polishouders 48.4.3.5, 48.4.11.9, 48.6.2.1
    beleggingsopbrengsten 48.6.2.2
    buitenlandse groepsmaatschappijen 48.4.11.8
    catastrofevoorziening 48.4.8, **48.4.11.1**, 48.4.11.4
    consolidatie 48.3.3
    deelnemingen 48.4.3.3
    depots bij verzekeraars 48.4.3.4
    eigen vermogen 48.4.7
    entiteit voor risico-acceptatie 48.1.1
    fondsen (schadeverzekering) 48.4.11.2
    garantie- en winstdelingsregelingen 48.4.11.5
    gebouwen en terreinen 48.4.3.2
    geconsolideerde jaarrekening **48.3.3**, 48.4.11.8
    gesepareerd depot 48.4.3.5, 48.4.11.9
    groepsmaatschappijen 48.4.3.3
    herverzekering 48.4.9.1
    immateriële activa in relatie tot acquisities 48.4.2
    jaarrekeningregime 48.3.1
    jaarverslaggeving 48.2.2
    kasstroomoverzicht 48.7
    langlevenrisico 48.4.11.6
    levensverzekering 48.4.11.4, 48.6.2.4, 48.6.3
    Liability Adequacy Test (LAT) 48.4.9.12
    marktrente 48.4.11.4
    minimumrendementsgaranties 48.4.11.9

Trefwoordenregister

    model balans 48.4.1
    niet-technische rekening 48.6.1
    niet-verdiende premie en lopende risico's 48.4.11.1
    ongerealiseerde waardemutaties 48.6.2.2
    overige activa 48.4.5
    overige financiële beleggingen 48.4.3.4
    overige technische baten en lasten 48.6.2.3
    overlopende activa 48.4.6
    overlopende passiva 48.4.13
    rapportages aan toezichthouder 48.1.1, 48.1.2
    regelgeving 48.1, **48.2**
    rentedragende beleggingen 48.4.3.4
    rentedragende waarden 48.6.2.2
    rentestandkorting 48.4.11.4
    risico's 48.5
    schadebehandelingskosten 48.4.11.3, 48.6.2.4
    schades en uitkeringen 48.4.11.3, 48.6.2.4
    schadeverzekering 48.6.3
    schulden 48.4.12
    shadow accounting 48.4.3.5, 48.4.9.10
    solvabiliteit 48.4.7
    Solvency II (Sii) 48.1.1
    soorten verzekeraars 48.1.1
    spaarkasbeleggingen 48.4.3.1
    staten 48.1.2
    technische rekening 48.6.2
    technische voorzieningen 48.4.8
    toekomstige regelgeving (IFRS 17) **48.2.2**, 48.4.3.4, 48.4.9.1, **48.4.10**
    toepassingsgebied Nederlandse regelgeving 48.1.2
    toereikendheidstoets 48.1.1, 48.4.8, 48.4.9.12, 48.4.11.4
    vastgoedbeleggingen 48.4.3.2, 48.6.2.2
    verdiende premies 48.6.2.1
    verouderings (of vergrijzings)voorziening 48.4.11.1
    verzekeringsverplichtingen algemeen 48.4.8
    verzekeringsverplichtingen onder IFRS 4 48.4.9.1
    vorderingen 48.4.4
    winstdeling en kortingen 48.4.11.5, 48.6.2.6
    winst-en-verliesrekening 48.5
Vlottende effecten 14.6
    kasstroomoverzicht 20.2.1
Volgtijdige stelselmatigheid 28.2.1
Volledigheid 4.4.1, **4.4.4.1**
Voorraden 12
    activering 12.2
    activering van rente 12.3.3
    actuele waarde 12.3.6

Trefwoordenregister

   afbakening begrip - 12.1
   agrarische -; zie Agrarische producten
   categoriale kostensplitsing 12.4.2
   categoriale model van winst-en-verliesrekening 5.1.4.2
   categorieën 12.4.1
   commodity brokers en - traders 12.3.1, **12.3.6.2**
   commoditycontracten 12.1
   consignatie 12.2
   cryptocurrencies 12.1
   definitie 12.1
   economische - 12.2
   emissierechten 12.1
   functionele kostensplitsing 12.4.2
   fysieke - 12.2
   geoogste - 12.3.1
   gewogen gemiddelde inkoopprijzen 12.3.4
   incourante - 12.3.1, **12.3.5**
   indirecte kosten 12.3.3
   lagere opbrengstwaarde 12.3.5
   opbrengstwaarde 12.3.1, 12.3.3
   opslagkosten 12.3.3
   overheadkosten 12.3.1, **12.3.3**
   presentatie 12.4
   productiekosten 12.3.3
   realisatieprincipe 12.2
   reële waarde minus directe verkoopkosten **12.3.1**, 12.3.5
   retailmethode 12.3.4
   rubricering 4.5.2.3
   technische - 12.2
   toelichting 12.5
   verkoopprijsmethode 12.3.4
   verkrijgingsprijs 12.3.2
   vervaardigingsprijs 12.3.3
   voorinkopen 12.2
   voormalig verhuurde activa 12.1, 12.4.3
   voorverkopen 12.2
   vrijstellingen voor middelgrote rechtspersonen 12.6
   waardering, algemene uitgangspunten 12.3
   waardevermindering 12.3.5
Vooruitbetalingen op bestellingen 19.2.2
Vooruitontvangen bedragen; zie Overlopende passiva
Voorzichtigheid 4.4.1
Voorzichtigheidsbeginsel 4.4.4.3
Voorziening 16
   - arbeidsongeschiktheidskosten 16.5.8
   - assurantie eigen risico 16.5.7

Trefwoordenregister

begripsbepaling 16.1.1
beste schatting 16.3.1
- betrekking hebbend op bepaalde activa 16.1.1
betrouwbare schatting **16.2.3**, 16.3.1
categorieën 16.1.2
contante waarde 16.3.2, 16.3.3
disconteringsvoet 16.3.2
feitelijke verplichting 16.2.1
- garantieverplichtingen 16.5.2
grondslag van waardering 16.3.2
- groot onderhoud; zie Groot onderhoud
- herstelkosten; zie Kosten van herstel
hoofdelijke aansprakelijkheid; zie Aansprakelijkheid
hoogste waarschijnlijkheid 16.3.1
in rechte afdwingbare verplichting 16.2.1
- in verband met aansprakelijkheid 16.5.4
- in verband met claims, geschillen en rechtsgedingen 16.5.5
in verband met milieuverplichtingen 16.5.6
informatie beschikbaar na balansdatum 16.3.1
informatie over verplichtingen waarvoor geen voorzieningen zijn gevormd 16.4.3
invloed van toekomstige gebeurtenissen 16.3.1
ketenaansprakelijkheid 16.5.4
looptijd 16.4.2
mutatie-overzicht 16.4.2
nauwkeurige omschrijving van voorzieningen 16.4.2
nominale waarde 16.3.2
omvang 16.3.1
ontslaguitkering 16.5.1
onttrekkingen 16.3.3
opname 16.2
presentatie 16.4.1
reorganisatie- 16.5.1
specifieke soorten - 16.5
splitsing naar aard 16.4.2
toekomstige verliezen 16.1.2
toelichting 16.4.2
toepassingsgebied 16.1.1
toevoegingen 16.3.3
transitievergoeding 16.5.1
vergoedingen, verhaal op een derde 16.2.4
verwachte overdracht van activa 16.3.1
verwerking 16.2
- voor kosten juridische dienstverlening 16.5.10
- voor onregelmatigheidstoeslag 16.5.12
- voor overheidsheffingen 16.5.11
- voor verlieslatende contracten 16.5.3

Trefwoordenregister

    voor verwijderingsverplichtingen 16.5.9
    vrijval 16.3.3
    waarschijnlijkheid 16.2.2
Vreemd vermogen 19
    algemeen 4.5.3.1
    classificatie 30.4
    onderscheid kortlopend/langlopend **4.5.3.2**, 19.5.2
Vreemde valuta 27
    aandelenkapitaal 27.4.3
    aanpassingen reële waarde 27.4.4.4
    actuele waarde 27.3.2
    afwijkende balansdata 27.4.4.2
    bedrijfsuitoefening in buitenland **27.4**, 27.4.2
    combinatie historische kosten en actuele waarde 27.3.2
    cumulatieve omrekeningsverschillen afstoting deelneming 27.4.4.6
    eerste verwerking 27.3.2
    enkelvoudige jaarrekening 27.5.1
    fiscale aangifte 27.4.1
    functionele valuta 27.2
    functionele valuta bij tussenhoudstermaatschappij 27.2.1
    goodwill 27.4.4.4
    groepsmaatschappij 27.4
    - in kasstroomoverzicht 27.4.5
    historische kostprijs 27.3.2
    hyperinflatie 27.4.6
    koersverschillen intragroepsvorderingen en -schulden 27.4.4.5
    latere verwerking 27.3.2
    monetaire posten 27.3.2, 27.3.3
    omrekening transacties 27.3
    omrekening van bedrijfsuitoefening in buitenland 27.4.4
    omrekening van functionele naar presentatievaluta 27.4.3
    presentatie 27.5.1
    presentatievaluta 27.4.1
    reserve omrekeningsverschillen 27.4.3, 27.4.4.1, 27.5.1
    termijntransacties 27.3.2
    toelichting 27.5.2
    transacties in - 27.3
    valutakoersverschillen netto-investering in bedrijfsuitoefening in het buitenland 15.4.1
    verandering netto-investering in buitenlandse deelneming 27.4.4.3
    verschillende wisselkoersen 27.3.2
    vervreemding bedrijfsuitoefening in het buitenland 27.4.4.6
    verwerking koersverschillen 27.3.3
    vrijstelling middelgrote rechtspersonen 27.6
    wijziging functionele valuta 27.2.2
Vrijstelling middelgrote rechtspersonen
    tussentijdse berichtgeving 45.8

Trefwoordenregister

Vrijstellingen EU-Richtlijnen 1.7
Vrijstellingen groepsregime 42
Vrijstellingen middelgrote rechtspersonen 43
    balans 43.3.1
    begripsbepaling 43.1
    belastingen 43.3.2
    bestuursverslag 43.3.4
    deponering 43.3.1, 43.3.2, 43.3.4
    groottecriteria 43.2, 43.2.1
    overige - 43.3.4
    overige gegevens 43.3.4
    overzicht totaalresultaat 43.3.4
    toelichting 43.3.3
    tussentijdse berichtgeving 43.3.4
    vermelding verbonden partijen 43.3.4
    winst-en-verliesrekening 43.3.2

W

Waarborgstelling 16.5.4
Waarderingsonzekerheid 4.4.3.5
Waardevermindering vaste activa 29
    aanwijzingen bijzondere waardevermindering 29.2.1
    algemene bedrijfsactiva 29.7
    begripsbepaling bijzondere waardevermindering 29.1
    bepaling bedrijfswaarde 29.2.4
    bepaling bijzondere waardevermindering 29.2
    bepaling opbrengstwaarde 29.2.3
    bepaling realiseerbare waarde 29.2.2
    disconteringsvoet 29.2.4.2
    financiële instrumenten 30.6.7, 30.7.6
    goodwill 29.6
    herwaarderingsreserve 29.3
    kasstroomgenererende eenheid 29.5
    presentatie 29.8
    schatten toekomstige kasstromen 29.2.4.1
    subjectiviteit bepaling bedrijfswaarde 29.2.4.3
    terugneming bijzondere waardevermindering 29.4
    toekomstige kasstromen in vreemde valuta 29.2.4.1
    toelichting 29.8
    vergoeding bijzonder waardeverminderingsverlies 29.3
    verwerking bijzondere waardevermindering 29.3
    vrijstelling middelgrote rechtspersonen 29.9
Werknemers, vermelding in toelichting 21.2.2
Wet Normering Topinkomens 21.2.7
Wet op de vennootschapsbelasting 17.3.1
Wet op het financieel toezicht (Wft) 45.2, 45.3, 48.1.1, 49.1.2

Trefwoordenregister

Wet toezicht financiële verslaggeving (Wtfv) 1.4
    reikwijdte - 1.8.1
Wettelijke reserves 3.3.1
    deelnemingen 15.2.5.3
    financiële instrumenten 15.2.5
    - in verband met een lening wegens verwerving van aandelen in een NV 15.2.5.2
    - in verband met inbreng op aandelen in een NV 15.2.5.2
    individuele bepaling 15.2.5.2
    negatieve bijschrijvingsreserve Euro 15.2.5.2
    omrekeningsverschillen deelnemingen 15.2.5.4, 27.4.4
    toepassingsgebied 15.2.5.1
    - voor deelnemingen 10.4.3.3
    voor immateriële activa 15.2.5.2
Winst per aandeel 37, 37.3
    bepaling aantal aandelen bij verwaterde - 37.5.3
        conversie wel/niet verwaterend 37.5.3.1
        gewone en potentiële gewone aandelen 37.5.3.2
        opties, warrants en equivalenten 37.5.3.3
        converteerbare instrumenten 37.5.3.4
        volgorde verwaterende elementen 37.5.3.5
        voorwaardelijk uit te geven aandelen 37.5.3.6
    bepaling aantal gewone aandelen 37.4.3
        gewogen gemiddelde 37.4.3.1
        fusies en overnames 37.4.3.2
    bepaling gewone winst 37.4.2
    bepaling verwaterde winst 37.5.2
    bijzondere bepalingen
        gekochte opties 37.5.4
    doel 37.1.1
    gewone - 37.4
    presentatie 37.7
    reikwijdte 37.3.1
    toekomstige regelgeving IASB 37.7
    toelichting 37.7
    tussentijdse cijfers 37.6
    verandering aantal gewone aandelen zonder verandering van middelen 37.4.3.3
    vergelijkende cijfers 37.8
    verwaterde - 37.5
        begrip 'verwatering' 37.5.1.1
        berekening verwaterde winst per aandeel 37.5.1.2
    vrijstellingen voor middelgrote rechtspersonen 37.9
    winstbegrip 37.4
        nadere uitwerking onder IFRS 37.4.1
Winstbepaling en jaarrekening 4.8
Winstbestemming **15.2.9.1**, 41.2
Winstbewijzen 41.2

Trefwoordenregister

Winstdelingen 5.1.4.5, 5.4.2, 19.2.8.3
Winst-en-verliesrekening 5
    additionele goederen of diensten 5.3.13
    Besluit modellen jaarrekening 5.1.4.1
    bonuspunten 5.3.9
    BPM 5.2.3
    contractaanpassingen 5.3.13
    dividendopbrengsten 5.2.6
    garanties 5.3.13
    gebruik van EBITA en EBITDA 5.1.4.6
    gewone bedrijfsuitoefening 5.2.1
    klantenloyaliteitsprogramma's 5.3.9
    korting 5.2.4
    kosten verkrijgen contract 5.3.13
    kosten vervullen contract 5.3.13
    licenties 5.3.13
    netto-omzet 5.2.1
    omzetmethode 5.1.4.2
    opbrengsten uit deelnemingen 5.1.4.4
    overeenkomsten met meerdere prestatieverplichtingen 5.3.5
    overige bedrijfskosten 5.1.4.3
    overige indirecte kosten 5.1.4.2
    prestatieverplichtingen 5.3.12
    principaal versus agent 5.2.2
    renteopbrengsten 5.2.6, 5.3.6
    ruil 5.3.8
    samengestelde transacties 5.3.5
    terugkoopclausules 5.3.13
    vennootschappelijke – bij toepassing artikel 2:402 BW 5.1.4.7
    verkoopkosten 5.1.4.2
    vrijstelling middelgrote rechtspersonen 5.8
    waardeveranderingen 5.1.4.4
    wijziging in onderhanden projecten 5.2.5
    winstdelingsregelingen 5.1.4.5
Woningcorporaties 55
    accountantscontrole 55.2.4
    algemene aspecten jaarverslaggeving 55.2
    balans met toelichting 55.3
    begripsbepaling 55.1.1
    belastingen 55.4.2
    beleidswaarde 55.3.1
    eigen vermogen 55.3.5
    erfpacht 55.3.1
    grootteregime 55.2.3
    herclassificatie en herkwalificatie 55.3.1
    modellen 55.2.2

Trefwoordenregister

onderhoud en verbetering 55.3.1
openbaarmaking 55.2.5
overige toelichtingseisen 55.3.7
presentatie en toelichting 55.3.1
splitsingskosten 55.3.1
toepasselijke wet-en regelgeving 55.1.2
totstandkoming financieel verslag 55.2.1
vastgoed bestemd voor verkoop 55.3.3
vastgoed in exploitatie 55.3.1
vastgoed in ontwikkeling 55.3.2
voorziening onrendabele investeringen 55.3.6
winst-en-verliesrekening 55.4.1
woningen verkocht onder voorwaarden 55.3.4

WOZ-waarde 7.4.1.3

X
XBRL/SBR 2.8.1

Z
Zekerheden, toelichting 19.5.8.3
Zorginstellingen 56
    belastingplicht 56.1.2
    bestemmingsfonds 56.3.4
    bestemmingsreserve 56.3.4
    consolidatie van steunstichtingen 56.2.5
    consolidatievoorschriften 56.2.5
    controleplicht 56.2.7
    definitie 56.1.1
    eigen vermogen 56.3.4
    formele aspecten 56.2.6
    grootteregime 56.2.4
    honorariumkosten vrijgevestigde medisch specialisten 56.5.2
    macrobeheersinstrument 56.4.3
    modellen 56.2.3
    mutatieoverzicht vaste activa 56.4.1
    onderhanden werk uit hoofde van DBC's/DBC-zorgproducten 56.3.2
    organisatorisch verband 56.1.1
    overzicht langlopende schulden 56.4.2
    Reserve Aanvaardbare Kosten (RAK) 56.3.4
    samenstelling bedrijfsopbrengsten 56.5.1
    toekomstige wijzigingen in de Nederlandse wet- en regelgeving 56.7
    toelichting resultaat deelneming 56.6.3
    totstandkoming financiële verantwoording 56.2.2
    uitsplitsing overige bedrijfskosten 56.6.2
    uitsplitsing personeelskosten 56.6.1
    vorderingen en schulden uit hoofde van financieringstekort of -overschot 56.3.3

Zuivere tussenholding 20.1.3
Zustermaatschappij
    transacties tussen -en 21.2.8